中華古籍保護計劃

ZHONG HUA GU JI BAO HU JI HUA CHENG GUO

·成果·

天津市十九家收藏單位古籍普查登記目録

（上）

全國古籍普查登記目録

國家圖書館出版社
National Library of China Publishing House

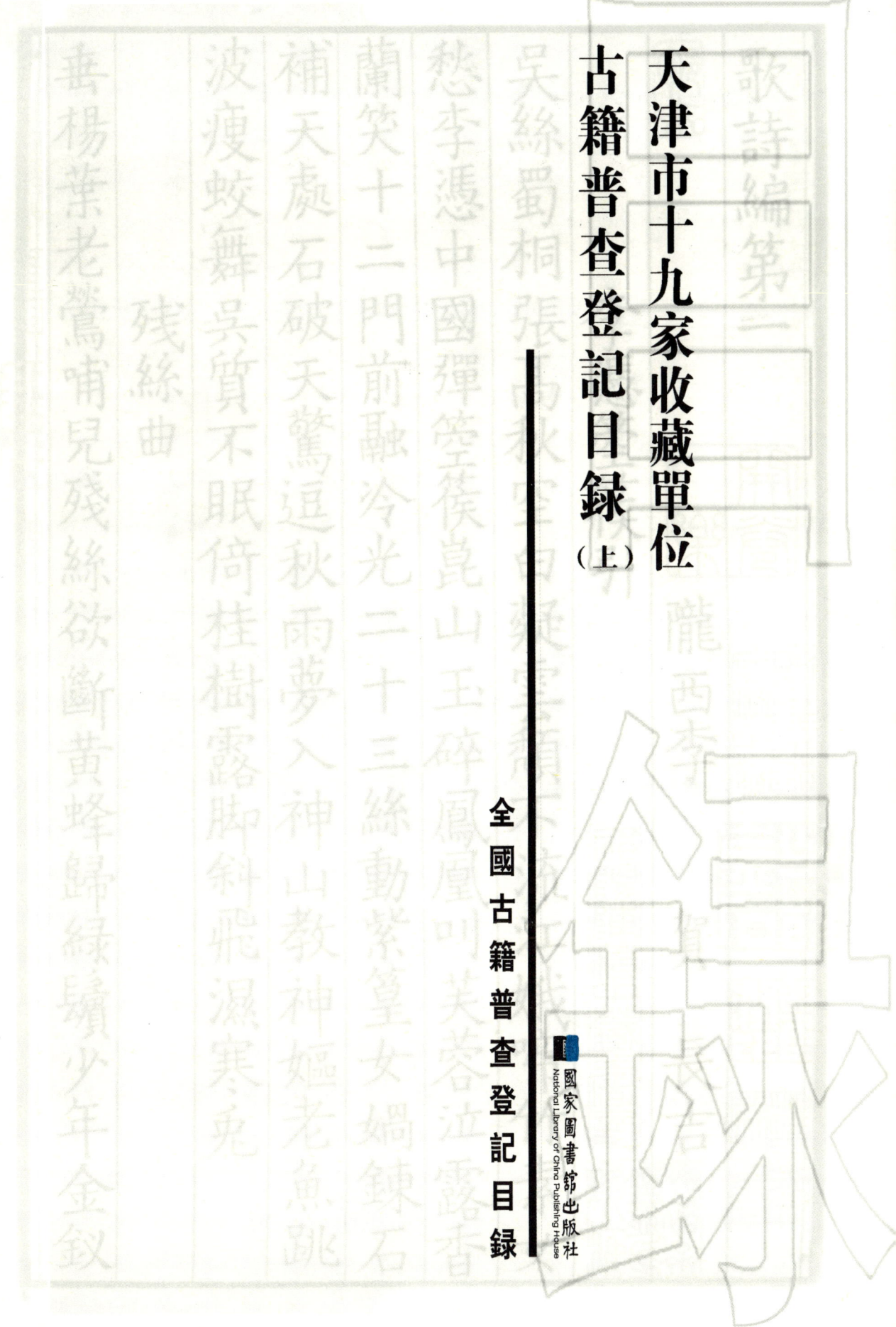

圖書在版編目(CIP)數據

天津市十九家收藏單位古籍普查登記目録/本書編委會編. --北京:國家圖書館出版社,2015.12
(全國古籍普查登記目録)
ISBN 978-7-5013-5682-9

Ⅰ.①天… Ⅱ.①本… Ⅲ.①公共圖書館—古籍—圖書館目録—天津市 Ⅳ.①Z838

中國版本圖書館 CIP 數據核字(2015)第 240533 號

書　　名　天津市十九家收藏單位古籍普查登記目録(全三册)
編　　者　本書編委會　編
索引編製
責任編輯　趙　嫄　張珂卿

出　　版　國家圖書館出版社(100034 北京市西城區文津街 7 號)
(原書目文獻出版社　北京圖書館出版社)
發　　行　發行 010-66114536　66126153　66151313　66175620
66121706(傳真),66126156(門市部)
E-mail　nlcpress@ nlc. cn(郵購)
Website　www. nlcpress. com ——→投稿中心
經　　銷　新華書店
印　　裝　河北三河弘翰印務有限公司
版　　次　2015 年 12 月第 1 版第 1 次印刷

開　　本　787×1092 毫米　1/16
印　　張　76.75
字　　數　1500 千字

書　　號　ISBN 978-7-5013-5682-9
定　　價　690.00 圓

《全國古籍普查登記目録》

工作委員會

#《全國古籍普查登記目録》

序 言

全國古籍普查登記工作是“中華古籍保護計劃”的首要任務,是全面開展古籍搶救、保護和利用工作的基礎,也是有史以來第一次由政府組織、參加收藏單位最多的全國性古籍普查登記工作。

2007年國務院辦公廳發佈《關於進一步加强古籍保護工作的意見》(國辦發[2007]6號),明確了古籍保護工作的首要任務是對全國公共圖書館、博物館和教育、宗教、民族、文物等系統的古籍收藏和保護狀况進行全面普查,建立中華古籍聯合目録和古籍數字資源庫。2011年12月,文化部下發《文化部辦公廳關於加快推進全國古籍普查登記工作的通知》(文辦發[2011]518號),進一步落實了全國古籍普查登記工作。根據文化部2011年518號文件精神,國家古籍保護中心擬訂了《全國古籍普查登記工作方案》,進一步規範了古籍普查登記工作的範圍、内容、原則、步驟、辦法、成果和經費。目前進行的全國古籍普查登記工作的中心任務是通過每部古籍的身份證——“古籍普查登記編號”和相關信息,建立古籍總臺賬,全面瞭解全國古籍存藏情况,開展全國古籍保護的基礎性工作,加强各級政府對古籍的管理、保護和利用。

《全國古籍普查登記工作方案》規定了全國古籍普查登記工作的三個主要步驟:一、開展古籍普查登記工作;二、在古籍普查登記基礎上,編纂出版館藏古籍普查登記目録,形成《全國古籍普查登記目録》;三、在古籍普查登記工作基本完成的前提下,由省級古籍保護中心負責編纂出版本省古籍分類聯合目録《中華古籍總目》分省卷,由國家古籍保護中心負責編纂出版《中華古籍總目》統編卷。

在党和政府領導下,在各地區、各有關部門和全社會共同努力下,古籍普查登記工作得以扎實推進。古籍普查已在除臺灣、港澳之外的全國各省級行政區域開展,普查内容除漢文古籍外,還包括各少數民族文字古籍,特别是於2010年分别啓動了新疆古籍保護和西藏古籍保護專項,因地制宜,開展古籍普查登記工作;國家古籍保護中心研製的“全國古籍普查登記平臺”已覆蓋到全國各省級古籍保護中心,並進一步研發了“中華古籍索引庫”,爲及時展現古籍普查成果提供有力支持;截至目前,已有11375部古籍進入《國家珍貴古籍名録》,浙江、江蘇、山東、河北等省公佈了省級《珍貴古籍名録》,古籍分級保護機制初步形成。

《全國古籍普查登記目録》是古籍普查工作的階段性成果,旨在摸清家底,揭示館藏,反映古籍的基本信息。原則上每申報單位獨立成冊,館藏量少不能獨立成冊者,則在本省範圍内幾個館目合併成冊。無論獨立成冊還是合併成冊,均編製獨立的書名筆畫索引附於書後。著録的必填基本項目有:古籍普查登記編號、索書號、題名卷數、著者(含著作方式)、版本、冊數及存缺卷數。其他擴展項目有:分類號、批校題跋、版式、裝幀形式、叢書子目、書影、破損狀况等。有條件的收藏單位多著録的一些擴展項目,也反映在《全國古籍普查登記目録》上。目録編排按古籍普查登記編號排序,内在順序給予各古籍收藏單位較大自由度,可按分類排列古籍普查登記編號,也可按排架號、按同書名等排列古籍普查登記編號,以反映各館特色。

此次全國古籍普查登記工作,克服了古籍數量多、普查人員少、普查難度大等各種困難,也得到了全國古籍保護工作者的極大支持。在古籍普查登記過程中,國家古籍保護中心、各省古籍保護中心爲此舉辦了多期古籍普查、古籍鑒定、古籍普查目録審校等培訓班,全國共1600餘家單位參加了培訓,爲古籍普查登記工作培養了大量人才。同時在古籍普查登記工作中,也鍛煉了普查員的實踐能力,爲將來古籍保護事業發展奠定了良好的基礎。

《全國古籍普查登記目録》的出版,將摸清我國古籍家底,爲古籍保護和利用工作提供依據,也將是古籍保護長期工作的一個里程碑。

國家古籍保護中心
2013年10月

《全國古籍普查登記目録》

編纂凡例

一、收録範圍爲我國境内各收藏機構或個人所藏,產生於 1912 年以前,具有文物價值、學術價值和藝術價值的文獻典籍,包括漢文古籍和少數民族文字古籍以及甲骨、簡帛、敦煌遺書、碑帖拓本、古地圖等文獻。其中,部分文獻的收録年限適當延伸。

二、以各收藏機構爲分册依據,篇幅較小者,適當合併出版。

三、一部古籍一條款目,複本亦單獨著録。

四、著録基本要求爲客觀登記、規範描述。

五、著録款目包括古籍普查登記編號、索書號、題名卷數、著者、版本、册數、存缺卷等。古籍普查登記編號的組成方式是:省級行政區劃代碼—單位代碼—古籍普查登記順序號。

六、以古籍普查登記編號順序排序。

七、編製各館藏目録書名筆畫索引附於書後,以便檢索。

《天津市十九家收藏單位古籍普查登記目録》

編委會

學術顧問：張振鐸

主　編：李　培

副主編：李國慶　季秋華　陳　卓　顧　剛　周俊旗

編　委（按姓氏筆畫排序）：

丁清英　丁學松　王子君　王昆江　王　紅　王國香

王　進　王　斌　田立峰　田志猛　李金玲　李彦祥

吳　方　邱義強　宋文娟　宋麗萍　季　鵬　胡艷杰

耿　華　徐衛紅　郭登浩　陳景林　孫連青　孫　輝

梅鵬雲　曹鐵娃　常　虹　張　岩　張金環　張　磊

張學光　程　静　楊　新　楊衛紅　趙丙芳　劉金芝

劉　毅　劉繼剛　劉繼輝　謝　岡　謝　敬　蘇　虹

參編單位及人員：

天津市南開區圖書館：周海雲　張金水　趙　猛

天津市和平區圖書館：曹鑒非　梁　岩

天津市河東區圖書館：石　音

天津市紅橋區圖書館：王鑫磊

天津市武清區圖書館：葛　艷

天津市濱海新區塘沽圖書館：李　遠　蔡一暢　喬　晶

天津師範大學圖書館：王和英　付　莉　李艷蕊　夏　軍　牛甲芝

中共天津市委黨校圖書館：黄原原

天津市醫學科學技術信息研究所圖書館:谷　琳

天津醫學高等專科學校圖書館:張　亮

天津中醫藥大學圖書館:曹　亭　董利利　王春峰　張　君

天津大學圖書館:曹鐵娃

天津社會科學院圖書館:侯海寧　王翠華　丁翀堯　萬亞萍
王　芳　孫書祥　朱曉萍　劉文智　范慧琴　楊　樺
趙雲利　郭以正　徐寶春　黄　寧

天津博物館:劉慧琳　何海珊　都新紅　趙元升　王　璐
王會娟　賀培珊

天津中醫藥大學第一附屬醫院圖書館:張曉研　曾　萍
馬　琳　劉慶忠　張　莉

元明清天妃宫遺址博物館:王　菁

千牛山莊:劉繼輝

蠹齋:王振良

寶林齋:韓寶林

《天津市十九家收藏單位古籍普查登記目録》

前言

一、歷史上天津地區的古籍流傳概述

對一個地區進行古籍普查，首先搞清楚這個地區現藏古籍的授受源流、來龍去脈，這對一般古籍普查工作來講頗有助益。

我們認爲，一個地區現在的古籍遺存，與該地區歷史上的藏書狀況有着密不可分的因果關係。天津建城很晚，不過600多年，此前的藏書無從談起。近代中國發生的重大事件多與天津有關，時有"近代百年看天津"的説法，此言甚是，而藏書亦然。近代天津，門户洞開，西方列强用長槍大炮打入天津，英法德日等九國劃出了自己的租界地，天津被迫開放成爲商埠，政治、經濟、文化及市區範圍有了很大發展。由於天津"當河海之要衝，爲畿輔之門户"，在政治上具有特殊地位。因此，一些有錢有勢人士，諸如富商巨賈、政客名流、遺老闊少等紛紛雲集津門，而大量古籍也以不同渠道，源源不斷流入天津。天津市場書源不斷，那些具有過人眼力、囊有餘錢的藏家如魚得水，各顯其能，購藏善本，由此造就了一批在全國赫赫有名的藏書大家。

歷史上，天津地區的藏書環境甚好，具備三個有利條件：

一是具備書源市場。古書屬於紙質文獻，不便保留。凡遇兵燹水火，百不一存。傳本日少，得者不易。各地書友，尤其是山東、北京、河北等天津周邊省份和地區的書友，知道天津這個地方可以接收分量重、書價高的善本古籍，故紛紛攜篋入津，推銷自己手中的孤本秘笈。例如：山東聊城楊氏海源閣宋元善本，其後人攜書到津求售，很快被瓜分，屬於這類例子。

二是具備識書眼力。古書内容浩博，經史子集四部，無所不包。各部精髓，版刻特色，曉者不易。一部古籍，其在歷史文物、學術資料和版刻藝術等方面的價值如何，是三者咸備，抑或祇具其一其二，在持書過眼時，祇有做出準確判斷，纔能瞭然於胸，書歸齋中無遺憾。早年，天津古籍書店張振鐸經理，在故紙堆裏檢出驚人秘笈宋版《周曇詠史詩》，就屬於這類例子。

三是具備購書財力。孤本秘笈罕覯，偶露峥嶸，身價不菲；而大宗古籍，量大體重，非家有餘錢者不能接手。有些善本古籍，秘傳於世，或在藏家之間遞傳，或深藏書

樓，秘不示人。這些書有朝一日面世，書友往往索價奇昂，這時就看誰有財力取書。例如：早年藏書家周叔弢先生就用珍藏的一百部明版書易錢後，購藏了一部宋版書《春秋經傳集解》，屬於這類例子。

在雷夢辰先生的《津門書肆記》一書中，有《近代天津私人藏書述略》一文，是作者在從事古書業40年間隨筆輯録下來的50多位藏書家事迹。天津過去的藏書家，大多具備上述這三個條件。下面略舉數例：

周叔弢先生，是一位名重海内外的藏書大家。他"貌婉而神清，才敏而志定，淡聲色，薄滋味，寡氣矜，畏榮進，怡然淡然，若與世無競者"（引藏書家傅增湘語，見《周君叔弢勘書圖序》）。弢翁藏書，繼承了我國傳統藏書的路子，選格極高，所得珍本秘笈，儲於自莊嚴堪，均具"五好標準"，宋槧元刊、稿抄校本，琳琅滿架。弢翁後舉所藏，無償捐獻國家。數百部宋槧元刊、稿抄校本，捐贈政府，遂成國家圖書館的鎮館之寶；200餘卷敦煌經卷，捐贈天津博物館；數萬冊清刻及活字印本古籍，捐贈天津圖書館。這些都極大地充實了各館藏書並提升館藏文獻價值。

任鳳苞先生在民國時期收藏明清方志不遺餘力，闢天春園書樓珍藏明清方志3000多種，遂爲私家藏志之巨擘，其藏志量大質精，與當時"國立圖書館"不相伯仲。在天津解放前夕，曾遭日人覬覦。爲避免"皕宋之厄"，在周叔弢先生游説下，任先生毅然決定，舉獻市政府，使這些方志成爲天津圖書館特色藏書之一。

嚴修是籌建直隸圖書館（現天津圖書館的前身）時的積極捐書人之一，曾先後三次捐獻自己的大量藏書。其手稿幾乎全部入藏天津圖書館。爲早年天津圖書館對社會開放做出了重要貢獻。近年我們曾編印《嚴修遺稿》，爲學界深入研究這位近代教育家、書法家、藏書家的事迹提供了第一手珍貴歷史文獻。在參加全市古籍普查工作時，在一位藏書家手裏，意外發現了嚴修詩文稿本。這冊手稿，端楷繕寫，頗爲精緻。這是進行民間古籍普查時的一個發現。

王襄與王懿榮兩位先生被學術界譽爲"甲骨文之父"。王襄先生研究甲骨文富有成果，撰有多部甲骨文研究專著，悉數入藏天津圖書館。其哲嗣王翁儒、王巨儒先生整理遴選這些珍貴遺稿，編成《王襄著作選集》，爲世人深入開展甲骨文研究提供了珍貴文獻。天津圖書館藏有王懿榮先生編撰《福山王氏家藏稿》《王文敏公經進稿》及《王懿榮書札》等多部稿本，其中《海岱人文冊目》一稿，數年前被山東大學編入了《山東文獻集成》，廣傳於世。

金鉞先生藏書之外，兼善刻書。他在北京文楷齋所刻之木版原物，入藏天津圖書館。金鉞刻書的原始檔案資料，盡數由李世瑜先生收藏。李世瑜先生學有專長，早年深入河北和山東民間，實地研究明末清初民間宗教文獻——寶卷，成果顯著。一部《寶卷綜録》，奠定了其在民間宗教研究領域的領先地位。天津圖書館珍藏的一批價值極高的明末清初雕版印製的寶卷，就是李先生早年配合市政府從北郊宜興埠一個廟中收繳上來的，這批早期寶卷遂成天津圖書館特色藏書之一。李世瑜先生生前，曾將自己珍藏的金鉞刻書原始檔案，轉讓天津圖書館，爲我們了解金鉞刻書情況提供了文獻依據。

早年的這些私家藏書，大多留在了本地，成爲各類型圖書館所藏古籍的組成部分，有些分量很重的古籍，還成爲鎮館之寶，爲此次古籍普查工作和《古籍普查登記目録》增色添彩。

二、如何開展天津地區古籍普查登記工作

（一）召集天津地區收藏古籍的各類型圖書館（其中也包括博物館和私人藏書館）負責人和古籍業務骨幹，一起學習國家文化部組織專家制定的《全國古籍普查工作方案》，充分認識古籍普查工作的重要性及其意義。

《全國古籍普查工作方案》包括四項規定：一、普查範圍和内容；二、工作機構與任務分工；三、工作步驟；四、工作要求。天津市古籍保護中心發揮職能作用，協調組織各館，參加這項古籍普查工作。我們認爲，現在國家重視古籍，出臺並在全國範圍内推行"中華古籍保護計劃"，這是各類型圖書館千載難逢的機遇，既不能視而不見，也不能消極抵觸，更不能妄自尊大，自以爲是，游離於此項工作之外。應該振作起精神，全國一盤棋，與大家一道，完成這個重任。在完成了這個具有國家意義的十分重要的古籍普查登記工作之後，接着再開展本館具有研究性的相關工作，則顯得順理成章。例如：據此可以編製館藏善本古籍圖録、善本古籍題跋及善本古籍藏印，等等。否則屬於本末倒置，於公於私不利。

（二）採取措施全面開展古籍普查登記工作

爲了有效開展館藏古籍普查登記工作，我們到轄區各館進行了實地走訪調研。我們發現，各館在古籍收藏基礎條件、古籍收藏數量、從業人員數量、古籍專業人員水準，以及參與這項工作的態度等方面存在較大差異。我們經過分析研究，並根據實際工作需要，採取了以下具體措施：

1. 按照國家古籍保護中心要求，制定《天津市古籍普查登記工作方案》。《方案》主要條款如下：

（1）整合天津地區各館古籍書目數據；

（2）市古籍保護中心負責審校天津地區《古籍普查登記目録》；

（3）市古籍保護中心向國家古籍保護中心提交天津地區《古籍普查登記目録》。

2. 根據各館不同情況，採取不同策略，開展古籍普查登記工作。

（1）能夠獨立開展館藏古籍普查登記工作的圖書館，我們對其提出具體時間和任

務要求，放手讓他們自己去做。我們主要負責日常督促和檢查工作。這類圖書館包括南開大學圖書館、天津師範大學圖書館、天津中醫藥大學圖書館及天津市醫學科學技術信息研究所圖書館等，大多是高校館，古籍專業人員的業務水準較高，有多年積累的編目實踐經驗，完成的編目質量也較高。

（2）基本可以開展館藏古籍普查登記工作的圖書館，我們除了對其提出具體時間和任務要求外，加大督促和檢查力度，不定期到這些館對有疑點的書目數據有針對性地進行復核，同時借機對參加普查工作的人員進行業務輔導。這些館包括濱海新區塘沽圖書館、南開區圖書館、和平區圖書館、河東區圖書館及武清區圖書館等區縣圖書館。參加普查工作的人員，大多是兼職人員，用一部分精力參加這項工作。他们在編目實踐工作中，編目水準也在不斷提高，逐步成爲本市古籍普查工作的業務骨幹。

（3）無力完成館藏古籍普查登記工作的圖書館，主要原因一是專業不對口，員工没有參加過古籍編目培訓和日常古籍編目工作；二是員工數量少，不能在規定期限内完成任務量較大的工作。這類單位包括天津博物館、天津社會科學院圖書館。我們根據這種實際情況，從市館和已經完成普查登記目録的其他館中，挑選數名古籍業務骨幹，直接派到這些館，從頭至尾，將該館所藏全部古籍進行撒網式普查，對每一部古籍進行整理、編目和數據録入。同時，對該館參編人員進行傳幫帶，這樣做的益處明顯，在保質保量完成任務的同時，也不斷提高自身的業務水準。

三、天津地區古籍普查登記工作完成情況

天津市古籍普查登記工作，在各館全力支持、參與和配合下，按照計劃圓滿完成任務。兹將天津地區各館古籍普查登記工作完成情况列表如下：

天津市古籍普查登記數據統計表（截止時間 2015 年 11 月 2 日）

序號	單位名稱	普查登記代碼	書目數據（條）
1	天津圖書館	0301	31821
2	天津市南開區圖書館	0302	218
3	天津市和平區圖書館	0303	242
4	天津市河東區圖書館	0304	309
5	天津市紅橋區圖書館	0305	25
6	天津市武清區圖書館	0306	248
7	天津市濱海新區塘沽圖書館	0307	1006
8	南開大學圖書館	0341	11134
9	天津師範大學圖書館	0342	5799
10	中共天津市委黨校圖書館	0343	415

續表

序號	單位名稱	普查登記代碼	書目數據(條)
11	天津市醫學科學技術信息研究所圖書館	0344	379
12	天津醫學高等專科學校圖書館	0345	942
13	天津中醫藥大學圖書館	0347	1868
14	天津大學圖書館	0348	20
15	天津社會科學院圖書館	0361	2480
16	天津博物館	0381	2744
17	天津中醫藥大學第一附屬醫院圖書館	0391	469
18	元明清天妃宫遺址博物館	0393	58
19	千牛山莊	C001	48
20	蠹齋	C002	12
21	賨林齋	C003	59
			60296

根據上表統計,天津地區古籍普查數量共計60296部,參加單位或個人凡21家。其中,最多一家是天津圖書館31821部,最少一家是蠹齋12部。通過普查,我們發現,各家藏書多少與其自身業務發展和歷史變遷有着直接關係。

天津圖書館的前身是建成於清光緒三十四年(1908)的直隸圖書館。建館伊始,當時的滿漢官吏、藏書家紛紛捐書,奠定了本館藏書基礎。嗣後,南開大學創始人之一、近代著名教育家嚴修先生先後三次捐書,充實館藏。本館通過四方徵集、出資採購及接收藏家捐獻等渠道,陸續獲得一些歷史文獻。尤其是先後接收了幾位重量級私人藏書家的捐獻,包括自莊嚴堪周叔弢先生捐獻四部明清善本古籍、天春園任鳳苞先生捐獻明清地方志、濠園徐世章先生捐獻明清内府刻本、蠹齋周紹良先生捐獻明清小説等,極大地豐富了館藏,這些藏書家的善舉令我們後人敬仰,我們時刻懷念他們。經過百年發展,天津圖書館已經形成了以明清善本、方志、小説及民間宗教文獻爲特色的古籍藏書體系。館藏歷代古籍54萬冊,成爲全國十大古籍收藏館之一。館藏1912年以前的古籍31821部,1912年以後的民國時期印製的綫裝書26541部。天津圖書館遂成全市最大一家古籍收藏單位。按照國家古籍保護中心提出的館藏超過8000部古籍可以独立編輯出版《古籍普查登記目録》的規定,《天津圖書館古籍普查登記目録》於2014年1月由國家圖書館出版社出版,在全國範圍内這部目録成爲首部出版的普查登記目録。

1919年10月,南開大學建校,圖書館亦隨之籌建。建館之初,社會各界人士捐書捐資予以襄助,館藏日漸豐富。校董嚴修先生率先垂範,數次捐出珍藏典籍;社會賢達李組紳先生捐獻整套《古今圖書集成》和珍善本千餘冊;天津著名藏書家李典臣先生捐贈家藏經史子集、叢書及碑帖達7萬餘冊,内多珍籍;盧木齋先生捐建圖書館,贈予圖書,國民政府教育部特授一等獎狀。至抗戰前夕,館藏達20萬册,古籍多爲"延古堂李氏舊藏",宋元刊本及其他較好版本有數百種之多。然而,"七七事變",天津淪陷,昔日美麗寧静的南開校園慘遭日本侵略者鐵蹄踐踏,圖書館藏書除少量運出,未及轉移書籍悉數遭侵略者焚毁劫掠。抗戰勝利後,雖有少部分圖書通過外交途徑追回,但珍善本古籍仍杳無音訊,不禁令人扼腕嘆息!南開大學圖書館現藏綫裝文獻25萬餘册,是經過幾代圖書館人苦心收集累積保存下來的珍貴館藏。所藏綫裝文獻不僅要籍咸備,且不乏精刻名抄,萃聚了近代大江南北諸多藏家的珍稀藏品,具有較高的收藏價值和學術價值,如寧波天一閣、山東海源閣、丁氏八千卷樓、朱氏結一廬、徐氏積學齋、天津研理樓等大家散出故物,還有清代到民國如朱彝尊、吳翌鳳、何紹基、莫友芝、潘友芝、潘祖蔭、吳重熹、繆荃孫、端方、羅振玉、丁福保、葉德輝、傅增湘、潘景鄭、秦更年等諸藏家的舊籍。除此之外,近代外交官顔惠慶,學者徐鶴橋、謝國楨、楊石先、鄭天挺等先生所贈綫裝文獻,内多經史書籍;近代著名藏書家周叔弢先生所贈數量最多,其中既有周氏師古堂自刻書籍,亦有明清舊刻,極大豐富了綫裝文獻收藏。因此,南開大學圖書館的綫裝文獻,無論是數量還是質量,在天津地區高等院校中都是首屈一指的。目前,《南開大學圖書館古籍普查登記目録》已出版。

天津師範大學圖書館館藏古籍綫裝書1萬餘種,15萬餘册;其中明清古籍近6000種,8萬餘册;善本古籍1200餘種,1萬餘册。數百種古籍被列入《中國古籍善本書目》。天津師範大學館藏古籍來源有三:

一是自主購買。自1958年建校以來,校領導和館領導一直高度重視古籍資源建設,圖書館特藏部專家雲集、慧眼識珠,親自深入新華書店古籍部内部書庫和北京琉璃廠古籍書店選購古籍。通過認真的鑒别,專家們購得了大量具有很高文物、文獻、藝術價值的古籍珍本,爲天津師範大學圖書館古籍資源建設奠定了堅實的基礎。至1959年底,天津師範大學圖書館館藏綫裝書已達4萬册,至"文革"前夕已近10萬册。除了照顧當時的教學應用,專家們還搜集了很多科研需用的古籍,包括各種工具書、地方志、詩文集、小説和歷史文献等,在版本方面,也適當收集了一些明版書和其他善本書。

二是校區資源整合。隨着天津師範大學校區整合的開展,天津教育學院、天津師範高等專科學校、天津市楊村師範專科學院的古籍逐步納入八里臺圖書館特藏部統一管理,並編製了詳細的目録。近年來,在學校的統籌安排下,各個二級學院的古籍藏品也紛紛收歸學校圖書館特藏部管理,形成了今天天津師範大學古籍的規模。

三是各方捐贈。建館以來,很多私人藏家看重天津師範大學圖書館對古籍的良好管理,因此將古籍藏品捐贈給圖書館。例如,該館收藏的一份珍貴的毛公鼎拓片,便是毛公鼎曾經的收藏者陳介祺先生的後人陳繼揆先生捐獻的。另外,2010年,天津市教育委員會將两萬餘册綫裝古籍捐贈給天津師範大學圖書館收藏,其中不乏明清時期的珍貴版本。

天津博物館是一家大型專業博物館。2004 年 12 月 20 日,天津博物館落成開放,該館是由天津市歷史博物館與天津市藝術博物館合併而成,並於友誼路 31 號建設了新的館址。始於 1916 年的天津博物院籌備處、始於 1915 年的天津社會教育辦事處、始於 1930 年的天津市市立美術館,歷經几十年的漫長歲月,終於走進了一個新的結合點——天津博物館。該館收藏歷史文獻 20 萬册,其中隋唐時期寫本多達 300 餘卷,大部分是由藏書家周叔弢先生和張叔誠先生捐獻的,成爲此次普查成果亮點之一。周叔弢、張叔誠捐獻的敦煌遺書,不僅保存完好,還多是首尾完整的全卷,而且特别珍貴的是,其中有的是孤本,有的注有年款和出處。館藏敦煌遺書中,除大量佛經外,還有俗文學、文書、民族文字和道教的一些經卷,其對佛學、古敦煌的歷史和文化以及中國書法藝術的研究具有非常重要的價值。國家圖書館藏有包括過去從京師圖書館移交過來的敦煌遺書上萬件,可惜大多是殘卷。爲此,上海古籍出版社於 1997 年 6 月,專門影印出版了一部七册的《天津市藝術博物館藏敦煌文獻》。

天津中醫藥大學圖書館是天津最大的一所醫學專業圖書館,收藏醫學類古籍 1868 部。中醫藥學是一座偉大的寶庫,其中的寶藏就藴含在浩如煙海的中醫古籍之中。該館經過數十年的搜集整理及接受部分已故老中醫捐獻,圖書館的中醫古籍已形成了豐富多彩的藏書特色,在華北地區占有重要地位。尤其是館領導十分重視中醫古籍的整理與編目工作,除了獨立完成此次普查工作外,還在市政府協調下,組織全市收藏醫學古籍的天津市醫學科學技術信息研究所圖書館、天津醫學高等專科學校圖書館、天津中醫藥大學第一附屬醫院圖書館,以及天津大學圖書館、南開大學圖書館等圖書館,聯合編輯完成《天津市中醫圖書聯合目録》。這部醫學古籍專題書目,是此次全市古籍普查工作取得的又一個成果。

天津醫學高等專科學校是於 1998 年由天津市職工醫學院和天津市護士學校合併,2002 年經教育部批准成立的。天津市職工醫學院前身是天津市中醫學校。所藏古籍均爲原中醫學校所有。在普查工作之前,天津醫學高等專科學校圖書館已經編成《天津醫學高等專科學校圖書館藏古籍目録》。

武清區圖書館收藏的古籍圖書主要來自有關單位的撥交和私家捐獻。通過普查得知,該館收藏古籍總計 371 種,752 函 6090 册。按照經、史、子、集分爲四大部類,内容設 41 個類目,大多數是我國流傳較廣的歷史類重要典籍。這些古籍中有善本 54 種,占古籍總數的 14%。尤其珍藏了武清籍學者劉坦先生手稿 17 種,這些善本古籍頗具價值,成爲館藏中的精品。2003 年 10 月,著名書畫家劉炳森先生還爲該館捐贈了 820 册影印的百衲本二十四史。

和平區圖書館館藏古籍主要來源有兩方面：一爲區内古籍上繳到區圖書館，其中部分爲“文革”時期上繳；另一來源爲從和平區博物館調撥。原和平區博物館撤併後，其館藏古籍統一送至區圖書館收藏。濱海新區塘沽圖書館館藏古籍主要來自天津圖書館的複本調撥，其中包括不少善本古籍。紅橋區圖書館古籍主要來源於20世紀50年代建館初期從新華書店購置的部分古籍藏書，1956年建館時承接天津廣智館部分古籍藏書，70年代又從天津古籍書店購入了一批古籍藏書。其他幾家區縣圖書館的藏書來源大致相同。

四、開展古籍普查登記工作、編製《古籍普查登記目録》的意義和功用

全國古籍普查登記工作，是“中華古籍保護計劃”的首要任務，通過普查，形成《全國古籍普查登記目録》，將清理我國古籍家底，形成全國古籍的一份“固定資產賬目”，爲古籍保護、研究和利用提供重要依據。

天津圖書館率先完成館藏古籍普查登記工作，並編輯出版《天津圖書館古籍普查登記目録》，標志着全國古籍普查登記工作進入了成果揭示階段。繼《天津圖書館古籍普查登記目録》之後，天津地區古籍普查登記工作又相繼取得兩項成果：一是出版了《南開大學圖書館古籍普查登記目録》，二是完成了《天津市十九家收藏單位古籍普查登記目録》。前者是南開大學圖書館一家的古籍普查登記目録成果；後者是包括了天津師範大學在内的19家單位和個人的藏書總合。這標志着天津市古籍保護中心按照計劃，完成了本地區古籍普查登記工作。

（一）開展古籍普查登記工作、編製《古籍普查登記目録》的意義

1. 摸清各館家底。

天津地區有21家藏書單位和個人參加了古籍普查登記工作，收録古籍數量爲60296部。按照國家古籍保護中心的規定和著録方式，一部書一個身份證號，逐部書核查登記，做到“手檢目驗”原書。完成古籍普查登記工作的同時，也就摸清了各館收藏古籍的家底，結束了館藏古籍長期以來“誰也説不清”的局面。這爲妥善保管，防止外流，提供了重要保證。

2. 建成館藏古籍財產賬。

通過普查，完成編目，實際上也就建成了館藏古籍的財產賬。因爲古籍具有歷史文物價值、學術資料價值和版刻藝術價值，在館藏中，古籍分量最重，價值最高。這份古籍財產賬的建成，成爲各館固定資產的重要組成部分，從而結束了館藏古籍没有財產賬的歷史。

3. 填補了各館目録編製工作方面的一項業務空白。

編製《古籍普查登記目録》，是各館目録編製方面的一項基礎建設工作。此前未

曾做過，是首次取得的一項重要業務成果，從這個角度來看，這項工作填補了各館目録編製工作方面的一項業務空白。

4. 標志着全國古籍普查登記工作進入了成果揭示階段。

天津地區在全國範圍内率先完成本地區古籍普查工作，並相繼編輯出版三種《古籍普查登記目録》，標志着全國古籍普查登記工作進入了成果揭示階段。在全面實施"中華古籍保護計劃"工作中，這個成果具有里程碑意義。

（二）編製《古籍普查登記目録》的功用

1. 便於各館開展古籍保護工作。

編製《古籍普查登記目録》，最重要的意義在於目驗原書。通過這個目録，便於開展各項古籍保護工作。例如：通過這個目録，便於開展原生性古籍保護工作。知道館藏古籍的破損程度，可以有計劃安排修復工作；通過這個目録，便於開展再生性古籍保護工作。得知館藏古籍價值之所在，可以挖掘整理出版館藏善本古籍，使館藏古籍化身千百，爲廣大讀者充分利用，從而有效地保護了原版古籍；通過這個目録，可以了解館藏古籍安全情况，因爲一部書一個號，在目録上可檢其書，在書架上可見其書，準確反映此書的安全狀況，從而有效保護原版古籍。這是分類目録等其他目録所不具備的、更是不可替代的一個十分重要的功能。

2. 便於讀者利用館藏古籍文獻。

對館藏古籍進行普查編目，是揭示館藏的一種手段，但不是最終目的。其最終目的是爲了科學管理和合理利用。編製《古籍普查登記目録》，使讀者對館藏古籍有了一個全面了解和認識，按圖索驥，調閱館藏，節省時間，提高效率，甚便讀者。

3. 爲編製《中華古籍總目·天津卷》奠定基礎。

由於要求古籍普查需要做到"手檢目驗"原書，所以，每種古籍的著録一般來説應該是準確無誤的。在此基礎上，利用這個書目數據，編製《中華古籍總目·天津卷》，數據可靠，編目質量有保障。所以説，天津地區古籍普查登記成果，爲編製《中華古籍總目·天津卷》奠定了物質基礎。

天津市古籍保護中心
2015 年 11 月

目　録

上冊

《天津市十九家收藏單位古籍普查登記目録》編委會 …… 1
《天津市十九家收藏單位古籍普查登記目録》前言 …… 1
天津市南開區圖書館古籍普查登記目録
120000－0302－0000001 至 0000218（古籍普查登記編號） …… 1
天津市和平區圖書館古籍普查登記目録
120000－0303－0000001 至 0000242（古籍普查登記編號） …… 15
天津市河東區圖書館古籍普查登記目録
120000－0304－0000001 至 0000309（古籍普查登記編號） …… 29
天津市紅橋區圖書館古籍普查登記目録
120000－0305－0000001 至 0000025（古籍普查登記編號） …… 47
天津市武清區圖書館古籍普查登記目録
120000－0306－0000001 至 0000248（古籍普查登記編號） …… 51
天津市濱海新區塘沽圖書館古籍普查登記目録
120000－0307－0000001 至 0001006（古籍普查登記編號） …… 65
天津師範大學圖書館古籍普查登記目録
120000－0342－0000001 至 0005799（古籍普查登記編號） …… 115
中共天津市委黨校圖書館古籍普查登記目録
120000－0343－0000001 至 0000415（古籍普查登記編號） …… 381
天津市醫學科學技術信息研究所圖書館古籍普查登記目録
120000－0344－0000001 至 0000379（古籍普查登記編號） …… 403

中册

天津醫學高等專科學校圖書館古籍普查登記目録

120000－0345－0000001 至 0000942（古籍普查登記編號）…… 1

天津中醫藥大學圖書館古籍普查登記目録

120000－0347－0000001 至 0001868（古籍普查登記編號）…… 43

天津大學圖書館古籍普查登記目録

120000－0348－0000001 至 0000020（古籍普查登記編號）…… 125

天津社會科學院圖書館古籍普查登記目録

120000－0361－0000001 至 0002480（古籍普查登記編號）…… 129

天津博物館古籍普查登記目録

120000－0381－0000001 至 0002744（古籍普查登記編號）…… 243

天津中醫藥大學第一附屬醫院圖書館古籍普查登記目録

120000－0391－0000001 至 0000469（古籍普查登記編號）…… 367

元明清天妃宫遺址博物館古籍普查登記目録

120000－0393－0000001 至 0000058（古籍普查登記編號）…… 391

千牛山莊古籍普查登記目録

120000－C001－0000001 至 0000048（古籍普查登記編號）…… 397

蠹齋古籍普查登記目録

120000－C002－0000001 至 0000012（古籍普查登記編號）…… 401

寶林齋古籍普查登記目録

120000－C003－0000001 至 0000059（古籍普查登記編號）…… 405

下册

《天津市南開區圖書館古籍普查登記目録》書名筆畫字頭索引 …… 1

《天津市南開區圖書館古籍普查登記目録》書名筆畫索引 …… 5

《天津市和平區圖書館古籍普查登記目録》書名筆畫字頭索引 …… 9

《天津市和平區圖書館古籍普查登記目録》書名筆畫索引 …… 13

《天津市河東區圖書館古籍普查登記目録》書名筆畫字頭索引 …… 17

《天津市河東區圖書館古籍普查登記目録》書名筆畫索引 …… 21

《天津市紅橋區圖書館古籍普查登記目録》書名筆畫字頭索引 …… 27

《天津市紅橋區圖書館古籍普查登記目録》書名筆畫索引 …… 29

《天津市武清區圖書館古籍普查登記目録》書名筆畫字頭索引 …………………………… 31
《天津市武清區圖書館古籍普查登記目録》書名筆畫索引 ………………………………… 35
《天津市濱海新區塘沽圖書館古籍普查登記目録》書名筆畫字頭索引 ………………… 41
《天津市濱海新區塘沽圖書館古籍普查登記目録》書名筆畫索引 ……………………… 47
《天津師範大學圖書館古籍普查登記目録》書名筆畫字頭索引 ………………………… 63
《天津師範大學圖書館古籍普查登記目録》書名筆畫索引 ……………………………… 79
《中共天津市委黨校圖書館古籍普查登記目録》書名筆畫字頭索引…………………… 163
《中共天津市委黨校圖書館古籍普查登記目録》書名筆畫索引………………………… 167
《天津市醫學科學技術信息研究所圖書館古籍普查登記目録》書名筆畫字頭索引……… 175
《天津市醫學科學技術信息研究所圖書館古籍普查登記目録》書名筆畫索引………… 179
《天津醫學高等專科學校圖書館古籍普查登記目録》書名筆畫字頭索引……………… 185
《天津醫學高等專科學校圖書館古籍普查登記目録》書名筆畫索引…………………… 189
《天津中醫藥大學圖書館古籍普查登記目録》書名筆畫字頭索引……………………… 203
《天津中醫藥大學圖書館古籍普查登記目録》書名筆畫索引…………………………… 209
《天津大學圖書館古籍普查登記目録》書名筆畫字頭索引……………………………… 235
《天津大學圖書館古籍普查登記目録》書名筆畫索引…………………………………… 237
《天津社會科學院圖書館古籍普查登記目録》書名筆畫字頭索引……………………… 239
《天津社會科學院圖書館古籍普查登記目録》書名筆畫索引…………………………… 251
《天津博物館古籍普查登記目録》書名筆畫字頭索引…………………………………… 287
《天津博物館古籍普查登記目録》書名筆畫索引………………………………………… 299
《天津中醫藥大學第一附屬醫院圖書館古籍普查登記目録》書名筆畫字頭索引……… 339
《天津中醫藥大學第一附屬醫院圖書館古籍普查登記目録》書名筆畫索引…………… 343
《元明清天妃宫遺址博物館古籍普查登記目録》書名筆畫字頭索引…………………… 351
《元明清天妃宫遺址博物館古籍普查登記目録》書名筆畫索引………………………… 353
《千牛山莊古籍普查登記目録》書名筆畫字頭索引……………………………………… 355
《千牛山莊古籍普查登記目録》書名筆畫索引…………………………………………… 357
《蠹齋古籍普查登記目録》書名筆畫字頭索引…………………………………………… 359
《蠹齋古籍普查登記目録》書名筆畫索引………………………………………………… 361
《寶林齋古籍普查登記目録》書名筆畫字頭索引………………………………………… 363
《寶林齋古籍普查登記目録》書名筆畫索引……………………………………………… 365

天津市南開區圖書館古籍普查登記目録

全國古籍普查登記目録

國家圖書館出版社
National Library of China Publishing House

120000－0302－0000001　X/Z225/1

子史精華一百六十卷　（清）吴士玉等輯　清文會堂刻本　十三册　存七十二卷（一至四十五、五十五至八十一）

120000－0302－0000002　X/B229/1

周易十卷　（三國魏）王弼註　清末影印本　三册

120000－0302－0000003　X/H114.9/2

詩韻含英四卷　（清）劉文蔚輯　清刻本　四册

120000－0302－0000004　X/R271/3

濟陰綱目十四卷　（清）武之望輯著　清雍正六年（1728）刻本　六册

120000－0302－0000005　X/K225.4/2

春秋左傳杜注三十卷　（清）姚培謙撰　清乾隆十一年（1746）陸氏小鬱林刻本　十六册

120000－0302－0000006　X/K225.4/5

文章練要十卷　（清）王源評訂　清乾隆九年（1744）居業堂刻本　六册

120000－0302－0000007　X/I214.82/2

新刻張太岳先生文集四十七卷　（明）張居正著　（明）雷思霈　（明）馬啟圖校刊　清刻本　十六册

120000－0302－0000008　X/K225.4/4

春秋大事表五十卷　（清）顧楝高纂輯　（清）方苞鑒定校閲　清乾隆十三年（1748）萬卷樓刻本　一册　存一卷（一）

120000－0302－0000009　X/H114.9/1

對類便讀六卷首一卷　（清）程錫類編輯　（清）葉良儀刪訂　清康熙四十六年（1707）蘇州緑慎堂刻本　四册

120000－0302－0000010　X/R249.49/2

嵩厓尊生書十五卷　（清）景日昣撰　清刻本　八册

120000－0302－0000011　X/B992.2/1

秘藏大六壬大全善本十三卷　（清）郭載騋校訂　清康熙四十三年（1704）懷慶楊衙刻本　七册　存七卷（一至七）

120000－0302－0000012　X/I214.91/1

憑山閣增定留青全集二十四卷　（清）陳枚選輯　（清）李汾參訂　清康熙二十三年（1684）刻本　八册　存四卷（一至四）

120000－0302－0000013　X/K204.3/4

尺木堂綱鑑易知錄九十二卷明紀十五卷　（清）吴乘權　（清）周之炯　（清）周之燦輯　清初刻本　四十册　存九十卷（一至九十）

120000－0302－0000014　X/I222.749/6

漁洋山人精華錄箋注十二卷　（清）王士禛撰　（清）金榮箋注　清刻本　五册

120000－0302－0000015　X/I26/13

古文釋義新編八卷　（清）余誠評註　清乾隆二十七年（1762）三槐堂刻本　一册　存一卷（一）

120000－0302－0000016　X/K204.3/11

綱鑑大全三十九卷首一卷　（明）王世貞會纂　清刻本　四十册

120000－0302－0000017　X/B222.1/3

奎壁四書十九卷　（宋）朱熹集注　清宣統三義堂刻本　六册

120000－0302－0000018　X/B222.1/1

四書朱子本義匯參四十七卷　（清）王步青輯　清嘉慶十八年（1813）敦復堂刻本　八册　存十三卷（大學首一卷、一至三，中庸首一卷、一至六，論語首一卷、一）

120000－0302－0000019　X/B222.1/3

奎壁四書十九卷　（宋）朱熹集注　清宣統三義堂刻本　六册

120000－0302－0000020　X/B222.1/2

論語最豁集四卷　（清）劉珍輯　清末久敬齋書局石印本　四册

120000－0302－0000021　X/B244.7/1

古香齋新刻袖珍御纂朱子全書六十六卷　（宋）朱熹纂　（清）李光地輯　清光緒古香齋刻本　十七册　存三十二卷（一至三十二）

120000－0302－0000022　X/B222.1/4
四書大全摘要□□卷　(清)李武纂輯　清刻本　十二冊　存七卷(孟子一至七)

120000－0302－0000023　X/B244.7/2
御纂朱子全書六十六卷　(宋)朱熹撰　清淵鑒齋刻本　七冊　存十五卷(十八至三十二)

120000－0302－0000024　X/B828/3
三字經註解備要二卷　(宋)王應麟著　(清)賀興思註解　清光緒十二年(1886)刻本　一冊

120000－0302－0000025　X/B222.1/6
中庸衍義十七卷　(明)夏良勝撰　清同治十年(1871)刻本　五冊　存八卷(一至八)

120000－0302－0000026　X/B222.1/11
新訂四書補註備旨十卷　(明)鄧林手著　(清)杜定基增訂　清光緒善成堂刻本　八冊

120000－0302－0000027　X/B224/1
墨子閒詁十五卷目錄一卷附錄一卷　(清)孫詒讓注　清末鉛印本　四冊　存十卷(四至十、十五,目錄一卷,附錄一卷)

120000－0302－0000028　X/B828.3/1
重刻添補傳家寶俚言新本初集八卷二集八卷三集八卷四集八卷　(清)石成金著　清末石印本　十二冊

120000－0302－0000029　X/B222.1/13
四書離句集註□□卷　(宋)朱熹章句　清光緒五年(1879)刻本　一冊

120000－0302－0000030　X/B222.2/1
新刊聖跡圖　(□)□□撰　清同治十三年(1874)刻本　一冊

120000－0302－0000031　X/B222.1/7
四書釋文□□卷　(清)何焯考訂　(清)梅寶璐　(清)楊光儀校字　清光緒十四年(1888)天津文美齋刻本　一冊

120000－0302－0000032　X/B222.2/5
孔子集語十七卷　(清)孫星衍撰　清光緒二十三年(1897)文瑞樓鉛印本　一冊　存九卷(一至九)

120000－0302－0000033　X/B222.2/4
孔教真理二十章　(春秋)曾參撰　清宣統三年(1911)天津聚文堂刻本　二冊

120000－0302－0000034　X/B992.2/4
周易四卷　(□)□□撰　清末狀元閣刻本　二冊

120000－0302－0000035　X/B992.2/5
卜筮正宗十四卷　(清)王維德輯　清光緒三十年(1904)京都文成堂刻本　六冊

120000－0302－0000036　X/B992.2/6
易經八卷　(宋)程頤傳　清同治五年(1866)金陵書局刻本　一冊　存二卷(一至二)

120000－0302－0000037　X/B992.9/1
增補諏吉便覽不分卷附寶鏡圖一卷滾盤珠一卷　(清)俞榮寬編　清光緒八年(1882)京都寶仁堂刻朱墨印本　六冊

120000－0302－0000038　X/B828.3/2
孝經集注一卷　(□)□□撰　清宣統元年(1909)泊鎮聚元堂刻本　一冊

120000－0302－0000039　X/B979.9/1
四史集十卷　(清)救市堂編　清宣統元年(1909)鉛印本　一冊

120000－0302－0000040　X/B992/2
子平管見集解二卷　(明)雷鳴夏著　清道光二十六年(1846)書業德記刻本　一冊

120000－0302－0000041　X/B992.2/2
易經八卷　(宋)程頤傳　清光緒九年(1883)江南書局刻本　三冊

120000－0302－0000042　X/B992/1
欽定協紀辨方書三十六卷　(清)允祿　(清)李廷耀纂　清刻朱墨印本　八冊　存二十一卷(十六至三十六)

120000－0302－0000043　X/B949.9/1
釋迦如來密行化蹟全譜不分卷　(清)永珊輯　清光緒二十三年(1897)石印本　四冊

120000－0302－0000044　X/B952/1
太上洞玄靈寶高上玉皇本行集經三卷　（□）□□撰　清刻本　二冊　存二卷（中下）

120000－0302－0000045　X/D59/1
列國政要一百三十三卷首一卷　（清）戴鴻慈　（清）端方輯　清光緒三十三年（1907）石印本　二十三冊　存八十六卷（一至十、十五至八十九，首一卷）

120000－0302－0000046　X/D919.4/1
重刊補註洗冤錄集證五卷　（宋）宋慈撰　（清）王又槐增輯　（清）李觀瀾補輯　（清）阮其新補註　清光緒十七年（1891）刻五色套印本　六冊

120000－0302－0000047　X/D929.49/2
大清律例增修統纂集成四十卷督捕則例二卷　（清）沈之奇原註　（清）姚潤纂輯　清末鉛印本　七冊　存十卷（大清律例五至六、二十五、三十一至三十三、三十七至四十）

120000－0302－0000048　X/E271.03/1
訓練操法詳晰圖說　袁世凱編　清光緒二十三年（1897）昌言報館石印本　六冊

120000－0302－0000049　X/E516.3/1
陸操新義四卷　（德國）康貝著　（清）李鳳苞譯　清光緒十年（1884）鉛印本　二冊

120000－0302－0000050　X/E892.25/2
孫子十家註十三卷敘錄一卷遺說一卷　（春秋）孫武撰　（清）孫星衍　（清）吳人驥校　清嘉慶二年（1797）刻本　五冊　存十卷（一至二、六至十三）

120000－0302－0000051　X/E892.25/4
武經三子詳解三卷　（清）艾欽註　（清）許鏘考訂　清刻本　四冊

120000－0302－0000052　X/D929.49/1
玉定金科例誅輯要十卷首一卷末一卷　題梓潼帝君請頒　南天都刦司桂宮武昌侯奉輯　桂宮顯祿侯奉定　清同治十三年（1874）進修堂刻本　十四冊

120000－0302－0000053　X/G529.49/1
欽定學政全書□□卷　（清）□□撰　清刻本　一冊　存五卷（十三至十七）

120000－0302－0000054　X/G804.1/1
幼學操身一卷　（英國）慶丕　（清）翟汝舟撰　清光緒二十一年（1895）會文齋鉛印本　一冊

120000－0302－0000055　X/H131.2/2
爾雅疏二卷　（宋）邢昺挍定　清光緒三十年（1904）影印本　一冊

120000－0302－0000056　X/H113.6/2
五方元音二卷　（清）樊騰鳳撰　（清）年希堯增補　清光緒六年（1880）文盛堂刻本　一冊

120000－0302－0000057　X/H123/2
字學舉隅一卷　（清）龍光甸　（清）龍啟瑞輯　清同治十年（1871）刻本　一冊

120000－0302－0000058　X/H131.2/3
爾雅三卷　（晉）郭璞注　（唐）陸德明音義　清嘉慶二十二年（1817）李光明莊刻本　三冊　存二卷（中下）

120000－0302－0000059　X/H194.1/6
重校蒙學堂字課圖說四卷　（清）劉樹屏編　清光緒二十七年（1901）石印本　三冊　存一卷（二）

120000－0302－0000060　X/H164/1
通俗編三十八卷　（清）翟灝編　清刻本　七冊　存三十三卷（六至三十八）

120000－0302－0000061　X/H131.7/3
四書類典賦六十六卷　（清）甘紱著　清刻本　六冊　存十三卷（十二至二十四）

120000－0302－0000062　X/H194.1/5
澄衷蒙學堂字課圖說四卷　（清）劉樹屏編　（清）吳子城繪圖　清光緒二十七年（1901）上海鴻寶書局石印本　八冊

120000－0302－0000063　X/H163/6
康熙字典　（清）張玉書纂　清末石印本　六冊

120000－0302－0000064　X/H163/5
康熙字典　(清)張玉書等纂　清道光七年(1827)刻本　四十冊

120000－0302－0000065　X/H194.1/3
養蒙針度五卷　(清)潘子聲手定　清末刻本　四冊

120000－0302－0000066　X/I207.21/1
分類詩腋八卷　(清)李楨編　清光緒五年(1879)掃葉山房刻本　四冊

120000－0302－0000067　X/I211/2
重訂文選集評十五卷首一卷末一卷　(南朝梁)蕭統選　(清)于光華編次　清同治九年(1870)刻本　十二冊　存十三卷(一至三、六、八至十二、十四至十五,首一卷,末一卷)

120000－0302－0000068　X/I214.82/3:2
王文成公全書三十八卷　(明)王守仁著　清末刻本　六冊　存十卷(九至十八)

120000－0302－0000069　X/I222/1
十八家詩鈔二十八卷首一卷　(清)曾國藩纂　(清)李鴻章審訂　(清)王定安校　清同治十三年(1874)傳忠書局刻本　二十五冊

120000－0302－0000070　X/I222.2/6
詩經八卷　(宋)朱熹集傳　清末樹德堂刻本　四冊

120000－0302－0000071　X/I222.2/3
詩經八卷　(宋)朱熹集傳　清末刻本　三冊　存四卷(五至八)

120000－0302－0000072　X/I222.2/1
奎壁詩經八卷　(宋)朱熹集傳　清光緒十七年(1891)天津煮字山房刻本　四冊

120000－0302－0000073　X/I214.82/4
龍川文集三十卷辨僞考異二卷附録二卷　(宋)陳亮著　清同治七年(1868)刻本　九冊

120000－0302－0000074　X/I26/4
書業德重訂古文釋義新編八卷　(清)余誠評註　清光緒十七年(1891)三義堂刻本　八冊

120000－0302－0000075　X/I222.7/1
惜抱軒今體詩鈔十八卷　(清)姚鼐選輯　清同治五年(1866)金陵書局刻本　二冊

120000－0302－0000076　X/I222.2/2
欽定詩經傳說彙纂二十一卷首二卷詩序二卷　(清)王鴻緒總裁　清同治七年(1868)刻本　十二冊

120000－0302－0000077　X/I242.1/3
聊齋志異新評十六卷　(清)蒲松齡著　(清)呂湛恩釋註　清光緒九年(1883)掃葉山房刻朱墨印本　一冊　存一卷(一)

120000－0302－0000078　X/I222.7/2、X/I222.7/4
七言詩歌行鈔十五卷　(清)王士禛選　清刻本　三冊　存十一卷(一至四、九至十五)

120000－0302－0000079　X/I222.7/3
五言詩□□卷　(清)王士禛選　清末刻本　一冊　存三卷(九至十一)

120000－0302－0000080　X/I222.749/7
註釋雲樣集八卷　(清)高陳謨編　清嘉慶四年(1799)集錦堂刻本　四冊

120000－0302－0000081　X/I262.49/10
鴻雪因緣圖記三集　(清)麟慶著　清光緒二十二年(1896)上海點石齋石印本　一冊　存一集(一集上)

120000－0302－0000082　X/I242.4/3
新刻粉粧樓傳記十卷八十回　(清)竹溪山人撰　清末刻本　十冊

120000－0302－0000083　X/I269.6/1
楹聯續話四卷　(清)梁章鉅輯　清道光二十三年(1843)南浦廨齋刻本　二冊

120000－0302－0000084　X/I242.1/2
池上草堂六卷續錄六卷三錄六卷四錄六卷　(清)梁恭辰撰　清道光二十三年(1843)羊城味經堂刻本　十冊　存二十卷(池上草堂六卷、續錄六卷、三錄六卷、四錄一至二)

120000－0302－0000085　X/I222.742/2
重訂全唐詩話八卷　(宋)尤袤輯　(清)孫濤訂　清宣統三年(1911)三樂堂石印本　二冊

120000－0302－0000086　X/I222.742/4
古唐詩合解十二卷古詩四卷　(清)王堯衢註　清刻本　二册　存七卷(古唐詩合解五至七、古詩四卷)

120000－0302－0000087　X/I222.742/4
古唐詩合解十六卷　(清)王堯衢註　清光緒二十年(1894)文成堂刻本　四册　存九卷(一至四、八至十二)

120000－0302－0000088　X/I222.742/4
古唐詩合解十六卷　(清)王堯衢註　清同治八年(1869)三義堂刻本　六册

120000－0302－0000089　X/K221.4/5
寫定尚書二十八篇　(清)吳汝綸録　清光緒十八年(1892)桐城吳氏家塾石印本　一册

120000－0302－0000090　X/I222.749/2
剖瓠存稿二十卷　(清)蕭重著　清道光十四年(1834)客燕齋刻本　三册　存十一卷(一至十一)

120000－0302－0000091　X/I26/7
古文辭類纂七十四卷　(清)姚鼐輯　清光緒二十五年(1899)刻朱墨印本　十二册

120000－0302－0000092　X/I222.749/15
蛾術齋試帖一卷　(清)李如筠撰　**雙藤書屋試帖一卷**　(清)何道生撰　清末刻本　一册

120000－0302－0000093　X/I222.749/12、14
七家詩選□□卷　(清)張熙宇輯評　清末刻本　二册　存三卷(三至五)

120000－0302－0000094　X/I222.749/4
湖海詩傳四十六卷　(清)王昶輯　清嘉慶八年(1803)刻本　八册　存二十六卷(一至二十六)

120000－0302－0000095　X/I222.744/7
柳河東詩集二卷　(唐)柳宗元撰　清宣統二年(1910)石印本　一册

120000－0302－0000096　X/I222.749/9
分韻試帖青雲集合註四卷　(清)楊逢春輯　(清)沈品華註　清光緒十七年(1891)刻本　四册

120000－0302－0000097　X/I222.749/8
檉華館試帖彙鈔輯注十卷　(清)路德輯注　清道光京都琉璃廠刻本　四册　存七卷(一至二、五至九)

120000－0302－0000098　X/K221.4/4
尚書離句六卷　(清)錢在培輯解　清光緒四年(1878)文成堂刻本　三册

120000－0302－0000099　X/I222.749/13
王氏漁洋詩鈔十二卷　(清)王士禎譔　(清)邵長蘅選　清宣統二年(1910)時中書局石印本　四册

120000－0302－0000100　X/I222.749/10
有正味齋試帖詩註八卷　(清)吳錫麒著　(清)吳清臯註　清嘉慶二十四年(1819)刻本　八册

120000－0302－0000101　X/J222.49/1
點石齋畫報大全四十四集　(清)尊聞閣主人輯　清宣統二年(1910)上海集成圖書公司石印本　八十七册　存四十三集(甲至癸、子至亥、金至木、禮下至數、文至貞)

120000－0302－0000102　X/J632.31/1
五知齋琴譜八卷　(清)徐俊撰　(清)周魯封彙纂　清乾隆二年(1737)刻本　二册　存三卷(一、五至六)

120000－0302－0000103　X/K2－44/1
中國歷史問答一卷　(清)邵羲譯輯　清光緒二十八年(1902)上海商務印書館鉛印本　一册

120000－0302－0000104　X/K204.2/2
史記一百三十卷札記五卷　(漢)司馬遷撰　(唐)司馬貞索隱　(南朝宋)裴駰集解　(唐)張守節正義　清同治五年至九年(1866－1870)金陵書局刻本　二十册　存一百三十卷(史記一百三十卷)

120000－0302－0000105　X/J292.2/3
陳元龍老先生墨蹟一卷　(清)陳元龍書　清

雍正十一年(1733)稿本　一册

120000－0302－0000106　X/K204.3/4＝3(1)
尺木堂綱鑑易知錄九十二卷　(清)吳乘權　(清)周之炯　(清)周之燦輯　清咸豐八年(1858)羊城五雲樓刻本　三十册　存六十八卷(一至九、十四至七十二)

120000－0302－0000107　X/K221.4/1
書經六卷　(宋)蔡沈集傳　清末金陵奎壁齋刻本　四册

120000－0302－0000108　X/K221.4/3
欽定書經圖說五十卷　(清)孫家鼐總修　(清)李希聖纂修　清光緒三十一年(1905)石印本　十六册

120000－0302－0000109　X/K221.4/3
欽定書經圖說五十卷　(清)孫家鼐總修　(清)李希聖纂修　清光緒三十一年(1905)石印本　八册　存三十卷(二十一至五十)

120000－0302－0000110　X/K224.6/2
周禮精華六卷　(清)陳龍標編輯　清同治五年(1866)崇德堂刻本　六册

120000－0302－0000111　X/K207/5
鑑史精華□□卷　(清)李有芳纂輯　清道光十八年(1838)刻本　五册　存十七卷(一至十七)

120000－0302－0000112　X/K204.3/16
御批歷代通鑑輯覽一百二十卷　(清)傅恒總裁　清同治十年(1871)浙江書局刻朱墨印本　四十八册

120000－0302－0000113　X/K204.4/1
通鑑紀事本末四十二卷　(宋)袁樞編　清光緒十三年(1887)六合徐氏刻本　四十二册

120000－0302－0000114　X/K221.4/2
書經六卷　(宋)蔡沈集傳　清光緒三年(1877)永康胡氏退補亝刻本　四册

120000－0302－0000115　X/K204.3/14
鼎鍥趙田了九袁先生編纂古本歷史大方綱鑑補□□卷　(明)袁黃輯　清末刻本　十册　存十四卷(十七至三十)

120000－0302－0000116　X/K204.3/10
續資治通鑑二百二十卷　(清)畢沅編集　清光緒十六年(1890)上海積山書局石印本　十五册　存二百零七卷(一至一百三十七、一百五十一至二百二十)

120000－0302－0000117　X/K225.4/1
春秋左傳類對賦一卷　(宋)徐晉卿纂　(清)高士奇補註　清嘉慶十一年(1806)刻本　二册

120000－0302－0000118　X/K204.3/13
續資治通鑑綱目二十七卷　(明)陳仁錫評　清刻本　六册　存七卷(二十一至二十七)

120000－0302－0000119　X/K204.3/9
御批資治通鑑綱目□□卷　(清)宋犖校刊　清末石印本　六册　存二十六卷(三十四至五十九)

120000－0302－0000120　X/K204.3/17
綱鑑全編□□卷　(明)顧錫疇訂定　清刻本　五册　存五卷(四、十一、二十六、三十四至三十五)

120000－0302－0000121　X/K225.4/16
左繡三十卷首一卷　(清)馮李驊　(清)陸浩評輯　**春秋經傳集解三十卷**　(晉)杜預撰　(宋)林堯叟附註　(唐)陸元朗音義　(清)馮李驊增訂　清光緒九年(1883)刻本　十六册

120000－0302－0000122　X/K225/2
春秋三十卷　(宋)胡安國傳　清末刻本　六册

120000－0302－0000123　X/K225.4/14
評點春秋綱目左傳句解彙雋六卷　(清)韓菼重訂　清光緒十二年(1886)刻本　五册　存五卷(一至五)

120000－0302－0000124　X/K225.4/6:1
曲江書屋新訂批註左傳快讀十八卷首一卷　(晉)杜預原註　(唐)陸元朗音義　(宋)林

堯叟　(宋)朱申註　(清)馮李驊　(清)陸浩批評　(清)李紹崧選訂　清光緒二十五年(1899)掃葉山房刻本　八冊　存十一卷(一至十、首一卷)

120000－0302－0000125　X/K225.4/9
奎壁春秋三十卷　(宋)胡安國傳　清光緒善成堂刻本　八冊

120000－0302－0000126　X/K892.22/1
慮得集四卷附錄二卷　(明)華悰韡撰　清同治十一年(1872)刻本　一冊　存四卷(慮得集四卷)

120000－0302－0000127　X/K825.2/1
懷山園歷朝名將類編八卷　(清)朱堪輯　清康熙金閶振鄴堂刻本　十一冊　存七卷(一上下、二至三、四上下、五上下、六上下、八)

120000－0302－0000128　X/K225.4/10
春秋左傳五十卷　(晉)杜預　(宋)林堯叟註釋　(唐)陸元朗音義　(明)楊儀吉校訂　(明)鍾惺　(明)孫鑛　(明)韓范評點　清晉祁書業堂刻本　十六冊

120000－0302－0000129　X/K225.4/13
春秋左傳三十卷　(晉)杜預注　(宋)林堯叟附註　(唐)陸德明音義　(清)馮李驊集解　清末刻本　七冊　存十七卷(九至二十一、二十七至三十)

120000－0302－0000130　X/K876.8/1
古玉圖考一卷　(清)吳大澂編　清光緒十五年(1889)石印本　一冊

120000－0302－0000131　X/K87/1
金石索十二卷首一卷　(清)馮雲鵬輯　(清)馮雲鵷輯　清光緒三十三年(1907)上海文新書局石印本　十五冊　存十二卷(金索一、三至六,石索六卷,首一卷)

120000－0302－0000132　X/TV882/1
水道提綱二十八卷　(清)齊召南編錄　清刻本　七冊　存二十五卷(四至二十八)

120000－0302－0000133　X/K221.4/6
書六卷　(宋)蔡沈集傳　清末善成堂刻本　二冊　存四卷(二至三、五至六)

120000－0302－0000134　X/O112/1
九章算術細草圖說九卷　(晉)劉徽注　(清)李潢撰　清嘉慶二十五年(1820)語鴻堂刻本　八冊

120000－0302－0000135　X/N91/1
格物探原六卷　(英國)韋廉臣撰　清光緒二年(1876)鉛印本　一冊　存一卷(首一卷)

120000－0302－0000136　X/O112/2
新編直指算法統宗十二卷　(明)程大位編　清道光七年(1827)古吳文秀堂刻本　四冊

120000－0302－0000137　X/R272/1
幼科準繩九卷　(明)王肯堂輯　清光緒十八年(1892)上海圖書集成印書局鉛印本　十冊

120000－0302－0000138　X/K204.3/21
鼎鍥趙田了凡袁先生編纂古本歷史大方綱鑑補三十九卷首一卷　(明)袁黃纂　清經元堂刻本　一冊　存二卷(一、首一卷)

120000－0302－0000139　X/R221/4
瀛經堂詳校醫宗必讀□□卷　(明)李中梓著　清刻本　一冊　存一卷

120000－0302－0000140　X/R241.11/1
圖註八十一難經辨真四卷　(戰國)秦越人述　(明)張世賢註　清京都文成堂刻本　一冊　存二卷(一至二)

120000－0302－0000141　X/R254/2
瘟疫條辨摘要一卷　(清)呂田集錄　清光緒十五年(1889)浙江書局刻本　一冊

120000－0302－0000142　X/R254/3
時病論八卷附論一卷　(清)雷豐手著　清光緒上海文瑞樓石印本　一冊

120000－0302－0000143　X/R242/1
秘傳證治要訣十二卷　(明)戴原禮撰　(明)余時雨校　清文奎堂刻本　一冊　存四卷(一至四)

120000－0302－0000144　X/Z225/4

典林琅環二十四卷續三十卷　(□)□□編　清光緒二年(1876)武林湛蘭書屋刻本　十冊　存四十五卷(典林琅環二十四卷,續一至九、十九至三十)

120000－0302－0000145　X/Z222/1
事類賦三十卷　(宋)吳淑撰註　(明)華麟祥校刊　清劍光閣刻本　四冊

120000－0302－0000146　X/K234.1/1
前漢書一百二十卷　(漢)班固撰　(唐)顏師古注　清光緒二十九年(1903)五洲同文局石印本　二十五冊　存七十四卷(一至十六、十九至三十五、四十一至五十四、五十九至七十、七十六、八十一至九十四)

120000－0302－0000147　X/O123/1
重學二十卷圜錐曲綫說三卷　(英國)艾約瑟口譯　(清)李善蘭筆述　(清)張文虎覆勘　清同治五年(1866)刻本　五冊　存十九卷(重學一至十、十五至二十,曲綫說三卷)

120000－0302－0000148　X/Z225/2
廣事類賦□□卷　(清)華希閔著　清刻本　二冊　存十一卷(二十三至三十三)

120000－0302－0000149　X/O123/1
則古昔齋算學二十四卷　(清)李善蘭學　清末刻本　五冊　存十九卷

120000－0302－0000150　X/Z228/1
上海鴻寶齋書局精校新增繪圖幼學故事瓊林四卷首一卷　(清)程允升撰　(清)石秉楠增輯　清宣統二年(1910)上海鴻寶齋石印本　五冊

120000－0302－0000151　X/B222.1/8
論語十卷　(春秋)孔丘著　清刻本　二冊

120000－0302－0000152　X/H11/1
詩韻合璧五卷　(清)湯文潞参訂　清咸豐七年(1857)湯湘浦刻本　四冊　存四卷(一至二、四至五)

120000－0302－0000153　X/H131.7/1
匡謬正俗八卷　(唐)顏師古撰　**急就章一卷**　(漢)史游撰　清同治刻小學匯函本　一冊

120000－0302－0000154　X/H131.7/2
經籍纂詁一百零六卷　(清)阮元編　清光緒二十年(1894)上海點石齋石印本　五冊　存三十三卷(十六至四十、九十九至一百零六)

120000－0302－0000155　X/H113.2/1
廣韻五卷　(宋)陳彭年重修　清同治刻小學匯函本　四冊　存四卷(一、三至五)

120000－0302－0000156　X/H194.1/2
純正蒙求三卷　(元)胡炳文著　清光緒五年(1879)茹古閣刻本　一冊

120000－0302－0000157　X/H194.1/1
龍文鞭影二卷二集讀本二卷　(明)蕭良有撰　(清)楊臣諍增訂　**二集二卷**　(清)李暉吉　(清)徐瓚輯　清光緒元年(1875)三義堂刻本　四冊

120000－0302－0000158　X/H162.49/1
御定駢字類編二百四十卷　(清)聖祖玄燁撰　清光緒十三年(1887)上海同文書局石印本　四十八冊

120000－0302－0000159　X/H163/2
康熙字典十二集　(清)張玉書總閱　清宣統石印本　六冊

120000－0302－0000160　X/H163/4
康熙字典十二集　(清)張玉書總閱　清光緒十七年(1891)上海點石齋石印本　二冊

120000－0302－0000161　X/J22/21000
佩文韻府一百零六卷　(清)張玉書撰　清末刻本　六十二冊　存四十二卷(六十三至七十九、八十二至一百零六)

120000－0302－0000162　X/J221.8/4
醉墨軒畫稿□□卷　(清)醉墨軒主人繪　(清)胡郯卿著　清宣統元年(1909)上海天寶書局石印本　一冊　存二卷(一至二)

120000－0302－0000163　X/J262/1
仁在堂全集　(清)路德評選　清末刻本　八冊　存三種(時藝核、時藝核續編、時藝階)

120000－0302－0000164　X/R272.2/1
痘疹傳心錄□□卷　（明）朱惠明撰　（清）程永培校　清刻本　一册　存一卷（十八）

120000－0302－0000165　X/J22/88302
佩文韻府一百零六卷　（清）張玉書纂　清光緒十八年（1892）上海鴻寶齋石印本　一百八十册

120000－0302－0000166　X/J22/08045
韻府拾遺一百零六卷　（清）汪灝纂修　清末石印本　二十册

120000－0302－0000167　X/J292.42/5
小石山房印譜六卷　（清）顧湘　（清）顧浩編輯　清道光八年（1828）海虞顧氏小石山房鈐印本　六册

120000－0302－0000168　X/J220.9/1
歷代畫史彙傳七十二卷附錄二卷　（清）彭蘊璨編　清末刻本　二册　存七卷（十至十六）

120000－0302－0000169　X/J292.26/7
名賢手札　（清）駱秉章　（清）曾國藩　（清）胡林翼書　清光緒十一年（1885）上海同文書局石印本　一册　存一卷（一）

120000－0302－0000170　X/I213.6/1
嵇中散集　（三國魏）嵇康著　清末刻本　一册

120000－0302－0000171　X/I222.744/1
山谷詩集注二十卷　（宋）黄庭堅撰　清光緒二十一年至二十五年（1895－1899）刻本　七册　存十七卷（一至十七）

120000－0302－0000172　X/I222.5/4
有正味齋駢體文二十四卷首一卷　（清）吳錫麒著　（清）王廣業箋　（清）葉聯芬注　清光緒十五年（1889）上海蜚英館石印本　四册

120000－0302－0000173　X/I222.5/1
駢體文鈔三十一卷　（清）李兆洛編　清同治六年（1867）婁江徐氏刻本　八册

120000－0302－0000174　X/I26/2
古文淵鑒六十四卷　（清）徐乾學編注　清刻本　八册　存十四卷（三十五至四十八）

120000－0302－0000175　X/I262.49/1
考卷約選二集□□卷三集□□卷　（清）李錫瓚編　清道光六年（1826）三讓堂刻本　八册　存七卷（二集三至四、三集一至五）

120000－0302－0000176　X/I262.49/3
敷文課藝二集不分卷　（清）俞甲秀等撰　清光緒四年（1878）尊經閣刻本　六册

120000－0302－0000177　X/I26/12
續古文辭類纂三十四卷　王先謙纂　清光緒三十三年（1907）上海商務印書館鉛印本　四册

120000－0302－0000178　X/I262.49/2
兩般秋雨盦隨筆八卷　（清）梁紹壬纂　清宣統元年（1909）掃葉山房石印本　二册

120000－0302－0000179　X/I262.49/11
諭摺彙存不分卷　（清）□□撰　清末鉛印本　三册

120000－0302－0000180　X/I222.2/4
詩經八卷詩序辨説一卷　（宋）朱熹集傳　清光緒二十二年（1896）金陵書局刻本　五册　存八卷（詩經八卷）

120000－0302－0000181　X/I262.49/13
急惆齋評選癸卯鄉墨不分卷　（清）常堉璋輯　清光緒二十九年（1903）華北書局鉛印本　一册

120000－0302－0000182　X/R932.2/1
神農本草經讀四卷附錄一卷　（清）陳念祖著　清刻本　二册　存四卷（經讀四卷）

120000－0302－0000183　X/I26/8
四書命題試帖彙編□□卷　（□）黄在天輯　清末刻本　十六册　存十六卷（五、十二至十三、十九至二十、二十五、二十七至二十九、三十一至三十二、三十五、三十七至三十九、四十二）

120000－0302－0000184　X/R221/5
扁鵲心書三卷神方一卷　（宋）竇材重集

(清)胡珏参論　清光緒二十二年(1896)上海圖書集成印書局鉛印本　一册

120000－0302－0000185　X/R932.6/1
增訂本草備要四卷　(清)汪昂輯　清末上海大成書局石印本　二册

120000－0302－0000186　X/K204.3/7
資治通鑑二百九十四卷目錄三十卷　(宋)司馬光撰　(元)胡三省音註　清光緒二十二年(1896)五洲同文局石印本　二十二册　存一百八十二卷(二十五至三十三、四十二至五十八、六十八至一百二十七、一百四十六至一百六十四、一百八十一至一百八十八、二百十二至二百十八、二百六十三至二百九十四,目錄三十卷)

120000－0302－0000187　X/Z121/2
漢魏叢書　(清)王謨輯　清宣統三年(1911)上海大通書局石印本　二册　存三十九種

120000－0302－0000188　X/K234.2/1
後漢書一百二十卷　(南朝宋)范曄撰　(唐)李賢註　清光緒二十九年(1903)五洲同文局石印本　十九册　存七十七卷(一至十、十六至二十四、三十三至四十、四十五至六十、六十六至七十二、八十六至九十六、一百零一至一百十三、一百十八至一百二十)

120000－0302－0000189　X/K204.3/6
御批歷代通鑑輯覽一百二十卷　(清)傅恒等撰　清光緒二十九年(1903)山東慶裕書局刻本　二十四册　存四十卷(一至十二、二十三至三十二、九十一至九十九、一百至一百零八)

120000－0302－0000190　X/K225.4/15
監本附音春秋公羊注疏四卷　(漢)何休撰　**校勘記四卷**　(清)阮元撰　**監本附音春秋穀梁注疏四卷**　(晉)范甯集解　**校勘記四卷**　(晉)杜預注　(清)阮元撰　**附釋音春秋左傳注疏□□卷校勘記□□卷**　(清)阮元撰　清光緒三十年(1904)點石齋石印本　六册　存二十八卷(公羊四卷、公羊校勘記四卷;穀梁四卷、穀梁校勘記四卷;左傳三至六、十一至十二,左傳校勘記三至六、十一至十二)

120000－0302－0000191　X/K207/3:2
日知錄集釋三十二卷栞誤二卷續栞誤二卷　(清)顧炎武著　(清)黃汝成集釋　清同治番禺陳璞刻本　八册　存十九卷(十七至十八、二十至三十二,栞誤二卷,續栞誤二卷)

120000－0302－0000192　X/K82－61/1
增廣尚友錄統編二十二卷　(清)應祖錫　(清)韓卿甫編輯　清光緒二十八年(1902)鴻寶齋石印本　十一册

120000－0302－0000193　X/K234.2/2
後漢書一百卷　(南朝宋)范曄撰　**續漢書志三十卷**　(晉)司馬彪編　清光緒十三年(1887)金陵書局刻本　十四册　存一百卷(一至一百)

120000－0302－0000194　X/R254/1
溫熱經緯五卷　(清)王士雄纂　(清)楊照藜　(清)汪曰楨評　(清)沈宗淦參　清同治十三年(1874)湖北崇文書局刻本　四册

120000－0302－0000195　X/K291/1
欽定日下舊聞考一百六十卷　(清)竇光鼐總纂　清刻本　九册　存三十三卷(一至八、二十五至三十二、六十一至六十四、七十三至八十、八十五、八十九至九十二)

120000－0302－0000196　X/K827/1
歷代名臣傳節錄三十卷　(清)蕭培元錄訂　(清)崇厚增輯　清同治九年(1870)雲蔭堂刻本　十册

120000－0302－0000197　X/K234.1/2
前漢書一百二十卷　(漢)班固撰　(漢)班昭續　(唐)顏師古注　清光緒十三年(1887)金陵書局刻本　十六册

120000－0302－0000198　X/K820.3/1
歷代名臣言行錄二十四卷　(清)朱桓輯　清末石印本　一册　存四卷(四至七)

120000－0302－0000199　X/K820.3/1
歷代名臣言行錄二十四卷　(清)朱桓輯　清末石印本　一册　存六卷(十四至十九)

120000－0302－0000200　X/K820.3/1＝2

歷代名臣言行錄二十四卷　（清）朱桓輯　清末上海商務印書館鉛印本　二冊　存七卷（六至九、十六至十八）

120000－0302－0000201　X/Z126.2/1

皇朝五經彙解二百七十卷　（清）抉經心室主人原纂　清末石印本　二十一冊　存九十四卷（二十三至四十、四十九至七十、八十一至一百零六、二百二十二至二百三十三、二百六十五至二百七十）

120000－0302－0000202　X/K249/1

清史攬要六卷　（日本）增田貢著　清光緒鉛印本　二冊

120000－0302－0000203　X/K825.1/1

聖門諸賢輯傳不分卷　（清）查光泰輯　清光緒刻本　一冊

120000－0302－0000204　X/K876.4/1

陶齋吉金錄八卷　（清）端方撰　清末上海有正書局影印本　五冊　存五卷（四至八）

120000－0302－0000205　X/K234/1

漢書一百二十卷　（漢）班固撰　清光緒二十九年（1903）上海點石齋石印本　八冊

120000－0302－0000206　X/K225/4

寄傲山房塾課纂輯春秋備旨十二卷　（清）鄒聖脉編纂　清末上海大成書局石印本　一冊

120000－0302－0000207　X/K873/1

四書圖考十三卷　（清）杜炳學　清光緒十三年（1887）鴻文書局石印本　四冊

120000－0302－0000208　X/Z225/3

重訂廣事類賦四十卷　（清）華希閔撰　清善成堂刻本　四冊　存二十卷（一至五、十六至二十五、三十一至三十五）

120000－0302－0000209　X/Z121/3

增訂漢魏叢書　（清）王謨輯　清宣統三年（1911）上海大通書局石印本　一冊　存七種

120000－0302－0000210　X/K204.3/15

御批歷代通鑑輯覽一百二十卷　（清）傅恒纂　清光緒三十一年（1905）上海商務印書館鉛印本　三十七冊　存一百十二卷（一至一百零二、一百零六至一百零七、一百十三至一百二十）

120000－0302－0000211　X/K248/2

明紀六十卷　（清）陳鶴撰　清光緒十六年（1890）上海積山書局石印本　五冊　存五十卷（一至四十二、五十三至六十）

120000－0302－0000212　X/K825.7/5

歷代畫史匯傳七十二卷首一卷　（清）彭蘊燦撰　清宣統二年（1910）上海文瑞樓書局石印本　十一冊　存六十六卷（一至六十五、首一卷）

120000－0302－0000213　X/TD8/1

開礦器法圖說十卷　（美國）俺特累著　清光緒元年（1875）江南製造局石印本　三冊

120000－0302－0000214　X/K234.6/1

續漢書八志三十卷　（晉）司馬彪撰　（南朝梁）劉昭注補　清光緒十三年（1887）金陵書局刻本　二冊

120000－0302－0000215　X/R322/1

全體闡微六卷　（美國）柯為良　（清）林鼎文編譯　清光緒七年（1881）福州聖教醫館刻本　六冊

120000－0302－0000216　X/Z126.1/1

增廣五經備旨五種四十五卷　（清）鄒聖脈纂輯　清末上海大成書局石印本　十四冊

120000－0302－0000217　X/K248/1

尺木堂明鑑易知錄十五卷　（清）吳乘權等輯　清末鉛印本　一冊　存八卷（八至十五）

120000－0302－0000218　X/K258.2/1

北洋公牘類纂二十五卷目錄一卷　（清）甘厚慈輯　清光緒三十三年（1907）北京益森公司鉛印本　二冊　存二卷（四、十二）

天津市和平區圖書館古籍普查登記目録

全國古籍普查登記目録

國家圖書館出版社
National Library of China Publishing House

120000－0303－0000001　102/10233
周易四卷　(宋)朱熹本義　(清)丁寶楨校刊　清同治十一年(1872)山東書局刻十三經讀本本　二册

120000－0303－0000002　103/12427
尚書十三卷　(漢)孔安國傳　清刻本　四册

120000－0303－0000003　103/26432
寫定尚書二十八篇　(清)吳汝綸記　清光緒十八年(1892)桐城吳氏家塾石印本　一册

120000－0303－0000004　103/44934
書經六卷　(宋)朱熹本義　清同治十一年(1872)山東書局刻十三經讀本本　四册

120000－0303－0000005　103/44934
書經集傳六卷　(宋)蔡沈撰　清光緒三十二年(1906)天津文美齋刻本　四册

120000－0303－0000006　103/44934
書經集傳六卷　(宋)蔡沈撰　清光緒十三年(1887)掃葉山房刻本　四册

120000－0303－0000007　103/44934
書經集傳六卷　(宋)蔡沈撰　清光緒江南狀元閣刻本　四册

120000－0303－0000008　104/25940
詩經八卷　(宋)朱熹集傳　清刻本　六册

120000－0303－0000009　104/25940
詩經八卷　(宋)朱熹集傳　清同治十一年(1872)山東書局刻十三經讀本本　四册

120000－0303－0000010　104/25940
詩經八卷　(宋)朱熹集傳　清末天津萃文魁刻本　四册

120000－0303－0000011　104/25943
監本詩經八卷　(宋)朱熹集傳　清光緒六年(1880)江南狀元閣刻本　六册

120000－0303－0000012　104/40444
詩經傳注八卷　(清)李塨撰　(清)劉化南等校　清道光二十四年(1844)蠡吾趙鍛莊靜穆堂刻本　四册

120000－0303－0000013　104/51245
毛詩訂詁八卷附錄二卷　(清)顧棟高撰　清光緒二十二年(1896)江蘇書局刻本　四册

120000－0303－0000014　105.1/87405
周禮六卷　(漢)鄭玄注　(唐)陸德明音義　清同治十一年(1872)山東書局刻十三經讀本本　六册

120000－0303－0000015　105.1/87472
附釋音周禮注疏四十二卷　(漢)鄭玄注　(唐)賈公彥疏　清刻本　一册　殘

120000－0303－0000016　105.3/12472
禮記□□卷　(漢)戴聖輯　清刻本　一册

120000－0303－0000017　105.3/75234
禮記六卷　(元)陳澔集說　清同治十一年(1872)山東書局刻十三經讀本本　九册

120000－0303－0000018　106.1/40076
春秋左傳三十卷　(晉)杜預　(宋)林堯叟注釋　清光緒十二年(1886)湖北官書處刻本　十二册

120000－0303－0000019　106.1/40176
春秋三傳十六卷　(□)□□撰　清江右南州燕氏亦政書齋刻本　十六册

120000－0303－0000020　106.1/44972
春秋左傳注疏六十卷　(晉)杜氏注　(唐)孔穎達疏　(唐)陸德明音義　清同治十年(1871)湖南省城尊經閣刻本　六册　存二十一卷(四十至六十)

120000－0303－0000021　106.1/71210
春秋左傳注疏校勘記六十卷　(清)阮元撰　清同治十年(1871)湖南省城尊經閣刻本　五册

120000－0303－0000022　106.2/21224
公羊傳十一卷　(漢)何休撰　(唐)陸德明音義　清同治十一年(1872)山東書局刻十三經讀本本　四册

120000－0303－0000023　106.3/44130
春秋穀梁傳十二卷　(晉)范甯集解　(唐)陸

德明音義　清同治十一年(1872)山東書局刻十三經讀本本　四册

120000－0303－0000024　106.4/20743
春秋三傳駁語六卷　(清)毛士撰　清光緒八年(1882)刻毛氏春秋三種本　八册

120000－0303－0000025　106.4/20743
春秋諸家解十二卷　(清)毛士撰　清同治十一年(1872)深澤王氏刻毛氏春秋三種本　八册

120000－0303－0000026　106.4/31240
春秋大事表五十卷　(清)顧棟高纂輯　清同治十二年(1873)山東尚志堂刻本　二十册

120000－0303－0000027　108.1/07413
爾雅義疏二十卷　(清)郝懿行撰　清光緒十三年(1887)湖北官書局刻本　八册

120000－0303－0000028　108.1/11215
康熙字典十二集　(清)張玉書等纂　清光緒三十年(1904)上海文星書局石印本　六册

120000－0303－0000029　108.1/17231
爾雅補郭二卷　(清)翟灝撰　清光緒八年(1882)卷施誃刻本　一册

120000－0303－0000030　108.1/26971
論語十卷　(宋)朱熹集注　清同治十一年(1872)山東書局刻十三經讀本本　二册

120000－0303－0000031　108.2/17151
孟子七卷　(宋)朱熹集注　清同治十一年(1872)山東書局刻十三經讀本本　三册

120000－0303－0000032　108.2/17151
孟子集注七卷　(宋)朱熹集注　清嘉慶二十二年(1817)知止閣刻本　三册　存二卷(一、七)

120000－0303－0000033　108.2/17151
孟子集注七卷　(宋)朱熹集注　清光緒三十三年(1907)學部圖書局石印本　四册　存四卷(一至三、六)

120000－0303－0000034　108.34/25940
大學一卷中庸一卷　(宋)朱熹章句　清同治十一年(1872)山東書局刻十三經讀本本　一册

120000－0303－0000035　108.5/12271
四書集注闡微直解二十七卷　(明)張居正撰　清光緒八旗經正書院刻本　六册

120000－0303－0000036　108.5/25940
四書總義一卷　(宋)朱熹撰　清光緒三年(1877)胡氏退補齋金華叢書本　六册

120000－0303－0000037　108.5/40170
奎壁四書十九卷　(宋)朱熹集注　清宣統三年(1911)三義堂刻本　六册

120000－0303－0000038　110.1/00277
康熙字典十二集　(清)張玉書　(清)陳廷敬等編纂　清刻本　二十九册　存二十八集(子中下、丑上中、寅上下、卯中下、辰、巳、午上下、未、申、酉中、戌、亥上中)

120000－0303－0000039　110.1/00277
御製康熙字典十二集　(清)張玉書　(清)陳廷敬等編纂　清光緒三年(1877)四明茹古齋鉛印本　四十三册　存十集(子、丑上中、寅至辰、巳上下、午至亥)

120000－0303－0000040　110.1/00278
康熙字典十二集　(清)張玉書等編纂　清經綸堂刻本　二十一册　存七集(子至午)

120000－0303－0000041　110.1/07413
爾雅直音二卷　(清)孫偘撰　清光緒六年(1880)天壤閣刻本　一册

120000－0303－0000042　110.1/12462
倉頡篇三卷續一卷補二卷　(清)孫星衍撰　(清)任大椿續　(清)陶方琦補　清光緒二十八年(1902)江蘇書局刻本　一册

120000－0303－0000043　110.2/00428
字典考證十二集　(清)奕繪等輯　清光緒十四年(1888)同文書局石印本　一册

120000－0303－0000044　110.2/31102
鐘鼎字源五卷附錄一卷　(清)汪立名編　清光緒二年(1876)洞庭秦氏麟慶堂刻本　一册

120000－0303－0000045　110.2/60351

殷商貞卜文字考一卷　羅振玉撰　清宣統二年(1910)玉簡齋石印蟫隱廬叢書本　一册

120000－0303－0000046　201.1/10142

王鳳洲綱鑑會纂三十九卷　(明)王世貞編　(明)李遜齋重校　清光緒二十五年(1899)上海著易堂鉛印本　六册　存二十五卷(三至七、十七至二十一、二十二至二十五、二十九至三十九)

120000－0303－0000047　201.1/26444

尺木堂綱鑑易知錄九十二卷　(清)吳乘權等編　清末鉛印本　一册　殘

120000－0303－0000048　201.1/74244

陸宣公集二十二卷　(唐)陸贄撰　清雍正刻本　六册

120000－0303－0000049　201.2/11160

漢書一百二十卷　(漢)班固撰　(唐)顔師古注　清光緒十三年(1887)金陵書局刻本　十六册

120000－0303－0000050　201.2/11211

明史三百六十卷　(清)張廷玉等撰　清同治八年(1869)刻二十四史本　十八册　存七十六卷(一至十三、四十一至四十三、二百五十九至二百八十六、三百零一至三百三十二)

120000－0303－0000051　201.2/17673

史記一百三十卷　(漢)司馬遷撰　(南朝宋)裴駰集解　清光緒四年(1878)金陵書局刻本　十六册

120000－0303－0000052　201.2/17673

史記一百三十卷　(漢)司馬遷撰　(清)徐孚遠　(清)陳子龍測議　清刻本　一册　存一卷(三十四)

120000－0303－0000053　201.2/26428

魏書一百十四卷　(北齊)魏收撰　清刻本　二十二册　存九十九卷(八至十六、二十一至五十八、六十三至一百十四)

120000－0303－0000054　201.2/26428

隋書八十五卷　(唐)魏徵撰　清同治八年(1869)嶺南葄古堂刻二十四史本　二十四册

120000－0303－0000055　201.2/26428

魏書一百十四卷　(北齊)魏收撰　清同治八年(1869)嶺南葄古堂刻二十四史本　十册　存四十三卷(三十五至七十一、九十一至九十三、一百零九至一百十一)

120000－0303－0000056　201.2/34127

宋書六十卷　(南朝梁)沈約撰　清刻本　八册　存三十三卷(二十八至六十)

120000－0303－0000057　201.2/40415

南史八十卷　(唐)李延壽撰　清光緒十年(1884)上海同文書局影印本　二十册

120000－0303－0000058　201.2/40415

北史一百卷附考證一卷　(唐)李延壽撰　清同治八年(1869)嶺南葄古堂刻二十四史本　二十三册　存七十五卷(三至二十三、四十八至一百,考證一卷)

120000－0303－0000059　201.2/42460

梁書五十六卷　(唐)姚思廉撰　清同治八年(1869)嶺南葄古堂刻二十四史本　八册

120000－0303－0000060　201.2/42460

陳書三十六卷　(唐)姚思廉撰　清同治八年(1869)嶺南葄古堂刻二十四史本　六册

120000－0303－0000061　201.2/44164

後漢書一百二十卷　(南朝宋)范曄撰　(唐)李賢注　清同治八年(1869)嶺南葄古堂刻二十四史本　三十二册

120000－0303－0000062　201.2/44164

後漢書一百卷　(南朝宋)范曄撰　(唐)李賢注　清光緒十三年(1887)金陵書局刻本　十四册

120000－0303－0000063　201.2/44216

南齊書五十九卷　(南朝梁)蕭子顯撰　清同治八年(1869)嶺南葄古堂刻二十四史本　八册

120000－0303－0000064　201.2/44771

舊五代史一百五十卷 （宋）薛居正等撰 清同治八年（1869）嶺南葄古堂刻二十四史本 十六册 存一百零五卷（一至九十九、一百零四至一百零九）

120000－0303－0000065 201.2/52045
元史二百十卷 （明）宋濂等撰 清同治八年（1869）嶺南葄古堂刻二十四史本 三十八册

120000－0303－0000066 201.2/52045
遼史一百十六卷 （元）脱脱等撰 清同治八年（1869）嶺南葄古堂刻二十四史本 一册 存二十卷（九十六至一百十五）

120000－0303－0000067 201.2/72167
舊唐書二百卷 （五代）劉昫撰 清同治八年（1869）嶺南葄古堂刻二十四史本 二十五册 存七十八卷（一至二十六、一百二十一至一百五十七、一百八十六至二百）

120000－0303－0000068 201.2/75250
三國志六十五卷 （晉）陳壽撰 （南朝宋）裴松之注 清同治八年（1869）嶺南葄古堂刻二十四史本 八册 存三十一卷（魏志二十八至三十、蜀志一至八、吳志一至二十）

120000－0303－0000069 201.2/77772
唐書二百五十五卷考證一卷釋音二十五卷 （宋）歐陽修撰 清同治八年（1869）嶺南葄古堂刻二十四史本 十七册 存六十四卷（六十五至七十五、一百至一百零六、一百三十六至一百四十二、二百十三至二百二十五，考證一卷，釋音二十五卷）

120000－0303－0000070 201.2/52045（78278）
金史一百三十五卷 （元）脱脱等撰 清同治八年（1869）嶺南葄古堂刻二十四史本 二十四册 存九十四卷（一至六十七、一百零九至一百三十五）

120000－0303－0000071 201.2/52045（78278）
宋史四百九十六卷 （元）脱脱等撰 清同治八年（1869）嶺南葄古堂刻二十四史本 三十五册 存一百四十卷（六至十、十七至二十六、一百九十四至二百十八、二百六十五至三百六十四）

120000－0303－0000072 201.3/11160
前漢書一百卷 （漢）班固撰 （唐）顏師古注 清光緒二十八年（1902）倹實齋石印欽定二十四史本 一册 存七卷（九十一至九十七）

120000－0303－0000073 201.3/17673
史記一百三十卷 （漢）司馬遷撰 （清）徐孚遠 （清）陳子龍測議 清刻本 二十五册 存一百零三卷（五至六、九至三十三、三十九至四十三、四十八至五十五、六十三至六十七、七十三至一百三十）

120000－0303－0000074 201.3/44164
後漢書一百二十卷 （南朝宋）范曄撰 （唐）李賢注 清光緒二十八年（1902）倹實齋石印欽定二十四史本 二册 存四十卷（一至四十）

120000－0303－0000075 201.3/44938
律例便覽八卷 （清）蔡嵩年編 **處分則例圖要六卷** （清）蔡逢年撰 清同治八年（1869）刻本 六册

120000－0303－0000076 201.3/75250
三國志六十五卷 （晉）陳壽撰 （南朝宋）裴松之注 清光緒十三年（1887）金陵書局刻本 八册

120000－0303－0000077 201.3/80524
周書五十卷 （唐）令孤德棻等撰 明萬曆十六年（1588）刻清康熙補刻本 一册 存一卷（九）

120000－0303－0000078 202/28240
小腆紀年附攷二十卷 （清）徐鼒撰 清刻本 二十册

120000－0303－0000079 202.1/10121
四辰堂通鑑易知錄□□卷 （清）王仕雲編 清刻本 一册 存三卷（十二至十四）

120000－0303－0000080 202.1/10173
王鳳洲綱鑑會纂四十六卷 （明）王世貞纂 清光緒十八年（1892）點石齋石印本 二册

存十三卷(一至六、十七至二十三)

120000－0303－0000081　202.1/23291
歷代通鑑輯覽一百二十卷　(清)傅恆等編纂　清光緒二十八年(1902)山西書業德石印本　二十二册　存一百十五卷(一至一百零八、一百十四至一百二十)

120000－0303－0000082　202.1/31286
綱鑑正史約三十六卷　(明)顧錫疇編　(清)陳弘謀增訂　清光緒九年(1883)湖南官書局刻本　七册　存九卷(一至三、十四至十九)

120000－0303－0000083　202.1/44744
歷代史要二卷　(清)蔣蔭椿編輯　清光緒學校司鉛印本　二册

120000－0303－0000084　202.1/48472
御撰資治通鑑三編二十卷明紀綱目二十卷　(清)張廷玉等編　清刻本　八册

120000－0303－0000085　202.1/48472
資治通鑑綱目三編四卷　(清)張廷玉等纂　清光緒十三年(1887)上海點石齋石印本　二册

120000－0303－0000086　202.1/48472
歷代通鑑輯覽一百二十卷　(清)傅恆等編纂　清光緒五年(1879)天津煮字山房刻本　五十八册

120000－0303－0000087　202.1/60085
鑑撮四卷讀史論略一卷　(清)曠敏本編　清刻本　四册

120000－0303－0000088　202.1/60531
續資治通鑑二百二十卷　(清)畢沅編集　清末鉛印本　一册　存十四卷(二百至二百十三)

120000－0303－0000089　202.2/11211
資治通鑑綱目三編五卷　(清)張廷玉等編　清光緒二十九年(1903)上海石印本　二册

120000－0303－0000090　202.2/17631
史記一百三十卷　(漢)司馬遷撰　(南朝宋)裴駰集解　(唐)司馬貞索隱　清光緒二十八年(1902)倓實齋石印欽定二十四史本　三册　存三十六卷(一至十二、十九至四十二)

120000－0303－0000091　202.2/52035
欽定明鑑二十四卷首一卷　(清)托津編纂　(清)張培厚等校　清嘉慶二十三年(1818)刻本　二十四册　存二十三卷(一至十七、十九至二十四)

120000－0303－0000092　202.2/70250
三國志六十五卷　(晉)陳壽撰　(南朝宋)裴松之注　清刻本　十二册

120000－0303－0000093　204/10177
幼學歌五卷續一卷　(清)王用臣編次　清光緒十二年(1886)深澤王氏斯陶書屋刻本　二册

120000－0303－0000094　204/27322
戰國策十卷　(宋)鮑彪原注　(元)吳師道補正　清末詩禮堂刻本　四册

120000－0303－0000095　205/72113
小學中史圖説□□編　(清)劉秋濤編繪　清光緒三十年(1904)燕翼堂石印本　一册　存一編(上)

120000－0303－0000096　205.1/00214
歷代帝王年表三卷　(清)齊召南編　清光緒二十八年(1902)長沙省菴刻本　四册

120000－0303－0000097　205.1/11271
忠武誌八卷　(清)張鵬翮輯　(清)劉廷璣　(清)方允猷校　清康熙刻本　八册

120000－0303－0000098　205.1/44851
二十四史九通政典類要合編三百二十卷　(清)黄書霖輯　清光緒二十八年(1902)約雅堂石印本　六十册

120000－0303－0000099　205.2/60158
滿洲名臣傳四十八卷　(清)國史館編　清京都琉璃廠榮錦書坊刻本　四册　存四卷(一至四)

120000－0303－0000100　205.5/10130
優詔褒忠錄　(清)王用臣等撰　清同治十二

年(1873)刻本　一冊

120000－0303－0000101　206.7/94822
增廣尚友錄統編二十二卷　(清)應祖錫輯　清光緒石印本　一冊　存二卷(八至九)

120000－0303－0000102　207/33140
史通通釋二十卷　(唐)劉知幾撰　(清)浦起龍釋　清乾隆十七年(1752)求放心齋刻本　六冊

120000－0303－0000103　207/60654
十七史詳節十七種二百七十三卷　(宋)呂祖謙輯　(明)劉弘毅校　清光緒二十八年(1902)上海崇新書局石印本　十三冊　存七十五卷(三國志一至二十、晉書一至三十、隋書一至六、南史一至八、北史一至八、五代史一至三)

120000－0303－0000104　208/02482
史通削繁四卷　(唐)劉知幾撰　(清)紀昀削繁　清道光十三年(1833)兩廣節署刻本　四冊

120000－0303－0000105　208/10611
史事論四編二十四卷　(清)雷瑨輯　清光緒石印本　三冊　存三卷(丙編一,丁編一、三)

120000－0303－0000106　208/11233
歷代史論十二卷宋史論三卷元史論一卷　(明)張溥撰　**明史論四卷**　(清)谷應泰撰　**左傳史論二卷**　(清)高士奇撰　清光緒五年(1879)上洋珍藝書局石印本　六冊

120000－0303－0000107　208/11288
十七朝史事新論正集四卷續編六卷　(清)張金鈴評選　清光緒二十八年(1902)石印本　一冊　存二卷(續編三至四)

120000－0303－0000108　208/49817
廿二史劄記三十六卷補遺一卷　(清)趙翼撰　清乾隆、嘉慶湛貽堂刻甌北全集本　十六冊

120000－0303－0000109　208/49871
廿二史劄記三十六卷補遺一卷　(清)趙翼撰　清乾隆、嘉慶湛貽堂刻甌北全集本　十二冊

120000－0303－0000110　209/00238
洋務經濟通攷十六卷　(清)應祖錫　(清)韓卿甫纂定　(清)沈維堉校　清光緒二十九年(1903)鴻寶書局石印本　十二冊

120000－0303－0000111　209/40437
資治新書初集十四卷二集二十卷　(清)李漁輯　清刻本　二十冊

120000－0303－0000112　209/48161
皇朝政典挈要八卷　(日本)增田貢原著　(清)毛淦補編　(清)顧梓田　(清)汪厚冒訂正　清末石印本　一冊　存一卷(七)

120000－0303－0000113　209/71378
文獻通考二十卷　(元)馬端臨撰　清光緒十一年(1885)上海點石齋石印二十年(1894)重印本　十五冊

120000－0303－0000114　209.1/26499
吾學錄初編二十四卷　(清)吳榮光撰　(清)黄本驥編次　(清)吳彌光　(清)陳傳均校　清末刻本　六冊

120000－0303－0000115　209.1/26499
吾學錄初編二十四卷　(清)吳榮光撰　(清)黄本驥編次　(清)吳彌光　(清)陳傳均校　清光緒十年(1884)刻本　七冊

120000－0303－0000116　209.1/47208
時務通攷三十一卷　(清)杞廬主人等輯　清光緒二十三年(1897)點石齋石印本　二十四冊

120000－0303－0000117　209.5/10135
各國通商始末記二十卷　(清)王之春編　清光緒二十一年(1895)寶善書局石印本　六冊

120000－0303－0000118　209.5/40504
節本泰西新史攬要八卷　(英國)馬懇西撰　(英國)李提摩太譯　(清)周慶雲節錄　清光緒二十八年(1902)北洋官報總局鉛印本　一冊　存四卷(五至八)

120000－0303－0000119　213/47694
皇清地理圖　(清)董方立原繪　(清)李兆洛編　清同治十年(1871)刻本　三冊

120000－0303－0000120　213.2/31232
讀史方輿紀要一百三十卷　(清)顧祖禹輯　清末石印本　一冊　存六卷(八十三至八十八)

120000－0303－0000121　213.2/47674
[乾隆]邯鄲縣志十二卷首一卷　(清)王炯纂修　清乾隆二十一年(1756)刻本　四冊　存六卷(一至四、九至十)

120000－0303－0000122　213.34/60366
卧龍崗志二卷　(清)羅景輯　(清)羅鍸校　清康熙五十一年(1712)刻本　二冊

120000－0303－0000123　213.4/07413
山海經新校正　(晉)郭璞傳　(清)畢沅校　清光緒二十三年(1897)文瑞樓石印本　四冊

120000－0303－0000124　213.6/48910
世界近世史二卷　(日本)松平康国著　梁啟超評　清鉛印本　一冊　存一卷(下)

120000－0303－0000125　220.1/26415
金石存十五卷　(清)吳玉搢撰　清嘉慶二十四年(1819)聞妙香室刻本　四冊

120000－0303－0000126　220.4/30962
匋雅二卷　寂園叟撰　清宣統二年(1910)上海朝記書莊石印本　四冊

120000－0303－0000127　220.6/26023
琴鶴堂印譜　(清)繼良輯　清光緒二十七年(1901)鈐印本　八冊

120000－0303－0000128　221.4/40414
甌鉢羅室書畫過目攷四卷首一卷附錄一卷　(清)李玉棻編　清光緒二十三年(1897)上海鴻文齋石印本　四冊

120000－0303－0000129　302/46940
揚子法言一卷方言十三卷　(漢)揚雄撰　(晉)郭璞解　清光緒元年(1875)湖北崇文書局刻子書百家本　一冊

120000－0303－0000130　303/26422
老子二卷　(春秋)李耳撰　(清)吳汝綸點勘　清宣統二年(1910)衍星社鉛印本　一冊

120000－0303－0000131　304/21272
中國歷史戰爭形勢圖説附論　(清)盧彤撰　清宣統元年(1909)武昌同倫學社鉛印本　二冊

120000－0303－0000132　307/17626
捕蝗要訣一卷　(□)□□撰　清同治八年(1869)崇文書局刻本　一冊

120000－0303－0000133　308.1/31104
本草醫方合編　(清)汪昂輯　清尚德堂刻本　六冊

120000－0303－0000134　308.1/67215
御纂醫宗金鑑九十卷　(清)吳謙撰　清末石印本　八冊

120000－0303－0000135　308.1/67215
醫宗金鑑外科十六卷　(清)吳謙撰　清光緒十八年(1892)上海圖書集成印書局石印本　十二冊

120000－0303－0000136　308.1/75283
景岳新方砭四卷　(清)陳念祖撰　清咸豐十年(1860)刻本　一冊　存二卷(一至二)

120000－0303－0000137　308.2/11283
景岳全書六十四卷　(明)張介賓撰　清末鉛印本　二冊　存九卷(七至十五)

120000－0303－0000138　308.2/44800
黃帝内經靈樞十二卷　(唐)啟玄子注　清末石印本　二冊

120000－0303－0000139　308.2/44800
黃帝内經二十四卷　(唐)王冰注　清光緒二十二年(1896)圖書集成局鉛印本　四冊

120000－0303－0000140　308.2/50948
圖註八十一難經辨真四卷　(戰國)秦越人述　(清)張世賢圖註　清光緒八年(1882)北京文蔚堂刻本　一冊

120000－0303－0000141　308.3/26423

本草從新六卷　(清)吳儀洛輯　清乾隆二十二年(1757)善成堂刻本　六冊

120000－0303－0000142　308.3/31104
增訂圖註本草備要四卷　(清)汪昂撰　清光緒三十二年(1906)聚元堂刻本　四冊

120000－0303－0000143　308.3/31160
本草備要八卷首一卷　(清)汪昂撰　(清)童濂敍　清道光二十五年(1845)瓶花書屋刻本　四冊

120000－0303－0000144　308.3/31160
增訂本草備要八卷　(清)汪昂撰　清刻本　一冊　存二卷(三至四)

120000－0303－0000145　308.3/40461
本草綱目五十二卷　(明)李時珍撰　清宣統元年(1909)上海經香閣石印本　十冊

120000－0303－0000146　308.3/49828
本草綱目拾遺十卷　(清)趙學敏輯　清宣統元年(1909)上海經香閣石印本　一冊　存四卷(七至十)

120000－0303－0000147　308.4/10174
重刊補註洗冤錄集證五卷　(宋)宋慈撰　(清)王又槐等增輯　清光緒八年(1882)五色套印本　四冊

120000－0303－0000148　308.4/11247
校正圖注脈訣四卷　(明)張世賢註　清末石印本　一冊　存二卷(一至二)

120000－0303－0000149　308.4/44132
痘科專門二卷　(清)董維嶽撰　清道光二十五年(1845)書業德記刻本　二冊

120000－0303－0000150　308.4/72205
校正圖注脈訣四卷　(晉)王叔和撰　(明)張世賢注　清末石印本　一冊　存二卷(三至四)

120000－0303－0000151　308.4/75248
辨證冰鑑十二卷　(清)陳士鐸著　清宣統元年(1909)北京龍文閣鉛印本　一冊　存二卷(一至二)

120000－0303－0000152　308.5/77754
醫學指南五卷　(清)李德中撰　清刻本　三冊　存四卷(二至五)

120000－0303－0000153　308.8/38271
白喉治法撃要　(清)裕長著　清光緒十八年(1892)刻本　一冊

120000－0303－0000154　308.9/12483
銀海精微四卷　(唐)孫思邈輯　(清)周亮節較正　(清)龔雲林編定　清同治森林堂刻本　一冊

120000－0303－0000155　308.9/23223
傅氏眼科審視瑤函六卷首一卷醫案一卷　(明)傅仁宇纂輯　(明)傅維藩編　清刻本　六冊

120000－0303－0000156　309/10228
幼科鐵鏡六卷　(清)夏禹鑄撰　清光緒二十一年(1895)貴池劉氏信天堂刻本　二冊

120000－0303－0000157　309.4/72151
衛生要術一卷　(清)潘霨撰　清咸豐八年(1858)京口文成堂刻本　一冊

120000－0303－0000158　311.1/10138
芥子園畫傳三集四卷　(清)王概等摹　清影印本　四冊

120000－0303－0000159　311.1/12478
佩文齋書畫譜一百卷　(清)孫岳頒等纂輯　(清)王世繩等校　清光緒九年(1883)上海同文書局石印本　七冊

120000－0303－0000160　312.1/00441
飲食辯錄六卷　(清)章穆撰　清道光三年(1823)經國堂刻本　八冊

120000－0303－0000161　313/44120
金樓子六卷　(南朝梁)世祖蕭繹撰　清乾隆、道光長塘鮑氏刻本　二冊

120000－0303－0000162　313.4/32136
宋稗類鈔三十六卷　(清)潘永因編　清宣統三年(1911)藜光社石印本　一冊　存三卷(十至十二)

120000－0303－0000163　313.5/10144
權衡一書四十一卷　(清)王植輯錄　清乾隆崇雅堂刻本　二十四册

120000－0303－0000164　313.5/27447
寄傲山房塾課新增幼學故事瓊林四卷首一卷　(清)程允升撰　(清)鄒聖脈增補　清光緒二十年(1894)天津煮字山房刻本　四册

120000－0303－0000165　313.5/71323
龍威秘書□□種　(清)馬俊良輯　(清)高基參訂　清乾隆五十九年(1794)大西山房刻本　八册

120000－0303－0000166　316/00238
洋務經濟通考十六卷　(清)應祖錫　(清)韓卿甫纂　(清)徐毓珠　(清)沈維堉校　清光緒二十八年(1902)鴻寶齋石印本　十二册

120000－0303－0000167　316/26537
廣事類賦四十卷　(清)華希閔著　清刻本　九册　存三十八卷(三至四十)

120000－0303－0000168　401.1/00277
古文淵鑒六十四卷　(清)徐乾學等編注　清刻本　六册　存十一卷(三十五至四十三、四十六至四十七)

120000－0303－0000169　401.1/34123
古詩源四卷　(清)沈德潛評選　清末石印本　一册　存二卷(三至四)

120000－0303－0000170　401.1/42417
古文辭類纂七十四卷續三十四卷　(清)姚鼐　王先謙選輯　清光緒三十三年(1907)上海商務印書館鉛印本　十二册

120000－0303－0000171　401.1/44943
古文雅正十四卷　(清)蔡世遠選評　清同治七年(1868)曾氏刻本　八册

120000－0303－0000172　401.1/67641
文選六十卷　(南朝梁)蕭統撰　(唐)李善注　(清)何焯評點　(清)葉樹藩參訂　清刻本　十一册　存五十五卷(一至十三、十九至六十)

120000－0303－0000173　401.2/67641
文選六十卷攷異十卷　(南朝梁)蕭統選　(唐)李善注　(清)胡克家撰　清宣統三年(1911)上海會文堂粹記石印本　十七册

120000－0303－0000174　401.3/23272
應試唐詩類釋十九卷　(清)臧岳編　清乾隆四十年(1775)三樂齋刻本　六册

120000－0303－0000175　402/77271
崇文書局彙刻書　(清)崇文書局輯　清光緒元年(1875)湖北崇文書局刻本　二册　存四種十七卷(楚辭集註八卷辨證二卷、離騷集傳一卷、離騷草木疏四卷、離騷箋二卷)

120000－0303－0000176　402/77271
楚辭十七卷　(戰國)屈原著　(漢)王逸章句　(宋)洪興祖補注　清光緒二十一年(1895)昭陵經畬主人刻本　三册

120000－0303－0000177　403/10113
王氏四種　(清)王引之撰　清光緒二十一年(1895)上海鴻文書局石印本　六册

120000－0303－0000178　403/10181
讀書雜志十卷　(清)王念孫撰　清光緒二十一年(1895)上海鴻文書局石印本　八册

120000－0303－0000179　403/67064
文選六十卷　(南朝梁)蕭統撰　(唐)李善注　清宣統三年(1911)上海會文堂粹記石印本　七册　存二十八卷(一至二十八)

120000－0303－0000180　403.1/00220
庾開府集二卷　(北周)庾信撰　清壽考堂刻本　一册　存一卷(一)

120000－0303－0000181　403.1/34123
評選古詩源二卷　(清)沈德潛評選　清光緒二十年(1894)上海圖書集成印書局鉛印本　一册

120000－0303－0000182　403.1/49816
武侯全書二十卷首一卷　(三國蜀)諸葛亮撰　(清)趙承恩編輯　清光緒十年(1884)舊學山房刻本　十册

120000－0303－0000183　403.1/75253
漢詩統箋四卷　（清）陳本禮箋訂　清嘉慶十五年（1810）刻本　一冊

120000－0303－0000184　403.1/77231
箋註陶淵明集十卷　（晉）陶潛撰　（明）張自烈評閱　清刻本　一冊　存二卷（三至四）

120000－0303－0000185　403.2/28214
而菴説唐詩二十二卷首一卷　（清）徐增著　清乾隆二十三年（1758）集盛堂刻本　六冊　存九卷（一至九）

120000－0303－0000186　403.2/31260
昌黎先生詩集注十一卷　（唐）韓愈撰　（清）顧嗣立删補　（清）朱彝尊　（清）何卓評　清道光十六年（1836）膺德堂刻二十五年（1845）張芾重印朱墨套印本　四冊

120000－0303－0000187　403.2/36108
溫飛卿詩集箋注九卷　（唐）溫庭筠著　（明）曾益等箋注　清宣統二年（1910）上海國學扶輪社石印本　四冊

120000－0303－0000188　403.2/40407
李義山詩集箋註三卷　（唐）李商隱著　（清）朱鶴齡箋注　（清）沈厚塽輯評　清同治九年（1870）廣州倅署刻三色套印本　四冊

120000－0303－0000189　403.2/44434
唐詩三百首補註八卷　（清）陳婉俊輯　清光緒十一年（1885）四籐吟社刻本　一冊　存二卷（一至二）

120000－0303－0000190　403.2/44480
韓昌黎先生文集三十卷　（唐）韓愈著　（唐）李漢編　清刻本　六冊　存十卷（一至十）

120000－0303－0000191　403.2/44953
杜工部集二十卷　（唐）杜甫著　清刻本　六冊　存十二卷（五至十六）

120000－0303－0000192　403.2/44953
杜工部集二十卷首一卷　（唐）杜甫撰　（清）鄭澐編　清同治十一年（1872）致一齋刻本　十冊

120000－0303－0000193　403.2/44953
杜工部草堂詩箋二十二卷　（唐）杜甫撰　（宋）魯訔編　（宋）蔡夢弼箋　（清）方功惠校訂　清光緒元年（1875）巴陵方氏碧琳琅館刻本　四冊

120000－0303－0000194　403.2/44953
杜工部集　（唐）杜甫撰　（清）錢謙益箋注　清刻本　一冊　存一卷（七）

120000－0303－0000195　403.3/04613
謝康樂集四卷　（南朝宋）謝靈運撰　清同治六年（1867）謝文靖公祠堂刻本　二冊

120000－0303－0000196　403.3/24238
劍南詩稾十六卷　（宋）陸游著　明末汲古閣本　七冊　存十四卷（一至十二、十五至十六）

120000－0303－0000197　403.3/44352
施註蘇詩四十二卷目錄二卷　（宋）蘇軾撰　（宋）施元之註　（清）顧嗣立　（清）邵長蘅　（清）宋至删補　清刻本　八冊　存三十一卷（十二至四十二）

120000－0303－0000198　403.3/44353
蘇詩續補遺二卷　（宋）蘇軾撰　（清）馮景補注　清刻本　二冊

120000－0303－0000199　403.3/44353
蘇文忠詩合註五十卷首一卷　（宋）蘇軾撰　（清）馮應榴輯訂　清刻本　十二冊　存二十卷（七至十四、三十至三十一、三十四至四十三）

120000－0303－0000200　403.3/44802
山谷老人刀筆二十卷題跋四卷　（宋）黄庭堅撰　（清）周心如輯　清刻紛欣閣叢書本　六冊

120000－0303－0000201　403.5/46905
鐵厓詠史註八卷樂府註十卷逸編註八卷　（元）楊維楨著　清宣統二年（1910）掃葉山房石印本　八冊　存二十一卷（詠史註一至六、樂府註十卷、逸編註四至八）

120000－0303－0000202　403.6/80990
板橋襍記一卷　（明）余懷著　（清）吳仲（清）童閏校　清光緒二十六年（1900）拜鴛樓校刻本　一冊

120000－0303－0000203　403.7/10133
漁洋山人精華錄箋注十二卷補註一卷年譜一卷　（清）王士禛著　（清）金榮箋注　清光緒上海寶文書局石印本　十冊

120000－0303－0000204　403.7/10143
五言詩十七卷　（清）王士禛選　清刻本　一冊　存七卷（十一至十七）

120000－0303－0000205　403.7/31291
亭林文集六卷詩集五卷　（清）顧炎武著　清宣統三年（1911）掃葉山房石印本　四冊

120000－0303－0000206　403.7/40488
越縵堂集十卷　（清）李慈銘著　清刻本　六冊

120000－0303－0000207　403.7/40748
白話詳註新式標點小倉山房尺牘八卷　（清）袁枚撰　（清）許家恩點註　清末上海群學社石印本　三冊　存六卷（一至六）

120000－0303－0000208　403.7/40748
隨園女弟子詩選六卷　（清）袁枚選　清光緒十八年（1892）鉛印本　一冊

120000－0303－0000209　403.7/40748
小倉山房詩集三十六卷　（清）袁枚撰　清乾隆刻後印本　一冊　存十卷（六至十二、十九至二十一）

120000－0303－0000210　403.7/49842
海鷗小譜一卷　（清）趙執信著　（清）吳仲（清）童閏校　清光緒二十六年（1900）拜鴛樓刻本　一冊

120000－0303－0000211　403.7/60600
影梅庵憶語一卷　（清）冒襄撰　清光緒二十六年（1900）拜鴛樓刻本　一冊

120000－0303－0000212　403.8/75231
滄趣樓詩集十卷附詞一卷　（清）陳寶琛作　清刻本　二冊　存六卷（六至十、附詞一卷）

120000－0303－0000213　404/04087
詩韻合璧五卷　（清）湯文潞輯　清光緒十三年（1887）鉛印本　二冊　存二卷（二至三）

120000－0303－0000214　404.1/11240
唐宋詞選一卷坿詞韻一卷　（□）□□撰　清末鉛印本　一冊

120000－0303－0000215　404.1/44954
天籟軒詞譜六卷　（清）葉申薌編次　清道光九年（1829）刻本　六冊

120000－0303－0000216　404.3/11290
山中白雲詞八卷附樂府指迷一卷　（宋）張炎著　清宣統三年（1911）龍文閣書莊石印本　四冊

120000－0303－0000217　404.3/25902
樵歌三卷　（宋）朱敦儒撰　清光緒二十六年（1900）四印齋刻本　一冊

120000－0303－0000218　404.3/25928
曝書亭刪餘詞一卷手稿原目一卷校勘記一卷　（清）朱彝尊撰　清光緒二十九年（1903）長沙葉氏刻本　一冊

120000－0303－0000219　404.3/31224
彈指詞一卷補遺二卷　（清）顧貞觀著　清光緒四年（1878）枕經葄史齋刻本　二冊

120000－0303－0000220　404.3/44954
閩詞鈔四卷　（清）葉申薌編輯　清道光十四年（1834）葉氏刻本　四冊

120000－0303－0000221　404.3/75219
白雨齋詞存一卷附詩鈔　（清）陳廷焯撰　清刻本　一冊

120000－0303－0000222　404.4/31137
詞名集解六卷　（清）汪汲撰　清乾隆五十九年（1794）刻本　一冊　存二卷（一至二）

120000－0303－0000223　404.5/87644
增廣攷正白香詞譜四卷攷正詞韻一卷　（清）舒夢蘭編纂原敍　（清）顧憲融攷正增敍　清刻本　五冊

120000－0303－0000224　405.1/83710
缾笙舘修簫譜四卷　(清)舒位撰　清道光十三年(1833)刻本　一册

120000－0303－0000225　405.2/26410
桃谿雪二卷　(清)吳廷康輯　(清)陳其泰校勘　(清)黄燮清填詞　(清)瞿傳鼎正譜　清光緒元年(1875)雲鶴仙舘刻本　一册

120000－0303－0000226　405.2/34160
長生殿傳奇二卷　(清)洪昇撰　清末石印本　一册　存一卷(下)

120000－0303－0000227　405.3/75293
梅喜緣傳奇二卷　(清)陳烺填詞　清刻本　一册

120000－0303－0000228　405.7/44990
納書楹曲譜正集四卷續集四卷外集二卷補遺四卷四夢全譜八卷　(清)葉堂訂譜　(清)王文治參訂　清乾隆五十七年(1792)納書楹刻本　六册　存六卷(續集四卷、外集二卷)

120000－0303－0000229　407.1/11242
虞初新志二十卷　(清)張潮輯　(清)羅興堂校　清乾隆二十九年(1764)清遠閣刻本　十册

120000－0303－0000230　407.1/27367
閲微草堂筆記二十四卷　(清)紀昀撰　清刻本　四册　存八卷(七至十四)

120000－0303－0000231　407.1/47038
閲微草堂筆記五種二十四卷　(清)紀昀撰　清光緒三年(1877)小蓬萊山舘刻本　十六册

120000－0303－0000232　407.1/50414
欠愁集一卷　(清)史震林撰　(清)吳仲　(清)童閏校　清光緒二十六年(1900)拜鴛樓刻本　一册

120000－0303－0000233　407.12/10143
香祖筆記十二卷　(清)王士禛撰　清宣統三年(1911)上海掃葉山房石印本　四册

120000－0303－0000234　407.12/11211
澄懷園語四卷　(清)張廷玉撰　清光緒六年(1880)張紹文刻本　一册

120000－0303－0000235　407.12/40437
風箏誤傳奇　(清)李漁編次　清光緒石印本　一册

120000－0303－0000236　407.12/42413
竹葉亭雜記八卷　(清)姚元之撰　清光緒十九年(1893)姚氏刻本　二册

120000－0303－0000237　407.12/42426
竹葉亭雜記八卷　(清)姚元之撰　清宣統二年(1910)掃葉山房石印本　一册　存二卷(一至二)

120000－0303－0000238　407.12/47638
閲微草堂筆記二十四卷　(清)紀昀撰　清嘉慶二十一年(1816)北平盛氏刻本　十册

120000－0303－0000239　407.12/77336
昭代名人尺牘續集二十四卷　陶湘選輯　清宣統三年(1911)天寶石印局鉛印本　十二册　存十二卷(十三至二十四)

120000－0303－0000240　407.3/26444
影梅庵憶語一卷　(清)冒襄著　清宣統元年(1909)拜鴛樓石印本　五册

120000－0303－0000241　407.3/31110
顧氏四十家小説　(明)顧元慶編　清宣統三年(1911)上海國學扶輪社鉛印本　八册

120000－0303－0000242　2091.2/77057
文廟祀位不分卷　(清)倭什琿布等撰　清同治八年(1869)崇文書局刻本　一册

天津市河東區圖書館古籍普查登記目録

全國古籍普查登記目録

國家圖書館出版社
National Library of China Publishing House

120000－0304－0000001　1
周易注疏十三卷　（三國魏）王弼著　（唐）陸德明音義　（唐）孔穎達疏　清同治十年（1871）廣東書局刻十三經注疏本　五册

120000－0304－0000002　2
郭氏傳家易說十一卷總論一卷　（宋）郭雍著　清同治十三年（1874）江西書局刻武英殿聚珍版書本　八册

120000－0304－0000003　3
武英殿聚珍版書　（清）高宗弘曆輯　清同治十三年（1874）江西書局刻本　八册　存九種（易象意言、易緯乾坤鑿度二卷、易緯稽覽圖二卷、易緯辨終備、易緯通卦驗二卷、易緯乾元序制記、易緯坤靈圖、禹貢指南四卷、融堂書解二十卷）

120000－0304－0000004　4
周易傳註七卷　（清）李塨著　清道光二十三年（1843）刻本　二册

120000－0304－0000005　11
通志堂經解一百四十種一千八百六十卷　（清）納蘭成德輯　清刻本　十册　存五種（毛詩名物解二十卷、李迂仲黄實夫毛詩集解四十二卷、詩說、詩疑二卷、詩傳遺說六卷）

120000－0304－0000006　16
尚書十三卷附考證十三卷　（漢）孔安國注　清刻本　三册

120000－0304－0000007　18
尚書古今文注疏三十卷　（清）孫星衍撰　清嘉慶二十年（1815）冶城山館刻平津館叢書本　六册

120000－0304－0000008　20
禮記二十卷考證二十卷　（漢）鄭玄撰　清刻本　八册

120000－0304－0000009　25/26
周禮正義八十六卷　（清）孫詒讓撰　清光緒三十一年（1905）鉛印本　二十册

120000－0304－0000010　27
儀禮釋宫一卷　（宋）李如圭撰　**春秋傳說例**　（宋）劉敞撰　清同治十三年（1874）江西書局刻武英殿聚珍版書本　六册

120000－0304－0000011　28
儀禮十七卷　（漢）鄭玄注　（唐）陸德明音義　清光緒三年（1877）刻本　四册

120000－0304－0000012　29
欽定儀禮義疏四十八卷首二卷　（□）□□撰　清光緒十四年（1888）江南書局刻本　七册　存十二卷（一至十二）

120000－0304－0000013　37
欽定春秋傳說彙纂三十八卷首二卷　（清）王掞等撰　清同治九年（1870）刻本　六册　存八卷（一至八）

120000－0304－0000014　57
曲江書屋新訂批註左傳快讀十八卷首一卷　（清）李紹崧選訂　清同治十一年（1872）刻本　八册　存十卷（一至十）

120000－0304－0000015　63
孟子注疏十四卷　（漢）趙氏註　（宋）孫奭音義并疏　清同治十年（1871）刻本　六册

120000－0304－0000016　64
孔子編年四卷孟子編年四卷　（清）狄子奇編　清同治十三年（1874）江西書局刻武英殿聚珍版書本　二册

120000－0304－0000017　68
四書集註十九卷　（宋）朱熹註　清道光二十二年（1842）寶恕堂刻本　十二册

120000－0304－0000018　70
孟子七卷　（清）楊鎏　（清）李函　（清）田有荷　（清）吳運昌校　清光緒三年（1877）刻本　三册

120000－0304－0000019　73
易緯通卦驗二卷　（漢）鄭玄注　清同治十三年（1874）江西書局刻武英殿聚珍版書本　一册

120000－0304－0000020　78

傅子一卷　(晉)傅玄撰　**續孟子二卷**　(唐)林慎思撰　清光緒元年(1875)湖北崇文書局刻子書百家本　一册

120000－0304－0000021　84
宋本十三經注疏附校勘記　(三國魏)王弼注　清光緒十三年(1887)望仙館石印本　十六册

120000－0304－0000022　87
皇清經解一千四百零八卷　(□)□□撰　清道光九年(1829)學海堂刻本　二百九十册　存一千一百零七卷(一至二百四十六、二百八十二至三百五十、四百零五至四百三十二、四百六十二至六百七十六、七百十九至八百零八、八百五十至一千零三十五、一千零九十二至一千三百三十五、一千三百八十至一千四百零八)

120000－0304－0000023　135/136
史記一百三十卷　(漢)司馬遷撰　(南朝宋)裴駰注　清光緒四年(1878)金陵書局刻本　十六册

120000－0304－0000024　143
史記一百三十卷　(漢)司馬遷撰　(南朝宋)裴駰集解　(唐)司馬貞索隱　(唐)張守節正義　清光緒十年(1884)上海同文書局影印本　七册　存十九卷(一至十九)

120000－0304－0000025　147/149
漢書一百二十卷　(漢)班固撰　(漢)班昭續　(唐)顔師古注　清同治八年(1869)金陵書局刻本　四册　存五十八卷(一至十八、三十三至七十二)

120000－0304－0000026　152
後漢書九十卷　(唐)李賢注　清同治十二年(1873)刻本　八册　存五十三卷(一至五十三)

120000－0304－0000027　158
後漢書九十卷　(南朝宋)范曄撰　(唐)李賢注　**志三十卷**　(晉)司馬彪撰　(南朝梁)劉昭注　清光緒十四年(1888)上海鴻文書局石印本　五册　存十六卷(一至十六)

120000－0304－0000028　166
三國志六十五卷　(晉)陳壽撰　(南朝宋)裴松之注　清光緒十三年(1887)江南書局刻本　八册

120000－0304－0000029　175
南齊書五十九卷　(南朝梁)蕭子顯撰　清同治十三年(1874)金陵書局刻本　六册

120000－0304－0000030　176
梁書五十六卷　(□)□□撰　清同治十三年(1874)金陵書局刻本　六册

120000－0304－0000031　182
隋書八十五卷　(唐)魏徵　(唐)長孫無忌等撰　清同治十年(1871)淮南書局刻本　三册　存十六卷(一至十六)

120000－0304－0000032　183
唐書二百二十五卷　(宋)歐陽修撰　清同治十二年(1873)浙江書局刻本　十二册　存六十卷(一至六十)

120000－0304－0000033　188/189
宋史四百九十六卷　(元)脱脱撰　清光緒元年(1875)浙江書局刻本　十二册　存九十四卷(一至九十四)

120000－0304－0000034　212
國語二十一卷　(三國吳)韋昭解　清同治八年(1869)湖北崇文書局刻本　五册

120000－0304－0000035　213
國語二十一卷　(三國吳)韋昭解　清嘉慶五年(1800)刻黄氏士禮居叢書本　六册

120000－0304－0000036　214
戰國策三十三卷　(漢)高誘注　**尚書大傳四卷**　(漢)鄭玄注　清乾隆二十一年(1756)刻雅雨堂叢書本　五册

120000－0304－0000037　221
史記一百三十卷　(漢)司馬遷撰　(明)陳仁錫評　(明)程正揆刻　明崇禎元年(1628)刻本　八册　存十八卷(一至十八)

120000－0304－0000038　226
戰國策三十三卷　(漢)高誘注　**劄記三卷**　(清)黄丕烈撰　清同治八年(1869)湖北崇文書局刻本　五册

120000－0304－0000039　227
鄭志三卷　(三國魏)鄭小同撰　清同治十三年(1874)江西書局刻武英殿聚珍版書本　三册

120000－0304－0000040　240
史通削繁四卷　(清)紀昀撰　清光緒元年(1875)崇文書局刻本　一册　存一卷

120000－0304－0000041　258
尺木堂綱鑑易知錄九十二卷　(清)吴乘權　(清)周靜專　(清)周星若輯　清刻本　六册　存十三卷(一至十三)

120000－0304－0000042　269
御批續資治通鑑綱目二十七卷　(□)□□撰　清刻本　六册　存十二卷(一至十二)

120000－0304－0000043　283
通鑑紀事本末二百三十九卷　(宋)袁樞編輯　清同治十二年(1873)江西書局刻本　二十二册　存六十八卷(一至六十八)

120000－0304－0000044　291
諭摺彙存(光緒乙巳年正月)　(清)□□編　清光緒鉛印本　六册

120000－0304－0000045　292
諭摺彙存(光緒丙午年九月)　(清)□□編　清光緒鉛印本　六册

120000－0304－0000046　294
諭摺彙存(光緒丁未年六月)　(清)□□編　清光緒鉛印本　七册

120000－0304－0000047　296
通典二百卷　(唐)杜佑纂　清乾隆十二年(1747)武英殿刻本　十二册　存六十卷(一至六十)

120000－0304－0000048　297
通典二百卷　(唐)杜佑纂　清乾隆十二年(1747)武英殿刻本　十二册　存七十四卷(一百二十七至二百)

120000－0304－0000049　305
乙巳年交涉要覽上篇二卷下篇三卷　(清)北洋洋務局輯　清光緒三十三年(1907)北洋官報局鉛印本　三册

120000－0304－0000050　315－316
五大洲政治通攷四十八卷　(清)急先務齋主人輯　清光緒二十七年(1901)江左書林石印本　十二册

120000－0304－0000051　316
欽定後漢書一百二十卷　(南朝宋)范曄撰　(唐)李賢注　(晉)司馬彪續纂　清光緒十年(1884)上海同文書局刻本　二十八册

120000－0304－0000052　317
列國政要一百三十二卷首一卷　(清)戴鴻慈　(清)端方輯　清光緒三十三年(1907)石印本　八册　存三十一卷(一至三十、首一卷)

120000－0304－0000053　324
讀史方輿紀要一百三十卷　(清)顧祖禹撰　清刻本　十九册　存二十四卷(十九至二十四、四十三至六十)

120000－0304－0000054　328－330
輿地紀勝二百卷首一卷　(宋)王象之編　清咸豐五年(1855)南海伍氏粵雅堂刻本　十八册　存一百三十三卷(一至一百三十三)

120000－0304－0000055　334
山海經十八卷　(晉)郭璞傳　清光緒元年(1875)湖北崇文書局刻本　三册

120000－0304－0000056　335
水經注四十卷　(北魏)酈道元撰　清同治十三年(1874)江西書局刻武英殿聚珍版書本　十二册

120000－0304－0000057　338
孫子十家註十三卷　(宋)吉天保輯　(清)孫星衍　(清)吴人驥校　**敘録一卷**　(清)畢以珣撰　**遺說一卷**　(宋)鄭友賢撰　清咸豐五

年(1855)淡香齋活字印本　六册

120000－0304－0000058　339
老子道德經二卷　(三國魏)王弼注　清同治十三年(1874)江西書局刻武英殿聚珍版書本　一册

120000－0304－0000059　343
莊子十卷　(戰國)莊周撰　(晉)郭象注　(唐)陸德明音譯　清光緒二年(1876)浙江書局刻本　四册

120000－0304－0000060　348
淮南子二十一卷敘目一卷　(漢)劉安撰　(漢)高誘注　清光緒二年(1876)浙江書局刻本　六册

120000－0304－0000061　357
墨子十六卷　(清)畢沅校注　**牟子一卷**　(漢)牟融撰　**古今注三卷**　(晉)崔豹撰　清光緒元年(1875)湖北崇文書局刻子書百家本　二册　存五卷(墨子一至五)

120000－0304－0000062　357
墨子十六卷篇目考一卷　(清)畢沅校注　清光緒元年(1875)湖北崇文書局刻本　一册　存六卷(墨子一至五、篇目考一卷)

120000－0304－0000063　358
子問二卷又問一卷　(清)劉沅著　清咸豐間豫誠堂刻槐軒全書本　四册

120000－0304－0000064　395
函海一百六十四種八百五十六卷　(清)李調元輯　清道光五年(1825)刻本　十册　存六種三十卷(華陽國志十二卷、翼莊一卷、古今同姓名錄二卷、長短經九卷、心要經一卷、説文篆韻譜五卷)

120000－0304－0000065　407
春在堂全書三十五種　(清)俞樾著　清光緒二十八年(1902)刻本　十册

120000－0304－0000066　411
漢魏六朝百三家集　(明)張溥輯　清光緒五年(1879)信述堂刻本　九册

120000－0304－0000067　415
古文淵鑒六十四卷　(清)徐乾學等編注　清康熙四十八年(1709)四色套印本　八册　存十六卷(一至十六)

120000－0304－0000068　419
古文淵鑒六十四卷　(清)徐乾學編　清同治十二年(1873)浙江書局刻本　八册　存十八卷(一至十八)

120000－0304－0000069　423－425
古文淵鑒六十四卷　(清)徐乾學等編注　清康熙二十四年(1685)四色套印本　二十四册　存五十卷(一至五十)

120000－0304－0000070　434
嘉祐集二十卷　(宋)蘇洵著　清道光十二年(1832)眉州三蘇祠刻三蘇全集本　六册

120000－0304－0000071　435
東坡全集八十四卷目録二卷　(宋)蘇軾著　清道光十二年(1832)眉州三蘇祠刻三蘇全集本　八册　存三卷(八、目録二卷)

120000－0304－0000072　444
元豐類稿五十卷首一卷　(宋)曾鞏撰　清光緒十六年(1890)慈利漁浦書院刻本　十二册

120000－0304－0000073　446
六一題跋十一卷　(宋)歐陽修撰　(明)毛晉訂　明崇禎刻津逮秘書本　四册

120000－0304－0000074　451/452
御纂朱子全書六十六卷　(□)□□撰　清康熙五十三年(1714)淵鑒齋刻本　八册　存三十二卷(一至三十二)

120000－0304－0000075　456
御纂朱子全書六十六卷　(□)□□撰　清康熙五十三年(1714)淵鑒齋刻本　八册　存十九卷(一至十九)

120000－0304－0000076　459
唐荊川先生文集十八卷　(明)唐順之著　清光緒二十一年(1895)刻本　八册

120000－0304－0000077　464

文選六十卷 （南朝梁）蕭統撰 （唐）李善注 （清）葉樹藩參訂 清乾隆三十七年（1772）長洲葉氏海錄軒刻朱墨套印本 六冊 存三十卷（一至三十）

120000－0304－0000078 464

文選六十卷 （南朝梁）蕭統撰 （唐）李善注 （清）何焯評 清乾隆三十七年（1772）海錄軒套印本 六冊 存三十卷（一至三十）

120000－0304－0000079 469

蒙齋集二十卷 （宋）袁甫撰 **茶山集** （宋）曾幾撰 清同治十三年（1874）江西書局刻武英殿聚珍版書本 八冊

120000－0304－0000080 470

王陽明先生全集二十二卷首一卷 （明）王守仁著 （清）俞嶙編 清康熙十七年（1678）刻本 八冊 存十一卷（一至十一）

120000－0304－0000081 475

懷星堂全集三十卷 （明）祝允明著 清宣統二年（1910）石印本 八冊

120000－0304－0000082 476

震川先生集全集三十卷別集十卷 （明）歸有光著 （清）錢謙益選定 清康熙五十九年（1720）刻本 六冊 存二十卷（全集一至二十）

120000－0304－0000083 478

嘉懿集初鈔四卷續鈔四卷 （清）高塘輯評 清乾隆五十四年（1789）廣郡永邑培元堂刻高梅亭讀書叢抄本 八冊

120000－0304－0000084 481

胡文忠公遺集十卷首一卷 （清）胡林翼撰 清同治刻本 六冊 缺六卷（五至十）

120000－0304－0000085 483

左文襄公書牘節要二十六卷 （清）左宗棠撰 清光緒二十八年（1902）刻本 十二冊

120000－0304－0000086 485

龔定盦全集 （清）龔自珍撰 清宣統元年（1909）國學扶輪社鉛印本 七冊

120000－0304－0000087 488

庾子山集十六卷 （北周）庾信撰 （清）倪璠註釋 清道光十九年（1839）同文堂刻本 四冊

120000－0304－0000088 494

鹿洲初集二十卷 （清）藍鼎元著 （清）曠敏本評 清雍正十年（1732）刻本 八冊

120000－0304－0000089 495

鹿洲全集八種 （清）藍鼎元著 （清）王者輔評 清雍正十年（1732）刻本 六冊 存三種四卷（平臺紀畧一卷、鹿洲奏疏一卷、修史試筆二卷）

120000－0304－0000090 497

鹿洲公案二卷女學六卷 （清）藍鼎元編 清雍正七年（1729）刻本 六冊

120000－0304－0000091 498

茗柯文編四卷 （清）張惠言著 清光緒七年（1881）刻本 二冊

120000－0304－0000092 499

涑水記聞十六卷 （宋）司馬光撰 **南陽集六卷** （宋）趙湘撰 **學易集八卷** （宋）劉跂撰 清光緒二十一年（1895）武英殿聚珍版叢書本 八冊

120000－0304－0000093 500

文恭集四十卷 （宋）胡宿撰 清同治十三年（1874）江西書局刻武英殿聚珍版書本 八冊

120000－0304－0000094 502

貴池二妙集四十七卷附錄四卷 劉世珩編 清光緒二十六年（1900）刻本 十二冊

120000－0304－0000095 504

絜齋集二十四卷 （宋）袁燮撰 清同治十三年（1874）江西書局刻武英殿聚珍版書本 八冊

120000－0304－0000096 507

東塾集六卷附申范一卷 （清）陳澧撰 清光緒十八年（1892）菊坡精舍刻本 三冊

120000－0304－0000097 512

安瀾紀要二卷迴瀾紀要二卷　（清）徐端撰　清光緒十一年(1885)刻本　四冊

120000－0304－0000098　513
風俗通義十卷　（漢）應劭撰　清刻本　二冊

120000－0304－0000099　516
困學紀聞注二十卷首一卷　（清）翁元圻輯　清光緒十五年(1889)石印本　六冊

120000－0304－0000100　525
續古文辭類纂三編二十八卷　（清）黎庶昌纂　清光緒二十一年(1895)金陵狀元閣刻本　六冊　存二編十五卷

120000－0304－0000101　530
碧溪詩話十卷　（宋）黄徹撰　清同治十三年(1874)江西書局刻武英殿聚珍版書本　一冊

120000－0304－0000102　530
茶山集八卷　（宋）曾幾撰　清同治十三年(1874)江西書局刻武英殿聚珍版書本　二冊

120000－0304－0000103　530
后山詩十二卷　（宋）陳師道撰　（宋）任淵注　清同治十三年(1874)江西書局刻武英殿聚珍版書本　四冊

120000－0304－0000104　530
金淵集六卷　（元）仇遠撰　清同治十三年(1874)江西書局刻武英殿聚珍版書本　三冊

120000－0304－0000105　530
敬齋古今黈八卷　（元）李治撰　清同治十三年(1874)江西書局刻武英殿聚珍版書本　二冊

120000－0304－0000106　530
南陽集六卷　（宋）趙湘撰　清同治十三年(1874)江西書局刻武英殿聚珍版書本　二冊

120000－0304－0000107　530
涑水記聞十六卷　（宋）司馬光撰　清同治十三年(1874)江西書局刻武英殿聚珍版書本　四冊

120000－0304－0000108　530
歲寒堂詩話　（宋）張戒撰　清同治十三年(1874)江西書局刻武英殿聚珍版書本　二冊

120000－0304－0000109　530
陶山集十六卷　（宋）陸佃撰　清同治十三年(1874)江西書局刻武英殿聚珍版書本　四冊

120000－0304－0000110　530
甕牖閑評八卷　（宋）袁文撰　清同治十三年(1874)江西書局刻武英殿聚珍版書本　二冊

120000－0304－0000111　530
學易集八卷　（宋）劉跂撰　清同治十三年(1874)江西書局刻武英殿聚珍版書本　二冊

120000－0304－0000112　530
雲谷雜記四卷　（宋）張淏撰　清同治十三年(1874)江西書局刻武英殿聚珍版書本　二冊

120000－0304－0000113　530
拙軒集六卷　（金）王寂撰　清同治十三年(1874)江西書局刻武英殿聚珍版書本　一冊

120000－0304－0000114　530－1
南陽集六卷　（宋）趙湘撰　清同治十三年(1874)江西書局刻武英殿聚珍版書本　二冊

120000－0304－0000115　530－2
南陽集六卷　（宋）趙湘撰　清同治十三年(1874)江西書局刻武英殿聚珍版書本　二冊

120000－0304－0000116　530－3
南陽集六卷　（宋）趙湘撰　清同治十三年(1874)江西書局刻武英殿聚珍版書本　二冊

120000－0304－0000117　533
子書百家一百零一種　（清）湖北崇文書局輯　清光緒元年(1875)湖北崇文書局刻本　二冊　存三十四種

120000－0304－0000118　535/536
武英殿聚珍版叢書五十四種　（清）紀昀等編　清同治十三年(1874)江西書局刻本　十六冊　存十四種五十二卷(嶺表錄異三卷、麟臺故事五卷、漢官舊儀三卷、鄴中記一卷、傅子一卷、帝範四卷、欽定武英殿聚珍版程式一卷、公是弟子記四卷、明本釋三卷、攷古質疑六卷、甕牖閑評八卷、老子道德經註二卷、敬

齋古今黈八卷、澗泉日記三卷)

120000－0304－0000119　545

增廣留青新集二十四卷　(□)□□撰　清光緒二十五年(1899)上海源記書局石印本　十二冊

120000－0304－0000120　557

謙齋文錄四卷附年譜一卷　(明)徐溥著　清光緒三十三年(1907)世德堂刻本　四冊

120000－0304－0000121　559

名法指掌四卷　(清)沈辛田原編　(清)徐灝重訂　清同治九年(1870)湖北崇文書局刻本　四冊

120000－0304－0000122　561

養正遺規二卷教女遺規三卷從政遺規二卷在官法戒錄四卷訓俗遺規四卷　(清)陳弘謀輯　清刻本　八冊

120000－0304－0000123　562

燭湖集二十卷附編二卷　(宋)孫應時撰　清嘉慶八年(1803)靜遠軒刻本　六冊

120000－0304－0000124　564

盛世危言十四卷　(清)鄭觀應著　清光緒二十年(1894)鉛印本　五冊

120000－0304－0000125　567

午亭文編五十卷　(清)陳廷敬撰　(清)林佶輯錄　清康熙刻本　十冊　存二十五卷(一至二十五)

120000－0304－0000126　569

篷窗隨錄十四卷附錄二卷　(清)沈兆澐輯　清咸豐七年(1857)刻本　十四冊

120000－0304－0000127　600

李文忠公全集一百六十五卷　(清)李鴻章撰　(清)吳汝綸編　清光緒三十一年(1905)刻本　十一冊　存十一卷(七十二至八十二)

120000－0304－0000128　603

丁文誠公奏稿二十六卷首一卷　(清)丁寶楨撰　(清)陳夔龍編　清光緒二十二年(1896)南海羅氏刻本　六冊　存六卷(一至五、首一卷)

120000－0304－0000129　612

裘文達公文集六卷詩集十二卷奏議一卷　(清)裘曰修撰　清同治十一年(1872)刻本　六冊

120000－0304－0000130　614

林文忠公政書　(清)林則徐撰　清光緒二年(1876)刻本　八冊

120000－0304－0000131　615

林文忠公政書三十七卷　(清)林則徐撰　清光緒二年(1876)刻本　八冊

120000－0304－0000132　625

陳學士文集十八卷　(清)陳儀著　清乾隆十八年(1753)陳玉友蘭雪齋刻本　八冊

120000－0304－0000133　625

陳學士文集十八卷　(清)陳儀撰　清乾隆十八年(1753)陳玉友蘭雪齋刻本　八冊

120000－0304－0000134　627

李恕谷先生年譜五卷　(清)馮辰編　清道光十六年(1836)刻本　四冊

120000－0304－0000135　TH04

說文通檢十四卷首一卷末一卷　(清)黎永椿編　清光緒三十四年(1908)上海江左書林石印本　八冊

120000－0304－0000136　634

國朝三家文鈔三十二卷　(清)宋犖　(清)許汝霖選　(清)邵長蘅　(清)宋至訂　清康熙三十三年(1694)刻本　十冊　存二種二十卷(侯朝宗文鈔八卷、魏叔子文鈔十二卷)

120000－0304－0000137　637

夷堅志五十卷　(宋)洪邁撰　清宣統三年(1911)上海藜光社石印本　八冊　存二十五卷(一至二十五)

120000－0304－0000138　638

夷堅志五十卷　(宋)洪邁撰　清宣統三年(1911)石印本　八冊　存二十五卷(二十六至五十)

120000－0304－0000139　645

湘綺樓全集三十卷　王闓運撰　清宣統二年(1910)上海國學扶輪社石印本　十二册

120000－0304－0000140　649

八賢手札　(清)郭子瀞輯　清光緒十一年(1885)上海同文書局石印本　四册

120000－0304－0000141　652

虚受堂文集十六卷　王先謙撰　清宣統二年(1910)上海國學書社石印本　六册

120000－0304－0000142　659

治臺必告錄八卷　(清)丁日健輯　清同治六年(1867)知足知止園刻本　八册

120000－0304－0000143　660

佐治芻言不分卷　(英國)傅蘭雅口譯　(清)應祖錫筆述　清光緒元年(1875)鉛印本　三册

120000－0304－0000144　661

重刊補註洗冤錄集證六卷　(宋)宋慈撰　(清)王又槐增輯　(清)李觀瀾補輯　清同治十一年(1872)三色套印刻本　五册

120000－0304－0000145　671

昭代叢書十集　(清)張潮輯　清道光間世楷堂刻本　八十五册　存八集(甲、乙、丙、戊、己、庚、辛、壬)

120000－0304－0000146　689

杜工部集二十卷首一卷　(唐)杜甫撰　清同治十一年(1872)致一齋刻本　十册

120000－0304－0000147　690

杜工部集二十卷首一卷　(唐)杜甫撰　清光緒二年(1876)粵東翰墨園刻朱墨套印本(五家評本)　十册

120000－0304－0000148　691

李太白文集三十六卷　(唐)李白撰　(清)王琦輯註　清乾隆二十五年(1760)寶笏樓刻本　十册　存十八卷(一至十八)

120000－0304－0000149　696

李太白文集三十卷　(唐)李白撰　清康熙五十六年(1717)繆曰芑雙泉草堂刻本　四册

120000－0304－0000150　702

蘇文忠公詩集五十卷目錄二卷　(宋)蘇軾撰　(清)紀昀評點　清道光十四年(1834)兩廣節署刻朱墨套印本　十册

120000－0304－0000151　703

蘇文忠公詩集五十卷目錄二卷　(宋)蘇軾撰　(清)紀昀評點　清道光十四年(1834)兩廣節署刻套印本　十二册

120000－0304－0000152　704

蘇文忠公詩集五十卷目錄二卷　(宋)蘇軾撰　(清)紀昀評點　清同治八年(1869)韞玉山房刻套印本　六册　存六卷(一至六)

120000－0304－0000153　706

施注蘇詩四十二卷目錄二卷年譜一卷　(宋)蘇軾撰　(宋)施元之注　(清)邵長蘅等刪補　清康熙刻本　八册　缺二十二卷(二十一至四十二)

120000－0304－0000154　710

全唐詩　(清)曹寅　(清)彭定求等輯　清康熙刻本　二十册　存二函(七、十二)

120000－0304－0000155　714

全唐詩三十二卷　(清)曹寅　(清)彭定求等輯　清光緒十四年(1888)上海鴻文書局石印本　八册　存八卷(一至八)

120000－0304－0000156　718

王臨川全集一百卷目錄二卷　(宋)王安石撰　清光緒九年(1883)刻本　十册　存四十九卷(一至四十九)

120000－0304－0000157　720

白香山詩集四十卷年譜二卷　(清)汪立名編訂　清康熙四十二年(1703)一隅草堂刻本　六册　存二十二卷(白香山詩長慶集二十卷、年譜二卷)

120000－0304－0000158　721

白香山詩集二十卷　(清)汪立名編　清末會文堂書局石印本　六册

120000－0304－0000159　722
昌黎詩集十一卷　(清)朱彝尊　(清)何焯評　清道光十七年(1837)刻本　六册

120000－0304－0000160　723
西江詩派韓饒二集　沈增植輯　清宣統二年(1910)姚埭沈氏刻本　二册

120000－0304－0000161　726
李義山詩集三卷　(唐)李商隱撰　(清)朱鶴齡箋註　清同治九年(1870)廣州倅署刻本　四册

120000－0304－0000162　727
十八家詩鈔二十八卷　(清)曾國藩輯　清同治十三年(1874)傳忠書局刻曾文正公全集本　十四册　存十七卷(一至十七)

120000－0304－0000163　730
唐宋八家鈔八卷　(清)高塘集評　清乾隆五十三年(1788)刻本　八册

120000－0304－0000164　734
漁洋山人古詩選三十二卷　(清)王士禎選　清同治五年(1866)金陵書局刻本　四册　存十七卷(一至十七)

120000－0304－0000165　744
御選唐宋詩醇四十六卷　(清)高宗弘曆選　清光緒十八年(1892)學庫山房刻本　十册　存二十一卷(一至二十一)

120000－0304－0000166　748
湖海樓詩集十二卷補遺一卷　(清)陳維崧著　清乾隆六十年(1795)刻本　八册　存六卷(一至六)

120000－0304－0000167　750
寒山子詩集一卷　(唐)釋寒山撰　清刻本　一册

120000－0304－0000168　752
弇榆山房詩略十卷　(清)許喬林撰　清道光二十九年(1849)刻本　二册

120000－0304－0000169　754
公餘集二卷續編二卷窗課存稿一卷　(清)如許齋主人著　清光緒十一年(1885)刻本　五册

120000－0304－0000170　758
吳摯甫詩集一卷　(清)吳汝綸撰　清宣統元年(1909)國學扶輪社石印本　一册

120000－0304－0000171　759
龜巢藁十卷補遺一卷　(元)謝應芳撰　清道光二十六年(1846)刻本　四册

120000－0304－0000172　763
小謨觴館詩集八卷續集二卷續集注二卷詩餘附錄不分卷文集四卷文集注四卷文續集二卷文續集注二卷　(清)彭兆蓀撰　清光緒二十年(1894)觀自得齋刻本　八册

120000－0304－0000173　771
梅村詩集箋注十八卷　(清)吳伟業撰　(清)吳翌鳳箋注　清光緒十年(1884)湖北官書處刻本　十二册

120000－0304－0000174　776
德禮堂疇唱集十三卷　(清)吳崍村輯　清光緒三年(1877)銅梁吳氏刻本　二册　存八卷(一至八)

120000－0304－0000175　781－2
石笥山房文集六卷補遺一卷詩集十一卷詩餘一卷補遺二卷續補遺二卷　(清)胡天游著　清咸豐二年(1852)刻本　十册

120000－0304－0000176　781
石笥山房文集六卷詩集十二卷　(清)胡天游著　清道光二十六年(1846)刻本　八册

120000－0304－0000177　782
冷吟仙館詩稿八卷詩餘一卷附錄一卷　(清)左錫嘉撰　**曾氏家訓一卷**　(清)冰如老人輯　**吟雲僊館詩稾一卷**　(清)曾詠撰　清光緒十七年(1891)刻本　八册

120000－0304－0000178　783
返生香一卷附集一卷　(明)葉小鸞著　清光緒二十二年(1896)刻疏香閣遺集本　二册

120000－0304－0000179　790

后山詩注十二卷 （宋）陳師道撰 （宋）任淵注 **陶山集十六卷** （宋）陸佃撰 清同治十三年（1874）江西書局刻武英殿聚珍版書本 八册

120000－0304－0000180 796
南澗甲乙稿二十二卷 （宋）韓元吉撰 清同治十三年（1874）江西書局刻武英殿聚珍版書本 八册

120000－0304－0000181 798
西陂類稿五十卷 （清）宋犖撰 清康熙五十年（1711）刻本 八册 存二十六卷（一至二十六）

120000－0304－0000182 807
二家詩鈔二十二卷 （清）邵長蘅選 清康熙三十四年（1695）刻本 六册 存十二卷（王氏漁洋詩鈔十二卷）

120000－0304－0000183 822
楚辭十七卷 （漢）王逸注 （宋）洪興祖補注 清同治十一年（1872）刻本 四册

120000－0304－0000184 824
有正味齋駢體文二十四卷 （清）吳錫麒著 清咸豐九年（1859）青箱塾刻本 八册

120000－0304－0000185 830
遏雲閣曲譜 （清）王錫純輯 清光緒十九年（1893）鉛印本 八册

120000－0304－0000186 831
詞律二十卷 （清）萬樹論次 清康熙二十六年（1687）堆絮園刻本 八册

120000－0304－0000187 833
詩韻合璧五種 （清）湯文潞編 清光緒四年（1878）上海淞隱閣鉛印本 五册

120000－0304－0000188 840
遏雲閣曲譜 （清）王錫純輯 清光緒十九年（1893）著易堂鉛印本 八册

120000－0304－0000189 847
國朝駢體正宗十二卷 （清）曾燠輯 清光緒十三年（1887）上海蜚英館石印本 六册

120000－0304－0000190 926
思古齋雙鉤漢碑篆額 （清）何澂輯 清光緒九年（1883）刻本 三册

120000－0304－0000191 934
青在堂花卉草蟲譜六卷 （清）王概等摹 清光緒十四年（1888）石印本 四册

120000－0304－0000192 953
小蓬萊閣金石文字不分卷 （清）黄易輯 清道光十四年（1834）石墨軒刻本 五册

120000－0304－0000193 954
兩罍軒印攷漫存九卷 （清）吳雲輯 清光緒七年（1881）刻本 四册

120000－0304－0000194 960
千金翼方三十卷 （唐）孫思邈撰 （宋）林億校 （明）王肯堂重校 清同治七年（1868）掃葉山房刻本 九册 存十五卷（一至十五）

120000－0304－0000195 962
臨證指南醫案十卷 （清）葉桂撰 清光緒十年（1884）古吳校經山房刻本 六册 存六卷（一至六）

120000－0304－0000196 994
中西匯通醫經精義二卷本草問答一卷金匯要畧淺註補正九卷傷寒論淺註補正七卷血證論八卷 （清）唐宗海著 清光緒三十四年（1908）千頃堂書局石印本 十二册

120000－0304－0000197 1002－3
說文解字三十卷 （漢）許慎撰 （清）段玉裁注 清嘉慶二十年（1815）刻本 十六册

120000－0304－0000198 1007－8
說文解字句讀三十卷 （清）王筠撰 清光緒八年（1882）尊經書局刻本 十六册

120000－0304－0000199 1011
說文解字注十五卷六書音均表一卷 （清）段玉裁撰 **說文通檢十四卷末一卷** （清）黎永椿撰 **說文解字注匡謬** 清光緒十四年（1888）上海蜚英印館石印本 八册

120000－0304－0000200 1013

爾雅匡名二十卷　(清)嚴元照撰　清光緒十六年(1890)廣雅書局刻本　四册

120000－0304－0000201　1023
説文釋例二十卷　(清)王筠撰　清刻本　十册

120000－0304－0000202　1023
説文釋例二十卷　(清)王筠撰　清道光刻本　十册

120000－0304－0000203　1024
天中記六十卷　(明)陳耀文纂　清光緒十六年(1890)聽雨山房刻本　十册　存十卷(一至十)

120000－0304－0000204　1028
天中記六十卷　(明)陳耀文撰　清刻本　十册　存十一卷(四十至五十)

120000－0304－0000205　1046－47
增補事類統編九十三卷首一卷　(清)黄葆真輯　清光緒十四年(1888)上海積山書局石印本　十二册

120000－0304－0000206　1056
積古齋鐘鼎彝器款識十卷　(清)阮元　(清)朱為弼撰　清光緒九年(1883)常熟鮑氏刻本　四册

120000－0304－0000207　1057
兩罍軒彝器圖釋八卷　(清)吳雲撰　清同治十二年(1873)刻本　六册

120000－0304－0000208　1058/59
古泉匯六十四卷　(清)李佐賢撰　清同治三年(1864)李氏石泉書屋刻本　二十册

120000－0304－0000209　1060
兩罍軒彝器圖釋十二卷　(清)吳雲撰　清同治十二年(1873)刻本　六册

120000－0304－0000210　1062
古泉匯元集十四卷亨集十四卷利集十八卷貞集十四卷補遺二卷　(清)李佐賢輯　清同治三年(1864)石泉書屋刻本　八册

120000－0304－0000211　1063
古泉匯元集十四卷亨集十四卷利集十八卷貞集十四卷補遺二卷　(清)李佐賢輯　清同治三年(1864)石泉書屋刻本　七册

120000－0304－0000212　1066
亦政堂重修宣和博古圖録三十卷　(宋)王黼等撰　清乾隆黄晟槐蔭草堂刻本　十八册

120000－0304－0000213　1070
亦政堂重修考古圖十卷　(宋)吕大臨撰　清乾隆十八年(1753)黄晟槐蔭草堂刻本　五册

120000－0304－0000214　1071
關中金石記八卷附記一卷　(清)畢沅撰　(清)蔡汝霖附記　清刻本　五册

120000－0304－0000215　1076
思古齋雙鉤漢碑篆額　(清)何澄輯　清光緒九年(1883)刻本　三册

120000－0304－0000216　1090
諭摺彙存　(清)□□編　清光緒鉛印本　六册

120000－0304－0000217　1091
諭摺彙存　(清)□□編　清光緒鉛印本　六册

120000－0304－0000218　1113
西堂全集十六種　(清)尤侗撰　清康熙刻本　六册　存十六卷(西堂雜俎一集八卷、二集八卷)

120000－0304－0000219　1113/1116
尤西堂全集　(清)尤侗撰　清康熙刻本　二十四册

120000－0304－0000220　1119
曾南豐先生文集四卷　(宋)曾鞏撰　清宣統二年(1910)上海會文堂粹記石印本　二册

120000－0304－0000221　1120
南宋文範七十卷外編四卷　(清)莊仲方編　清光緒十四年(1888)江蘇書局刻本　十六册

120000－0304－0000222　1131
國朝正雅集八十三卷　(清)符葆森編　清咸豐七年(1857)刻本　十六册　存三十八卷

（一至三十八）

120000－0304－0000223　1137

南陽集六卷　（宋）趙湘撰　清刻武英殿聚珍版叢書本　八冊

120000－0304－0000224　1138

拙軒集六卷　（金）王寂撰　清同治十三年（1874）江西書局刻武英殿聚珍版叢書本　一冊

120000－0304－0000225　1140

蒙齋集二十卷　（宋）袁甫撰　清同治十三年（1874）江西書局刻武英殿聚珍版書本　六冊

120000－0304－0000226　1141

茶山集八卷　（宋）曾幾撰　清同治十三年（1874）江西書局刻武英殿聚珍版書本　二冊

120000－0304－0000227　1142

欽定武英殿聚珍版程式一卷　（清）金簡撰　清同治十三年（1874）江西書局刻武英殿聚珍版書本　一冊

120000－0304－0000228　1142－1

欽定武英殿聚珍版程式一卷　（清）金簡撰　清同治十三年（1874）江西書局刻武英殿聚珍版書本　一冊

120000－0304－0000229　1142－2

欽定武英殿聚珍版程式一卷　（清）金簡撰　清同治十三年（1874）江西書局刻武英殿聚珍版書本　一冊

120000－0304－0000230　1142－3

欽定武英殿聚珍版程式一卷　（清）金簡撰　清同治十三年（1874）江西書局刻武英殿聚珍版書本　一冊

120000－0304－0000231　1142－4

欽定武英殿聚珍版程式一卷　（清）金簡撰　清同治十三年（1874）江西書局刻武英殿聚珍版書本　一冊

120000－0304－0000232　1142－5

欽定武英殿聚珍版程式一卷　（清）金簡撰　清同治十三年（1874）江西書局刻武英殿聚珍版書本　一冊

120000－0304－0000233　1145/1146

元史二百十卷　（明）宋濂等修　清道光四年（1824）刻本　九冊　存五十三卷（二十二至五十一、一百三十三至一百五十五）

120000－0304－0000234　1149

孝經注疏九卷附考證　（唐）玄宗李隆基撰　（唐）陸德明音義　（宋）邢昺校　清同治十年（1871）刻十三經注疏本　一冊

120000－0304－0000235　1150

爾雅注疏十一卷考證十一卷　（晉）郭璞著　（唐）陸德明音義　（宋）邢昺疏　清同治十年（1871）廣東書局刻本　四冊

120000－0304－0000236　1151

小學纂註六卷　（清）高愈纂註　（宋）朱熹著　清乾隆元年（1736）培遠堂刻本　四冊

120000－0304－0000237　1152

直齋書錄解題二十二卷　（宋）陳振孫撰　（清）項家達校　清同治十三年（1874）江西書局刻武英殿聚珍版叢書本　八冊

120000－0304－0000238　1157

武英殿聚珍版叢書　（清）紀昀編　清同治十三年（1874）江西書局刻本　八冊　存八種（農桑輯要七卷、五曹算經五卷、夏侯陽算經二卷、孫子算經三卷、海島算經一卷、五經算術三卷、墨法集要一卷、雲谷雜記四卷）

120000－0304－0000239　1158

袁易齋先生圖民錄四卷　（清）袁易齋撰　清同治十二年（1873）刻本　二冊

120000－0304－0000240　1160

駢雅七卷　（明）朱謀㙔撰　清同治十一年（1872）經綸書室刻本　八冊

120000－0304－0000241　1162

少室山房筆叢四十八卷　（明）胡應麟撰　清光緒二十二年（1896）廣雅書局刻本　八冊

120000－0304－0000242　1164

新刊古列女傳八卷　題（漢）劉向撰　清道光

五年(1825)阮氏刻本　四册

120000－0304－0000243　1165
說文段注訂補十四卷　(清)王紹蘭著　清光緒十四年(1888)刻本　八册

120000－0304－0000244　1167
澗泉日記三卷　(宋)韓淲撰　清同治十三年(1874)江西書局刻武英殿聚珍版書本　一册

120000－0304－0000245　1168
嶺表錄異三卷　(唐)劉恂撰　清同治十三年(1874)江西書局刻武英殿聚珍版書本　一册

120000－0304－0000246　1178
鐘鼎字源五卷附錄一卷　(清)汪立名輯　清光緒二年(1876)洞庭秦氏麟慶堂刻本　二册

120000－0304－0000247　1180/1181
藝海珠塵□□卷　(清)吳省蘭輯　清嘉慶元年(1796)聽彝堂刻本　七册　存七卷(一至六、八)

120000－0304－0000248　1203
欽定四庫全書總目二百卷首一卷　(清)紀昀等撰　清光緒石印本　八册　存八十二卷(一至八十二)

120000－0304－0000249　1206
彙刻書目二十卷　(清)顧修撰　清光緒十二年(1886)上海福瀛書局刻本　十册　存十卷(一至十)

120000－0304－0000250　1209
彙刻書目二十卷　(清)顧修撰　清光緒十二年(1886)上海福瀛書局刻本　五册　存五卷(一、十二、十五、十七、十九)

120000－0304－0000251　1210
與稽齋叢稿十八卷　(清)吳翌鳳撰　清嘉慶刻本　四册

120000－0304－0000252　1211
今世說八卷　(清)王晫撰　清光緒二十九年(1903)怡文閣刻本　四册

120000－0304－0000253　1214
唐詩三百首注釋六卷　(清)孫洙輯　**唐詩三百首續選一卷**　(清)于慶元編　清光緒二十年(1894)京都文成堂刻本　八册

120000－0304－0000254　1216
讀書分年日程三卷綱領一卷　(元)程端禮編　清同治七年(1868)湖北崇文書局刻本　二册

120000－0304－0000255　1230
卜筮正宗十四卷　(清)王維德輯　清光緒十五年(1889)校經山房刻本　六册

120000－0304－0000256　1232
格致彙編十二卷　(英國)傅蘭雅輯　清光緒三年(1877)上海格致書院鉛印本　十二册

120000－0304－0000257　1246
新文牘□□卷　(□)□□輯　清末石印本　八册　存四卷(一至四)

120000－0304－0000258　1250
康熙字典十二集　(清)張玉書等纂　清光緒三年(1877)四明茹古齋刻本　三十三册　存八集(子至未)

120000－0304－0000259　1254
增廣四書題鏡味根錄二十七卷附增四書宗旨　(清)金澂輯　清光緒十九年(1893)申江袖海山房石印本　八册

120000－0304－0000260　1269
五曹算經五卷夏侯陽算經三卷　(□)□□撰　清同治十三年(1874)江西書局刻武英殿聚珍版書本　二册

120000－0304－0000261　1270
甕牖閑評八卷　(宋)袁文撰　清同治十三年(1874)江西書局刻武英殿聚珍版書本　二册

120000－0304－0000262　1271
敬齋古今黈八卷　(元)李治撰　清同治十三年(1874)江西書局刻武英殿聚珍版書本　二册

120000－0304－0000263　1272
魏鄭公諫續錄二卷　(元)翟思忠撰　清同治十三年(1874)江西書局刻武英殿聚珍版書本

四冊

120000－0304－0000264　1317
婦科一卷附婦科圖一卷　(美國)湯麥斯著　舒高第　(清)鄭昌棪譯　清光緒二十六年(1900)江南製造局鉛印本　六冊

120000－0304－0000265　1322
澄衷蒙學堂字課圖說四卷　(清)澄衷蒙學堂輯　清光緒二十七年(1901)石印本　六冊

120000－0304－0000266　1327
地志啟蒙四卷　(清)□□撰　清光緒十二年(1886)總稅務司署刻本　一冊

120000－0304－0000267　1328
欽定大清會典事例一千二百二十卷首一卷　(清)崑岡等修　清宣統元年(1909)南洋官書局石印本　六冊　存三十八卷(一至三十八)

120000－0304－0000268　1335
炳燭齋文集初刻一卷續刻一卷　(清)顧大韶著　清宣統元年(1909)國學扶輪社鉛印本　二冊

120000－0304－0000269　1336
梅花館集　(清)汪韻梅撰　清光緒三十四年(1908)言氏家集鉛印本　一冊

120000－0304－0000270　1337
張文襄公詩集四卷　(清)張之洞　清宣統二年(1910)四川官印刷局鉛印本　二冊

120000－0304－0000271　1340
習苦齋畫絮十卷　(清)戴熙撰　(清)惠年編輯　清光緒十九年(1893)刻本　六冊

120000－0304－0000272　1348
武夷山志二十四卷首一卷　(清)董天工編　清道光二十六年(1846)尺木軒刻本　八冊　存十九卷(一至十九)

120000－0304－0000273　1351
李蘭臺集一卷　(漢)李尤著　清光緒十八年(1892)刻漢魏六朝百三名家集本　一冊

120000－0304－0000274　1359
空谷香傳奇二卷　(清)蔣士銓填詞　清光緒十七年(1891)紅雪樓刻本　二冊

120000－0304－0000275　1360
香祖樓二卷　(清)藏園居士填詞　(清)兩峰外史評文　(清)種木山人訂譜　清乾隆清容外集刻本　二冊

120000－0304－0000276　1365
水經注四十卷　(北魏)酈道元撰　清同治十三年(1874)江西書局刻武英殿聚珍版書本　十二冊

120000－0304－0000277　1366
郭氏傳家易說十一卷首一卷　(宋)郭雍著　清同治十三年(1874)江西書局刻武英殿聚珍版叢書本　八冊

120000－0304－0000278　1367
易緯通卦驗二卷是類謀一卷乾元序制記一卷坤靈圖一卷　(漢)鄭玄注　清同治十三年(1874)江西書局刻武英殿聚珍版叢書本　一冊

120000－0304－0000279　1368
續呂氏家塾讀詩記三卷　(宋)戴溪撰　清同治十三年(1874)江西書局刻武英殿聚珍版叢書本　二冊

120000－0304－0000280　1369
春秋辨疑四卷　(宋)蕭楚撰　清同治十三年(1874)江西書局刻武英殿聚珍版叢書本　二冊

120000－0304－0000281　1370－1
鄭志三卷　(三國魏)鄭小同撰　清同治十三年(1874)江西書局刻武英殿聚珍版叢書本　二冊

120000－0304－0000282　1370
鄭志三卷　(三國魏)鄭小同撰　清同治十三年(1874)江西書局刻武英殿聚珍版叢書本　二冊

120000－0304－0000283　1371
魏鄭公諫續錄二卷　(元)翟思忠撰　清光緒刻武英殿聚珍版叢書本　一冊

120000－0304－0000284　1372
融堂書解二十卷　(宋)錢時撰　清同治十三年(1874)江西書局刻武英殿聚珍版書本　四册

120000－0304－0000285　1373
禹貢指南　(宋)毛晃撰　清同治十三年(1874)江西書局刻武英殿聚珍版書本　一册

120000－0304－0000286　1374
儀禮識誤三卷　(宋)張淳撰　清同治十三年(1874)江西書局刻武英殿聚珍版書本　一册

120000－0304－0000287　1375
麟臺故事五卷　(宋)程俱撰　清同治十三年(1874)江西書局刻武英殿聚珍版書本　一册

120000－0304－0000288　1376
漢官舊儀二卷補遺一卷鄴中記一卷　(漢)衛宏撰　(晉)陸翽撰　清同治十三年(1874)江西書局刻武英殿聚珍版書本　一册

120000－0304－0000289　1377
公是弟子記四卷　(宋)劉敞撰　清同治十三年(1874)江西書局刻武英殿聚珍版書本　一册

120000－0304－0000290　1378
傅子一卷　(晉)傅玄撰　清同治十三年(1874)江西書局刻武英殿聚珍版書本　一册

120000－0304－0000291　1379
儀禮釋宫一卷　(宋)李如圭撰　清同治十三年(1874)江西書局刻武英殿聚珍版書本　一册

120000－0304－0000292　1380
絜齋毛詩經筵講義四卷　(宋)袁燮撰　清同治十三年(1874)江西書局刻武英殿聚珍版書本　一册

120000－0304－0000293　1380
絜齋毛詩經筵講義四卷　(宋)袁燮撰　清同治十三年(1874)江西書局刻武英殿聚珍版書本　一册

120000－0304－0000294　1381
明本釋三卷　(宋)劉荀撰　清同治十三年(1874)江西書局刻武英殿聚珍版叢書本　二册

120000－0304－0000295　1382
欽定武英殿聚珍版程式一卷　(清)金簡撰　清同治十三年(1874)江西書局刻武英殿聚珍版書本　一册

120000－0304－0000296　1385
山谷詩集注二十卷　(宋)黄庭堅撰　(宋)史容注　清光緒二十一年至二十五年(1895－1899)刻本　十册

120000－0304－0000297　1385
山谷别集二卷　(宋)史季溫註　清宣統二年(1910)雙井祠堂刻本　一册

120000－0304－0000298　1388
明史紀事本末八十卷　(清)谷應泰編輯　清同治十三年(1874)江西書局刻本　二十册

120000－0304－0000299　1439
吳詩集覽二十卷談藪一卷　(清)吳偉業撰　(清)靳榮藩輯　清乾隆四十年(1775)凌雲亭刻本　十二册

120000－0304－0000300　1449
涑水記聞十六卷　(宋)司馬光撰　清同治十三年(1874)江西書局刻武英殿聚珍版書本　四册

120000－0304－0000301　1450
絜齋集二十四卷　(宋)袁燮撰　清同治十三年(1874)江西書局刻武英殿聚珍版書本　二册　存七卷(一至七)

120000－0304－0000302　1478
餐霞樓詩餘軼稿　(清)左白玉撰　清光緒三十四年(1908)鉛印本　一册

120000－0304－0000303　1498
唐詩三百首注疏六卷　(清)蘅塘退士編　(清)章燮注　**唐詩三百首續選二卷**　(清)于慶元編　清道光十四年(1834)刻本　三册　存四卷(三至六)

120000－0304－0000304　1501
增評補像全圖金玉緣一百二十回　（清）曹雪芹撰　（清）高鶚續　清宣統二年（1910）上海書局石印本　八冊

120000－0304－0000305　1505
蔡中郎集二卷　（漢）蔡邕著　（明）張溥評　清光緒十八年（1892）善化藍田章氏刻漢魏六朝百三名家集本　一冊　存一卷（一）

120000－0304－0000306　1723
浩然齋雅談三卷　（宋）周密撰　清同治十三年（1874）江西書局刻武英殿聚珍版書本　一冊

120000－0304－0000307　HD01
曲江書屋新訂批註左傳快讀十八卷首一卷　（晉）杜預原註　（清）李紹崧選訂　清光緒五年（1879）崇文堂刻本　六冊　存六卷（一、四至九）

120000－0304－0000308　HD02
謝宣城集一卷　（南朝齊）謝朓撰　清光緒十八年（1892）刻漢魏六朝百三名家集本　一冊

120000－0304－0000309　HD03
孟子七卷　（宋）朱熹集註　清李光明莊刻本　三冊

天津市紅橋區圖書館古籍普查登記目録

全國古籍普查登記目録

國家圖書館出版社
National Library of China Publishing House

120000－0305－0000001　HT01
二十四史三千二百五十卷　清咸豐元年(1851)新會陳氏刻本　八百三十七册

120000－0305－0000002　HT02
資治通鑑二百九十卷　(宋)司馬光著　清同治八年(1869)江蘇書局補修本　一百册

120000－0305－0000003　HT03
續資治通鑑二百二十卷　(清)畢沅撰　清同治六年(1867)江蘇書局刻本　六十册

120000－0305－0000004　HT04
陶詩彙評四卷　(清)溫謙山纂　清宣統二年(1910)掃葉山房石印本　二册

120000－0305－0000005　HT05
和陶合箋四卷　(宋)蘇軾撰　(清)溫謙山纂　清宣統二年(1910)掃葉山房石印本　二册

120000－0305－0000006　HT07
船山師友記十七卷首一卷　(清)羅正鈞撰　清光緒三十三年(1907)刻本　四册

120000－0305－0000007　HT08
唐鑑二十四卷　(宋)范祖禹撰　清同治刻本　六册

120000－0305－0000008　HT09
莊子集解八卷　王先謙集解　清宣統元年(1909)掃葉山房石印本　四册

120000－0305－0000009　HT10
古唐詩合解箋注十二卷　(清)王堯衢注　清光緒二十年(1894)刻本　五册

120000－0305－0000010　HT11
四書補注備旨十卷　(明)鄧林著　清光緒善成堂刻本　八册

120000－0305－0000011　HT12
幼學歌四卷續一卷　(清)王用臣撰　清光緒十一年(1885)深澤王氏刻本　四册

120000－0305－0000012　HT13
本草述鉤元三十二卷　(清)楊時泰撰　清道光二十二年(1842)涵雅堂刻本　十册

120000－0305－0000013　HT14
監本詩經八卷　(宋)朱熹集傳　清同治八年(1869)刻本　四册

120000－0305－0000014　HT15
十三經集字摹本不分卷首一卷　(清)彭玉雯撰　清道光二十九年(1849)江右彭氏刻本　六册

120000－0305－0000015　HT16
御批歷代通鑑輯覽一百二十卷　清光緒二十五年(1899)北洋石印官書局石印本　二十册

120000－0305－0000016　HT17
諸子碎金四卷　(清)柴梁撰　清乾隆四十九年(1784)敦艮堂刻本　二册

120000－0305－0000017　HT18
小學集解六卷　(清)吳訥集解　清同治八年(1869)江蘇書局刻本　二册

120000－0305－0000018　HT19
白虎通義四卷附校勘記四卷　(漢)班固著　清光緒二十年(1894)增刻武英殿聚珍本　四册

120000－0305－0000019　HT20
春秋經傳集解三十卷　(晉)杜預撰　清刻本　十二册

120000－0305－0000020　HT21
蔡中郎集十卷　(漢)蔡邕著　清咸豐三年(1853)海源閣刻本　六册

120000－0305－0000021　HT22
佩文韻府一百零六卷　(清)張玉書纂　清光緒十三年(1887)上海點石齋石印本　五十册

120000－0305－0000022　HT23
韻府拾遺一百零六卷　(清)張玉書纂　清光緒十三年(1887)上海點石齋石印本　十册

120000－0305－0000023　HT24
掄秀堂重訂幼學須知句解四卷　(清)錢元龍撰　清刻本　四册　存三卷(一、三至四)

120000－0305－0000024　HT25

韓非子二十卷　(戰國)韓非著　清光緒元年(1875)湖北崇文書局刻本　四册

120000－0305－0000025　HT26

繡像西遊記一百回　(明)吳承恩撰　清光緒十年(1884)掃葉山房刻本　二十册

天津市武清區圖書館古籍普查登記目錄

全國古籍普查登記目錄

國家圖書館出版社
National Library of China Publishing House

120000－0306－0000001　1

中華字典　清宣統三年(1911)天寶書局石印本　六册

120000－0306－0000002　2

淮南子二十一卷　(漢)劉安撰　(漢)高誘注　清光緒二年(1876)浙江書局刻本　六册

120000－0306－0000003　3

荀子集解二十卷　(唐)楊倞注　王先謙集解　清光緒十七年(1891)思賢講社刻本　六册

120000－0306－0000004　4

天元曆理全書十二卷首一卷　(清)徐發撰　清刻本　四册

120000－0306－0000005　009－1

孔子家語十卷　(三國魏)王肅注　清末掃葉山房石印本　八册

120000－0306－0000006　009－2

精校圈點顔氏家訓二卷　(北齊)顔之推撰　清末上海掃葉山房石印本　二册

120000－0306－0000007　009－3

精校斷句獨斷一卷　(漢)蔡邕撰　清末上海掃葉山房石印本　一册

120000－0306－0000008　13

古詩源十四卷　(清)沈德潛選　清嘉慶八年(1803)刻本　四册

120000－0306－0000009　14

歐陽文忠公五代史抄二十卷新唐書抄二卷　(宋)歐陽修撰　(明)茅坤批評　清刻本　五册

120000－0306－0000010　15

課子隨筆節鈔六卷附録一卷續編一卷　(清)張師載輯　清同治十年(1871)徐氏刻本　四册

120000－0306－0000011　16

地學形勢集八卷　(清)倪化南輯　清乾隆刻本　六册

120000－0306－0000012　17

易漢學八卷　(清)惠棟輯　清柏筠堂刻本　四册

120000－0306－0000013　19

分韻試帖青雲集合注四卷　(清)楊逢春輯　清光緒四年(1878)天津文德堂刻本　四册

120000－0306－0000014　20

增批寄嶽雲齋試體詩四卷　(清)聶銑敏撰　清咸豐十年(1860)全興堂刻本　四册

120000－0306－0000015　21

左繡三十卷春秋經傳集解三十卷　(清)馮李驊　(清)陸浩輯　(晉)杜預撰　(唐)陸德明音釋　清光緒九年(1883)經國堂刻兩截本　八册

120000－0306－0000016　22

杜工部集二十卷　(唐)杜甫撰　(清)錢謙益箋注　清宣統三年(1911)時中書局石印本　八册

120000－0306－0000017　24

呻吟語六卷　(明)呂坤撰　清道光十七年(1837)雅雨堂刻本　四册

120000－0306－0000018　25

七家試帖輯注彙鈔九卷　(清)張熙宇輯評　王植桂輯注　清光緒十四年(1888)京師文成堂刻本　八册

120000－0306－0000019　26

劍南詩鈔六卷　(宋)陸游撰　(清)楊大鶴選　清康熙二十四年(1685)刻本　六册

120000－0306－0000020　27

儀禮圖六卷　(清)張惠言撰　清同治九年(1870)崇文書局刻本　三册

120000－0306－0000021　28

漢魏别解十六卷　(明)黄澍　(明)葉紹泰選　明末香谷山房刻本　十册

120000－0306－0000022　29

大藏一覽十卷　(明)陳實編　明萬曆四十二年(1614)刻本　五册

120000－0306－0000023　30

詩問七卷　(清)王照圓撰　清光緒八年

(1882)東路廳署刻本　六冊

120000－0306－0000024　32
爾雅郭注義疏二十卷　(清)郝懿行撰　清光緒七年(1881)刻本　八冊

120000－0306－0000025　33
韻辨附文不分卷　(清)沈兆霖撰　清道光二十三年(1843)刻本　四冊

120000－0306－0000026　34
亦政堂重修考古圖十卷古玉圖二卷博古圖錄三十卷　(宋)王黼等撰　(清)黃曉峰輯　清乾隆十八年(1753)亦政堂刻本　二十四冊

120000－0306－0000027　35
關帝事蹟徵信編三十卷首一卷末一卷　(清)周廣業　(清)崔應榴輯　清光緒八年(1882)刻本　六冊

120000－0306－0000028　36
劉注七家詩十二卷　(清)劉培棠　(清)劉鍾英輯注　清光緒十五年(1889)天津李文煥刻本　十一冊

120000－0306－0000029　39
禮說十四卷大學說一卷　(清)惠士奇撰　清嘉慶二年(1797)蘭陔書屋刻本　六冊

120000－0306－0000030　40
責志約言四卷附雜著一卷　(清)王滌心撰　清咸豐五年(1855)刻本　四冊

120000－0306－0000031　43
新訂王氏羅經透解二卷　(清)王道亨訂　清宣統元年(1909)善成堂刻本　四冊

120000－0306－0000032　45
甌缽羅室書畫過目考四卷首一卷附錄一卷　(清)李玉棻編　清光緒二十三年(1897)上海江南圖書局石印本　四冊

120000－0306－0000033　48
爾雅正義二十卷附釋義三卷　(清)邵晉涵撰　清乾隆五十三年(1788)邵氏家塾刻本　十二冊

120000－0306－0000034　50
書經六卷　(宋)蔡沈撰　天津萃文魁刻本　四冊

120000－0306－0000035　51
經義述聞三十二卷　(清)王引之撰　清嘉慶二十二年(1817)刻本　十六冊

120000－0306－0000036　52
陽宅大全十卷　(明)周繼輯　清光緒十五年(1889)刻本　六冊

120000－0306－0000037　53
韋蘇州集十卷　(唐)韋應物撰　清宣統三年(1911)石印本　六冊

120000－0306－0000038　54
淮南子二十一卷　(漢)高誘注　(清)莊逵吉校　清嘉慶九年(1804)刻本　六冊

120000－0306－0000039　55
韓非子集解二十卷首一卷　(清)王先慎撰　清光緒二十二年(1896)刻本　六冊

120000－0306－0000040　56
彭剛直公詩集八卷奏稿八卷　(清)彭玉麟撰　清光緒十七年(1891)刻本　八冊

120000－0306－0000041　57
淮南天文訓補注二卷　(清)錢塘撰　清道光八年(1828)刻本　二冊

120000－0306－0000042　58
御纂詩義折中二十卷　(清)陳兆崙等撰　清乾隆刻本　十二冊

120000－0306－0000043　61
契元公論草一卷　(明)于鎰撰　清光緒八年(1882)刻本　一冊

120000－0306－0000044　62
意林五卷　(唐)馬總撰　清光緒三年(1877)刻本　二冊

120000－0306－0000045　67
倫敦竹枝詞一卷　(清)局中門外漢撰　清光緒十四年(1888)刻觀自得齋叢書本　一冊

120000－0306－0000046　71

湘綺樓文集八卷詩集十四卷箋啓八卷 王闓運撰 清宣統二年(1910)上海國學扶輪社石印本 十二冊

120000－0306－0000047 75
登科錄不分卷 (□)□□撰 抄本 一冊

120000－0306－0000048 076－1
尚絅堂試帖輯注一卷 (清)劉嗣綰撰 (清)張熙宇輯評 (清)王植桂輯注 清刻本 一冊

120000－0306－0000049 076－2
西漚試帖輯注二卷 (清)李惺撰 (清)張熙宇輯評 (清)王植桂輯注 清刻本 一冊

120000－0306－0000050 78
奎壁書經六卷 (宋)蔡沈集傳 清光緒十七年(1891)天津煮字山房刻本 四冊

120000－0306－0000051 79
新刻石函平砂玉尺經全書真機二卷 (□)□□撰 清刻本 一冊

120000－0306－0000052 80
新訂四書補注備旨十卷 (明)鄧林撰 (清)杜定基增訂 清末刻三截本 一冊 存二卷(一至二)

120000－0306－0000053 81
孟子編年四卷 (清)狄子奇撰 清光緒十三年(1887)浙江書局刻本 一冊

120000－0306－0000054 82
石芸塾課不分卷 (清)王繼庭撰 清同治十年(1871)刻本 一冊

120000－0306－0000055 83
易經四卷 (宋)朱熹集錄 清道光二十五年(1845)崇茂堂刻本 二冊

120000－0306－0000056 84
楞伽阿跋多羅寶經四卷 (南朝宋)釋求那跋陀羅譯 清同治九年(1870)金陵刻經處刻本 一冊

120000－0306－0000057 85
史記探源八卷 崔適撰 清宣統二年(1910)鉛印本 二冊

120000－0306－0000058 86
玉溪亭選 (□)□□撰 清抄本 一冊

120000－0306－0000059 87
居業堂續編小題課童草 (清)劉九官撰 清光緒二年(1876)寶興堂刻本 一冊

120000－0306－0000060 88
初白詩鈔一卷 (□)□□撰 清抄本 一冊

120000－0306－0000061 89
舉業新模八卷首一卷末一卷 (清)周百順撰 清道光十六年(1836)刻本 一冊

120000－0306－0000062 97
左傳橫紀附左傳別纂 劉坦輯 抄本 二十一冊 缺小國

120000－0306－0000063 103
三五散著 劉坦輯 抄本 一冊

120000－0306－0000064 107
春秋左氏傳賈服注輯述二十卷 (清)李貽德撰 清同治五年(1866)刻本 五冊

120000－0306－0000065 108
欽定詩經傳說彙纂二十一卷首二卷詩序二卷 (清)王鴻緒等撰 清雍正五年(1727)刻本 二十四冊

120000－0306－0000066 109
詩經集傳八卷 (宋)朱熹集傳 清天津萃文魁刻兩截本 四冊

120000－0306－0000067 110
北堂書鈔一百六十卷首一卷 (唐)虞世南撰 (清)孔廣陶校注 清光緒十四年(1888)南海孔氏三十有三萬卷堂刻本 二十冊

120000－0306－0000068 111
繹史一百六十卷世系圖一卷年表一卷 (清)馬驌撰 清康熙刻本 三十六冊

120000－0306－0000069 113
三通七百四十八卷 (宋)鄭樵等輯 清咸豐九年(1859)崇仁謝氏刻本 三百十八冊

120000－0306－0000070　114
七修類稿五十一卷續稿七卷　(明)郎瑛撰　清乾隆四十年(1775)周氏耕煙草堂刻本　十六冊

120000－0306－0000071　115
新訂四書補注備旨十卷　(明)鄧林撰　(清)杜定基增訂　清光緒十九年(1893)寶興堂刻三截本　八冊

120000－0306－0000072　116
尚書考異六卷　(明)梅鷟撰　清道光五年(1825)立本齋刻本　二冊

120000－0306－0000073　117
十七史商榷一百卷　(清)王鳴盛撰　清光緒六年(1880)王氏校刻本　二十四冊

120000－0306－0000074　118
說文解字三十卷部目分韻一卷六書音均表五卷　(清)段玉裁撰　清同治十一年(1872)湖北崇文書局刻本　十八冊

120000－0306－0000075　119
大唐開元占經一百二十卷　(唐)瞿曇悉達撰　清刻本　十二冊

120000－0306－0000076　120
山谷内集注二十卷　(宋)任淵撰　**外集注十七卷**　(宋)史容撰　**別集注二卷**　(宋)史季溫撰　清光緒二十六年(1900)江西陳三立刻本　二十冊

120000－0306－0000077　124
丁文誠公奏稿二十六卷　(清)丁寶楨撰　清光緒十九年(1893)刻本　二十五冊

120000－0306－0000078　125－1
孔子編年四卷　(清)狄子奇編　清光緒十三年(1887)浙江書局刻本　一冊

120000－0306－0000079　126
群書拾補不分卷　(清)盧文弨撰　清光緒十三年(1887)上海蜚英館石印本　八冊

120000－0306－0000080　127
歷代史論十二卷附宋史論三卷元史論一卷　(明)張溥撰　**明史論四卷**　(清)谷應泰撰　**左傳史論二卷**　(清)高士奇撰　清光緒十三年(1887)掃葉山房刻本　十冊　存明史論二卷

120000－0306－0000081　128
廿二史劄記三十六卷　(清)趙翼撰　清光緒二十五年(1899)益元書局刻本　十二冊

120000－0306－0000082　129
禮記訓纂四十九卷　(清)朱彬輯　清末石印本　六冊　存十八卷(一至十八)

120000－0306－0000083　131
義門讀書記五十八卷　(清)何焯撰　(清)蔣維鈞編　清光緒六年(1880)刻本　十六冊

120000－0306－0000084　133
汪龍莊先生遺書四種　(清)汪輝祖撰　清光緒山東書局刻本　六冊

120000－0306－0000085　136
攈古錄二十卷　(清)吳式芬撰　清光緒刻本　二十冊

120000－0306－0000086　138
小學集註六卷忠經一卷孝經一卷　(宋)朱熹撰　(漢)鄭玄　(明)陳選集註　清光緒三十二年(1906)鴻寶齋石印本　四冊

120000－0306－0000087　139
古經解彙函三十種二百八十卷續附十種三十七卷　(清)鍾謙鈞等輯　清光緒十四年(1888)上海蜚英館石印本　二十冊

120000－0306－0000088　140
訓俗遺規四卷補二卷　(清)陳宏謀輯　清道光十年(1830)培遠堂刻本　六冊

120000－0306－0000089　141
西遊真詮一百回　(清)陳士斌撰　清光緒十年(1884)掃葉山房刻本　二十冊

120000－0306－0000090　142
詩經喈鳳詳解八卷詩經繹傳八卷附圖說一卷　(清)陳抒孝輯　清光緒十八年(1892)文英堂刻兩截本　六冊

120000－0306－0000091　144
周易四卷　(宋)朱熹本義　清同治十一年(1872)山東書局刻本　二册

120000－0306－0000092　145
文選六十卷　(南朝梁)蕭統編　(唐)李善注　清同治八年(1869)金陵書局刻本　十册

120000－0306－0000093　146
史記一百三十卷　(漢)司馬遷撰　(南朝宋)裴駰集解　清同治九年(1870)金陵書局刻本　二十册

120000－0306－0000094　147
陶齋吉金録八卷　(清)端方輯　清光緒三十四年(1908)金陵石印本　八册

120000－0306－0000095　148
皇朝五經彙解二百七十卷　題(清)抉經心室主人輯　清光緒十四年(1888)鴻文書局石印本　三十二册

120000－0306－0000096　149
彙纂功過格二十卷首一卷末一卷　(□)□□撰　清道光八年(1828)衡望堂刻本　十册

120000－0306－0000097　150
元豐類稿五十卷首一卷　(宋)曾鞏撰　清光緒十六年(1890)慈利漁浦書院刻本　十册

120000－0306－0000098　151
史記一百三十卷　(漢)司馬遷撰　清末刻本　二十四册　存九十五卷(三十六至一百三十)

120000－0306－0000099　152
校刊史記集解索隱正義札記五卷　(清)張文虎撰　清同治十一年(1872)金陵書局刻本　二册

120000－0306－0000100　154
兼濟堂纂刻梅勿菴先生曆算全書二十八種七十四卷　(清)梅文鼎撰　清雍正刻咸豐九年(1859)梅體萱補刻本　二十四册

120000－0306－0000101　155
經學輯要二十四卷首一卷　(清)吳潁炎輯　清光緒十四年(1888)點石齋石印本　三十二册

120000－0306－0000102　156
新定四書補注備旨十卷　(明)鄧林撰　(清)杜定基增訂　清末刻三截本　八册

120000－0306－0000103　157
新定四書補注備旨十卷　(明)鄧林撰　(清)杜定基增訂　清乾隆五十七年(1792)集義堂刻三截本　六册

120000－0306－0000104　158
新訂四書補注備旨十卷　(明)鄧林撰　(清)杜定基增訂　清道光十四年(1834)刻三截本　七册

120000－0306－0000105　159
新訂四書補注備旨十卷　(明)鄧林撰　(清)杜定基增訂　清末刻三截本　五册

120000－0306－0000106　160
四書章句十九卷　(宋)朱熹集注　清光緒二十九年(1903)京都文成堂刻兩截本　六册

120000－0306－0000107　161
四書章句十九卷　(宋)朱熹集注　清裒如堂刻兩截本　六册

120000－0306－0000108　162
紀事本末五種五百零八卷　(清)□□輯　清同治十二年至十三年(1873－1874)江西書局刻本　一百三十六册

120000－0306－0000109　163
漢書一百卷　(漢)班固撰　(唐)顔師古注　**後漢書九十卷**　(南朝宋)范曄撰　(唐)李賢注　**續志三十卷**　(晉)司馬彪撰　(南朝梁)劉昭注　清同治十二年(1873)嶺南使署校刻本　三十二册

120000－0306－0000110　165
御批歷代通鑑輯覽一百二十卷　(清)傅恒等撰　清同治十一年(1872)湖北崇文書局刻本　五十册　缺四十一卷(四十二至六十一、一百至一百二十)

120000－0306－0000111　166
重刊宋本十三經註疏附校勘記　(清)阮元撰　(清)盧宣旬摘錄　**附十三經註疏校勘記識語四卷**　(清)汪文臺撰　清同治十二年(1873)江西書局刻本　五十冊

120000－0306－0000112　167
周易四卷筮儀一卷圖說一卷　(宋)朱熹本義　清龍文閣刻本　二冊

120000－0306－0000113　168
禮記箋四十九卷　(清)郝懿行撰　清光緒八年(1882)刻本　十冊

120000－0306－0000114　169
山海經廣注十八卷圖五卷　(清)吳任臣撰　清乾隆五十一年(1786)刻本　四冊

120000－0306－0000115　170
三國志六十五卷　(晉)陳壽撰　(南朝宋)裴松之注　清刻本　十四冊　缺六卷(魏志一至六)

120000－0306－0000116　171
資治通鑑二百九十四卷目錄三十卷　(宋)司馬光撰　**資治通鑑辯誤十二卷**　(元)胡三省撰　**通鑑外紀十卷目錄五卷**　(宋)劉恕撰　清長沙閆氏刻本　一百二十冊

120000－0306－0000117　173
尺木堂綱鑑易知錄九十二卷　(清)吳乘權等輯　清刻本　二十二冊　存六十卷(二十至七十九)

120000－0306－0000118　176
附釋音尚書註疏二十卷　(漢)孔安國傳　(唐)陸德明音義　(唐)孔穎達疏　**附校勘記二十卷**　(清)阮元撰　清同治十二年(1873)江西書局刻十三經註疏本　六冊

120000－0306－0000119　177
監本附音春秋穀梁註疏二十卷附校勘記二十卷　(晉)范甯集解　(唐)陸德明音義　(唐)楊士勳疏　清同治十二年(1873)江西書局刻十三經註疏本　六冊

120000－0306－0000120　179
潛研堂全書二十一種　(清)錢大昕撰　清光緒十年(1884)龍氏家塾刻本　六十冊

120000－0306－0000121　180
康熙字典十二集補遺一卷備考一卷　(清)凌紹雯等撰　清刻本　三十六冊　缺(子部上冊、丑部中冊、酉部上冊、戌部中冊)

120000－0306－0000122　181
康熙字典十二集補遺一卷備考一卷　(清)凌紹雯等撰　清道光七年(1827)刻本　三十七冊　缺午集

120000－0306－0000123　183
支那通史四卷附錄一卷　(日本)那珂通世撰　清光緒二十五年(1899)石印本　五冊　存四卷(支那通史四卷)

120000－0306－0000124　185
呂氏春秋二十六卷附考一卷　(秦)呂不韋撰　清光緒元年(1875)浙江書局刻本　六冊

120000－0306－0000125　186
御纂七經二百九十四卷　(清)李光地撰　清同治十年(1871)崇文書局刻本　一百六十冊　缺一卷(儀禮義疏一)

120000－0306－0000126　187
桐城吳氏古文讀本十三卷　(清)吳汝綸評選　清光緒鉛印本　三冊　存九卷(一至三、八至十三)

120000－0306－0000127　188
欽定周官義疏四十八卷首一卷　(清)允祿等撰　清刻本　八冊　存十一卷(三十八至四十八)

120000－0306－0000128　189
增訂漢魏叢書九十六種　(清)王謨輯　清乾隆五十六年(1791)刻本　七十九冊

120000－0306－0000129　191
前漢書一百卷附考證　(漢)班固撰　(唐)顏師古注　清同治十一年(1872)成都書局刻四史本　二十四冊

120000－0306－0000130　192

焦氏叢書九種附一種　（清）焦循撰　清嘉慶、道光江都焦氏雕菰樓刻本　十冊

120000－0306－0000131　193

御批通鑑輯覽一百二十卷　（清）傅恒等撰　清光緒二十八年（1902）上海寶善書局石印本　二十冊

120000－0306－0000132　194

分類歷代通鑑輯覽六十四卷　陳善昜編　清光緒二十九年（1903）上海文瀾書局石印本　十二冊　存二十八卷（三十五至六十二）

120000－0306－0000133　199

資治通鑑外紀十卷目錄五卷　（宋）劉恕撰　清璜川書塾刻本　四冊

120000－0306－0000134　200

龍門綱鑑二十卷要簑四卷　（清）蔣先庚輯　清康熙刻本　二十四冊　缺一卷（綱鑑六）

120000－0306－0000135　201

淵鑑類函四百五十卷目錄四卷　（清）張英（清）王士禛等　清光緒十三年（1887）上海同文書局石印本　四十七冊　缺九卷（九十三至一百零一）

120000－0306－0000136　202

御撰資治通鑑綱目三編二十卷　（清）張廷玉等撰　清刻本　六冊

120000－0306－0000137　203

詩觸十六種十八卷　（清）朱琰輯　清刻本　六冊

120000－0306－0000138　204

廿二史劄記三十六卷補遺一卷　（清）趙翼撰　清光緒石印本　七冊　存三十三卷（五至三十六、補遺一卷）

120000－0306－0000139　205

史記一百三十卷　（漢）司馬遷撰　（南朝宋）裴駰集解　清光緒二十五年（1899）慎記書莊石印本　七冊

120000－0306－0000140　206

評點春秋綱目左傳句解彙雋六卷　（清）韓菼撰　清綠蔭堂刻本　六冊

120000－0306－0000141　207

四書朱子大全統義□□卷　（清）萬人望輯　清刻本　十一冊　存七卷（孟子七卷）

120000－0306－0000142　208

文成堂重訂古文釋義新編八卷　（清）余誠評注　清光緒十七年（1891）北京文成堂刻本　八冊

120000－0306－0000143　209

書集傳六卷　（宋）蔡沈集傳　清漁古山房刻兩截本　四冊

120000－0306－0000144　210

四書經注集證十九卷　（清）汪廷機撰　清嘉慶三年（1798）江都汪氏家刻本　十三冊　存十七卷（中庸一，論語一至六、八至十，孟子七卷）

120000－0306－0000145　211

玉海二百零四卷附十三種　（宋）王應麟撰　清刻本　三十冊　存七十六卷（玉海一百二十九至二百零四）

120000－0306－0000146　212

明季稗史彙編二十七卷　題（清）留雲居士輯　清京都琉璃廠留雲居士刻本　十二冊

120000－0306－0000147　214

參星祕要諏吉便覽　（清）費淳撰　清末掃葉山房石印本　二冊

120000－0306－0000148　217

十國宮詞五卷首一卷　（清）吳闓撰　清嘉慶刻本　二冊

120000－0306－0000149　218

古經天象考十二卷　（清）雷學淇撰　清光緒貴池劉氏刻聚學軒叢書本　七冊

120000－0306－0000150　219

詞律二十卷發凡一卷　（清）萬樹撰　清康熙刻本　十二冊

120000－0306－0000151　220

歷代鐘鼎彝器欵識法貼二十卷　(宋)薛尚功編　清嘉慶二年(1797)刻本　四冊

120000－0306－0000152　221
竹柏山房十五種　(清)林春溥撰　清嘉慶、咸豐刻本　三十九冊

120000－0306－0000153　223
公羊穀梁春秋合編附注疏纂十二卷　(漢)何休撰　(晉)范寧集解　清刻本　六冊

120000－0306－0000154　224
四書左國彙纂四卷　(清)高其名　(清)鄭師成撰　清本立堂刻本　六冊

120000－0306－0000155　225
潄方軒合纂禮記體注四卷　(清)范翔輯　清三益堂刻兩截本　四冊

120000－0306－0000156　226
奎壁詩經八卷　(宋)朱熹集傳　清光緒十五年(1889)京都刻兩截本　四冊

120000－0306－0000157　227
春秋公羊傳十一卷　(漢)何休撰　(唐)陸德明音義　清同治十一年(1872)山東書局刻本　四冊

120000－0306－0000158　228
奎壁四書十九卷　(宋)朱熹章句　清宣統三義堂刻兩截本　五冊　存十五卷(大學一、中庸一、論語一至六、孟子七卷)

120000－0306－0000159　229
六經圖二十四卷　(清)鄭之僑輯　清乾隆八年(1743)述堂刻本　十二冊

120000－0306－0000160　230
史記志疑三十六卷　(清)梁玉繩撰　清光緒十三年(1887)廣雅書局刻本　十冊　存十六卷(一至十六)

120000－0306－0000161　231
春秋左傳三十卷　(晉)杜預撰　清華川書屋刻兩截本　八冊　存十五卷(十六至三十)

120000－0306－0000162　232
春秋左傳三十卷　(晉)杜預撰　清華川書屋刻兩截本　八冊　存十五卷(十六至三十)

120000－0306－0000163　233
御纂周易折中二十二卷　(清)李光地等撰　清刻本　八冊　存十卷(十一至二十)

120000－0306－0000164　234
御纂詩義折中二十卷　(清)陳兆崙等撰　清末刻本　四冊　存十七(一至七、十一至二十)

120000－0306－0000165　236
皇清經解一百九十卷　清光緒十四年(1888)上海點石齋石印本　十二冊

120000－0306－0000166　237
皇清經解一百九十卷　清光緒十四年(1888)上海點石齋石印本　二十一冊

120000－0306－0000167　238
皇清經解一千四百零八卷　清道光九年(1829)廣東學海堂刻咸豐十一年(1861)補刻本　九十九冊

120000－0306－0000168　239
皇清經解續編一千四百三十卷　王先謙輯　清光緒十五年(1889)上海蜚英館石印本　三十二冊

120000－0306－0000169　240
春秋大事表六十六卷輿圖一卷　(清)顧棟高撰　清光緒十四年(1888)南菁書院刻皇清經解續編本　二十冊

120000－0306－0000170　241
皇清經解一百九十卷　清光緒石印本　五十四冊

120000－0306－0000171　242
子史精華一百六十卷　(清)張廷玉等撰　清文會堂刻本　三十六冊　存一百二十卷(一至四十四、八十五至一百六十)

120000－0306－0000172　243
武英殿聚珍版書　(清)高宗弘曆輯　清乾隆四十二年(1777)福建刻道光、同治遞修光緒二十一年(1895)增刻本　一百六十二冊

120000－0306－0000173　244
續資治通鑑二百二十卷　(清)畢沅撰　清末石印本　十册　存八卷(二百十三至二百二十)

120000－0306－0000174　245
[嘉慶]魯山縣志二十六卷　(清)董作棟修　(清)武億纂　清嘉慶元年(1796)刻本　六册

120000－0306－0000175　246
文中子中説十卷　(隋)王通撰　(宋)阮逸注　清掃葉山房石印本　一册　存四卷(七至十)

120000－0306－0000176　248
精訂綱鑑二十一史通俗衍義六卷四十四回　(清)呂撫撰　清末石印本　一册　存一卷(繡圖)

120000－0306－0000177　250
算法統宗十一卷　(明)程大位撰　清末刻本　三册　存六卷(三至八)

120000－0306－0000178　254
皇朝經世文編□□卷　(清)賀長齡輯　清末石印本　二册　存十一卷(一百零五至一百十五)

120000－0306－0000179　256
經籍纂詁一百零六卷　(清)阮元撰　清末石印本　八册　存六十一卷(四十六至一百零六)

120000－0306－0000180　257
韻府拾遺一百零六卷　(清)汪灝等撰　清刻本　五册　存二十二卷(二十至四十一)

120000－0306－0000181　259
字彙十二集首一卷末一卷　(清)梅膺祚撰　清道光八年(1828)刻本　七册

120000－0306－0000182　260
隨園詩話十六卷補遺十卷　(清)袁枚撰　清末石印本　四册　存十八卷(隨園詩話五至十二、補遺十卷)

120000－0306－0000183　261
隨園隨筆二十八卷　(清)袁枚撰　清末石印本　一册　存八卷(二十一至二十八)

120000－0306－0000184　263
曾文正公全集　(清)曾國藩撰　清光緒二十九年(1903)鴻寶書局石印本　二十二册

120000－0306－0000185　269
重刊宋本十三經註疏附校勘記　(清)阮元撰　清道光六年(1826)刻本　一百四十六册　殘

120000－0306－0000186　270
佩文韻府一百零六卷拾遺一百零六卷　(清)張玉書等撰　清刻本　七十册　存九十七卷(十二至六十三、七十四至八十一、九十上至九十八,拾遺一至十九、四十三至五十一)

120000－0306－0000187　271
重訂古文釋義新編八卷　(清)余誠評注　清道光二十八年(1848)刻本　三册　存六卷(一至六)

120000－0306－0000188　272
春秋左傳五十卷　(晉)杜預　(宋)林堯叟注　清刻本　八册　存二十五卷(二十六至五十)

120000－0306－0000189　274
東華錄一百六十九卷　王先謙撰　清光緒十年(1884)刻本　五十二册　存一百六十一卷(天命四卷、天聰十一卷、順治三十六卷、康熙一百十卷)

120000－0306－0000190　276
閱微草堂筆記二十四卷　(清)紀昀撰　清道光十五年(1835)刻本　六册　存十一卷(一至十一)

120000－0306－0000191　277
閱微草堂筆記二十四卷　(清)紀昀撰　清嘉慶盛氏刻本　十册　存八卷(一至四、九至十二)

120000－0306－0000192　278
[乾隆]新修懷慶府志三十二卷首一卷　(清)

唐侍陛　(清)洪亮吉等纂　清刻本　八冊　存十四卷(十九至三十二)

120000－0306－0000193　279
歷代名臣言行錄二十四卷　(清)朱桓編　清光緒十七年(1891)上海廣百宋齋石印本　十二冊

120000－0306－0000194　280
歷代名臣言行錄二十四卷　(清)朱桓編　清光緒二十九年(1903)上海鴻寶書局鉛印本　十二冊

120000－0306－0000195　281
歷代名臣言行錄二十四卷　(清)朱桓編　清光緒十二年(1886)石印本　五冊　存二十卷(一至二十)

120000－0306－0000196　282
歷代名臣言行錄二十四卷　(清)朱桓編　清末上海會文堂石印本　一冊　存三卷(一至三)

120000－0306－0000197　284
陽宅愛衆篇四卷　(清)張覺正撰　清刻本　一冊　存一卷(一)

120000－0306－0000198　288
近性圖輯要寶錄坤冊一卷　(清)洗心覺民訂　清刻本　一冊

120000－0306－0000199　290
增補地理直指原真三卷　(明)釋徹瑩註　清刻本　一冊　存一卷(中)

120000－0306－0000200　291
黃河圖畧一卷　(清)□□撰　抄本　一冊

120000－0306－0000201　293
評點春秋左傳綱目句解彙雋六卷　(清)韓菼輯　清末李光明莊刻本　三冊　存三卷(四至六)

120000－0306－0000202　294
周易本義四卷圖一卷　(宋)朱熹撰　清光緒三十年(1904)天津萃文魁刻本　一冊

120000－0306－0000203　295
四書朱子大全精言□□卷　(清)□□撰　清刻本　一冊　存一卷(六)

120000－0306－0000204　296
論語十卷　(宋)朱熹集註　清刻兩截本　二冊

120000－0306－0000205　297
書經六卷　(宋)蔡沈集傳　清莆陽鄭氏刻兩截本　三冊　存四卷(三至六)

120000－0306－0000206　298
詩經八卷　(宋)朱熹集傳　清咸豐九年(1859)崇茂堂刻兩截本　二冊　存四卷(一至四)

120000－0306－0000207　299
書經六卷　(宋)蔡沈集傳　清金陵芥子園刻兩截本　四冊

120000－0306－0000208　303
增刪卜易不分卷　(□)□□撰　抄本　二冊

120000－0306－0000209　304
如不及齋制藝　(清)吳鴻恩撰　清末刻本　一冊

120000－0306－0000210　306
劉公雍陽德政十頌二卷　(清)李春榮等撰　清道光九年(1829)刻本　一冊　存一卷(上)

120000－0306－0000211　307
聖武記十四卷　(清)魏源撰　清刻本　十二冊　存七卷(四至十)

120000－0306－0000212　308
西湖志四十八卷　(清)李衛等修　(清)傅王露纂　清刻本　十五冊　存三十四卷(一至二十三、三十八至四十八)

120000－0306－0000213　317
五經旁訓五種二十一卷　(清)徐立綱撰　清匠門書屋刻本　八冊　存兩種十卷

120000－0306－0000214　318
後漢書一百二十卷　(南朝宋)范曄撰　(唐)李賢註　清刻本　十三冊　存八十二卷(帝后紀十二卷,志三十卷,列傳一至三十五、四

十八至五十二)

120000－0306－0000215　319

二十五子彙函二十五種三百四十二卷　(清)鴻文書局輯　清光緒十九年(1893)上海鴻文書局石印本　十六册　存二十三種

120000－0306－0000216　320

皐鶴堂批評第一奇書金瓶梅一百回　題(明)蘭陵笑笑生撰　清康熙三十四年(1695)在茲堂刻本　十一册　存四十六回(一至四十六)

120000－0306－0000217　321

上諭内閣一百五十九卷　(清)允祿編　(清)弘晝續編　清刻本　十六册　存六十二卷

120000－0306－0000218　322

性理大全會通七十卷續四十二卷　(明)胡廣等撰　清刻本　八册　存五十七卷(一、五、十四至六十八)

120000－0306－0000219　323

大清律例增修統纂集成四十卷　(清)姚潤輯　(清)陶東臯增修　清刻三截本　四册　存十五卷(二十至三十四)

120000－0306－0000220　324

子書百家五百零八卷　(清)崇文書局輯　清光緒元年(1875)湖北崇文書局刻本　八十册

120000－0306－0000221　325

二十四史三千二百四十一卷　清光緒十年(1884)上海同文書局影印本　六百五十三册

120000－0306－0000222　326

二十四史三千二百四十一卷　清光緒二十八年(1902)史學會社石印本　一百八十七册　存十五卷(二十至三十四)

120000－0306－0000223　329

平津館叢書十集三十八卷　(清)孫星衍輯　清嘉慶蘭陵孫氏刻本　六册

120000－0306－0000224　330

知不足齋叢書二十八集　(清)鮑廷博輯　(清)鮑志祖續輯　清乾隆、道光長塘鮑氏刻本　二百三十册

120000－0306－0000225　331

西政叢書三十一種　梁啓超輯　清光緒二十三年(1897)慎記書莊石印本　十六册

120000－0306－0000226　332

欽定禮部則例二百零二卷　(清)恭阿拉等修　(清)卓淩阿等纂　清刻本　十二册　存一百十三卷(一至一百十三)

120000－0306－0000227　333

明詩紀事甲籤三十卷乙籤二十二卷丙籤十二卷丁籤十七卷戊籤二十二卷己籤二十卷庚籤三十卷辛籤三十四卷　陳田撰　清光緒二十三年至宣統三年(1897－1911)貴陽陳氏聽詩齋刻本　二十三册　存十六卷(甲籤三至十二、乙籤十七至二十二)

120000－0306－0000228　334

説文解字三十二卷　(清)段玉裁注　清光緒十四年(1888)上海蜚英館石印本　八册

120000－0306－0000229　335

史記一百三十卷　(漢)司馬遷撰　(南朝宋)裴駰集解　明崇禎十四年(1641)刻清順治十一年(1654)補輯十七史本　十二册

120000－0306－0000230　336

王鳳洲先生綱鑑會纂三十九卷　(明)王世貞撰　清末石印本　三册　殘

120000－0306－0000231　337

不薄今齋時文　(清)戴錫鈞撰　清末刻本　一册

120000－0306－0000232　339

東萊博議四卷　(宋)呂祖謙撰　清末刻本　一册　存二卷(三至四)

120000－0306－0000233　340

附釋音春秋注釋六十卷附校勘記六十卷　(晉)杜預注　(唐)孔穎達疏　清末刻本　一册　存二卷(四十九至五十)

120000－0306－0000234　341

教觀綱宗釋義紀三卷三千有門頌一卷　(明)釋智旭釋義　(宋)陳瓘述　清末揚州衆香庵

刻本　二冊　缺一卷(教觀綱宗釋義紀上)

120000－0306－0000235　343
三國志演義十九卷一百二十回首一卷　(清)毛宗崗評　清京都文興堂刻本　一冊　存一卷(首一卷)

120000－0306－0000236　350
天崇欣賞集不分卷　(清)朱芬選　清乾隆四十一年(1776)刻本　四冊

120000－0306－0000237　351
國語二十一卷附劄記一卷考異四卷　(三國吳)韋昭注　清同治八年(1869)湖北崇文書局刻本　五冊

120000－0306－0000238　352
戰國策三十三卷附劄記三卷　(漢)高誘注　清同治八年(1869)湖北崇文書局刻本　五冊

120000－0306－0000239　353
儀禮註疏十七卷　(漢)鄭玄注　(唐)陸德明音義　(唐)賈公彥疏　明崇禎九年(1636)毛氏汲古閣刻十三經註疏本　十二冊

120000－0306－0000240　354
[嘉慶]安陽縣誌二十八卷首一卷　(清)貴泰修　(清)武穆淳纂　清嘉慶二十四年(1819)刻本　十冊　缺十二卷(金石錄一至十二)

120000－0306－0000241　355
[乾隆]天津縣誌二十四卷圖一卷　(清)朱奎揚　(清)張志奇修　(清)吳廷華纂　清乾隆四年(1739)刻後印本　四冊　存十二卷(十三至二十四)

120000－0306－0000242　356
[同治]續天津縣誌二十卷首一卷圖一卷　(清)吳惠元修　(清)蔣玉虹　(清)俞樾纂　清同治九年(1870)刻本　八冊

120000－0306－0000243　357
七家試帖輯注彙鈔九卷　(清)張熙宇輯評　(清)王植桂輯注　清同治九年(1870)京師琉璃廠刻本　八冊

120000－0306－0000244　358
七家試帖輯注彙鈔九卷　(清)張熙宇輯評　(清)王植桂輯注　清同治九年(1870)京師琉璃廠刻本　六冊

120000－0306－0000245　361
慎詒堂詩經八卷　(宋)朱熹集傳　清京都龍文閣刻兩截本　四冊

120000－0306－0000246　362
新定四書補注備旨十卷　(明)鄧林撰　(清)杜定基增訂　清光緒三十二年(1906)京都文成堂刻三截本　五冊

120000－0306－0000247　363
周易四卷首一卷　(宋)朱熹本義　清光緒十八年(1892)天津煮字山房刻本　四冊

120000－0306－0000248　364
遼史紀事本末四十卷首一卷末一卷金史紀事本末五十二卷首一卷末一卷　(清)李有棠撰　清光緒二十九年(1903)李移鄂樓刻本　二十冊

天津市濱海新區塘沽圖書館古籍普查登記目錄

全國古籍普查登記目錄

國家圖書館出版社
National Library of China Publishing House

120000－0307－0000001　S1
李太白文集三十六卷　(唐)李白撰　(清)王琦輯注　清乾隆刻本　十六册

120000－0307－0000002　S2
思綺堂文集十卷　(清)章藻功撰　清康熙六十一年(1722)刻本　十册

120000－0307－0000003　S3
有懷堂詩藁六卷文藁二十二卷　(清)韓菼撰　清康熙四十二年(1703)刻本　六册

120000－0307－0000004　S4
唐陸宣公集二十二卷　(唐)陸贄撰　(清)年羹堯訂　清雍正元年(1723)刻本　六册

120000－0307－0000005　S5
御選唐宋文醇五十八卷　(清)高宗弘曆選　清乾隆三年(1738)武英殿刻四色套印本　二十四册

120000－0307－0000006　S6
范文正公集二十卷別集四卷奏議二卷尺牘三卷褒賢集五卷補編五卷建立義莊規矩一卷言行拾遺事録四卷鄱陽遺録録一卷范文正公遺蹟一卷　(宋)范仲淹撰　**范文正公年譜一卷補遺一卷**　(宋)樓鑰撰　清康熙歲寒堂刻本　十册

120000－0307－0000007　S7
中州集十卷首一卷中州樂府一卷　(元)元好問撰　明末汲古閣刻本　十册

120000－0307－0000008　S8
樂府詩集一百卷　(宋)郭茂倩編　明末汲古閣刻本　十册

120000－0307－0000009　S9
西堂雜俎二集八卷　(清)尤侗撰　清刻本　八册

120000－0307－0000010　S10
百末詞五卷詞餘一卷　(清)尤侗撰　**性理吟一卷後性理吟一卷**　(宋)朱熹撰　**後吟**　(清)尤侗撰　**湘中草六卷**　(明)湯傳楹撰　清刻本　四册

120000－0307－0000011　S11
右北平集一卷看雲草堂集八卷西堂剩稾二卷西堂秋夢録一卷西堂小草一卷論語詩一卷　(清)尤侗撰　清刻本　四册

120000－0307－0000012　S12
哀絃集二集擬明史樂府一卷外國竹枝詞一卷述祖詩一卷于京集五卷　(清)尤侗撰　清刻本　四册

120000－0307－0000013　S13
伊川擊壤集二十卷　(宋)邵雍撰　清康熙文靖書院刻本　六册

120000－0307－0000014　S14
御纂朱子全書六十六卷　(宋)朱熹撰　清康熙刻本　二十五册

120000－0307－0000015　S15
小學集註六卷孝經集註一卷　(宋)朱熹撰　清刻本　二册

120000－0307－0000016　S16
雅雨堂藏書十二種　(清)盧見曾輯　清乾隆二十一年(1756)德州盧氏雅雨堂刻本　二十二册

120000－0307－0000017　S17
宋李忠定公文集選十六卷　(宋)李綱撰　抄本　六册

120000－0307－0000018　S18
重訂李義山詩集箋注三卷集外詩箋注一卷　(清)朱鶴齡撰　(清)程夢星刪補　**詩話一卷重訂李義山年譜一卷**　(清)程夢星編　清乾隆東柯草堂刻本　四册

120000－0307－0000019　S19
朱子年譜四卷考異四卷附録二卷　(清)王懋竑纂訂　清乾隆十七年(1752)寶應王氏白田草堂刻本　四册

120000－0307－0000020　S20
廬陵宋丞相信國公文忠烈先生全集十六卷　(宋)文天祥撰　(清)文有焕等編　清雍正三年(1725)刻本　十六册

120000－0307－0000021　S21
春秋皇綱論五卷　(宋)王晳撰　清康熙刻通志堂經解叢書本　一册

120000－0307－0000022　S21
尚書詳解十三卷　(宋)胡士行撰　清康熙刻通志堂經解叢書本　一册

120000－0307－0000023　S22
宋宗忠簡公全集十二卷首一卷末一卷　(宋)宗澤撰　(清)宋文燦修　清乾隆刻本　六册

120000－0307－0000024　S23
戴氏遺書　(清)戴震撰　清乾隆刻微波榭叢書本　十四册

120000－0307－0000025　S24
宋李忠定公奏議選十六卷　(宋)李綱撰　清抄本　六册

120000－0307－0000026　S25
才調集十卷　(五代)韋縠輯　清康熙四十三年(1704)垂雲堂刻本　四册

120000－0307－0000027　S26
黄詩全集　(宋)黄庭堅撰　(清)翁方綱輯　清乾隆五十四年(1789)樹經堂刻本　二十册

120000－0307－0000028　S27
玉海二百零四卷附刻十三種　(宋)王應麟撰　清嘉慶十一年(1806)康基田江寧藩署刻本　九十六册

120000－0307－0000029　S28
格致鏡原一百卷　(清)陳元龍纂　清雍正刻本　三十二册

120000－0307－0000030　S29
文選六十卷　(南朝梁)蕭統撰　(唐)李善注　(清)何焯評　(清)葉樹藩訂　清乾隆三十七年(1772)長洲葉氏海録軒刻朱墨套印本　十二册

120000－0307－0000031　S30
帶經堂全集九十二卷　(清)王士禛撰　(清)程哲編　清康熙七略書堂刻本　二十册

120000－0307－0000032　S31
堯峰文鈔五十卷　(清)汪琬撰　(清)林佶編　清康熙刻本　十二册

120000－0307－0000033　S32
新刊五百家註音辯昌黎先生文集四十卷　(唐)韓愈撰　清乾隆刻本　十二册

120000－0307－0000034　S33
香樹齋文集二十八卷續鈔五卷續集三十六卷　(清)錢陳群撰　清乾隆刻同治、光緒補刻本　十八册

120000－0307－0000035　S34
算經十書　(清)孔繼涵輯　清乾隆曲阜孔氏刻微波榭叢書本　七册

120000－0307－0000036　S35
讀杜心解六卷首二卷　(清)浦起龍撰　清雍正三年(1725)寧我齋刻本　十二册

120000－0307－0000037　S36
香樹齋文集二十八卷文續集五卷詩集十八卷詩續集三十六卷　(清)錢陳群撰　清乾隆刻同治、光緒補刻本　二十四册

120000－0307－0000038　S37
文選六十卷　(南朝梁)蕭統撰　(唐)李善注　(清)何焯評　(清)葉樹藩參訂　清乾隆三十七年(1772)長洲葉氏海録軒刻朱墨套印本　十二册

120000－0307－0000039　S38
水經注不分卷　(北魏)酈道元撰　(清)戴震校訂　清乾隆刻本　十四册

120000－0307－0000040　S39
梅村集四十卷　(清)吴偉業撰　清康熙八年(1669)刻本　十册

120000－0307－0000041　S40
司馬文正公傳家集八十卷目錄二卷附錄一卷　(宋)司馬光撰　(清)陳弘謀訂　清乾隆七年(1742)刻本　二十四册

120000－0307－0000042　S41
佩文齋詠物詩選四百八十六卷　(清)汪霦　(清)蔡升元　(清)楊瑄等編輯　清康熙四十

六年(1707)内府刻本　六十四册

120000－0307－0000043　S42
康熙字典十二集附總目一卷檢字一卷辨似一卷補遺一卷等韻一卷備考一卷　(清)張玉書等纂修　清刻本　二十册

120000－0307－0000044　S43
康熙字典十二集總目一卷檢字一卷辨似一卷等韻二卷　(清)張玉書等撰　清刻本　四十册

120000－0307－0000045　S44
香樹齋詩集十八卷文集二十八卷　(清)錢陳群撰　清乾隆十六年(1751)刻本　十四册

120000－0307－0000046　S45
古詩箋三十二卷　(清)王士禛選　(清)聞人倓箋　清乾隆三十一年(1766)芷蘭堂刻本　十六册

120000－0307－0000047　S46
盛朝詩選十二卷　(清)顧施禎輯　清康熙二十八年(1689)心耕堂刻本　六册

120000－0307－0000048　S47
詞律二十卷自敘一卷目錄一卷　(清)萬樹撰　清康熙二十六年(1687)堆絮園刻本　八册

120000－0307－0000049　S47
鴻文堂古文觀止十二卷　(清)吴留村鑒定　(清)吴乘權　(清)吴大職手錄　清康熙刻本　六册

120000－0307－0000050　S48
庾子山集十六卷　(北周)庾信撰　(清)倪璠註　**庾子山年譜一卷庾集總釋一卷世系圖一卷**　(清)倪璠編　清康熙崇岫堂刻本　十二册

120000－0307－0000051　S49
吴詩集覽二十卷補註二十卷談藪二卷　(清)靳榮藩輯　清乾隆刻本　十六册

120000－0307－0000052　S50
聖諭像解二十卷首一卷　(清)梁延年編　清光緒寶善堂刻本　十册

120000－0307－0000053　S52
經綸堂重訂古文釋義新編八卷　(清)余誠評註　清刻本　八册

120000－0307－0000054　S53
御訂全金詩增補中州集七十二卷首二卷　(金)元好問輯　(清)郭元釪增輯　清乾隆五十四年(1789)西爽閣刻本　二十四册

120000－0307－0000055　S54
幸魯盛典四十卷　(清)孔毓圻撰　清康熙二十八年(1689)紅萼軒刻本　十二册

120000－0307－0000056　S55
醫學心悟五卷外科十法一卷　(清)程國彭撰　清富春堂刻本　四册

120000－0307－0000057　S56
埤雅二十卷　(宋)陸佃撰　清初刻本　六册

120000－0307－0000058　S58
程尚書禹貢論二卷後論一卷山川地理圖二卷　(宋)程大昌撰　清康熙十九年(1680)通志堂刻通志堂經解本　二册

120000－0307－0000059　S59
司馬氏書儀十卷　(宋)司馬光撰　(清)汪郊校　清雍正汪氏刻本　二册

120000－0307－0000060　S60
古文淵鑒六十四卷　(清)徐乾學編注　清康熙二十四年(1685)内府刻本五色套印本　二十八册

120000－0307－0000061　S61
鹿洲全集　(清)藍鼎元撰　清雍正十年(1732)刻本　十三册

120000－0307－0000062　S63
文選六十卷　(南朝梁)蕭統撰　(唐)李善注　清乾隆三十七年(1772)葉樹藩海錄軒刻朱墨套印本　十二册

120000－0307－0000063　S63
西堂全集　(清)尤侗撰　清乾隆華文堂刻本　十六册

120000－0307－0000064　S64

類林新詠三十六卷　（清）姚之駰撰　清康熙四十七年（1708）刻本　八册

120000－0307－0000065　S65
函海　（清）李調元輯　清刻本　五十五册　存三十五種

120000－0307－0000066　S66
杜工部集二十卷　（唐）杜甫撰　（清）錢謙益箋注　清康熙刻本　十册　存十八卷（一至十八）

120000－0307－0000067　S67
欽定春秋傳説彙纂三十八卷首二卷　（清）王掞等撰　清康熙六十年（1721）刻本　十五册　存二十九卷（一至八、十八至三十八）

120000－0307－0000068　S68
李太白文集三十卷　（唐）李白撰　清康熙五十六年（1717）吳門繆氏家塾刻本　六册

120000－0307－0000069　S69
御選唐宋文醇五十八卷　（清）高宗弘曆選　清光緒三年（1877）浙江書局刻本　十册　存三十一卷（二十八至五十八）

120000－0307－0000070　S70
古文觀止十二卷　（清）吳留村鑒定　（清）吳乘權　（清）吳大職手錄　清李光明莊刻本　四册　存八卷（一至八）

120000－0307－0000071　S71
大學章句本義匯參三卷首一卷中庸章句本義匯參六卷首一卷　（清）王步青輯　清乾隆十年（1745）敦復堂刻本　六册

120000－0307－0000072　S72
論語集註本義匯參二十卷首一卷　（清）王步青輯　清乾隆十年（1745）敦復堂刻本　十二册

120000－0307－0000073　S73
潛邱劄記六卷　（清）閻若璩撰　清乾隆十年（1745）刻本　六册

120000－0307－0000074　S74
曝書亭集八十卷附錄一卷　（清）朱彝尊撰

漁笛小稿十卷　（清）朱昆田撰　清康熙刻本　十二册

120000－0307－0000075　S75
詩傳大全二十卷詩序一卷　（明）胡廣等纂　明内府刻本　六册　存十卷（一至十）

120000－0307－0000076　S76
通志略五十二卷　（宋）鄭樵撰　（明）陳宗夔校　清乾隆刻本　二册　存十一略二十七卷

120000－0307－0000077　S77
佩文齋書畫譜一百卷　（清）孫岳頒等纂　清康熙刻本　三十二册　存四十二卷（五十九至一百）

120000－0307－0000078　S78
敬業堂詩集五十卷續集六卷　（清）查慎行撰　清康熙刻本　十四册

120000－0307－0000079　S79
戰國策十卷　（宋）鮑彪校注　（元）吳師道重校　清乾隆二十七年（1762）刻本　八册

120000－0307－0000080　S80
戰國策十卷　（宋）鮑彪校注　（元）吳師道重校　清乾隆刻本　五册　存八卷（三至十）

120000－0307－0000081　S81
雙桂堂稿十卷續編十二卷　（清）紀大奎撰　清嘉慶十三年（1808）刻本　十册

120000－0307－0000082　S82
存研樓文集十六卷　（清）儲大文著　（清）張耀先　（清）瞿源洙編校　清乾隆九年（1744）宜興儲氏存研樓刻本　八册

120000－0307－0000083　S82
存研樓二集二十五卷　（清）儲大文著　清乾隆十九年（1754）宜興儲氏存研樓刻本　八册

120000－0307－0000084　S83
顧氏音學五書二十二卷附答李德書一卷　（清）顧炎武纂著　清康熙符山堂刻本　十二册

120000－0307－0000085　S84
陳學士文集十八卷　（清）陳儀撰　清乾隆十

八年(1753)蘭雪齋刻本　八册

120000－0307－0000086　S85

歐陽文忠公全集一百五十三卷首一卷附錄五卷　(宋)歐陽修撰　清嘉慶歐陽衡刻本　二十四册

120000－0307－0000087　S86

綠蘿山莊文集二十四卷　(清)胡浚撰注　清乾隆二十一年(1756)刻本　十二册

120000－0307－0000088　S87

佩文齋廣群芳譜一百卷目錄二卷　(清)汪灝等修　清康熙刻本　二十八册　缺三十二卷(二十二至五十三)

120000－0307－0000089　S88

李太白文集三十卷　(唐)李白撰　清康熙五十六年(1717)雙泉草堂刻本　四册

120000－0307－0000090　S89

明文鈔六編　(清)高塘編　清乾隆五十一年(1786)雙桐書屋刻本　十册　存四編(三至六)

120000－0307－0000091　S90

山谷詩全集　(宋)黄庭堅撰　清乾隆五十三年(1788)刻本　三十五册　殘

120000－0307－0000092　S91

繹史一百六十卷世系圖一卷年表一卷　(清)馬驌撰　清康熙刻本　十六册　存九十九卷(一至二十四、八十六至一百六十)

120000－0307－0000093　P1

皇清經解一千四百七十八卷　(清)阮元輯　清咸豐十一年(1861)補刻學海堂本　五十九册　存一百九十五卷(一至三十五、二百三十九至二百八十五、四百二十九至四百四十八、一千一百八十五至一千二百零七、一千二百五十一至一千二百八十五、一千三百五十至一千三百八十四)

120000－0307－0000094　P2

皇清經解一百九十卷　(清)顧炎武等撰　清光緒上海點石齋石印本　十八册　缺四十一卷(五十至九十)

120000－0307－0000095　P3

皇清經解續編二百零九卷　王先謙輯　清光緒十五年(1889)上海蜚英館石印本　三十二册

120000－0307－0000096　P4

皇朝經濟文編一百二十八卷　(清)求自強齋主人編輯　清光緒二十七年(1901)慎記書莊石印本　四十六册　缺三卷(五十二、五十六至五十七)

120000－0307－0000097　P5

淵鑑類函四百五十卷目錄四卷　(清)張英等撰　清光緒十三年(1887)上海同文書局石印本　四十八册

120000－0307－0000098　P7

淵鑑類函四百五十卷　(清)張英　(清)徐秉義等編　清康熙刻本　三十五册　缺三百二十七卷(四十六至六十一、卷八十七至一百五十五、一百八十一至三百九十六、四百二十五至四百五十)

120000－0307－0000099　P13

陳檢討四六二十卷　(清)陳維崧撰　清末鴻章書局石印本　八册

120000－0307－0000100　P16

皇朝經世文編一百二十卷　(清)賀長齡輯　清光緒十二年(1886)思補樓石印本　二十册　缺八十卷(四十一至一百二十)

120000－0307－0000101　P18

讀畫齋叢書八集　(清)顧修輯　清嘉慶四年(1799)桐川顧氏刻本　十二册　缺二十一卷(隱居通議一至二十一)

120000－0307－0000102　P20

皇朝經世文編一百二十卷　(清)賀長齡輯　清光緒十三年(1887)上海點石齋石印本　十二册

120000－0307－0000103　P21

皇朝經世文續編一百二十卷　(清)盛康輯

清光緒二十三年(1897)思補樓刻本　四十冊　缺六十卷(一至六十)

120000－0307－0000104　P24
臨證指南醫案十卷　(清)葉桂著　清刻本　六冊　缺五卷(一至五)

120000－0307－0000105　P25
禮記四十九卷　(漢)鄭玄注　清永懷堂刻本　八冊

120000－0307－0000106　P27
增訂漢魏叢書　(清)王謨輯　清乾隆五十六年(1791)刻本　八十冊　殘

120000－0307－0000107　P31
十八家詩鈔二十八卷　(清)曾國藩輯　清末刻本　八冊　缺十九卷(一至二、十二至二十八)

120000－0307－0000108　P34
詩韻合璧五卷　(清)湯文潞輯　**分韻文選題解擇要一卷**　(清)余春廷輯　清咸豐七年(1857)三益齋刻本　六冊

120000－0307－0000109　P35
彭剛直公奏稿八卷　(清)彭玉麟撰　清光緒十七年(1891)鉛印本　四冊

120000－0307－0000110　P37
痘疹經驗集四卷　(清)韓文博輯　清光緒二十四年(1898)文成堂刻本　二冊

120000－0307－0000111　P38
痘疹經驗集四卷　(清)韓文博輯　清光緒二十四年(1898)文成堂刻本　二冊

120000－0307－0000112　P41
春在堂全書一百十九卷　(清)俞樾撰　清光緒二十五年(1899)刻本　三十冊

120000－0307－0000113　P42
說文拈字七卷補遺一卷　(清)王玉樹撰　清光緒十九年(1893)鉛印本　四冊

120000－0307－0000114　P45
八家四六文註八卷　(清)孫星衍撰　清光緒十八年(1892)上海圖書集成印書局鉛印本　八冊

120000－0307－0000115　P48
子史精華一百六十卷　(清)吳士玉等輯　清雍正五年(1727)刻本　四十八冊

120000－0307－0000116　P51
子史精華一百六十卷　(清)允祿等輯　清宣統元年(1909)上海集成圖書公司石印本　八冊

120000－0307－0000117　P53
子史精華一百六十卷　(清)吳襄等輯　清光緒九年(1883)上海點石齋石印本　二冊　缺一百三十卷(三十一至一百六十)

120000－0307－0000118　P55
皇朝經世文續編一百二十卷　(清)葛士濬輯　清光緒十四年(1888)上海圖書集成局鉛印本　十六冊　缺五十六卷(六十五至一百二十)

120000－0307－0000119　P56
樊榭山房集十卷續集十卷文集八卷外詩三卷外詞四卷　(清)厲鶚撰　清光緒十年(1884)刻本　九冊

120000－0307－0000120　P59
毛詩注疏二十卷　(漢)鄭玄箋　(唐)陸德明音義　清乾隆四年(1739)刻本　九冊　缺十七卷(一至十七)

120000－0307－0000121　P60
樊榭山房集十卷續集十卷　(清)厲鶚撰　清光緒十年(1884)錢唐汪氏振綺堂刻本　六冊

120000－0307－0000122　P61
樊榭山房文集八卷振綺堂詩存一卷松聲池館詩存四卷外詩三卷外詞四卷附錄一卷外詩一卷外詞一卷外文一卷附錄一卷　(清)厲鶚撰　清光緒十五年(1889)刻本　六冊

120000－0307－0000123　P63
課子隨筆節鈔六卷附錄一卷續編一卷　(清)張師載輯　清同治十年(1871)刻本　四冊

120000－0307－0000124　P64

求闕齋弟子記三十二卷　(清)王定安撰　清光緒二年(1876)刻本　十六册

120000－0307－0000125　P65

曾文正公全集一百六十四卷　(清)曾國藩撰　清同治十三年至光緒二年(1874－1876)傳忠書局刻本　四十四册

120000－0307－0000126　P66

曾文正手書日記　(清)曾國藩撰　清末石印本　三十册

120000－0307－0000127　P67

毛詩注疏校勘記二十卷　(清)阮元撰　清同治十三年(1874)湖南書局石印本　二十一册

120000－0307－0000128　P68

駱文忠公奏議十卷　(清)駱秉章撰　清光緒四年(1878)刻本　十八册

120000－0307－0000129　P69

通志略五十二卷　(宋)鄭樵撰　清初刻本　十册　存二十三卷(職官略四至七、選舉略一至二、刑法略一、食貨略一至二、藝文略一至八、圖譜略一、金石略一、災祥略一、校讎略一、昆蟲草木略一至二)

120000－0307－0000130　P75

畿輔叢書　(清)王灝輯　清光緒五年(1879)謙德堂刻本　二百十四册

120000－0307－0000131　P77

經籍纂詁一百十六卷　(清)阮元撰　清嘉慶四年(1799)阮氏琅嬛僊館刻本　二十七册　缺二十七卷(九十至一百十六)

120000－0307－0000132　P78

經籍纂詁一百零六卷　(清)阮元撰　清光緒六年(1880)淮南書局補刻本　三十册　缺四十三卷(六十四至一百零六)

120000－0307－0000133　P83

名醫類案十二卷附錄一卷　(明)江瓘編　清光緒十一年(1885)信述堂刻本　十二册

120000－0307－0000134　P86

曾文正公批牘六卷　(清)曾國藩撰　清光緒二年(1876)傳忠書局刻曾文正公全集本　六册

120000－0307－0000135　P87

曾文正公奏稿三十卷　(清)曾國藩撰　清光緒二年(1876)傳忠書局刻曾文正公全集本　六册　缺二十四卷(一至十九、二十六至三十)

120000－0307－0000136　P92

百子全書(子書百家)一百零一種　(清)崇文書局輯　清光緒元年(1875)湖北崇文書局刻本　一百零九册　缺莊子南華真經雜篇上

120000－0307－0000137　P93

百子全書(子書百家)一百零一種　(清)崇文書局輯　清光緒元年(1875)湖北崇文書局刻本　五十五册　殘

120000－0307－0000138　P95

浙刻雙池遺書八種　(清)汪紱撰　清光緒二十一年(1895)刻本　八册

120000－0307－0000139　P96

浙刻雙池遺書八種　(清)汪紱撰　清光緒二十一年(1895)刻本　八册

120000－0307－0000140　P97

犢山類稿六種十三卷　(清)周鎬撰　清光緒十年(1884)活字印本　八册

120000－0307－0000141　P98

宋四六選二十四卷　(清)曹振鏞編　清乾隆四十年(1775)刻本　十二册

120000－0307－0000142　P108

太平御覽一千卷　(宋)李昉輯　清嘉慶鮑氏刻本　一百零二册

120000－0307－0000143　P109

岳忠武王集八卷末一卷　(宋)岳飛撰　清同治三年(1864)刻本　四册

120000－0307－0000144　P110

岳忠武王文集八卷末一卷　(宋)岳飛撰　清道光十四年(1834)刻本　四册

120000－0307－0000145　P111

岳忠武王文集八卷末一卷　(宋)岳飛撰　清道光二十七年(1847)揚州刻本　六冊

120000－0307－0000146　P112
岳忠武王文集八卷末一卷　(宋)岳飛撰　清光緒二年(1876)刻本　四冊

120000－0307－0000147　P114
朱子文集十八卷　(宋)朱熹撰　(清)張伯行編訂　清同治五年(1866)正誼書局刻正誼堂全書本　十冊　缺四卷(一至四)

120000－0307－0000148　P116
御纂性理精義十二卷　(清)李光地等撰　清道光刻本　六冊

120000－0307－0000149　P118
輿地紀勝校勘記五十二卷補闕十卷續跋一卷　(清)劉文淇撰　清道光二十七年(1847)刻本　十六冊

120000－0307－0000150　P121
四書約旨十九卷　(清)任啟運撰　清光緒二十年(1894)刻本　十二冊

120000－0307－0000151　P122
續古文辭類纂二十八卷　(清)黎庶昌輯　清光緒十六年(1890)金陵書局刻本　八冊

120000－0307－0000152　P123
長蘆鹽法志二十卷附編十卷　(清)黄掌綸等撰　清嘉慶十年(1805)刻本　二十四冊

120000－0307－0000153　P124
李文忠公電稿四十卷　(清)吳汝綸編錄　清光緒三十一年(1905)刻李文忠公全集本　二十六冊

120000－0307－0000154　P125
李文忠公朋僚函稿二十卷　(清)吳汝綸編錄　清光緒三十一年(1905)刻李文忠公全集本　十冊

120000－0307－0000155　P126
論語後案十二卷　(清)黄式三輯　清光緒九年(1883)浙江書局刻本　十冊

120000－0307－0000156　P128
新訂四書補註備旨十卷　(清)鄧林撰　清宣統石印本　八冊

120000－0307－0000157　P129
望溪先生集外文十卷補遺二卷附望溪先生年譜一卷　(清)方苞撰　清咸豐元年(1851)刻本　八冊

120000－0307－0000158　P131
皇朝藩部要略十八卷表四卷　(清)祁韻士撰　清光緒十年(1884)浙江書局刻本　八冊

120000－0307－0000159　P132
新鐫校正評註分類百子金丹全書十卷任兆麟述記二卷　(清)郭偉選註　清光緒二十九年(1903)上海書局石印本　八冊

120000－0307－0000160　P133
史記菁華錄六卷　(清)姚苧田撰　清光緒二十二年(1896)上海掃葉山房石印本　三冊

120000－0307－0000161　P134
孫真人備急千金要方三十卷　(唐)孫思邈撰　清光緒三十四年(1908)久敬齋書莊鉛印本　十六冊

120000－0307－0000162　P135
金石錄三十卷　(宋)趙明誠撰　清光緒十三年(1887)行素草堂刻本　四冊

120000－0307－0000163　P136
李文忠公朋僚函稿二十卷　(清)吳汝綸輯　清光緒三十一年(1905)刻李文忠公全集本　十一冊

120000－0307－0000164　P138
戰國策三十三卷附札記三卷　(漢)高誘注　清嘉慶八年(1803)石印本　五冊

120000－0307－0000165　P139
戰國策三十三卷附札記三卷　(漢)高誘注　清同治八年(1869)刻本　五冊

120000－0307－0000166　P140
漢隸字源五卷碑目一卷　(宋)婁機輯　清光緒三年(1877)川東官舍刻本　六冊

120000－0307－0000167　P141

夏考信錄二卷商考信錄二卷豐鎬考信錄八卷　(清)崔述撰　清嘉慶二十二年(1817)刻本　六册

120000－0307－0000168　P142
林文忠公政書三集三十七卷　(清)林則徐撰　清光緒刻本　二十册

120000－0307－0000169　P143
新書十卷　(漢)賈誼撰　清光緒元年(1875)抱經堂刻本　二册

120000－0307－0000170　P144
杜詩鏡銓二十卷附錄一卷年譜一卷　(清)楊倫撰　清同治十一年(1872)望三益齋刻本　十二册

120000－0307－0000171　P145
意解山房溫疫析疑四卷　(清)唐毓厚撰　清光緒九年(1883)刻本　四册

120000－0307－0000172　P146
李文忠公海軍函稿四卷譯署函稿二十卷　(清)吳汝綸編錄　清光緒三十一年(1905)刻李文忠公全集本　十二册

120000－0307－0000173　P147
列國政要一百三十二卷首一卷　(清)戴鴻慈　(清)端方同輯　清光緒三十三年(1907)石印本　三十二册

120000－0307－0000174　P147
列國政要一百三十二卷首一卷　(清)戴鴻慈　(清)端方同輯　清光緒三十三年(1907)石印本　三十二册

120000－0307－0000175　P147
列國政要一百三十二卷首一卷　(清)戴鴻慈　(清)端方同輯　清光緒三十三年(1907)石印本　三十二册

120000－0307－0000176　P147
列國政要一百三十二卷首一卷　(清)戴鴻慈　(清)端方同輯　清光緒三十三年(1907)石印本　三十二册

120000－0307－0000177　P148
列國政要續編九十四卷首一卷　(清)戴鴻慈輯　清光緒三十三年(1907)石印本　三十二册

120000－0307－0000178　P149
積古齋鐘鼎彝器款識十卷　(清)阮元輯　清嘉慶九年(1804)石印本　四册

120000－0307－0000179　P150
積古齋鐘鼎彝器款識十卷　(清)阮元輯　清嘉慶九年(1804)石印本　六册

120000－0307－0000180　P151
賜誠堂文集十六卷　(明)管紹寧撰　清光緒三年(1877)刻本　四册

120000－0307－0000181　P152
積古齋鐘鼎彝器款識十卷　(清)阮元輯　清嘉慶九年(1804)石印本　四册

120000－0307－0000182　P153
大清律例增修統纂集成四十卷　(清)陶東臯增修　清光緒四年(1878)刻本　二十四册

120000－0307－0000183　P154
經義述聞三十二卷　(清)王引之撰　清嘉慶刻本　二十四册

120000－0307－0000184　P155
五言今體詩鈔九卷七言今體詩鈔九卷　(清)姚鼐輯　清同治五年(1866)刻本　二册

120000－0307－0000185　P156
二程語錄十八卷　(宋)朱熹輯　清同治五年(1866)正誼書局刻正誼堂全書本　六册　殘

120000－0307－0000186　P158
尚友錄二十二卷　(明)廖用賢撰　清末石印本　二十二册

120000－0307－0000187　P160
閱微草堂筆記二十四卷　(清)紀昀撰　清嘉慶二十年(1815)北平盛氏刻本　十册

120000－0307－0000188　P161
傷寒瘟疫條辯六卷　(清)楊璿撰　清光緒三年(1877)刻本　六册

120000－0307－0000189　P164
東坡和陶合箋四卷　(清)溫汝能纂　清宣統元年(1909)掃葉山房石印本　四册

120000－0307－0000190　P167
御批歷代通鑑輯覽七十六卷　(清)傅恒撰　清同治十三年(1874)湖南書局刻本　四十册

120000－0307－0000191　P169
重刊補註洗冤錄集證　(清)王又槐輯　清光緒十八年(1892)上海圖書集成印書局鉛印本　四册

120000－0307－0000192　P172
文選六十卷　(南朝梁)蕭統輯　梁昭明撰　清光緒十三年(1887)湖北書局刻本　十二册

120000－0307－0000193　P173
重刊補註洗冤錄集證五卷附刊寶鑒編一卷附刊石香秘錄一卷　(清)王又槐增輯　清同治四年(1865)粵東省署刻本　五册

120000－0307－0000194　P175
退菴隨筆二十二卷附退菴自訂年譜一卷　(清)梁章鉅撰　清同治十一年(1872)上海文瑞樓石印本　八册

120000－0307－0000195　P176
永甯通書十二卷　(清)王維德輯　清光緒三十三年(1907)上海校經山房校勘石印本　四册

120000－0307－0000196　P178
中西痘科合璧十二卷　(清)張琰編輯　清光緒三十三年(1907)上海書局石印本　六册

120000－0307－0000197　P179
碧血錄五卷　(清)莊仲方撰　清光緒八年(1882)上海同文書局石印本　五册

120000－0307－0000198　P180
林文忠公遺書五種四十二卷　(清)林則徐撰　清光緒林氏刻本　十二册

120000－0307－0000199　P184
學仕遺規四卷補四卷　(清)陳宏謀輯　清宣統二年(1910)學部圖書局刻本　五册

120000－0307－0000200　P190
龍川文集三十卷首一卷辨譌考異二卷附錄二卷　(宋)陳亮撰　清宣統三年(1911)掃葉山房石印本　八册

120000－0307－0000201　P197
增訂本草備要十一卷　(清)汪昂撰　清刻本　六册

120000－0307－0000202　P202
論語正義二十四卷　(清)劉寶楠撰　清同治五年(1866)東京文求堂影印本　八册

120000－0307－0000203　P204
御批歷代通鑑輯覽一百二十卷　(清)高宗弘曆撰　清光緒二十四年(1898)圖書集成局鉛印本　二十四册

120000－0307－0000204　P206
國語二十一卷　(三國吳)韋昭註　清嘉慶五年(1800)讀未見書齋影印本　三册

120000－0307－0000205　P206
戰國策三十三卷　(漢)高誘註　**札記三卷**　(清)黃丕烈撰　清嘉慶八年(1803)讀未見書齋影印本　五册

120000－0307－0000206　P208
西湖志四十八卷　(清)傅王露撰　(清)李衛等重修　清光緒四年(1878)浙江書局刻本　二十册

120000－0307－0000207　P209
史通削繁四卷　(唐)劉知幾撰　清道光十三年(1833)粵東省城翰墨園刻本　四册

120000－0307－0000208　P210
痘疹經驗集四卷　(清)韓文博撰　清光緒二十四年(1898)文成堂石印本　二册

120000－0307－0000209　P218
千金翼方三十卷　(唐)孫思邈撰　清光緒三十四年(1908)上海久敬齋書莊鉛印本　六册

120000－0307－0000210　P221
金石續編二十一卷首一卷　(清)陸耀遹撰　清光緒十九年(1893)上海寶善石印本　六册

120000－0307－0000211　P229

古吳童氏重校醫宗必讀十卷　（清）李中梓撰　清光緒二年（1876）上海翔文書局石印本　五冊

120000－0307－0000212　P231

西湖集覽二十六種　（清）丁丙輯　清光緒九年（1883）錢塘丁氏嘉惠堂刻本　三十二冊

120000－0307－0000213　P235

王學質疑一卷附錄一卷　（清）張烈撰　清同治五年（1866）正誼書局刻正誼堂全書本　一冊

120000－0307－0000214　P237

溫飛卿詩集七卷別集一卷外詩一卷　（唐）溫庭筠撰　清宣統二年（1910）掃葉山房石印本　四冊

120000－0307－0000215　P239

楹聯叢話十二卷續話四卷　（清）梁章鉅編　清道光二十六年（1846）刻本　六冊

120000－0307－0000216　P242

子書二十八種　（清）育文書局輯　清宣統三年（1911）上海集成圖書公司代鉛印本　三十九冊　殘

120000－0307－0000217　P244

杜工部集二十卷　（唐）杜甫撰　清宣統三年（1911）時中書局石印本　八冊

120000－0307－0000218　P247

沈文肅公政書七卷首一卷　（清）沈葆楨撰　清光緒六年（1880）吳門節署刻本　七冊

120000－0307－0000219　P248

王子安集註二十卷首一卷　（唐）王勃撰　清光緒十年（1884）刻本　六冊

120000－0307－0000220　P252

讀畫齋叢書八集　（清）顧修輯　清嘉慶四年（1799）桐川顧氏刻本　八冊　缺二函（甲、乙）

120000－0307－0000221　P253

經驗良方二卷　（清）□□編輯　清宣統元年（1909）扫葉山房石印本　二冊

120000－0307－0000222　P256

曾惠敏公遺集四種　（清）曾紀澤撰　清光緒二十年（1894）上海石印本　四冊

120000－0307－0000223　P274

陶淵明集十卷　（晉）陶潛撰　清宣統元年（1909）著易堂石印本　四冊

120000－0307－0000224　P275

陶淵明集十卷　（晉）陶潛撰　清宣統元年（1909）著易堂石印本　四冊

120000－0307－0000225　P276

續古文辭類纂二十八卷　（清）黎庶昌輯　清光緒二十一年（1895）金陵狀元閣鉛印本　十二冊

120000－0307－0000226　P277

續古文辭類纂二十八卷　（清）黎庶昌輯　清光緒十六年（1890）金陵書局刻本　八冊

120000－0307－0000227　P279

續古文辭類纂七十四卷　（清）姚鼐編　清同治八年（1869）江蘇書局刻本　十冊　缺九卷（十五至二十三）

120000－0307－0000228　P280

古文淵鑒六十四卷　（清）徐乾學等編注　清宣統二年（1910）學部圖書局石印本　二十四冊

120000－0307－0000229　P282

續古文辭類纂二十八卷　（清）黎庶昌輯　清光緒二十一年（1895）金陵狀元閣鉛印本　十二冊

120000－0307－0000230　P283

古文辭類纂七十五卷附錄一卷　（清）姚鼐輯　清光緒二十七年（1901）滁州李氏求要堂刻本　十二冊

120000－0307－0000231　P284

欽定詩經傳說彙纂二十一卷首二卷詩序二卷　（清）王鴻緒等撰　清末石印本　六冊　缺十九卷（一至十七、首二卷）

120000－0307－0000232　P287
楊龜山先生集六卷　(宋)楊時撰　清同治五年(1866)正誼書局刻正誼堂全書本　十册

120000－0307－0000233　P288
綠蘿山莊詩集三十三卷　(清)胡浚撰　清嘉慶八年(1803)石印本　十册

120000－0307－0000234　P289
錢牧齋文鈔不分卷　(清)錢謙益撰　清宣統元年(1909)國學扶輪社鉛印本　四册

120000－0307－0000235　P290
錢牧齋詩集二十卷　(清)錢謙益撰　清宣統三年(1911)國學扶輪社石印本　十二册

120000－0307－0000236　P291
湖海樓詞集二十卷　(清)陳維崧撰　清光緒十九年(1893)弇山鐸署刻本　十二册

120000－0307－0000237　P292
八家四六文注六卷首一卷　(清)孫星衍等著　清光緒十七年(1891)刻本　八册

120000－0307－0000238　P294
授堂文鈔八卷續集二卷詩鈔八卷　(清)武億撰　清道光二十三年(1843)刻授堂遺書本　八册

120000－0307－0000239　P295
霜紅龕集四十卷附錄三卷年譜一卷　(清)傅山撰　清宣統三年(1911)山陽丁氏刻本　十二册　缺九卷(二十一至二十九)

120000－0307－0000240　P296
宋文憲公全集五十三卷首一卷　(明)宋濂撰　清宣統三年(1911)成都刻本　十二册　缺十五卷(四十至五十三、首一卷)

120000－0307－0000241　P299
白芙堂算學叢書(算學二十一種)　(清)吳嘉善輯　清同治、光緒刻本　三十六册

120000－0307－0000242　P300
明張文忠公全集　(明)張居正撰　清光緒二十七年(1901)紅藤碧樹山館刻本　十册

120000－0307－0000243　P302
正誼堂文集十二卷續集八卷　(清)張伯行撰　清同治福州正誼書院刻本　六册

120000－0307－0000244　P303
唐宋八大家文鈔八卷　(清)張伯行撰　清同治八年(1869)福州正誼書院刻本　四册

120000－0307－0000245　P304
小羅浮山館詩鈔十五卷　(清)吳昇撰　清同治四年(1865)刻本　四册

120000－0307－0000246　P305
胡端敏公奏議十卷　(明)胡世寧撰　清光緒十九年(1893)刻本　四册

120000－0307－0000247　P307
禮記註疏六十三卷　(漢)鄭玄注　(唐)孔穎達疏　清同治十三年(1874)湖南書局刻本　十四册　缺二十三卷(四十一至六十三)

120000－0307－0000248　P309
高子遺書十二卷附錄一卷　(明)高攀龍撰　清光緒無錫東林書院刻本　十四册

120000－0307－0000249　P310
文心雕龍十卷　(南朝梁)劉勰撰　清道光十三年(1833)兩廣節署刻本　二册

120000－0307－0000250　P311
文心雕龍十卷　(南朝梁)劉勰撰　清道光十三年(1833)兩廣節署刻本　四册

120000－0307－0000251　P317
毛詩稽古編三十卷　(清)陳啟源撰　清光緒九年(1883)上海同文書局石印本　八册

120000－0307－0000252　P318
藥要便蒙新編　(清)談鴻鋆輯　清光緒十八年(1892)石印本　四册

120000－0307－0000253　P320
醫林指月十二種　(清)王琦纂輯　清光緒二十二年(1896)上海圖書集成印書局鉛印本　八册

120000－0307－0000254　P324
讀書齋叢書丙集　(清)顧修輯　清嘉慶四年(1799)桐川顧氏刻本　四册

120000－0307－0000255　P325

讀畫齋叢書戊集　(清)顧修輯　清嘉慶四年(1799)桐川顧氏刻本　四册

120000－0307－0000256　P326

讀畫齋叢書乙集　(清)顧修輯　清嘉慶四年(1799)桐川顧氏刻本　四册

120000－0307－0000257　P328

溫飛卿詩集七卷别集一卷外詩一卷　(唐)溫庭筠撰　清宣統二年(1910)秀埜草堂石印本　四册

120000－0307－0000258　P329

三十家詩鈔六卷首一卷末一卷　(清)曾國藩撰　清宣統元年(1909)上海崇善堂石印本　六册

120000－0307－0000259　P336

郝文忠公全集二十五卷元史本傳一卷神道碑一卷行狀一卷跋一卷　(元)郝經撰　清道光十一年(1831)刻本　十册

120000－0307－0000260　P341

王臨川全集二十四卷　(宋)王安石撰　清宣統三年(1911)上海掃葉山房石印本　十二册

120000－0307－0000261　P343

無聲詩史七卷　(清)姜紹書撰　清宣統二年(1910)上海瑞記書局石印本　六册

120000－0307－0000262　P349

新增典故四書章句不分卷　(宋)朱熹撰　清光緒十六年(1890)聚元堂刻本　八册

120000－0307－0000263　P351

胡文忠公遺集八十六卷首一卷　(清)胡林翼撰　(清)曾國荃纂輯　清光緒二十七年(1901)上海圖書集成印書局鉛印本　八册

120000－0307－0000264　P352

胡文忠公遺集八十六卷首一卷　(清)胡林翼撰　(清)鄭敦謹　(清)曾國荃纂輯　清光緒十四年(1888)上海著易堂鉛印本　八册

120000－0307－0000265　P353

詒晋齋集八卷後集一卷隨筆一卷　(清)永瑆著　清道光二十八年(1848)刻本　五册

120000－0307－0000266　P354

胡文忠公遺集十卷首一卷　(清)胡林翼撰　清同治三年(1864)南昌刻本　八册

120000－0307－0000267　P355

庾子山集十六卷　(北周)庾信撰　清光緒二十年(1894)儒雅堂石印本　十二册

120000－0307－0000268　P356

歐陽文忠公全集一百五十三卷首一卷　(宋)歐陽修撰　清光緒十九年(1893)滄雅書局石印本　八册　殘

120000－0307－0000269　P358

胡文忠公遺集十卷　(清)胡林翼撰　清刻本　七册

120000－0307－0000270　P360

龔定盦全集　(清)龔自珍撰　清宣統元年(1909)國學扶輪社鉛印本　七册

120000－0307－0000271　P361

存研樓文集十六卷　(清)儲大文撰　清光緒元年(1875)靜遠堂刻本　十二册

120000－0307－0000272　P363

萬象一原演式九卷首一卷　(清)夏紫笙　盧靖演式　清光緒石印本　二册

120000－0307－0000273　P364

王臨川全集一百卷　(宋)王安石撰　清光緒九年(1883)聽香館刻本　十六册

120000－0307－0000274　P365

歸田瑣記八卷　(清)梁章鉅撰　清道光二十五年(1845)北東園刻本　四册

120000－0307－0000275　P367

望溪先生文集十八卷集外文十卷集外文補遺二卷年譜二卷　(清)方苞撰　清咸豐刻本　八册

120000－0307－0000276　P368

文選六十卷　(南朝梁)蕭統撰　清同治八年(1869)湖北崇文書局刻本　六册　存十七卷(一至十七)

120000－0307－0000277　P368
文選六十卷　(南朝梁)蕭統撰　清同治八年(1869)湖北崇文書局刻本　六冊　存十七卷(卷一至十七)

120000－0307－0000278　P370
容城忠愍楊先生文集四卷　(明)楊繼盛　**容城鍾元孫先生文集**　(清)孫奇逢撰　清光緒二十四年(1898)刻蓉城三賢文集本　六冊

120000－0307－0000279　P371
容城文靖劉先生文集四卷　(元)劉因撰　清光緒二十四年(1898)刻本　六冊

120000－0307－0000280　P373
佩文廣韻匯編二卷　(清)李元祺編輯　清同治十一年(1872)金陵書局刻本　一冊

120000－0307－0000281　P374
劍南詩鈔一卷　(宋)陸游撰　清刻本　四冊

120000－0307－0000282　P376
御選唐宋詩醇四十七卷目録二卷　(清)高宗弘曆輯　清光緒七年(1881)浙江書局刻本　二十冊

120000－0307－0000283　P377
文心雕龍十卷　(南朝梁)劉勰撰　清道光十三年(1833)兩廣節署刻本　四冊

120000－0307－0000284　P378
夢華館集　(清)江璧撰　清光緒十八年(1892)石印本　六冊

120000－0307－0000285　P380
無邪堂答問五卷　(清)朱一新撰　清光緒二十一年(1895)廣雅書局刻本　五冊

120000－0307－0000286　P381
壯悔堂文集十卷　(清)侯方域撰　清末睢陽刻本　十八冊

120000－0307－0000287　P382
王臨川全集一百卷　(宋)王安石撰　清光緒九年(1883)刻本　十六冊

120000－0307－0000288　P383
震川先生集三十卷　(明)歸有光撰　清光緒六年(1880)常熟歸氏刻本　十六冊

120000－0307－0000289　P384
欽定禮記義疏八十二卷首一卷　(清)允祿等著　清光緒十四年(1888)江南書局刻本　八冊　缺六十一卷(二十二至八十二)

120000－0307－0000290　P386
斜川集六卷　(宋)蘇過著　清道光六年(1826)刻本　十冊

120000－0307－0000291　P387
國朝畿輔詩傳六十卷　(清)陶樑輯　清道光十九年(1839)紅豆樹館刻本　十六冊

120000－0307－0000292　P388
禮記注疏六十三卷考證一卷　(漢)鄭玄注　清刻本　二十一冊　缺十三卷(一至十三)

120000－0307－0000293　P389
詩説二卷詩經拾遺一卷　(清)郝懿行撰　清光緒八年(1882)東路廳署刻郝氏遺書本　三冊

120000－0307－0000294　P392
增補圖注本草備要四卷附醫方湯頭歌訣一卷　(清)汪昂撰　清宣統元年(1909)三義堂刻本　五冊

120000－0307－0000295　P393
水道提綱二十八卷　(清)齊召南編　清光緒四年(1878)天津徐士鑾刻本　八冊

120000－0307－0000296　P394
潛研堂詩集十卷詩續集十卷　(清)錢大昕著　清光緒十年(1884)長沙龍氏家塾刻本　四冊

120000－0307－0000297　P395
玉井山館文略五卷文續二卷附西行日記一卷詩十五卷餘一卷　(清)許宗衡撰　清同治四年(1865)刻本　五冊

120000－0307－0000298　P397
文心雕龍十卷　(南朝梁)劉勰撰　清光緒刻本　四冊

120000－0307－0000299　P398

高子遺書十二卷附録一卷　(明)高攀龍撰　清光緒石印本　八册

120000－0307－0000300　P399
李長吉集四卷　(唐)李賀撰　清光緒十八年(1892)羊城石印本　二册

120000－0307－0000301　P400
文信國公集二十卷　(宋)文天祥撰　清光緒二十三年(1897)湖南書局石印本　八册　缺九卷(一至九)

120000－0307－0000302　P400
史忠正公集四卷首一卷末一卷　(明)史可法撰　清光緒二十三年(1897)湖南書局石印本　二册

120000－0307－0000303　P400
楊忠愍公集五卷首一卷末一卷　(明)楊繼盛撰　清光緒二十三年(1897)湖南書局石印本　二册

120000－0307－0000304　P401
平山堂圖志十卷首一卷　(清)趙之壁撰　清光緒九年(1883)刻本　四册

120000－0307－0000305　P403
風希堂文集六卷　(清)戴殿泗撰　清道光八年(1828)九靈山房刻本　四册

120000－0307－0000306　P404
定香亭筆談四卷　(清)阮元撰　清光緒元年(1875)浙江書局刻本　四册

120000－0307－0000307　P406
亭林遺書二十七卷　(清)顧炎武撰　清光緒三十二年(1906)蓬瀛閣刻本　十册

120000－0307－0000308　P407
茗柯文初編一卷二編二卷三編一卷四編一卷　(清)張惠言撰　清光緒七年(1881)刻本　二册

120000－0307－0000309　P408
有正味齋駢文十六卷　(清)吴錫麒撰　清同治七年(1868)慈北葉氏石印本　八册

120000－0307－0000310　P409
桐城吴先生文集四卷詩集一卷附經説　(清)吴汝綸撰　清吴氏家刻本　十册

120000－0307－0000311　P411
子史精華一百六十卷　(清)張廷玉等撰　清光緒十五年(1889)上海蜚英館石印本　八册

120000－0307－0000312　P412
唐人説薈十六集一百六十四種　(清)陳士熙纂　清宣統三年(1911)掃葉山房石印本　八册　殘

120000－0307－0000313　P413
陳檢討集二十卷　(清)陳維崧撰　清漁古山房刻本　六册

120000－0307－0000314　P414
欽定書經傳説彙纂二十一卷首二卷　(清)王頊齡等撰　清同治十年(1871)崇文書局刻本　十二册

120000－0307－0000315　P415
皇朝經世文續編一百二十卷　(清)葛士濬輯　清末石印本　十六册　缺六十四卷(一至六十四)

120000－0307－0000316　P416
寰宇訪碑録十二卷　(清)孫星衍撰　清光緒九年(1883)江蘇書局刻本　四册

120000－0307－0000317　P417
文選六十卷考異十卷　(南朝梁)蕭統撰　清宣統三年(1911)上海會文堂粹記石印本　十六册

120000－0307－0000318　P418
東坡先生全集七十五卷詩選十二卷　(宋)蘇軾撰　清文盛堂刻本　八册　殘

120000－0307－0000319　P419
元豐類稾四十九卷首一卷　(宋)曾鞏撰　清光緒十六年(1890)漁浦書院刻本　五册　殘

120000－0307－0000320　P420
蔡中郎集十卷外集四卷附列傳一卷年表一卷外紀二卷　(漢)蔡邕著　清光緒十六年(1890)刻本　五册

120000－0307－0000321　P422

世補齋醫書前集六種後集四種　(清)陸懋修撰　清光緒十二年(1886)山左書局刻本　八册

120000－0307－0000322　P423

陳伯玉文集三卷　(唐)陳子昂撰　清道光尊德堂刻本　四册

120000－0307－0000323　P426

硃批諭旨不分卷　(清)鄂爾泰　(清)張廷玉編　清刻本　二十四册

120000－0307－0000324　P427

京畿金石考二卷　(清)孫星衍撰　清光緒十年(1884)刻本　一册　缺一册

120000－0307－0000325　P428

白雨齋詞話八卷　(清)陳廷焯撰　清光緒二十年(1894)刻本　二册

120000－0307－0000326　P430

南方草木狀三卷　(晉)嵇含撰　清末石印本　二册

120000－0307－0000327　P431

適齋詩集四卷惕盦年譜一卷　(清)崇實撰　清光緒三年(1877)刻本　二册

120000－0307－0000328　P432

欽定書經圖説五十卷　(清)孫家鼐等撰　清光緒三十一年(1905)石印本　十六册

120000－0307－0000329　P433

春秋穀梁注疏二十卷　(晉)范甯集解　(唐)陸德明音義　(唐)楊士勛疏　清同治十年(1871)刻十三經註疏本　七册

120000－0307－0000330　P434

古文淵鑒六十四卷　(清)徐乾學等編注　清同治十二年(1873)浙江書局刻本　六册　缺四十卷(二十五至六十四)

120000－0307－0000331　P438

欽定春秋傳説彙纂三十八卷首二卷　(清)王掞等撰　清同治十年(1871)湖北崇文書局刻本　十册　缺二十一卷(十八至三十八)

120000－0307－0000332　P439

欽定春秋傳説彙纂三十八卷首二卷　(清)王掞等撰　清同治十一年(1872)刻本　十二册　缺二十一卷(十八至三十八)

120000－0307－0000333　P441

欽定春秋傳説彙纂三十八卷首二卷　(清)聖祖玄燁撰　清光緒十四年(1888)江南書局刻本　二十册

120000－0307－0000334　P442

斯文精萃不分卷　(清)任繼善輯　清乾隆刻本　六册　殘

120000－0307－0000335　P443

靜志居詩話二十四卷　(清)朱彝尊撰　清嘉慶二十四年(1819)扶荔山房刻本　十二册

120000－0307－0000336　P444

高宗純皇帝御製大清通禮五十四卷　(清)來保等撰　清刻本　十六册

120000－0307－0000337　P445

繪圖綴白裘合集　(清)程大衡輯　清光緒三十四年(1908)萃香社石印本　十二册

120000－0307－0000338　P446

康熙字典十二集　(清)張玉書等撰　清光緒三十年(1904)上海文盛堂書局石印本　六册

120000－0307－0000339　P447

晉張景陽集一卷　(晉)張協撰　清刻本　十册

120000－0307－0000340　P450

畿輔叢書　(清)王灝輯　清光緒五年(1879)謙德堂刻本　十三册

120000－0307－0000341　P451

津門古文所見錄四卷　(清)郭師泰編輯　清光緒十八年(1892)刻本　四册

120000－0307－0000342　P452

集古錄跋尾十卷集古錄目五卷　(宋)歐陽修撰　清光緒十三年(1887)行素草堂刻本　四册

120000－0307－0000343　P453

尚書考異五卷　(明)梅鷟撰　清光緒十八年(1892)浙江書局刻本　四冊

120000－0307－0000344　P454
國朝柔遠記二十卷　(清)王之春輯　清光緒二十二年(1896)湖北書局刻本　六冊

120000－0307－0000345　P455
國語二十一卷　(三國吳)韋昭註　清同治八年(1869)湖北崇文書局刻本　四冊

120000－0307－0000346　P456
項城袁氏家集七種　(清)丁振鐸輯　清宣統三年(1911)清芬閣鉛印本　二十六冊

120000－0307－0000347　P457
湖山便覽十二卷　(清)翟灝　(清)翟瀚輯　清光緒元年(1875)王氏槐蔭堂刻本　六冊

120000－0307－0000348　P459
本草綱目五十二卷圖三卷　(明)李時珍撰　清宣統元年(1909)鴻寶齋石印本　十九冊　存十六卷(十九至三十四)

120000－0307－0000349　P459
萬方鍼線五卷　(明)李時珍撰　清宣統元年(1909)鴻寶齋石印本　一冊

120000－0307－0000350　P460
津門徵獻詩八卷　(清)華鼎元輯　清光緒十二年(1886)刻本　四冊

120000－0307－0000351　P461
鄉黨圖考十卷　(清)江永撰　清嘉慶二十一年(1816)吳郡山淵堂刻本　四冊

120000－0307－0000352　P462
荀子二十卷　(唐)楊倞注　清嘉慶八年(1803)姑蘇聚文堂刻十子全書本　四冊

120000－0307－0000353　P463
春秋穀梁傳十二卷　(晉)范甯集解　(唐)陸德明音義　清同治七年(1868)湖北崇文書局刻本　四冊

120000－0307－0000354　P466
陳修園二十四種　(清)陳念祖撰　清嘉慶九年(1804)蜀東善成堂石印本　二十八冊

120000－0307－0000355　P467
司馬溫公稽古錄二十卷　(宋)司馬光撰　清同治十一年(1872)湖北崇文書局刻本　四冊

120000－0307－0000356　P468
約章成案匯覽序一卷甲篇十卷乙篇四十二卷　(清)北洋洋務局輯　清光緒三十一年(1905)上海點石齋石印本　二十三冊

120000－0307－0000357　P469
培遠堂手札節存　(清)陳宏謀著　清光緒二十五年(1899)浙江官書局刻本　三冊

120000－0307－0000358　P470
三教源流搜神大全七卷　(宋)□□輯　清宣統元年(1909)刻本　二冊

120000－0307－0000359　P471
張横渠先生文集十二卷　(宋)張載撰　清同治五年(1866)正誼書局刻正誼堂全書本　五冊　殘

120000－0307－0000360　P472
練川名人畫像　(清)程祖慶撰　清光緒四年(1878)程氏陔南草堂刻本　二冊

120000－0307－0000361　P474
新刊纂圖元亨療馬集六卷　(清)喻本元　(清)喻本亨撰　清光緒十三年(1887)石印本　六冊

120000－0307－0000362　P477
尚書注疏二十卷校勘記二十卷　(唐)孔穎達疏　(唐)陸德明音義　清同治十三年(1874)湖南書局刻本　九冊

120000－0307－0000363　P478
鄂國金佗稡編二十八卷續編三十卷　(宋)岳珂撰　清光緒九年(1883)刻本　十二冊

120000－0307－0000364　P479
本草醫方合編　(清)汪昂撰　清刻本　六冊

120000－0307－0000365　P480
陳修園先生醫書新增七十二種　(清)陳念祖著　清嘉慶八年(1803)錦章圖書局石印本　十二冊

120000－0307－0000366　P483

漁洋山人精華錄箋注十二卷補一卷年譜一卷　（清）王士禛撰　（清）金榮箋注　清末石印本　十二册

120000－0307－0000367　P484

賞奇軒合編　清光緒十二年（1886）上海同文書局石印本　四册

120000－0307－0000368　P485

康熙字典十二集　（清）張玉書等撰　清光緒十三年（1887）上海同文書局石印本　二册

120000－0307－0000369　P489

庾子山集十六卷　（北周）庾信撰　（清）倪璠編注　清刻本　十册　缺一卷（十三）

120000－0307－0000370　P490

讀史方輿紀要一百三十卷　（清）顧祖禹撰　清光緒五年（1879）敷文閣刻本　五十册

120000－0307－0000371　P491

康熙字典十二集補遺一卷　（清）張玉書等撰　**字典考證十二集**　（清）王引之撰　清光緒石印本　四十四册

120000－0307－0000372　P492

康熙字典　（清）張玉書等撰　清道光七年（1827）刻本　二十五册

120000－0307－0000373　P493

康熙字典　（清）張玉書等撰　清道光七年（1827）刻本　二十二册

120000－0307－0000374　P494

春秋經傳集解三十卷　（晉）杜預原本　清刻本　八册

120000－0307－0000375　P495

農桑輯要七卷　（元）司農司撰　清刻本　二册

120000－0307－0000376　P497

康熙字典十二集　（清）張玉書等撰　清光緒十九年（1893）點石齋石印本　六册

120000－0307－0000377　P498

全唐詩九百卷　（清）胡震亨輯　清刻本　三十一册

120000－0307－0000378　P499

全唐詩九百卷　（清）胡震亨輯　清刻本　七十册

120000－0307－0000379　P500

春秋左傳四十七卷　（晉）杜預撰　清光緒刻本　十五册

120000－0307－0000380　P501

理學宗傳二十六卷　（清）孫奇逢輯　清光緒六年（1880）浙江書局刻本　十二册

120000－0307－0000381　P503

杜詩鏡銓二十卷諸家論杜二卷　（唐）杜甫撰　（清）楊倫編輯　清光緒十八年（1892）上海著易堂書局鉛印本　六册

120000－0307－0000382　P504

項城袁氏家集七種　（清）丁振鐸輯　清宣統三年（1911）清芬閣鉛印本　二十八册

120000－0307－0000383　P505

斯文正統十二卷　（清）刁包輯　清同治三年（1864）惇德堂刻本　十二册

120000－0307－0000384　P506

王文成公全集十六卷　（明）王守仁撰　清道光六年（1826）刻本　十六册

120000－0307－0000385　P508

詩禪室詩集二十八卷　（清）查冬榮撰　清同治三年（1864）刻本　六册

120000－0307－0000386　P509

聖武記十四卷　（清）魏源撰　清道光二十二年（1842）古微堂刻本　二十二册

120000－0307－0000387　P510

湖海文傳七十五卷　（清）王昶輯　清道光十七年（1837）經訓堂刻本　十六册

120000－0307－0000388　P511

山谷詩集注二十卷　（宋）黄庭堅撰　清光緒二十一年（1895）雙井祠堂刻本　十册

120000－0307－0000389　P512

詩經嗜鳳詳解八卷圖說一卷　(清)陳抒孝撰　清刻本　五册　缺二卷(一至二)

120000-0307-0000390　P513

山谷先生别集注二卷外集補四卷山谷詩别集補一卷附録一卷　(宋)黄庭堅撰　**重刻山谷先生年譜十四卷**　(宋)黄䇲撰　清刻本　四册

120000-0307-0000391　P514

説文解字韻譜五卷　(宋)徐鍇撰　清南陵徐氏藏元種善堂石印本　五册

120000-0307-0000392　P515

翁松禪手札不分卷　(清)翁同龢撰　清宣統影印本　九册

120000-0307-0000393　P517

東華全録四百八十四卷　王先謙編　清光緒十三年(1887)京都琉璃廠刻本　一百六十四册

120000-0307-0000394　P518

王文成公全書三十八卷　(明)王守仁撰　清光緒刻本　二十三册　缺二卷(二十八至二十九)

120000-0307-0000395　P519

説文解字　(漢)許慎撰　(清)段玉裁註　清道光十四年(1834)朱墨套印刻本　三十二册

120000-0307-0000396　P520

古文淵鑒六十四卷　(清)聖祖玄燁選　(清)徐乾學編註　清康熙二十四年(1685)内府刻本五色套印本　二十册　缺三十四卷(一至三十四)

120000-0307-0000397　P521

古文淵鑒六十四卷　(清)聖祖玄燁選　(清)徐乾學編註　清康熙二十四年(1685)内府刻本五色套印本　六册　缺五十八卷(一至十九、二十六至六十四)

120000-0307-0000398　P522

古泉匯首集四卷元集十四卷亨集十四卷利集十八卷貞集十四卷　(清)李佐賢撰　清同治三年(1864)利津李氏石泉書屋刻本　十册　缺一函

120000-0307-0000399　P523

古泉匯首集四卷元集十四卷亨集十四卷利集十八卷貞集十四卷　(清)李佐賢撰　清同治三年(1864)利津李氏石泉書屋刻本　二十册

120000-0307-0000400　P524

古泉匯利集十八卷　(清)李佐賢撰　清光緒元年(1875)石印本　十册

120000-0307-0000401　P525

歷代帝王宅京記二十卷　(清)顧炎武撰　清光緒十四年(1888)掃葉山房刻本　五册

120000-0307-0000402　P527

説文校議十五卷　(清)姚文田　(清)嚴可均撰　清同治十三年(1874)歸安姚氏刻本　五册

120000-0307-0000403　P528

五經類編二十八卷　(清)周世樟撰　清嘉慶三年(1798)刻本　八册

120000-0307-0000404　P529

説文解字通釋四十卷　(南唐)徐鍇傳釋　清光緒刻本　十六册

120000-0307-0000405　P530

通鑑紀事本末二百三十九卷　(宋)袁樞撰　清末石印本　八册　存四十九卷(六十至一百零八)

120000-0307-0000406　P531

明鑑紀事本末八十卷　(清)谷應泰編　清刻本　十二册

120000-0307-0000407　P532

後漢書一百卷　(南朝宋)范曄撰　(唐)李賢註　**續志三十卷**　(晉)司馬彪撰　(南朝梁)劉昭註　清同治金陵書局刻本　十六册

120000-0307-0000408　P533

資治通鑑二百九十四卷附辨誤十二卷　(宋)司馬光撰　清同治十年(1871)湖北崇文書局刻本　十册　存三十卷(一至三十)

120000－0307－0000409　P535
說文解字句讀三十卷補正三十卷　(清)王筠撰　清同治四年(1865)刻本　十六册

120000－0307－0000410　P538
朱子年譜四卷　(清)王懋竑纂　清乾隆十六年(1751)白田草堂刻本　二册

120000－0307－0000411　P539
晉書一百三十卷　(唐)太宗李世民撰　清光緒十八年(1892)刻本　八册

120000－0307－0000412　P540
海國勝游草不分卷乘查筆記不分卷天外歸帆草不分卷　(清)斌椿撰　清同治七年(1868)刻本　三册

120000－0307－0000413　P542
全唐詩九百卷　(清)曹寅等輯　清末石印本　五十册　殘

120000－0307－0000414　P543
括地志八卷補遺一卷　(唐)李泰等撰　清光緒十二年(1886)吳縣朱氏刻槐廬叢書本　三册

120000－0307－0000415　P544
杜工部集二十卷首一卷　(唐)杜甫撰　清道光十四年(1834)芸葉盦刻六色套印本　十六册

120000－0307－0000416　P545
杜工部集二十卷首一卷　(唐)杜甫撰　清同治十一年(1872)玉句草堂刻本　十册

120000－0307－0000417　P546
東觀餘論二卷　(宋)黄伯思撰　清光緒邵武徐氏刻本　二册

120000－0307－0000418　P547
諸葛武侯文集四卷　(三國蜀)諸葛亮撰　清同治五年(1866)正誼書局刻正誼堂全書本　一册

120000－0307－0000419　P551
文子纘義十二卷　(元)杜道堅撰　清光緒三年(1877)浙江書局刻本　二册

120000－0307－0000420　P552
說文解字義證五十卷　(清)桂馥撰　清同治九年(1870)刻本　三十二册

120000－0307－0000421　P553
讀書堂杜工部詩集註解二十卷文集註解二卷　(唐)杜甫撰　(清)張溍評注　清刻本　十册

120000－0307－0000422　P555
傅中丞集不分卷　(晉)傅咸撰　清刻本　一册

120000－0307－0000423　P559
揅經室集四集三十八卷續集三卷　(清)阮元撰　清道光刻本　十七册　缺一卷(四集三)

120000－0307－0000424　P560
杜詩鏡銓二十卷年譜一卷附張溍杜文註解二卷　(清)楊倫編輯　清同治十一年(1872)望三益齋刻本　十册

120000－0307－0000425　P561
荊駝逸史　(清)陳湖逸士撰　清宣統三年(1911)中國圖書館石印本　二十七册　殘

120000－0307－0000426　P563
爾雅二卷　(晉)郭璞注　清嘉慶十一年(1806)刻本　二册

120000－0307－0000427　P564
御選唐宋文醇五十八卷　(清)高宗弘曆選輯　清光緒三年(1877)浙江書局刻本　二十册

120000－0307－0000428　P565
西山先生真文忠公文集五十五卷目錄二卷　(宋)真德秀撰　清同治拱極堂刻本　三十册

120000－0307－0000429　P566
事類賦三十卷　(宋)吳淑撰註　清刻本　四册

120000－0307－0000430　P567
圖註難經脈訣不分卷　(晉)王叔和撰　(明)張世賢合編　清光緒八年(1882)京都文蔚堂刻本　六册

120000－0307－0000431　P571

歷代名臣傳三十五卷　(清)朱軾輯　清刻本　六冊　殘

120000-0307-0000432　P572
董方立遺書七卷　(清)董祐誠撰　清光緒二十二年(1896)上海璣衡堂石印本　三冊

120000-0307-0000433　P573
楚辭十七卷　(漢)王逸注　(宋)洪興祖補注　清同治十一年(1872)金陵書局刻本　四冊

120000-0307-0000434　P574
李肅毅伯奏議十三卷　(清)李鴻章撰　(清)章洪鈞　(清)吳汝綸編輯　清刻本　十三冊

120000-0307-0000435　P575
歷代鐘鼎彝器款識法帖二十卷　(宋)薛尚功撰　清光緒二十九年(1903)貴池劉氏玉海堂景印本　四冊

120000-0307-0000436　P576
時病論八卷　(清)雷豐撰　清光緒二十四年(1898)上海著易堂刻本　四冊

120000-0307-0000437　P578
東萊先生音註唐鑑二十四卷　(宋)范祖禹撰　清光緒十八年(1892)浙江書局刻本　四冊

120000-0307-0000438　P579
宋史紀事本末一百零九卷　(明)馮琦撰　清光緒十三年(1887)廣雅書局刻本　十六冊

120000-0307-0000439　P580
註陸宣公奏議十五卷制誥十卷　(唐)陸贄撰　清光緒十一年(1885)淮南書局刻本　四冊

120000-0307-0000440　P581
晉略六十五卷序目一卷　(清)周濟撰　清光緒二年(1876)味雋齋刻本　十冊

120000-0307-0000441　P582
左傳紀事本末五十三卷　(清)高士奇編纂　清光緒二十六年(1900)廣雅書局刻本　十二冊

120000-0307-0000442　P583
周書五十卷　(唐)令狐德棻等撰　清同治十三年(1874)金陵書局刻本　四冊

120000-0307-0000443　P584
中州集十卷附樂府一卷　(金)元好問輯　清光緒九年(1883)讀書山房刻本　十一冊

120000-0307-0000444　P585
歷代名臣言行錄二十四卷　(清)朱桓輯　清光緒元年(1875)湖北崇文書局刻本　三十冊

120000-0307-0000445　P586
吉金所見錄十六卷首一卷末一卷　(清)初尚齡纂輯　清道光刻本　四冊

120000-0307-0000446　P587
銅梁山人詩集二十五卷詞四卷芸篚偶存二卷　(清)王汝璧撰　清光緒二十年(1894)刻本　八冊

120000-0307-0000447　P588
山海經新校正十八卷　(晉)郭璞傳　(清)畢沅校正　清光緒三年(1877)浙江書局刻二十二子全書本　三冊

120000-0307-0000448　P589
山海經存九卷首一卷　(清)汪紱釋　清光緒二十一年(1895)石印汪雙池先生叢書本　四冊

120000-0307-0000449　P590
蘇文忠公詩合註五十卷首一卷　(清)馮應榴撰　清同治九年(1870)踵息齋石印本　二十四冊

120000-0307-0000450　P592
天子肆獻祼饋食禮纂三卷　(清)任啟運撰　清刻本　二冊

120000-0307-0000451　P596
三國志六十五卷　(晉)陳壽撰　(南朝宋)裴松之注　清同治九年(1870)金陵書局刻本　五冊　缺三十卷(二十五至五十四)

120000-0307-0000452　P597
梁書五十六卷　(唐)姚思廉撰　清同治十三年(1874)金陵書局刻本　六冊

120000-0307-0000453　P597
梁書五十六卷　(唐)姚思廉撰　清同治十三

年(1874)金陵書局刻本　六冊

120000－0307－0000454　P598
陳書三十六卷　(唐)姚思廉撰　清同治十二年(1873)金陵書局刻本　四冊

120000－0307－0000455　P599
南齊書五十九卷　(南朝梁)蕭子顯撰　清同治十三年(1874)金陵書局刻本　六冊

120000－0307－0000456　P600
宋書一百卷　(南朝梁)沈約撰　清同治十二年(1873)金陵書局刻本　十二冊　缺二十七卷(七十四至一百)

120000－0307－0000457　P606
東坡先生全集七十五卷目錄一卷年譜一卷本傳一卷東坡詩選十二卷　(宋)蘇軾撰　清文盛堂刻本　十五冊　殘

120000－0307－0000458　P891
墨子十六卷　(戰國)墨翟撰　(清)畢沅校注　清光緒二十三年(1897)圖書集成局鉛印本　二冊

120000－0307－0000459　P901
昌黎先生集四十卷　(唐)韓愈撰　清宣統二年(1910)埽葉山房石印本　十二冊

120000－0307－0000460　P960
孔子集語十七卷　(清)孫星衍撰　清光緒五年(1879)鉛印本　二冊

120000－0307－0000461　P976
王湘綺先生全集二十六種　王闓運撰　清光緒三十年(1904)江西官書局刻本　二十一冊

120000－0307－0000462　P977
孟子文法讀本七卷　高步瀛集解　清末鉛印本　三冊　缺一卷(一)

120000－0307－0000463　P978
宋六十名家詞　(明)毛晉編　清光緒十四年(1888)刻本　二十三冊　缺第三冊

120000－0307－0000464　P979
問心堂溫病條辨六卷首一卷　(清)吳瑭撰　清光緒二十九年(1903)京都二酉齋刻本　六冊

120000－0307－0000465　P980
說文繫傳校錄三十卷說文釋例二十卷　(清)王筠撰　清道光刻本　十一冊　缺二卷(說文釋例一至二)

120000－0307－0000466　P981
天文本單經論語校勘記一卷　葉德輝輯　清光緒二十八年(1902)長沙葉氏刻觀古堂所著書本　一冊

120000－0307－0000467　P982
月令章句四卷　(漢)蔡邕撰　清光緒三十年(1904)長沙葉氏刻觀古堂所著書本　一冊

120000－0307－0000468　P983
古今夏時表不分卷　葉德輝撰　清光緒二十九年(1903)刻本　一冊

120000－0307－0000469　P985
資治通鑑地理今釋十六卷　(清)吳熙載撰　清光緒八年(1882)江蘇書局刻本　三冊

120000－0307－0000470　P986
新書十卷　(漢)賈誼撰　清光緒元年(1875)浙江書局刻本　二冊

120000－0307－0000471　P987
補注黃帝內經素問二十四卷　(唐)王冰注　清光緒三年(1877)浙江書局刻二十二子全書本　九冊

120000－0307－0000472　P988
楊龜山先生集四十二卷首一卷　(宋)楊時撰　清光緒刻本　八冊　缺九卷(十八至二十六)

120000－0307－0000473　P990
御批歷代通鑑輯覽一百二十卷　(清)高宗弘曆御批　(清)楊述曾等纂修　清刻本　三十二冊　存六十四卷(一至十六、三十三至四十八、八十九至一百二十)

120000－0307－0000474　P991
南史識小錄十四卷北史識小錄十四卷　(清)沈名蓀　(清)朱昆田輯　清同治十年(1871)

武林吳氏清來堂刻本　十二冊

120000－0307－0000475　P992

監本四書十九卷　(宋)朱熹章句　清光緒六年(1880)狀元閣刻本　六冊

120000－0307－0000476　P993

忠簡公集七卷　(宋)宗澤撰　清同治退補齋刻本　二冊

120000－0307－0000477　P994

古律經傳附考五卷　(清)紀大奎撰　清嘉慶刻本　三冊

120000－0307－0000478　P995

陸清河集二卷　(晉)陸雲著　清刻本　二冊

120000－0307－0000479　P996

諸葛丞相集不分卷　(三國蜀)諸葛亮著　清光緒十八年(1892)刻漢魏六朝百三名家集本　一冊

120000－0307－0000480　P997

御選唐宋詩醇四十七卷目錄二卷　(清)高宗弘曆輯　清光緒七年(1881)浙江書局刻本　二十冊

120000－0307－0000481　P998

宋宗忠簡公全集五卷首一卷　(宋)宗澤撰　清咸豐四年(1854)天香閣刻本　四冊

120000－0307－0000482　P1001

詩藪内編六卷外編四卷雜編六卷　(明)胡應麟撰　清光緒廣雅書局刻本　四冊　殘

120000－0307－0000483　P1002

郎潛紀聞十四卷　(清)陳康祺著　清光緒十年(1884)刻本　八冊

120000－0307－0000484　P1005

晉書一百三十卷　(唐)太宗李隆基撰　清光緒十四年(1888)上海圖書集成印書局鉛印欽定二十四史本　八冊　缺六十卷(一至六十)

120000－0307－0000485　P1006

魏書一百十四卷　(北齊)魏收撰　清光緒十四年(1888)上海圖書集成印書局鉛印欽定二十四史本　八冊　缺四十八卷(六十七至一百十四)

120000－0307－0000486　P1007

金史一百三十五卷　(元)脫脫等撰　清光緒十四年(1888)上海圖書集成印書局鉛印欽定二十四史本　八冊　缺五十八卷(一至五十八)

120000－0307－0000487　P1008

唐書二百二十五卷　(宋)歐陽修撰　清光緒十四年(1888)上海圖書集成印書局鉛印欽定二十四史本　八冊　存六十一卷(一至六十)

120000－0307－0000488　P1009

曾文正公全集一百六十四卷　(清)曾國藩撰　清同治十三年至光緒二年(1874－1876)傳忠書局刻本　八十五冊

120000－0307－0000489　P1010

曾文正公奏稿三十六卷　(清)曾國藩撰　清光緒二年(1876)傳忠書局刻曾文正公全集本　十六冊　缺二十卷(六至十、十五、十八、二十至二十五、三十至三十六)

120000－0307－0000490　P1011

王忠文公集二十五卷　(明)王褘撰　清嘉慶十四年(1809)刻本　十冊

120000－0307－0000491　P1012

隋書八十五卷　(唐)長孫無忌等撰　清光緒十四年(1888)上海圖書集成印書局鉛印本　六冊　存五十五卷(三十一至八十五)

120000－0307－0000492　P1013

梁書五十六卷　(唐)姚思廉撰　清光緒十四年(1888)上海圖書集成印書局鉛印欽定二十四史本　四冊

120000－0307－0000493　P1014

遼史一百十六卷　(元)脫脫等修　清光緒十四年(1888)上海圖書集成印書局鉛印欽定二十四史本　八冊

120000－0307－0000494　P1015

大雲山房文稿初集四卷文稿二集四卷言事二卷　(清)惲敬著　清嘉慶二十年(1815)武宁

甲戌坊刻本　十册

120000－0307－0000495　P1016

朔方備乘六十八卷首十二卷附圖　（清）何秋濤撰　清咸豐刻本　十一册　缺三十一卷（十五至四十五）

120000－0307－0000496　P1017

畿輔人物考八卷　（清）孫奇逢撰　清同治八年（1869）兼山堂刻本　八册

120000－0307－0000497　P1018

駢體文鈔三十一卷　（清）李兆洛編　清同治六年（1867）婁江徐氏刻本　四册　存九卷（一至九）

120000－0307－0000498　P1020

欽定書經傳説彙纂二十一卷首二卷書序一卷　（清）王頊齡等撰　清同治十年（1871）湖北崇文書局刻本　十二册

120000－0307－0000499　P1021

宋豔十二卷　（清）徐士鑾輯　清光緒十三年（1887）蝶園刻本　六册

120000－0307－0000500　P1022

續古文辭類纂四卷　（清）黎庶昌纂　清光緒二十一年（1895）金陵狀元閣鉛印本　一册

120000－0307－0000501　P1023

傅鶉觚集不分卷　（晉）傅玄著　清光緒十八年（1892）刻漢魏六朝百三名家集本　一册

120000－0307－0000502　P1024

文選考異十卷　（清）胡克家撰　清同治八年（1869）湖北崇文書局刻本　四册

120000－0307－0000503　P1026

渭南文集五十卷　（宋）陸游撰　清刻本　十二册

120000－0307－0000504　P1027

天下郡國利病書一百二十卷　（清）顧炎武撰　清末敷文閣刻本　四十四册　缺十九卷（五十三至七十一）

120000－0307－0000505　P1028

天下郡國利病書一百二十卷　（清）顧炎武撰　清光緒二十七年（1901）石印本　三十册

120000－0307－0000506　P1029

佩文韻府四百四十卷　（清）張廷玉撰　清光緒十二年（1886）上海同文書局石印本　三十册　存五十六卷（一至二十五、四十九至六十五、八十三至九十六）

120000－0307－0000507　P1030

佩文韻府一百零六卷韻府拾遺一百零六卷　（清）張廷玉等撰　清刻本　三十九册　殘

120000－0307－0000508　P1031

韻辨附文五卷　（清）沈兆霖撰　清同治十二年（1873）刻本　五册

120000－0307－0000509　P1033

鴻苞節録十卷　（明）屠隆著　清咸豐七年（1857）保硯齋刻本　五册

120000－0307－0000510　P1034

金石三例十五卷　（元）潘昂霄撰　清光緒四年（1878）讀有用書齋刻本　二册　殘

120000－0307－0000511　P1035

御選唐宋文醇五十八卷　（清）高宗弘曆選輯　清光緒三年（1877）刻本　七册　存十八卷（一至十三、十七至二十一）

120000－0307－0000512　P1036

翼教叢編六卷附録一卷　（清）蘇輿編　清光緒二十四年（1898）武昌刻本　三册

120000－0307－0000513　P1037

桐城吴先生尺牘五卷補遺一卷諭兒書一卷　（清）吴汝綸編撰　清光緒二十九年（1903）刻本　三册

120000－0307－0000514　P1038

周易十卷　（三國魏）王弼注　清光緒二年（1876）江南書局刻本　三册

120000－0307－0000515　P1039

新刻張太岳先生全集四十七卷　（明）張居正撰　清江陵鄧氏刻本　十六册

120000－0307－0000516　P1040

字典攷證不分卷　（清）王引之撰　清光緒二

年(1876)崇文書局刻本　六册

120000－0307－0000517　P1043
匏廬詩存七卷　(清)郭曾炘撰　清刻本　四册

120000－0307－0000518　P1044
蘿藦亭札記八卷　(清)喬松年撰　清同治十二年(1873)刻本　四册

120000－0307－0000519　P1045
漢石例六卷　(清)劉寶楠撰　清道光二十九年(1849)靈石楊氏刻本　二册

120000－0307－0000520　P1046
欽定書經圖說五十卷　(清)孫家鼐等撰　清光緒三十一年(1905)石印本　十六册

120000－0307－0000521　P1047
山中白雲詞八卷　(宋)張炎著　清光緒八年(1882)刻榆園叢刻本　七册

120000－0307－0000522　P1048
新纂門目五臣音註揚子法言十卷　(漢)揚雄撰　(晉)李軌　(唐)柳宗元　(宋)宋咸　(宋)吳祕　(宋)司馬光註　清嘉慶九年(1804)聚文堂刻本　一册

120000－0307－0000523　P1049
文中子中說十卷　(隋)王通撰　(宋)阮逸註　清嘉慶九年(1804)聚文堂刻本　一册

120000－0307－0000524　P1050
鶡冠子三卷　(宋)陸佃解　(明)王宇評　清嘉慶九年(1804)聚文堂刻本　一册

120000－0307－0000525　P1051
道德經評註二卷　(漢)河上公章句　清嘉慶九年(1804)聚文堂刻本　一册

120000－0307－0000526　P1052
管子二十四卷　(春秋)管仲撰　(唐)房玄齡註釋　清嘉慶四年(1799)姑蘇聚文堂刻本　五册

120000－0307－0000527　P1053
宋學士全集三十二卷補遺八卷附錄二卷　(明)宋濂撰　清同治退補齋刻本　三十八册　缺二卷(補遺三、八)

120000－0307－0000528　P1054
李太白集三十卷　(唐)李白撰　清光緒十四年(1888)湖北官書局刻本　四册

120000－0307－0000529　P1055
南北朝文鈔二卷　(清)彭兆蓀輯　清光緒八年(1882)紫雲室刻本　二册

120000－0307－0000530　P1056
輶軒語一卷書目問答一卷　(清)張之洞撰　清光緒三年(1877)濠上書齋刻本　三册

120000－0307－0000531　P1057
三禮義證五卷金石一跋四卷二跋四卷三跋二卷羣經義證七卷經讀考異十卷首二卷　(清)武億撰　清道光二十三年(1843)刻授堂遺書本　八册

120000－0307－0000532　P1059
禮記或問八卷　(清)汪紱撰　清光緒二十二年(1896)刻本　四册

120000－0307－0000533　P1060
禮記章句十卷首一卷　(清)汪紱撰　清光緒二十一年(1895)刻本　十册

120000－0307－0000534　P1061
楚辭八卷　(宋)朱熹集註　清宣統三年(1911)掃葉山房石印本　二册

120000－0307－0000535　P1063
御纂七經　(清)李光地等校　清光緒十年(1884)鴻文書局石印本　十三册

120000－0307－0000536　P1064
小倉山房詩集三十七卷補遺二卷外集四卷　(清)袁枚撰　清刻本　十三册　存九卷(一至二、十一至十七)

120000－0307－0000537　P1065
金石續編二十一卷首一卷　(清)陸耀遹纂　清光緒十九年(1893)上海寶善石印本　一册　存十卷(一至十)

120000－0307－0000538　P1066
金石粹編一百六十卷　(清)王昶輯　清光緒

十九年(1893)上海寶善石印本　三冊　存七十九卷(五十七至八十六、一百十二至一百六十)

120000－0307－0000539　P1067

小倉山房文集三十五卷　(清)袁枚撰　清刻本　六冊　存十八卷(十八至三十五)

120000－0307－0000540　P1068

隨園詩話七卷袁太史文稿不分卷小倉山房外集八卷小倉山房尺牘十卷　(清)袁枚撰　清刻本　七冊

120000－0307－0000541　P1069

重訂王鳳洲先生綱鑑會纂八十九卷　(明)王世貞纂　清刻本　四十八冊

120000－0307－0000542　P1070

增像全圖東周列國志十三卷　(清)蔡界評點　上海廣益書局石印本　八冊

120000－0307－0000543　P1074

隸辨八卷　(清)顧藹吉撰　清光緒十三年(1887)上海蜚英館石印本　八冊

120000－0307－0000544　P1078

隨園三十種　(清)袁枚撰　清末隨園刻石印本　四十八冊　缺三函(六至七、九)

120000－0307－0000545　P1079

五經合纂大成五種　(清)同文書局輯　清末石印本　二十冊

120000－0307－0000546　P1080

續同人集十七卷　(清)袁枚輯　清刻本　六冊

120000－0307－0000547　P1085

詳註全圖新算法大成八卷　(明)程大位編　清宣統元年(1909)石印本　五冊

120000－0307－0000548　P1089

苗氏說文四種　(清)苗夔撰　清咸豐元年(1851)壽陽祁氏漢專亭刻本　四冊

120000－0307－0000549　P1090

春秋集傳十六卷首一卷末一卷　(清)汪紱纂　清光緒二十一年(1895)浙江官書局刻本　四冊

120000－0307－0000550　P1091

航海簡法四卷　(英國)那麗撰　清光緒二十一年(1895)刻本　二冊

120000－0307－0000551　P1093

左文襄公奏疏初編三十八卷　(清)左宗棠撰　清光緒十六年(1890)上海圖書集成局鉛印本　十三冊

120000－0307－0000552　P1094

外科證治全生不分卷　(清)王維德撰　清光緒十六年(1890)善成堂刻本　二冊

120000－0307－0000553　P1095

歐美政治要義不分卷　(清)戴鴻慈　(清)端方撰　清光緒三十三年(1907)石印本　四冊

120000－0307－0000554　P1096

國朝名臣言行錄三十卷　(清)董壽纂輯　清光緒二十九年(1903)上海順成書局石印本　八冊

120000－0307－0000555　P1105

御批歷代通鑑輯覽一百二十卷　(清)傅恒等撰　清刻本　五十五冊　存一百零八卷(三至一百十)

120000－0307－0000556　P1108

增像全圖東周列國志二十七卷　(清)蔡界評點　上海廣益書局石印本　十五冊

120000－0307－0000557　P1109

欽定吏部則例五十二卷　清宣統刻本　六冊

120000－0307－0000558　P1115

淞濱瑣話九卷　(清)王韜著　清光緒十九年(1893)鉛印本　四冊

120000－0307－0000559　P1119

重栞宋本周易注疏附校勘記九卷　(三國魏)王弼注　清同治十二年(1873)江西書局刻本　八冊

120000－0307－0000560　P1120

古文翼八卷　(清)唐德宜編　清同治十二年(1873)常熟黃氏藝文堂刻本　八冊

120000－0307－0000561　P1121

十三經註疏　(唐)孔穎達疏　清咸豐二年(1852)稽古樓刻本　五十三冊　殘

120000－0307－0000562　P1123

文科大辭典十二卷　國學扶輪社輯　清宣統上海國學扶輪社鉛印本　七冊

120000－0307－0000563　P1125

汪梅村文集十二卷文外集一卷　(清)汪士鐸撰　清光緒七年(1881)刻本　四冊

120000－0307－0000564　P1126

方輿紀要簡覽三十四卷　(清)潘鐸撰　清咸豐八年(1858)紅杏書屋刻本　十六冊

120000－0307－0000565　P1129

尺木堂綱鑑易知録二十卷　(清)吳乘權等輯　清光緒二十一年(1895)上海文盛堂石印本　八冊

120000－0307－0000566　P1130

古今説部蘐書　國學扶輪社輯　清宣統三年(1911)上海國學扶輪社排印本鉛印本　十八冊　存三集(一、三、五)

120000－0307－0000567　P1131

紀效新書十八卷首一卷　(明)戚繼光撰　清光緒二十一年(1895)上海醉經樓石印本　四冊

120000－0307－0000568　P1132

湘軍志十六卷　王闓運撰　清光緒十二年(1886)刻本　四冊

120000－0307－0000569　P1133

袁家三妹合稿　(清)袁枚輯　清末隨園刻石印本　八冊

120000－0307－0000570　P1134

傅氏眼科審視瑤函六卷　(明)傅仁宇纂輯　清光緒十九年(1893)三義堂石印本　六冊

120000－0307－0000571　P1135

論語注疏二十卷　(三國魏)何晏集解　(唐)陸德明音義　(宋)邢昺疏　清同治十年(1871)刻十三經註疏本　五冊

120000－0307－0000572　P1136

周易十二卷　(宋)朱熹本義　清光緒十三年(1887)淮南書局刻本　二冊

120000－0307－0000573　P1139

慶典章程六卷　清刻本　七冊

120000－0307－0000574　P1140

綴白裘四集四卷五集四卷六集四卷　(清)玩花主人輯　清道光三年(1823)共賞齋刻本　十二冊

120000－0307－0000575　P1143

奎壁詩經八卷　(宋)朱熹集傳　清光緒善成堂刻本　四冊

120000－0307－0000576　P1145

古愚老人消夏録　(清)汪汲撰　清嘉慶刻本　十八冊

120000－0307－0000577　P1150

清朝先正事略二十六卷　(清)李元度撰　清同治五年(1866)上海鴻章書局石印本　十六冊

120000－0307－0000578　P1151

左文襄公奏疏續編三十八卷　(清)左宗棠撰　清光緒十六年(1890)上海圖書集成局鉛印本　七冊

120000－0307－0000579　P1154

莊子因六卷　(清)林雲銘評述　清刻本　四冊

120000－0307－0000580　P1155

女科二卷　(清)傅山撰　清光緒十六年(1890)善成堂刻本　四冊

120000－0307－0000581　P1156

重鐫本草醫方合編　(清)汪昂著輯　清王益堂刻本　六冊

120000－0307－0000582　P1157

樊南文集補編十二卷　(唐)李商隱撰　(清)錢振倫箋　清同治五年(1866)刻本　四冊

120000－0307－0000583　P1158

盛世危言十四卷　(清)鄭觀應撰　清光緒二

十一年(1895)鉛印本　八冊

120000－0307－0000584　P1159

詩經補箋二十卷　(漢)鄭玄箋　王闓運補箋　清光緒三十二年(1906)刻王氏五經箋本　八冊

120000－0307－0000585　P1160

經史百家雜鈔十卷　(清)曾國藩撰　清光緒二年(1876)傳忠書局刻曾文正公全集本　九冊

120000－0307－0000586　P1163

四書古註羣義彙解十種　(三國魏)何晏集解　清光緒十六年(1890)石印本　十二冊

120000－0307－0000587　P1164

說文荅問疏證六卷　(清)錢大昕撰　清刻本　二冊

120000－0307－0000588　P1167

國朝文錄八十二卷　(清)姚椿輯　清光緒二十六年(1900)埽葉山房石印本　十六冊

120000－0307－0000589　P1169

同治光緒中興奏議選八卷　(清)陳弢輯　清光緒元年(1875)京都小西山房刻本　八冊

120000－0307－0000590　P1171

四書教子尊經求通錄四卷　(清)楊一崑撰　清光緒刻本　六冊

120000－0307－0000591　P1172

拙尊園叢稿六卷　(清)黎庶昌撰　清光緒二十一年(1895)金陵狀元閣刻本　四冊

120000－0307－0000592　P1177

古詩源十四卷　(清)沈德潛選　清光緒十七年(1891)湖南思賢書局刻本　四冊

120000－0307－0000593　P1178

周易四卷　(宋)朱熹本義　清同治七年(1868)崇文書局刻本　二冊

120000－0307－0000594　P1179

李文忠公譯署函稿二十卷　(清)吳汝綸編　清光緒三十一年(1905)刻李文忠公全集本　九冊　缺二卷(十九至二十)

120000－0307－0000595　P1180

古詩源十四卷　(清)沈德潛選　清光緒十九年(1893)刻本　六冊

120000－0307－0000596　P1181

澄衷蒙學堂字課圖說檢字四卷　(清)劉樹屏撰　清光緒二十七年(1901)上海鴻寶書局石印本　八冊

120000－0307－0000597　P1182

月令粹編二十四卷圖說一卷　(清)秦嘉謨編　清嘉慶十七年(1812)琳琅仙館石印本　八冊

120000－0307－0000598　P1185

國朝山左詩鈔六十卷　(清)盧見曾撰　清雅雨堂刻本　十九冊　缺三卷(二十七至二十九)

120000－0307－0000599　P1186

漢西域圖考七卷　(清)李光廷撰　(清)潘平章繪　清光緒十九年(1893)寶善書局石印本　七冊

120000－0307－0000600　P1187

西學考略二卷　(美國)丁韙良撰　清光緒八年(1882)鉛印本　二冊

120000－0307－0000601　P1188

格物測算八卷　(美國)丁韙良撰　清光緒鉛印本　八冊

120000－0307－0000602　P1189

陸宣公全集二十二卷補遺一卷附錄三卷　(唐)陸贄撰　(清)董士恩增輯　清刻本　十五冊　缺一卷(一)

120000－0307－0000603　P1191

御纂周易折中二十二卷首一卷　(清)李光地等撰　清同治十年(1871)湖北崇文書局刻本　十二冊

120000－0307－0000604　P1192

昌黎先生詩增注証訛十一卷昌黎先生年譜一卷昌黎本傳一卷　(清)顧嗣立刪補　(清)黃鉞增注証訛　清咸豐七年(1857)四明鮑氏刻

本　四册

120000－0307－0000605　P1193
玉定金科例誅輯要十卷首一卷末一卷　(清)武昌侯等輯　清咸豐八年(1858)鉛印本　九册

120000－0307－0000606　P1194
花草粹編十二卷　(明)陳耀文纂　清光緒二年(1876)石印本　十二册

120000－0307－0000607　P1195
忠雅堂詩集二十七卷詞集二卷補遺二卷　(清)蔣士銓撰　清道光二十三年(1843)藏園刻本　八册

120000－0307－0000608　P1197
增補事類統編九十三卷首一卷　(清)黄葆真輯　清道光二十六年(1846)丹陽黄氏石印本　八册　存十七卷(一至十七)

120000－0307－0000609　P1198
皇清經解縮版編目十六卷　陶治元編輯　清光緒十八年(1892)鴻寶齋石印本　二册

120000－0307－0000610　P1199
六禮或問十二卷首一卷　(清)汪紱撰　清光緒二十一年(1895)刻本　四册

120000－0307－0000611　P1199
六禮或問十二卷首一卷　(清)汪紱撰　清光緒二十一年(1895)刻本　四册

120000－0307－0000612　P1200
退菴隨筆二十二卷　(清)梁章鉅編　清同治十一年(1872)刻本　八册

120000－0307－0000613　P1201
文選六十卷　(南朝梁)蕭統撰　清嘉慶十四年(1809)刻本　二十四册

120000－0307－0000614　P1202
唐陸宣公集二十二卷　(唐)陸贄撰　**增輯二卷**　(清)耆英增輯　清道光二十七年(1847)刻本　八册

120000－0307－0000615　P1204
趙裘萼公賸藁四卷　(清)趙熊詔撰　清光緒十九年(1893)浙江書局刻本　二册

120000－0307－0000616　P1205
萬國公法四卷　(清)董恂等輯　清同治三年(1864)京都崇實館刻本　四册

120000－0307－0000617　P1205
萬國公法四卷　(清)董恂等輯　清同治三年(1864)京都崇實館刻本　四册

120000－0307－0000618　P1206
故舊文存四卷　王樹枏輯　清刻本　四册

120000－0307－0000619　P1209
草字彙十二卷　(清)石梁集　清咸豐九年(1859)蘊玉山房刻本　六册

120000－0307－0000620　P1211
畿輔河道水利叢書八種十四卷　(清)吳邦慶輯　清道光四年(1824)益津吳氏刻本　十册

120000－0307－0000621　P1211
畿輔河道水利叢書八種十四卷　(清)吳邦慶輯　清道光四年(1824)益津吳氏刻本　十册

120000－0307－0000622　P1211
畿輔河道水利叢書八種十四卷　(清)吳邦慶輯　清道光四年(1824)益津吳氏刻本　十册

120000－0307－0000623　P1212
唐人三家集三種　(清)秦恩復輯　清宣統三年(1911)秦氏石研齋影印本　八册

120000－0307－0000624　P1212
唐人三家集三種　(清)秦恩復輯　清宣統三年(1911)秦氏石研齋影印本　八册

120000－0307－0000625　P1213
孔子家語十卷　(三國魏)王肅註　清光緒同文書局石印本　五册

120000－0307－0000626　P1213
孔子家語十卷　(三國魏)王肅註　清光緒同文書局石印本　五册

120000－0307－0000627　P1214
宋豔十二卷　(清)徐士鑾輯　清光緒十七年(1891)蝶園刻本　六册

120000－0307－0000628　P1216

詩毛氏傳疏三十卷　(清)陳奐撰　清光緒九年(1883)吳門南園掃葉山莊陳氏刻本　十二冊

120000－0307－0000629　P1217

詩毛氏傳疏三十卷　(清)陳奐撰　清光緒九年(1883)吳門南園校經成記陳氏刻本　八冊　缺六卷(二十五至三十)

120000－0307－0000630　P1218

雷公炮製藥性解六卷　(明)李中梓編輯　清永順堂刻本　四冊

120000－0307－0000631　P1220

圖註脈訣辨真四卷　(晉)王叔和撰　(明)張世賢註　清善成堂刻本　六冊

120000－0307－0000632　P1221

本草三家合註六卷　(清)郭汝驄集註　清宣統元年(1909)益元書屋刻本　六冊

120000－0307－0000633　P1223

司馬溫公稽古錄二十卷　(宋)司馬光撰　清同治十一年(1872)湖北崇文書局刻本　四冊

120000－0307－0000634　P1225

重訂路史全本前紀二卷後紀四卷國名紀四卷　(宋)羅泌著　(宋)羅蘋注　清光緒二十年(1894)石印本　六冊

120000－0307－0000635　P1226

八家四六文註八卷補註一卷　(清)孫星衍著　(清)許貞幹註　清光緒十八年(1892)上海圖書集成印書局石印本　八冊

120000－0307－0000636　P1227

曝書亭詩集註二十二卷年譜一卷　(清)楊謙纂　清木石居刻本　十冊

120000－0307－0000637　P1229

橘中秘四卷　(明)朱晉楨輯　清江左書林石印本　四冊

120000－0307－0000638　P1231

唐賢三昧集三卷　(清)王士禎輯　清嘉慶十年(1805)淵古齋石印本　六冊

120000－0307－0000639　P1232

隨園女弟子詩六卷隨園八十壽言六卷紅豆村人詩稿十四卷　(清)袁枚輯　清嘉慶元年(1796)刻本　八冊

120000－0307－0000640　P1233

重栞宋本尚書注疏附校勘記二十卷　(唐)孔穎達疏　(清)阮元校　清同治十二年(1873)江西書局刻本　十冊

120000－0307－0000641　P1234

中州集十卷　(金)元好問集　清光緒刻本　十二冊

120000－0307－0000642　P1235

鷗影詩鈔六卷　(清)言家駒撰　清末言氏刻本　一冊

120000－0307－0000643　P1236

東三省政略十二卷　徐世昌輯　清宣統三年(1911)鉛印本　二十三冊

120000－0307－0000644　P1237

文廟通考六卷首一卷　(清)牛樹梅輯　清同治十一年(1872)浙江書局刻本　二冊

120000－0307－0000645　P1238

選注六朝唐賦不分卷　(清)馬傳庚選注　清同治十三年(1874)京都玉燕書巢馬氏刻本　二冊

120000－0307－0000646　P1242

欽定大清會典一百卷　(清)崑岡等纂　清宣統元年(1909)商務印書館石印本　十冊

120000－0307－0000647　P1243

欽定大清會典事例二千八十九卷　(清)崑岡等修　清宣統元年(1909)商務印書館石印本　八十冊　殘

120000－0307－0000648　P1246

北齊書五十卷　(唐)李百藥撰　清同治十三年(1874)金陵書局刻本　四冊

120000－0307－0000649　P1247

善齋吉金錄不分卷　(清)劉體智撰　清末石印本　二十八冊

120000－0307－0000650　P1248

皺乘新法三卷首一卷　(英國)英國製造局編　舒高第口譯　(清)鄭昌棪筆述　清江南製造總局刻本　五冊

120000－0307－0000651　P1249

陶淵明文集十卷　(晉)陶潛撰　清光緒五年(1879)刻本　三冊

120000－0307－0000652　P1252

宋史四百九十六卷　(元)脫脫等撰　清末影印本　十二冊　殘

120000－0307－0000653　P1253

文字蒙求廣義四卷　(清)王筠撰　清光緒二十七年(1901)江楚書局刻本　五冊

120000－0307－0000654　P1255

曾惠敏公奏疏六卷文集五卷詩集二卷日記二卷　(清)曾紀澤撰　清光緒十九年(1893)江南製造總局鉛印本　八冊

120000－0307－0000655　P1256

遼史拾遺二十四卷　(清)厲鶚撰　清光緒元年(1875)江蘇書局刻本　十一冊

120000－0307－0000656　P1257

明紀六十卷　(清)陳鶴纂　清同治十年(1871)江蘇書局刻本　二十冊

120000－0307－0000657　P1258

陶齋吉金續錄不分卷　(清)端方輯　清末石印本　二冊

120000－0307－0000658　P1259

積古齋鐘鼎彝器款識稿本三卷　(清)阮元編錄　清咸豐三年(1853)石印本　三冊

120000－0307－0000659　P1260

明紀六十卷　(清)陳鶴纂　清同治十年(1871)刻本　二十冊

120000－0307－0000660　P1261

宋史紀事本末一百零九卷　(明)馮琦撰　(明)陳邦瞻編輯　清光緒上海書業公所崇德堂鉛印本　八冊

120000－0307－0000661　P1262

西夏紀事本末三十六卷首二卷　(清)張鑑著　清光緒上海書業公所崇德堂鉛印本　二冊

120000－0307－0000662　P1264

史記一百三十卷　(漢)司馬遷撰　清光緒三十年(1904)上海久敬齋石印本　八冊

120000－0307－0000663　P1265

史記一百三十卷　(漢)司馬遷撰　清光緒鉛印本　八冊　缺三十二卷(一至三十二)

120000－0307－0000664　P1269

通鑑紀事本末二百三十九卷　(宋)袁樞輯　清光緒二十一年(1895)上海積山書局石印本　二十三冊　缺七卷(二百十至二百十六)

120000－0307－0000665　P1272

新元史二百五十七卷　(清)柯劭忞撰　清刻本　五十七冊　缺六卷(一至六)

120000－0307－0000666　P1273

新元史二百五十七卷　(清)柯劭忞撰　清刻本　三十冊　缺一百四十五卷(一百十三至二百五十七)

120000－0307－0000667　P1274

南齊書五十九卷　(南朝梁)蕭子顯撰　清光緒十四年(1888)上海圖書集成印書局鉛印欽定二十四史本　六冊

120000－0307－0000668　P1275

南史三十六卷　(唐)李延壽撰　清光緒十四年(1888)上海圖書集成印書局鉛印欽定二十四史本　六冊

120000－0307－0000669　P1276

史記一百三十卷　(漢)司馬遷撰　清光緒三十四年(1908)上海集成圖書公司鉛印本　十六冊

120000－0307－0000670　P1277

北史一百卷　(唐)李延壽撰　清光緒十四年(1888)上海圖書集成印書局鉛印欽定二十四史本　八冊　缺五十五卷(四十六至一百)

120000－0307－0000671　P1278

舊五代史一百五十卷　(宋)薛居正等撰　清

光緒十四年(1888)上海圖書集成印書局鉛印欽定二十四史本　十一冊　缺十四卷(一百十三至一百二十六)

120000－0307－0000672　P1279

呂氏春秋二十六卷　(漢)高誘註　清光緒二十三年(1897)文瑞樓鉛印本　二冊

120000－0307－0000673　P1280

董子春秋繁露十七卷　(漢)董仲舒撰　清光緒二十三年(1897)圖書集成局鉛印本　一冊

120000－0307－0000674　P1280

賈子新書十卷　(漢)賈誼撰　清光緒二十三年(1897)文瑞樓鉛印本　一冊

120000－0307－0000675　P1280

文子纘義十二卷　(元)杜道堅撰　清光緒二十三年(1897)文瑞樓鉛印本　一冊

120000－0307－0000676　P1280

晏子春秋七卷音義二卷校勘二卷　(清)孫星衍校勘　清光緒二十三年(1897)文瑞樓鉛印本　一冊

120000－0307－0000677　P1281

元史二百十卷　(明)宋濂等修　清光緒十四年(1888)上海圖書集成印書局鉛印欽定二十四史本　十八冊　缺五十七卷(九十六至一百五十二)

120000－0307－0000678　P1282

三國志六十五卷　(晉)陳壽撰　(南朝宋)裴松之注　清光緒十一年(1885)上海同文書局石印本　八冊　缺三十五卷(三十一至六十五)

120000－0307－0000679　P1283

後漢書一百二十卷　(南朝宋)范曄撰　清光緒三十一年(1905)上海久敬齋石印本　八冊

120000－0307－0000680　P1284

御批歷代通鑑輯覽一百六十卷　清乾隆三十三年撰　清光緒二十九年(1903)上海商務印書館鉛印本　十三冊　缺九十五卷(十一至三十五、四十一至四十五、八十一至一百零五、一百二十一至一百六十)

120000－0307－0000681　P1287

左傳紀事本末五十三卷　(清)高士奇編輯　清光緒二十一年(1895)上海積山書局石印本　五冊

120000－0307－0000682　P1288

左傳紀事本末五十三卷　(清)高士奇編輯　清光緒十四年(1888)上海書業公所崇德堂鉛印本　三冊

120000－0307－0000683　P1290

曾文正公手書日記　(清)曾國藩撰　清末石印本　十冊

120000－0307－0000684　P1291

遼史紀事本末四十卷首一卷　(清)李有棠撰　清光緒二十六年(1900)廣雅書局刻本　四冊

120000－0307－0000685　P1292

元史紀事本末二十七卷　(明)陳邦瞻編輯　清光緒十三年(1887)廣雅書局刻本　三冊

120000－0307－0000686　P1294

元史二百十卷　(明)宋濂等修　清光緒十八年(1892)武林竹簡齋石印本　十四冊

120000－0307－0000687　P1295

金史紀事本末五十二卷首一卷　(清)李有棠編纂　清光緒二十七年(1901)廣雅書局刻本　六冊

120000－0307－0000688　P1296

北史一百卷　(唐)李延壽撰　清同治十二年(1873)金陵書局刻本　十五冊　缺三十三卷(六十八至一百)

120000－0307－0000689　P1297

通鑑紀事本末二百三十九卷　(宋)袁樞編輯　(明)張溥論正　清同治十二年(1873)江西書局刻本　八十冊

120000－0307－0000690　P1298

魏書一百十四卷　(北齊)魏收撰　清同治十二年(1873)金陵書局刻本　二十冊

120000－0307－0000691　P1299
魏書一百十四卷　(北齊)魏收撰　清金陵書局刻本　三册　存十九卷(六至二十四)

120000－0307－0000692　P1300
明史紀事本末八十卷　(清)谷應泰撰　清同治十三年(1874)江西書局刻紀事本末五種本　二十册

120000－0307－0000693　P1300
明史紀事本末八十卷　(清)谷應泰撰　清同治十三年(1874)江西書局刻紀事本末五種本　二十册

120000－0307－0000694　P1300
明史紀事本末八十卷　(清)谷應泰撰　清同治十三年(1874)江西書局刻紀事本末五種本　二十册

120000－0307－0000695　P1301
元史紀事本末二十七卷　(明)陳邦瞻撰　(明)張溥論正　清同治十三年(1874)江西書局刻紀事本末五種本　四册

120000－0307－0000696　P1302
左傳紀事本末五十三卷　(清)高士奇撰　清同治十三年(1874)江西書局刻紀事本末五種本　十二册

120000－0307－0000697　P1302
左傳紀事本末五十三卷　(清)高士奇撰　清同治十三年(1874)江西書局刻紀事本末五種本　十二册　殘

120000－0307－0000698　P1303
通鑑紀事本末二百三十九卷　(宋)袁樞撰　(明)張溥論正　清光緒十四年(1888)崇德堂鉛印本　二十册　缺三十四卷(二百零六至二百三十九)

120000－0307－0000699　P1304
水經注四十卷首一卷　(北魏)酈道元撰　清同治十三年(1874)江西書局刻武英殿聚珍版叢書本　十六册　缺四卷(十六至十七、三十七至三十八)

120000－0307－0000700　P1305
通鑑紀事本末二百三十九卷　(宋)袁樞編輯　(明)張溥論正　清同治十二年(1873)江西書局刻本　二十册　存五十六卷(一至三十二、一百九十二至二百十五)

120000－0307－0000701　P1306
文恭集四十卷　(宋)胡宿撰　清同治十三年(1874)江西書局刻武英殿聚珍版叢書本　八册

120000－0307－0000702　P1307
續呂氏家塾讀詩記三卷　(宋)戴溪撰　清同治十三年(1874)江西書局刻武英殿聚珍版叢書本　二册

120000－0307－0000703　P1307
續呂氏家塾讀詩記三卷　(宋)戴溪撰　清同治十三年(1874)江西書局刻武英殿聚珍版叢書本　二册

120000－0307－0000704　P1307
續呂氏家塾讀詩記三卷　(宋)戴溪撰　清同治十三年(1874)江西書局刻武英殿聚珍版叢書本　二册

120000－0307－0000705　P1307
續呂氏家塾讀詩記三卷　(宋)戴溪撰　清同治十三年(1874)江西書局刻武英殿聚珍版叢書本　二册

120000－0307－0000706　P1307
續呂氏家塾讀詩記三卷　(宋)戴溪撰　清同治十三年(1874)江西書局刻武英殿聚珍版叢書本　二册

120000－0307－0000707　P1307
續呂氏家塾讀詩記三卷　(宋)戴溪撰　清同治十三年(1874)江西書局刻武英殿聚珍版叢書本　二册

120000－0307－0000708　P1308
太平廣記五百卷　(宋)李昉等撰　清道光二十六年(1846)三讓睦記刻本　五十八册　缺五十七卷(一至五十七)

120000－0307－0000709　P1311
漢碑引經攷六卷　(清)皮錫瑞撰　清光緒三十年(1904)刻本　三冊

120000－0307－0000710　P1314
施愚山先生全集　(清)施閏章撰　清刻本　二十冊

120000－0307－0000711　P1317
雲谷雜紀四卷首一卷末一卷　(宋)張淏撰　清乾隆武英殿聚珍版刻本　二冊

120000－0307－0000712　P1317
雲谷雜紀四卷首一卷末一卷　(宋)張淏撰　清乾隆武英殿聚珍版刻本　二冊

120000－0307－0000713　P1317
雲谷雜紀四卷首一卷末一卷　(宋)張淏撰　清乾隆武英殿聚珍版刻本　二冊

120000－0307－0000714　P1317
雲谷雜紀四卷首一卷末一卷　(宋)張淏撰　清乾隆武英殿聚珍版刻本　二冊

120000－0307－0000715　P1317
雲谷雜紀四卷首一卷末一卷　(宋)張淏撰　清乾隆武英殿聚珍版刻本　二冊

120000－0307－0000716　P1318
陶山集十六卷　(宋)陸佃撰　清乾隆武英殿聚珍版刻本　四冊

120000－0307－0000717　P1318
陶山集十六卷　(宋)陸佃撰　清乾隆武英殿聚珍版刻本　四冊

120000－0307－0000718　P1319
涑水記聞十六卷　(宋)司馬光撰　清乾隆武英殿聚珍版刻本　四冊

120000－0307－0000719　P1319
涑水記聞十六卷　(宋)司馬光撰　清乾隆武英殿聚珍版刻本　四冊

120000－0307－0000720　P1319
涑水記聞十六卷　(宋)司馬光撰　清乾隆武英殿聚珍版刻本　四冊

120000－0307－0000721　P1319
涑水記聞十六卷　(宋)司馬光撰　清乾隆武英殿聚珍版刻本　四冊

120000－0307－0000722　P1319
涑水記聞十六卷　(宋)司馬光撰　清乾隆武英殿聚珍版刻本　四冊

120000－0307－0000723　P1320
海外文編四卷　(清)薛福成撰　清光緒二十三年(1897)上海醉六堂石印本　五冊　殘

120000－0307－0000724　P1324
諸子文粹六十二卷　李寶洤纂　清光緒二十三年(1897)商務印書館鉛印本　十六冊　缺三卷(三十三至三十五)

120000－0307－0000725　P1325
金石叢書　(清)朱記榮輯　清光緒十二年(1886)刻本　十八冊

120000－0307－0000726　P1326
經訓堂叢書　(清)畢沅輯校　清刻本　二十冊

120000－0307－0000727　P1327
金石萃編一百六十卷　(清)王昶撰　清光緒十九年(1893)上海寶善石印本　十二冊　缺四十九卷(一百十二至一百六十)

120000－0307－0000728　P1328
魏鄭公諫續録二卷　(元)翟思忠撰　清道光刻本　一冊

120000－0307－0000729　P1329
融堂書解二十卷　(宋)錢時撰　清同治十三年(1874)江西書局刻武英殿聚珍版叢書本　四冊

120000－0307－0000730　P1329
融堂書解二十卷　(宋)錢時撰　清同治十三年(1874)江西書局刻武英殿聚珍版叢書本　四冊

120000－0307－0000731　P1330
後山詩十二卷　(宋)陳師道撰　(宋)任淵注　清同治十三年(1874)江西書局刻武英殿聚

珍版叢書本　四册

120000－0307－0000732　P1331
碧溪詩話十卷　(宋)黄徹撰　清同治十三年(1874)江西書局刻武英殿聚珍版叢書本　一册

120000－0307－0000733　P1332
澗泉日記三卷　(宋)韓淲撰　清同治十三年(1874)江西書局刻武英殿聚珍版叢書本　一册

120000－0307－0000734　P1332
澗泉日記三卷　(宋)韓淲撰　清同治十三年(1874)江西書局刻武英殿聚珍版叢書本　一册

120000－0307－0000735　P1332
澗泉日記三卷　(宋)韓淲撰　清同治十三年(1874)江西書局刻武英殿聚珍版叢書本　一册

120000－0307－0000736　P1332
澗泉日記三卷　(宋)韓淲撰　清同治十三年(1874)江西書局刻武英殿聚珍版叢書本　一册

120000－0307－0000737　P1332
澗泉日記三卷　(宋)韓淲撰　清同治十三年(1874)江西書局刻武英殿聚珍版叢書本　一册

120000－0307－0000738　P1333
攷古質疑六卷　(宋)葉大慶撰　清同治十三年(1874)江西書局刻武英殿聚珍版叢書本　二册

120000－0307－0000739　P1333
攷古質疑六卷　(宋)葉大慶撰　清同治十三年(1874)江西書局刻武英殿聚珍版叢書本　二册

120000－0307－0000740　P1333
攷古質疑六卷　(宋)葉大慶撰　清同治十三年(1874)江西書局刻武英殿聚珍版叢書本　二册

120000－0307－0000741　P1333
攷古質疑六卷　(宋)葉大慶撰　清同治十三年(1874)江西書局刻武英殿聚珍版叢書本　二册

120000－0307－0000742　P1333
攷古質疑六卷　(宋)葉大慶撰　清同治十三年(1874)江西書局刻武英殿聚珍版叢書本　二册

120000－0307－0000743　P1334
五代史纂誤三卷　(宋)吴縝撰　清同治十三年(1874)江西書局刻武英殿聚珍版叢書本　一册

120000－0307－0000744　P1334
五代史纂誤三卷　(宋)吴縝撰　清同治十三年(1874)江西書局刻武英殿聚珍版叢書本　一册

120000－0307－0000745　P1335
傅子一卷　(晉)傅玄撰　清同治十三年(1874)江西書局刻武英殿聚珍版叢書本　一册

120000－0307－0000746　P1335
傅子一卷　(晉)傅玄撰　清同治十三年(1874)江西書局刻武英殿聚珍版叢書本　一册

120000－0307－0000747　P1335
傅子一卷　(晉)傅玄撰　清同治十三年(1874)江西書局刻武英殿聚珍版叢書本　一册

120000－0307－0000748　P1335
傅子一卷　(晉)傅玄撰　清同治十三年(1874)江西書局刻武英殿聚珍版叢書本　一册

120000－0307－0000749　P1335
傅子一卷　(晉)傅玄撰　清同治十三年(1874)江西書局刻武英殿聚珍版叢書本　一册

120000－0307－0000750　P1335

傅子一卷 (晉)傅玄撰 清同治十三年(1874)江西書局刻武英殿聚珍版叢書本 一冊

120000－0307－0000751 P1336
學易集八卷 (宋)劉跂撰 清同治十三年(1874)江西書局刻武英殿聚珍版叢書本 二冊

120000－0307－0000752 P1338
蒙齋集二十卷 (宋)袁甫撰 清同治十三年(1874)江西書局刻武英殿聚珍版叢書本 六冊

120000－0307－0000753 P1339
拙軒集六卷 (金)王寂撰 清同治十三年(1874)江西書局刻武英殿聚珍版叢書本 一冊

120000－0307－0000754 P1340
儀禮識誤三卷 (宋)張淳撰 清同治十三年(1874)江西書局刻武英殿聚珍版叢書本 一冊

120000－0307－0000755 P1340
儀禮識誤三卷 (宋)張淳撰 清同治十三年(1874)江西書局刻武英殿聚珍版叢書本 一冊

120000－0307－0000756 P1340
儀禮識誤三卷 (宋)張淳撰 清同治十三年(1874)江西書局刻武英殿聚珍版叢書本 一冊

120000－0307－0000757 P1340
儀禮識誤三卷 (宋)張淳撰 清同治十三年(1874)江西書局刻武英殿聚珍版叢書本 一冊

120000－0307－0000758 P1340
儀禮識誤三卷 (宋)張淳撰 清同治十三年(1874)江西書局刻武英殿聚珍版叢書本 一冊

120000－0307－0000759 P1340
儀禮識誤三卷 (宋)張淳撰 清同治十三年(1874)江西書局刻武英殿聚珍版叢書本 一冊

120000－0307－0000760 P1340
儀禮識誤三卷 (宋)張淳撰 清同治十三年(1874)江西書局刻武英殿聚珍版叢書本 一冊

120000－0307－0000761 P1341
易緯乾鑿度二卷 (漢)鄭康成注 清同治十三年(1874)江西書局刻武英殿聚珍版叢書本 一冊

120000－0307－0000762 P1341
易緯乾鑿度二卷 (漢)鄭康成注 清同治十三年(1874)江西書局刻武英殿聚珍版叢書本 一冊

120000－0307－0000763 P1342
易緯通卦驗二卷 (漢)鄭康成注 清同治十三年(1874)江西書局刻武英殿聚珍版叢書本 一冊

120000－0307－0000764 P1343
春秋辨疑四卷 (宋)蕭楚撰 清同治十三年(1874)江西書局刻武英殿聚珍版叢書本 二冊

120000－0307－0000765 P1344
儀禮釋宫一卷 (宋)李如圭撰 清同治十三年(1874)江西書局刻武英殿聚珍版叢書本 一冊

120000－0307－0000766 P1345
墨法集要一卷 (明)沈繼孫撰 清同治十三年(1874)江西書局刻武英殿聚珍版叢書本 一冊

120000－0307－0000767 P1345
墨法集要一卷 (明)沈繼孫撰 清同治十三年(1874)江西書局刻武英殿聚珍版叢書本 一冊

120000－0307－0000768 P1345
墨法集要一卷 (明)沈繼孫撰 清同治十三年(1874)江西書局刻武英殿聚珍版叢書本

一册

120000－0307－0000769　P1346

鄭志三卷　（三國魏）鄭小同撰　清同治十三年（1874）江西書局刻武英殿聚珍版叢書本　一册

120000－0307－0000770　P1347

欽定武英殿聚珍版程式一卷　（清）金簡撰　清同治十三年（1874）江西書局刻武英殿聚珍版叢書本　一册

120000－0307－0000771　P1348

漢官舊儀二卷補遺一卷　（漢）衛宏撰　清同治十三年（1874）江西書局刻武英殿聚珍版叢書本　一册

120000－0307－0000772　P1348

漢官舊儀二卷補遺一卷　（漢）衛宏撰　清同治十三年（1874）江西書局刻武英殿聚珍版叢書本　一册

120000－0307－0000773　P1348

漢官舊儀二卷補遺一卷　（漢）衛宏撰　清同治十三年（1874）江西書局刻武英殿聚珍版叢書本　一册

120000－0307－0000774　P1348

漢官舊儀二卷補遺一卷　（漢）衛宏撰　清同治十三年（1874）江西書局刻武英殿聚珍版叢書本　一册

120000－0307－0000775　P1348

漢官舊儀二卷補遺一卷　（漢）衛宏撰　清同治十三年（1874）江西書局刻武英殿聚珍版叢書本　一册

120000－0307－0000776　P1348

漢官舊儀二卷補遺一卷　（漢）衛宏撰　清同治十三年（1874）江西書局刻武英殿聚珍版叢書本　一册

120000－0307－0000777　P1349

農桑輯要七卷　（元）司農司撰　清同治十三年（1874）江西書局刻武英殿聚珍版叢書本　二册

120000－0307－0000778　P1349

農桑輯要七卷　（元）司農司撰　清同治十三年（1874）江西書局刻武英殿聚珍版叢書本　二册

120000－0307－0000779　P1349

農桑輯要七卷　（元）司農司撰　清同治十三年（1874）江西書局刻武英殿聚珍版叢書本　二册

120000－0307－0000780　P1349

農桑輯要七卷　（元）司農司撰　清同治十三年（1874）江西書局刻武英殿聚珍版叢書本　二册

120000－0307－0000781　P1350

五曹算經五卷　（北周）甄鸞注　清同治十三年（1874）江西書局刻武英殿聚珍版叢書本　一册

120000－0307－0000782　P1350

五曹算經五卷　（北周）甄鸞注　清同治十三年（1874）江西書局刻武英殿聚珍版叢書本　一册

120000－0307－0000783　P1351

浩然齋雅談三卷　（宋）周密撰　清同治十三年（1874）江西書局刻武英殿聚珍版叢書本　一册

120000－0307－0000784　P1352

老子道德經二卷　（春秋）李耳撰　（三國魏）王弼注　清同治十三年（1874）江西書局刻武英殿聚珍版叢書本　一册

120000－0307－0000785　P1353

文苑英華辨證十卷　（宋）彭叔夏撰　清同治十三年（1874）江西書局刻武英殿聚珍版叢書本　二册

120000－0307－0000786　P1353

文苑英華辨證十卷　（宋）彭叔夏撰　清同治十三年（1874）江西書局刻武英殿聚珍版叢書本　二册

120000－0307－0000787　P1354

明本釋三卷　(宋)劉荀撰　清同治十三年(1874)江西書局刻武英殿聚珍版叢書本　二册

120000－0307－0000788　P1355
嶺表録異一卷　(唐)劉恂撰　清同治十三年(1874)江西書局刻武英殿聚珍版叢書本　一册

120000－0307－0000789　P1355
嶺表録異一卷　(唐)劉恂撰　清同治十三年(1874)江西書局刻武英殿聚珍版叢書本　一册

120000－0307－0000790　P1355
嶺表録異一卷　(唐)劉恂撰　清同治十三年(1874)江西書局刻武英殿聚珍版叢書本　一册

120000－0307－0000791　P1355
嶺表録異一卷　(唐)劉恂撰　清同治十三年(1874)江西書局刻武英殿聚珍版叢書本　一册

120000－0307－0000792　P1355
嶺表録異一卷　(唐)劉恂撰　清同治十三年(1874)江西書局刻武英殿聚珍版叢書本　一册

120000－0307－0000793　P1356
孫子算經三卷　(唐)李淳風等注　清同治十三年(1874)江西書局刻武英殿聚珍版叢書本　一册

120000－0307－0000794　P1356
孫子算經三卷　(唐)李淳風等注　清同治十三年(1874)江西書局刻武英殿聚珍版叢書本　一册

120000－0307－0000795　P1356
孫子算經三卷　(唐)李淳風等注　清同治十三年(1874)江西書局刻武英殿聚珍版叢書本　一册

120000－0307－0000796　P1356
孫子算經三卷　(唐)李淳風等注　清同治十三年(1874)江西書局刻武英殿聚珍版叢書本　一册

120000－0307－0000797　P1356
孫子算經三卷　(唐)李淳風等注　清同治十三年(1874)江西書局刻武英殿聚珍版叢書本　一册

120000－0307－0000798　P1356
孫子算經三卷　(唐)李淳風等注　清同治十三年(1874)江西書局刻武英殿聚珍版叢書本　一册

120000－0307－0000799　P1357
敬齋古今黈八卷　(元)李冶撰　清同治十三年(1874)江西書局刻武英殿聚珍版叢書本　二册

120000－0307－0000800　P1358
甕牖閒評八卷　(宋)袁文撰　清同治十三年(1874)江西書局刻武英殿聚珍版叢書本　二册

120000－0307－0000801　P1358
甕牖閒評八卷　(宋)袁文撰　清同治十三年(1874)江西書局刻武英殿聚珍版叢書本　二册

120000－0307－0000802　P1358
甕牖閒評八卷　(宋)袁文撰　清同治十三年(1874)江西書局刻武英殿聚珍版叢書本　二册

120000－0307－0000803　P1358
甕牖閒評八卷　(宋)袁文撰　清同治十三年(1874)江西書局刻武英殿聚珍版叢書本　二册

120000－0307－0000804　P1358
甕牖閒評八卷　(宋)袁文撰　清同治十三年(1874)江西書局刻武英殿聚珍版叢書本　二册

120000－0307－0000805　P1359
五經算術二卷　(北周)甄鸞撰　(唐)李淳風注　清同治十三年(1874)江西書局刻武英殿

聚珍版叢書本　一冊

120000－0307－0000806　P1359
五經算術二卷　(北周)甄鸞撰　(唐)李淳風注　清同治十三年(1874)江西書局刻武英殿聚珍版叢書本　一冊

120000－0307－0000807　P1359
五經算術二卷　(北周)甄鸞撰　(唐)李淳風注　清同治十三年(1874)江西書局刻武英殿聚珍版叢書本　一冊

120000－0307－0000808　P1359
五經算術二卷　(北周)甄鸞撰　(唐)李淳風注　清同治十三年(1874)江西書局刻武英殿聚珍版叢書本　一冊

120000－0307－0000809　P1359
五經算術二卷　(北周)甄鸞撰　(唐)李淳風注　清同治十三年(1874)江西書局刻武英殿聚珍版叢書本　一冊

120000－0307－0000810　P1359
五經算術二卷　(北周)甄鸞撰　(唐)李淳風注　清同治十三年(1874)江西書局刻武英殿聚珍版叢書本　一冊

120000－0307－0000811　P1360
金淵集六卷　(元)仇遠撰　清同治十三年(1874)江西書局刻武英殿聚珍版叢書本　二冊

120000－0307－0000812　P1361
絜齋集二十四卷　(宋)袁燮撰　清同治十三年(1874)江西書局刻武英殿聚珍版叢書本　八冊

120000－0307－0000813　P1361
絜齋集二十四卷　(宋)袁燮撰　清同治十三年(1874)江西書局刻武英殿聚珍版叢書本　八冊

120000－0307－0000814　P1362
禹貢指南四卷　(宋)毛晃撰　清同治十三年(1874)江西書局刻武英殿聚珍版叢書本　一冊

120000－0307－0000815　P1362
禹貢指南四卷　(宋)毛晃撰　清同治十三年(1874)江西書局刻武英殿聚珍版叢書本　一冊

120000－0307－0000816　P1362
禹貢指南四卷　(宋)毛晃撰　清同治十三年(1874)江西書局刻武英殿聚珍版叢書本　一冊

120000－0307－0000817　P1362
禹貢指南四卷　(宋)毛晃撰　清同治十三年(1874)江西書局刻武英殿聚珍版叢書本　一冊

120000－0307－0000818　P1362
禹貢指南四卷　(宋)毛晃撰　清同治十三年(1874)江西書局刻武英殿聚珍版叢書本　一冊

120000－0307－0000819　P1362
禹貢指南四卷　(宋)毛晃撰　清同治十三年(1874)江西書局刻武英殿聚珍版叢書本　一冊

120000－0307－0000820　P1362
禹貢指南四卷　(宋)毛晃撰　清同治十三年(1874)江西書局刻武英殿聚珍版叢書本　一冊

120000－0307－0000821　P1363
茶山集八卷　(宋)曾幾撰　清同治十三年(1874)江西書局刻武英殿聚珍版叢書本　二冊

120000－0307－0000822　P1364
宋朝事實二十卷　(宋)李攸撰　清同治十三年(1874)江西書局刻武英殿聚珍版叢書本　六冊

120000－0307－0000823　P1364
宋朝事實二十卷　(宋)李攸撰　清同治十三年(1874)江西書局刻武英殿聚珍版叢書本　六冊

120000－0307－0000824　P1364

宋朝事實二十卷　(宋)李攸撰　清同治十三年(1874)江西書局刻武英殿聚珍版叢書本　六册

120000－0307－0000825　P1364
宋朝事實二十卷　(宋)李攸撰　清同治十三年(1874)江西書局刻武英殿聚珍版叢書本　六册

120000－0307－0000826　P1364
宋朝事實二十卷　(宋)李攸撰　清同治十三年(1874)江西書局刻武英殿聚珍版叢書本　六册

120000－0307－0000827　P1364
宋朝事實二十卷　(宋)李攸撰　清同治十三年(1874)江西書局刻武英殿聚珍版叢書本　六册

120000－0307－0000828　P1365
麟臺故事五卷　(宋)程俱撰　清同治十三年(1874)江西書局刻武英殿聚珍版叢書本　一册

120000－0307－0000829　P1365
麟臺故事五卷　(宋)程俱撰　清同治十三年(1874)江西書局刻武英殿聚珍版叢書本　一册

120000－0307－0000830　P1365
麟臺故事五卷　(宋)程俱撰　清同治十三年(1874)江西書局刻武英殿聚珍版叢書本　一册

120000－0307－0000831　P1365
麟臺故事五卷　(宋)程俱撰　清同治十三年(1874)江西書局刻武英殿聚珍版叢書本　一册

120000－0307－0000832　P1365
麟臺故事五卷　(宋)程俱撰　清同治十三年(1874)江西書局刻武英殿聚珍版叢書本　一册

120000－0307－0000833　P1365
麟臺故事五卷　(宋)程俱撰　清同治十三年(1874)江西書局刻武英殿聚珍版叢書本　一册

120000－0307－0000834　P1366
郭氏傳家易説十一卷　(宋)郭雍著　清同治十三年(1874)江西書局刻武英殿聚珍版叢書本　八册

120000－0307－0000835　P1366
郭氏傳家易説十一卷　(宋)郭雍著　清同治十三年(1874)江西書局刻武英殿聚珍版叢書本　八册

120000－0307－0000836　P1367
公是弟子記四卷　(宋)劉敞撰　清同治十三年(1874)江西書局刻武英殿聚珍版叢書本　一册

120000－0307－0000837　P1367
公是弟子記四卷　(宋)劉敞撰　清同治十三年(1874)江西書局刻武英殿聚珍版叢書本　一册

120000－0307－0000838　P1367
公是弟子記四卷　(宋)劉敞撰　清同治十三年(1874)江西書局刻武英殿聚珍版叢書本　一册

120000－0307－0000839　P1367
公是弟子記四卷　(宋)劉敞撰　清同治十三年(1874)江西書局刻武英殿聚珍版叢書本　一册

120000－0307－0000840　P1367
公是弟子記四卷　(宋)劉敞撰　清同治十三年(1874)江西書局刻武英殿聚珍版叢書本　一册

120000－0307－0000841　P1368
南陽集六卷　(宋)趙湘撰　清同治十三年(1874)江西書局刻武英殿聚珍版叢書本　二册

120000－0307－0000842　P1368
南陽集六卷　(宋)趙湘撰　清同治十三年(1874)江西書局刻武英殿聚珍版叢書本

二册

120000－0307－0000843　P1369

直齋書錄解題二十二卷　(宋)陳振孫撰　清同治十三年(1874)江西書局刻武英殿聚珍版叢書本　八册

120000－0307－0000844　P1370

易象意言一卷　(宋)蔡淵撰　清同治十三年(1874)江西書局刻武英殿聚珍版叢書本　一册

120000－0307－0000845　P1371

新齊諧二十四卷　(清)袁枚編　清末隨園刻石印本　八册

120000－0307－0000846　P1373

經言明喻編　(清)呂珮芬撰　清光緒鉛印本　十六册　殘

120000－0307－0000847　P1374

陶淵明詩不分卷　(晉)陶淵明撰　清光緒元年(1875)影印本　一册

120000－0307－0000848　P1375

張邱建算經三卷　(北魏)張邱建撰　(北周)甄鸞注　清光緒二年(1876)刻本　一册

120000－0307－0000849　P1377

歷代名賢列女氏姓譜一百五十七卷　(清)蕭智漢纂輯　清刻本　八十册　殘

120000－0307－0000850　P1378

說文通訓定聲十八卷分部柬韻一卷說雅一卷古今韻準一卷　(清)朱駿聲撰　清道光二十八年(1848)刻本　二十四册

120000－0307－0000851　P1379

相宗八要直解不分卷　(唐)釋玄奘譯　清同治金陵刻經處刻本　二册

120000－0307－0000852　P1384

康熙幾暇格物編二卷　(清)聖祖玄燁撰　清末石印本　二册

120000－0307－0000853　P1387

佛說四十二章經　(後漢)釋迦葉摩騰譯　清同治刻本　一册

120000－0307－0000854　P1390

岱南閣集二卷　(清)孫星衍撰　清光緒十二年(1886)行素艸堂刻槐廬叢書本　一册

120000－0307－0000855　P1391

客舍偶聞　(清)彭孫貽著　清末鉛印本　二册

120000－0307－0000856　P1393

夏小正一卷　(漢)戴德傳　(清)朱駿聲補傳　清刻本　一册

120000－0307－0000857　P1395

修西定課一卷　(清)鄭澄德　(清)鄭澄源撰　清光緒二十四年(1898)金陵刻經處刻本　一册

120000－0307－0000858　P1396

增補瘟疫論五卷　(明)吳有性撰　(清)丁國瑞集註增補　清光緒鉛印本　一册

120000－0307－0000859　P1398

漢石例六卷　(清)劉寶楠錄　清光緒十一年(1885)吳縣朱氏刻本　二册　缺三卷(四至六)

120000－0307－0000860　P1399

十三經詁答問六卷　(清)馮雲伯著　清光緒十三年(1887)朱氏槐廬家塾刻本　二册

120000－0307－0000861　P1401

說文通訓定聲補遺十八卷　(清)朱駿聲撰　清光緒臨嘯閣刻朱氏群書本　一册　殘

120000－0307－0000862　P1402

楚漢春秋一卷　(漢)陸賈撰　清光緒十二年(1886)行素艸堂刻槐廬叢書本　一册

120000－0307－0000863　P1405

光緒乙巳年交涉要覽五卷　(清)北洋洋務局纂輯　清末北洋官報局鉛印本　一册

120000－0307－0000864　P1406

漢律類纂　張鵬一纂　清光緒三十三年(1907)鉛印本　一册

120000－0307－0000865　P1408

庸吏庸言不分卷　(清)劉衡輯　清光緒三十

二年(1906)直隸藩署鉛印本　二冊

120000－0307－0000866　P1413
粵十三家集　(清)伍元薇輯　清道光二十年(1840)南海伍氏詩雪軒刻本　四十七冊　缺一冊(一)

120000－0307－0000867　P1415
東三省政略十二卷　徐世昌輯　清宣統三年(1911)鉛印本　四十冊

120000－0307－0000868　P1417
夏小正戴氏傳四卷　(宋)傅崧卿撰　**集解四卷**　(清)顧鳳藻撰　清道光元年(1821)士禮居刻本　一冊

120000－0307－0000869　P1420
御纂醫宗金鑑　(清)吳謙等輯　清光緒十八年(1892)上海圖書集成印書局鉛印本　五冊　殘

120000－0307－0000870　P1421
校訂定盦全集十卷　(清)龔自珍撰　清宣統元年(1909)時中書局鉛印本　八冊

120000－0307－0000871　P1427
增廣留青新集二十四卷　(清)陳維崧撰　清光緒二十五年(1899)石印本　十一冊

120000－0307－0000872　P1428
國語韋解補正二十一卷　吳曾祺補正　清宣統三年(1911)商務印書館鉛印本　四冊

120000－0307－0000873　P1429
圖註脉訣四卷　(晉)王叔和撰　清末石印本　一冊　殘

120000－0307－0000874　P1435
山海經十八卷　(晉)郭璞傳　清光緒二十三年(1897)圖書集成局鉛印本　一冊

120000－0307－0000875　P1436
碧腴齋詩八卷　(清)胡德林撰　清末隨園刻石印本　一冊　殘

120000－0307－0000876　P1437
船山詩草選六卷　(清)張問陶著　清嘉慶二十二年(1817)吳門學耕堂刻本　一冊

120000－0307－0000877　P1441
老子　(三國魏)王弼注　清光緒二十三年(1897)文瑞樓鉛印本　一冊

120000－0307－0000878　P1442
文中子中說十卷　(隋)王通撰　(宋)阮逸注　清光緒二十三年(1897)圖書集成局鉛印本　一冊

120000－0307－0000879　P1443
揚子法言學行十三卷音義一卷　(清)李軌注　清光緒二十三年(1897)圖書集成局鉛印本　一冊

120000－0307－0000880　P1444
獨山平匪記　(清)韓超撰　清末鉛印本　一冊

120000－0307－0000881　P1445
言子文學錄三卷首一卷末一卷　(清)言如泗增輯　清光緒刻本　一冊

120000－0307－0000882　P1449
觀無量壽佛經九種全本　(南朝宋)釋畺良耶舍等譯　清光緒八年(1882)金陵刻經處刻本　一冊

120000－0307－0000883　P1451
四朝佚聞　(清)金梁撰　清末鉛印本　一冊

120000－0307－0000884　P1452
石鼓文釋存一卷補注一卷　(清)張燕昌述　清光緒二十八年(1902)刻本　一冊

120000－0307－0000885　P1454
屈原賦注七卷通釋二卷音義三卷　(清)戴震撰　清光緒十七年(1891)廣雅書局刻本　一冊

120000－0307－0000886　P1455
漢書地理志校本二卷　(清)汪遠孫撰　清道光二十七年(1847)刻本　二冊

120000－0307－0000887　P1457
列子八卷　(晉)張湛注　清光緒二十三年(1897)文瑞樓鉛印本　一冊

120000－0307－0000888　P1458

孫子敘錄一卷　(清)畢以珣撰　清光緒二十三年(1897)文瑞樓鉛印本　二冊

120000-0307-0000889　P1462
尚論後篇四卷　(清)喻昌著　清宣統元年(1909)扫葉山房石印本　一冊

120000-0307-0000890　P1471
營平二州地名記　(清)顧炎武撰　清光緒十四年(1888)掃葉山房刻本　一冊

120000-0307-0000891　P1472
諸天講十五卷　康有為撰　清同治九年(1870)鉛印本　二冊

120000-0307-0000892　P1473
漢書地理志校本二卷　(清)汪遠孫撰　清道光二十八年(1848)刻本　一冊

120000-0307-0000893　P1474
河東先生龍城錄二卷　(唐)柳宗元撰　清刻本　一冊

120000-0307-0000894　P1479
呂子校補二卷續補一卷　(清)梁玉繩撰　清光緒十年(1884)吳縣朱氏刻本　一冊

120000-0307-0000895　P1481
芸簏偶存二卷　(清)王汝璧撰　清刻本　一冊

120000-0307-0000896　P1483
直隸工藝志初編報告類二卷章牘類二卷　(清)北洋官報局編　清光緒三十三年(1907)北洋官報局鉛印本　四冊

120000-0307-0000897　P1488
鐵路紀要三卷　(美國)柯理集　潘松譯　清末江南機器製造總局刻本　一冊

120000-0307-0000898　P1489
古今偽書考不分卷　(清)姚際恒著　清光緒二十四年(1898)鉛印盧氏慎始基齋叢書本　一冊

120000-0307-0000899　P1492
西歸直指四卷　(清)周夢顏彙輯　清光緒十二年(1886)金陵刻經處刻本　一冊

120000-0307-0000900　P1494
欒子二卷　(清)胡世安輯註　清刻本　一冊

120000-0307-0000901　P1496
博物志十卷　(晉)張華撰　清嘉慶刻本　一冊

120000-0307-0000902　P1497
繪圖馬潛龍走國全傳不分卷　(□)□□撰　清宣統元年(1909)上海茂記書莊石印本　十二冊

120000-0307-0000903　P1504
八綫簡表　(清)賈步緯校述　清光緒二十九年(1903)江南機器製造總局鉛印本　一冊

120000-0307-0000904　P1506
欽定書經圖說五十卷　(清)孫家鼐等撰　清光緒三十一年(1905)石印本　十六冊

120000-0307-0000905　P1507
兩浙防護錄不分卷　(清)阮元輯　清光緒十五年(1889)浙江書局刻本　二冊

120000-0307-0000906　P1508
平浙紀略十六卷　(清)秦緗業　(清)陳鐘英輯　清同治十二年(1873)浙江書局刻本　四冊

120000-0307-0000907　P1522
莊子南華真經内篇一卷外篇一卷雜篇一卷　(戰國)莊周撰　清光緒湖北崇文書局刻本　一冊　殘

120000-0307-0000908　P1539
欽定四庫全書提要　(清)紀昀纂　清嘉慶十六年(1811)刻本　四冊

120000-0307-0000909　P1545
先正讀書訣一卷　(清)周永年輯　清光緒二十一年(1895)刻本　一冊

120000-0307-0000910　P1549
九數外錄一卷　(清)顧觀光撰　清光緒十二年(1886)吳縣朱氏刻槐廬叢書本　一冊

120000-0307-0000911　P1550
毛詩傳義類十九篇　(清)陳奐編　清咸豐九

年(1859)王載雲刻本　一冊

120000－0307－0000912　P1551
夢園聯語十三卷　(清)劉曾騄著　清光緒二十二年(1896)刻本　一冊

120000－0307－0000913　P1555
三藩紀事本末二十二卷　(清)楊陸榮編輯　清光緒十四年(1888)鉛印本　一冊

120000－0307－0000914　P1557
春秋例表不分卷　(清)王代豐撰　清光緒三十四年(1908)刻本　一冊

120000－0307－0000915　P1561
述學内篇三卷外篇一卷補遺一卷别録一卷　(清)汪中撰　清同治八年(1869)刻本　二冊

120000－0307－0000916　P1569
伏敔堂詩選　(清)江湜叔撰　清刻本　一冊

120000－0307－0000917　P1570
尚書不分卷　清刻本　一冊

120000－0307－0000918　P1571
詩經不分卷　清刻本　二冊

120000－0307－0000919　P1574
日本雜事詩二卷　(清)黄遵憲著　清光緒二十四年(1898)長沙富文堂刻本　二冊

120000－0307－0000920　P1582
津門雜記三卷　(清)張燾輯　清光緒十年(1884)刻本　三冊

120000－0307－0000921　P1584
老子翼八卷　(明)焦竑輯　清刻本　四冊

120000－0307－0000922　P1585
折獄龜鑑八卷首一卷　(宋)鄭克撰　清光緒八年(1882)刻本　二冊

120000－0307－0000923　P1587
徐孝穆全集六卷　(南朝陳)徐陵撰　(清)吳兆宜箋注　清善化經濟書堂刻本　四冊

120000－0307－0000924　P1588
李氏易解賸義三卷　(清)李富孫輯　清光緒十三年(1887)吳縣朱氏刻槐廬叢書本　一冊

120000－0307－0000925　P1590
康熙幾暇格物編四卷　(清)聖祖玄燁著　清末石印本　二冊

120000－0307－0000926　P1599
歷代史論十二卷　(明)張溥論正　清光緒九年(1883)都城蒼松山房刻本　八冊

120000－0307－0000927　P1605
陸平原集二卷　(晉)陸機撰　清光緒十八年(1892)刻漢魏六朝百三名家集本　二冊

120000－0307－0000928　P1606
孫馮翊集不分卷　(晉)孫楚著　清光緒十八年(1892)刻漢魏六朝百三名家集本　一冊

120000－0307－0000929　P1607
陳思王集二卷　(三國魏)曹植著　(明)張溥評閲　清光緒十八年(1892)刻漢魏六朝百三名家集本　二冊

120000－0307－0000930　P1608
魏文帝集二卷　(三國魏)曹丕著　(明)張溥閲　清光緒十八年(1892)善化藍田張氏刻本　二冊

120000－0307－0000931　P1609
嵇中散集不分卷　(三國魏)嵇康著　(明)張溥閲　清光緒十八年(1892)善化藍田張氏刻本　一冊

120000－0307－0000932　P1610
晉束廣微集不分卷　(晉)束皙著　(明)張溥閲　清光緒十八年(1892)善化章氏刻本　一冊

120000－0307－0000933　P1611
晉劉越石集不分卷　(晉)劉琨著　(明)張溥閲　清光緒十八年(1892)刻漢魏六朝百三名家集本　一冊

120000－0307－0000934　P1612
陸清河集二卷　(晉)陸雲著　(明)張溥閲　清光緒十八年(1892)刻漢魏六朝百三名家集本　二冊

120000－0307－0000935　P1613

淮南子二十一卷　(漢)劉安撰　(漢)高誘注　清嘉慶九年(1804)聚文堂刻本　四冊

120000-0307-0000936　P1614
韓非子二十卷　(戰國)韓非撰　清嘉慶九年(1804)聚文堂刻本　二冊

120000-0307-0000937　P1615
列子八卷　(戰國)列御寇撰　(晉)張湛註　清嘉慶九年(1804)聚文堂刻本　一冊

120000-0307-0000938　P1616
莊子評註十卷　(晉)郭象註　(唐)陸德明音義　清嘉慶九年(1804)聚文堂刻本　四冊

120000-0307-0000939　P1617
荀子二十卷　(唐)楊倞注　清嘉慶九年(1804)聚文堂刻本　四冊

120000-0307-0000940　P1618
晉成公子安集不分卷　(晉)成公綏著　(明)張溥閱　清光緒十八年(1892)刻漢魏六朝百三名家集本　一冊

120000-0307-0000941　P1621
詳註聊齋志異圖詠十六卷　(清)蒲松齡著　(清)呂湛恩註　清天寶書局刻本　八冊

120000-0307-0000942　P1622
欽定錢錄十六卷　(清)梁詩正等撰　清乾隆刻本　二冊

120000-0307-0000943　P1624
呂氏春秋二十六卷附攷一卷　(秦)呂不韋撰　(漢)高誘注　清光緒元年(1875)浙江書局刻本　六冊

120000-0307-0000944　P1625
文中子中説十卷　(隋)王通撰　(宋)阮逸註　清光緒二年(1876)浙江書局刻本　二冊

120000-0307-0000945　P1626
列子八卷　(戰國)列禦寇撰　清光緒二年(1876)刻本　二冊

120000-0307-0000946　P1628
史略六卷　(宋)高似孫撰　清光緒九年(1883)虞山鮑氏刻本　二冊

120000-0307-0000947　P1629
朱子論語集註訓詁攷二卷　(清)潘衍桐輯　清光緒十七年(1891)浙江書局刻本　一冊

120000-0307-0000948　P1630
説文辨疑一卷　(清)顧廣圻撰　清光緒三年(1877)崇文書局刻本　一冊

120000-0307-0000949　P1633
白喉忌表抉微　(清)耐修子撰　清光緒鉛印本　一冊

120000-0307-0000950　P1636
百將圖傳不分卷　(清)丁日昌撰　清同治八年(1869)江蘇書局刻本　二冊

120000-0307-0000951　P1637
醉園癰曰詞　(清)蔣尃撰　清光緒十三年(1887)鉛印本　一冊

120000-0307-0000952　P1638
文選八種　(□)□□輯　清光緒二十年(1894)上海文海書局石印本　十一冊

120000-0307-0000953　P1640
熙朝紀政六卷　(清)王慶云撰　清光緒二十八年(1902)同文仁記石印本　六冊

120000-0307-0000954　P1641
雨田史論二卷　(清)五禮圖著　清光緒二十四年(1898)華文書局影印本　一冊

120000-0307-0000955　P1651
國語明道本攷異四卷　(清)汪遠孫撰　清光緒二年(1876)刻本　一冊

120000-0307-0000956　P1652
五松園文稾　(清)孫星衍撰　清光緒十二年(1886)吳縣朱氏刻槐廬叢書本　二冊

120000-0307-0000957　P1653
唐宋八家文百篇不分卷　(清)劉海峰選　清光緒十七年(1891)石印本　二冊

120000-0307-0000958　P1654
説文提要一卷　(清)陳建侯撰　清同治十二年(1873)湖北崇文書局刻本　一冊

120000－0307－0000959　P1655
周髀算經二卷　(唐)李淳風等注釋　(清)趙君卿注　清光緒二年(1876)曲阜孔繼涵彙刻本　一册

120000－0307－0000960　P1657
忠雅堂詩集二十七卷詞集二卷　(清)蔣士銓撰　清刻本　六册

120000－0307－0000961　P1658
忠雅堂文集十二卷　(清)蔣士銓撰　清刻本　八册

120000－0307－0000962　P1660
鄭氏佚書不分卷　(漢)鄭玄撰　(清)袁鈞輯　清光緒十四年(1888)浙江書局刻本　十册

120000－0307－0000963　P1681
續新齊諧十卷　(清)袁枚撰　清末隨園刻石印本　三册　殘

120000－0307－0000964　P1683
國朝先正事略　(清)李元度纂　清光緒十七年(1891)上海廣百宋齋鉛印本　三册　殘

120000－0307－0000965　P1685
楊龜山先生集四十二卷首一卷　(宋)楊時撰　清刻本　二册　殘

120000－0307－0000966　P1686
數書九章十八卷札記四卷　(清)宋景昌撰　清道光二十二年(1842)刻宜稼堂叢書本　四册

120000－0307－0000967　P1687
書敘指南二十卷　(宋)任廣編次　(清)李錫齡校訂　清刻本　二册　殘

120000－0307－0000968　P1688
鐵甲叢譚五卷　(英國)黎特著　舒高第　(清)鄭昌棪同譯　清光緒鉛印本　二册　殘

120000－0307－0000969　P1694
平津讀碑記八卷續記一卷　(清)洪頤煊著　清光緒十二年(1886)吳縣朱氏刻槐廬叢書本　二册　殘

120000－0307－0000970　P1695
李文忠公全集　(清)李鴻章撰　清光緒三十四年(1908)金陵刻本　八册　殘

120000－0307－0000971　P1696
宸垣識畧十六卷　(清)吳長元輯　清刻本　一册　殘

120000－0307－0000972　P1703
田畝比類乘除捷法　(宋)楊輝撰　清道光二十二年(1842)刻宜稼堂叢書本　一册

120000－0307－0000973　P1704
法算取用本末一卷　(宋)楊輝編集　清道光二十二年(1842)刻宜稼堂叢書本　一册

120000－0307－0000974　P1706
周髀算經二卷　(唐)李淳風等注釋　(清)趙君卿注　清光緒吳縣朱氏刻槐廬叢書本　一册

120000－0307－0000975　P1707
欽定康濟錄四卷　(清)左宗棠錄　(清)夏炘校　清同治三年(1864)浙江撫署刻本　一册　存一卷(三)

120000－0307－0000976　P1709
字彙十二卷　(明)梅膺祚音釋　清刻本　六册　殘

120000－0307－0000977　P1711
女科二卷　(清)傅山著　清刻本　一册　殘

120000－0307－0000978　P1720
漢石例六卷　(清)劉寶楠錄　清光緒三年(1877)刻行素草堂金石叢書本　一册　殘

120000－0307－0000979　P1724
八家四六文注八卷　(清)孫星衍著　(清)許貞幹注　清光緒十八年(1892)刻本　一册　殘

120000－0307－0000980　P1725
古文辭類纂六卷　(清)姚鼐編　清同治江蘇書局鉛印本　二册　殘

120000－0307－0000981　P1727
書法離鉤十卷　(明)潘之淙著　清刻惜陰軒叢書本　一册　殘

120000－0307－0000982　P1728
說文釋例　(清)王筠撰　清刻本　一冊　殘

120000－0307－0000983　P1733
續增刑案匯覽十六卷　(清)祝慶祺編　清光緒十年(1884)刻本　三冊　存十二卷(一至四、九至十六)

120000－0307－0000984　P1743
註釋唐詩三百首　(清)孫洙編　清李光明莊刻本　一冊　殘

120000－0307－0000985　P1749
直齋書錄解題二十二卷　(宋)陳振孫撰　清同治十三年(1874)江西書局刻武英殿聚珍版叢書本　一冊　存二卷(一至二)

120000－0307－0000986　P1750
宋學士全集補遺八卷　(明)宋濂撰　清同治退補齋刻本　一冊　存一卷(三)

120000－0307－0000987　P1751
羅鄂州小集六卷　(宋)羅願撰　清刻本　一冊　存三卷(四至六)

120000－0307－0000988　P1763
長真閣集七卷　(清)席佩蘭著　清嘉慶刻本　二冊

120000－0307－0000989　P1764
吾學錄初編二十四卷　(清)吳榮光撰　清同治九年(1870)江蘇書局刻本　二冊　存九卷(一至九)

120000－0307－0000990　P1766
朱子年譜四卷考異四卷附朱子論學切要語　(清)王懋竑撰　清同治九年(1870)刻本　二冊　殘

120000－0307－0000991　P1767
古律經傳附考　(清)紀大奎著　清刻本　一冊　殘

120000－0307－0000992　P1768
胡敬齋先生居業錄八卷　(明)胡敬齋撰　(清)張伯行甫訂　清同治五年(1866)正誼書局刻正誼堂全書本　一冊　存一卷(八)

120000－0307－0000993　P1769
揅經室再續集六卷　(清)阮元撰　清道光刻本　一冊　殘

120000－0307－0000994　P1777
唐宋八大家類選　(清)儲欣評　清刻本　一冊　殘

120000－0307－0000995　P1780
清波小志補一卷　(清)陳景鐘輯　清刻讀書齋叢書本　二冊

120000－0307－0000996　P1781
文淵閣書目二十卷　(明)楊士奇等編　清刻讀書齋叢書本　二冊　殘

120000－0307－0000997　P1782
項氏家說　(宋)項安世撰　清刻本　一冊　殘

120000－0307－0000998　P1783
針灸大成　(明)楊繼洲著　清善成堂刻本　六冊　殘

120000－0307－0000999　P1785
美術叢書　黃賓虹等選編　清宣統三年(1911)鉛印本　二冊　殘

120000－0307－0001000　P1787
瘟疫明辨四卷末一卷　(清)戴天章著　清光緒十一年(1885)善成堂刻本　一冊　殘

120000－0307－0001001　P1792
古文辭類纂七十五卷　(清)姚鼐纂集　清光緒三十年(1904)上海商務印書館鉛印本　七冊　存六十二卷(一至三十、四十三至七十四)

120000－0307－0001002　P1795
漢魏叢書　(清)王謨輯　清乾隆刻本　四十二冊　殘

120000－0307－0001003　P1796
金忠節公文集八卷　(明)金聲著　清刻本　五冊　存七卷(二至八)

120000－0307－0001004　P1797
觀古堂彙刻書十五種　葉德輝輯　清光緒長

沙葉氏刻本　四冊　殘

120000－0307－0001005　P1799
問字堂集六卷　(清)孫星衍撰　清光緒刻槐廬叢書本　二冊　存四卷(三至六)

120000－0307－0001006　P1800
括地志八卷　(清)孫星衍輯　清光緒刻槐廬叢書本　一冊　存四卷(五至八)

天津師範大學圖書館古籍普查登記目録

全國古籍普查登記目録

國家圖書館出版社
National Library of China Publishing House

120000－0342－0000001　1
石林遺事三卷附錄一卷　葉德輝撰　清宣統三年(1911)長沙葉氏刻本　二册

120000－0342－0000002　2
畿輔叢書　(清)王灝輯　清光緒刻本　六册　存二種

120000－0342－0000003　3
孔子世家考二卷　(清)鄭環撰　清嘉慶八年(1803)刻本　二册

120000－0342－0000004　4
讀史碎金八十卷　(清)胡文炳編　清光緒元年(1875)蘭石齋刻本　八十册

120000－0342－0000005　5
貳臣傳十二卷　(清)國史館纂　清刻本　五册

120000－0342－0000006　6
碧血錄二卷　(明)黃煜撰　清光緒二十二年(1896)七林書堂刻本　二册

120000－0342－0000007　7
敏求軒述記十六卷　(清)陳世箴輯　清道光二十八年(1848)刻本　八册

120000－0342－0000008　8
漢名臣言行錄二十卷　(清)夏雲芳輯　清刻本　十二册

120000－0342－0000009　9
史外八卷　(清)汪有典撰　清同治三年(1864)尋樂山房刻本　八册

120000－0342－0000010　10
宋名臣言行錄七十五卷　(宋)朱熹纂集　(宋)李幼武續纂　清同治刻本　十二册

120000－0342－0000011　11
金石苑六卷　(清)劉喜海輯　清道光二十六年(1846)劉氏來鳳堂刻本　六册

120000－0342－0000012　12
奇姓通十四卷　(明)夏樹芳輯　清活字本　四册

120000－0342－0000013　13
歷代帝王年表三卷　(清)齊召南編　清蘇州掃葉山房刻本　三册

120000－0342－0000014　14
己未詞科錄十二卷　(清)秦瀛輯　清嘉慶刻本　四册

120000－0342－0000015　15
鴻雪因緣圖記六卷　(清)麟慶撰　清光緒十年(1884)上海點石齋石印本　六册

120000－0342－0000016　16
汪雙池先生年譜四卷　(清)余龍光編　清同治五年(1866)婺源余氏刻本　二册

120000－0342－0000017　17
范家集略六卷　(清)秦坊輯　清光緒二十六年(1900)研思館刻本　四册

120000－0342－0000018　18
文端公年譜三卷　(清)錢儀吉編　清光緒二十年(1894)刻本　三册

120000－0342－0000019　19
周漁璜先生年譜一卷　陳田編　清刻本　一册

120000－0342－0000020　20
傅青主先生年譜不分卷　丁寶銓撰　清宣統三年(1911)刻本　一册

120000－0342－0000021　21
中興名臣事略八卷　朱孔彰撰　清光緒二十九年(1903)上海書局石印本　二册

120000－0342－0000022　22
草莽私乘一卷　(明)陶宗儀輯　清武進陶氏校刻本　一册

120000－0342－0000023　23
閻潛丘先生年譜一卷　(清)張穆編　清道光二十七年(1847)壽陽祁氏刻本　四册

120000－0342－0000024　24
唐張中丞事實集錄三卷　(清)王德茂編　清光緒九年(1883)刻本　二册

120000－0342－0000025　25
玉池老人自敘不分卷　(清)郭嵩燾撰　清光緒十九年(1893)養知書屋刻本　一册

120000－0342－0000026　26
疑思錄二卷　(清)馬爾楹輯　清乾隆刻本　一册

120000－0342－0000027　27
宋文憲公年譜二卷　(清)朱興悌輯　清嘉慶十三年(1808)刻本　一册

120000－0342－0000028　28
國史儒林傳二卷　(清)阮元輯　清刻本　一册

120000－0342－0000029　29
忠節吳次尾先生年譜不分卷附遺事一卷　(清)夏燮編　清刻本　一册

120000－0342－0000030　30
知所止齋自訂年譜不分卷　(清)何汝霖撰　清刻本　一册

120000－0342－0000031　32
文貞公年譜二卷　(清)李清植編　清道光五年(1825)刻本　二册

120000－0342－0000032　33
甌鉢羅室書畫過目考四卷　(清)李玉棻撰　清光緒二十三年(1897)刻本　四册

120000－0342－0000033　34
吳郡名賢圖傳贊二十卷　(清)顧沅輯　清道光長洲顧氏刻本　八册

120000－0342－0000034　35
政績匯覽十四卷　(清)糜奇瑜編　清道光毓德堂刻本　三册

120000－0342－0000035　36
國朝書人輯略十一卷　震鈞輯　清光緒三十四年(1908)刻本　八册

120000－0342－0000036　37
唐才子傳十卷　(元)辛文房撰　清嘉慶十年(1805)三間草堂刻本　二册

120000－0342－0000037　38
雷塘庵主弟子記八卷　(清)張鑑輯　清光緒琅嬛仙館刻本　二册

120000－0342－0000038　39
四洪年譜四種　(清)洪汝奎編　清宣統元年(1909)晦木齋刻本　四册

120000－0342－0000039　40
漢晉迄明謚匯十卷　(清)劉長華撰　清光緒八年(1882)刻本　二册

120000－0342－0000040　41
祖國女界文豪譜不分卷　(清)咀雪子撰　清宣統元年(1909)京華印刷局鉛印本　一册

120000－0342－0000041　42
黃忠端公年譜二卷　(清)黃炳垕輯　清光緒二十五年(1899)刻本　一册

120000－0342－0000042　43
岳廟志略十卷　(清)馮培編　清光緒五年(1879)浙江書局刻本　四册

120000－0342－0000043　44
曾文正公事略四卷　(清)王定安撰　清光緒元年(1875)刻本　二册

120000－0342－0000044　45
歷代名人年譜十卷　(清)吳榮光撰　清刻本　十册

120000－0342－0000045　46
五朝名臣言行錄十卷　(宋)朱熹輯　清道光二十二年(1842)刻本　十二册

120000－0342－0000046　47
海寧鄉賢錄不分卷　(清)許淮祥撰　清光緒刻本　二册

120000－0342－0000047　48
桐城耆舊傳十二卷　馬其昶撰　清宣統三年(1911)刻本　六册

120000－0342－0000048　49
孔子編年四卷　(清)狄子奇撰　清道光十年(1830)江寧府刻本　二册

120000－0342－0000049　50

孟子編年四卷　(清)狄子奇撰　清道光十年(1830)安雅齋刻本　二册

120000－0342－0000050　51

兩浙金石志十八卷　(清)阮元編　清光緒十六年(1890)浙江書局刻本　十二册

120000－0342－0000051　52

省軒考古類編十二卷　(清)柴紹炳輯　清雍正四年(1726)刻本　四册

120000－0342－0000052　53

積古齋鐘鼎彝器款識十卷　(清)阮元輯　清嘉慶九年(1804)刻本　十册

120000－0342－0000053　54

筠清館金文五卷　(清)吳榮光編　清道光二十二年(1842)刻本　五册

120000－0342－0000054　55

金石録二十卷目録十卷　(宋)趙明誠編　(清)謝世箕校　清刻本　四册

120000－0342－0000055　56

積古齋鐘鼎彝器款識十卷　(清)阮元輯　清光緒九年(1883)常熟鮑氏後知不足齋刻本　四册

120000－0342－0000056　57

積古齋鐘鼎彝器款識十卷　(清)阮元輯　清光緒八年(1882)常熟抱芳閣刻本　四册

120000－0342－0000057　58

語石十卷　葉昌熾撰　清宣統元年(1909)刻朱印本　四册

120000－0342－0000058　59

關中金石記八卷　(清)畢沅撰　(清)蔡錫棟增編　清光緒三十四年(1908)渭南嚴氏成都刻本　四册

120000－0342－0000059　60

九鐘精舍金石跋尾不分卷　(清)吳士鑑撰　清宣統二年(1910)刻本　一册

120000－0342－0000060　61

滌襟樓考古録不分卷　(清)孫星衍撰　清抄本　一册

120000－0342－0000061　62

金石存十五卷　(清)吳玉搢撰　清嘉慶二十四年(1819)李氏聞妙香室刻本　四册

120000－0342－0000062　63

洪氏泉志校誤四卷　(清)徐士愷輯　清光緒二十年(1894)刻本　一册

120000－0342－0000063　64

金石圖不分卷　(清)褚峻摹　(清)牛運震集説　清乾隆十年(1745)刻本　四册

120000－0342－0000064　65

墨妙亭碑目考二卷　(清)張鑑撰　清光緒十年(1884)刻本　四册

120000－0342－0000065　66

四朝先賢六家年譜　(清)楊希閔編　清光緒四年(1878)福州刻本　六册

120000－0342－0000066　67

豫章先賢九家年譜　(清)楊希閔編　清光緒四年(1878)刻本　八册

120000－0342－0000067　68

京畿金石考二卷　(清)孫星衍撰　清光緒十二年(1886)吳縣朱氏行素草堂刻本　二册

120000－0342－0000068　69

金石契不分卷首一卷附録一卷續録一卷　(清)張燕昌撰　清光緒三十二年(1906)聚學軒刻本　四册

120000－0342－0000069　70

海東金石苑四卷　(清)劉喜海撰　清光緒七年(1881)二銘草堂刻本　四册

120000－0342－0000070　71

金石屑四卷　(清)鮑昌熙摹　清光緒二年(1876)嘉興鮑氏刻本　四册

120000－0342－0000071　72

泉志十五卷　(宋)洪遵撰　清光緒元年(1875)隸釋齋刻本　四册

120000－0342－0000072　73

歷代奸庸殷鑒錄三十二卷　（清）開智書局輯　清光緒三十年（1904）上海開智書局石印本　八册

120000－0342－0000073　74
史外八卷　（清）汪有典撰　清同治三年（1864）尋樂山房刻本　八册

120000－0342－0000074　75
疑年録四卷　（清）錢大昕撰　**續疑年録四卷**　（清）吳修撰　清嘉慶二十三年（1818）刻本　二册

120000－0342－0000075　76
歷代循良能吏列傳匯鈔不分卷　（清）喬用遷編　清道光二十四年（1844）有恒齋刻本　四册

120000－0342－0000076　77
歷代循吏傳八卷　（清）朱軾　（清）蔡世遠輯　清同治三年（1864）刻本　四册

120000－0342－0000077　78
歷代循良能吏列傳匯鈔不分卷　（清）喬用遷編　清道光二十四年（1844）刻本　四册

120000－0342－0000078　79
史懷二十卷　（明）鍾惺撰　清光緒十七年（1891）三餘草堂刻湖北叢書本　六册

120000－0342－0000079　80
道齊正軌二十卷　（清）鄒鳴鶴纂　清道光三十年（1850）刻本　八册

120000－0342－0000080　81
春秋比事參義十六卷　（清）桂含章撰　清光緒八年（1882）務本堂刻本　十六册

120000－0342－0000081　82
歷代名人尺牘小傳二十四卷　（清）吳修編　清光緒七年（1881）刻本　二册

120000－0342－0000082　83
金陵通傳四十五卷　陳作霖撰　清光緒三十年（1904）瑞華館刻本　十册

120000－0342－0000083　84
弇山畢公年譜一卷　（清）史善長撰　清同治十一年（1872）刻本　一册

120000－0342－0000084　85
鶴臯年譜一卷　（清）祁韻士撰　清刻本　一册

120000－0342－0000085　86
桂溪項氏祠譜二卷　（清）項天瑞編　清刻本　一册

120000－0342－0000086　87
玉臺畫史五卷　（清）湯漱玉輯　清道光十七年（1837）振綺堂刻本　一册

120000－0342－0000087　88
李鴻章（中國四十年大事記）十二章　梁啟超撰　清光緒石印本　一册

120000－0342－0000088　89
陳安道公年譜二卷　（清）陳博述　清光緒十八年（1892）東倉書庫刻本　一册

120000－0342－0000089　90
傳經表一卷通經表一卷　（清）畢沅撰　清光緒五年（1879）宏達堂刻本　二册

120000－0342－0000090　91
王船山先生年譜二卷　（清）劉毓松編　清光緒十二年（1886）江南書局刻本　二册

120000－0342－0000091　92
金正希先生年譜不分卷　（清）程錫類編　（清）劉洪烈注　清光緒二十三年（1897）兩湖書院活字本　一册

120000－0342－0000092　93
蒙齋年譜不分卷　（清）倪璠撰　清康熙刻本　一册

120000－0342－0000093　94
古品節錄六卷　（清）松筠撰　清嘉慶四年（1799）刻本　六册

120000－0342－0000094　95
春秋左傳釋人十二卷　（清）范照藜撰　清嘉慶七年（1802）如不及齋刻本　六册

120000－0342－0000095　96

春秋左傳綱目杜林詳注十四卷 (明)張岐然纂　清雍正十三年(1735)崇文堂刻本　十册

120000－0342－0000096　97
國朝天台耆舊傳八卷 (清)金文田輯　清光緒二十八年(1902)刻本　四册

120000－0342－0000097　98
春秋胡傳三十卷 (宋)胡安國撰　清刻本　十二册

120000－0342－0000098　99
春秋左傳杜注校勘記一卷 (清)黎庶昌撰　清光緒二十年(1894)刻本　一册

120000－0342－0000099　100
于埜左氏錄二卷 (清)盛大謨撰　清同治五年(1866)刻本　一册

120000－0342－0000100　101
左傳嘉言善行錄四卷 (清)李庚乾輯　清光緒二十六年(1900)刻本　二册

120000－0342－0000101　102
國語二十一卷考異四卷 (三國吳)韋昭注　清同治八年(1869)湖北崇文書局刻本　五册

120000－0342－0000102　103
左文襄公年譜十卷 (清)羅正鈞纂　清光緒二十三年(1897)湘陰左氏校刻本　十册

120000－0342－0000103　104
左傳義法舉要一卷 (清)方苞撰　(清)王兆符　(清)程崟傳述　清光緒十九年(1893)刻本　三册

120000－0342－0000104　105
春秋左傳詁二十卷 (清)洪亮吉撰　清光緒四年(1878)授經堂刻本　十册

120000－0342－0000105　106
春秋穀梁經傳補注二十四卷 (清)鍾文烝撰　清光緒二年(1876)刻本　八册

120000－0342－0000106　107
晉略六十五卷序目一卷 (清)周濟撰　清光緒三年(1877)江蘇周氏味雋齋刻本　六册

120000－0342－0000107　108
左傳舊疏考正八卷 (清)劉文淇撰　清光緒三年(1877)湖北崇文書局刻本　四册

120000－0342－0000108　109
春秋左氏傳賈服注輯述二十卷 (清)李貽德撰　清同治五年(1866)刻本　六册

120000－0342－0000109　110
左傳事緯十二卷 (清)馬驌撰　清光緒四年(1878)敏德堂刻本　十二册

120000－0342－0000110　111
左傳事緯十二卷 (清)馬驌撰　清光緒四年(1878)敏德堂刻本　十二册

120000－0342－0000111　112
讀左補義五十卷 (清)姜炳璋輯　清乾隆三十三年(1768)刻本　十六册

120000－0342－0000112　113
國語校注三種 (清)汪遠孫輯　清道光二十六年(1846)振綺堂刻本　五册

120000－0342－0000113　114
左傳舊疏考正八卷 (清)劉文淇撰　清道光十八年(1838)刻本　四册

120000－0342－0000114　115
史鑑節要便讀六卷 (清)鮑東里撰　清同治十二年(1873)湖北崇文書局刻本　二册

120000－0342－0000115　116
左傳紀事本末五十三卷 (清)高士奇撰　清同治十二年(1873)江西書局刻本　十二册

120000－0342－0000116　117
春秋說略十二卷 (清)郝懿行撰　清光緒七年(1881)刻本　四册

120000－0342－0000117　118
唐鑑二十四卷 (宋)呂祖謙音注　清同治十年(1871)退補齋刻本　四册

120000－0342－0000118　119
路史四十七卷 (宋)羅泌撰　清乾隆元年(1736)刻本　十册

120000－0342－0000119　120
戰國策三十三卷　(漢)高誘注　清光緒二十二年(1896)上海鴻寶齋石印本　五冊

120000－0342－0000120　121
國語校注三種　(清)汪遠孫輯　清道光二十六年(1846)振綺堂刻本　五冊

120000－0342－0000121　122
周書斠補四卷　(清)孫詒讓撰　清光緒二十六年(1900)里安孫氏刻本　二冊

120000－0342－0000122　123
周季編略九卷　(清)黄式三撰　清同治十二年(1873)浙江書局刻本　四冊

120000－0342－0000123　124
周禮精華六卷　(清)陳龍標編輯　清道光十二年(1832)姑蘇步月樓刻本　六冊

120000－0342－0000124　125
禮説十四卷　(清)惠士奇撰　清嘉慶三年(1798)蘭陔書屋刻本　四冊

120000－0342－0000125　126
國語發正二十一卷　(清)汪遠孫撰　清刻本　四冊

120000－0342－0000126　127
禮記集説十卷　(元)陳澔注　清同治五年(1866)金陵書局刻本　十冊

120000－0342－0000127　128
左傳事緯十二卷　(清)馬驌撰　清嘉慶十年(1805)六桐書屋刻本　十二冊

120000－0342－0000128　129
春秋公羊經傳解詁十二卷附校勘記　(漢)何休注　(唐)陸德明音義　清道光四年(1824)揚州汪氏問禮堂刻本　二冊

120000－0342－0000129　130
監本附音春秋穀梁注疏二十卷附校勘記二十卷　(晉)范寧集解　(唐)陸德明音義　(唐)楊士勛疏　清嘉慶二十年(1815)江西南昌府學刻本　五冊

120000－0342－0000130　131
周書集訓校釋十卷　(清)朱右曾輯　清道光二十六年(1846)歸硯齋刻本　二冊

120000－0342－0000131　132
書傳補商十七卷　(清)戴鈞衡撰　清刻本　五冊

120000－0342－0000132　133
尚書今文二十八篇解不分卷　(清)楊鍾泰撰　清道光十八年(1838)刻本　四冊

120000－0342－0000133　134
書經體注圖考大全六卷　(清)錢希祥撰　清光緒十年(1884)善成堂刻本　四冊

120000－0342－0000134　135
書古微十二卷首一卷　(清)魏源撰　清光緒四年(1878)淮南書局刻本　四冊

120000－0342－0000135　136
尚書補闕一卷　(清)華長卿集注　清咸豐元年(1851)天津華氏刻本　一冊

120000－0342－0000136　137
尚書孔傳參正三十六卷　王先謙撰　清光緒三十年(1904)王氏虚受堂刻本　六冊

120000－0342－0000137　138
禮記旁訓六卷　(清)徐立綱撰　(清)朱鴻謨重訂　清刻本　六冊

120000－0342－0000138　139
尚書今文二十八篇解不分卷　(清)楊鍾泰撰　清刻本　四冊

120000－0342－0000139　140
歷代紀元彙考八卷續編一卷　(清)萬斯同編　孫鏘校補　清光緒二十三年(1897)刻本　二冊

120000－0342－0000140　141
歷代紀年不分卷　(清)陳鐘珂撰　清刻本　一冊

120000－0342－0000141　142
寰宇分合志八卷增輯一卷　(明)徐樞撰　清光緒二十八年(1902)刻本　八冊

120000－0342－0000142　143

廿二史考異一百卷　(清)錢大昕撰　清光緒二十年(1894)廣雅書局刻本　二十四册

120000－0342－0000143　144

讀史節要十二卷　(清)汪承鏞撰　清同治五年(1866)刻本　六册

120000－0342－0000144　145

史案二十卷　(清)吳裕垂撰　清光緒六年(1880)大成堂刻本　四册

120000－0342－0000145　146

五禮通考二百六十二卷　(清)秦蕙田編輯　清光緒六年(1880)江蘇書局刻本　一百三十二册

120000－0342－0000146　147

五禮通考二百六十二卷　(清)秦蕙田編輯　清乾隆元年(1736)刻本　三十册　存六十七卷(一百九十六至二百六十二)

120000－0342－0000147　148

人表考九卷　(清)梁玉繩撰　清光緒十三年(1887)廣雅書局刻本　四册

120000－0342－0000148　149

歸震川評點史記一百三十卷　(漢)司馬遷撰　(明)歸有光評點　**方望溪評點史記四卷**　(清)方苞評　清光緒二年(1876)武昌張裕釗刻本　二十册

120000－0342－0000149　150

古今全史集要八卷　(清)曹勳撰　清刻本　八册

120000－0342－0000150　151

通志略五十一卷　(宋)鄭樵撰　清刻本　二十四册

120000－0342－0000151　152

史略八十七卷　(清)朱堃輯　清同治六年(1867)刻本　二十册

120000－0342－0000152　153

歸震川評點史記一百三十卷　(漢)司馬遷撰　(明)歸有光評點　**方望溪評點史記四卷**　(清)方苞評　清光緒二年(1876)武昌張裕釗刻本　二十册

120000－0342－0000153　154

通鑑地理今釋十六卷　(清)吳熙載撰　清光緒二十三年(1897)廣東經史閣刻本　三册

120000－0342－0000154　155

續宋編年資治通鑑十五卷　(宋)劉時舉撰　清嘉慶十年(1805)照曠閣刻本　五册

120000－0342－0000155　156

禮記訓纂四十八卷　(清)朱彬輯　清咸豐元年(1851)宜祿堂刻本　十册

120000－0342－0000156　157

廿一史四譜五十四卷　(清)沈炳震撰　清刻本　十六册

120000－0342－0000157　158

歷朝綱鑑全史三十六卷　(明)湯賓尹撰　(明)陳繼儒評注　清吳吉徵名世堂刻本　二十四册

120000－0342－0000158　159

歷代史略六卷　柳詒徵撰　清光緒江楚書局刻本　八册

120000－0342－0000159　160

歷代史表五十三卷　(清)萬斯同撰　清光緒十五年(1889)廣雅書局刻本　六册

120000－0342－0000160　161

薛氏鐘鼎款識二十卷　(宋)薛尚功撰　(清)阮元校編　清嘉慶二年(1797)刻本　四册

120000－0342－0000161　162

西國近事彙編四卷　(美國)金楷理口譯　(清)姚棻記　清同治至光緒上海機器製造局刻本暨鉛印本　三十二册

120000－0342－0000162　163

求古精舍金石圖四卷　(清)陳經撰　清嘉慶二十三年(1818)說劍樓刻本　六册

120000－0342－0000163　164

欽定遼金元三史語解三種　(清)□□撰　清光緒四年(1878)江蘇書局刻本　十册

120000－0342－0000164　165

史學綱領四卷　(明)顧充編　清光緒十五年(1889)刻本　四册

120000－0342－0000165　166

諸史考異十八卷　(清)洪頤煊撰　清光緒十五年(1889)廣雅書局刻本　三册

120000－0342－0000166　167

前漢書一百二十卷　(漢)班固撰　(唐)顏師古注　清光緒十八年(1892)武林竹簡齋石印本　二十册

120000－0342－0000167　168

後漢書一百二十卷　(南朝宋)范曄撰　清光緒十八年(1892)武林竹簡齋石印本　十二册

120000－0342－0000168　169

趙文敏寫本兩漢策要十二卷　(元)趙孟頫書　清光緒十三年(1887)上海同文書局石印本　八册

120000－0342－0000169　170

東漢會要四十卷　(宋)徐天麟撰　清刻本　八册

120000－0342－0000170　171

資治通鑑後編一百八十四卷校勘記十五卷　(清)徐乾學編　清浙江書局刻本　五十二册

120000－0342－0000171　172

十七史商榷一百卷　(清)王鳴盛撰　清光緒十九年(1893)廣雅書局校刻本　二十四册

120000－0342－0000172　173

讀通鑑綱目條記二十卷　(清)李述來撰　清刻本　六册

120000－0342－0000173　174

讀左補義五十卷　(清)姜炳璋輯　清乾隆三十三年(1768)刻本　十六册

120000－0342－0000174　175

歐美各國憲法不分卷　(清)薛瑩中譯　清末刻本　一册

120000－0342－0000175　176

寫定尚書二十八篇　(清)吳汝綸撰　清光緒十八年(1892)桐城吳氏家塾石印本　一册

120000－0342－0000176　177

華氏晴雲派天津支宗譜不分卷　(清)華承彥編　清宣統元年(1909)刻本　一册

120000－0342－0000177　178

漢書西域傳補注二卷　(清)徐松撰　清刻本　二册

120000－0342－0000178　179

蠻書十卷　(唐)樊綽撰　清光緒刻漸西村舍彙刻本　一册

120000－0342－0000179　180

十七史商榷一百卷　(清)王鳴盛撰　清光緒六年(1880)太原王氏刻本　二十四册

120000－0342－0000180　181

十九世紀外交史十七章　(日本)平田久著　張相譯　清光緒二十八年(1902)史學齋刻本　四册

120000－0342－0000181　182

各國交涉公法論十六卷附校勘記　(英國)費利摩羅巴德著　(清)俞世爵筆述　清光緒二十四年(1898)上海機器製造總局重印本　十六册

120000－0342－0000182　183

續通鑑紀事本末一百十卷　(清)李銘漢撰　清光緒二十九年(1903)武威李氏刻本　三十二册

120000－0342－0000183　184

歐洲族類源流略五卷　王樹枬撰　清光緒二十八年(1902)刻本　二册

120000－0342－0000184　185

續資治通鑑長編拾補六十卷　(清)黃以周等輯　清光緒九年(1883)浙江書局刻本　十六册

120000－0342－0000185　186

西魏書二十四卷　(清)謝啟昆撰　清乾隆六十年(1795)刻本　六册

120000－0342－0000186　187

南北史補志十四卷 (清)汪士鐸撰 清光緒四年(1878)淮南書局刻本 六冊

120000－0342－0000187 188
晉略六十五卷序目一卷 (清)周濟撰 清道光十九年(1839)江蘇周氏味雋齋刻本 六冊

120000－0342－0000188 189
危言四卷 (清)湯震撰 清光緒鉛印本 二冊

120000－0342－0000189 190
大唐創業起居注三卷 (唐)溫大雅撰 清嘉慶十年(1805)照曠閣刻本 二冊

120000－0342－0000190 191
六朝事蹟編類十四卷 (宋)張敦頤撰 清光緒十三年(1887)寶章閣刻本 二冊

120000－0342－0000191 192
貞觀政要十卷 (唐)吴兢撰 清光緒四年(1878)刻本 十二冊

120000－0342－0000192 193
六朝事蹟編類十四卷 (宋)張敦頤撰 清光緒十三年(1887)寶章閣刻本 二冊

120000－0342－0000193 194
宋乾道永州本柳柳州外集一卷附錄一卷 (唐)柳宗元撰 清光緒十三年(1887)寶章閣刻本 二冊

120000－0342－0000194 195
宋史論三卷 (明)張溥撰 **明史論四卷** (清)谷應泰撰 清光緒刻本 四冊

120000－0342－0000195 196
南唐書三十卷 (宋)馬令撰 清嘉慶十八年(1813)沈氏嘯園活字本 四冊

120000－0342－0000196 197
淮南雜著二卷 (清)曹允源撰 清光緒十七年(1891)刻本 一冊

120000－0342－0000197 198
三朝北盟會編二百五十卷 (宋)徐夢莘撰 **校勘記二卷補遺一卷** (清)袁祖安撰 清光緒四年(1878)鉛印本 四十冊

120000－0342－0000198 199
建康實錄二十卷 (宋)許嵩撰 清光緒二十八年(1902)桑泊堂刻本 六冊

120000－0342－0000199 200
噩夢一卷 (清)王夫之撰 清宣統二年(1910)刻本 一冊

120000－0342－0000200 201
西夏紀事本末三十六卷 (清)張鑑撰 清光緒十年(1884)江蘇書局刻本 四冊

120000－0342－0000201 202
遼史拾遺二十四卷補五卷 (清)厲鶚撰 清光緒三年(1877)江蘇書局刻本 十冊

120000－0342－0000202 203
使琉球記六卷 (清)李鼎元撰 清同治五年(1866)刻本 四冊

120000－0342－0000203 204
遼史紀事本末四十卷首一卷末一卷金史紀事本末五十二卷首一卷末一卷 (清)李有崇撰 清光緒二十九年(1903)李移鄂樓刻本 二十冊

120000－0342－0000204 205
元史類編四十二卷 (清)邵遠平編撰 清乾隆六十年(1795)席世臣掃葉山房刻本 十八冊

120000－0342－0000205 206
元史紀事本末二十七卷 (明)陳邦瞻編輯 (明)張溥論正 清同治十三年(1874)江西書局刻本 四冊

120000－0342－0000206 207
遼史拾遺二十四卷 (清)厲鶚撰 清道光元年(1821)汪氏振綺堂刻本 八冊

120000－0342－0000207 208
元史紀事本末二十七卷 (明)陳邦瞻編輯 (明)張溥論正 清同治十三年(1874)江西書局刻本 四冊

120000－0342－0000208 209
五代史補五卷 (宋)陶岳撰 **五代史闕文**

（宋）王禹偁撰　**五國故事二卷**　（宋）□□撰　**五代春秋二卷**　（宋）尹洙撰　清光緒刻本　二册

120000－0342－0000209　210
元史譯文證補三十卷　（清）洪鈞撰　清光緒二十三年（1897）鉛印本　六册

120000－0342－0000210　211
西夏紀事本末三十六卷　（清）張春治　**三藩紀事本末二十二卷**　（清）楊陸榮纂　清光緒二十一年（1895）上海積山書局石印本　三册

120000－0342－0000211　212
西遊錄注一卷　（元）耶律楚材撰　（清）李文田注　清光緒二十三年（1897）會稽施氏鄭學廬刻本　一册

120000－0342－0000212　213
元史譯文證補三十卷　（清）洪鈞撰　清光緒二十三年（1897）廣雅書局刻本　四册

120000－0342－0000213　214
南詔野史二卷　（明）楊慎撰　清光緒六年（1880）雲南書屋刻本　二册

120000－0342－0000214　215
東南紀事十二卷西南紀事十二卷　（清）邵廷采撰　清光緒十年（1884）邵武徐氏刻本　四册

120000－0342－0000215　216
文選集評十五卷　（南朝梁）蕭統選　（清）于光華編　清同治十一年（1872）江蘇書局刻本　十六册

120000－0342－0000216　217
甲申傳信錄十卷　（明）錢軹撰　清光緒三年（1877）申報館鉛印本　四册

120000－0342－0000217　218
留都見聞錄二卷　（明）吳應箕撰　清刻本　一册

120000－0342－0000218　219
明紀六十卷　（清）陳鶴纂　（清）陳克家參訂　清同治十年（1871）江蘇書局刻本　二十册

120000－0342－0000219　220
明史紀事本末八十卷　（清）谷應泰輯　清光緒二十四年（1898）湖南思賢書局刻本　二十册

120000－0342－0000220　221
明史紀事本末八十卷　（清）谷應泰輯　清同治十三年（1874）江西書局刻本　二十册

120000－0342－0000221　222
潘黃門集一卷　（晉）潘岳撰　清光緒十八年（1892）刻本　一册

120000－0342－0000222　223
小腆紀傳六十五卷　（清）徐鼒撰　清光緒十三年（1887）刻本　十八册

120000－0342－0000223　224
明鑑二十四卷　（清）托津等撰　清刻本　六册

120000－0342－0000224　225
李勤恪公政書十卷首一卷　（清）李瀚章撰　清光緒石印本　十册

120000－0342－0000225　226
歷代名賢確論一百卷目錄一卷　（□）□□撰　清光緒二十八年（1902）石印本　八册

120000－0342－0000226　227
讀史漫錄二十卷　（明）于慎行撰　清道光二十六年（1846）存素齋刻本　十册

120000－0342－0000227　228
歷代史論十二卷宋史論三卷元史論　（明）張溥撰　**明史論四卷**　（清）谷應泰論正　**左傳史論二卷**　（清）高士奇論正　清光緒五年（1879）雙和堂刻本　十册

120000－0342－0000228　229
諸史考異十八卷　（清）洪頤煊撰　清光緒十五年（1889）廣雅書局刻本　三册

120000－0342－0000229　230
疏濬武陽南運河徵信錄不分卷疏濬武陽老孟河徵信錄不分卷疏濬武陽開河徵信錄不分卷疏濬武陽西塘東塘運河徵信錄不分卷疏濬孟

瀆德賸溴港三河徵信錄四卷　(□)□□撰　清光緒活字本　十二冊

120000－0342－0000230　231
讀史漫錄二十卷　(明)于慎行撰　清道光二十六年(1846)存素齋刻本　十冊

120000－0342－0000231　232
讀史論略不分卷　(清)杜詔撰　清刻本　一冊

120000－0342－0000232　233
楚寶四十卷　(明)周聖楷撰　清刻本　二十四冊

120000－0342－0000233　234
李勤恪公政書十卷首一卷　(清)李瀚章撰　清光緒石印本　十冊

120000－0342－0000234　235
史記志疑三十六卷　(清)梁玉繩撰　清光緒十三年(1887)廣雅書局刻本　十四冊

120000－0342－0000235　236
史記志疑三十六卷　(清)梁玉繩撰　清光緒十三年(1887)廣雅書局刻本　十六冊

120000－0342－0000236　237
讀史紀要八卷　(清)張麟祥撰　清光緒十八年(1892)刻本　二冊

120000－0342－0000237　238
史通通釋二十卷　(唐)劉知幾撰　(清)浦起龍釋　清翰墨園刻本　八冊

120000－0342－0000238　239
讀史論略不分卷　(清)杜詔撰　清刻本　一冊

120000－0342－0000239　240
中東戰紀本末八卷續編四卷　(美國)林樂知撰　蔡爾康纂輯　清光緒二十二年(1896)上海廣學會校印本　十二冊

120000－0342－0000240　241
讀史快編七十五卷　(明)趙維寰撰　清光緒三年(1877)刻本　四十八冊

120000－0342－0000241　242
華制存考不分卷　(清)□□撰　清宣統二年(1910)鉛印本　七冊

120000－0342－0000242　243
歷朝史案二十卷　(清)洪亮吉編　清刻本　十冊

120000－0342－0000243　244
史目表二卷　(清)洪飴孫撰　清光緒四年(1878)宏達堂刻本　一冊

120000－0342－0000244　245
農曹案匯不分卷　(清)劉嶽雲輯　清光緒刻本　二冊

120000－0342－0000245　246
春秋氏族圖不分卷　(清)陳曙峯撰　清道光二十四年(1844)石延壽館刻本　二冊

120000－0342－0000246　247
吾學錄初編二十四卷　(清)吳榮光撰　清同治九年(1870)江蘇書局刻本　六冊

120000－0342－0000247　248
中西紀事二十四卷　(清)夏燮撰　清同治七年(1868)刻本　六冊

120000－0342－0000248　249
江蘇省減賦全案八卷　(清)郭柏蔭等纂　清刻本　八冊

120000－0342－0000249　250
兩浙防護陵寢祠墓錄不分卷　(清)阮元輯　清會稽董氏取斯家塾活字本　四冊

120000－0342－0000250　251
治浙成規八卷　(清)□□輯　清刻本　八冊

120000－0342－0000251　252
光緒二十八年通商各關華陽貿易總冊不分卷　(清)上海通商海關造冊處譯　清光緒二十九年(1903)上海通商海關造冊處鉛印本　一冊

120000－0342－0000252　253
湘報論說□□卷　(清)譚嗣同等撰　清光緒二十五年(1899)鉛印本　二冊　存一卷(上)

120000－0342－0000253　254
籌濟編三十二卷　(清)楊景仁輯　清光緒九年(1883)武昌書局刻本　八冊

120000－0342－0000254　255
欽定總管內務府堂現行則例四卷　(清)內務府纂修　清刻本　四冊

120000－0342－0000255　256
增廣時務新策十二卷　(□)□□撰　清光緒二十三年(1897)石印本　六冊

120000－0342－0000256　257
慶典章程五卷　(清)□□輯　清光緒刻本　六冊

120000－0342－0000257　258
保甲書四卷　(清)徐棟編　清道光二十八年(1848)刻本　三冊

120000－0342－0000258　259
諭摺彙存不分卷　(清)□□輯　清刻本　九十冊

120000－0342－0000259　260
歷科狀元事考三元鼎甲策論考官試題錄國朝狀元事考不分卷首一卷　(清)饒玉成輯　**歷科典試考官試題錄四卷歷科典試題名鼎甲錄(國朝錄)一卷歷科典試題名鼎甲錄(前明錄)二卷**　(清)黃崇蘭輯　清光緒二年(1876)刻本　八冊　存三卷(歷科典試考官試題錄二至四)

120000－0342－0000260　261
元朝征緬錄一卷　(清)錢熙祚輯　清道光二十四年(1844)刻本　一冊

120000－0342－0000261　262
勝朝殉揚錄三卷　(清)劉寶楠輯　清同治十年(1871)淮南書局刻本　二冊

120000－0342－0000262　263
黑龍江外紀八卷　(清)西清纂修　清光緒二十年(1894)漸西村舍刻本　二冊　存四卷(一至四)

120000－0342－0000263　264
錦州府政治報告書四編　程道元撰　清宣統元年(1909)鉛印本　一冊

120000－0342－0000264　265
湘報類纂六集　(清)唐才常編　清光緒二十八年(1902)上海中華編譯印書館鉛印本　八冊

120000－0342－0000265　266
滇考二卷　(清)馮蘇編　清道光元年(1821)臨海宋氏刻本　二冊

120000－0342－0000266　267
邸抄匯錄五類　(□)□□撰　清光緒三十一年(1905)北京華新書局鉛印本　四冊

120000－0342－0000267　268
紀聞類編十四卷　蔡爾康編　清光緒三年(1877)上海印書局鉛印本　六冊

120000－0342－0000268　269
東牟守城紀略不分卷　(清)戴燮元撰　清同治八年(1869)刻本　一冊

120000－0342－0000269　270
明清貢舉考略三卷　(清)黃崇蘭輯　清道光五年(1825)刻本　四冊

120000－0342－0000270　271
救荒補遺二卷　(宋)董煟編　清同治八年(1869)湖北崇文書局刻本　二冊

120000－0342－0000271　272
得一錄十六卷　(清)余治撰　清同治八年(1869)得見齋刻本　八冊

120000－0342－0000272　273
外交報不分卷　張元濟主編　清光緒鉛印本　二十八冊

120000－0342－0000273　274
紀載彙編十種　(清)□□輯　清光緒四年(1878)申報館鉛印本　二冊

120000－0342－0000274　275
培遠堂手劄節存三卷　(清)陳宏謀撰　清光緒二十五年(1899)浙江書局刻朱墨套印本　三冊

120000－0342－0000275　276
海外紀事後編六卷　(清)李維格等譯　清光緒刻本　十四册

120000－0342－0000276　277
文廟祀典考五十卷首一卷　(清)龐鐘璐撰　清光緒四年(1878)龐氏家刻本　八册

120000－0342－0000277　278
金陀粹編二十八卷續編三十卷　(宋)岳珂編　清光緒九年(1883)浙江書局刻本　十二册

120000－0342－0000278　279
萬世玉衡録四卷　(清)蔣伊撰　清刻本　四册

120000－0342－0000279　280
平平言四卷　(清)方大湜撰　清光緒十八年(1892)資州官廨刻本　四册

120000－0342－0000280　281
靖康傳信録三卷　(宋)李綱撰　清光緒十年(1884)邵武徐氏刻本　二册

120000－0342－0000281　282
治平六策不分卷　(清)薛福成撰　清光緒元年(1875)刻本　一册

120000－0342－0000282　283
續增科場條例不分卷　(清)禮部纂修　清光緒二年(1876)刻本　二十四册

120000－0342－0000283　284
左文襄公奏稿初編三十八卷續編七十六卷　(清)左宗棠撰　清光緒二十八年(1902)上海古香閣石印本　十二册

120000－0342－0000284　285
嘉定先生奏議二卷　(清)徐致祥撰　清宣統二年(1910)刻本　一册

120000－0342－0000285　286
左文襄公奏稿初編三十八卷續編七十六卷　(清)左宗棠撰　清光緒八年(1882)刻本　三十六册

120000－0342－0000286　287
南皮節相保存國粹疏不分卷　(清)張之洞撰　清光緒三十三年(1907)鉛印本　一册

120000－0342－0000287　288
魏鄭公諫續錄二卷　(元)翟思忠撰　清光緒九年(1883)長沙王氏刻本　一册

120000－0342－0000288　289
江楚會奏變法第二摺不分卷　(清)劉坤一　(清)張之洞撰　清光緒二十七年(1901)鉛印本　一册

120000－0342－0000289　290
江楚會奏變法第一摺不分卷　(清)劉坤一　(清)張之洞撰　清光緒二十七年(1901)兩湖書院刻本　一册

120000－0342－0000290　291
李文忠公外部函稿二十八卷　(清)李鴻章撰　(清)吳汝綸編　清光緒二十八年(1902)直隸保定府蓮池書社鉛印本　十四册

120000－0342－0000291　292
北洋公牘類纂二十五卷　(清)甘厚慈輯　清光緒三十三年(1907)北京益森公司鉛印本　二十册

120000－0342－0000292　293
明臣奏議十二卷首一卷　(清)孫桐生輯　清光緒十七年(1891)四影閣刻本　十二册

120000－0342－0000293　294
胡端敏公奏議十卷　(明)胡世寧撰　清光緒浙江書局刻本　四册

120000－0342－0000294　295
宋趙忠定奏議四卷　(宋)趙汝愚撰　葉德輝編　清宣統二年(1910)葉氏觀古堂刻本　二册

120000－0342－0000295　296
南海先生戊戌奏稿不分卷　(清)麥仲華編　清宣統三年(1911)鉛印本　一册

120000－0342－0000296　297
度支部通阜司奏案輯要六卷　(清)度支部通阜司編　清宣統京華書局鉛印本　六册

120000－0342－0000297　299

駱文忠公奏議十一卷 (清)駱秉章撰 清光緒四年(1878)刻本 三十二冊

120000－0342－0000298 300
石林奏議十五卷 (宋)葉夢得撰 清光緒刻本 六冊

120000－0342－0000299 301
郭侍郎奏疏十二卷 (清)郭嵩燾撰 清光緒十八年(1892)刻本 十二冊

120000－0342－0000300 302
林文忠公遺集 (清)林則徐撰 清光緒三山林氏刻本 十六冊

120000－0342－0000301 303
續增科場條例不分卷 (清)禮部纂修 清刻本 一冊

120000－0342－0000302 304
圭山存牘不分卷 (清)李鍾玨撰 清光緒二十一年(1895)刻本 一冊

120000－0342－0000303 305
怡賢親王疏鈔一卷 (清)允祥撰 清道光四年(1824)刻本 一冊

120000－0342－0000304 306
林文忠公遺集 (清)林則徐撰 清光緒三山林氏刻本 十二冊

120000－0342－0000305 307
同治中興京外奏議約編八卷 (清)陳弢編 清光緒元年(1875)篋劍囊琴之室刻本 八冊

120000－0342－0000306 308
馬端敏公奏議八卷 (清)馬新貽撰 清光緒二十年(1894)閩浙督署刻本 八冊

120000－0342－0000307 309
音學五書三十八卷 (清)顧炎武撰 清光緒十一年(1885)四明觀稼樓刻本 十二冊

120000－0342－0000308 310
撫吴公牘五十卷 (清)丁日昌撰 清光緒刻本 十冊

120000－0342－0000309 311
合肥李勤恪公政書不分卷 (清)李瀚章撰 (清)李經畲等編 清光緒石印本 十冊

120000－0342－0000310 312
皇朝道咸同光奏議六十四卷 (清)王延熙 (清)王樹敏編輯 清光緒二十八年(1902)石印本 二十八冊

120000－0342－0000311 313
張大司馬奏稿四卷 (清)張亮基撰 清光緒十七年(1891)刻本 四冊

120000－0342－0000312 314
熊襄湣公集十卷 (明)熊廷弼撰 清同治三年(1864)刻本 十冊

120000－0342－0000313 315
養知書屋奏疏十二卷 (清)郭嵩燾撰 清光緒十八年(1892)刻本 十二冊

120000－0342－0000314 316
實政録七卷 (明)吕坤撰 清刻本 六冊

120000－0342－0000315 317
變法自強奏議彙編二十卷 (清)毛佩之輯 清光緒二十七年(1901)上海書局石印本 十冊

120000－0342－0000316 318
培遠堂手劄節存三卷 (清)陳宏謀撰 清光緒朱墨套印本 三冊

120000－0342－0000317 319
臣鑑録二十卷 (清)蔣伊編輯 清刻本 二十冊

120000－0342－0000318 320
左文襄公奏疏初編三十八卷 (清)左宗棠撰 清光緒十六年(1890)上海圖書集成局鉛印本 二十冊

120000－0342－0000319 321
詁經精舍文集十四卷 (清)阮元輯 清嘉慶六年(1801)揚州阮氏琅環仙館刻本 六冊

120000－0342－0000320 322
西國近事彙編十六卷 (美國)金楷理譯 (清)姚棻筆述 清光緒刻本 十六冊

120000－0342－0000321　323

柳河東集四十卷　(唐)柳宗元撰　清春星閣刻本　八册

120000－0342－0000322　324

師山先生文集八卷　(元)鄭玉撰　清刻本　二册

120000－0342－0000323　325

李文公集十八卷附一卷　(唐)李翱撰　清光緒元年(1875)刻本　四册

120000－0342－0000324　326

樊南文集詳注八卷　(唐)李商隱撰　(清)馮浩編注　清同治七年(1868)德聚堂刻本　四册

120000－0342－0000325　327

韓文論述十二卷　(清)沈闇撰　清乾隆四年(1739)刻本　六册

120000－0342－0000326　328

宋大家曾文定公文鈔十卷　(宋)曾鞏撰　(明)茅坤評　明萬曆刻本　四册

120000－0342－0000327　329

諸子通考三卷　孫德謙撰　清宣統二年(1910)江蘇存古學堂鉛印本　二册

120000－0342－0000328　330

樊南文集補編十二卷　(唐)李商隱撰　(清)錢振倫箋　(清)錢振常注　清同治五年(1866)望三益齋刻本　四册

120000－0342－0000329　331

樊南文集詳注八卷　(唐)李商隱撰　(清)馮浩編注　清同治七年(1868)德聚堂刻本　四册

120000－0342－0000330　332

三統術衍三卷　(清)錢大昕撰　清嘉慶六年(1801)刻本　一册

120000－0342－0000331　333

樊南文集補編十二卷　(唐)李商隱撰　(清)錢振倫箋　(清)錢振常注　清同治五年(1866)望三益齋刻本　四册

120000－0342－0000332　334

括地志八卷　(唐)李泰纂修　(清)孫星衍輯　清光緒十二年(1886)吳縣朱氏刻本　二册

120000－0342－0000333　335

孫可之文集二卷　(唐)孫樵撰　清宣統二年(1910)守政書局刻本　二册

120000－0342－0000334　336

蒙古遊牧記十六卷　(清)張穆撰　清同治六年(1867)壽陽祁氏刻本　四册

120000－0342－0000335　337

皇朝藩部要略十六卷附表四卷　(清)祁韻士纂　(清)毛嶽生編次　清光緒十年(1884)浙江書局刻本　八册

120000－0342－0000336　338

韓文起十二卷　(唐)韓愈撰　(清)林雲銘評註　清康熙三十二年(1693)挹奎樓刻本　四册

120000－0342－0000337　339

杜工部文集注解二卷　(唐)杜甫撰　(清)張溍評注　清讀書堂刻本　一册

120000－0342－0000338　340

初唐四傑文集　(清)項家達輯　清光緒五年(1879)廣雅書局刻本　三册　存四種

120000－0342－0000339　341

韓文百篇編年三卷　(清)劉成忠選評　清光緒二十六年(1900)食舊堂石印本　三册

120000－0342－0000340　342

尸子二卷存疑一卷　(戰國)尸佼撰　(清)汪繼培輯　清光緒三年(1877)浙江書局刻本　一册

120000－0342－0000341　343

宗忠簡公集四首一卷附錄一卷　(宋)宗澤撰　(清)劉質慧輯　清同治十二年(1873)述荊堂刻本　四册

120000－0342－0000342　344

鶡冠子評注三卷　(宋)陸佃解　(明)王宇評　清嘉慶九年(1804)姑蘇聚文堂刻本　一册

120000－0342－0000343　345

宋李忠定公梁溪先生文集十一卷　(宋)李綱撰　(清)張能恭選　清康熙三十三年(1694)刻本　四冊

120000－0342－0000344　346

平齋文集三十二卷拾遺一卷　(宋)洪咨夔撰　清同治十一年(1872)杉直櫰清之館刻本　四冊

120000－0342－0000345　347

小腆紀年二十卷　(清)徐鼒撰　清光緒十二年(1886)鉛印本　十二冊

120000－0342－0000346　348

四書集注直解說約二十七卷　(明)張居正撰　清光緒八旗經正書院刻本　二冊

120000－0342－0000347　349

黃勉齋先生文集八卷　(宋)黃榦撰　(清)張伯行編訂　清康熙正誼堂刻本　八冊

120000－0342－0000348　350

四書集注直解說約二十七卷　(明)張居正撰　清光緒八旗經正書院刻本　十二冊

120000－0342－0000349　351

盡言集十三卷　(宋)劉安世撰　清刻本　六冊

120000－0342－0000350　352

鐔津文集十九卷首一卷　(宋)釋契嵩撰　清光緒二十八年(1902)揚州藏經院刻本　四冊

120000－0342－0000351　353

胡澹庵先生文集三十二卷　(宋)胡銓撰　清道光十三年(1833)讀書堂刻本　十冊

120000－0342－0000352　354

兩谿文集二十四卷　(明)劉球撰　清宣統二年(1910)守政書局刻本　四冊

120000－0342－0000353　355

史忠正公集五卷　(明)史可法撰　清同治七年(1868)楚醴景萊書室刻本　二冊

120000－0342－0000354　356

思庵野錄三卷思庵薛先生行實一卷　(明)薛敬之撰　清咸豐元年(1851)渭邑武鴻模刻本　四冊

120000－0342－0000355　357

南雷文定前集十一卷後集四卷三集三卷　(清)黃宗羲撰　清康熙二十七年(1688)刻本　四冊

120000－0342－0000356　358

金忠節公文集八卷　(明)金聲撰　清光緒三年(1877)嘉魚檜陰山房刻本　四冊

120000－0342－0000357　359

道學淵源錄一百卷首一卷　(清)黃嗣東輯　清光緒三十四年(1908)鳳山學舍鉛印本　一冊　存七卷(五十五至六十一)

120000－0342－0000358　360

游定夫先生集六卷首一卷末一卷　(宋)游酢撰　清同治六年(1867)和州官舍刻本　二冊

120000－0342－0000359　361

莊子内篇注四卷　(明)釋德清注　清光緒刻本　二冊

120000－0342－0000360　362

弘明集十二卷　(南朝梁)釋僧祐撰　清光緒二十二年(1896)刻本　四冊

120000－0342－0000361　363

誠意伯文集二十卷　(明)劉基撰　清光緒二十六年(1900)浙江書局刻本　十冊

120000－0342－0000362　364

黃氏讀禮記日抄十六卷　(宋)黃震撰　清光緒三十四年(1908)問津精舍刻本　八冊

120000－0342－0000363　365

海忠介公集六卷　(明)海瑞撰　清同治刻本　三冊

120000－0342－0000364　366

歐陽文忠公文集十卷　(宋)歐陽修撰　(明)歸有光選輯　清刻本　五冊

120000－0342－0000365　367

金忠節公文集八卷　(明)金聲撰　清光緒十四年(1888)黟邑李氏刻本　六冊

120000－0342－0000366　368
經笥堂文鈔二卷　(清)雷鋐撰　清嘉慶十六年(1811)甯化伊氏秋水園刻本　二册

120000－0342－0000367　369
吴踈山先生遺集十二卷　(明)吴悌撰　清同治十年(1871)繡谷麗澤書屋刻本　四册

120000－0342－0000368　370
壯悔堂文集十卷　(清)侯方域撰　清順治步月山房刻本　四册

120000－0342－0000369　371
吕涇野先生文集三十八卷　(明)吕柟撰　清道光十二年(1832)關中書院刻本　六册

120000－0342－0000370　372
述學内篇三卷補遺一卷外篇一卷别錄一卷附春秋述義一卷校勘記一卷　(清)汪中撰　清同治八年(1869)揚州書局刻本　二册

120000－0342－0000371　373
賜誠堂文集十六卷　(明)管紹甯撰　清光緒三年(1877)刻本　二册

120000－0342－0000372　374
喜聞過齋文集十二卷　(清)李文耕撰　清道光十九年(1839)刻本　六册

120000－0342－0000373　375
道古堂詩文集四十八卷　(清)杭世駿撰　清光緒十四年(1888)汪氏振綺堂刻本　十二册

120000－0342－0000374　376
柏堂集前編十四卷次編十三卷　(清)方宗誠著　清光緒六年(1880)刻本　十六册

120000－0342－0000375　377
賜誠堂文集十六卷　(明)管紹甯著　清光緒三年(1877)刻本　二册

120000－0342－0000376　378
曹集銓評十卷逸文一卷年譜一卷附錄一卷　(三國魏)曹植撰　(清)丁晏評　清同治十一年(1872)金陵書局刻本　二册

120000－0342－0000377　379
靖獻遺言八卷　(清)北洋武備研究所編　清光緒三十二年(1906)北洋武備研究所石印本　一册

120000－0342－0000378　380
曹集銓評十卷　(三國魏)曹植撰　(清)丁晏纂　清同治十一年(1872)金陵書局刻本　二册

120000－0342－0000379　381
曹集銓評十卷　(三國魏)曹植撰　(清)丁晏纂　清同治十一年(1872)金陵書局刻本　二册

120000－0342－0000380　382
浣玉軒集四卷　(清)夏敬渠撰　清光緒十六年(1890)刻本　二册

120000－0342－0000381　383
詞科掌錄十七卷　(清)杭世駿編輯　清道古堂刻本　十二册

120000－0342－0000382　384
小迦陵館文集不分卷　(清)陳寶撰　清宣統二年(1910)浙江官報兼印刷局鉛印本　一册

120000－0342－0000383　385
求可堂自記不分卷　(清)廖冀亨撰　清光緒刻本　一册

120000－0342－0000384　386
卷施閣集二十卷　(清)洪亮吉撰　清刻本　四册

120000－0342－0000385　387
午亭文編五十卷　(清)陳廷敬撰　清乾隆四十三年(1778)刻本　十六册

120000－0342－0000386　388
萬善花室文稿六卷續一卷　(清)方履籛撰　清光緒十二年(1886)小峄山館刻本　四册

120000－0342－0000387　389
魏叔子文鈔七卷　(清)魏禧撰　清道光十七年(1837)刻本　六册

120000－0342－0000388　390
柏堂集十四卷　(清)方宗誠撰　清光緒六年至十二年(1880－1886)刻本　十六册

120000－0342－0000389　391

全謝山文鈔十六卷　(清)全祖望撰　清宣統二年(1910)國學扶輪社鉛印本　八册

120000－0342－0000390　392

拙尊園叢稿六卷　(清)黎庶昌撰　清光緒二十一年(1895)金陵狀元閣刻本　四册

120000－0342－0000391　393

義圃藏稿不分卷　(清)王隲撰　清康熙刻本　二册

120000－0342－0000392　394

鑑止水齋集二十卷　(清)許宗彥撰　清刻本　六册

120000－0342－0000393　395

東西學書錄總敘二卷　(清)沈桐生撰　清光緒二十三年(1897)刻本　二册

120000－0342－0000394　396

古懽齋文錄不分卷　(清)朱舲撰　清光緒十一年(1885)古塘朱氏刻本　二册

120000－0342－0000395　397

用六集十二卷　(清)刁包撰　清道光二十三年(1843)順積樓刻本　六册

120000－0342－0000396　398

樊山批判十五卷　樊增祥撰　清光緒二十三年(1897)刻本　十册

120000－0342－0000397　399

空石齋文集二卷　(清)汪國撰　清嘉慶十二年(1807)四明少白山房刻本　四册

120000－0342－0000398　400

蒿菴集三卷附錄一卷　(清)張爾岐撰　清乾隆四十一年(1776)聽泉齋刻本　三册

120000－0342－0000399　401

汲庵文存六卷　(清)楊象濟撰　清光緒七年(1881)杭州刻本　四册

120000－0342－0000400　402

砥齋集十二卷　(清)王弘撰　清光緒二十年(1894)敬義堂刻本　六册

120000－0342－0000401　403

健餘先生文集十卷　(清)尹會一撰　清光緒刻本　七册

120000－0342－0000402　404

渠亭山人半部稿　(清)張貞撰　清康熙續夢堂刻本　八册

120000－0342－0000403　405

柏堂集十四卷　(清)方宗誠撰　清光緒六年至十二年(1880－1886)刻本　十六册

120000－0342－0000404　406

雙白燕堂文集二卷外集八卷　(清)陸耀遹撰　清光緒四年(1878)興國州署刻本　四册

120000－0342－0000405　407

不慊齋漫存六卷　(清)徐賡陛撰　清刻本　六册

120000－0342－0000406　408

張文貞公集十二卷年譜一卷　(清)張玉書撰　(清)丁傳靖編　清光緒二十七年(1901)刻本　十三册

120000－0342－0000407　409

砥齋集十二卷　(清)王弘撰　清光緒二十年(1894)敬義堂刻本　六册

120000－0342－0000408　410

濂亭文集八卷　(清)張裕釗撰　(清)查燕緒編　清光緒八年(1882)蘇州查氏木漸齋刻本　二册

120000－0342－0000409　411

東洲草堂文鈔二十卷　(清)何紹基撰　**眠琴閣遺詩二卷**　(清)何慶涵撰　**浣月樓遺詩二卷**　(清)李楣撰　清光緒刻本　六册

120000－0342－0000410　412

東洲草堂文鈔二十卷　(清)何紹基撰　**眠琴閣遺詩二卷**　(清)何慶涵撰　**浣月樓遺詩二卷**　(清)李楣撰　清光緒刻本　六册

120000－0342－0000411　413

廣經室文鈔一卷　(清)劉恭冕撰　清光緒十五年(1889)廣雅書局刻本　一册

120000－0342－0000412　414
淮南雜著二卷　(清)曹允源撰　清光緒刻本　二册

120000－0342－0000413　415
九畹古文十卷　(清)劉紹攽撰　清乾隆八年(1743)劉氏傳經堂刻本　十册

120000－0342－0000414　416
四此堂稿十卷　(清)魏際瑞撰　清同治二年(1863)甯都謝氏刻本　六册

120000－0342－0000415　417
述古堂集十二卷　(清)錢兆鵬撰　清光緒七年(1881)刻本　四册

120000－0342－0000416　418
敦復齋文集八卷　(清)陳世恩撰　清光緒三十二年(1906)刻本　二册

120000－0342－0000417　419
緩雅堂駢體文八卷　(清)王詒壽撰　清光緒六年(1880)刻本　四册

120000－0342－0000418　420
萬物炊累室文乙集二卷　(清)沈同芳撰　清光緒二十二年(1896)廣州刻本　一册

120000－0342－0000419　421
戴東原集十二卷附年譜一卷札記一卷　(清)戴震撰　清宣統二年(1910)成都刻本　六册

120000－0342－0000420　422
見在龕雜作存稿七卷附稿二卷　(清)濮文暹撰　清宣統三年(1911)山東藝文書局鉛印本　四册

120000－0342－0000421　423
獨善堂文集八卷　(清)王大經撰　(清)周右編　清春暉堂刻本　四册

120000－0342－0000422　424
魏默深文集内集二卷外集八卷　(清)魏源撰　清宣統元年(1909)上海國學扶輪社鉛印本　六册

120000－0342－0000423　425
林蕙堂文集十二卷　(清)吳綺撰　清乾隆三十九年(1774)衷白堂刻本　六册

120000－0342－0000424　426
問梅軒文稿偶存五卷　(清)蔣敔勳撰　清同治九年(1870)東園草堂刻本　二册

120000－0342－0000425　427
儀顧堂集二十卷　(清)陸心源撰　清光緒刻本　六册

120000－0342－0000426　428
湯文正公遺書十四卷　(清)湯斌撰　清樹德堂刻本　五册

120000－0342－0000427　429
獨善堂文集八卷　(清)王大經撰　(清)周右編　清春暉堂刻本　四册

120000－0342－0000428　430
鐘山草堂遺稿不分卷　(清)溫肇江撰　清光緒刻本　六册

120000－0342－0000429　431
勿待軒文集存稿十卷　(清)馬先登撰　清光緒二年(1876)敦倫堂刻本　六册

120000－0342－0000430　432
意園文略二卷　(清)盛昱撰　(清)楊鍾羲編　清宣統二年(1910)刻本　一册

120000－0342－0000431　433
雙池文集十卷　(清)汪紱撰　清道光十四年(1834)一經堂刻本　四册

120000－0342－0000432　434
朱止泉先生外集五卷　(清)朱澤澐撰　清刻本　二册

120000－0342－0000433　435
高石齋文鈔三卷　(清)劉光謨撰　清光緒十年(1884)蜀南富順縣刻本　三册

120000－0342－0000434　436
畏齋文集四卷　(清)龔元玠撰　清刻本　四册

120000－0342－0000435　437
清芬樓遺稿四卷　(清)任啟運撰　清光緒十

四年(1888)刻本　二冊

120000－0342－0000436　438
希古堂文甲集二卷乙集六卷　(清)譚宗浚撰　清光緒十六年(1890)刻本　四冊

120000－0342－0000437　439
豸華堂文鈔八卷　(清)金應麟撰　清刻本　二冊

120000－0342－0000438　440
在陸草堂文集六卷　(清)儲欣撰　清光緒十七年(1891)刻本　六冊

120000－0342－0000439　441
張文貞公集十二卷　(清)張玉書撰　清乾隆五十七年(1792)松蔭堂刻本　八冊

120000－0342－0000440　442
曾惠敏公全集十七卷　(清)曾紀澤撰　清光緒二十年(1894)石印本　四冊

120000－0342－0000441　443
庸盦文編四卷　(清)薛福成撰　清光緒二十三年(1897)上海醉六堂石印本　六冊

120000－0342－0000442　444
庸盦文別集六卷　(清)薛福成撰　清光緒二十九年(1903)鉛印本　六冊

120000－0342－0000443　445
理堂文集十卷詩四卷　(清)韓夢周撰　清道光四年(1824)靜恒書屋刻本　八冊

120000－0342－0000444　446
周武壯公遺書九卷外集三卷別集一卷首二卷附錄一卷　(清)周盛傳撰　周家駒輯　清光緒三十一年(1905)金陵書局鉛印本　十冊

120000－0342－0000445　447
倭文端公遺書十一卷　(清)倭仁撰　清同治刻本　八冊

120000－0342－0000446　448
嚴陵集九卷　(宋)董棻輯　清光緒二十三年(1897)刻本　二冊

120000－0342－0000447　449
金文雅十六卷　(清)莊仲方編　清光緒十七年(1891)江蘇書局刻本　一冊

120000－0342－0000448　450
國聞報彙編不分卷　(清)愛穎編輯　清光緒西江歐化社鉛印本　二冊

120000－0342－0000449　451
上海求志書院課藝四卷　上海求志書院輯　清光緒刻本　五冊

120000－0342－0000450　452
大唐西域記十二卷　(唐)釋玄奘譯　(唐)釋辯機撰　清宣統元年(1909)刻本　四冊

120000－0342－0000451　453
借箸雜俎四卷　(清)沈清旭撰　清光緒十二年(1886)刻本　四冊

120000－0342－0000452　454
普天忠憤集十四卷　(清)魯陽生編　清光緒二十一年(1895)石印本　十二冊

120000－0342－0000453　455
國朝文錄八十二卷　(清)姚椿輯　清咸豐元年(1851)終南山刻本　二十四冊

120000－0342－0000454　456
國朝文錄續編六十七卷　(清)李祖陶輯　清咸豐刻本　三十冊

120000－0342－0000455　457
尺岡草堂遺文四卷　(清)陳璞撰　清刻本　四冊

120000－0342－0000456　458
方官訓世文不分卷　(清)顧曾烜著　清光緒二十三年(1897)刻本　五冊

120000－0342－0000457　459
武定詩續鈔二十四卷　(清)李佐賢編　清同治六年(1867)利津李氏刻本　八冊

120000－0342－0000458　460
滇詩拾遺六卷　陳榮昌輯　清宣統元年(1909)刻本　六冊

120000－0342－0000459　461

國朝滄州詩鈔十二卷　(清)王國鈞輯　清道光二十六年(1846)刻本　四冊

120000－0342－0000460　462

東皋詩存四十八卷詩餘四卷　(清)汪之珩編　清嘉慶八年(1803)金陵文園刻本　二十冊

120000－0342－0000461　463

空同詩集三十四卷　(明)李夢陽撰　清光緒十五年(1889)渭南嚴氏刻本　八冊

120000－0342－0000462　464

邊華泉詩集七卷附錄一卷　(明)邊貢著　清刻本　四冊

120000－0342－0000463　465

陶靖節詩集四卷　(晉)陶潛撰　清乾隆二年(1737)最樂堂刻本　四冊

120000－0342－0000464　466

石臼集十六卷　(明)邢昉撰　清光緒十八年(1892)刻本　六冊

120000－0342－0000465　467

蜀詩十五卷　(清)費經虞撰　清道光鷺溪孫氏古棠書屋刻本　二冊

120000－0342－0000466　468

明人詩鈔正集十四卷　(清)朱琰輯　清乾隆二十五年(1760)刻本　四冊

120000－0342－0000467　469

太白山人漫稿八卷　(明)孫一元著　清嘉慶刻本　二冊

120000－0342－0000468　470

清江貝先生詩集十卷　(明)貝瓊著　清乾隆刻本　四冊

120000－0342－0000469　471

陶靖節詩集四卷　(晉)陶潛撰　清康熙刻本　一冊

120000－0342－0000470　472

宋詩鈔初集　(清)呂留良等輯　清康熙十年(1671)吳氏鑑古堂刻本　三十二冊

120000－0342－0000471　473

來陽伯先生詩集二十卷　(明)來復撰　清李錫齡惜陰軒刻本　八冊

120000－0342－0000472　474

陶淵明詩集四卷　(晉)陶潛撰　(清)蔣薰評　清同文山房刻本　四冊

120000－0342－0000473　475

陶淵明詩集四卷　(晉)陶潛撰　(清)蔣薰評　清同文山房刻本　二冊

120000－0342－0000474　476

王狀元集百家注編年杜陵詩史三十二卷　(唐)杜甫撰　(宋)魯訔編注　(宋)王十朋集注　清宣統三年至民國二年(1911－1913)貴池劉氏玉海堂刻本　十二冊

120000－0342－0000475　477

李長吉歌詩四卷外集一卷　(唐)李賀撰　(清)王琦編　清刻本　四冊

120000－0342－0000476　478

李長吉歌詩四卷外集一卷　(唐)李賀撰　(清)王琦注　清光緒四年(1878)宏達堂刻本　四冊

120000－0342－0000477　479

白香山詩集二十卷後集十七卷別集一卷補遺二卷年譜一卷　(唐)白居易撰　(清)汪立名編訂　清康熙古歙汪立名一隅草堂刻本　十冊

120000－0342－0000478　480

白香山詩集二十卷後集十七卷別集一卷補遺二卷　(唐)白居易撰　(清)汪立名編訂　清康熙古歙汪立名一隅草堂刻本　十冊

120000－0342－0000479　481

白香山詩集二十卷後集十七卷別集一卷補遺二卷　(唐)白居易撰　(清)汪立名編訂　清康熙古歙汪立名一隅草堂刻本　十冊

120000－0342－0000480　482

杜詩集說二十卷目錄一卷年譜一卷末一卷　(清)江浩然輯　清乾隆本立堂刻本　十冊

120000－0342－0000481　483

杜詩集說二十卷目錄一卷年譜一卷末一卷　（清）江浩然輯　清乾隆裕文堂刻本　十冊

120000－0342－0000482　484
樊川詩集四卷別集一卷外集一卷補遺一卷　（唐）杜牧著　（清）馮集梧注　清嘉慶六年（1801）德裕堂刻本　五冊

120000－0342－0000483　485
樊川詩集四卷別集一卷外集一卷　（唐）杜牧著　（清）馮集梧注　清光緒十六年（1890）湖南書局刻本　五冊

120000－0342－0000484　486
杜樊川詩注四卷補遺一卷　（唐）杜牧撰　（清）馮集梧注　清光緒十六年（1890）湖南書局刻本　四冊

120000－0342－0000485　487
白香山詩集二十卷後集十七卷別集一卷補遺二卷　（唐）白居易撰　（清）汪立名編訂　清康熙古歙汪立名一隅草堂刻本　十冊

120000－0342－0000486　488
劉隨州詩八卷　（唐）劉長卿撰　清愛古堂刻本　四冊

120000－0342－0000487　489
龍洲集十卷　（宋）劉過撰　（清）李調元校　清刻本　二冊

120000－0342－0000488　490
劍南詩鈔不分卷　（宋）陸游撰　（清）楊大鶴輯　清康熙二十四年（1685）刻本　八冊

120000－0342－0000489　491
杜詩詳注二十五卷首一卷附編二卷　（唐）杜甫撰　（清）仇兆鰲輯注　清康熙刻本　十四冊

120000－0342－0000490　492
李長吉歌詩四卷外集一卷　（唐）李賀撰　（清）王琦注　清光緒四年（1878）宏達堂刻本　四冊

120000－0342－0000491　493
詩鵠十二卷　（清）王維舉　王繩祖編　清光緒八年（1882）東湖草堂刻本　五冊　缺七卷（中編三、下編一至三、附編一至三）

120000－0342－0000492　494
昌黎先生詩集注十一卷　（唐）韓愈撰　（清）顧嗣立補注　（清）朱彝尊　（清）何焯評　清膺德堂套印本　四冊

120000－0342－0000493　495
蘇東坡詩集注三十二卷目錄一卷　（宋）蘇軾撰　（宋）王十朋輯　清康熙文蔚堂刻本　十冊

120000－0342－0000494　496
晁具茨先生詩集十五卷　（宋）晁沖之撰　清光緒七年（1881）章氏式訓堂刻本　一冊

120000－0342－0000495　497
唐張司業詩集不分卷　（唐）張籍撰　明刻本　二冊　殘

120000－0342－0000496　498
賈浪仙長江集十卷　（唐）賈島撰　清刻本　四冊

120000－0342－0000497　499
雁門集十四卷附一卷　（元）薩都剌撰　清光緒三年（1877）閩中慶遠堂刻本　八冊

120000－0342－0000498　500
杜工部集五家評本二十卷首一卷　（唐）杜甫撰　清光緒二年（1876）粵東翰墨園刻五色套印本　十冊

120000－0342－0000499　501
杜律啓蒙十二卷年譜一卷　（唐）杜甫撰　（清）邊連寶集注　清乾隆四十二年（1777）刻本　四冊

120000－0342－0000500　502
杜詩註釋二十四卷　（唐）杜甫撰　（清）許寶善編輯　清光緒三年（1877）吳縣朱氏自怡軒刻本　十六冊

120000－0342－0000501　503
杜律通解四卷　（清）李文煒箋釋　清刻本　六冊

120000－0342－0000502　504
杜律通解四卷　(清)李文煒箋釋　清刻本　四册

120000－0342－0000503　505
玉臺新詠箋注十卷　(南朝陳)徐陵編　(清)吳兆宜原注　(清)程琰刪補　清光緒五年(1879)宏達堂刻本　四册

120000－0342－0000504　506
漁洋山人古詩選三十二卷　(清)王士禛選　清同治五年(1866)金陵書局刻本　十册

120000－0342－0000505　507
歷朝詩約選九十三卷　(清)劉大櫆纂　清光緒二十三年(1897)刻本　二十二册

120000－0342－0000506　508
古詩箋三十二卷　(清)王士禛輯　(清)聞人倓箋　清乾隆三十一年(1766)上海芷蘭堂刻本　十二册

120000－0342－0000507　509
乾坤正氣集二十卷　(清)顧沅輯　清同治六年(1867)皖江臬署刻本　八册

120000－0342－0000508　510
歷代大儒詩鈔六十卷　(清)谷際岐匯鈔　清采蘭堂刻本　三十八册

120000－0342－0000509　511
最豁解不分卷　(清)王澤浩評注　清光緒八年(1882)刻本　二册

120000－0342－0000510　512
榆圀讀史草不分卷　(清)李壽蓉著　清末鉛印本　二册

120000－0342－0000511　513
貫華堂選批唐才子詩甲集七言律八卷　(清)金人瑞批　(清)金雍集　清刻本　十二册

120000－0342－0000512　514
八代詩選二十卷　王闓運輯　清光緒十六年(1890)江蘇書局刻本　八册

120000－0342－0000513　515
讀雪山房唐詩鈔三十四卷　(清)管世銘編輯　清光緒十二年(1886)湖北官書處刻本　十二册

120000－0342－0000514　516
東嵒艸堂評訂唐詩鼓吹十卷　(金)元好問選　(元)郝天挺注　(清)朱三錫評　清康熙古講堂刻本　十册

120000－0342－0000515　517
古唐詩合解十二卷　(清)王堯衢注　清聚文堂刻本　八册

120000－0342－0000516　518
古唐詩合解十二卷　(清)王堯衢注　清光緒李光明莊狀元閣刻本　六册

120000－0342－0000517　519
御定全唐詩錄一百卷　(清)徐倬　(清)徐元正選　清康熙四十五年(1706)刻本　二十册

120000－0342－0000518　520
全唐詩三十二卷　(□)□□撰　清光緒十三年(1887)上海同文書局石印本　三十二册

120000－0342－0000519　521
讀雪山房唐詩鈔三十四卷　(清)管世銘編輯　清光緒十二年(1886)湖北官書處刻本　十二册

120000－0342－0000520　522
而庵說唐詩二十二卷　(清)徐增撰　清九誥堂刻本　六册

120000－0342－0000521　523
唐詩三百首補注八卷　(清)陳婉俊輯　清光緒十二年(1886)善成堂刻本　六册

120000－0342－0000522　524
唐人五十家小集　(清)江標輯　清光緒二十一年(1895)元和江氏靈鶼閣影刻本　六册

120000－0342－0000523　525
唐詩三百首注疏六卷　(清)蘅塘退士編　清浙蘭文華樓刻本　六册

120000－0342－0000524　526
而庵說唐詩二十二卷　(清)徐增撰　清乾隆二十三年(1758)文茂堂刻本　八册

120000－0342－0000525　527
中晚唐詩叩彈集十二卷續集三卷　(清)杜詔　(清)杜庭珠輯　清康熙采山亭刻本　四册

120000－0342－0000526　528
瀛奎律髓刊誤四十九卷　(元)方回撰　(清)紀昀批點　清光緒六年(1880)懺花庵刻本　十册

120000－0342－0000527　529
唐人五十家小集　(清)江標輯　清光緒二十一年(1895)元和江氏靈鶼閣影刻本　十六册

120000－0342－0000528　530
唐詩選六卷　王闓運編　清光緒二十五年(1899)成都尊經書局刻本　六册

120000－0342－0000529　531
唐雅八卷　(明)胡纘宗編　明文斗山堂刻本　四册

120000－0342－0000530　532
十種唐詩選十七卷附唐賢三昧集三卷　(清)王士禎纂　清康熙刻本　八册

120000－0342－0000531　533
唐試律箋二卷　(清)朱琰撰　清乾隆刻本　二册

120000－0342－0000532　534
瀛奎律髓四十九卷　(元)方回輯　清刻本　八册

120000－0342－0000533　535
應試唐詩類釋十九卷　(清)臧岳編　清乾隆三十九年(1774)衣德堂刻本　八册

120000－0342－0000534　536
唐人五言長律清律集六卷　(清)徐日璉編纂　清乾隆二十二年(1757)刻本　一册

120000－0342－0000535　537
濂洛風雅九卷　(清)張伯行輯　清康熙張氏正誼堂刻本　六册

120000－0342－0000536　538
金石文鈔八卷續鈔二卷　(清)趙紹祖輯　清嘉慶刻本　八册

120000－0342－0000537　539
匋齋藏石記四十四卷藏磚記二卷首一卷　(清)端方輯　清宣統元年(1909)石印本　十二册

120000－0342－0000538　540
薛氏鐘鼎欵識二十卷　(宋)薛尚功撰　(清)阮元校編　清嘉慶二年(1797)刻本　四册

120000－0342－0000539　541
古玉圖譜一百卷　(宋)龍大淵等撰　清乾隆四十四年(1779)康山草堂刻本　十二册

120000－0342－0000540　542
三統術詳説四卷　(清)陳澧撰　清光緒刻本　一册

120000－0342－0000541　543
淮南天文訓補注二卷　(清)錢塘撰　清光緒三年(1877)湖北崇文書局刻本　二册

120000－0342－0000542　544
大清德宗景皇帝實錄五百九十七卷　世續　陸潤庠等纂修　清末石印本　二十册　存一百零七卷(四十六至一百零六、三百三十二至三百七十一、三百七十七至三百八十二)

120000－0342－0000543　545
大清穆宗毅皇帝實錄三百七十四卷　(清)寶鋆　(清)沈桂芬纂修　清末石印本　十册　存四十一卷(二百八十六至三百二十六)

120000－0342－0000544　546
天聰東華錄十一卷　王先謙編　清光緒二十五年(1899)石印本　二册

120000－0342－0000545　547
順治東華錄三十六卷　王先謙編　清光緒二十五年(1899)石印本　三册

120000－0342－0000546　548
康熙東華錄一百十卷　王先謙編　清光緒二十五年(1899)石印本　七册

120000－0342－0000547　549
雍正東華錄二十六卷　王先謙編　清光緒二十五年(1899)石印本　六册

120000－0342－0000548　550
乾隆東華録一百二十卷　王先謙編　清光緒二十五年(1899)石印本　十四册

120000－0342－0000549　551
嘉慶東華録五十卷　王先謙編　清光緒二十五年(1899)石印本　七册

120000－0342－0000550　552
道光東華録六十卷　王先謙編　清光緒二十五年(1899)石印本　七册

120000－0342－0000551　553
咸豐東華録一百卷　王先謙編　清光緒二十五年(1899)石印本　十八册

120000－0342－0000552　554
同治東華録一百卷　王先謙編　清光緒二十五年(1899)石印本　二十四册

120000－0342－0000553　555
[光緒]東華續録二百二十卷　(清)朱壽朋編　清宣統元年(1909)上海集成圖書公司鉛印本　六十四册

120000－0342－0000554　556
[光緒]東華續録二百二十卷　(清)朱壽朋編　清宣統元年(1909)上海集成圖書公司鉛印本　六十四册

120000－0342－0000555　557
湘軍記二十卷　(清)王定安撰　清光緒十五年(1889)江南書局刻本　八册

120000－0342－0000556　558
湘軍志十六卷　王闓運撰　清光緒十二年(1886)墨香書屋刻本　四册

120000－0342－0000557　559
欽定嚴禁鴉片章程不分卷　(清)穆彰阿等撰　清道光十九年(1839)刻本　一册

120000－0342－0000558　560
克復金陵勳德記一卷　(清)劉毓崧撰　清同治五年(1866)上海席氏掃葉山房刻曼陀羅華閣叢書本　一册

120000－0342－0000559　561
淮軍平捻記十二卷　(清)周世澄撰　清刻本　六册　缺二卷(三至四)

120000－0342－0000560　562
豫軍紀略十二卷　(清)尹耕雲等編　清同治十一年(1872)刻本　八册

120000－0342－0000561　563
古文觀止十二卷　(清)吴乘權　(清)吴大職編　清漢口森寶齋刻本　六册

120000－0342－0000562　564
駢文類纂四十六卷　王先謙纂集　清光緒二十八年(1902)思賢書局刻本　二十四册

120000－0342－0000563　565
延露詞三卷　(清)彭孫遹撰　清刻本　三册

120000－0342－0000564　566
詞選　(清)張惠言等輯　清刻本　四册　存六種

120000－0342－0000565　567
四印齋所刻詞　(清)王鵬運輯　清光緒臨桂王氏家塾刻本　八册　存五種

120000－0342－0000566　568
詞綜補遺二十卷　(清)陶樑輯　清道光十四年(1834)刻本　八册

120000－0342－0000567　569
眉緑樓詞八種　(清)顧文彬撰　清光緒十年(1884)刻本　四册

120000－0342－0000568　570
常郡八邑藝文志十二卷　(清)盧文弨撰　清光緒十六年(1890)刻本　十六册

120000－0342－0000569　571
煙波漁唱四卷　(清)張應昌撰　清同治刻本　四册

120000－0342－0000570　572
詞選二卷立山詞一卷　(清)張惠言編　清道光官書處刻本　一册

120000－0342－0000571　573
詩餘偶鈔六卷　王先謙編　清光緒十六年

(1890)長沙王氏刻本　一冊

120000－0342－0000572　574
唐五代詞選三卷　(清)成肇麐輯　清光緒十三年(1887)刻本　一冊

120000－0342－0000573　575
詩餘偶鈔六卷　王先謙編　清光緒十六年(1890)長沙王氏刻本　一冊

120000－0342－0000574　576
江南春詞補傳不分卷　(清)梁廷枏輯　清刻本　一冊

120000－0342－0000575　577
詞學全書　(清)賴以邠著　(清)查繼超輯　清乾隆十一年(1746)致和堂刻本　八冊

120000－0342－0000576　578
白雨齋詞話八卷附詩鈔一卷詞存一卷　(清)陳廷焯撰　清光緒二十年(1894)刻本　四冊

120000－0342－0000577　579
苾芻館詞集六卷　(清)胡延撰　清光緒二十九年(1903)金陵糧儲道廨刻本　四冊

120000－0342－0000578　580
珠玉詞補鈔一卷　(宋)晏殊撰　清光緒十一年(1885)刻本　一冊

120000－0342－0000579　581
冰蠶詞一卷　(清)承齡撰　清光緒刻本　一冊

120000－0342－0000580　582
笠翁一家言全集十六卷　(清)李漁撰　清末至民初上海會文堂書局石印本　十二冊

120000－0342－0000581　583
岩泉山人詞稿一卷　(清)嚴廷中撰　清刻本　一冊

120000－0342－0000582　584
夢窗甲稿一卷乙稿一卷丙稿一卷丁稿一卷絶筆補遺一卷劄記一卷　(宋)吳文英撰　清光緒二十五年(1899)四印齋刻本　二冊

120000－0342－0000583　585
詞旨暢一卷　(元)陸韶撰　(清)胡元儀暢　清光緒三十年(1904)刻本　一冊

120000－0342－0000584　586
賭棋山莊詞話十二卷　(清)謝章鋌撰　清光緒十年(1884)南昌弢盦陳氏刻本　四冊

120000－0342－0000585　587
詞源二卷　(宋)張炎撰　清光緒八年(1882)娱園刻本　一冊

120000－0342－0000586　588
詞源二卷樂府指迷一卷詞旨一卷　(宋)張炎撰　清刻本　一冊

120000－0342－0000587　589
群學肄言十六卷　(英國)斯賓塞爾著　嚴復譯　清光緒二十九年(1903)上海文明書局鉛印本　四冊

120000－0342－0000588　590
巖下放言三卷　(宋)葉夢得撰　清光緒三十年(1904)長沙葉氏觀古堂刻石林遺書本　一冊

120000－0342－0000589　591
御覽曲洧舊聞十卷　(宋)朱弁撰　清光緒二十二年(1896)儷峰書屋刻本　一冊

120000－0342－0000590　592
重刊校正笠澤叢書四卷補遺一卷續補遺一卷　(唐)陸龜蒙撰　清刻本　二冊

120000－0342－0000591　593
沈下賢集十二卷　(唐)沈亞之撰　清光緒二十一年(1895)刻本　二冊

120000－0342－0000592　594
陶淵明集十卷　(晉)陶潛撰　清光緒二年(1876)刻本　六冊

120000－0342－0000593　595
道鄉公文集四十卷補遺一卷附錄一卷　(宋)鄒浩撰　清光緒六年(1880)寶華山房刻本　十冊

120000－0342－0000594　596
後山集二十四卷　(宋)陳師道撰　清光緒十

一年(1885)刻本　四冊

120000－0342－0000595　597
趙清獻公集十卷　(宋)趙抃撰　清刻本　四冊

120000－0342－0000596　598
呂東萊先生文集二十卷　(宋)呂祖謙撰　清同治七年(1868)退補齋刻金華叢書本　十冊

120000－0342－0000597　599
定山堂古文小品續集一卷詩餘四卷　(清)龔鼎孳撰　清刻本　四冊

120000－0342－0000598　600
話山草堂遺集　(清)沈道寬撰　清光緒三年(1877)刻本　八冊　存二種

120000－0342－0000599　601
毅齋查先生闡道集十卷末一卷　(明)查鐸撰　清光緒十六年(1890)涇川查氏刻本　四冊

120000－0342－0000600　602
忠雅堂文集三十卷　(清)蔣士銓撰　清刻本　十二冊

120000－0342－0000601　603
常惺惺齋集十卷　(清)李炳奎撰　清宣統二年(1910)鉛印本　四冊

120000－0342－0000602　604
繆武烈公遺集六卷首一卷　(清)繆梓撰　清光緒七年(1881)刻本　四冊

120000－0342－0000603　605
補讀書齋遺稿十卷　(清)沈維鐈撰　清光緒元年(1875)廣州刻本　四冊

120000－0342－0000604　606
郭明經遺集四卷　(清)郭志正撰　(清)王允猷校　清光緒三十三年(1907)刻本　二冊

120000－0342－0000605　607
續東軒遺集三卷　(清)高均儒撰　清光緒七年(1881)刻本　一冊

120000－0342－0000606　608
詩人玉屑二十卷　(宋)魏慶之撰　清刻本　四冊

120000－0342－0000607　609
升庵詩話十二卷補遺二卷　(明)楊慎撰　清刻本　四冊

120000－0342－0000608　610
晚唐詩鈔二十六卷　(清)查克弘　(清)淩紹乾選　清康熙刻本　十二冊

120000－0342－0000609　611
李長吉集四卷外集一卷　(唐)李賀撰　(明)黃淳耀　(清)黎簡評點　清光緒十八年(1892)羊城套印本　二冊

120000－0342－0000610　612
萃錦吟八卷　(清)奕訢撰　清光緒刻本　五冊

120000－0342－0000611　613
侯鯖集十卷　(清)李友棠輯　清繡谷趙氏刻本　四冊

120000－0342－0000612　614
貞豐詩萃五卷　(清)陶煦撰　清咸豐十一年至同治三年(1861－1864)元和陶煦儀一堂刻本　二冊

120000－0342－0000613　615
易漢學八卷　(清)惠棟撰　清乾隆刻經訓堂叢書本　一冊

120000－0342－0000614　616
太玄集注四卷　(漢)揚雄撰　(宋)司馬光集注　清道光十一年(1831)刻本　四冊

120000－0342－0000615　617
潛夫論十卷　(漢)王符撰　(清)汪繼培箋　清光緒十七年(1891)思賢講舍刻本　四冊

120000－0342－0000616　618
新書十卷　(漢)賈誼撰　清光緒元年(1875)浙江書局刻本　二冊

120000－0342－0000617　619
韓非子集解二十卷首一卷　(戰國)韓非撰　(清)王先慎注　清光緒二十三年(1897)刻本　六冊

120000－0342－0000618　620

新纂門目五臣音注揚子法言十卷　（漢）揚雄撰　（晉）李軌注　（唐）柳宗元續注　（宋）司馬光添注　清嘉慶刻本　四册

120000－0342－0000619　621

荀子集解二十卷首一卷　（唐）楊倞注　王先謙集解　清光緒十七年（1891）刻本　六册

120000－0342－0000620　622

平陽全書十五卷　（清）葉泰輯　清秬弌山房刻本　八册

120000－0342－0000621　623

繪像列仙傳四卷　（清）還初道人輯　清光緒十三年（1887）掃葉山房刻本　四册

120000－0342－0000622　624

皇清經解縮版編目十六卷　（清）淩忠照編　清光緒十八年（1892）上海古香閣鉛印本　四册

120000－0342－0000623　625

夢園書畫錄二十五卷　（清）方濬頤撰　清光緒三年（1877）定遠方氏刻本　十二册

120000－0342－0000624　626

植物名實圖考三十八卷長編二十二卷　（清）吴其濬撰　清光緒六年（1880）山西濬文書局刻本　六十册

120000－0342－0000625　627

幾何原本十二卷　（意大利）利瑪竇口譯　（明）徐光啟筆受　清光緒二十四年（1898）江夏董氏刻本　八册

120000－0342－0000626　628

洴澼百金方十四卷　（清）袁宫桂輯　清道光二十年（1840）陳氏刻本　五册

120000－0342－0000627　629

增訂金批西廂六卷首一卷　（元）王實甫撰　（清）金人瑞評　清乾隆六十年（1795）此宜閣刻朱墨套印本　十册

120000－0342－0000628　630

餐花吟館詞鈔四卷　（清）嚴駿生撰　清嘉慶二十四年（1819）刻本　四册

120000－0342－0000629　631

孫文恭公遺書二十卷　（明）孫應鼇撰　清光緒六年（1880）獨山莫氏刻本　六册

120000－0342－0000630　632

鐵華館叢書六種　（清）蔣鳳藻輯　清光緒十年（1884）刻本　六册

120000－0342－0000631　633

蕙風叢書　況周頤撰　清光緒刻本　六册　存五種

120000－0342－0000632　634

五經歲徧齋校書　（清）翟云升輯　清道光東萊翟氏刻本　十册

120000－0342－0000633　635

漢谿書法通解八卷　（清）戈守智撰　清道光十九年（1839）霽雲閣刻本　四册

120000－0342－0000634　636

正覺樓叢書　（清）崇文書局輯　清光緒崇文書局刻本　三十六册　存二十七種

120000－0342－0000635　637

振綺堂叢書　（清）汪康年輯　清宣統二年（1910）京師泉唐汪氏鉛印本　六册　存十種

120000－0342－0000636　638

史餘二十卷　（清）陳堯松撰　清同治三年（1864）竹平安齋刻本　六册

120000－0342－0000637　639

咸豐以來功臣别傳三十卷　朱孔彰撰　清光緒石印本　六册

120000－0342－0000638　640

歷代名儒傳八卷　（清）朱軾　（清）蔡世遠輯　清光緒二十一年（1895）江蘇書局刻本　二十四册

120000－0342－0000639　641

安危注四卷　（明）吳甡輯　清初刻本　六册

120000－0342－0000640　642

碑版文廣例十卷　（清）王芑孫輯　清道光二

十一年(1841)刻本　四冊

120000－0342－0000641　643
碧血錄五卷　(清)莊仲方撰　(清)夏鸞翔繪圖　清光緒八年(1882)上海同文書局石印本　五冊

120000－0342－0000642　644
魏文貞公故事拾遺三卷年譜一卷　(清)王先恭輯　清光緒九年(1883)刻本　二冊

120000－0342－0000643　645
病榻夢痕錄二卷錄餘一卷　(清)汪輝祖撰　清咸豐、同治清河龔裕刻汪龍莊先生遺書本　二冊　錄餘殘

120000－0342－0000644　646
鶴徵錄八卷後錄十二卷　(清)李集輯　(清)李富孫續輯　清漾葭老屋刻本　六冊

120000－0342－0000645　647
列女傳二卷　(明)汪道昆輯　(明)仇十洲繪圖　清光緒十二年(1886)上海同文書局石印本　二冊

120000－0342－0000646　648
文獻徵存錄十卷　(清)錢林輯　清咸豐八年(1858)有嘉樹軒刻本　十冊

120000－0342－0000647　649
三史同名錄四十卷　(清)汪輝祖輯　(清)汪繼培補　清光緒刻廣雅書局叢書本　六冊

120000－0342－0000648　650
新刊古列女傳八卷　(漢)劉向撰　(晉)顧愷之繪　清道光五年(1825)揚州阮福刻本　四冊

120000－0342－0000649　651
純德彙編八卷　(清)董華鈞重訂　清嘉慶七年(1802)道州春暉堂刻本　四冊

120000－0342－0000650　652
顧亭林先生年譜一卷閻潛丘先生年譜一卷　(清)張穆編　清道光二十四年(1844)刻本　四冊

120000－0342－0000651　653
左文襄公年譜十卷　(清)羅正鈞編　清光緒二十三年(1897)湘陰左氏刻本　十冊

120000－0342－0000652　654
顧亭林先生年譜一卷閻潛丘先生年譜一卷　(清)張穆編　清道光二十四年(1844)刻本　四冊

120000－0342－0000653　655
江表忠略二十卷　陳澹然撰　清光緒二十六年(1900)長沙刻本　四冊

120000－0342－0000654　656
王靖毅公年譜二卷　(清)王家勤編　**王靖毅公列傳一卷**　(清)薛斯來撰　**先靖毅公行述一卷**　(清)王守愚等撰　**鄉會試朱卷一卷**　(清)王懿德撰　**公餘瑣言一卷**　(清)王懿德撰　清同治刻本　五冊

120000－0342－0000655　657
碧血錄五卷　(清)莊仲方撰　(清)夏鸞翔繪圖　清光緒八年(1882)上海同文書局石印本　五冊

120000－0342－0000656　658
劉武慎公(長佑)年譜三卷　(清)鄧輔綸　(清)王政慈編　清光緒二十六年(1900)刻本　三冊

120000－0342－0000657　659
國史文苑傳二卷循吏傳一卷儒林傳二卷賢良祠王大臣小傳二卷　(清)國史館編　清刻本　四冊

120000－0342－0000658　660
孫文正公年譜五卷　(明)孫銓輯　(清)孫奇逢訂正　清乾隆六年(1741)師儉堂刻本　四冊

120000－0342－0000659　661
中興將帥別傳三十卷　朱孔彰撰　清光緒二十五年(1899)埽葉山房石印本　六冊

120000－0342－0000660　662
陶齋吉金錄八卷　(清)端方輯　清光緒三十四年(1908)金陵石印本　八冊

120000－0342－0000661　663
陶齋吉金續錄二卷　（清）端方輯　清宣統元年（1909）金陵石印本　二册

120000－0342－0000662　664
陶齋吉金續錄二卷　（清）端方輯　清宣統元年（1909）金陵石印本　二册

120000－0342－0000663　665
忠武誌八卷　（清）張鵬翮輯　**臥龍崗志二卷**　（清）羅景輯　清同治八年（1869）冰雪堂刻本　十册

120000－0342－0000664　666
中興將帥別傳三十卷　朱孔彰撰　清光緒二十三年（1897）江寧刻本　十册

120000－0342－0000665　667
鐘鼎字源五卷附錄一卷　（清）汪立名輯　清光緒二年（1876）洞庭秦氏麟慶堂刻本　三册

120000－0342－0000666　668
古玉圖考不分卷　（清）吳大澂輯　清末石印本　四册

120000－0342－0000667　669
語石十卷　葉昌熾撰　清宣統元年（1909）刻本　四册

120000－0342－0000668　670
金石訂例四卷　（清）鮑振方輯　清光緒十年（1884）常熟鮑廷爵後知不足齋刻本　一册

120000－0342－0000669　671
天下金石志不分卷　（明）于奕正編　清刻本　八册

120000－0342－0000670　672
積古齋鐘鼎彝器款識十卷　（清）阮元輯　清刻本　一册　存三卷（八至十）

120000－0342－0000671　673
景德鎮陶錄十卷　（清）藍浦撰　（清）鄭廷桂補輯　清光緒十七年（1891）京都書業堂刻本　四册

120000－0342－0000672　674
歷代名臣傳節錄三十卷　（清）蕭培元輯　（清）崇厚增輯　清同治九年（1870）雲蔭堂刻本　十册

120000－0342－0000673　675
十二硯齋金石過眼錄十八卷　（清）汪鋆輯　清光緒元年（1875）刻本　四册

120000－0342－0000674　676
歷代名臣傳節錄三十卷　（清）蕭培元輯　（清）崇厚增輯　清同治九年（1870）雲蔭堂刻本　十册

120000－0342－0000675　677
錢神志七卷　（清）李世熊撰　清同治十年（1871）木活字本　七册

120000－0342－0000676　678
泉志校誤四卷　（清）金嘉采撰　清光緒二十年（1894）刻本　一册

120000－0342－0000677　679
國朝書畫家筆錄四卷　（清）竇鎮輯　清宣統三年（1911）活字本　八册

120000－0342－0000678　680
吳郡名賢圖傳贊二十卷　（清）顧沅輯　清道光長洲顧氏刻本　八册

120000－0342－0000679　681
孤忠錄二卷附誄文　（清）袁祖志撰　清光緒十二年（1886）吳縣永凝堂刻本　三册

120000－0342－0000680　682
朱子年譜四卷考異四卷附錄二卷　（清）王懋竑輯　清光緒九年（1883）武昌書局刻本　四册

120000－0342－0000681　683
李鴻章十二章　梁啓超撰　清光緒鉛印本　一册

120000－0342－0000682　684
孔子編年四卷　（清）狄子奇撰　清刻本　一册

120000－0342－0000683　685
延平四先生年譜四種　（清）毛念恃編　清乾隆十年（1745）張坦刻本　一册

120000－0342－0000684　686
楊蓉裳先生年譜不分卷　(清)楊芳燦撰　清光緒五年(1879)上饒盧紹緒刻本　一册

120000－0342－0000685　687
皇清誥授資政大夫贈内閣學士國史館立傳二品銜原任山東登萊青道劉公事實彙編　(清)陸學源輯　清光緒點石齋石印本　一册

120000－0342－0000686　688
敝帚齋主人年譜一卷補一卷　(清)徐鼒編　(清)徐承禧等補　清同治十三年(1874)刻本　一册

120000－0342－0000687　689
太常公年譜不分卷　(清)錢泰吉輯　清光緒三十年(1904)海鹽錢志澄刻本　一册

120000－0342－0000688　690
稺圭府君年譜一卷　(清)周汝筠　(清)周汝策輯　清同治刻本　一册

120000－0342－0000689　691
斯未信齋主人自訂年譜不分卷　(清)徐宗幹輯　清同治刻本　一册

120000－0342－0000690　692
國朝詩人徵略六十卷　(清)張維屏輯　清道光十年(1830)粵東超華齋刻本　十册

120000－0342－0000691　693
春秋疏略五十卷　(清)張沐撰　清刻本　十册

120000－0342－0000692　694
半農先生春秋説十五卷　(清)惠士奇撰　清嘉慶、道光刻本　六册

120000－0342－0000693　695
春秋宗朱辨義十二卷　(清)張自超撰　清光緒七年(1881)本邑書院刻本　八册

120000－0342－0000694　696
春秋取義測十二卷　(清)法坤宏撰　清刻本　四册

120000－0342－0000695　697
春秋或問六卷　(清)郜坦撰　清光緒二年(1876)淮南書局刻本　一册

120000－0342－0000696　698
左傳舊疏考正八卷　(清)劉文淇撰　清光緒三年(1877)湖北崇文書局刻本　四册

120000－0342－0000697　699
史鑑節要便讀六卷　(清)鮑東里輯　清同治李光明莊刻本　二册

120000－0342－0000698　700
春秋左傳杜注三十卷　(清)姚培謙輯　清光緒十五年(1889)江南書局刻本　十册

120000－0342－0000699　701
春秋公羊經傳解詁十二卷校記一卷　(漢)何休撰　(唐)陸德明音義　(清)魏彦校記　清同治李光明莊刻本　四册

120000－0342－0000700　702
春秋筆削微旨二十六卷　(清)劉紹攽撰　清刻本　六册

120000－0342－0000701　703
禮書通故五十卷　(清)黄以周撰　清光緒十九年(1893)刻本　三十二册

120000－0342－0000702　704
左傳事緯十二卷　(清)馬驌撰　清道光二十六年(1846)六桐書屋刻本　六册

120000－0342－0000703　705
昭代名人尺牘小傳二十四卷　(清)吴修輯　清光緒七年(1881)杭州亦鹵齋刻本　二册

120000－0342－0000704　706
周禮古學攷十一卷附周禮職官同於今學攷　(清)李滋然撰　清宣統元年(1909)鉛印本　三册

120000－0342－0000705　707
國語二十一卷　(春秋)左丘明撰　(三國吴)韋昭解　**札記一卷**　(清)黄丕烈撰　清光緒二十二年(1896)鴻寶齋石印本　三册

120000－0342－0000706　708
逸周書十卷附録一卷校正補遺一卷　(晉)孔晁注　清光緒刻本　四册

120000－0342－0000707　709
左通補釋三十二卷　(清)梁履繩撰　清光緒元年(1875)刻本　十册

120000－0342－0000708　710
禮書綱目八十五卷　(清)江永輯　清嘉慶十五年(1810)鏤恩堂刻本　二十四册

120000－0342－0000709　711
書經集傳六卷　(宋)蔡沈輯　清光緒三十二年(1906)天津文美齋刻本　四册

120000－0342－0000710　712
繹史一百六十卷世系圖一卷年表一卷　(清)馬驌撰　清光緒十五年(1889)金匱浦氏刻本　三十二册

120000－0342－0000711　713
古微書三十六卷　(明)孫瑴錄　清光緒十四年(1888)對山問月樓刻本　六册

120000－0342－0000712　714
尚書古文疏證辨正不分卷　(清)皮錫瑞撰　清光緒二十二年(1896)思賢書局刻本　一册

120000－0342－0000713　715
史闕十四卷附錄一卷　(清)張岱撰　(清)鄭佶編　清道光七年(1827)刻本　八册

120000－0342－0000714　716
考史拾遺十卷　(清)錢大昕撰　清嘉慶十二年(1807)嘉興李賡芸刻本　四册

120000－0342－0000715　717
九經古義十六卷　(清)惠棟撰　清省吾堂刻本　二册

120000－0342－0000716　718
四史發伏十卷　(清)洪亮吉撰　清光緒八年(1882)小石山房刻本　二册

120000－0342－0000717　719
列代建元表十卷附建元類聚考二卷　(清)錢東垣撰　清道光七年(1827)刻本　五册

120000－0342－0000718　720
書古微十二卷首一卷　(清)魏源撰　清光緒四年(1878)淮南書局刻本　四册

120000－0342－0000719　721
尚書後案三十卷後辨一卷　(清)王鳴盛撰　清刻本　八册

120000－0342－0000720　722
竹書紀年校正十四卷　(南朝梁)沈約附注　(清)郝懿行校注　清光緒五年(1879)東路廳署刻本　二册

120000－0342－0000721　723
古文尚書撰異三十二卷　(清)段玉裁撰　清七葉衍祥堂刻本　二册　存一卷(一)

120000－0342－0000722　724
通鑑紀事本末二百三十九卷　(宋)袁樞撰　(明)張溥論正　清同治十二年(1873)江西書局刻本　八十册

120000－0342－0000723　725
御批歷代通鑑輯覽一百二十卷　(清)傅恒等輯　清同治十一年(1872)湖北崇文書局刻本　六十册

120000－0342－0000724　726
廿二史考異一百卷　(清)錢大昕撰　清光緒十年(1884)長沙龍氏家塾刻本　二十册

120000－0342－0000725　727
讀通鑑綱目條記二十卷　(清)李述來撰　清嘉慶刻本　六册

120000－0342－0000726　728
春秋大旨提綱表四卷　(清)胡方朔撰　清光緒三十四年(1908)甘肅高等學堂刻本　四册

120000－0342－0000727　729
讀通鑑綱目條記二十卷　(清)李述來撰　清嘉慶蒔薌閣刻本　六册

120000－0342－0000728　730
注補續漢書八志三十卷　(晉)司馬彪撰　(南朝梁)劉昭注補　清金陵書局刻本　二册

120000－0342－0000729　731
王會篇箋釋三卷　(清)何秋濤撰　清光緒十七年(1891)江蘇書局刻本　三册

120000－0342－0000730　732

禮記章句十卷 (宋)朱熹章句 (清)任啟運註 **天子肆獻祼饋食禮纂三卷朝廟宮室考并圖不分卷田賦考不分卷** (清)任啟運撰 清光緒二十一年(1895)萱蔭堂刻本 十二冊

120000－0342－0000731 733
弘簡錄二百五十四卷 (明)邵經邦撰 清康熙刻本 六十三冊

120000－0342－0000732 734
明史紀事本末八十卷 (清)谷應泰輯 清同治十三年(1874)江西書局刻本 二十冊

120000－0342－0000733 735
如西所刻諸名家評點春秋綱目左傳句解彙雋六卷 (清)韓菼重訂 清刻本 六冊

120000－0342－0000734 736
禮記質疑四十九卷 (清)郭嵩燾撰 清光緒十六年(1890)思賢講舍刻本 十冊

120000－0342－0000735 737
史通削繁四卷 (唐)劉知幾撰 (清)紀昀削繁 (清)浦起龍注 清道光十三年(1833)粵東翰墨園朱墨套印刻本 四冊

120000－0342－0000736 738
左傳鈔六卷 (清)高嵣集評 清乾隆五十三年(1788)廣郡永邑培元堂楊氏刻本 八冊

120000－0342－0000737 739
南漢書十八卷考異十八卷文字畧四卷叢錄二卷 (清)梁廷枏撰 清光緒二十一年(1895)刻本 八冊

120000－0342－0000738 740
左傳易讀六卷 (清)司徒修輯 清光緒二十年(1894)文淵書坊刻本 六冊

120000－0342－0000739 741
前漢補注一百卷 (漢)班固撰 (唐)顏師古注 王先謙補注 清光緒二十六年(1900)長沙王氏刻本 三十二冊

120000－0342－0000740 742
晉記輯本漢晉春秋輯本 (清)湯球輯 清光緒刻廣雅書局叢書本 二冊

120000－0342－0000741 743
三國志質疑六卷 (清)徐紹楨撰 清光緒十二年(1886)羊城刻本 二冊

120000－0342－0000742 744
三國志旁證三十卷 (清)梁章鉅撰 清光緒十五年(1889)刻廣雅書局叢書本 六冊

120000－0342－0000743 745
春秋穀梁經傳補注二十五卷 (晉)范甯集解 (清)鍾文烝補注 清光緒二年(1876)嘉善鍾氏信美室刻本 八冊

120000－0342－0000744 746
兩漢刊誤補遺十卷 (宋)吳仁傑撰 清同治七年(1868)金陵書局活字本 二冊

120000－0342－0000745 747
後漢書補注二十四卷 (清)惠棟撰 清嘉慶九年(1804)德裕堂刻本 四冊

120000－0342－0000746 748
校漢書八表八卷 (清)夏燮撰 清光緒十六年(1890)江城公所刻本 六冊

120000－0342－0000747 749
十七史商榷一百卷 (清)王鳴盛撰 清光緒十九年(1893)廣雅書局刻本 二十冊

120000－0342－0000748 750
讀通鑑綱目條記二十卷 (清)李述來撰 清刻本 十二冊

120000－0342－0000749 751
資治通鑑二百九十四卷 (宋)司馬光編撰 **通鑑釋文辯誤十二卷** (元)胡三省撰 清嘉慶二十一年(1816)鄱陽胡氏刻本 九十四冊

120000－0342－0000750 752
尚友錄二十二卷 (明)廖用賢輯 (清)張伯琮補輯 清光緒十四年(1888)著易堂銅活字本 六冊

120000－0342－0000751 753
南北史識小錄二十八卷 (清)沈名蓀 (清)朱昆田輯 (清)張應昌補正 清同治十年(1871)武林吳氏清來堂刻本 十二冊

120000－0342－0000752　754

歷代名臣奏議選二十八卷　（清）趙承恩輯　清同治十三年（1874）紅杏山房刻本　二十六册

120000－0342－0000753　755

南北史補志十四卷　（清）汪士鐸撰　清光緒四年（1878）淮南書局刻本　六册

120000－0342－0000754　756

南北史捃華八卷　（清）周嘉猷輯　清同治四年（1865）止水齋刻本　四册

120000－0342－0000755　757

故唐律疏議三十卷　（唐）長孫無忌等撰　**唐律名例不分卷**　（元）王元亮撰　**律音義不分卷**　（宋）孫奭等撰　**宋提刑洗冤集錄五卷**　（宋）宋慈撰　清光緒十七年（1891）刻本　八册

120000－0342－0000756　758

靖康要録十六卷　（宋）□□撰　清光緒刻十萬卷樓叢書本　八册

120000－0342－0000757　759

十六國春秋一百卷　（北魏）崔鴻撰　清光緒元年（1875）湖北崇文書局刻本　十二册

120000－0342－0000758　760

唐鑑十二卷　（宋）范祖禹譔　（宋）呂祖謙註　清解梁書院刻本　四册

120000－0342－0000759　761

中興小紀四十卷　（宋）熊克撰　清光緒十七年（1891）刻廣雅書局叢書本　六册

120000－0342－0000760　762

吳越備史四卷首一卷　（宋）錢儼撰　清道光二年（1822）掃葉山房刻本　二册

120000－0342－0000761　763

南漢書十八卷考異十八卷文字畧四卷叢錄二卷　（清）梁廷柟撰　清光緒二十一年（1895）刻本　八册

120000－0342－0000762　764

前漢紀三十卷　（漢）荀悅撰　**後漢紀三十卷**　（晉）袁宏撰　**兩漢紀校記**　（清）陳璞撰　清光緒二年（1876）嶺南學海堂刻本　十九册

120000－0342－0000763　765

東都事略一百三十卷　（宋）王偁撰　清刻本　十六册

120000－0342－0000764　766

劉葆真太史遺稿二卷　（清）劉可毅撰　清宣統二年（1910）刻本　二册

120000－0342－0000765　767

遼史一百十六卷　（元）脱脱撰　清刻本　八册

120000－0342－0000766　768

元書一百零二卷首一卷　曾廉譔　清宣統三年（1911）層漪堂刻本　二十册

120000－0342－0000767　769

古香齋鑒賞袖珍春明夢餘錄七十卷　（清）孫承澤撰　清光緒七年（1881）古香齋刻本　二十四册

120000－0342－0000768　770

明通鑑九十卷前編四卷附編六卷首一卷　（清）夏燮編輯　清光緒二十三年（1897）湖北官書處刻本　四十册

120000－0342－0000769　771

野記四卷　（明）祝允明撰　清同治十三年（1874）元和祝氏刻本　二册

120000－0342－0000770　772

二申野錄八卷　（清）孫之騄輯　清光緒二十七年（1901）吟香館刻本　四册

120000－0342－0000771　773

南天痕二十六卷　（清）淩雪撰　清宣統二年（1910）復古社刻本　五册

120000－0342－0000772　774

明史稿三百十卷目錄三卷　（清）王鴻緒撰　清敬慎堂刻本　八十册

120000－0342－0000773　775

綏寇紀略十二卷補遺三卷　（清）吳偉業撰　清嘉慶九年（1804）張氏照曠閣刻本　八册

120000－0342－0000774　776
二申野錄八卷　(清)孫之騄輯　清光緒二十七年(1901)吟香館刻本　四冊

120000－0342－0000775　777
欽定明鑑二十四卷首一卷　(清)托津等纂　清同治九年(1870)湖北崇文書局刻本　十冊

120000－0342－0000776　778
明季北略二十四卷南略十八卷　(清)計六奇輯　清光緒十三年(1887)上海圖書集成印書局石印本　十冊

120000－0342－0000777　779
尚書序錄不分卷　(清)胡秉虔撰　清刻本　一冊

120000－0342－0000778　780
華氏家族遺事紀聞不分卷　(清)華澤濡輯　清光緒二十八年(1902)抄本　一冊

120000－0342－0000779　781
雷塘庵主弟子記八卷　(清)張鑑輯　清刻本　二冊

120000－0342－0000780　782
復盦公牘四卷類稿八卷　(清)曹允源撰　清宣統二年(1910)刻本　二冊

120000－0342－0000781　783
楚寶四十卷　(明)周聖楷輯　清刻本　二十四冊

120000－0342－0000782　784
胡文忠公遺集十卷首一卷　(清)胡林翼撰　(清)鄭敦謹　(清)曾國荃輯　(清)胡鳳丹重編　清同治五年(1866)姑蘇顧悅廷漱芳齋刻本　十冊

120000－0342－0000783　785
宋史紀事本末一百零九卷　(明)馮琦原編　(明)陳邦瞻增訂　(明)張溥論正　清同治十三年(1874)江西書局刻本　二十冊

120000－0342－0000784　786
硃批諭旨不分卷　(清)鄂爾泰　(清)張廷玉編次　清光緒十三年(1887)上海點石齋朱墨套印縮印本　六十冊

120000－0342－0000785　787
時事新論十二卷　(英國)李提摩太撰　清光緒二十四年(1898)上海廣學會鉛印本　二冊

120000－0342－0000786　788
史通通釋二十卷　(唐)劉知幾撰　(清)浦起龍釋　清末翰墨園刻本　六冊

120000－0342－0000787　789
胡文忠公遺集八十六卷　(清)胡林翼撰　(清)鄭敦謹　(清)曾國荃輯　(清)胡鳳丹重編　清光緒元年(1875)湖北崇文書局刻本　三十二冊

120000－0342－0000788　790
兩朝剝復錄六卷首一卷　(明)吳應箕輯　清同治二年(1863)皖南夏燮江西省寓刻本　四冊

120000－0342－0000789　791
洋務新論六卷　(英國)李提摩太撰　(清)仲英輯　清光緒二十四年(1898)上海書局石印本　四冊

120000－0342－0000790　792
時事新編初集六卷　(清)陳耀卿編輯　清光緒二十一年(1895)鉛印本　六冊

120000－0342－0000791　793
實政錄七卷　(明)呂坤撰　清道光七年(1827)開封府署刻本　六冊

120000－0342－0000792　794
史通削繁四卷　(唐)劉知幾撰　(清)紀昀削繁　(清)浦起龍注　清道光十三年(1833)粵東翰墨園刻朱墨套印本　四冊

120000－0342－0000793　795
史通削繁四卷　(唐)劉知幾撰　(清)紀昀削繁　(清)浦起龍注　清道光十三年(1833)粵東翰墨園刻朱墨套印本　四冊

120000－0342－0000794　796
皇朝詞林典故六十四卷　(清)朱珪等輯　清宣統元年(1909)石印本　三十四冊

120000－0342－0000795　797

樞垣記略十六卷　(清)梁章鉅撰　清道光十五年(1835)刻本　四册

120000－0342－0000796　798

史記注補正一卷　(清)方苞撰　清光緒二十年(1894)刻廣雅書局叢書本　一册

120000－0342－0000797　799

史記毛本正誤一卷　(清)丁晏撰　清光緒十八年(1892)刻廣雅書局叢書本　一册

120000－0342－0000798　800

史記正譌三卷　(清)王元啟撰　清光緒十六年(1890)刻廣雅書局叢書本　一册

120000－0342－0000799　801

皇朝藩部要略十六卷附表四卷　(清)祁韻士輯　(清)毛嶽生編　清光緒十年(1884)浙江書局刻本　八册

120000－0342－0000800　802

籌海軍芻議二卷　(清)姚錫光撰　清光緒三十四年(1908)姚錫光京師寓齋鉛印本　二册

120000－0342－0000801　803

槐廳載筆二十卷　(清)法式善輯　清嘉慶刻本　六册

120000－0342－0000802　804

牧令全書　(清)丁日昌輯　清同治十年(1871)黔陽官署刻本　二册　存二種

120000－0342－0000803　805

文獻徵存錄十卷　(清)錢林輯　(清)王藻編　清咸豐八年(1858)有嘉樹軒刻本　十册

120000－0342－0000804　806

史筏二卷　(清)張承恩輯注　清道光三十年(1850)墨池書舍刻本　四册

120000－0342－0000805　807

吉林外記十卷　(清)薩英額撰　清光緒二十六年(1900)廣雅書局刻本　二册

120000－0342－0000806　808

圖史提綱二卷　(清)胡宣慶輯　清光緒十七年(1891)長沙胡氏刻本　一册

120000－0342－0000807　809

鄂國金佗稡編二十八卷　(宋)岳珂輯　清光緒九年(1883)浙江書局刻本　六册

120000－0342－0000808　810

經略洪承疇奏對筆記二卷　(清)洪承疇撰　**奏摺譜一卷**　(清)饒旬宣輯　清光緒十六年(1890)京都二酉齋刻本　二册

120000－0342－0000809　811

十國春秋一百十六卷　(清)吴任臣撰　清光緒十二年(1886)刻本　十六册

120000－0342－0000810　812

平番奏議四卷　(清)那彦成撰　清刻本　四册　缺一卷(一)

120000－0342－0000811　813

林文忠公政書三集三十七卷　(清)林則徐撰　清光緒二年(1876)刻本　八册

120000－0342－0000812　814

光緒二十四年戊戌查河定亂平糶記畧不分卷　(清)袁大化撰　清光緒二十五年(1899)刻本　一册

120000－0342－0000813　815

三通考序文獻通考序不分卷　(元)馬端臨撰　**欽定續文獻通考序不分卷**　(清)張廷玉等撰　**皇朝文獻通考序不分卷**　(清)劉錦藻撰　清光緒二十八年(1902)山東大學堂刻本　二册

120000－0342－0000814　816

紀元編三卷　(清)六承如輯　清同治、光緒刻本　一册

120000－0342－0000815　817

三國志證聞三卷　(清)錢儀吉撰　清光緒十一年(1885)江蘇書局刻本　二册

120000－0342－0000816　818

歷代年號記畧不分卷　(清)□□撰　清同治十年(1871)亦園刻本　一册

120000－0342－0000817　819

讀史備忘八卷　(明)范理輯　清雍正刻本

三冊

120000－0342－0000818　820
權制八卷　陳滄然撰　清光緒二十六年(1900)長沙徐崇立刻本　六冊

120000－0342－0000819　821
治平六策不分卷　(清)薛福成撰　清光緒刻本　一冊

120000－0342－0000820　822
上虞西華顧氏九修宗譜三十二卷　(清)顧乃眷輯　清宣統三年(1911)刻朱墨套印本　三十二冊

120000－0342－0000821　823
丁文誠公奏稿二十六卷首一卷　(清)丁寶楨撰　(清)陳洵慶原編　(清)陳夔龍重輯　清光緒十九年(1893)京師刻本　二十七冊

120000－0342－0000822　824
劉中丞奏議二十卷　(清)劉蓉撰　清光緒十一年(1885)思賢講舍刻本　十冊

120000－0342－0000823　825
國朝李侍御奏疏不分卷　(清)李時謙撰　清道光六年(1826)刻本　四冊

120000－0342－0000824　826
明臣奏議十二卷首一卷　(清)孫桐生輯　清光緒十七年(1891)四影閣刻本　六冊

120000－0342－0000825　827
明名臣奏議選八卷　(清)趙承恩輯　清刻本　五冊

120000－0342－0000826　828
龔端毅公奏疏八卷附浠川政譜□□卷　(清)龔鼎孳撰　(清)龔士雅等輯　清光緒九年(1883)刻本　五冊　存浠川政譜下

120000－0342－0000827　829
印度國志不分卷　(清)學部編譯圖書局輯　清光緒三十三年(1907)學部編譯圖書局鉛印本　一冊

120000－0342－0000828　830
罪言存略不分卷　(清)郭嵩燾撰　清光緒十四年(1888)時報館鉛印本　一冊

120000－0342－0000829　831
近時名臣奏議不分卷　(清)關錦章輯　清光緒、宣統鴻都閣刻本　一冊

120000－0342－0000830　832
彭玉麟戰略不分卷　(清)關奕基輯　清光緒、宣統鴻都閣刻本　一冊

120000－0342－0000831　833
劉永福兵書不分卷　(清)關奕基輯　清光緒、宣統鴻都閣刻本　一冊

120000－0342－0000832　834
張之洞奏議不分卷　(清)張之洞撰　清光緒、宣統鴻都閣刻本　一冊

120000－0342－0000833　835
奏略四卷　(明)馬孟禎輯　清光緒六年(1880)刻馬氏家刻集本　二冊

120000－0342－0000834　836
東三省蒙務公牘彙編五卷　(清)朱啟鈐撰　清宣統元年(1909)鉛印本　二冊

120000－0342－0000835　837
聖武記十四卷　(清)魏源撰　清道光二十六年(1846)古微堂刻本　十二冊

120000－0342－0000836　838
金軺籌筆四卷　(清)□□撰　清光緒十三年(1887)刻本　四冊

120000－0342－0000837　839
胡文忠公遺集十卷首一卷　(清)胡林翼撰　(清)鄭敦謹　(清)曾國荃輯　(清)胡鳳丹重編　清同治五年(1866)姑蘇顧悅廷漱芳齋刻本　八冊

120000－0342－0000838　840
彭剛直公奏稿八卷　(清)彭玉麟撰　(清)俞樾輯　清光緒十七年(1891)吳下刻本　八冊

120000－0342－0000839　841
岑襄勤公奏稿三十卷首一卷　(清)岑毓英撰　清光緒二十三年(1897)武昌督糧官署刻本　三十一冊

120000－0342－0000840　842
兵垣奏議不分卷　（明）陳子龍撰　清光緒二十三年(1897)刻本　一冊

120000－0342－0000841　843
馬端肅公奏議十六卷首一卷　（明）馬文升撰　清初刻本　四冊

120000－0342－0000842　844
日本維新三十年史十二編附錄一卷　（日本）東京博文館輯　上海廣智書局譯　清光緒二十八年(1902)上海廣智書局鉛印本　六冊

120000－0342－0000843　845
盛世危言十四卷　（清）鄭觀應撰　清光緒二十一年(1895)鉛印本　八冊

120000－0342－0000844　846
盛世危言十四卷　（清）鄭觀應撰　清光緒二十一年(1895)鉛印本　八冊

120000－0342－0000845　847
潛庵先生疏稿一卷湯文正公年譜一卷困學錄一卷志學會約一卷湯文正公從祀錄一卷嵩談錄一卷潛庵文正公家書一卷　（清）方苞等輯　清刻本　五冊

120000－0342－0000846　848
盛世危言六卷續編四卷　（清）鄭觀應撰　清光緒二十二年(1896)上海書局石印本　十冊

120000－0342－0000847　849
籌洋芻議不分卷　（清）薛福成撰　清光緒刻本　一冊

120000－0342－0000848　850
國朝事略八卷　（清）江楚編譯局輯　清光緒三十二年(1906)金陵江楚編譯局石印本　四冊

120000－0342－0000849　851
張督部陳撫部請變科舉奏不分卷　（清）張之洞　（清）陳寶箴撰　清光緒刻本　一冊

120000－0342－0000850　852
庸盦全集　（清）薛福成撰　清光緒刻本　六冊　存二種

120000－0342－0000851　853
洋務輯要不分卷　（清）沈純輯　清光緒三年(1877)刻本　二冊

120000－0342－0000852　854
欽定嚴禁鴉片章程不分卷　（清）穆彰阿等撰　清刻本　一冊

120000－0342－0000853　855
東征集六卷　（清）藍鼎元撰　清同治四年(1865)羊城緯文堂刻鹿洲全集本　二冊

120000－0342－0000854　856
史略歌論十二卷　（清）裘日和輯　清道光二十一年(1841)聰訓堂木活字本　六冊

120000－0342－0000855　857
蔡中郎集十卷外集四卷　（漢）蔡邕撰　（清）高均儒輯　清咸豐二年(1852)聊城楊氏海源閣刻海源閣叢書本　十冊

120000－0342－0000856　858
孫可之文集二卷　（唐）孫樵撰　清宣統二年(1910)守政書局刻本　二冊

120000－0342－0000857　859
李元賓文集文編三卷外編二卷續編一卷　（唐）李觀撰　（唐）陸希聲等輯　清嘉慶二十三年(1818)石研齋刻唐人三家集本　四冊

120000－0342－0000858　860
元文類七十卷　（元）蘇天爵輯　清光緒十五年(1889)江蘇書局刻本　十冊

120000－0342－0000859　861
淮南許注異同詁四卷　（清）陶方琦撰　清光緒七年(1881)湘南使院刻本　一冊

120000－0342－0000860　862
楊椒山先生垂範集不分卷　（清）章淵輯　清咸豐二年(1852)濟南會文齋刻本　一冊

120000－0342－0000861　863
淮南萬畢術二卷　（漢）劉安輯　清光緒二十年(1894)長沙葉氏郎園刻觀古堂所著書本　一冊

120000－0342－0000862　864

揚子法言音義十三卷　(漢)揚雄撰　(晉)李軌注　清嘉慶秦氏石研齋刻本　二冊

120000－0342－0000863　865

韓魏公集二十卷　(宋)韓琦撰　清同治刻正誼堂全書本　八冊

120000－0342－0000864　866

四書集註直解說約二十七卷　(明)張居正撰　(清)顧夢麟　(清)楊彝輯　清光緒八旗經正書院刻本　十二冊

120000－0342－0000865　867

羅司勳文集八卷外集一卷　(明)羅虞臣撰　清刻本　三冊

120000－0342－0000866　868

徐騎省集三十卷補遺一卷　(宋)徐鉉撰　**校勘記一卷**　(清)李英元撰　清光緒十九年(1893)黟南李氏刻本　八冊

120000－0342－0000867　869

金華叢書　(清)胡鳳丹輯　清同治、光緒永康胡氏退補齋刻本　五十二冊　存四種

120000－0342－0000868　870

讀書雜識十二卷　(清)勞格撰　(清)丁寶書述　清光緒四年(1878)吳興丁氏刻月河精舍叢抄本　四冊

120000－0342－0000869　871

鶴山文鈔三十二卷周禮折衷四卷師友雅言一卷　(宋)魏了翁撰　清同治十三年(1874)望三益齋刻本　十二冊

120000－0342－0000870　872

鶴山文鈔三十二卷周禮折衷四卷師友雅言一卷　(宋)魏了翁撰　清同治十三年(1874)望三益齋刻本　十二冊

120000－0342－0000871　873

始豐藁十四卷補遺一卷附錄一卷　(明)徐一夔撰　清光緒錢塘丁氏嘉惠堂刻武林往哲遺著本　六冊

120000－0342－0000872　874

經笥堂文鈔二卷　(清)雷鋐撰　清刻本　二冊

120000－0342－0000873　875

唐黃御史集八卷附錄一卷　(唐)黃滔撰　(宋)黃公度等輯　清刻本　十冊

120000－0342－0000874　876

湖海文傳七十五卷　(清)王昶輯　清同治五年(1866)刻本　十六冊

120000－0342－0000875　877

靖節先生集十卷首一卷末二卷　(晉)陶潛撰　(清)陶澍輯　清光緒九年(1883)江蘇書局刻本　四冊

120000－0342－0000876　878

梅村家藏藁五十八卷補遺一卷　(清)吳偉業撰　**世系年譜**　(清)顧師軾撰　清宣統三年(1911)武進董氏誦芬室刻誦芬室叢刊初編本　八冊

120000－0342－0000877　879

張廉卿先生文集八卷　(清)張裕釗撰　(清)查燕緒輯　清宣統元年(1909)五色古文山房刻本　四冊

120000－0342－0000878　880

龍壁山房文集五卷　(清)王拯撰　清光緒九年(1883)善化向氏刻本　四冊

120000－0342－0000879　881

補學軒文集四卷　(清)鄭獻甫撰　清光緒二十四年(1898)刻粵西五家文抄本　四冊

120000－0342－0000880　882

授堂遺書八種　(清)武億撰　清道光二十三年(1843)偃師武氏授堂刻本　十三冊　存五種

120000－0342－0000881　883

授堂文鈔八卷　(清)武億撰　清嘉慶刻授堂遺書本　四冊

120000－0342－0000882　884

字雲巢文稿二十卷　(清)盛大謨撰　清同治二年(1863)武寧盛氏課花別館刻本　二冊

120000－0342－0000883　885

字雲巢文稿二十卷　(清)盛大謨撰　清同治二年(1863)武寧盛氏課花別館刻本　四册

120000－0342－0000884　886
萬善花室文稿六卷附錄一卷　(清)方履籛撰　清光緒十二年(1886)溧陽繆德棻小岯山館刻本　三册

120000－0342－0000885　887
萬善花室詩集四卷詞稿一卷　(清)方履籛撰　清刻本　一册

120000－0342－0000886　888
荻芬書屋文稿不分卷　(清)董恂撰　清刻本　二册

120000－0342－0000887　889
小谷口著述緣起一卷　(清)鄭元慶撰　清雍正刻本　一册

120000－0342－0000888　890
思綺堂文集十卷　(清)章藻功撰　清康熙六十一年(1722)聚錦堂刻本　十册

120000－0342－0000889　891
復初齋文集三十五卷　(清)翁方綱撰　清光緒三年(1877)刻本　十二册

120000－0342－0000890　892
知恥齋文集二卷首一卷　(清)謝振定撰　(清)陶澍輯　清刻本　二册

120000－0342－0000891　893
璞山存稿十二卷　(清)曹藍田撰　清光緒二十二年(1896)刻本　四册

120000－0342－0000892　894
仰蕭樓文集一卷　(清)張星鑑撰　清光緒九年(1883)刻本　一册

120000－0342－0000893　895
寄簃文存八卷　沈家本撰　清光緒三十三年(1907)修訂法律館鉛印本　二册

120000－0342－0000894　896
躬恥齋文鈔二十卷首一卷　(清)宗稷辰撰　清咸豐六年(1856)越峴山館刻本　六册　缺二卷(十八至十九)

120000－0342－0000895　897
嘯古堂文集八卷　(清)蔣敦復撰　清同治七年(1868)刻本　四册

120000－0342－0000896　898
嘯古堂文集八卷　(清)蔣敦復撰　清同治七年(1868)刻本　二册

120000－0342－0000897　899
儀衛軒文集十二卷外集一卷附錄一卷　(清)方東樹撰　清同治七年(1868)刻本　四册

120000－0342－0000898　900
畿輔叢書　(清)王灝輯　清光緒刻本　一百七十五册　存六十二種

120000－0342－0000899　901
小萬卷齋文稿二十四卷首一卷末一卷　(清)朱琦撰　清光緒十一年(1885)嘉樹山房刻本　十二册

120000－0342－0000900　902
古微堂内集三卷外集七卷　(清)魏源撰　清光緒四年(1878)淮南書局刻本　七册

120000－0342－0000901　903
四此堂稿十卷　(清)魏際瑞撰　清同治二年(1863)甯都謝氏刻本　六册

120000－0342－0000902　904
四此堂稿十卷　(清)魏際瑞撰　清同治二年(1863)甯都謝氏刻本　六册

120000－0342－0000903　905
敦艮吉齋文存四卷　(清)徐子苓撰　**劫餘小錄**　(清)徐元叔撰　清光緒十二年(1886)刻本　四册

120000－0342－0000904　906
滑疑集八卷　(清)韓錫胙撰　清咸豐五年(1855)石門山房刻本　四册

120000－0342－0000905　907
歸愚文鈔十二卷續十一卷詩鈔七卷浙江通省志圖說一卷竹嘯軒詩鈔十八卷　(清)沈德潛撰　清刻本　十册

120000－0342－0000906　908

歸愚文鈔十二卷續十一卷 (清)沈德潛撰 清刻本 六冊

120000－0342－0000907 909
三魚堂文集十二卷 (清)陸隴其撰 清同治七年(1868)武林薇署刻陸子全書本 五冊

120000－0342－0000908 910
屺雲樓文鈔十二卷 (清)劉存仁撰 清光緒四年(1878)福州鉛印本 六冊

120000－0342－0000909 911
鴻苞節錄十卷 (明)屠隆撰 (清)屠繼烈輯 清咸豐七年(1857)刻本 十冊

120000－0342－0000910 912
六觀樓文集拾遺不分卷 (清)許鴻磐撰 (清)李福泰輯 清同治九年(1870)粤東節署刻本 一冊

120000－0342－0000911 913
鈍翁文錄十六卷 (清)汪琬撰 清光緒十三年(1887)鋤月種梅室木活字本 六冊

120000－0342－0000912 914
中國魂二卷 梁啟超輯 清光緒二十八年(1902)上海廣智書局鉛印本 二冊

120000－0342－0000913 915
世忠堂文集六卷家傳一卷守城善後記略一卷 (清)鄒鳴鶴撰 清同治錫山鄒氏刻本 八冊

120000－0342－0000914 916
笥河文鈔二卷 (清)朱筠撰 清刻本 二冊

120000－0342－0000915 917
梅村文集二十卷 (清)吳偉業撰 清宣統二年(1910)上海神州國光社鉛印本 四冊

120000－0342－0000916 918
年太史稿不分卷附鄉試硃卷會試硃卷 (清)年羹堯撰 清刻本 一冊

120000－0342－0000917 919
秋塍文鈔十二卷 (清)魯曾煜撰 清乾隆九年(1744)鳴野山房刻本 三冊

120000－0342－0000918 920
養素堂文集三十五首一卷 (清)張澍撰 清道光十七年(1837)棗華書屋刻本 六冊

120000－0342－0000919 921
遜學齋文鈔十卷首一末一卷 (清)孫衣言撰 清末刻本 六冊

120000－0342－0000920 922
食舊德齋雜著二卷 (清)劉嶽雲撰 清光緒八年(1882)刻本 二冊

120000－0342－0000921 923
歸田聯詠隨筆不分卷 (清)馬先登撰 清光緒七年(1881)敦倫堂刻關西馬氏家集本 一冊

120000－0342－0000922 924
藝風堂文集七卷續集八卷外集一卷外篇一卷 繆荃孫撰 清光緒二十七年至民國二年(1901－1913)刻本 八冊

120000－0342－0000923 925
半舫齋古文八卷 (清)夏之蓉撰 (清)戴祖啟批點 清乾隆刻本 四冊

120000－0342－0000924 926
衎石齋記事稿十卷續稿十卷 (清)錢儀吉撰 清道光十四年(1834)刻本 十冊

120000－0342－0000925 927
黔詩紀略三十三卷 (清)黎兆勳輯 (清)莫友芝傳證 清同治十二年(1873)金陵遵義唐氏夢研齋刻本 八冊

120000－0342－0000926 928
明三十家詩選初集八卷 (清)汪端輯 清刻本 四冊

120000－0342－0000927 929
明三十家詩選二集八卷 (清)汪端輯 清刻本 四冊

120000－0342－0000928 930
明三十家詩選初集八卷二集八卷 (清)汪端輯 清光緒九年(1883)遂甯書局刻本 八冊

120000－0342－0000929 931

明三十家詩選初集八卷二集八卷　(清)汪端輯　清同治十二年(1873)藴蘭吟館刻本　八册

120000－0342－0000930　932
明四子詩集　嚴嶽蓮輯　清光緒三十三年(1907)渭南嚴氏刻本　二十八册

120000－0342－0000931　933
明四子詩集　嚴嶽蓮輯　清光緒三十三年(1907)渭南嚴氏刻本　二十八册

120000－0342－0000932　934
讀杜心解六卷首二卷　(唐)杜甫撰　(清)浦起龍解　清雍正二年(1724)前碉浦氏寧我齋刻本　六册

120000－0342－0000933　935
讀杜心解六卷首二卷　(唐)杜甫撰　(清)浦起龍解　清雍正二年(1724)前碉浦氏寧我齋刻本　十一册

120000－0342－0000934　936
讀杜心解六卷首二卷　(唐)杜甫撰　(清)浦起龍解　清雍正二年(1724)前碉浦氏寧我齋刻本　十二册

120000－0342－0000935　937
讀杜心解六卷首二卷　(唐)杜甫撰　(清)浦起龍解　清雍正二年(1724)前碉浦氏寧我齋刻本　十二册

120000－0342－0000936　938
讀杜心解六卷首二卷　(唐)杜甫撰　(清)浦起龍解　清雍正二年(1724)前碉浦氏寧我齋刻本　八册

120000－0342－0000937　939
虞文靖公詩集十卷　(元)虞集撰　清嘉慶十一年(1806)刻本　四册

120000－0342－0000938　940
雁門集六卷附一卷補遺一卷倡和録一卷别録一卷　(元)薩都剌撰　(清)薩龍光輯　清宣統二年至民國四年(1910－1915)刻本　五册

120000－0342－0000939　941
陶靖節詩集四卷　(晉)陶淵明撰　清乾隆二年(1737)最樂堂刻本　二册

120000－0342－0000940　942
杜工部集二十卷首一卷　(唐)杜甫撰　清乾隆五十年(1785)玉勾草堂刻本　十册

120000－0342－0000941　943
杜工部詩集二十卷集外詩一卷文集二卷　(唐)杜甫撰　(清)朱鶴齡輯註　清乾隆金陵三多齋刻本　十六册

120000－0342－0000942　944
杜工部詩集二十卷集外詩一卷文集二卷　(唐)杜甫撰　(清)朱鶴齡輯註　清康熙金陵葉永茹刻本　十册

120000－0342－0000943　945
新繁詩略六卷　(清)楊昌翰輯　清光緒二十一年(1895)刻本　三册

120000－0342－0000944　946
玉溪生詩意八卷　(唐)李商隱撰　(清)屈復注　清道光十年(1830)弱水艸堂刻本　五册

120000－0342－0000945　947
蘇文忠公詩合注五十卷首一卷　(宋)蘇軾撰　(清)馮應榴輯注　清乾隆六十年(1795)桐鄉馮氏踵息齋刻本　二十册

120000－0342－0000946　948
昌黎先生詩集注十一卷　(唐)韓愈撰　(清)朱彝尊　(清)何焯評　(清)顧嗣立注　清道光赓德堂套印本　四册

120000－0342－0000947　949
蘇文忠公詩集五十卷目録二卷　(宋)蘇軾撰　(清)紀昀評點　清同治八年(1869)廣州韞玉山房刻朱墨套印本　六册

120000－0342－0000948　950
石屏詩集十卷　(宋)戴復古撰　清嘉慶二十二年(1817)臨海宋氏刻台州叢書本　四册

120000－0342－0000949　951
樂府津逮三卷　(清)曾廷枚撰　清刻薌嶼裘書本　一册

120000－0342－0000950　952
後邨居士詩十六卷詩話二卷　(宋)劉克莊撰　清康熙華亭姚氏刻本　四册

120000－0342－0000951　953
角山樓蘇軾評註彙鈔二十卷附錄三卷　(宋)蘇軾撰　(清)趙克宜輯　清咸豐刻本　八册

120000－0342－0000952　954
宛陵先生集六十卷拾遺一卷附錄三卷續金針詩格不分卷　(宋)梅堯臣撰　清道光十年(1830)夜吟樓刻本　八册

120000－0342－0000953　955
四禪詩選二十卷　(清)汪世澤輯　清光緒九年(1883)刻本　十六册

120000－0342－0000954　956
金陵詩徵四十四卷　(清)朱緒曾輯　清光緒十八年(1892)刻本　十册

120000－0342－0000955　957
詩比興箋四卷　(清)陳沆輯　清光緒九年(1883)長洲彭祖賢刻本　二册

120000－0342－0000956　958
梁溪詩鈔五十八卷　(清)顧光旭輯　清宣統三年(1911)文苑閣活字本　二十四册

120000－0342－0000957　959
潤州事蹟詩鈔不分卷　(清)解爲榦輯　清同治七年(1868)藍埜山莊刻本　十册

120000－0342－0000958　960
應試唐詩類釋十九卷　(清)臧岳編　清乾隆三十九年(1774)衣德堂刻本　六册

120000－0342－0000959　961
唐詩三百首註疏六卷　(清)蘅塘退士輯　(清)章燮註　清浙紹墨潤堂刻本　六册

120000－0342－0000960　962
唐詩三百首箋不分卷　(清)蘅塘退士輯　(清)李筠壽箋補傳　清光緒二十一年(1895)蘭雪堂刻本　四册

120000－0342－0000961　963
唐詩三百首補注八卷　(清)陳婉俊輯　清光緒十七年(1891)文美齋刻本　四册

120000－0342－0000962　964
谿上詩輯十四卷續編二卷補編一卷谿上遺聞集錄十卷別錄二卷　(清)尹元煒　(清)馮本懷輯　清道光二十九年至咸豐三年(1849－1853)抱珠樓刻本　十三册

120000－0342－0000963　965
蓬莊唐詩小識四卷　(清)沈虹輯　清刻本　四册

120000－0342－0000964　966
唐詩選勝直解不分卷　(清)吳烶輯註　清乾隆刻本　四册

120000－0342－0000965　967
讀雪山房唐詩三十四卷　(清)管世銘輯　清嘉慶卧遊千古齋刻本　十二册

120000－0342－0000966　968
應試唐詩類釋十九卷　(清)臧岳編　清乾隆四十年(1775)三樂齋刻本　八册

120000－0342－0000967　969
唐四家詩　(清)汪立名輯　清康熙三十四年(1695)天都汪立名刻本　十册

120000－0342－0000968　970
七律指南甲編八卷　(清)方元鵾評點　清嘉慶十六年(1811)刻本　四册

120000－0342－0000969　971
刪訂唐詩解二十四卷　(明)唐汝詢選釋　(清)吳昌祺評定　清康熙誦懿堂刻本　十二册

120000－0342－0000970　972
西崑酬唱集二卷　(宋)楊億輯　清光緒刻邵武徐氏叢書本　一册

120000－0342－0000971　973
元詩選癸集不分卷　(清)顧嗣立輯　清光緒十四年(1888)秀野草堂補刻席氏埽葉山房刻本　十六册

120000－0342－0000972　974
讀雪山房唐詩三十四卷　(清)管世銘輯　清

光緒十二年(1886)湖北官書處刻本　十二冊

120000－0342－0000973　975
東林書院志二十二卷　(清)高廷珎等輯　清光緒七年(1881)刻本　八冊

120000－0342－0000974　976
蒼崖先生金石例十卷　(元)潘昂霄撰　清光緒南陵徐氏刻隨盦徐氏叢書本　二冊

120000－0342－0000975　977
泉布統志九首一卷附一卷　(清)孟麟輯　清道光十三年(1833)志古堂刻本　三十二冊

120000－0342－0000976　978
漢石例六卷　(清)劉寶楠輯　清道光二十九年(1849)靈石楊氏刻連筠簃叢書本　六冊

120000－0342－0000977　979
寶刻叢編二十卷　(宋)陳思輯　清光緒十四年(1888)吳興陸氏刻十萬卷樓叢書三編本　八冊

120000－0342－0000978　980
積古齋鐘鼎彝器款識十卷　(清)阮元輯　清光緒五年(1879)華亭林長慶武昌刻本　六冊

120000－0342－0000979　981
吉金所見錄十六卷首一卷末一卷　(清)初尚齡輯　清道光刻本　四冊

120000－0342－0000980　982
積古齋鐘鼎彝器款識十卷　(清)阮元輯　清光緒五年(1879)華亭林長慶武昌刻本　六冊

120000－0342－0000981　983
兩漢金石記二十二卷　(清)翁方綱輯　清乾隆五十四年(1789)北平翁方綱南昌使院刻蘇齋叢書本　六冊

120000－0342－0000982　984
行素草堂金石叢書十六種　(清)朱記榮輯　清光緒吳縣朱氏槐廬刻光緒十四年(1888)彙印本　四十冊

120000－0342－0000983　985
大清通禮五十四卷　(清)來保等修　(清)李玉鳴等纂　(清)穆克登額續修　(清)恒泰等續纂　清道光刻本　十二冊

120000－0342－0000984　986
壹齋集三十六卷賦一卷二十四畫品一卷畫友錄一卷游黃山記一卷泛槳錄二卷兩朝恩賚記一卷　(清)黃鉞撰　清道光刻本　七冊

120000－0342－0000985　987
國朝柔遠記二十卷　(清)王之春輯　清光緒十七年(1891)廣雅書局刻本　六冊

120000－0342－0000986　988
征西紀略四卷　(清)曾毓瑜撰　清光緒京師官書局鉛印本　一冊

120000－0342－0000987　989
皇朝武功紀盛四卷　(清)趙翼撰　清光緒壽謏草堂刻本　二冊

120000－0342－0000988　990
皇朝藩部要略十八卷世系表四卷　(清)祁韻士輯　(清)毛嶽生編　清道光二十六年(1846)筠淥山房刻本　八冊

120000－0342－0000989　991
靖逆記二卷附二篇　(清)盛大士撰　清道光十九年(1839)品石山房活字本　二冊

120000－0342－0000990　992
西巡囬鑾始末記六卷　(日本)吉田良太郎輯譯　清光緒二十八年(1902)石印本　一冊

120000－0342－0000991　993
拳匪紀略八卷前編二卷後編二卷　(清)佘氏輯　清光緒二十九年(1903)上海書局石印本　六冊

120000－0342－0000992　994
拳匪紀略八卷前編二卷後編二卷　(清)佘氏輯　清光緒二十九年(1903)上海書局石印本　六冊

120000－0342－0000993　995
武昌紀事二卷附錄不分卷陳炯齋遺詩不分卷　(清)陳徽言撰　清咸豐七年(1857)刻同治四年(1865)重印本　一冊

120000－0342－0000994　996

庚子剿辦淶水拳匪始末稟信摘要不分卷 (清)祝芾撰 清光緒鉛印本 一冊

120000－0342－0000995 997
庚子海外紀事四卷 呂海寰輯 清光緒二十七年(1901)上海辦理商約行轅鉛印本 四冊

120000－0342－0000996 998
天津拳匪變亂紀事二卷 劉孟揚撰 清宣統二年(1910)民興報館鉛印本 二冊

120000－0342－0000997 999
山東黄河南岸十三州縣遷民總圖不分卷 (清)黄璣輯 清光緒點石齋石印本 二冊

120000－0342－0000998 1000
豫軍紀略十二卷 (清)尹耕雲等編 清同治十一年(1872)刻本 十二冊

120000－0342－0000999 1001
滄城殉難録四卷附題詞 (清)王國均等撰 清光緒八年(1882)趙秉恒刻本 四冊

120000－0342－0001000 1002
湘軍志十六卷 王闓運撰 清光緒十一年(1885)成都志古堂刻本 四冊

120000－0342－0001001 1003
李肅毅伯奏議二十卷 (清)李鴻章撰 (清)章洪鈞 (清)吳汝綸輯 清光緒二十五年(1899)上海鴻文書店石印本 二十冊

120000－0342－0001002 1004
中東戰紀本末八卷首一卷末一卷續編四卷首一卷末一卷 (美國)林樂知撰 蔡爾康纂輯 清光緒二十二年至二十三年(1896－1897)上海廣學會圖書集成局鉛印本 十二冊

120000－0342－0001003 1005
籌餉事例等書 (清)戶部輯 清刻本 十一冊

120000－0342－0001004 1006
乙巳年交涉要覽三卷 (清)北洋洋務局輯 清光緒三十三年(1907)北洋官報局鉛印本 三冊

120000－0342－0001005 1007
中西紀事二十四首一卷 (清)夏燮撰 清光緒七年(1881)慧香簃活字本 六冊

120000－0342－0001006 1008
續古文辭類纂二十八卷 (清)黎庶昌輯 清光緒二十一年(1895)金陵狀元閣刻本 十二冊

120000－0342－0001007 1009
續古文辭類纂二十八卷 (清)黎庶昌輯 清光緒二十一年(1895)金陵狀元閣刻本 十二冊

120000－0342－0001008 1010
栗大王年譜不分卷 (清)黄家駒撰 清宣統元年(1909)龍門黄氏石印本 一冊

120000－0342－0001009 1011
文選六十卷考異十卷 (南朝梁)蕭統撰 (唐)李善注 (清)胡克家考異 清嘉慶十四年(1809)鄱陽胡氏刻本 二十四冊

120000－0342－0001010 1012
東萊先生古文關鍵二卷 (宋)呂祖謙輯 (宋)蔡文子註 (清)徐樹屏考異 清刻本 二冊

120000－0342－0001011 1013
古文辭類纂七十五卷 (清)姚鼐輯 清光緒二十七年(1901)滁州李氏求要堂刻本 十二冊

120000－0342－0001012 1014
清綺軒詞選十三卷 (清)夏秉衡輯 清光緒二十一年(1895)刻本 四冊

120000－0342－0001013 1015
國朝金陵詞鈔八卷附一卷 陳作霖輯 清光緒二十八年(1902)刻本 四冊

120000－0342－0001014 1016
薇省詞鈔十一卷 況周儀撰 清光緒二十四年(1898)廣陵刻本 四冊

120000－0342－0001015 1017
唐駢體文鈔十七卷 (清)陳均輯 清同治刻本 四冊

120000－0342－0001016　1018
六朝唐賦讀本不分卷　(清)馬傳庚輯註　清光緒二年(1876)京都松竹齋刻本　二册

120000－0342－0001017　1019
庚子秋詞二卷　(清)王鵬運等撰　清光緒刻本　二册

120000－0342－0001018　1020
庚子秋詞二卷　(清)王鵬運等撰　清末民初石印本　二册　存一卷(甲)

120000－0342－0001019　1021
梅苑十卷　(宋)黄大輿輯　清刻本　二册

120000－0342－0001020　1022
納書楹曲譜正集四卷續集四卷外集二卷補遺四卷王茗堂四夢全譜八卷　(清)葉堂撰　清道光二十八年(1848)刻本　二十四册

120000－0342－0001021　1023
七家詞鈔　(清)汪世泰輯　清刻隨園三十八種本　一册　存二種

120000－0342－0001022　1024
海風簫詞不分卷　(清)顧復初撰　清同治四年(1865)錦城刻本　一册

120000－0342－0001023　1025
水流雲在館詞鈔八卷悔餘詞續刊一卷　(清)周天麟撰　**月樓琴語一卷**　(清)蕭恒貞撰　清光緒二十一年至二十五年(1895－1899)刻本　二册

120000－0342－0001024　1026
盥廬詞一卷看鏡詞一卷　(清)蔣廷瓛撰　清刻本　一册

120000－0342－0001025　1027
麝塵蓮寸集四卷補遺一卷　(清)汪淵撰　(清)程淑注　清光緒十六年(1890)染翰齋刻本　二册

120000－0342－0001026　1028
蘋洲漁笛譜不分卷　(宋)周密撰　清刻本　一册

120000－0342－0001027　1029
種芸仙館詞五卷月湖秋瑟一卷花塹琴雅二卷　(清)馮登府撰　清道光刻本　一册

120000－0342－0001028　1030
梅影盦詞集蜀桐絃詞海風簫詞不分卷絳河笙詞稿不分卷　(清)顧復初撰　清光緒刻本　二册

120000－0342－0001029　1031
彈指詞三卷補遺一卷　(清)顧貞觀撰　**匏園詞**　(清)顧景文撰　**清琴詞**　(清)顧衡文撰　**栖香詞**　(清)顧貞立撰　**井華詞**　(清)顧皋撰　**繡餘詞**　(清)朱蕙貞撰　清光緒十九年(1893)刻本　二册

120000－0342－0001030　1032
冰壺詞六卷　(清)張雲驤撰　清光緒刻本　一册

120000－0342－0001031　1033
春在堂全書　(清)俞樾撰　清光緒刻本　十三册

120000－0342－0001032　1034
金梁夢月詞二卷懷夢詞一卷　(清)周之琦撰　清杭州陸貞一愛日軒刻本　一册

120000－0342－0001033　1035
正誼堂全書　(清)張伯行　(清)楊浚重輯　清同治五年(1866)福州正誼書局刻本　二百零一册　存六十種

120000－0342－0001034　1036
節相壯游日錄二卷　(清)方受穀　(清)惺新盦主輯　清光緒二十三年(1897)上海石印本　一册

120000－0342－0001035　1037
李文忠公朋僚函稿二十四卷　(清)李鴻章撰　(清)吳汝綸輯　清光緒二十八年(1902)直隸保定府蓮池書社鉛印本　十二册

120000－0342－0001036　1038
李文忠公海軍函稿四卷　(清)李鴻章撰　(清)吳汝綸輯　清光緒二十八年(1902)直隸保定府蓮池書社鉛印本　二册

120000－0342－0001037　1039
培遠堂手札節存三卷　(清)陳宏謀撰　清同治刻本　三冊

120000－0342－0001038　1040
讀書雜釋十四卷　(清)徐鼒撰　清咸豐十一年(1861)刻本　四冊

120000－0342－0001039　1041
毘陵徐氏家集　(清)徐堉輯　清光緒毘陵徐氏濟上刻本　四冊

120000－0342－0001040　1042
思補齋筆記八卷　(清)潘世恩撰　清會文齋刻潘刻五種本　四冊

120000－0342－0001041　1043
玉芝堂談薈三十六卷　(明)徐應秋輯　明崇禎刻清光緒蒨園遞修本　三十四冊

120000－0342－0001042　1044
吹網錄六卷　(清)葉廷琯撰　清同治埽葉山房石印本　三冊

120000－0342－0001043　1045
鷗陂漁話六卷　(清)葉廷琯撰　清末掃葉山房石印本　三冊

120000－0342－0001044　1046
病榻夢痕錄二卷錄餘一卷　(清)汪輝祖撰　清同治十一年(1872)刻龍莊遺書本　二冊

120000－0342－0001045　1047
津逮祕書　(明)毛晉輯　明崇禎虞山毛氏汲古閣刻本　五冊　存五種

120000－0342－0001046　1048
菉友蛾術編二卷　(清)王筠撰　清咸豐十年(1860)宋官疃刻王菉友九種本　二冊

120000－0342－0001047　1049
藤陰雜記十二卷　(清)戴璐撰　清光緒三年(1877)刻本　四冊

120000－0342－0001048　1050
梁溪先生文集一百八十卷附錄一卷　(宋)李綱撰　清刻本　四十冊

120000－0342－0001049　1051
止齋先生文集五十二卷附錄一卷　(宋)陳傅良撰　清光緒五年(1879)刻本　十冊

120000－0342－0001050　1052
周濂溪先生全集十三卷　(宋)周敦頤撰　(清)張伯行編輯　清光緒六年(1880)刻本　四冊

120000－0342－0001051　1053
豫章先生遺文十二卷　(宋)黄庭堅撰　清乾隆四十五年(1780)刻本　六冊

120000－0342－0001052　1054
駱臨海集十卷　(唐)駱賓王撰　清嘉慶二十五年(1820)刻本　四冊

120000－0342－0001053　1055
新喻梁石門先生集十卷首一卷末一卷　(明)梁寅撰　清光緒十五年(1889)刻本　六冊

120000－0342－0001054　1056
徐孝穆集六卷　(南朝陳)徐陵撰　清光緒二年(1876)廣東翰墨園刻本　四冊

120000－0342－0001055　1057
淮海集四十卷附錄一卷　(宋)秦觀撰　清同治十二年(1873)秦氏家塾刻本　六冊

120000－0342－0001056　1058
陶淵明集八卷首一卷末一卷　(晉)陶淵明撰　清光緒五年(1879)廣州翰墨園刻本　二冊

120000－0342－0001057　1059
息柯居士全集　(清)楊翰撰　清同治、光緒刻本　八冊　存四種

120000－0342－0001058　1060
古香閣詩集二卷　(清)葉璧華撰　清光緒二十九年(1903)奇珍閣刻本　二冊

120000－0342－0001059　1061
寒支初集十卷二集四卷首一卷　(清)李世熊撰　(清)李向旻輯　清同治十三年(1874)刻本　十四冊

120000－0342－0001060　1062
同人集十二卷　(清)冒襄輯　清光緒八年

(1882)刻本　十二册

120000－0342－0001061　1063
倭文端公遺書八卷首二卷末一卷續三卷
(清)倭仁撰　清光緒元年(1875)六安求我齋刻本　四册

120000－0342－0001062　1064
耐庵文存六卷　(清)賀長齡撰　清咸豐刻本　三册

120000－0342－0001063　1065
耐庵文存六卷　(清)賀長齡撰　清咸豐刻本　三册

120000－0342－0001064　1066
劉禮部集十二卷　(清)劉逢禄撰　清刻本　六册

120000－0342－0001065　1067
霜紅龕集四十卷　(清)傅山撰　**附録三卷年譜一卷**　丁寶銓輯　清宣統三年(1911)山陽丁氏刻本　十二册

120000－0342－0001066　1068
揅石齋詩集五十卷　(清)錢載撰　清光緒四年(1878)蘇州府署刻本　六册

120000－0342－0001067　1069
揅石齋文集二十六卷十國詞箋略不分卷
(清)錢載撰　清光緒四年(1878)蘇州府署刻本　四册

120000－0342－0001068　1070
太史升菴全集八十一卷年譜一卷目録二卷
(明)楊慎撰　(明)楊有仁輯　清乾隆六十年(1795)周氏養拙山房刻本　十册　存四十六卷(一至四十六)

120000－0342－0001069　1071
陳忠裕全集三十卷年譜三卷首一卷末一卷
(明)陳子龍撰　(明)王昶輯　清嘉慶八年(1803)簳山草堂刻本　十册

120000－0342－0001070　1072
黄漳浦集五十卷首一卷年譜二卷　(明)黄道周撰　清道光刻本　三十册

120000－0342－0001071　1073
澤古齋文鈔三卷補遺一卷詩鈔一卷語録一卷
(清)吴士模撰　清光緒十九年(1893)刻本　六册

120000－0342－0001072　1074
西漚全集十卷　(清)李惺撰　(清)童棫(清)宋寶械輯　清同治七年(1868)李氏刻本　八册

120000－0342－0001073　1075
移芝室古文讀本十三卷　(清)楊彝珍撰(清)閻鎮珩輯　清光緒刻本　四册

120000－0342－0001074　1076
小謨觴館詩集八卷續集二卷詩餘一卷　(清)彭兆蓀撰　清光緒刻小謨觴館全集本　五册

120000－0342－0001075　1077
小謨觴館文集四卷續集二卷　(清)彭兆蓀撰　清光緒刻小謨觴館全集本　三册

120000－0342－0001076　1078
孫淵如先生全集　(清)孫星衍撰　清光緒二十年(1894)湖南思賢書局刻本　十册

120000－0342－0001077　1079
白茅堂集四十六卷　(清)顧景星撰　(清)顧昌輯　清光緒三十年(1904)刻本　十九册

120000－0342－0001078　1080
耳提録不分卷　(清)顧景星撰　(清)顧昌輯　清光緒三十年(1904)刻本　一册

120000－0342－0001079　1081
靈芬館詩話十二卷續六卷　(清)郭麐撰　清嘉慶二十一年(1816)刻靈芬館集本　四册

120000－0342－0001080　1082
爨餘叢話四卷　(清)郭麐撰　清道光九年(1829)刻靈芬館集本　二册

120000－0342－0001081　1083
詩韻合璧五卷　(清)許時庚輯　清光緒上洋公興書局發行所鉛印本　五册

120000－0342－0001082　1084
説郛一百二十㢧　(明)陶宗儀輯　(明)陶珽

重校　清順治三年(1646)兩浙督學周南李際期宛委山堂刻本　四冊　存十四種

120000－0342－0001083　1085
帶經堂詩話三十卷首一卷　(清)王士禛撰　清乾隆刻本　八冊

120000－0342－0001084　1086
漢鐃歌釋文箋正不分卷　王先謙箋正　清同治十一年(1872)虛受堂王氏刻本　一冊

120000－0342－0001085　1087
亦有生齋集樂府二卷　(清)趙懷玉撰　清光緒十三年(1887)刻本　一冊

120000－0342－0001086　1088
海天琴思續錄八卷　(清)林昌彝輯　清同治八年(1869)粵東省城西湖街富文齋刻本　四冊

120000－0342－0001087　1089
屈子雜文不分卷　(清)王邦采輯　清刻本　一冊

120000－0342－0001088　1090
詩總聞二十卷　(宋)王質撰　清刻本　五冊　缺三卷(一至三)

120000－0342－0001089　1091
毗陵伍氏合集　(清)伍宇昭輯　清嘉慶刻本　六冊　存二種

120000－0342－0001090　1092
小學弦歌八卷　(清)李元度輯　清光緒刻本　四冊

120000－0342－0001091　1093
香痕奩影集四卷閨秀一卷　(清)吳仲輯　清宣統二年(1910)京師國學萃編社鉛印本　五冊

120000－0342－0001092　1094
江蘇詩徵一百八十三卷　(清)王豫輯　清道光元年(1821)刻本　四十冊

120000－0342－0001093　1095
皇極經世緒言九卷首二卷　(宋)邵雍撰　(明)黄粵洲註釋　(清)劉斯組述　清道光十年(1830)錢塘徐樹堂刻本　十冊

120000－0342－0001094　1096
論語集註通證二卷　(元)張存中輯　清康熙十九年(1680)刻通志堂經解本　一冊

120000－0342－0001095　1097
南華發覆八卷　(戰國)莊周撰　(明)釋性涵注　清乾隆十四年(1749)雲林懷德堂刻本　八冊

120000－0342－0001096　1098
素行室經說二卷　(清)楊譽龍撰　清光緒刻本　一冊

120000－0342－0001097　1099
新訂四書補註備旨十卷　(明)鄧林撰　(清)鄧煜輯　清同治三年(1864)天津文煥堂刻本　八冊

120000－0342－0001098　1100
周官辨一卷　(清)方苞撰　清乾隆刻抗希堂十六種本　一冊

120000－0342－0001099　1101
孟子要略五卷　(宋)朱熹撰　(清)劉傳瑩輯　(清)曾國藩按　清同治十三年(1874)傳忠書局刻曾文正公全集本　一冊

120000－0342－0001100　1102
景紫堂全書　(清)夏炘撰　清咸豐刻同治元年(1862)彙印本　五冊　存二種

120000－0342－0001101　1103
韓非子集解二十卷首一卷　(戰國)韓非撰　(清)王先慎注　清光緒二十二年(1896)刻本　六冊

120000－0342－0001102　1104
北湖小志六卷首一卷　(清)焦循撰　清嘉慶刻焦氏叢書本　二冊

120000－0342－0001103　1105
汪子中詮六卷附密齋病語　(明)汪應蛟撰　清刻本　六冊

120000－0342－0001104　1106
涇野子内篇二十七卷　(明)吕楠撰　清光緒

七年(1881)景槐書院刻本　六冊

120000－0342－0001105　1107

信好錄四卷　(清)賀瑞麟輯　清光緒十六年(1890)柏經正堂刻西京清麓叢書本　三冊

120000－0342－0001106　1108

儀顧堂題跋十六卷續跋十六卷　(清)陸心源撰　清光緒十六年至十八年(1890－1892)刻潛園總集本　八冊

120000－0342－0001107　1109

鐵琴銅劍樓藏書目錄二十四卷　(清)瞿鏞輯　清光緒二十四年(1898)常熟瞿氏罟里家塾刻本　十冊

120000－0342－0001108　1110

欽定四庫全書總目二百卷首一卷　(清)紀昀等編　清刻本　四十九冊

120000－0342－0001109　1111

書目答問四卷輶軒語不分卷　(清)張之洞撰　清光緒刻本　二冊

120000－0342－0001110　1112

時務通考三十一卷首一卷　(清)杞廬主人撰　清光緒二十三年(1897)上海點石齋石印本　二十四冊

120000－0342－0001111　1113

元和江氏靈鶼閣叢書　(清)江標輯　清光緒元和江氏湖南使院刻本　三冊　存四種

120000－0342－0001112　1114

藝海珠塵　(清)吳省蘭編　清嘉慶南匯吳氏聽彝堂刻道光三十年(1850)金山錢氏漱石軒增刻重印本　六十四冊

120000－0342－0001113　1115

方望溪全集　(清)方苞撰　清抗希堂刻本　三十八冊

120000－0342－0001114　1116

尚書全解一卷　(宋)林之奇撰　清刻本　四冊

120000－0342－0001115　1117

讀史方輿紀要九卷附錄一卷　(清)顧祖禹撰　清嘉慶十年(1805)友蘭堂刻本　八冊

120000－0342－0001116　1118

三宋人集三種　(清)方功惠輯　清光緒七年(1881)巴陵方氏碧琳琅館刻本　八冊

120000－0342－0001117　1119

霞箋記二卷　(明)□□撰　明萬曆、崇禎汲古閣刻六十種曲本　一冊

120000－0342－0001118　1120

嶺南遺書　(清)伍元薇　(清)伍崇曜輯　清道光、同治南海伍氏粵雅堂文字歡娛室刻本　十六冊　存六種

120000－0342－0001119　1121

投筆記二卷　(□)□□撰　清抄本　二冊

120000－0342－0001120　1122

無瑕璧傳奇二卷　(清)夏綸撰　清抄本　二冊

120000－0342－0001121　1123

瑞筠圖傳奇二卷　(清)夏綸撰　清抄本　二冊

120000－0342－0001122　1124

療妬羹二卷　(清)餐花主人編　清抄本　一冊

120000－0342－0001123　1125

錫六環二卷　(清)孫埏撰　清抄本　一冊

120000－0342－0001124　1126

左海全集　(清)陳壽祺撰　清嘉慶、道光三山陳氏刻本　二十八冊　存十種

120000－0342－0001125　1127

左海續集　(清)陳壽祺撰　清道光、同治刻本光緒補刻本　五十二冊　存九種

120000－0342－0001126　1128

積學齋叢書　徐乃昌輯　清光緒南陵徐氏刻本　二十冊　存二十種

120000－0342－0001127　1129

重刊宋本十三經注疏附校勘記　(清)阮元撰　(清)盧宣旬摘錄　清光緒十八年(1892)湖

南實慶務本書局刻本　十册　存二種

120000－0342－0001128　1130
范文正公全集四十八卷　(宋)范仲淹撰　清康熙四十六年(1707)刻道光十年(1830)重修歲寒堂刻本　十册

120000－0342－0001129　1131
范忠宣公全集二十五卷　(宋)范純仁撰　清康熙四十六年(1707)刻道光十年(1830)重修歲寒堂刻本　六册

120000－0342－0001130　1132
庸庵全集七種　(清)薛福成撰　清光緒無錫薛氏刻本　四十二册　存五種

120000－0342－0001131　1133
儀衛軒文集十二卷外集一卷附錄一卷　(清)方東樹撰　清同治七年(1868)刻本　四册

120000－0342－0001132　1134
逐學齋文鈔十二卷首一卷末一卷　(清)孫衣言撰　清同治十二年(1873)刻本　十二册

120000－0342－0001133　1135
平養堂文編十卷　(清)王龍文撰　清宣統刻本　四册

120000－0342－0001134　1136
聊齋先生文集二卷　(清)蒲松齡撰　清宣統三年(1911)成都清白堂刻本　二册

120000－0342－0001135　1137
邱邦士文集十八卷　(清)邱維屏撰　清光緒元年(1875)周郁文刻本　八册

120000－0342－0001136　1138
扁善齋文存二卷　(清)鄧嘉緝撰　清光緒二十七年(1901)刻本　二册

120000－0342－0001137　1139
柳南文鈔六卷詩鈔十卷　(清)王應奎撰　清乾隆刻本　二册

120000－0342－0001138　1140
餘山先生遺書十卷　(清)桑調元　(清)沈廷芳編　清乾隆五十四年(1789)刻本　二册

120000－0342－0001139　1141
綠野齋文集四卷　(清)劉鴻翱撰　清道光七年(1827)刻本　四册

120000－0342－0001140　1142
南畇文稿十二卷　(清)彭定求撰　清光緒七年(1881)刻本　六册

120000－0342－0001141　1143
平養堂文編十卷　(清)王龍文撰　清宣統三年(1911)思賢書局刻本　六册

120000－0342－0001142　1144
雙白燕堂文集三卷外集八卷　(清)陸耀遹撰　清光緒四年(1878)興國州署刻本　四册

120000－0342－0001143　1145
悔過齋文集七卷續集七卷補遺一卷　(清)顧廣譽撰　清光緒三年(1877)刻平湖顧氏遺書本　四册

120000－0342－0001144　1146
袁文箋正十六卷附錄小傳一卷　(清)袁枚撰　(清)石韞玉箋　清嘉慶十七年(1812)鶴壽山堂刻本　四册

120000－0342－0001145　1147
陳北溪先生文集十四卷　(宋)陳淳撰　(清)張伯行編訂　清光緒九年(1883)刻本　四册

120000－0342－0001146　1148
汪子文錄十卷　(清)汪縉撰　清光緒刻汪子遺書本　二册

120000－0342－0001147　1149
萬善花室文稿六卷　(清)方履籛撰　清道光十一年(1831)刻本　二册

120000－0342－0001148　1150
在陸草堂文集六卷　(清)儲欣撰　清光緒十七年(1891)刻本　六册

120000－0342－0001149　1151
或語一卷　(清)張貞撰　清康熙三十二年(1693)刻本　四册

120000－0342－0001150　1152
朱杜溪先生集七卷　(清)朱書著　清光緒十

九年(1893)刻本　二册

120000－0342－0001151　1153
養素堂文集三十五卷　(清)張澍撰　清道光十七年(1837)刻本　十六册

120000－0342－0001152　1154
澹園文集三卷　(清)虞景璜撰　清宣統三年(1911)刻本　一册

120000－0342－0001153　1155
春酒堂文集不分卷　(清)周容撰　清宣統二年(1910)國學扶輪社鉛印本　一册

120000－0342－0001154　1156
思補齋文集四卷　(清)劉星煒撰　清光緒二十年(1894)刻本　四册

120000－0342－0001155　1157
鄴芸文集五卷　(清)李騰華撰　清道光五年(1825)刻本　二册

120000－0342－0001156　1158
東溟文集六卷外集四卷文後集十四卷文外集二卷　(清)姚瑩撰　清道光二十九年(1849)刻本　八册

120000－0342－0001157　1159
體微齋遺編　(清)祝塏著　清光緒十六年(1890)刻本　六册　存三種

120000－0342－0001158　1160
槐軒雜著四卷　(清)劉沅撰　清宣統三年(1911)刻本　四册

120000－0342－0001159　1161
國朝文徵四十卷　(清)吳翌鳳編　清咸豐元年(1851)世美堂刻本　四十册

120000－0342－0001160　1162
黄巖集三十二卷　(清)王蜺撰　清光緒三年(1877)刻本　十四册

120000－0342－0001161　1163
南菁講舍文集六卷　(清)黄以周編　清光緒十五年(1889)刻本　四册

120000－0342－0001162　1164
校經堂二集九卷　(清)陸寶忠輯　清光緒十四年(1888)刻本　四册

120000－0342－0001163　1165
辨志文會課藝一卷　(清)宗源瀚輯　清光緒六年(1880)刻本　六册

120000－0342－0001164　1166
湘社集四卷　易順鼎　程頌萬編　清光緒十七年(1891)刻本　二册

120000－0342－0001165　1167
南菁講舍文集六卷文鈔二集六卷　(清)黄以周編　清光緒十五年至二十年(1889－1894)刻本　八册

120000－0342－0001166　1168
硯緣集録不分卷　(清)王壽邁輯　清咸豐六年(1856)大興王氏硯緣盦刻本　四册

120000－0342－0001167　1169
箕裘集詩鈔二十四卷　(清)繆之鎔輯　清光緒三十一年(1905)刻本　八册

120000－0342－0001168　1170
蜀詩十五卷　(明)費經虞輯　清道光鶩溪孫氏古棠書屋刻本　四册

120000－0342－0001169　1171
信陽詩集二十六卷　(明)何景明撰　清光緒三十三年(1907)渭南嚴氏刻本　四册

120000－0342－0001170　1172
元遺山詩集箋注十四卷首一卷末一卷　(金)元好問撰　清刻本　六册

120000－0342－0001171　1173
山谷内集詩注二十卷外集十七卷别集二卷　(宋)黄庭堅撰　清光緒二十一年至二十五年(1895－1899)刻本　二十册

120000－0342－0001172　1174
李義山詩集三卷　(唐)李商隱撰　(清)朱鶴齡箋注　清同治九年(1870)刻三色套印本　四册

120000－0342－0001173　1175
李義山詩集三卷　(唐)李商隱撰　(清)朱鶴

齡箋注　清同治九年(1870)刻三色套印本　四冊

120000－0342－0001174　1176

李義山詩集三卷　(唐)李商隱撰　(清)朱鶴齡箋注　清同治九年(1870)刻三色套印本　四冊

120000－0342－0001175　1177

昌黎先生詩增注證訛十一卷　(唐)韓愈撰　(清)顧嗣立刪補　(清)黃鉞增注　清咸豐七年(1857)刻本　六冊

120000－0342－0001176　1178

昌黎先生詩集注十一卷　(唐)韓愈撰　(清)顧嗣立注　清膺德堂套印本　二冊

120000－0342－0001177　1179

錢南園先生遺集五卷　(清)錢灃撰　清同治十一年(1872)刻本　二冊

120000－0342－0001178　1180

虹橋老屋遺稿文四卷詩五卷補遺三卷　(清)秦緗業撰　清光緒刻本　四冊

120000－0342－0001179　1181

詩古微三編十五卷首一卷　(清)魏源輯　清道光二十年(1840)刻本　六冊

120000－0342－0001180　1182

全唐詩話八卷　(宋)尤袤輯　(清)孫濤續輯　清乾隆三十九年(1774)刻本　六冊

120000－0342－0001181　1183

廣陵詩事十卷　(清)阮元撰　清嘉慶四年(1799)刻本　二冊

120000－0342－0001182　1184

毛詩注疏二十卷　(漢)鄭玄箋　(唐)孔穎達疏　明崇禎三年(1630)汲古閣刻十三經注疏本　十六冊

120000－0342－0001183　1185

陳氏毛詩五種　(清)陳奐撰　清光緒九年(1883)套印本　十二冊

120000－0342－0001184　1186

詩經廣詁三十卷　(清)徐璈撰　清道光十年(1830)刻本　八冊

120000－0342－0001185　1187

安般簃詩續鈔十卷　(清)袁昶撰　清光緒十八年(1892)刻本　三冊

120000－0342－0001186　1188

五百四峰堂詩鈔二十五卷　(清)黎簡撰　清同治十三年(1874)南海陳氏刻本　八冊

120000－0342－0001187　1189

敬業堂詩集五十卷　(清)查慎行撰　清康熙五十八年(1719)刻本　十二冊

120000－0342－0001188　1190

三十家詩鈔六卷　(清)曾國藩纂　(清)王定安增輯　(清)尹壽衡校　清同治十三年(1874)刻本　六冊

120000－0342－0001189　1191

海陵竹枝詞六卷　(清)王廣業等撰　清同治三年(1864)刻本　二冊

120000－0342－0001190　1192

青箱堂詩三十三卷　(清)王崇簡撰　清康熙刻本　六冊

120000－0342－0001191　1193

香痕奩影集四卷　(清)吳仲輯　清宣統元年(1909)鉛印本　五冊

120000－0342－0001192　1194

道咸同光四朝詩史甲集八卷首一卷　(清)孫雄輯　清宣統二年(1910)刻本　十冊

120000－0342－0001193　1195

周易傳義音訓八卷首一卷末一卷　(宋)程頤傳　(宋)朱熹本義　(宋)呂祖謙音訓　清光緒十五年(1889)江南書局刻本　八冊

120000－0342－0001194　1196

張臯文箋易詮全集　(清)張惠言撰　清嘉慶、道光刻本　三冊　存二種

120000－0342－0001195　1197

周易本義四卷　(宋)朱熹撰　清刻本　二冊

120000－0342－0001196　1198

易話二卷　（清）焦循撰　清道光六年（1826）刻本　一册

120000－0342－0001197　1199
莊子獨見三十三卷　（清）胡文英評釋　清刻本　四册

120000－0342－0001198　1200
自西徂東五卷　（德國）花之安撰　清光緒十年（1884）刻本　五册

120000－0342－0001199　1201
濼源問答十二卷　（清）沈可培撰　清嘉慶二十年（1815）刻道光重印本　十二册

120000－0342－0001200　1202
思辨錄輯要前集二十二卷後集十三卷　（明）陸世儀撰　清光緒三年（1877）江蘇書局刻本　八册

120000－0342－0001201　1203
呂氏春秋二十六卷　（秦）呂不韋撰　（漢）高誘注　清光緒元年（1875）浙江書局刻二十二子本　六册

120000－0342－0001202　1204
朱子類語一百四十卷　（宋）朱熹撰　（宋）黎靖德編　清同治十一年（1872）刻本　四十册

120000－0342－0001203　1205
泰山志二十卷　（清）金棨撰　清嘉慶刻本　十册

120000－0342－0001204　1206
金山志十卷續二卷　（清）盧見曾纂　（清）釋秋崖續纂　清光緒二十七年（1901）刻本　六册

120000－0342－0001205　1207
明州阿育王山志十卷續志六卷　（明）郭子章撰　（清）釋畹荃續輯　清乾隆刻本　六册

120000－0342－0001206　1208
書目答問箋補四卷　（清）張之洞撰　清光緒三十年（1904）刻本　四册

120000－0342－0001207　1209
善本書室藏書志四十卷附錄一卷　（清）丁丙輯　清光緒二十七年（1901）刻本　十六册

120000－0342－0001208　1210
讀書引十二卷　（清）王謨輯　清乾隆四十八年（1783）刻本　二册

120000－0342－0001209　1211
藏書紀事詩七卷　葉昌熾撰　清宣統二年（1910）刻本　六册

120000－0342－0001210　1212
鐵琴銅劍樓藏書目錄二十四卷　（清）瞿鏞編　清光緒二十四年（1898）刻本　十册

120000－0342－0001211　1213
儀顧堂題跋十六卷　（清）陸心源撰　清光緒十六年（1890）刻本　八册

120000－0342－0001212　1214
浙江採集遺書總錄十一卷　（清）沈初編　清乾隆三十九年（1774）刻本　十册

120000－0342－0001213　1215
張子全書十五卷首一卷　（宋）張載撰　（宋）朱熹注　清同治九年（1870）刻本　八册

120000－0342－0001214　1216
行素堂目睹書錄十編　（清）朱記榮輯　**汲古閣珍藏秘本書目一卷**　（清）毛扆編　清光緒十年（1884）吳縣朱記榮槐廬刻本　十册

120000－0342－0001215　1217
資治通鑑目錄三十卷　（宋）司馬光編　清同治八年（1869）江蘇書局刻本　十册

120000－0342－0001216　1218
開有益齋讀書志六卷續志一卷金石文字記一卷　（清）朱緒曾撰　清光緒六年（1880）金陵翁氏茹古閣刻本　六册

120000－0342－0001217　1219
東瀛參觀學校記　（清）呂佩芬撰　清光緒三十三年（1907）鉛印本　一册

120000－0342－0001218　1220
明治小學教育沿革　（清）京師編書局編　清光緒三十二年（1906）京師學部編譯書局鉛印本　一册

120000－0342－0001219　1221

金匱要略淺注十卷　（漢）張仲景撰　（清）陳念祖集注　清光緒三十四年（1908）寶慶經元書局刻本　五册

120000－0342－0001220　1222

書目答問四卷　（清）張之洞撰　清宣統三年（1911）掃葉山房石印本　二册　存二卷（一至二）

120000－0342－0001221　1223

魏稼孫先生全集四種　（清）魏錫曾撰　清光緒九年（1883）羊城刻本　四册　存二種

120000－0342－0001222　1224

敏果齋七種　（清）許乃釗輯　清道光錢塘許氏刻本　十五册

120000－0342－0001223　1225

繡像夢影緣四十八回　（清）爨下生撰　清光緒二十一年（1895）竹簡齋石印本　十五册　缺三回（三十四至三十六）

120000－0342－0001224　1226

元曲選　（明）臧懋循輯　明萬曆吳興臧氏刻本　二册　存四種

120000－0342－0001225　1227

茶夢盦燼餘詞　（清）高望曾撰　清同治九年（1870）福州刻本　一册

120000－0342－0001226　1228

曝書亭詞拾遺三卷志異一卷　（清）朱彝尊撰　（清）翁之潤輯錄　清光緒二十二年（1896）刻本　一册

120000－0342－0001227　1229

靈芬館詞四種　（清）郭麐撰　清光緒五年（1879）仁和許增刻榆園叢刻本　二册

120000－0342－0001228　1230

靈芬館詞四種　（清）郭麐撰　清光緒五年（1879）仁和許增刻榆園叢刻本　二册

120000－0342－0001229　1231

瓶笙館修簫譜四卷　（清）舒位撰　清道光十三年（1833）錢唐汪氏振綺堂刻本　一册

120000－0342－0001230　1232

山中白雲八卷附刻贈詩　（宋）張炎撰　清刻本　二册

120000－0342－0001231　1233

玉搔頭傳奇二卷　（清）湖上笠翁撰　清順治十五年（1658）刻本　一册

120000－0342－0001232　1234

荊釵記二卷　（明）朱權撰　清刻本　二册　存一卷（十七）

120000－0342－0001233　1235

吟香堂曲譜牡丹亭二卷　（清）馮起鳳撰　清乾隆五十四年（1789）刻本　二册

120000－0342－0001234　1236

寶樹堂遺書三種　（清）郭夢星撰　清光緒二十一年（1895）刻本　四册　存三種

120000－0342－0001235　1237

石林遺書十三種　（宋）葉夢得撰　清宣統三年（1911）長沙葉德輝觀古堂刻本　十四册

120000－0342－0001236　1238

秋浦雙忠錄四十卷　劉世珩輯　清光緒二十六年至二十八年（1900－1902）貴池劉氏唐石簃刻本　六册

120000－0342－0001237　1239

顨軒孔氏所著書七種　（清）孔廣森撰　清嘉慶二十二年（1817）曲阜孔氏儀鄭堂刻本　十册

120000－0342－0001238　1240

金石訂例四卷　（清）鮑振方撰　清光緒十年（1884）常熟後知不足齋刻本　一册

120000－0342－0001239　1241

歷代石經略二卷　（清）桂馥撰　清光緒九年（1883）陳州郡齋刻本　二册

120000－0342－0001240　1242

粵西金石略十五卷　（清）謝啟昆撰　清嘉慶六年（1801）銅鼓亭刻本　四册

120000－0342－0001241　1243

潞安詩鈔前編四卷　（清）程之昭輯　（清）常

煜訂　清道光十九年(1839)寡過未能齋刻本　四冊

120000－0342－0001242　1244
潞安詩鈔後編十二卷　(清)常煜　(清)連國珠輯　清道光十九年(1839)寡過未能齋刻本　六冊

120000－0342－0001243　1245
疇人傳四十六卷續傳六卷　(清)阮元輯　清光緒八年(1882)常惺齋刻本　十二冊

120000－0342－0001244　1246
金石三例　(清)盧見曾輯　(清)王芑孫評　清光緒四年(1878)讀有用書齋刻朱墨套印金石全例本　四冊　存三種

120000－0342－0001245　1247
求古精舍金石圖四卷　(清)陳經撰　清嘉慶二十三年(1818)說劍樓刻本　二冊

120000－0342－0001246　1248
中州金石記五卷　(清)畢沅撰　清光緒八年(1882)邵氏望三益齋刻本　二冊

120000－0342－0001247　1249
宋六十名家詞不分卷　(明)毛晉編　清光緒錢塘汪氏刻本　三十二冊

120000－0342－0001248　1250
光緒政要三十四卷　(清)沈桐生輯　清宣統元年(1909)上海崇義堂石印本　三十冊

120000－0342－0001249　1251
皇朝掌故彙編内編六十卷首一卷　(清)宋文蔚等撰　清光緒二十八年(1902)求實書社鉛印本　三十六冊

120000－0342－0001250　1252
各國通商始末記十八卷附編二卷　(清)王之春編　(清)彭玉麟定　清光緒二十一年(1895)寶善書局石印本　六冊

120000－0342－0001251　1253
熙朝紀政六卷　(清)王慶云撰　清光緒二十七年(1901)上海天章書局石印本　三冊

120000－0342－0001252　1254
大清通禮五十四卷　(清)來保等修　(清)李玉鳴等纂　(清)穆克登額等續修　(清)恒泰等續纂　清光緒九年(1883)江蘇書局刻本　十二冊

120000－0342－0001253　1255
中外通商始末記十八卷附編二卷　(清)王之春編　(清)彭玉麟定　清光緒二十一年(1895)寶善書局石印本　六冊

120000－0342－0001254　1256
南巡盛典一百二十卷　(清)高晉等編　清光緒八年(1882)上海點石齋石印本　八冊

120000－0342－0001255　1257
南巡盛典一百二十卷　(清)高晉等編　清光緒八年(1882)上海點石齋石印本　八冊

120000－0342－0001256　1258
光緒乙巳年交涉要覽三卷　(清)北洋洋務局纂輯　清光緒三十三年(1907)北洋官報局鉛印本　五冊

120000－0342－0001257　1259
清秘述聞十六卷　(清)法式善輯　清嘉慶刻本　六冊

120000－0342－0001258　1260
邊事彙鈔十二卷續鈔八卷　(清)朱克敬輯　清光緒六年(1880)刻本　十冊

120000－0342－0001259　1261
大清律例四十七卷　(清)唐紹祖等纂　清刻本　十六冊

120000－0342－0001260　1262
平原拳匪紀事　(清)蔣楷撰　清末鉛印本　一冊

120000－0342－0001261　1263
天津拳匪變亂紀事二卷　劉孟揚撰　清宣統二年(1910)民興報館鉛印本　二冊

120000－0342－0001262　1264
山東軍興紀略二十二卷　(清)張曜撰　清光緒五年(1879)上海申報館仿聚珍版鉛印本　十冊

120000－0342－0001263　1265
吴中平寇記八卷　(清)錢勖撰　清光緒元年(1875)上海申報館鉛印本　二册

120000－0342－0001264　1266
湘軍記二十卷　(清)王定安撰　清光緒十五年(1889)江南書局刻本　十二册

120000－0342－0001265　1267
淮軍平捻記十二卷　(清)周世澄撰　清光緒上海申報館鉛印本　四册

120000－0342－0001266　1268
霆軍紀略十六卷　(清)陳昌輯　清光緒八年(1882)上海申報館鉛印本　六册

120000－0342－0001267　1269
庸書内編二卷外編二卷　(清)陳熾撰　清光緒二十四年(1898)成都志古堂刻本　二册

120000－0342－0001268　1270
英國第七册藍皮書□□卷　(清)鄭貞來譯　清光緒二十九年(1903)湖北洋務譯書局鉛印本　四册　存四卷(一至四)

120000－0342－0001269　1271
東三省政略十二卷　徐世昌撰　清宣統三年(1911)鉛印本　四十六册

120000－0342－0001270　1272
彝軍紀略不分卷　(清)彭洵撰　清光緒十二年(1886)崇陽刻本　一册

120000－0342－0001271　1273
通商約章類纂三十五卷　(清)張開運等纂輯　清光緒十二年(1886)天津官書局刻本　二十册

120000－0342－0001272　1274
海岱史略一百四十卷　(清)王馭超編　清光緒二十三年(1897)刻本　二十四册

120000－0342－0001273　1275
中西人物通考一百卷　(清)葉逢時編輯　清光緒二十九年(1903)杭州史學齋石印本　二十册

120000－0342－0001274　1276
約章成案彙編甲編十卷乙編四十二卷　(清)北洋洋務局編輯　清光緒三十一年(1905)上海點石齋石印本　四十六册

120000－0342－0001275　1277
欽定剿平捻匪方略三百二十卷　(清)奕訢等纂　清同治十一年(1872)鉛印本　三百二十册

120000－0342－0001276　1278
補疑年錄四卷續疑年錄三卷　(清)錢椒編　清光緒六年(1880)吴興陸氏刻本　二册

120000－0342－0001277　1279
四裔編年表四卷　(美國)林樂知撰　嚴良勳譯　(清)李鳳苞彙編　清光緒二十三年(1897)石印本　一册　存一卷(四)

120000－0342－0001278　1280
西藏交涉志要六卷　(清)鍾鏞撰　清宣統元年(1909)鉛印本　二册

120000－0342－0001279　1281
北洋官報不分卷　(清)□□撰　清光緒三十一年(1905)北洋官報總局鉛印本　一册

120000－0342－0001280　1282
邸鈔六卷　(清)字林滬報館輯　清光緒二十二年(1896)字林滬報館鉛印本　一册　存一卷(六)

120000－0342－0001281　1283
漢魏六朝百三名家集　(明)張溥輯　清光緒十八年(1892)善化章經濟堂刻本　一百册　存十二種

120000－0342－0001282　1284
文章軌範七卷　(元)謝枋得輯　清光緒元年(1875)崇文書局刻三色套印本　二册

120000－0342－0001283　1285
元明八大家古文選十一卷　(清)劉肇虞輯　清乾隆二十九年(1764)刻本　十册

120000－0342－0001284　1286
續古文苑二十卷　(清)孫星衍撰　清嘉慶十七年(1812)冶城山館刻本　二十册

120000－0342－0001285　1287
文選旁證四十六卷　(清)梁章鉅撰　清光緒八年(1882)吳下刻本　十二册

120000－0342－0001286　1288
塾課古文匯選八卷　(清)溫承德撰　清嘉慶十八年(1813)刻本　八册

120000－0342－0001287　1289
重訂文選集評十五卷　(南朝梁)蕭統選　(清)于光華編　清同治十一年(1872)江蘇書局刻本　十六册

120000－0342－0001288　1290
原獻詩錄三卷文錄四卷原故文錄一卷　(清)賀瑞麟輯　清光緒五年(1879)刻本　八册

120000－0342－0001289　1291
當湖文獻初編二十八卷　(清)朱壬林輯　清光緒十五年(1889)刻本　十二册

120000－0342－0001290　1292
古文斵十八卷　(清)姚培謙評注　清乾隆刻本　八册

120000－0342－0001291　1293
立雪軒評注古文集解八卷　(清)程潤德撰　清康熙四十三年(1704)聚文堂刻本　八册

120000－0342－0001292　1294
古賦識小錄八卷　(清)王芑孫輯　清嘉慶二十二年(1817)衣言堂刻本　四册

120000－0342－0001293　1295
歷朝賦楷八卷首一卷　(清)王修玉輯　清康熙二十五年(1686)文盛致和堂刻本　四册

120000－0342－0001294　1296
古文詞畧二十四卷　(清)梅曾亮選　清同治六年(1867)合肥李氏刻本　六册

120000－0342－0001295　1297
新疆賦不分卷　(清)徐松撰　清刻本　一册

120000－0342－0001296　1298
湖唐林館駢體文二卷　(清)李慈銘撰　清光緒十年(1884)刻本　二册

120000－0342－0001297　1299
古文釋義八卷　(清)余誠評注　清光緒十七年(1891)京都文成堂刻本　八册

120000－0342－0001298　1300
卜魁城賦不分卷　(清)英和撰　**新疆賦**　(清)徐松撰　**西藏賦**　(清)和寧撰　清光緒八年至九年(1882－1883)華陽王秉恩元尚居刻本　二册

120000－0342－0001299　1301
宋七家詞選七卷　(清)戈載輯　(清)杜文瀾校注　清光緒十一年(1885)刻本　四册

120000－0342－0001300　1302
東坡樂府三卷　(宋)蘇軾撰　朱祖謀編　清宣統三年(1911)吳興朱氏刻本　二册

120000－0342－0001301　1303
清綺軒詞選十三卷　(清)夏秉衡選　清光緒二十一年(1895)清綺軒刻本　六册

120000－0342－0001302　1304
詞綜三十八卷　(清)朱彝尊　**明詞綜十二卷**　(清)王昶輯　**國朝詞綜四十八卷二集八卷**　(清)王昶輯　清同治四年(1865)亦西齋刻本　二十四册

120000－0342－0001303　1305
詞選二卷續選二卷　(清)張惠言輯　**附錄一卷**　(清)鄭善長輯　清道光十年(1830)湖南思賢書局刻本　一册

120000－0342－0001304　1306
春蟄吟不分卷　(清)鄭文焯等撰　清光緒元年(1875)刻本　一册

120000－0342－0001305　1307
宋四家詞選不分卷　(清)周濟選　清刻本　一册

120000－0342－0001306　1308
宋四家詞選不分卷　(清)周濟選　清道光十二年(1832)刻本　一册

120000－0342－0001307　1309
花影吹笙室詞不分卷　(清)潘曾瑩　(清)潘

曾綬撰　清道光八年(1828)刻本　一冊

120000－0342－0001308　1310
詞綜三十六卷　(清)朱尊彝撰　清康熙十七年(1678)碧梧山房刻本　八冊

120000－0342－0001309　1311
石林詞一卷補遺一卷　(宋)葉夢得撰　(清)葉廷琯校録　清道光二十八年(1848)吳門葉氏楙華盦刻本　一冊

120000－0342－0001310　1312
竹簾館詞不分卷　(清)王樹藩撰　(清)朱孫懷選　清宣統元年(1909)朱氏刻本　一冊

120000－0342－0001311　1313
知止堂詞録三卷　(清)朱綬撰　清光緒二十年(1894)湖南思賢書局刻本　一冊

120000－0342－0001312　1314
和珠玉詞不分卷　(清)張祥齡等撰　清光緒二十年(1894)刻本　一冊

120000－0342－0001313　1315
玉龍詞一卷　(清)楊朝慶撰　清光緒二十四年(1898)北京宣南刻題襟集本　一冊

120000－0342－0001314　1316
宋元名家詞十五種　(清)江標輯　清光緒二十一年(1895)湖南思賢書局刻本　一冊　存三種

120000－0342－0001315　1317
宋元名家詞十五種　(清)江標編　清光緒二十一年(1895)湖南思賢書局刻本　四冊

120000－0342－0001316　1318
麝塵蓮寸集四卷末一卷　(清)汪淵集詞　(清)程淑校注　清光緒十六年(1890)染翰齋刻本　二冊

120000－0342－0001317　1319
眉緑樓詞八種　(清)顧文彬撰　清光緒十年(1884)刻本　四冊

120000－0342－0001318　1320
浙西六家詞　(清)陳維崧輯　清嘉慶九年(1804)刻本　六冊

120000－0342－0001319　1321
湖州詞徵二十四卷　朱祖謀輯　清宣統三年(1911)章震福刻本　四冊

120000－0342－0001320　1322
唐五代詞選三卷　(清)成肇麐編　清光緒二十一年(1895)刻本　一冊

120000－0342－0001321　1323
閩詞徵六卷　(清)林葆恒編　清同治八年(1869)刻本　六冊

120000－0342－0001322　1324
絕妙好詞箋七卷續鈔一卷　(宋)周密輯　(清)查為仁　(清)厲鶚箋　清道光八年(1828)杭州愛日軒刻本　八冊

120000－0342－0001323　1325
續詞選二卷附録一卷　(清)董毅録　清刻本　一冊

120000－0342－0001324　1326
全浙詩話五十四卷　(清)陶元藻輯　朱文藻等參訂　清嘉慶元年(1796)怡雲閣刻本　十冊

120000－0342－0001325　1327
詞學叢書　(清)秦恩復編　清光緒六年(1880)享帚精舍刻本　十冊　存六種

120000－0342－0001326　1328
湖州詞徵三十卷　朱祖謀輯　清宣統三年(1911)吳興劉氏嘉業堂刻本　四冊

120000－0342－0001327　1329
小令七種　(元)張可久等撰　清刻本　四冊

120000－0342－0001328　1330
東坡樂府三卷　(宋)蘇軾撰　朱祖謀輯　清宣統三年(1911)吳興朱氏刻本　二冊

120000－0342－0001329　1331
秋影山房詞不分卷　(清)李翮撰　清嘉慶二十五年(1820)刻本　一冊

120000－0342－0001330　1332
忠雅堂詞集二卷　(清)蔣士銓撰　清乾隆刻本　二冊

120000－0342－0001331　1333
疏影樓詞五卷　(清)姚燮撰　清道光十三年(1833)刻本　四册

120000－0342－0001332　1334
苾芻館詞集六卷　(清)胡延撰　清光緒二十九年(1903)金陵糧儲道廨刻本　四册

120000－0342－0001333　1335
金梁夢月詞二卷懷夢詞一卷　(清)周之琦撰　清杭州陸貞一愛日軒刻本　二册

120000－0342－0001334　1336
迦陵詞全集三十卷　(清)陳維崧撰　(清)宋琬等選　清康熙二十九年(1690)患立堂刻本　五册

120000－0342－0001335　1337
蓮子居詞話四卷　(清)吳衡照輯　清道光十二年(1832)錢塘汪氏振綺堂刻本　二册

120000－0342－0001336　1338
白雨齋詞話八卷　(清)陳廷焯撰　清光緒二十年(1894)刻本　四册

120000－0342－0001337　1339
詞品六卷拾遺二卷　(明)楊慎撰　(清)李調元輯　清刻本　四册

120000－0342－0001338　1340
心日齋詞集六卷　(清)周之琦撰　清刻本　二册

120000－0342－0001339　1341
時晴齋詞鈔不分卷　(清)張集馨撰　清光緒二十一年(1895)刻本　二册

120000－0342－0001340　1342
拜石山房詞鈔四卷　(清)顧翰撰　清光緒二年(1876)心禪室刻本　四册

120000－0342－0001341　1343
詞律二十卷拾遺六卷補遺一卷　(清)萬樹論次　(清)杜文瀾校　清光緒二年(1876)吳下刻本　十二册

120000－0342－0001342　1344
聽秋聲館詞話二十卷　(清)丁紹儀撰　清同治八年(1869)刻本　四册

120000－0342－0001343　1345
通志堂經解一百四十種　(清)納蘭成德輯　清同治十二年(1873)廣州粵東書局刻本　四百八十三册

120000－0342－0001344　1346
海山仙館叢書　(清)潘仕成輯　清道光二十九年(1849)刻本　一百二十册

120000－0342－0001345　1347
三長物齋叢書二十六種　(清)黄本驥輯　清光緒四年(1878)古香閣刻本　六十册　存二十五種

120000－0342－0001346　1348
御纂周易折中二十一卷首一卷　(清)李光地等撰　清同治十年(1871)湖北崇文書局刻本　十二册

120000－0342－0001347　1349
欽定書經傳說匯纂二十一卷首二卷書序一卷　(清)王頊齡等撰　清同治十年(1871)湖北崇文書局刻御纂七經本　十二册

120000－0342－0001348　1350
欽定詩經傳說匯纂二十一卷首二卷詩序二卷　(清)王鴻緒撰　清同治十年(1871)湖北崇文書局刻本　十八册　缺十一卷(十一至二十一)

120000－0342－0001349　1351
欽定周官義疏四十八首一卷　(清)鄂爾泰等撰　清同治十年(1871)湖北崇文書局御纂七經刻本　二十八册

120000－0342－0001350　1352
欽定禮記義疏八十二卷首一卷　(清)鄂爾泰等撰　清同治十年(1871)湖北崇文書局刻御纂七經本　三十八册　缺十三卷(一至十三)

120000－0342－0001351　1353
欽定春秋傳說匯纂三十八卷首二卷　(清)王掞等撰　清同治十年(1871)湖北崇文書局御纂七經刻本　二十册

120000－0342－0001352　1354
欽定儀禮義疏四十八卷首二卷　（清）鄂爾泰等撰　清同治十年（1871）湖北崇文書局御纂七經刻本　二十四册

120000－0342－0001353　1355
得一齋雜著四種　（清）黃楙材撰　清光緒二十二年（1896）刻本　三册

120000－0342－0001354　1356
明人尺牘選四卷　（清）王元勳輯　清康熙四十四年（1705）常熟漱芳齋刻本　四册

120000－0342－0001355　1357
出使日記續編十卷　（清）薛福成撰　清光緒二十七年（1901）石印本　十册　存九卷（一至九）

120000－0342－0001356　1358
西輶日記四卷附印度劄記遊歷芻言西徼水道　（清）黃楙材撰　清光緒二十三年（1897）成都志古堂刻本　四册

120000－0342－0001357　1359
曾文正公手書日記不分卷　（清）曾國藩撰　清宣統元年（1909）上海中國圖書公司影印本　四十册

120000－0342－0001358　1360
蜀輶日記四卷　（清）陶澍撰　清光緒七年（1881）江州官舍刻本　四册

120000－0342－0001359　1361
名媛尺牘二卷　（清）水鏡山房輯　清刻本　二册

120000－0342－0001360　1362
精選明人尺牘小品二卷　（清）王元勳編　清光緒七年（1881）常熟抱芳閣石印本　四册

120000－0342－0001361　1363
陶廬箋牘四卷　王樹枏撰　清光緒至民國新城王氏刻陶廬叢刻二十四種本　二册

120000－0342－0001362　1364
重刻賴古堂尺牘新鈔三選結鄰集十六卷　（清）周在浚等輯　清道光六年（1826）北平雷學淦刻本　六册

120000－0342－0001363　1365
南省公餘錄八卷　（清）梁章鉅撰　清嘉慶刻本　二册

120000－0342－0001364　1366
人海記二卷　（清）查慎行輯　清光緒崇文書局刻正覺樓叢本　二册

120000－0342－0001365　1367
芸窗叢話五集續集一卷　（清）郭芳蘭撰　清光緒十年（1884）聚魁齋刻本　六册

120000－0342－0001366　1368
玉井山館筆記一卷　（清）許宗衡撰　清同治十三年（1874）吳縣潘氏滂喜齋刻滂喜齋叢書本　六册

120000－0342－0001367　1369
鱗洲雜著四卷　（清）錢贊黃撰　清光緒二十四年（1898）木活字本　四册

120000－0342－0001368　1370
兩般秋雨盦隨筆八卷　（清）梁紹壬撰　清光緒十年（1884）錢塘許氏吉華室刻本　八册

120000－0342－0001369　1371
平書八卷　（清）秦篤輝撰　清光緒十七年（1891）三餘草堂刻湖北叢書本　三册

120000－0342－0001370　1372
重訂西青散記八卷　（清）史震林撰　清嘉慶十年（1805）句榮裴玠刻本　四册

120000－0342－0001371　1373
幽夢影二卷　（清）張潮撰　清同治十三年（1874）遲雲樓刻本　四册

120000－0342－0001372　1374
舒藝室隨筆六卷　（清）張文虎撰　清同治十三年（1874）金陵冶城賓館刻覆瓿集本　二册

120000－0342－0001373　1375
舒藝室雜著甲編二卷乙編二卷賸稿一卷　（清）張文虎撰　清光緒五年至七年（1879－1881）刻覆瓿集本　三册

120000－0342－0001374　1376
詩夢鐘聲錄不分卷　（清）李嘉樂輯　清光緒刻本　一冊

120000－0342－0001375　1377
湛園劄記四卷　（清）姜宸英撰　清光緒七年（1881）刻本　二冊

120000－0342－0001376　1378
耐安類稿五種　（清）陳偉撰　清光緒二十二年（1896）刻本　六冊

120000－0342－0001377　1379
午風堂叢談八卷　（清）鄒炳泰撰　清嘉慶五年（1800）刻本　二冊

120000－0342－0001378　1380
鷗陂漁話六卷　（清）葉廷琯撰　清同治八年至九年（1869－1870）刻本　三冊

120000－0342－0001379　1381
宦遊紀略二卷　（清）高廷瑤撰　**誥授朝議大夫廣東廣州府知府高公家傳**　（清）唐樹義撰　清同治十二年（1873）成都刻本　一冊

120000－0342－0001380　1382
養吉齋叢錄二十六卷餘錄十卷　（清）吳振棫撰　清光緒刻本　八冊

120000－0342－0001381　1383
足本嘯亭雜錄十卷續錄三卷　（清）昭槤撰　清宣統元年（1909）中國圖書公司鉛印本　四冊

120000－0342－0001382　1384
習學記言五十卷　（宋）葉適撰　清光緒九年（1883）江陰里安黃體芳刻本　十冊

120000－0342－0001383　1385
義門讀書記五十八卷　（清）何焯撰　（清）蔣維鈞編　清光緒六年（1880）吳氏刻本　十六冊

120000－0342－0001384　1386
恩福堂筆記二卷　（清）英和撰　清道光十七年（1837）刻本　一冊

120000－0342－0001385　1387
竹葉亭雜記八卷　（清）姚元之撰　清光緒十九年（1893）刻本　二冊

120000－0342－0001386　1388
康熙幾暇格物編二卷　（清）聖祖玄燁撰　（清）盛昱錄　清光緒石印本　二冊

120000－0342－0001387　1389
康熙幾暇格物編二卷　（清）聖祖玄燁撰　（清）盛昱錄　清光緒石印本　二冊

120000－0342－0001388　1390
潛研堂答問十二卷　（清）錢大昕撰　清光緒七年（1881）謨觴室刻本　四冊

120000－0342－0001389　1391
廣雅堂雜著四卷　（清）張之洞撰　清光緒南皮張氏刻本　一冊

120000－0342－0001390　1392
讀書脞錄七卷　（清）孫志祖撰　清嘉慶四年（1799）梅東書莊刻本　二冊

120000－0342－0001391　1393
考辨隨筆二卷　（清）黃定宜撰　清道光二十七年（1847）刻本　一冊

120000－0342－0001392　1394
白田草堂存稿八卷　（清）王懋竑撰　清光緒二十年（1894）廣雅書局刻本　二冊

120000－0342－0001393　1395
雪夜錄四卷　（清）劉柏梁撰　清乾隆六年（1741）刻本　二冊

120000－0342－0001394　1396
薔庵隨筆六卷　（清）陸文衡撰　清光緒二十三年（1897）刻本　二冊

120000－0342－0001395　1397
一鐙精舍甲部稿五卷　（清）何秋濤撰　清光緒五年（1879）淮南書局刻本　一冊

120000－0342－0001396　1398
爻山筆話十四卷　（清）蘇時學撰　清同治三年（1864）羊城味經堂刻本　二冊

120000－0342－0001397　1399

行素齋雜記二卷　(清)李佳繼昌撰　清光緒二十七年(1901)湖南臬署刻本　二冊

120000－0342－0001398　1400
筠廊偶筆二卷　(清)宋犖撰　清康熙刻本　一冊

120000－0342－0001399　1401
日知薈說四卷跋一卷　(清)高宗弘曆選　清乾隆刻本　二冊

120000－0342－0001400　1402
餘冬錄六十一卷　(明)何孟春撰　清同治三年(1864)恭壽堂刻本　十二冊

120000－0342－0001401　1403
菰中隨筆不分卷　(清)顧炎武撰　清道光十二年(1832)聯興堂刻本　一冊

120000－0342－0001402　1404
郎潛紀聞十六卷　(清)陳康祺撰　清光緒六年(1880)琴川刻本　八冊

120000－0342－0001403　1405
萍海墨雨四卷　(清)李匡濟撰　清光緒二年(1876)刻本　二冊

120000－0342－0001404　1406
合訂板橋雜記初集三卷續集三卷附雪鴻小記　(清)余懷　(清)珠泉居士撰　清嘉慶二十五年(1820)刻本　二冊

120000－0342－0001405　1407
星軺日記類編七十六卷　(清)席裕琨輯　清光緒二十八年(1902)雲間麗澤學會石印本　十六冊

120000－0342－0001406　1408
溉亭述古錄二卷　(清)錢塘撰　(清)阮元輯　清光緒刻式訓堂叢書本　一冊

120000－0342－0001407　1409
豈有此理四卷　(清)□□撰　清嘉慶四年(1799)刻本　四冊

120000－0342－0001408　1410
甕牖餘談八卷　(清)王韜撰　清光緒元年(1875)鉛印申報館叢書本　四冊

120000－0342－0001409　1411
盾鼻餘瀋不分卷附聯語　(清)左宗棠撰　清光緒七年(1881)刻本　一冊

120000－0342－0001410　1412
粟香隨筆八卷　金武祥撰　清光緒七年(1881)羊城刻本　四冊

120000－0342－0001411　1413
富陽夏氏叢刻八種　(清)夏震武　(清)夏鼎武撰　清光緒富陽夏氏刻本　三冊

120000－0342－0001412　1414
棗林雜俎合集六卷附棗林詩集一卷　(明)談遷撰　清宣統三年(1911)上海國學扶輪社鉛印張氏適園叢書本　六冊

120000－0342－0001413　1415
陳伯玉詩文集文集三卷詩集二卷附詩集後二卷　(唐)陳子昂撰　清咸豐四年(1854)刻本　四冊

120000－0342－0001414　1416
王子安集注二十卷首一卷末一卷　(唐)王勃撰　(清)蔣清翊注　清光緒九年(1883)吳縣蔣氏雙唐碑館刻本　六冊

120000－0342－0001415　1417
李太白集輯注三十六卷附錄六卷　(唐)李白撰　(清)王琦輯注　清乾隆二十五年(1760)刻本　十六冊

120000－0342－0001416　1418
唐皮日休文藪十卷　(唐)皮日休撰　清光緒二十一年(1895)蘭雪堂刻本　二冊

120000－0342－0001417　1419
元次山集十二卷　(唐)元結撰　清刻本　二冊

120000－0342－0001418　1420
忠正德文集十卷附錄一卷　(宋)趙鼎撰　清光緒二年(1876)山陰謝氏刻本　十冊

120000－0342－0001419　1421
心史二卷　(宋)鄭思肖撰　清光緒二十年(1894)種竹書屋刻本　四冊

120000－0342－0001420　1422
南軒先生文集四十四卷　（宋）張栻撰　清康熙四十五年（1706）錫山華氏刻本　六册

120000－0342－0001421　1423
姑溪居士集五十卷後集二十卷校勘記一卷附錄一卷　（宋）李之儀撰　清宣統三年（1911）金陵督糧道署刻本　八册

120000－0342－0001422　1424
滹南集四十五卷集續一卷　（金）王若虛撰　清刻本　四册

120000－0342－0001423　1425
岳忠武王文集八卷首一卷末一卷　（宋）岳飛撰　（清）黄邦寧輯　清乾隆三十五年（1770）刻本　四册

120000－0342－0001424　1426
玉堂類稿二十卷西垣類稿二卷附錄一卷　（宋）崔敦詩撰　清光緒八年（1882）刻本　四册

120000－0342－0001425　1427
宋忠簡公文集四卷首一卷年譜一卷遺事二卷　（宋）宗澤撰　清同治十二年（1873）述荊堂刻本　四册

120000－0342－0001426　1428
永嘉叢書十三種　（清）孫衣言撰　清同治、光緒瑞安孫氏貽善祠塾刻本　三十八册　存四種

120000－0342－0001427　1429
盤洲文集八十卷首一卷末一卷校記一卷　（宋）洪适撰　清道光二十八年（1848）涇縣藤谿洪氏刻本　十二册

120000－0342－0001428　1430
杜清獻公集十九卷首一卷補遺一卷附二卷年譜一卷　（宋）杜范撰　清光緒六年（1880）吳縣孫氏九峰書院刻本　六册

120000－0342－0001429　1431
宋端明殿學士蔡忠惠公文集三十六卷首一卷目錄一卷　（宋）蔡襄撰　清光緒十九年（1893）刻本　七册

120000－0342－0001430　1432
河南先生文集二十七卷附錄一卷　（宋）尹洙撰　清宣統二年（1910）木活字本　八册

120000－0342－0001431　1433
斜川集六卷　（宋）蘇過撰　清道光七年（1827）刻本　六册

120000－0342－0001432　1434
陳同甫集三十卷　（宋）陳亮撰　清活字本　八册

120000－0342－0001433　1435
陳同甫集三十卷　（宋）陳亮撰　清活字本　八册

120000－0342－0001434　1436
新雕徂徠石先生文集二十卷附錄一卷　（宋）石介撰　清光緒九年（1883）濰縣張氏刻本　四册

120000－0342－0001435　1437
稼軒集鈔存四卷稼軒詞四卷補遺一卷　（宋）辛棄疾撰　（清）辛啟泰編　清嘉慶十六年（1811）刻本　六册

120000－0342－0001436　1438
李太白文集三十卷　（唐）李白撰　清康熙五十六年（1717）吳門繆氏刻本　二册

120000－0342－0001437　1439
元遺山先生全集　（金）元好問撰　清光緒七年（1881）讀書山房刻本　十九册　存七種

120000－0342－0001438　1440
宋范文正忠宣二公全集　（宋）范仲淹　（宋）范純仁撰　清宣統二年（1910）歲寒堂刻本　十六册

120000－0342－0001439　1441
陸象山先生文集三十六卷　（宋）陸九淵撰　（清）李紱編　清道光三年（1823）刻本　十二册

120000－0342－0001440　1442
淮海集四十卷首一卷後集九卷附詩餘一卷

(宋)秦觀撰　清同治十二年(1873)秦氏家塾刻本　六冊

120000-0342-0001441　1443
元遺山先生全集　(金)元好問撰　清光緒七年(1881)讀書山房刻本　十七冊　存七種

120000-0342-0001442　1444
文獻公全集十一卷首一卷附錄一卷　(元)黄溍撰　清咸豐元年(1851)刻本　十冊

120000-0342-0001443　1445
庾子山集十六卷　(北周)庾信撰　(清)倪璠注釋　清刻本　十冊

120000-0342-0001444　1446
元遺山詩集十四卷　(金)元好問撰　(元)張德輝類次　(清)施國祁箋注　清道光二年(1822)南潯蔣氏瑞松堂刻本　八冊

120000-0342-0001445　1447
洞庭文集十二卷詩集十八卷　(清)王慶麟撰　清嘉慶刻本　四冊

120000-0342-0001446　1448
西漚全集十卷外集八卷　(清)李惺撰　(清)童棫等輯　清同治七年(1868)墊江李氏刻本　十七冊

120000-0342-0001447　1449
香禪精舍集二十九卷　(清)潘鐘瑞撰　清光緒刻本　十三冊

120000-0342-0001448　1450
清吟堂全集十五種七十七卷　(清)高士奇撰　清康熙刻本　十冊

120000-0342-0001449　1451
虛直堂文集二十四首一卷　(清)劉榛撰　(清)田蘭芳選　清康熙刻本　六冊

120000-0342-0001450　1452
韞山堂文集八卷詩集十六卷　(清)管世銘撰　清光緒二十年(1894)讀雪山房刻本　六冊

120000-0342-0001451　1453
松花菴全集十一種　(清)吴鎮撰　清宣統二年(1910)刻本　十二冊

120000-0342-0001452　1454
續學堂詩鈔四卷文鈔六卷　(清)梅文鼎撰　清乾隆刻本　四冊

120000-0342-0001453　1455
玉井山館文略五卷文續二卷詩十五卷詩餘一卷　(清)許宗衡撰　清同治四年(1865)刻本　五冊

120000-0342-0001454　1456
石笥山房集文六卷詩四卷　(清)胡天游撰　清嘉慶三年(1798)刻本　三冊

120000-0342-0001455　1457
錢南園先生遺集五卷　(清)錢澧撰　清光緒十九年(1893)浙江書局刻本　二冊

120000-0342-0001456　1458
樫華館散體文六卷駢體文一卷古近體詩四卷雜錄一卷　(清)路德撰　清光緒七年(1881)解梁刻本　十冊

120000-0342-0001457　1459
朱止泉先生文集八卷　(清)朱澤澐撰　(清)朱光進編　清乾隆刻本　二冊

120000-0342-0001458　1460
沈文忠公集十卷附沈文忠公自訂年譜一卷　(清)沈兆霖撰　清同治八年(1869)刻本　四冊

120000-0342-0001459　1461
隨安廬詩文集六卷詩集四卷　(清)亢樹滋撰　清光緒刻本　三冊　存九卷(文集一至三、詩集六卷)

120000-0342-0001460　1462
隨安廬詩集六卷補遺一卷　(清)亢樹滋撰　清咸豐刻本　二冊

120000-0342-0001461　1463
市隱書屋文稿二卷　(清)亢樹滋撰　清末刻本　二冊

120000-0342-0001462　1464
遂寧張文端公全集七卷首一卷　(清)張鵬翮撰　清光緒八年(1882)刻本　八冊

120000－0342－0001463　1465
太乙舟文集八卷神道碑四卷墓志銘四卷附觀象居古今體詩鈔二卷　(清)陳用光撰　清道光二十三年(1843)孝友堂刻本　八冊

120000－0342－0001464　1466
吳學士詩集五卷文集四卷　(清)吳鼒撰　清光緒八年(1882)江寧藩署刻本　六冊

120000－0342－0001465　1467
孟晉齋文集五卷　(清)顧壽楨撰　清同治五年(1866)抱樸齋刻本　二冊

120000－0342－0001466　1468
壯悔堂文集十卷遺稿一卷四憶堂詩集六卷　(清)侯方域撰　清刻本　八冊

120000－0342－0001467　1469
鄭板橋全集六編　(清)鄭燮撰　清宣統元年(1909)掃葉山房石印本　四冊

120000－0342－0001468　1470
太白山人槲葉集五卷南遊草一卷　(清)李柏撰　清宣統三年(1911)刻本　六冊

120000－0342－0001469　1471
玉井山館文略五卷文續二卷詩十五卷詩餘一卷詞一卷　(清)許宗衡撰　清同治四年至九年(1865－1870)刻本　八冊

120000－0342－0001470　1472
古杼秋館遺稿二卷　(清)侯楨撰　清同治十二年(1873)古杼秋館木活字本　二冊

120000－0342－0001471　1473
西隃山房集　(清)馮志沂撰　清同治八年(1869)洪洞董氏刻本　二冊

120000－0342－0001472　1474
惜餘軒全集簡言二卷古文鈔四卷古體詩鈔二卷　(清)董錦章撰　清光緒二十九年(1903)刻本　四冊

120000－0342－0001473　1475
板橋集六編　(清)鄭燮撰　清乾隆刻本　一冊

120000－0342－0001474　1476
板橋集六編　(清)鄭燮撰　清乾隆清暉書屋刻本　一冊

120000－0342－0001475　1477
愛日堂文集八卷　(清)孫宗彝撰　清康熙四十二年(1703)刻本　八冊

120000－0342－0001476　1478
郭明經遺集四卷　(清)郭志正撰　(清)王允猷校　清光緒三十三年(1907)刻本　二冊

120000－0342－0001477　1479
綠雪堂遺集二十卷　(清)王衍梅撰　清道光二十年(1840)刻本　六冊

120000－0342－0001478　1480
五石瓠齋遺稿二卷　(清)胡世敦撰　清同治十一年(1872)刻本　一冊

120000－0342－0001479　1481
白田草堂存稿二十四卷附錄一卷　(清)王懋竑撰　清乾隆十七年(1752)刻本　六冊

120000－0342－0001480　1482
嘉樹山房集二十卷外集二卷續集二卷　(清)張士元撰　清嘉慶二十四年(1819)刻本　六冊

120000－0342－0001481　1483
沈文忠公集十卷附沈文忠公自訂年譜一卷　(清)沈兆霖撰　清同治八年(1869)刻本　四冊

120000－0342－0001482　1484
一規八棱硯齋集詩鈔六卷詞一卷　(清)徐廷華撰　清光緒九年(1883)刻本　三冊

120000－0342－0001483　1485
運甓齋文稿六卷文稿續編六卷詩稿續編六卷贈言錄四卷　(清)陳勱撰　清光緒二十年(1894)刻本　四冊

120000－0342－0001484　1486
惜餘軒全集簡言二卷古文鈔四卷古體詩鈔二卷　(清)董錦章撰　清光緒二十九年(1903)刻本　四冊

120000－0342－0001485　1487

紫竹山房集二十卷　(清)陳兆崙撰　清嘉慶刻本　十册

120000－0342－0001486　1488
汲古堂集二十八卷　(明)何白撰　清道光十六年(1836)刻本　八册

120000－0342－0001487　1489
淩谿先生集十八卷　(明)朱應登撰　清道光十五年(1835)宜祿堂刻本　二册

120000－0342－0001488　1490
鈐山堂集四十卷　(明)嚴嵩撰　清嘉慶十一年(1806)刻本　十册

120000－0342－0001489　1491
郭康介公遺集不分卷　(明)郭宗皋撰　清嘉慶十五年(1810)刻本　四册

120000－0342－0001490　1492
復堂類集文四卷詩九卷日記六卷　(清)譚獻撰　清同治、光緒刻本　六册

120000－0342－0001491　1493
五公山人集十六卷　(清)王餘佑撰　(清)李興祖編　清康熙三十四年(1695)刻本　四册

120000－0342－0001492　1494
思補齋文集四卷　(清)劉星煒撰　清光緒二十年(1894)刻本　四册

120000－0342－0001493　1495
甘泉文集三十二卷　(明)湛若水撰　清康熙二十年(1681)刻本　十册

120000－0342－0001494　1496
清芬集十卷　(清)劉寶楠輯　清道光十九年(1839)刻本　四册

120000－0342－0001495　1497
耐庵文存全集六卷　(清)賀長齡撰　清咸豐十一年(1861)刻本　四册

120000－0342－0001496　1498
去偽齋集十卷附錄一卷闕疑一卷　(明)吕坤撰　清道光七年(1827)刻本　十册

120000－0342－0001497　1499
東里文集二十五卷别集三卷　(明)楊士奇撰　清光緒二年(1876)刻本　七册

120000－0342－0001498　1500
止止堂集五卷　(明)戚繼光撰　清光緒十四年(1888)山東書局刻本　四册

120000－0342－0001499　1501
枝山文集四卷　(明)祝允明撰　清同治十三年(1874)長洲祝壽眉刻本　二册

120000－0342－0001500　1502
天遊集十卷碎金一卷　(明)王達撰　清道光二十一年(1841)王芝林養和堂刻本　四册

120000－0342－0001501　1503
周忠介公燼餘集三卷　(明)周順昌撰　清康熙四十年(1701)刻本　一册

120000－0342－0001502　1504
姚文敏公遺稿九卷奏議補缺一卷　(明)姚夔撰　清光緒二十四年(1898)水明廔刻本　二册

120000－0342－0001503　1505
胡仲子集十卷　(明)胡翰撰　清同治十二年(1873)刻金華叢書六十二種本　四册

120000－0342－0001504　1506
聖雨齋詩文集十卷　(清)周拱辰撰　清光緒元年(1875)刻周孟侯先生全書五種本　四册

120000－0342－0001505　1507
宋文憲公全集五十三卷首四卷　(明)宋濂撰　清嘉慶十五年(1810)刻本　二十册

120000－0342－0001506　1508
賜誠堂文集十六卷　(明)管紹甯撰　清光緒三年(1877)刻本　四册

120000－0342－0001507　1509
康對山先生文集十卷　(明)康海撰　(清)孫景烈選　清乾隆二十六年(1761)刻本　六册

120000－0342－0001508　1510
毅齋查先生闡道集十卷末一卷　(明)查鐸撰　清光緒十六年(1890)涇川查氏濟陽家塾刻本　四册

120000－0342－0001509　1511
懷麓堂全集一百卷　(明)李東陽撰　清康熙刻本　十五冊　存八十一卷(詩稿一至二十、文稿一至五、詩後稿五至三十、文後稿一至三十)

120000－0342－0001510　1512
明大司馬盧公奏議十二卷首一卷　(明)盧象昇撰　清光緒元年(1875)刻本　八冊

120000－0342－0001511　1513
味餘書室全集定本四十卷目錄四卷隨筆二卷　(清)仁宗顒琰撰　清嘉慶五年至十二年(1800－1807)刻本　三十二冊

120000－0342－0001512　1514
遲刪集八卷附文一卷　(清)呂堅撰　清乾隆滋樹堂刻本　四冊

120000－0342－0001513　1515
倚晴樓集　(清)黃燮清撰　清咸豐、同治海鹽黃氏拙宜園刻本　十冊

120000－0342－0001514　1516
變雅堂文集四卷詩集十卷附錄一卷　(清)杜濬撰　清同治九年(1870)鄂垣黃岡劉維楨刻本　四冊　缺五卷(文集二至四、詩集一至二)

120000－0342－0001515　1517
劉禮部集十二卷　(清)劉逢祿撰　清光緒十八年(1892)延暉承慶堂刻本　六冊

120000－0342－0001516　1518
補學軒詩集十二卷文集四卷　(清)鄭獻甫撰　清光緒五年至八年(1879－1882)黔南節署刻本　八冊

120000－0342－0001517　1519
理堂文集十卷外集一卷附錄一卷詩集四卷日記八卷　(清)韓夢周撰　清道光四年(1824)靜恒書屋刻本　八冊

120000－0342－0001518　1520
延綠閣集十二卷附刻一卷　(清)華希閔撰　清光緒二十三年(1897)吉水官廨刻本　六冊

120000－0342－0001519　1521
張亨甫全集二十七卷首一卷文集六卷　(清)張際亮撰　(清)李雲誥編　清同治六年(1867)刻本　十冊

120000－0342－0001520　1522
虛白室文鈔二卷續刻二卷詩鈔十二卷　(清)方昌翰撰　清同治、光緒刻本　六冊

120000－0342－0001521　1523
漱六山房文集十二卷　(清)郝植恭撰　清光緒四年(1878)刻本　六冊

120000－0342－0001522　1524
小松石齋文集五卷詩集五卷　(清)趙允懷撰　清光緒十五年(1889)刻本　三冊

120000－0342－0001523　1525
萬善花室文稿七卷詩集四卷詞稿一卷　(清)方履籛撰　清道光十一年(1831)刻本　二冊

120000－0342－0001524　1526
嶢山集四卷補刻一卷詩集一卷　(清)田從典撰　清雍正九年(1731)田懋賜書樓刻本　四冊

120000－0342－0001525　1527
初月樓文鈔十卷附詩鈔四卷　(清)吳德旋撰　(清)周家楣訂　清光緒十年(1884)宜興周家楣刻本　四冊

120000－0342－0001526　1528
樊榭山房全集四十二卷集外文一卷輓辭一卷　(清)厲鶚撰　**軼事一卷**　(清)龔胡崟輯　清光緒十年(1884)汪氏振綺堂刻本　十二冊

120000－0342－0001527　1529
養晦堂詩集二卷　(清)劉蓉撰　清光緒三年(1877)思賢講舍刻本　一冊

120000－0342－0001528　1530
望三益齋詩文鈔　(清)吳棠撰　清同治十三年(1874)成都使署刻本　四冊

120000－0342－0001529　1531
梅村集四十卷　(清)吳偉業撰　清康熙刻本　八冊

120000－0342－0001530　1532
葆淳閣集二十六卷　(清)王杰撰　清嘉慶二十年(1815)揚州阮元刻本　十二冊

120000－0342－0001531　1533
養晦堂文集十卷　(清)劉蓉撰　清光緒三年(1877)思賢講舍刻本　六冊

120000－0342－0001532　1534
睹棋山莊餘集文三卷詩一卷　(清)謝章鋌撰　清光緒十年(1884)岥庵南昌使廨刻本　二冊

120000－0342－0001533　1535
讀書堂彩衣全集四十六卷　(清)趙士麟撰　清光緒十九年(1893)浙江書局刻本　十二冊

120000－0342－0001534　1536
文貞公集十二卷首一卷　(清)張玉書撰　清光緒二十七年(1901)刻本　十二冊

120000－0342－0001535　1537
積石文稿十八卷詩存四卷南池唱和詩存一卷鱠餘編一卷　(清)張履撰　清光緒二十年(1894)刻本　八冊

120000－0342－0001536　1538
通甫類稿四卷續編二卷通父詩存四卷通父詩存之餘二卷　(清)魯一同撰　清咸豐九年(1859)刻本　五冊　殘

120000－0342－0001537　1539
湘綺樓全集文集八卷　王闓運撰　清光緒三十三年(1907)長沙墨莊劉氏刻本　六冊

120000－0342－0001538　1540
甓湖草堂文集六卷近集不分卷　(清)吴世傑撰　清康熙至嘉慶十七年(1812)殖學堂刻本　四冊

120000－0342－0001539　1541
湘綺樓文集八卷詩集十四卷箋啟八卷　王闓運撰　清光緒三十三年(1907)長沙墨莊劉氏刻本　十六冊

120000－0342－0001540　1542
湘綺樓文集八卷詩集十四卷箋啟八卷　王闓運撰　清光緒三十三年(1907)長沙墨莊劉氏刻本　十六冊

120000－0342－0001541　1543
捧石齋詩集五十卷　(清)錢載撰　清光緒四年(1878)蘇州刻本　十冊

120000－0342－0001542　1544
寄思齋藏稿十四卷　(清)辛從益撰　(清)辛桂雲　(清)辛辰雲輯　清咸豐元年(1851)刻本　十冊

120000－0342－0001543　1545
白華前稿六十卷　(清)吴省欽撰　清乾隆四十八年(1783)南匯吴氏刻本　二十冊

120000－0342－0001544　1546
馮恭定公全書二十二卷　(明)馮從吾撰　清康熙刻本　十七冊

120000－0342－0001545　1547
白華前稿六十卷　(清)吴省欽撰　清乾隆四十八年(1783)南匯吴氏刻本　十冊

120000－0342－0001546　1548
葛太史公集五卷　(明)葛曦撰　清嘉慶八年(1803)刻本　二冊

120000－0342－0001547　1549
張楊園先生全集四十卷　(清)張履祥撰　清同治十年(1871)刻本　十二冊

120000－0342－0001548　1550
高子遺書十二卷　(明)高攀龍撰　清光緒二年(1876)刻本　八冊

120000－0342－0001549　1551
高子遺書十二卷　(明)高攀龍撰　清光緒二年(1876)刻本　八冊

120000－0342－0001550　1552
來禽館集二十九卷　(明)邢侗撰　清道光刻本　十二冊

120000－0342－0001551　1553
王文成公全書三十八卷　(明)王守仁撰　清刻本　二十四冊

120000－0342－0001552　1554
堵文忠公集十卷　（明）堵允錫撰　清光緒十三年（1887）刻本　六冊

120000－0342－0001553　1555
堵文忠公集十卷　（明）堵允錫撰　清光緒十三年（1887）刻本　六冊

120000－0342－0001554　1556
奚囊蠹餘二十卷補遺一卷附錄二卷　（明）張瀚撰　清光緒二十一年（1895）刻本　六冊

120000－0342－0001555　1557
四忠遺集四種　（清）□□輯　清同治楚醴景萊書室刻本　二十二冊

120000－0342－0001556　1558
盱江先生全集三十七卷　（宋）李覯撰　清光緒十九年（1893）盱江書院刻本　八冊

120000－0342－0001557　1559
牧齋全集一百六十三卷　（清）錢謙益撰　（清）錢曾箋注　清宣統二年（1910）邃漢齋鉛印本　四十冊

120000－0342－0001558　1560
張忠敏公遺集十卷首一卷附錄六卷　（明）張國維撰　清光緒五年（1879）江蘇書局刻本　六冊

120000－0342－0001559　1561
山帶閣集三十三卷附錄一卷　（明）朱曰藩撰　清道光十五年（1835）宜祿堂刻本　六冊

120000－0342－0001560　1562
寒松堂全集六卷附年譜一卷　（清）魏象樞撰　清嘉慶十六年（1811）刻本　十二冊

120000－0342－0001561　1563
俞俞齋文稿初集四卷詩稿初集二卷詩餘一卷　（清）史念祖撰　清光緒三十二年（1906）廣陵刻本　六冊

120000－0342－0001562　1564
黃陶庵全集四種　（明）黃淳耀撰　清乾隆二十二年（1757）刻本　八冊

120000－0342－0001563　1565
淵雅堂編年詩稿二十卷愓甫未定稿二十六卷文續稿一卷詩外集三卷文外集四卷寫韻軒小稿二卷波餘遺稿一卷淵雅堂編年詩續稿一卷　（清）王芑孫撰　清嘉慶長洲王氏刻本　二十四冊

120000－0342－0001564　1566
百柱堂全集三十四卷　（清）王柏心撰　清光緒二十四年（1898）刻本　十六冊

120000－0342－0001565　1567
思益堂詩六卷文二卷詞一卷日劄十卷駢文一卷　（清）周壽昌撰　清光緒十四年（1888）刻本　六冊

120000－0342－0001566　1568
詩禮堂全集十九種　（清）王又樸撰　清天津王又樸詩禮堂刻本　三十九冊　存十六種

120000－0342－0001567　1569
望溪先生正集十八卷集外文十卷集外文補遺一卷外文十卷　（清）方苞撰　清咸豐刻本　十六冊

120000－0342－0001568　1570
徧行堂集十六卷　（清）釋澹歸撰　清宣統三年（1911）國學扶輪社鉛印本　八冊

120000－0342－0001569　1571
泰雲堂集二十五卷　（清）孫爾準撰　清同治九年（1870）刻本　六冊

120000－0342－0001570　1572
半巖廬遺集不分卷　（清）邵懿辰撰　清光緒三十四年（1908）刻本　二冊

120000－0342－0001571　1573
白華後稿四十卷　（清）吳省欽撰　清嘉慶十五年（1810）刻本　四冊

120000－0342－0001572　1574
白華後稿四十卷　（清）吳省欽撰　清嘉慶十五年（1810）刻本　四冊

120000－0342－0001573　1575
賜綺堂集二十八卷　（清）詹應甲撰　清道光八年（1828）刻本　十冊

120000－0342－0001574　1576
寶綸堂文鈔八卷　（清）齊召南撰　清光緒十三年（1887）刻本　四册

120000－0342－0001575　1577
崇白藥齋文集二十卷　（清）陸繼輅撰　清光緒四年（1878）刻本　十二册

120000－0342－0001576　1578
汪梅村先生集十二卷文外集不分卷悔翁詩鈔十五卷補遺一卷悔翁詩餘五卷悔翁筆記六卷　（清）汪士鐸撰　清光緒刻本　十二册

120000－0342－0001577　1579
汪梅村先生集十二卷文外集不分卷悔翁詩鈔十五卷補遺一卷悔翁詩餘五卷悔翁筆記六卷　（清）汪士鐸撰　清光緒刻本　八册

120000－0342－0001578　1580
汪子全集　（清）汪縉撰　清光緒八年（1882）刻本　四册

120000－0342－0001579　1581
寄漚遺集八卷　（清）何延慶撰　清宣統二年（1910）刻本　四册

120000－0342－0001580　1582
綠雪堂古文鈔二卷駢文鈔二卷椿蔭軒詞鈔不分卷　（清）敖册賢撰　清光緒十三年（1887）刻本　四册

120000－0342－0001581　1583
何端簡公集十二卷　（清）何世璂撰　清道光二十四年（1844）澹志堂刻本　六册

120000－0342－0001582　1584
兼濟堂文集選十六卷詩集選三卷　（清）魏裔介撰　**魏貞庵先生年譜一卷**　（清）魏荔彤輯　清康熙五十年（1711）龍江書院刻本　十册

120000－0342－0001583　1585
唐堂集五十卷續八卷補遺二卷　（清）黄之雋撰　清乾隆刻本　十五册

120000－0342－0001584　1586
紀文達公遺集三十二卷　（清）紀昀撰　（清）紀樹馨編　清嘉慶十七年（1812）刻本　十六册

120000－0342－0001585　1587
吴侍讀全集二十三卷　（清）吴慈鶴撰　清嘉慶十五年至道光七年（1810－1827）東吴吴氏刻本　八册

120000－0342－0001586　1588
尊聞居士集八卷附錄一卷　（清）羅有高撰　清光緒八年（1882）刻本　二册

120000－0342－0001587　1589
鑑止水齋集二十卷　（清）許宗彥撰　清咸豐八年（1858）刻本　六册

120000－0342－0001588　1590
訒齋墓誌銘一卷文鈔二卷詩一卷手札四卷附錄家訓二卷　（清）張睿萬撰　清光緒二十七年（1901）刻本　二册

120000－0342－0001589　1591
海峰詩文集十卷詩集六卷　（清）劉大櫆撰　清同治十三年（1874）刻本　六册

120000－0342－0001590　1592
西圃集文四卷詩十卷續集四卷補遺一卷詞續一卷詞三續一卷題畫詩一卷　（清）潘遵祁撰　清同治、光緒刻本　六册

120000－0342－0001591　1593
古歡堂集三十七卷附黔書二卷長河志籍考十卷蒙齋年譜一卷續一卷補一卷　（清）田雯撰　清康熙刻本　十二册

120000－0342－0001592　1594
理堂文集十卷詩集四卷日記八卷附錄一卷　（清）韓夢周撰　清道光四年（1824）靜恒書屋刻本　九册

120000－0342－0001593　1595
西陂類稿五十卷　（清）宋犖撰　清康熙五十年（1711）刻本　十九册

120000－0342－0001594　1596
省齋全集十二卷　（清）牛樹梅撰　清同治十三年（1874）刻本　六册

120000－0342－0001595　1597

七經樓文鈔六卷春暉閣詩鈔選六卷　(清)蔣湘南撰　清同治八年至九年(1869－1870)光州馬宅刻本　六册

120000－0342－0001596　1598
攜雪堂文集四卷　(清)吳可讀撰　(清)楊慶生箋注　清光緒二十六年(1900)浙江書局刻本　四册

120000－0342－0001597　1599
揅經室一集十四卷二集八卷三集五卷四集二卷詩十一卷續集十一卷再續集七卷外集五卷　(清)阮元撰　清嘉慶、道光刻文選樓叢書本　二十四册

120000－0342－0001598　1600
胡敬齋先生文集三卷　(明)胡居仁撰　清同治八年(1869)傳經堂刻西京清麓叢書本　二册

120000－0342－0001599　1601
樂道堂文鈔五卷　(清)奕訢撰　清咸豐、同治刻本　五册

120000－0342－0001600　1602
芙蓉山館詩鈔八卷詩補鈔一卷詞鈔二卷文鈔一卷　(清)楊芳燦撰　清嘉慶刻本　六册

120000－0342－0001601　1603
慕萊堂詩文徵存十一卷　(清)李藝淵輯　清光緒二十一年(1895)刻本　四册

120000－0342－0001602　1604
漱芳閣集十卷　(清)徐士芬撰　清同治十一年(1872)刻本　二册

120000－0342－0001603　1605
劉孟塗集四十四卷　(清)劉開撰　清道光六年(1826)刻本　七册

120000－0342－0001604　1606
補籬遺稿八卷　(清)姚福均撰　(清)王伊編次　清光緒三十一年(1905)木活字本　四册

120000－0342－0001605　1607
謝梅莊先生遺集八卷　(清)謝濟世撰　清光緒三十四年(1908)刻本　二册

120000－0342－0001606　1608
澹靜齋全集　(清)龔景瀚撰　清道光二十一年(1841)刻本　十册　存四種

120000－0342－0001607　1609
從野堂存稿八卷首一卷外集一卷　(明)繆昌期撰　清同治十三年(1874)刻本　四册

120000－0342－0001608　1610
芝庭先生集十八卷　(清)彭啟豐撰　清乾隆六十年(1795)長洲彭氏刻本　六册

120000－0342－0001609　1611
石洲詩話八卷　(清)翁方綱撰　清嘉慶二十年(1815)刻本　二册

120000－0342－0001610　1612
飲冰室詩話五卷　梁啟超撰　清宣統二年(1910)上海書局石印本　五册

120000－0342－0001611　1613
塞愚詩話二卷　(清)張翼廷輯　清宣統二年(1910)鉛印本　二册

120000－0342－0001612　1614
養一齋詩話十卷李杜詩話三卷　(清)潘德輿撰　清道光十六年(1836)刻本　四册

120000－0342－0001613　1615
文心雕龍十卷　(南朝梁)劉勰撰　清光緒十九年(1893)思賢講舍刻本　四册

120000－0342－0001614　1616
閩川閨秀詩話四卷　(清)梁章鉅輯　清道光刻本　二册

120000－0342－0001615　1617
文選理學權輿八卷補一卷附考異李注補正四卷文選考異四卷　(清)汪師韓撰　清光緒十五年(1889)讀書齋刻本　八册

120000－0342－0001616　1618
文則二卷　(宋)陳騤撰　清刻本　一册

120000－0342－0001617　1619
文心雕龍十卷　(南朝梁)劉勰撰　清光緒三十二年(1906)新化三味堂刻本　四册

120000－0342－0001618　1620
宋詩紀事一百卷　(清)厲鶚撰　(清)馬曰琯輯　清乾隆十一年(1746)錢唐厲氏刻本　三十六冊

120000－0342－0001619　1621
文心雕龍十卷　(南朝梁)劉勰撰　清道光十三年(1833)兩廣節署刻朱墨套印本　四冊

120000－0342－0001620　1622
文心雕龍十卷　(南朝梁)劉勰撰　清道光十三年(1833)兩廣節署刻朱墨套印本　四冊

120000－0342－0001621　1623
伯山全集　(清)康發祥撰　清刻本　十六冊　存四種

120000－0342－0001622　1624
中國文學指南二卷　邵伯棠撰　清宣統二年(1910)石印本　一冊

120000－0342－0001623　1625
餘墨偶談八卷　(清)孫樗撰　清同治十二年(1873)刻本　四冊

120000－0342－0001624　1626
屈辭精義六卷　(清)陳本禮箋訂　清嘉慶、道光裛露軒刻本　四冊

120000－0342－0001625　1627
楚辭集注八卷　(宋)朱熹集注　清聽雨軒刻本　八冊

120000－0342－0001626　1628
漁隱叢話前集六十卷後集四十卷　(宋)胡仔撰　清乾隆刻本　五冊

120000－0342－0001627　1629
新刻重校增補詩學圓機活法二十四卷　(明)李衡輯　(明)王世貞校正　清刻本　二十四冊

120000－0342－0001628　1630
楚辭新注七卷　(清)屈復撰　清乾隆三年(1738)刻本　六冊

120000－0342－0001629　1631
唐詩成法十二卷　(清)屈復撰　清嘉慶七年(1802)刻本　六冊

120000－0342－0001630　1632
詩材類對纂要四卷　(清)任德裕　(清)申贊皇箋　清乾隆二十四年(1759)刻本　二冊

120000－0342－0001631　1633
宋四六話十二卷　(清)彭元瑞撰　清嘉慶八年(1803)刻本　六冊

120000－0342－0001632　1634
廣雅書局叢書一百五十九種　(清)廣雅書局輯　清光緒廣雅書局刻本　三十冊　存八種

120000－0342－0001633　1635
藝苑名言八卷　(清)蔣瀾撰　清乾隆四十年(1775)蔣氏懷谷軒刻本　四冊

120000－0342－0001634　1636
詩傳補義三卷　(清)方宗誠撰　清光緒元年(1875)刻本　一冊

120000－0342－0001635　1637
周氏詞辨二卷　(清)周濟選　清光緒四年(1878)刻本　一冊

120000－0342－0001636　1638
奎壁詩經八卷　(宋)朱熹集傳　清光緒十四年(1888)書業德記刻本　四冊

120000－0342－0001637　1639
古今風謠拾遺四卷古今諺拾遺六卷　(明)楊慎輯　(清)史夢蘭補注　清道光至光緒刻本　三冊

120000－0342－0001638　1640
藝概六卷　(清)劉熙載撰　清光緒刻古桐書屋六種本　四冊

120000－0342－0001639　1641
學詩堂經解二十卷　(清)李宗棠輯　清宣統三年(1911)鉛印本　八冊

120000－0342－0001640　1642
毛詩要義二十卷　(宋)魏了翁撰　清光緒十二年(1886)江蘇書局刻五經要義本　十二冊

120000－0342－0001641　1643

虞東學詩十二卷首一卷 (清)顧鎮撰　清光緒十八年(1892)誦芬堂刻本　八冊

120000－0342－0001642　1644
欽定詩經傳説彙纂二十一卷首二卷詩序二卷 (清)王鴻緒撰　清雍正五年(1727)内府刻本　二十四冊

120000－0342－0001643　1645
詩經體注圖考大全八卷 (清)高朝瓔撰　清刻本　四冊

120000－0342－0001644　1646
平湖顧氏遺書 (清)顧廣譽撰　清光緒三年(1877)刻本　十冊　存兩種

120000－0342－0001645　1647
詩緝三十六卷 (宋)嚴粲撰　清光緒十六年(1890)雖園刻本　二十冊

120000－0342－0001646　1648
毛詩故訓傳鄭箋三十卷 (漢)毛亨傳　(漢)鄭玄箋　清同治十一年(1872)五雲堂刻本　四冊

120000－0342－0001647　1649
毛詩名物圖説九卷 (清)徐鼎輯　清乾隆三十六年(1771)刻本　六冊

120000－0342－0001648　1650
滄浪詩話注五卷 (宋)嚴羽撰　(清)胡鑑注　清光緒七年(1881)刻本　三冊

120000－0342－0001649　1651
毛詩名物圖説九卷 (清)徐鼎輯　清乾隆三十六年(1771)刻本　六冊

120000－0342－0001650　1652
賦話十卷 (清)李調元撰　清光緒七年(1881)淪雅齋刻本　四冊

120000－0342－0001651　1653
古今詩話選集二卷 (清)盧衍仁手錄　清光緒二十六年(1900)寫刻本　二冊

120000－0342－0001652　1654
毛詩復古錄十二卷首一卷 (清)吴懋清撰　清光緒二十年(1894)仁和徐琪廣州學使者署刻本　六冊

120000－0342－0001653　1655
宛鄰書屋古詩錄十二卷 (清)張琦輯　清同治八年(1869)刻本　四冊

120000－0342－0001654　1656
清綺軒詞選十三卷 (清)夏秉衡選　清光緒二十一年(1895)刻本　四冊

120000－0342－0001655　1657
詩説三卷 (清)惠周惕撰　清嘉慶十七年(1812)真意堂刻本　一冊

120000－0342－0001656　1658
詩經嗜鳳詳解八卷 (清)陳抒孝撰　(清)汪基增訂　清乾隆四十年(1775)三多齋刻本　六冊

120000－0342－0001657　1659
春草堂詩話十六卷 (清)謝堃撰　清刻本　二冊

120000－0342－0001658　1660
詩管見七卷首一卷 (清)尹繼美撰　清同治十二年(1873)永新尹氏鼎吉堂刻本　二冊

120000－0342－0001659　1661
四六叢話三十三卷 (清)孫梅輯　清嘉慶三年(1798)吳興舊言堂刻本　十二冊

120000－0342－0001660　1662
詩法入門四卷首一卷詩韻五卷 (清)游藝輯　清慎貽堂刻本　六冊

120000－0342－0001661　1663
朱飲山千金譜二十九卷三韻易知十卷 (清)朱燮撰　(清)楊廷茲輯　清乾隆五十五年(1790)治怒齋刻本　十二冊

120000－0342－0001662　1664
故友詩錄二編八卷 (清)蔡壽祺輯　清同治九年(1870)京師娜嬛別館刻本　六冊

120000－0342－0001663　1665
閱莒草堂遺草四卷 (清)王柘撰　清同治十二年(1873)刻本　二冊

120000－0342－0001664　1666
唐詩鼓吹四卷　(元)郝天挺注　清三樂齋刻本　四冊

120000－0342－0001665　1667
梧溪集七卷補遺一卷困學齋雜錄不分卷　(清)王逢撰　清同治十三年(1874)思補樓活字印本　八冊

120000－0342－0001666　1668
協律鉤元四卷外集一卷　(唐)李賀撰　(清)陳本禮箋注　清嘉慶十三年(1808)裛露軒刻本　四冊

120000－0342－0001667　1669
陔蘭餘草試帖二卷續編一卷　(清)李馨桂撰　清光緒二十一年(1895)刻本　二冊

120000－0342－0001668　1670
西堂全集十六種　(清)尤侗撰　清康熙刻本　八冊　存十四種

120000－0342－0001669　1671
玉笙樓詩鈔十二卷　(清)沈壽榕撰　清光緒九年(1883)刻本　五冊　存十卷(一至十)

120000－0342－0001670　1672
白田風雅二十四卷　(清)朱彬輯　清光緒十二年(1886)金陵刻本　四冊

120000－0342－0001671　1673
盧黃州詩集六卷附文一卷　(明)盧濬撰　清光緒五年(1879)刻本　二冊

120000－0342－0001672　1674
淵雅堂編年詩稿十六卷　(清)王芑孫撰　清嘉慶八年(1803)刻本　八冊

120000－0342－0001673　1675
香蘇山館古體詩鈔十六卷今體詩鈔十八卷　(清)吳嵩梁撰　清道光刻本　六冊

120000－0342－0001674　1676
夢痕仙館詩鈔四卷　(清)張其淦撰　清光緒三十一年(1905)刻本　五冊

120000－0342－0001675　1677
詩緣前編續四卷正編續十卷　(清)王曾祺撰　清光緒二十八年(1902)刻本　四冊

120000－0342－0001676　1678
國朝山左詩續鈔三十二卷　(清)張鵬展撰　清嘉慶十八年(1813)刻本　三十二冊

120000－0342－0001677　1679
藤香館詩刪存四卷　(清)薛時雨撰　清光緒五年(1879)刻本　五冊

120000－0342－0001678　1680
吳梅村詩集箋注十八卷　(清)吳偉業撰　清嘉慶十九年(1814)滄浪吟榭刻本　十二冊

120000－0342－0001679　1681
靈州山人詩錄六卷　(清)徐灝撰　清同治三年(1864)刻本　一冊

120000－0342－0001680　1682
雪青閣詩集四卷　(清)謝維藩撰　清光緒九年(1883)開封官廨刻本　四冊

120000－0342－0001681　1683
讀選樓詩稿十卷　(清)王采蘋撰　清光緒二十年(1894)東河督署刻本　二冊

120000－0342－0001682　1684
小蓬萊山房桐屋少鳳嶸詩鈔三卷　(清)沈嶸撰　清光緒五年(1879)刻本　一冊

120000－0342－0001683　1685
久芬室詩集六卷　(清)鄭襄撰　清光緒二十一年(1895)刻本　二冊

120000－0342－0001684　1686
漁洋山人選研村詩五卷　(清)汪沅撰　清康熙刻本　一冊

120000－0342－0001685　1687
息影山房詩鈔二卷　(清)黎兆祺撰　清光緒九年(1883)刻本　一冊

120000－0342－0001686　1688
青田山廬詩鈔二卷詞鈔一卷　(清)莫庭芝撰　清光緒十五年(1889)刻本　一冊

120000－0342－0001687　1689
吳中女士詩鈔十三種　(清)任兆麟輯　清乾

隆五十四年(1789)刻本　二册　存七種

120000－0342－0001688　1690
硤川詩續鈔十六卷　(清)許仁沐等輯　清光緒二十一年(1895)刻本　六册

120000－0342－0001689　1691
吳中唱和集八卷　(清)梁章鉅撰　清道光刻本　四册

120000－0342－0001690　1692
顧亭林先生詩箋注十七卷校補一卷　(清)顧炎武撰　(清)徐嘉注　清光緒二十三年至二十七年(1897－1901)山陽徐氏味靜齋刻本　六册

120000－0342－0001691　1693
聽雨齋詩集十四卷　(清)吳照撰　清乾隆五十九年(1794)刻本　四册

120000－0342－0001692　1694
今白華堂詩錄八卷補八卷首二卷　(清)童槐撰　清同治、光緒鄞縣童氏刻本　五册

120000－0342－0001693　1695
紅杏山房詩鈔四卷　(清)宋湘撰　清嘉慶二十五年(1820)刻本　四册

120000－0342－0001694　1696
空青水碧齋詩集十三卷　(清)蔣琦齡撰　清光緒三年(1877)刻本　六册

120000－0342－0001695　1697
日下梨園百詠一卷　(清)醉薇居士撰　清光緒十七年(1891)天津石印書屋石印本　一册

120000－0342－0001696　1698
蜀雅二十卷　(清)李調元輯　清乾隆刻本　四册

120000－0342－0001697　1699
自然好學齋詩鈔十卷　(清)汪端撰　清同治十三年(1874)刻本　三册

120000－0342－0001698　1700
徯月軒詩集十五卷賦稿一卷　(清)惜陰主人撰　清同治十二年(1873)刻本　四册

120000－0342－0001699　1701
綠雲仙館詩稿十二卷　(清)溫敵封撰　清同治九年(1870)太原溫氏長沙學署刻本　四册

120000－0342－0001700　1702
侶樊草堂詩鈔六卷　(清)黎元超撰　清光緒十年(1884)江西刻本　二册

120000－0342－0001701　1703
京江耆舊集十三卷　(清)張學仁　(清)王豫編　清宣統元年(1909)丹徒柳氏刻本　八册

120000－0342－0001702　1704
津門詩鈔三十卷　(清)梅成棟輯　清道光四年(1824)思誠書屋刻本　十册

120000－0342－0001703　1705
李義山詩文全集箋注三卷首一卷　(唐)李商隱撰　(清)馮浩編訂　清乾隆四十五年(1780)刻本　四册

120000－0342－0001704　1706
欽定熙朝雅頌集首集二十六卷本集一百零六卷餘集二卷凡例一卷目錄一卷　(清)鐵保輯　清嘉慶刻本　二十四册

120000－0342－0001705　1707
杜工部全集二十卷末一卷　(唐)杜甫撰　(清)朱鶴齡輯註　清康熙金陵葉永茹刻本　十册

120000－0342－0001706　1708
鄂渚同聲集初編七卷二編二十卷三編八卷附皖江同聲集十卷　(清)胡鳳丹撰　清同治九年(1870)退補齋刻本　六册

120000－0342－0001707　1709
十一經音訓十一種　(清)楊國楨撰　清光緒三年(1877)湖北崇文書局刻本　二册　存七種

120000－0342－0001708　1710
周易姚氏學十六卷首一卷　(清)姚配中撰　清光緒三年(1877)湖北崇文書局刻本　六册

120000－0342－0001709　1711
讀易傳心十二卷　(清)韓怡撰　清嘉慶十三

年(1808)刻本　八冊

120000－0342－0001710　1712
周易鄭氏注箋釋十六卷考證一卷敘錄一卷旁徵一卷　(漢)鄭玄注　(清)曹元弼箋釋　清宣統三年(1911)刻本　二十六冊

120000－0342－0001711　1713
御纂周易述義十卷　(清)吳鼎等撰　清乾隆二十年(1755)刻本　八冊

120000－0342－0001712　1714
易見九卷首一卷啟蒙二卷　(清)貢渭濱撰　清乾隆二十二年(1757)刻本　八冊

120000－0342－0001713　1715
周易擬像六卷　(清)黎曙寅撰　清道光十年(1830)刻本　六冊

120000－0342－0001714　1716
郭氏傳家易說十一卷　(宋)郭雍撰　清乾隆四十年(1775)刻本　八冊

120000－0342－0001715　1717
晏子春秋内篇六卷外篇二卷　(春秋)晏嬰撰　(清)顧廣圻校　清嘉慶二十一年(1816)刻本　三冊

120000－0342－0001716　1718
焦氏易林十八卷　(漢)焦延壽撰　清嘉慶十三年(1808)刻本　四冊

120000－0342－0001717　1719
易經詮義十四卷首一卷　(清)汪烜撰　清同治十二年(1873)曲水書局刻重訂汪子遺書木活字印本　十五冊

120000－0342－0001718　1720
易學啓蒙通釋二卷附圖一卷　(宋)胡方平撰　清嘉慶慶餘堂刻本　二冊

120000－0342－0001719　1721
周易本義啓蒙翼傳　(元)胡一桂撰　清嘉慶慶餘堂刻本　四冊

120000－0342－0001720　1722
墨子閒詁十五卷目錄一卷附錄一卷後語二卷　(清)孫詒讓撰　清光緒刻本　八冊

120000－0342－0001721　1723
易說十二卷　(清)郝懿行撰　清光緒八年(1882)刻本　四冊

120000－0342－0001722　1724
墨子閒詁十五卷目錄一卷附錄一卷後語二卷　(清)孫詒讓撰　清光緒三十三年(1907)掃葉山房石印本　八冊

120000－0342－0001723　1725
周易觀象十二卷　(清)李光地注　清嘉慶九年(1804)家塾刻本　六冊

120000－0342－0001724　1726
易守三十二卷易卦總論一卷　(清)葉佩蓀撰　清嘉慶十五年(1810)刻本　八冊

120000－0342－0001725　1727
儒行集傳二卷　(明)黃道周輯　清道光四年(1824)凝遠堂刻本　四冊

120000－0342－0001726　1728
韓非子集解二十卷首一卷　(戰國)韓非撰　(清)王先慎注　清光緒二十二年(1896)刻本　六冊

120000－0342－0001727　1729
論語後案二十卷　(清)黃式三撰　清光緒九年(1883)浙江書局刻儆居遺書本　五冊

120000－0342－0001728　1730
孟子外書集證五卷　(清)施彥士撰　清道光抄本　一冊

120000－0342－0001729　1731
讀孟質疑三卷　(清)施彥士撰　清道光抄本　一冊　存一卷(中)

120000－0342－0001730　1732
儒林宗派十六卷　(清)萬斯同撰　清宣統三年(1911)浙江圖書館刻本　二冊

120000－0342－0001731　1733
家語疏證六卷　(清)孫志祖撰　清刻本　一冊

120000－0342－0001732　1734
需時眇言十卷　(清)沈善堂撰　清光緒二十

八年(1902)豫恕堂刻本　八册

120000－0342－0001733　1735
莊子十卷　(晉)郭象注　(唐)陸德明音義　清光緒二年(1876)浙江書局刻本　四册

120000－0342－0001734　1736
論語經正錄二十卷年譜一卷　(清)王肇晉　(清)王用誥撰　清光緒二十年(1894)刻本　十一册

120000－0342－0001735　1737
老學𧶘讀書記四卷　(清)彭蘊章撰　清同治五年(1866)刻本　一册

120000－0342－0001736　1738
莊子因六卷　(清)林雲銘評述　清光緒六年(1880)白雲精舍刻本　六册

120000－0342－0001737　1739
大意尊聞三卷附錄一卷　(清)方東樹撰　清同治五年(1866)桐城方氏刻本　一册

120000－0342－0001738　1740
墨子斠注補正二卷　王樹枏撰　清光緒刻本　一册

120000－0342－0001739　1741
南華真經正義内篇七卷外篇十五卷雜篇十一卷識餘一卷　(清)陳壽昌輯　清光緒十九年(1893)怡顔齋刻本　六册

120000－0342－0001740　1742
[光緒]通州直隸州志十六卷首一卷末一卷　(清)梁悦馨　(清)莫祥芝主修　(清)季念詒　(清)沈鍠總纂　清光緒元年(1875)刻本　十六册

120000－0342－0001741　1743
管子義證八卷　(清)洪頤煊撰　清光緒十五年(1889)徐氏刻本　二册

120000－0342－0001742　1744
新訂四書補注備旨八卷　(明)鄧林撰　(清)杜定基增訂　清光緒刻本　八册

120000－0342－0001743　1745
新訂四書補注備旨八卷　(明)鄧林撰　(清)杜定基增訂　清光緒刻本　八册

120000－0342－0001744　1746
新訂四書補注備旨八卷　(明)鄧林撰　(清)杜定基增訂　清光緒天津萃文齋刻本　八册

120000－0342－0001745　1747
四書集注十九卷　(宋)朱熹撰　清李光明莊刻本　六册

120000－0342－0001746　1748
最樂編六卷　(清)保光　(清)德敨輯　清乾隆六十年(1795)長白惟善堂刻本　六册

120000－0342－0001747　1749
西天目祖山志八卷首一卷末一卷補遺一卷　(明)釋廣賓纂　(清)釋際界增訂　清光緒二年(1876)西天目禪源寺刻本　四册

120000－0342－0001748　1750
天台山方外志要　(明)釋傳燈撰　(清)齊召南刪節　清乾隆三十二年(1767)刻本　四册

120000－0342－0001749　1751
輿地廣記三十八卷校勘劄記二卷　(宋)歐陽忞撰　(清)黄丕烈校　清光緒六年(1880)金陵書局刻本　四册

120000－0342－0001750　1752
韓非子集釋二十卷　(戰國)韓非撰　王先謙注　清光緒二十二年(1896)掃葉山房石印本　六册

120000－0342－0001751　1753
管子二十四卷　(春秋)管仲撰　(唐)房玄齡注　(明)劉績補　清光緒二年(1876)浙江書局刻本　六册

120000－0342－0001752　1754
三儒類要三卷　(明)薛瑄　(明)陳獻章　(明)王守仁撰　明萬曆七年(1579)刻本　三册

120000－0342－0001753　1755
老學𧶘讀書記四卷　(清)彭蘊章撰　清同治五年(1866)刻本　一册

120000－0342－0001754　1756

莊子因六卷　(清)林雲銘評述　清光緒六年(1880)白雲精舍刻本　六冊

120000－0342－0001755　1757
荀子集解二十卷首一卷　(唐)楊倞注　王先謙集解　清光緒十七年(1891)長沙王先謙思賢講舍刻本　六冊

120000－0342－0001756　1758
管子校正二十四卷　(清)戴望撰　清同治十二年(1873)刻本　四冊

120000－0342－0001757　1759
晏子春秋七卷　(春秋)晏嬰撰　(清)孫星衍校　清光緒十八年(1892)思賢講舍刻本　二冊

120000－0342－0001758　1760
呂氏春秋二十六卷　(秦)呂不韋撰　(漢)高誘注　清光緒元年(1875)浙江書局刻二十二子本　六冊

120000－0342－0001759　1761
孫子十家注十三卷　(宋)吉天寶撰　清光緒十年(1884)刻本　六冊

120000－0342－0001760　1762
孟子正義三十卷　(清)焦循撰　清嘉慶二十四年(1819)翁氏刻本　十二冊

120000－0342－0001761　1763
武林掌故叢編　(清)丁丙輯　清光緒錢塘丁氏嘉惠堂刻本　六冊　存八種

120000－0342－0001762　1764
武林往哲遺著　(清)丁丙輯　清光緒錢塘丁氏嘉惠堂刻本　九冊　存三種

120000－0342－0001763　1765
咸淳臨安志一百卷校栞劄記三卷　(宋)潛說友纂修　清道光十年(1830)汪遠孫振綺堂刻本　二十四冊

120000－0342－0001764　1766
漢儒通義七卷　(清)陳澧撰　清咸豐番禺陳氏刻本　二冊

120000－0342－0001765　1767
學統五十六卷　(清)熊賜履撰　清康熙二十四年(1685)文元堂刻本　十六冊

120000－0342－0001766　1768
潛夫論十卷　(漢)王符撰　(清)汪繼培箋　清光緒十七年(1891)刻本　四冊

120000－0342－0001767　1769
重刊武經七書彙解七卷首一卷末一卷　(清)朱墉輯　清光緒二年(1876)嶺南索綽絡氏刻本　十冊

120000－0342－0001768　1770
朱子為學次第考二卷　(清)童能靈撰　清光緒十九年(1893)傳經堂刻本　一冊

120000－0342－0001769　1771
荀子二十卷校勘補遺一卷　(唐)楊倞注　(清)盧文弨　(清)謝墉輯校　清乾隆五十一年(1786)嘉善謝氏刻本　十冊

120000－0342－0001770　1772
華嶽志八首一卷　(清)李榕輯　清光緒九年(1883)湘鄉楊昌濬刻本　四冊

120000－0342－0001771　1773
廣雁蕩山志二十八卷首一卷末一卷　(清)曾唯撰　清乾隆五十五年(1790)刻本　八冊

120000－0342－0001772　1774
[嘉慶]介休縣志十四卷　(清)徐品山　(清)陸元鏸纂修　清嘉慶二十四年(1819)刻本　八冊

120000－0342－0001773　1775
[道光]章邱縣誌十六首一卷　(清)曹楙堅輯　清道光十三年(1833)刻本　八冊

120000－0342－0001774　1776
二程全書(河南程氏全書)　(宋)程顥　(宋)程頤撰　(宋)朱熹輯　清同治十年(1871)六安求我齋刻本　十六冊　存六種

120000－0342－0001775　1777
宋五先生景行編六卷　魏相國撰　清乾隆刻本　四冊

120000－0342－0001776　1778

釋志十九卷　(清)李兆洛撰　清同治十一年(1872)浙江書局刻本　八冊

120000－0342－0001777　1779
理學宗傳辨正十六卷　(清)劉廷詔撰　(清)倭仁　(清)吳廷棟校訂　清同治十一年(1872)六安求我齋刻本　六冊

120000－0342－0001778　1780
明儒學案六十二卷　(清)黄宗羲撰　清雍正十三年(1735)紫筠齋刻本　十六冊

120000－0342－0001779　1781
宋元學案一百卷首一卷考略一卷　(清)黄宗羲撰　(清)黄百家纂輯　(清)全祖望修定　清光緒五年(1879)長沙寄廬刻本　三十六冊

120000－0342－0001780　1782
三教搜神大全七卷　(□)□□撰　清宣統元年(1909)郎園刻本　三冊

120000－0342－0001781　1783
武林藏書錄不分卷　(清)丁申撰　清光緒九年(1883)刻本　二冊

120000－0342－0001782　1784
皕宋樓藏書志一百二十卷　(清)陸心源撰　清光緒八年(1882)刻本　四十冊

120000－0342－0001783　1785
江刻書目三種　(清)江標輯　清光緒刻本　四冊

120000－0342－0001784　5824
榆園叢刻　(清)許增輯　清同治、光緒刻本　八冊　存九種

120000－0342－0001785　1787
帶經堂書目四卷附錄一卷　陳樹杓編　清宣統上海順德鄧氏國光印刷所鉛印風雨樓叢書本　三冊

120000－0342－0001786　1788
士禮居藏書題跋記六卷　(清)黄丕烈撰　(清)潘祖蔭輯　清光緒十年(1884)吳縣潘氏滂喜齋刻本　四冊

120000－0342－0001787　1789
欽定四庫全書簡明目錄二十卷　(清)紀昀等編　清同治七年(1868)廣東書局刻本　十二冊

120000－0342－0001788　1790
韜略元機八卷　陳希夷撰　清光緒元年(1875)四法堂刻本　四冊

120000－0342－0001789　1791
奏定學堂章程不分卷　(清)張百熙　(清)張之洞撰　清光緒北京官書局鉛印本　一冊

120000－0342－0001790　1792
粵雅堂叢書　(清)伍崇曜輯　清道光至光緒南海伍氏刻本　四百零八冊　存一百九十六種

120000－0342－0001791　1793
桐陰論畫二卷首一卷附錄一卷　(清)秦祖永撰　清同治五年(1866)刻朱墨套印本　四冊

120000－0342－0001792　1794
臨證指南醫案十卷種福堂精選良方四卷　(清)葉桂撰　清乾隆三十一年(1766)刻朱墨套印本　十二冊

120000－0342－0001793　1795
居濟一得八卷　(清)張伯行撰　清乾隆刻本　四冊

120000－0342－0001794　1796
三農紀十卷　(清)張宗法撰　清刻本　十冊

120000－0342－0001795　1797
防海輯要十八卷首一卷　(清)俞昌會編輯　清道光二十二年(1842)刻本　十冊

120000－0342－0001796　1798
齊民要術十卷　(北魏)賈思勰撰　清光緒十四年(1888)刻觀象廬叢書本　四冊

120000－0342－0001797　1799
蠶桑萃編十五卷首一卷　(清)衛杰撰　清光緒二十六年(1900)蘭州官書局鉛印本　八冊

120000－0342－0001798　1800
新修長蘆鹽法志十六卷　(清)莽鵠立修　(清)魯之裕纂　清嘉慶十年(1805)刻本　二

十四冊

120000－0342－0001799　1801
三角數理十二卷　(英國)海麻士輯　(英國)傅蘭雅口譯　(清)華蘅芳筆述　清刻本　六冊

120000－0342－0001800　1802
淮南鹽法紀略十卷　(清)方濬頤等纂　清同治十二年(1873)淮南書局刻本　十冊

120000－0342－0001801　1803
淮北票鹽續略二編十卷　(清)項晉蕃編　清光緒十六年(1890)刻本　八冊

120000－0342－0001802　1804
新修長蘆鹽法志十六卷　(清)莽鵠立修　(清)魯之裕纂　清嘉慶十年(1805)刻本　二十四冊

120000－0342－0001803　1805
增修河東鹽法備覽八卷首一卷　(清)江人鏡等修　(清)張元鼎等纂　清光緒八年(1882)刻本　十冊

120000－0342－0001804　1806
兵船海岸炮位炮架圖說三卷　德國軍政府編　清活字本　三冊

120000－0342－0001805　1807
蠶桑備要不分卷　盛宣懷輯　清光緒二年(1876)思補樓活字本　一冊

120000－0342－0001806　1808
種樹書一卷　(元)俞宗本撰　清光緒二十三年(1897)桐廬袁氏漸西村舍刻本　一冊

120000－0342－0001807　1809
音律指迷二卷　(清)周知撰　清道光十一年(1831)刻本　一冊

120000－0342－0001808　1810
樂律心得二卷　(清)安清翹撰　清嘉慶二十四年(1819)刻本　一冊

120000－0342－0001809　1811
七十二候表一卷校錄一卷　(清)羅以智撰　清光緒八年(1882)刻本　一冊

120000－0342－0001810　1812
記海錯一卷　(清)郝懿行撰　清光緒五年(1879)東路廳署刻本　一冊

120000－0342－0001811　1813
思柬室算學餘譚二卷　(清)蔣士棟編　清光緒十五年(1889)刻本　一冊

120000－0342－0001812　1814
洗冤錄辨正六卷　(宋)宋慈撰　(清)王又槐增輯　(清)李觀瀾補輯　(清)阮其新補注　清道光二十七年(1847)刻朱墨套印本　一冊　存一卷(六)

120000－0342－0001813　1815
洗冤錄辨正六卷　(宋)宋慈撰　(清)王又槐增輯　(清)李觀瀾補輯　(清)阮其新補注　清道光二十七年(1847)刻朱墨套印本　一冊　存一卷(六)

120000－0342－0001814　1816
光緒會計錄三卷　(清)李希聖撰　清光緒上海時務報館石印本　二冊

120000－0342－0001815　1817
新刻京板工師雕鏤正式魯班經匠家鏡二卷秘訣仙機一卷　(明)午榮編　清刻本　二冊

120000－0342－0001816　1818
武備輯要六卷　(清)吳文溥　(清)許乃釗撰　清道光十二年(1832)刻本　一冊

120000－0342－0001817　1819
正陽門樓工程奏稿不分卷　袁世凱　陳璧撰　清光緒工藝官局印書科鉛印本　一冊

120000－0342－0001818　1820
國朝名人著述叢編　(清)□□輯　清光緒五年(1879)上海淞隱閣鉛印本　六冊　存十三種

120000－0342－0001819　1821
增像第六才子書五卷首一卷　(元)王實甫撰　(清)金聖嘆評　清光緒十五年(1889)上海鴻寶齋鉛印本　六冊

120000－0342－0001820　1822

虎口餘生傳奇四卷 （清）遺民外史撰　清刻本　四冊

120000－0342－0001821　1823
紅樓夢傳奇四卷 （清）萬玉卿撰　（清）萬榮恩填詞　清嘉慶八年（1803）青心書屋刻本　六冊

120000－0342－0001822　1824
新編雷鋒塔奇傳五卷 （清）玉花堂主人校訂　清嘉慶十一年（1806）刻本　五冊

120000－0342－0001823　1825
六十種曲 （明）毛晉輯　明虞山毛氏汲古閣刻本　四冊

120000－0342－0001824　1826
古謠諺一百卷 （清）杜文瀾輯　清咸豐十一年（1861）刻本　十六冊

120000－0342－0001825　1827
玉獅堂傳奇五種 （清）陳烺撰　清光緒十一年（1885）武林刻本　五冊　存五種

120000－0342－0001826　1828
寒香亭傳奇四卷 （清）李凱撰　（清）范梧評點　清嘉慶二年（1797）懷古堂刻本　四冊

120000－0342－0001827　1829
笠翁傳奇十種 （清）李漁撰　清康熙世德堂刻本　十冊　存五種

120000－0342－0001828　1830
新刻珠玉圓四卷四十八回 （清）柳浦散人編輯　清同治十一年（1872）刻本　四冊

120000－0342－0001829　1831
笠翁傳奇十種 （清）李漁撰　清嘉慶二十三年（1818）同人堂刻本　二十冊　存十種

120000－0342－0001830　1832
桃花扇二卷首一卷 （清）孔尚任撰　清光緒蘭雪堂刻本　五冊

120000－0342－0001831　1833
春燈謎記二卷 （明）阮大鋮撰　清刻十種傳奇本　二冊

120000－0342－0001832　1834
新刻出相音注勸善目連救母行孝戲文三卷 （明）鄭之珍撰　清種福堂刻本　三冊

120000－0342－0001833　1835
庶幾堂今樂不分卷 （清）余治撰　清光緒刻本　十冊

120000－0342－0001834　1836
繡像第六才子書八卷 （元）王實甫撰　（清）金聖嘆評　清乾隆四十五年（1780）刻本　六冊

120000－0342－0001835　1837
繪風亭評第七才子書琵琶記六卷 （元）高明撰　清映秀堂刻本　八冊

120000－0342－0001836　1838
劉香寶卷全集二卷 （□）□□撰　清光緒杭州瑪瑙經房刻本　二冊

120000－0342－0001837　1839
程氏家塾讀書分年日程三卷綱領一卷 （元）程端禮撰　清同治十一年（1872）教忠堂刻本　二冊

120000－0342－0001838　1840
西泠詞萃 （清）丁丙輯　清光緒錢塘丁氏刻本　四冊

120000－0342－0001839　1841
西泠詞萃 （清）丁丙輯　清光緒錢塘丁氏刻本　四冊

120000－0342－0001840　1842
番禺陳氏東塾叢書 （清）陳澧撰　清咸豐光緒刻本　八冊

120000－0342－0001841　1843
經訓堂叢書 （清）畢沅輯　清乾隆鎮洋畢沅刻本　二十四冊　存十九種

120000－0342－0001842　1844
華陽集四十卷 （宋）王珪撰　清乾隆刻武英殿聚珍版木活字本　二十冊

120000－0342－0001843　1845
曾惠敏公遺集四種十七卷 （清）曾紀澤撰

清光緒十九年(1893)江南製造總局鉛印本　八冊　存四種

120000－0342－0001844　1846
曾惠敏公遺集四種十七卷　(清)曾紀澤撰　清光緒十九年(1893)江南製造總局鉛印本　八冊

120000－0342－0001845　1847
明季稗史彙編　(清)留雲居士輯　清刻本　六冊

120000－0342－0001846　1848
張文端集□□種　(清)張英撰　清光緒二十三年(1897)桐城張氏刻本　二十冊　存五種

120000－0342－0001847　1849
讀史方輿紀要一百三十卷　(清)顧祖禹撰　清宏道堂刻本　七十冊

120000－0342－0001848　1850
隨園三十種　(清)袁枚輯撰　清乾隆、嘉慶小倉山房刻本　九冊　存七種

120000－0342－0001849　1851
[光緒]兩淮鹽法志一百六十卷　(清)王定安等纂修　清光緒三十年(1904)刻本　六十四冊

120000－0342－0001850　1852
越中文獻輯存書　紹興公報社編　清宣統二年至三年(1910－1911)紹興公報社鉛印本　四冊　存十種

120000－0342－0001851　1853
滂喜齋叢書　(清)潘祖蔭輯　清同治、光緒吳縣潘氏京師刻本　三十二冊

120000－0342－0001852　1854
碧聲吟館叢書　(清)許善長撰　清光緒仁和許氏刻本　四冊　存四種

120000－0342－0001853　1855
中復堂全集　(清)姚瑩撰　清同治六年(1867)姚浚昌安福縣署刻本　二十一冊　缺一種(康輶紀行)

120000－0342－0001854　1856
無鄭學廬地理叢刊四種　(清)施世杰輯　清光緒二十三年(1897)會稽施氏刻本　二冊

120000－0342－0001855　1857
三唐人集三種　(清)馮焌光輯　清光緒南海馮氏讀有用書齋刻本　八冊

120000－0342－0001856　1858
唐人三家集三種　(清)秦恩復輯　清道光十年(1830)江都秦氏石研齋刻本　八冊

120000－0342－0001857　1859
坡門酬唱二十三卷　(宋)邵浩輯　清宣統三年(1911)貴池劉氏刻貴池劉氏玉海堂景宋叢書本　六冊

120000－0342－0001858　1860
瀛奎律髓刊誤四十九卷　(元)方回輯　清蘇州綠蔭堂刻本　十二冊

120000－0342－0001859　1861
六朝四家全集　(清)胡鳳丹輯　清同治九年(1870)永康胡氏退補齋刻本　六冊

120000－0342－0001860　1862
孟浩然詩集二卷　(唐)孟浩然撰　**王摩詰詩集七卷**　(唐)王維撰　清光緒六年(1880)碧琳琅館刻朱墨套印本　四冊

120000－0342－0001861　1863
山右石刻叢編四十卷目錄一卷　(清)胡聘之撰　清光緒二十五年至二十七年(1899－1901)刻本　二十四冊

120000－0342－0001862　1864
金石錄三十卷　(宋)趙明誠撰　清順治七年(1650)空山堂刻本　六冊

120000－0342－0001863　1865
陶齋吉金續錄二卷　(清)端方撰　清宣統元年(1909)金陵石印本　二冊

120000－0342－0001864　1866
陶齋吉金錄八卷　(清)端方撰　清光緒三十四年(1908)金陵石印本　八冊

120000－0342－0001865　1867
清儀閣題跋不分卷　(清)張廷濟撰　清光緒十九年(1893)丁立誠刻本　四冊

120000－0342－0001866　1868
兩浙金石志十八卷補遺一卷　(清)阮元編　(清)阮福補　清光緒十六年(1890)浙江書局刻本　十二册

120000－0342－0001867　1869
恒軒所見所藏吉金錄不分卷　(清)吴大澂撰　清光緒十一年(1885)吴縣吴大澂刻本　二册

120000－0342－0001868　1870
隨軒金石文字不分卷　(清)徐渭仁撰　清道光二十三年(1843)上海徐渭仁刻本　二册

120000－0342－0001869　1871
積古齋鐘鼎彝器款識十卷　(清)阮元輯　清光緒五年(1879)華亭林長慶武昌刻本　六册

120000－0342－0001870　1872
欽定臺規四十卷　(清)松筠等修　(清)景文等纂　清刻本　十六册

120000－0342－0001871　1873
朔方備乘六十八卷首十二卷　(清)何秋濤撰　清光緒刻本　二十四册

120000－0342－0001872　1874
皇朝紀略不分卷　(清)何琪編　清光緒二十七年(1901)商務印書館鉛印本　一册

120000－0342－0001873　1875
刑部奏定新章四卷　(清)刑部修　清光緒二十年(1894)續刻本　四册

120000－0342－0001874　1876
東三省蒙務公牘彙編五卷　(清)朱啟鈐撰　清宣統元年(1909)鉛印本　六册

120000－0342－0001875　1877
戊申大政記七卷　(清)擷華主人輯　清光緒三十四年(1908)擷華書局鉛印本　六册

120000－0342－0001876　1878
大清現行刑律三十六卷首一卷　沈家本等編　清宣統二年(1910)鉛印本　十二册

120000－0342－0001877　1879
戊戌政變記九卷　梁啟超撰　清末鉛印本　三册

120000－0342－0001878　1880
聖武記十四卷　(清)魏源撰　清道光二十四年(1844)刻本　十册

120000－0342－0001879　1881
浙東籌防錄四卷　(清)薛福成撰　清光緒刻本　四册

120000－0342－0001880　1882
平定粵匪紀略十八卷附紀四卷　(清)杜文瀾撰　清同治十年(1871)京都聚珍齋木活字本　八册

120000－0342－0001881　1883
平定粵匪紀略十八卷附紀四卷　(清)杜文瀾撰　清同治九年(1870)刻本　七册

120000－0342－0001882　1884
教務紀略四卷首一卷　(清)李剛己輯　清光緒三十一年(1905)南洋官報局刻本　四册

120000－0342－0001883　1885
教務紀略四卷首一卷　(清)李剛己輯　清光緒三十年(1904)山東印書局鉛印本　五册

120000－0342－0001884　1886
平浙紀略十六卷　(清)秦緗業　(清)陳鐘英輯　清同治十二年(1873)浙江書局刻本　四册

120000－0342－0001885　1887
金壺遯墨四卷　(清)黄鈞宰撰　清同治十二年(1873)松江刻本　二册

120000－0342－0001886　1888
劉大將軍平倭戰記初集不分卷　(□)□□撰　清光緒刻本　六册

120000－0342－0001887　1889
臺灣戰紀二卷　(清)洪棄父撰　清光緒鉛印本　二册

120000－0342－0001888　1890
臺灣戰紀二卷　(清)洪棄父撰　清光緒鉛印本　二册

120000－0342－0001889　1891

河南福公司礦案交涉全編不分卷　（清）□□撰　清光緒三十四年（1908）石印本　一冊

120000－0342－0001890　1892

中東戰紀全卷　（清）洪棄父撰　清光緒鉛印本　一冊　存十八種

120000－0342－0001891　1893

戶部籌餉海防新章事例不分卷　（清）戶部編　清末刻本　八冊

120000－0342－0001892　1894

中東戰紀本末八卷首一卷　（美國）林樂知撰　蔡爾康纂輯　清光緒上海廣學會鉛印本　八冊

120000－0342－0001893　1895

黔書二卷　（清）田雯輯　清嘉慶十三年（1808）刻本　一冊　存一卷（上）

120000－0342－0001894　1896

歷科狀元策不分卷　（清）駱成驤等撰　清光緒石印本　二冊

120000－0342－0001895　1897

約章成案匯覽甲編十卷乙編四十二卷　（清）北洋洋務局編　清光緒三十一年（1905）上海點石齋石印本　四十六冊

120000－0342－0001896　1898

歷代帝王世系圖不分卷　（□）□□輯　清宣統二年（1910）陸軍部印刷處石印本　二冊

120000－0342－0001897　1899

繹史摭遺十八卷　（清）李瑤撰　清道光十年（1830）古高易氏刻本　七冊

120000－0342－0001898　1900

欽定大清會典事例一千二百二十卷　（清）崑岡等修　清光緒三十四年（1908）商務印書館石印本　八十冊

120000－0342－0001899　1901

文文忠公事略四卷　（清）文祥撰　清光緒八年（1882）刻本　四冊

120000－0342－0001900　1902

碑傳集一百六十卷　（清）錢儀吉輯　清光緒十九年（1893）江蘇書局刻本　五十冊

120000－0342－0001901　1903

續碑傳集八十六卷　繆荃孫輯　清宣統二年（1910）江楚編譯書局刻本　二十四冊

120000－0342－0001902　1904

全上古三代秦漢三國六朝文七百四十六卷　（清）嚴可均輯　清光緒二十年（1894）刻本　一百冊

120000－0342－0001903　1905

燭溪胡氏宗譜六卷　（清）胡林垣纂　清光緒三十四年（1908）繼序堂木活字本　六冊

120000－0342－0001904　1906

古文辭類纂七十五卷　（清）姚鼐輯　（清）李承淵校勘　清光緒二十七年（1901）滁州李氏求要堂刻本　十二冊

120000－0342－0001905　1907

古文觀止十二卷　（清）吳乘權編　清光緒二十年（1894）經國書局刻本　六冊

120000－0342－0001906　1908

重訂古文釋義新編八卷　（清）余誠評注　清宣統二年（1910）有益堂刻本　八冊

120000－0342－0001907　1909

文選論注三十卷　（南朝梁）蕭統選　清康熙二十年（1681）刻本　十二冊

120000－0342－0001908　1910

七家文鈔七卷　（清）陸繼輅撰　清道光元年（1821）刻本　四冊

120000－0342－0001909　1911

大文堂重訂古文釋義新編八卷　（清）余誠評注　清光緒十七年（1891）刻本　八冊

120000－0342－0001910　1912

明文在一百卷　（清）薛熙編　清光緒十五年（1889）江蘇書局刻本　十冊

120000－0342－0001911　1913

南宋文錄錄二十四卷　（清）董兆熊輯　清光緒十七年（1891）江蘇書局刻本　六冊

120000－0342－0001912　1914
文粹一百卷　(宋)姚鉉編　清光緒十六年(1890)杭州許增榆園刻本　十六册

120000－0342－0001913　1915
山左古文鈔八卷　(清)李景嶧　(清)劉鴻翱輯　清蘇州張氏刻本　八册

120000－0342－0001914　1916
東萊集注類編觀瀾文集三集七十卷　(宋)林之奇編　清光緒十年(1884)碧琳琅館刻本　十二册

120000－0342－0001915　1917
斯文正統十二卷　(清)刁包輯　清同治三年(1864)刁氏刻本　八册

120000－0342－0001916　1918
南宋文錄錄二十四卷　(清)董兆熊輯　清光緒十七年(1891)蘇州書局刻本　六册

120000－0342－0001917　1919
宋文鑑一百五十卷目錄三卷　(宋)呂祖謙輯　清光緒十二年(1886)江蘇書局刻本　二十四册

120000－0342－0001918　1921
明文在一百卷　(清)薛熙編　清光緒十五年(1889)江蘇書局刻本　十册

120000－0342－0001919　1922
三唐人集三種　(清)馮焌光編　清光緒南海馮氏讀有用書齋刻本　四册

120000－0342－0001920　1923
蛟川先正文存二十卷補遺一卷　(清)陳繼聰等輯　清光緒八年(1882)刻本　十册

120000－0342－0001921　1924
蛟川先正文存二十卷補遺一卷　(清)陳繼聰等輯　清光緒八年(1882)刻本　十册

120000－0342－0001922　1925
四六類編十六卷　(明)李日華輯　(明)李重民補訂　明末刻本　十册

120000－0342－0001923　1926
選注六朝唐賦不分卷　(清)馬傳庚選注　清同治十三年(1874)京都馬氏玉燕書巢石印本　二册

120000－0342－0001924　1927
賦則四卷首一卷　(清)鮑桂星評選　清道光十四年(1834)刻本　二册

120000－0342－0001925　1928
歷代政治論海四十四卷　(清)蔡和鏘輯　清末石印本　四十册

120000－0342－0001926　1929
漢魏名文乘不分卷　(明)張運泰　(明)余元熹彙評　清文海樓刻本　四十册

120000－0342－0001927　1930
駢文類纂四十六卷　王先謙纂集　清光緒二十八年(1902)思賢書局刻本　十七册

120000－0342－0001928　1931
古文觀止十二卷　(清)吳乘權　(清)吳大職編　清九思堂刻本　六册

120000－0342－0001929　1932
元文類七十卷　(元)蘇天爵輯　清光緒十五年(1889)江蘇書局刻本　十册

120000－0342－0001930　1933
薇省詞鈔十卷附錄一卷　況周儀輯　清光緒二十四年(1898)刻本　四册

120000－0342－0001931　1934
天籟軒詞譜四卷　(清)葉申薌輯　清道光九年至十一年(1829－1831)刻本　十册

120000－0342－0001932　1935
白香詞筆箋四卷　(清)舒夢蘭輯　清光緒十一年(1885)刻本　四册

120000－0342－0001933　1936
花間集十卷　(三國蜀)趙崇祚輯　清刻本　二册

120000－0342－0001934　1937
常郡八邑藝文志十二卷　(清)盧文弨撰　清光緒十六年(1890)刻本　十六册

120000－0342－0001935　1938

閨秀詞鈔十六卷　徐乃昌輯　清宣統三年(1911)小檀欒室刻本　八册

120000－0342－0001936　1939
國朝常州詞錄三十一卷　繆荃孫輯　清光緒二十二年(1896)江陰繆氏雲自在龕刻本　十二册

120000－0342－0001937　1940
清八家詞八卷　(清)納蘭性德等撰　清刻本　八册

120000－0342－0001938　1941
絕妙好詞箋七卷附詞選　(宋)周密輯　(清)查為仁　(清)厲鶚箋　清道光八年(1828)錢塘徐氏刻本　四册

120000－0342－0001939　1942
微雲榭詞選五卷　樊增祥輯　清光緒三十四年(1908)望江誦清閣鉛印本　二册

120000－0342－0001940　1943
四印齋所刻詞　(清)王鵬運輯　清光緒十九年(1893)臨桂王氏四印齋刻本　十六册　存二十一種附一種

120000－0342－0001941　1944
清夢龕二白詞不分卷　(清)沈傳桂撰　清道光二十五年(1845)沈氏清夢龕刻本　一册

120000－0342－0001942　1945
紅豆樹館詞八卷　(清)陶樑撰　清道光十三年(1833)刻本　二册

120000－0342－0001943　1946
心日齋詞集六卷　(清)周之琦撰　清刻本　三册

120000－0342－0001944　1947
煙波漁唱四卷　(清)張應昌撰　聞妙香室詞一卷　(清)陸珊撰　青藜精舍詩鈔一卷　(清)張應鼎　話雨齋詩鈔一卷　(清)張興仁撰　清道光二十四年(1844)刻本　四册

120000－0342－0001945　1948
小山詞鈔一卷補鈔一卷珠玉詞鈔一卷補鈔一卷　(宋)晏幾道　(宋)晏殊撰　清光緒十一年(1885)揚州刻本　二册

120000－0342－0001946　1949
捧月樓綺語八卷　(清)袁通撰　清嘉慶刻本　四册

120000－0342－0001947　1950
小檀欒室彙刻閨秀詞十集　徐乃昌輯　清光緒二十一年至二十二年(1895—1896)刻本　二十册

120000－0342－0001948　1951
梅影盦詞集三卷　(清)顧復初撰　清光緒六年(1880)刻本　一册　存二種(蜀桐絃詞、海風簫詞)

120000－0342－0001949　1952
宋六十名家詞不分卷　(明)毛晉編　清光緒十四年(1888)錢塘汪氏據汲古閣原本重校刻本　三十二册

120000－0342－0001950　1953
國朝常州詞錄三十一卷　繆荃孫輯　清光緒二十二年(1896)江陰繆氏雲自在龕刻本　十册

120000－0342－0001951　1954
絳河笙詞稿不分卷　(清)顧復初撰　清光緒二十五年(1899)刻本　一册

120000－0342－0001952　1955
吳氏石蓮庵刻山左人詞不分卷　(清)吳重熹輯　清光緒二十七年(1901)金陵海豐吳氏刻本　十册

120000－0342－0001953　1956
詞名集解六卷　(清)汪汲撰　清乾隆、嘉慶刻本　六册

120000－0342－0001954　1957
疏影樓詞不分卷　(清)姚燮撰　清道光十三年(1833)鎮海姚氏上湖草堂刻本　二册

120000－0342－0001955　1958
疏影樓詞不分卷　(清)姚燮撰　清道光十三年(1833)鎮海姚氏上湖草堂刻本　二册

120000－0342－0001956　1959

二鄉亭詞三卷　（清）宋琬撰　清康熙八年（1669）休甯孫默留松閣刻本　一冊

120000－0342－0001957　1960
蕙襟集十二卷　（清）馮秀瑩撰　清宣統大興馮恕刻本　一冊

120000－0342－0001958　1961
享帚齋詞鈔二卷　（清）周恩綬撰　清同治十三年（1874）解梁官廨刻本　一冊

120000－0342－0001959　1962
冷紅詞四卷　（清）鄭文焯撰　清光緒二十年（1894）耦園刻本　一冊

120000－0342－0001960　1963
海天秋角詞不分卷　（清）謝元淮撰　清道光二十二年（1842）刻套印本　一冊

120000－0342－0001961　1964
畫延年室詞稿不分卷　（清）袁起撰　清同治三年（1864）刻本　一冊

120000－0342－0001962　1965
珠玉詞鈔一卷小山詞一卷　（宋）晏殊撰　清光緒十一年（1885）揚州刻本　二冊

120000－0342－0001963　1966
留雲借月盦詞五卷　（清）劉炳照撰　清光緒十九年（1893）刻本　一冊

120000－0342－0001964　1967
詞苑萃編八卷　（清）馮金伯輯錄　清嘉慶十一年（1806）刻本　四冊

120000－0342－0001965　1968
元書一百零二卷首一卷　曾廉撰　清宣統三年（1911）邵陽曾氏層漪堂刻本　二十冊

120000－0342－0001966　1969
明通鑑九十卷前編四卷附編六卷首一卷　（清）夏燮編輯　清光緒二十三年（1897）湖北官書處刻本　四十冊

120000－0342－0001967　1970
重訂路史前紀九卷　（宋）羅泌纂　（宋）羅蘋注　清乾隆元年（1736）進修書院刻本　二十冊

120000－0342－0001968　1971
廿二史劄記三十六卷補遺一卷　（清）趙翼撰　清光緒二十八年（1902）上海文盛書局刻本　十六冊

120000－0342－0001969　1972
約章成案匯覽甲編十卷乙編四十二卷　（清）北洋洋務局編　清光緒三十一年（1905）上海點石齋石印本　四十六冊

120000－0342－0001970　1973
太平寰宇記二百卷目錄二卷　（宋）樂史撰　清光緒八年（1882）金陵書局刻本　三十六冊

120000－0342－0001971　1974
御批歷代通鑑輯覽一百二十卷　（清）傅恒等撰　清同治十年（1871）潯陽萬氏刻本　一百十二冊

120000－0342－0001972　1975
硃批諭旨不分卷　（清）鄂爾泰　（清）張廷玉編次　清光緒十三年（1887）上海點石齋鉛印本　六十冊

120000－0342－0001973　1976
小山詞鈔一卷補鈔一卷　（宋）晏幾道撰　（清）晏端書編　清光緒十一年（1885）揚州刻本　一冊

120000－0342－0001974　1977
珠玉詞鈔一卷補鈔一卷　（宋）晏殊撰　清光緒十一年（1885）揚州刻本　一冊

120000－0342－0001975　1978
讀禮通考一百二十卷　（清）徐乾學撰　清康熙三十五年（1696）冠山堂刻本　三十冊

120000－0342－0001976　1979
兩浙輶軒續錄五十四卷補遺六卷　（清）阮元輯　（清）潘衍桐續　清光緒十六年（1890）浙江書局刻本　四十冊　存四十二卷（十九至五十四、補遺六卷）

120000－0342－0001977　1980
東華全錄四百二十五卷附續編咸豐六十九卷　王先謙編　潘頤福續編　清光緒十三年

(1887)刻本　五十六册

120000－0342－0001978　1981
李文忠公全集　(清)李鴻章撰　(清)吴汝綸編錄　清光緒三十一年至三十四年(1905－1908)金陵刻本　一百册　存六種

120000－0342－0001979　1982
欽定中樞政考八旗三十二卷綠營四十卷　(清)明亮等修　(清)納蘇泰等纂　清道光五年(1825)刻本　七十二册

120000－0342－0001980　1983
十朝聖訓九百二十二卷　(□)□□撰　清光緒刻本　二百七十八册

120000－0342－0001981　1984
兩罍軒尺牘殘稿十二卷　(清)吴雲撰　清光緒十年(1884)刻本　十二册

120000－0342－0001982　1985
有正味齋文集不分卷　(清)吴錫麒撰　清末上海申報館鉛印本　二册

120000－0342－0001983　1986
夢園叢説内篇八卷外篇八卷　(清)方濬頤撰　清光緒元年(1875)揚州刻本　四册

120000－0342－0001984　1987
惜抱先生尺牘八卷　(清)姚鼐撰　(清)陳用光編　清宣統元年(1909)小萬柳堂刻本　四册

120000－0342－0001985　1988
薑露庵雜記六卷　(清)施山撰　清宣統刻本　二册

120000－0342－0001986　1989
易堂問目四卷　(清)吴鼎撰　清光緒十六年(1890)習靜齋刻本　四册

120000－0342－0001987　1990
南省公餘錄八卷　(清)梁章鉅撰　清嘉慶刻本　四册

120000－0342－0001988　1991
山志初集六卷二集四卷　(清)王山翁撰　清乾隆五十三年(1788)紹衣堂刻本　五册

120000－0342－0001989　1992
皇華紀聞四卷　(清)王士禛撰　清刻本　四册

120000－0342－0001990　1993
夢園叢説内篇八卷外篇八卷　(清)方濬頤撰　清光緒元年(1875)揚州刻本　四册

120000－0342－0001991　1994
人譜類記二卷　(明)劉宗周撰　清刻本　二册

120000－0342－0001992　1995
陔餘叢考四十三卷　(清)趙翼撰　清乾隆五十六年(1791)湛貽堂刻甌北全集本　十二册

120000－0342－0001993　1996
寄傲軒讀書隨筆十卷　(清)沈赤然撰　清嘉慶十年(1805)刻本　四册

120000－0342－0001994　1997
夢園叢説内篇八卷外篇八卷　(清)方濬頤撰　清光緒元年(1875)揚州刻本　四册

120000－0342－0001995　1998
竹葉亭雜記八卷　(清)姚元之撰　清光緒十九年(1893)陽湖汪洵刻本　二册

120000－0342－0001996　1999
簷曝雜記六卷　(清)趙翼撰　清光緒三年(1877)滇南唐氏刻甌北全集本　二册

120000－0342－0001997　2000
夢因錄一卷　(清)張文虎撰　清光緒十三年(1887)刻本　一册

120000－0342－0001998　2001
荷廊筆記四卷　(清)俞洵慶撰　清光緒十一年(1885)刻本　二册

120000－0342－0001999　2002
浪跡續談八卷　(清)梁章鉅撰　清刻本　三册

120000－0342－0002000　2003
有不為齋隨筆十卷　(清)光聰諧撰　清光緒十四年(1888)蘇州藩署刻本　二册

120000－0342－0002001　2004
隨園隨筆二十八卷　(清)袁枚撰　清嘉慶十三年(1808)刻本　十二册

120000－0342－0002002　2005
賓存四卷　(清)胡式鈺撰　清道光二十一年(1841)刻本　二册

120000－0342－0002003　2006
香墅漫鈔四卷　(清)曾廷枚輯　清嘉慶刻本　四册

120000－0342－0002004　2007
愈愚錄六卷　(清)劉寶楠撰　清光緒十五年(1889)廣雅書局刻本　二册

120000－0342－0002005　2008
竹窗隨筆一卷二筆一卷三筆一卷　(明)釋袾宏撰　清光緒二十四年(1898)金陵刻經處刻本　三册

120000－0342－0002006　2009
援鶉堂筆記五十卷刊誤一卷刊誤補遺一卷　(清)姚範撰　清道光十五年(1835)刻本　十六册

120000－0342－0002007　2010
片玉山房花箋錄二十卷　(清)孫兆溎輯　清同治四年(1865)景福堂刻本　八册

120000－0342－0002008　2011
蕉軒隨錄十二卷　(清)方濬師撰　清同治十一年(1872)退一步齋刻本　十二册

120000－0342－0002009　2012
猗覺寮雜記二卷　(宋)朱翌撰　清光緒二十五年(1899)廣雅書局刻本　四册

120000－0342－0002010　2013
玉函山房目耕帖三十一卷　(清)馬國翰輯　清同治十年(1871)濟南皇華館書局刻本　十六册

120000－0342－0002011　2014
春融堂雜記八種八卷　(清)王昶撰　清嘉慶十三年(1808)刻本　三册

120000－0342－0002012　2015
癡説八卷　(清)紀蔭田撰　清道光元年(1821)刻本　八册

120000－0342－0002013　2016
蘿藦亭札記八卷　(清)喬松年撰　清同治十二年(1873)刻本　四册

120000－0342－0002014　2017
楹聯叢話十二卷　(清)梁章鉅撰　清道光二十年(1840)桂林署齋刻本　四册

120000－0342－0002015　2018
楹聯續話四卷　(清)梁章鉅撰　清道光二十三年(1843)南浦廡齋刻本　二册

120000－0342－0002016　2019
明夷待訪錄糾謬不分卷　(清)李滋然撰　清宣統元年(1909)鉛印本　一册

120000－0342－0002017　2020
棣懷堂隨筆十一卷　(清)李象鵾撰　清同治十三年(1874)刻本　六册

120000－0342－0002018　2021
春融堂雜記八種八卷　(清)王昶撰　清光緒申報館鉛印本　四册

120000－0342－0002019　2022
黄學廬雜述三卷　(清)陳士芑撰　清宣統元年(1909)鉛印本　一册

120000－0342－0002020　2023
師善錄三卷　(日本)綾瀨龜田撰　清道光十七年(1837)清河萬卷樓刻本　三册

120000－0342－0002021　2024
丙丁龜鑑八卷　(宋)柴望輯　清光緒刻本　二册

120000－0342－0002022　2025
開卷偶得十卷　(清)林春溥撰　清道光二十九年(1849)刻本　四册

120000－0342－0002023　2026
聞見瓣香錄四卷　(清)秦武域撰　清刻本　二册

120000－0342－0002024　2027

止園筆談八卷　(清)史夢蘭撰　清光緒四年(1878)刻本　四冊

120000－0342－0002025　2028
鐵網珊瑚二十卷　(明)都穆撰　清刻本　八冊

120000－0342－0002026　2029
定香亭筆談四卷　(清)阮元撰　清光緒二十五年(1899)浙江書局刻本　四冊

120000－0342－0002027　2030
陸清獻公日記十卷　(清)陸隴其撰　**年譜一卷**　(清)楊開基撰　清道光二十一年(1841)刻本　四冊

120000－0342－0002028　2031
松陽鈔存二卷　(清)陸隴其撰　清乾隆十七年(1752)刻本　一冊

120000－0342－0002029　2032
鶴林玉露十六卷補遺一卷　(宋)羅大經撰　清刻本　八冊

120000－0342－0002030　2033
蒿菴閒話二卷　(清)張爾岐撰　清嘉慶刻本　一冊

120000－0342－0002031　2034
嘯園叢書五十七種　(清)葛元煦輯　清光緒九年(1883)仁和葛氏刻本　十冊　存九種

120000－0342－0002032　2035
郋園先生全書　葉啟倬輯　清光緒三十四年(1908)長沙葉氏郋園刻本　一冊　存三種

120000－0342－0002033　2036
秋谷文集不分卷　(元)李孟撰　清刻本　四冊

120000－0342－0002034　2037
顧華陽集三卷補遺一卷　(唐)顧況撰　(清)顧名端輯　清咸豐五年(1855)顧炳章雙峰堂刻本　四冊

120000－0342－0002035　2038
呂衡州文集十卷　(唐)呂溫撰　清道光七年(1827)江都秦氏石研齋刻唐人三家集本　六冊

120000－0342－0002036　2039
乖崖先生文集十二卷附錄一卷　(宋)張詠撰　清光緒八年(1882)獨山莫氏刻本　二冊

120000－0342－0002037　2040
駱臨海全集十卷　(唐)駱賓王撰　清嘉慶二十二年(1817)刻本　二冊

120000－0342－0002038　2041
王子安集注二十卷首一卷末一卷　(唐)王勃撰　(清)蔣清翊注　清光緒十年(1884)吳縣蔣氏雙唐碑館續刻本　八冊

120000－0342－0002039　2042
玉谿生詩詳注八卷首一卷樊南文集詳注八卷　(□)□□撰　清嘉慶元年(1796)刻本　八冊

120000－0342－0002040　2043
沈下賢文集十二卷　(唐)沈亞之撰　清光緒二十一年(1895)刻本　四冊

120000－0342－0002041　2044
樊川文集二十卷外集一卷別集一卷　(唐)杜牧撰　清光緒二十二年(1896)景蘇園影宋刻本　六冊

120000－0342－0002042　2045
駱臨海集十卷　(唐)駱賓王撰　清嘉慶二十五年(1820)刻本　二冊

120000－0342－0002043　2046
張說之文集二十五卷補遺五卷　(唐)張說撰　清光緒三十一年(1905)仁和朱氏刻本　四冊

120000－0342－0002044　2047
李衛公文集二十卷別集十卷外集四卷補遺一卷　(唐)李德裕撰　清光緒十六年(1890)常慊慊齋刻本　六冊

120000－0342－0002045　2048
劉賓客文集三十卷　(唐)劉禹錫撰　清光緒三十一年(1905)仁和朱澂刻結一廬朱氏賸餘叢書本　四冊

120000－0342－0002046　2049
文獻公全集十一卷首一卷附錄一卷　(元)黄溍撰　清咸豐元年(1851)刻本　十册

120000－0342－0002047　2050
文獻公全集十一卷首一卷附錄一卷　(元)黄溍撰　清咸豐元年(1851)刻本　十册

120000－0342－0002048　2051
歐陽文公圭齋集十五卷首一卷附錄一卷　(元)歐陽元撰　清道光刻本　十二册

120000－0342－0002049　2052
郝文忠公陵川文集三十九卷首一卷附錄一卷　(元)郝經撰　清嘉慶刻本　十册

120000－0342－0002050　2053
郝文忠公陵川文集三十九卷首一卷附錄一卷　(元)郝經撰　清嘉慶刻本　十册

120000－0342－0002051　2054
至正集八十一卷　(元)許有壬撰　清宣統三年(1911)河南教育總會石印本　十册

120000－0342－0002052　2055
許文正公遺書十五種　(元)許衡撰　清乾隆五十五年(1790)刻本　八册

120000－0342－0002053　2056
顔魯公文集十五卷補遺一卷　(唐)顔真卿撰　清嘉慶七年(1802)刻本　六册

120000－0342－0002054　2057
趙文敏公松雪齋全集十卷外集一卷續集一卷　(元)趙孟頫撰　清光緒八年(1882)刻本　六册

120000－0342－0002055　2058
南豐先生元豐類稿五十三卷　(宋)曾鞏撰　清康熙刻本　十二册

120000－0342－0002056　2059
雙峰猥稿九卷首一卷末一卷　(宋)舒邦佐撰　清咸豐八年(1858)刻本　四册

120000－0342－0002057　2060
鴻慶居士文集四十二卷　(宋)孫覿撰　清光緒二十二年(1896)武進盛氏思惠齋朱印本　八册

120000－0342－0002058　2061
陳定宇先生文集十六卷别集一卷　(元)陳櫟撰　清康熙刻本　十册

120000－0342－0002059　2062
湛然居士文集十四卷　(元)耶律楚材撰　清光緒二十一年(1895)桐廬袁氏刻漸西村舍彙刻本　四册

120000－0342－0002060　2063
至正集八十一卷　(元)許有壬撰　清宣統三年(1911)河南教育總會石印本　十册

120000－0342－0002061　2064
楊龜山先生集四十二卷首一卷　(宋)楊時撰　清光緒五年(1879)刻本　十册

120000－0342－0002062　2065
楊龜山先生集四十二卷首一卷　(宋)楊時撰　清光緒九年(1883)刻本　十册

120000－0342－0002063　2066
武英殿聚珍版書　(清)□□輯　清乾隆中武英殿木活字排印本　十六册　存三種

120000－0342－0002064　2067
武英殿聚珍版書　(清)□□輯　清同治十三年(1874)江西書局刻本　四十六册　存七種

120000－0342－0002065　2068
武英殿聚珍版書　(清)□□輯　清光緒二十五年(1899)廣雅書局刻本　九十四册　存十四種

120000－0342－0002066　2069
王子安集十六卷　(唐)王勃撰　清光緒五年(1879)華陽醉經堂刻本　四册

120000－0342－0002067　2070
宋謝文節公集六卷　(元)謝枋得撰　清同治五年(1866)皖城藩署刻本　二册

120000－0342－0002068　2071
蘇子美集文集六卷詩集四卷　(宋)蘇舜欽撰　清同治六年(1867)刻本　四册

120000－0342－0002069　2072
斜川集六卷附録二卷訂誤一卷補遺二卷續鈔一卷　(宋)蘇過撰　清嘉慶刻本　四册

120000－0342－0002070　2073
杜清獻公集十九卷首一卷補遺一卷佚篇一卷末一卷校注一卷年譜一卷　(宋)杜范撰　清光緒六年(1880)吴縣孫氏九峰書院刻本　八册

120000－0342－0002071　2074
浮溪集三十二卷　(宋)汪藻撰　清乾隆刻本　八册

120000－0342－0002072　2075
道鄉公文集四十卷附録一卷　(宋)鄒浩撰　清光緒二十七年(1901)蘇州寶華山房重修本　十二册

120000－0342－0002073　2076
南豐先生元豐類稿五十三卷　(宋)曾鞏撰　清顧東岩刻本　十二册

120000－0342－0002074　2077
南豐先生元豐類稿五十三卷　(宋)曾鞏撰　清顧東岩刻本　六册

120000－0342－0002075　2078
唐丞相曲江張文獻公集十二卷　(唐)張九齡撰　清雍正十三年(1735)曲江張氏刻本　八册

120000－0342－0002076　2080
屏山先生文集二十卷　(宋)劉子翬撰　(宋)朱熹校正　清刻本　四册　殘

120000－0342－0002077　2081
李太白文集三十二卷　(唐)李白撰　(清)王琦輯注　清乾隆二十三年(1758)寶笏樓刻本　十二册

120000－0342－0002078　2082
重刊五百家注音辯昌黎先生文集四十卷　(唐)韓愈撰　清乾隆四十九年(1784)刻本　十册

120000－0342－0002079　2083
張宣公全集六十一卷　(宋)張栻撰　清咸豐四年(1854)綿邑南軒祠刻本　十六册

120000－0342－0002080　2084
靜修先生文集十二卷　(元)劉因撰　清光緒五年(1879)定州王氏謙德堂刻畿輔叢書本　四册

120000－0342－0002081　2085
靜修先生文集十二卷　(元)劉因撰　清光緒五年(1879)定州王氏謙德堂刻畿輔叢書本　四册

120000－0342－0002082　2086
孟子事實錄二卷　(清)崔述撰　清光緒五年(1879)定州王氏謙德堂刻畿輔叢書本　一册

120000－0342－0002083　2087
滹南遺老王先生文集四十五卷續一卷　(金)王若虚撰　清光緒十二年(1886)海豐吴氏刻石蓮庵匯刻九金人集本　四册

120000－0342－0002084　2088
醴陵集十卷　(南朝梁)江淹撰　清乾隆二十年(1755)群雅堂刻本　二册

120000－0342－0002085　2089
三松堂集二十卷續集六卷　(清)潘奕雋撰　清同治九年至十一年(1870－1872)刻本　八册

120000－0342－0002086　2090
復齋文集二十一卷　(清)曾鏞撰　清嘉慶二十五年(1820)朱墨套印刻本　十二册

120000－0342－0002087　2091
復齋詩集四卷首一卷末一卷　(清)曾鏞撰　清嘉慶二十五年(1820)刻朱墨套印本　二册

120000－0342－0002088　2092
復齋制義不分卷　(清)曾鏞撰　清嘉慶二十五年(1820)刻本　二册

120000－0342－0002089　2093
臞甫遺文不分卷　(清)曾璜撰　清嘉慶二十五年(1820)刻本　一册

120000－0342－0002090　2094

鳴鶴堂文集十卷詩集十一卷　(清)任源祥撰　(清)瞿源洙集評　清光緒十五年(1889)刻本　七册

120000－0342－0002091　2095

裘文達公文集六卷補遺一卷詩集十二卷恭和御製詩六卷奏議一卷　(清)裘曰修撰　清同治十一年(1872)新建裘氏刻本　六册

120000－0342－0002092　2096

夏峰先生集十四卷補遺二卷　(清)孫奇逢撰　清道光二十五年(1845)大梁書院刻本　十六册

120000－0342－0002093　2097

夏峰先生集十四卷補遺二卷　(清)孫奇逢撰　清道光二十五年(1845)大梁書院刻本　十六册

120000－0342－0002094　2098

古杼秋館遺稿不分卷　(清)侯楨撰　清光緒二十三年(1897)無錫吴氏禮讓堂刻本　二册

120000－0342－0002095　2099

錢南園先生遺集五卷　(清)錢灃撰　清光緒二十一年(1895)昆明施氏刻本　四册

120000－0342－0002096　2100

趙忠節公遺墨不分卷溫次言先生詩錄不分卷　(清)趙景賢　(清)溫汝超撰　清光緒八年(1882)刻本　一册

120000－0342－0002097　2101

噉蔗全集文八卷詩八卷　(清)張羲年撰　清光緒十九年(1893)上海著印堂鉛印本　六册

120000－0342－0002098　2102

慎盦文鈔二卷　(清)左宗植　清光緒元年(1875)刻本　四册

120000－0342－0002099　2103

四知堂遺稿四卷　(清)鍾端郡王撰　清同治刻本　二册

120000－0342－0002100　2104

沈文忠公集十卷附沈文忠公自訂年譜一卷　(清)沈兆霖撰　清同治八年(1869)刻本　四册

120000－0342－0002101　2105

丹魁堂外集四卷詩集七卷茗韻軒遺詩不分卷　(清)季芝昌撰　清咸豐十一年(1861)刻本　四册　缺二卷(詩集一至二)

120000－0342－0002102　2106

尚絅堂詩集五十二卷詞集二卷　(清)劉嗣綰撰　清宣統二年(1910)刻本　十册

120000－0342－0002103　2107

存悔齋集二十八卷外集四卷　(清)劉鳳誥撰　清道光十年(1830)刻本　八册

120000－0342－0002104　2108

實事求是齋遺稿四卷　(清)汪廷珍撰　清刻本　四册

120000－0342－0002105　2109

安雅堂全集　(清)宋琬撰　清順治、乾隆刻本　十二册　存五種

120000－0342－0002106　2110

朱九江先生集十卷首四卷　(清)朱次琦撰　清光緒二十三年(1897)讀書草堂刻本　四册

120000－0342－0002107　2111

嚴太僕先生集十二卷　(清)嚴虞惇撰　清光緒十年(1884)常熟嚴氏西涇草堂刻本　二册

120000－0342－0002108　2112

紫石泉山房文集十二卷　(清)吴定撰　清光緒十三年(1887)黟縣李氏刻本　五册

120000－0342－0002109　2113

求志堂存稿彙編　(清)周濟撰　清光緒荊溪周氏刻本　五册

120000－0342－0002110　2114

悔餘庵全集　(清)何栻撰　清同治四年(1865)鳩江戎幄刻本　十二册

120000－0342－0002111　2115

悔餘庵全集　(清)何栻撰　清同治四年(1865)鳩江戎幄刻本　十二册

120000－0342－0002112　2116

經遺堂全集二十六卷　(清)章佩金撰　清道光二十一年(1841)江都丁光煦刻本　四冊

120000－0342－0002113　2117
一規八棱硯齋詩鈔六卷　(清)徐廷華撰　清光緒九年(1883)武昌寓齋刻本　二冊

120000－0342－0002114　2118
運甓齋文稿六卷文稿續編六卷詩稿續編六卷贈言錄四卷　(清)陳勱撰　清光緒二十年(1894)鄞縣陳氏刻本　四冊

120000－0342－0002115　2119
白田草堂存稿十四卷　(清)王懋竑撰　清乾隆十七年(1752)刻本　六冊

120000－0342－0002116　2120
程戶部集四卷　(清)程頌藩撰　清宣統三年(1911)麓山堂刻本　二冊

120000－0342－0002117　2121
蘇盦文錄二卷駢文錄五卷詩錄八卷詞錄一卷　(清)楊葆光撰　清光緒九年(1883)杭州刻本　五冊

120000－0342－0002118　2122
朱九江先生集十卷首四卷　(清)朱次琦撰　清光緒讀書草堂刻本　四冊

120000－0342－0002119　2123
紀城文稿四卷詩稿四卷　(清)安致遠撰　清刻本　三冊

120000－0342－0002120　2124
玉磑集四卷鱃音不分卷　(清)安致遠撰　清刻本　一冊

120000－0342－0002121　2125
綺樹閣詩稿一卷賦稿一卷　(清)安致遠撰　清刻本　一冊

120000－0342－0002122　2126
毋不敬齋全書三十一卷　(清)方頤撰　清光緒十五年(1889)刻本　十五冊

120000－0342－0002123　2127
樓山堂集二十六卷末一卷　(明)吳應箕撰　清光緒六年(1880)刻本　八冊

120000－0342－0002124　2128
趙文肅公文集二十三卷　(明)趙貞吉　清光緒十七年(1891)刻本　十冊

120000－0342－0002125　2129
艮齋文選一卷滇南集一卷滇行日記二卷臥象山房詩集二卷賦集一卷文集一卷　(清)李澄中著　清康熙刻本　二冊

120000－0342－0002126　2130
明張文忠公全集四十六卷附錄二卷　(明)張居正撰　清光緒二十七年(1901)紅藤碧樹山館刻本　二十冊

120000－0342－0002127　2131
從野堂存稿八卷首一卷外集一卷　(明)繆昌期撰　清同治十三年(1874)海陵刻本　四冊

120000－0342－0002128　2132
姚文敏公遺稾九卷奏議補缺一卷校勘記一卷　(明)姚夔撰　(清)袁昶校勘　清光緒二十四年(1898)水明樓刻本　二冊

120000－0342－0002129　2133
布衣陳先生遺集四卷　(明)陳晟撰　清道光六年(1826)東山書院刻本　一冊

120000－0342－0002130　2134
瞿忠宣公集十卷　(明)瞿式耜撰　清光緒十三年(1887)常熟瞿廷韶刻本　四冊

120000－0342－0002131　2135
胡敬齋先生文集三卷　(明)胡居仁撰　清同治八年(1869)刻本　二冊

120000－0342－0002132　2136
六如居士全集七卷補遺一卷外集六卷制義一卷畫譜三卷　(明)唐寅撰　(清)唐仲冕編　清嘉慶六年(1801)果克山房刻本　六冊

120000－0342－0002133　2137
六如居士全集七卷補遺一卷外集六卷制義一卷畫譜三卷　(明)唐寅撰　(清)唐仲冕編　清嘉慶六年(1801)果克山房刻本　六冊

120000－0342－0002134　2138
重刻一峰先生集十卷　(明)羅倫撰　清道光

二十九年(1849)家塾刻本　六冊

120000－0342－0002135　2139
青藤書屋文集三十卷補遺一卷　(明)徐渭撰　清宣統三年(1911)石印本　八冊

120000－0342－0002136　2140
崇百藥齋文集二十卷　(清)陸繼輅撰　清嘉慶二十五年(1820)合肥學舍刻本　四冊

120000－0342－0002137　2141
弘藝録三十二卷　(明)邵經邦撰　清光緒二十年(1894)錢塘丁氏刻武林往哲遺著本　六冊

120000－0342－0002138　2142
來瞿唐先生日録内篇六卷外篇七卷　(明)來知德撰　清道光十一年(1831)刻本　十四冊

120000－0342－0002139　2143
蘿石山房文鈔四卷首一卷梅花屋詩稿一卷　(明)左懋第撰　清乾隆十八年(1753)刻本　五冊

120000－0342－0002140　2144
繩庵内集十六卷外集八卷　(清)劉綸撰　清乾隆用拙堂刻本　六冊

120000－0342－0002141　2145
義門先生集十二卷附録一卷　(清)何焯撰　韓崇等輯　**何義門先生家書四卷**　(清)何焯撰　吴蔭培編　清宣統元年(1909)廣州平江吴氏刻本　六冊

120000－0342－0002142　2146
小萬卷齋文稿二十四卷首一卷末一卷經進稿四卷詩稿三十二卷詩續稿十二卷末一卷　(清)朱琦撰　清光緒十一年(1885)朱臧成刻本　二十四冊

120000－0342－0002143　2147
西漚全集十卷外集八卷　(清)李惺撰　清同治七年(1868)墊江李氏刻本　十六冊

120000－0342－0002144　2148
月齋文集八卷詩集四卷　(清)張穆撰　清咸豐八年(1858)刻本　六冊

120000－0342－0002145　2149
儀衛軒文集十二卷外集一卷詩集五卷文外集一卷大意尊聞三卷遺書一卷　(清)方東樹撰　**論年譜一卷**　(清)鄭福照撰　清同治七年(1868)刻本　十二冊

120000－0342－0002146　2150
西圃集文四卷詩十卷續集四卷補遺一卷詞續一卷詞三續一卷題畫詩一卷　(清)潘遵祁撰　清光緒刻本　六冊

120000－0342－0002147　2151
錢頤壽中丞全集　(清)錢寶琛撰　清同治光緒錢鼎銘刻本　六冊　存二種

120000－0342－0002148　2152
芝庭先生集十八卷附録一卷　(清)彭啟豐撰　清光緒二年(1876)長洲彭氏刻本　六冊

120000－0342－0002149　2153
芙蓉山館詩鈔八卷附補鈔一卷詞鈔二卷詞坿鈔一卷文鈔八卷　(清)楊芳燦撰　清光緒十七年(1891)無錫木活字本　八冊

120000－0342－0002150　2154
莨江古文存四卷　(清)陶必銓撰　清嘉慶二十一年(1816)刻本　一冊

120000－0342－0002151　2155
莨江詩存三卷　(清)陶必銓撰　清嘉慶二十一年(1816)刻本　一冊

120000－0342－0002152　2156
印心石屋詩鈔初集四卷　(清)陶澍撰　清嘉慶二十一年(1816)刻本　一冊

120000－0342－0002153　2157
印心石屋詩鈔二集三卷　(清)陶澍撰　清嘉慶二十一年(1816)刻本　一冊

120000－0342－0002154　2158
印心石屋試律四卷　(清)陶澍撰　清嘉慶二十一年(1816)刻本　二冊

120000－0342－0002155　2159
蜀輶日記四卷　(清)陶必銓撰　清嘉慶二十一年(1816)刻本　二冊

120000－0342－0002156　2160
浣花樓詩草二卷文集不分卷秋尋圖詩不分卷　(清)彭舫撰　清道光六年(1826)刻本　二冊

120000－0342－0002157　2161
補學軒文集一卷　(清)鄭獻甫撰　清光緒八年(1882)刻本　一冊

120000－0342－0002158　2162
補學軒詩集十二卷　(清)鄭獻甫撰　清光緒八年(1882)刻本　三冊

120000－0342－0002159　2163
鄰雲友月之居詩初稿四卷餐楓館文集二卷　(清)張紈英撰　**綠槐書屋詩稿二卷附錄五卷**　(清)張綸英撰　清道光二十九年(1849)刻本　三冊

120000－0342－0002160　2164
敬齋雜著不分卷　(清)蔣光焴撰　清末刻本　一冊

120000－0342－0002161　2165
敬齋雜著不分卷　(清)蔣光焴撰　清末刻本　一冊

120000－0342－0002162　2166
校經廎文稿十八卷　(清)李富孫撰　清道光刻本　四冊

120000－0342－0002163　2167
飲月軒詩鈔五卷雜體文鈔一卷　(清)唐廷詔撰　清道光刻本　三冊

120000－0342－0002164　2168
飲月軒文鈔二卷　(清)唐廷詔撰　清道光刻本　二冊

120000－0342－0002165　2169
哀生閣初稿四卷續稿三卷　(清)王大經撰　清光緒十一年(1885)刻本　六冊

120000－0342－0002166　2170
湛園未定稿六卷　(清)姜宸英撰　清刻本　四冊

120000－0342－0002167　2171
兩當軒集二十二卷附錄四卷攷異二卷　(清)黄景仁撰　清光緒二年(1876)武進黄氏家塾刻本　六冊

120000－0342－0002168　2172
董方立遺書　(清)董祐誠撰　清同治八年(1869)刻本　四冊　存九種

120000－0342－0002169　2173
寄菴詩鈔八卷續十卷續附十二卷寄菴文鈔二卷續一卷續附一卷書院條約不分卷　(清)劉大紳撰　**龍山詩草不分卷**　(清)沈彬撰　清道光雲南濵西草堂刻本　十四冊

120000－0342－0002170　2174
響泉集二十一卷　(清)顧光旭撰　清宣統二年(1910)無錫顧氏木活字印本　四冊

120000－0342－0002171　2175
高陶堂遺集　(清)高心夔撰　清光緒八年(1882)平湖朱氏經注經齋刻本　四冊　存四種

120000－0342－0002172　2176
秋根書室詩文集十四卷西行紀程二卷西征集一卷　(清)孟傳鑄撰　清宣統二年(1910)綠野堂鉛印本　八冊

120000－0342－0002173　2177
邃懷堂全集五十八卷　(清)袁翼撰　清光緒十三年(1887)刻本　十六冊

120000－0342－0002174　2178
西泠五布衣遺著　(清)丁丙編　清同治、光緒錢塘丁氏當歸草堂刻本　十冊　存十四種

120000－0342－0002175　2179
媕雅堂別集六卷　(清)趙文喆撰　清乾隆上海趙氏刻本　四冊

120000－0342－0002176　2180
西磧山房詩録二卷文録二卷　(清)蔡復午撰　清光緒西磧山房石印本　一冊

120000－0342－0002177　2181
熊學士詩集三卷　(清)熊伯龍撰　清康熙九年(1670)漢陽熊氏刻本　六冊

120000－0342－0002178　2182
安雅堂全集　(清)宋琬撰　清順治、乾隆刻本　十五冊　存七種

120000－0342－0002179　2183
修本堂叢書十種　(清)林伯桐撰　清道光二十四年(1844)林世懋刻本　二冊　存二種

120000－0342－0002180　2184
滋樹室遺集六卷　(清)李經達撰　清光緒三十年(1904)刻本　四冊

120000－0342－0002181　2185
泰雲堂集文集二卷駢體文集二卷詩集十八卷詞集三卷　(清)孫爾準撰　清同治九年(1870)刻本　四冊

120000－0342－0002182　2186
悔翁詩鈔十五卷補遺一卷　(清)汪士鐸撰　清光緒十年(1884)合肥張氏味古齋刻本　四冊

120000－0342－0002183　2187
霜紅龕集四十卷　(清)傅山撰　**附録三卷年譜一卷**　丁寶銓輯　清宣統三年(1911)山陽丁氏刻本　十二冊

120000－0342－0002184　2188
雙佩齋文集四卷　(清)王友亮撰　清嘉慶十五年(1810)刻本　四冊

120000－0342－0002185　2189
艾廬遺稿六卷　(清)邵曾鑑撰　清光緒二十三年(1897)刻本　四冊

120000－0342－0002186　2190
小峴山人詩集十六卷文集六卷　(清)秦瀛撰　清嘉慶五年(1800)刻本　四冊

120000－0342－0002187　2191
唐荊川先生文集十二卷　(明)唐順之撰　明秣陵唐國達刻本　十冊

120000－0342－0002188　2192
陶菴集二十二卷首一卷末一卷　(明)黄淳耀撰　清光緒十八年(1892)順德龍氏刻知服齋叢書本　五冊

120000－0342－0002189　2193
枝山文集四卷　(明)祝允明撰　清同治十三年(1874)刻本　二冊

120000－0342－0002190　2194
來禽館集二十九卷　(明)邢侗撰　清光緒十七年(1891)刻本　十二冊

120000－0342－0002191　2195
梨雲館類定袁中郎全集二十四卷　(明)袁宏道撰　清同治八年(1869)刻本　十六冊

120000－0342－0002192　2196
滄溟先生集三十卷　(明)李攀龍撰　清道光二十七年(1847)刻本　八冊

120000－0342－0002193　2197
左忠貞公集十一卷附録一卷　(清)左懋第撰　清道光二十七年(1847)湘鄉左輝春刻本　四冊

120000－0342－0002194　2198
馬文莊公文集選十五卷附錄一卷　(明)馬自強撰　清同治九年(1870)刻本　四冊

120000－0342－0002195　2199
埊陽草堂詩集二十卷　(明)鄭鄤撰　清木活字本　八冊

120000－0342－0002196　2200
山帶閣集三十三卷附錄一卷　(明)朱曰藩撰　清道光十五年(1835)刻本　八冊

120000－0342－0002197　2201
梁昭明太子集一卷　(南朝梁)蕭統撰　清刻漢魏六朝百三名家集本　一冊

120000－0342－0002198　2202
淮海集十七卷後集二卷源海詞一卷補遺一卷考證一卷　(宋)秦觀撰　清道光二十四年(1844)刻本　六冊

120000－0342－0002199　2203
史忠正公集四卷首一卷末一卷　(明)史可法撰　清同治十年(1871)繡谷麗澤書屋刻本　二冊

120000－0342－0002200　2204

朗仙全集六卷　(清)趙世超撰　清宣統元年(1909)刻本　二册

120000－0342－0002201　2205
青草堂集十二卷　(清)趙國華撰　清光緒八年(1882)刻本　四册

120000－0342－0002202　2206
青草堂二集十六卷　(清)趙國華撰　清光緒八年(1882)刻本　六册

120000－0342－0002203　2207
陳學士文集十八卷　(清)陳儀撰　清乾隆十八年(1753)福州陳玉友蘭雪齋刻本　十二册

120000－0342－0002204　2208
楊忠愍公集五卷首一卷末一卷　(明)楊繼盛撰　清同治十一年(1872)刻本　三册

120000－0342－0002205　2209
擬進呈楊忠愍蚺蛇膽表忠記二卷三十六出　(清)丁耀亢撰　清同治十一年(1872)刻本　二册

120000－0342－0002206　2210
梅村家藏藁五十八卷補遺一卷世系一卷年譜四卷　(清)吳偉業撰　清宣統三年(1911)武進董氏誦芬室刻誦芬室叢刊初編本　八册

120000－0342－0002207　2211
蘧盦文鈔不分卷詩鈔七卷　(清)柳商賢撰　清光緒十五年(1889)閑存小舍刻本　四册

120000－0342－0002208　2212
蘭雪集八卷　(清)柯振嶽撰　清嘉慶二十三年(1818)刻本　六册

120000－0342－0002209　2213
徧行堂集十六卷　(清)釋澹歸撰　清宣統三年(1911)國學扶輪社鉛印本　八册

120000－0342－0002210　2214
方望溪先生文集十八卷集外文十卷補遺二卷年譜二卷附錄一卷　(清)方苞　(清)蘇惇元撰　清咸豐元年(1851)刻本　十六册

120000－0342－0002211　2215
易園文集四卷詩集二卷詞集一卷　(清)李林松撰　清光緒二十九年(1903)刻本　六册

120000－0342－0002212　2216
獨學廬全稿　(清)石韞玉撰　清乾隆、嘉慶刻本　八册　存三種

120000－0342－0002213　2217
郭明經遺集四卷　(清)郭志正撰　(清)王允猷校　清光緒三十三年(1907)刻本　二册

120000－0342－0002214　2218
補讀書齋遺稿十卷　(清)沈維鐈撰　清光緒元年(1875)刻本　四册

120000－0342－0002215　2219
補讀書齋遺稿十卷　(清)沈維鐈撰　清光緒元年(1875)刻本　四册

120000－0342－0002216　2220
種樹軒遺集　(清)郭長清撰　清光緒二十三年(1897)刻本　二册　存四種

120000－0342－0002217　2221
受恆受漸齋集十二卷　(清)沈曰富撰　清光緒十三年(1887)刻本　四册

120000－0342－0002218　2222
北江全集　(清)洪亮吉撰　清乾隆、嘉慶刻本　二十四册　存三種

120000－0342－0002219　2223
四焉齋文集八卷　(清)曹一士撰　清乾隆十五年(1750)海上曹氏刻本　四册

120000－0342－0002220　2224
變雅堂文集八卷詩集十卷附錄二卷　(清)杜濬撰　清光緒二十年(1894)刻本　六册

120000－0342－0002221　2225
悔餘庵全集　(清)何栻撰　清同治四年(1865)鳩江戎幄刻本　十二册　存三種

120000－0342－0002222　2226
白茅堂集四十六卷　(清)顧景星撰　(清)顧昌輯　清光緒三十年(1904)蘄州顧氏補刻本　二十册

120000－0342－0002223　2227

高陶堂遺集 (清)高心夔撰 清光緒八年(1882)平湖朱氏經注經齋刻本 四册 存四種

120000－0342－0002224 2228

湘浦詩鈔二卷賦鈔不分卷安蔬草堂試帖二卷 (清)李廷芳撰 清道光三年至七年(1823－1827)刻本 三册

120000－0342－0002225 2229

定盦文集三卷續集四卷補五卷補編四卷 (清)龔自珍撰 清光緒二十三年(1897)萬本草堂刻本 六册

120000－0342－0002226 2230

孟晉齋文集五卷 (清)顧壽楨撰 清同治五年(1866)抱樸齋刻本 二册

120000－0342－0002227 2231

虚一齋集五卷 (清)莊培因撰 清光緒九年(1883)刻本 四册

120000－0342－0002228 2232

春暉堂文集五卷 (清)徐金誥撰 清咸豐七年(1857)刻本 二册

120000－0342－0002229 2233

會稽山齋全集七種 (清)謝應芝撰 清光緒十四年(1888)刻本 六册 存八種

120000－0342－0002230 2234

俞俞齋文稿初集四卷詩稿初集二卷詩餘一卷 (清)史念祖撰 清光緒三十二年(1906)廣陵刻本 六册

120000－0342－0002231 2235

郝氏遺書 (清)郝懿行撰 清嘉慶、光緒東路廳署刻本 二十一册 存七種

120000－0342－0002232 2236

黄勤敏公全集 (清)黄鉞撰 清咸豐、同治刻本 十二册

120000－0342－0002233 2237

彭羨門全集四十三卷 (清)彭孫遹撰 清宣統三年(1911)上海掃葉山房石印本 十二册

120000－0342－0002234 2238

邃懷堂全集五十八卷 (清)袁翼撰 清光緒十三年(1887)刻本 二十册

120000－0342－0002235 2239

湯文正公全集四種 (清)湯斌撰 清同治九年(1870)刻本 三十二册

120000－0342－0002236 2240

補籬遺稿八卷 (清)姚福均撰 (清)王伊編次 清光緒三十一年(1905)木活字印本 二册

120000－0342－0002237 2241

補籬遺稿八卷 (清)姚福均撰 (清)王伊編次 清光緒三十一年(1905)木活字印本 二册

120000－0342－0002238 2242

雙白燕堂文集二卷外集八卷 (清)陸耀遹撰 清光緒四年(1878)興國州署刻本 四册

120000－0342－0002239 2243

寒松閣集二十卷 (清)張鳴珂撰 清光緒十年至二十四年(1884－1898)嘉興張氏刻本 六册 存五種

120000－0342－0002240 2244

精刊龔定盦全集 (清)龔自珍撰 清宣統二年(1910)上海國學扶輪社鉛印本 七册

120000－0342－0002241 2245

補籬遺稿八卷 (清)姚福均撰 (清)王伊編次 清光緒三十一年(1905)木活字印本 二册

120000－0342－0002242 2246

容齋文鈔八卷 (清)茹綸常撰 清嘉慶四年(1799)刻本 十册

120000－0342－0002243 2247

楊氏全書八種 (清)楊名時撰 清光緒三十四年至宣統元年(1908－1909)南菁高等學堂刻朱印本 十册

120000－0342－0002244 2248

退一步齋詩集十六卷文集四卷蕉軒續錄二卷 (清)方濬師撰 (清)呂景端編校 清光緒

十八年(1892)武進徐崇葉鉛印本　十二册

120000－0342－0002245　2249
怡志堂文初編六卷　(清)朱琦撰　清同治三年至四年(1864－1865)京師刻本　四册

120000－0342－0002246　2250
七硯齋遺集三卷　(清)荆履吉撰　清光緒二年(1876)刻本　二册

120000－0342－0002247　2251
春暉堂叢書　(清)徐渭仁輯　清道光、咸豐上海徐氏刻同治補刻本　三册　存七種

120000－0342－0002248　2252
都梁草二卷補遺一卷唱和集一卷題詞一卷　(清)于養源撰　清光緒十九年至三十二年(1893－1906)刻本　二册

120000－0342－0002249　2253
樂道堂文鈔五卷文續鈔一卷庚獻集一卷岵屺懷音一卷廣四時讀書樂詩試帖一卷豳風詠一卷正誼書屋試帖詩存二卷樂道堂古近體詩二卷詩續鈔一卷　(清)奕訢撰　清咸豐、光緒刻本　八册

120000－0342－0002250　2254
雅雨堂文遺集四卷雅雨山人出塞集一卷雅雨堂詩遺集二卷　(清)盧見曾撰　(清)金在恒編　清道光二十年(1840)德州盧樞刻本　四册

120000－0342－0002251　2255
唐詩金粉十卷　(清)沈炳震輯　清雍正二年(1724)刻本　六册

120000－0342－0002252　2256
停雲閣詩話十二卷　(清)李家瑞撰　清咸豐五年(1855)刻本　四册

120000－0342－0002253　2257
唐人五言排律詩論三卷　(清)蔣鵬翮編　清乾隆二十二年(1757)武進蔣氏寒三草堂刻本　三册

120000－0342－0002254　2258
帶經堂詩話三十卷首一卷　(清)王士禛撰　清同治十二年(1873)廣州藏修堂刻本　十册

120000－0342－0002255　2259
眉韻樓詩話六卷續編二卷　(清)孫雄輯　清宣統二年(1910)北洋官報局鉛印本　五册

120000－0342－0002256　2260
藝苑叢話十六卷　(清)陳琰編輯　清宣統三年(1911)上海古今中外圖書館石印本　四册

120000－0342－0002257　2261
緝雅堂詩話二卷　(清)潘衍桐撰　清光緒十七年(1891)杭州刻本　一册

120000－0342－0002258　2262
司空詩品注釋不分卷　(唐)司空圖撰　清同治九年(1870)賓文書局刻本　一册

120000－0342－0002259　2263
辭學指南四卷　(宋)王應麟撰　清光緒十年(1884)成都刻本　二册

120000－0342－0002260　2264
詩瀋二十卷　(清)范家相撰　清乾隆三十九年(1774)刻本　四册

120000－0342－0002261　2265
達觀堂詩話八卷　(清)張晉本撰　清刻本　四册

120000－0342－0002262　2266
風月堂詩話二卷　(宋)朱弁撰　清刻本　一册

120000－0342－0002263　2267
古文辨體四卷　(清)張炌藜輯　清道光二年(1822)刻本　一册

120000－0342－0002264　2268
續昭昧詹言八卷昭昧詹言續錄二卷　(清)副墨子闡解　清光緒十七年(1891)刻本　三册

120000－0342－0002265　2269
緝雅堂詩話二卷　(清)潘衍桐撰　清光緒十七年(1891)刻本　一册

120000－0342－0002266　2270
緝雅堂詩話二卷　(清)潘衍桐撰　清光緒十

七年(1891)刻本　一冊

120000－0342－0002267　2271
重論文齋筆錄十二卷　(清)王端履撰　清光緒十五年(1889)刻本　六冊

120000－0342－0002268　2272
文心雕龍十卷　(南朝梁)劉勰撰　清道光十三年(1833)刻本　四冊

120000－0342－0002269　2273
文心雕龍十卷　(南朝梁)劉勰撰　清道光十三年(1833)刻本　二冊

120000－0342－0002270　2274
眉韻樓詩話續編二卷　(清)孫雄輯　清宣統二年(1910)北洋官報局鉛印本　二冊

120000－0342－0002271　2275
彙纂詩法度針三十三卷　(清)徐文弼輯　清乾隆刻本　八冊

120000－0342－0002272　2276
越諺三卷越諺賸語二卷　(清)范寅撰　清光緒八年(1882)谷應山房刻本　三冊

120000－0342－0002273　2277
詩毛氏傳疏三十卷　(清)陳奐撰　清道光二十七年(1847)刻陳氏毛詩五種本　十二冊

120000－0342－0002274　2278
詩法萃編十五卷　(清)許印芳輯　清光緒二十一年(1895)樸學齋刻本　十冊

120000－0342－0002275　2279
文心雕龍十卷　(南朝梁)劉勰撰　清道光十三年(1833)刻本　四冊

120000－0342－0002276　2280
廿一種詩訣十卷　(清)李其彭編　清乾隆四十一年(1776)刻本　十冊

120000－0342－0002277　2281
文選古字通疏證六卷　(清)薛傳均撰　清道光二十年(1840)刻本　一冊

120000－0342－0002278　2282
離騷箋二卷　(清)龔景瀚撰　清光緒三年(1877)湖北崇文書局刻本　一冊

120000－0342－0002279　2283
楚辭集注八卷　(宋)朱熹撰　清聽雨齋刻朱墨套印本　四冊

120000－0342－0002280　2284
毛詩傳箋三十卷　(漢)毛亨傳　(漢)鄭玄箋　清同治江南書局刻本　六冊

120000－0342－0002281　2285
江都陳氏叢書　(清)陳本禮　(清)陳逢衡撰　清嘉慶、道光刻本　二冊　存一種

120000－0342－0002282　2286
毛詩本義十六卷　(宋)歐陽修撰　清道光十四年(1834)刻本　四冊

120000－0342－0002283　2287
詩序廣義二十四卷　(清)姜炳璋輯　清嘉慶二十年(1815)刻本　十冊

120000－0342－0002284　2288
説文引經考異十六卷　(清)柳榮宗撰　清咸豐二年(1852)刻同治六年(1867)重印本　四冊

120000－0342－0002285　2289
詩經傳注八卷　(清)李塨撰　清道光二十四年(1844)刻本　四冊

120000－0342－0002286　2290
毛詩故訓傳鄭箋三十卷　(漢)毛亨傳　(漢)鄭玄箋　清同治十一年(1872)刻本　四冊

120000－0342－0002287　2291
詩經八卷　(宋)朱熹撰　清光緒十四年(1888)天津文美齋刻本　四冊

120000－0342－0002288　2292
欽定詩經傳説彙纂二十一卷首二卷詩序二卷　(清)王鴻緒撰　清雍正五年(1727)内府刻本　十一冊

120000－0342－0002289　2293
隨園詩話補遺十卷　(清)袁枚撰　清道光四年(1824)蓮溪書屋刻本　四冊

120000－0342－0002290　2294
詩注明備十二卷首一卷　(清)黎惠謙纂輯　清光緒八年(1882)刻本　六冊

120000－0342－0002291　2295
毛詩品物圖攷七卷　(日本)岡元鳳輯　清宣統二年(1910)掃葉山房石印本　二冊

120000－0342－0002292　2296
宋詩紀事補遺一百卷宋詩紀事小傳補正四卷　(清)陸心源輯　清光緒十九年(1893)刻本　二十六冊

120000－0342－0002293　2297
紅樓夢偶說二卷　(清)晶三蘆月草舍撰　清光緒二年(1876)刻本　二冊

120000－0342－0002294　2298
匏廬詩話三卷　(清)沈濤撰　清道光二十年(1840)刻本　一冊

120000－0342－0002295　2299
文心雕龍十卷　(南朝梁)劉勰撰　清道光十三年(1833)刻本　八冊

120000－0342－0002296　2300
毛詩傳義類十九篇　(清)陳奐撰　清咸豐九年(1859)刻本　一冊

120000－0342－0002297　2301
毛詩天文考一卷　(清)洪亮吉撰　清刻本　一冊

120000－0342－0002298　2302
石頭記論贊不分卷石頭記分評不分卷　(清)王希廉撰　清同治十三年(1874)刻本　四冊

120000－0342－0002299　2303
毛詩草木鳥獸蟲魚疏二卷　(晉)陸機撰　清光緒十二年(1886)上海聚珍仿宋印書局鉛印本　一冊

120000－0342－0002300　2304
石頭記論贊不分卷石頭記分評不分卷　(清)王希廉撰　清光緒二年(1876)刻本　四冊

120000－0342－0002301　2305
賦學指南十六卷　(清)余丙照編　清道光二十八年(1848)刻本　六冊

120000－0342－0002302　2306
詩觸五卷　(清)朱琰輯　清嘉慶三年(1798)刻本　三冊

120000－0342－0002303　2307
漁洋詩話二卷　(清)王貽上撰　清嘉慶三年(1798)刻本　二冊

120000－0342－0002304　2308
說詩晬語二卷　(清)沈德潛撰　清嘉慶三年(1798)刻本　一冊

120000－0342－0002305　2309
初白菴詩評三卷　(清)查慎行撰　(清)張載華輯　清乾隆四十二年(1777)涉園觀樂堂刻本　三冊

120000－0342－0002306　2310
高季迪先生大全集十八卷　(明)高啟撰　清康熙三十四年(1695)竹素園刻本　八冊

120000－0342－0002307　2311
杜工部集二十卷首一卷　(唐)杜甫撰　(明)王世貞等評　清光緒二年(1876)粵東翰墨園五色套印本　十冊

120000－0342－0002308　2312
東坡先生編年詩五十卷　(宋)蘇軾撰　(清)查慎行補注　清乾隆二十六年(1761)查開香雨齋刻本　六冊　存二十九卷(二十八、二十三至五十)

120000－0342－0002309　2313
徯月軒詩集十五卷附編一卷　(清)惜陰主人撰　清同治十二年(1873)刻本　四冊

120000－0342－0002310　2314
杜詩鏡銓二十卷附錄一卷杜文注解二卷　(唐)杜甫撰　(清)楊倫編輯　清同治十一年(1872)望三益齋刻本　八冊

120000－0342－0002311　2315
金陵雜詠不分卷　(清)王友亮撰　清嘉慶九年(1804)刻本　二冊

120000－0342－0002312　2316

國朝閨秀香咳集十卷附錄一卷 （清）許夔臣輯 清光緒上海申報館鉛印本 四冊

120000－0342－0002313 2317
青山集三十卷續集五卷附錄一卷 （宋）郭祥正撰 清道光九年(1829)刻本 四冊

120000－0342－0002314 2318
望古遥集詩存一卷 （清）王璞撰 清光緒四年(1878)刻本 一冊

120000－0342－0002315 2319
杜詩詳注二十五卷首一卷附編二卷 （唐）杜甫撰 （清）仇兆鼇輯注 清康熙三十二年(1693)刻本 二十六冊

120000－0342－0002316 2320
國朝詩别裁集三十六卷 （清）沈德潛輯 清乾隆二十四年(1759)刻本 十冊

120000－0342－0002317 2321
溉堂後集四卷 （清）孫枝蔚撰 清康熙六十年(1721)刻本 二冊

120000－0342－0002318 2322
白茅堂集四十六卷 （清）顧景星撰 清康熙刻本 十冊

120000－0342－0002319 2323
文選各家詩集四卷 （清）陳光明輯 清光緒五年(1879)醉經堂刻本 一冊

120000－0342－0002320 2324
琴隱園詩集三十六卷詞集四卷 （清）湯貽汾撰 清光緒刻本 八冊

120000－0342－0002321 2325
萝陔堂詩集三十五卷 （清）黄承吉撰 清道光二十年(1840)刻本 八冊

120000－0342－0002322 2326
翠屏詩社稿十卷 （清）馮譽驄編 清光緒二十四年(1898)刻本 一冊 存六卷(一至六)

120000－0342－0002323 2327
梅墅詩鈔八卷 （清）張敔鵬撰 清道光二十八年(1848)刻本 二冊

120000－0342－0002324 2328
嶺嶕山房詩集初編八卷續編四卷秋懷唱和詩一卷續一卷 （清）董文渙撰 清同治十年(1871)刻本 八冊

120000－0342－0002325 2329
聽松廬詩鈔十六卷 （清）張維屏撰 清嘉慶十八年(1813)刻本 四冊

120000－0342－0002326 2330
雪堂詩賦不分卷 （清）傅作楫撰 清乾隆五十九年(1794)刻本 一冊

120000－0342－0002327 2331
墨花香館詩存八卷 （清）慶康撰 清光緒二十一年(1895)刻本 二冊 存四卷(一至四)

120000－0342－0002328 2332
秋門草堂詩鈔四卷 （清）李寅熙撰 清刻本 二冊

120000－0342－0002329 2333
欝華閣遺集四卷 （清）盛昱撰 清光緒三十一年(1905)刻本 一冊

120000－0342－0002330 2334
留松堂詩存五卷 （清）張恩霨撰 清光緒刻本 二冊

120000－0342－0002331 2335
代耕堂全集九種 （清）李嘉績撰 清光緒刻本 六冊 存三種

120000－0342－0002332 2336
柳堂師友詩錄不分卷 （清）李長榮輯 清光緒二十四年(1898)刻本 六冊

120000－0342－0002333 2337
松石齋詩集六卷 （明）趙用賢撰 清光緒二十二年(1896)常熟趙氏承啟堂刻本 一冊

120000－0342－0002334 2338
繡餘續草二卷 （清）歸懋儀撰 清道光刻本 一冊

120000－0342－0002335 2339
知守齋詩二集四卷詩别集一卷 （清）鄭開禧撰 清道光十二年(1832)刻本 一冊

120000－0342－0002336　2340
舊雨草堂詩八卷　(清)董元度撰　清乾隆刻本　二册

120000－0342－0002337　2341
佳想軒詩鈔二卷　(清)廖文錦撰　清光緒十二年(1886)杭州刻本　一册

120000－0342－0002338　2342
今白華堂詩錄八卷補八卷首二卷　(清)童槐撰　清刻本　五册

120000－0342－0002339　2343
繞竹山房詩稿十卷續十四卷詩餘一卷　(清)朱文治撰　清嘉慶二十三年(1818)刻本　十二册

120000－0342－0002340　2344
讀秋水齋詩十六卷　(清)陸㦤恩撰　清同治七年(1868)刻本　四册

120000－0342－0002341　2345
郘亭遺詩八卷　(清)莫友芝撰　清光緒刻本　一册

120000－0342－0002342　2346
吴會英才集二十四卷　(清)畢沅輯　清刻本　四册

120000－0342－0002343　2347
測海集六卷　(清)彭紹升撰　清同治四年(1865)刻本　二册

120000－0342－0002344　2348
國朝詩鐸二十六卷首一卷　(清)張應昌輯　清同治八年(1869)刻本　十四册

120000－0342－0002345　2349
琉球詩課四卷　(清)孫衣言評定　清刻本　一册

120000－0342－0002346　2350
杜川全集六種　(清)楊琪光撰　清光緒武陵楊氏刻本　十二册　存三種

120000－0342－0002347　2351
鄂渚同聲集初編七卷二編二十卷三編八卷皖江同聲集十卷　(清)胡鳳丹輯　清同治退補齋刻本　六册

120000－0342－0002348　2352
讀易傳心十二卷　(清)韓怡撰　清嘉慶六年(1801)木存堂刻本　八册

120000－0342－0002349　2353
周易姚氏學十六卷首一卷　(清)姚配中撰　清光緒三年(1877)湖北崇文書局刻本　六册

120000－0342－0002350　2354
周易通義十六卷　(清)莊忠棫撰　清光緒六年(1880)儀徵劉壽曾冶城山館刻本　二册

120000－0342－0002351　2355
易解經傳證五卷首一卷　(清)張步騫撰　清同治十年(1871)養静齋刻本　五册

120000－0342－0002352　2356
孔氏家語十卷　(三國魏)王肅注　清光緒刻本　四册

120000－0342－0002353　2357
荀子二十卷校勘補遺一卷　(唐)楊倞注　(清)盧文弨　(清)謝墉輯校　清乾隆五十一年(1786)嘉善謝墉安雅堂刻本　六册

120000－0342－0002354　2358
易確二十卷首一卷　(清)許桂林撰　清道光十四年(1834)刻本　八册

120000－0342－0002355　2359
周易四卷　(宋)朱熹本義　清嘉慶二十年(1815)刻本　四册

120000－0342－0002356　2360
易拇八卷　(清)萬年淳撰　清道光四年(1824)刻本　十册

120000－0342－0002357　2361
讀易錄十八卷　(清)陳克緒注　清同治三年(1864)刻本　六册

120000－0342－0002358　2362
子書百家　(清)崇文書局輯　清光緒元年(1875)湖北崇文書局刻本　一百十册　存一百零一種

120000－0342－0002359　2363
呻吟語六卷　(明)呂坤撰　清同治七年(1868)刻本　六冊

120000－0342－0002360　2364
洪範宗經三卷　(清)丁裕彥撰　清道光十五年(1835)京師濰湯丁氏刻本　三冊

120000－0342－0002361　2365
荀子二十卷　(戰國)荀況撰　(唐)楊倞注　明嘉靖十二年(1533)顧春世德堂刻六子全書本　六冊

120000－0342－0002362　2366
荀子二十卷首一卷　(唐)楊倞注　王先謙集解　清光緒十七年(1891)刻本　六冊

120000－0342－0002363　2367
荀子二十卷首一卷　(唐)楊倞注　王先謙集解　清光緒十七年(1891)刻本　六冊

120000－0342－0002364　2368
論語古訓十卷　(清)陳鱣撰　清光緒九年(1883)浙江書局刻本　二冊

120000－0342－0002365　2369
太玄闡秘十卷首一卷附編一卷外編一卷　(清)陳本禮撰　清光緒貴池劉氏刻聚學軒叢書本　四冊

120000－0342－0002366　2370
沖虛志德真經八卷　(戰國)列禦寇撰　(晉)張湛注　(唐)殷敬順釋文　清嘉慶九年(1804)姑蘇王氏聚文堂刻十子全書本　二冊

120000－0342－0002367　2371
[乾隆]大名縣誌四十卷首一卷　(清)張維祺　(清)李棠纂修　清乾隆五十四年(1789)刻本　十二冊

120000－0342－0002368　2372
賈子次詁十六卷賈子年譜一卷　(清)王耕心撰　清光緒二十九年(1903)正定王氏龍樹精舍刻本　二冊

120000－0342－0002369　2373
清麓遺語四卷遺事一卷　(清)賀瑞麟撰　清光緒三十一年(1905)刻本　四冊

120000－0342－0002370　2374
漢儒通義七卷　(清)陳澧撰　清咸豐八年(1858)刻番禺陳氏東塾叢書本　二冊

120000－0342－0002371　2375
日本國志四十卷首一卷　(清)黃遵憲撰　清光緒二十四年(1898)刻本　十六冊

120000－0342－0002372　2376
乾隆府廳州縣圖志五十卷　(清)洪亮吉撰　清光緒二十三年(1897)新化三味書室刻本　十六冊

120000－0342－0002373　2377
格言聯璧不分卷　(清)金纓編　清光緒十六年(1890)刻本　二冊

120000－0342－0002374　2378
淮南許注異同詁四卷　(清)陶方琦撰　清光緒七年(1881)湘南使院刻本　二冊

120000－0342－0002375　2379
莊子因六卷　(清)林雲銘評述　清光緒六年(1880)刻本　六冊

120000－0342－0002376　2380
莫愁湖志六卷首一卷　(清)馬士圖輯　清光緒八年(1882)刻本　二冊

120000－0342－0002377　2381
周易指三十八卷易圖五卷易斷辭一卷　(清)端木國瑚撰　清道光刻本　二十冊

120000－0342－0002378　2382
述記四卷　(清)任兆麟輯　清乾隆五十三年(1788)映雪草堂刻本　六冊

120000－0342－0002379　2383
閑闢錄十卷　(明)程曈撰　清光緒十八年(1892)刻本　二冊

120000－0342－0002380　2384
明夷待訪錄不分卷　(清)黃宗羲撰　清光緒二十四年(1898)石印本　一冊

120000－0342－0002381　2385

理堂日記八卷 (清)韓夢周撰 清道光四年(1824)刻本 一冊

120000－0342－0002382 2386
洪範說不分卷孝經不分卷握奇經本不分卷榕樹講授劄記 (清)李光地撰 清末石印本 一冊

120000－0342－0002383 2387
管子地員篇注四卷 (春秋)管仲撰 清光緒十七年(1891)刻本 四冊

120000－0342－0002384 2388
傅鶉觚集五卷校勘記一卷 (晉)傅玄撰 清光緒二年(1876)廣州書局刻本 二冊

120000－0342－0002385 2389
西域聞見錄八卷 (清)七十一纂 清乾隆刻本 一冊

120000－0342－0002386 2390
經學不厭精二卷 (德國)花之安編 清光緒二十四年(1898)鉛印本 六冊

120000－0342－0002387 2391
衛藏通志十六卷首一卷 (清)和琳撰 清光緒二十二年(1896)浙江桐廬漸西村舍刻本 八冊

120000－0342－0002388 2392
[光緒]灤州志十八卷首一卷 (清)楊文鼎修 清光緒二十四年(1898)海陽書院刻本 十四冊

120000－0342－0002389 2393
同治上海縣誌三十二卷首一卷末一卷 (清)應寶時等修 清光緒八年(1882)南園志局刻本 十六冊

120000－0342－0002390 2394
武夷山志二十四卷首一卷 (清)董天工編 清道光二十七年(1847)籍溪羅良嵩五夫尺木軒刻本 八冊

120000－0342－0002391 2395
鼓山志十四卷首一卷 (清)黃任輯 清光緒二年(1876)刻本 六冊

120000－0342－0002392 2396
[同治]黃縣誌十四卷首一卷末一卷 (清)尹繼美等修 清同治十年(1871)刻本 四冊

120000－0342－0002393 2397
學蔀通辯四編十二卷首一卷 (明)陳建撰 清光緒十八年(1892)劉氏傳經堂刻本 四冊

120000－0342－0002394 2398
二程文集十二卷 (宋)程頤 (宋)程顥撰 (清)張伯行訂 清康熙四十七年(1708)儀封張伯行正誼堂刻本 四冊

120000－0342－0002395 2399
二程子遺書纂二卷外書纂一卷 (清)李光地輯 清道光李維迪刻榕村全書本 二冊

120000－0342－0002396 2400
黃書不分卷 (清)王夫之撰 清宣統二年(1910)成都刻本 一冊

120000－0342－0002397 2401
胡敬齋先生居業錄八卷 (明)胡居仁撰 (清)張伯行訂 清康熙四十七年(1708)儀封張伯行正誼堂刻本 四冊

120000－0342－0002398 2402
國朝漢學師承記八卷 (清)江藩撰 清光緒九年(1883)山西書局刻本 四冊

120000－0342－0002399 2403
汪雙池先生叢書 (清)汪紱撰 清道光、光緒刻光緒二十三年(1897)長安趙舒翹等彙印本 十八冊 存二種

120000－0342－0002400 2404
憨山老人夢游集五十五卷 (明)釋德清撰 (明)釋福善日錄 (明)釋通炯編輯 清光緒五年(1879)江北刻經處刻本 二十冊

120000－0342－0002401 2405
西藏宗教源流考不分卷 (清)張其勤編輯 清宣統二年(1910)官印刷局鉛印本 一冊

120000－0342－0002402 2406
皖學編十三卷首三卷 (清)徐定文輯 清宣統元年(1909)萬卷樓刻本 六冊

120000－0342－0002403　2407
潛書二卷　(清)唐甄撰　(清)王聞遠編　清光緒九年(1883)中江李氏刻本　四册

120000－0342－0002404　2408
補晉書經籍志四卷　(清)吳士鑑纂　清光緒二十九年(1903)刻本　一册

120000－0342－0002405　2409
拜經樓藏書題跋記五卷附錄一卷　(清)吳壽暘纂　清道光二十七年(1847)海昌蔣氏宜年堂刻本　五册

120000－0342－0002406　2410
指月錄三十卷　(明)瞿汝稷輯　清刻本　二十册

120000－0342－0002407　2411
康熙字典十二集　(清)張玉書纂　清光緒二十年(1894)上海點石齋石印本　十二册

120000－0342－0002408　2412
山谷題跋四卷　(宋)黄庭堅撰　清道光浦江周氏刻本　四册

120000－0342－0002409　2413
書目答問四卷　(清)張之洞撰　清宣統三年(1911)上海掃葉山房石印本　二册

120000－0342－0002410　2414
藝風藏書記八卷續記八卷　繆荃孫撰　清光緒二十六年(1900)刻本　五册

120000－0342－0002411　2415
藝風藏書記八卷　繆荃孫撰　清光緒二十六年(1900)刻本　二册

120000－0342－0002412　2416
行素堂目睹書錄十編　(清)朱記榮輯　**汲古閣珍藏秘本書目一卷**　(清)毛扆編　清光緒十年(1884)吳縣朱氏槐廬刻本　十册

120000－0342－0002413　2417
武林藏書錄三卷首一卷末一卷　(清)丁申撰　清光緒二十六年(1900)錢塘丁氏嘉惠堂刻本　二册

120000－0342－0002414　2418
平津館鑒藏記三卷補遺一卷續編一卷　(清)孫星衍編　清光緒刻本　二册

120000－0342－0002415　2419
彙刻書目二十卷　(清)顧修編　清光緒十二年(1886)上海福瀛書局刻本　二十册

120000－0342－0002416　2420
魏稼孫先生全集四種　(清)魏錫曾撰　清光緒九年(1883)羊城刻本　四册　存二種

120000－0342－0002417　2421
元史藝文志四卷　(清)錢大昕撰　清嘉慶五年(1800)吳縣黄丕烈刻潛研堂全書本　一册

120000－0342－0002418　2422
濮陽蒲汀李先生家藏目錄一卷　(明)李廷相編　清宣統二年(1910)上虞羅振玉刻玉簡齋叢書本　一册

120000－0342－0002419　2423
對山書屋墨餘錄十六卷　(清)毛祥麟撰　清同治九年(1870)上海對山毛氏亦可居刻本　八册

120000－0342－0002420　2424
萬卷樓藏書總目不分卷　(清)白鍾元　(清)范右文編　清光緒八年(1882)蓮池書院刻本　一册

120000－0342－0002421　2425
曝書雜記三卷　(清)錢泰吉撰　清同治七年(1868)嘉興錢氏刻本　三册

120000－0342－0002422　2426
國朝未刊遺書志略不分卷　(清)朱記榮輯　清光緒十八年(1892)石棣徐士愷觀自得齋刻本　一册

120000－0342－0002423　2427
書目答問四卷　(清)張之洞撰　清光緒四年(1878)上海淞隱閣刻本　二册

120000－0342－0002424　2428
耐冷譚十六卷　(清)宋咸熙撰　清道光九年(1829)武林亦西齋刻本　六册

120000－0342－0002425　2429

湘綺樓全書 王闓運撰 清光緒、宣統刻本 十八册 存三種

120000－0342－0002426 2430
元史藝文志四卷 (清)錢大昕撰 清末江蘇書局刻本 一册

120000－0342－0002427 2431
大清教育新法令十三編 (清)政學社輯 清宣統二年(1910)會文堂石印本 八册

120000－0342－0002428 2432
行素堂目睹書錄十編 (清)朱記榮輯 **汲古閣珍藏秘本書目一卷** (清)毛扆編 清光緒十一年(1885)吴縣朱記榮槐廬刻本 十册

120000－0342－0002429 2433
書敘指南二十卷 (宋)任廣撰 清光緒十四年(1888)刻惜陰軒叢書本 四册

120000－0342－0002430 2434
欽定學政全書八十六卷 (清)童璜等纂修 清嘉慶刻本 二十四册

120000－0342－0002431 2435
增補事類統編九十三卷首一卷 (清)黄葆真輯 清光緒十二年(1886)上海同文書局石印本 十二册

120000－0342－0002432 2436
荊駝逸史 (清)陳湖逸士輯 清道光木活字本 二十四册 存五十一種

120000－0342－0002433 2437
傷寒論注四卷附翼二卷論翼二卷 (漢)張仲景撰 (清)柯琴編注 清乾隆刻本 六册 存四卷(傷寒論注二至四、附翼下)

120000－0342－0002434 2438
醫方集解不分卷 (清)汪昂撰 清道光二十五年(1845)瓶花書屋刻本 四册

120000－0342－0002435 2439
增訂本草備要四卷 (清)汪昂撰 清康熙三十三年(1694)刻本 四册

120000－0342－0002436 2440
御製律吕正義二編四卷續編一卷 (清)聖祖玄燁撰 清刻本 五册

120000－0342－0002437 2441
唐王燾先生外臺秘要方四十卷 (唐)王燾撰 清同治十三年(1874)廣東翰墨園刻本 四十册

120000－0342－0002438 2442
文科大詞典十二集 國學扶輪社編輯 清宣統三年(1911)上海國學扶輪社鉛印本 十二册

120000－0342－0002439 2443
兼濟堂纂刻梅勿菴先生曆算全書(梅氏叢書) (清)梅文鼎撰 清雍正刻咸豐九年(1859)梅體萱補刻本 二十四册 存二十八種

120000－0342－0002440 2444
芥子園畫傳六卷 (清)王概摹並編 清宣統元年(1909)上海章福記石印本 四册

120000－0342－0002441 2445
鹽鐵論十卷 (漢)桓寬撰 清光緒十七年(1891)思賢講舍刻本 二册

120000－0342－0002442 2446
芥子園畫傳初集六卷二集九卷 (清)王概摹並輯 清光緒十四年(1888)上海天寶書局刻本 八册

120000－0342－0002443 2447
兼濟堂纂刻梅勿菴先生曆算全書(梅氏叢書) (清)梅文鼎撰 清雍正刻咸豐九年(1859)梅體萱補刻本 三十二册 存二十八種

120000－0342－0002444 2448
當歸草堂醫學叢書初編十種 (清)丁丙輯 清光緒四年(1878)錢塘丁氏當歸草堂刻本 十二册 存十種

120000－0342－0002445 2449
翠微山房數學 (清)張作楠撰輯 清光緒刻本 二十册 存十六種

120000－0342－0002446 2450
景岳全書六十四卷 (明)張介賓撰 清乾隆三十三年(1768)刻本 二十五册

120000－0342－0002447　2451
桐陰論畫二卷首一卷畫訣一卷　(清)秦祖永撰　清同治五年(1866)刻本　四册

120000－0342－0002448　2452
臨證指南醫案十卷種福堂精選良方四卷　(清)葉桂撰　清乾隆三十一年(1766)刻朱墨套印本　十二册

120000－0342－0002449　2453
欽定授時通考七十八卷　(清)鄂爾泰等撰　清同治江西書局刻本　二十四册

120000－0342－0002450　2454
雲臺二十八將圖不分卷　(清)張菊茹繪　清道光二十六年(1846)刻本　一册

120000－0342－0002451　2455
裨農最要三卷　(清)陳開沚撰　清光緒二十三年(1897)潼川永義和刻本　二册

120000－0342－0002452　2456
習苦齋畫絮十卷　(清)戴熙撰　(清)惠年編輯　清光緒十九年(1893)齊谷惠氏杭州鹾署刻本　四册

120000－0342－0002453　2457
農候雜占四卷　(清)梁章鉅撰　清同治十二年(1873)浙江書局刻本　二册

120000－0342－0002454　2458
海錯百一録五卷　(清)郭柏蒼輯　清光緒十二年(1886)王步蟾敬署刻本　三册

120000－0342－0002455　2459
補註銅人腧穴鍼灸圖經五卷　(宋)王惟一撰　清光緒三十三年至宣統元年(1907－1909)貴池劉世珩玉海堂刻本　二册

120000－0342－0002456　2460
寶訓八卷　(清)郝懿行輯　清光緒五年(1879)東路廳署刻本　三册

120000－0342－0002457　2461
安瀾紀要二卷　(清)徐端撰　清道光二十一年(1841)錢塘許氏刻本　四册

120000－0342－0002458　2462
戊笈談兵十卷首一卷　(清)汪紱撰　清光緒二十年(1894)長安趙舒翹刻本　十册　缺二卷(六上、十)

120000－0342－0002459　2463
醫門法律六卷尚論篇四卷尚論後篇四卷寓意草一卷　(清)喻昌撰　清光緒三十一年(1905)經元書室刻本　二十册

120000－0342－0002460　2464
晚笑堂畫傳一卷明太祖功臣圖一卷　(清)上官周繪　清乾隆八年(1743)刻本　六册

120000－0342－0002461　2465
點石齋畫報四十四集　蔡爾康輯　清光緒十年(1884)石印本　八十五册　缺六集(一至六)

120000－0342－0002462　2466
地學淺釋三十八卷　(英國)雷俠兒撰　(美國)瑪高溫口譯　(清)華蘅芳筆述　清同治十二年(1873)江南機器製造總局刻本　八册

120000－0342－0002463　2467
平灘紀略六卷　(清)李本忠輯　清道光刻本　六册

120000－0342－0002464　2468
禮經宫室答問二卷　(清)洪頤煊撰　清光緒十年(1884)臨海馬氏刻傳經堂叢書本　二册

120000－0342－0002465　2469
農書二十二卷　(元)王禎撰　清末石印本　二册

120000－0342－0002466　2470
測量釋例八卷　(清)□□撰　清光緒十六年(1890)天津石印本　五册

120000－0342－0002467　2471
三角數理十二卷　(英國)海麻士輯　(英國)傅蘭雅口譯　(清)華蘅芳筆述　清末刻本　六册

120000－0342－0002468　2472
秋審實緩比較彙案十六卷續編八卷　(清)桑春榮輯　清光緒三十三年(1907)榮録堂鉛印

本　二十六册

120000－0342－0002469　2473
秘傳花鏡六卷　（清）陳淏子輯　清同治八年（1869）刻本　三册

120000－0342－0002470　2474
檢驗集證一卷檢驗合參一卷　（清）郎錦騏輯　清道光十五年（1835）刻本　三册

120000－0342－0002471　2475
兵鏡備考十三卷孫子集注一卷兵鏡或問二卷　（清）鄧廷羅輯　清刻本　十六册

120000－0342－0002472　2476
御纂醫宗金鑑六十卷續編十四卷外科金鑑十六卷　（清）吳謙等纂　清光緒九年（1883）刻本　六十四册

120000－0342－0002473　2477
讀史兵略四十六卷　（清）胡林翼纂　清咸豐十一年（1861）武昌節署刻本　十六册

120000－0342－0002474　2478
隨息居飲食譜不分卷　（清）王士雄撰　清同治刻本　一册

120000－0342－0002475　2479
鹽鐵論十卷　（漢）桓寬撰　清光緒十七年（1891）刻本　二册

120000－0342－0002476　2480
文美齋百花詩箋譜不分卷　（清）張蘇庵繪　清宣統三年（1911）文美齋刻朱墨套印本　一册

120000－0342－0002477　2481
文美齋百花詩箋譜不分卷　（清）張蘇庵繪　清光緒三十二年（1906）文美齋刻朱墨套印本　一册

120000－0342－0002478　2482
天文圖說四卷　（英國）柯雅各撰　清光緒九年（1883）刻本　一册

120000－0342－0002479　2483
豳風廣義三卷　（清）楊屾編　清光緒八年（1882）刻本　二册

120000－0342－0002480　2484
輪輿私箋二卷圖一卷　（清）鄭珍撰　清同治七年（1868）刻本　一册

120000－0342－0002481　2485
增訂漢魏叢書　（清）王謨輯　清刻本　七十六册　存八十四種

120000－0342－0002482　2486
增訂漢魏叢書　（清）王謨輯　清刻本　七十六册　存四十七種

120000－0342－0002483　2487
增訂漢魏叢書　（清）王謨輯　清宣統三年（1911）上海大通書局石印本　十六册

120000－0342－0002484　2488
文章遊戲四編三十二卷　（清）繆艮選　清道光五年（1825）刻本　二十四册

120000－0342－0002485　2489
雷峰塔傳奇四卷　（清）方成培撰　清乾隆三十七年（1772）水竹居刻本　四册

120000－0342－0002486　2490
古今風謠一卷古今諺一卷古今風謠拾遺四卷古今諺拾遺六卷　（明）楊慎輯　（清）史夢蘭補注　清同治十二年（1873）刻本　四册

120000－0342－0002487　2491
古謠諺一百卷　（清）杜文瀾輯　清咸豐十一年（1861）秀水杜文瀾曼陀羅華閣刻本　二十册

120000－0342－0002488　2492
桃谿雪二卷　（清）黄燮清撰　（清）李光溥評文　清道光二十七年（1847）馴雲閣刻本　一册

120000－0342－0002489　2493
長生殿傳奇四卷　（清）洪昇填詞　（清）舒鳧論文　清光緒十六年（1890）上海文瑞樓鉛印本　二册

120000－0342－0002490　2494
鏡影簫聲初集不分卷　（清）莫鼇不過分齋主人輯　清光緒十三年（1887）日本銅版刻本

一册

120000－0342－0002491　2495
靈芬館詞四種　(清)郭麐撰　清光緒五年(1879)仁和許增刻榆園叢刻本　四册

120000－0342－0002492　2496
靈芬館詞四種　(清)郭麐撰　清光緒五年(1879)仁和許增刻榆園叢刻本　四册

120000－0342－0002493　2497
秦淮八豔圖詠一卷　(清)葉衍蘭編繪　清光緒十八年(1892)羊城越華講院刻本　一册

120000－0342－0002494　2498
滄桑豔二卷附録一卷　(清)丁傳靖填詞　(清)石凌漢正拍　(清)張士瑛評點　清光緒三十四年(1908)刻朱印本　一册

120000－0342－0002495　2499
拜石山房詞鈔四卷　(清)顧翰撰　清光緒十五年(1889)仁和許增榆園刻本　一册

120000－0342－0002496　2500
吴梅村詞不分卷　(清)吴偉業撰　清光緒十六年(1890)湖北官書局刻本　一册

120000－0342－0002497　2501
五祖黄梅寶卷二卷　(清)□□撰　清光緒元年(1875)刻本　二册

120000－0342－0002498　2502
巍巍不動太山深根結果寶卷句解不分卷　(明)羅清撰　明刻本　一册

120000－0342－0002499　2503
輿論時事報圖畫不分卷　(清)輿論時事報社編　清光緒三十四年至宣統三年(1908－1911)上海輿論時事報社石印本　一册

120000－0342－0002500　2504
缾笙館修簫譜不分卷　(清)舒位撰　清道光十三年(1833)刻本　一册

120000－0342－0002501　2505
江南松江府上海縣太平郇蘭英寶卷二卷　(清)□□撰　清刻本　二册

120000－0342－0002502　2506
龍山燈虎二卷　(清)企杜氏撰　清咸豐六年(1856)企杜氏刻本　二册

120000－0342－0002503　2507
新燈合璧三卷　(清)管禮昌撰　清光緒十四年(1888)刻本　三册

120000－0342－0002504　2508
惜抱軒遺書三種　(清)姚鼐撰　清光緒五年(1879)桐城徐宗亮刻本　四册

120000－0342－0002505　2509
陸桴亭先生遺書　(清)陸世儀撰　清光緒、宣統太倉唐受祺京師刻本　二十八册　存二十三種

120000－0342－0002506　2510
坦園全集　(清)楊恩壽撰　清光緒長沙楊氏坦園刻本　二十八册　存四種

120000－0342－0002507　2511
國朝三家文鈔三種三十二卷　(清)宋犖(清)許汝霖輯　清康熙三十三年(1694)刻本　十八册

120000－0342－0002508　2512
倭文端公遺書十一卷首二卷末一卷續三卷　(清)倭仁撰　清同治刻本　八册

120000－0342－0002509　2513
困學齋文存不分卷　(清)張承華撰　清光緒三年(1877)刻本　二册

120000－0342－0002510　2514
三頌考不分卷　(清)張承華撰　清同治六年(1867)刻本　一册

120000－0342－0002511　2515
學庸補釋新編二卷　(清)張承華撰　清同治三年(1864)刻本　一册

120000－0342－0002512　2516
中庸補釋一卷大學諸家考辯一卷　(清)張承華撰　清同治元年(1862)刻本　一册

120000－0342－0002513　2517
學庸臆解不分卷　(清)張承華撰　清同治三

年(1864)刻本　一冊

120000－0342－0002514　2518
揅經室一集十四卷二集八卷三集五卷四集二卷四集詩十一卷續集十一卷再續集七卷外集五卷　(清)阮元撰　清嘉慶道光刻文選樓叢書本　二十四冊

120000－0342－0002515　2519
觀自得齋叢書　(清)徐士愷輯　清光緒石埭徐氏刻本　二十四冊　存二十九種

120000－0342－0002516　2520
學古堂日記四十種　(清)雷浚　(清)汪之昌輯　清光緒十六年(1890)刻二十二年(1896)續刻本　二十六冊

120000－0342－0002517　2521
記載彙編　(清)□□輯　清光緒四年(1878)鉛印申報館叢書本　四冊　存十種

120000－0342－0002518　2522
平津館叢書　(清)孫星衍輯　清光緒十一年(1885)吳縣朱氏槐廬家塾刻本　五十冊

120000－0342－0002519　2523
鶴山文鈔三十二卷周禮折衷四卷師友雅言一卷　(宋)魏了翁撰　清同治十三年(1874)望三益齋刻本　十四冊

120000－0342－0002520　2524
皮氏經學叢書　(清)皮錫瑞撰　清光緒思賢書局刻本　九冊　存四種

120000－0342－0002521　2525
牧庵集三十六卷　(元)姚燧撰　清同治七年(1868)刻武英殿聚珍叢書本　六冊

120000－0342－0002522　2526
如皋冒氏叢書三十五種　冒廣生輯　清光緒至民國如皋冒氏刻本　二十冊　存二十八種

120000－0342－0002523　2527
[光緒]懷安縣誌八卷首一卷末一卷　(清)蔭祿修　清光緒二年(1876)刻本　四冊

120000－0342－0002524　2528
陸放翁全集　(宋)陸游撰　明末海虞毛氏汲古閣刻本　十二冊　存三種

120000－0342－0002525　2529
校刊西學八種續刻四種　(清)王韜等撰　清光緒十五年(1889)可閱山房刻本　十二冊　存九種

120000－0342－0002526　2530
玉茗堂四種　(明)湯顯祖撰　清刻本　六冊　存二種

120000－0342－0002527　2531
鄭氏遺書五卷　(漢)鄭玄撰　(清)王復輯　(清)武億校　清嘉慶五年(1800)刻問經堂叢書本　四冊　存一種

120000－0342－0002528　2532
巴山七種　(清)王侃撰　清同治四年(1865)光裕堂刻本　五冊

120000－0342－0002529　2533
沈余遺書　(清)趙舒翹輯　清光緒二十二年(1896)江蘇書局刻本　四冊

120000－0342－0002530　2534
懷豳雜俎　徐乃昌輯　清刻本　八冊　存十二種

120000－0342－0002531　2535
李忠武公遺書奏疏一卷書牘二卷褒節錄一卷　(清)李續賓撰　清光緒十七年(1891)甌江巡署刻本　四冊

120000－0342－0002532　2536
沈余遺書　(清)趙舒翹輯　清光緒二十二年(1896)江蘇書局刻本　四冊

120000－0342－0002533　2537
笠翁一家言全集　(清)李漁撰　清末至民初上海會文堂書局石印本　十二冊　存十二卷(文集一至三,詩集三卷,偶集一、三、五,餘集一卷,別集二卷)

120000－0342－0002534　2538
笠翁一家言全集　(清)李漁撰　清末至民初上海會文堂書局石印本　十二冊　存一種

120000－0342－0002535　2539

唐人三家集三種　(清)秦恩復輯　清道光十年(1830)江都秦氏石研齋刻本　四冊

120000－0342－0002536　2540
玉堂千家詩草法辨體二卷　(明)鍾伯敬評定　清留義堂刻本　一冊

120000－0342－0002537　2541
新選古今對聯草法二卷　(□)□□撰　清刻本　二冊

120000－0342－0002538　2542
漢魏六朝百三家集　(明)張溥輯　清刻本　十冊　存十二種

120000－0342－0002539　2543
御刻三希堂石渠寶笈法帖釋文十六卷首一卷　(清)梁詩正等編　清光緒刻本　六冊

120000－0342－0002540　2544
大學衍義補纂要六卷　(明)徐栻輯　明嘉靖三十七年(1558)顧名儒刻本　六冊

120000－0342－0002541　2545
吳南屏先生評點孟子七篇　(清)吳敏樹評點　抄本　二冊

120000－0342－0002542　2546
蘇老泉批點孟子二卷　(宋)蘇洵批點　(明)程開祜校　明萬曆四十一年(1613)程開祜刻本　二冊

120000－0342－0002543　2547
孔聖家語圖十一卷　(明)吴嘉謨輯　明萬曆十七年(1589)刻本　四冊

120000－0342－0002544　2548
孔子家語八卷　(三國魏)王肅纂注　(明)何孟春補注　明永明書院刻本　六冊

120000－0342－0002545　2549
諸子彙函二十六卷　(明)歸有光輯　明天啟六年(1626)刻本　八冊

120000－0342－0002546　2550
薛文清公讀書錄十一卷續錄十二卷　(明)薛瑄撰　明正德十五年(1520)刻本　五冊

120000－0342－0002547　2551
孝經一卷　(唐)玄宗李隆基注　清影元刻本　一冊

120000－0342－0002548　2552
孔子集語二卷　(宋)薛據輯　(明)何孟春補注　清乾隆二年(1737)刻本　二冊

120000－0342－0002549　2553
水經注釋四十卷首一卷附錄二卷水經注箋刊誤十二卷　(漢)桑欽撰　(北魏)酈道元注　(清)趙一清注釋　清乾隆五十九年(1794)刻本　二十冊

120000－0342－0002550　2554
道德經二卷老子考異一卷　(宋)蘇轍註　(明)凌以棟批點　明末刻朱墨套印本　四冊

120000－0342－0002551　2555
老子翼三卷莊子翼八卷　(明)焦竑撰　明萬曆十六年(1588)陳長卿刻本　十二冊

120000－0342－0002552　2556
韓非子二十卷　(明)趙用賢編　明萬曆十年(1582)趙用賢刻本　六冊

120000－0342－0002553　2557
至游子二卷　(□)□□　明嘉靖四十五年(1566)刻重修本　二冊

120000－0342－0002554　2558
管子二十四卷　(明)趙用賢　(明)朱長春等評　明萬曆四十八年(1620)套印本　十冊

120000－0342－0002555　2559
三子鬳齋口義十五卷　(宋)林希逸撰　明萬曆二年(1574)敬義堂刻本　十四冊　存二種

120000－0342－0002556　2560
管子二十四卷　(春秋)管仲撰　(唐)房玄齡注　(明)劉績補注　(明)張榜等評　明天啓五年(1625)朱養純花齋刻本　六冊

120000－0342－0002557　2561
南華真經副墨八卷讀南華經雜説一卷　(明)陸西星撰　明萬曆十三年(1585)刻本　十四冊

120000－0342－0002558　2562
莊子郭注十卷　(晉)郭象撰　(唐)陸德明音義　明萬曆三十三年(1605)刻本　五册

120000－0342－0002559　2563
漢魏叢書三十八種二百五十一卷　(明)程榮輯　明萬曆二十年(1592)新安程氏刻本　六册　存二種

120000－0342－0002560　2564
南華經十六卷　(晉)郭象注　(宋)林希逸口義　(宋)劉辰翁點校　(明)王世貞評點　(明)陳仁錫批注　明末四色套印本　八册

120000－0342－0002561　2565
管子二十四卷　(春秋)管仲撰　(唐)房玄齡注　(明)趙用賢編　明萬曆十年(1582)趙用賢刻本　六册

120000－0342－0002562　2566
淮南鴻烈解二十一卷　(漢)劉安撰　(漢)高誘注　明萬曆八年(1580)刻本　四册

120000－0342－0002563　2567
韓子迂評二十卷附錄一卷　(明)門無子評　明刻本　四册

120000－0342－0002564　2568
鶡冠子三卷　(宋)陸佃解　(明)王宇　(明)汪明際　(明)朱養純等評　明天啓五年(1625)朱氏花齋刻本　三册

120000－0342－0002565　2569
吳子二卷　(戰國)吳起撰　(明)劉寅注　明天啓六年(1626)翠竹居刻本　一册

120000－0342－0002566　2570
六子書六十卷　(明)顧春輯　明嘉靖十二年(1533)顧氏世德堂刻本　八册　存二種

120000－0342－0002567　2571
尚書古文疏證八卷　(清)閻若璩撰　**朱子古文書疑一卷**　(清)閻詠輯　清乾隆十年(1745)眷西堂刻本　八册

120000－0342－0002568　2572
顏氏家訓二卷　(北齊)顏之推撰　明萬曆二年(1574)刻本　二册

120000－0342－0002569　2573
孫子參同五卷　(明)閔于忱輯　明萬曆四十八年(1620)松筠館刻朱墨套印本　六册

120000－0342－0002570　2574
今詩篋衍集十二卷　(清)陳維崧輯　清康熙三十六年(1697)刻本　八册

120000－0342－0002571　2575
春秋繁露十七卷　(漢)董仲舒撰　(明)程榮編　明萬曆二十年(1592)刻本　六册

120000－0342－0002572　2576
朱子經濟文衡類編前集二十五卷後集二十五卷續集二十二卷　(宋)滕珙輯　明萬曆三十四年(1606)刻本　二十四册

120000－0342－0002573　2577
顏氏家訓二卷附小爾雅一卷　(北齊)顏之推撰　清抄本　三册

120000－0342－0002574　2578
石渠意見四卷拾遺二卷補缺一卷　(明)王恕撰　明正德刻本　四册

120000－0342－0002575　2579
玩易意見二卷　(明)王恕撰　明正德刻本　四册

120000－0342－0002576　2580
朱子抄十卷　(宋)朱熹撰　(明)孫應奎　(明)劉教輯　明嘉靖十八年(1539)江陰刻本　六册

120000－0342－0002577　2581
文公家禮儀節八卷　(明)丘濬撰　明萬曆三十六年(1608)刻本　四册

120000－0342－0002578　2582
論衡三十卷　(漢)王充撰　明嘉靖十四年(1535)通津草堂刻本　十六册

120000－0342－0002579　2583
呂氏春秋二十六卷　(秦)呂不韋撰　(漢)高誘注　明弘治十一年(1498)河南刻本　十二册

120000－0342－0002580　2584
王陽明先生傳習錄論三卷附集一卷　(明)王守仁撰　(清)王應昌論　(清)唐九經評　清順治三年(1646)西臺新署刻本　四冊

120000－0342－0002581　2585
龍筋鳳髓判二卷　(唐)張鷟撰　明莆陽刻本　二冊

120000－0342－0002582　2586
鶴山渠陽讀書雜抄二卷　(宋)魏了翁撰　明萬曆刻寶顔堂秘笈本　二冊

120000－0342－0002583　2587
易堂問目四卷　(清)吴鼎撰　清乾隆三十七年(1772)刻本　四冊

120000－0342－0002584　2588
六經正誤六卷　(宋)毛居正撰　清康熙十九年(1680)刻通志堂經解本　四冊

120000－0342－0002585　2589
隸釋二十七卷　(宋)洪适撰　明萬曆十六年(1588)刻本　八冊

120000－0342－0002586　2590
天元玉歷祥異賦不分卷　(明)仁宗朱高熾撰　明抄本(彩繪本)　四冊

120000－0342－0002587　2591
鐘鼎款識一卷　(宋)王厚之輯　清嘉慶七年(1802)揚州刻本　一冊

120000－0342－0002588　2592
金湯借箸十二籌十二卷　(明)李盤等撰　清抄本　四冊

120000－0342－0002589　2593
南邨帖考不分卷　(清)程文榮撰　清道光刻本　四冊

120000－0342－0002590　2594
唐詩觀瀾集二十四卷唐人小傳一卷　(清)李因培輯　(清)凌應曾注　清乾隆二十四年(1759)刻本　六冊

120000－0342－0002591　2595
三字經注　(明)趙南星注　(明)王正民訂　明萬曆刻本　一冊

120000－0342－0002592　2596
爾雅翼三十二卷　(宋)羅願撰　(元)洪焱祖音釋　明天啟六年(1626)刻本　六冊

120000－0342－0002593　2597
弘明集十四卷　(南朝梁)釋僧祐撰　明萬曆四十四年(1616)徑山華城寺刻本　十冊

120000－0342－0002594　2598
隸辨八卷　(清)顧藹吉撰　清康熙五十七年(1718)秀水玉淵堂刻本　十六冊

120000－0342－0002595　2599
泊如齋重修宣和博古圖錄三十卷　(宋)王黼等撰　明萬曆十六年(1588)泊如齋刻本　三十冊

120000－0342－0002596　2600
寶古堂重修考古圖十卷　(宋)吕大臨撰　(元)羅更翁考訂　明萬曆三十一年(1603)寶古堂刻本　十冊

120000－0342－0002597　2602
六書正譌五卷　(元)周伯琦撰　明嘉靖元年(1522)刻本　五冊

120000－0342－0002598　2603
廬陵宋丞相信國公文忠烈[天祥]先生全集十六卷　(宋)文天祥撰　(清)文有焕等編　清雍正三年(1725)五桂堂刻本　十六冊

120000－0342－0002599　2604
説文字原集注十六卷原表一卷表説一卷　(清)蔣和撰　清乾隆五十三年(1788)刻本　四冊

120000－0342－0002600　2605
詩韵釋要五卷附古韵釋要一卷　(明)潘雲杰撰　明萬曆刻本　五冊

120000－0342－0002601　2606
韻府羣玉二十卷　(元)陰時夫輯　(元)陰中夫注　明刻本　一冊

120000－0342－0002602　2607
洪武正韻十六卷　(明)樂韶鳳　(明)宋濂等

撰　明刻本　十冊

120000－0342－0002603　2608
御選金詩二十四卷首一卷姓名爵里一卷（清）聖祖玄燁選　清康熙四十八年(1709)内府刻御選宋金元明四朝詩本　六冊

120000－0342－0002604　2609
宋詩鈔初集（清）吳留良等輯　清康熙十年(1671)吳氏鑑古堂刻本　二十四冊

120000－0342－0002605　2610
説鈴五十二種（清）吳震方輯　清康熙四十一年(1702)刻本　三十二冊

120000－0342－0002606　2611
大方廣佛華嚴經八十卷（唐）釋實叉難陀譯　明萬曆十五年(1587)刻本　八十一冊

120000－0342－0002607　2612
西清古鑑四十卷錢録十六卷（清）梁詩正（清）蔣溥等輯　清乾隆十六年(1751)武英殿刻本　二十四冊

120000－0342－0002608　2613
曹楝亭五種六十五卷（清）曹寅輯　清康熙四十五年(1706)揚州使院刻本　三十七冊

120000－0342－0002609　2614
注釋十三經集字音讀三卷首一卷（清）王德暉撰　清道光二十五年(1845)王德暉稿本　四冊

120000－0342－0002610　2615
琵琶記不分卷（元）高明撰　**紅梨記不分卷**（明）徐復祚撰　**西廂記不分卷**（明）李日華撰　**鐵冠圖不分卷**（元）王實甫撰　**鳴鳳記不分卷**（明）王世貞撰　**兒孫福不分卷**（清）朱云從撰　**長生殿不分卷**（清）洪昇撰　清抄本　十二冊

120000－0342－0002611　2616
新鐫歷朝捷録增定全編大成四卷（明）顧充撰　（明）鍾惺補輯　明末新安吳氏刻本　十冊

120000－0342－0002612　2617
臥園詩話四卷補編二卷（清）潘煥龍撰　**洧陽送别詩一卷**（清）張廷澍等撰　**韻芳閣吟稿一卷**（清）潘煥桀撰　**浣芳閣吟稿一卷**（清）潘煥吉撰　**碧筠樓吟稿一卷**（清）楊清材撰　清抄本　五冊

120000－0342－0002613　2618
呂氏春秋二十六卷（秦）呂不韋撰　（漢）高誘注　明萬曆新安吳氏刻二十子本　四冊

120000－0342－0002614　2619
詩藪内編六卷外編六卷雜編六卷續編二卷（明）胡應麟撰　明刻本　三冊

120000－0342－0002615　2620
初白菴詩評三卷詞綜偶評一卷（清）查慎行撰　（清）張載華輯　清乾隆四十二年(1777)張氏涉園觀樂堂刻本　六冊

120000－0342－0002616　2621
晉文歸八卷（明）鍾惺輯并評　明末古香齋刻本　四冊

120000－0342－0002617　2622
芝龕記六卷（清）董榕撰　清乾隆十六年(1751)刻道光二年(1822)重修本　六冊

120000－0342－0002618　2623
楊升菴先生批點文心雕龍十卷（南朝梁）劉勰撰　（明）楊慎批點　（明）梅慶生音註　明萬曆三十七年(1609)刻天啟二年(1622)金陵聚錦堂重修本　四冊

120000－0342－0002619　2624
宋高僧傳三十卷（宋）釋贊寧等撰　明萬曆三十九年(1611)刻本　六冊

120000－0342－0002620　2625
草堂詩餘正集六卷續集二卷别集四卷新集五卷（明）顧從敬類選　（明）沈際飛評正　明蘇州童湧泉刻本　十二冊

120000－0342－0002621　2626
湯睡庵先生鑒定易經翼注四卷（明）湯賓尹撰　（明）丘兆麟參訂　明崇禎五年(1632)西崐館刻本　三冊

120000－0342－0002622　2627

歷代詩話二十七種五十七卷考索一卷　（清）何文焕編　清乾隆三十五年（1770）嘉善何文焕刻本　十六册

120000－0342－0002623　2628

西漢文二十卷東漢文二十卷　（明）張采輯　明崇禎五雲居刻本　四十册

120000－0342－0002624　2629

百川學海　（宋）左圭輯　明弘治十四年（1501）刻本　四册　存六種

120000－0342－0002625　2630

楊升菴先生批點文心雕龍十卷　（南朝梁）劉勰撰　（明）楊慎批點　（明）梅慶生音註　明萬曆三十七年（1609）刻天啟二年（1622）金陵聚錦堂重修本　四册

120000－0342－0002626　2631

笠翁一家言全集　（清）李漁撰　清雍正芥子園刻本　十六册

120000－0342－0002627　2632

解學士文毅公全集十卷　（明）解縉撰　清康熙五十七年（1718）刻本　十册

120000－0342－0002628　2633

國朝詩別裁集三十六卷　（清）沈德潛輯　清乾隆二十四年（1759）刻本　十六册

120000－0342－0002629　2634

元詩四大家　（明）毛晉輯　明崇禎毛氏汲古閣刻本　五册　存二種

120000－0342－0002630　2635

冰川詩式十卷　（明）梁橋撰　明萬曆三十八年（1610）壽槐堂刻本　四册

120000－0342－0002631　2636

楊忠愍公集四卷　（明）楊繼盛撰　清康熙十二年（1673）刻本　四册

120000－0342－0002632　2637

近光集八卷　（清）汪士鋐編　（清）吳鼎科選輯　（清）陳家穀校訂　清康熙遂經書塾刻本　二册

120000－0342－0002633　2638

姜白石詩詞合集　（宋）姜夔撰　清乾隆八年（1743）刻三十六年（1771）江春隨月讀書樓增刻本　四册

120000－0342－0002634　2639

津逮秘書　（明）毛晉輯　明崇禎虞山毛氏汲古閣刻本　三册　存四種

120000－0342－0002635　2640

後村題跋四卷　（宋）劉克莊撰　明崇禎虞山毛氏汲古閣刻津逮秘書本　二册

120000－0342－0002636　2641

誠齋雜記二卷　（元）林坤撰　明崇禎毛氏汲古閣刻津逮秘書本　一册

120000－0342－0002637　2642

東觀餘論二卷附錄一卷　（宋）黄伯思撰　明常熟毛氏汲古閣刻津逮秘書本　四册

120000－0342－0002638　2643

津逮秘書　（明）毛晉輯　明崇禎虞山毛氏汲古閣刻本　一百六十四册　存十四種

120000－0342－0002639　2644

唱經堂杜詩解四卷　（清）金人瑞撰　清抄本　四册

120000－0342－0002640　2645

石守道先生集二卷　（宋）石介撰　清康熙四十九年（1710）蘇州張伯行正誼堂刻本　四册

120000－0342－0002641　2646

周易説略四卷　（清）張爾岐撰　清乾隆二十七年（1762）吳元祥三與堂刻本　四册

120000－0342－0002642　2647

北夢瑣言二十卷　（宋）孫光憲撰　清乾隆二十一年（1756）盧見曾雅雨堂刻雅雨堂叢書本　二册

120000－0342－0002643　2648

古金待問錄五卷補遺一卷續錄二卷　（清）朱楓輯　清乾隆刻本　一册

120000－0342－0002644　2649

名媛詩歸三十六卷　（明）鍾惺輯　明勉善堂

刻本　六冊

120000－0342－0002645　2650
新刻增補藝苑巵言十六卷　（明）王世貞撰　明萬曆十七年（1589）武林樵雲書舍刻本　八冊

120000－0342－0002646　2651
國朝詩別裁集三十六卷　（清）沈德潛輯　清乾隆二十四年（1759）刻本　十八冊

120000－0342－0002647　2652
因樹屋書影十卷　（清）周亮工撰　清雍正三年（1725）懷德堂刻本　六冊

120000－0342－0002648　2653
劉屏山先生集二十卷　（宋）劉子翬撰　清康熙三十九年（1700）刻本　六冊

120000－0342－0002649　2654
詞譜四十卷　（清）王奕清等撰　清康熙五十四年（1715）内府刻本　十六冊

120000－0342－0002650　2655
珂雪詞二卷補遺一卷　（清）曹貞吉撰　清康熙刻本　二冊

120000－0342－0002651　2656
類編草堂詩餘四卷　（宋）何士信輯　明刻本　四冊

120000－0342－0002652　2657
夷門廣牘一百零六種　（明）周履靖輯　明萬曆二十五年（1597）金陵荆山書林刻本　一冊　存二種

120000－0342－0002653　2658
清賦類選不分卷　（清）□□編　清抄本　四冊

120000－0342－0002654　2659
花菴絶妙詞選十卷　（宋）黄昇輯　明末毛氏汲古閣刻詞苑英華本　四冊

120000－0342－0002655　2660
桐月修簫譜一卷　（清）王嘉禄撰　清抄本　一冊

120000－0342－0002656　2661
草堂詩餘正集六卷續集二卷别集四卷新集五卷　（明）顧從敬類選　（明）沈際飛評正　（明）錢允治輯　明翁少麓刻本　十六冊

120000－0342－0002657　2662
廣輿記二十四卷　（明）陸應陽纂　（清）蔡方炳增輯　清康熙五十六年（1717）聚錦堂刻本　十六冊

120000－0342－0002658　2663
宋詩選二十卷　（清）吴曹直　（清）儲右文輯　清康熙二十六年（1687）蘇州周子肇刻本　八冊

120000－0342－0002659　2664
稗海四十八種二百八十八卷續二十二種一百六十一卷　（明）商濬編　明萬曆刻本　八十冊

120000－0342－0002660　2665
夢窗甲稿一卷乙稿一卷丙稿一卷丁稿一卷絶筆補遺一卷　（宋）吴文英撰　明崇禎毛氏汲古閣刻本　二冊

120000－0342－0002661　2666
御選歷代詩餘一百二十卷　（清）沈辰垣　（清）王奕清等輯　清康熙四十六年（1707）内府刻本　六十冊

120000－0342－0002662　2667
昭代詞選三十八卷　（清）蔣重光輯　清乾隆三十二年（1767）經鉏堂刻本　二十四冊

120000－0342－0002663　2668
詩餘圖譜三卷　（明）張綖撰　明崇禎毛氏汲古閣刻本　二冊

120000－0342－0002664　2669
王先生十七史蒙求十六卷　（宋）王令撰　清康熙四十九年（1710）刻本　二冊

120000－0342－0002665　2670
草堂詩餘四卷圖譜三卷　（宋）何士信輯　（明）張綖撰　明崇禎毛氏汲古閣刻本　四冊

120000－0342－0002666　2671

尚書後案三十卷後辨一卷 (清)王鳴盛撰 清乾隆四十五年(1780)刻本 八册

120000－0342－0002667 2672
辟疆園杜詩注解七言律五卷 (唐)杜甫撰 (清)顧宸注 清順治十八年(1661)刻本 五册

120000－0342－0002668 2673
輶軒使者絶代語釋别國方言十三卷 (漢)揚雄撰 (晉)郭璞注 清乾隆四十九年(1784)杭州盧文弨抱經堂刻抱經堂叢書本 四册

120000－0342－0002669 2674
康熙新城縣志十四卷首一卷續志二卷 (清)崔懋纂修 (清)孫元衡續纂 清康熙三十二年(1693)刻本 六册

120000－0342－0002670 2675
會稽三賦四卷 (宋)王十朋撰 (明)南逢吉注 (明)尹壇補注 明末刻本 四册

120000－0342－0002671 2676
金詩選四卷 (清)顧奎光輯 清乾隆十六年(1751)刻本 四册

120000－0342－0002672 2677
才調集十卷 (五代)韋穀選 清康熙四十三年(1704)汪文珍垂雲堂刻本 六册

120000－0342－0002673 2678
文選音義八卷 (清)余蕭客撰 清乾隆二十三年(1758)靜勝堂刻本 二册

120000－0342－0002674 2679
元憲集三十六卷 (宋)宋庠撰 清乾隆武英殿刻本 十二册

120000－0342－0002675 2680
二如亭群芳譜三十卷 (明)王象晉撰 明崇禎毛氏汲古閣刻本 十二册

120000－0342－0002676 2681
宋名家詞六十一種 (明)毛晉輯 明海虞毛氏汲古閣刻本 六册 存九種

120000－0342－0002677 2682
宋名家詞 (明)毛晉輯 明海虞毛氏汲古閣刻本 二十二册

120000－0342－0002678 2683
修史試筆二卷 (清)藍鼎元撰 (清)曠敏本評 清雍正經世堂刻本 二册

120000－0342－0002679 2684
三垣筆記三卷附識二卷補遺一卷 (清)李清撰 清刻本 二册

120000－0342－0002680 2685
諸葛忠武侯全書二十卷 (明)王士騏輯 (明)薛寀評 明崇禎十一年(1638)刻本 六册

120000－0342－0002681 2686
新刻七十二朝四書人物考注釋四十卷 (明)薛應旂輯 (明)焦竑注 明萬曆三十六年(1608)刻本 十册

120000－0342－0002682 2687
柳亭詩話三十卷 (清)宋長白撰 清康熙天茁園刻本 十二册

120000－0342－0002683 2688
從祀名賢傳六卷 (清)常安撰 清雍正十二年(1734)刻本 四册

120000－0342－0002684 2689
水經注四十卷 (北魏)酈道元撰 清康熙五十三年至五十四年(1714－1715)項絪群玉書堂刻本 二十册

120000－0342－0002685 2690
聖賢像贊三卷聖賢道統圖贊一卷 (明)□□輯 明崇禎刻本 四册

120000－0342－0002686 2691
闕里志二十四卷 (明)陳鎬撰 (清)孔胤植補 清雍正刻本 十二册

120000－0342－0002687 2692
列女傳十六卷 (漢)劉向撰 清乾隆四十四年(1779)刻本 十二册

120000－0342－0002688 2693
漢大司農康成鄭公年譜一卷 (清)侯登岸撰 清道光抄本 一册

120000－0342－0002689　2694

二如亭群芳譜三十卷　(明)王象晉撰　明常熟毛氏汲古閣刻本　二十四册

120000－0342－0002690　2695

感舊集十六卷　(清)王士禎輯　(清)盧見曾補傳　清乾隆十七年(1752)盧見曾刻本　十二册

120000－0342－0002691　2696

受宜堂集四十卷目録四卷　(清)納蘭常安撰　清雍正十三年(1735)刻本　二十四册

120000－0342－0002692　2697

唐四家詩八卷　(清)汪立名輯　清康熙三十四年(1695)天都汪立名刻本　六册

120000－0342－0002693　2698

震澤紀聞二卷　(明)王鏊撰　明萬曆刻本　二册

120000－0342－0002694　2699

歷代名媛雜咏四卷　(清)邵颿撰　清抄本　四册

120000－0342－0002695　2700

三垣筆記三卷　(清)李清撰　清抄本　四册

120000－0342－0002696　2701

稗海四十六種二百八十五卷續二十四種一百四十一卷　(明)商濬編　明萬曆會稽商氏半埜堂刻本　八十四册

120000－0342－0002697　2702

草韻彙編二十六卷　(清)陶南望輯　清乾隆十九年(1754)上海南邨草堂刻本　十六册

120000－0342－0002698　2703

清文宗實錄三百五十六卷　(清)□□撰　清內府抄本　一册

120000－0342－0002699　2704

御選唐宋詩醇四十七卷文醇五十八卷　(清)高宗弘曆選　清乾隆江蘇刻本　四十四册

120000－0342－0002700　2705

歷朝名媛詩詞十二卷　(清)陸昶選　清乾隆三十八年(1773)紅樹樓刻本　六册

120000－0342－0002701　2706

隨園詩草八卷禪家公案頌一卷　(清)邊連寶撰　清乾隆四十年(1775)刻本　八册

120000－0342－0002702　2707

韓詩外傳校議一卷　(清)許翰撰　清光緒十三年(1887)朱氏含香堂抄本　一册

120000－0342－0002703　2708

樂府詩集一百卷　(宋)郭茂倩輯　明崇禎常熟毛氏汲古閣刻本　十六册

120000－0342－0002704　2709

欽定儀象考成三十卷　(清)允祿等纂　清乾隆刻本　十册

120000－0342－0002705　2710

音韵闡微十八卷　(清)李光地等撰　清雍正六年(1728)内府抄本　四册

120000－0342－0002706　2711

御選唐宋文醇五十八卷　(清)高宗弘曆選　清乾隆三年(1738)内府刻四色套印本　三十册

120000－0342－0002707　2712

遺山先生文集四十卷附錄一卷　(金)元好問撰　清康熙四十六年(1707)無錫華希閔刻本　十册

120000－0342－0002708　2713

玉茗堂全集四十六卷　(明)湯顯祖撰　清康熙三十三年(1694)阮峴竹林堂刻本　十六册

120000－0342－0002709　2714

南宋雜事詩七卷目錄一卷　(清)沈嘉轍等撰　清乾隆杭州芹香齋刻本　八册

120000－0342－0002710　2715

古樂府十卷　(元)左克明輯　明嘉靖二十三年(1544)刻本　四册

120000－0342－0002711　2716

樂府詩集一百卷　(宋)郭茂倩輯　元至正元年(1341)集慶路儒學刻明重修本　十二册

120000－0342－0002712　2717

樂府詩集一百卷　(宋)郭茂倩輯　明崇禎常

熟毛氏汲古閣刻本　十六册

120000－0342－0002713　2718
御定全唐詩錄一百卷　(清)徐倬編　清康熙四十五年(1706)内府刻本　二十四册

120000－0342－0002714　2719
中晚唐詩叩彈集十二卷續集三卷　(清)杜詔　(清)杜庭珠輯　清康熙四十三年(1704)采山亭刻本　五册

120000－0342－0002715　2720
宋元詩六十一種二百七十三卷　(明)潘是仁編　明天啟二年(1622)刻萬曆四十三年(1615)重修本　十二册

120000－0342－0002716　2721
夢月巖詩集二十卷詩餘一卷　(清)呂履恒撰　清雍正三年(1725)刻本　六册

120000－0342－0002717　2722
[乾隆]臨榆縣志十四卷　(清)鍾和梅纂修　清乾隆二十一年(1756)刻本　六册

120000－0342－0002718　2723
文選詩鈔四卷　(清)吳學濂　(清)沈麒禎輯　清康熙五十八年(1719)刻本　四册

120000－0342－0002719　2724
才調集十卷　(五代)韋縠輯　(明)毛晉編　明崇禎元年(1628)常熟毛氏汲古閣刻唐人選唐詩本　十册

120000－0342－0002720　2725
才調集十卷　(五代)韋縠輯　(明)毛晉編　明崇禎元年(1628)常熟毛氏汲古閣刻唐人選唐詩本　十册

120000－0342－0002721　2726
本事詩十二卷　(清)徐釚輯　清乾隆二十二年(1757)桐鄉汪肯堂半松書屋刻本　八册

120000－0342－0002722　2727
瀛奎律髓四十九卷　(元)方回輯　清康熙五十一年(1712)刻本　十册

120000－0342－0002723　2728
惜陰吟稿陶氏詩鈔二卷　(清)陶鈞衡編　清抄本　二册

120000－0342－0002724　2729
畿輔義倉圖不分卷　(清)方觀承編　清乾隆刻本　六册

120000－0342－0002725　2730
明詩別裁集十二卷　(清)沈德潛　(清)周準輯　清乾隆四年(1739)刻本　六册

120000－0342－0002726　2731
孟東野詩集十卷　(唐)孟郊撰　(宋)宋國材　(宋)劉辰翁評　明吳興凌濛初刻朱墨套印本　六册

120000－0342－0002727　2732
李長吉歌詩四卷外詩集一卷　(唐)李賀撰　(宋)劉辰翁評　明吳興凌濛初刻閔氏朱墨套印本　四册

120000－0342－0002728　2733
李杜詩通六十一卷　(明)胡震亨撰　清順治七年(1650)嘉興朱茂時刻本　十册

120000－0342－0002729　2734
唐雅同聲五十卷目錄二卷　(明)毛懋宗　(明)朱謀垔匯輯　明萬曆十六年(1588)毛謙刻崇禎六年(1633)朱謀垔重修本　二十九册

120000－0342－0002730　2735
衆妙集一卷　(宋)趙師秀輯　(明)毛晉編　明天啟崇禎海虞毛氏汲古閣刻本　二册

120000－0342－0002731　2736
宋金元詩選六卷　(清)吳翌鳳輯　清乾隆五十八年(1793)潮州吳氏古歡堂刻本　二册

120000－0342－0002732　2737
甬上耆舊詩三十卷　(清)胡文學　(清)李鄴嗣輯　清康熙十五年(1676)寧波胡氏敬義堂刻本　十册

120000－0342－0002733　2738
離騷經訂注一卷屈原傳一卷　(戰國)屈原撰　(漢)王逸注　(明)趙南星訂　明萬曆四十一年(1613)趙氏刻本　一册

120000－0342－0002734　2739

雍音四卷　(明)胡纘宗輯　明嘉靖二十七年(1548)清渭草堂刻本　四册

120000－0342－0002735　2740
唐六名家集四十二卷　(明)毛晉編　明崇禎常熟毛氏汲古閣刻本　六册

120000－0342－0002736　2741
楚辭章句十七卷附録一卷　(漢)王逸撰　(明)馮紹祖校　明萬曆十四年(1586)嘉興觀妙齋刻本　四册

120000－0342－0002737　2742
明詩綜一百卷　(清)朱彝尊輯　清康熙嘉興吴氏清來堂刻本　三十二册

120000－0342－0002738　2743
詩紀一百三十卷前集十卷附録一卷外集四卷别集十二卷　(明)馮惟訥輯　明萬曆四十一年(1613)刻本　二十册

120000－0342－0002739　2744
楚辭新集注八卷楚懷襄二王在位事迹考一卷末一卷　(清)屈復撰　清乾隆三年(1738)蘇州居易堂刻本　二册

120000－0342－0002740　2745
楚辭節注六卷　(清)姚培謙注　**楚辭葉音一卷**　(清)劉維謙撰　清乾隆六年(1741)刻本　二册

120000－0342－0002741　2746
韋蘇州集十卷拾遺一卷　(唐)韋應物撰　明刻本　六册

120000－0342－0002742　2747
花著龕詩存四卷浣露詞一卷寒木春華詞一卷　(清)陳重撰　清光緒二十八年(1902)稿本　五册

120000－0342－0002743　2748
山帶閣注楚辭六卷首一卷餘論二卷説韵一卷　(清)蔣驥撰　清雍正五年(1727)武進蔣氏山帶閣刻本　四册

120000－0342－0002744　2749
蘇文忠詩合注五十卷首一卷　(宋)蘇軾撰　(清)馮應榴輯　清乾隆六十年(1795)桐鄉踵息齋刻本　十六册

120000－0342－0002745　2750
詩林韶濩二十卷　(清)顧嗣立輯　清康熙四十四年(1705)蘇州顧氏秀野草堂刻本　六册

120000－0342－0002746　2751
古詩箋三十二卷　(清)王士禛輯　(清)聞人倓箋　清乾隆三十一年(1766)上海芷蘭堂刻本　六册　存十七卷(一至十七)

120000－0342－0002747　2752
楚辭集注八卷辯證二卷後語八卷附錄二卷總評一卷　(宋)朱熹撰　(明)蔣之翹補輯并評校　明天啟六年(1626)嘉興蔣之翹刻本　六册

120000－0342－0002748　2753
温飛卿詩集七卷别集一卷集外詩一卷附録諸家詩評一卷　(唐)溫庭筠撰　(明)曾益注　(清)顧予咸補注　(清)顧嗣立續注　清康熙三十六年(1697)蘇州顧氏秀野草堂刻本　四册

120000－0342－0002749　2754
詞名集解六卷續編二卷　(清)汪汲輯　清乾隆五十九年(1794)刻本　五册

120000－0342－0002750　2755
圭塘欸乃一卷　(元)許有壬等撰　清抄本　一册

120000－0342－0002751　2756
太湖備考十六卷首一卷　(清)金友理撰　**湖程紀略一卷**　(清)吴曾撰　清乾隆十五年(1750)蘇州藝蘭圃刻本　八册

120000－0342－0002752　2757
楚辭新集注八卷楚懷襄二王在位事迹考一卷末一卷　(清)屈復撰　清乾隆三年(1738)蘇州居易堂刻本　四册

120000－0342－0002753　2758
宋十五家詩選十六卷　(清)陳訏輯　清康熙三十二年(1693)刻本　六册

120000－0342－0002754　2759
網師園唐詩箋十八卷　（清）宋宗元輯　清乾隆三十二年（1767）蘇州尚絅堂刻本　六册

120000－0342－0002755　2760
前唐十二家詩二十四卷　（明）許自昌編　明萬曆三十一年（1603）吴縣霏玉軒刻本　四册

120000－0342－0002756　2761
唐人四集十二卷　（明）毛晉編　明崇禎常熟汲古閣刻本　四册

120000－0342－0002757　2762
國朝詩觀十六卷二集六卷　（清）王錫侯輯　清乾隆三十年至三十五年（1765－1770）刻本　十册

120000－0342－0002758　2763
封氏聞見記十卷　（唐）封演撰　清乾隆二十一年至二十五年（1756－1760）德州盧氏雅雨堂刻雅雨堂叢書本　二册

120000－0342－0002759　2764
選詩三卷補一卷　（明）顧大猷輯　明萬曆二十八年（1600）劉大文刻本　四册

120000－0342－0002760　2765
詩歸三十六卷　（明）鍾惺　（明）譚元春輯　明刻本　三十二册

120000－0342－0002761　2766
唐音戊籤二百零一卷餘六十三卷　（明）胡震亨輯　清康熙二十六年（1687）杭州胡氏南益堂刻本　三十二册

120000－0342－0002762　2767
唐詩紀一百七十卷目録三十四卷　（明）黄德水　（明）吴琯輯　明萬曆十三年（1585）江西吴琯刻本　四十八册

120000－0342－0002763　2768
唐人選唐詩八種二十三卷　（明）毛晉輯　明崇禎元年（1628）常熟汲古閣刻本　十四册

120000－0342－0002764　2769
古詩歸十五卷詩歸五十一卷　（明）鍾惺　（明）譚元春輯　（清）王錫琛重訂　清順治十六年（1659）刻本　六册

120000－0342－0002765　2770
唐人選唐詩八種二十三卷　（明）毛晉輯　明崇禎元年（1628）常熟汲古閣刻本　二十册

120000－0342－0002766　2771
唐詩品彙九十卷拾遺十卷　（明）高棅輯　明嘉靖十八年（1539）刻本　三十册

120000－0342－0002767　2772
全唐詩九百卷　（清）曹寅　（清）彭定求等輯　清康熙四十四年至四十六年（1705－1707）揚州詩局刻本　八十册

120000－0342－0002768　2773
古周易訂詁十六卷　（明）何楷撰　清乾隆十六年（1751）福建花源堂刻本　八册

120000－0342－0002769　2774
唐十二家詩十二卷　（明）楊一統　（明）孫仲逸撰輯　明萬曆十二年（1584）江蘇綺霞館刻本　十四册

120000－0342－0002770　2775
唐盧户部詩集十卷　（唐）盧綸撰　（明）陸汴編　明刻本　四册

120000－0342－0002771　2776
韓柳二先生年譜八卷　（清）馬曰琯輯　清雍正七年（1729）南京馬氏小玲瓏山館刻本　四册

120000－0342－0002772　2777
明人詩鈔十四卷續集十四卷　（清）朱琰輯　清乾隆二十五年（1760）海鹽樊桐山房刻本　十二册

120000－0342－0002773　2778
史通訓故補二十卷　（清）黄叔琳撰　清乾隆十二年（1747）養素堂刻本　四册

120000－0342－0002774　2779
唐詩百名家全集三百二十六卷　（清）席啓寓輯　清康熙四十七年（1708）洞庭席氏琴川書屋刻本　六十册

120000－0342－0002775　2780

唐詩解五十卷詩人爵里一卷 (明)唐汝詢選釋 清順治十六年(1659)杭州趙孟龍萬笈堂刻本 八册

120000－0342－0002776 2781
孟浩然集三卷 (唐)孟浩然撰 (宋)劉辰翁評 清初抄本 三册

120000－0342－0002777 2782
唐詩解五十卷詩人爵里一卷 (明)唐汝詢選釋 清順治十六年(1659)杭州趙孟龍萬笈堂刻本 十一册

120000－0342－0002778 2783
御選唐詩三十二卷目録三卷 (清)聖祖玄燁輯 (清)陳廷敬等輯注 清康熙五十二年(1713)内府刻朱墨套印本 十五册

120000－0342－0002779 2784
宋金元詩永二十卷補遺二卷 (清)吴綺輯 清康熙十七年(1678)自貢思永堂刻本 十二册

120000－0342－0002780 2785
元和郡縣志四十卷 (唐)李吉甫撰 清乾隆三十九年(1774)武英殿刻武英殿聚珍版書活字印本 八册

120000－0342－0002781 2786
東坡先生編年詩補注五十卷 (宋)蘇軾撰 (清)查慎行補注 清乾隆二十六年(1761)海寧香雨齋刻本 二十八册

120000－0342－0002782 2787
施注蘇詩四十二卷 (宋)蘇軾撰 (宋)施元之注 (清)邵長蘅等删補 **蘇詩續補遺補注二卷** (清)馮景補注 **王注正訛一卷** (清)邵長蘅撰 **東坡先生年譜一卷** (宋)王宗稷撰 (清)邵長蘅重訂 清康熙三十八年(1699)揚州宋犖刻本 十六册

120000－0342－0002783 2788
吴淵潁先生集十二卷 (元)吴萊撰 (清)王邦采 (清)王繩曾箋 清康熙六十年(1721)刻本 十册

120000－0342－0002784 2789
評鑑闡要十二卷 (清)劉統勳等撰 清乾隆三十六年(1771)内府刻本 六册

120000－0342－0002785 2790
王荆公唐百家詩選二十卷 (宋)王安石輯 清康熙四十三年(1704)揚州宋犖、丘迥刻本 十册

120000－0342－0002786 2791
列朝詩集六集八十一卷 (清)錢謙益輯 清順治九年(1652)常熟毛氏汲古閣刻本 三十八册

120000－0342－0002787 2792
杜律啓蒙十二卷年譜一卷 (清)邊連寶集注 清乾隆四十二年(1777)刻本 六册

120000－0342－0002788 2793
范石湖詩集二十卷 (宋)范成大撰 清康熙二十七年(1688)安徽黄昌衢藜照樓刻本 十二册

120000－0342－0002789 2794
黄勉齋先生文集八卷 (宋)黄榦撰 (清)張伯行編 清康熙四十八年(1709)福州正誼堂刻本 四册

120000－0342－0002790 2795
鮑溶詩六卷集外詩一卷 (唐)鮑溶撰 明末常熟毛氏汲古閣刻本 一册

120000－0342－0002791 2796
昌黎先生詩集注十一卷年譜一卷 (清)顧嗣立删補 清康熙三十八年(1699)蘇州顧氏秀野草堂刻本 四册

120000－0342－0002792 2797
宛陵先生集二十九卷拾遺一卷 (宋)梅堯臣撰 明萬曆四年(1576)宣城姜奇方刻本 六册

120000－0342－0002793 2798
薩天錫詩集八卷 (元)薩都剌撰 (明)潘是仁編 明萬曆四十三年(1615)自刻天啓二年(1622)重修本 四册

120000－0342－0002794　2799
杜工部詩集二十卷集外詩一卷文集二卷年譜一卷　(唐)杜甫撰　(清)朱鶴齡輯註　清康熙葉永茹萬卷樓刻本　八册

120000－0342－0002795　2800
分類補注李太白詩二十五卷　(唐)李白撰　(宋)楊齊賢集注　(元)蕭士贇補注　**年譜一卷**　(宋)薛仲邕撰　明嘉靖二十五年(1546)杭州玉几山人刻本　十二册

120000－0342－0002796　2801
易經揆一十四卷易學啓蒙補二卷　(清)梁錫璵撰　清乾隆十六年(1751)内府刻本　十册

120000－0342－0002797　2802
中州集十卷首一卷樂府一卷　(金)元好問輯　明末毛氏汲古閣刻本　二十册

120000－0342－0002798　2803
錫穀堂詩五卷　(清)劉師恕撰　清乾隆十一年(1746)碧梧翠竹山房刻本　二册

120000－0342－0002799　2804
讀杜心解六卷首二卷　(唐)杜甫撰　(清)浦起龍解　清雍正三年(1725)錫山浦氏寧我齋刻本　六册

120000－0342－0002800　2805
御製詩集十卷御製詩第二集十卷　(清)聖祖玄燁撰　(清)高士奇等編　清康熙四十二年(1703)内府刻本　四册

120000－0342－0002801　2806
青邱高季迪先生詩集十八卷遺詩一卷扣舷集一卷鳧藻集五卷附録一卷　(明)高啓撰　(清)金檀輯注　**年譜一卷**　(清)金檀撰　清雍正六年(1728)桐鄉金氏文瑞樓刻本　十六册

120000－0342－0002802　2807
青邱高季迪先生詩集十八卷遺詩一卷扣舷集一卷鳧藻集五卷附録一卷　(明)高啓撰　(清)金檀輯注　**年譜一卷**　(清)金檀撰　清雍正六年(1728)桐鄉金氏文瑞樓刻本　十六册

120000－0342－0002803　2808
青邱高季迪先生詩集十八卷遺詩一卷扣舷集一卷鳧藻集五卷附録一卷　(明)高啓撰　(清)金檀輯注　**年譜一卷**　(清)金檀撰　清雍正六年(1728)桐鄉金氏文瑞樓刻本　十六册

120000－0342－0002804　2809
[道光]直隸定州志二十二卷首一卷　(清)寶琳　(清)勞沅恩纂修　清咸豐元年(1851)刻本　十二册

120000－0342－0002805　2810
三家宫詞三卷二家宫詞二卷　(明)毛晉編　明末毛氏緑君亭刻本　一册

120000－0342－0002806　2811
古香齋鑒賞袖珍施注蘇詩四十二卷　(宋)蘇軾撰　(宋)施元之注　清乾隆十三年(1748)内府刻古香齋十種本　二十四册

120000－0342－0002807　2812
杜工部集二十卷年譜一卷諸家詩話一卷唱酬題咏附録一卷　(唐)杜甫撰　(清)錢謙益箋注　清康熙六年(1667)聊城季氏靜思堂刻本　二十册

120000－0342－0002808　2813
安岳馮公太師集三十卷　(宋)馮山撰　清抄本　一册　存十二卷(一至十二)

120000－0342－0002809　2814
鐵崖先生古樂府十卷補六卷復古詩集六卷麗則遺音四卷附録一卷　(元)楊維楨撰　明毛氏汲古閣刻本　四册

120000－0342－0002810　2815
分類補注李太白詩二十五卷　(唐)李白撰　(宋)楊齊賢集注　(元)蕭士贇補注　明萬曆三十年(1602)長洲許自昌刻本　五册

120000－0342－0002811　2816
南州草堂集三十卷首一卷續集四卷菊莊詞二卷詞話一卷　(清)徐釚撰　清康熙三十四年(1695)蘇州菊莊刻本　十册

120000－0342－0002812　2817
唐李長吉詩集四卷外詩集一卷　（唐）李賀撰　（明）徐渭　（明）董懋策批注　明萬曆四十一年（1613）會稽陶氏刻本　四册

120000－0342－0002813　2818
唐十二家詩十二種四十九卷　（明）張遜業輯　明刻本　六册　存三種

120000－0342－0002814　2819
劍南詩稿八十五卷　（宋）陸游撰　明毛氏汲古閣刻本　三十册

120000－0342－0002815　2820
原圃集一卷塞菴詩一續一卷二續一卷張民表先生詩三續一卷　（明）張民表撰　清順治周亮工刻本　一册

120000－0342－0002816　2821
澹明野嘯不分卷　（清）裴希度撰　清順治十五年（1658）刻本　一册

120000－0342－0002817　2822
浣花集十卷補遺一卷　（唐）韋莊撰　（明）毛晉輯　明毛氏綠君亭刻本　二册

120000－0342－0002818　2823
梅溪先生廷試策一卷奏議四卷文集二十卷後集二十九卷附録一卷　（宋）王十朋撰　明天順六年（1462）刻本　十二册

120000－0342－0002819　2824
禪月集二十五卷補遺一卷　（唐）釋貫休撰　明崇禎虞山毛氏汲古閣刻唐三高僧詩本　四册

120000－0342－0002820　2825
松陵集十卷　（唐）皮日休　（唐）陸龜蒙撰　明末毛氏汲古閣刻本　二册

120000－0342－0002821　2826
王荆文公詩五十卷　（宋）王安石撰　（宋）李壁箋注　清乾隆六年（1741）嘉興張宗松清綺齋刻本　八册

120000－0342－0002822　2827
王荆文公詩五十卷　（宋）王安石撰　（宋）李壁箋注　清乾隆六年（1741）嘉興張宗松清綺齋刻本　八册

120000－0342－0002823　2828
王右丞集二十八卷首一卷末一卷　（唐）王維撰　（清）趙殿成箋注　清乾隆二年（1737）趙氏刻本　十二册

120000－0342－0002824　2829
東萊先生詩集二十卷　（宋）吕本中撰　清抄本　八册

120000－0342－0002825　2830
梁節庵先生詩稿　（清）梁鼎芬撰　舊抄本　一册

120000－0342－0002826　2831
句余山詩鈔二卷　（清）胡亦堂撰　清康熙二十二年（1683）寧波周斯盛抄本　二册

120000－0342－0002827　2832
淮穎集　（清）王治皞撰　清寧波抄本　一册

120000－0342－0002828　2833
道園遺稿六卷　（元）虞集撰　（明）虞堪編　清抄本　二册

120000－0342－0002829　2834
道園續稿六卷　（元）虞集撰　清抄本　三册

120000－0342－0002830　2835
詩詞雜俎十二種　（明）毛晉輯　明天啓崇禎海虞毛氏汲古閣刻本　五册　存三種

120000－0342－0002831　2836
唐宋八大家文鈔一百四十四卷　（明）茅坤編　明萬曆七年（1579）茅一桂刻本　六十册

120000－0342－0002832　2837
是程堂集十四卷二集四卷耶溪漁隱詞二卷　（清）屠倬撰　清嘉慶十九年（1814）秣陵陶士立刻本　六册

120000－0342－0002833　2838
文編六十四卷　（明）唐順之輯　（明）陳元素訂　明天啓刻本　二十四册

120000－0342－0002834　2839

昭代叢書　(清)張潮編輯　清康熙刻本　二十四册

120000－0342－0002835　2840
蓮洋集二十卷雜録一卷附録一卷　(清)吴雯撰　**蓮洋吴徵君年譜**　(清)翁方綱編　清乾隆四十三年(1778)刻本　八册

120000－0342－0002836　2841
宋邵康節先生伊川擊壤集十卷　(宋)邵雍撰　(明)吴瀚　(明)吴泰注　明萬曆三十四年(1606)刻本　八册

120000－0342－0002837　2842
師説十二卷　(宋)劉克撰　清道光八年(1828)藝芸書舍刻本　四册

120000－0342－0002838　2843
明文西四卷　(清)韓詩輯　明崇禎十七年(1644)韓詩學古堂刻本　四册

120000－0342－0002839　2844
秦漢文懷二十卷　(明)鍾惺輯　明崇禎六年(1633)刻本　十册

120000－0342－0002840　2845
古文雅正十四卷　(清)蔡世遠撰　(清)李清植　(清)張福昶參訂　清雍正三年(1725)漳浦念修堂刻本　十二册

120000－0342－0002841　2846
晚邨先生八家古文精選八卷　(清)吕留良輯　(清)吕葆中批點　清康熙四十三年(1704)桐鄉吕氏家塾刻本　六册

120000－0342－0002842　2847
西山先生真文忠公文章正宗二十四卷續二十卷　(宋)真德秀輯　明嘉靖四十三年(1564)杜陵蔣氏家塾刻本　二十四册

120000－0342－0002843　2848
六家文選六十卷　(南朝梁)蕭統輯　(唐)李善等注　明嘉靖十三年至二十八年(1534－1549)吴縣袁褧嘉趣堂刻本　四十八册

120000－0342－0002844　2849
西山先生真文忠公文章正宗二十四卷　(宋)真德秀輯　明嘉靖四十三年(1564)刻本　二十四册

120000－0342－0002845　2850
正續名世文宗十六卷　(明)王世貞輯　(明)錢允治續輯　(明)陳繼儒校注　明萬曆四十五年(1617)刻本　八册

120000－0342－0002846　2851
新刊君子亭群書摘草五卷　(明)王國賓輯　明萬曆十一年(1583)刻本　十二册

120000－0342－0002847　2852
漢褚先生集一卷　(漢)褚少孫撰　(明)張溥編　明婁東張氏刻漢魏六朝一百三家集本　二册

120000－0342－0002848　2853
古文苑二十一卷　(宋)章樵注　明萬曆二十一年(1593)刻本　八册

120000－0342－0002849　2854
新刊續補文選纂注十二卷　(南朝梁)蕭統輯　(明)張鳳翼纂注　明萬曆八年(1580)刻本　十二册

120000－0342－0002850　2855
文選刪注十二卷　(南朝梁)蕭統輯　(明)王象乾刪訂　明萬曆刻本　十二册

120000－0342－0002851　2856
文選補遺四十卷　(宋)陳仁子輯　明茶陵東山書院刻本　十二册

120000－0342－0002852　2857
今古四六彙編十卷目録四卷　(明)游之光輯　明萬曆四十二年(1614)刻本　六册

120000－0342－0002853　2858
蘇門六君子文粹七十卷　(宋)陳亮編　明崇禎六年(1633)刻本　十二册

120000－0342－0002854　2859
唐文粹刪十卷宋文鑑刪十二卷元文類刪四卷　(明)張溥輯　明末刻本　八册

120000－0342－0002855　2860
古文淵鑒六十四卷　(清)徐乾學等編　清康

熙二十四年(1685)内府四色套印本　四十册

120000－0342－0002856　2861
兩漢文刪二十四卷　(明)崇元豫輯　清康熙十五年(1676)刻本　八册

120000－0342－0002857　2862
東萊先生古文關鍵二卷　(宋)吕祖謙輯　(宋)蔡文子注　(清)徐樹屏考異　清昆山冠山堂刻本　二册

120000－0342－0002858　2863
文選六十卷　(南朝梁)蕭統輯　(元)陳仁子輯　(明)何孟倫輯注　明嘉靖二十年(1541)刻本　十六册

120000－0342－0002859　2864
古文約選不分卷　(清)允禮輯　清雍正十一年(1733)北京果親王府刻本　二十册

120000－0342－0002860　2865
韓子粹言不分卷　(唐)韓愈撰　(清)李光地輯　清康熙五十二年(1713)刻本　一册

120000－0342－0002861　2866
韓文公文抄十六卷　(唐)韓愈撰　(明)茅坤評點　明末套印本　八册

120000－0342－0002862　2867
敦艮齋文稿不分卷　(清)□□撰　(清)徐詒孫選鈔　清抄本　六册

120000－0342－0002863　2868
集録真西山文章正宗三十卷　(宋)真德秀輯　明刻本　二十四册

120000－0342－0002864　2869
諸史品節四十卷後集八卷　(明)陳深輯　(明)陳翀之選輯　明萬曆二十一年(1593)刻本　十四册

120000－0342－0002865　2870
周文歸二十卷　(明)鍾惺選　(明)陳淏子輯　明崇禎刻本　十册

120000－0342－0002866　2871
焦氏筆乘六卷續集八卷　(明)焦竑撰　明萬曆三十四年(1606)刻本　十四册

120000－0342－0002867　2872
漢魏諸名家集二十一種一百二十四卷附一種八卷　(明)汪士賢輯　明萬曆十一年(1583)南城翁少麓刻本　二十七册　存十二種

120000－0342－0002868　2873
李義山文集十卷　(唐)李商隱撰　(清)徐樹穀箋　(清)徐炯注　清康熙四十七年(1708)昆山徐氏花谿草堂刻本　二册

120000－0342－0002869　2874
敦古堂擬古雜文三卷　(清)李舜臣撰　清山西敦古堂抄本　一册

120000－0342－0002870　2875
蘇長公小品四卷　(宋)蘇軾撰　(明)王納諫評選　明萬曆吴興淩啟康刻朱墨套印本　四册

120000－0342－0002871　2876
文苑英華選雋二十八卷　(明)傅振商輯　明崇禎六年(1633)刻本　二十册

120000－0342－0002872　2877
古文奇賞二十二卷　(明)陳仁錫輯　明刻本　十二册

120000－0342－0002873　2878
劉孟瞻先生遺文　(清)劉孟瞻撰　清抄本　一册

120000－0342－0002874　2879
陽明先生文録五卷外集九卷别録十卷　(明)王守仁撰　明嘉靖三十七年(1558)刻本　四册

120000－0342－0002875　2880
文致不分卷　(明)劉士鏻輯　(明)閔無頗　(明)閔昭明集評　明天啓元年(1621)吴興閔元衢刻朱墨套印本　八册

120000－0342－0002876　2881
容齋隨筆十六卷續筆十六卷三筆十六卷四筆十六卷五筆十卷　(宋)洪邁撰　明崇禎三年(1630)刻本　十四册

120000－0342－0002877　2882

茅鹿門集八卷 (明)茅坤撰 (清)張汝瑚編 清康熙二十一年(1682)郢雪書林刻本 八册

120000－0342－0002878 2883
嘯古堂文集八卷 (清)蔣敦復撰 清咸豐十年(1860)富春山麗農山人抄本 四册

120000－0342－0002879 2884
懷麓堂全集一百卷 (明)李東陽撰 清康熙二十年(1681)刻本 八册

120000－0342－0002880 2885
浮溪文粹十五卷附錄一卷 (宋)汪藻撰 明嘉靖九年(1530)刻本 二册

120000－0342－0002881 2886
困學紀聞二十卷 (宋)王應麟撰 (清)何焯評 清桐鄉汪垕桐華書塾刻本 六册

120000－0342－0002882 2887
蘇米志林三卷 (明)毛晉輯 明天啓五年(1625)毛氏綠君亭刻本 六册

120000－0342－0002883 2888
宋大家歐陽文忠公文鈔三十二卷 (宋)歐陽修撰 (明)茅坤編 明萬曆七年(1579)茅一桂刻八大家文抄本 十二册

120000－0342－0002884 2889
甲子會紀五卷 (明)薛應旂撰 (明)陳仁錫評 明蘇州刻本 二册

120000－0342－0002885 2890
夢溪筆談二十六卷補一卷 (宋)沈括撰 (明)商濬編 明萬曆會稽商氏半埜堂刻稗海本 四册

120000－0342－0002886 2891
天祿閣外史八卷 (漢)黄憲撰 明刻銅活字印本 二册

120000－0342－0002887 2892
翰海十二卷 (明)沈佳胤輯 明崇禎三年(1630)刻本 四册

120000－0342－0002888 2893
左繡三十卷 (清)馮李驊 (清)陸浩輯 清抄本 五册

120000－0342－0002889 2894
潛虚先生文集十四卷年譜一卷附災異記一卷 (清)戴名世著 (清)尤雲鶚編 清道光二十一年(1841)抄本 八册

120000－0342－0002890 2895
紫竹山房文集二十四卷 (清)陳兆崙撰 清抄本 三册

120000－0342－0002891 2896
丹鉛總錄二十七卷 (明)楊慎撰 (明)陸弼校訂 明萬曆十六年(1588)刻本 十册

120000－0342－0002892 2897
史説六卷 (清)李調元撰 清涂氏抄本 一册

120000－0342－0002893 2898
曝書亭集八十卷附録一卷 (清)朱彝尊撰
笛漁小稿十卷 (清)朱昆田撰 清康熙五十三年(1714)嘉興朱稻孫刻本 十六册

120000－0342－0002894 2899
小山類稿選二十卷張襄惠公輯略一卷 (明)張岳撰 明萬曆刻本 六册

120000－0342－0002895 2900
綿津山人詩集二十七卷附楓香詞一卷漫堂說詩一卷筠廊偶筆二卷 (清)宋犖撰 **緯蕭草堂詩三卷** (清)宋至撰 清康熙二十七年(1688)刻本 六册

120000－0342－0002896 2901
沈下賢文集十二卷 (唐)沈亞之撰 清抄本 四册

120000－0342－0002897 2902
翠娱閣評選鍾伯敬先生小品二卷 (明)鍾惺撰 (明)陸雲龍評釋 明崇禎六年(1633)錢塘陸雲龍刻皇明十六家小品本 二册

120000－0342－0002898 2903
欒城集五十卷後集二十四卷三集十卷應詔集十二卷 (宋)蘇轍撰 (明)張養正校 (明)聶紹昌編 明清夢軒刻本 二十八册

120000－0342－0002899　2904
錦帆集四卷去吴七牘一卷　（明）袁宏道撰　明萬曆三十七年（1609）吴縣袁氏書種堂刻本　二册

120000－0342－0002900　2905
曹子建集十卷　（三國魏）曹植撰　明刻本　四册

120000－0342－0002901　2906
由拳集二十三卷　（明）屠隆撰　明萬曆八年（1580）刻本　四册

120000－0342－0002902　2907
御製文第四集三十六卷總目四卷　（清）聖祖玄燁撰　清雍正十年（1732）内府刻本　十册

120000－0342－0002903　2908
羅鄂州小集五卷附録一卷　（宋）羅願撰　**羅郢州遺文一卷**　（宋）羅頌撰　明天啓六年（1626）刻本　四册

120000－0342－0002904　2909
王荆石先生批評柳文十二卷　（唐）柳宗元撰　明刻本　六册

120000－0342－0002905　2910
袁中郎先生批評唐伯虎匯集四卷紀事一卷傳贊一卷　（明）唐寅撰　（明）袁宏道評　明四美堂刻本　六册

120000－0342－0002906　2911
朱文公校昌黎先生文集四十卷外集十卷遺文一卷傳一卷　（唐）韓愈撰　（宋）朱熹考異　（宋）王伯大音釋　明萬曆三十三年（1605）芝蘭堂刻本　十六册

120000－0342－0002907　2912
鳥鼠山人小集十六卷　（明）胡纘宗撰　（明）馬驤等校　（明）歸仁編　明嘉靖三十三年（1554）刻本　六册

120000－0342－0002908　2913
九靈山房集三十卷補編二卷　（元）戴良撰　清乾隆三十七年（1772）戴氏傳經書屋刻本　五册

120000－0342－0002909　2914
賴古堂名賢尺牘新鈔十二卷二選藏弆集十六卷三選結鄰集十六卷　（清）高阜等選　（清）周在浚等鈔　清康熙元年（1662）周氏賴古堂刻本　八册

120000－0342－0002910　2915
尺牘類便類選四卷　（明）孫應瑞輯　舊抄本　八册

120000－0342－0002911　2916
弇州山人四部稿一百七十四卷目録十二卷　（明）王世貞撰　明萬曆五年（1577）王氏世經堂刻本　四十八册

120000－0342－0002912　2917
堯峰文鈔四十卷詩十卷　（清）汪琬撰　（清）林佶編　清康熙三十二年（1693）吴郡刻本　十六册

120000－0342－0002913　2918
徐文長文集三十卷四聲猿一卷　（明）徐渭撰　（明）袁宏道評點　明萬曆四十二年（1614）刻本　十六册

120000－0342－0002914　2919
徐侍郎集二卷　（唐）徐安貞撰　清常熟瞿氏抄本　一册

120000－0342－0002915　2920
何大復先生集三十八卷附録一卷　（明）何景明撰　（明）何源洙等校　明萬曆五年（1577）陳堂胡秉性刻本　二十册

120000－0342－0002916　2921
何大復先生集三十八卷附録一卷　（明）何景明撰　明刻本　八册

120000－0342－0002917　2922
尺牘清裁六十卷補遺一卷　（明）王世貞輯　明刻本　八册

120000－0342－0002918　2923
繡像京本雲合奇踪玉茗英烈全傳十卷八十回　（明）徐渭撰　清刻本　十册

120000－0342－0002919　2924

丹崖集八卷附錄一卷　(明)唐肅撰　清刻本　二册

120000－0342－0002920　2925
孟子雜記四卷　(明)陳士元輯　清刻本　二册

120000－0342－0002921　2926
元文類七十卷目録三卷　(元)蘇天爵輯　明崇禎修德堂刻本　十六册

120000－0342－0002922　2927
淮海集四十卷後集六卷長短句三卷　(宋)秦觀撰　明萬曆四十六年(1618)杭州刻本　八册

120000－0342－0002923　2928
翠娱閣評選行笈必攜　(明)陸雲龍輯　明崇禎刻本　三册　存二種

120000－0342－0002924　2929
甌香館集十二卷補遺二卷首一卷附録一卷　(清)惲格撰　(清)蔣光煦編　清道光二十年(1840)海寧蔣氏別下齋抄本　八册

120000－0342－0002925　2930
古文鈔十六卷　(明)吴承光輯　明萬曆六年(1578)刻本　十六册

120000－0342－0002926　2931
情史類略二十四卷　(明)馮夢龍輯　清刻本　十册

120000－0342－0002927　2932
悦心集四卷　(清)世宗胤禛輯　清刻本　四册

120000－0342－0002928　2933
何文定公文集十一卷　(明)何瑭撰　明萬曆四年(1576)咸寧刻本　八册

120000－0342－0002929　2934
太史升菴文集八十一卷　(明)楊慎撰　明萬曆十年(1582)刻本　二十八册

120000－0342－0002930　2935
江文通集四卷　(南朝梁)江淹撰　(清)梁賓輯　清乾隆二十四年(1759)考城安愚堂刻本　二册

120000－0342－0002931　2936
類箋唐王右丞詩集十卷文集四卷集外編一卷　(唐)王維撰　(明)顧起經輯　**年譜一卷**　(明)顧起經撰　**唐諸家同咏集一卷贈題集一卷歷朝諸家評王右丞詩畫鈔一卷**　(明)顧起經輯　明嘉靖三十五年(1556)無錫顧氏奇字齋刻本　八册

120000－0342－0002932　2937
梅溪先生文集二十卷　(宋)王十朋撰　(宋)何瀠校　(宋)周世則注　清抄本　四册

120000－0342－0002933　2938
新鐫玉茗堂批評按鑑參補出像南宋志傳十卷北宋志傳十卷　題(明)熊大木撰　(明)研石山樵訂正　(明)織里畸人校閱　清刻本　二十册

120000－0342－0002934　2939
六十種曲　(明)毛晉輯　明虞山毛氏汲古閣刻本　六册　存二種

120000－0342－0002935　2940
惺齋新曲五種續編一種　(清)夏綸撰　(清)徐夢元評　清乾隆十八年(1753)錢塘夏氏世光堂刻本　二册　存三種

120000－0342－0002936　2941
沈蕢漁四種曲八卷　(清)沈起鳳撰　清古香林刻本　七册

120000－0342－0002937　2942
貫華堂第六才子書西厢記八卷　(元)王實甫　(元)關漢卿撰　(清)金人瑞批點　清貫華堂刻本　八册

120000－0342－0002938　2943
古樂書二卷　(清)應撝謙撰　清劉氏遠碧樓抄本　二册

120000－0342－0002939　2944
周易鄭氏注一卷　(漢)鄭玄撰　(宋)王應麟輯　**周易鄭氏義一卷**　(清)張惠言撰　清嘉慶三年(1798)抄本　一册

120000－0342－0002940　2945

世説新語三卷　(南朝宋)劉義慶撰　(南朝梁)劉孝標注　**世説新語補四卷**　(明)何良俊撰　(明)王世貞删定　明吴興淩濛初刻本　十二册

120000－0342－0002941　2946

新編批評後七國樂田演義十八回　(清)徐震撰　清衢州聚秀堂刻本　八册

120000－0342－0002942　2947

映旭齋增訂北宋三遂平妖全傳十八卷四十回　(明)羅本撰　(明)馮夢龍補　清敬書堂刻本　四册

120000－0342－0002943　2948

新刻忠義水滸傳八卷一百十五回　(元)施耐庵撰　清刻本　六册

120000－0342－0002944　2949

第一才子書古本三國志六十卷一百二十回　(明)羅本撰　(清)毛宗崗評　清貫華堂刻本　二十四册

120000－0342－0002945　2950

智囊二十八卷　(明)馮夢龍輯　明刻本　十册

120000－0342－0002946　2951

智囊補二十八卷　(明)馮夢龍輯　清刻本　十册

120000－0342－0002947　2952

楊園先生未刻稿十二卷　(清)張履祥撰　(清)陳敬璋輯　清咸豐六年(1856)徐椿信抄本　四册

120000－0342－0002948　2953

世説新語八卷　(南朝宋)劉義慶撰　(南朝梁)劉孝標注　(宋)劉辰翁　(明)劉應登　(明)王世懋評　明萬曆九年(1581)吴興淩濛初刻四色套印本　八册

120000－0342－0002949　2954

世説新語八卷　(南朝宋)劉義慶撰　(南朝梁)劉孝標注　(宋)劉辰翁　(明)劉應登　(明)王世懋評　明萬曆八年(1580)吴興淩濛初刻本　四册

120000－0342－0002950　2955

世説新語六卷　(南朝宋)劉義慶撰　(南朝梁)劉孝標注　(宋)劉辰翁　(明)劉應登　(明)王世懋評　明萬曆八年(1580)吴興淩濛初刻本　六册

120000－0342－0002951　2956

臺灣外記三十卷　(清)江日昇撰　清康熙四十三年(1704)珠浦江氏求無不獲齋木活字印本　六册

120000－0342－0002952　2957

今古奇觀四十卷　題(明)抱甕老人輯　清同文堂刻本　十六册

120000－0342－0002953　2958

齊東野語二十卷　(宋)周密撰　明刻本　四册

120000－0342－0002954　2959

祖英集二卷　(宋)釋重顯撰　(清)法式善編　清鶴賓鈔宋元人詩集本　一册

120000－0342－0002955　2960

映雪齋筆記六卷　(清)承綬撰　清光緒四年(1878)承綬抄本　三册

120000－0342－0002956　2961

三水小牘二卷　(唐)皇甫枚撰　清乾隆五十七年(1792)授經圖屋抄本　二册

120000－0342－0002957　2962

玉茗堂還魂記二卷　(明)湯顯祖撰　清乾隆五十年(1785)冰絲館刻本　六册

120000－0342－0002958　2963

秣陵春傳奇二卷　(清)吴偉業撰　清初振古堂刻本　四册

120000－0342－0002959　2964

新刻出像點板時尚崑腔雜曲醉怡情八卷　(清)菰蘆釣叟點次　清古吴致和堂刻本　十册

120000－0342－0002960　2965

石榴記傳奇四卷　(清)黃振撰　清乾隆三十七年(1772)如皋柴灣村舍刻本　六冊

120000－0342－0002961　2966
新刻鍾伯敬先生批評封神演義十九卷一百回　(明)陸西星撰　(明)鍾惺評　清康熙三十四年(1695)四雪草堂刻本　二十冊

120000－0342－0002962　2967
南宋群賢小集　(宋)陳起輯　清嘉慶六年(1801)石門顧氏讀畫齋刻本　三十二冊

120000－0342－0002963　2968
納書楹曲譜正集四卷續集四卷補遺四卷外集二卷玉茗堂四夢曲譜八卷　(清)葉堂撰　清乾隆五十七年至五十九年(1792－1794)蘇州葉氏納書楹刻本　八冊

120000－0342－0002964　2969
楚辭十七卷附錄一卷　(漢)王逸注　(明)陳深批點　明吴興淩毓枏套印本　四冊

120000－0342－0002965　2970
新鐫古今大雅南宮詞紀六卷北宮詞紀六卷　(明)陳所聞輯　明萬曆三十二年(1604)金陵陳氏繼志齋刻本　八冊

120000－0342－0002966　2971
新鐫古今大雅南宮詞紀六卷北宮詞紀六卷　(明)陳所聞輯　明萬曆三十二年(1604)金陵陳氏繼志齋刻本　十二冊

120000－0342－0002967　2972
笠翁傳奇十種　(清)李漁撰　清康熙刻本　二十冊

120000－0342－0002968　2973
孫月峰先生評文選三十卷　(南朝梁)蕭統輯　(明)孫鑛評　(明)閔齊華注　明天啟浙江烏程閔氏刻朱墨套印本　十六冊

120000－0342－0002969　2974
桂苑筆耕集二十卷　(唐)崔致遠撰　清抄本　四冊

120000－0342－0002970　2975
醴陵集十卷　(南朝梁)江淹撰　清乾隆二十年(1755)群雅堂刻本　四冊

120000－0342－0002971　2976
曹子建集十卷　(三國魏)曹植撰　(明)李夢陽　(明)王世貞等評　明天啓元年(1621)吳興淩性德套印本　六冊

120000－0342－0002972　2977
李文饒文集二十卷別集十卷外集四卷　(唐)李德裕撰　(明)韓敬評點　明天啓四年(1624)刻本　八冊

120000－0342－0002973　2978
韋齋集十二卷　(宋)朱松撰　**玉瀾集一卷**　(宋)朱槔撰　清抄本　四冊

120000－0342－0002974　2979
周益公全集二百零八卷　(宋)周必大撰　清抄本　六冊

120000－0342－0002975　2980
重刻黃文節山谷先生文集三十卷　(宋)黃庭堅撰　明萬曆振鄴堂遞修本　十冊

120000－0342－0002976　2981
檀園集十二卷　(明)李流芳撰　清康熙二十八年(1689)嘉定陸氏刻本　六冊

120000－0342－0002977　2982
重編東坡先生外集八十六卷年譜一卷　(宋)蘇軾撰　明萬曆三十六年(1608)康丕揚刻本　十二冊

120000－0342－0002978　2983
梓溪文鈔内集八卷外集十卷　(明)舒芬撰　明萬曆四十八年(1620)杭州舒瑑刻本　十冊

120000－0342－0002979　2984
唐黃御史集八卷附録一卷　(唐)黃滔撰　明崇禎十一年(1638)刻本　四冊

120000－0342－0002980　2985
井福堂文稿十卷　(清)汪學金撰　清嘉慶十年(1805)刻本　十冊

120000－0342－0002981　2986
魯公文集十五卷　(唐)顏真卿撰　明萬曆二十四年(1596)刻本　六冊

120000－0342－0002982　2987
梁昭明太子文集五卷　(南朝梁)蕭統撰　清抄本　一冊

120000－0342－0002983　2988
陸士衡集十卷　(晉)陸機撰　明刻漢魏諸名家集本　二冊

120000－0342－0002984　2989
南雷文定十一卷後集四卷附録一卷　(清)黄宗羲撰　清康熙刻本　十冊

120000－0342－0002985　2990
學箕初稿二卷　(清)黄百家撰　清康熙箭山鐵鐙軒刻本　一冊

120000－0342－0002986　2991
南雷文案十卷外集一卷詩曆三卷　(清)黄宗羲撰　清康熙刻本　七冊

120000－0342－0002987　2992
南雷文定五集四卷　(清)黄宗羲撰　清乾隆二十六年(1761)刻本　二冊

120000－0342－0002988　2993
元白長慶集二種一百四十一卷　(明)馬元調輯　明萬曆松江馬氏刻本　二十冊

120000－0342－0002989　2994
集千家注杜工部詩集二十卷文集二卷附録一卷　(唐)杜甫撰　(宋)黄鶴補注　明嘉靖十五年(1536)玉几山人刻本　二十二冊

120000－0342－0002990　2995
范忠宣公文集二十卷　(宋)范純仁撰　明嘉靖刻本　五冊

120000－0342－0002991　2996
弇州山人四部稿選十六卷　(明)王世貞撰　(明)沈一貫輯　明刻本　六冊

120000－0342－0002992　2997
蘇文忠公海外集二十二卷　(宋)蘇軾撰　樊庶編註　清康熙四十五年(1706)樊氏得樹軒刻本　十六冊

120000－0342－0002993　2998
蘇學士文集十六卷　(宋)蘇舜欽撰　清康熙三十八年(1699)徐惇孝、徐惇復白華書屋刻本　四冊

120000－0342－0002994　2999
劉文烈公全集十二卷　(明)劉理順撰　清康熙四十六年(1707)覺于軒刻本　六冊

120000－0342－0002995　3000
白沙子八卷　(明)陳獻章撰　明嘉靖十二年(1533)刻本　八冊

120000－0342－0002996　3001
河東先生集四十五卷外集二卷龍城録二卷附録二卷傳一卷　(唐)柳宗元撰　(宋)廖瑩中校　明刻濟美堂本　二十冊

120000－0342－0002997　3002
新刻臨川王介甫先生詩文集一百卷目録二卷　(宋)王安石撰　明萬曆四十年(1612)金陵王鳳翔光啓堂刻本　二十冊

120000－0342－0002998　3003
昌黎先生集四十卷外集十卷遺文一卷朱子校昌黎先生集傳一卷　(唐)韓愈撰　(唐)李漢編　(宋)廖瑩中校　明萬曆徐氏東雅堂刻本　十二冊

120000－0342－0002999　3004
集千家注杜工部詩集二十卷文集二卷附録一卷　(唐)杜甫撰　(宋)黄鶴補注　明嘉靖十五年(1536)玉几山人刻本　八冊

120000－0342－0003000　3005
蘇老泉先生全集十六卷　(宋)蘇洵撰　明刻本　四冊

120000－0342－0003001　3006
滄溟先生集三十卷附録一卷　(明)李攀龍撰　(明)張弘道校　明刻本　十二冊

120000－0342－0003002　3007
宋王黄州小畜集三十卷　(宋)王禹偁撰　清乾隆二十五年(1760)趙氏愛日堂刻本　十冊

120000－0342－0003003　3008
昌黎先生集四十卷外集十卷遺文一卷朱子校昌黎先生集傳一卷　(唐)韓愈撰　(唐)李漢

編　(宋)廖瑩中校　明萬曆徐氏東雅堂刻本　三十二册

120000－0342－0003004　3009
淮海集四十卷後集六卷長短句三卷詩餘一卷　(宋)秦觀撰　明刻本　十二册

120000－0342－0003005　3010
安陽集五十卷家傳十卷别録三卷遺事一卷　(宋)韓琦撰　清康熙五十六年(1717)刻本　十六册

120000－0342－0003006　3011
戰國策十二卷元本目録一卷　(明)閔齊伋裁注　明萬曆四十八年(1620)吴興閔齊伋三色套印本　八册

120000－0342－0003007　3012
空同集六十三卷　(明)李夢陽撰　明嘉靖三十一年(1552)刻本　二十四册

120000－0342－0003008　3013
南豐先生元豐類藁五十卷續附一卷　(宋)曾鞏撰　明萬曆二十五年(1597)刻本　十二册

120000－0342－0003009　3014
南豐先生元豐類藁五十卷續附一卷　(宋)曾鞏撰　明萬曆二十五年(1597)刻本　二十册

120000－0342－0003010　3015
諸儒唐書詳節六十卷　(宋)吕祖謙輯　明正德十一年(1516)慎獨齋刻十七史詳節本　十八册

120000－0342－0003011　3016
國語二十一卷　(春秋)左丘明撰　(三國吴)韋昭注　(宋)宋庠補音　(明)穆文熙纂　明萬曆刻本　十册

120000－0342－0003012　3017
國語二十一卷　(春秋)左丘明撰　(三國吴)韋昭注　(宋)宋庠補音　(明)穆文熙纂　明嘉靖七年(1528)金李澤遠堂刻本　六册

120000－0342－0003013　3018
嚴太僕先生集十二卷　(清)嚴虞惇撰　清乾隆元年(1736)嚴有禧繩武堂刻本　四册

120000－0342－0003014　3019
孫尚書内簡尺牘編注十卷　(宋)孫覿撰　(宋)李祖堯注　明萬曆八年(1580)廬州葉逢春刻本　三册

120000－0342－0003015　3020
元史二百十卷目録二卷　(明)宋濂等撰　(清)何紹基批校　明萬曆二十三年至三十四年(1595－1606)北京國子監刻二十一史本　十九册

120000－0342－0003016　3021
牧齋初學集一百十卷　(明)錢謙益撰　明崇禎十七年(1644)刻本　二十四册

120000－0342－0003017　3022
白雲村文集四卷卧象山房詩正集七卷　(清)李澄中撰　清康熙四十四年(1705)刻本　四册

120000－0342－0003018　3023
憺園文集三十六卷　(清)徐乾學撰　清康熙三十六年(1697)冠山堂刻本　十四册

120000－0342－0003019　3024
陽明先生文録五卷外集九卷别録十四卷　(明)王守仁撰　明嘉靖三十六年(1557)蕭氏古翰樓刻本　八册

120000－0342－0003020　3025
鹿門先生批點漢書九十三卷　(明)茅坤批點　明崇禎八年(1635)刻本　二十册

120000－0342－0003021　3026
象山先生全集三十六卷　(宋)陸九淵撰　明萬曆八年(1580)刻本　六册

120000－0342－0003022　3027
漢書評林一百卷　(漢)班固撰　(明)淩稚隆輯　明萬曆九年(1581)雲林積秀堂刻本　四十八册

120000－0342－0003023　3028
唐陸宣公集二十二卷　(唐)陸贄撰　明弘治十七年(1504)刻本　十六册

120000－0342－0003024　3029

王文恪公集三十六卷名公筆記一卷 (明)王鏊撰 **鶡音一卷白社詩草一卷** (明)王禹聲撰 明萬曆王氏三槐堂刻本 八册

120000－0342－0003025 3030
王文恪公集三十六卷名公筆記一卷 (明)王鏊撰 **鶡音一卷白社詩草一卷** (明)王禹聲撰 明萬曆王氏三槐堂刻本 八册

120000－0342－0003026 3031
王文恪公集三十六卷名公筆記一卷 (明)王鏊撰 **鶡音一卷白社詩草一卷** (明)王禹聲撰 明萬曆王氏三槐堂刻本 四册

120000－0342－0003027 3032
王文恪公集三十六卷名公筆記一卷 (明)王鏊撰 **鶡音一卷白社詩草一卷** (明)王禹聲撰 明萬曆王氏三槐堂刻本 二十册

120000－0342－0003028 3033
明季編年十二卷 (明)鍾惺撰 (清)王汝南補 清順治十七年(1660)刻本 十二册

120000－0342－0003029 3034
史記一百三十卷 (漢)司馬遷撰 (南朝宋)裴駰集解 (唐)司馬貞索隱 (唐)張守節正義 明嘉靖八年至九年(1529－1530)南京國子監刻本 三十册

120000－0342－0003030 3035
少微通鑑節要五十卷外紀四卷 (宋)江贄撰 **資治通鑑節要續編三十卷** (明)張光啓撰 明正德九年(1514)司禮監刻本 四十册

120000－0342－0003031 3036
竹書紀年二卷 (南朝梁)沈約注 明四明范氏天一閣刻范氏奇書本 二册

120000－0342－0003032 3037
史通二十卷 (唐)劉知幾撰 (明)李維楨評 (明)郭孔延評釋 明刻本 五册

120000－0342－0003033 3038
班馬異同三十五卷 (宋)倪思撰 (宋)劉辰翁評 明小築刻本 八册

120000－0342－0003034 3039
春秋直解十五卷 (明)郝敬撰 明萬曆四十三年至四十七年(1615－1619)抄郝氏九經解本 四册

120000－0342－0003035 3040
續資治通鑑綱目二十七卷 (明)商輅等撰 (明)周德恭發明 (明)張時泰廣義 明嘉靖七年(1528)書林宗文堂刻本 十二册

120000－0342－0003036 3041
春秋旁訓四卷 (□)□□撰 明刻本 二册

120000－0342－0003037 3042
今言四卷 (明)鄭曉撰 明嘉靖四十五年(1566)嘉興項篤壽刻本 八册

120000－0342－0003038 3043
春秋經傳集解三十卷 (春秋)左丘明撰 (晉)杜預注 明刻本 十二册

120000－0342－0003039 3044
續資治通鑑六十四卷 (明)王宗沐撰 明隆慶五年(1571)刻本 二十四册

120000－0342－0003040 3045
通志堂經解一百四十種一千八百六十卷 (清)納蘭成德輯 清康熙十九年(1680)通志堂刻本 三十四册 存九種

120000－0342－0003041 3046
史記評林一百三十卷 (明)淩稚隆輯 明萬曆二年至四年(1574－1576)吳興淩氏刻本 四十册

120000－0342－0003042 3047
少微通鑑節要五十卷外紀四卷 (宋)江贄撰 明正德九年(1514)司禮監刻本 二十册

120000－0342－0003043 3048
新鍥鄭孩如先生精選史記旁訓便讀八卷 (明)鄭維嶽輯 明萬曆二十七年(1599)福建楊氏同仁齋刻本 四册

120000－0342－0003044 3049
宋書一百卷 (南朝梁)沈約撰 明萬曆二十二年(1594)南京國子監刻清順治、康熙遞修本 四册

120000－0342－0003045　3050
周官禄田考三卷　(清)沈彤撰　清乾隆十六年(1751)果堂刻本　三册

120000－0342－0003046　3051
史記一百三十卷　(漢)司馬遷撰　(南朝宋)裴駰集解　(唐)司馬貞索隱　(唐)張守節正義　(明)徐孚遠　(明)陳子龍測議　明崇禎十三年(1640)蘇州吳門童湧泉刻本　二十四册

120000－0342－0003047　3052
日講春秋解義六十四卷總説一卷　(清)李光地等講稿　(清)張廷玉等撰　清乾隆二年(1737)内府刻本　三十三册

120000－0342－0003048　3053
欽定春秋傳説匯纂三十八卷首二卷　(清)王掞等撰　清康熙六十年(1721)内府刻本　二十四册

120000－0342－0003049　3054
南唐書十八卷　(宋)陸游撰　明常熟毛氏汲古閣刻陸放翁全集本　六册

120000－0342－0003050　3055
春秋衡庫三十卷附録三卷備録一卷　(明)馮夢龍撰　明天啓五年(1625)閶門葉昆池刻本　八册

120000－0342－0003051　3056
通鑑直解二十八卷　(明)張居正撰　(明)高兆麟重訂　明崇禎四年(1631)蘇州陳長卿刻本　八册

120000－0342－0003052　3057
宋書一百卷　(南朝梁)沈約撰　宋刻宋元明遞修本　四册

120000－0342－0003053　3058
尚書二卷　(漢)孔安國撰　明刻本　二册

120000－0342－0003054　3059
建文書法儗前編一卷正編二卷附編二卷　(明)朱鷺撰　明萬曆四十三年(1615)刻本　二册

120000－0342－0003055　3060
崇禎朝紀略四卷　(明)李遜之撰　清鈔明季野史匯編本　四册

120000－0342－0003056　3061
御批資治通鑑綱目正編五十九卷首一卷　(宋)朱熹撰　**前編十八卷舉要三卷**　(元)金履祥撰　**續編二十七卷**　(明)商輅等撰　清康熙四十六年(1707)内府刻本　四十册

120000－0342－0003057　3062
陸狀元增節音注精議資治通鑑一百二十卷目録三卷首一卷　(宋)陸唐老集注　明常熟毛氏汲古閣刻本　四十册

120000－0342－0003058　3063
春秋左傳十五卷　(春秋)左丘明撰　(明)孫鑛批點　明萬曆四十四年(1616)吳興閔齊伋刻朱墨套印本　二十册

120000－0342－0003059　3064
東都事略一百三十卷　(宋)王偁撰　清乾隆六十年(1795)南沙席世臣掃葉山房刻本　十六册

120000－0342－0003060　3065
契丹國志二十七卷　(宋)葉隆禮撰　清嘉慶二年(1797)南沙席世臣掃葉山房刻本　二册

120000－0342－0003061　3066
大金國志四十卷　(宋)宇文懋昭撰　清嘉慶二年(1797)南沙席世臣掃葉山房刻本　二册

120000－0342－0003062　3067
南宋書六十八卷　(明)錢士升撰　清嘉慶二年(1797)南沙席世臣掃葉山房刻本　十二册

120000－0342－0003063　3068
元史類編四十二卷　(清)邵遠平撰　清乾隆六十年(1795)南沙席世臣掃葉山房刻本　二十册

120000－0342－0003064　3069
晉書一百三十卷　(唐)房玄齡等撰　(唐)何超音義　明萬曆六年(1578)刻本　二十一册

120000－0342－0003065　3070

辛巳泣蘄録一卷　（宋）趙與褣撰　清鈔逸野堂藏本史類本　二冊

120000－0342－0003066　3071
繹史一百六十卷　（清）馬驌撰　清康熙九年（1670）刻本　八十冊

120000－0342－0003067　3072
前漢書一百卷　（漢）班固撰　（唐）顔師古注　明嘉靖八年（1529）刻清康熙二十五年（1686）重修本　二十冊

120000－0342－0003068　3073
宋元資治通鑑六十四卷　（明）王宗沐撰　明萬曆刻本　十六冊

120000－0342－0003069　3074
宋元通鑑一百五十七卷　（明）薛應旂撰　（明）陳仁錫評　明天啓六年（1626）刻本　二十冊

120000－0342－0003070　3075
春秋經傳集解三十卷　（春秋）左丘明撰　（晉）杜預注　明刻本　二十八冊

120000－0342－0003071　3076
中吴紀聞六卷　（宋）龔明之撰　明毛氏汲古閣刻本　六冊

120000－0342－0003072　3077
齊民要術十卷雜説一卷　（北魏）賈思勰撰　明刻本　四冊

120000－0342－0003073　3078
康熙靈壽縣志十卷　（清）陸隴其纂修　清康熙二十五年（1686）刻本　四冊

120000－0342－0003074　3079
崇禎泰州志十卷　（明）李自滋　（明）劉萬春纂修　舊抄本　十六冊

120000－0342－0003075　3080
禹貢錐指二十卷圖一卷　（清）胡渭撰　清康熙四十四年（1705）漱六軒刻本　十二冊

120000－0342－0003076　3081
［乾隆］祁縣志十六卷　（清）陳時纂修　清乾隆四十六年（1781）刻本　八冊

120000－0342－0003077　3082
［乾隆］洛陽縣志二十四卷　（清）龔崧林修　（清）汪堅等纂　清乾隆十年（1745）刻本　二十冊

120000－0342－0003078　3083
［乾隆］汾州府志三十四卷　（清）孫和相修　（清）戴震纂　清乾隆三十六年（1771）刻本　十六冊

120000－0342－0003079　3084
［嘉靖］興濟縣志二卷　（明）蕭蕃修　（明）鄭孝纂　明嘉靖三十九年（1560）抄本　二冊

120000－0342－0003080　3085
通鑑地理通釋十四卷　（宋）王應麟撰　元刻明正德、萬曆遞修本　四冊

120000－0342－0003081　3086
靖逆記六卷　（清）盛大士撰　清嘉慶抄本　二冊

120000－0342－0003082　3087
南來志一卷北歸志一卷　（清）王士禛撰　（清）悔堂老人編　清堂手抄本　一冊

120000－0342－0003083　3088
西域聞見錄八卷　（清）椿園撰　清抄本　一冊

120000－0342－0003084　3089
［乾隆］永清縣志二十五卷文徵五卷　（清）周震榮修　（清）章學誠等纂　清乾隆四十四年（1779）刻本　四冊

120000－0342－0003085　3090
弇州史料前集三十卷後集七十卷　（明）王世貞撰　（明）董福表編　明萬曆四十二年（1614）刻本　十冊

120000－0342－0003086　3091
［乾隆］廣靈縣志十卷　（清）郭磊纂修　清乾隆十九年（1754）刻本　四冊

120000－0342－0003087　3092
［乾隆］貴州通志三十六卷　（清）張廣泗修　（清）靖道謨纂　清乾隆六年（1741）刻本　三

十二册

120000－0342－0003088　3093
事類賦三十卷　（宋）吴淑撰並注　明無錫劍光閣崇正書院刻本　四册

120000－0342－0003089　3094
南江文鈔十二卷札記四卷　（清）邵晉涵撰　清嘉慶八年（1803）面水層軒刻本　六册

120000－0342－0003090　3095
博物典彙二十卷　（明）黄道周撰　明崇禎八年（1635）刻本　十二册

120000－0342－0003091　3096
增訂二三場羣書備考四卷　（明）袁黄撰　（明）袁儼注　（明）沈昌世增訂　明崇禎五年（1632）刻本　四册

120000－0342－0003092　3097
增訂二三場羣書備考四卷　（明）袁黄撰　（明）袁儼注　（明）沈昌世增訂　明崇禎十五年（1642）刻本　四册

120000－0342－0003093　3098
月令廣義二十四卷首一卷　（明）馮應京輯　（明）戴任增釋　明萬曆三十年（1602）刻本　十六册

120000－0342－0003094　3099
山東運河備覽十二卷　（清）陸燿纂　清乾隆四十一年（1776）切問齋刻本　六册

120000－0342－0003095　3100
［乾隆］掖縣志八卷　（清）張思勉修　（清）于始瞻纂　清乾隆二十三年（1758）刻本　八册

120000－0342－0003096　3101
［乾隆］曲阜縣志一百卷　（清）潘相纂修　清乾隆三十九年（1774）聖化堂刻本　十二册

120000－0342－0003097　3102
［乾隆］直隸通州志二十二卷　（清）王繼祖修　（清）夏之蓉纂　清乾隆二十年（1755）刻本　四十册

120000－0342－0003098　3103
［乾隆］歷城縣志五十卷　（清）胡德琳修　（清）李文藻纂　清乾隆三十八年（1773）刻本　十六册

120000－0342－0003099　3104
初學記三十卷　（唐）徐堅等撰　明萬曆二十六年（1598）揚州刻本　二十四册

120000－0342－0003100　3105
新刊唐荆川先生稗編一百二十卷目録三卷　（明）唐順之輯　明萬曆九年（1581）茅一相文霞閣刻本　四十册

120000－0342－0003101　3106
山堂肆考二百四十卷　（明）彭大翼撰　明萬曆四十七年（1619）南京梅墅石渠閣重修本　七十二册

120000－0342－0003102　3107
唐類函二百卷目録二卷　（明）俞安期輯　明萬曆三十一年（1603）刻本　四十册

120000－0342－0003103　3108
古逸書三十卷首一卷末一卷　（明）潘基慶輯　明刻本　十四册

120000－0342－0003104　3109
廣博物志五十卷　（明）董斯張輯　明萬曆四十三年（1615）高暉堂刻本　二十四册

120000－0342－0003105　3110
三經評注三種　（明）閔齊伋輯　明萬曆四十四年（1616）吴興閔氏朱墨套印本　二册　存二種

120000－0342－0003106　3111
亭林遺書十種　（清）顧炎武撰　清康熙吴江潘氏遂初堂刻本　六册

120000－0342－0003107　3112
躋新堂集七種二十三卷附一種四卷　（明）喬中和撰　明崇禎九年（1636）刻本　三册

120000－0342－0003108　3113
東萊吕太史文集十五卷别集十六卷外集五卷附録三卷附録拾遺一卷　（宋）吕祖謙撰　**麗澤論説集録十卷**　（宋）吕祖儉輯　明遞修本

四冊

120000－0342－0003109　3114

真珠船二十卷　(明)黄焜輯　明刻本　二十四冊

120000－0342－0003110　3115

果堂全集六種十九卷　(清)沈彤撰　清乾隆十七年(1752)沈氏果堂刻本　五冊

120000－0342－0003111　3116

名句文身表異録二十卷　(明)王志堅撰　清康熙四十七年(1708)漱六閣刻本　二冊

120000－0342－0003112　3117

陶山集十六卷　(宋)陸佃撰　清刻本　四冊

120000－0342－0003113　3118

陸放翁全集六種一百五十七卷　(宋)陸游撰　清常熟虞山張氏詩禮堂刻本　五十冊

120000－0342－0003114　3119

新編古今事文類聚前集六十卷後集五十卷續集二十八卷别集三十二卷遺集十五卷　(宋)祝穆輯　**新集三十六卷外集十五卷**　(元)富大用輯　明萬曆三十二年(1604)唐富春德壽堂刻本　七十二冊

120000－0342－0003115　3120

臣鑑録二十卷　(清)蔣伊編輯　清康熙十四年(1675)刻本　十冊

120000－0342－0003116　3121

司馬文正公傳家集八十卷目録二卷年譜一卷附録一卷　(宋)司馬光撰　(清)陳弘謀輯　清乾隆六年(1741)陳氏培遠堂刻本　二十四冊

120000－0342－0003117　3122

盱江先生全集三十七卷外集三卷年譜一卷　(宋)李覯撰　清雍正五年(1727)刻本　八冊

120000－0342－0003118　3123

范忠貞公文集五卷首一卷　(清)范承謨撰　清康熙四十七年(1708)刻本　四冊

120000－0342－0003119　3124

邵子湘全集三十卷邵氏家録二卷　(清)邵長蘅撰　清康熙三十四年(1695)青門草堂刻本　十二冊

120000－0342－0003120　3125

白雲集四卷首一卷　(元)許謙撰　清雍正十年(1732)刻本　六冊

120000－0342－0003121　3126

仁山金先生金文安公文集五卷　(元)金履祥撰　清雍正九年(1731)刻本　二冊

120000－0342－0003122　3127

衍慶録十卷　(清)愛必達輯　清乾隆十一年(1746)刻本　二冊

120000－0342－0003123　3128

白雲先生許文懿公傳集四卷附録一卷　(元)許謙撰　清雍正十年(1732)婺源東藕塘賢祠義學刻本　二冊

120000－0342－0003124　3129

蘇老泉先生全集二十卷附録二卷　(宋)蘇洵撰　(宋)沈斐輯　清康熙三十七年(1698)邵仁泓安樂居刻本　八冊

120000－0342－0003125　3130

亭林遺書十種　(清)顧炎武撰　清康熙吴江潘氏遂初堂刻本　六冊

120000－0342－0003126　3131

白沙子全集十卷附古詩教解二卷附録一卷首一卷末一卷　(明)陳獻章撰　清乾隆三十四年(1769)碧玉樓刻本　十冊

120000－0342－0003127　3132

曾文定公全集二十卷首一卷末一卷　(宋)曾鞏撰　清康熙三十二年(1693)刻本　二十二冊

120000－0342－0003128　3133

蜀碧四卷附記一卷　(清)彭遵泗撰　清刻本　二冊

120000－0342－0003129　3134

史記論文一百三十卷　(漢)司馬遷撰　(清)吴見思評點　清康熙四十五年(1706)尺木堂刻本　十二冊

120000－0342－0003130　3135
歷代名儒傳八卷　(清)朱軾　(清)蔡世遠輯　清雍正七年(1729)刻本　八册

120000－0342－0003131　3136
京畿金石考二卷　(清)孫星衍撰　清乾隆五十七年(1792)抱芳閣木活字本　二册

120000－0342－0003132　3137
歷代名媛齒譜三卷　(清)易宗涒輯　清乾隆六十年(1795)賜書堂刻本　三册

120000－0342－0003133　3138
歷代名賢齒譜九卷　(清)易宗涒輯　清雍正三年(1725)賜書堂刻本　十七册

120000－0342－0003134　3139
戰國策三十三卷　(漢)高誘注　清乾隆二十一年至二十五年(1756－1760)德州盧氏雅雨堂刻雅雨堂叢書本　十册

120000－0342－0003135　3140
尚友錄二十二卷　(明)廖用賢編　清雍正四年(1726)三瑞堂刻本　十二册

120000－0342－0003136　3141
雍正上諭不分卷　(清)世宗胤禛撰　清乾隆刻本　二十四册

120000－0342－0003137　3142
新刻天傭子全集十卷　(明)艾南英撰　清康熙三十八年(1699)刻本　十册

120000－0342－0003138　3143
唐賢三昧集三卷　(清)王士禛輯　(清)吳煊　(清)胡棠箋注　清乾隆五十二年(1787)聽雨齋刻本　三册

120000－0342－0003139　3144
日知録三十二卷　(清)顧炎武撰　清康熙三十四年(1695)潘耒遂初堂刻本　十册

120000－0342－0003140　3145
愛日堂文集八卷詩集二卷外集一卷　(清)孫宗彝撰　清乾隆三十五年(1770)刻本　六册

120000－0342－0003141　3146
宛陵先生文集六十卷拾遺一卷　(宋)梅堯臣撰　清康熙四十一年(1702)白華書屋刻本　十六册

120000－0342－0003142　3147
五朝名家七律英華三十六卷　(清)顧有孝　(清)王載同輯　清康熙二十六年(1687)金閶寶翰樓刻本　十二册

120000－0342－0003143　3148
二家詩鈔二十卷　(清)邵長蘅編　清康熙三十四年(1695)刻本　十二册

120000－0342－0003144　3149
欽定錢録十六卷　(清)梁詩正等撰　清乾隆五十二年(1787)刻本　四册

120000－0342－0003145　3150
張龍湖先生文集十五卷　(明)張治撰　清雍正四年(1726)刻本　四册

120000－0342－0003146　3151
東田先生遺稿二卷　(明)張羽撰　清康熙五十六年(1717)三鳳堂刻本　二册

120000－0342－0003147　3152
禮説十四卷首一卷　(清)惠士奇撰　清紅豆齋刻本　四册

120000－0342－0003148　3153
南北朝新語四卷　(明)林茂桂撰　(明)詹子忠評　明天啓刻本　四册

120000－0342－0003149　3154
河汾諸老詩集八卷　(元)房祺輯　清乾隆四十三年(1778)敬翼堂刻本　一册

120000－0342－0003150　3155
金詩選四卷　(清)顧奎光輯　清乾隆十六年(1751)刻本　一册

120000－0342－0003151　3156
説嵩三十二卷　(清)景日昣纂　清康熙六十年(1721)嶽生堂刻本　十册

120000－0342－0003152　3157
金石契不分卷　(清)張燕昌撰　清嘉慶海鹽張純齋刻本　四册

120000－0342－0003153　3158
隆平集二十卷　(宋)曾鞏撰　清康熙四十年(1701)南豐彭期七業堂刻本　四冊

120000－0342－0003154　3159
參讀禮志疑二卷　(清)汪紱撰　清乾隆三十六年(1771)蘇州栖碧山房刻本　二冊

120000－0342－0003155　3160
徵君孫先生年譜二卷　(清)魏一鰲　(清)湯斌等輯　**雜著四種不分卷**　(清)孫奇逢撰　清康熙十四年(1675)刻本　五冊

120000－0342－0003156　3161
兩漢策要十二卷　(宋)陶叔獻等輯　(清)張朝樂校閱　清乾隆五十六年(1791)吳門近文齋刻本　八冊

120000－0342－0003157　3162
群書拾補不分卷　(清)盧文弨撰　清乾隆五十五年(1790)杭州抱經堂刻本　八冊

120000－0342－0003158　3163
平臺紀略一卷　(清)藍鼎元撰　清雍正十年(1732)刻本　一冊

120000－0342－0003159　3164
萬充宗先生經學五書　(清)萬斯大撰　清乾隆二十六年(1761)辨志堂刻本　六冊

120000－0342－0003160　3165
白香山詩長慶集二十卷後集十七卷別集一卷補遺二卷年譜舊本一卷年譜一卷　(唐)白居易撰　(清)汪立名編　清康熙四十二年(1703)汪立名一隅草堂刻本　八冊

120000－0342－0003161　3166
元遺山先生年譜一卷　(清)翁方綱撰　清讀書山房刻本　一冊

120000－0342－0003162　3167
明史擬稿六卷　(清)尤侗撰　清康熙三十年(1691)刻西堂全集本　二冊

120000－0342－0003163　3168
皇清開國方略三十二卷首一卷　(清)阿桂等撰　清乾隆五十一年(1786)北京武英殿刻本　十六冊

120000－0342－0003164　3169
翁方綱書金剛經　(清)翁方綱撰　清嘉慶二十一年(1816)寫本　一冊

120000－0342－0003165　3170
叩鉢齋纂行廚集十八卷　(清)李靜淵等撰　清康熙三十五年(1696)學山堂刻本　二十四冊

120000－0342－0003166　3171
唐韓昌黎集四十卷外集十卷遺文一卷　(唐)韓愈撰　(明)蔣之翹編　明崇禎六年(1633)蔣氏三徑草堂刻韓柳全集本　十八冊

120000－0342－0003167　3172
聲調譜一卷談龍録一卷　(清)趙執信撰　清乾隆刻本　一冊

120000－0342－0003168　3173
安序堂文鈔十六卷　(清)毛際可撰　清康熙刻本　四冊

120000－0342－0003169　3174
泊如齋重修宣和博古圖録三十卷　(宋)王黼等撰　清泊如齋刻本　十冊

120000－0342－0003170　3175
類林新咏三十六卷　(清)姚之駰撰　清康熙刻本　十二冊

120000－0342－0003171　3176
安雅堂全集　(清)宋琬撰　清乾隆三十一年(1766)刻本　十六冊

120000－0342－0003172　3177
廣韻藻六卷　(明)方夏撰　明崇禎十五年(1642)刻本　七冊

120000－0342－0003173　3178
兩當軒集二十卷攷異二卷附録六卷　(清)黄景仁撰　(清)費念慈批注　清同治十二年(1873)集珍齋木活字印本　五冊

120000－0342－0003174　3179
考古類編十二卷　(清)柴紹炳纂　(清)姚廷謙評　清雍正四年(1726)澹成堂刻本　六冊

120000－0342－0003175　3180
六經圖二十四卷　(清)鄭之僑編輯　清乾隆九年(1744)述堂刻本　十二册

120000－0342－0003176　3181
韓集點勘四卷　(清)陳景雲撰　清雍正東雅堂刻本　二册

120000－0342－0003177　3182
于清端公政書八卷首編一卷外集一卷　(清)于成龍撰　清乾隆刻本　十册

120000－0342－0003178　3183
老學庵筆記十卷　(宋)陸游撰　明崇禎十七年(1644)刻本　一册

120000－0342－0003179　3184
有懷堂文稿二十二卷詩稿六卷　(清)韓菼撰　清康熙四十二年(1703)刻本　六册

120000－0342－0003180　3185
樂善堂全集定本三十卷目録一卷　(清)高宗弘曆撰　清乾隆二十四年(1759)内府刻本　八册

120000－0342－0003181　3186
江湖後集二十四卷　(宋)陳起編　清乾隆三十八年(1773)讀畫齋刻本　八册

120000－0342－0003182　3187
小學四種　(清)尹嘉銓撰　清乾隆貽教堂刻本　八册

120000－0342－0003183　3188
元詩選十集首一卷　(清)顧嗣立輯　(清)席世臣補　清康熙長洲顧氏秀野草堂刻嘉慶三年(1798)席氏掃葉山房續刻本　七十四册

120000－0342－0003184　3189
聖宋文選全集三十二卷　(□)□□撰　清光緒八年(1882)郯城于氏刻本　八册

120000－0342－0003185　3190
文體明辯六十一卷首一卷目録六卷附録十四卷目録二卷　(明)徐師曾輯　明萬曆十九年(1591)吴江壽檜堂銅活字印本　六十三册

120000－0342－0003186　3191
初拓毛公鼎附釋文序跋　(清)王西泉手拓　清光緒吴廷康晉齋拓本　一册

120000－0342－0003187　3192
文心雕龍十卷　(南朝梁)劉勰撰　清刻本　四册

120000－0342－0003188　3193
易理不分卷　(□)□□撰　清抄本　二册

120000－0342－0003189　3194
王學質疑五卷附讀史質疑一卷　(清)張烈撰　清光緒十八年(1892)刻本　一册

120000－0342－0003190　3195
玉臺新詠十卷　(清)朱存孝輯　清刻本　六册

120000－0342－0003191　3196
白鹿書院志十九卷　(清)廖文英撰　(清)毛德琦訂　(清)周兆蘭重修　清宣統二年(1910)津門朱錦刻本　八册

120000－0342－0003192　3197
文心雕龍十卷　(南朝梁)劉勰撰　明刻本　二册

120000－0342－0003193　3198
天下郡國利病書一百二十卷　(清)顧炎武輯　清光緒、民國慎記書莊石印本　二十四册

120000－0342－0003194　3199
佩觿三卷　(宋)郭忠恕撰　清康熙四十九年(1710)吴郡張氏刻澤存堂五種本　二册

120000－0342－0003195　3200
棲雲閣文集十五卷附録一卷拾遺三卷　(清)高珩撰　清乾隆刻本　四册

120000－0342－0003196　3201
禮記注疏六十三卷　(漢)鄭玄註　(唐)陸德明音義　(唐)孔穎達疏　明崇禎常熟毛氏汲古閣刻十三經注疏本　二十册

120000－0342－0003197　3202
榕村全集四十卷　(清)李光地撰　清乾隆元年(1736)刻本　五十八册

120000－0342－0003198　3203

兩晉南北史合纂四十卷　(明)錢岱撰　(明)姚宗儀校　明萬曆四十一年(1613)刻本　十二冊

120000－0342－0003199　3204

春雨樓詩法指南十六卷首四卷　(清)郭岷山選輯　清乾隆二十四年(1759)刻本　八冊

120000－0342－0003200　3205

明辨錄一卷　(清)陳法撰　清光緒十八年(1892)傳經堂刻本　一冊

120000－0342－0003201　3206

讀書堂杜工部詩集注解二十卷文集注解二卷　(唐)杜甫撰　(清)張溍評注　清康熙三十七年(1698)讀書堂刻本　十二冊

120000－0342－0003202　3207

李義山詩集三卷　(唐)李商隱撰　(清)朱鶴齡箋注　清乾隆十五年(1750)懷德堂刻本　六冊

120000－0342－0003203　3208

重訂李義山詩集箋注三卷集外詩箋注一卷年譜一卷詩話一卷　(唐)李商隱撰　(清)朱鶴齡箋注　(清)程夢星刪補　清乾隆八年(1743)今有堂刻本　四冊

120000－0342－0003204　3209

杜詩論文五十六卷　(唐)杜甫撰　(清)吴見思注　清康熙十一年(1672)蘇州岱淵堂刻本　十二冊

120000－0342－0003205　3210

白鹿書院志十九卷　(清)毛德琦撰　清康熙五十九年(1720)刻本　六冊

120000－0342－0003206　3211

讀書敏求記四卷　(清)錢曾撰　清乾隆六十年(1795)嘉興沈炎耆英堂刻本　四冊

120000－0342－0003207　3212

安陽集五十卷　(宋)韓琦撰　清乾隆三十七年(1772)同安書錦堂刻本　十冊

120000－0342－0003208　3213

百一草堂集唐初刻二卷二刻二卷附刻二卷　(清)柴才輯　清乾隆二十五年(1760)錢塘百一草堂刻本　六冊

120000－0342－0003209　3214

吴詩集覽二十卷補注二十卷　(清)吴偉業撰　清乾隆四十年(1775)淩雲亭刻本　二十冊

120000－0342－0003210　3215

苑洛志樂二十卷　(明)韓邦奇撰　清康熙二十二年(1683)吴氏刻本　八冊

120000－0342－0003211　3216

文心雕龍十卷　(南朝梁)劉勰撰　清乾隆六年(1741)素養堂刻本　二冊

120000－0342－0003212　3217

南疆繹史勘本三十卷首二卷　(清)溫睿臨撰　(清)李瑤勘定　清道光十年(1830)泥活字印本　十六冊

120000－0342－0003213　3218

唐詩别裁集二十卷　(清)沈德潛輯　清康熙五十六年(1717)碧梧書屋刻本　十冊

120000－0342－0003214　3219

杜詩直解六卷　(唐)杜甫撰　清乾隆四十年(1775)刻本　三冊

120000－0342－0003215　3220

鐵崖樂府注十卷咏史注八卷逸編注八卷　(元)楊維楨撰　清乾隆三十九年(1774)信聯桂堂刻本　十二冊

120000－0342－0003216　3221

羣言瀝液八卷　(清)梁顯祖輯　清康熙三十三年(1694)刻本　四冊

120000－0342－0003217　3222

雅雨堂藏書十三種　(清)盧見曾輯　清乾隆二十一年(1756)德州盧氏刻本　二十八冊

120000－0342－0003218　3223

懷麓堂全集一百卷　(明)李東陽撰　清康熙二十年(1681)刻本　八冊

120000－0342－0003219　3224

廿一史彈詞注十一卷　(明)楊慎撰　(清)張

三異增定　（清）張仲璜注　清雍正五年(1727)刻本　六册

120000－0342－0003220　3225

楊龜山先生集四十二卷　（宋）楊時撰　清康熙四十九年(1710)思存堂刻本　八册

120000－0342－0003221　3226

牧齋初學集詩注二十卷有學集詩注十四卷　（清）錢謙益撰　（清）錢曾箋注　清康熙刻本　十册

120000－0342－0003222　3227

學部官報　（清）學部圖書局編輯　清光緒三十二年至三十三年(1906－1907)鉛印本　三十一册　存三十一期(二、五至十、十三、十五至三十七)

120000－0342－0003223　3228

明詩綜一百卷　（清）朱彝尊輯　清康熙元年(1662)六峯閣刻本　三十二册

120000－0342－0003224　3230

虚字闡義三卷讀書説約三卷　（清）謝鼎卿撰　清光緒元年(1875)刻本　二册

120000－0342－0003225　3231

字林考逸八卷補一卷　（清）任大椿譔　**倉頡篇輯三卷續一卷補二卷**　（清）任大椿輯　清光緒十六年(1890)江蘇書局刻本　六册

120000－0342－0003226　3232

古今類傳四卷　（清）董穀士　（清）董炳文輯　清康熙三十一年(1692)刻本　四册

120000－0342－0003227　3233

緝古算經考注二卷　（唐）王孝通撰　（清）李潢考注　清道光十二年(1832)刻本　二册

120000－0342－0003228　3234

永嘉叢書　（清）孫衣言輯　清同治十二年(1873)刻本　二册　存二種

120000－0342－0003229　3235

古文辭類纂七十四卷　（清）姚鼐編　**續古文辭類纂三十四卷**　王先謙輯　清合河康氏家塾刻本清光緒八年(1882)虚受堂刻本　二十册

120000－0342－0003230　3236

性命圭旨四卷　（明）尹真人撰　清康熙抄本(有圖)　四册

120000－0342－0003231　3237

帶經堂集九十二卷　（清）王士禛撰　清乾隆黄晟槐蔭草堂重修本　三十二册

120000－0342－0003232　3238

洹詞十二卷　（明）崔銑撰　明刻清乾隆三十七年(1772)補刻本　六册

120000－0342－0003233　3239

古文賞音十二卷　（清）謝有輝纂　清康熙四十六年(1707)師儉閣刻本　六册

120000－0342－0003234　3240

詩禮堂古文五卷　（清）王又樸撰　清乾隆十九年(1754)天津刻本　四册

120000－0342－0003235　3241

水滸後傳八卷四十回　題(明)古宋遺民撰　(明)陳忱評　清紹裕堂刻本　八册

120000－0342－0003236　3242

宋布衣集三卷　（明）宋登春撰　清乾隆二十一年(1756)誠意堂刻本　四册

120000－0342－0003237　3243

銅鼓書堂遺稿三十二卷　（清）查禮撰　清乾隆五十七年(1792)宛平查氏刻本　四册

120000－0342－0003238　3244

九畹古文十卷　（清）劉紹攽撰　清乾隆八年(1743)樹蕙居刻本　十册

120000－0342－0003239　3245

璿璣碎錦二卷　（清）萬樹撰　清乾隆五年(1740)揚州江氏柏香堂刻本　二册

120000－0342－0003240　3246

梅崖居士文集三十卷首一卷外集八卷　（清）朱仕琇撰　清乾隆四十七年(1782)刻本　十二册

120000－0342－0003241　3247

雲溪文集五卷　(清)儲掌文撰　清乾隆三十六年(1771)在陸草堂刻本　五册

120000－0342－0003242　3248
古文約選不分卷　(清)允禮輯　清雍正十一年(1733)北京果親王府刻本　十册

120000－0342－0003243　3249
切問齋文鈔三十卷　(清)陸燿輯　清乾隆四十年(1775)刻本　八册

120000－0342－0003244　3250
平定粵匪紀略十八卷附記四卷　(清)杜文瀾編　清同治八年(1869)群玉齋刻本　十册　存四卷(十四至十七)

120000－0342－0003245　3251
皇朝經世文續編一百二十卷　(清)盛康輯　清光緒二十七年(1901)上海久敬齋鉛印本　五册　存三十二卷(十八至二十四、七十三至八十三、九十至一百零三)

120000－0342－0003246　3252
梨洲遺著匯刊　(清)黄宗羲撰　清宣統二年(1910)上海時中書局鉛印本　十九册

120000－0342－0003247　3253
大清律例統纂集成四十卷　(清)姚雨薌纂輯　清道光五年(1825)刻本　七册

120000－0342－0003248　3254
孔子聖跡圖　(明)張應登撰　明萬曆二十年(1592)刻本　一册

120000－0342－0003249　3255
康熙耕織圖　(清)焦秉貞繪　清康熙三十五年(1696)繪本　一册

120000－0342－0003250　3256
歷代帝王像　(清)□□繪　清乾隆南熏殿彩繪本　二册

120000－0342－0003251　3257
春秋左傳五十卷　(晉)杜預　(宋)林堯叟注釋　(唐)陸元朗音義　(明)孫鑛等評點　清善成堂刻本　八册　存二十三卷(二十八至五十)

120000－0342－0003252　3258
王漁洋遺書三十八種　(清)王士禎撰　清刻本　八册　存七種

120000－0342－0003253　3259
皇朝蓄艾文編八十卷目録一卷　(清)于寶軒輯　清光緒二十九年(1903)上海官書局鉛印本　二十册　存四十一卷(四十至八十)

120000－0342－0003254　3260
日知録集釋三十二卷刊誤二卷續刊誤二卷　(清)顧炎武撰　(清)黄汝成集釋　清同治十一年(1872)湖北崇文書局刻本　八册　存二十卷(十七至三十二、刊誤二卷、續刊誤二卷)

120000－0342－0003255　3261
王狀元集百家注編年杜陵詩史三十二卷　(唐)杜甫撰　(宋)魯訔編年　(宋)王十朋集注　清宣統三年(1911)貴池劉氏刻本　十二册

120000－0342－0003256　3262
武林掌故叢編　(清)丁丙輯　清光緒錢塘丁氏嘉惠堂刻本　一册

120000－0342－0003257　3263
通鑑綱目釋地補注六卷　(清)張庚撰　清刻本　一册

120000－0342－0003258　3264
通鑑綱目釋地糾謬六卷　(清)張庚撰　清刻本　一册

120000－0342－0003259　3265
康輶紀行十六卷　(清)姚瑩撰　清同治刻本　六册

120000－0342－0003260　3266
全滇紀要不分卷　(清)雲南課吏館纂修　清光緒三十二年(1906)雲南課吏館鉛印本　十册

120000－0342－0003261　3267
黔書二卷　(清)田雯撰　清康熙二十九年(1690)刻本　二册

120000－0342－0003262　3268

蜀龜鑑七卷首一卷　(清)劉景伯撰　清咸豐八年(1858)刻本　二冊

120000－0342－0003263　3269
[光緒]蘭谿縣志八卷首一卷附補遺一卷　(清)秦簧　(清)邵秉經修　(清)唐壬森撰　清光緒十五年(1889)刻本　五冊

120000－0342－0003264　3270
蜀故二十七卷　(清)彭遵泗撰　清光緒二十八年(1902)白鶴堂刻本　六冊

120000－0342－0003265　3271
乾道臨安志三卷首一卷　(宋)周淙撰　清光緒四年(1878)會稽章氏刻本　一冊

120000－0342－0003266　3272
[光緒]欒亭縣志十五卷　(清)蔡志修　(清)史夢蘭等纂　清光緒三年(1877)刻本　六冊

120000－0342－0003267　3273
[光緒]重修天津府志五十四卷　沈家本修　(清)徐宗亮纂　清光緒二十五年(1899)刻本　二十八冊

120000－0342－0003268　3274
[光緒]新修潼川府志三十卷　(清)阿麟修　(清)王龍勳等纂　清光緒二十三年(1897)刻本　二十冊

120000－0342－0003269　3275
正誼堂文集二十四卷　(清)董沛撰　清光緒二十七年(1901)刻正誼堂全集本　六冊

120000－0342－0003270　3276
平養堂文編十卷　(清)王龍文撰　清宣統三年(1911)思賢書局刻本　四冊

120000－0342－0003271　3277
憓泉書屋詩稿十六卷　(清)宋之睿撰　清道光八年(1828)敘永宋氏刻本　四冊

120000－0342－0003272　3278
函樓詩鈔八卷因遇詩一卷詞鈔一卷　(清)易佩紳撰　清光緒八年(1882)刻本　二冊

120000－0342－0003273　3279
傳樸堂詩稿四卷附弢華館詩稿一卷　(清)葛金烺撰　清光緒二十一年(1895)刻本　二冊

120000－0342－0003274　3280
勉行堂文集六卷　(清)程晉芳撰　清嘉慶二十五年(1820)勉行堂刻本　二冊

120000－0342－0003275　3281
餘園古今體詩精選四卷　(清)繆湘芷撰　清乾隆三十八年(1773)刻本　二冊

120000－0342－0003276　3282
心安隱室詩集九卷詞集四卷　(清)詹肇堂撰　清光緒十年(1884)成德堂刻本　四冊

120000－0342－0003277　3283
賞雨茅屋詩集九卷外集一卷　(清)曾燠撰　清嘉慶十五年(1810)刻本　二冊

120000－0342－0003278　3284
紅粟山莊詩六卷詩續六卷詩餘一卷詩補遺一卷　(清)朱寶善撰　清同治九年(1870)福州刻本　四冊

120000－0342－0003279　3285
抱碧齋詩五卷　(清)儲國鈞撰　清嘉慶刻本　一冊

120000－0342－0003280　3286
雙樹軒詩初稿十二卷　(清)儲麟趾撰　清末木活字本　三冊

120000－0342－0003281　3287
意苕山館詩稿十六卷　(清)陸嵩撰　清光緒十八年(1892)京師刻本　四冊

120000－0342－0003282　3288
歸盦文稿八卷　(清)葉裕仁撰　清光緒八年(1882)刻本　四冊

120000－0342－0003283　3289
薑露庵雜記六卷　(清)施山撰　清宣統三年(1911)刻本　二冊

120000－0342－0003284　3290
養知書屋文集二十八卷　(清)郭嵩燾撰　清光緒十八年(1892)刻本　十二冊

120000－0342－0003285　3291
來山堂詩鈔五卷　（清）程可式撰　清乾隆十二年（1747）刻本　二冊

120000－0342－0003286　3292
使黔草三卷　（清）何紹基撰　清咸豐三年（1853）忠恕堂刻本　二冊

120000－0342－0003287　3293
峩眉瓦屋游草二卷　（清）朱鑑成輯　清咸豐五年（1855）本衙梓行刻本　一冊

120000－0342－0003288　3294
詩義堂集二卷附後集六卷　（清）彭輅著　清道光三十年（1850）刻本　四冊

120000－0342－0003289　3295
鳳池集不分卷　（清）沈玉亮輯　清康熙四十四年（1705）刻本　四冊

120000－0342－0003290　3296
妙吉祥室詩鈔十三卷　（清）朱葵之撰　清光緒十年（1884）刻本　六冊

120000－0342－0003291　3297
國朝山左詩匯抄後集三十九卷　（清）余正酉輯　清道光二十九年（1849）海棠書屋刻本　十四冊

120000－0342－0003292　3298
墨花香館詩存八卷　（清）慶康撰　清光緒二十一年（1895）刻本　二冊

120000－0342－0003293　3299
漁洋山人精華錄會心偶筆六卷　（清）王士禛撰　（清）伊應鼎編　清乾隆二十四年（1759）刻本　四冊

120000－0342－0003294　3300
二知軒詩鈔十四卷　（清）方濬頤撰　清同治五年（1866）定遠方氏刻本　十冊

120000－0342－0003295　3301
津門徵獻詩八卷　（清）華鼎元輯　清光緒十二年（1886）刻本　四冊

120000－0342－0003296　3302
麋園詩鈔八卷　（清）毛國翰撰　清光緒十六年（1890）長沙刻本　二冊

120000－0342－0003297　3303
梵隱堂詩存十卷　（清）釋祖觀撰　清同治五年（1866）刻本　三冊

120000－0342－0003298　3304
拙修集十卷　（清）吳廷楝撰　清同治十年（1871）六安求我齋刻本　四冊

120000－0342－0003299　3305
廉石居藏書記二卷　（清）孫星衍編　（清）陳宗彝編　清道光十六年（1836）刻本　一冊

120000－0342－0003300　3306
海源閣藏書目一卷　（清）江標撰　清光緒十四年（1888）元和江氏師鄦室刻本　一冊

120000－0342－0003301　3307
天一閣書目四卷　（清）范懋柱等輯　**碑目一卷**　（清）范懋柱撰　清嘉慶十三年（1808）揚州阮氏文選樓刻本　三冊　殘

120000－0342－0003302　3308
求是堂詩集二十二卷詩餘一卷　（清）胡承珙撰　清道光十三年（1833）刻本　六冊

120000－0342－0003303　3309
武定詩續鈔二十四卷　（清）李佐賢輯　清同治六年（1867）利津李氏刻本　八冊

120000－0342－0003304　3310
［光緒］永平府志七十二卷首一卷末一卷　（清）游智開修　（清）史夢蘭纂　清光緒五年（1879）敬勝書院刻本　三十二冊

120000－0342－0003305　3311
蜀中名勝記三十卷　（明）曹學佺撰　清宣統二年（1910）四川官印局刻本　八冊

120000－0342－0003306　3312
校刊詞律二十卷　（清）萬樹撰　**詞律拾遺六卷**　（清）徐本立撰　**詞律補遺一卷**　（清）杜文瀾編　清光緒二年（1876）刻本　十六冊

120000－0342－0003307　3313
説文校議十五卷　（清）姚文田　（清）嚴可均撰　清嘉慶二十三年（1818）孫氏冶城山館刻

本　四册

120000－0342－0003308　3314
小學鉤沈十九卷　（清）任大椿輯　清嘉慶二十二年（1817）山陽汪廷珍刻本　二册

120000－0342－0003309　3315
説文段注訂補十四卷　（清）王紹蘭撰　清光緒十四年（1888）蕭山胡氏刻本　六册　缺四卷（二至五）

120000－0342－0003310　3316
親屬記二卷　（清）鄭珍撰　清光緒十八年（1892）廣雅書局刻廣雅叢書本　一册

120000－0342－0003311　3317
墨池編二十卷　（宋）朱長文撰　清雍正十一年（1733）就閒堂刻本　八册

120000－0342－0003312　3318
重刻徐氏三種　（清）錢楙潤等校訂　清同治九年（1870）南蘭陵亦園刻光緒二十三年（1897）重印本　三册　存三種

120000－0342－0003313　3319
重訂徐氏三種　（宋）王應麟纂　（清）王相注　清咸豐元年（1851）刻本　三册　存三種

120000－0342－0003314　3320
文選古字通補訓四卷　（清）吕錦文撰　清光緒二十七年（1901）懷硯齋刻本　四册

120000－0342－0003315　3321
段氏説文注訂八卷　（清）鈕樹玉撰　清同治五年（1866）碧螺山館刻本　四册

120000－0342－0003316　3322
重訂古文釋義新編八卷　（清）余誠評注　清光緒十七年（1891）刻本　八册

120000－0342－0003317　3323
豸華堂文鈔八卷　（清）金應麟撰　清光緒據道光三十年（1850）刻本影印本　三册

120000－0342－0003318　3324
歸震川先生全集四十卷文集三十卷别集十卷　（明）歸有光撰　清光緒元年（1875）常熟歸氏刻本　十二册

120000－0342－0003319　3325
説文韻譜校五卷　（清）王筠撰　清光緒十六年（1890）濰縣劉氏刻本　四册

120000－0342－0003320　3326
石渠餘紀六卷　（清）王慶雲撰　清刻本　五册

120000－0342－0003321　3327
歷代名臣言行錄二十四卷　（清）朱桓輯　清同治四年（1865）刻本　二十四册

120000－0342－0003322　3328
蕩平髮逆圖記二十二卷首一卷　（清）杜文瀾撰　清光緒鉛印暨石印本　四册

120000－0342－0003323　3329
欽定戶部則例一百卷首一卷　（清）倭仁等修　清同治四年（1865）刻本　四十八册

120000－0342－0003324　3330
説文解字通釋四十卷　（宋）徐鍇傳釋　清道光十九年（1839）祁寯藻刻本　八册

120000－0342－0003325　3331
欽定同文韻統六卷　（清）允祿纂修　清宣統二年（1910）理藩部刻本　五册

120000－0342－0003326　3332
大清律例彙輯便覽四十卷督捕則例附纂二卷五軍道里表不分卷三流道里表不分卷　（清）李瀚章等纂輯　清同治十一年（1872）湖北讞局刻本　三十二册

120000－0342－0003327　3333
繹史一百六十卷　（清）馬驌撰　清光緒二十三年（1897）武林尚友齋石印本　十册　存七十一卷（十六至七十八、八十七至九十四）

120000－0342－0003328　3334
佩文韻府一百零六卷　（清）張玉書等輯　清光緒二十一年（1895）上海點石齋石印本　二十四册

120000－0342－0003329　3335
抱朴子附篇十卷　（晉）葛洪撰　清刻本　一册

120000－0342－0003330　3336
皇朝經世文三編八十卷　(清)陳忠倚輯　清光緒二十七年(1901)上海書局石印本　十六册

120000－0342－0003331　3337
皇朝經世文新編三十二卷　麥仲華輯　清光緒二十七年(1901)上海書局石印本　十六册

120000－0342－0003332　3338
皇朝經世文新編三十二卷　(清)麥仲華輯　清光緒二十七年(1901)上海書局石印本　十六册

120000－0342－0003333　3339
皇朝經世文新編二十一卷　(清)麥仲華輯　清光緒二十八年(1902)瑤林書館石印本　二十册

120000－0342－0003334　3340
黄庭經不分卷　(清)查昇書　清拓本　一册

120000－0342－0003335　3341
廣陵李君碑不分卷　(唐)顔真卿撰　清拓本　一册

120000－0342－0003336　3342
晉中書令王獻之法帖不分卷　(晉)王獻之撰　清拓本　一册

120000－0342－0003337　3343
受禪表不分卷　(三國魏)梁鵠撰　清拓本　一册

120000－0342－0003338　3345
李靖碑不分卷　(唐)王知敬書　清拓本　一册

120000－0342－0003339　3347
小萬卷齋詩稿三十二卷　(清)朱琦撰　清道光九年(1829)刻本　九册

120000－0342－0003340　3348
小萬卷齋經進稿四卷　(清)朱琦撰　清道光六年(1826)刻本　一册

120000－0342－0003341　3349
灰餘吟草不分卷　(清)左寶森撰　清刻本　一册

120000－0342－0003342　3350
秋園雜佩一卷　(明)陳貞慧撰　清道光、光緒粤雅堂叢書本　一册

120000－0342－0003343　3351
道園學古錄五十卷　(元)虞集撰　清刻本　十六册

120000－0342－0003344　3352
續同書二十四卷　(清)福申撰　清道光十九年(1839)刻本　八册

120000－0342－0003345　3353
説文分韻易知錄五卷　(清)許巽行撰　清光緒五年(1879)刻本　十册

120000－0342－0003346　3354
龍文鞭影二集四卷　(明)蕭良有撰　(明)楊臣諍增訂　(清)李恩綬校補　清光緒二十二年(1896)南京李光明莊刻本　四册

120000－0342－0003347　3355
文字蒙求廣義四卷　(清)王筠撰　(清)蒯光典增注　清光緒二十七年(1901)江楚書局刻本　五册

120000－0342－0003348　3356
康熙字典十二集總目一卷檢字一卷辨似一卷等韻一卷備考一卷補遺一卷　(清)張玉書纂　清光緒十年(1884)上海點石齋石印本　六册　存二集(未、申)

120000－0342－0003349　3357
釋義經書便用通考雜字二卷附一卷　(清)徐三省撰　清金陵味經堂刻本　二册

120000－0342－0003350　3358
重訂古文釋義新編八卷　(清)余誠編選　清光緒十一年(1885)刻本　四册

120000－0342－0003351　3359
文選補遺四十卷　(宋)陳仁子輯　(宋)譚紹烈纂　清道光二十五年(1845)刻本　十四册

120000－0342－0003352　3360
西泠五布衣遺著　(清)丁丙輯　清同治、光

緒錢塘丁氏當歸草堂刻本　八冊　存六種

120000－0342－0003353　3361
德州田氏叢書　（清）田雯等撰　清康熙、乾隆刻本　二十冊　存五種

120000－0342－0003354　3362
戴南山先生古文全集十四卷補遺三卷　（清）戴名世撰　清光緒二十八年（1902）刻本　八冊

120000－0342－0003355　3363
半厂叢書初編　（清）譚獻輯　清光緒仁和譚氏刻本　十六冊　存九種

120000－0342－0003356　3364
天壤閣叢書　（清）王懿榮輯　清同治、光緒福山王氏刻本　十五冊　存十四種

120000－0342－0003357　3365
巾箱拾羽二十卷　（清）吳梯撰　清道光刻本　十冊

120000－0342－0003358　3366
甘泉鄉人稿二十四卷附錄一卷　（清）錢泰吉撰　清咸豐四年（1854）刻本　十四冊

120000－0342－0003359　3367
春融堂集六十八卷　（清）王昶撰　清光緒十八年（1892）刻本　二十四冊

120000－0342－0003360　3368
履園叢話二十四卷　（清）錢泳輯　清道光十八年（1838）刻本　八冊

120000－0342－0003361　3369
賓退錄十卷　（宋）趙與旹撰　清乾隆十七年（1752）刻本　二冊

120000－0342－0003362　3370
白沙子全集十卷首一卷末一卷附錄一卷（明）陳獻章撰　清乾隆三十六年（1771）刻本　十冊

120000－0342－0003363　3371
求益齋全集　（清）強汝詢撰　清光緒二十四年（1898）江蘇書局刻本　八冊

120000－0342－0003364　3372
十科策略箋釋十卷　（明）劉文安撰　（清）劉作梁注　清雍正七年（1729）積秀堂刻本　八冊

120000－0342－0003365　3373
東塾叢書　（清）陳澧撰　清咸豐、光緒刻本　九冊　存五種

120000－0342－0003366　3374
有恆心齋集六種　（清）程鴻詔撰　清同治刻本　十二冊　存五種

120000－0342－0003367　3375
有竹石軒經句說二十二卷　（清）吳英撰　清嘉慶二十三年（1818）有竹石軒本　十冊

120000－0342－0003368　3376
唐李杜詩集十六卷　（唐）李白　（唐）杜甫撰　（明）萬虞愷輯　明嘉靖二十一年（1542）刻本　一冊　存三卷（六至八）

120000－0342－0003369　3377
涑水記聞十六卷　（宋）司馬光撰　清乾隆武英殿聚珍版叢書活字印本　二冊

120000－0342－0003370　3378
[乾隆]正定府志五十卷首一卷　（清）鄭大進纂修　清乾隆二十七年（1762）刻本　三十二冊

120000－0342－0003371　3379
觀古堂彙刻書　葉德輝輯　清光緒二十八年（1902）長沙葉氏郎園刻本　十六冊　存二十種

120000－0342－0003372　3380
觀古堂所著書　葉德輝撰　清光緒、民國刻本　十六冊　存十七種

120000－0342－0003373　3381
東都事略一百三十卷　（宋）王偁撰　清乾隆影宋刻本　二十四冊

120000－0342－0003374　3382
項城袁氏家集七種　（清）丁振鐸輯　清宣統三年（1911）清芬閣鉛印本　五十六冊　存

七種

120000－0342－0003375　3383
劉端臨先生遺書八卷　(清)劉台拱撰　清道光十四年(1834)刻本　四冊

120000－0342－0003376　3384
徐州二遺民集十卷　(清)馮煦輯　清光緒十九年(1893)刻本　五冊

120000－0342－0003377　3385
句溪雜著四卷　(清)陳立著　清光緒十六年(1890)刻本　一冊

120000－0342－0003378　3386
黎氏家集　(清)黎庶昌輯　清光緒十四年(1888)日本使署刻本　五冊

120000－0342－0003379　3387
花雨樓叢鈔　(清)張壽榮輯　清光緒蛟川張氏花雨樓刻本　八冊　存五種

120000－0342－0003380　3388
三子詩選五種　(清)蔡壽祺輯　清咸豐七年(1857)京師刻本　三冊　存三種

120000－0342－0003381　3389
桐城吴先生全書　(清)吳汝綸撰　清光緒三十年(1904)吴氏刻本　二十二冊

120000－0342－0003382　3390
項城袁氏家集七種　(清)丁振鐸輯　清宣統三年(1911)清芬閣鉛印本　五十六冊　存六種

120000－0342－0003383　3391
會稽山齋全集七種　(清)謝應芝撰　清光緒十四年(1888)陽湖謝氏刻本　六冊

120000－0342－0003384　3392
陸陳兩先生詩文鈔　(清)葉裕仁編　清同治九年(1870)合肥蒯德模安道書院刻本　六冊　存二種

120000－0342－0003385　3393
淞濱瑣話十二卷　(清)王韜撰　清宣統三年(1911)上海著易堂石印本　六冊

120000－0342－0003386　3394
金正希先生年譜不分卷　(清)程錫類編　(清)劉洪烈注　清光緒二十三年(1897)兩湖書院活字本　一冊

120000－0342－0003387　3395
聊攝叢談六卷　(清)須方岳撰　清光緒十二年(1886)文英堂刻本　六冊

120000－0342－0003388　3396
查氏一門烈女編不分卷　(清)查禮編　清嘉慶二年(1797)刻本　一冊

120000－0342－0003389　3397
字學舉隅不分卷　(清)龍啟瑞編　清同治十年(1871)上海曙海樓刻本　一冊

120000－0342－0003390　3398
新刻張太岳先生文集四十七卷　(明)張居正撰　清刻本　十六冊

120000－0342－0003391　3399
果報錄十二卷　(清)海蘭濤著　清刻本　十二冊

120000－0342－0003392　3400
繡像雙珠球十二集四十九回　(清)黄子貞撰　清光緒三年(1877)刻本　十二冊

120000－0342－0003393　3401
東湖叢記六卷　(清)蔣光煦撰　清光緒九年(1883)刻本　一冊

120000－0342－0003394　3402
新刻肉坵坟十二卷九十八回　(□)□□撰　清光緒二十三年(1897)京都義善堂刻本　六冊　缺六卷(七至十二)

120000－0342－0003395　3403
使俄日記八卷　(清)王之春撰　清光緒二十二年(1896)上海石印本　六冊

120000－0342－0003396　3404
媿林漫錄二卷　(明)瞿式耜撰　清光緒十六年(1890)江蘇書局刻本　二冊

120000－0342－0003397　3405
北堂書鈔一百六十卷首一卷　(唐)虞世南撰

清光緒十四年(1888)南海孔氏三十有三萬卷堂刻本　二十冊

120000－0342－0003398　3406
三國志六十五卷　(晉)陳壽著　清古吳書業趙氏翻刻毛氏汲古閣刻本　十二冊

120000－0342－0003399　3407
詩料英華十四卷　(清)劉豹君撰　清乾隆六十年(1795)聚錦堂刻本　二冊

120000－0342－0003400　3408
小學集解六卷　(宋)朱熹撰　(清)張伯行注　清光緒二十七年(1901)廣雅書局刻本　四冊

120000－0342－0003401　3409
選批左傳十六卷　(清)魏朝俊撰　清光緒十四年(1888)魏氏古香閣刻本　十冊

120000－0342－0003402　3410
春秋大事表五十卷輿圖一卷附錄一卷　(清)顧棟高撰　清同治十二年(1873)平遠丁氏刻本　二十冊

120000－0342－0003403　3411
陳太僕批選八家文鈔不分卷　(清)陳兆崙批選　清光緒二十六年(1900)天津文美齋石印本　六冊

120000－0342－0003404　3412
皇朝通典一百卷　(清)嵇璜等纂　清光緒二十七年(1901)上海圖書集成局鉛印九通本　十冊

120000－0342－0003405　3413
皇朝通志一百二十六卷　(清)嵇璜等纂　清光緒二十七年(1901)上海圖書集成局鉛印九通本　十二冊

120000－0342－0003406　3414
皇朝文獻通考三百卷　(清)嵇璜等纂　清光緒二十七年(1901)上海圖書集成局鉛印九通本　四十二冊

120000－0342－0003407　3415
荀子雜誌八卷　(清)王念孫撰　清同治九年(1870)金陵書局刻讀書雜志本　二冊

120000－0342－0003408　3416
六通訂誤六卷　(清)席裕福編　清光緒二十七年(1901)上海圖書集成局鉛印本　二冊

120000－0342－0003409　3417
新刻按鑑編纂開闢衍繹通俗志傳六卷八十回　(明)周游撰　清道光十年(1830)刻本　六冊

120000－0342－0003410　3418
天下郡國利病書一百二十卷　(清)顧炎武輯　清光緒二十九年(1903)上海益吾齋石印本　二十四冊

120000－0342－0003411　3419
蔡中郎集十卷　(漢)蔡邕撰　清光緒十六年(1890)番禺陶氏愛廬刻本　六冊

120000－0342－0003412　3420
雨村詩話十六卷　(清)李調元撰　清上海文瑞樓石印本　四冊

120000－0342－0003413　3421
昌黎先生集四十卷　(唐)韓愈撰　(唐)李漢編　清同治八年(1869)江蘇書局刻本　九冊

120000－0342－0003414　3422
蘇文忠公詩集五十卷目錄二卷　(宋)蘇軾撰　(清)紀昀評點　清道光十四年(1834)粵省東城翰墨園刻本　十二冊

120000－0342－0003415　3423
女兒書輯八卷　(清)張承燮輯　清光緒二十六年(1900)影印本　一冊　存四卷(一至四)

120000－0342－0003416　3424
女兒書輯八卷　(清)張承燮輯　清光緒二十六年(1900)影印本　一冊　存四卷(一至四)

120000－0342－0003417　3425
女兒書輯八卷　(清)張承燮輯　清光緒二十六年(1900)影印本　一冊　存四卷(一至四)

120000－0342－0003418　3426
五言詩十七卷　(清)王士禛選　清同治五年(1866)金陵書局刻本　四冊

120000－0342－0003419　3427
七言詩歌行鈔十五卷　(清)王士禛選　清同治五年(1866)金陵書局刻本　四冊

120000－0342－0003420　3428
五七言今體詩鈔十八卷　(清)姚鼐輯　清同治五年(1866)金陵書局刻本　二冊

120000－0342－0003421　3429
文選理學權輿八卷補一卷文選考異四卷文選李注補正四卷　(清)汪師韓撰　(清)孫志祖輯　清光緒十五年(1889)覆讀畫齋刻本　八冊

120000－0342－0003422　3430
文粹一百卷　(宋)姚鉉纂　**補遺二十六卷**　(清)郭麐纂　清光緒十六年(1890)杭州許氏榆園刻本　二十冊

120000－0342－0003423　3431
子史精華一百六十卷　(清)吳士玉等輯　清雍正五年(1727)武英殿刻本　六十四冊

120000－0342－0003424　3432
施案奇聞八卷九十七回　(□)□□撰　清道光十九年(1839)刻本　四冊

120000－0342－0003425　3433
新刻異說後唐傳三集薛丁山征西樊梨花全傳十卷八十八回　(清)如蓮居士撰　清刻本　六冊

120000－0342－0003426　3434
繡像雲合奇蹤五卷八十回　(明)徐渭撰　清道光十八年(1838)刻本　四冊

120000－0342－0003427　3435
龍圖公案十卷　(明)李贄評　清嘉慶十三年(1808)刻本　四冊

120000－0342－0003428　3436
新刊繡像昇仙傳演義五卷八十六回　(清)倚雲氏撰　清光緒七年(1881)東泰山房刻本　四冊

120000－0342－0003429　3437
繡像雙鳳奇緣傳二十卷八十回　(清)雪樵主人撰　清三讓堂刻本　八冊

120000－0342－0003430　3438
山海經箋疏十八卷圖讚一卷訂譌一卷敘錄一卷　(晉)郭璞撰　(清)郝懿行箋疏　清嘉慶十四年(1809)阮元琅嬛仙館刻本　四冊

120000－0342－0003431　3439
繪圖花月姻緣十六卷五十二回　(清)魏秀仁撰　清光緒十九年(1893)上海書局鉛印本　六冊

120000－0342－0003432　3440
濟顛大師醉菩提全傳二十回　(清)西湖墨浪子撰　清光緒六年(1880)聚珍堂木活字本　四冊

120000－0342－0003433　3441
海國春秋四十卷　(清)□□撰　清光緒三十年(1904)上海書局石印本　十冊

120000－0342－0003434　3442
綠牡丹全傳八卷六十回　(□)□□撰　清刻本　八冊

120000－0342－0003435　3443
繪圖官場現形記三十六卷　(清)李伯元撰　清宣統元年(1909)崇本堂石印本　十七冊

120000－0342－0003436　3444
繪圖第一才女傳四卷十六回　(清)崔象以撰　清光緒二十年(1894)崇文書局刻本　四冊

120000－0342－0003437　3445
申報館叢書　(清)尊聞閣主輯　清光緒申報館鉛印本　十九冊

120000－0342－0003438　3446
西遊記評注一百回　(明)羅貫中著　清光緒十八年(1892)刻本　二十冊

120000－0342－0003439　3447
忠烈俠義傳二十四卷一百二十回　(清)石玉昆述撰　清光緒十四年(1888)同元堂刻本　二十四冊　存二十三卷(二至二十四)

120000－0342－0003440　3448
經籍舉要一卷　(清)龍啟瑞撰　清光緒十九

年(1893)中江講院刻本　一册

120000－0342－0003441　3449
書經集傳六卷首一卷末一卷　(宋)蔡沈集傳　清光緒七年(1881)金陵書局刻本　四册

120000－0342－0003442　3450
文科大詞典　國學扶輪社編　清宣統三年(1911)上海國學扶輪社鉛印本　十二册　存七集(丑至寅、辰、未至酉、亥)

120000－0342－0003443　3451
德國軍政要義六卷　(□)□□撰　清光緒石印本　六册　存一卷(六)

120000－0342－0003444　3452
王文成公全集十六卷　(明)王守仁著　清道光六年(1826)湘潭王文德刻本　十六册

120000－0342－0003445　3453
嘯亭雜録八卷續録二卷　(清)汲修主人(昭槤)撰　清光緒九年(1883)九思堂刻本　六册　存六卷(一至六)

120000－0342－0003446　3454
納蘭詞五卷補遺一卷　(清)納蘭性德撰　清光緒六年(1880)仁和許氏娛園刻本　一册

120000－0342－0003447　3455
白石道人詩集二卷集外詩一卷附録一卷附録補遺一卷詩説一卷　(宋)姜夔撰　清光緒十年(1884)仁和許增娛園刻本　一册

120000－0342－0003448　3456
白石道人歌曲四卷別集一卷　(宋)姜夔撰　清光緒十年(1884)仁和許增娛園刻本　一册

120000－0342－0003449　3457
京報輯要四卷　(□)□□撰　清光緒鉛印本　三册

120000－0342－0003450　3458
鄭氏佚書不分卷　(漢)鄭玄撰注　(清)袁鈞輯　清光緒十四年(1888)浙江書局刻本　八册　存二十三種

120000－0342－0003451　3459
畿輔河道水利叢書　(清)吴邦慶輯　清道光四年(1824)益津吴氏刻本　十册　存九種

120000－0342－0003452　3460
逆臣傳十二卷　(清)國史館編　清都城琉璃廠半松居士木活字本　六册

120000－0342－0003453　3461
貳臣傳八卷　(清)國史館編　清都城琉璃廠半松居士木活字本　六册

120000－0342－0003454　3462
分類字錦六十四卷　(清)何焯等纂　清康熙六十一年(1722)刻本　六十册

120000－0342－0003455　3463
玉簡齋叢書二十二種　羅振玉輯　清宣統二年(1910)上虞羅氏刻本　二十册　存二十二種

120000－0342－0003456　3464
玉簡齋叢書二十二種　羅振玉輯　清宣統二年(1910)上虞羅氏刻本　二十册　存二十二種

120000－0342－0003457　3465
皇朝經世文新編二十一卷　(清)麥仲華輯　清光緒二十八年(1902)上海古香閣石印本　二十册

120000－0342－0003458　3466
皇朝經世文三編八十卷　(清)陳忠倚輯　清光緒二十七年(1901)上海書局石印本　十六册

120000－0342－0003459　3467
大清律例歌括一卷　(清)□□撰　清光緒二十九年(1903)浙江官書局刻本　一册

120000－0342－0003460　3468
靖逆記六卷　(清)盛大士撰　清道光二十一年(1841)文海堂刻本　二册

120000－0342－0003461　3469
欽頒州縣事宜一卷　(清)田文鏡撰　清同治七年(1868)江蘇書局刻宦海指南本　一册

120000－0342－0003462　3470
歸方評點史記合筆六卷　(清)王拯纂　清光

緒元年(1875)錦城節署刻本　一冊

120000－0342－0003463　3471
臥龍崗志二卷　(清)羅景輯　清同治八年(1869)刻本　二冊

120000－0342－0003464　3472
忠武誌八卷　(清)張鵬翮輯　清同治八年(1869)影印本　八冊

120000－0342－0003465　3473
[乾隆]高郵州志十二卷首一卷　(清)楊宜崙修　(清)夏之蓉纂　清光緒九年(1883)刻本　十八冊

120000－0342－0003466　3474
[道光]續增高郵州志不分卷　(清)張用熙　(清)左輝春等總纂　清光緒九年(1883)刻本　六冊

120000－0342－0003467　3475
[光緒]再續高郵州志八卷首一卷　(清)龔定瀛總修　(清)夏子鐊總纂　清光緒九年(1883)刻本　八冊

120000－0342－0003468　3476
[光緒]益都縣圖志五十四卷首一卷　(清)張承燮修　(清)法偉堂纂　清光緒三十三年(1907)刻本　十六冊

120000－0342－0003469　3477
[乾隆]汾陽縣志十四卷首一卷　(清)李文起修　(清)戴震纂　清乾隆三十七年(1772)刻本　八冊

120000－0342－0003470　3478
[道光]泰州志三十六卷　(清)王有慶修　清光緒三十四年(1908)刻本　十二冊

120000－0342－0003471　3479
[光緒]南匯縣志二十二卷首一卷末一卷　(清)金福曾等修　(清)張文虎纂　清光緒五年(1879)刻本　十二冊

120000－0342－0003472　3480
[光緒]武進陽湖縣志三十卷首一卷　(清)王其淦撰　(清)吳康壽修　(清)湯成烈纂　清光緒五年(1879)刻本　二十冊　存十三卷(十八至三十)

120000－0342－0003473　3481
史姓韻編六十四卷　(清)汪輝祖撰　清同治九年(1870)金陵書局木活字本　二十四冊

120000－0342－0003474　3482
蛾述集十六卷　(清)陳庭學撰　清嘉慶二十年(1815)刻本　四冊

120000－0342－0003475　3483
郝氏遺書　(清)郝懿行撰　清嘉慶、光緒東路廳署刻本　二十二冊　存四種

120000－0342－0003476　3484
四書經注集證十九卷　(清)吳宗昌撰　清咸豐三年(1853)刻本　十五冊

120000－0342－0003477　3485
四書教子尊經求通錄六卷　(清)楊一崑著　(清)楊恒占編次　清津門楊氏刻本　六冊

120000－0342－0003478　3486
四書說苑十一卷首一卷補遺一卷續遺一卷　(清)孫應科輯　清道光刻本　四冊

120000－0342－0003479　3487
四書通二十五卷　(元)胡炳文撰　清刻本　二十冊

120000－0342－0003480　3488
四書改錯二十二卷　(清)毛奇齡撰　清嘉慶十六年(1811)學圃刻西河合集本　六冊

120000－0342－0003481　3489
四書圖考十三卷　(清)杜炳撰　清道光九年(1829)刻本　十二冊

120000－0342－0003482　3490
溪上遺聞集錄十卷別錄二卷　(清)尹元煒輯　清道光二十八年(1848)刻本　十三冊

120000－0342－0003483　3491
龍岡山人古文鈔十卷　(清)洪良品撰　清光緒刻本　七冊

120000－0342－0003484　3492

轎耕吟稿五卷　(清)倪偉人撰　清光緒十六年(1890)刻本　七册

120000－0342－0003485　3493
董方立遺書　(清)董祐誠撰　清道光十年(1830)京都文德齋刻本　六册　存九種

120000－0342－0003486　3494
黔語二卷　(清)吳振棫撰　清咸豐四年(1854)刻本　一册

120000－0342－0003487　3495
[嘉泰]會稽志二十卷　(宋)沈作賓修　(宋)施宿等纂　清嘉慶十三年(1808)采鞠軒刻本　十二册

120000－0342－0003488　3496
[光緒]代州志十二卷首一卷　(清)俞廉三修　(清)楊篤纂　清光緒八年(1882)代山書院刻本　六册

120000－0342－0003489　3497
[光緒]續修廬州府志一百卷首一卷末一卷　(清)黃雲修　(清)林之望等纂　清光緒十一年(1885)刻本　四十八册

120000－0342－0003490　3498
[光緒]續修廬州府志一百卷首一卷末一卷　(清)黃雲修　(清)林之望等纂　清光緒十一年(1885)刻本　四十八册

120000－0342－0003491　3499
津門紀略十二卷　(清)羊城舊客编　清光緒二十四年(1898)石印本　二册

120000－0342－0003492　3500
[光緒]鳳陽府志二十一卷　(清)馮煦修　(清)魏家驊纂　清光緒三十四年(1908)活字本　二十四册

120000－0342－0003493　3501
[道光]敦煌縣志七卷　(清)蘇履吉修　(清)曾誠纂　清道光十一年(1831)刻本　四册

120000－0342－0003494　3502
[光緒]通州直隸州志十六卷　(清)梁悦馨　(清)莫祥芝修　(清)季念詒　(清)沈鍠纂　清光緒元年(1875)刻本　二十四册

120000－0342－0003495　3503
[光緒]樂亭縣志十五卷　(清)游智開修　(清)史夢蘭纂　清光緒三年(1877)刻本　六册

120000－0342－0003496　3504
二林居集二十四卷　(清)彭紹升撰　清光緒七年(1881)長洲彭氏家集本　六册

120000－0342－0003497　3505
樊榭山房集十卷續集十卷　(清)厲鶚著　清乾隆刻本　八册

120000－0342－0003498　3506
李文清公遺書八卷　(清)李棠階撰　清光緒八年(1882)河北分守道署刻本　四册

120000－0342－0003499　3507
懶云草堂詩鈔二卷　(清)金世祿撰　清道光十四年(1834)刻本　二册

120000－0342－0003500　3508
翠螺閣詩稾四卷　(清)淩祉媛撰　**翠螺閣詞稾一卷舞鏡集一卷**　(清)丁丙撰　清咸豐四年(1854)丁氏延慶堂刻本　二册

120000－0342－0003501　3509
東塾集六卷　(清)陳澧撰　清光緒十八年(1892)刻本　四册

120000－0342－0003502　3510
知恥齋詩集六卷　(清)謝振定撰　清道光十八年(1838)刻光緒重印本　二册

120000－0342－0003503　3511
日知堂集四卷首一卷　(清)鄭端撰　清光緒元年(1875)刻本　二册

120000－0342－0003504　3512
邁堂文略四卷　(清)李祖陶撰　清同治七年(1868)刻本　五册

120000－0342－0003505　3513
養一齋文集二十卷　(清)李兆洛撰　清光緒四年(1878)刻本　八册

120000－0342－0003506　3514
經笥堂文鈔二卷　(清)雷鋐撰　清嘉慶十六年(1811)甯化伊氏秋水園刻本　二册

120000－0342－0003507　3515
弢園文錄外編十卷　(清)王韜撰　清光緒二十三年(1897)刻本　十册

120000－0342－0003508　3516
清芬閣文稿八卷　(清)朱采撰　清刻本　四册

120000－0342－0003509　3517
容甫先生遺詩五卷　(清)汪中撰　清光緒十一年(1885)維楊述古齋活字印本　一册

120000－0342－0003510　3518
問樵詩鈔八卷　(清)史有光撰　清小曲阿山房刻本　二册

120000－0342－0003511　3519
前後蜀雜事詩二卷　(清)張祥齡撰　清刻本　二册

120000－0342－0003512　3520
無近名齋文集文鈔四卷二編二卷雜著二卷二編一卷　(清)彭翊撰　清光緒十年(1884)長洲彭祖賢鄂江節署刻本　四册

120000－0342－0003513　3521
述古堂集十二卷　(清)錢兆鵬撰　清光緒七年(1881)刻本　四册

120000－0342－0003514　3522
宜雅堂遺集四卷　(清)曹洪梁撰　清同治四年(1865)刻本　二册

120000－0342－0003515　3523
明夷待訪錄一卷　(清)黃宗羲撰　清末北洋官報局鉛印本　一册

120000－0342－0003516　3524
友竹山房詩草七卷補遺一卷　(清)蘇履吉撰　清道光十年(1830)刻本　四册

120000－0342－0003517　3525
無為齋文集十二卷續集六卷　(清)張昭潛著　清光緒四年(1878)徐繼孺、郭恩孚刻本　四册

120000－0342－0003518　3526
白華絳柎閣詩集十卷　(清)李慈銘撰　清光緒十六年(1890)刻本　四册

120000－0342－0003519　3527
退菴詩存二十五卷　(清)梁章鉅撰　清道光十二年(1832)刻本　八册

120000－0342－0003520　3528
松花菴全集十一種　(清)吳鎮撰　清乾隆刻本　二册　存二種

120000－0342－0003521　3529
西澗草堂集四卷　(清)閻循觀撰　清乾隆三十八年(1773)樹滋堂刻本　一册

120000－0342－0003522　3530
郘亭遺文八卷　(清)莫友芝撰　清光緒元年(1875)獨山莫氏刻本　一册

120000－0342－0003523　3531
投筆集箋注二卷　(清)錢謙益撰　(清)錢曾箋注　清宣統二年(1910)鉛印本　一册

120000－0342－0003524　3532
輟耕吟稿五卷　(清)倪偉人撰　清光緒十六年(1890)章安官舍刻本　二册

120000－0342－0003525　3533
漪香山館文集一卷　吳曾祺撰　清宣統二年(1910)商務印書館鉛印本　一册

120000－0342－0003526　3534
留春草堂詩鈔七卷　(清)伊秉綬撰　清光緒二十三年(1897)刻本　二册

120000－0342－0003527　3535
雲閑詩草四卷　(清)劉慈孚輯　清光緒二十三年(1897)刻本　二册

120000－0342－0003528　3536
龍岡山人詩鈔十八卷　(清)洪良品撰　清光緒六年(1880)刻本　六册

120000－0342－0003529　3537
曝書亭詩錄十二卷　(清)朱彝尊撰　(清)江

浩然注　清乾隆刻本　六冊

120000－0342－0003530　3538
賞雨茅屋詩集十一卷外集一卷　(清)曾燠撰　清嘉慶十五年(1810)刻本　四冊

120000－0342－0003531　3539
梧竹軒詩鈔十卷賸稿一卷　(清)徐兆英撰　清光緒二十七年(1901)愛虞堂刻本　四冊

120000－0342－0003532　3540
萬綠草堂詩集二十卷首一卷　(清)管繩萊撰　**才叔遺詩三卷**　(清)管樂撰　**徑北草堂卬須集初刻不分卷**　(清)管晏輯　清光緒十二年(1886)徑北書屋刻本　六冊

120000－0342－0003533　3541
蓮洋集十二卷補遺一卷附錄一卷　(清)吳雯撰　(清)王士禛評　清乾隆十七年(1752)刻本　六冊

120000－0342－0003534　3542
澹如軒詩草一卷　(清)朱鎮撰　清光緒元年(1875)刻本　一冊

120000－0342－0003535　3543
潘方伯公遺稿六卷　(清)潘駿文撰　(清)潘學祖　(清)潘學延編　清光緒二十二年(1896)刻本　六冊

120000－0342－0003536　3544
綠野齋前後合集六卷制藝一卷　(清)劉鴻翱撰　清道光二十四年(1844)刻本　六冊

120000－0342－0003537　3545
碧琅玕館詩鈔四卷續鈔四卷　(清)楊光儀撰　清光緒九年(1883)刻本　四冊

120000－0342－0003538　3546
津門徵獻詩八卷　(清)華鼎元撰　清光緒十二年(1886)刻本　四冊

120000－0342－0003539　3547
庚辰集五卷　(清)紀昀編　清刻本　五冊

120000－0342－0003540　3548
彭剛直公奏稿八卷　(清)彭玉麟撰　清光緒十七年(1891)刻本　六冊

120000－0342－0003541　3549
彭剛直公詩集八卷　(清)彭玉麟撰　清光緒十七年(1891)刻本　二冊

120000－0342－0003542　3550
香屑集十八卷　(清)黃之雋撰　清雍正十二年(1734)遂初園刻本　十冊

120000－0342－0003543　3551
畫壁遺稿三卷　(清)范承謨撰　清刻本　二冊

120000－0342－0003544　3552
淮海英靈集甲集四卷乙集四卷丙集四卷丁集四卷戊集四卷壬集一卷癸集一卷　(清)阮元輯錄　清嘉慶三年(1798)儀徵阮氏小琅嬛仙館刻本　六冊

120000－0342－0003545　3553
湖海樓詩集八卷　(清)陳維崧撰　清刻本　二冊

120000－0342－0003546　3554
栖雲閣詩十六卷　(清)高珩撰　清乾隆刻本　四冊

120000－0342－0003547　3555
簡學齋詩存四卷詩刪四卷館課賦存一卷館課試律存一卷館課賦續鈔一卷　(清)陳沆撰　清咸豐二年(1852)刻本　五冊

120000－0342－0003548　3556
海粟齋詩鈔三卷附試律一卷　(清)郭鑑庚撰　清咸豐二年(1852)刻本　四冊

120000－0342－0003549　3557
嶺南詩集八卷　(清)李文藻撰　清刻本　一冊

120000－0342－0003550　3558
瑞芝山房文鈔八卷附補遺一卷　(清)戴燮元撰　清光緒三年(1877)刻本　六冊

120000－0342－0003551　3559
澗東集三卷　(清)彭蘊章撰　清道光六年(1826)刻本　二冊

120000－0342－0003552　3560

海國勝遊草一卷　(清)斌椿撰　清同治七年至八年(1868－1869)刻本　一册

120000－0342－0003553　3561
孔子集語十七卷　(清)孫星衍撰　清光緒三年(1877)浙江書局刻本　四册

120000－0342－0003554　3562
津門古文所見録四卷　(清)郭師泰輯　清光緒十八年(1892)刻本　四册

120000－0342－0003555　3563
功順堂叢書十八種　(清)潘祖蔭輯　清光緒刻本　六册　存十三種

120000－0342－0003556　3564
莆陽文輯五卷　(清)涂慶瀾編　清光緒二十五年(1899)莆田荔隱書房刻本　五册

120000－0342－0003557　3565
藏書紀事詩六卷　葉昌熾撰　清光緒二十三年(1897)刻本　十二册

120000－0342－0003558　3566
樹經堂詠史詩八卷　(清)謝啟昆撰　清道光五年(1825)刻本　八册

120000－0342－0003559　3567
幸餘求定稿十二卷　(清)姚浚昌撰　清光緒十七年(1891)刻本　二册

120000－0342－0003560　3568
西湖志四十八卷　(清)李衛等修　(清)傅王露纂　清光緒四年(1878)浙江書局刻本　二十册

120000－0342－0003561　3569
[嘉慶]重修揚州府志七十二卷首一卷　(清)阿克當阿修　(清)姚文田　(清)江藩等纂　清嘉慶十五年(1810)刻本　二十册　存四十七卷(一至四十七)

120000－0342－0003562　3570
吉林外記十卷　(清)薩英額撰　清光緒二十六年(1900)廣雅書局刻本　二册

120000－0342－0003563　3571
[光緒]丹徒縣志六十卷　(清)呂耀斗總纂　清光緒五年(1879)刻本　三十六册

120000－0342－0003564　3572
捧月樓綺語八卷　(清)袁通撰　清嘉慶刻本　二册

120000－0342－0003565　3573
學詁齋文集二卷　(清)薛壽撰　清光緒十五年(1889)廣雅書局刻本　一册

120000－0342－0003566　3574
恒言録六卷　(清)錢大昕纂　清嘉慶十年(1805)刻本　六册

120000－0342－0003567　3575
爾雅疏十卷　(宋)邢昺撰　清光緒四年(1878)刻本　一册

120000－0342－0003568　3576
韻補五卷韻補正一卷　(宋)吴棫撰　(清)顧炎武補正　清光緒九年(1883)邵武徐氏刻本　二册

120000－0342－0003569　3577
通俗編三十八卷　(清)翟灝撰　清乾隆十六年(1751)仁和翟灝無不宜齋刻本　十二册

120000－0342－0003570　3578
同文一隅二卷　(清)承培元輯　清道光十四年(1834)暨陽書院刻本　一册

120000－0342－0003571　3579
古韻標準四卷首一卷　(清)江永撰　清刻本　一册

120000－0342－0003572　3580
仇十洲畫文衡山寫西廂記合册不分卷　(明)仇英繪　(明)文徵明書　清宣統三年(1911)影印本　二册

120000－0342－0003573　3581
説文拈字七卷附補遺一卷　(清)王玉樹撰　清嘉慶八年(1803)刻本　四册

120000－0342－0003574　3582
直隸工藝志初編八卷　(清)周爾潤編纂　清光緒三十三年(1907)鉛印本　八册

120000－0342－0003575　3583

雲南少數民族風俗不分卷　(□)□□撰　清彩繪本　一冊

120000－0342－0003576　3584

存研樓文集十六卷　(清)儲大文撰　清光緒元年(1875)刻本　十二冊

120000－0342－0003577　3585

古文析義十六卷　(清)林雲銘評注　清咸豐八年(1858)刻本　十六冊

120000－0342－0003578　3586

二知軒文存三十四卷　(清)方濬頤撰　清光緒四年(1878)刻本　十四冊

120000－0342－0003579　3587

玉壺冰一卷　(明)都穆輯　清乾隆二十四年(1759)刻本　一冊

120000－0342－0003580　3588

重刻朱文端公三傳歷代名儒傳八卷　(清)朱軾輯　(清)蔡世遠輯　**歷代名臣傳三十五卷首一卷續編五卷首一卷歷代循吏傳八卷**　清古唐朱氏古懽齋刻本　二十四冊

120000－0342－0003581　3589

國朝畿輔詩傳六十卷　(清)陶樑輯　清道光十九年(1839)紅豆樹館刻本　二十冊

120000－0342－0003582　3590

闕里文獻考一百卷首一卷末一卷　(清)孔繼汾撰　清刻本　八冊

120000－0342－0003583　3591

白虎通疏證十二卷　(清)陳立撰　清光緒元年(1875)刻本　六冊

120000－0342－0003584　3592

皇朝蓄艾文編八十卷目錄一卷　(清)于寶軒輯　清光緒二十九年(1903)上海官書局鉛印本　四十冊

120000－0342－0003585　3593

前漢補注一百卷首一卷　(漢)班固撰　王先謙補注　清光緒二十六年(1900)長沙王氏刻本　四十冊

120000－0342－0003586　3594

中國四千年開化史九章　題中國少年編譯　**歷代大事年表一卷**　清光緒三十二年(1906)成都局刻本　二冊

120000－0342－0003587　3595

攈古錄二十卷　(清)吳式芬撰　清海豐吳氏刻本　二十冊

120000－0342－0003588　3596

小學集注六卷　(明)陳選集注　清光緒京都文成堂刻本　四冊

120000－0342－0003589　3597

說文古籀疏證六卷原目一卷　(清)莊述祖撰　清光緒二十年(1894)津郡明文堂刻本　四冊

120000－0342－0003590　3598

說文古籀疏證六卷原目一卷　(清)莊述祖撰　清光緒二十年(1894)津郡明文堂刻本　四冊

120000－0342－0003591　3599

說文解字注十五卷附六書音韻表五卷說文部目分韻不分卷說文通檢十四卷首一卷末一卷說文解字注匡謬八卷　(清)段玉裁撰　清宣統二年(1910)上海江左書林石印本　八冊

120000－0342－0003592　3600

剔弊廣增分韻五方元音二卷首一卷　(清)樊騰鳳原撰　(清)趙培梓改編　清光緒二十七年(1901)刻本　五冊

120000－0342－0003593　3601

光緒政要三十四卷　沈桐生輯　清宣統元年(1909)南洋官書局石印本　三十冊

120000－0342－0003594　3602

雙清堂石刻二編　(清)劉樹堂仿寫　清光緒二十年(1894)石印本　二冊

120000－0342－0003595　3603

應試唐詩類釋十九卷　(清)臧岳編　清乾隆三樂齋刻本　六冊

120000－0342－0003596　3604

唐詩三百首注疏六卷　(清)蘅塘退士編　(清)章燮注　清道光二十一年(1841)桐石山房刻本　四冊

120000－0342－0003597　3605
蔡邕十意輯存十六卷　(漢)蔡邕撰　(清)于文華輯　清光緒東陽于氏味腴草堂叢書鉛印本　二冊

120000－0342－0003598　3606
宋氏綿津詩鈔八卷　(清)宋犖撰　清康熙刻本　四冊

120000－0342－0003599　3607
敬業堂詩集五十卷　(清)查慎行撰　清雍正刻本　二十八冊

120000－0342－0003600　3608
莊子雪三卷　(清)陸樹芝輯注　清嘉慶四年(1799)文選樓刻本　三冊

120000－0342－0003601　3609
釋名疏證八卷續釋名一卷補遺一卷　(清)畢沅撰　**校議一卷**　(清)吳翊寅撰　清光緒二十年(1894)廣雅書局刻廣雅書局叢書本　二冊

120000－0342－0003602　3610
駢雅七卷　(明)朱謀㙔撰　**駢雅訓纂十六卷**　(清)魏茂林撰　清同治十一年(1872)經綸書室刻本　八冊

120000－0342－0003603　3611
爾雅漢注三卷　(清)臧鏞堂撰　清嘉慶七年(1802)刻問經堂叢書本　三冊

120000－0342－0003604　3612
增補文成字彙十二卷　(明)梅膺祚撰　清刻本　十四冊

120000－0342－0003605　3613
鐘鼎字源五卷附錄一卷　(清)汪立名輯　清光緒二年(1876)洞庭秦氏麟慶堂刻本　二冊

120000－0342－0003606　3614
說文釋例二十卷　(清)王筠撰　清同治四年(1865)刻本　十冊

120000－0342－0003607　3615
拾雅二十卷　(清)夏味堂撰　清道光二年(1822)刻本　十冊

120000－0342－0003608　3616
古韻通說二十卷　(清)龍啟瑞撰　清光緒九年(1883)刻本　四冊

120000－0342－0003609　3617
字學三書佩觿一卷　(宋)郭忠恕撰　**群經音辨七卷**　(宋)賈昌朝撰　**字鑑五卷**　(元)李文仲撰　清道光二十年至二十一年(1840－1841)刻本　六冊

120000－0342－0003610　3618
漢學諧聲二十四卷　(清)戚學標撰　清嘉慶九年(1804)涉縣官署刻本　八冊

120000－0342－0003611　3619
事物原會四十卷　(清)汪汲撰　清乾隆、嘉慶刻本　八冊　存三十七卷(一至三十七)

120000－0342－0003612　3620
淳化秘閣法帖考正十二卷　(清)王澍撰　清刻本　四冊

120000－0342－0003613　3621
國朝十家四六文鈔　王先謙輯　清光緒十五年(1889)長沙王氏刻本　四冊　存十種

120000－0342－0003614　3622
御定歷代賦彙一百四十卷外集二十卷逸句二卷補遺二十二卷目錄三卷　(清)陳元龍輯　清康熙四十五年(1706)內府刻本　六十四冊

120000－0342－0003615　3623
何大復先生集三十八卷　(明)何景明撰　清乾隆十五年(1750)刻本　十二冊

120000－0342－0003616　3624
錢頤壽中丞全集　(清)錢寶琛撰　清同治刻本　七冊　存三種

120000－0342－0003617　3625
養素堂文集三十五卷首一卷　(清)張澎撰　清道光十七年(1837)刻本　十冊

120000－0342－0003618　3626

味檗齋文集十五卷 (明)趙南星撰 清光緒五年(1879)刻畿輔叢書本 十冊

120000－0342－0003619 3627
炳燭編四卷 (清)李賡芸撰 清同治十一年(1872)刻本 四冊

120000－0342－0003620 3628
南越筆記十六卷 (清)李調元撰 清光緒刻函海本 四冊

120000－0342－0003621 3629
椒生隨筆八卷 (清)王之春撰 清光緒七年(1881)上洋文藝齋刻本 四冊

120000－0342－0003622 3630
札迻十二卷 (清)孫詒讓撰 清光緒二十一年(1895)刻本 四冊

120000－0342－0003623 3631
張氏適園叢書初集 張鈞衡輯 清宣統三年(1911)上海國學扶輪社鉛印本 十冊 存七種

120000－0342－0003624 3632
求志居集三十六卷 (清)陳世鎔撰 清道光二十五年(1845)獨秀山莊刻求志居全集本 八冊

120000－0342－0003625 3633
悔餘庵文稿九卷詩稿十三卷樂府四卷 (清)何栻撰 清同治四年(1865)鳩江戎幄刻本 十冊

120000－0342－0003626 3634
止堂集十八卷 (宋)彭龜年撰 清同治七年(1868)刻武英殿聚珍版叢書本 二冊

120000－0342－0003627 3635
天根文鈔四卷文法一卷續集一卷詩鈔二卷 (清)何家琪撰 清光緒三十二年(1906)河南官書局刻三怡堂叢書本 四冊

120000－0342－0003628 3636
詒晉齋集八卷後集一卷隨筆一卷 (清)永瑆撰 清光緒五年(1879)古岡劉氏藏修書屋刻述古叢抄本 四冊

120000－0342－0003629 3637
楊忠烈公文集十卷補遺一卷表忠錄一卷年譜一卷 (明)楊漣撰 清道光十四年(1834)刻本 十二冊

120000－0342－0003630 3638
采風記五卷附紀程感事詩一卷時務論一卷 宋育仁撰 清光緒二十三年(1897)刻本 四冊

120000－0342－0003631 3639
清白士集二十四卷 (清)梁玉繩撰 清嘉慶五年(1800)刻本 八冊

120000－0342－0003632 3640
麗濾薈錄十四卷爽鳩要錄二卷 (清)蔣超伯輯 清同治五年(1866)刻本 八冊

120000－0342－0003633 3641
古經解彙函 (清)鍾謙鈞輯 清光緒十四年(1888)上海蜚英館石印本 二十冊 存十七種

120000－0342－0003634 3642
蔣氏四種 (清)蔣士銓撰 清咸豐、同治刻本 四十冊 存三種

120000－0342－0003635 3643
彭公清烈傳黃三泰學藝四卷 (□)□□撰 清宣統元年(1909)海上錄事軒石印本 二冊

120000－0342－0003636 3644
增評補像全圖金玉緣一百二十回 (清)曹霑撰 (清)高鶚補撰 清光緒石印本 三冊 存四十六回(七十五至一百二十)

120000－0342－0003637 3645
晚笑堂竹莊畫傳不分卷 (清)上官周撰並繪 清乾隆八年(1743)刻本 二冊

120000－0342－0003638 3646
貴池二妙集 劉世珩輯 清光緒二十六年(1900)刻本 十二冊 存四種

120000－0342－0003639 3647
富陽夏氏叢刻八種 (清)夏震武 (清)夏鼎武撰 清光緒刻本 五冊 存五種

120000－0342－0003640　3648
竹柏山房十五種　（清）林春溥編　清嘉慶、咸豐刻本　四十冊　存十四種

120000－0342－0003641　3649
繪圖增像西遊記一百回　（明）吴承恩撰　清光緒十九年（1893）上海煥文書局石印本　八冊

120000－0342－0003642　3650
漸學廬叢書第一集　（清）胡祥鑅輯　清光緒二十三年（1897）石印本　二冊　存七種

120000－0342－0003643　3651
宸垣識畧十六卷　（清）吴長元輯　清光緒二年（1876）刻本　八冊

120000－0342－0003644　3652
［咸豐］安順府志五十四卷首一卷　（清）常恩修　（清）鄒漢勳等纂　清光緒十七年（1891）刻本　十六冊

120000－0342－0003645　3653
賭棋山莊集　（清）謝章鋌撰　清光緒刻本　三十三冊

120000－0342－0003646　3654
日下尊聞錄五卷　（清）曹鴻勛等錄　清光緒十七年（1891）同文書局石印本　二冊

120000－0342－0003647　3655
畿輔水利四案四卷附補一卷附錄一卷　（清）潘錫恩輯　清刻本　六冊

120000－0342－0003648　3656
五代史記七十四卷　（宋）歐陽修撰　（宋）徐無黨注　（清）彭元瑞補注　（清）劉鳳誥排次　清道光八年（1828）刻本　四十冊

120000－0342－0003649　3657
春秋左傳評苑三十卷首一卷　（明）穆文熙輯　明萬曆二十年（1592）鄭以厚光裕堂刻本　六冊

120000－0342－0003650　3658
國語二十一卷校刊明道本國語札記一卷國語明道本考異四卷　（三國吳）韋昭注　**戰國策三十三卷附札記三卷**　（漢）高誘注　清光緒二年（1876）尊經書院刻本　十冊

120000－0342－0003651　3659
吳門風土記（清嘉錄）十二卷　（清）顧祿撰　清光緒十七年（1891）刻本　四冊

120000－0342－0003652　3660
欽定五軍道里表十八卷　（清）明亮等修　（清）常泰等纂　清嘉慶十四年（1809）刻本　十八冊

120000－0342－0003653　3661
楊氏全書八種　（清）楊名時撰　清乾隆五十九年（1794）江陰葉廷甲水心草堂刻本　八冊

120000－0342－0003654　3662
吳興長橋沈氏家集二十九卷　沈家本輯　清宣統元年（1909）刻本　十二冊

120000－0342－0003655　3663
頻羅庵遺集十六卷　（清）梁同書撰　清嘉慶二十二年（1817）仁和陸貞一刻本　五冊

120000－0342－0003656　3664
萬充宗先生經學五書　（清）萬斯大著　清乾隆萬福刻本　二冊

120000－0342－0003657　3665
槐廬叢書　（清）朱記榮輯　清光緒吳縣朱氏槐廬家塾刻本　七十九冊　存三十八種

120000－0342－0003658　3666
龍莊遺書四種　（清）汪輝祖撰　清光緒江蘇書局刻本　六冊　存四種

120000－0342－0003659　3667
張氏家集　（清）張紹文輯校　清光緒六年（1880）龐山刻本　六冊　存三種

120000－0342－0003660　3668
永嘉叢書十三種　（清）孫衣言輯　清同治、光緒瑞安孫氏詒善祠塾刻本　八十冊

120000－0342－0003661　3669
金峨山館叢書　（清）郭傳璞輯　清光緒金峨山館刻本　六冊　存九種

120000－0342－0003662　3670

番禺陳氏東塾叢書　(清)陳澧撰　清咸豐八年至光緒八年(1858－1882)粵東富文齋刻本　九冊　存四種

120000－0342－0003663　3671

徐州二遺民集十卷　(清)馮煦輯　清光緒十九年(1893)臨川桂氏刻本　五冊

120000－0342－0003664　3672

沈余遺書　(清)趙舒翹輯　清光緒二十二年(1896)江蘇書局刻本　四冊

120000－0342－0003665　3673

六朝四家全集　(清)胡鳳丹輯　清同治九年(1870)永康胡氏退補齋刻本　六冊　存五種

120000－0342－0003666　3674

李文忠公全集　(清)李鴻章撰　(清)吳汝綸編錄　清光緒三十一年至三十四年(1905－1908)金陵刻本　一百冊

120000－0342－0003667　3675

古香齋鑒賞袖珍初學記三十卷　(唐)徐堅等撰　清光緒江西金谿紅杏山房刻本　十六冊

120000－0342－0003668　3676

野語九卷　(清)伏虎道場行者(費南輝)編　**西吳菊略一卷**　(清)程岱葊元本　(清)道場山人星甫錄　**西吳蠶略二卷**　(清)道場山人星甫輯　清道光二十五年(1845)廛隱廬刻本　四冊

120000－0342－0003669　3677

孴軒孔氏所著書七種　(清)孔廣森撰　清乾隆、嘉慶刻本　十冊

120000－0342－0003670　3678

譚史志奇八卷　(清)姚彥臣撰　清光緒十四年(1888)五知堂刻本　四冊

120000－0342－0003671　3679

譚史志奇八卷　(清)姚彥臣撰　清光緒十四年(1888)五知堂刻本　四冊

120000－0342－0003672　3680

茶餘客話十二卷　(清)阮葵生撰　清刻本　四冊

120000－0342－0003673　3681

客窗閒話八卷續八卷　(清)吳熾昌撰　清光緒元年(1875)敦仁堂刻本　八冊

120000－0342－0003674　3682

續客窗閒話八卷　(清)吳熾昌撰　清光緒元年(1875)刻本　八冊

120000－0342－0003675　3683

張氏適園叢書初集　張鈞衡輯　清宣統三年(1911)上海國學扶輪社鉛印本　十冊　存七種

120000－0342－0003676　3684

客窗閒話八卷續八卷　(清)吳熾昌撰　清光緒元年(1875)滋本堂刻本　八冊

120000－0342－0003677　3685

外史誌異八卷　(明)薛朝選著　(清)袁枚重輯　清光緒二十六年(1900)石印本　二冊

120000－0342－0003678　3686

譚史志奇八卷　(清)姚彥臣撰　清光緒十四年(1888)五知堂刻本　四冊

120000－0342－0003679　3687

譚史志奇八卷　(清)姚彥臣撰　清光緒十四年(1888)五知堂刻本　四冊

120000－0342－0003680　3688

庸盦筆記六卷　(清)薛福成撰　清光緒二十三年(1897)刻本　六冊

120000－0342－0003681　3689

唐人說薈二十卷　(清)蓮塘居士纂　清同治八年(1869)刻本　二十冊

120000－0342－0003682　3690

說郛一百二十㢧　(明)陶宗儀輯　(明)陶珽重校　清刻本　十冊　存七十七種

120000－0342－0003683　3691

十七史蒙求補編十六卷補遺十六卷　(清)高鉞輯　清嘉慶二十五年(1820)刻本　二冊

120000－0342－0003684　3692

增訂詳注廣日記故事不分卷　(清)王相增註　清刻本　一冊

120000－0342－0003685　3693
江陵張文忠公文集四十七卷　(明)張居正撰　清江陵鄧氏藏板刻本　十六冊

120000－0342－0003686　3694
風雨樓叢書　鄧實輯　清宣統順德鄧氏風雨樓鉛印本　五冊　存二種

120000－0342－0003687　3695
江陵張文忠公文集四十七卷　(明)張居正撰　清刻本　十六冊

120000－0342－0003688　3696
再生緣全傳二十卷　(清)陳端生撰　清刻本　二十冊

120000－0342－0003689　3697
新刻鸚歌記四卷　(□)□□撰　清光緒十八年(1892)刻本　一冊

120000－0342－0003690　3698
後續琥珀鳳釵柳希雲全本六卷　(清)□□撰　清刻本　一冊

120000－0342－0003691　3699
弟子箴言十六卷　(清)胡達源撰　清同治九年(1870)刻本　四冊

120000－0342－0003692　3700
新刻雙龍傳(王花買父)四卷　(□)□□撰　清京都聚興堂刻本　四冊

120000－0342－0003693　3701
繡像珍珠塔後傳麒麟豹四卷六十回　(清)廢閑主人輯　清光緒二十年(1894)上海書局石印本　四冊

120000－0342－0003694　3702
惠風扇全本二十四回　(□)□□撰　清刻本　六冊

120000－0342－0003695　3703
庚子國變彈詞四十回　(清)李伯元撰　清光緒二十九年(1903)鉛印本　四冊

120000－0342－0003696　3704
新刻真本唱口七俠圖四十二集　(□)□□撰　清九成齋刻本　六冊

120000－0342－0003697　3705
新刻珠玉圓四卷四十八回　(清)柳浦散人編輯　清同治十一年(1872)刻本　四冊

120000－0342－0003698　3706
繡像九龍陣十六卷　(□)□□撰　清刻本　六冊

120000－0342－0003699　3707
弘簡錄二百五十四卷　(明)邵經邦撰　清嘉慶、道光刻本　四十九冊　存二百十八卷(一至一百五十一、一百八十八至二百五十四)

120000－0342－0003700　3708
新刻劍嘯閣批評東漢演義傳十卷　(□)□□撰　清刻本　二冊

120000－0342－0003701　3709
帝王廟謚年諱譜不分卷　(清)陸費墀撰　清光緒二十八年(1902)山東書局石印本　一冊

120000－0342－0003702　3710
鄂宰四稿夏小正一卷弟子職正音一卷毛詩重言一卷毛詩雙聲疊韻說一卷　(清)王筠撰　清咸豐二年(1852)鄉寧賀蓉刻本　二冊

120000－0342－0003703　3711
槐廳載筆二十卷　(清)法式善撰　清嘉慶四年(1799)刻本　四冊

120000－0342－0003704　3712
蓬窗隨錄十四卷附錄二卷續錄二卷　(清)沈兆澐輯　清咸豐七年至九年(1857－1859)刻本　十冊　缺二卷(三至四)

120000－0342－0003705　3713
國語二十一卷附劄記一卷考異四卷　(春秋)左丘明撰　清同治八年(1869)湖北崇文書局刻本　五冊

120000－0342－0003706　3714
戰國策三十三卷附札記三卷　(漢)高誘注　清同治八年(1869)湖北崇文書局刻本　五冊

120000－0342－0003707　3715
食舊德齋雜著不分卷　(清)劉嶽雲撰　清光緒八年(1882)刻本　一册

120000－0342－0003708　3716
小學韻語一卷　(清)羅澤南撰　清光緒二十七年(1901)山東書局刻本　一册

120000－0342－0003709　3717
康熙字典十二集附檢字一卷辨似一卷等韻一卷備考十二集補遺十二集　(清)張玉書纂　清光緒二十年(1894)上海同文書局石印本　六册

120000－0342－0003710　3718
七修類稿五十一卷續稿七卷　(明)郎瑛撰　清光緒六年(1880)廣州翰墨園刻本　十二册

120000－0342－0003711　3719
欽定佩文韻府一百零六卷拾遺一百零六卷　(清)張玉書等編　(清)張廷玉等拾遺　清光緒十二年(1886)上海同文書局石印本　六十册

120000－0342－0003712　3720
春秋大事表五十卷輿圖一卷附録一卷　(清)顧棟高撰　清同治十二年(1873)山東尚志堂刻本　二十册

120000－0342－0003713　3721
歷代神仙通鑑二十二卷　(清)徐道編　清康熙刻本　二十四册

120000－0342－0003714　3722
蕉軒隨録十二卷　(清)方濬師撰　清同治十一年(1872)退一步齋刻本　十二册

120000－0342－0003715　3723
中外地輿圖説集成一百三十卷首三卷　(清)同康廬主人編輯　清光緒二十年(1894)上海順成書局石印本　二十四册

120000－0342－0003716　3724
欽定續通志六百四十卷　(清)嵇璜等纂　清光緒二十七年(1901)上海圖書集成局石印本　六十册

120000－0342－0003717　3725
欽定續文獻通考二百五十卷　(清)嵇璜等纂　清光緒二十七年(1901)上海圖書集成局石印本　三十六册

120000－0342－0003718　3726
通志二百卷考證三卷　(宋)鄭樵撰　清光緒二十七年(1901)上海圖書集成局鉛印本　六十册

120000－0342－0003719　3727
新鐫繡像後宋慈雲太子逃難走國全傳八卷三十五回　(□)□□撰　清天平維經堂刻本　一册

120000－0342－0003720　3728
紅樓夢補四十八回　(清)歸鋤子撰　清光緒二年(1876)申報館鉛印本　八册

120000－0342－0003721　3729
新鐫異説五虎平西珍珠旗演義狄青前傳十四卷一百十二回後續六卷　(□)□□撰　清道光十六年(1836)經綸堂刻本　十册

120000－0342－0003722　3730
新評繡像紅樓夢全傳一百二十回　(清)曹霑撰　(清)高鶚補撰　清光緒三年(1877)上浣翰苑樓刻本　二十四册

120000－0342－0003723　3731
雪月梅傳奇十卷五十回　(清)陳朗撰　(清)董孟汾評　清乾隆四十年(1775)聚錦堂刻本　十册

120000－0342－0003724　3732
情史類略二十四卷　(清)詹詹外史評輯　清道光二十八年(1848)三讓堂刻本　十二册

120000－0342－0003725　3733
説唐後傳六卷首二卷　(清)如蓮居士編　清英德堂刻本　四册

120000－0342－0003726　3734
飛龍全傳十二卷六十回　(清)吳璿編　清乾隆三十三年(1768)刻本　二十册

120000－0342－0003727　3735

鏡花緣一百回　(清)李汝珍撰　清刻本　二十冊

120000－0342－0003728　3736
續紅樓夢四十卷　(清)海圃主人撰　清嘉慶十年(1805)刻本　五冊

120000－0342－0003729　3737
義俠好逑傳四卷十八回　(清)名教中人編　(清)遊方外客批評　清三讓堂刻本　四冊

120000－0342－0003730　3738
青泥蓮花記十三卷　(明)梅鼎祚撰　清宣統二年(1910)京都自強書局石印本　四冊

120000－0342－0003731　3739
原本海公大紅袍傳六十卷　(明)李春芳編次　清道光十年(1830)大文堂刻本　十冊

120000－0342－0003732　3740
忠孝節義二度梅全傳六卷四十回　(清)惜陰堂主人編輯　(清)繡虎堂主人訂閱　清光緒六年(1880)埽葉山房刻本　六冊

120000－0342－0003733　3741
新刻異說緣牡丹六卷六十四回　(□)□□撰　清光緒二十年(1894)京都東泰山房刻本　六冊

120000－0342－0003734　3742
繪圖第八才子書白圭志四集十六回首一卷　(清)崔象川輯　清光緒二十一年(1895)上海書局石印本　四冊

120000－0342－0003735　3743
滬遊雜記五編六十卷　(清)葛元煦撰　清光緒二十九年(1903)石印本　十七冊

120000－0342－0003736　3744
漢宋奇書六十卷忠義水滸傳一百十五回　(明)施耐庵撰　(清)金聖嘆評點　(清)熊飛輯　**古本三國志一百二十回**　(明)羅貫中撰　(清)金聖嘆評點　(清)熊飛輯　清金陵興賢堂刻本　二十四冊

120000－0342－0003737　3745
科名金鍼不分卷　(清)毛昶熙編　清光緒元年(1875)刻本　一冊

120000－0342－0003738　3746
槜藺譜不分卷　(清)鄭珍纂　(清)莫友芝註　清光緒十三年(1887)湘南臬署刻本　一冊

120000－0342－0003739　3747
南洋官報不分卷　(清)南洋官報局編　清光緒三十二年(1906)鉛印本　六冊　存六冊(四十八至四十九、五十八至六十、六十七)

120000－0342－0003740　3748
茶香室三鈔二十九卷目錄一卷　(清)俞樾撰　清刻本　六冊

120000－0342－0003741　3749
新纂氏族箋釋八卷　(清)熊峻運著　清刻本　四冊

120000－0342－0003742　3750
洗冤錄詳義四卷首一卷附摭遺二卷摭遺補一卷　(清)許槤編校　清光緒十六年(1890)湖北官書處刻本　六冊

120000－0342－0003743　3751
三藩紀事本末四卷　(清)楊陸榮撰　清康熙五十六年(1717)刻本　二冊

120000－0342－0003744　3752
西夏紀事本末三十六卷年表一卷　(清)張鑑撰　清光緒十年(1884)江蘇書局刻本　四冊

120000－0342－0003745　3753
白香山詩後集十七卷首一卷附別集一卷補遺二卷　(唐)白居易撰　清康熙刻本　六冊

120000－0342－0003746　3754
李商隱詩集三卷　(唐)李商隱撰　清宣統元年(1909)影印本　二冊

120000－0342－0003747　3755
榆園叢刻　(清)許增輯　清同治、光緒刻本　十六冊　存十六種

120000－0342－0003748　3756
全史宮詞二十卷　(清)史夢蘭撰　清咸豐六年(1856)刻本　一冊

120000－0342－0003749　3757
燕翼堂俚言十三篇　(清)劉士魁撰　(清)孫營德校録　清光緒三十三年(1907)天津義合堂刻本　一册

120000－0342－0003750　3758
爾雅直音二卷　(清)孫偘輯　清光緒六年(1880)福山王氏天壤閣刻本　二册

120000－0342－0003751　3759
古文觀止十二卷　(清)吳乘權　(清)吳大職編　清南京李光明莊刻本　六册

120000－0342－0003752　3760
東都事畧一百三十卷　(宋)王偁撰　清光緒九年(1883)淮南書局刻本　八册

120000－0342－0003753　3761
普奧戰史七編附録一卷　(日本)羽化生撰　趙天驥譯　王慕陶校　清光緒二十八年(1902)上海商務印書館鉛印本　一册

120000－0342－0003754　3762
新出皖案徐錫麟遺事十二節不分卷　(□)□□撰　清末石印本　一册

120000－0342－0003755　3763
中華古今注三卷　(五代)馬縞集　明刻古今逸史本　一册

120000－0342－0003756　3764
四裔編年表四卷　(美國)林樂知編譯　清光緒二十三年(1897)江南製造局石印本　四册

120000－0342－0003757　3765
金石索十二卷首一卷　(清)馮雲鵬　(清)馮雲鵷輯　清光緒十九年(1893)上海積山書局石印本　二十四册

120000－0342－0003758　3766
玉簡齋叢書二十一種　羅振玉輯　清宣統二年(1910)上虞羅氏影印本　二十册　存二十一種

120000－0342－0003759　3767
金石索十二卷首一卷　(清)馮雲鵬　(清)馮雲鵷輯　清道光元年(1821)滋陽縣署石印本　十二册

120000－0342－0003760　3768
續資治通鑑二百二十卷　(清)畢沅編　清光緒二十九年(1903)珠江同聲書局刻本　八十册

120000－0342－0003761　3769
西清古鑑四十卷附錢録十六卷　(清)梁詩正等編纂　清光緒十四年(1888)上海鴻文書局石印本　十一册　存三十三卷(一至十六、四十,錢録十六卷)

120000－0342－0003762　3770
欽定詩經傳説彙纂二十一卷詩序二卷　(清)王鴻緒撰　清刻本　十二册　存十七卷(五至二十一)

120000－0342－0003763　3771
唐文粹一百卷　(宋)姚鉉編　清光緒刻本　十册　存六十七卷(三十四至一百)

120000－0342－0003764　3772
徐氏三種　(清)徐士業輯　清光緒十年(1884)埽葉山房刻本　三册

120000－0342－0003765　3773
東周列國志二十三卷一百八回　(明)馮夢龍撰　(清)蔡奡點評　清刻本　十册　存十卷(二至十一)

120000－0342－0003766　3774
國朝詞綜四十八卷二集八卷明詞綜十二卷　(清)王昶輯　清同治四年(1865)亦西齋刻本　十二册　存五十八卷(國朝詞綜一至三、十四至四十八,二集八卷,明詞綜十二卷)

120000－0342－0003767　3775
王狀元集百家注編年杜陵詩史三十二卷　(唐)杜甫撰　(宋)魯訔編年并注　(宋)王十朋集注　清宣統三年(1911)貴池劉氏玉海堂景宋叢書本　十二册

120000－0342－0003768　3776
蜀水考四卷　(清)陳登龍坪述　(清)朱錫穀補注　(清)陳一律分疏　清光緒十六年

(1890)成都試院刻本　四冊

120000－0342－0003769　3777
澳門紀略二卷首一卷末一卷　(清)印光任　(清)張汝霖撰　清光緒六年(1880)重印本　二冊

120000－0342－0003770　3778
西藏通覽二編　(□)□□撰　清末鉛印本　二冊

120000－0342－0003771　3779
[光緒]溧陽縣續志十六卷末一卷　(清)朱畯等修　(清)馮煦等纂　清光緒二十五年(1899)活字本　八冊

120000－0342－0003772　3780
古今類傳四卷　(清)董穀士　(清)董炳文輯　清康熙三十一年(1692)未學齋刻本　四冊

120000－0342－0003773　3781
新增說文韻府群玉二十卷　(元)陰時夫輯　(元)陰中夫編注　清乾隆二十三年(1758)芸經堂刻本　二十冊

120000－0342－0003774　3782
[嘉慶]溧陽縣志十六卷　(清)李景嶧　(清)陳鴻壽修　(清)史炳纂　清光緒二十二年(1896)活字本　十八冊

120000－0342－0003775　3783
雪樵經解三十卷附錄三卷　(清)馮世瀛撰　清光緒八年(1882)刻本　三十二冊

120000－0342－0003776　3784
[同治]鄞縣志七十五卷　(清)戴枚修　(清)董沛纂　清光緒三年(1877)刻本　三十四冊

120000－0342－0003777　3785
蜀典十二卷　(清)張澍撰　清光緒二年(1876)刻本　六冊

120000－0342－0003778　3786
[光緒]平遥縣志十二卷　(清)恩端等修　(清)武達材等纂　清光緒九年(1883)刻本　八冊

120000－0342－0003779　3787
[光緒]杭州府志一百七十八卷　(清)龔嘉俊修　(清)陸懋勳纂　清光緒二十四年(1898)鉛印本　八十一冊

120000－0342－0003780　3788
漁洋山人精華錄十卷　(清)王士禎撰　(清)林佶編　清康熙三十九年(1700)刻本　六冊

120000－0342－0003781　3789
雲臥山莊詩集八卷　(清)郭昆燾撰　清光緒十一年(1885)湘陰郭氏岵瞻堂刻本　四冊

120000－0342－0003782　3790
多歲堂詩集四卷　(清)成書撰　清刻本　四冊

120000－0342－0003783　3791
石樵先生遺詩四卷　(清)張安保撰　清光緒七年(1881)刻本　四冊

120000－0342－0003784　3792
圖史提綱三卷　(清)胡宣慶纂編　清光緒十七年(1891)長沙胡氏刻本　一冊

120000－0342－0003785　3793
琴志樓叢書　易順鼎撰　清光緒刻本　四冊

120000－0342－0003786　3794
八旗文經六十卷　(清)盛昱輯　清光緒二十七年(1901)刻本　十二冊

120000－0342－0003787　3795
太鶴山人集十三卷　(清)端木國瑚著　清道光二十年(1840)瑞安洪氏刻本　六冊

120000－0342－0003788　3796
乖庵文錄二卷　秦樹聲撰　清光緒三十四年(1908)石印本　一冊

120000－0342－0003789　3797
測海集六卷　(清)彭紹升著　清同治四年(1865)刻本　二冊

120000－0342－0003790　3798
思綺堂文集十卷　(清)章藻功撰　清康熙六十一年(1722)刻本　十冊

120000－0342－0003791　3799
甌香館集十二卷首一卷末一卷　(清)惲格撰　(清)蔣光煦輯　清光緒七年(1881)刻本　四册

120000－0342－0003792　3800
陶園詩集二十二卷　(清)張九鉞撰　清嘉慶二十三年(1818)刻本　十二册

120000－0342－0003793　3801
雙藤書屋詩集六卷　(清)柯道生撰　清道光元年(1821)刻本　四册

120000－0342－0003794　3802
飣餖吟十二卷　(清)石費清撰　清咸豐八年(1858)刻本　四册

120000－0342－0003795　3803
平津館叢書　(清)孫星衍輯　清光緒十一年(1885)吳縣朱氏槐廬家塾刻本　四册　存二種

120000－0342－0003796　3804
苑西集十二卷　(清)高士奇撰　清康熙二十九年(1690)刻本　四册

120000－0342－0003797　3805
倚晴樓集　(清)黄燮清撰　清同治刻本　六册　存三種

120000－0342－0003798　3806
傳硯堂詩錄八卷　(清)張鴻基撰　清同治七年(1868)刻本　二册

120000－0342－0003799　3807
璿璣碎錦二卷　(清)萬樹撰　清光緒十四年(1888)刻本　二册

120000－0342－0003800　3808
國朝駢體正宗十二卷　(清)曾燠輯　清光緒善化章氏鴻運樓刻本　六册

120000－0342－0003801　3809
瓣香齋詩鈔六卷　(清)王明蕚著　清光緒刻本　六册

120000－0342－0003802　3810
嶼浮閣詩賦集十四卷　(清)溫日知著　清咸豐七年(1857)刻本　二册

120000－0342－0003803　3811
海右集八卷　(清)徐子威著　清嘉慶十七年(1812)刻本　四册

120000－0342－0003804　3812
織簾書屋詩鈔十二卷　(清)沈兆澐撰　清咸豐二年(1852)刻本　四册

120000－0342－0003805　3813
芙蓉山館詩鈔八卷補鈔一卷詞鈔二卷　(清)楊芳燦撰　清嘉慶刻本　六册

120000－0342－0003806　3814
述菴詩鈔十二卷　(清)王昶撰　清乾隆五十五年(1790)刻本　四册

120000－0342－0003807　3815
蟲鳥吟七卷　(清)蕭德宣撰　清同治五年(1866)刻本　四册

120000－0342－0003808　3816
泮湖文集十二卷　(清)吳敏樹撰　清刻本　八册

120000－0342－0003809　3817
四為堂焚餘草二卷　(清)謝鵬飛著　清宣統元年(1909)刻本　二册

120000－0342－0003810　3818
竹瑞堂詩鈔十八卷　(清)黄德華著　清同治三年(1864)刻本　四册

120000－0342－0003811　3819
續檇李詩繫四十卷　(清)胡昌基輯　清宣統三年(1911)刻本　二十册

120000－0342－0003812　3820
宋氏綿津詩鈔八卷　(清)宋犖撰　清康熙刻本　二册

120000－0342－0003813　3821
晨風閣叢書　沈宗畸輯　清宣統元年(1909)番禺沈氏刻本　十六册　存二十四種

120000－0342－0003814　3822
春草堂三種　(清)謝堃撰　清光緒六年

(1880)刻本　九冊　存三種

120000－0342－0003815　3823
花雨樓叢鈔　(清)張壽榮輯　清光緒蛟川清湖張壽榮花雨樓刻本　十冊　存七種

120000－0342－0003816　3824
書目答問四卷　(清)張之洞　清宣統三年(1911)石印本　二冊

120000－0342－0003817　3825
宋元舊本書經眼錄三卷附錄二卷　(清)莫友芝撰　清同治十二年(1873)刻本　一冊

120000－0342－0003818　3826
宋元本行格表二卷附錄一卷　(清)江標輯　清光緒二十三年(1897)刻本　四冊

120000－0342－0003819　3827
上虞縣誌校續五十卷首一卷末一卷　(清)儲家藻修　(清)徐致靖纂　清光緒二十四年至二十五年(1898－1899)刻本　二十冊

120000－0342－0003820　3828
玉函山房輯佚書　(清)馬國翰輯　清同治十年(1871)濟南皇華館書局刻本　八十冊　存六百二十五種

120000－0342－0003821　3829
說文偏旁考二卷　(清)吳照輯　清乾隆五十一年(1786)聽雨齋刻本　四冊

120000－0342－0003822　3830
釋名疏證補八卷續釋名一卷釋名補遺一卷疏證補坿一卷　(漢)劉熙撰　王先謙譔集　清光緒二十二年(1896)刻本　四冊

120000－0342－0003823　3831
經義述聞三十二卷　(清)王引之撰　清道光七年(1827)北京壽藤書屋刻本　三十二冊

120000－0342－0003824　3832
說文審音十六卷　(清)張行孚撰　清光緒二十四年(1898)刻本　四冊

120000－0342－0003825　3833
重訂古文釋義新編八卷　(清)余誠評注　清光緒十七年(1891)三義堂刻本　八冊

120000－0342－0003826　3834
八旗文經六十卷　(清)盛昱輯　清光緒二十七年(1901)刻本　十二冊

120000－0342－0003827　3835
岳忠武王文集八卷首一卷末一卷　(宋)岳飛撰　(清)黃邦寧纂修　清乾隆三十五年(1770)刻本　三冊

120000－0342－0003828　3836
國朝文錄續編七十卷　(清)李祖陶輯　清同治七年(1868)刻本　三十二冊

120000－0342－0003829　3837
國朝文錄八十二卷　(清)李祖陶輯　清咸豐元年(1851)刻本　二十四冊

120000－0342－0003830　3838
日知錄三十二卷之餘四卷　(清)顧炎武撰　清刻本　二十四冊

120000－0342－0003831　3839
權衡一書二十四卷　(清)王植輯　清乾隆刻本　二十四冊

120000－0342－0003832　3840
皇朝經世文編五集三十二卷　(清)求是齋校輯　清光緒二十八年(1902)上海宜今室石印本　十二冊

120000－0342－0003833　3841
歷代名臣傳三十五卷首一卷歷代名儒傳八卷歷代循吏傳八卷　(清)朱軾輯　(清)蔡世遠輯　清雍正七年(1729)刻本　二十四冊

120000－0342－0003834　3842
于清端公政書八卷首編一卷外集一卷續集一卷　(清)于成龍撰　清康熙四十六年(1707)刻本　十一冊

120000－0342－0003835　3843
防浦紀略六卷　(清)周士拔著　清嘉慶二年(1797)油印本　六冊

120000－0342－0003836　3844
小爾雅疏八卷　(清)王煦撰　清嘉慶五年(1800)鑿翠山莊刻本　四冊

120000－0342－0003837　3845
杜韓詩句集韻三卷　(清)汪文柏輯　清康熙洞庭麟慶堂刻本　四册

120000－0342－0003838　3847
玉函山房輯佚書　(清)馬國翰輯　清光緒十年(1884)章邱李氏重印本　八十册　存六百二十五種

120000－0342－0003839　3848
龍泉師友遺稿合編　李樹屏編　清光緒二十年(1894)刻民國印本　六册　存二種

120000－0342－0003840　3849
嶺南三大家詩選二十四卷　(清)王隼輯　清同治七年(1868)刻本　九册　存二十二卷(三至二十四)

120000－0342－0003841　3850
蓮洋集二十卷　(清)吳雯撰　清乾隆三十九年(1774)荆圃草堂刻本　十册

120000－0342－0003842　3851
歸愚詩鈔二十卷矢音集四卷　(清)沈德潛撰　清乾隆十六年至十八年(1751－1753)刻本　五册

120000－0342－0003843　3852
高季迪先生大全集十八卷　(明)高啟撰　清康熙三十四年(1695)竹素園刻本　八册

120000－0342－0003844　3853
韓詩外傳十卷　(漢)韓嬰撰　清嘉慶刻本　四册

120000－0342－0003845　3854
磨盾集不分卷　(清)左宗棠撰　清道光十七年(1837)刻本　一册

120000－0342－0003846　3855
南畇詩集二十八卷附年譜一卷　(清)彭定求撰　清光緒七年(1881)刻本　六册

120000－0342－0003847　3856
劍南詩鈔不分卷　(宋)陸游撰　(清)楊大鶴輯　清光緒八年(1882)文苑山房刻本　十二册

120000－0342－0003848　3857
躬恥齋詩鈔十四卷　(清)宗稷辰撰　清咸豐九年(1859)九曲山房刻本　七册

120000－0342－0003849　3858
紀遊草二卷　(清)顧士英撰　清刻本　一册

120000－0342－0003850　3859
說文解字斠詮十四卷　(清)錢坫撰　清嘉慶十一年(1806)嘉定錢氏吉金樂石齋刻本　十四册

120000－0342－0003851　3860
蒙養本論不分卷　(清)劉文蔚撰　清光緒二十九年(1903)天津龍光齋刻本　二册

120000－0342－0003852　3861
注解唐詩別裁集二十卷　(清)沈德潛選　(清)俞汝昌增注　清道光十八年(1838)白鹿山房刻本　十六册

120000－0342－0003853　3862
爾雅注疏十一卷　(晉)郭璞注　(宋)邢昺疏　清乾隆五十一年(1786)金閶書業堂刻本　八册

120000－0342－0003854　3863
六書分類十二卷首一卷　(清)傅世垚撰　清康熙四十四年(1705)汝南周氏寶仁堂刻本　十四册

120000－0342－0003855　3864
緝古算經一卷　(唐)王孝通撰並注　**緝古算經細草一卷圖解三卷音義一卷**　(清)陳杰撰　清道光二十年(1840)斐文堂刻本　一册

120000－0342－0003856　3865
說文新附考六卷續考一卷　(清)鈕樹玉撰　清同治十三年(1874)湖北崇文書局刻本　二册

120000－0342－0003857　3866
說文聲系十四卷　(清)姚文田撰　清嘉慶九年(1804)粵東督學使者署刻本　二册

120000－0342－0003858　3867
許氏說文解字雙聲疊韻譜一卷　(清)鄧廷楨

撰　清道光十九年(1839)刻本　二冊

120000－0342－0003859　3868
東萊博議四卷　(宋)呂祖謙撰　清末石印本　四冊

120000－0342－0003860　3869
經傳釋詞十卷　(清)王引之撰　清嘉慶二十四年(1819)刻本　四冊

120000－0342－0003861　3870
詩句題解韻編六卷　(清)陳維屏纂輯　清道光十七年(1837)刻本　六冊

120000－0342－0003862　3871
唐釋湛然輔行記四十卷　(唐)釋湛然撰　(清)張心泰節錄　清光緒十一年(1885)江都張心泰潮郡官舍刻本　四冊

120000－0342－0003863　3872
日涉編十二卷　(明)陳堦輯　清乾隆三十四年(1769)清畏堂刻本　十二冊

120000－0342－0003864　3873
續古文苑二十卷　(清)孫星衍撰　清嘉慶十七年(1812)冶城山館刻本　十冊

120000－0342－0003865　3874
古文釋義八卷　(清)余誠評注　清光緒十一年(1885)同元堂刻本　四冊

120000－0342－0003866　3875
唐宋八大家類選十四卷　(清)儲欣評選　清光緒十八年(1892)湖北官書局刻本　六冊

120000－0342－0003867　3876
欽定全唐文一千卷總目三卷　(清)董誥等編　清光緒二十七年(1901)廣州廣雅書局刻本　二百冊

120000－0342－0003868　3877
司馬溫公文集八十二卷首一卷　(宋)司馬光撰　清同治九年(1870)刻本　二十四冊

120000－0342－0003869　3878
止止堂集五卷　(明)戚繼光撰　清光緒十四年(1888)山東書局刻本　四冊

120000－0342－0003870　3879
泰雲堂集文集二卷駢體文集二卷詩集十八卷詞集三卷　(清)孫爾準撰　清道光十三年(1833)孫氏刻本　六冊

120000－0342－0003871　3880
梅崖居士全集三十卷首一卷外集八卷　(清)朱仕琇撰　清乾隆四十七年(1782)刻本　十二冊

120000－0342－0003872　3881
楊園先生全集五十四卷　(清)張履祥著　清同治十年(1871)江蘇書局刻本　十六冊

120000－0342－0003873　3882
二林居集二十四卷　(清)彭紹升撰　清光緒七年(1881)刻本　八冊

120000－0342－0003874　3883
石泉書屋詩鈔八卷　(清)李佐賢著　清同治十年(1871)利津李氏刻本　十冊

120000－0342－0003875　3884
小謨觴館文集注六卷　(清)彭兆蓀撰　清光緒二十二年(1896)東倉書庫朱刻本　六冊

120000－0342－0003876　3885
桐華閣文集十二卷　(清)杜貴墀撰　清光緒三十一年(1905)刻本　十冊

120000－0342－0003877　3886
鮚埼亭集外編五十卷　(清)全祖望撰　清乾隆四十一年(1776)刻本　十八冊

120000－0342－0003878　3887
石亭記事一卷續編一卷　(清)丁晏撰　清道光二十八年(1848)刻頤志齋叢書本　一冊

120000－0342－0003879　3888
鮚埼亭集三十八卷首一卷　(清)全祖望撰　清同治十一年(1872)姚江借樹山房刻本　十四冊

120000－0342－0003880　3889
勸學篇二卷　(清)張之洞撰　清光緒二十四年(1898)兩湖書院刻本　一冊

120000－0342－0003881　3890

未灰齋文集八卷 (清)徐鼒撰 清咸豐十一年(1861)刻本 四冊

120000－0342－0003882 3891
讀書後八卷 (明)王世貞撰 清味菜廬活字本 六冊

120000－0342－0003883 3892
金陵瑣事四卷續二卷二續二卷 (明)周暉撰 清江甯傅春官刻本 四冊

120000－0342－0003884 3893
鮑參軍集二卷 (南朝宋)鮑照撰 明婁東張氏刻漢魏六朝百三名家集本 二冊

120000－0342－0003885 3894
茶聲館文集八卷首一卷補遺四卷續補一卷詩集二十卷目錄一卷 (清)朱為弼撰 清咸豐二年(1852)刻本 八冊

120000－0342－0003886 3895
杜工部詩集二十卷文集二卷補注一卷 (唐)杜甫撰 (清)朱鶴齡輯註 清康熙九年(1670)松陵刻本 八冊

120000－0342－0003887 3896
杜工部詩集二十卷文集二卷補注一卷 (唐)杜甫撰 (清)朱鶴齡輯註 清康熙九年(1670)松陵刻本 十六冊

120000－0342－0003888 3897
方正學先生遜志齋集二十四卷外紀一卷拾補一卷年譜一卷 (明)方孝孺撰 清康熙三十七年(1698)方氏刻本 十四冊

120000－0342－0003889 3898
倚松老人詩集二卷 (宋)饒節撰 清宣統二年(1910)姚埭沈氏刻本 二冊

120000－0342－0003890 3899
東洲草堂詩鈔三十卷附詞一卷 (清)何紹基撰 清同治六年(1867)長沙無園刻本 十四冊

120000－0342－0003891 3900
半巖廬遺集不分卷 (清)邵懿辰撰 清光緒三十四年(1908)刻本 二冊

120000－0342－0003892 3901
惜抱軒全集 (清)姚鼐撰 清同治五年(1866)省心閣刻本 二十冊

120000－0342－0003893 3902
癸巳存稿十五卷 (清)俞正燮輯 清道光二十八年(1848)靈石楊氏刻連筠簃叢書本 五冊

120000－0342－0003894 3903
焦氏叢書 (清)焦循撰 清光緒二年(1876)衡陽魏氏刻本 四十冊 存十種

120000－0342－0003895 3904
湯文正公全集四種 (清)湯斌撰 清同治九年(1870)高要蘇廷魁刻本 三十二冊

120000－0342－0003896 3905
重刊宋本十三經注疏附校勘記 (清)阮元等校定 清嘉慶二十年(1815)南昌府學刻本 一百十冊 存十五種

120000－0342－0003897 3906
宋豔十二卷 (清)徐士鑾輯 清光緒十七年(1891)刻本 六冊

120000－0342－0003898 3907
[光緒]東光縣志十二卷首一卷 (清)周植瀛修 (清)吳潯源纂 清光緒十四年(1888)刻本 十冊

120000－0342－0003899 3908
分湖小識六卷 (清)柳樹芳纂 清道光二十七年(1847)勝谿草堂刻本 二冊

120000－0342－0003900 3909
豫乘識小録二卷 (清)朱雲錦撰 清同治十二年(1873)文耀齋刻本 二冊

120000－0342－0003901 3910
[光緒]元氏縣志十四卷首一卷末一卷 (清)胡岳修 (清)趙文濂纂 清光緒元年(1875)刻本 八冊

120000－0342－0003902 3911
[光緒]玉田縣志三十卷首一卷 (清)夏子鎏修 (清)李昌時纂 (清)丁維續纂修 清光

緒十年(1884)刻本　六册

120000－0342－0003903　3912
[光緒]蔚州志二十卷首一卷　(清)慶之金修　(清)楊篤纂　清光緒三年(1877)刻本　八册

120000－0342－0003904　3913
[同治]靈壽縣志十卷末一卷　(清)劉賡年修　(清)王槐齡等纂　清同治十二年(1873)刻本　六册

120000－0342－0003905　3914
蜀故二十七卷　(清)彭遵泗纂　清光緒二年(1876)刻本　八册

120000－0342－0003906　3915
[光緒]鉅鹿縣志十二卷首一卷　(清)淩燮　(清)赫慎修　(清)夏應麟纂　清光緒十二年(1886)刻本　六册

120000－0342－0003907　3916
[道光]承德府志六十卷首二十六卷　(清)海忠纂修　(清)李世寅重訂　清光緒十三年(1887)刻本　二十四册

120000－0342－0003908　3917
盤山志十卷　(清)釋智樸纂輯　清康熙三十年(1691)刻本　四册

120000－0342－0003909　3918
滬游雜記四卷　(清)葛元煦撰　清光緒二年(1876)刻本　四册

120000－0342－0003910　3919
長白彙徵錄八卷　(清)張鳳臺等修　(清)劉龍光　(清)王大經纂　清宣統二年(1910)鉛印本　四册

120000－0342－0003911　3920
皇朝謚法考五卷續編一卷補編一卷　(清)鮑康輯　清同治三年(1864)刻本　一册

120000－0342－0003912　3921
二十四史　(清)同文書局輯　清光緒十年(1884)上海同文書局影印本　七百十一册　存二十四種

120000－0342－0003913　3922
二十四史　(清)同文書局輯　清光緒十年(1884)上海同文書局影印本　七百十一册　存二十四種

120000－0342－0003914　3923
欽定書經圖説五十卷　(清)孫家鼐纂輯　清光緒三十一年(1905)石印本　十六册

120000－0342－0003915　3924
資治通鑑釋文三十卷　(宋)史炤撰　清光緒五年(1879)刻本　六册

120000－0342－0003916　3925
鑑撮四卷　(清)曠敏本纂　**讀史論略一卷**　(清)杜詔撰　清同治十三年(1874)刻本　五册

120000－0342－0003917　3926
味經齋遺書　(清)莊存與撰　清道光刻本　十二册　存二十種

120000－0342－0003918　3927
後樂堂集文鈔九卷詩存一卷文鈔續編九卷　(清)陳玉樹撰　清光緒二十五年(1899)鹽城陳氏鉛印本　十册

120000－0342－0003919　3928
左海全集　(清)陳壽祺撰　清道光陳紹墉刻本　二十四册　存十種

120000－0342－0003920　3929
通鑑紀事本末二百三十九卷　(宋)袁樞撰　(明)張溥論正　清同治十二年(1873)刻本　八十册

120000－0342－0003921　3930
客牕偶筆四卷二筆一卷　(清)金捧閶撰　清咸豐九年(1859)刻本　五册

120000－0342－0003922　3931
池上草堂筆記近錄六卷續錄六卷三錄六卷四錄六卷　(清)梁恭辰撰　清咸豐十一年(1861)刻本　八册

120000－0342－0003923　3932
世説新語補二十卷　(清)黄汝琳補訂　清乾

隆二十七年(1762)茂晴書屋刻本　八冊

120000－0342－0003924　3933
右台仙館筆記十六卷　(清)俞樾著　清光緒刻本　八冊

120000－0342－0003925　3934
心齋十種　(清)任兆麟撰輯　清乾隆震澤任忠敏家塾刻本　六冊　存六種

120000－0342－0003926　3935
式訓堂叢書三集四十一種　(清)章壽康輯　清光緒刻本　十六冊　存十三種

120000－0342－0003927　3936
食舊德齋雜著不分卷附錄一卷　(清)劉嶽雲撰　清光緒八年(1882)刻本　三冊

120000－0342－0003928　3937
遣愁集十四卷　(清)張貴勝撰　清康熙刻本　四冊　存十二卷(一至十二)

120000－0342－0003929　3938
陸子全書　(清)陸隴其撰　清同治七年至九年(1868－1870)刻本　六冊　存三種

120000－0342－0003930　3939
歷代紀元歌略一卷　(清)潘清蔭編　清光緒二十八年(1902)刻本　一冊

120000－0342－0003931　3940
建德尚書七十賜壽圖不分卷附壽言　(清)劉文鳳等輯　清光緒三十三年(1907)石印本　二冊

120000－0342－0003932　3941
北東園筆錄續編六卷　(清)梁恭辰撰　清同治五年(1866)刻本　八冊

120000－0342－0003933　3942
夷堅志十集二十卷　(清)洪邁撰　清乾隆四十三年(1778)刻本　十冊

120000－0342－0003934　3943
盤洲文集八十卷首一卷末一卷　(宋)洪适撰　清道光二十八年(1848)涇縣藤溪洪氏刻本　十六冊

120000－0342－0003935　3944
東洋史要二卷　(日本)桑原騭藏撰　清活字本　二冊

120000－0342－0003936　3945
廿一史約編八卷首一卷　(清)鄭元慶撰　清刻本　八冊

120000－0342－0003937　3946
千字文釋義一卷　(清)汪嘯尹輯　(清)孫謙益注　清刻本　一冊

120000－0342－0003938　3947
中國歷史課本四編　(清)劉乃晟編　清光緒三十二年(1906)北京華新書局鉛印本　四冊

120000－0342－0003939　3948
西洋歷史教科書二卷　(英國)默爾化著　(清)出洋學生編輯所譯　清光緒三十二年(1906)上海商務印書館鉛印本　二冊

120000－0342－0003940　3949
中國歷史教科書六卷　(清)陳慶年編　清光緒三十一年(1905)鉛印本　二冊

120000－0342－0003941　3950
經義考三百卷目錄二卷　(清)朱彝尊撰　清乾隆四十二年(1777)刻本　四十八冊

120000－0342－0003942　3951
增訂一夕話新集六卷　(清)咄咄夫撰　(清)嗤嗤子增訂　清道光二十六年(1846)書業德記刻本　一冊

120000－0342－0003943　3952
繪圖後三笑才子奇書二十一卷　(清)□□撰　清光緒十九年(1893)石印本　四冊

120000－0342－0003944　3953
繡像雙珠鳳全傳十二卷八十回　(□)□□撰　清光緒二十一年(1895)上海書局石印本　六冊

120000－0342－0003945　3954
繡像龍鳳金釵十集　(□)□□撰　清光緒鉛印本　二冊

120000－0342－0003946　3955

新刻繡像南昌衛四卷　(□)□□撰　清光緒二十二年(1896)煙台成文信刻本　一册

120000－0342－0003947　3956
新編玉鴛鴦五集二十卷　(□)□□撰　清同治七年(1868)刻本　四册

120000－0342－0003948　3957
新編三國志鼓詞首部十五卷二部十五卷三部十五卷四部十五卷五部十五卷六部十五卷七部十五卷八部十五卷　(□)□□撰　清刻本　二十四册

120000－0342－0003949　3958
新刻雙玉鐲初集十五卷後集十卷　(□)□□撰　清乾隆三十四年(1769)刻本　十册

120000－0342－0003950　3959
地球韻言四卷　(清)張士瀛編　清光緒二十五年(1899)刻本　二册

120000－0342－0003951　3960
朱子年譜四卷考異四卷附錄二卷校勘記三卷　(清)王懋竑編　清光緒九年(1883)武昌書局刻本　四册

120000－0342－0003952　3961
錫金鄉土歷史二卷　(清)侯鴻鑑撰修　清光緒三十二年(1906)無錫藝文齋活字本　一册

120000－0342－0003953　3962
錫金鄉土地理二卷　(清)侯鴻鑑撰修　清光緒三十二年(1906)無錫藝文齋活字本　一册

120000－0342－0003954　3963
李恕谷先生年譜五卷　(清)馮辰編　清光緒、宣統上海國學保存會鉛印國粹叢書三集本　一册

120000－0342－0003955　3964
宋稗類鈔八卷　(清)潘永因輯　清康熙八年(1669)金沙資尺堂刻本　八册

120000－0342－0003956　3965
天雨花三十回　(清)陶貞懷撰　清道光二十一年(1841)刻本　三十册

120000－0342－0003957　3966
椒生隨筆八卷　(清)王之春撰　清光緒七年(1881)上洋文藝齋刻本　三册

120000－0342－0003958　3967
九九銷夏錄十四卷首一卷　(清)俞樾撰　清光緒刻本　四册

120000－0342－0003959　3968
校增字學舉隅不分卷　(清)龍啟瑞撰　(清)譚鍾麟增　清同治十三年(1874)刻本　一册

120000－0342－0003960　3969
十三經注疏校勘記二百四十八卷　(清)阮元撰　清嘉慶二十一年(1816)刻本　六十四册

120000－0342－0003961　3970
通鑑紀事本末二百三十九卷　(宋)袁樞撰　(明)張溥論正　清同治十二年(1873)江西書局刻本　八十册

120000－0342－0003962　3971
選批左傳十六卷　(清)魏朝俊撰　清光緒十四年(1888)魏氏古香閣刻本　十册

120000－0342－0003963　3972
日知錄集釋三十二卷　(清)顧炎武撰　(清)黄汝成集釋　清同治十一年(1872)湖北崇文書局刻本　十六册

120000－0342－0003964　3973
古文辭類纂七十四卷　(清)姚鼐纂集　清光緒十九年(1893)刻本　十二册

120000－0342－0003965　3974
續古文辭類纂三十四卷　(清)姚鼐纂集　清光緒八年(1882)刻本　八册

120000－0342－0003966　3975
文獻通考三百四十八卷考證三卷　(元)馬端臨撰　清光緒二十七年(1901)上海圖書集成局鉛印本　四十四册

120000－0342－0003967　3976
古文觀止十二卷　(清)吳留村鑒定　(清)吳乘權　(清)吳大職編　清光緒狀元閣刻本　六册

120000－0342－0003968　3977

樂府傳聲二卷　(清)徐大椿撰　清光緒七年(1881)刻本　二冊

120000－0342－0003969　3978
西湖佳話古今遺跡十六卷　(清)墨浪子輯　清刻本　六冊

120000－0342－0003970　3979
庸閒齋筆記八卷　(清)陳其元撰　清同治十三年(1874)吳下刻本　四冊

120000－0342－0003971　3980
遼史紀事本末四十卷　(清)李有棠撰　清光緒二十五年(1899)石印本　四冊

120000－0342－0003972　3981
金史紀事本末五十二卷　(清)李有棠編　清光緒二十五年(1899)石印本　四冊

120000－0342－0003973　3982
文選六十卷　(南朝梁)蕭統撰　清乾隆三十七年(1772)長洲葉氏海錄軒刻朱墨套印本　十二冊

120000－0342－0003974　3983
皇朝經世文編一百二十卷姓名總目二卷　(清)賀長齡輯　清道光六年(1826)刻本　八十冊

120000－0342－0003975　3984
書目答問四卷　(清)張之洞撰　清宣統元年(1909)掃葉山房石印本　二冊

120000－0342－0003976　3985
昭代名人尺牘小傳二十四卷　(清)吳修輯　清道光六年(1826)刻本　一冊

120000－0342－0003977　3986
帶經堂詩話三十卷首一卷　(清)王士禛撰　(清)張宗柟編　清同治十二年(1873)廣州藏修堂刻本　六冊

120000－0342－0003978　3987
西泠閨詠十六卷　(清)陳文述撰　(清)龔玉晨編　清光緒十三年(1887)西泠翠螺閣刻本　四冊

120000－0342－0003979　3988
臨川夢二卷　(清)蔣士銓撰　(清)明新正譜　清刻本　一冊

120000－0342－0003980　3989
御選唐宋文醇五十八卷　(清)高宗弘曆選　清光緒三年(1877)浙江書局刻本　二十冊

120000－0342－0003981　3990
安邦志二十卷　(清)學海主人撰　清光緒刻本　二十冊

120000－0342－0003982　3991
定國志二十卷　(清)學海主人撰　清光緒刻本　二十冊

120000－0342－0003983　3992
梨洲遺著匯刊　(清)黃宗羲撰　清宣統二年(1910)上海時中書局鉛印本　二十冊

120000－0342－0003984　3993
新鐫玉茗堂批點按鑑參補楊家將傳十卷五十回　(明)研石山樵訂正　清啟元堂刻本　六冊

120000－0342－0003985　3994
繡像南宋志傳十卷五十回北宋志傳十卷五十回　(明)研石山樵訂正　(明)織里畸人校閱　清文錦堂刻本　十二冊　存二種

120000－0342－0003986　3995
繡像南宋志傳十卷五十回北宋志傳十卷五十回　(明)研石山樵訂正　清同治十一年(1872)經綸堂刻本　十二冊　存二種

120000－0342－0003987　3996
新刻批評東漢演義八卷三十二回　(清)清遠道人撰　**新刻劍嘯閣批評西漢演義八卷**　(明)甄偉撰　清善成堂刻本　十二冊

120000－0342－0003988　3997
繡像三國演義續編十二卷　(清)陳氏評釋　清光緒十九年(1893)上海廣百宋齋鉛印本　八冊

120000－0342－0003989　3998
新刻劍嘯閣批評西漢演義傳八卷　(明)甄偉撰　清刻本　八冊

120000－0342－0003990　3999
新刻劍嘯閣批評東漢演義傳十卷　(□)□□撰　清刻本　四册

120000－0342－0003991　4000
忠孝勇烈奇女傳四卷三十二回　(□)□□撰　清宣統二年(1910)刻本　四册

120000－0342－0003992　4001
新刻楊家府世代忠勇演義志傳八卷　(明)秦淮墨客(紀振倫)撰　清刻本　八册

120000－0342－0003993　4002
新刻按鑑編纂開闢衍繹通俗志傳六卷八十回　(明)周游撰　清道光十年(1830)刻本　六册

120000－0342－0003994　4003
删訂二奇合傳十六卷四十回　(清)芝香館居士編　清刻本　十册

120000－0342－0003995　4004
草木春秋演義五卷三十二回　(清)雲間子撰　(清)樂山人修　清刻本　四册

120000－0342－0003996　4005
妙復軒評石頭記一百二十回　(清)張新之評　清光緒七年(1881)刻本　二十册

120000－0342－0003997　4006
增評補圖石頭記一百二十回首一卷　(清)曹霑撰　(清)高鶚補撰　清光緒鉛印本　十六册

120000－0342－0003998　4007
紅樓復夢一百回　(清)小和山樵編輯　清嘉慶四年(1799)嫏嬛齋刻本　二十册

120000－0342－0003999　4008
雪月梅傳十卷五十回　(清)陳朗撰　清聚錦堂刻本　十册

120000－0342－0004000　4009
金鐘傳八卷六十四回　(清)正一子　(清)克明子撰　(清)天香居士注解　清光緒二十二年(1896)樂善堂刻本　八册

120000－0342－0004001　4010
增評補圖石頭記一百二十回首一卷　(清)曹霑撰　(清)高鶚補撰　清光緒鉛印本　十六册

120000－0342－0004002　4011
希夷夢四十卷四十回　(清)汪寄撰　清光緒四年(1878)翠筠山房刻本　十六册

120000－0342－0004003　4012
繪圖評點女仙外史一百回　(清)吕熊撰　清光緒三十年(1904)上海崇實書局石印本　十六册

120000－0342－0004004　4013
繡像雙鳳奇緣全傳二十卷八十回　(清)雪樵主人撰　清道光二十六年(1846)寶華樓刻本　六册

120000－0342－0004005　4014
萬花樓楊包狄演義十四卷六十八回　(清)李雨堂撰　清咸豐九年(1859)刻本　十四册

120000－0342－0004006　4015
繡像平妖全傳十八卷四十回　(明)馮猶龍增訂　清刻本　七册

120000－0342－0004007　4016
燕山外史二卷　(清)陳球撰　清嘉慶十六年(1811)刻本　二册

120000－0342－0004008　4017
第九才子書斬鬼傳四卷十回　(清)樵雲山人編　清康熙五十九年(1720)仁壽堂刻本　四册

120000－0342－0004009　4018
三分夢全傳十六卷十六回　(清)張士登撰　清道光二十八年(1848)刻本　六册

120000－0342－0004010　4019
新刻濟顛大師醉菩提全傳四卷二十回　(清)天花藏主人編　清道光二十七年(1847)大文堂刻本　二册

120000－0342－0004011　4020
繡像評演濟公傳八卷一百二十回　(清)郭小亭撰　清光緒二十四年(1898)上海中原書局

石印本　十册

120000－0342－0004012　4021
蕩寇志七十卷　(清)俞萬春撰　清同治十年(1871)玉屏山館刻本　二十四册

120000－0342－0004013　4022
新刊繡像昇仙演義八卷五十六回　(清)倚雲氏撰　清光緒七年(1881)東泰山房刻本　八册

120000－0342－0004014　4023
蕩寇志七十卷　(清)俞萬春撰　清同治十年(1871)玉屏山館刻本　三十二册

120000－0342－0004015　4024
羅通掃北全傳四卷十四回　(清)□□撰　清英文堂刻本　五册

120000－0342－0004016　4025
繡像文武香球十二卷七十二回　(清)二樂軒主人撰　清同治二年(1863)刻本　十二册

120000－0342－0004017　4026
新編韓湘子九度文公道情全本三卷　(清)□□撰　清刻本　三册

120000－0342－0004018　4027
新刻繪圖粉粧樓全傳四卷八十回　(清)竹溪山人撰　清光緒十八年(1892)上海文海書局石印本　四册

120000－0342－0004019　4028
毛詩故訓傳鄭箋三十卷　(漢)毛亨傳　(漢)鄭玄箋　清同治十一年(1872)五雲堂刻本　四册

120000－0342－0004020　4029
古唐詩合解十二卷　(清)王堯衢注　清刻本　五册

120000－0342－0004021　4030
毛詩注疏三十卷毛詩譜一卷　(唐)陸德明音義　(唐)孔穎達疏　清同治十年(1871)刻本　二十六册

120000－0342－0004022　4031
五山草堂初編二卷　(清)龍令憲撰　清光緒三十四年(1908)刻本　一册

120000－0342－0004023　4032
五山草堂初編二卷　(清)龍令憲撰　清光緒三十四年(1908)刻本　一册

120000－0342－0004024　4033
蕉雨軒稿一卷　(清)龍吟薌撰　清光緒三十四年(1908)刻本　一册

120000－0342－0004025　4034
蕉雨軒稿一卷　(清)龍吟薌撰　清光緒三十四年(1908)刻本　一册

120000－0342－0004026　4035
春華集二卷　(清)龍元任撰　清光緒十九年(1893)刻本　一册

120000－0342－0004027　4036
春華集二卷　(清)龍元任撰　清光緒十九年(1893)刻本　一册

120000－0342－0004028　4037
讀雪齋詩集九卷　(清)孫文川撰　清光緒八年(1882)刻本　二册

120000－0342－0004029　4038
御批歷代通鑑輯覽一百二十卷　(清)傅恒等撰　清同治十年(1871)浙江書局刻本　四十八册

120000－0342－0004030　4039
郡齋讀書志二十卷附志一卷首一卷　(宋)晁公武撰　清光緒十年(1884)長沙王氏刻本　十册

120000－0342－0004031　4040
普通百科新大辭典不分卷　上海國學扶輪社編　清宣統三年(1911)上海國學扶輪社鉛印本　十册　存十集(首、子、寅至巳、申、戌至亥、補遺)

120000－0342－0004032　4041
文科大詞典十二集　上海國學扶輪社編　清宣統三年(1911)上海國學扶輪社鉛印本　十二册　存七集(丑至寅、辰、未至酉、亥)

120000－0342－0004033　4042

金詩選四卷　(清)顧奎光輯　清乾隆十六年(1751)刻本　二冊

120000－0342－0004034　4043
史記評林一百三十卷　(漢)司馬遷撰　(南朝宋)裴駰集解　(唐)司馬貞索隱　(唐)張守節正義　(明)淩稚隆輯校　明萬曆五年(1577)刻本　二十四冊

120000－0342－0004035　4044
庸庵全集　(清)薛福成撰　(清)薛瑩中輯　清光緒二十四年(1898)湖南新學書局刻本　二十冊　存三種

120000－0342－0004036　4045
御批歷代通鑑輯覽一百二十卷　(清)傅恒等撰　清光緒二十九年(1903)博通學會石印本　二十四冊

120000－0342－0004037　4046
古文辭類纂七十五卷附校勘記一卷　(清)姚鼐撰輯　(清)李承淵校勘　清光緒二十七年(1901)滁州李氏求要堂刻本　十二冊

120000－0342－0004038　4047
西泠閨詠十六卷　(清)陳文述撰　(清)龔玉晨等輯　清光緒西泠翠螺閣刻本　四冊

120000－0342－0004039　4048
戊戌政變記九卷　梁啟超撰　清末鉛印本　三冊

120000－0342－0004040　4049
弘正四傑詩集　(清)張祖同輯　清光緒二十一年(1895)長沙張氏湘雨樓刻本　十六冊

120000－0342－0004041　4050
詩人玉屑二十卷　(宋)魏慶之撰　清光緒三十年(1904)古松堂刻本　八冊

120000－0342－0004042　4051
左傳紀事本末五十三卷　(清)高士奇撰　清同治十二年(1873)江西書局刻本　十二冊

120000－0342－0004043　4052
讀左補義五十卷首一卷　(清)姜炳璋撰　清同治十年(1871)三益堂刻本　八冊

120000－0342－0004044　4053
農政全書六十卷　(明)徐光啟撰　清宣統元年(1909)上海求學齋石印本　八冊

120000－0342－0004045　4054
霜紅龕集四十卷　(清)傅山撰　**附錄三卷年譜一卷**　丁寶銓輯　清宣統三年(1911)山陽丁氏刻本　十二冊

120000－0342－0004046　4055
紀文達公遺集三十二卷　(清)紀昀撰　(清)紀樹馨編　清嘉慶十七年(1812)刻本　十六冊

120000－0342－0004047　4056
滂喜齋叢書　(清)潘祖蔭輯　清同治、光緒吳縣潘氏八囍齋刻本　二十七冊

120000－0342－0004048　4057
滂喜齋叢書　(清)潘祖蔭輯　清同治光緒吳縣潘氏八囍齋刻本　二十七冊　存四十九種

120000－0342－0004049　4058
敕修浙江通志二百八十卷首三卷　(清)李衛等修　(清)沈翼機等撰　清光緒二十五年(1899)浙江書局刻本　一百二十冊

120000－0342－0004050　4059
光緒仙居志二十四卷首一卷仙居集二十四卷　(清)王壽頤等修　清光緒二十年(1894)木活字本　十八冊

120000－0342－0004051　4060
雙梅景闇叢書十六種　葉德輝輯　清光緒、宣統長沙葉氏郎園刻本　五冊　存十種

120000－0342－0004052　4061
七頌堂文集二卷　(清)劉體仁撰　清同治七年(1868)刻本　二冊

120000－0342－0004053　4062
六觀樓文集拾遺不分卷　(清)許鴻磐撰　(清)李福泰編　清同治九年(1870)粵東節署刻本　一冊

120000－0342－0004054　4063
鮑太史詩集八卷　(清)鮑存曉撰　(清)鄭錫

田輯　清光緒十二年(1886)刻本　四冊

120000－0342－0004055　4064
茶磨山人詩鈔八卷　(清)汪芑撰　清光緒十年(1884)刻本　四冊

120000－0342－0004056　4065
靜觀書屋詩集七卷　(清)章鶴齡撰　清同治十三年(1874)刻本　二冊

120000－0342－0004057　4066
蕩南詩集四卷　(明)朱諫撰　清同治十三年(1874)刻本　二冊

120000－0342－0004058　4067
二曲集四十六卷　(清)李顒撰　清光緒三年(1877)石泉彭懋謙刻本　十六冊

120000－0342－0004059　4068
國朝古文所見集十三卷　(清)陳兆祺輯　清道光二年(1822)一枝山房刻本　四冊

120000－0342－0004060　4069
渠亭山人半部稿　(清)張貞撰　清雍正刻本　八冊

120000－0342－0004061　4070
國朝常州駢體文錄三十一卷結一宧駢體文一卷　屠寄輯　清光緒十六年(1890)刻本　八冊

120000－0342－0004062　4071
津門徵獻詩八卷　(清)華鼎元輯　清光緒十二年(1886)刻本　四冊

120000－0342－0004063　4072
海陵文徵二十卷　(清)夏荃輯　清道光二十三年(1843)刻本　十冊

120000－0342－0004064　4073
小萬卷齋文稿二十四卷首一卷末一卷經進稿四卷詩稿三十二卷詩續稿十二卷末一卷　(清)朱琦撰　清光緒十一年(1885)嘉樹山房刻本　二十四冊

120000－0342－0004065　4074
西泠懷古集十卷　(清)陳文述撰　清光緒九年(1883)越中刻本　六冊

120000－0342－0004066　4075
冷紅軒詩集二卷附冷紅詞一卷　(清)百保撰　清光緒元年(1875)刻本　一冊

120000－0342－0004067　4076
顧雙溪集九卷　(清)顧奎光撰　清光緒二十一年(1895)木活字本　二冊

120000－0342－0004068　4077
道榮堂文集六卷首一卷滄洲近詩十卷　(清)陳鵬年撰　清乾隆二十七年(1762)刻本　十四冊

120000－0342－0004069　4078
蓮因室詩集二卷詞集一卷　(清)鄭蘭孫撰　清光緒元年(1875)刻本　二冊

120000－0342－0004070　4079
韋廬詩内集四卷首一卷末一卷外集四卷首一卷末一卷　(清)李秉禮撰　清光緒十三年(1887)江陽刻本　四冊

120000－0342－0004071　4080
荒政叢書十卷附錄二卷　(清)俞森輯　清宣統三年(1911)文盛書局石印本　六冊

120000－0342－0004072　4081
三蘇全集五種　(清)弓翊清等編　清道光十二年(1832)眉州三蘇祠刻本　八十冊

120000－0342－0004073　4082
重刊拜經樓叢書七種　(清)吳騫輯　清光緒十一年(1885)會稽章氏刻本　八冊　存七種

120000－0342－0004074　4083
經訓堂叢書　(清)畢沅輯　清光緒十三年(1887)上海大同書局影印本　二十冊　存二十一種

120000－0342－0004075　4084
四庫書目略二十卷首一卷附錄一卷　(清)費莫文良纂　清同治九年(1870)刻本　十二冊

120000－0342－0004076　4085
音韻闡微十八卷韻譜一卷　(清)李光地等撰　清光緒七年(1881)淮南書局刻本　五冊

120000－0342－0004077　4086

峭帆樓叢書　趙詒琛輯　清宣統三年至民國八年(1911－1919)昆山趙氏刻本　二十冊

120000－0342－0004078　4087
隨盦徐氏叢書二十種　徐乃昌輯　清光緒、民國南陵徐氏刻本　二十四冊　存十種

120000－0342－0004079　4088
湖海樓叢書　(清)陳春輯　清嘉慶十四年至二十四年(1809－1819)蕭山陳氏湖海樓刻本　三十二冊　存十三種

120000－0342－0004080　4089
蛻翁所見詩錄前編感逝集十卷　(清)葉廷琯輯選　清光緒六年(1880)潘氏滂喜齋刻本　五冊

120000－0342－0004081　4090
白香山詩長慶集二十卷後集十七卷別集一卷補遺二卷年譜一卷年譜舊本一卷　(唐)白居易撰　(清)汪立名編　清康熙四十二年(1703)古歙汪氏一隅草堂刻本　十冊

120000－0342－0004082　4091
曉讀書齋雜錄八卷　(清)洪亮吉撰　清道光二十二年(1842)姑蘇刻本　四冊

120000－0342－0004083　4092
山谷詩内集注二十卷外集注十七卷別集注二卷別集補一卷外集補四卷年譜十四卷　(宋)黃庭堅撰　清光緒二年(1876)敘郡山谷祠刻本　二十四冊

120000－0342－0004084　4093
國朝杭郡詩輯三十二卷續輯四十六卷　(清)吳顥輯　(清)吳振棫重編　清道光錢塘吳氏刻本　四十冊

120000－0342－0004085　4094
後知不足齋叢書　(清)鮑廷爵輯　清光緒常熟鮑氏刻本　十八冊　存四種

120000－0342－0004086　4095
正字通十二集序目一卷首一卷　(清)廖文英輯　清康熙三畏堂刻本　四十冊

120000－0342－0004087　4096
毛詩古音考四卷附讀詩拙言一卷　(明)陳第輯　清光緒六年(1880)武昌張氏刻本　四冊

120000－0342－0004088　4097
說文蠡箋十四卷　(清)潘奕雋撰　清同治十三年(1874)潘氏三松堂刻本　二冊

120000－0342－0004089　4098
羣經識小八卷　(清)李惇撰　清道光六年(1826)高郵李氏刻本　四冊

120000－0342－0004090　4099
事物異名錄四十卷　(清)厲荃輯　(清)關槐增纂　清乾隆五十三年(1788)粵東刻本　十二冊

120000－0342－0004091　4100
苗氏說文四種　(清)苗夔撰　清道光二十一年至咸豐元年(1841－1851)刻本　八冊

120000－0342－0004092　4101
字典考證十二集　(清)奕繪等輯　清光緒二年(1876)崇文書局刻本　六冊

120000－0342－0004093　4102
字彙十二卷首一卷末一卷　(明)梅膺祚音釋　清刻本　十四冊

120000－0342－0004094　4103
經典釋文三十卷考證三十卷附國語補音三卷　(唐)陸德明撰　(清)盧文弨考證　清光緒二年(1876)成都尊經書院刻本　十二冊

120000－0342－0004095　4104
苑洛集二十二卷　(明)韓邦奇撰　清乾隆十六年(1751)西河書院刻本　十冊

120000－0342－0004096　4105
正誼堂集五十二卷　(清)董沛撰　清光緒刻本　二十冊

120000－0342－0004097　4106
西堂全集　(清)尤侗撰　清康熙文理堂刻本　二十四冊　存四種

120000－0342－0004098　4107
道古堂全集　(清)杭世駿撰　清光緒十四年(1888)汪氏振綺堂刻本　十二冊　存五種

120000－0342－0004099　4108
常談叢錄八卷　(清)李元復輯　清道光敦仁堂刻本　八冊

120000－0342－0004100　4109
校經山房叢書二十七種　(清)朱記榮輯　清光緒三十年(1904)孫溪朱氏槐廬家塾刻本　三十二冊　存二十七種

120000－0342－0004101　4110
朱氏一家言二卷附編一卷　(清)朱士煥輯　清宣統元年(1909)石印本　一冊

120000－0342－0004102　4111
止止堂集五卷　(明)戚繼光撰　清光緒十四年(1888)刻本　四冊

120000－0342－0004103　4112
陶淵明文集十卷　(晉)陶潛撰　清光緒五年(1879)萃文堂刻本　二冊

120000－0342－0004104　4113
讀通鑑論三十卷　(明)王夫之撰　清同治四年(1865)湘鄉曾氏金陵節署刻本　十四冊

120000－0342－0004105　4115
[光緒]直隸趙州志十六卷首一卷末一卷　(清)孫傳栻修　(清)王景美纂　清光緒二十三年(1897)刻本　六冊

120000－0342－0004106　4116
武林舊事十卷附錄一卷　(宋)周密撰　清光緒三年(1877)丁氏正修堂刻本　三冊

120000－0342－0004107　4117
二十四史九通政典類要合編三百二十卷　(清)黄書霖輯　清光緒二十八年(1902)約雅堂石印本　六十冊

120000－0342－0004108　4118
壬癸志稿二十八卷　(清)錢寶琛輯　清光緒六年(1880)存素堂刻本　四冊

120000－0342－0004109　4119
資治通鑑補二百九十四卷　(明)嚴衍補　清光緒二年(1876)思補樓木活字本　八十冊

120000－0342－0004110　4120
續禮記集説一百卷　(清)杭世駿撰　清光緒三十年(1904)浙江書局刻本　四十冊

120000－0342－0004111　4121
皇朝經世文統編一百零七卷　(清)邵之棠編　清光緒二十七年(1901)上海寶善齋石印本　五十二冊

120000－0342－0004112　4122
藕香零拾三十九種　繆荃孫輯　清光緒、宣統刻本　三十二冊

120000－0342－0004113　4123
左海全集　(清)陳壽祺撰　清光緒八年(1882)三山陳氏家刻本　二十冊　存十種

120000－0342－0004114　4124
甌北全集　(清)趙翼撰　清光緒三年(1877)刻本　四十八冊

120000－0342－0004115　4125
新刊古列女傳八卷　(漢)劉向撰　(晉)顧凱之繪　清道光五年(1825)揚州阮福刻本　四冊

120000－0342－0004116　4126
音釋坐花誌果八卷　(清)汪道鼎撰　(清)鶩峰樵者音釋　清光緒四年(1878)刻本　四冊

120000－0342－0004117　4127
聽雨軒雜紀一卷續紀一卷餘紀一卷贅紀一卷　(清)清涼道人撰　清嘉慶十一年(1806)刻本　四冊

120000－0342－0004118　4128
學史四十八卷　(清)王希廉輯　清光緒二年(1876)上海申報館鉛印本　八冊

120000－0342－0004119　4129
翼駧稗編七卷　(清)湯用中撰　(清)徐廷華評　清道光二十九年(1849)刻本　八冊

120000－0342－0004120　4130
坐花誌果八卷　(清)汪道鼎述　清同治二年(1863)味經堂刻本　四冊

120000－0342－0004121　4131
息影偶錄八卷　(清)張埏輯　清嘉慶九年

(1804)刻本　八冊

120000－0342－0004122　4132
淞隱漫錄十二卷　(清)王韜撰　清光緒十年(1884)點石齋石印本　四冊

120000－0342－0004123　4133
秋燈叢話十八卷　(清)王椷撰　清乾隆六十年(1795)福山王椷刻本　八冊

120000－0342－0004124　4134
祕書廿一種　(清)汪士漢輯　清康熙七年(1668)刻本　十冊

120000－0342－0004125　4135
通藝錄　(清)程瑤田撰　清嘉慶八年(1803)刻本　二十冊　存二十種

120000－0342－0004126　4136
程中丞庚子函牘鈔略不分卷　(清)李遜編　清宣統元年(1909)鉛印本　一冊

120000－0342－0004127　4137
劉銘博觀察令嗣布告天下同胞書不分卷　劉作楫輯　清宣統元年(1909)鉛印本　一冊

120000－0342－0004128　4138
黄文貞公傳不分卷　(清)桂迓衡撰　清刻本　一冊

120000－0342－0004129　4139
試辦天津縣地方自治章程八章　(清)直隸咨議局編訂　清末鉛印本　一冊

120000－0342－0004130　4140
百家姓考略不分卷　(清)王相箋注　(清)徐士業校刊　清歙西徐氏校刻本　一冊

120000－0342－0004131　4141
李文忠公事略不分卷　(清)吳汝綸撰　清光緒二十八年(1902)北洋官報局鉛印本　一冊

120000－0342－0004132　4142
李文忠公事略不分卷　(清)吳汝綸撰　清光緒二十八年(1902)北洋官報局鉛印本　一冊

120000－0342－0004133　4143
龍威秘書　(清)馬俊良輯　清乾隆五十九年(1794)石門馬氏大酉山房刻本　八冊　存五十九種

120000－0342－0004134　4144
新出龍舟歌不分卷　(□)□□撰　清宣統二年(1910)廣州五桂堂刻本　二冊

120000－0342－0004135　4145
新刻陰陽寶扇八集八十卷　(清)梁紹仁撰　清佛山近文堂刻本　一冊　存十卷(八集一至十)

120000－0342－0004136　4146
繡像萬花樓全傳六卷　(□)□□撰　清光緒二年(1876)玉蘭軒刻本　六冊

120000－0342－0004137　4147
新刻天寶圖十卷　(□)□□撰　清同治八年(1869)芥子園刻本　八冊

120000－0342－0004138　4148
新刻前七國六卷　(□)□□撰　清光緒三十一年(1905)雙文堂刻本　六冊

120000－0342－0004139　4149
繡像十五貫十六卷　(清)馬永清重編　清同治六年(1867)蓮溪書屋刻本　四冊

120000－0342－0004140　4150
繡像宋史奇書十二卷六十六回　(□)□□撰　清光緒三十二年(1906)上海書局石印本　六冊

120000－0342－0004141　4151
繡像雙珠鳳全傳十二卷八十回　(□)□□撰　清刻本　十二冊

120000－0342－0004142　4152
繡像錦上花四十八回　題(清)修月閣主人撰　清同治十三年(1874)學餘堂刻本　十二冊

120000－0342－0004143　4153
新刻東調雨雪亭十六卷　(清)程桂寶撰　清光緒二十四年(1898)石印本　六冊

120000－0342－0004144　4154
繡像八美圖五卷二十二回　(□)□□撰　清光緒四年(1878)刻本　六冊

120000－0342－0004145　4155
新編三國演義十二卷　(明)羅貫中撰　清末京都泰山堂刻本　十二册

120000－0342－0004146　4156
西俗雜誌一卷　(清)倉山舊主撰　清光緒上海文藝齋刻本　一册

120000－0342－0004147　4157
文選古字通疏證六卷　(清)薛傳均撰　清光緒十二年(1886)還讀樓刻本　一册

120000－0342－0004148　4158
鄦齋叢書十二種　徐乃昌輯　清光緒二十六年(1900)南陵徐氏刻本　一册　存四種

120000－0342－0004149　4159
晉司隸校尉傅玄集三卷　(晉)傅玄撰　葉德輝輯　清光緒二十八年(1902)長沙葉氏刻觀古堂所著書本　一册

120000－0342－0004150　4160
續資治通鑑二百二十卷　(清)畢沅撰　清同治八年(1869)江蘇書局刻本　六十册

120000－0342－0004151　4161
西青散記四卷　(清)史震林撰　清乾隆二年(1737)三餘堂刻本　四册

120000－0342－0004152　4162
南華真經評注五卷　(戰國)莊周輯　(晉)郭象評　(晉)向秀注　清康熙大盛堂刻本　六册

120000－0342－0004153　4163
漢韓仁銘不分卷　(漢)韓仁銘書　清拓本　一册

120000－0342－0004154　4164
道因法師碑不分卷　(唐)歐陽通書　清拓本　二册

120000－0342－0004155　4165
欽定續通典一百五十卷　(清)嵇璜等纂　清光緒二十七年(1901)上海圖書集成局石印本　十二册

120000－0342－0004156　4166
校訂困學紀聞注二十卷　(宋)王應麟撰　清嘉慶九年(1804)刻本　六册

120000－0342－0004157　4167
讀史方輿紀要歷代州域形勢十卷　(清)顧祖禹輯　清道光三十年(1850)長沙黄氏刻本　八册

120000－0342－0004158　4168
續古文辭類纂二十八卷　(清)黎庶昌輯　清光緒十六年(1890)金陵書局刻本　十二册

120000－0342－0004159　4169
王麓臺仿古山水十幀不分卷　(清)王原祈繪　清宣統元年(1909)上海文明書局影印本　一册

120000－0342－0004160　4170
曹集銓評十卷逸文一卷年譜一卷附録一卷　(三國魏)曹植撰　(清)丁晏評　清同治十一年(1872)金陵書局刻本　二册

120000－0342－0004161　4171
合諸名家評注三蘇文選十八卷　(明)楊慎選　(明)李維楨評注　清康熙二十七年(1688)製錦堂刻本　十册

120000－0342－0004162　4172
詞選二卷續二卷附録一卷　(清)張惠言　(清)董毅輯　清道光十年(1830)刻本　二册

120000－0342－0004163　4173
景蘇園帖第四不分卷　(宋)蘇軾書　清光緒拓本　一册

120000－0342－0004164　4174
經史百家序録　邵章輯　清光緒二十八年(1902)石印本　十六册　存六種

120000－0342－0004165　4175
分類詩腋八卷　(清)李楨編　清三餘堂刻本　四册

120000－0342－0004166　4176
王臨川全集一百卷　(宋)王安石撰　清光緒九年(1883)小峴山館刻本　十六册

120000－0342－0004167　4177

詞律二十卷拾遺八卷補遺一卷　(清)萬樹撰　(清)徐本立纂　(清)杜文瀾編　清光緒二年(1876)吳下刻本　十六冊

120000－0342－0004168　4178
康熙字典十二集備考一卷補遺一卷　(清)張玉書纂　清光緒十三年(1887)上海點石齋石印本　六冊

120000－0342－0004169　4179
康熙字典十二集備考一卷補遺一卷　(清)張玉書纂　清光緒十六年(1890)上海鴻寶齋石印本　六冊

120000－0342－0004170　4180
康熙字典十二集備考一卷補遺一卷　(清)張玉書纂　清末上海鴻寶書局石印本　六冊

120000－0342－0004171　4181
初刻封神演義八卷一百回　(明)許仲琳撰　清乾隆四十三年(1778)經綸堂刻本　十六冊

120000－0342－0004172　4182
初刻封神演義八卷一百回　(明)許仲琳撰　清乾隆四十三年(1778)經綸堂刻本　八冊

120000－0342－0004173　4183
新刻京臺公餘勝覽國色天香十卷　(明)吳所敬編輯　清學源堂刻本　四冊

120000－0342－0004174　4184
里乘十卷　(清)許奉恩撰　清光緒五年(1879)常熟抱芳閣刻本　十冊

120000－0342－0004175　4185
嶺南逸史二十八回　(清)花溪逸士撰　(清)醉園狂客評　清嘉慶刻本　十二冊

120000－0342－0004176　4186
繪圖再續兒女英雄全傳四卷四十回　杭餘生撰　清宣統二年(1910)鍊石齋書局石印本　一冊

120000－0342－0004177　4187
詳註聊齋志異圖詠十六卷首一卷　(清)蒲松齡著　(清)呂湛恩註　清光緒十二年(1886)上海同文書局石印本　八冊

120000－0342－0004178　4188
黑奴籲天錄四卷　(美國)斯土活著　林紓　魏易譯　清光緒二十七年(1901)武林魏氏刻本　四冊

120000－0342－0004179　4189
繡像芙蓉洞全傳十卷四十回　(清)陳遇乾撰　清道光十六年(1836)刻本　十冊

120000－0342－0004180　4190
繡像續金瓶梅六十四回　(清)丁耀亢著　清刻本　十六冊

120000－0342－0004181　4191
新編雙玉盃全傳三十六卷　(□)□□撰　清道光八年(1828)刻本　六冊

120000－0342－0004182　4192
楊椒山先生集四卷年譜一卷　(明)楊繼盛撰　清同治五年(1866)杭州聚文堂書坊刻本　五冊

120000－0342－0004183　4193
經典釋文三十卷　(唐)陸德明撰　**攷證三十卷**　(清)盧文弨撰　**國語補音三卷**　(宋)宋庠撰　清光緒套印本　一冊

120000－0342－0004184　4194
簫笛全譜不分卷　(清)□□撰　清京都文萃堂刻本　一冊

120000－0342－0004185　4195
洞庭湖柳毅傳書雜劇一卷　(元)尚仲賢撰　明萬曆吳興臧氏刻元曲選叢書本　一冊

120000－0342－0004186　4196
雙報應二卷揚州夢二卷　(清)嵇永仁撰　清乾隆葭秋堂刻本　二冊

120000－0342－0004187　4197
[乾隆]天津縣志二十四卷　(清)朱奎揚　(清)張志奇修　(清)吳廷華纂　清乾隆四年(1739)刻本　八冊

120000－0342－0004188　4198
中說十卷　(隋)王通撰　(宋)阮逸注　清光緒十六年(1890)刻本　二冊

120000－0342－0004189　4199
訓蒙千字文不分卷　(清)何桂珍撰　清刻本　一册

120000－0342－0004190　4200
匡謬正俗八卷　(唐)顔師古撰　清乾隆二十一年(1756)德州盧氏刻雅雨堂叢書本　一册

120000－0342－0004191　4201
藕香零拾三十九種　繆荃孫輯　清光緒、宣統刻本　三十二册

120000－0342－0004192　4202
廣東新語二十八卷　(清)屈大均撰　清康熙三十九年(1700)水天閣刻本　十册

120000－0342－0004193　4203
十八家詩鈔二十八卷　(清)曾國藩撰　清同治十三年(1874)傳忠書局刻本　二十八册

120000－0342－0004194　4204
宋史紀事本末一百零九卷　(明)馮琦原編　(明)陳邦瞻增訂　(明)張溥論正　清同治十三年(1874)江西書局刻本　二十册

120000－0342－0004195　4205
西政叢書　梁啟超輯　清光緒二十三年(1897)慎記書莊石印本　三十二册

120000－0342－0004196　4206
唐語林八卷　(宋)王讜撰　**校勘記一卷**　(清)錢熙祚撰　清光緒十九年(1893)湖北官書處刻本　四册

120000－0342－0004197　4207
説文聲系十四卷　(清)姚文田撰　清道光、光緒南海伍氏刻粤雅堂叢書本　三册

120000－0342－0004198　4208
明史紀事本末八十卷　(清)谷應泰輯　清同治十三年(1874)江西書局刻本　二十册

120000－0342－0004199　4209
中俄改訂條約章程附專條卡倫單不分卷　(清)□□撰　清光緒七年(1881)刻本　一册

120000－0342－0004200　4210
欽定城鎮鄉地方自治章程並選舉章程　(清)民政部奏定　清末鉛印本　一册

120000－0342－0004201　4211
南宋古蹟攷二卷　(清)朱彭輯　清光緒七年(1881)武林丁氏刻本　一册

120000－0342－0004202　4212
陶靖節詩集四卷　(晉)陶潛撰　(清)蔣薰評　(清)周文焜訂　清刻本　一册

120000－0342－0004203　4213
攈古録金文三卷　(清)吳式芬撰　清光緒二十一年(1895)刻本　一册　存一卷(一)

120000－0342－0004204　4214
新增幼學雜字不分卷　(□)□□撰　清末李光明莊刻本　一册

120000－0342－0004205　4215
潛研堂全集　(清)錢大昕撰　清光緒二年(1876)浙江書局刻本　六十四册　存十七種

120000－0342－0004206　4216
歸樸龕叢稿十二卷續編四卷　(清)彭蘊章撰　清道光刻本　四册

120000－0342－0004207　4217
鶴和樓制義二卷補編一卷　(清)彭蘊章撰　清同治、光緒刻本　二册

120000－0342－0004208　4218
老學莽讀書記四卷　(清)彭蘊章撰　清同治五年(1866)刻本　二册

120000－0342－0004209　4219
禹貢分箋七卷　(清)方溶撰　清嘉慶二十四年(1819)刻本　二册

120000－0342－0004210　4220
怡志堂文初編六卷　(清)朱琦撰　清同治三年(1864)刻本　二册

120000－0342－0004211　4221
灌江定考一卷　(清)王來通集　清乾隆二十六年(1761)刻本　二册

120000－0342－0004212　4222
皇朝中外一統輿圖中一卷南十卷北二十卷首

一卷　(清)鄒世詒撰　(清)李廷蕭增訂　清同治二年(1863)刻本　三十冊

120000－0342－0004213　4223
禹貢分箋七卷　(清)方溶撰　清嘉慶二十五年(1820)銀花藤館刻本　二冊

120000－0342－0004214　4224
怡志堂文初編六卷　(清)朱琦撰　清同治三年(1864)刻本　二冊

120000－0342－0004215　4225
老學䆕讀書記四卷　(清)彭蘊章撰　清同治五年(1866)刻本　二冊

120000－0342－0004216　4226
輿地紀勝二百卷首一卷　(清)王象之撰　清咸豐五年(1855)刻本　二十四冊

120000－0342－0004217　4227
東晉疆域志四卷　(清)洪亮吉撰　清光緒四年(1878)刻本　二冊

120000－0342－0004218　4228
西藏圖考八卷首一卷　(清)黄沛翹撰　清光緒十二年(1886)刻本　四冊

120000－0342－0004219　4229
入蜀記四卷　(宋)陸游撰　清乾隆、道光刻欽定四庫全書本　二冊

120000－0342－0004220　4230
禹貢會箋十二卷山水總目一卷圖一卷　(清)徐文靖箋　清同治十三年(1874)慈溪何氏刻本　四冊

120000－0342－0004221　4231
皇朝中外一統輿圖中一卷南五卷北十卷　(清)鄒世詒撰　(清)李廷蕭增訂　清末石印本　六冊

120000－0342－0004222　4232
湖山便覽十二卷　(清)翟灝　(清)翟瀚輯　清光緒元年(1875)杭州王維翰槐蔭堂刻本　六冊

120000－0342－0004223　4233
秣陵集六卷　(清)陳文述輯　清光緒十年(1884)淮南書局刻本　三冊

120000－0342－0004224　4234
秣陵集六卷　(清)陳文述輯　清光緒十年(1884)淮南書局刻本　三冊

120000－0342－0004225　4235
中亞洲俄屬遊記二卷　(英國)蘭士德撰　(清)莫鎮藩譯　清光緒鉛印本　二冊

120000－0342－0004226　4236
水經注四十卷首一卷附錄二卷　(漢)桑欽撰　(北魏)酈道元注　王先謙校　清光緒十八年(1892)長沙王氏思賢講舍刻本　十六冊

120000－0342－0004227　4237
臺灣輿圖二卷　(清)夏獻綸編　清光緒六年(1880)刻本　二冊

120000－0342－0004228　4238
[同治]續纂江寧府志十五卷首一卷　(清)蔣啟勳　(清)趙佑宸修　(清)汪士鐸等纂　清光緒六年(1880)刻本　十六冊

120000－0342－0004229　4239
古微草堂内集三卷外集七卷　(清)魏源撰　清光緒四年(1878)淮南書局刻本　四冊

120000－0342－0004230　4240
夢綠草堂詩鈔十二卷首一卷末一卷　(清)蔡壽祺撰　清咸豐七年(1857)京師刻本　三冊

120000－0342－0004231　4241
紅葵齋詩草四卷　(清)況祥麟撰　清光緒元年(1875)登善堂藏版刻本　二冊

120000－0342－0004232　4242
汪梅村先生文集十二卷　(清)汪士鐸撰　清光緒七年(1881)萃古山房書莊刻本　四冊

120000－0342－0004233　4243
繞竹山房詩稿十卷詩餘一卷　(清)朱文治著　清嘉慶二十三年(1818)刻本　四冊

120000－0342－0004234　4244
璚琈山房詩稿四卷　(清)王志湉著　清嘉慶二十三年(1818)刻本　二冊

120000－0342－0004235　4245
說文校議十五卷　(清)姚文田　(清)嚴可均撰　清嘉慶二十三年(1818)刻本　四册

120000－0342－0004236　4246
復古編二卷　(宋)張有撰　**校正一卷附錄一卷**　(清)葛鳴陽撰　清光緒十八年(1892)香山劉氏小蘇齋據乾隆四十六年(1781)程氏舊寫本刻本　四册

120000－0342－0004237　4247
小學答問不分卷　章炳麟撰　清宣統元年(1909)刻本　二册

120000－0342－0004238　4248
字林考逸八卷附錄一卷　(清)任大椿撰　清光緒十六年(1890)江蘇書局刻本　三册

120000－0342－0004239　4249
字林考逸補本不分卷　(清)陶方琦輯　**附錄一卷**　(清)諸可寶輯　清光緒十六年(1890)江蘇書局刻本　一册

120000－0342－0004240　4250
星軺攷轍四卷　(清)劉啟彤譯述　清光緒十五年(1889)同文書局石印本　四册

120000－0342－0004241　4251
國朝兩浙題名錄不分卷　(清)黄蓨園撰　清咸豐七年(1857)京師刻本　六册

120000－0342－0004242　4252
歸顧朱三先生年譜合刻　(清)吳金瀾輯　清光緒六年(1880)嘉興金氏刻本　六册

120000－0342－0004243　4253
皇朝經濟文新編二十一卷　(清)宜今室主人輯　清光緒二十八年(1902)上海鍊石書局石印本　十六册

120000－0342－0004244　4254
讀史鏡古編三十二卷　(清)潘世恩輯　清同治十三年(1874)刻本　六册

120000－0342－0004245　4255
蒙古遊牧記十六卷　(清)張穆撰　清同治六年(1867)壽陽祁氏刻本　四册

120000－0342－0004246　4256
讀史鏡古編三十二卷　(清)潘世恩輯　清同治十三年(1874)冶城飛霞閣刻本　六册

120000－0342－0004247　4257
殷商貞卜文字考不分卷　羅振玉撰　清宣統二年(1910)玉簡齋石印本　一册

120000－0342－0004248　4258
蜀碧四卷　(清)彭遵泗撰　清嘉慶二十年(1815)天祿閣刻本　二册

120000－0342－0004249　4259
教務紀略四卷首一卷　(清)李剛己輯　清光緒三十二年(1906)蘭州官書局鉛印本　三册

120000－0342－0004250　4260
精選黄眉故事十卷　(明)鄧百拙編　清康熙三十六年(1697)經濟堂刻本　六册

120000－0342－0004251　4261
岳忠武王文集八卷首一卷末一卷　(宋)岳飛著　清乾隆三十五年(1770)刻本　一册　存一卷(首一卷)

120000－0342－0004252　4262
廣雅疏證十卷博雅音十卷　(清)王念孫撰　清光緒五年(1879)淮南書局刻本　八册

120000－0342－0004253　4263
六書分類十二卷　(清)傅世垚撰　清嘉慶元年(1796)聽松閣刻本　十三册

120000－0342－0004254　4264
說文逸字二卷　(清)鄭珍撰　**附錄一卷**　(清)鄭知同撰　清咸豐八年(1858)福山王氏刻本　一册

120000－0342－0004255　4265
段注說文解字三十二卷　(清)段玉裁注　清光緒元年(1875)湖北崇文書局刻本　十八册

120000－0342－0004256　4266
名原二卷　(清)孫詒讓撰　清光緒三十一年(1905)瑞安孫氏刻本　一册

120000－0342－0004257　4267
說文通訓定聲十八卷柬韻一卷說雅一卷古今

韻準一卷 (清)朱駿聲撰 清道光二十八年(1848)臨嘯閣刻本 二十四册

120000－0342－0004258 4268
文林綺繡五種 (明)淩迪知輯 清光緒二十年(1894)上海鴻寶齋影印本 六册

120000－0342－0004259 4269
滄州明詩鈔一卷 (清)王國均纂輯 (清)葉圭書編次 清道光二十六年(1846)刻本 一册

120000－0342－0004260 4270
國朝滄州詩補鈔二卷附補遺一卷 (清)王國均輯 (清)葉圭書編次 清咸豐八年(1858)刻本 一册

120000－0342－0004261 4271
國朝滄州詩續鈔四卷附補遺一卷 (清)王國均輯 (清)葉圭書編次 清咸豐七年(1857)刻本 二册

120000－0342－0004262 4272
南園後五先生詩二十五卷首一卷附南園花信詩一卷 (清)熊繹祖輯 清同治樵山草堂刻本 六册

120000－0342－0004263 4273
明詩紀事八籤一百八十七卷 陳田輯 清宣統三年(1911)貴陽陳氏聽詩齋刻本 三十八册

120000－0342－0004264 4274
金華詩錄六十卷外集六卷別集四卷 (清)朱琰輯 清乾隆三十八年(1773)金華府學刻本 二十册

120000－0342－0004265 4275
元百家詩集不分卷 (清)顧嗣立輯 清康熙三十三年(1694)秀野草堂刻本 十六册

120000－0342－0004266 4276
南園前五先生詩五卷首一卷 (明)葛徵奇輯 **南園後五先生詩二十五卷首一卷附南園花信詩一卷** (清)熊繹祖輯 清同治九年(1870)南海陳氏重刊樵山草堂刻本 八册

120000－0342－0004267 4277
爾雅注疏十一卷 (晉)郭璞注 (宋)邢昺疏 清寶旭齋刻本 六册

120000－0342－0004268 4278
爾雅匡名二十卷 (清)嚴元照撰 清光緒十六年(1890)廣雅書局刻本 四册

120000－0342－0004269 4279
韻海大全五卷 (清)仁壽室主人等編 清光緒二十年(1894)石印本 四册

120000－0342－0004270 4280
龍文鞭影二集四卷 (明)蕭良有撰 (明)楊臣諍增訂 清光緒二十五年(1899)刻本 四册

120000－0342－0004271 4281
說文解字韻譜十卷 (宋)徐鍇撰 (清)馮桂芬校訂 清同治三年(1864)刻本 二册

120000－0342－0004272 4282
十二硯齋補瘞鶴銘考二卷 (清)汪鋆撰 清光緒十一年(1885)刻本 二册

120000－0342－0004273 4283
影覆宋蜀大字本爾雅三卷 (晉)郭璞注 清光緒九年(1883)遵義黎氏日本東京使署據宋蜀大字本景刻古逸叢書本 一册

120000－0342－0004274 4284
新增說文韻府羣玉二十卷 (元)陰時夫編輯 (元)陰中夫編注 明萬曆十八年(1590)聚錦堂刻本 三册 存八卷(一至五、十至十二)

120000－0342－0004275 4285
應試唐詩類釋十九卷 (清)臧岳編 清刻本 一册 缺三卷(一至三)

120000－0342－0004276 4286
古文析義十六卷 (清)林雲銘評註 清康熙五十五年(1716)刻本 十六册

120000－0342－0004277 4287
兩漢文四十卷 (明)張采輯 明崇禎六年(1633)刻本 十册 存二十卷(一至二十)

120000－0342－0004278　4288

唐宋十大家全集錄五十一卷首一卷　(清)儲欣輯　清康熙四十四年(1705)松鱗堂刻本　三十八冊

120000－0342－0004279　4289

顧端文公遺書十五種附一種　(明)顧憲成撰　清光緒三年(1877)涇里宗祠刻本　十六冊　存十四種

120000－0342－0004280　4290

重刊文信國公全集十七卷首一卷　(宋)文天祥撰　清道光二十五年(1845)刻本　八冊

120000－0342－0004281　4291

居易錄三十四卷　(清)王士禛撰　清刻本　八冊

120000－0342－0004282　4292

樂志堂文集十八卷　(清)譚瑩撰　清咸豐九年(1859)吏隱園刻本　六冊

120000－0342－0004283　4293

陶樓雜著不分卷　(清)黄彭年撰　清光緒十五年(1889)陶樓刻本　二冊

120000－0342－0004284　4294

經籍纂詁一百零六卷首一卷　(清)阮元撰　清嘉慶揚州阮氏琅嬛仙館刻本　六十四冊

120000－0342－0004285　4295

寒松閣詩八卷　(清)張鳴珂撰　清光緒十九年(1893)刻本　八冊

120000－0342－0004286　4296

萬國政治藝學全書二編三百卷　(清)朱大文　(清)淩賡颺輯　清光緒二十八年(1902)上海鴻文書局石印本　三十冊

120000－0342－0004287　4297

李氏五種　(清)李兆洛撰　清光緒十四年(1888)上海掃葉山房刻本　十六冊

120000－0342－0004288　4298

西晉志傳四卷　(明)楊爾曾編　(明)陳氏尺蠖齋評釋　清刻本　四冊

120000－0342－0004289　4299

息影偶錄八卷　(清)張珽輯　清光緒八年(1882)刻本　八冊

120000－0342－0004290　4300

繡像京本雲合奇蹤玉茗英烈全傳十卷八十回　(明)徐渭撰　清刻本　十冊

120000－0342－0004291　4301

塵海妙品十四卷　(清)陳琰編輯　清宣統三年(1911)上海六藝書局石印本　四冊　存十二種

120000－0342－0004292　4302

[光緒]直隸趙州志十六卷首一卷末一卷　(清)孫傳栻修　(清)王景美纂　清光緒二十三年(1897)刻本　六冊

120000－0342－0004293　4303

[光緒]蔚州志二十卷首一卷　(清)慶之金修　清光緒三年(1877)蘿州公廨刻本　八冊

120000－0342－0004294　4304

畿輔河道水利叢書　(清)吳邦慶輯　清道光四年(1824)益津吳氏刻本　十冊　存九種

120000－0342－0004295　4305

惜抱軒全集　(清)姚鼐撰　清同治五年(1866)刻本　二十冊　存十四種

120000－0342－0004296　4306

津門小令不分卷　(清)樊彬撰　清嘉慶刻本　一冊

120000－0342－0004297　4307

唐市徵獻錄二卷　(清)倪賜編輯　**續編二卷**　(清)張璐編　清光緒二十五年(1899)刻本　四冊

120000－0342－0004298　4308

貧壁説書不分卷　(清)陳震撰　清同治三年(1864)刻本　四冊

120000－0342－0004299　4309

欽定中樞政考八旗三十二卷綠營四十卷　(清)明亮等修　(清)納蘇泰等纂　清道光五年(1825)刻本　三十六冊　存三十六卷(八旗十七至三十二、綠營一至二十)

120000－0342－0004300　4310
鏡珠齋彙刻　（清）胡元玉撰　清光緒刻本　二冊　存五種

120000－0342－0004301　4311
天台三高士遺集五種　（清）張廷琛輯　清宣統三年（1911）刻本　一冊

120000－0342－0004302　4312
羅忠節公遺集（羅山遺集）　（清）羅澤南撰　清咸豐、同治刻本　八冊　存七種

120000－0342－0004303　4313
遣愁集十二卷　（清）張貴勝撰　清刻本　五冊

120000－0342－0004304　4314
試場異聞錄　（清）呂相燮輯　清同治廣東味經堂刻本　四冊　存二種

120000－0342－0004305　4315
鐵槎山房見聞錄十二卷　（清）于克襄著　清道光二十九年（1849）刻本　六冊

120000－0342－0004306　4316
曾太傅毅勇侯傳略不分卷　（清）黎庶昌撰　清刻本　一冊

120000－0342－0004307　4317
乘查筆記一卷　（清）斌椿著　清同治八年（1869）刻本　三冊

120000－0342－0004308　4318
野獲編三十卷　（明）沈德符撰　（清）錢枋輯　清道光七年（1827）刻本　二十冊

120000－0342－0004309　4319
柳柳州外集一卷　（唐）柳宗元著　清光緒四年（1878）刻本　一冊

120000－0342－0004310　4320
橋西雜記不分卷　（清）葉名澧撰　清同治十年（1871）刻本　一冊

120000－0342－0004311　4321
欽定明鑑二十四卷首一卷　（清）托津等纂　清同治九年（1870）湖北崇文書局刻本　十冊

120000－0342－0004312　4322
藝槩六卷　（清）劉熙載撰　清同治十二年（1873）刻本　二冊

120000－0342－0004313　4323
康熙字典十二集附檢字一卷辨似一卷等韻一卷總目一卷備考一卷補遺一卷　（清）張玉書纂　清光緒十六年（1890）上海鴻寶書局石印本　六冊

120000－0342－0004314　4324
康熙字典十二集附檢字一卷辨似一卷等韻一卷總目一卷備考一卷補遺一卷　（清）張玉書纂　清光緒十三年（1887）石印本　六冊

120000－0342－0004315　4325
康熙字典十二集附檢字一卷辨似一卷等韻一卷總目一卷備考一卷補遺一卷　（清）張玉書纂　清光緒十六年（1890）上海鴻寶書局石印本　六冊

120000－0342－0004316　4326
御批歷代通鑑輯覽一百二十卷　（清）傅恒等纂　清光緒三十年（1904）上海經藝書局印本　二十四冊

120000－0342－0004317　4327
唐詩三百首註釋六卷附唐詩三百首續選一卷　（清）蘅塘退士編　（清）章燮註　清光緒二十年（1894）京都文成堂刻本　八冊

120000－0342－0004318　4328
繪圖螢窗異草三編十二卷　（清）浩歌子撰　（清）隨園老人續評　（清）柳橋居士重訂　清光緒上海錦章圖書局石印本　六冊　缺四卷（初編三至四、二編三至四）

120000－0342－0004319　4329
定香亭筆談四卷　（清）阮元撰　清光緒十年（1884）瀨江宋氏刻本　四冊

120000－0342－0004320　4330
霓裳文藝全譜四卷　（清）王慶華編校　清光緒二十二年（1896）石印本　四冊

120000－0342－0004321　4331

繪圖精忠說岳全傳二十卷　(清)錢彩撰　清光緒刻本　八册

120000－0342－0004322　4332
繡像百鳥圖十八回　(□)□□撰　清光緒二十五年(1899)石印本　四册

120000－0342－0004323　4333
後紅樓夢三十二卷首一卷　(清)逍遙子撰　清刻本　五册

120000－0342－0004324　4334
五虎平西傳十四卷一百十二回　(清)□□撰　清刻本　十四册

120000－0342－0004325　4335
英雲夢傳十六回　(清)九容樓主人松雲氏撰　清錫環堂刻本　八册

120000－0342－0004326　4336
山海經廣注十八卷讀山海經語一卷雜述一卷圖五卷　(清)吳任臣釋　清康熙六年(1667)崇義書院刻本　四册

120000－0342－0004327　4337
醒世姻緣傳一百回　(清)西周生輯　清同治九年(1870)刻本　三十册

120000－0342－0004328　4338
書目答問四卷　(清)張之洞撰　清光緒元年(1875)石印本　二册

120000－0342－0004329　4339
好逑傳四卷十八回　(清)□□撰　清同治二年(1863)獨處軒刻本　四册

120000－0342－0004330　4340
繪像鐵花仙史二十六回　(清)雲封山人編　清光緒十八年(1892)石印本　四册

120000－0342－0004331　4341
里乘十卷　(清)許奉恩撰　清光緒五年(1879)刻本　六册

120000－0342－0004332　4342
笑笑錄六卷　(清)獨逸窩退士編　清光緒五年(1879)申報館鉛印本　四册

120000－0342－0004333　4343
新刻異說反唐全傳十卷　(清)如蓮居士編　清刻本　十册

120000－0342－0004334　4344
二如亭群芳譜二十九卷　(明)王象晉撰　清初刻本　二十四册

120000－0342－0004335　4345
詩古微十六卷　(清)魏源撰　清光緒十三年(1887)掃葉山房刻本　八册　存十二卷(一至二、四、八至十六)

120000－0342－0004336　4346
資治通鑑外紀十卷　(宋)劉恕撰　清同治十年(1871)江蘇書局刻本　二册　存五卷(一至二、八至十)

120000－0342－0004337　4347
京報輯要　(□)□□撰　清光緒三十一年(1905)鉛印本　一册

120000－0342－0004338　4348
明詩別裁集四卷　(清)沈德潛輯　清乾隆刻本　四册

120000－0342－0004339　4349
增補記事珠十卷　(清)張以謙撰　清光緒八年(1882)刻本　十册

120000－0342－0004340　4350
蕉軒隨錄十二卷　(清)方濬師撰　清同治十一年(1872)退一步齋刻本　十二册

120000－0342－0004341　4351
張公襄理軍務紀略六卷　(清)丁運樞等編　清宣統元年(1909)石印本　六册

120000－0342－0004342　4352
評選四六法海八卷　(清)蔣士銓輯　清同治刻蔣氏四種本　八册

120000－0342－0004343　4353
小方壺齋輿地叢鈔十二帙　王錫祺輯　清光緒十七年至二十三年(1891－1897)上海著易堂鉛印本　六十四册　存一千一百九十七種

120000－0342－0004344　4354

初唐四傑集　(清)項家達輯　清乾隆四十六年(1781)星渚項氏刻本　七冊　存四種

120000－0342－0004345　4355
初唐四傑集　(清)項家達輯　清同治十二年(1873)叢雅居刻本　十冊　存四種

120000－0342－0004346　4356
繡像落金扇全傳八卷　(清)吹竽先生撰　清同治十二年(1873)刻本　八冊

120000－0342－0004347　4357
西學啓蒙叢書十六種　(英國)艾約瑟譯　清光緒十二年(1886)總税務司署刻本　十六冊

120000－0342－0004348　4358
章氏遺書　(清)章學誠撰　清道光十二年(1832)刻本　五冊　存二種

120000－0342－0004349　4359
文選古字通補訓四卷拾遺一卷　(清)呂錦文撰　清光緒二十七年(1901)刻本　四冊

120000－0342－0004350　4360
山左古文鈔八卷　(清)李景嶧　(清)劉鴻翺輯　清刻本　八冊

120000－0342－0004351　4361
曾惠敏公遺集四種十七卷　(清)曾紀澤撰　清光緒二十年(1894)石印本　四冊　存四種

120000－0342－0004352　4362
通鑑紀事本末二百三十九卷　(宋)袁樞撰　(明)張溥論正　清同治十二年(1873)刻本　八十冊

120000－0342－0004353　4363
困學紀聞注二十卷　(宋)王應麟撰　(清)翁元圻輯注　清道光五年(1825)刻本　十二冊

120000－0342－0004354　4364
天下郡國利病書一百二十卷　(清)顧炎武輯　清光緒二十七年(1901)鉛印本　十四冊　存六十八卷(五十三至一百二十)

120000－0342－0004355　4365
九通通二百四十八卷　(清)劉可毅輯　清光緒二十八年(1902)石印本　四十八冊

120000－0342－0004356　4366
皇朝經世文新編二十一卷　(清)麥仲華輯　清光緒二十七年(1901)石印本　二十冊

120000－0342－0004357　4367
古刻叢書一卷　(明)陶宗儀撰　清刻本　一冊

120000－0342－0004358　4368
漢魏六朝百名家集　(明)張溥輯　清光緒刻本　八十四冊　存一百零七種

120000－0342－0004359　4369
[同治]上海縣志三十二卷首一卷末一卷　(清)應寶時等修　(清)俞樾　(清)方宗誠纂　清同治十年(1871)刻本　十六冊

120000－0342－0004360　4370
[同治]上海縣志三十二卷首一卷末一卷　(清)應寶時等修　(清)俞樾　(清)方宗誠纂　清同治十年(1871)刻本　十六冊

120000－0342－0004361　4371
航海述奇四卷　(清)張德明撰　清光緒鉛印本　二冊

120000－0342－0004362　4372
[同治]續纂揚州府志二十四卷　(清)方濬頤修　(清)晏端書　(清)錢振倫等纂　清同治十三年(1874)刻本　八冊

120000－0342－0004363　4373
[同治]上海縣志三十二卷首一卷末一卷　(清)應寶時等修　(清)俞樾等纂　清同治十一年(1872)南園志局刻本　十六冊

120000－0342－0004364　4374
[光緒]無錫金匱縣志四十卷首一卷附編六卷　(清)裴大中等修　(清)秦緗業纂　清光緒七年(1881)刻本　十八冊

120000－0342－0004365　4375
[光緒]嘉定縣志三十二卷首一卷補遺一卷　(清)程其玨修　(清)楊震福纂　清光緒八年(1882)刻本　十六冊

120000－0342－0004366　4376

史姓韻編六十四卷　(清)汪輝祖撰　清同治九年(1870)金陵書局木活字本　二十四冊

120000－0342－0004367　4377
古今事物考八卷　(明)王三聘輯　清刻續知不足齋叢書本　四冊

120000－0342－0004368　4378
校刊增注四書便蒙十九卷　(宋)朱熹輯　清光緒刻本　五冊

120000－0342－0004369　4379
四書章句二十九卷　(宋)朱熹輯　清光緒刻本　六冊

120000－0342－0004370　4380
四書章句集註學庸一卷魯論十卷孟子七卷　(宋)朱熹輯　清光緒二十年(1894)刻本　六冊

120000－0342－0004371　4381
[光緒]嘉興府志八十八卷首二卷　(清)許瑤光修　(清)吳仰賢纂　清光緒四年(1878)鴛湖書院刻本　四十八冊

120000－0342－0004372　4382
津門雜記三卷　(清)張燾撰　清光緒十年(1884)刻本　三冊

120000－0342－0004373　4383
[光緒]唐山縣志十二卷首一卷末一卷　(清)蘇玉修　(清)杜靄　(清)李飛鳴纂　清光緒七年(1881)刻本　八冊

120000－0342－0004374　4384
[道光]南宮縣志十六卷　(清)周栻修　(清)陳柱纂　清道光十一年(1831)刻本　八冊

120000－0342－0004375　4385
長白彙徵錄八卷　(清)張鳳臺纂　清宣統二年(1910)鉛印本　四冊

120000－0342－0004376　4386
[光緒]獲鹿縣志十四卷首一卷末一卷　(清)俞錫綱修　清光緒七年(1881)刻本　十冊

120000－0342－0004377　4387
錫山景物略十卷　(清)王永積輯　清光緒二十四年(1898)刻本　五冊

120000－0342－0004378　4388
[嘉慶]長安縣志三十六卷　(清)張聰賢修　清嘉慶二十年(1815)刻本　六冊

120000－0342－0004379　4389
慎其餘齋文集二十卷末一卷　(清)王贈芳撰　清咸豐留香書屋刻本　六冊

120000－0342－0004380　4390
養一齋文集二十卷　(清)李兆洛著　清光緒四年(1878)刻本　八冊

120000－0342－0004381　4391
顯志堂稿十二卷　(清)馮桂芬著　清光緒二年(1876)謝文翰齋刻本　八冊

120000－0342－0004382　4392
鮚埼亭集外編五十卷　(清)全祖望撰　清乾隆十六年(1751)刻本　十二冊

120000－0342－0004383　4393
蠡園文鈔不分卷　(清)范啟章撰　清咸豐三年(1853)刻本　四冊

120000－0342－0004384　4394
心白日齋集六卷　(清)尹耕雲著　清光緒十年(1884)刻本　四冊

120000－0342－0004385　4395
翰苑集注二十四卷　(唐)陸贄撰　清光緒平潭李氏師竹堂刻本　八冊　存二十二卷(三至二十四)

120000－0342－0004386　4396
南軒文集四十四卷　(宋)張栻撰　清咸豐四年(1854)綿邑南軒祠刻張宣公全集本　六冊

120000－0342－0004387　4397
古經解彙函　(清)鍾謙鈞輯　清同治十二年(1873)粵東書局刻本　二十一冊　存十七種

120000－0342－0004388　4398
淵雅堂全集　(清)王芑孫撰　清嘉慶八年至九年(1803－1804)刻二十五年(1820)長洲王氏增刻本　十一冊　存五種

120000－0342－0004389　4399

尚絅堂詩集五十二卷詞集二卷文集二卷　(清)劉嗣綰撰　清道光六年(1826)劉氏大樹園刻本　十六册

120000－0342－0004390　4400

尚絅堂詩集五十二卷詞集二卷文集二卷　(清)劉嗣綰撰　清道光六年(1826)劉氏大樹園刻本　十册

120000－0342－0004391　4401

兩當軒集二十二卷附録四卷攷異二卷　(清)黄景仁撰　清光緒二年(1876)武進黄氏家塾刻本　六册

120000－0342－0004392　4402

趙清獻公集十卷　(宋)趙抃撰　明崇禎南陽趙氏刻本　四册

120000－0342－0004393　4403

桐城吴先生全書　(清)吴汝綸撰　清光緒三十年(1904)刻本　二十册

120000－0342－0004394　4404

天花亂墜三集八卷　(清)寅半生選輯　清光緒三十年(1904)武林崇實齋刻本　四册

120000－0342－0004395　4405

太平廣記一百卷　(宋)李昉編　清乾隆二十年(1755)天都黄氏槐蔭草堂刻本　五十六册

120000－0342－0004396　4406

太平廣記五百卷目録十卷　(宋)李昉編　清乾隆二十年(1755)天都黄氏槐蔭草堂刻本　六十四册

120000－0342－0004397　4407

太平廣記五百卷目録十卷　(宋)李昉編　清乾隆二十年(1755)天都黄氏槐蔭草堂刻本　六十四册

120000－0342－0004398　4408

嘯亭雜録八卷續録二卷　(清)汲修主人(昭槤)著　清光緒六年(1880)刻本　十二册

120000－0342－0004399　4409

宸垣識畧十六卷　(清)吴長元編　清光緒二年(1876)刻本　八册

120000－0342－0004400　4410

[光緒]保安州續志四卷　(清)張毓生纂修　清光緒三年(1877)刻本　一册

120000－0342－0004401　4411

西湖夢尋五卷　(清)張岱撰　清光緒七年(1881)錢塘丁氏刻本　二册

120000－0342－0004402　4412

酌中志餘二卷　(明)劉若愚輯　清光緒七年(1881)崇文書局刻正覺樓叢刻本　二册

120000－0342－0004403　4413

史學叢書四十三種　(清)□□輯　清光緒二十八年(1902)上海點石齋石印本　三十二册

120000－0342－0004404　4414

瀏陽二傑遺文二卷　(清)譚嗣同　(清)唐才常撰　清光緒二十六年(1900)鉛印本　二册

120000－0342－0004405　4415

惺諟齋初稿十卷　(清)喻長霖撰　清宣統三年(1911)鉛印本　六册

120000－0342－0004406　4416

史學叢書四十三種　(清)□□輯　清光緒二十八年(1902)上海文瀾書局石印本　三十二册

120000－0342－0004407　4417

鹿洲全集　(清)藍鼎元撰　清光緒五年(1879)藍謙刻本　二十四册　存八種

120000－0342－0004408　4418

庸盦筆記六卷　(清)薛福成撰　清光緒二十三年(1897)蕭山陳氏刻本　六册

120000－0342－0004409　4419

張季直殿撰變法評議不分卷　(清)張殿撰　清光緒二十七年(1901)鉛印本　一册

120000－0342－0004410　4420

對相雜字不分卷　(清)□□撰　清光緒刻本　一册

120000－0342－0004411　4421

繡像黃金印六卷　(□)□□撰　清同治十二年(1873)集古山房刻本　六册

120000－0342－0004412　4422

新鐫時調彈詞說唱雙金錠全傳七集五十卷　(清)陳遇乾撰　清道光二十一年(1841)雲彩軒刻本　十二册

120000－0342－0004413　4423

繪圖珍珠塔全傳四卷二十四回　(□)□□撰　清光緒十九年(1893)上海石印本　四册

120000－0342－0004414　4424

來生福彈詞三十六回　(清)橘中逸叟撰　清同治九年(1870)聚錦堂刻本　二十四册

120000－0342－0004415　4425

綴白裘新集不分卷　(清)錢沛思編訂　清嘉慶十五年(1810)刻本　二十四册

120000－0342－0004416　4426

陶靖節詩集四卷　(晉)陶潛撰　**東坡和陶詩一卷**　(宋)蘇軾撰　**律陶不分卷**　(明)王思任輯　**敦好齋律陶纂不分卷**　(明)黃槐開輯　清乾隆二年(1737)最樂堂刻本　二册

120000－0342－0004417　4427

紅樓夢一百二十回　(清)曹雪芹著　清刻本　二十二册

120000－0342－0004418　4428

歷朝紀事本末八種　(清)陳如升　(清)朱記榮輯　清光緒十四年(1888)上海書業公所鉛印本　五十册　存七種

120000－0342－0004419　4429

困學紀聞注二十卷　(宋)王應麟撰　(清)翁元圻輯　清道光五年(1825)杭州陸貞一愛日軒刻本　十二册

120000－0342－0004420　4430

如西所刻諸名家評點春秋綱目左傳句解彙雋(批點春秋左傳綱目句解)六卷　(清)韓菼重訂　清刻本　二册　存二卷(一、五)

120000－0342－0004421　4431

四書朱子本義匯參四十三卷首四卷　(清)王步青輯　清刻本　十五册　缺二十一卷(論語一至二十、首一)

120000－0342－0004422　4432

顨軒孔氏所著書七種　(清)孔廣森撰　清嘉慶二十二年(1817)曲阜孔氏儀鄭堂刻本　十册

120000－0342－0004423　4433

經義考三百卷目録二卷　(清)朱彝尊録　清光緒二十三年(1897)浙江書局刻本　五十册

120000－0342－0004424　4434

武英殿聚珍版叢書　(清)高宗弘曆輯　清同治十三年(1874)江西書局刻本　一百二十七册　存五十四種

120000－0342－0004425　4435

武英殿聚珍版叢書　(清)高宗弘曆輯　清同治十三年(1874)江西書局重修刻本　一百二十八册　存五十四種

120000－0342－0004426　4436

二思堂叢書　(清)梁章鉅撰　清光緒、同治刻本　十六册　存六種

120000－0342－0004427　4437

蕙風叢書　況周頤撰　清光緒刻本　十一册　存九種

120000－0342－0004428　4438

經典釋文三十卷考證三十卷　(唐)陸德明撰　(清)盧文弨考證　清同治八年(1869)湖北崇文書局刻本　十二册

120000－0342－0004429　4439

[雍正]陝西通志一百卷首一卷　(清)劉於義等修　(清)沈青崖纂　清雍正十三年(1735)刻本　一百册

120000－0342－0004430　4440

函樓詩鈔八卷　(清)易佩紳撰　清光緒刻本　二册

120000－0342－0004431　4441

續刻受祺堂文集四卷　(清)李因篤撰　清道光七年(1827)刻本　四册

120000－0342－0004432　4442
晦明軒稿二卷　楊守敬撰　清光緒二十七年(1901)鄰蘇園刻本　二册

120000－0342－0004433　4443
因寄軒文集初集十卷二集六卷補遺一卷　(清)管同撰　清光緒五年(1879)刻本　四册

120000－0342－0004434　4444
天岳山館文鈔四十卷　(清)李元度撰　清光緒六年(1880)爽谿精舍刻本　二十册

120000－0342－0004435　4445
寒支初集十卷二集四卷首一卷　(清)李世熊撰　(清)李向旻輯　清同治十三年(1874)刻本　十四册

120000－0342－0004436　4446
乾隆府廳州縣圖志五十卷　(清)洪亮吉撰　清光緒五年(1879)授經堂刻本　二十册

120000－0342－0004437　4447
萬壑松風樓詩十四卷　(清)王吉人撰　清同治九年(1870)刻本　四册

120000－0342－0004438　4448
馬太史匡庵詩前集六卷匡庵詩集六卷　(清)馬世俊撰　清光緒二十一年(1895)活字印本　四册

120000－0342－0004439　4449
煙嶼樓詩集十八卷　(清)徐時棟撰　清同治六年(1867)葉氏虎胛山房刻本　四册

120000－0342－0004440　4450
松夢寮詩稿六卷　(清)丁丙撰　清光緒二十五年(1899)錢塘丁氏刻本　一册　缺三卷(一至三)

120000－0342－0004441　4451
雲海樓詩稿四卷　(清)王治模撰　清刻本　二册

120000－0342－0004442　4452
古春軒詩鈔二卷　(清)梁德繩撰　清咸豐二年(1852)鳳城刻本　一册

120000－0342－0004443　4453
看蠶詞一卷　(清)方觀承撰　清光緒刻本　一册

120000－0342－0004444　4454
雪門詩草十四卷　(清)許瑤光撰　清同治十三年(1874)刻本　六册

120000－0342－0004445　4455
有懷堂詩稿六卷　(清)韓菼撰　清康熙四十二年(1703)刻本　一册

120000－0342－0004446　4456
學古齋金石叢書四集　(清)葛元煦輯　清光緒葛氏學古齋刻本　三十册　存十種

120000－0342－0004447　4457
二十二子　(清)浙江書局輯　清光緒刻本　八十三册　存二十一種

120000－0342－0004448　4458
東華全錄四百二十五卷續錄六十九卷　王先謙編　清光緒十三年(1887)刻本　一百三十二册

120000－0342－0004449　4459
佩文韻府一百零六卷拾遺一百零六卷　(清)張玉書等編　(清)張廷玉等拾遺　清刻本　二百册

120000－0342－0004450　4460
全上古三代秦漢三國六朝文七百四十六卷　(清)嚴可均輯　清光緒二十年(1894)黄岡王氏刻本　一百册

120000－0342－0004451　4461
明史稿三百十卷史例議二卷　(清)王鴻緒撰　清敬慎堂刻本　六十册

120000－0342－0004452　4462
二十四史　清光緒三十四年(1908)上海集成圖書公司鉛印本　四百册

120000－0342－0004453　4463
真西山全集　(宋)真德秀撰　清康熙家祠刻同治印本　六十二册　存七種

120000－0342－0004454　4464
常州先哲遺書　盛宣懷輯　清光緒刻本　六

十四册　存四十二種

120000－0342－0004455　4465
資治通鑑二百九十四卷　（宋）司馬光編撰
通鑑釋文辯誤十二卷　（元）胡三省撰　清嘉慶影宋刻本　一百册

120000－0342－0004456　4466
御批歷代通鑑輯覽一百二十卷　（清）傅恒等撰　清同治十一年（1872）湖北崇文書局刻本　六十册

120000－0342－0004457　4467
十三經注疏　清同治十年（1871）廣東書局刻本　一百二十册

120000－0342－0004458　4468
唐宋十大家全集錄五十一卷首一卷　（清）儲欣輯　清康熙四十四年（1705）松鱗堂刻本　三十八册　存三十八卷（一至三十、三十三至四十）

120000－0342－0004459　4469
如諫果室叢刊三種　（清）王廷釗撰　清宣統二年（1910）京師益森書館鉛印本　一册

120000－0342－0004460　4470
石柱記箋釋五卷　（清）鄭元慶撰　清道光、光緒刻粵雅堂叢書本　一册

120000－0342－0004461　4471
庶幾堂今樂不分卷　（清）余治撰　清光緒刻本　十册

120000－0342－0004462　4472
繡像第六才子書八卷　（元）王實甫撰　（清）金聖嘆評　清乾隆四十五年（1780）刻本　六册

120000－0342－0004463　4473
繪風亭評第七才子書琵琶記六卷　（元）高明撰　清映秀堂刻本　八册

120000－0342－0004464　4474
劉香寶卷全集二卷　（□）□□撰　清光緒杭州瑪瑙經房刻本　二册

120000－0342－0004465　4475
程氏家塾讀書分年日程三卷綱領一卷　（元）程端禮撰　清同治十一年（1872）教忠堂刻本　二册

120000－0342－0004466　4476
西泠詞萃　（清）丁丙輯　清光緒錢塘丁氏刻本　四册

120000－0342－0004467　4477
西泠詞萃　（清）丁丙輯　清光緒錢塘丁氏刻本　四册

120000－0342－0004468　4478
番禺陳氏東塾叢書　（清）陳澧撰　清咸豐至光緒刻本　八册　存五種

120000－0342－0004469　4479
經訓堂叢書　（清）畢沅輯　清乾隆鎮洋畢沅刻本　二十四册　存二十一種

120000－0342－0004470　4480
唐代叢書一百六十四種　（清）王文誥輯　清嘉慶刻本　二十册　存一百三十一種

120000－0342－0004471　4481
曾惠敏公遺集四種十七卷　（清）曾紀澤撰　清光緒十九年（1893）江南製造總局鉛印本　八册　存四種

120000－0342－0004472　4482
曾惠敏公遺集四種十七卷　（清）曾紀澤撰　清光緒十九年（1893）江南製造總局鉛印本　八册　存四種

120000－0342－0004473　4483
明季稗史彙編二十七卷　（清）留雲居士輯　清光緒二十二年（1896）上海圖書集成局鉛印本　六册

120000－0342－0004474　4484
張文端集　（清）張英撰　清光緒二十三年（1897）桐城張氏刻本　二十册　存五種

120000－0342－0004475　4485
讀史方輿紀要一百三十卷　（清）顧祖禹撰　清宏道堂刻本　七十册

120000－0342－0004476　4486

隨園三十種　(清)袁枚輯撰　清乾隆、嘉慶小倉山房刻本　九册　存十六種

120000－0342－0004477　4487
[光緒]兩淮鹽法志一百六十卷　(清)王定安等纂修　清光緒三十年(1904)刻本　六十四册

120000－0342－0004478　4488
越中文獻輯存書　(清)紹興公報社編　清宣統二年至三年(1910－1911)紹興公報社鉛印本　四册　存十種

120000－0342－0004479　4489
滂喜齋叢書　(清)潘祖蔭輯　清同治、光緒吴縣潘氏京師刻本　三十二册

120000－0342－0004480　4490
碧聲吟館叢書　(清)許善長撰　清光緒刻本　四册　存四種

120000－0342－0004481　4491
中復堂全集　(清)姚瑩撰　清同治六年(1867)姚濬昌安福縣署刻本　二十一册　存八種

120000－0342－0004482　4492
鄦鄭學廬地理叢刊四種　(清)施世杰輯　清光緒二十三年(1897)會稽施氏刻本　二册

120000－0342－0004483　4493
三唐人集三種　(清)馮焌光輯　清光緒南海馮氏讀有用書齋刻本　八册

120000－0342－0004484　4494
唐人三家集三種　(清)秦恩復輯　清道光十年(1830)江都秦氏石研齋刻本　八册

120000－0342－0004485　4495
風雨樓叢書　鄧實輯　清宣統順德鄧氏排印本　三十三册　存五種

120000－0342－0004486　4496
宋王文忠公全集五十卷　(宋)王十朋撰　清光緒二年(1876)溫州梅溪書院刻本　十六册

120000－0342－0004487　4497
籑園叢書　(清)張慎儀撰　清光緒至民國刻本　十四册　存六種

120000－0342－0004488　4498
萬一樓集五十六卷　(明)駱問禮撰　清嘉慶刻本　十册

120000－0342－0004489　4499
習齋記餘十卷　(清)顏元撰　清光緒五年(1879)定州王氏謙德堂畿輔叢書刻本　二册

120000－0342－0004490　4500
太玄注十卷　(清)吳汝綸點勘　清宣統二年(1910)鉛印本　一册

120000－0342－0004491　4501
宋王文忠公全集五十卷　(宋)王十朋撰　清光緒二年(1876)溫州梅溪書院刻本　十六册

120000－0342－0004492　4502
宋王文忠公全集五十卷　(宋)王十朋撰　清雍正六年(1728)刻本　十册

120000－0342－0004493　4503
春在堂全書　(清)俞樾撰　清光緒二十五年(1899)刻本　二十八册　存二十四種

120000－0342－0004494　4504
瞿忠宣公集十卷　(明)瞿式耜撰　清光緒十三年(1887)常熟瞿廷韶刻本　四册

120000－0342－0004495　4505
[光緒]蘇州府志一百五十卷首一卷　(清)李銘皖等修　(清)馮桂芬纂　清光緒九年(1883)刻本　八十册

120000－0342－0004496　4506
龍威秘書　(清)馬俊良輯　清乾隆五十九年(1794)石門馬氏大酉山房刻本　八十册　存一百六十七種

120000－0342－0004497　4507
微波榭叢書十五種　(清)戴震撰　(清)孔繼涵輯　清乾隆曲阜孔氏微波榭刻本　四十三册　存十種

120000－0342－0004498　4508
春暉堂叢書　(清)徐渭仁輯　清同治上海徐氏寒木春華館補刻本　二十册　存九種

120000－0342－0004499　4509
別下齋叢書　(清)蔣光煦輯　清道光海昌蔣氏別下齋刻本　二十八册　存二十八種

120000－0342－0004500　4510
漁洋雜錄八種　(清)王士禛撰　清刻本　八册

120000－0342－0004501　4511
怡志堂文初編六卷　(清)朱琦撰　清同治三年(1864)刻本　二册

120000－0342－0004502　4512
經義雜記三十卷敘錄一卷　(清)臧琳撰　清嘉慶四年(1799)刻本　十二册

120000－0342－0004503　4513
竹柏山房十五種附刻四種　(清)林春溥撰　清嘉慶二十一年至咸豐四年(1816－1854)刻本　四十册　存十九種

120000－0342－0004504　4514
張宣公全集六十一卷　(宋)張栻撰　清咸豐四年(1854)綿邑南軒祠刻本　十四册

120000－0342－0004505　4515
蜀水考四卷　(清)陳登龍撰　清光緒十六年(1890)刻本　四册

120000－0342－0004506　4516
度龍記四卷　(清)董醇撰　清咸豐元年(1851)刻本　四册

120000－0342－0004507　4517
歷代地理沿革表四十六卷　(清)陳芳績撰　清光緒二十一年(1895)廣雅書局刻本　二十四册

120000－0342－0004508　4518
海國圖志一百卷　(清)魏源撰　清同治七年(1868)刻本　三十二册

120000－0342－0004509　4519
乘查筆記不分卷　(清)斌椿撰　清同治八年(1869)刻本　一册

120000－0342－0004510　4520
水經註釋四十卷附錄二卷　(漢)桑欽撰　(北魏)酈道元注　(清)趙一清釋　清光緒六年(1880)刻本　二十四册

120000－0342－0004511　4521
新斠注地理志十六卷　(清)錢坫撰　(清)徐松集釋　清同治十三年(1874)刻本　六册

120000－0342－0004512　4522
水經註釋四十卷附錄二卷　(漢)桑欽撰　(北魏)酈道元注　(清)趙一清釋　清光緒六年(1880)刻本　十二册

120000－0342－0004513　4523
水經注四十卷　(北魏)酈道元　清光緒三年(1877)崇文書局刻本　十三册

120000－0342－0004514　4524
[道光]重修平度州志二十七卷　(清)保忠　(清)吳慈修　(清)李圖　(清)王文鑰纂　清道光二十九年(1849)刻本　八册

120000－0342－0004515　4525
日本國志四十卷首一卷　(清)黃遵憲撰　清光緒羊城富文齋刻本　十四册

120000－0342－0004516　4526
長洲彭氏家集九種　(清)彭祖賢輯　清同治、光緒刻本　四十六册　存三種

120000－0342－0004517　4527
元秘史山川地名考十二卷　(清)施世杰撰　清光緒二十三年(1897)會稽刻本　一册

120000－0342－0004518　4528
東陲紀行一卷　(清)劉文鳳撰　清光緒刻本　一册

120000－0342－0004519　4529
[咸豐]邳州志二十卷首一卷　(清)董用威　(清)馬軼羣修　(清)魯一同纂　清咸豐元年(1851)刻本　四册

120000－0342－0004520　4530
分湖小識六卷　(清)柳樹芳纂　清道光二十七年(1847)吳江柳樹芳勝溪草堂刻本　二册

120000－0342－0004521　4531
[同治]續天津縣志二十卷首一卷　(清)吳惠

元修　(清)蔣玉虹　(清)俞樾纂　清同治九年(1870)刻本　八冊

120000－0342－0004522　4532
[光緒]奉化縣志四十卷首一卷　(清)李前泮修　(清)張美翊纂　清光緒三十四年(1908)刻本　十二冊

120000－0342－0004523　4533
[道光]東臺縣志四十卷　(清)周右修　(清)蔡復午等纂　清道光十年(1830)增刻本　十冊

120000－0342－0004524　4534
石經考文提要十三卷　(清)彭元瑞撰　清嘉慶四年(1799)刻本　六冊

120000－0342－0004525　4535
可園文存十六卷　陳作霖撰　清宣統元年(1909)刻本　四冊

120000－0342－0004526　4536
金陵通紀十卷　陳作霖撰　清光緒三十三年(1907)刻本　六冊

120000－0342－0004527　4537
重刊拜經樓叢書七種　(清)吳騫輯　清光緒十一年(1885)會稽章氏刻本　八冊

120000－0342－0004528　4538
十三經注疏校勘記識語四卷　(清)汪文臺撰　清光緒三年(1877)江西書局刻本　二冊

120000－0342－0004529　4539
六藝通考一百卷首一卷　(清)孫璧文輯　清光緒二十七年(1901)兩湖譯書學堂刻本　四十八冊

120000－0342－0004530　4540
囊膢五卷首二卷末二卷　(清)趙古農纂　清道光十一年(1831)刻本　四冊

120000－0342－0004531　4541
漢儒通義七卷　(清)陳澧撰　清光緒十五年(1889)怡敬齋刻本　四冊

120000－0342－0004532　4542
春秋比二卷　(清)郝懿行輯　清光緒十六年(1890)怡敬齋刻本　二冊

120000－0342－0004533　4543
玉簡齋叢書二十二種　羅振玉輯　清宣統二年(1910)上虞羅氏刻本　八冊　存二十二種

120000－0342－0004534　4544
娛園叢刻　(清)許增輯　清光緒十五年(1889)娛園刻本　八冊　存十一種

120000－0342－0004535　4545
玉簡齋叢書二十二種　羅振玉輯　清宣統二年(1910)上虞羅氏刻本　二十冊　存二十二種

120000－0342－0004536　4546
四書集註十九卷　(宋)朱熹集句　清光緒二十年(1894)金陵書局刻本　六冊

120000－0342－0004537　4547
讀書紀數略五十四卷　(清)宮夢仁撰　清康熙四十八年(1709)刻本　十二冊

120000－0342－0004538　4548
群經綱紀考十六卷首一卷　(清)李滋然撰　清宣統二年(1910)鉛印本　六冊

120000－0342－0004539　4549
四書典故辨正二十卷附録一卷　(清)周柄中撰　清光緒十二年(1886)善化許氏刻本　六冊

120000－0342－0004540　4550
駁四書改錯二十一卷　(清)戴大昌撰　清道光二十八年(1848)婺源戴氏補餘堂刻本　四冊

120000－0342－0004541　4551
四書便蒙十九卷　(宋)朱熹集注　清光緒三義堂刻本　六冊

120000－0342－0004542　4552
重訂七經精義二十三卷　(清)黄淦輯　清嘉慶十三年(1808)成錦堂刻本　八冊

120000－0342－0004543　4553
[光緒]昆明縣志十卷　(清)戴絅孫輯　清光緒三十年(1904)文廟桂香樓影印本　六冊

120000－0342－0004544　4554
［光緒］桐鄉縣志二十四卷首四卷附四卷　（清）嚴辰輯　清光緒十三年（1887）蘇州陶漱藝齋刻本　二十四冊

120000－0342－0004545　4555
［咸豐］貴陽府志八十八卷首二卷餘編二十卷　（清）周作楫等修　（清）蕭琯等撰　清咸豐二年（1852）刻本　四十冊

120000－0342－0004546　4556
［光緒］重刊江甯府志五十六卷校勘記一卷　（清）呂燕昭修　（清）姚鼐纂　清光緒六年（1880）刻本　十一冊　缺四卷（四至七）

120000－0342－0004547　4557
［光緒］續纂江甯府志十五卷首一卷勘誤一卷　（清）蔣啟勳　（清）趙佑宸修　（清）汪士鐸撰　清光緒七年（1881）刻本　十二冊

120000－0342－0004548　4558
龍威秘書　（清）馬俊良輯　清乾隆五十九年（1794）石門馬氏大酉山房刻本　八十冊　存一百六十七種

120000－0342－0004549　4559
［同治］宜昌府志十六卷首一卷　（清）聶光鑾修　（清）王柏心　（清）雷春沼纂　清同治四年（1865）刻本　十六冊

120000－0342－0004550　4560
［乾隆］登封縣志三十二卷　（清）陸繼萼修（清）洪亮吉纂　清乾隆五十二年（1787）刻本　八冊

120000－0342－0004551　4561
［光緒］湘潭縣志十二卷　（清）陳嘉榆等修　王闓運等纂　清光緒十五年（1889）刻本　十冊

120000－0342－0004552　4562
［嘉慶］棗強縣志二十卷　（清）任銜蕙修（清）楊元錫纂　清嘉慶八年（1803）刻本　六冊

120000－0342－0004553　4563
［同治］棗強縣志補正五卷　（清）方宗誠纂修　清同治十三年（1874）刻本　二冊

120000－0342－0004554　4564
［光緒］遵化通志六十卷首一卷　（清）何崧泰修　（清）史樸纂　清光緒十二年（1886）刻本　三十一冊

120000－0342－0004555　4565
深州風土記二十二卷附表五卷　（清）吳汝綸纂修　清光緒二十六年（1900）深州文瑞書院刻本　八冊

120000－0342－0004556　4566
［道光］重修膠州志四十卷　（清）張同聲修（清）李圖纂　清道光二十五年（1845）刻本　八冊

120000－0342－0004557　4567
［乾隆］潮州府志四十二卷首一卷　（清）周碩勳纂修　清光緒十九年（1893）珠蘭書屋刻本　二十五冊

120000－0342－0004558　4568
［同治］續天津縣志二十卷首一卷　（清）吳惠元修　（清）蔣玉虹　（清）俞樾纂　清同治九年（1870）刻本　八冊

120000－0342－0004559　4569
閩都記三十三卷　（明）王應山撰　清道光十一年（1831）求放心齋刻本　六冊

120000－0342－0004560　4570
敬孚類藁十六卷　（清）蕭穆撰　清光緒三十三年（1907）刻本　四冊

120000－0342－0004561　4571
聞妙香館詩存稿二卷　（清）梅寶璐撰　清光緒十三年（1887）泰州宮氏刻本　一冊

120000－0342－0004562　4572
三魚堂文集十二卷外集六卷附錄一卷　（清）陸隴其撰　清康熙四十年（1701）刻本　五冊

120000－0342－0004563　4573
知止堂詩錄十二卷詞錄三卷　（清）朱綬撰　清道光二十一年（1841）刻本　四冊

120000－0342－0004564　4574
柏巖文集四卷　(清)呂宣曾撰　清乾隆五十年(1785)刻本　四冊

120000－0342－0004565　4575
艮山文集八卷　(清)賈聲槐撰　清道光七年(1827)刻本　三冊

120000－0342－0004566　4576
研六室文鈔十卷補遺一卷　(清)胡培翬撰　清光緒四年(1878)世澤樓刻績溪胡氏叢書本　四冊

120000－0342－0004567　4577
集虚齋學古文十二卷附離騷經解畧一卷　(清)方婺如撰　清光緒十年(1884)淳安縣署刻本　四冊

120000－0342－0004568　4578
篤素堂文集四卷澄懷園語四卷　(清)張英　(清)張廷玉撰　清同治五年(1866)刻本　四冊

120000－0342－0004569　4579
瓶隱山房詩鈔十二卷　(清)黄曾撰　清道光二十七年(1847)刻本　十冊

120000－0342－0004570　4580
澹如軒詩草一卷　(清)朱镇撰　清光緒元年(1875)刻本　一冊

120000－0342－0004571　4581
西齋三種　(清)博明撰　清嘉慶六年(1801)刻本　三冊

120000－0342－0004572　4582
錢氏四種　(清)錢坫撰　清嘉慶七年(1802)擁萬堂刻本　四冊

120000－0342－0004573　4583
綴學堂初稿四卷　(清)陳漢章撰　清光緒刻本　二冊

120000－0342－0004574　4584
二水樓文集二十卷　(清)李茹旻撰　清光緒十七年(1891)刻本　十冊

120000－0342－0004575　4585
拙修集十卷　(清)吳廷棟撰　清同治十年(1871)刻本　四冊

120000－0342－0004576　4586
晚聞先生集六卷　(清)陶正靖撰　清道光二十三年(1843)刻本　二冊

120000－0342－0004577　4587
大雲山房文稾初集四卷二集四卷　(清)惲敬撰　清光緒十四年(1888)刻本　八冊

120000－0342－0004578　4588
存研樓文集十六卷　(清)储大文撰　清光緒元年(1875)刻本　八冊

120000－0342－0004579　4589
番禺陳氏東塾叢書　(清)陳澧撰　清咸豐至光緒刻本　九冊　存五種

120000－0342－0004580　4590
榆園叢刻　(清)許增輯　清同治、光緒刻本　二十冊　存十六種

120000－0342－0004581　4591
瑤華閣集不分卷　(清)袁綬撰　清同治六年(1867)刻本　四冊

120000－0342－0004582　4592
桐華舸詩鈔八卷續鈔八卷末一卷明季詠史詩一卷褒忠詩一卷　(清)鮑瑞駿撰　清同治三年(1864)刻本　十四冊

120000－0342－0004583　4593
義門先生集十二卷附録一卷　(清)何焯撰　清宣統元年(1909)刻本　六冊

120000－0342－0004584　4594
五湖漁莊圖題詞四卷　(清)葉承桂輯　清咸豐三年(1853)刻本　六冊

120000－0342－0004585　4595
巢經巢詩鈔九卷後集四卷　(清)鄭珍撰　清末遵義鄭氏刻本　四冊

120000－0342－0004586　4596
藏齋詩鈔六卷　(清)何其超撰　清同治刻本　二冊

120000－0342－0004587　4597
六書十二聲傳十二卷　(清)呂調陽撰　清光緒刻本　八册

120000－0342－0004588　4598
退一步草堂詩鈔一卷詞鈔一卷附小唱一卷　(清)王玉驥撰　清光緒十四年(1888)刻本　一册

120000－0342－0004589　4599
白圭堂詩鈔八卷續鈔六卷　(清)江之紀撰　清同治三年(1864)刻本　二册

120000－0342－0004590　4600
拙尊園叢稿六卷　(清)黎庶昌撰　清光緒十九年(1893)上海醉六堂石印本　二册

120000－0342－0004591　4601
汲庵詩存八卷　(清)楊象濟撰　清光緒八年(1882)刻本　四册

120000－0342－0004592　4602
敦拙堂詩集十三卷　(清)陳奉茲撰　清光緒二年(1876)漢皋榷署刻本　四册

120000－0342－0004593　4603
曝書亭集詩註二十二卷補遺二卷年譜一卷　(清)朱彝尊撰　(清)楊謙注　清嘉慶木山閣刻本　十册

120000－0342－0004594　4604
松壽堂詩鈔十卷　(清)陳夔龍撰　清宣統三年(1911)京師刻本　四册

120000－0342－0004595　4605
松陵文録二十四卷　(清)淩淦輯　清同治十三年(1874)刻本　十二册

120000－0342－0004596　4606
躬厚堂詩録十卷　(清)張金鏞撰　清同治三年(1864)刻本　四册

120000－0342－0004597　4607
飴山堂集二十卷　(清)趙執信著　清乾隆刻本　八册

120000－0342－0004598　4608
心安隱室詩集九卷詞集四卷　(清)詹肇堂撰　清光緒十年(1884)成德堂刻本　四册

120000－0342－0004599　4609
輟耕吟稿五卷　(清)倪偉人撰　清光緒十六年(1890)刻本　二册

120000－0342－0004600　4610
綿津山人詩集三十四卷　(清)宋犖撰　清康熙刻本　四册

120000－0342－0004601　4611
鶴儕軒詩草八卷　(清)姚文彬著　清光緒三十四年(1908)刻本　四册

120000－0342－0004602　5823
桐城吴先生全書　(清)吴汝綸撰　清光緒三十年(1904)桐城吴氏刻本　二十二册

120000－0342－0004603　4613
思綺堂文集十卷　(清)章藻功撰　清康熙六十一年(1722)聚錦堂刻本　十册

120000－0342－0004604　4614
犢山類稿六卷　(清)周鎬撰　清光緒十年(1884)刻本　四册

120000－0342－0004605　4615
洪北江全集更生齋詩餘二卷詩集八卷詩續集十卷文集二卷　(清)洪亮吉撰　清光緒授經堂刻本　十一册

120000－0342－0004606　4616
半行庵詩存稿八卷　(清)貝青喬撰　清同治刻本　二册

120000－0342－0004607　4617
曇雲閣詩集八卷詞鈔一卷外集一卷補遺一卷詞續刻一卷　(清)曹楙堅撰　清道光二十三年(1843)刻本　六册

120000－0342－0004608　4618
卓廬初草不分卷　(清)陳墉撰　清刻本　四册

120000－0342－0004609　4619
行素齋雜記二卷　(清)李佳繼昌撰　清光緒二十七年(1901)湖南臬署刻本　二册

120000－0342－0004610　4620
牖景錄六卷　(清)徐璥輯　清道光刻本　一冊　缺三卷(四至六)

120000－0342－0004611　4621
缶廬詩四卷別存一卷　(清)吴俊卿撰　清光緒十九年(1893)刻本　一冊

120000－0342－0004612　4622
槐廬叢書　(清)朱記榮輯　清光緒吴縣朱氏槐廬家塾刻本　六冊　存五種

120000－0342－0004613　4623
國朝金陵文鈔十六卷首一卷末一卷　陳作霖等輯　清光緒二十三年(1897)刻本　十六冊

120000－0342－0004614　4624
沅湘通藝錄八卷　(清)江標輯　清光緒二十三年(1897)刻本　十二冊

120000－0342－0004615　4625
國朝文匯二百卷總目一卷　國學扶輪社編　清宣統元年(1909)石印本　一百零一冊

120000－0342－0004616　4626
隨盦徐氏叢書二十種　徐乃昌輯　清光緒、民國南陵徐氏刻本　二十四冊

120000－0342－0004617　4627
浙西六家詩鈔六卷　(清)吴應和輯　(清)馬洵輯　清道光七年(1827)紫薇山館刻本　四冊

120000－0342－0004618　4628
觀河集四卷　(清)彭紹升撰　清同治元年(1862)合肥劉氏朝侍刻本　一冊

120000－0342－0004619　4629
一漚吟館選集二卷　(清)陳崇光撰　清宣統二年(1910)懷荃室刻本　一冊

120000－0342－0004620　4630
真木吟二卷　(清)李明墀撰　清光緒二十一年(1895)洣江龍氏刻本　二冊

120000－0342－0004621　4631
清足居集一卷附蕉窗詞一卷　(清)鄧瑜撰　清光緒二十二年(1896)泉唐諸氏刻本　一冊

120000－0342－0004622　4632
王氏家集不分卷　(□)□□撰　清同治狄雲行館刻本　四冊

120000－0342－0004623　4633
國朝天台詩存十四卷附補遺一卷　(清)金文田編　清光緒三十四年(1908)木活字本　四冊

120000－0342－0004624　4634
藕唐詩集十四卷　(清)王瑋慶撰　清嘉慶二十五年(1820)刻本　四冊

120000－0342－0004625　4635
龍文詩選一卷　(清)釋僧鑑撰　(清)鄒漪輯　清康熙刻本　一冊

120000－0342－0004626　4636
董文友詩選一卷　(清)董以寧撰　(清)鄒漪輯　清康熙刻本　一冊

120000－0342－0004627　4637
程端伯詩選一卷　(清)程正揆撰　(清)鄒漪輯　清康熙刻本　一冊

120000－0342－0004628　4638
錢黍谷詩選一卷　(清)錢朝鼎撰　(清)鄒漪輯　清康熙刻本　一冊

120000－0342－0004629　4639
海陵文徵二十卷　(清)夏荃輯　清道光二十三年(1843)刻本　十冊

120000－0342－0004630　4640
湖海樓叢書　(清)陳春輯　清嘉慶蕭山陳氏刻本　三十二冊　存十二種

120000－0342－0004631　4641
藝風藏書記八卷　繆荃孫撰　清光緒二十六年至二十七年(1900－1901)刻本　二冊

120000－0342－0004632　4642
午風堂詩集六卷　(清)鄒炳泰撰　清嘉慶刻本　二冊

120000－0342－0004633　4643
香海盦叢書　(清)徐琪輯　清光緒仁和徐氏刻本　九冊　存二種

120000－0342－0004634　4644
李氏三先生詩鈔　(清)李懷民等撰　清光緒十二年(1886)西安郡齋李氏刻本　四冊　存三種

120000－0342－0004635　4645
李氏三先生詩鈔　(清)李懷民等撰　清光緒十二年(1886)西安郡齋李氏刻本　四冊　存三種

120000－0342－0004636　4646
[光緒]無錫金匱縣志四十卷首一卷附編六卷　(清)裴大中　(清)倪咸生修　(清)秦緗業等纂　清光緒七年(1881)刻本　二十冊

120000－0342－0004637　4647
[同治]續纂揚州府志二十四卷　(清)方濬頤修　(清)晏端書等纂　清同治十三年(1874)刻本　八冊

120000－0342－0004638　4648
皇朝中外一統輿圖中一卷南十卷北二十卷首一卷　(清)胡林翼　(清)嚴樹森主持　(清)鄒世詒　(清)晏啓鎮編繪　(清)李廷蕭　(清)汪士鐸核校　清同治二年(1863)刻本　三十二冊

120000－0342－0004639　4649
[同治]焦山志二十六卷　(清)吳雲編　清同治四年(1865)刻本　八冊　缺一卷(十四)

120000－0342－0004640　4650
[光緒]焦山續志八卷　(清)陳任暘編　清光緒三十年(1904)刻本　二冊

120000－0342－0004641　4651
[光緒]金山志二十卷首二卷　(清)周伯義編　(清)陳任暘訂　清光緒三十年(1904)刻本　十冊

120000－0342－0004642　4652
六朝事迹編類十四卷　(宋)張敦頤撰　清光緒十三年(1887)寶章閣影刻本　四冊

120000－0342－0004643　4653
釋名疏證補八卷續釋名一卷釋名補遺一卷疏證補坿一卷　(漢)劉熙撰　王先謙纂集　清光緒二十二年(1896)刻本　四冊

120000－0342－0004644　4654
疊雅十三卷　(清)史夢蘭纂　清同治四年(1865)樂亭史氏刻本　四冊

120000－0342－0004645　4655
對雨樓叢書　繆荃孫輯　清光緒江陰繆氏朱印本　四冊　存四種

120000－0342－0004646　4656
涵芬樓古今文鈔一百卷　吳曾祺撰　清宣統二年(1910)上海商務印書館鉛印本　一百冊　缺一卷(八)

120000－0342－0004647　4657
通俗編三十八卷　(清)翟灝撰　清乾隆十六年(1751)無不宜齋刻本　十六冊

120000－0342－0004648　4658
古韻發明不分卷　(清)張畊撰　清道光芸心堂刻本　三冊

120000－0342－0004649　4659
切字肆考不分卷　(清)張畊撰　清道光芸心堂刻本　一冊

120000－0342－0004650　4660
詩經小學四卷　(清)段玉裁撰　清武進臧氏拜經堂刻本　一冊

120000－0342－0004651　4661
稧帖緒餘四卷　(清)曾廷枚撰　清嘉慶十二年(1807)刻薌嶼裘書本　一冊

120000－0342－0004652　4662
釋名疏證補八卷續釋名一卷釋名補遺一卷疏證補坿一卷　(漢)劉熙撰　王先謙撰集　清光緒二十二年(1896)刻本　三冊

120000－0342－0004653　4663
苗氏說文四種　(清)苗夔撰　清道光、咸豐壽陽祁氏漢專亭刻本　十二冊

120000－0342－0004654　4664
書范一卷　(□)□□撰　清刻本　一冊

120000－0342－0004655　4665
集韻考正十卷　(清)方成珪撰　清光緒五年(1879)孫詒讓詒善祠塾刻本　十册

120000－0342－0004656　4666
說文解字斠詮十四卷　(清)錢坫撰　清光緒九年(1883)淮南書局刻本　六册

120000－0342－0004657　4667
草字彙十二卷　(清)石梁集　清乾隆五十二年(1787)刻本　四册

120000－0342－0004658　4668
詞林正韻三卷發凡一卷　(清)戈載輯　清光緒七年(1881)四印齋刻本　一册

120000－0342－0004659　4669
觀古堂所刊書　葉德輝輯　清光緒湘潭葉氏刻本　六册　存十四種

120000－0342－0004660　4670
亭林遺書十種　(清)顧炎武撰　清康熙吳江潘氏遂初堂刻本　六册

120000－0342－0004661　4671
蛟川先正文存二十卷補遺一卷　(清)陳繼聰等輯　清光緒八年(1882)刻本　十册

120000－0342－0004662　4672
湖海文傳七十五卷　(清)王昶輯　清同治五年(1866)刻本　十六册

120000－0342－0004663　4673
古文辭類纂七十五卷附校勘記一卷　(清)姚鼐輯　(清)李承淵校勘　清光緒二十七年(1901)滁州李氏求要堂刻本　十二册

120000－0342－0004664　4674
續古文辭類纂二十八卷　(清)黎庶昌輯　清光緒二十一年(1895)金陵狀元閣刻本　十一册　缺一卷(二十四)

120000－0342－0004665　4675
日知錄集釋三十二卷刊誤二卷續刊誤二卷　(清)顧炎武撰　(清)黃汝成集釋　清道光嘉定黃氏西溪草廬刻本　十二册

120000－0342－0004666　4676
日知錄三十二卷　(清)顧炎武撰　清康熙三十四年(1695)潘氏遂初堂刻本　十册

120000－0342－0004667　4677
善卷堂四六十卷　(清)陸繁弨撰　(清)吳自高注　清乾隆三十五年(1770)刻本　四册

120000－0342－0004668　4678
虛字闡義三卷　(清)謝鼎卿撰　清光緒元年(1875)刻本　二册

120000－0342－0004669　4679
大雲山房文藁初集四卷二集四卷　(清)惲敬撰　清光緒十四年(1888)官書處刻本　八册

120000－0342－0004670　4680
無聲詩史七卷　(清)姜紹書輯　清宣統二年(1910)石印本　六册

120000－0342－0004671　4681
大清通禮五十四卷　(清)恒泰等續纂　清光緒九年(1883)江蘇書局刻本　十二册

120000－0342－0004672　4682
史記一百三十卷　(漢)司馬遷撰　(明)歸有光評點　清光緒二年(1876)武昌張氏刻本　二十册

120000－0342－0004673　4683
聖武記十四卷　(清)魏源撰　清道光二十二年(1842)刻本　十二册

120000－0342－0004674　4684
中外大事彙記二十九卷　(清)廣智報局編　清光緒二十四年(1898)廣州廣智報局排印本　七册　存十五卷(交涉彙一至三、兵階彙一至三、農事彙一、商業彙一至四、工藝彙一至二、礦務彙一、曆算彙一)

120000－0342－0004675　4685
淵鑑類函四百五十卷目錄四卷　(清)張英等纂輯　清光緒十三年(1887)上海同文書局石印本　四十八册

120000－0342－0004676　4686
古今錢略三十二卷首一卷末一卷　(清)倪模編　清光緒三年(1877)望江倪氏兩強勉齋刻

本　十六册

120000－0342－0004677　4687
皇朝經世文續編一百二十卷　(清)盛康輯　清光緒二十三年(1897)武進盛氏思補樓刻本　八十册

120000－0342－0004678　4689
歸震川評點本史記一百三十卷　(漢)司馬遷撰　(明)歸有光評點　**方望溪評點史記四卷**　(清)方苞評　清光緒二年(1876)武昌張裕釗刻本　二十册

120000－0342－0004679　4690
時務通考三十一卷　(清)杞廬主人撰　清光緒二十三年(1897)點石齋石印本　二十四册

120000－0342－0004680　4691
姚氏叢刻　(清)姚覲元輯　清光緒二年(1876)川東官舍刻本　三十册　存三種

120000－0342－0004681　4692
詩韻析五卷首一卷末一卷校勘記一卷　(清)汪烜著　清光緒九年(1883)婺源紫陽書院刻本　四册

120000－0342－0004682　4693
吳氏遺著五卷附録一卷　(清)吳麦雲撰　清光緒十七年(1891)廣雅書局刻本　二册

120000－0342－0004683　4694
説文解字校録十五卷　(清)鈕樹玉撰　清光緒十一年(1885)江蘇書局刻本　十四册

120000－0342－0004684　4695
説文通訓定聲十八卷柬韻一卷附説雅一卷古今韻準一卷行述一卷　(清)朱駿聲撰　清同治九年(1870)臨嘯閣刻本　二十四册

120000－0342－0004685　4696
拾雅六卷　(清)夏味堂撰　清嘉慶二十四年(1819)刻本　二册

120000－0342－0004686　4697
正字考不分卷　(清)清史館編　清石印本　六册

120000－0342－0004687　4698
貸園叢書　(清)周永年輯　清乾隆五十四年(1789)周氏竹西書屋刻本　四册　存三種

120000－0342－0004688　4699
琅琊碑不分卷　(□)□□撰　清光緒二十二年(1896)拓本　一册

120000－0342－0004689　4700
魯公家廟碑不分卷　(唐)顔真卿撰書　清光緒十四年(1888)拓本　二册

120000－0342－0004690　4701
琅琊碑不分卷　(□)□□撰　清光緒二十二年(1896)拓本　一册

120000－0342－0004691　4702
容甫先生遺詩六卷附録一卷　(清)汪中撰　清光緒二十六年(1900)鶴齋刻本　一册

120000－0342－0004692　4703
二黄合稿二卷　(清)黄崇惺　(清)黄家鼎撰　(清)廷愷編　清光緒八年(1882)刻本　一册

120000－0342－0004693　4704
銅鼓書堂遺稿三十二卷　(清)查禮撰　清乾隆五十七年(1792)宛平查氏刻本　四册　存二十四卷(一至二十四)

120000－0342－0004694　4705
新安先集二十卷　(清)朱之榛輯　清同治十三年(1874)刻本　六册

120000－0342－0004695　4706
王摩詰集六卷　(唐)王維撰　清光緒十年(1884)上海同文書局石印本　二册

120000－0342－0004696　4707
列朝詩集六集八十一卷　(清)錢謙益輯　清宣統二年(1910)鉛印本　五十六册

120000－0342－0004697　4708
䅉䡆亭集三十二卷　(清)祁寯藻撰　清咸豐六年(1856)刻本　六册

120000－0342－0004698　4709
兩浙輶軒録四十卷續編五十四卷　(清)阮元輯　(清)潘衍桐續　清光緒十六年(1890)浙

江書局刻本　七十二册

120000－0342－0004699　4710
佩文齋詠物詩選四百八十六卷　（清）張玉書等輯　清康熙四十五年（1706）刻本　三十二册

120000－0342－0004700　4711
侯官嚴氏叢刻五種　嚴復撰　清光緒二十七年（1901）南昌讀有用書之齋刻本　四册

120000－0342－0004701　4712
甌北集五十卷續集三卷　（清）趙翼撰　清嘉慶十七年（1812）刻甌北全集本　十二册

120000－0342－0004702　4713
唐詩類苑二百卷　（明）張之象輯　清光緒十六年（1890）刻本　四十八册

120000－0342－0004703　4714
王氏說文　（清）王筠撰　清咸豐、同治安邱王氏刻本　三十二册　存四種

120000－0342－0004704　4715
輶軒使者絕代語釋別國方言十三卷　（清）戴震疏證　清光緒八年（1882）汗青簃刻本　四册

120000－0342－0004705　4716
雷刻八種　（清）雷浚撰　清光緒十年（1884）吴縣雷氏刻本　八册　存四種

120000－0342－0004706　4717
汗簡七卷　（宋）郭忠恕撰　清光緒十一年（1885）刻本　二册

120000－0342－0004707　4719
廣潛研堂說文答問疏證八卷　（清）承培元撰　清光緒廣雅書局刻本　一册

120000－0342－0004708　4720
說文解字句讀三十卷文字蒙求四卷　（清）王筠撰集　清同治四年（1865）安邱王氏刻本　三十二册

120000－0342－0004709　4721
說文外編十五卷補遺一卷　（清）雷浚撰　清光緒二年（1876）雷刻八種刻本　四册

120000－0342－0004710　4722
證俗文十九卷　（清）郝懿行撰　清光緒十年（1884）東路廳署刻本　六册

120000－0342－0004711　4723
證俗文十九卷　（清）郝懿行撰　清光緒十年（1884）東路廳署刻本　六册

120000－0342－0004712　4724
說文管見三卷　（清）胡秉虔撰　清同治十二年至十三年（1873－1874）刻滂喜齋叢書本　一册

120000－0342－0004713　4725
小學韻語一卷　（清）羅澤南撰　清光緒十九年（1893）廣州府署刻本　一册

120000－0342－0004714　4726
虞書命義和章解不分卷　（清）曾釗撰　清同治二年（1863）南海伍氏粤雅堂文字歡娛室刻嶺南遺書本　一册

120000－0342－0004715　4727
懷豳雜俎　徐乃昌輯　清光緒宣統南陵徐氏刻本　八册　存十二種

120000－0342－0004716　4728
郝氏遺書　（清）郝懿行撰　清嘉慶至光緒刻本　六册　存三種

120000－0342－0004717　4729
漁洋山人精華錄訓纂十卷金氏精華錄箋註辯訛一卷　（清）惠棟撰　**漁洋山人自撰年譜二卷**　（清）王士禛撰　清光緒十七年（1891）會稽徐氏述史樓刻本　十四册

120000－0342－0004718　4730
道園學古錄五十卷　（元）虞集撰　清刻本　二十册

120000－0342－0004719　4731
震川先生全集正集三十卷別集十卷　（明）歸有光撰　清光緒六年（1880）常熟歸氏刻本　八册

120000－0342－0004720　4732
樊榭山房全集　（清）厲鶚撰　清光緒十年

(1884)刻本　十册　存五種

120000－0342－0004721　4733
蓼波紀草　(清)王峪撰　清道光二十八年(1848)西村一草齋刻本　二册　存六種

120000－0342－0004722　4734
廬陽三賢集　(清)張樹聲輯　清光緒元年(1875)合肥張氏毓秀堂刻本　六册

120000－0342－0004723　4735
硯□緒録十六卷　(清)林昌彝撰　清同治五年(1866)廣州刻本　八册

120000－0342－0004724　4736
焦氏遺書　(清)焦循撰　清光緒二年(1876)衡陽魏氏刻本　四十册　存二十三種

120000－0342－0004725　4737
柳待制文集二十卷　(元)柳貫撰　清光緒九年(1883)刻本　八册

120000－0342－0004726　4738
傅鶉觚集五卷　(晉)傅玄撰　清光緒二年(1876)刻本　二册

120000－0342－0004727　4739
示樸齋駢體文六卷　(清)錢振倫撰　清同治六年(1867)刻本　二册

120000－0342－0004728　4740
學海堂集初集十六卷二集二十二卷三集二十四卷四集二十八卷　(清)阮元等輯　清道光五年至光緒十二年(1825－1886)啟秀山房刻本　四十册

120000－0342－0004729　4741
學海堂初集十六卷　(清)阮元輯　清道光五年(1825)啟秀山房刻本　六册

120000－0342－0004730　4742
學海堂二集二十二卷　(清)吳蘭修輯　清道光十八年(1838)啟秀山房刻本　十册

120000－0342－0004731　4743
學海堂三集二十四卷　(清)張維屏輯　清咸豐九年(1859)啟秀山房刻本　八册

120000－0342－0004732　4744
學海堂初集十六卷　(清)阮元輯　清道光五年(1825)啟秀山房刻本　五册

120000－0342－0004733　4745
學海堂二集二十二卷　(清)吳蘭修輯　清道光十八年(1838)啟秀山房刻本　十四册

120000－0342－0004734　4746
學海堂三集二十四卷　(清)張維屏輯　清咸豐九年(1859)啟秀山房刻本　十一册

120000－0342－0004735　4747
林文忠公遺集　(清)林則徐撰　清光緒刻本　二册　存三種

120000－0342－0004736　4748
唐人三家集三種　(清)秦恩復輯　清道光十年(1830)江都秦氏石研齋刻本　六册

120000－0342－0004737　4749
癸巳類稿十五卷　(清)俞正燮撰　清道光十六年(1836)求日益齋刻本　八册

120000－0342－0004738　4750
能改齋漫録十八卷　(宋)吳曾撰　清乾隆木活字印武英殿聚珍版書本　八册

120000－0342－0004739　4751
十駕齋養新録二十卷餘録三卷　(清)錢大昕撰　清嘉慶十一年(1806)嘉定錢氏潛研堂全書刻本　八册

120000－0342－0004740　4752
十駕齋養新録二十卷餘録三卷　(清)錢大昕撰　清嘉慶十一年(1806)嘉定錢氏潛研堂全書刻本　八册

120000－0342－0004741　4753
聚學軒叢書　劉世珩輯　清光緒貴池劉氏刻本　二十册　存八種

120000－0342－0004742　4754
孫谿朱氏經學叢書初編十三種　(清)朱記榮輯　清光緒十一年至十三年(1885－1887)吳縣朱氏槐廬校刻本　十二册

120000－0342－0004743　4755

古經解彙函十六種小學彙函十四種　(清)鍾謙鈞等輯　清同治十二年(1873)粵東書局刻本　六十六冊　存三十種

120000－0342－0004744　4756
盛氏雜著六種　(清)盛大謨等撰　清同治二年至五年(1863－1866)武甯盛氏刻本　十一冊

120000－0342－0004745　4757
嶺南即事五刻　(清)□□撰　清光緒二十三年(1897)粵東麟書閣刻本　四冊　缺一刻(一)

120000－0342－0004746　4758
宋瑣語不分卷　(清)郝懿行撰　清嘉慶二十一年(1816)曬書堂刻郝氏遺書本　三冊

120000－0342－0004747　4759
皆大歡喜四卷　(清)□□撰　清道光元年(1821)刻本　四冊

120000－0342－0004748　4760
五朝小說　(清)□□撰　清初刻本　二十八冊　存三百二十九種

120000－0342－0004749　4761
五朝小說　(清)□□撰　清初刻本　二十八冊　存一百二十八種

120000－0342－0004750　4762
日下舊聞四十二卷補遺四十二卷　(清)朱彝尊輯　(清)朱昆田補遺　清康熙二十七年(1688)朱氏六峰閣刻本　十二冊

120000－0342－0004751　4763
[光緒]懷安縣志八卷首一卷末一卷　(清)蔭祿修　(清)程燮奎纂　清光緒二年(1876)刻本　四冊

120000－0342－0004752　4764
唐人三家集三種　(清)秦恩復輯　清道光十年(1830)江都秦氏石研齋刻本　六冊

120000－0342－0004753　4765
吉林紀事詩四卷首一卷末一卷　(清)沈兆禔撰　清宣統三年(1911)鉛印本　二冊

120000－0342－0004754　4766
永定河志三十二卷首一卷治河摘要一卷　(清)李逢亨纂　清刻本　十六冊

120000－0342－0004755　4767
黔語二卷　(清)吳振棫撰　清咸豐四年(1854)刻本　一冊

120000－0342－0004756　4768
御撰資治通鑑綱目三編二十卷　(清)張廷玉編　清光緒八年(1882)掃葉山房刻本　八冊

120000－0342－0004757　4769
洪北江全集　(清)洪亮吉撰　清光緒授經堂刻本　八十四冊　存二十三種

120000－0342－0004758　4770
五朝紀事本末　(明)沈自南撰　清同治十二年(1873)江西書局刻本　一百三十六冊　存四種

120000－0342－0004759　4772
蓉城偶筆六卷　(清)蔡壽祺撰　清咸豐十一年(1861)刻本　二冊

120000－0342－0004760　4773
林文忠公遺集　(清)林則徐撰　清光緒三山林氏刻本　一冊　存二種

120000－0342－0004761　4774
歷朝紀事本末八種　(清)陳如升　(清)朱記榮輯　清光緒十四年(1888)上海書業公所鉛印本　五十七冊

120000－0342－0004762　4775
敏求軒述記十六卷　(清)陳世箴輯　清道光二十八年(1848)刻本　八冊

120000－0342－0004763　4777
池上草堂筆記八卷　(清)梁恭辰著　清同治十二年(1873)金陵刻本　八冊

120000－0342－0004764　4778
時務報三十卷附書八種　梁啟超撰　清光緒石印本　六冊

120000－0342－0004765　4779
陸桴亭先生遺書　(清)陸世儀撰　清光緒二

十五年(1899)刻本　二十九册　存二十一種

120000－0342－0004766　4780
古逸書十種　(清)茆泮林輯　清道光二十二年(1842)高郵茆氏梅瑞軒刻本　八册

120000－0342－0004767　4781
新齊諧二十四卷續八卷　(清)袁枚撰　清乾隆五十三年(1788)刻本　八册

120000－0342－0004768　4782
昭代經濟言十四卷　(明)陳子壯撰　清道光三十年(1850)嶺南遺書刻本　六册

120000－0342－0004769　4783
陳檢討集二十卷　(清)陳維崧撰　(清)程師恭注　清康熙三十二年(1693)刻本　八册

120000－0342－0004770　4784
鄭少谷全集二十四卷　(明)鄭善夫撰　清道光四年(1824)刻本　十册

120000－0342－0004771　4785
唐語林八卷　(宋)王讜撰　**校勘記一卷**　(清)錢熙祚撰　清光緒十九年(1893)湖北官書處刻本　四册

120000－0342－0004772　4786
閱微草堂筆記二十四卷　(清)紀昀撰　清嘉慶、道光刻本　十册　存五種

120000－0342－0004773　4787
蟫蛣雜記十二卷　(清)竹勿山石道人撰　清刻本　六册

120000－0342－0004774　4788
紀氏嘉言四卷　(清)紀昀撰　(清)紀樹馨編　清光緒二十八年(1902)刻本　四册

120000－0342－0004775　4789
謝皋羽先生年譜一卷　(清)徐沁編　清光緒三十二年(1906)國學保存會鉛印國粹叢書本　一册

120000－0342－0004776　4790
童歌養正一卷　(清)歸繼先輯　清光緒九年(1883)武昌書局刻本　一册

120000－0342－0004777　4791
曹月川先生年譜一卷　(明)張信民編　(清)張璟裁定　清刻本　二册

120000－0342－0004778　4792
延平四先生年譜四種　(清)毛念恃輯　清光緒五年(1879)福建延平府刻本　二册

120000－0342－0004779　4793
最新繪圖啓蒙幼學識字易不分卷　(清)□□撰　清光緒三十四年(1908)萃英書莊石印本　一册

120000－0342－0004780　4794
霜紅龕集四十卷　(清)傅山撰　**附錄三卷年譜一卷**　丁寶銓輯　清宣統三年(1911)山陽丁氏刻本　十二册

120000－0342－0004781　4795
王右丞集二十八卷首一卷末一卷　(唐)王維撰　(清)趙殿成箋注　清乾隆元年(1736)趙氏刻本　十二册

120000－0342－0004782　4796
虚受堂文集十六卷　王先謙著　清光緒二十六年(1900)刻本　十七册

120000－0342－0004783　4797
靖節先生年譜攷異二卷　(清)陶澍撰　清道光二十年(1840)刻本　二册

120000－0342－0004784　4798
中國歷史五卷　(清)陳慶年編　清光緒三十二年(1906)刻本　五册

120000－0342－0004785　4799
趙忠毅公儕鶴先生史韻四卷　(明)趙南星著　清同治三年(1864)刻本　四册

120000－0342－0004786　4800
左文襄公年譜十卷　(清)羅正鈞編　清光緒二十三年(1897)湘陰左氏刻本　十册

120000－0342－0004787　4801
新刻古本劉成美忠節全傳二十五卷　(□)□□撰　清光緒四年(1878)刻本　八册

120000－0342－0004788　4802

安邦志二十卷　(清)學海主人著　清刻本　十八册

120000－0342－0004789　4803
繡像十美圖傳四十卷　(□)□□撰　清咸豐刻本　六册

120000－0342－0004790　4804
繡像落金扇全傳八卷　(清)吹竽先生撰　清同治十二年(1873)刻本　八册

120000－0342－0004791　4805
繡像四香緣三十二卷　(清)朱鏡江著　清同治五年(1866)刻本　八册

120000－0342－0004792　4807
新刻時調真本唱口九絲緣全傳六十九卷　(□)□□撰　清道光十二年(1832)刻本　四册　缺一卷(一)

120000－0342－0004793　4808
娱萱草彈詞三十二卷　(清)橘道人撰　清光緒二十年(1894)木活字印本　六册

120000－0342－0004794　4809
廿一史彈詞注十一卷　(明)楊慎撰　(清)張三異增定　(清)張仲璜注　清雍正五年(1727)刻本　八册

120000－0342－0004795　4810
歷代史略十段錦詞話旁注二卷　(明)楊慎纂　(明)程仲秩注　清刻本　二册

120000－0342－0004796　4811
鳳凰山七十二卷　(清)□□撰　清海陵軒刻本　二十四册

120000－0342－0004797　4812
新刻雅調唱口平陽傳金臺全傳十二卷六十回　(□)□□撰　清光緒七年(1881)墨海堂刻本　十二册

120000－0342－0004798　4813
笑中緣圖説十二卷七十五回　(清)曹春江撰　清末石印本　四册

120000－0342－0004799　4814
得一録八卷首一卷　(清)余治輯　清光緒十一年(1885)寶善堂刻本　八册

120000－0342－0004800　4815
尖陽叢筆十卷　(清)吴騫撰　清宣統三年(1911)上海國學扶輪社鉛印張氏適園叢書初集本　二册

120000－0342－0004801　4816
采菽堂筆記二卷　(清)杜俞撰　清光緒三十三年(1907)鉛印海嶽軒本　一册

120000－0342－0004802　4817
誠齋文節先生錦繡策二卷　(宋)楊萬里撰　清乾隆五十九年(1794)刻本　一册

120000－0342－0004803　4818
松崖筆記三卷　(清)惠棟撰　清光緒貴池劉氏刻聚學軒叢書本　一册

120000－0342－0004804　4819
新刻鍾無艷娘娘全本六集六十四卷　(清)守拙主人編　清刻本　五十四册　缺十卷(初集六至十、二集六至十)

120000－0342－0004805　4820
詩韻集成十卷　(清)余照撰　清光緒二十九年(1903)石印本　一册

120000－0342－0004806　4821
南華真經解三卷　(清)宣穎撰　清康熙六十年(1721)積秀堂刻本　五册

120000－0342－0004807　4822
海國圖志正集一百卷續集二十四卷首一卷　(清)魏源撰　(英國)麥高爾撰　清光緒二十四年(1898)文賢閣石印本　十六册

120000－0342－0004808　4825
古文辭類纂七十四卷　(清)姚鼐撰　清光緒十九年(1893)思賢講舍刻本　十二册

120000－0342－0004809　4826
續古文辭類纂三十四卷　王先謙撰　清光緒八年(1882)虚受堂刻本　八册

120000－0342－0004810　4827
增廣詩韻全璧五卷　(清)奕詢編　清光緒十七年(1891)上海錦章圖書局石印本　六册

120000－0342－0004811　4828
釋名八卷　(清)畢沅撰　清抄本　一册

120000－0342－0004812　4829
五大洲圖說簡明萬國公法三卷　(清)李奎等撰　清光緒十六年(1890)石印本　一册

120000－0342－0004813　4830
經史百家雜鈔二十六卷　(清)曾國藩輯　清光緒三十二年(1906)上海商務印書館鉛印本　十二册

120000－0342－0004814　4831
霜紅龕集四十卷　(清)傅山撰　**附錄三卷年譜一卷**　丁寶銓輯　清宣統三年(1911)山陽丁氏刻本　十二册

120000－0342－0004815　4832
三國演義第一才子傳六十卷　(明)羅貫中撰　(清)金人瑞批　(清)毛宗崗評　清文富堂刻本　二十册

120000－0342－0004816　4833
御選唐宋文醇五十八卷　(清)高宗弘曆選　清乾隆三年(1738)北京武英殿三色套印本　二十册

120000－0342－0004817　4834
四雪草堂重訂通俗隋唐演義二十卷一百回　(明)齊東野人等撰　(清)沒世農夫彙編　清崇德書院刻本　二十册

120000－0342－0004818　4835
鐫玉茗堂批點殘唐五代史演義傳六卷　(明)羅本編輯　(明)湯顯祖批評　清刻本　六册

120000－0342－0004819　4836
精訂綱鑑廿四史通俗衍義二十六卷四十四回　(清)呂撫撰　清光緒十三年(1887)鴻寶齋石印本　六册

120000－0342－0004820　4837
鐫李卓吾批點殘唐五代史演義傳八卷六十回　(明)羅本編輯　(明)李贄批評　明刻本　八册

120000－0342－0004821　4838
東周列國全志二十三卷一百八回　(清)蔡昇評點　清刻本　二十四册

120000－0342－0004822　4839
繡像說唐前傳十卷　(清)如蓮居士編　清刻本　四册

120000－0342－0004823　4840
繡像三國演義續編八卷　(清)陳氏評釋　清光緒十九年(1893)廣百宋齋鉛印本　六册

120000－0342－0004824　4841
繡像說唐後傳八卷　(清)如蓮居士編　清刻本　四册

120000－0342－0004825　4842
開闢衍繹通俗志傳六卷　(明)周遊集　清道光十年(1830)刻本　六册

120000－0342－0004826　4843
增訂精忠演義說岳全傳二十卷　(清)錢彩編　(清)金豐增訂　清道光二十三年(1843)刻本　六册

120000－0342－0004827　4844
按鑑演義帝王御世有商誌傳四卷　(明)鍾惺輯　(明)馮夢龍鑒定　清刻本　二册

120000－0342－0004828　4845
紅樓夢補四十八回　(清)歸鋤子撰　清末鉛印本　八册

120000－0342－0004829　4846
聽月樓二十回　(清)□□撰　清嘉慶十八年(1813)忠恕堂刻本　四册

120000－0342－0004830　4847
繪圖施公案全十集四十二卷　(清)□□撰　清光緒二十九年(1903)上海廣益書局石印本　二十册

120000－0342－0004831　4848
客牕偶筆四卷　(清)金捧閶撰　(清)趙學轍評　清同治十二年(1873)刻本　三册

120000－0342－0004832　4849
繡像永慶昇平前傳十二卷九十七回　(清)姜振名撰　**新刊繡像永慶昇平後傳十二卷一百**

回　(清)貪夢道人撰　清光緒二十九年(1903)上海簡青齋石印本　八冊

120000-0342-0004833　4850
新刻濟顛大師醉菩提全傳四卷二十回　(清)天花藏主人編　清道光二十七年(1847)大文堂刻本　四冊

120000-0342-0004834　4851
義俠好逑傳四卷十八回　(清)名教中人編　清末刻本　四冊

120000-0342-0004835　4852
繡像二度梅全傳六卷四十回　(清)惜陰堂主人編　清同治九年(1870)文煥堂刻本　六冊

120000-0342-0004836　4853
繪圖平金川四卷三十二回　(清)張小山撰　清光緒二十五年(1899)富文書局石印本　四冊

120000-0342-0004837　4854
新刻天花藏批評玉嬌梨四卷二十回　(清)荻狄散人撰　清刻本　四冊

120000-0342-0004838　4855
新刻天花藏批評平山冷燕四卷二十回　(清)荻狄散人撰　清刻本　四冊

120000-0342-0004839　4856
快心編初集十回二集十回三集十二回　(清)天花才子輯　清光緒鉛印本　四冊

120000-0342-0004840　4857
快心編初集十回二集十回三集十二回　(清)天花才子輯　清光緒鉛印本　三冊

120000-0342-0004841　4858
繡像忠烈全傳六十回　(□)□□撰　清光緒刻本　六冊

120000-0342-0004842　4859
俠義傳二十四卷一百二十回　(清)石玉崑撰　清光緒刻本　十四冊

120000-0342-0004843　4860
仁貴征西説唐三傳十卷九十回　(清)如蓮居士撰　清咸豐十年(1860)三和堂刻本　五冊

120000-0342-0004844　4861
重鐫繡像后西遊記四十回　(清)天花才子評點　清乾隆四十八年(1783)金閶書業堂刻本　十冊

120000-0342-0004845　4862
聊齋志異詳注十六卷　(清)蒲松齡著　(清)王士禛評　(清)呂湛恩注　清連元閣刻本　十六冊

120000-0342-0004846　4863
聊齋志異新評十六卷　(清)蒲松齡著　(清)王士禛評　(清)呂湛恩註　(清)但明倫新評　清光緒十三年(1887)聚元堂刻本　十六冊

120000-0342-0004847　4864
西湖佳話古今遺蹟十六卷　(清)古吳墨浪子搜輯　清乾隆十六年(1751)瀚海樓刻本　四冊

120000-0342-0004848　4865
木皮子詞不分卷　(明)賈鳧西撰　清刻本　一冊

120000-0342-0004849　4866
漢書評林一百卷　(漢)班固撰　(明)淩稚隆輯　明萬曆九年(1581)刻本　五十冊

120000-0342-0004850　4867
直齋書錄解題二十二卷　(宋)陳振孫撰　清同治十三年(1874)江西書局武英殿聚珍版叢書刻本　八冊

120000-0342-0004851　4868
輶軒語書目答問不分卷　(清)張之洞撰　清光緒六年(1880)文琳堂刻本　一冊

120000-0342-0004852　4869
殷商貞卜文字考一卷　羅振玉撰　清宣統二年(1910)石印本　一冊

120000-0342-0004853　4870
天一閣見存書目四卷首一卷末一卷　(清)薛福成編　清光緒十五年(1889)無錫薛氏刻本　四冊

120000-0342-0004854　4871

校邠廬抗議二卷 （清）馮桂芬撰　清光緒二十四年（1898）刻本　二冊

120000－0342－0004855　4872
攷古質疑六卷 （宋）葉大慶撰　清光緒刻本　二冊

120000－0342－0004856　4873
唐詩三百首續選不分卷 （清）于慶元編　清刻本　二冊

120000－0342－0004857　4874
疑年錄四卷 （清）錢大昕編　**續疑年錄四卷** （清）吳修撰　清同治元年（1862）福山王氏天壤閣刻本　二冊

120000－0342－0004858　4875
飛龍全傳十二卷六十回 （清）吳璿編　清乾隆三十三年（1768）崇德書院刻本　十六冊

120000－0342－0004859　4876
粵行紀事三卷附滇黔土司婚禮記一卷 （清）瞿昌文撰　（清）陳鼎著　清乾隆三十七年至道光三年（1772－1823）長塘鮑氏刻本　一冊

120000－0342－0004860　4877
湖海文傳七十五卷 （清）王昶輯　清道光十七年（1837）經訓堂刻本　十六冊

120000－0342－0004861　4878
説文古籀疏證六卷原目一卷 （清）莊述祖著　清光緒二十年（1894）刻本　四冊

120000－0342－0004862　4879
經書字音辨要九卷 （清）楊名颺輯　清道光二十七年（1847）令德堂刻本　一冊

120000－0342－0004863　4880
小石山房叢書三十八種 （清）顧湘輯　清同治十三年（1874）虞山顧氏刻本　二十冊　存三十七種

120000－0342－0004864　4881
資治通鑑補正二百九十四卷首一卷 （宋）司馬光編　清光緒二十八年（1902）上海益智書局石印本　四十八冊

120000－0342－0004865　4882
教案簡明要覽一卷 （□）□□撰　清末石印本　一冊

120000－0342－0004866　4883
同治以來督撫表不分卷 （清）吳廷燮撰　清光緒三十年（1904）鉛印本　一冊

120000－0342－0004867　4884
湘軍水陸戰紀十六卷 （清）鮑叔衡輯　清光緒十二年（1886）京都同文堂石印本　二冊

120000－0342－0004868　4885
中國財政紀略不分卷 （日本）東邦協會撰　（清）吳銘譯　清光緒二十八年（1902）上海廣智書局鉛印本　一冊

120000－0342－0004869　4886
御製李文忠碑祭文不分卷 （清）高宗弘曆撰　清光緒二十九年（1903）濟南石印本　一冊

120000－0342－0004870　4888
日下梨園百詠一卷 （清）醉薇居士撰　清光緒十七年（1891）天津石印書屋石印本　一冊

120000－0342－0004871　4889
音學五書三十八卷 （清）顧炎武撰　清光緒十六年（1890）思賢講舍刻本　七冊　存二十四卷（音論一至三、詩本音一至十、易音一至三、唐韻正一至八）

120000－0342－0004872　4890
音學五書三十八卷 （清）顧炎武撰　清光緒十六年（1890）思賢講舍刻本　七冊　缺十二卷（唐韻正九至二十）

120000－0342－0004873　4891
簷曝雜記六卷 （清）趙翼撰　清刻甌北全集本　二冊

120000－0342－0004874　4892
東華續錄一百六十九卷 王先謙撰　清宣統三年（1911）存古齋鉛印本　四十冊

120000－0342－0004875　4893
東華錄八十四卷 王先謙撰　清宣統三年（1911）存古齋鉛印本　十五冊

120000－0342－0004876　4894

東華錄三十二卷　(清)蔣良騏撰　清刻本　六册

120000－0342－0004877　4895
經藝選腴初編六卷二編四卷三編四卷　(□)□□撰　清咸豐十一年(1861)北京琉璃廠刻本　七册

120000－0342－0004878　4896
新鐫名公釋義全備墨莊白眉故事六卷　(明)呰窳子彙輯　清嘉慶十年(1805)同德堂刻本　六册

120000－0342－0004879　4897
醲齋訓蒙雜編　(清)鮑東里撰　清光緒二十八年(1902)雲南官書局刻本　一册　存三種

120000－0342－0004880　4898
文章遊戲四編三十二卷　(清)繆艮選　清道光五年(1825)刻本　二十四册

120000－0342－0004881　4899
雷峰塔傳奇四卷　(清)方成培撰　清乾隆三十七年(1772)水竹居刻本　四册

120000－0342－0004882　4900
古今風謠一卷古今諺一卷古今風謠拾遺四卷古今諺拾遺六卷　(明)楊慎輯　(清)史夢蘭補注　清同治十二年(1873)刻本　四册

120000－0342－0004883　4901
古謠諺一百卷　(清)杜文瀾輯　清咸豐十一年(1861)秀水杜文瀾曼陀羅華閣刻本　二十册

120000－0342－0004884　4902
桃谿雪二卷　(清)黄燮清撰　(清)李光溥評文　清道光二十七年(1847)刻本　一册

120000－0342－0004885　4903
長生殿傳奇四卷　(清)洪昇填詞　(清)舒鳬論文　清光緒十六年(1890)上海文瑞樓鉛印本　二册

120000－0342－0004886　4904
鏡影簫聲初集不分卷　(清)不過分齋主人輯　清光緒十三年(1887)日本銅版刻本　一册

120000－0342－0004887　4905
增訂漢魏叢書九十六種　(清)王謨輯　清宣統三年(1911)上海育文書局石印本　七十四册

120000－0342－0004888　4906
靈芬館詞四種　(清)郭麐撰　清光緒五年(1879)仁和許增刻榆園叢刻本　四册

120000－0342－0004889　4907
靈芬館詞四種　(清)郭麐撰　清光緒五年(1879)仁和許增刻榆園叢刻本　四册

120000－0342－0004890　4908
秦淮八豔圖詠一卷　(清)葉衍蘭編繪　清光緒十八年(1892)羊城越華講院刻本　一册

120000－0342－0004891　4909
滄桑豔二卷附錄一卷　(清)丁傳靖填詞　(清)石湲漢正拍　(清)張士瑛評點　清光緒三十四年(1908)朱印本　一册

120000－0342－0004892　4910
拜石山房詞鈔四卷　(清)顧翰撰　清光緒十五年(1889)仁和許增榆園叢刻本　一册

120000－0342－0004893　4911
吳梅村詞不分卷　(清)吳偉業撰　清光緒十六年(1890)湖北官書局刻本　一册

120000－0342－0004894　4912
五祖黃梅寶卷二卷　(□)□□撰　清光緒元年(1875)刻本　二册

120000－0342－0004895　4913
巍巍不動太山深根結果寶卷句解不分卷　(明)羅清撰　明刻本　一册

120000－0342－0004896　4914
輿論時事報圖畫不分卷　(清)輿論時事報社編　清光緒三十四年至宣統三年(1908－1911)上海輿論時事報社石印本　一册

120000－0342－0004897　4915
缾笙館修簫譜不分卷　(清)舒位撰　清道光十三年(1833)刻本　一册

120000－0342－0004898　4916

江南松江府上海縣太平邨蘭英寶卷二卷　(清)□□撰　清刻本　二册

120000－0342－0004899　4917
龍山燈虎二卷　(清)企杜氏撰　清咸豐六年(1856)企杜氏刻本　二册

120000－0342－0004900　4918
新燈合璧三卷　(清)管禮昌撰　清光緒十四年(1888)刻本　三册

120000－0342－0004901　4919
惜抱軒遺書三種　(清)姚鼐撰　清光緒五年(1879)桐城徐氏刻本　四册

120000－0342－0004902　4920
陸桴亭先生遺書　(清)陸世儀撰　清光緒二十五年(1899)太倉唐受祺京師刻本　二十八册　存二十二種

120000－0342－0004903　4921
坦園全集　(清)楊恩壽撰　清光緒長沙楊氏刻本　二十八册　存四種

120000－0342－0004904　4922
國朝三家文鈔三種三十二卷　(清)宋犖　(清)許汝霖輯　清康熙三十三年(1694)刻本　十八册

120000－0342－0004905　4923
倭文端公遺書十一卷首二卷末一卷續三卷　(清)倭仁撰　清同治刻本　八册

120000－0342－0004906　4924
困學齋文存不分卷　(清)張承華撰　清光緒三年(1877)刻本　二册

120000－0342－0004907　4925
三頌考不分卷　(清)張承華撰　清同治六年(1867)刻本　一册

120000－0342－0004908　4926
學庸補釋新編二卷　(清)張承華撰　清同治三年(1864)刻本　一册

120000－0342－0004909　4927
中庸補釋一卷大學諸家考辯一卷　(清)張承華撰　清同治元年(1862)刻本　一册

120000－0342－0004910　4928
學庸臆解不分卷　(清)張承華撰　清同治三年(1864)刻本　一册

120000－0342－0004911　4929
揅經室一集十四卷二集八卷三集五卷四集二卷四集詩十一卷續集十一卷再續集七卷外集五卷　(清)阮元撰　清嘉慶、道光刻文選樓叢書本　二十四册

120000－0342－0004912　4930
觀自得齋叢書　(清)徐士愷輯　清光緒刻本　二十四册　存二十九種

120000－0342－0004913　4931
學古堂日記四十種　(清)雷浚　(清)汪之昌輯　清光緒十六年(1890)刻二十二年(1896)續刻本　二十六册　存三十九種

120000－0342－0004914　4932
記載彙編　(清)□□輯　清光緒四年(1878)鉛印申報館叢書本　四册　存十種

120000－0342－0004915　4933
平津館叢書　(清)孫星衍輯　清光緒十一年(1885)吳縣朱氏槐廬家塾刻本　五十册

120000－0342－0004916　4934
鶴山文鈔三十二卷周禮折衷四卷師友雅言一卷　(宋)魏了翁撰　清同治十三年(1874)望三益齋刻本　十四册

120000－0342－0004917　4935
皮氏經學叢書　(清)皮錫瑞撰　清光緒思賢書局刻本　九册　存三種

120000－0342－0004918　4936
唐宋叢書　(明)鍾人傑　(清)張遂辰輯　明代刻本　十一册　存三十九種

120000－0342－0004919　4937
如臯冒氏叢書三十五種　冒廣生輯　清光緒至民國如臯冒氏刻本　二十册　存二十八種

120000－0342－0004920　4938
[光緒]懷安縣志八卷首一卷末一卷　(清)蔭禄修　(清)程燮奎纂　清光緒二年(1876)刻

本　四冊

120000－0342－0004921　4939
陸放翁全集　（宋）陸游撰　明末海虞毛氏汲古閣刻本　十二冊　存五種

120000－0342－0004922　4940
劉氏遺書八卷　（清）劉台拱撰　清光緒十五年（1889）刻廣雅書局叢書本　二冊　存八種

120000－0342－0004923　4941
西學輯存　（清）王韜輯　清光緒十五年（1889）可閱山房刻本　五冊　存六種

120000－0342－0004924　4942
西俗雜誌一卷　（清）倉山舊主撰　清光緒十五年（1889）可閱山房刻本　一冊

120000－0342－0004925　4943
環遊地球新錄四卷　（清）李圭撰　清光緒十五年（1889）可閱山房刻本　二冊

120000－0342－0004926　4944
西學格致啟蒙四種　（美國）林樂知　（清）鄭昌棪同譯　清光緒十五年（1889）可閱山房刻本　四冊

120000－0342－0004927　4945
草木春秋演義五卷三十二回　（清）雲間子撰　（清）樂山人修　清刻本　三冊　存三卷（三至五）

120000－0342－0004928　4946
玉茗堂四種　（明）湯顯祖撰　清刻本　六冊　存兩種

120000－0342－0004929　4947
鄭氏遺書五卷　（漢）鄭玄撰　（清）王復輯　（清）武億校　清嘉慶五年（1800）刻問經堂叢書本　四冊　存一種

120000－0342－0004930　4948
巴山七種　（清）王侃撰　清同治四年（1865）光裕堂刻本　五冊

120000－0342－0004931　4949
沈余遺書　（清）趙舒翹輯　清光緒二十二年（1896）江蘇書局刻本　四冊

120000－0342－0004932　4950
懷豳雜俎　徐乃昌輯　清刻本　八冊　存十二種

120000－0342－0004933　4951
李忠武公遺書奏疏一卷書牘二卷褒節錄一卷　（清）李續賓撰　清光緒十七年（1891）甌江巡署刻本　四冊

120000－0342－0004934　4952
沈余遺書　（清）趙舒翹輯　清光緒二十二年（1896）江蘇書局刻本　四冊

120000－0342－0004935　4953
笠翁一家言全集十六卷　（清）李漁撰　清末至民初上海會文堂書局石印本　十二冊

120000－0342－0004936　4954
笠翁一家言全集十六卷　（清）李漁撰　清末至民初上海會文堂書局石印本　十二冊

120000－0342－0004937　4955
唐人三家集三種　（清）秦恩復輯　清道光十年（1830）江都秦氏石研齋刻本　四冊

120000－0342－0004938　4956
玉堂千家詩草法辨體二卷　（明）鍾伯敬評定　清刻本　一冊

120000－0342－0004939　4957
新選古今對聯草法二卷　（□）□□撰　清刻本　二冊

120000－0342－0004940　4958
漢魏六朝百三名家集　（明）張溥輯　清刻本　十冊　存十二種

120000－0342－0004941　4959
御刻三希堂石渠寶笈法帖釋文十六卷首一卷　（清）梁詩正等編　清光緒刻本　六冊

120000－0342－0004942　4960
屈賈文合編　（清）夏獻雲輯　清光緒三年（1877）長沙刻本　六冊

120000－0342－0004943　4961
錫金識小錄十二卷　（清）黄印撰　清光緒二十二年（1896）太湖王念祖木活字本　六冊

120000－0342－0004944　4962
[同治]湖州府志九十六卷首一卷　(清)宗源瀚等修　(清)陸心源等纂　清同治刻本　四十册

120000－0342－0004945　4963
家言隨記四卷　(清)王賢儀撰　清同治十二年(1873)刻本　四册

120000－0342－0004946　4964
吳氏一家稿　(清)吳清鵬編　清咸豐五年(1855)錢塘吳氏刻本　十六册

120000－0342－0004947　4965
璧勤襄公遺書　(清)璧昌撰　清刻本　三册　存三種

120000－0342－0004948　4966
小石山房叢書三十八種　(清)顧湘輯　清同治十三年(1874)虞山顧氏刻本　十六册　存三十八種

120000－0342－0004949　4967
璧勤襄公遺書　(清)璧昌撰　清刻本　三册　存三種

120000－0342－0004950　4968
佩弦齋雜存二卷　(清)朱一新撰　清光緒二十二年(1896)順德龍氏葆真堂刻本　二册

120000－0342－0004951　4969
曲園雜纂五十卷　(清)俞樾撰　清刻本　八册

120000－0342－0004952　4970
小石山房叢書三十八種　(清)顧湘輯　清同治十三年(1874)虞山顧氏刻本　二十册　存三十八種

120000－0342－0004953　4971
嘯園叢書五十七種　(清)葛元煦輯　清光緒二年至九年(1876－1883)仁和葛元煦刻本　三十六册　存五十六種

120000－0342－0004954　4972
瞿忠宣公集十卷　(明)瞿式耜撰　清光緒十三年(1887)常熟瞿廷韶刻本　四册

120000－0342－0004955　4973
瞿忠宣公集十卷　(明)瞿式耜撰　清光緒十三年(1887)常熟瞿廷韶刻本　四册

120000－0342－0004956　4974
見庵錦官錄　(清)李錫書撰　清嘉慶、道光靜樂李錫書蘂石山房刻本　十一册　缺三卷(四書大成直講一至二、制藝一)

120000－0342－0004957　4975
春雨樓叢書　(清)朱士端撰　清同治寶應朱氏刻本　六册　存七種

120000－0342－0004958　4976
惜陰軒叢書　(清)李錫齡輯　清光緒二十二年(1896)長沙宏道書院刻續編清咸豐八年(1858)刻本　一百二十四册　存三十四種續編一種

120000－0342－0004959　4977
格致鏡原一百卷　(清)陳元龍輯　清雍正、嘉慶刻本　十册　存二十三卷(二十八至五十)

120000－0342－0004960　4978
惜陰軒叢書　(清)李錫齡輯　清光緒二十二年(1896)長沙宏道書院刻續編清咸豐八年(1858)刻本　十册　存續編一種

120000－0342－0004961　4979
惜陰軒叢書續編　(清)李錫齡輯　清光緒二十二年(1896)長沙宏道書院刻續編清咸豐八年(1858)刻本　十册　存續編一種

120000－0342－0004962　4980
春在堂叢書　(清)俞樾撰　清光緒二十五年(1899)刻本　八册　存九種

120000－0342－0004963　4981
容城三賢文集三種　(清)張斐然輯　清道光十六年(1836)正義書院刻本　十二册

120000－0342－0004964　4982
申報館叢書　(清)尊聞閣主輯　清光緒申報館鉛印本　三十册　存四集六十六種

120000－0342－0004965　4983

十科策略箋釋十卷　(明)劉文安撰　(清)劉作梁注　清雍正七年(1729)積秀堂刻本　六冊

120000－0342－0004966　4984
唐雅八卷　(明)胡纘宗撰　明嘉靖刻清順治十三年(1656)周盛時補修本　四冊

120000－0342－0004967　4985
鳥鼠山人小集十六卷　(明)胡纘宗撰　明嘉靖刻清順治十三年(1656)周盛時補修本　十冊

120000－0342－0004968　4986
鳥鼠山人後集二卷　(明)胡纘宗撰　明嘉靖刻清順治十三年(1656)周盛時補修本　二冊

120000－0342－0004969　4987
原學編二卷　(明)胡纘宗撰　明嘉靖刻清順治十三年(1656)周盛時補修本　二冊

120000－0342－0004970　4988
可泉擬涯翁擬古樂府二卷　(明)胡纘宗撰　明嘉靖刻清順治十三年(1656)周盛時補修本　一冊

120000－0342－0004971　4989
擬漢樂府四卷　(明)胡纘宗撰　(明)谷繼宗輯　(明)鄒頤賢評　明嘉靖刻清順治十三年(1656)周盛時補修本　二冊

120000－0342－0004972　4990
胡氏榮哀錄二卷　(明)胡初被編　明嘉靖刻清順治十三年(1656)周盛時補修本　一冊

120000－0342－0004973　4991
雍音四卷　(明)胡纘宗輯　明嘉靖刻清順治十三年(1656)周盛時補修本　四冊

120000－0342－0004974　4992
群經平議三十五卷　(清)俞樾撰　清同治十年(1871)刻本　十六冊

120000－0342－0004975　4993
顧端文公遺書十五種附一種　(明)顧憲成撰　清光緒三年(1877)涇里宗祠刻本　十六冊　存十四種

120000－0342－0004976　4994
海嶽軒叢刻　(清)杜俞撰　清光緒二十六年(1900)申江鉛印本　十冊　存十種

120000－0342－0004977　4996
天壤閣叢書　(清)王懿榮輯　清同治、光緒福山王氏刻本　一冊　存一種

120000－0342－0004978　4997
漢書地理志校本二卷　(清)汪遠孫撰　清道光二十八年(1848)振綺堂刻本　一冊

120000－0342－0004979　4998
水經注西南諸水考三卷　(清)陳澧撰　清道光二十七年(1847)東塾遺書刻本　一冊

120000－0342－0004980　4999
晉書地理志新補正五卷　(清)畢沅撰　清光緒會稽章氏刻本　一冊

120000－0342－0004981　5000
禹貢易知編十二卷　(清)李慎儒撰　清光緒二十五年(1899)丹徒李氏刻本　四冊

120000－0342－0004982　5001
禹貢古今注通釋六卷　(清)侯楨撰　清光緒六年(1880)木活字印本　一冊

120000－0342－0004983　5002
蜀中名勝記三十卷　(明)曹學佺撰　清宣統二年(1910)四川官印局刻本　八冊

120000－0342－0004984　5003
航海述奇四卷　(清)張德明撰　清光緒上海申報館叢書鉛印本　二冊

120000－0342－0004985　5004
禹貢會箋十二卷山水總目一卷圖一卷　(清)徐文靖箋　清同治十三年(1874)慈溪何氏刻本　四冊

120000－0342－0004986　5005
皇朝中外一統輿圖中一卷南十卷北二十卷首一卷　(清)胡林翼　(清)嚴樹森主持　(清)鄒世詒　(清)晏啓鎮編繪　(清)李廷蕭　(清)汪士鐸核校　清同治二年(1863)湖北撫署刻本　五冊

120000－0342－0004987　5006
湖山便覽十二卷　(清)翟灝　(清)翟瀚輯　清光緒元年(1875)杭州王維翰槐蔭堂刻本　六冊

120000－0342－0004988　5007
歷代輿地沿革險要圖不分卷　楊守敬　饒敦秩原繪　(清)王尚德重繪　清光緒五年(1879)東湖饒敦秩刻朱墨套印本　一冊

120000－0342－0004989　5008
[嘉慶]同里志二十四卷首一卷　(清)閻登雲修　(清)周之禎纂　清嘉慶十七年(1812)刻本　四冊

120000－0342－0004990　5009
問影樓輿地叢書十五種　胡思敬輯　清光緒三十四年(1908)京師新昌胡思敬鉛印本　十冊

120000－0342－0004991　5010
歷代輿地沿革險要圖說不分卷　楊守敬　饒敦秩原繪　(清)王尚德重繪　清光緒二十四年(1898)上海鑄記書局石印本　一冊

120000－0342－0004992　5011
出使美日秘崔日記十六卷　(清)崔國因撰　清光緒二十年(1894)鉛印本　十二冊

120000－0342－0004993　5012
徐霞客遊記十卷外編一卷補編一卷　(明)徐宏祖撰　(清)葉廷甲補編　清光緒七年(1881)瘦影山房木活字印本　十六冊

120000－0342－0004994　5013
中國兵要地理不分卷　景謙編　雷敢中修　清刻本　一冊

120000－0342－0004995　5014
廣東輿地圖說十四卷首一卷　(清)李翰章修　(清)廖廷相等纂　清宣統元年(1909)廣東參謀處鉛印本　四冊

120000－0342－0004996　5015
萬山綱目二十一卷　(清)李誠輯　清光緒二十六年(1900)長沙刻本　八冊

120000－0342－0004997　5016
[同治]續修即墨縣志十二卷首一卷　(清)林溥纂修　清同治十二年(1873)刻本　八冊

120000－0342－0004998　5017
皇朝中外一統輿圖中一卷南十卷北二十卷首一卷　(清)胡林翼　(清)嚴樹森主持　(清)鄒世詒　(清)晏啓鎮編繪　(清)李廷蕭　(清)汪士鐸核校　清同治二年(1863)湖北刻本　三十二冊

120000－0342－0004999　5018
中外地輿圖說集成一百三十卷　(清)馮峻光撰　清光緒二十年(1894)上海積山書局石印本　三十冊

120000－0342－0005000　5019
[道光]太平縣志十六卷首一卷　(清)李炳彥修　清道光五年(1825)刻本　八冊

120000－0342－0005001　5020
盛京通志四十八卷　(清)董秉忠修　清刻本　二十冊

120000－0342－0005002　5021
帝輿合覽二卷　(清)何炳撰　清道光十三年(1833)嘉興刻本　三冊

120000－0342－0005003　5022
[光緒]綏遠志十卷首一卷　(清)貽穀修　清光緒三十四年(1908)刻本　六冊

120000－0342－0005004　5023
[乾隆]林縣志十卷首一卷末一卷　(清)楊潮觀修　清乾隆十七年(1752)刻本　四冊

120000－0342－0005005　5024
金陵瑣志　陳作霖撰　清光緒刻本　五冊
存五種續刊兩種

120000－0342－0005006　5025
[乾隆]常昭合志十二卷首一卷　(清)王錦　(清)楊繼熊修　(清)言如泗纂　清光緒二十四年(1898)木活字本　十四冊

120000－0342－0005007　5026
彙刻太倉舊志五種　繆朝荃輯　清宣統元年

(1909)太倉繆氏刻本　八册　存五種

120000－0342－0005008　5027
晨風閣叢書　沈宗畸輯　清宣統元年(1909)番禺沈宗畸刻本　十六册　存二十三種

120000－0342－0005009　5028
記事珠十卷　(清)張以謙撰　(清)王剛重訂　清光緒八年(1882)刻本　十二册

120000－0342－0005010　5029
大興徐氏　(清)徐松撰　清光緒十九年(1893)寶善書局石印本　十五册　存四種

120000－0342－0005011　5030
三通考輯要三種　湯壽潛輯　清光緒二十五年(1899)圖書集成局鉛印本　三十册

120000－0342－0005012　5031
角山樓增補類腋六十七卷　(清)姚培謙(清)張卿雲撰　(清)趙克宜增輯　清咸豐十年(1860)角山樓刻本　二十四册

120000－0342－0005013　5032
玉海纂二十二卷　(宋)王應麟輯　(明)劉鴻訓纂　(明)劉鴻采　(明)劉孔中編次　清順治四年(1647)長山劉孔中刻本　十六册

120000－0342－0005014　5033
事物原會四十卷　(清)汪汲録　清嘉慶二年(1797)古愚山房刻本　六册

120000－0342－0005015　5034
喻林一葉二十四卷　(明)徐元太撰　(清)王蘇删纂　清乾隆五十九年(1794)刻本　十册

120000－0342－0005016　5035
蘭雪堂古事苑定本十二卷　(清)鄧志謨編　清康熙二十五年(1686)蘭雪堂刻本　十册

120000－0342－0005017　5036
記事珠十卷　(清)張以謙撰　(清)王剛重訂　清光緒八年(1882)刻本　二十四册

120000－0342－0005018　5037
重訂廣事類賦四十卷　(清)華希閔撰　清乾隆二十九年(1764)刻本　十六册

120000－0342－0005019　5038
初學記三十卷　(唐)徐堅等撰　清光緒十四年(1888)安康黄氏藴石齋刻本　六册

120000－0342－0005020　5039
事物紀原十卷　(宋)高承撰　清道光刻惜陰軒叢書本　十册

120000－0342－0005021　5040
福惠全書三十二卷　(清)黄六鴻撰　清刻本　十册

120000－0342－0005022　5041
格致精華録四卷附録二種　王仁俊撰　清光緒二十二年(1896)石印本　四册

120000－0342－0005023　5042
小嫏嬛山館彙刊類書十二種　(清)□□輯　清光緒二十年(1894)石印本　十二册

120000－0342－0005024　5043
小學考五十卷　(清)謝啟昆撰　清光緒十五年(1889)石印本　六册

120000－0342－0005025　5044
七修類稿五十一卷　(明)郎瑛撰　清乾隆四十年(1775)耕煙草堂刻本　十四册

120000－0342－0005026　5045
四書圖考十三卷　(清)杜炳撰　清道光七年(1827)刻本　十二册

120000－0342－0005027　5046
御板四書離句集註十九卷　(清)楊立先校　清嘉慶十四年(1809)敦倫堂刻本　十册

120000－0342－0005028　5047
四書體註六卷　(宋)朱熹撰　(清)范翔参訂　清道光十一年(1831)靈蘭堂刻本　六册

120000－0342－0005029　5048
融經館叢書　(清)徐友蘭輯　清光緒會稽徐氏八杉齋刻本　四十八册

120000－0342－0005030　5049
董方立遺書　(清)董祐誠撰　清同治八年(1869)董貽清成都刻本　四册　存八種

120000－0342－0005031　5050

柊華館駢體文四卷　(清)董基誠　(清)董祐誠撰　**偶存集一卷**　(清)董貽清撰　清同治八年(1869)董貽清成都刻本　一冊

120000－0342－0005032　5051

二酉堂叢書(張氏叢書)　(清)張澍撰　清道光元年(1821)武威張氏二酉堂刻本　十七冊　存二十一種

120000－0342－0005033　5052

知不足齋叢書　(清)鮑廷博輯　(清)鮑志祖續輯　清乾隆至道光長塘鮑氏知不足齋刻本　二百四十冊　存三十集一百九十種

120000－0342－0005034　5053

知不足齋叢書　(清)鮑廷博輯　清乾隆、道光長塘鮑氏知不足齋刻本　十六冊　存五集十二種

120000－0342－0005035　5054

鬼董五卷　(宋)沈氏撰　(清)鮑廷博　(清)鮑志祖續輯　清乾隆五十一年(1786)知不足齋叢書刻本　一冊

120000－0342－0005036　5055

校本四書不分卷　(宋)朱熹撰　清末天津萃文魁刻本　六冊

120000－0342－0005037　5056

錢塘遺事十卷　(元)劉一清撰　(清)席世臣訂　清嘉慶四年(1799)掃葉山堂刻本　一冊

120000－0342－0005038　5057

通介堂經説三十七卷　(清)徐灝撰　清咸豐四年(1854)學壽堂叢書刻本　十冊

120000－0342－0005039　5058

餘冬錄六十一卷首一卷　(明)何孟春撰　清同治三年(1864)恭壽堂刻本　八冊

120000－0342－0005040　5059

有竹石軒經句說十四卷　(清)吳英撰　清嘉慶二十年(1815)刻本　十四冊

120000－0342－0005041　5060

經籍纂詁補遺一百零六卷　(清)阮元撰　清光緒十四年(1888)鴻章書局石印本　十二冊

120000－0342－0005042　5061

[乾隆]紹興府志八十卷首一卷　(清)李亨特修　(清)平恕　(清)徐嵩纂　清乾隆五十七年(1792)刻本　四十六冊

120000－0342－0005043　5062

[嘉慶]介休縣志十四卷　(清)徐品山　(清)陸元鏸纂修　清嘉慶二十四年(1819)刻本　八冊

120000－0342－0005044　5063

[道光]遵義府志四十八卷首一卷　(清)平翰等修　(清)鄭珍等纂　清道光二十一年(1841)刻本　十九冊　存四十六卷(一至四十六)

120000－0342－0005045　5064

元豐九域志十卷　(宋)王存等纂修　(清)馮集梧校訂　清德聚堂刻本　四冊

120000－0342－0005046　5065

[乾隆]任邱縣志十二卷首一卷　(清)劉統修　(清)劉炳纂　清乾隆二十七年(1762)任邱縣署刻本　十二冊

120000－0342－0005047　5066

[道光]南宮縣志十六卷　(清)周栻修　(清)陳柱纂　清道光十一年(1831)刻本　八冊

120000－0342－0005048　5067

羊城古鈔八卷首一卷　(清)仇池石輯　清嘉慶十一年(1806)刻本　五冊

120000－0342－0005049　5068

[光緒]寧津縣志十二卷首一卷　(清)祝嘉庸修　(清)吳潯源纂　清光緒二十六年(1900)刻本　九冊

120000－0342－0005050　5069

[同治]續天津縣志二十卷首一卷　(清)吳惠元修　(清)蔣玉虹　(清)俞樾纂　清同治九年(1870)刻本　八冊

120000－0342－0005051　5070

[乾隆]天津縣志二十四卷 (清)朱奎揚 (清)張志奇修 (清)吳廷華纂 清乾隆四年(1739)刻本 八册

120000－0342－0005052 5071
[光緒]永平府志七十二卷首一卷末一卷 (清)游智開修 (清)史夢蘭纂 清光緒五年(1879)刻本 三十二册

120000－0342－0005053 5072
學仕錄十六卷 (清)戴肇辰輯 清同治六年(1867)刻本 八册

120000－0342－0005054 5073
詞林海錯類選四卷 (明)夏樹芳輯 清道光十年(1830)刻本 四册

120000－0342－0005055 5074
[乾隆]天津縣志二十四卷 (清)朱奎揚 (清)張志奇修 (清)吳廷華纂 清乾隆四年(1739)刻本 八册

120000－0342－0005056 5075
弱水詩八卷 (清)屈復撰 清道光十年(1830)信芳閣刻國初十大家詩鈔活字印本 二册

120000－0342－0005057 5076
實其文齋文鈔八卷 (清)黃雲鵠撰 清光緒刻本 六册

120000－0342－0005058 5077
拙尊園叢稿六卷 (清)黎庶昌撰 清光緒狀元閣刻本 三册

120000－0342－0005059 5078
瓶水齋詩集十七卷別集二卷 (清)舒位撰 清光緒十二年(1886)刻本 八册

120000－0342－0005060 5079
敦艮齋遺書十七卷 (清)徐潤第撰 清道光二十八年(1848)五臺徐繼畬刻本 五册

120000－0342－0005061 5080
淵鑑類函四百五十卷目錄四卷 (清)張英等纂輯 清康熙四十九年(1710)內府刻本 一百四十册

120000－0342－0005062 5081
萬物炊累室類稿甲編二種乙編二種外編一種 (清)沈同芳撰 清宣統三年(1911)上海中國圖書公司鉛印本 五册

120000－0342－0005063 5082
荔雨軒文集六卷 (清)華翼綸撰 清光緒九年(1883)刻本 二册

120000－0342－0005064 5083
弢甫集三十卷 (清)桑調元撰 清乾隆七年(1742)錢塘桑氏蘭陔草堂刻本 六册

120000－0342－0005065 5084
七頌堂文集二卷 (清)劉體仁撰 清同治七年(1868)刻本 二册

120000－0342－0005066 5085
存研樓文集十六卷 (清)儲大文撰 清光緒元年(1875)刻本 八册

120000－0342－0005067 5086
茗柯文初編一卷二編二卷三編一卷四編一卷 (清)張惠言撰 清光緒七年(1881)刻本 二册

120000－0342－0005068 5087
拙修集十卷 (清)吳廷棟撰 清同治十年(1871)六安求我齋刻本 四册

120000－0342－0005069 5088
緝齋文集八卷首一卷附錄二卷詩稿八卷首一卷 (清)蔡新撰 清乾隆五十年(1785)刻本 八册

120000－0342－0005070 5089
儀顧堂集八卷 (清)陸心源撰 清同治刻本 二册

120000－0342－0005071 5090
金石索十二卷首一卷 (清)馮雲鵬 (清)馮雲鵷輯 清光緒三十二年(1906)上海文新書局石印本 二十四册

120000－0342－0005072 5091
澤雅堂文集八卷 (清)施補華撰 清光緒刻本 三册

120000－0342－0005073　5092
百果山房文稿二卷　(清)李次山撰　清光緒百果山房刻本　二冊

120000－0342－0005074　5093
詩經詮義十二卷首一卷末二卷　(清)汪烜纂　清道光二十三年(1843)延川金鴻熙世德堂刻本　十五冊

120000－0342－0005075　5094
望三散人感舊集不分卷　(清)郭麟撰　清咸豐四年(1854)維縣郭氏刻本　一冊

120000－0342－0005076　5095
征清詩史不分卷　(日本)白山高橋撰　清光緒二十八年(1902)鉛印本　一冊

120000－0342－0005077　5096
青芝山人集五卷　(清)陳唐撰　清乾隆二十四年(1759)刻本　一冊

120000－0342－0005078　5097
補蹉跎齋詩存一卷　(清)萬同倫撰　清光緒十一年(1885)長安刻本　一冊

120000－0342－0005079　5098
句餘土音三卷全謝山先生遺詩一卷　(清)全祖望撰　清宣統三年(1911)國學扶輪莊鉛印本　一冊

120000－0342－0005080　5099
庚子都門紀事詩六卷首一卷　(清)延清撰　清光緒二十八年(1902)刻本　二冊

120000－0342－0005081　5100
偶存集不分卷　(清)董貽清撰　清同治十一年(1872)刻本　一冊

120000－0342－0005082　5101
繼稚堂詩集三十四卷　(清)陳僅撰　清道光二十七年(1847)刻本　六冊

120000－0342－0005083　5102
小萬卷齋詩稿三十二卷經進稿四卷　(清)朱琦撰　清光緒十一年(1885)朱臧成刻本　六冊　存二十卷(小萬卷齋詩稿一至二十)

120000－0342－0005084　5103
竹嘯軒詩鈔十八卷　(清)沈德潛撰　清乾隆刻本　二冊

120000－0342－0005085　5104
平湖顧氏遺書　(清)顧廣譽撰　清光緒三年(1877)刻本　四冊　存三種

120000－0342－0005086　5105
莘齋文鈔四卷　(清)宦懋庸撰　清光緒二十年(1894)川東道署刻本　二冊

120000－0342－0005087　5106
無近名齋文鈔四卷二編二卷外編一卷雜著二卷雜著二編一卷　(清)彭翊撰　清道光二十七年(1847)刻本　四冊

120000－0342－0005088　5107
漆室吟八卷　(清)王柏心撰　清咸豐七年(1857)刻本　二冊

120000－0342－0005089　5108
黃琢山房集十卷　(清)吳璜撰　清乾隆刻本　四冊

120000－0342－0005090　5109
秋江集注六卷　(清)黃任撰　清道光二十三年(1843)刻本　六冊

120000－0342－0005091　5110
壽藤齋詩三十五卷　(清)鮑倚雲撰　清嘉慶十三年(1808)刻本　八冊

120000－0342－0005092　5111
桂馨堂集　(清)張廷濟撰　清道光十九年(1839)刻本　六冊　存六種

120000－0342－0005093　5112
簡學齋詩存四卷　(清)陳沆撰　清咸豐刻本　一冊

120000－0342－0005094　5113
簡學齋詩刪四卷　(清)陳沆撰　清咸豐刻本　一冊

120000－0342－0005095　5114
簡學齋館課賦存一卷館課賦續鈔一卷館課試律存一卷試律續鈔一卷　(清)陳沆撰　清咸豐刻本　四冊

120000－0342－0005096　5115
秋江集注六卷　(清)黄任撰　清道光二十三年(1843)刻本　六册

120000－0342－0005097　5116
桂馨堂集八卷　(清)張廷濟撰　清道光刻本　六册

120000－0342－0005098　5117
小谷口詩鈔十二卷首一卷　(清)鄭祖琛撰　清道光二十四年(1844)刻本　二册

120000－0342－0005099　5118
二十四泉草堂集十二卷　(清)王苹撰　清康熙刻本　四册

120000－0342－0005100　5119
徐烈婦詩鈔二卷首一卷　(清)吳宗愛撰　**梔子同心圖讀法一卷**　(清)應瑩撰　清光緒元年(1875)刻本　二册

120000－0342－0005101　5120
南華山房詩鈔二十二卷　(清)張鵬翀撰　清乾隆刻本　六册

120000－0342－0005102　5121
聰山集八卷　(清)申涵光撰　清康熙二年(1663)刻本　四册

120000－0342－0005103　5122
知止齋詩集十六卷　(清)翁心存撰　清光緒三年(1877)刻本　四册

120000－0342－0005104　5123
大唐西域記十二卷　(唐)釋辯機撰　清宣統元年(1909)常州天寧寺刻本　四册

120000－0342－0005105　5124
浩然堂詩集六卷附雙忠研齋詩餘一卷　(清)江開撰　清咸豐十一年(1861)刻本　四册

120000－0342－0005106　5125
洛山人詩鈔十二卷　(清)薛寧廷撰　清嘉慶十五年(1810)刻本　四册

120000－0342－0005107　5126
小樓詩集八卷　(清)王嵩高撰　清道光十六年(1836)刻本　八册

120000－0342－0005108　5127
九水山房文存二卷　(清)畢亨撰　清咸豐二年(1852)刻本　二册

120000－0342－0005109　5128
遊道堂集四卷　(清)朱彬撰　清同治七年(1868)刻本　二册

120000－0342－0005110　5129
鴻濛室文鈔二集二卷　(清)方玉潤撰　清咸豐十年(1860)刻本　二册

120000－0342－0005111　5130
南皋山人詩集類稿七卷　(清)高鳳翰撰　(清)宋弼編　清乾隆德州元質刻本　二册

120000－0342－0005112　5131
顧雙溪集九卷　(清)顧奎光撰　清光緒二十一年(1895)錫山顧氏木活字本　二册

120000－0342－0005113　5132
樹經堂詠史詩八卷　(清)謝啟昆撰　清嘉慶三年(1798)樹經堂刻本　二册

120000－0342－0005114　5133
十國雜事詩十七卷敘目二卷　(清)饒智元撰　清光緒十七年(1891)刻竹素齋叢書本　四册

120000－0342－0005115　5134
海山仙館叢書　(清)潘仕成輯　清道光、咸豐番禺潘氏刻本　一百二十册　存五十六種

120000－0342－0005116　5135
海山仙館叢書　(清)潘仕成輯　清道光、咸豐番禺潘氏刻本　一百二十册　存五十六種

120000－0342－0005117　5136
守山閣叢書四集一百十二種　(清)錢熙祚輯　清光緒十五年(1889)上海鴻文書局石印本　一百册

120000－0342－0005118　5137
國朝二十四家文鈔　(清)徐斐然輯　清嘉慶元年(1796)徐氏刻本　十八册　存二十四種

120000－0342－0005119　5138
南山全集十六卷　(清)戴名世撰　清光緒十

九年(1893)印鴻堂木活字本　八冊

120000－0342－0005120　5139
潛虚先生文集十四卷　(清)戴名世撰　(清)尤云鶚編　清光緒十一年(1885)木活字本　八冊

120000－0342－0005121　5140
香樹齋文集二十八卷詩集十八卷　(清)錢陳群撰　清刻本　四冊

120000－0342－0005122　5141
媿生叢錄二卷　(清)李詳撰　清宣統元年(1909)江寧刻本　一冊

120000－0342－0005123　5142
五代史補五卷　(宋)陶岳撰　**五代史闕文**　(宋)王禹偁撰　明末毛氏汲古閣刻本　二冊

120000－0342－0005124　5143
蕙櫋雜記一卷　(清)嚴元照撰　清抄本　一冊

120000－0342－0005125　5144
學詁齋文集二卷　(清)薛壽撰　清光緒十五年(1889)廣雅書局刻本　一冊

120000－0342－0005126　5145
海虞詩苑十八卷　(清)王應奎編　(清)顧士榮校訂　清乾隆二十四年(1759)刻本　六冊

120000－0342－0005127　5146
明宮雜詠二十卷　(清)饒智元撰　清光緒刻本　六冊

120000－0342－0005128　5147
齊莊中正堂詩鈔十五卷　(清)殷兆鏞撰　清光緒五年(1879)刻本　四冊

120000－0342－0005129　5148
疑雨集新編二卷　(明)王次回著　清刻本　四冊

120000－0342－0005130　5149
國朝山右詩存二十四卷附集八卷　(清)李錫麟輯　清嘉慶刻本　十六冊

120000－0342－0005131　5150
分韻詩鵠二卷　(清)王廷紹等著　清光緒三年(1877)京都琉璃廠龍雲齋刻本　二冊

120000－0342－0005132　5151
江左十五子詩選十五卷　(清)宋犖輯　清康熙四十二年(1703)宋氏宛委堂刻本　八冊

120000－0342－0005133　5152
夢樓詩集二十四卷　(清)王文治撰　清乾隆六十年(1795)食舊堂刻本　六冊

120000－0342－0005134　5153
松陵文錄二十四卷　(清)淩淦輯　清同治十三年(1874)刻本　十二冊

120000－0342－0005135　5154
塤篪集十卷　(清)劉沅撰　清咸豐二年(1852)刻本　四冊

120000－0342－0005136　5155
陶山詩錄二十卷陶山詩前錄二卷露蟬吟詞鈔一卷詞續鈔一卷　(清)唐仲冕撰　清嘉慶十六年(1811)善化唐仲冕酌民言堂刻本　四冊

120000－0342－0005137　5156
硯思集六卷　(清)田同之撰　清乾隆刻本　五冊

120000－0342－0005138　5157
疑雨集四卷　(明)王彥泓撰　清光緒三十一年(1905)郎園葉氏刻本　二冊

120000－0342－0005139　5158
清尊集十六卷　(清)汪遠孫編　清道光十九年(1839)錢唐汪氏振綺堂刻本　四冊

120000－0342－0005140　5159
獨吟樓詩一卷　(清)郭步韞撰　清道光刻本　一冊

120000－0342－0005141　5160
懷清堂集二十卷首一卷　(清)湯右曾撰　清乾隆十年(1745)仁和湯氏刻本　四冊

120000－0342－0005142　5161
養默山房詩稿十卷　(清)謝元淮撰　清嘉慶二十五年(1820)刻本　四冊

120000－0342－0005143　5162
逕學齋詩鈔十卷　(清)孫衣言撰　清同治三年(1864)刻本　二册

120000－0342－0005144　5163
播川詩鈔六卷　(清)趙旭撰　清同治刻本　三册

120000－0342－0005145　5164
玉磬山房詩十三卷　(清)劉大觀撰　清嘉慶刻本　五册

120000－0342－0005146　5165
韋廬詩内集四卷首一卷末一卷外集四卷首一卷末一卷　(清)李秉禮撰　清光緒十三年(1887)江陽官舍刻本　四册

120000－0342－0005147　5166
津門古文所見録四卷　(清)郭師泰輯　清光緒十八年(1892)刻本　四册

120000－0342－0005148　5167
人境廬詩草十一卷　(清)黄遵憲撰　清宣統三年(1911)鉛印本　四册

120000－0342－0005149　5168
國學叢刊　羅振玉編　清宣統三年(1911)影印本　二册　存十一種

120000－0342－0005150　5169
涇川叢書　(清)趙紹祖　(清)趙繩祖輯　清道光十二年(1832)涇縣趙氏古墨齋刻本　二十四册　存四十五種續八種

120000－0342－0005151　5170
榆園叢刻　(清)許增輯　清同治、光緒刻本　十六册　存十六種

120000－0342－0005152　5171
點勘記二卷附省堂筆記一卷　(清)歐陽泉撰　清光緒九年(1883)寶硯齋刻本　二册

120000－0342－0005153　5172
開有益齋讀書志六卷續志一卷金石文字記一卷　(清)朱緒曾撰　清光緒六年(1880)金陵翁氏茹古閣刻本　十册

120000－0342－0005154　5173
侯鯖集十卷　(清)李友棠輯　清靜香閣刻本　六册

120000－0342－0005155　5174
靈芬館集　(清)郭麐撰　清嘉慶、道光刻本　六册　存三種

120000－0342－0005156　5175
蘭言詩鈔四卷　(清)李瑞編　清光緒七年(1881)三義堂刻本　四册

120000－0342－0005157　5176
雲南課吏館全滇紀要不分卷　(清)雲南課吏館編　清光緒三十一年至三十二年(1905－1906)雲南課吏館鉛印本　十册

120000－0342－0005158　5177
海國圖志一百卷　(清)魏源撰　清同治六年(1867)郴州陳氏刻本　二十四册

120000－0342－0005159　5178
春在堂詞録三卷　(清)俞樾撰　清春在堂全書刻本　一册

120000－0342－0005160　5179
茶香室叢鈔二十三卷　(清)俞樾撰　清光緒九年(1883)吳下春在堂全書刻本　八册

120000－0342－0005161　5180
春在堂叢書　(清)俞樾撰　清光緒十五年(1889)刻本　一百二十册　存一百七十種

120000－0342－0005162　5181
古文辭類纂七十四卷　(清)姚鼐纂集　清同治八年(1869)江蘇書局刻本　十二册

120000－0342－0005163　5182
唐文粹一百卷　(宋)姚鉉編　清光緒九年(1883)江蘇書局刻本　十六册

120000－0342－0005164　5183
海陵文徵二十卷　(清)夏荃輯　清道光二十三年(1843)刻本　十册

120000－0342－0005165　5184
日知録之餘四卷　(清)顧炎武撰　清宣統二年(1910)風雨樓鉛印本　二册

120000－0342－0005166　5185
中國女史二十一卷　金炳麟　王以銓輯　清宣統元年(1909)杭州中合公司鉛印本　六册

120000－0342－0005167　5186
顧亭林先生年譜一卷閻潛丘先生年譜一卷　(清)張穆編　清刻本　二册

120000－0342－0005168　5187
皇朝經世文三編八十卷　(清)陳忠倚輯　清光緒二十四年(1898)浙省書局石印本　十六册

120000－0342－0005169　5188
皇朝經世文續編一百二十卷　(清)葛士濬輯　清光緒二十八年(1902)寶善書局石印本　十二册

120000－0342－0005170　5189
皇朝經世文編一百二十卷姓名總目二卷　(清)賀長齡輯　清光緒二十二年(1896)掃葉山房鉛印本　二十四册

120000－0342－0005171　5190
皇朝經世文統編一百零七卷　(清)邵之棠編　清光緒二十七年(1901)上海寶善齋石印本　五十二册

120000－0342－0005172　5191
皇朝經世文編一百二十卷姓名總目三卷　(清)賀長齡輯　清光緒十二年(1886)思補樓石印本　六十册

120000－0342－0005173　5192
説文解字句讀三十卷　(清)王筠撰　清同治刻本　十六册

120000－0342－0005174　5193
輶軒使者絕代語釋別國方言箋疏十三卷　(清)錢繹撰　清光緒十六年(1890)紅蝠山房刻本　六册

120000－0342－0005175　5194
通雅五十二卷首三卷　(清)方以智撰　清刻本　十二册

120000－0342－0005176　5195
六書分類十二卷首一卷　(清)傅世垚撰　清康熙四十四年(1705)寶仁堂刻本　十三册

120000－0342－0005177　5196
六書分類十二卷首一卷　(清)傅世垚撰　清康熙四十四年(1705)寶仁堂刻本　十三册

120000－0342－0005178　5197
玉海二百零四卷附十四種　(宋)王應麟撰　清光緒九年(1883)浙江書局刻本　一百二十册

120000－0342－0005179　5198
經傳釋詞補不分卷　(清)孫經世撰　清光緒十一年(1885)長洲蔣氏心矩齋刻本　一册

120000－0342－0005180　5199
咫進齋叢書　(清)姚覲元輯　清光緒九年(1883)歸安姚覲元咫進齋刻本　二十四册　存三集三十七種

120000－0342－0005181　5200
總纂升庵合集二百四十卷　(明)楊慎撰　(清)鄭寶琛纂輯　清光緒八年(1882)新都王鴻文堂刻本　一百册

120000－0342－0005182　5201
兩浙輶軒錄四十卷補遺十卷　(清)阮元輯　清光緒十六年(1890)浙江書局刻本　三十二册

120000－0342－0005183　5202
二黄合稿二卷　(清)黄崇惺　(清)黄家鼎撰　(清)廷愷編　清光緒八年(1882)刻本　一册　存二種

120000－0342－0005184　5203
陸子全書　(清)陸隴其撰　清同治七年至九年(1868－1870)刻本　六册　存三種

120000－0342－0005185　5204
晉二俊集二十卷　(宋)徐民瞻輯　清光緒四年(1878)長沙寄生草堂刻本　四册

120000－0342－0005186　5205
農學叢書　(清)上海農學會譯　清光緒二十七年(1901)石印本　四十八册　存五集一百

十種

120000 - 0342 - 0005187　5206
十萬卷樓叢書三編五十一種　(清)陸心源輯　清光緒歸安陸氏刻本　六十八册

120000 - 0342 - 0005188　5207
禮餉亭集三十二卷　(清)祁寯藻撰　清咸豐六年(1856)刻本　六册

120000 - 0342 - 0005189　5208
敏果齋七種　(清)許乃釗輯　清道光錢塘許氏刻本　十六册

120000 - 0342 - 0005190　5209
閩詩錄甲集六卷乙集四卷丙集二十三卷丁集一卷戊集七卷　(清)鄭傑輯　陳衍補訂　清宣統三年(1911)刻本　十册

120000 - 0342 - 0005191　5210
重訂幼學須知句解四卷　(清)程允升撰　(清)黃江若注　清刻本　二册

120000 - 0342 - 0005192　5211
駢雅七卷　(明)朱謀㙔撰　**駢雅訓纂十六卷**　(清)魏茂林撰　清同治十一年(1872)經綸書室刻本　八册

120000 - 0342 - 0005193　5212
虛字闡義二卷補一卷　(清)謝鼎卿撰　清同治十年(1871)三事堂刻本　一册

120000 - 0342 - 0005194　5213
說文逸字二卷　(清)鄭珍撰　**附錄一卷**　(清)鄭知同撰　清咸豐八年(1858)福山王氏天壤閣叢書刻本　一册

120000 - 0342 - 0005195　5214
說文提要不分卷　(清)陳建侯撰　清光緒十年(1884)刻本　一册

120000 - 0342 - 0005196　5215
古書疑義舉例八卷　(清)俞樾撰　清雙流李氏念劬堂刻本　四册

120000 - 0342 - 0005197　5216
字說一卷　(清)吳大澂撰　清光緒十九年(1893)長沙思賢講舍刻本　二册

120000 - 0342 - 0005198　5217
格致鏡原一百卷　(清)陳元龍撰　清雍正十三年(1735)刻本　三十二册

120000 - 0342 - 0005199　5218
御定駢字類編二百四十卷　(清)張廷玉等編　清光緒十三年(1887)上海同文書局石印本　四十八册

120000 - 0342 - 0005200　5219
庸盦全集　(清)薛福成撰　清光緒二十三年(1897)上海醉六堂石印本　十二册　存三種

120000 - 0342 - 0005201　5220
庾子山集十六卷年譜一卷總釋一卷　(北周)庾信撰　(清)倪璠注釋　清光緒二十年(1894)錢塘倪氏儒雅堂刻本　十二册

120000 - 0342 - 0005202　5221
唐宋八大家類選十四卷　(清)儲欣評選　清光緒十八年(1892)湖北官書處刻本　六册

120000 - 0342 - 0005203　5222
胡文忠公遺集八十六卷首一卷　(清)胡林翼撰　(清)鄭敦謹　(清)曾國荃輯　(清)胡鳳丹重編　清光緒元年(1875)湖北崇文書局刻本　三十二册

120000 - 0342 - 0005204　5223
全唐文紀事一百二十二卷首一卷　(清)陳鴻墀撰　清同治十二年(1873)刻本　三十二册

120000 - 0342 - 0005205　5224
師鄭堂集六卷　(清)孫同康譔　清光緒十七年(1891)無錫文苑閣木活字本　四册

120000 - 0342 - 0005206　5225
熙朝新語十六卷　(清)余金撰　清道光二年(1822)來金堂刻本　六册

120000 - 0342 - 0005207　5226
天咫偶聞十卷　震鈞輯　清光緒三十三年(1907)甘棠轉舍刻本　八册

120000 - 0342 - 0005208　5227
介亭筆記六卷　(清)江濬源撰　清嘉慶十三年(1808)友善堂刻本　六册

120000－0342－0005209　5228

積石文稿十八卷詩存四卷南池唱和詩存一卷鱠餘編一卷　(清)張履撰　清光緒二十年(1894)刻本　八册

120000－0342－0005210　5229

宋李忠定集奏議六十九卷年譜一卷擬撰表本一卷靖康擬詔書一卷建炎擬詔一卷擬制詔四卷　(宋)李綱撰　清光緒二十九年(1903)湘鄉愛日堂刻本　十八册

120000－0342－0005211　5230

子書百家　(清)崇文書局輯　清光緒元年(1875)湖北崇文書局刻本　七十五册　存八十一種

120000－0342－0005212　5231

蠹窗詩集十四卷文集續刻一卷　(清)張令儀撰　清家刻本　三册

120000－0342－0005213　5232

邵武徐氏叢書初刻十四種　(清)徐幹輯　清光緒邵武徐氏刻本　二十册

120000－0342－0005214　5233

雙槐歲鈔十卷　(明)黄瑜撰　清道光十一年(1831)南海伍元薇文字歡娱室刻嶺南遺書本　六册

120000－0342－0005215　5234

履園叢話二十四卷　(清)錢泳輯　清同治九年(1870)勾吴錢日壽刻本　八册

120000－0342－0005216　5235

學津討原二十集一百七十三種　(清)張海鵬輯　清嘉慶十年(1805)虞山張氏照曠閣刻本　七册　存二種

120000－0342－0005217　5236

子史精華一百六十卷　(清)吴士玉等輯　清乾隆五十五年(1790)河南府張松孫刻本　三十六册

120000－0342－0005218　5237

顧端文公遺書十五種附一種　(明)顧憲成撰　清光緒三年(1877)涇里宗祠刻本　六册　存十四種

120000－0342－0005219　5238

豸華堂文鈔二十卷　(清)金應麟撰　清光緒元年(1875)錢塘金氏刻本　六册

120000－0342－0005220　5239

皇清經解一千四百卷　(清)阮元輯　清道光九年(1829)廣東學海堂刻咸豐十一年(1861)補刻本　三百六十册　存一百七十二種

120000－0342－0005221　5240

皇清經解續編一千四百三十卷　王先謙輯　清光緒十四年(1888)南菁書院刻本　三百二十册　存二百零五種

120000－0342－0005222　5241

豫乘識小録二卷　(清)朱雲錦撰　清同治十二年(1873)文耀齋刻本　二册

120000－0342－0005223　5242

鹿洲全集　(清)藍鼎元撰　清刻本　十六册　存八種

120000－0342－0005224　5243

兩漢韻珠十卷　(清)吴章澧編　清光緒十八年(1892)吴縣吴氏刻本　十册

120000－0342－0005225　5244

大唐開元禮一百五十卷　(唐)蕭嵩等撰　清光緒十二年(1886)公善堂刻本　十六册

120000－0342－0005226　5245

支那通史四卷　(日本)那珂通世編　清光緒二十五年(1899)上海東文學社第三次石印本　四册　存四卷(一至四)

120000－0342－0005227　5246

支那通史四卷　(日本)那珂通世編　清光緒二十五年(1899)上海東文學社第三次石印本　一册　存二卷(二至三)

120000－0342－0005228　5247

東槎紀略五卷　(清)姚瑩撰　清光緒四年(1878)申報館叢書鉛印本　二册

120000－0342－0005229　5248

支那史要六卷　(日本)市村瓚次郎撰　(清)

陳毅譯　清光緒二十八年(1902)上海廣智書局鉛印本　四冊

120000－0342－0005230　5249
四書朱子異同條辨四十卷　(清)李沛霖撰　清康熙四十一年(1702)近譬堂刻本　五十冊

120000－0342－0005231　5250
湖北叢書　(清)趙尚輔輯　清光緒十七年(1891)三餘草堂刻本　一百冊　存二十九種

120000－0342－0005232　5251
惜抱軒遺書三種　(清)姚鼐撰　清光緒五年(1879)桐城徐宗亮刻本　四冊

120000－0342－0005233　5252
儆居遺書　(清)黄式三撰　清同治、光緒刻本　十冊　存三種

120000－0342－0005234　5253
赤雅三卷　(明)鄺露撰　清乾隆三十四年(1769)知不足齋叢書刻本　一冊

120000－0342－0005235　5254
周氏冥通記四卷　(南朝梁)陶弘景撰　明汲古閣刻本　二冊

120000－0342－0005236　5255
劍俠傳四卷續四卷圖一卷　(清)鄭官應輯　清光緒五年(1879)刻本　三冊

120000－0342－0005237　5256
曾文正公全集　(清)曾國藩撰　清同治、光緒傳忠書局刻本　一百二十八冊　存十四種

120000－0342－0005238　5257
庸盦筆記六卷　(清)薛福成撰　清光緒二十三年至二十四年(1897－1898)蕭山陳光淞刻本　六冊

120000－0342－0005239　5258
質直談耳八卷　(清)錢肇鰲著　清道光四年(1824)刻本　四冊

120000－0342－0005240　5259
姑妄聽之四卷　(清)觀奕道人撰　清乾隆五十八年(1793)刻本　四冊

120000－0342－0005241　5260
諧鐸十二卷　(清)沈起鳳撰　清乾隆五十六年(1791)刻本　六冊

120000－0342－0005242　5262
金軺籌筆四卷附和約二卷陸路通商章程一卷鄂商前往中國貿易過界卡倫單一卷　(清)□□輯　清光緒九年(1883)挹秀山房叢書本　一冊　存二卷(一至二)

120000－0342－0005243　5263
昇勤直公年譜二卷　(清)寶琳　(清)寶珣編　清刻本　二冊

120000－0342－0005244　5264
新鐫增補音郡音義百家姓一卷　(清)李文登輯　清末義合堂刻本　一冊

120000－0342－0005245　5265
葉韻四言雜字一卷　(清)□□撰　清光緒十二年(1886)鉛印本　一冊

120000－0342－0005246　5266
天下郡國利病書一百二十卷　(清)顧炎武輯　清道光三年(1823)成都龍萬育刻本　五十冊

120000－0342－0005247　5267
虞初新志二十卷　(清)張潮輯　清康熙三十九年(1700)刻本　十冊

120000－0342－0005248　5268
巾經纂二十卷　(清)宋宗元撰　清道光二十七年(1847)刻本　五冊

120000－0342－0005249　5269
繡像百花臺全集四卷　(清)鴛水主人撰　清光緒元年(1875)刻本　四冊

120000－0342－0005250　5270
繡像九龍陣十六卷十六回　(□)□□撰　清刻本　六冊

120000－0342－0005251　5271
駢體鑑略不分卷　(清)吳傅巖撰　清道光二十七年(1847)天津刻本　一冊

120000－0342－0005252　5272

增補四書精繡圖像人物備考十二卷　(明)陳仁錫增定　清康熙五十八年(1719)文盛堂刻本　六冊

120000－0342－0005253　5273
淵鑑類函四百五十卷目錄四卷　(清)張英等纂輯　清光緒十三年(1887)上海同文書局石印本　四十八冊

120000－0342－0005254　5274
新刻玉釧緣全傳三十二卷　(□)□□撰　清道光二十二年(1842)學庫山房刻本　六十四冊

120000－0342－0005255　5275
佩文齋廣群芳譜一百卷目錄二卷　(明)王象晉原編　(清)汪灝等重編　清同治七年(1868)刻本　三十六冊

120000－0342－0005256　5276
四書章句集注不分卷　(宋)朱熹撰　清光緒三十二年(1906)天津文美齋刻本　六冊

120000－0342－0005257　5277
南華真經正義內篇七卷外篇十五卷雜篇十一卷識餘一卷　(清)陳壽昌輯　清光緒十九年(1893)怡顏齋刻本　六冊

120000－0342－0005258　5278
津門雜記三卷　(清)張燾撰　清光緒十年(1884)刻本　三冊

120000－0342－0005259　5279
西遊真詮一百回　(清)陳士斌詮解　清芥子園刻本　二十冊

120000－0342－0005260　5280
杜詩鏡銓二十卷附錄一卷　(唐)杜甫撰　(清)楊倫編輯　清同治十一年(1872)望三益齋刻本　八冊

120000－0342－0005261　5281
曝書亭集八十卷附錄一卷　(清)朱彝尊撰　清光緒十五年(1889)刻三十四年(1908)重印本　二十冊

120000－0342－0005262　5282
通典二百卷附欽定通典考證　(唐)杜佑纂　清光緒二十七年(1901)上海圖書集成局石印本　十六冊

120000－0342－0005263　5283
儒林外史評二卷　(清)天目山樵評　清光緒十一年(1885)寶文閣刻本　二冊

120000－0342－0005264　5284
小山詞鈔一卷補鈔一卷　(宋)晏幾道撰　(清)晏端書編　清光緒十一年(1885)揚州刻本　一冊

120000－0342－0005265　5285
樂府傳聲道情不分卷　(清)徐大椿撰　清乾隆刻本　一冊

120000－0342－0005266　5286
夏商合傳　(明)鍾惺編輯　清嘉慶十九年(1814)稽古堂刻本　八冊

120000－0342－0005267　5287
後續大宋楊家將文武曲星包公狄青初傳十四卷六十八回　(清)李雨堂撰　清咸豐八年(1858)慶雲樓刻本　七冊

120000－0342－0005268　5288
說唐前傳十卷六十八回　(清)如蓮居士編次
　後傳六卷四十二回　(清)鴛湖漁叟較訂
清文奎堂刻本　八冊

120000－0342－0005269　5289
繡像今古奇觀四十卷　(清)抱甕老人輯　清同文堂刻本　十二冊

120000－0342－0005270　5290
新刻粉妝樓傳記十卷八十回　(清)竹溪山人撰　清光緒十二年(1886)聚元堂刻本　五冊

120000－0342－0005271　5291
燕山外史注釋八卷　(清)陳球撰　(清)若駿子輯注　清光緒十二年(1886)浙甌文奎堂刻本　四冊

120000－0342－0005272　5292
林蘭香八卷六十四回　(清)隨緣下士編輯　(清)寄旅散人評點　清道光十八年(1838)刻

本　十二册

120000－0342－0005273　5293
新刻繡像粉粧樓全傳十二卷八十回　(清)竹溪山人撰　清光緒九年(1883)掃葉山房刻本　八册

120000－0342－0005274　5294
五美緣八十回　(清)寄生氏撰　清文安堂刻本　六册

120000－0342－0005275　5295
紅樓圓夢三十回　(清)夢夢先生撰　清嘉慶十九年(1814)紅薔閣刻本　六册

120000－0342－0005276　5296
青樓夢六十四回　(清)慕真山人撰　清末上海申報館鉛印本　十册

120000－0342－0005277　5297
佳人奇遇七卷附詩文辭隨錄　(日本)柴四郎撰　清末鉛印本　一册

120000－0342－0005278　5298
西湖佳話古今遺跡十六卷　(清)古吳墨浪子輯　清末掃葉山房刻本　十册

120000－0342－0005279　5299
繪圖第二奇書八卷六十四回　(清)寄旅散人批點　清末石印本　八册

120000－0342－0005280　5300
繡像京本雲合奇踪玉茗英烈全傳十卷八十回　(明)徐渭撰　清光緒二十二年(1896)宏道堂刻本　五册

120000－0342－0005281　5301
李翠蓮全傳四卷　(□)□□撰　清文成堂刻本　四册

120000－0342－0005282　5302
濾月軒文集一卷文續集一卷詩餘一卷　(清)趙棻撰　**荔牆詞一卷**　(清)汪曰楨撰　清同治十二年(1873)烏程汪氏刻光緒重印本　一册

120000－0342－0005283　5303
隋經籍志考證十三卷　(清)章宗源撰　清光緒三年(1877)湖北崇文書局刻本　四册

120000－0342－0005284　5304
書經六卷首一卷末一卷　(宋)蔡沈集傳　清光緒七年(1881)金陵書局刻本　四册

120000－0342－0005285　5305
欽定四庫全書簡明目錄二十卷　(清)紀昀等編　清刻本　十二册

120000－0342－0005286　5306
御撰資治通鑑綱目三編二十卷　(清)張廷玉撰　清乾隆十一年(1746)刻本　四册

120000－0342－0005287　5307
廿一史彈詞注十一卷　(明)楊慎著　(清)張三異增定　清乾隆五十一年(1786)漢陽張氏視履堂刻本　八册

120000－0342－0005288　5308
戊戌奏稿不分卷　康有為撰　清宣統三年(1911)鉛印本　一册

120000－0342－0005289　5309
分韻字彙十二集　(清)鐔眠道人輯　清乾隆四十年(1775)遹修堂刻本　六册

120000－0342－0005290　5310
浪跡叢談十一卷續談八卷　(清)梁章鉅撰　清刻本　六册

120000－0342－0005291　5311
駢體文鈔三十一卷　(清)李兆洛編　清光緒三十四年(1908)刻本　八册

120000－0342－0005292　5312
讀史方輿紀要一百三十卷附方輿全圖總説五卷　(清)顧祖禹輯著　清光緒二十七年(1901)鉛印本　三十二册

120000－0342－0005293　5313
駢雅七卷　(明)朱謀㙔撰　清同治十一年(1872)經綸書室刻本　八册

120000－0342－0005294　5314
元史紀事本末二十七卷　(明)陳邦瞻編輯　清同治十三年(1874)江西書局刻本　八册

120000－0342－0005295　5315
御選唐宋詩醇四十七卷附目録二卷　(清)高宗弘曆選　清乾隆二十五年(1760)紫陽書院藏板刻本　二十四册

120000－0342－0005296　5316
左文襄公奏稿六十四卷　(清)左宗棠撰　清光緒十六年(1890)刻本　九册　存八卷(四十至四十六、四十九)

120000－0342－0005297　5317
皇清經解一千四百卷　(清)阮元輯　清咸豐十一年(1861)刻本　三百五十四册　缺三十卷(五百零六至五百三十五)

120000－0342－0005298　5318
孫文恭公遺書二十卷　(明)孫應鼇撰　清光緒六年(1880)獨山莫氏刻本　六册

120000－0342－0005299　5319
鐵華館叢書六種　(清)蔣鳳藻輯　清光緒十年(1884)刻本　六册

120000－0342－0005300　5320
蕙風叢書　況周頤撰　清光緒刻本　六册　存六種

120000－0342－0005301　5321
五經歲徧齋校書　(清)翟云升輯　清道光東萊翟云升五經歲遍齋刻本　十册

120000－0342－0005302　5322
漢谿書法通解八卷　(清)戈守智撰　清道光十九年(1839)霱雲閣刻本　四册

120000－0342－0005303　5323
正覺樓叢刻　(清)崇文書局編　清光緒崇文書局刻本　三十六册　存二十九種

120000－0342－0005304　5324
振綺堂叢書　(清)汪康年輯　清宣統二年(1910)京師泉唐汪氏鉛印本　六册　存十種(初集一至十)

120000－0342－0005305　5325
篆學瑣著(篆學叢書)　(清)顧湘輯　清道光二十年(1840)海虞顧氏刻本　八册　存二十八種

120000－0342－0005306　5326
篆學叢書　(清)顧湘輯　清光緒十四年(1888)虞山飛鴻延年室刻本　八册　存二十八種

120000－0342－0005307　5327
説鈴前集三十七種後集十九種續集七種　(清)吴震方輯　清康熙刻本　十六册

120000－0342－0005308　5328
羅景山臺灣海防並開山日記不分卷　(清)羅大春撰　清末石印本　一册

120000－0342－0005309　5329
瀛壖雜誌六卷　(清)王韜撰　清光緒元年(1875)刻本　二册

120000－0342－0005310　5330
瞿忠宣公集十卷　(明)瞿式耜撰　清光緒十三年(1887)常熟瞿廷韶刻本　四册

120000－0342－0005311　5331
有福讀書堂叢刻二編八種　吴引孫輯　清光緒揚州儀徵吴氏刻本　十三册

120000－0342－0005312　5332
稱謂録三十二卷　(清)梁章鉅撰　清光緒十年(1884)刻本　八册

120000－0342－0005313　5333
[光緒]常昭合志稿四十八卷首一卷末一卷　(清)鄭鍾祥監修　(清)龐鴻文纂修　清光緒三十年(1904)木活字本　二十册

120000－0342－0005314　5334
文獻通考詳節二十四卷　(元)馬端臨撰　(清)嚴虞惇録　清乾隆二十九年(1764)繩武堂刻本　八册

120000－0342－0005315　5335
古今類傳四卷　(清)董穀士　(清)董炳文輯　清康熙三十一年(1692)未學齋刻本　四册

120000－0342－0005316　5336
[光緒]寧津縣志十二卷首一卷　(清)祝嘉庸纂　(清)吴潯源纂修　清光緒二十六年

(1900)刻本　八册

120000－0342－0005317　5337
深州風土記二十二卷　(清)吳汝綸纂修　清光緒二十六年(1900)文瑞書院刻本　六册

120000－0342－0005318　5338
花宜館詩鈔十六卷　(清)吳振棫撰　清同治刻本　六册

120000－0342－0005319　5339
船山詩草選六卷　(清)張問陶撰　清嘉慶二十二年(1817)刻本　二册

120000－0342－0005320　5340
拙尊園叢稿六卷　(清)黎庶昌撰　清光緒二十一年(1895)金陵狀元閣刻本　四册

120000－0342－0005321　5341
報暉堂詩集八卷續集一卷三集一卷　(清)黃維申撰　清同治刻本　六册

120000－0342－0005322　5342
五山耆舊集今集初刊八卷　(清)楊廷撰輯　清道光四年(1824)楊氏一經堂刻本　十六册

120000－0342－0005323　5343
隸篇十五卷續十五卷再續十五卷　(清)翟云升撰　清道光十七年至十八年(1837－1838)刻本　十册

120000－0342－0005324　5344
仿唐寫本說文解字木部不分卷　(清)莫友芝撰　清同治三年(1864)湘鄉曾國藩刻本　一册

120000－0342－0005325　5345
杜韓詩句集韻三卷　(清)汪文柏輯　清康熙四十六年(1707)汪氏古香樓刻本　四册

120000－0342－0005326　5346
文選課虛四卷　(清)杭世駿編　清刻本　一册

120000－0342－0005327　5347
士禮居黃氏叢書　(清)黃丕烈編　清光緒十三年(1887)上海蜚英館影印本　三十册　存二十種

120000－0342－0005328　5348
重刊明成化本東坡七集　(宋)蘇軾撰　清光緒三十四年至宣統元年(1908－1909)浭陽端方寶華盦刻本　四十八册　存七種

120000－0342－0005329　5349
藝苑名言八卷首一卷　(清)蔣瀾輯　清乾隆四十一年(1776)蔣氏懷谷軒刻本　四册

120000－0342－0005330　5350
吳徵君蓮洋詩鈔不分卷　(清)吳雯撰　清乾隆三十二年(1767)刻本　四册

120000－0342－0005331　5351
典林瑯環二十四卷　(□)□□撰　**續典林瑯環三十卷**　(□)□□撰　清末石印本　十二册

120000－0342－0005332　5352
讀書雜志八十二卷餘編二卷　(清)王念孫撰　清光緒二十年(1894)上海醉六堂刻本　八册

120000－0342－0005333　5353
重校十三經不貳字不分卷　(清)李鴻藻輯　清光緒八年(1882)刻本　一册

120000－0342－0005334　5354
鄉會須知不分卷　(清)□□編　清光緒二年(1876)刻本　一册

120000－0342－0005335　5355
科名金鍼不分卷　(清)毛昶熙編　清光緒元年(1875)刻本　一册

120000－0342－0005336　5356
翰苑分書鄉會要訣不分卷　(清)祁世長撰　清光緒五年(1879)京都西山堂刻本　一册

120000－0342－0005337　5357
三品彙刊不分卷　(清)張之洞輯　清光緒五年(1879)刻本　一册

120000－0342－0005338　5358
吳柳堂先生誄文不分卷　(清)傅巖霖輯　清光緒六年(1880)刻本　二册

120000－0342－0005339　5359

御批歷代通鑑輯覽一百二十卷　(清)傅恒等輯　清光緒二十九年(1903)上海商務印書館鉛印本　四十册　存九十三卷(一至六十九、九十七至一百二十)

120000－0342－0005340　5360
香樹齋詩集十八卷詩續集三十六卷　(清)錢陳群撰　清乾隆刻本　十六册

120000－0342－0005341　5361
廣治平略四十四卷　(清)蔡方炳纂　清雍正二年(1724)聚奎堂石印本　十六册

120000－0342－0005342　5362
古文辭類纂六十卷　(清)姚鼐輯　**續古文辭類纂七卷**　王先謙撰　清光緒三十三年(1907)商務印書館鉛印本　七册

120000－0342－0005343　5363
揅經室集一集十四卷　(清)阮元撰　清道光三年(1823)刻本　六册

120000－0342－0005344　5364
茅山志十四卷附道秩考一卷　(清)笪蟾光編　清刻本　六册　殘

120000－0342－0005345　5365
子書百家　(清)崇文書局輯　清光緒元年(1875)湖北崇文書局刻本　二十九册　存十九種

120000－0342－0005346　5366
考古圖十卷　(宋)呂大臨撰　清乾隆十七年(1752)天都黄晟亦政堂刻本　四册　存六卷(一至六)

120000－0342－0005347　5367
玉函山房輯佚書　(清)馬國翰輯　清光緒九年(1883)長沙嫏嬛館刻本　五十二册　存五十卷(一至八、十五至十九、二十一至二十五、三十五至四十、五十四至六十三、六十五至八十)

120000－0342－0005348　5368
苗氏説文四種　(清)苗夔撰　清道光二十二年(1842)理董居刻本　八册　存二種

120000－0342－0005349　5369
史通削繁四卷　(清)紀昀撰　清光緒元年(1875)湖北崇文書局刻本　四册

120000－0342－0005350　5370
賭棋山莊集詞話十二卷續編五卷　(清)謝章鋌撰　清光緒十年(1884)弢盦陳氏南昌使廨刻本　六册

120000－0342－0005351　5371
全滇紀要不分卷　(清)雲南課吏館纂修　清光緒三十二年(1906)雲南課吏館鉛印本　十册

120000－0342－0005352　5372
綏寇紀略十二卷補遺三卷　(清)吳偉業撰　清嘉慶照曠閣刻學津討原本　十册

120000－0342－0005353　5373
李義山詩文集詳註十一卷詩三卷文八卷　(唐)李商隱撰　清同治七年(1868)刻本　八册

120000－0342－0005354　5374
遼史一百十六卷　(元)脱脱撰　清光緒三十三年(1907)上海華商集成圖書公司鉛印本　八册

120000－0342－0005355　5375
舊唐書二百卷　(五代)劉昫撰　清光緒三十三年(1907)上海華商集成圖書公司鉛印本　三十册

120000－0342－0005356　5376
重刊宋本十三經註疏附校勘記　(清)阮元撰　(清)盧宣旬摘錄　清光緒十三年(1887)脈望仙館石印本　三册　存二種

120000－0342－0005357　5377
前漢書一百二十卷　(漢)班固撰　(唐)顏師古注　清光緒三十三年(1907)上海華商集成圖書公司鉛印本　二十册

120000－0342－0005358　5378
魏書一百十四卷　(北齊)魏收撰　清光緒三十三年(1907)上海華商集成圖書公司鉛印本

十六冊

120000－0342－0005359　5379
晉書一百三十卷附音義三卷　(唐)房玄齡撰　清光緒三十三年(1907)上海華商集成圖書公司鉛印本　十六冊

120000－0342－0005360　5380
南齊書五十九卷　(南朝梁)蕭子顯撰　清光緒三十三年(1907)上海華商集成圖書公司鉛印本　六冊

120000－0342－0005361　5381
梁書五十六卷　(唐)姚思廉撰　清光緒三十三年(1907)上海華商集成圖書公司鉛印本　四冊

120000－0342－0005362　5382
陳書三十六卷　(唐)姚思廉撰　清光緒三十三年(1907)上海華商集成圖書公司鉛印本　四冊

120000－0342－0005363　5383
三國志六十五卷　(晉)陳壽撰　(南朝宋)裴松之注　清光緒三十三年(1907)上海華商集成圖書公司鉛印本　八冊

120000－0342－0005364　5384
南史八十卷　(唐)李延壽撰　清光緒三十三年(1907)上海華商集成圖書公司鉛印本　十二冊

120000－0342－0005365　5385
五代史七十四卷　(宋)歐陽修撰　清光緒三十三年(1907)上海華商集成圖書公司鉛印本　六冊

120000－0342－0005366　5386
舊五代史一百五十卷目錄二卷　(宋)薛居正撰　清光緒三十三年(1907)上海華商集成圖書公司鉛印本　十二冊

120000－0342－0005367　5387
北齊書五十卷　(唐)李百藥撰　清光緒三十三年(1907)上海華商集成圖書公司鉛印本　六冊

120000－0342－0005368　5388
周書五十卷　(唐)令狐德棻撰　清光緒三十三年(1907)上海華商集成圖書公司鉛印本　四冊

120000－0342－0005369　5389
元史二百十卷　(明)宋濂等撰　清光緒三十三年(1907)上海華商集成圖書公司鉛印本　二十四冊

120000－0342－0005370　5390
金史一百三十五卷　(元)脱脱等撰　清光緒三十三年(1907)上海華商集成圖書公司鉛印本　十六冊

120000－0342－0005371　5391
宋史四百九十六卷　(元)脱脱等撰　清光緒三十三年(1907)上海華商集成圖書公司鉛印本　六十冊

120000－0342－0005372　5392
明史三百三十二卷　(清)張廷玉等撰　清光緒三十三年(1907)上海華商集成圖書公司鉛印本　四十冊

120000－0342－0005373　5393
隋書八十五卷　(唐)魏徵等撰　清光緒三十三年(1907)上海華商集成圖書公司鉛印本　十二冊

120000－0342－0005374　5394
北史一百卷　(唐)李延壽撰　清光緒三十三年(1907)上海華商集成圖書公司鉛印本　十六冊

120000－0342－0005375　5395
史記一百三十卷　(漢)司馬遷撰　清光緒三十三年(1907)上海華商集成圖書公司鉛印本　十六冊

120000－0342－0005376　5396
宋書一百卷　(南朝梁)沈約撰　清光緒三十三年(1907)上海華商集成圖書公司鉛印本　十二冊

120000－0342－0005377　5397

唐書二百卷　(五代)劉昫等撰　清光緒三十三年(1907)上海華商集成圖書公司鉛印本　三十二冊

120000－0342－0005378　5398
曾文正公全集　(清)曾國藩撰　清同治、光緒傳忠書局刻本　二百四十四冊　存十七種

120000－0342－0005379　5399
通志二百卷　(宋)鄭樵撰　清光緒二十八年(1902)上海鴻寶書局石印本　四十冊

120000－0342－0005380　5400
欽定續通志六百四十卷　(清)嵇璜等纂　清光緒二十八年(1902)上海鴻寶書局石印本　四十冊

120000－0342－0005381　5401
從公錄不分卷續錄三卷三錄不分卷　(清)戴肇辰撰　清同治刻本　三冊

120000－0342－0005382　5402
求治管見一卷續增一卷　(清)戴肇辰撰　清同治刻本　一冊

120000－0342－0005383　5403
文字蒙求四卷　(清)王筠撰　清上海文瑞樓石印本　二冊

120000－0342－0005384　5404
治平畧增定全書三十三卷　(明)朱健　(明)朱徽撰　(清)蔣先庚等訂　清道光二十九年(1849)來鹿堂刻本　八冊　存十四卷(一至十四)

120000－0342－0005385　5405
靖逆記六卷　(清)盛大士撰　清道光二十一年(1841)刻本　二冊

120000－0342－0005386　5406
讀史方輿紀要一百三十卷附方輿全圖總說五卷　(清)顧祖禹輯著　清光緒二十七年(1901)鉛印本　三十二冊

120000－0342－0005387　5407
聖武記十四卷　(清)魏源撰　清道光二十六年(1846)古微堂刻本　十二冊

120000－0342－0005388　5408
頤志齋叢書二十一種　(清)丁晏輯　清道光二十六年(1846)頤志齋刻本　二冊　存二種(諸子粹言一卷、讀史粹言一卷)

120000－0342－0005389　5409
昌黎先生詩集注十一卷　(唐)韓愈撰　(清)朱彝尊　(清)何焯評　(清)顧嗣立刪補　清道光二十五年(1845)膺德堂套印本　八冊

120000－0342－0005390　5410
鹿洲全集　(清)藍鼎元撰　清光緒五年(1879)藍謙刻本　二十四冊　存八種

120000－0342－0005391　5411
艮齋先生薛常州浪語集三十五卷　(宋)薛季宣撰　清同治十一年(1872)刻本　八冊

120000－0342－0005392　5412
類林新詠三十六卷　(清)姚之駰撰　清康熙四十六年(1707)刻本　十六冊

120000－0342－0005393　5413
文心雕龍十卷　(南朝梁)劉勰撰　(清)彭瑞麟校　清刻本　四冊

120000－0342－0005394　5414
御纂朱子全書六十六卷　(宋)朱熹撰　(清)李光地等輯　清康熙五十三年至宣統三年(1714－1911)刻本　二十五冊

120000－0342－0005395　5415
漁洋山人精華錄十卷　(清)王士禛撰　(清)林佶編　清康熙三十九年(1700)刻本　十冊

120000－0342－0005396　5416
杜詩偶評四卷　(清)沈德潛撰　清乾隆十二年(1747)賦閒草堂刻本　二冊

120000－0342－0005397　5417
管城碩記三十卷　(清)徐文靖撰　清乾隆九年(1744)志寧堂刻本　八冊

120000－0342－0005398　5418
九靈山房集三十卷補編二卷　(元)戴良撰　清乾隆刻本　八冊

120000－0342－0005399　5419

後山居士詩話一卷 (宋)陳師道撰 **許彥周詩話一卷** (宋)許顗撰 **司馬溫公詩話一卷** (宋)司馬光撰 明弘治刻本 一冊

120000－0342－0005400 5420
海東札記四卷 (清)朱景英撰 清乾隆三十八年(1773)刻本 二冊

120000－0342－0005401 5421
四書味根錄題鏡合編 (清)金澂撰 清光緒十三年(1887)上海點石齋石印本 六冊

120000－0342－0005402 5422
新增幼學故事瓊林四卷 (清)陳允升撰 清光緒刻本 四冊

120000－0342－0005403 5423
六朝文絜箋注十二卷 (清)許槤評選 (清)黎經誥箋注 清光緒十五年(1889)刻本 四冊

120000－0342－0005404 5424
增廣四書題鏡味根錄二十七卷 (清)金澂輯 清光緒二十年(1894)石印本 八冊

120000－0342－0005405 5425
重訂四六類腋 (□)□□撰 清道光二十八年(1848)刻本 六冊

120000－0342－0005406 5426
切問齋疏鈔三十卷 (清)陸燿輯 清同治八年(1869)金陵錢氏刻本 八冊

120000－0342－0005407 5427
午亭文編五十卷 (清)陳廷敬撰 清乾隆四十三年(1778)刻本 十六冊

120000－0342－0005408 5428
竹柏山房十五種附刻四種 (清)林春溥撰 清嘉慶、咸豐刻本 十二冊 存三種

120000－0342－0005409 5429
駢文類纂四十六卷 王先謙纂集 清光緒二十八年(1902)思賢書局刻本 二十四冊

120000－0342－0005410 5430
儀顧堂題跋十六卷續跋十六卷 (清)陸心源撰 清光緒十六年至十八年(1890－1892)刻潛園總集本 八冊

120000－0342－0005411 5431
覆元本楚辭集注八卷 (宋)朱熹著 清光緒十年(1884)日本東京使署遵義黎氏刻本 一冊

120000－0342－0005412 5432
康熙字典十二集 (清)張玉書纂 清光緒石印本 一冊

120000－0342－0005413 5433
皇清經解縮版編目十六卷 (清)陶治元編 清光緒十七年(1891)上洋鴻寶齋石印本 二冊

120000－0342－0005414 5434
皇清經解分經合纂十六卷 (清)阮元撰 清光緒二十一年(1895)上洋鴻寶齋石印本 三十二冊

120000－0342－0005415 5435
北狩見聞錄一卷 (宋)曹勛編次 **陰晉陵集一卷** (南朝陳)陰鏗著 **北狩行錄一卷** (宋)蔡絛撰 舊抄本 一冊

120000－0342－0005416 5436
詩韻歌訣初步五卷 (清)倪璐撰 清乾隆二十五年(1760)刻本 一冊

120000－0342－0005417 5437
蒙齋年譜一卷 (清)倪璠撰 清刻本 一冊

120000－0342－0005418 5438
一片石一卷第二碑(後一片石)一卷 (清)蔣士銓撰 清嘉慶刻清容外集叢書本 二冊

120000－0342－0005419 5439
增補事類統編九十三卷首一卷 (清)黃葆真增輯 清光緒十四年(1888)積山書局鉛印本 六冊

120000－0342－0005420 5440
分類尺牘二十二卷 (清)王虎榜編 清光緒十七年(1891)石印本 七冊

120000－0342－0005421 5441
歷代名臣言行錄二十四卷 (清)朱桓輯 清

光緒二十四年(1898)聚興書局石印本　八冊

120000－0342－0005422　5442
中興名臣事略八卷　朱孔彰撰　清光緒二十四年(1898)上海書局石印本　二冊

120000－0342－0005423　5443
尺木堂綱鑑易知錄二十卷　(清)吳乘權撰　清光緒十三年(1887)上海點石齋石印本　十二冊

120000－0342－0005424　5444
歷代史論十二卷宋史論三卷元史論一卷　(明)張溥撰　**明史論四卷**　(清)谷應泰論正　**左傳史論二卷**　(清)高士奇論正　清光緒二十四年(1898)上海書局石印本　六冊

120000－0342－0005425　5445
皇朝經世文編一百二十卷姓名總目三卷　(清)賀長齡輯　清光緒十二年(1886)思補樓石印本　六十冊

120000－0342－0005426　5446
鐵琴銅劍樓藏書目錄二十四卷　(清)瞿鏞編　清咸豐刻本　十三冊

120000－0342－0005427　5447
五經合纂大成五種　(清)同文書局輯　清光緒十一年(1885)上海同文書局石印本　二十四冊

120000－0342－0005428　5448
春秋公羊經傳解詁十二卷附校記一卷　(漢)何休撰　清道光揚州汪氏問禮堂刻本　四冊

120000－0342－0005429　5449
字詁一卷附承吉兄字說一卷　(清)黃生撰　清刻本　二冊

120000－0342－0005430　5450
甘泉鄉人稿三卷　(清)錢泰吉撰　清同治七年(1868)刻本　一冊

120000－0342－0005431　5451
甌香館集十二卷首一卷末一卷　(清)惲格撰　(清)蔣光煦輯　清光緒七年(1881)刻本　四冊

120000－0342－0005432　5452
天元歷理全書六卷首一卷　(清)徐發撰　清刻本　四冊

120000－0342－0005433　5453
榕村詩選八卷首一卷　(清)李光地輯　清雍正八年(1730)刻本　八冊

120000－0342－0005434　5454
錢警石年譜一卷附郊蕘偶吟稿一卷　(清)錢應溥撰　清同治十一年(1872)刻本　一冊

120000－0342－0005435　5455
徐騎省集三十卷補遺一卷　(宋)徐鉉撰　**校徐集札記一卷**　朱孔彰撰　**香山詩選六卷**　(唐)白居易撰　(清)曹文埴訂　清光緒十七年(1891)黟南李氏刻本　八冊

120000－0342－0005436　5456
最新中國歷史教科書二卷　姚祖義編　清光緒三十二年(1906)商務印書館鉛印本　二冊

120000－0342－0005437　5457
上方山誌五卷首一卷末一卷　(清)釋自如撰　清光緒三年(1877)刻本　一冊

120000－0342－0005438　5458
說文新附考六卷續考一卷　(清)鈕樹玉撰　清同治十三年(1874)湖北崇文書局刻本　二冊

120000－0342－0005439　5459
直齋書錄解題二十二卷　(宋)陳振孫撰　清光緒九年(1883)江蘇書局刻本　六冊

120000－0342－0005440　5460
津門徵獻詩八卷　(清)華鼎元輯　清光緒十二年(1886)刻本　四冊

120000－0342－0005441　5461
書傳音釋六卷首一卷末一卷　(宋)蔡沈集傳　(元)鄒季友音釋　清光緒十五年(1889)戶部江南書局刻本　六冊

120000－0342－0005442　5462
說文段注撰要九卷　(清)馬壽齡撰　清光緒九年(1883)金陵胡氏愚園刻本　四冊

120000－0342－0005443　5463
仰視千七百二十九鶴齋叢書四集　(清)趙之謙輯　清光緒會稽趙氏刻本　二十四册　存四十種

120000－0342－0005444　5464
說文韻譜校五卷　(清)王筠撰　清光緒十六年(1890)濰縣劉氏刻本　五册

120000－0342－0005445　5465
永嘉叢書十三種　(清)孫衣言輯　清同治、光緒瑞安孫氏詒善祠塾刻本　七册　存四種

120000－0342－0005446　5466
列國政要續編九十四卷首一卷　(清)戴鴻慈輯　清宣統三年(1911)上海商務印書館石印本　三十二册

120000－0342－0005447　5467
仰視千七百二十九鶴齋叢書六集　(清)趙之謙輯　清光緒會稽趙氏刻本　七册　存八種

120000－0342－0005448　5468
太平御覽一千卷目錄十五卷　(宋)李昉等撰　清嘉慶十七年(1812)歙縣鮑氏刻本　一百册

120000－0342－0005449　5469
藝林珠玉二編　(□)□□撰　清同治六年(1867)刻本　六册　存一卷(中庸)

120000－0342－0005450　5470
格致鏡原一百卷　(清)陳元龍編　清雍正十三年(1735)刻本　四十册　存七十七卷(一至二十七、五十一至一百)

120000－0342－0005451　5471
藝海珠塵　(清)吳省蘭編　清嘉慶南匯吳氏聽彝堂刻本　八十册　存一百六十四種

120000－0342－0005452　5472
史姓韻編二十四卷　(清)汪輝祖編　清光緒二十九年(1903)上海文瀾書局石印本　四册

120000－0342－0005453　5473
清異錄二卷　(宋)陶穀撰　**名句文身表異錄二十卷**　(明)王志堅輯　清光緒刻本　八册

120000－0342－0005454　5474
詩集傳音釋二十卷　(元)朱熹集傳　清光緒十五年(1889)江南書局刻本　四册

120000－0342－0005455　5475
孟子讀法附記十四卷　(清)周人麒撰　清乾隆四十九年(1784)保積堂刻本　六册

120000－0342－0005456　5476
重訂古文釋義新編八卷　(清)余誠評注　清光緒刻本　八册

120000－0342－0005457　5477
唐宋十大家全集錄五十一卷首一卷　(清)儲欣輯　清光緒八年(1882)江蘇書局刻本　三十二册

120000－0342－0005458　5478
欽定大清會典一百卷　(清)崑岡等修　清宣統元年(1909)上海商務印書館石印本　十册

120000－0342－0005459　5479
欽定大清會典事例一千二百二十卷　(清)崑岡等修　清宣統元年(1909)上海商務印書館石印本　一百五十册

120000－0342－0005460　5480
新學僞經考十四卷　康有為撰　清光緒十七年(1891)廣州康氏萬木草堂刻本　六册

120000－0342－0005461　5481
詩韻釋音五卷　(清)陳錦輯　清光緒十三年(1887)刻本　六册

120000－0342－0005462　5482
爾雅郭注義疏三卷　(清)郝懿行撰　清同治四年(1865)刻本　八册

120000－0342－0005463　5484
深州風土記二十二卷　(清)吳汝綸編　清光緒二十六年(1900)刻本　八册

120000－0342－0005464　5485
藝海珠塵　(清)吳省蘭編　清嘉慶南匯吳氏聽彝堂刻道光三十年(1850)金山錢氏漱石軒增刻重印本　六十四册　存一百六十四種

120000－0342－0005465　5486

功順堂叢書十八種 (清)潘祖蔭輯 清光緒吳縣潘氏刻本 六冊 存六種

120000－0342－0005466 5487
永慶昇平二十四卷 (清)郭廣瑞撰 清光緒十八年(1892)北京寶文堂刻本 十八冊 存十九卷(六至二十四)

120000－0342－0005467 5488
漢魏六朝百三名家集 (明)張溥輯 清光緒三年(1877)滇南唐氏壽考堂刻本 十冊 存十種

120000－0342－0005468 5489
繪圖評點女仙外史一百回 (清)呂熊撰 清末石印本 二冊 存十二回(五至十六)

120000－0342－0005469 5490
蘭苕館外史十卷 (清)許奉恩撰 清光緒五年(1879)常熟抱芳閣刻本 四冊 存四卷(三、七至九)

120000－0342－0005470 5491
畿輔通志三百卷 (清)李鴻章等修 清光緒刻本 十冊 存十三卷(六十九至八十一)

120000－0342－0005471 5492
上諭集注三卷 (宋)朱熹集注 清萃文魁鉛印本 一冊

120000－0342－0005472 5493
知不足齋叢書 (清)鮑廷博輯 清刻本 一冊 存二種

120000－0342－0005473 5494
東漢李蘭台集一卷 (漢)李尤撰 明婁東張氏刻漢魏六朝百三名家集本 一冊

120000－0342－0005474 5495
皇清經解一千四百零八卷 (清)阮元輯 清道光九年(1829)廣東學海堂刻咸豐十一年(1861)補刻本 三百十冊

120000－0342－0005475 5496
皇朝續文獻通考三百二十卷 (清)劉錦藻撰 清光緒三十一年(1905)堅匏盦鉛印本 八十八冊

120000－0342－0005476 5497
欽定四庫全書總目二百卷首四卷 (清)紀昀等編 清同治七年(1868)廣東書局刻本 十一冊 存二十三卷(二十六至四十八)

120000－0342－0005477 5498
西域聞見錄八卷首一卷 (清)七十一撰 清乾隆、嘉慶刻本 四冊

120000－0342－0005478 5499
味和堂詩集六卷 (清)高其倬撰 清光緒十二年(1886)刻本 二冊

120000－0342－0005479 5500
直齋書錄解題二十二卷 (宋)陳振孫撰 清光緒福建刻武英殿聚珍版書本 八冊

120000－0342－0005480 5501
白虎通德論四卷 (漢)班固纂 清光緒元年(1875)湖北崇文書局刻本 二冊

120000－0342－0005481 5502
書經六卷 (宋)蔡沈集傳 清同治七年(1868)崇文書局刻五經本 四冊

120000－0342－0005482 5503
稱謂錄三十二卷 (清)梁章鉅撰 清光緒十年(1884)刻本 八冊

120000－0342－0005483 5504
悔廬文鈔五卷首一卷文補一卷詩鈔二卷 (清)張崇蘭撰 清光緒二十三年(1897)陳克劬刻本 六冊

120000－0342－0005484 5505
庸盦海外文編四卷 (清)薛福成撰 清光緒二十三年(1897)望龍學社刻本 四冊

120000－0342－0005485 5506
綏寇紀略十二卷補遺三卷 (清)吳偉業著 清嘉慶十四年(1809)海鹽張氏照曠閣刻本 四冊

120000－0342－0005486 5507
楊忠愍公全集四卷 (明)楊繼盛撰 清光緒十九年(1893)味菜廬刻本 四冊

120000－0342－0005487 5508

蕉軒隨錄十二卷　(清)方濬師撰　清同治十一年(1872)退一步齋刻本　十二册

120000－0342－0005488　5509

欽定四庫全書總目二百卷首一卷　(清)紀昀等編　清同治七年(1868)廣東書局刻本　八十三册　殘

120000－0342－0005489　5510

養一齋文集二十卷　(清)李兆洛著　清光緒四年(1878)刻本　八册

120000－0342－0005490　5511

竹柏山房十五種附刻四種　(清)林春溥撰　清嘉慶至咸豐刻本　四十册　存十八種

120000－0342－0005491　5512

綏寇紀略十二卷補遺三卷　(清)吳偉業纂輯　清嘉慶九年(1804)張氏照曠閣刻本　八册　存三卷(補遺三卷)

120000－0342－0005492　5513

施愚山先生學餘詩集五十卷　(清)施閏章著　清康熙四十七年(1708)江寧楝亭刻本　八册

120000－0342－0005493　5514

質園詩集三十二卷　(清)商盤撰　清乾隆刻本　八册

120000－0342－0005494　5515

詩禮堂古文五卷續一卷　(清)王又樸撰　清乾隆十九年(1754)天津詩禮堂全集刻本　四册

120000－0342－0005495　5516

李文貞公全集　(清)李光地撰　清乾隆元年(1736)李清植刻嘉慶六年(1801)補刻本　五十八册　存二十八種

120000－0342－0005496　5517

南宋纂四卷南齊纂三卷南梁纂四卷南陳纂一卷北魏纂五卷北周纂二卷北隋纂二卷　(明)錢岱纂　明萬曆刻本　十二册

120000－0342－0005497　5518

御訂全金詩增補中州集七十二卷首二卷　(金)元好問輯　(清)郭元釪增輯　清乾隆刻本　二十四册

120000－0342－0005498　5519

詩禮堂古文五卷續一卷　(清)王又樸撰　清乾隆十九年(1754)天津詩禮堂刻本　四册

120000－0342－0005499　5520

李文貞公全集　(清)李光地撰　清乾隆元年(1736)李清植刻嘉慶六年(1801)補刻本　五十八册　存二十八種

120000－0342－0005500　5521

南宋纂四卷南齊纂三卷南梁纂四卷南陳纂一卷北魏纂五卷北周纂二卷北隋纂二卷　(明)錢岱纂　明萬曆刻本　十二册

120000－0342－0005501　5522

御訂全金詩增補中州集七十二卷首二卷　(金)元好問輯　(清)郭元釪增輯　清乾隆刻本　二十四册

120000－0342－0005502　5523

古香齋鑒賞袖珍初學記三十卷　(唐)徐堅等撰　清刻本　十六册

120000－0342－0005503　5524

各國條約稅則章程不分卷　(清)郭慶藩等校　清光緒刻本　十六册

120000－0342－0005504　5525

澤存堂五種五十卷　(清)張士俊編　清光緒十四年(1888)石印本　八册　存五種

120000－0342－0005505　5526

新文牘十卷　(□)□□輯　清光緒三十四年(1908)石印本　十册

120000－0342－0005506　5527

北洋公牘類纂續編二十四卷　(清)甘厚慈輯　清宣統二年(1910)絳雪齋書局鉛印本　二十册

120000－0342－0005507　5528

奏定學堂章程不分卷　(清)張百熙　(清)張之洞撰　清光緒刻本　五册

120000－0342－0005508　5529

古今僞書考一卷　(清)姚際恒撰　清光緒二十四年(1898)沔陽盧氏豐潤縣署刻本　一册

120000－0342－0005509　5530
書傳音釋三卷　(元)鄒季友撰　清刻本　一册

120000－0342－0005510　5531
有學集五十卷補遺二卷投筆集一卷　(清)錢謙益撰　清宣統二年(1910)鉛印本　十六册

120000－0342－0005511　5532
初學集一百十卷目錄二卷　(清)錢謙益撰　清宣統二年(1910)鉛印本　二十四册

120000－0342－0005512　5533
皇朝經世文編一百二十卷姓名總錄三卷　(清)賀長齡編　清光緒十二年(1886)思補樓石印本　六十册　缺二卷(一百十七至一百十八)

120000－0342－0005513　5534
書經離句六卷　(清)錢在培輯解　清光緒四年(1878)北京文成堂刻本　四册

120000－0342－0005514　5535
南巡盛典一百二十卷　(清)高晉等編　清光緒八年(1882)上海點石齋石印本　八册

120000－0342－0005515　5536
周易傳義音訓八卷　(宋)程頤傳　**易學啓蒙一卷**　清光緒十五年(1889)南京江南書局刻本　八册

120000－0342－0005516　5537
時事新編初集六卷　(清)陳耀卿編輯　清光緒二十一年(1895)鉛印本　六册

120000－0342－0005517　5538
荊駝逸史　(清)陳湖逸士輯　清道光木活字本　三十二册　存五十一種

120000－0342－0005518　5539
桃花扇二卷　(清)孔尚任撰　清刻本　四册

120000－0342－0005519　5540
化學初階四卷　(美國)嘉約翰譯　清同治九年(1870)羊城博濟醫局刻本　四册

120000－0342－0005520　5541
蘇文忠公詩集五十卷目錄二卷　(宋)蘇軾撰　清同治八年(1869)翰墨園刻朱墨套印本　十二册

120000－0342－0005521　5542
皇朝經世文編一百二十卷姓名總目二卷　(清)賀長齡編　清末上海江左書林鉛印本　二十四册

120000－0342－0005522　5543
東萊博議四卷東萊先生傳略一卷增補虛字註釋一卷　(宋)呂祖謙撰　清光緒二十八年(1902)天津文源書莊刻本　四册

120000－0342－0005523　5544
玉海一百零四卷　(宋)王應麟撰　清光緒九年(1883)浙江書局刻本　一百册

120000－0342－0005524　5545
桃花扇傳奇二卷四十出　(清)孔尚任撰　清康熙西園刻本　四册

120000－0342－0005525　5546
讀書雜志八十二卷餘編二卷　(清)王念孫撰　清同治九年(1870)金陵書局刻本　二十四册

120000－0342－0005526　5547
華制存考不分卷　(清)□□撰　清光緒三十四年至宣統二年(1908－1910)鉛印本　三十二册

120000－0342－0005527　5548
閱微草堂筆記二十四卷　(清)紀昀撰　清嘉慶二十一年(1816)北平盛氏刻本　十册

120000－0342－0005528　5549
左恪靖侯奏稿初編三十八卷　(清)左宗棠撰　清光緒刻本　二十册

120000－0342－0005529　5550
左恪靖侯奏稿續編七十六卷　(清)左宗棠撰　清光緒刻本　五十册

120000－0342－0005530　5551
帶經堂詩話三十卷首一卷　(清)王士禛撰

清同治十二年(1873)廣州藏修堂刻本　十二冊

120000－0342－0005531　5552
朱子語類一百四十卷　(宋)朱熹撰　清光緒二年(1876)傳經堂刻本　四十八冊　存六十四卷(一至六十四)

120000－0342－0005532　5553
時務通考三十一卷　(清)杞廬主人等撰　清光緒二十三年(1897)點石齋石印本　十二冊　存十三卷(一至十三)

120000－0342－0005533　5554
御批歷代通鑑輯覽一百二十卷　(清)傅恒等撰　清上海通元書局石印本　二十四冊　存二十八卷(六十三至九十)

120000－0342－0005534　5555
御批歷代通鑑輯覽一百二十卷　(清)傅恒等撰　清光緒三十一年(1905)商務印書館鉛印本　二十四冊　存二十四卷(二十七至五十)

120000－0342－0005535　5556
鳳凰山七十二卷　(清)□□撰　清海陵軒刻本　二十四冊

120000－0342－0005536　5557
十七史商榷一百卷　(清)王鳴盛撰　清刻本　二十冊　存五十八卷(一至五十八)

120000－0342－0005537　5558
別雅五卷　(清)吳玉搢撰　清道光二十九年(1849)小蓬萊山館刻本　五冊

120000－0342－0005538　5559
文學興國策二卷　(美國)林樂知譯　清光緒二十二年(1896)廣學會圖書集成局鉛印本　一冊

120000－0342－0005539　5560
小學類編六種附一種　(清)李祖望輯　清同治十年(1871)半畝園刻本　八冊　存七種

120000－0342－0005540　5561
紀文達公遺集三十二卷　(清)紀昀撰　(清)紀樹馨編　清嘉慶十七年(1812)刻本　十六冊

120000－0342－0005541　5562
古文苑二十一卷　(宋)章樵注　清光緒二十二年(1896)刻本　四冊

120000－0342－0005542　5563
爾雅直音二卷　(清)孫偘輯　清光緒十三年(1887)三徑書屋刻本　二冊

120000－0342－0005543　5564
庸庵文外編四卷　(清)薛福成撰　清光緒十九年(1893)刻本　四冊

120000－0342－0005544　5565
說文發疑六卷　(清)張行孚撰　清光緒九年(1883)刻本　二冊

120000－0342－0005545　5566
楚辭十七卷　(戰國)屈原撰　清同治十一年(1872)南京廣陵書局刻本　四冊

120000－0342－0005546　5567
繹史一百六十卷世系圖一卷年表一卷　(清)馬驌撰　清康熙九年(1670)澹寧齋刻本　四十冊

120000－0342－0005547　5568
皇朝文獻通考三百卷　(清)嵇璜等纂　清光緒二十八年(1902)上海鴻寶書局石印九通本　三十二冊

120000－0342－0005548　5569
皇朝經世文續編一百二十卷　(清)葛士濬輯　清光緒十四年(1888)圖書集成局鉛印本　三十二冊

120000－0342－0005549　5570
欽定學政全書八十六卷首一卷　(清)童璜等纂修　清嘉慶刻本　十六冊

120000－0342－0005550　5571
李太白文集三十卷附錄六卷　(唐)李白撰　清乾隆二十五年(1760)寶笏樓刻本　十六冊

120000－0342－0005551　5572
東華錄一百九十五卷續錄三百三十卷　王先謙撰　清光緒十三年(1887)上海廣百宋齋鉛

印本　九十四冊

120000－0342－0005552　5573
[同治]東華續録一百卷　王先謙編　清光緒二十五年(1899)公記書莊石印本　二十四冊

120000－0342－0005553　5574
歐陽文忠公毛詩本義十六卷　(宋)歐陽修撰　清道光十四年(1834)刻本　四冊

120000－0342－0005554　5575
木皮散人鼓詞附萬古愁曲　(清)賈凫西撰　清光緒三十三年(1907)葉氏觀古堂刻本　一冊

120000－0342－0005555　5576
澗泉日記三卷　(宋)韓淲撰　清乾隆武英殿木活字本　一冊　殘

120000－0342－0005556　5577
金軺籌筆四卷附和約二卷陸路通商章程一卷鄂商前往中國貿易過界卡倫單一卷　(清)□□輯　清光緒九年(1883)挹秀山房叢書本　一冊　存二卷(金軺籌筆一至二)

120000－0342－0005557　5578
廣雅十卷　(三國魏)張揖撰　明萬曆錢塘胡氏刻本　二冊

120000－0342－0005558　5579
新文牘十卷　(□)□□輯　清宣統三年(1911)石印本　二十冊　存三卷(五至七)

120000－0342－0005559　5580
昭代叢書　(清)張潮輯　清乾隆刻本　十二冊　存九十種

120000－0342－0005560　5581
棠村詞不分卷　(清)梁清標撰　清康熙十五年(1676)刻本　一冊

120000－0342－0005561　5582
禮記註疏六十三卷　(漢)鄭玄註　(唐)陸德明音義　(唐)孔穎達疏　明崇禎十二年(1639)汲古閣刻本　二十冊

120000－0342－0005562　5583
葉太史參補古今大方詩經大全十五卷綱領一卷圖一卷　(明)葉向高編纂　明萬曆芝城建邑書林余氏刻本　八冊

120000－0342－0005563　5584
棲雲閣文集十五卷　(清)高珩撰　清乾隆刻本　四冊

120000－0342－0005564　5585
古今韻略五卷　(清)邵長蘅撰　清康熙三十五年(1696)刻本　五冊

120000－0342－0005565　5586
康熙甲子史館新刊古今通韻十二卷論例一卷　(清)毛奇齡撰　清康熙二十三年(1684)刻本　十六冊

120000－0342－0005566　5587
才調集補注十卷　(五代)韋穀編　(清)殷元勳箋注　(清)宋邦綏補註　清乾隆五十八年(1793)思補堂刻本　十二冊

120000－0342－0005567　5588
禹貢錐指二十卷略例圖一卷　(清)胡渭撰　清康熙四十四年(1705)漱六軒刻本　八冊

120000－0342－0005568　5589
弘簡録二百五十四卷　(明)邵經邦撰　**續弘簡録元史類編四十二卷**　(清)邵遠平撰　清乾隆、嘉慶刻本　二十一冊　存三十六卷(一百五十二至一百八十七)

120000－0342－0005569　5590
經傳釋詞十卷　(清)王引之撰　清道光二十七年(1847)刻本　一冊

120000－0342－0005570　5591
康熙字典十二集附考證十二集　(清)張玉書纂　清光緒十三年(1887)上海積山書局石印本　七冊

120000－0342－0005571　5592
類對集材六卷　(清)胡雲煥編　清同治十三年(1874)三盛堂刻本　六冊

120000－0342－0005572　5593
舌擊編五卷　(清)沈儲撰　清咸豐九年(1859)刻本　五冊

120000－0342－0005573　5594

拳匪紀事六卷　（日本）佐原篤介　浙西漚隱輯　清光緒二十七年（1901）刻本　六冊

120000－0342－0005574　5595

目耕帖三十一卷　（清）馬國翰撰　清光緒九年（1883）長沙嫏嬛館刻玉函山房輯佚書本　二十六冊

120000－0342－0005575　5596

輶軒使者絕代語釋別國方言十三卷　（漢）揚雄撰　（晉）郭璞注　清乾隆刻武英殿聚珍版本　二冊

120000－0342－0005576　5597

詩經八卷　（宋）朱熹集纂　清宣統三年（1911）上海章福記石印本　四冊

120000－0342－0005577　5598

增補五經備旨精萃四十五卷　（清）鄒聖脈纂輯　清京都善成堂刻本　二十四冊

120000－0342－0005578　5599

五禮通考二百六十二卷附讀禮通考一百二十卷　（清）秦蕙田　（清）徐乾學撰　清乾隆二十六年（1761）味經窩刻本　一百二十冊　存一百七十五卷（一至七十二、七十六至一百七十八）

120000－0342－0005579　5600

古逸叢書二十六種　（清）黎庶昌輯　清光緒十年（1884）遵義黎氏日本東京使署刻本　四十七冊　缺一種

120000－0342－0005580　5601

甘泉鄉人稿二十四卷　（清）錢泰吉撰　清同治十一年（1872）刻本　四冊

120000－0342－0005581　5602

欽定授時通考七十八卷　（清）鄂爾泰等撰　清道光六年（1826）刻本　二十冊

120000－0342－0005582　5603

兩浙輶軒續錄五十四卷補遺六卷　（清）潘衍桐輯　清光緒十七年（1891）浙江書局刻本　十冊　存十八卷（一至十八）

120000－0342－0005583　5604

遜志齋全集二十四卷　（明）方孝孺撰　清同治十二年（1873）刻本　十六冊

120000－0342－0005584　5605

太玄經十卷　（漢）揚雄撰　（晉）郭璞注　清光緒元年（1875）湖北崇文書局刻本　二冊

120000－0342－0005585　5606

易林四卷　（漢）焦贛撰　清光緒元年（1875）湖北崇文書局刻本　四冊

120000－0342－0005586　5607

懷仁堂全集一百卷　（明）李東陽輯　清刻本　二十冊

120000－0342－0005587　5608

揅經室一集十四卷二集八卷三集五卷四集二卷四集詩十一卷續集十一卷再續集七卷外集五卷　（清）阮元撰　清刻本　十八冊　缺十四卷（一集十四卷）

120000－0342－0005588　5609

西堂全集　（清）尤侗撰　清刻本　十八冊　存十一種

120000－0342－0005589　5610

吳淵穎先生集十二卷　（元）吳萊撰　（清）王邦采　（清）王繩曾箋　清康熙六十年（1721）刻本　十冊

120000－0342－0005590　5611

經學輯要二十四卷　（清）吳潁炎編　清光緒十九年（1893）上海點石齋石印本　三十四冊　缺一卷（二十四卷下之一）

120000－0342－0005591　5612

曾文正公奏稿三十六卷　（清）曾國藩撰　清光緒二年（1876）楊仲審刻本　八冊　存八卷（八至十五）

120000－0342－0005592　5613

皋鶴堂批評第一奇書金瓶梅一百回　（明）蘭陵笑笑生撰　（清）張竹坡評點　清刻本　四十冊

120000－0342－0005593　5614

新鐫古本批評繡像三世報隔簾花影四十八回 題(清)四橋居士撰　清刻本　八冊

120000－0342－0005594　5615

載陽堂意外緣四卷十八回　(清)秋齋撰　清末民國抄本　四冊

120000－0342－0005595　5616

雙梅景闇叢書十六種　葉德輝輯　清光緒二十九年(1903)長沙葉氏郎園刻本　五冊　存十三種

120000－0342－0005596　5617

中東戰紀本末八卷續編四卷　(美國)林樂知撰　蔡爾康纂輯　清光緒二十三年(1897)圖書集成局鉛印本　十二冊

120000－0342－0005597　5618

荷戈紀程不分卷　(清)林則徐撰　清光緒三年(1877)宣武城南刻本　一冊

120000－0342－0005598　5619

臨文便覽不分卷　(清)龍啟瑞等編　清末石印本　一冊

120000－0342－0005599　5620

輶軒使者絕代語釋別國方言十三卷　(清)戴震疏證　**續方言二卷**　(清)杭世駿搜集　清刻本　四冊

120000－0342－0005600　5621

字類標韻六卷　(清)華綱輯　清光緒八年(1882)肄江王氏刻本　二冊

120000－0342－0005601　5622

尚書大傳三卷續錄一卷辨僞一卷　(漢)伏勝撰　(漢)鄭玄注　(清)陳壽祺輯校　清刻古經解彙函本　二冊

120000－0342－0005602　5623

說鈴五十二種　(清)吳震方輯　清康熙刻本　十六冊

120000－0342－0005603　5624

皇朝蓄艾文編八十卷　(清)于寶軒輯　清光緒二十九年(1903)上海官書局鉛印本　十冊　存二十二卷(十八至三十九)

120000－0342－0005604　5625

古文釋義新編八卷　(清)余誠評註　清同治九年(1870)江寧崇文堂刻本　四冊

120000－0342－0005605　5626

平津館叢書　(清)孫星衍輯　清光緒十一年(1885)吳縣朱氏槐廬家塾刻本　二冊　存七種

120000－0342－0005606　5627

說文古籀補十四卷附錄一卷　(清)吳大澂撰　清光緒二十四年(1898)石印本　二冊

120000－0342－0005607　5628

合聲易字不分卷附補訂傳音快字　盧靖撰　清光緒二十三年(1897)豐潤盧靖稿本　一冊

120000－0342－0005608　5629

盛京典制備考八卷　(清)崇厚編　清光緒四年(1878)盛京軍督署刻本　六冊

120000－0342－0005609　5630

樊南文集詳註八卷　(唐)李商隱撰　(清)馮浩編　清同治七年(1868)刻本　四冊

120000－0342－0005610　5631

史忠正公集四卷首一卷末一卷　(明)史可法撰　清光緒二十三年(1897)湘南書局刻四忠遺集本　二冊

120000－0342－0005611　5632

桐城吳氏古文讀本十三卷　(清)吳汝綸評選　清光緒三十年(1904)上海文明書局鉛印本　四冊

120000－0342－0005612　5633

胡文忠公遺集八十六卷首一卷　(清)胡林翼撰　(清)鄭敦謹　(清)曾國荃輯　(清)胡鳳丹重編　清同治六年(1867)刻本　三十二冊

120000－0342－0005613　5634

杜工部集二十卷首一卷　(唐)杜甫撰　(明)王世貞等評　清光緒二年(1876)粵東翰墨園五色套印本　十冊

120000－0342－0005614　5635

玉芝堂談薈三十六卷 (明)徐應秋輯 清光緒元年(1875)蒨園刻本 三十三冊

120000-0342-0005615 5636
中西算學叢書初編 (清)四明求敏齋主人輯 清光緒二十二年(1896)上海鴻寶齋石印本 二十冊 存十八種

120000-0342-0005616 5637
古文翼八卷 (清)唐德宜編 清乾隆六年(1741)景山書屋刻本 四冊 存四卷(五至八)

120000-0342-0005617 5638
說文解字義證五十卷 (清)桂馥撰 清同治九年(1870)湖北崇文書局刻本 三十二冊

120000-0342-0005618 5639
永嘉叢書十三種 (清)孫衣言輯 清同治、光緒瑞安孫氏詒善祠塾刻本 五冊 存三種

120000-0342-0005619 5640
池北偶談二十六卷 (清)王士禛撰 清光緒二十二年(1896)上海慎記書莊石印本 六冊

120000-0342-0005620 5641
漢書引經異文錄證六卷 (清)繆祐孫撰 清光緒十一年(1885)刻本 二冊

120000-0342-0005621 5642
爾雅正郭三卷 (清)潘衍桐撰 清光緒十七年(1891)刻本 一冊

120000-0342-0005622 5643
勸學篇二卷 (清)張之洞撰 清光緒二十四年(1898)刻本 二冊

120000-0342-0005623 5644
浙江教育官報十一期 浙江學務公所編 清光緒三十四年至宣統元年(1908-1909)浙江學務公所鉛印本 十一冊

120000-0342-0005624 5645
文選旁證四十六卷 (清)梁章鉅撰 清道光十八年(1838)刻本 十二冊

120000-0342-0005625 5646
白虎通疏證十二卷 (清)陳立撰 清道光十二年(1832)刻本 四冊

120000-0342-0005626 5647
蜀碧四卷附記一卷 (清)彭遵泗撰 清嘉慶二十年(1815)天祿閣刻本 二冊

120000-0342-0005627 5648
日本源流考二十二卷 王先謙撰 清光緒二十八年(1902)思賢書局刻本 十冊

120000-0342-0005628 5649
毛詩古音考四卷附讀詩拙言一卷 (明)陳第輯 清光緒六年(1880)武昌張氏刻本 一冊

120000-0342-0005629 5650
說文解字韻譜十卷 (宋)徐鍇撰 (清)馮桂芬校訂 清同治六年(1867)吳縣馮桂芬刻本 二冊

120000-0342-0005630 5651
雙梅景闇叢書十六種 葉德輝輯 清光緒至宣統刻本 五冊

120000-0342-0005631 5652
林文忠公政書三十七卷 (清)林則徐撰 清同治、光緒侯官林氏刻本 十二冊

120000-0342-0005632 5653
定盦文集三卷續集四卷補四卷 (清)龔自珍撰 清同治七年(1868)仁和曹籀刻本 四冊 存五卷(文集三卷、續集一至二)

120000-0342-0005633 5654
通鑑總類二十卷 (宋)沈樞輯 清光緒讀我書齋刻本 二十冊

120000-0342-0005634 5655
明張文忠公全集四十六卷附錄二卷 (明)張居正撰 清光緒二十七年(1901)紅藤碧樹山館刻本 十六冊

120000-0342-0005635 5656
歷代史案二十卷首一卷 (清)吳裕垂撰 (清)洪亮吉編 清刻本 三冊 存十卷(三至十二)

120000-0342-0005636 5657
集韻考正十卷 (清)方成珪撰 清光緒五年

(1879)刻本　十冊

120000－0342－0005637　5658
紀文達公遺集三十二卷　(清)紀昀撰　(清)紀樹馨編　清嘉慶十七年(1812)刻本　十六冊

120000－0342－0005638　5659
皇清經解一千三百七十九卷首一卷　(清)阮元輯　清道光九年(1829)廣東學海堂刻本　三百五十三冊　存一百六十三種

120000－0342－0005639　5660
說文字辨十四卷　(清)林慶炳撰　清刻本　四冊

120000－0342－0005640　5661
鐵橋漫稿八卷　(清)嚴可均撰　清光緒十一年(1885)長洲蔣氏心矩齋刻本　二冊

120000－0342－0005641　5662
西巡囬鑾始末記六卷　(日本)吉田良太郎譯　清光緒二十八年(1902)石印本　六冊

120000－0342－0005642　5663
古經解彙函　(清)鍾謙鈞輯　清光緒十四年(1888)上海蜚英館石印本　二十冊　存四十種

120000－0342－0005643　5664
經典釋文三十卷考證三十卷　(唐)陸德明撰　(清)盧文弨考證　清同治八年(1869)湖北崇文書局刻本　十二冊

120000－0342－0005644　5665
雍正上諭内閣一百五十九卷　(清)允祿等編　(清)弘晝續編　清雍正官刻本　三十二冊

120000－0342－0005645　5666
歷代名臣傳三十五卷續編五卷　(清)朱軾　(清)蔡世遠輯　清光緒二十三年(1897)刻本　十八冊

120000－0342－0005646　5667
說文辨字正俗八卷　(清)李富孫撰　清嘉慶二十一年(1816)刻本　四冊

120000－0342－0005647　5668
止齋先生文集五十二卷　(宋)陳傅良撰　清光緒五年(1879)瑞安孫氏詒善祠塾刻本　八冊

120000－0342－0005648　5669
庚子天津一月記自敘不分卷　(清)茅少笙著　清光緒二十六年(1900)抄本　一冊

120000－0342－0005649　5670
大清律例彙輯便覽四十卷附督捕則例附纂二卷五軍道里表不分卷三流道里表不分卷秋審實緩比較彙案一卷　(清)刑部律例館纂修　清光緒三年(1877)京都善成堂刻本　三十三冊

120000－0342－0005650　5671
常州先哲遺書　盛宣懷輯　清光緒武進盛氏刻本　一百零四冊　存七十四種

120000－0342－0005651　5672
說文通訓定聲十八卷分部柬韻一卷說雅十九篇古今韻準一卷　(清)朱駿聲撰　清道光三十年(1850)刻同治九年(1870)臨嘯閣補刻本　二十四冊

120000－0342－0005652　5673
西藏通覽二編　(日本)山縣初男撰　四川西藏研究會編譯　清宣統元年(1909)成都文倫書局鉛印本　四冊

120000－0342－0005653　5674
宋稗類鈔八卷　(清)潘永因輯　清康熙八年(1669)麗正齋刻本　二十冊

120000－0342－0005654　5675
經史答問四卷　(清)朱駿聲撰　清光緒二十年(1894)元和朱氏金陵刻本　四冊

120000－0342－0005655　5676
四書集註直解二十七卷　(明)張居正撰　清宣統元年(1909)學部圖書局石印本　十四冊

120000－0342－0005656　5677
浙江忠義錄十卷續編二卷表八卷續表八卷　(清)張景祁等撰　清光緒元年(1875)浙江採訪忠義局刻本　十四冊　存十八卷(浙江忠

義錄十卷,續編二卷,表一至六)

120000－0342－0005657　5678
易經詮義十四卷首一卷　(清)汪烜撰　(清)李承超重訂　清同治十二年(1873)婺源振儒學社刻重訂汪子遺書本　十五册

120000－0342－0005658　5679
兒女英雄傳評話四十回　(清)文康撰　(清)還讀我書室主人評　清光緒六年(1880)聚珍堂刻本　二十册

120000－0342－0005659　5680
四大奇書第一種五十一卷一百二十回　(明)羅貫中撰　(清)毛宗崗評　清刻本　十册　存二十二卷(三十至五十一)

120000－0342－0005660　5681
糊塗世界十二卷　(清)繭叟撰　清光緒三十二年(1906)上海世界繁華報館鉛印本　六册

120000－0342－0005661　5682
授堂遺書八種　(清)武億撰　清道光二十三年(1843)偃師武氏刻本　三册　存兩種

120000－0342－0005662　5683
説郛一百二十弓　(明)陶宗儀輯　(明)陶珽重校　清初刻本　十册　存七十七種

120000－0342－0005663　5684
佩觿三卷　(宋)郭忠恕撰　清康熙四十九年(1710)吳郡張氏刻澤存堂五種本　二册

120000－0342－0005664　5685
重編三立祠列傳二卷附錄一卷　(明)袁繼咸纂　清乾隆三十年(1765)刻本　四册

120000－0342－0005665　5686
文心雕龍十卷　(南朝梁)劉勰撰　清康熙刻本　二册

120000－0342－0005666　5687
楚辭燈四卷　(清)林雲銘論述　清康熙三十六年(1697)挹奎樓刻本　一册

120000－0342－0005667　5688
大谷山堂集六卷　(清)夢麟撰　清乾隆吳興劉氏嘉業堂刻本　二册

120000－0342－0005668　5689
明人尺牘選四卷　(清)王元勲　(清)程化騄輯　清光緒七年(1881)常熟抱芳閣刻本　四册

120000－0342－0005669　5690
牧齋初學集詩注二十卷有學集詩注十四卷　(清)錢謙益撰　(清)錢曾箋注　清雍正刻本　十册

120000－0342－0005670　5691
古文淵鑒六十四卷　(清)聖祖玄燁選　(清)徐乾學等編　清康熙二十四年(1685)武英殿五色套印刻本　四十册

120000－0342－0005671　5692
古文淵鑒六十四卷　(清)聖祖玄燁選　(清)徐乾學等編　清雍正刻本　三十九册

120000－0342－0005672　5693
圖史提綱三卷　(清)胡宣慶編　清光緒十七年(1891)長沙胡氏刻本　一册

120000－0342－0005673　5694
食舊德齋雜著不分卷　(清)劉嶽雲撰　清光緒八年(1882)刻本　三册

120000－0342－0005674　5695
錦字箋四卷　(清)黃澐纂　清光緒刻本　四册

120000－0342－0005675　5696
攷正玉堂字彙不分卷　(清)□□撰　清光緒十四年(1888)刻本　四册

120000－0342－0005676　5697
曾文正公全集八卷　(清)曾國藩撰　(清)李瀚章編錄　清光緒二年(1876)刻本　八册

120000－0342－0005677　5698
養晦堂文集十卷　(清)劉榮撰　清光緒三年(1877)鉛印本　五册

120000－0342－0005678　5699
皇朝經世文四編五十二卷　(清)何良棟編　清光緒二十八年(1902)上海鴻寶書局石印本　十二册

120000－0342－0005679　5700
堯峰文鈔五十卷　(清)汪琬撰　清康熙三十二年(1693)刻本　八册

120000－0342－0005680　5701
國朝山左詩鈔六十卷　(清)盧見曾纂　清乾隆二十三年(1758)雅雨堂刻本　十二册

120000－0342－0005681　5702
養素堂文集三十五卷首一卷　(清)張澍撰　清道光十七年(1837)棗華書屋刻本　十六册

120000－0342－0005682　5703
元豐類稿五十卷首一卷末一卷　(宋)曾鞏撰　清光緒十六年(1890)慈利漁浦書院刻本　十册

120000－0342－0005683　5704
石鐘山志十六卷首一卷　(清)李成謀撰　清光緒九年(1883)聽濤眺雨軒刻本　八册

120000－0342－0005684　5705
質園詩集三十二卷　(清)商盤撰　清嘉慶八年(1803)刻本　十六册

120000－0342－0005685　5706
欽定詩經傳説彙纂二十一卷首二卷詩序二卷　(清)王鴻緒撰　清刻本　十六册　缺二卷(二卷)

120000－0342－0005686　5707
東洲草堂文鈔二十卷　(清)何紹基撰　**眠琴閣遺詩二卷**　(清)何慶涵撰　**浣月樓遺詩二卷**　(清)李楣撰　清光緒刻本　五册

120000－0342－0005687　5708
文貞公集十二卷　(清)張玉書撰　清乾隆五十七年(1792)張氏松蔭堂刻本　六册

120000－0342－0005688　5709
詩經八卷　(宋)朱熹集傳　清光緒刻本　四册

120000－0342－0005689　5710
全地五大洲女俗通考十集二十卷　(美國)林樂知纂　(清)任實羅譯　清光緒二十九年(1903)上海華美書局鉛印本　十九册　缺一卷(第六集下)

120000－0342－0005690　5711
眠琴閣遺文五卷　(清)何慶涵　(清)李楣撰　清光緒九年(1883)刻本　一册

120000－0342－0005691　5712
海秋詩集二十六卷　(清)湯鵬撰　清道光十八年(1838)刻本　八册

120000－0342－0005692　5713
禮記易讀二卷　(清)志遠堂主人撰　清光緒三義堂刻本　二册

120000－0342－0005693　5714
評點春秋綱目左傳句解彙雋六卷　(清)韓菼重訂　清刻本　六册

120000－0342－0005694　5715
奎壁詩經八卷　(宋)朱熹集傳　清光緒十九年(1893)聚元堂刻本　四册

120000－0342－0005695　5716
大清歷朝聖訓(十朝聖訓)　(清)□□撰　清末石印本　一百十五册　存十種

120000－0342－0005696　5717
新增典故四書章句不分卷　(宋)朱熹著　(清)趙震編　清光緒十六年(1890)刻本　六册

120000－0342－0005697　5718
皇清經解一千四百零八卷首一卷　(清)阮元輯　清道光九年(1829)廣東學海堂刻咸豐十一年(1861)補刻本　五十册　存四十種

120000－0342－0005698　5719
繪圖野叟曝言二十卷一百五十四回　(清)夏敬渠撰　清末石印本　二十册　缺一卷(十)

120000－0342－0005699　5720
繪圖第一奇書十六卷一百回　(清)蘭陵笑笑生撰　清末香港舊小説社石印本　十六册

120000－0342－0005700　5721
昭明文選十五卷　(南朝梁)蕭統撰　(清)于光華編　清乾隆三十七年(1772)心簡齋刻本　十六册

120000－0342－0005701　5722
古韻通說二十卷　(清)龍啟瑞撰　清光緒九年(1883)四川尊經書局刻本　二册

120000－0342－0005702　5723
皇朝經世文統編一百二十卷　(清)邵之棠輯　清光緒二十七年(1901)上海慎記石印本　三十二册

120000－0342－0005703　5725
困學紀聞注二十卷　(宋)王應麟撰　(清)翁元圻輯　清道光五年(1825)餘姚守福堂刻本　四册　存九卷(一至九)

120000－0342－0005704　5726
日知錄集釋三十二卷　(清)顧炎武撰　(清)黄汝成集釋　清同治十一年(1872)湖北崇文書局刻本　八册　存十六卷(一至十六)

120000－0342－0005705　5727
列國政要一百三十二卷　(清)戴鴻慈　(清)端方輯　清光緒三十三年(1907)上海商務印書館石印本　三十二册

120000－0342－0005706　5728
四書集註直解二十七卷　(明)張居正著　清宣統元年(1909)學部圖書局石印本　十四册

120000－0342－0005707　5729
易傳十七卷周易音義一卷　(唐)李鼎祚集解　(唐)陸德明音義　清乾隆二十一年(1756)德州盧氏雅雨堂刻本　六册

120000－0342－0005708　5730
雍正上諭不分卷　(清)世宗胤禛撰　清刻本　三十二册

120000－0342－0005709　5731
出使奏疏二卷　(清)薛福成著　清光緒二十年(1894)刻本　二册

120000－0342－0005710　5732
浙東籌防錄四卷　(清)薛福成著　清光緒二十年(1894)刻本　四册

120000－0342－0005711　5733
出使英法意比四國日記六卷　(清)薛福成著　清光緒二十年(1894)刻本　六册

120000－0342－0005712　5734
籌洋芻議不分卷　(清)薛福成著　清光緒二十年(1894)刻本　一册

120000－0342－0005713　5735
新刻奏對合編三卷　(□)□□輯　清光緒十九年(1893)京都榮錄堂刻本　二册

120000－0342－0005714　5736
匡謬正俗八卷　(唐)顏師古撰　清乾隆二十一年(1756)德州盧氏刻雅雨堂叢書本　二册

120000－0342－0005715　5737
湘軍志十六卷　王闓運撰　清光緒十二年(1886)成都墨香書屋刻本　四册

120000－0342－0005716　5738
皇清誥授資政大夫贈内閣學士國史館立傳二品銜原任山東登萊青道劉公事寔彙編不分卷　湯壽潛撰　清光緒二十七年(1901)上海點石齋石印本　一册

120000－0342－0005717　5739
欽定續通典一百五十卷　(清)嵇璜等纂　清光緒二十八年(1902)上海鴻寶書局石印本　八册

120000－0342－0005718　5740
咸豐以來功臣別傳三十卷　朱孔彰撰　清光緒二十四年(1898)漸學廬叢書石印本　六册

120000－0342－0005719　5741
皇朝經世文新增續編一百二十卷新增時務續編四十卷新增洋務續編八卷　(清)葛士濬輯　清光緒二十三年(1897)上海掃葉山房鉛印本　十册　存六十五卷(一百零四至一百二十、時務四十卷、洋務八卷)

120000－0342－0005720　5742
方望溪評點史記一百三十卷　(清)方苞撰　清同文圖書館刻本　二十四册

120000－0342－0005721　5743
東萊先生左氏博議二十五卷增補虛字音釋六卷　(宋)呂祖謙撰　清光緒二十五年(1899)

掃葉山房刻本　六冊

120000－0342－0005722　5744
朱子語類一百四十卷附正譌一卷記疑一卷　(宋)朱熹撰　清光緒二年(1876)傳經堂刻本　二十四冊　存七十六卷(六十七至一百四十、正譌一卷、記疑一卷)

120000－0342－0005723　5745
項城袁氏家集七種　(清)丁振鐸編輯　清宣統三年(1911)清芬閣鉛印本　三十冊　存六種

120000－0342－0005724　5746
康輶紀行十六卷　(清)姚瑩撰　清道光刻本　六冊　缺二卷(一至二)

120000－0342－0005725　5747
晨風閣叢書第一集　沈宗畸等輯　清光緒三十四年至宣統三年(1908－1911)北京國學萃編社鉛印本　四十三冊　存五十二種

120000－0342－0005726　5748
說文辨字正俗八卷　(清)李富孫撰　清同治九年(1870)校經刻本　四冊

120000－0342－0005727　5749
刪補古今文致十卷　(明)劉士鏻選　(明)王宇增刪　明天啟刻本　八冊

120000－0342－0005728　5750
精校繪圖禮記節本十卷　(清)汪基抄撰　清宣統三年(1911)上海會文堂粹記書局石印本　六冊

120000－0342－0005729　5751
東三省政略十二卷　徐世昌撰　清宣統三年(1911)鉛印本　四十冊

120000－0342－0005730　5752
奏定學堂章程不分卷　(清)張百熙　(清)張之洞撰　清光緒三十年(1904)陝西藩署刻本　六冊

120000－0342－0005731　5753
左文襄公書牘二十六卷附家書二卷　(清)左宗棠撰　清刻本　二十八冊

120000－0342－0005732　5754
丁文誠公奏稿二十六卷　(清)丁寶楨撰　清光緒十九年(1893)刻本　二十六冊

120000－0342－0005733　5755
元書一百零二卷　曾廉撰　清宣統三年(1911)邵陽曾氏刻本　二十冊

120000－0342－0005734　5756
時事新編初集六卷　(清)陳耀卿編輯　清光緒二十一年(1895)鉛印本　六冊

120000－0342－0005735　5757
國朝駢體正宗評本十二卷　(清)曾燠撰　(清)姚燮評　清光緒十年(1884)刻本　六冊

120000－0342－0005736　5758
陶詩彙評四卷　(晉)陶潛撰　(清)溫汝能纂訂　**東坡和陶合箋四卷**　(宋)蘇軾撰　(清)溫汝能纂訂　清宣統二年(1910)掃葉山房石印本　四冊

120000－0342－0005737　5759
史外八卷　(清)汪有典撰　清同治九年(1870)陝甘公所刻本　八冊

120000－0342－0005738　5760
天下郡國利病書一百二十卷　(清)顧炎武輯　清光緒二十七年(1901)上海圖書集成局鉛印本　二十八冊

120000－0342－0005739　5761
夢樓詩集二十四卷　(清)王文治撰　清乾隆六十年(1795)食舊堂刻本　六冊

120000－0342－0005740　5762
香屑集十八卷首一卷末一卷　(清)黄之雋撰　清雍正十二年(1734)遂初園刻本　四冊

120000－0342－0005741　5763
五代詩話十卷　(清)王士禛編　清乾隆十九年(1754)刻本　六冊

120000－0342－0005742　5764
質園詩集三十二卷　(清)商盤撰　清乾隆刻本　八冊

120000－0342－0005743　5765

西陲總統事畧十二卷　(清)汪廷楷輯　(清)松筠纂　(清)祁韻士編纂　**西陲竹枝詞一卷**　(清)祁韻士撰　**綏服紀畧圖詩一卷**　(清)松筠著　清嘉慶十六年(1811)刻本　八冊

120000－0342－0005744　5766

通鑑地理通釋十四卷　(宋)王應麟撰　清光緒九年(1883)浙江書局刻本　三冊

120000－0342－0005745　5767

輿地廣記三十八卷　(宋)歐陽忞撰　清嘉慶十七年(1812)曝書亭刻本　四冊

120000－0342－0005746　5768

薛氏鐘鼎款識二十卷　(宋)薛尚功撰　清嘉慶二年至六年(1797—1801)北皮亭刻本　四冊

120000－0342－0005747　5769

欽定學堂章程不分卷　(清)張之洞等撰　清光緒三十二年(1906)上海時中書局鉛印本　六冊

120000－0342－0005748　5770

張亨甫全集二十七卷首一卷　(清)張際亮撰　清同治六年(1867)刻本　八冊

120000－0342－0005749　5771

皇朝通志一百二十六卷　(清)嵇璜等纂　清光緒八年(1882)浙江書局刻九通本　三十六冊

120000－0342－0005750　5772

皇朝文獻通考三百卷　(清)嵇璜等纂　清光緒八年(1882)浙江書局刻九通本　一百二十八冊

120000－0342－0005751　5773

皇朝通典一百卷　(清)嵇璜等纂　清光緒八年(1882)浙江書局刻九通本　三十七冊

120000－0342－0005752　5774

曾文正公手書日記不分卷　(清)曾國藩撰　清宣統元年(1909)上海中國圖書公司石印本　二十冊

120000－0342－0005753　5775

東書堂重修宣和博古圖錄二十卷　(宋)王黼撰　清乾隆、嘉慶刻本　十六冊

120000－0342－0005754　5776

臨文便覽不分卷　(清)張啟泰輯　清光緒五年(1879)刻本　一冊

120000－0342－0005755　5777

欽定禮記義疏八十二卷首一卷　(清)鄂爾泰等撰　清同治十年(1871)湖北崇文書局刻御纂七經本　十冊　存十四卷(一至十三,首一卷)

120000－0342－0005756　5778

雷刻八種　(清)雷浚撰　清光緒十年(1884)吳縣雷氏刻本　六冊　存四種

120000－0342－0005757　5779

宋元舊本書經眼錄三卷附錄二卷　(清)莫友芝撰　清同治十二年(1873)刻本　一冊

120000－0342－0005758　5780

輶軒使者絕代語釋別國方言箋疏十三卷　(清)錢繹撰　清光緒十六年(1890)紅蝠山房刻本　六冊

120000－0342－0005759　5781

歷代人物論海一百卷　(清)蔡和鏘輯　清光緒二十八年(1902)思明華英學堂石印本　二十冊

120000－0342－0005760　5782

歷代政治論海四十四卷　(清)蔡和鏘輯　清光緒二十八年(1902)思明華英學堂石印本　六冊

120000－0342－0005761　5783

中外掌故論海十四卷　(清)蔡和鏘輯　清光緒二十八年(1902)思明華英學堂石印本　三冊

120000－0342－0005762　5784

歷代時勢論海十四卷　(清)蔡和鏘輯　清光緒二十八年(1902)思明華英學堂石印本　三冊

120000－0342－0005763　5785

古文一隅三卷　(清)朱宗洛輯　清道光三十年(1850)刻本　一冊

120000－0342－0005764　5786

津邑歷科選舉錄一卷　(清)陳塏編　清同治十三年(1874)天津文廟刻本　一冊

120000－0342－0005765　5787

津邑歷科選舉錄一卷　(清)陳塏編　清同治十三年(1874)天津文廟刻本　一冊

120000－0342－0005766　5788

大金國志四十卷　(宋)宇文懋昭撰　清乾隆、嘉慶掃葉山房校刊刻本　四冊

120000－0342－0005767　5789

說文偏旁考二卷　(清)吳照輯　清乾隆五十一年(1786)聽雨齋刻本　二冊

120000－0342－0005768　5790

明史稿三百十卷目錄三卷　(清)王鴻緒撰　清敬慎堂刻本　一百冊

120000－0342－0005769　5791

綱鑑易知錄二十卷通鑑綱目三編四卷　(清)吳乘權等輯　清光緒十三年(1887)上海點石齋石印本　十二冊

120000－0342－0005770　5792

十駕齋養新錄二十卷餘錄三卷　(清)錢大昕撰　清光緒二年(1876)浙江書局刻本　八冊

120000－0342－0005771　5793

文獻通考三百四十八卷　(元)馬端臨撰　清光緒二十八年(1902)上海鴻寶書局石印本　三十二冊

120000－0342－0005772　5794

欽定續文獻通考二百五十卷　(清)嵇璜等纂　清光緒二十八年(1902)上海鴻寶書局石印本　二十四冊

120000－0342－0005773　5796

二酉堂叢書(張氏叢書)　(清)張澍輯　清道光元年(1821)武威張氏二酉堂刻本　十二冊　存二十一種

120000－0342－0005774　5797

左文襄公奏稿六十四卷　(清)左宗棠撰　清光緒十六年(1890)刻本　二冊　存二卷(四十七至四十八)

120000－0342－0005775　5798

太平寰宇記二百卷　(宋)樂史撰　清刻本　一冊

120000－0342－0005776　5799

合肥李勤恪公政書十一卷　(清)李瀚章撰　(清)李經畬等編　清光緒三十二年(1906)石印本　十冊

120000－0342－0005777　5800

定盦文集三卷續集四卷補六卷　(清)龔自珍撰　清同治七年(1868)刻本　六冊

120000－0342－0005778　5801

漢學諧聲二十四卷　(清)戚學標撰　清嘉慶九年(1804)刻本　三冊　存六卷(一至六)

120000－0342－0005779　5802

雅雨堂叢書一百三十八卷　(清)盧見曾編　清影印本　六冊　存六種

120000－0342－0005780　5803

貸園叢書初集十二種　(清)周永年輯　清乾隆五十四年(1789)曆城周氏竹西書屋刻本　十六冊　存四種

120000－0342－0005781　5804

惜抱軒全集　(清)姚鼐撰　清同治五年(1866)省心閣刻本　十六冊

120000－0342－0005782　5805

李肅毅伯奏議二十卷　(清)李鴻章撰　(清)章洪鈞　(清)吳汝綸輯　清光緒二十五年(1899)上海鴻文書局石印本　二十冊

120000－0342－0005783　5806

孔氏家語十卷　(三國魏)王肅注　清雍正、乾隆勤思堂刻本　四冊

120000－0342－0005784　5807

音學五書三十八卷　(清)顧炎武撰　清康熙六年(1667)山陽張弨符山堂刻本　十六冊

120000－0342－0005785　5808

詩本音十卷　(清)顧炎武撰　清康熙銅活字本　二冊

120000－0342－0005786　5809

九通　(清)□□輯　清光緒二十八年(1902)上海鴻寶書局石印本　二十八冊　存三種

120000－0342－0005787　5810

漢魏六朝一百三家集　(明)張溥輯　清光緒三年(1877)滇南唐氏壽考堂刻本　一百冊　存一百種

120000－0342－0005788　5811

籌濟編三十二卷首一卷　(清)楊景仁輯　清光緒四年(1878)刻本　六冊

120000－0342－0005789　5812

約章成案匯覽甲篇十卷乙篇四十二卷　(清)北洋洋務局纂輯　清光緒三十一年(1905)上海點石齋石印本　四十六冊

120000－0342－0005790　5813

二如亭群芳譜二十九卷　(明)王象晉撰　清刻本　八冊　存十八卷(元部歲譜一至四,亨部穀譜一、蔬譜一至二、果譜一至二,利部桑譜一、麻譜一、葛譜一、棉譜一、藥譜一至三、木譜一至二)

120000－0342－0005791　5814

蒙學叢書(蒙學書報)不分卷　(清)汪鍾霖輯　清光緒二十九年(1903)鉛印本　三十二冊

120000－0342－0005792　5815

湘綺樓全書　王闓運撰　清光緒、宣統刻本　九十八冊　存二十五種

120000－0342－0005793　5816

御纂朱子全書六十六卷　(宋)朱熹撰　(清)李光地等輯　清江西書局刻本　四十冊

120000－0342－0005794　5817

南澗文集二卷　(清)李文藻撰　清刻本　一冊

120000－0342－0005795　5818

繪圖韻對千家詩註釋　(□)□□輯　清宣統元年(1909)上海章福記石印本　二冊　存四種

120000－0342－0005796　5819

明人詩抄正集十四卷續集十四卷　(清)朱琰編　清乾隆二十五年(1760)刻本　十冊

120000－0342－0005797　5820

爾雅義疏二十卷　(清)郝懿行撰　清光緒八年(1882)刻本　八冊

120000－0342－0005798　5821

御定駢字類編　(清)張廷玉等編　清雍正六年(1728)內府刻本　一百二十冊

120000－0342－0005799　5822

楊文節公集　(宋)楊萬里撰　清同治、光緒刻本　三十三冊　存四種

中共天津市委黨校圖書館古籍普查登記目録

全國古籍普查登記目録

國家圖書館出版社
National Library of China Publishing House

120000－0343－0000001　D0001
續碑傳集八十六卷　繆荃孫纂　清宣統二年(1910)影印本　二十四册

120000－0343－0000002　D0002
增補四書精繡圖像人物備考十二卷　(明)薛應旂輯　(明)陳仁錫增定　清康熙五十八年(1719)刻本　六册

120000－0343－0000003　D0003
太平御覽一千卷　(宋)李昉纂　清嘉慶十七年(1812)刻本　八十四册

120000－0343－0000004　D0004
古文淵鑒六十四卷　(清)徐乾學等編注　清康熙二十四年(1685)内府刻四色套印本　二十四册

120000－0343－0000005　D0005
碑傳集一百六十卷　(清)錢儀吉纂　清光緒十九年(1893)刻本　六十册

120000－0343－0000006　D0006
朱子年譜一卷　(清)鄭士範纂　清光緒六年(1880)刻本　一册

120000－0343－0000007　D0007
孔庭學裔五卷　(清)傅壽彤撰　清光緒三年(1877)刻本　二册

120000－0343－0000008　D0008
中興名臣事略八卷　朱孔彰撰　清光緒二十四年(1898)鉛印本　四册

120000－0343－0000009　D0009
忠武侯諸葛孔明先生全集　(三國蜀)諸葛亮撰　清同治元年(1862)刻本　十六册

120000－0343－0000010　D0010
南宋文範七十卷外編四卷　(清)莊仲方編　清光緒十四年(1888)刻本　十六册

120000－0343－0000011　D0011
述學内篇三卷外篇一卷補遺一卷别錄一卷　(清)汪中撰　清同治八年(1869)刻本　四册

120000－0343－0000012　D0012
宋史紀事本末一百零九卷　(明)馮琦原編　(明)陳邦瞻增訂　(明)張溥論正　清同治十三年(1874)刻本　二十册

120000－0343－0000013　D0013
吾學錄初編二十四卷　(清)吳榮光述　清同治九年(1870)刻本　六册

120000－0343－0000014　D0014
李文忠公全集一百六十五卷　(清)李鴻章撰　清光緒三十一年(1905)刻本　一百册

120000－0343－0000015　D0015
春秋大事表五十卷輿圖一卷附錄一卷　(清)顧棟高纂修　(清)諸子枲訂　清乾隆十二年(1747)刻本　二十册

120000－0343－0000016　D0016
霜紅龕集四十卷附錄三卷年譜一卷　(清)傅山撰　清宣統三年(1911)刻本　十二册　存三十四卷(一至五、十二至四十)

120000－0343－0000017　D0017
説鈴三十卷　(清)吳青壇纂　清康熙四十一年(1702)刻本　十二册

120000－0343－0000018　D0018
吳越春秋六卷　(漢)趙曄撰　(清)汪士漢考校　清康熙七年(1668)刻本　二册

120000－0343－0000019　D0019
癸巳存稿十五卷　(清)俞正燮編　清光緒十年(1884)刻本　十册

120000－0343－0000020　D0020
白虎通四卷　(漢)班固等撰　清乾隆四十九年(1784)刻本　二册

120000－0343－0000021　D0021
白虎通德論二卷　(漢)班固纂集　(明)俞元符重校　明萬曆刻本　四册

120000－0343－0000022　D0022
米海岳年譜一卷元遺山先生年譜三卷元譜附錄一卷詩人元遺山先生墓圖一幅　(清)翁方綱撰　清咸豐五年(1855)刻本　一册

120000－0343－0000023　D0023
孔子集語十七卷　(清)孫星衍撰　清光緒三

年(1877)刻本　四冊

120000－0343－0000024　D0024

國朝歷科題名碑録初集　(清)李周望輯　(清)德沛纂　清刻本　十三冊

120000－0343－0000025　D0025

蜀碧四卷　(清)彭遵泗撰　清刻本　四冊

120000－0343－0000026　D0026

荀子二十卷首一卷　(唐)楊倞注　王先謙集解　清光緒刻本　六冊

120000－0343－0000027　D0027

文廟祀典攷五十卷　(清)嚴鐘璐編輯　清光緒四年(1878)刻本　八冊

120000－0343－0000028　D0028

荀子二十卷　(戰國)荀況撰　(唐)楊倞注　(清)謝墉校　清乾隆刻本　八冊

120000－0343－0000029　D0029

列子八卷　(戰國)列御寇撰　(唐)盧重元解　清嘉慶八年(1803)刻本　四冊

120000－0343－0000030　D0030

維新人物考不分卷　(清)華乘澐撰　清宣統三年(1911)刻本　一冊

120000－0343－0000031　D0031

墨子十六卷篇目考一卷　(戰國)墨翟撰　(清)畢沅校注　清乾隆四十九年(1784)刻本　六冊

120000－0343－0000032　D0032

崇禎五十宰相傳一卷　(清)曹溶撰　(清)倦圃老人重訂　清宣統三年(1911)鉛印本　一冊

120000－0343－0000033　D0033

老子道德經不分卷　(春秋)李耳撰　(三國魏)王弼注　(清)周善溥校　清光緒元年(1875)刻本　一冊

120000－0343－0000034　D0034

痛史二十種四十八卷　(清)樂天居士輯　清宣統三年至民國元年(1911－1912)鉛印本　三十冊

120000－0343－0000035　D0035

弟子規　(清)李毓秀撰　清光緒七年(1881)刻本　六冊

120000－0343－0000036　D0036

小學神童詩不分卷　(宋)江洙撰　清光緒十六年(1890)刻本　一冊

120000－0343－0000037　D0037

新增幼學故事瓊林四卷　(清)程允升撰　(清)鄒聖脈補　清光緒刻本(有圖像)　四冊

120000－0343－0000038　D0038

明文在一百卷　(清)薛熙纂　清康熙三十二年(1693)刻本　十六冊

120000－0343－0000039　D0039

格言聯璧不分卷　(清)金纓輯　清光緒十六年(1890)刻本　二冊

120000－0343－0000040　D0040

新訂四書補註備旨上孟四卷　(明)鄧林撰　(清)祁文友校刊　(清)杜定基增訂　清光緒刻本　四冊

120000－0343－0000041　D0041

書目答問不分卷　(清)張之洞撰　清光緒二十三年(1897)刻慎始基齋叢書本　二冊

120000－0343－0000042　D0042

富國策三卷　(英國)法思德撰　(美國)丁韙良　(清)汪鳳藻譯　清光緒六年(1880)刻本　三冊

120000－0343－0000043　D0043

老子道德經不分卷　(春秋)李耳撰　(三國魏)王弼注　(清)朱攸校　(清)紀昀纂　清刻本　一冊

120000－0343－0000044　D0044

二程先生全書五十一卷　(宋)程顥　(宋)程頤撰　(清)湯潛庵校正　(清)程湛　(清)程福亮訂　清康熙二十五年(1686)刻本　十二冊

120000－0343－0000045　D0045

新書十卷　(漢)賈誼撰　**鹽鐵論二卷**　(漢)

桓寬撰　清光緒元年(1875)刻本　四冊

120000－0343－0000046　D0046

周易參同契分章註解三卷　(漢)魏伯陽撰　(元)陳致虛注　(清)傅金銓批點　清道光二十一年(1841)刻本　四冊

120000－0343－0000047　D0047

孔叢子三卷　(漢)孔鮒撰　(明)程榮校　清光緒刻本　三冊

120000－0343－0000048　D0048

莊子集釋十卷　(戰國)莊周撰　(清)郭慶藩輯　清光緒刻本　八冊

120000－0343－0000049　D0049

嚴侯官先生全集十二卷　嚴復撰　清光緒二十九年(1903)石印本　十二冊

120000－0343－0000050　D0050

歷代職官表六卷　(清)黄本驥纂　清光緒八年(1882)刻本　三冊

120000－0343－0000051　D0051

林嚴文鈔四卷　林紓　嚴復撰　清宣統元年(1909)鉛印本　四冊

120000－0343－0000052　D0052

韓非子二十卷識誤三卷　(戰國)韓非撰　清嘉慶二十三年(1818)刻本　五冊

120000－0343－0000053　D0053

同治中興京外奏議約編八卷　(清)陳弢纂　清光緒元年(1875)刻本　八冊

120000－0343－0000054　D0054

廿一史彈詞注十一卷　(明)楊慎撰　(清)張三異增定　(清)張仲璜注　清雍正五年(1727)刻本　八冊

120000－0343－0000055　D0055

說文通檢十四卷首一卷末一卷　(清)黎永椿編　清光緒二年(1876)刻本　二冊

120000－0343－0000056　D0056

康熙字典　(清)張玉書纂　清光緒十三年(1887)石印本　六冊

120000－0343－0000057　D0057

平定關隴紀略十三卷　(清)楊昌濬撰　清光緒十三年(1887)刻本　十三冊

120000－0343－0000058　D0058

康熙字典　(清)張玉書撰　清光緒二十年(1894)石印本　十二冊

120000－0343－0000059　D0059

李氏五種合刊　(清)李兆洛撰　清同治九年(1870)刻本　十二冊

120000－0343－0000060　D0060

春秋集傳大全三十七卷　(明)胡廣纂修　明內府本　十冊

120000－0343－0000061　D0061

百將圖傳二卷　(清)丁日昌撰　清同治九年(1870)刻本　二冊

120000－0343－0000062　D0062

四書圖考十三卷　(清)杜炳撰　清光緒十三年(1887)石印本　四冊

120000－0343－0000063　D0063

唐人萬首絶句選七卷　(宋)洪邁編　(清)王士禛撰　清同治九年(1870)刻本　二冊

120000－0343－0000064　D0064

初唐四杰集三十七卷　(清)項家達輯　清同治十二年(1873)刻本　六冊

120000－0343－0000065　D0065

墨子閒詁十五卷目録一卷附録一卷後語二卷　(清)孫詒讓撰　清宣統二年(1910)刻本　八冊

120000－0343－0000066　D0066

韓柳年譜八卷　(宋)吕大防撰　清咸豐五年(1855)刻本　二冊

120000－0343－0000067　D0067

王文公年譜考略節鈔四卷附存二卷　(清)蔡元鳳撰　(清)楊希閔節録　清光緒四年(1878)刻本　五冊

120000－0343－0000068　D0068

寇忠愍公詩集三卷　(宋)寇準撰　清宣統三

年(1911)影印本　二册

120000－0343－0000069　D0069
虛受堂文集十六卷附鮑太夫人年譜　王先謙撰　清宣統二年(1910)石印本　六册

120000－0343－0000070　D0070
鬼谷子三卷　(南朝梁)陶宏景注　清嘉慶十年(1805)刻本　一册

120000－0343－0000071　D0073
論衡三十卷　(漢)王充撰　清光緒元年(1875)刻本　六册

120000－0343－0000072　D0074
新鐫玉茗堂批點按鑑粂補南宋志傳十卷五十回楊家將傳十卷五十回　(明)陳繼儒編　(明)研石山樵考訂　清刻本　十册

120000－0343－0000073　D0075
春秋繁露十七卷　(漢)董仲舒著　(明)孫鑛評　(明)朱養和訂　(明)沈鼎新　(明)朱養純粂評　明末刻本　四册

120000－0343－0000074　D0076
庸庵文編四卷續編二卷外編四卷　(清)薛福成撰　清光緒二十三年(1897)石印本　六册

120000－0343－0000075　D0077
近思錄十四卷　(宋)朱熹編　(清)張孝先集解　(清)尹會一粂訂　(清)高堂賡　(清)張文校　清乾隆刻本　四册

120000－0343－0000076　D0078
東華續錄二百二十卷　(清)朱壽朋編　清宣統元年(1909)刻本　六十四册

120000－0343－0000077　D0079
西藏通覽不分卷　(日本)山縣初男編　清宣統元年(1909)鉛印本　四册

120000－0343－0000078　D0080
曾文正公手書日記　(清)曾國藩撰　清宣統元年(1909)石印本　四十册

120000－0343－0000079　D0081
曹大家女誡不分卷　(清)王相箋注　(清)鄭漢濯校梓　清光緒二年(1876)刻本　一册

120000－0343－0000080　D0082
徐氏三種　(宋)王應麟撰　清光緒十六年(1890)刻本　四册

120000－0343－0000081　D0083
林文忠公政書三集三十七卷附畿輔水利經進稿一卷滇軺紀程一卷荷戈紀程一卷政書蒐遺一卷　(清)林則徐撰　清光緒二年至五年(1876－1879)刻本　十四册

120000－0343－0000082　D0084
弟子箴言十六卷　(清)胡達源撰　清同治九年(1870)刻本　四册

120000－0343－0000083　D0085
暗室燈二卷　(清)深山居士撰　清道光二十九年(1849)刻本　一册

120000－0343－0000084　D0086
小學集注六卷　(宋)朱熹著　清雍正五年(1727)刻本　二册

120000－0343－0000085　D0087
教務紀略四卷首一卷　(清)李剛己撰　(清)魏家驛修　清光緒三十年(1904)刻本　五册

120000－0343－0000086　D0088
重刊宋名臣言行錄七十五卷　(宋)朱熹纂　清道光元年(1821)刻本　二十四册

120000－0343－0000087　D0089
吴詩集覽二十卷補注一卷談藪二卷　(清)吴偉業撰　(清)靳榮藩輯　清乾隆三十五年(1770)刻本　十二册

120000－0343－0000088　D0090
日知錄集釋三十二卷　(清)顧炎武撰　(清)黄汝成集釋　清同治十一年(1872)刻本　十六册

120000－0343－0000089　D0091
全唐詩九百卷目錄十二卷　(清)聖祖玄燁輯　清康熙四十六年(1707)刻本　一百二十册

120000－0343－0000090　D0092
淵鑑類函四百五十卷　(清)張英撰　清光緒九年(1883)石印本　十册

120000－0343－0000091　D0093

欽定大清會典一百卷首一卷事例一千二百二十卷目錄一卷圖二百七十卷　(清)崑岡纂修　清光緒二十五年(1899)石印本　四百九十四冊

120000－0343－0000092　D0094

四書集註闡微直解二十七卷纂序四書説約合參大全　(明)張居正撰　(清)楊彝輯　清末八旗經正書院刻本　十二冊

120000－0343－0000093　D0095

淩煙閣圖不分卷　(清)劉源繪　清光緒十年(1884)石印本　一冊

120000－0343－0000094　D0096

左文襄公奏疏初編三十八卷續編七十六卷三編六卷　(清)左宗棠撰　清光緒十六年(1890)石印本　二十冊

120000－0343－0000095　D0097

出使英法義比四國日記六卷　(清)薛福成撰　清光緒二十二年(1896)石印本　三冊

120000－0343－0000096　D0099

奏議初編十二卷　(清)張之洞撰　清光緒二十七年(1901)石印本　六冊

120000－0343－0000097　D0100

普法戰紀二十卷　(清)張宗良　(清)王韜撰　清光緒十二年(1886)鉛印本　十冊

120000－0343－0000098　D0101

李文忠公事略不分卷　(清)吳汝綸撰　清光緒二十八年(1902)鉛印本　一冊

120000－0343－0000099　D0102

合肥李勤恪公政書十卷　(清)李瀚章撰　(清)李經畬編　清光緒三十二年(1906)刻本　十冊

120000－0343－0000100　D0103

吳摯甫文集四卷　(清)吳汝綸撰　清宣統元年(1909)石印本　四冊

120000－0343－0000101　D0104

危言四卷　(清)湯震撰　清光緒十六年(1890)石印本　四冊

120000－0343－0000102　D0105

洋務自強新論四卷　(清)管斯駿輯　清光緒二十二年(1896)石印本　四冊

120000－0343－0000103　D0106

洋務新論六卷　(英國)李提摩太撰　清光緒二十三年(1897)石印本　六冊

120000－0343－0000104　D0107

端溪硯史三卷　(清)吳蘭修編　清道光木活字本　一冊

120000－0343－0000105　D0108

張宗道先生地理全書二卷　(明)張亙撰　清末刻本　二冊

120000－0343－0000106　D0109

紀元編三卷末一卷　(清)李兆洛撰　(清)六承如考訂　清光緒十四年(1888)石印本　一冊

120000－0343－0000107　D0110

歷代畫像傳四卷　(清)丁善長繪　清光緒二十二年(1896)刻本　四冊

120000－0343－0000108　D0111

五大洲政治通攷四十八卷　(清)急先務齋主人校刊　清光緒二十七年(1901)石印本　十二冊

120000－0343－0000109　D0112

歷代帝王年表不分卷　(清)萬健庵編　清同治十年(1871)刻本　一冊

120000－0343－0000110　D0113

大清律例增修統纂集成四十卷附督捕則例二卷　(清)陶駿　(清)陶念霖增修　清光緒三十三年(1907)刻本　二十四冊

120000－0343－0000111　D0115

吳摯甫尺牘五卷補遺一卷諭兒書一卷　(清)吳汝綸撰　清宣統二年(1910)石印本　十二冊

120000－0343－0000112　D0116

洋務實學新編二卷　(清)傅雲龍輯　清光緒

二十二年(1896)石印本　二册

120000－0343－0000113　D0117
洋務時事彙編八卷　(清)抱朴子撰　清光緒二十七年(1901)石印本　十二册

120000－0343－0000114　D0118
張公襄理軍務紀略六卷　(清)丁運樞編　清宣統元年(1909)石印本　六册

120000－0343－0000115　D0119
國朝洋務新論二卷　(清)寄月軒主刊　清光緒十二年(1886)刻本　二册

120000－0343－0000116　D0120
榮哀錄不分卷　(清)黄翼升等撰　清末至民初石印本　一册

120000－0343－0000117　D0121
淮軍平捻記十二卷　(清)周世澄撰　清末民初刻本　六册

120000－0343－0000118　D0122
重訂昭明文選集評十五卷首一卷末一卷　(清)于惺介編　清光緒十五年(1889)石印本　八册

120000－0343－0000119　D0123
李鴻章不分卷　(清)梁啟超著　清光緒二十七年(1901)鉛印本　一册

120000－0343－0000120　D0124
古韻發明不分卷切字肆攷不分卷　(清)張耕撰　清道光刻本　四册

120000－0343－0000121　D0125
五方元音二卷　(清)樊騰鳳撰　(清)年希堯增補　清光緒二十五年(1899)刻本　一册

120000－0343－0000122　D0126
開平礦物切要案據　(清)□□編　清宣統二年(1910)鉛印本　一册

120000－0343－0000123　D0127
倉頡篇三卷續一卷補二卷字林攷逸八卷補一卷　(清)孫星衍　(清)任大椿　(清)陶方琦學　清光緒十六年(1890)刻本　六册

120000－0343－0000124　D0128
古微堂内集三卷外集七卷　(清)魏源撰　清光緒四年(1878)刻本　四册

120000－0343－0000125　D0129
述學内篇三卷外篇一卷補遺一卷別錄一卷　(清)汪中撰　清同治八年(1869)刻本　二册

120000－0343－0000126　D0130
左傳經世鈔約選三卷　(清)魏禧評點　清刻本　一册　存一卷(三)

120000－0343－0000127　D0131
唐文粹一百卷　(宋)姚鉉纂　清光緒九年(1883)刻本　十六册

120000－0343－0000128　D0132
說文引經例辨三卷　(清)雷浚撰　清光緒九年(1883)刻本　一册

120000－0343－0000129　D0133
開平礦局交涉事彙　(清)□□編　清宣統元年(1909)鉛印本　一册

120000－0343－0000130　D0134
字類標韻六卷　(清)華綱輯　(清)王乃棠重校　清光緒元年(1875)刻本　二册

120000－0343－0000131　D0135
唐文粹補遺二十六卷　(清)郭麐纂　清光緒十一年(1885)刻本　四册

120000－0343－0000132　D0136
彭剛直公詩集八卷　(清)彭玉麟撰　清光緒十七年(1891)刻本　二册

120000－0343－0000133　D0137
說文解字三十二卷　(清)段玉裁注　清同治六年(1867)刻本　十六册

120000－0343－0000134　D0138
彭剛直公奏稿八卷　(清)彭玉麟撰　清光緒十七年(1891)刻本　六册

120000－0343－0000135　D0139
聖賢像贊三卷　(明)呂維祺編　明末刻本　四册

120000－0343－0000136　D0140
苗氏說文四種四十六卷　(清)苗夔撰　清咸豐刻本　九册

120000－0343－0000137　D0141
復古編二卷　(宋)張有撰　清乾隆刻本　四册

120000－0343－0000138　D0142
唐詩三百首注疏六卷　(清)蘅塘退士編　(清)章燮注　(清)孫孝根校正　清道光二十二年(1842)刻本　二册

120000－0343－0000139　D0143
東華全錄四百二十五卷續錄六十九卷　王先謙編　(清)周潤蕃　(清)周淪蕃校　清光緒十三年(1887)刻本　一百八十八册

120000－0343－0000140　D0145
唐詩三百首註釋六卷　(清)蘅塘退士編　(清)孫孝根校　(清)章燮注　**續選一卷**　(清)于慶元編　清光緒十一年(1885)刻本　四册

120000－0343－0000141　D0146
普天忠憤集十四卷　(清)魯陽生撰　清光緒二十一年(1895)石印本　十二册

120000－0343－0000142　D0147
紅樓夢影二十四回　(清)西湖散人撰　清光緒三年(1877)活字刻本　四册

120000－0343－0000143　D0148
嘉慶東華錄詳節二十四卷　(清)鄢樹庭編　(清)李葆璋校　清光緒二十六年(1900)石印本　十六册

120000－0343－0000144　D0149
後紅樓夢三十二卷　(清)逍遙子撰　清末抄本　八册

120000－0343－0000145　D0150
海國圖志一百卷首一卷　(清)魏源撰　**海國圖志續集二十五卷首一卷**　(英國)麥高爾撰　清光緒二十八年(1902)石印本　十六册

120000－0343－0000146　D0151
良言瑣記不分卷　(清)鐵珊纂　清光緒五年(1879)刻本　一册

120000－0343－0000147　D0152
十駕齋養新錄二十卷餘錄三卷　(清)錢大昕撰　清光緒二年(1876)刻本　八册

120000－0343－0000148　D0154
嘉慶長安縣志三十六卷　(清)張聰賢修　清嘉慶刻本　六册

120000－0343－0000149　D0155
澗于日記不分卷　(清)張佩綸撰　清末石影本　十四册

120000－0343－0000150　D0156
班馬字類二卷　(宋)婁機撰　清光緒九年(1883)刻本　二册

120000－0343－0000151　D0157
詩古微上篇三卷中篇十卷下篇二卷首一卷　(清)魏源輯　清光緒十三年(1887)刻本　十二册

120000－0343－0000152　D0158
駢體文鈔三十一卷　(清)李兆洛編　清光緒八年(1882)刻本　十二册

120000－0343－0000153　D0159
陽春白雪八卷外集一卷　(宋)趙聞禮選　清道光刻本　八册

120000－0343－0000154　D0160
御選唐宋詩醇四十七卷目錄二卷　(清)高宗弘曆選　清乾隆二十五年(1760)刻本　十六册

120000－0343－0000155　D0161
山海經廣注十八卷讀山海經語一卷雜述一卷山海經圖五卷　(清)吳任臣注　清乾隆五十一年(1786)刻本　四册

120000－0343－0000156　D0162
中州集十卷首一卷中州樂府集一卷　(金)元好問集　明末汲古閣刻本　十册

120000－0343－0000157　D0163
昌黎先生詩集注十一卷　(唐)韓愈撰　(清)

朱彝尊　(清)何焯評　(清)顧嗣立刪補　清光緒九年(1883)刻本　四冊

120000－0343－0000158　D0165
品花寶鑒六十卷　(清)石函氏撰　清光緒刻本　八冊

120000－0343－0000159　D0166
楚辭集注八卷辨證二卷後語六卷　(宋)朱熹撰　清宣統三年(1911)石印本　四冊

120000－0343－0000160　D0167
御選唐詩三十二卷目錄三卷　(清)聖祖玄燁選　清康熙五十二年(1713)刻本　三十二冊

120000－0343－0000161　D0168
楚辭十七卷　(戰國)屈原撰　清同治十一年(1872)刻本　四冊

120000－0343－0000162　D0169
十六國宮詞二卷　(清)周昇撰並注　清道光刻本　一冊

120000－0343－0000163　D0170
繪圖鳳凰山十卷　(□)□□撰　清宣統二年(1910)石印本　十冊

120000－0343－0000164　D0171
繪圖青樓夢六卷　(清)釐峰慕真山人撰　清光緒三十一年(1905)石印本　六冊

120000－0343－0000165　D0172
新編目連救母勸善戲文三卷　(明)鄭之珍編　明萬曆刻本　五冊

120000－0343－0000166　D0173
繡像醒世姻緣傳一百回　(清)西周生撰　清光緒二十年(1894)石印本　十冊

120000－0343－0000167　D0174
分類詩腋八卷　(清)黃理齋鑒定　(清)李楨編　清道光刻本　四冊

120000－0343－0000168　D0175
七子詩選十四卷　(清)沈德潛選　清乾隆十八年(1753)刻本　二冊

120000－0343－0000169　D0176
增補重訂千家詩註解四卷　(元)謝枋得選　清宣統二年(1910)石印本　二冊

120000－0343－0000170　D0177
御選唐詩三十二卷目錄三卷　(清)聖宗玄燁選　清康熙五十二年(1713)刻本　十六冊

120000－0343－0000171　D0178
湘綺樓八代詩選二十卷　王闓運撰　清光緒七年(1881)刻本　六冊

120000－0343－0000172　D0179
諧鐸十二卷　(清)沈起鳳撰　清嘉慶十三年(1808)刻本　一冊

120000－0343－0000173　D0180
分類賦鵠二十卷　(清)廣百宋齋主人編　清光緒十二年(1886)石印本　十二冊

120000－0343－0000174　D0181
古詩箋三十二卷　(清)王士禛撰　(清)聞人倓箋　清乾隆三十一年(1766)刻本　十六冊

120000－0343－0000175　D0182
明三十家詩選初集八卷二集八卷　(清)汪端輯　清同治十二年(1873)刻本　八冊

120000－0343－0000176　D0183
王荊文公詩五十卷目錄一卷　(宋)王安石撰　(宋)李壁箋注　清末影印本　八冊

120000－0343－0000177　D0184
諧鐸十二卷　(清)沈起鳳撰　清光緒六年(1880)石印本　四冊

120000－0343－0000178　D0185
明人詩鈔正集十四卷續集十四卷　(清)朱琰編　清乾隆二十五年(1760)刻本　十冊

120000－0343－0000179　D0186
增訂繪圖精忠說岳全傳八卷　(清)錢彩撰　清光緒三十二年(1906)石印本　四冊

120000－0343－0000180　D0187
繪圖說岳全傳八卷　(清)錢彩撰　清光緒鉛印本　八冊

120000－0343－0000181　D0188

虞初新志二十卷 （清）張潮輯 清乾隆二十九年(1764)刻本 八册

120000－0343－0000182 D0189
虞初續志十二卷 （清）鄭澍若編 清咸豐元年(1851)刻本 六册

120000－0343－0000183 D0190
三續聊齋志異十卷 （清）王紫詮撰 清光緒二十年(1894)石印本 四册

120000－0343－0000184 D0191
世説新語三卷 （南朝宋）劉義慶撰 （南朝梁）劉峻注 （明）凌濛初訂 明末刻本 六册

120000－0343－0000185 D0192
聊齋補遺六卷 （清）七如氏撰 清光緒六年(1880)石印本 四册

120000－0343－0000186 D0193
詳注聊齋志異圖詠十六卷 （清）蒲松齡撰 （清）呂湛恩注 清光緒十二年(1886)石印本 八册

120000－0343－0000187 D0194
詳注聊齋志異圖詠十六卷 （清）蒲松齡撰 （清）吕湛恩注 清光緒石印本 八册

120000－0343－0000188 D0195
此宜閣增訂金批西廂記四卷首一卷末一卷 （元）王實甫撰 （清）金聖嘆評 清刻朱墨套印本 十二册

120000－0343－0000189 D0196
聊齋志異新評十六卷 （清）蒲松齡撰 （清）但明倫新評 清光緒十一年(1885)刻本 十六册

120000－0343－0000190 D0197
後續大宋楊家將文武曲星包公狄青初傳十四卷綉像一卷 （清）李雨堂撰 清咸豐八年(1858)刻本 七册

120000－0343－0000191 D0198
評注圖像水滸傳七十五卷首一卷圖像一卷 （明）施耐庵撰 （清）金聖嘆評 清光緒十二年(1886)石印本 八册

120000－0343－0000192 D0199
聊齋志異新評十六卷 （清）蒲松齡撰 （清）王士禎評 （清）但明倫新評 清光緒十三年(1887)刻本 十六册

120000－0343－0000193 D0200
世説新語補二十卷 （南朝宋）劉義慶撰 （明）何良俊增 清乾隆二十七年(1762)刻本 八册

120000－0343－0000194 D0201
金石緣全傳八卷二十四回 （清）静恬主人題 清刻本 六册

120000－0343－0000195 D0202
小五義一百二十四回續一百二十四回 （清）石玉崑撰 清光緒印本 二十册

120000－0343－0000196 D0203
圖像鏡花緣全傳六卷圖像一卷 （清）李汝珍撰 清光緒三十年(1904)石印本 六册

120000－0343－0000197 D0204
伯利探路記 （清）曹廷杰撰 **出使英法日記** （清）曾紀澤撰 **西征紀程四卷** （清）鄒代鈞撰 **使德日記** （清）李鳳苞撰 **西輶日記游歷芻言印度劄記** （清）黄楙材撰 清光緒二十三年(1897)刻本 六册

120000－0343－0000198 D0205
圖像鏡花緣全傳六卷圖像一卷 （清）李汝珍撰 清宣統元年(1909)石印本 六册

120000－0343－0000199 D0206
繪圖後紅樓夢六卷圖像一卷 （清）逍遥子撰 清宣統二年(1910)石印本 六册

120000－0343－0000200 D0207
戰國策三十三卷國語二十一卷劄記一卷重刻剡川姚氏本戰國策劄記三卷 （漢）高誘注 清嘉慶八年(1803)刻本 八册

120000－0343－0000201 D0208
孫龐演義四卷新編批評綉像後七國樂田演義四卷 （清）徐震撰 清宣統元年(1909)石印

本　四册

120000－0343－0000202　D0209
紅樓夢圖詠四卷　(清)改琦繪　(清)李光録輯　清光緒十年(1884)刻本　四册

120000－0343－0000203　D0210
閱微草堂筆記二十四卷　(清)觀弈道人撰　清嘉慶刻本　十册

120000－0343－0000204　D0211
戰國策三十三卷　(漢)劉向編　(漢)高誘注　清乾隆二十一年(1756)刻本　四册

120000－0343－0000205　D0212
潛園友朋書問十二卷　(清)李鴻章等撰　清光緒三十三年(1907)影印本　六册

120000－0343－0000206　D0213
增評補像全圖金玉緣十五卷首一卷　(清)曹雪芹撰　清光緒三十四年(1908)石印本　十六册

120000－0343－0000207　D0214
醉茶誌怪四卷　(清)李慶辰著　清光緒十八年(1892)刻本　四册

120000－0343－0000208　D0215
古文觀止十二卷　(清)吴乘權　(清)吴大職選　清光緒刻本　六册

120000－0343－0000209　D0216
庸閑齋筆記十二卷首一卷　(清)陳其元撰　清光緒十五年(1889)石印本　五册

120000－0343－0000210　D0217
山海經十八卷圖五卷　(晉)郭璞傳　(清)畢沅校　清光緒鉛印本　四册

120000－0343－0000211　D0218
山海經十八卷　(晉)郭璞傳　(明)吴中珩校　清刻本　一册

120000－0343－0000212　D0219
搜神記二十卷搜神後記十卷　(晉)干寶撰　清光緒元年(1875)刻本　三册

120000－0343－0000213　D0220
史姓韻編二十四卷　(清)汪輝祖輯　清光緒二十九年(1903)石印本　三册

120000－0343－0000214　D0221
歷朝紀事本末九種六百五十八卷　(清)陳如升撰　清光緒元年(1875)石印本　五十二册

120000－0343－0000215　D0222
九朝紀事本末　(□)□□撰　清光緒二十八年(1902)石印本　五十四册

120000－0343－0000216　D0223
繪圖結水滸全傳八卷七十回末一卷　(清)俞萬春撰　清光緒二十二年(1896)鉛印本　八册

120000－0343－0000217　D0224
中東戰紀本末續編四卷　(美國)林樂知撰釋　蔡爾康輯　清光緒二十三年(1897)鉛印本　四册

120000－0343－0000218　D0225
泰西新史攬要二十四卷　(英國)馬懇西撰　清光緒二十四年(1898)石印本　七册

120000－0343－0000219　D0226
百家姓考略不分卷　(清)王相纂　(清)徐士業校　清刻本　一册

120000－0343－0000220　D0227
桐城吴先生全書五種　(清)吴汝綸撰　清光緒三十年(1904)刻本　四册　存一種(桐城吴先生文集詩集)

120000－0343－0000221　D0228
樊川文集二十卷　(唐)杜牧撰　清光緒二十二年(1896)刻本　四册

120000－0343－0000222　D0229
李太白文集三十卷目録一卷　(唐)李白撰　(清)繆曰芑校刊　清康熙刻本　十二册

120000－0343－0000223　D0230
李翰林集三十卷　(唐)李白撰　清光緒三十二年(1906)刻本　六册

120000－0343－0000224　D0231
文選六十卷攷異十卷　(南朝梁)蕭統撰

(唐)李善注　清嘉慶刻本　二十四冊

120000－0343－0000225　D0232
古文辭類纂七十四卷　(清)姚鼐纂　清乾隆刻本　十六冊

120000－0343－0000226　D0233
繪圖評點女仙外史一百卷圖像一卷　(清)呂熊撰　清宣統元年(1909)石印本　八冊

120000－0343－0000227　D0234
繡像全圖永慶昇平十二卷圖一卷　(清)郭廣瑞撰　**新刊繡像全圖永慶昇平後傳十二卷圖一卷**　(清)貪夢道人撰　清光緒二十九年(1903)石印本　八冊

120000－0343－0000228　D0235
聖武記十四卷　(清)魏源撰　清道光二十二年(1842)刻本　十二冊

120000－0343－0000229　D0236
元和郡縣圖志四十卷闕卷逸文一卷補志六卷補目錄一卷原志三十四卷附錄闕卷逸文一卷　(唐)李吉甫撰　清光緒六年(1880)刻本　十冊

120000－0343－0000230　D0237
春秋大事表五十卷輿圖一卷附錄一卷　(清)顧棟高輯　清乾隆十二年(1747)刻本　二十冊

120000－0343－0000231　D0238
書業德重訂古文釋義新編八卷　(清)余誠評注　清光緒十八年(1892)刻本　八冊

120000－0343－0000232　D0239
平浙紀略十六卷　(清)秦緗業　(清)陳鐘英輯　清光緒元年(1875)鉛印本　四冊

120000－0343－0000233　D0240
中外時務經濟統宗十八卷　(清)張之洞輯　清光緒二十七年(1901)鉛印本　十六冊

120000－0343－0000234　D0241
甲申朝事小紀一編八卷二編八卷三編四卷　(清)抱陽生輯　清末鉛印本　十九冊　缺一卷(二編六)

120000－0343－0000235　D0242
宣講拾遺六卷首一卷　(清)莊跛仙輯　清光緒二十四年(1898)刻本　六冊

120000－0343－0000236　D0243
龍文鞭影四卷　(明)蕭良有撰　(明)楊臣諍增訂　(清)李恩綬校補　清光緒十一年(1885)刻本　四冊

120000－0343－0000237　D0244
龍文鞭影四卷　(明)蕭良有纂輯　(明)楊臣諍增訂　(清)李恩綬校補　清光緒十九年(1893)刻本　二冊

120000－0343－0000238　D0245
明史紀事本末八十卷　(清)谷應泰輯　清同治十三年(1874)刻本　二十冊

120000－0343－0000239　D0246
龍文鞭影二卷二集二卷　(明)蕭良有撰　(明)楊臣諍　(清)李暉吉輯　清光緒三年(1877)刻本　二冊

120000－0343－0000240　D0247
龍文鞭影二卷二集二卷三集三卷　(明)蕭良有撰　(明)楊臣諍　(清)李暉吉輯　清光緒十九年(1893)刻本　六冊

120000－0343－0000241　D0248
校刊史記集解索隱正義札記五卷　(清)張文虎撰　清同治十一年(1872)刻本　二冊

120000－0343－0000242　D0249
四史發伏十卷　(清)洪亮吉撰　清光緒八年(1882)刻本　四冊

120000－0343－0000243　D0250
歷代名臣言行錄二十四卷　(清)朱桓編　清光緒二十四年(1898)石印本　八冊

120000－0343－0000244　D0251
歷代帝王年表三卷　(清)齊召南　(清)阮福編　清光緒十二年(1886)石印本　三冊

120000－0343－0000245　D0252
繡像古今賢女傳九卷　(清)息園撰　清光緒三十四年(1908)石印本　八冊

120000－0343－0000246　D0253
列女傳補注八卷敘錄一卷校正一卷　(漢)劉向撰　(清)王照圓補注　清光緒八年(1882)刻本　四册

120000－0343－0000247　D0254
平定粵匪紀略十八卷附記四卷　(清)杜文瀾撰　清同治十年(1871)刻本　十册

120000－0343－0000248　D0255
書林清話十卷　葉德輝撰　清宣統三年(1911)刻本　五册

120000－0343－0000249　D0256
歷代名臣奏議選三十卷　(清)趙承恩編　清同治十三年(1874)刻本　二十四册

120000－0343－0000250　D0257
農政全書六十卷　(明)徐光啟纂　清宣統元年(1909)石印本　八册

120000－0343－0000251　D0258
篆書正四卷　(明)戴明說撰　清順治刻本　四册

120000－0343－0000252　D0259
欽定四庫全書簡明目錄二十卷四庫未收書目提要五卷　(清)紀昀編　**書目答問四卷**　(清)張之洞撰　清光緒十五年(1889)石印本　六册

120000－0343－0000253　D0260
六書分類十二卷首一卷　(清)傅世堯撰　清康熙三十八年(1699)刻本　十四册

120000－0343－0000254　D0261
忠武誌十卷　(清)張鵬翮撰　清康熙刻本　六册

120000－0343－0000255　D0262
子史精華一百六十卷　(清)允禄編　清光緒十年(1884)石印本　八册

120000－0343－0000256　D0263
秦漢文鈔十二卷　(清)馮有翼輯　清光緒十三年(1887)刻本　六册

120000－0343－0000257　D0264
重訂六書通十卷　(清)畢弘述篆訂　清光緒十九年(1893)石印本　五册

120000－0343－0000258　D0265
格言聯璧不分卷　(清)金纓輯　清光緒十六年(1890)刻本　二册

120000－0343－0000259　D0266
增補事類統編三十五卷　(清)黄葆真輯　清光緒十四年(1888)石印本　十册

120000－0343－0000260　D0267
格言聯璧不分卷　(清)金纓輯　清光緒四年(1878)刻本　一册

120000－0343－0000261　D0268
也是集　(清)安蹇撰　清光緒三十三年(1907)鉛印本　一册

120000－0343－0000262　D0269
四書釋文十九卷　(清)梅小樹校字　清光緒十四年(1888)刻本　八册

120000－0343－0000263　D0270
岳忠武王文集八卷首一卷末一卷　(宋)岳飛撰　(清)黄邦寧纂修　清乾隆刻本　四册

120000－0343－0000264　D0271
春暉堂叢書十一種三十六卷　(清)徐渭仁輯　清道光、咸豐刻本　十二册

120000－0343－0000265　D0272
滂喜齋叢書　(清)潘祖蔭撰　清同治至光緒吴縣潘氏京師刻本　三十二册

120000－0343－0000266　D0273
論語正義二十四卷　(清)劉寶楠撰　清同治五年(1866)刻本　六册

120000－0343－0000267　D0274
四書章句　(宋)朱熹撰　清光緒三年(1877)刻本　六册

120000－0343－0000268　D0275
古微堂内集三卷外集七卷　(清)魏源著　清光緒四年(1878)刻本　四册

120000－0343－0000269　D0276

智囊補二十八卷 (明)馮夢龍輯 清刻本 十二册

120000－0343－0000270 D0277

讀禮通考四卷 (清)徐乾學撰 清光緒二十四年(1898)刻本 一册

120000－0343－0000271 D0278

欽定篆文六經四書十種 (清)李光地編 清光緒九年(1883)石印本 十册

120000－0343－0000272 D0279

皇清經解續編二百零九卷 王先謙撰 清光緒十五年(1889)石印本 三十二册

120000－0343－0000273 D0280

六如居士全集 (明)唐寅撰 清嘉慶刻本 六册

120000－0343－0000274 D0281

元文類七十卷目録三卷 (元)蘇天爵輯 清光緒十五年(1889)刻本 十册

120000－0343－0000275 D0282

金文雅十六卷 (清)莊仲方編 清光緒十七年(1891)刻本 四册

120000－0343－0000276 D0283

春秋左傳服注存二卷續一卷補遺一卷 (清)沈豫輯 清道光二十六年(1846)藏修書屋刻本 二册

120000－0343－0000277 D0284

五經合纂大成四十四卷 (□)□□撰 清光緒十一年(1885)石印本 二十册

120000－0343－0000278 D0285

明文在一百卷 (清)薛熙纂 (清)何潔輯 清光緒十五年(1889)刻本 十册

120000－0343－0000279 D0286

二百卌孝圖四卷 (清)胡文炳輯 (清)謝仁澍書 清光緒刻本 四册

120000－0343－0000280 D0287

格致叢書一百十種一百五十五卷 (英國)傅蘭雅等編 清光緒石印本 三十二册

120000－0343－0000281 D0288

昭代叢書 (清)張潮輯 清道光十三年(1833)刻本 一百六十册

120000－0343－0000282 D0289

古文淵鑒六十四卷 (清)徐乾學編注 清康熙二十四年(1685)内府刻四色套印本 二十四册

120000－0343－0000283 D0290

定盦全集 (清)龔自珍撰 **龔先生年譜** 吴昌綬編 清宣統元年(1909)鉛印本 七册

120000－0343－0000284 D0291

癸巳類稿十五卷 (清)俞正燮撰 清道光十三年(1833)刻本 十册

120000－0343－0000285 D0292

癸巳存稿十五卷 (清)俞正燮撰 清光緒十年(1884)刻本 八册

120000－0343－0000286 D0293

御纂朱子全書六十六卷 (宋)朱熹撰 (清)李光地編 清康熙五十三年(1714)刻本 二十五册

120000－0343－0000287 D0294

古逸叢書二十六種 (清)黎庶昌輯 清光緒十年(1884)刻本 四十九册

120000－0343－0000288 D0295

蔡中郎集八卷 (漢)蔡邕撰 明萬曆天啟新安汪氏刻漢魏諸名家集本 二册

120000－0343－0000289 D0296

正誼堂全書六十六種五百二十卷 (清)張伯行輯 (清)楊浚重輯 清同治八年至九年(1869－1870)刻本 一百六十册

120000－0343－0000290 D0297

容齋隨筆十六卷 (宋)洪邁撰 清康熙三十九年(1700)刻本 六册

120000－0343－0000291 D0298

齊東野語二十卷 (宋)周密撰 明末毛氏汲古閣刻本 十册

120000－0343－0000292 D0299

金丹正理大全十九卷　(明)紫霞山人　(□)涵蟾子編輯　明刻清補刻本　六册

120000－0343－0000293　D0300
定盦全集　(清)龔自珍撰　龔先生年譜　吳昌綬編　清宣統元年(1909)鉛印本　七册

120000－0343－0000294　D0301
春秋三傳十六卷首一卷　(□)□□撰　清嘉慶十年(1805)刻本　十八册

120000－0343－0000295　D0302
李文公集十八卷補遺一卷附錄一卷　(唐)李翱撰　清光緒元年(1875)刻本　二册

120000－0343－0000296　D0303
西湖佳話古今遺蹟十六卷　(清)墨浪子輯　清同治九年(1870)刻本　四册

120000－0343－0000297　D0304
惜抱軒全集十四種八十八卷　(清)姚鼐撰　清同治五年(1866)刻本　十八册

120000－0343－0000298　D0305
皇清經解一百八十種一千四百零八卷　(清)阮元輯　清光緒十三年(1887)石印本　六十四册

120000－0343－0000299　D0307
繪圖評點女僊外史一百回　(清)呂熊撰　清宣統元年(1909)石印本　八册

120000－0343－0000300　D0308
程尚書禹貢論二卷後論一卷禹貢山川地理圖一卷　(宋)程大昌撰　清康熙通志堂刻本　二册

120000－0343－0000301　D0309
寒松堂全集十二卷附寒松老人年譜　(清)魏象樞撰　清嘉慶十六年(1811)刻本　七册

120000－0343－0000302　D0310
漢魏六朝百三名家集　(明)張溥撰　清光緒十八年(1892)刻本　一百册

120000－0343－0000303　D0311
青雲集分韻試帖詳注四卷　(清)沈品三注　清同治刻本　四册

120000－0343－0000304　D0312
太平經國之書十一卷首一卷　(宋)鄭伯謙撰　清初影明寫本　四册

120000－0343－0000305　D0313
東坡全集一百十五卷目錄七卷　(宋)蘇軾撰　明萬曆三十七年(1609)刻本　十二册

120000－0343－0000306　D0314
十六國春秋一百卷　(北魏)崔鴻撰　清乾隆四十六年(1781)刻本　十六册

120000－0343－0000307　D0315
四書人物類典串珠四十卷　(清)臧志仁輯　清光緒十五年(1889)刻本　十二册

120000－0343－0000308　D0316
欽定春秋傳說彙纂三十八卷首二卷　(清)王掞纂　清康熙六十年(1721)刻本　二十册

120000－0343－0000309　D0317
分韻試帖青雲集合註四卷　(清)沈品金注　清光緒五年(1879)刻本　四册

120000－0343－0000310　D0318
宋文鑑一百五十卷目錄三卷　(宋)呂祖謙修　清光緒十二年(1886)刻本　二十四册

120000－0343－0000311　D0319
史記一百三十卷方望溪評點史記四卷　(漢)司馬遷撰　(明)歸震川評點　清光緒二年(1876)刻本　十五册

120000－0343－0000312　D0320
校正重刊宋朝文鑑一百五十卷目錄三卷　(宋)呂祖謙纂　明弘治刻本　十六册

120000－0343－0000313　D0321
四書圖考十三卷　(清)杜炳撰　清光緒十三年(1887)石印本　四册

120000－0343－0000314　D0322
豈有此理四卷更豈有此理四卷　(清)醒目齋編　清嘉慶四年(1799)刻本　八册

120000－0343－0000315　D0323
孝經讀本四卷首一卷　(清)趙長庚撰　清光緒十年(1884)刻本　二册

120000－0343－0000316　D0324
春秋左傳姓名同異考四卷　(清)高士奇輯　清康熙刻本　二册

120000－0343－0000317　D0325
揅經室集一集十四卷二集八卷三集五卷四集十一卷續集十一卷再續集六卷外集五卷　(清)阮元撰　清道光三年(1823)刻本　二十册

120000－0343－0000318　D0326
四書圖考十三卷　(清)杜炳撰　清光緒十三年(1887)石印本　四册

120000－0343－0000319　D0327
震川先生集三十卷别集十卷　(明)歸有光撰　清宣統二年(1910)鉛印本　十册　缺三卷(别集八至十)

120000－0343－0000320　D0328
子書百家一百種四百八十二卷　(三國魏)王肅等注　清光緒元年(1875)刻本　一百零三册

120000－0343－0000321　D0329
文史通義八卷校讎通義三卷　(清)章學誠撰　清道光十二年(1832)刻本　五册

120000－0343－0000322　D0330
第一奇書野叟曝言二十卷一百五十二回　(清)夏敬渠撰　清光緒七年(1881)木活字刻本　二十一册

120000－0343－0000323　D0331
四書字辨□□卷　(清)王賡言識　清末刻本　六册

120000－0343－0000324　D0332
史姓韻編二十四卷　(清)汪輝祖輯　清光緒二十九年(1903)石印本　八册

120000－0343－0000325　D0333
津門雜記三卷　(清)張燾輯　清光緒十年(1884)刻本　三册

120000－0343－0000326　D0334
歷朝名媛詩詞十二卷　(清)陸昶輯　清乾隆三十八年(1773)刻本　六册

120000－0343－0000327　D0335
海國圖志一百卷　(清)魏源撰　**海國圖志續集二十五卷首一卷**　(英國)麥高爾輯　清光緒二十一年(1895)石印本　十六册

120000－0343－0000328　D0336
郭氏傳家易説十一卷總論一卷　(宋)郭雍撰　清同治十三年(1874)刻本　八册

120000－0343－0000329　D0337
昌黎先生集四十卷　(唐)韓愈撰　清同治八年(1869)刻本　十一册

120000－0343－0000330　D0338
歷代宫閨文選二十六卷歷代宫閨姓氏小録一卷　(清)周壽昌輯　清宣統三年(1911)鉛印本　六册

120000－0343－0000331　D0339
儒林宗派十六卷　(清)萬斯同撰　清宣統三年(1911)刻本　二册

120000－0343－0000332　D0340
孔子家語十卷　(三國魏)王肅注　清光緒石印本　五册

120000－0343－0000333　D0341
三蘇文苑八卷　(明)孫鑛輯　**東坡文苑五卷**　(宋)蘇軾撰　**蘇老泉評苑三卷**　(宋)蘇洵撰　明末刻本　六册

120000－0343－0000334　D0342
鹿洲全集八種四十三卷　(清)藍鼎元撰　清雍正刻本　二十册

120000－0343－0000335　D0343
説苑二十卷　(漢)劉向撰　清光緒元年(1875)刻本　四册

120000－0343－0000336　D0344
政藝通報　鄧實編　清光緒三十一年(1905)鉛印本　二十册　存六十四卷(乙巳全書一至六十四)

120000－0343－0000337　D0345
政藝叢書壬寅全書六十五卷　鄧實編　清光

緒二十九年(1903)石印本　十二册　缺六卷(外政通紀五至八、外政要電一卷、西政叢鈔一卷)

120000－0343－0000338　D0346
史通削繁四卷　(唐)劉知幾撰　(清)紀昀削繁　清光緒元年(1875)刻本　四册

120000－0343－0000339　D0347
武侯全書二十卷首一卷　(三國蜀)諸葛亮撰　(清)趙承恩輯　清光緒十年(1884)刻本　十二册

120000－0343－0000340　D0348
宋稗類鈔三十六卷　(清)潘永因編　清宣統三年(1911)石印本　十二册

120000－0343－0000341　D0349
張文忠公全集四十六卷附錄二卷　(明)張居正撰　清光緒二十七年(1901)刻本　十六册

120000－0343－0000342　D0350
映旭齋增訂北宋三遂平妖全傳十八卷　(明)羅貫中撰　(明)馮夢龍補　(清)馮猶龍增訂　清刻本　六册

120000－0343－0000343　D0351
[光緒]重修天津府志五十四卷首一卷末一卷　沈家本修　清光緒二十四年(1898)刻本　二十八册

120000－0343－0000344　D0352
儒林外史評二卷　(清)天目山樵評　清光緒刻本　二册

120000－0343－0000345　D0353
四書不分卷　(宋)朱熹注　清康熙刻本　五册

120000－0343－0000346　D0354
盛世危言五卷　(清)鄭觀應撰　清光緒二十二年(1896)石印本　五册

120000－0343－0000347　D0355
香豔小品　沈宗畸輯　清光緒石印本　五册

120000－0343－0000348　D0356
輶軒使者絕代語釋別國方言十三卷補遺一卷　(漢)揚雄撰　(晉)郭璞注　**白虎通四卷闕文一卷補遺一卷**　(漢)班固撰　**逸周書十卷附錄一卷校正補遺一卷**　(晉)孔晁注　清乾隆刻本　五册

120000－0343－0000349　D0357
亭林文集六卷餘集一卷　(明)顧炎武撰　清光緒三十年(1904)刻本　四册

120000－0343－0000350　D0358
續復古編　(元)曹本撰　清光緒十二年(1886)刻本　四册

120000－0343－0000351　D0359
文變三卷　(清)蔡元培選　清光緒二十八年(1902)鉛印本　一册

120000－0343－0000352　D0360
欽定大清商律不分卷　載振等撰　清光緒二十九年(1903)鉛印本　一册

120000－0343－0000353　D0361
韓非子集解二十卷首一卷　(戰國)韓非撰　(清)王先慎集解　清光緒二十二年(1896)刻本　六册

120000－0343－0000354　D0362
政治泛論　(美國)威爾遜撰　清光緒二十九年(1903)政學叢書鉛印本　二册

120000－0343－0000355　D0363
蘇文忠公詩集五十卷目錄二卷　(宋)蘇軾撰　(清)紀昀評述　清道光十四年(1834)刻本　十二册

120000－0343－0000356　D0364
盛世危言續編三卷　(清)香山杞憂生輯　**外編二卷**　(清)馮桂芬輯　**新政論義二卷**　(清)胡翼南　(清)何啟撰　清光緒二十四年(1898)石印本　七册

120000－0343－0000357　D0365
韓非子二十卷　(戰國)韓非撰　清光緒元年(1875)影印本　五册

120000－0343－0000358　D0366

唐文粹一百卷　(宋)姚鉉纂　清光緒九年(1883)刻本　十六冊

120000－0343－0000359　D0367
唐文粹補遺二十六卷　(清)郭麐纂　清光緒十一年(1885)刻本　四冊

120000－0343－0000360　D0368
淮南子二十一卷敘目一卷　(漢)高誘注　(清)莊逵吉校　清嘉慶九年(1804)刻本　六冊

120000－0343－0000361　D0369
東塾讀書記二十五卷　(清)陳澧撰　清光緒二十四年(1898)刻本　五冊

120000－0343－0000362　D0370
康熙字典十二集等韻一卷備考一卷補遺一卷　(清)張玉書撰　清光緒二十年(1894)石印本　六冊

120000－0343－0000363　D0371
林嚴合鈔四卷　林紓　嚴復撰　清宣統元年(1909)鉛印本　四冊

120000－0343－0000364　D0372
積學齋叢書二十種六十一卷　徐乃昌撰　清光緒南陵徐乃昌刻本　二十冊

120000－0343－0000365　D0373
龍川文集三十卷補遺一卷附考異二卷　(宋)陳亮撰　(清)胡鳳丹輯　清同治七年(1868)退補齋刻本　八冊

120000－0343－0000366　D0374
歷代奸庸殷鑒錄三十二卷首一卷　(清)開智書局輯　清光緒三十年(1904)石印本　四冊

120000－0343－0000367　D0375
華陽國志十二卷　(晉)常璩撰　(宋)李塈刊　(清)李調元校定　清乾隆四十六年(1781)刻本　五冊

120000－0343－0000368　D0376
天津拳匪變亂紀事二卷　劉孟揚撰　清宣統鉛印本　二冊

120000－0343－0000369　D0377
南宋文錄錄二十四卷　(清)董兆熊輯　清光緒十年(1884)刻本　六冊

120000－0343－0000370　D0378
曾文正公大事記四卷　(清)王定安撰　(清)李鴻章　(清)曾國荃審定　清光緒十七年(1891)鉛印本　一冊

120000－0343－0000371　D0379
李忠定集六十九卷首一卷年譜一卷表本一卷擬制詔四卷　(宋)李綱撰　清光緒二十九年(1903)刻本　二十冊

120000－0343－0000372　D0380
兵書十四卷　(漢)公孫弘等解　清光緒刻本　三冊

120000－0343－0000373　D0381
康熙字典十二集等韻一卷備考一卷補遺一卷　(清)張玉書撰　清光緒九年(1883)石印本　四冊

120000－0343－0000374　D0382
春在堂全書十四種　(清)俞樾撰　清同治十年(1871)刻本　六十四冊

120000－0343－0000375　D0383
倫理學三卷　(清)姚準刊　清宣統元年(1909)活字本　一冊

120000－0343－0000376　D0384
駢文類纂四十六卷　王先謙輯　清光緒二十八年(1902)刻本　二十四冊

120000－0343－0000377　D0385
欽定書經圖說五十卷　(清)孫家鼐修　清光緒三十一年(1905)影印本　十六冊

120000－0343－0000378　D0386
笠翁詩竅五卷首一卷　(清)李漁輯　清乾隆二十三年(1758)刻本　三冊

120000－0343－0000379　D0387
二十二子三百三十九卷　(清)王詒壽校　清光緒刻本　八十二冊

120000－0343－0000380　D0388
春在堂全書十四種　(清)俞樾撰　清同治十

年(1871)刻本　一百冊

120000－0343－0000381　D0389

武英殿聚珍版書　(□)□□撰　清同治十三年(1874)刻本　三十三冊　存一百二十卷(十三至二十九、五十至六十八、一百十至一百十二、一百七十至一百八十一、一百八十六至一百九十七、二百零七至二百二十、三百三十三至三百五十六、三百八十六至三百九十一、三百九十八至四百零七、四百二十至四百二十二)

120000－0343－0000382　D0390

唐代叢書　(清)王文誥輯　清嘉慶十一年(1806)刻本　三十六冊

120000－0343－0000383　D0391

約章成案匯覽甲篇十卷乙篇四十一卷　(清)北洋洋務局纂輯　清光緒三十一年(1905)石印本　四十六冊

120000－0343－0000384　D0392

政藝叢書六十六卷　鄧實輯　清光緒二十九年(1903)鉛印本　十四冊　存六十六卷

120000－0343－0000385　D0393

政藝通報　鄧實編　清光緒三十二年(1906)鉛印本　二十五冊　存六十四卷(丙午全書一至六十三、目錄一)

120000－0343－0000386　D0394

政藝通報　鄧實編　清光緒三十年(1904)鉛印本　二十冊　存六十五卷(甲辰全書一至六十三、目錄一、上諭恭錄一)

120000－0343－0000387　D0395

楚辭十七卷　(戰國)屈原撰　清同治十一年(1872)刻本　四冊

120000－0343－0000388　D0396

御選唐宋文醇五十八卷　(清)高宗弘曆選　清乾隆三年(1738)三色套印本　二十冊

120000－0343－0000389　D0397

明刑管見錄不分卷　(清)穆翰撰　清光緒六年(1880)刻本　一冊

120000－0343－0000390　D0398

佩文韻府一百零六卷　(清)張玉書等編　清光緒十八年(1892)石印本　二百冊

120000－0343－0000391　D0399

二十四史　(漢)司馬遷等撰　清同治至光緒刻本　五百四十二冊

120000－0343－0000392　D0400

新刻唱曲時調沉香閣二十四卷　(□)□□撰　清末刻本　四冊

120000－0343－0000393　D0401

國朝文錄八十二卷　(清)姚椿輯　清光緒二十六年(1900)石印本　十六冊

120000－0343－0000394　D0402

吴耿尚孔四王合傳一卷揚州十日記一卷　(清)王秀楚撰　清末刻本　一冊

120000－0343－0000395　D0403

曲園裸纂五十卷　(清)俞樾纂修　清光緒刻本　八冊

120000－0343－0000396　D0404

貳臣傳十二卷逆臣傳四卷　(□)□□撰　清光緒刻本　十二冊

120000－0343－0000397　D0405

擇言尤雅錄不分卷　(清)袁祖志撰　清光緒二年(1876)刻本　一冊

120000－0343－0000398　D0406

説文外編十五卷補遺一卷　(清)雷浚撰　清光緒二年(1876)刻本　四冊

120000－0343－0000399　D0407

説文辨疑一卷劉氏碎金一卷　(清)顧廣圻　(清)劉禧延撰　清光緒十年(1884)刻本　一冊

120000－0343－0000400　D0408

庸庵海外文編四卷　(清)薛福成撰　清光緒二十二年(1896)石印本　二冊

120000－0343－0000401　D0409

出使英法義比四國日記六卷　(清)薛福成撰　清光緒十八年(1892)石印本　三冊

120000－0343－0000402　D0410
籌洋芻議一卷　(清)薛福成撰　清光緒二十三年(1897)石印本　一册

120000－0343－0000403　D0411
庸庵海外文編四卷　(清)薛福成撰　清光緒二十二年(1896)石印本　二册

120000－0343－0000404　D0412
中東戰紀本末八卷首一卷末一卷　(美國)林樂知撰釋　蔡爾康輯　清光緒二十二年(1896)鉛印本　八册

120000－0343－0000405　D0413
西政叢書三十一種一百十一卷　梁啟超輯　清光緒二十三年(1897)石印本　三十二册

120000－0343－0000406　D0414
養正遺規二卷補編一卷教女遺規三卷從政遺規二卷　(清)陳宏謀編輯　清光緒十七年(1891)刻本　五册

120000－0343－0000407　D0415
在官法戒録摘鈔四卷　(清)陳宏謀輯　清宣統元年(1909)刻本　二册

120000－0343－0000408　D0416
訓俗遺規四卷補編二卷　(清)陳宏謀編輯　清光緒十六年(1890)刻本　三册

120000－0343－0000409　D0417
林嚴文鈔四卷　林紓　嚴復撰　清宣統元年(1909)鉛印本　四册

120000－0343－0000410　D0418
日知録三十二卷刊誤二卷續刊誤二卷　(清)顧炎武撰　(清)黄汝成集釋　**策學纂要十六卷**　(清)戴明撰　清光緒十三年(1887)石印本　四册

120000－0343－0000411　D0419
支那教案論不分卷　(英國)宓克撰　清光緒十八年(1892)鉛印本　一册

120000－0343－0000412　D0420
定庵文集三卷續集四卷文集補一卷文集補編四卷　(清)龔自珍撰　清光緒二十九年(1903)石印本　四册

120000－0343－0000413　D0421
重校拜經樓叢書十種　(清)吳騫輯　清光緒刻本　十册

120000－0343－0000414　D0422
李義山詩三卷　(唐)李商隱撰　清宣統元年(1909)影印本　二册

120000－0343－0000415　D0423
春秋左傳　(晉)杜預注　清刻本　六册

天津市醫學科學技術信息研究所圖書館
古籍普查登記目録

全國古籍普查登記目録

國家圖書館出版社
National Library of China Publishing House

120000－0344－0000001　R299/CSW
太平惠民和劑局方十卷　(宋)陳師文等撰　元建安雙璧陳氏留畊書堂刻本　八册

120000－0344－0000002　R251.65/WQ
痘疹全書十卷　(明)萬全編　明萬曆三十八年(1610)夏邑彭端吾刻本　四册

120000－0344－0000003　R249.1/LGGh
羅氏會約醫鏡二十卷　(清)羅國綱著　清乾隆五十四年(1789)大成堂刻本　十册

120000－0344－0000004　R299.5/TJ
益生堂醫學心鏡録十一卷首一卷　(清)唐君田編　清乾隆十二年(1747)刻本　十二册

120000－0344－0000005　R203/WMZ
萬密齋書十種一百零八卷　(明)萬全著　清乾隆刻本　二十八册　存一百零三卷(六至一百零八)

120000－0344－0000006　R249.63/XLZx
薛氏醫按二十四種一百零七卷　(明)吴琯編　明萬曆刻本　三十二册

120000－0344－0000007　R242/PJ
醫燈續焰二十一卷　(清)潘楫注　清順治九年(1652)陸地舟刻本　十二册

120000－0344－0000008　R251.6/LQX
活幼痧書四卷　(清)劉企向撰　清雍正十年(1732)刻本　四册

120000－0344－0000009　R249.67/CSDa
辨證録十四卷　(清)陳士鐸撰　清光緒三十年(1904)兩儀堂刻本　十六册

120000－0344－0000010　R249.67/CSDz
辨證録十四卷　(清)陳士鐸著　清道光二十七年(1847)刻本　十二册

120000－0344－0000011　R215.2/YC
尚論篇四卷首一卷附後篇四卷　(清)喻昌著　清光緒三十一年(1905)經元堂刻本　八册

120000－0344－0000012　R215.2/HMY
傷寒論近言七卷　(清)何夢瑤輯　清乾隆六十年(1795)樂只堂刻本　四册

120000－0344－0000013　R285/ZZYs
述古齋幼科新書三種八卷　(清)張振鋆纂輯　清光緒十五年(1889)刻本　六册

120000－0344－0000014　R216/GYy
豫醫雙璧三十五卷　(清)吴重憙編　清宣統元年(1909)梁園節署鉛印本　八册

120000－0344－0000015　R271.6/ZD
婦科指歸四卷　(清)曾鼎輯　清嘉慶忠恕堂刻本　八册

120000－0344－0000016　R212/ZQ
素問釋義十卷　(清)張琦撰　清道光宛鄰書屋刻本　二册　缺二卷(九至十)

120000－0344－0000017　R251.6/CQS
重刻陳氏痘書一卷　(清)陳奇生著　清乾隆二十八年(1763)刻本　一册

120000－0344－0000018　R271.2/LCK
胎產護生篇一卷　(清)李長科輯　清刻本　一册

120000－0344－0000019　R272/ZYK
驚風辨證必讀書一卷　(清)劉德馨編　清光緒十八年(1892)漢川劉氏刻本　一册

120000－0344－0000020　R242/LZY
學古診則四卷　(明)盧之頤輯　清乾隆三十五年(1770)刻本　二册

120000－0344－0000021　R272/wNL
保嬰易知録二卷補編一卷　(清)吴寧瀾撰　清道光十六年(1836)浙江官書局刻本　一册

120000－0344－0000022　R277/WYZ
眼科啟蒙四卷　(清)劉一明編　清嘉慶二十二年(1817)榆中棲雲山刻本　四册

120000－0344－0000023　R242/DQZm
脈訣刊誤集解二卷補録二卷　(元)戴起宗撰　(元)朱升節抄　(明)汪機補訂　清光緒十七年(1891)池陽周學海校刻周氏醫學叢書本　二册

120000－0344－0000024　R292.1/SXYs/C.2
神農本草經三卷　(三國魏)吴普等撰　(清)

孫星衍　(清)孫馮翼輯　清光緒十七年(1891)池陽周學海刻周氏醫學叢書本　二册

120000－0344－0000025　R292.1/SXYs

神農本草經三卷　(三國魏)吴普等撰　(清)孫星衍　(清)孫馮翼輯　清光緒十七年(1891)池陽周學海刻周氏醫學叢書本　二册

120000－0344－0000026　R251.377/ZCT

白喉證治通攷一卷　(清)張采田學　清光緒二十九年(1903)刻本　一册

120000－0344－0000027　R251.3/LZY

痎瘧論疏一卷　(明)盧之頤撰　清乾隆五十一年(1786)刻本　一册

120000－0344－0000028　R242/LYR

脈法條辨　(清)劉以仁編　清善成堂刻本　一册

120000－0344－0000029　R216/TJA

陶節菴傷寒全生集四卷　(明)陶華撰　清乾隆四十七年(1782)古越尺木堂刻本　四册

120000－0344－0000030　R272/XZTh

活幼珠璣二卷補編一卷　(清)許佐廷　(清)許繼賢編　清同治十二年(1873)芳遠堂刻本　二册

120000－0344－0000031　R272/XZT/Sup

活幼珠璣補編一卷　(清)許佐廷　(清)許繼賢編　清刻本　二册

120000－0344－0000032　R299.5/HSL

醫方叢話八卷附一卷　(清)徐士鑾輯　清光緒十五年(1889)津門徐氏蝱園刻本　四册

120000－0344－0000033　R217/ZZH

丹溪先生金匱鉤玄三卷　(元)朱震亨撰　(明)戴思恭録　清光緒十七年(1891)池陽周學海刻本　一册

120000－0344－0000034　R204/LZZ

醫宗必讀五卷首一卷　(明)李中梓著　清順治六年(1649)盛德堂刻本　六册

120000－0344－0000035　R299.4/ZWH

鍾氏醫書歌訣四種二十九卷　(清)鍾文煥撰　清光緒十三年(1887)師德堂宜人精舍刻本　六册

120000－0344－0000036　R251.6/TCY

痘科溫故集不分卷　(清)唐威源著　清抄本　二册

120000－0344－0000037　R211.5/ZZC/c.2

靈樞經九卷　(清)張志聰集註　(清)張文啟參訂　(清)張兆璜校正　清光緒五年(1879)善成堂刻本　十二册

120000－0344－0000038　R203/DSS

當歸草堂醫學叢書初編十種四十一卷　(清)丁丙輯　清光緒四年(1878)錢塘丁氏當歸草堂刻本　十二册

120000－0344－0000039　R203/DSS/n.1－2/c.2

當歸草堂醫學叢書初編十種四十一卷　(清)丁丙輯　清光緒四年(1878)錢塘丁氏當歸草堂刻本　十二册

120000－0344－0000040　R204/XDC

醫學源流論二卷　(清)徐大椿著　清乾隆二十二年(1757)半松齋刻本　二册

120000－0344－0000041　R216/CXY

傷寒醫訣串解六卷十藥神書注解　(清)陳念祖著　清光緒十五年(1889)務本堂刻本　一册

120000－0344－0000042　R203/DSS

當歸草堂醫學叢書初編十種四十一卷　(清)丁丙輯　清光緒四年(1878)錢塘丁氏當歸草堂刻本　十册

120000－0344－0000043　R214.2/QYR

圖注八十一難經辨真四卷　(戰國)秦越人述　(明)張世賢注　清乾隆四十五年(1780)武林萬卷堂刻本　二册

120000－0344－0000044　R214.2/QYRt

圖注八十一難經辨真四卷附刪註脈訣規正二卷　(戰國)秦越人著　(明)張世賢注　清光緒二十六年(1900)通州西山堂刻本　四册

120000－0344－0000045　R－25/WJ
推求師意二卷　(明)戴思恭撰　(明)汪機編　明嘉靖十三年(1534)刻本　一册

120000－0344－0000046　R268/ZTH
救傷秘旨　(清)趙廷海撰　(清)管頌聲校刊　清光緒三年(1877)述古堂刻本　一册

120000－0344－0000047　R262/CWZ
瘍科選粹八卷　(明)陳文治輯　明崇禎元年(1628)刻本　八册

120000－0344－0000048　R215.6/GY
仲景傷寒補亡論二十卷　(宋)郭雍撰　清宣統三年(1911)武昌醫館校刻本　四册　存十九卷(一至十五、十七至二十)

120000－0344－0000049　R215.7/CNZ
傷寒真方歌括六卷　(清)陳念祖著　(清)林壽萱校　清光緒三十四年(1908)寶慶經元書局刻本　一册

120000－0344－0000050　R299.5/SM
萬方類纂八卷　(清)宋穆撰　清光緒二十五年(1899)桂林毓蘭書屋刻本　六册

120000－0344－0000051　R299.2/MQ
厚德堂集驗方萃編四卷　(清)馬佳唐阿輯　清光緒二十二年(1896)上海珍藝書局石印本　四册

120000－0344－0000052　R299.5/LH
良方彙錄　(清)□□輯　清同治十一年(1872)刻本　二册

120000－0344－0000053　R299.5/LY
經驗方鈔四卷　(清)陸言輯　清道光八年(1828)保康堂刻本　四册

120000－0344－0000054　R299.5/XYQl
良方集腋二卷續附一卷　(清)謝元慶編　清道光二十六年(1846)浙西鴛湖刻本　四册

120000－0344－0000055　R299.1/YCD
絳囊撮要　(清)雲川道人著　清乾隆九年(1744)集善堂刻本　一册

120000－0344－0000056　R299.5/SS
蘇沈内翰良方十卷　(宋)蘇軾　(宋)沈括撰　清光緒二十三年(1897)刻本　四册

120000－0344－0000057　R299.5/XYQt
同壽錄四卷末一卷　(清)項天瑞著　清道光二十八年(1848)京都琉璃廠篆雲齋刻本　四册

120000－0344－0000058　R292.2/ZXMg/C.2
本草綱目拾遺十卷首一卷　(清)趙學敏輯　清同治三年(1864)錢塘張應昌刻本　四册

120000－0344－0000059　R292.2/ZXMg
本草綱目拾遺十卷首一卷　(清)趙學敏輯　清同治十年(1871)吉心堂刻本　十册

120000－0344－0000060　R292.2/ZBCb
本草便讀二卷　(清)張秉成輯　清光緒二十二年(1896)刻本　四册

120000－0344－0000061　R292.2/ZZCb
本草崇原三卷　(清)張志聰註釋　(清)高世栻纂　清乾隆三十二年(1767)刻本　二册

120000－0344－0000062　R297.1/LG
珍珠囊指掌補遺藥性賦四卷　(金)李杲編　清刻本　一册

120000－0344－0000063　R299/SK
史載之方二卷　(宋)史堪撰　清光緒二年(1876)吳興陸氏十萬卷樓刻本　一册

120000－0344－0000064　R292.1/WHZb
本草經疏輯要十卷　(清)吳世鎧纂　清嘉慶十四年(1809)書帶草堂刻本　八册

120000－0344－0000065　R292/ZY
本草思辨錄四卷首一卷　(清)周巖撰　清光緒三十年(1904)山陰周氏微尚室刻本　四册

120000－0344－0000066　R292/ZY
本草思辨錄四卷首一卷　(清)周巖撰　清光緒三十年(1904)山陰周氏微尚室刻本　四册

120000－0344－0000067　R271/WZ/C.2
產科心法二集　(清)汪喆纂　清光緒十八年(1892)浙湖王文光齋刻本　二册

120000－0344－0000068　R271/FSs
傅氏女科四卷　(清)傅山撰　清光緒十六年(1890)善成堂刻本　四册

120000－0344－0000069　R271/FSf
傅青主女科四卷　(清)傅山撰　清光緒元年(1875)湖北崇文書局刻本　二册

120000－0344－0000070　R271/FQZ
女科仙方四卷　(清)傅山撰　清光緒二十三年(1897)刻本　四册

120000－0344－0000071　R262/WWDw
王洪緒先生外科證治全生不分卷　(清)王維德纂　清咸豐十一年(1861)武昌節署刻本　二册

120000－0344－0000072　R262/WWDh
外科證治全生集四卷　(清)王維德纂　清光緒四年(1878)潘敏德堂刻本　二册

120000－0344－0000073　R292.2/ZZCc
本草崇原集説三卷　(清)張志聰註釋　(清)高世栻纂集　清宣統二年(1910)刻本　四册

120000－0344－0000074　R26/CSD
洞天奥旨十六卷　(清)陳世鐸著　清乾隆五十五年(1790)鼎翰樓刻本　六册

120000－0344－0000075　R271/YCX
胎產心法三卷　(清)閻純璽撰　清光緒二十一年(1895)上海文瑞樓石印本　六册

120000－0344－0000076　R271/WS
萬氏女科　(明)萬全著　清同治二年(1863)篆雲齋刻本　二册

120000－0344－0000077　R292.1/CNZ
神農本草經讀四卷　(清)陳念祖著　清光緒三十四年(1908)寶慶經元書局校刻本　一册

120000－0344－0000078　R299/ZYy
醫學篇八卷　(清)曾懿撰　清光緒三十三年(1907)長沙刻本　一册

120000－0344－0000079　R2/HGY
俟醫淺説　(清)杭州廣濟醫院撰　清光緒二十九年(1903)上海美華書館鉛印本　一册

120000－0344－0000080　R292.2/LSZb
本草綱目五十二卷首一卷圖二卷　(明)李時珍撰　清同治十一年(1872)芥子園春明堂刻本　三十六册

120000－0344－0000081　R251.65/YDC
痘學真傳八卷　(清)葉大椿撰　清乾隆四十七年(1782)衛生堂刻本　六册

120000－0344－0000082　R216/ZL
傷寒緒論三卷傷寒舌鑒一卷傷寒兼證析義一卷石頭老人診宗三昧一卷　(清)張璐纂　(清)張登　(清)張倬參訂　清康熙六年(1667)刻本　六册

120000－0344－0000083　R249.2/XDC
徐氏醫書八種十八卷　(清)徐大椿著　清光緒二十三年(1897)江左書林昌記刻本　十六册

120000－0344－0000084　R299/DXY
醫級十卷首一卷末一卷　(清)董西園纂　清乾隆四十二年(1777)刻本　十二册

120000－0344－0000085　R203/YTS
景岳全書發揮四卷　(清)葉桂著　清光緒五年(1879)吳氏醉六堂刻本　四册

120000－0344－0000086　R203/YTS
景岳全書發揮四卷　(清)葉桂著　清光緒五年(1879)吳氏醉六堂刻本　四册

120000－0344－0000087　R299/WMX
百一三方解三卷　(清)文梦香著　清道光十八年(1838)刻本　五册

120000－0344－0000088　R292.2/WAt
增訂本草備要四卷　(清)汪昂編　清光緒十六年(1890)善成堂刻本　四册

120000－0344－0000089　R204/TDL
吳醫彙講十一卷　(清)唐大烈纂　清乾隆五十七年(1792)刻嘉慶十九年(1814)後印本　四册

120000－0344－0000090　R299/WC
醫方十種彙編二十二卷　(清)文晟輯　清光

緒十一年(1885)京口文成堂刻本　八册

120000－0344－0000091　R297.1/LDY
雷公炮製藥性解六卷珍珠囊指掌補遺藥性賦四卷　(明)李中梓　(金)李杲輯　清丹陽文星堂興記書局刻本　四册

120000－0344－0000092　R297.1/LDYa
雷公炮製藥性賦解四卷雷公炮製藥性解六卷　(金)李杲　(清)李中梓編　清光緒十三年(1887)善成堂刻本　四册

120000－0344－0000093　R299/GJS
吴門治驗錄四卷　(清)顧金壽著　清光緒十二年(1886)揚州文富堂刻本　四册

120000－0344－0000094　R204/CLS
琉球百問　(清)曹存心著　清咸豐九年(1859)刻本　二册

120000－0344－0000095　R204/SSTy
醫原三卷附醫學舉要六卷　(清)石壽棠撰　(清)張聲馳校刊　(清)徐鏞輯　清光緒十七年(1891)石印本　四册

120000－0344－0000096　R292.2/WYLx
本草從新十八卷　(清)吴儀洛撰　清道光二十六年(1846)瓶花書屋刻本　六册

120000－0344－0000097　R292.7/SLL
食物本草會纂八卷　(清)沈李龍纂　清嘉慶八年(1803)金陵致和堂刻本　六册

120000－0344－0000098　R292.7/SLLs
食物本草會纂八卷　(清)沈李龍纂　清嘉慶八年(1803)金陵致和堂刻本　六册

120000－0344－0000099　R216.2/ZYJ
傷寒論三注十六卷　(清)周揚俊撰　清乾隆四十五年(1780)松心堂刻本　十册

120000－0344－0000100　R292.7/SLLw
食物本草會纂十卷附日用家抄一卷脈訣秘傳一卷　(清)沈李龍纂　清道光元年(1821)蕭山裕文堂刻本　六册

120000－0344－0000101　R292.7/ZX
壽親養老新書四卷　(宋)陳直撰　(元)鄒鉉增補　清同治九年(1870)河南聚文齋刻本　四册

120000－0344－0000102　R297.1/LBW
太醫院增補青囊藥性賦直解九卷首一卷末一卷　(明)羅必煒參訂　清光緒三十年(1904)寶慶洋隆書舍刻本　四册

120000－0344－0000103　R201.3/LY
編註醫學入門三卷首一卷　(明)李梴編　清光緒二十四年(1898)翰文堂刻本　八册

120000－0344－0000104　R299.2/FBX
醫方論四卷　(清)費伯雄著　清光緒三年(1877)刻本　二册

120000－0344－0000105　R292.2/LSZc
本草綱目五十二卷首一卷附圖二卷附脈訣考證奇經八脈考二卷萬方鍼線八卷本草綱目拾遺十卷　(明)李時珍著　(清)張紹棠校刊　清光緒十一年(1885)合肥張氏味古齋校刻本　四十册

120000－0344－0000106　R251.3/LSFS
松峰説疫六卷　(清)劉奎輯　清乾隆五十一年(1786)刻本　四册

120000－0344－0000107　R299/SSMq
備急千金要方三十卷　(唐)孫思邈撰　(宋)林億校勘　清光緒四年(1878)蘇州徐敏甫重印本　十二册

120000－0344－0000108　R299/SSMj
千金翼方三十卷　(唐)孫思邈撰　(宋)林億校勘　清光緒四年(1878)獨山莫氏影印本　八册

120000－0344－0000109　R292.2/ZL
本草詩箋十卷　(清)朱鑰著　清乾隆二十七年(1762)群玉山房刻本　四册

120000－0344－0000110　R251.3/WYXw
補註瘟疫論四卷　(明)吴有性著　(清)洪天錫　(清)尚友山補　清道光四年(1824)刻本　四册

120000－0344－0000111　R249.1/LD

醫案偶存十二卷　(清)李鐸著　清同治四年(1865)琴城小安山房刻本　六册

120000－0344－0000112　R277/BGDY
秘傳眼科龍木醫書總論十卷　(明)葆光道人著　清書業堂刻本　四册

120000－0344－0000113　R215/ZZJz
仲景全書二十卷　(漢)張仲景著　清光緒二十年(1894)鄧氏崇文齋校刻本　八册

120000－0344－0000114　R249.2/XDCh
洄溪醫案一卷　(清)徐大椿著　(清)王士雄編　清咸豐五年(1855)刻本　一册

120000－0344－0000115　R204/WYC
王氏醫存十七卷　(清)王燕昌撰　清同治十三年(1874)皖城黄竹友齋刻本　三册

120000－0344－0000116　R217.2/HYY
金匱懸解二十二卷　(清)黄元御著　清同治七年(1868)燮龢精舍刻本　六册

120000－0344－0000117　R2－52/Cj
回生集二卷　(清)陳傑著　清道光七年(1827)萬卷樓刻本　四册

120000－0344－0000118　R24/JRZ
嵩厓尊生書十五卷　(清)景日昣著　清康熙三十九年(1700)刻本　六册

120000－0344－0000119　R204/SDW
丹臺玉案六卷　(明)孫文胤著　清五鳳樓刻本　五册

120000－0344－0000120　R249.1/YZg
古今醫案按十卷　(清)俞震纂輯　(清)李齡壽校輯　清光緒九年(1883)吴江李氏刻本十册

120000－0344－0000121　R242/ZZH
脈因證治四卷　(元)朱震亨著　清光緒十七年(1891)池陽周氏刻本　二册

120000－0344－0000122　R242.1/WSHw
脈經十卷　(晉)王叔和撰　清光緒十七年(1891)池陽周氏刻本　四册

120000－0344－0000123　R249/JBS
醫署十三篇十三卷　(清)蔣寶素撰　清道光二十三年(1843)鎮江快志堂刻本　二册

120000－0344－0000124　R242/ZDy
醫宗備要三卷　(清)曾鼎輯　清同治八年(1869)李光明莊刻本　一册

120000－0344－0000125　R299.1/WZJ
絳雪園古方選注　(清)王子接注　清緑蔭堂刻本　四册

120000－0344－0000126　R299/GJSm
吴門治驗録四卷　(清)顧金壽撰　抄本四册

120000－0344－0000127　R249/ZFT
種福堂公選溫熱論醫案四卷　(清)葉桂撰清刻本　二册

120000－0344－0000128　R249.68/YTS
臨證指南醫案十卷附種福堂公選溫熱論一卷種福堂公選醫案一卷種福堂公選良方三卷(清)葉桂著　清道光二十四年(1844)蘇州周氏刻本　十二册

120000－0344－0000129　R203/BZZt
古今圖書集成醫部全録五百二十卷　(清)蔣廷錫等撰　清光緒二十三年(1897)影印本六十册

120000－0344－0000130　R249.1/WZXx
續名醫類案三十六卷　(清)魏之琇撰　清同治二年(1863)上海著易堂刻本　三十六册

120000－0344－0000131　R251.6/WZR
痘疹金鏡録四卷　(明)翁仲仁輯著　清康熙二十九年(1690)刻本　二册

120000－0344－0000132　R249.1/JGy
名醫類案十二卷　(明)江瓘集　清乾隆三十五年(1770)長塘鮑氏知不足齋刻本　六册

120000－0344－0000133　R241/LZZl
李仕材先生三書八卷　(明)李中梓著　清光緒十三年(1887)江左書林刻本　八册

120000－0344－0000134　R251.3/XZM

吊脚痧方論一卷　(清)徐子默撰　清同治六年(1867)悟雲草堂刻本　一册

120000－0344－0000135　R272/ZSR
活幼心書三卷　(元)曾世榮編　清宣統二年(1910)武昌醫館校刻本　二册

120000－0344－0000136　R272/ZSR
活幼心書三卷　(元)曾世榮編　清宣統二年(1910)武昌醫館校刻本　二册

120000－0344－0000137　R251.3/LZY
痎瘧論疏一卷　(明)盧之頤撰　清乾隆五十一年(1786)刻本　一册

120000－0344－0000138　R281.1/WWYr
新刊補註銅人腧穴鍼灸圖經五卷　(宋)王惟一編　清光緒三十三年至宣統元年(1907－1909)劉氏玉海堂刻本　二册

120000－0344－0000139　R251.377/LJF
白喉全生集　(清)李紀方撰　清宣統元年(1909)江甯張鉞校刻本　一册

120000－0344－0000140　R215/ZGE
增註類證活人書二十二卷　(宋)朱肱著　清江南機器製造總局刻本　四册

120000－0344－0000141　R288/QZR
洗冤録辨正六卷　(清)瞿中溶撰　(清)李璋煜重訂　清光緒三年(1877)浙江書局刻本　一册　存一卷(六)

120000－0344－0000142　R278.8/JDJh
爛喉痧痧輯要不分卷　(清)金德鑑撰　清光緒二十七年(1901)鉛印本　一册

120000－0344－0000143　R285/ZZY
述古齋幼科新書六卷　(清)張振鋆纂　清光緒十八年(1892)上海思求闕齋刻本　三册

120000－0344－0000144　R299.5/YDW
玉歷彙録良方　(清)俞大文編　清同治七年(1868)仁和金肖農刻本　四册

120000－0344－0000145　R203/FZZ
馮氏錦囊秘録五十卷　(清)馮兆張纂輯　清嘉慶十八年(1813)集賢堂刻本　二十四册

120000－0344－0000146　R272/QTe
錢氏小兒藥證直訣二卷附方一卷　(宋)錢乙撰　(宋)閻孝忠輯　清光緒十八年(1892)羣簃刻本　二册

120000－0344－0000147　R215/ZGE
增註類證活人書二十二卷　(宋)朱肱著　清光緒十二年(1886)廣東刻本　四册

120000－0344－0000148　R277/HTJ
目經大成三卷首一卷　(清)黄庭鏡著　清嘉慶賓城述古堂刻本　六册

120000－0344－0000149　R271.2/LBQ
保產金丹四卷　(清)劉文華輯　清光緒十二年(1886)仁壽堂刻本　四册

120000－0344－0000150　R271.2/TQQs
增補大生要旨五卷　(清)唐千頃纂　(清)馬振蕃續增　清光緒十四年(1888)錢思永堂刻本　二册

120000－0344－0000151　R272/XDy
幼科鐵鏡六卷　(清)夏鼎著　清宣統元年(1909)海豐吳氏刻本　一册

120000－0344－0000152　R272/QYy
小兒藥證直訣三卷　(宋)錢乙著　(宋)閻孝忠集　**閻氏小兒方論一卷附方一卷**　(宋)閻孝忠撰　**小兒斑疹備急方論一卷**　(宋)董汲著　清光緒十七年(1891)池陽周氏刻本　二册

120000－0344－0000153　R261/XKCw
外科證治全書五卷末一卷　(清)許克昌　(清)畢法同輯　清光緒二十一年(1895)漢口景慶義記書局石印本　五册

120000－0344－0000154　R271.2/NZW
產寶一卷　(清)倪枝維撰　(清)許槤訂正　(清)潘霨增輯　清道光二十二年(1842)刻本　一册

120000－0344－0000155　R278.8/XCN
疫喉淺論二卷補遺一卷　(清)夏雲撰　清光緒二十六年(1900)刻本　一册

120000－0344－0000156　R278.8/JDJk
喉科枕秘二卷　(清)金德鑑編　清光緒九年(1883)吳門金氏小耕石齋刻本　一冊

120000－0344－0000157　R271.2/TQQ
大生要旨五卷　(清)唐千頃纂　清道光二十七年(1847)刻本　一冊

120000－0344－0000158　R271.2/HTZ
胎產集要三卷　(清)黃惕齋輯　清同治七年(1868)刻本　一冊

120000－0344－0000159　R272/XYZy
幼科鐵鏡六卷　(清)夏鼎著　清宣統元年(1909)鉛印本　一冊

120000－0344－0000160　R2－51/WQ
御纂醫宗金鑑九十卷首一卷　(清)吳謙纂　清光緒二年(1876)江西書局重修本　二十六冊　存三十九卷(一、八、四十六至五十六、六十四至六十六、六十九至九十,首一卷)

120000－0344－0000161　R272/WQ
片玉心書五卷　(明)萬全著　清康熙三十一年(1692)忠信堂刻本　一冊

120000－0344－0000162　R212.2/WK
黃帝內經素問二十四卷　(明)吳崐注　清光緒二十五年(1899)績谿程氏刻本　八冊

120000－0344－0000163　R24/CNZ
醫學金鍼八卷　(清)陳念祖撰　(清)潘霨輯　清光緒四年(1878)潘氏敏德堂刻本　四冊

120000－0344－0000164　R213.2/MS
黃帝內經靈樞註證發微九卷補遺一卷　(明)馬蒔註　清嘉慶十年(1805)古歙鮑氏慎餘堂刻本　十冊

120000－0344－0000165　R216/KQl
傷寒論註來蘇集八卷　(清)柯琴編　清乾隆二十年(1755)崑山綏福堂刻本　八冊

120000－0344－0000166　R216.2/FYZ
傷寒論條辨續註十二卷　(明)方有執著　(清)鄭重光續注　清康熙四十四年(1705)廣陵秩斯堂刻本　二冊

120000－0344－0000167　R216/ZLS
傷寒論直解六卷　(清)張錫駒注　清光緒十一年(1885)福州醉經閣刻本　六冊

120000－0344－0000168　R216/ZLS
傷寒論直解六卷　(清)張錫駒注　清光緒十一年(1885)福州醉經閣刻本　六冊

120000－0344－0000169　R299.5/XYQ
醫方簡明六卷　(清)徐之薰著　清光緒十三年(1887)有益堂刻本　四冊　存五卷(一至二、四至六)

120000－0344－0000170　R216.3/WHs
張仲景傷寒論辯證廣註十四卷首一卷　(清)汪琥註　清康熙十九年(1680)刻本　四冊

120000－0344－0000171　R299/ZYy
醫學篇四卷　(清)曾懿著　清光緒三十三年(1907)刻本　一冊

120000－0344－0000172　R216/KQs
傷寒論註來蘇集六卷　(清)柯琴編　清乾隆二十年(1755)刻本　六冊

120000－0344－0000173　R216.2/WYL
吳氏醫學述第五種傷寒分經十卷　(漢)張仲景撰　(清)喻昌注　(清)吳儀洛訂　清乾隆三十一年(1766)硤川利濟堂刻本　八冊

120000－0344－0000174　R21/XSB/NO.1/C.3
醫經原旨六卷　(清)薛雪集註　清乾隆十九年(1754)埽葉莊刻本　十二冊

120000－0344－0000175　R21/XSB/NO.2/C.3
醫經原旨六卷　(清)薛雪集註　清乾隆十九年(1754)掃葉山房刻本　六冊

120000－0344－0000176　R204/ZN
醫門棒喝十三卷　(清)章楠著　清宣統元年(1909)蠡城三友益齋石印本　九冊　存十卷(醫論一至四,傷寒論本旨一至三、六至七、九)

120000－0344－0000177　R21/KSB/C.2
醫經原旨六卷　(清)薛雪集註　清乾隆十九年(1754)甯郡簡香齋刻本　六冊

120000－0344－0000178　R214/HYY
難經懸解二卷　(清)黄元御解　清同治十一年(1872)陽湖馮氏刻本　二册

120000－0344－0000179　R213/CNZs
靈素提要淺註十二卷　(清)陳念祖集註　清光緒三十四年(1908)寶慶富記書局刻本　六册

120000－0344－0000180　R249.1/JG/No.1
名醫類案十二卷　(清)魏之琇撰　清宣統元年(1909)上海書局石印本　六册

120000－0344－0000181　R211.5/WRAa
素問靈樞類纂約註三卷　(清)汪昂纂輯　清光緒十三年(1887)掃葉山房刻本　三册

120000－0344－0000182　R213/CNZ
靈素提要淺註十二卷　(清)陳念祖集註　清光緒三十四年(1908)寶慶富記書局刻本　五册

120000－0344－0000183　R299.1/ZL
孫真人千金方衍義三十卷　(唐)孫思邈撰　(清)張璐著　清掃葉山房刻本　三十二册

120000－0344－0000184　R249.2/HYY
昌邑黄先生醫書八種八十卷　(清)黄元御著　清咸豐十年(1860)青雲堂刻本　二十四册

120000－0344－0000185　R201.3/LYy
編註醫學入門内集七卷首一卷　(明)李梴編註　清咸豐六年(1856)青雲樓刻本　九册

120000－0344－0000186　R203/CL
聖濟總録纂要二十六卷　(清)程林纂　清乾隆五年(1740)養素堂刻本　十册

120000－0344－0000187　R246/GTXS
新刊醫林狀元壽世保元十卷　(明)龔廷賢編　清康熙六年(1667)龍文堂刻本　十册

120000－0344－0000188　R24/HTz
中藏經八卷　(漢)華佗撰　清光緒六年(1880)刻本　二册

120000－0344－0000189　R203/SDR
醫學匯海三十六卷首一卷　(清)孫德潤著　清道光六年(1826)刻本　三十六册

120000－0344－0000190　R297.1/LDYb
珍珠囊指掌補遺藥性賦四卷　(元)李杲　(明)熊宗立　(明)李中梓編　明弘治十四年(1501)刻本　六册

120000－0344－0000191　R299.1/GTX
新刊增補萬病回春原本八卷　(明)龔廷賢編　清道光八年(1828)文淵堂刻本　八册

120000－0344－0000192　R299.1/CNZ
景岳新方砭四卷　(清)陳念祖著　清光緒三年(1877)漁古山房刻本　二册

120000－0344－0000193　R299.1/LBm
脈藥聯珠三卷古方考一卷　(清)龍柏著　清嘉慶十三年(1808)翠瑯玕館叢書刻本　二册

120000－0344－0000194　R299.1/WZJ
絳雪園古方選注不分卷　(清)王子接注　清掃葉山房刻本　四册

120000－0344－0000195　R299.1/WZJ
絳雪園古方選注不分卷　(清)王子接注　清介景樓刻本　四册

120000－0344－0000196　R299.4/HJDy
增補醫方一盘珠全集十卷　(清)洪金鼎纂　清光緒二十四年(1898)澹雅書局刻本　四册

120000－0344－0000197　R249.2/CXY
陳修園醫書五十種一百三十一卷　(清)陳念祖著　清光緒三十一年(1905)上海商務印書館鉛印本　二十七册　缺六卷(一至六)

120000－0344－0000198　R235/YDM
醫理畧述二卷　(清)尹端模筆譯　清光緒十八年(1892)博濟醫局刻本　二册

120000－0344－0000199　R203/XLTx
徐靈胎醫略六書三十二卷　(清)徐大椿著　清光緒二十九年(1903)上海趙翰香居鉛印本　十八册

120000－0344－0000200　R203/WFT
醫統正脈全書二百零六卷　(明)王肯堂彙輯　(明)朱文震校刊　清同治二年(1863)醫學

社刻本　八十一册

120000－0344－0000201　R251.65/ZD

痘疹會通五卷　(清)曾鼎纂　清光緒三十一年(1905)蘇州三吳廣告公司鉛印本　二册

120000－0344－0000202　R251.36/WSXx

隨息居重訂霍亂論四卷　(清)王士雄纂　清光緒十八年(1892)上海醉六堂校刻本　一册

120000－0344－0000203　R25/LJZz

世補齋醫書後集二十五卷　(清)陸懋修著　清宣統元年(1909)刻本　十册

120000－0344－0000204　R25/LJZz

世補齋醫書前集三十三卷　(清)陸懋修著　清光緒十二年(1886)山左書局刻本　八册

120000－0344－0000205　R271.6/ZLSf

婦科秘方一卷　(清)竹林寺僧撰　清同治五年(1866)刻本　一册

120000－0344－0000206　R251.65/NSH

痘疹慈航二卷　(清)聶尚恒著　清乾隆二年(1737)刻本　一册

120000－0344－0000207　R251.67/QPJ

治疹全書三卷末一卷　(清)夏鼎撰　(清)錢沛增補　清咸豐八年(1858)遺經堂刻本　四册

120000－0344－0000208　R251.65/WRQ

痘症秘書二卷　(清)王榮清撰　清同治八年(1869)京都刻本　二册

120000－0344－0000209　R251.6/WZ

痘疹全書博愛心鑑二卷　(明)魏直著　明萬曆刻本　一册　存一卷(一)

120000－0344－0000210　R25/LXA

證治彙補八卷　(清)李用粹著　清光緒十八年(1892)簡玉山房刻本　八册

120000－0344－0000211　R204/ZXHd

讀醫隨筆六卷　(清)周學海著　清光緒二十四年(1898)建德周氏刻本　四册

120000－0344－0000212　R25/LXA

證治彙補八卷　(清)李用粹著　清光緒九年(1883)萬卷樓刻本　八册

120000－0344－0000213　R25/LXA

證治彙補八卷　(清)李用粹著　清光緒九年(1883)萬卷樓刻本　八册

120000－0344－0000214　R261/CSGw

徐評外科正宗十二卷附錄一卷　(明)陳實功著　(清)徐大椿評　清咸豐十年(1860)海寧許氏刻本　六册

120000－0344－0000215　R251/FQT

救偏瑣言五卷借用良方一卷　(清)費啟泰著　清順治十六年(1659)刻本　五册

120000－0344－0000216　R261/CSGx

徐評外科正宗十二卷　(明)陳實功著　(清)徐大椿評　清光緒八年(1882)刻本　三册

120000－0344－0000217　R271/YCXt

胎產心法三卷　(清)閻純璽著　清道光四年(1824)莊氏延慶堂刻本　六册

120000－0344－0000218　R249.6/HSRs

慎柔五書五卷　(明)胡慎柔撰　清乾隆五十一年(1786)刻本　一册

120000－0344－0000219　R292.2/JJR

藥品化義十三卷　(明)賈所學著　(清)李延昰補訂　清光緒三十二年(1906)學校司排印局石印本　二册

120000－0344－0000220　R271/WZWj

濟陰綱目十四卷　(明)武之望著　清雍正六年(1728)天德堂刻本　八册

120000－0344－0000221　R271/WZWy

濟陰綱目十四卷　(明)武之望著　清雍正六年(1728)天德堂刻本　八册

120000－0344－0000222　R249.1/JGm

名醫類案十二卷　(明)江瓘集　(清)魏之琇重校　清乾隆三十五年(1770)新安鮑氏知不足齋刻本　十二册

120000－0344－0000223　R26/GFZ

外科百效全書六卷　(明)龔居中編　(清)劉

孔敦增輯　清善成堂刻本　二冊

120000－0344－0000224　R251.65/YDX
天花精言六卷　(清)袁句著　清嘉慶三年(1798)平遠山房刻本　四冊

120000－0344－0000225　R251.67/HBR
麻疹全書四卷　(元)滑壽撰　清光緒三十一年(1905)刻本　四冊

120000－0344－0000226　R251.6/ZG
痘疹精詳十卷　(清)周冠編　清同治九年(1870)富記書莊刻本　六冊

120000－0344－0000227　R251.6/ZLX
痘疹正宗四卷　(清)宋麟祥著　清道光元年(1821)孝昌屠氏刻本　二冊

120000－0344－0000228　R271/CXYn
女科要旨四卷　(清)陳念祖著　(清)陳元犀注　清道光二十一年(1841)南雅堂刻本　一冊

120000－0344－0000229　R261.5/WWD
外科證治全生集六卷附金瘡鐵扇方　(清)王維德著　(清)馬文植評　清光緒十年(1884)吳門掃葉山房刻本　一冊

120000－0344－0000230　R261.5/WWD
外科證治全生集六卷附金瘡鐵扇方　(清)王維德著　(清)馬文植評　清光緒十年(1884)吳門掃葉山房刻本　二冊

120000－0344－0000231　R217.2/HYY
金匱懸解二十二卷首一卷末一卷　(清)黃元御著　清刻本　四冊

120000－0344－0000232　R24/LPQl
類證治裁八卷首一卷　(清)林珮琴著　清光緒十年(1884)江陰寶文堂刻本　十冊

120000－0344－0000233　R292.2/JJR/C.2
藥品化義十三卷　(明)賈所學著　(清)李延昰補訂　清光緒三十二年(1906)學校司排印局石印本　二冊

120000－0344－0000234　R251.6/ZL
痘科類編釋意三卷　(明)翟良輯　清道光二十三年(1843)元茂堂刻本　三冊

120000－0344－0000235　R299.1/WTK
醫方擇要二卷續集二卷補遺一卷　(清)文祥編　清道光十六年(1836)六藝齋刻本　四冊

120000－0344－0000236　R251.65/QJ
痘症寶筏六卷　(清)強健著　清同治元年(1862)醉六堂刻本　二冊

120000－0344－0000237　R24/HF
時病論八卷　(清)雷豐撰　清刻本　四冊　存六卷(三至八)

120000－0344－0000238　R217.2/ZYDk
金匱玉函經二注二十二卷　(元)趙以德衍義　(清)周揚俊補註　清道光十二年(1832)吳郡經義齋刻本　二冊

120000－0344－0000239　R217.2/ZYDj
金匱玉函經二注二十二卷　(元)趙以德衍義　(清)周揚俊補註　清道光十三年(1833)吳門翠芬書屋刻本　六冊

120000－0344－0000240　R211.5/ZZC/No.1
黃帝内經素問九卷　(清)張志聰集註　清善成堂刻本　十二冊

120000－0344－0000241　R217.8/CNZ
金匱方歌括六卷　(清)陳元犀編　清光緒三十四年(1908)寶慶經元書局刻本　三冊

120000－0344－0000242　R217/ZZH
丹溪先生金匱鉤玄三卷　(元)朱震亨撰　(明)戴思恭輯　(清)周學海評註　清光緒二十年(1894)刻本　一冊

120000－0344－0000243　R24/CTY
引經證醫四卷　(清)程樑著　清光緒八年(1882)刻本　四冊

120000－0344－0000244　R24/LDZ
醫學指南五卷　(清)李德中著　清光緒二十三年(1897)刻本　四冊

120000－0344－0000245　R249/JBSw
問齋醫案五卷　(清)蔣寶素著　清快志堂刻本　六冊

120000－0344－0000246　R292.1/ZLb
本經逢原四卷　(清)張璐纂述　清康熙三十四年(1695)雋永堂刻本　四册

120000－0344－0000247　R249/YTS
醫效秘傳三卷三家醫案合刻三卷溫熱贅言一卷　(清)葉桂述　(清)吴金壽校　清蘇州綠蔭堂刻本　六册

120000－0344－0000248　R292.2/ZZCy
本草崇原三卷　(清)張志聰註釋　(清)高世栻纂集　清乾隆三十二年(1767)刻本　三册

120000－0344－0000249　R292.2/FX
蟲會五卷　(清)方旭撰　清光緒十六年(1890)刻本　四册

120000－0344－0000250　Z812.3/RY
四庫未收書目提要五卷　(清)阮元撰　清同治十年(1871)雙流黄氏濟忠堂刻本　三册

120000－0344－0000251　R249/HYY
昌邑黄先生醫書八種七十四卷　(清)黄元御著　清咸豐十年(1860)燮龢精舍刻本　十三册　缺七卷(七至十三)

120000－0344－0000252　R214.2/QYR
圖註八十一難經辨真四卷　(戰國)秦越人述　(明)張世賢注　清掃葉山房刻本　二册

120000－0344－0000253　R204/NOZ
醫學集錦金氏醫案合編　(□)□□輯　抄本　一册

120000－0344－0000254　R299.1/ZCG
外治壽世方初編四卷　(清)鄒存淦輯　清光緒三年(1877)杭州勤藝堂刻本　四册

120000－0344－0000255　R235/CYFb
巢氏諸病源候總論五十卷　(隋)巢元方撰　清光緒十七年(1891)池陽周氏刻本　八册

120000－0344－0000256　R201.3/ZL
醫學啓蒙彙編六卷　(清)翟良纂　(清)翟文楠　(清)李聚和補　清刻本　十二册

120000－0344－0000257　R299.1/MWR
春腳集四卷　(清)孟文瑞彙集　清道光二十六(1846)潞河謝金聲刻本　二册

120000－0344－0000258　R216/FYZt
傷寒論條辨八卷　(明)方有執著　清康熙五十八年(1719)刻本　四册

120000－0344－0000259　R299.4/GTX
雲林神彀四卷　(明)龔廷賢編著　明萬曆十九年(1591)刻本　四册

120000－0344－0000260　R299.8/WYLc
成方切用二十六卷　(清)吳儀洛輯　清乾隆二十六年(1761)硤川利濟堂刻本　八册

120000－0344－0000261　R24/ZQT
易簡方便醫書六卷　(清)周茂五編　清光緒二十八年(1902)刻本　六册

120000－0344－0000262　R249.68/YWQg
評點葉案存眞類編二卷　(清)葉桂著　(清)周學海類評　清光緒十九年(1893)刻本　二册

120000－0344－0000263　R249.1/JG/No.2
續名醫類案三十六卷　(清)魏之琇編　(清)王士雄　(清)楊照藜校　清宣統元年(1909)上海書局石印本　十四册

120000－0344－0000264　R242/SJ
刪註脈訣規正二卷　(清)沈鏡注　清康熙三十二年(1693)刻本　二册

120000－0344－0000265　R25/SGD
内科理法前編六卷後編十六卷附一卷　(英國)虎伯撰　舒高第譯　清刻本　十二册

120000－0344－0000266　R299.5/LQJS
隨山宇方鈔一卷　(清)荔牆蹇士編　清光緒八年(1882)紹興裘氏刻本　一册

120000－0344－0000267　R299.1/WB
醫林纂要探源十卷　(清)汪紱輯　清光緒二十三年(1897)江蘇書局刻本　十册

120000－0344－0000268　R271.2/CBQ
產寶奇書二卷　(□)□□撰　清刻本　一册

120000－0344－0000269　R204/PW

醫學白話四卷　(清)潘霨輯　清末醫學研究社石印本　四册

120000－0344－0000270　R24/GJZ
痰火點雪四卷　(明)龔居中輯　清鄞江書林星聚樓刻本　四册

120000－0344－0000271　R21/LSY/No.2
醫經允中二十四卷　(清)李熙和纂　清刻本　六册　存十一卷(十四至二十四)

120000－0344－0000272　R292.1/LZLb
本草原始十二卷　(明)李中立纂輯　清光緒善成堂刻本　六册

120000－0344－0000273　R271/MZS
陰騭彙編四卷　(清)莫祖紳編　清光緒五年(1879)刻本　四册

120000－0344－0000274　R246/GTXs
新刊醫林狀元壽世保元十卷　(明)龔廷賢編　清康熙六年(1667)龍文堂刻本　十册

120000－0344－0000275　R201.3/WDX
醫學啓蒙輯覽八卷　(清)王德宣編　清宣統元年(1909)重慶廣益書局鉛印本　八册

120000－0344－0000276　R246/LTYs
衛生寶鑑二十四卷附補遺一卷　(元)羅天益著　清光緒二十二年(1896)刻惜陰軒叢書本　八册

120000－0344－0000277　R249.56/ZZHr
儒門事親十五卷　(金)張從正撰　明嘉靖二十年(1541)刻本　八册

120000－0344－0000278　R292.1/GPL
本草匯十八卷　(清)郭佩蘭著　清康熙刻本　十册

120000－0344－0000279　R261.9/BZZ
外科方法一卷　(清)宣爾康授　清抄本　一册

120000－0344－0000280　R242.2/WSH
圖註脉訣辨真四卷附方一卷　(晋)王叔和著　(明)張世賢注　清江左書林刻本　一册

120000－0344－0000281　R242.2/WSH
圖註脉訣辨真四卷附方一卷　(晋)王叔和撰　(明)張世賢注　明刻本　二册

120000－0344－0000282　R249.6/HYYS
四聖心源十卷　(清)黄元御著　清嘉慶十八年(1813)刻本　二册

120000－0344－0000283　R251/SDY
四時病機十四卷　(清)邵登瀛撰　清光緒六年(1880)刻本　六册

120000－0344－0000284　R251/WYS
慈航集四卷　(清)王勛纂　清嘉慶四年(1799)敦行堂刻本　四册

120000－0344－0000285　R251/WTw
溫病條辨六卷首一卷　(清)吴瑭著　清光緒二十九年(1903)京都二酉齊刻本　六册

120000－0344－0000286　R251/WTB
溫病條辨六卷首一卷　(清)吴瑭著　清道光十五年(1835)刻本　四册

120000－0344－0000287　R249.2/XXH
得心集醫案六卷首一卷　(清)謝星焕著　清咸豐十一年(1861)刻本　六册

120000－0344－0000288　R251.3/YLY
疫疹一得二卷　(清)余霖撰　清道光八年(1828)延慶堂刻本　二册

120000－0344－0000289　R249.7/CCX
評選繼志堂醫案三卷　(清)曹存心著　清光緒三十年(1904)江陰柳氏醫學叢書本　二册

120000－0344－0000290　R25/XDC
慎疾芻言一卷　(清)徐大椿撰　清道光二十八年(1848)刻本　一册

120000－0344－0000291　R251/ZYJW
溫熱暑疫全書四卷　(清)周揚俊輯　清乾隆十九年(1754)蔣氏庸德堂刻本　四册

120000－0344－0000292　R211.5/LENj
内經知要二卷　(明)李中梓編　清光緒九年(1883)上洋紫文閣刻本　二册

120000－0344－0000293　R292.1/ZLb
本經逢原四卷　(清)張璐纂　清光緒三十四年(1908)渭南嚴氏刻醫學初階叢書本　四册

120000－0344－0000294　R251.6/SLX
痘疹正宗二卷　(清)宋麟祥撰　清刻本　二册

120000－0344－0000295　R251.6/TWD
痘科溫故集二卷　(清)唐威原著　清乾隆十七年(1752)刻本　二册

120000－0344－0000296　R251.6/LH
醫痘金丹二卷　(清)曹珣編　清道光二十七年(1847)刻本　一册

120000－0344－0000297　R251.6/YS
郁謝麻科合璧　(明)郁氏　(清)謝心陽著　(清)楊開泰彙輯　清宣統三年(1911)文倫書局排印本　一册

120000－0344－0000298　R251.3/YLz
疫疹一得二卷　(清)余霖撰　清光緒十年(1884)刻本　二册

120000－0344－0000299　R251.3/WHGY
陰證略例一卷　(元)王好古撰　清光緒五年(1879)刻十萬卷樓叢書本　一册

120000－0344－0000300　R251.6/YSm/4－4－2
郁謝麻科合璧　(明)郁氏　(清)謝心陽著　(清)楊開泰輯　清光緒二十七年(1901)刻本　二册

120000－0344－0000301　R251.6/SW
天花精言六卷　(清)袁句撰　清嘉慶三年(1798)平遠山房刻本　四册

120000－0344－0000302　R251.6/ZCXd
痘疹定論二卷　(清)朱純嘏著　清光緒十八年(1892)粵東九經閣排印本　二册

120000－0344－0000303　R249.72/WMY
王氏醫案二卷續編八卷附霍亂論二卷　(清)王士雄著　清光緒十七年(1891)蒲圻但氏校刻本　四册

120000－0344－0000304　R249.72/WMYa
王氏醫案二卷續編八卷附霍亂論二卷　(清)王士雄著　清咸豐元年(1851)吟香書屋刻本　四册

120000－0344－0000305　R249.72/WMYy
王氏醫案繹註十卷附錄一卷　(清)王士雄撰　(清)石念祖註　清光緒十八年(1892)上海醉六堂刻本　四册

120000－0344－0000306　R292.1/WHZ
本草經疏輯要八卷附朱氏痘疹秘要一卷經驗效方一卷　(清)吳世鎧著　清嘉慶刻本　三册

120000－0344－0000307　R292.1/WHZ
本草經疏輯要八卷附朱氏痘疹秘要一卷經驗效方一卷　(清)吳世鎧纂　清光緒十一年(1885)體元堂刻本　十册

120000－0344－0000308　R292.1/MXY
神農本草經疏三十卷　(明)繆希雍著　清光緒十七年(1891)刻周氏醫學叢書本　八册

120000－0344－0000309　R292.2/LRJb
本草述三十二卷首一卷　(清)劉若金撰　清嘉慶十五年(1810)薛氏還讀山房校刻本　二十四册

120000－0344－0000310　R203/XLT
徐靈胎十二種全集　(清)徐大椿著　清同治三年(1864)彭樹萱善成堂刻本　十六册

120000－0344－0000311　R204/ZWZy
醫故二卷　(清)鄭文焯撰　清光緒十七年(1891)刻本　二册

120000－0344－0000312　R292.12/WHC
東皋握靈本草十卷序例一卷補遺一卷　(清)王翃編　清康熙刻乾隆五年(1740)朱鍾勷補刻本　六册

120000－0344－0000313　R292.1/WZ
分經本草四種合刻二卷　(清)翁藻輯　清宣統二年(1910)刻本　一册

120000－0344－0000314　R292.2/KZSB
本草衍義二十卷　(宋)寇宗奭編撰　清光緒

三年(1877)陸心源十萬卷樓刻本　二冊

120000－0344－0000315　R243.15/BTS

白苔舌總論一卷　(□)□□著　抄本　一冊

120000－0344－0000316　R242.2/WSH

圖註脈訣辨真四卷附脈訣附方　(晉)王叔和撰　清江左書林刻本　二冊

120000－0344－0000317　R242/ZDz

醫宗備要三卷　(清)曾鼎著　清嘉慶十九年(1814)南城忠恕堂刻本　三冊

120000－0344－0000318　R204/SST

醫原二卷　(清)石壽棠學　清咸豐十一年(1861)留耕書屋刻本　四冊

120000－0344－0000319　R204/LYXy

醫學五則五卷　(清)廖雲溪著　清光緒三十二年(1906)刻本　二冊

120000－0344－0000320　R292.2/WYLb

本草從新十八卷　(清)吳儀洛撰　清光緒六年(1880)掃葉山房刻本　六冊

120000－0344－0000321　R216.2/YZJs

張仲景傷寒貫珠集八卷　(漢)張仲景撰　(清)尤怡注　清嘉慶十五年(1810)蘇州來青閣刻本　四冊

120000－0344－0000322　R243.15/MDJ

驗舌診機二卷　(□)□□撰　清宣統二年(1910)抄本　一冊

120000－0344－0000323　R251.6/WMZ

痘疹世醫心法十二卷　(明)萬全編　清咸豐七年(1857)刻本　六冊

120000－0344－0000324　R235/DYL

秘傳證治要訣十二卷類方四卷　(明)戴原禮撰　明末新安余時雨校刻本　四冊

120000－0344－0000325　R262.1/GJTa

傷科心得集方彙三卷　(清)高秉鈞輯　清刻本　三冊

120000－0344－0000326　R204/LYX

醫學五則五卷　(清)廖雲溪撰　清光緒十三年(1887)興發堂刻本　五冊

120000－0344－0000327　R23/ZST

醫學指歸二卷　(清)趙術堂編　清咸豐元年(1851)刻本　一冊

120000－0344－0000328　R204/MXYg

先醒齋筆記三卷附炮炙大法一卷　(明)繆希雍撰　清種德堂刻本　四冊

120000－0344－0000329　R24/CNZ

醫學金鍼八卷　(清)陳念祖著　清光緒四年(1878)潘氏敏德堂刻本　四冊

120000－0344－0000330　R249/CZYx

雪蕉軒醫案四卷　(□)□□撰　抄本　四冊

120000－0344－0000331　R26/BZZ

御纂醫宗金鑑十六卷首一卷　(清)吳謙纂　清刻本　六冊

120000－0344－0000332　R299.1/WDA

吳淡菴經驗良方　(□)吳淡菴撰　抄本　二冊

120000－0344－0000333　R211.5/ZJBb

類經圖翼十一卷附翼四卷　(明)張介賓著　清刻本　四冊

120000－0344－0000334　R204/YXS

弄丸心法八卷　(清)楊鳳庭撰　清宣統三年(1911)成都張興龍校刻本　八冊

120000－0344－0000335　R251.6/ZHMd

痘疹傳心錄十九卷　(明)朱惠明著　清乾隆五十一年(1786)程永培刻本　六冊

120000－0344－0000336　B244.2/XSY/V1－3

徐氏三種　(清)王相輯　清康熙五年(1666)文陳堂刻本　三冊

120000－0344－0000337　R204/WYCw

王氏醫存十七卷選方一卷　(清)王燕昌著　清光緒元年(1875)刻本　六冊

120000－0344－0000338　R251.6/ZCXj

痘疹定論四卷　(清)朱純嘏著　清咸豐二年(1852)刻本　二冊

120000－0344－0000339　R251.3/WK
晰微補化全書二卷補遺一卷附錄一卷　（清）王凱著　清康熙二十九年（1690）振古堂刻本　四册

120000－0344－0000340　R214.2/HSB
增輯難經本義二卷　（戰國）秦越人撰　（清）周學海輯　清光緒十七年（1891）池陽周氏校刻本　二册

120000－0344－0000341　R233/LDC
中西醫粹四卷臟腑圖説癥治合璧　（清）羅定昌著　清光緒二十年（1894）刻本　四册

120000－0344－0000342　R211/HD
重廣補注黄帝内經素問二十四卷靈樞十二卷附素問遺編一卷　（唐）王冰撰　清道光二十九年（1849）金陵宋仁甫刻本　五册

120000－0344－0000343　R251.32/WYXZ
補註瘟疫論四卷　（明）吳有性著　清道光四年（1824）刻本　四册

120000－0344－0000344　R251.6/HGZ
痘疹大成四卷　（清）侯功震著　清同治十年（1871）會心閣刻本　四册

120000－0344－0000345　R251.3/KYLz
痢證定論大全四卷　（清）孔毓禮著　清光緒九年（1883）敦厚堂刻本　二册

120000－0344－0000346　R272/CFZc
鼎鍥幼幼集成六卷　（清）陳復正輯　清乾隆十六年（1751）翰墨園刻本　六册

120000－0344－0000347　R251.6/YTC
重刊俞天池先生痧痘集解六卷　（清）俞茂鯤集解　清光緒二年（1876）維揚李松壽刻本　八册

120000－0344－0000348　R251.3/HLX
韓凌霄瘟痧要編四卷　（清）韓凌霄撰　清光緒七年（1881）刻本　四册

120000－0344－0000349　R251.6/HWBt
痘疹經驗集　（清）韓文博輯　清光緒三十二年（1906）善成堂刻本　二册

120000－0344－0000350　R277/GXy
銀海指南四卷　（清）顧錫著　清同治六年（1867）五雲樓刻本　四册

120000－0344－0000351　R272/RZ
保赤新編二卷補遺一卷　（清）仁贊纂　清光緒二十七年（1901）刻本　二册

120000－0344－0000352　R251.6/ZHM
痘疹傳心錄十九卷　（明）朱惠明著　清乾隆五十一年（1786）修敬堂刻六醴齋醫書本　五册　存十六卷（一至十六）

120000－0344－0000353　R251.6/ZCX
痘疹定論四卷　（清）朱純嘏編　清道光元年（1821）英華堂刻本　二册

120000－0344－0000354　R251.3/KYL
痢疾論四卷　（清）孔毓禮著　清道光二十七（1847）謙益堂刻本　四册

120000－0344－0000355　R251.6/DWY
痘疹專門二卷　（清）董維嶽著　清道光二十五年（1845）書業德記刻本　二册

120000－0344－0000356　R251.6/ZBW
鄭氏瘄科保赤金丹四卷　（清）鄭啟壽撰　清光緒三十三年（1907）刻本　四册

120000－0344－0000357　R251.3/WSXs
隨息居重訂霍亂論四卷　（清）王士雄纂　清光緒十三年（1887）四明林延春室刻本　二册

120000－0344－0000358　R278.8/ZZL
喉科指掌六卷　（清）張宗良著　清同治九年（1870）刻本　一册

120000－0344－0000359　R204/LM
古今名醫彙粹八卷　（清）羅美輯　清道光三年（1823）嘉興盛新甫刻本　四册

120000－0344－0000360　R214/CZM
婦人大全良方二十四卷　（宋）陳自明編　清刻本　十六册

120000－0344－0000361　R271/WY
胎產新書三種二十卷　（清）竹林寺僧撰　（清）吳煜校訂　清光緒十二年（1886）成媄堂

刻本　四冊

120000－0344－0000362　R299.5/JYF
經驗方抄一卷　(□)□□撰　清刻本　四冊

120000－0344－0000363　R278.8/ZMJc
重樓玉鑰二卷　(清)鄭宏綱著　清道光十九年(1839)喜墨斎謙吉堂刻本　二冊

120000－0344－0000364　R278.8/ZMJy
重樓玉鑰二卷　(清)鄭宏綱著　清光緒五年(1879)浙江有容齋刻本　一冊

120000－0344－0000365　R278.8/XZT
喉科秘鑰二卷　(清)鄭壐輯　(清)許佐廷增訂　清光緒十二年(1886)成都刻本　一冊

120000－0344－0000366　R251.6/YXh
傷寒瘟疫條辨六卷　(清)楊璿撰　清光緒元年(1875)湘潭黎氏黔陽藩署刻本　六冊

120000－0344－0000367　R251.6/ZYH
痘科類編釋意三卷附疹科纂要一卷　(明)翟良輯　清墨瀾齋刻本　四冊

120000－0344－0000368　R251.6/YDX
痘症精言四卷　(清)袁句撰　清乾隆十八年(1753)刻本　四冊

120000－0344－0000369　R251.3/NXZ
白喉治法忌表抉微　(清)耐修子撰注　清光緒二十三年(1897)同心堂刻本　一冊

120000－0344－0000370　R24/WF
醫林纂要探源十卷　(清)汪紱輯　清光緒二十三年(1897)江蘇書局刻本　十冊

120000－0344－0000371　R235/CYF
巢氏諸病源候論五十卷　(隋)巢元方等撰　清光緒元年(1875)湖北崇文書局刻本　八冊

120000－0344－0000372　R24/LSF
醫學考辨十二卷　(清)羅紹芳撰　清咸豐五年(1855)方亭羅氏粹白齋刻本　四冊

120000－0344－0000373　R24/WQY
醫方簡義六卷　(清)王清源著　清光緒九年(1883)紹興裘氏刻本　四冊

120000－0344－0000374　R242/CTR
診餘舉隅錄二卷　(清)陳廷儒撰　清光緒二十四年(1898)鉛印本　二冊

120000－0344－0000375　R24/SJA
沈氏尊生書七十二卷　(清)沈金鰲撰　清同治十三年(1874)湖北崇文書局刻本　二十六冊

120000－0344－0000376　R203/ZJB
景岳全書六十四卷　(明)張介賓撰　清刻本　三十二冊　存六十一卷(一至三、七至六十四)

120000－0344－0000377　R24/WXX
醫學切要全集六種七卷　(清)王錫鑫著　清光緒八年(1882)刻本　六冊

120000－0344－0000378　R24/MGQ
醫悟十二卷　(清)馬冠群述　清光緒十九年(1893)活字印本　四冊

120000－0344－0000379　R241/LZZ
士材三書附壽世青編二卷　(明)李中梓著　清康熙六年(1667)刻本　四冊

天津市十九家收藏單位古籍普查登記目録

（下）

索引

全國古籍普查登記目録

國家圖書館出版社
National Library of China Publishing House

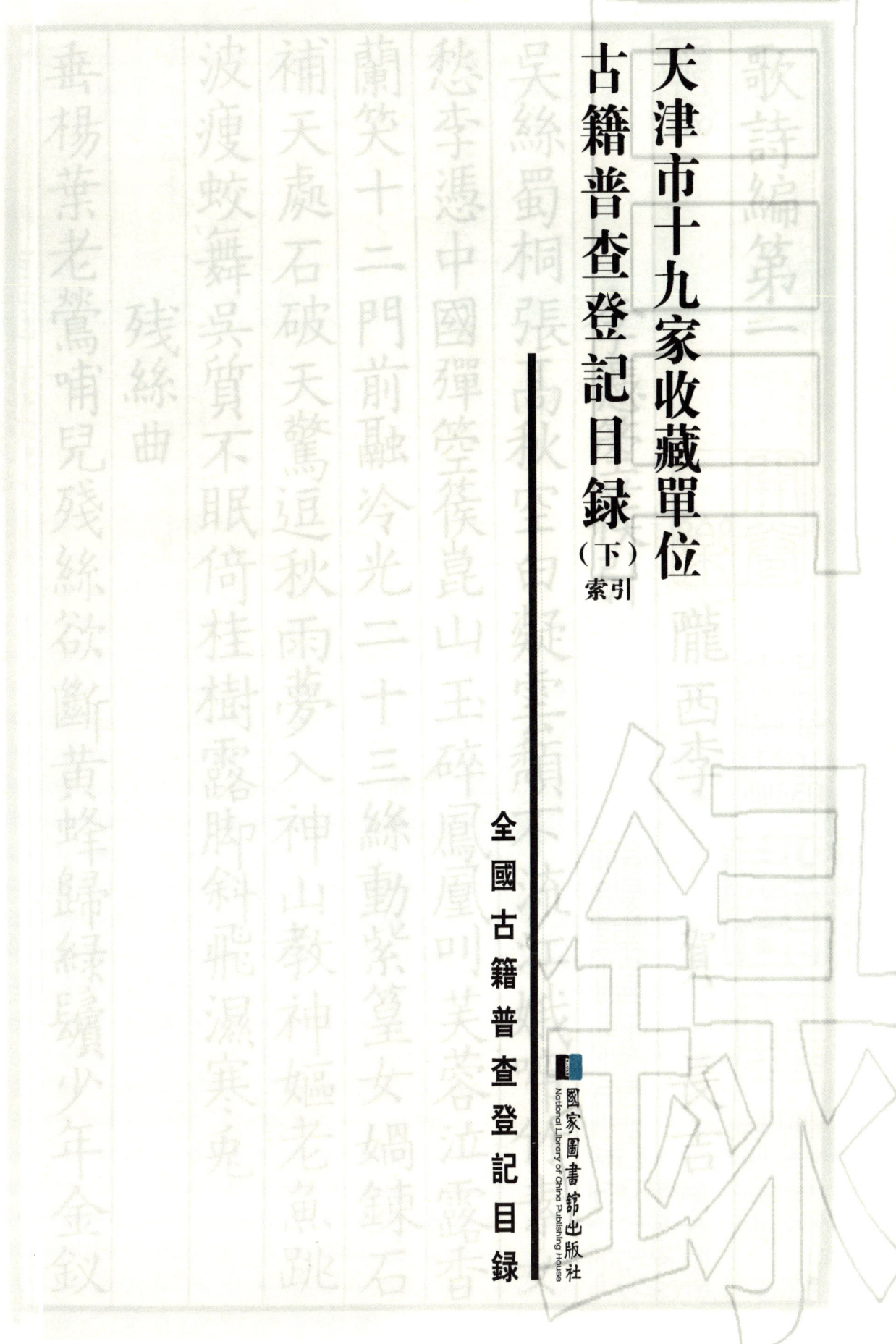

《天津市南開區圖書館古籍普查登記目録》
書名筆畫字頭索引

二畫

十 …… 5
七 …… 5
卜 …… 5
九 …… 5

三畫

三 …… 5
大 …… 5
上 …… 5
山 …… 5
小 …… 5
子 …… 5

四畫

王 …… 5
五 …… 5
太 …… 5
日 …… 5
中 …… 5
仁 …… 5
分 …… 5
文 …… 5
尺 …… 5
孔 …… 5
水 …… 5

五畫

玉 …… 5
古 …… 5
左 …… 5
北 …… 5
史 …… 5
四 …… 5
幼 …… 5

六畫

匡 …… 6
考 …… 6
有 …… 6
列 …… 6
曲 …… 6
全 …… 6
名 …… 6
池 …… 6
字 …… 6

七畫

孝 …… 6
附 …… 6

八畫

武 …… 6
事 …… 6
兩 …… 6
尚 …… 6
明 …… 6
易 …… 6
典 …… 6
佩 …… 6
金 …… 6
周 …… 6

九畫

春 …… 6
柳 …… 6
奎 …… 6
則 …… 6
重 …… 6
皇 …… 6
後 …… 6
急 …… 6
前 …… 6
扁 …… 6
神 …… 6

十畫

格 …… 6
時 …… 6
秘 …… 6
訓 …… 6
剖 …… 6
書 …… 6
陸 …… 7
陳 …… 7
陶 …… 7
通 …… 7
孫 …… 7
純 …… 7

十一畫

聊 …… 7
康 …… 7
惜 …… 7
清 …… 7
寄 …… 7

十二畫

鼎 …… 7
開 …… 7
嵇 …… 7
御 …… 7
欽 …… 7
評 …… 7
註 …… 7
痘 …… 7
湖 …… 7

十三畫

聖 …… 7
楹 …… 7
蛾 …… 7
嵩 …… 7
詩 …… 7
新 …… 7
資 …… 7
溫 …… 7
經 …… 7

十四畫

監 …… 7
爾 …… 7
對 …… 7
圖 …… 7
廣 …… 7
瘟 …… 7
漢 …… 7
漁 …… 8
綱 …… 8

十五畫

增 …… 8
敷 …… 8
醉 …… 8
慮 …… 8
墨 …… 8
論 …… 8

養 …… 8
憑 …… 8
澄 …… 8
寫 …… 8

十六畫

駢 …… 8
歷 …… 8
諭 …… 8
龍 …… 8

十七畫

樫 …… 8
點 …… 8
鴻 …… 8
濟 …… 8

十八畫

雙 …… 8

十九畫

韻 …… 8
懷 …… 8
瀛 …… 8

二十畫

釋 …… 8

二十一畫

續 …… 8

二十二畫

鑑 …… 8

《天津市南開區圖書館古籍普查登記目録》
書名筆畫索引

二畫

十八家詩鈔二十八卷首一卷……………… 1－6
七言詩歌行鈔十五卷……………………… 1－6
七家詩選□□卷…………………………… 1－7
卜筮正宗十四卷…………………………… 1－4
九章算術細草圖說九卷…………………… 1－9

三畫

三字經註解備要二卷……………………… 1－4
大清律例增修統纂集成四十卷督捕
　則例二卷………………………………… 1－5
上海鴻寶齋書局精校新增繪圖幼學
　故事瓊林四卷首一卷 ………………… 1－10
山谷詩集注二十卷 ……………………… 1－11
小石山房印譜六卷 ……………………… 1－11
子平管見集解二卷………………………… 1－4
子史精華一百六十卷……………………… 1－3

四畫

王氏漁洋詩鈔十二卷……………………… 1－7
王文成公全書三十八卷…………………… 1－6
五方元音二卷……………………………… 1－5
五言詩□□卷……………………………… 1－6
五知齋琴譜八卷…………………………… 1－7
太上洞玄靈寶高上玉皇本行集經三
　卷………………………………………… 1－5
日知錄集釋三十二卷刋誤二卷續刋
　誤二卷 ………………………………… 1－12
中國歷史問答一卷………………………… 1－7
中庸衍義十七卷…………………………… 1－4
仁在堂全集 ……………………………… 1－10
分韻試帖青雲集合註四卷………………… 1－7
分類詩腋八卷……………………………… 1－6
文章練要十卷……………………………… 1－3
尺木堂明鑑易知錄十五卷 ……………… 1－13
尺木堂綱鑑易知錄九十二卷……………… 1－8
尺木堂綱鑑易知錄九十二卷明紀十
　五卷……………………………………… 1－3
孔子集語十七卷…………………………… 1－4
孔教真理二十章…………………………… 1－4
水道提綱二十八卷………………………… 1－9

五畫

玉定金科例誅輯要十卷首一卷末一
　卷………………………………………… 1－5
古文淵鑒六十四卷 ……………………… 1－11
古文辭類纂七十四卷……………………… 1－7
古文釋義新編八卷………………………… 1－3
古玉圖考一卷……………………………… 1－9
古香齋新刻袖珍御纂朱子全書六十
　六卷……………………………………… 1－3
古唐詩合解十二卷古詩四卷……………… 1－7
古唐詩合解十六卷………………………… 1－7
古唐詩合解十六卷………………………… 1－7
左繡三十卷首一卷………………………… 1－8
北洋公牘類纂二十五卷目錄一卷 …… 1－13
史記一百三十卷札記五卷………………… 1－7
四史集十卷………………………………… 1－4
四書大全摘要□□卷……………………… 1－4
四書朱子本義匯參四十七卷……………… 1－3
四書命題試帖彙編□□卷 ……………… 1－11
四書圖考十三卷 ………………………… 1－13
四書離句集註□□卷……………………… 1－4
四書類典賦六十六卷……………………… 1－5
四書釋文□□卷…………………………… 1－4
幼科準繩九卷……………………………… 1－9
幼學操身一卷……………………………… 1－5

六畫

匡謬正俗八卷 …………………………… 1－10
考卷約選二集□□卷三集□□卷 …… 1－11
有正味齋試帖詩註八卷………………… 1－7
有正味齋騈體文二十四卷首一卷 …… 1－11
列國政要一百三十三卷首一卷………… 1－5
曲江書屋新訂批註左傳快讀十八卷
首一卷…………………………………… 1－8
全體闡微六卷 ………………………… 1－13
名賢手札 ……………………………… 1－11
池上草堂六卷續錄六卷三錄六卷四
錄六卷…………………………………… 1－6
字學舉隅一卷…………………………… 1－5

七畫

孝經集注一卷…………………………… 1－4
附釋音春秋左傳注疏□□卷校勘記
□□卷 ………………………………… 1－12

八畫

武經三子詳解三卷……………………… 1－5
事類賦三十卷 ………………………… 1－10
兩般秋雨盦隨筆八卷 ………………… 1－11
尚書離句六卷…………………………… 1－7
明紀六十卷 …………………………… 1－13
易經八卷………………………………… 1－4
易經八卷………………………………… 1－4
典林琅環二十四卷續三十卷 ………… 1－10
佩文韻府一百零六卷 ………………… 1－10
佩文韻府一百零六卷 ………………… 1－11
金石索十二卷首一卷…………………… 1－9
周易十卷………………………………… 1－3
周易四卷………………………………… 1－4
周禮精華六卷…………………………… 1－8

九畫

春秋三十卷……………………………… 1－8
春秋大事表五十卷……………………… 1－3
春秋左傳三十卷………………………… 1－9
春秋左傳五十卷………………………… 1－9
春秋左傳杜注三十卷…………………… 1－3
春秋左傳類對賦一卷…………………… 1－8
春秋經傳集解三十卷…………………… 1－8
柳河東詩集二卷………………………… 1－7
奎壁四書十九卷………………………… 1－3
奎壁四書十九卷………………………… 1－3
奎壁春秋三十卷………………………… 1－9
奎壁詩經八卷…………………………… 1－6
則古昔齋算學二十四卷 ……………… 1－10
重刊補註洗冤錄集證五卷……………… 1－5
重刻添補傳家寶俚言新本初集八卷
二集八卷三集八卷四集八卷………… 1－4
重訂文選集評十五卷首一卷末一卷
……………………………………………… 1－6
重訂全唐詩話八卷……………………… 1－6
重訂廣事類賦四十卷 ………………… 1－13
重校蒙學堂字課圖說四卷……………… 1－5
重學二十卷圜錐曲綫說三卷 ………… 1－10
皇朝五經彙解二百七十卷 …………… 1－13
後漢書一百二十卷 …………………… 1－12
後漢書一百卷 ………………………… 1－12
急悃齋評選癸卯鄉墨不分卷 ………… 1－11
急就章一卷 …………………………… 1－10
前漢書一百二十卷 …………………… 1－10
前漢書一百二十卷 …………………… 1－12
扁鵲心書三卷神方一卷 ……………… 1－11
神農本草經讀四卷附錄一卷 ………… 1－11

十畫

格物探原六卷…………………………… 1－9
時病論八卷附論一卷…………………… 1－9
秘傳證治要訣十二卷…………………… 1－9
秘藏大六壬大全善本十三卷…………… 1－3
訓練操法詳晰圖說……………………… 1－5
剖瓠存稿二十卷………………………… 1－7
書六卷…………………………………… 1－9
書業德重訂古文釋義新編八卷………… 1－6

書經六卷…………………………………… 1－8
書經六卷…………………………………… 1－8
陸操新義四卷……………………………… 1－5
陳元龍老先生墨蹟一卷…………………… 1－7
陶齋吉金録八卷 ………………………… 1－13
通俗編三十八卷…………………………… 1－5
通鑑紀事本末四十二卷…………………… 1－8
孫子十家註十三卷敘録一卷遺說一卷…………………………………… 1－5
純正蒙求三卷 …………………………… 1－10

十一畫

聊齋志異新評十六卷……………………… 1－6
康熙字典…………………………………… 1－5
康熙字典…………………………………… 1－6
康熙字典十二集 ………………………… 1－10
康熙字典十二集 ………………………… 1－10
惜抱軒今體詩鈔十八卷…………………… 1－6
清史攬要六卷 …………………………… 1－13
寄傲山房塾課纂輯春秋備旨十二卷 ………………………………………… 1－13

十二畫

鼎鍥趙田了凡袁先生編纂古本歷史大方綱鑑補□□卷…………………… 1－8
鼎鍥趙田了凡袁先生編纂古本歷史大方綱鑑補三十九卷首一卷………… 1－9
開礦器法圖說十卷 ……………………… 1－13
嵇中散集 ………………………………… 1－11
御批資治通鑑綱目□□卷………………… 1－8
御批歷代通鑑輯覽一百二十卷…………… 1－8
御批歷代通鑑輯覽一百二十卷 ………… 1－12
御批歷代通鑑輯覽一百二十卷 ………… 1－13
御定駢字類編二百四十卷 ……………… 1－10
御纂朱子全書六十六卷…………………… 1－4
欽定日下舊聞考一百六十卷 …………… 1－12
欽定協紀辨方書三十六卷………………… 1－4
欽定書經圖說五十卷……………………… 1－8
欽定書經圖說五十卷……………………… 1－8
欽定詩經傳說彙纂二十一卷首二卷詩序二卷…………………………… 1－6
欽定學政全書□□卷……………………… 1－5
評點春秋綱目左傳句解彙雋六卷……… 1－8
註釋雲樣集八卷…………………………… 1－6
痘疹傳心錄□□卷 ……………………… 1－11
湖海詩傳四十六卷………………………… 1－7

十三畫

聖門諸賢輯傳不分卷 …………………… 1－13
楹聯續話四卷……………………………… 1－6
蛾術齋試帖一卷…………………………… 1－7
嵩厓尊生書十五卷………………………… 1－3
詩經八卷…………………………………… 1－6
詩經八卷…………………………………… 1－6
詩經八卷詩序辨說一卷 ………………… 1－11
詩韻合璧五卷 …………………………… 1－10
詩韻含英四卷……………………………… 1－3
新刊聖跡圖………………………………… 1－4
新刻粉粧樓傳記十卷八十回……………… 1－6
新刻張太岳先生文集四十七卷…………… 1－3
新訂四書補註備旨十卷…………………… 1－4
新編直指算法統宗十二卷………………… 1－9
資治通鑑二百九十四卷目錄三十卷 ………………………………………… 1－12
溫熱經緯五卷 …………………………… 1－12
經籍纂詁一百零六卷 …………………… 1－10

十四畫

監本附音春秋公羊注疏四卷 …………… 1－12
監本附音春秋穀梁注疏四卷 …………… 1－12
爾雅三卷…………………………………… 1－5
爾雅疏二卷………………………………… 1－5
對類便讀六卷首一卷……………………… 1－3
圖註八十一難經辨真四卷………………… 1－9
廣事類賦□□卷 ………………………… 1－10
廣韻五卷 ………………………………… 1－10
瘟疫條辨摘要一卷………………………… 1－9
漢書一百二十卷 ………………………… 1－13

漢魏叢書 …………………………… 1－12
漁洋山人精華錄箋注十二卷………… 1－3
綱鑑大全三十九卷首一卷…………… 1－3
綱鑑全編□□卷……………………… 1－8

十五畫

增訂本草備要四卷 ………………… 1－12
增訂漢魏叢書 ……………………… 1－13
增補諏吉便覽不分卷附實鏡圖一卷
　滾盤珠一卷………………………… 1－4
增廣五經備旨五種四十五卷 ……… 1－13
增廣尚友錄統編二十二卷 ………… 1－12
敷文課藝二集不分卷 ……………… 1－11
醉墨軒畫稿□□卷 ………………… 1－10
慮得集四卷附錄二卷……………… 1－9
墨子閒詁十五卷目錄一卷附錄一卷
　…………………………………… 1－4
論語十卷 …………………………… 1－10
論語最豁集四卷…………………… 1－3
養蒙針度五卷……………………… 1－6
憑山閣增定留青全集二十四卷…… 1－3
澄衷蒙學堂字課圖說四卷………… 1－5
寫定尚書二十八篇………………… 1－7

十六畫

駢體文鈔三十一卷 ………………… 1－11
歷代名臣言行錄二十四卷 ………… 1－12
歷代名臣言行錄二十四卷 ………… 1－12
歷代名臣言行錄二十四卷 ………… 1－13
歷代名臣傳節錄三十卷 …………… 1－12
歷代畫史匯傳七十二卷首一卷 …… 1－13
歷代畫史彙傳七十二卷附錄二卷 … 1－11
諭摺彙存不分卷 …………………… 1－11
龍川文集三十卷辨僞考異二卷附錄
　二卷………………………………… 1－6
龍文鞭影二卷二集讀本二卷 ……… 1－10

十七畫

檉華館試帖彙鈔輯注十卷………… 1－7
點石齋畫報大全四十四集………… 1－7
鴻雪因緣圖記三集………………… 1－6
濟陰綱目十四卷…………………… 1－3

十八畫

雙藤書屋試帖一卷………………… 1－7

十九畫

韻府拾遺一百零六卷 ……………… 1－11
懷山園歷朝名將類編八卷………… 1－9
瀛經堂詳校醫宗必讀□□卷……… 1－9

二十畫

釋迦如來密行化蹟全譜不分卷…… 1－4

二十一畫

續古文辭類纂三十四卷 …………… 1－11
續資治通鑑二百二十卷 …………… 1－8
續資治通鑑綱目二十七卷………… 1－8
續漢書八志三十卷 ………………… 1－13
續漢書志三十卷 …………………… 1－12

二十二畫

鑑史精華□□卷…………………… 1－8

《天津市和平區圖書館古籍普查登記目録》
書名筆畫字頭索引

二畫

二…… 13
十…… 13

三畫

三…… 13
大…… 13
山…… 13
小…… 13

四畫

王…… 13
天…… 13
元…… 13
廿…… 13
五…… 13
中…… 13
毛…… 13
公…… 13
欠…… 13
文…… 13
尺…… 13

五畫

世…… 13
古…… 13
本…… 13
左…… 13
北…… 13
史…… 13
四…… 13
白…… 13
幼…… 13

六畫

老…… 14
而…… 14
竹…… 14
各…… 14
字…… 14

七畫

邯…… 14
芥…… 14
杜…… 14
李…… 14
吾…… 14
宋…… 14
附…… 14

八畫

武…… 14
長…… 14
板…… 14
臥…… 14
尚…… 14
昌…… 14
明…… 14
忠…… 14
佩…… 14
金…… 14
周…… 14
匋…… 14
孟…… 14

九畫

春……14
南……14
奎……14
昭……14
香……14
重……14
皇……14
律……14
後……14
風……14
亭……14
施……14
前……14
洋……14

十畫

桃……14
校……14
捕……15
時……15
殷……15
倉……15
唐……15
海……15
書……15
陸……15
陳……15
納……15

十一畫

黄……15
梅……15
處……15
崇……15
庾……15
康……15
梁……15
寄……15
隋……15

十二畫

琴……15
越……15
揚……15
景……15
餅……15
傅……15
御……15
欽……15
飲……15
評……15
詞……15
痘……15

十三畫

楚……15
虞……15
節……15
詩……15
資……15
溫……15
滄……15

十四畫

監……15
爾……15
閩……15
圖……15
箋……15
銀……15
廣……15
漢……16
滿……16
漁……16

隨……16
綱……16

十五畫

增……16
甌……16
遼……16
閲……16
影……16
衛……16
論……16
澄……16
寫……16
彈……16

十六畫

樵……16
歷……16
戰……16
劒……16
辨……16
龍……16

十七畫

舊……16
韓……16
魏……16
優……16
謝……16
應……16
禮……16

十八畫

醫……16

十九畫

蘇……16
曝……16

二十畫

鐵……16
鐘……16

二十一畫

權……16
顧……16
續……16

二十二畫

鑑……16
讀……16

《天津市和平區圖書館古籍普查登記目録》
書名筆畫索引

二畫

二十四史九通政典類要合編三百二十卷 …… 1－21
十七史詳節十七種二百七十三卷 …… 1－22
十七朝史事新論正集四卷續編六卷 …… 1－22

三畫

三國志六十五卷 …… 1－20
三國志六十五卷 …… 1－20
三國志六十五卷 …… 1－21
大學一卷中庸一卷 …… 1－18
山中白雲詞八卷附樂府指迷一卷 …… 1－27
山谷老人刀筆二十卷題跋四卷 …… 1－26
山海經新校正 …… 1－23
小倉山房詩集三十六卷 …… 1－27
小腆紀年附攷二十卷 …… 1－20
小學中史圖説□□編 …… 1－21

四畫

王氏四種 …… 1－25
王鳳洲綱鑑會纂三十九卷 …… 1－19
王鳳洲綱鑑會纂四十六卷 …… 1－20
天籟軒詞譜六卷 …… 1－27
元史二百十卷 …… 1－20
廿二史劄記三十六卷補遺一卷 …… 1－22
廿二史劄記三十六卷補遺一卷 …… 1－22
五言詩十七卷 …… 1－27
中國歷史戰爭形勢圖説附論 …… 1－23
毛詩訂詁八卷附錄二卷 …… 1－17
公羊傳十一卷 …… 1－17
欠愁集一卷 …… 1－28
文廟祀位不分卷 …… 1－28
文選六十卷 …… 1－25
文選六十卷 …… 1－25
文選六十卷攷異十卷 …… 1－25
文獻通考二十卷 …… 1－22
尺木堂綱鑑易知錄九十二卷 …… 1－19

五畫

世界近世史二卷 …… 1－23
古文雅正十四卷 …… 1－25
古文淵鑒六十四卷 …… 1－25
古文辭類纂七十四卷續三十四卷 …… 1－25
古詩源四卷 …… 1－25
本草從新六卷 …… 1－24
本草備要八卷首一卷 …… 1－24
本草綱目五十二卷 …… 1－24
本草綱目拾遺十卷 …… 1－24
本草醫方合編 …… 1－23
左傳史論二卷 …… 1－22
北史一百卷附考證一卷 …… 1－19
史事論四編二十四卷 …… 1－22
史記一百三十卷 …… 1－19
史記一百三十卷 …… 1－19
史記一百三十卷 …… 1－20
史記一百三十卷 …… 1－21
史通削繁四卷 …… 1－22
史通通釋二十卷 …… 1－22
四辰堂通鑑易知錄□□卷 …… 1－20
四書集注闡微直解二十七卷 …… 1－18
四書總義一卷 …… 1－18
白雨齋詞存一卷附詩鈔 …… 1－27
白喉治法挈要 …… 1－24
白話詳註新式標點小倉山房尺牘八卷 …… 1－27
幼科鐵鏡六卷 …… 1－24
幼學歌五卷續一卷 …… 1－21

六畫

老子二卷 ………………………………… 1－23
而菴說唐詩二十二卷首一卷 ………… 1－26
竹葉亭雜記八卷 ……………………… 1－28
竹葉亭雜記八卷 ……………………… 1－28
各國通商始末記二十卷 ……………… 1－22
字典考證十二集 ……………………… 1－18

七畫

[乾隆]邯鄲縣志十二卷首一卷 ……… 1－23
芥子園畫傳三集四卷 ………………… 1－24
杜工部草堂詩箋二十二卷 …………… 1－26
杜工部集 ……………………………… 1－26
杜工部集二十卷 ……………………… 1－26
杜工部集二十卷首一卷 ……………… 1－26
李義山詩集箋註三卷 ………………… 1－26
吾學錄初編二十四卷 ………………… 1－22
吾學錄初編二十四卷 ………………… 1－22
宋史四百九十六卷 …………………… 1－20
宋書六十卷 …………………………… 1－19
宋稗類鈔三十六卷 …………………… 1－24
附釋音周禮注疏四十二卷 …………… 1－17

八畫

武侯全書二十卷首一卷 ……………… 1－25
長生殿傳奇二卷 ……………………… 1－28
板橋襍記一卷 ………………………… 1－27
臥龍崗志二卷 ………………………… 1－23
尚書十三卷 …………………………… 1－17
昌黎先生詩集注十一卷 ……………… 1－26
明史三百六十卷 ……………………… 1－19
明史論四卷 …………………………… 1－22
忠武誌八卷 …………………………… 1－21
佩文齋書畫譜一百卷 ………………… 1－24
金石存十五卷 ………………………… 1－23
金史一百三十五卷 …………………… 1－20
金樓子六卷 …………………………… 1－24
周易四卷 ……………………………… 1－17
周書五十卷 …………………………… 1－20
周禮六卷 ……………………………… 1－17
匋雅二卷 ……………………………… 1－23
孟子七卷 ……………………………… 1－18
孟子集注七卷 ………………………… 1－18
孟子集注七卷 ………………………… 1－18

九畫

春秋三傳十六卷 ……………………… 1－17
春秋三傳駁語六卷 …………………… 1－18
春秋大事表五十卷 …………………… 1－18
春秋左傳三十卷 ……………………… 1－17
春秋左傳注疏六十卷 ………………… 1－17
春秋左傳注疏校勘記六十卷 ………… 1－17
春秋穀梁傳十二卷 …………………… 1－17
春秋諸家解十二卷 …………………… 1－18
南史八十卷 …………………………… 1－19
南齊書五十九卷 ……………………… 1－19
奎壁四書十九卷 ……………………… 1－18
昭代名人尺牘續集二十四卷 ………… 1－28
香祖筆記十二卷 ……………………… 1－28
重刊補註洗冤錄集證五卷 …………… 1－24
皇清地理圖 …………………………… 1－23
皇朝政典挈要八卷 …………………… 1－22
律例便覽八卷 ………………………… 1－20
後漢書一百二十卷 …………………… 1－19
後漢書一百二十卷 …………………… 1－20
後漢書一百卷 ………………………… 1－19
風箏誤傳奇 …………………………… 1－28
亭林文集六卷詩集五卷 ……………… 1－27
施註蘇詩四十二卷目錄二卷 ………… 1－26
前漢書一百卷 ………………………… 1－20
洋務經濟通考十六卷 ………………… 1－25
洋務經濟通攷十六卷 ………………… 1－22

十畫

桃谿雪二卷 …………………………… 1－28
校正圖注脈訣四卷 …………………… 1－24

校正圖注脈訣四卷 …………………… 1－24
捕蝗要訣一卷 ……………………… 1－23
時務通攷三十一卷 ………………… 1－22
殷商貞卜文字考一卷 ……………… 1－19
倉頡篇三卷續一卷補二卷 ………… 1－18
唐宋詞選一卷坿詞韻一卷 ………… 1－27
唐書二百五十五卷考證一卷釋音二
　十五卷 …………………………… 1－20
唐詩三百首補註八卷 ……………… 1－26
海鷗小譜一卷 ……………………… 1－27
書經六卷 …………………………… 1－17
書經集傳六卷 ……………………… 1－17
書經集傳六卷 ……………………… 1－17
書經集傳六卷 ……………………… 1－17
陸宣公集二十二卷 ………………… 1－19
陳書三十六卷 ……………………… 1－19
納書楹曲譜正集四卷續集四卷外集
　二卷補遺四卷四夢全譜八卷 …… 1－28

十一畫

黄帝内經二十四卷 ………………… 1－23
黄帝内經靈樞十二卷 ……………… 1－23
梅喜緣傳奇二卷 …………………… 1－28
處分則例圖要六卷 ………………… 1－20
崇文書局彙刻書 …………………… 1－25
庾開府集二卷 ……………………… 1－25
康熙字典十二集 …………………… 1－18
康熙字典十二集 …………………… 1－18
康熙字典十二集 …………………… 1－18
梁書五十六卷 ……………………… 1－19
寄傲山房塾課新增幼學故事瓊林四
　卷首一卷 ………………………… 1－25
隋書八十五卷 ……………………… 1－19

十二畫

琴鶴堂印譜 ………………………… 1－23
越縵堂集十卷 ……………………… 1－27
揚子法言一卷方言十三卷 ………… 1－23
景岳全書六十四卷 ………………… 1－23
景岳新方砭四卷 …………………… 1－23
缾笙舘修簫譜四卷 ………………… 1－28
傅氏眼科審視瑤函六卷首一卷醫案
　一卷 ……………………………… 1－24
御製康熙字典十二集 ……………… 1－18
御撰資治通鑑三編二十卷明紀綱目
　二十卷 …………………………… 1－21
御纂醫宗金鑑九十卷 ……………… 1－23
欽定明鑑二十四卷首一卷 ………… 1－21
飲食辯錄六卷 ……………………… 1－24
評選古詩源二卷 …………………… 1－25
詞名集解六卷 ……………………… 1－27
痘科專門二卷 ……………………… 1－24

十三畫

楚辭十七卷 ………………………… 1－25
虞初新志二十卷 …………………… 1－28
節本泰西新史攬要八卷 …………… 1－22
詩經八卷 …………………………… 1－17
詩經八卷 …………………………… 1－17
詩經八卷 …………………………… 1－17
詩經傳注八卷 ……………………… 1－17
詩韻合璧五卷 ……………………… 1－27
資治通鑑綱目三編五卷 …………… 1－21
資治通鑑綱目三編四卷 …………… 1－21
資治新書初集十四卷二集二十卷 … 1－22
溫飛卿詩集箋注九卷 ……………… 1－26
滄趣樓詩集十卷附詞一卷 ………… 1－27

十四畫

監本詩經八卷 ……………………… 1－17
爾雅直音二卷 ……………………… 1－18
爾雅補郭二卷 ……………………… 1－18
爾雅義疏二十卷 …………………… 1－18
閩詞鈔四卷 ………………………… 1－27
圖註八十一難經辨真四卷 ………… 1－23
箋註陶淵明集十卷 ………………… 1－26
銀海精微四卷 ……………………… 1－24
廣事類賦四十卷 …………………… 1－25

漢書一百二十卷 …………………… 1－19
漢詩統箋四卷 …………………… 1－26
滿洲名臣傳四十八卷 …………………… 1－21
漁洋山人精華錄箋注十二卷補註一
卷年譜一卷 …………………… 1－27
隨園女弟子詩選六卷 …………………… 1－27
綱鑑正史約三十六卷 …………………… 1－21

十五畫

增訂本草備要八卷 …………………… 1－24
增訂圖註本草備要四卷 …………………… 1－24
增廣攷正白香詞譜四卷攷正詞韻一
卷 …………………… 1－27
增廣尚友錄統編二十二卷 …………………… 1－22
甌鉢羅室書畫過目攷四卷首一卷附
錄一卷 …………………… 1－23
遼史一百十六卷 …………………… 1－20
閱微草堂筆記二十四卷 …………………… 1－28
閱微草堂筆記二十四卷 …………………… 1－28
閱微草堂筆記五種二十四卷 …………………… 1－28
影梅庵憶語一卷 …………………… 1－27
影梅庵憶語一卷 …………………… 1－28
衛生要術一卷 …………………… 1－24
論語十卷 …………………… 1－18
澄懷園語四卷 …………………… 1－28
寫定尚書二十八篇 …………………… 1－17
彈指詞一卷補遺二卷 …………………… 1－27

十六畫

樵歌三卷 …………………… 1－27
歷代史要二卷 …………………… 1－21
歷代史論十二卷宋史論三卷元史論
一卷 …………………… 1－22
歷代帝王年表三卷 …………………… 1－21
歷代通鑑輯覽一百二十卷 …………………… 1－21
歷代通鑑輯覽一百二十卷 …………………… 1－21
戰國策十卷 …………………… 1－21
劍南詩稾十六卷 …………………… 1－26
辨證冰鑑十二卷 …………………… 1－24
龍威秘書□□種 …………………… 1－25

十七畫

舊五代史一百五十卷 …………………… 1－20
舊唐書二百卷 …………………… 1－20
韓昌黎先生文集三十卷 …………………… 1－26
魏書一百十四卷 …………………… 1－19
魏書一百十四卷 …………………… 1－19
優詔褒忠錄 …………………… 1－21
謝康樂集四卷 …………………… 1－26
應試唐詩類釋十九卷 …………………… 1－25
禮記六卷 …………………… 1－17
禮記□□卷 …………………… 1－17

十八畫

醫宗金鑑外科十六卷 …………………… 1－23
醫學指南五卷 …………………… 1－24

十九畫

蘇文忠詩合註五十卷首一卷 …………………… 1－26
蘇詩續補遺二卷 …………………… 1－26
曝書亭刪餘詞一卷手稿原目一卷校
勘記一卷 …………………… 1－27

二十畫

鐵厓詠史註八卷樂府註十卷逸編註
八卷 …………………… 1－26
鐘鼎字源五卷附錄一卷 …………………… 1－18

二十一畫

權衡一書四十一卷 …………………… 1－25
顧氏四十家小說 …………………… 1－28
續資治通鑑二百二十卷 …………………… 1－21

二十二畫

鑑撮四卷讀史論略一卷 …………………… 1－21
讀史方輿紀要一百三十卷 …………………… 1－23
讀書雜志十卷 …………………… 1－25

《天津市河東區圖書館古籍普查登記目録》
書名筆畫字頭索引

一畫

乙…………………………………………… 21

二畫

二…………………………………………… 21
十…………………………………………… 21
丁…………………………………………… 21
卜…………………………………………… 21
八…………………………………………… 21

三畫

三…………………………………………… 21
山…………………………………………… 21
千…………………………………………… 21
小…………………………………………… 21
子…………………………………………… 21

四畫

王…………………………………………… 21
天…………………………………………… 21
元…………………………………………… 21
五…………………………………………… 21
尤…………………………………………… 21
少…………………………………………… 21
中…………………………………………… 21
午…………………………………………… 21
今…………………………………………… 21
公…………………………………………… 21
六…………………………………………… 21
文…………………………………………… 21
尺…………………………………………… 21
孔…………………………………………… 21
水…………………………………………… 21

五畫

古…………………………………………… 21
左…………………………………………… 21
石…………………………………………… 22
史…………………………………………… 22
四…………………………………………… 22
白…………………………………………… 22

六畫

老…………………………………………… 22
地…………………………………………… 22
西…………………………………………… 22
有…………………………………………… 22
列…………………………………………… 22
夷…………………………………………… 22
曲…………………………………………… 22
后…………………………………………… 22
全…………………………………………… 22
名…………………………………………… 22
亦…………………………………………… 22
安…………………………………………… 22
牟…………………………………………… 22

七畫

孝…………………………………………… 22
杜…………………………………………… 22
李…………………………………………… 22
困…………………………………………… 22
吟…………………………………………… 22
吳…………………………………………… 22

佐……22
返……22
冷……22
宋……22

八畫

武……22
青……22
直……22
林……22
東……22
兩……22
拙……22
尚……22
昌……22
明……22
易……23
金……23
周……23
治……23
空……23
孟……23
函……23

九畫

春……23
茶……23
茗……23
胡……23
南……23
昭……23
思……23
香……23
重……23
皇……23
禹……23
後……23
弇……23
風……23
施……23
炳……23

十畫

袁……23
莊……23
格……23
郭……23
唐……23
涑……23
浩……23
陳……23
陶……23
通……23
孫……23

十一畫

梅……23
砮……23
盛……24
國……24
庾……24
康……24
鹿……24
淮……24
梁……24
張……24
隋……24
婦……24
習……24

十二畫

絜……24
敬……24
雲……24
虛……24
遏……24
貴……24

傅……24
御……24
欽……24
詞……24
曾……24
湖……24
湘……24
寒……24

十三畫

蒙……24
楚……24
裘……24
歲……24
與……24
詩……24
新……24
彙……24

十四畫

嘉……24
蔡……24
爾……24
說……24
鄭……25
漢……25
漁……25

十五畫

增……25
震……25
墨……25
儀……25
德……25
養……25
澗……25
澄……25

十六畫

駢……25
融……25
餐……25
戰……25
積……25
篷……25
學……25
諭……25

十七畫

臨……25
嶺……25
魏……25
輿……25
龜……25
謝……25
謙……25
甕……25
燭……25
禮……25

十八畫

藝……25

十九畫

蘇……25
關……25
懷……25

二十畫

鐘……26

二十一畫

續……26

二十二畫

二十三畫

《天津市河東區圖書館古籍普查登記目録》
書名筆畫索引

一畫

乙巳年交涉要覽上篇二卷下篇三卷 …… 1－33

二畫

二家詩鈔二十二卷 …… 1－40
十八家詩鈔二十八卷 …… 1－39
丁文誠公奏稿二十六卷首一卷 …… 1－37
卜筮正宗十四卷 …… 1－43
八賢手札 …… 1－38

三畫

三國志六十五卷 …… 1－32
山谷别集二卷 …… 1－45
山谷詩集注二十卷 …… 1－45
山海經十八卷 …… 1－33
千金翼方三十卷 …… 1－40
小蓬萊閣金石文字不分卷 …… 1－40
小學纂註六卷 …… 1－42
小謨觴館詩集八卷續集二卷續集注二卷詩餘附録不分卷文集四卷文集注四卷文續集二卷文續集注二卷 …… 1－39
子書百家一百零一種 …… 1－36
子問二卷又問一卷 …… 1－34

四畫

王陽明先生全集二十二卷首一卷 …… 1－35
王臨川全集一百卷目録二卷 …… 1－38
天中記六十卷 …… 1－41
天中記六十卷 …… 1－41
元史二百十卷 …… 1－42
元豐類稿五十卷首一卷 …… 1－34
五大洲政治通攷四十八卷 …… 1－33
五曹算經五卷夏侯陽算經三卷 …… 1－43
尤西堂全集 …… 1－41
少室山房筆叢四十八卷 …… 1－42
中西匯通醫經精義二卷本草問答一卷金匱要畧淺註補正九卷傷寒論淺註補正七卷血證論八卷 …… 1－40
午亭文編五十卷 …… 1－37
今世說八卷 …… 1－43
公是弟子記四卷 …… 1－45
公餘集二卷續編二卷窗課存稿一卷 …… 1－39
六一題跋十一卷 …… 1－34
文恭集四十卷 …… 1－35
文選六十卷 …… 1－35
文選六十卷 …… 1－35
尺木堂綱鑑易知録九十二卷 …… 1－33
孔子編年四卷孟子編年四卷 …… 1－31
水經注四十卷 …… 1－33
水經注四十卷 …… 1－44

五畫

古今注三卷 …… 1－34
古文淵鑒六十四卷 …… 1－34
古文淵鑒六十四卷 …… 1－34
古文淵鑒六十四卷 …… 1－34
古泉匯元集十四卷亨集十四卷利集十八卷貞集十四卷補遺二卷 …… 1－41
古泉匯元集十四卷亨集十四卷利集十八卷貞集十四卷補遺二卷 …… 1－41
古泉匯六十四卷 …… 1－41
左文襄公書牘節要二十六卷 …… 1－35

石笥山房文集六卷補遺一卷詩集十一卷詩餘一卷補遺二卷續補遺二卷 ………………………………… 1－39
石笥山房文集六卷詩集十二卷 ……… 1－39
史記一百三十卷 ………………………… 1－32
史記一百三十卷 ………………………… 1－32
史記一百三十卷 ………………………… 1－32
史通削繁四卷 …………………………… 1－33
四書集註十九卷 ………………………… 1－31
白香山詩集二十卷 ……………………… 1－38
白香山詩集四十卷年譜二卷 ………… 1－38

六畫

老子道德經二卷 ………………………… 1－34
地志啟蒙四卷 …………………………… 1－44
西江詩派韓饒二集 ……………………… 1－39
西陂類稿五十卷 ………………………… 1－40
西堂全集十六種 ………………………… 1－41
有正味齋駢體文二十四卷 …………… 1－40
列國政要一百三十二卷首一卷 ……… 1－33
夷堅志五十卷 …………………………… 1－37
夷堅志五十卷 …………………………… 1－37
曲江書屋新訂批註左傳快讀十八卷首一卷 …………………………… 1－31
曲江書屋新訂批註左傳快讀十八卷首一卷 …………………………… 1－46
后山詩十二卷 …………………………… 1－36
后山詩注十二卷 ………………………… 1－40
全唐詩 …………………………………… 1－38
全唐詩三十二卷 ………………………… 1－38
名法指掌四卷 …………………………… 1－37
亦政堂重修考古圖十卷 ……………… 1－41
亦政堂重修宣和博古圖錄三十卷 …… 1－41
安瀾紀要二卷廻瀾紀要二卷 ………… 1－36
牟子一卷 ………………………………… 1－34

七畫

孝經注疏九卷附考證 ………………… 1－42
杜工部集二十卷首一卷 ……………… 1－38
杜工部集二十卷首一卷 ……………… 1－38
李太白文集三十六卷 ………………… 1－38
李太白文集三十卷 …………………… 1－38
李文忠公全集一百六十五卷 ………… 1－37
李恕谷先生年譜五卷 ………………… 1－37
李義山詩集三卷 ………………………… 1－39
李蘭臺集一卷 …………………………… 1－44
困學紀聞注二十卷首一卷 …………… 1－36
吟雲僊館詩稾一卷 ……………………… 1－39
吳詩集覽二十卷談藪一卷 …………… 1－45
吳摯甫詩集一卷 ………………………… 1－39
佐治芻言不分卷 ………………………… 1－38
返生香一卷附集一卷 ………………… 1－39
冷吟仙館詩稿八卷詩餘一卷附錄一卷 …………………………………… 1－39
宋本十三經注疏附校勘記 …………… 1－32
宋史四百九十六卷 ……………………… 1－32

八畫

武夷山志二十四卷首一卷 …………… 1－44
武英殿聚珍版書 ………………………… 1－31
武英殿聚珍版叢書 ……………………… 1－42
武英殿聚珍版叢書五十四種 ………… 1－36
青在堂花卉草蟲譜六卷 ……………… 1－40
直齋書錄解題二十二卷 ……………… 1－42
林文忠公政書 …………………………… 1－37
林文忠公政書三十七卷 ……………… 1－37
東坡全集八十四卷目錄二卷 ………… 1－34
東塾集六卷附申范一卷 ……………… 1－35
兩罍軒印攷漫存九卷 ………………… 1－40
兩罍軒彝器圖釋十二卷 ……………… 1－41
兩罍軒彝器圖釋八卷 ………………… 1－41
拙軒集六卷 ……………………………… 1－36
拙軒集六卷 ……………………………… 1－42
尚書十三卷附考證十三卷 …………… 1－31
尚書大傳四卷 …………………………… 1－32
尚書古今文注疏三十卷 ……………… 1－31
昌黎詩集十一卷 ………………………… 1－39
明本釋三卷 ……………………………… 1－45
明史紀事本末八十卷 ………………… 1－45

易緯通卦驗二卷 …………………………… 1－31
易緯通卦驗二卷是類謀一卷乾元序
制記一卷坤靈圖一卷 ……………… 1－44
金淵集六卷 ……………………………… 1－36
周易注疏十三卷 ………………………… 1－31
周易傳註七卷 …………………………… 1－31
周禮正義八十六卷 ……………………… 1－31
治臺必告錄八卷 ………………………… 1－38
空谷香傳奇二卷 ………………………… 1－44
孟子七卷 ………………………………… 1－31
孟子七卷 ………………………………… 1－46
孟子注疏十四卷 ………………………… 1－31
函海一百六十四種八百五十六卷 …… 1－34

九畫

春在堂全書三十五種 …………………… 1－34
春秋傳說例 ……………………………… 1－31
春秋辨疑四卷 …………………………… 1－44
茶山集 …………………………………… 1－35
茶山集八卷 ……………………………… 1－36
茶山集八卷 ……………………………… 1－42
茗柯文編四卷 …………………………… 1－35
胡文忠公遺集十卷首一卷 ……………… 1－35
南宋文範七十卷外編四卷 ……………… 1－41
南陽集六卷 ……………………………… 1－35
南陽集六卷 ……………………………… 1－36
南陽集六卷 ……………………………… 1－36
南陽集六卷 ……………………………… 1－36
南陽集六卷 ……………………………… 1－36
南陽集六卷 ……………………………… 1－42
南齊書五十九卷 ………………………… 1－32
南澗甲乙稿二十二卷 …………………… 1－40
昭代叢書十集 …………………………… 1－38
思古齋雙鉤漢碑篆額 …………………… 1－40
思古齋雙鉤漢碑篆額 …………………… 1－41
香祖樓二卷 ……………………………… 1－44
重刊補註洗冤錄集證六卷 ……………… 1－38
皇清經解一千四百零八卷 ……………… 1－32
禹貢指南 ………………………………… 1－45
後漢書九十卷 …………………………… 1－32
後漢書九十卷 …………………………… 1－32
弇榆山房詩略十卷 ……………………… 1－39
風俗通義十卷 …………………………… 1－36
施注蘇詩四十二卷目錄二卷年譜一
卷 …………………………………… 1－38
炳燭齋文集初刻一卷續刻一卷 ……… 1－44

十畫

袁易齋先生圖民錄四卷 ………………… 1－42
莊子十卷 ………………………………… 1－34
格致彙編十二卷 ………………………… 1－43
郭氏傳家易說十一卷首一卷 …………… 1－44
郭氏傳家易說十一卷總論一卷 ……… 1－31
唐宋八家鈔八卷 ………………………… 1－39
唐荊川先生文集十八卷 ………………… 1－34
唐書二百二十五卷 ……………………… 1－32
唐詩三百首注疏六卷 …………………… 1－45
唐詩三百首注釋六卷 …………………… 1－43
唐詩三百首續選一卷 …………………… 1－43
唐詩三百首續選二卷 …………………… 1－45
涑水記聞十六卷 ………………………… 1－35
涑水記聞十六卷 ………………………… 1－36
涑水記聞十六卷 ………………………… 1－45
浩然齋雅談三卷 ………………………… 1－46
陳學士文集十八卷 ……………………… 1－37
陳學士文集十八卷 ……………………… 1－37
陶山集十六卷 …………………………… 1－36
陶山集十六卷 …………………………… 1－40
通志堂經解一百四十種一千八百六
十卷 ………………………………… 1－31
通典二百卷 ……………………………… 1－33
通典二百卷 ……………………………… 1－33
通鑑紀事本末二百三十九卷 …………… 1－33
孫子十家註十三卷 ……………………… 1－33

十一畫

梅花館集 ………………………………… 1－44
梅村詩集箋注十八卷 …………………… 1－39
碧溪詩話十卷 …………………………… 1－36

盛世危言十四卷 ………………………… 1－37
國朝三家文鈔三十二卷 ………………… 1－37
國朝正雅集八十三卷 …………………… 1－41
國朝駢體正宗十二卷 …………………… 1－40
國語二十一卷 …………………………… 1－32
國語二十一卷 …………………………… 1－32
庾子山集十六卷 ………………………… 1－35
康熙字典十二集 ………………………… 1－43
鹿洲公案二卷女學六卷 ………………… 1－35
鹿洲全集八種 …………………………… 1－35
鹿洲初集二十卷 ………………………… 1－35
淮南子二十一卷敘目一卷 ……………… 1－34
梁書五十六卷 …………………………… 1－32
張文襄公詩集四卷 ……………………… 1－44
隋書八十五卷 …………………………… 1－32
婦科一卷附婦科圖一卷 ………………… 1－44
習苦齋畫絮十卷 ………………………… 1－44

十二畫

絜齋毛詩經筵講義四卷 ………………… 1－45
絜齋毛詩經筵講義四卷 ………………… 1－45
絜齋集二十四卷 ………………………… 1－35
絜齋集二十四卷 ………………………… 1－45
敬齋古今黈八卷 ………………………… 1－36
敬齋古今黈八卷 ………………………… 1－43
雲谷雜記四卷 …………………………… 1－36
虛受堂文集十六卷 ……………………… 1－38
遏雲閣曲譜 ……………………………… 1－40
遏雲閣曲譜 ……………………………… 1－40
貴池二妙集四十七卷附錄四卷 ………… 1－35
傅子一卷 ………………………………… 1－32
傅子一卷 ………………………………… 1－45
御批續資治通鑑綱目二十七卷 ………… 1－33
御選唐宋詩醇四十六卷 ………………… 1－39
御纂朱子全書六十六卷 ………………… 1－34
御纂朱子全書六十六卷 ………………… 1－34
欽定大清會典事例一千二百二十卷
首一卷 …………………………………… 1－44
欽定四庫全書總目二百卷首一卷 ……… 1－43
欽定武英殿聚珍版程式一卷 …………… 1－42
欽定武英殿聚珍版程式一卷 …………… 1－42
欽定武英殿聚珍版程式一卷 …………… 1－42
欽定武英殿聚珍版程式一卷 …………… 1－42
欽定武英殿聚珍版程式一卷 …………… 1－42
欽定武英殿聚珍版程式一卷 …………… 1－42
欽定武英殿聚珍版程式一卷 …………… 1－45
欽定春秋傳說彙纂三十八卷首二卷
………………………………………… 1－31
欽定後漢書一百二十卷 ………………… 1－33
欽定儀禮義疏四十八卷首二卷 ………… 1－31
詞律二十卷 ……………………………… 1－40
曾氏家訓一卷 …………………………… 1－39
曾南豐先生文集四卷 …………………… 1－41
湖海樓詩集十二卷補遺一卷 …………… 1－39
湘綺樓全集三十卷 ……………………… 1－38
寒山子詩集一卷 ………………………… 1－39

十三畫

蒙齋集二十卷 …………………………… 1－35
蒙齋集二十卷 …………………………… 1－42
楚辭十七卷 ……………………………… 1－40
裘文達公文集六卷詩集十二卷奏議
一卷 ……………………………………… 1－37
歲寒堂詩話 ……………………………… 1－36
與稽齋叢稿十八卷 ……………………… 1－43
詩韻合璧五種 …………………………… 1－40
新文牘□□卷 …………………………… 1－43
新刊古列女傳八卷 ……………………… 1－42
彙刻書目二十卷 ………………………… 1－43
彙刻書目二十卷 ………………………… 1－43

十四畫

嘉祐集二十卷 …………………………… 1－34
嘉懿集初鈔四卷續鈔四卷 ……………… 1－35
蔡中郎集二卷 …………………………… 1－46
爾雅匡名二十卷 ………………………… 1－41
爾雅注疏十一卷考證十一卷 …………… 1－42
說文段注訂補十四卷 …………………… 1－43
說文通檢十四卷末一卷 ………………… 1－40

說文通檢十四卷首一卷末一卷 ……… 1－37
說文解字三十卷 ………………………… 1－40
說文解字句讀三十卷 …………………… 1－40
說文解字注十五卷六書音均表一卷
…………………………………………… 1－40
說文解字注匡謬 ………………………… 1－40
說文釋例二十卷 ………………………… 1－41
說文釋例二十卷 ………………………… 1－41
鄭志三卷 ………………………………… 1－33
鄭志三卷 ………………………………… 1－44
鄭志三卷 ………………………………… 1－44
漢官舊儀二卷補遺一卷鄴中記一卷
…………………………………………… 1－45
漢書一百二十卷 ………………………… 1－32
漢魏六朝百三家集 ……………………… 1－34
漁洋山人古詩選三十二卷 ……………… 1－39

十五畫

增評補像全圖金玉緣一百二十回 …… 1－46
增補事類統編九十三卷首一卷 ……… 1－41
增廣四書題鏡味根錄二十七卷附增
　四書宗旨 ……………………………… 1－43
增廣留青新集二十四卷 ……………… 1－37
震川先生集全集三十卷別集十卷 …… 1－35
墨子十六卷 …………………………… 1－34
墨子十六卷篇目考一卷 ……………… 1－34
儀禮十七卷 …………………………… 1－31
儀禮識誤三卷 ………………………… 1－45
儀禮釋宮一卷 ………………………… 1－31
儀禮釋宮一卷 ………………………… 1－45
德禮堂疇唱集十三卷 ………………… 1－39
養正遺規二卷教女遺規三卷從政遺
　規二卷在官法戒錄四卷訓俗遺規
　四卷 …………………………………… 1－37
潤泉日記三卷 ………………………… 1－43
澄衷蒙學堂字課圖說四卷 …………… 1－44

十六畫

駢雅七卷 ……………………………… 1－42
融堂書解二十卷 ……………………… 1－45
餐霞樓詩餘軼稿 ……………………… 1－45
戰國策三十三卷 ……………………… 1－32
戰國策三十三卷 ……………………… 1－33
積古齋鐘鼎彝器款識十卷 …………… 1－41
篷窗隨錄十四卷附錄二卷 …………… 1－37
學易集八卷 …………………………… 1－35
學易集八卷 …………………………… 1－36
諭摺彙存 ……………………………… 1－41
諭摺彙存（光緒乙巳年正月）……… 1－33
諭摺彙存（光緒丁未年六月）……… 1－33
諭摺彙存（光緒丙午年九月）……… 1－33
諭摺彙存 ……………………………… 1－41

十七畫

臨證指南醫案十卷 …………………… 1－40
嶺表錄異三卷 ………………………… 1－43
魏鄭公諫續錄二卷 …………………… 1－43
魏鄭公諫續錄二卷 …………………… 1－44
輿地紀勝二百卷首一卷 ……………… 1－33
龜巢藁十卷補遺一卷 ………………… 1－39
謝宣城集一卷 ………………………… 1－46
謙齋文錄四卷附年譜一卷 …………… 1－37
甕牖閑評八卷 ………………………… 1－36
甕牖閑評八卷 ………………………… 1－43
燭湖集二十卷附編二卷 ……………… 1－37
禮記二十卷考證二十卷 ……………… 1－31

十八畫

藝海珠塵□□卷 ……………………… 1－43

十九畫

蘇文忠公詩集五十卷目錄二卷 ……… 1－38
蘇文忠公詩集五十卷目錄二卷 ……… 1－38
蘇文忠公詩集五十卷目錄二卷 ……… 1－38
關中金石記八卷附記一卷 …………… 1－41
懷星堂全集三十卷 …………………… 1－35

二十畫

鐘鼎字源五卷附錄一卷 ………………… 1－43

二十一畫

續古文辭類纂三編二十八卷 ………… 1－36
續呂氏家塾讀詩記三卷 ………………… 1－44
續孟子二卷 ……………………………… 1－32

二十二畫

讀史方輿紀要一百三十卷 …………… 1－33
讀書分年日程三卷綱領一卷 ………… 1－43
龔定盦全集 ……………………………… 1－35

二十三畫

麟臺故事五卷 …………………………… 1－45

《天津市紅橋區圖書館古籍普查登記目録》
書名筆畫字頭索引

二畫

二…… 29
十…… 29

三畫

小…… 29

五畫

古…… 29
本…… 29
四…… 29
白…… 29
幼…… 29

八畫

和…… 29
佩…… 29

九畫

春…… 29

十畫

莊…… 29
唐…… 29
陶…… 29

十一畫

掄…… 29
船…… 29

十二畫

御…… 29

十三畫

資…… 29

十四畫

蔡…… 29
監…… 29

十五畫

諸…… 29

十七畫

韓…… 29

十九畫

韻…… 29
繡…… 29

二十一畫

續…… 29

《天津市紅橋區圖書館古籍普查登記目録》
書名筆畫索引

二畫

二十四史三千二百五十卷 …………… 1－49
十三經集字摹本不分卷首一卷 ……… 1－49

三畫

小學集解六卷 ………………………… 1－49

五畫

古唐詩合解箋注十二卷 ……………… 1－49
本草述鉤元三十二卷 ………………… 1－49
四書補注備旨十卷 …………………… 1－49
白虎通義四卷附校勘記四卷 ………… 1－49
幼學歌四卷續一卷 …………………… 1－49

八畫

和陶合箋四卷 ………………………… 1－49
佩文韻府一百零六卷 ………………… 1－49

九畫

春秋經傳集解三十卷 ………………… 1－49

十畫

莊子集解八卷 ………………………… 1－49
唐鑑二十四卷 ………………………… 1－49
陶詩彙評四卷 ………………………… 1－49

十一畫

掄秀堂重訂幼學須知句解四卷 ……… 1－49
船山師友記十七卷首一卷 …………… 1－49

十二畫

御批歷代通鑑輯覽一百二十卷 ……… 1－49

十三畫

資治通鑑二百九十卷 ………………… 1－49

十四畫

蔡中郎集十卷 ………………………… 1－49
監本詩經八卷 ………………………… 1－49

十五畫

諸子碎金四卷 ………………………… 1－49

十七畫

韓非子二十卷 ………………………… 1－50

十九畫

韻府拾遺一百零六卷 ………………… 1－49
繡像西遊記一百回 …………………… 1－50

二十一畫

續資治通鑑二百二十卷 ……………… 1－49

《天津市武清區圖書館古籍普查登記目録》
書名筆畫字頭索引

二畫

二…………………………………………… 35
十…………………………………………… 35
丁…………………………………………… 35
七…………………………………………… 35

三畫

三…………………………………………… 35
大…………………………………………… 35
上…………………………………………… 35
山…………………………………………… 35
小…………………………………………… 35
子…………………………………………… 35

四畫

王…………………………………………… 35
天…………………………………………… 35
元…………………………………………… 35
廿…………………………………………… 35
五…………………………………………… 35
支…………………………………………… 35
不…………………………………………… 35
中…………………………………………… 35
分…………………………………………… 35
公…………………………………………… 35
六…………………………………………… 35
文…………………………………………… 35
尺…………………………………………… 35
孔…………………………………………… 35

五畫

玉…………………………………………… 35
古…………………………………………… 35
左…………………………………………… 35
石…………………………………………… 35
平…………………………………………… 35
北…………………………………………… 35
史…………………………………………… 35
四…………………………………………… 36

六畫

地…………………………………………… 36
西…………………………………………… 36
竹…………………………………………… 36
亦…………………………………………… 36
安…………………………………………… 36
字…………………………………………… 36
如…………………………………………… 36

七畫

杜…………………………………………… 36
呂…………………………………………… 36
近…………………………………………… 36
汪…………………………………………… 36
初…………………………………………… 36
附…………………………………………… 36

八畫

武…………………………………………… 36
東…………………………………………… 36
尚…………………………………………… 36

明……36
易……36
呻……36
知……36
佩……36
周……36
性……36
居……36
孟……36

九畫

契……36
春……36
荀……36
奎……36
韋……36
重……36
皇……37
後……37
前……37
紀……37

十畫

桐……37
校……37
倫……37
訓……37
兼……37
書……37
陶……37
通……37

十一畫

責……37
教……37
黄……37
國……37
康……37
淮……37
陽……37
参……37

十二畫

彭……37
焦……37
臯……37
御……37
欽……37
評……37
詞……37
曾……37
湘……37
淵……37
登……37

十三畫

聖……37
楞……37
詩……37
新……38
意……38
慎……38
義……38
資……38
群……38
經……38
彙……38

十四畫

監……38
爾……38
算……38
說……38
精……38
漢……38
漱……38

隨……38

十五畫

增……38
甌……38
歐……38
遼……38
閱……38
儀……38
劍……38
魯……38
劉……38
課……38
論……38
潛……38

十六畫

歷……38
戰……38
舉……38
龍……39

十七畫

韓……39
禮……39

十九畫

攈……39
關……39
韻……39
繹……39

二十一畫

續……39

《天津市武清區圖書館古籍普查登記目録》
書名筆畫索引

二畫

二十五子彙函二十五種三百四十二卷 …… 1－63
二十四史三千二百四十一卷 …… 1－63
二十四史三千二百四十一卷 …… 1－63
十七史商榷一百卷 …… 1－56
十國宮詞五卷首一卷 …… 1－59
丁文誠公奏稿二十六卷 …… 1－56
七修類稿五十一卷續稿七卷 …… 1－56
七家試帖輯注彙鈔九卷 …… 1－53
七家試帖輯注彙鈔九卷 …… 1－64
七家試帖輯注彙鈔九卷 …… 1－64

三畫

三五散著 …… 1－55
三通七百四十八卷 …… 1－55
三國志六十五卷 …… 1－58
三國志演義十九卷一百二十回首一卷 …… 1－64
大唐開元占經一百二十卷 …… 1－56
大清律例增修統纂集成四十卷 …… 1－63
大藏一覽十卷 …… 1－53
上諭内閣一百五十九卷 …… 1－63
山谷内集注二十卷 …… 1－56
山海經廣注十八卷圖五卷 …… 1－58
小學集註六卷忠經一卷孝經一卷 …… 1－56
子史精華一百六十卷 …… 1－60
子書百家五百零八卷 …… 1－63

四畫

王鳳洲先生綱鑑會纂三十九卷 …… 1－63
天元曆理全書十二卷首一卷 …… 1－53
［乾隆］天津縣誌二十四卷圖一卷 …… 1－64
天崇欣賞集不分卷 …… 1－64
元豐類稿五十卷首一卷 …… 1－57
廿二史劄記三十六卷補遺一卷 …… 1－59
廿二史劄記三十六卷 …… 1－56
五經旁訓五種二十一卷 …… 1－62
支那通史四卷附錄一卷 …… 1－58
不薄今齋時文 …… 1－63
中華字典 …… 1－53
分韻試帖青雲集合注四卷 …… 1－53
分類歷代通鑑輯覽六十四卷 …… 1－59
公羊穀梁春秋合編附注疏纂十二卷 …… 1－60
六經圖二十四卷 …… 1－60
文中子中說十卷 …… 1－61
文成堂重訂古文釋義新編八卷 …… 1－59
文選六十卷 …… 1－57
尺木堂綱鑑易知錄九十二卷 …… 1－58
孔子家語十卷 …… 1－53
孔子編年四卷 …… 1－56

五畫

玉海二百零四卷附十三種 …… 1－59
玉溪亭選 …… 1－55
古詩源十四卷 …… 1－53
古經天象考十二卷 …… 1－59
古經解彙函三十種二百八十卷續附十種三十七卷 …… 1－56
左傳史論二卷 …… 1－56
左傳橫紀附左傳別纂 …… 1－55
左繡三十卷春秋經傳集解三十卷 …… 1－53
石芸塾課不分卷 …… 1－55
平津館叢書十集三十八卷 …… 1－63
北堂書鈔一百六十卷首一卷 …… 1－55
史記一百三十卷 …… 1－57

史記一百三十卷 …… 1－57
史記一百三十卷 …… 1－59
史記一百三十卷 …… 1－63
史記志疑三十六卷 …… 1－60
史記探源八卷 …… 1－55
四書左國彙纂四卷 …… 1－60
四書朱子大全統義□□卷 …… 1－59
四書朱子大全精言□□卷 …… 1－62
四書章句十九卷 …… 1－57
四書章句十九卷 …… 1－57
四書經注集證十九卷 …… 1－59

六畫

地學形勢集八卷 …… 1－53
西政叢書三十一種 …… 1－63
西遊真詮一百回 …… 1－56
西湖志四十八卷 …… 1－62
西漚試帖輯注二卷 …… 1－55
竹柏山房十五種 …… 1－60
亦政堂重修考古圖十卷古玉圖二卷博古圖錄三十卷 …… 1－54
[嘉慶]安陽縣誌二十八卷首一卷 …… 1－64
字彙十二集首一卷末一卷 …… 1－61
如不及齋制藝 …… 1－62

七畫

杜工部集二十卷 …… 1－53
呂氏春秋二十六卷附考一卷 …… 1－58
近性圖輯要實錄坤冊一卷 …… 1－62
汪龍莊先生遺書四種 …… 1－56
初白詩鈔一卷 …… 1－55
附十三經註疏校勘記識語四卷 …… 1－58
附釋音尚書註疏二十卷 …… 1－58
附釋音春秋注釋六十卷附校勘記六十卷 …… 1－63

八畫

武英殿聚珍版書 …… 1－60
東華錄一百六十九卷 …… 1－61
東萊博議四卷 …… 1－63
尚書考異六卷 …… 1－56
尚絅堂試帖輯注一卷 …… 1－55
明史論四卷 …… 1－56
明季稗史彙編二十七卷 …… 1－59
明詩紀事甲簽三十卷乙簽二十二卷丙簽十二卷丁簽十七卷戊簽二十二卷己簽二十卷庚簽三十卷辛簽三十四卷 …… 1－63
易經四卷 …… 1－55
易漢學八卷 …… 1－53
呻吟語六卷 …… 1－53
知不足齋叢書二十八集 …… 1－63
佩文韻府一百零六卷拾遺一百零六卷 …… 1－61
周易本義四卷圖一卷 …… 1－62
周易四卷 …… 1－57
周易四卷首一卷 …… 1－64
周易四卷筮儀一卷圖說一卷 …… 1－58
性理大全會通七十卷續四十二卷 …… 1－63
居業堂續編小題課童草 …… 1－55
孟子編年四卷 …… 1－55

九畫

契元公論草一卷 …… 1－54
春秋大事表六十六卷輿圖一卷 …… 1－60
春秋公羊傳十一卷 …… 1－60
春秋左氏傳賈服注輯述二十卷 …… 1－55
春秋左傳三十卷 …… 1－60
春秋左傳三十卷 …… 1－60
春秋左傳五十卷 …… 1－61
荀子集解二十卷 …… 1－53
奎壁四書十九卷 …… 1－60
奎壁書經六卷 …… 1－55
奎壁詩經八卷 …… 1－60
韋蘇州集十卷 …… 1－54
重刊宋本十三經註疏附校勘記 …… 1－58
重刊宋本十三經註疏附校勘記 …… 1－61
重訂古文釋義新編八卷 …… 1－61

皇清經解一千四百零八卷 ………… 1－60
皇清經解一百九十卷 ………………… 1－60
皇清經解一百九十卷 ………………… 1－60
皇清經解一百九十卷 ………………… 1－60
皇清經解續編一千四百三十卷 ……… 1－60
皇朝五經彙解二百七十卷 ………… 1－57
皇朝經世文編□□卷 ……………… 1－61
後漢書一百二十卷 ………………… 1－62
後漢書九十卷 ……………………… 1－57
前漢書一百卷附考證 ……………… 1－58
紀事本末五種五百零八卷 ………… 1－57

十畫

桐城吳氏古文讀本十三卷 ………… 1－58
校刊史記集解索隱正義札記五卷 …… 1－57
倫敦竹枝詞一卷 …………………… 1－54
訓俗遺規四卷補二卷 ……………… 1－56
兼濟堂纂刻梅勿菴先生曆算全書二十八種七十四卷 ……………… 1－57
書集傳六卷 ………………………… 1－59
書經六卷 …………………………… 1－54
書經六卷 …………………………… 1－62
書經六卷 …………………………… 1－62
陶齋吉金錄八卷 …………………… 1－57
通鑑外紀十卷目錄五卷 …………… 1－58

十一畫

責志約言四卷附雜著一卷 ………… 1－54
教觀綱宗釋義紀三卷三千有門頌一卷 ………………………………… 1－63
黃河圖畧一卷 ……………………… 1－62
國語二十一卷附劄記一卷考異四卷 ………………………………… 1－64
康熙字典十二集補遺一卷備考一卷 ………………………………… 1－58
康熙字典十二集補遺一卷備考一卷 ………………………………… 1－58
淮南子二十一卷 …………………… 1－53
淮南子二十一卷 …………………… 1－54
淮南天文訓補注二卷 ……………… 1－54
陽宅大全十卷 ……………………… 1－54
陽宅愛衆篇四卷 …………………… 1－62
參星祕要諏吉便覽 ………………… 1－59

十二畫

彭剛直公詩集八卷奏稿八卷 ……… 1－54
焦氏叢書九種附一種 ……………… 1－59
臯鶴堂批評第一奇書金瓶梅一百回 ………………………………… 1－63
御批通鑑輯覽一百二十卷 ………… 1－59
御批歷代通鑑輯覽一百二十卷 …… 1－57
御撰資治通鑑綱目三編二十卷 …… 1－59
御纂七經二百九十四卷 …………… 1－58
御纂周易折中二十二卷 …………… 1－60
御纂詩義折中二十卷 ……………… 1－54
御纂詩義折中二十卷 ……………… 1－60
欽定周官義疏四十八卷首一卷 …… 1－58
欽定詩經傳說彙纂二十一卷首二卷詩序二卷 ……………………… 1－55
欽定禮部則例二百零二卷 ………… 1－63
評點春秋左傳綱目句解彙雋六卷 … 1－62
評點春秋綱目左傳句解彙雋六卷 … 1－59
詞律二十卷發凡一卷 ……………… 1－59
曾文正公全集 ……………………… 1－61
湘綺樓文集八卷詩集十四卷箋啓八卷 ………………………………… 1－55
淵鑑類函四百五十卷目錄四卷 …… 1－59
登科錄不分卷 ……………………… 1－55

十三畫

聖武記十四卷 ……………………… 1－62
楞伽阿跋多羅寶經四卷 …………… 1－55
詩問七卷 …………………………… 1－53
詩經八卷 …………………………… 1－62
詩經喈鳳詳解八卷詩經繹傳八卷附圖說一卷 ……………………… 1－56
詩經集傳八卷 ……………………… 1－55
詩觸十六種十八卷 ………………… 1－59

新刻石函平砂玉尺經全書真機二卷 …………………………………… 1-55
新定四書補注備旨十卷 ……………… 1-57
新定四書補注備旨十卷 ……………… 1-57
新定四書補注備旨十卷 ……………… 1-64
[乾隆]新修懷慶府志三十二卷首一卷 ……………………………… 1-61
新訂王氏羅經透解二卷 ……………… 1-54
新訂四書補注備旨十卷 ……………… 1-55
新訂四書補注備旨十卷 ……………… 1-56
新訂四書補注備旨十卷 ……………… 1-57
新訂四書補注備旨十卷 ……………… 1-57
意林五卷 ……………………………… 1-54
慎詒堂詩經八卷 ……………………… 1-64
義門讀書記五十八卷 ………………… 1-56
資治通鑑二百九十四卷目錄三十卷 …………………………………… 1-58
資治通鑑外紀十卷目錄五卷 ………… 1-59
資治通鑑辯誤十二卷 ………………… 1-58
群書拾補不分卷 ……………………… 1-56
經義述聞三十二卷 …………………… 1-54
經學輯要二十四卷首一卷 …………… 1-57
經籍纂詁一百零六卷 ………………… 1-61
彙纂功過格二十卷首一卷末一卷 …… 1-57

十四畫

監本附音春秋穀梁註疏二十卷附校勘記二十卷 ………………………… 1-58
爾雅正義二十卷附釋義三卷 ………… 1-54
爾雅郭注義疏二十卷 ………………… 1-54
算法統宗十一卷 ……………………… 1-61
說文解字三十二卷 …………………… 1-63
說文解字三十卷部目分韻一卷六書音均表五卷 ……………………… 1-56
精訂綱鑑二十一史通俗衍義六卷四十四回 ………………………………… 1-61
精校圈點顏氏家訓二卷 ……………… 1-53
精校斷句獨斷一卷 …………………… 1-53
漢書一百卷 …………………………… 1-57
漢魏別解十六卷 ……………………… 1-53
潄方軒合纂禮記體注四卷 …………… 1-60
隨園詩話十六卷補遺十卷 …………… 1-61
隨園隨筆二十八卷 …………………… 1-61

十五畫

增批寄嶽雲齋試體詩四卷 …………… 1-53
增刪卜易不分卷 ……………………… 1-62
增訂漢魏叢書九十六種 ……………… 1-58
增補地理直指原真三卷 ……………… 1-62
甌鉢羅室書畫過目考四卷首一卷附錄一卷 …………………………………… 1-54
歐陽文忠公五代史抄二十卷新唐書抄二卷 ………………………………… 1-53
遼史紀事本末四十卷首一卷末一卷金史紀事本末五十二卷首一卷末一卷 ………………………………… 1-64
閱微草堂筆記二十四卷 ……………… 1-61
閱微草堂筆記二十四卷 ……………… 1-61
儀禮註疏十七卷 ……………………… 1-64
儀禮圖六卷 …………………………… 1-53
劍南詩鈔六卷 ………………………… 1-53
[嘉慶]魯山縣志二十六卷 …………… 1-61
劉公雍陽德政十頌二卷 ……………… 1-62
劉注七家詩十二卷 …………………… 1-54
課子隨筆節鈔六卷附錄一卷續編一卷 ……………………………………… 1-53
論語十卷 ……………………………… 1-62
潛研堂全書二十一種 ………………… 1-58

十六畫

歷代史論十二卷附宋史論三卷元史論一卷 ………………………………… 1-56
歷代名臣言行錄二十四卷 …………… 1-62
歷代名臣言行錄二十四卷 …………… 1-62
歷代名臣言行錄二十四卷 …………… 1-62
歷代名臣言行錄二十四卷 …………… 1-62
歷代鐘鼎彝器欵識法貼二十卷 ……… 1-60
戰國策三十三卷附劄記三卷 ………… 1-64
舉業新模八卷首一卷末一卷 ………… 1-55

龍門綱鑑二十卷要箋四卷 …………… 1－59

十七畫

韓非子集解二十卷首一卷 …………… 1－54
禮記訓纂四十九卷 ……………………… 1－56
禮記箋四十九卷 ………………………… 1－58
禮說十四卷大學說一卷 ………………… 1－54

十九畫

攈古錄二十卷 ………………………… 1－56
關帝事蹟徵信編三十卷首一卷末一卷 …………………………………… 1－54
韻府拾遺一百零六卷 …………………… 1－61
韻辨附文不分卷 ………………………… 1－54
繹史一百六十卷世系圖一卷年表一卷 …………………………………… 1－55

二十一畫

[同治]續天津縣誌二十卷首一卷圖一卷 …………………………………… 1－64
續資治通鑑二百二十卷 ………………… 1－61

《天津市濱海新區塘沽圖書館古籍普查登記目録》
書名筆畫字頭索引

二畫

二…………………………………………… 47
十…………………………………………… 47
八…………………………………………… 47
九…………………………………………… 47

三畫

三…………………………………………… 47
大…………………………………………… 47
才…………………………………………… 47
山…………………………………………… 47
千…………………………………………… 47
女…………………………………………… 47
小…………………………………………… 47
子…………………………………………… 47

四畫

王…………………………………………… 47
天…………………………………………… 47
元…………………………………………… 47
五…………………………………………… 48
太…………………………………………… 48
日…………………………………………… 48
中…………………………………………… 48
毛…………………………………………… 48
分…………………………………………… 48
公…………………………………………… 48
月…………………………………………… 48
六…………………………………………… 48
文…………………………………………… 48
方…………………………………………… 48
尺…………………………………………… 48
孔…………………………………………… 48
水…………………………………………… 48

五畫

玉…………………………………………… 48
正…………………………………………… 48
世…………………………………………… 48
古…………………………………………… 48
本…………………………………………… 49
左…………………………………………… 49
石…………………………………………… 49
右…………………………………………… 49
平…………………………………………… 49
北…………………………………………… 49
田…………………………………………… 49
史…………………………………………… 49
四…………………………………………… 49
白…………………………………………… 49
外…………………………………………… 49
永…………………………………………… 49
司…………………………………………… 49

六畫

吉…………………………………………… 49
老…………………………………………… 49
西…………………………………………… 49
百…………………………………………… 50
有…………………………………………… 50
存…………………………………………… 50
列…………………………………………… 50
攷…………………………………………… 50
光…………………………………………… 50
同…………………………………………… 50
朱…………………………………………… 50

先……50
伏……50
伊……50
全……50
名……50
字……50

七畫

芸……50
花……50
杜……50
李……50
吾……50
折……50
求……50
呂……50
吳……50
佛……50
言……50
汪……50
沈……50
宋……50
壯……51

八畫

長……51
幸……51
苗……51
范……51
直……51
林……51
述……51
東……51
事……51
兩……51
雨……51
拙……51
尚……51
昌……51
明……51
易……51
忠……52
岳……52
岱……52
佩……52
金……52
周……52
京……52
性……52
法……52
河……52
定……52
郎……52
屈……52
孟……52
函……52

九畫

春……52
郝……52
荊……52
草……52
茶……52
荀……52
茗……52
故……52
胡……52
南……52
相……52
奎……52
括……53
思……53
香……53
重……53
修……53
皇……53
禹……53
後……53
風……53

哀……53
亭……53
施……53
美……53
津……53
客……53
退……53
約……53
紀……53

十畫

袁……53
莊……53
桐……53
格……53
校……53
夏……53
晉……53
時……54
晏……54
徐……54
航……54
針……54
翁……54
高……54
郭……54
唐……54
朔……54
涑……54
浙……54
浩……54
海……54
宸……54
容……54
書……54
陸……54
陳……54
陶……54
通……54
孫……54

十一畫

理……55
埤……55
培……55
黃……55
梅……55
䂬……55
帶……55
硃……55
匏……55
盛……55
授……55
問……55
鄂……55
國……55
船……55
斜……55
庾……55
庸……55
康……55
鹿……55
望……55
清……55
淞……55
淮……55
梁……55
張……55
隋……55
鄉……55

十二畫

絜……55
堯……55
項……55
博……55
彭……55
斯……55
萬……55

董……56
敬……56
雲……56
揚……56
雅……56
無……56
嵇……56
程……56
傅……56
集……56
御……56
欽……56
註……56
詞……56
詒……56
痘……56
善……56
道……56
曾……56
湖……57
湘……57
渭……57
淵……57
補……57

十三畫

聖……57
夢……57
蒙……57
楚……57
楊……57
楹……57
賈……57
[illegible]……57
雷……57
農……57
傷……57
粵……57
詩……57
詳……57
新……57
意……57
資……57
溫……57
經……57

十四畫

碧……58
趙……58
蔡……58
熙……58
輶……58
監……58
爾……58
圖……58
算……58
管……58
銅……58
說……58
瘟……58
適……58
鄭……58
漢……58
漁……58
隨……58
綴……58
綠……58

十五畫

增……58
樊……59
歐……59
醉……59
遼……59
震……59
賞……59
賜……59
閱……59
數……59

墨……59
儀……59
劍……59
諸……59
課……59
論……59
慶……59
潛……59
潤……59
澄……59
選……59
樂……59
練……59
畿……59

十六畫

靜……59
駱……59
駢……59
橘……59
融……59
歷……59
戰……60
積……60
學……60
錢……60
獨……60
龍……60
營……60
寰……60

十七畫

戴……60
舊……60
韓……60
隸……60
臨……60
霜……60
嶺……60
魏……60
輿……60
甕……60
鴻……60
禮……60
翼……60

十八畫

藥……60
醫……60
雙……60
歸……60

十九畫

蘇……60
曝……60
羅……60
犢……60
廬……60
韻……60
類……60
繹……60
繪……60

二十畫

鶡……60

二十一畫

礟……61
鐵……61
顧……61
續……61

二十二畫

蘿……61
鷗……61

讀……………………………………………… 61
龔……………………………………………… 61

二十三畫

麟……………………………………………… 61

二十四畫

觀……………………………………………… 61

《天津市濱海新區塘沽圖書館古籍普查登記目録》
書名筆畫索引

二畫

二程語錄十八卷 …………………………… 1－75
十八家詩鈔二十八卷 ……………………… 1－72
十三經詁答問六卷………………………… 1－107
十三經註疏 ………………………………… 1－93
八家四六文注八卷………………………… 1－112
八家四六文注六卷首一卷 ………………… 1－78
八家四六文註八卷 ………………………… 1－72
八家四六文註八卷補註一卷 ……………… 1－96
八綫簡表…………………………………… 1－109
九數外錄一卷……………………………… 1－109

三畫

三十家詩鈔六卷首一卷末一卷 ………… 1－79
三教源流搜神大全七卷 ………………… 1－83
三國志六十五卷 ………………………… 1－87
三國志六十五卷 ………………………… 1－98
三禮義證五卷金石一跋四卷二跋四卷三跋二卷羣經義證七卷經讀考異十卷首二卷 ……………………… 1－91
三藩紀事本末二十二卷…………………… 1－110
大清律例增修統纂集成四十卷 ………… 1－75
大雲山房文稿初集四卷文稿二集四卷言事二卷 ……………………… 1－89
大學章句本義匯參三卷首一卷中庸章句本義匯參六卷首一卷 ………… 1－70
才調集十卷 ……………………………… 1－68
山中白雲詞八卷 ………………………… 1－91
山谷先生別集注二卷外集補四卷山谷詩別集補一卷附錄一卷 ………… 1－85
山谷詩全集 ……………………………… 1－71
山谷詩集注二十卷 ……………………… 1－84
山海經十八卷……………………………… 1－108
山海經存九卷首一卷 …………………… 1－87
山海經新校正十八卷 …………………… 1－87
千金翼方三十卷 ………………………… 1－76
女科二卷 ………………………………… 1－93
女科二卷…………………………………… 1－112
小倉山房文集三十五卷 ………………… 1－92
小倉山房詩集三十七卷補遺二卷外集四卷 …………………………… 1－91
小學集註六卷孝經集註一卷 …………… 1－67
小羅浮山館詩鈔十五卷 ………………… 1－78
子史精華一百六十卷 …………………… 1－72
子史精華一百六十卷 …………………… 1－72
子史精華一百六十卷 …………………… 1－72
子史精華一百六十卷 …………………… 1－81
子書二十八種 …………………………… 1－77

四畫

王子安集註二十卷首一卷 ……………… 1－77
王文成公全書三十八卷 ………………… 1－85
王文成公全集十六卷 …………………… 1－84
王忠文公集二十五卷 …………………… 1－89
王湘綺先生全集二十六種 ……………… 1－88
王學質疑一卷附錄一卷 ………………… 1－77
王臨川全集一百卷 ……………………… 1－79
王臨川全集一百卷 ……………………… 1－80
王臨川全集二十四卷 …………………… 1－79
天下郡國利病書一百二十卷 …………… 1－90
天下郡國利病書一百二十卷 …………… 1－90
天子肆獻祼饋食禮纂三卷 ……………… 1－87
天文本單經論語校勘記一卷 …………… 1－88
元史二百十卷 …………………………… 1－98
元史二百十卷 …………………………… 1－98
元史紀事本末二十七卷 ………………… 1－98
元史紀事本末二十七卷 ………………… 1－99
元豐類稾四十九卷首一卷 ……………… 1－81

五代史纂誤三卷……………………… 1－101
五代史纂誤三卷……………………… 1－101
五言今體詩鈔九卷七言今體詩鈔九
　卷 ………………………………… 1－75
五松園文稾………………………… 1－111
五曹算經五卷……………………… 1－103
五曹算經五卷……………………… 1－103
五經合纂大成五種 ……………… 1－92
五經算術二卷……………………… 1－104
五經算術二卷……………………… 1－105
五經算術二卷……………………… 1－105
五經算術二卷……………………… 1－105
五經算術二卷……………………… 1－105
五經算術二卷……………………… 1－105
五經類編二十八卷 ……………… 1－85
太平御覽一千卷 ………………… 1－73
太平廣記五百卷 ………………… 1－99
日本雜事詩二卷…………………… 1－110
中西痘科合璧十二卷 …………… 1－76
中州集十卷 ……………………… 1－96
中州集十卷附樂府一卷 ………… 1－87
中州集十卷首一卷中州樂府一卷 …… 1－67
毛詩注疏二十卷 ………………… 1－72
毛詩注疏校勘記二十卷 ………… 1－73
毛詩傳義類十九篇………………… 1－109
毛詩稽古編三十卷 ……………… 1－78
分韻文選題解擇要一卷 ………… 1－72
公是弟子記四卷…………………… 1－106
公是弟子記四卷…………………… 1－106
公是弟子記四卷…………………… 1－106
公是弟子記四卷…………………… 1－106
公是弟子記四卷…………………… 1－106
月令章句四卷 …………………… 1－88
月令粹編二十四卷圖說一卷 ……… 1－94
六禮或問十二卷首一卷 ………… 1－95
六禮或問十二卷首一卷 ………… 1－95
文子纘義十二卷 ………………… 1－86
文子纘義十二卷 ………………… 1－98
文中子中說十卷 ………………… 1－91
文中子中說十卷…………………… 1－108
文中子中說十卷…………………… 1－111
文心雕龍十卷 …………………… 1－78
文心雕龍十卷 …………………… 1－78
文心雕龍十卷 …………………… 1－80
文心雕龍十卷 …………………… 1－80
文字蒙求廣義四卷 ……………… 1－97
文苑英華辨證十卷………………… 1－103
文苑英華辨證十卷………………… 1－103
文科大辭典十二卷 ……………… 1－93
文信國公集二十卷 ……………… 1－81
文恭集四十卷 …………………… 1－99
文淵閣書目二十卷………………… 1－113
文廟通考六卷首一卷 …………… 1－96
文選八種…………………………… 1－111
文選六十卷 ……………………… 1－68
文選六十卷 ……………………… 1－68
文選六十卷 ……………………… 1－69
文選六十卷 ……………………… 1－76
文選六十卷 ……………………… 1－79
文選六十卷 ……………………… 1－80
文選六十卷 ……………………… 1－95
文選六十卷考異十卷 …………… 1－81
文選考異十卷 …………………… 1－90
方輿紀要簡覽三十四卷 ………… 1－93
尺木堂綱鑑易知録二十卷 ……… 1－93
孔子家語十卷 …………………… 1－95
孔子家語十卷 …………………… 1－95
孔子集語十七卷 ………………… 1－88
水道提綱二十八卷 ……………… 1－80
水經注不分卷 …………………… 1－68
水經注四十卷首一卷 …………… 1－99

五畫

玉井山館文略五卷文續二卷附西行
　日記一卷詩十五卷餘一卷 ……… 1－80
玉定金科例誅輯要十卷首一卷末一
　卷 ……………………………… 1－95
玉海二百零四卷附刻十三種 …… 1－68
正誼堂文集十二卷續集八卷 …… 1－78
世補齋醫書前集六種後集四種 …… 1－82
古今夏時表不分卷 ……………… 1－88

古今僞書考不分卷……………………… 1－109
古今說部藪書 ………………………… 1－93
古文淵鑒六十四卷 …………………… 1－69
古文淵鑒六十四卷 …………………… 1－77
古文淵鑒六十四卷 …………………… 1－82
古文淵鑒六十四卷 …………………… 1－85
古文淵鑒六十四卷 …………………… 1－85
古文翼八卷 …………………………… 1－92
古文辭類纂七十五卷…………………… 1－113
古文辭類纂七十五卷附錄一卷 ……… 1－77
古文辭類纂六卷………………………… 1－112
古文觀止十二卷 ……………………… 1－70
古吳童氏重校醫宗必讀十卷 ………… 1－77
古泉匯利集十八卷 …………………… 1－85
古泉匯首集四卷元集十四卷亨集十
　四卷利集十八卷貞集十四卷 ……… 1－85
古泉匯首集四卷元集十四卷亨集十
　四卷利集十八卷貞集十四卷 ……… 1－85
古律經傳附考…………………………… 1－113
古律經傳附考五卷 …………………… 1－89
古愚老人消夏錄 ……………………… 1－93
古詩源十四卷 ………………………… 1－94
古詩源十四卷 ………………………… 1－94
古詩箋三十二卷 ……………………… 1－69
本草三家合註六卷 …………………… 1－96
本草綱目五十二卷圖三卷 …………… 1－83
本草醫方合編 ………………………… 1－83
左文襄公奏疏初編三十八卷 ………… 1－92
左文襄公奏疏續編三十八卷 ………… 1－93
左傳紀事本末五十三卷 ……………… 1－87
左傳紀事本末五十三卷 ……………… 1－98
左傳紀事本末五十三卷 ……………… 1－98
左傳紀事本末五十三卷 ……………… 1－99
左傳紀事本末五十三卷 ……………… 1－99
石鼓文釋存一卷補注一卷……………… 1－108
右北平集一卷看雲草堂集八卷西堂
　剩稟二卷西堂秋夢錄一卷西堂小
　草一卷論語詩一卷 ………………… 1－67
平山堂圖志十卷首一卷 ……………… 1－81
平津讀碑記八卷續記一卷……………… 1－112
平浙紀略十六卷………………………… 1－109
北史一百卷 …………………………… 1－97
北史一百卷 …………………………… 1－98
北齊書五十卷 ………………………… 1－96
田畝比類乘除捷法……………………… 1－112
史忠正公集四卷首一卷末一卷 ……… 1－81
史記一百三十卷 ……………………… 1－97
史記一百三十卷 ……………………… 1－97
史記一百三十卷 ……………………… 1－97
史記菁華錄六卷 ……………………… 1－74
史通削繁四卷 ………………………… 1－76
史略六卷………………………………… 1－111
四書古註羣義彙解十種 ……………… 1－94
四書約旨十九卷 ……………………… 1－74
四書教子尊經求通錄四卷 …………… 1－94
四朝佚聞………………………………… 1－108
白芙堂算學叢書(算學二十一種) …… 1－78
白雨齋詞話八卷 ……………………… 1－82
白喉忌表抉微…………………………… 1－111
外科證治全生不分卷 ………………… 1－92
永甯通書十二卷 ……………………… 1－76
司馬氏書儀十卷 ……………………… 1－69
司馬文正公傳家集八十卷目錄二卷
　附錄一卷 …………………………… 1－68
司馬溫公稽古錄二十卷 ……………… 1－83
司馬溫公稽古錄二十卷 ……………… 1－96

六畫

吉金所見錄十六卷首一卷末一卷 …… 1－87
老子……………………………………… 1－108
老子道德經二卷………………………… 1－103
老子翼八卷……………………………… 1－110
西山先生真文忠公文集五十五卷目
　錄二卷 ……………………………… 1－86
西夏紀事本末三十六卷首二卷 ……… 1－97
西堂全集 ……………………………… 1－69
西堂雜組二集八卷 …………………… 1－67
西湖志四十八卷 ……………………… 1－76
西湖集覽二十六種 …………………… 1－77
西學考略二卷 ………………………… 1－94
西歸直指四卷…………………………… 1－109

百子全書(子書百家)一百零一種 …… 1－73
百子全書(子書百家)一百零一種 …… 1－73
百末詞五卷詞餘一卷 …………………… 1－67
百將圖傳不分卷…………………………… 1－111
有正味齋駢文十六卷 …………………… 1－81
有懷堂詩藁六卷文藁二十二卷 ……… 1－67
存研樓二集二十五卷 …………………… 1－70
存研樓文集十六卷 ……………………… 1－70
存研樓文集十六卷 ……………………… 1－79
列子八卷…………………………………… 1－108
列子八卷…………………………………… 1－111
列子八卷…………………………………… 1－111
列國政要一百三十二卷首一卷 ……… 1－75
列國政要一百三十二卷首一卷 ……… 1－75
列國政要一百三十二卷首一卷 ……… 1－75
列國政要一百三十二卷首一卷 ……… 1－75
列國政要續編九十四卷首一卷 ……… 1－75
攷古質疑六卷……………………………… 1－101
攷古質疑六卷……………………………… 1－101
攷古質疑六卷……………………………… 1－101
攷古質疑六卷……………………………… 1－101
攷古質疑六卷……………………………… 1－101
光緒乙巳年交涉要覽五卷……………… 1－107
同治光緒中興奏議選八卷 …………… 1－94
朱子文集十八卷 ………………………… 1－74
朱子年譜四卷 …………………………… 1－86
朱子年譜四卷考異四卷附朱子論學切要語………………………………… 1－113
朱子年譜四卷考異四卷附錄二卷 …… 1－67
朱子論語集註訓詁攷二卷……………… 1－111
先正讀書訣一卷………………………… 1－109
伏敔堂詩選……………………………… 1－110
伊川擊壤集二十卷 ……………………… 1－67
全唐詩九百卷 …………………………… 1－84
全唐詩九百卷 …………………………… 1－84
全唐詩九百卷 …………………………… 1－86
名醫類案十二卷附錄一卷 …………… 1－73
字典考證十二集 ………………………… 1－84
字典攷證不分卷 ………………………… 1－90
字彙十二卷……………………………… 1－112

七畫

芸篦偶存二卷…………………………… 1－109
花草粹編十二卷 ………………………… 1－95
杜工部集二十卷 ………………………… 1－70
杜工部集二十卷 ………………………… 1－77
杜工部集二十卷首一卷 ……………… 1－86
杜工部集二十卷首一卷 ……………… 1－86
杜詩鏡銓二十卷年譜一卷附張溍杜文註解二卷 ………………………… 1－86
杜詩鏡銓二十卷附錄一卷年譜一卷………………………………………… 1－75
杜詩鏡銓二十卷諸家論杜二卷 ……… 1－84
李太白文集三十六卷 ………………… 1－67
李太白文集三十卷 …………………… 1－70
李太白文集三十卷 …………………… 1－71
李太白集三十卷 ……………………… 1－91
李氏易解賸義三卷……………………… 1－110
李文忠公全集…………………………… 1－112
李文忠公朋僚函稿二十卷 …………… 1－74
李文忠公朋僚函稿二十卷 …………… 1－74
李文忠公海軍函稿四卷譯署函稿二十卷 ……………………………………… 1－75
李文忠公電稿四十卷 ………………… 1－74
李文忠公譯署函稿二十卷 …………… 1－94
李長吉集四卷 ………………………… 1－81
李肅毅伯奏議十三卷 ………………… 1－87
吾學錄初編二十四卷…………………… 1－113
折獄龜鑑八卷首一卷…………………… 1－110
求闕齋弟子記三十二卷 ……………… 1－73
呂子校補二卷續補一卷………………… 1－109
呂氏春秋二十六卷 …………………… 1－98
呂氏春秋二十六卷附攷一卷…………… 1－111
吳詩集覽二十卷補註二十卷談藪二卷 ……………………………………… 1－69
佛說四十二章經………………………… 1－107
言子文學錄三卷首一卷末一卷……… 1－108
汪梅村文集十二卷文外集一卷 ……… 1－93
沈文肅公政書七卷首一卷 …………… 1－77
宋六十名家詞 ………………………… 1－88

宋文憲公全集五十三卷首一卷 ……… 1－78
宋史四百九十六卷 ……………………… 1－97
宋史紀事本末一百零九卷 …………… 1－87
宋史紀事本末一百零九卷 …………… 1－97
宋四六選二十四卷 ……………………… 1－73
宋李忠定公文集選十六卷 …………… 1－67
宋李忠定公奏議選十六卷 …………… 1－68
宋宗忠簡公全集十二卷首一卷末一
卷 ………………………………………… 1－68
宋宗忠簡公全集五卷首一卷 ………… 1－89
宋書一百卷 ……………………………… 1－88
宋朝事實二十卷………………………… 1－105
宋朝事實二十卷………………………… 1－105
宋朝事實二十卷………………………… 1－106
宋朝事實二十卷………………………… 1－106
宋朝事實二十卷………………………… 1－106
宋朝事實二十卷………………………… 1－106
宋學士全集三十二卷補遺八卷附錄
二卷 ……………………………………… 1－91
宋學士全集補遺八卷…………………… 1－113
宋豔十二卷 ……………………………… 1－90
宋豔十二卷 ……………………………… 1－95
壯悔堂文集十卷 ………………………… 1－80

八畫

長真閣集七卷…………………………… 1－113
長蘆鹽法志二十卷附編十卷 ………… 1－74
幸魯盛典四十卷 ……………………… 1－69
苗氏說文四種 ………………………… 1－92
范文正公年譜一卷補遺一卷 ………… 1－67
范文正公集二十卷別集四卷奏議二
卷尺牘三卷褒賢集五卷補編五卷
建立義莊規矩一卷言行拾遺事錄
四卷鄱陽遺錄錄一卷范文正公遺
蹟一卷 ………………………………… 1－67
直隸工藝志初編報告類二卷章牘類
二卷……………………………………… 1－109
直齋書錄解題二十二卷……………… 1－107
直齋書錄解題二十二卷……………… 1－113
林文忠公政書三集三十七卷 ………… 1－75
林文忠公遺書五種四十二卷 ………… 1－76
述學内篇三卷外篇一卷補遺一卷別
錄一卷………………………………… 1－110
東三省政略十二卷 …………………… 1－96
東三省政略十二卷…………………… 1－108
東坡先生全集七十五卷目錄一卷年
譜一卷本傳一卷東坡詩選十二卷
……………………………………………… 1－88
東坡先生全集七十五卷詩選十二卷
……………………………………………… 1－81
東坡和陶合箋四卷 …………………… 1－76
東華全錄四百八十四卷 ……………… 1－85
東萊先生音註唐鑑二十四卷 ………… 1－87
東觀餘論二卷 ………………………… 1－86
事類賦三十卷 ………………………… 1－86
兩浙防護錄不分卷…………………… 1－109
雨田史論二卷………………………… 1－111
拙軒集六卷…………………………… 1－102
拙尊園叢稿六卷 ……………………… 1－94
尚友録二十二卷 ……………………… 1－75
尚書不分卷…………………………… 1－110
尚書考異五卷 ………………………… 1－83
尚書注疏二十卷校勘記二十卷 ……… 1－83
尚書詳解十三卷 ……………………… 1－68
尚論後篇四卷………………………… 1－109
昌黎先生集四十卷 …………………… 1－88
昌黎先生詩增注証訛十一卷昌黎先
生年譜一卷昌黎本傳一卷 ………… 1－94
明文鈔六編 …………………………… 1－71
明本釋三卷…………………………… 1－104
明史紀事本末八十卷 ………………… 1－99
明史紀事本末八十卷 ………………… 1－99
明史紀事本末八十卷 ………………… 1－99
明紀六十卷 …………………………… 1－97
明紀六十卷 …………………………… 1－97
明張文忠公全集 ……………………… 1－78
明鑑紀事本末八十卷 ………………… 1－85
易象意言一卷………………………… 1－107
易緯通卦驗二卷……………………… 1－102
易緯乾鑿度二卷……………………… 1－102
易緯乾鑿度二卷……………………… 1－102

忠雅堂文集十二卷 …………………… 1–112
忠雅堂詩集二十七卷詞集二卷 ……… 1–112
忠雅堂詩集二十七卷詞集二卷補遺
　二卷 ………………………………… 1–95
忠簡公集七卷 ………………………… 1–89
岳忠武王文集八卷末一卷 …………… 1–73
岳忠武王文集八卷末一卷 …………… 1–74
岳忠武王文集八卷末一卷 …………… 1–74
岳忠武王集八卷末一卷 ……………… 1–73
岱南閣集二卷 ……………………… 1–107
佩文廣韻匯編二卷 …………………… 1–80
佩文齋書畫譜一百卷 ………………… 1–70
佩文齋詠物詩選四百八十六卷 ……… 1–68
佩文齋廣群芳譜一百卷目錄二卷 …… 1–71
佩文韻府一百零六卷韻府拾遺一百
　零六卷 ……………………………… 1–90
佩文韻府四百四十卷 ………………… 1–90
金石三例十五卷 ……………………… 1–90
金石萃編一百六十卷 ……………… 1–100
金石粹編一百六十卷 ………………… 1–91
金石錄三十卷 ………………………… 1–74
金石叢書 …………………………… 1–100
金石續編二十一卷首一卷 …………… 1–76
金石續編二十一卷首一卷 …………… 1–91
金史一百三十五卷 …………………… 1–89
金史紀事本末五十二卷首一卷 ……… 1–98
金忠節公文集八卷 ………………… 1–113
金淵集六卷 ………………………… 1–105
周易十二卷 …………………………… 1–93
周易十卷 ……………………………… 1–90
周易四卷 ……………………………… 1–94
周書五十卷 …………………………… 1–87
周髀算經二卷 ……………………… 1–112
周髀算經二卷 ……………………… 1–112
京畿金石考二卷 ……………………… 1–82
性理吟一卷後性理吟一卷 …………… 1–67
法算取用本末一卷 ………………… 1–112
河東先生龍城錄二卷 ……………… 1–109
定香亭筆談四卷 ……………………… 1–81
郎潛紀聞十四卷 ……………………… 1–89
屈原賦注七卷通釋二卷音義三卷 …… 1–108
孟子文法讀本七卷 …………………… 1–88
函海 …………………………………… 1–70

九畫

春在堂全書一百十九卷 ……………… 1–72
春秋左傳四十七卷 …………………… 1–84
春秋例表不分卷 …………………… 1–110
春秋皇綱論五卷 ……………………… 1–68
春秋集傳十六卷首一卷末一卷 ……… 1–92
春秋經傳集解三十卷 ………………… 1–84
春秋穀梁注疏二十卷 ………………… 1–82
春秋穀梁傳十二卷 …………………… 1–83
春秋辨疑四卷 ……………………… 1–102
郝文忠公全集二十五卷元史本傳一
　卷神道碑一卷行狀一卷跋一卷 …… 1–79
荊駝逸史 ……………………………… 1–86
草字彙十二卷 ………………………… 1–95
茶山集八卷 ………………………… 1–105
荀子二十卷 …………………………… 1–83
荀子二十卷 ………………………… 1–111
茗柯文初編一卷二編二卷三編一卷
　四編一卷 …………………………… 1–81
故舊文存四卷 ………………………… 1–95
胡文忠公遺集十卷 …………………… 1–79
胡文忠公遺集十卷首一卷 …………… 1–79
胡文忠公遺集八十六卷首一卷 ……… 1–79
胡文忠公遺集八十六卷首一卷 ……… 1–79
胡敬齋先生居業錄八卷 …………… 1–113
胡端敏公奏議十卷 …………………… 1–78
南方草木狀三卷 ……………………… 1–82
南北朝文鈔二卷 ……………………… 1–91
南史三十六卷 ………………………… 1–97
南史識小錄十四卷北史識小錄十四
　卷 …………………………………… 1–88
南陽集六卷 ………………………… 1–106
南陽集六卷 ………………………… 1–106
南齊書五十九卷 ……………………… 1–88
南齊書五十九卷 ……………………… 1–97
相宗八要直解不分卷 ……………… 1–107
奎壁詩經八卷 ………………………… 1–93

括地志八卷……………………………… 1－114
括地志八卷補遺一卷 ………………… 1－86
思綺堂文集十卷 ……………………… 1－67
香樹齋文集二十八卷文續集五卷詩
集十八卷詩續集三十六卷 ………… 1－68
香樹齋文集二十八卷續鈔五卷續集
三十六卷 …………………………… 1－68
香樹齋詩集十八卷文集二十八卷 …… 1－69
重刊補註洗冤錄集證 ………………… 1－76
重刊補註洗冤錄集證五卷附刊寶鑒
編一卷附刊石香秘錄一卷 ………… 1－76
重刻山谷先生年譜十四卷 …………… 1－85
重訂王鳳洲先生綱鑑會纂八十九卷
………………………………………… 1－92
重訂李義山詩集箋注三卷集外詩箋
注一卷 ……………………………… 1－67
重訂路史全本前紀二卷後紀四卷國
名紀四卷 …………………………… 1－96
重栞宋本尚書注疏附校勘記二十卷
………………………………………… 1－96
重栞宋本周易注疏附校勘記九卷 …… 1－92
重鐫本草醫方合編 …………………… 1－93
修西定課一卷…………………………… 1－107
皇清經解一千四百七十八卷 ………… 1－71
皇清經解一百九十卷 ………………… 1－71
皇清經解縮版編目十六卷 …………… 1－95
皇清經解續編二百零九卷 …………… 1－71
皇朝經世文編一百二十卷 …………… 1－71
皇朝經世文編一百二十卷 …………… 1－71
皇朝經世文續編一百二十卷 ………… 1－71
皇朝經世文續編一百二十卷 ………… 1－72
皇朝經世文續編一百二十卷 ………… 1－81
皇朝經濟文編一百二十八卷 ………… 1－71
皇朝藩部要略十八卷表四卷 ………… 1－74
禹貢指南四卷………………………… 1－105
禹貢指南四卷………………………… 1－105
禹貢指南四卷………………………… 1－105
禹貢指南四卷………………………… 1－105
禹貢指南四卷………………………… 1－105
禹貢指南四卷………………………… 1－105
禹貢指南四卷………………………… 1－105
後山詩十二卷………………………… 1－100
後吟 …………………………………… 1－67
後漢書一百二十卷 …………………… 1－98
後漢書一百卷 ………………………… 1－85
風希堂文集六卷 ……………………… 1－81
哀絃集二集擬明史樂府一卷外國竹
枝詞一卷述祖詩一卷于京集五卷
………………………………………… 1－67
亭林遺書二十七卷 …………………… 1－81
施愚山先生全集……………………… 1－100
美術叢書……………………………… 1－113
津門古文所見錄四卷 ………………… 1－82
津門徵獻詩八卷 ……………………… 1－83
津門雜記三卷………………………… 1－110
客舍偶聞……………………………… 1－107
退菴隨筆二十二卷 …………………… 1－95
退菴隨筆二十二卷附退菴自訂年譜
一卷 ………………………………… 1－76
約章成案匯覽序一卷甲篇十卷乙篇
四十二卷 …………………………… 1－83
紀效新書十八卷首一卷 ……………… 1－93

十畫

袁家三妹合稿 ………………………… 1－93
莊子因六卷 …………………………… 1－93
莊子南華真經内篇一卷外篇一卷雜
篇一卷………………………………… 1－109
莊子評註十卷………………………… 1－111
桐城吳先生文集四卷詩集一卷附經
說 …………………………………… 1－81
桐城吳先生尺牘五卷補遺一卷諭兒
書一卷 ……………………………… 1－90
格物測算八卷 ………………………… 1－94
格致鏡原一百卷 ……………………… 1－68
校訂定盦全集十卷…………………… 1－108
夏小正一卷…………………………… 1－107
夏小正戴氏傳四卷…………………… 1－108
夏考信録二卷商考信録二卷豐鎬考
信録八卷 …………………………… 1－75
晉成公子安集不分卷………………… 1－111

晉東廣微集不分卷…………………… 1－110
晉書一百三十卷 …………………… 1－86
晉書一百三十卷 …………………… 1－89
晉略六十五卷序目一卷 ……………… 1－87
晉張景陽集一卷 …………………… 1－82
晉劉越石集不分卷…………………… 1－110
時病論八卷 ……………………… 1－87
晏子春秋七卷音義二卷校勘二卷 …… 1－98
徐孝穆全集六卷……………………… 1－110
航海簡法四卷 ……………………… 1－92
針灸大成…………………………… 1－113
翁松禪手札不分卷 ………………… 1－85
高子遺書十二卷附錄一卷 ………… 1－78
高子遺書十二卷附錄一卷 ………… 1－81
高宗純皇帝御製大清通禮五十四卷
………………………………………… 1－82
郭氏傳家易說十一卷………………… 1－106
郭氏傳家易說十一卷………………… 1－106
唐人三家集三種 …………………… 1－95
唐人三家集三種 …………………… 1－95
唐人說薈十六集一百六十四種 ……… 1－81
唐宋八大家文鈔八卷 ……………… 1－78
唐宋八大家類選……………………… 1－113
唐宋八家文百篇不分卷……………… 1－111
唐書二百二十五卷 ………………… 1－89
唐陸宣公集二十二卷 ……………… 1－67
唐陸宣公集二十二卷 ……………… 1－95
唐賢三昧集三卷 …………………… 1－96
朔方備乘六十八卷首十二卷附圖 …… 1－90
涑水記聞十六卷……………………… 1－100
涑水記聞十六卷……………………… 1－100
涑水記聞十六卷……………………… 1－100
涑水記聞十六卷……………………… 1－100
涑水記聞十六卷……………………… 1－100
浙刻雙池遺書八種 ………………… 1－73
浙刻雙池遺書八種 ………………… 1－73
浩然齋雅談三卷……………………… 1－103
海外文編四卷………………………… 1－100
海國勝游草不分卷乘查筆記不分卷
天外歸帆草不分卷 ………………… 1－86
宸垣識畧十六卷……………………… 1－112
容城文靖劉先生文集四卷 ………… 1－80
容城忠愍楊先生文集四卷 ………… 1－80
容城鍾元孫先生文集 ……………… 1－80
書法離鉤十卷………………………… 1－112
書敘指南二十卷……………………… 1－112
陸平原集二卷………………………… 1－110
陸宣公全集二十二卷補遺一卷附錄
三卷 ……………………………… 1－94
陸清河集二卷 ……………………… 1－89
陸清河集二卷………………………… 1－110
陳伯玉文集三卷 …………………… 1－82
陳思王集二卷………………………… 1－110
陳修園二十四種 …………………… 1－83
陳修園先生醫書新增七十二種 ……… 1－83
陳書三十六卷 ……………………… 1－88
陳學士文集十八卷 ………………… 1－70
陳檢討四六二十卷 ………………… 1－71
陳檢討集二十卷 …………………… 1－81
陶山集十六卷………………………… 1－100
陶山集十六卷………………………… 1－100
陶淵明文集十卷 …………………… 1－97
陶淵明集十卷 ……………………… 1－77
陶淵明集十卷 ……………………… 1－77
陶淵明詩不分卷……………………… 1－107
陶齋吉金續錄不分卷 ……………… 1－97
通志略五十二卷 …………………… 1－70
通志略五十二卷 …………………… 1－73
通鑑紀事本末二百三十九卷 ……… 1－85
通鑑紀事本末二百三十九卷 ……… 1－97
通鑑紀事本末二百三十九卷 ……… 1－98
通鑑紀事本末二百三十九卷 ……… 1－99
通鑑紀事本末二百三十九卷 ……… 1－99
孫子敘錄一卷………………………… 1－109
孫子算經三卷………………………… 1－104
孫子算經三卷………………………… 1－104
孫子算經三卷………………………… 1－104
孫子算經三卷………………………… 1－104
孫子算經三卷………………………… 1－104
孫子算經三卷………………………… 1－104
孫真人備急千金要方三十卷 ……… 1－74
孫馮翼集不分卷……………………… 1－110

十一畫

理學宗傳二十六卷 …………………… 1－84
埤雅二十卷 ………………………… 1－69
培遠堂手札節存 …………………… 1－83
黃詩全集 …………………………… 1－68
梅村集四十卷 ……………………… 1－68
碧溪詩話十卷 ……………………… 1－101
帶經堂全集九十二卷 ……………… 1－68
硃批諭旨不分卷 …………………… 1－82
匏廬詩存七卷 ……………………… 1－91
盛世危言十四卷 …………………… 1－93
盛朝詩選十二卷 …………………… 1－69
授堂文鈔八卷續集二卷詩鈔八卷 …… 1－78
問心堂溫病條辨六卷首一卷 ……… 1－88
問字堂集六卷 ……………………… 1－114
鄂國金佗稡編二十八卷續編三十卷
………………………………………… 1－83
國朝山左詩鈔六十卷 ……………… 1－94
國朝文錄八十二卷 ………………… 1－94
國朝先正事略 ……………………… 1－112
國朝名臣言行錄三十卷 …………… 1－92
國朝柔遠記二十卷 ………………… 1－83
國朝畿輔詩傳六十卷 ……………… 1－80
國語二十一卷 ……………………… 1－76
國語二十一卷 ……………………… 1－83
國語明道本攷異四卷 ……………… 1－111
國語韋解補正二十一卷 …………… 1－108
船山詩草選六卷 …………………… 1－108
斜川集六卷 ………………………… 1－80
庚子山年譜一卷庾集總釋一卷世系
圖一卷 ……………………………… 1－69
庾子山集十六卷 …………………… 1－69
庾子山集十六卷 …………………… 1－79
庾子山集十六卷 …………………… 1－84
庸吏庸言不分卷 …………………… 1－107
康熙字典 …………………………… 1－84
康熙字典 …………………………… 1－84
康熙字典十二集 …………………… 1－82
康熙字典十二集 …………………… 1－84
康熙字典十二集 …………………… 1－84
康熙字典十二集附總目一卷檢字一
卷辨似一卷補遺一卷等韻一卷備
考一卷 ……………………………… 1－69
康熙字典十二集補遺一卷 ………… 1－84
康熙字典十二集總目一卷檢字一卷
辨似一卷等韻二卷 ………………… 1－69
康熙幾暇格物編二卷 ……………… 1－107
康熙幾暇格物編四卷 ……………… 1－110
鹿洲全集 …………………………… 1－69
望溪先生文集十八卷集外文十卷集
外文補遺二卷年譜二卷 …………… 1－79
望溪先生集外文十卷補遺二卷附望
溪先生年譜一卷 …………………… 1－74
清波小志補一卷 …………………… 1－113
清朝先正事略二十六卷 …………… 1－93
淞濱瑣話九卷 ……………………… 1－92
淮南子二十一卷 …………………… 1－111
梁書五十六卷 ……………………… 1－87
梁書五十六卷 ……………………… 1－87
梁書五十六卷 ……………………… 1－89
張邱建算經三卷 …………………… 1－107
張橫渠先生文集十二卷 …………… 1－83
隋書八十五卷 ……………………… 1－89
鄉黨圖考十卷 ……………………… 1－83

十二畫

絜齋集二十四卷 …………………… 1－105
絜齋集二十四卷 …………………… 1－105
堯峰文鈔五十卷 …………………… 1－68
項氏家說 …………………………… 1－113
項城袁氏家集七種 ………………… 1－83
項城袁氏家集七種 ………………… 1－84
博物志十卷 ………………………… 1－109
彭剛直公奏稿八卷 ………………… 1－72
斯文正統十二卷 …………………… 1－84
斯文精萃不分卷 …………………… 1－82
萬方鍼線五卷 ……………………… 1－83
萬國公法四卷 ……………………… 1－95
萬國公法四卷 ……………………… 1－95

萬象一原演式九卷首一卷 …………… 1－79
董子春秋繁露十七卷 ………………… 1－98
董方立遺書七卷 ……………………… 1－87
敬業堂詩集五十卷續集六卷 ………… 1－70
敬齋古今黈八卷…………………… 1－104
雲谷雜紀四卷首一卷末一卷………… 1－100
雲谷雜紀四卷首一卷末一卷………… 1－100
雲谷雜紀四卷首一卷末一卷………… 1－100
雲谷雜紀四卷首一卷末一卷………… 1－100
雲谷雜紀四卷首一卷末一卷………… 1－100
揚子法言學行十三卷音義一卷……… 1－108
雅雨堂藏書十二種 …………………… 1－67
無邪堂答問五卷 ……………………… 1－80
無聲詩史七卷 ………………………… 1－79
嵇中散集不分卷…………………… 1－110
程尚書禹貢論二卷後論一卷山川地
理圖二卷 ……………………………… 1－69
傅子一卷…………………………… 1－101
傅子一卷…………………………… 1－101
傅子一卷…………………………… 1－101
傅子一卷…………………………… 1－101
傅子一卷…………………………… 1－101
傅子一卷…………………………… 1－102
傅中丞集不分卷 ……………………… 1－86
傅氏眼科審視瑤函六卷 ……………… 1－93
傅鶉觚集不分卷 ……………………… 1－90
集古錄跋尾十卷集古錄目五卷 ……… 1－82
御批歷代通鑑輯覽一百二十卷 ……… 1－76
御批歷代通鑑輯覽一百二十卷 ……… 1－88
御批歷代通鑑輯覽一百二十卷 ……… 1－92
御批歷代通鑑輯覽一百六十卷 ……… 1－98
御批歷代通鑑輯覽七十六卷 ………… 1－76
御訂全金詩增補中州集七十二卷首
二卷 …………………………………… 1－69
御選唐宋文醇五十八卷 ……………… 1－67
御選唐宋文醇五十八卷 ……………… 1－70
御選唐宋文醇五十八卷 ……………… 1－86
御選唐宋文醇五十八卷 ……………… 1－90
御選唐宋詩醇四十七卷目錄二卷 …… 1－80
御選唐宋詩醇四十七卷目錄二卷 …… 1－89
御纂七經 ……………………………… 1－91
御纂朱子全書六十六卷 ……………… 1－67
御纂周易折中二十二卷首一卷 ……… 1－94
御纂性理精義十二卷 ………………… 1－74
御纂醫宗金鑑……………………… 1－108
欽定大清會典一百卷 ………………… 1－96
欽定大清會典事例二千八十九卷 …… 1－96
欽定四庫全書提要………………… 1－109
欽定吏部則例五十二卷 ……………… 1－92
欽定武英殿聚珍版程式一卷……… 1－103
欽定春秋傳說彙纂三十八卷首二卷
………………………………………… 1－70
欽定春秋傳說彙纂三十八卷首二卷
………………………………………… 1－82
欽定春秋傳說彙纂三十八卷首二卷
………………………………………… 1－82
欽定春秋傳說彙纂三十八卷首二卷
………………………………………… 1－82
欽定書經傳說彙纂二十一卷首二卷
………………………………………… 1－81
欽定書經傳說彙纂二十一卷首二卷
書序一卷 ……………………………… 1－90
欽定書經圖說五十卷 ………………… 1－82
欽定書經圖說五十卷 ………………… 1－91
欽定書經圖說五十卷……………… 1－109
欽定康濟錄四卷…………………… 1－112
欽定詩經傳說彙纂二十一卷首二卷
詩序二卷 ……………………………… 1－77
欽定錢錄十六卷…………………… 1－111
欽定禮記義疏八十二卷首一卷 ……… 1－80
註陸宣公奏議十五卷制誥十卷 ……… 1－87
註釋唐詩三百首…………………… 1－113
詞律二十卷自敘一卷目錄一卷 ……… 1－69
詒晉齋集八卷後集一卷隨筆一卷 …… 1－79
痘疹經驗集四卷 ……………………… 1－72
痘疹經驗集四卷 ……………………… 1－72
痘疹經驗集四卷 ……………………… 1－76
善齋吉金錄不分卷 …………………… 1－96
道德經評註二卷 ……………………… 1－91
曾文正手書日記 ……………………… 1－73
曾文正公手書日記 …………………… 1－98
曾文正公全集一百六十四卷 ………… 1－73

曾文正公全集一百六十四卷 ………… 1-89
曾文正公批牘六卷 ………………………… 1-73
曾文正公奏稿三十六卷 ………………… 1-89
曾文正公奏稿三十卷 …………………… 1-73
曾惠敏公奏疏六卷文集五卷詩集二
卷日記二卷 ……………………………… 1-97
曾惠敏公遺集四種 ……………………… 1-77
湖山便覽十二卷 ………………………… 1-83
湖海文傳七十五卷 ……………………… 1-84
湖海樓詞集二十卷 ……………………… 1-78
湘中草六卷 ……………………………… 1-67
湘軍志十六卷 …………………………… 1-93
渭南文集五十卷 ………………………… 1-90
淵鑑類函四百五十卷 …………………… 1-71
淵鑑類函四百五十卷目錄四卷 ……… 1-71
補注黄帝内經素問二十四卷 ………… 1-88

十三畫

聖武記十四卷 …………………………… 1-84
聖諭像解二十卷首一卷 ………………… 1-69
夢華館集 ………………………………… 1-80
夢園聯語十三卷…………………………… 1-110
蒙齋集二十卷……………………………… 1-102
楚漢春秋一卷……………………………… 1-107
楚辭十七卷 ……………………………… 1-87
楚辭八卷 ………………………………… 1-91
楊忠愍公集五卷首一卷末一卷 ……… 1-81
楊龜山先生集六卷 ……………………… 1-78
楊龜山先生集四十二卷首一卷 ……… 1-88
楊龜山先生集四十二卷首一卷……… 1-112
楹聯叢話十二卷續話四卷 …………… 1-77
賈子新書十卷 …………………………… 1-98
揅經室再續集六卷……………………… 1-113
揅經室集四集三十八卷續集三卷 …… 1-86
雷公炮製藥性解六卷 …………………… 1-96
農桑輯要七卷 …………………………… 1-84
農桑輯要七卷……………………………… 1-103
農桑輯要七卷……………………………… 1-103
農桑輯要七卷……………………………… 1-103
農桑輯要七卷……………………………… 1-103
傷寒瘟疫條辯六卷 ……………………… 1-75
粵十三家集………………………………… 1-108
詩毛氏傳疏三十卷 ……………………… 1-96
詩毛氏傳疏三十卷 ……………………… 1-96
詩傳大全二十卷詩序一卷 …………… 1-70
詩話一卷重訂李義山年譜一卷 ……… 1-67
詩經不分卷………………………………… 1-110
詩經嗜鳳詳解八卷圖說一卷 ………… 1-85
詩經補箋二十卷 ………………………… 1-94
詩說二卷詩經拾遺一卷 ……………… 1-80
詩禪室詩集二十八卷 …………………… 1-84
詩藪内編六卷外編四卷雜編六卷 …… 1-89
詩韻合璧五卷 …………………………… 1-72
詳註全圖新算法大成八卷 …………… 1-92
詳註聊齋志異圖詠十六卷…………… 1-111
新元史二百五十七卷 …………………… 1-97
新元史二百五十七卷 …………………… 1-97
新刊五百家註音辯昌黎先生文集四
十卷 ……………………………………… 1-68
新刊纂圖元亨療馬集六卷 …………… 1-83
新刻張太岳先生全集四十七卷 ……… 1-90
新訂四書補註備旨十卷 ……………… 1-74
新書十卷 ………………………………… 1-75
新書十卷 ………………………………… 1-88
新齊諧二十四卷…………………………… 1-107
新增典故四書章句不分卷 …………… 1-79
新鐫校正評註分類百子金丹全書十
卷任兆麟述記二卷 ……………………… 1-74
新纂門目五臣音註揚子法言十卷 …… 1-91
意解山房溫疫析疑四卷 ……………… 1-75
資治通鑑二百九十四卷附辨誤十二
卷 ………………………………………… 1-85
資治通鑑地理今釋十六卷 …………… 1-88
溫飛卿詩集七卷別集一卷外詩一卷
……………………………………………… 1-77
溫飛卿詩集七卷別集一卷外詩一卷
……………………………………………… 1-79
經史百家雜鈔十卷 ……………………… 1-94
經言明喻編………………………………… 1-107
經訓堂叢書………………………………… 1-100
經義述聞三十二卷 ……………………… 1-75

經綸堂重訂古文釋義新編八卷 ……… 1－69
經籍纂詁一百十六卷 ………………… 1－73
經籍纂詁一百零六卷 ………………… 1－73
經驗良方二卷 ……………………… 1－77

十四畫

碧血錄五卷 ………………………… 1－76
碧腴齋詩八卷……………………… 1－108
趙裘萼公賸藳四卷 ………………… 1－95
蔡中郎集十卷外集四卷附列傳一卷
　年表一卷外紀二卷 ……………… 1－81
熙朝紀政六卷……………………… 1－111
輶軒語一卷書目問答一卷 ………… 1－91
監本四書十九卷 …………………… 1－89
爾雅二卷 …………………………… 1－86
圖註脉訣四卷……………………… 1－108
圖註脈訣辨真四卷 ………………… 1－96
圖註難經脈訣不分卷 ……………… 1－86
算經十書 …………………………… 1－68
管子二十四卷 ……………………… 1－91
銅梁山人詩集二十五卷詞四卷芸篦
　偶存二卷 ………………………… 1－87
說文拈字七卷補遺一卷 …………… 1－72
說文荅問疏證六卷 ………………… 1－94
說文校議十五卷 …………………… 1－85
說文通訓定聲十八卷分部柬韻一卷
　說雅一卷古今韻準一卷………… 1－107
說文通訓定聲補遺十八卷………… 1－107
說文提要一卷……………………… 1－111
說文解字 …………………………… 1－85
說文解字句讀三十卷補正三十卷 …… 1－86
說文解字通釋四十卷 ……………… 1－85
說文解字義證五十卷 ……………… 1－86
說文解字韻譜五卷 ………………… 1－85
說文辨疑一卷……………………… 1－111
說文繫傳校錄三十卷說文釋例二十
　卷 ………………………………… 1－88
說文釋例…………………………… 1－113
瘟疫明辨四卷末一卷……………… 1－113
適齋詩集四卷惕盦年譜一卷 ……… 1－82
鄭氏佚書不分卷…………………… 1－112
鄭志三卷…………………………… 1－103
漢石例六卷 ………………………… 1－91
漢石例六卷………………………… 1－107
漢石例六卷………………………… 1－112
漢西域圖考七卷 …………………… 1－94
漢官舊儀二卷補遺一卷…………… 1－103
漢官舊儀二卷補遺一卷…………… 1－103
漢官舊儀二卷補遺一卷…………… 1－103
漢官舊儀二卷補遺一卷…………… 1－103
漢官舊儀二卷補遺一卷…………… 1－103
漢官舊儀二卷補遺一卷…………… 1－103
漢律類纂…………………………… 1－107
漢書地理志校本二卷……………… 1－108
漢書地理志校本二卷……………… 1－109
漢碑引經攷六卷…………………… 1－100
漢隸字源五卷碑目一卷 …………… 1－74
漢魏叢書…………………………… 1－113
漁洋山人精華錄箋注十二卷補一卷
　年譜一卷 ………………………… 1－84
漁笛小稿十卷 ……………………… 1－70
隨園三十種 ………………………… 1－92
隨園女弟子詩六卷隨園八十壽言六
　卷紅豆村人詩稿十四卷 ………… 1－96
隨園詩話七卷袁太史文稿不分卷小
　倉山房外集八卷小倉山房尺牘十
　卷 ………………………………… 1－92
綴白裘四集四卷五集四卷六集四卷
　…………………………………… 1－93
綠蘿山莊文集二十四卷 …………… 1－71
綠蘿山莊詩集三十三卷 …………… 1－78

十五畫

增訂本草備要十一卷 ……………… 1－76
增訂漢魏叢書 ……………………… 1－72
增補事類統編九十三卷首一卷 …… 1－95
增補圖注本草備要四卷附醫方湯頭
　歌訣一卷 ………………………… 1－80
增補瘟疫論五卷…………………… 1－107
增像全圖東周列國志二十七卷 …… 1－92

增像全圖東周列國志十三卷 ………… 1－92
增廣留青新集二十四卷………………… 1－108
樊子二卷…………………………… 1－109
樊南文集補編十二卷 ……………… 1－93
樊榭山房文集八卷振綺堂詩存一卷
松聲池館詩存四卷外詩三卷外詞
四卷附錄一卷外詩一卷外詞一卷
外文一卷附錄一卷 ……………… 1－72
樊榭山房集十卷續集十卷 ………… 1－72
樊榭山房集十卷續集十卷文集八卷
外詩三卷外詞四卷 ……………… 1－72
歐美政治要義不分卷 ……………… 1－92
歐陽文忠公全集一百五十三卷首一
卷 ……………………………… 1－79
歐陽文忠公全集一百五十三卷首一
卷附錄五卷 ……………………… 1－71
醉園齏臼詞………………………… 1－111
遼史一百十六卷 …………………… 1－89
遼史拾遺二十四卷 ………………… 1－97
遼史紀事本末四十卷首一卷 ……… 1－98
震川先生集三十卷 ………………… 1－80
賞奇軒合編 ………………………… 1－84
賜誠堂文集十六卷 ………………… 1－75
閱微草堂筆記二十四卷 …………… 1－75
數書九章十八卷札記四卷………… 1－112
墨子十六卷 ………………………… 1－88
墨法集要一卷……………………… 1－102
墨法集要一卷……………………… 1－102
墨法集要一卷……………………… 1－102
儀禮識誤三卷……………………… 1－102
儀禮識誤三卷……………………… 1－102
儀禮識誤三卷……………………… 1－102
儀禮識誤三卷……………………… 1－102
儀禮識誤三卷……………………… 1－102
儀禮識誤三卷……………………… 1－102
儀禮識誤三卷……………………… 1－102
儀禮釋宮一卷……………………… 1－102
劍南詩鈔一卷 ……………………… 1－80
諸子文粹六十二卷………………… 1－100
諸天講十五卷……………………… 1－109
諸葛丞相集不分卷 ………………… 1－89
諸葛武侯文集四卷 ………………… 1－86
課子隨筆節鈔六卷附錄一卷續編一
卷 ……………………………… 1－72
論語正義二十四卷 ………………… 1－76
論語注疏二十卷 …………………… 1－93
論語後案十二卷 …………………… 1－74
論語集註本義匯參二十卷首一卷 …… 1－70
慶典章程六卷 ……………………… 1－93
潛邱劄記六卷 ……………………… 1－70
潛研堂詩集十卷詩續集十卷 ……… 1－80
澗泉日記三卷……………………… 1－101
澗泉日記三卷……………………… 1－101
澗泉日記三卷……………………… 1－101
澗泉日記三卷……………………… 1－101
澗泉日記三卷……………………… 1－101
澄衷蒙學堂字課圖說檢字四卷 …… 1－94
選注六朝唐賦不分卷 ……………… 1－96
樂府詩集一百卷 …………………… 1－67
練川名人畫像 ……………………… 1－83
畿輔人物考八卷 …………………… 1－90
畿輔河道水利叢書八種十四卷 …… 1－95
畿輔河道水利叢書八種十四卷 …… 1－95
畿輔河道水利叢書八種十四卷 …… 1－95
畿輔叢書 …………………………… 1－73
畿輔叢書 …………………………… 1－82

十六畫

靜志居詩話二十四卷 ……………… 1－82
駱文忠公奏議十卷 ………………… 1－73
駢體文鈔三十一卷 ………………… 1－90
橘中秘四卷 ………………………… 1－96
融堂書解二十卷…………………… 1－100
融堂書解二十卷…………………… 1－100
歷代史論十二卷…………………… 1－110
歷代名臣言行錄二十四卷 ………… 1－87
歷代名臣傳三十五卷 ……………… 1－87
歷代名賢列女氏姓譜一百五十七卷
…………………………………… 1－107
歷代帝王宅京記二十卷 …………… 1－85
歷代鐘鼎彝器款識法帖二十卷 …… 1－87

戰國策十卷 …………………………… 1－70
戰國策十卷 …………………………… 1－70
戰國策三十三卷 ……………………… 1－76
戰國策三十三卷附札記三卷 ………… 1－74
戰國策三十三卷附札記三卷 ………… 1－74
積古齋鐘鼎彝器款識十卷 …………… 1－75
積古齋鐘鼎彝器款識十卷 …………… 1－75
積古齋鐘鼎彝器款識十卷 …………… 1－75
積古齋鐘鼎彝器款識稿本三卷 ……… 1－97
學仕遺規四卷補四卷 ………………… 1－76
學易集八卷…………………………… 1－102
錢牧齋文鈔不分卷 …………………… 1－78
錢牧齋詩集二十卷 …………………… 1－78
獨山平匪記…………………………… 1－108
龍川文集三十卷首一卷辨譌考異二
　卷附錄二卷 ………………………… 1－76
營平二州地名記……………………… 1－109
寰宇訪碑錄十二卷 …………………… 1－81

十七畫

戴氏遺書 ……………………………… 1－68
舊五代史一百五十卷 ………………… 1－97
韓非子二十卷………………………… 1－111
隸辨八卷 ……………………………… 1－92
臨證指南醫案十卷 …………………… 1－72
霜紅龕集四十卷附錄三卷年譜一卷
　…………………………………………… 1－78
嶺表錄異一卷………………………… 1－104
嶺表錄異一卷………………………… 1－104
嶺表錄異一卷………………………… 1－104
嶺表錄異一卷………………………… 1－104
嶺表錄異一卷………………………… 1－104
魏文帝集二卷………………………… 1－110
魏書一百十四卷 ……………………… 1－89
魏書一百十四卷 ……………………… 1－98
魏書一百十四卷 ……………………… 1－99
魏鄭公諫續録二卷…………………… 1－100
輿地紀勝校勘記五十二卷補闕十卷
　續跋一卷 …………………………… 1－74
甕牖閒評八卷………………………… 1－104
甕牖閒評八卷………………………… 1－104
甕牖閒評八卷………………………… 1－104
甕牖閒評八卷………………………… 1－104
甕牖閒評八卷………………………… 1－104
鴻文堂古文觀止十二卷 ……………… 1－69
鴻苞節錄十卷 ………………………… 1－90
禮記四十九卷 ………………………… 1－72
禮記或問八卷 ………………………… 1－91
禮記注疏六十三卷考證一卷 ………… 1－80
禮記章句十卷首一卷 ………………… 1－91
禮記註疏六十三卷 …………………… 1－78
翼教叢編六卷附錄一卷 ……………… 1－90

十八畫

藥要便蒙新編 ………………………… 1－78
醫林指月十二種 ……………………… 1－78
醫學心悟五卷外科十法一卷 ………… 1－69
雙桂堂稿十卷續編十二卷 …………… 1－70
歸田瑣記八卷 ………………………… 1－79

十九畫

蘇文忠公詩合註五十卷首一卷 ……… 1－87
曝書亭集八十卷附錄一卷 …………… 1－70
曝書亭詩集註二十二卷年譜一卷 …… 1－96
羅鄂州小集六卷……………………… 1－113
犢山類稿六種十三卷 ………………… 1－73
廬陵宋丞相信國公文忠烈先生全集
　十六卷 ……………………………… 1－67
韻辨附文五卷 ………………………… 1－90
類林新詠三十六卷 …………………… 1－70
繹史一百六十卷世系圖一卷年表一
　卷 …………………………………… 1－71
繪圖馬潛龍走國全傳不分卷………… 1－109
繪圖綴白裘合集 ……………………… 1－82

二十畫

鶡冠子三卷 …………………………… 1－91

二十一畫

礮乘新法三卷首一卷 …………………… 1－97
鐵甲叢譚五卷………………………………… 1－112
鐵路紀要三卷………………………………… 1－109
顧氏音學五書二十二卷附答李德書
一卷 ………………………………………… 1－70
續古文辭類纂二十八卷 ………………… 1－74
續古文辭類纂二十八卷 ………………… 1－77
續古文辭類纂二十八卷 ………………… 1－77
續古文辭類纂二十八卷 ………………… 1－77
續古文辭類纂七十四卷 ………………… 1－77
續古文辭類纂四卷 ……………………… 1－90
續同人集十七卷 ………………………… 1－92
續呂氏家塾讀詩記三卷 ………………… 1－99
續呂氏家塾讀詩記三卷 ………………… 1－99
續呂氏家塾讀詩記三卷 ………………… 1－99
續呂氏家塾讀詩記三卷 ………………… 1－99
續呂氏家塾讀詩記三卷 ………………… 1－99
續呂氏家塾讀詩記三卷 ………………… 1－99
續新齊諧十卷………………………………… 1－112
續增刑案匯覽十六卷……………………… 1－113

二十二畫

蘿摩亭札記八卷 ………………………… 1－91
鷗影詩鈔六卷 …………………………… 1－96
讀史方輿紀要一百三十卷 ……………… 1－84
讀杜心解六卷首二卷 …………………… 1－68
讀書堂杜工部詩集註解二十卷文集
註解二卷 ………………………………… 1－86
讀畫齋叢書乙集 ………………………… 1－79
讀畫齋叢書八集 ………………………… 1－71
讀畫齋叢書八集 ………………………… 1－77
讀畫齋叢書丙集 ………………………… 1－78
讀畫齋叢書戊集 ………………………… 1－79
龔定盦全集 ……………………………… 1－79

二十三畫

麟臺故事五卷……………………………… 1－106
麟臺故事五卷……………………………… 1－106
麟臺故事五卷……………………………… 1－106
麟臺故事五卷……………………………… 1－106
麟臺故事五卷……………………………… 1－106
麟臺故事五卷……………………………… 1－106

二十四畫

觀古堂彙刻書十五種……………………… 1－113
觀無量壽佛經九種全本…………………… 1－108

《天津師範大學圖書館古籍普查登記目録》
書名筆畫字頭索引

一畫

一……79
乙……79

二畫

二……79
十……79
丁……79
七……79
卜……80
八……80
人……80
入……80
九……80

三畫

三……80
于……80
士……80
大……80
才……81
上……81
巾……81
山……81
千……81
久……81
尸……81
己……81
女……81
小……82
子……82

四畫

王……82
井……83
天……83
元……83
廿……84
木……84
五……84
支……84
不……84
太……84
友……85
切……85
止……85
少……85
日……85
中……85
午……86
毛……86
壬……86
升……86
仁……86
片……86
仇……86
化……86
介……86
爻……86
今……86
分……86
公……86
月……86
户……86
勿……86
丹……86

六……86
文……87
方……87
心……88
尺……88
巴……88
孔……88
毋……88
水……88

五畫

玉……88
未……89
示……89
正……89
功……89
去……89
甘……89
世……89
艾……89
古……89
本……90
札……90
可……90
丙……90
左……90
石……91
右……91
布……91
戊……91
平……91
北……91
目……91
甲……91
申……91
由……92
史……92
叩……92
四……92
代……93
白……93
用……93
印……93
句……93
外……93
市……93
立……93
半……93
永……94
司……94
弘……94
出……94
皮……94

六畫

匡……94
式……94
刑……94
圭……94
吉……94
考……94
老……94
地……94
耳……94
芝……94
臣……94
再……94
西……94
在……95
百……95
有……95
而……95
存……96
灰……96
列……96
夷……96
攷……96
至……96
尖……96
光……96

曲…………………………………… 96
同…………………………………… 96
因…………………………………… 96
屺…………………………………… 96
年…………………………………… 96
朱…………………………………… 96
缶…………………………………… 96
先…………………………………… 96
舌…………………………………… 96
竹…………………………………… 96
延…………………………………… 97
任…………………………………… 97
仰…………………………………… 97
仿…………………………………… 97
自…………………………………… 97
行…………………………………… 97
肙…………………………………… 97
全…………………………………… 97
合…………………………………… 97
危…………………………………… 97
各…………………………………… 97
名…………………………………… 97
多…………………………………… 97
亦…………………………………… 97
羊…………………………………… 97
汗…………………………………… 97
江…………………………………… 97
汲…………………………………… 97
池…………………………………… 97
守…………………………………… 97
安…………………………………… 98
冰…………………………………… 98
字…………………………………… 98
祁…………………………………… 98
艮…………………………………… 98
防…………………………………… 98
如…………………………………… 98
好…………………………………… 98

七畫

赤…………………………………… 98
孝…………………………………… 98
劫…………………………………… 98
芙…………………………………… 98
芸…………………………………… 98
花…………………………………… 98
芥…………………………………… 98
克…………………………………… 98
杜…………………………………… 98
李…………………………………… 99
吾…………………………………… 100
邳…………………………………… 100
投…………………………………… 100
求…………………………………… 100
里…………………………………… 100
見…………………………………… 100
足…………………………………… 100
困…………………………………… 100
呂…………………………………… 100
吟…………………………………… 100
吹…………………………………… 100
吳…………………………………… 100
别…………………………………… 100
删…………………………………… 100
岑…………………………………… 100
兵…………………………………… 100
邱…………………………………… 100
何…………………………………… 100
伯…………………………………… 100
近…………………………………… 100
希…………………………………… 101
坐…………………………………… 101
豸…………………………………… 101
邸…………………………………… 101
角…………………………………… 101
辛…………………………………… 101
快…………………………………… 101
弟…………………………………… 101
冷…………………………………… 101
汪…………………………………… 101
沅…………………………………… 101
沖…………………………………… 101

汾 …… 101
沈 …… 101
宋 …… 101
初 …… 102
壯 …… 102
妙 …… 102
邵 …… 102
甬 …… 102

八畫

奉 …… 102
玩 …… 102
武 …… 102
青 …… 102
長 …… 103
坦 …… 103
幸 …… 103
坡 …… 103
苗 …… 103
英 …… 103
苑 …… 103
范 …… 103
苾 …… 103
直 …… 103
茅 …… 103
枉 …… 103
林 …… 103
枝 …… 103
板 …… 103
來 …… 103
松 …… 103
杭 …… 104
述 …… 104
東 …… 104
或 …… 105
臥 …… 105
事 …… 105
兩 …… 105
雨 …… 105
協 …… 105
奇 …… 105
抱 …… 105
拙 …… 105
卓 …… 105
虎 …… 105
尚 …… 105
盱 …… 105
果 …… 105
味 …… 105
昆 …… 106
昌 …… 106
昇 …… 106
明 …… 106
易 …… 106
典 …… 107
忠 …… 107
呻 …… 107
邵 …… 107
岩 …… 107
知 …… 107
牧 …… 107
乖 …… 107
和 …… 107
佳 …… 107
岳 …… 107
使 …… 107
兒 …… 107
佩 …… 107
郎 …… 107
征 …… 107
金 …… 107
采 …… 108
受 …… 108
周 …… 108
京 …… 108
享 …… 109
庚 …… 109
性 …… 109
怡 …… 109
卷 …… 109
河 …… 109

泊 …… 109
注 …… 109
治 …… 109
宗 …… 109
定 …… 109
宜 …… 109
空 …… 109
宛 …… 109
郎 …… 109
建 …… 109
居 …… 109
屈 …… 109
弢 …… 109
陔 …… 109
姑 …… 109
始 …… 109
迦 …… 109
承 …… 109
孟 …… 109
孤 …… 110
函 …… 110

九畫

契 …… 110
奏 …… 110
春 …… 110
珂 …… 110
封 …… 110
政 …… 110
郝 …… 110
荊 …… 111
茉 …… 111
草 …… 111
茶 …… 111
荀 …… 111
茗 …… 111
荒 …… 111
故 …… 111
胡 …… 111
荔 …… 111
南 …… 111
查 …… 112
柏 …… 112
柳 …… 112
柈 …… 112
咸 …… 112
研 …… 112
耐 …… 112
奎 …… 112
括 …… 112
拾 …… 112
指 …… 113
按 …… 113
皆 …… 113
貞 …… 113
省 …… 113
是 …… 113
映 …… 113
星 …… 113
昭 …… 113
畏 …… 113
毗 …… 113
昆 …… 113
虹 …… 113
思 …… 113
韋 …… 113
[illegible] …… 113
幽 …… 113
拜 …… 113
看 …… 113
香 …… 113
秋 …… 113
科 …… 113
重 …… 113
段 …… 114
俠 …… 114
修 …… 114
保 …… 114
侶 …… 114
信 …… 114
皇 …… 114

鬼 …… 115
泉 …… 115
禹 …… 115
侯 …… 115
盾 …… 115
衎 …… 115
衍 …… 115
律 …… 115
後 …… 115
俞 …… 116
弇 …… 116
食 …… 116
勉 …… 116
風 …… 116
哀 …… 116
亭 …… 116
度 …… 116
施 …… 116
音 …… 116
帝 …… 116
恒 …… 116
姜 …… 116
前 …… 116
逆 …… 116
炳 …… 116
洪 …… 116
洹 …… 116
洧 …… 116
洞 …… 116
洗 …… 116
洛 …… 116
洋 …… 116
洴 …… 117
津 …… 117
宧 …… 117
客 …… 117
扁 …… 117
祖 …… 117
祕 …… 117
郡 …… 117
退 …… 117
恖 …… 117
屏 …… 117
眉 …… 117
陜 …… 117
姚 …… 117
飛 …… 117
癸 …… 117
紅 …… 117
約 …… 117
紀 …… 117

十畫

馬 …… 118
秦 …… 118
泰 …… 118
珠 …… 118
班 …… 118
素 …… 118
袁 …… 118
都 …… 118
華 …… 118
莆 …… 118
莫 …… 118
莊 …… 118
荷 …… 118
荻 …… 118
莘 …… 118
真 …… 118
桂 …… 118
栖 …… 118
桐 …… 118
桃 …… 118
格 …… 118
栘 …… 118
校 …… 119
栗 …… 119
酌 …… 119
夏 …… 119
砥 …… 119
原 …… 119

振 …… 119
晉 …… 119
時 …… 119
眠 …… 119
晁 …… 119
剔 …… 119
晏 …… 119
恩 …… 119
豈 …… 119
峭 …… 119
峩 …… 119
乘 …… 119
秣 …… 119
秘 …… 119
笑 …… 119
借 …… 119
倚 …… 119
倭 …… 119
健 …… 119
躬 …… 119
息 …… 120
師 …… 120
徑 …… 120
徐 …… 120
殷 …… 120
航 …… 120
奚 …… 120
倉 …… 120
飣 …… 120
翁 …… 120
留 …… 120
訓 …… 120
記 …… 120
訒 …… 120
高 …… 120
郭 …… 120
庴 …… 120
病 …… 120
唐 …… 120
悔 …… 121
悦 …… 122
瓶 …… 122
拳 …… 122
益 …… 122
兼 …… 122
朔 …… 122
涑 …… 122
浙 …… 122
涇 …… 122
浩 …… 122
海 …… 122
浮 …… 122
浣 …… 122
浪 …… 122
宸 …… 122
家 …… 122
容 …… 122
朗 …… 122
書 …… 122
弱 …… 123
陸 …… 123
陳 …… 123
陰 …… 123
陶 …… 123
娱 …… 123
通 …… 123
能 …… 124
孫 …… 124
鄉 …… 124
純 …… 124
納 …… 124

十一畫

理 …… 124
琉 …… 124
琅 …… 124
堵 …… 124
教 …… 124
培 …… 124
聊 …… 124
黄 …… 124

黄 …… 125
萸 …… 125
萃 …… 125
萍 …… 125
乾 …… 125
菉 …… 125
菰 …… 125
梵 …… 125
梧 …… 125
梅 …… 125
梔 …… 125
梓 …… 125
曹 …… 125
敕 …… 125
帶 …… 125
硃 …… 125
匏 …… 125
盛 …… 125
雪 …… 125
捧 …… 125
授 …… 125
掖 …… 125
救 …… 125
敝 …… 125
常 …… 126
野 …… 126
晨 …… 126
問 …… 126
晦 …… 126
晚 …… 126
鄂 …… 126
唱 …… 126
國 …… 126
崇 …… 127
梨 …… 127
移 …… 127
笛 …… 127
笠 …… 127
笥 …… 127
第 …… 127
敏 …… 127
偶 …… 127
停 …… 127
得 …… 127
從 …… 127
船 …… 127
斜 …… 127
鳥 …… 127
象 …… 127
逸 …… 127
猗 …… 127
許 …… 127
庶 …… 127
庾 …… 127
庸 …… 127
康 …… 128
鹿 …… 128
章 …… 128
望 …… 128
情 …… 128
惜 …… 128
清 …… 128
淩 …… 129
淞 …… 129
渠 …… 129
淮 …… 129
淳 …… 129
深 …… 129
梁 …… 129
涵 …… 129
寄 …… 129
張 …… 129
隋 …… 130
陽 …… 130
隆 …… 130
習 …… 130
參 …… 130
貫 …… 130
鄉 …… 130
紹 …… 130
巢 …… 130

十二畫

貳 …… 130
琵 …… 130
琴 …… 130
堯 …… 130
項 …… 130
越 …… 130
博 …… 130
喜 …… 130
彭 …… 130
報 …… 130
達 …… 130
壹 …… 130
斯 …… 130
葉 …… 130
萬 …… 130
葛 …… 130
董 …… 130
葆 …… 130
敬 …… 130
植 …… 131
椒 …… 131
棲 …… 131
棣 …… 131
惠 …… 131
粟 …… 131
棗 …… 131
皕 …… 131
硤 …… 131
硯 …… 131
雁 …… 131
雲 …… 131
揚 …… 131
援 …… 131
雅 …… 131
紫 …… 131
虛 …… 131
棠 …… 131
最 …… 131
開 …… 131
閑 …… 131
景 …… 131
貴 …… 131
蛟 …… 131
喻 …… 131
嵮 …… 131
黑 …… 131
無 …… 131
鉼 …… 132
智 …… 132
程 …… 132
傅 …… 132
貸 …… 132
順 …… 132
集 …… 132
焦 …… 132
臯 …… 132
皖 …… 132
衆 …… 132
御 …… 132
復 …… 133
徧 …… 133
舒 …… 133
鉅 …… 133
鈍 …… 133
鈐 …… 133
欽 …… 133
番 …… 134
飲 …… 134
勝 …… 134
詁 …… 134
評 …… 134
詞 …… 134
詒 …… 134
敦 …… 134
遊 …… 134
童 …… 134
惺 …… 134
善 …… 134
普 …… 134

|---|---|---|---|
遂	135	楚	137
曾	135	楊	137
馮	135	槐	137
湛	135	榆	137
湖	135	楹	137
湘	135	賈	137
湯	135	感	137
測	135	摯	137
溫	135	碑	137
滑	135	雷	137
淵	135	裘	138
游	135	虞	138
滋	135	當	138
溉	135	路	138
寒	136	遣	138
富	136	蛾	138
運	136	蛻	138
補	136	農	138
畫	136	罪	138
疏	136	蜀	138
媮	136	稗	138
登	136	筠	138
絳	136	筐	138
絕	136	節	138
幾	136	傳	138
		傷	138
		粵	138
十三畫		微	138
		溪	138
瑞	136	愈	138
載	136	會	138
塤	136	愛	138
鼓	136	飴	138
聖	136	解	138
鄞	136	試	138
蓮	136	詩	138
夢	136	誠	139
蒼	137	話	139
蓬	137	詳	139
蒿	137		

廉 139
靖 139
新 139
意 141
雍 141
愼 141
慎 141
義 141
煙 141
資 141
滇 142
溧 142
滌 142
溪 142
滄 142
滂 142
塞 142
禪 142
福 142
群 142
羣 142
彙 142
辟 142
媿 142
遜 142
經 142
綏 142
彚 142

十四畫

碧 142
瑤 143
趙 143
嘉 143
臺 143
壽 143
聚 143
薔 143
慕 143
蔣 143
蔡 143
熙 143
蔚 143
榕 143
監 143
爾 143
需 143
霆 143
對 143
閨 143
聞 143
閩 143
鳴 143
嘯 143
嗽 143
圖 143
鄦 143
稧 144
種 144
稱 144
箕 144
管 144
傲 144
銅 144
鳳 144
疑 144
語 144
誥 144
說 144
説 145
塾 145
廣 145
塵 145
齊 145
精 145
鄰 145
鄭 145
漢 145
漆 145
漸 146
漱 146

十五畫

彈 …… 149
選 …… 149
豫 …… 149
樂 …… 149
緝 …… 150
緯 …… 150
畿 …… 150

十六畫

璞 …… 150
靜 …… 150
駱 …… 150
駮 …… 150
駢 …… 150
燕 …… 150
蕫 …… 150
薛 …… 150
薇 …… 150
翰 …… 150
頤 …… 150
噩 …… 150
薩 …… 150
樹 …… 150
橋 …… 150
輶 …… 150
賴 …… 151
融 …… 151
醒 …… 151
歷 …… 151
霓 …… 151
頻 …… 151
餐 …… 151
盧 …… 151
曉 …… 151
曇 …… 151
蛸 …… 151
戰 …… 151
嶼 …… 152
黔 …… 152
積 …… 152
篤 …… 152
興 …… 152
學 …… 152
盥 …… 152
儒 …… 152
錢 …… 152
錫 …… 152
錦 …… 152
鮑 …… 152
獲 …… 152
獨 …… 152
諧 …… 152
諭 …… 152
磨 …… 152
辨 …… 152
親 …… 152
龍 …… 153
憺 …… 153
潞 …… 153
澤 …… 153
澮 …… 153
濂 …… 153
寰 …… 153
禪 …… 153
閻 …… 153

十七畫

麓 …… 153
環 …… 153
戴 …… 153
聲 …… 153
聰 …… 153
藏 …… 153
舊 …… 153
韓 …… 153
隸 …… 153
檉 …… 153
檢 …… 153
檀 …… 153
臨 …… 153

霜 ………………………………………… 154
霞 ………………………………………… 154
擬 ………………………………………… 154
豳 ………………………………………… 154
嶺 ………………………………………… 154
點 ………………………………………… 154
魏 ………………………………………… 154
輿 ………………………………………… 154
谿 ………………………………………… 154
鮚 ………………………………………… 154
謝 ………………………………………… 154
應 ………………………………………… 154
療 ………………………………………… 154
麋 ………………………………………… 154
甕 ………………………………………… 154
懥 ………………………………………… 154
燭 ………………………………………… 154
鴻 ………………………………………… 154
濮 ………………………………………… 154
濟 ………………………………………… 154
邃 ………………………………………… 154
禮 ………………………………………… 154
甓 ………………………………………… 154
翼 ………………………………………… 154
績 ………………………………………… 154
縵 ………………………………………… 154
總 ………………………………………… 154
繆 ………………………………………… 154

十八畫

璿 ………………………………………… 154
藕 ………………………………………… 154
藝 ………………………………………… 155
藤 ………………………………………… 155
覆 ………………………………………… 155
醫 ………………………………………… 155
瞿 ………………………………………… 155
闕 ………………………………………… 155
蟲 ………………………………………… 155
鵑 ………………………………………… 155
韞 ………………………………………… 155
簡 ………………………………………… 155
雙 ………………………………………… 155
邊 ………………………………………… 155
歸 ………………………………………… 155
䙢 ………………………………………… 155
顏 ………………………………………… 155
雜 ………………………………………… 155
離 ………………………………………… 155
顏 ………………………………………… 155
濾 ………………………………………… 155
瀏 ………………………………………… 156
濼 ………………………………………… 156
璧 ………………………………………… 156
彝 ………………………………………… 156
繞 ………………………………………… 156
織 ………………………………………… 156

十九畫

攆 ………………………………………… 156
蘋 ………………………………………… 156
蘧 ………………………………………… 156
勸 ………………………………………… 156
蘇 ………………………………………… 156
麗 ………………………………………… 156
攈 ………………………………………… 156
曝 ………………………………………… 156
關 ………………………………………… 156
疇 ………………………………………… 156
嚴 ………………………………………… 156
韜 ………………………………………… 156
羅 ………………………………………… 156
犢 ………………………………………… 156
籆 ………………………………………… 156
簷 ………………………………………… 156
簫 ………………………………………… 156
鏡 ………………………………………… 156
辭 ………………………………………… 156
譚 ………………………………………… 156
證 ………………………………………… 156

廬 …… 156
癡 …… 157
瓣 …… 157
韻 …… 157
懶 …… 157
懷 …… 157
類 …… 157
瀛 …… 157
繩 …… 157
繹 …… 157
繪 …… 157
繡 …… 157

二十畫

蘭 …… 158
醴 …… 158
鶡 …… 158
巍 …… 158
籌 …… 158
鐔 …… 158
鐫 …… 158
鐘 …… 158
釋 …… 158
灌 …… 158
寶 …… 158
賓 …… 159
響 …… 159
繼 …… 159

二十一畫

權 …… 159
甹 …… 159
攜 …… 159
躋 …… 159
鐵 …… 159
麝 …… 159
顧 …… 159
鶴 …… 159
蠡 …… 159
續 …… 159

二十二畫

聽 …… 160
蘿 …… 160
鷗 …… 160
囊 …… 160
疊 …… 160
巖 …… 160
體 …… 160
鑑 …… 160
臞 …… 160
讀 …… 160
龔 …… 161
孿 …… 161

二十三畫

顯 …… 161
麟 …… 161
欒 …… 161
變 …… 161

二十四畫

觀 …… 161
蠹 …… 161
鹽 …… 161
釀 …… 161
靈 …… 161
蠶 …… 161

二十五畫

欝 …… 161
蠻 …… 161

二十六畫

灤 …… 161

二十九畫

爨 …… 161

《天津師範大學圖書館古籍普查登記目録》
書名筆畫索引

一畫

一片石一卷第二碑(後一片石)一卷…… 1-361
一規八棱硯齋集詩鈔六卷詞一卷…… 1-182
一規八棱硯齋詩鈔六卷…… 1-211
一漚吟館選集二卷…… 1-325
一鐙精舍甲部稿五卷…… 1-178
乙巳年交涉要覽三卷…… 1-161

二畫

二十二子…… 1-317
二十四史…… 1-293
二十四史…… 1-293
二十四史…… 1-317
二十四史九通政典類要合編三百二十卷…… 1-302
二十四泉草堂集十二卷…… 1-347
二水樓文集二十卷…… 1-323
二申野錄八卷…… 1-150
二申野錄八卷…… 1-151
二曲集四十六卷…… 1-300
二如亭群芳譜二十九卷…… 1-312
二如亭群芳譜二十九卷…… 1-379
二如亭群芳譜三十卷…… 1-236
二如亭群芳譜三十卷…… 1-237
二酉堂叢書(張氏叢書)…… 1-344
二酉堂叢書(張氏叢書)…… 1-378
二林居集二十四卷…… 1-274
二林居集二十四卷…… 1-291
二知軒文存三十四卷…… 1-278
二知軒詩鈔十四卷…… 1-265
二思堂叢書…… 1-316
二家詩鈔二十卷…… 1-258
二黃合稿二卷…… 1-328
二黃合稿二卷…… 1-350
二鄉亭詞三卷…… 1-204
二程子遺書纂二卷外書纂一卷…… 1-223
二程文集十二卷…… 1-223
二程全書(河南程氏全書)…… 1-195
十一經音訓十一種…… 1-192
十二硯齋金石過眼錄十八卷…… 1-146
十二硯齋補瘞鶴銘考二卷…… 1-309
十七史商榷一百卷…… 1-124
十七史商榷一百卷…… 1-124
十七史商榷一百卷…… 1-149
十七史商榷一百卷…… 1-367
十七史蒙求補編十六卷補遺十六卷…… 1-282
十八家詩鈔二十八卷…… 1-306
十九世紀外交史十七章…… 1-124
十三經注疏…… 1-318
十三經注疏校勘記二百四十八卷…… 1-295
十三經注疏校勘記識語四卷…… 1-321
十六國春秋一百卷…… 1-150
十科策略箋釋十卷…… 1-268
十科策略箋釋十卷…… 1-341
十國春秋一百十六卷…… 1-152
十國雜事詩十七卷敘目二卷…… 1-347
十萬卷樓叢書三編五十一種…… 1-351
十朝聖訓九百二十二卷…… 1-205
十種唐詩選十七卷附唐賢三昧集三卷…… 1-140
十駕齋養新錄二十卷餘錄三卷…… 1-330
十駕齋養新錄二十卷餘錄三卷…… 1-330
十駕齋養新錄二十卷餘錄三卷…… 1-378
丁文誠公奏稿二十六卷…… 1-376
丁文誠公奏稿二十六卷首一卷…… 1-153
七十二候表一卷校錄一卷…… 1-197
七言詩歌行鈔十五卷…… 1-271

七修類稿五十一卷…………………… 1－343
七修類稿五十一卷續稿七卷………… 1－284
七律指南甲編八卷…………………… 1－159
七家文鈔七卷………………………… 1－201
七家詞鈔……………………………… 1－162
七硯齋遺集三卷……………………… 1－217
七頌堂文集二卷……………………… 1－299
七頌堂文集二卷……………………… 1－345
七經樓文鈔六卷春暉閣詩鈔選六卷
…………………………………… 1－188
卜魁城賦不分卷……………………… 1－174
八代詩選二十卷……………………… 1－139
八旗文經六十卷……………………… 1－287
八旗文經六十卷……………………… 1－289
人表考九卷…………………………… 1－123
人海記二卷…………………………… 1－177
人境廬詩草十一卷…………………… 1－349
人譜類記二卷………………………… 1－205
入蜀記四卷…………………………… 1－307
九九銷夏錄十四卷首一卷…………… 1－295
九水山房文存二卷…………………… 1－347
九通…………………………………… 1－379
九通通二百四十八卷………………… 1－313
九畹古文十卷………………………… 1－135
九畹古文十卷………………………… 1－262
九經古義十六卷……………………… 1－148
九鐘精舍金石跋尾不分卷…………… 1－119
九靈山房集三十卷補編二卷………… 1－247
九靈山房集三十卷補編二卷………… 1－360

三畫

三十家詩鈔六卷……………………… 1－169
三子詩選五種………………………… 1－269
三子膚齋口義十五卷………………… 1－230
三分夢全傳十六卷十六回…………… 1－297
三水小牘二卷………………………… 1－249
三史同名錄四十卷…………………… 1－145
三字經注……………………………… 1－232
三角數理十二卷……………………… 1－197
三角數理十二卷……………………… 1－226
三宋人集三種………………………… 1－166
三長物齋叢書二十六種……………… 1－176
三松堂集二十卷續集六卷…………… 1－209
三垣筆記三卷………………………… 1－237
三垣筆記三卷附識二卷補遺一卷…… 1－236
三品彙刊不分卷……………………… 1－357
三唐人集三種………………………… 1－199
三唐人集三種………………………… 1－202
三唐人集三種………………………… 1－319
三家宮詞三卷二家宮詞二卷………… 1－242
三通考序文獻通考序不分卷………… 1－152
三通考輯要三種……………………… 1－343
三教搜神大全七卷…………………… 1－196
三國志六十五卷……………………… 1－270
三國志六十五卷……………………… 1－359
三國志旁證三十卷…………………… 1－149
三國志質疑六卷……………………… 1－149
三國志證聞三卷……………………… 1－152
三國演義第一才子傳六十卷………… 1－334
三魚堂文集十二卷…………………… 1－157
三魚堂文集十二卷外集六卷附錄一
卷………………………………… 1－322
三朝北盟會編二百五十卷…………… 1－125
三統術衍三卷………………………… 1－131
三統術詳說四卷……………………… 1－140
三農紀十卷…………………………… 1－196
三頌考不分卷………………………… 1－228
三頌考不分卷………………………… 1－338
三經評注三種………………………… 1－256
三儒類要三卷………………………… 1－194
三藩紀事本末二十二卷……………… 1－126
三藩紀事本末四卷…………………… 1－285
三蘇全集五種………………………… 1－300
于埜左氏錄二卷……………………… 1－121
于清端公政書八卷首編一卷外集一
卷………………………………… 1－260
于清端公政書八卷首編一卷外集一
卷續集一卷……………………… 1－289
士禮居黃氏叢書……………………… 1－357
士禮居藏書題跋記六卷……………… 1－196
大文堂重訂古文釋義新編八卷……… 1－201

大方廣佛華嚴經八十卷 …………………… 1－233
[乾隆]大名縣誌四十卷首一卷 …… 1－222
大谷山堂集六卷 …………………… 1－373
大金國志四十卷 …………………… 1－254
大金國志四十卷 …………………… 1－378
大唐西域記十二卷 ………………… 1－136
大唐西域記十二卷 ………………… 1－347
大唐開元禮一百五十卷 …………… 1－352
大唐創業起居注三卷 ……………… 1－125
大清律例四十七卷 ………………… 1－172
大清律例統纂集成四十卷 ………… 1－263
大清律例彙輯便覽四十卷附督捕則例附纂二卷五軍道里表不分卷三流道里表不分卷秋審實緩比較彙案一卷 …………………… 1－372
大清律例彙輯便覽四十卷督捕則例附纂二卷五軍道里表不分卷三流道里表不分卷 …………………… 1－266
大清律例歌括一卷 ………………… 1－272
大清通禮五十四卷 ………………… 1－160
大清通禮五十四卷 ………………… 1－172
大清通禮五十四卷 ………………… 1－327
大清現行刑律三十六卷首一卷 …… 1－200
大清教育新法令十三編 …………… 1－225
大清德宗景皇帝實錄五百九十七卷 …………………… 1－140
大清歷朝聖訓(十朝聖訓) ………… 1－374
大清穆宗毅皇帝實錄三百七十四卷 …………………… 1－140
大雲山房文稾初集四卷二集四卷 …… 1－323
大雲山房文藁初集四卷二集四卷 …… 1－327
大意尊聞三卷附錄一卷 …………… 1－194
大興徐氏 ………………………… 1－343
大學衍義補纂要六卷 ……………… 1－230
才叔遺詩三卷 ……………………… 1－276
才調集十卷 ………………………… 1－236
才調集十卷 ………………………… 1－238
才調集十卷 ………………………… 1－238
才調集補注十卷 …………………… 1－368
上方山誌五卷首一卷末一卷 ……… 1－362
上海求志書院課藝四卷 …………… 1－136
[同治]上海縣志三十二卷首一卷末一卷 …………………… 1－313
[同治]上海縣志三十二卷首一卷末一卷 …………………… 1－313
[同治]上海縣志三十二卷首一卷末一卷 …………………… 1－313
上虞西華顧氏九修宗譜三十二卷 …… 1－153
上虞縣誌校續五十卷首一卷末一卷 …………………… 1－289
上諭集注三卷 ……………………… 1－364
巾經纂二十卷 ……………………… 1－353
巾箱拾羽二十卷 …………………… 1－268
山中白雲八卷附刻贈詩 …………… 1－171
山左古文鈔八卷 …………………… 1－202
山左古文鈔八卷 …………………… 1－313
山右石刻叢編四十卷目錄一卷 …… 1－199
山志初集六卷二集四卷 …………… 1－205
山谷內集詩注二十卷外集十七卷別集二卷 …………………… 1－168
山谷詩內集注二十卷詩外集注十七卷別集注二卷別集補一卷詩外集補四卷年譜十四卷 …………… 1－301
山谷題跋四卷 ……………………… 1－224
山東軍興紀略二十二卷 …………… 1－172
山東黃河南岸十三州縣遷民總圖不分卷 …………………… 1－161
山東運河備覽十二卷 ……………… 1－256
山海經箋疏十八卷圖讚一卷訂譌一卷敘錄一卷 …………………… 1－271
山海經廣注十八卷讀山海經語一卷雜述一卷圖五卷 ………………… 1－312
山帶閣注楚辭六卷首一卷餘論二卷說韵一卷 …………………… 1－239
山帶閣集三十三卷附錄一卷 ……… 1－186
山帶閣集三十三卷附錄一卷 ……… 1－214
山堂肆考二百四十卷 ……………… 1－256
千字文釋義一卷 …………………… 1－294
久芬室詩集六卷 …………………… 1－191
尸子二卷存疑一卷 ………………… 1－131
己未詞科錄十二卷 ………………… 1－117
女兒書輯八卷 ……………………… 1－270

女兒書輯八卷…………………………… 1－270
女兒書輯八卷…………………………… 1－270
小山詞鈔一卷補鈔一卷………………… 1－204
小山詞鈔一卷補鈔一卷………………… 1－354
小山詞鈔一卷補鈔一卷珠玉詞鈔一
卷補鈔一卷………………………… 1－203
小山類稿選二十卷張襄惠公輯略一
卷…………………………………… 1－246
小方壺齋輿地叢鈔十二帙……………… 1－312
小石山房叢書三十八種………………… 1－336
小石山房叢書三十八種………………… 1－340
小石山房叢書三十八種………………… 1－340
小令七種………………………………… 1－175
小谷口著述緣起一卷…………………… 1－156
小谷口詩鈔十二卷首一卷……………… 1－347
小松石齋文集五卷詩集五卷…………… 1－184
小迦陵館文集不分卷…………………… 1－133
小峴山人詩集十六卷文集六卷………… 1－214
小嫏嬛山館彙刊類書十二種…………… 1－343
小萬卷齋文稿二十四卷首一卷末一
卷…………………………………… 1－156
小萬卷齋文稿二十四卷首一卷末一
卷經進稿四卷詩稿三十二卷詩續
稿十二卷末一卷…………………… 1－212
小萬卷齋文稿二十四卷首一卷末一
卷經進稿四卷詩稿三十二卷詩續
稿十二卷末一卷…………………… 1－300
小萬卷齋詩稿三十二卷………………… 1－267
小萬卷齋詩稿三十二卷經進稿四卷
………………………………………… 1－346
小萬卷齋經進稿四卷…………………… 1－267
小腆紀年二十卷………………………… 1－132
小腆紀傳六十五卷……………………… 1－126
小蓬萊山房桐屋少鳳嶸詩鈔三卷……… 1－191
小爾雅疏八卷…………………………… 1－289
小樓詩集八卷…………………………… 1－347
小學四種………………………………… 1－260
小學考五十卷…………………………… 1－343
小學弦歌八卷…………………………… 1－165
小學答問不分卷………………………… 1－308
小學集注六卷…………………………… 1－278
小學集解六卷…………………………… 1－270
小學鉤沈十九卷………………………… 1－266
小學韻語一卷…………………………… 1－284
小學韻語一卷…………………………… 1－329
小學類編六種附一種…………………… 1－367
小檀欒室彙刻閨秀詞十集……………… 1－203
小謨觴館文集四卷續集二卷…………… 1－164
小謨觴館文集注六卷…………………… 1－291
小謨觴館詩集八卷續集二卷詩餘一
卷…………………………………… 1－164
子史精華一百六十卷…………………… 1－271
子史精華一百六十卷…………………… 1－352
子書百家………………………………… 1－221
子書百家………………………………… 1－352
子書百家………………………………… 1－358

四畫

王子安集十六卷………………………… 1－208
王子安集注二十卷首一卷末一卷…… 1－179
王子安集注二十卷首一卷末一卷…… 1－207
王氏家集不分卷……………………… 1－325
王氏說文……………………………… 1－329
王文成公全書三十八卷……………… 1－185
王文成公全集十六卷………………… 1－272
王文恪公集三十六卷名公筆記一卷
………………………………………… 1－253
王文恪公集三十六卷名公筆記一卷
………………………………………… 1－253
王文恪公集三十六卷名公筆記一卷
………………………………………… 1－253
王文恪公集三十六卷名公筆記一卷
………………………………………… 1－253
王右丞集二十八卷首一卷末一卷…… 1－243
王右丞集二十八卷首一卷末一卷…… 1－332
王先生十七史蒙求十六卷…………… 1－235
王狀元集百家注編年杜陵詩史三十
二卷………………………………… 1－137
王狀元集百家注編年杜陵詩史三十
二卷………………………………… 1－263

王狀元集百家注編年杜陵詩史三十二卷……1－286
王注正訛一卷……1－241
王荆公唐百家詩選二十卷……1－241
王荆文公詩五十卷……1－243
王荆文公詩五十卷……1－243
王荆石先生批評柳文十二卷……1－247
王船山先生年譜二卷……1－120
王陽明先生傳習録論三卷附集一卷……1－232
王會篇箋釋三卷……1－148
王靖毅公列傳一卷……1－145
王靖毅公年譜二卷……1－145
王漁洋遺書三十八種……1－263
王摩詰集六卷……1－328
王摩詰詩集七卷……1－199
王學質疑五卷附讀史質疑一卷……1－260
王臨川全集一百卷……1－304
王麓臺仿古山水十幀不分卷……1－304
井華詞……1－162
井福堂文稿十卷……1－250
天一閣見存書目四卷首一卷末一卷……1－335
天一閣書目四卷……1－265
天下金石志不分卷……1－146
天下郡國利病書一百二十卷……1－260
天下郡國利病書一百二十卷……1－270
天下郡國利病書一百二十卷……1－313
天下郡國利病書一百二十卷……1－353
天下郡國利病書一百二十卷……1－376
天子肆獻祼饋食禮纂三卷朝廟宫室考并圖不分卷田賦考不分卷……1－149
天元玉歷祥異賦不分卷……1－232
天元歷理全書六卷首一卷……1－362
天文圖説四卷……1－227
天台三高士遺集五種……1－311
天台山方外志要……1－194
天花亂墜三集八卷……1－315
天雨花三十回……1－295
天岳山館文鈔四十卷……1－317
天津拳匪變亂紀事二卷……1－161
天津拳匪變亂紀事二卷……1－172
[乾隆]天津縣志二十四卷……1－305
[乾隆]天津縣志二十四卷……1－345
[乾隆]天津縣志二十四卷……1－345
天咫偶聞十卷……1－351
天根文鈔四卷文法一卷續集一卷詩鈔二卷……1－280
天遊集十卷碎金一卷……1－183
天祿閣外史八卷……1－246
天聰東華錄十一卷……1－140
天壤閣叢書……1－268
天壤閣叢書……1－341
天籟軒詞譜四卷……1－202
[光緒]元氏縣志十四卷首一卷末一卷……1－292
元文類七十卷……1－154
元文類七十卷……1－202
元文類七十卷目録三卷……1－248
元史二百十卷……1－359
元史二百十卷目録二卷……1－252
元史紀事本末二十七卷……1－125
元史紀事本末二十七卷……1－125
元史紀事本末二十七卷……1－355
元史藝文志四卷……1－224
元史藝文志四卷……1－225
元史類編四十二卷……1－125
元史類編四十二卷……1－254
元史譯文證補三十卷……1－126
元史譯文證補三十卷……1－126
元白長慶集二種一百四十一卷……1－251
元百家詩集不分卷……1－309
元曲選……1－171
元次山集十二卷……1－179
元明八大家古文選十一卷……1－173
元和江氏靈鶼閣叢書……1－166
元和郡縣志四十卷……1－241
元秘史山川地名考十二卷……1－320
元書一百零二卷……1－376
元書一百零二卷首一卷……1－150
元書一百零二卷首一卷……1－204
元朝征緬録一卷……1－128

元詩四大家…………………………1－234
元詩選十集首一卷…………………1－260
元詩選癸集不分卷…………………1－159
元遺山先生年譜一卷………………1－259
元遺山先生全集……………………1－180
元遺山先生全集……………………1－181
元遺山詩集十四卷…………………1－181
元遺山詩集箋注十四卷首一卷末一
卷……………………………………1－168
元憲集三十六卷……………………1－236
元豐九域志十卷……………………1－344
元豐類稿五十卷首一卷末一卷………1－374
廿一史四譜五十四卷………………1－123
廿一史約編八卷首一卷……………1－294
廿一史彈詞注十一卷………………1－261
廿一史彈詞注十一卷………………1－333
廿一史彈詞注十一卷………………1－355
廿一種詩訣十卷……………………1－218
廿二史考異一百卷…………………1－123
廿二史考異一百卷…………………1－148
廿二史劄記三十六卷補遺一卷………1－204
木皮子詞不分卷……………………1－335
木皮散人鼓詞附萬古愁曲…………1－368
五七言今體詩鈔十八卷……………1－271
五大洲圖說簡明萬國公法三卷………1－334
五山草堂初編二卷…………………1－298
五山草堂初編二卷…………………1－298
五山耆舊集今集初刊八卷…………1－357
五公山人集十六卷…………………1－183
五石瓠齋遺稿二卷…………………1－182
五代史七十四卷……………………1－359
五代史記七十四卷…………………1－281
五代史補五卷………………………1－125
五代史補五卷………………………1－348
五代史闕文…………………………1－125
五代史闕文…………………………1－348
五代春秋二卷………………………1－126
五代詩話十卷………………………1－376
五百四峰堂詩鈔二十五卷…………1－169
五言詩十七卷………………………1－270
五虎平西傳十四卷一百十二回………1－312
五美緣八十回………………………1－355
五祖黄梅寶卷二卷…………………1－228
五祖黄梅寶卷二卷…………………1－337
五國故事二卷………………………1－126
五朝小說……………………………1－331
五朝小說……………………………1－331
五朝名臣言行錄十卷………………1－118
五朝名家七律英華三十六卷…………1－258
五朝紀事本末………………………1－331
五湖漁莊圖題詞四卷………………1－323
五經合纂大成五種…………………1－362
五經歲徧齋校書……………………1－144
五經歲遍齋校書……………………1－356
五禮通考二百六十二卷……………1－123
五禮通考二百六十二卷……………1－123
五禮通考二百六十二卷附讀禮通考
一百二十卷…………………………1－369
支那史要六卷………………………1－352
支那通史四卷………………………1－352
支那通史四卷………………………1－352
不慊齋漫存六卷……………………1－134
太乙舟文集八卷神道碑四卷墓志銘
四卷附觀象居古今體詩鈔二卷……1－182
太平御覽一千卷目錄十五卷…………1－363
太平廣記一百卷……………………1－315
太平廣記五百卷目錄十卷…………1－315
太平廣記五百卷目錄十卷…………1－315
[道光]太平縣志十六卷首一卷 ……1－342
太平寰宇記二百卷…………………1－378
太平寰宇記二百卷目錄二卷…………1－204
太史升菴文集八十一卷……………1－248
太史升菴全集八十一卷年譜一卷目
錄二卷………………………………1－164
太白山人漫稿八卷…………………1－137
太白山人槲葉集五卷南遊草一卷……1－182
太玄注十卷…………………………1－319
太玄集注四卷………………………1－143
太玄經十卷…………………………1－369
太玄闡秘十卷首一卷附編一卷外編
一卷…………………………………1－222
太常公年譜不分卷…………………1－147

太湖備考十六卷首一卷……………… 1－239
太鶴山人集十三卷…………………… 1－287
友竹山房詩草七卷補遺一卷………… 1－275
切字肆考不分卷……………………… 1－326
切問齋文鈔三十卷…………………… 1－263
切問齋疏鈔三十卷…………………… 1－361
止止堂集五卷………………………… 1－183
止止堂集五卷………………………… 1－291
止止堂集五卷………………………… 1－302
止堂集十八卷………………………… 1－280
止園筆談八卷………………………… 1－207
止齋先生文集五十二卷……………… 1－372
止齋先生文集五十二卷附錄一卷…… 1－163
少微通鑑節要五十卷外紀四卷……… 1－253
少微通鑑節要五十卷外紀四卷……… 1－253
日下梨園百詠一卷…………………… 1－192
日下梨園百詠一卷…………………… 1－336
日下尊聞錄五卷……………………… 1－281
日下舊聞四十二卷補遺四十二卷…… 1－331
日本國志四十卷首一卷……………… 1－222
日本國志四十卷首一卷……………… 1－320
日本源流考二十二卷………………… 1－371
日本維新三十年史十二編附錄一卷
…………………………………………… 1－154
日知堂集四卷首一卷………………… 1－274
日知薈說四卷跋一卷………………… 1－179
日知録三十二卷……………………… 1－258
日知錄三十二卷……………………… 1－327
日知錄三十二卷之餘四卷…………… 1－289
日知錄之餘四卷……………………… 1－349
日知錄集釋三十二卷………………… 1－295
日知錄集釋三十二卷………………… 1－375
日知錄集釋三十二卷刊誤二卷續刊
誤二卷…………………………… 1－263
日知錄集釋三十二卷刊誤二卷續刊
誤二卷…………………………… 1－327
日涉編十二卷………………………… 1－291
日講春秋解義六十四卷總說一卷…… 1－254
中外大事彙記二十九卷……………… 1－327
中外地輿圖說集成一百三十卷……… 1－342
中外地輿圖說集成一百三十卷首三
卷…………………………………… 1－284
中外通商始末記十八卷附編二卷…… 1－172
中外掌故論海十四卷………………… 1－377
中西人物通考一百卷………………… 1－173
中西紀事二十四卷…………………… 1－127
中西紀事二十四首一卷……………… 1－161
中西算學叢書初編…………………… 1－371
中州金石記五卷……………………… 1－172
中州集十卷首一卷樂府一卷………… 1－242
中吳紀聞六卷………………………… 1－255
中亞洲俄屬遊記二卷………………… 1－307
中東戰紀本末八卷首一卷…………… 1－201
中東戰紀本末八卷首一卷末一卷續
編四卷首一卷末一卷……………… 1－161
中東戰紀本末八卷續編四卷………… 1－127
中東戰紀本末八卷續編四卷………… 1－370
中東戰紀全卷………………………… 1－201
中俄改訂條約章程附專條卡倫單不
分卷………………………………… 1－306
中華古今注三卷……………………… 1－286
中晚唐詩叩彈集十二卷續集三卷…… 1－140
中晚唐詩叩彈集十二卷續集三卷…… 1－238
中國女史二十一卷…………………… 1－350
中國文學指南二卷…………………… 1－189
中國四千年開化史九章……………… 1－278
中國兵要地理不分卷………………… 1－342
中國財政紀略不分卷………………… 1－336
中國魂二卷…………………………… 1－157
中國歷史五卷………………………… 1－332
中國歷史教科書六卷………………… 1－294
中國歷史課本四編…………………… 1－294
中庸補釋一卷大學諸家考辯一卷…… 1－228
中庸補釋一卷大學諸家考辯一卷…… 1－338
中復堂全集…………………………… 1－199
中復堂全集…………………………… 1－319
中說十卷……………………………… 1－305
中興小紀四十卷……………………… 1－150
中興名臣事略八卷…………………… 1－117
中興名臣事略八卷…………………… 1－362
中興將帥別傳三十卷………………… 1－145

中興將帥別傳三十卷………………… 1－146
午風堂詩集六卷……………………… 1－325
午風堂叢談八卷……………………… 1－178
午亭文編五十卷……………………… 1－133
午亭文編五十卷……………………… 1－361
毛詩天文考一卷……………………… 1－219
毛詩古音考四卷附讀詩拙言一卷…… 1－301
毛詩古音考四卷附讀詩拙言一卷…… 1－371
毛詩本義十六卷……………………… 1－218
毛詩名物圖說九卷…………………… 1－190
毛詩名物圖說九卷…………………… 1－190
毛詩注疏二十卷……………………… 1－169
毛詩注疏三十卷毛詩譜一卷………… 1－298
毛詩草木鳥獸蟲魚疏二卷…………… 1－219
毛詩故訓傳鄭箋三十卷……………… 1－190
毛詩故訓傳鄭箋三十卷……………… 1－218
毛詩故訓傳鄭箋三十卷……………… 1－298
毛詩要義二十卷……………………… 1－189
毛詩品物圖攷七卷…………………… 1－219
毛詩復古錄十二卷首一卷…………… 1－190
毛詩傳義類十九篇…………………… 1－219
毛詩傳箋三十卷……………………… 1－218
壬癸志稿二十八卷…………………… 1－302
升庵詩話十二卷補遺二卷…………… 1－143
仁山金先生金文安公文集五卷……… 1－257
仁貴征西說唐三傳十卷九十回……… 1－335
片玉山房花箋錄二十卷……………… 1－206
仇十洲畫文衡山寫西廂記合冊不分
　卷………………………………… 1－277
化學初階四卷……………………… 1－366
[嘉慶]介休縣志十四卷　………… 1－195
[嘉慶]介休縣志十四卷　………… 1－344
介亭筆記六卷……………………… 1－351
爻山筆話十四卷…………………… 1－178
今古四六彙編十卷目録四卷………… 1－244
今古奇觀四十卷…………………… 1－249
今白華堂詩錄八卷補八卷首二卷…… 1－192
今白華堂詩錄八卷補八卷首二卷…… 1－221
今言四卷…………………………… 1－253
今詩篋衍集十二卷………………… 1－231
分湖小識六卷……………………… 1－292
分湖小識六卷……………………… 1－320
分韻字彙十二集…………………… 1－355
分韻詩鵠二卷……………………… 1－348
分類尺牘二十二卷………………… 1－361
分類字錦六十四卷………………… 1－272
分類補注李太白詩二十五卷……… 1－242
分類補注李太白詩二十五卷……… 1－242
分類詩腋八卷……………………… 1－304
公餘瑣言一卷……………………… 1－145
月令廣義二十四卷首一卷………… 1－256
月樓琴語一卷……………………… 1－162
戶部籌餉海防新章事例不分卷……… 1－201
勿待軒文集存稿十卷……………… 1－135
[光緒]丹徒縣志六十卷　………… 1－277
丹崖集八卷附錄一卷……………… 1－248
丹魁堂外集四卷詩集七卷茗韻軒遺
　詩不分卷………………………… 1－210
丹鉛總錄二十七卷………………… 1－246
六十種曲…………………………… 1－198
六十種曲…………………………… 1－248
六子書六十卷……………………… 1－231
六如居士全集七卷補遺一卷外集六
　卷制義一卷畫譜三卷……………… 1－211
六如居士全集七卷補遺一卷外集六
　卷制義一卷畫譜三卷……………… 1－211
六家文選六十卷…………………… 1－244
六書十二聲傳十二卷……………… 1－324
六書分類十二卷…………………… 1－308
六書分類十二卷首一卷…………… 1－290
六書分類十二卷首一卷…………… 1－350
六書分類十二卷首一卷…………… 1－350
六書正譌五卷……………………… 1－232
六通訂誤六卷……………………… 1－270
六朝文絜箋注十二卷……………… 1－361
六朝四家全集……………………… 1－199
六朝四家全集……………………… 1－282
六朝事迹編類十四卷……………… 1－326
六朝事蹟編類十四卷……………… 1－125
六朝事蹟編類十四卷……………… 1－125
六朝唐賦讀本不分卷……………… 1－162
六經正誤六卷……………………… 1－232

六經圖二十四卷……………………… 1－260
六藝通考一百卷首一卷……………… 1－321
六觀樓文集拾遺不分卷……………… 1－157
六觀樓文集拾遺不分卷……………… 1－299
文公家禮儀節八卷…………………… 1－231
文文忠公事略四卷…………………… 1－201
文心雕龍十卷………………………… 1－188
文心雕龍十卷………………………… 1－188
文心雕龍十卷………………………… 1－189
文心雕龍十卷………………………… 1－189
文心雕龍十卷………………………… 1－218
文心雕龍十卷………………………… 1－218
文心雕龍十卷………………………… 1－218
文心雕龍十卷………………………… 1－219
文心雕龍十卷………………………… 1－260
文心雕龍十卷………………………… 1－260
文心雕龍十卷………………………… 1－261
文心雕龍十卷………………………… 1－360
文心雕龍十卷………………………… 1－373
文字蒙求四卷………………………… 1－360
文字蒙求廣義四卷…………………… 1－267
文苑英華選雋二十八卷……………… 1－245
文林綺繡五種………………………… 1－309
文貞公年譜二卷……………………… 1－118
文貞公集十二卷……………………… 1－374
文貞公集十二卷首一卷……………… 1－185
文則二卷……………………………… 1－188
文科大詞典…………………………… 1－272
文科大詞典十二集…………………… 1－225
文科大詞典十二集…………………… 1－298
文美齋百花詩箋譜不分卷…………… 1－227
文美齋百花詩箋譜不分卷…………… 1－227
文致不分卷…………………………… 1－245
文章軌範七卷………………………… 1－173
文章遊戲四編三十二卷……………… 1－227
文章遊戲四編三十二卷……………… 1－337
文端公年譜三卷……………………… 1－117
文粹一百卷…………………………… 1－202
文粹一百卷…………………………… 1－271
文廟祀典考五十卷首一卷…………… 1－129
文選六十卷…………………………… 1－245
文選六十卷…………………………… 1－296
文選六十卷考異十卷………………… 1－161
文選古字通補訓四卷………………… 1－266
文選古字通補訓四卷拾遺一卷……… 1－313
文選古字通疏證六卷………………… 1－218
文選古字通疏證六卷………………… 1－304
文選各家詩集四卷…………………… 1－220
文選刪注十二卷……………………… 1－244
文選音義八卷………………………… 1－236
文選旁證四十六卷…………………… 1－174
文選旁證四十六卷…………………… 1－371
文選理學權輿八卷補一卷文選考異
　四卷文選李注補正四卷…………… 1－271
文選理學權輿八卷補一卷附考異李
　注補正四卷文選考異四卷………… 1－188
文選集評十五卷……………………… 1－126
文選補遺四十卷……………………… 1－244
文選補遺四十卷……………………… 1－267
文選詩鈔四卷………………………… 1－238
文選課虛四卷………………………… 1－357
文選論注三十卷……………………… 1－201
文編六十四卷………………………… 1－243
文學興國策二卷……………………… 1－367
文獻公全集十一卷首一卷附錄一卷
　…………………………………… 1－181
文獻公全集十一卷首一卷附錄一卷
　…………………………………… 1－208
文獻公全集十一卷首一卷附錄一卷
　…………………………………… 1－208
文獻通考三百四十八卷……………… 1－378
文獻通考三百四十八卷考證三卷…… 1－295
文獻通考詳節二十四卷……………… 1－356
文獻徵存錄十卷……………………… 1－145
文獻徵存錄十卷……………………… 1－152
文體明辯六十一卷首一卷目録六卷
　附録十四卷目録二卷……………… 1－260
方正學先生遜志齋集二十四卷外紀
　一卷拾補一卷年譜一卷…………… 1－292
方宦訓世文不分卷…………………… 1－136
方望溪先生文集十八卷集外文十卷
　補遺二卷年譜二卷附錄一卷……… 1－215

方望溪全集……………………………… 1-166
方望溪評點史記一百三十卷………… 1-375
方望溪評點史記四卷………………… 1-123
方望溪評點史記四卷………………… 1-123
方望溪評點史記四卷………………… 1-328
心日齋詞集六卷……………………… 1-176
心日齋詞集六卷……………………… 1-203
心史二卷……………………………… 1-179
心白日齋集六卷……………………… 1-314
心安隱室詩集九卷詞集四卷………… 1-264
心安隱室詩集九卷詞集四卷………… 1-324
心齋十種……………………………… 1-294
尺木堂綱鑑易知錄二十卷…………… 1-362
尺岡草堂遺文四卷…………………… 1-136
尺牘清裁六十卷補遺一卷…………… 1-247
尺牘類便類選四卷…………………… 1-247
巴山七種……………………………… 1-229
巴山七種……………………………… 1-339
孔子世家考二卷……………………… 1-117
孔子家語八卷………………………… 1-230
孔子集語二卷………………………… 1-230
孔子集語十七卷……………………… 1-277
孔子聖跡圖…………………………… 1-263
孔子編年四卷………………………… 1-118
孔子編年四卷………………………… 1-146
孔氏家語十卷………………………… 1-221
孔氏家語十卷………………………… 1-378
孔聖家語圖十一卷…………………… 1-230
毋不敬齋全書三十一卷……………… 1-211
水滸後傳八卷四十回………………… 1-262
水流雲在館詞鈔八卷悔餘詞續刊一
　卷………………………………… 1-162
水經注四十卷………………………… 1-236
水經注四十卷………………………… 1-320
水經注四十卷首一卷附錄二卷……… 1-307
水經注西南諸水考三卷……………… 1-341
水經注釋四十卷首一卷附錄二卷水
　經注箋刊誤十二卷………………… 1-230
水經註釋四十卷附錄二卷…………… 1-320
水經註釋四十卷附錄二卷…………… 1-320

五畫

玉井山館文略五卷文續二卷詩十五
　卷詩餘一卷………………………… 1-181
玉井山館文略五卷文續二卷詩十五
　卷詩餘一卷詞一卷………………… 1-182
玉井山館筆記一卷…………………… 1-177
[光緒]玉田縣志三十卷首一卷　…… 1-292
玉芝堂談薈三十六卷………………… 1-163
玉芝堂談薈三十六卷………………… 1-371
玉池老人自敍不分卷………………… 1-118
玉函山房目耕帖三十一卷…………… 1-206
玉函山房輯佚書……………………… 1-289
玉函山房輯佚書……………………… 1-290
玉函山房輯佚書……………………… 1-358
玉茗堂四種…………………………… 1-229
玉茗堂四種…………………………… 1-339
玉茗堂全集四十六卷………………… 1-237
玉茗堂還魂記二卷…………………… 1-249
玉海一百零四卷……………………… 1-366
玉海二百零四卷附十四種…………… 1-350
玉海纂二十二卷……………………… 1-343
玉堂千家詩草法辨體二卷…………… 1-230
玉堂千家詩草法辨體二卷…………… 1-339
玉堂類稿二十卷西垣類稿二卷附錄
　一卷………………………………… 1-180
玉笙樓詩鈔十二卷…………………… 1-191
玉壺冰一卷…………………………… 1-278
玉搔頭傳奇二卷……………………… 1-171
玉獅堂傳奇五種……………………… 1-198
玉溪生詩意八卷……………………… 1-158
玉臺畫史五卷………………………… 1-120
玉臺新詠十卷………………………… 1-260
玉臺新詠箋注十卷…………………… 1-139
玉磑集四卷鹽音不分卷……………… 1-211
玉龍詞一卷…………………………… 1-175
玉磬山房詩十三卷…………………… 1-349
玉谿生詩詳注八卷首一卷樊南文集
　詳注八卷…………………………… 1-207
玉簡齋叢書二十一種………………… 1-286

玉簡齋叢書二十二種…………………… 1－272
玉簡齋叢書二十二種…………………… 1－272
玉簡齋叢書二十二種…………………… 1－321
玉簡齋叢書二十二種…………………… 1－321
玉瀾集一卷……………………………… 1－250
未灰齋文集八卷………………………… 1－292
示樸齋駢體文六卷……………………… 1－330
正字考不分卷…………………………… 1－328
正字通十二集序目一卷首一卷……… 1－301
[乾隆]正定府志五十卷首一卷 …… 1－268
正陽門樓工程奏稿不分卷…………… 1－197
正誼堂文集二十四卷………………… 1－264
正誼堂全書……………………………… 1－162
正誼堂集五十二卷…………………… 1－301
正覺樓叢刻……………………………… 1－356
正覺樓叢書……………………………… 1－144
正續名世文宗十六卷………………… 1－244
功順堂叢書十八種…………………… 1－277
功順堂叢書十八種…………………… 1－364
去偽齋集十卷附錄一卷闕疑一卷…… 1－183
甘泉文集三十二卷…………………… 1－183
甘泉鄉人稿二十四卷………………… 1－369
甘泉鄉人稿二十四卷附錄一卷……… 1－268
甘泉鄉人稿三卷……………………… 1－362
世忠堂文集六卷家傳一卷守城善後
　記略一卷……………………………… 1－157
世説新語補二十卷…………………… 1－293
世説新語八卷………………………… 1－249
世説新語八卷………………………… 1－249
世説新語三卷………………………… 1－249
世説新語六卷………………………… 1－249
世説新語補四卷……………………… 1－249
艾廬遺稿六卷………………………… 1－214
古今全史集要八卷…………………… 1－123
古今事物考八卷……………………… 1－314
古今風謠一卷古今諺一卷古今風謠
　拾遺四卷古今諺拾遺六卷………… 1－227
古今風謠一卷古今諺一卷古今風謠
　拾遺四卷古今諺拾遺六卷………… 1－337
古今風謠拾遺四卷古今諺拾遺六卷
　………………………………………… 1－189
古今偽書考一卷……………………… 1－366
古今詩話選集二卷…………………… 1－190
古今錢略三十二卷首一卷末一卷…… 1－327
古今韻略五卷………………………… 1－368
古今類傳四卷………………………… 1－262
古今類傳四卷………………………… 1－287
古今類傳四卷………………………… 1－356
古文一隅三卷………………………… 1－378
古文苑二十一卷……………………… 1－244
古文苑二十一卷……………………… 1－367
古文析義十六卷……………………… 1－278
古文析義十六卷……………………… 1－309
古文奇賞二十二卷…………………… 1－245
古文尚書撰異三十二卷……………… 1－148
古文約選不分卷……………………… 1－245
古文約選不分卷……………………… 1－263
古文雅正十四卷……………………… 1－244
古文鈔十六卷………………………… 1－248
古文詞畧二十四卷…………………… 1－174
古文淵鑒六十四卷…………………… 1－244
古文淵鑒六十四卷…………………… 1－373
古文淵鑒六十四卷…………………… 1－373
古文斲十八卷………………………… 1－174
古文賞音十二卷……………………… 1－262
古文辨體四卷………………………… 1－217
古文翼八卷…………………………… 1－371
古文辭類纂七十五卷………………… 1－161
古文辭類纂七十五卷………………… 1－201
古文辭類纂七十五卷附校勘記一卷
　………………………………………… 1－299
古文辭類纂七十五卷附校勘記一卷
　………………………………………… 1－327
古文辭類纂七十四卷………………… 1－262
古文辭類纂七十四卷………………… 1－295
古文辭類纂七十四卷………………… 1－333
古文辭類纂七十四卷………………… 1－349
古文辭類纂六十卷…………………… 1－358
古文釋義八卷………………………… 1－174
古文釋義八卷………………………… 1－291
古文釋義新編八卷…………………… 1－370
古文觀止十二卷……………………… 1－141

古文觀止十二卷 1－201
古文觀止十二卷 1－202
古文觀止十二卷 1－286
古文觀止十二卷 1－295
古玉圖考不分卷 1－146
古玉圖譜一百卷 1－140
古本三國志一百二十回 1－285
古杼秋館遺稿二卷 1－182
古杼秋館遺稿不分卷 1－210
古金待問錄五卷補遺一卷續錄二卷 1－234
古周易訂詁十六卷 1－240
古刻叢書一卷 1－313
古春軒詩鈔二卷 1－317
古品節錄六卷 1－120
古香閣詩集二卷 1－163
古香齋鑒賞袖珍初學記三十卷 1－282
古香齋鑒賞袖珍初學記三十卷 1－365
古香齋鑒賞袖珍春明夢餘錄七十卷 1－150
古香齋鑒賞袖珍施注蘇詩四十二卷 1－242
古唐詩合解十二卷 1－139
古唐詩合解十二卷 1－139
古唐詩合解十二卷 1－298
古書疑義舉例八卷 1－351
古逸書十種 1－332
古逸書三十卷首一卷末一卷 1－256
古逸叢書二十六種 1－369
古微草堂内集三卷外集七卷 1－307
古微書三十六卷 1－148
古微堂内集三卷外集七卷 1－156
古詩箋三十二卷 1－139
古詩箋三十二卷 1－239
古詩歸十五卷詩歸五十一卷 1－240
古經解彙函十六種小學彙函十四種 1－331
古經解彙函 1－280
古經解彙函 1－314
古經解彙函 1－372
古賦識小錄八卷 1－174
古樂府十卷 1－237
古樂書二卷 1－248
古謠諺一百卷 1－198
古謠諺一百卷 1－227
古謠諺一百卷 1－337
古韻通說二十卷 1－279
古韻通說二十卷 1－375
古韻發明不分卷 1－326
古韻標準四卷首一卷 1－277
古懽齋文錄不分卷 1－134
古歡堂集三十七卷附黔書二卷長河志籍考十卷蒙齋年譜一卷續一卷補一卷 1－187
本事詩十二卷 1－238
札迻十二卷 1－280
可泉擬涯翁擬古樂府二卷 1－341
可園文存十六卷 1－321
丙丁龜鑑八卷 1－206
左文襄公年譜十卷 1－121
左文襄公年譜十卷 1－145
左文襄公年譜十卷 1－332
左文襄公奏疏初編三十八卷 1－130
左文襄公奏稿六十四卷 1－356
左文襄公奏稿六十四卷 1－378
左文襄公奏稿初編三十八卷續編七十六卷 1－129
左文襄公奏稿初編三十八卷續編七十六卷 1－129
左文襄公書牘二十六卷附家書二卷 1－376
左忠貞公集十一卷附錄一卷 1－214
左恪靖侯奏稿初編三十八卷 1－366
左恪靖侯奏稿續編七十六卷 1－366
左海全集 1－166
左海全集 1－293
左海全集 1－302
左海續集 1－166
左通補釋三十二卷 1－148
左傳史論二卷 1－126
左傳史論二卷 1－362
左傳事緯十二卷 1－121

左傳事緯十二卷…………………………1－121
左傳事緯十二卷…………………………1－122
左傳事緯十二卷…………………………1－147
左傳易讀六卷……………………………1－149
左傳紀事本末五十三卷…………………1－121
左傳紀事本末五十三卷…………………1－299
左傳鈔六卷………………………………1－149
左傳義法舉要一卷………………………1－121
左傳嘉言善行錄四卷……………………1－121
左傳舊疏考正八卷………………………1－121
左傳舊疏考正八卷………………………1－121
左傳舊疏考正八卷………………………1－147
左繡三十卷………………………………1－246
石臼集十六卷……………………………1－137
石守道先生集二卷………………………1－234
石林奏議十五卷…………………………1－130
石林詞一卷補遺一卷……………………1－175
石林遺事三卷附錄一卷…………………1－117
石林遺書十三種…………………………1－171
石柱記箋釋五卷…………………………1－318
石泉書屋詩鈔八卷………………………1－291
石亭記事一卷續編一卷…………………1－291
石洲詩話八卷……………………………1－188
石屏詩集十卷……………………………1－158
石笥山房集文六卷詩四卷………………1－181
石渠意見四卷拾遺二卷補缺一卷………1－231
石渠餘紀六卷……………………………1－266
石經考文提要十三卷……………………1－321
石榴記傳奇四卷…………………………1－250
石樵先生遺詩四卷………………………1－287
石頭記論贊不分卷石頭記分評不分
卷…………………………………………1－219
石頭記論贊不分卷石頭記分評不分
卷…………………………………………1－219
石鐘山志十六卷首一卷…………………1－374
右台仙館筆記十六卷……………………1－294
布衣陳先生遺集四卷……………………1－211
戊申大政記七卷…………………………1－200
戊戌奏稿不分卷…………………………1－355
戊戌政變記九卷…………………………1－200
戊戌政變記九卷…………………………1－299
戊笈談兵十卷首一卷……………………1－226
平平言四卷………………………………1－129
平定粵匪紀略十八卷附紀四卷…………1－200
平定粵匪紀略十八卷附紀四卷…………1－200
平定粵匪紀略十八卷附記四卷…………1－263
平津館叢書………………………………1－229
平津館叢書………………………………1－288
平津館叢書………………………………1－338
平津館叢書………………………………1－370
平津館鑒藏記三卷補遺一卷續編一
卷…………………………………………1－224
平原拳匪紀事……………………………1－172
平浙紀略十六卷…………………………1－200
平書八卷…………………………………1－177
平陽全書十五卷…………………………1－144
平番奏議四卷……………………………1－152
平湖顧氏遺書……………………………1－190
平湖顧氏遺書……………………………1－346
［光緒］平遥縣志十二卷 ………………1－287
平臺紀略一卷……………………………1－259
平養堂文編十卷…………………………1－167
平養堂文編十卷…………………………1－167
平養堂文編十卷…………………………1－264
平齋文集三十二卷拾遺一卷……………1－132
平灘紀略六卷……………………………1－226
北史一百卷………………………………1－359
北江全集…………………………………1－215
北東園筆錄續編六卷……………………1－294
北狩行錄一卷……………………………1－361
北狩見聞錄一卷…………………………1－361
北洋公牘類纂二十五卷…………………1－129
北洋公牘類纂續編二十四卷……………1－365
北洋官報不分卷…………………………1－173
北堂書鈔一百六十卷首一卷……………1－269
北湖小志六卷首一卷……………………1－165
北夢瑣言二十卷…………………………1－234
北齊書五十卷……………………………1－359
目耕帖三十一卷…………………………1－369
甲子會紀五卷……………………………1－246
甲申傳信錄十卷…………………………1－126
申報館叢書………………………………1－271

申報館叢書…………………………… 1－340
由拳集二十三卷…………………… 1－247
史目表二卷………………………… 1－127
史外八卷…………………………… 1－117
史外八卷…………………………… 1－120
史外八卷…………………………… 1－376
史忠正公集五卷…………………… 1－132
史忠正公集四卷首一卷末一卷……… 1－214
史忠正公集四卷首一卷末一卷……… 1－370
史姓韻編二十四卷………………… 1－363
史姓韻編六十四卷………………… 1－273
史姓韻編六十四卷………………… 1－314
史記一百三十卷…………………… 1－253
史記一百三十卷…………………… 1－254
史記一百三十卷…………………… 1－327
史記一百三十卷…………………… 1－359
史記毛本正誤一卷………………… 1－152
史記正譌三卷……………………… 1－152
史記志疑三十六卷………………… 1－127
史記志疑三十六卷………………… 1－127
史記注補正一卷…………………… 1－152
史記評林一百三十卷……………… 1－253
史記評林一百三十卷……………… 1－299
史記論文一百三十卷……………… 1－257
史案二十卷………………………… 1－123
史通二十卷………………………… 1－253
史通削繁四卷……………………… 1－149
史通削繁四卷……………………… 1－151
史通削繁四卷……………………… 1－151
史通削繁四卷……………………… 1－358
史通訓故補二十卷………………… 1－240
史通通釋二十卷…………………… 1－127
史通通釋二十卷…………………… 1－151
史略八十七卷……………………… 1－123
史略歌論十二卷…………………… 1－154
史筏二卷…………………………… 1－152
史說六卷…………………………… 1－246
史餘二十卷………………………… 1－144
史學綱領四卷……………………… 1－124
史學叢書四十三種………………… 1－315
史學叢書四十三種………………… 1－315
史闕十四卷附錄一卷……………… 1－148
史懷二十卷………………………… 1－120
史鑑節要便讀六卷………………… 1－121
史鑑節要便讀六卷………………… 1－147
叩鉢齋纂行廚集十八卷…………… 1－259
四大奇書第一種五十一卷一百二十
回…………………………………… 1－373
四六叢話三十三卷………………… 1－190
四六類編十六卷…………………… 1－202
四史發伏十卷……………………… 1－148
四印齋所刻詞……………………… 1－141
四印齋所刻詞……………………… 1－203
四此堂稿十卷……………………… 1－135
四此堂稿十卷……………………… 1－156
四此堂稿十卷……………………… 1－156
四忠遺集四種……………………… 1－186
四知堂遺稿四卷…………………… 1－210
四洪年譜四種……………………… 1－118
四為堂焚餘草二卷………………… 1－288
四庫書目略二十卷首一卷附錄一卷
…………………………………… 1－300
四書朱子本義匯参四十三卷首四卷
…………………………………… 1－316
四書朱子異同條辨四十卷………… 1－353
四書改錯二十二卷………………… 1－273
四書味根錄題鏡合編……………… 1－361
四書典故辨正二十卷附録一卷…… 1－321
四書便蒙十九卷…………………… 1－321
四書通二十五卷…………………… 1－273
四書教子尊經求通錄六卷………… 1－273
四書章句二十九卷………………… 1－314
四書章句集注不分卷……………… 1－354
四書章句集註學庸一卷魯論十卷孟
子七卷……………………………… 1－314
四書集注十九卷…………………… 1－194
四書集注直解說約二十七卷……… 1－132
四書集注直解說約二十七卷……… 1－132
四書集註十九卷…………………… 1－321
四書集註直解二十七卷…………… 1－372
四書集註直解二十七卷…………… 1－375
四書集註直解說約二十七卷……… 1－155

四書經注集證十九卷…………………… 1－273
四書圖考十三卷………………………… 1－273
四書圖考十三卷………………………… 1－343
四書說苑十一卷首一卷補遺一卷續
　遺一卷………………………………… 1－273
四書體註六卷…………………………… 1－343
四焉齋文集八卷………………………… 1－215
四雪草堂重訂通俗隋唐演義二十卷
　一百回………………………………… 1－334
四朝先賢六家年譜……………………… 1－119
四裔編年表四卷………………………… 1－173
四裔編年表四卷………………………… 1－286
四禪詩選二十卷………………………… 1－159
[光緒]代州志十二卷首一卷 ……… 1－274
代耕堂全集九種………………………… 1－220
白石道人詩集二卷集外詩一卷附錄
　一卷附錄補遺一卷詩說一卷………… 1－272
白石道人歌曲四卷別集一卷………… 1－272
白田草堂存稿二十四卷附錄一卷…… 1－182
白田草堂存稿十四卷…………………… 1－211
白田草堂存稿八卷……………………… 1－178
白田風雅二十四卷……………………… 1－191
白圭堂詩鈔八卷續鈔六卷…………… 1－324
白沙子八卷……………………………… 1－251
白沙子全集十卷附古詩教解二卷附
　錄一卷首一卷末一卷………………… 1－257
白沙子全集十卷首一卷末一卷附錄
　一卷…………………………………… 1－268
白茅堂集四十六卷……………………… 1－164
白茅堂集四十六卷……………………… 1－215
白茅堂集四十六卷……………………… 1－220
白雨齋詞話八卷………………………… 1－176
白雨齋詞話八卷附詩鈔一卷詞存一
　卷……………………………………… 1－142
白虎通疏證十二卷……………………… 1－278
白虎通疏證十二卷……………………… 1－371
白虎通德論四卷………………………… 1－364
白香山詩長慶集二十卷後集十七卷
　別集一卷補遺二卷年譜一卷年譜
　舊本一卷……………………………… 1－301
白香山詩長慶集二十卷後集十七卷
　別集一卷補遺二卷年譜舊本一卷
　年譜一卷……………………………… 1－259
白香山詩後集十七卷首一卷附別集
　一卷補遺二卷………………………… 1－285
白香山詩集二十卷後集十七卷別集
　一卷補遺二卷………………………… 1－137
白香山詩集二十卷後集十七卷別集
　一卷補遺二卷………………………… 1－137
白香山詩集二十卷後集十七卷別集
　一卷補遺二卷………………………… 1－138
白香山詩集二十卷後集十七卷別集
　一卷補遺二卷年譜一卷……………… 1－137
白香詞箽箋四卷………………………… 1－202
白華後稿四十卷………………………… 1－186
白華後稿四十卷………………………… 1－186
白華前稿六十卷………………………… 1－185
白華前稿六十卷………………………… 1－185
白華絳柎閣詩集十卷…………………… 1－275
白鹿書院志十九卷……………………… 1－260
白鹿書院志十九卷……………………… 1－261
白雲先生許文懿公傳集四卷附錄一
　卷……………………………………… 1－257
白雲村文集四卷卧象山房詩正集七
　卷……………………………………… 1－252
白雲集四卷首一卷……………………… 1－257
用六集十二卷…………………………… 1－134
印心石屋試律四卷……………………… 1－212
印心石屋詩鈔二集三卷………………… 1－212
印心石屋詩鈔初集四卷………………… 1－212
印度國志不分卷………………………… 1－153
句余山詩鈔二卷………………………… 1－243
句溪雜著四卷…………………………… 1－269
句餘土音三卷全謝山先生遺詩一卷
　………………………………………… 1－346
外史誌異八卷…………………………… 1－282
外交報不分卷…………………………… 1－128
市隱書屋文稿二卷……………………… 1－181
立雪軒評注古文集解八卷……………… 1－174
半厂叢書初編…………………………… 1－268
半行庵詩存稿八卷……………………… 1－324
半舫齋古文八卷………………………… 1－157

半農先生春秋説十五卷……………… 1－147
半巖廬遺集不分卷………………………… 1－186
半巖廬遺集不分卷………………………… 1－292
［光緒］永平府志七十二卷首一卷末
　一卷………………………………………… 1－265
［光緒］永平府志七十二卷首一卷末
　一卷………………………………………… 1－345
永定河志三十二卷首一卷治河摘要
　一卷………………………………………… 1－331
［乾隆］永清縣志二十五卷文徵五卷
…………………………………………………… 1－255
永嘉叢書……………………………………… 1－262
永嘉叢書十三種…………………………… 1－180
永嘉叢書十三種…………………………… 1－281
永嘉叢書十三種…………………………… 1－363
永嘉叢書十三種…………………………… 1－371
永慶昇平二十四卷………………………… 1－364
司空詩品注釋不分卷……………………… 1－217
司馬文正公傳家集八十卷目録二卷
　年譜一卷附録一卷……………………… 1－257
司馬溫公文集八十二卷首一卷……… 1－291
司馬溫公詩話一卷………………………… 1－361
弘正四傑詩集……………………………… 1－299
弘明集十二卷……………………………… 1－132
弘明集十四卷……………………………… 1－232
弘藝錄三十二卷…………………………… 1－212
弘簡錄二百五十四卷……………………… 1－149
弘簡錄二百五十四卷……………………… 1－283
弘簡錄二百五十四卷……………………… 1－368
出使日記續編十卷………………………… 1－177
出使英法意比四國日記六卷………… 1－375
出使奏疏二卷……………………………… 1－375
出使美日秘崔日記十六卷…………… 1－342
皮氏經學叢書……………………………… 1－229
皮氏經學叢書……………………………… 1－338

六畫

匡謬正俗八卷……………………………… 1－306
匡謬正俗八卷……………………………… 1－375
式訓堂叢書三集四十一種…………… 1－294
刑部奏定新章四卷………………………… 1－200
圭山存牘不分卷…………………………… 1－130
圭塘欸乃一卷……………………………… 1－239
吉林外記十卷……………………………… 1－152
吉林外記十卷……………………………… 1－277
吉林紀事詩四卷首一卷末一卷……… 1－331
吉金所見錄十六卷首一卷末一卷…… 1－160
考古圖十卷………………………………… 1－358
考古類編十二卷…………………………… 1－259
考史拾遺十卷……………………………… 1－148
考辨隨筆二卷……………………………… 1－178
老子翼三卷莊子翼八卷……………… 1－230
老學庵筆記十卷…………………………… 1－260
老學莽讀書記四卷………………………… 1－194
老學莽讀書記四卷………………………… 1－194
老學莽讀書記四卷………………………… 1－306
老學莽讀書記四卷………………………… 1－307
地球韻言四卷……………………………… 1－295
地學淺釋三十八卷………………………… 1－226
耳提錄不分卷……………………………… 1－164
芝庭先生集十八卷………………………… 1－188
芝庭先生集十八卷附錄一卷………… 1－212
芝龕記六卷………………………………… 1－233
臣鑑錄二十卷……………………………… 1－130
臣鑑錄二十卷……………………………… 1－257
再生緣全傳二十卷………………………… 1－283
［光緒］再續高郵州志八卷首一卷　… 1－273
西山先生真文忠公文章正宗二十四
　卷…………………………………………… 1－244
西山先生真文忠公文章正宗二十四
　卷續二十卷……………………………… 1－244
西天目祖山志八卷首一卷末一卷補
　遺一卷……………………………………… 1－194
西巡回鑾始末記六卷……………………… 1－160
西巡回鑾始末記六卷……………………… 1－372
西吳菊略一卷……………………………… 1－282
西吳蠶略二卷……………………………… 1－282
西陂類稿五十卷…………………………… 1－187
西青散記四卷……………………………… 1－304
西泠五布衣遺著…………………………… 1－213
西泠五布衣遺著…………………………… 1－267

西泠詞萃 …… 1－198
西泠詞萃 …… 1－198
西泠詞萃 …… 1－318
西泠詞萃 …… 1－318
西泠閨詠十六卷 …… 1－296
西泠閨詠十六卷 …… 1－299
西泠懷古集十卷 …… 1－300
西政叢書 …… 1－306
西俗雜誌一卷 …… 1－304
西俗雜誌一卷 …… 1－339
西洋歷史教科書二卷 …… 1－294
西夏紀事本末三十六卷 …… 1－125
西夏紀事本末三十六卷 …… 1－126
西夏紀事本末三十六卷年表一卷 …… 1－285
西晉志傳四卷 …… 1－310
西圃集文四卷詩十卷續集四卷補遺一卷詞續一卷詞三續一卷題畫詩一卷 …… 1－187
西圃集文四卷詩十卷續集四卷補遺一卷詞續一卷詞三續一卷題畫詩一卷 …… 1－212
西陲竹枝詞一卷 …… 1－377
西陲總統事畧十二卷 …… 1－377
西域聞見錄八卷 …… 1－223
西域聞見錄八卷 …… 1－255
西域聞見錄八卷首一卷 …… 1－364
西堂全集 …… 1－301
西堂全集 …… 1－369
西堂全集十六種 …… 1－191
西國近事彙編十六卷 …… 1－130
西國近事彙編四卷 …… 1－123
西崑酬唱集二卷 …… 1－159
西清古鑑四十卷附錢錄十六卷 …… 1－286
西清古鑑四十卷錢錄十六卷 …… 1－233
西崦山房集 …… 1－182
西廂記不分卷 …… 1－233
西遊真詮一百回 …… 1－354
西遊記評注一百回 …… 1－271
西遊錄注一卷 …… 1－126
西湖志四十八卷 …… 1－277
西湖佳話古今遺跡十六卷 …… 1－296
西湖佳話古今遺跡十六卷 …… 1－355
西湖佳話古今遺蹟十六卷 …… 1－335
西湖夢尋五卷 …… 1－315
西疆交涉志要六卷 …… 1－173
西漢文二十卷東漢文二十卷 …… 1－234
西漚全集十卷 …… 1－164
西漚全集十卷外集八卷 …… 1－181
西漚全集十卷外集八卷 …… 1－212
西澗草堂集四卷 …… 1－275
西輶日記四卷附印度劄記遊歷芻言西徼水道 …… 1－177
西磧山房詩録二卷文録二卷 …… 1－213
西學格致啟蒙四種 …… 1－339
西學啓蒙叢書十六種 …… 1－313
西學輯存 …… 1－339
西藏宗教源流考不分卷 …… 1－223
西藏通覽二編 …… 1－287
西藏通覽二編 …… 1－372
西藏圖考八卷首一卷 …… 1－307
西藏賦 …… 1－174
西魏書二十四卷 …… 1－124
西齋三種 …… 1－323
在陸草堂文集六卷 …… 1－136
在陸草堂文集六卷 …… 1－167
百一草堂集唐初刻二卷二刻二卷附刻二卷 …… 1－261
百川學海 …… 1－234
百果山房文稿二卷 …… 1－346
百柱堂全集三十四卷 …… 1－186
百家姓考略不分卷 …… 1－303
有不為齋隨筆十卷 …… 1－205
有正味齋文集不分卷 …… 1－205
有竹石軒經句說二十二卷 …… 1－268
有竹石軒經句說十四卷 …… 1－344
有恆心齋集六種 …… 1－268
有福讀書堂叢刻二編八種 …… 1－356
有學集五十卷補遺二卷投筆集一卷 …… 1－366
有懷堂文稿二十二卷詩稿六卷 …… 1－260
有懷堂詩稿六卷 …… 1－317
而庵說唐詩二十二卷 …… 1－139

而庵說唐詩二十二卷…………………… 1－139
存研樓文集十六卷…………………… 1－278
存研樓文集十六卷…………………… 1－323
存研樓文集十六卷…………………… 1－345
存悔齋集二十八卷外集四卷………… 1－210
灰餘吟草不分卷……………………… 1－267
列女傳二卷…………………………… 1－145
列女傳十六卷………………………… 1－236
列代建元表十卷附建元類聚考二卷
………………………………………… 1－148
列國政要一百三十二卷……………… 1－375
列國政要續編九十四卷首一卷……… 1－363
列朝詩集六集八十一卷……………… 1－241
列朝詩集六集八十一卷……………… 1－328
夷門廣牘一百零六種………………… 1－235
夷堅志十集二十卷…………………… 1－294
攷正玉堂字彙不分卷………………… 1－373
攷古質疑六卷………………………… 1－336
至正集八十一卷……………………… 1－208
至正集八十一卷……………………… 1－208
至游子二卷…………………………… 1－230
尖陽叢筆十卷………………………… 1－333
光緒乙巳年交涉要覽三卷…………… 1－172
光緒二十八年通商各關華陽貿易總
　冊不分卷…………………………… 1－127
光緒二十四年戊戌查河定亂平糶記
　畧不分卷…………………………… 1－152
光緒仙居志二十四卷首一卷仙居集
　二十四卷…………………………… 1－299
光緒政要三十四卷…………………… 1－172
光緒政要三十四卷…………………… 1－278
光緒會計錄三卷……………………… 1－197
[乾隆]曲阜縣志一百卷　…………… 1－256
曲園雜纂五十卷……………………… 1－340
同人集十二卷………………………… 1－163
同文一隅二卷………………………… 1－277
[嘉慶]同里志二十四卷首一卷　…… 1－342
同治上海縣誌三十二卷首一卷末一
　卷…………………………………… 1－223
同治中興京外奏議約編八卷………… 1－130
同治以來督撫表不分卷……………… 1－336
同治東華錄一百卷…………………… 1－141
因寄軒文集初集十卷二集六卷補遺
　一卷………………………………… 1－317
因樹屋書影十卷……………………… 1－235
屺雲樓文鈔十二卷…………………… 1－157
年太史稿不分卷附鄉試硃卷會試硃
　卷…………………………………… 1－157
朱九江先生集十卷首四卷…………… 1－210
朱九江先生集十卷首四卷…………… 1－211
朱子古文書疑一卷…………………… 1－231
朱子年譜四卷考異四卷附錄二卷…… 1－146
朱子年譜四卷考異四卷附錄二卷校
　勘記三卷…………………………… 1－295
朱子抄十卷…………………………… 1－231
朱子為學次第考二卷………………… 1－195
朱子經濟文衡類編前集二十五卷後
　集二十五卷續集二十二卷………… 1－231
朱子語類一百四十卷………………… 1－367
朱子語類一百四十卷附正譌一卷記
　疑一卷……………………………… 1－376
朱子類語一百四十卷………………… 1－170
朱止泉先生文集八卷………………… 1－181
朱止泉先生外集五卷………………… 1－135
朱氏一家言二卷附編一卷…………… 1－302
朱文公校昌黎先生文集四十卷外集
　十卷遺文一卷傳一卷……………… 1－247
朱杜溪先生集七卷…………………… 1－167
朱飲山千金譜二十九卷三韻易知十
　卷…………………………………… 1－190
缶廬詩四卷別存一卷………………… 1－325
先靖毅公行述一卷…………………… 1－145
舌擊編五卷…………………………… 1－368
竹柏山房十五種……………………… 1－281
竹柏山房十五種附刻四種…………… 1－320
竹柏山房十五種附刻四種…………… 1－361
竹柏山房十五種附刻四種…………… 1－365
竹書紀年二卷………………………… 1－253
竹書紀年校正十四卷………………… 1－148
竹葉亭雜記八卷……………………… 1－178
竹葉亭雜記八卷……………………… 1－205
竹窗隨筆一卷二筆一卷三筆一卷…… 1－206

竹瑞堂詩鈔十八卷…………………… 1－288
竹嘯軒詩鈔十八卷…………………… 1－346
竹簾館詞不分卷……………………… 1－175
延平四先生年譜四種………………… 1－146
延平四先生年譜四種………………… 1－332
延綠閣集十二卷附刻一卷…………… 1－184
延露詞三卷…………………………… 1－141
[乾隆]任邱縣志十二卷首一卷 …… 1－344
仰視千七百二十九鶴齋叢書六集…… 1－363
仰視千七百二十九鶴齋叢書四集…… 1－363
仰蕭樓文集一卷……………………… 1－156
仿唐寫本說文解字木部不分卷……… 1－357
自西徂東五卷………………………… 1－170
自然好學齋詩鈔十卷………………… 1－192
行素草堂金石叢書十六種…………… 1－160
行素堂目睹書録十編………………… 1－224
行素堂目睹書錄十編………………… 1－170
行素堂目睹書錄十編………………… 1－225
行素齋雜記二卷……………………… 1－179
行素齋雜記二卷……………………… 1－324
舟齋文集八卷詩集四卷……………… 1－212
全上古三代秦漢三國六朝文七百四
　十六卷……………………………… 1－201
全上古三代秦漢三國六朝文七百四
　十六卷……………………………… 1－317
全史宮詞二十卷……………………… 1－285
全地五大洲女俗通考十集二十卷…… 1－374
全唐文紀事一百二十二卷首一卷…… 1－351
全唐詩九百卷………………………… 1－240
全唐詩三十二卷……………………… 1－139
全唐詩話八卷………………………… 1－169
全浙詩話五十四卷…………………… 1－175
全滇紀要不分卷……………………… 1－263
全滇紀要不分卷……………………… 1－358
全謝山文鈔十六卷…………………… 1－134
合肥李勤恪公政書十一卷…………… 1－378
合肥李勤恪公政書不分卷…………… 1－130
合訂板橋雜記初集三卷續集三卷附
　雪鴻小記…………………………… 1－179
合諸名家評注三蘇文選十八卷……… 1－304
合聲易字不分卷附補訂傳音快字…… 1－370
危言四卷……………………………… 1－125
各國交涉公法論十六卷附校勘記…… 1－124
各國條約稅則章程不分卷…………… 1－365
各國通商始末記十八卷附編二卷…… 1－172
名句文身表異録二十卷……………… 1－257
名句文身表異錄二十卷……………… 1－363
名原二卷……………………………… 1－308
名媛尺牘二卷………………………… 1－177
名媛詩歸三十六卷…………………… 1－234
多歲堂詩集四卷……………………… 1－287
亦有生齋集樂府二卷………………… 1－165
羊城古鈔八卷首一卷………………… 1－344
汗簡七卷……………………………… 1－329
江文通集四卷………………………… 1－248
江左十五子詩選十五卷……………… 1－348
江表忠略二十卷……………………… 1－145
江刻書目三種………………………… 1－196
江南松江府上海縣太平郙蘭英寶卷
　二卷………………………………… 1－228
江南松江府上海縣太平郙蘭英寶卷
　二卷………………………………… 1－338
江南春詞補傳不分卷………………… 1－142
江都陳氏叢書………………………… 1－218
江陵張文忠公文集四十七卷………… 1－283
江陵張文忠公文集四十七卷………… 1－283
江湖後集二十四卷…………………… 1－260
江楚會奏變法第一摺不分卷………… 1－129
江楚會奏變法第二摺不分卷………… 1－129
江蘇省減賦全案八卷………………… 1－127
江蘇詩徵一百八十三卷……………… 1－165
汲古堂集二十八卷…………………… 1－183
汲古閣珍藏秘本書目一卷…………… 1－170
汲古閣珍藏秘本書目一卷…………… 1－224
汲古閣珍藏秘本書目一卷…………… 1－225
汲庵文存六卷………………………… 1－134
汲庵詩存八卷………………………… 1－324
池上草堂筆記八卷…………………… 1－331
池上草堂筆記近錄六卷續錄六卷三
　錄六卷四錄六卷…………………… 1－293
池北偶談二十六卷…………………… 1－371
守山閣叢書四集一百十二種………… 1－347

安邦志二十卷…………………………… 1－296
安邦志二十卷…………………………… 1－333
安危注四卷……………………………… 1－144
安序堂文鈔十六卷……………………… 1－259
安岳馮公太師集三十卷………………… 1－242
安般簃詩續鈔十卷……………………… 1－169
安陽集五十卷…………………………… 1－261
安陽集五十卷家傳十卷別錄三卷遺
　事一卷………………………………… 1－252
安雅堂全集……………………………… 1－210
安雅堂全集……………………………… 1－214
安雅堂全集……………………………… 1－259
［咸豐］安順府志五十四卷首一卷　… 1－281
安瀾紀要二卷…………………………… 1－226
冰川詩式十卷…………………………… 1－234
冰壺詞六卷……………………………… 1－162
冰蠶詞一卷……………………………… 1－142
字林考逸八卷附錄一卷………………… 1－308
字林考逸八卷補一卷…………………… 1－262
字林考逸補本不分卷…………………… 1－308
字典考證十二集………………………… 1－301
字雲巢文稿二十卷……………………… 1－155
字雲巢文稿二十卷……………………… 1－156
字詁一卷附承吉兄字說一卷…………… 1－362
字彙十二卷首一卷末一卷……………… 1－301
字說一卷………………………………… 1－351
字學三書佩觽一卷……………………… 1－279
字學舉隅不分卷………………………… 1－269
字類標韻六卷…………………………… 1－370
字鑑五卷………………………………… 1－279
［乾隆］祁縣志十六卷　……………… 1－255
艮山文集八卷…………………………… 1－323
艮齋文選一卷滇南集一卷滇行日記
　二卷臥象山房詩集二卷賦集一卷
　文集一卷……………………………… 1－211
艮齋先生薛常州浪語集三十五卷…… 1－360
防浦紀略六卷…………………………… 1－289
防海輯要十八卷首一卷………………… 1－196
如西所刻諸名家評點春秋綱目左傳
　句解彙雋六卷………………………… 1－149
如西所刻諸名家評點春秋綱目左傳
　句解彙雋（批點春秋左傳綱目句
　解）六卷　…………………………… 1－316
如皋冒氏叢書三十五種………………… 1－229
如皋冒氏叢書三十五種………………… 1－338
如諫果室叢刊三種……………………… 1－318
好逑傳四卷十八回……………………… 1－312

七畫

赤雅三卷………………………………… 1－353
孝經一卷………………………………… 1－230
劫餘小錄………………………………… 1－156
芙蓉山館詩鈔八卷附補鈔一卷詞鈔
　二卷詞坿鈔一卷文鈔八卷………… 1－212
芙蓉山館詩鈔八卷補鈔一卷詞鈔二
　卷……………………………………… 1－288
芙蓉山館詩鈔八卷詩補鈔一卷詞鈔
　二卷文鈔一卷………………………… 1－188
芸窗叢話五集續集一卷………………… 1－177
花雨樓叢鈔……………………………… 1－269
花雨樓叢鈔……………………………… 1－289
花宜館詩鈔十六卷……………………… 1－357
花著龕詩存四卷浣露詞一卷寒木春
　華詞一卷……………………………… 1－239
花菴絶妙詞選十卷……………………… 1－235
花間集十卷……………………………… 1－202
花影吹笙室詞不分卷…………………… 1－174
芥子園畫傳六卷………………………… 1－225
芥子園畫傳初集六卷二集九卷……… 1－225
克復金陵勳德記一卷…………………… 1－141
杜工部文集注解二卷…………………… 1－131
杜工部全集二十卷末一卷……………… 1－192
杜工部集二十卷年譜一卷諸家詩話
　一卷唱酬題咏附錄一卷……………… 1－242
杜工部集二十卷首一卷………………… 1－158
杜工部集二十卷首一卷………………… 1－219
杜工部集二十卷首一卷………………… 1－370
杜工部集五家評本二十卷首一卷…… 1－138
杜工部詩集二十卷文集二卷補注一
　卷……………………………………… 1－292

杜工部詩集二十卷文集二卷補注一卷…… 1－292
杜工部詩集二十卷集外詩一卷文集二卷…… 1－158
杜工部詩集二十卷集外詩一卷文集二卷…… 1－158
杜工部詩集二十卷集外詩一卷文集二卷年譜一卷…… 1－242
杜律通解四卷…… 1－138
杜律通解四卷…… 1－139
杜律啓蒙十二卷年譜一卷…… 1－138
杜律啓蒙十二卷年譜一卷…… 1－241
杜清獻公集十九卷首一卷補遺一卷佚篇一卷末一卷校注一卷年譜一卷…… 1－209
杜清獻公集十九卷首一卷補遺一卷附二卷年譜一卷…… 1－180
杜詩直解六卷…… 1－261
杜詩偶評四卷…… 1－360
杜詩集說二十卷目錄一卷年譜一卷末一卷…… 1－137
杜詩集說二十卷目錄一卷年譜一卷末一卷…… 1－138
杜詩註釋二十四卷…… 1－138
杜詩詳注二十五卷首一卷附編二卷…… 1－138
杜詩詳注二十五卷首一卷附編二卷…… 1－220
杜詩論文五十六卷…… 1－261
杜詩鏡銓二十卷附錄一卷…… 1－354
杜詩鏡銓二十卷附錄一卷杜文注解二卷…… 1－219
杜樊川詩注四卷補遺一卷…… 1－138
杜韓詩句集韻三卷…… 1－290
杜韓詩句集韻三卷…… 1－357
李元賓文集文編三卷外編二卷續編一卷…… 1－154
李太白文集三十二卷…… 1－209
李太白文集三十卷…… 1－180
李太白文集三十卷附錄六卷…… 1－367
李太白集輯注三十六卷附錄六卷…… 1－179
李氏三先生詩鈔…… 1－326
李氏三先生詩鈔…… 1－326
李氏五種…… 1－310
李文公集十八卷附一卷…… 1－131
李文忠公外部函稿二十八卷…… 1－129
李文忠公全集…… 1－205
李文忠公全集…… 1－282
李文忠公事略不分卷…… 1－303
李文忠公事略不分卷…… 1－303
李文忠公朋僚函稿二十四卷…… 1－162
李文忠公海軍函稿四卷…… 1－162
李文貞公全集…… 1－365
李文貞公全集…… 1－365
李文清公遺書八卷…… 1－274
李文饒文集二十卷別集十卷外集四卷…… 1－250
李杜詩通六十一卷…… 1－238
李長吉集四卷外集一卷…… 1－143
李長吉歌詩四卷外集一卷…… 1－137
李長吉歌詩四卷外集一卷…… 1－137
李長吉歌詩四卷外集一卷…… 1－138
李長吉歌詩四卷外詩集一卷…… 1－238
李忠武公遺書奏疏一卷書牘二卷褒節錄一卷…… 1－229
李忠武公遺書奏疏一卷書牘二卷褒節錄一卷…… 1－339
李恕谷先生年譜五卷…… 1－295
李商隱詩集三卷…… 1－285
李勤恪公政書十卷首一卷…… 1－126
李勤恪公政書十卷首一卷…… 1－127
李靖碑不分卷…… 1－267
李義山文集十卷…… 1－245
李義山詩文全集箋注三卷首一卷…… 1－192
李義山詩文集詳註十一卷詩三卷文八卷…… 1－358
李義山詩集三卷…… 1－168
李義山詩集三卷…… 1－168
李義山詩集三卷…… 1－169
李義山詩集三卷…… 1－261
李肅毅伯奏議二十卷…… 1－161
李肅毅伯奏議二十卷…… 1－378

李翠蓮全傳四卷 …… 1-355
李衛公文集二十卷別集十卷外集四卷補遺一卷 …… 1-207
李鴻章十二章 …… 1-146
李鴻章(中國四十年大事記)十二章 …… 1-120
吾學錄初編二十四卷 …… 1-127
[咸豐]邳州志二十卷首一卷 …… 1-320
投筆記二卷 …… 1-166
投筆集箋注二卷 …… 1-275
求古精舍金石圖四卷 …… 1-123
求古精舍金石圖四卷 …… 1-172
求可堂自記不分卷 …… 1-133
求志居集三十六卷 …… 1-280
求志堂存稿彙編 …… 1-210
求治管見一卷續增一卷 …… 1-360
求是堂詩集二十二卷詩餘一卷 …… 1-265
求益齋全集 …… 1-268
里乘十卷 …… 1-305
里乘十卷 …… 1-312
見在龕雜作存稿七卷附稿二卷 …… 1-135
見庵錦官錄 …… 1-340
足本嘯亭雜錄十卷續錄三卷 …… 1-178
困學紀聞二十卷 …… 1-246
困學紀聞注二十卷 …… 1-313
困學紀聞注二十卷 …… 1-316
困學紀聞注二十卷 …… 1-375
困學齋文存不分卷 …… 1-228
困學齋文存不分卷 …… 1-338
呂氏春秋二十六卷 …… 1-170
呂氏春秋二十六卷 …… 1-195
呂氏春秋二十六卷 …… 1-231
呂氏春秋二十六卷 …… 1-233
呂東萊先生文集二十卷 …… 1-143
呂涇野先生文集三十八卷 …… 1-133
呂衡州文集十卷 …… 1-207
吟香堂曲譜牡丹亭二卷 …… 1-171
吹網錄六卷 …… 1-163
吳子二卷 …… 1-231
吳中女士詩鈔十三種 …… 1-191
吳中平寇記八卷 …… 1-173
吳中唱和集八卷 …… 1-192
吳氏一家稿 …… 1-340
吳氏石蓮庵刻山左人詞不分卷 …… 1-203
吳氏遺著五卷附錄一卷 …… 1-328
吳門風土記(清嘉錄)十二卷 …… 1-281
吳侍讀全集二十三卷 …… 1-187
吳南屏先生評點孟子七篇 …… 1-230
吳柳堂先生誄文不分卷 …… 1-357
吳郡名賢圖傳贊二十卷 …… 1-118
吳郡名賢圖傳贊二十卷 …… 1-146
吳梅村詞不分卷 …… 1-228
吳梅村詞不分卷 …… 1-337
吳梅村詩集箋注十八卷 …… 1-191
吳越備史四卷首一卷 …… 1-150
吳淵頴先生集十二卷 …… 1-241
吳淵穎先生集十二卷 …… 1-369
吳竦山先生遺集十二卷 …… 1-133
吳會英才集二十四卷 …… 1-221
吳詩集覽二十卷補注二十卷 …… 1-261
吳徵君蓮洋詩鈔不分卷 …… 1-357
吳興長橋沈氏家集二十九卷 …… 1-281
吳學士詩集五卷文集四卷 …… 1-182
別下齋叢書 …… 1-320
別雅五卷 …… 1-367
刪訂二奇合傳十六卷四十回 …… 1-297
刪訂唐詩解二十四卷 …… 1-159
刪補古今文致十卷 …… 1-376
岑襄勤公奏稿三十卷首一卷 …… 1-153
兵垣奏議不分卷 …… 1-154
兵船海岸炮位炮架圖說三卷 …… 1-197
兵鏡備考十三卷孫子集注一卷兵鏡或問二卷 …… 1-227
邱邦士文集十八卷 …… 1-167
何大復先生集三十八卷 …… 1-279
何大復先生集三十八卷附錄一卷 …… 1-247
何大復先生集三十八卷附錄一卷 …… 1-247
何文定公文集十一卷 …… 1-248
何義門先生家書四卷 …… 1-212
何端簡公集十二卷 …… 1-187
伯山全集 …… 1-189
近光集八卷 …… 1-234

近時名臣奏議不分卷…………………… 1-153
希古堂文甲集二卷乙集六卷………… 1-136
希夷夢四十卷四十回………………… 1-297
坐花誌果八卷………………………… 1-302
豸華堂文鈔二十卷…………………… 1-352
豸華堂文鈔八卷……………………… 1-136
豸華堂文鈔八卷……………………… 1-266
邸抄匯錄五類………………………… 1-128
邸鈔六卷……………………………… 1-173
角山樓增補類腋六十七卷…………… 1-343
角山樓蘇軾評註彙鈔二十卷附錄三
　卷…………………………………… 1-159
辛巳泣蘄録一卷……………………… 1-255
快心編初集十回二集十回三集十二
　回…………………………………… 1-335
快心編初集十回二集十回三集十二
　回…………………………………… 1-335
弟子箴言十六卷……………………… 1-283
冷紅軒詩集二卷附冷紅詞一卷……… 1-300
冷紅詞四卷…………………………… 1-204
汪子中詮六卷附密齋病語…………… 1-165
汪子文錄十卷………………………… 1-167
汪子全集……………………………… 1-187
汪梅村先生文集十二卷……………… 1-307
汪梅村先生集十二卷文外集不分卷
　悔翁詩鈔十五卷補遺一卷悔翁詩
　餘五卷悔翁筆記六卷……………… 1-187
汪梅村先生集十二卷文外集不分卷
　悔翁詩鈔十五卷補遺一卷悔翁詩
　餘五卷悔翁筆記六卷……………… 1-187
汪雙池先生年譜四卷………………… 1-117
汪雙池先生叢書……………………… 1-223
沅湘通藝錄八卷……………………… 1-325
沖虛志德真經八卷…………………… 1-222
[乾隆]汾州府志三十四卷　………… 1-255
[乾隆]汾陽縣志十四卷首一卷　…… 1-273
沈下賢文集十二卷…………………… 1-207
沈下賢文集十二卷…………………… 1-246
沈下賢集十二卷……………………… 1-142
沈文忠公集十卷附沈文忠公自訂年
　譜一卷……………………………… 1-181
沈文忠公集十卷附沈文忠公自訂年
　譜一卷……………………………… 1-182
沈文忠公集十卷附沈文忠公自訂年
　譜一卷……………………………… 1-210
沈余遺書……………………………… 1-229
沈余遺書……………………………… 1-229
沈余遺書……………………………… 1-282
沈余遺書……………………………… 1-339
沈余遺書……………………………… 1-339
沈蕡漁四種曲八卷…………………… 1-248
宋十五家詩選十六卷………………… 1-239
宋七家詞選七卷……………………… 1-174
宋大家曾文定公文鈔十卷…………… 1-131
宋大家歐陽文忠公文鈔三十二卷…… 1-246
宋王文忠公全集五十卷……………… 1-319
宋王文忠公全集五十卷……………… 1-319
宋王文忠公全集五十卷……………… 1-319
宋王黄州小畜集三十卷……………… 1-251
宋元本行格表二卷附錄一卷………… 1-289
宋元名家詞十五種…………………… 1-175
宋元名家詞十五種…………………… 1-175
宋元通鑑一百五十七卷……………… 1-255
宋元詩六十一種二百七十三卷……… 1-238
宋元資治通鑑六十四卷……………… 1-255
宋元學案一百卷首一卷考略一卷…… 1-196
宋元舊本書經眼錄三卷附錄二卷…… 1-289
宋元舊本書經眼錄三卷附錄二卷…… 1-377
宋五先生景行編六卷………………… 1-195
宋氏綿津詩鈔八卷…………………… 1-279
宋氏綿津詩鈔八卷…………………… 1-288
宋六十名家詞不分卷………………… 1-172
宋六十名家詞不分卷………………… 1-203
宋文憲公年譜二卷…………………… 1-118
宋文憲公全集五十三卷首四卷……… 1-183
宋文鑑一百五十卷目錄三卷………… 1-202
宋布衣集三卷………………………… 1-262
宋史四百九十六卷…………………… 1-359
宋史紀事本末一百零九卷…………… 1-151
宋史紀事本末一百零九卷…………… 1-306
宋史論三卷…………………………… 1-125
宋四六話十二卷……………………… 1-189

宋四家詞選不分卷 …………………… 1－174
宋四家詞選不分卷 …………………… 1－174
宋名臣言行錄七十五卷 ……………… 1－117
宋名家詞 …………………………… 1－236
宋名家詞六十一種 …………………… 1－236
宋李忠定公梁溪先生文集十一卷 …… 1－132
宋李忠定集奏議六十九卷年譜一卷
擬撰表本一卷靖康擬詔書一卷建
炎擬詔一卷擬制詔四卷 …………… 1－352
宋邵康節先生伊川擊壤集十卷 ……… 1－244
宋范文正忠宣二公全集 ……………… 1－180
宋忠簡公文集四卷首一卷年譜一卷
遺事二卷 ………………………… 1－180
宋金元詩永二十卷補遺二卷 ………… 1－241
宋金元詩選六卷 …………………… 1－238
宋高僧傳三十卷 …………………… 1－233
宋書一百卷 ………………………… 1－253
宋書一百卷 ………………………… 1－254
宋書一百卷 ………………………… 1－359
宋乾道永州本柳柳州外集一卷附錄
一卷 ……………………………… 1－125
宋提刑洗冤集錄五卷 ……………… 1－150
宋稗類鈔八卷 ……………………… 1－295
宋稗類鈔八卷 ……………………… 1－372
宋詩紀事一百卷 …………………… 1－189
宋詩紀事補遺一百卷宋詩紀事小傳
補正四卷 ………………………… 1－219
宋詩鈔初集 ………………………… 1－137
宋詩鈔初集 ………………………… 1－233
宋詩選二十卷 ……………………… 1－235
宋瑣語不分卷 ……………………… 1－331
宋趙忠定奏議四卷 ………………… 1－129
宋端明殿學士蔡忠惠公文集三十六
卷首一卷目錄一卷 ……………… 1－180
宋謝文節公集六卷 ………………… 1－208
宋豔十二卷 ………………………… 1－292
初月樓文鈔十卷附詩鈔四卷 ………… 1－184
初白菴詩評三卷 …………………… 1－219
初白菴詩評三卷詞綜偶評一卷 ……… 1－233
初拓毛公鼎附釋文序跋 …………… 1－260
初刻封神演義八卷一百回 ………… 1－305
初刻封神演義八卷一百回 ………… 1－305
初唐四傑文集 ……………………… 1－131
初唐四傑集 ………………………… 1－313
初唐四傑集 ………………………… 1－313
初學記三十卷 ……………………… 1－256
初學記三十卷 ……………………… 1－343
初學集一百十卷目錄二卷 ………… 1－366
壯悔堂文集十卷 …………………… 1－133
壯悔堂文集十卷遺稿一卷四憶堂詩
集六卷 …………………………… 1－182
妙吉祥室詩鈔十三卷 ……………… 1－265
妙復軒評石頭記一百二十回 ……… 1－297
邵子湘全集三十卷邵氏家録二卷 …… 1－257
邵武徐氏叢書初刻十四種 ………… 1－352
甬上耆舊詩三十卷 ………………… 1－238

八畫

[光緒]奉化縣志四十卷首一卷 …… 1－321
玩易意見二卷 ……………………… 1－231
武夷山志二十四卷首一卷 ………… 1－223
武英殿聚珍版書 …………………… 1－208
武英殿聚珍版書 …………………… 1－208
武英殿聚珍版書 …………………… 1－208
武英殿聚珍版叢書 ………………… 1－316
武英殿聚珍版叢書 ………………… 1－316
武林往哲遺著 ……………………… 1－195
武林掌故叢編 ……………………… 1－195
武林掌故叢編 ……………………… 1－263
武林藏書錄三卷首一卷末一卷 ……… 1－224
武林藏書錄不分卷 ………………… 1－196
武林舊事十卷附錄一卷 …………… 1－302
武昌紀事二卷附錄不分卷陳炯齋遺
詩不分卷 ………………………… 1－160
武定詩續鈔二十四卷 ……………… 1－136
武定詩續鈔二十四卷 ……………… 1－265
[光緒]武進陽湖縣志三十卷首一卷
……………………………………… 1－273
武備輯要六卷 ……………………… 1－197
青山集三十卷續集五卷附錄一卷 …… 1－220
青田山廬詩鈔二卷詞鈔一卷 ………… 1－191

青芝山人集五卷 1-346
青邱高季迪先生詩集十八卷遺詩一卷扣舷集一卷鳧藻集五卷附錄一卷 1-242
青邱高季迪先生詩集十八卷遺詩一卷扣舷集一卷鳧藻集五卷附錄一卷 1-242
青邱高季迪先生詩集十八卷遺詩一卷扣舷集一卷鳧藻集五卷附錄一卷 1-242
青泥蓮花記十三卷 1-285
青草堂二集十六卷 1-215
青草堂集十二卷 1-215
青樓夢六十四回 1-355
青箱堂詩三十三卷 1-169
青藜精舍詩鈔一卷 1-203
青藤書屋文集三十卷補遺一卷 1-212
長生殿不分卷 1-233
長生殿傳奇四卷 1-227
長生殿傳奇四卷 1-337
長白彙徵錄八卷 1-293
長白彙徵錄八卷 1-314
[嘉慶]長安縣志三十六卷 1-314
長洲彭氏家集九種 1-320
坦園全集 1-228
坦園全集 1-338
幸餘求定稿十二卷 1-277
坡門酬唱二十三卷 1-199
苗氏說文四種 1-301
苗氏說文四種 1-326
苗氏說文四種 1-358
英國第七冊藍皮書□□卷 1-173
英雲夢傳十六回 1-312
苑西集十二卷 1-288
苑洛志樂二十卷 1-261
苑洛集二十二卷 1-301
范文正公全集四十八卷 1-167
范石湖詩集二十卷 1-241
范忠貞公文集五卷首一卷 1-257
范忠宣公文集二十卷 1-251
范忠宣公全集二十五卷 1-167
范家集略六卷 1-117
苾芻館詞集六卷 1-142
苾芻館詞集六卷 1-176
直隸工藝志初編八卷 1-277
[道光]直隸定州志二十二卷首一卷 1-242
[乾隆]直隸通州志二十二卷 1-256
[光緒]直隸趙州志十六卷首一卷末一卷 1-302
[光緒]直隸趙州志十六卷首一卷末一卷 1-310
直齋書錄解題二十二卷 1-335
直齋書錄解題二十二卷 1-362
直齋書錄解題二十二卷 1-364
茅山志十四卷附道秩考一卷 1-358
茅鹿門集八卷 1-246
枉川全集六種 1-221
林文忠公政書三十七卷 1-371
林文忠公政書三集三十七卷 1-152
林文忠公遺集 1-130
林文忠公遺集 1-130
林文忠公遺集 1-330
林文忠公遺集 1-331
林蕙堂文集十二卷 1-135
[乾隆]林縣志十卷首一卷末一卷 1-342
林蘭香八卷六十四回 1-354
枝山文集四卷 1-183
枝山文集四卷 1-214
板橋集六編 1-182
板橋集六編 1-182
來山堂詩鈔五卷 1-265
來生福彈詞三十六回 1-316
來陽伯先生詩集二十卷 1-137
來禽館集二十九卷 1-185
來禽館集二十九卷 1-214
來瞿唐先生日錄内篇六卷外篇七卷 1-212
松石齋詩集六卷 1-220
松花菴全集十一種 1-181
松花菴全集十一種 1-275
松陵文錄二十四卷 1-324

松陵文錄二十四卷…………………… 1－348
松陵集十卷…………………………… 1－243
松崖筆記三卷………………………… 1－333
松陽鈔存二卷………………………… 1－207
松夢寮詩稿六卷……………………… 1－317
松壽堂詩鈔十卷……………………… 1－324
［光緒］杭州府志一百七十八卷 …… 1－287
述古堂集十二卷……………………… 1－135
述古堂集十二卷……………………… 1－275
述記四卷……………………………… 1－222
述菴詩鈔十二卷……………………… 1－288
述學内篇三卷補遺一卷外篇一卷別
　錄一卷附春秋述義一卷校勘記一
　卷………………………………… 1－133
東三省政略十二卷…………………… 1－173
東三省政略十二卷…………………… 1－376
東三省蒙務公牘彙編五卷…………… 1－153
東三省蒙務公牘彙編五卷…………… 1－200
東田先生遺稿二卷…………………… 1－258
東西學書錄總敘二卷………………… 1－134
［光緒］東光縣志十二卷首一卷 …… 1－292
東牟守城紀略不分卷………………… 1－128
東里文集二十五卷別集三卷………… 1－183
東坡先生年譜一卷…………………… 1－241
東坡先生編年詩五十卷……………… 1－219
東坡先生編年詩補注五十卷………… 1－241
東坡和陶合箋四卷…………………… 1－376
東坡和陶詩一卷……………………… 1－316
東坡樂府三卷………………………… 1－174
東坡樂府三卷………………………… 1－175
東林書院志二十二卷………………… 1－160
東征集六卷…………………………… 1－154
東周列國全志二十三卷一百八回…… 1－334
東周列國志二十三卷一百八回……… 1－286
東南紀事十二卷西南紀事十二卷…… 1－126
東洋史要二卷………………………… 1－294
東洲草堂文鈔二十卷………………… 1－134
東洲草堂文鈔二十卷………………… 1－134
東洲草堂文鈔二十卷………………… 1－374
東洲草堂詩鈔三十卷附詞一卷……… 1－292
東都事畧一百三十卷………………… 1－286
東都事略一百三十卷………………… 1－150
東都事略一百三十卷………………… 1－254
東都事略一百三十卷………………… 1－268
東華全錄四百二十五卷附續編咸豐
　六十九卷………………………… 1－204
東華全錄四百二十五卷續錄六十九
　卷………………………………… 1－317
東華錄一百九十五卷續錄三百三十
　卷………………………………… 1－367
東華錄八十四卷……………………… 1－336
東華錄三十二卷……………………… 1－337
東華續錄一百六十九卷……………… 1－336
［同治］東華續錄一百卷 …………… 1－368
［光緒］東華續錄二百二十卷 ……… 1－141
［光緒］東華續錄二百二十卷 ……… 1－141
東晉疆域志四卷……………………… 1－307
東皋詩存四十八卷詩餘四卷………… 1－137
東書堂重修宣和博古圖錄二十卷…… 1－377
東陲紀行一卷………………………… 1－320
東萊吕太史文集十五卷別集十六卷
　外集五卷附錄三卷附錄拾遺一卷
　…………………………………… 1－256
東萊先生古文關鍵二卷……………… 1－161
東萊先生古文關鍵二卷……………… 1－245
東萊先生左氏博議二十五卷增補虛
　字音釋六卷……………………… 1－375
東萊先生詩集二十卷………………… 1－243
東萊博議四卷………………………… 1－291
東萊博議四卷東萊先生傳略一卷增
　補虛字註釋一卷………………… 1－366
東萊集注類編觀瀾文集三集七十卷
　…………………………………… 1－202
東嵒艸堂評訂唐詩鼓吹十卷………… 1－139
東湖叢記六卷………………………… 1－269
東槎紀略五卷………………………… 1－352
東溟文集六卷外集四卷文後集十四
　卷文外集二卷…………………… 1－168
［道光］東臺縣志四十卷 …………… 1－321
東塾集六卷…………………………… 1－274
東塾叢書……………………………… 1－268
東漢李蘭台集一卷…………………… 1－364

東漢會要四十卷…………………… 1－124
東瀛参觀學校記…………………… 1－170
東觀餘論二卷附錄一卷………… 1－234
或語一卷…………………………… 1－167
臥園詩話四卷補編二卷………… 1－233
臥龍崗志二卷……………………… 1－146
臥龍崗志二卷……………………… 1－273
事物紀原十卷……………………… 1－343
事物原會四十卷…………………… 1－279
事物原會四十卷…………………… 1－343
事物異名錄四十卷………………… 1－301
事類賦三十卷……………………… 1－256
兩晉南北史合纂四十卷………… 1－261
兩般秋雨盦隨筆八卷…………… 1－177
兩浙防護陵寢祠墓錄不分卷………… 1－127
兩浙金石志十八卷………………… 1－119
兩浙金石志十八卷補遺一卷………… 1－200
兩浙輶軒錄四十卷續編五十四卷…… 1－328
兩浙輶軒錄四十卷補遺十卷………… 1－350
兩浙輶軒續錄五十四卷補遺六卷…… 1－204
兩浙輶軒續錄五十四卷補遺六卷…… 1－369
[光緒]兩淮鹽法志一百六十卷　…… 1－199
[光緒]兩淮鹽法志一百六十卷　…… 1－319
兩朝剝復錄六卷首一卷…………… 1－151
兩當軒集二十二卷附錄四卷攷異二
　卷…………………………………… 1－213
兩當軒集二十二卷附錄四卷攷異二
　卷…………………………………… 1－315
兩當軒集二十卷攷異二卷附録六卷
　……………………………………… 1－259
兩漢文四十卷……………………… 1－309
兩漢文刪二十四卷………………… 1－245
兩漢刊誤補遺十卷………………… 1－149
兩漢金石記二十二卷……………… 1－160
兩漢紀校記………………………… 1－150
兩漢策要十二卷…………………… 1－259
兩漢韻珠十卷……………………… 1－352
兩谿文集二十四卷………………… 1－132
兩壘軒尺牘殘稿十二卷………… 1－205
雨村詩話十六卷…………………… 1－270
協律鉤元四卷外集一卷………… 1－191
奇姓通十四卷……………………… 1－117
抱朴子附篇十卷…………………… 1－266
抱碧齋詩五卷……………………… 1－264
拙修集十卷………………………… 1－265
拙修集十卷………………………… 1－323
拙修集十卷………………………… 1－345
拙尊園叢稿六卷…………………… 1－134
拙尊園叢稿六卷…………………… 1－324
拙尊園叢稿六卷…………………… 1－345
拙尊園叢稿六卷…………………… 1－357
卓廬初草不分卷…………………… 1－324
虎口餘生傳奇四卷………………… 1－198
尚友錄二十二卷…………………… 1－149
尚友錄二十二卷…………………… 1－258
尚書二卷…………………………… 1－254
尚書大傳三卷續錄一卷辨偽一卷…… 1－370
尚書今文二十八篇解不分卷………… 1－122
尚書今文二十八篇解不分卷………… 1－122
尚書孔傳参正三十六卷………… 1－122
尚書古文疏證八卷………………… 1－231
尚書古文疏證辨正不分卷………… 1－148
尚書全解一卷……………………… 1－166
尚書序錄不分卷…………………… 1－151
尚書後案三十卷後辨一卷………… 1－148
尚書後案三十卷後辨一卷………… 1－236
尚書補闕一卷……………………… 1－122
尚絅堂詩集五十二卷詞集二卷……… 1－210
尚絅堂詩集五十二卷詞集二卷文集
　二卷………………………………… 1－315
尚絅堂詩集五十二卷詞集二卷文集
　二卷………………………………… 1－315
盱江先生全集三十七卷………… 1－186
盱江先生全集三十七卷外集三卷年
　譜一卷……………………………… 1－257
果堂全集六種十九卷……………… 1－257
果報錄十二卷……………………… 1－269
味和堂詩集六卷…………………… 1－364
味經齋遺書………………………… 1－293
味餘書室全集定本四十卷目錄四卷
　隨筆二卷…………………………… 1－184
味檗齋文集十五卷………………… 1－280

[光緒]昆明縣志十卷 ……………… 1－321
昌黎先生集四十卷…………………… 1－270
昌黎先生集四十卷外集十卷遺文一
卷朱子校昌黎先生集傳一卷……… 1－251
昌黎先生集四十卷外集十卷遺文一
卷朱子校昌黎先生集傳一卷……… 1－251
昌黎先生詩集注十一卷……………… 1－138
昌黎先生詩集注十一卷……………… 1－158
昌黎先生詩集注十一卷……………… 1－169
昌黎先生詩集注十一卷……………… 1－360
昌黎先生詩集注十一卷年譜一卷…… 1－241
昌黎先生詩增注證訛十一卷………… 1－169
昇勤直公年譜二卷…………………… 1－353
明人尺牘選四卷……………………… 1－177
明人尺牘選四卷……………………… 1－373
明人詩抄正集十四卷續集十四卷…… 1－379
明人詩鈔十四卷續集十四卷………… 1－240
明人詩鈔正集十四卷………………… 1－137
明三十家詩選二集八卷……………… 1－157
明三十家詩選初集八卷……………… 1－157
明三十家詩選初集八卷二集八卷…… 1－157
明三十家詩選初集八卷二集八卷…… 1－158
明大司馬盧公奏議十二卷首一卷…… 1－184
明文西四卷…………………………… 1－244
明文在一百卷………………………… 1－201
明文在一百卷………………………… 1－202
明史三百三十二卷…………………… 1－359
明史紀事本末八十卷………………… 1－126
明史紀事本末八十卷………………… 1－126
明史紀事本末八十卷………………… 1－149
明史紀事本末八十卷………………… 1－306
明史稿三百十卷目錄三卷…………… 1－150
明史稿三百十卷目錄三卷…………… 1－378
明史稿三百十卷史例議二卷………… 1－317
明史論四卷…………………………… 1－125
明史論四卷…………………………… 1－126
明史論四卷…………………………… 1－362
明史擬稿六卷………………………… 1－259
明四子詩集…………………………… 1－158
明四子詩集…………………………… 1－158
明臣奏議十二卷首一卷……………… 1－129
明臣奏議十二卷首一卷……………… 1－153
明夷待訪錄一卷……………………… 1－275
明夷待訪錄不分卷…………………… 1－222
明夷待訪錄糾謬不分卷……………… 1－206
明名臣奏議選八卷…………………… 1－153
明州阿育王山志十卷續志六卷……… 1－170
明季北略二十四卷南略十八卷……… 1－151
明季稗史彙編………………………… 1－199
明季稗史彙編二十七卷……………… 1－318
明季編年十二卷……………………… 1－253
明治小學教育沿革…………………… 1－170
明紀六十卷…………………………… 1－126
明宮雜詠二十卷……………………… 1－348
明通鑑九十卷前編四卷附編六卷首
一卷………………………………… 1－150
明通鑑九十卷前編四卷附編六卷首
一卷………………………………… 1－204
明清貢舉考略三卷…………………… 1－128
明張文忠公全集四十六卷附錄二卷
…………………………………… 1－211
明張文忠公全集四十六卷附錄二卷
…………………………………… 1－371
明詞綜十二卷………………………… 1－174
明詩別裁集十二卷…………………… 1－238
明詩別裁集四卷……………………… 1－312
明詩紀事八籤一百八十七卷………… 1－309
明詩綜一百卷………………………… 1－239
明詩綜一百卷………………………… 1－262
明儒學案六十二卷…………………… 1－196
明辨錄一卷…………………………… 1－261
明鑑二十四卷………………………… 1－126
易守三十二卷易卦總論一卷………… 1－193
易見九卷首一卷啟蒙二卷…………… 1－193
易林四卷……………………………… 1－369
易拇八卷……………………………… 1－221
易理不分卷…………………………… 1－260
易堂問目四卷………………………… 1－205
易堂問目四卷………………………… 1－232
易園文集四卷詩集二卷詞集一卷…… 1－215
易傳十七卷周易音義一卷…………… 1－375
易解經傳證五卷首一卷……………… 1－221

易話二卷 …………………………… 1－170
易經揆一十四卷易學啓蒙補二卷 …… 1－242
易經詮義十四卷首一卷 ……………… 1－193
易經詮義十四卷首一卷 ……………… 1－373
易說十二卷 ………………………… 1－193
易漢學八卷 ………………………… 1－143
易確二十卷首一卷 ………………… 1－221
易學啓蒙一卷 ……………………… 1－366
易學啓蒙通釋二卷附圖一卷 ……… 1－193
典林瑯環二十四卷 ………………… 1－357
忠正德文集十卷附錄一卷 ………… 1－179
忠孝勇烈奇女傳四卷三十二回 …… 1－297
忠孝節義二度梅全傳六卷四十回 … 1－285
忠武誌八卷 ………………………… 1－146
忠武誌八卷 ………………………… 1－273
忠烈俠義傳二十四卷一百二十回 … 1－271
忠雅堂文集三十卷 ………………… 1－143
忠雅堂詞集二卷 …………………… 1－175
忠節吳次尾先生年譜不分卷附遺事
一卷 …………………………… 1－118
呻吟語六卷 ………………………… 1－222
郘亭遺文八卷 ……………………… 1－275
郘亭遺詩八卷 ……………………… 1－221
岩泉山人詞稿一卷 ………………… 1－142
知不足齋叢書 ……………………… 1－344
知不足齋叢書 ……………………… 1－344
知不足齋叢書 ……………………… 1－364
知止堂詞錄三卷 …………………… 1－175
知止堂詩錄十二卷詞錄三卷 ……… 1－322
知止齋詩集十六卷 ………………… 1－347
知守齋詩二集四卷詩別集一卷 …… 1－220
知所止齋自訂年譜不分卷 ………… 1－118
知恥齋文集二卷首一卷 …………… 1－156
知恥齋詩集六卷 …………………… 1－274
牧令全書 …………………………… 1－152
牧庵集三十六卷 …………………… 1－229
牧齋全集一百六十三卷 …………… 1－186
牧齋初學集一百十卷 ……………… 1－252
牧齋初學集詩注二十卷有學集詩注
十四卷 ………………………… 1－262
牧齋初學集詩注二十卷有學集詩注
十四卷 ………………………… 1－373
乖崖先生文集十二卷附錄一卷 …… 1－207
乖庵文錄二卷 ……………………… 1－287
和珠玉詞不分卷 …………………… 1－175
佳人奇遇七卷附詩文辭隨錄 ……… 1－355
佳想軒詩鈔二卷 …………………… 1－221
岳忠武王文集八卷首一卷末一卷 … 1－180
岳忠武王文集八卷首一卷末一卷 … 1－289
岳忠武王文集八卷首一卷末一卷 … 1－308
岳廟志略十卷 ……………………… 1－118
使俄日記八卷 ……………………… 1－269
使琉球記六卷 ……………………… 1－125
使黔草三卷 ………………………… 1－265
兒女英雄傳評話四十回 …………… 1－373
兒孫福不分卷 ……………………… 1－233
佩文齋詠物詩選四百八十六卷 …… 1－329
佩文齋廣群芳譜一百卷目錄二卷 … 1－354
佩文韻府一百零六卷 ……………… 1－266
佩文韻府一百零六卷拾遺一百零六
卷 ……………………………… 1－317
佩弦齋雜存二卷 …………………… 1－340
佩觿三卷 …………………………… 1－260
佩觿三卷 …………………………… 1－373
郎園先生全書 ……………………… 1－207
征西紀略四卷 ……………………… 1－160
征清詩史不分卷 …………………… 1－346
[光緒]金山志二十卷首二卷 ……… 1－326
金山志十卷續二卷 ………………… 1－170
金文雅十六卷 ……………………… 1－136
金正希先生年譜不分卷 …………… 1－120
金正希先生年譜不分卷 …………… 1－269
金石三例 …………………………… 1－172
金石文鈔八卷續鈔二卷 …………… 1－140
金石存十五卷 ……………………… 1－119
金石苑六卷 ………………………… 1－117
金石契不分卷 ……………………… 1－258
金石契不分卷首一卷附錄一卷續錄
一卷 …………………………… 1－119
金石訂例四卷 ……………………… 1－146
金石訂例四卷 ……………………… 1－171

金石索十二卷首一卷…………………… 1－286
金石索十二卷首一卷…………………… 1－286
金石索十二卷首一卷…………………… 1－345
金石屑四卷……………………………… 1－119
金石圖不分卷…………………………… 1－119
金石錄二十卷目錄十卷………………… 1－119
金石錄三十卷…………………………… 1－199
金史一百三十五卷……………………… 1－359
金史紀事本末五十二卷………………… 1－296
金陀粹編二十八卷續編三十卷……… 1－129
金忠節公文集八卷……………………… 1－132
金忠節公文集八卷……………………… 1－132
金華詩錄六十卷外集六卷別集四卷
…………………………………… 1－309
金華叢書………………………………… 1－155
金峨山館叢書…………………………… 1－281
金陵通紀十卷…………………………… 1－321
金陵通傳四十五卷……………………… 1－120
金陵詩徵四十四卷……………………… 1－159
金陵瑣志………………………………… 1－342
金陵瑣事四卷續二卷二續二卷……… 1－292
金陵雜詠不分卷………………………… 1－219
金梁夢月詞二卷懷夢詞一卷………… 1－162
金梁夢月詞二卷懷夢詞一卷………… 1－176
金壺遯墨四卷…………………………… 1－200
金軺籌筆四卷…………………………… 1－153
金軺籌筆四卷附和約二卷陸路通商
章程一卷鄂商前往中國貿易過界
卡倫單一卷…………………………… 1－353
金軺籌筆四卷附和約二卷陸路通商
章程一卷鄂商前往中國貿易過界
卡倫單一卷…………………………… 1－368
金湯借箸十二籌十二卷………………… 1－232
金詩選四卷……………………………… 1－236
金詩選四卷……………………………… 1－258
金詩選四卷……………………………… 1－299
金匱要略淺注十卷……………………… 1－171
金鐘傳八卷六十四回…………………… 1－297
采風記五卷附紀程感事詩一卷時務
論一卷………………………………… 1－280
采菽堂筆記二卷………………………… 1－333
受宜堂集四十卷目録四卷…………… 1－237
受恆受漸齋集十二卷………………… 1－215
受禪表不分卷………………………… 1－267
周氏冥通記四卷……………………… 1－353
周氏詞辨二卷………………………… 1－189
周文歸二十卷………………………… 1－245
周武壯公遺書九卷外集三卷別集一
卷首二卷附錄一卷………………… 1－136
周易本義四卷………………………… 1－169
周易本義啓蒙翼傳…………………… 1－193
周易四卷……………………………… 1－221
周易指三十八卷易圖五卷易斷辭一
卷…………………………………… 1－222
周易姚氏學十六卷首一卷…………… 1－192
周易姚氏學十六卷首一卷…………… 1－221
周易通義十六卷……………………… 1－221
周易傳義音訓八卷…………………… 1－366
周易傳義音訓八卷首一卷末一卷…… 1－169
周易説略四卷………………………… 1－234
周易鄭氏注一卷……………………… 1－248
周易鄭氏注箋釋十六卷考證一卷敘
錄一卷旁徵一卷…………………… 1－193
周易鄭氏義一卷……………………… 1－248
周易擬像六卷………………………… 1－193
周易觀彖十二卷……………………… 1－193
周忠介公燼餘集三卷………………… 1－183
周季編略九卷………………………… 1－122
周官禄田考三卷……………………… 1－254
周官辨一卷…………………………… 1－165
周益公全集二百零八卷……………… 1－250
周書五十卷…………………………… 1－359
周書集訓校釋十卷…………………… 1－122
周書斠補四卷………………………… 1－122
周漁璜先生年譜一卷………………… 1－117
周濂溪先生全集十三卷……………… 1－163
周禮古學攷十一卷附周禮職官同於
今學攷……………………………… 1－147
周禮精華六卷………………………… 1－122
京江耆舊集十三卷…………………… 1－192
京報輯要……………………………… 1－312
京報輯要四卷………………………… 1－272

京畿金石考二卷 …………………… 1－119
京畿金石考二卷 …………………… 1－258
享帚齋詞鈔二卷 …………………… 1－204
庚子天津一月記自敘不分卷 ………… 1－372
庚子秋詞二卷 ……………………… 1－162
庚子秋詞二卷 ……………………… 1－162
庚子都門紀事詩六卷首一卷 ………… 1－346
庚子海外紀事四卷 ………………… 1－161
庚子國變彈詞四十回 ……………… 1－283
庚子剿辦淶水拳匪始末稟信摘要不
分卷 ……………………………… 1－161
庚辰集五卷 ………………………… 1－276
性命圭旨四卷 ……………………… 1－262
怡志堂文初編六卷 ………………… 1－217
怡志堂文初編六卷 ………………… 1－306
怡志堂文初編六卷 ………………… 1－307
怡志堂文初編六卷 ………………… 1－320
怡賢親王疏鈔一卷 ………………… 1－130
卷施閣集二十卷 …………………… 1－133
河汾諸老詩集八卷 ………………… 1－258
河東先生集四十五卷外集二卷龍城
錄二卷附錄二卷傳一卷 …………… 1－251
河南先生文集二十七卷附錄一卷 …… 1－180
河南福公司礦案交涉全編不分卷 …… 1－201
泊如齋重修宣和博古圖錄三十卷 …… 1－232
泊如齋重修宣和博古圖錄三十卷 …… 1－259
注補續漢書八志三十卷 …………… 1－148
注解唐詩別裁集二十卷 …………… 1－290
注釋十三經集字音讀三卷首一卷 …… 1－233
治平六策不分卷 …………………… 1－129
治平六策不分卷 …………………… 1－153
治平畧增定全書三十三卷 ………… 1－360
治浙成規八卷 ……………………… 1－127
宗忠簡公集四首一卷附錄一卷 ……… 1－131
定山堂古文小品續集一卷詩餘四卷
……………………………………… 1－143
定香亭筆談四卷 …………………… 1－207
定香亭筆談四卷 …………………… 1－311
定國志二十卷 ……………………… 1－296
定盦文集三卷續集四卷補六卷 ……… 1－378
定盦文集三卷續集四卷補四卷 ……… 1－371
定盦文集三卷續集四卷補五卷補編
四卷 ……………………………… 1－216
［同治］宜昌府志十六卷首一卷 …… 1－322
宜雅堂遺集四卷 …………………… 1－275
空石齋文集二卷 …………………… 1－134
空同集六十三卷 …………………… 1－252
空同詩集三十四卷 ………………… 1－137
空青水碧齋詩集十三卷 …………… 1－192
宛陵先生文集六十卷拾遺一卷 ……… 1－258
宛陵先生集二十九卷拾遺一卷 ……… 1－241
宛陵先生集六十卷拾遺一卷附錄三
卷續金針詩格不分卷 ……………… 1－159
宛鄰書屋古詩錄十二卷 …………… 1－190
郎潛紀聞十六卷 …………………… 1－179
建文書法儗前編一卷正編二卷附編
二卷 ……………………………… 1－254
建康實錄二十卷 …………………… 1－125
建德尚書七十賜壽圖不分卷附壽言
……………………………………… 1－294
居易錄三十四卷 …………………… 1－310
居濟一得八卷 ……………………… 1－196
屈子雜文不分卷 …………………… 1－165
屈賈文合編 ………………………… 1－339
屈辭精義六卷 ……………………… 1－189
弢甫集三十卷 ……………………… 1－345
弢園文錄外編十卷 ………………… 1－275
陔餘叢考四十三卷 ………………… 1－205
陔蘭餘草試帖二卷續編一卷 ……… 1－191
姑妄聽之四卷 ……………………… 1－353
姑溪居士集五十卷後集二十卷校勘
記一卷附錄一卷 ………………… 1－180
始豐藁十四卷補遺一卷附錄一卷 …… 1－155
迦陵詞全集三十卷 ………………… 1－176
［道光］承德府志六十卷首二十六卷
……………………………………… 1－293
孟子正義三十卷 …………………… 1－195
孟子外書集證五卷 ………………… 1－193
孟子事實錄二卷 …………………… 1－209
孟子要略五卷 ……………………… 1－165
孟子編年四卷 ……………………… 1－119
孟子雜記四卷 ……………………… 1－248

孟子讀法附記十四卷…………………… 1－363
孟東野詩集十卷…………………………… 1－238
孟晉齋文集五卷…………………………… 1－182
孟晉齋文集五卷…………………………… 1－216
孟浩然集三卷……………………………… 1－241
孟浩然詩集二卷…………………………… 1－199
孤忠錄二卷附誄文………………………… 1－146
函樓詩鈔八卷……………………………… 1－316
函樓詩鈔八卷因遇詩一卷詞鈔一卷
…………………………………………… 1－264

九畫

契丹國志二十七卷………………………… 1－254
奏定學堂章程不分卷……………………… 1－196
奏定學堂章程不分卷……………………… 1－365
奏定學堂章程不分卷……………………… 1－376
奏略四卷…………………………………… 1－153
奏摺譜一卷………………………………… 1－152
春在堂全書………………………………… 1－162
春在堂全書………………………………… 1－319
春在堂詞錄三卷…………………………… 1－349
春在堂叢書………………………………… 1－340
春在堂叢書………………………………… 1－349
春雨樓詩法指南十六卷首四卷………… 1－261
春雨樓叢書………………………………… 1－340
春草堂三種………………………………… 1－288
春草堂詩話十六卷………………………… 1－190
春秋大旨提綱表四卷……………………… 1－148
春秋大事表五十卷輿圖一卷附錄一
卷………………………………………… 1－270
春秋大事表五十卷輿圖一卷附錄一
卷………………………………………… 1－284
春秋比二卷………………………………… 1－321
春秋比事參義十六卷……………………… 1－120
春秋公羊經傳解詁十二卷附校記一
卷………………………………………… 1－362
春秋公羊經傳解詁十二卷附校勘記
…………………………………………… 1－122
春秋公羊經傳解詁十二卷校記一卷
…………………………………………… 1－147
春秋氏族圖不分卷………………………… 1－127
春秋左氏傳賈服注輯述二十卷………… 1－121
春秋左傳十五卷…………………………… 1－254
春秋左傳五十卷…………………………… 1－263
春秋左傳杜注三十卷……………………… 1－147
春秋左傳杜注校勘記一卷……………… 1－121
春秋左傳詁二十卷………………………… 1－121
春秋左傳評苑三十卷首一卷…………… 1－281
春秋左傳綱目杜林詳注十四卷………… 1－121
春秋左傳釋人十二卷……………………… 1－120
春秋取義測十二卷………………………… 1－147
春秋直解十五卷…………………………… 1－253
春秋或問六卷……………………………… 1－147
春秋宗朱辨義十二卷……………………… 1－147
春秋胡傳三十卷…………………………… 1－121
春秋旁訓四卷……………………………… 1－253
春秋筆削微旨二十六卷…………………… 1－147
春秋疏略五十卷…………………………… 1－147
春秋經傳集解三十卷……………………… 1－253
春秋經傳集解三十卷……………………… 1－255
春秋穀梁經傳補注二十四卷…………… 1－121
春秋說略十二卷…………………………… 1－121
春秋穀梁經傳補注二十五卷…………… 1－149
春秋衡庫三十卷附錄三卷備錄一卷
…………………………………………… 1－254
春秋繁露十七卷…………………………… 1－231
春華集二卷………………………………… 1－298
春華集二卷………………………………… 1－298
春酒堂文集不分卷………………………… 1－168
春暉堂文集五卷…………………………… 1－216
春暉堂叢書………………………………… 1－217
春暉堂叢書………………………………… 1－319
春融堂集六十八卷………………………… 1－268
春融堂雜記八種八卷……………………… 1－206
春融堂雜記八種八卷……………………… 1－206
春燈謎記二卷……………………………… 1－198
春蟄吟不分卷……………………………… 1－174
珂雪詞二卷補遺一卷……………………… 1－235
封氏聞見記十卷…………………………… 1－240
政績匯覽十四卷…………………………… 1－118
郝氏遺書…………………………………… 1－216

郝氏遺書……………………………… 1－273
郝氏遺書……………………………… 1－329
郝文忠公陵川文集三十九卷首一卷
　附録一卷………………………… 1－208
郝文忠公陵川文集三十九卷首一卷
　附録一卷………………………… 1－208
荊釵記二卷………………………… 1－171
荊駝逸史…………………………… 1－225
荊駝逸史…………………………… 1－366
茶聲館文集八卷首一卷補遺四卷續
　補一卷詩集二十卷目録一卷……… 1－292
草木春秋演義五卷三十二回………… 1－297
草木春秋演義五卷三十二回………… 1－339
草字彙十二卷……………………… 1－327
草莽私乘一卷……………………… 1－117
草堂詩餘正集六卷續集二卷别集四
　卷新集五卷………………………… 1－233
草堂詩餘正集六卷續集二卷别集四
　卷新集五卷………………………… 1－235
草堂詩餘四卷圖譜三卷……………… 1－235
草韻彙編二十六卷………………… 1－237
茶香室三鈔二十九卷目録一卷……… 1－285
茶香室叢鈔二十三卷……………… 1－349
茶夢盦爐餘詞……………………… 1－171
茶餘客話十二卷…………………… 1－282
茶磨山人詩鈔八卷………………… 1－300
荀子二十卷………………………… 1－222
荀子二十卷首一卷………………… 1－222
荀子二十卷首一卷………………… 1－222
荀子二十卷校勘補遺一卷………… 1－195
荀子二十卷校勘補遺一卷………… 1－221
荀子集解二十卷首一卷…………… 1－144
荀子集解二十卷首一卷…………… 1－195
荀子雜誌八卷……………………… 1－270
茗柯文初編一卷二編二卷三編一卷
　四編一卷…………………………… 1－345
荒政叢書十卷附録二卷…………… 1－300
故友詩録二編八卷………………… 1－190
故唐律疏議三十卷………………… 1－150
胡氏榮哀録二卷…………………… 1－341
胡文忠公遺集十卷首一卷………… 1－151
胡文忠公遺集十卷首一卷………… 1－153
胡文忠公遺集八十六卷…………… 1－151
胡文忠公遺集八十六卷首一卷……… 1－351
胡文忠公遺集八十六卷首一卷……… 1－370
胡仲子集十卷……………………… 1－183
胡敬齋先生文集三卷……………… 1－188
胡敬齋先生文集三卷……………… 1－211
胡敬齋先生居業録八卷…………… 1－223
胡端敏公奏議十卷………………… 1－129
胡澹庵先生文集三十二卷………… 1－132
荔雨軒文集六卷…………………… 1－345
荔牆詞一卷………………………… 1－355
南山全集十六卷…………………… 1－347
南天痕二十六卷…………………… 1－150
南北史捃華八卷…………………… 1－150
南北史補志十四卷………………… 1－125
南北史補志十四卷………………… 1－150
南北史識小録二十八卷…………… 1－149
南北朝新語四卷…………………… 1－258
南史八十卷………………………… 1－359
南皮節相保存國粹疏不分卷……… 1－129
南邨帖考不分卷…………………… 1－232
南州草堂集三十卷首一卷續集四卷
　菊莊詞二卷詞話一卷……………… 1－242
南江文鈔十二卷札記四卷………… 1－256
南巡盛典一百二十卷……………… 1－172
南巡盛典一百二十卷……………… 1－172
南巡盛典一百二十卷……………… 1－366
南宋文録録二十四卷……………… 1－201
南宋文録録二十四卷……………… 1－202
南宋古蹟攷二卷…………………… 1－306
南宋書六十八卷…………………… 1－254
南宋群賢小集……………………… 1－250
南宋雜事詩七卷目録一卷………… 1－237
南宋纂四卷南齊纂三卷南梁纂四卷
　南陳纂一卷北魏纂五卷北周纂二
　卷北隋纂二卷……………………… 1－365
南宋纂四卷南齊纂三卷南梁纂四卷
　南陳纂一卷北魏纂五卷北周纂二
　卷北隋纂二卷……………………… 1－365
南來志一卷北歸志一卷…………… 1－255

南皐山人詩集類稿七卷……………… 1－347
南省公餘錄八卷……………………… 1－177
南省公餘錄八卷……………………… 1－205
南畇文稿十二卷……………………… 1－167
南畇詩集二十八卷附年譜一卷……… 1－290
南洋官報不分卷……………………… 1－285
南華山房詩鈔二十二卷……………… 1－347
南華真經正義内篇七卷外篇十五卷
　雜篇十一卷識餘一卷……………… 1－194
南華真經正義内篇七卷外篇十五卷
　雜篇十一卷識餘一卷……………… 1－354
南華真經副墨八卷讀南華經雜説一
　卷…………………………………… 1－230
南華真經評注五卷…………………… 1－304
南華真經解三卷……………………… 1－333
南華發覆八卷………………………… 1－165
南華經十六卷………………………… 1－231
南軒文集四十四卷…………………… 1－314
南軒先生文集四十四卷……………… 1－180
南唐書十八卷………………………… 1－254
南唐書三十卷………………………… 1－125
南海先生戊戌奏稿不分卷…………… 1－129
[道光]南宫縣志十六卷　…………… 1－314
[道光]南宫縣志十六卷　…………… 1－344
南菁講舍文集六卷…………………… 1－168
南菁講舍文集六卷文鈔二集六卷…… 1－168
南越筆記十六卷……………………… 1－280
南詔野史二卷………………………… 1－126
[光緒]南匯縣志二十二卷首一卷末
　一卷………………………………… 1－273
南雷文定十一卷後集四卷附録一卷
　……………………………………… 1－251
南雷文定五集四卷…………………… 1－251
南雷文定前集十一卷後集四卷三集
　三卷………………………………… 1－132
南雷文案十卷外集一卷詩曆三卷…… 1－251
南園後五先生詩二十五卷首一卷附
　南園花信詩一卷…………………… 1－309
南園後五先生詩二十五卷首一卷附
　南園花信詩一卷…………………… 1－309
南園前五先生詩五卷首一卷………… 1－309
南齊書五十九卷……………………… 1－359
南漢書十八卷考異十八卷文字畧四
　卷叢錄二卷………………………… 1－149
南漢書十八卷考異十八卷文字畧四
　卷叢錄二卷………………………… 1－150
南澗文集二卷………………………… 1－379
南豐先生元豐類稿五十三卷………… 1－208
南豐先生元豐類稿五十三卷………… 1－209
南豐先生元豐類稿五十三卷………… 1－209
南豐先生元豐類藁五十卷續附一卷
　……………………………………… 1－252
南豐先生元豐類藁五十卷續附一卷
　……………………………………… 1－252
南疆繹史勘本三十卷首二卷………… 1－261
查氏一門烈女編不分卷……………… 1－269
柏堂集十四卷………………………… 1－133
柏堂集十四卷………………………… 1－134
柏堂集前編十四卷次編十三卷……… 1－133
柏巖文集四卷………………………… 1－323
柳河東集四十卷……………………… 1－131
柳南文鈔六卷詩鈔十卷……………… 1－167
柳柳州外集一卷……………………… 1－311
柳待制文集二十卷…………………… 1－330
柳亭詩話三十卷……………………… 1－236
柳堂師友詩録不分卷………………… 1－220
柈湖文集十二卷……………………… 1－288
咸淳臨安志一百卷校栞劄記三卷…… 1－195
咸豐以來功臣别傳三十卷…………… 1－144
咸豐以來功臣别傳三十卷…………… 1－375
咸豐東華錄一百卷…………………… 1－141
研六室文鈔十卷補遺一卷…………… 1－323
耐安類稿五種………………………… 1－178
耐冷譚十六卷………………………… 1－224
耐庵文存六卷………………………… 1－164
耐庵文存六卷………………………… 1－164
耐庵文存全集六卷…………………… 1－183
奎壁詩經八卷………………………… 1－189
奎壁詩經八卷………………………… 1－374
括地志八卷…………………………… 1－131
拾雅二十卷…………………………… 1－279
拾雅六卷……………………………… 1－328

指月錄三十卷 …… 1－224
按鑑演義帝王御世有商誌傳四卷 …… 1－334
皆大歡喜四卷 …… 1－331
貞豐詩萃五卷 …… 1－143
貞觀政要十卷 …… 1－125
省軒考古類編十二卷 …… 1－119
省齋全集十二卷 …… 1－187
是程堂集十四卷二集四卷耶溪漁隱詞二卷 …… 1－243
映旭齋增訂北宋三遂平妖全傳十八卷四十回 …… 1－249
映雪齋筆記六卷 …… 1－249
星軺日記類編七十六卷 …… 1－179
星輶攷轍四卷 …… 1－308
昭代名人尺牘小傳二十四卷 …… 1－147
昭代名人尺牘小傳二十四卷 …… 1－296
昭代詞選三十八卷 …… 1－235
昭代經濟言十四卷 …… 1－332
昭代叢書 …… 1－244
昭代叢書 …… 1－368
昭明文選十五卷 …… 1－374
畏齋文集四卷 …… 1－135
毗陵伍氏合集 …… 1－165
毘陵徐氏家集 …… 1－163
虹橋老屋遺稿文四卷詩五卷補遺三卷 …… 1－169
思益堂詩六卷文二卷詞一卷日劄十卷駢文一卷 …… 1－186
思庵野錄三卷思庵薛先生行實一卷 …… 1－132
思棗室算學餘譚二卷 …… 1－197
思補齋文集四卷 …… 1－168
思補齋文集四卷 …… 1－183
思補齋筆記八卷 …… 1－163
思綺堂文集十卷 …… 1－156
思綺堂文集十卷 …… 1－287
思綺堂文集十卷 …… 1－324
思辨錄輯要前集二十二卷後集十三卷 …… 1－170
韋齋集十二卷 …… 1－250
韋蘇州集十卷拾遺一卷 …… 1－239
韋廬詩内集四卷首一卷末一卷外集四卷首一卷末一卷 …… 1－300
韋廬詩内集四卷首一卷末一卷外集四卷首一卷末一卷 …… 1－349
峚陽草堂詩集二十卷 …… 1－214
幽夢影二卷 …… 1－177
拜石山房詞鈔四卷 …… 1－176
拜石山房詞鈔四卷 …… 1－228
拜石山房詞鈔四卷 …… 1－337
拜經樓藏書題跋記五卷附錄一卷 …… 1－224
看蠶詞一卷 …… 1－317
香山詩選六卷 …… 1－362
香海盦叢書 …… 1－325
香屑集十八卷 …… 1－276
香屑集十八卷首一卷末一卷 …… 1－376
香痕奩影集四卷 …… 1－169
香痕奩影集四卷閨秀一卷 …… 1－165
香墅漫鈔四卷 …… 1－206
香樹齋文集二十八卷詩集十八卷 …… 1－348
香樹齋詩集十八卷詩續集三十六卷 …… 1－358
香禪精舍集二十九卷 …… 1－181
香蘇山館古體詩鈔十六卷今體詩鈔十八卷 …… 1－191
秋江集注六卷 …… 1－346
秋江集注六卷 …… 1－347
秋谷文集不分卷 …… 1－207
秋門草堂詩鈔四卷 …… 1－220
秋根書室詩文集十四卷西行紀程二卷西征集一卷 …… 1－213
秋浦雙忠錄四十卷 …… 1－171
秋園雜佩一卷 …… 1－267
秋塍文鈔十二卷 …… 1－157
秋影山房詞不分卷 …… 1－175
秋審實緩比較彙案十六卷續編八卷 …… 1－226
秋燈叢話十八卷 …… 1－303
科名金鍼不分卷 …… 1－285
科名金鍼不分卷 …… 1－357
重刊五百家注音辯昌黎先生文集四十卷 …… 1－209

重刊文信國公全集十七卷首一卷…… 1－310
［光緒］重刊江甯府志五十六卷校勘
記一卷……………………………… 1－322
重刊宋本十三經注疏附校勘記……… 1－166
重刊宋本十三經注疏附校勘記……… 1－292
重刊宋本十三經註疏附校勘記……… 1－358
重刊武經七書彙解七卷首一卷末一
卷…………………………………… 1－195
重刊明成化本東坡七集……………… 1－357
重刊拜經樓叢書七種………………… 1－300
重刊拜經樓叢書七種………………… 1－321
重刊校正笠澤叢書四卷補遺一卷續
補遺一卷…………………………… 1－142
重刻一峰先生集十卷………………… 1－211
重刻朱文端公三傳歷代名儒傳八卷
…………………………………… 1－278
重刻徐氏三種………………………… 1－266
重刻黄文節山谷先生文集三十卷…… 1－250
重刻賴古堂尺牘新鈔三選結鄰集十
六卷………………………………… 1－177
［光緒］重修天津府志五十四卷 …… 1－264
［道光］重修平度州志二十七卷 …… 1－320
［嘉慶］重修揚州府志七十二卷首一
卷…………………………………… 1－277
［道光］重修膠州志四十卷 ………… 1－322
重訂七經精義二十三卷……………… 1－321
重訂文選集評十五卷………………… 1－174
重訂古文釋義新編八卷……………… 1－201
重訂古文釋義新編八卷……………… 1－266
重訂古文釋義新編八卷……………… 1－267
重訂古文釋義新編八卷……………… 1－289
重訂古文釋義新編八卷……………… 1－363
重訂四六類腋………………………… 1－361
重訂幼學須知句解四卷……………… 1－351
重訂西青散記八卷…………………… 1－177
重訂李義山詩集箋注三卷集外詩箋
注一卷年譜一卷詩話一卷………… 1－261
重訂徐氏三種………………………… 1－266
重訂路史前紀九卷…………………… 1－204
重訂廣事類賦四十卷………………… 1－343
重校十三經不貳字不分卷…………… 1－357
重論文齋筆錄十二卷………………… 1－218
重編三立祠列傳二卷附錄一卷……… 1－373
重編東坡先生外集八十六卷年譜一
卷…………………………………… 1－250
重鐫繡像后西遊記四十回…………… 1－335
段氏説文注訂八卷…………………… 1－266
段注説文解字三十二卷……………… 1－308
俠義傳二十四卷一百二十回………… 1－335
修本堂叢書十種……………………… 1－214
修史試筆二卷………………………… 1－236
保甲書四卷…………………………… 1－128
［光緒］保安州續志四卷 …………… 1－315
侶樊草堂詩鈔六卷…………………… 1－192
信好錄四卷…………………………… 1－166
信陽詩集二十六卷…………………… 1－168
皇華紀聞四卷………………………… 1－205
皇清開國方略三十二卷首一卷……… 1－259
皇清經解一千三百七十九卷首一卷
…………………………………… 1－372
皇清經解一千四百卷………………… 1－352
皇清經解一千四百卷………………… 1－356
皇清經解一千四百零八卷…………… 1－364
皇清經解一千四百零八卷首一卷…… 1－374
皇清經解分經合纂十六卷…………… 1－361
皇清經解縮版編目十六卷…………… 1－144
皇清經解縮版編目十六卷…………… 1－361
皇清經解續編一千四百三十卷……… 1－352
皇清誥授資政大夫贈内閣學士國史
館立傳二品銜原任山東登萊青道
劉公事寔彙編不分卷……………… 1－375
皇清誥授資政大夫贈内閣學士國史
館立傳二品銜原任山東登萊青道
劉公事實彙編……………………… 1－147
皇朝中外一統輿圖中一卷南十卷北
二十卷首一卷……………………… 1－306
皇朝中外一統輿圖中一卷南十卷北
二十卷首一卷……………………… 1－326
皇朝中外一統輿圖中一卷南十卷北
二十卷首一卷……………………… 1－341
皇朝中外一統輿圖中一卷南十卷北
二十卷首一卷……………………… 1－342

皇朝中外一統輿圖中一卷南五卷北十卷…… 1－307
皇朝文獻通考三百卷…… 1－270
皇朝文獻通考三百卷…… 1－367
皇朝文獻通考三百卷…… 1－377
皇朝文獻通考序不分卷…… 1－152
皇朝武功紀盛四卷…… 1－160
皇朝紀略不分卷…… 1－200
皇朝通志一百二十六卷…… 1－270
皇朝通志一百二十六卷…… 1－377
皇朝通典一百卷…… 1－270
皇朝通典一百卷…… 1－377
皇朝掌故彙編内編六十卷首一卷…… 1－172
皇朝詞林典故六十四卷…… 1－151
皇朝道咸同光奏議六十四卷…… 1－130
皇朝蓄艾文編八十卷…… 1－370
皇朝蓄艾文編八十卷目錄一卷…… 1－263
皇朝蓄艾文編八十卷目錄一卷…… 1－278
皇朝經世文三編八十卷…… 1－267
皇朝經世文三編八十卷…… 1－272
皇朝經世文三編八十卷…… 1－350
皇朝經世文四編五十二卷…… 1－373
皇朝經世文統編一百二十卷…… 1－375
皇朝經世文統編一百零七卷…… 1－302
皇朝經世文統編一百零七卷…… 1－350
皇朝經世文新增續編一百二十卷新增時務續編四十卷新增洋務續編八卷…… 1－375
皇朝經世文新編二十一卷…… 1－267
皇朝經世文新編二十一卷…… 1－272
皇朝經世文新編二十一卷…… 1－313
皇朝經世文新編三十二卷…… 1－267
皇朝經世文新編三十二卷…… 1－267
皇朝經世文編一百二十卷姓名總目二卷…… 1－296
皇朝經世文編一百二十卷姓名總目二卷…… 1－350
皇朝經世文編一百二十卷姓名總目二卷…… 1－366
皇朝經世文編一百二十卷姓名總目三卷…… 1－350
皇朝經世文編一百二十卷姓名總目三卷…… 1－362
皇朝經世文編一百二十卷姓名總錄三卷…… 1－366
皇朝經世文編五集三十二卷…… 1－289
皇朝經世文續編一百二十卷…… 1－263
皇朝經世文續編一百二十卷…… 1－328
皇朝經世文續編一百二十卷…… 1－350
皇朝經世文續編一百二十卷…… 1－367
皇朝經濟文新編二十一卷…… 1－308
皇朝謚法考五卷續編一卷補編一卷…… 1－293
皇朝藩部要略十八卷世系表四卷…… 1－160
皇朝藩部要略十六卷附表四卷…… 1－131
皇朝藩部要略十六卷附表四卷…… 1－152
皇朝續文獻通考三百二十卷…… 1－364
皇極經世緒言九卷首二卷…… 1－165
鬼董五卷…… 1－344
泉布統志九首一卷附一卷…… 1－160
泉志十五卷…… 1－119
泉志校誤四卷…… 1－146
禹貢分箋七卷…… 1－306
禹貢分箋七卷…… 1－307
禹貢古今注通釋六卷…… 1－341
禹貢易知編十二卷…… 1－341
禹貢會箋十二卷山水總目一卷圖一卷…… 1－307
禹貢會箋十二卷山水總目一卷圖一卷…… 1－341
禹貢錐指二十卷略例圖一卷…… 1－368
禹貢錐指二十卷圖一卷…… 1－255
侯官嚴氏叢刻五種…… 1－329
侯鯖集十卷…… 1－143
侯鯖集十卷…… 1－349
盾鼻餘瀋不分卷附聯語…… 1－179
衎石齋記事稿十卷續稿十卷…… 1－157
衍慶録十卷…… 1－257
律音義不分卷…… 1－150
律陶不分卷…… 1－316
後山居士詩話一卷…… 1－361
後山集二十四卷…… 1－142

後郙居士詩十六卷詩話二卷………… 1－159
後村題跋四卷…………………………… 1－234
後知不足齋叢書………………………… 1－301
後紅樓夢三十二卷首一卷…………… 1－312
後傳六卷四十二回……………………… 1－354
後漢紀三十卷…………………………… 1－150
後漢書一百二十卷……………………… 1－124
後漢書補注二十四卷………………… 1－149
後樂堂集文鈔九卷詩存一卷文鈔續
編九卷……………………………… 1－293
後續大宋楊家將文武曲星包公狄青
初傳十四卷六十八回……………… 1－354
後續琥珀鳳釵柳希雲全本六卷……… 1－283
俞俞齋文稿初集四卷詩稿初集二卷
詩餘一卷…………………………… 1－186
俞俞齋文稿初集四卷詩稿初集二卷
詩餘一卷…………………………… 1－216
弇山畢公年譜一卷…………………… 1－120
弇州山人四部稿一百七十四卷目録
十二卷……………………………… 1－247
弇州山人四部稿選十六卷…………… 1－251
弇州史料前集三十卷後集七十卷…… 1－255
食舊德齋雜著二卷…………………… 1－157
食舊德齋雜著不分卷………………… 1－284
食舊德齋雜著不分卷………………… 1－373
食舊德齋雜著不分卷附錄一卷……… 1－294
勉行堂文集六卷……………………… 1－264
風月堂詩話二卷……………………… 1－217
風雨樓叢書…………………………… 1－283
風雨樓叢書…………………………… 1－319
哀生閣初稿四卷續稿三卷…………… 1－213
亭林遺書十種………………………… 1－256
亭林遺書十種………………………… 1－257
亭林遺書十種………………………… 1－327
度支部通阜司奏案輯要六卷………… 1－129
度龍記四卷…………………………… 1－320
施注蘇詩四十二卷…………………… 1－241
施案奇聞八卷九十七回……………… 1－271
施愚山先生學餘詩集五十卷………… 1－365
音律指迷二卷………………………… 1－197
音韵闡微十八卷……………………… 1－237
音學五書三十八卷…………………… 1－130
音學五書三十八卷…………………… 1－336
音學五書三十八卷…………………… 1－336
音學五書三十八卷…………………… 1－378
音韻闡微十八卷韻譜一卷…………… 1－300
音釋坐花誌果八卷…………………… 1－302
帝王廟諡年諱譜不分卷……………… 1－283
帝輿合覽二卷………………………… 1－342
恒言錄六卷…………………………… 1－277
恒軒所見所藏吉金錄不分卷………… 1－200
姜白石詩詞合集……………………… 1－234
前後蜀雜事詩二卷…………………… 1－275
前唐十二家詩二十四卷……………… 1－240
前漢紀三十卷………………………… 1－150
前漢書一百二十卷…………………… 1－124
前漢書一百二十卷…………………… 1－358
前漢書一百卷………………………… 1－255
前漢補注一百卷……………………… 1－149
前漢補注一百卷首一卷……………… 1－278
前編十八卷舉要三卷………………… 1－254
逆臣傳十二卷………………………… 1－272
炳燭編四卷…………………………… 1－280
洪氏泉志校誤四卷…………………… 1－119
洪北江全集…………………………… 1－331
洪北江全集更生齋詩餘二卷詩集八
卷詩續集十卷文集二卷………… 1－324
洪武正韻十六卷……………………… 1－232
洪範宗經三卷………………………… 1－222
洪範說不分卷孝經不分卷握奇經本
不分卷榕樹講授劄記…………… 1－223
洹詞十二卷…………………………… 1－262
洧陽送別詩一卷……………………… 1－233
洞庭文集十二卷詩集十八卷………… 1－181
洞庭湖柳毅傳書雜劇一卷…………… 1－305
洗冤錄詳義四卷首一卷附摭遺二卷
摭遺補一卷……………………… 1－285
洗冤錄辨正六卷……………………… 1－197
洗冤錄辨正六卷……………………… 1－197
洛山人詩鈔十二卷…………………… 1－347
[乾隆]洛陽縣志二十四卷 ………… 1－255
洋務新論六卷………………………… 1－151

洋務輯要不分卷…… 1－154
洴澼百金方十四卷…… 1－144
津邑歷科選舉錄一卷…… 1－378
津邑歷科選舉錄一卷…… 1－378
津門小令不分卷…… 1－310
津門古文所見錄四卷…… 1－277
津門古文所見錄四卷…… 1－349
津門紀略十二卷…… 1－274
津門詩鈔三十卷…… 1－192
津門徵獻詩八卷…… 1－265
津門徵獻詩八卷…… 1－276
津門徵獻詩八卷…… 1－300
津門徵獻詩八卷…… 1－362
津門雜記三卷…… 1－314
津門雜記三卷…… 1－354
津逮祕書…… 1－163
津逮秘書…… 1－234
津逮秘書…… 1－234
宦遊紀略二卷…… 1－178
客窗閒話八卷續八卷…… 1－282
客窗閒話八卷續八卷…… 1－282
客牕偶筆四卷…… 1－334
客牕偶筆四卷二筆一卷…… 1－293
扁善齋文存二卷…… 1－167
祖英集二卷…… 1－249
祖國女界文豪譜不分卷…… 1－118
祕書廿一種…… 1－303
郡齋讀書志二十卷附志一卷首一卷…… 1－298
退一步草堂詩鈔一卷詞鈔一卷附小唱一卷…… 1－324
退一步齋詩集十六卷文集四卷蕉軒續錄二卷…… 1－216
退菴詩存二十五卷…… 1－275
恖進齋叢書…… 1－350
屏山先生文集二十卷…… 1－209
眉綠樓詞八種…… 1－141
眉綠樓詞八種…… 1－175
眉韻樓詩話六卷續編二卷…… 1－217
眉韻樓詩話續編二卷…… 1－218
[雍正]陝西通志一百卷首一卷 …… 1－316
姚氏叢刻…… 1－328
姚文敏公遺稾九卷奏議補缺一卷校勘記一卷…… 1－211
姚文敏公遺稿九卷奏議補缺一卷…… 1－183
飛龍全傳十二卷六十回…… 1－284
飛龍全傳十二卷六十回…… 1－336
癸巳存稿十五卷…… 1－292
癸巳類稿十五卷…… 1－330
紅杏山房詩鈔四卷…… 1－192
紅豆樹館詞八卷…… 1－203
紅梨記不分卷…… 1－233
紅葵齋詩草四卷…… 1－307
紅粟山莊詩六卷詩續六卷詩餘一卷詩補遺一卷…… 1－264
紅樓復夢一百回…… 1－297
紅樓夢一百二十回…… 1－316
紅樓夢偶說二卷…… 1－219
紅樓夢補四十八回…… 1－284
紅樓夢補四十八回…… 1－334
紅樓夢傳奇四卷…… 1－198
紅樓圓夢三十回…… 1－355
約章成案匯覽甲篇十卷乙篇四十二卷…… 1－379
約章成案匯覽甲編十卷乙編四十二卷…… 1－201
約章成案匯覽甲編十卷乙編四十二卷…… 1－204
約章成案彙編甲編十卷乙編四十二卷…… 1－173
紀元編三卷…… 1－152
紀氏嘉言四卷…… 1－332
紀文達公遺集三十二卷…… 1－187
紀文達公遺集三十二卷…… 1－299
紀文達公遺集三十二卷…… 1－367
紀文達公遺集三十二卷…… 1－372
紀城文稿四卷詩稿四卷…… 1－211
紀遊草二卷…… 1－290
紀載彙編十種…… 1－128
紀聞類編十四卷…… 1－128

十畫

馬太史匡庵詩前集六卷匡庵詩集六卷……………………………… 1－317
馬文莊公文集選十五卷附錄一卷…… 1－214
馬端敏公奏議八卷…………………… 1－130
馬端肅公奏議十六卷首一卷………… 1－154
秦淮八豔圖詠一卷…………………… 1－228
秦淮八豔圖詠一卷…………………… 1－337
秦漢文懷二十卷……………………… 1－244
泰山志二十卷………………………… 1－170
[道光]泰州志三十六卷 …………… 1－273
泰雲堂集二十五卷…………………… 1－186
泰雲堂集文集二卷駢體文集二卷詩集十八卷詞集三卷…………………… 1－214
泰雲堂集文集二卷駢體文集二卷詩集十八卷詞集三卷…………………… 1－291
珠玉詞鈔一卷小山詞一卷…………… 1－204
珠玉詞鈔一卷補鈔一卷……………… 1－204
珠玉詞補鈔一卷……………………… 1－142
班馬異同三十五卷…………………… 1－253
素行室經說二卷……………………… 1－165
袁中郎先生批評唐伯虎匯集四卷紀事一卷傳贊一卷…………………… 1－247
袁文箋正十六卷附錄小傳一卷……… 1－167
都梁草二卷補遺一卷唱和集一卷題詞一卷……………………………… 1－217
華氏家族遺事紀聞不分卷…………… 1－151
華氏晴雲派天津支宗譜不分卷……… 1－124
華制存考不分卷……………………… 1－127
華制存考不分卷……………………… 1－366
華陽集四十卷………………………… 1－198
華嶽志八首一卷……………………… 1－195
莆陽文輯五卷………………………… 1－277
莫愁湖志六卷首一卷………………… 1－222
莊子十卷……………………………… 1－194
莊子內篇注四卷……………………… 1－132
莊子因六卷…………………………… 1－194
莊子因六卷…………………………… 1－195
莊子因六卷…………………………… 1－222
莊子郭注十卷………………………… 1－231
莊子雪三卷…………………………… 1－279
莊子獨見三十三卷…………………… 1－170
荷戈紀程不分卷……………………… 1－370
荷廊筆記四卷………………………… 1－205
荻芬書屋文稿不分卷………………… 1－156
莘齋文鈔四卷………………………… 1－346
真木吟二卷…………………………… 1－325
真西山全集…………………………… 1－317
真珠船二十卷………………………… 1－257
桂苑筆耕集二十卷…………………… 1－250
桂溪項氏詞譜二卷…………………… 1－120
桂馨堂集……………………………… 1－346
桂馨堂集八卷………………………… 1－347
栖香詞………………………………… 1－162
栖雲閣文集十五卷…………………… 1－368
栖雲閣詩十六卷……………………… 1－276
桐月修簫譜一卷……………………… 1－235
桐城吳氏古文讀本十三卷…………… 1－370
桐城吳先生全書……………………… 1－269
桐城吳先生全書……………………… 1－315
桐城吳先生全書……………………… 1－324
桐城耆舊傳十二卷…………………… 1－118
桐華舸詩鈔八卷續鈔八卷末一卷明季詠史詩一卷褒忠詩一卷………… 1－323
桐華閣文集十二卷…………………… 1－291
桐陰論畫二卷首一卷附錄一卷……… 1－196
桐陰論畫二卷首一卷畫訣一卷……… 1－226
[光緒]桐鄉縣志二十四卷首四卷附四卷………………………………… 1－322
桃花扇二卷…………………………… 1－366
桃花扇二卷首一卷…………………… 1－198
桃花扇傳奇二卷四十出……………… 1－366
桃谿雪二卷…………………………… 1－227
桃谿雪二卷…………………………… 1－337
格言聯璧不分卷……………………… 1－222
格致精華錄四卷附錄二種…………… 1－343
格致鏡原一百卷……………………… 1－340
格致鏡原一百卷……………………… 1－351
格致鏡原一百卷……………………… 1－363
栘華館駢體文四卷…………………… 1－344

校刊西學八種續刻四種 …………… 1－229
校刊詞律二十卷 …………… 1－265
校刊增注四書便蒙十九卷 …………… 1－314
校正一卷附錄一卷 …………… 1－308
校本四書不分卷 …………… 1－344
校邠廬抗議二卷 …………… 1－336
校訂困學紀聞注二十卷 …………… 1－304
校徐集札記一卷 …………… 1－362
校經山房叢書二十七種 …………… 1－302
校經堂二集九卷 …………… 1－168
校經廎文稿十八卷 …………… 1－213
校漢書八表八卷 …………… 1－149
校增字學舉隅不分卷 …………… 1－295
栗大王年譜不分卷 …………… 1－161
酌中志餘二卷 …………… 1－315
夏峰先生集十四卷補遺二卷 …………… 1－210
夏峰先生集十四卷補遺二卷 …………… 1－210
夏商合傳 …………… 1－354
砥齋集十二卷 …………… 1－134
砥齋集十二卷 …………… 1－134
原本海公大紅袍傳六十卷 …………… 1－285
原圃集一卷塞菴詩一續一卷二續一卷張民表先生詩三續一卷 …………… 1－243
原學編二卷 …………… 1－341
原獻詩錄三卷文錄四卷原故文錄一卷 …………… 1－174
振綺堂叢書 …………… 1－144
振綺堂叢書 …………… 1－356
晉二俊集二十卷 …………… 1－350
晉中書令王獻之法帖不分卷 …………… 1－267
晉文歸八卷 …………… 1－233
晉司隸校尉傅玄集三卷 …………… 1－304
晉記輯本漢晉春秋輯本 …………… 1－149
晉書一百三十卷 …………… 1－254
晉書一百三十卷附音義三卷 …………… 1－359
晉書地理志新補正五卷 …………… 1－341
晉略六十五卷序目一卷 …………… 1－121
晉略六十五卷序目一卷 …………… 1－125
時事新論十二卷 …………… 1－151
時事新編初集六卷 …………… 1－151
時事新編初集六卷 …………… 1－366
時事新編初集六卷 …………… 1－376
時務通考三十一卷 …………… 1－328
時務通考三十一卷 …………… 1－367
時務通考三十一卷首一卷 …………… 1－166
時務報三十卷附書八種 …………… 1－331
時晴齋詞鈔不分卷 …………… 1－176
眠琴閣遺文五卷 …………… 1－374
眠琴閣遺詩二卷 …………… 1－134
眠琴閣遺詩二卷 …………… 1－134
眠琴閣遺詩二卷 …………… 1－374
晁具茨先生詩集十五卷 …………… 1－138
剔弊廣增分韻五方元音二卷首一卷 …………… 1－278
晏子春秋七卷 …………… 1－195
晏子春秋内篇六卷外篇二卷 …………… 1－193
恩福堂筆記二卷 …………… 1－178
豈有此理四卷 …………… 1－179
峭帆樓叢書 …………… 1－301
莪眉瓦屋游草二卷 …………… 1－265
乘查筆記一卷 …………… 1－311
乘查筆記不分卷 …………… 1－320
秣陵春傳奇二卷 …………… 1－249
秣陵集六卷 …………… 1－307
秣陵集六卷 …………… 1－307
秘傳花鏡六卷 …………… 1－227
笑中緣圖說十二卷七十五回 …………… 1－333
笑笑錄六卷 …………… 1－312
借箸雜俎四卷 …………… 1－136
倚松老人詩集二卷 …………… 1－292
倚晴樓集 …………… 1－184
倚晴樓集 …………… 1－288
倭文端公遺書十一卷 …………… 1－136
倭文端公遺書十一卷首二卷末一卷續三卷 …………… 1－228
倭文端公遺書十一卷首二卷末一卷續三卷 …………… 1－338
倭文端公遺書八卷首二卷末一卷續三卷 …………… 1－164
健餘先生文集十卷 …………… 1－134
躬厚堂詩錄十卷 …………… 1－324
躬恥齋文鈔二十卷首一卷 …………… 1－156

躬恥齋詩鈔十四卷…………………… 1－290
息柯居士全集………………………… 1－163
息影山房詩鈔二卷…………………… 1－191
息影偶錄八卷………………………… 1－302
息影偶錄八卷………………………… 1－310
師山先生文集八卷…………………… 1－131
師善錄三卷…………………………… 1－206
師說十二卷…………………………… 1－244
師鄭堂集六卷………………………… 1－351
徑北草堂印須集初刻不分卷………… 1－276
徐氏三種……………………………… 1－286
徐文長文集三十卷四聲猿一卷……… 1－247
徐州二遺民集十卷…………………… 1－269
徐州二遺民集十卷…………………… 1－282
徐孝穆集六卷………………………… 1－163
徐侍郎集二卷………………………… 1－247
徐烈婦詩鈔二卷首一卷……………… 1－347
徐霞客遊記十卷外編一卷補編一卷
…………………………………………… 1－342
徐騎省集三十卷補遺一卷…………… 1－155
徐騎省集三十卷補遺一卷…………… 1－362
殷商貞卜文字考一卷………………… 1－335
殷商貞卜文字考不分卷……………… 1－308
航海述奇四卷………………………… 1－313
航海述奇四卷………………………… 1－341
奚囊蠹餘二十卷補遺一卷附錄二卷
…………………………………………… 1－186
倉頡篇輯三卷續一卷補二卷………… 1－262
飣餖吟十二卷………………………… 1－288
翁方綱書金剛經……………………… 1－259
留松堂詩存五卷……………………… 1－220
留春草堂詩鈔七卷…………………… 1－275
留都見聞錄二卷……………………… 1－126
留雲借月盦詞五卷…………………… 1－204
訓蒙千字文不分卷…………………… 1－306
記事珠十卷…………………………… 1－343
記事珠十卷…………………………… 1－343
記海錯一卷…………………………… 1－197
記載彙編……………………………… 1－229
記載彙編……………………………… 1－338
訒齋墓誌銘一卷文鈔二卷詩一卷手
札四卷附錄家訓二卷………………… 1－187
高子遺書十二卷……………………… 1－185
高子遺書十二卷……………………… 1－185
高石齋文鈔三卷……………………… 1－135
高季迪先生大全集十八卷…………… 1－219
高季迪先生大全集十八卷…………… 1－290
[乾隆]高郵州志十二卷首一卷 …… 1－273
高陶堂遺集…………………………… 1－213
高陶堂遺集…………………………… 1－216
郭氏傳家易說十一卷………………… 1－193
郭明經遺集四卷……………………… 1－143
郭明經遺集四卷……………………… 1－182
郭明經遺集四卷……………………… 1－215
郭侍郎奏疏十二卷…………………… 1－130
郭康介公遺集不分卷………………… 1－183
庴堂集五十卷續八卷補遺二卷……… 1－187
病榻夢痕錄二卷錄餘一卷…………… 1－145
病榻夢痕錄二卷錄餘一卷…………… 1－163
唐十二家詩十二卷…………………… 1－240
唐十二家詩十二種四十九卷………… 1－243
唐人三家集三種……………………… 1－199
唐人三家集三種……………………… 1－230
唐人三家集三種……………………… 1－319
唐人三家集三種……………………… 1－330
唐人三家集三種……………………… 1－331
唐人三家集三種……………………… 1－339
唐人五十家小集……………………… 1－139
唐人五十家小集……………………… 1－140
唐人五言長律清律集六卷…………… 1－140
唐人五言排律詩論三卷……………… 1－217
唐人四集十二卷……………………… 1－240
唐人說薈二十卷……………………… 1－282
唐人選唐詩八種二十三卷…………… 1－240
唐人選唐詩八種二十三卷…………… 1－240
唐才子傳十卷………………………… 1－118
[光緒]唐山縣志十二卷首一卷末一
卷……………………………………… 1－314
唐王燾先生外臺秘要方四十卷……… 1－225
唐五代詞選三卷……………………… 1－142
唐五代詞選三卷……………………… 1－175

唐六名家集四十二卷 …………………… 1－239
唐文粹一百卷 ………………………… 1－286
唐文粹一百卷 ………………………… 1－349
唐文粹刪十卷宋文鑑刪十二卷元文
　類刪四卷 ………………………… 1－244
唐四家詩 ……………………………… 1－159
唐四家詩八卷 ………………………… 1－237
唐代叢書一百六十四種 ……………… 1－318
唐市徵獻錄二卷 ……………………… 1－310
唐皮日休文藪十卷 …………………… 1－179
唐丞相曲江張文獻公集十二卷 ……… 1－209
唐李杜詩集十六卷 …………………… 1－268
唐李長吉詩集四卷外詩集一卷 ……… 1－243
唐宋十大家全集錄五十一卷首一卷
　………………………………………… 1－310
唐宋十大家全集錄五十一卷首一卷
　………………………………………… 1－318
唐宋十大家全集錄五十一卷首一卷
　………………………………………… 1－363
唐宋八大家文鈔一百四十四卷 ……… 1－243
唐宋八大家類選十四卷 ……………… 1－291
唐宋八大家類選十四卷 ……………… 1－351
唐宋叢書 ……………………………… 1－338
唐荊川先生文集十二卷 ……………… 1－214
唐律名例不分卷 ……………………… 1－150
唐音戊籤二百零一卷餘六十三卷 …… 1－240
唐書二百卷 …………………………… 1－360
唐陸宣公集二十二卷 ………………… 1－252
唐黄御史集八卷附錄一卷 …………… 1－155
唐黄御史集八卷附録一卷 …………… 1－250
唐張中丞事實集錄三卷 ……………… 1－117
唐張司業詩集不分卷 ………………… 1－138
唐雅八卷 ……………………………… 1－140
唐雅八卷 ……………………………… 1－341
唐雅同聲五十卷目録二卷 …………… 1－238
唐試律箋二卷 ………………………… 1－140
唐詩三百首注疏六卷 ………………… 1－139
唐詩三百首注疏六卷 ………………… 1－279
唐詩三百首註疏六卷 ………………… 1－159
唐詩三百首註釋六卷附唐詩三百首
　續選一卷 ………………………… 1－311
唐詩三百首補注八卷 ………………… 1－139
唐詩三百首補注八卷 ………………… 1－159
唐詩三百首箋不分卷 ………………… 1－159
唐詩三百首續選不分卷 ……………… 1－336
唐詩百名家全集三百二十六卷 ……… 1－240
唐詩成法十二卷 ……………………… 1－189
唐詩別裁集二十卷 …………………… 1－261
唐詩金粉十卷 ………………………… 1－217
唐詩品彙九十卷拾遺十卷 …………… 1－240
唐詩紀一百七十卷目録三十四卷 …… 1－240
唐詩鼓吹四卷 ………………………… 1－191
唐詩解五十卷詩人爵里一卷 ………… 1－241
唐詩解五十卷詩人爵里一卷 ………… 1－241
唐詩選六卷 …………………………… 1－140
唐詩選勝直解不分卷 ………………… 1－159
唐詩類苑二百卷 ……………………… 1－329
唐詩觀瀾集二十四卷唐人小傳一卷
　………………………………………… 1－232
唐語林八卷 …………………………… 1－306
唐語林八卷 …………………………… 1－332
唐賢三昧集三卷 ……………………… 1－258
唐諸家同咏集一卷贈題集一卷歷朝
　諸家評王右丞詩畫鈔一卷 ………… 1－248
唐駢體文鈔十七卷 …………………… 1－161
唐盧户部詩集十卷 …………………… 1－240
唐韓昌黎集四十卷外集十卷遺文一
　卷 ………………………………… 1－259
唐類函二百卷目録二卷 ……………… 1－256
唐釋湛然輔行記四十卷 ……………… 1－291
唐鑑二十四卷 ………………………… 1－121
唐鑑十二卷 …………………………… 1－150
悔翁詩鈔十五卷補遺一卷 …………… 1－214
悔過齋文集七卷續集七卷補遺一卷
　………………………………………… 1－167
悔餘庵文稿九卷詩稿十三卷樂府四
　卷 ………………………………… 1－280
悔餘庵全集 …………………………… 1－210
悔餘庵全集 …………………………… 1－210
悔餘庵全集 …………………………… 1－215
悔廬文鈔五卷首一卷文補一卷詩鈔
　二卷 ……………………………… 1－364

悦心集四卷…………………………… 1－248
瓶水齋詩集十七卷別集二卷………… 1－345
瓶笙館修簫譜四卷…………………… 1－171
瓶隱山房詩鈔十二卷………………… 1－323
拳匪紀事六卷………………………… 1－369
拳匪紀略八卷前編二卷後編二卷…… 1－160
拳匪紀略八卷前編二卷後編二卷…… 1－160
［光緒］益都縣圖志五十四卷首一卷
…………………………………… 1－273
兼濟堂文集選十六卷詩集選三卷…… 1－187
兼濟堂纂刻梅勿菴先生曆算全書（梅
氏叢書）………………………… 1－225
兼濟堂纂刻梅勿菴先生曆算全書（梅
氏叢書）………………………… 1－225
朔方備乘六十八卷首十二卷………… 1－200
涑水記聞十六卷……………………… 1－268
浙西六家詞…………………………… 1－175
浙西六家詩鈔六卷…………………… 1－325
浙江忠義録十卷續編二卷表八卷續
表八卷…………………………… 1－372
浙江教育官報十一期………………… 1－371
浙江採集遺書總録十一卷…………… 1－170
浙東籌防録四卷……………………… 1－200
浙東籌防録四卷……………………… 1－375
涇川叢書……………………………… 1－349
涇野子内篇二十七卷………………… 1－165
浩然堂詩集六卷附雙忠研齋詩餘一
卷………………………………… 1－347
海山仙館叢書………………………… 1－176
海山仙館叢書………………………… 1－347
海山仙館叢書………………………… 1－347
海天秋角詞不分卷…………………… 1－204
海天琴思續録八卷…………………… 1－165
海右集八卷…………………………… 1－288
海外紀事後編六卷…………………… 1－129
海東札記四卷………………………… 1－361
海東金石苑四卷……………………… 1－119
海忠介公集六卷……………………… 1－132
海岱史略一百四十卷………………… 1－173
海秋詩集二十六卷…………………… 1－374
海風簫詞不分卷……………………… 1－162
海峰詩文集十卷詩集六卷…………… 1－187
海陵文徵二十卷……………………… 1－300
海陵文徵二十卷……………………… 1－325
海陵文徵二十卷……………………… 1－349
海陵竹枝詞六卷……………………… 1－169
海國春秋四十卷……………………… 1－271
海國勝遊草一卷……………………… 1－277
海國圖志一百卷……………………… 1－320
海國圖志一百卷……………………… 1－349
海國圖志正集一百卷續集二十四卷
首一卷…………………………… 1－333
海粟齋詩鈔三卷附試律一卷………… 1－276
海虞詩苑十八卷……………………… 1－348
海源閣藏書目一卷…………………… 1－265
海寧鄉賢録不分卷…………………… 1－118
海錯百一録五卷……………………… 1－226
海嶽軒叢刻…………………………… 1－341
浮溪文粹十五卷附録一卷…………… 1－246
浮溪集三十二卷……………………… 1－209
浣月樓遺詩二卷……………………… 1－134
浣月樓遺詩二卷……………………… 1－134
浣月樓遺詩二卷……………………… 1－374
浣玉軒集四卷………………………… 1－133
浣花集十卷補遺一卷………………… 1－243
浣花樓詩草二卷文集不分卷秋尋圖
詩不分卷………………………… 1－213
浣芳閣吟稿一卷……………………… 1－233
浪跡叢談十一卷續談八卷…………… 1－355
浪跡續談八卷………………………… 1－205
宸垣識畧十六卷……………………… 1－281
宸垣識畧十六卷……………………… 1－315
家言隨記四卷………………………… 1－340
家語疏證六卷………………………… 1－193
容甫先生遺詩五卷…………………… 1－275
容甫先生遺詩六卷附録一卷………… 1－328
容城三賢文集三種…………………… 1－340
容齋文鈔八卷………………………… 1－216
容齋隨筆十六卷續筆十六卷三筆十
六卷四筆十六卷五筆十卷………… 1－245
朗仙全集六卷………………………… 1－215
書古微十二卷首一卷………………… 1－122

書古微十二卷首一卷 …………………… 1－148
書目答問四卷 ………………………… 1－171
書目答問四卷 ………………………… 1－224
書目答問四卷 ………………………… 1－224
書目答問四卷 ………………………… 1－289
書目答問四卷 ………………………… 1－296
書目答問四卷 ………………………… 1－312
書目答問四卷輶軒語不分卷 ………… 1－166
書目答問箋補四卷 …………………… 1－170
書范一卷 ……………………………… 1－326
書敘指南二十卷 ……………………… 1－225
書傳音釋三卷 ………………………… 1－366
書傳音釋六卷首一卷末一卷 ………… 1－362
書傳補商十七卷 ……………………… 1－122
書經六卷 ……………………………… 1－364
書經六卷首一卷末一卷 ……………… 1－355
書經集傳六卷 ………………………… 1－148
書經集傳六卷首一卷末一卷 ………… 1－272
書經離句六卷 ………………………… 1－366
書經體注圖考大全六卷 ……………… 1－122
弱水詩八卷 …………………………… 1－345
陸士衡集十卷 ………………………… 1－251
陸子全書 ……………………………… 1－294
陸子全書 ……………………………… 1－350
陸狀元增節音注精議資治通鑑一百
　二十卷目録三卷首一卷 …………… 1－254
陸放翁全集 …………………………… 1－229
陸放翁全集 …………………………… 1－339
陸放翁全集六種一百五十七卷 ……… 1－257
陸陳兩先生詩文鈔 …………………… 1－269
陸桴亭先生遺書 ……………………… 1－228
陸桴亭先生遺書 ……………………… 1－331
陸桴亭先生遺書 ……………………… 1－338
陸象山先生文集三十六卷 …………… 1－180
陸清獻公日記十卷 …………………… 1－207
陳太僕批選八家文鈔不分卷 ………… 1－270
陳氏毛詩五種 ………………………… 1－169
陳北溪先生文集十四卷 ……………… 1－167
陳同甫集三十卷 ……………………… 1－180
陳同甫集三十卷 ……………………… 1－180
陳安道公年譜二卷 …………………… 1－120
陳伯玉詩文集文集三卷詩集二卷附
　詩集後二卷 ………………………… 1－179
陳忠裕全集三十卷年譜三卷首一卷
　末一卷 ……………………………… 1－164
陳定宇先生文集十六卷別集一卷 …… 1－208
陳書三十六卷 ………………………… 1－359
陳學士文集十八卷 …………………… 1－215
陳檢討集二十卷 ……………………… 1－332
陰晉陵集一卷 ………………………… 1－361
陶山集十六卷 ………………………… 1－257
陶山詩錄二十卷陶山詩前錄二卷露
　蟬吟詞鈔一卷詞續鈔一卷 ………… 1－348
陶菴集二十二卷首一卷末一卷 ……… 1－214
陶淵明文集十卷 ……………………… 1－302
陶淵明集十卷 ………………………… 1－142
陶淵明集八卷首一卷末一卷 ………… 1－163
陶淵明詩集四卷 ……………………… 1－137
陶淵明詩集四卷 ……………………… 1－137
陶園詩集二十二卷 …………………… 1－288
陶詩彙評四卷 ………………………… 1－376
陶靖節詩集四卷 ……………………… 1－137
陶靖節詩集四卷 ……………………… 1－137
陶靖節詩集四卷 ……………………… 1－158
陶靖節詩集四卷 ……………………… 1－306
陶靖節詩集四卷 ……………………… 1－316
陶樓雜著不分卷 ……………………… 1－310
陶齋吉金錄八卷 ……………………… 1－145
陶齋吉金錄八卷 ……………………… 1－199
陶齋吉金續錄二卷 …………………… 1－146
陶齋吉金續錄二卷 …………………… 1－146
陶齋吉金續錄二卷 …………………… 1－199
陶齋藏石記四十四卷藏磚記二卷首
　一卷 ………………………………… 1－140
陶廬箋牘四卷 ………………………… 1－177
娛萱草彈詞三十二卷 ………………… 1－333
娛園叢刻 ……………………………… 1－321
通介堂經說三十七卷 ………………… 1－344
[光緒]通州直隸州志十六卷 ……… 1－274
[光緒]通州直隸州志十六卷首一卷
　末一卷 ……………………………… 1－194
通志二百卷 …………………………… 1－360

通志二百卷考證三卷…………………… 1－284
通志堂經解一百四十種……………… 1－176
通志堂經解一百四十種一千八百六十卷………………………………… 1－253
通志略五十一卷……………………… 1－123
通甫類稿四卷續編二卷通父詩存四卷通父詩存之餘二卷……………… 1－185
通典二百卷附欽定通典考證………… 1－354
通俗編三十八卷……………………… 1－277
通俗編三十八卷……………………… 1－326
通商約章類纂三十五卷……………… 1－173
通雅五十二卷首三卷………………… 1－350
通藝錄………………………………… 1－303
通鑑地理今釋十六卷………………… 1－123
通鑑地理通釋十四卷………………… 1－255
通鑑地理通釋十四卷………………… 1－377
通鑑直解二十八卷…………………… 1－254
通鑑紀事本末二百三十九卷………… 1－148
通鑑紀事本末二百三十九卷………… 1－293
通鑑紀事本末二百三十九卷………… 1－295
通鑑紀事本末二百三十九卷………… 1－313
通鑑綱目釋地糾謬六卷……………… 1－263
通鑑綱目釋地補注六卷……………… 1－263
通鑑總類二十卷……………………… 1－371
通鑑釋文辯誤十二卷………………… 1－149
通鑑釋文辯誤十二卷………………… 1－318
能改齋漫錄十八卷…………………… 1－330
孫子十家注十三卷…………………… 1－195
孫子參同五卷………………………… 1－231
孫月峰先生評文選三十卷…………… 1－250
孫文正公年譜五卷…………………… 1－145
孫文恭公遺書二十卷………………… 1－144
孫文恭公遺書二十卷………………… 1－356
孫可之文集二卷……………………… 1－131
孫可之文集二卷……………………… 1－154
孫尚書内簡尺牘編注十卷…………… 1－252
孫淵如先生全集……………………… 1－164
孫谿朱氏經學叢書初編十三種……… 1－330
鄉會須知不分卷……………………… 1－357
純德彙編八卷………………………… 1－145
納書楹曲譜正集四卷續集四卷外集二卷補遺四卷玉茗堂四夢全譜八卷………………………………… 1－162
納書楹曲譜正集四卷續集四卷補遺四卷外集二卷玉茗堂四夢曲譜八卷………………………………… 1－250
納蘭詞五卷補遺一卷………………… 1－272

十一畫

理堂日記八卷………………………… 1－223
理堂文集十卷外集一卷附錄一卷詩集四卷日記八卷…………………… 1－184
理堂文集十卷詩四卷………………… 1－136
理堂文集十卷詩集四卷日記八卷附錄一卷………………………………… 1－187
理學宗傳辨正十六卷………………… 1－196
琉球詩課四卷………………………… 1－221
琅琊碑不分卷………………………… 1－328
琅琊碑不分卷………………………… 1－328
堵文忠公集十卷……………………… 1－186
堵文忠公集十卷……………………… 1－186
教案簡明要覽一卷…………………… 1－336
教務紀略四卷首一卷………………… 1－200
教務紀略四卷首一卷………………… 1－200
教務紀略四卷首一卷………………… 1－308
培遠堂手札節存三卷………………… 1－163
培遠堂手劄節存三卷………………… 1－128
培遠堂手劄節存三卷………………… 1－130
聊齋先生文集二卷…………………… 1－167
聊齋志異詳注十六卷………………… 1－335
聊齋志異新評十六卷………………… 1－335
聊攝叢談六卷………………………… 1－269
黄氏讀禮記日抄十六卷……………… 1－132
黄文貞公傳不分卷…………………… 1－303
黄忠端公年譜二卷…………………… 1－118
黄勉齋先生文集八卷………………… 1－132
黄庭經不分卷………………………… 1－267
黄書不分卷…………………………… 1－223
黄陶庵全集四種……………………… 1－186
黄琢山房集十卷……………………… 1－346
黄勤敏公全集………………………… 1－216

黃漳浦集五十卷首一卷年譜二卷…… 1－164
［同治］黃縣誌十四卷首一卷末一卷
…………………………………… 1－223
黃學廬雜述三卷…………………… 1－206
黃巖集三十二卷…………………… 1－168
黃勉齋先生文集八卷……………… 1－241
萸江古文存四卷…………………… 1－212
萸江詩存三卷……………………… 1－212
萃錦吟八卷………………………… 1－143
萍海墨雨四卷……………………… 1－179
乾坤正氣集二十卷………………… 1－139
乾隆東華錄一百二十卷…………… 1－141
乾隆府廳州縣圖志五十卷………… 1－222
乾隆府廳州縣圖志五十卷………… 1－317
乾道臨安志三卷首一卷…………… 1－264
菉友蛾術編二卷…………………… 1－163
菰中隨筆不分卷…………………… 1－179
梵隱堂詩存十卷…………………… 1－265
梧竹軒詩鈔十卷賸稿一卷………… 1－276
梧溪集七卷補遺一卷困學齋雜錄不
分卷…………………………… 1－191
梅村文集二十卷…………………… 1－157
梅村家藏藁五十八卷補遺一卷…… 1－155
梅村家藏藁五十八卷補遺一卷世系
一卷年譜四卷………………… 1－215
梅村集四十卷……………………… 1－184
梅苑十卷…………………………… 1－162
梅崖居士文集三十卷首一卷外集八
卷……………………………… 1－262
梅崖居士全集三十卷首一卷外集八
卷……………………………… 1－291
梅溪先生文集二十卷……………… 1－248
梅溪先生廷試策一卷奏議四卷文集
二十卷後集二十九卷附録一卷…… 1－243
梅墅詩鈔八卷……………………… 1－220
梅影盦詞集三卷…………………… 1－203
梅影盦詞集蜀桐絃詞海風簫詞不分
卷絳河笙詞稿不分卷………… 1－162
梔子同心圖讀法一卷……………… 1－347
梓溪文鈔内集八卷外集十卷……… 1－250
曹子建集十卷……………………… 1－247
曹子建集十卷……………………… 1－250
曹月川先生年譜一卷……………… 1－332
曹集銓評十卷……………………… 1－133
曹集銓評十卷……………………… 1－133
曹集銓評十卷逸文一卷年譜一卷附
錄一卷………………………… 1－133
曹集銓評十卷逸文一卷年譜一卷附
錄一卷………………………… 1－304
曹楝亭五種六十五卷……………… 1－233
敕修浙江通志二百八十卷首三卷…… 1－299
帶經堂書目四卷附錄一卷………… 1－196
帶經堂集九十二卷………………… 1－262
帶經堂詩話三十卷首一卷………… 1－165
帶經堂詩話三十卷首一卷………… 1－217
帶經堂詩話三十卷首一卷………… 1－296
帶經堂詩話三十卷首一卷………… 1－366
硃批諭旨不分卷…………………… 1－151
硃批諭旨不分卷…………………… 1－204
匏園詞……………………………… 1－162
匏廬詩話三卷……………………… 1－219
盛氏雜著六種……………………… 1－331
盛世危言十四卷…………………… 1－154
盛世危言十四卷…………………… 1－154
盛世危言六卷續編四卷…………… 1－154
盛京典制備考八卷………………… 1－370
盛京通志四十八卷………………… 1－342
雪月梅傳十卷五十回……………… 1－297
雪月梅傳奇十卷五十回…………… 1－284
雪青閣詩集四卷…………………… 1－191
雪門詩草十四卷…………………… 1－317
雪夜錄四卷………………………… 1－178
雪堂詩賦不分卷…………………… 1－220
雪樵經解三十卷附録三卷………… 1－287
捧月樓綺語八卷…………………… 1－203
捧月樓綺語八卷…………………… 1－277
授堂文鈔八卷……………………… 1－155
授堂遺書八種……………………… 1－155
授堂遺書八種……………………… 1－373
［乾隆］掖縣志八卷 ………………… 1－256
救荒補遺二卷……………………… 1－128
敝帚齋主人年譜一卷補一卷……… 1－147

常州先哲遺書………………………… 1–317
常州先哲遺書………………………… 1–372
[乾隆]常昭合志十二卷首一卷 …… 1–342
[光緒]常昭合志稿四十八卷首一卷
末一卷……………………………… 1–356
常郡八邑藝文志十二卷……………… 1–141
常郡八邑藝文志十二卷……………… 1–202
常惺惺齋集十卷……………………… 1–143
常談叢錄八卷………………………… 1–302
野記四卷……………………………… 1–150
野語九卷……………………………… 1–282
野獲編三十卷………………………… 1–311
晨風閣叢書…………………………… 1–288
晨風閣叢書…………………………… 1–343
晨風閣叢書第一集…………………… 1–376
問梅軒文稿偶存五卷………………… 1–135
問影樓輿地叢書十五種……………… 1–342
問樵詩鈔八卷………………………… 1–275
晦明軒稿二卷………………………… 1–317
晚邨先生八家古文精選八卷………… 1–244
晚笑堂竹莊畫傳不分卷……………… 1–280
晚笑堂畫傳一卷明太祖功臣圖一卷
…………………………………… 1–226
晚唐詩鈔二十六卷…………………… 1–143
晚聞先生集六卷……………………… 1–323
鄂宰四稿夏小正一卷弟子職正音一
卷毛詩重言一卷毛詩雙聲疊韻說
一卷……………………………… 1–283
鄂國金佗稡編二十八卷……………… 1–152
鄂渚同聲集初編七卷二編二十卷三
編八卷附皖江同聲集十卷………… 1–192
鄂渚同聲集初編七卷二編二十卷三
編八卷皖江同聲集十卷…………… 1–221
唱經堂杜詩解四卷…………………… 1–234
國史文苑傳二卷循吏傳一卷儒林傳
二卷賢良祠王大臣小傳二卷……… 1–145
國史儒林傳二卷……………………… 1–118
國朝二十四家文鈔…………………… 1–347
國朝十家四六文鈔…………………… 1–279
國朝三家文鈔三種三十二卷………… 1–228
國朝三家文鈔三種三十二卷………… 1–338
國朝山左詩鈔六十卷………………… 1–374
國朝山左詩匯抄後集三十九卷……… 1–265
國朝山左詩續鈔三十二卷…………… 1–191
國朝山右詩存二十四卷附集八卷…… 1–348
國朝天台耆舊傳八卷………………… 1–121
國朝天台詩存十四卷附補遺一卷…… 1–325
國朝文匯二百卷總目一卷…………… 1–325
國朝文徵四十卷……………………… 1–168
國朝文錄八十二卷…………………… 1–136
國朝文錄八十二卷…………………… 1–289
國朝文錄續編七十卷………………… 1–289
國朝文錄續編六十七卷……………… 1–136
國朝未刊遺書志略不分卷…………… 1–224
國朝古文所見集十三卷……………… 1–300
國朝名人著述叢編…………………… 1–197
國朝李侍御奏疏不分卷……………… 1–153
國朝杭郡詩輯三十二卷續輯四十六
卷………………………………… 1–301
國朝事略八卷………………………… 1–154
國朝兩浙題名錄不分卷……………… 1–308
國朝金陵文鈔十六卷首一卷末一卷
…………………………………… 1–325
國朝金陵詞鈔八卷附一卷…………… 1–161
國朝柔遠記二十卷…………………… 1–160
國朝書人輯略十一卷………………… 1–118
國朝書畫家筆錄四卷………………… 1–146
國朝常州詞錄三十一卷……………… 1–203
國朝常州詞錄三十一卷……………… 1–203
國朝常州駢體文錄三十一卷結一宧
駢體文一卷………………………… 1–300
國朝詞綜四十八卷二集八卷………… 1–174
國朝詞綜四十八卷二集八卷明詞綜
十二卷…………………………… 1–286
國朝詩人徵略六十卷………………… 1–147
國朝詩別裁集三十六卷……………… 1–220
國朝詩別裁集三十六卷……………… 1–234
國朝詩別裁集三十六卷……………… 1–235
國朝詩鐸二十六卷首一卷…………… 1–221
國朝詩觀十六卷二集六卷…………… 1–240
國朝滄州詩鈔十二卷………………… 1–137
國朝滄州詩補鈔二卷附補遺一卷…… 1–309

國朝滄州詩續鈔四卷附補遺一卷…… 1－309
國朝閨秀香咳集十卷附録一卷……… 1－220
國朝漢學師承記八卷…………………… 1－223
國朝畿輔詩傳六十卷…………………… 1－278
國朝駢體正宗十二卷…………………… 1－288
國朝駢體正宗評本十二卷…………… 1－376
國聞報彙編不分卷……………………… 1－136
國語二十一卷…………………………… 1－147
國語二十一卷…………………………… 1－252
國語二十一卷…………………………… 1－252
國語二十一卷考異四卷……………… 1－121
國語二十一卷附劄記一卷考異四卷
………………………………………… 1－283
國語二十一卷校刊明道本國語札記
一卷國語明道本考異四卷………… 1－281
國語校注三種…………………………… 1－121
國語校注三種…………………………… 1－122
國語補音三卷…………………………… 1－305
國語發正二十一卷……………………… 1－122
國學叢刊………………………………… 1－349
崇白藥齋文集二十卷………………… 1－187
崇百藥齋文集二十卷………………… 1－212
崇禎泰州志十卷………………………… 1－255
崇禎朝紀略四卷………………………… 1－254
梨洲遺著匯刊…………………………… 1－263
梨洲遺著匯刊…………………………… 1－296
梨雲館類定袁中郎全集二十四卷…… 1－214
移芝室古文讀本十三卷……………… 1－164
笛漁小稿十卷…………………………… 1－246
笠翁一家言全集………………………… 1－229
笠翁一家言全集………………………… 1－229
笠翁一家言全集………………………… 1－234
笠翁一家言全集十六卷……………… 1－142
笠翁一家言全集十六卷……………… 1－339
笠翁一家言全集十六卷……………… 1－339
笠翁傳奇十種…………………………… 1－198
笠翁傳奇十種…………………………… 1－198
笠翁傳奇十種…………………………… 1－250
笥河文鈔二卷…………………………… 1－157
第一才子書古本三國志六十卷一百
二十回……………………………… 1－249
第九才子書斬鬼傳四卷十回………… 1－297
敏求軒述記十六卷……………………… 1－117
敏求軒述記十六卷……………………… 1－331
敏果齋七種……………………………… 1－171
敏果齋七種……………………………… 1－351
偶存集一卷……………………………… 1－344
偶存集不分卷…………………………… 1－346
停雲閣詩話十二卷……………………… 1－217
得一録十六卷…………………………… 1－128
得一録八卷首一卷……………………… 1－333
得一齋雜著四種………………………… 1－177
從公録不分卷續録三卷三録不分卷
………………………………………… 1－360
從祀名賢傳六卷………………………… 1－236
從野堂存稿八卷首一卷外集一卷…… 1－188
從野堂存稿八卷首一卷外集一卷…… 1－211
船山詩草選六卷………………………… 1－357
斜川集六卷……………………………… 1－180
斜川集六卷附録二卷訂誤一卷補遺
二卷續鈔一卷……………………… 1－209
鳥鼠山人小集十六卷………………… 1－247
鳥鼠山人小集十六卷………………… 1－341
鳥鼠山人後集二卷……………………… 1－341
象山先生全集三十六卷……………… 1－252
逸周書十卷附録一卷校正補遺一卷
………………………………………… 1－147
猗覺寮雜記二卷………………………… 1－206
許氏說文解字雙聲疊韻譜一卷……… 1－290
許文正公遺書十五種………………… 1－208
許彥周詩話一卷………………………… 1－361
庶幾堂今樂不分卷……………………… 1－198
庶幾堂今樂不分卷……………………… 1－318
庾子山集十六卷………………………… 1－181
庾子山集十六卷年譜一卷總釋一卷
………………………………………… 1－351
庸書内編二卷外編二卷……………… 1－173
庸庵文外編四卷………………………… 1－367
庸庵全集………………………………… 1－299
庸庵全集七種…………………………… 1－167
庸閒齋筆記八卷………………………… 1－296
庸盦文别集六卷………………………… 1－136

庸盦文編四卷………………………… 1－136
庸盦全集………………………………… 1－154
庸盦全集………………………………… 1－351
庸盦筆記六卷………………………… 1－282
庸盦筆記六卷………………………… 1－315
庸盦筆記六卷………………………… 1－353
庸盦海外文編四卷…………………… 1－364
康熙甲子史館新刊古今通韻十二卷
　論例一卷…………………………… 1－368
康熙字典十二集……………………… 1－224
康熙字典十二集……………………… 1－361
康熙字典十二集附考證十二集……… 1－368
康熙字典十二集附檢字一卷辨似一
　卷等韻一卷備考十二集補遺十二
　集…………………………………… 1－284
康熙字典十二集附檢字一卷辨似一
　卷等韻一卷總目一卷備考一卷補
　遺一卷……………………………… 1－311
康熙字典十二集附檢字一卷辨似一
　卷等韻一卷總目一卷備考一卷補
　遺一卷……………………………… 1－311
康熙字典十二集附檢字一卷辨似一
　卷等韻一卷總目一卷備考一卷補
　遺一卷……………………………… 1－311
康熙字典十二集備考一卷補遺一卷
　……………………………………… 1－305
康熙字典十二集備考一卷補遺一卷
　……………………………………… 1－305
康熙字典十二集備考一卷補遺一卷
　……………………………………… 1－305
康熙字典十二集總目一卷檢字一卷
　辨似一卷等韻一卷備考一卷補遺
　一卷………………………………… 1－267
康熙東華錄一百十卷………………… 1－140
康熙耕織圖…………………………… 1－263
康熙幾暇格物編二卷………………… 1－178
康熙幾暇格物編二卷………………… 1－178
康熙新城縣志十四卷首一卷續志二
　卷…………………………………… 1－236
康熙靈壽縣志十卷…………………… 1－255
康對山先生文集十卷………………… 1－183
康輶紀行十六卷……………………… 1－263
康輶紀行十六卷……………………… 1－376
鹿門先生批點漢書九十三卷………… 1－252
鹿洲全集……………………………… 1－315
鹿洲全集……………………………… 1－352
鹿洲全集……………………………… 1－360
章氏遺書……………………………… 1－313
[道光]章邱縣誌十六首一卷　……… 1－195
望三益齋詩文鈔……………………… 1－184
望三散人感舊集不分卷……………… 1－346
望古遥集詩存一卷…………………… 1－220
望溪先生正集十八卷集外文十卷集
　外文補遺一卷外文十卷…………… 1－186
情史類略二十四卷…………………… 1－248
情史類略二十四卷…………………… 1－284
惜抱先生尺牘八卷…………………… 1－205
惜抱軒全集…………………………… 1－292
惜抱軒全集…………………………… 1－310
惜抱軒全集…………………………… 1－378
惜抱軒遺書三種……………………… 1－228
惜抱軒遺書三種……………………… 1－338
惜抱軒遺書三種……………………… 1－353
惜陰吟稿陶氏詩鈔二卷……………… 1－238
惜陰軒叢書…………………………… 1－340
惜陰軒叢書…………………………… 1－340
惜陰軒叢書續編……………………… 1－340
惜餘軒全集簡言二卷古文鈔四卷古
　體詩鈔二卷………………………… 1－182
惜餘軒全集簡言二卷古文鈔四卷古
　體詩鈔二卷………………………… 1－182
清八家詞八卷………………………… 1－203
清文宗實錄三百五十六卷…………… 1－237
清白士集二十四卷…………………… 1－280
清江貝先生詩集十卷………………… 1－137
清芬集十卷…………………………… 1－183
清芬閣文稿八卷……………………… 1－275
清芬樓遺稿四卷……………………… 1－135
清足居集一卷附蕉窗詞一卷………… 1－325
清吟堂全集十五種七十七卷………… 1－181
清秘述聞十六卷……………………… 1－172
清異錄二卷…………………………… 1－363

清琴詞……………………………… 1－162
清尊集十六卷………………………… 1－348
清夢盦二白詞不分卷………………… 1－203
清綺軒詞選十三卷…………………… 1－161
清綺軒詞選十三卷…………………… 1－174
清綺軒詞選十三卷…………………… 1－190
清賦類選不分卷……………………… 1－235
清儀閣題跋不分卷…………………… 1－199
清麓遺語四卷遺事一卷……………… 1－222
淩谿先生集十八卷…………………… 1－183
淞隱漫錄十二卷……………………… 1－303
淞濱瑣話十二卷……………………… 1－269
渠亭山人半部稿……………………… 1－134
渠亭山人半部稿……………………… 1－300
淮北票鹽續略二編十卷……………… 1－197
淮南天文訓補注二卷………………… 1－140
淮南許注異同詁四卷………………… 1－154
淮南許注異同詁四卷………………… 1－222
淮南萬畢術二卷……………………… 1－154
淮南鴻烈解二十一卷………………… 1－231
淮南雜著二卷………………………… 1－125
淮南雜著二卷………………………… 1－135
淮南鹽法紀略十卷…………………… 1－197
淮軍平捻記十二卷…………………… 1－141
淮軍平捻記十二卷…………………… 1－173
淮海英靈集甲集四卷乙集四卷丙集
四卷丁集四卷戊集四卷壬集一卷
癸集一卷……………………………… 1－276
淮海集十七卷後集二卷源海詞一卷
補遺一卷考證一卷…………………… 1－214
淮海集四十卷附錄一卷……………… 1－163
淮海集四十卷後集六卷長短句三卷
…………………………………………… 1－248
淮海集四十卷後集六卷長短句三卷
詩餘一卷……………………………… 1－252
淮海集四十卷首一卷後集九卷附詩
餘一卷………………………………… 1－180
淮穎集………………………………… 1－243
淳化秘閣法帖考正十二卷…………… 1－279
深州風土記二十二卷………………… 1－357
深州風土記二十二卷………………… 1－363
深州風土記二十二卷附表五卷……… 1－322
梁昭明太子文集五卷………………… 1－251
梁昭明太子集一卷…………………… 1－214
梁書五十六卷………………………… 1－359
梁節庵先生詩稿……………………… 1－243
梁溪先生文集一百八十卷附錄一卷
…………………………………………… 1－163
梁溪詩鈔五十八卷…………………… 1－159
涵芬樓古今文鈔一百卷……………… 1－326
寄思齋藏稿十四卷…………………… 1－185
寄菴詩鈔八卷續十卷續附十二卷寄
菴文鈔二卷續一卷續附一卷書院
條約不分卷…………………………… 1－213
寄傲軒讀書隨筆十卷………………… 1－205
寄漚遺集八卷………………………… 1－187
寄簃文存八卷………………………… 1－156
張大司馬奏稿四卷…………………… 1－130
張之洞奏議不分卷…………………… 1－153
張子全書十五卷首一卷……………… 1－170
張公襄理軍務紀略六卷……………… 1－312
張氏家集……………………………… 1－281
張氏適園叢書初集…………………… 1－280
張氏適園叢書初集…………………… 1－282
張文貞公集十二卷…………………… 1－136
張文貞公集十二卷年譜一卷………… 1－134
張文端集……………………………… 1－318
張文端集□□種……………………… 1－199
張亨甫全集二十七卷首一卷………… 1－377
張亨甫全集二十七卷首一卷文集六
卷……………………………………… 1－184
張忠敏公遺集十卷首一卷附錄六卷
…………………………………………… 1－186
張季直殿撰變法評議不分卷………… 1－315
張宣公全集六十一卷………………… 1－209
張宣公全集六十一卷………………… 1－320
張皐文箋易詮全集…………………… 1－169
張楊園先生全集四十卷……………… 1－185
張督部陳撫部請變科舉奏不分卷…… 1－154
張廉卿先生文集八卷………………… 1－155
張說之文集二十五卷補遺五卷……… 1－207
張龍湖先生文集十五卷……………… 1－258

隋書八十五卷……………………… 1－359
隋經籍志考證十三卷………………… 1－355
陽明先生文録五卷外集九卷別録十
卷…………………………………… 1－245
陽明先生文録五卷外集九卷別録十
四卷………………………………… 1－252
隆平集二十卷……………………… 1－259
習苦齋畫絮十卷…………………… 1－226
習學記言五十卷…………………… 1－178
習齋記餘十卷……………………… 1－319
參讀禮志疑二卷…………………… 1－259
貫華堂第六才子書西厢記八卷……… 1－248
貫華堂選批唐才子詩甲集七言律八
卷…………………………………… 1－139
鄉會試朱卷一卷…………………… 1－145
[乾隆]紹興府志八十卷首一卷 …… 1－344
巢經巢詩鈔九卷後集四卷………… 1－323

十二畫

貳臣傳十二卷……………………… 1－117
貳臣傳八卷………………………… 1－272
琵琶記不分卷……………………… 1－233
琴志樓叢書………………………… 1－287
琴隱園詩集三十六卷詞集四卷……… 1－220
堯峰文鈔五十卷…………………… 1－374
堯峰文鈔四十卷詩十卷…………… 1－247
項城袁氏家集七種………………… 1－268
項城袁氏家集七種………………… 1－269
項城袁氏家集七種………………… 1－376
越中文獻輯存書…………………… 1－199
越中文獻輯存書…………………… 1－319
越諺三卷越諺賸語二卷…………… 1－218
博物典彙二十卷…………………… 1－256
喜聞過齋文集十二卷……………… 1－133
彭公清烈傳黄三泰學藝四卷………… 1－280
彭玉麟戰略不分卷………………… 1－153
彭剛直公奏稿八卷………………… 1－153
彭剛直公奏稿八卷………………… 1－276
彭剛直公詩集八卷………………… 1－276
彭羨門全集四十三卷……………… 1－216
報暉堂詩集八卷續集一卷三集一卷
…………………………………… 1－357
達觀堂詩話八卷…………………… 1－217
壹齋集三十六卷賦一卷二十四畫品
一卷畫友錄一卷游黄山記一卷泛
槳錄二卷兩朝恩賚記一卷………… 1－160
斯文正統十二卷…………………… 1－202
斯未信齋主人自訂年譜不分卷……… 1－147
葉太史參補古今大方詩經大全十五
卷綱領一卷圖一卷……………… 1－368
葉韻四言雜字一卷………………… 1－353
萬一樓集五十六卷………………… 1－319
萬山綱目二十一卷………………… 1－342
萬世玉衡錄四卷…………………… 1－129
萬充宗先生經學五書……………… 1－259
萬充宗先生經學五書……………… 1－281
萬花樓楊包狄演義十四卷六十八回
…………………………………… 1－297
萬物炊累室文乙集二卷…………… 1－135
萬物炊累室類稿甲編二種乙編二種
外編一種………………………… 1－345
萬卷樓藏書總目不分卷…………… 1－224
萬國政治藝學全書二編三百卷……… 1－310
萬善花室文稿七卷詩集四卷詞稿一
卷………………………………… 1－184
萬善花室文稿六卷………………… 1－167
萬善花室文稿六卷附錄一卷……… 1－156
萬善花室文稿六卷續一卷………… 1－133
萬善花室詩集四卷詞稿一卷……… 1－156
萬綠草堂詩集二十卷首一卷……… 1－276
萬壑松風樓詩十四卷……………… 1－317
葛太史公集五卷…………………… 1－185
董文友詩選一卷…………………… 1－325
董方立遺書………………………… 1－213
董方立遺書………………………… 1－274
董方立遺書………………………… 1－343
葆淳閣集二十六卷………………… 1－185
敬孚類藁十六卷…………………… 1－322
敬業堂詩集五十卷………………… 1－169
敬業堂詩集五十卷………………… 1－279
敬齋雜著不分卷…………………… 1－213

敬齋雜著不分卷 ………………………… 1－213
植物名實圖考三十八卷長編二十二
　卷 ……………………………………… 1－144
椒生隨筆八卷 …………………………… 1－280
椒生隨筆八卷 …………………………… 1－295
棲雲閣文集十五卷附録一卷拾遺三
　卷 ……………………………………… 1－260
棣懷堂隨筆十一卷 ……………………… 1－206
惠風扇全本二十四回 …………………… 1－283
粟香隨筆八卷 …………………………… 1－179
棗林雜俎合集六卷附棗林詩集一卷
　………………………………………… 1－179
[嘉慶]棗強縣志二十卷 …………… 1－322
[同治]棗強縣志補正五卷 ………… 1－322
皕宋樓藏書志一百二十卷 ……………… 1－196
硤川詩續鈔十六卷 ……………………… 1－192
硯思集六卷 ……………………………… 1－348
硯□緒録十六卷 ………………………… 1－330
硯緣集録不分卷 ………………………… 1－168
雁門集十四卷附一卷 …………………… 1－138
雁門集六卷附一卷補遺一卷倡和録
　一卷别録一卷 ………………………… 1－158
雲臥山莊詩集八卷 ……………………… 1－287
雲南少數民族風俗不分卷 ……………… 1－278
雲南課吏館全滇紀要不分卷 …………… 1－349
雲海樓詩稿四卷 ………………………… 1－317
雲閑詩草四卷 …………………………… 1－275
雲溪文集五卷 …………………………… 1－263
雲臺二十八將圖不分卷 ………………… 1－226
揚子法言音義十三卷 …………………… 1－155
援鶉堂筆記五十卷刊誤一卷刊誤補
　遺一卷 ………………………………… 1－206
雅雨堂文遺集四卷雅雨山人出塞集
　一卷雅雨堂詩遺集二卷 ……………… 1－217
雅雨堂藏書十三種 ……………………… 1－261
雅雨堂叢書一百三十八卷 ……………… 1－378
紫石泉山房文集十二卷 ………………… 1－210
紫竹山房文集二十四卷 ………………… 1－246
紫竹山房集二十卷 ……………………… 1－183
虛一齋集五卷 …………………………… 1－216
虛白室文鈔二卷續刻二卷詩鈔十二
　卷 ……………………………………… 1－184
虛字闡義二卷補一卷 …………………… 1－351
虛字闡義三卷 …………………………… 1－327
虛字闡義三卷讀書説約三卷 …………… 1－262
虛直堂文集二十四首一卷 ……………… 1－181
虛受堂文集十六卷 ……………………… 1－332
棠村詞不分卷 …………………………… 1－368
最新中國歷史教科書二卷 ……………… 1－362
最新繪圖啓蒙幼學識字易不分卷 ……… 1－332
最樂編六卷 ……………………………… 1－194
最豁解不分卷 …………………………… 1－139
開有益齋讀書志六卷續志一卷金石
　文字記一卷 …………………………… 1－170
開有益齋讀書志六卷續志一卷金石
　文字記一卷 …………………………… 1－349
開卷偶得十卷 …………………………… 1－206
開闢衍繹通俗志傳六卷 ………………… 1－334
閑闢録十卷 ……………………………… 1－222
景岳全書六十四卷 ……………………… 1－225
景紫堂全書 ……………………………… 1－165
景德鎮陶録十卷 ………………………… 1－146
景蘇園帖第四不分卷 …………………… 1－304
[乾隆]貴州通志三十六卷 ………… 1－255
貴池二妙集 ……………………………… 1－280
[咸豐]貴陽府志八十八卷首二卷餘
　編二十卷 ……………………………… 1－322
蛟川先正文存二十卷補遺一卷 ………… 1－202
蛟川先正文存二十卷補遺一卷 ………… 1－202
蛟川先正文存二十卷補遺一卷 ………… 1－327
喻林一葉二十四卷 ……………………… 1－343
嵮嶕山房詩集初編八卷續編四卷秋
　懷唱和詩一卷續一卷 ………………… 1－220
黑奴籲天録四卷 ………………………… 1－305
黑龍江外紀八卷 ………………………… 1－128
無近名齋文集文鈔四卷二編二卷雜
　著二卷二編一卷 ……………………… 1－275
無近名齋文鈔四卷二編二卷外編一
　卷雜著二卷雜著二編一卷 …………… 1－346
無為齋文集十二卷續集六卷 …………… 1－275
無瑕璧傳奇二卷 ………………………… 1－166

[光緒]無錫金匱縣志四十卷首一卷附編六卷…… 1－313
[光緒]無錫金匱縣志四十卷首一卷附編六卷…… 1－326
無聲詩史七卷…… 1－327
缾笙館修簫譜不分卷…… 1－228
缾笙館修簫譜不分卷…… 1－337
智囊二十八卷…… 1－249
智囊補二十八卷…… 1－249
程中丞庚子函牘鈔略不分卷…… 1－303
程戶部集四卷…… 1－211
程氏家塾讀書分年日程三卷綱領一卷…… 1－198
程氏家塾讀書分年日程三卷綱領一卷…… 1－318
程端伯詩選一卷…… 1－325
傅青主先生年譜不分卷…… 1－117
傅鶉觚集五卷…… 1－330
傅鶉觚集五卷校勘記一卷…… 1－223
貸園叢書…… 1－328
貸園叢書初集十二種…… 1－378
順治東華錄三十六卷…… 1－140
集千家注杜工部詩集二十卷文集二卷附録一卷…… 1－251
集千家注杜工部詩集二十卷文集二卷附録一卷…… 1－251
集虛齋學古文十二卷附離騷經解畧一卷…… 1－323
集録真西山文章正宗三十卷…… 1－245
集韻考正十卷…… 1－327
集韻考正十卷…… 1－371
[同治]焦山志二十六卷…… 1－326
[光緒]焦山續志八卷…… 1－326
焦氏易林十八卷…… 1－193
焦氏筆乘六卷續集八卷…… 1－245
焦氏遺書…… 1－330
焦氏叢書…… 1－292
皐鶴堂批評第一奇書金瓶梅一百回…… 1－369
皖學編十三卷首三卷…… 1－223
衆妙集一卷…… 1－238
御批資治通鑑綱目正編五十九卷首一卷…… 1－254
御批歷代通鑑輯覧一百二十卷…… 1－148
御批歷代通鑑輯覽一百二十卷…… 1－204
御批歷代通鑑輯覽一百二十卷…… 1－298
御批歷代通鑑輯覽一百二十卷…… 1－299
御批歷代通鑑輯覽一百二十卷…… 1－311
御批歷代通鑑輯覽一百二十卷…… 1－318
御批歷代通鑑輯覽一百二十卷…… 1－358
御批歷代通鑑輯覽一百二十卷…… 1－367
御批歷代通鑑輯覽一百二十卷…… 1－367
御板四書離句集註十九卷…… 1－343
御刻三希堂石渠寶笈法帖釋文十六卷首一卷…… 1－230
御刻三希堂石渠寶笈法帖釋文十六卷首一卷…… 1－339
御定全唐詩錄一百卷…… 1－139
御定全唐詩錄一百卷…… 1－238
御定駢字類編…… 1－379
御定駢字類編二百四十卷…… 1－351
御定歷代賦彙一百四十卷外集二十卷逸句二卷補遺二十二卷目錄三卷…… 1－279
御訂全金詩增補中州集七十二卷首二卷…… 1－365
御訂全金詩增補中州集七十二卷首二卷…… 1－365
御製文第四集三十六卷總目四卷…… 1－247
御製李文忠碑祭文不分卷…… 1－336
御製律呂正義二編四卷續編一卷…… 1－225
御製詩集十卷御製詩第二集十卷…… 1－242
御撰資治通鑑綱目三編二十卷…… 1－331
御撰資治通鑑綱目三編二十卷…… 1－355
御選金詩二十四卷首一卷姓名爵里一卷…… 1－233
御選唐宋文醇五十八卷…… 1－237
御選唐宋文醇五十八卷…… 1－296
御選唐宋文醇五十八卷…… 1－334
御選唐宋詩醇四十七卷文醇五十八卷…… 1－237

御選唐宋詩醇四十七卷附目錄二卷
…………………………………… 1－356
御選唐詩三十二卷目録三卷………… 1－241
御選歷代詩餘一百二十卷…………… 1－235
御纂朱子全書六十六卷……………… 1－360
御纂朱子全書六十六卷……………… 1－379
御纂周易折中二十一卷首一卷……… 1－176
御纂周易述義十卷…………………… 1－193
御纂醫宗金鑑六十卷續編十四卷外
科金鑑十六卷……………………… 1－227
御覽曲洧舊聞十卷…………………… 1－142
復古編二卷…………………………… 1－308
復初齋文集三十五卷………………… 1－156
復堂類集文四卷詩九卷日記六卷…… 1－183
復盦公牘四卷類稿八卷……………… 1－151
復齋文集二十一卷…………………… 1－209
復齋制義不分卷……………………… 1－209
復齋詩集四卷首一卷末一卷………… 1－209
徧行堂集十六卷……………………… 1－186
徧行堂集十六卷……………………… 1－215
舒蓺室隨筆六卷……………………… 1－177
舒蓺室雜著甲編二卷乙編二卷賸稿
一卷………………………………… 1－177
[光緒]鉅鹿縣志十二卷首一卷 …… 1－293
鈍翁文録十六卷……………………… 1－157
鈐山堂集四十卷……………………… 1－183
欽定大清會典一百卷………………… 1－363
欽定大清會典事例一千二百二十卷
…………………………………… 1－201
欽定大清會典事例一千二百二十卷
…………………………………… 1－363
欽定五軍道里表十八卷……………… 1－281
欽定中樞政考八旗三十二卷綠營四
十卷………………………………… 1－205
欽定中樞政考八旗三十二卷綠營四
十卷………………………………… 1－310
欽定戶部則例一百卷首一卷………… 1－266
欽定四庫全書總目二百卷首一卷…… 1－166
欽定四庫全書總目二百卷首一卷…… 1－365
欽定四庫全書總目二百卷首四卷…… 1－364
欽定四庫全書簡明目錄二十卷……… 1－196
欽定四庫全書簡明目錄二十卷……… 1－355
欽定同文韻統六卷…………………… 1－266
欽定全唐文一千卷總目三卷………… 1－291
欽定明鑑二十四卷首一卷…………… 1－151
欽定明鑑二十四卷首一卷…………… 1－311
欽定佩文韻府一百零六卷拾遺一百
零六卷……………………………… 1－284
欽定周官義疏四十八首一卷………… 1－176
欽定春秋傳說匯纂三十八卷首二卷
…………………………………… 1－176
欽定春秋傳說匯纂三十八卷首二卷
…………………………………… 1－254
欽定城鎮鄉地方自治章程並選舉章
程…………………………………… 1－306
欽定書經傳說匯纂二十一卷首二卷
書序一卷…………………………… 1－176
欽定書經圖說五十卷………………… 1－293
欽定授時通考七十八卷……………… 1－226
欽定授時通考七十八卷……………… 1－369
欽定詩經傳說匯纂二十一卷首二卷
詩序二卷…………………………… 1－176
欽定詩經傳說彙纂二十一卷首二卷
詩序二卷…………………………… 1－190
欽定詩經傳說彙纂二十一卷首二卷
詩序二卷…………………………… 1－218
欽定詩經傳說彙纂二十一卷首二卷
詩序二卷…………………………… 1－374
欽定詩經傳說彙纂二十一卷詩序二
卷…………………………………… 1－286
欽定勦平捻匪方略三百二十卷……… 1－173
欽定臺規四十卷……………………… 1－200
欽定熙朝雅頌集首集二十六卷本集
一百零六卷餘集二卷凡例一卷目
錄一卷……………………………… 1－192
欽定遼金元三史語解三種…………… 1－123
欽定儀象考成三十卷………………… 1－237
欽定儀禮義疏四十八卷首二卷……… 1－177
欽定學政全書八十六卷……………… 1－225
欽定學政全書八十六卷首一卷……… 1－367
欽定學堂章程不分卷………………… 1－377
欽定錢録十六卷……………………… 1－258

欽定禮記義疏八十二卷首一卷……… 1－176
欽定禮記義疏八十二卷首一卷……… 1－377
欽定總管内務府堂現行則例四卷…… 1－128
欽定嚴禁鴉片章程不分卷…………… 1－141
欽定嚴禁鴉片章程不分卷…………… 1－154
欽定續文獻通考二百五十卷………… 1－284
欽定續文獻通考二百五十卷………… 1－378
欽定續文獻通考序不分卷…………… 1－152
欽定續通志六百四十卷……………… 1－284
欽定續通志六百四十卷……………… 1－360
欽定續通典一百五十卷……………… 1－304
欽定續通典一百五十卷……………… 1－375
欽頒州縣事宜一卷…………………… 1－272
番禺陳氏東塾叢書…………………… 1－198
番禺陳氏東塾叢書…………………… 1－282
番禺陳氏東塾叢書…………………… 1－318
番禺陳氏東塾叢書…………………… 1－323
飲月軒文鈔二卷……………………… 1－213
飲月軒詩鈔五卷雜體文鈔一卷……… 1－213
飲冰室詩話五卷……………………… 1－188
勝朝殉揚錄三卷……………………… 1－128
詁經精舍文集十四卷………………… 1－130
評選四六法海八卷…………………… 1－312
評點春秋綱目左傳句解彙雋六卷…… 1－374
評鑑闡要十二卷……………………… 1－241
詞旨暢一卷…………………………… 1－142
詞名集解六卷………………………… 1－203
詞名集解六卷續編二卷……………… 1－239
詞苑萃編八卷………………………… 1－204
詞林正韻三卷發凡一卷……………… 1－327
詞林海錯類選四卷…………………… 1－345
詞品六卷拾遺二卷…………………… 1－176
詞科掌錄十七卷……………………… 1－133
詞律二十卷拾遺八卷補遺一卷……… 1－305
詞律二十卷拾遺六卷補遺一卷……… 1－176
詞律拾遺六卷………………………… 1－265
詞律補遺一卷………………………… 1－265
詞源二卷……………………………… 1－142
詞源二卷樂府指迷一卷詞旨一卷…… 1－142
詞綜三十八卷………………………… 1－174
詞綜三十六卷………………………… 1－175
詞綜補遺二十卷……………………… 1－141
詞選…………………………………… 1－141
詞選二卷立山詞一卷………………… 1－141
詞選二卷續二卷附錄一卷…………… 1－304
詞選二卷續選二卷…………………… 1－174
詞學全書……………………………… 1－142
詞學叢書……………………………… 1－175
詞譜四十卷…………………………… 1－235
詒晉齋集八卷後集一卷隨筆一卷…… 1－280
敦古堂擬古雜文三卷………………… 1－245
敦艮吉齋文存四卷…………………… 1－156
敦艮齋文稿不分卷…………………… 1－245
敦艮齋遺書十七卷…………………… 1－345
敦好齋律陶纂不分卷………………… 1－316
敦拙堂詩集十三卷…………………… 1－324
敦復齋文集八卷……………………… 1－135
[道光]敦煌縣志七卷　………………… 1－274
遊道堂集四卷………………………… 1－347
童歌養正一卷………………………… 1－332
惺諟齋初稿十卷……………………… 1－315
惺齋新曲五種續編一種……………… 1－248
善本書室藏書志四十卷附錄一卷…… 1－170
善卷堂四六十卷……………………… 1－327
普天忠憤集十四卷…………………… 1－136
普通百科新大辭典不分卷…………… 1－298
普奥戰史七編附錄一卷……………… 1－286
尊聞居士集八卷附錄一卷…………… 1－187
道古堂全集…………………………… 1－301
道古堂詩文集四十八卷……………… 1－133
道光東華錄六十卷…………………… 1－141
道因法師碑不分卷…………………… 1－304
道咸同光四朝詩史甲集八卷首一卷
　………………………………………… 1－169
道鄉公文集四十卷附錄一卷………… 1－209
道鄉公文集四十卷補遺一卷附錄一
　卷…………………………………… 1－142
道園遺稿六卷………………………… 1－243
道園學古錄五十卷…………………… 1－267
道園學古錄五十卷…………………… 1－329
道園續稿六卷………………………… 1－243
道齊正軌二十卷……………………… 1－120

道榮堂文集六卷首一卷滄洲近詩十
卷 …… 1－300
道德經二卷老子考異一卷 …… 1－230
道學淵源錄一百卷首一卷 …… 1－132
遂寧張文端公全集七卷首一卷 …… 1－181
曾太傅毅勇侯傳略不分卷 …… 1－311
曾文正公手書日記不分卷 …… 1－177
曾文正公手書日記不分卷 …… 1－377
曾文正公全集 …… 1－353
曾文正公全集 …… 1－360
曾文正公全集八卷 …… 1－373
曾文正公事略四卷 …… 1－118
曾文正公奏稿三十六卷 …… 1－369
曾文定公全集二十卷首一卷末一卷
…… 1－257
曾惠敏公全集十七卷 …… 1－136
曾惠敏公遺集四種十七卷 …… 1－198
曾惠敏公遺集四種十七卷 …… 1－199
曾惠敏公遺集四種十七卷 …… 1－313
曾惠敏公遺集四種十七卷 …… 1－318
曾惠敏公遺集四種十七卷 …… 1－318
馮恭定公全書二十二卷 …… 1－185
湛然居士文集十四卷 …… 1－208
湛園未定稿六卷 …… 1－213
湛園劄記四卷 …… 1－178
湖山便覽十二卷 …… 1－307
湖山便覽十二卷 …… 1－342
湖北叢書 …… 1－353
［同治］湖州府志九十六卷首一卷 … 1－340
湖州詞徵二十四卷 …… 1－175
湖州詞徵三十卷 …… 1－175
湖唐林館駢體文二卷 …… 1－174
湖海文傳七十五卷 …… 1－155
湖海文傳七十五卷 …… 1－327
湖海文傳七十五卷 …… 1－336
湖海樓詩集八卷 …… 1－276
湖海樓叢書 …… 1－301
湖海樓叢書 …… 1－325
湖程紀略一卷 …… 1－239
湘社集四卷 …… 1－168
湘軍水陸戰紀十六卷 …… 1－336
湘軍志十六卷 …… 1－141
湘軍志十六卷 …… 1－161
湘軍志十六卷 …… 1－375
湘軍記二十卷 …… 1－141
湘軍記二十卷 …… 1－173
湘浦詩鈔二卷賦鈔不分卷安蔬草堂
試帖二卷 …… 1－216
湘報論說□□卷 …… 1－127
湘報類纂六集 …… 1－128
湘綺樓文集八卷詩集十四卷箋啟八
卷 …… 1－185
湘綺樓文集八卷詩集十四卷箋啟八
卷 …… 1－185
湘綺樓全書 …… 1－225
湘綺樓全書 …… 1－379
湘綺樓全集文集八卷 …… 1－185
［光緒］湘潭縣志十二卷 …… 1－322
湯文正公全集四種 …… 1－216
湯文正公全集四種 …… 1－292
湯文正公遺書十四卷 …… 1－135
湯睡庵先生鑒定易經翼注四卷 …… 1－233
測海集六卷 …… 1－221
測海集六卷 …… 1－287
測量釋例八卷 …… 1－226
温飛卿詩集七卷別集一卷集外詩一
卷附録諸家詩評一卷 …… 1－239
滑疑集八卷 …… 1－156
淵雅堂全集 …… 1－314
淵雅堂編年詩稿二十卷惕甫未定稿
二十六卷文續稿一卷詩外集三卷
文外集四卷寫韻軒小稿二卷波餘
遺稿一卷淵雅堂編年詩續稿一卷
…… 1－186
淵雅堂編年詩稿十六卷 …… 1－191
淵鑑類函四百五十卷目錄四卷 …… 1－327
淵鑑類函四百五十卷目錄四卷 …… 1－345
淵鑑類函四百五十卷目錄四卷 …… 1－354
游定夫先生集六卷首一卷末一卷 …… 1－132
滋樹室遺集六卷 …… 1－214
溉亭述古錄二卷 …… 1－179
溉堂後集四卷 …… 1－220

寒支初集十卷二集四卷首一卷……… 1－163
寒支初集十卷二集四卷首一卷……… 1－317
寒松堂全集六卷附年譜一卷………… 1－186
寒松閣集二十卷………………………… 1－216
寒松閣詩八卷…………………………… 1－310
寒香亭傳奇四卷………………………… 1－198
富陽夏氏叢刻八種……………………… 1－179
富陽夏氏叢刻八種……………………… 1－280
運甓齋文稿六卷文稿續編六卷詩稿
　續編六卷贈言錄四卷………………… 1－182
運甓齋文稿六卷文稿續編六卷詩稿
　續編六卷贈言錄四卷………………… 1－211
補晉書經籍志四卷……………………… 1－224
補註銅人腧穴鍼灸圖經五卷………… 1－226
補疑年錄四卷續疑年錄三卷………… 1－173
補蹉跎齋詩存一卷……………………… 1－346
補學軒文集一卷………………………… 1－213
補學軒文集四卷………………………… 1－155
補學軒詩集十二卷……………………… 1－213
補學軒詩集十二卷文集四卷………… 1－184
補讀書齋遺稿十卷……………………… 1－143
補讀書齋遺稿十卷……………………… 1－215
補讀書齋遺稿十卷……………………… 1－215
補籬遺稿八卷…………………………… 1－188
補籬遺稿八卷…………………………… 1－216
補籬遺稿八卷…………………………… 1－216
補籬遺稿八卷…………………………… 1－216
畫延年室詞稿不分卷…………………… 1－204
畫壁遺稿三卷…………………………… 1－276
疏影樓詞五卷…………………………… 1－176
疏影樓詞不分卷………………………… 1－203
疏影樓詞不分卷………………………… 1－203
疏濬武陽南運河徵信錄不分卷疏濬
　武陽老孟河徵信錄不分卷疏濬武
　陽開河徵信錄不分卷疏濬武陽西
　塘東塘運河徵信錄不分卷疏濬孟
　瀆德勝澡港三河徵信錄四卷……… 1－126
媕雅堂別集六卷………………………… 1－213
［乾隆］登封縣志三十二卷　………… 1－322
絳河笙詞稿不分卷……………………… 1－203
絕妙好詞箋七卷附詞選……………… 1－203
絕妙好詞箋七卷續鈔一卷…………… 1－175
幾何原本十二卷………………………… 1－144

十三畫

瑞芝山房文鈔八卷附補遺一卷……… 1－276
瑞筠圖傳奇二卷………………………… 1－166
載陽堂意外緣四卷十八回…………… 1－370
塤篪集十卷……………………………… 1－348
鼓山志十四卷首一卷…………………… 1－223
聖宋文選全集三十二卷……………… 1－260
聖武記十四卷…………………………… 1－153
聖武記十四卷…………………………… 1－200
聖武記十四卷…………………………… 1－327
聖武記十四卷…………………………… 1－360
聖雨齋詩文集十卷……………………… 1－183
聖賢像贊三卷聖賢道統圖贊一卷…… 1－236
［同治］鄞縣志七十五卷　…………… 1－287
蓮子居詞話四卷………………………… 1－176
蓮因室詩集二卷詞集一卷…………… 1－300
蓮洋吳徵君年譜………………………… 1－244
蓮洋集二十卷…………………………… 1－290
蓮洋集二十卷雜錄一卷附録一卷…… 1－244
蓮洋集十二卷補遺一卷附錄一卷…… 1－276
夢月巖詩集二十卷詩餘一卷………… 1－238
夢因錄一卷……………………………… 1－205
夢波紀草………………………………… 1－330
夢陔堂詩集三十五卷…………………… 1－220
夢痕仙館詩鈔四卷……………………… 1－191
夢窗甲稿一卷乙稿一卷丙稿一卷丁
　稿一卷絶筆補遺一卷………………… 1－235
夢窗甲稿一卷乙稿一卷丙稿一卷丁
　稿一卷絶筆補遺一卷劄記一卷…… 1－142
夢園書畫錄二十五卷…………………… 1－144
夢園叢說内篇八卷外篇八卷………… 1－205
夢園叢說内篇八卷外篇八卷………… 1－205
夢園叢說内篇八卷外篇八卷………… 1－205
夢溪筆談二十六卷補一卷…………… 1－246
夢綠草堂詩鈔十二卷首一卷末一卷
　……………………………………… 1－307
夢樓詩集二十四卷……………………… 1－348

夢樓詩集二十四卷…………………… 1－376
蒼崖先生金石例十卷………………… 1－160
蓬莊唐詩小識四卷…………………… 1－159
蓬窗隨錄十四卷附錄二卷續錄二卷
……………………………………… 1－283
蒿菴閒話二卷………………………… 1－207
蒿菴集三卷附錄一卷………………… 1－134
蓉城偶筆六卷………………………… 1－331
蒙古遊牧記十六卷…………………… 1－131
蒙古遊牧記十六卷…………………… 1－308
蒙養本論不分卷……………………… 1－290
蒙學叢書(蒙學書報)不分卷 ……… 1－379
蒙齋年譜一卷………………………… 1－361
蒙齋年譜不分卷……………………… 1－120
楚辭十七卷…………………………… 1－367
楚辭十七卷附錄一卷………………… 1－250
楚辭章句十七卷附錄一卷…………… 1－239
楚辭葉音一卷………………………… 1－239
楚辭集注八卷………………………… 1－189
楚辭集注八卷………………………… 1－218
楚辭集注八卷辯證二卷後語八卷附
錄二卷總評一卷…………………… 1－239
楚辭節注六卷………………………… 1－239
楚辭新注七卷………………………… 1－189
楚辭新集注八卷楚懷襄二王在位事
迹考一卷末一卷…………………… 1－239
楚辭新集注八卷楚懷襄二王在位事
迹考一卷末一卷…………………… 1－239
楚辭燈四卷…………………………… 1－373
楚寶四十卷…………………………… 1－127
楚寶四十卷…………………………… 1－151
楊升菴先生批點文心雕龍十卷……… 1－233
楊升菴先生批點文心雕龍十卷……… 1－234
楊氏全書八種………………………… 1－216
楊氏全書八種………………………… 1－281
楊文節公集…………………………… 1－379
楊忠烈公文集十卷補遺一卷表忠錄
一卷年譜一卷……………………… 1－280
楊忠愍公全集四卷…………………… 1－364
楊忠愍公集五卷首一卷末一卷……… 1－215
楊忠愍公集四卷……………………… 1－234
楊椒山先生垂範集不分卷…………… 1－154
楊椒山先生集四卷年譜一卷………… 1－305
楊蓉裳先生年譜不分卷……………… 1－147
楊園先生未刻稿十二卷……………… 1－249
楊園先生全集五十四卷……………… 1－291
楊龜山先生集四十二卷……………… 1－262
楊龜山先生集四十二卷首一卷……… 1－208
楊龜山先生集四十二卷首一卷……… 1－208
槐軒雜著四卷………………………… 1－168
槐廬叢書……………………………… 1－281
槐廬叢書……………………………… 1－325
槐廳載筆二十卷……………………… 1－152
槐廳載筆二十卷……………………… 1－283
榆圀讀史草不分卷…………………… 1－139
榆園叢刻……………………………… 1－196
榆園叢刻……………………………… 1－285
榆園叢刻……………………………… 1－323
榆園叢刻……………………………… 1－349
楹聯叢話十二卷……………………… 1－206
楹聯續話四卷………………………… 1－206
賈子次詁十六卷賈子年譜一卷……… 1－222
賈浪仙長江集十卷…………………… 1－138
感舊集十六卷………………………… 1－237
揅經室一集十四卷二集八卷三集五
卷四集二卷四集詩十一卷續集十
一卷再續集七卷外集五卷………… 1－229
揅經室一集十四卷二集八卷三集五
卷四集二卷四集詩十一卷續集十
一卷再續集七卷外集五卷………… 1－338
揅經室一集十四卷二集八卷三集五
卷四集二卷四集詩十一卷續集十
一卷再續集七卷外集五卷………… 1－369
揅經室一集十四卷二集八卷三集五
卷四集二卷詩十一卷續集十一卷
再續集七卷外集五卷……………… 1－188
揅經室集一集十四卷………………… 1－358
碑版文廣例十卷……………………… 1－144
碑傳集一百六十卷…………………… 1－201
雷刻八種……………………………… 1－329
雷刻八種……………………………… 1－377
雷峰塔傳奇四卷……………………… 1－227

雷峰塔傳奇四卷……………………… 1－337
雷塘庵主弟子記八卷………………… 1－118
雷塘庵主弟子記八卷………………… 1－151
裘文達公文集六卷補遺一卷詩集十
　二卷恭和御製詩六卷奏議一卷…… 1－210
虞文靖公詩集十卷…………………… 1－158
虞初新志二十卷……………………… 1－353
虞東學詩十二卷首一卷……………… 1－190
虞書命義和章解不分卷……………… 1－329
當湖文獻初編二十八卷……………… 1－174
當歸草堂醫學叢書初編十種………… 1－225
路史四十七卷………………………… 1－121
遣愁集十二卷………………………… 1－311
遣愁集十四卷………………………… 1－294
蛾述集十六卷………………………… 1－273
蜕翁所見詩錄前編感逝集十卷……… 1－301
農政全書六十卷……………………… 1－299
農候雜占四卷………………………… 1－226
農書二十二卷………………………… 1－226
農曹案匯不分卷……………………… 1－127
農學叢書……………………………… 1－350
罪言存略不分卷……………………… 1－153
蜀中名勝記三十卷…………………… 1－265
蜀中名勝記三十卷…………………… 1－341
蜀水考四卷…………………………… 1－286
蜀水考四卷…………………………… 1－320
蜀典十二卷…………………………… 1－287
蜀故二十七卷………………………… 1－264
蜀故二十七卷………………………… 1－293
蜀雅二十卷…………………………… 1－192
蜀詩十五卷…………………………… 1－137
蜀詩十五卷…………………………… 1－168
蜀碧四卷……………………………… 1－308
蜀碧四卷附記一卷…………………… 1－257
蜀碧四卷附記一卷…………………… 1－371
蜀輶日記四卷………………………… 1－177
蜀輶日記四卷………………………… 1－212
蜀龜鑑七卷首一卷…………………… 1－264
稗海四十八種二百八十八卷續二十
　二種一百六十一卷………………… 1－235
稗海四十六種二百八十五卷續二十
　四種一百四十一卷………………… 1－237
筠廊偶筆二卷………………………… 1－179
筠清館金文五卷……………………… 1－119
筤墅說書不分卷……………………… 1－310
節相壯游日錄二卷…………………… 1－162
傳硯堂詩錄八卷……………………… 1－288
傳經表一卷通經表一卷……………… 1－120
傳樸堂詩稿四卷附豉華館詩稿一卷
　……………………………………… 1－264
傷寒論注四卷附翼二卷論翼二卷…… 1－225
粵西金石略十五卷…………………… 1－171
粵行紀事三卷附滇黔土司婚禮記一
　卷…………………………………… 1－336
粵雅堂叢書…………………………… 1－196
微波榭叢書十五種…………………… 1－319
微雲榭詞選五卷……………………… 1－203
傒月軒詩集十五卷附編一卷………… 1－219
傒月軒詩集十五卷賦稿一卷………… 1－192
愈愚錄六卷…………………………… 1－206
會稽三賦四卷………………………… 1－236
會稽山齋全集七種…………………… 1－216
會稽山齋全集七種…………………… 1－269
[嘉泰]會稽志二十卷　……………… 1－274
愛日堂文集八卷……………………… 1－182
愛日堂文集八卷詩集二卷外集一卷
　……………………………………… 1－258
飴山堂集二十卷……………………… 1－324
解學士文毅公全集十卷……………… 1－234
試場異聞錄…………………………… 1－311
試辦天津縣地方自治章程八章……… 1－303
詩人玉屑二十卷……………………… 1－143
詩人玉屑二十卷……………………… 1－299
詩比興箋四卷………………………… 1－159
詩毛氏傳疏三十卷…………………… 1－218
詩古微十六卷………………………… 1－312
詩古微三編十五卷首一卷…………… 1－169
詩本音十卷…………………………… 1－379
詩句題解韻編六卷…………………… 1－291
詩材類對纂要四卷…………………… 1－189
詩序廣義二十四卷…………………… 1－218

詩林韶濩二十卷…………………………1－239
詩法入門四卷首一卷詩韻五卷………1－190
詩法萃編十五卷………………………1－218
詩注明備十二卷首一卷………………1－219
詩紀一百三十卷前集十卷附録一卷
外集四卷別集十二卷………………1－239
詩料英華十四卷………………………1－270
詩集傳音釋二十卷……………………1－363
詩詞雜俎十二種………………………1－243
詩夢鐘聲録不分卷……………………1－178
詩傳補義三卷…………………………1－189
詩韵釋要五卷附古韵釋要一卷………1－232
詩義堂集二卷附後集六卷……………1－265
詩經八卷………………………………1－218
詩經八卷………………………………1－369
詩經八卷………………………………1－374
詩經小學四卷…………………………1－326
詩經喈鳳詳解八卷……………………1－190
詩經傳注八卷…………………………1－218
詩經詮義十二卷首一卷末二卷………1－346
詩經廣詁三十卷………………………1－169
詩經體注圖考大全八卷………………1－190
詩管見七卷首一卷……………………1－190
詩説三卷………………………………1－190
詩餘偶鈔六卷…………………………1－141
詩餘偶鈔六卷…………………………1－142
詩餘圖譜三卷…………………………1－235
詩緝三十六卷…………………………1－190
詩緣前編續四卷正編續七卷…………1－191
詩禮堂古文五卷………………………1－262
詩禮堂古文五卷續一卷………………1－365
詩禮堂古文五卷續一卷………………1－365
詩禮堂全集十九種……………………1－186
詩總聞二十卷…………………………1－165
詩藪内編六卷外編六卷雜編六卷續
編二卷…………………………………1－233
詩鵠十二卷……………………………1－138
詩歸三十六卷…………………………1－240
詩瀋二十卷……………………………1－217
詩韻合璧五卷…………………………1－164
詩韻析五卷首一卷末一卷校勘記一
卷……………………………………1－328
詩韻集成十卷…………………………1－333
詩韻歌訣初步五卷……………………1－361
詩韻釋音五卷…………………………1－363
詩觸五卷………………………………1－219
誠意伯文集二十卷……………………1－132
誠齋文節先生錦繡策二卷……………1－333
誠齋雜記二卷…………………………1－234
話山草堂遺集…………………………1－143
話雨齋詩鈔一卷………………………1－203
詳註聊齋志異圖詠十六卷首一卷……1－305
廉石居藏書記二卷……………………1－265
靖逆記二卷附二篇……………………1－160
靖逆記六卷……………………………1－255
靖逆記六卷……………………………1－272
靖逆記六卷……………………………1－360
靖康要録十六卷………………………1－150
靖康傳信錄三卷………………………1－129
靖節先生年譜攷異二卷………………1－332
靖節先生集十卷首一卷末二卷………1－155
靖獻遺言八卷…………………………1－133
新文牘十卷……………………………1－365
新文牘十卷……………………………1－368
新刊古列女傳八卷……………………1－145
新刊古列女傳八卷……………………1－302
新刊君子亭群書摘草五卷……………1－244
新刊唐荆川先生稗編一百二十卷目
録三卷………………………………1－256
新刊繡像永慶昇平後傳十二卷一百
回……………………………………1－334
新刊繡像昇仙傳演義五卷八十六回
……………………………………1－271
新刊繡像昇仙演義八卷五十六回……1－298
新刊續補文選纂注十二卷……………1－244
新出皖案徐錫麟遺事十二節不分卷
……………………………………1－286
新出龍舟歌不分卷……………………1－303
新安先集二十卷………………………1－328
新刻七十二朝四書人物考注釋四十
卷……………………………………1－236

新刻天花藏批評玉嬌梨四卷二十回 …… 1－335
新刻天花藏批評平山冷燕四卷二十回 …… 1－335
新刻天傭子全集十卷 …… 1－258
新刻天寶圖十卷 …… 1－303
新刻玉釧緣全傳三十二卷 …… 1－354
新刻古本劉成美忠節全傳二十五卷 …… 1－332
新刻出相音注勸善目連救母行孝戲文三卷 …… 1－198
新刻出像點板時尚崑腔雜曲醉怡情八卷 …… 1－249
新刻肉坵坟十二卷九十八回 …… 1－269
新刻批評東漢演義八卷三十二回 …… 1－296
新刻東調雨雪亭十六卷 …… 1－303
新刻忠義水滸傳八卷一百十五回 …… 1－249
新刻京板工師雕鏤正式魯班經匠家鏡二卷秘訣仙機一卷 …… 1－197
新刻京臺公餘勝覽國色天香十卷 …… 1－305
新刻奏對合編三卷 …… 1－375
新刻按鑑編纂開闢衍繹通俗志傳六卷八十回 …… 1－270
新刻按鑑編纂開闢衍繹通俗志傳六卷八十回 …… 1－297
新刻重校增補詩學圓機活法二十四卷 …… 1－189
新刻前七國六卷 …… 1－303
新刻珠玉圓四卷四十八回 …… 1－198
新刻珠玉圓四卷四十八回 …… 1－283
新刻真本唱口七俠圖四十二集 …… 1－283
新刻時調真本唱口九絲絛全傳六十九卷 …… 1－333
新刻粉妝樓傳記十卷八十回 …… 1－354
新刻陰陽寶扇八集八十卷 …… 1－303
新刻異說反唐全傳十卷 …… 1－312
新刻異說後唐傳三集薛丁山征西樊梨花全傳十卷八十八回 …… 1－271
新刻異說綠牡丹六卷六十四回 …… 1－285
新刻張太岳先生文集四十七卷 …… 1－269
新刻雅調唱口平陽傳金臺全傳十二卷六十回 …… 1－333
新刻楊家府世代忠勇演義志傳八卷 …… 1－297
新刻增補藝苑巵言十六卷 …… 1－235
新刻劍嘯閣批評西漢演義八卷 …… 1－296
新刻劍嘯閣批評西漢演義傳八卷 …… 1－296
新刻劍嘯閣批評東漢演義傳十卷 …… 1－283
新刻劍嘯閣批評東漢演義傳十卷 …… 1－297
新刻臨川王介甫先生詩文集一百卷目録二卷 …… 1－251
新刻鍾伯敬先生批評封神演義十九卷一百回 …… 1－250
新刻鍾無艷娘娘全本六集六十四卷 …… 1－333
新刻濟顛大師醉菩提全傳四卷二十回 …… 1－297
新刻濟顛大師醉菩提全傳四卷二十回 …… 1－335
新刻雙玉鐲初集十五卷後集十卷 …… 1－295
新刻雙龍傳(王花買父)四卷 …… 1－283
新刻繪圖粉粧樓全傳四卷八十回 …… 1－298
新刻繡像南昌衛四卷 …… 1－295
新刻繡像粉粧樓全傳十二卷八十回 …… 1－355
新刻鸚歌記四卷 …… 1－283
新修長蘆鹽法志十六卷 …… 1－196
新修長蘆鹽法志十六卷 …… 1－197
[光緒]新修潼川府志三十卷 …… 1－264
新訂四書補注備旨八卷 …… 1－194
新訂四書補注備旨八卷 …… 1－194
新訂四書補注備旨八卷 …… 1－194
新訂四書補註備旨十卷 …… 1－165
新書十卷 …… 1－143
新喻梁石門先生集十卷首一卷末一卷 …… 1－163
新集三十六卷外集十五卷 …… 1－257
新評繡像紅樓夢全傳一百二十回 …… 1－284
新斠注地理志十六卷 …… 1－320
新齊諧二十四卷續八卷 …… 1－332
新增幼學故事瓊林四卷 …… 1－361

新增幼學雜字不分卷…………………… 1－306
新增典故四書章句不分卷…………… 1－374
新增說文韻府群玉二十卷…………… 1－287
新增說文韻府羣玉二十卷…………… 1－309
新選古今對聯草法二卷……………… 1－230
新選古今對聯草法二卷……………… 1－339
新編三國志鼓詞首部十五卷二部十五卷三部十五卷四部十五卷五部十五卷六部十五卷七部十五卷八部十五卷………………………… 1－295
新編三國演義十二卷………………… 1－304
新編玉鴛鴦五集二十卷……………… 1－295
新編古今事文類聚前集六十卷後集五十卷續集二十八卷別集三十二卷遺集十五卷……………………… 1－257
新編批評後七國樂田演義十八回…… 1－249
新編雷鋒塔奇傳五卷………………… 1－198
新編韓湘子九度文公道情全本三卷……………………………………… 1－298
新編雙玉盃全傳三十六卷…………… 1－305
新學偽經考十四卷…………………… 1－363
新雕徂徠石先生文集二十卷附錄一卷…………………………………… 1－180
新燈合璧三卷………………………… 1－228
新燈合璧三卷………………………… 1－338
新繁詩略六卷………………………… 1－158
新鍥鄭孩如先生精選史記旁訓便讀八卷………………………………… 1－253
新鐫古今大雅南宮詞紀六卷北宮詞紀六卷……………………………… 1－250
新鐫古今大雅南宮詞紀六卷北宮詞紀六卷……………………………… 1－250
新疆賦………………………………… 1－174
新疆賦不分卷………………………… 1－174
新纂氏族箋釋八卷…………………… 1－285
新纂門目五臣音注揚子法言十卷…… 1－144
新鐫玉茗堂批評按鑑參補出像南宋志傳十卷北宋志傳十卷…………… 1－248
新鐫玉茗堂批點按鑑參補楊家將傳十卷五十回………………………… 1－296
新鐫古本批評繡像三世報隔簾花影四十八回…………………………… 1－370
新鐫名公釋義全備墨莊白眉故事六卷……………………………………… 1－337
新鐫時調彈詞說唱雙金錠全傳七集五十卷…………………………… 1－316
新鐫異說五虎平西珍珠旗演義狄青前傳十四卷一百十二回後續六卷……………………………………… 1－284
新鐫歷朝捷錄增定全編大成四卷…… 1－233
新鐫繡像後宋慈雲太子逃難走國全傳八卷三十五回………………… 1－284
新鐫增補音郡音義百家姓一卷……… 1－353
意茗山館詩稿十六卷………………… 1－264
意園文略二卷………………………… 1－135
雍正上諭不分卷……………………… 1－258
雍正上諭不分卷……………………… 1－375
雍正上諭內閣一百五十九卷………… 1－372
雍正東華錄二十六卷………………… 1－140
雍音四卷……………………………… 1－239
雍音四卷……………………………… 1－341
慎盦文鈔二卷………………………… 1－210
慎其餘齋文集二十卷末一卷………… 1－314
義門先生集十二卷附錄一卷………… 1－212
義門先生集十二卷附錄一卷………… 1－323
義門讀書記五十八卷………………… 1－178
義俠好逑傳四卷十八回……………… 1－285
義俠好逑傳四卷十八回……………… 1－335
義圃藏稿不分卷……………………… 1－134
煙波漁唱四卷………………………… 1－141
煙波漁唱四卷………………………… 1－203
煙嶼樓詩集十八卷…………………… 1－317
資治通鑑二百九十四卷……………… 1－149
資治通鑑二百九十四卷……………… 1－318
資治通鑑目錄三十卷………………… 1－170
資治通鑑外紀十卷…………………… 1－312
資治通鑑後編一百八十四卷校勘記十五卷…………………………… 1－124
資治通鑑補二百九十四卷…………… 1－302
資治通鑑補正二百九十四卷首一卷……………………………………… 1－336

資治通鑑節要續編三十卷…………… 1－253
資治通鑑釋文三十卷………………… 1－293
滇考二卷……………………………… 1－128
滇詩拾遺六卷………………………… 1－136
[嘉慶]溧陽縣志十六卷 ………… 1－287
[光緒]溧陽縣續志十六卷末一卷 … 1－287
滌襟樓考古錄不分卷………………… 1－119
溪上遺聞集錄十卷別錄二卷………… 1－273
滄州明詩鈔一卷……………………… 1－309
滄城殉難錄四卷附題詞……………… 1－161
滄浪詩話注五卷……………………… 1－190
滄桑豔二卷附錄一卷………………… 1－228
滄桑豔二卷附錄一卷………………… 1－337
滄溟先生集三十卷…………………… 1－214
滄溟先生集三十卷附錄一卷………… 1－251
滂喜齋叢書…………………………… 1－199
滂喜齋叢書…………………………… 1－299
滂喜齋叢書…………………………… 1－299
滂喜齋叢書…………………………… 1－319
塞愚詩話二卷………………………… 1－188
裨農最要三卷………………………… 1－226
福惠全書三十二卷…………………… 1－343
群書拾補不分卷……………………… 1－259
群經平議三十五卷…………………… 1－341
群經音辨七卷………………………… 1－279
群經綱紀考十六卷首一卷…………… 1－321
群學肄言十六卷……………………… 1－142
羣言瀝液八卷………………………… 1－261
羣經識小八卷………………………… 1－301
彙纂詩法度針三十三卷……………… 1－218
辟疆園杜詩注解七言律五卷………… 1－236
媿生叢錄二卷………………………… 1－348
媿林漫錄二卷………………………… 1－269
遜志齋全集二十四卷………………… 1－369
遜學齋文鈔十二卷首一卷末一卷…… 1－167
遜學齋文鈔十卷首一末一卷………… 1－157
遜學齋詩鈔十卷……………………… 1－349
經史百家序錄………………………… 1－304
經史百家雜鈔二十六卷……………… 1－334
經史答問四卷………………………… 1－372
經典釋文三十卷……………………… 1－305
經典釋文三十卷考證三十卷………… 1－316
經典釋文三十卷考證三十卷………… 1－372
經典釋文三十卷考證三十卷附國語
　補音三卷…………………………… 1－301
經訓堂叢書…………………………… 1－198
經訓堂叢書…………………………… 1－300
經訓堂叢書…………………………… 1－318
經書字音辨要九卷…………………… 1－336
經略洪承疇奏對筆記二卷…………… 1－152
經笥堂文鈔二卷……………………… 1－133
經笥堂文鈔二卷……………………… 1－155
經笥堂文鈔二卷……………………… 1－275
經傳釋詞十卷………………………… 1－291
經傳釋詞十卷………………………… 1－368
經傳釋詞補不分卷…………………… 1－350
經義考三百卷目錄二卷……………… 1－294
經義考三百卷目錄二卷……………… 1－316
經義述聞三十二卷…………………… 1－289
經義雜記三十卷敘錄一卷…………… 1－320
經遺堂全集二十六卷………………… 1－211
經學不厭精二卷……………………… 1－223
經學輯要二十四卷…………………… 1－369
經藝選腴初編六卷二編四卷三編四
　卷…………………………………… 1－337
經籍舉要一卷………………………… 1－271
經籍纂詁一百零六卷首一卷………… 1－310
經籍纂詁補遺一百零六卷…………… 1－344
綏服紀署圖詩一卷…………………… 1－377
綏寇紀略十二卷補遺三卷…………… 1－150
綏寇紀略十二卷補遺三卷…………… 1－358
綏寇紀略十二卷補遺三卷…………… 1－364
綏寇紀略十二卷補遺三卷…………… 1－365
[光緒]綏遠志十卷首一卷 ……… 1－342
彙刻太倉舊志五種…………………… 1－342
彙刻書目二十卷……………………… 1－224

十四畫

碧血錄二卷…………………………… 1－117
碧血錄五卷…………………………… 1－145
碧血錄五卷…………………………… 1－145

碧琅玕館詩鈔四卷續鈔四卷………… 1－276
碧筠樓吟稿一卷……………………… 1－233
碧聲吟館叢書………………………… 1－199
碧聲吟館叢書………………………… 1－319
瑤華閣集不分卷……………………… 1－323
趙文敏公松雪齋全集十卷外集一卷
　續集一卷…………………………… 1－208
趙文敏寫本兩漢策要十二卷………… 1－124
趙文肅公文集二十三卷……………… 1－211
趙忠節公遺墨不分卷溫次言先生詩
　錄不分卷…………………………… 1－210
趙忠毅公儕鶴先生史韻四卷………… 1－332
趙清獻公集十卷……………………… 1－143
趙清獻公集十卷……………………… 1－315
嘉定先生奏議二卷…………………… 1－129
[光緒]嘉定縣志三十二卷首一卷
　補遺一卷…………………………… 1－313
嘉慶東華錄五十卷…………………… 1－141
嘉樹山房集二十卷外集二卷續集二
　卷…………………………………… 1－182
[光緒]嘉興府志八十八卷首二卷 … 1－314
臺灣外記三十卷……………………… 1－249
臺灣戰紀二卷………………………… 1－200
臺灣戰紀二卷………………………… 1－200
臺灣輿圖二卷………………………… 1－307
壽藤齋詩三十五卷…………………… 1－346
聚學軒叢書…………………………… 1－330
薔庵隨筆六卷………………………… 1－178
慕萊堂詩文徵存十一卷……………… 1－188
蔣氏四種……………………………… 1－280
蔡中郎集十卷………………………… 1－270
蔡中郎集十卷外集四卷……………… 1－154
蔡邕十意輯存十六卷………………… 1－279
熙朝紀政六卷………………………… 1－172
熙朝新語十六卷……………………… 1－351
[光緒]蔚州志二十卷首一卷 ……… 1－293
[光緒]蔚州志二十卷首一卷 ……… 1－310
榕村全集四十卷……………………… 1－260
榕村詩選八卷首一卷………………… 1－362
監本附音春秋穀梁注疏二十卷附校
　勘記二十卷………………………… 1－122
爾雅正郭三卷………………………… 1－371
爾雅匡名二十卷……………………… 1－309
爾雅直音二卷………………………… 1－286
爾雅直音二卷………………………… 1－367
爾雅注疏十一卷……………………… 1－290
爾雅注疏十一卷……………………… 1－309
爾雅郭注義疏三卷…………………… 1－363
爾雅疏十卷…………………………… 1－277
爾雅義疏二十卷……………………… 1－379
爾雅漢注三卷………………………… 1－279
爾雅翼三十二卷……………………… 1－232
需時眇言十卷………………………… 1－193
霆軍紀略十六卷……………………… 1－173
對山書屋墨餘錄十六卷……………… 1－224
對雨樓叢書…………………………… 1－326
對相雜字不分卷……………………… 1－315
閨秀詞鈔十六卷……………………… 1－203
聞見瓣香錄四卷……………………… 1－206
聞妙香室詞一卷……………………… 1－203
聞妙香館詩存稿二卷………………… 1－322
閩川閨秀詩話四卷…………………… 1－188
閩都記三十三卷……………………… 1－322
閩詞徵六卷…………………………… 1－175
閩詩錄甲集六卷乙集四卷丙集二十
　三卷丁集一卷戊集七卷…………… 1－351
鳴鳳記不分卷………………………… 1－233
鳴鶴堂文集十卷詩集十一卷………… 1－210
嘯古堂文集八卷……………………… 1－156
嘯古堂文集八卷……………………… 1－156
嘯古堂文集八卷……………………… 1－246
嘯亭雜錄八卷續錄二卷……………… 1－272
嘯亭雜錄八卷續錄二卷……………… 1－315
嘯園叢書五十七種…………………… 1－207
嘯園叢書五十七種…………………… 1－340
噉蔗全集文八卷詩八卷……………… 1－210
圖史提綱二卷………………………… 1－152
圖史提綱三卷………………………… 1－287
圖史提綱三卷………………………… 1－373
鄦鄭學廬地理叢刊四種……………… 1－199
鄦鄭學廬地理叢刊四種……………… 1－319
鄦齋叢書十二種……………………… 1－304

禊帖緒餘四卷 …………………………… 1－326
種芸仙館詞五卷月湖秋瑟一卷花整
琴雅二卷 ………………………………… 1－162
種樹軒遺集 ……………………………… 1－215
種樹書一卷 ……………………………… 1－197
稱謂錄三十二卷 ………………………… 1－356
稱謂錄三十二卷 ………………………… 1－364
箕裘集詩鈔二十四卷 …………………… 1－168
管子二十四卷 …………………………… 1－194
管子二十四卷 …………………………… 1－230
管子二十四卷 …………………………… 1－230
管子二十四卷 …………………………… 1－231
管子地員篇注四卷 ……………………… 1－223
管子校正二十四卷 ……………………… 1－195
管子義證八卷 …………………………… 1－194
管城碩記三十卷 ………………………… 1－360
儆居遺書 ………………………………… 1－353
銅鼓書堂遺稿三十二卷 ………………… 1－262
銅鼓書堂遺稿三十二卷 ………………… 1－328
鳳池集不分卷 …………………………… 1－265
鳳凰山七十二卷 ………………………… 1－333
鳳凰山七十二卷 ………………………… 1－367
[光緒]鳳陽府志二十一卷 ……… 1－274
疑年錄四卷 ……………………………… 1－120
疑年錄四卷 ……………………………… 1－336
疑雨集四卷 ……………………………… 1－348
疑雨集新編二卷 ………………………… 1－348
疑思錄二卷 ……………………………… 1－118
語石十卷 ………………………………… 1－119
語石十卷 ………………………………… 1－146
誥授朝議大夫廣東廣州府知府高公
家傳 ……………………………………… 1－178
說文分韻易知錄五卷 …………………… 1－267
說文引經考異十六卷 …………………… 1－218
說文古籒補十四卷附錄一卷 …………… 1－370
說文古籒疏證六卷原目一卷 …………… 1－278
說文古籒疏證六卷原目一卷 …………… 1－278
說文古籒疏證六卷原目一卷 …………… 1－336
說文外編十五卷補遺一卷 ……………… 1－329
說文字辨十四卷 ………………………… 1－372
說文拈字七卷附補遺一卷 ……………… 1－277
說文段注訂補十四卷 …………………… 1－266
說文段注撰要九卷 ……………………… 1－362
說文校議十五卷 ………………………… 1－265
說文校議十五卷 ………………………… 1－308
說文通訓定聲十八卷分部柬韻一卷
說雅十九篇古今韻準一卷 ……………… 1－372
說文通訓定聲十八卷柬韻一卷附說
雅一卷古今韻準一卷行述一卷 ………… 1－328
說文通訓定聲十八卷柬韻一卷說雅
一卷古今韻準一卷 ……………………… 1－308
說文偏旁考二卷 ………………………… 1－289
說文偏旁考二卷 ………………………… 1－378
說文逸字二卷 …………………………… 1－308
說文逸字二卷 …………………………… 1－351
說文提要不分卷 ………………………… 1－351
說文發疑六卷 …………………………… 1－367
說文解字句讀三十卷 …………………… 1－350
說文解字句讀三十卷文字蒙求四卷
………………………………………… 1－329
說文解字注十五卷附六書音韻表五
卷說文部目分韻不分卷說文通檢
十四卷首一卷末一卷說文解字注
匡謬八卷 ………………………………… 1－278
說文解字校錄十五卷 …………………… 1－328
說文解字通釋四十卷 …………………… 1－266
說文解字義證五十卷 …………………… 1－371
說文解字斠詮十四卷 …………………… 1－290
說文解字斠詮十四卷 …………………… 1－327
說文解字韻譜十卷 ……………………… 1－309
說文解字韻譜十卷 ……………………… 1－371
說文新附考六卷續考一卷 ……………… 1－290
說文新附考六卷續考一卷 ……………… 1－362
說文管見三卷 …………………………… 1－329
說文審音十六卷 ………………………… 1－289
說文辨字正俗八卷 ……………………… 1－372
說文辨字正俗八卷 ……………………… 1－376
說文聲系十四卷 ………………………… 1－290
說文聲系十四卷 ………………………… 1－306
說文韻譜校五卷 ………………………… 1－266
說文韻譜校五卷 ………………………… 1－363
說文釋例二十卷 ………………………… 1－279

說文蠡箋十四卷 …… 1－301
說郛一百二十弓 …… 1－164
說郛一百二十弓 …… 1－282
說郛一百二十弓 …… 1－373
說唐前傳十卷六十八回 …… 1－354
說嵩三十二卷 …… 1－258
說鈴五十二種 …… 1－233
說鈴五十二種 …… 1－370
說鈴前集三十七種後集十九種續集七種 …… 1－356
說詩晬語二卷 …… 1－219
說文字原集注十六卷原表一卷表説一卷 …… 1－232
説唐後傳六卷首二卷 …… 1－284
塾課古文匯選八卷 …… 1－174
廣東新語二十八卷 …… 1－306
廣東輿地圖說十四卷首一卷 …… 1－342
廣治平略四十四卷 …… 1－358
廣陵李君碑不分卷 …… 1－267
廣陵詩事十卷 …… 1－169
廣博物志五十卷 …… 1－256
廣雁蕩山志二十八卷首一卷末一卷 …… 1－195
廣雅十卷 …… 1－368
廣雅書局叢書一百五十九種 …… 1－189
廣雅堂雜著四卷 …… 1－178
廣雅疏證十卷博雅音十卷 …… 1－308
廣經室文鈔一卷 …… 1－134
廣潛研堂說文答問疏證八卷 …… 1－329
廣輿記二十四卷 …… 1－235
廣韻藻六卷 …… 1－259
[乾隆]廣靈縣志十卷 …… 1－255
塵海妙品十四卷 …… 1－310
齊民要術十卷 …… 1－196
齊民要術十卷雜説一卷 …… 1－255
齊東野語二十卷 …… 1－249
齊莊中正堂詩鈔十五卷 …… 1－348
精刊龔定盦全集 …… 1－216
精訂綱鑑廿四史通俗衍義二十六卷四十四回 …… 1－334
精校繪圖禮記節本十卷 …… 1－376
精選明人尺牘小品二卷 …… 1－177
精選黃眉故事十卷 …… 1－308
鄰雲友月之居詩初稿四卷餐楓館文集二卷 …… 1－213
鄭少谷全集二十四卷 …… 1－332
鄭氏佚書不分卷 …… 1－272
鄭氏遺書五卷 …… 1－229
鄭氏遺書五卷 …… 1－339
鄭板橋全集六編 …… 1－182
漢大司農康成鄭公年譜一卷 …… 1－236
漢石例六卷 …… 1－160
漢名臣言行錄二十卷 …… 1－117
漢宋奇書六十卷忠義水滸傳一百十五回 …… 1－285
漢晉迄明諡匯十卷 …… 1－118
漢書引經異文錄證六卷 …… 1－371
漢書地理志校本二卷 …… 1－341
漢書西域傳補注二卷 …… 1－124
漢書評林一百卷 …… 1－252
漢書評林一百卷 …… 1－335
漢褚先生集一卷 …… 1－244
漢學諧聲二十四卷 …… 1－279
漢學諧聲二十四卷 …… 1－378
漢儒通義七卷 …… 1－195
漢儒通義七卷 …… 1－222
漢儒通義七卷 …… 1－321
漢韓仁銘不分卷 …… 1－304
漢魏六朝一百三家集 …… 1－379
漢魏六朝百三名家集 …… 1－173
漢魏六朝百三名家集 …… 1－339
漢魏六朝百三名家集 …… 1－364
漢魏六朝百三家集 …… 1－230
漢魏六朝百名家集 …… 1－313
漢魏名文乘不分卷 …… 1－202
漢魏諸名家集二十一種一百二十四卷附一種八卷 …… 1－245
漢魏叢書三十八種二百五十一卷 …… 1－231
漢谿書法通解八卷 …… 1－144
漢谿書法通解八卷 …… 1－356
漢鐃歌釋文箋正不分卷 …… 1－165
漆室吟八卷 …… 1－346

漸學廬叢書第一集…………………… 1－281
漱六山房文集十二卷…………………… 1－184
漱芳閣集十卷………………………… 1－188
滹南集四十五卷集續一卷…………… 1－180
滹南遺老王先生文集四十五卷續一
卷………………………………… 1－209
漁洋山人古詩選三十二卷…………… 1－139
漁洋山人自撰年譜二卷……………… 1－329
漁洋山人精華錄十卷………………… 1－287
漁洋山人精華錄十卷………………… 1－360
漁洋山人精華錄訓纂十卷金氏精華
錄箋註辯訛一卷…………………… 1－329
漁洋山人精華錄會心偶筆六卷……… 1－265
漁洋山人選研村詩五卷……………… 1－191
漁洋詩話二卷………………………… 1－219
漁洋雜錄八種………………………… 1－320
漁隱叢話前集六十卷後集四十卷…… 1－189
漪香山館文集一卷…………………… 1－275
滬遊雜記五編六十卷………………… 1－285
滬游雜記四卷………………………… 1－293
賓退錄十卷…………………………… 1－268
［光緒］寧津縣志十二卷首一卷 …… 1－344
［光緒］寧津縣志十二卷首一卷 …… 1－356
實其文齋文鈔八卷…………………… 1－345
實事求是齋遺稿四卷………………… 1－210
實政錄七卷…………………………… 1－130
實政錄七卷…………………………… 1－151
盡言集十三卷………………………… 1－132
隨安廬詩文集六卷詩集四卷………… 1－181
隨安廬詩集六卷補遺一卷…………… 1－181
隨軒金石文字不分卷………………… 1－200
隨息居飲食譜不分卷………………… 1－227
隨園三十種…………………………… 1－199
隨園三十種…………………………… 1－319
隨園詩草八卷禪家公案頌一卷……… 1－237
隨園詩話補遺十卷…………………… 1－218
隨園隨筆二十八卷…………………… 1－206
隨盦徐氏叢書二十種………………… 1－301
隨盦徐氏叢書二十種………………… 1－325
熊學士詩集三卷……………………… 1－213
熊襄湣公集十卷……………………… 1－130
翠屏詩社稿十卷……………………… 1－220
翠娛閣評選鍾伯敬先生小品二卷…… 1－246
翠娛閣評選行笈必攜………………… 1－248
翠微山房數學………………………… 1－225
翠螺閣詞稾一卷舞鏡集一卷………… 1－274
翠螺閣詩稾四卷……………………… 1－274
綺樹閣詩稿一卷賦稿一卷…………… 1－211
綱鑑易知錄二十卷通鑑綱目三編四
卷………………………………… 1－378
網師園唐詩箋十八卷………………… 1－240
綿津山人詩集二十七卷附楓香詞一
卷漫堂說詩一卷筠廊偶筆二卷…… 1－246
綿津山人詩集三十四卷……………… 1－324
綴白裘新集不分卷…………………… 1－316
綴學堂初稿四卷……………………… 1－323
綠牡丹全傳八卷六十回……………… 1－271
綠雪堂古文鈔二卷駢文鈔二卷椿蔭
軒詞鈔不分卷……………………… 1－187
綠雪堂遺集二十卷…………………… 1－182
綠野齋文集四卷……………………… 1－167
綠野齋前後合集六卷制藝一卷……… 1－276
綠雲仙館詩稿十二卷………………… 1－192
綠槐書屋詩稿二卷附錄五卷………… 1－213

十五畫

璚琈山房詩稿四卷…………………… 1－307
增修河東鹽法備覽八卷首一卷……… 1－197
增訂一夕話新集六卷………………… 1－294
增訂二三場羣書備考四卷…………… 1－256
增訂二三場羣書備考四卷…………… 1－256
增訂本草備要四卷…………………… 1－225
增訂金批西廂六卷首一卷…………… 1－144
增訂詳注廣日記故事不分卷………… 1－283
增訂精忠演義說岳全傳二十卷……… 1－334
增訂漢魏叢書………………………… 1－227
增訂漢魏叢書………………………… 1－227
增訂漢魏叢書………………………… 1－227
增訂漢魏叢書九十六種……………… 1－337
增評補像全圖金玉緣一百二十回…… 1－280

增評補圖石頭記一百二十回首一卷 …… 1－297
增評補圖石頭記一百二十回首一卷 …… 1－297
增補五經備旨精萃四十五卷 …… 1－369
增補文成字彙十二卷 …… 1－279
增補四書精繡圖像人物備考十二卷 …… 1－354
增補事類統編九十三卷首一卷 …… 1－225
增補事類統編九十三卷首一卷 …… 1－361
增補記事珠十卷 …… 1－312
增像第六才子書五卷首一卷 …… 1－197
增廣四書題鏡味根錄二十七卷 …… 1－361
增廣時務新策十二卷 …… 1－128
增廣詩韻全璧五卷 …… 1－333
蕙風叢書 …… 1－144
蕙風叢書 …… 1－316
蕙風叢書 …… 1－356
蕙襟集十二卷 …… 1－204
蕙櫋雜記一卷 …… 1－348
邁堂文略四卷 …… 1－274
蕉雨軒稿一卷 …… 1－298
蕉雨軒稿一卷 …… 1－298
蕉軒隨錄十二卷 …… 1－206
蕉軒隨錄十二卷 …… 1－284
蕉軒隨錄十二卷 …… 1－312
蕉軒隨錄十二卷 …… 1－365
蕩平髮逆圖記二十二卷首一卷 …… 1－266
蕩南詩集四卷 …… 1－300
蕩寇志七十卷 …… 1－298
蕩寇志七十卷 …… 1－298
樞垣記略十六卷 …… 1－152
樗繭譜不分卷 …… 1－285
樓山堂集二十六卷末一卷 …… 1－211
樊山批判十五卷 …… 1－134
樊川文集二十卷外集一卷别集一卷 …… 1－207
樊川詩集四卷别集一卷外集一卷 …… 1－138
樊川詩集四卷别集一卷外集一卷補遺一卷 …… 1－138
樊南文集補編十二卷 …… 1－131
樊南文集補編十二卷 …… 1－131
樊南文集詳注八卷 …… 1－131
樊南文集詳注八卷 …… 1－131
樊南文集詳註八卷 …… 1－370
樊榭山房全集 …… 1－329
樊榭山房全集四十二卷集外文一卷輓辭一卷 …… 1－184
樊榭山房集十卷續集十卷 …… 1－274
輪輿私箋二卷圖一卷 …… 1－227
輟耕吟稿五卷 …… 1－274
輟耕吟稿五卷 …… 1－275
輟耕吟稿五卷 …… 1－324
甌北全集 …… 1－302
甌北集五十卷續集三卷 …… 1－329
甌香館集十二卷首一卷末一卷 …… 1－288
甌香館集十二卷首一卷末一卷 …… 1－362
甌香館集十二卷補遺二卷首一卷附録一卷 …… 1－248
甌鉢羅室書畫過目考四卷 …… 1－118
歐美各國憲法不分卷 …… 1－124
歐洲族類源流略五卷 …… 1－124
歐陽文公圭齋集十五卷首一卷附錄一卷 …… 1－208
歐陽文忠公毛詩本義十六卷 …… 1－368
歐陽文忠公文集十卷 …… 1－132
遼史一百十六卷 …… 1－150
遼史一百十六卷 …… 1－358
遼史拾遺二十四卷 …… 1－125
遼史拾遺二十四卷補五卷 …… 1－125
遼史紀事本末四十卷 …… 1－296
遼史紀事本末四十卷首一卷末一卷金史紀事本末五十二卷首一卷末一卷 …… 1－125
震川先生全集正集三十卷别集十卷 …… 1－329
震澤紀聞二卷 …… 1－237
撫吳公牘五十卷 …… 1－130
播川詩鈔六卷 …… 1－349
鄴芸文集五卷 …… 1－168
賞雨茅屋詩集十一卷外集一卷 …… 1－276
賞雨茅屋詩集九卷外集一卷 …… 1－264

賦則四卷首一卷…………………………1－202
賦話十卷……………………………… 1－190
賦學指南十六卷………………………1－219
賭棋山莊集……………………………1－281
賭棋山莊集詞話十二卷續編五卷……1－358
賭棋山莊詞話十二卷…………………1－142
賭棋山莊餘集文三卷詩一卷…………1－185
賜誠堂文集十六卷……………………1－133
賜誠堂文集十六卷……………………1－133
賜誠堂文集十六卷……………………1－183
賜綺堂集二十八卷……………………1－186
閱莒草堂遺草四卷……………………1－190
閱微草堂筆記二十四卷………………1－332
閱微草堂筆記二十四卷………………1－366
影覆宋蜀大字本爾雅三卷……………1－309
遺山先生文集四十卷附錄一卷………1－237
嶢山集四卷補刻一卷詩集一卷………1－184
墨子閒詁十五卷目錄一卷附錄一卷
後語二卷……………………………1－193
墨子閒詁十五卷目錄一卷附錄一卷
後語二卷……………………………1－193
墨子斠注補正二卷……………………1－194
墨池編二十卷…………………………1－266
墨花香館詩存八卷……………………1－220
墨花香館詩存八卷……………………1－265
墨妙亭碑目考二卷……………………1－119
黎氏家集………………………………1－269
稼軒集鈔存四卷稼軒詞四卷補遺一
卷……………………………………1－180
稺圭府君年譜一卷……………………1－147
篆學瑣著(篆學叢書) ………………1－356
篆學叢書………………………………1－356
牖景錄六卷……………………………1－325
儀衛軒文集十二卷外集一卷附錄一
卷……………………………………1－156
儀衛軒文集十二卷外集一卷附錄一
卷……………………………………1－167
儀衛軒文集十二卷外集一卷詩集五
卷文外集一卷大意尊聞三卷遺書
一卷…………………………………1－212
儀顧堂集二十卷………………………1－135
儀顧堂集八卷…………………………1－345
儀顧堂題跋十六卷……………………1－170
儀顧堂題跋十六卷續跋十六卷………1－166
儀顧堂題跋十六卷續跋十六卷………1－361
質直談耳八卷…………………………1－353
質園詩集三十二卷……………………1－365
質園詩集三十二卷……………………1－374
質園詩集三十二卷……………………1－376
德州田氏叢書…………………………1－268
德國軍政要義六卷……………………1－272
衛藏通志十六卷首一卷………………1－223
徵君孫先生年譜二卷…………………1－259
盤山志十卷……………………………1－293
盤洲文集八十卷首一卷末一卷………1－294
盤洲文集八十卷首一卷末一卷校記
一卷…………………………………1－180
劍南詩鈔不分卷………………………1－138
劍南詩稿八十五卷……………………1－243
劍俠傳四卷續四卷圖一卷……………1－353
劒南詩鈔不分卷………………………1－290
餘山先生遺書十卷……………………1－167
餘冬錄六十一卷………………………1－179
餘冬錄六十一卷首一卷………………1－344
餘園古今體詩精選四卷………………1－264
餘墨偶談八卷…………………………1－189
魯公文集十五卷………………………1－250
魯公家廟碑不分卷……………………1－328
劉大將軍平倭戰記初集不分卷………1－200
劉中丞奏議二十卷……………………1－153
劉氏遺書八卷…………………………1－339
劉文烈公全集十二卷…………………1－251
劉永福兵書不分卷……………………1－153
劉武慎公(長佑)年譜三卷 　　1－145
劉孟塗集四十四卷……………………1－188
劉孟瞻先生遺文………………………1－245
劉香實卷全集二卷……………………1－198
劉香實卷全集二卷……………………1－318
劉屏山先生集二十卷…………………1－235
劉葆真太史遺稿二卷…………………1－150
劉銘博觀察令嗣布告天下同胞書不
分卷…………………………………1－303

劉端臨先生遺書八卷…………………… 1－269
劉賓客文集三十卷…………………… 1－207
劉隨州詩八卷………………………… 1－138
劉禮部集十二卷……………………… 1－164
劉禮部集十二卷……………………… 1－184
諸子通考三卷………………………… 1－131
諸子彙函二十六卷…………………… 1－230
諸史考異十八卷……………………… 1－124
諸史考異十八卷……………………… 1－126
諸史品節四十卷後集八卷…………… 1－245
諸葛忠武侯全書二十卷……………… 1－236
諸儒唐書詳節六十卷………………… 1－252
論語古訓十卷………………………… 1－222
論語後案二十卷……………………… 1－193
論語集註通證二卷…………………… 1－165
論語經正錄二十卷年譜一卷………… 1－194
論衡三十卷…………………………… 1－231
慶典章程五卷………………………… 1－128
毅齋查先生闡道集十卷末一卷……… 1－143
毅齋查先生闡道集十卷末一卷……… 1－183
養一齋文集二十卷…………………… 1－274
養一齋文集二十卷…………………… 1－314
養一齋文集二十卷…………………… 1－365
養一齋詩話十卷李杜詩話三卷……… 1－188
養吉齋叢錄二十六卷餘錄十卷……… 1－178
養知書屋文集二十八卷……………… 1－264
養知書屋奏疏十二卷………………… 1－130
養素堂文集三十五卷………………… 1－168
養素堂文集三十五卷首一卷………… 1－279
養素堂文集三十五卷首一卷………… 1－374
養素堂文集三十五首一卷…………… 1－157
養晦堂文集十卷……………………… 1－185
養晦堂文集十卷……………………… 1－373
養晦堂詩集二卷……………………… 1－184
養默山房詩稿十卷…………………… 1－348
糊塗世界十二卷……………………… 1－373
[光緒]遵化通志六十卷首一卷 …… 1－322
[道光]遵義府志四十八卷首一卷 … 1－344
潛虛先生文集十四卷年譜一卷附災異記一卷…………………… 1－246
[乾隆]潮州府志四十二卷首一卷 … 1－322
潛夫論十卷…………………………… 1－143
潛夫論十卷…………………………… 1－195
潛研堂全集…………………………… 1－306
潛研堂答問十二卷…………………… 1－178
潛書二卷……………………………… 1－224
潛庵先生疏稿一卷湯文正公年譜一卷困學錄一卷志學會約一卷湯文正公從祀錄一卷嵩談錄一卷潛庵文正公家書一卷…………………… 1－154
潛虛先生文集十四卷………………… 1－348
潤州事蹟詩鈔不分卷………………… 1－159
澗東集三卷…………………………… 1－276
澗泉日記三卷………………………… 1－368
澳門紀略二卷首一卷末一卷………… 1－287
潘方伯公遺稿六卷…………………… 1－276
潘黃門集一卷………………………… 1－126
寫定尚書二十八篇…………………… 1－124
憨山老人夢游集五十五卷…………… 1－223
履園叢話二十四卷…………………… 1－268
履園叢話二十四卷…………………… 1－352
遲刪集八卷附文一卷………………… 1－184
彈指詞三卷補遺一卷………………… 1－162
選批左傳十六卷……………………… 1－270
選批左傳十六卷……………………… 1－295
選注六朝唐賦不分卷………………… 1－202
選詩三卷補一卷……………………… 1－240
豫軍紀略十二卷……………………… 1－141
豫軍紀略十二卷……………………… 1－161
豫乘識小錄二卷……………………… 1－292
豫乘識小錄二卷……………………… 1－352
豫章先生遺文十二卷………………… 1－163
豫章先賢九家年譜…………………… 1－119
樂志堂文集十八卷…………………… 1－310
樂府津逮三卷………………………… 1－158
樂府傳聲二卷………………………… 1－296
樂府傳聲道情不分卷………………… 1－354
樂府詩集一百卷……………………… 1－237
樂府詩集一百卷……………………… 1－237
樂府詩集一百卷……………………… 1－237
樂律心得二卷………………………… 1－197
[光緒]樂亭縣志十五卷 ………… 1－264

[光緒]欒亭縣志十五卷 …………… 1－274
樂善堂全集定本三十卷目録一卷…… 1－260
樂道堂文鈔五卷……………………… 1－188
樂道堂文鈔五卷文續鈔一卷庚獻集一卷岵屺懷音一卷廣四時讀書樂詩試帖一卷豳風詠一卷正誼書屋試帖詩存二卷樂道堂古近體詩二卷詩續鈔一卷……………………… 1－217
緝古算經一卷………………………… 1－290
緝古算經考注二卷…………………… 1－262
緝古算經細草一卷圖解三卷音義一卷…………………………………… 1－290
緝雅堂詩話二卷……………………… 1－217
緝雅堂詩話二卷……………………… 1－217
緝雅堂詩話二卷……………………… 1－217
緝齋文集八卷首一卷附録二卷詩稿八卷首一卷………………………… 1－345
緯蕭草堂詩三卷……………………… 1－246
畿輔水利四案四卷附補一卷附録一卷…………………………………… 1－281
畿輔河道水利叢書…………………… 1－272
畿輔河道水利叢書…………………… 1－310
畿輔通志三百卷……………………… 1－364
畿輔義倉圖不分卷…………………… 1－238
畿輔叢書……………………………… 1－117
畿輔叢書……………………………… 1－156

十六畫

璞山存稿十二卷……………………… 1－156
靜修先生文集十二卷………………… 1－209
靜修先生文集十二卷………………… 1－209
靜觀書屋詩集七卷…………………… 1－300
駱文忠公奏議十一卷………………… 1－130
駱臨海全集十卷……………………… 1－207
駱臨海集十卷………………………… 1－163
駱臨海集十卷………………………… 1－207
駮四書改錯二十一卷………………… 1－321
駢文類纂四十六卷…………………… 1－141
駢文類纂四十六卷…………………… 1－202
駢文類纂四十六卷…………………… 1－361
駢雅七卷……………………………… 1－279
駢雅七卷……………………………… 1－351
駢雅七卷……………………………… 1－355
駢雅訓纂十六卷……………………… 1－279
駢雅訓纂十六卷……………………… 1－351
駢體文鈔三十一卷…………………… 1－355
駢體鑑略不分卷……………………… 1－353
燕山外史二卷………………………… 1－297
燕山外史注釋八卷…………………… 1－354
燕翼堂俚言十三篇…………………… 1－286
薑露庵雜記六卷……………………… 1－205
薑露庵雜記六卷……………………… 1－264
薛氏鐘鼎欵識二十卷………………… 1－140
薛氏鐘鼎款識二十卷………………… 1－123
薛氏鐘鼎款識二十卷………………… 1－377
薛文清公讀書録十一卷續録十二卷…………………………………… 1－230
薇省詞鈔十一卷……………………… 1－161
薇省詞鈔十卷附録一卷……………… 1－202
翰苑分書鄉會要訣不分卷…………… 1－357
翰苑集注二十四卷…………………… 1－314
翰海十二卷…………………………… 1－246
頤志齋叢書二十一種………………… 1－360
噩夢一卷……………………………… 1－125
薩天錫詩集八卷……………………… 1－241
樹經堂詠史詩八卷…………………… 1－277
樹經堂詠史詩八卷…………………… 1－347
橋西雜記不分卷……………………… 1－311
輶軒使者絕代語釋别國方言十三卷…………………………………… 1－236
輶軒使者絕代語釋别國方言十三卷…………………………………… 1－329
輶軒使者絕代語釋别國方言十三卷…………………………………… 1－369
輶軒使者絕代語釋别國方言十三卷…………………………………… 1－370
輶軒使者絕代語釋别國方言箋疏十三卷……………………………… 1－350
輶軒使者絕代語釋别國方言箋疏十三卷……………………………… 1－377
輶軒語書目答問不分卷……………… 1－335

賴古堂名賢尺牘新鈔十二卷二選藏
弆集十六卷三選結鄰集十六卷…… 1－247
融經館叢書…………………………… 1－343
醒世姻緣傳一百回…………………… 1－312
歷代人物論海一百卷………………… 1－377
歷代大事年表一卷…………………… 1－278
歷代大儒詩鈔六十卷………………… 1－139
歷代石經略二卷……………………… 1－171
歷代史表五十三卷…………………… 1－123
歷代史案二十卷首一卷……………… 1－371
歷代史略十段錦詞話旁注二卷……… 1－333
歷代史略六卷………………………… 1－123
歷代史論十二卷宋史論三卷元史論
……………………………………… 1－126
歷代史論十二卷宋史論三卷元史論
一卷………………………………… 1－362
歷代地理沿革表四十六卷…………… 1－320
歷代年號記畧不分卷………………… 1－152
歷代名人尺牘小傳二十四卷………… 1－120
歷代名人年譜十卷…………………… 1－118
歷代名臣言行錄二十四卷…………… 1－266
歷代名臣言行錄二十四卷…………… 1－361
歷代名臣奏議選二十八卷…………… 1－150
歷代名臣傳三十五卷首一卷歷代名
儒傳八卷歷代循吏傳八卷………… 1－289
歷代名臣傳三十五卷首一卷續編五
卷首一卷歷代循吏傳八卷………… 1－278
歷代名臣傳三十五卷續編五卷……… 1－372
歷代名臣傳節錄三十卷……………… 1－146
歷代名臣傳節錄三十卷……………… 1－146
歷代名媛齒譜三卷…………………… 1－258
歷代名媛雜咏四卷…………………… 1－237
歷代名賢確論一百卷目錄一卷……… 1－126
歷代名賢齒譜九卷…………………… 1－258
歷代名儒傳八卷……………………… 1－144
歷代名儒傳八卷……………………… 1－258
歷代奸庸殷鑒錄三十二卷…………… 1－120
歷代政治論海四十四卷……………… 1－202
歷代政治論海四十四卷……………… 1－377
歷代帝王世系圖不分卷……………… 1－201
歷代帝王年表三卷…………………… 1－117
歷代帝王像…………………………… 1－263
歷代神仙通鑑二十二卷……………… 1－284
歷代紀元彙考八卷續編一卷………… 1－122
歷代紀元歌略一卷…………………… 1－294
歷代紀年不分卷……………………… 1－122
歷代時勢論海十四卷………………… 1－377
歷代循吏傳八卷……………………… 1－120
歷代循良能吏列傳匯鈔不分卷……… 1－120
歷代循良能吏列傳匯鈔不分卷……… 1－120
歷代詩話二十七種五十七卷考索一
卷…………………………………… 1－234
歷代輿地沿革險要圖不分卷………… 1－342
歷代輿地沿革險要圖說不分卷……… 1－342
[乾隆]歷城縣志五十卷 ……………… 1－256
歷科典試考官試題錄四卷歷科典試
題名鼎甲錄(國朝錄)一卷歷科典
試題名鼎甲錄(前明錄)二卷 …… 1－128
歷科狀元事考三元鼎甲策論考官試
題錄國朝狀元事考不分卷首一卷
……………………………………… 1－128
歷科狀元策不分卷…………………… 1－201
歷朝史案二十卷……………………… 1－127
歷朝名媛詩詞十二卷………………… 1－237
歷朝紀事本末八種…………………… 1－316
歷朝紀事本末八種…………………… 1－331
歷朝詩約選九十三卷………………… 1－139
歷朝綱鑑全史三十六卷……………… 1－123
歷朝賦楷八卷首一卷………………… 1－174
霓裳文藝全譜四卷…………………… 1－311
頻羅庵遺集十六卷…………………… 1－281
餐花吟館詞鈔四卷…………………… 1－144
盧黃州詩集六卷附文一卷…………… 1－191
曉讀書齋雜錄八卷…………………… 1－301
曇雲閣詩集八卷詞鈔一卷外集一卷
補遺一卷詞續刻一卷……………… 1－324
螾蛣雜記十二卷 …………………… 1－332
戰國策十二卷元本目録一卷………… 1－252
戰國策三十三卷……………………… 1－122
戰國策三十三卷……………………… 1－258
戰國策三十三卷附札記三卷………… 1－281
戰國策三十三卷附札記三卷………… 1－283

嶼浮閣詩賦集十四卷…………………… 1－288
黔書二卷………………………………… 1－201
黔書二卷………………………………… 1－263
黔詩紀略三十三卷……………………… 1－157
黔語二卷………………………………… 1－274
黔語二卷………………………………… 1－331
積古齋鐘鼎彝器款識十卷……………… 1－119
積古齋鐘鼎彝器款識十卷……………… 1－146
積古齋鐘鼎彝器款識十卷……………… 1－119
積古齋鐘鼎彝器款識十卷……………… 1－119
積古齋鐘鼎彝器款識十卷……………… 1－160
積古齋鐘鼎彝器款識十卷……………… 1－160
積古齋鐘鼎彝器款識十卷……………… 1－200
積石文稿十八卷詩存四卷南池唱和
詩存一卷鱠餘編一卷………………… 1－185
積石文稿十八卷詩存四卷南池唱和
詩存一卷鱠餘編一卷………………… 1－352
積學齋叢書……………………………… 1－166
篤素堂文集四卷澄懷園語四卷……… 1－323
[嘉靖]興濟縣志二卷 ……………… 1－255
學古堂日記四十種……………………… 1－229
學古堂日記四十種……………………… 1－338
學古齋金石叢書四集…………………… 1－317
學仕錄十六卷…………………………… 1－345
學津討原二十集一百七十三種……… 1－352
學部官報………………………………… 1－262
學海堂二集二十二卷…………………… 1－330
學海堂二集二十二卷…………………… 1－330
學海堂三集二十四卷…………………… 1－330
學海堂三集二十四卷…………………… 1－330
學海堂初集十六卷……………………… 1－330
學海堂初集十六卷……………………… 1－330
學海堂集初集十六卷二集二十二卷
三集二十四卷四集二十八卷……… 1－330
學庸補釋新編二卷……………………… 1－228
學庸補釋新編二卷……………………… 1－338
學庸臆解不分卷………………………… 1－228
學庸臆解不分卷………………………… 1－338
學詁齋文集二卷………………………… 1－277
學詁齋文集二卷………………………… 1－348
學統五十六卷…………………………… 1－195
學蔀通辯四編十二卷首一卷………… 1－223
學詩堂經解二十卷……………………… 1－189
學箕初稿二卷…………………………… 1－251
盥廬詞一卷看鏡詞一卷……………… 1－162
儒行集傳二卷…………………………… 1－193
儒林外史評二卷………………………… 1－354
儒林宗派十六卷………………………… 1－193
錢氏四種………………………………… 1－323
錢南園先生遺集五卷…………………… 1－169
錢南園先生遺集五卷…………………… 1－181
錢南園先生遺集五卷…………………… 1－210
錢神志七卷……………………………… 1－146
錢黍谷詩選一卷………………………… 1－325
錢塘遺事十卷…………………………… 1－344
錢頤壽中丞全集………………………… 1－279
錢頤壽中丞全集………………………… 1－212
錢警石年譜一卷附邠農偶吟稿一卷
…………………………………………… 1－362
錫山景物略十卷………………………… 1－314
錫六環二卷……………………………… 1－166
錫金鄉土地理二卷……………………… 1－295
錫金鄉土歷史二卷……………………… 1－295
錫金識小錄十二卷……………………… 1－339
錫穀堂詩五卷…………………………… 1－242
錦帆集四卷去吴七牘一卷…………… 1－247
錦州府政治報告書四編……………… 1－128
錦字箋四卷……………………………… 1－373
鮑太史詩集八卷………………………… 1－299
鮑參軍集二卷…………………………… 1－292
鮑溶詩六卷集外詩一卷……………… 1－241
[光緒]獲鹿縣志十四卷首一卷末一
卷……………………………………… 1－314
獨吟樓詩一卷…………………………… 1－348
獨善堂文集八卷………………………… 1－135
獨善堂文集八卷………………………… 1－135
獨學廬全稿……………………………… 1－215
諧鐸十二卷……………………………… 1－353
諭摺彙存不分卷………………………… 1－128
磨盾集不分卷…………………………… 1－290
辨志文會課藝一卷……………………… 1－168
親屬記二卷……………………………… 1－266

龍山詩草不分卷…………………………1－213
龍山燈虎二卷…………………………1－228
龍山燈虎二卷…………………………1－338
龍文詩選一卷…………………………1－325
龍文鞭影二集四卷……………………1－267
龍文鞭影二集四卷……………………1－309
龍岡山人古文鈔十卷…………………1－273
龍岡山人詩鈔十八卷…………………1－275
龍威秘書………………………………1－303
龍威秘書………………………………1－319
龍威秘書………………………………1－322
龍泉師友遺稿合編……………………1－290
龍洲集十卷……………………………1－138
龍莊遺書四種…………………………1－281
龍筋鳳髓判二卷………………………1－232
龍圖公案十卷…………………………1－271
龍壁山房文集五卷……………………1－155
憺園文集三十六卷……………………1－252
潞安詩鈔後編十二卷…………………1－172
潞安詩鈔前編四卷……………………1－171
澤古齋文鈔三卷補遺一卷詩鈔一卷
　語録一卷……………………………1－164
澤存堂五種五十卷……………………1－365
澤雅堂文集八卷………………………1－345
澹如軒詩草一卷………………………1－276
澹如軒詩草一卷………………………1－323
澹明野嘯不分卷………………………1－243
澹園文集三卷…………………………1－168
澹靜齋全集……………………………1－188
濂亭文集八卷…………………………1－134
濂洛風雅九卷…………………………1－140
寰宇分合志八卷增輯一卷……………1－122
禪月集二十五卷補遺一卷……………1－243
閻潛丘先生年譜一卷…………………1－117

十七畫

麗濾薈錄十四卷爽鳩要錄二卷………1－280
環遊地球新錄四卷……………………1－339
戴東原集十二卷附年譜一卷札記一
　卷……………………………………1－135
戴南山先生古文全集十四卷補遺三
　卷……………………………………1－268
聲調譜一卷談龍録一卷………………1－259
聰山集八卷……………………………1－347
藏書紀事詩七卷………………………1－170
藏書紀事詩六卷………………………1－277
藏齋詩鈔六卷…………………………1－323
舊五代史一百五十卷目錄二卷………1－359
舊雨草堂詩八卷………………………1－221
舊唐書二百卷…………………………1－358
韓子迂評二十卷附錄一卷……………1－231
韓子粹言不分卷………………………1－245
韓文公文抄十六卷……………………1－245
韓文百篇編年三卷……………………1－131
韓文起十二卷…………………………1－131
韓文論述十二卷………………………1－131
韓非子二十卷…………………………1－230
韓非子集解二十卷首一卷……………1－143
韓非子集解二十卷首一卷……………1－165
韓非子集解二十卷首一卷……………1－193
韓非子集釋二十卷……………………1－194
韓柳二先生年譜八卷…………………1－240
韓集點勘四卷…………………………1－260
韓詩外傳十卷…………………………1－290
韓詩外傳校議一卷……………………1－237
韓魏公集二十卷………………………1－155
隸篇十五卷續十五卷再續十五卷……1－357
隸辨八卷………………………………1－232
隸釋二十七卷…………………………1－232
檉華館散體文六卷駢體文一卷古近
　體詩四卷雜錄一卷…………………1－181
檢驗集證一卷檢驗合參一卷…………1－227
檀園集十二卷…………………………1－250
臨川夢二卷……………………………1－296
臨文便覽不分卷………………………1－370
臨文便覽不分卷………………………1－377
［乾隆］臨榆縣志十四卷　……………1－238
臨證指南醫案十卷種福堂精選良方
　四卷…………………………………1－196
臨證指南醫案十卷種福堂精選良方
　四卷…………………………………1－226

霜紅龕集四十卷 ………………………… 1－164
霜紅龕集四十卷 ………………………… 1－214
霜紅龕集四十卷 ………………………… 1－299
霜紅龕集四十卷 ………………………… 1－332
霜紅龕集四十卷 ………………………… 1－334
霞箋記二卷 ……………………………… 1－166
擬進呈楊忠愍蚺蛇膽表忠記二卷三十六出 …………………………… 1－215
擬漢樂府四卷 …………………………… 1－341
豳風廣義三卷 …………………………… 1－227
嶺南三大家詩選二十四卷 ……………… 1－290
嶺南即事五刻 …………………………… 1－331
嶺南逸史二十八回 ……………………… 1－305
嶺南詩集八卷 …………………………… 1－276
嶺南遺書 ………………………………… 1－166
點石齋畫報四十四集 …………………… 1－226
點勘記二卷附省堂筆記一卷 …………… 1－349
魏文貞公故事拾遺三卷年譜一卷 ……… 1－145
魏叔子文鈔七卷 ………………………… 1－133
魏貞庵先生年譜一卷 …………………… 1－187
魏書一百十四卷 ………………………… 1－358
魏鄭公諫續錄二卷 ……………………… 1－129
魏稼孫先生全集四種 …………………… 1－171
魏稼孫先生全集四種 …………………… 1－224
魏默深文集内集二卷外集八卷 ………… 1－135
輿地紀勝二百卷首一卷 ………………… 1－307
輿地廣記三十八卷 ……………………… 1－377
輿地廣記三十八卷校勘劄記二卷 ……… 1－194
輿論時事報圖畫不分卷 ………………… 1－228
輿論時事報圖畫不分卷 ………………… 1－337
谿上詩輯十四卷續編二卷補編一卷谿上遺聞集錄十卷別錄二卷 ……… 1－159
鮚埼亭集三十八卷首一卷 ……………… 1－291
鮚埼亭集外編五十卷 …………………… 1－291
鮚埼亭集外編五十卷 …………………… 1－314
謝皋羽先生年譜一卷 …………………… 1－332
謝梅莊先生遺集八卷 …………………… 1－188
應試唐詩類釋十九卷 …………………… 1－140
應試唐詩類釋十九卷 …………………… 1－159
應試唐詩類釋十九卷 …………………… 1－159
應試唐詩類釋十九卷 …………………… 1－278
應試唐詩類釋十九卷 …………………… 1－309
療炻羹二卷 ……………………………… 1－166
麋園詩鈔八卷 …………………………… 1－265
甕牖餘談八卷 …………………………… 1－179
懥泉書屋詩稿十六卷 …………………… 1－264
燭溪胡氏宗譜六卷 ……………………… 1－201
鴻苞節錄十卷 …………………………… 1－157
鴻雪因緣圖記六卷 ……………………… 1－117
鴻慶居士文集四十二卷 ………………… 1－208
鴻濛室文鈔二集二卷 …………………… 1－347
濮陽蒲汀李先生家藏目錄一卷 ………… 1－224
濟顛大師醉菩提全傳二十回 …………… 1－271
邃懷堂全集五十八卷 …………………… 1－213
邃懷堂全集五十八卷 …………………… 1－216
禮記易讀二卷 …………………………… 1－374
禮記注疏六十三卷 ……………………… 1－260
禮記訓纂四十八卷 ……………………… 1－123
禮記旁訓六卷 …………………………… 1－122
禮記章句十卷 …………………………… 1－149
禮記集說十卷 …………………………… 1－122
禮記註疏六十三卷 ……………………… 1－368
禮記質疑四十九卷 ……………………… 1－149
禮書通故五十卷 ………………………… 1－147
禮書綱目八十五卷 ……………………… 1－148
禮經宮室答問二卷 ……………………… 1－226
禮說十四卷 ……………………………… 1－122
禮説十四卷首一卷 ……………………… 1－258
甓湖草堂文集六卷近集不分卷 ………… 1－185
翼駉稗編七卷 …………………………… 1－302
績學堂詩鈔四卷文鈔六卷 ……………… 1－181
縵雅堂駢體文八卷 ……………………… 1－135
總纂升庵合集二百四十卷 ……………… 1－350
繆武烈公遺集六卷首一卷 ……………… 1－143

十八畫

璿璣碎錦二卷 …………………………… 1－262
璿璣碎錦二卷 …………………………… 1－288
藕香零拾三十九種 ……………………… 1－302
藕香零拾三十九種 ……………………… 1－306
藕唐詩集十四卷 ………………………… 1－325

藝苑名言八卷…………………………… 1－189
藝苑名言八卷首一卷…………………… 1－357
藝苑叢話十六卷………………………… 1－217
藝林珠玉二編…………………………… 1－363
藝風堂文集七卷續集八卷外集一卷
外篇一卷……………………………… 1－157
藝風藏書記八卷………………………… 1－224
藝風藏書記八卷………………………… 1－325
藝風藏書記八卷續記八卷……………… 1－224
藝海珠塵………………………………… 1－166
藝海珠塵………………………………… 1－363
藝海珠塵………………………………… 1－363
藝概六卷………………………………… 1－189
藝槩六卷………………………………… 1－311
藤香館詩刪存四卷……………………… 1－191
藤陰雜記十二卷………………………… 1－163
覆元本楚辭集注八卷…………………… 1－361
醫方集解不分卷………………………… 1－225
醫門法律六卷尚論篇四卷尚論後篇
四卷寓意草一卷……………………… 1－226
瞿忠宣公集十卷………………………… 1－211
瞿忠宣公集十卷………………………… 1－319
瞿忠宣公集十卷………………………… 1－340
瞿忠宣公集十卷………………………… 1－340
瞿忠宣公集十卷………………………… 1－356
闕里文獻考一百卷首一卷末一卷…… 1－278
闕里志二十四卷………………………… 1－236
蟲鳥吟七卷……………………………… 1－288
鵑音一卷白社詩草一卷………………… 1－253
鵑音一卷白社詩草一卷………………… 1－253
鵑音一卷白社詩草一卷………………… 1－253
鵑音一卷白社詩草一卷………………… 1－253
韞山堂文集八卷詩集十六卷…………… 1－181
簡學齋詩存四卷………………………… 1－346
簡學齋詩存四卷詩刪四卷館課賦存
一卷館課試律存一卷館課賦續鈔
一卷…………………………………… 1－276
簡學齋詩刪四卷………………………… 1－346
簡學齋館課賦存一卷館課賦續鈔一
卷館課試律存一卷試律續鈔一卷
…………………………………………… 1－346
雙白燕堂文集二卷外集八卷………… 1－134
雙白燕堂文集二卷外集八卷………… 1－216
雙白燕堂文集三卷外集八卷………… 1－167
雙池文集十卷………………………… 1－135
雙佩齋文集四卷……………………… 1－214
雙峰猥稿九卷首一卷末一卷………… 1－208
雙梅景闇叢書十六種………………… 1－299
雙梅景闇叢書十六種………………… 1－370
雙梅景闇叢書十六種………………… 1－371
雙清堂石刻二編……………………… 1－278
雙報應二卷揚州夢二卷……………… 1－305
雙槐歲鈔十卷………………………… 1－352
雙樹軒詩初稿十二卷………………… 1－264
雙藤書屋詩集六卷…………………… 1－288
邊事彙鈔十二卷續鈔八卷…………… 1－172
邊華泉詩集七卷附錄一卷…………… 1－137
歸方評點史記合筆六卷……………… 1－272
歸田聯詠隨筆不分卷………………… 1－157
歸愚文鈔十二卷續十一卷…………… 1－157
歸愚文鈔十二卷續十一卷詩鈔七卷
浙江通省志圖說一卷竹嘯軒詩鈔
十八卷……………………………… 1－156
歸愚詩鈔二十卷矢音集四卷………… 1－290
歸震川先生全集四十卷文集三十卷
別集十卷…………………………… 1－266
歸震川評點本史記一百三十卷……… 1－328
歸震川評點史記一百三十卷………… 1－123
歸震川評點史記一百三十卷………… 1－123
歸樸龕叢稿十二卷續編四卷………… 1－306
歸盦文稿八卷………………………… 1－264
歸顧朱三先生年譜合刻……………… 1－308
鵔鸃亭集三十二卷…………………… 1－328
鵔鸃亭集三十二卷…………………… 1－351
顏魯公文集十五卷補遺一卷………… 1－208
雜著四種不分卷……………………… 1－259
離騷經訂注一卷屈原傳一卷………… 1－238
離騷箋二卷…………………………… 1－218
顏氏家訓二卷………………………… 1－231
顏氏家訓二卷附小爾雅一卷………… 1－231
濾月軒文集一卷文續集一卷詩餘一
卷…………………………………… 1－355

瀏陽二傑遺文二卷 …………………… 1－315
灤源問答十二卷 …………………… 1－170
璧勤襄公遺書 …………………… 1－340
璧勤襄公遺書 …………………… 1－340
彝軍紀略不分卷 …………………… 1－173
繞竹山房詩稿十卷詩餘一卷 ………… 1－307
繞竹山房詩稿十卷續十四卷詩餘一
　卷 …………………………………… 1－221
織簾書屋詩鈔十二卷 ……………… 1－288

十九畫

攈石齋文集二十六卷十國詞箋略不
　分卷 ………………………………… 1－164
攈石齋詩集五十卷 ………………… 1－164
攈石齋詩集五十卷 ………………… 1－185
蘋洲漁笛譜不分卷 ………………… 1－162
蘧盦文鈔不分卷詩鈔七卷 ………… 1－215
勸學篇二卷 ………………………… 1－291
勸學篇二卷 ………………………… 1－371
蘇子美集文集六卷詩集四卷 ……… 1－208
蘇文忠公海外集二十二卷 ………… 1－251
蘇文忠公詩合注五十卷首一卷 …… 1－158
蘇文忠公詩集五十卷目錄二卷 …… 1－158
蘇文忠公詩集五十卷目錄二卷 …… 1－270
蘇文忠公詩集五十卷目錄二卷 …… 1－366
蘇文忠詩合注五十卷首一卷 ……… 1－239
蘇老泉先生全集二十卷附録二卷 … 1－257
蘇老泉先生全集十六卷 …………… 1－251
蘇老泉批點孟子二卷 ……………… 1－230
蘇米志林三卷 ……………………… 1－246
［光緒］蘇州府志一百五十卷首一卷
　…………………………………… 1－319
蘇長公小品四卷 …………………… 1－245
蘇東坡詩集注三十二卷目錄一卷 … 1－138
蘇門六君子文粹七十卷 …………… 1－244
蘇詩續補遺補注二卷 ……………… 1－241
蘇學士文集十六卷 ………………… 1－251
蘇盦文錄二卷駢文錄五卷詩錄八卷
　詞錄一卷 ………………………… 1－211
麗澤論説集錄十卷 ………………… 1－256
攈古錄二十卷 ……………………… 1－278
攈古錄金文三卷 …………………… 1－306
曝書亭集八十卷附録一卷 ………… 1－246
曝書亭集八十卷附錄一卷 ………… 1－354
曝書亭集詩註二十二卷補遺二卷年
　譜一卷 …………………………… 1－324
曝書亭詞拾遺三卷志異一卷 ……… 1－171
曝書亭詩錄十二卷 ………………… 1－275
曝書雜記三卷 ……………………… 1－224
關中金石記八卷 …………………… 1－119
疇人傳四十六卷續傳六卷 ………… 1－172
嚴太僕先生集十二卷 ……………… 1－210
嚴太僕先生集十二卷 ……………… 1－252
嚴陵集九卷 ………………………… 1－136
韜略元機八卷 ……………………… 1－196
羅司勳文集八卷外集一卷 ………… 1－155
羅忠節公遺集（羅山遺集） ……… 1－311
羅郢州遺文一卷 …………………… 1－247
羅通掃北全傳四卷十四回 ………… 1－298
羅鄂州小集五卷附錄一卷 ………… 1－247
羅景山臺灣海防並開山日記不分卷
　…………………………………… 1－356
犢山類稿六卷 ……………………… 1－324
籑園叢書 …………………………… 1－319
簷曝雜記六卷 ……………………… 1－205
簷曝雜記六卷 ……………………… 1－336
簫笛全譜不分卷 …………………… 1－305
鏡花緣一百回 ……………………… 1－285
鏡珠齋彙刻 ………………………… 1－311
鏡影簫聲初集不分卷 ……………… 1－227
鏡影簫聲初集不分卷 ……………… 1－337
辭學指南四卷 ……………………… 1－217
譚史志奇八卷 ……………………… 1－282
譚史志奇八卷 ……………………… 1－282
譚史志奇八卷 ……………………… 1－282
譚史志奇八卷 ……………………… 1－282
證俗文十九卷 ……………………… 1－329
證俗文十九卷 ……………………… 1－329
廬陵宋丞相信國公文忠烈［天祥］先
　生全集十六卷 …………………… 1－232
廬陽三賢集 ………………………… 1－330

癡說八卷 …………………………… 1－206
瓣香齋詩鈔六卷 ………………………… 1－288
韻芳閣吟稿一卷 ………………………… 1－233
韻府羣玉二十卷 ………………………… 1－232
韻海大全五卷 …………………………… 1－309
韻補五卷韻補正一卷 …………………… 1－277
懶云草堂詩鈔二卷 ……………………… 1－274
懷仁堂全集一百卷 ……………………… 1－369
［光緒］懷安縣志八卷首一卷末一卷
…………………………………………… 1－331
［光緒］懷安縣志八卷首一卷末一卷
…………………………………………… 1－338
［光緒］懷安縣誌八卷首一卷末一卷
…………………………………………… 1－229
懷清堂集二十卷首一卷 ………………… 1－348
懷豳雜俎 ………………………………… 1－229
懷豳雜俎 ………………………………… 1－329
懷豳雜俎 ………………………………… 1－339
懷麓堂全集一百卷 ……………………… 1－184
懷麓堂全集一百卷 ……………………… 1－246
懷麓堂全集一百卷 ……………………… 1－261
類林新咏三十六卷 ……………………… 1－259
類林新詠三十六卷 ……………………… 1－360
類對集材六卷 …………………………… 1－368
類箋唐王右丞詩集十卷文集四卷集
外編一卷 ……………………………… 1－248
類編草堂詩餘四卷 ……………………… 1－235
瀛奎律髓刊誤四十九卷 ………………… 1－140
瀛奎律髓刊誤四十九卷 ………………… 1－199
瀛奎律髓四十九卷 ……………………… 1－140
瀛奎律髓四十九卷 ……………………… 1－238
瀛壖雜誌六卷 …………………………… 1－356
繩庵内集十六卷外集八卷 ……………… 1－212
繹史一百六十卷 ………………………… 1－255
繹史一百六十卷 ………………………… 1－266
繹史一百六十卷世系圖一卷年表一
卷 ……………………………………… 1－148
繹史一百六十卷世系圖一卷年表一
卷 ……………………………………… 1－367
繹史摭遺十八卷 ………………………… 1－201
繪風亭評第七才子書琵琶記六卷 …… 1－198
繪風亭評第七才子書琵琶記六卷 …… 1－318
繪像列仙傳四卷 ………………………… 1－144
繪像鐵花仙史二十六回 ………………… 1－312
繪圖平金川四卷三十二回 ……………… 1－335
繪圖再續兒女英雄全傳四卷四十回
…………………………………………… 1－305
繪圖花月姻緣十六卷五十二回 ……… 1－271
繪圖官場現形記三十六卷 ……………… 1－271
繪圖珍珠塔全傳四卷二十四回 ……… 1－316
繪圖後三笑才子奇書二十一卷 ……… 1－294
繪圖施公案全十集四十二卷 ………… 1－334
繪圖野叟曝言二十卷一百五十四回
…………………………………………… 1－374
繪圖第一才女傳四卷十六回 ………… 1－271
繪圖第一奇書十六卷一百回 ………… 1－374
繪圖第二奇書八卷六十四回 ………… 1－355
繪圖第八才子書白圭志四集十六回
首一卷 ………………………………… 1－285
繪圖評點女仙外史一百回 …………… 1－297
繪圖評點女仙外史一百回 …………… 1－364
繪圖精忠說岳全傳二十卷 …………… 1－312
繪圖增像西遊記一百回 ……………… 1－281
繪圖螢窗異草三編十二卷 …………… 1－311
繪圖韻對千家詩註釋 ………………… 1－379
繡像二度梅全傳六卷四十回 ………… 1－335
繡像十五貫十六卷 …………………… 1－303
繡像十美圖傳四十卷 ………………… 1－333
繡像八美圖五卷二十二回 …………… 1－303
繡像九龍陣十六卷 …………………… 1－283
繡像九龍陣十六卷十六回 …………… 1－353
繡像三國演義續編十二卷 …………… 1－296
繡像三國演義續編八卷 ……………… 1－334
繡像今古奇觀四十卷 ………………… 1－354
繡像文武香球十二卷七十二回 ……… 1－298
繡像平妖全傳十八卷四十回 ………… 1－297
繡像四香緣三十二卷 ………………… 1－333
繡像永慶昇平前傳十二卷九十七回
…………………………………………… 1－334
繡像百花臺全集四卷 ………………… 1－353
繡像百鳥圖十八回 …………………… 1－312
繡像芙蓉洞全傳十卷四十回 ………… 1－305

繡像宋史奇書十二卷六十六回 ……… 1－303
繡像忠烈全傳六十回 …………………… 1－335
繡像京本雲合奇踪玉茗英烈全傳十卷八十回 …………………………… 1－247
繡像京本雲合奇踪玉茗英烈全傳十卷八十回 …………………………… 1－355
繡像京本雲合奇蹤玉茗英烈全傳十卷八十回 …………………………… 1－310
繡像珍珠塔後傳麒麟豹四卷六十回 ……………………………………… 1－283
繡像南宋志傳十卷五十回北宋志傳十卷五十回 ………………………… 1－296
繡像南宋志傳十卷五十回北宋志傳十卷五十回 ………………………… 1－296
繡像黃金印六卷 ………………………… 1－316
繡像第六才子書八卷 …………………… 1－198
繡像第六才子書八卷 …………………… 1－318
繡像萬花樓全傳六卷 …………………… 1－303
繡像落金扇全傳八卷 …………………… 1－313
繡像落金扇全傳八卷 …………………… 1－333
繡像雲合奇蹤五卷八十回 ……………… 1－271
繡像評演濟公傳八卷一百二十回 …… 1－297
繡像夢影緣四十八回 …………………… 1－171
繡像說唐後傳八卷 ……………………… 1－334
繡像說唐前傳十卷 ……………………… 1－334
繡像錦上花四十八回 …………………… 1－303
繡像龍鳳金釵十集 ……………………… 1－294
繡像雙珠球十二集四十九回 ………… 1－269
繡像雙珠鳳全傳十二卷八十回 ……… 1－294
繡像雙珠鳳全傳十二卷八十回 ……… 1－303
繡像雙鳳奇緣全傳二十卷八十回 …… 1－297
繡像雙鳳奇緣傳二十卷八十回 ……… 1－271
繡像續金瓶梅六十四回 ……………… 1－305
繡餘詞 …………………………………… 1－162
繡餘續草二卷 …………………………… 1－220

二十畫

蘭言詩鈔四卷 …………………………… 1－349
蘭茗館外史十卷 ………………………… 1－364
蘭雪堂古事苑定本十二卷 …………… 1－343
蘭雪集八卷 ……………………………… 1－215
［光緒］蘭谿縣志八卷首一卷附補遺一卷 ………………………………… 1－264
醴陵集十卷 ……………………………… 1－209
醴陵集十卷 ……………………………… 1－250
鶡冠子三卷 ……………………………… 1－231
鶡冠子評注三卷 ………………………… 1－131
巍巍不動太山深根結果寶卷句解不分卷 ……………………………… 1－228
巍巍不動太山深根結果寶卷句解不分卷 ……………………………… 1－337
籌洋芻議不分卷 ………………………… 1－154
籌洋芻議不分卷 ………………………… 1－375
籌海軍芻議二卷 ………………………… 1－152
籌餉事例等書 …………………………… 1－161
籌濟編三十二卷 ………………………… 1－128
籌濟編三十二卷首一卷 ……………… 1－379
鐔津文集十九卷首一卷 ……………… 1－132
鐫玉茗堂批點殘唐五代史演義傳六卷 …………………………………… 1－334
鐫李卓吾批點殘唐五代史演義傳八卷六十回 ………………………… 1－334
鐘山草堂遺稿不分卷 ………………… 1－135
鐘鼎字源五卷附錄一卷 ……………… 1－146
鐘鼎字源五卷附錄一卷 ……………… 1－279
鐘鼎款識一卷 …………………………… 1－232
釋名八卷 ………………………………… 1－334
釋名疏證八卷續釋名一卷補遺一卷 ……………………………………… 1－279
釋名疏證補八卷續釋名一卷釋名補遺一卷疏證補坿一卷 …………… 1－289
釋名疏證補八卷續釋名一卷釋名補遺一卷疏證補坿一卷 …………… 1－326
釋名疏證補八卷續釋名一卷釋名補遺一卷疏證補坿一卷 …………… 1－326
釋志十九卷 ……………………………… 1－196
釋義經書便用通考雜字二卷附一卷 ……………………………………… 1－267
灌江定考一卷 …………………………… 1－306
寶古堂重修考古圖十卷 ……………… 1－232
寶刻叢編二十卷 ………………………… 1－160

寶訓八卷……………………………… 1－226
寶綸堂文鈔八卷…………………… 1－187
寶樹堂遺書三種…………………… 1－171
寶存四卷…………………………… 1－206
響泉集二十一卷…………………… 1－213
繼稚堂詩集三十四卷……………… 1－346

二十一畫

權制八卷…………………………… 1－153
權衡一書二十四卷………………… 1－289
羿軒孔氏所著書七種……………… 1－171
羿軒孔氏所著書七種……………… 1－282
羿軒孔氏所著書七種……………… 1－316
攜雪堂文集四卷…………………… 1－188
躋新堂集七種二十三卷附一種四卷
……………………………………… 1－256
鐵冠圖不分卷……………………… 1－233
鐵華館叢書六種…………………… 1－144
鐵華館叢書六種…………………… 1－356
鐵崖先生古樂府十卷補六卷復古詩
集六卷麗則遺音四卷附録一卷…… 1－242
鐵崖樂府注十卷咏史注八卷逸編注
八卷………………………………… 1－261
鐵琴銅劍樓藏書目錄二十四卷……… 1－166
鐵琴銅劍樓藏書目錄二十四卷……… 1－170
鐵琴銅劍樓藏書目錄二十四卷……… 1－362
鐵槎山房見聞錄十二卷…………… 1－311
鐵網珊瑚二十卷…………………… 1－207
鐵橋漫稿八卷……………………… 1－372
麝塵蓮寸集四卷末一卷…………… 1－175
麝塵蓮寸集四卷補遺一卷………… 1－162
顧亭林先生年譜一卷閻潛丘先生年
譜一卷……………………………… 1－145
顧亭林先生年譜一卷閻潛丘先生年
譜一卷……………………………… 1－145
顧亭林先生年譜一卷閻潛丘先生年
譜一卷……………………………… 1－350
顧亭林先生詩箋注十七卷校補一卷
……………………………………… 1－192
顧華陽集三卷補遺一卷…………… 1－207
顧端文公遺書十五種附一種………… 1－310
顧端文公遺書十五種附一種………… 1－341
顧端文公遺書十五種附一種………… 1－352
顧雙溪集九卷……………………… 1－300
顧雙溪集九卷……………………… 1－347
鶴山文鈔三十二卷周禮折衷四卷師
友雅言一卷………………………… 1－155
鶴山文鈔三十二卷周禮折衷四卷師
友雅言一卷………………………… 1－155
鶴山文鈔三十二卷周禮折衷四卷師
友雅言一卷………………………… 1－229
鶴山文鈔三十二卷周禮折衷四卷師
友雅言一卷………………………… 1－338
鶴山渠陽讀書雜抄二卷…………… 1－232
鶴林玉露十六卷補遺一卷………… 1－207
鶴和樓制義二卷補編一卷………… 1－306
鶴皋年譜一卷……………………… 1－120
鶴徵錄八卷後錄十二卷…………… 1－145
鶴儕軒詩草八卷…………………… 1－324
蠡園文鈔不分卷…………………… 1－314
[同治]續天津縣志二十卷首一卷 … 1－320
[同治]續天津縣志二十卷首一卷 … 1－322
[同治]續天津縣志二十卷首一卷 … 1－344
續方言二卷………………………… 1－370
續古文苑二十卷…………………… 1－173
續古文苑二十卷…………………… 1－291
續古文辭類纂二十八卷…………… 1－161
續古文辭類纂二十八卷…………… 1－161
續古文辭類纂二十八卷…………… 1－304
續古文辭類纂二十八卷…………… 1－327
續古文辭類纂七卷………………… 1－358
續古文辭類纂三十四卷…………… 1－262
續古文辭類纂三十四卷…………… 1－295
續古文辭類纂三十四卷…………… 1－333
續弘簡錄元史類編四十二卷……… 1－368
續同書二十四卷…………………… 1－267
續宋編年資治通鑑十五卷………… 1－123
續東軒遺集三卷…………………… 1－143
續典林瑯環三十卷………………… 1－357
續刻受祺堂文集四卷……………… 1－316

續昭昧詹言八卷昭昧詹言續錄二卷 …… 1－217
［同治］續修即墨縣志十二卷首一卷 …… 1－342
［光緒］續修廬州府志一百卷首一卷末一卷 …… 1－274
［光緒］續修廬州府志一百卷首一卷末一卷 …… 1－274
續客窗閒話八卷 …… 1－282
續紅樓夢四十卷 …… 1－285
續通鑑紀事本末一百十卷 …… 1－124
續詞選二卷附錄一卷 …… 1－175
續碑傳集八十六卷 …… 1－201
續資治通鑑二百二十卷 …… 1－286
續資治通鑑二百二十卷 …… 1－304
續資治通鑑六十四卷 …… 1－253
續資治通鑑長編拾補六十卷 …… 1－124
續資治通鑑綱目二十七卷 …… 1－253
續疑年錄四卷 …… 1－120
續疑年錄四卷 …… 1－336
續增科場條例不分卷 …… 1－129
續增科場條例不分卷 …… 1－130
［道光］續增高郵州志不分卷 …… 1－273
續檇李詩繫四十卷 …… 1－288
續禮記集說一百卷 …… 1－302
［光緒］續纂江甯府志十五卷首一卷勘誤一卷 …… 1－322
［同治］續纂江寧府志十五卷首一卷 …… 1－307
［同治］續纂揚州府志二十四卷 …… 1－313
［同治］續纂揚州府志二十四卷 …… 1－326

二十二畫

聽月樓二十回 …… 1－334
聽松廬詩鈔十六卷 …… 1－220
聽雨軒雜紀一卷續紀一卷餘紀一卷贅紀一卷 …… 1－302
聽雨齋詩集十四卷 …… 1－192
聽秋聲館詞話二十卷 …… 1－176
蘿石山房文鈔四卷首一卷梅花屋詩稿一卷 …… 1－212
蘿藦亭札記八卷 …… 1－206
鷗陂漁話六卷 …… 1－163
鷗陂漁話六卷 …… 1－178
囊膌五卷首二卷末二卷 …… 1－321
疊雅十三卷 …… 1－326
巖下放言三卷 …… 1－142
體微齋遺編 …… 1－168
鑑止水齋集二十卷 …… 1－134
鑑止水齋集二十卷 …… 1－187
鑑撮四卷 …… 1－293
臞甫遺文不分卷 …… 1－209
讀左補義五十卷 …… 1－121
讀左補義五十卷 …… 1－124
讀左補義五十卷首一卷 …… 1－299
讀史方輿紀要一百三十卷 …… 1－199
讀史方輿紀要一百三十卷 …… 1－318
讀史方輿紀要一百三十卷附方輿全圖總說五卷 …… 1－355
讀史方輿紀要一百三十卷附方輿全圖總說五卷 …… 1－360
讀史方輿紀要九卷附錄一卷 …… 1－166
讀史方輿紀要歷代州域形勢十卷 …… 1－304
讀史兵略四十六卷 …… 1－227
讀史快編七十五卷 …… 1－127
讀史紀要八卷 …… 1－127
讀史備忘八卷 …… 1－152
讀史碎金八十卷 …… 1－117
讀史節要十二卷 …… 1－123
讀史漫錄二十卷 …… 1－126
讀史漫錄二十卷 …… 1－127
讀史論略一卷 …… 1－293
讀史論略不分卷 …… 1－127
讀史論略不分卷 …… 1－127
讀史鏡古編三十二卷 …… 1－308
讀史鏡古編三十二卷 …… 1－308
讀杜心解六卷首二卷 …… 1－158
讀杜心解六卷首二卷 …… 1－158
讀杜心解六卷首二卷 …… 1－158
讀杜心解六卷首二卷 …… 1－158

讀杜心解六卷首二卷 …………………… 1－158
讀杜心解六卷首二卷 …………………… 1－242
讀易傳心十二卷 ………………………… 1－192
讀易傳心十二卷 ………………………… 1－221
讀易錄十八卷 …………………………… 1－221
讀孟質疑三卷 …………………………… 1－193
讀秋水齋詩十六卷 ……………………… 1－221
讀書引十二卷 …………………………… 1－170
讀書後八卷 ……………………………… 1－292
讀書紀數略五十四卷 …………………… 1－321
讀書堂杜工部詩集注解二十卷文集
　注解二卷 ……………………………… 1－261
讀書堂彩衣全集四十六卷 ……………… 1－185
讀書敏求記四卷 ………………………… 1－261
讀書脞錄七卷 …………………………… 1－178
讀書雜志八十二卷餘編二卷 …………… 1－357
讀書雜志八十二卷餘編二卷 …………… 1－366
讀書雜識十二卷 ………………………… 1－155
讀書雜釋十四卷 ………………………… 1－163
讀通鑑綱目條記二十卷 ………………… 1－124
讀通鑑綱目條記二十卷 ………………… 1－148
讀通鑑綱目條記二十卷 ………………… 1－148
讀通鑑綱目條記二十卷 ………………… 1－149
讀通鑑論三十卷 ………………………… 1－302
讀雪山房唐詩三十四卷 ………………… 1－159
讀雪山房唐詩三十四卷 ………………… 1－159
讀雪山房唐詩鈔三十四卷 ……………… 1－139
讀雪山房唐詩鈔三十四卷 ……………… 1－139
讀雪齋詩集九卷 ………………………… 1－298
讀選樓詩稿十卷 ………………………… 1－191
讀禮通考一百二十卷 …………………… 1－204
龔端毅公奏疏八卷附浠川政譜□□
　卷 ……………………………………… 1－153
彎史四十八卷 …………………………… 1－302

二十三畫

顯志堂稿十二卷 ………………………… 1－314
鱗洲雜著四卷 …………………………… 1－177
欒城集五十卷後集二十四卷三集十
　卷應詔集十二卷 ……………………… 1－246
變法自強奏議彙編二十卷 ……………… 1－130
變雅堂文集八卷詩集十卷附錄二卷
　………………………………………… 1－215
變雅堂文集四卷詩集十卷附錄一卷
　………………………………………… 1－184

二十四畫

觀古堂所刊書 …………………………… 1－327
觀古堂所著書 …………………………… 1－268
觀古堂彙刻書 …………………………… 1－268
觀自得齋叢書 …………………………… 1－229
觀自得齋叢書 …………………………… 1－338
觀河集四卷 ……………………………… 1－325
蠹窗詩集十四卷文集續刻一卷 ………… 1－352
鹽鐵論十卷 ……………………………… 1－225
鹽鐵論十卷 ……………………………… 1－227
釀齋訓蒙雜編 …………………………… 1－337
靈州山人詩錄六卷 ……………………… 1－191
靈芬館集 ………………………………… 1－349
靈芬館詞四種 …………………………… 1－171
靈芬館詞四種 …………………………… 1－171
靈芬館詞四種 …………………………… 1－228
靈芬館詞四種 …………………………… 1－228
靈芬館詞四種 …………………………… 1－337
靈芬館詞四種 …………………………… 1－337
靈芬館詩話十二卷續六卷 ……………… 1－164
[同治]靈壽縣志十卷末一卷 ………… 1－293
蠶桑萃編十五卷首一卷 ………………… 1－196
蠶桑備要不分卷 ………………………… 1－197

二十五畫

欝華閣遺集四卷 ………………………… 1－220
蠻書十卷 ………………………………… 1－124

二十六畫

[光緒]灤州志十八卷首一卷 ………… 1－223

二十九畫

爨餘叢話四卷 …………………………… 1－164

《中共天津市委黨校圖書館古籍普查登記目録》
書名筆畫字頭索引

二畫

二 …… 167
十 …… 167
七 …… 167
九 …… 167

三畫

三 …… 167
大 …… 167
山 …… 167
也 …… 167
小 …… 167
子 …… 167

四畫

王 …… 167
天 …… 167
元 …… 167
廿 …… 167
五 …… 167
支 …… 167
太 …… 167
日 …… 167
中 …… 167
分 …… 167
六 …… 167
文 …… 167
孔 …… 167

五畫

正 …… 168
世 …… 168
古 …… 168
左 …… 168
平 …… 168
甲 …… 168
史 …… 168
四 …… 168
白 …… 168
出 …… 168

六畫

老 …… 168
西 …… 168
在 …… 168
百 …… 168
列 …… 168
此 …… 168
曲 …… 168
同 …… 168
朱 …… 168
全 …… 168
合 …… 168
危 …… 168
米 …… 168
字 …… 168

七畫

孝 …… 168
李 …… 168
吾 …… 169
吳 …… 169
兵 …… 169
伯 …… 169
近 …… 169

弟 …… 169
宋 …… 169
良 …… 169
初 …… 169

八畫

武 …… 169
青 …… 169
苗 …… 169
林 …… 169
述 …… 169
東 …… 169
昌 …… 169
明 …… 169
忠 …… 169
岳 …… 169
使 …… 169
佩 …… 169
金 …… 169
周 …… 169
定 …… 169

九畫

奏 …… 169
春 …… 169
政 …… 170
荀 …… 170
南 …… 170
映 …… 170
昭 …… 170
品 …… 170
香 …… 170
重 …… 170
皇 …… 170
鬼 …… 170
後 …… 170
亭 …… 170
洋 …… 170
津 …… 170
宣 …… 170
癸 …… 170
紅 …… 170
約 …… 170
紀 …… 170

十畫

秦 …… 170
泰 …… 170
班 …… 170
華 …… 170
莊 …… 170
桐 …… 170
格 …… 170
校 …… 170
豈 …… 170
倫 …… 170
徐 …… 170
倉 …… 170
訓 …… 170
郭 …… 170
唐 …… 170
海 …… 170
容 …… 171
書 …… 171
孫 …… 171

十一畫

教 …… 171
聊 …… 171
曹 …… 171
盛 …… 171
國 …… 171
崇 …… 171
笠 …… 171
第 …… 171
逸 …… 171
庸 …… 171
康 …… 171

鹿 …… 171
惜 …… 171
淩 …… 171
淮 …… 171
寇 …… 171
張 …… 171
陽 …… 171

十二畫

貳 …… 171
彭 …… 171
搜 …… 171
虛 …… 171
開 …… 171
智 …… 171
程 …… 171
策 …… 171
御 …… 171
復 …… 171
欽 …… 171
評 …… 171
痛 …… 172
普 …… 172
曾 …… 172
湘 …… 172
淵 …… 172
寒 …… 172
富 …… 172

十三畫

聖 …… 172
楚 …… 172
犖 …… 172
碑 …… 172
虞 …… 172
暗 …… 172
農 …… 172
蜀 …… 172
詩 …… 172
詳 …… 172
新 …… 172
滂 …… 172

十四畫

嘉 …… 172
蔡 …… 172
圖 …… 172
說 …… 172
端 …… 172
齊 …… 172
滎 …… 172
漢 …… 172
維 …… 172

十五畫

增 …… 172
樊 …… 172
醉 …… 172
震 …… 172
閱 …… 172
墨 …… 172
篆 …… 172
論 …… 172
養 …… 173
潛 …… 173
澗 …… 173

十六畫

駢 …… 173
擇 …… 173
輶 …… 173
歷 …… 173
戰 …… 173
積 …… 173
儒 …… 173
諧 …… 173
龍 …… 173

十七畫

韓 …… 173
霜 …… 173

十九畫

蘇 …… 173
嚴 …… 173
繪 …… 173
繡 …… 173

二十畫

籌 …… 173

二十一畫

續 …… 173

二十二畫

讀 …… 173
龔 …… 173

二十四畫

鹽 …… 173

《中共天津市委黨校圖書館古籍普查登記目録》
書名筆畫索引

二畫

二十二子三百三十九卷 …………… 1－399
二十四史 ………………………… 1－400
二百卌孝圖四卷 ………………… 1－395
二程先生全書五十一卷 ………… 1－384
十六國春秋一百卷 ……………… 1－396
十六國宮詞二卷 ………………… 1－390
十駕齋養新録二十卷餘録三卷 … 1－389
七子詩選十四卷 ………………… 1－390
九朝紀事本末 …………………… 1－392

三畫

三蘇文苑八卷 …………………… 1－397
三續聊齋志異十卷 ……………… 1－391
大清律例增修統纂集成四十卷附督捕則例二卷 …………………… 1－387
山海經十八卷 …………………… 1－392
山海經十八卷圖五卷 …………… 1－392
山海經廣注十八卷讀山海經語一卷雜述一卷山海經圖五卷 ………… 1－389
也是集 …………………………… 1－394
小五義一百二十四回續一百二十四回 ……………………………… 1－391
小學神童詩不分卷 ……………… 1－384
小學集注六卷 …………………… 1－386
子史精華一百六十卷 …………… 1－394
子書百家一百種四百八十二卷 … 1－397

四畫

王文公年譜考略節鈔四卷附存二卷 ……………………………… 1－385
王荊文公詩五十卷目錄一卷 …… 1－390
天津拳匪變亂紀事二卷 ………… 1－399
元文類七十卷目錄三卷 ………… 1－395
元和郡縣圖志四十卷闕卷逸文一卷補志六卷補目錄一卷原志三十四卷附錄闕卷逸文一卷 ……… 1－393
廿一史彈詞注十一卷 …………… 1－385
五大洲政治通攷四十八卷 ……… 1－387
五方元音二卷 …………………… 1－388
五經合纂大成四十四卷 ………… 1－395
支那教案論不分卷 ……………… 1－401
太平御覽一千卷 ………………… 1－383
太平經國之書十一卷首一卷 …… 1－396
日知錄三十二卷刊誤二卷續刊誤二卷 ………………………………… 1－401
日知錄集釋三十二卷 …………… 1－386
中外時務經濟統宗十八卷 ……… 1－393
中州集十卷首一卷中州樂府集一卷 ……………………………… 1－389
中東戰紀本末八卷首一卷末一卷 … 1－401
中東戰紀本末續編四卷 ………… 1－392
中興名臣事略八卷 ……………… 1－383
分韻試帖青雲集合註四卷 ……… 1－396
分類詩腋八卷 …………………… 1－390
分類賦鵠二十卷 ………………… 1－390
六如居士全集 …………………… 1－395
六書分類十二卷首一卷 ………… 1－394
文史通義八卷校讎通義三卷 …… 1－397
文廟祀典攷五十卷 ……………… 1－384
文選六十卷攷異十卷 …………… 1－392
文變三卷 ………………………… 1－398
孔子家語十卷 …………………… 1－397
孔子集語十七卷 ………………… 1－383
孔庭學裔五卷 …………………… 1－383
孔叢子三卷 ……………………… 1－385

五畫

正誼堂全書六十六種五百二十卷……1－395
世說新語三卷……1－391
世說新語補二十卷……1－391
古文淵鑒六十四卷……1－383
古文淵鑒六十四卷……1－395
古文辭類纂七十四卷……1－393
古文觀止十二卷……1－392
古逸叢書二十六種……1－395
古微堂内集三卷外集七卷……1－388
古微堂内集三卷外集七卷……1－394
古詩箋三十二卷……1－390
古韻發明不分卷切字肆攷不分卷……1－388
左文襄公奏疏初編三十八卷續編七十六卷三編六卷……1－387
左傳經世鈔約選三卷……1－388
平定粵匪紀略十八卷附記四卷……1－394
平定關隴紀略十三卷……1－385
平浙紀略十六卷……1－393
甲申朝事小紀一編八卷二編八卷三編四卷……1－393
史姓韻編二十四卷……1－392
史姓韻編二十四卷……1－397
史記一百三十卷方望溪評點史記四卷……1－396
史通削繁四卷……1－398
四史發伏十卷……1－393
四書人物類典串珠四十卷……1－396
四書不分卷……1－398
四書字辨□□卷……1－397
四書章句……1－394
四書集註闡微直解二十七卷纂序四書説約合參大全……1－387
四書圖考十三卷……1－385
四書圖考十三卷……1－396
四書圖考十三卷……1－397
四書釋文十九卷……1－394
白虎通四卷……1－383
白虎通四卷闕文一卷補遺一卷……1－398
白虎通德論二卷……1－383
出使英法日記……1－391
出使英法義比四國日記六卷……1－387
出使英法義比四國日記六卷……1－400

六畫

老子道德經不分卷……1－384
老子道德經不分卷……1－384
西征紀程四卷……1－391
西政叢書三十一種一百十一卷……1－401
西湖佳話古今遺蹟十六卷……1－396
西輶日記游歷芻言印度劄記……1－391
西藏通覽不分卷……1－386
在官法戒錄摘鈔四卷……1－401
百家姓考略不分卷……1－392
百將圖傳二卷……1－385
列女傳補注八卷敘錄一卷校正一卷……1－394
列子八卷……1－384
此宜閣增訂金批西廂記四卷首一卷末一卷……1－391
曲園褉纂五十卷……1－400
同治中興京外奏議約編八卷……1－385
朱子年譜一卷……1－383
全唐詩九百卷目錄十二卷……1－386
合肥李勤恪公政書十卷……1－387
危言四卷……1－387
米海岳年譜一卷元遺山先生年譜三卷元譜附錄一卷詩人元遺山先生墓圖一幅……1－383
字類標韻六卷……1－388

七畫

孝經讀本四卷首一卷……1－396
李太白文集三十卷目錄一卷……1－392
李氏五種合刊……1－385
李文公集十八卷補遺一卷附錄一卷……1－396
李文忠公全集一百六十五卷……1－383

李文忠公事略不分卷…………………… 1－387
李忠定集六十九卷首一卷年譜一卷
表本一卷擬制詔四卷……………… 1－399
李義山詩三卷………………………… 1－401
李翰林集三十卷……………………… 1－392
李鴻章不分卷………………………… 1－388
吾學錄初編二十四卷………………… 1－383
吳耿尚孔四王合傳一卷揚州十日記
一卷……………………………… 1－400
吳越春秋六卷………………………… 1－383
吳詩集覽二十卷補注一卷談藪二卷
…………………………………… 1－386
吳摯甫文集四卷……………………… 1－387
吳摯甫尺牘五卷補遺一卷諭兒書一
卷………………………………… 1－387
兵書十四卷…………………………… 1－399
伯利探路記…………………………… 1－391
近思錄十四卷………………………… 1－386
弟子規………………………………… 1－384
弟子箴言十六卷……………………… 1－386
宋文鑑一百五十卷目錄三卷………… 1－396
宋史紀事本末一百零九卷…………… 1－383
宋稗類鈔三十六卷…………………… 1－398
良言瑣記不分卷……………………… 1－389
初唐四杰集三十七卷………………… 1－385

八畫

武英殿聚珍版書……………………… 1－400
武侯全書二十卷首一卷……………… 1－398
青雲集分韻試帖詳注四卷…………… 1－396
苗氏說文四種四十六卷……………… 1－389
林文忠公政書三集三十七卷附畿輔
水利經進稿一卷滇軺紀程一卷荷
戈紀程一卷政書蒐遺一卷………… 1－386
林嚴文鈔四卷………………………… 1－385
林嚴文鈔四卷………………………… 1－401
林嚴合鈔四卷………………………… 1－399
述學內篇三卷外篇一卷補遺一卷別
錄一卷…………………………… 1－383
述學內篇三卷外篇一卷補遺一卷別
錄一卷…………………………… 1－388
東坡文苑五卷………………………… 1－397
東坡全集一百十五卷目錄七卷……… 1－396
東華全錄四百二十五卷續錄六十九
卷………………………………… 1－389
東華續錄二百二十卷………………… 1－386
東塾讀書記二十五卷………………… 1－399
昌黎先生集四十卷…………………… 1－397
昌黎先生詩集注十一卷……………… 1－389
明人詩鈔正集十四卷續集十四卷…… 1－390
明三十家詩選初集八卷二集八卷…… 1－390
明文在一百卷………………………… 1－384
明文在一百卷………………………… 1－395
明史紀事本末八十卷………………… 1－393
明刑管見錄不分卷…………………… 1－400
忠武侯諸葛孔明先生全集…………… 1－383
忠武誌十卷…………………………… 1－394
岳忠武王文集八卷首一卷末一卷…… 1－394
使德日記……………………………… 1－391
佩文韻府一百零六卷………………… 1－400
金丹正理大全十九卷………………… 1－396
金文雅十六卷………………………… 1－395
金石緣全傳八卷二十四回…………… 1－391
周易衾同契分章註解三卷…………… 1－385
定庵文集三卷續集四卷文集補一卷
文集補編四卷…………………… 1－401
定盦全集……………………………… 1－395
定盦全集……………………………… 1－396

九畫

奏議初編十二卷……………………… 1－387
春在堂全書十四種…………………… 1－399
春在堂全書十四種…………………… 1－399
春秋三傳十六卷首一卷……………… 1－396
春秋大事表五十卷輿圖一卷附錄一
卷………………………………… 1－383
春秋大事表五十卷輿圖一卷附錄一
卷………………………………… 1－393
春秋左傳……………………………… 1－401

春秋左傳服注存二卷續一卷補遺一卷…… 1－395
春秋左傳姓名同異考四卷…… 1－397
春秋集傳大全三十七卷…… 1－385
春秋繁露十七卷…… 1－386
春暉堂叢書十一種三十六卷…… 1－394
政治泛論…… 1－398
政藝通報…… 1－397
政藝通報…… 1－400
政藝通報…… 1－400
政藝叢書壬寅全書六十五卷…… 1－397
政藝叢書六十六卷…… 1－400
荀子二十卷…… 1－384
荀子二十卷首一卷…… 1－384
南宋文範七十卷外編四卷…… 1－383
南宋文錄錄二十四卷…… 1－399
映旭齋增訂北宋三遂平妖全傳十八卷…… 1－398
昭代叢書…… 1－395
品花寶鑒六十卷…… 1－390
香豔小品…… 1－398
重刊宋名臣言行錄七十五卷…… 1－386
[光緒]重修天津府志五十四卷首一卷末一卷…… 1－398
重訂六書通十卷…… 1－394
重訂昭明文選集評十五卷首一卷末一卷…… 1－388
重校拜經樓叢書十種…… 1－401
皇清經解一百八十種一千四百零八卷…… 1－396
皇清經解續編二百零九卷…… 1－395
鬼谷子三卷…… 1－386
後紅樓夢三十二卷…… 1－389
後續大宋楊家將文武曲星包公狄青初傳十四卷綉像一卷…… 1－391
亭林文集六卷馀集一卷…… 1－398
洋務自強新論四卷…… 1－387
洋務時事彙編八卷…… 1－388
洋務新論六卷…… 1－387
洋務實學新編二卷…… 1－387
津門雜記三卷…… 1－397
宣講拾遺六卷首一卷…… 1－393
癸巳存稿十五卷…… 1－383
癸巳存稿十五卷…… 1－395
癸巳類稿十五卷…… 1－395
紅樓夢圖詠四卷…… 1－392
紅樓夢影二十四回…… 1－389
約章成案匯覽甲篇十卷乙篇四十一卷…… 1－400
紀元編三卷末一卷…… 1－387

十畫

秦漢文鈔十二卷…… 1－394
泰西新史攬要二十四卷…… 1－392
班馬字類二卷…… 1－389
華陽國志十二卷…… 1－399
莊子集釋十卷…… 1－385
桐城吳先生全書五種…… 1－392
格言聯璧不分卷…… 1－384
格言聯璧不分卷…… 1－394
格言聯璧不分卷…… 1－394
格致叢書一百十種一百五十五卷…… 1－395
校刊史記集解索隱正義札記五卷…… 1－393
校正重刊宋朝文鑑一百五十卷目錄三卷…… 1－396
豈有此理四卷更豈有此理四卷…… 1－396
倫理學三卷…… 1－399
徐氏三種…… 1－386
倉頡篇三卷續一卷補二卷字林攷逸八卷補一卷…… 1－388
訓俗遺規四卷補編二卷…… 1－401
郭氏傳家易說十一卷總論一卷…… 1－397
唐人萬首絕句選七卷…… 1－385
唐文粹一百卷…… 1－388
唐文粹一百卷…… 1－399
唐文粹補遺二十六卷…… 1－388
唐文粹補遺二十六卷…… 1－399
唐代叢書…… 1－400
唐詩三百首注疏六卷…… 1－389
唐詩三百首註釋六卷…… 1－389
海國圖志一百卷…… 1－397

海國圖志一百卷首一卷…………………1－389
海國圖志續集二十五卷首一卷………1－389
海國圖志續集二十五卷首一卷………1－397
容齋隨筆十六卷……………………………1－395
書目答問不分卷…………………………1－384
書目答問四卷……………………………1－394
書林清話十卷……………………………1－394
書業德重訂古文釋義新編八卷………1－393
孫龐演義四卷新編批評綉像後七國
樂田演義四卷…………………………1－391

十一畫

教務紀略四卷首一卷……………………1－386
聊齋志異新評十六卷……………………1－391
聊齋志異新評十六卷……………………1－391
聊齋補遺六卷……………………………1－391
曹大家女誡不分卷………………………1－386
盛世危言五卷……………………………1－398
盛世危言續編三卷………………………1－398
國朝文錄八十二卷………………………1－400
國朝洋務新論二卷………………………1－388
國朝歷科題名碑録初集…………………1－384
崇禎五十宰相傳一卷……………………1－384
笠翁詩竅五卷首一卷……………………1－399
第一奇書野叟曝言二十卷一百五十
二回…………………………………………1－397
逸周書十卷附錄一卷校正補遺一卷
……………………………………………1－398
庸庵文編四卷續編二卷外編四卷……1－386
庸庵海外文編四卷………………………1－400
庸庵海外文編四卷………………………1－401
庸閑齋筆記十二卷首一卷……………1－392
康熙字典…………………………………1－385
康熙字典…………………………………1－385
康熙字典十二集等韻一卷備考一卷
補遺一卷………………………………1－399
康熙字典十二集等韻一卷備考一卷
補遺一卷………………………………1－399
鹿洲全集八種四十三卷…………………1－397
惜抱軒全集十四種八十八卷…………1－396
淩煙閣圖不分卷…………………………1－387
淮南子二十一卷敘目一卷……………1－399
淮軍平捻記十二卷………………………1－388
寇忠愍公詩集三卷………………………1－385
張公襄理軍務紀略六卷………………1－388
張文忠公全集四十六卷附錄二卷……1－398
張宗道先生地理全書二卷……………1－387
陽春白雪八卷外集一卷………………1－389

十二畫

貳臣傳十二卷逆臣傳四卷……………1－400
彭剛直公奏稿八卷………………………1－388
彭剛直公詩集八卷………………………1－388
搜神記二十卷搜神後記十卷…………1－392
虛受堂文集十六卷附鮑太夫人年譜
……………………………………………1－386
開平礦局交涉事彙………………………1－388
開平礦物切要案據………………………1－388
智囊補二十八卷…………………………1－395
程尚書禹貢論二卷後論一卷禹貢山
川地理圖一卷…………………………1－396
策學纂要十六卷…………………………1－401
御選唐宋文醇五十八卷………………1－400
御選唐宋詩醇四十七卷目錄二卷……1－389
御選唐詩三十二卷目錄三卷…………1－390
御選唐詩三十二卷目錄三卷…………1－390
御纂朱子全書六十六卷………………1－395
復古編二卷………………………………1－389
欽定大清商律不分卷……………………1－398
欽定大清會典一百卷首一卷事例一
千二百二十卷目錄一卷圖二百七
十卷……………………………………1－387
欽定四庫全書簡明目錄二十卷四庫
未收書目提要五卷……………………1－394
欽定春秋傳說彙纂三十八卷首二卷
……………………………………………1－396
欽定書經圖說五十卷……………………1－399
欽定篆文六經四書十種………………1－395
評注圖像水滸傳七十五卷首一卷圖
像一卷…………………………………1－391

痛史二十種四十八卷…………………… 1－384
普天忠憤集十四卷……………………… 1－389
普法戰紀二十卷………………………… 1－387
曾文正公大事記四卷…………………… 1－399
曾文正公手書日記……………………… 1－386
湘綺樓八代詩選二十卷………………… 1－390
淵鑑類函四百五十卷…………………… 1－386
寒松堂全集十二卷附寒松老人年譜
…………………………………………… 1－396
富國策三卷……………………………… 1－384

十三畫

聖武記十四卷…………………………… 1－393
聖賢像贊三卷…………………………… 1－388
楚辭十七卷……………………………… 1－390
楚辭十七卷……………………………… 1－400
楚辭集注八卷辨證二卷後語六卷…… 1－390
揅經室集一集十四卷二集八卷三集
五卷四集十一卷續集十一卷再續
集六卷外集五卷……………………… 1－397
碑傳集一百六十卷……………………… 1－383
虞初新志二十卷………………………… 1－391
虞初續志十二卷………………………… 1－391
暗室燈二卷……………………………… 1－386
農政全書六十卷………………………… 1－394
蜀碧四卷………………………………… 1－384
詩古微上篇三卷中篇十卷下篇二卷
首一卷………………………………… 1－389
詳注聊齋志異圖詠十六卷……………… 1－391
詳注聊齋志異圖詠十六卷……………… 1－391
新刊繡像全圖永慶昇平後傳十二卷
圖一卷………………………………… 1－393
新刻唱曲時調沉香閣二十四卷……… 1－400
新政論義二卷…………………………… 1－398
新訂四書補註備旨上孟四卷………… 1－384
新書十卷………………………………… 1－384
新增幼學故事瓊林四卷……………… 1－384
新編目連救母勸善戲文三卷………… 1－390
新鐫玉茗堂批點按鑑参補南宋志傳
十卷五十回楊家將傳十卷五十回 … 1－386
滂喜齋叢書……………………………… 1－394

十四畫

嘉慶長安縣志三十六卷………………… 1－389
嘉慶東華錄詳節二十四卷……………… 1－389
蔡中郎集八卷…………………………… 1－395
圖像鏡花緣全傳六卷圖像一卷……… 1－391
圖像鏡花緣全傳六卷圖像一卷……… 1－391
說文引經例辨三卷……………………… 1－388
說文外編十五卷補遺一卷…………… 1－400
說文通檢十四卷首一卷末一卷……… 1－385
說文解字三十二卷……………………… 1－388
說文辨疑一卷劉氏碎金一卷………… 1－400
說苑二十卷……………………………… 1－397
說鈴三十卷……………………………… 1－383
端溪硯史三卷…………………………… 1－387
齊東野語二十卷………………………… 1－395
榮哀錄不分卷…………………………… 1－388
漢魏六朝百三名家集…………………… 1－396
維新人物考不分卷……………………… 1－384

十五畫

增訂繪圖精忠說岳全傳八卷………… 1－390
增評補像全圖金玉緣十五卷首一卷
…………………………………………… 1－392
增補四書精繡圖像人物備考十二卷
…………………………………………… 1－383
增補事類統編三十五卷………………… 1－394
增補重訂千家詩註解四卷…………… 1－390
樊川文集二十卷………………………… 1－392
醉茶誌怪四卷…………………………… 1－392
震川先生集三十卷別集十卷………… 1－397
閱微草堂筆記二十四卷………………… 1－392
墨子十六卷篇目考一卷……………… 1－384
墨子閒詁十五卷目錄一卷附錄一卷
後語二卷……………………………… 1－385
篆書正四卷……………………………… 1－394
論語正義二十四卷……………………… 1－394
論衡三十卷……………………………… 1－386

養正遺規二卷補編一卷教女遺規三卷從政遺規二卷……1－401
潛園友朋書問十二卷……1－392
澗于日記不分卷……1－389

十六畫

駢文類纂四十六卷……1－399
駢體文鈔三十一卷……1－389
擇言尤雅錄不分卷……1－400
輶軒使者絕代語釋別國方言十三卷補遺一卷……1－398
歷代名臣言行錄二十四卷……1－393
歷代名臣奏議選三十卷……1－394
歷代奸庸殷鑒錄三十二卷首一卷……1－399
歷代帝王年表三卷……1－393
歷代帝王年表不分卷……1－387
歷代宮閨文選二十六卷歷代宮閨姓氏小錄一卷……1－397
歷代畫像傳四卷……1－387
歷代職官表六卷……1－385
歷朝名媛詩詞十二卷……1－397
歷朝紀事本末九種六百五十八卷……1－392
戰國策三十三卷……1－392
戰國策三十三卷國語二十一卷劄記一卷重刻剡川姚氏本戰國策劄記三卷……1－391
積學齋叢書二十種六十一卷……1－399
儒林外史評二卷……1－398
儒林宗派十六卷……1－397
諧鐸十二卷……1－390
諧鐸十二卷……1－390
龍川文集三十卷補遺一卷附考異二卷……1－399
龍文鞭影二卷二集二卷……1－393
龍文鞭影二卷二集二卷三集三卷……1－393
龍文鞭影四卷……1－393
龍文鞭影四卷……1－393

十七畫

韓非子二十卷……1－398
韓非子二十卷識誤三卷……1－385
韓非子集解二十卷首一卷……1－398
韓柳年譜八卷……1－385
霜紅龕集四十卷附錄三卷年譜一卷……1－383

十九畫

蘇文忠公詩集五十卷目錄二卷……1－398
蘇老泉評苑三卷……1－397
嚴侯官先生全集十二卷……1－385
繪圖青樓夢六卷……1－390
繪圖後紅樓夢六卷圖像一卷……1－391
繪圖評點女仙外史一百卷圖像一卷……1－393
繪圖評點女僊外史一百回……1－396
繪圖結水滸全傳八卷七十回末一卷……1－392
繪圖鳳凰山十卷……1－390
繪圖說岳全傳八卷……1－390
繡像古今賢女傳九卷……1－393
繡像全圖永慶昇平十二卷圖一卷……1－393
繡像醒世姻緣傳一百回……1－390

二十畫

籌洋芻議一卷……1－401

二十一畫

續復古編……1－398
續碑傳集八十六卷……1－383

二十二畫

讀禮通考四卷……1－395
龔先生年譜……1－395
龔先生年譜……1－396

二十四畫

鹽鐵論二卷……1－384

《天津市醫學科學技術信息研究所圖書館古籍普查登記目録》書名筆畫字頭索引

三畫

士 …… 179
大 …… 179
千 …… 179
女 …… 179
小 …… 179

四畫

王 …… 179
天 …… 179
太 …… 179
中 …… 179
内 …… 179
片 …… 179
分 …… 179
丹 …… 179
引 …… 179

五畫

玉 …… 179
世 …… 179
古 …… 179
本 …… 179
目 …… 180
史 …… 180
四 …… 180
白 …… 180
外 …… 180
幼 …… 180

六畫

百 …… 180
成 …… 180
同 …… 180
吊 …… 180
回 …… 180
先 …… 180
仲 …… 180
名 …… 180

七畫

弄 …… 180
李 …… 180
吳 …… 180
刪 …… 180
沈 …… 180
良 …… 180

八畫

松 …… 180
述 …… 180
東 …… 180
郁 …… 180
尚 …… 180
昌 …… 180
易 …… 180
金 …… 180
治 …… 180

九畫

春 …… 180
珍 …… 180
厚 …… 180
重 …… 180
保 …… 181
俟 …… 181
食 …… 181
胎 …… 181
疫 …… 181
洞 …… 181
洄 …… 181
洗 …… 181
活 …… 181
神 …… 181

十畫

素 …… 181
時 …… 181
秘 …… 181
徐 …… 181
脈 …… 181
益 …… 181
陳 …… 181
陰 …… 181
陶 …… 181
孫 …… 181

十一畫

琉 …… 181
黃 …… 181
雪 …… 181
推 …… 181
救 …… 181
眼 …… 181
問 …… 181
得 …… 181
麻 …… 181
產 …… 181
痎 …… 181
張 …… 181
婦 …… 181
巢 …… 182

十二畫

萬 …… 182
雲 …… 182
晰 …… 182
鼎 …… 182
景 …… 182
喉 …… 182
備 …… 182
傅 …… 182
御 …… 182
評 …… 182
診 …… 182
痘 …… 182
痢 …… 182
馮 …… 182
補 …… 182
絳 …… 182

十三畫

聖 …… 182
雷 …… 182
當 …… 182
嵩 …… 182
傷 …… 182
痰 …… 183
新 …… 183
慎 …… 183
慈 …… 183
溫 …… 183
經 …… 183

十四畫

壽 …… 183
圖 …… 183
種 …… 183
銀 …… 183
瘍 …… 183
鄭 …… 183
隨 …… 183

十五畫

增 …… 183
衛 …… 183
豫 …… 183
編 …… 183

十六畫

薛 …… 183
學 …… 183
儒 …… 183
錢 …… 183
辨 …… 183
閻 …… 183

十七畫

韓 …… 183
臨 …… 183
鍾 …… 183
濟 …… 183

十八畫

藥 …… 183
醫 …… 183
蟲 …… 184

十九畫

難 …… 184
蘇 …… 184
羅 …… 184
證 …… 184
類 …… 184

二十畫

爛 …… 184

二十一畫

續 …… 184

二十二畫

驚 …… 184
讀 …… 184

二十三畫

驗 …… 184

二十四畫

靈 …… 184

《天津市醫學科學技術信息研究所圖書館古籍普查登記目録》

書名筆畫索引

三畫

士材三書附壽世青編二卷…………… 1-421
大生要旨五卷……………………………… 1-412
千金翼方三十卷…………………………… 1-409
女科仙方四卷……………………………… 1-408
女科要旨四卷……………………………… 1-415
小兒斑疹備急方論一卷………………… 1-411
小兒藥證直訣三卷……………………… 1-411

四畫

王氏醫存十七卷…………………………… 1-410
王氏醫存十七卷選方一卷……………… 1-419
王氏醫案二卷續編八卷附霍亂論二
　卷…………………………………………… 1-418
王氏醫案二卷續編八卷附霍亂論二
　卷…………………………………………… 1-418
王氏醫案繹註十卷附錄一卷…………… 1-418
王洪緒先生外科證治全生不分卷…… 1-408
天花精言六卷……………………………… 1-415
天花精言六卷……………………………… 1-418
太平惠民和劑局方十卷………………… 1-405
太醫院增補青囊藥性賦直解九卷首
　一卷末一卷……………………………… 1-409
中西醫粹四卷臟腑圖說癥治合璧…… 1-420
中藏經八卷………………………………… 1-413
内科理法前編六卷後編十六卷附一
　卷…………………………………………… 1-416
内經知要二卷……………………………… 1-417
片玉心書五卷……………………………… 1-412
分經本草四種合刻二卷………………… 1-418
丹溪先生金匱鈎玄三卷………………… 1-406
丹溪先生金匱鈎玄三卷………………… 1-415
丹臺玉案六卷……………………………… 1-410
引經證醫四卷……………………………… 1-415

五畫

玉歷彙錄良方……………………………… 1-411
世補齋醫書後集二十五卷……………… 1-414
世補齋醫書前集三十三卷……………… 1-414
古今名醫彙粹八卷……………………… 1-420
古今圖書集成醫部全錄五百二十卷
　……………………………………………… 1-410
古今醫案按十卷………………………… 1-410
本草述三十二卷首一卷………………… 1-418
本草思辨錄四卷首一卷………………… 1-407
本草思辨錄四卷首一卷………………… 1-407
本草便讀二卷……………………………… 1-407
本草衍義二十卷…………………………… 1-418
本草原始十二卷…………………………… 1-417
本草崇原三卷……………………………… 1-407
本草崇原三卷……………………………… 1-416
本草崇原集說三卷……………………… 1-408
本草從新十八卷…………………………… 1-409
本草從新十八卷…………………………… 1-419
本草匯十八卷……………………………… 1-417
本草詩箋十卷……………………………… 1-409
本草經疏輯要十卷……………………… 1-407
本草經疏輯要八卷附朱氏痘疹秘要
　一卷經驗效方一卷…………………… 1-418
本草經疏輯要八卷附朱氏痘疹秘要
　一卷經驗效方一卷…………………… 1-418
本草綱目五十二卷首一卷附圖二卷
　附脈訣考證奇經八脈考二卷萬方
　鍼線八卷本草綱目拾遺十卷……… 1-409
本草綱目五十二卷首一卷圖二卷…… 1-408
本草綱目拾遺十卷首一卷……………… 1-407

本草綱目拾遺十卷首一卷…………… 1－407
本經逢原四卷……………………………… 1－416
本經逢原四卷……………………………… 1－418
目經大成三卷首一卷………………… 1－411
史載之方二卷……………………………… 1－407
四時病機十四卷………………………… 1－417
四庫未收書目提要五卷……………… 1－416
四聖心源十卷……………………………… 1－417
白苔舌總論一卷………………………… 1－419
白喉全生集………………………………… 1－411
白喉治法忌表抉微……………………… 1－421
白喉證治通攷一卷……………………… 1－406
外治壽世方初編四卷………………… 1－416
外科方法一卷……………………………… 1－417
外科百效全書六卷……………………… 1－414
外科證治全生集六卷附金瘡鐵扇方
…………………………………………………… 1－415
外科證治全生集六卷附金瘡鐵扇方
…………………………………………………… 1－415
外科證治全生集四卷………………… 1－408
外科證治全書五卷末一卷………… 1－411
幼科鐵鏡六卷……………………………… 1－411
幼科鐵鏡六卷……………………………… 1－412

六畫

百一三方解三卷…………………………… 1－408
成方切用二十六卷……………………… 1－416
同壽錄四卷末一卷……………………… 1－407
吊腳痧方論一卷………………………… 1－411
回生集二卷………………………………… 1－410
先醒齋筆記三卷附炮炙大法一卷…… 1－419
仲景全書二十卷………………………… 1－410
仲景傷寒補亡論二十卷……………… 1－407
名醫類案十二卷………………………… 1－410
名醫類案十二卷………………………… 1－413
名醫類案十二卷………………………… 1－414

七畫

弄丸心法八卷……………………………… 1－419
李仕材先生三書八卷………………… 1－410
吳氏醫學述第五種傷寒分經十卷…… 1－412
吳門治驗錄四卷………………………… 1－409
吳門治驗錄四卷………………………… 1－410
吳淡菴經驗良方………………………… 1－419
吳醫彙講十一卷………………………… 1－408
刪註脈訣規正二卷……………………… 1－416
沈氏尊生書七十二卷………………… 1－421
良方集腋二卷續附一卷……………… 1－407
良方彙錄…………………………………… 1－407

八畫

松峰說疫六卷……………………………… 1－409
述古齋幼科新書三種八卷………… 1－405
述古齋幼科新書六卷………………… 1－411
東皐握靈本草十卷序例一卷補遺一
卷…………………………………………… 1－418
郁謝麻科合璧……………………………… 1－418
郁謝麻科合璧……………………………… 1－418
尚論篇四卷首一卷附後篇四卷……… 1－405
昌邑黃先生醫書八種七十四卷……… 1－416
昌邑黃先生醫書八種八十卷……… 1－413
易簡方便醫書六卷……………………… 1－416
金匱方歌括六卷………………………… 1－415
金匱玉函經二注二十二卷………… 1－415
金匱玉函經二注二十二卷………… 1－415
金匱懸解二十二卷……………………… 1－410
金匱懸解二十二卷首一卷末一卷…… 1－415
治疹全書三卷末一卷………………… 1－414

九畫

春腳集四卷………………………………… 1－416
珍珠囊指掌補遺藥性賦四卷……… 1－407
珍珠囊指掌補遺藥性賦四卷……… 1－413
厚德堂集驗方萃編四卷……………… 1－407
重刊俞天池先生痧痘集解六卷…… 1－420
重刻陳氏痘書一卷……………………… 1－405
重廣補注黃帝内經素問二十四卷靈
樞十二卷附素問遺編一卷………… 1－420

重樓玉鑰二卷 1-421
重樓玉鑰二卷 1-421
保赤新編二卷補遺一卷 1-420
保產金丹四卷 1-411
保嬰易知録二卷補編一卷 1-405
俟醫淺説 1-408
食物本草會纂十卷附日用家抄一卷
脈訣秘傳一卷 1-409
食物本草會纂八卷 1-409
食物本草會纂八卷 1-409
胎產心法三卷 1-408
胎產心法三卷 1-414
胎產集要三卷 1-412
胎產新書三種二十卷 1-420
胎產護生篇一卷 1-405
疫疹一得二卷 1-417
疫疹一得二卷 1-418
疫喉淺論二卷補遺一卷 1-411
洞天奥旨十六卷 1-408
泗溪醫案一卷 1-410
洗冤録辨正六卷 1-411
活幼心書三卷 1-411
活幼心書三卷 1-411
活幼珠璣二卷補編一卷 1-406
活幼珠璣補編一卷 1-406
活幼疹書四卷 1-405
神農本草經三卷 1-405
神農本草經三卷 1-406
神農本草經疏三十卷 1-418
神農本草經讀四卷 1-408

十畫

素問釋義十卷 1-405
素問靈樞類纂約註三卷 1-413
時病論八卷 1-415
秘傳眼科龍木醫書總論十卷 1-410
秘傳證治要訣十二卷類方四卷 1-419
徐氏三種 1-419
徐氏醫書八種十八卷 1-408
徐評外科正宗十二卷 1-414
徐評外科正宗十二卷附錄一卷 1-414
徐靈胎十二種全集 1-418
徐靈胎醫略六書三十二卷 1-413
脈因證治四卷 1-410
脈法條辨 1-406
脈訣刊誤集解二卷補錄二卷 1-405
脈經十卷 1-410
脈藥聯珠三卷古方考一卷 1-413
益生堂醫學心鏡錄十一卷首一卷 1-405
陳修園醫書五十種一百三十一卷 1-413
陰證略例一卷 1-418
陰騭彙編四卷 1-417
陶節菴傷寒全生集四卷 1-406
孫真人千金方衍義三十卷 1-413

十一畫

琉球百問 1-409
黃帝内經素問二十四卷 1-412
黃帝内經素問九卷 1-415
黃帝内經靈樞註證發微九卷補遺一
卷 1-412
雪蕉軒醫案四卷 1-419
推求師意二卷 1-407
救偏瑣言五卷借用良方一卷 1-414
救傷秘旨 1-407
眼科啟蒙四卷 1-405
問齋醫案五卷 1-415
得心集醫案六卷首一卷 1-417
麻疹全書四卷 1-415
產科心法二集 1-407
產寶一卷 1-411
產寶奇書二卷 1-416
痎瘧論疏一卷 1-406
痎瘧論疏一卷 1-411
張仲景傷寒貫珠集八卷 1-419
張仲景傷寒論辯證廣註十四卷首一
卷 1-412
婦人大全良方二十四卷 1-420
婦科指歸四卷 1-405
婦科秘方一卷 1-414

巢氏諸病源候論五十卷……………… 1－421
巢氏諸病源候總論五十卷…………… 1－416

十二畫

萬氏女科…………………………………… 1－408
萬方類纂八卷……………………………… 1－407
萬密齋書十種一百零八卷…………… 1－405
雲林神彀四卷……………………………… 1－416
晰微補化全書二卷補遺一卷附錄一
　卷…………………………………………… 1－420
鼎鍥幼幼集成六卷………………………… 1－420
景岳全書六十四卷………………………… 1－421
景岳全書發揮四卷………………………… 1－408
景岳全書發揮四卷………………………… 1－408
景岳新方砭四卷…………………………… 1－413
喉科枕秘二卷……………………………… 1－412
喉科指掌六卷……………………………… 1－420
喉科秘鑰二卷……………………………… 1－421
備急千金要方三十卷……………………… 1－409
傅氏女科四卷……………………………… 1－408
傅青主女科四卷…………………………… 1－408
御纂醫宗金鑑十六卷首一卷………… 1－419
御纂醫宗金鑑九十卷首一卷………… 1－412
評選繼志堂醫案三卷……………………… 1－417
評點葉案存眞類編二卷………………… 1－416
診餘舉隅錄二卷…………………………… 1－421
痘科溫故集二卷…………………………… 1－418
痘科溫故集不分卷………………………… 1－406
痘科類編釋意三卷………………………… 1－415
痘科類編釋意三卷附疹科纂要一卷
　…………………………………………… 1－421
痘症秘書二卷……………………………… 1－414
痘症精言四卷……………………………… 1－421
痘症寶筏六卷……………………………… 1－415
痘疹大成四卷……………………………… 1－420
痘疹正宗二卷……………………………… 1－418
痘疹正宗四卷……………………………… 1－415
痘疹世醫心法十二卷……………………… 1－419
痘疹全書十卷……………………………… 1－405
痘疹全書博愛心鑑二卷………………… 1－414
痘疹金鏡録四卷…………………………… 1－410
痘疹定論二卷……………………………… 1－418
痘疹定論四卷……………………………… 1－419
痘疹定論四卷……………………………… 1－420
痘疹專門二卷……………………………… 1－420
痘疹傳心錄十九卷………………………… 1－419
痘疹傳心錄十九卷………………………… 1－420
痘疹會通五卷……………………………… 1－414
痘疹慈航二卷……………………………… 1－414
痘疹經驗集………………………………… 1－420
痘疹精詳十卷……………………………… 1－415
痘學真傳八卷……………………………… 1－408
痢疾論四卷………………………………… 1－420
痢證定論大全四卷………………………… 1－420
馮氏錦囊秘錄五十卷……………………… 1－411
補註瘟疫論四卷…………………………… 1－409
補註瘟疫論四卷…………………………… 1－420
絳雪園古方選注…………………………… 1－410
絳雪園古方選注不分卷………………… 1－413
絳雪園古方選注不分卷………………… 1－413
絳囊撮要…………………………………… 1－407

十三畫

聖濟總錄纂要二十六卷………………… 1－413
雷公炮製藥性解六卷珍珠囊指掌補
　遺藥性賦四卷…………………………… 1－409
雷公炮製藥性賦解四卷雷公炮製藥
　性解六卷………………………………… 1－409
當歸草堂醫學叢書初編十種四十一
　卷………………………………………… 1－406
當歸草堂醫學叢書初編十種四十一
　卷………………………………………… 1－406
當歸草堂醫學叢書初編十種四十一
　卷………………………………………… 1－406
嵩厓尊生書十五卷………………………… 1－410
傷科心得集方彙三卷……………………… 1－419
傷寒真方歌括六卷………………………… 1－407
傷寒瘟疫條辨六卷………………………… 1－421

傷寒緒論三卷傷寒舌鑒一卷傷寒兼證析義一卷石頭老人診宗三昧一卷……1－408
傷寒論三注十六卷……1－409
傷寒論近言七卷……1－405
傷寒論直解六卷……1－412
傷寒論直解六卷……1－412
傷寒論條辨八卷……1－416
傷寒論條辨續註十二卷……1－412
傷寒論註來蘇集八卷……1－412
傷寒論註來蘇集六卷……1－412
傷寒醫訣串解六卷十藥神書注解……1－406
痰火點雪四卷……1－417
新刊補註銅人腧穴鍼灸圖經五卷……1－411
新刊增補萬病回春原本八卷……1－413
新刊醫林狀元壽世保元十卷……1－413
新刊醫林狀元壽世保元十卷……1－417
慎柔五書五卷……1－414
慎疾芻言一卷……1－417
慈航集四卷……1－417
溫病條辨六卷首一卷……1－417
溫病條辨六卷首一卷……1－417
溫熱暑疫全書四卷……1－417
經驗方抄一卷……1－421
經驗方鈔四卷……1－407

十四畫

壽親養老新書四卷……1－409
圖注八十一難經辨真四卷……1－406
圖注八十一難經辨真四卷附刪註脈訣規正二卷……1－406
圖註八十一難經辨真四卷……1－416
圖註脈訣辨真四卷附方一卷……1－417
圖註脈訣辨真四卷附方一卷……1－417
圖註脈訣辨真四卷附脈訣附方……1－419
種福堂公選溫熱論醫案四卷……1－410
銀海指南四卷……1－420
瘍科選粹八卷……1－407
鄭氏痞科保赤金丹四卷……1－420
隨山宇方鈔一卷……1－416
隨息居重訂霍亂論四卷……1－414
隨息居重訂霍亂論四卷……1－420

十五畫

增訂本草備要四卷……1－408
增註類證活人書二十二卷……1－411
增註類證活人書二十二卷……1－411
增補大生要旨五卷……1－411
增補醫方一盘珠全集十卷……1－413
增輯難經本義二卷……1－420
衛生實鑑二十四卷附補遺一卷……1－417
豫醫雙璧三十五卷……1－405
編註醫學入門三卷首一卷……1－409
編註醫學入門内集七卷首一卷……1－413

十六畫

薛氏醫按二十四種一百零七卷……1－405
學古診則四卷……1－405
儒門事親十五卷……1－417
錢氏小兒藥證直訣二卷附方一卷……1－411
辨證錄十四卷……1－405
辨證錄十四卷……1－405
閻氏小兒方論一卷附方一卷……1－411

十七畫

韓凌霄瘟痧要編四卷……1－420
臨證指南醫案十卷附種福堂公選溫熱論一卷種福堂公選醫案一卷種福堂公選良方三卷……1－410
鍾氏醫書歌訣四種二十九卷……1－406
濟陰綱目十四卷……1－414
濟陰綱目十四卷……1－414

十八畫

藥品化義十三卷……1－414
藥品化義十三卷……1－415
醫方十種彙編二十二卷……1－408

醫方論四卷……………………………… 1－409
醫方擇要二卷續集二卷補遺一卷…… 1－415
醫方叢話八卷附一卷………………… 1－406
醫方簡明六卷………………………… 1－412
醫方簡義六卷………………………… 1－421
醫林纂要探源十卷…………………… 1－416
醫林纂要探源十卷…………………… 1－421
醫門棒喝十三卷……………………… 1－412
醫宗必讀五卷首一卷………………… 1－406
醫宗備要三卷………………………… 1－410
醫宗備要三卷………………………… 1－419
醫故二卷……………………………… 1－418
醫級十卷首一卷末一卷……………… 1－408
醫原二卷……………………………… 1－419
醫原三卷附醫學舉要六卷…………… 1－409
醫效秘傳三卷三家醫案合刻三卷溫
　熱贅言一卷………………………… 1－416
醫悟十二卷…………………………… 1－421
醫案偶存十二卷……………………… 1－410
醫理畧述二卷………………………… 1－413
醫畧十三篇十三卷…………………… 1－410
醫痘金丹二卷………………………… 1－418
醫統正脈全書二百零六卷…………… 1－413
醫經允中二十四卷…………………… 1－417
醫經原旨六卷………………………… 1－412
醫經原旨六卷………………………… 1－412
醫經原旨六卷………………………… 1－412
醫學五則五卷………………………… 1－419
醫學五則五卷………………………… 1－419
醫學切要全集六種七卷……………… 1－421
醫學白話四卷………………………… 1－417
醫學考辨十二卷……………………… 1－421
醫學金鍼八卷………………………… 1－412
醫學金鍼八卷………………………… 1－419
醫學指南五卷………………………… 1－415
醫學指歸二卷………………………… 1－419
醫學啓蒙彙編六卷…………………… 1－416
醫學啓蒙輯覽八卷…………………… 1－417
醫學集錦金氏醫案合編……………… 1－416
醫學匯海三十六卷首一卷…………… 1－413
醫學源流論二卷……………………… 1－406
醫學篇八卷…………………………… 1－408
醫學篇四卷…………………………… 1－412
醫燈續焰二十一卷…………………… 1－405
蟲會五卷……………………………… 1－416

十九畫

難經懸解二卷………………………… 1－413
蘇沈内翰良方十卷…………………… 1－407
羅氏會約醫鏡二十卷………………… 1－405
證治彙補八卷………………………… 1－414
證治彙補八卷………………………… 1－414
證治彙補八卷………………………… 1－414
類經圖翼十一卷附翼四卷…………… 1－419
類證治裁八卷首一卷………………… 1－415

二十畫

爛喉痧痧輯要不分卷………………… 1－411

二十一畫

續名醫類案三十六卷………………… 1－410
續名醫類案三十六卷………………… 1－416

二十二畫

驚風辨證必讀書一卷………………… 1－405
讀醫隨筆六卷………………………… 1－414

二十三畫

驗舌詮機二卷………………………… 1－419

二十四畫

靈素提要淺註十二卷………………… 1－413
靈素提要淺註十二卷………………… 1－413
靈樞經九卷…………………………… 1－406

《天津醫學高等專科學校圖書館古籍普查登記目録》
書名筆畫字頭索引

一畫

一 …… 189

二畫

人 …… 189
入 …… 189

三畫

三 …… 189
士 …… 189
大 …… 189
上 …… 189
千 …… 189
丸 …… 189
女 …… 189

四畫

王 …… 189
天 …… 189
元 …… 189
不 …… 189
太 …… 189
尤 …… 189
中 …… 189
内 …… 189
仁 …… 190
片 …… 190
公 …… 190
丹 …… 190
六 …… 190
方 …… 190
引 …… 190

五畫

玉 …… 190
正 …… 190
古 …… 190
本 …… 190
石 …… 190
史 …… 190
四 …… 191
仙 …… 191
白 …… 191
外 …… 191
玄 …… 191
永 …… 191
幼 …… 191

六畫

存 …… 191
此 …… 191
同 …… 191
吊 …… 191
回 …… 191
先 …… 191
舌 …… 191
延 …… 191
全 …… 191
各 …… 191
名 …… 191

七畫

弄 …… 191
杏 …… 191
抄 …… 191
折 …… 191
串 …… 191
吳 …… 191
删 …… 191
余 …… 191
沈 …… 191
良 …… 192
附 …… 192
妙 …… 192

八畫

析 …… 192
松 …… 192
東 …… 192
奇 …… 192
抱 …… 192
尚 …… 192
明 …… 192
易 …… 192
金 …… 192
京 …… 192
治 …… 192

九畫

珍 …… 192
胡 …… 192
厚 …… 192
思 …… 192
咽 …… 192
重 …… 192
保 …… 192
鬼 …… 193
食 …… 193
胎 …… 193
勉 …… 193
急 …… 193
胤 …… 193
疫 …… 193
活 …… 193
神 …… 193
紀 …… 193

十畫

馬 …… 193
素 …… 193
華 …… 193
格 …… 193
校 …… 193
軒 …… 193
時 …… 193
恩 …… 193
秘 …… 193
倚 …… 193
師 …… 193
徐 …… 193
針 …… 193
脈 …… 193
高 …… 194
症 …… 194
痧 …… 194
唐 …… 194
家 …… 194
陳 …… 194
陰 …… 194
陶 …… 194
孫 …… 194

十一畫

理 …… 194
琉 …… 194
黄 …… 194
黄 …… 194

推 …… 194
接 …… 194
救 …… 194
眼 …… 194
問 …… 194
麻 …… 194
產 …… 195
痔 …… 195
尉 …… 195
婦 …… 195

十二畫

博 …… 195
達 …… 195
葉 …… 195
萬 …… 195
植 …… 195
惠 …… 195
腎 …… 195
雲 …… 195
閑 …… 195
景 …… 195
單 …… 195
喉 …… 195
黑 …… 195
筆 …… 195
備 …… 195
傅 …… 196
順 …… 196
集 …… 196
御 …… 196
舒 …… 196
脾 …… 196
診 …… 196
註 …… 196
痘 …… 196
痢 …… 197
痧 …… 197
普 …… 197
遂 …… 197
馮 …… 197
寓 …… 197
補 …… 197
强 …… 197
登 …… 197
發 …… 197
絳 …… 197
幾 …… 197

十三畫

楊 …… 197
嵩 …… 197
鼠 …… 197
傷 …… 197
愛 …… 198
誠 …… 198
痰 …… 198
新 …… 198
意 …… 198
慎 …… 198
慈 …… 198
溫 …… 198
福 …… 198
經 …… 198
彙 …… 198

十四畫

壽 …… 198
摘 …… 198
圖 …… 198
種 …… 198
管 …… 198
銀 …… 198
鳳 …… 199
廣 …… 199
瘧 …… 199
瘍 …… 199
瘟 …… 199
翠 …… 199

十五畫

增 …… 199
歐 …… 199
稽 …… 199
衛 …… 199
劉 …… 199
養 …… 199
遵 …… 199
窮 …… 199
審 …… 199

十六畫

薛 …… 199
頤 …… 199
霍 …… 199
錢 …… 199
辨 …… 199

十七畫

環 …… 199
韓 …… 199
臨 …… 200
嬰 …… 200
濟 …… 200
賽 …… 200

十八畫

藥 …… 200
醫 …… 200
簡 …… 201
雜 …… 201

十九畫

難 …… 202
羅 …… 202
證 …… 202
類 …… 202
瀕 …… 202
繡 …… 202

二十畫

蘭 …… 202
寶 …… 202

二十一畫

攝 …… 202
臟 …… 202
爛 …… 202

二十二畫

驚 …… 202
體 …… 202

二十三畫

驗 …… 202

二十四畫

靈 …… 202

《天津醫學高等專科學校圖書館古籍普查登記目録》
書名筆畫索引

一畫

一囊春不分卷 …… 2－22

二畫

人倫大統賦二卷 …… 2－34
入法指南集 …… 2－33

三畫

三指捷編三卷 …… 2－38
三指捷編三卷 …… 2－38
三指禪三卷 …… 2－10
三家醫案合刻三卷附溫熱贅言一卷 …… 2－34
三家醫案合刻三卷附溫熱贅言一卷 …… 2－34
三家醫案合刻三卷附醫效秘傳三卷 …… 2－34
三家醫案合刻三卷附醫效秘傳三卷溫熱贅言一卷 …… 2－34
士材三書附壽世青編二卷 …… 2－41
士材三書附壽世青編二卷 …… 2－41
士材三書附壽世青編二卷 …… 2－41
大生要旨五卷 …… 2－24
大生要旨五卷 …… 2－24
大生要旨五卷附福幼遂生合編 …… 2－24
大生集成五卷 …… 2－25
大觀本草劄記二卷 …… 2－13
上醫本草四卷 …… 2－13
千金翼方三十卷 …… 2－14
千金翼方三十卷 …… 2－14
千金寶要六卷 …… 2－14
丸散膏丹配製秘本 …… 2－19
丸散膏丹集不分卷 …… 2－19
女科切要八卷 …… 2－23
女科正錄 …… 2－23
女科百問二卷附產寶雜錄 …… 2－23
女科要旨四卷 …… 2－23
女科輯要八卷 …… 2－23

四畫

王氏醫存十七卷附新選驗方 …… 2－35
王氏醫存十七卷附新選驗方 …… 2－35
王氏醫案正編(回春錄)二卷附王氏醫案續編(仁術志)八卷霍亂論二卷 …… 2－34
王海暘痘書三卷 …… 2－29
天花精言六卷 …… 2－28
元匯醫鏡五卷 …… 2－40
不知醫必要四卷 …… 2－16
太平惠民和劑局方十卷 …… 2－14
太平惠民和劑局方十卷 …… 2－14
太醫局諸科程文九卷 …… 2－35
太醫院增補青囊藥性賦直解八卷首一卷末一卷 …… 2－13
尤氏秘傳喉科真本(尤氏秘傳喉科同仁堂秘授喉科十八證) …… 2－32
中西匯通醫經精義二卷 …… 2－4
中藏經八卷附内照法一卷 …… 2－5
中藏經八卷附華佗内照法一卷 …… 2－5
中醫研究法 …… 2－36
中醫醫療脈法 …… 2－10
内科新說二卷 …… 2－22
内科雜記 …… 2－22
内經知要二卷 …… 2－3
内經知要二卷 …… 2－4

仁端錄痘疹玄珠五卷 ………………… 2－27
仁端錄痘疹玄珠五卷 ………………… 2－27
片玉痘疹十三卷 ……………………… 2－27
公餘醫錄六種 ………………………… 2－42
丹方彙編三卷單方摘要一卷幼科兩方一卷濟陰纂要一卷保產良方一卷經驗單方一卷 ……………………… 2－17
丹溪心法五卷丹溪心法附餘 ………… 2－41
丹溪心法五卷丹溪心法附餘 ………… 2－41
丹溪心法五卷丹溪心法附餘 ………… 2－41
丹溪心法附餘二十四卷 ……………… 2－36
丹臺玉案六卷 ………………………… 2－37
丹臺玉案六卷 ………………………… 2－37
六科證治準繩六種 …………………… 2－41
六氣感證要義 ………………………… 2－19
方書金鏡 ……………………………… 2－14
方劑症藥解合編 ……………………… 2－17
引痘略一卷 …………………………… 2－29
引經證醫四卷 ………………………… 2－35

五畫

玉函經三卷……………………………… 2－9
玉機微義五十卷 ……………………… 2－36
玉歷彙錄良方二卷 …………………… 2－18
正體類要二卷 ………………………… 2－31
古今醫案按十卷 ……………………… 2－34
古今醫鑒十六卷 ……………………… 2－36
古今醫鑒十六卷 ……………………… 2－36
古方醫書 ……………………………… 2－16
古瘍科三種 …………………………… 2－31
本草 …………………………………… 2－13
本草三家合註六卷 …………………… 2－11
本草三家合註六卷 …………………… 2－11
本草三家合註六卷附徐靈胎神農本草經百種錄 ……………………… 2－11
本草分經不分卷 ……………………… 2－12
本草求原二十七卷附奇病症治一卷 ……………………………… 2－13
本草串珠 ……………………………… 2－13
本草述三十二卷首一卷 ……………… 2－12
本草述鉤元三十二卷 ………………… 2－12
本草便讀二卷 ………………………… 2－13
本草便讀二卷 ………………………… 2－13
本草便讀二卷 ………………………… 2－13
本草原始十二卷 ……………………… 2－12
本草原始十二卷 ……………………… 2－12
本草從新十八卷附藥性總義 ………… 2－12
本草從新六卷 ………………………… 2－12
本草產地說明一覽 …………………… 2－13
本草備要四卷 ………………………… 2－12
本草備要四卷附經絡歌訣湯頭歌訣 ……………………………… 2－12
本草匯十八卷附補遺一卷 …………… 2－12
本草匯十八卷附補遺一卷 …………… 2－12
本草匯箋十卷 ………………………… 2－12
本草匯箋十卷 ………………………… 2－12
本草詩解 ……………………………… 2－13
本草詩箋十卷 ………………………… 2－13
本草經疏輯要八卷附朱氏痘疹秘要一卷經驗效方一卷 ………………… 2－11
本草綱目五十二卷首一卷附圖二卷 ……………………………… 2－12
本草綱目五十二卷首一卷附圖二卷 ……………………………… 2－12
本草綱目五十二卷首一卷附圖三卷附瀕湖脈學脈訣考證奇經八脈考本草萬方針線本草綱目拾遺 ……… 2－12
本草綱目萬方類編三十二卷 ………… 2－17
本草醫方合編 ………………………… 2－41
本草醫方合編 ………………………… 2－41
本草醫方合編 ………………………… 2－41
本經逢原四卷 ………………………… 2－12
本經疏證十二卷本經續疏六卷本經序疏要八卷 ………………………… 2－11
本經疏證十二卷本經續疏六卷本經序疏要八卷 ………………………… 2－11
本經疏證十二卷本經續疏六卷本經序疏要八卷 ………………………… 2－11
石室秘錄六卷 ………………………… 2－37
石室秘錄六卷 ………………………… 2－37
史載之方二卷 ………………………… 2－14

四科簡效方四卷 …………………… 2－18
四診抉微八卷附管窺附餘一卷………… 2－9
四聖懸樞五卷 …………………… 2－37
仙拈集四卷 …………………… 2－17
仙傳痘疹奇書三卷 …………………… 2－27
白喉治法忌表抉微 …………………… 2－33
白喉治法忌表抉微附經驗救急諸方
…………………… 2－33
白喉辨證附吊腳痧論不分卷 ………… 2－33
外科男婦小兒各種疽癰 ……………… 2－31
外科活人定本四卷 …………………… 2－30
外科真詮二卷 …………………… 2－31
外科啟玄十二卷 …………………… 2－30
外科摘錄二卷 …………………… 2－31
外科精義二卷 …………………… 2－30
外科醫案 …………………… 2－31
外科醫鏡 …………………… 2－31
外科證治全生集六卷 ………………… 2－30
外科證治全生集四卷 ………………… 2－30
外科證治全書五卷末一卷 …………… 2－31
外科證治全書五卷末一卷 …………… 2－31
外經微言 …………………… 2－35
外臺秘要四十卷 …………………… 2－14
玄學論治 …………………… 2－39
永嘉先生傷寒論講義不分卷………… 2－7
幼幼心裁二卷 …………………… 2－26
幼幼集成六卷 …………………… 2－26
幼幼集成六卷 …………………… 2－26
幼幼集成六卷 …………………… 2－26
幼幼新書四十卷目錄一卷 …………… 2－25
幼科 …………………… 2－26
幼科指歸二卷 …………………… 2－26
幼科醫學指南四卷 …………………… 2－26
幼科醫學指南四卷 …………………… 2－26
幼科雜病心法要訣六卷 ……………… 2－26
幼科證治準繩九卷 …………………… 2－26
幼科類萃二十八卷 …………………… 2－25
幼科釋謎六卷 …………………… 2－26
幼科鐵鏡六卷 …………………… 2－26
幼科鐵鏡六卷 …………………… 2－26

六畫

存存齋醫話稿二卷 …………………… 2－35
此事難知(東垣先生此事難知集)二
卷附錄一卷…………………… 2－7
同壽錄四卷末一卷 …………………… 2－17
吊腳痧方論 …………………… 2－21
回生集二卷續二卷 …………………… 2－15
回生集二卷續二卷 …………………… 2－15
先醒齋筆記三卷附一卷 ……………… 2－36
舌圖辨證 …………………… 2－10
舌鏡二卷 …………………… 2－10
舌鑑辨正二卷 …………………… 2－10
舌鑑辨正二卷 …………………… 2－10
延齡廣嗣 …………………… 2－25
全幼心鑒四卷 …………………… 2－25
全幼心鑒四卷 …………………… 2－25
各科驗方 …………………… 2－18
名醫類案十二卷 …………………… 2－33
名醫類案十二卷續三十六卷 ………… 2－34

七畫

弄丸心法全集八卷 …………………… 2－37
杏軒醫案不分卷 …………………… 2－34
抄本藥方 …………………… 2－16
折肱漫錄七卷 …………………… 2－35
串雅內編四卷 …………………… 2－15
吳氏醫學述第五種傷寒分經十卷……… 2－6
吳氏醫學述第五種傷寒分經八卷……… 2－6
吳氏醫學述第四種成方切用十二卷
首一卷末一卷 …………………… 2－15
吳門治驗錄四卷 …………………… 2－34
吳門顧氏醫案 …………………… 2－34
吳醫彙講十一卷 …………………… 2－35
刪註脈訣規正二卷 …………………… 2－10
余註傷寒論翼四卷…………………… 2－8
余註傷寒論翼四卷…………………… 2－8
余註傷寒論翼四卷…………………… 2－8
沈氏尊生書五種 …………………… 2－42

良方集要不分卷 ……………………… 2－18
良方集腋合璧附婦嬰至寶六卷 ……… 2－18
良朋彙集經驗神方五卷附急救仙方
　…………………………………… 2－17
附馬培之評痧症指微 ……………… 2－21
妙一齋醫學正印種子編四卷 ……… 2－25

八畫

析微補化全書二卷 ………………… 2－21
松峰說疫六卷 ……………………… 2－21
松篁崗劉氏保壽堂活人經驗方不分
　卷 ………………………………… 2－15
東垣十書十種 ……………………… 2－40
東垣十書十種 ……………………… 2－41
東垣十書十種 ……………………… 2－41
東醫寶鑑二十三卷 ………………… 2－39
奇方類編二卷 ……………………… 2－15
奇效良方六十九卷 ………………… 2－14
奇疾方不分卷 ……………………… 2－16
抱乙子幼科指掌遺稿四卷 ………… 2－26
抱朴子內篇二十卷外篇五十卷 …… 2－20
抱朴子內篇二十卷外篇五十卷 …… 2－39
尚論篇四卷附後篇四卷首一卷……… 2－5
尚論篇四卷附後篇四卷首一卷……… 2－5
明目方不分卷 ……………………… 2－31
明醫指掌十卷附診家樞要 ………… 2－36
明醫寶鏡 …………………………… 2－39
易簡方論六卷 ……………………… 2－15
易簡單方五卷 ……………………… 2－17
金匱方歌括六卷……………………… 2－9
金匱心典三卷………………………… 2－9
金匱心典三卷………………………… 2－9
金匱玉函經二註二十二卷附補方一
　卷十藥神書一卷…………………… 2－9
金匱玉函經二註二十二卷附補方一
　卷十藥神書一卷…………………… 2－9
金匱玉函經二註二十二卷附補方一
　卷十藥神書一卷…………………… 2－9
金匱要略方論三卷…………………… 2－9
金匱要略方論本義二十二卷………… 2－9
金匱要略直解三卷附廣成先生玉函
　經三卷……………………………… 2－9
金匱要略直解三卷附廣成先生玉函
　經三卷……………………………… 2－9
金匱要略淺註十卷…………………… 2－9
金匱要略論註二十四卷……………… 2－9
金匱鉤玄三卷 ……………………… 2－36
金匱鉤玄三卷 ……………………… 2－36
金匱翼八卷 ………………………… 2－22
金鏡則要 …………………………… 2－17
京城白喉外治三法 ………………… 2－32
治痘對症說要六卷 ………………… 2－29

九畫

珍珠囊指掌補遺藥性賦四卷雷公炮
　製藥性賦解六卷 ………………… 2－13
珍珠囊指掌補遺藥性賦四卷雷公炮
　製藥性賦解六卷 ………………… 2－13
珍珠囊指掌補遺藥性賦四卷雷公炮
　製藥性賦解六卷 ………………… 2－13
胡慶餘堂藥目 ……………………… 2－19
厚德堂集驗方萃編四卷 …………… 2－18
思遠堂醫粹 ………………………… 2－34
咽喉治法 …………………………… 2－32
咽喉經驗秘傳不分卷 ……………… 2－32
重刻傷寒六書纂要辨疑四卷………… 2－7
重修政和經史證類備用本草三十卷
　…………………………………… 2－12
重訂外科正宗十二卷 ……………… 2－30
重訂外科正宗十二卷 ……………… 2－30
重訂外科正宗十二卷 ……………… 2－30
重廣補註黃帝內經素問二十四卷…… 2－3
重廣補註黃帝內經素問二十四卷…… 2－3
重廣補註黃帝內經素問二十四卷…… 2－3
重樓玉鑰二卷 ……………………… 2－32
保產萬全經不分卷 ………………… 2－25
保產機要 …………………………… 2－24
保嬰易知錄二卷 …………………… 2－26
保嬰易知錄二卷 …………………… 2－26
保嬰秘書□□卷 …………………… 2－26

鬼真君脈訣 …………………………… 2－10
食物本草會纂十二卷附日用家抄一
　卷脈訣秘傳一卷 ……………………… 2－13
胎產心法三卷 ………………………… 2－24
胎產秘書三卷 ………………………… 2－24
胎產秘書三卷 ………………………… 2－24
胎產秘書三卷 ………………………… 2－24
胎產秘書三卷 ………………………… 2－25
胎產秘書三卷附胎產續要 …………… 2－24
胎產症治錄不分卷 …………………… 2－25
胎產集要三卷附幼科摘要幼科撮要
　…………………………………………… 2－24
胎產集要三卷附幼科摘要幼科撮要
　…………………………………………… 2－24
胎產護生篇不分卷 …………………… 2－25
勉學堂針灸集成四卷 ………………… 2－11
急救危症簡便驗方二卷 ……………… 2－17
急救良方二卷 ………………………… 2－14
急救便方附增訂達生編不分卷 ……… 2－18
急救須知三卷 ………………………… 2－17
急救應驗良方不分卷 ………………… 2－18
急救應驗良方不分卷 ………………… 2－18
胤產全書四卷 ………………………… 2－24
疫疹一得二卷 ………………………… 2－21
疫疹一得二卷 ………………………… 2－21
疫喉淺論二卷補遺一卷 ……………… 2－32
疫喉淺論二卷補遺一卷 ……………… 2－32
疫喉淺論二卷補遺一卷 ……………… 2－33
疫痧草 ………………………………… 2－33
活人一術初編不分卷 ………………… 2－16
活人方彙編五卷 ……………………… 2－22
活法機要不分卷 ……………………… 2－36
神農本草經疏三十卷 ………………… 2－11
紀恩錄不分卷 ………………………… 2－40

十畫

馬培之外科醫案 ……………………… 2－31
馬培之外科醫案 ……………………… 2－31
素問玄機原病式二卷………………… 2－4
素問病機氣宜保命集三卷…………… 2－4
素問靈樞類纂約註三卷……………… 2－4
素問靈樞類纂約註三卷……………… 2－4
素問靈樞類纂約註三卷……………… 2－4
素問靈樞類纂約註三卷……………… 2－4
素問靈樞類纂約註三卷……………… 2－4
素問靈樞類纂約註三卷……………… 2－4
素靈微蘊四卷………………………… 2－3
華醫病理學四卷……………………… 2－5
華醫病理學四卷……………………… 2－5
格致餘論不分卷 ……………………… 2－35
校刻傷寒圖歌活人指掌五卷………… 2－8
軒轅逸典十四卷 ……………………… 2－29
時疫白喉捷要 ………………………… 2－32
時疫白喉捷要附各種經驗良方不分
　卷 ……………………………………… 2－32
時病論八卷 …………………………… 2－19
恩善堂醫方 …………………………… 2－16
秘方彙集不分卷 ……………………… 2－18
秘傳眼科龍木論十卷首一卷 ………… 2－31
秘傳經驗痘疹方四卷 ………………… 2－27
秘傳經驗痘疹方四卷 ………………… 2－27
倚雲軒醫案醫話醫論七卷 …………… 2－34
師古齋彙聚簡便單方□□卷 ………… 2－17
徐氏經驗方不分卷 …………………… 2－16
徐氏醫書八種 ………………………… 2－42
徐氏醫書八種 ………………………… 2－42
徐氏醫書六種 ………………………… 2－42
徐評外科正宗十二卷附錄一卷 ……… 2－30
徐評外科正宗十二卷附錄一卷 ……… 2－30
針灸大成十卷 ………………………… 2－10
針灸大成十卷 ………………………… 2－10
針灸大成十卷 ………………………… 2－10
針灸大成十卷 ………………………… 2－10
針灸大成十卷 ………………………… 2－11
針灸甲乙經十二卷 …………………… 2－10
針灸甲乙經十二卷 …………………… 2－10
針灸穴法 ……………………………… 2－11
針灸擇日編集一卷備急灸法一卷 …… 2－10
針灸擇日編集一卷備急灸法一卷 …… 2－10
脈因證治二卷 ………………………… 2－22
脈法 …………………………………… 2－10

脈法大略 …………………………… 2－10
脈草經絡五種會編 ………………… 2－41
脈要歌訣 …………………………… 2－10
脈訣指掌病式圖說不分卷……………… 2－9
脈訣指掌病式圖說不分卷……………… 2－9
脈訣匯辨十卷 ……………………… 2－10
脈訣彙編說統一卷附錄二卷 ………… 2－10
脈經十卷………………………………… 2－9
脈學藥方 …………………………… 2－19
高麗參之研究 ……………………… 2－14
症方發明八卷 ……………………… 2－37
痧科不分卷 ………………………… 2－27
痧科纂要不分卷 …………………… 2－27
唐王燾先生外臺秘要方四十卷 ……… 2－14
家傳太素脈秘訣二卷…………………… 2－9
家藏經驗良方不分卷 ……………… 2－18
陳氏小兒病源方論四卷 …………… 2－25
陳良夫醫案 ………………………… 2－34
陰證略例一卷…………………………… 2－7
陶禹卿治驗 ………………………… 2－34
陶節庵傷寒全生集四卷………………… 2－7
陶節庵傷寒全生集四卷………………… 2－7
孫文垣醫案五卷 …………………… 2－33
孫真人海上方 ……………………… 2－14

十一畫

理虛元鑒二卷 ……………………… 2－22
理瀹駢文二十一膏良方 …………… 2－11
理瀹駢文不分卷附膏藥方 ………… 2－11
理瀹駢文不分卷附膏藥方 ………… 2－11
理瀹駢文附治心病方續刊 ………… 2－11
理瀹駢文摘要不分卷 ……………… 2－11
理瀹駢文摘要附二十七種滲藥 ……… 2－11
琉球百問不分卷 …………………… 2－35
黃氏遺書三種…………………………… 2－5
黃氏醫書八種 ……………………… 2－42
黃氏醫書八種 ……………………… 2－42
黃帝内經太素三十卷明堂一卷附錄
一卷…………………………………… 2－3
黃帝内經素問二十四卷………………… 2－4
黃帝内經素問二十四卷………………… 2－4
黃帝内經素問集註九卷………………… 2－3
黃帝内經素問集註九卷靈樞集註九
卷……………………………………… 2－3
黃帝内經素問集註九卷靈樞集註九
卷……………………………………… 2－3
黃帝内經素問集註九卷靈樞集註九
卷……………………………………… 2－3
黃帝内經素問集註九卷靈樞集註九
卷……………………………………… 2－3
黃帝内經素問註證發微九卷靈樞註
證發微九卷附素問補遺……………… 2－3
黃帝内經素問註證發微九卷靈樞註
證發微九卷附素問補遺……………… 2－3
黃帝内經素問註證發微九卷靈樞註
證發微九卷附素問補遺……………… 2－3
黃帝内經素問註證發微九卷靈樞註
證發微九卷附素問補遺……………… 2－3
黃帝内經靈樞十二卷附素問遺篇……… 2－3
黃帝内經靈樞十二卷附素問遺篇……… 2－3
黃帝素問直解九卷……………………… 2－4
黃帝素問宣明論方十五卷……………… 2－4
黃帝素問靈樞經十二卷………………… 2－4
黃帝逸典痘疹精義不分卷 ………… 2－28
黃九峰醫案 ………………………… 2－34
推拿廣意三卷 ……………………… 2－11
接骨全書 …………………………… 2－31
接骨全書 …………………………… 2－31
救急備用經驗匯方十卷 …………… 2－17
救偏瑣言十卷附備用良方 ………… 2－27
救偏瑣言十卷附備用良方 ………… 2－27
救偏瑣言十卷附備用良方 ………… 2－27
救偏瑣言十卷附備用良方 ………… 2－27
眼科約篇 …………………………… 2－32
眼科秘本 …………………………… 2－32
眼科秘旨不分卷 …………………… 2－32
眼科闡微四卷 ……………………… 2－32
眼科闡微四卷 ……………………… 2－32
眼科闡微四卷 ……………………… 2－32
問心堂溫病條辨六卷首一卷 ……… 2－19
麻症通考麻證活人全書合訂 ……… 2－29

麻疹真傳五卷 …………………… 2－28
麻痘新編二卷 …………………… 2－29
產科心法二卷 …………………… 2－24
產科心法二集 …………………… 2－24
產後三十六論 …………………… 2－25
產後方 …………………… 2－25
產後編二卷 …………………… 2－24
產寶百問 …………………… 2－25
產寶秘書 …………………… 2－25
產寶家傳二卷 …………………… 2－24
產寶雜錄不分卷 …………………… 2－24
產寶雜錄不分卷 …………………… 2－24
產鑒三卷 …………………… 2－24
產鑒三卷 …………………… 2－24
痔漏治療經驗記 …………………… 2－31
尉氏家傳眼科 …………………… 2－32
婦人大全良方二十四卷 …………………… 2－22
婦人大全良方二十四卷 …………………… 2－23
婦人枕秘 …………………… 2－23
婦人調經論 …………………… 2－23
婦人驗方 …………………… 2－24
婦科一百十七症發明 …………………… 2－23
婦科一百十三證 …………………… 2－23
婦科指歸四卷 …………………… 2－23
婦科秘方不分卷 …………………… 2－23
婦科秘方不分卷 …………………… 2－23
婦科諸症 …………………… 2－23
婦科諸症 …………………… 2－23
婦科驗方 …………………… 2－23
婦產科症方 …………………… 2－23
婦嬰至寶八卷 …………………… 2－42
婦嬰至寶八卷 …………………… 2－42

十二畫

博物知本三種 …………………… 2－5
博集稀痘方論二卷 …………………… 2－27
達生胎產心法驗方合編三卷 …………………… 2－25
達生編不分卷 …………………… 2－24
達生編韻言不分卷 …………………… 2－25
葉天士經驗良方不分卷 …………………… 2－18
葉氏醫案存真三卷附馬氏醫案 …………………… 2－34
葉案括要八卷 …………………… 2－34
葉種德堂丸散膏丹全錄不分卷 …………………… 2－19
萬氏女科三卷 …………………… 2－23
萬氏女科三卷 …………………… 2－23
萬氏女科三卷 …………………… 2－23
萬氏女科附良方 …………………… 2－23
萬密齋醫學全書十種 …………………… 2－41
萬壽丹書 …………………… 2－33
萬壽仙書四卷 …………………… 2－33
萬壽仙書四卷 …………………… 2－33
萬寶家傳秘方不分卷 …………………… 2－19
植物名實圖考三十八卷長編二十二卷 …………………… 2－14
惠直堂經驗方四卷 …………………… 2－17
腎囊醫訣□□卷 …………………… 2－22
雲林神彀四卷 …………………… 2－36
雲林神彀四卷 …………………… 2－36
閑集附產後要錄 …………………… 2－25
景岳全書六十四卷 …………………… 2－39
景岳全書六十四卷 …………………… 2－39
景岳全書發揮四卷 …………………… 2－40
景岳全書發揮四卷 …………………… 2－40
景岳新方砭四卷 …………………… 2－16
景岳新方詩括註解四卷首一卷 …………………… 2－16
景岳新方歌不分卷 …………………… 2－16
單腹脹驗方 …………………… 2－22
喉科 …………………… 2－32
喉科指掌六卷 …………………… 2－32
喉科指掌六卷 …………………… 2－32
喉科秘要 …………………… 2－32
喉科秘鑰二卷 …………………… 2－32
喉風三十六症 …………………… 2－32
喉症全科紫珍集二卷 …………………… 2－32
喉症全科紫珍集二卷 …………………… 2－32
喉症全科紫珍集二卷 …………………… 2－32
黑神丸不分卷 …………………… 2－17
筆花醫鏡四卷 …………………… 2－38
筆花醫鏡四卷 …………………… 2－38
備急千金要方三十卷千金翼方三十卷 …………………… 2－14

備急千金要方三十卷千金翼方三十卷 …… 2－14
傅青主女科二卷附產後編二卷 …… 2－23
傅青主男科三卷 …… 2－37
順天易生篇二卷 …… 2－25
集古良方十二卷 …… 2－16
集驗良方不分卷 …… 2－17
集驗良方拔萃二卷續補一卷 …… 2－18
集驗良方拔萃二卷續補一卷 …… 2－18
集驗良方拔萃二卷續補一卷 …… 2－18
集驗良方拔萃二卷續補一卷 …… 2－18
集驗簡易良方四卷附草藥圖經一卷外科良方一卷 …… 2－18
御纂醫宗金鑑 …… 2－42
御纂醫宗金鑑九十卷 …… 2－42
御纂醫宗金鑑九十卷 …… 2－42
御纂醫宗金鑑九十卷 …… 2－42
御纂醫宗金鑑九十卷 …… 2－42
御纂醫宗金鑑九十卷 …… 2－42
御纂醫宗金鑑九十卷 …… 2－42
御纂醫宗金鑑九十卷 …… 2－42
御纂醫宗金鑑九十卷 …… 2－42
御纂醫宗金鑑九十卷 …… 2－42
舒氏傷寒集註十卷附錄五卷 …… 2－6
脾胃論三卷 …… 2－22
診脈法 …… 2－10
註解傷寒論十卷 …… 2－5
註解傷寒論十卷附傷寒明理論四卷 …… 2－5
註解傷寒論十卷附傷寒明理論四卷 …… 2－5
註解傷寒論十卷附傷寒明理論四卷 …… 2－5
註解傷寒論十卷附傷寒明理論四卷 …… 2－5
註禮堂醫學舉要四卷 …… 2－39
痘科正傳六卷 …… 2－28
痘科本草 …… 2－30
痘科扼要 …… 2－29
痘科扼要 …… 2－29
痘科秘要 …… 2－29
痘科集錄心法附痘症治經驗不分卷 …… 2－30
痘科緊要成方 …… 2－29
痘科輯要 …… 2－29
痘科鍵二卷 …… 2－27
痘科辨證二卷 …… 2－28
痘科辨證二卷 …… 2－28
痘科類編釋意三卷 …… 2－27
痘科纂要 …… 2－27
痘症分類博抄 …… 2－30
痘症秘書二卷 …… 2－29
痘症精言四卷 …… 2－28
痘症精言四卷 …… 2－28
痘症精言四卷 …… 2－28
痘症寶筏六卷 …… 2－28
痘疹大成四卷 …… 2－29
痘疹方論不分卷 …… 2－26
痘疹方論不分卷 …… 2－26
痘疹正宗二卷 …… 2－28
痘疹正宗二卷 …… 2－28
痘疹正宗二卷 …… 2－28
痘疹正宗二卷 …… 2－28
痘疹百問秘本不分卷 …… 2－28
痘疹全書十六卷 …… 2－27
痘疹全書十六卷 …… 2－27
痘疹定論四卷 …… 2－28
痘疹定論四卷 …… 2－28
痘疹活幼心法 …… 2－27
痘疹活幼心法 …… 2－27
痘疹真傳八卷 …… 2－29
痘疹專門二卷 …… 2－29
痘疹喉眼 …… 2－30
痘疹集成四卷附麻疹集成二卷 …… 2－29
痘疹傳心錄十六卷 …… 2－27
痘疹會通五卷 …… 2－29
痘疹會通五卷 …… 2－29
痘疹經驗良方四卷 …… 2－29
痘疹摘要 …… 2－29
痘疹摘錄不分卷 …… 2－29
痘疹窮源不分卷 …… 2－29
痘疹輯要三卷 …… 2－29

痘疹醫方二卷 …………………………… 2－29
痘疹寶鑒二卷 …………………………… 2－26
痘書大全金鏡錄三卷 …………………… 2－28
痘學真傳八卷附疹論痧賦 ……………… 2－28
痘學真傳八卷附疹論痧賦 ……………… 2－28
痢症匯參十卷補遺一卷 ………………… 2－21
痧症指微不分卷 ………………………… 2－21
痧症指微不分卷 ………………………… 2－21
痧疹 ……………………………………… 2－22
痧喉正義不分卷 ………………………… 2－33
痧喉藥方 ………………………………… 2－33
痧脹玉衡書三卷末一卷 ………………… 2－21
痧痘集解六卷 …………………………… 2－28
痧痘集解六卷 …………………………… 2－28
普濟本事方補遺 ………………………… 2－14
普濟應驗良方不分卷 …………………… 2－17
遂生福幼合編 …………………………… 2－30
馮氏錦囊秘錄八種五十卷 ……………… 2－41
馮氏錦囊秘錄八種五十卷 ……………… 2－41
寓意草 …………………………………… 2－33
補益藥酒 ………………………………… 2－14
補註瘟疫論四卷 ………………………… 2－20
補註瘟疫論四卷 ………………………… 2－20
强種秘竅 ………………………………… 2－39
登壇必究醫藥不分卷 …………………… 2－35
發背形證品不分卷 ……………………… 2－31
絳雪園古方選註 ………………………… 2－15
絳囊撮要五卷 …………………………… 2－17
絳囊撮要五卷 …………………………… 2－17
幾希錄良方合璧不分卷 ………………… 2－16

十三畫

楊西山失血大法不分卷 ………………… 2－22
嵩厓尊生書十五卷 ……………………… 2－40
鼠疫彙編 ………………………………… 2－22
傷寒六書六卷…………………………… 2－7
傷寒六書六卷…………………………… 2－7
傷寒六書六卷…………………………… 2－7
傷寒六經辨證治法八卷………………… 2－6
傷寒六經辨證治法八卷………………… 2－6
傷寒正解四卷…………………………… 2－6
傷寒玄珠………………………………… 2－8
傷寒百證歌五卷………………………… 2－8
傷寒舌鑑不分卷 ……………………… 2－10
傷寒舌鑑不分卷 ……………………… 2－10
傷寒全生集四卷………………………… 2－7
傷寒附翼二卷…………………………… 2－7
傷寒附翼二卷…………………………… 2－7
傷寒直格三卷…………………………… 2－7
傷寒明理論三卷方論一卷……………… 2－7
傷寒明理論三卷方論一卷……………… 2－7
傷寒卒病論疏證………………………… 2－8
傷寒卒病論讀不分卷…………………… 2－6
傷寒卒病論讀不分卷…………………… 2－6
傷寒卒病論讀不分卷…………………… 2－6
傷寒指掌四卷…………………………… 2－8
傷寒恒論十卷…………………………… 2－6
傷寒活人書纂註一卷…………………… 2－8
傷寒神秘精萃錄………………………… 2－7
傷寒神秘精萃錄………………………… 2－8
傷寒第一書四卷附餘二卷……………… 2－8
傷寒貫珠集八卷………………………… 2－6
傷寒集驗六卷…………………………… 2－7
傷寒補亡論二十卷……………………… 2－7
傷寒補亡論二十卷……………………… 2－7
傷寒補天石二卷………………………… 2－7
傷寒補天石二卷………………………… 2－7
傷寒尋源三卷…………………………… 2－8
傷寒尋源三卷…………………………… 2－8
傷寒說意十卷首一卷…………………… 2－8
傷寒瘟疫條辨六卷 …………………… 2－20
傷寒瘟疫條辨六卷附溫病壞症 ……… 2－20
傷寒瘟疫條辨六卷附溫病壞症 ……… 2－20
傷寒論三註十六卷……………………… 2－6
傷寒論不分卷…………………………… 2－5
傷寒論本義十八卷首一卷末一卷……… 2－6
傷寒論直解六卷附傷寒附餘一卷……… 2－6
傷寒論直解六卷附傷寒附餘一卷……… 2－6
傷寒論後條辨十五卷…………………… 2－6
傷寒論條辨八卷附本草抄一卷或問一卷痙書一卷……………… 2－5

傷寒論章句四卷傷寒方解二卷………… 2-6
傷寒論淺註六卷………………………… 2-6
傷寒論淺註六卷………………………… 2-6
傷寒論淺註補正七卷附長沙方歌括
靈素集註節要…………………………… 2-6
傷寒論註來蘇集八卷…………………… 2-5
傷寒論註來蘇集八卷…………………… 2-6
傷寒論註來蘇集八卷…………………… 2-6
傷寒審症表……………………………… 2-8
傷寒辨論………………………………… 2-8
傷寒辨證四卷…………………………… 2-7
傷寒醫訣串解六卷……………………… 2-8
傷寒醫訣串解六卷附十藥神書註解
………………………………………… 2-8
傷寒雜病論十六卷……………………… 2-9
傷寒證治準繩八卷……………………… 2-7
傷寒證治準繩八卷……………………… 2-7
愛廬醫案不分卷 ……………………… 2-34
誠書十六卷附誠書痘疹三卷 ………… 2-26
痰火點雪四卷 ………………………… 2-22
新刊醫林狀元壽世保元十卷 ………… 2-37
新刻東垣李先生精註藥性賦要論不
分卷 …………………………………… 2-13
新修本草二十卷 ……………………… 2-11
新修本草二十卷 ……………………… 2-11
新增醫方湯頭歌訣不分卷 …………… 2-15
新增醫方湯頭歌訣不分卷 …………… 2-15
新編醫方湯頭歌訣附舌苔歌訣不分
卷 ……………………………………… 2-15
意解山房溫疫析疑四卷 ……………… 2-21
慎疾芻言不分卷 ……………………… 2-35
慈幼新書三種 ………………………… 2-42
慈幼新書三種 ………………………… 2-42
溫疫析疑四卷 ………………………… 2-21
溫症瘢疹辨證不分卷 ………………… 2-21
溫症瘢疹辨證不分卷 ………………… 2-21
溫病方歌不分卷 ……………………… 2-19
溫病方論四卷 ………………………… 2-19
溫病指南二卷 ………………………… 2-19
溫病條辨六卷首一卷 ………………… 2-19
溫病條辨六卷首一卷 ………………… 2-19
溫病講義 ……………………………… 2-19
溫熱經緯五卷 ………………………… 2-19
溫熱經緯五卷 ………………………… 2-19
溫熱經緯五卷 ………………………… 2-19
溫熱贅言不分卷 ……………………… 2-19
福幼編不分卷 ………………………… 2-30
福幼編不分卷 ………………………… 2-30
經史證類大觀本草三十一卷後附大
觀本草劄記 …………………………… 2-11
經脈圖考四卷 ………………………… 2-11
經絡彙編不分卷 ……………………… 2-11
經驗小兒月內出痘神方不分卷 ……… 2-29
經驗良方不分卷 ……………………… 2-16
經驗良方不分卷 ……………………… 2-16
經驗良方讀錄不分卷 ………………… 2-19
經驗簡便良方不分卷 ………………… 2-18
彙集經驗良方五卷附補遺一卷 ……… 2-17

十四畫

壽世青編二卷 ………………………… 2-33
壽世保元十卷 ………………………… 2-37
壽世傳真八卷 ………………………… 2-33
壽親養老新書四卷 …………………… 2-33
摘星樓治痘全書十八卷 ……………… 2-27
摘星樓治痘全書十八卷 ……………… 2-27
圖註難經脈訣 ………………………… 2-40
圖註難經脈訣 ………………………… 2-40
圖註難經脈訣 ………………………… 2-40
圖註難經脈訣 ………………………… 2-40
圖註難經脈訣 ………………………… 2-40
圖註難經脈訣 ………………………… 2-40
圖註難經脈訣 ………………………… 2-40
圖註難經脈訣 ………………………… 2-41
種子章門 ……………………………… 2-25
種痘新書十二卷 ……………………… 2-28
種痘新書十二卷 ……………………… 2-28
種痘新書十二卷 ……………………… 2-28
種福堂公選良方三卷附溫熱論 ……… 2-17
管氏兒女至寶 ………………………… 2-26
銀海精微二卷 ………………………… 2-31

銀海精微二卷 …………………………… 2－31
鳳雛集 ………………………………… 2－25
廣生集要不分卷 ……………………… 2－25
廣嗣紀要十六卷 ……………………… 2－25
廣瘟疫論 ……………………………… 2－20
瘧疾神效良方不分卷 ………………… 2－21
瘍科心得集三卷附方彙三卷景岳新
　方歌一卷 …………………………… 2－30
瘍科心得集三卷附方彙三卷景岳新
　方歌一卷 …………………………… 2－30
瘍科心得集三卷附方彙三卷景岳新
　方歌一卷 …………………………… 2－30
瘍科選粹八卷 ………………………… 2－30
瘍醫大全四十卷附寒門秘法 ………… 2－30
瘟疫明辨四卷 ………………………… 2－20
瘟疫明辨四卷 ………………………… 2－20
瘟疫明辨四卷末一卷 ………………… 2－20
瘟疫明辨四卷末一卷 ………………… 2－20
瘟疫要編不分卷 ……………………… 2－21
瘟疫條辨摘要一卷 …………………… 2－20
瘟疫條辨摘要一卷 …………………… 2－20
瘟疫病 ………………………………… 2－21
瘟疫傳症彙編 ………………………… 2－20
瘟疫傳症彙編 ………………………… 2－20
瘟疫彙編十六卷 ……………………… 2－21
瘟疫論二卷 …………………………… 2－19
瘟疫論二卷 …………………………… 2－19
瘟疫論補註二卷 ……………………… 2－19
瘟疫論補註二卷 ……………………… 2－20
瘟疫論補註二卷 ……………………… 2－20
瘟疫論類編五卷 ……………………… 2－20
瘟疫論類編五卷 ……………………… 2－21
瘟疫辨論不分卷 ……………………… 2－20
瘟病條辨醫方撮要二卷附遂生福幼
　合編 ………………………………… 2－20
瘟病條辨醫方撮要二卷附遂生福幼
　合編 ………………………………… 2－20
翠竹山房診暇錄稿二卷 ……………… 2－36

十五畫

增定本草 ……………………………… 2－13
增訂本草備要四卷附經絡歌訣湯頭
　歌訣 ………………………………… 2－12
增訂治疔匯要三卷附近診醫案 ……… 2－31
增補食物本草備考二卷 ……………… 2－14
增補痘疹玉髓金鏡錄四卷 …………… 2－27
增補醫貫奇方不分卷 ………………… 2－15
增廣大生要旨五卷 …………………… 2－24
增輯傷寒論類方四卷 ………………… 2－8
增輯傷寒論類方四卷 ………………… 2－8
歐蠱燃犀錄 …………………………… 2－22
稽古尊聞八卷 ………………………… 2－36
衛生要術不分卷 ……………………… 2－33
衛生家寶產科備要八卷 ……………… 2－24
衛生寶鑑二十四卷附補遺 …………… 2－36
衛濟餘編十八卷 ……………………… 2－38
劉河間傷寒三書 ……………………… 2－40
劉河間醫學六書 ……………………… 2－40
養生經驗合集 ………………………… 2－17
遵生八箋十九卷 ……………………… 2－33
窮鄉便方不分卷 ……………………… 2－15
審視瑤函六卷首一卷 ………………… 2－31
審視瑤函六卷首一卷 ………………… 2－31
審視瑤函六卷首一卷 ………………… 2－31
審視瑤函六卷首一卷 ………………… 2－31

十六畫

薛氏醫按二十四種 …………………… 2－41
薛氏醫按二十四種 …………………… 2－41
頤生秘旨八卷 ………………………… 2－37
頤生微論四卷 ………………………… 2－39
霍亂麻疹辨證 ………………………… 2－22
霍亂論二卷 …………………………… 2－21
錢氏本草 ……………………………… 2－13
辨證錄十四卷 ………………………… 2－37

十七畫

環松樓醫話 …………………………… 2－36
韓淩霄瘟痧要編四卷 ………………… 2－21

臨證指南醫案十卷附種福堂公選良方兼刻古吳名醫精選論四卷 ……… 2－33
臨證指南醫案十卷附種福堂公選溫熱論醫案一卷種福堂公選良方三卷 ……… 2－33
臨證指南醫案十卷附種福堂公選溫熱論醫案一卷種福堂公選良方三卷 ……… 2－33
臨證指南醫案十卷附種福堂公選溫熱論醫案一卷種福堂公選良方三卷 ……… 2－34
嬰童百問十卷 ……… 2－25
嬰童百問十卷附產寶百問 ……… 2－25
濟人自濟經驗諸方□□卷 ……… 2－17
濟世良方不分卷 ……… 2－16
濟世錄不分卷 ……… 2－15
濟生堂秘方不分卷 ……… 2－18
濟陰綱目十四卷附保生碎事十四卷 ……… 2－23
濟陰綱目十四卷附保生碎事十四卷 ……… 2－23
濟陰綱目十四卷附保生碎事十四卷 ……… 2－23
濟眾錄不分卷 ……… 2－21
濟陽綱目一百零八卷 ……… 2－37
賽金丹二卷 ……… 2－16

十八畫

藥方雜記 ……… 2－18
藥言隨筆六卷 ……… 2－39
藥性方 ……… 2－16
藥性通考六卷附集錄神效單方二卷 ……… 2－12
藥性摘錄附常用藥物食物一卷 ……… 2－13
藥性默識 ……… 2－13
藥性藥方 ……… 2－13
藥性醫方全編 ……… 2－13
藥要便蒙新編二卷 ……… 2－13
藥簿 ……… 2－16
醫中一得不分卷 ……… 2－21
醫方一盤珠十卷 ……… 2－37
醫方小品 ……… 2－15
醫方兩全壽緣篇不分卷 ……… 2－16
醫方易簡新編六卷 ……… 2－18
醫方集要 ……… 2－16
醫方集解三卷 ……… 2－15
醫方集解不分卷 ……… 2－15
醫方集解不分卷 ……… 2－15
醫方論四卷 ……… 2－16
醫方論四卷 ……… 2－16
醫方論四卷 ……… 2－16
醫方選要 ……… 2－14
醫方選要十卷 ……… 2－14
醫方擇要二卷續集二卷 ……… 2－16
醫方辨難大成九十八卷附婦科十六卷眼科六卷幼科四十七卷外科三十一卷首一卷 ……… 2－40
醫方叢話八卷附一卷 ……… 2－16
醫方簡明六卷 ……… 2－38
醫史十卷 ……… 2－40
醫林改錯二卷 ……… 2－5
醫林改錯二卷 ……… 2－5
醫林枕秘保赤存真十卷附脈理存真 ……… 2－26
醫林類證集要十卷 ……… 2－22
醫林類證集要十卷 ……… 2－22
醫林纂要探源十卷 ……… 2－15
醫林纂要探源十卷 ……… 2－15
醫門八法四卷 ……… 2－38
醫門揭要 ……… 2－39
醫法心傳不分卷 ……… 2－35
醫法心傳不分卷 ……… 2－35
醫法心傳不分卷 ……… 2－35
醫法圓通四卷 ……… 2－35
醫法圓通四卷 ……… 2－35
醫宗己任編八卷 ……… 2－41
醫宗己任編八卷 ……… 2－41
醫宗必讀十卷 ……… 2－39
醫宗必讀十卷 ……… 2－39
醫宗必讀五卷首一卷 ……… 2－39
醫宗備要三卷 ……… 2－38

醫宗備要三卷 …………………………… 2－38
醫宗備要三卷 …………………………… 2－38
醫宗摘要四卷 …………………………… 2－37
醫宗說約六卷 …………………………… 2－37
醫故二卷 ………………………………… 2－40
醫故二卷 ………………………………… 2－40
醫便二卷 ………………………………… 2－15
醫級十卷首一卷末一卷 ………………… 2－38
醫效秘傳三卷……………………………… 2－8
醫效秘傳三卷……………………………… 2－8
醫效秘傳三卷……………………………… 2－8
醫悟十二卷 ……………………………… 2－39
醫海搜奇不分卷 ………………………… 2－37
醫家四要四卷 …………………………… 2－38
醫家四要四卷 …………………………… 2－38
醫家四要四卷 …………………………… 2－38
醫家金丹十卷 …………………………… 2－18
醫家秘竇 ………………………………… 2－39
醫案 ……………………………………… 2－34
醫案草 …………………………………… 2－34
醫書匯參輯成二十四卷 ………………… 2－40
醫書纂要二卷 …………………………… 2－36
醫理元樞不分卷 ………………………… 2－42
醫理真傳四卷 …………………………… 2－35
醫理略述二卷 …………………………… 2－35
醫萃………………………………………… 2－9
醫略四卷 ………………………………… 2－38
醫略存真二卷 …………………………… 2－31
醫貫六卷…………………………………… 2－5
醫貫砭二卷 ……………………………… 2－35
醫貫砭二卷 ……………………………… 2－35
醫意内景圖說二卷………………………… 2－5
醫經大旨八卷……………………………… 2－4
醫經正本書一卷附劄記一卷 …………… 2－34
醫經原旨六卷……………………………… 2－4
醫經原旨六卷……………………………… 2－4
醫經原旨六卷……………………………… 2－4
醫經原旨六卷……………………………… 2－4
醫經溯洄集不分卷 ……………………… 2－35
醫經讀四卷………………………………… 2－4
醫說十卷 ………………………………… 2－40
醫粹精言四卷附醫意二卷 ……………… 2－36
醫綱提要八卷 …………………………… 2－38
醫醇賸義四卷 …………………………… 2－22
醫學入門 ………………………………… 2－39
醫學入門七卷首一卷 …………………… 2－39
醫學三字經四卷附雜方 ………………… 2－38
醫學五則五卷 …………………………… 2－42
醫學心悟五卷附華佗外科十法 ………… 2－37
醫學心悟五卷附華佗外科十法 ………… 2－37
醫學金鍼八卷 …………………………… 2－38
醫學金鍼八卷 …………………………… 2－38
醫學要則四卷 …………………………… 2－37
醫學指南十卷 …………………………… 2－38
醫學從眾錄八卷 ………………………… 2－38
醫學從眾錄八卷 ………………………… 2－38
醫學啓蒙彙編六卷 ……………………… 2－37
醫學啓蒙彙編六卷 ……………………… 2－37
醫學答問四卷 …………………………… 2－36
醫學集成四卷 …………………………… 2－40
醫學集成四卷 …………………………… 2－40
醫學集要九卷 …………………………… 2－39
醫學發明不分卷 ………………………… 2－22
醫學發明不分卷 ………………………… 2－22
醫學源流論二卷 ………………………… 2－35
醫學經眼錄 ……………………………… 2－39
醫學精要八卷 …………………………… 2－26
醫學實在易八卷 ………………………… 2－38
醫學篇二卷 ……………………………… 2－39
醫學編八卷 ……………………………… 2－39
醫學編八卷 ……………………………… 2－39
醫學編八卷 ……………………………… 2－39
醫學輯要四卷……………………………… 2－9
醫學辨正四卷……………………………… 2－5
醫衡四卷 ………………………………… 2－35
醫藥便讀湯頭歌訣二卷珍珠囊指掌
　附刊一卷 ……………………………… 2－16
醫醫醫 …………………………………… 2－36
醫壘元戎十二卷 ………………………… 2－36
簡易醫訣四卷 …………………………… 2－39
雜方彙集 ………………………………… 2－18
雜治醫案 ………………………………… 2－34

雜病不分卷 ……………………………… 2－22

十九畫

難經本義二卷……………………………… 2－4
羅氏會約醫鏡二十卷 ………………… 2－40
證治要訣十二卷附證治要訣類方四
　卷 ……………………………………… 2－36
證治要訣十二卷附證治要訣類方四
　卷 ……………………………………… 2－36
證治集解四卷……………………………… 2－8
證治彙補八卷 ………………………… 2－22
類經三十二卷附類經圖翼十一卷附
　翼四卷………………………………… 2－3
類經三十二卷附類經圖翼十一卷附
　翼四卷………………………………… 2－3
類經三十二卷附類經圖翼十一卷附
　翼四卷………………………………… 2－3
類證普濟本事方十卷 ………………… 2－15
瀕湖脈學附奇經八脈考脈訣考證……… 2－9
繡像翻症不分卷 ……………………… 2－21
繡像翻症不分卷 ……………………… 2－21

二十畫

蘭臺軌範八卷 ………………………… 2－37
蘭臺軌範八卷附集解湯頭方味抄本
　………………………………………… 2－37
寶命真詮四卷附前賢醫案 …………… 2－39

二十一畫

攝生秘剖衛生秘要種子秘方合刻不
　分卷 …………………………………… 2－42
攝生眾妙方十一卷附急救良方二卷
　………………………………………… 2－14
臟腑證治圖說人鏡經八卷……………… 2－5
爛喉痧痧輯要不分卷 ………………… 2－33

二十二畫

驚風辨誤三卷 ………………………… 2－30
體仁彙編不分卷 ……………………… 2－41
體仁彙編不分卷 ……………………… 2－41

二十三畫

驗方不分卷 …………………………… 2－19
驗方新編十六卷 ……………………… 2－18
驗方彙集八卷續集四卷 ……………… 2－18

二十四畫

靈素合抄十五卷……………………………… 2－4
靈驗良方彙編四卷附胎產要訣二卷
　………………………………………… 2－17

《天津中醫藥大學圖書館古籍普查登記目録》
書名筆畫字頭索引

一畫

一 …… 209

二畫

二 …… 209
十 …… 209
七 …… 209
八 …… 209
人 …… 209
入 …… 209

三畫

三 …… 209
士 …… 209
大 …… 209
上 …… 209
山 …… 209
千 …… 209
凡 …… 209
丸 …… 209
女 …… 209
小 …… 210
子 …… 210

四畫

王 …… 210
天 …… 210
元 …… 210
五 …… 210
不 …… 210
太 …… 210
尤 …… 210
少 …… 210
中 …… 210
内 …… 210
牛 …… 211
仁 …… 211
分 …… 211
月 …… 211
勿 …… 211
丹 …… 211
六 …… 211
文 …… 211
心 …… 211
尺 …… 211
引 …… 211
孔 …… 211

五畫

玉 …… 211
正 …… 211
世 …… 211
古 …… 211
本 …… 211
石 …… 212
平 …… 212
北 …… 212
目 …… 212
申 …… 212
冊 …… 212
史 …… 212
四 …… 212
仙 …… 212
白 …… 212
印 …… 213
外 …… 213

幼 …………………………………… 213

六畫

老 …………………………………… 213
再 …………………………………… 213
西 …………………………………… 213
存 …………………………………… 213
成 …………………………………… 213
此 …………………………………… 213
同 …………………………………… 213
吊 …………………………………… 213
回 …………………………………… 213
先 …………………………………… 213
舌 …………………………………… 213
竹 …………………………………… 213
自 …………………………………… 213
血 …………………………………… 213
行 …………………………………… 214
全 …………………………………… 214
名 …………………………………… 214
江 …………………………………… 214
守 …………………………………… 214
安 …………………………………… 214
字 …………………………………… 214
防 …………………………………… 214

七畫

赤 …………………………………… 214
孝 …………………………………… 214
芷 …………………………………… 214
杏 …………………………………… 214
李 …………………………………… 214
抄 …………………………………… 214
折 …………………………………… 214
串 …………………………………… 214
吳 …………………………………… 214
刪 …………………………………… 214
利 …………………………………… 214
灸 …………………………………… 214
沈 …………………………………… 214
宋 …………………………………… 214
良 …………………………………… 214
局 …………………………………… 214
妙 …………………………………… 214
邵 …………………………………… 214

八畫

武 …………………………………… 214
長 …………………………………… 214
坤 …………………………………… 214
取 …………………………………… 214
林 …………………………………… 214
松 …………………………………… 214
述 …………………………………… 215
枕 …………………………………… 215
東 …………………………………… 215
刺 …………………………………… 215
奇 …………………………………… 215
抱 …………………………………… 215
尚 …………………………………… 215
昌 …………………………………… 215
明 …………………………………… 215
易 …………………………………… 215
佩 …………………………………… 215
金 …………………………………… 215
服 …………………………………… 215
周 …………………………………… 215
京 …………………………………… 215
刻 …………………………………… 215
性 …………………………………… 215
怪 …………………………………… 216
河 …………………………………… 216
治 …………………………………… 216
弦 …………………………………… 216
孟 …………………………………… 216

九畫

春 …………………………………… 216

珍 …… 216
胡 …… 216
南 …… 216
柳 …… 216
厚 …… 216
咽 …… 216
廻 …… 216
拜 …… 216
重 …… 216
便 …… 217
修 …… 217
保 …… 217
信 …… 217
皇 …… 217
後 …… 217
食 …… 217
胎 …… 217
勉 …… 217
風 …… 217
急 …… 217
訂 …… 217
疫 …… 217
前 …… 217
洪 …… 217
洞 …… 217
洄 …… 218
洗 …… 218
活 …… 218
津 …… 218
神 …… 218
祝 …… 218
退 …… 218
咫 …… 218
紅 …… 218

十畫

敖 …… 218
素 …… 218
都 …… 218
華 …… 218
莊 …… 218
桂 …… 218
格 …… 218
校 …… 218
軒 …… 218
原 …… 218
晉 …… 218
時 …… 218
秘 …… 218
倪 …… 218
徐 …… 219
針 …… 219
脈 …… 219
烏 …… 219
記 …… 219
高 …… 219
症 …… 219
病 …… 219
疹 …… 219
唐 …… 219
悟 …… 219
益 …… 219
海 …… 219
家 …… 219
袖 …… 219
陳 …… 219
陶 …… 220
通 …… 220
務 …… 220
孫 …… 220

十一畫

理 …… 220
黃 …… 220
著 …… 220
覓 …… 220
推 …… 220
掃 …… 220
救 …… 220
眼 …… 220

問 …………………………………… 221
異 …………………………………… 221
符 …………………………………… 221
得 …………………………………… 221
許 …………………………………… 221
麻 …………………………………… 221
產 …………………………………… 221
痔 …………………………………… 221
痎 …………………………………… 221
康 …………………………………… 221
産 …………………………………… 221
望 …………………………………… 221
清 …………………………………… 221
梁 …………………………………… 221
張 …………………………………… 221
隋 …………………………………… 221
婦 …………………………………… 221
參 …………………………………… 221
紹 …………………………………… 221

十二畫

博 …………………………………… 222
彭 …………………………………… 222
達 …………………………………… 222
惡 …………………………………… 222
葉 …………………………………… 222
散 …………………………………… 222
萬 …………………………………… 222
葛 …………………………………… 222
董 …………………………………… 222
敬 …………………………………… 222
皕 …………………………………… 222
晴 …………………………………… 222
晰 …………………………………… 222
鼎 …………………………………… 222
景 …………………………………… 222
跌 …………………………………… 222
喉 …………………………………… 222
喻 …………………………………… 222
程 …………………………………… 222
筆 …………………………………… 222
備 …………………………………… 223
傅 …………………………………… 223
集 …………………………………… 223
御 …………………………………… 223
欽 …………………………………… 223
創 …………………………………… 223
飲 …………………………………… 223
評 …………………………………… 223
診 …………………………………… 223
註 …………………………………… 223
痘 …………………………………… 223
痢 …………………………………… 224
痧 …………………………………… 224
善 …………………………………… 224
普 …………………………………… 224
道 …………………………………… 224
遂 …………………………………… 224
曾 …………………………………… 224
馮 …………………………………… 224
寒 …………………………………… 224
寓 …………………………………… 224
運 …………………………………… 225
補 …………………………………… 225
絳 …………………………………… 225
幾 …………………………………… 225

十三畫

瑞 …………………………………… 225
蒼 …………………………………… 225
楹 …………………………………… 225
較 …………………………………… 225
雷 …………………………………… 225
當 …………………………………… 225
嵩 …………………………………… 225
傳 …………………………………… 225
鼠 …………………………………… 225
傷 …………………………………… 225
會 …………………………………… 226
愛 …………………………………… 226

解 …… 226
詩 …… 226
誠 …… 226
詳 …… 226
痰 …… 226
新 …… 226
意 …… 227
慎 …… 227
慈 …… 227
滇 …… 227
溫 …… 227
褚 …… 227
福 …… 227
經 …… 227
彙 …… 228

十四畫

趙 …… 228
壽 …… 228
蔡 …… 228
熙 …… 228
爾 …… 228
摘 …… 228
閩 …… 228
圖 …… 228
種 …… 228
管 …… 228
銅 …… 228
銀 …… 228
說 …… 228
廣 …… 228
瘍 …… 228
瘟 …… 228
瘋 …… 229
齊 …… 229
鄭 …… 229
漢 …… 229
隨 …… 229

十五畫

慧 …… 229
增 …… 229
歐 …… 229
遼 …… 229
閱 …… 229
衛 …… 229
劉 …… 230
諸 …… 230
調 …… 230
瘡 …… 230
遵 …… 230
導 …… 230
豫 …… 230
樂 …… 230
編 …… 230

十六畫

靜 …… 230
薛 …… 230
輶 …… 230
歷 …… 230
霍 …… 230
學 …… 230
儒 …… 230
錢 …… 230
辨 …… 230
閻 …… 230

十七畫

藏 …… 230
舊 …… 230
韓 …… 230
臨 …… 230
嬰 …… 230
蝗 …… 231
點 …… 231

魏 …… 231
鍼 …… 231
應 …… 231
療 …… 231
濕 …… 231
濟 …… 231
賽 …… 231

十八畫

藝 …… 231
藥 …… 231
醫 …… 231
闕 …… 233
簡 …… 233
雙 …… 233
翻 …… 233
雜 …… 233
癖 …… 233

十九畫

難 …… 233
蘇 …… 233
曝 …… 233
關 …… 233
韡 …… 233
羅 …… 233
證 …… 233
類 …… 233
瀕 …… 234
繪 …… 234

二十畫

蘭 …… 234
鐫 …… 234
釋 …… 234
寶 …… 234

二十一畫

攝 …… 234
臟 …… 234
顧 …… 234
鶴 …… 234
續 …… 234

二十二畫

攢 …… 234
讀 …… 234

二十三畫

驗 …… 234
癰 …… 234

二十四畫

靈 …… 234

二十五畫

顱 …… 234

《天津中醫藥大學圖書館古籍普查登記目録》
書名筆畫索引

一畫

一草亭眼科全集四卷 …………………… 2－92

二畫

二如亭群芳譜二十八卷首一卷 ……… 2－60
二如亭群芳譜二十八卷首一卷 ……… 2－64
十三經注疏…………………………… 2－120
十六國春秋一百卷…………………… 2－120
十藥神書註解一卷 …………………… 2－77
十藥神書註解一卷 …………………… 2－77
十藥神書註解一卷 …………………… 2－79
十藥神書註解一卷附經驗百病内外
…………………………………… 2－77
七十二種眼科秘本 …………………… 2－96
七十二種繪圖喉症方(喉症全科紫
珍集)二卷………………………… 2－93
七字藥性賦 …………………………… 2－64
七情管見錄二卷 ……………………… 2－77
八銘堂塾鈔二集……………………… 2－122
人身譜………………………………… 2－100
人參譜四卷 …………………………… 2－60
入門要訣……………………………… 2－100

三畫

三易洞璣十六卷……………………… 2－120
三易備遺十卷………………………… 2－119
三指禪三卷…………………………… 2－100
三指禪三卷…………………………… 2－100
三指禪三卷…………………………… 2－100
三信編三卷…………………………… 2－104
三訂傷寒門二卷 ……………………… 2－72
三家醫案合刻………………………… 2－115
三家醫案合刻………………………… 2－115
三家醫案合刻………………………… 2－115
三家醫案合刻………………………… 2－115
三家醫案合刻………………………… 2－116
三家醫案合刻………………………… 2－116
三國志六十五卷……………………… 2－124
三朝名醫方論 ………………………… 2－62
三朝名醫方論 ………………………… 2－67
三墳彙要……………………………… 2－108
士材三書……………………………… 2－111
士材三書……………………………… 2－111
大生要旨五卷 ………………………… 2－82
大生要旨五卷附種痘論一卷 ………… 2－82
大宋重修廣韻五卷…………………… 2－120
大廣益會玉篇三十卷………………… 2－120
大鶴山房全書………………………… 2－119
上善堂書目一卷……………………… 2－121
上醫本草四卷 ………………………… 2－47
山海經十八卷………………………… 2－122
山海經補註一卷……………………… 2－122
千金翼方三十卷 ……………………… 2－60
千金翼方三十卷 ……………………… 2－60
千金翼方三十卷 ……………………… 2－68
千金寶要六卷 ………………………… 2－61
千金寶要六卷 ………………………… 2－61
千頃堂書目三十二卷………………… 2－121
凡見集 ………………………………… 2－89
丸散膏丹貳佰例 ……………………… 2－69
女科二卷 ……………………………… 2－86
女科切要八卷 ………………………… 2－80
女科切要八卷 ………………………… 2－86
女科仙方四卷 ………………………… 2－80
女科仙方四卷 ………………………… 2－87
女科要旨四卷 ………………………… 2－81
女科要旨四卷 ………………………… 2－81
女科要旨四卷 ………………………… 2－86

女科要旨四卷 …………………………… 2－86
女科要旨四卷 …………………………… 2－87
女科要旨四卷 …………………………… 2－87
女科要略 ………………………………… 2－82
女科指南四卷 …………………………… 2－86
女科指掌五卷 …………………………… 2－80
女科經綸八卷 …………………………… 2－80
女科經綸八卷 …………………………… 2－80
女科經綸八卷 …………………………… 2－80
女科撮要二卷 …………………………… 2－48
女科輯要二卷 …………………………… 2－80
女科輯要二卷 …………………………… 2－86
女科輯要八卷 …………………………… 2－86
女科證治準繩五卷 ……………………… 2－86
小知錄十二卷 …………………………… 2－89
小兒推拿方脈活嬰秘旨二卷 ………… 2－98
小兒藥證真訣三卷 ……………………… 2－82
小蓬萊山館方抄二卷 ………………… 2－81
子史精華一百六十卷 ………………… 2－123
子書百家 ………………………………… 2－122

四畫

王九峰醫案 ……………………………… 2－117
王氏醫存十七卷附新選驗方 ………… 2－118
王氏醫案二卷續編八卷 ……………… 2－117
王氏醫案二卷續編八卷霍亂論二卷
…………………………………………… 2－117
王氏醫案四卷 …………………………… 2－117
王氏醫案續編八卷 ……………………… 2－115
王宇泰先生訂補古今醫鑒十六卷 …… 2－45
王宇泰先生訂補古今醫鑒十六卷 …… 2－48
王叔和脈經十卷 ………………………… 2－101
王叔和圖註難經脈訣 ………………… 2－113
王洪緒先生外科證治全生不分卷 …… 2－94
王洪緒先生外科證治全生附金瘡鐵
扇散方 ………………………………… 2－91
王洪緒先生外科證治全生附金瘡鐵
扇散方 ………………………………… 2－91
王洪緒先生外科證治全生附金瘡鐵
扇散方 ………………………………… 2－91
王洪緒先生外科證治全生附金瘡鐵
扇散方 ………………………………… 2－95
天花八陣編三卷 ………………………… 2－85
天花精言三卷 …………………………… 2－85
天花精言六卷 …………………………… 2－50
天花精言六卷 …………………………… 2－85
天花精言六卷 …………………………… 2－85
[乾隆]天津縣誌二十四卷 …………… 2－120
天寶草本 ………………………………… 2－60
元史一百十卷 …………………………… 2－124
元史藝文志四卷 ………………………… 2－120
元和紀用經 ……………………………… 2－55
元敖氏傷寒金鏡錄不分卷 …………… 2－48
五運六氣脈象心得秘訣 ……………… 2－101
五種經驗方 ……………………………… 2－66
不知醫必要四卷 ………………………… 2－66
太乙神針 ………………………………… 2－54
太乙神鍼 ………………………………… 2－99
太乙神鍼方 ……………………………… 2－99
太乙神鍼方一卷 ………………………… 2－99
太乙神鍼方附眼科良方 ……………… 2－99
太乙真人眼科秘傳 ……………………… 2－93
太原傅科二卷 …………………………… 2－79
太醫局諸科程文九卷 ………………… 2－118
太醫院校註婦人良方大全二十四卷
…………………………………………… 2－47
太醫院增補青囊藥性賦直解十卷 …… 2－103
太醫院增補青囊藥性賦直解八卷首
一卷末一卷 …………………………… 2－103
尤氏醫學讀書記三卷附醫案 ………… 2－115
少林秘授鐵方 …………………………… 2－92
中外衛生要旨五卷 ……………………… 2－97
中西痘科合璧十二卷 ………………… 2－85
中西匯通醫書五種 ……………………… 2－112
中藏經八卷附内照法 ………………… 2－102
内外科探源 ……………………………… 2－91
内科秘抄診脈法 ………………………… 2－90
内科新說二卷 …………………………… 2－79
内科新說三卷 …………………………… 2－79
内症撮要賦 ……………………………… 2－90
内經知要二卷 …………………………… 2－56

内經知要二卷 …………………………… 2－56
内經知要二卷 …………………………… 2－56
内經評文素問二十四卷遺篇一卷靈
樞十二卷 …………………………… 2－56
内經評文靈樞十二卷 ………………… 2－55
牛痘新書不分卷 ……………………… 2－85
牛痘新書不分卷 ……………………… 2－85
仁端錄七卷 …………………………… 2－88
仁端錄痘疹玄珠五卷 ………………… 2－53
分段經穴照片 ………………………… 2－99
分類重纂壽世編二卷 ………………… 2－64
月令粹編二十四卷……………………… 2－120
勿藥玄詮 ……………………………… 2－97
丹鉛總錄二十七卷 …………………… 2－89
丹溪心法五卷附餘一卷 ……………… 2－46
丹溪心法五卷附錄一卷……………… 2－110
丹溪心法附餘二十四卷首一卷 ……… 2－46
丹溪心法附餘二十四卷首一卷……… 2－102
丹溪心法附餘二十四卷首一卷……… 2－105
丹溪先生心法五卷附錄一卷 ……… 2－48
丹溪先生金匱鉤玄三卷 …………… 2－47
丹溪先生金匱鉤玄三卷……………… 2－102
丹溪先生治法心要八卷……………… 2－102
丹臺玉案六卷 ………………………… 2－52
丹臺玉案六卷………………………… 2－102
六合形意拳譜 ………………………… 2－97
六字治五臟訣法 ……………………… 2－89
六科證治準繩………………………… 2－110
六科證治準繩………………………… 2－110
六陰經 ………………………………… 2－90
六醴齋醫書十種……………………… 2－109
文氏增廣驗方新編…………………… 2－112
文苑英華一千卷……………………… 2－123
文昌帝君筆錄附易筋經 …………… 2－97
文選六十卷…………………………… 2－122
文獻通考三百四十八卷……………… 2－123
文獻通考三百四十八卷……………… 2－123
心源匙錘一卷 ………………………… 2－55
尺木堂綱鑑易知錄九十二卷附明紀
二十卷……………………………… 2－120
引痘條約 ……………………………… 2－88
引痘略一卷 …………………………… 2－88
引痘略一卷 …………………………… 2－88
孔子家語十卷………………………… 2－122

五畫

玉函經三卷 …………………………… 2－51
玉液金丹 ……………………………… 2－81
玉楸藥解八卷 ………………………… 2－59
玉楸藥解四卷 ………………………… 2－59
玉機微義五十卷 ……………………… 2－45
玉機微義五十卷 ……………………… 2－49
玉機微義五十卷……………………… 2－102
玉歷彙錄良方 ………………………… 2－65
正體類要二卷 ………………………… 2－92
世補齋醫書…………………………… 2－112
世補齋醫書前集……………………… 2－112
世補齋醫書前集……………………… 2－114
世說新語三卷………………………… 2－122
世醫石氏家傳眼科應驗良方 ……… 2－93
古今名醫萬方類編三十二卷 ……… 2－64
古今名醫彙粹八卷…………………… 2－103
古今秘苑二卷 ………………………… 2－89
古今醫案按十卷……………………… 2－116
古今醫案按十卷……………………… 2－116
古文淵鑒六十四卷…………………… 2－122
古文辭類纂七十四卷………………… 2－122
古本難經闡註二卷 …………………… 2－56
本草三家合註六卷 …………………… 2－58
本草三家合註六卷附神農本草經百
種錄 ………………………………… 2－58
本草三家合註六卷附神農本草經百
種錄 ………………………………… 2－58
本草三家合註六卷附神農本草經百
種錄 ………………………………… 2－58
本草分經一卷 ………………………… 2－59
本草分類撮要 ………………………… 2－68
本草求真九卷主治二卷 …………… 2－59
本草述三十二卷首一卷 …………… 2－58
本草述鉤元三十二卷 ……………… 2－58
本草述鉤元三十二卷 ……………… 2－58

本草思辨錄四卷首一卷 …………………… 2－59
本草原始十二卷 ……………………… 2－58
本草原始十二卷 ……………………… 2－63
本草乘雅半偈十一卷 ………………… 2－51
本草問答二卷……………………………… 2－114
本草崇原集說三卷附本草經讀附錄
集說 …………………………………… 2－58
本草從新十八卷 ……………………… 2－57
本草從新十八卷 ……………………… 2－57
本草從新十八卷 ……………………… 2－57
本草從新十八卷 ……………………… 2－59
本草從新六卷 ………………………… 2－57
本草從新六卷 ………………………… 2－57
本草從新六卷 ………………………… 2－57
本草從新六卷 ………………………… 2－59
本草從新六卷 ………………………… 2－59
本草從新六卷 ………………………… 2－59
本草萬方針線八卷 …………………… 2－46
本草萬方針線八卷 …………………… 2－50
本草備要不分卷 ……………………… 2－57
本草備要四卷 ………………………… 2－58
本草發揮四卷 ………………………… 2－58
本草經三卷 …………………………… 2－58
本草綱目五十二卷附瀕湖脈學脈訣
考證 …………………………………… 2－49
本草綱目五十二卷首一卷圖三卷附
綱目拾遺十卷首一卷萬方針線八
卷 ……………………………………… 2－57
本草綱目五十二卷首一卷圖三卷附
綱目拾遺十卷首一卷萬方針線八
卷 ……………………………………… 2－57
本草綱目五十二卷首一卷圖三卷附
瀕湖脈學脈訣考證奇經八脈考萬
方針線綱目拾遺 ……………………… 2－58
本草綱目五十二卷萬方針線八卷 …… 2－52
本草醫方合編………………………… 2－111
本草醫方合編………………………… 2－111
本草醫方合編………………………… 2－113
本經逢原四卷 ………………………… 2－59
本經逢原四卷 ………………………… 2－63
本經逢原四卷 ………………………… 2－67
本經疏證十二卷續疏六卷序疏要八
卷 ……………………………………… 2－58
本經續疏六卷序疏要八卷 …………… 2－58
石山醫案 ……………………………… 2－46
石室秘錄六卷 ………………………… 2－49
石室秘籙六卷………………………… 2－103
石室秘籙六卷………………………… 2－103
石室秘籙六卷………………………… 2－104
石室秘籙六卷………………………… 2－104
石室秘籙六卷………………………… 2－105
石頑老人診宗三昧一卷……………… 2－100
平易方四卷附補遺經驗良方一卷福
幼編一卷 ……………………………… 2－64
平易方四卷附補遺經驗良方福幼編
………………………………………… 2－64
平治會萃三卷………………………… 2－102
平津館叢書…………………………… 2－123
北史一百卷…………………………… 2－123
北齊書五十卷………………………… 2－123
目科正宗十六卷首一卷末一卷 ……… 2－92
申斗垣校正外科啟玄十二卷 ………… 2－91
冊府元龜一千卷……………………… 2－122
史記一百三十卷……………………… 2－123
史載之方二卷 ………………………… 2－61
四言七言脈訣………………………… 2－100
四明宋氏女科撮要 …………………… 2－80
四科簡效方四卷 ……………………… 2－65
四時病機十四卷 ……………………… 2－75
四時病機十四卷附溫毒病論一卷女
科歌訣六卷 …………………………… 2－75
四書益智錄二十卷…………………… 2－122
四診…………………………………… 2－101
四診抉微八卷附管窺附餘一卷 ……… 2－52
四聖心源十卷………………………… 2－104
四聖懸樞五卷………………………… 2－104
仙佛合宗……………………………… 2－105
仙拈集四卷 …………………………… 2－62
仙拈集四卷 …………………………… 2－62
仙傳外科秘方十一卷 ………………… 2－45
仙傳痘疹奇書三卷 …………………… 2－50
白岳盦雜綴醫書六種………………… 2－112

白喉忌表抉微 …………………………… 2－94
白喉治法忌表抉微 ……………………… 2－96
白喉治法忌表抉微 ……………………… 2－96
白喉治法忌表抉微 ……………………… 2－96
白喉證治通攷 …………………………… 2－94
印機草 ……………………………………… 2－116
外附經驗雜方 …………………………… 2－68
外金丹 ……………………………………… 2－97
外科大成四卷 …………………………… 2－51
外科心法十卷 …………………………… 2－51
外科心法要訣十六卷 …………………… 2－46
外科心法要訣十六卷 …………………… 2－94
外科心法要訣十六卷 …………………… 2－94
外科心法真驗指掌四卷首一卷 ……… 2－91
外科良方 …………………………………… 2－94
外科明隱集四卷醫案錄彙二卷 ……… 2－91
外科明隱集四卷醫案錄彙二卷 ……… 2－91
外科傷科雜症心法 ……………………… 2－89
外科圖說六卷 …………………………… 2－91
外科膏丹丸散 …………………………… 2－94
外科精要三卷 …………………………… 2－49
外科樞要四卷 …………………………… 2－94
外科總論奇方 …………………………… 2－94
外科醫案 …………………………………… 2－91
外科雜症 …………………………………… 2－94
外科證治全生集二卷 …………………… 2－94
外科證治全生集二卷附馬氏試驗秘方 ………………………………………… 2－94
外科證治全生集六卷 …………………… 2－94
外科證治全生集六卷 …………………… 2－94
外科證治全生集六卷 …………………… 2－95
外科證治全生集附增補跌打損傷一卷 ………………………………………… 2－95
外科證治全書五卷末一卷 …………… 2－91
外傳神效仙方 …………………………… 2－65
外證醫案彙編四卷 ……………………… 2－92
外證醫案彙編四卷 ……………………… 2－92
幼幼集成六卷 …………………………… 2－52
幼科急慢驚風 …………………………… 2－87
幼科準繩九卷 …………………………… 2－83
幼科醫學指南四卷 ……………………… 2－52
幼科醫學指南四卷 ……………………… 2－83
幼科雜治 …………………………………… 2－87
幼科證治準繩九卷 ……………………… 2－87
幼科鐵鏡二卷 …………………………… 2－87
幼科鐵鏡六卷 …………………………… 2－83
幼科鐵鏡六卷 …………………………… 2－83
幼科鐵鏡六卷 …………………………… 2－87
幼科鐵鏡六卷 …………………………… 2－87
幼科鐵鏡六卷 …………………………… 2－87

六畫

老老恒言五卷 …………………………… 2－97
再重訂傷寒論集註十五卷 …………… 2－70
西方子明堂灸經八卷 ………………… 2－99
西江氏秘傳跌打方 ……………………… 2－92
西醫略論三卷 …………………………… 2－79
存存彙集醫學易讀 ……………………… 2－112
存存齋醫話稿二卷 ……………………… 2－117
成方切用二十六卷 ……………………… 2－109
此事難知二卷 …………………………… 2－112
同仁堂問心編 …………………………… 2－89
同仁堂藥目 ………………………………… 2－67
同仁堂藥目 ………………………………… 2－69
同壽錄四卷末一卷 ……………………… 2－63
吊腳痧方論 ………………………………… 2－76
吊腳痧方論 ………………………………… 2－76
吊腳痧方論 ………………………………… 2－78
回生集二卷 ………………………………… 2－63
回生集二卷附養生經驗集 …………… 2－63
回生集二卷續二卷 ……………………… 2－63
回生集二卷續二卷 ……………………… 2－64
先府君事略一卷 ………………………… 2－117
舌鑑辨正二卷 …………………………… 2－101
竹林女科秘方 …………………………… 2－80
竹林女科證治四卷 ……………………… 2－80
竹林寺女科秘方 ………………………… 2－87
竹林寺妙手回春 ………………………… 2－81
竹林醫案自在觀四卷 ………………… 2－117
自在壺天五卷 …………………………… 2－53
血門 ………………………………………… 2－77

血證論八卷 …………………………… 2－77
行軍方便方三卷 ………………………… 2－65
全幼心鑒四卷 …………………………… 2－48
全活萬世書二卷 ………………………… 2－84
全體新編 ………………………………… 2－79
名心合參六卷 …………………………… 2－53
名醫方論四卷 …………………………… 2－50
名醫指掌………………………………… 2－105
名醫類案十二卷………………………… 2－115
名醫類案十二卷………………………… 2－116
江刻書目三種…………………………… 2－121
守山閣叢書……………………………… 2－123
安胎保産良方 …………………………… 2－82
字彙十二集……………………………… 2－120
字學金針補 ……………………………… 2－89
防疫芻言二卷附救疫速效良法針刺
圖說拈痧刮痧圖說經驗良方 ……… 2－78

七畫

赤水玄珠三十卷 ………………………… 2－47
赤水玄珠三十卷………………………… 2－102
赤水玄珠三十卷………………………… 2－102
孝慈備覽傷寒編四卷 …………………… 2－70
芷園醫種 ………………………………… 2－47
杏軒醫案 ………………………………… 2－54
杏軒醫案………………………………… 2－117
李士材新著四言脈訣…………………… 2－101
李翁醫記二卷…………………………… 2－117
抄本試驗方 ……………………………… 2－89
抄錄方劑 ………………………………… 2－89
折肱漫錄七卷 …………………………… 2－53
串雅内編四卷 …………………………… 2－63
串雅内編四卷 …………………………… 2－66
吳氏醫學述第五種(傷寒分經)十卷
………………………………… 2－50
吳氏醫學述第四種成方切用十二卷
首一卷末一卷 ……………………… 2－49
吳門治驗錄四卷………………………… 2－117
吳醫彙講十一卷………………………… 2－116
吳醫彙講十一卷………………………… 2－116
吳醫彙講十一卷………………………… 2－118
吳醫彙講十一卷………………………… 2－118
刪註脈訣規正二卷……………………… 2－100
刪註脈訣規正二卷……………………… 2－100
刪註脈訣規正二卷……………………… 2－100
刪註脈訣規正二卷……………………… 2－100
刪註脈訣規正二卷……………………… 2－101
利濟元經附中星圖畧衛生經天函利
濟講義教經答問……………………… 2－114
灸法秘傳 ………………………………… 2－99
沈氏尊生書七十二卷…………………… 2－111
宋元舊本經眼錄三卷…………………… 2－121
宋史四百九十六卷……………………… 2－123
宋書一百卷……………………………… 2－123
宋陳無擇三因司天方 …………………… 2－55
宋徽宗聖濟經十卷……………………… 2－118
宋竇太師瘡瘍經驗全書 ………………… 2－94
良方集腋二卷續附一卷 ………………… 2－65
良方集腋二卷續附一卷 ………………… 2－65
良方集腋二卷續附一卷 ………………… 2－65
良方集腋合璧 …………………………… 2－65
良方釋抄 ………………………………… 2－90
良朋彙集五卷 …………………………… 2－64
局方發揮一卷 …………………………… 2－61
妙一齋醫學正印種子編四卷 …………… 2－53
邵氏方案□□卷 ………………………… 2－90
邵氏婦科 ………………………………… 2－89

八畫

武備志 …………………………………… 2－62
長沙方歌括六卷 ………………………… 2－69
長沙方歌括六卷 ………………………… 2－69
長沙藥解四卷 …………………………… 2－59
長沙藥解四卷 …………………………… 2－59
長沙藥解四卷 …………………………… 2－63
坤元是保二卷 …………………………… 2－79
取穴圖解 ………………………………… 2－54
林氏醫通八卷附一卷…………………… 2－109
松軒彙集 ………………………………… 2－63
松峰說疫六卷 …………………………… 2－75

松峰說疫六卷備用良方一卷 ………… 2－75
松峰說疫六卷備用良方一卷 ………… 2－75
述古齋幼科新書三種 ………………… 2－83
述古齋幼科新書三種 ………………… 2－83
述古齋幼科新書三種 ………………… 2－83
枕藏外科形圖諸症 …………………… 2－91
東垣十書……………………………… 2－109
東垣十書……………………………… 2－109
東垣十書……………………………… 2－109
東垣十書……………………………… 2－109
東垣十書……………………………… 2－109
東垣十書……………………………… 2－112
東垣先生此事難知集一卷 …………… 2－48
東醫寶鑑二十三卷目錄二卷………… 2－114
東醫寶鑑二十三卷目錄二卷………… 2－114
東醫寶鑑二十三卷目錄二卷………… 2－114
刺疔捷法一卷 ………………………… 2－95
奇方纂要一卷 ………………………… 2－67
奇效良方六十九卷 …………………… 2－48
奇經八脈考…………………………… 2－100
奇經八脈考…………………………… 2－100
奇經脈訣九卷………………………… 2－101
抱朴子四卷…………………………… 2－122
尚論篇四卷後篇四卷首一卷 ………… 2－46
尚論篇四卷後篇四卷首一卷 ………… 2－50
尚論篇四卷首一卷 …………………… 2－46
昌黎先生詩集注十一卷……………… 2－123
明目至寶四卷 ………………………… 2－48
明史三百三十二卷…………………… 2－124
明醫雜著六卷………………………… 2－102
明醫雜著六卷………………………… 2－102
明醫難經 ……………………………… 2－90
易堂問目四卷………………………… 2－121
易筋經二卷 …………………………… 2－53
易筋經二卷 …………………………… 2－97
易筋經二卷 …………………………… 2－97
易筋經二卷 …………………………… 2－97
易筋經二卷 …………………………… 2－97
易簡方論六卷………………………… 2－104
佩文齋廣群芳譜一百卷 ……………… 2－60
佩文韻府一百零六卷拾遺一百零六
　卷…………………………………… 2－122
金丹正理大全………………………… 2－105
金史一百三十五卷…………………… 2－124
金仙證論……………………………… 2－105
金匱方歌括六卷 ……………………… 2－73
金匱心典三卷 ………………………… 2－49
金匱心典三卷 ………………………… 2－73
金匱心典三卷 ………………………… 2－73
金匱心典三卷 ………………………… 2－73
金匱玉函經二註二十二卷附補方一
　卷十藥神書一卷 …………………… 2－73
金匱玉函經八卷 ……………………… 2－50
金匱要略方論三卷 …………………… 2－72
金匱要略方論本義二十二卷 ………… 2－54
金匱要略方論本義二十二卷 ………… 2－73
金匱要略淺註十卷 …………………… 2－73
金匱要略淺註十卷 …………………… 2－73
金匱要略淺註十卷 …………………… 2－73
金匱要略淺註十卷 …………………… 2－73
金匱要略淺註十卷 …………………… 2－78
金匱要略淺註補正九卷 ……………… 2－73
金匱要略闕疑二卷 …………………… 2－73
金匱匯要 ……………………………… 2－53
金匱翼八卷 …………………………… 2－51
金匱懸解二十二卷 …………………… 2－73
金瘡跌打接骨秘書 …………………… 2－95
服氣祛病圖說 ………………………… 2－97
周氏醫學叢書………………………… 2－110
周易内傳十二卷……………………… 2－119
周易函書約註十八卷………………… 2－119
周易傳義十卷………………………… 2－119
周易傳義音訓八卷…………………… 2－119
京本江湖博覽按摩修養淨髪須知二
　卷…………………………………… 2－105
京城白喉外治三法 …………………… 2－93
京師藥行商會配方 …………………… 2－67
刻京本八十一難經四卷 ……………… 2－57
刻醫巫閭子醫貫六卷附增補醫貫奇
　方窮鄉便方二卷 …………………… 2－49
性命圭旨四卷 ………………………… 2－97

怪疾奇方 …………………………… 2－64
河間六書(劉河間傷寒六書) ……… 2－110
治婦科壹百二拾症 ………………… 2－81
治痘寶冊二卷 ……………………… 2－85
治痢捷要新書 ……………………… 2－76
治痢捷要新書 ……………………… 2－79
治瘋原理 …………………………… 2－92
治療匯要三卷 ……………………… 2－91
治驗論案二卷………………………… 2－117
弦雪居重訂遵生八牋十九卷 ………… 2－97
弦雪居重訂遵生八牋十九卷………… 2－105
弦雪居重訂遵生八牋十九卷總目一
　卷 ……………………………………… 2－97
孟子…………………………………… 2－122
孟河丁氏醫案全集八卷……………… 2－115

九畫

春腳集四卷 ………………………… 2－65
春溫三字訣一卷 …………………… 2－74
珍珠囊指掌補遺藥性賦四卷 ………… 2－60
珍珠囊指掌補遺藥性賦四卷附醫方
　捷徑………………………………… 2－112
胡慶餘堂藥目 ……………………… 2－67
南史八十卷…………………………… 2－123
南病別鑒三卷附節錄辨證要略 ……… 2－75
南雅堂醫書全集……………………… 2－112
南雅堂醫書全集四十八種…………… 2－113
南齊書五十九卷……………………… 2－123
柳選四家醫案………………………… 2－116
厚德堂集驗方萃編四卷 …………… 2－66
厚德堂集驗方萃編四卷首一卷 ……… 2－66
咽喉秘集二卷 ……………………… 2－67
咽喉秘集二卷 ……………………… 2－67
咽喉秘集二卷 ……………………… 2－67
咽喉脈證通論 ……………………… 2－93
咽喉脈證通論一卷 ………………… 2－96
咽喉脈證通論一卷附白喉治法抉微
　一卷白喉症治歌括一卷急救喉痧
　要法一卷 …………………………… 2－96
咽喉脈證通論一卷附白喉治法抉微
　一卷急救喉痧要法一卷喉痧正的
　一卷 ………………………………… 2－96
咽喉經驗秘傳 ……………………… 2－93
咽喉經驗秘傳 ……………………… 2－96
咽喉總集 …………………………… 2－67
廼岑氏眼科 ………………………… 2－90
拜經樓藏書題跋記五卷附錄一卷…… 2－121
重刊宋本十三經注疏附校勘記……… 2－119
重刊俞天池先生痧痘集解原本六卷
　…………………………………… 2－84
重刊埤雅二十卷……………………… 2－119
重刊補註洗冤錄集證五卷附石香秘
　錄…………………………………… 2－116
重刊補註洗冤錄集證六卷…………… 2－119
重刻咽喉脈證通論 ………………… 2－93
重刻養生經驗書(經驗良方) ………… 2－68
重修政和經史證類備用本草三十卷
　…………………………………… 2－46
重訂白喉忌表抉微 ………………… 2－96
重訂外科正宗十二卷 ……………… 2－90
重訂外科正宗十二卷 ……………… 2－90
重訂外科正宗十二卷 ……………… 2－90
重訂外科正宗十二卷 ……………… 2－90
重訂外科正宗十二卷 ……………… 2－95
重訂外科正宗十二卷 ……………… 2－95
重訂外科正宗十二卷 ……………… 2－95
重訂外科正宗十二卷 ……………… 2－95
重訂傷寒金鏡錄辨舌精法一卷……… 2－101
重訂傷寒論集註十五卷 …………… 2－69
重校聖濟總錄二百卷 ……………… 2－52
重校舊本湯頭歌訣 ………………… 2－68
重校舊本湯頭歌訣 ………………… 2－68
重廣補註黄帝内經素問二十四卷 …… 2－45
重廣補註黄帝内經素問二十四卷 …… 2－45
重廣補註黄帝内經素問二十四卷 …… 2－45
重廣補註黄帝内經素問二十四卷 …… 2－45
重廣補註黄帝内經素問二十四卷 …… 2－56
重廣補註黄帝内經素問二十四卷遺
　篇一卷 ……………………………… 2－55
重廣補註黄帝内經素問二十四卷遺
　篇一卷 ……………………………… 2－55

重樓玉鑰二卷 …………………………… 2－93
重慶堂隨筆二卷…………………………… 2－118
重錄增補經驗喉科紫珍集二卷 ……… 2－93
重鐫醫要三書…………………………… 2－110
便產須知二卷 …………………………… 2－48
修園七種合刊…………………………… 2－113
保生碎事 ………………………………… 2－47
保生碎事 ………………………………… 2－80
保生碎事 ………………………………… 2－80
保生碎事 ………………………………… 2－80
保生碎事 ………………………………… 2－80
保生碎事 ………………………………… 2－80
保生碎事 ………………………………… 2－86
保生碎事 ………………………………… 2－86
保生碎事 ………………………………… 2－86
保生碎事 ………………………………… 2－86
保赤有方 ………………………………… 2－88
保赤全生錄二卷 ………………………… 2－88
保赤全書二卷 …………………………… 2－45
保赤金鑒四卷 …………………………… 2－49
保赤金鑒四卷 …………………………… 2－49
保赤新編二卷 …………………………… 2－46
保赤新編二卷 …………………………… 2－83
保赤慢驚條辨 …………………………… 2－86
保赤聯珠二種(遂生福幼合編) ……… 2－85
保產金丹四卷 …………………………… 2－54
保產機要附保生碎事 ………………… 2－82
［保壽針線拾遺］ ……………………… 2－69
保嬰易知錄二卷 ………………………… 2－83
保嬰易知錄二卷 ………………………… 2－83
保嬰易知錄二卷 ………………………… 2－83
信驗方一卷 ……………………………… 2－64
信驗方一卷續一卷 ……………………… 2－64
皇清經解一千四百卷…………………… 2－119
皇清經解續編一千四百三十卷……… 2－119
後周書五十卷…………………………… 2－123
後漢書一百卷…………………………… 2－124
食物小錄二卷 …………………………… 2－51
食物小錄二卷 …………………………… 2－60
食物本草會纂十二卷 ………………… 2－59
食物本草會纂十二卷 ………………… 2－59
食物本草會纂八卷 …………………… 2－59
食物本草會纂八卷 …………………… 2－68
食鑒本草一卷 …………………………… 2－60
胎前產後 ………………………………… 2－82
胎前產後奇方 …………………………… 2－82
胎產心法三卷 …………………………… 2－81
胎產心法三卷 …………………………… 2－81
胎產心法三卷 …………………………… 2－81
胎產心法三卷 …………………………… 2－81
胎產全書 ………………………………… 2－86
胎產秘書三卷 …………………………… 2－82
胎產秘書三卷 …………………………… 2－82
胎產秘書三卷 …………………………… 2－82
胎產輯要三卷 …………………………… 2－82
勉學堂針灸集成四卷 ………………… 2－99
風眩方 …………………………………… 2－61
風溫述義歌 ……………………………… 2－78
急症要方選 ……………………………… 2－66
急救方 …………………………………… 2－66
急救仙方六卷 …………………………… 2－61
急救良方 ………………………………… 2－64
急救良方二卷 …………………………… 2－45
急救良方二卷附神授急救異痧奇方
…………………………………………… 2－67
急救須知三卷 …………………………… 2－51
急救應驗良方 …………………………… 2－66
急救應驗良方 …………………………… 2－67
訂正東醫寶鑑二十三卷目錄二卷…… 2－114
訂正東醫寶鑑二十三卷目錄二卷…… 2－114
訂正東醫寶鑑二十三卷目錄二卷…… 2－114
訂正東醫寶鑑二十三卷目錄二卷…… 2－114
訂補明醫指掌十卷 …………………… 2－48
訂補明醫指掌十卷…………………… 2－103
疫痧草三卷 ……………………………… 2－94
疫證集說四卷補遺一卷 ……………… 2－75
前漢書一百二十卷…………………… 2－124
洪氏集驗方五卷 ………………………… 2－61
洞天奧旨十六卷附十二經絡圖 ……… 2－91
洞天奧旨十六卷附十二經絡圖 ……… 2－91
洞天奧旨十六卷附十二經絡圖 ……… 2－94
洞天奧旨十六卷附十二經絡圖 ……… 2－94

洄溪醫案一卷慎疾芻言一卷………… 2－116
洗冤録表四卷 ……………………… 2－52
洗冤録集證五卷附寳鑑編石香秘録
………………………………… 2－116
洗冤録詳義四卷首一卷……………… 2－119
洗冤録摭遺二卷……………………… 2－119
活人方彙編五卷 …………………… 2－77
活幼心法九卷 ……………………… 2－84
活幼心法大全九卷 ………………… 2－87
活幼心法大全九卷 ………………… 2－87
活法機要一卷………………………… 2－102
津門雜記三卷………………………… 2－120
神授急救異痧奇方 ………………… 2－68
神授急救異痧奇方一卷 …………… 2－76
神農本草三卷 ……………………… 2－58
神農本草三卷 ……………………… 2－58
神農本草經疏三十卷 ……………… 2－47
神農本草經疏三十卷 ……………… 2－48
神農本草經贊三卷附月令七十二候
贊 ………………………………… 2－58
神農本草經讀四卷…………………… 2－113
神農本草經讀四卷附録一卷 ……… 2－68
神農本草經讀四卷醫學三字經四卷
………………………………… 2－68
神農本經經釋一卷 ………………… 2－58
祝由科………………………………… 2－114
祝茹穹先生醫印三卷附醫驗一卷 …… 2－53
退思集 ……………………………… 2－67
咫進齋叢書…………………………… 2－121
紅爐點雪四卷 ……………………… 2－77

十畫

敖氏傷寒金鏡録一卷 ……………… 2－72
素問病機氣宜保命集三卷 ………… 2－51
素問懸解十三卷附校餘偶識一卷 …… 2－56
素問靈樞類纂約註三卷 …………… 2－56
素問靈樞類纂約註三卷 …………… 2－56
素問靈樞類纂約註三卷 …………… 2－56
素靈微蘊四卷………………………… 2－104
素靈微蘊四卷………………………… 2－113
都仙真君神功妙濟方 ……………… 2－66
華先生中藏經八卷 ………………… 2－48
華陽金仙證論 ……………………… 2－98
莊子集釋十卷………………………… 2－122
莊在田先生保赤全編二卷附廣生編
一卷 ……………………………… 2－86
桂學答問一卷 ……………………… 2－89
格致餘論……………………………… 2－118
格致鏡原一百卷……………………… 2－123
校正圖註難經脈訣四卷附瀕湖脈學
校正奇經考………………………… 2－113
校本四書不分卷……………………… 2－122
校刻傷寒圖歌活人指掌五卷 ……… 2－52
軒岐之術……………………………… 2－110
軒轅黄帝祝由科……………………… 2－114
軒轅黄帝祝由科……………………… 2－114
原機啟微二卷附録一卷 …………… 2－92
晉書一百三十卷……………………… 2－124
時方歌括二卷 ……………………… 2－63
時方歌括二卷………………………… 2－113
時疫白喉捷要 ……………………… 2－96
時疫白喉捷要 ……………………… 2－96
時疫白喉捷要 ……………………… 2－96
時疫白喉捷要 ……………………… 2－96
時疫白喉捷要附各種經驗良方 ……… 2－93
時症簡要二卷 ……………………… 2－53
時病論八卷 ………………………… 2－76
時病論六卷 ………………………… 2－78
秘方要簿 …………………………… 2－63
秘傳小兒科 ………………………… 2－90
秘傳外科一串珠 …………………… 2－91
秘傳花鏡六卷 ……………………… 2－64
秘傳男女小兒科推拿秘訣 ………… 2－52
秘傳兒科醫書 ……………………… 2－83
秘傳活幼全書 ……………………… 2－83
秘傳眼科 …………………………… 2－96
秘傳眼科龍木總論十卷首一卷 ……… 2－67
秘傳眼科龍木總論十卷首一卷 ……… 2－92
秘傳證治要訣十二卷………………… 2－102
秘傳證治要訣十二卷類方四卷 ……… 2－48
倪氏產寳一卷 ……………………… 2－50

徐氏醫案……………………………… 2－115
徐氏醫書十三種…………………… 2－113
徐氏醫書十六種…………………… 2－113
徐氏醫書八種……………………… 2－111
徐氏醫書八種……………………… 2－111
徐氏醫書六種……………………… 2－111
徐氏醫書六種……………………… 2－111
徐景川陳慸亭醫案………………… 2－116
徐評外科正宗十二卷 …………… 2－90
徐評外科正宗十二卷 …………… 2－95
徐評外科正宗十二卷附錄一卷 ……… 2－95
徐靈胎醫略六書…………………… 2－111
針灸大成十卷 …………………… 2－47
針灸大成十卷 …………………… 2－98
針灸大成十卷 …………………… 2－98
針灸大成十卷 …………………… 2－98
針灸大成十卷 …………………… 2－98
針灸大成十卷 …………………… 2－99
針灸大成十卷 …………………… 2－99
針灸大成十卷 …………………… 2－99
針灸大成十卷 …………………… 2－99
針灸大成十卷 …………………… 2－99
針灸大成十卷 …………………… 2－99
針灸大成十卷……………………… 2－104
針灸大成十卷……………………… 2－104
針灸大成十卷……………………… 2－104
針灸大成十卷……………………… 2－104
針灸大成十卷……………………… 2－105
針灸大成十卷……………………… 2－105
針灸大成十卷附銅人明堂全圖……… 2－104
針灸甲乙經十二卷 ……………… 2－47
針灸甲乙經十二卷 ……………… 2－98
針灸甲乙經十二卷 ……………… 2－98
針灸問對三卷 …………………… 2－98
針灸擇日編集一卷 ……………… 2－98
針灸擇日編集一卷 ……………… 2－98
脈因證治四卷……………………… 2－102
脈因證治四卷……………………… 2－102
脈形犀燭…………………………… 2－101
脈法………………………………… 2－101
脈症運氣詳解……………………… 2－101
脈理求真三卷 …………………… 2－67
脈訣………………………………… 2－101
脈訣刊誤二卷附錄一卷…………… 2－100
脈訣刊誤集解二卷附錄一卷……… 2－100
脈訣偶集…………………………… 2－100
脈訣彙編說統……………………… 2－101
脈訣彙編說統附經絡彙編 ……… 2－51
脈訣彙辨十卷 …………………… 2－51
脈經十卷…………………………… 2－100
脈經十卷…………………………… 2－100
脈經十卷…………………………… 2－100
脈論要編…………………………… 2－101
脈學四言舉要……………………… 2－101
脈學四種…………………………… 2－100
脈學四種…………………………… 2－100
脈髓藥鑑二卷 …………………… 2－54
烏金丸目錄 ……………………… 2－86
記事珠十卷………………………… 2－122
高士宗部位說……………………… 2－101
高士傳三卷………………………… 2－120
症色備要 ………………………… 2－54
症治摘要…………………………… 2－106
病機沙篆二卷……………………… 2－103
病機沙篆二卷……………………… 2－106
疹科不分卷 ……………………… 2－46
唐王燾先生外臺秘要方四十卷 ……… 2－61
唐王燾先生外臺秘要方四十卷 ……… 2－61
唐王燾先生外臺秘要方四十卷 ……… 2－61
悟性窮原 ………………………… 2－89
悟真直指四卷……………………… 2－121
悟道錄二卷………………………… 2－121
益生堂醫學心鏡錄十一卷首一卷 …… 2－49
海上方 …………………………… 2－61
海上方附素女方 ………………… 2－61
海虞藝文志六卷…………………… 2－121
家傳太素脈秘訣二卷 …………… 2－47
家傳太素脈秘訣二卷 …………… 2－47
袖珍十八法 ……………………… 2－90
陳氏小兒痘疹方論一卷 ………… 2－84
陳希夷祖師華山碑文……………… 2－105
陳修園公餘六種…………………… 2－113

陳修園醫書二十三種…………………… 2－111
陳修園醫書二十三種…………………… 2－111
陳修園醫書三十二種…………………… 2－111
陳修園醫書三十八種…………………… 2－113
陳修園醫書三十種……………………… 2－111
陳修園醫書五十種……………………… 2－111
陳修園醫書四十八種…………………… 2－113
陳修園醫書全集………………………… 2－112
陳書三十六卷…………………………… 2－123
陶節庵全生集(傷寒全生集)四卷 …… 2－47
陶節庵傷寒全生集四卷 ……………… 2－71
陶節庵傷寒全生集四卷 ……………… 2－71
通志二百卷……………………………… 2－123
通典二百卷……………………………… 2－123
通俗咽喉科學 ………………………… 2－93
務中藥性十八卷首一卷末一卷 ……… 2－60
孫文垣醫案五卷 ……………………… 2－47
孫真人千金方衍義三十卷 …………… 2－60
孫真人千金方衍義三十卷 …………… 2－61
孫真人眼科秘訣二卷附眼科入門一
卷眼科闡微四卷 …………………… 2－93
孫真人備急千金要方九十三卷 ……… 2－47
孫真人備急千金要方九十三卷 ……… 2－50

十一畫

理虛元鑒五卷 ………………………… 2－77
理虛元鑒五卷 ………………………… 2－77
理瀹外治方要 ………………………… 2－98
理瀹駢文附膏藥方 …………………… 2－98
黃氏醫書八種…………………………… 2－111
黃氏醫書八種…………………………… 2－111
黃氏醫書八種…………………………… 2－113
黃庭内景經箋註 ……………………… 2－97
黃帝内經太素三十卷黃帝内經明堂
一卷附錄一卷 ……………………… 2－56
黃帝内經素問二十四卷 ……………… 2－45
黃帝内經素問二十四卷 ……………… 2－55
黃帝内經素問二十四卷 ……………… 2－55
黃帝内經素問二十四卷 ……………… 2－55
黃帝内經素問集註九卷 ……………… 2－55
黃帝内經素問集註九卷 ……………… 2－57
黃帝内經素問註證發微九卷 ………… 2－57
黃帝内經素問註證發微九卷黃帝内
經靈樞註證發微九卷素問補遺一
卷 …………………………………… 2－56
黃帝内經素問節文註釋十卷 ………… 2－45
黃帝内經靈樞十二卷 ………………… 2－55
黃帝内經靈樞十二卷 ………………… 2－55
黃帝内經靈樞十二卷 ………………… 2－56
黃帝内經靈樞九卷 …………………… 2－48
黃帝内經靈樞註證發微九卷 ………… 2－55
黃帝内經靈樞註證發微九卷補遺一
卷 …………………………………… 2－57
黃帝素問直解九卷 …………………… 2－49
黃帝素問直解九卷 …………………… 2－55
黃帝素問宣明論方十五卷 …………… 2－56
黃帝素問靈樞經十二卷 ……………… 2－45
黃帝素問靈樞經十二卷 ……………… 2－55
黃帝素問靈樞經十二卷 ……………… 2－55
黃帝逸典十三卷 ……………………… 2－85
著石堂新刻幼科直言六卷 …………… 2－83
覔玄語錄 ……………………………… 2－97
推拿秘旨二卷………………………… 2－105
推拿秘書……………………………… 2－105
推拿秘書五卷 ………………………… 2－98
推拿廣意三卷 ………………………… 2－98
推拿廣意三卷 ………………………… 2－98
推拏小兒要法………………………… 2－105
掃葉山房重校醫宗必讀十卷………… 2－106
救荒徵實 ……………………………… 2－75
救偏瑣言十卷附備用良方 …………… 2－84
救偏瑣言十卷附備用良方 …………… 2－84
救偏瑣言十卷附備用良方 …………… 2－88
眼科大全附瘋狗咬方 ………………… 2－89
眼科方 ………………………………… 2－89
眼科正宗原機啟微二卷 ……………… 2－92
眼科百問二卷 ………………………… 2－96
眼科良方 ……………………………… 2－95
眼科要旨 ……………………………… 2－96
眼科真傳 ……………………………… 2－93
眼科秘方 ……………………………… 2－95

眼科秘方 …………………………… 2－96
眼科秘本 …………………………… 2－90
眼科秘旨 …………………………… 2－96
眼科備覽 …………………………… 2－96
眼科須知 …………………………… 2－93
眼科補遺 …………………………… 2－93
眼科諸方 …………………………… 2－96
眼科療方 …………………………… 2－96
問心堂溫病條辨六卷首一卷 ………… 2－73
問心堂溫病條辨六卷首一卷 ………… 2－73
問心堂溫病條辨六卷首一卷 ………… 2－77
問齋醫案五卷 ………………………… 2－117
異授眼科 …………………………… 2－93
異授眼科 …………………………… 2－93
符病全書 …………………………… 2－114
得心集醫案六卷 …………………… 2－117
得心集醫案六卷 …………………… 2－117
許氏幼科七種 ……………………… 2－83
麻科保赤金丹四卷附邵氏痘科 ……… 2－85
麻科活人全書四卷 ………………… 2－84
麻科活人全書四卷 ………………… 2－84
麻科活人全書四卷 ………………… 2－84
麻症集成四卷 ……………………… 2－85
麻疹全書四卷 ……………………… 2－46
麻疹闡註三卷附錄一卷 …………… 2－85
麻痘脈訣 …………………………… 2－86
麻瘋秘訣症 ………………………… 2－53
產孕集二卷補遺一卷 ……………… 2－82
產孕集二卷補遺一卷 ……………… 2－82
產育寶慶集方二卷 ………………… 2－88
產科心法二卷 ……………………… 2－82
產科心法二卷 ……………………… 2－82
產科心法二卷 ……………………… 2－88
產科心法二集 ……………………… 2－54
產寶一卷 …………………………… 2－82
產寶家傳二卷 ……………………… 2－81
產寶諸方一卷 ……………………… 2－81
產鑒三卷 …………………………… 2－50
痔漏療法 …………………………… 2－92
痎瘧論疏二卷 ……………………… 2－76
康熙字典 …………………………… 2－120
康熙字典十二集 …………………… 2－119
產後編二卷 ………………………… 2－81
產後編二卷 ………………………… 2－81
望診歌 ……………………………… 2－101
清儀閣題跋 ………………………… 2－121
梁氏家藏至寶眼科備用良方 ……… 2－93
梁書五十六卷 ……………………… 2－123
張氏醫通十六卷 …………………… 2－110
張氏醫通十六卷 …………………… 2－112
張氏醫通十六卷 …………………… 2－113
張仲景金匱要略二十四卷 ………… 2－73
張仲景金匱要略二十四卷附醫徵溫
　熱論二卷醫徵虛勞內傷論二卷 …… 2－73
張仲景金匱要略論註二十四卷 …… 2－73
張仲景傷寒論原文淺註六卷 ……… 2－69
張仲景傷寒論原文淺註六卷 ……… 2－69
張仲景傷寒論原文淺註六卷 ……… 2－70
張仲景傷寒論原文淺註六卷 ……… 2－71
張仲景傷寒論原文淺註六卷 ……… 2－71
張仲景傷寒論貫珠集八卷 ………… 2－70
張仲景傷寒論辯證廣註十四卷首一
　卷附中寒論辯證廣註三卷首一卷
　…………………………………… 2－50
隋書八十五卷 ……………………… 2－123
婦人良方二十四卷 ………………… 2－79
婦人良方二十四卷 ………………… 2－79
婦人良方二十四卷 ………………… 2－79
婦人科秘傳 ………………………… 2－87
婦科方 ……………………………… 2－90
婦科玉尺六卷 ……………………… 2－80
婦科秘方 …………………………… 2－81
婦科秘方附胎產護生篇 …………… 2－81
婦科秘方附胎產護生編 …………… 2－80
婦科秘方附胎產護生編 …………… 2－81
婦科摘要 …………………………… 2－89
婦嬰三書 …………………………… 2－111
婦嬰三書 …………………………… 2－111
婦嬰新說 …………………………… 2－86
參同契經文直指三卷 ……………… 2－121
紹興醫學會課藝 …………………… 2－115

十二畫

博物新編三卷 …………………………… 2－79
博濟方五卷 ……………………………… 2－61
彭氏醫書三種 …………………………… 2－54
達生保嬰編 ……………………………… 2－81
達生編 …………………………………… 2－81
達生編 …………………………………… 2－81
達生編 …………………………………… 2－87
達生編二卷 ……………………………… 2－87
達生編二卷 ……………………………… 2－87
達生編二卷附産後十八論神奇驗方
…………………………………… 2－87
達生編附慈幼編遂生編福幼編 ……… 2－87
達生編附慈幼編遂生編福幼編 ……… 2－87
惡瘡 ……………………………………… 2－94
葉氏女科證治四卷 ……………………… 2－86
葉氏醫效秘傳 …………………………… 2－69
葉氏醫案存真三卷附馬氏醫案……… 2－117
葉選醫衡二卷…………………………… 2－118
散記續編一卷…………………………… 2－118
萬氏女科附良方 ………………………… 2－80
萬氏女科附良方 ………………………… 2－80
萬氏家抄濟世良方六卷 ……………… 2－45
萬氏家傳保命歌括三十五卷 ………… 2－47
萬氏婦人科三卷 ………………………… 2－54
萬氏婦人科三卷 ………………………… 2－86
萬卷樓藏書總目………………………… 2－121
萬密齋醫學全書 ………………………… 2－52
萬密齋醫學全書………………………… 2－114
萬壽丹書………………………………… 2－105
葛祖回生集二卷 ………………………… 2－63
董氏小兒斑疹備急方論一卷 ………… 2－82
董氏小兒斑疹備急方論一卷 ………… 2－82
敬修堂藥說附敬修堂二集 …………… 2－64
皕宋樓藏書志一百二十卷…………… 2－121
晴川心鏡三卷附續編一卷…………… 2－108
晰微補化全書(痧症全書)二卷 ……… 2－76
鼎鍥幼幼集成六卷 ……………………… 2－83
鼎鍥幼幼集成六卷 ……………………… 2－83
鼎鍥幼幼集成六卷 ……………………… 2－87
鼎鍥幼幼集成六卷 ……………………… 2－87
鼎鍥幼幼集成六卷 ……………………… 2－98
鼎鍥幼幼集成六卷 ……………………… 2－98
鼎鍥幼幼集成六卷 ……………………… 2－98
景岳八陣新方歌 ………………………… 2－64
景岳全書六十四卷 ……………………… 2－46
景岳全書六十四卷 ……………………… 2－46
景岳全書六十四卷 ……………………… 2－52
景岳全書六十四卷 ……………………… 2－52
景岳全書六十四卷……………………… 2－114
景岳全書六十四卷……………………… 2－114
景岳全書六十四卷……………………… 2－115
景岳全書六十四卷……………………… 2－115
景岳全書發揮四卷……………………… 2－115
景岳新方砭四卷 ………………………… 2－63
景岳新方砭四卷 ………………………… 2－63
景岳新方詩括註解四卷首一卷 ……… 2－64
景岳新方歌 ……………………………… 2－64
跌打刀傷秘訣 …………………………… 2－95
跌打傷穴門科秘方 ……………………… 2－95
跌打雜癥方 ……………………………… 2－95
喉牙口舌各科秘旨 ……………………… 2－94
喉科金鑰全書二卷 ……………………… 2－93
喉科指掌六卷 …………………………… 2－93
喉科指掌六卷 …………………………… 2－93
喉科指掌六卷 …………………………… 2－96
喉科秘方 ………………………………… 2－93
喉科秘旨二卷 …………………………… 2－93
喉科秘旨二卷 …………………………… 2－96
喉科緊要 ………………………………… 2－96
喉症全科紫珍集二卷 …………………… 2－93
喉症芻言 ………………………………… 2－93
喻氏醫書三種 …………………………… 2－52
喻氏醫書三種…………………………… 2－110
喻氏醫書三種…………………………… 2－110
喻氏醫書三種…………………………… 2－111
程松崖先生眼科應驗良方 …………… 2－92
筆花醫鏡四卷…………………………… 2－106
筆花醫鏡四卷…………………………… 2－107
筆花醫鏡四卷…………………………… 2－107

筆花醫鏡(衛生便覽)二卷 ………… 2－106
筆花醫鏡(衛生便覽)四卷 ………… 2－106
筆花醫鏡(衛生便覽)四卷 ………… 2－106
備用藥物一卷經驗簡便良方一卷 …… 2－66
備用藥物一卷經驗簡便良方一卷 …… 2－66
備急千金要方三十卷千金翼方三十卷 …………………………………… 2－60
備急千金要方三十卷千金翼方三十卷 …………………………………… 2－60
備急灸法一卷 ………………………… 2－98
傅氏眼科審視瑤函六卷首一卷 ……… 2－92
傅氏眼科審視瑤函六卷首一卷 ……… 2－92
傅氏眼科審視瑤函六卷首一卷 ……… 2－92
傅氏眼科審視瑤函六卷首一卷 ……… 2－92
傅氏眼科審視瑤函六卷首一卷 ……… 2－92
傅氏眼科審視瑤函六卷首一卷 ……… 2－92
傅氏眼科審視瑤函六卷首一卷 ……… 2－95
傅氏眼科審視瑤函六卷首一卷 ……… 2－95
傅氏眼科審視瑤函六卷首一卷 ……… 2－95
傅氏眼科審視瑤函六卷首一卷 ……… 2－95
傅氏眼科審視瑤函六卷首一卷 ……… 2－95
傅青主女科二卷 ……………………… 2－80
傅青主女科二卷 ……………………… 2－80
傅青主女科二卷附産後編二卷 ……… 2－80
傅青主女科二卷附産後編二卷 ……… 2－80
傅青主男科 …………………………… 2－79
傅青主男科 …………………………… 2－79
傅青主男科二卷 ……………………… 2－77
傅青主男科二卷 ……………………… 2－79
傅青主男科二卷女科二卷産後編二卷 …………………………………… 2－111
傅青主男科二卷女科二卷産後編二卷 …………………………………… 2－114
傅青主男科二卷附女科産後編二卷小兒科 ………………………………… 2－79
傅青主男科二卷附女科補遺 ………… 2－79
集古良方十二卷 ……………………… 2－62
集古良方十二卷 ……………………… 2－62
集驗良方三卷 ………………………… 2－54
集驗良方三卷 ………………………… 2－68
集驗良方六卷 ………………………… 2－62
集驗良方六卷 ………………………… 2－68
集驗良方拔萃二卷續補一卷 ………… 2－65
集驗良方拔萃二卷續補一卷 ………… 2－65
集驗良方拔萃二卷續補一卷 ………… 2－65
集驗良方拔萃二卷續補一卷 ………… 2－68
集驗良方拔萃二卷續補一卷 ………… 2－68
集驗簡易良方四卷 …………………… 2－64
集驗簡易良方四卷 …………………… 2－64
御批歷代通鑑輯覽一百二十卷 ……… 2－120
御批歷代通鑑輯覽一百二十卷 ……… 2－120
御纂周易折中二十二卷 ……………… 2－119
御纂醫宗金鑑 ………………………… 2－79
御纂醫宗金鑑九十卷 ………………… 2－46
御纂醫宗金鑑九十卷 ………………… 2－46
御纂醫宗金鑑九十卷 ………………… 2－46
御纂醫宗金鑑九十卷 ………………… 2－52
御纂醫宗金鑑九十卷 ………………… 2－52
御纂醫宗金鑑九十卷首一卷 ………… 2－46
御纂醫宗金鑑九十卷首一卷 ………… 2－115
御纂醫宗金鑑九十卷首一卷 ………… 2－115
欽定古今圖書集成醫部全錄 ………… 2－115
欽定四庫全書附存目錄十卷 ………… 2－120
欽定四庫全書提要醫家類 …………… 2－119
欽定續通志六百四十卷 ……………… 2－120
創傷方 ………………………………… 2－92
飲饌服食牋三卷 ……………………… 2－105
評選繼志堂醫案二卷 ………………… 2－115
診家樞要一卷 ………………………… 2－103
診餘舉隅錄二卷 ……………………… 2－117
註解傷寒論十卷 ……………………… 2－47
註解傷寒論十卷 ……………………… 2－69
註解傷寒論十卷 ……………………… 2－70
註禮堂醫學舉要四卷 ………………… 2－108
註禮堂醫學舉要四卷 ………………… 2－108
痘科玉函集六卷 ……………………… 2－48
痘科扼要 ……………………………… 2－49
痘科溫故集二卷 ……………………… 2－50
痘科彙編四卷附痲科彙編 …………… 2－88
痘科醫書 ……………………………… 2－86
痘科類編釋意三卷 …………………… 2－84
痘科類編釋意三卷 …………………… 2－84

痘症秘書二卷 …………………………… 2－88
痘症精言四卷 …………………………… 2－54
痘症精言四卷 …………………………… 2－85
痘症纂要三卷 …………………………… 2－52
痘疹心法歌訣 …………………………… 2－88
痘疹心法纂要秘本 ……………………… 2－55
痘疹正宗二卷 …………………………… 2－50
痘疹正宗二卷 …………………………… 2－53
痘疹正宗二卷 …………………………… 2－54
痘疹正宗二卷 …………………………… 2－88
痘疹世醫心法十二卷附痘疹碎金賦
　二卷 ………………………………… 2－46
痘疹全集十五卷………………………… 2－113
痘疹金鏡錄八卷 ………………………… 2－50
痘疹定論 ………………………………… 2－88
痘疹定論二卷 …………………………… 2－88
痘疹定論二卷 …………………………… 2－98
痘疹定論四卷 …………………………… 2－49
痘疹定論四卷 …………………………… 2－49
痘疹定論四卷 …………………………… 2－84
痘疹定論四卷 …………………………… 2－84
痘疹指南(痘疹正宗)四卷 ……………… 2－88
痘疹活幼心法 …………………………… 2－84
痘疹活幼心法 …………………………… 2－84
痘疹專門二卷 …………………………… 2－85
痘疹集成四卷附痲疹集成二卷 ……… 2－88
痘疹集成四卷麻疹集成二卷 ………… 2－88
痘疹傳心錄十九卷 ……………………… 2－54
痘疹傳薪七卷 …………………………… 2－53
痘疹會通五卷 …………………………… 2－50
痘疹會通五卷 …………………………… 2－85
痘疹會通五卷 …………………………… 2－85
痘疹詩賦二卷 …………………………… 2－85
痘疹詩賦二卷 …………………………… 2－85
痘疹慈航二卷附萬密齋先生痘麻 …… 2－84
痘疹慈航二卷附萬密齋先生痘麻 …… 2－84
痘疹譜 …………………………………… 2－88
痘家心印 ………………………………… 2－84
痘麻定論四卷附醫說 ………………… 2－84
痘學真傳八卷 …………………………… 2－84
痘學真傳八卷附疹論痧賦 …………… 2－50
痘證慈航附種子金丹 ………………… 2－88
痘證寶筏六卷 …………………………… 2－85
痢症三字訣一卷 ………………………… 2－74
痢症探源一卷附喉風痧毒瘋犬 ……… 2－76
痢疾論四卷 ……………………………… 2－76
痢疾論歌括 ……………………………… 2－76
痢證匯參十卷 …………………………… 2－76
痢證滙粂十卷 …………………………… 2－78
痧症全書三卷 …………………………… 2－67
痧症全書三卷 …………………………… 2－67
痧症全書三卷 …………………………… 2－67
痧症全書三卷 …………………………… 2－67
痧症全書三卷 …………………………… 2－76
痧症全書三卷 …………………………… 2－76
痧症全書三卷 …………………………… 2－76
痧症發微二卷附張氏醫通番痧 ……… 2－76
痧症彙要四卷 …………………………… 2－76
痧喉正義一卷 …………………………… 2－96
痧喉正義一卷 …………………………… 2－97
痧喉證治彙言 …………………………… 2－94
痧脹玉衡書三卷末一卷 ……………… 2－76
痧脹玉衡書三卷末一卷 ……………… 2－76
痧脹源流 ………………………………… 2－76
痧痘集解六卷 …………………………… 2－67
痧賬玉衡全書三卷末一卷 …………… 2－78
痧證指微 ………………………………… 2－76
善成堂增訂士材三書…………………… 2－114
普門醫品四十八卷補遺四卷 ………… 2－49
普濟本事方十卷 ………………………… 2－54
普濟應驗良方八卷 ……………………… 2－63
普濟應驗良方八卷 ……………………… 2－63
普濟應驗良方八卷 ……………………… 2－63
道元一炁保生秘要合抄 ……………… 2－53
遂生編一卷福幼編一卷 ……………… 2－86
曾氏秘傳跌打損傷神驗方 …………… 2－92
馮氏錦囊秘錄 …………………………… 2－52
馮氏錦囊秘錄…………………………… 2－111
馮氏錦囊秘錄…………………………… 2－113
寒溫疫解 ………………………………… 2－78
寓意草 …………………………………… 2－50
寓意草 …………………………………… 2－50

寓意草 ………………………………… 2－115
寓意草 ………………………………… 2－115
寓意草 ………………………………… 2－115
寓意草 ………………………………… 2－116
寓意草註釋四卷 ……………………… 2－116
運氣易覽三卷 ………………………… 2－46
補三國藝文志四卷 …………………… 2－120
補晉兵志一卷 ………………………… 2－120
補註黄帝内經素問二十四卷 ………… 2－55
補註黄帝内經素問二十四卷素問遺
篇一卷 ……………………………… 2－55
補註瘟疫論四卷 ……………………… 2－51
補註瘟疫論四卷 ……………………… 2－74
補註釋文黄帝内經素問十二卷 ……… 2－45
補註釋文黄帝内經素問十二卷素問
遺篇一卷 …………………………… 2－45
絳雪園古方選註 ……………………… 2－62
絳雪園古方選註 ……………………… 2－62
絳雪園古方選註 ……………………… 2－62
絳囊撮要五卷 ………………………… 2－62
幾希錄良方合璧不分卷 ……………… 2－66
幾希錄良方合璧不分卷 ……………… 2－66

十三畫

瑞竹堂經驗方五卷補遺一卷 ………… 2－61
蒼生司命八卷首一卷藥性一卷 ……… 2－50
楹書隅錄五卷續編四卷 ……………… 2－121
楹書隅錄五卷續編四卷 ……………… 2－121
較正醫林狀元壽世保元十卷 ………… 2－103
雷公炮製藥性解六卷 ………………… 2－60
雷公炮製藥性賦解六卷 ……………… 2－60
雷公炮製藥性賦解六卷 ……………… 2－60
雷公炮製藥性賦解六卷 ……………… 2－60
雷公炮製藥性賦解六卷 ……………… 2－68
雷公炮製藥性賦解六卷 ……………… 2－68
雷公藥性賦四卷 ……………………… 2－60
當歸草堂醫學叢書初編 ……………… 2－109
嵩厓尊生書十五卷 …………………… 2－109
嵩厓尊生書十五卷 …………………… 2－109
嵩厓尊生書十五卷 …………………… 2－109
傳古應驗良方 ………………………… 2－67
傳信適用方四卷 ……………………… 2－61
傳症彙編 ……………………………… 2－74
鼠疫抉微 ……………………………… 2－77
鼠疫良方彙編 ………………………… 2－79
鼠疫約編 ……………………………… 2－77
鼠疫約編附中西防疫新論説 ………… 2－79
鼠疫彙編 ……………………………… 2－77
鼠疫彙編 ……………………………… 2－79
傷科補要四卷 ………………………… 2－92
傷科補要四卷 ………………………… 2－92
傷寒大白四卷總論一卷 ……………… 2－50
傷寒大白四卷總論一卷 ……………… 2－71
傷寒大白四卷總論一卷 ……………… 2－71
傷寒五法四卷 ………………………… 2－69
傷寒六書 ……………………………… 2－47
傷寒六書 ……………………………… 2－71
傷寒六書纂要辨疑四卷 ……………… 2－71
傷寒六經辨釋 ………………………… 2－69
傷寒古方通六卷 ……………………… 2－72
傷寒舌鑑一卷 ………………………… 2－69
傷寒舌鑑一卷 ………………………… 2－101
傷寒舌鑑一卷 ………………………… 2－101
傷寒舌鑑一卷 ………………………… 2－102
傷寒明理論三卷方論一卷 …………… 2－71
傷寒明理論三卷傷寒明理藥方論一
卷 …………………………………… 2－71
傷寒明理論四卷 ……………………… 2－47
傷寒明理論四卷 ……………………… 2－69
傷寒明理論四卷 ……………………… 2－70
傷寒卒病論讀不分卷 ………………… 2－70
傷寒治驗九十論 ……………………… 2－69
傷寒指掌(感症寶筏)四卷 …………… 2－67
傷寒指掌(感症寶筏)四卷 …………… 2－72
傷寒活人指掌提綱 …………………… 2－53
傷寒真方歌括六卷 …………………… 2－72
傷寒真詮方義三卷 …………………… 2－72
傷寒秘 ………………………………… 2－69
傷寒秘論 ……………………………… 2－72
傷寒兼證析義一卷 …………………… 2－69
傷寒兼證析義一卷附錄一卷 ………… 2－72

傷寒第一書四卷附餘二卷 …………… 2－71
傷寒補亡論二十卷 ……………………… 2－71
傷寒尋源三集 …………………………… 2－72
傷寒溫疫抉要五卷 ……………………… 2－75
傷寒準繩八卷 …………………………… 2－72
傷寒經集解九卷首一卷 ……………… 2－70
傷寒說意十卷首一卷 ………………… 2－69
傷寒說意十卷首一卷 ………………… 2－70
傷寒說意十卷首一卷 ………………… 2－71
傷寒說意十卷首一卷 ………………… 2－72
傷寒說意十卷首一卷 ………………… 2－72
傷寒瘟疫條辯六卷 ……………………… 2－51
傷寒瘟疫條辯(寒溫條辨)六卷 ……… 2－75
傷寒緒論三卷 …………………………… 2－69
傷寒撮要四卷 …………………………… 2－72
傷寒撮要四卷 …………………………… 2－72
傷寒賦 …………………………………… 2－72
傷寒論三註十七卷附傷寒醫方歌訣
一卷 ………………………………… 2－49
傷寒論三註十六卷 ……………………… 2－49
傷寒論三註十六卷 ……………………… 2－70
傷寒論三註十六卷 ……………………… 2－70
傷寒論本義十八卷首一卷末一卷 …… 2－67
傷寒論本義十八卷首一卷末一卷 …… 2－70
傷寒論直解六卷 ………………………… 2－70
傷寒論直解六卷附傷寒附餘一卷 …… 2－70
傷寒論後條辨十五卷 ………………… 2－50
傷寒論條辨八卷附本草抄一卷或問
一卷痙書一卷 ……………………… 2－51
傷寒論淺註補正七卷首一卷 ………… 2－71
傷寒論淺註補正七卷首一卷 ………… 2－71
傷寒論集註六卷 ………………………… 2－49
傷寒論集註六卷 ………………………… 2－69
傷寒論註來蘇集八卷 ………………… 2－50
傷寒論註來蘇集八卷 ………………… 2－55
傷寒論註來蘇集八卷 ………………… 2－70
傷寒論註來蘇集八卷 ………………… 2－70
傷寒論註來蘇集八卷 ………………… 2－70
傷寒論註來蘇集八卷 ………………… 2－70
傷寒論註來蘇集六卷 ………………… 2－70
傷寒論綱目十六卷首二卷 …………… 2－70
傷寒論翼二卷 …………………………… 2－54
傷寒論類方一卷 ………………………… 2－69
傷寒論類方一卷 ………………………… 2－72
傷寒論類方一卷 ………………………… 2－72
傷寒論讀本二卷首一卷 ……………… 2－70
傷寒審症表 ……………………………… 2－72
傷寒總病論六卷 ………………………… 2－71
傷寒醫訣串解六卷 ……………………… 2－72
傷寒醫訣串解六卷 ……………………… 2－72
傷寒醫訣串解六卷十藥神書註解一
卷 …………………………………… 2－72
傷寒雜病論十六卷 ……………………… 2－73
傷寒雜病論註 …………………………… 2－89
傷寒類書活人總括七卷 ……………… 2－53
傷寒懸解十四卷 ………………………… 2－69
傷寒懸解十四卷首一卷末一卷 ……… 2－70
傷寒觀舌心法……………………………… 2－101
傷寒纘論二卷 …………………………… 2－70
會心内集二卷……………………………… 2－121
愛廬醫案…………………………………… 2－117
解毒編 …………………………………… 2－63
詩經八卷…………………………………… 2－122
詩經融注大全體要………………………… 2－123
誠書痘疹三卷 …………………………… 2－51
詳校萬病回春八卷………………………… 2－106
詳校醫宗必讀十卷………………………… 2－106
痰火點雪(紅爐點雪)四卷 …………… 2－77
新五代史七十四卷………………………… 2－124
新刊仁齋直指方論二卷 ……………… 2－46
新刊外科正宗四卷 ……………………… 2－51
新刊外科正宗四卷 ……………………… 2－95
新刊良朋彙集五卷 ……………………… 2－64
新刊良朋彙集五卷附補遺一卷 ……… 2－62
新刊良朋彙集五卷附補遺一卷 ……… 2－62
新刊良朋彙集五卷附補遺一卷 ……… 2－62
新刊校正大字李東垣先生珍珠囊二
卷 …………………………………… 2－63
新刊秘授外科百效全書六卷附外科
補遺秘授經驗奇方 ………………… 2－90
新刊補註釋文黃帝内經素問十二卷
附素問運氣定局立成不分卷 ……… 2－45

新刊補註釋文黃帝内經素問十二卷
素問遺篇一卷 ………………………… 2－45
新刊增補古今醫鑑六卷……………… 2－103
新刊增補萬病回春原本八卷………… 2－102
新刊增補萬病回春原本八卷………… 2－106
新刊醫林狀元壽世保元十卷 ………… 2－51
新刊醫林狀元壽世保元十卷………… 2－102
新刊醫林狀元壽世保元十卷………… 2－103
新刊醫林狀元壽世保元十卷………… 2－103
新刊醫林狀元壽世保元十卷………… 2－105
新刊醫林狀元壽世保元十卷………… 2－105
新刊醫林狀元壽世保元十卷………… 2－105
新刻陳養晦先生傷寒五法四卷 ……… 2－50
新刻雲林神彀四卷…………………… 2－103
新刻傷寒六書纂要辨疑四卷 ………… 2－71
新刻傷寒活人指掌補註辨疑三卷附
金鏡錄 ……………………………… 2－71
新刻經驗積玉單方二卷 …………… 2－48
新刻攝生總論十二卷 ……………… 2－51
新唐書二百二十五卷………………… 2－124
新鋟太醫院參訂徐氏針灸大全六卷
…………………………………………… 2－47
新編張仲景註解傷寒百證歌五卷 …… 2－72
新學偽經考十四卷…………………… 2－122
新鐫桂林醫鑑九卷…………………… 2－108
新鐫五福萬壽丹書不分卷…………… 2－105
新鐫本草醫方合編 ………………… 2－57
新鐫外科活人定本四卷 …………… 2－67
新鐫陶節庵家藏秘授傷寒六書 …… 2－47
新鐫陶節庵家藏秘授傷寒六書 …… 2－47
意解山房溫疫析疑四卷 …………… 2－75
慎柔五書五卷 ……………………… 2－77
慎柔五書五卷 ……………………… 2－79
慎疾芻言一卷………………………… 2－116
慎疾芻言一卷………………………… 2－117
慎疾芻言一卷附世補齋不謝方一卷
…………………………………………… 2－116
慈幼便覽一卷附痘疹摘錄一卷 …… 2－83
慈幼新書三種 ……………………… 2－86
慈幼新書三種 ……………………… 2－87
慈航集三元普濟方二卷 …………… 2－74
慈濟方 ……………………………… 2－61
滇南草本三卷醫門攬要二卷 ……… 2－59
溫毒病論 …………………………… 2－75
溫毒病論 …………………………… 2－75
溫疫論二卷 ………………………… 2－74
溫疫論辨義四卷 …………………… 2－75
溫疫論辨義四卷 …………………… 2－75
溫症瘢疹辨證不分卷 ……………… 2－75
溫病方論四卷 ……………………… 2－75
溫病指南二卷 ……………………… 2－74
溫病指南二卷 ……………………… 2－74
溫病條辨六卷首一卷 ……………… 2－73
溫病條辨六卷首一卷 ……………… 2－73
溫病條辨六卷首一卷 ……………… 2－73
溫病條辨六卷首一卷 ……………… 2－73
溫病條辨六卷首一卷 ……………… 2－78
溫病條辨六卷首一卷 ……………… 2－78
溫病條辨六卷首一卷 ……………… 2－78
溫病條辨症方歌括 ………………… 2－74
溫病賦 ……………………………… 2－74
溫熱經緯五卷 ……………………… 2－74
溫熱經緯五卷 ……………………… 2－74
溫熱經緯五卷 ……………………… 2－74
溫熱經緯五卷 ……………………… 2－78
溫熱贅言一卷 ……………………… 2－78
溫熱贅言一卷………………………… 2－116
溫熱贅言一卷………………………… 2－116
褚氏補遺一卷………………………… 2－112
福幼編一卷 ………………………… 2－89
福幼編一卷遂生編一卷 …………… 2－89
經方借治四卷 ……………………… 2－63
經史證類大觀本草三十一卷 ……… 2－45
經奇穴彙編…………………………… 2－105
經脈圖考四卷 ……………………… 2－99
經效產寶三卷續編一卷 …………… 2－81
經絡彙編 …………………………… 2－99
經證脈治彙别 ……………………… 2－90
經籍跋文一卷………………………… 2－121
經籍舉要一卷………………………… 2－122
經驗方鈔四卷 ……………………… 2－64
經驗良方 …………………………… 2－48

經驗良方 …………………………… 2－66
經驗良方 …………………………… 2－66
經驗良方彙編 ……………………… 2－63
經驗良方遺集附續少林點脈歌湯方
　法 ………………………………… 2－54
經驗痘疹不求人方論 ……………… 2－84
經驗瘟痧新編二卷 ………………… 2－75
經驗濟世良方十一卷 ……………… 2－48
彙集良方八卷 ……………………… 2－63

十四畫

趙輔清醫著二種 …………………… 2－89
壽世新編不分卷 …………………… 2－64
壽世醫鑑三卷……………………… 2－108
壽養叢書輯要調攝門 ……………… 2－97
蔡松汀先生救治難產神效良方 …… 2－82
熙春醫案 …………………………… 2－90
爾雅三卷…………………………… 2－119
爾雅三卷…………………………… 2－119
爾雅三卷…………………………… 2－120
爾雅翼三十二卷…………………… 2－119
摘星樓治痘全書十八卷 …………… 2－84
摘錄萬病驗方 ……………………… 2－63
閩產錄異六卷 ……………………… 2－89
圖註八十一難經辨真四卷 ………… 2－56
圖註八十一難經辨真四卷 ………… 2－56
圖註八十一難經辨真四卷 ………… 2－57
圖註八十一難經辨真四卷 ………… 2－57
圖註八十一難經辨真四卷 ………… 2－57
圖註八十一難經辨真四卷 ………… 2－57
圖註八十一難經辨真四卷 ………… 2－57
圖註王叔和脈訣四卷脈訣附方不分
　卷 ………………………………… 2－48
圖註本草醫方合編 ………………… 2－68
圖註脈訣辨真四卷………………… 2－101
圖註脈訣辨真四卷附方一卷……… 2－110
圖註難經四卷……………………… 2－113
圖註難經脈訣 ……………………… 2－51
圖註難經脈訣……………………… 2－110
圖註難經脈訣……………………… 2－110
圖註難經脈訣……………………… 2－113
圖註難經脈訣四卷附瀕湖脈學奇經
　八脈考…………………………… 2－110
圖註難經脈訣四卷附瀕湖脈學奇經
　八脈考…………………………… 2－110
種子心法附保產心法 ……………… 2－54
種痘新書十二卷 …………………… 2－88
種福堂公選良方兼刻古吳名醫精論
　四卷……………………………… 2－115
種福堂公選溫熱論醫案四卷 ……… 2－87
管氏兒女至寶 ……………………… 2－83
銅人鍼灸經七卷附校勘記一卷 …… 2－99
銀海精微二卷 ……………………… 2－48
銀海精微四卷 ……………………… 2－92
銀海精微四卷 ……………………… 2－96
說文解字三十二卷………………… 2－119
說文解字注箋十四卷……………… 2－119
說文解字徐氏繫傳四十卷附校勘記
　三卷……………………………… 2－119
說疫全書(疫痧二症合編) ………… 2－74
廣事類賦四十卷…………………… 2－120
廣博物志五十卷…………………… 2－122
廣瘟疫論(瘟疫明辨)四卷 ………… 2－74
瘍科臨證心得集三卷附方彙三卷家
　用膏丹丸散方一卷 ……………… 2－91
瘍科臨證心得集三卷附方彙三卷家
　用膏丹丸散方一卷 ……………… 2－91
瘍科臨證心得集三卷附方彙三卷家
　用膏丹丸散方一卷 ……………… 2－91
瘍科臨證心得集三卷附方彙三卷家
　用膏丹丸散方一卷 ……………… 2－91
瘍醫大全四十卷附寒門秘法 ……… 2－94
瘍醫集成 …………………………… 2－91
瘟疫方論二卷 ……………………… 2－74
瘟疫方論二卷 ……………………… 2－78
瘟疫百方 …………………………… 2－78
瘟疫扼要鄭氏遺書 ………………… 2－78
瘟疫初步歌訣 ……………………… 2－74
瘟疫明辨(廣瘟疫論)四卷 ………… 2－74
瘟疫明辨(廣瘟疫論)四卷 ………… 2－74
瘟疫明辨(廣瘟疫論)四卷 ………… 2－75

瘟疫明辨(廣瘟疫論)四卷 …………… 2－75
瘟疫明辨(廣瘟疫論)四卷 …………… 2－75
瘟疫條辨摘要一卷 …………………… 2－75
瘟疫條辨摘要一卷 …………………… 2－75
瘟疫發源附霍亂論 …………………… 2－74
瘟疫摘要三卷 ………………………… 2－75
瘟疫論二卷 …………………………… 2－78
瘟疫論二卷 …………………………… 2－78
瘟疫論二卷附補遺 …………………… 2－74
瘟疫論二卷附愈風仙丹一卷 ………… 2－74
瘟疫論補註二卷 ……………………… 2－74
瘟疫論補註二卷 ……………………… 2－74
瘟疫論補註二卷 ……………………… 2－78
瘟疫論類編五卷 ……………………… 2－54
瘟疫論類編五卷 ……………………… 2－74
瘋門全書二卷 ………………………… 2－92
齊氏家傳醫秘二卷…………………… 2－107
齊氏醫案六卷………………………… 2－117
齊氏醫書四種………………………… 2－111
鄭氏瘄科保赤金丹四卷 ……………… 2－85
漢書藝文志考證十卷………………… 2－120
隨息居重訂霍亂論二卷 ……………… 2－76
隨息居重訂霍亂論二卷 ……………… 2－76
隨息居重訂霍亂論二卷 ……………… 2－76
隨息居飲食譜 ………………………… 2－60
隨息居飲食譜 ………………………… 2－60
隨息居飲食譜 ………………………… 2－60

十五畫

慧命經 ………………………………… 2－97
慧命經………………………………… 2－105
增訂本草備要四卷 …………………… 2－53
增訂本草備要四卷 …………………… 2－57
增訂本草備要四卷 …………………… 2－58
增訂本草備要四卷 …………………… 2－58
增訂本草備要四卷 …………………… 2－59
增訂本草備要四卷 …………………… 2－59
增訂本草備要四卷附經絡歌訣湯頭
　歌訣 ………………………………… 2－59
增訂本草備要四卷附瀕湖脈訣臟腑
　經絡圖說 …………………………… 2－59
增訂治療匯要三卷附近診醫案 ……… 2－91
增訂保赤金丹四卷 …………………… 2－84
增訂胎產心法三卷 …………………… 2－88
增訂洪氏小兒一盤珠□□卷………… 2－117
增訂痘疹輯要四卷 …………………… 2－85
增註類證活人書二十二卷 …………… 2－69
增註類證活人書二十二卷 …………… 2－71
增註類證活人書二十二卷 …………… 2－71
增註類證活人書二十二卷 …………… 2－71
增補本草備要八卷湯頭歌訣一卷 …… 2－57
增補汪石山先生醫讀 ………………… 2－55
增補食物本草備考二卷 ……………… 2－59
增補剔弊五方元音…………………… 2－120
增補秘傳玉髓痘疹金鏡緣真本四卷
　……………………………………… 2－98
增補秘傳痘疹精義四卷 ……………… 2－84
增補秘傳痘疹精義四卷 ……………… 2－88
增補麻疹心法二卷 …………………… 2－88
增補痘疹玉髓金鏡錄四卷首一卷 …… 2－88
增補痘疹玉髓金鏡錄真本四卷 ……… 2－83
增補痘疹玉髓金鏡錄真本四卷 ……… 2－83
增補傳家必讀安樂銘附應驗良方一
　卷海上仙方一卷 …………………… 2－68
增補瘟疫論二卷 ……………………… 2－78
增補瘟疫論二卷 ……………………… 2－78
增補瘟疫論五卷 ……………………… 2－78
增補醫方一盤珠全集十卷…………… 2－104
增補醫方一盤珠全集十卷…………… 2－104
增補醫方一盤珠全集十卷…………… 2－106
增補醫林狀元壽世保元十卷附太乙
　神鍼………………………………… 2－103
增補醫林狀元壽世保元十卷附太乙
　神鍼………………………………… 2－105
增輯難經本義二卷 …………………… 2－56
歐蠱燃犀錄 …………………………… 2－77
遼史一百十五卷……………………… 2－124
閱微草堂筆記二十四卷……………… 2－122
衛生二要 ……………………………… 2－97
衛生要術 ……………………………… 2－97

衛生要術 …………………………… 2－97
衛生家寶產科備要八卷 ……………… 2－81
衛生鴻寶六卷 ………………………… 2－65
衛生鴻寶六卷 ………………………… 2－65
衛生寶鑑二十四卷補遺一卷………… 2－102
衛濟餘編八卷 ………………………… 2－97
衛濟寶書二卷 ………………………… 2－90
劉河間傷寒三書 ……………………… 2－47
劉河間傷寒三書……………………… 2－110
劉河間傷寒三書……………………… 2－110
劉河間傷寒三書傷寒六書…………… 2－110
劉河間傷寒六書……………………… 2－110
諸病主藥論 …………………………… 2－89
諸論傷寒八家合一十六首 …………… 2－89
諸證提綱十卷 ………………………… 2－47
調原醫案……………………………… 2－117
調燮類編四卷………………………… 2－105
瘡瘍經驗全書 ………………………… 2－94
瘡瘍經驗全書十三卷 ………………… 2－51
瘡瘍經驗全書十三卷 ………………… 2－90
瘡瘍經驗全書十三卷 ………………… 2－94
瘡瘍經驗全書六卷 …………………… 2－94
瘡瘍經驗良方 ………………………… 2－95
遵生八牋十九卷 ……………………… 2－97
遵經二卷……………………………… 2－101
導引圖 ………………………………… 2－97
豫醫雙璧……………………………… 2－110
樂餘園抱甕老人消閒錄 ……………… 2－54
編註醫學入門内集七卷首一卷……… 2－112

十六畫

靜香樓醫案 …………………………… 2－90
靜耘齋集驗方五卷 …………………… 2－63
薛氏醫按二十四種 …………………… 2－52
薛氏醫按二十四種 …………………… 2－83
薛氏醫按二十四種…………………… 2－110
輶軒語………………………………… 2－121
歷代名醫列傳………………………… 2－116
歷代職官表六卷……………………… 2－120
霍亂論二卷 …………………………… 2－76
霍亂論(霍亂轉筋)二卷 ……………… 2－76
學古診則四帙………………………… 2－100
儒門事親十五卷 ……………………… 2－45
儒門事親十五卷……………………… 2－102
錢氏小兒直訣四卷 …………………… 2－82
錢氏小兒直訣四卷 …………………… 2－82
錢氏小兒藥證直訣三卷 ……………… 2－82
錢氏小兒藥證直訣三卷 ……………… 2－82
辨症良方四卷 ………………………… 2－66
辨證冰鑑十二卷……………………… 2－106
辨證奇聞十五卷……………………… 2－106
辨證奇聞十卷………………………… 2－104
辨證錄十四卷………………………… 2－104
辨證錄十四卷………………………… 2－104
辨證錄十四卷………………………… 2－106
閻氏小兒方論一卷 …………………… 2－82
閻氏小兒方論一卷 …………………… 2－82

十七畫

藏書紀事詩六卷……………………… 2－121
藏書絕句三十二首…………………… 2－122
藏腑圖說症治要言合璧三卷………… 2－112
舊五代史一百五十卷………………… 2－124
舊唐書二百十四卷…………………… 2－123
韓氏醫通二卷………………………… 2－116
韓氏醫通二卷………………………… 2－118
臨症易知錄八卷 ……………………… 2－53
臨症經驗良方附摘錄經驗方 ………… 2－65
臨症辨似……………………………… 2－101
臨產要略 ……………………………… 2－89
臨證指南醫案十卷 …………………… 2－49
臨證指南醫案十卷…………………… 2－115
臨證指南醫案十卷附種福堂公選良
方兼刻古吳名醫精選論四卷……… 2－116
臨證指南醫案十卷附種福堂續選臨
證指南……………………………… 2－115
臨證指南醫案十卷附種福堂續選臨
證指南四卷………………………… 2－117
臨證經驗方…………………………… 2－117
嬰童百問十卷 ………………………… 2－48

螳螂拳譜 …………………………… 2－97
點血脈圖……………………………… 2－105
魏書一百三十卷…………………… 2－123
鍼灸便用一卷 ……………………… 2－99
鍼法穴道記 ………………………… 2－99
應效歌括 …………………………… 2－89
應驗眼科良方 ……………………… 2－90
療饑良方 …………………………… 2－60
濕瘟時疫治療法 …………………… 2－78
濟世良方六卷補遺四卷 …………… 2－65
濟世良方六卷補遺四卷 …………… 2－65
濟世津梁八卷 ……………………… 2－53
濟生方八卷 ………………………… 2－61
濟陰綱目十四卷 …………………… 2－54
濟陰綱目十四卷 …………………… 2－80
濟陰綱目十四卷 …………………… 2－80
濟陰綱目十四卷 …………………… 2－80
濟陰綱目十四卷 …………………… 2－80
濟陰綱目十四卷 …………………… 2－80
濟陰綱目十四卷 …………………… 2－86
濟陰綱目十四卷 …………………… 2－86
濟陰綱目十四卷 …………………… 2－86
濟陰綱目十四卷 …………………… 2－86
濟陰綱目十四卷 …………………… 2－86
濟陰綱目五卷 ……………………… 2－47
濟陰寶筏十六卷方論二卷 ………… 2－81
濟眾錄不分卷 ……………………… 2－77
濟陽綱目一百零八卷……………… 2－103
賽金丹四卷………………………… 2－107

十八畫

藝風藏書記八卷…………………… 2－121
藥方益腳所服 ……………………… 2－89
藥方集錦 …………………………… 2－68
藥性考 ……………………………… 2－59
藥性要略 …………………………… 2－90
藥性歌括 …………………………… 2－90
藥性摘錄附常用藥物一卷食物一卷
…………………………………… 2－59
藥品化義十三卷首一卷末一卷 …… 2－59
醫方考六卷附脈語二卷 …………… 2－46
醫方易簡新編六卷 ………………… 2－52
醫方易簡新編六卷 ………………… 2－65
醫方易簡新編六卷 ………………… 2－65
醫方易簡新編六卷附醫方易簡外科續編二卷大生要旨五卷續刻簡易新編新增良方一卷 ………… 2－65
醫方捷徑指南全書二卷 …………… 2－62
醫方集宜十卷 ……………………… 2－62
醫方集解二十一卷 ………………… 2－62
醫方集解二十一卷附勿藥元詮救急良方 ……………………………… 2－68
醫方集解十五卷 …………………… 2－53
醫方集解三卷 ……………………… 2－62
醫方集解三卷 ……………………… 2－62
醫方集解三卷 ……………………… 2－62
醫方集解三卷 ……………………… 2－62
醫方集解三卷 ……………………… 2－62
醫方集解不分卷 …………………… 2－62
醫方集解不分卷 …………………… 2－62
醫方集解六卷 ……………………… 2－68
醫方詩要四卷 ……………………… 2－66
醫方論四卷 ………………………… 2－66
醫方論四卷 ………………………… 2－66
醫方論四卷 ………………………… 2－66
醫方擇要二卷續集二卷 …………… 2－65
醫方辨難大成三集二百零六卷首一卷………………………………… 2－112
醫方叢話八卷附一卷 ……………… 2－66
醫方簡義六卷……………………… 2－108
醫旨緒餘二卷 ……………………… 2－47
醫旨緒餘二卷……………………… 2－118
醫旨緒餘二卷……………………… 2－118
醫巫閭子醫貫六卷 ………………… 2－48
醫林一致五卷 ……………………… 2－54
醫林改錯二卷 ……………………… 2－99
醫林改錯二卷 ……………………… 2－99
醫林改錯二卷 ……………………… 2－99
醫林改錯二卷 ……………………… 2－99
醫林改錯二卷 ……………………… 2－99
醫林改錯二卷……………………… 2－100

醫林指月十二種……………………… 2－109
醫林秘要………………………………… 2－109
醫林撮要續本 ………………………… 2－90
醫林繩墨大全九卷 …………………… 2－67
醫林纂要探源十卷…………………… 2－104
醫門法律六卷………………………… 2－103
醫門法律六卷………………………… 2－103
醫門法律六卷………………………… 2－106
醫門法律六卷………………………… 2－106
醫門棒喝初集四卷二集八卷 ………… 2－52
醫門棒喝（傷寒論本旨）二集九卷 … 2－112
醫門棒喝（傷寒論本旨）二集九卷 … 2－112
醫門集萃………………………………… 2－109
醫法心傳不分卷……………………… 2－118
醫法圓通四卷………………………… 2－108
醫法圓通四卷………………………… 2－108
醫宗己任編八卷……………………… 2－109
醫宗必讀十卷 ………………………… 2－51
醫宗必讀十卷………………………… 2－103
醫宗必讀十卷………………………… 2－103
醫宗必讀十卷………………………… 2－106
醫宗必讀五卷………………………… 2－103
醫宗必讀五卷………………………… 2－106
醫宗必讀五卷首一卷………………… 2－106
醫宗必讀五卷首一卷………………… 2－106
醫宗備要三卷………………………… 2－107
醫宗摘要四卷附折肱漫錄…………… 2－102
醫宗說約五卷首一卷………………… 2－103
醫宗說約六卷………………………… 2－103
醫宗說約六卷………………………… 2－103
醫宗說約六卷………………………… 2－106
醫要 …………………………………… 2－54
醫要集覽 ……………………………… 2－60
醫要集覽……………………………… 2－101
醫要集覽……………………………… 2－109
醫原二卷……………………………… 2－108
醫原三卷……………………………… 2－118
醫原圖說二卷 ………………………… 2－55
醫師秘笈二卷附薛生白濕熱條辨…… 2－104
醫效秘傳三卷 ………………………… 2－69
醫效秘傳三卷 ………………………… 2－70
醫效秘傳三卷………………………… 2－115
醫效秘傳三卷………………………… 2－116
醫效秘傳三卷附溫熱贅言 ………… 2－69
醫悟十二卷…………………………… 2－108
醫悟十二卷…………………………… 2－108
醫家心法一卷………………………… 2－104
醫家四要四卷………………………… 2－108
醫書目………………………………… 2－119
醫書匯參集成二十四卷……………… 2－112
醫通纂要 ……………………………… 2－53
醫理入門 ……………………………… 2－90
醫理真傳四卷………………………… 2－108
醫略十三卷 …………………………… 2－77
醫略十三卷附關格考人迎辨 ………… 2－77
醫蛇語二卷 …………………………… 2－92
醫貫六卷 ……………………………… 2－49
醫貫六卷……………………………… 2－118
醫貫砭二卷…………………………… 2－118
醫貫砭二卷…………………………… 2－118
醫鈔類編二十四卷…………………… 2－112
醫痘金丹二卷 ………………………… 2－85
醫統正脈全書………………………… 2－109
醫統正脈全書………………………… 2－109
醫解…………………………………… 2－109
醫詩必讀十二卷……………………… 2－108
醫經原旨六卷 ………………………… 2－56
醫經原旨六卷 ………………………… 2－56
醫說十卷……………………………… 2－116
醫粹精言四卷………………………… 2－118
醫綱提要八卷………………………… 2－107
醫綱總樞五卷………………………… 2－108
醫醇賸義四卷………………………… 2－107
醫醇賸義四卷………………………… 2－107
醫醇賸義四卷………………………… 2－108
醫醇賸義四卷………………………… 2－108
醫論廣見 ……………………………… 2－54
醫學一見能一卷……………………… 2－107
醫學三字經四卷……………………… 2－106
醫學三字經四卷……………………… 2－107
醫學三字經四卷……………………… 2－107
醫學五則五卷………………………… 2－114

醫學切要全集六種 …………………… 2－112
醫學心悟五卷 …………………… 2－49
醫學心悟五卷附外科十法一卷 ……… 2－104
醫學心悟五卷附外科十法一卷 ……… 2－104
醫學心悟五卷附外科十法一卷 ……… 2－104
醫學心悟五卷附外科十法一卷 ……… 2－104
醫學心悟六卷 …………………… 2－106
醫學心悟六卷 …………………… 2－106
醫學求是 …………………… 2－118
醫學求是二集醫案一卷 …………… 2－117
醫學金鍼八卷 …………………… 2－107
醫學指南五卷 …………………… 2－108
醫學指津五卷 …………………… 2－54
醫學指掌二卷 …………………… 2－109
醫學秘笈二卷 …………………… 2－109
醫學捷要□□卷 …………………… 2－110
醫學探驪集六卷 …………………… 2－108
醫學從眾錄八卷 …………………… 2－107
醫學啟蒙彙編六卷附方藥治證提綱
…………………… 2－49
醫學啓蒙彙編六卷 …………………… 2－103
醫學答問四卷 …………………… 2－118
醫學備忘 …………………… 2－79
醫學集成四卷 …………………… 2－108
醫學集成四卷 …………………… 2－108
醫學發明一卷 …………………… 2－77
醫學匯海三十六卷首一卷 …………… 2－107
醫學摘要一卷 …………………… 2－107
醫學摘粹八卷 …………………… 2－110
醫學實在易八卷 …………………… 2－107
醫學實在易八卷 …………………… 2－107
醫學實在易八卷 …………………… 2－107
醫學實在易八卷 …………………… 2－107
醫學綱目四十卷 …………………… 2－53
醫學篇四卷 …………………… 2－108
醫學輯要四卷 …………………… 2－101
醫學輯要四卷 …………………… 2－101
醫學講義 …………………… 2－109
醫學讀書記三卷 …………………… 2－118
醫燈集焰二卷 …………………… 2－108
醫燈續焰二十一卷 …………………… 2－51
醫藥方雜抄 …………………… 2－89
醫藥鏡 …………………… 2－109
醫醫瑣言 …………………… 2－118
醫壘元戎一卷 …………………… 2－102
闕待新編二卷 …………………… 2－85
簡明中西匯參醫學圖說 …………… 2－102
雙梅景闇叢書 …………………… 2－112
翻症急救 …………………… 2－78
雜記驗方 …………………… 2－89
雜病源流犀燭三十卷首二卷 ……… 2－114
癖好堂收藏金石書目 …………… 2－121

十九畫

難經本義二卷 …………………… 2－56
難經經釋二卷 …………………… 2－114
難經懸解二卷 …………………… 2－56
蘇存德堂丸散膏丹全錄 …………… 2－67
蘇沈内翰良方十卷 …………………… 2－61
蘇沈内翰良方十卷 …………………… 2－61
蘇沈内翰良方十卷附良方輯要 ……… 2－53
蘇沈良方八卷 …………………… 2－61
曝書雜記三卷 …………………… 2－121
關尹子 …………………… 2－122
韡園醫書六種 …………………… 2－109
羅氏會約醫鏡二十卷 …………… 2－112
證治集解四卷 …………………… 2－71
證治準繩 …………………… 2－52
證治準繩 …………………… 2－52
證治彙補八卷 …………………… 2－77
證治鍼經四卷 …………………… 2－107
類集兒科大全 …………………… 2－83
類經三十二卷圖翼十一卷附翼四卷
…………………… 2－45
類經三十二卷圖翼十一卷附翼四卷
…………………… 2－56
類經圖翼十一卷 …………………… 2－52
類證治裁八卷首一卷附一卷 ……… 2－107
類證治裁八卷首一卷附一卷 ……… 2－107
類證治裁八卷首一卷附一卷 ……… 2－107
類證普濟本事方十卷 …………… 2－61

瀕湖脈學一卷奇經八脈考一卷 ……… 2－57
瀕湖脈學附奇經八脈考……………… 2－101
瀕湖脈學附奇經八脈考脈訣考證…… 2－100
瀕湖脈學奇經八脈考 ……………… 2－46
繪圖按摩經 ……………………………… 2－98

二十畫

蘭臺軌範八卷……………………………… 2－113
鐫補雷公炮製藥性解六卷 …………… 2－68
釋骨 ……………………………………… 2－53
寶樹堂舟車經驗良方二卷 …………… 2－49
寶顏堂訂正脈望八卷 ……………… 2－48

二十一畫

攝生眾妙方十一卷 ………………… 2－46
攝生眾妙方十一卷急救良方二卷 …… 2－48
臟腑經絡論治 …………………………… 2－54
臟腑證治圖說人鏡經八卷附錄二卷
　續錄二卷 ……………………………… 2－51
顧氏醫案………………………………… 2－115
鶴圃堂治驗……………………………… 2－118
［同治］續天津縣誌二十卷 ………… 2－120
續古文辭類纂三十四卷………………… 2－122
續名醫類案三十六卷…………………… 2－116
續命膠初編 ……………………………… 2－66
續刻經驗奇方 …………………………… 2－63

二十二畫

攢花小堂經驗方 ……………………… 2－53
讀書敏求記四卷…………………………… 2－121
讀醫隨筆六卷 …………………………… 2－118

二十三畫

驗方不分卷 ……………………………… 2－57
驗方秘術 ………………………………… 2－64
驗方新編十六卷 ………………………… 2－65
驗方新編十六卷 ………………………… 2－67
驗方新編十六卷 ………………………… 2－67
驗方新編十六卷 ………………………… 2－67
驗方新編十六卷 ………………………… 2－67
驗方新編十六卷附補遺痘疹慈航 …… 2－68
驗方彙集八卷續集四卷 ……………… 2－66
驗方彙輯 ………………………………… 2－51
驗方撮要二卷 …………………………… 2－64
癰疽方 …………………………………… 2－91
癰疽神秘驗方一卷 ……………………… 2－91

二十四畫

靈素提要淺註十二卷 ………………… 2－56
靈樞經十卷 ……………………………… 2－55
靈樞經九卷 ……………………………… 2－55
靈樞經九卷 ……………………………… 2－57

二十五畫

顱顖經二卷 ……………………………… 2－82
顱顖經二卷 ……………………………… 2－82

《天津大學圖書館古籍普查登記目録》
書名筆畫字頭索引

二畫

二 …… 237

三畫

工 …… 237

四畫

水 …… 237

五畫

平 …… 237

六畫

西 …… 237

八畫

物 …… 237
岳 …… 237
周 …… 237

九畫

施 …… 237

十畫

通 …… 237

十二畫

琵 …… 237
閑 …… 237
御 …… 237
測 …… 237
曾 …… 237

十三畫

經 …… 237

十五畫

歐 …… 237

十六畫

歷 …… 237

《天津大學圖書館古籍普查登記目録》
書名筆畫索引

二畫

二銘草堂金石聚十六卷首一卷……… 2－127

三畫

工程做法七十四卷……………………… 2－127

四畫

水經注圖四十卷………………………… 2－127

五畫

平山堂圖志十卷………………………… 2－127

六畫

西京雜記二卷…………………………… 2－127
西清續鑑二十卷………………………… 2－127
西湖志四十八卷………………………… 2－127

八畫

物料價值四卷…………………………… 2－127
岳忠武王文集八卷……………………… 2－127
周易本義四卷…………………………… 2－127

九畫

施注蘇詩四十六卷……………………… 2－127

十畫

通闕文二卷……………………………… 2－127

十二畫

琵琶記六卷……………………………… 2－127
閑情偶寄六卷…………………………… 2－127
御纂周易折中二十二卷………………… 2－127
測海山房二百三十五卷………………… 2－127
曾文正公全集一百四十六卷…………… 2－127

十三畫

經濟尋源十二卷………………………… 2－127

十五畫

歐陽文忠公全集一百五十八卷……… 2－127

十六畫

歷代帝王年表二卷……………………… 2－127

《天津社會科學院圖書館古籍普查登記目録》
書名筆畫字頭索引

一畫

一 …… 251
乙 …… 251

二畫

二 …… 251
十 …… 251
丁 …… 251
七 …… 251
八 …… 251
人 …… 251
入 …… 251
九 …… 251
又 …… 251

三畫

三 …… 251
于 …… 251
工 …… 251
士 …… 251
土 …… 251
大 …… 251
上 …… 252
口 …… 252
山 …… 252
千 …… 252
川 …… 252
己 …… 252
也 …… 252
女 …… 252
小 …… 252
孑 …… 253

四畫

王 …… 253
天 …… 253
元 …… 253
廿 …… 253
木 …… 253
五 …… 253
不 …… 253
太 …… 253
友 …… 253
比 …… 253
切 …… 254
止 …… 254
少 …… 254
日 …… 254
中 …… 254
内 …… 254
午 …… 254
毛 …… 254
爪 …… 254
介 …… 254
父 …… 254
今 …… 254
公 …… 254
月 …… 254
丹 …… 254
六 …… 254
文 …… 254
方 …… 255
心 …… 255
引 …… 255
孔 …… 255
水 …… 255

五畫

玉 …… 255
刊 …… 255
示 …… 255
正 …… 255
甘 …… 255
世 …… 255
古 …… 255
本 …… 255
丙 …… 255
左 …… 255
石 …… 256
右 …… 256
戊 …… 256
平 …… 256
北 …… 256
目 …… 256
甲 …… 256
史 …… 256
四 …… 256
代 …… 257
仙 …… 257
白 …… 257
令 …… 257
印 …… 257
句 …… 257
外 …… 257
包 …… 257
半 …… 257
永 …… 257
民 …… 257
出 …… 257

六畫

刑 …… 257
圭 …… 257
吉 …… 257
考 …… 257
老 …… 257
地 …… 257
吏 …… 257
西 …… 257
在 …… 257
百 …… 258
有 …… 258
存 …… 258
列 …… 258
成 …… 258
尗 …… 258
光 …… 258
同 …… 258
因 …… 258
屺 …… 258
年 …… 258
朱 …… 258
先 …… 258
竹 …… 258
延 …… 258
仲 …… 258
任 …… 258
仿 …… 258
自 …… 258
向 …… 258
行 …… 258
舟 …… 258
全 …… 258
合 …… 258
刖 …… 258
危 …… 258
各 …… 258
名 …… 258
多 …… 258
交 …… 259
州 …… 259
汗 …… 259
江 …… 259
池 …… 259
守 …… 259
安 …… 259

冰 …… 259
字 …… 259
防 …… 259
那 …… 259

七畫

赤 …… 259
孝 …… 259
邯 …… 259
芸 …… 259
芷 …… 259
花 …… 259
杜 …… 259
杏 …… 259
李 …… 259
豆 …… 259
批 …… 259
折 …… 259
抑 …… 259
求 …… 259
步 …… 259
見 …… 259
困 …… 259
呂 …… 259
吳 …… 260
利 …… 260
我 …… 260
邱 …… 260
何 …… 260
作 …… 260
近 …… 260
返 …… 260
余 …… 260
豸 …… 260
含 …… 260
角 …… 260
彤 …… 260
辛 …… 260
弟 …… 260
泠 …… 260
汪 …… 260
汾 …… 260
沈 …… 260
宋 …… 260
初 …… 260
即 …… 260
阿 …… 260
附 …… 260
妙 …… 260
邵 …… 260

八畫

奉 …… 261
武 …… 261
青 …… 261
長 …… 261
坦 …… 261
亞 …… 261
取 …… 261
英 …… 261
直 …… 261
苔 …… 261
林 …… 261
來 …… 261
松 …… 261
東 …… 261
剌 …… 262
兩 …… 262
雨 …… 262
奇 …… 262
抱 …… 262
拙 …… 262
招 …… 262
虎 …… 262
尚 …… 262
味 …… 262
昌 …… 262
明 …… 262
易 …… 262
典 …… 262

固 …… 262
呻 …… 262
岩 …… 262
岡 …… 262
知 …… 262
牧 …… 262
物 …… 263
乖 …… 263
和 …… 263
秇 …… 263
使 …… 263
兒 …… 263
佩 …… 263
依 …… 263
阜 …… 263
金 …… 263
念 …… 263
周 …… 263
京 …… 263
庚 …… 263
刻 …… 263
怡 …… 264
法 …… 264
河 …… 264
泖 …… 264
波 …… 264
治 …… 264
宗 …… 264
定 …… 264
宜 …… 264
官 …… 264
郎 …… 264
居 …… 264
屈 …… 264
弢 …… 264
姓 …… 264
承 …… 264
孟 …… 264
孤 …… 264

九畫

奏 …… 264
春 …… 264
城 …… 265
政 …… 265
某 …… 265
荊 …… 265
草 …… 265
荀 …… 265
茗 …… 265
胡 …… 265
茹 …… 265
南 …… 265
查 …… 265
柏 …… 265
柳 …… 265
勑 …… 265
咸 …… 265
奎 …… 265
拾 …… 265
省 …… 265
星 …… 265
昨 …… 265
昭 …… 265
虹 …… 265
思 …… 265
幽 …… 265
香 …… 265
秋 …… 265
科 …… 266
重 …… 266
段 …… 266
保 …… 266
俄 …… 266
皇 …… 266
泉 …… 266
禹 …… 267
追 …… 267
後 …… 267

俞 …… 267
弇 …… 267
食 …… 267
負 …… 267
勉 …… 267
急 …… 267
亭 …… 267
庭 …… 267
帝 …… 267
恒 …… 267
恤 …… 267
恪 …… 267
美 …… 267
前 …… 267
逆 …… 267
洪 …… 267
洗 …… 267
洛 …… 267
洨 …… 267
洋 …… 267
津 …… 267
宣 …… 267
宦 …… 267
客 …… 267
軍 …… 267
扁 …… 267
祇 …… 267
祕 …… 267
退 …… 267
既 …… 267
咫 …… 268
陝 …… 268
姚 …… 268
飛 …… 268
癸 …… 268
紅 …… 268
約 …… 268
紀 …… 268

十畫

馬 …… 268
泰 …… 268
珠 …… 268
起 …… 268
袁 …… 268
都 …… 268
恥 …… 268
華 …… 268
莫 …… 268
莊 …… 268
莅 …… 268
荻 …… 268
桂 …… 268
桐 …… 268
格 …… 268
校 …… 268
栩 …… 268
夏 …… 268
晉 …… 268
時 …… 268
財 …… 268
眠 …… 268
恩 …… 268
郰 …… 268
乘 …… 268
秘 …… 268
倚 …… 268
候 …… 269
倭 …… 269
俾 …… 269
倦 …… 269
健 …… 269
息 …… 269
徐 …… 269
殷 …… 269
倉 …… 269
翁 …… 269
留 …… 269
記 …… 269
訒 …… 269
高 …… 269
病 …… 269

唐 …… 269
悔 …… 269
拳 …… 269
浙 …… 269
涉 …… 269
消 …… 269
海 …… 269
家 …… 269
容 …… 269
宰 …… 269
祥 …… 270
書 …… 270
展 …… 270
陸 …… 270
陳 …… 270
陰 …… 270
陶 …… 270
恕 …… 270
通 …… 270
務 …… 270
孫 …… 270

十一畫

理 …… 270
教 …… 270
培 …… 270
埽 …… 270
聊 …… 270
黄 …… 271
菜 …… 271
菊 …… 271
萍 …… 271
乾 …… 271
梧 …… 271
梅 …… 271
堅 …… 271
帶 …… 271
硃 …… 271
瓠 …… 271
盛 …… 271
雪 …… 271
遊 …… 271
授 …… 271
救 …… 271
敝 …… 271
常 …… 271
問 …… 271
晚 …… 271
國 …… 271
崑 …… 271
崇 …… 271
笥 …… 271
第 …… 271
敏 …… 271
偵 …… 271
從 …… 271
船 …… 271
欲 …… 272
脞 …… 272
逸 …… 272
許 …… 272
訟 …… 272
庸 …… 272
康 …… 272
章 …… 272
商 …… 272
望 …… 272
情 …… 272
惜 …… 272
清 …… 272
淮 …… 272
淡 …… 272
深 …… 272
梁 …… 272
淥 …… 272
涵 …… 272
淄 …… 272
寄 …… 272
寃 …… 272
視 …… 272
張 …… 272

強 …… 272
隋 …… 273
陽 …… 273
参 …… 273
鄉 …… 273

十二畫

貳 …… 273
琴 …… 273
瑯 …… 273
項 …… 273
越 …… 273
博 …… 273
彭 …… 273
斯 …… 273
欺 …… 273
萬 …… 273
董 …… 273
敬 …… 273
椒 …… 273
惠 …… 273
硤 …… 273
雁 …… 273
殘 …… 273
雲 …… 273
揚 …… 273
提 …… 273
援 …… 273
雅 …… 273
紫 …… 273
虛 …… 273
棠 …… 273
鼎 …… 273
開 …… 273
閑 …… 273
閒 …… 273
景 …… 273
喁 …… 273
喟 …… 273
黑 …… 274
圍 …… 274
無 …… 274
傅 …… 274
順 …… 274
集 …… 274
焦 …… 274
御 …… 274
復 …… 274
須 …… 274
舒 …… 274
鉅 …… 274
鈍 …… 274
欽 …… 274
舜 …… 274
勝 …… 274
觚 …… 274
詅 …… 274
註 …… 274
詠 …… 274
遊 …… 274
竢 …… 275
惲 …… 275
善 …… 275
道 …… 275
曾 …… 275
湖 …… 275
湘 …… 275
測 …… 275
淵 …… 275
游 …… 275
渾 …… 275
寒 …… 275
富 …… 275
甯 …… 275
運 …… 275
補 …… 275
尋 …… 275
畫 …… 275
孱 …… 275
疏 …… 275
登 …… 275

十三畫

瑟 …… 275
遠 …… 275
聖 …… 275
戡 …… 275
蓮 …… 275
墓 …… 276
夢 …… 276
蒼 …… 276
蓬 …… 276
蒿 …… 276
蓄 …… 276
禁 …… 276
楚 …… 276
楝 …… 276
楷 …… 276
楊 …… 276
槐 …… 276
榆 …… 276
楙 …… 276
楹 …… 276
賈 …… 276
碑 …… 276
雷 …… 276
歲 …… 276
粲 …… 276
虞 …… 276
當 …… 276
遣 …… 276
農 …… 276
罪 …… 276
蜀 …… 276
圓 …… 276
筠 …… 276
節 …… 276
與 …… 276
傳 …… 276
鼠 …… 276
粵 …… 276
微 …… 276
會 …… 276
愛 …… 276
飴 …… 276
試 …… 276
詩 …… 276
話 …… 277
詳 …… 277
稟 …… 277
廓 …… 277
靖 …… 277
新 …… 277
意 …… 277
慎 …… 277
義 …… 277
慈 …… 277
煙 …… 277
資 …… 277
滇 …… 277
滄 …… 277
滂 …… 277
媿 …… 277
預 …… 277
遜 …… 277
經 …… 277
綏 …… 277

十四畫

碧 …… 278
趙 …… 278
嘉 …… 278
臺 …… 278
壽 …… 278
慕 …… 278
蔡 …… 278
蔗 …… 278
熙 …… 278
蔚 …… 278
榕 …… 278
監 …… 278

十五畫

畿 …… 281

十六畫

駱 …… 281
駮 …… 281
駢 …… 281
燕 …… 281
薑 …… 281
薛 …… 281
頤 …… 281
鴣 …… 281
樹 …… 281
樸 …… 281
輶 …… 281
輜 …… 281
賴 …… 281
醒 …… 281
勵 …… 281
歷 …… 281
餐 …… 281
盧 …… 281
戰 …… 282
還 …… 282
默 …… 282
積 …… 282
穆 …… 282
篤 …… 282
篷 …… 282
興 …… 282
學 …… 282
儒 …… 282
衡 …… 282
錢 …… 282
雕 …… 282
獲 …… 282
獨 …… 282
諭 …… 282
諮 …… 282
龍 …… 282
懀 …… 282
澤 …… 282
澮 …… 282
濂 …… 282
憲 …… 282
寰 …… 282
禪 …… 282

十七畫

騂 …… 282
環 …… 282
戴 …… 283
蟄 …… 283
藏 …… 283
舊 …… 283
韓 …… 283
隸 …… 283
檉 …… 283
擊 …… 283
臨 …… 283
霜 …… 283
擬 …… 283
闌 …… 283
點 …… 283
魏 …… 283
徽 …… 283
龠 …… 283
爵 …… 283
谿 …… 283
鮚 …… 283
謙 …… 283
應 …… 283
鴻 …… 283
邃 …… 283
禮 …… 283
績 …… 283

十八畫

藕 …… 283
藝 …… 283

覲 …… 283
藤 …… 283
覆 …… 283
醫 …… 283
豐 …… 283
叢 …… 283
瞻 …… 283
蟲 …… 283
蟬 …… 283
韞 …… 283
簠 …… 283
雙 …… 284
邊 …… 284
歸 …… 284
謫 …… 284
顏 …… 284
燼 …… 284
織 …… 284

十九畫

勸 …… 284
蘇 …… 284
警 …… 284
蘊 …… 284
麗 …… 284
攈 …… 284
曝 …… 284
關 …… 284
嚴 …… 284
韜 …… 284
羅 …… 284
簿 …… 284
鏡 …… 284
獺 …… 284
證 …… 284
廬 …… 284
癡 …… 284
韻 …… 284
懷 …… 284
類 …… 284
瀛 …… 284
繹 …… 284
繪 …… 284
繡 …… 284

二十畫

蘭 …… 284
蘠 …… 284
獻 …… 284
闞 …… 285
籌 …… 285
纂 …… 285
覺 …… 285
釋 …… 285
觸 …… 285
寶 …… 285

二十一畫

權 …… 285
礮 …… 285
鐵 …… 285
鶴 …… 285
蠡 …… 285
續 …… 285

二十二畫

懿 …… 285
聽 …… 285
蘿 …… 285
鷗 …… 285
鑑 …… 285
龕 …… 285
讀 …… 285
龔 …… 285
鬻 …… 285

二十三畫

曬 …… 285

顯 ………………………………………… 285
籥 ………………………………………… 286
躛 ………………………………………… 286
癯 ………………………………………… 286
欒 ………………………………………… 286
變 ………………………………………… 286

二十四畫

觀 ………………………………………… 286
鹽 ………………………………………… 286
靈 ………………………………………… 286

二十六畫

灤 ………………………………………… 286

二十九畫

鬱 ………………………………………… 286

其　他

□ ………………………………………… 286

《天津社會科學院圖書館古籍普查登記目録》
書名筆畫索引

一畫

一山經說二卷雜文一卷 ……………… 2－211
一切經音義二十五卷 ………………… 2－226
一門沆瀣集賦草四卷 ………………… 2－167
一夢漫言二卷 …………………………… 2－220
一微塵集五卷 …………………………… 2－191
一鐙精舍甲部藁五卷 ………………… 2－208
乙巳年交涉要覽五卷 ………………… 2－222

二畫

二十四史九通政典類要合編三百二十卷 ………………………………… 2－166
二十四史九通政典類要合編三百二十卷 ………………………………… 2－236
二西堂叢書(張氏叢書)二十一種 … 2－224
二林居集二十四卷 …………………… 2－225
二思堂叢書六種 ……………………… 2－226
二思齋文存六卷 ……………………… 2－185
二論典故最豁集四卷 ………………… 2－135
十六國春秋一百卷 …………………… 2－143
十朝東華錄 …………………………… 2－150
十朝東華錄 …………………………… 2－162
丁公祠附建盧陽公所錄一卷 ………… 2－222
丁文誠公洋務奏稿二卷 ……………… 2－207
丁未腊出防剿匪日記 ………………… 2－148
丁亥入都紀程二卷 …………………… 2－149
七國地理考六卷 ……………………… 2－151
八旗會館新章程 ……………………… 2－155
人表考九卷附錄一卷 ………………… 2－160
入幕須知五種 ………………………… 2－166
九九消寒令譜一卷 …………………… 2－175
九朝東華錄(天命朝至道光朝)一百二十卷 ……………………………… 2－232
又希齋集四卷 ………………………… 2－179

三畫

三十二蘭亭室詩存續刻二卷 ………… 2－198
三公奏議 ……………………………… 2－209
三字孝經 ……………………………… 2－177
三字經元明附解 ……………………… 2－177
三字經注解備要二卷 ………………… 2－177
三茅真君宣化度世寶卷二卷 ………… 2－193
三松堂集二十卷年譜一卷目錄一卷 ……………………………………… 2－180
三松堂集二十卷續集六卷 …………… 2－185
三松堂續集六卷 ……………………… 2－185
[乾隆]三河縣誌十六卷首一卷 …… 2－156
三通序不分卷 ………………………… 2－138
三通序不分卷 ………………………… 2－139
三國志六十五卷 ……………………… 2－144
三國志六十五卷 ……………………… 2－165
三國志六十五卷 ……………………… 2－230
三國郡縣表八卷 ……………………… 2－143
三魚堂文集十二卷外集六卷行狀一卷崇祀錄一卷 ………………………… 2－148
三場程式 ……………………………… 2－215
于清端公政書八卷首編一卷續集一卷外集一卷 …………………………… 2－159
于湖題襟集 …………………………… 2－181
工餘雜鈔 ……………………………… 2－208
士禮居藏書題跋六卷 ………………… 2－180
土耳基志附新志 ……………………… 2－141
大元聖政國朝典章前集六十卷附新集 ………………………………………… 2－205
大元聖政國朝典章首集六十卷附新集 ………………………………………… 2－214
大字足本繡像海公小紅袍四卷四十二回 ……………………………………… 2－204

[光緒]大城縣志十二卷 …………… 2－155
[光緒]大城縣志十二卷 …………… 2－155
[光緒]大城縣志十二卷 …………… 2－155
大美國欽命會議銀價大臣條義中國新圜法覺書 ………………………… 2－170
大乘起信論直解二卷 ……………… 2－218
大清一統志四百二十四卷 ………… 2－171
大清一統志四百二十四卷 ………… 2－171
大清太宗應天興國弘德彰武寬溫仁聖睿孝敬敏昭定隆道顯功文皇帝聖訓六卷 ………………………… 2－240
大清太祖承天廣運聖德神功肇紀立極仁孝睿武端毅欽安弘文定業高皇帝聖訓四卷 ……………………… 2－240
大清中外壹統輿圖十六卷 ………… 2－149
大清中樞備覽二卷 ………………… 2－170
大清仁宗受天興運敷化綏猷崇文經武孝恭勤儉端敏英哲睿皇帝聖訓一百十卷 ……………………………… 2－163
大清文宗協天翊運執中垂謨懋德振武聖孝淵恭端仁寬敏顯皇帝聖訓一百十卷 ……………………………… 2－150
大清世宗敬天昌運建中表正文武英明寬仁信毅大孝至誠憲皇帝聖訓三十六卷 ……………………………… 2－240
大清世祖體天隆運定統建極英睿欽文顯武大德弘功至仁純孝章皇帝聖訓六卷 ……………………………… 2－240
大清光緒新法令 …………………… 2－173
大清高宗法天隆運至誠先覺體元立極敷文奮武孝慈神聖純皇帝聖訓三百卷 ………………………………… 2－151
大清現行刑律三十六卷首一卷附錄一卷 ……………………………… 2－166
大清現行刑律案語 ………………… 2－164
大清現行刑律案語 ………………… 2－176
大清國大英國會議條款 …………… 2－147
大清聖祖合天弘運文武睿哲恭儉寬裕孝敬誠信中和功德大成仁皇帝聖訓六十卷 ……………………… 2－240
大清整頓幣制與辦實業借款合同 …… 2－137
大清穆宗繼天開運受中居正保大定功聖智誠孝信敏恭寬毅皇帝聖訓一百六十卷 …………………… 2－151
大清鑛務章程十五章 ……………… 2－238
大雲山房文藁初集四卷二集四卷言事二卷 ……………………………… 2－205
大還閣琴譜六卷溪山琴況一卷 ……… 2－217
大學一卷中庸一卷 ………………… 2－150
大學衍義補一百六十卷目錄一卷首一卷 ……………………………… 2－136
上張香濤宮保書 …………………… 2－214
[乾隆]口北三廳志十六卷首一卷 … 2－154
山右金石錄 ………………………… 2－240
山西志輯要十卷首一卷 …………… 2－235
山東收回礦權案二卷 ……………… 2－238
山東軍興紀畧二十二卷 …………… 2－149
山東泰安府萊蕪縣現行簡明賦役全書(同治六年) ………………… 2－169
山東運河備覽十二卷圖說一卷 ……… 2－160
山東鹽法志二十二卷首一卷附編援證十卷 ……………………………… 2－241
山門新語五学 ……………………… 2－207
千字文 ……………………………… 2－178
千里樓詩草一卷 …………………… 2－193
千里樓詩草一卷 …………………… 2－203
千家詩四卷 ………………………… 2－203
千甓亭磚錄六卷 …………………… 2－239
川漢鐵路總公司集股章程六章 ……… 2－162
己酉避亂錄一卷附校勘記一卷 ……… 2－148
也是集一卷 ………………………… 2－183
也是集一卷 ………………………… 2－183
也是集一卷 ………………………… 2－183
也是集續編一卷 …………………… 2－183
也是集續編一卷 …………………… 2－186
女兒書輯八種 ……………………… 2－135
小木子詩三刻 ……………………… 2－197
小方壺齋輿地叢鈔十二帙 ………… 2－159
小方壺齋輿地叢鈔十二帙補編十二帙再補編十二帙 ………………… 2－162
小石詩鈔六卷補編一卷 …………… 2－206
小西腴山館詩鈔三編二卷 ………… 2－195

小亞細亞志附新志……………………… 2－141
小知錄十二卷……………………………… 2－223
小知錄十二卷……………………………… 2－223
小兒語摘抄說意…………………………… 2－227
小清容山館詞鈔二卷……………………… 2－190
小鄒魯居詩集七卷………………………… 2－198
小爾雅約注一卷…………………………… 2－178
小學中史圖說上編………………………… 2－176
小學紺珠十卷……………………………… 2－135
小學鉤沈十九卷…………………………… 2－178
小學韻語一卷……………………………… 2－220
孑遺錄一卷………………………………… 2－143

四畫

王介山古文五卷…………………………… 2－204
王文直公遺集六卷首一卷………………… 2－189
王文敏公奏疏一卷………………………… 2－212
王文敏公奏疏一卷………………………… 2－213
王竹舫書目及雜著三篇…………………… 2－178
王伯唐遺墨………………………………… 2－216
王侍郎奏議十卷…………………………… 2－213
王建詩集十卷……………………………… 2－172
天下郡國利病書一百二十卷……………… 2－164
天下郡國利病書一百二十卷……………… 2－235
天台結茆集一卷…………………………… 2－183
天台結茆集一卷…………………………… 2－183
天全詩鈔…………………………………… 2－193
天足精言不分卷…………………………… 2－219
天香小築居詩鈔一卷……………………… 2－195
天津化學製造公司招股章程……………… 2－172
天津南北段四鄉海河工程捐務探訪
　各局現行規則七章……………………… 2－186
天津南北段四鄉海河工程捐務探訪
　各局現行規則七章……………………… 2－186
天津指南八卷……………………………… 2－151
[乾隆]天津縣志二十四卷　………… 2－230
天真閣集五十四卷………………………… 2－229
天真閣集五十四卷外集六卷……………… 2－184
天根詩鈔二卷……………………………… 2－200
天游閣集五卷詩補一卷…………………… 2－199
天韻堂賦鈔………………………………… 2－185
[光緒]元氏縣志十四卷首一卷末一
　卷………………………………………… 2－153
元史二百十卷目錄二卷…………………… 2－145
元史譯文證補三十卷……………………… 2－150
元和郡縣圖志四十卷闕卷逸文一卷
　元和郡縣補志九卷……………………… 2－239
元和郡縣圖志四十卷闕卷逸文一卷
　考證三十四卷…………………………… 2－161
元和郡縣圖志闕卷逸文三卷……………… 2－134
元書一百二十卷首一卷…………………… 2－150
元詩選……………………………………… 2－182
元詩選……………………………………… 2－182
元詩選……………………………………… 2－229
元穆日記三卷……………………………… 2－210
元豐九域志十卷…………………………… 2－162
廿一史約編八卷首一卷…………………… 2－139
廿二史劄記三十六卷補遺一卷…………… 2－235
木皮散人鼓詞附萬古愁曲………………… 2－217
五方元音二卷……………………………… 2－178
五代史七十四卷…………………………… 2－146
五次問答節略不分卷……………………… 2－147
五周先生集八卷…………………………… 2－198
五省溝洫圖說一卷………………………… 2－152
五省溝洫圖說一卷………………………… 2－219
五洲歌略…………………………………… 2－167
五瑞齋詩鈔六卷…………………………… 2－200
五種遺規…………………………………… 2－135
不慊齋漫存六卷不自慊齋漫存一卷
　………………………………………… 2－224
太乙舟古今體詩鈔十三卷………………… 2－196
[道光]太平縣志十六卷首一卷　…… 2－230
[道光]太平縣誌十六卷首一卷　…… 2－160
太平寰宇記二百卷目錄二卷……………… 2－162
太平寰宇記二百卷目錄二卷……………… 2－167
太玄經十卷………………………………… 2－134
太常袁公行略不分卷……………………… 2－215
友竹草堂文集五卷………………………… 2－187
友松吟館詩鈔十五卷……………………… 2－203
友蓮詩稿三卷詞稿一卷…………………… 2－194
比例匯通四卷……………………………… 2－175

切問齋文鈔三十卷 …………………… 2－181
切實考驗外官章程奏摺 ……………… 2－213
止止堂集五卷 ………………………… 2－185
止齋文鈔二卷 ………………………… 2－185
少山詩鈔六卷詩餘一卷 ……………… 2－186
日本近世豪傑小史四卷 ……………… 2－234
日本武學兵隊紀略 …………………… 2－171
日本食貨志 …………………………… 2－163
日本海陸兵志六卷 …………………… 2－172
日本國志四十卷首一卷 ……………… 2－164
日本國志四十卷首一卷 ……………… 2－168
日本遊學指南四章 …………………… 2－176
日本雜事詩二卷 ……………………… 2－152
日本雜事詩二卷 ……………………… 2－193
日本雜事詩二卷 ……………………… 2－233
日本雜事詩二卷 ……………………… 2－237
日知錄之餘四卷 ……………………… 2－134
日知錄集釋三十二卷刊誤二卷續刊誤二卷 …………………………… 2－135
日游筆記 ……………………………… 2－176
日游瑣識 ……………………………… 2－157
中日條約 ……………………………… 2－147
中日通商行船條約續約 ……………… 2－172
中日戰輯六卷 ………………………… 2－148
中外地輿圖說集成一百三十卷 ……… 2－142
中外通商始末記二十卷 ……………… 2－170
中外輿地全圖 ………………………… 2－164
中西四大政 …………………………… 2－217
中西紀事二十四卷 …………………… 2－148
中西紀事二十四卷 …………………… 2－148
中西紀事二十四卷首一卷 …………… 2－150
中西時務類攷 ………………………… 2－232
中俄交涉一卷中法交涉一卷 ………… 2－148
中俄交涉四卷 ………………………… 2－170
中俄界約斠注七卷首一卷 …………… 2－233
中俄界記二編 ………………………… 2－228
中俄議訂交還東三省條約不分卷 …… 2－234
中美續議通商行船條約 ……………… 2－172
中國史學通論一卷 …………………… 2－138
中國宜改革新政論議一卷 …………… 2－151
中國宜改革新政論議一卷 …………… 2－144
中國最新度支全錄二卷 ……………… 2－159
中國最新度支全錄二卷 ……………… 2－171
中國腦二卷 …………………………… 2－166
中庸臆測一卷 ………………………… 2－134
中樞備覽(宣統庚戌冬季)二卷 …… 2－236
中興公司文牘 ………………………… 2－234
中興蘇浙表忠錄三十六卷續錄八卷 ………………………………… 2－149
内心齋詩稿十一卷 …………………… 2－181
内閣漢票簽中書舍人題名 …………… 2－180
午亭文編五十卷 ……………………… 2－180
毛詩重言三卷毛詩雙聲叠韻說一卷 ………………………………… 2－203
爪哇志附新志蘇門答拉志附新志 …… 2－142
[嘉慶]介休縣志十四卷 …………… 2－160
父師善誘法二卷 ……………………… 2－175
今水經一卷 …………………………… 2－233
今白華堂詩錄八卷 …………………… 2－194
公民必讀二編 ………………………… 2－148
公民必讀初編 ………………………… 2－143
公民必讀初編十章 …………………… 2－173
公車上書記不分卷 …………………… 2－133
公言集三卷 …………………………… 2－212
公言集三卷 …………………………… 2－213
公言集三卷續編一卷 ………………… 2－213
公法紀要 ……………………………… 2－172
月令粹編二十四卷首一卷 …………… 2－161
丹魁堂[季芝昌]自訂年譜一卷附感遇錄一卷 ……………………… 2－132
丹魁堂[季芝昌]自訂年譜一卷附感遇錄一卷 ……………………… 2－133
六行堂詩鈔四卷 ……………………… 2－206
六朝別字記不分卷 …………………… 2－179
六經天文編二卷 ……………………… 2－135
[光緒]文水縣誌十二卷首一卷末一卷 ……………………………… 2－153
[康熙]文安縣志八卷 ……………… 2－155
[康熙]文安縣志八卷 ……………… 2－154
文昌雜錄六卷補遺一卷 ……………… 2－138
文雲閣[廷式]先生年譜四卷 ……… 2－158
文廟祀位 ……………………………… 2－163

文廟思源錄考………………………… 2－155
文廟賢儒景行錄六卷………………… 2－156
文選六十卷………………………… 2－183
文選六十卷………………………… 2－231
文獻通考鈔三十卷…………………… 2－166
方氏左傳評點二卷…………………… 2－143
心白日齋集六卷……………………… 2－181
心白日齋集六卷……………………… 2－182
心知堂詩稿十八卷…………………… 2－196
心經註解一卷………………………… 2－218
引墨歸儒一卷………………………… 2－136
孔子編年四卷………………………… 2－136
水田居激書二卷……………………… 2－210
水明樓集一卷………………………… 2－185
水師章程續編六卷…………………… 2－174
水流雲在館奏議二卷………………… 2－212
水滸畫像一卷………………………… 2－227

五畫

[光緒]玉田縣志三十三卷首一卷 … 2－152
[光緒]玉田縣志三十卷首一卷 …… 2－156
玉函山房輯佚書六百二十二種附一
　種……………………………………… 2－220
玉歷至寶鈔不分卷…………………… 2－219
玉簡齋叢書十四種二集八種………… 2－220
刊頒部定各廳州縣交代遲延處分及
　奏定稽查徵解錢糧章程…………… 2－170
示我周行四卷………………………… 2－239
正太鐵路華俄銀行借款條議………… 2－240
正定王氏家傳六卷…………………… 2－131
正定王氏家傳六卷…………………… 2－131
[光緒]正定縣志四十六卷首一卷末
　一卷………………………………… 2－152
正誼堂文集二十四卷………………… 2－211
正誼堂全集…………………………… 2－209
甘泉鄉人稿二十四卷附年譜一卷四
　水子遺著一卷邠農偶吟稿一卷…… 2－226
甘泉鄉人餘稿二卷年譜一卷………… 2－188
甘莊恪公全集十六卷………………… 2－182
甘肅秦州直隸州禮縣光緒十六年民
　欠未完糧石徵信錄………………… 2－229
甘肅清理財政説明書四編…………… 2－160
世界海軍現狀………………………… 2－174
世界統計年鑒十一章附附錄………… 2－162
世愚姪唐……………………………… 2－216
古今畫萃……………………………… 2－217
古文備覽……………………………… 2－178
古文備覽別裁………………………… 2－231
古文辭類纂七十五卷………………… 2－210
古文辭讀本初編……………………… 2－175
古文釋義新編八卷…………………… 2－228
古玉圖考……………………………… 2－238
古均閣遺著二卷……………………… 2－179
古事比五十二卷……………………… 2－223
古春軒詩鈔二卷……………………… 2－196
古柏軒遺稿四卷……………………… 2－191
古香樓遺稿十卷……………………… 2－190
古香齋鑒賞袖珍春明夢餘錄七十卷
　……………………………………… 2－164
古香齋鑒賞袖珍春明夢餘錄七十卷
　……………………………………… 2－220
古紅梅閣集八卷附錄一卷…………… 2－186
古雪詩鈔一卷續鈔二卷詩餘一卷…… 2－195
古逸叢書二十六種…………………… 2－227
古豊識略四十卷……………………… 2－237
古微堂内集二卷外集八卷…………… 2－131
古詩源十四卷………………………… 2－192
古詩源十四卷………………………… 2－197
古經解匯函十六種附小學匯函十四
　種續附十種………………………… 2－221
古經解彙函…………………………… 2－220
本省京外稟信稿附收到各處銀兩本
　……………………………………… 2－221
本朝從祀三先生傳一卷……………… 2－156
丙午年交涉要覽三卷………………… 2－149
丙午年交涉要覽三篇………………… 2－222
丙午年交涉要覽三篇………………… 2－231
左文襄公奏疏初編三十八卷續編七
　十六卷三編六卷…………………… 2－210
左忠貞公剩稿四卷…………………… 2－148

左通補釋三十二卷…………………… 2－143
左庵一得初錄一卷…………………… 2－218
左傳史論二卷………………………… 2－139
左傳事緯十二卷……………………… 2－143
石氏喬梓詩集………………………… 2－137
石印劉殿撰小楷兩體一卷…………… 2－218
石菊影廬筆識二卷…………………… 2－208
石渠餘紀六卷………………………… 2－137
石渠餘紀六卷………………………… 2－206
石鼓文釋存一卷補注一卷…………… 2－160
石蓮集一卷…………………………… 2－202
石閭集………………………………… 2－199
石遺室詩集十卷補遺一卷朱絲詞二
　卷文集十二卷木庵文藁一卷石遺
　續集一卷石遺三集一卷…………… 2－188
右台仙館筆記十六卷………………… 2－155
右軍[王羲之]年譜一卷　………… 2－132
戊丁詩存一卷………………………… 2－199
戊申大政記七卷……………………… 2－144
平平言四卷…………………………… 2－205
平江記事一卷………………………… 2－145
平定粵匪紀略十八卷附記四卷……… 2－148
平定猺匪述略二卷…………………… 2－144
平定猺匪述略二卷…………………… 2－145
平定猺匪述略二卷…………………… 2－148
平泉礦務局招商章程十二條………… 2－172
平叛記二卷…………………………… 2－145
平原拳匪紀事………………………… 2－145
平浙紀略十六卷……………………… 2－147
平番奏議四卷………………………… 2－215
北山樓詩一卷………………………… 2－188
北史一百卷…………………………… 2－151
北洋公牘類纂二十五卷……………… 2－149
北洋公牘類纂二十五卷目錄一卷…… 2－144
北洋公牘類纂二十五卷目錄一卷…… 2－166
北洋公牘類纂二十五卷目錄一卷…… 2－168
北洋公牘類纂續編二十四卷………… 2－176
北洋速成將弁學堂課程……………… 2－223
北洋海軍章程………………………… 2－176
北湖小志六卷首一卷………………… 2－235
北夢瑣言二十卷……………………… 2－196
北齊書五十卷………………………… 2－146
北齊書五十卷………………………… 2－150
北學編四卷…………………………… 2－135
北徼彙編五卷………………………… 2－234
目耕帖三十一卷續補十六卷附二卷
　…………………………………… 2－225
目耕帖三十卷………………………… 2－220
甲乙剩言一卷………………………… 2－204
甲子遇變日記不分卷………………… 2－140
甲申傳信錄十卷……………………… 2－237
史目表二卷…………………………… 2－138
史記一百三十卷……………………… 2－145
史記一百三十卷附方望溪評點史記
　四卷………………………………… 2－230
史記七篇讀法二卷…………………… 2－204
史記菁華錄六卷……………………… 2－227
史通二十卷…………………………… 2－141
史通削繁四卷………………………… 2－142
史通通釋二十卷……………………… 2－138
史通通釋二十卷……………………… 2－141
史通通釋二十卷……………………… 2－141
史通通釋二十卷……………………… 2－141
史略六卷……………………………… 2－225
四十日萬八千里之游記……………… 2－157
四十年大事記………………………… 2－156
四十賢人集一卷……………………… 2－191
四大奇書第一種十九卷一百二十回
　首一卷……………………………… 2－208
四川派赴東瀛遊歷閱操日記二卷…… 2－234
四川勸工局學徒卒業章程…………… 2－182
四西齋決事八卷……………………… 2－209
四夷館考二卷………………………… 2－157
四述奇十六卷………………………… 2－226
四書音補一卷………………………… 2－181
四書音補一卷土音正誤……………… 2－136
四書教子尊經求通錄六卷…………… 2－135
四書教子尊經求通錄六卷…………… 2－135
四書教子尊經求通錄六卷…………… 2－136
四書教子尊經求通錄六卷…………… 2－226
四書集註闡微直解二十七卷………… 2－136
四書集註闡微直解二十七卷………… 2－136

四夢彙譚四卷…………………………… 2－191
四體千字文……………………………… 2－179
[光緒]代州志十二卷 ……………… 2－235
仙心閣詩鈔四卷續鈔二卷………… 2－202
白下瑣言三卷…………………………… 2－233
白田風雅二十四卷…………………… 2－192
白沙子全集八卷……………………… 2－184
白虎通義引書表一卷……………… 2－133
白話痛史四卷………………………… 2－144
白鶴山房詩鈔四卷…………………… 2－195
令德堂肄業章程……………………… 2－181
印度志一卷……………………………… 2－238
印度新志一卷………………………… 2－142
印度新志一卷………………………… 2－234
印度新志一卷………………………… 2－238
句餘土音三卷甬上族望表二卷……… 2－195
外交贅言一卷………………………… 2－149
包公案寶卷二卷……………………… 2－205
半園志…………………………………… 2－147
[光緒]永平府志七十二卷首一卷末
　一卷…………………………………… 2－154
[光緒]永平府志七十二卷首一卷末
　一卷…………………………………… 2－154
永平詩存二十四卷…………………… 2－175
永平詩存二十四卷…………………… 2－191
[光緒]永年縣志四十卷首一卷 …… 2－154
[嘉慶]永定河志三十二卷附錄一卷
　…………………………………………… 2－160
永定河志三十二卷附錄一卷………… 2－221
永清庚辛紀略………………………… 2－144
[乾隆]永清縣志二十五卷永清文徵
　五卷…………………………………… 2－150
[乾隆]永清縣誌二十五卷文徵五卷
　…………………………………………… 2－158
永甯祗謁筆記不分卷……………… 2－210
永團圓一卷黨人碑一卷望湖亭一卷
　爛柯山一卷荷花蕩一卷………… 2－229
民政部具奏調查戶口章程摺單……… 2－168
出使日記續刻十卷…………………… 2－226
出使公牘十卷………………………… 2－216
出使公牘十卷………………………… 2－228
出使奏疏二卷………………………… 2－148
出使奏疏二卷………………………… 2－212
出使美日秘國日記十六卷………… 2－173
出使須知………………………………… 2－223
出洋瑣記一卷附錄一卷…………… 2－233

六畫

刑名一得二卷………………………… 2－139
刑部奏定新章………………………… 2－173
刑案匯覽六十卷首一卷末一卷目錄
　一卷…………………………………… 2－235
圭塘倡和詩…………………………… 2－191
圭盦詩錄一卷………………………… 2－202
吉林外記十卷………………………… 2－235
吉林紀事詩四卷首一卷末一卷……… 2－202
考察日本學校記十六卷…………… 2－175
考察各省分廠銅幣事宜覆奏摺稿…… 2－229
老子道德經二卷……………………… 2－221
地形學二卷…………………………… 2－169
地理志略………………………………… 2－176
地理志略二卷………………………… 2－235
地勢學不分卷………………………… 2－169
吏皖存牘三卷………………………… 2－215
西比里亞志附新志…………………… 2－141
西行日記二卷附書後一卷………… 2－217
西陂類稿五十卷……………………… 2－188
西陂類稿五十卷……………………… 2－190
西青散記四卷………………………… 2－210
西征集四種…………………………… 2－193
西征續錄二卷………………………… 2－147
西征續錄二卷………………………… 2－233
西域水道記五卷……………………… 2－159
西國近事彙編………………………… 2－153
西國近事彙編十二卷……………… 2－157
西甯城鄉保甲章程不分卷………… 2－166
西畺交涉志要六卷…………………… 2－146
西園詩鈔四卷文集一卷…………… 2－196
西園詩鈔四卷文集一卷遺編四卷…… 2－208
在山集一卷…………………………… 2－197
在官法戒錄四卷……………………… 2－135

百杜堂内集三十四卷外集十九卷…… 2－193
百家姓三編…………………………… 2－179
有不為齋隨筆十卷…………………… 2－207
有吴天津資料………………………… 2－164
有懷堂文稿二十二卷詩稿六卷……… 2－183
存吾春軒集十卷附録一卷…………… 2－183
存吾春軒集八卷……………………… 2－197
列仙傳二卷…………………………… 2－156
列國政要一百三十二卷首一卷……… 2－144
成案雜録……………………………… 2－138
尗廬札記一卷………………………… 2－178
光緒二十五年通商各關華洋貿易總
　策不分卷…………………………… 2－162
光緒三十一年通商各關華洋貿易論
　略…………………………………… 2－171
光緒庚子憲書………………………… 2－238
光緒政要三十四卷…………………… 2－152
光緒癸巳甲午恩科鄉會聯捷朱卷…… 2－154
光緒通商列表不分卷………………… 2－239
光緒會計録三卷……………………… 2－159
光緒增改郡縣表一卷………………… 2－149
光緒議員選舉章程…………………… 2－179
同人詩録不分卷……………………… 2－191
同仁粥廠育嬰學社第九次徵信録一
　卷…………………………………… 2－223
同志贈言一卷………………………… 2－157
同林倡和一卷………………………… 2－207
同治中興京外奏議約編八卷………… 2－212
同治中興京外奏議約編八卷………… 2－213
同治中興京外奏議約編八卷………… 2－217
因利録二卷…………………………… 2－219
因寄軒文初集十卷…………………… 2－209
因寄軒文初集十卷二集六卷補遺一
　卷…………………………………… 2－199
因樹屋書影十卷……………………… 2－153
屺雲樓文鈔十二卷…………………… 2－211
年大將軍墨蹟一摺…………………… 2－220
朱九江先生集十卷首四卷…………… 2－173
朱子晚年定論不分卷………………… 2－134
朱柏廬先生編年毋欺録三卷補遺一
　卷…………………………………… 2－132
先考朝議府君事略一卷……………… 2－235
竹山書院唱和集……………………… 2－194
竹柏山房十五種附刻八種…………… 2－143
竹書紀年集證五十卷首一卷………… 2－138
竹書紀年統箋十二卷前編一卷雜述
　一卷………………………………… 2－141
竹葉亭雜記八卷……………………… 2－193
竹葉亭雜記八卷……………………… 2－208
延吉廳疆域之歷史八章……………… 2－236
延秋吟館詩續鈔四卷………………… 2－226
[光緒]延慶州志十二卷首一卷末一
　卷…………………………………… 2－154
[光緒]延慶州志十二卷首一卷末一
　卷…………………………………… 2－155
仲升自訂年譜一卷…………………… 2－197
[乾隆]任邱縣誌十二卷首一卷 …… 2－162
仿唐寫本説文解字木部……………… 2－179
仿唐寫本説文解字木部箋異………… 2－180
自怡軒隨筆偶存二卷………………… 2－207
自然好學齋詩鈔十卷………………… 2－204
自鏡齋詩集四卷……………………… 2－194
向張二公傳忠録不分卷……………… 2－239
行軍溝壘問答一卷行軍規矩問答一
　卷…………………………………… 2－169
行素軒文存一卷詩存一卷…………… 2－190
舟齋文集八卷詩集四卷……………… 2－174
舟齋文集八卷詩集四卷……………… 2－203
全謝山文鈔十六卷…………………… 2－210
合肥李勤恪公政書十卷首一卷……… 2－145
合肥李勤恪公政書十卷首一卷……… 2－229
合肥學舍札記十二卷………………… 2－206
合肥學舍札記十二卷………………… 2－211
刖足集内篇一卷外篇一卷詩詞雜著
　一卷………………………………… 2－186
危言四卷……………………………… 2－140
危言四卷……………………………… 2－220
各國約章纂要六卷首一卷附録一卷
　……………………………………… 2－171
各國條款條約章程不分卷…………… 2－163
名原二卷……………………………… 2－178
多忠勇公[隆阿]勤勞録四卷 ……… 2－158

交河集六卷…………………………… 2－184
交涉要覽類篇初集 ………………… 2－172
州縣須知四卷……………………… 2－216
州縣須知四卷……………………… 2－221
汗簡三卷目錄一卷………………… 2－164
江左三大家詩鈔九卷……………… 2－230
江西鄉土地理教科書……………… 2－176
江忠烈公遺集二卷附錄一卷………… 2－190
江南安徽全圖一卷………………… 2－156
江陰縣地圖………………………… 2－142
江楚會奏變法摺三摺……………… 2－213
江楚會奏變法摺三摺……………… 2－217
江寧鄉土地理教科書……………… 2－176
江蘇省例(同治二年至光緒八年) … 2－167
江蘇都督程雪樓先生書牘二卷……… 2－168
江蘇海運全案十二卷……………… 2－165
江蘇通志稿………………………… 2－234
江蘇學務文牘……………………… 2－176
池北偶談二十六卷………………… 2－189
池北偶談二十六卷………………… 2－204
守虞日記一卷……………………… 2－162
安般簃集詩續十卷………………… 2－199
安徽鄉土地理教科書……………… 2－176
冰壺吟稿二卷……………………… 2－195
字說一卷…………………………… 2－177
字學舉隅…………………………… 2－186
防海紀略二卷……………………… 2－175
防海輯要十八卷首一卷…………… 2－176
那處詩鈔四卷……………………… 2－200

七畫

赤水玄珠三十卷…………………… 2－150
[乾隆]孝義縣誌二十卷 ………… 2－155
孝經注疏二十卷附校勘記………… 2－135
[乾隆]邯鄲縣誌十二卷首一卷 …… 2－139
芸香館遺詩二卷…………………… 2－201
芷湘筆乘一卷……………………… 2－206
花王閣賸稿一卷…………………… 2－196
花天月地吟八卷…………………… 2－196
花月舫吟草不分卷………………… 2－194
花宜館詩鈔十六卷續存一卷無腔村
笛二卷 ……………………………… 2－194
花萼吟傳奇上卷…………………… 2－229
杜詩鏡銓選目錄一卷……………… 2－224
杏莊[左輔]自敘年譜一卷 ……… 2－131
李氏五種合刊……………………… 2－159
李氏家譜一卷……………………… 2－131
李文忠公全書(李文忠公全集)一百
六十五卷首一卷…………………… 2－187
李文忠公朋僚函稿二十四卷……… 2－214
李文忠公奏摺選…………………… 2－222
李仲豹侍郎與劉忠誠書不分卷……… 2－214
李恕谷年譜五卷…………………… 2－222
李恕谷先生年譜五卷……………… 2－228
李義山詩集十六卷………………… 2－197
李肅毅伯奏議二十卷……………… 2－185
李羣玉詩集三卷後集五卷補遺一卷
……………………………………… 2－202
李穆堂詩文全集初稿五十卷別稿五
十卷………………………………… 2－188
李鴻章(中國四十年來大事記) …… 2－223
豆香齋吟草二卷…………………… 2－200
批評東萊博議四卷………………… 2－168
批註聊齋志異圖詠十六卷首一卷…… 2－230
批點七家詩選箋註七卷…………… 2－200
折獄龜鑑八卷……………………… 2－173
抑齋記聞六卷……………………… 2－135
求己錄三卷………………………… 2－181
求己錄三卷………………………… 2－225
求治管見…………………………… 2－168
求闕斎弟子記三十二卷…………… 2－240
求闕齋日記類鈔二卷……………… 2－214
求闕齋弟子記三十二卷…………… 2－137
步兵單人野外教練………………… 2－176
步兵槍件問答二卷………………… 2－169
步兵談擊教範一卷………………… 2－169
步兵操法釋義一卷………………… 2－169
見聞隨錄…………………………… 2－217
困學紀聞注二十卷首一卷………… 2－206
呂子節錄四卷附錄一卷…………… 2－225
呂晚村手書家訓五卷……………… 2－188

吴中平寇記八卷…………………… 2－144
吴中舊事一卷…………………… 2－145
吴門銷夏記三卷………………… 2－205
吴宫保公奏議六卷……………… 2－214
吴摯甫文集四卷附鈔深州風土記四
卷…………………………… 2－224
吴學士詩集五卷文集四卷……… 2－211
[光緒]利津縣志十卷利津文徵五卷
…………………………………… 2－154
我法集二卷……………………… 2－184
邱邦士文集十八卷……………… 2－220
何子清先生遺文二卷附録一卷……… 2－189
何子清先生遺文二卷附録一卷……… 2－190
何文貞公遺書二種……………… 2－224
何文貞公遺集二卷首一卷附録一卷
…………………………………… 2－220
何凌漢行述一卷………………… 2－155
作新末議二卷…………………… 2－213
近光集二十八卷………………… 2－194
返生香…………………………… 2－185
余忠宣青陽山房集五卷附録一卷…… 2－186
豸華堂文鈔十二卷首一卷……… 2－217
含英軒文集五種………………… 2－169
角山樓增補類腋六十七卷……… 2－181
角山樓增補類腋六十七卷……… 2－181
角山樓增補類腋六十七卷……… 2－181
彤雲閣遺詩二卷絳雪齋文稿一卷…… 2－202
彤雲閣遺稿二卷………………… 2－193
辛丑各國和約文件壬寅中英商約稅
則彙録………………………… 2－181
辛卯侍行記六卷………………… 2－149
辛卯侍行記六卷………………… 2－158
辛亥撫新記程二卷……………… 2－150
弟子規一卷……………………… 2－182
冷廬雜識八卷…………………… 2－153
冷廬雜識八卷…………………… 2－206
汪子文録十卷…………………… 2－209
[乾隆]汾州府志三十四卷首一卷 … 2－238
[乾隆]汾陽縣志十四卷首一卷 …… 2－237
沈氏宗譜一卷…………………… 2－133
沈文肅公政書七卷首一卷……… 2－216
沈文肅公政書七卷首一卷……… 2－239
沈存圃自訂年譜………………… 2－229
沈端恪公[近思]年譜二卷 ……… 2－131
沈端恪公[近思]年譜二卷 ……… 2－159
沈觀察燕晉弭兵記二卷………… 2－144
宋史四百九十六卷目錄三卷…… 2－165
宋史論三卷……………………… 2－229
宋書一百卷……………………… 2－165
宋豔十二卷……………………… 2－207
初拓快雪堂法帖………………… 2－230
初使泰西記四卷………………… 2－169
[同治]即墨縣志十二卷 ………… 2－239
阿育王舍利瑞應集不分卷……… 2－218
阿達曼羣島志一卷婆羅島志一卷附
新志一卷…………………… 2－141
阿達曼羣島志一卷婆羅島志一卷附
新志一卷…………………… 2－237
阿富汗土耳基斯坦志阿富汗斯坦志
附新志土耳基斯坦志東土耳基斯
坦志………………………… 2－141
附釋音毛詩注疏七十卷校勘記七十
卷…………………………… 2－200
附釋音毛詩注疏七十卷校勘記七十
卷…………………………… 2－209
附釋音周禮注疏四十二卷附校勘記
四十二卷…………………… 2－158
附釋音周禮注疏四十二卷校勘記四
十二卷……………………… 2－237
附釋音春秋左傳注疏六十卷…… 2－232
附釋音春秋左傳注疏六十卷校勘記
六十卷……………………… 2－190
附釋音春秋左傳注疏六十卷校勘記
六十卷……………………… 2－226
附釋音禮記注疏六十三卷……… 2－136
附釋音禮記注疏六十三卷……… 2－137
附釋音禮記注疏六十三卷……… 2－165
妙法蓮華經二卷首一卷………… 2－220
邵子湘全集……………………… 2－188
邵氏危言二卷…………………… 2－212
邵氏危言二卷…………………… 2－217
邵武徐氏叢書初集……………… 2－221

八畫

奉天全省地輿圖志……………………… 2－158
奉天農業試驗場成績專報一卷……… 2－162
［正德］武功縣誌三卷首一卷 ……… 2－234
武英殿聚珍版程式…………………… 2－180
武城記事不分卷……………………… 2－150
武科條約……………………………… 2－163
武進李申耆［兆洛］先生年譜三卷 … 2－131
［乾隆］武清縣志十二卷首一卷末一卷……………………………… 2－237
武場條例八卷首一卷………………… 2－167
武備輯要續編十卷…………………… 2－174
青玉版十三行………………………… 2－218
青門簏稿十六卷賸稿八卷旅稿六卷
……………………………………… 2－175
青箱秘鑰……………………………… 2－215
長江水師全案………………………… 2－171
長春花館試帖一卷…………………… 2－203
長真閣集七卷詩餘一卷……………… 2－201
長蘆育嬰堂試行簡章………………… 2－168
長蘆義塾課程………………………… 2－182
長蘆辦商魏健菴繼室孫宜人家傳…… 2－222
［長蘆額引冊目］ …………… 2－169
坦齋律賦一卷………………………… 2－200
亞拉伯志一卷………………………… 2－158
亞拉伯志附新志……………………… 2－142
亞細亞洲志一卷……………………… 2－233
亞細亞洲志一卷附新志一卷………… 2－238
亞斐利加志附新志…………………… 2－141
亞斐利加洲志一卷…………………… 2－238
取士議略一卷………………………… 2－175
英國藍皮書上海撤兵冊不分卷……… 2－147
英國續議通商行船條約一卷………… 2－235
英軺日記十二卷……………………… 2－148
英雄記鈔一卷………………………… 2－143
直省天河兩屬水災圖一卷…………… 2－221
直省府廳州縣總圖…………………… 2－157
直省鄉墨採新………………………… 2－214
直省新墨約選六卷…………………… 2－215
直隸天津河間廣仁堂章程一卷……… 2－221
［乾隆］直隸代州志六卷 …………… 2－239
直隸州縣新舊交代章程……………… 2－163
［道光］直隸定州志二十二卷首一卷
……………………………………… 2－161
直隸現行通飭章程三卷……………… 2－163
直隸現行通飭章程三卷……………… 2－222
直隸第一初級師範學堂同仁錄……… 2－182
直隸清訟事宜附限期功過章程……… 2－163
直隸鄉土地理教科書………………… 2－176
直隸鄉試卷…………………………… 2－215
直隸運售各省官刻書籍總目………… 2－223
直隸運售各省官刻書籍總目………… 2－223
直隸隔境緝匪章程…………………… 2－168
直隸賑捐請獎章程…………………… 2－222
直隸諮議局籌辦處文件錄要初編…… 2－186
直隸擬訂各屬勸學所章程…………… 2－180
直齋書錄解題二十二卷……………… 2－157
苕岑集………………………………… 2－183
林文忠公政書………………………… 2－211
林文忠公政書三集三十七卷………… 2－208
林嚴文鈔四卷………………………… 2－134
來雲閣詩六卷………………………… 2－202
松風閣詩鈔十二卷…………………… 2－203
松風閣詩鈔八卷……………………… 2－194
松陵文集初編四卷…………………… 2－189
松陵文錄二十四卷…………………… 2－185
松陵文錄二十四卷…………………… 2－187
松園浪濤集十二卷偈庵集二卷……… 2－183
松壽堂詩鈔十卷……………………… 2－202
東三省沿革表六卷…………………… 2－156
東三省政略十二卷…………………… 2－205
東三省政略十二卷總目一卷………… 2－160
東三省政略十二卷總目一卷………… 2－168
東三省蒙務公牘彙編五卷…………… 2－152
東方兵事紀略五卷…………………… 2－145
東方兵事紀略五卷…………………… 2－146
東西洋考十二卷……………………… 2－151
東光于氏族譜四卷首一卷末一卷…… 2－157
［光緒］東光縣志十二卷首一卷 …… 2－164

［光緒］東光縣志十二卷首一卷末一卷……2－235
東牟守城紀略……2－148
［道光］東阿縣誌二十四卷首一卷……2－154
東省鐵路合同成案要覽附關係要件……2－161
東都事略一百三十卷……2－150
東華錄二十八卷……2－151
東華錄三十二卷……2－149
東華續錄(光緒朝)二百二十卷……2－164
東華續錄(咸豐朝)六十九卷……2－232
東華續錄(嘉慶朝)五十卷……2－165
東莊詩存不分卷……2－196
東晉疆域志四卷……2－150
東國觀學記……2－176
東隅瑣記……2－234
東隅瑣記一卷……2－157
東遊日記……2－234
東遊日記一卷……2－234
東遊觀政論略不分卷……2－169
東游日記一卷……2－216
東游紀念二卷……2－177
東游叢錄四卷……2－176
東槎紀略五卷……2－156
東語入門二卷……2－182
東鄰觀政日記摘錄稿……2－234
東瀛参觀學校記……2－176
刺字集四卷……2－174
兩浙令長考三卷……2－209
兩浙防護錄不分卷……2－158
兩淮案牘鈔存……2－163
兩淮鹽法志五十六卷首四卷……2－168
兩當軒集二十二卷附錄六卷考異二卷……2－174
兩廣紀略一卷……2－147
雨至滁陽酬倡集……2－184
奇門遁甲統宗十二卷……2－160
抱朴子内篇二十卷外篇五十卷譯文一卷……2－172
抱翛山房全集……2－184
抱潤軒文集十卷……2－180
抱潤軒文集十卷……2－187
抱潤軒文集十卷……2－212
拙修集十卷……2－182
拙修集續編四卷……2－182
拙尊園叢稿六卷……2－209
拙尊園叢稿六卷……2－211
拙齋未定草不分卷……2－140
招隱山房詩鈔八卷末一卷……2－194
虎口日記一卷……2－216
虎門覽勝……2－233
尚書商誼三卷……2－142
尚書商誼三卷……2－199
味水軒日記八卷……2－214
昌平外志六卷志補一卷……2－161
明史三百三十二卷……2－146
明史稿三百十卷目錄三卷……2－139
明史論四卷……2－139
明史擬稾六卷……2－145
明百家姓一卷……2－182
明季北略二十四卷……2－143
明季南略十八卷……2－143
明季稗史彙編二十七卷……2－145
明季稗史彙編二十卷……2－152
明書一百七十一卷目錄二卷……2－165
明翰林學士當塗陶主敬先生年譜……2－132
明齋小識十二卷……2－208
明瞿忠宣公手劄及蠟丸書一卷……2－201
易園文集四卷詩集二卷詞集一卷……2－187
易經八卷……2－136
易圖明辨十卷……2－228
典故紀聞十八卷……2－167
［咸豐］固安縣誌八卷……2－236
呻吟語六卷……2－133
呻吟語六卷……2－136
岩齋學記九卷……2－158
岡陵社規簿……2－221
知不足齋叢書一百九十六種……2－231
知止堂集十三卷續集六卷外集六卷……2－181
知足知不足齋詩存一卷……2－201
牧民忠告二卷……2－214

牧齋有學集五十卷補遺二卷投筆集一卷 …… 2－205
牧齋全集一百十卷 …… 2－205
物理入門不分卷 …… 2－170
乖崖先生文集十二卷附録一卷 …… 2－184
和約彙鈔六卷首一卷 …… 2－170
和樂堂時文彙稿 …… 2－185
和樂堂詩鈔五卷 …… 2－192
和樂堂詩鈔五卷 …… 2－194
秋林伐山二十卷 …… 2－202
使俄草八卷 …… 2－146
使琉球記六卷 …… 2－146
使琉球記六卷 …… 2－170
使德日記一卷 …… 2－215
兒女英雄傳評話四十回 …… 2－208
佩文齋書畫譜一百卷 …… 2－217
佩文韻府一百零六卷 …… 2－180
佩文韻府一百零六卷 …… 2－229
佩文韻府一百零六卷拾遺一百零六卷 …… 2－180
依隱齋詩鈔十二卷 …… 2－186
[雍正]阜城縣志二十二卷首一卷 …… 2－154
金氏精華録箋注辯訛一卷 …… 2－132
金石文字不分卷 …… 2－240
金石萃編一百六十卷 …… 2－161
金石萃編一百六十卷 …… 2－164
金石萃編一百六十卷 …… 2－228
金石續編二十一卷首一卷 …… 2－161
金石續編二十一卷首一卷 …… 2－164
金史一百三十五卷附考證 …… 2－145
金史紀事本末五十二卷首一卷末一卷 …… 2－140
金史紀事本末五十二卷首一卷末一卷 …… 2－151
金粟山房詩鈔十卷 …… 2－192
金剛愍公表忠録 …… 2－237
金剛愍公忠義傳 …… 2－237
金剛愍公傳略一卷 …… 2－236
金陵釐捐總局詳定整頓新章 …… 2－168
金軺籌筆四卷附和約一卷專條一卷陸路通商章程一卷卡倫單一卷 …… 2－224
金龍寶卷 …… 2－205
念堂詩草五卷 …… 2－186
念堂詩鈔一卷 …… 2－186
念堂詩鈔一卷 …… 2－193
周公年表一卷 …… 2－156
周文忠公尺牘二卷雜文附録一卷 …… 2－216
周易六卷附晦庵先生校正周易繫辭精義二卷 …… 2－224
周易述四十卷 …… 2－137
周易兼義九卷 …… 2－136
周忠介公燼餘集三卷 …… 2－145
周忠愍先生文集二卷 …… 2－211
周季編略九卷 …… 2－143
周季編略九卷 …… 2－203
周官指掌五卷 …… 2－163
周書五十卷 …… 2－146
周書斠補四卷 …… 2－143
周漁潢先生年譜一卷 …… 2－132
京口僨城録一卷 …… 2－148
京津救濟善會圖說 …… 2－163
京津救濟善會圖說 …… 2－223
京師通各省會城道里記一卷 …… 2－140
京師皖學堂規則 …… 2－181
京師試行官票章程一卷 …… 2－167
京報 …… 2－213
京話演說振貝子英軺日記十二卷 …… 2－213
京畿金石考二卷 …… 2－161
京畿金石考二卷 …… 2－240
庚子之際月表不分卷 …… 2－145
庚子北京事變紀略不分卷 …… 2－144
庚子西報一卷駐德使館鈔 …… 2－161
庚子京津拳匪紀略八卷前編二卷後編二卷 …… 2－152
庚子京津拳匪紀略八卷前編二卷後編二卷 …… 2－232
庚子京津拳匪紀略(京津拳匪紀略)八卷前編二卷後編二卷 …… 2－232
庚子都門紀事詩六卷首一卷 …… 2－198
庚子雜憶不分卷 …… 2－144
庚子變政諭旨恭録 …… 2－205
刻鵠集三卷 …… 2－212

怡志堂文初編六卷…………………… 2－188
怡雲閣詩草六卷……………………… 2－192
法國黄皮書上海撤兵冊不分卷……… 2－147
法國黄皮書滇省交涉公文不分卷…… 2－147
法國鄉學章程………………………… 2－182
［乾隆］河間府新志二十卷首一卷 … 2－162
［乾隆］河間縣志六卷 ……………… 2－153
河道志………………………………… 2－133
泖東草堂筆記二十卷………………… 2－207
波斯志………………………………… 2－141
波斯志一卷…………………………… 2－238
治平六策不分卷……………………… 2－135
治事文編二卷………………………… 2－183
治事文編二卷………………………… 2－220
治浙成規八卷………………………… 2－168
治標庸言……………………………… 2－162
治齋詩存……………………………… 2－193
宗聖志二十卷………………………… 2－152
定川草堂詩集二卷…………………… 2－194
定峯文選二卷………………………… 2－189
［光緒］定遠廳志二十六卷首一卷末
　一卷………………………………… 2－157
宜興任氏傳家集八卷首一卷………… 2－183
官兵困賊於懷慶各省被擄人等致官
　兵諸豪傑啟不分卷………………… 2－151
郎潛紀聞十四卷……………………… 2－207
郎潛紀聞十四卷……………………… 2－207
居東集二卷…………………………… 2－193
居易軒詩遺鈔一卷…………………… 2－204
居濟一得八卷………………………… 2－234
屈原賦注一卷………………………… 2－198
屈原賦注一卷………………………… 2－198
屈原賦注一卷………………………… 2－198
弢華館詩稿一卷……………………… 2－198
弢華館詩稿一卷……………………… 2－199
弢園文錄外編十二卷………………… 2－211
姓氏急就篇二卷……………………… 2－135
姓解三卷……………………………… 2－221
［光緒］承德府志六十卷首二十六卷
　……………………………………… 2－236
孟子七卷……………………………… 2－137
孟子注疏解經十四卷校勘記十四卷
　……………………………………… 2－136
孟子編年四卷………………………… 2－136
孟子讀法附記十四卷………………… 2－136
孟東野集十卷附一卷………………… 2－230
孟東野詩集十卷……………………… 2－204
孟晉齋詩集四卷首一卷……………… 2－195
孤忠錄二卷…………………………… 2－236

九畫

奏定公司註冊石板章程十八條……… 2－238
奏定北洋陸軍武備學堂章程………… 2－174
奏定出借籽種口糧章程一卷………… 2－240
奏定城鎮鄉地方自治并選舉章程附
　廣智書局書目……………………… 2－166
奏定度量權衡畫一制度圖說總表推
　行章程一卷………………………… 2－166
奏定酌擬教育會章程………………… 2－182
奏定陸軍小學堂章程不分卷………… 2－178
奏定清理財政章程…………………… 2－172
奏定學堂章程………………………… 2－179
奏定學堂章程………………………… 2－222
奏定學堂章程不分卷………………… 2－179
奏定學堂章程（抽印十種） ………… 2－176
奏定礦政調查局章程一卷…………… 2－165
奏摺譜………………………………… 2－215
奏摺譜一卷…………………………… 2－185
奏摺譜一卷…………………………… 2－185
奏摺譜不分卷………………………… 2－215
奏摺體例輯要四卷…………………… 2－182
奏辦京師自來水有限公司第一次工
　程告竣營業開始報告書…………… 2－219
奏議初編十二卷……………………… 2－216
春在堂全書錄要一卷………………… 2－179
春秋三子傳六卷首一卷……………… 2－137
春秋大事表五十卷輿圖一卷附錄一
　卷…………………………………… 2－235
春秋公羊經傳解詁十二卷重刊宋紹
　熙公羊傳注附音本校記一卷……… 2－136
春秋世族譜一卷……………………… 2－142

春秋左傳五十卷綱目一卷圖說一卷
提要一卷………………………… 2－141
春秋左傳五十卷綱目一卷圖說一卷
提要一卷………………………… 2－231
春秋地名攷畧十四卷……………… 2－162
春秋傳說薈要十二卷……………… 2－143
春秋穀梁傳十二卷………………… 2－143
春風屮廬遺稿一卷心白齋賸稿一卷
………………………………… 2－133
春暉樓四六八卷…………………… 2－212
春熙堂詩稿………………………… 2－228
春融堂雜記八種…………………… 2－157
城鎮鄉地方自治俚言……………… 2－221
城鎮鄉地方自治宣講書…………… 2－167
城鎮鄉地方自治宣講書…………… 2－167
政藝通報不分卷…………………… 2－150
某州廳縣志五十四卷……………… 2－222
荊駝逸史五十一種附一種………… 2－143
草莽私乘一卷……………………… 2－236
荀子二十卷………………………… 2－134
荀子二十卷………………………… 2－221
荀子二十卷校勘補遺一卷………… 2－137
荀子二十卷校勘補遺一卷………… 2－137
茗柯文初編一卷二編二卷三編一卷
四編一卷………………………… 2－213
胡氏三烈志言二卷………………… 2－222
胡文忠公遺集八十六卷…………… 2－186
胡文忠公遺集八十六卷首一卷…… 2－221
胡文忠公遺集八十卷……………… 2－192
茹古閣遺集一卷…………………… 2－237
茹芝山館詩鈔一卷………………… 2－203
南史八十卷………………………… 2－146
[光緒]南皮縣志十五卷首一卷末一
卷………………………………… 2－146
南有吟亭詩草二卷………………… 2－198
南來詩錄四卷……………………… 2－183
南洋勸業會審查得獎名冊………… 2－240
南華真經注疏十卷………………… 2－225
南雲書屋文鈔一卷………………… 2－224
南遊記一卷………………………… 2－210
南渡紀聞錄一卷…………………… 2－140
南渡紀聞錄一卷…………………… 2－156
南齊書五十九卷…………………… 2－146
查氏一門烈女編一卷……………… 2－159
查勘開平煤鐵礦務一卷…………… 2－163
柏梘山房文集十六卷續集一卷…… 2－169
柏梘山房詩集十卷續集二卷駢體文
二卷……………………………… 2－200
柏堂集外編十二卷餘編五卷……… 2－189
柳門遺稿二卷……………………… 2－202
柳南詩鈔十卷……………………… 2－187
勅建弘慈廣濟寺新志二卷………… 2－219
咸同光通如兵事日記六卷………… 2－218
咸豐以來功臣別傳三十卷………… 2－148
咸豐條諭…………………………… 2－172
奎文誌喜詩一卷…………………… 2－199
拾富寶卷一卷……………………… 2－205
省非軒詩稿一卷…………………… 2－195
星辛盦賦四卷……………………… 2－202
星軺日記類編七十六卷…………… 2－214
昨非集四卷附一卷………………… 2－188
昨非錄十二卷……………………… 2－187
昨夢齋文集四卷…………………… 2－190
昭代名人尺牘小傳二十四卷……… 2－155
昭代名人尺牘小傳二十四卷……… 2－158
昭德先生郡齋讀書志二十卷附志二
卷首一卷………………………… 2－231
虹橋老屋遺稿文四卷詩五卷……… 2－189
思益堂日札五卷…………………… 2－214
思痛記二卷………………………… 2－145
思補齋試帖存稿一卷……………… 2－197
思補齋詩集六卷…………………… 2－192
思補齋詩鈔遺稿二卷……………… 2－197
思樹軒詩稿四卷…………………… 2－191
幽冥寶傳二卷……………………… 2－135
香杜草二卷二集二卷……………… 2－196
[康熙]香河縣志十一卷 ………… 2－147
香書屋隱語(賸樓燈彩) ………… 2－175
香屑集十八卷……………………… 2－189
香雪齋詩鈔四卷…………………… 2－194
香銷酒醒詞不分卷………………… 2－186
秋江集註六卷……………………… 2－196

秋室集十卷 …… 2－188
秋浦雙忠録四十卷 …… 2－137
秋曹木鐸一卷 …… 2－174
秋夢盦詞鈔二卷詞續一卷 …… 2－192
秋審比較彙案十六卷 …… 2－204
秋審比較彙案二卷 …… 2－174
秋審實緩比較彙案三卷 …… 2－172
秋樵詩鈔六卷文鈔二卷附録一卷 …… 2－184
秋盦詩草 …… 2－192
科名金鍼不分卷 …… 2－167
重刊三立祠名賢傳二卷附録一卷 …… 2－238
重刊宋本尚書注疏二十卷校勘記二卷 …… 2－142
重刻天傭子全集十卷首一卷末一卷 …… 2－210
重刻挹蘇樓同人詩鈔五卷附一卷 …… 2－195
重刻海粟樓詩階六卷 …… 2－179
重刻添補傳家寶俚言新本八卷 …… 2－134
重刻續後漢書札記一卷 …… 2－143
[光緒]重修天津府志五十四卷首一卷末一卷 …… 2－132
[光緒]重修天津府志五十四卷首一卷末一卷 …… 2－145
[光緒]重修天津府志五十四卷首一卷末一卷 …… 2－159
[光緒]重修天津府志五十四卷首一卷末一卷 …… 2－221
[光緒]重修天津府志五十四卷首一卷末一卷 …… 2－239
[道光]重修平度州志二十七卷 …… 2－237
[光緒]重修安徽通志三百五十卷補遺十卷 …… 2－237
[光緒]重修廣平府志六十三卷首一卷 …… 2－154
[光緒]重修寧河縣誌十六卷 …… 2－159
[乾隆]重修德州志十二卷首一卷 … 2－160
[光緒]重修臨榆縣誌二十四卷首一卷 …… 2－140
重訂文選集評十五卷首一卷末一卷 …… 2－183
重校刻養蒙鍼度篇不分卷 …… 2－216
重校蒙學堂字課圖說四卷 …… 2－152
重編留青新集二十四卷 …… 2－214
重輯不得已輯要 …… 2－218
段氏說文注訂八卷 …… 2－179
保甲書輯要四卷 …… 2－168
保和會譯章不分卷 …… 2－147
俄土戰紀六卷附録一卷 …… 2－140
俄國西伯利東偏紀要 …… 2－234
皇清金剛愍公行狀一卷 …… 2－237
皇清誥封中憲大夫常州府知府碣門孟先生傳一卷 …… 2－237
皇清誥授光禄大夫總督倉場戶部侍郎琴舫廉公傳畧一卷 …… 2－233
皇清誥授資政大夫贈内閣學士國史館立傳二品銜原任山東登萊青道劉公事寔彙編 …… 2－240
皇清誥授榮祿大夫兵部侍郎都察院右副都御史湖南巡撫顯考玉階府君行狀 …… 2－156
皇朝一統輿地全圖 …… 2－157
皇朝五經彙解二百七十卷 …… 2－140
皇朝五經彙解二百七十卷 …… 2－225
皇朝各省形勢論不分卷 …… 2－146
皇朝直省地輿全圖 …… 2－142
皇朝直省地輿全圖 …… 2－142
皇朝直省府廳州縣歌括不分卷 …… 2－150
皇朝掌故二卷 …… 2－144
皇朝掌故讀本 …… 2－233
皇朝蓄艾文編八十卷目録一卷 …… 2－209
皇朝蓄艾文編八十卷目録一卷 …… 2－222
皇朝經世文三編八十卷 …… 2－207
皇朝經世文三編八十卷 …… 2－209
皇朝經世文編一百二十卷 …… 2－201
皇朝經世文續編一百二十卷 …… 2－207
皇朝經世文續編一百二十卷 …… 2－213
皇朝經濟文新編六十一卷 …… 2－159
皇朝輿地沿革攷 …… 2－233
皇朝輿地韻編二卷 …… 2－160
皇朝謚法考五卷續編一卷 …… 2－144
皇朝藩部要略十三卷表三卷 …… 2－170
泉峯礦務局稟牘 …… 2－172

禹貢古今注通釋六卷…………………… 2－143
禹貢會箋十二卷附圖一卷…………… 2－142
追昔遊集三卷…………………………… 2－230
後漢書一百三十卷……………………… 2－151
後樂堂文鈔續編九卷附錄一卷……… 2－211
俞俞齋文稿四卷詩稿初集二卷詩餘
　一卷………………………………… 2－228
俞俞齋文稿初集四卷…………………… 2－212
俞俞齋文稿初集四卷詩稿初集二卷
　詩餘一卷……………………………… 2－188
俞俞齋詩稿初集二卷…………………… 2－183
弇山畢公[沅]年譜一卷　…………… 2－133
弇山畢公[沅]年譜一卷　…………… 2－195
食古齋文錄一卷詩錄四卷詩餘一卷
　…………………………………………… 2－188
食舊悳齋雜著二卷……………………… 2－208
負暄閒語十二卷………………………… 2－135
勉行堂文集六卷詩集二十四卷……… 2－212
急救篇一卷……………………………… 2－227
急救篇四卷……………………………… 2－135
急就章姓氏補注………………………… 2－178
急就篇四卷……………………………… 2－178
亭林先生神道表一卷…………………… 2－157
庭聞憶畧二卷竹坡先生遺文一卷…… 2－134
帝王廟謚年諱譜一卷…………………… 2－133
帝王廟謚年諱譜一卷…………………… 2－138
恒齋日記二卷…………………………… 2－217
恤囚編不分卷…………………………… 2－143
恪靖侯左相手札一卷…………………… 2－214
恪靖侯盾鼻餘瀋一卷…………………… 2－208
美國華工禁約記不分卷………………… 2－147
美康使函宋教士聯合會防訟釋疑說
　略一卷………………………………… 2－152
前守實錄五卷後守實錄二十卷……… 2－216
前漢書一百卷…………………………… 2－151
逆黨禍蜀記……………………………… 2－147
逆黨禍蜀記不分卷……………………… 2－145
逆黨禍蜀記不分卷……………………… 2－147
逆黨禍蜀記不分卷……………………… 2－147
洪北江文集四卷………………………… 2－187
洪吉人先生遺文一卷…………………… 2－226
洗桐軒詩集六卷………………………… 2－187
洛陽伽藍記五卷………………………… 2－218
洨濱蔡先生文集十卷語錄二十卷首
　一卷…………………………………… 2－187
洋防輯要二十四卷……………………… 2－164
洋防輯要二十四卷……………………… 2－237
洋務時事彙編八卷……………………… 2－153
洋務經濟通考十六卷…………………… 2－232
津邑科舉表……………………………… 2－168
津邑選舉錄一卷津邑續刻選舉錄一
　卷……………………………………… 2－167
津邑選舉錄一卷續刻一卷(順治丙
　戌至光緒戊子)　…………………… 2－180
津邑選舉錄一卷續刻一卷(順治丙
　戌至光緒戊子)　…………………… 2－180
津門古文所見錄四卷…………………… 2－133
津門古文所見錄四卷…………………… 2－161
津門古文所見錄四卷…………………… 2－211
[道光]津門保甲圖說　……………… 2－137
津門紀略十二卷………………………… 2－223
津門徵獻詩八卷………………………… 2－133
津門徵獻詩八卷………………………… 2－239
津門選舉錄六卷………………………… 2－163
津門雜記三卷…………………………… 2－158
[乾隆]宣化府志四十二卷首一卷　… 2－162
宣宗成皇帝聖訓一百三十卷………… 2－149
宦鄉要則五卷首一卷…………………… 2－215
宦鄉新要則……………………………… 2－223
宦遊紀略六卷續一卷…………………… 2－145
宦游紀略二卷…………………………… 2－214
客旋草一卷……………………………… 2－200
軍隊內務條例…………………………… 2－174
軍隊符號一卷…………………………… 2－170
扁善齋文存二卷………………………… 2－213
扁善齋文存二卷詩存一卷…………… 2－187
祗可軒刪餘稿二卷……………………… 2－193
祕書二十八種…………………………… 2－228
退一步草堂詩鈔一卷詞鈔一卷……… 2－196
退思軒詩集六卷補遺一卷…………… 2－194
退思粗訂稿二卷………………………… 2－172
既琢齋印譜……………………………… 2－218

恖聞錄十二卷 …………………………… 2－207
［雍正］陝西通志一百卷首一卷 …… 2－237
［雍正］陝西通志一百卷首一卷 …… 2－239
姚中書［恩衍］善行孝友備承不分卷
…………………………………………… 2－155
飛獵濱獨立戰史 ………………………… 2－174
癸丑滄城紀事錄四卷 …………………… 2－155
癸卯科武場鄉會試條例一卷 ………… 2－167
紅螺山房詩鈔一卷 ……………………… 2－196
約章分類輯要三十八卷首一卷 ……… 2－141
約章分類輯要三十八卷首一卷 ……… 2－175
紀元編三卷末一卷 ……………………… 2－160
紀文達公遺集十六卷 …………………… 2－183
紀文達公遺集三十二卷 ………………… 2－187

十畫

馬兵偵探教程五章 ……………………… 2－177
馬兵偵探問答一卷 ……………………… 2－170
馬兵操法不分卷 ………………………… 2－170
泰西歷史演義七卷三十六回 ………… 2－209
珠風閣詩草續集一卷 …………………… 2－192
起雲閣吟稿四卷 ………………………… 2－196
袁太常戊戌條陳 ………………………… 2－212
袁文箋正十六卷 ………………………… 2－187
都門紀略二卷 …………………………… 2－222
都門會館一卷 …………………………… 2－160
恥躬堂詩鈔十六卷文鈔十卷 ………… 2－212
華氏宗譜十二卷首一卷末一卷 ……… 2－161
華氏宗譜不分卷 ………………………… 2－131
華氏通四堠陽晴雲公支宗譜十三卷
首三卷末一卷 ………………………… 2－131
華制存考不分卷 ………………………… 2－149
華制存考不分卷 ………………………… 2－150
華制存攷不分卷 ………………………… 2－152
莫宧草 ……………………………………… 2－183
莊子集釋十卷 …………………………… 2－134
莅政摘要二卷 …………………………… 2－217
荻華堂詩存二卷附錄一卷 …………… 2－202
荻灘詩稿十二卷 ………………………… 2－198
桂山錄異八卷 …………………………… 2－206
桂海虞衡志一卷 ………………………… 2－231
桂馨堂集四卷 …………………………… 2－202
桐城方氏文稿 …………………………… 2－216
桐城吳氏古文讀本十二卷 …………… 2－179
桐城吳先生尺牘五卷補遺一卷諭兒
書一卷 ………………………………… 2－190
桐城吳先生全書七種十九卷 ………… 2－189
桐溪耆隱集一卷補錄一卷 …………… 2－194
格言聯璧不分卷 ………………………… 2－215
校邠廬抗議二卷 ………………………… 2－135
校邠廬抗議二卷 ………………………… 2－165
校邠廬抗議二卷 ………………………… 2－216
校邠廬抗議不分卷 ……………………… 2－216
校經廎文稿十四卷 ……………………… 2－187
栩園芰藤草三卷 ………………………… 2－206
夏小正疏義四卷釋音一卷異字記一
卷天象圖一卷 ………………………… 2－156
晉書一百三十卷 ………………………… 2－146
晉通修身大要一卷外編一卷 ………… 2－169
晉略六十五卷序目一卷 ……………… 2－148
時事采新彙編六卷 ……………………… 2－152
時事新編初集六卷 ……………………… 2－232
時務通攷三十一卷 ……………………… 2－154
時務通攷三十一卷 ……………………… 2－154
時務通攷續編三十一卷 ……………… 2－153
時務通攷續編三十一卷 ……………… 2－153
時務報 ……………………………………… 2－219
時務新編初集六卷 ……………………… 2－232
財政四綱不分卷 ………………………… 2－169
財政叢書二十種 ………………………… 2－168
眠琴閣詩鈔十二卷 ……………………… 2－198
恩詔條款不分卷 ………………………… 2－137
郵傳部住址單 …………………………… 2－236
郵傳部接辦粵漢川漢鐵路借款及分
別接受各路股款始末記 …………… 2－228
郵傳部鐵路局檔 ………………………… 2－236
乘查筆記一卷海國勝遊草一卷天外
歸帆草一卷 …………………………… 2－211
乘槎筆記二卷 …………………………… 2－145
秘本銀譜識略 …………………………… 2－238
倚柁吟遺稿一卷 ………………………… 2－201

倚晴樓詩續集四卷 …………………… 2-200
候補同官錄(癸卯夏季) …………… 2-167
倭文瑞公遺書十卷首二卷 ………… 2-224
倭文端公遺書十一卷首二卷 ……… 2-184
倭文端公遺書八卷首二卷末一卷續
　刊四卷 ……………………………… 2-189
俾路芝志一卷馬留土股志一卷紐吉
　尼亞島志一卷西里伯島志一卷附
　新志一卷 …………………………… 2-141
俾路芝志一卷馬留土股志一卷紐吉
　尼亞島志一卷西里伯島志一卷附
　新志一卷 …………………………… 2-237
倦鶴龕詩鈔一卷 …………………… 2-179
倦鶴龕詩鈔一卷 …………………… 2-202
健修堂詩集十八卷 ………………… 2-199
息軒遺稿一卷 ……………………… 2-188
息影廬詩賸三卷 …………………… 2-193
徐氏家譜一卷 ……………………… 2-131
徐沅年譜(珊村年譜) …………… 2-233
徐沅年譜(珊村年譜) …………… 2-233
徐東沙詩集二卷東沙賦抄一卷碑文
　二卷 ………………………………… 2-138
殷商貞卜文字考一卷 ……………… 2-240
倉頡篇三卷續本一卷補本二卷 …… 2-178
翁山文外十六卷 …………………… 2-196
翁山文外十六卷 …………………… 2-209
翁山詩外二十卷 …………………… 2-195
留有餘齋詩稿一卷 ………………… 2-206
留茆盦尺牘叢殘四卷 ……………… 2-214
記事珠十卷 ………………………… 2-137
訒齋文鈔二卷詩鈔一卷 …………… 2-190
高陽太傅孫文正公[承宗]年譜五卷
　……………………………………… 2-133
高僧傳初集十五卷首一卷 ………… 2-218
病榻夢痕錄二卷 …………………… 2-155
病榻夢痕錄二卷夢痕錄餘一卷 …… 2-156
唐氏宗譜六卷 ……………………… 2-133
唐書二百二十五卷 ………………… 2-230
唐陸宣公奏議讀本四卷首一卷 …… 2-209
唐陸宣公翰苑集二十四卷 ………… 2-211
唐詩百名家全集 …………………… 2-191
唐詩百名家全集 …………………… 2-192
唐詩百名家全集 …………………… 2-192
唐詩百名家全集 …………………… 2-203
唐確慎公集十卷首一卷末一卷 …… 2-189
悔初廬詩稿二卷 …………………… 2-192
悔菴學文八卷補遺一卷 …………… 2-220
悔過齋文集七卷續集七卷劄記一卷
　……………………………………… 2-167
悔過齋續集七卷補遺一卷 ………… 2-132
拳匪紀略八卷前編二卷後編二卷 … 2-232
拳匪紀略八卷前編二卷後編二卷 … 2-232
拳教析疑說不分卷 ………………… 2-142
浙江沿海圖說 ……………………… 2-158
浙江海運全案重編初編八卷 ……… 2-165
浙江海運全案重編初編八卷續編四
　卷新編八卷 ………………………… 2-165
浙江海運全案重編續編四卷 ……… 2-184
浙江海運全案重編續編四卷 ……… 2-184
浙江海運全案新編八卷 …………… 2-165
浙闈聚奎堂唱和詩 ………………… 2-191
涉史偶悟五卷 ……………………… 2-139
消暑隨筆四卷 ……………………… 2-204
海山外紀二卷 ……………………… 2-140
海山外紀二卷 ……………………… 2-140
海防事例 …………………………… 2-175
海防紀略上卷 ……………………… 2-171
海門詩鈔 …………………………… 2-221
海峰先生文十卷詩六卷 …………… 2-187
海雪樓外集不分卷 ………………… 2-140
海雪樓詩集不分卷 ………………… 2-140
海雪樓詩稿不分卷 ………………… 2-140
海國勝遊草一卷天外歸帆草一卷 … 2-192
海國圖志一百卷 …………………… 2-141
海虞文徵三十卷 …………………… 2-225
海虞文徵三十卷目錄二卷 ………… 2-140
海虞詩苑十八卷 …………………… 2-193
海龍戰守事蹟六卷 ………………… 2-153
家言隨記 …………………………… 2-182
家乘蒐遺 …………………………… 2-157
容城三賢集三種 …………………… 2-210
宰惠紀略五卷 ……………………… 2-163

[光緒]祥符縣志二十四卷首一卷 …… 2－158
書目答問箋補四卷…………………… 2－223
書法正傳十卷………………………… 2－218
書疑九卷……………………………… 2－226
展城或問一卷………………………… 2－176
陸右丞蹈海錄………………………… 2－135
陸地戰例新選………………………… 2－175
陸侍郎校士文集……………………… 2－223
陸軍行營禮節約單一卷……………… 2－170
陸軍部奏催前經調查統計事件并擬
　發統計報告表式摺………………… 2－174
陸軍部奏催前經調查統計事件并擬
　發統計報告表式摺………………… 2－174
陸軍部發給就學日本海軍學生訓諭
　一卷………………………………… 2－177
陸軍部發給就學日本陸軍學生訓諭
　一卷………………………………… 2－178
陸軍學堂操場條規禮節……………… 2－170
陸清獻公蒞嘉遺蹟三卷……………… 2－236
陳比部遺集三卷……………………… 2－190
陳仲子二十藝………………………… 2－178
陳仲子二十藝不分卷………………… 2－214
陳忠裕公全集三十卷首一卷末一卷
　……………………………………… 2－186
陳書三十六卷………………………… 2－145
陰符經三種…………………………… 2－218
陶堂志微錄五卷遺文二卷…………… 2－215
陶齋吉金續錄二卷補遺一卷………… 2－164
恕谷後集十三卷……………………… 2－135
通父詩存四卷之餘二卷……………… 2－202
[光緒]通州志十卷首一卷末一卷 …… 2－156
[道光]通州志十卷首一卷末一卷 …… 2－235
[光緒]通州直隸州志十六卷首一卷
　末一卷……………………………… 2－236
[光緒]通州直隸州志十六卷首一卷
　末一卷訂訛一卷…………………… 2－236
通州興辦實業章程二卷……………… 2－159
通志二百卷…………………………… 2－220
通志堂經解觀略一卷………………… 2－223
通俗編三十八卷……………………… 2－182
通俗編三十八卷……………………… 2－182
通商各國條約………………………… 2－170
通商各關華洋貿易總冊(光緒二十
　一年) ……………………………… 2－165
通商各關華洋貿易總冊(光緒十六
　年至二十一年、二十四年)………… 2－165
通商約章類纂三十五卷……………… 2－170
通飭簿………………………………… 2－182
通鑑紀事本末二百三十九卷………… 2－139
通鑑紀事本末二百三十九卷………… 2－228
通鑑紀事本末二百三十九卷………… 2－230
通鑑綱目分註補遺四卷附書法存疑
　一卷………………………………… 2－203
通鑑綱目釋地糾謬六卷補注六卷…… 2－238
通鑑類纂二十卷……………………… 2－139
務時敏齋存稿十卷…………………… 2－190
孫子十家註十三卷敘錄一卷遺說一
　卷…………………………………… 2－174
孫文恭公遺書六種附錄一卷………… 2－227
孫宗伯集十卷首一卷………………… 2－181
孫夏峰全集…………………………… 2－132
孫淵如先生年譜二卷………………… 2－186

十一畫

理財攷鏡十卷………………………… 2－171
教案簡明要覽一卷…………………… 2－152
教案簡明要覽一卷…………………… 2－221
教案簡明要覽一卷…………………… 2－233
教務紀略四卷首一卷………………… 2－221
教務紀略四卷首一卷末一卷………… 2－219
培遠堂手札節存三卷………………… 2－217
培遠堂手劄節存三卷………………… 2－131
埽寔齋遺集十卷首一卷末一卷……… 2－190
聊齋志異新評十六卷………………… 2－157
聊齋志異新評十六卷………………… 2－201
聊齋志異新評十六卷………………… 2－204
聊齋志異新評十六卷………………… 2－204
聊齋志異新評十六卷………………… 2－229
聊齋志異新評十六卷………………… 2－229
聊齋志異新評十六卷………………… 2－230
聊齋志異新評十六卷………………… 2－230

聊齋志異新評十六卷…………………… 2－230
聊齋志異新評十六卷…………………… 2－231
黄大王事蹟全誌一卷…………………… 2－224
黄氏家集初編………………………… 2－209
黄文貞公忠節紀略四卷首一卷……… 2－153
黄忠端公［尊素］年譜二卷　………… 2－131
黄葉邨莊詩集八卷續集一卷………… 2－198
［同治］黄縣志十四卷首一卷末一卷
　………………………………… 2－153
黄學廬雜述三卷……………………… 2－206
黄檗山人詩集二卷…………………… 2－193
菜香書屋詩草一卷…………………… 2－195
菊坪詩鈔二卷續卷一卷……………… 2－186
菊照山房近稿三卷…………………… 2－195
萍香榭吟草一卷……………………… 2－205
乾坤正氣集五百七十四卷首一卷…… 2－173
梧生文鈔十卷………………………… 2－186
梅莊詩鈔十六卷……………………… 2－181
梅溪先生墨蹟………………………… 2－217
堅瓠集十五集………………………… 2－196
堅瓠集十五集………………………… 2－209
帶兵規則一卷………………………… 2－169
［雍正］硃批諭旨不分卷　………… 2－132
瓠庵文稿一卷詞稿一卷……………… 2－193
盛世危言十四卷……………………… 2－134
盛世危言六卷………………………… 2－133
盛世危言六卷二編四卷三編六卷…… 2－134
盛世危言後編十五卷………………… 2－134
盛世芻蕘（異端篇）　……………… 2－218
［乾隆］盛京通志四十八卷　……… 2－139
雪青閣詩集四卷……………………… 2－194
雪泥鴻爪不分卷……………………… 2－235
雪笠山人詩集不分卷………………… 2－186
遊歷芻言二卷………………………… 2－142
遊歷芻言二卷………………………… 2－142
授經日記……………………………… 2－227
授經日記……………………………… 2－227
救時要策萬言書一卷………………… 2－147
敝帚千金……………………………… 2－224
敝帚千金大公報……………………… 2－224
常勝軍案畧…………………………… 2－147
問心齋學治雜錄二卷………………… 2－163
問奇集二卷…………………………… 2－177
問琴閣文二卷詩錄一卷詞一卷三唐
　詩品三卷…………………………… 2－190
問樵詩續鈔一卷補遺一卷…………… 2－195
晚學集八卷未谷詩集四卷…………… 2－187
國文學四卷…………………………… 2－175
國文學四卷…………………………… 2－176
國民鏡一卷…………………………… 2－135
國朝三槎存雅二卷…………………… 2－210
國朝文苑傳一卷國朝孝子小傳一卷
　………………………………… 2－157
國朝科場異聞錄五卷………………… 2－205
國朝貢舉考略四卷附明貢舉考略二
　卷………………………………… 2－239
國朝貢舉考略四卷附明貢舉考略二
　卷………………………………… 2－239
國朝耆獻類徵初編四百八十四卷首
　二百零四卷目錄二十卷通檢十卷
　賢媛類徵十二卷…………………… 2－173
國朝掌故不分卷……………………… 2－151
國朝掌故不分卷……………………… 2－169
國朝御史題名不分卷………………… 2－153
國朝御史題名不分卷………………… 2－166
國朝滄州詩鈔十二卷………………… 2－200
國朝遺事紀聞………………………… 2－208
國朝歷科題名碑錄不分卷…………… 2－166
國聞報彙編…………………………… 2－227
國學粹編……………………………… 2－188
崑崙山房詩集殘稿一卷……………… 2－196
崇雅堂詩鈔五卷……………………… 2－193
笥河文集十六卷首一卷……………… 2－184
笥河詩集二十卷……………………… 2－196
第一才子書繡像三國志演義六十卷
　一百二十回………………………… 2－208
第六才子書八卷……………………… 2－152
敏求軒述記十六卷…………………… 2－212
偵探記二卷…………………………… 2－234
從公三錄一卷續錄二卷……………… 2－214
從政餘談一卷………………………… 2－216
船山師友記十七卷首一卷…………… 2－157

船山詩草二十卷…………………………2－197
船山詩草選六卷…………………………2－199
欲起竹閒樓存稿四卷……………………2－194
脞録二卷…………………………………2－153
逸周書集訓校釋十一卷…………………2－142
許振禕列傳………………………………2－158
許魯齋先生集六卷………………………2－169
訟過齋日記六卷…………………………2－131
庸吏庸言二卷庸吏餘談一卷……………2－213
庸行編八卷………………………………2－134
庸書内篇二卷外篇二卷…………………2－136
庸庵文外編四卷…………………………2－173
庸庵文外編四卷…………………………2－210
庸庵文編四卷續編二卷外編四卷………2－153
庸庵文續編二卷…………………………2－173
庸庵全集…………………………………2－231
庸閒齋筆記十二卷………………………2－208
庸閒齋筆記十二卷………………………2－208
庸盦尚書奏議十六卷……………………2－214
庸盦海外文編四卷………………………2－133
庸盦海外文編四卷………………………2－215
庸盦海外文編四卷………………………2－234
庸盦筆記六卷……………………………2－206
庸盦筆記六卷……………………………2－206
康熙政要二十四卷………………………2－149
康對山先生文集十卷……………………2－155
章丘縣鄉土志二卷………………………2－234
商周彝器釋銘五卷………………………2－162
商部奏訂公司註册試辦章程……………2－229
商辦山東嶧縣中興煤礦有限公司文
　牘第四册………………………………2－238
望古遙集詩存一卷………………………2－199
望溪集不分卷……………………………2－139
情史類略二十四卷………………………2－201
惜抱先生尺牘八卷………………………2－217
惜抱軒全集………………………………2－227
清光緒三十二年通商各關華洋貿易
　總册……………………………………2－171
清光緒天津府學縣學職官録一卷………2－221
清芬樓遺稿四卷…………………………2－180
清芬樓遺稿四卷…………………………2－189
清呂海寰出使電報稿……………………2－137
［同治］清苑縣志十八卷首一卷　……2－161
清季直隸總督衙門護衛官兵名冊………2－140
清河宣防紀略圖說一卷…………………2－219
清故葛雲飛將軍年譜一卷………………2－132
清風草堂詩鈔八卷………………………2－196
清真釋疑補輯二卷………………………2－219
清道光殿試朱卷等四種…………………2－145
清嘯閣詩草十六卷嶽游草一卷湘湄
　驪唱一卷………………………………2－202
清儀閣題跋………………………………2－179
清儀閣題跋………………………………2－240
清鳌地方公款公產簡章…………………2－166
清麓日記五卷……………………………2－217
［光緒］淮安府志四十卷首一卷　……2－157
淮軍平捻記十二卷………………………2－144
淮軍平捻記十二卷………………………2－232
淡墨録十六卷……………………………2－206
深州風土記二十一卷……………………2－161
梁書五十六卷……………………………2－146
渌水亭雜識四卷…………………………2－204
涵芬樓古今文鈔一百卷…………………2－205
淄川畢氏世譜一卷………………………2－131
寄屐草二卷………………………………2－203
寄園寄所寄十二卷………………………2－204
寄簃文存八卷二編二卷…………………2－211
寄龕文存四卷……………………………2－210
寄龕雜著第四種…………………………2－212
寃言二卷…………………………………2－206
視已成事齋官書十一卷…………………2－213
張之洞五十年大事記……………………2－222
張公襄理軍務紀略六卷…………………2－149
張公襄理軍務紀略六卷…………………2－222
張文貞公［玉書］年譜一卷　…………2－133
張文襄公［之洞］事略　………………2－237
張文襄公［之洞］榮哀録十卷　………2－158
張文襄幕府紀聞二卷……………………2－222
張楊園先生全集十六種…………………2－187
張廉卿先生文集八卷……………………2－187
張靖達公奏議八卷首一卷………………2－216
強學彙編十九卷…………………………2－151

隋書八十五卷…………………………… 2－146
陽羨唱和集二卷附録二卷………………… 2－198
參茶老人集二卷附録一卷………………… 2－184
鄉甲約……………………………………… 2－228
鄉約一卷塞語一卷………………………… 2－149
鄉約一卷塞語一卷………………………… 2－149
鄉試及會試硃卷十一種…………………… 2－173
鄉塾正誤二卷……………………………… 2－178

十二畫

貳臣傳十二卷逆臣傳四卷………………… 2－149
琴山詩鈔四卷附軍中筆記十四條…… 2－201
琴川黄氏三集……………………………… 2－188
琴隱園詩集三十六卷……………………… 2－198
瑯琊［王世貞］鳳麟［王世懋］兩公年
　譜合編一卷……………………………… 2－131
項城袁氏家集七種………………………… 2－202
越縵堂詩文不分卷………………………… 2－207
博物志十卷………………………………… 2－231
博物學大意………………………………… 2－227
博陵花萼倡和集一卷……………………… 2－203
彭剛直公奏稿八卷………………………… 2－215
彭剛直公奏稿八卷詩集八卷……………… 2－213
斯未信齋全集……………………………… 2－190
欺妻寶卷…………………………………… 2－205
［道光］萬全縣志十卷首一卷　……… 2－237
萬國憲法志三卷…………………………… 2－180
萬善花室文稿六卷附録一卷……………… 2－211
萬善花室文藁六卷附一卷………………… 2－212
董心葵事記一卷…………………………… 2－148
敬恕齋遺稿二卷…………………………… 2－215
敬恕齋遺稿二卷…………………………… 2－216
椒生詩草六卷……………………………… 2－193
［乾隆］惠民縣志十卷首一卷　……… 2－235
［光緒］惠民縣志三十卷首一卷末一
　卷補遺一卷……………………………… 2－235
硤石留嬰録二卷…………………………… 2－234
雁山遊覽記一卷…………………………… 2－233
殘明紀事一卷……………………………… 2－144
殘明紀事一卷……………………………… 2－149
雲左山房詩鈔八卷附一卷………………… 2－195
雲南通省釐金章程………………………… 2－167
雲南勘界籌邊記二卷……………………… 2－233
雲南勘界籌邊記二卷……………………… 2－234
雲南勘界籌邊記下卷……………………… 2－170
雲南機務抄黄一卷………………………… 2－151
揚州水道記四卷…………………………… 2－234
［揚州城内開辦巡警章程］　………… 2－174
提牢備考四卷……………………………… 2－172
提綱釋義一卷……………………………… 2－140
援鶉堂文集六卷…………………………… 2－183
援鶉堂筆記五十卷………………………… 2－206
雅觀樓全傳四卷十六回…………………… 2－210
紫石泉山房文集十二卷…………………… 2－210
紫光閣功臣小像並湘軍平定粵匪戰
　圖不分卷………………………………… 2－142
紫竹山房遺稿……………………………… 2－218
紫藤館日記………………………………… 2－177
紫藤館詩草不分卷………………………… 2－198
虚白齋試律一卷…………………………… 2－132
虚受堂文集十六卷………………………… 2－212
虚受齋詩鈔十四卷………………………… 2－132
棠湖塤譜不分卷…………………………… 2－219
鼎甫府君［沈維鐈］年譜一卷　……… 2－131
開平煤鐵礦務情形一卷…………………… 2－162
開平礦務局規條十則……………………… 2－172
開原懷古…………………………………… 2－218
開浦殖民地志一卷附新志一卷………… 2－238
開禧德安守城録一卷……………………… 2－145
開灤兩礦聯合營業案據彙覽附録開
　平舊案二件……………………………… 2－172
開灤兩礦聯合營業案據彙覽附録開
　平舊案二件……………………………… 2－172
閑閑老人滏水文集二十卷補遺一卷
　附一卷…………………………………… 2－191
閒青堂詩集十卷…………………………… 2－204
景亭府君［馮桂芬］行狀一卷　……… 2－134
景詹閣遺文一卷附詩一卷………………… 2－211
喁于館詩草二卷…………………………… 2－201
喟觚齋文録二卷…………………………… 2－225

黑龍江財政說明書三卷劃分國家地
方兩稅意見書一卷…………………… 2－172
黑龍江礦務招商章程………………… 2－227
圍場廳志……………………………… 2－138
無近名齋文鈔四卷雜著二卷雜著二
編一卷文鈔二編二卷文鈔外編一
卷……………………………………… 2－209
無欲齋詩鈔一卷……………………… 2－195
無競先生詩三卷……………………… 2－191
傅青主女科二卷男科二卷…………… 2－219
［光緒］順天府志一百三十卷 ……… 2－236
順天鄉試同年齒錄［乾隆已酉］恩科
……………………………………… 2－215
順天鄉試朱卷（道光） ……………… 2－228
順天鄉試朱卷（道光戊子科） ……… 2－228
順天鄉試朱卷（嘉慶戊寅恩科） …… 2－228
順天鄉試朱卷（嘉慶甲子科） ……… 2－228
順天鄉試朱卷（嘉慶至光緒） ……… 2－228
順天鄉試硃卷（光緒辛卯科） ……… 2－181
順天鄉試第一房同門硃卷（咸豐辛
酉科） ……………………………… 2－167
集異記一卷…………………………… 2－156
焦雨軒詩草一卷……………………… 2－193
御批歷代通鑑輯覽一百二十卷……… 2－139
御批歷代通鑑輯覽一百二十卷……… 2－227
御案詩經備旨八卷…………………… 2－197
御製避暑山莊詩一卷………………… 2－152
御選明臣奏議四十卷………………… 2－139
復堂類集二十二卷…………………… 2－189
復縣文藝畧一卷……………………… 2－138
復盦類稿八卷………………………… 2－212
復盦類稿八卷公牘四卷……………… 2－166
復齋文集二十一卷…………………… 2－220
須靜齋雲煙過眼錄…………………… 2－219
舒菽室雜箸甲編二卷乙編二卷……… 2－185
舒菽室雜箸賸稿……………………… 2－185
舒蓺室尺牘偶存一卷………………… 2－225
舒蓺室尺牘偶存一卷………………… 2－225
舒蓺室續筆一卷……………………… 2－208
舒蓺室續筆一卷……………………… 2－226
［光緒］鉅鹿縣誌十二卷首一卷 …… 2－153
鈍齋東游日記一卷…………………… 2－211
欽定大清會典一百卷事例一千二百
二十卷……………………………… 2－192
欽定大清會典事例一千二百二十卷
……………………………………… 2－229
欽定大清會典事例一千二百卷目錄
八卷………………………………… 2－229
欽定五軍道里表十八卷三流道里表
一卷………………………………… 2－171
欽定中樞政考八旗三十二卷………… 2－173
欽定中樞政考續纂四卷……………… 2－172
欽定六部處分則例…………………… 2－175
欽定六部處分則例五十二卷………… 2－175
欽定吏部稽勳司則例八卷…………… 2－163
欽定府廳州縣地方自治章程………… 2－168
欽定科場條例六十卷首一卷………… 2－167
欽定科場條例六十卷首一卷………… 2－205
欽定清漢對音字式…………………… 2－151
欽定篆文六經四書十種……………… 2－226
欽定錢錄十六卷……………………… 2－229
欽定禮記義疏八十二卷首一卷……… 2－164
欽定禮部則例二百零二卷…………… 2－159
欽定嚴禁鴉片章程一卷……………… 2－146
欽頒州縣事宜一卷…………………… 2－214
舜山是仲明［鏡］先生年譜一卷 …… 2－131
勝朝殉揚錄三卷……………………… 2－144
勝蓮花室詩鈔六卷…………………… 2－200
觚賸八卷續編四卷…………………… 2－149
觚賸八卷續編四卷…………………… 2－218
詅癡小草四卷………………………… 2－196
註陸宣公奏議十五卷制誥十卷附錄
一卷………………………………… 2－214
詠史詩鈔一卷………………………… 2－195
詠史詩鈔一卷………………………… 2－200
詠史詩鈔一卷………………………… 2－200
詠梅軒類編□□卷…………………… 2－206
遊宦紀聞十卷………………………… 2－233
遊歷日本圖志………………………… 2－164
遊歷日記不分卷……………………… 2－217
遊歷巴西國圖經十卷………………… 2－232
遊歷巴西國圖經十卷………………… 2－232

遊歷巴西圖經十卷…………………… 2－152
遊歷加納大圖經八卷………………… 2－234
遊歷東洋日記………………………… 2－162
遊歷秘魯圖經四卷…………………… 2－232
竢實齋文稾二卷……………………… 2－211
惲子居文鈔四卷……………………… 2－174
善思齋文鈔九卷……………………… 2－209
善思齋文續鈔四卷詩續鈔二卷……… 2－188
善思齋詩鈔七卷……………………… 2－201
道古堂文集四十八卷………………… 2－217
道古堂文集四十六卷詩集二十六卷
……………………………………… 2－216
道古堂全集…………………………… 2－188
道光咸豐通飭史料…………………… 2－154
道援堂詩集十三卷…………………… 2－192
道德經評註二卷……………………… 2－136
道德經評註二卷……………………… 2－136
曾文正公手書日記…………………… 2－231
曾文正公全集………………………… 2－231
曾侯日記……………………………… 2－216
[曾國藩信札] ……………………… 2－184
曾惠敏公文集五卷…………………… 2－210
曾惠敏公全集十七卷………………… 2－225
曾惠敏公使西日記二卷……………… 2－223
曾惠敏公奏疏十卷…………………… 2－207
湖北常備軍全練章程奏稿一卷減練
章程奏稿一卷……………………… 2－171
湖北鄉土歷史教科書………………… 2－176
湖東集四卷…………………………… 2－201
湖南農務章程………………………… 2－240
湖唐林館駢體文二卷………………… 2－192
湖海文傳七十五卷…………………… 2－180
湖海文傳七十五卷…………………… 2－182
湖海樓叢書十二種…………………… 2－228
湖樓校書記…………………………… 2－226
湖樓校書記一卷餘記一卷西泠續記
一卷蓮龕尋夢記一卷……………… 2－225
湖樓校書記一卷餘記一卷西泠續記
一卷蓮龕尋夢記一卷……………… 2－225
湘軍水陸戰紀十六卷………………… 2－143
湘軍記二十卷………………………… 2－150
湘軍記二十卷………………………… 2－152
湘綺樓全集三十卷…………………… 2－183
湘學報類編…………………………… 2－225
湘學新報……………………………… 2－151
湘藟合稿五卷………………………… 2－183
測海集六卷…………………………… 2－197
測海集六卷…………………………… 2－201
淵鑑類函四百五十卷………………… 2－224
淵鑑類函四百五十卷………………… 2－224
游東日記……………………………… 2－133
[乾隆]渾源州志十卷續志十卷 …… 2－160
寒松堂全集十二卷…………………… 2－189
寒松堂全集十二卷附年譜一卷……… 2－205
寒松堂全集十二卷附年譜一卷……… 2－205
寒松閣詩八卷詞四卷駢體文一卷續
一卷………………………………… 2－196
富國策三卷…………………………… 2－168
甯古塔記略一卷……………………… 2－235
運河總說……………………………… 2－157
補宋書刑法志一卷補宋書食貨志一
卷…………………………………… 2－148
補松廬詩錄六卷……………………… 2－192
補松廬詩錄六卷……………………… 2－201
尋庵詩存一卷………………………… 2－206
畫溪詩集……………………………… 2－168
孱守齋所編年譜五種………………… 2－132
疏香閣附集…………………………… 2－185
登西臺慟哭記一卷…………………… 2－206

十三畫

瑟廬居士遺詩一卷…………………… 2－200
遠明堂弟子記一卷…………………… 2－141
聖武記十四卷………………………… 2－148
聖朝名公奏議八卷…………………… 2－140
戡定新疆記八卷……………………… 2－235
戡靖教匪述編十二卷………………… 2－145
蓮西律賦二卷………………………… 2－181
蓮西詩集四卷………………………… 2－192
蓮西詩集四卷………………………… 2－213

墓廬記事詩鈔一卷附墓廬記事記一卷讀禮圖記一卷墓祠記一卷思艾字説一卷…………………………… 2－199
夢因錄一卷…………………………… 2－225
夢因錄一卷…………………………… 2－225
夢槐軒吟稿一卷……………………… 2－199
夢跡圖………………………………… 2－233
蒼莨集………………………………… 2－225
蓬山詩存二卷嶺海酬唱集(山舟草)…………………………………………… 2－202
蓬山詩存二卷嶺海酬唱集(山舟草)…………………………………………… 2－204
蓬萊閣詩錄四卷……………………… 2－194
蓬溪風雅集四卷……………………… 2－183
蒿盦隨筆四卷………………………… 2－207
蓄墨復齋詩鈔四卷…………………… 2－194
禁煙文件商務公牘一卷……………… 2－139
禁煙文件商務公牘一卷……………… 2－139
禁煙鐘………………………………… 2－171
楚漢諸侯疆域志三卷………………… 2－158
楚辭集注八卷辯證二卷後語六卷…… 2－227
楚辭燈四卷…………………………… 2－202
楚寶三十九卷外編五卷……………… 2－143
楝亭藏書十二種……………………… 2－231
楷法溯源十四卷目錄一卷…………… 2－219
楊氏族譜……………………………… 2－222
楊忠湣公集四卷……………………… 2－154
楊椒山先生集四卷…………………… 2－184
楊椒山遺屬不分卷…………………… 2－153
楊園先生全集五十四卷年譜一卷…… 2－143
楊園先生訓門人語三卷……………… 2－139
槐卿政蹟六卷………………………… 2－214
[同治]榆次縣志十六卷首一卷末一卷…………………………………… 2－236
楙花盦詩外集一卷附錄一卷………… 2－137
楹聯集錦八卷………………………… 2－215
賈子次詁十六卷……………………… 2－134
碑傳集一百六十卷首二卷末二卷…… 2－239
雷陽縣事……………………………… 2－233
歲時廣記四十卷首一卷末一卷……… 2－164
粲花佩蕖山房詩稿六集……………… 2－201
虞氏易消息圖說初稿一卷…………… 2－229
虞東先生文錄八卷…………………… 2－173
當行雜記不分卷……………………… 2－162
當譜不分卷…………………………… 2－140
遣愁小草……………………………… 2－200
農工商部奏定爵賞章程……………… 2－212
農工商部奏定爵賞章程一卷………… 2－165
農政全書六十卷……………………… 2－219
農務局擬定振興農務要目八條……… 2－172
罪言存略……………………………… 2－213
罪言存略……………………………… 2－216
蜀道難一卷…………………………… 2－163
蜀碧四卷……………………………… 2－238
圓音正考一卷………………………… 2－193
筠心書屋詩鈔十二卷………………… 2－197
筠清館金石文字五卷………………… 2－240
節烈事實錄二卷……………………… 2－236
與古齋琴譜四卷……………………… 2－231
與伊藤陸奥往來照會不分卷………… 2－147
傳家寶二集八卷……………………… 2－135
傳家寶四集三十二卷………………… 2－134
傳家寶四集三十二卷………………… 2－210
傳樸堂詩稿四卷……………………… 2－199
傳樸堂詩稿四卷補遺一卷…………… 2－198
鼠壤餘疏一卷舒蓺詩續存一卷……… 2－225
鼠壤餘疏一卷舒蓺詩續存一卷……… 2－226
粵遊紀程一卷………………………… 2－232
微尚齋詩集初編四卷………………… 2－215
會文書院課藝二刻…………………… 2－215
會昌進士詩集一卷喻凫詩集一卷姚鵠詩集一卷………………………… 2－173
會議各直省土藥辦法………………… 2－228
愛日軒稿二卷………………………… 2－146
飴山文集十二卷附錄一卷詩集二十卷禮俗權衡二卷聲調譜三卷談龍錄一卷…………………………… 2－167
試場異聞錄…………………………… 2－159
詩句題解韻編六卷…………………… 2－179
詩經八卷……………………………… 2－215
詩經審鵠要解六卷…………………… 2－191
詩禮堂古文五卷……………………… 2－131

話山草堂詩鈔四卷…………………… 2-192
詳注聊齋志異圖詠十六卷…………… 2-159
詳註聊齋志異圖詠十六卷首一卷…… 2-230
詳註聊齋志異圖詠十六卷首一卷…… 2-230
詳註聊齋志異圖詠十六卷首一卷…… 2-230
稟稿奏疏……………………………… 2-138
廓軒竹枝詞一卷窮塞微吟一卷……… 2-198
靖逆記二卷…………………………… 2-150
靖逆記五卷…………………………… 2-144
靖節先生集十卷附年譜考異二卷…… 2-185
新刊校正增補圓機詩學活法全書二
十四卷…………………………… 2-191
新刊增補音郡音義百家姓…………… 2-178
新史奇觀八卷二十二回……………… 2-187
新出萬事不求人……………………… 2-224
新出繪圖皖案徐錫麟一卷…………… 2-236
新刻天花藏批評玉嬌梨四卷二十回
…………………………………… 2-159
新刻出像點板時尚昆腔雜出醉怡情
八卷……………………………… 2-230
新刻校正音釋詞家便覽蕭曹遺規四
卷………………………………… 2-171
新刻校正增補圓機活法詩學全書二
十四卷…………………………… 2-191
[光緒]新河縣志十六卷 …………… 2-159
[康熙]新城縣續志二卷 …………… 2-159
新政全書十二編……………………… 2-232
新政應試必讀六種…………………… 2-175
新修長蘆鹽法志十六卷……………… 2-168
新訂部隊口令定義一卷……………… 2-170
新唐書二百二十五卷………………… 2-165
新增都門紀略七卷…………………… 2-222
新編古今事文類聚前集六十卷……… 2-230
新編沿海險要圖說十六卷…………… 2-137
新編沿海險要圖說十六卷…………… 2-171
新編彈詞俗耳針砭十四回…………… 2-217
新疆國界圖志八卷山脈圖志六卷…… 2-203
新纂氏族箋釋八卷…………………… 2-184
新鐫玉茗堂批評按鑑參補南宋志傳
十卷五十回……………………… 2-162
新鐫名公紀述老蘇先生事實………… 2-158
新譯日本法規大全…………………… 2-171
意苕山館詩稿十六卷………………… 2-193
慎其餘齋文集二十卷末一卷………… 2-187
慎盦文鈔二卷………………………… 2-211
慎盦文鈔二卷………………………… 2-211
義大利獨立戰史六卷附錄一卷……… 2-174
[義門]敔田李氏宗譜三十二卷首一
卷末一卷………………………… 2-241
義門先生集十二卷何義門先生家書
四卷……………………………… 2-177
義門讀書記五十八卷………………… 2-224
義和拳教門源流考一卷……………… 2-144
慈生篇一卷…………………………… 2-210
慈谿嚴氏壽芝山莊公牘章程………… 2-163
慈谿嚴氏壽芝山莊公牘章程………… 2-171
煙霞萬古樓文集六卷………………… 2-190
資治通鑑地理今釋十六卷…………… 2-159
資治通鑑補二百九十四卷…………… 2-141
滇省捐廉義助章程…………………… 2-168
滇緬劃界圖說一卷…………………… 2-234
[乾隆]滄州志十六卷 ……………… 2-161
滂喜齋叢書五十種…………………… 2-140
媿林漫錄不分卷……………………… 2-208
預備立憲京内官制全案……………… 2-163
遜學齋文鈔十二卷首一卷末一卷…… 2-188
遜學齋文鈔十卷首一卷末一卷……… 2-212
遜學齋詩鈔十卷……………………… 2-199
遜學齋詩鈔十卷續鈔五卷…………… 2-188
經古篋存草二卷……………………… 2-220
經略洪承疇奏對筆記二卷…………… 2-215
經傳考證八卷………………………… 2-226
經傳攷證八卷………………………… 2-226
經學講義二編………………………… 2-138
經學講義二編………………………… 2-226
經濟特科同徵錄……………………… 2-166
經籍舉要一卷………………………… 2-224
經籍纂詁一百零六卷首一卷………… 2-175
經籍纂詁一百零六卷首一卷………… 2-180
綏寇紀略十二卷補遺三卷…………… 2-151
[光緒]綏遠志十卷首一卷 ………… 2-159

十四畫

碧血錄六卷 …… 2-152
碧城僊館詩鈔八卷 …… 2-190
碧琅玕館詩鈔四卷續鈔四卷 …… 2-190
碧蘿吟館詩集九卷詩餘一卷 …… 2-197
趙文恪公[光]自訂年譜一卷 …… 2-132
趙文恪公[光]遺集一卷自訂年譜一卷 …… 2-185
[光緒]趙州志十六卷末一卷 …… 2-164
趙州屬邑志八卷 …… 2-235
趙忠節公遺墨一卷附錄一卷 …… 2-189
嘉定長白二先生奏議二種 …… 2-214
嘉樹山房集二十卷外集二卷 …… 2-204
[乾隆]臺灣府志二十六卷首一卷 …… 2-165
臺灣戰紀二卷 …… 2-146
[光緒]壽張縣誌十卷首一卷 …… 2-156
壽萱室條議存稿 …… 2-213
慕洛社會規 …… 2-221
蔡傳正訛六卷 …… 2-226
蔗餘偶筆一卷 …… 2-204
熙朝紀政六卷 …… 2-166
熙朝宰輔錄不分卷 …… 2-146
[光緒]蔚州志二十卷首一卷 …… 2-138
[乾隆]蔚州志補十二卷首一卷 …… 2-156
[乾隆]蔚縣志三十一卷 …… 2-164
榕村語錄續集二十卷 …… 2-134
榕風樓詩存二卷 …… 2-198
監本附音春秋公羊注疏二十八卷附校勘記二十八卷 …… 2-140
監本附音春秋穀梁注疏二十卷校勘記二十卷 …… 2-137
監本詩經八卷 …… 2-157
監本詩經八卷 …… 2-157
監臨條約 …… 2-161
爾雅疏十卷校勘記十卷 …… 2-179
霆軍紀略十六卷 …… 2-152
摘錄洋務事宜一卷 …… 2-144
對嶽樓詩續錄四卷 …… 2-194
粿盦先生咸豐籌蜀記不分卷 …… 2-147
聞妙香室詩稿五卷 …… 2-201
聞妙香館詩存稿二卷 …… 2-197
聞妙香館詩存稿二卷 …… 2-199
聞妙香館詩存稿二卷 …… 2-200
閣鈔彙編 …… 2-232
蜨花吟館詩鈔四卷 …… 2-197
團練事宜 …… 2-174
種瑤草堂詩鈔二卷 …… 2-200
種蕉聽雨軒詩鈔二卷 …… 2-201
銅井山房類稿二卷 …… 2-192
銅劍堂存稿一卷附斑箱唱和詩一卷 …… 2-199
銅劍堂經義偶得一卷 …… 2-205
銅劍堂續稿一卷 …… 2-200
遯齋偶筆二卷 …… 2-207
語石十卷 …… 2-203
語石十卷 …… 2-223
誥授武功將軍穆君實績 …… 2-222
說文古籀補十四卷補遺一卷附錄一卷 …… 2-178
說文句讀三十卷 …… 2-179
說文外編十六卷 …… 2-182
說文字原韻表二卷 …… 2-179
說文佚字攷四卷 …… 2-157
說文拈字七卷 …… 2-178
說文建首字義四卷附說文建首字讀一卷 …… 2-179
說文校議十五卷 …… 2-178
說文發疑六卷 …… 2-179
說文解字十五卷 …… 2-178
說文解字十五卷 …… 2-179
說文解字十五卷 …… 2-182
說文解字句讀三十卷 …… 2-180
說文解字通釋四十卷附校勘記三卷 …… 2-178
說文解字通釋四十卷校勘記三卷 …… 2-182
說文解字義證五十卷 …… 2-173
說文解字義證五十卷 …… 2-173
說文解字義證五十卷 …… 2-241
說文管見三卷 …… 2-177
說文辨疑一卷 …… 2-177

說文聲母歌括四卷……………………… 2－179
說文繫傳校錄三十卷…………………… 2－138
說文釋例二十卷………………………… 2－177
說文釋例二十卷………………………… 2－218
說文釋例二卷…………………………… 2－177
說鈴後集五十三種……………………… 2－225
說鈴前集三十三種……………………… 2－224
說劍堂集不分卷………………………… 2－199
說儲……………………………………… 2－225
廣三字經一卷…………………………… 2－177
廣三字經一卷…………………………… 2－177
廣西輿地全圖二卷……………………… 2－142
廣東財政說明書十六卷………………… 2－164
廣東財政說明書十六卷………………… 2－204
廣東海圖說……………………………… 2－155
廣東鄉土地理教科書…………………… 2－176
廣治平略三十六卷補編八卷…………… 2－167
廣陵史稿四卷…………………………… 2－233
廣陵通典十卷…………………………… 2－147
廣瘟疫論四卷…………………………… 2－229
廣瘟疫論四卷末一卷…………………… 2－218
廣學會零拾五種………………………… 2－152
廣韻五卷………………………………… 2－224
[光绪]廣靈縣志十卷首一卷　……… 2－156
齊雲山人文集一卷……………………… 2－190
頖璧聯芳(光緒十五年)歲試　……… 2－228
精訂綱鑑廿四史通俗衍義二十六卷
　四十四回首一卷……………………… 2－208
精選五律耐吟集一卷…………………… 2－190
精選五律耐吟集一卷…………………… 2－197
鄰水縣書役規費章程…………………… 2－238
漢律輯證六卷…………………………… 2－171
漢賈誼政事疏攷補……………………… 2－132
滿洲蒙古御史題名……………………… 2－166
滿漢事類備攷二卷(滿文)　………… 2－177
漆室吟八卷……………………………… 2－203
漆室吟八卷附壬癸編□□卷………… 2－198
滹南遺老集四十五卷詩集一卷續編
　詩集一卷……………………………… 2－191
漁洋山人[王士禎]自撰年譜二卷附
　錄一卷………………………………… 2－132
漁洋山人精華錄箋注十二卷補注一
　卷……………………………………… 2－191
漁洋山人精華錄箋注十二卷補注一
　卷……………………………………… 2－195
漁洋山人精華錄選鈔不分卷………… 2－198
漁洋詩則一卷…………………………… 2－191
漁莊晚唱四卷…………………………… 2－203
漁業歷史………………………………… 2－239
漁業歷史不分卷………………………… 2－162
漁磯漫鈔十卷…………………………… 2－185
搴香吟館遺稿二卷……………………… 2－200
察吏六條一卷…………………………… 2－222
[光緒]寧河縣志十六卷　…………… 2－223
[光緒]寧河縣志十六卷　…………… 2－238
[光緒]寧津縣誌十二卷首一卷　…… 2－153
隨山館詩簡編四卷……………………… 2－195
隨扈紀行詩存二卷麻鞋紀行詩存一
　卷……………………………………… 2－199
熊魚山文集二卷………………………… 2－185
熊襄愍公尺牘四卷……………………… 2－214
熊襄愍公尺牘四卷……………………… 2－215
熊襄愍公集十卷首一卷末一卷……… 2－185
翠微軒詩稿三卷………………………… 2－195
翠薇花館詞三十四卷…………………… 2－197
綱鑑正史約三十六卷…………………… 2－231
綱鑑總論二卷…………………………… 2－138
綠蔭軒遺集六卷………………………… 2－186
綠蕉館詩鈔四卷………………………… 2－197
綠蕉館詩鈔四卷………………………… 2－199

十五畫

慧田試律一卷…………………………… 2－218
增修現行常例…………………………… 2－175
增訂徐文定公集六卷首二卷………… 2－211
增訂精忠演義說本全傳二十卷八十
　回……………………………………… 2－231
增訂錦字箋四卷………………………… 2－218
增評加批金玉緣圖說十二卷首一卷
　一百二十回…………………………… 2－207
增評補像全圖金玉緣一百二十回…… 2－159

增廣五經備旨…………………………… 2－226
［宣統］增輯清平縣志十六卷 ……… 2－236
增纂世統紀年四卷…………………… 2－140
蕪湖縣萬春圩小新圩春賑徵信錄一
卷………………………………… 2－239
樗壽贈言六卷………………………… 2－215
樓船日記二卷………………………… 2－177
樓船瑣記二卷………………………… 2－171
樊山政書二十卷……………………… 2－137
樊山集二十四卷……………………… 2－197
輪輿私箋二卷附圖一卷……………… 2－220
甌鉢羅室書畫過目考四卷首一卷附
一卷……………………………… 2－217
歐美各國憲法………………………… 2－172
遷民圖說……………………………… 2－233
醉吟草六卷…………………………… 2－191
遼史一百十五卷……………………… 2－146
遼史紀事本末四十卷首一卷末一卷
………………………………… 2－140
震澤紀聞二卷………………………… 2－208
撫津疏草四卷………………………… 2－158
撰異遺文一卷………………………… 2－190
慮得集四卷…………………………… 2－184
賭棋山莊集三種二十五卷…………… 2－226
賜書堂詩稿一卷……………………… 2－198
瞎騙奇聞八回………………………… 2－209
閱莒草堂遺草四卷…………………… 2－199
閱微草堂筆記二十四卷……………… 2－206
影舊鈔卷子本玉燭寶典十二卷……… 2－160
墨子經說解二卷……………………… 2－134
墨子斠注補正二卷…………………… 2－134
墨花軒二十藝一卷…………………… 2－208
墨花軒詩詞刪存不分卷詩餘一卷…… 2－208
墨法集要一卷………………………… 2－219
墨緣彙觀四卷………………………… 2－219
墨緣彙觀四卷………………………… 2－219
［同治］稷山縣誌十卷 ……………… 2－158
黎陽見聞錄一卷……………………… 2－233
稿本河渠雜纂不分卷………………… 2－233
稿本河渠雜纂不分卷………………… 2－237
儀禮十七卷…………………………… 2－155
儀禮疏五十卷附校勘記五十卷……… 2－165
儀禮經傳通解三十七卷……………… 2－134
儀禮經傳通解三十七卷……………… 2－220
儀顧堂集二十卷……………………… 2－189
儀顧堂續跋十六卷…………………… 2－204
［嘉慶］衛藏通志十六卷首一卷 …… 2－153
徵君孫［奇逢］先生年譜二卷 ……… 2－131
徵君孫［奇逢］先生年譜二卷 ……… 2－131
劍術教範一卷………………………… 2－169
餘生錄一卷…………………………… 2－153
餘生錄一卷…………………………… 2－203
餘姚黄忠瑞公集六卷………………… 2－184
餘癡初稿一卷………………………… 2－201
膠州直隸州鄉土志六卷……………… 2－235
劉大將軍大事記……………………… 2－236
劉子全書遺編二十四卷首一卷……… 2－220
劉中丞奏議二十卷…………………… 2－209
劉氏家譜四卷………………………… 2－131
劉武慎公遺書二十五卷……………… 2－226
劉葆真太史遺稿二卷………………… 2－213
諸華香處詩集十三卷………………… 2－180
論法指南……………………………… 2－133
論語十卷……………………………… 2－136
論語十卷……………………………… 2－224
論談一卷續二卷……………………… 2－180
調查延吉邊務報告書三卷…………… 2－234
談瀛錄三卷…………………………… 2－232
談瀛錄四卷…………………………… 2－151
養一齋文集二十卷詩集四卷………… 2－210
養知書屋文集二十八卷詩集十五卷
………………………………… 2－219
養和山館課餘草六卷………………… 2－199
養素堂文集三十五卷首一卷………… 2－210
養真集二卷…………………………… 2－219
養晦堂文集十卷詩集二卷…………… 2－187
養福齋日劄…………………………… 2－217
養鶴堂詩集二卷……………………… 2－198
［光緒］遵化通志六十卷首一卷 …… 2－164
遵化詩存十卷補遺一卷……………… 2－204
遵化詩存十卷補遺一卷……………… 2－204
憑山閣增輯留青新集三十卷………… 2－189

潛室陳先生木鍾集十一卷…………… 2－136
潛室劄記二卷……………………… 2－134
澂園詩集十卷首一卷……………… 2－198
澄懷主人[張廷玉]自訂年譜六卷 … 2－133
澄懷主人[張廷玉]自訂年譜六卷 … 2－156
澄懷園語四卷篤素堂文集四卷……… 2－133
寫定尚書一卷……………………… 2－143
寫韻樓詩集五卷首一卷末一卷……… 2－194
駕雲螭室詩錄六卷………………… 2－205
豫軍紀畧十二卷…………………… 2－152
緬甸國志一卷英領緬甸志一卷緬甸新志一卷暹羅國志一卷布哈爾志一卷…………………………… 2－158
緬甸國志一卷英領緬甸志一卷緬甸新志一卷暹羅國志一卷布哈爾志一卷…………………………… 2－238
畿輔水利四案四卷補一卷附錄一卷…………………………………… 2－221
畿輔水利議一卷…………………… 2－219
畿輔水利議一卷…………………… 2－233
畿輔同官録不分卷………………… 2－241
畿輔同官錄不分卷………………… 2－166
畿輔同官錄不分卷………………… 2－170
畿輔通志三百卷首一卷…………… 2－151
畿輔通志三百卷首一卷…………… 2－151
畿輔義倉圖不分卷………………… 2－158
畿輔輿地全圖……………………… 2－221
畿輔叢書一百二十六種…………… 2－231

十六畫

駱文忠公奏稿十卷………………… 2－211
駮案彙編三十二卷續編七卷………… 2－174
駢體鑒畧不分卷…………………… 2－138
燕下鄉睉錄十六卷………………… 2－207
燕市積弊……………………………… 2－223
燕窗閒話二卷……………………… 2－203
燕蘭小譜五卷……………………… 2－197
薑露庵雜記六卷…………………… 2－207
薛母郭太恭人家傳………………… 2－164
頤志齋四譜………………………… 2－132
鴣葉菴遺稿不分卷………………… 2－203
樹君詩鈔一卷……………………… 2－193
樹經堂詩初集十五卷……………… 2－231
樸園感舊詩一卷…………………… 2－201
樸園感舊詩一卷…………………… 2－228
輶軒今語…………………………… 2－181
輜重隊教練四卷…………………… 2－169
賴古堂集二十四卷………………… 2－188
賴婚竇卷…………………………… 2－224
醒俗淺語一卷……………………… 2－208
醒迷金針不分卷…………………… 2－135
醒華日報…………………………… 2－223
醒華日報…………………………… 2－224
勵志錄二卷………………………… 2－190
勵堂自述年譜一卷戊辰日記錄一卷己巳日記錄一卷煙壺譜一卷……… 2－164
歷代史略不分卷…………………… 2－170
歷代史論十二卷…………………… 2－139
歷代史論十二卷…………………… 2－142
歷代史論十二卷宋史論三卷元史論一卷……………………………… 2－139
歷代地理志韻編今釋二十卷……… 2－160
歷代名臣言行錄二十四卷………… 2－229
歷代名將事略二卷………………… 2－169
歷代沿革圖一卷…………………… 2－160
歷代政治類考十二卷……………… 2－216
歷代帝王年表三卷………………… 2－222
歷代帝王年表不分卷……………… 2－138
歷代帝王統系大略一卷…………… 2－170
歷代畫史匯傳七十二卷首一卷目錄三卷附錄一卷引證書目一卷……… 2－239
歷代畫史彙傳七十二卷附錄一卷… 2－232
歷代職官表六卷…………………… 2－172
歷朝七言排律遠春集三卷………… 2－191
歷朝年號韻編……………………… 2－138
歷朝制帖詩選同聲集六卷………… 2－183
歷朝紀事本末九種………………… 2－139
餐霞樓詩軼稿……………………… 2－201
餐霞樓詩軼稿……………………… 2－203
盧漢鐵路比商借款條議論………… 2－240
盧漢鐵路借款合同………………… 2－240

戰國紀年六卷地輿一卷年表一卷…… 2－138
還讀我書室老人［董恂］手訂年譜二卷…… 2－132
還讀我書室老人［董恂］年譜二卷 … 2－240
默庵遺集八卷…… 2－201
積古齋鐘鼎彝器款識…… 2－237
穆伯祺遺文一卷…… 2－212
穆宗繼統論疏不分卷…… 2－142
穆堂初稿五十卷…… 2－166
篤慶社規簿…… 2－221
篷窗隨錄十四卷附録二卷…… 2－218
篷窗隨錄十四卷附錄二卷續錄二卷…… 2－207
篷窗隨錄十四卷續錄二卷附錄二卷…… 2－205
興養立教及體育人才條款…… 2－181
［嘉靖］興濟縣志二卷 …… 2－231
［嘉靖］興濟縣志二卷 …… 2－235
學治一得編…… 2－171
學圃詩稿一卷詞賸一卷…… 2－189
學部奏酌量變通初等小學堂章程摺附單片…… 2－181
學部奏請變通中學堂課程分為文科實科摺附單片…… 2－181
學庸述易一卷…… 2－135
學報會編三編…… 2－150
學蔀通辯四編十二卷…… 2－137
儒林宗派十六卷…… 2－136
儒門法語一卷…… 2－136
［乾隆］衡水縣誌十四卷 …… 2－148
錢南園先生遺集五卷…… 2－185
錢神志七卷…… 2－168
錢穀備要十卷…… 2－171
錢警齋公［錢世銘］年譜一卷春風草廬遺稿一卷心白齋賸稿一卷…… 2－157
雕菰樓易學三書…… 2－137
［光緒］獲鹿縣志十四卷首一卷末一卷…… 2－154
［光緒］獲鹿縣志十四卷首一卷末一卷…… 2－155
［光緒］獲鹿縣誌十四卷首一卷末一卷…… 2－156
獨善堂文集八卷…… 2－236
諭旨…… 2－147
諭摺彙存…… 2－151
諭賜碑文一卷國史忠義［張汝瀛］傳一卷附塚志銘…… 2－237
諮議局章程及選舉章程解釋彙鈔…… 2－155
諮議局章程講義…… 2－146
龍舒淨土文十卷…… 2－191
龍壁山房文集五卷…… 2－180
憺園全集三十六卷…… 2－186
憺園全集三十六卷…… 2－189
澤雅堂詩集六卷…… 2－166
澹靜齋全集…… 2－187
濂亭文集八卷…… 2－190
濂亭文集八卷…… 2－211
濂亭文集八卷…… 2－212
濂亭遺文五卷…… 2－213
憲法精理…… 2－163
憲定正誼書院章程…… 2－181
憲政論…… 2－163
憲政編查館奏城鎮鄉地方自治章程并選舉章程不分卷…… 2－155
憲政編查館奏城鎮鄉地方自治章程并選舉章程摺…… 2－168
憲政編查館奏城鎮鄉地方自治章程并選舉章程摺…… 2－169
憲政編查館會奏遵擬憲法大綱暨議院選舉各法並逐年應行籌備事宜摺…… 2－144
寰宇訪碑錄十二卷…… 2－161
禪餘吟草四卷…… 2－203

十七畫

騂角編…… 2－181
環山閣詩鈔四卷補遺一卷…… 2－197
環天室古近體詩類選五卷後集一卷…… 2－201
環生館集不分卷…… 2－189

環遊地球新錄四卷 …………………… 2－139
環翠樓詩鈔一卷 …………………… 2－152
戴氏族譜一卷 …………………… 2－133
戴氏族譜一卷 …………………… 2－141
蟄窔七篇 …………………… 2－145
藏書紀要一卷 …………………… 2－180
藏書記要一卷 …………………… 2－176
藏園詩鈔一卷 …………………… 2－193
舊五代史一百五十卷目錄二卷 ……… 2－173
舊五代史一百五十卷目錄二卷 ……… 2－173
舊京集一卷 …………………… 2－191
舊唐書二百十四卷 …………………… 2－165
舊唐書二百卷 …………………… 2－228
舊學四種 …………………… 2－209
韓南溪四種 …………………… 2－144
韓[韓愈]柳[柳宗元]年譜二種 …… 2－133
韓齋文稿四卷 …………………… 2－212
隸書十法不分卷 …………………… 2－218
樫華館全集十二卷 …………………… 2－184
擊磬錄不分卷 …………………… 2－220
臨時築壘學七章 …………………… 2－178
[乾隆]臨清直隸州志十一卷首一卷
…………………… 2－160
臨戰略範 …………………… 2－174
霜紅龕集四十卷 …………………… 2－199
擬辦大邑縣團練保甲章程 ………… 2－166
闌天竹龕日記 …………………… 2－141
點石齋畫報 …………………… 2－227
點石齋畫報申集 …………………… 2－227
魏書一百十四卷 …………………… 2－146
魏塘署齋隨筆一卷 …………………… 2－206
徽郡捐釐助餉章程一卷 ……………… 2－167
徽屬義賑徵信錄 …………………… 2－162
徽屬義賑徵信錄 …………………… 2－222
龠翁詩鈔四卷附寄生吟草一卷 ……… 2－202
爵秩全覽四卷(光緒二十八年秋季)
…………………… 2－167
谿州官牘 …………………… 2－212
鮚埼亭集外編五十卷 ……………… 2－220
鮚埼亭詩集十卷 …………………… 2－196
謙受堂全集三十卷 …………………… 2－184
應用戰法 …………………… 2－175
應用戰法三卷 …………………… 2－177
鴻苞節錄十卷 …………………… 2－223
鴻泥日錄四卷 …………………… 2－215
鴻泥續吟一卷 …………………… 2－195
鴻雪姻緣圖記三集 …………………… 2－210
鴻雪詞二卷退莽詞一卷金梁夢月詞
二卷懷夢詞一卷 …………………… 2－194
邃懷堂文集四卷 …………………… 2－197
邃懷堂哀忠集三編 …………………… 2－206
邃懷堂詩集前編六卷後編六卷 ……… 2－203
邃懷堂駢文箋註十六卷補箋一卷 …… 2－202
禮記十卷 …………………… 2－226
禮記十卷 …………………… 2－240
禮記合纂大成十卷 …………………… 2－227
禮記訓纂四十九卷 …………………… 2－227
禮記訓纂四十九卷 …………………… 2－229
績溪胡鋘花明府東征日記 …………… 2－149

十八畫

藕香零拾(藕香零拾叢書)三十九種
…………………… 2－221
藕頤詩文集 …………………… 2－197
藝芸館詩鈔十三卷 …………………… 2－152
藝風堂文集七卷外篇一卷續集八卷
…………………… 2－209
藝海珠塵二百零六種 ……………… 2－205
覲光日紀一卷 …………………… 2－199
藤花館詩二卷詩餘一卷 …………… 2－199
覆一簣齋日記不分卷 ……………… 2－217
覆瓿集 …………………… 2－226
醫俗軒詩集一卷文集一卷 ………… 2－184
[光緒]豐潤縣志十二卷 …………… 2－154
[乾隆]豐潤縣志八卷圖考一卷 …… 2－156
叢碧山房詩集五集 ………………… 2－194
瞻雲望月行窩吟二卷 ……………… 2－194
蟲鳥吟十卷 …………………… 2－149
蟬葉秋唫一卷 …………………… 2－202
韞山堂文集八卷詩集十六卷 ……… 2－210
簠齋傳古別錄一卷 ………………… 2－156

雙名錄…………………………………… 2－177
雙池先生[汪烜]年譜四卷 ………… 2－131
雙清精舍詩一卷……………………… 2－201
雙槐歲鈔十卷附錄一卷……………… 2－206
邊事彙鈔十二卷……………………… 2－223
歸元恭先生續鈔七卷附錄一卷……… 2－184
歸田瑣記八卷………………………… 2－206
歸潛志十四卷………………………… 2－149
歸顧朱三先生年譜合刻三種附一種
…………………………………… 2－131
讁麐堂遺集不分卷…………………… 2－188
讁麐堂遺集四卷……………………… 2－160
顏氏學記十卷………………………… 2－137
顏習齋[元]先生年譜二卷 ………… 2－132
燼餘錄二卷…………………………… 2－145
燼餘錄二卷…………………………… 2－145
燼餘錄二卷…………………………… 2－146
織簾書屋詩鈔十二卷………………… 2－132

十九畫

勸工局章程…………………………… 2－227
勸捐積穀章程一卷…………………… 2－221
勸業道委員調查奉省柞蠶報告書不
分卷………………………………… 2－161
勸學問答……………………………… 2－181
勸學篇二卷…………………………… 2－216
勸學篇二卷附奏摺一卷……………… 2－216
[同治]蘇州府志一百五十卷首三卷
…………………………………… 2－148
蘇州府志一百五十卷首三卷………… 2－231
蘇州捕房章程一卷…………………… 2－174
蘇松常太徵兵簡章…………………… 2－174
蘇東坡書養生論……………………… 2－219
蘇屬財政說明書六編………………… 2－171
警睡編二集四卷……………………… 2－176
警睡編四卷…………………………… 2－210
蘊蘭吟館詩餘不分卷………………… 2－202
麗澤隨筆不分卷……………………… 2－223
攈古錄金文三卷……………………… 2－161
曝書亭詩錄十二卷…………………… 2－195
關帝桃園明聖經……………………… 2－219
嚴太僕先生集十二卷………………… 2－168
嚴叔敏遺文不分卷…………………… 2－180
嚴叔敏遺文不分卷…………………… 2－189
韜厂蹈海錄四卷……………………… 2－167
羅山遺書十八卷……………………… 2－189
羅壯勇公[思舉]年譜二卷 ………… 2－132
羅忠節公[澤南]年譜二卷 ………… 2－186
羅忠節公遺集………………………… 2－227
羅忠節公遺集八卷首一卷…………… 2－227
簿記圖說不分卷……………………… 2－169
鏡古堂撿存文鈔一卷………………… 2－211
鏡花緣一百回………………………… 2－207
獺祭編………………………………… 2－222
證學編十卷附錄一卷………………… 2－160
廬山詩錄一卷………………………… 2－200
癡人說夢記三十回…………………… 2－209
癡香吟初集一卷二集一卷…………… 2－200
癡說八卷……………………………… 2－177
韻籟四卷……………………………… 2－184
懷白軒初稿…………………………… 2－203
[光緒]懷安縣志八卷首一卷末一卷
…………………………………… 2－147
[乾隆]懷安縣誌二十四卷 ………… 2－155
[光緒]懷來縣志十八卷首一卷 …… 2－154
類腋五十五卷………………………… 2－177
類腋五十五卷補遺三卷……………… 2－177
瀛環新志十卷………………………… 2－140
繹史一百六十卷……………………… 2－137
繪圖爾雅二卷………………………… 2－161
繡像小說……………………………… 2－207
繡像捉拏康梁二逆演義四卷四十回
…………………………………… 2－204

二十畫

蘭茗館外集十卷……………………… 2－207
蘭捐章程一卷………………………… 2－173
薌盦東遊日記一卷…………………… 2－173
[乾隆]獻縣志二十卷圖一卷表一卷
…………………………………… 2－148

[乾隆]獻縣志二十卷圖一卷表一卷 …… 2－161
闢異彙抄四卷 …… 2－137
籌洋芻議一卷 …… 2－213
籌國芻言二卷 …… 2－213
籌餉事例 …… 2－175
籌餉事例新章 …… 2－163
籌餉事例增修現行常例增修籌餉事例 …… 2－175
纂序四書說約合參大全不分卷 …… 2－136
覺生詩鈔十卷詠物詩鈔四卷詠史詩鈔三卷 …… 2－203
覺華龕詩存一卷 …… 2－198
釋人疏證二卷 …… 2－179
釋名疏證補八卷續釋名一卷釋名補遺一卷 …… 2－182
觸懷吟二卷 …… 2－228
寶綸堂外集十二卷 …… 2－185
寶綸堂詩鈔六卷 …… 2－193

二十一畫

權文公詩集十卷 …… 2－202
權文公詩集十卷 …… 2－227
礮隊戰鬥指揮法 …… 2－178
鐵路要覽三卷 …… 2－161
鐵橋金石跋四卷 …… 2－239
鐵橋漫稿八卷 …… 2－173
鶴徵後錄十二卷首一卷 …… 2－239
鶴徵錄八卷首一卷 …… 2－239
鶴徵錄八卷首一卷後錄十二卷 …… 2－158
[光緒]蠡縣志十卷 …… 2－154
續山東考古錄三十二卷首一卷 …… 2－240
[光緒]續永清縣志十四卷永清文徵二卷 …… 2－150
續明紀事本末十八卷首一卷 …… 2－150
[同治]續修天津縣誌二十卷首一卷 …… 2－225
[光緒]續修故城縣志十二卷首一卷 …… 2－150
續後漢書四十二卷音義四卷 …… 2－143
續博物志十卷 …… 2－231
續富國策四卷 …… 2－133
續資治通鑒校記 …… 2－138
續齊諧記一卷 …… 2－156
續增河東鹽法備覽三卷 …… 2－162
續增河東鹽法備覽三卷 …… 2－166
續增科場條例附禮部政務處會奏變通科舉章程 …… 2－166
[光緒]續纂江寧府志十五卷首一卷 …… 2－238

二十二畫

懿範聞見錄一卷 …… 2－146
聽月樓遺稿二卷 …… 2－191
聽月樓遺稿二卷 …… 2－192
聽雨堂遺集六卷 …… 2－195
聽春樓詩稿六卷 …… 2－195
蘿石山房文鈔四卷 …… 2－210
蘿村雜體詩存一卷 …… 2－200
鷗堂詩三卷 …… 2－200
鑑古齋日記四卷 …… 2－216
鑑史輯要圖說一卷 …… 2－160
鑑撮四卷 …… 2－138
龕山集四卷 …… 2－196
讀史論略一卷 …… 2－138
讀晉書絕句二卷 …… 2－142
讀書作文譜十二卷 …… 2－175
讀書舫文稿一卷 …… 2－188
讀書樂趣八卷 …… 2－224
讀通鑑綱目條記二十卷首一卷 …… 2－138
讀說文雜識一卷 …… 2－178
龔定庵集外未刻詩 …… 2－229
鬻字齋詩略四卷 …… 2－196
鬻字齋詩略四卷復盦類稿八卷公牘四卷 …… 2－195

二十三畫

曬書堂筆錄六卷 …… 2－208
顯考平叔府君[孙爾準]年譜一卷 …… 2－133

顯志堂稿十二卷…………………………2－134
籥庵東遊日記…………………………2－234
蘧言集一卷……………………………2－235
癯歐戲墨二卷…………………………2－188
[同治]欒城縣志十四卷首一卷末一
卷……………………………………2－154
變法自強奏議彙編二十卷……………2－150
變通選法條款一卷……………………2－167
變雅堂遺集八卷詩集十卷附錄二卷
………………………………………2－187

二十四畫

觀河集四卷……………………………2－197
鹽攷書不分卷…………………………2－139
鹽法議略一卷…………………………2－239
鹽法議略九篇…………………………2－163
鹽督憲奏稿……………………………2－172
[同治]靈壽縣志十卷 ………………2－147

二十六畫

[光緒]灤州志十八卷首一卷 ………2－153

二十九畫

鬱華閣遺集四卷………………………2－194

其　他

□奉吉邊務史料………………………2－149

《天津博物館古籍普查登記目錄》
書名筆畫字頭索引

一畫

一 …… 299
乙 …… 299

二畫

二 …… 299
十 …… 299
丁 …… 299
七 …… 299
八 …… 299
九 …… 299
刁 …… 299

三畫

三 …… 299
于 …… 300
大 …… 300
上 …… 301
山 …… 301
千 …… 301
也 …… 301
女 …… 301
小 …… 301
子 …… 301

四畫

王 …… 301
天 …… 301
元 …… 302
五 …… 302
支 …… 303
太 …… 303
友 …… 303
比 …… 303
切 …… 303
止 …… 303
少 …… 303
日 …… 303
中 …… 303
内 …… 304
午 …… 304
毛 …… 304
壬 …… 304
今 …… 304
公 …… 304
丹 …… 304
勾 …… 304
六 …… 304
文 …… 304
方 …… 304
火 …… 304
心 …… 304
孔 …… 304
水 …… 304
毋 …… 304

五畫

玉 …… 304
未 …… 305
正 …… 305
甘 …… 305
世 …… 305
艾 …… 305
古 …… 305
本 …… 305
左 …… 305

石 …… 305
戊 …… 305
平 …… 305
北 …… 306
甲 …… 306
申 …… 306
史 …… 306
四 …… 306
丘 …… 306
白 …… 306
印 …… 306
外 …… 306
包 …… 306
半 …… 306
永 …… 306
司 …… 307
民 …… 307
弘 …… 307
出 …… 307

六畫

吉 …… 307
考 …… 307
老 …… 307
地 …… 307
耳 …… 307
芝 …… 307
西 …… 307
百 …… 307
有 …… 307
存 …… 307
列 …… 307
至 …… 307
光 …… 307
曲 …… 308
同 …… 308
因 …… 308
朱 …… 308
缶 …… 308
先 …… 308
竹 …… 308
伏 …… 308
任 …… 308
自 …… 308
向 …… 308
似 …… 308
行 …… 308
㐆 …… 308
全 …… 308
合 …… 308
邠 …… 308
各 …… 308
名 …… 308
交 …… 308
亦 …… 308
州 …… 308
汗 …… 308
江 …… 308
池 …… 308
守 …… 308
安 …… 308
字 …… 308
艮 …… 308
防 …… 308
牟 …… 309

七畫

戒 …… 309
孝 …… 309
劫 …… 309
芙 …… 309
邯 …… 309
花 …… 309
芥 …… 309
克 …… 309
杜 …… 309
李 …… 309
甫 …… 309
吾 …… 309
酉 …… 309

邳 …… 309
求 …… 309
見 …… 309
呂 …… 309
吹 …… 309
吳 …… 309
岑 …… 309
私 …… 309
兵 …… 309
邱 …… 309
何 …… 310
作 …… 310
佛 …… 310
余 …… 310
希 …… 310
豸 …… 310
亨 …… 310
辛 …… 310
冷 …… 310
汪 …… 310
沙 …… 310
泛 …… 310
沈 …… 310
宋 …… 310
良 …… 310
初 …… 310
壯 …… 310
改 …… 310
陀 …… 310
妙 …… 310
邵 …… 311

八畫

奉 …… 311
武 …… 311
青 …… 311
長 …… 311
坡 …… 311
亞 …… 311
英 …… 311
苑 …… 311
范 …… 311
直 …… 311
苕 …… 312
林 …… 312
板 …… 312
來 …… 312
松 …… 312
杭 …… 312
述 …… 312
東 …… 312
事 …… 312
兩 …… 312
抱 …… 312
拙 …… 312
尚 …… 312
果 …… 312
味 …… 312
昌 …… 313
明 …… 313
易 …… 313
迪 …… 313
忠 …… 313
郘 …… 313
狀 …… 313
知 …… 313
牧 …… 313
乖 …… 313
秇 …… 313
岳 …… 313
使 …… 313
佩 …… 313
欣 …… 313
金 …… 313
采 …… 314
受 …… 314
周 …… 314
匋 …… 314
京 …… 314
夜 …… 314
庚 …… 314

九畫

眉 …… 318
癸 …… 318
紅 …… 318
約 …… 318
紀 …… 318

十畫

耕 …… 318
馬 …… 318
秦 …… 318
泰 …… 318
珠 …… 318
素 …… 318
袁 …… 318
華 …… 318
莊 …… 318
桂 …… 318
桐 …… 318
栝 …… 318
格 …… 318
校 …… 318
桉 …… 318
夏 …… 318
砥 …… 318
原 …… 318
盇 …… 318
哲 …… 318
晉 …… 318
時 …… 318
峽 …… 318
乘 …… 318
秘 …… 318
倭 …… 319
躬 …… 319
徒 …… 319
徐 …… 319
般 …… 319
航 …… 319
翁 …… 319
訓 …… 319
訒 …… 319
高 …… 319
郭 …… 319
唐 …… 319
悔 …… 320
拳 …… 320
益 …… 320
朔 …… 320
烟 …… 320
涑 …… 320
浙 …… 320
消 …… 320
海 …… 320
浮 …… 321
流 …… 321
浪 …… 321
宸 …… 321
家 …… 321
容 …… 321
祥 …… 321
書 …… 321
陸 …… 321
陳 …… 321
陶 …… 321
恕 …… 321
娱 …… 321
通 …… 321
孫 …… 321

十一畫

理 …… 321
堵 …… 321
教 …… 321
培 …… 322
黄 …… 322
菊 …… 322
萃 …… 322
乾 …… 322
梵 …… 322
梧 …… 322

梅 …… 322
敕 …… 322
堅 …… 322
硃 …… 322
盛 …… 322
雪 …… 322
採 …… 322
救 …… 322
常 …… 322
野 …… 322
晨 …… 322
眼 …… 322
問 …… 322
晚 …… 322
國 …… 322
崇 …… 322
梨 …… 322
得 …… 322
從 …… 322
船 …… 323
逸 …… 323
許 …… 323
庾 …… 323
庸 …… 323
康 …… 323
鹿 …… 323
章 …… 323
商 …… 323
望 …… 323
惜 …… 323
清 …… 323
淮 …… 323
淨 …… 323
淳 …… 323
淡 …… 323
深 …… 323
涵 …… 323
寄 …… 323
啟 …… 323
張 …… 324
隋 …… 324
陽 …… 324
欸 …… 324
習 …… 324
參 …… 324
鄉 …… 324

十二畫

貳 …… 324
琴 …… 324
琳 …… 324
堯 …… 324
項 …… 324
博 …… 324
彭 …… 324
壹 …… 324
葉 …… 324
散 …… 324
萬 …… 324
董 …… 324
敬 …… 324
朝 …… 324
椒 …… 324
棉 …… 324
粟 …… 324
硯 …… 324
雁 …… 324
殘 …… 324
雲 …… 324
揚 …… 324
提 …… 325
雅 …… 325
紫 …… 325
虛 …… 325
最 …… 325
開 …… 325
閒 …… 325
景 …… 325
黑 …… 325
無 …… 325
缾 …… 325

程 …… 325
策 …… 325
備 …… 325
傅 …… 325
順 …… 325
集 …… 325
焦 …… 325
御 …… 325
復 …… 325
鉅 …… 325
鈐 …… 325
欽 …… 325
飲 …… 326
勝 …… 326
鄒 …… 326
評 …… 326
詠 …… 326
詞 …… 326
詒 …… 326
敦 …… 326
痘 …… 326
愧 …… 326
善 …… 326
普 …… 326
尊 …… 326
道 …… 326
曾 …… 326
湛 …… 326
湖 …… 326
湘 …… 326
湯 …… 326
淵 …… 326
溉 …… 326
寒 …… 327
補 …… 327
畫 …… 327
發 …… 327
婺 …… 327
絳 …… 327
絕 …… 327

十三畫

瑞 …… 327
瑜 …… 327
聖 …… 327
勤 …… 327
蓮 …… 327
靳 …… 327
夢 …… 327
蓬 …… 327
蒿 …… 327
蓉 …… 327
蒙 …… 327
楚 …… 327
楷 …… 327
楊 …… 327
楞 …… 327
槐 …… 327
楓 …… 327
楹 …… 327
酬 …… 327
感 …… 327
碑 …… 327
雷 …… 327
裘 …… 327
農 …… 327
蜀 …… 327
� …… 327
節 …… 327
傷 …… 327
粵 …… 327
微 …… 327
會 …… 328
飴 …… 328
解 …… 328
詩 …… 328
靖 …… 328
新 …… 328
雍 …… 328
慎 …… 328

慈 …… 328
資 …… 328
溫 …… 328
滄 …… 328
肅 …… 328
群 …… 328
羣 …… 328
遜 …… 328
經 …… 328
綏 …… 328

十四畫

碧 …… 328
趙 …… 328
臺 …… 329
壽 …… 329
蔗 …… 329
熙 …… 329
蔚 …… 329
榿 …… 329
監 …… 329
磁 …… 329
爾 …… 329
霆 …… 329
對 …… 329
聞 …… 329
嘯 …… 329
噉 …… 329
圖 …… 329
舞 …… 329
種 …… 329
箋 …… 329
管 …… 329
僧 …… 329
銅 …… 329
遯 …… 329
語 …… 329
說 …… 329
廣 …… 329
塵 …… 330
端 …… 330
適 …… 330
齊 …… 330
精 …… 330
鄭 …… 330
漢 …… 330
漸 …… 330
漱 …… 330
漁 …… 330
寧 …… 330
寥 …… 330
隨 …… 330
熊 …… 330
翠 …… 330
維 …… 330
綴 …… 331
綠 …… 331

十五畫

增 …… 331
華 …… 331
邁 …… 331
蕉 …… 331
蕩 …… 331
樞 …… 331
樊 …… 331
敷 …… 331
輟 …… 331
輜 …… 331
甌 …… 331
歐 …… 331
賢 …… 331
醉 …… 331
遼 …… 331
撫 …… 331
撝 …… 331
鄰 …… 331
賞 …… 331
賜 …… 331
閱 …… 331

蝶 …… 331
墨 …… 331
稻 …… 331
篆 …… 331
儀 …… 331
質 …… 331
德 …… 331
徵 …… 331
盤 …… 331
劍 …… 331
膠 …… 331
劉 …… 331
諸 …… 332
論 …… 332
調 …… 332
摩 …… 332
瘞 …… 332
慶 …… 332
羯 …… 332
養 …… 332
遵 …… 332
導 …… 332
潛 …… 332
澗 …… 332
澂 …… 332
澳 …… 332
澄 …… 332
履 …… 332
豫 …… 332
樂 …… 332
練 …… 332
畿 …… 332

十六畫

駱 …… 332
駢 …… 332
燕 …… 332
薛 …… 333
翰 …… 333
輶 …… 333
歷 …… 333
頻 …… 333
戰 …… 333
圜 …… 333
黔 …… 333
積 …… 333
篤 …… 333
篔 …… 333
篷 …… 333
學 …… 333
儒 …… 333
錢 …… 333
館 …… 333
獲 …… 333
諭 …… 333
凝 …… 333
龍 …… 333
懀 …… 334
潞 …… 334
澤 …… 334
澮 …… 334
濂 …… 334
憲 …… 334
寰 …… 334
禪 …… 334
避 …… 334

十七畫

騂 …… 334
環 …… 334
戴 …… 334
聲 …… 334
聰 …… 334
藏 …… 334
韓 …… 334
隸 …… 334
檉 …… 334
臨 …… 334
霜 …… 334
霞 …… 334

擬 …… 334
豳 …… 334
嶺 …… 334
魏 …… 334
輿 …… 334
儲 …… 334
鍾 …… 334
爵 …… 334
鮚 …… 334
謝 …… 334
鴻 …… 334
邃 …… 334
禮 …… 334
翼 …… 334
績 …… 335
總 …… 335
縮 …… 335

十八畫

聶 …… 335
藝 …… 335
藤 …… 335
藥 …… 335
醫 …… 335
擷 …… 335
豐 …… 335
瞿 …… 335
闕 …… 335
韞 …… 335
簡 …… 335
雙 …… 335
歸 …… 335
翻 …… 335
謫 …… 335
顏 …… 335
織 …… 335

十九畫

攆 …… 335
蘄 …… 335
勸 …… 335
蘇 …… 335
蘊 …… 335
攀 …… 335
麗 …… 335
攄 …… 335
曝 …… 335
關 …… 335
疇 …… 335
嚴 …… 335
羅 …… 335
犢 …… 335
贊 …… 335
證 …… 335
龐 …… 335
韻 …… 335
懷 …… 335
類 …… 335
瀛 …… 335
繹 …… 336
繪 …… 336
繡 …… 336

二十畫

蘭 …… 336
獻 …… 336
鶡 …… 336
籌 …… 336
鐘 …… 336
釋 …… 336
寶 …… 336

二十一畫

礮 …… 336
攜 …… 336
鐵 …… 336
顧 …… 336
鶴 …… 336

二十二畫

二十三畫

二十四畫

二十六畫

《天津博物館古籍普查登記目録》
書名筆畫索引

一畫

一切經音義二十五卷 ………… 2-364
一門沆瀣集賦草四卷 ………… 2-354
一葦編不分卷竹坪言懷二集竹坪詩
　鈔二卷 ………… 2-334
一微塵集五卷 ………… 2-324
乙巳占十卷 ………… 2-306

二畫

二十四史 ………… 2-267
二十四史 ………… 2-346
二申野錄八卷 ………… 2-269
二百蘭亭齋古印考藏六卷 ………… 2-358
二百蘭亭齋金石記不分卷 ………… 2-309
二如亭群芳譜二十八卷首一卷 ………… 2-312
二如亭群芳譜二十九卷首一卷 ………… 2-312
二如亭群芳譜二十九卷首一卷 ………… 2-315
二谷山人集十卷 ………… 2-317
二初齋讀書記十卷首一卷 ………… 2-338
二林居集二十四卷 ………… 2-330
二知軒文存三十四卷 ………… 2-323
二程全書 ………… 2-304
二銘草堂金石聚十六卷 ………… 2-313
十一經音訓 ………… 2-264
十七史商榷一百卷 ………… 2-288
十七史詳節四種一百零一卷 ………… 2-358
十八家詩鈔二十八卷 ………… 2-336
十三峯書屋批牘二卷 ………… 2-279
十三經集字摹本不分卷 ………… 2-260
十三經讀本 ………… 2-358
十六金符齋印存不分卷 ………… 2-360
十竹齋書畫譜八種 ………… 2-310
十國春秋一百十六卷 ………… 2-269
十國春秋一百十六卷 ………… 2-269
十種唐詩選十七卷唐人萬首絕句選
　七卷 ………… 2-342
丁文誠公奏稿二十六卷首一卷 ………… 2-273
丁文誠公奏稿二十六卷首一卷 ………… 2-281
丁未和會類要四卷 ………… 2-284
七巧圖合璧不分卷 ………… 2-307
七佛神呪經 ………… 2-253
八銘堂塾鈔初集四卷二集四卷 ………… 2-264
九河臆說一卷 ………… 2-293
九朝紀事本末六百五十八卷 ………… 2-267
九旗古義述一卷 ………… 2-260
九數存古九卷 ………… 2-341
九曜齋筆記三卷 ………… 2-305
九邊圖論一卷 ………… 2-293
九鐘精舍金石跋尾乙編 ………… 2-314
刁蒙吉先生崇祀鄉賢錄一卷 ………… 2-273

三畫

三字經註解備要二卷 ………… 2-297
三字經註解備要二卷 ………… 2-300
三角學問題集 ………… 2-341
三品彙刊不分卷 ………… 2-324
三流道里表不分卷 ………… 2-282
三流道里表不分卷 ………… 2-282
三通三種七百四十八卷 ………… 2-346
三國志六十五卷 ………… 2-266
三國志六十五卷 ………… 2-266
三國志六十五卷 ………… 2-266
三國郡縣表補正八卷 ………… 2-287
三國疆域志補注十九卷首一卷 ………… 2-288
三魚堂文集十二卷外集六卷全集附
　錄一卷賸言十二卷 ………… 2-331
三農紀二十四卷 ………… 2-304
三墳一卷 ………… 2-306

三壇圓滿天仙大戒畧說一卷………… 2－340
三蘇策論十二卷………………………… 2－335
于文定公讀史漫錄二十卷…………… 2－286
于京集五卷……………………………… 2－337
于清端公政書八卷首編一卷續集一
卷外集一卷…………………………… 2－278
大公報（光緒三十二年正月十七日
至正月二十二日）………………… 2－352
大方廣佛華嚴經……………………… 2－256
大宋真宗山東太華山紫金鎮兩世修
行劉香寶卷全集…………………… 2－311
［光緒］大城縣志十二卷首一卷 …… 2－289
大乘百法明門論……………………… 2－246
大乘百法明門論開宗義記…………… 2－246
大乘妙法蓮華經……………………… 2－256
大乘密嚴經…………………………… 2－255
大般若波羅密多心經………………… 2－257
大般若波羅密多經…………………… 2－249
大般若波羅密多經…………………… 2－249
大般若波羅密多經…………………… 2－249
大般若波羅密多經…………………… 2－250
大般若波羅密多經…………………… 2－250
大般若波羅密多經…………………… 2－250
大般若波羅密多經…………………… 2－250
大般若波羅密多經…………………… 2－250
大般若波羅密多經…………………… 2－250
大般若波羅密多經…………………… 2－250
大般若波羅密多經…………………… 2－251
大般若波羅密多經…………………… 2－251
大般若波羅密多經…………………… 2－251
大般若波羅密多經…………………… 2－251
大般若波羅密多經…………………… 2－251
大般涅槃經…………………………… 2－249
大般涅槃經…………………………… 2－250
大般涅槃經…………………………… 2－250
大般涅槃經…………………………… 2－250
大般涅槃經…………………………… 2－250
大般涅槃經…………………………… 2－251
大般涅槃經…………………………… 2－251
大般涅槃經…………………………… 2－251
大般涅槃經…………………………… 2－251
大般涅槃經…………………………… 2－251
大般涅槃經…………………………… 2－252
大般涅槃經…………………………… 2－252
大般涅槃經…………………………… 2－253
大般涅槃經…………………………… 2－255
大般婆羅蜜多經……………………… 2－254
大唐西域記十二卷…………………… 2－294
大通方廣經…………………………… 2－252
大通方廣懺悔滅罪莊嚴成佛經……… 2－255
大清一統志五百卷…………………… 2－285
大清一統志五百卷…………………… 2－346
大清日新職官錄……………………… 2－274
大清中樞備覽………………………… 2－274
大清中樞備覽………………………… 2－274
大清中樞備覽………………………… 2－274
大清中樞備覽………………………… 2－275
大清中樞備覽………………………… 2－275
大清中樞備覽………………………… 2－275
大清中樞備覽………………………… 2－275
大清光緒十八年歲次壬辰時憲書…… 2－306
大清光緒三十三年時憲書…………… 2－305
大清光緒新法令十三卷附錄三卷…… 2－279
大清律例通纂四十卷………………… 2－281
大清律例增修彙纂大成四十卷附督
捕則例二卷五軍道里表一卷三流
道里表一卷秋審實緩比較一卷部
頒新增一卷…………………………… 2－277
大清國大日本國條規章程附稅則…… 2－284
大清最新百官錄四卷………………… 2－274
大清搢紳全書………………………… 2－274
大清搢紳全書………………………… 2－274
大清搢紳全書………………………… 2－274
大清搢紳全書………………………… 2－274
大清搢紳全書………………………… 2－274
大清搢紳全書………………………… 2－274
大清搢紳全書………………………… 2－274
大清搢紳全書………………………… 2－274
大清搢紳全書………………………… 2－274
大清搢紳全書………………………… 2－274
大清搢紳全書………………………… 2－274
大智度經……………………………… 2－251

大智度經…………………………… 2-251
大智度經…………………………… 2-252
大智度經論殘卷…………………… 2-256
大慈恩寺三藏法師傳十卷………… 2-271
大廣益會玉篇三十卷……………… 2-364
大樓炭經…………………………… 2-255
大瓢偶筆八卷碑目一卷…………… 2-355
大學衍義四十三卷………………… 2-263
大學衍義補一百六十卷首一卷…… 2-356
大學還舊…………………………… 2-263
大戴禮記十三卷…………………… 2-259
[同治]上海縣志三十二卷首一卷補
　遺一卷…………………………… 2-290
山公啟事…………………………… 2-301
山谷集三十九卷…………………… 2-317
山谷詩集注二十卷目錄一卷外集十
　七卷別集二卷…………………… 2-334
山谷詩集注二十卷目錄一卷別集二
　卷………………………………… 2-334
山谷詩集注二十卷目錄一卷別集二
　卷………………………………… 2-334
山東武舉鄉試題名錄(光緒五年科)
　………………………………… 2-275
山東省河務行政演習利弊報告書… 2-295
山東運河備覽十二卷圖說一卷…… 2-293
山東試辦大學堂暫行章程摺稿…… 2-280
山海經十八卷……………………… 2-295
山海經十八卷……………………… 2-303
山海經十八卷……………………… 2-306
山海經十八卷……………………… 2-342
山海經十八卷圖五卷……………… 2-306
山海經十八卷圖讚一卷補註一卷… 2-303
山海經廣注十八卷………………… 2-306
山堂肆考…………………………… 2-299
千手千眼經………………………… 2-250
千里樓詩草一卷…………………… 2-336
千里樓詩草一卷…………………… 2-354
千金翼方三十卷…………………… 2-310
千甓亭磚錄六卷續錄四卷………… 2-309
也是集一卷………………………… 2-353
也是集續編一卷…………………… 2-353
女子國文教科書四卷……………… 2-343
女兒書輯八種九卷………………… 2-302
小知錄十二卷……………………… 2-305
小異遺文一卷……………………… 2-331
小蓬萊閣金石文字不分卷………… 2-266
小蓬萊閣金石文字不分卷………… 2-357
小滄浪筆談四卷…………………… 2-308
小學中史圖說……………………… 2-342
小學六卷…………………………… 2-297
小學考五十卷……………………… 2-265
小學答問不分卷…………………… 2-262
小學集註六卷……………………… 2-259
小學集註六卷附御製忠孝經……… 2-300
小學鉤沈十九卷…………………… 2-262
小學鉤沈十九卷…………………… 2-262
小學實驗教育學四編……………… 2-342
小謨觴館詩文集注………………… 2-329
子史精華一百六十卷……………… 2-297
子史精華一百六十卷……………… 2-298

四畫

王子安全集十六卷………………… 2-331
王氏育材書塾第一次改良章程…… 2-342
王文恪公集三十六卷……………… 2-321
王先生十七史蒙求十六卷………… 2-267
王先生十七史蒙求十六卷………… 2-288
王奉常書畫題跋二卷……………… 2-363
王柱石先生文集四卷……………… 2-273
王陽明先生全集二十二卷首一卷… 2-320
王學質疑五卷附錄一卷…………… 2-303
王臨川全集一百卷………………… 2-312
王寵離騷經………………………… 2-256
天一閣見存書目四卷首一卷末一卷
　………………………………… 2-285
天下郡國利病書一百二十卷……… 2-286
天文揭要二卷……………………… 2-344
天文歌略一卷地學歌略一卷……… 2-340
天文圖說四卷……………………… 2-341
天方至聖實錄二十卷首一卷……… 2-312
天方性理五卷首一卷……………… 2-302

天外歸帆草一卷 …… 2－295
天岳山館文鈔四十卷 …… 2－328
天津志成銀行簡明章程 …… 2－352
天津府自治研究同學錄 …… 2－356
［光緒］天津府志五十四卷首一卷末一卷 …… 2－347
天津指南六卷 …… 2－348
天津指南六卷 …… 2－348
天津拳匪變亂紀事二卷 …… 2－352
天津拳匪變亂紀事二卷 …… 2－352
天津電車電燈公司合同 …… 2－348
天津電車電燈公司合同 …… 2－348
天津電車電燈公司合同 …… 2－348
天津電車電燈公司合同 …… 2－348
天津電車電燈公司合同 …… 2－348
天津電車電燈公司合同 …… 2－349
天津電車電燈公司合同 …… 2－349
天津電車電燈公司合同 …… 2－349
天津電車電燈公司合同 …… 2－349
天津電車電燈公司合同 …… 2－349
天津電車電燈公司合同 …… 2－349
天津電車電燈公司合同 …… 2－349
天津電車電燈公司合同 …… 2－349
天津電車電燈公司合同 …… 2－349
天津電車電燈公司合同 …… 2－349
天津電車電燈公司合同 …… 2－349
天津電車電燈公司合同 …… 2－349
天津電車電燈公司合同 …… 2－349
天津電車電燈公司合同 …… 2－349
天津電車電燈公司合同 …… 2－349
天津電車電燈公司合同 …… 2－349
天津電車電燈公司合同 …… 2－349
天津電車電燈公司合同 …… 2－349
天津電車電燈公司合同 …… 2－349
天津電車電燈公司合同 …… 2－350
天津電車電燈公司合同 …… 2－350
天津電車電燈公司合同 …… 2－350
天津電車電燈公司合同 …… 2－350
天津電車電燈公司合同 …… 2－350
天津電車電燈公司合同 …… 2－350
天津電車電燈公司合同 …… 2－350
天津電車電燈公司合同 …… 2－350
天津電車電燈公司合同 …… 2－350
天津電車電燈公司合同 …… 2－350
天津電車電燈公司合同 …… 2－350
天津電車電燈公司合同 …… 2－350
天津電車電燈公司合同 …… 2－350
天津電車電燈公司合同 …… 2－350
天津電車電燈公司合同 …… 2－350
天津電車電燈公司合同 …… 2－350
天津銀號總章程規則 …… 2－352
天津廣仁堂女工廠章程 …… 2－351
天津廣仁堂調查房產表 …… 2－351
天津縣地理教科書 …… 2－352
天津縣地理教科書 …… 2－352
［乾隆］天津縣志二十四卷 …… 2－347
［乾隆］天津縣志二十四卷 …… 2－347
［乾隆］天津縣志二十四卷 …… 2－347
［乾隆］天津縣志二十四卷 …… 2－347
［乾隆］天津縣志二十四卷 …… 2－355
［乾隆］天津縣志二十四卷 …… 2－357
天咫偶聞十卷 …… 2－298
天真閣集三十二卷 …… 2－338
天演論二卷 …… 2－345
天寶十二年金剛般若波羅密經 …… 2－254
元文類七十卷 …… 2－323
元史二百十卷 …… 2－355
元史藝文志四卷 …… 2－269
元耶律楚材西遊錄不分卷 …… 2－292
元書一百零二卷首一卷 …… 2－268
元經薛氏傳十卷 …… 2－258
元豐九域志十卷 …… 2－286
五千年中外交涉史九十七卷 …… 2－284
五子近思錄輯要十四卷 …… 2－300
五公山人集十六卷 …… 2－321
五代千手千眼觀世音經 …… 2－254
五代史七十四卷 …… 2－258
五代史記七十四卷 …… 2－258
五代佛說無量壽宗要經 …… 2－246
五代佛說無量壽宗要經 …… 2－246
五代妙法蓮華經 …… 2－246
五代妙法蓮華經 …… 2－246

五代妙法蓮華經 …………………… 2－246
五代妙法蓮華經 …………………… 2－247
五代法華經 ………………………… 2－247
五代思益梵天所問經 ……………… 2－245
五代梁貞明六年佛說佛名經 ……… 2－256
五代殘經塊 ………………………… 2－246
五代鼻奈耶律序 …………………… 2－246
五代維摩詰經 ……………………… 2－246
五代維摩詰經 ……………………… 2－248
五代維摩詰經 ……………………… 2－248
五代藏經目 ………………………… 2－246
五百四峯堂詩鈔二十五卷 ………… 2－339
五百四峯堂詩鈔二十五卷 ………… 2－339
五知齋琴譜八卷 …………………… 2－313
五省溝洫圖說 ……………………… 2－348
五省溝洫圖說 ……………………… 2－348
五臺山圖 …………………………… 2－294
五臺新志四卷首一卷 ……………… 2－291
支那教學史略三卷 ………………… 2－343
太乙舟文集八卷 …………………… 2－329
太上本相經 ………………………… 2－249
太上本相經 ………………………… 2－253
太上感應篇圖說不分卷 …………… 2－358
太平御覽一千卷 …………………… 2－359
太平寰宇記二百卷首二卷 ………… 2－289
太史升菴全集八十一卷目錄二卷 … 2－361
太史張天如詳節春秋綱目左傳句解六卷 …… 2－261
太常袁公行略不分卷 ……………… 2－322
太霞山館文集四卷詩稿二卷 ……… 2－330
太鶴山人集十三卷 ………………… 2－317
友竹草堂文集五卷 ………………… 2－329
比丘尼四分戒本 …………………… 2－253
比丘尼戒律 ………………………… 2－252
切問齋文鈔三十卷 ………………… 2－327
切韻考六卷外編三卷 ……………… 2－265
止堂集十八卷 ……………………… 2－321
止園筆談八卷 ……………………… 2－304
少室山房筆叢四十八卷 …………… 2－301
日人寫文選注 ……………………… 2－246
日下舊聞四十二卷附補遺 ………… 2－294
日山文集四卷 ……………………… 2－314
日本刑法不分卷 …………………… 2－344
日本訪書志十七卷 ………………… 2－282
日本訪書志十六卷 ………………… 2－283
日本裁判所構成法 ………………… 2－344
日知錄之餘四卷 …………………… 2－308
日知錄集釋三十二卷 ……………… 2－302
日知錄集釋三十二卷刊誤二卷續刊誤二卷 …… 2－358
日知錄集釋三十二卷刊誤二卷續刊誤二卷 …… 2－363
日俄交涉戰記初編十六卷 ………… 2－283
中山傳信錄六卷 …………………… 2－356
中日通商行船條約續約 …………… 2－284
中日會議東三省事宜條約 ………… 2－284
中日議訂東三省條約 ……………… 2－283
中外地輿圖說集成一百三十卷首三卷 …… 2－285
中外交涉類要表四卷光緒通商綜覈表十六卷 …… 2－284
中外政治類編十五卷 ……………… 2－344
中外政俗異同攷 …………………… 2－344
中外通商始末記二十卷 …………… 2－284
中外通商條約不分卷 ……………… 2－285
中西紀事二十四卷首一卷 ………… 2－347
中西關繫畧論四卷續編一卷 ……… 2－283
中州同官錄四卷 …………………… 2－276
中州金石記五卷 …………………… 2－361
中州集十卷首一卷 ………………… 2－337
中英會訂保工章程 ………………… 2－280
中英續訂藏印條約 ………………… 2－283
中英續訂藏印條約 ………………… 2－284
中東戰紀本末八卷續編四卷 ……… 2－285
中東戰紀本末續編四卷 …………… 2－285
中俄界約斠注七卷首一卷 ………… 2－280
中俄約章會要三卷續編一卷 ……… 2－279
中俄國際約注二卷 ………………… 2－283
中俄議訂交還東三省條約 ………… 2－284
中美續議通商行船條約 …………… 2－284
中華古今注三卷 …………………… 2－300
中國宜改革新政論議一卷 ………… 2－278

中國朝鮮商民水陸貿易章程………… 2－284
中國腦二卷…………………………… 2－345
中國幣制得失論不分卷……………… 2－344
中極戒一卷…………………………… 2－340
中憲大夫碣門孟公崇祀名宦錄一卷
…………………………………………… 2－352
内省錄………………………………… 2－356
午亭文編五十卷……………………… 2－324
毛詩二十卷附考證…………………… 2－259
壬癸志稿二十八卷…………………… 2－353
壬癸藏劄記十二卷…………………… 2－301
壬寅官商快覽三百種………………… 2－345
今古奇觀四十卷……………………… 2－306
今白華堂集…………………………… 2－320
公車上書記不分卷…………………… 2－277
[光緒]丹徒縣志六十卷首四卷 …… 2－291
丹鉛總錄二十七卷…………………… 2－306
勾股一貫述内篇四卷信古齋雜述外
篇一卷………………………………… 2－306
六十年交涉記略不分卷……………… 2－283
六如居士全集七卷補遺一卷外集六
卷墨亭新賦一卷制義一卷畫譜三
卷花塢聯吟四卷……………………… 2－314
六書分類十二卷首一卷……………… 2－265
六書音韻表五卷……………………… 2－362
六朝文絜四卷………………………… 2－314
六經天文編二卷……………………… 2－340
六經圖二十四卷……………………… 2－259
六齋詩存二卷………………………… 2－339
六觀樓文集拾遺不分卷……………… 2－330
文子纘義十二卷……………………… 2－299
文中子中說十卷……………………… 2－300
文心雕龍十卷………………………… 2－332
文心雕龍十卷………………………… 2－332
文史通義八卷………………………… 2－288
文定集二十四卷……………………… 2－317
文房肆考圖說八卷…………………… 2－360
文美齋詩箋譜不分卷………………… 2－310
文美齋詩箋譜不分卷………………… 2－310
文美齋詩箋譜不分卷………………… 2－365
文徵明楷書清靜經…………………… 2－254
文廟通考六卷首一卷………………… 2－302
文廟通考六卷首一卷………………… 2－302
文選六十卷…………………………… 2－257
文選六十卷考異十卷………………… 2－323
文選六十卷考異十卷………………… 2－323
文選六十卷考異十卷………………… 2－324
文選考異十卷………………………… 2－257
文獻通考正續合編三十二卷首一卷
…………………………………………… 2－275
文獻徵存錄十卷……………………… 2－272
方言箋疏十三卷……………………… 2－359
方望溪平點史記四卷………………… 2－266
火攻玄機十卷………………………… 2－308
火攻挈要三卷圖一卷………………… 2－306
心白日齋集六卷……………………… 2－330
心要經一卷…………………………… 2－311
心影集四卷…………………………… 2－301
孔子年譜一卷………………………… 2－270
孔子家語十卷………………………… 2－300
孔子家語八卷………………………… 2－357
孔子集語十七卷……………………… 2－297
孔子聖蹟圖…………………………… 2－364
孔氏家語十卷………………………… 2－301
水田居存詩三卷……………………… 2－336
水地記一卷…………………………… 2－295
水利營田圖說一卷…………………… 2－295
水利營田圖說一卷…………………… 2－295
水陸大齋儀軌會本六卷……………… 2－312
水道提綱二十八卷…………………… 2－293
水雷圖說不分卷……………………… 2－307
水經注不分卷………………………… 2－296
水經注四十卷………………………… 2－295
水經注四十卷首一卷………………… 2－357
水經注疏要刪四十卷………………… 2－295
水經注疏要刪補遺四十卷…………… 2－295
水經注圖一卷附錄一卷……………… 2－295
水經注圖四十卷補一卷……………… 2－294
毋不敬齋全書三十一卷……………… 2－320

五畫

玉井山館筆記一卷…………………… 2－304

玉井山館集 ………………………… 2－330
玉井山館詩十五卷附詩餘一卷文略五卷文續二卷附西行日記一卷 …… 2－329
[光緒]玉田縣志三十卷首一卷 …… 2－291
玉池老人自敘 ………………………… 2－272
玉海二百卷 ………………………… 2－294
玉海二百卷詞學指南四卷附刻十三種 ………………………… 2－293
玉臺新詠十卷 ………………………… 2－334
玉說不分卷 ………………………… 2－361
玉澗襍書三卷 ………………………… 2－302
未灰齋文集八卷外集一卷 ………… 2－321
正字通十二集總目一卷 ………… 2－262
正字略定本不分卷 ………………… 2－263
正誼堂全書六十八種 ……………… 2－344
正學編八卷 ………………………… 2－302
正藏書四十八卷續藏書十二卷 ……… 2－286
甘泉鄉人稿二十四卷 ……………… 2－330
甘泉鄉人稿二十四卷 ……………… 2－331
世說新語八卷 ………………………… 2－356
世說新語六卷 ………………………… 2－355
艾廬遺稿六卷 ………………………… 2－316
古今名人畫稿續集不分卷 ………… 2－308
古今注三卷 ………………………… 2－312
古今夏時表不分卷 ………………… 2－306
古今朔實考校補 …………………… 2－299
古今錢略三十二卷首一卷末一卷 …… 2－310
古文雅正三卷 ………………………… 2－322
古文淵鑒六十四卷 ………………… 2－355
古文辭類纂七十五卷 ……………… 2－332
古文辭類纂七十四卷 ……………… 2－335
古文辭類纂七十四卷 ……………… 2－335
古文觀止六卷附國朝文 ………… 2－257
古玉圖考不分卷 …………………… 2－358
古印不分卷 ………………………… 2－360
古印集存 ………………………… 2－359
古刻叢鈔一卷 ………………………… 2－313
古香齋新刻袖珍淵鑑類函四百五十卷目錄四卷 ………………………… 2－297
古香齋鑒賞袖珍春明夢餘錄七十卷 ………………………… 2－303
古泉匯六十四卷首一卷 ………… 2－346
古泉匯六十卷首四卷 ……………… 2－363
古泉叢話三卷 ………………………… 2－310
古泉叢話三卷 ………………………… 2－364
古泉雜詠四卷 ………………………… 2－310
古泉雜詠四卷 ………………………… 2－310
古逸叢書 ………………………… 2－294
古詩源不分卷 ………………………… 2－336
古經解鉤沉三十卷 ………………… 2－258
古銅石印全集 ………………………… 2－359
古籀拾遺三卷附宋政和禮器文字考一卷 ………………………… 2－359
古韻通說二十卷通說一卷 ………… 2－364
古歡室詩詞集四卷 ………………… 2－325
古歡堂集三十六卷 ………………… 2－330
本草萬方鍼線八卷 ………………… 2－307
本草綱目五十二卷首一卷圖三卷附奇經八脈考一卷脈訣考證一卷 …… 2－307
本草綱目五十二卷首一卷圖三卷奇經八脈考一卷瀕湖脈學一卷脈訣考證一卷 ………………………… 2－356
本草綱目拾遺十卷 ………………… 2－307
本際經 ………………………… 2－246
左汾近稾一卷 ………………………… 2－298
左忠毅公集三卷 …………………… 2－316
左恪靖侯奏稿初編三十八卷續編七十六卷三編六卷 ………………… 2－282
左海文集十卷 ………………………… 2－331
左傳史論二卷 ………………………… 2－285
左繡三十卷首一卷 ………………… 2－260
石林家訓一卷治生家訓要略一卷 …… 2－302
石林詞一卷 ………………………… 2－338
石林燕語十卷 ………………………… 2－299
石笥山房集六卷補遺一卷詩集十一卷補遺二卷續補遺二卷 ………… 2－332
石渠餘紀六卷 ………………………… 2－286
石渠餘紀六卷 ………………………… 2－286
石渠餘紀六卷 ………………………… 2－286
石鼓文釋存一卷補註一卷 ………… 2－364
戊戌政變記九卷 …………………… 2－278
[光緒]平山縣續志八卷末一卷 …… 2－286

平定粵匪功臣戰蹟圖一卷附題詠…… 2－272
平定粵匪功臣戰蹟圖一卷附題詠…… 2－272
平定粵匪紀略十八卷附記四卷……… 2－269
平定粵匪紀略十八卷附記四卷……… 2－270
平定粵匪紀略十八卷附記四卷……… 2－272
平面三角學…………………………… 2－341
平叛記二卷…………………………… 2－268
平津館文稿二卷……………………… 2－326
平津館叢書…………………………… 2－340
平津讀碑記八卷續記一卷…………… 2－364
北洋大學堂管理規則………………… 2－352
北洋公牘類纂二十五卷目錄一卷…… 2－347
北洋商學公會章程…………………… 2－351
北洋銀行專修所試辦章程…………… 2－352
北洋灤州官礦有限公司招股章程…… 2－351
北洋灤州官礦有限公司招股章程…… 2－351
北洋灤州官礦有限公司實業債票章
程…………………………………… 2－351
北朝寫經華嚴經……………………… 2－254
北魏地形志圖………………………… 2－287
甲辰彙報……………………………… 2－280
申江勝景圖二卷……………………… 2－292
申學士校正古本官板書經大全十卷
綱領一卷圖一卷…………………… 2－260
史記一百三十卷……………………… 2－266
史記一百三十卷……………………… 2－346
史記一百三十卷附方望溪評點史記
………………………………………… 2－258
史記論文一百三十卷………………… 2－285
史駢箋正四卷………………………… 2－288
史鑑節要便讀六卷…………………… 2－286
史鑑節要便讀六卷…………………… 2－286
四大奇書第一種三國演義十九卷一
百二十回…………………………… 2－307
四川鹽法志四十卷首一卷…………… 2－286
四子書………………………………… 2－263
四分比丘尼戒本……………………… 2－251
四分戒本……………………………… 2－257
四分戒本一卷………………………… 2－311
四分律………………………………… 2－249
四此堂稿十卷………………………… 2－326
四書人物類典串珠四十卷…………… 2－263
四書人物類典串珠四十卷首一卷…… 2－261
四書不二字音釋……………………… 2－264
四書味根錄三十七卷………………… 2－264
四書教子尊經求通錄六卷…………… 2－261
四書集註……………………………… 2－264
四書圖考十三卷……………………… 2－261
四書說約三十三卷…………………… 2－261
四書題鏡三十六卷…………………… 2－261
四書闡要真本………………………… 2－263
四書釋地一卷續一卷又續一卷三續
一卷附孟子生卒年月考一卷……… 2－263
四教考略……………………………… 2－312
四集二十八卷………………………… 2－317
四銅鼓齋論畫集刻十二種…………… 2－309
丘文莊公集十卷……………………… 2－319
白石道人歌曲四卷別集一卷補遺一
卷…………………………………… 2－334
白田草堂存稾八卷…………………… 2－325
白茅堂集四十六卷…………………… 2－314
白虎通四卷…………………………… 2－296
白虎通疏證十二卷…………………… 2－296
白虎通義考一卷……………………… 2－296
白虎通闕文一卷……………………… 2－296
印文考略一卷………………………… 2－266
印郵…………………………………… 2－359
外臺秘要四十卷……………………… 2－307
外臺秘要四十卷……………………… 2－307
包孝肅奏議十卷……………………… 2－275
半巖廬遺集不分卷…………………… 2－319
[光緒]永平府志七十二卷首一卷末
一卷………………………………… 2－294
永平詩存二十四卷…………………… 2－339
[嘉慶]永定河志三十二卷附錄一卷
………………………………………… 2－293
[光緒]永定河續志十六卷首一卷附
錄一卷……………………………… 2－292
永康詩錄十七卷首一卷補遺一卷…… 2－336
[嘉慶]永清縣志二十五篇永清文徵
五篇………………………………… 2－289

司馬文正公集八十二卷首一卷目錄
二卷…………………………………… 2－316
司馬溫公文集十四卷…………………… 2－324
民政部具奏調查戶口章程摺單……… 2－279
弘簡錄二百五十四卷…………………… 2－271
弘簡錄二百五十四卷…………………… 2－274
出使日記續刻十卷……………………… 2－280
出使日記續刻十卷……………………… 2－326
出使日記續刻十卷……………………… 2－357
出使公牘十卷…………………………… 2－279
出使公牘十卷…………………………… 2－279
出使英法義比四國日記六卷………… 2－281
出使英法義比四國日記六卷………… 2－281
出使奏疏二卷…………………………… 2－279
出使奏疏二卷…………………………… 2－279

六畫

吉金志存四卷…………………………… 2－310
吉金所見錄十六卷首一卷末一卷…… 2－310
吉金所見錄十六卷首一卷末一卷…… 2－310
吉金所見錄十六卷首一卷末一卷…… 2－359
考工記二卷……………………………… 2－261
考正增廣詩韻合璧五卷………………… 2－265
考正德清胡氏禹貢圖一卷…………… 2－293
考古質疑六卷…………………………… 2－296
老子道德經二篇………………………… 2－299
老子道德經解二篇首一卷…………… 2－305
地球韻言四卷…………………………… 2－345
地學指畧三卷…………………………… 2－296
地藏菩薩本願經三卷附圖…………… 2－311
耳提錄不分卷…………………………… 2－303
芝庭先生集十八卷附錄一卷………… 2－321
西石梁農圃便覽不分卷……………… 2－304
西北水利議一卷………………………… 2－293
西巡迴鑾始末記六卷………………… 2－271
西芷文經………………………………… 2－246
西京職官印錄二卷附印箋說一卷…… 2－360
西河合集十種五十四卷……………… 2－335
西泠四家印譜四種……………………… 2－360
西晉地理圖……………………………… 2－287
西堂小草一卷論語詩一卷右北平集
一卷…………………………………… 2－334
西堂剩稾二卷西堂秋夢錄一卷……… 2－333
西堂雜組一集八卷……………………… 2－315
西堂雜組二集八卷三集八卷………… 2－334
西清古鑑四十卷錢錄十六卷………… 2－346
西清劄記四卷南薰殿圖像考二卷國
朝院畫錄二卷………………………… 2－365
西清劄記四卷南薰殿圖像攷二卷國
朝院畫錄二卷………………………… 2－362
西漚全集十卷外集八卷……………… 2－315
西漚試帖輯註二卷……………………… 2－334
西藏小識四卷…………………………… 2－292
西藏通覽不分卷………………………… 2－292
西魏書二十四卷………………………… 2－268
百末詞五卷詞餘一卷…………………… 2－338
百美新詠一卷百美集詠一卷百美圖
傳一卷………………………………… 2－333
有不為齋隨筆十卷……………………… 2－308
有不為齋隨筆十卷……………………… 2－308
有不為齋隨筆十卷……………………… 2－308
有正味齋全集七十一卷……………… 2－321
有正味齋駢體文二十四卷詩集十六
卷詞集八卷外集五卷………………… 2－316
有懷堂詩藁六卷文藁二十二卷……… 2－328
存研樓文集十六卷……………………… 2－327
存研樓文集十六卷……………………… 2－331
存素堂全集……………………………… 2－315
存悔齋集二十八卷外集四卷………… 2－331
存誠齋文集十二卷……………………… 2－330
列子八卷………………………………… 2－299
列仙傳二卷……………………………… 2－300
至元無款妙法蓮華經………………… 2－254
至聖先師世系考………………………… 2－301
光緒乙巳年交涉要覽上篇二卷下篇
三卷…………………………………… 2－284
光緒三十年總稅務司申報各日貿易
情形總冊……………………………… 2－281
光緒井研志四十二卷………………… 2－287
[光緒壬寅年]閣鈔彙編不分卷 …… 2－282
[光緒壬寅年]閣鈔彙編不分卷 …… 2－282

[光緒壬寅年]閣鈔彙編不分卷 …… 2－282
[光緒壬寅年]閣鈔彙編不分卷 …… 2－282
光緒壬寅補行庚子辛丑恩正併科鄉墨 …… 2－344
光緒昌平州志十八卷 …… 2－287
[光緒癸卯年]閣鈔彙編不分卷 …… 2－281
[光緒癸卯年]閣鈔彙編不分卷 …… 2－282
[光緒癸卯年]閣鈔彙編不分卷 …… 2－282
光緒順天府志一百三十卷附錄一卷 …… 2－287
光緒順天府志一百三十卷附錄一卷 …… 2－287
光讚經 …… 2－253
[乾隆]曲阜縣志一百卷 …… 2－290
曲園襍纂五十卷 …… 2－337
同治中興京外奏議約編八卷 …… 2－283
因寄軒文初集十卷二集六卷補遺一卷 …… 2－331
朱子年譜四卷考異四卷附錄二卷 …… 2－270
朱子集一百零四卷 …… 2－299
朱子語類輯略八卷 …… 2－297
朱竹垞[彝尊]先生年譜 …… 2－272
朱柏廬先生中庸講義二卷 …… 2－362
缶廬印存不分卷 …… 2－364
缶廬詩四卷附缶廬別存一卷 …… 2－363
先文達神道碑文並傳 …… 2－273
先正讀書訣不分卷 …… 2－300
先撥志始二卷 …… 2－276
先勳存信錄□□卷 …… 2－347
竹汀先生日記鈔三卷 …… 2－322
竹雪軒印集八卷 …… 2－358
竹葉亭雜記八卷 …… 2－301
伏敔堂詩錄十五卷首一卷附錄一卷續錄二卷 …… 2－336
[乾隆]任邱縣志十二卷首一卷 …… 2－290
[道光]任邱縣志續編二卷 …… 2－290
任翼聖先生事略一卷 …… 2－272
自然好學齋詩鈔十卷 …… 2－338
向湖邨舍詩初集十二卷 …… 2－339
似昇長生冊 …… 2－334
行素齋雜記二卷 …… 2－302
肎齋文集八卷詩集四卷 …… 2－330
全五代詩一百卷 …… 2－338
全唐詩九百卷 …… 2－336
合肥李勤恪公政書十卷首一卷 …… 2－276
合肥相國七十賜壽圖不分卷附壽言 …… 2－275
合肥學舍劄記十一卷 …… 2－322
邠農偶吟稿一卷 …… 2－330
各國近世史不分卷 …… 2－344
各國約章纂要六卷首一卷附錄一卷 …… 2－280
各國約章纂要六卷首一卷附錄一卷 …… 2－284
名賢手劄 …… 2－322
交翠軒筆記四卷 …… 2－305
亦政堂重考古玉圖二卷 …… 2－363
亦政堂重修考古圖十卷 …… 2－363
亦政堂重修宣和博古圖錄三十卷 …… 2－363
州乘資四卷 …… 2－291
汗簡七卷 …… 2－360
江氏著書七種 …… 2－262
江氏著書七種 …… 2－262
江北運程四十卷首一卷 …… 2－292
江西全省輿圖十四卷首一卷 …… 2－288
江忠烈公遺集二卷首一卷附錄一卷 …… 2－318
江忠烈公遺集四卷 …… 2－320
池北偶談二十六卷 …… 2－342
守戒必持一卷 …… 2－340
守汴日誌不分卷 …… 2－268
安吳四種三十六卷 …… 2－324
安吳四種三十六卷 …… 2－361
安陽縣金石錄十二卷 …… 2－314
安雅堂詩不分卷文集二卷二鄉亭詞三卷 …… 2－320
安瀾紀要二卷廻瀾紀要二卷 …… 2－292
字學舉隅不分卷 …… 2－261
字學舉隅不分卷 …… 2－261
字學舉隅不分卷 …… 2－357
艮齋先生薛常州浪語集三十五卷 …… 2－317
防海輯要十八卷首一卷 …… 2－293

牟子一卷…………………………… 2－297

七畫

戒名煩惚論釋…………………………… 2－255
戒律疏釋(擬) …………………………… 2－246
孝廉王君一樵傳…………………………… 2－273
孝肅奏議十卷…………………………… 2－276
劫火紀焚不分卷…………………………… 2－334
芙蓉山館文鈔不分卷…………………… 2－327
[乾隆]邯鄲縣志十二卷首一卷 …… 2－286
花甲閒談十六卷…………………………… 2－292
花宜館詩鈔十六卷詩鈔續存二卷…… 2－339
芥子園畫傳二集…………………………… 2－309
芥子園畫傳三集…………………………… 2－309
芥子園畫傳五卷芥子園畫傳二集…… 2－309
克復金陵勳德記一卷…………………… 2－325
杜詩詳注二十五卷首一卷附錄一卷
…………………………………………… 2－332
杜詩鏡銓二十卷年譜一卷附錄一卷
…………………………………………… 2－337
李于麟批點世說新語補二十卷附釋
名…………………………………… 2－355
李太白全集十六卷…………………… 2－320
李氏五種合刊二十七卷……………… 2－293
李氏五種合刊二十七卷……………… 2－357
李氏蒙求補注六卷…………………… 2－343
李氏蒙求補註六卷…………………… 2－267
李文忠公全書六種一百六十五卷…… 2－346
李文忠公全書六種一百六十五卷首
一卷………………………………… 2－355
李文忠公全集一百六十五卷首一卷
…………………………………………… 2－314
李文忠公全集一百六十五卷首一卷
…………………………………………… 2－315
李竹朋續泉說一卷…………………… 2－310
李長吉歌詩四卷詩外集一卷首一卷
…………………………………………… 2－337
李忠武公遺書四卷…………………… 2－319
李恕谷先生年譜五卷………………… 2－273
李習之先生文讀十卷………………… 2－327
李傅相七十壽序…………………………… 2－273
李義山文集十卷…………………………… 2－323
李德順………………………………………… 2－352
李鴻章(中國四十年來大事記) …… 2－273
李鶴年中丞奏摺…………………………… 2－276
甫田集三十六卷附錄一卷…………… 2－317
吾學錄初編二十四卷…………………… 2－288
酉陽雜俎二十卷…………………………… 2－301
[光緒]邳州志二十卷 ………………… 2－291
求古錄禮說十六卷補遺一卷校勘記
三卷……………………………………… 2－261
求古錄禮說十六卷補遺一卷校勘記
三卷……………………………………… 2－261
求闕齋文鈔八卷…………………………… 2－327
見聞隨筆二卷……………………………… 2－272
呂氏春秋二十六卷………………………… 2－355
呂東萊先生遺集二十卷首一卷……… 2－319
呂新吾先生去偽齋文集十卷………… 2－321
吹網錄六卷………………………………… 2－303
吳中平寇記八卷…………………………… 2－270
吳中平寇記八卷…………………………… 2－270
吳地記一卷後集一卷…………………… 2－295
吳門畫舫續錄一卷續錄紀事一卷…… 2－341
吳門銷夏記三卷…………………………… 2－305
吳京卿節本天演論……………………… 2－344
吳柳堂先生誄文…………………………… 2－272
吳郡金石目不分卷……………………… 2－288
吳郡圖經續記三卷……………………… 2－292
吳越所見書畫錄六卷…………………… 2－363
吳詩集覽二十卷…………………………… 2－338
吳徵君蓮洋詩鈔不分卷………………… 2－339
[光緒]吳橋縣志十二卷 ……………… 2－289
吳學士詩集五卷文集五卷……………… 2－315
吳學士詩集五卷文集五卷……………… 2－331
吳讓之印存………………………………… 2－360
岑襄勤公勛德介福圖…………………… 2－281
私塾改良會章程…………………………… 2－278
兵站勤務不分卷…………………………… 2－343
兵部武選司現行章程不分卷………… 2－282
兵船礮法六卷……………………………… 2－341
邱邦士文鈔二卷…………………………… 2－328

何大復先生集三十八卷附一卷……… 2－317
何子清先生遺文二卷附錄一卷……… 2－326
作新末議二卷…………………………… 2－280
佛名經…………………………………… 2－246
佛教初學課本一卷註一卷…………… 2－311
佛頂心陀羅尼經……………………… 2－254
佛頂如來經…………………………… 2－254
佛頂尊睠陁罪經……………………… 2－256
佛說八陽神呪經……………………… 2－250
佛說大乘稻芉經……………………… 2－252
佛說千手千眼菩薩經………………… 2－250
佛說佛名經…………………………… 2－245
佛說佛名經…………………………… 2－256
佛說阿彌陀經………………………… 2－255
佛說法門戒経(偽品) ……………… 2－256
佛說高王觀世音經…………………… 2－254
佛說無常三啟經……………………… 2－250
佛說無常經…………………………… 2－249
佛說無量壽宗要經…………………… 2－255
佛說無量壽新經……………………… 2－255
佛說無量壽觀經……………………… 2－252
佛說無量壽觀經……………………… 2－252
佛說樂師琉璃光如來本願功德經…… 2－252
佛說觀無量壽佛經…………………… 2－256
余忠宣青陽山房集五卷附錄一卷…… 2－316
希陶軒遺箸八卷……………………… 2－312
豸華堂文鈔八卷文鈔甲部十二卷首
一卷…………………………………… 2－327
亨甫詩選八卷………………………… 2－336
辛丑各國和約文件壬寅中英商約稅
務彙録………………………………… 2－283
辛丑銷夏記五卷……………………… 2－365
辛卯侍行記六卷……………………… 2－294
冷紅館賸稿四卷補鈔二卷偶存一卷
詞一卷………………………………… 2－314
冷紅館賸稿四卷補鈔二卷偶存一卷
詞一卷………………………………… 2－314
汪梅村先生集十二卷外集一卷……… 2－316
沙州文錄……………………………… 2－292
泛槎圖一卷續泛槎圖一卷續泛槎圖
三集一卷泛槎圖四集一卷灕江汎
櫂圖五集一卷續泛槎圖六集一卷
……………………………………… 2－295
沈下賢文集十二卷…………………… 2－331
沈文肅公政書七卷…………………… 2－278
沈余遺書三種八卷…………………… 2－316
沈端恪公年譜二卷…………………… 2－271
宋元名家詞十五種十七卷…………… 2－333
宋元學案一百卷……………………… 2－270
宋六十名家詞………………………… 2－337
宋文鑑一百五十卷目錄三卷………… 2－323
宋本十三經注疏四百十六卷附校勘
記……………………………………… 2－258
宋四六選二十四卷…………………… 2－335
宋拓太清樓帖………………………… 2－357
宋版妙法蓮華經……………………… 2－254
宋朝事實二十卷……………………… 2－356
宋景濂先生未刻集不分卷…………… 2－355
宋稗類鈔八卷………………………… 2－356
宋詩紀事一百卷……………………… 2－335
宋端明殿學士蔡忠惠公文集三十六
卷首一卷目錄一卷附別紀補遺二
卷……………………………………… 2－321
宋艷十二卷…………………………… 2－353
良友三世異夢記不分卷……………… 2－273
初使泰西記四卷……………………… 2－294
初眞戒說一卷………………………… 2－340
初等小學算術教科書………………… 2－343
初等小學讀本四編…………………… 2－343
初等小學讀本四编…………………… 2－343
壯悔堂文集十卷……………………… 2－330
壯學齋文集十二卷…………………… 2－327
改訂禁衛軍營制餉章摺表…………… 2－345
陀羅尼經……………………………… 2－254
妙法蓮華法師品……………………… 2－251
妙法蓮華經…………………………… 2－245
妙法蓮華經…………………………… 2－245
妙法蓮華經…………………………… 2－246
妙法蓮華經…………………………… 2－249
妙法蓮華經…………………………… 2－249
妙法蓮華經…………………………… 2－249
妙法蓮華經…………………………… 2－250

妙法蓮華經 ………………………………… 2－250
妙法蓮華經 ………………………………… 2－251
妙法蓮華經 ………………………………… 2－251
妙法蓮華經 ………………………………… 2－251
妙法蓮華經 ………………………………… 2－251
妙法蓮華經 ………………………………… 2－251
妙法蓮華經 ………………………………… 2－251
妙法蓮華經 ………………………………… 2－252
妙法蓮華經 ………………………………… 2－252
妙法蓮華經 ………………………………… 2－252
妙法蓮華經 ………………………………… 2－252
妙法蓮華經 ………………………………… 2－252
妙法蓮華經 ………………………………… 2－253
妙法蓮華經 ………………………………… 2－253
妙法蓮華經 ………………………………… 2－253
妙法蓮華經 ………………………………… 2－253
妙法蓮華經 ………………………………… 2－253
妙法蓮華經 ………………………………… 2－253
妙法蓮華經 ………………………………… 2－253
妙法蓮華經 ………………………………… 2－253
妙法蓮華經 ………………………………… 2－253
妙法蓮華經 ………………………………… 2－254
妙法蓮華經 ………………………………… 2－255
妙法蓮華經 ………………………………… 2－255
妙法蓮華經 ………………………………… 2－257
妙法蓮華經 ………………………………… 2－257
妙法蓮華經 ………………………………… 2－257
妙法蓮華經波羅蜜多心經 ……………… 2－254
妙法蓮華經從地踴出品 ………………… 2－253
妙法蓮華經殘經 …………………………… 2－253
妙法蓮華經羅尼品第廿六 ……………… 2－249
妙法蓮華經觀世音菩薩門品第二十
五 ……………………………………… 2－249
妙蓮花室詩草三卷 ……………………… 2－354
妙詰蓮華經殘經 …………………………… 2－253
邵子湘全集 ………………………………… 2－315

八畫

奉使車臣汗記程詩三卷 ………………… 2－333
［正德］武功縣志三卷首一卷 ……… 2－294
［同治］武邑縣志十卷首一卷 ……… 2－289
武林掌故叢編 ……………………………… 2－340
武林藏書錄三卷首一卷末一卷 ……… 2－285
［乾隆］武清縣志十二卷圖一卷首一
卷末一卷 ……………………………… 2－348
武備水火攻不分卷 ……………………… 2－305
武備水火攻不分卷 ……………………… 2－305
武漢救煙社徵信錄 ……………………… 2－342
青虛山房集十一卷 ……………………… 2－331
青溪舊屋文集十一卷 …………………… 2－332
青樓小名錄八卷 ………………………… 2－358
［嘉慶］青縣志八卷 ……………………… 2－290
長白山錄一卷補遺一卷隴蜀餘聞一
卷浯溪考二卷載書圖詩一卷謚法
考一卷考功集選四卷抱山集選一
卷古鉢集選一卷徐詩二卷 ………… 2－342
長白徵存錄八卷首一卷 ………………… 2－291
長安宮詞一卷 ……………………………… 2－336
長安獲古編二卷補一卷 ………………… 2－310
長真閣集三卷 ……………………………… 2－338
長蘆鹽法志二十卷附編十卷 ………… 2－348
長蘆鹽法志二十卷附編十卷 ………… 2－348
長蘆鹽法志二十卷附編十卷 ………… 2－348
坡門酬唱集二十三卷 …………………… 2－324
亞細亞洲志一卷 ………………………… 2－296
亞細亞洲志一卷 ………………………… 2－296
英民史記 …………………………………… 2－345
英國續議通商行船條約 ………………… 2－284
英軺日記十二卷 ………………………… 2－322
英軺日記十二卷 ………………………… 2－325
苑西集十二卷 ……………………………… 2－338
苑西集十二卷附竹窻詞一卷 ………… 2－363
苑洛集二十二卷 ………………………… 2－320
范忠貞公文集五卷首一卷 …………… 2－323
直隸工藝志初編八卷 …………………… 2－357
直隸工藝志初編四類八卷 …………… 2－350
直隸工藝志初編四類八卷 …………… 2－350
［乾隆］直隸遵化州志二十卷 ……… 2－291
直隸勸業道勸辦畜牧事宜簡明章程
……………………………………… 2－351

直隸灤州礦地有限公司開辦招股章程 …… 2－351
直齋書録解題二十二卷 …… 2－283
苔岑集初刊 …… 2－339
林文忠公戒煙斷癮經驗良方一卷附禁種罌粟示一卷 …… 2－352
林文忠公政書三集三十七卷 …… 2－277
林文忠公政書三集三十七卷 …… 2－278
林文忠公遺集三種 …… 2－338
板橋詩鈔一卷家書一卷詞鈔一卷 …… 2－365
來禽館集二十九卷 …… 2－330
松崖筆記三卷 …… 2－305
杭氏七種十五卷 …… 2－325
述祖詩一卷哀絃集一卷 …… 2－333
述學内篇三卷外篇一卷補遺一卷別録一卷 …… 2－302
東三省政略十二卷總目一卷 …… 2－289
東三省政略十二卷總目一卷附圖七十幅 …… 2－346
東方兵事紀略六卷 …… 2－283
東西學書録總敘二卷 …… 2－344
[光緒]東光縣志十二卷首一卷末一卷 …… 2－290
東坡事類二十二卷 …… 2－362
東坡和陶詩一卷 …… 2－332
東坡題跋六卷 …… 2－362
東坡題跋四卷 …… 2－362
東征集六卷 …… 2－279
東周列國全志二十三卷一百八十回 …… 2－307
東洲艸堂詩鈔二十七卷詩餘一卷 …… 2－339
東都事略一百三十卷 …… 2－268
[康熙]東華録一百十卷 …… 2－268
東華録一百九十五卷 …… 2－345
[雍正]東華録二十六卷 …… 2－268
[天聰]東華録五十四卷 …… 2－268
[乾隆]東華續録一百二十卷 …… 2－268
[同治]東華續録一百卷 …… 2－268
[咸豐]東華續録一百卷 …… 2－268
東華續録二百二十卷 …… 2－270
東華續録二百二十卷 …… 2－346
[嘉慶]東華續録五十卷 …… 2－268
[咸豐]東華續録六十九卷 …… 2－268
[道光]東華續録六十卷 …… 2－268
東晉疆域圖 …… 2－287
東萊博議四卷 …… 2－263
東萊集註類編觀瀾文集甲集二十五卷乙集二十五卷丙集二十卷附考 …… 2－331
東溟文集六卷外集四卷 …… 2－329
東溟文集六卷外集四卷 …… 2－330
東塾集六卷 …… 2－322
東漢會要四十卷 …… 2－268
事類賦三十卷 …… 2－296
兩次批准保和會條約附紅十字會新約暨各檔 …… 2－284
兩般秋雨盦隨筆八卷 …… 2－303
兩浙名賢録六十二卷 …… 2－271
兩浙輶軒録四十卷 …… 2－331
兩淮戡亂記不分卷 …… 2－269
兩淮鹽法志五十六卷首四卷 …… 2－285
兩當軒集二十二卷考異二卷附録四卷 …… 2－315
兩漢金石記二十二卷 …… 2－313
兩漢金石記二十二卷 …… 2－314
兩漢博聞十二卷 …… 2－358
兩罍軒彝器圖釋十二卷 …… 2－266
抱沖齋詩集三十六卷 …… 2－339
拙尊園叢稿六卷 …… 2－299
拙尊園叢稿六卷 …… 2－328
尚友録二十二卷 …… 2－272
尚友録二十二卷補遺一卷 …… 2－356
尚書十三卷 …… 2－363
尚書十三卷附考證 …… 2－259
尚書箋三十卷 …… 2－259
尚書餘論一卷 …… 2－259
尚書離句六卷 …… 2－261
尚書讀本二卷 …… 2－260
尚絅堂試帖輯註一卷 …… 2－334
果園詩鈔十卷 …… 2－339
味經齋遺書十二種 …… 2－316

味靜齋文存初選一卷續選一卷詩存十六卷雜詩三卷…………………… 2－355
昌平遺記一卷……………………………… 2－293
[同治]昌黎縣志十卷 ……………… 2－290
明大司馬盧公集十二卷首一卷……… 2－314
明文在一百卷……………………………… 2－324
明史論四卷………………………………… 2－285
明史藁三百十卷目錄三卷…………… 2－269
明拓漢碑四種……………………………… 2－355
明季南略十八卷明季北略二十四卷……………………………………… 2－269
明季南略十八卷明季北略二十四卷……………………………………… 2－269
明季稗史彙編十六種二十七卷……… 2－269
明季稗史彙編十六種二十七卷……… 2－269
明季稗史彙編十六種二十七卷……… 2－269
明紀六十卷………………………………… 2－268
明張文忠公全集…………………………… 2－320
明詩別裁集十二卷……………………… 2－325
明詩紀事一百八十七卷………………… 2－332
明詩綜一百卷……………………………… 2－338
易卦變圖說一卷…………………………… 2－258
易傳燈四卷………………………………… 2－267
易經精華六卷末一卷…………………… 2－267
迪功集選一卷蘇門集選一卷華泉先生集選四卷睡足軒詩選一卷蕭亭詩選六卷歷仕錄一卷龍首集一卷剪桐載筆一卷清寤齋心賞編一卷……………………………………… 2－342
忠雅堂文集十二卷……………………… 2－332
忠獻韓魏王安陽集五十卷家傳十卷別錄三卷遺事一卷附錄一卷……… 2－321
郘亭詩鈔六卷……………………………… 2－338
狀元閣三字經註圖一卷………………… 2－299
知不足齋叢書……………………………… 2－346
知止齋詩集十六卷……………………… 2－335
知足齋詩集二十卷目錄一卷詩續集四卷文集六卷………………………… 2－316
牧牛圖頌一卷附淨修指要雜說一卷……………………………………… 2－302
牧令書輯要十卷………………………… 2－275
乖崖先生文集十二卷附錄一卷……… 2－329
秋林伐山二十卷………………………… 2－298
岳忠武王文集八卷首一卷末一卷…… 2－331
使西紀程二卷……………………………… 2－283
佩文齋書畫譜一百卷…………………… 2－309
佩文齋書畫譜一百卷…………………… 2－311
佩文齋書畫譜一百卷…………………… 2－362
佩文齋廣群芳譜一百卷目錄二卷…… 2－311
欣遇齋詩鈔十六卷資鏡錄二卷年譜一卷……………………………………… 2－335
金文最六十卷……………………………… 2－330
金石史二卷………………………………… 2－312
金石屑四卷………………………………… 2－313
金石萃編一百六十卷…………………… 2－312
金石萃編一百六十卷…………………… 2－312
金石圖不分卷……………………………… 2－361
金石圖四卷………………………………… 2－313
金石圖四卷………………………………… 2－313
金石綜例四卷……………………………… 2－361
金石錄三十卷……………………………… 2－358
金石識別十二卷…………………………… 2－359
金光明最勝王經…………………………… 2－252
金光明最勝王經…………………………… 2－256
金光明經…………………………………… 2－246
金忠節公文集四卷……………………… 2－330
金華子雜編二卷…………………………… 2－299
金華文略二十卷…………………………… 2－340
金華文略二十卷…………………………… 2－340
金華文徵二十卷…………………………… 2－341
金華文徵二十卷附姓氏傳略一卷…… 2－340
金華詩萃十二卷附姓氏傳略一卷…… 2－340
金華詩錄六十卷外集六卷別集四卷……………………………………… 2－339
金華賢達傳十二卷……………………… 2－269
金華徵獻畧二十卷……………………… 2－340
金華徵獻略二十卷……………………… 2－341
金華叢書…………………………………… 2－339
金索六卷石索六卷……………………… 2－346
金剛般若波羅密經……………………… 2－245
金剛般若波羅密經……………………… 2－245
金剛般若波羅密經……………………… 2－249

金剛般若波羅密經…………………… 2－249
金剛般若波羅密經…………………… 2－250
金剛般若波羅密經…………………… 2－252
金剛般若波羅密經…………………… 2－253
金剛般若波羅密經…………………… 2－254
金剛愍公表忠錄一卷………………… 2－352
金詩選四卷…………………………… 2－337
金源紀事詩八卷……………………… 2－337
采芳隨筆二十四卷…………………… 2－312
受戒法………………………………… 2－255
周易十卷附考證……………………… 2－259
周易四卷……………………………… 2－263
周易費氏學八卷敘錄一卷…………… 2－267
周忠介公燼餘集三卷年譜一卷遺事
　一卷………………………………… 2－319
周秦古鉢……………………………… 2－359
周書斠補四卷………………………… 2－259
周禮六卷……………………………… 2－261
周禮正義八十六卷…………………… 2－263
周禮註疏刪翼三十卷………………… 2－261
匋齋藏石記四十四卷首一卷………… 2－361
京口八旗志二卷……………………… 2－291
京口山水志十八卷首一卷末一卷…… 2－291
京津拳匪紀略八卷前編二卷後編二
　卷…………………………………… 2－270
京津拳匪紀略八卷前編二卷後編二
　卷…………………………………… 2－270
京津拳匪紀略八卷前編二卷後編二
　卷…………………………………… 2－270
夜譚隨錄十二卷……………………… 2－305
庚子北京事變紀略…………………… 2－272
庚子北京事變紀略…………………… 2－272
庚子海外紀事四卷…………………… 2－284
庚子海外紀事四卷…………………… 2－284
庚子教會受難記二卷………………… 2－269
庚子教會華人流血史六卷…………… 2－340
庚子剿辦淶水拳匪始末稟信摘要不
　分卷………………………………… 2－280
庚子銷夏記八卷……………………… 2－309
庚子銷夏記八卷附閑者軒帖考一卷
　……………………………………… 2－363
性理標題彙要二十二卷……………… 2－297
怡志堂文初編六卷…………………… 2－325
怡雲館文牘略存不分卷……………… 2－325
怡賢親王疏鈔一卷…………………… 2－276
法華經殘經…………………………… 2－252
法蘭西刑法四編……………………… 2－343
沽上題襟集不分卷…………………… 2－355
河口圖說不分卷……………………… 2－293
泊如齋重修宣和博古圖錄三十卷…… 2－309
注解傷寒論十卷論圖一卷…………… 2－304
注解傷寒論五卷……………………… 2－308
治平六策不分卷……………………… 2－283
治河滙覽八卷………………………… 2－292
定香亭筆談四卷……………………… 2－305
定盦全集……………………………… 2－319
官書局彙報…………………………… 2－278
官書局彙報…………………………… 2－278
郎潛紀聞十四卷……………………… 2－301
居易初集二卷………………………… 2－322
居易錄三十四卷……………………… 2－304
居易錄三十四卷……………………… 2－342
居易錄三十四卷……………………… 2－352
居濟一得八卷………………………… 2－292
弢甫集十四卷………………………… 2－319
弢園文錄外編十卷…………………… 2－324
陋軒詩十二卷詩續二卷……………… 2－337
陔餘叢考四十三卷…………………… 2－297
陔蘭餘草試帖二卷續編一卷………… 2－334
[光緒]承德府志六十卷首二十六卷
　……………………………………… 2－290
[光緒]承德府志六十卷首二十六卷
　……………………………………… 2－290
[光緒]承德府志六十卷首二十六卷
　……………………………………… 2－290
孟子外書四卷………………………… 2－260
孟塗文集十卷………………………… 2－328
函海叢書……………………………… 2－339

九畫

奏定度量權衡畫一制度圖說總表推
　行章程……………………………… 2－280

奏定試辦直隸公債票章程摺………… 2－280
奏定懲治陸軍漏洩機密等項章程…… 2－341
奏定續擬禁煙章程…………………… 2－280
奏檔…………………………………… 2－356
春在堂全書三十五種………………… 2－339
春秋三十卷…………………………… 2－263
春秋左傳五十卷提要一卷…………… 2－257
春秋列國地圖不分卷………………… 2－287
春秋年表一卷………………………… 2－259
春秋名號歸一圖二卷附考證………… 2－259
春秋集傳大全三十七卷……………… 2－355
春秋經傳集解三十卷附考證………… 2－259
春秋繁露十七卷……………………… 2－263
春秋繁露十七卷附錄一卷…………… 2－264
春秋繁露注十七卷…………………… 2－263
春秋輿圖不分卷……………………… 2－287
春酒堂文集不分卷…………………… 2－327
春樹齋叢說不分卷…………………… 2－306
春融堂集六十八卷年譜二卷………… 2－317
封泥考略十卷………………………… 2－311
封泥考略十卷………………………… 2－311
封泥攷略十卷………………………… 2－311
封泥攷略十卷………………………… 2－359
政治經濟言十二卷…………………… 2－345
政務處議奏禁煙章程………………… 2－280
政藝通報癸卯全書十六種六十八卷
………………………………………… 2－281
郝氏遺書……………………………… 2－269
郝文忠公陵川文集三十九卷首一卷
附錄一卷……………………………… 2－313
茮聲館集三十三卷…………………… 2－319
草木子四卷…………………………… 2－299
草字彙十二卷………………………… 2－362
茶香室三鈔二十九卷………………… 2－296
茶香室四鈔二十九卷………………… 2－296
茶香室叢鈔二十三卷………………… 2－296
茶香室續鈔二十五卷………………… 2－296
茶餘客話二十二卷…………………… 2－357
荀子二十卷…………………………… 2－297
荒政考一卷…………………………… 2－293
荒政輯要九卷首一卷………………… 2－286
故唐律疏議三十卷…………………… 2－276
胡文忠公[林翼]年譜一卷 ………… 2－272
胡文忠公遺集八十六卷……………… 2－318
胡文忠公遺集八十六卷……………… 2－318
胡文忠公遺集八十六卷……………… 2－318
胡君雨嵐行述附輓詞………………… 2－274
胡澹庵先生文集三十二卷補遺一卷
………………………………………… 2－326
南山全集十六卷……………………… 2－314
南山集偶鈔不分卷…………………… 2－325
南北朝殘經…………………………… 2－257
南北朝殘經…………………………… 2－257
南有吟亭詩草二卷…………………… 2－354
南巡盛典一百二十卷………………… 2－278
南宋院畫錄八卷……………………… 2－309
南宋院畫錄八卷……………………… 2－363
南來志一卷北歸志一卷秦蜀驛程後
記二卷………………………………… 2－292
南唐書三十卷………………………… 2－266
南海先生戊戌奏稿不分卷…………… 2－283
南越筆記十六卷……………………… 2－295
南越筆記十六卷……………………… 2－308
南朝陳天嘉元年佛門問答…………… 2－255
南澗文集二卷………………………… 2－327
柏梘山房集三十一卷………………… 2－327
柏堂遺書……………………………… 2－320
柳南詩鈔十卷文鈔六卷……………… 2－330
柳庭輿地隅說三卷…………………… 2－289
枰湖文集十二卷……………………… 2－331
枰湖文錄八卷首一卷………………… 2－328
咸同奏議選…………………………… 2－356
咸亨妙法蓮華經……………………… 2－254
耐安類稿五種十卷…………………… 2－258
奎壁書經六卷………………………… 2－258
拾星集………………………………… 2－322
拾遺記十卷…………………………… 2－307
指頭畫說不分卷……………………… 2－364
拼音字譜一卷………………………… 2－265
貞居先生詩集七卷補遺二卷附錄二
卷……………………………………… 2－331
貞觀政要十卷………………………… 2－268

昭代名人尺牘續集二十四卷………… 2－343
昭德先生郡齋讀書志二十卷附志二
　卷……………………………………… 2－282
昆陵二十四孝圖說不分卷…………… 2－300
思忠錄不分卷………………………… 2－322
思益經………………………………… 2－251
思益經………………………………… 2－251
思無邪齋詩存八卷文存六卷………… 2－325
思補齋筆記八卷……………………… 2－305
思適齋集十二卷……………………… 2－319
思適齋集十八卷……………………… 2－332
思辨錄輯要前集二十二卷後集十三
　卷……………………………………… 2－303
看雲草堂集八卷……………………… 2－335
香南居士集六卷……………………… 2－323
香祖筆記十二卷……………………… 2－342
香祖筆記十二卷……………………… 2－358
香樹齋文集二十八卷詩集十八卷…… 2－318
香蘇山館詩鈔三十六卷……………… 2－336
秋士先生遺集六卷…………………… 2－318
秋士先生遺集六卷…………………… 2－318
秋審實緩比較成案二十四卷………… 2－275
重刊宋本十三經注疏附校勘記……… 2－359
重刊校正唐荊川先生文集十二卷外
　集三卷補遺五卷…………………… 2－327
重刊補註洗冤錄集證五卷後附寶鑒
　編一卷石香秘錄一卷洗冤錄解一
　卷洗冤錄辨正一卷檢驗合參一卷
　……………………………………… 2－302
重刻恭簡公志樂二十卷……………… 2－312
重刻遊杭合集一卷…………………… 2－336
重定金石契不分卷…………………… 2－357
[光緒]重修天津府志五十四卷首一
　卷末一卷…………………………… 2－357
[道光]重修武強縣志十二卷　……… 2－286
重修政和經史證類備用本草三十卷
　……………………………………… 2－306
重訂幼學須知句解四卷……………… 2－364
重訂路史全本四十七卷……………… 2－267
重校分部書法正傳…………………… 2－362
重校正唐文粹一百卷………………… 2－324
段氏說文注訂八卷…………………… 2－262
俄羅斯刑法十二卷…………………… 2－343
皇清經解續編一千四百三十卷……… 2－257
皇清誥授奉政大夫顯考陳公行狀…… 2－272
皇清誥授建威將軍雲南提督署四川
　提督唐公年譜一卷附錄一卷……… 2－271
皇清誥授資政大夫湖南巡撫顯考次
　山府君行述………………………… 2－272
皇清誥授資政大夫贈內閣學士國史
　館立傳二品銜原任山東登來青道
　劉公事實彙編一卷………………… 2－352
皇朝三通三種五百二十六卷………… 2－346
皇朝文獻通考三百卷………………… 2－276
皇朝武功紀盛四卷…………………… 2－270
皇朝政典舉要八卷…………………… 2－280
皇朝通志一百二十六卷……………… 2－269
皇朝通典一百卷……………………… 2－276
皇朝祭器樂舞錄二卷附樂舞譜一卷
　……………………………………… 2－260
皇朝蓄艾文編八十卷目錄一卷……… 2－275
皇朝經世文三編八十卷……………… 2－282
皇朝經世文統編一百二十卷………… 2－282
皇朝經世文新增時務續編四十卷附
　洋務八卷…………………………… 2－275
皇朝經世文新編二十一卷首三卷…… 2－276
皇朝經世文編一百二十卷…………… 2－276
皇朝經世文編一百二十卷…………… 2－276
皇朝經世文編一百二十卷…………… 2－282
皇朝經世文續編一百二十卷………… 2－276
皇朝經世文續編一百二十卷………… 2－346
皇朝經濟文新編六十一卷…………… 2－281
皇朝謚法考五卷續編一卷補編一卷
　……………………………………… 2－277
皇朝藩部世系表四卷………………… 2－296
皇朝藩部要略十八卷………………… 2－293
鬼谷子三卷…………………………… 2－296
泉志六卷……………………………… 2－307
禹貢本義一卷………………………… 2－293
禹貢說斷四卷………………………… 2－294
禹貢錐指二十卷略例一卷圖一卷…… 2－294
禹貢錐指二十卷圖一卷……………… 2－294

衎石齋記事稾十卷 …………………… 2 – 328
衎石齋記事稾十卷 …………………… 2 – 328
衎石齋記事續稿十卷刻楮集四卷旅
　逸小稿二卷 ………………………… 2 – 328
待輔集二卷 ………………………… 2 – 337
律例圖說十卷幕學舉要一卷 ……… 2 – 281
律例館校正洗冤錄四卷 …………… 2 – 305
後漢書一百二十卷 ………………… 2 – 267
後漢書一百卷 ……………………… 2 – 267
後漢書一百卷 ……………………… 2 – 267
後漢書補注二十四卷 ……………… 2 – 268
後漢書辨疑十一卷續漢書辨疑九卷
　…………………………………… 2 – 268
俞俞齋文稿初集四卷 ……………… 2 – 328
俞俞齋詩稿初集二卷詩餘一卷 …… 2 – 336
弇州山人四部稿選十六卷 ………… 2 – 325
風雨吟草不分卷 …………………… 2 – 333
風俗通義四卷 ……………………… 2 – 306
急就篇四卷 ………………………… 2 – 262
施愚山先生全集七十八卷 ………… 2 – 314
奕理指歸圖三卷 …………………… 2 – 356
恒軒所見所藏吉金錄 ……………… 2 – 309
美國條約稅則章程不分卷 ………… 2 – 345
美術叢書第七集 …………………… 2 – 364
美術叢書第八集 …………………… 2 – 364
美術叢書第九集 …………………… 2 – 364
美術叢書第五集 …………………… 2 – 364
美術叢書第六集 …………………… 2 – 362
美術叢書第四集 …………………… 2 – 364
前漢地理圖 ………………………… 2 – 287
前漢書一百二十卷 ………………… 2 – 267
前漢書一百二十卷 ………………… 2 – 267
前漢書一百卷 ……………………… 2 – 267
前漢書一百卷 ……………………… 2 – 268
逆黨禍蜀記不分卷 ………………… 2 – 271
炳燭編四卷 ………………………… 2 – 297
炳燭齋文集初刻一卷續刻一卷 …… 2 – 327
洪範統一一卷 ……………………… 2 – 260
洋務奏疏彙抄 ……………………… 2 – 280
洋務時事彙編八卷 ………………… 2 – 283
洋務經濟通考十六卷 ……………… 2 – 283
洋務經濟通考十六卷 ……………… 2 – 345
津邑歷科選舉錄 …………………… 2 – 352
津邑歷科選舉錄 …………………… 2 – 352
津邑歷科選舉錄 …………………… 2 – 352
津邑歷科選舉錄 …………………… 2 – 354
津門古文所見錄四卷 ……………… 2 – 353
津門古文所見錄四卷 ……………… 2 – 353
津門奉使紀聞一卷 ………………… 2 – 352
津門保甲圖說 ……………………… 2 – 355
津門詩鈔三十卷 …………………… 2 – 353
津門詩鈔三十卷 …………………… 2 – 353
津門詩鈔三十卷 …………………… 2 – 353
津門詩鈔三十卷 …………………… 2 – 353
津門詩鈔三十卷 …………………… 2 – 353
津門詩鈔三十卷 …………………… 2 – 357
津門徵獻詩八卷 …………………… 2 – 355
津門雜記三卷 ……………………… 2 – 342
津門雜記三卷 ……………………… 2 – 348
津門雜記三卷 ……………………… 2 – 348
津門雜記三卷 ……………………… 2 – 355
津門雜記三卷 ……………………… 2 – 357
津逮秘書第七集 …………………… 2 – 309
[乾隆]宣化府志四十二卷首一卷 … 2 – 291
宣和書譜二十卷畫譜二十卷 ……… 2 – 365
宣統三年秋季大操總監處勤務條例
　…………………………………… 2 – 341
宣德鼎彝譜八卷 …………………… 2 – 357
宣講拾遺六卷 ……………………… 2 – 305
宣講拾遺六卷 ……………………… 2 – 305
宦海指南五種 ……………………… 2 – 275
軍官學堂教育綱領 ………………… 2 – 345
扁善齋文存二卷詩存一卷 ………… 2 – 325
神仙列傳六卷 ……………………… 2 – 307
神州雜俎不分卷 …………………… 2 – 302
神州雜俎不分卷 …………………… 2 – 302
神州雜俎不分卷 …………………… 2 – 302
神農本草三卷 ……………………… 2 – 306
退一步草堂詩鈔一卷詞鈔一卷小唱
　一卷 ……………………………… 2 – 337
退一步齋文集四卷 ………………… 2 – 330
退思軒詩集六卷補遺一卷 ………… 2 – 337

退補齋詩存十六卷首一卷…………… 2－324
思進齋叢書三集三十七種………… 2－340
眉公雜著……………………………… 2－356
癸巳存稿十五卷……………………… 2－299
癸巳類稿十五卷……………………… 2－297
紅豆樹館書畫記八卷……………… 2－365
紅粟山莊詩六卷詩續六卷詩餘一卷
…………………………………… 2－337
紅樓夢一百二十回………………… 2－332
紅樓夢圖詠四卷…………………… 2－359
約章分類輯要三十八卷…………… 2－283
約章成案匯覽乙篇四十二卷………… 2－281
約章成案匯覽甲篇十卷…………… 2－283
紀文達公遺集文十六卷詩十六卷…… 2－319
紀文達公遺集文十六卷詩十六卷…… 2－319
紀效新書十八卷首一卷…………… 2－308
紀效新書十八卷首一卷練兵實紀九
卷練兵實紀雜集六卷…………… 2－308

十畫

耕織圖二卷四十六幅……………… 2－338
耕織圖二卷四十六幅……………… 2－338
耕織圖二卷四十六幅……………… 2－338
馬隊戰術教科書…………………… 2－345
秦漢三十體印證二卷……………… 2－359
秦漢瓦當文字一卷續一卷………… 2－266
泰西新史攬要二十三卷附記一卷…… 2－345
泰雲堂集……………………………… 2－320
珠風閣詩草三卷…………………… 2－353
素書不分卷………………………… 2－302
素問靈樞類纂約註三卷…………… 2－305
袁太史詩文遺鈔一卷……………… 2－314
袁文箋正十六卷…………………… 2－322
華氏宗譜不分卷…………………… 2－274
華豫菴先生集……………………… 2－323
莊子故八卷………………………… 2－302
莊子集解八卷……………………… 2－302
桂海虞衡志不分卷………………… 2－307
桐城吳氏古文讀本十三卷………… 2－331
桐城吳先生全集…………………… 2－326
桐城耆舊傳十二卷………………… 2－273
桐城陳琴甫事略不分卷…………… 2－273
桐陰論畫二卷首一卷二編二卷三編
二卷畫訣二卷………………… 2－363
栝蒼金石志十二卷………………… 2－288
格言聯壁不分卷…………………… 2－344
格物入門七卷……………………… 2－341
格致進化…………………………… 2－345
校邠廬抗議二卷…………………… 2－278
校邠廬抗議二卷…………………… 2－278
校邠廬抗議二卷…………………… 2－342
校讐通義三卷……………………… 2－288
桉譜不分卷附圖…………………… 2－312
夏小正正義一卷附弟子職正音一卷
…………………………………… 2－260
夏小正通釋不分卷………………… 2－357
夏小正詁一卷……………………… 2－260
夏小正戴氏傳四卷校錄一卷………… 2－364
夏仲子集六卷……………………… 2－316
夏節愍全集十卷首一卷末一卷補遺
二卷……………………………… 2－320
砥齋集十二卷……………………… 2－332
原本直指演算法統宗十二卷………… 2－307
原富五部八卷……………………… 2－344
原富五部八卷……………………… 2－344
原富五部八卷……………………… 2－345
原富五部八卷……………………… 2－347
盋山文錄八卷……………………… 2－327
哲匠金桴五卷……………………… 2－298
晉大智論…………………………… 2－249
晉司隸校尉傅玄集三卷…………… 2－335
時務通考三十一卷………………… 2－280
時務通考三十一卷………………… 2－283
時務通考三十一卷………………… 2－357
時務通考續編三十一卷…………… 2－280
時務報附書八種…………………… 2－284
時還讀我書屋文鈔………………… 2－353
峽江救生船志二卷圖一卷附刻行川
必要一卷………………………… 2－295
乘查筆記一卷……………………… 2－295
秘書省續編到四庫闕書目二卷……… 2－282

倭文端公遺書十一卷首二卷………… 2－318
倭文端公遺書八卷首二卷末一卷續三卷……………………………… 2－318
躬恥齋文鈔二十卷文鈔後編六卷…… 2－329
徒弟須知皇朝對聯太上感應篇……… 2－341
徐氏先世詩………………………… 2－356
徐文定公集四卷…………………… 2－329
徐世昌行草孝經…………………… 2－255
徐孝穆全集六卷備考一卷………… 2－320
徐良小楷妙法蓮華經……………… 2－255
般若波羅密多心經………………… 2－253
般若波羅密多心經注……………… 2－252
般若波羅密多心經注……………… 2－252
航海吟草一卷……………………… 2－334
翁山詩外二十卷…………………… 2－336
翁氏家事略記一卷………………… 2－299
翁方綱行書唐開成石經遺字歌……… 2－256
訓蒙四字經讀本二卷二集讀本二卷……………………………… 2－297
訒葊集古印存三十二卷…………… 2－364
高士傳三卷………………………… 2－307
高子遺書十二卷附錄一卷………… 2－318
高季迪先生大全集十八卷………… 2－315
高陶堂遺集八卷…………………… 2－325
高陽太傅孫文正公年譜五卷……… 2－272
高等國文讀本八卷………………… 2－343
高等實業學堂章程………………… 2－280
高僧傳初集十五卷………………… 2－341
郭侍郎奏疏十二卷………………… 2－281
唐人妙法蓮華經…………………… 2－256
唐人金剛般若波羅密經…………… 2－256
唐人寫文選注……………………… 2－246
唐人寫妙法蓮華經………………… 2－256
唐人寫妙法蓮華經………………… 2－257
唐人寫經…………………………… 2－257
唐人寫經華嚴經…………………… 2－256
唐人寫經集錦冊…………………… 2－255
唐人寫摩訶般若波羅密經………… 2－255
唐大方等大集經…………………… 2－247
唐大乘入楞嚴經…………………… 2－247
唐大乘百法朋門論開宗義記經……… 2－257
唐大乘密嚴經……………………… 2－248
唐大般若波羅密多經……………… 2－248
唐大般若波羅密多經……………… 2－248
唐大般若波羅密多經……………… 2－248
唐大般若波羅密多經……………… 2－249
唐大般若波羅密多經……………… 2－249
唐大般涅槃經……………………… 2－248
唐大般涅槃經……………………… 2－248
唐大般涅槃經……………………… 2－257
唐大般涅槃經迦葉菩薩品………… 2－247
唐大般涅槃經迦葉菩薩品之三……… 2－248
唐大集經…………………………… 2－245
唐大曆畫像經……………………… 2－255
唐山洋灰公司廣告………………… 2－351
唐山路礦學堂現行章程…………… 2－342
唐千佛名經………………………… 2－245
唐元經名經………………………… 2－257
唐太上虛寶昇玄經………………… 2－249
唐太玄真一本際經………………… 2－247
唐中興閒氣集二卷………………… 2－339
唐六典三十卷……………………… 2－273
唐石經校文十卷…………………… 2－258
唐四分尼口本……………………… 2－246
唐佛名經…………………………… 2－245
唐佛為心王菩薩說投陁經………… 2－249
唐佛說大乘稻芉經………………… 2－245
唐佛說大乘稻芉經………………… 2－247
唐佛說大乘稻芉經………………… 2－248
唐佛說阿彌陀經…………………… 2－247
唐佛說諸德福田經………………… 2－247
唐佛說藥師瑠璃光如來本願功德經……………………………… 2－248
唐妙法蓮華經……………………… 2－245
唐妙法蓮華經……………………… 2－245
唐妙法蓮華經……………………… 2－245
唐妙法蓮華經……………………… 2－245
唐妙法蓮華經……………………… 2－245
唐妙法蓮華經……………………… 2－246
唐妙法蓮華經……………………… 2－247
唐妙法蓮華經……………………… 2－247
唐妙法蓮華經……………………… 2－247

唐妙法蓮華經…………………………2－248
唐妙法蓮華經…………………………2－248
唐妙法蓮華經…………………………2－249
唐妙法蓮華經…………………………2－254
唐武周七佛所說神呪經………………2－250
唐武周大般若波羅密多經……………2－248
唐金光明經……………………………2－247
唐金剛般若波羅密經…………………2－245
唐金剛般若波羅密經…………………2－245
唐金剛般若波羅密經…………………2－247
唐金剛般若波羅密經…………………2－247
唐金剛般若波羅密經…………………2－247
唐金剛般若波羅密經…………………2－248
唐法華殘經……………………………2－247
唐思益經………………………………2－245
唐般若多心經…………………………2－249
唐般若道行經…………………………2－257
唐陸宣公集二十二卷…………………2－356
唐陸宣公集二十四卷…………………2－356
唐陸宣公翰苑集二十二卷……………2－326
唐梵綱經序……………………………2－249
唐殘卷維摩詰經………………………2－247
唐殘經…………………………………2－245
唐殘經…………………………………2－245
唐殘經…………………………………2－245
唐殘經…………………………………2－247
唐殘經…………………………………2－248
唐殘經…………………………………2－248
唐殘經…………………………………2－248
唐殘經卷妙法蓮華經…………………2－248
唐殘經卷金剛般若波羅密經…………2－247
唐殘經卷金剛般若波羅密經…………2－247
唐殘經卷金剛般若波羅密經…………2－247
唐殘經卷金剛般若波羅密經…………2－248
唐殘經卷金剛般若波羅密經…………2－248
唐殘經卷維摩詰經……………………2－248
唐殘經卷藥師琉璃光本願功德經……2－248
唐殘經塊………………………………2－246
唐瑜伽師地論…………………………2－246
唐楞伽經………………………………2－245
唐詩三百首註釋六卷…………………2－337
唐詩三百首續選一卷…………………2－337
唐詩三百首續選不分卷………………2－339
唐詩向榮集三卷………………………2－324
唐詩歸三卷……………………………2－354
唐新道人行經…………………………2－246
唐經卷大般若波羅密多經……………2－256
唐維摩詰殘經…………………………2－245
唐維摩詰殘經…………………………2－247
唐維摩詰經……………………………2－247
唐維摩詰經……………………………2－247
唐維摩詰經……………………………2－257
唐維摩經………………………………2－245
唐諸星母陁羅尼經……………………2－246
唐諸星母陀羅尼經……………………2－246
唐駢體文鈔十七卷……………………2－323
唐藥師經………………………………2－247
唐藥師瑠璃光如來本願功德經………2－248
唐轉輪聖王經…………………………2－255
悔翁筆記六卷…………………………2－305
悔過齋文集七卷劄記一卷……………2－327
悔過齋文集七卷劄記一卷續集七卷
補遺一卷……………………………2－327
悔餘菴文稿六卷詩稿十二卷樂府四
卷……………………………………2－326
拳匪紀略八卷前編二卷後編二卷……2－270
拳匪紀略八卷前編二卷後編二卷……2－270
拳匪紀略八卷前編二卷後編二卷……2－270
拳教析疑說一卷義和拳教門源流考
書後一卷……………………………2－281
益壯圖記不分卷………………………2－292
朔方備乘六十八卷首十二卷…………2－339
朔方備乘劄記一卷……………………2－295
烟嶼樓詩集十八卷……………………2－336
涑水記聞十六卷補遺一卷……………2－293
浙東籌防錄四卷………………………2－296
消夏百一詩二卷………………………2－336
消暑隨筆四卷…………………………2－305
海山仙館叢書…………………………2－346
海防圖論一卷…………………………2－293
海東金石苑四卷………………………2－313
海東逸史十八卷………………………2－272

海叟詩集四卷附錄一卷……………… 2－335
海軍號衣圖說…………………………… 2－341
海峰先生文十卷詩六卷………………… 2－329
海國勝遊草一卷………………………… 2－295
海國聞見錄二卷………………………… 2－292
海國圖志一百卷………………………… 2－292
海道圖說十五卷附一卷………………… 2－293
海錯百一錄五卷………………………… 2－312
海嶽軒叢刻……………………………… 2－332
浮邱子十二卷…………………………… 2－298
浮邱子十二卷…………………………… 2－323
流沙訪古記不分卷……………………… 2－344
浪跡叢談十一卷續談八卷……………… 2－298
宸垣識畧十六卷………………………… 2－288
家塾蒙求五卷…………………………… 2－300
容甫先生遺詩六卷附錄一卷…………… 2－338
容齋隨筆十六卷續筆十六卷三筆十
　六卷四筆十六卷五筆十卷………… 2－308
［光緒］祥符縣志二十四卷　………… 2－291
書小史十卷……………………………… 2－362
書目答問不分卷………………………… 2－283
書法正傳十卷…………………………… 2－361
書法通文便解摹本……………………… 2－313
書畫說鈴一卷…………………………… 2－309
書畫鑑影二十四卷……………………… 2－365
書畫鑑影二十四卷……………………… 2－365
書業德重訂古文釋義新編八卷………… 2－358
書經六卷………………………………… 2－259
書經六卷………………………………… 2－259
書經六卷………………………………… 2－259
書經六卷………………………………… 2－263
書經六卷………………………………… 2－358
書經備旨詳解七卷……………………… 2－259
陸軍軍制綱領不分卷…………………… 2－344
陸軍軍官學堂速成科學員第一次野
　外戰術記事錄……………………… 2－341
陸清獻公日記十卷首一卷……………… 2－325
陸清獻公莅嘉遺蹟三卷………………… 2－272
陳忠裕全集三十卷首一卷年譜三卷
　末一卷……………………………… 2－317
陳學士文集十八卷……………………… 2－332
陳學士文鈔一卷………………………… 2－353
陶庵集二十二卷首一卷末一卷………… 2－318
陶靖節詩集四卷………………………… 2－335
陶說六卷………………………………… 2－308
陶學士先生文集二十卷事蹟一卷……… 2－330
陶齋吉金錄八卷………………………… 2－309
陶齋吉金錄八卷………………………… 2－309
陶齋吉金續錄二卷……………………… 2－310
陶齋吉金續錄二卷……………………… 2－357
陶齋藏石記四十四卷首一卷附藏甎
　記二卷……………………………… 2－313
陶廬箋牘四卷…………………………… 2－324
恕谷後集十三卷………………………… 2－329
娛園叢刻十種…………………………… 2－314
［光緒］通州志十卷首一卷末一卷　… 2－287
［光緒］通州直隸州志十六卷首一卷
　末一卷……………………………… 2－287
通甫類稿四卷續編二卷通父詩存四
　卷通父詩存之餘二卷補過軒四書
　文一卷右軍年譜一卷……………… 2－331
通俗字林辨證五卷……………………… 2－262
通商條約章程成案彙編三十卷………… 2－284
通雅五十三卷首三卷…………………… 2－265
通鑑紀事本末二百三十九卷…………… 2－268
通鑑類纂二十卷………………………… 2－268
孫子十家註十三卷敘錄一卷遺說一
　卷…………………………………… 2－307
孫文定公集五種………………………… 2－317
孫永清泥金書陀羅尼經………………… 2－254
孫淵如先生全集二十五卷……………… 2－314
孫徵君日譜錄存三十六卷……………… 2－324

十一畫

理堂文集十卷詩集四卷日記八卷外
　集一卷附錄一卷…………………… 2－321
理學宗傳二十六卷……………………… 2－303
堵文忠公集十卷年譜一卷……………… 2－316
教育統論四卷…………………………… 2－342
教案奏議彙編八卷首一卷……………… 2－278
教務紀略四卷首一卷末一卷…………… 2－312

教務紀略四卷首一卷末一卷………… 2－315
教務紀略四卷首一卷末一卷………… 2－340
培根堂詩鈔十二卷…………………… 2－354
黄竹山房詩鈔十二卷………………… 2－354
黄忠端公[尊素]年譜二卷　………… 2－272
黄岡王氏義莊事略…………………… 2－299
黄庭經………………………………… 2－255
黄庭經書冊…………………………… 2－254
黄庭經蘭亭序………………………… 2－256
黄陵書牘二卷………………………… 2－322
黄陵詩鈔一卷吳船日記一卷………… 2－326
黄道周書孝經………………………… 2－254
黄道周楷書孝經頌小楷冊…………… 2－254
黄漳浦集五十卷首一卷目錄二卷年
　譜二卷……………………………… 2－316
菊花詞一卷鴻爪詞一卷哀絲豪竹詞
　一卷集牡丹亭詞一卷香草詞五卷
　香草詞補遺一卷香草詞附録一卷
　…………………………………… 2－338
菊坪詩鈔二卷續編一卷……………… 2－353
萃錦吟十八卷………………………… 2－334
萃錦唫十五卷………………………… 2－324
乾隆府廳州縣圖志五十卷…………… 2－286
梵文經………………………………… 2－255
梧生文鈔十卷………………………… 2－326
梅村集四十卷………………………… 2－316
梅莊詩鈔十六卷……………………… 2－354
梅莊詩鈔十六卷……………………… 2－354
梅崖居士全集………………………… 2－320
梅道人遺墨一卷……………………… 2－357
梅盦先生咸豐籌蜀記………………… 2－324
敕封天后志二卷……………………… 2－291
敕封河神大王將軍傳不分卷………… 2－340
堅壁清野不分卷……………………… 2－279
硃批諭旨不分卷……………………… 2－285
盛世危言五卷續編三卷外編二卷…… 2－278
盛世危言五卷續編三卷外編二卷…… 2－278
盛京典制備考八卷首一卷…………… 2－275
盛京典制備考八卷首一卷…………… 2－275
盛京歷代郡縣建置考不分卷………… 2－291
雪堂全集八卷………………………… 2－314
採訪節孝錄…………………………… 2－272
救荒先事策不分卷…………………… 2－303
救荒活民書三卷……………………… 2－275
救荒活民書拾遺不分卷……………… 2－304
救煙社徵信錄………………………… 2－279
常山貞石志二十四卷………………… 2－313
野獲編三十卷補遺四卷……………… 2－298
野鼉錄四卷…………………………… 2－303
晨風閣叢書二十二種四十七卷……… 2－333
眼福編初集十四卷二集十五卷三集
　七卷………………………………… 2－363
問青閣詩集十卷……………………… 2－356
晚笑堂畫傳一卷明太祖功臣圖一卷
　…………………………………… 2－309
晚聞堂集十六卷……………………… 2－319
國朝二十四家文鈔二十四卷………… 2－323
國朝文匯二百卷……………………… 2－323
國朝先正事略六十卷………………… 2－273
國朝先正事略六十卷………………… 2－274
國朝院畫錄二卷……………………… 2－309
國朝柔遠記二十卷…………………… 2－284
國朝書畫家筆錄四卷………………… 2－363
國朝書畫家筆錄四卷………………… 2－365
國朝掌故……………………………… 2－340
國朝掌故……………………………… 2－359
國朝滄州詩鈔十二卷………………… 2－354
國朝閨秀正始集二十卷附錄一卷補
　遺一卷題詞一卷…………………… 2－337
國朝閨秀正始續集十卷附錄一卷補
　遺一卷挽詞一卷…………………… 2－337
國朝畿輔詩傳六十卷………………… 2－271
國語正義二十一卷…………………… 2－267
崇文書局彙刻書……………………… 2－347
崇百藥齋文集二十卷………………… 2－329
崇百藥齋文集二十卷………………… 2－332
崇祀名宦錄崇祀鄉賢錄……………… 2－272
梨雲館竹譜一卷……………………… 2－311
得一山房四種………………………… 2－326
得一齋雜著四種十卷………………… 2－301
從野堂存稿八卷年譜一卷附錄一卷
　…………………………………… 2－325

從野堂存稿文集四卷詩集四卷外集一卷……2－322
船山遺書二百八十八卷……2－315
逸園印輯不分卷……2－360
許鄭經文異同詁三卷……2－258
庾子山集十六卷……2－318
庾子山集十六卷總釋一卷……2－321
庸吏庸言二卷……2－345
庸吏庸言二卷……2－352
庸庵全集十種……2－315
庸盦文編四卷文續編二卷……2－328
庸盦尚書奏議十六卷……2－277
庸盦筆記二卷……2－270
康熙字典十二集……2－264
康熙字典十二集補遺一卷備攷一卷……2－358
康熙政要二十四卷……2－278
康對山先生文集十卷……2－326
康輶紀行十六卷……2－294
鹿洲全集七種……2－320
章氏遺書八卷……2－316
商君書五卷附考一卷……2－305
商部奏定簡明章程……2－352
商部奏訂公司註冊試辦章程……2－279
商標註冊試辦章程……2－282
望堂金石文字不分卷……2－266
望堂金石初集三十九種二集十八種……2－314
望溪先生文集十八卷……2－320
望溪先生集外文十卷補遺二卷年譜二卷……2－323
惜抱先生尺牘八卷……2－321
惜抱軒遺書三種十二卷……2－319
惜道味齋說詩稿……2－336
清芬樓遺稿四卷……2－316
[同治]清苑縣志十八卷首一卷……2－289
清河書畫舫十二卷附補遺……2－311
清真釋疑補輯二卷……2－312
清翁方綱書婆羅密多心經……2－256
清照齋四體書法……2－312
清趙執信書常清靜經……2－256
清綺軒詞選十三卷……2－334
清賦問答不分卷……2－279
清儀閣題跋……2－362
清儀閣題跋不分卷……2－335
清錢大昕書波羅密多心經……2－256
淮南子二十一卷……2－298
淮南天文訓補注二卷……2－299
淮南天文訓補注二卷……2－299
淮南萬畢術二卷……2－301
淮南萬畢術二卷……2－301
淮南鴻烈閒詁二卷……2－297
淮南鴻烈解二十一卷……2－300
淮軍平撚記十二卷……2－271
淮揚水利圖說一卷……2－296
淮鹺備要十卷附行鹽疆界圖一卷名宦傳一卷……2－286
淨名經開疏……2－255
淳化秘閣法帖考正十卷附卷二卷釋文二卷……2－313
淳化秘閣法帖考正十卷附錄二卷……2－360
淳化閣法帖釋文十卷……2－362
淡園文集一卷……2－327
[道光]深州直隸州志十卷首一卷末一卷……2－289
深州風土記二十二卷附表五卷……2－289
涵芬樓古今文鈔一百卷……2－323
寄青霞館弈選八卷續編八卷……2－346
寄傲山房塾課新增幼學故事瓊林四卷首一卷……2－300
寄傲山房塾課纂輯御案易經備旨七卷……2－362
寄漚文存二卷……2－330
寄螺行館書牘二卷……2－271
啟東錄六卷……2－293
啟新洋灰有限公司招股章程……2－351
啟新洋灰有限公司招股章程……2－351
啟新洋灰有限公司招股章程……2－351
啟新洋灰有限公司招股章程……2－351
啟新洋灰有限公司招股章程……2－351
啟新洋灰有限公司招股章程……2－351
啟新洋灰有限公司招股章程……2－351

啟新洋灰有限公司第一期帳略 ……… 2 – 351
啟新洋灰有限公司第二期帳略 ……… 2 – 351
啟新洋灰有限公司創辦立案章程 …… 2 – 351
啟新洋灰有限公司廣告 ………………… 2 – 351
啟新洋灰有限公司辦事規則 ………… 2 – 351
啟禎兩朝剝復錄十卷 ………………… 2 – 275
張子全書十五卷首一卷 ……………… 2 – 297
張中丞事實集錄三卷 ………………… 2 – 271
張公襄理軍務紀略六卷 ……………… 2 – 319
張氏適園叢書初集七種 ……………… 2 – 341
張圃翁聰訓齋語 ……………………… 2 – 301
張宮保奏定出洋學生章程 …………… 2 – 342
隋大般涅槃經 ………………………… 2 – 254
隋金剛般若波羅密經 ………………… 2 – 249
隋殘經 ………………………………… 2 – 246
隋殘經塊 ……………………………… 2 – 246
隋經籍志考證十三卷 ………………… 2 – 266
隋維摩詰經 …………………………… 2 – 248
陽羨名陶錄二卷 ……………………… 2 – 309
陽羨名陶錄二卷 ……………………… 2 – 309
欸乃書屋詩集二卷附錄一卷 ………… 2 – 354
欸乃書屋詩集二卷附錄一卷 ………… 2 – 354
習苦齋畫絮十卷 ……………………… 2 – 309
習苦齋畫絮十卷 ……………………… 2 – 363
習苦齋畫絮十卷 ……………………… 2 – 363
參同契分節秘解六卷 ………………… 2 – 258
參訂增補周易備旨一見能解六卷 …… 2 – 266
鄉試同年齒錄(光緒八年壬午科)不分卷 ………………………………… 2 – 276
鄉黨圖考十卷 ………………………… 2 – 307

十二畫

貳臣傳十二卷 ………………………… 2 – 272
琴隱園詩集三十六卷詞集四卷 ……… 2 – 338
琴譜諧聲六卷 ………………………… 2 – 313
琳齋詩稿七卷 ………………………… 2 – 336
堯峯文鈔四十卷詩十卷 ……………… 2 – 327
項城袁氏家集 ………………………… 2 – 330
博物志十卷 …………………………… 2 – 306
博物新編三集 ………………………… 2 – 344
博異記一卷 …………………………… 2 – 307
彭文敬公全集 ………………………… 2 – 315
彭剛直公奏稿八卷 …………………… 2 – 282
彭剛直公奏稿八卷 …………………… 2 – 282
壹齋集二十五卷 ……………………… 2 – 337
葉芸士歷城縣本省信稟稿不分卷京外信稿不分卷 ……………………… 2 – 291
散原精舍詩二卷 ……………………… 2 – 333
[乾隆]萬全縣志十卷首一卷 ……… 2 – 290
萬物炊累室類稿甲編二種乙編一種外編一種 …………………………… 2 – 326
萬家密電 ……………………………… 2 – 279
萬國新史大事考十八卷 ……………… 2 – 345
萬善先資集四卷 ……………………… 2 – 311
萬善花室文稿六卷附錄一卷 ………… 2 – 326
董子春秋繁露十七卷附錄一卷 ……… 2 – 263
敬吾心室識篆圖 ……………………… 2 – 266
朝鮮史略六卷 ………………………… 2 – 354
椒生隨筆八卷 ………………………… 2 – 308
棉業圖說四卷首一卷 ………………… 2 – 304
粟香隨筆八卷 ………………………… 2 – 337
粟香隨筆八卷二筆八卷 ……………… 2 – 305
硯山齋集不分卷 ……………………… 2 – 355
雁門集六卷補遺一卷 ………………… 2 – 319
殘經 …………………………………… 2 – 245
殘經 …………………………………… 2 – 249
殘經 …………………………………… 2 – 249
殘經 …………………………………… 2 – 250
殘經 …………………………………… 2 – 250
殘經 …………………………………… 2 – 250
殘經 …………………………………… 2 – 250
殘經 …………………………………… 2 – 251
殘經 …………………………………… 2 – 252
殘經 …………………………………… 2 – 252
殘經 …………………………………… 2 – 252
殘經 …………………………………… 2 – 252
殘經疏 ………………………………… 2 – 251
殘經疏 ………………………………… 2 – 254
殘經(擬比丘尼律) ………………… 2 – 254
雲谷雜紀四卷首一卷末一卷 ………… 2 – 300
揚子法言一卷方言十三卷 …………… 2 – 358

揚子法言十三卷音譯一卷…………… 2－300
揚州畫舫錄十八卷…………………… 2－311
揚州畫舫錄十八卷…………………… 2－365
提綱釋義一卷………………………… 2－301
雅雨堂詩文遺集三種七卷…………… 2－319
雅趣藏書不分卷……………………… 2－365
雅聲樓詩草不分卷…………………… 2－336
紫石泉山房文集十二卷詩鈔三卷…… 2－330
紫光閣功臣小像並湘軍平定粵匪戰
圖不分卷……………………………… 2－269
虛齋名畫錄十六卷…………………… 2－362
最新女子初等小學國文教科書……… 2－343
最新中國歷史教科書………………… 2－343
最新高等小學筆算教科書教授法四
卷……………………………………… 2－343
最新商賈寫信實在易四卷…………… 2－345
開平礦局交涉事彙…………………… 2－351
開平礦局交涉事彙…………………… 2－351
開平礦局交涉事彙…………………… 2－351
開平礦務切要案據…………………… 2－351
開縣李尚書政書八卷首一卷………… 2－277
閒者軒帖考一卷……………………… 2－312
[乾隆]景州志六卷首一卷 ………… 2－289
景德鎮陶錄十卷……………………… 2－357
黑奴籲天録四卷……………………… 2－344
黑奴籲天録四卷……………………… 2－344
無邪堂答問五卷……………………… 2－299
[光緒]無錫金匱縣誌四十卷首一卷
附編一卷……………………………… 2－291
無聲詩史七卷………………………… 2－358
缾水齋詩集十七卷詩別集二卷……… 2－335
程氏家塾讀書分年日程三卷綱領一
卷……………………………………… 2－300
策學備纂三十二卷…………………… 2－296
備急千金要方三十卷附影宋本千金
方攷異一卷…………………………… 2－315
傅子三卷……………………………… 2－300
順天鄉試生員履歷…………………… 2－275
順天鄉試同年齒錄(道光十九年恩
科)不分卷 ………………………… 2－276
順天鄉試同年齒錄(道光十五年恩
科)不分卷 ………………………… 2－273
集古印譜三卷………………………… 2－360
集古印譜五卷附原序一卷…………… 2－360
集古印譜五卷附原序一卷…………… 2－360
集古錄目五卷………………………… 2－285
集古錄跋尾十卷……………………… 2－285
集畢記一卷…………………………… 2－300
集說詮真不分卷提要不分卷續篇不
分卷…………………………………… 2－298
焦山志二十六卷首一卷……………… 2－293
焦山續志八卷………………………… 2－293
御刻三希堂石渠寶笈法帖[釋文]十
六卷首一卷…………………………… 2－361
御刻三希堂石渠寶笈法帖釋文十六
卷……………………………………… 2－362
御刻三希堂石渠寶笈法帖釋文十六
卷……………………………………… 2－362
御定萬年書…………………………… 2－359
御定駢字類編二百四十卷…………… 2－264
御製耕織圖不分卷…………………… 2－303
御製耕織圖四十六幅………………… 2－304
御製圓明園詩二卷…………………… 2－294
御製圓明園圖詠……………………… 2－333
御製圓明園圖詠……………………… 2－333
御製曆象考成上編十六卷下編十卷
……………………………………… 2－340
御製避暑山莊圓明園圖詠不分卷…… 2－357
御選唐宋文醇五十八卷……………… 2－322
御選唐宋詩醇四十七卷目錄二卷…… 2－336
御選唐詩三十二卷…………………… 2－315
御纂詩義折中二十卷………………… 2－260
御覽集四卷…………………………… 2－353
復初齋文集三十五卷………………… 2－361
復初齋文集三十四卷………………… 2－332
復堂類集……………………………… 2－317
[光緒]鉅鹿縣志十二卷首一卷 …… 2－286
鈐山堂集四十卷……………………… 2－318
欽定大清商律(公司律) ………… 2－280
欽定大清商律(破產律) ………… 2－280
欽定大清會典一百卷首一卷………… 2－346

欽定大清會典事例一千二百二十卷
首一卷…………………………… 2－346
欽定大清會典事例一千二百卷目錄
八卷……………………………… 2－273
欽定大清會典事例一百卷首一卷…… 2－276
欽定天祿琳琅書目十卷……………… 2－285
欽定天祿琳琅書目後編二十卷……… 2－283
欽定日下舊聞考一百六十卷譯語總
目一卷…………………………… 2－294
欽定中樞政考三十一卷……………… 2－275
欽定化治四書文不分卷……………… 2－260
欽定戶部續纂則例十五卷…………… 2－277
欽定正嘉四書文……………………… 2－263
欽定本朝四書文……………………… 2－263
欽定四庫全書總目二百卷首一卷…… 2－285
欽定四庫全書總目提要二百卷首一
卷………………………………… 2－285
欽定四書文四十一卷………………… 2－257
欽定吏部則例六十六卷……………… 2－282
欽定吏部稽勳司則例八卷…………… 2－275
欽定科場條例六十卷………………… 2－279
欽定軍器則例二十四卷……………… 2－282
欽定授時通考七十八卷……………… 2－308
欽定康濟錄四卷……………………… 2－279
欽定錢錄十六卷……………………… 2－310
欽定禮記義疏七十七卷圖五卷首一
卷………………………………… 2－260
欽定續三通三種一千零四十卷……… 2－346
飲冰室文集十八卷…………………… 2－323
勝天王般若波羅密經………………… 2－253
鄒叔子遺書七種三十卷……………… 2－315
評點春秋綱目左傳句解彙雋六卷…… 2－257
評點春秋綱目左傳句解彙雋六卷…… 2－264
詠史詩鈔一卷………………………… 2－354
詞林分類次韻便讀三字錦九卷末一
卷………………………………… 2－263
詒晉齋集八卷後集一卷隨筆一卷…… 2－322
敦艮齋遺書十七卷…………………… 2－318
敦煌石室遺書………………………… 2－295
痘科溫故集二卷……………………… 2－310
痘疹大全七種………………………… 2－304
愧訥集十二卷附錄一卷……………… 2－322
善本書室藏書志四十卷……………… 2－283
善本書室藏書志四十卷附錄一卷…… 2－285
善本書室藏書志四十卷附錄一卷…… 2－285
普天忠憤全集十四卷………………… 2－322
普通新歷史十章……………………… 2－343
普賢菩薩說證明經…………………… 2－249
尊聞居士集八卷附錄一卷…………… 2－317
道古堂全集…………………………… 2－315
道援堂詩集十三卷…………………… 2－335
道榮堂文集六卷首一卷……………… 2－315
曾文正公手書日記不分卷…………… 2－324
曾文正公手書日記不分卷…………… 2－326
曾文正公全集………………………… 2－315
曾文正公全集………………………… 2－321
曾文正公全集………………………… 2－321
曾文正公奏稿三十卷………………… 2－276
曾文正公奏議十卷首一卷補編二卷
……………………………………… 2－273
曾文正公[國藩]年譜十二卷 ……… 2－271
曾文正公詩集四卷…………………… 2－338
曾文正公雜著四卷…………………… 2－364
曾惠敏公文集五卷…………………… 2－331
曾惠敏公全集十七卷………………… 2－314
曾惠敏公遺集十七卷………………… 2－321
湛園劄記四卷………………………… 2－298
湖北中等商業學堂調查誌…………… 2－345
湘中草六卷…………………………… 2－334
湘軍志二十卷………………………… 2－284
湘軍志二十卷………………………… 2－284
湘軍志十六卷………………………… 2－277
湘軍志十六卷………………………… 2－277
湘軍志十六卷………………………… 2－277
湘綺樓全集…………………………… 2－321
湘綺樓全集三十卷…………………… 2－320
[光緒]湘潭縣志十二卷 …………… 2－294
湯子遺書十卷………………………… 2－288
湯子遺書十卷………………………… 2－316
淵鑑類函四百五十卷目錄四卷……… 2－346
溉亭述古二卷………………………… 2－308
溉亭述古錄二卷……………………… 2－305

寒支初集十卷二集四卷………………… 2－323
寒松老人年譜一卷……………………… 2－273
補注黃帝内經素問二十四卷素問遺
篇一卷靈樞十二卷………………… 2－304
補注黃帝内經素問二十四卷素問遺
篇一卷靈樞十二卷………………… 2－308
補校袁文箋正七卷首一卷…………… 2－322
補學軒詩集十二卷文集四卷………… 2－329
補寰宇訪碑錄五卷…………………… 2－286
補寰宇訪碑錄五卷失編一卷………… 2－361
畫一幣制條議………………………… 2－280
畫史…………………………………… 2－365
畫形圖說不分卷……………………… 2－309
發蒙彝訓二卷首一卷………………… 2－342
婺學志不分卷學校志不分卷………… 2－325
絳帖平六卷總錄一卷………………… 2－313
絳帖平六卷總錄一卷………………… 2－361
絕妙好詞箋七卷……………………… 2－333

十三畫

瑞士刑法二編………………………… 2－343
瑞應圖記不分卷……………………… 2－306
瑜伽燄口施食要集一卷……………… 2－311
聖武記十四卷………………………… 2－271
聖門禮誌不分卷聖門樂誌不分卷…… 2－260
聖門禮誌不分卷聖門樂誌不分卷…… 2－261
聖諭像解二十卷……………………… 2－300
聖諭廣訓直解不分卷………………… 2－301
勤餘文牘六卷………………………… 2－327
蓮西律賦二卷………………………… 2－333
靳文襄公奏疏八卷…………………… 2－276
夢綠草堂詩鈔十二卷附錄一卷末一
卷……………………………………… 2－339
蓬山詩存二卷………………………… 2－353
蒿庵集三卷拾遺一卷附録一卷蒿庵
閒話二卷…………………………… 2－329
蓉川集四卷首一卷…………………… 2－323
蒙古史二卷…………………………… 2－269
蒙古遊牧記十六卷…………………… 2－269
蒙泉外史印譜一卷…………………… 2－359
蒙師箴言不分卷……………………… 2－343
楚史檮杌一卷晉史乘一卷…………… 2－288
楚辭八卷末一卷……………………… 2－358
楷法溯源十四卷目錄一卷…………… 2－313
楊忠湣集八卷首一卷末一卷………… 2－316
楊龜山先生集四十二卷首一卷……… 2－316
楞嚴經偈……………………………… 2－256
槐卿政蹟六卷遺稿六卷附錄一卷…… 2－325
槐廳載筆二十卷……………………… 2－325
楓山全集……………………………… 2－315
楹聯集錦八卷………………………… 2－333
楹聯叢話十二卷……………………… 2－333
楹聯續話四卷………………………… 2－333
酬世錦囊全集四種…………………… 2－343
感秋吟不分卷………………………… 2－334
碑傳集一百六十卷首二卷末二卷…… 2－271
雷峰塔藏経卷………………………… 2－256
雷鋒塔藏經…………………………… 2－256
裘文達公文集六卷詩集十二卷……… 2－321
裘文達公詩集六卷奏議不分卷……… 2－338
農政全書六十卷……………………… 2－303
農書二十二卷………………………… 2－304
農桑衣食撮要二卷…………………… 2－304
農桑輯要七卷………………………… 2－303
農桑輯要七卷………………………… 2－303
農桑輯要七卷………………………… 2－304
農桑輯要七卷………………………… 2－304
蜀典十二卷…………………………… 2－289
蜀道驛程記二卷皇華紀聞四卷粵行
三志三卷秦蜀驛程後記二卷分甘
餘話四卷…………………………… 2－342
蜀輶日記四卷………………………… 2－325
筠清館金石文字五卷………………… 2－314
節本泰西新史攬要八卷……………… 2－345
節孝先生文集三十卷節孝集事實一
卷語錄一卷………………………… 2－332
節相壯遊日錄二卷…………………… 2－295
節錄餘杭縣南湖事略一卷…………… 2－296
傷寒明理論四卷……………………… 2－308
粵臺秋唱一卷………………………… 2－334
微波榭叢書…………………………… 2－318

會文書院字課…………………………… 2－352
飴山文集十二卷附錄一卷…………… 2－329
解深密經………………………………… 2－251
詩星閣同人試律鈔二卷……………… 2－354
詩集傳音釋二十卷附詩圖一卷詩序
　一卷校刻詩集傳音釋劄記一卷…… 2－258
詩畫舫不分卷………………………… 2－308
詩夢鐘聲錄一卷……………………… 2－333
詩經……………………………………… 2－258
詩經八卷………………………………… 2－259
詩經八卷………………………………… 2－259
詩經八卷………………………………… 2－263
詩經八卷附圖一卷…………………… 2－260
詩賦標準不分卷……………………… 2－332
詩禮堂全集十二種五十二卷………… 2－353
詩禮堂雜纂二卷……………………… 2－353
詩雙聲疊韻譜不分卷………………… 2－361
詩韻集成十卷………………………… 2－365
詩鐘鳴盛集初編十卷………………… 2－333
靖逆記六卷…………………………… 2－271
新刊良朋彙集十卷…………………… 2－310
新刊校正增補圓機詩韻活法全書十
　四卷…………………………………… 2－265
新出張文襄公事略…………………… 2－273
新刻十供神仙修真寶傳因果全部不
　分卷…………………………………… 2－311
新刻批點四書讀本十七卷…………… 2－260
新刻來瞿唐先生易註十五卷首一卷
　末一卷………………………………… 2－266
新刻註釋孔子家語憲四卷…………… 2－297
新定三禮圖二十卷…………………… 2－358
新政真詮六編………………………… 2－277
新訂四書補注備旨十卷……………… 2－261
新訂四書補注備旨十卷……………… 2－263
新約全書官話和合…………………… 2－312
新約注釋四卷………………………… 2－312
新書十卷……………………………… 2－303
新斠注地里志十六卷………………… 2－286
新增都門紀略………………………… 2－292
新鐫經苑二十五種…………………… 2－258
新譯日本法規大全二十五類附日本
　法規解字一卷……………………… 2－345
新譯日本法規大全二十五類附日本
　法規解字一卷……………………… 2－346
雍正行楷書金剛經…………………… 2－255
慎餘堂文稿四卷……………………… 2－314
慎盦文鈔二卷詩鈔二卷……………… 2－326
慈悲道場懺法十卷…………………… 2－363
資治通鑑二百九十四卷附通鑑釋文
　辨誤十二卷………………………… 2－267
資治通鑑地理今釋十六卷…………… 2－285
資治通鑑綱目五十九卷首一卷……… 2－347
溫州經籍志三十三卷外編二卷辨誤
　一卷………………………………… 2－288
［乾隆］滄州志十六卷　………… 2－289
滄州明詩鈔一卷國朝滄州詩鈔十二
　卷詩續鈔四卷詩補鈔二卷………… 2－354
滄城殉難錄四卷……………………… 2－324
滄溟先生集三十卷附錄一卷………… 2－321
滄溟先生集三十卷附錄一卷………… 2－321
［乾隆］肅寧縣志十卷　………… 2－289
群書劄記十六卷……………………… 2－301
羣報輯要……………………………… 2－284
遜學齋詩鈔十卷詩續鈔五卷文鈔十
　二卷首一卷末一卷文續鈔五卷…… 2－328
經史百家雜鈔二十六卷……………… 2－298
經史百家雜鈔二十六卷……………… 2－298
經史百家雜鈔二十六卷……………… 2－298
經字正蒙八卷………………………… 2－265
經典釋文一卷………………………… 2－299
經學講義二編………………………… 2－259
經韻樓集十二卷……………………… 2－265
經籍籑詁……………………………… 2－265
綏寇紀略十二卷附補遺三卷………… 2－271

十四畫

碧琅玕館詩鈔四卷…………………… 2－353
碧琅玕館詩鈔四卷詩續鈔四卷……… 2－354
碧琅玕館詩鈔四卷詩續鈔四卷……… 2－354
趙文恪公［光］自訂年譜　………… 2－272

趙文恪公遺集二卷自訂年譜不分卷
…………………………………………… 2－318
趙文敏公松雪齋全集十卷續集一卷
外集一卷……………………………… 2－362
[光緒]趙州志十六卷首一卷末一卷
…………………………………………… 2－287
[光緒]趙州屬邑志八卷 …………… 2－287
趙孟頫金剛經………………………… 2－256
趙孟頫高上大洞玉經………………… 2－254
臺灣雜記……………………………… 2－295
壽石齋硯譜…………………………… 2－361
蔗塘未定稿二卷……………………… 2－356
熙朝宰輔錄不分卷…………………… 2－276
[光緒]蔚州志二十卷首一卷 ……… 2－290
[光緒]蔚州志二十卷首一卷 ……… 2－290
蔚思堂叢書五種四十三卷…………… 2－341
榿園四種……………………………… 2－335
監本四書十九卷……………………… 2－264
[康熙]磁州志十八卷 ……………… 2－286
爾雅注疏十卷附校勘記十卷………… 2－257
爾雅音圖三卷………………………… 2－265
霆軍紀略十六卷……………………… 2－270
對山書屋墨餘錄十六卷……………… 2－308
對影聞吟草十二卷…………………… 2－334
聞妙香館詩存稿二卷………………… 2－354
嘯亭雜錄八卷續錄二卷……………… 2－305
嘯亭雜錄八卷續錄二卷……………… 2－308
噉蔗全集八卷附一卷………………… 2－315
圖畫見聞誌六卷……………………… 2－365
舞譜不分卷…………………………… 2－313
種榆仙館印譜不分卷………………… 2－359
箋注陶淵明集六卷…………………… 2－318
管子地員篇注四卷…………………… 2－304
僧伽吒經……………………………… 2－255
銅鼓書堂遺稿三十二卷……………… 2－356
銅鼓書堂遺稾三十二卷……………… 2－354
遯盦集古印存初集…………………… 2－365
語石十卷……………………………… 2－361
語石十卷……………………………… 2－361
語石齋畫譜不分卷…………………… 2－310
語珍切要錄二卷……………………… 2－301
說文古籀補十四卷附錄一卷………… 2－262
說文古籀補十四卷附錄一卷………… 2－263
說文古籀補十四卷附錄一卷………… 2－359
說文古籀補十四卷補遺一卷附錄一
卷……………………………………… 2－262
說文外編十六卷附桂氏說文解字義
證引二條劉氏碎金一卷……………… 2－262
說文形聲表二卷附表………………… 2－265
說文拈字七卷補遺三卷……………… 2－364
說文建首字義四卷…………………… 2－262
說文通訓定聲十八卷柬韻一卷附說
雅一卷古今韻準一卷行狀一卷…… 2－265
說文通檢十四卷附首一卷末一卷…… 2－262
說文逸字二卷………………………… 2－261
說文解字十五卷……………………… 2－257
說文解字十五卷……………………… 2－261
說文解字十五卷……………………… 2－261
說文解字十五卷……………………… 2－264
說文解字十五卷……………………… 2－267
說文解字十五卷……………………… 2－359
說文解字句讀三十卷………………… 2－261
說文解字句讀三十卷附句讀補正三
十卷…………………………………… 2－261
說文解字注十五卷附六書音韻表五
卷……………………………………… 2－262
說文解字通釋四十卷………………… 2－260
說文解字通釋四十卷………………… 2－358
說文解字斠詮十四卷………………… 2－261
說文辨字正俗八卷…………………… 2－262
說文題要不分卷……………………… 2－262
說文釋例二十卷說文繫傳校錄三十
卷……………………………………… 2－263
說郛一百二十卷……………………… 2－297
說經囈語不分卷……………………… 2－258
說劍堂集……………………………… 2－326
廣三字經一卷………………………… 2－299
廣列女傳十六卷……………………… 2－271
廣事類賦四十卷……………………… 2－296
廣金石韻府不分卷…………………… 2－358
廣治平略三十六卷…………………… 2－273
廣陵通典十卷………………………… 2－274

廣博物志五十卷 2－306
廣雅疏證六卷 2－265
廣輿記二十四卷 2－289
廣藝舟雙楫六卷 2－362
廣續方言四卷 2－264
[光緒]廣靈縣補誌十卷首一卷 2－291
[乾隆]廣靈縣誌十卷首一卷末一卷 2－291
塵海妙品十四卷 2－298
端溪研志三卷首一卷 2－360
端溪硯史三卷 2－363
端溪硯史三卷附圖 2－311
端溪硯史三卷附圖 2－311
適適齋文集二卷 2－329
適齋詩集四卷愓盦年譜一卷 2－335
齊民要術十卷 2－304
齊民要術十卷 2－304
齊東野語二十卷 2－296
齊莊中正堂詩鈔十七卷首一卷 2－339
齊魯古印攈四卷 2－360
精刊魏默深文集 2－327
鄭工新例一卷海防捐輸事例一卷增修籌餉事例條款二卷籌餉事例一卷增修現行常例一卷 2－278
鄭工新例銓補章程一卷海防新例銓補章程一卷增修籌餉事例條款二卷籌餉事例一卷增修現行常例一卷 2－278
鄭司農年譜一卷 2－270
鄭板橋全集 2－317
鄭齋芻論不分卷 2－324
漢石經室金石跋尾 2－288
漢印偶存一卷姚氏印存一卷 2－359
漢夏承碑 2－313
漢書地理志水道圖說七卷附考正德清胡氏禹貢圖一卷 2－295
漢書地理志校本二卷 2－286
漢書地理志校本二卷 2－286
漢書補注一百卷首一卷 2－267
漢碑範八卷 2－312
漢銅印叢八卷 2－360
漢學商兌四卷 2－302
漢儒通義七卷 2－297
漢魏六朝百三家集一百十八卷 2－317
漢魏六朝志墓金石例三卷唐人志墓諸例一卷 2－361
漢魏叢書九十六種 2－347
漢魏叢書九十六種 2－347
漸西村人初集詩十三卷安般簃集十卷詩續一卷 2－321
漱六山房文集十二卷 2－331
漁山詩草二卷 2－336
漁洋山人文略十四卷 2－328
漁洋山人文略十四卷唐賢三昧集三卷 2－342
漁洋山人詩集二十二卷 2－339
漁洋山人詩集二十二卷 2－341
漁洋山人精華錄十卷 2－342
漁洋山人精華錄十卷 2－353
漁洋山人續集十六卷蠶尾集十卷蠶尾續集二卷蠶尾後集二卷南海集二卷雍益集一卷 2－341
漁洋文集十四卷 2－323
[光緒]寧河縣志十六卷圖一卷 2－348
[光緒]寧津縣志十二卷首一卷 2－291
寧都三魏全集 2－329
寥山樵唱二卷 2－333
寥天一閣文二卷 2－325
隨山館全集八種二十五卷 2－317
隨軒金石文字九種 2－361
隨軒金石文字不分卷 2－266
隨園詩話補遺十卷 2－332
熊襄愍公集十卷首一卷末一卷 2－317
翠微山房數學十五種三十八卷 2－340
翠微先生北征錄十二卷 2－269
維摩詰車詰經 2－250
維摩詰經 2－245
維摩詰經 2－249
維摩詰經 2－250
維摩詰經 2－251
維摩詰經 2－253
維摩詰經 2－253

維摩詰經 …………………………… 2－255
維摩詰經 …………………………… 2－256
綴學堂初稿四卷 …………………… 2－326
綠野齋前後合集六卷 ……………… 2－321

十五畫

增批輯注東萊博議四卷 ………………… 2－343
增刻紅樓夢圖詠 ……………………… 2－311
增訂南詔野史二卷 ………………… 2－270
增訂格物入門七卷 ………………… 2－343
增訂願體集四卷首一卷經驗良方一
卷 ……………………………… 2－299
增評補像全圖金玉緣一百二十回 …… 2－303
增補分部書法正傳 ………………… 2－313
增補事類統編九十三卷首一卷 ……… 2－340
增補最新職官全錄不分卷 …………… 2－276
增補臨文便覽不分卷 ……………… 2－322
增補蘇批孟子二卷 ………………… 2－263
增廣字學舉隅四卷 ………………… 2－262
增廣事聯詩學大成三十卷 ………… 2－338
增纂世統紀年四卷 ………………… 2－288
華嶽圖經 …………………………… 2－294
邁堂文畧四卷 ……………………… 2－328
蕉軒續錄二卷隨錄十卷 …………… 2－324
蕩平髮逆圖記二十二卷首一卷 ……… 2－271
樞垣記略二十八卷 ………………… 2－277
樊山政書二十卷 …………………… 2－279
樊榭山房全集 ……………………… 2－315
敷文鄭氏書說不分卷 ……………… 2－259
輟耕錄三十卷 ……………………… 2－304
輜重勤務不分卷 …………………… 2－344
甌香館集十二卷首一卷末一卷 ……… 2－363
甌鉢羅室書畫過目考四卷首一卷附
一卷 …………………………… 2－309
歐洲十九世紀史 …………………… 2－344
賢護菩薩所問經 …………………… 2－255
醉茶誌怪四卷 ……………………… 2－306
醉夢錄二卷 ………………………… 2－308
遼史一百十六卷 …………………… 2－258
遼史拾遺二十四卷 ………………… 2－269
撫吳公牘五十卷 …………………… 2－276
撝叔考藏秦漢印存 ………………… 2－359
鄴中記 ……………………………… 2－292
賞延素心錄一卷 …………………… 2－309
賜硯堂叢書 ………………………… 2－270
賜誠堂文集十六卷 ………………… 2－327
閱微草堂筆記二十四卷 …………… 2－305
蝶訪居古泉拓本 …………………… 2－310
墨子十六卷 ………………………… 2－298
墨池編二十卷印典八卷 …………… 2－360
墨妙亭碑目攷二卷附攷一卷 ……… 2－360
墨林今話十八卷 …………………… 2－362
墨法集要一卷 ……………………… 2－313
墨法集要一卷 ……………………… 2－362
稻花齋詩鈔十四卷 ………………… 2－338
篆文六經四書 ……………………… 2－258
篆文六經四書 ……………………… 2－258
篆文六經四書 ……………………… 2－258
篆刻鍼度八卷 ……………………… 2－358
篆學瑣著三十種四十卷 …………… 2－265
儀衛軒文集十二卷文外集一卷年譜
一卷 …………………………… 2－330
儀禮十七卷 ………………………… 2－260
儀禮章句十七卷 …………………… 2－260
儀顧堂集十六卷 …………………… 2－317
質龕叢稿 …………………………… 2－329
德保書般若波羅密多心經 ………… 2－256
德國陸軍考四卷 …………………… 2－345
德清俞蔭甫所著書 ………………… 2－320
德意志刑法三編 …………………… 2－343
德意志治罪法七編 ………………… 2－343
徵君孫先生[奇逢]年譜二卷 ……… 2－273
盤山志十卷補遺四卷 ……………… 2－348
劍俠傳四卷 ………………………… 2－307
膠西課存不分卷 …………………… 2－320
劉中丞奏議二十卷 ………………… 2－275
劉公事實彙編 ……………………… 2－299
劉氏遺書八卷 ……………………… 2－319
劉氏遺書八卷 ……………………… 2－319
劉孟塗集四十四卷 ………………… 2－317
劉註七家詩十二卷 ………………… 2－336

劉註七家詩十二卷…………………… 2－336
劉襄勤史傳稿………………………… 2－274
劉禮部集十二卷……………………… 2－320
諸子平議三十五卷…………………… 2－298
諸史拾遺五卷三史拾遺五卷………… 2－288
諸星母陀羅尼經……………………… 2－250
論語十卷……………………………… 2－264
論語十卷……………………………… 2－264
論語註疏解經十卷附劄記一卷……… 2－264
論語話解十卷………………………… 2－264
論衡三十卷…………………………… 2－298
論衡三十卷…………………………… 2－308
調查財政條款………………………… 2－280
摩訶般若波羅密放光經……………… 2－253
摩訶般若波羅密經…………………… 2－245
摩訶般若波羅密經…………………… 2－253
摩訶般若波羅密經…………………… 2－253
摩訶般若波羅密經…………………… 2－255
摩訶般若波羅密經…………………… 2－255
摩訶般若波羅蜜經…………………… 2－252
摩訶般若婆羅蜜經…………………… 2－254
摩訶般若經…………………………… 2－257
摩訶船若波羅密經習相應品………… 2－255
瘞鶴銘考補一卷校勘記一卷………… 2－361
慶典章程五卷………………………… 2－273
羯磨經一卷…………………………… 2－252
養一齋文集二十卷…………………… 2－317
養一齋集二十六卷劄記九卷詞三卷
　詩話十卷李杜詩話三卷…………… 2－321
養知書屋文集二十八卷……………… 2－330
養知書屋詩集十五卷………………… 2－335
養素堂文集三十五卷首一卷………… 2－328
養晦堂文集十卷詩集二卷…………… 2－327
遵議滿漢通行刑律…………………… 2－277
導古堂文集二卷……………………… 2－329
潛邱劄記六卷………………………… 2－298
潛菴先生全集五卷年譜一卷疏稿一
　卷………………………………… 2－316
潛確居類書一百二十卷……………… 2－300
潤泉日記三卷………………………… 2－328
澂潭山房古文存稿四卷……………… 2－325
澳門紀略二卷首一卷末一卷………… 2－295
澄衷學堂章程………………………… 2－342
澄懷主人[張廷玉]自訂年譜六卷澄
　懷園語四卷………………………… 2－273
澄蘭室古緣萃錄十八卷……………… 2－365
履園叢話二十四卷…………………… 2－297
豫軍紀略十二卷……………………… 2－270
豫軍紀略十二卷……………………… 2－270
豫饑鐵淚圖…………………………… 2－271
豫饑鐵淚圖…………………………… 2－345
樂府詩集一百卷目錄二卷…………… 2－338
[光緒]樂亭縣志十五卷首一卷末一
　卷………………………………… 2－290
[光緒]樂亭縣志十五卷首一卷末一
　卷………………………………… 2－291
樂善堂全集定本三十卷目錄一卷…… 2－314
練兵實紀九卷雜集六卷……………… 2－306
畿輔水利四案四卷補一卷附錄一卷
　………………………………… 2－348
畿輔水利四案四卷補一卷附錄一卷
　………………………………… 2－348
畿輔水利議…………………………… 2－292
畿輔水利議…………………………… 2－292
畿輔安瀾志五十六卷………………… 2－294
畿輔見聞錄一卷……………………… 2－356
畿輔河道水利叢書八種十四卷……… 2－348
畿輔河道水利叢書八種十四卷……… 2－348

十六畫

駱文忠公奏議湘中稿十六卷續刻四
　川奏議十一卷附錄一卷…………… 2－277
駢文類纂四十六卷…………………… 2－322
駢雅七卷首一卷序目一卷訓纂十六
　卷附補遺………………………… 2－264
駢體文鈔三十一卷…………………… 2－326
駢體文鈔三十一卷…………………… 2－326
燕下鄉脞錄十六卷…………………… 2－301
燕市積弊三卷………………………… 2－291
燕南二俊詩鈔二種…………………… 2－353
燕南二俊詩鈔二種…………………… 2－353

薛瑩後漢書一卷司馬彪續漢書二卷
…………………………………………… 2－359
翰林院庶吉士柱石王公墓誌銘……… 2－273
輶軒使者絕代語釋別國方言十三卷
…………………………………………… 2－265
輶軒使者絕代語釋別國方言十三卷
…………………………………………… 2－265
輶軒語一卷…………………………… 2－324
輶軒語四卷…………………………… 2－282
歷代石經略二卷……………………… 2－259
歷代史表五十九卷…………………… 2－288
歷代史論十二卷宋史論三卷………… 2－285
歷代史論十二卷宋史論三卷元史論
一卷……………………………………… 2－285
歷代史纂左編一百四十二卷………… 2－272
歷代名人年譜十卷…………………… 2－271
歷代名畫記十卷附古畫品錄………… 2－365
歷代帝王世系圖……………………… 2－288
歷代黃河變遷圖考四卷……………… 2－293
歷代畫像傳四卷……………………… 2－313
歷代詩話二十七種五十七卷附考索
一卷……………………………………… 2－332
歷代輿地沿革險要圖………………… 2－293
歷代輿地沿革險要圖不分卷………… 2－287
歷代鐘鼎彝器款識法帖二十卷……… 2－266
歷代鐘鼎彝器款識法帖二十卷……… 2－308
歷代鐘鼎彝器款識法帖二十卷附札
記二十卷………………………………… 2－359
頻羅庵遺集十六卷…………………… 2－319
頻羅庵論書一卷……………………… 2－309
戰國策三十三卷……………………… 2－266
圜天圖說三卷續編二卷……………… 2－340
黔語二卷……………………………… 2－289
積古齋鐘鼎彝器款識十卷…………… 2－266
積古齋鐘鼎彝器款識十卷…………… 2－309
篤素堂文集四卷……………………… 2－273
篔谷詩鈔二十卷文鈔十二卷………… 2－326
篷窗隨錄十四卷末二卷……………… 2－355
學部奏改初等小學堂章程…………… 2－352
學部奏定增訂各學堂管理通則……… 2－280
學部奏請明定教育宗旨摺…………… 2－278
學部奏請明定教育宗旨摺…………… 2－278
學海堂集十六卷……………………… 2－317
學庸指掌三卷………………………… 2－264
學蔀通辯前編三卷後編三卷續編三
卷終編三卷……………………………… 2－302
儒林宗派十六卷……………………… 2－297
錢志新編二十卷……………………… 2－310
錢叔蓋胡鼻山兩家刻印四卷………… 2－360
錢牧齋文鈔不分卷…………………… 2－364
錢南園先生遺集五卷………………… 2－323
錢敏肅公奏疏七卷頤壽老人年譜一
卷………………………………………… 2－278
錢幣芻言一卷………………………… 2－347
館律分韻初編六卷…………………… 2－333
館課存稿不分卷……………………… 2－326
［光緒］獲鹿縣志十四卷首一卷末一
卷………………………………………… 2－287
論摺彙存(光緒乙未年)不分卷 …… 2－281
論摺彙存(光緒乙亥年)不分卷 …… 2－277
論摺彙存(光緒丁未年)不分卷 …… 2－277
論摺彙存(光緒丁未年)不分卷 …… 2－277
論摺彙存(光緒丁未年)不分卷 …… 2－281
論摺彙存(光緒己巳年)不分卷 …… 2－281
論摺彙存(光緒己亥年)不分卷 …… 2－281
論摺彙存(光緒己亥年)不分卷 …… 2－281
論摺彙存(光緒壬寅年)不分卷 …… 2－277
論摺彙存(光緒壬寅年)不分卷 …… 2－277
論摺彙存(光緒甲辰年)不分卷 …… 2－281
論摺彙存(光緒甲辰年)不分卷 …… 2－281
論摺彙存(光緒辛丑年)不分卷 …… 2－277
論摺彙存(光緒癸卯年)不分卷 …… 2－277
論摺彙存(光緒癸卯年)不分卷 …… 2－277
論摺彙存(光緒癸卯年)不分卷 …… 2－277
論摺彙存(光緒癸卯年)不分卷 …… 2－281
論摺彙存(光緒癸卯年)不分卷 …… 2－281
凝香室鴻雪因緣圖記三集…………… 2－292
凝香室鴻雪因緣圖記三集…………… 2－292
凝香室鴻雪因緣圖記三集…………… 2－293
龍川先生文集三十卷………………… 2－332
龍文鞭影初集四卷二集二卷………… 2－300
龍莊遺書四種十五卷………………… 2－318

龍壁山房文集八卷…………………… 2－328
憺園文集三十六卷…………………… 2－322
潞水客談一卷………………………… 2－293
澤雅堂文集八卷……………………… 2－328
澤雅堂詩集六卷……………………… 2－335
澤農要錄六卷………………………… 2－304
澹靜齋全集三種十八卷……………… 2－312
濂洛風雅九卷………………………… 2－333
濂洛關閩性理集解四卷……………… 2－303
憲政增補最新職官全錄不分卷……… 2－276
寰宇訪碑錄十二卷…………………… 2－364
寰宇訪碑錄十二卷…………………… 2－364
寰宇訪碑錄十二卷附刊謬一卷……… 2－313
禪數雜事……………………………… 2－252
避暑錄話二卷………………………… 2－296

十七畫

騂角編一卷…………………………… 2－353
環天室古近體詩類選五卷後集一卷
……………………………………… 2－335
環天室詩外集一卷…………………… 2－335
戴東原集十二卷……………………… 2－317
聲律通考十卷………………………… 2－265
聰訓齋語二卷………………………… 2－299
藏文寫經……………………………… 2－254
韓非子二十卷識誤三卷……………… 2－302
韓昌黎全集五十五卷………………… 2－314
韓國條約……………………………… 2－284
韓湘寶卷二卷十八回………………… 2－311
隸法彙纂十卷………………………… 2－265
隸篇十五卷續十五卷再續十五卷…… 2－265
隸辨八卷……………………………… 2－265
隸辨八卷……………………………… 2－265
隸釋二十七卷………………………… 2－360
隸釋十二卷…………………………… 2－356
樫華館全集十二卷…………………… 2－318
樫華館試帖彙鈔輯注十卷…………… 2－335
臨文便覽不分卷……………………… 2－262
臨陣管見九卷………………………… 2－306
［光緒］臨榆縣志二十四卷首一卷 … 2－291
［光緒］臨漳縣志十八卷 …………… 2－287
霜紅龕集四十卷……………………… 2－317
霞客遊記十卷附外編一卷補編一卷
……………………………………… 2－294
擬佛說佛名經………………………… 2－251
擬佛說佛名經………………………… 2－252
擬明史樂府一百首…………………… 2－334
擬定大清國鑛物正章………………… 2－279
擬訂中國鑛物章程…………………… 2－280
豳風廣義三卷………………………… 2－304
嶺表錄異三卷………………………… 2－292
嶺南集八卷…………………………… 2－335
嶺雲齋詩草一卷……………………… 2－336
魏叔子文鈔七卷……………………… 2－328
魏晉小說十二卷……………………… 2－307
魏稼孫先生全集四種………………… 2－313
輿地碑記目四卷……………………… 2－364
輿地經緯度里表一卷………………… 2－296
輿地廣記三十八卷校勘輿地廣記劄
記二卷……………………………… 2－288
儲遯庵文集十二卷…………………… 2－330
鍾山札記四卷………………………… 2－298
爵秩全函……………………………… 2－275
爵秩全函……………………………… 2－275
爵秩全覽……………………………… 2－275
鮚埼亭集三十八卷首一卷經史問答
十卷鮚埼亭集外編五十卷………… 2－319
謝梅莊先生遺集八卷附西北域記一
卷…………………………………… 2－329
鴻慶居士文集四十二卷……………… 2－317
邃雅堂集十卷………………………… 2－315
邃懷堂全集…………………………… 2－320
禮拜箴規不分卷……………………… 2－312
禮俗權衡二卷………………………… 2－260
禮耕堂叢說不分卷…………………… 2－324
禮記二十卷附考證…………………… 2－259
禮記十卷……………………………… 2－259
禮記十卷……………………………… 2－260
禮記十卷……………………………… 2－263
翼教叢編六卷………………………… 2－279
翼教叢編六卷………………………… 2－279

績語堂題跋不分卷碑錄不分卷……… 2－361
總論團匪滋事庸臣誤國西兵入京事
不分卷……………………………… 2－347
縮本精選經藝淵海……………… 2－258

十八畫

聶士成曹錕等書信………………… 2－356
藝苑零珠六卷經史總論一卷……… 2－298
藝風堂文集七卷外篇一卷………… 2－332
藝海珠塵…………………………… 2－347
藤陰雜記十二卷…………………… 2－301
藤陰雜記十二卷…………………… 2－302
藥師琉璃光七佛本願功德經……… 2－257
藥師琉璃光如來本願功德經……… 2－257
藥師琉璃光如來本願功德經……… 2－253
醫方叢話八卷……………………… 2－307
擷華齋古印譜不分卷……………… 2－360
[光緒]豐潤縣志十二卷 ………… 2－291
[乾隆]豐潤縣志八卷 …………… 2－290
瞿忠宣公集十卷…………………… 2－319
闕里文獻考一百卷………………… 2－303
闕里述聞十四卷附補……………… 2－301
韞山堂文集八卷…………………… 2－329
簡易數學課本二編………………… 2－341
簡學齋試帖輯註一卷……………… 2－334
雙名錄不分卷……………………… 2－334
雙池文集十卷……………………… 2－316
歸去來集不分卷…………………… 2－329
歸震川先生全集…………………… 2－320
歸盦文稾八卷……………………… 2－328
翻譯名義集二十卷………………… 2－311
謫麐堂遺集四卷…………………… 2－320
顏氏家訓七卷附錄一卷…………… 2－300
顏習齋先生[元]年譜二卷 ……… 2－277
顏習齋先生言行錄二卷闢異錄二卷
……………………………………… 2－274
織簾書屋詩鈔十二卷……………… 2－354
織簾書屋詩鈔十二卷……………… 2－354

十九畫

攈石齋詩集五十卷………………… 2－339
蘄春紀略一卷附安陸拆毀鹽局一卷
拏辦教匪兩紀事一卷……………… 2－279
勸戒近錄六卷續錄六卷三錄六卷四
錄六卷……………………………… 2－303
勸學篇二卷………………………… 2－279
勸學篇二卷………………………… 2－325
蘇文忠公詩集五十卷……………… 2－339
蘇米齋蘭亭考……………………… 2－360
[同治]蘇州府志一百五十卷首三卷
……………………………………… 2－291
蘇盦集四種十六卷………………… 2－316
蘇齋筆記四卷……………………… 2－258
蘊仙詩草一卷……………………… 2－354
蘊愫閣詩文全集…………………… 2－321
攀古廔彝器款識二卷……………… 2－309
麗廔叢書八種……………………… 2－340
攈古錄金文九卷…………………… 2－266
攈古錄金文三卷…………………… 2－360
曝書亭集二十三卷………………… 2－333
關中金石記八卷…………………… 2－361
關隴輿中偶憶編…………………… 2－289
疇人傳四十六卷…………………… 2－271
嚴太僕先生集十二卷……………… 2－318
羅忠節公遺集八種十八卷………… 2－318
犢山類藁六卷……………………… 2－331
[乾隆]贊皇縣志十卷首一卷末一卷
……………………………………… 2－287
證俗文十九卷……………………… 2－264
龐居士語錄二卷…………………… 2－341
韻字略十二集……………………… 2－265
[光緒]懷安縣志八卷首一卷末一卷
……………………………………… 2－290
[光緒]懷來縣志十八卷首一卷 …… 2－290
類考典故四書便蒙十七卷………… 2－260
類林新咏三十六卷………………… 2－300
瀛寰志略十卷……………………… 2－364
瀛環志略十卷……………………… 2－294

繹史一百六十卷………………………… 2－267
繪圖今古奇觀六卷………………………… 2－301
繪圖詳註幼學新讀本六卷………………… 2－297
繡像列仙傳四卷…………………………… 2－307
繡像東周列國志二十七卷………………… 2－307
繡像蕩寇志三十卷一百回………………… 2－307

二十畫

蘭皋風雅十二卷…………………………… 2－337
[乾隆]獻縣志二十卷附圖表 ……… 2－289
[乾隆]獻縣志二十卷附圖表 ……… 2－289
[乾隆]獻縣志二十卷附圖表 ……… 2－289
鶡冠子三卷………………………………… 2－356
籌洋芻議一卷……………………………… 2－324
籌洋芻議不分卷…………………………… 2－279
籌海圖編十三卷…………………………… 2－356
鐘紹京市阿毗達磨俱舍滿經……………… 2－256
鐘鼎字源五卷……………………………… 2－261
鐘鼎字源五卷……………………………… 2－262
鐘鼎款識…………………………………… 2－264
鐘鼎款識…………………………………… 2－264
釋人疏證二卷……………………………… 2－310
釋穀四卷…………………………………… 2－262
寶刻類編八卷……………………………… 2－286
寶綸堂文鈔八卷詩鈔六卷………………… 2－327
寶藏論一卷………………………………… 2－311
寶繪錄二十卷六如唐先生畫譜三卷
…………………………………………… 2－365

二十一畫

礮乘新法三卷……………………………… 2－341
攜雪堂全集………………………………… 2－320
攜雪堂全集………………………………… 2－331
鐵琴銅劍樓藏書目錄二十四卷…………… 2－282
鐵網珊瑚二十卷…………………………… 2－338
鐵網珊瑚二十卷…………………………… 2－362
鐵網珊瑚書品六卷書品四卷……………… 2－362
鐵橋金石跋四卷…………………………… 2－361
鐵橋漫稿八卷……………………………… 2－328
鐵橋漫稿八卷……………………………… 2－328
顧氏音學五書三十八卷…………………… 2－264
顧亭林年譜………………………………… 2－298
顧亭林先生遺書十種……………………… 2－292
鶴山文鈔三十二卷周禮折衷四卷師
友雅言一卷……………………………… 2－327
鶴林玉露十六卷補遺一卷………………… 2－301
鶴壽山房詩集四卷四六文四卷…………… 2－319
鶴徵錄八卷首一卷後錄十二卷首一
卷………………………………………… 2－325
[同治]續天津縣志二十卷 ………… 2－347
[同治]續天津縣志二十卷 ………… 2－347
[同治]續天津縣志二十卷 ………… 2－347
[同治]續天津縣志二十卷首一卷 … 2－347
[同治]續天津縣志二十卷首一卷 … 2－355
[同治]續天津縣志二十卷首一卷 … 2－357
續古文辭類纂二十八卷…………………… 2－333
續古文辭類纂三十四卷…………………… 2－335
續古印式二卷……………………………… 2－358
續弘簡錄元史類編四十二卷……………… 2－271
續考古圖五卷考古圖釋文一卷…………… 2－310
續良吏述…………………………………… 2－328
續板橋雜記三卷…………………………… 2－341
續修天津徐氏家譜………………………… 2－299
續博物志十卷……………………………… 2－306
續富國策四卷……………………………… 2－303
續碑傳集八十六卷………………………… 2－271
續說郛四十六卷目錄一卷………………… 2－301
續齊魯古印攈十六卷……………………… 2－360
續齋諧記一卷……………………………… 2－300
纏足兩說演義……………………………… 2－307

二十二畫

鬱華閣遺集四卷…………………………… 2－323
讆言集一卷………………………………… 2－355
鑑撮四卷…………………………………… 2－358
鑑撮四卷附讀史論略一卷………………… 2－267
讀史大略六十卷首一卷附小沙子史
略一卷…………………………………… 2－288
讀史漫錄十四卷…………………………… 2－288

讀史論略不分卷……………………… 2-288
讀史鏡古編三十二卷………………… 2-296
讀杜心解二十四卷首二卷…………… 2-322
讀晉書絕句二卷……………………… 2-355
讀書作文譜十二卷父師善誘法二卷
……………………………………… 2-300
讀書紀數略五十四卷………………… 2-301
讀書堂杜工部文集註解二卷………… 2-337
讀書雜志十種八十二卷餘編二卷…… 2-337
讀通鑑論十六卷附宋論十五卷……… 2-286
讀說文雜識不分卷…………………… 2-262
學史四十八卷………………………… 2-298

二十三畫

曬書堂文集十二卷…………………… 2-326
顯考月樵府君行述一卷……………… 2-299
顯志堂稿十二卷……………………… 2-330
穐盦瓦當文字圖釋…………………… 2-266
[同治]欒城縣志十四卷首一卷末一
卷…………………………………… 2-287
變法奏議叢鈔………………………… 2-278
變雅堂文集四卷……………………… 2-323
變雅堂詩集十卷附錄一卷文集四卷
……………………………………… 2-329

二十四畫

觀古閣泉說一卷……………………… 2-306
觀古閣叢刻…………………………… 2-310
觀古閣叢稿二卷……………………… 2-306
觀古閣叢稿三編二卷………………… 2-306
觀自得齋印存不分卷………………… 2-360
觀妙齋藏金石文考略十六卷………… 2-266
觀無量壽佛經………………………… 2-245
蠹窓二集六卷………………………… 2-337
[康熙]靈壽縣志十卷附錄一卷 …… 2-287
[康熙]靈壽縣志十卷附錄一卷 …… 2-287
蠶尾續文二十卷……………………… 2-336
蠶事要略一卷………………………… 2-304
蠶事要略一卷………………………… 2-304
蠶桑實濟二卷………………………… 2-304

二十六畫

[光緒]灤州志十八卷首一卷 ……… 2-290
[嘉慶]灤州志八卷首一卷末一卷 … 2-290

《天津中醫藥大學第一附屬醫院圖書館古籍普查登記目録》
書名筆畫字頭索引

一畫

一 …… 343

二畫

二 …… 343

三畫

三 …… 343
士 …… 343
千 …… 343
女 …… 343
小 …… 343

四畫

王 …… 343
太 …… 343
尤 …… 343
中 …… 343
牛 …… 343
丹 …… 343
六 …… 343

五畫

玉 …… 343
世 …… 343
古 …… 343
本 …… 343
石 …… 344
平 …… 344
史 …… 344
四 …… 344
仙 …… 344
白 …… 344
外 …… 344
幼 …… 344

六畫

再 …… 344
百 …… 344
同 …… 344
回 …… 344
竹 …… 344
仲 …… 344
合 …… 344
名 …… 344

七畫

孝 …… 344
男 …… 344
吳 …… 344
利 …… 344
汪 …… 344
沈 …… 344
宋 …… 344
良 …… 344
改 …… 344

八畫

長 …… 344
林 …… 344
松 …… 344

述 …… 344
東 …… 344
郁 …… 344
明 …… 344
易 …… 344
金 …… 345
周 …… 345
弦 …… 345

九畫

南 …… 345
厚 …… 345
咽 …… 345
重 …… 345
便 …… 345
食 …… 345
胎 …… 345
訂 …… 345
疫 …… 345
洪 …… 345
洞 …… 345
活 …… 345
神 …… 345
祝 …… 345
郡 …… 345

十畫

素 …… 345
時 …… 345
秘 …… 345
徐 …… 345
針 …… 345
脈 …… 345
痧 …… 345
唐 …… 345
陳 …… 345
陶 …… 345
孫 …… 345

十一畫

理 …… 346
琅 …… 346
黄 …… 346
硃 …… 346
救 …… 346
眼 …… 346
問 …… 346
過 …… 346
偏 …… 346
得 …… 346
麻 …… 346
產 …… 346
康 …… 346
淑 …… 346
啟 …… 346
張 …… 346
婦 …… 346
巢 …… 346

十二畫

萬 …… 346
植 …… 346
惠 …… 346
晰 …… 346
鼎 …… 346
景 …… 346
喉 …… 346
喻 …… 346
程 …… 346
筆 …… 346
備 …… 346
傅 …… 346
集 …… 346
御 …… 347
欽 …… 347
評 …… 347
診 …… 347
註 …… 347
痘 …… 347
痢 …… 347
痧 …… 347

馮 …… 347
寒 …… 347
補 …… 347
絳 …… 347
幾 …… 347

十三畫

瑞 …… 347
雷 …… 347
當 …… 347
嵩 …… 347
鼠 …… 347
傷 …… 347
新 …… 347
意 …… 348
慈 …… 348
溫 …… 348
福 …… 348
經 …… 348

十四畫

壽 …… 348
摘 …… 348
圖 …… 348
種 …… 348
說 …… 348
瘍 …… 348
瘟 …… 348
齊 …… 348
隨 …… 348

十五畫

增 …… 348
衛 …… 348
鋟 …… 348
劉 …… 348
瘡 …… 348
選 …… 348
豫 …… 348

十六畫

儒 …… 348
錢 …… 348
錫 …… 348
錦 …… 348
閻 …… 348

十七畫

臨 …… 348
濟 …… 348
濯 …… 349

十八畫

醫 …… 349

十九畫

羅 …… 349
證 …… 349
類 …… 349
瀕 …… 349
繪 …… 349

二十一畫

攝 …… 349
韡 …… 350

二十二畫

體 …… 350

二十三畫

驗 …… 350

二十四畫

靈 …… 350

《天津中醫藥大學第一附屬醫院圖書館古籍普查登記目録》
書名筆畫索引

一畫

一草亭眼科全集書四卷…………………… 2－382

二畫

二十四史…………………………………… 2－389

三畫

三家醫案合刻三卷………………………… 2－383
三家醫案合刻三卷………………………… 2－383
士材三書…………………………………… 2－386
士材三書…………………………………… 2－386
士材三書…………………………………… 2－386
士材三書…………………………………… 2－386
千金翼方三十卷…………………………… 2－373
千金寶要六卷……………………………… 2－373
女科要旨四卷……………………………… 2－379
女科指掌五卷……………………………… 2－378
女科經綸八卷……………………………… 2－378
女科經綸八卷……………………………… 2－378
女科輯要八卷……………………………… 2－379
女科輯要八卷……………………………… 2－379
小蓬萊山館方抄二卷……………………… 2－375

四畫

王氏醫存十七卷附新選驗方一卷…… 2－384
王氏醫案二卷續編八卷………………… 2－383
王氏醫案四卷……………………………… 2－383
王洪緒先生外科證治全生集二卷…… 2－381
王洪緒先生外科證治全生集二卷…… 2－381
太醫院增補青囊藥性賦直解八卷首
　一卷末一卷……………………………… 2－376
尤氏醫學讀書記三卷附醫案一卷…… 2－384
中外衛生要旨五卷……………………… 2－382
中西匯通醫書五種……………………… 2－388
中風論一卷……………………………… 2－378
牛痘新書不分卷………………………… 2－381
丹溪心法附餘二十四卷………………… 2－385
丹溪先生心法五卷附録一卷………… 2－385
丹臺玉案六卷…………………………… 2－384
六治闡要五卷…………………………… 2－384
六科證治準繩六種……………………… 2－386
六科證治準繩六種……………………… 2－386
六醴齋醫書十種………………………… 2－387

五畫

玉機微義五十卷………………………… 2－384
玉歷彙録良方…………………………… 2－375
世補齋醫書前集六種後集六種……… 2－388
古今醫案按十卷………………………… 2－383
古今醫案按十卷………………………… 2－383
古方匯精五卷…………………………… 2－374
本草三家合註六卷附神農本草經百
　種録一卷………………………………… 2－372
本草分經一卷…………………………… 2－373
本草述三十二卷首一卷………………… 2－372
本草思辨録四卷首一卷………………… 2－373
本草便讀二卷…………………………… 2－372
本草衍義二十卷………………………… 2－372
本草原始十二卷………………………… 2－372
本草原始十二卷………………………… 2－372
本草崇原集説三卷附本草經讀一卷
　附録集説一卷…………………………… 2－372
本草從新六卷…………………………… 2－373

本草萬方針線八卷 …………………… 2-374
本草詩箋十卷 ………………………… 2-373
本草經解要四卷附考證音訓一卷 …… 2-372
本草綱目五十二卷首一卷圖三卷瀕湖脈學一卷脈訣考證一卷奇經八脈考一卷 ………………………… 2-372
本草綱目拾遺十卷 …………………… 2-372
本草綱目萬方類編三十二卷 ………… 2-375
本草醫方合編 ………………………… 2-374
本經逢原四卷 ………………………… 2-372
本經疏證十二卷本經續疏六卷本經序疏要八卷 ………………………… 2-372
本經疏證十二卷本經續疏六卷本經序疏要八卷 ………………………… 2-372
石室秘籙六卷 ………………………… 2-376
石室秘籙六卷 ………………………… 2-376
平易方四卷附補遺經驗良方福幼編 ………………………… 2-374
史載之方二卷 ………………………… 2-373
四診抉微八卷 ………………………… 2-371
仙拈集四卷 …………………………… 2-374
白喉辨證一卷附吊腳痧論一卷 ……… 2-382
外科心法真驗指掌四卷首一卷 ……… 2-381
外科正宗三卷 ………………………… 2-381
外科證治全書五卷 …………………… 2-381
外證醫案彙編四卷 …………………… 2-382
幼科醫學指南四卷 …………………… 2-380
幼科鐵鏡六卷 ………………………… 2-380
幼科鐵鏡六卷 ………………………… 2-380
幼科鐵鏡六卷 ………………………… 2-380

六畫

再重訂傷寒論集註十卷 ……………… 2-370
百子全書(子書百家)一百零一種 … 2-389
同壽錄四卷末一卷 …………………… 2-374
回生集二卷 …………………………… 2-374
回生集二卷續回生集二卷 …………… 2-374
回生集二卷續回生集二卷 …………… 2-374
竹林女科四卷 ………………………… 2-379
仲景全書二十卷 ……………………… 2-369
合刻薛氏醫案二十四種 ……………… 2-385
合刻薛氏醫案二十四種 ……………… 2-385
名醫類案十二卷 ……………………… 2-383

七畫

孝慈備覽傷寒編四卷 ………………… 2-370
男科二卷 ……………………………… 2-384
男科二卷 ……………………………… 2-384
吳氏醫學述第五種傷寒分經十卷 …… 2-371
吳氏醫學述第四種成方切用二十六卷首一卷末一卷 ………………… 2-374
吳醫彙講十一卷 ……………………… 2-384
利溥集 ………………………………… 2-388
汪石山醫書八種 ……………………… 2-385
汪石山醫書八種 ……………………… 2-387
沈氏尊生書五種 ……………………… 2-387
沈氏尊生書五種 ……………………… 2-387
沈氏尊生書五種 ……………………… 2-387
宋徽宗聖濟經十卷 …………………… 2-384
良方集腋二卷續附一卷 ……………… 2-375
良方類選四卷 ………………………… 2-374
改良眼科百問二卷 …………………… 2-382

八畫

長沙藥解四卷 ………………………… 2-373
林氏活人錄彙編十四卷 ……………… 2-378
松峰說疫六卷 ………………………… 2-377
松峰說疫六卷 ………………………… 2-377
松峰說疫六卷 ………………………… 2-377
述古齋幼科新書三種 ………………… 2-388
東垣十書 ……………………………… 2-386
東垣十書 ……………………………… 2-386
東垣十書 ……………………………… 2-386
東醫寶鑑二十三卷 …………………… 2-388
郁謝痳科合璧 ………………………… 2-380
明吳又可先生瘟疫論二卷 …………… 2-376
明吳又可先生瘟疫論二卷痢疾論四卷 ………………………… 2-377
易簡方論六卷 ………………………… 2-374

金匱方歌括六卷………………………… 2－371
金匱方歌括六卷………………………… 2－371
金匱心典三卷…………………………… 2－371
金匱玉函經二註二十二卷附補方一
卷十藥神書一卷……………………… 2－371
金匱要略淺註十卷……………………… 2－371
金匱翼八卷……………………………… 2－378
周澂之脈學四種十四卷………………… 2－371
弦雪居重訂遵生八箋十九卷…………… 2－382

九畫

南病別鑒三卷附節錄辨證要略……… 2－376
厚德堂集驗方萃編四卷………………… 2－375
咽喉秘集………………………………… 2－382
重刊俞天池先生痧痘集解原本六卷
……………………………………… 2－381
重刊補注洗冤錄集證六卷……………… 2－389
重刊補註洗冤錄集證六卷……………… 2－389
重刻陳氏痘書不分卷…………………… 2－380
重訂丹溪先生心法三卷………………… 2－385
重訂傷寒論集註四卷…………………… 2－371
重廣補註黃帝內經素問二十四卷…… 2－369
重樓玉鑰二卷…………………………… 2－382
便用良方二卷…………………………… 2－375
食物本草會纂十二卷…………………… 2－373
食物本草會纂十二卷…………………… 2－373
食物本草會纂十二卷…………………… 2－373
胎產心法三卷…………………………… 2－378
胎產金針三卷…………………………… 2－379
胎產秘書三卷…………………………… 2－378
胎產症治錄二卷………………………… 2－379
胎產新書三種…………………………… 2－379
訂補名醫指掌十卷……………………… 2－375
疫疹一得二卷…………………………… 2－377
疫疹一得二卷…………………………… 2－377
疫痧二症合編…………………………… 2－377
疫證治例五卷…………………………… 2－378
疫證集說四卷附補遺一卷……………… 2－378
洪江育嬰小識…………………………… 2－381
洞天奥旨十六卷………………………… 2－381
洞天奥旨十六卷內附十二經絡圖…… 2－381
洞天奥旨十六卷附十二經絡圖……… 2－381
活幼珠璣三編…………………………… 2－381
神農本草經讀四卷醫學三字經四卷
……………………………………… 2－372
神農本經經釋不分卷…………………… 2－372
祝由科天醫十三科二卷增補一卷…… 2－389
郡齋讀書志……………………………… 2－389

十畫

素問懸解十三卷附校餘偶識一卷…… 2－369
素問靈樞類纂約註三卷………………… 2－369
時疫辨四卷……………………………… 2－378
秘傳眼科龍木醫書總論十卷…………… 2－382
秘傳證治要訣十二卷…………………… 2－375
秘傳證治要訣十二卷…………………… 2－385
徐氏醫書十三種………………………… 2－387
徐氏醫書八種…………………………… 2－387
徐氏醫書八種…………………………… 2－387
徐氏醫書六種…………………………… 2－387
針灸大成十卷…………………………… 2－371
針灸大成十卷…………………………… 2－371
針灸大成十卷…………………………… 2－372
針灸甲乙經十二卷……………………… 2－371
針灸便用不分卷………………………… 2－372
脈因證治四卷…………………………… 2－384
脈訣彙編說統一卷經絡彙編一卷…… 2－371
脈經十卷………………………………… 2－371
脈經十卷………………………………… 2－371
疹科纂要一卷…………………………… 2－381
唐王燾先生外臺秘要方四十卷……… 2－373
唐王燾先生外臺秘要方四十卷……… 2－373
陳修園醫書二十一種…………………… 2－387
陳修園醫書三十種……………………… 2－387
陳修園醫書六種………………………… 2－385
陶節庵傷寒全生集四卷………………… 2－370
陶節庵傷寒全生集四卷………………… 2－370
孫真人千金方衍義三十卷……………… 2－373

十一畫

理瀹駢文不分卷附略言一卷續增略言三卷銅人圖考廿一膏良方不分卷治心病方一卷…… 2－372
琅環青囊要四卷…… 2－378
黄氏醫書八種…… 2－387
黄氏醫書八種…… 2－387
黄氏醫書八種…… 2－387
黄帝内經素問二十四卷…… 2－369
黄帝内經素問二十四卷…… 2－369
黄帝内經素問二十四卷…… 2－369
黄帝内經素問集註九卷…… 2－369
黄帝内經素問集註九卷靈樞集註九卷…… 2－369
黄帝内經素問註證發微九卷靈樞註證發微九卷附素問補遺…… 2－369
黄帝内經靈樞十二卷附素問遺篇…… 2－369
黄帝内經靈樞註證發微九卷…… 2－369
黄帝素問直解九卷…… 2－369
黄帝素問直解九卷…… 2－369
黄帝素問靈樞經十二卷…… 2－369
黄帝逸典十三卷…… 2－380
硃批諭旨…… 2－389
救偏瑣言十卷…… 2－379
救偏瑣言十卷…… 2－380
眼科闡微四卷…… 2－382
問心堂溫病條辨六卷…… 2－377
過氏醫案一卷…… 2－383
偏方補遺七卷…… 2－375
得心集醫案六卷…… 2－383
麻科活人全書四卷…… 2－380
麻科活人全書四卷…… 2－380
麻疹集成二卷…… 2－381
產科心法二卷…… 2－378
產寶奇書二卷…… 2－379
康熙字典十二集…… 2－389
淑老軒經驗方不分卷…… 2－375
啟蒙真諦一草亭目科(一草亭目科全書)一卷 …… 2－382
張氏醫通十六卷…… 2－386
張仲景金匱要略論註二十四卷…… 2－371
張仲景傷寒論貫珠集八卷…… 2－370
婦科秘方…… 2－379
婦科秘方不分卷…… 2－379
巢氏諸病源候論五十卷…… 2－369
巢氏諸病源候論五十卷…… 2－369
巢氏諸病源候論五十卷…… 2－369

十二畫

萬氏女科…… 2－378
萬氏家傳廣嗣紀要九卷…… 2－383
萬方針線八卷…… 2－372
植物名實圖考長編二十二卷…… 2－373
惠直堂經驗方四卷…… 2－374
晰微補化全書…… 2－377
鼎鍥幼幼集成六卷…… 2－380
鼎鍥幼幼集成六卷…… 2－380
景岳全書六十四卷…… 2－386
景岳全書六十四卷…… 2－386
景岳全書發揮四卷…… 2－388
喉科方論不分卷…… 2－382
喉科全科紫珍集二卷…… 2－382
喉科杓指四卷附集驗良方…… 2－382
喉科金鑰二卷…… 2－382
喉科經驗秘方不分卷…… 2－382
喻氏醫書三種…… 2－386
喻氏醫書三種…… 2－386
喻氏醫書三種…… 2－386
程原仲醫案六卷…… 2－383
筆花醫鏡四卷…… 2－376
筆花醫鏡四卷…… 2－376
備急灸法一卷…… 2－372
傅氏眼科審視瑤函六卷首一卷…… 2－382
傅氏眼科審視瑤函六卷首一卷…… 2－382
傅青主女科…… 2－379
傅青主女科…… 2－379
傅青主男女科…… 2－386
傅青主男女科…… 2－386
集驗良方三卷…… 2－374

集驗良方拔萃二卷續補一卷………… 2－375
御批歷代通鑑輯覽一百二十卷……… 2－389
御纂醫宗金鑑九十卷續編十四卷外
科金鑑十六卷………………………… 2－387
御纂醫宗金鑑六十卷續編十四卷外
科金鑑十六卷………………………… 2－387
欽定古今圖書集成醫部全錄五百四
十卷………………………………… 2－388
評選靜香樓醫案……………………… 2－383
診餘舉隅錄二卷……………………… 2－383
註解傷寒論十卷附傷寒明理論四卷
………………………………………… 2－370
註解傷寒論十卷附傷寒明理論四卷
………………………………………… 2－371
痘科溫故集二卷……………………… 2－380
痘科彙編四卷附痲科彙編…………… 2－379
痘症精言四卷………………………… 2－380
痘症精言四卷………………………… 2－380
痘疹正宗二卷………………………… 2－380
痘疹定論二卷………………………… 2－380
痘疹定論四卷………………………… 2－380
痘疹指南(痘疹正宗)二卷 ………… 2－380
痘疹專門二卷………………………… 2－380
痘疹傳心錄十八卷…………………… 2－379
痘疹傳心錄十九卷…………………… 2－379
痘疹會通五卷………………………… 2－380
痘疹會通五卷………………………… 2－380
痘疹經驗集四卷……………………… 2－381
痘麻醫案要用藥性二卷……………… 2－381
痢疾論四卷…………………………… 2－377
痧症全書三卷………………………… 2－377
痧症全書三卷………………………… 2－377
痧症傳信方…………………………… 2－377
痧喉正義一卷………………………… 2－382
痧脹玉衡書三卷後卷一卷…………… 2－377
馮氏錦囊秘錄………………………… 2－386
馮氏錦囊秘錄………………………… 2－386
馮氏錦囊秘錄八種…………………… 2－386
寒疫合編歌括………………………… 2－378
補註黃帝内經素問二十四卷附素問
遺篇………………………………… 2－369
補註瘟疫論四卷……………………… 2－376
補註瘟疫論四卷……………………… 2－376
補註釋文黃帝内經素問十二卷……… 2－369
絳雪園古方選註三卷………………… 2－374
絳雪園古方選註三卷………………… 2－374
幾希錄良方合璧不分卷……………… 2－375

十三畫

瑞竹堂經驗方五卷補遺一卷………… 2－373
雷公炮製藥性賦解六卷……………… 2－373
雷公炮製藥性賦解六卷……………… 2－373
當歸草堂醫學叢書初編十種………… 2－388
嵩厓尊生醫學大全十五卷…………… 2－389
嵩厓尊生醫學大全十五卷…………… 2－389
嵩厓尊生醫學大全十五卷…………… 2－389
鼠疫彙編不分卷……………………… 2－378
傷寒六書六卷………………………… 2－370
傷寒來蘇集八卷……………………… 2－370
傷寒第一書四卷附餘二卷…………… 2－371
傷寒貫珠集八卷……………………… 2－370
傷寒補亡論二十卷…………………… 2－370
傷寒補天石二卷……………………… 2－370
傷寒瘟疫條辨六卷…………………… 2－377
傷寒瘟疫條辨六卷…………………… 2－377
傷寒瘟疫條辯六卷…………………… 2－377
傷寒論三註十八卷…………………… 2－370
傷寒論三註十六卷…………………… 2－370
傷寒論三註十六卷…………………… 2－370
傷寒論直解六卷附傷寒附餘一卷…… 2－370
傷寒論後條辨十五卷………………… 2－370
傷寒論集註六卷……………………… 2－370
傷寒論註來蘇集八卷………………… 2－370
傷寒論註來蘇集八卷………………… 2－370
傷寒論註來蘇集八卷………………… 2－370
傷寒論註來蘇集八卷………………… 2－370
傷寒論翼四卷………………………… 2－370
新刊良朋彙集五卷附補遺一卷……… 2－374
新刊良朋彙集五卷附補遺一卷……… 2－374
新刊經驗痘疹不求人一卷…………… 2－379
新刊增補萬病回春原本八卷………… 2－384

新刊增補萬病回春原本八卷…………2－384
新刊醫林狀元壽世保元十卷…………2－376
新刻三元參贊延壽書五卷……………2－382
新鍥雲林神彀四卷……………………2－376
新鍥雲林神彀四卷……………………2－384
新纂中西醫書八種……………………2－388
意解山房溫疫析疑四卷………………2－378
慈幼新書十二卷………………………2－380
慈航集三元普濟方四卷………………2－377
溫熱贅言一卷…………………………2－377
福幼編一卷……………………………2－380
經史證類大觀本草三十一卷後附大
　觀本草劄記…………………………2－372
經脈圖考四卷…………………………2－372
經驗良方三卷…………………………2－374
經驗廣集四卷…………………………2－374

十四畫

壽世醫鑒三卷…………………………2－376
壽親養老新書四卷……………………2－382
摘星樓治痘全書十八卷………………2－379
圖註八十一難經辨真六卷……………2－371
圖註難經脈訣四卷……………………2－385
圖註難經脈訣四卷……………………2－385
種福堂公選溫熱論醫案一卷良方三
　卷……………………………………2－374
說疫全書………………………………2－377
瘍科臨證心得集三卷方彙三卷家用
　膏丹丸散方一卷……………………2－381
瘍醫大全四十卷………………………2－381
瘟疫方論二卷…………………………2－376
瘟疫明辨四卷…………………………2－377
瘟疫論二卷……………………………2－376
瘟疫論二卷……………………………2－376
瘟疫論補註二卷………………………2－377
瘟疫論類編五卷………………………2－377
齊氏醫案崇正辨訛六卷………………2－383
齊氏醫案崇正辨訛六卷………………2－383
隨山宇方鈔一卷………………………2－375
隨息居飲食譜一卷……………………2－373

十五畫

增訂治疔匯要三卷……………………2－382
增訂治疔彙要三卷……………………2－382
增註類證活人書二十二卷……………2－370
增補醫方一盤珠全集十卷……………2－384
衛生寶鑑二十四卷補遺一卷…………2－385
鋟圖註王叔和脈訣琮璜五卷…………2－371
劉河間傷寒三書………………………2－385
劉河間醫學六書………………………2－385
瘡瘍經驗全書十三卷…………………2－381
瘡瘍經驗全書六卷……………………2－381
選錄驗方新編十八卷…………………2－375
豫醫雙璧二種…………………………2－388

十六畫

儒門事親十五卷………………………2－375
儒門事親十五卷………………………2－375
錢氏小兒藥證直訣三卷………………2－379
錢氏小兒藥證直訣三卷………………2－379
錢氏小兒藥證直訣三卷………………2－379
錫麟寶訓四卷…………………………2－381
錦芳醫案初編五卷……………………2－383
閻誠齋先生胎產心法三卷……………2－379
閻誠齋先生胎產心法三卷……………2－379
閻誠齋先生胎產心法三卷……………2－379

十七畫

臨症經驗方附摘錄經驗方……………2－375
臨證指南醫案十卷……………………2－383
臨證指南醫案十卷……………………2－383
臨證指南醫案十卷……………………2－383
臨證指南醫案十卷……………………2－383
臨證指南醫案十卷……………………2－383
臨證指南醫案十卷附種福堂公選溫
　熱論醫案一卷種福堂公選良方三
　卷……………………………………2－383
濟陰綱目十四卷………………………2－378

濟陰綱目十四卷…………………… 2－378
濟眾錄不分卷…………………… 2－388
濯西濟急良方六卷………………… 2－374

十八畫

醫方十種彙編…………………… 2－388
醫方易簡新編六卷………………… 2－375
醫方論四卷……………………… 2－375
醫方論四卷……………………… 2－375
醫方擇要二卷續集二卷…………… 2－375
醫方叢話八卷附一卷……………… 2－375
醫林改錯二卷…………………… 2－369
醫林指月十二種………………… 2－387
醫林指月十二種………………… 2－387
醫林選青七卷附三卷……………… 2－385
醫門法律六卷…………………… 2－384
醫門棒喝初集四卷二集九卷………… 2－387
醫門棒喝初集四卷二集九卷………… 2－388
醫宗己任編八卷………………… 2－386
醫宗必讀十卷…………………… 2－385
醫宗必讀十卷…………………… 2－385
醫宗必讀十卷…………………… 2－388
醫宗必讀十卷…………………… 2－389
醫宗必讀五卷…………………… 2－376
醫宗備要三卷…………………… 2－384
醫宗說約六卷…………………… 2－384
醫宗寶鏡五卷…………………… 2－384
醫故二卷………………………… 2－384
醫故二卷………………………… 2－384
醫效秘傳三卷…………………… 2－371
醫家四要四卷…………………… 2－376
醫書十二種……………………… 2－387
醫書匯參輯成二十四卷…………… 2－387
醫書匯參輯成二十四卷…………… 2－387
醫理真傳四卷…………………… 2－385
醫理真傳四卷…………………… 2－385
醫略十三卷……………………… 2－378
醫略稿六十七卷………………… 2－378
醫鈔類編二十四卷………………… 2－388
醫痘金丹二卷…………………… 2－381
醫統正脈全書…………………… 2－386
醫經原旨六卷…………………… 2－369
醫碥七卷………………………… 2－376
醫粹精言四卷…………………… 2－384
醫綱提要八卷…………………… 2－385
醫醇賸義四卷…………………… 2－385
醫醇賸義四卷…………………… 2－385
醫學一見能一卷………………… 2－385
醫學入門七卷首一卷……………… 2－388
醫學五則五卷…………………… 2－388
醫學五則五卷…………………… 2－388
醫學五則五卷…………………… 2－388
醫學心悟六卷…………………… 2－376
醫學心悟六卷…………………… 2－376
醫學心悟六卷…………………… 2－376
醫學指南五卷…………………… 2－376
醫學啟蒙彙編六卷………………… 2－384
醫學尋源易簡錄□□卷…………… 2－384
醫學發明一卷…………………… 2－378
醫學匯海三十六卷首一卷………… 2－376
醫學摘粹八卷…………………… 2－388
醫醫瑣言二卷續一卷……………… 2－384

十九畫

羅軍門集驗良方四卷……………… 2－374
證治百問四卷…………………… 2－378
證治要訣類方十二卷……………… 2－373
證治彙補八卷…………………… 2－378
類經三十二卷圖翼十一卷附翼四卷
…………………………………… 2－369
類證治裁八卷…………………… 2－385
類證治裁八卷…………………… 2－385
類證普濟本事方十卷……………… 2－373
類證普濟本事方十卷……………… 2－373
瀕湖脈學三卷…………………… 2－371
繪圖中西醫學叢書………………… 2－388

二十一畫

攝生眾妙方十一卷急救良方二卷…… 2－373

韓園醫書六種 ………………………… 2－388

二十二畫

體仁彙編不分卷 ……………………… 2－386

二十三畫

驗方彙集八卷續集四卷 ……………… 2－375

二十四畫

靈樞經九卷 …………………………… 2－369

《元明清天妃宮遺址博物館古籍普查登記目録》
書名筆畫字頭索引

二畫

二 …… 353
十 …… 353

三畫

大 …… 353
山 …… 353
尸 …… 353
女 …… 353
小 …… 353
子 …… 353

四畫

天 …… 353
廿 …… 353
日 …… 353
今 …… 353
水 …… 353

五畫

玉 …… 353
石 …… 353
四 …… 353
出 …… 353

六畫

考 …… 353
竹 …… 353

八畫

東 …… 353
兩 …… 353
佩 …… 353
金 …… 353
京 …… 353

九畫

皇 …… 353
禹 …… 353
津 …… 353

十畫

格 …… 353
陶 …… 353

十一畫

清 …… 353

十二畫

策 …… 354
順 …… 354
欽 …… 354
淵 …… 354
補 …… 354

十三畫

新 …… 354

十四畫

說 …… 354
精 …… 354

十五畫

遼 …… 354
畿 …… 354

十六畫

隸 …… 354
歷 …… 354
積 …… 354
寰 …… 354

二十二畫

讀 …… 354

《元明清天妃宫遺址博物館古籍普查登記目録》
書名筆畫索引

二畫

二銘草堂金石聚十六卷………………… 2－393
十子全書…………………………………… 2－393

三畫

［光緒］大城縣志十二卷首一卷　…… 2－395
大清中外壹統輿圖首一卷中一卷南
　十卷北二十卷……………………… 2－394
山海經十八卷……………………………… 2－395
尸子二卷附存疑一卷………………… 2－393
女學言行纂三卷附一卷……………… 2－394
小方壺齋輿地叢鈔十二帙…………… 2－394
小知錄十二卷…………………………… 2－393
子史精華一百六十卷………………… 2－393

四畫

天下郡國利病書一百二十卷………… 2－394
［康熙］天津衛志四卷　………………… 2－394
天咫偶聞十卷…………………………… 2－394
廿二史紀事提要八卷………………… 2－393
日知錄之餘四卷………………………… 2－393
日知錄集釋三十二卷栞誤二卷續栞
　誤二卷………………………………… 2－394
今水經一卷……………………………… 2－394
水經注圖一卷附錄一卷……………… 2－394
水經注箋刊誤十二卷………………… 2－395

五畫

［光緒］玉田縣志三十卷首一卷　…… 2－394
石鼓文釋存一卷補注一卷…………… 2－393
四書集注十九卷………………………… 2－394
出使英法義比四國日記一卷………… 2－394

六畫

考古秘訣鑑定新書三卷……………… 2－394
竹葉亭雜記八卷………………………… 2－393

八畫

東明聞見錄一卷………………………… 2－394
東華錄雍正朝二十六卷……………… 2－394
兩漢金石記二十二卷………………… 2－393
佩文韻府一百零六卷拾遺一百零六
　卷……………………………………… 2－395
金石苑一卷……………………………… 2－393
金石學錄四卷…………………………… 2－393
京畿金石考二卷………………………… 2－393

九畫

皇清經解一百八十種………………… 2－394
禹貢指南四卷…………………………… 2－394
禹貢錐指二十卷略例一卷圖一卷…… 2－393
津逮秘書………………………………… 2－393

十畫

格致鏡原一百卷………………………… 2－393
陶齋吉金錄八卷………………………… 2－395
陶齋吉金續錄二卷……………………… 2－395

十一畫

清儀閣金石題識四卷………………… 2－395

十二畫

策學備纂三十二卷目錄三十二卷…… 2－394
［光緒］順天府志一百三十卷附錄一卷…… 2－395
欽定續文獻通考輯要二十六卷……… 2－394
淵鑒類函四百五十卷目錄四卷……… 2－394
補寰宇訪碑錄五卷失編一卷刊誤一卷…… 2－393

十三畫

新定三禮圖二十卷…… 2－395

十四畫

說文通訓定聲十八卷首一卷附分部柬韻一卷說雅一卷古今韻準一卷行述一卷…… 2－393
精選黃眉故事十卷…… 2－393

十五畫

遼金紀事本末九十二卷…… 2－395
畿輔河道水利叢書八種附一種……… 2－395

十六畫

隸辨八卷…… 2－395
隸續二十一卷…… 2－393
歷代地理志韻編今釋二十卷附皇朝輿地韻編二卷…… 2－395
歷朝紀事本末七種五百六十六卷…… 2－395
積古齋鐘鼎彝器款識十卷…… 2－394
寰宇訪碑錄十二卷…… 2－393
寰宇訪碑錄十二卷附刊謬一卷……… 2－393

二十二畫

讀史方輿紀要一百三十卷坿方輿全圖總說五卷…… 2－394

《千牛山莊古籍普查登記目録》
書名筆畫字頭索引

二畫

十 …… 357

四畫

太 …… 357
尺 …… 357

五畫

古 …… 357
史 …… 357
四 …… 357
白 …… 357

六畫

吉 …… 357
曲 …… 357
伊 …… 357

七畫

宋 …… 357

八畫

金 …… 357
周 …… 357
屈 …… 357

九畫

重 …… 357
皇 …… 357
洛 …… 357
紅 …… 357
紀 …… 357

十畫

陳 …… 357
陶 …… 357

十一畫

許 …… 357
扈 …… 357

十二畫

紫 …… 357
御 …… 357
欽 …… 357
遐 …… 357

十三畫

聖 …… 357
楚 …… 357
詩 …… 357
新 …… 358

十四畫

漢 …… 358

十五畫

墨 …… 358

盤 …………………………………………… 358
劍 …………………………………………… 358
劉 …………………………………………… 358

十六畫

慶 …………………………………………… 358

十七畫

藏 …………………………………………… 358
檀 …………………………………………… 358

十九畫

繹 …………………………………………… 358

二十一畫

鬘 …………………………………………… 358
鐵 …………………………………………… 358
顧 …………………………………………… 358

二十二畫

讀 …………………………………………… 358

《千牛山莊古籍普查登記目録》
書名筆畫索引

二畫

十粒金丹十七卷……………………… 2－400

四畫

太上感應篇圖説不分卷……………… 2－399
太上感應篇圖説不分卷……………… 2－399
尺牘鑑源………………………………… 2－400

五畫

古泉叢話三卷………………………… 2－399
史記□□卷…………………………… 2－400
四朝鈔幣圖録………………………… 2－400
四體千家詩…………………………… 2－399
白石道人詩集二卷集外詩一卷附録
　一卷………………………………… 2－399

六畫

吉金志存四卷………………………… 2－399
曲譜四種……………………………… 2－399
伊犁總統事略四卷首一卷…………… 2－400

七畫

宋名臣言行録前集十卷後集十四卷
　續集八卷…………………………… 2－400

八畫

金剛般若波羅蜜經一卷……………… 2－399
金剛般若經疏論纂要二卷…………… 2－400
周馥手札……………………………… 2－400
屈子不分卷…………………………… 2－399

九畫

重訂江蘇海運全案原編六卷新編六
　卷…………………………………… 2－400
重訂唐詩别裁集二十卷……………… 2－400
皇極經世緒言九卷首二卷…………… 2－399
洛神賦………………………………… 2－399
紅樓夢一百二十回…………………… 2－400
紀效新書十八卷首一卷……………… 2－400

十畫

陳羽詩集一卷………………………… 2－399
陶靖節集詩一卷……………………… 2－399

十一畫

許氏家集四種………………………… 2－399
扈從東巡日録二卷附録一卷西巡日
　録一卷……………………………… 2－399

十二畫

紫陽朱氏統宗世譜…………………… 2－400
御纂性理精義十二卷………………… 2－400
欽定古今儲貳金鑑六卷……………… 2－399
遐庵談藝録…………………………… 2－400

十三畫

聖蹟圖百四圖………………………… 2－400
楚辭不分卷附楚辭難字音釋一卷…… 2－399
詩牋存真……………………………… 2－400

新刻韓會狀註釋莊子南華真經狐白四卷 …… 2－399

十四畫

漢景君碑 …… 2－399

十五畫

墨池編二十卷印典八卷 …… 2－400
盤山志十卷補遺四卷 …… 2－400
劍俠傳四卷附圖一卷續四卷附圖一卷 …… 2－399
劉伯溫先生重纂諸葛忠武侯兵法心要外集三卷 …… 2－399

十六畫

慶湖遺老詩集十卷拾遺一卷補遺一卷 …… 2－399

十七畫

藏懷恪碑 …… 2－399
檀園題跋二卷 …… 2－399

十九畫

繹史摭遺十八卷衂謚攷八卷 …… 2－400

二十一畫

鬘天影事譜五卷 …… 2－400
鐵研齋叢書 …… 2－400
顧氏音學五書三十八卷 …… 2－399

二十二畫

讀詩識小錄十卷先儒說詩綱領一卷 …… 2－400

《蠹齋古籍普查登記目録》
書名筆畫字頭索引

四畫

分 …… 361
公 …… 361
文 …… 361

七畫

妙 …… 361

八畫

直 …… 361

九畫

度 …… 361
津 …… 361
紅 …… 361

十四畫

精 …… 361

十五畫

潛 …… 361

《蠹齋古籍普查登記目録》
書名筆畫索引

四畫

分類萬事聯珠四卷…………………… 2－403
公文式…………………………………… 2－403
文瑞樓藏書目録十二卷……………… 2－403

七畫

妙蓮花室詩餘一卷…………………… 2－403

八畫

直隸工藝志初編八卷………………… 2－403
直隸全省輿圖………………………… 2－403

九畫

度生公案三卷………………………… 2－403
津門詩鈔三十卷……………………… 2－403
紅樓夢二百詠二卷…………………… 2－403
紅樓夢廣義二卷……………………… 2－403

十四畫

精選七律耐吟集一卷………………… 2－403

十五畫

潛子詩鈔五卷………………………… 2－403

《寶林齋古籍普查登記目錄》
書名筆畫字頭索引

三畫

三 …… 365
大 …… 365

七畫

孝 …… 365
改 …… 365

八畫

坤 …… 365
狀 …… 365

九畫

拾 …… 365
俗 …… 365

十畫

真 …… 365
訓 …… 365

十一畫

啓 …… 365

十二畫

登 …… 365

十三畫

新 …… 365
義 …… 365

十四畫

銅 …… 365
廣 …… 365

十五畫

增 …… 366
養 …… 366

十六畫

歷 …… 366
龍 …… 366

十八畫

醫 …… 366

十九畫

關 …… 366

《寶林齋古籍普查登記目録》
書名筆畫索引

三畫

三字幼儀不分卷…………………………2－408
三字訓不分卷……………………………2－408
三字經不分卷……………………………2－407
三字經不分卷……………………………2－407
三字經不分卷……………………………2－407
三字經不分卷……………………………2－407
三字經不分卷……………………………2－407
三字經不分卷……………………………2－407
三字經不分卷……………………………2－407
三字經句解旁訓不分卷…………………2－407
三字經句解旁訓不分卷…………………2－408
三字經附解不分卷………………………2－407
三字經法帖不分卷………………………2－407
三字經訓詁不分卷………………………2－408
三字經訓詁不分卷………………………2－408
三字經訓蒙便覽不分卷…………………2－408
三字經訓蒙講義不分卷…………………2－408
三字經註解備要二卷……………………2－408
三字經註解備要不分卷…………………2－408
三字經概解不分卷………………………2－407
三字經圖說不分卷………………………2－408
大三元經不分卷…………………………2－407

七畫

孝友三字經不分卷………………………2－408
改良婦孺三字書不分卷…………………2－407

八畫

坤輿三字經不分卷………………………2－407
狀元三字經不分卷………………………2－409

九畫

拾遺三字經二卷…………………………2－408
俗講輯韻三字經不分卷…………………2－408

十畫

真理便讀三字經不分卷…………………2－409
訓蒙三字集要不分卷……………………2－408

十一畫

啓蒙對語便讀三字錦二卷………………2－407

十二畫

登洲三字經不分卷………………………2－407

十三畫

新刻三字經告狀全集不分卷……………2－408
新刻重正三字文不分卷…………………2－408
新增三字幼儀不分卷……………………2－408
新增三字經不分卷………………………2－408
新增典故人物備考三字經註不分卷
………………………………………………2－408
新學三字經音註圖解初編不分卷………2－408
新鐫三字經講不分卷……………………2－408
義合堂三字經註圖不分卷………………2－408

十四畫

銅板三字經不分卷………………………2－408
廣三字經不分卷…………………………2－407
廣三字經不分卷…………………………2－407

廣三字經不分卷…………………… 2－407
廣三字經略註標聲不分卷………… 2－407

十五畫

增補三字經不分卷………………… 2－409
增補三字經不分卷………………… 2－409
增補歷史圖說三字經不分卷……… 2－409
增選女綱鑑不分卷………………… 2－409
養蒙針度五卷……………………… 2－408

十六畫

歷史三字經不分卷………………… 2－407
歷史三字經不分卷………………… 2－407
歷史三字經不分卷………………… 2－407
龍門新增三字經不分卷…………… 2－407
龍門新增三字經不分卷…………… 2－407
龍頭三字經不分卷………………… 2－407
龍頭三字經不分卷………………… 2－407

十八畫

醫學三字經四卷…………………… 2－408

十九畫

關聖三字孝經不分卷……………… 2－407

天津市十九家收藏單位古籍普查登記目録（中）

全國古籍普查登記目録

國家圖書館出版社
National Library of China Publishing House

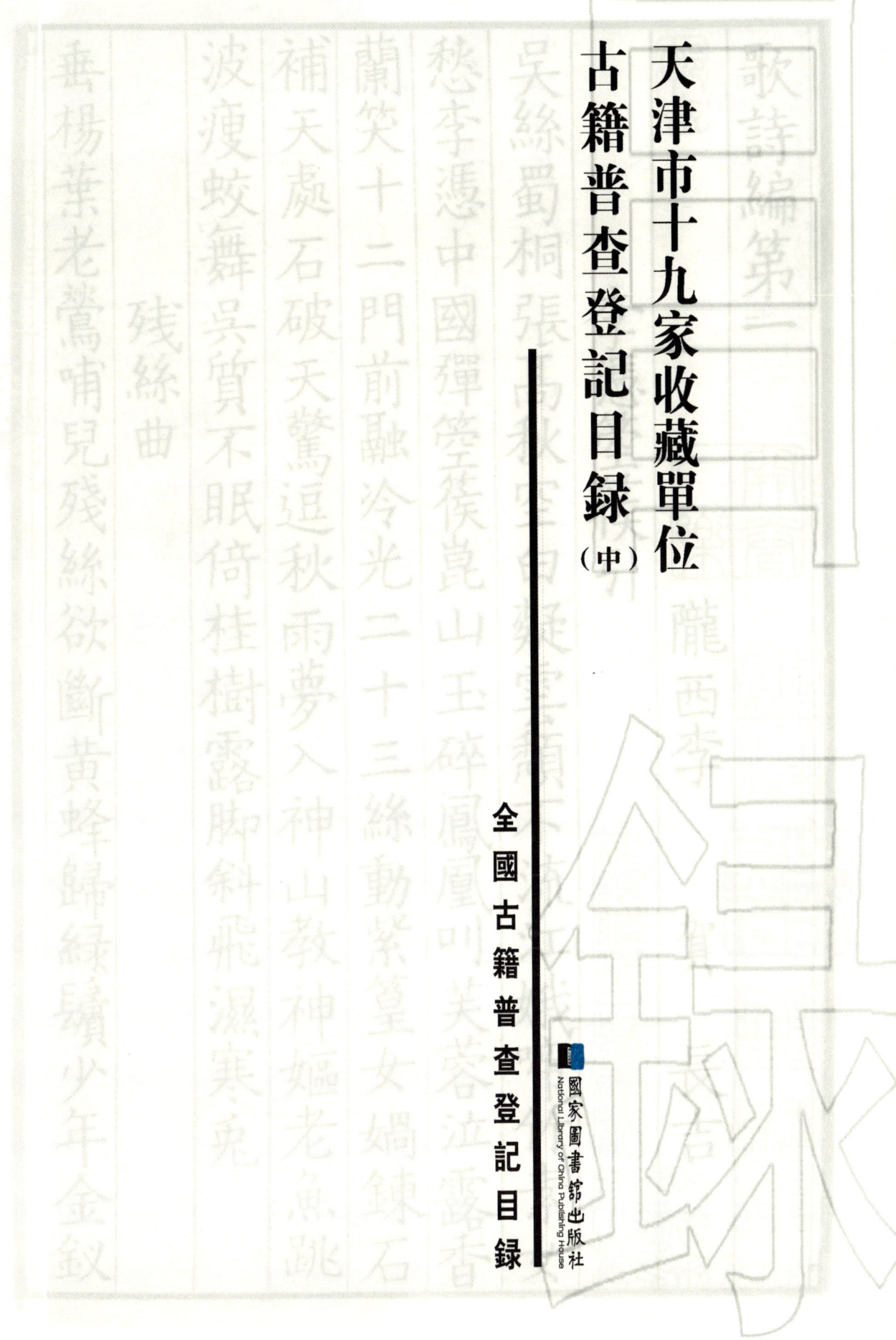

天津醫學高等專科學校圖書館古籍普查登記目録

全國古籍普查登記目録

國家圖書館出版社
National Library of China Publishing House

120000－0345－0000001　0001（1）
重廣補註黄帝内經素問二十四卷　（唐）王冰註　（宋）林億等校正　明嘉靖二十九年（1550）顧從德刻本　十二册

120000－0345－0000002　0001（2）
重廣補註黄帝内經素問二十四卷　（唐）王冰註　（宋）林億等校正　清道光二十九年（1849）金陵宋仁甫刻本　六册

120000－0345－0000003　0001（3）
重廣補註黄帝内經素問二十四卷　（唐）王冰註　（宋）林億等校正　**黄帝内經靈樞十二卷附素問遺篇**　（宋）史崧音釋　清光緒三年（1877）浙江書局刻本　十册

120000－0345－0000004　0001（4）
黄帝内經靈樞十二卷附素問遺篇　（宋）史崧音釋　清光緒十年（1884）京口文成堂摹宋刻本　四册

120000－0345－0000005　0002（1）
黄帝内經素問註證發微九卷靈樞註證發微九卷附素問補遺　（明）馬蒔註　明萬曆十四年（1586）天寶堂刻本　十六册

120000－0345－0000006　0002（2）
黄帝内經素問註證發微九卷靈樞註證發微九卷附素問補遺　（明）馬蒔註　明萬曆十四年（1586）天寶堂刻本　十册　存九卷（素問註證發微九卷）

120000－0345－0000007　0002（3）
黄帝内經素問註證發微九卷靈樞註證發微九卷附素問補遺　（明）馬蒔註　清嘉慶十年（1805）古歙鮑氏慎餘堂刻本　二十册

120000－0345－0000008　0002（4）
黄帝内經素問註證發微九卷靈樞註證發微九卷附素問補遺　（明）馬蒔註　清光緒十四年（1888）廣陵刻本　二十四册　存十八卷（素問註證發微九卷、靈樞註證發微九卷）

120000－0345－0000009　0003（1）
黄帝内經素問集註九卷靈樞集註九卷　（清）張志聰註　清光緒三年（1877）刻本　十册　存九卷（靈樞集註九卷）

120000－0345－0000010　0003（2）
黄帝内經素問集註九卷靈樞集註九卷　（清）張志聰註　清光緒五年（1879）太醫院刻本　十四册

120000－0345－0000011　0003（3）
黄帝内經素問集註九卷靈樞集註九卷　（清）張志聰註　清光緒十六年（1890）浙江書局刻本　十四册

120000－0345－0000012　0003（4）
黄帝内經素問集註九卷　（清）張志聰集註　清光緒十六年（1890）浙江書局刻本　六册

120000－0345－0000013　0003（5）
黄帝内經素問集註九卷靈樞集註九卷　（清）張志聰註　清光緒劉青雲刻本　十六册

120000－0345－0000014　0005（1）
素靈微藴四卷　（清）黄元御撰　清咸豐十年（1860）長沙徐樹銘燮龢精舍刻黄氏醫書八種本　二册

120000－0345－0000015　0007（1）
黄帝内經太素三十卷明堂一卷附錄一卷　（唐）楊上善撰註　清光緒二十三年（1897）通隱堂刻本　六册　缺三卷（一、四、七）

120000－0345－0000016　0008（1）
類經三十二卷附類經圖翼十一卷附翼四卷　（明）張介賓類註　明天啟四年（1624）天德堂刻本　三十二册

120000－0345－0000017　0008（2）
類經三十二卷附類經圖翼十一卷附翼四卷　（明）張介賓類註　明天啟四年（1624）金閶童湧泉刻本　三十二册

120000－0345－0000018　0008（3）
類經三十二卷附類經圖翼十一卷附翼四卷　（明）張介賓類註　抄本　二册

120000－0345－0000019　0009（1）
内經知要二卷　（明）李中梓編註　清光緒十一年（1885）蘇州王氏綠慎堂刻本　二册

120000－0345－0000020　0009(2)
内經知要二卷　(明)李中梓編註　清光緒十六年(1890)常郡文興堂刻本　二册

120000－0345－0000021　0010(1)
靈素合抄十五卷　(明)林瀾撰　清康熙二十七年(1688)刻本　八册

120000－0345－0000022　0011(1)
素問靈樞類纂約註三卷　(清)汪昂撰　清咸豐十年(1860)善成堂刻本　四册

120000－0345－0000023　0011(2)
素問靈樞類纂約註三卷　(清)汪昂撰　清光緒六年(1880)紫文閣刻本　三册

120000－0345－0000024　0011(3)
素問靈樞類纂約註三卷　(清)汪昂撰　清光緒二十一年(1895)文富堂刻本　三册

120000－0345－0000025　0011(4)
素問靈樞類纂約註三卷　(清)汪昂撰　清光緒二十二年(1896)上海圖書集成印書局石印本　一册

120000－0345－0000026　0011(5)
素問靈樞類纂約註三卷　(清)汪昂撰　清光緒二十九年(1903)石印本　一册

120000－0345－0000027　0011(6)
素問靈樞類纂約註三卷　(清)汪昂撰　清光緒三十年(1904)刻本　三册

120000－0345－0000028　0012(1)
醫經原旨六卷　(清)薛雪撰　清乾隆十九年(1754)薛氏埽葉莊刻本　六册

120000－0345－0000029　0012(2)
醫經原旨六卷　(清)薛雪撰　清薛氏掃葉莊刻本　六册

120000－0345－0000030　0012(3)
醫經原旨六卷　(清)薛雪撰　清寧郡簡香齋刻本　六册

120000－0345－0000031　0012(4)
醫經原旨六卷　(清)薛雪撰　清刻本　六册

120000－0345－0000032　0013(1)
醫經讀四卷　(清)沈堯封抄訂　清乾隆三十年(1765)寧劍堂刻本　一册

120000－0345－0000033　0014(1)
黃帝素問宣明論方十五卷　(金)劉完素撰　明萬曆二十九年(1601)新安吳勉學刻古今醫統正脈全書本　三册

120000－0345－0000034　0015(1)
素問玄機原病式二卷　(金)劉完素撰　清宣統元年(1909)上海千頃堂書局石印本　二册

120000－0345－0000035　0016(1)
中西匯通醫經精義二卷　(清)唐宗海撰　清光緒三十四年(1908)上海千頃堂書局石印本　二册

120000－0345－0000036　0017(1)
醫經大旨八卷　(明)賀嶽纂輯　明刻本　五册

120000－0345－0000037　0020(1)
黃帝内經素問二十四卷　(明)吳崐註　明萬曆三十七年(1609)刻本　十二册

120000－0345－0000038　0020(2)
黃帝内經素問二十四卷　(明)吳崐註　清光緒二十五年(1899)績谿程氏刻本　八册

120000－0345－0000039　0021(1)
黃帝素問直解九卷　(清)高世栻註解　清光緒十三年(1887)浙江書局刻本　八册

120000－0345－0000040　0023(1)
素問病機氣宜保命集三卷　(金)劉完素撰　清宣統元年(1909)上海千頃堂書局石印本　二册　缺一卷(三)

120000－0345－0000041　0025(1)
黃帝素問靈樞經十二卷　(宋)史崧音釋　(明)徐鎔閲　明吳勉學刻本　五册

120000－0345－0000042　0028(1)
難經本義二卷　(元)滑壽註　明萬曆二十九年(1601)新安吳勉學刻古今醫統正脈全書本　一册

120000－0345－0000043　0029(1)
黃氏遺書三種　(清)黃元御撰　清同治十一年(1872)陽湖馮氏刻本　十二冊

120000－0345－0000044　0034(1)
中藏經八卷附華佗内照法一卷　題(漢)華佗撰　(明)吳勉學　(明)鮑士奇校　明刻本　二冊

120000－0345－0000045　0034(2)
中藏經八卷附内照法一卷　題(漢)華佗撰　清光緒十年(1884)江左書林刻本　二冊

120000－0345－0000046　0035(1)
醫貫六卷　(明)趙獻可撰　清三多齋刻本　六冊

120000－0345－0000047　0036(1)
醫學辨正四卷　(清)張學淳撰　清光緒二十二年(1896)退補草堂刻本　四冊

120000－0345－0000048　0038(1)
臟腑證治圖說人鏡經八卷　(□)□□撰　**附錄二卷**　(明)錢雷撰　**續錄二卷**　(明)張俊英撰　清刻本　六冊

120000－0345－0000049　0039(1)
博物知本三種　(清)尤乘輯　清康熙二十七年(1688)刻本　六冊　存臟腑性鑒

120000－0345－0000050　0040(1)
醫林改錯二卷　(清)王清任撰　清道光刻本　一冊

120000－0345－0000051　0040(2)
醫林改錯二卷　(清)王清任撰　清光緒十七年(1891)常熟三峰寺刻本　一冊

120000－0345－0000052　0041(1)
醫意内景圖說二卷　(清)徐延祚編　清光緒二十二年(1896)鐵如意軒刻本　二冊

120000－0345－0000053　0050(1)
華醫病理學四卷　陳登凱編　清宣統三年(1911)三山醫學傳習所鉛印本　二冊　缺二卷(一至二)

120000－0345－0000054　0050(1)
華醫病理學四卷　陳登凱編　清宣統三年(1911)三山醫學傳習所鉛印本　二冊

120000－0345－0000055　0053(1)
傷寒論不分卷　(漢)張仲景撰　(晉)王熙編　(宋)林億校　抄本　一冊

120000－0345－0000056　0058(1)
註解傷寒論十卷附傷寒明理論四卷　(漢)張仲景撰　(晉)王熙編　(金)成無己註　明步月樓刻本　六冊

120000－0345－0000057　0058(2)
註解傷寒論十卷　(漢)張仲景撰　(晉)王熙編　(金)成無己註　明刻本　一冊

120000－0345－0000058　0058(3)
註解傷寒論十卷附傷寒明理論四卷　(漢)張仲景撰　(晉)王熙編　(金)成無己註　清同治九年(1870)常郡陸氏雙白燕堂刻本　六冊

120000－0345－0000059　0058(4)
註解傷寒論十卷附傷寒明理論四卷　(漢)張仲景撰　(晉)王熙編　(金)成無己註　清同治九年(1870)常郡陸氏雙白燕堂刻本　六冊

120000－0345－0000060　0058(5)
註解傷寒論十卷附傷寒明理論四卷　(漢)張仲景撰　(晉)王熙編　(金)成無己註　清光緒六年(1880)刻本　六冊

120000－0345－0000061　0059(1)
傷寒論條辨八卷附本草抄一卷或問一卷痙書一卷　(明)方有執撰　清康熙陳友恭刻本　四冊

120000－0345－0000062　0060(1)
尚論篇四卷附後篇四卷首一卷　(清)喻昌撰　清宣統元年(1909)上海掃葉山房石印本　二冊

120000－0345－0000063　0060(2)
尚論篇四卷附後篇四卷首一卷　(清)喻昌撰　抄本　一冊

120000－0345－0000064　0062(1)
傷寒論註來蘇集八卷　(清)柯琴撰　清初三

多齋刻本　八冊

120000－0345－0000065　0062(2)
傷寒論註來蘇集八卷　(清)柯琴撰　清金閶緑慎堂刻本　四冊

120000－0345－0000066　0062(3)
傷寒論註來蘇集八卷　(清)柯琴撰　清金閶緑慎堂刻本　六冊

120000－0345－0000067　0063(1)
傷寒論後條辨十五卷　(清)程郊倩撰　清乾隆九年(1744)致和堂刻本　八冊

120000－0345－0000068　0065(1)
傷寒論三註十六卷　(清)周揚俊編註　清光緒十三年(1887)刻本　八冊

120000－0345－0000069　0066(1)
傷寒六經辨證治法八卷　(清)沈明宗編　清康熙刻本　二冊

120000－0345－0000070　0066(2)
傷寒六經辨證治法八卷　(清)沈明宗編　清嘉慶十四年(1809)刻本　三冊

120000－0345－0000071　0067(1)
傷寒論直解六卷附傷寒附餘一卷　(清)張錫駒註　清康熙五十一年(1712)錢塘張氏三餘堂刻本　三冊

120000－0345－0000072　0067(2)
傷寒論直解六卷附傷寒附餘一卷　(清)張錫駒註　清康熙五十一年(1712)刻本　四冊

120000－0345－0000073　0068(1)
傷寒論本義十八卷首一卷末一卷　(清)魏荔彤撰　清刻本　十冊

120000－0345－0000074　0069(1)
傷寒貫珠集八卷　(清)尤怡編註　清嘉慶十五年(1810)蘇州緑蔭堂刻本　四冊

120000－0345－0000075　0070(1)
舒氏傷寒集註十卷附録五卷　(清)舒詔撰　清乾隆三十五年(1770)刻本　六冊

120000－0345－0000076　0072(1)
傷寒卒病論讀不分卷　(清)沈堯封撰　清乾隆三十年(1765)寧儉堂刻本　一冊

120000－0345－0000077　0072(2)
傷寒卒病論讀不分卷　(清)沈堯封撰　清乾隆三十四年(1769)博古堂刻本　四冊

120000－0345－0000078　0072(3)
傷寒卒病論讀不分卷　(清)沈堯封撰　清刻本　一冊

120000－0345－0000079　0073(1)
吴氏醫學述第五種傷寒分經十卷　(清)吳儀洛訂　清乾隆三十一年(1766)硤川利濟堂刻本　六冊

120000－0345－0000080　0073(2)
吴氏醫學述第五種傷寒分經八卷　(清)吳儀洛訂　清乾隆三十一年(1766)硤川利濟堂刻本　六冊

120000－0345－0000081　0074(1)
傷寒論淺註六卷　(清)陳念祖集註　清同治三年(1864)文奎堂刻本　四冊

120000－0345－0000082　0074(2)
傷寒論淺註六卷　(清)陳念祖集註　清刻本　四冊

120000－0345－0000083　0075(1)
傷寒論章句四卷傷寒方解二卷　(清)陳恭溥編　清咸豐五年(1855)刻本　六冊

120000－0345－0000084　0076(1)
傷寒恒論十卷　(清)鄭壽全編　清光緒元年(1875)成都志古堂刻本　四冊

120000－0345－0000085　0077(1)
傷寒正解四卷　(清)戴耀墀撰　清同治十年(1871)刻本　一冊　存二卷(三至四)

120000－0345－0000086　0078(1)
傷寒論淺註補正七卷附長沙方歌括靈素集註節要　(清)陳念祖註　(清)唐宗海補正　清光緒三十四年(1908)上海千頃堂書局石印本　一冊　存一卷(上)

120000－0345－0000087　0079(1)

永嘉先生傷寒論講義不分卷　(清)徐定超編　清光緒三十二年(1906)刻本　一册　存一卷(下)

120000－0345－0000088　0093(1)
傷寒明理論三卷方論一卷　(金)成無己撰　明萬曆二十九年(1601)新安吴勉學刻本　一册

120000－0345－0000089　0093(2)
傷寒明理論三卷方論一卷　(金)成無己撰　清光緒刻本　二册

120000－0345－0000090　0094(1)
傷寒補亡論二十卷　(宋)郭雍撰　清道光元年(1821)徐錦校刻本　六册

120000－0345－0000091　0094(2)
傷寒補亡論二十卷　(宋)郭雍撰　清宣統三年(1911)武昌醫館刻本　四册

120000－0345－0000092　0095(1)
傷寒直格三卷　(金)劉完素撰　(元)葛雍編　明吴勉學刻本　一册

120000－0345－0000093　0096(1)
陰證略例一卷　(元)王好古撰　清光緒五年(1879)歸安陸心源刻十萬卷樓叢書本　一册

120000－0345－0000094　0097(1)
此事難知(東垣先生此事難知集)二卷附録一卷　(元)王好古撰　(明)吴勉學校　明刻本　一册

120000－0345－0000095　0098(1)
傷寒全生集四卷　(明)陶華撰　清乾隆四十七年(1782)眉壽堂刻本　四册

120000－0345－0000096　0098(2)
陶節庵傷寒全生集四卷　(明)陶華撰　(清)葉桂評　清眉壽堂刻本　四册

120000－0345－0000097　0098(3)
陶節庵傷寒全生集四卷　(明)陶華撰　(清)葉桂評　清眉壽堂刻本　四册

120000－0345－0000098　0099(1)
傷寒六書六卷　(明)陶華撰　明萬曆刻本　六册

120000－0345－0000099　0099(2)
傷寒六書六卷　(明)陶華撰　清同治三年(1864)經國堂刻本　四册

120000－0345－0000100　0099(3)
傷寒六書六卷　(明)陶華撰　清三讓堂刻本　一册

120000－0345－0000101　0100(1)
傷寒證治準繩八卷　(明)王肯堂輯　清康熙三十八年(1699)金壇虞氏刻本　八册

120000－0345－0000102　0100(2)
傷寒證治準繩八卷　(明)王肯堂輯　清九思堂刻本　十册

120000－0345－0000103　0101(1)
重刻傷寒六書纂要辨疑四卷　(明)童養學纂　清刻本　一册　存一卷(二)

120000－0345－0000104　0102(1)
傷寒集驗六卷　(明)陳文治編　抄本　五册　存四卷(一至三、五)

120000－0345－0000105　0103(1)
傷寒補天石二卷　(明)戈維城撰　清寧波汲綆齋刻本　四册

120000－0345－0000106　0103(2)
傷寒補天石二卷　(明)戈維城撰　清寧波汲綆齋刻本　四册

120000－0345－0000107　0105(1)
傷寒附翼二卷　(清)柯琴撰　清康熙姑蘇刻本　二册

120000－0345－0000108　0105(2)
傷寒附翼二卷　(清)柯琴撰　清乾隆二十年(1755)崐山馬中驊刻本　二册

120000－0345－0000109　0106(1)
傷寒辨證四卷　(清)陳堯道撰　清嘉慶十一年(1806)陽信勞氏刻本　四册

120000－0345－0000110　0107(1)
傷寒神秘精萃錄　(清)吳謙編　抄本　二册

120000－0345－0000111　0107(2)
傷寒神秘精萃錄　(清)吳謙編　抄本　二冊

120000－0345－0000112　0108(1)
醫效秘傳三卷　(清)葉桂撰　清道光十一年(1831)貯春仙館吳氏刻本　三冊

120000－0345－0000113　0108(2)
醫效秘傳三卷　(清)葉桂撰　清道光十一年(1831)貯春仙館吳氏刻本　三冊

120000－0345－0000114　0108(3)
醫效秘傳三卷　(清)葉桂撰　清道光十一年(1831)貯春仙館吳氏刻本　三冊

120000－0345－0000115　0109(1)
傷寒說意十卷首一卷　(清)黃元御撰　清咸豐十年(1860)長沙徐氏燮龢精舍校刻黃氏醫書八種本　二冊

120000－0345－0000116　0110(1)
傷寒第一書四卷附餘二卷　(清)車宗輅　(清)胡憲豐同述　清光緒十一年(1885)刻本　六冊

120000－0345－0000117　0113(1)
傷寒指掌四卷　(清)吳貞撰　抄本　四冊

120000－0345－0000118　0115(1)
傷寒醫訣串解六卷附十藥神書註解　(清)陳念祖撰　清咸豐六年(1856)味根齋刻本　二冊

120000－0345－0000119　0115(2)
傷寒醫訣串解六卷　(清)陳念祖撰　清光緒二十二年(1896)珍藝書局石印本　一冊

120000－0345－0000120　0118(1)
傷寒尋源三卷　(清)呂震名撰　清光緒七年(1881)刻本　三冊

120000－0345－0000121　0118(2)
傷寒尋源三卷　(清)呂震名撰　清光緒七年(1881)刻本　三冊

120000－0345－0000122　0119(1)
余註傷寒論翼四卷　(清)柯琴原撰　(清)余景和重訂　(清)能靜居士評　清光緒十九年(1893)蘇州謝文翰齋刻本　二冊

120000－0345－0000123　0119(2)
余註傷寒論翼四卷　(清)柯琴原撰　(清)余景和重訂　(清)能靜居士評　清光緒十九年(1893)蘇州謝文翰齋刻本　二冊

120000－0345－0000124　0119(3)
余註傷寒論翼四卷　(清)柯琴原撰　(清)余景和重訂　(清)能靜居士評　清光緒十九年(1893)蘇州謝文翰齋刻本　二冊

120000－0345－0000125　0120(1)
證治集解四卷　(清)龐潤田撰　清光緒十七年(1891)誠心堂刻本　四冊

120000－0345－0000126　0121(1)
傷寒卒病論疏證　(□)□□撰　抄本　三冊

120000－0345－0000127　0122(1)
傷寒活人書纂註一卷　(□)□□撰　清抄本　一冊

120000－0345－0000128　0123(1)
傷寒玄珠　(□)□□撰　抄本　一冊

120000－0345－0000129　0124(1)
傷寒辨論　(□)□□撰　抄本　一冊

120000－0345－0000130　0130(1)
傷寒百證歌五卷　(宋)許叔微撰　清光緒十五年(1889)抄本　一冊　殘

120000－0345－0000131　0131(1)
校刻傷寒圖歌活人指掌五卷　(元)吳恕撰　明末致和堂刻本　六冊

120000－0345－0000132　0132(1)
增輯傷寒論類方四卷　(清)徐大椿編　清同治五年(1866)古吳潘氏刻本　四冊

120000－0345－0000133　0132(2)
增輯傷寒論類方四卷　(清)徐大椿編　清同治五年(1866)古吳潘氏刻本　四冊

120000－0345－0000134　0134(1)
傷寒審症表　(清)包誠纂輯　清同治十年(1871)湖北崇文書局刻本　一冊

120000－0345－0000135　0135(1)
金匱要略方論三卷　(漢)張仲景撰　(晉)王熙集　(宋)林億校　明萬曆二十九年(1601)新安吳勉學刻古今醫統正脈全書本　二冊

120000－0345－0000136　0136(1)
金匱要略論註二十四卷　(清)徐彬撰　清康熙十年(1671)刻本　六冊

120000－0345－0000137　0137(1)
金匱要略直解三卷附廣成先生玉函經三卷　(清)程林註　清康熙十二年(1673)刻本　三冊

120000－0345－0000138　0137(2)
金匱要略直解三卷附廣成先生玉函經三卷　(清)程林註　抄本　三冊

120000－0345－0000139　0138(1)
金匱玉函經二註二十二卷附補方一卷十藥神書一卷　(元)趙以德衍義　(清)周揚俊補註　清同治二年(1863)上洋經義齋刻本　六冊

120000－0345－0000140　0138(2)
金匱玉函經二註二十二卷附補方一卷十藥神書一卷　(元)趙以德衍義　(清)周揚俊補註　清同治二年(1863)上洋經義齋刻本　六冊

120000－0345－0000141　0138(3)
金匱玉函經二註二十二卷附補方一卷十藥神書一卷　(元)趙以德衍義　(清)周揚俊補註　清同治二年(1863)上洋經義齋刻本　一冊　存二卷(一至二)

120000－0345－0000142　0139(1)
金匱要略方論本義二十二卷　(清)魏荔彤釋義　清刻本　六冊

120000－0345－0000143　0140(1)
金匱心典三卷　(清)尤怡集註　清雍正十年(1732)刻本　四冊

120000－0345－0000144　0140(2)
金匱心典三卷　(清)尤怡集註　清光緒二十五年(1899)常郡宛委山莊刻本　三冊

120000－0345－0000145　0141(1)
金匱要略淺註十卷　(清)陳念祖撰　清光緒二十四年(1898)刻本　一冊　存二卷(一至二)

120000－0345－0000146　0146(1)
金匱方歌括六卷　(清)陳元犀編　清光緒十三年(1887)五福堂刻本　三冊

120000－0345－0000147　0148(1)
傷寒雜病論十六卷　(清)胡嗣超編註　清道光二十七年(1847)刻本　四冊

120000－0345－0000148　0153(1)
四診抉微八卷附管窺附餘一卷　(清)林之翰撰　清雍正四年(1726)玉映堂刻本　四冊

120000－0345－0000149　0154(1)
醫學輯要四卷　(清)吳燡編　清同治金陵柏繼倫刻本　一冊

120000－0345－0000150　0156(1)
脈經十卷　(晉)王熙撰　清道光二十三年(1843)嘉定黄鋐西谿草廬刻本　八冊

120000－0345－0000151　0157(1)
玉函經三卷　題(五代)杜光庭撰　(宋)黎民壽註　清刻本　一冊

120000－0345－0000152　0158(1)
脈訣指掌病式圖說不分卷　題(元)朱震亨撰　清二酉堂刻本　一冊　殘

120000－0345－0000153　0158(2)
脈訣指掌病式圖說不分卷　題(元)朱震亨撰　清二酉堂刻本　一冊

120000－0345－0000154　0159(1)
醫萃　(明)蕭昂撰　陸子和抄本　一冊

120000－0345－0000155　0160(1)
瀕湖脈學附奇經八脈考脈訣考證　(明)李時珍撰　抄本　一冊

120000－0345－0000156　0161(1)
家傳太素脈秘訣二卷　(明)張太素述　(明)劉伯詳註　明末致和堂刻本　四冊

120000－0345－0000157　0162(1)

脈訣彙編說統一卷附錄二卷 (明)翟良撰 清康熙刻本 二册

120000－0345－0000158 0163(1)
脈訣匯辨十卷 (清)李延昰撰 清康熙六十一年(1722)刻本 四册

120000－0345－0000159 0164(1)
鬼真君脈訣 (清)陳士鐸撰 抄本 二册

120000－0345－0000160 0165(1)
删註脈訣規正二卷 (清)沈鏡删註 清刻本 一册

120000－0345－0000161 0167(1)
三指禪三卷 (清)周學霆撰 清光緒二十一年(1895)澹雅書局刻本 一册

120000－0345－0000162 0170(1)
脈法大略 (□)□□撰 抄本 一册

120000－0345－0000163 0171(1)
診脈法 (□)□□撰 抄本 一册

120000－0345－0000164 0172(1)
脈法 (□)□□撰 抄本 一册

120000－0345－0000165 0173(1)
脈要歌訣 (□)□□撰 抄本 一册

120000－0345－0000166 0174(1)
中醫醫療脈法 (□)□□撰 抄本 二册

120000－0345－0000167 0176(1)
傷寒舌鑑不分卷 (清)張登編 清光緒十三年(1887)古吴緑慎堂刻本 一册

120000－0345－0000168 0176(2)
傷寒舌鑑不分卷 (清)張登編 清抄本 一册

120000－0345－0000169 0177(1)
舌鏡二卷 (清)王景韓撰 抄本 一册

120000－0345－0000170 0178(1)
舌圖辨證 (清)張子襄編 清光緒刻本 一册

120000－0345－0000171 0179(1)
舌鑑辨正二卷 (清)梁玉瑜撰 (清)陶保廉録 清光緒二十三年(1897)蘭州固本堂書局刻本 一册

120000－0345－0000172 0179(2)
舌鑑辨正二卷 (清)梁玉瑜撰 (清)陶保廉録 清光緒三十二年(1906)石印本 一册

120000－0345－0000173 0181(1)
針灸甲乙經十二卷 (晉)皇甫謐撰 明萬曆二十九年(1601)步月樓刻古今醫統正脈全書本 六册

120000－0345－0000174 0181(2)
針灸甲乙經十二卷 (晉)皇甫謐撰 清刻本 三册

120000－0345－0000175 0182(1)
針灸擇日編集一卷備急灸法一卷 (明)全循義等編集 清光緒十六年(1890)上杭羅氏匯刻本 二册

120000－0345－0000176 0182(2)
針灸擇日編集一卷備急灸法一卷 (明)全循義等編集 清光緒十七年(1891)江甯藩署刻本 二册

120000－0345－0000177 0183(1)
針灸大成十卷 (明)楊繼洲撰 明刻本 八册 存八卷(二至六、八至十)

120000－0345－0000178 0183(2)
針灸大成十卷 (明)楊繼洲撰 (清)靳賢補輯重編 清康熙十九年(1680)江西平陽李月桂刻本 十册

120000－0345－0000179 0183(3)
針灸大成十卷 (明)楊繼洲原撰 (清)靳賢補輯重編 清道光十四年(1834)文道堂刻本 十册

120000－0345－0000180 0183(4)
針灸大成十卷 (明)楊繼洲編撰 (清)章廷珪重修 清光緒六年(1880)校經山房刻本 十册

120000－0345－0000181 0183(5)

針灸大成十卷　(明)楊繼洲撰　(清)靳賢補輯重編　清光緒十八年(1892)文聚堂刻本　十冊

120000－0345－0000182　0184(1)
勉學堂針灸集成四卷　(清)廖潤鴻撰　清光緒五年(1879)寶名齋刻本　四冊

120000－0345－0000183　0185(1)
經絡彙編不分卷　(明)翟良撰　清刻本　二冊

120000－0345－0000184　0186(1)
經脈圖考四卷　(清)陳惠疇撰　清廣州登雲閣刻本　四冊

120000－0345－0000185　0189(1)
針灸穴法　(□)□□撰　抄本　一冊

120000－0345－0000186　0190(1)
推拿廣意三卷　(清)熊應雄輯　(清)陳世凱重訂　清金閶綠慎堂刻本　二冊

120000－0345－0000187　0195(1)
理瀹駢文不分卷附膏藥方　(清)吳師機撰　清同治四年(1865)刻本　四冊　存一卷(下)

120000－0345－0000188　0195(2)
理瀹駢文不分卷附膏藥方　(清)吳師機撰　清光緒元年(1875)刻本　六冊

120000－0345－0000189　0195(3)
理瀹駢文附治心病方續刊　(清)吳師機撰　清光緒十二年(1886)刻本　六冊

120000－0345－0000190　0196(1)
理瀹駢文摘要附二十七種糝藥　(清)吳師機撰　清光緒元年(1875)江蘇書局刻本　二冊

120000－0345－0000191　0196(2)
理瀹駢文摘要不分卷　(清)吳師機撰　清光緒三年(1877)刻本　二冊

120000－0345－0000192　0197(1)
理瀹駢文二十一膏良方　(清)吳師機撰　清光緒四年(1878)刻本　一冊

120000－0345－0000193　0199(1)
神農本草經疏三十卷　(明)繆希雍輯　(明)李枝參訂　明天啟五年(1625)刻本　九冊

120000－0345－0000194　0201(1)
本草經疏輯要八卷附朱氏痘疹秘要一卷經驗效方一卷　(清)吳世鎧編　清嘉慶十四年(1809)書帶草堂刻本　六冊

120000－0345－0000195　0202(1)
本經疏證十二卷本經續疏六卷本經序疏要八卷　(清)鄒澍撰　清道光二十九年(1849)刻本　四冊

120000－0345－0000196　0202(2)
本經疏證十二卷本經續疏六卷本經序疏要八卷　(清)鄒澍撰　清咸豐八年(1858)常郡韓文煥齋刻本　八冊

120000－0345－0000197　0202(3)
本經疏證十二卷本經續疏六卷本經序疏要八卷　(清)鄒澍撰　清光緒刻本　十二冊

120000－0345－0000198　0203(1)
本草三家合註六卷　(清)郭汝驄編　清道光聚經閣刻本　四冊

120000－0345－0000199　0203(2)
本草三家合註六卷　(清)郭汝驄編　清道光兩儀堂刻本　六冊

120000－0345－0000200　0203(3)
本草三家合註六卷附徐靈胎神農本草經百種錄　(清)郭汝驄編　清刻本　四冊

120000－0345－0000201　0205(1)
新修本草二十卷　(唐)蘇敬等撰　清光緒十五年(1889)德清傅雲龍影刻本　一冊　存十一卷(三至五、十二至十五、十七至二十)

120000－0345－0000202　0205(2)
新修本草二十卷　(唐)蘇敬等撰　清光緒十五年(1889)傅雲龍刻日本籑喜廬叢書本　五冊

120000－0345－0000203　0206(1)
經史證類大觀本草三十一卷後附大觀本草劄記　(宋)唐慎微纂　(宋)曹孝忠校　清光緒

三十年(1904)武昌柯氏刻本　二冊　存四卷(八、二十九至三十一)

120000－0345－0000204　0207(1)

重修政和經史證類備用本草三十卷　(宋)唐慎微證類　(宋)曹孝忠校　(元)張存惠校補　明嘉靖二年(1523)山東陳鳳梧刻本　二十四冊

120000－0345－0000205　0209(1)

本草綱目五十二卷首一卷附圖二卷　(明)李時珍撰　(明)李建元等校正圖　清乾隆四十九年(1784)金閶衣德堂刻本　二十九冊　殘

120000－0345－0000206　0209(2)

本草綱目五十二卷首一卷附圖二卷　(明)李時珍撰　(明)李建元等校正圖　清乾隆四十九年(1784)金閶衣德堂刻本　十三冊　存十三卷(三十一至四十三)

120000－0345－0000207　0209(3)

本草綱目五十二卷首一卷附圖三卷附瀕湖脈學脈訣考證奇經八脈考本草萬方針線本草綱目拾遺　(明)李時珍撰　(明)李建元等校正圖　清光緒十一年(1885)合肥張氏味古齋刻本　四十冊

120000－0345－0000208　0210(1)

本草原始十二卷　(明)李中立纂輯　清嘉慶二十三年(1818)經餘堂刻本　六冊

120000－0345－0000209　0210(2)

本草原始十二卷　(明)李中立纂輯　清翠筠山房刻本　八冊

120000－0345－0000210　0211(1)

本草匯十八卷附補遺一卷　(清)郭佩蘭纂輯　清康熙五年(1666)吳門郭氏梅花嶼刻本　一冊　存三卷(四至六)

120000－0345－0000211　0211(2)

本草匯十八卷附補遺一卷　(清)郭佩蘭纂輯　清康熙五年(1666)吳門郭氏梅花嶼刻本　五冊　存六卷(一至六)

120000－0345－0000212　0212(1)

本草匯箋十卷　(清)顧元交撰　清順治龍耕堂刻本　四冊

120000－0345－0000213　0212(2)

本草匯箋十卷　(清)顧元交撰　清順治龍耕堂刻本　一冊　存三卷(二至四)

120000－0345－0000214　0213(1)

本草述三十二卷首一卷　(清)劉若金撰　清嘉慶十五年(1810)武進薛氏還讀山房刻本　二十冊

120000－0345－0000215　0214(1)

藥性通考六卷附集錄神效單方二卷　(清)太醫院編　清道光二十九年(1849)京都刻本　八冊

120000－0345－0000216　0215(1)

本草備要四卷附經絡歌訣湯頭歌訣　(清)汪昂撰　清康熙三十三年(1694)文盛堂刻本　四冊

120000－0345－0000217　0215(2)

增訂本草備要四卷附經絡歌訣湯頭歌訣　(清)汪昂撰　清同治八年(1869)刻本　五冊

120000－0345－0000218　0215(3)

本草備要四卷　(清)汪昂撰　清光緒十八年(1892)崇德堂刻本　四冊

120000－0345－0000219　0216(1)

本經逢原四卷　(清)張璐纂述　清金閶書業堂刻本　六冊

120000－0345－0000220　0218(1)

本草從新十八卷附藥性總義　(清)吳儀洛編　清光緒六年(1880)掃葉山房刻本　六冊

120000－0345－0000221　0218(2)

本草從新六卷　(清)吳儀洛輯　清善成堂刻本　六冊

120000－0345－0000222　0219(1)

本草分經不分卷　(清)姚瀾編　清光緒十八年(1892)刻本　一冊

120000－0345－0000223　0220(1)

本草述鉤元三十二卷　(清)劉若金原撰

(清)楊時泰手輯　清道光二十二年(1842)毗陵涵雅堂刻本　十冊

120000－0345－0000224　0221(1)
本草求原二十七卷附奇病症治一卷　(清)趙其光編　清刻本　三冊　存十四卷(一、七至十九)

120000－0345－0000225　0222(1)
藥性摘錄附常用藥物食物一卷　(清)文晟編　清光緒十一年(1885)京江文成堂刻本　一冊

120000－0345－0000226　0224(1)
大觀本草劄記二卷　(清)柯逢時撰　清宣統二年(1910)武昌醫館柯逢時刻本　二冊

120000－0345－0000227　0225(1)
本草串珠　(清)汪遠山撰　清咸豐四年(1854)稿本　一冊

120000－0345－0000228　0226(1)
錢氏本草　錢竹蓀撰　抄本　一冊

120000－0345－0000229　0227(1)
藥性默識　(□)□□撰　抄本　一冊

120000－0345－0000230　0228(1)
本草詩解　(□)□□撰　抄本　一冊

120000－0345－0000231　0230(1)
本草產地説明一覽　(□)□□撰　抄本　一冊

120000－0345－0000232　0232(1)
增定本草　(□)□□撰　抄本　一冊

120000－0345－0000233　0233(1)
本草　(□)□□撰　抄本　一冊

120000－0345－0000234　0234(1)
珍珠囊指掌補遺藥性賦四卷雷公炮製藥性賦解六卷　(金)李杲輯　(清)王子接重訂　清道光三年(1823)蘇州綠蔭堂刻本　四冊

120000－0345－0000235　0234(2)
珍珠囊指掌補遺藥性賦四卷雷公炮製藥性賦解六卷　(金)李杲輯　(清)王子接重訂　清光緒十三年(1887)蘇州掃葉山房刻本　四冊

120000－0345－0000236　0234(3)
珍珠囊指掌補遺藥性賦四卷雷公炮製藥性賦解六卷　(金)李杲輯　(清)王子接重訂　清光緒二十三年(1897)李光明莊刻本　四冊

120000－0345－0000237　0235(1)
太醫院增補青囊藥性賦直解八卷首一卷末一卷　(明)羅必煒參訂　清光緒十四年(1888)李光明莊刻本　四冊　殘

120000－0345－0000238　0238(1)
新刻東垣李先生精註藥性賦要論不分卷　(金)李杲編　明刻本　一冊

120000－0345－0000239　0239(1)
本草詩箋十卷　(清)朱鑰撰　清乾隆二十七年(1762)群玉山房刻本　四冊

120000－0345－0000240　0240(1)
藥要便蒙新編二卷　(清)談鴻鋆編　清光緒十八年(1892)京都龍光齋刻本　一冊

120000－0345－0000241　0241(1)
本草便讀二卷　(清)張秉成編　清光緒二十二年(1896)毗陵張氏刻本　四冊

120000－0345－0000242　0241(2)
本草便讀二卷　(清)張秉成編　清光緒二十二年(1896)刻本　四冊

120000－0345－0000243　0241(3)
本草便讀二卷　(清)張秉成編　清光緒二十二年(1896)刻本　二冊

120000－0345－0000244　0242(1)
藥性藥方　(□)□□撰　抄本　一冊

120000－0345－0000245　0243(1)
藥性醫方全編　(□)□□撰　抄本　一冊

120000－0345－0000246　0246(1)
上醫本草四卷　(明)趙南星緝　明泰昌元年(1620)趙悅學刻本　四冊

120000－0345－0000247　0247(1)
食物本草會纂十二卷附日用家抄一卷脈訣秘

傳一卷 (清)沈李龍編 清康熙三十年(1691)刻本 十二冊

120000－0345－0000248 0248(1)
增補食物本草備考二卷 (清)何克諫撰 清光緒十三年(1887)廣州連元閣刻本 二冊

120000－0345－0000249 0251(1)
高麗參之研究 長白山人撰 抄本 一冊

120000－0345－0000250 0252(1)
補益藥酒 (□)□□撰 抄本 一冊

120000－0345－0000251 0254(1)
植物名實圖考三十八卷長編二十二卷 (清)吳其濬撰 清光緒六年(1880)蒙自陸應谷刻本 十六冊 存十六卷(植物名實圖考一至十、長編一至六)

120000－0345－0000252 0260(1)
千金翼方三十卷 (唐)孫思邈撰 清乾隆二十八年(1763)金匱華希閎刻本 十二冊

120000－0345－0000253 0260(2)
千金翼方三十卷 (唐)孫思邈撰 清光緒四年(1878)獨山莫氏影印本 八冊

120000－0345－0000254 0261(1)
備急千金要方三十卷千金翼方三十卷 (唐)孫思邈撰 清光緒四年(1878)上海長洲麟瑞堂影印本 十六冊

120000－0345－0000255 0261(2)
備急千金要方三十卷千金翼方三十卷 (唐)孫思邈撰 清光緒四年(1878)上海長洲麟瑞堂影印本 十二冊

120000－0345－0000256 0262(1)
孫真人海上方 題(唐)孫思邈撰 明隆慶六年(1572)拓本 一冊

120000－0345－0000257 0263(1)
唐王燾先生外臺秘要方四十卷 (唐)王燾撰 (明)程衍道訂 清同治十三年(1874)廣東翰墨園刻本 三十九冊

120000－0345－0000258 0263(2)
外臺秘要四十卷 (唐)王燾撰 清光緒二十四年(1898)上海圖書集成印書局鉛印本 十六冊

120000－0345－0000259 0265(1)
史載之方二卷 (宋)史堪撰 清光緒二年(1876)吳興陸心源刻十萬卷樓叢書本 二冊

120000－0345－0000260 0267(1)
千金寶要六卷 (唐)孫思邈撰 (宋)郭思節輯 清嘉慶十二年(1807)平津館刻本 一冊

120000－0345－0000261 0268(1)
普濟本事方補遺 (宋)許叔微撰 抄本 二冊

120000－0345－0000262 0270(2)
太平惠民和劑局方十卷 (宋)陳師文等校正 清嘉慶十年(1805)虞山張氏照曠閣刻本 一冊 存二卷(一至二)

120000－0345－0000263 0270(3)
太平惠民和劑局方十卷 (宋)陳師文等校正 抄本 一冊

120000－0345－0000264 0272(1)
奇效良方六十九卷 (明)董宿原輯 (明)方賢續纂 (明)楊文翰校正 明成化七年(1471)刻本 一冊 存二卷(一至二)

120000－0345－0000265 0273(1)
醫方選要十卷 (明)周文采編 明嘉靖二十四年(1545)費寀刻本 四冊 存四卷(一至二、五、十)

120000－0345－0000266 0274(1)
方書金鏡 (□)□□撰 明嘉靖刻本 一冊

120000－0345－0000267 0275(1)
醫方選要 (明)彭用光編 抄本 六冊

120000－0345－0000268 0276(1)
攝生眾妙方十一卷附急救良方二卷 (明)張時徹編 明隆慶三年(1569)衡王府增補刻本 四冊(與0277(1)合函) 存九卷(三至十一)

120000－0345－0000269 0277(1)
急救良方二卷 (明)張時徹集 明嘉靖二十

九年(1550)刻本　二册

120000－0345－0000270　0278(1)

醫便二卷　(明)王三才等編　明萬曆三十年(1602)黎陽周三錫刻本　二册　存一卷(二)

120000－0345－0000271　0279(1)

松篁崗劉氏保壽堂活人經驗方不分卷　(明)劉松石撰　明萬曆三十七年(1609)刻本　三册

120000－0345－0000272　0280(1)

增補醫貫奇方不分卷　(明)陰有瀾撰　明書林張起鵬刻本　二册

120000－0345－0000273　0281(1)

窮鄉便方不分卷　(□)□□撰　明張起鵬刻本　二册

120000－0345－0000274　0282(1)

醫方小品　(清)宋良弼編　清刻本　一册　存一卷(三)

120000－0345－0000275　0283(1)

醫方集解不分卷　(清)汪昂撰　清道光十二年(1832)山淵堂刻本　六册　缺第六册後半部

120000－0345－0000276　0283(2)

醫方集解不分卷　(清)汪昂撰　清光緒十三年(1887)姑蘇掃葉山房刻本　六册

120000－0345－0000277　0283(3)

醫方集解三卷　(清)汪昂撰　清光緒三十年(1904)上海石印本　三册　殘

120000－0345－0000278　0284(1)

易簡方論六卷　(清)程履新述　清嘉慶二十二年(1817)刻本　十二册

120000－0345－0000279　0285(1)

新增醫方湯頭歌訣不分卷　(清)汪昂撰　清宣統元年(1909)刻本　一册

120000－0345－0000280　0285(2)

新增醫方湯頭歌訣不分卷　(清)汪昂撰　清宣統二年(1910)常州晉升山房刻本　一册

120000－0345－0000281　0286(1)

新編醫方湯頭歌訣附舌苔歌訣不分卷　(清)方仁淵編　清光緒三十四年(1908)刻本　一册

120000－0345－0000282　0287(1)

濟世錄不分卷　(清)丁茂芝撰　清康熙五十五年(1716)刻本　一册

120000－0345－0000283　0288(1)

奇方類編二卷　(清)吳世昌編　清康熙刻本　一册　存一卷(二)

120000－0345－0000284　0289(1)

絳雪園古方選註　(清)王子接註　(清)葉桂校　清掃葉山房刻本　四册

120000－0345－0000285　0290(1)

類證普濟本事方十卷　(宋)許叔微撰　(清)葉桂釋義　清嘉慶十九年(1814)刻本　四册

120000－0345－0000286　0291(1)

醫林纂要探源十卷　(清)汪紱輯　清光緒二十三年(1897)江蘇書局刻本　十册

120000－0345－0000287　0291(2)

醫林纂要探源十卷　(清)汪紱輯　清光緒刻本　十册

120000－0345－0000288　0292(1)

串雅内編四卷　(清)趙學敏纂輯　(清)吳庚生補註　清光緒十四年(1888)榆園刻本　二册

120000－0345－0000289　0294(1)

吳氏醫學述第四種成方切用十二卷首一卷末一卷　(清)吳儀洛輯　清乾隆二十六年(1761)刻本　八册

120000－0345－0000290　0295(1)

回生集二卷續二卷　(清)陳傑編　清乾隆五十四年(1789)刻本　四册

120000－0345－0000291　0295(2)

回生集二卷續二卷　(清)陳傑編　清刻本　二册　存二卷(回生集二卷)

120000－0345－0000292　0296(1)

集古良方十二卷　(清)江進編　清嘉慶十一年(1806)文苑堂刻本　六冊

120000－0345－0000293　0297(1)
景岳新方詩括註解四卷首一卷　(清)林霔撰　(清)陳念祖註　清嘉慶元年(1796)註韓居刻本　一冊

120000－0345－0000294　0298(1)
景岳新方砭四卷　(清)陳念祖撰　清五福堂刻本　二冊

120000－0345－0000295　0299(1)
景岳新方歌不分卷　(清)吳辰燦　(清)高秉鈞等合纂　清光緒三十二年(1906)上海文瑞樓石印本　一冊

120000－0345－0000296　0300(1)
醫方擇要二卷續集二卷　(清)文祥等編　清道光十六年(1836)六藝齋刻本　二冊

120000－0345－0000297　0301(1)
活人一術初編不分卷　(清)孫德鐘編　清道光十八年(1838)湯陰刻本　一冊

120000－0345－0000298　0302(1)
醫藥便讀湯頭歌訣二卷珍珠囊指掌附刊一卷　(清)胡德凝編　清抄本　一冊

120000－0345－0000299　0303(1)
經驗良方不分卷　(清)張鶴書撰　清道光二十二年(1842)其恕堂刻本　一冊

120000－0345－0000300　0304(1)
經驗良方不分卷　(清)吳鳴吉編　清道光二十三年(1843)刻本　四冊

120000－0345－0000301　0305(1)
賽金丹二卷　(清)徐半峰編　清光緒十年(1884)刻本　二冊

120000－0345－0000302　0306(1)
醫方論四卷　(清)費伯雄撰　清光緒三年(1877)刻本　二冊

120000－0345－0000303　0306(2)
醫方論四卷　(清)費伯雄撰　清光緒十四年(1888)刻本　二冊

120000－0345－0000304　0306(3)
醫方論四卷　(清)費伯雄撰　清光緒十四年(1888)刻本　二冊

120000－0345－0000305　0307(1)
幾希錄良方合璧不分卷　(清)張維善編　清同治八年(1869)姑蘇得見齋刻本　二冊

120000－0345－0000306　0308(1)
不知醫必要四卷　(清)梁廉夫撰　清光緒刻本　三冊　存三卷(二至四)

120000－0345－0000307　0309(1)
醫方叢話八卷附一卷　(清)徐士鑾編　清光緒十四年(1888)津門徐氏蜨園刻本　四冊

120000－0345－0000308　0311(1)
奇疾方不分卷　(清)王遠編　清刻本　一冊

120000－0345－0000309　0314(1)
古方醫書　(□)□□撰　抄本　一冊

120000－0345－0000310　0319(1)
恩善堂醫方　(□)□□撰　抄本　一冊

120000－0345－0000311　0320(1)
醫方集要　(□)□□撰　抄本　一冊

120000－0345－0000312　0321(1)
抄本藥方　(□)□□撰　抄本　二冊

120000－0345－0000313　0322(1)
徐氏經驗方不分卷　徐步雲編　抄本　一冊

120000－0345－0000314　0323(1)
醫方兩全壽緣篇不分卷　(清)哈常德撰　清京都振一齋刻本　一冊

120000－0345－0000315　0324(1)
藥性方　(□)□□撰　抄本　一冊

120000－0345－0000316　0325(1)
藥簿　(□)□□撰　抄本　一冊

120000－0345－0000317　0326(1)
濟世良方不分卷　(清)蔡松亭編　清刻本　一冊

120000－0345－0000318　0327(1)

方劑症藥解合編　(□)□□撰　抄本　一冊

120000－0345－0000319　0328(1)
黑神丸不分卷　(□)□□撰　抄本　一冊

120000－0345－0000320　0329(1)
金鏡則要　(□)□□撰　抄本　一冊

120000－0345－0000321　0330(1)
本草綱目萬方類編三十二卷　(清)曹繩彥編　清嘉慶五年(1800)睦華堂刻本　一冊　存一卷(六)

120000－0345－0000322　0331(1)
師古齋彙聚簡便單方□□卷　(明)吳勉學編　明刻本　一冊　存二卷(四至五)

120000－0345－0000323　0332(1)
濟人自濟經驗諸方□□卷　(清)王夢蘭撰　(清)梁憲輯　清初晉陽蔣洲刻本　二冊　存二卷(一、三)

120000－0345－0000324　0333(1)
急救危症簡便驗方二卷　(清)胡其重編　清雍正七年(1729)廣易堂刻本　八冊

120000－0345－0000325　0334(1)
急救須知三卷　(清)朱本中撰　清康熙十五年(1676)刻本　三冊

120000－0345－0000326　0335(1)
易簡單方五卷　(清)梁憲編　清刻本　二冊　存三卷(二至三、五)

120000－0345－0000327　0336(1)
惠直堂經驗方四卷　(清)陶承熹集　清乾隆四十九年(1784)步雲閣刻本　六冊

120000－0345－0000328　0337(1)
丹方彙編三卷單方摘要一卷幼科兩方一卷濟陰纂要一卷保產良方一卷經驗單方一卷　(清)錢峻編　清嘉慶十五年(1810)刻本　三冊

120000－0345－0000329　0338(1)
良朋彙集經驗神方五卷附急救仙方　(清)孫偉編　清康熙廣惠堂刻本　五冊

120000－0345－0000330　0339(1)
彙集經驗良方五卷附補遺一卷　(清)孫偉編　清刻本　五冊　缺一卷(金)

120000－0345－0000331　0340(1)
絳囊撮要五卷　(清)雲川道人編　清乾隆九年(1744)集善堂刻本　一冊

120000－0345－0000332　0340(2)
絳囊撮要五卷　(清)雲川道人編　抄本　一冊

120000－0345－0000333　0341(1)
集驗良方不分卷　(清)黃朝遴編　清乾隆三十八年(1773)知足堂刻本　一冊

120000－0345－0000334　0342(1)
仙拈集四卷　(清)李文炳撰　清毓桂堂刻本　三冊　存三卷(一、三至四)

120000－0345－0000335　0343(1)
同壽錄四卷末一卷　(清)項天瑞輯　清道光二十八年(1848)京都琉璃廠篆雲齋刻本　四冊

120000－0345－0000336　0344(1)
種福堂公選良方三卷附溫熱論　(清)葉桂撰　清乾隆四十年(1775)文苑堂刻本　四冊

120000－0345－0000337　0345(1)
養生經驗合集　(清)毛世洪編　(清)王松泉等增訂　清道光元年(1821)平江吳氏刻本　一冊　存四卷(子目一至四)

120000－0345－0000338　0346(1)
靈驗良方彙編四卷附胎產要訣二卷　(清)沈銘三撰　(清)田間來增輯　清嘉慶五年(1800)刻本　四冊

120000－0345－0000339　0347(1)
救急備用經驗匯方十卷　(清)葉廷薦編　清嘉慶六年(1801)樂志堂刻本　十六冊

120000－0345－0000340　0348(1)
普濟應驗良方不分卷　(清)德軒氏輯　清道光五年(1825)文寶齋刻本　一冊

120000－0345－0000341　0349(1)

集驗簡易良方四卷附草藥圖經一卷外科良方一卷　(清)德豐編　清道光七年(1827)樂只堂刻本　四册

120000－0345－0000342　0350(1)
四科簡效方四卷　(清)王士雄編　清光緒十一年(1885)越州徐樹蘭刻本　二册

120000－0345－0000343　0351(1)
集驗良方拔萃二卷續補一卷　(清)恬素氏編　清道光二十一年(1841)刻本　一册

120000－0345－0000344　0351(2)
集驗良方拔萃二卷續補一卷　(清)恬素氏編　清咸豐九年(1859)寄漚氏刻本　一册

120000－0345－0000345　0351(3)
集驗良方拔萃二卷續補一卷　(清)恬素氏編　清同治五年(1866)平湖元孚莊刻本　一册

120000－0345－0000346　0351(4)
集驗良方拔萃二卷續補一卷　(清)恬素氏編　清同治刻本　一册

120000－0345－0000347　0352(1)
良方集腋合璧附婦嬰至寶六卷　(清)謝元慶　(清)王慶霄校訂　清光緒八年(1882)蘇州謝氏望炊樓刻本　六册

120000－0345－0000348　0354(1)
玉歷彙錄良方二卷　(清)汪氏　(清)俞大文編　清刻本　一册

120000－0345－0000349　0355(1)
驗方新編十六卷　(清)鮑相璈編　清光緒九年(1883)山西太原濬文書局刻本　十二册

120000－0345－0000350　0358(1)
急救便方附增訂達生編不分卷　(清)文晟編　清光緒十一年(1885)京江文成堂刻醫方十種本　一册

120000－0345－0000351　0359(1)
良方集要不分卷　(清)孟君福編　抄本　三册

120000－0345－0000352　0360(1)
醫方易簡新編六卷　(清)龔自璋　(清)黄統合編　清同治五年(1866)刻本　四册

120000－0345－0000353　0361(1)
葉天士經驗良方不分卷　(清)何棣珊編　清咸豐七年(1857)退思堂刻本　一册

120000－0345－0000354　0362(1)
厚德堂集驗方萃編四卷　(清)奇克唐阿編　清光緒七年至九年(1881－1883)六印堂刻本　六册

120000－0345－0000355　0363(1)
急救應驗良方不分卷　(清)費山壽編　清光緒十一年(1885)刻本　一册

120000－0345－0000356　0363(2)
急救應驗良方不分卷　(清)費山壽編　清光緒十二年(1886)刻本　一册

120000－0345－0000357　0364(1)
驗方彙集八卷續集四卷　(清)戴緒安選註　清光緒十年(1884)天津文利堂刻本　四册

120000－0345－0000358　0365(1)
秘方彙集不分卷　(清)李德中撰　清光緒二十九年(1903)三義堂刻本　一册

120000－0345－0000359　0366(1)
醫家金丹十卷　(□)□□撰　清刻本　三册　存五卷(一下、二、六至七、十)

120000－0345－0000360　0367(1)
各科驗方　(□)□□撰　抄本　一册

120000－0345－0000361　0368(1)
經驗簡便良方不分卷　(□)□□撰　清刻本　一册

120000－0345－0000362　0374(1)
藥方雜記　(□)□□撰　抄本　二册

120000－0345－0000363　0375(1)
雜方彙集　(□)□□撰　抄本　一册

120000－0345－0000364　0377(1)
濟生堂秘方不分卷　徐維彥編　抄本　一册

120000－0345－0000365　0378(1)
家藏經驗良方不分卷　(□)□□撰　抄本

一册

120000－0345－0000366　0379(1)

經驗良方讀錄不分卷　(□)□□撰　抄本　一册

120000－0345－0000367　0380(1)

驗方不分卷　(□)□□撰　抄本　一册

120000－0345－0000368　0381(1)

萬寶家傳秘方不分卷　(□)□□撰　抄本　一册

120000－0345－0000369　0383(1)

葉種德堂丸散膏丹全錄不分卷　(清)葉種德堂主人編　清光緒十三年(1887)杭州葉種德堂刻本　一册

120000－0345－0000370　0385(1)

胡慶餘堂藥目　(清)胡光墉編　清光緒三年(1877)杭州胡慶餘堂雪記刻本　一册

120000－0345－0000371　0388(1)

脈學藥方　(□)□□撰　抄本　一册

120000－0345－0000372　0388(1)

丸散膏丹配製秘本　(□)□□撰　抄本　一册

120000－0345－0000373　0389(1)

丸散膏丹集不分卷　(□)□□撰　抄本　二册

120000－0345－0000374　0393(1)

溫病方論四卷　(清)周揚俊編　清光緒十五年(1889)掃葉山房刻本　二册

120000－0345－0000375　0395(1)

溫病條辨六卷首一卷　(清)吳瑭撰　清同治十年(1871)古渝槐蔭書屋刻本　四册

120000－0345－0000376　0395(2)

問心堂溫病條辨六卷首一卷　(清)吳瑭撰　清光緒三十一年(1905)粵東馮繼善刻本　六册

120000－0345－0000377　0395(3)

溫病條辨六卷首一卷　(清)吳瑭撰　(清)汪廷珍參訂　清宣統三年(1911)上海會文堂石印本　四册

120000－0345－0000378　0396(1)

溫熱贅言不分卷　(清)寄瓢子撰　清道光十一年(1831)刻本　一册

120000－0345－0000379　0397(1)

溫熱經緯五卷　(清)王士雄纂　清同治十三年(1874)湖北崇文書局刻本　四册

120000－0345－0000380　0397(2)

溫熱經緯五卷　(清)王士雄纂　清光緒八年(1882)四川新繁東湖刻本　四册

120000－0345－0000381　0397(3)

溫熱經緯五卷　(清)王士雄纂　清刻本　四册

120000－0345－0000382　0400(1)

時病論八卷　(清)雷豐撰　清光緒二十四年(1898)上海著易堂刻本　四册

120000－0345－0000383　0403(1)

六氣感證要義　(清)周巖撰　清光緒二十四年(1898)古越存濟堂石印本　二册

120000－0345－0000384　0404(1)

溫病指南二卷　(清)婁傑輯　(清)蕭惠訂　清光緒二十九年(1903)聽盧館刻本　一册

120000－0345－0000385　0405(2)

溫病講義　陳澤東編　抄本　二册

120000－0345－0000386　0411(1)

溫病方歌不分卷　(□)□□撰　清刻本　一册

120000－0345－0000387　0413(1)

瘟疫論二卷　(明)吳有性撰　清康熙三十三年(1694)刻本　二册

120000－0345－0000388　0413(2)

瘟疫論二卷　(明)吳有性撰　清康熙四十八年(1709)刻本　二册

120000－0345－0000389　0414(1)

瘟疫論補註二卷　(明)吳有性撰　(清)鄭重

光補註　清同治三年(1864)刻本　二册

120000－0345－0000390　0414(2)
瘟疫論補註二卷　(明)吳有性撰　(清)鄭重光補註　清光緒六年(1880)刻本　二册

120000－0345－0000391　0414(3)
瘟疫論補註二卷　(明)吳有性撰　(清)鄭重光補註　清光緒三十三年(1907)上海校經山房石印本　二册

120000－0345－0000392　0415(1)
瘟疫明辨四卷末一卷　(清)戴天章撰　(清)鄭奠一編　清光緒李光明莊刻本　一册

120000－0345－0000393　0998(1)
抱朴子内篇二十卷外篇五十卷　(晉)葛洪撰　清光緒十年至十一年(1884－1885)刻本　八册

120000－0345－0000394　0415(2)
瘟疫明辨四卷末一卷　(清)戴天章撰　(清)鄭奠一編　清光緒李光明莊刻本　一册

120000－0345－0000395　0415(3)
瘟疫明辨四卷　(清)戴天章撰　清李光明莊刻本　一册

120000－0345－0000396　0415(4)
瘟疫明辨四卷　(清)戴天章撰　抄本　一册　存二卷(三至四)

120000－0345－0000397　0416(1)
瘟疫傳症彙編　(清)熊立品編　清乾隆四十二年(1777)刻本　五册

120000－0345－0000398　0416(2)
瘟疫傳症彙編　(清)熊立品編　清乾隆四十二年(1777)刻本　五册　缺一卷(治疫全書一)

120000－0345－0000399　0417(1)
瘟疫辨論不分卷　(清)馬印麟編　清咸豐九年(1859)聚奎堂刻本　三册

120000－0345－0000400　0418(4)
廣瘟疫論　(清)戴天章撰　抄本　一册　殘

120000－0345－0000401　0419(1)
傷寒瘟疫條辨六卷　(清)楊璿撰　清乾隆五十年(1785)刻本　六册

120000－0345－0000402　0419(2)
傷寒瘟疫條辨六卷附溫病壞症　(清)楊璿撰　清光緒元年(1875)湘潭黎氏黔陽藩署刻本　六册

120000－0345－0000403　0419(3)
傷寒瘟疫條辨六卷附溫病壞症　(清)楊璿撰　清光緒十九年(1893)江右醉芸軒刻本　四册

120000－0345－0000404　0420(1)
瘟病條辨醫方撮要二卷附遂生福幼合編　(清)楊璿原撰　(清)黄惺溪編　清光緒二十八年(1902)雲南刻本　一册

120000－0345－0000405　0420(2)
瘟病條辨醫方撮要二卷附遂生福幼合編　(清)楊璿原撰　(清)黄惺溪編　清光緒二十八年(1902)雲南刻本　一册

120000－0345－0000406　0421(1)
瘟疫條辨摘要一卷　(清)陳良佐晰義　(清)楊璿條辨　(清)呂田集錄　清光緒十一年(1885)溫州府署博古齋刻本　一册

120000－0345－0000407　0421(2)
瘟疫條辨摘要一卷　(清)陳良佐晰義　(清)楊璿條辨　(清)呂田集錄　清同治十年(1871)刻本　一册　殘

120000－0345－0000408　0422(1)
補註瘟疫論四卷　(明)吳有性撰　(清)洪天錫補註　清道光四年(1824)晚翠堂刻本　四册

120000－0345－0000409　0422(3)
補註瘟疫論四卷　(明)吳有性撰　(清)洪天錫補註　(清)丁子良增補　清光緒三十二年(1906)天津大公報館鉛印本　二册

120000－0345－0000410　0423(1)
瘟疫論類編五卷　(明)吳有性撰　(清)劉奎

評　清道光二十年(1840)刻本　一册

120000－0345－0000411　0423(2)

瘟疫論類編五卷　(明)吳有性撰　(清)劉奎訂正　清咸豐十年(1860)近文堂刻本　二册

120000－0345－0000412　0424(1)

松峰説疫六卷　(清)劉奎撰　清刻本　二册

120000－0345－0000413　0425(1)

疫痧一得二卷　(清)余霖撰　清道光八年(1828)刻本　二册

120000－0345－0000414　0425(2)

疫痧一得二卷　(清)余霖撰　清光緒十年(1884)敬直堂刻本　二册

120000－0345－0000415　0426(1)

瘟疫彙編十六卷　(明)吳有性撰　(清)汪期蓮編　清道光八年(1828)汪培芝堂刻本　一册　存二卷(一至二)

120000－0345－0000416　0427(1)

瘟疫要編不分卷　(清)韓淩霄編　清光緒二年(1876)刻本　一册

120000－0345－0000417　0428(1)

溫疫析疑四卷　(清)唐戴庭撰　清光緒三年(1877)稿本　一册

120000－0345－0000418　0428(2)

意解山房溫疫析疑四卷　(清)唐毓厚撰　清光緒九年(1883)刻本　四册

120000－0345－0000419　0429(1)

韓淩霄瘟痧要編四卷　(清)韓淩霄撰　清光緒七年(1881)刻本　四册

120000－0345－0000420　0430(1)

溫症癍疹辨證不分卷　(清)許汝楫撰　清光緒十四年(1888)同濟堂刻本　一册

120000－0345－0000421　0430(2)

溫症癍疹辨證不分卷　(清)許汝楫撰　清抄本　一册

120000－0345－0000422　0431(1)

濟眾録不分卷　(清)勞守慎纂　清光緒三十二年(1906)刻本　一册

120000－0345－0000423　0433(1)

瘟疫病　(清)王趾周撰　抄本　一册

120000－0345－0000424　0439(1)

瘧疾神效良方不分卷　(清)倪涵初撰　清同治敦善堂刻本　一册

120000－0345－0000425　0440(1)

痢症匯參十卷補遺一卷　(清)吳道源編　清乾隆刻本　二册

120000－0345－0000426　0441(1)

醫中一得不分卷　(清)顧儀卿撰　清刻本　一册

120000－0345－0000427　0442(1)

痧脹玉衡書三卷末一卷　(清)郭志邃撰　清康熙十四年(1675)刻本　二册

120000－0345－0000428　0443(1)

痧症指微不分卷　(清)釋普淨撰　清光緒十二年(1886)蘇城徐元圃刻本　一册

120000－0345－0000429　0443(2)

痧症指微不分卷　(清)釋普淨撰　**附馬培之評痧症指微**　清光緒三十四年(1908)刻本　一册

120000－0345－0000430　0444(1)

霍亂論二卷　(清)王士雄撰　清同治二年(1863)刻本　二册

120000－0345－0000431　0445(1)

吊腳痧方論　(清)徐子默撰　清光緒二十七年(1901)上海集成印書局石印本　一册

120000－0345－0000432　0446(1)

析微補化全書二卷　(清)王顗等撰　清康熙二十九年(1690)振古堂刻本　二册

120000－0345－0000433　0447(1)

繡像翻症不分卷　(□)□□撰　清光緒十五年(1889)三義堂刻本　一册

120000－0345－0000434　0447(2)

繡像翻症不分卷　(□)□□撰　清光緒刻本

一册　殘

120000－0345－0000435　0448(1)
鼠疫彙編　(清)羅汝蘭增輯　清宣統三年(1911)天津大公報館鉛印本　一册

120000－0345－0000436　0452(1)
痧疹　(□)□□撰　抄本　一册

120000－0345－0000437　0453(1)
霍亂麻疹辨證　(清)趙履鼇撰　抄本　一册

120000－0345－0000438　0454(1)
脾胃論三卷　(金)李杲撰　明萬曆二十九年(1601)新安吳勉學刻本　一册　殘

120000－0345－0000439　0455(1)
醫學發明不分卷　(金)李杲撰　清二酉堂刻本　一册

120000－0345－0000440　0455(2)
醫學發明不分卷　(金)李杲撰　清刻本　一册

120000－0345－0000441　0456(1)
脈因證治二卷　(元)朱震亨撰　清乾隆四十年(1775)合志堂刻本　四册

120000－0345－0000442　0457(1)
醫林類證集要十卷　(明)王璽撰　明成化十八年(1482)春德堂刻本　八册　存五卷(一至三、五、九)

120000－0345－0000443　0457(2)
醫林類證集要十卷　(明)王璽撰　清刻本　一册　存一卷(二)

120000－0345－0000444　0458(1)
證治彙補八卷　(清)李用粹撰　清光緒九年(1883)刻本　六册

120000－0345－0000445　0459(1)
活人方彙編五卷　(清)林開燧撰　清同治八年(1869)刻本　一册　存一卷(七)

120000－0345－0000446　0460(1)
金匱翼八卷　(清)尤怡集　(清)徐錦炳讀　清嘉慶十八年(1813)吳門趙亮彩刻本　八册

120000－0345－0000447　0461(1)
醫醇賸義四卷　(清)費伯雄撰　清同治二年(1863)刻本　四册

120000－0345－0000448　0463(1)
内科雜記　(□)□□撰　抄本　一册

120000－0345－0000449　0464(1)
痰火點雪四卷　(明)龔居中撰　清刻本　一册　存一卷(二)

120000－0345－0000450　0465(1)
理虛元鑒二卷　(明)汪綺石撰　清光緒二十二年(1896)蕭山陳氏刻本　二册

120000－0345－0000451　0468(1)
内科新説二卷　(英國)合信氏　(清)管茂材合撰　清咸豐八年(1858)上海仁濟堂刻本　一册

120000－0345－0000452　0469(1)
一囊春不分卷　(清)魏雲峰編　清刻本　一册

120000－0345－0000453　0474(1)
楊西山失血大法不分卷　(清)楊鳳庭撰　清成都守經堂刻本　一册　殘

120000－0345－0000454　0475(1)
毆蠱燃犀錄　(清)燃犀道人撰　清光緒十九年(1893)刻本　一册

120000－0345－0000455　0478(1)
單腹脹驗方　周亞南撰　抄本　一册

120000－0345－0000456　0481(1)
腎囊醫訣□□卷　(□)□□撰　清刻本　一册　存二卷(三至四)

120000－0345－0000457　0483(1)
雜病不分卷　(□)□□撰　清刻本　一册　殘

120000－0345－0000458　0484(1)
婦人大全良方二十四卷　(宋)陳自明撰　明嘉靖二十六年(1547)刻本　四册　存十三卷(一至十三)

120000－0345－0000459　0484(2)
婦人大全良方二十四卷　(宋)陳自明撰　清刻本　一册　存一卷(六)

120000－0345－0000460　0485(1)
女科百問二卷附產寶雜録　(宋)齊仲甫撰　明崇禎十三年(1640)烏程閔氏刻本　二册

120000－0345－0000461　0486(1)
萬氏女科附良方　(明)萬全撰　清光緒二十三年(1897)刻本　二册

120000－0345－0000462　0486(3)
萬氏女科三卷　(明)萬全撰　清嘉慶十二年(1807)津門周勉健萘氏抄本　一册

120000－0345－0000463　0486(4)
萬氏女科三卷　(明)萬全撰　抄本　二册　殘

120000－0345－0000464　0486(5)
萬氏女科三卷　(明)萬全撰　抄本　一册　殘

120000－0345－0000465　0487(1)
濟陰綱目十四卷附保生碎事十四卷　(明)武之望撰　清雍正六年(1728)上洋江左書林刻本　八册

120000－0345－0000466　0487(2)
濟陰綱目十四卷附保生碎事十四卷　(明)武之望撰　清雍正六年(1728)天德堂刻本　六册

120000－0345－0000467　0487(3)
濟陰綱目十四卷附保生碎事十四卷　(明)武之望撰　清雍正六年(1728)貴文堂刻本　八册

120000－0345－0000468　0488(1)
女科正録　(明)陳徹編　明崇禎十四年(1641)刻本　一册

120000－0345－0000469　0489(1)
傅青主女科二卷附產後編二卷　(清)傅山撰　清刻本　一册　存一卷(二)

120000－0345－0000470　0490(1)
女科切要八卷　(清)吳道源撰　抄本　二册

120000－0345－0000471　0491(1)
婦科秘方不分卷　(清)竹林寺僧撰　清道光九年(1829)刻本　二册

120000－0345－0000472　0491(2)
婦科秘方不分卷　(清)竹林寺僧撰　清道光十年(1830)梅安德刻本　一册

120000－0345－0000473　0492(1)
女科要旨四卷　(清)陳念祖撰　(清)陳元犀註　清光緒三十四年(1908)寶慶經元書局校刻本　二册

120000－0345－0000474　0493(1)
婦科指歸四卷　(清)曾鼎撰　清嘉慶十九年(1814)南城曾氏忠恕堂刻本　二册　存二卷(一至二)

120000－0345－0000475　0494(1)
女科輯要八卷　(清)周紀常纂輯　清同治四年(1865)刻本　三册

120000－0345－0000476　0495(1)
婦科一百十七症發明　(清)包巖撰　清光緒二十九年(1903)刻本　一册

120000－0345－0000477　0496(1)
婦人枕秘　雙樸主人撰　抄本　一册

120000－0345－0000478　0497(1)
婦科驗方　王建章撰　抄本　一册

120000－0345－0000479　0499(1)
婦科一百十三證　(□)□□撰　抄本　一册

120000－0345－0000480　0500(1)
婦科諸症　(□)□□撰　抄本　一册

120000－0345－0000481　0500(2)
婦科諸症　(□)□□撰　抄本　一册

120000－0345－0000482　0501(1)
婦人調經論　(□)□□撰　抄本　一册

120000－0345－0000483　0502(1)
婦產科症方　(□)□□撰　抄本　一册

120000－0345－0000484　0503(1)
婦人驗方　(□)□□撰　抄本　一冊

120000－0345－0000485　0504(1)
衛生家寶產科備要八卷　(宋)朱端章編　清光緒十三年(1887)陸心源刻本　四冊

120000－0345－0000486　0505(1)
產寶雜錄不分卷　(宋)齊仲甫撰　明崇禎刻本　一冊

120000－0345－0000487　0505(2)
產寶雜錄不分卷　(宋)齊仲甫撰　抄本　一冊

120000－0345－0000488　0506(1)
產鑒三卷　(明)王化貞撰　清康熙四十五年(1706)馬志光刻本(卷下抄配)　三冊

120000－0345－0000489　0506(2)
產鑒三卷　(明)王化貞撰　清康熙刻本　一冊

120000－0345－0000490　0507(1)
胤產全書四卷　(明)王肯堂撰　明刻本　一冊　殘

120000－0345－0000491　0508(1)
產後編二卷　(清)傅山撰　清刻本　一冊

120000－0345－0000492　0509(1)
達生編不分卷　(清)亟齋居士撰　清同治九年(1870)刻本　一冊

120000－0345－0000493　0510(1)
胎產心法三卷　(清)閻純璽撰　清道光十一年(1831)敬慎堂刻本　六冊

120000－0345－0000494　0511(1)
產寶家傳二卷　(清)倪東溟撰　清光緒二年(1876)張氏刻本　一冊

120000－0345－0000495　0512(1)
胎產集要三卷附幼科摘要幼科撮要　(清)黃惕齋編　清道光十二年(1832)聚奎齋刻本　一冊

120000－0345－0000496　0512(2)
胎產集要三卷附幼科摘要幼科撮要　(清)黃惕齋編　清同治十年(1871)常熟懷永堂刻本　一冊

120000－0345－0000497　0513(1)
大生要旨五卷　(清)唐千頃撰　清光緒三年(1877)椿蔭堂刻本　一冊

120000－0345－0000498　0513(2)
大生要旨五卷附福幼遂生合編　(清)唐千頃撰　清光緒八年(1882)刻本　一冊

120000－0345－0000499　0513(3)
大生要旨五卷　(清)唐千頃撰　清光緒十六年(1890)上虞胡氏刻本　一冊

120000－0345－0000500　0514(1)
增廣大生要旨五卷　(清)唐千頃撰　(清)葉灝增訂　清光緒十年(1884)刻本　二冊

120000－0345－0000501　0516(1)
保產機要　(清)汪欽之原纂　(清)柯炌集要　抄本　一冊

120000－0345－0000502　0517(1)
產科心法二卷　(清)汪喆撰　清同治九年(1870)刻本　一冊

120000－0345－0000503　0517(2)
產科心法二集　(清)汪喆撰　清光緒十七年(1891)浙江嘉興刻本　一冊

120000－0345－0000504　0518(1)
胎產秘書三卷　(清)陳笏庵傳　(清)何榮編　清同治四年(1865)刻本　一冊

120000－0345－0000505　0518(2)
胎產秘書三卷附胎產續要　(清)陳笏庵傳　(清)何榮編　清光緒七年(1881)上海劉萊刻本　一冊

120000－0345－0000506　0518(3)
胎產秘書三卷　(清)陳笏庵傳　(清)何榮編　清光緒十年(1884)刻本　二冊

120000－0345－0000507　0518(4)
胎產秘書三卷　(清)陳笏庵傳　(清)何榮編　清光緒十八年(1892)永盛齋刻本　一冊

120000－0345－0000508　0518(8)
胎產秘書三卷　(清)陳笏庵傳　(清)何榮編　抄本　一冊

120000－0345－0000509　0519(1)
胎產護生篇不分卷　(清)李長科編　清道光九年(1829)山西樂善堂刻本　一冊

120000－0345－0000510　0520(1)
胎產症治錄不分卷　(清)單南山撰　(清)丁逢壬編　清光緒五年(1879)倚山廬刻本　一冊　存一卷(一)

120000－0345－0000511　0522(1)
順天易生篇二卷　(清)趙璧撰　抄本　一冊

120000－0345－0000512　0523(1)
達生胎產心法驗方合編三卷　(□)□□撰　清光緒五年(1879)三省書屋刻本　一冊

120000－0345－0000513　0524(1)
保產萬全經不分卷　(清)馮兆張撰　清光緒十六年(1890)刻本　一冊

120000－0345－0000514　0525(1)
大生集成五卷　(清)王承謨撰　清光緒十六年(1890)遵義新廟王氏刻本　一冊

120000－0345－0000515　0526(1)
廣生集要不分卷　(清)郭念祖撰　清光緒二十一年(1895)柑市李公館刻本　一冊

120000－0345－0000516　0527(1)
達生編韻言不分卷　(清)李遂賢撰　清光緒二十七年(1901)刻本　一冊

120000－0345－0000517　0528(1)
產後三十六論　(□)□□撰　抄本　一冊

120000－0345－0000518　0529(1)
閑集附產後要錄　(□)□□撰　抄本　一冊

120000－0345－0000519　0530(1)
產寶百問　(明)鄭文康編　清道光三年(1823)張定邦抄本　一冊

120000－0345－0000520　0531(1)
產後方　(□)□□撰　抄本　一冊

120000－0345－0000521　0532(1)
鳳雛集　(□)□□撰　抄本　一冊

120000－0345－0000522　0533(1)
產寶秘書　(□)□□撰　抄本　一冊

120000－0345－0000523　0534(1)
廣嗣紀要十六卷　(明)萬全撰　清敷文堂刻萬密齋醫書十種本　一冊

120000－0345－0000524　0535(1)
妙一齋醫學正印種子編四卷　(明)岳甫嘉撰　明崇禎九年(1636)刻本　四冊

120000－0345－0000525　0536(1)
種子章門　(□)□□撰　抄本　一冊

120000－0345－0000526　0537(1)
延齡廣嗣　王建章撰　抄本　一冊

120000－0345－0000527　0538(1)
幼幼新書四十卷目錄一卷　(宋)劉昉原撰　(明)陳履端輯　明萬曆刻本　一冊　存二卷(二十七至二十八)

120000－0345－0000528　0539(1)
陳氏小兒病源方論四卷　(宋)陳文中撰　抄本　一冊

120000－0345－0000529　0540(1)
嬰童百問十卷　(明)魯伯嗣撰　明末清初聚錦堂刻本　四冊

120000－0345－0000530　0540(2)
嬰童百問十卷附產寶百問　(明)魯伯嗣撰　清刻本　四冊

120000－0345－0000531　0541(1)
全幼心鑒四卷　(明)寇平編　明成化全幼堂刻本　四冊　存二卷(秋、冬)

120000－0345－0000532　0541(2)
全幼心鑒四卷　(明)寇平編　明成化刻本　一冊　存一卷(五)

120000－0345－0000533　0542(1)
幼科類萃二十八卷　(明)王鑾撰　明嘉靖刻本　六冊

120000－0345－0000534　0543(1)
幼科證治準繩九卷　(明)王肯堂編　明刻本　十二冊　缺五卷(一、二上、三、六上、七下)

120000－0345－0000535　0544(1)
幼幼心裁二卷　(明)喬埰撰　清嘉慶五年(1800)壽康堂刻本　四冊

120000－0345－0000536　0545(1)
幼科醫學指南四卷　(清)周震撰　清刻本　四冊

120000－0345－0000537　0545(2)
幼科醫學指南四卷　(清)周震撰　清抄本　四冊

120000－0345－0000538　0546(1)
誠書十六卷附誠書痘疹三卷　(清)談金章撰　清雍正十年(1732)傳經堂刻本　二冊

120000－0345－0000539　0547(1)
幼科鐵鏡六卷　(清)夏鼎撰　清道光九年(1829)掃葉山房刻本　二冊

120000－0345－0000540　0547(2)
幼科鐵鏡六卷　(清)夏鼎撰　清友蘭堂刻本　一冊

120000－0345－0000541　0549(1)
保嬰秘書□□卷　(清)仇延權撰　清刻本　一冊　存五卷(四至八)

120000－0345－0000542　0550(1)
抱乙子幼科指掌遺稿四卷　(清)葉其蓁編　清乾隆刻本　一冊

120000－0345－0000543　0551(1)
幼科雜病心法要訣六卷　(清)吳謙撰　抄本　二冊　存六卷(幼科五十至五十五)

120000－0345－0000544　0552(1)
幼幼集成六卷　(清)陳復正編　(清)劉勷校正　清乾隆十六年(1751)刻本　六冊

120000－0345－0000545　0552(2)
幼幼集成六卷　(清)陳復正編　(清)劉勷校正　清菁華樓刻本　六冊

120000－0345－0000546　0552(3)
幼幼集成六卷　(清)陳復正編　(清)劉勷校正　清學庫山房刻本　六冊

120000－0345－0000547　0553(1)
幼科釋謎六卷　(清)沈金鰲編　清同治元年(1862)醉六堂刻本　一冊

120000－0345－0000548　0554(1)
保嬰易知錄二卷　(清)吳溶堂撰　清光緒五年(1879)虞山學福堂刻本　一冊

120000－0345－0000549　0554(2)
保嬰易知錄二卷　(清)吳溶堂撰　清李氏刻本　一冊

120000－0345－0000550　0555(1)
醫學精要八卷　(清)黃巖撰　清道光刻本　九冊

120000－0345－0000551　0556(1)
幼科指歸二卷　(清)曾鼎撰　清咸豐六年(1856)龍文堂刻本　一冊

120000－0345－0000552　0557(1)
醫林枕秘保赤存真十卷附脈理存真　(清)余含棻編　清光緒二年(1876)刻本　四冊　存六卷(一至六)

120000－0345－0000553　0558(1)
管氏兒女至寶　(清)管斯駿編　清光緒十九年(1893)上海管可壽齋鉛印本　一冊

120000－0345－0000554　0564(1)
幼科　(□)□□撰　清刻本　二冊

120000－0345－0000555　0565(1)
痘疹方論不分卷　(宋)陳文中　(明)蔡維藩撰　明萬曆二十二年(1594)新安吳勉學刻本　三冊

120000－0345－0000556　0565(2)
痘疹方論不分卷　(宋)陳文中撰　(明)蔡維藩　明萬曆吳勉學校刻本　一冊

120000－0345－0000557　0566(1)
痘疹寶鑒二卷　(□)□□撰　明吳勉學刻本　一冊

120000－0345－0000558　0567(1)
痘疹全書十六卷　(明)萬全編　明萬曆三十八年(1610)夏邑彭端吾刻本　三册　殘

120000－0345－0000559　0567(2)
痘疹全書十六卷　(明)萬全編　清刻本　一册　存二卷(痘疹玉髓一至二)

120000－0345－0000560　0568(1)
片玉痘疹十三卷　(明)萬全編　清雍正敷文堂刻本　二册

120000－0345－0000561　0569(1)
博集稀痘方論二卷　(明)郭子章撰　明萬曆二十九年(1601)新安吳勉學刻本　一册

120000－0345－0000562　0570(1)
增補痘疹玉髓金鏡錄四卷　(明)翁仲仁撰　清刻本　二册　殘

120000－0345－0000563　0571(1)
秘傳經驗痘疹方四卷　(明)黄廉撰　明萬曆七年(1579)長蘆刻本　二册

120000－0345－0000564　0571(2)
秘傳經驗痘疹方四卷　(明)黄廉撰　清刻本　一册　存二卷(三至四)

120000－0345－0000565　0572(1)
痘疹傳心錄十六卷　(明)朱惠民撰　抄本　一册

120000－0345－0000566　0573(3)
仙傳痘疹奇書三卷　(明)高我岡撰　(清)高堯臣編　抄本　一册　存二卷(二至三)

120000－0345－0000567　0574(1)
疹科不分卷　題(明)孔弘擢撰　明萬曆三十二年(1604)呂坤刻本　一册

120000－0345－0000568　0575(1)
痘疹活幼心法　(明)聶尚恒撰　明崇禎刻本　二册　殘

120000－0345－0000569　0575(2)
痘疹活幼心法　(明)聶尚恒撰　清同治八年(1869)浙江三修堂刻本　一册

120000－0345－0000570　0576(1)
摘星樓治痘全書十八卷　(明)朱一麟撰　清道光六年(1826)刻本　十册

120000－0345－0000571　0576(2)
摘星樓治痘全書十八卷　(明)朱一麟撰　清刻本　一册　存一卷(十)

120000－0345－0000572　0577(1)
痘科類編釋意三卷　(明)翟良撰　清嘉慶二十年(1815)雲南刻本　四册

120000－0345－0000573　0578(1)
痘科纂要　(□)□□撰　清抄本　一册

120000－0345－0000574　0579(1)
仁端錄痘疹玄珠五卷　(明)徐謙編　清抄本　三册

120000－0345－0000575　0579(2)
仁端錄痘疹玄珠五卷　(明)徐謙編　清抄本　一册　存一卷(一)

120000－0345－0000576　0580(1)
痘科鍵二卷　(明)朱巽撰　清道光十一年(1831)刻本　六册

120000－0345－0000577　0581(1)
疹科纂要不分卷　(明)馬之騏撰　(明)翟良訂　明刻本　一册

120000－0345－0000578　0582(1)
救偏瑣言十卷附備用良方　(清)費啟泰撰　清康熙二十七年(1688)惠迪堂刻本　六册

120000－0345－0000579　0582(2)
救偏瑣言十卷附備用良方　(清)費啟泰撰　清康熙二十七年(1688)惠迪堂刻本　四册

120000－0345－0000580　0582(3)
救偏瑣言十卷附備用良方　(清)費啟泰撰　清道光二十一年(1841)刻本　四册

120000－0345－0000581　0582(4)
救偏瑣言十卷附備用良方　(清)費啟泰撰　清道光二十一年(1841)刻本　四册

120000－0345－0000582　0583(1)

痘疹百問秘本不分卷　(清)吳學損校訂　清康熙十六年(1677)三多齋刻本　三冊

120000－0345－0000583　0584(1)
痘科辨證二卷　(清)陳堯道編　清康熙刻本　二冊　存一卷(一)

120000－0345－0000584　0584(2)
痘科辨證二卷　(清)陳堯道編　清咸豐二年(1852)聚奎堂刻本　四冊

120000－0345－0000585　0585(1)
痘疹正宗二卷　(清)宋麟祥撰　清康熙六十年(1721)宛平李氏刻本　二冊

120000－0345－0000586　0585(2)
痘疹正宗二卷　(清)宋麟祥撰　清乾隆八年(1743)刻本　二冊

120000－0345－0000587　0585(3)
痘疹正宗二卷　(清)宋麟祥撰　清嘉慶七年(1802)刻本　一冊

120000－0345－0000588　0585(4)
痘疹正宗二卷　(清)宋麟祥撰　清同治八年(1869)善成堂刻本　二冊

120000－0345－0000589　0586(1)
痘科正傳六卷　(清)沈巨源編　清刻本　三冊

120000－0345－0000590　0587(1)
麻疹真傳五卷　(清)張璐　(清)俞中和撰　清光緒二十七年(1901)刻本　一冊

120000－0345－0000591　0588(1)
痘疹定論四卷　(清)朱純嘏編　清道光二十三年(1843)大興堂刻本　二冊

120000－0345－0000592　0588(2)
痘疹定論四卷　(清)朱純嘏編　清光緒十八年(1892)儒雅堂刻本　一冊

120000－0345－0000593　0589(1)
痘書大全金鏡錄三卷　(清)史錫節撰　清康熙四十六年(1707)尺木堂刻本　四冊

120000－0345－0000594　0590(1)
痧痘集解六卷　(清)俞茂鯤集解　清光緒十一年(1885)刻本　七冊

120000－0345－0000595　0590(2)
痧痘集解六卷　(清)俞茂鯤集解　清刻本　一冊

120000－0345－0000596　0591(1)
痘學真傳八卷附疹論痧賦　(清)葉大椿撰　清雍正十年(1732)金閶巽記書坊刻本　四冊

120000－0345－0000597　0591(2)
痘學真傳八卷附疹論痧賦　(清)葉大椿撰　清抄本　四冊

120000－0345－0000598　0592(1)
黃帝逸典痘疹精義不分卷　(清)虞瑞蒼校　清雍正五年(1727)刻本　一冊

120000－0345－0000599　0593(1)
種痘新書十二卷　(清)張琰撰　清乾隆種福堂刻本　二冊

120000－0345－0000600　0593(2)
種痘新書十二卷　(清)張琰撰　清同治十年(1871)重慶善成堂刻本　六冊

120000－0345－0000601　0593(3)
種痘新書十二卷　(清)張琰撰　清同治十年(1871)重慶善成堂刻本　四冊

120000－0345－0000602　0594(1)
痘症精言四卷　(清)袁句撰　清乾隆十八年(1753)刻本　二冊

120000－0345－0000603　0594(2)
痘症精言四卷　(清)袁句撰　清道光四年(1824)集錦堂刻本　四冊

120000－0345－0000604　0594(3)
痘症精言四卷　(清)袁句撰　清刻本　一冊

120000－0345－0000605　0595(1)
天花精言六卷　(清)袁句撰　清刻本　四冊

120000－0345－0000606　0597(1)
痘症寶筏六卷　(清)強健編　(清)朱增惠校　清同治元年(1862)刻本　二冊

120000－0345－0000607　0598(1)
痘疹專門二卷　(清)董維嶽撰　清道光二十五年(1845)書業德記刻本　二冊

120000－0345－0000608　0600(1)
痘疹輯要三卷　(清)劉鼎　(清)何夢瑤合撰　清乾隆四十年(1775)桂東黄體端刻本　一冊

120000－0345－0000609　0601(1)
軒轅逸典十四卷　(□)□□撰　清刻本　三冊　存十三卷(一至十三)

120000－0345－0000610　0602(1)
治痘對症説要六卷　(清)孫豐年撰　清乾隆五十六年(1791)味經堂刻本　六冊

120000－0345－0000611　0603(1)
痘科扼要　(清)陳奇生撰　清乾隆二十年(1755)刻本　一冊

120000－0345－0000612　0603(2)
痘科扼要　(清)陳奇生撰　清刻本　一冊

120000－0345－0000613　0604(1)
痘疹會通五卷　(清)曾鼎撰　清乾隆五十一年(1786)南城曾氏忠恕堂刻本　四冊

120000－0345－0000614　0604(2)
痘疹會通五卷　(清)曾鼎撰　抄本　一冊

120000－0345－0000615　0605(1)
痘疹醫方二卷　(清)徐觀政撰　清乾隆五十八年(1793)刻本　二冊

120000－0345－0000616　0606(1)
痘科輯要　(清)文起編　抄本　一冊

120000－0345－0000617　0607(1)
痘疹真傳八卷　(清)曹光熙撰　清嘉慶十九年(1814)抄本　六冊

120000－0345－0000618　0608(1)
引痘略一卷　(清)邱熺編　清同治七年(1868)刻本　一冊

120000－0345－0000619　0610(1)
痘疹摘要　(□)□□撰　抄本　一冊

120000－0345－0000620　0611(1)
痘疹集成四卷附麻疹集成二卷　(清)朱楚芬編　清道光十七年(1837)刻本　一冊

120000－0345－0000621　0612(1)
經驗小兒月内出痘神方不分卷　(□)□□撰　清光緒十五年(1889)刻本　一冊

120000－0345－0000622　0613(1)
痘疹窮源不分卷　(清)宋翊臣撰　(清)孫如珊選　清道光十八年(1838)文錦堂刻本　一冊

120000－0345－0000623　0614(1)
痘疹大成四卷　(清)侯功震撰　清同治十年(1871)會心閣刻本　四冊

120000－0345－0000624　0615(1)
痘症秘書二卷　(清)王榮清撰　清同治八年(1869)刻本　一冊　存一卷(一)

120000－0345－0000625　0616(1)
痘疹摘錄不分卷　(清)文晟編　清光緒十一年(1885)京江文成堂刻本　一冊

120000－0345－0000626　0617(1)
王海暘痘書三卷　(清)王海暘撰　清抄本　一冊

120000－0345－0000627　0618(1)
麻痘新編二卷　(清)俞世球撰　清光緒十年(1884)刻本　一冊

120000－0345－0000628　0619(1)
痘科秘要　(清)邵星森撰　清抄本　一冊

120000－0345－0000629　0620(1)
痘疹經驗良方四卷　(清)韓文博編　清光緒二十四年(1898)京江文成堂刻本　二冊

120000－0345－0000630　0621(1)
痘科緊要成方　(□)□□撰　清抄本　一冊

120000－0345－0000631　0622(1)
麻症通考麻證活人全書合訂　(清)何古潤編　清抄本　一冊

120000－0345－0000632　0623(1)

痘疹喉眼　(□)□□撰　清抄本　一冊

120000－0345－0000633　0624(1)
痘症分類博抄　(□)□□撰　清抄本　七冊

120000－0345－0000634　0625(1)
痘科集錄心法附痘症治經驗不分卷　(清)俞天池輯錄　清刻本　一冊　存一卷(五)

120000－0345－0000635　0626(1)
痘科本草　(□)□□撰　清刻本　一冊

120000－0345－0000636　0627(1)
福幼編不分卷　(清)莊一夔撰　清光緒刻本　一冊

120000－0345－0000637　0627(1)
福幼編不分卷　(清)莊一夔撰　清光緒刻本　一冊

120000－0345－0000638　0628(1)
遂生福幼合編　(清)莊一夔撰　清同治十一年(1872)義經堂刻本　一冊

120000－0345－0000639　0629(1)
驚風辨誤三卷　(清)馮汝玖編　清宣統三年(1911)冰龕刻本　一冊

120000－0345－0000640　0630(1)
外科精義二卷　(元)齊德之撰　清刻本　二冊

120000－0345－0000641　0631(1)
外科啟玄十二卷　(明)申拱宸撰　明萬曆三十二年(1604)留耕堂刻本　六冊

120000－0345－0000642　0632(1)
重訂外科正宗十二卷　(明)陳實功撰　(清)張鷟翼重訂　清光緒十四年(1888)掃葉山房刻本　六冊

120000－0345－0000643　0632(2)
重訂外科正宗十二卷　(明)陳實功撰　(清)張鷟翼重訂　清光緒十九年(1893)京都泰山堂刻本　六冊

120000－0345－0000644　0632(3)
重訂外科正宗十二卷　(明)陳實功撰　(清)張鷟翼重訂　清刻本　三冊　存九卷(四至十二)

120000－0345－0000645　0633(1)
瘍科選粹八卷　(明)陳文治編　明刻清修補本　八冊

120000－0345－0000646　0634(1)
外科活人定本四卷　(明)龔居中撰　清順治十八年(1661)刻本　四冊

120000－0345－0000647　0636(1)
外科證治全生集四卷　(清)王維德編　清同治七年(1868)刻本　二冊

120000－0345－0000648　0636(2)
外科證治全生集六卷　(清)王維德編　清光緒十年(1884)吳縣孫氏槐廬刻本　二冊

120000－0345－0000649　0637(1)
瘍醫大全四十卷附寒門秘法　(清)顧世澄纂輯　清光緒二十七年(1901)上海圖書集成印書局鉛印本　十六冊

120000－0345－0000650　0638(1)
徐評外科正宗十二卷附錄一卷　(明)陳實功撰　(清)徐大椿評註　清咸豐十一年(1861)靖江金聲堂刻本　六冊

120000－0345－0000651　0638(2)
徐評外科正宗十二卷附錄一卷　(明)陳實功撰　(清)徐大椿評註　清光緒十九年(1893)上海圖書集成印書局鉛印本　三冊

120000－0345－0000652　0639(1)
瘍科心得集三卷附方彙三卷景岳新方歌一卷　(清)高秉鈞纂輯　清光緒二十七年(1901)刻本　六冊

120000－0345－0000653　0639(2)
瘍科心得集三卷附方彙三卷景岳新方歌一卷　(清)高秉鈞纂輯　清光緒二十七年(1901)刻本　六冊

120000－0345－0000654　0639(3)
瘍科心得集三卷附方彙三卷景岳新方歌一卷　(清)高秉鈞纂輯　清光緒三十二年(1906)

上海文瑞樓石印本　三冊

120000－0345－0000655　0641(1)
外科證治全書五卷末一卷　(清)許克昌　(清)畢法輯　清同治六年(1867)刻本　五冊

120000－0345－0000656　0641(2)
外科證治全書五卷末一卷　(清)許克昌　(清)畢法輯　清同治刻本　一冊　存二卷(五、末一卷)

120000－0345－0000657　0643(1)
外科真詮二卷　(清)鄒嶽撰　清同治十一年(1872)刻本　四冊

120000－0345－0000658　0644(1)
外科摘錄二卷　(清)文晟編　清光緒十一年(1885)京江文成堂刻本　一冊

120000－0345－0000659　0645(1)
馬培之外科醫案　(清)馬文植撰　清抄本　一冊

120000－0345－0000660　0645(2)
馬培之外科醫案　(清)馬文植撰　清抄本　一冊

120000－0345－0000661　0646(1)
醫略存真二卷　(清)馬文植撰　清光緒二十四年(1898)刻本　一冊　存一卷(一)

120000－0345－0000662　0652(1)
正體類要二卷　(明)薛己撰　清刻本　二冊

120000－0345－0000663　0653(1)
發背形證品不分卷　(□)□□撰　明刻本　一冊　殘

120000－0345－0000664　0655(1)
外科醫鏡　(清)張正撰　清抄本　四冊

120000－0345－0000665　0656(1)
增訂治疔匯要三卷附近診醫案　(清)過鑄撰　清光緒二十四年(1898)武林刻本　五冊

120000－0345－0000666　0658(1)
外科男婦小兒各種疽癧　(□)□□撰　清抄本　一冊

120000－0345－0000667　0660(1)
外科醫案　(□)□□撰　清抄本　一冊

120000－0345－0000668　0661(1)
痔漏治療經驗記　(清)徐繼高撰　清抄本　一冊　殘

120000－0345－0000669　0662(1)
古瘍科三種　(□)□□撰　清抄本　三冊

120000－0345－0000670　0663(1)
接骨全書　(清)徐瑛撰　清抄本　二冊

120000－0345－0000671　0663(2)
接骨全書　(清)徐瑛撰　清抄本　二冊

120000－0345－0000672　0664(1)
明目方不分卷　(□)□□撰　元刻本　一冊

120000－0345－0000673　0665(1)
銀海精微二卷　題(唐)孫思邈撰　清光緒大文堂刻本　二冊

120000－0345－0000674　0665(2)
銀海精微二卷　題(唐)孫思邈撰　(清)周亮節校正　清刻本　二冊

120000－0345－0000675　0666(1)
秘傳眼科龍木論十卷首一卷　(明)葆光道人撰　明刻本　四冊　缺二卷(一、首一卷)

120000－0345－0000676　0667(1)
審視瑤函六卷首一卷　(明)傅仁宇撰　(清)林長生校補　清光緒十九年(1893)刻本　四冊　缺二卷(二、四)

120000－0345－0000677　0667(2)
審視瑤函六卷首一卷　(明)傅仁宇撰　(清)林長生校補　清善成堂刻本　六冊

120000－0345－0000678　0667(3)
審視瑤函六卷首一卷　(明)傅仁宇撰　(清)林長生校補　清濟世堂刻本　六冊

120000－0345－0000679　0667(4)
審視瑤函六卷首一卷　(明)傅仁宇撰　(清)林長生校補　清濟世堂刻本　六冊

120000－0345－0000680　0669(1)

眼科闡微四卷　(清)馬化龍編　清抄本　四册

120000－0345－0000681　0669(2)
眼科闡微四卷　(清)馬化龍編　清抄本　四册

120000－0345－0000682　0669(3)
眼科闡微四卷　(清)馬化龍編　清抄本　一册

120000－0345－0000683　0671(1)
眼科約篇　(清)顔筱園撰　清光緒二十四年(1898)林芸甫抄本　一册

120000－0345－0000684　0672(1)
眼科秘旨不分卷　(□)□□撰　清光緒三十年(1904)紅杏山房刻本　一册

120000－0345－0000685　0673(1)
眼科秘本　題(清)葉桂撰　陳溶抄本　一册

120000－0345－0000686　0674(1)
尉氏家傳眼科　(□)□□撰　抄本　一册

120000－0345－0000687　0675(1)
尤氏秘傳喉科真本(尤氏秘傳喉科同仁堂秘授喉科十八證)　(□)□□撰　馮青翔抄本　一册

120000－0345－0000688　0676(1)
喉科指掌六卷　(清)張宗良撰　清同治九年(1870)刻本　一册

120000－0345－0000689　0676(2)
喉科指掌六卷　(清)張宗良撰　清巴蜀傳氏刻本　一册　殘

120000－0345－0000690　0677(1)
咽喉經驗秘傳不分卷　(清)程永培撰　清修敬堂刻本　一册

120000－0345－0000691　0678(1)
重樓玉鑰二卷　(清)鄭梅澗撰　清道光十九年(1839)蘇城喜墨齋刻本　二册

120000－0345－0000692　0679(1)
喉症全科紫珍集二卷　題(清)燕山竇氏撰　(清)朱翔宇編　清嘉慶十一年(1806)盛德堂刻本　二册

120000－0345－0000693　0679(2)
喉症全科紫珍集二卷　題(清)燕山竇氏撰　(清)朱翔宇編　清咸豐十一年(1861)刻本　二册

120000－0345－0000694　0679(3)
喉症全科紫珍集二卷　題(清)燕山竇氏撰　(清)朱翔宇編　清刻本　二册

120000－0345－0000695　0682(1)
喉科秘鑰二卷　(清)鄭塵撰　(清)許佐廷增訂　清光緒十二年(1886)成都刻本　一册　殘

120000－0345－0000696　0684(1)
喉風三十六症　(□)□□撰　清抄本　一册

120000－0345－0000697　0685(1)
喉科秘要　(□)□□撰　清抄本　一册

120000－0345－0000698　0686(1)
喉科　(□)□□撰　清抄本　一册

120000－0345－0000699　0687(1)
咽喉治法　(□)□□撰　清抄本　一册

120000－0345－0000700　0688(1)
時疫白喉捷要附各種經驗良方不分卷　(清)張紹修撰　清光緒三十年(1904)浙江書局刻本　一册

120000－0345－0000701　0688(2)
時疫白喉捷要　(清)張紹修撰　清抄本　一册

120000－0345－0000702　0689(1)
京城白喉外治三法　(清)連自華撰　清光緒二十六年(1900)琉璃廠龍文齋刻本　一册

120000－0345－0000703　0690(1)
疫喉淺論二卷補遺一卷　(清)夏雲撰　清光緒五年(1879)石印本　二册

120000－0345－0000704　0690(2)
疫喉淺論二卷補遺一卷　(清)夏雲撰　清抄

本　一册

120000－0345－0000705　0690(3)

疫喉淺論二卷補遺一卷　(清)夏雲撰　清抄本　一册

120000－0345－0000706　0691(1)

白喉辨證附吊脚痧論不分卷　(清)黄維翰撰　清光緒九年(1883)信述堂刻本　一册

120000－0345－0000707　0692(1)

白喉治法忌表抉微　(清)耐修子撰　清光緒二十五年(1899)鉛印本　一册

120000－0345－0000708　0692(2)

白喉治法忌表抉微附經驗救急諸方　(清)耐修子撰　清光緒上海石印本　一册

120000－0345－0000709　0695(2)

疫痧草　(清)陳耕道撰　抄本　一册

120000－0345－0000710　0696(1)

爛喉痹痧輯要不分卷　(清)金德鑒撰　清光緒二十七年(1901)刻本　一册

120000－0345－0000711　0697(1)

痧喉正義不分卷　(清)張振鋆纂輯　清光緒十五年(1889)刻本　一册　缺(總論)

120000－0345－0000712　0698(1)

痧喉藥方　(□)□□撰　抄本　一册

120000－0345－0000713　0700(1)

壽親養老新書四卷　(宋)陳直撰　(元)鄒鉉增補　清刻本　四册

120000－0345－0000714　0701(1)

萬壽仙書四卷　(明)羅洪先撰　(清)曹若水增輯　清道光十二年(1832)延古齋刻本　三册

120000－0345－0000715　0701(2)

萬壽仙書四卷　(明)羅洪先撰　(清)曹若水增輯　清道光十二年(1832)刻本　一册

120000－0345－0000716　0702(1)

遵生八箋十九卷　(明)高濂編　清永懷堂刻本　十六册

120000－0345－0000717　0703(1)

萬壽丹書　(明)龔居中撰　明天啟四年(1624)金陵書林周如泉刻本　四册　殘

120000－0345－0000718　0704(1)

壽世青編二卷　(明)李中梓撰　(清)尤乘編　清光緒刻本　一册

120000－0345－0000719　0708(1)

壽世傳真八卷　(清)徐文弼編　清乾隆三十六年(1771)致盛堂刻本　一册

120000－0345－0000720　0709(1)

衛生要術不分卷　(清)徐鳴峰撰　(清)潘霨編　清京口文成堂刻本　一册

120000－0345－0000721　0713(1)

入法指南集　(□)□□撰　清抄本　一册

120000－0345－0000722　0714(1)

名醫類案十二卷　(明)江瓘編集　清乾隆三十五年(1770)新安鮑氏知不足齋刻本　十二册

120000－0345－0000723　0715(1)

孫文垣醫案五卷　(明)孫一奎撰　清刻本　二册　存三卷(三至五)

120000－0345－0000724　0716(1)

寓意草　(清)喻昌撰　清刻本　二册

120000－0345－0000725　0717(1)

臨證指南醫案十卷附種福堂公選良方兼刻古吴名醫精選論四卷　(清)葉桂撰　(清)華岫雲校　清嘉慶八年(1803)刻本　十二册

120000－0345－0000726　0717(2)

臨證指南醫案十卷附種福堂公選溫熱論醫案一卷種福堂公選良方三卷　(清)葉桂撰　(清)華岫雲編　(清)徐大椿評　清同治三年(1864)刻本　十二册

120000－0345－0000727　0717(3)

臨證指南醫案十卷附種福堂公選溫熱論醫案一卷種福堂公選良方三卷　(清)葉桂撰　(清)華岫雲編　(清)徐大椿評　清光緒十年(1884)文富堂刻本　十册

120000－0345－0000728　0717(5)
臨證指南醫案十卷附種福堂公選溫熱論醫案一卷種福堂公選良方三卷　(清)葉桂撰　(清)華岫雲編　(清)徐大椿評　清刻本　十二册

120000－0345－0000729　0718(1)
名醫類案十二卷續三十六卷　(明)江瓘編　(清)魏之琇續編　清光緒二十年(1894)上海著易堂刻本　四十八册

120000－0345－0000730　0719(1)
古今醫案按十卷　(清)俞震纂輯　(清)李齡壽校輯　清光緒九年(1883)吴江李氏刻本　十册

120000－0345－0000731　0721(1)
杏軒醫案不分卷　(清)程文囿撰　清光緒十七年(1891)漢上刻本　二册

120000－0345－0000732　0722(1)
吴門治驗錄四卷　(清)顧金壽撰　清道光五年(1825)青霞齋吴學圃刻本　四册

120000－0345－0000733　0723(1)
三家醫案合刻三卷附醫效秘傳三卷溫熱贅言一卷　(清)吴金壽編　清道光刻本　二册

120000－0345－0000734　0723(2)
三家醫案合刻三卷附醫效秘傳三卷　(清)吴金壽編纂　清道光刻本　二册

120000－0345－0000735　0723(3)
三家醫案合刻三卷附溫熱贅言一卷　(清)吴金壽編纂　清道光蘇州綠潤堂刻本　二册

120000－0345－0000736　0723(5)
三家醫案合刻三卷附溫熱贅言一卷　(清)吴金壽編　清刻本　二册

120000－0345－0000737　0724(1)
葉氏醫案存真三卷附馬氏醫案　(清)葉桂撰　(清)葉萬青編　清光緒十六年(1890)羊城瑞賢書店刻本　四册

120000－0345－0000738　0725(1)
愛廬醫案不分卷　(清)張大爔撰　清光緒二十五年(1899)惜餘小舍刻本　一册

120000－0345－0000739　0726(1)
王氏醫案正編(回春錄)二卷附王氏醫案續編(仁術志)八卷霍亂論二卷　(清)王士雄撰　(清)周鑅　(清)張鴻輯　清咸豐元年(1851)吟香書屋刻本　二册

120000－0345－0000740　0727(1)
葉案括要八卷　(清)葉桂撰　清刻本　一册　存二卷(五至六)

120000－0345－0000741　0731(1)
倚雲軒醫案醫話醫論七卷　(清)方仁淵編　抄本　一册

120000－0345－0000742　0733(1)
陶禹卿治驗　陶禹卿編　抄本　二册

120000－0345－0000743　0738(1)
陳良夫醫案　陳良夫撰　抄本　二册

120000－0345－0000744　0739(1)
吴門顧氏醫案　顧得昌撰　抄本　一册

120000－0345－0000745　0741(1)
醫案草　張相臣撰　抄本　一册

120000－0345－0000746　0744(1)
思遠堂醫粹　(□)□□撰　抄本　一册

120000－0345－0000747　0745(1)
醫案　(□)□□撰　清抄本　一册

120000－0345－0000748　0746(1)
雜治醫案　(□)□□撰　抄本　一册

120000－0345－0000749　0747(1)
黄九峰醫案　(□)□□撰　抄本　五册

120000－0345－0000750　0748(1)
醫經正本書一卷附劄記一卷　(宋)程迥撰　清光緒五年(1879)歸安陸氏刻十萬卷樓叢書本　一册

120000－0345－0000751　0749(1)
人倫大統賦二卷　(宋)太醫局編　清光緒三年(1877)吴興陸氏刻十萬卷樓叢書本　一册

120000－0345－0000752　0750(1)
太醫局諸科程文九卷　(宋)太醫局編　清光緒三十一年(1905)上海六藝書局石印本　五册

120000－0345－0000753　0751(1)
格致餘論不分卷　(元)朱震亨撰　明萬曆二十九年(1601)新安吳勉學刻本　一册

120000－0345－0000754　0752(1)
醫經溯洄集不分卷　(元)王履撰　明吳勉學校刻本　一册

120000－0345－0000755　0753(1)
折肱漫錄七卷　(明)黄承昊撰　清刻本　二册

120000－0345－0000756　0754(1)
登壇必究醫藥不分卷　(明)王鳴鶴撰　明刻本　一册

120000－0345－0000757　0755(1)
醫衡四卷　(清)沈時譽撰　(□)梅鼎編　抄本　一册

120000－0345－0000758　0756(1)
外經微言　(清)陳士鐸撰　清嘉慶二十年(1815)静樂堂抄本　六册

120000－0345－0000759　0757(1)
醫學源流論二卷　(清)徐大椿撰　清乾隆二十二年(1757)半松齋刻本　二册

120000－0345－0000760　0758(1)
醫貫砭二卷　(清)徐大椿撰　清刻本　一册

120000－0345－0000761　0758(2)
醫貫砭二卷　(清)徐大椿撰　清刻本　一册

120000－0345－0000762　0759(1)
慎疾芻言不分卷　(清)徐大椿撰　清同治十一年(1872)義經堂刻本　一册

120000－0345－0000763　0760(1)
吴醫彙講十一卷　(清)唐大烈編　清嘉慶十九年(1814)校經山房刻本　四册

120000－0345－0000764　0761(2)
琉球百問不分卷　(清)曹存心撰　清光緒七年(1881)刻本　二册

120000－0345－0000765　0762(1)
醫理真傳四卷　(清)鄭壽全撰　清同治十三年(1874)成都刻本　四册

120000－0345－0000766　0763(1)
引經證醫四卷　(清)程梁撰　清光緒八年(1882)刻本　一册

120000－0345－0000767　0764(1)
王氏醫存十七卷附新選驗方　(清)王燕昌述　清同治十三年(1874)皖城黄竹友齋刻本　四册

120000－0345－0000768　0764(2)
王氏醫存十七卷附新選驗方　(清)王燕昌述　清同治十三年(1874)皖城黄竹友齋刻本　三册　存十一卷(王氏醫存一至三、十至十七)

120000－0345－0000769　0765(1)
醫法圓通四卷　(清)鄭壽全編輯　清同治十三年(1874)成都刻本　四册

120000－0345－0000770　0765(2)
醫法圓通四卷　(清)鄭壽全編輯　清光緒二十九年(1903)刻本　四册

120000－0345－0000771　0767(1)
存存齋醫話稿二卷　(清)趙彦暉撰　清光緒七年(1881)永禪室刻本　二册

120000－0345－0000772　0768(1)
醫法心傳不分卷　(清)程芝田撰　清光緒十三年(1887)養鶴山房刻本　一册

120000－0345－0000773　0768(2)
醫法心傳不分卷　(清)程芝田撰　清光緒十三年(1887)養鶴山房刻本　一册

120000－0345－0000774　0768(2)
醫法心傳不分卷　(清)程芝田撰　清光緒十三年(1887)養鶴山房刻本　一册

120000－0345－0000775　0770(1)
醫理略述二卷　(清)尹端模撰　清光緒十八

年(1892)羊城博濟醫局刻本　二册

120000－0345－0000776　0772(1)
醫學答問四卷　(清)梁玉瑜傳　(清)陶保廉錄　清光緒二十一年(1895)常熟言同霨鉛印本　二册

120000－0345－0000777　0773(1)
醫粹精言四卷附醫意二卷　(清)徐延祚撰　清光緒二十三年(1897)奉天徐氏鐵如意軒刻本　四册

120000－0345－0000778　0774(1)
醫醫醫　(清)孟今氏撰　清宣統元年(1909)廣州清風橋文茂印書局鉛印本　一册

120000－0345－0000779　0776(2)
翠竹山房診暇錄稿二卷　曹惕寅撰　抄本　二册

120000－0345－0000780　0789(1)
中醫研究法　(□)趙子才撰　抄本　一册

120000－0345－0000781　0790(1)
環松樓醫話　麓園撰　抄本　二册

120000－0345－0000782　0791(1)
稽古尊聞八卷　李雨村撰　稿本　一册

120000－0345－0000783　0794(1)
醫壘元戎十二卷　(元)王好古撰　明萬曆刻本　八册　存七卷(一至六、八)

120000－0345－0000784　0796(1)
衛生寶鑑二十四卷附補遺　(元)羅天益撰　清光緒二十二年(1896)長沙刻惜陰軒叢書本　八册

120000－0345－0000785　0797(1)
金匱鉤玄三卷　(元)朱震亨撰　明新安吳勉學刻本　一册

120000－0345－0000786　0797(2)
金匱鉤玄三卷　(元)朱震亨撰　明新安吳勉學刻本　一册

120000－0345－0000787　0798(1)
活法機要不分卷　(元)朱震亨撰　明新安吳勉學刻本　一册

120000－0345－0000788　0799(1)
玉機微義五十卷　(明)徐彥純撰　(明)劉純續增　明刻本　十六册

120000－0345－0000789　0800(1)
證治要訣十二卷附證治要訣類方四卷　(明)戴思恭撰　明末新安余時雨刻本　三册

120000－0345－0000790　0800(2)
證治要訣十二卷附證治要訣類方四卷　(明)戴思恭撰　清刻本　四册

120000－0345－0000791　0801(1)
醫書纂要二卷　(明)盧和撰　明成化刻本　一册　殘

120000－0345－0000792　0803(1)
丹溪心法附餘二十四卷　(明)方廣編　明嘉靖大葉堂刻本　十二册

120000－0345－0000793　0804(1)
明醫指掌十卷附診家樞要　(明)皇甫中撰　(明)王肯堂補　清嘉慶十六年(1811)詩業堂刻本　八册

120000－0345－0000794　0805(1)
古今醫鑒十六卷　(明)龔信撰　(明)龔廷賢續編　(明)王肯堂訂　明萬曆刻本　三册　存十卷(一至六、十三至十六)

120000－0345－0000795　0805(2)
古今醫鑒十六卷　(明)龔信撰　(明)龔廷賢續編　(明)王肯堂訂　清康熙二十三年(1684)文盛堂刻本　八册

120000－0345－0000796　0807(1)
雲林神彀四卷　(明)龔廷賢撰　明萬曆刻本　四册

120000－0345－0000797　0807(2)
雲林神彀四卷　(明)龔廷賢撰　清道光宏道堂刻本　二册

120000－0345－0000798　0808(1)
先醒齋筆記三卷附一卷　(明)繆希雍撰　(明)丁元薦編　明刻本　四册　殘

120000－0345－0000799　0809(1)
新刊醫林狀元壽世保元十卷　(明)龔廷賢編　清光緒十二年(1886)刻本　十册

120000－0345－0000800　0809(2)
壽世保元十卷　(明)龔廷賢編　清光緒三十三年(1907)上海同文書局石印本　十册

120000－0345－0000801　0811(1)
醫海搜奇不分卷　(明)周法參撰　明萬曆刻本　一册　殘

120000－0345－0000802　0812(1)
濟陽綱目一百零八卷　(明)武之望撰　清咸豐六年(1856)涇陽姚錫三刻本　二册　存六卷(八十四至八十六、九十一至九十三)

120000－0345－0000803　0813(1)
醫學啓蒙彙編六卷　(明)翟良纂　清文盛堂刻本　六册

120000－0345－0000804　0813(2)
醫學啓蒙彙編六卷　(明)翟良纂　(清)翟文楠　(清)李聚和參補　清文盛堂刻本　一册　存一卷(二)

120000－0345－0000805　0814(1)
丹臺玉案六卷　(明)孫文胤撰　清順治十四年(1657)刻本　六册

120000－0345－0000806　0814(2)
丹臺玉案六卷　(明)孫文胤撰　清順治十四年(1657)刻本　一册　存一卷(三)

120000－0345－0000807　0815(1)
醫宗摘要四卷　(明)薛己撰　(明)黄承昊評註　清乾隆三十三年(1768)刻本　八册

120000－0345－0000808　0818(1)
醫宗説約六卷　(清)蔣示吉撰　清康熙二年(1663)玉尺堂刻本　六册

120000－0345－0000809　0819(1)
石室秘錄六卷　(清)陳士鐸撰　清康熙二十八年(1689)本澄堂刻本　六册

120000－0345－0000810　0819(2)
石室秘錄六卷　(清)陳士鐸撰　清光緒三十一年(1905)校經山房成記書局刻本　六册

120000－0345－0000811　0820(1)
辨證錄十四卷　(清)陳士鐸撰　清光緒十年(1884)善成堂刻本　十六册

120000－0345－0000812　0822(1)
傅青主男科三卷　(清)傅山撰　清光緒十七年(1891)刻本　一册　存一卷(一)

120000－0345－0000813　0823(1)
症方發明八卷　(清)顧靖遠撰　清抄顧氏醫鏡本　一册

120000－0345－0000814　0824(1)
頤生秘旨八卷　(清)周桓宗撰　清雍正七年(1729)姑蘇沈元瑞裕麟堂刻本　四册　殘

120000－0345－0000815　0825(1)
醫學心悟五卷附華佗外科十法　(清)程國彭撰　清光緒六年(1880)掃葉山房刻本　六册

120000－0345－0000816　0825(2)
醫學心悟五卷附華佗外科十法　(清)程國彭撰　清刻本　四册　缺(外科十法)

120000－0345－0000817　0827(1)
醫學要則四卷　(清)沈懋官撰　清刻本　四册　存一卷(二下)

120000－0345－0000818　0828(1)
醫方一盤珠十卷　(清)洪金鼎撰　清光緒三十一年(1905)經元書室刻本　六册

120000－0345－0000819　0829(1)
四聖懸樞五卷　(清)黄元御撰　清咸豐十年(1860)長沙徐氏燮龢精舍刻本　一册

120000－0345－0000820　0830(1)
弄丸心法全集八卷　(清)楊鳳庭撰　清宣統三年(1911)成都張興龍刻本　八册

120000－0345－0000821　0831(1)
蘭臺軌範八卷附集解湯頭方味抄本　(清)徐大椿撰　清光緒十五年(1889)刻本　四册

120000－0345－0000822　0831(2)
蘭臺軌範八卷　(清)徐大椿撰　清石印本

四冊

120000－0345－0000823　0832(1)
醫級十卷首一卷末一卷　(清)董西園撰　清乾隆四十二年(1777)六順堂刻本　十冊　缺一卷(九)

120000－0345－0000824　0833(3)
醫學三字經四卷附雜方　(清)陳念祖撰　抄本　一冊

120000－0345－0000825　0834(1)
醫學實在易八卷　(清)陳念祖撰　清光緒二十九年(1903)湖南書局刻本　四冊

120000－0345－0000826　0835(1)
醫宗備要三卷　(清)曾鼎撰　清同治八年(1869)崇文書局刻本　一冊

120000－0345－0000827　0835(2)
醫宗備要三卷　(清)曾鼎撰　清同治八年(1869)崇文書局刻本　一冊

120000－0345－0000828　0835(3)
醫宗備要三卷　(清)曾鼎撰　清刻本　二冊　殘

120000－0345－0000829　0836(1)
衛濟餘編十八卷　(清)王纕堂編　清嘉慶刻本　八冊

120000－0345－0000830　0837(1)
醫略四卷　(清)錢一桂撰　清道光二十年(1840)快志堂刻本　一冊　殘

120000－0345－0000831　0838(1)
醫學從眾錄八卷　(清)陳念祖撰　清光緒十八年(1892)上海圖書集成印書局鉛印本　二冊

120000－0345－0000832　0838(2)
醫學從眾錄八卷　(清)陳念祖撰　清光緒二十一年(1895)刻本　三冊　存五卷(一至五)

120000－0345－0000833　0839(1)
筆花醫鏡四卷　(清)汪涵暾撰　清道光刻本　三冊

120000－0345－0000834　0839(2)
筆花醫鏡四卷　(清)汪涵暾撰　清光緒十一年(1885)刻本　二冊

120000－0345－0000835　0840(1)
醫綱提要八卷　(清)李宗源編　清光緒二十三年(1897)南京李光明莊刻本　四冊

120000－0345－0000836　0841(1)
醫學指南十卷　(清)韋進德編　清光緒三十三年(1907)望江余誠格記刻本　二十冊

120000－0345－0000837　0844(1)
醫學金鍼八卷　(清)陳念祖撰　(清)潘霨增輯　清光緒四年(1878)潘氏敏德堂刻本　四冊

120000－0345－0000838　0844(2)
醫學金鍼八卷　(清)陳念祖撰　(清)潘霨增輯　清光緒四年(1878)潘氏敏德堂刻本　四冊

120000－0345－0000839　0845(1)
三指捷編三卷　(清)朱躍榮編　清光緒二十九年(1903)刻本　二冊

120000－0345－0000840　0845(2)
三指捷編三卷　(清)朱躍榮編　清光緒二十九年(1903)刻本　二冊　存三卷(二至四)

120000－0345－0000841　0846(1)
醫門八法四卷　(清)劉鴻恩撰　清光緒六年(1880)石印本　二冊　存二卷(一至二)

120000－0345－0000842　0847(1)
醫方簡明六卷　(清)徐友琴撰　清光緒十三年(1887)有益堂刻本　五冊

120000－0345－0000843　0848(1)
醫家四要四卷　(清)程曦等撰　清光緒十二年(1886)豫章鄧燦堂刻本　四冊

120000－0345－0000844　0848(2)
醫家四要四卷　(清)程曦等撰　清光緒十二年(1886)豫章鄧燦堂刻本　四冊

120000－0345－0000845　0848(3)
醫家四要四卷　(清)程曦等撰　清光緒無錫

日升山房刻本　四冊

120000－0345－0000846　0849(1)
註禮堂醫學舉要四卷　(清)戴緒安輯　清光緒十二年(1886)刻本　二冊

120000－0345－0000847　0850(1)
簡易醫訣四卷　(清)周雲章撰　清宣統元年(1909)周祖佑刻本　四冊

120000－0345－0000848　0851(1)
醫悟十二卷　(清)馬冠群述　清光緒十九年(1893)木活字本　四冊

120000－0345－0000849　0852(1)
蘂言隨筆六卷　(清)李日謙撰　清光緒三十四年(1908)刻本　二冊

120000－0345－0000850　0854(1)
醫學篇二卷　(清)曾懿撰　清光緒三十三年(1907)長沙刻本　二冊

120000－0345－0000851　0854(2)
醫學編八卷　(清)曾懿撰　清古歡室刻本　二冊　存一卷(二)

120000－0345－0000852　0854(3)
醫學編八卷　(清)曾懿撰　清古歡室刻本　一冊　存四卷(五至八)

120000－0345－0000853　0854(4)
醫學編八卷　(清)曾懿撰　清古歡室刻本　一冊

120000－0345－0000854　0856(1)
明醫寶鏡　(□)沈冗發撰　抄本　一冊

120000－0345－0000855　0857(1)
醫學集要九卷　(清)朱慎人撰　清刻本　二冊　存四卷(一至四)

120000－0345－0000856　0858(1)
醫學經眼錄　(□)□□撰　抄本　一冊

120000－0345－0000857　0869(1)
醫門揭要　(□)聽彝手錄　抄本　一冊

120000－0345－0000858　0870(1)
醫學入門　(□)趙芝彰撰　抄本　一冊

120000－0345－0000859　0872(1)
玄學論治　(□)□□撰　抄本　二冊

120000－0345－0000860　0873(1)
醫家秘寶　(□)□□撰　抄本　一冊

120000－0345－0000861　0875(1)
醫學入門七卷首一卷　(明)李梴編　明萬曆四年(1576)敦古齋刻本　十六冊

120000－0345－0000862　0973(1)
强種秘竅　徐之潭編抄　清抄本　一冊

120000－0345－0000863　0998(2)
抱朴子内篇二十卷外篇五十卷　(晉)葛洪撰　清刻本　四冊　存八卷(内篇一至四、外篇一至四)

120000－0345－0000864　0876(3)
東醫寶鑑二十三卷　(朝鮮)許浚等撰　清嘉慶元年(1796)刻本　二十五冊

120000－0345－0000865　0877(1)
景岳全書六十四卷　(明)張介賓撰　清乾隆三十三年(1768)刻本　十五冊

120000－0345－0000866　0877(2)
景岳全書六十四卷　(明)張介賓撰　清刻本　三十二冊

120000－0345－0000867　0878(1)
醫宗必讀十卷　(明)李中梓撰　清光緒二十年(1894)掃葉山房刻本　五冊

120000－0345－0000868　0878(2)
醫宗必讀五卷首一卷　(明)李中梓撰　清大文堂刻本　六冊

120000－0345－0000869　0878(3)
醫宗必讀十卷　(明)李中梓撰　清會文堂刻本　六冊

120000－0345－0000870　0879(1)
頤生微論四卷　(明)李中梓撰　明崇禎刻本　二冊　存二卷(一至二)

120000－0345－0000871　0880(1)
寶命真詮四卷附前賢醫案　(清)吳楚編　清

乾隆六十年(1795)刻本　八冊

120000－0345－0000872　0881(1)
嵩厓尊生書十五卷　(清)景日昣撰　清康熙三十五年(1696)刻本　八冊

120000－0345－0000873　0882(1)
景岳全書發揮四卷　(清)葉桂撰　清光緒五年(1879)吳氏醉六堂刻本　四冊

120000－0345－0000874　0882(2)
景岳全書發揮四卷　(清)葉桂撰　清光緒五年(1879)吳氏醉六堂刻本　四冊

120000－0345－0000875　0883(1)
羅氏會約醫鏡二十卷　(清)羅國綱撰輯　清乾隆五十四年(1789)大成堂刻本　十冊

120000－0345－0000876　0884(1)
醫書匯參輯成二十四卷　(清)蔡宗玉編　清道光十九年(1839)崇讓堂刻本　六冊

120000－0345－0000877　0887(1)
醫方辨難大成九十八卷附婦科十六卷眼科六卷幼科四十七卷外科三十一卷首一卷　(□)□□撰　清道光三十年(1850)刻本　六冊

120000－0345－0000878　0888(1)
醫學集成四卷　(清)劉仕廉纂輯　清同治十二年(1873)刻本　四冊

120000－0345－0000879　0888(3)
醫學集成四卷　(清)劉仕廉纂輯　清刻本　一冊

120000－0345－0000880　0889(1)
元匯醫鏡五卷　(清)敲礄道人撰　清光緒三十四年(1908)刻本　四冊

120000－0345－0000881　0890(1)
醫史十卷　(明)李濂編　抄本　一冊

120000－0345－0000882　0891(1)
醫故二卷　(清)鄭文焯撰　清光緒平江梓文閣刻書帶草堂叢書本　二冊

120000－0345－0000883　0891()
醫故二卷　(清)鄭文焯撰　清光緒平江梓文閣刻書帶草堂叢書本　一冊　存一卷(二)

120000－0345－0000884　0895(1)
醫說十卷　(宋)張杲撰　清順治十五年(1658)刻本　一冊　殘

120000－0345－0000885　0897(1)
紀恩錄不分卷　(清)馬文植撰　清光緒十八年(1892)刻本　一冊

120000－0345－0000886　0899(1)
劉河間醫學六書　(金)劉完素等撰　明萬曆二十九年(1601)新安吳勉學刻本　十二冊

120000－0345－0000887　0900(1)
劉河間傷寒三書　(金)劉完素撰　清宣統元年(1909)上海千頃堂石印本　四冊

120000－0345－0000888　0902(1)
圖註難經脈訣　(明)張世賢圖註　清康熙善成堂刻本　六冊

120000－0345－0000889　0902(2)
圖註難經脈訣　(明)張世賢圖註　清光緒五年(1879)掃葉山房刻本　六冊

120000－0345－0000890　0902(3)
圖註難經脈訣　(明)張世賢圖註　清光緒八年(1882)京都文蔚堂刻本　六冊

120000－0345－0000891　0902(4)
圖註難經脈訣　(明)張世賢圖註　清懷德堂刻本　五冊

120000－0345－0000892　0902(5)
圖註難經脈訣　(明)張世賢圖註　清江左書林刻本　六冊

120000－0345－0000893　0902(6)
圖註難經脈訣　(明)張世賢圖註　清文瑞堂刻本　五冊

120000－0345－0000894　0902(7)
圖註難經脈訣　(明)張世賢圖註　清刻本　一冊

120000－0345－0000895　0903(1)
東垣十書十種　(金)李杲等撰　明萬曆刻本

八冊　缺(脾胃論中下、格致餘論)

120000－0345－0000896　0903(2)
東垣十書十種　(金)李杲等撰　明萬曆刻本　八冊　缺(脾胃論中下、格致餘論)

120000－0345－0000897　0903(3)
東垣十書十種　(金)李杲等撰　清光緒七年(1881)羊城雲林閣刻本　十六冊

120000－0345－0000898　0904(1)
薛氏醫按二十四種　(明)吳琯輯　清嘉慶十四年(1809)書業堂刻本　三十六冊

120000－0345－0000899　0904(2)
薛氏醫按二十四種　(明)吳琯輯　清聚錦堂刻本　四十八冊

120000－0345－0000900　0905(1)
體仁彙編不分卷　(明)彭用光撰　明嘉靖二十八年(1549)體仁堂刻本　四冊

120000－0345－0000901　0905(2)
體仁彙編不分卷　(明)彭用光撰　明萬曆三年(1575)刻本　九冊

120000－0345－0000902　0906(1)
萬密齋醫學全書十種　(明)萬全撰　清刻本　二十五冊

120000－0345－0000903　0907(1)
丹溪心法五卷丹溪心法附餘　(元)朱震亨著　(明)吳中珩輯校　明萬曆二十九年(1601)新安吳勉學步月樓刻本　七冊

120000－0345－0000904　0907(2)
丹溪心法五卷丹溪心法附餘　(元)朱震亨著　(明)吳中珩輯校　清二西堂刻本　九冊

120000－0345－0000905　0907(3)
丹溪心法五卷丹溪心法附餘　(元)朱震亨著　(明)吳中珩輯校　清尚德堂刻本　五冊

120000－0345－0000906　0908(1)
六科證治準繩六種　(明)王肯堂輯　明刻本　七冊

120000－0345－0000907　0909(1)
士材三書附壽世青編二卷　(明)李中梓撰　(清)尤乘增輯　清刻本　八冊

120000－0345－0000908　0909(2)
士材三書附壽世青編二卷　(明)李中梓撰　(清)尤乘增輯　清刻本　四冊

120000－0345－0000909　0909(4)
士材三書附壽世青編二卷　(明)李中梓撰　(清)尤乘增輯　清刻本　一冊　存壽世青編

120000－0345－0000910　0911(1)
圖註難經脈訣　(明)張世賢圖註　(清)沈鏡刪註　清善成堂刻本　六冊

120000－0345－0000911　0912(4)
脈草經絡五種會編　(清)汪昂撰　(清)刁鳳巖輯　清光緒十四年(1888)三儀堂刻本　四冊

120000－0345－0000912　0913(1)
本草醫方合編　(清)汪昂編　清光緒十四年(1888)刻本　六冊

120000－0345－0000913　0913(2)
本草醫方合編　(清)汪昂編　清刻本　五冊

120000－0345－0000914　0913(3)
本草醫方合編　(清)汪昂編　清刻本　一冊

120000－0345－0000915　0914(1)
馮氏錦囊秘錄八種五十卷　(清)馮兆張纂輯　清康熙四十年(1701)刻本　十六冊

120000－0345－0000916　0914(2)
馮氏錦囊秘錄八種五十卷　(清)馮兆張撰　清康熙六十一年(1722)刻本　四冊

120000－0345－0000917　0918(1)
醫宗己任編八卷　(清)高鼓峰撰　(清)王汝謙補註　(清)楊乘六評　清光緒十七年(1891)刻本　四冊

120000－0345－0000918　0918(2)
醫宗己任編八卷　(清)高鼓峰撰　(清)王汝謙補註　(清)楊乘六評　清光緒十七年(1891)刻本　二冊

120000－0345－0000919　0919(1)

徐氏醫書六種　(清)徐大椿撰　清道光刻本　十册

120000－0345－0000920　0920(1)
徐氏醫書八種　(清)徐大椿撰　清光緒十五年(1889)掃葉山房刻本　十二册

120000－0345－0000921　0920(2)
徐氏醫書八種　(清)徐大椿撰　清善成堂刻本　十二册

120000－0345－0000922　0924(1)
御纂醫宗金鑑九十卷　(清)吳謙等輯　清光緒十八年(1892)上海圖書集成印書局石印本　十二册

120000－0345－0000923　0924(2)
御纂醫宗金鑑九十卷　(清)吳謙等輯　清光緒十八年(1892)上海五彩書局石印本　二十四册

120000－0345－0000924　0924(3)
御纂醫宗金鑑九十卷　(清)吳謙等輯　清光緒三十二年(1906)上海文新書局石印本　十七册

120000－0345－0000925　0924(4)
御纂醫宗金鑑九十卷　(清)吳謙等輯　清宣統元年(1909)上海章福記書莊石印本　四册

120000－0345－0000926　0924(5)
御纂醫宗金鑑九十卷　(清)吳謙等輯　清宣統元年(1909)石印本　十六册

120000－0345－0000927　0924(6)
御纂醫宗金鑑九十卷　(清)吳謙等輯　清刻本　四十二册

120000－0345－0000928　0924(7)
御纂醫宗金鑑九十卷　(清)吳謙等輯　清刻本　七十册

120000－0345－0000929　0924(8)
御纂醫宗金鑑九十卷　(清)吳謙等輯　清刻本　四十八册

120000－0345－0000930　0924(15)
御纂醫宗金鑑九十卷　(清)吳謙等輯　清刻本　二册

120000－0345－0000931　0924(16)
御纂醫宗金鑑　(清)吳謙等輯　抄本　一册

120000－0345－0000932　0925(1)
婦嬰至寶八卷　(清)徐忕工輯　清道光二十年(1840)常州薛清秘閣書坊刻本　一册

120000－0345－0000933　0925(2)
婦嬰至寶八卷　(清)徐忕江輯　清同治十二年(1873)刻本　一册

120000－0345－0000934　0926(1)
醫理元樞不分卷　(清)朱音恬編　清三益堂刻本　十册

120000－0345－0000935　0927(1)
黄氏醫書八種　(清)黄元御撰　清咸豐十年(1860)燮龢精舍刻本　十六册

120000－0345－0000936　0927(2)
黄氏醫書八種　(清)黄元御撰　清咸豐十年(1860)燮龢精舍刻本　十六册

120000－0345－0000937　0928(1)
沈氏尊生書五種　(清)沈金鰲撰　清光緒二十一年(1895)上海圖書集成局鉛印本　二十四册

120000－0345－0000938　0929(1)
慈幼新書三種　(□)□□撰　清道光二十九年(1849)刻本　一册

120000－0345－0000939　0929(2)
慈幼新書三種　(□)□□撰　清咸豐六年(1856)刻本　一册

120000－0345－0000940　0934(1)
公餘醫錄六種　(清)陳念祖撰　清漁古山房刻本　十二册

120000－0345－0000941　0940(1)
醫學五則五卷　(清)廖雲溪編　清光緒三年(1877)興發堂刻本　五册

120000－0345－0000942　0943(1)
攝生秘剖衛生秘要種子秘方合刻不分卷　(清)洪基等撰　清光緒十五年(1889)敦厚堂刻本　八册

天津中醫藥大學圖書館古籍普查登記目録

全國古籍普查登記目録

國家圖書館出版社
National Library of China Publishing House

120000－0347－0000001　01/1/1

新刊補註釋文黄帝内經素問十二卷附素問運氣定局立成不分卷　(唐)王冰注　(宋)林億等校正　(明)熊宗立點校重刊　明熊宗立刻本　八册

120000－0347－0000002　01/1/1

重廣補註黄帝内經素問二十四卷　(唐)王冰註　(宋)林億等校正　明刻本　六册

120000－0347－0000003　01/1/1

新刊補註釋文黄帝内經素問十二卷素問遺篇一卷　(唐)王冰註　(宋)林億等校正　明刻本　四册　存四卷(八至十一)

120000－0347－0000004　01/1/2

重廣補註黄帝内經素問二十四卷　(唐)王冰註　(宋)林億等校正　明嘉靖二十九年(1550)顧從德影宋刻本　六册

120000－0347－0000005　01/1/2

重廣補註黄帝内經素問二十四卷　(唐)王冰註　(宋)林億等校正　明嘉靖二十九年(1550)顧從德影宋刻本　十二册

120000－0347－0000006　01/1/3

重廣補註黄帝内經素問二十四卷　(唐)王冰註　(宋)林億等校正　明嘉靖顧從德影宋刻本(卷一至三、八至十、十九至二十抄配)　八册

120000－0347－0000007　01/1/3

黄帝内經素問節文註釋十卷　(唐)王冰註　(明)馬蒔註釋　明萬曆黄俅瓊芝室刻本　六册

120000－0347－0000008　01/1/4

補註釋文黄帝内經素問十二卷素問遺篇一卷　(唐)王冰註　(宋)林億等校正　**黄帝素問靈樞經十二卷**　(宋)史崧音釋　明嘉靖趙府居敬堂刻本　九册　存七卷(素問七至十二、素問遺篇一卷)

120000－0347－0000009　01/1/4

補註釋文黄帝内經素問十二卷　(唐)王冰註　(宋)林億等校正　明嘉靖趙府居敬堂刻本　四册

120000－0347－0000010　01/2/1

黄帝内經素問二十四卷　(明)吴崐註　明萬曆三十七年(1609)刻本　十册

120000－0347－0000011　01/2/1

經史證類大觀本草三十一卷　(宋)唐慎微原撰　(宋)艾晟校補　元大德六年(1302)宗文書院刻本　一册

120000－0347－0000012　01/2/3

類經三十二卷圖翼十一卷附翼四卷　(明)張介賓類註　明天啟四年(1624)金閶童湧泉刻本　二十四册

120000－0347－0000013　01/2/4

玉機微義五十卷　(明)徐彦純撰　(明)劉純續增　明刻本　八册

120000－0347－0000014　01/2/4

保赤全書二卷　(明)管橓編　(明)李時中增補　明萬曆十三年(1585)沈堯中陽春堂刻本　六册

120000－0347－0000015　01/2/4

王宇泰先生訂補古今醫鑒十六卷　(明)龔信纂輯　(明)龔廷賢續編　(明)王肯堂訂補　明萬曆刻本　四册

120000－0347－0000016　01/3/1

急救良方二卷　(明)張時徹編　明嘉靖二十九年(1550)刻本　二册

120000－0347－0000017　01/3/1

儒門事親十五卷　(金)張從正撰　(明)吴勉學校　明步月樓刻本　十册

120000－0347－0000018　01/3/1

萬氏家抄濟世良方六卷　(明)萬表選輯　(明)萬邦孚增訂　明萬曆萃慶堂刻本　十二册

120000－0347－0000019　01/3/2

仙傳外科秘方十一卷　(明)趙宜真編　明刻道藏本　六册　存六卷(一至六)

120000－0347－0000020　01/3/2

痘疹世醫心法十二卷附痘疹碎金賦二卷 (明)萬全輯 明萬曆夏邑彭端吾刻本 六册

120000－0347－0000021 01/3/2
攝生衆妙方十一卷 (明)張時徹編 明衡王府刻本 十册

120000－0347－0000022 01/3/3
醫方考六卷附脈語二卷 (明)吳崐撰 明萬曆十二年(1584)刻本 十二册

120000－0347－0000023 01/3/3
石山醫案 (明)汪機等撰 明祁門樸墅刻本 十六册

120000－0347－0000024 01/3/3
疹科不分卷 (明)孔弘擢撰 明萬曆三十二年(1604)呂坤刻本 一册

120000－0347－0000025 01/3/4
新刊仁齋直指方論二卷 (宋)楊士瀛撰 (明)朱崇正附遺 明刻本 二册

120000－0347－0000026 01/3/4
丹溪心法附餘二十四卷首一卷 (明)方廣輯 明金陵唐鯉耀刻本 二十四册

120000－0347－0000027 01/3/4
運氣易覽三卷 (明)汪機編 明刻本 三册

120000－0347－0000028 01/3/4
丹溪心法五卷附餘一卷 (元)朱震亨撰 明刻本 十五册

120000－0347－0000029 01/4/4
尚論篇四卷首一卷 (清)喻昌撰 清光緒二十年(1894)上海圖書集成印書局石印本 二册

120000－0347－0000030 01/4/4
尚論篇四卷後篇四卷首一卷 (清)喻昌撰 清光緒三十三年(1907)簡青齋石印本 二册

120000－0347－0000031 01/4/4
本草萬方針線八卷 (清)蔡烈先輯 **瀕湖脈學奇經八脈考** (明)李時珍撰 清春明堂刻本 六册

120000－0347－0000032 01/4/4
保赤新編二卷 (清)任贊輯 清末刻本 一册 存一卷(下)

120000－0347－0000033 01/4/4
麻疹全書四卷 (元)滑壽撰 清光緒三十一年(1905)刻本 一册 存一卷(三)

120000－0347－0000034 01/5/1
御纂醫宗金鑑九十卷首一卷 (清)吳謙等輯 清光緒九年(1883)掃葉山房刻本 四十八册

120000－0347－0000035 01/5/4
御纂醫宗金鑑九十卷 (清)吳謙等輯 清宣統元年(1909)上海章福記書莊石印本 十册

120000－0347－0000036 01/5/4
外科心法要訣十六卷 (清)吳謙等撰 清宣統元年(1909)上海章福記石印御纂醫宗金鑑本 一册

120000－0347－0000037 01/5/5
御纂醫宗金鑑九十卷 (清)吳謙等輯 清光緒十八年(1892)上海五彩書局石印本 二十四册

120000－0347－0000038 01/6/1
御纂醫宗金鑑九十卷 (清)吳謙等輯 清光緒二十九年(1903)上海飛鴻閣書林石印本 二十册

120000－0347－0000039 01/6/4
景岳全書六十四卷 (明)張介賓撰 清瀛海賈堂刻本 三十五册 缺二卷(一至二)

120000－0347－0000040 01/6/5
景岳全書六十四卷 (明)張介賓撰 清休寧查廷璋刻本 八册 存二十一卷(十一至三十一)

120000－0347－0000041 02/1/1
重修政和經史證類備用本草三十卷 (宋)唐慎微證類 (宋)曹孝忠校 (元)張存惠補 明嘉靖十六年(1537)楚府崇本書院刻本 十六册

120000－0347－0000042　02/1/3
神農本草經疏三十卷　(明)繆希雍輯　(明)李枝參訂　清吳郡大來堂刻本　八冊

120000－0347－0000043　02/1/3
上醫本草四卷　(明)趙南星緝　明泰昌元年(1620)趙悅學刻本　四冊

120000－0347－0000044　02/1/4
諸證提綱十卷　(明)陳文治輯　明萬曆四十年(1612)刻本　七冊

120000－0347－0000045　02/2/1
針灸甲乙經十二卷　(晉)皇甫謐撰　(宋)林億等校　明步月樓刻本　六冊

120000－0347－0000046　02/2/1
新鋟太醫院參訂徐氏針灸大全六卷　(明)徐鳳編　明刻本　三冊

120000－0347－0000047　02/2/2
萬氏家傳保命歌括三十五卷　(明)萬全編撰　清清畏堂刻本　八冊

120000－0347－0000048　02/2/2
針灸大成十卷　(明)楊繼洲撰　明萬曆二十九年(1601)刻本　五冊

120000－0347－0000049　02/2/4
劉河間傷寒三書　(金)劉完素撰　明吳繼宗刻本　八冊

120000－0347－0000050　02/2/4
陶節庵全生集(傷寒全生集)四卷　(明)陶華撰　明崇禎豫章長春堂刻本　六冊

120000－0347－0000051　02/2/4
新鐫陶節庵家藏秘授傷寒六書　(明)陶華撰　明書林大興堂刻本　六冊

120000－0347－0000052　02/2/4
新鐫陶節庵家藏秘授傷寒六書　(明)陶華撰　明虎林何景道刻本　六冊

120000－0347－0000053　02/2/4
註解傷寒論十卷　(漢)張仲景撰　(晉)王叔和編　(金)成無己註　**傷寒明理論四卷**　(金)成無己撰　明步月樓刻本　十冊

120000－0347－0000054　02/2/4
傷寒六書　(明)陶華撰　明步月樓刻本　四冊

120000－0347－0000055　02/3/1
丹溪先生金匱鉤玄三卷　(元)朱震亨撰　(明)戴原禮錄　明刻本　二冊

120000－0347－0000056　02/3/1
濟陰綱目五卷　(明)武之望撰　**保生碎事**　(清)汪淇輯　明天啟元年(1621)王槓刻本(有抄配)　六冊　存三卷(一至三)

120000－0347－0000057　02/3/1
芷園醫種　(明)盧復錄　明天啟四年(1624)刻本　十冊

120000－0347－0000058　02/3/1
太醫院校註婦人良方大全二十四卷　(宋)陳自明編　(明)薛己校註　明金陵書林富春堂刻本　十二冊

120000－0347－0000059　02/3/2
孫真人備急千金要方九十三卷　(唐)孫思邈撰　(宋)林億校　明嘉靖二十三年(1544)刻本　二十四冊

120000－0347－0000060　02/3/3
赤水玄珠三十卷　(明)孫一奎撰　明刻清修本　三十二冊

120000－0347－0000061　02/3/3
醫旨緒餘二卷　(明)孫一奎撰　明萬曆刻本　四冊

120000－0347－0000062　02/3/4
孫文垣醫案五卷　(明)孫一奎撰　明刻本　十冊

120000－0347－0000063　02/3/4
家傳太素脈秘訣二卷　(明)張太素述　(明)劉伯詳註　明末致和堂刻本　四冊

120000－0347－0000064　02/3/4
家傳太素脈秘訣二卷　(明)張太素述　(明)劉伯詳註　明末大業堂刻本　四冊

120000－0347－0000065　02/3/4

寶顏堂訂正脈望八卷　(明)趙臺鼎撰　明刻本　四冊

120000－0347－0000066　02/4/1
黄帝内經靈樞九卷　(明)馬蒔註　清刻本　二冊　存四卷(二至五)

120000－0347－0000067　02/4/1
嬰童百問十卷　(明)魯伯嗣撰　(明)王肯堂訂　明末聚錦堂刻本　六冊

120000－0347－0000068　02/4/1
神農本草經疏三十卷　(明)繆希雍輯　(明)李枝參訂　明天啟五年(1625)毛氏緑君亭刻本　十二冊

120000－0347－0000069　02/4/2
丹溪先生心法五卷附錄一卷　(元)朱震亨撰　(明)吴勉學　(明)吴中珩校　明末刻本　六冊

120000－0347－0000070　02/4/2
醫巫閭子醫貫六卷　(明)趙獻可撰　明崇禎元年(1628)張起鵬刻本　三冊

120000－0347－0000071　02/4/3
王宇泰先生訂補古今醫鑒十六卷　(明)龔信纂輯　(明)龔廷賢續編　(明)王肯堂訂補　明末刻本　十二冊

120000－0347－0000072　02/4/3
秘傳證治要訣十二卷類方四卷　(明)戴原禮撰　(明)余時雨校　明刻本　四冊

120000－0347－0000073　02/4/4
銀海精微二卷　題(唐)孫思邈撰　清刻本　四冊

120000－0347－0000074　02/4/4
明目至寶四卷　(□)□□撰　明刻本　四冊

120000－0347－0000075　02/4/4
攝生眾妙方十一卷急救良方二卷　(明)張時徹編　明刻本　五冊　缺二卷(一至二)

120000－0347－0000076　02/4/4
全幼心鑒四卷　(明)寇平編　明刻本　一冊　存一卷(四)

120000－0347－0000077　02/5/1
訂補明醫指掌十卷　(明)皇甫中撰　明刻本　九冊　缺一卷(一)

120000－0347－0000078　02/5/2
奇效良方六十九卷　(明)方賢纂集　(明)楊文翰校正　明刻本　二冊　存四卷(一至三、六十五)

120000－0347－0000079　02/5/2
新刻經驗積玉單方二卷　(明)艾應期撰　明周文煒大業堂刻本　二冊

120000－0347－0000080　02/5/2
圖註王叔和脈訣四卷脈訣附方不分卷　(晉)王叔和撰　(明)張世賢註　明刻本　一冊　缺二卷(一至二)

120000－0347－0000081　02/5/2
經驗良方　(明)段成冕編　明刻本　一冊

120000－0347－0000082　02/5/3
華先生中藏經八卷　(漢)華佗撰　(明)吴勉學校　明刻本　三冊

120000－0347－0000083　02/5/3
經驗濟世良方十一卷　(明)陳仕賢編　明嘉靖刻本　三冊　缺三卷(一至三)

120000－0347－0000084　02/5/3
痘科玉函集六卷　(明)丁鳳纂輯　明末刻本　四冊

120000－0347－0000085　02/5/3
元敖氏傷寒金鏡錄不分卷　(元)敖□撰　(元)杜本增訂　明嘉靖三十八年(1559)馬崇儒刻本　一冊

120000－0347－0000086　02/5/3
便產須知二卷　(□)□□撰　明刻本　一冊　存一卷(下)

120000－0347－0000087　02/5/4
東垣先生此事難知集一卷　(元)王好古撰　(明)吴勉學校　明末刻本　二冊

120000－0347－0000088　02/5/4
女科撮要二卷　(明)薛己撰　明刻薛氏醫案

本　二冊

120000－0347－0000089　02/5/4

外科精要三卷　(宋)陳自明編　(明)薛己註　明刻本　三冊

120000－0347－0000090　03/1/1

本草綱目五十二卷附瀕湖脈學脈訣考證　(明)李時珍撰　清初本立堂刻本　二十二冊

120000－0347－0000091　03/1/3

黄帝素問直解九卷　(清)高世栻註解　清康熙三十四年(1695)刻本　八冊

120000－0347－0000092　03/1/3

金匱心典三卷　(清)尤怡集註　清初遂初堂刻本　三冊

120000－0347－0000093　03/1/4

痘科扼要　(清)陳奇生撰　清乾隆刻本　二冊

120000－0347－0000094　03/1/4

痘疹定論四卷　(清)朱純嘏撰　清乾隆三十二年(1767)姑蘇刻本　四冊

120000－0347－0000095　03/1/4

痘疹定論四卷　(清)朱純嘏撰　清乾隆四十九年(1784)大經堂刻本　四冊

120000－0347－0000096　03/1/4

保赤金鑒四卷　(清)穆氏編　清乾隆四十九年(1784)刻本　四冊

120000－0347－0000097　03/1/4

保赤金鑒四卷　(清)穆氏編　清刻本　四冊

120000－0347－0000098　03/2/1

吴氏醫學述第四種成方切用十二卷首一卷末一卷　(清)吳儀洛輯　清乾隆二十六年(1761)刻本　十冊

120000－0347－0000099　03/2/1

寶樹堂舟車經驗良方二卷　(清)謝漢編　清康熙寶樹堂刻本　四冊

120000－0347－0000100　03/2/2

普門醫品四十八卷補遺四卷　(明)王化貞原編　(清)郎廷模補遺　清康熙三十三年(1694)廣寧郎氏娛暉堂刻本　十二冊

120000－0347－0000101　03/2/2

醫學心悟五卷　(清)程國彭撰　清乾隆五十六年(1791)汪氏書粟軒刻本　四冊

120000－0347－0000102　03/2/3

醫學啟蒙彙編六卷附方藥治證提綱　(明)翟良撰　清康熙四年(1665)刻本　六冊

120000－0347－0000103　03/2/3

醫貫六卷　(明)趙獻可撰　(清)吕留良評　清初刻本　六冊

120000－0347－0000104　03/2/3

刻醫巫閭子醫貫六卷附增補醫貫奇方窮鄉便方二卷　(明)趙獻可纂　(明)薛三才訂正　清初張起鵬毓秀堂刻本　六冊

120000－0347－0000105　03/2/3

石室秘錄六卷　(清)陳士鐸撰　清康熙二十六年(1687)本澄堂刻本　三冊

120000－0347－0000106　03/2/3

益生堂醫學心鏡錄十一卷首一卷　(清)唐君田編　清乾隆十二年(1747)刻本　十二冊

120000－0347－0000107　03/2/4

玉機微義五十卷　(明)徐彥純撰　(明)劉純輯　清康熙四十二年(1703)沈延颺刻本　七冊

120000－0347－0000108　03/2/4

臨證指南醫案十卷　(清)葉桂撰　(清)華岫雲校　清乾隆三十三年(1768)刻本　十冊

120000－0347－0000109　03/3/1

傷寒論集註六卷　(清)張志聰註釋　(清)高世栻纂集　清刻本　六冊

120000－0347－0000110　03/3/1

傷寒論三註十六卷　(清)周揚俊編　清康熙二十二年(1683)刻本　十冊

120000－0347－0000111　03/3/1

傷寒論三註十七卷附傷寒醫方歌訣一卷　(清)周揚俊編　(清)劉宏璧刪補　清康熙五

十二年(1713)刻本　十册

120000－0347－0000112　03/3/1
金匱玉函經八卷　(漢)張仲景撰　(清)陳世傑重校　清乾隆刻本　五册　缺一卷(二)

120000－0347－0000113　03/3/2
尚論篇四卷後篇四卷首一卷　(清)喻昌撰　清乾隆二十八年至三十年(1763－1765)刻嵩秀堂喻氏三書本　六册

120000－0347－0000114　03/3/2
傷寒論後條辨十五卷　(清)程應旄撰　清乾隆九年(1744)致和堂刻本　五册

120000－0347－0000115　03/3/3
吳氏醫學述第五種(傷寒分經)十卷　(清)喻昌註　(清)吳儀洛訂　清乾隆三十一年(1766)硤川利濟堂刻本　八册

120000－0347－0000116　03/3/3
張仲景傷寒論辯證廣註十四卷首一卷附中寒論辯證廣註三卷首一卷　(清)汪琥纂輯　清程際生刻本　六册

120000－0347－0000117　03/3/3
新刻陳養晦先生傷寒五法四卷　(明)陳長卿撰　清康熙二十二年(1683)石楷刻本　六册

120000－0347－0000118　03/3/3
傷寒論註來蘇集八卷　(清)柯琴撰　清乾隆三十一年(1766)刻本　四册

120000－0347－0000119　03/3/3
傷寒大白四卷總論一卷　(清)秦皇士撰　清康熙五十三年(1714)新安陳懋寬其順堂刻本　四册

120000－0347－0000120　03/3/4
產鑒三卷　(明)王化貞撰　清刻本　二册

120000－0347－0000121　03/3/4
倪氏產寶一卷　(清)倪枝維纂　清雍正九年(1731)刻本　二册

120000－0347－0000122　03/3/4
孫真人備急千金要方九十三卷　(唐)孫思邈撰　(宋)林億校　清康熙二十八年(1689)刻本　十六册

120000－0347－0000123　03/3/4
蒼生司命八卷首一卷藥性一卷　(明)虞摶編　清還讀齋刻本　五册

120000－0347－0000124　03/4/1
仙傳痘疹奇書三卷　(明)高堯臣輯　清刻本　二册

120000－0347－0000125　03/4/1
痘疹金鏡錄八卷　(明)翁仲仁撰　(清)吳損庵校訂　清康熙十六年(1677)三多齋刻本　六册

120000－0347－0000126　03/4/1
天花精言六卷　(清)袁句撰　清乾隆五十二年(1787)袁錫刻本　六册

120000－0347－0000127　03/4/1
痘疹會通五卷　(清)曾鼎撰　清乾隆五十一年(1786)南城曾氏忠恕堂刻本　四册

120000－0347－0000128　03/4/2
痘疹正宗二卷　(清)宋麟祥撰　清乾隆八年(1743)宋弘晙刻本　二册

120000－0347－0000129　03/4/2
痘科溫故集二卷　(清)唐威原撰　(清)房陸參訂　清乾隆十七年(1752)刻本　二册

120000－0347－0000130　03/4/2
痘學真傳八卷附疹論痧賦　(清)葉大椿撰　清乾隆四十七年(1782)刻本　六册

120000－0347－0000131　03/4/2
本草萬方針線八卷　(清)蔡烈先輯　清乾隆四十九年(1784)金閶書業堂刻本　四册

120000－0347－0000132　03/4/3
寓意草　(清)喻昌撰　清初刻本　二册

120000－0347－0000133　03/4/3
寓意草　(清)喻昌撰　清乾隆二十八年(1763)刻本　二册

120000－0347－0000134　03/4/3
名醫方論四卷　(清)羅美輯　清康熙十四年

(1675)羅氏古懷堂刻本　四册

120000－0347－0000135　03/4/3
圖註難經脈訣　(明)張世賢圖註　清乾隆四十五年(1780)刻本　四册

120000－0347－0000136　03/4/3
食物小錄二卷　(清)李文培編　清乾隆四十三年(1778)刻本　一册

120000－0347－0000137　03/4/3
驗方彙輯　(清)黄體端輯　清乾隆三十九年(1774)刻本　一册

120000－0347－0000138　03/4/4
誠書痘疹三卷　(清)談金章撰　清雍正十年(1732)傳經堂刻本　二册

120000－0347－0000139　03/4/4
脈訣彙編説統附經絡彙編　(清)翟良纂　清康熙六年(1667)刻本　六册

120000－0347－0000140　03/4/4
玉函經三卷　題(唐)杜光庭撰　(宋)崔嘉彦註　清順治四年(1647)程林居易齋刻本　一册

120000－0347－0000141　03/4/4
急救須知三卷　(清)朱本中撰　清康熙二十四年(1685)刻本　一册

120000－0347－0000142　03/5/1
金匱翼八卷　(清)尤怡集　清嘉慶十八年(1813)吳門趙亮彩刻本　八册

120000－0347－0000143　03/5/1
本草乘雅半偈十一卷　(明)盧之頤撰　清初月樞閣刻本　六册

120000－0347－0000144　03/5/1
傷寒瘟疫條辯六卷　(清)楊璿撰　清乾隆五十年(1785)刻本　六册

120000－0347－0000145　03/5/1
傷寒論條辨八卷附本草抄一卷或問一卷痙書一卷　(明)方有執撰　清康熙陳友恭刻本　五册

120000－0347－0000146　03/5/2
脈訣彙辨十卷　(清)李延昰撰　清康熙六十一年(1722)刻本　六册

120000－0347－0000147　03/5/2
新刻攝生總論十二卷　(明)張時徹編　(清)王梅訂　清康熙五十四年(1715)刻本　六册

120000－0347－0000148　03/5/2
新刊外科正宗四卷　(明)陳實功撰　清刻本　四册

120000－0347－0000149　03/5/3
外科大成四卷　(清)祁坤撰　清乾隆六十年(1795)金閶函三堂刻本　八册

120000－0347－0000150　03/5/3
外科心法十卷　(清)唐黌輯　清乾隆四十一年(1776)刻本　九册

120000－0347－0000151　03/5/3
瘡瘍經驗全書十三卷　(宋)竇漢卿撰　清康熙五十六年(1717)陳氏浩然樓刻本　六册

120000－0347－0000152　03/5/3
臟腑證治圖説人鏡經八卷附錄二卷續錄二卷　(□)□□撰　(明)錢雷附錄　(明)張俊英續錄　(清)張吾瑾重輯　清康熙元年(1662)清源劉禧刻本　四册

120000－0347－0000153　03/5/4
素問病機氣宜保命集三卷　(金)劉完素撰　明宣德六年(1431)懷德堂刻本　三册

120000－0347－0000154　03/5/4
新刊醫林狀元壽世保元十卷　(明)龔廷賢編　清文會堂刻本　十册

120000－0347－0000155　03/5/4
醫燈續焰二十一卷　(清)潘楫撰　清順治九年(1652)陸地舟刻本　十二册

120000－0347－0000156　03/5/4
醫宗必讀十卷　(明)李中梓撰　清乾隆四十七年(1782)金相堂刻本　五册

120000－0347－0000157　03/6/1
補註瘟疫論四卷　(明)吳有性撰　(清)洪天

錫補註　清乾隆四十九年(1784)刻本　四册

120000－0347－0000158　03/6/2
幼幼集成六卷　(清)陳復正輯　清刻本　六册

120000－0347－0000159　03/6/3
類經圖翼十一卷　(明)張介賓撰　清刻本　三册　存八卷(一至八)

120000－0347－0000160　03/6/3
痘症纂要三卷　(清)毛瓆輯　清康熙十二年(1673)瓠隱堂刻本　三册

120000－0347－0000161　03/6/3
校刻傷寒圖歌活人指掌五卷　(元)吳恕撰　明末致和堂刻本　四册

120000－0347－0000162　03/6/3
醫方易簡新編六卷　(清)龔自璋輯　清咸豐元年(1851)刻本　四册

120000－0347－0000163　03/6/3
秘傳男女小兒科推拿秘訣　(明)周于蕃纂釋　清末刻本　一册

120000－0347－0000164　03/6/4
醫門棒喝初集四卷二集八卷　(清)章楠撰　清道光九年(1829)粵東正文堂刻本　十二册

120000－0347－0000165　03/6/4
幼科醫學指南四卷　(清)周震撰　清乾隆五十四年(1789)刻本　四册

120000－0347－0000166　04/1/1
重校聖濟總録二百卷　(宋)徽宗趙佶撰　(清)汪鳴珂校　清乾隆五十四年(1789)平川燕遠堂刻本　九十六册

120000－0347－0000167　04/2/1
萬密齋醫學全書　(明)萬全撰　清乾隆六年(1741)敷文堂刻本　二十四册

120000－0347－0000168　04/2/2
馮氏錦囊秘録　(清)馮兆張撰　清康熙四十一年(1702)刻本　二十四册

120000－0347－0000169　04/2/3
景岳全書六十四卷　(明)張介賓撰　清康熙四十九年(1710)刻本　三十二册

120000－0347－0000170　04/3/1
御纂醫宗金鑑九十卷　(清)吳謙等輯　清乾隆武英殿木活字本　九十一册　缺三十八卷(一至三十八)

120000－0347－0000171　04/4/1
證治準繩　(明)王肯堂輯　(清)程永培校　清乾隆五十八年(1793)修敬堂刻本(抄配)　六十四册

120000－0347－0000172　04/4/4
丹臺玉案六卷　(明)孫文胤撰　清乾隆元年(1736)三樂齋刻本　十册

120000－0347－0000173　04/4/4
喻氏醫書三種　(清)喻昌撰　清刻本　十二册

120000－0347－0000174　04/4/4
四診抉微八卷附管窺附餘一卷　(清)林之翰撰　清雍正四年(1726)刻本　四册

120000－0347－0000175　04/4/4
洗冤錄表四卷　(清)曾恒德編　清乾隆刻本　一册

120000－0347－0000176　04/5/1
本草綱目五十二卷萬方針線八卷　(明)李時珍撰　(清)張朝璘校定　清衣德堂刻本　二十八册

120000－0347－0000177　04/5/3
薛氏醫按二十四種　(明)吳琯輯　清聚錦堂刻本　四十八册

120000－0347－0000178　04/6/2
景岳全書六十四卷　(明)張介賓撰　清乾隆四十八年(1783)刻本　三十六册

120000－0347－0000179　04/6/3
御纂醫宗金鑑九十卷　(清)吳謙等輯　清刻本　四十八册

120000－0347－0000180　05/1/1
證治準繩　(明)王肯堂輯　清康熙三十八年

(1699)刻本　六十三冊

120000－0347－0000181　05/2/1
醫通纂要　(清)張璐纂述　清末抄本　十五冊

120000－0347－0000182　05/2/1
蘇沈内翰良方十卷附良方輯要　(宋)蘇軾(宋)沈括等編　清末錢塘潘恭豫抄本　四冊

120000－0347－0000183　05/2/2
醫學綱目四十卷　(明)樓英編　明傅眉先生、真山先生等抄本　三冊　存三卷(一、八至九)

120000－0347－0000184　05/2/2
增訂本草備要四卷　(清)汪昂撰　清抄本　四冊

120000－0347－0000185　05/2/2
折肱漫錄七卷　(明)黄承昊撰　清康熙十九年(1680)新安練本先抄本　四冊

120000－0347－0000186　05/2/3
自在壺天五卷　(□)□□撰　清康熙五十年(1711)孫繼朔抄本　五冊

120000－0347－0000187　05/2/3
仁端錄痘疹玄珠五卷　(明)徐謙撰　清抄本　五冊

120000－0347－0000188　05/2/3
釋骨　(清)沈彤撰　清抄本　一冊

120000－0347－0000189　05/2/3
攢花小堂經驗方　(清)吳畹青集　(清)吳子勉編校　清春甫抄本　一冊

120000－0347－0000190　05/2/4
祝茹穹先生醫印三卷附醫驗一卷　(清)趙嶷編註　清抄本　二冊　缺一卷(三)

120000－0347－0000191　05/2/4
道元一炁保生秘要合抄　(明)曹士珩撰　明崇禎九年(1636)抄本　五冊

120000－0347－0000192　05/2/4
傷寒活人指掌提綱　(元)吳恕撰　清中期抄本　一冊

120000－0347－0000193　05/2/4
痘疹正宗二卷　(清)宋麟祥撰　清抄本　一冊　存一卷(下)

120000－0347－0000194　05/2/4
易筋經二卷　題(西竺)達摩祖師撰　(西竺)釋般刺密諦譯義　抄本　一冊

120000－0347－0000195　05/3/1
痘疹傳薪七卷　(清)孫德潤撰輯　清末抄本　八冊

120000－0347－0000196　05/3/1
時症簡要二卷　(清)張樹華輯　清光緒二十一年(1895)稿本　二冊

120000－0347－0000197　05/3/1
臨症易知錄八卷　(清)蔡景陽編　清光緒十五年(1889)稿本　四冊

120000－0347－0000198　05/3/2
濟世津梁八卷　(清)馬人鏡撰　清光緒六年(1880)馬氏蘿月軒稿本　八冊

120000－0347－0000199　05/3/2
金匱匯要　(□)□□撰　清末抄本　七冊

120000－0347－0000200　05/3/3
名心合參六卷　(明)郎沖霄編輯　清道光八年(1828)山東郎迂若抄校本　二冊

120000－0347－0000201　05/3/3
傷寒類書活人總括七卷　(宋)楊士瀛撰(明)朱崇正附遺　清道光八年(1828)鮑泰圻木活字刻鮑氏彙校醫書四種本　四冊

120000－0347－0000202　05/3/3
妙一齋醫學正印種子編四卷　(明)岳甫嘉撰　清抄本　一冊

120000－0347－0000203　05/3/3
麻瘋秘訣症　(□)□□撰　清春林記抄本　一冊

120000－0347－0000204　05/3/4
醫方集解十五卷　(清)汪昂撰　清抄本

六册

120000－0347－0000205　05/3/4
醫學指津五卷　(清)張震集　清雍正五年(1727)張氏抄本　一册　存一卷(一)

120000－0347－0000206　05/3/4
種子心法附保產心法　(清)石成金撰　清抄本　一册

120000－0347－0000207　05/4/1
萬氏婦人科三卷　(明)萬全撰　(清)王懋才校輯　清抄本　三册

120000－0347－0000208　05/4/1
濟陰綱目十四卷　(明)武之望撰　清抄本　四册　存四卷(一至四)

120000－0347－0000209　05/4/1
產科心法二集　(清)汪喆撰　清抄本　一册

120000－0347－0000210　05/4/2
醫論廣見　(明)高隱撰　清抄本　十册

120000－0347－0000211　05/4/2
症色備要　(□)□□撰　清抄本　一册

120000－0347－0000212　05/5/1
彭氏醫書三種　(清)彭晴嵐輯　清道光稿本　八册

120000－0347－0000213　05/5/1
傷寒論翼二卷　(清)柯琴撰　(清)馬中驊校　清抄本　二册

120000－0347－0000214　05/5/1
臟腑經絡論治　(□)□□撰　清抄本　二册

120000－0347－0000215　05/5/1
普濟本事方十卷　(宋)許叔微撰　清光緒三年(1877)楊沂孫抄本　四册

120000－0347－0000216　05/5/1
樂餘園抱甕老人消閒錄　(清)韓中煌輯　(清)荊溪重訂　清雍正六年(1728)韓氏抄本　四册

120000－0347－0000217　05/5/1
醫林一致五卷　(清)駱登高撰　(清)丁有曾(清)丁有光編　清抄本　五册

120000－0347－0000218　05/5/1
脈髓藥鑑二卷　(□)□□撰　清抄本　一册

120000－0347－0000219　05/5/1
取穴圖解　(□)□□撰　清彩繪抄本　一册

120000－0347－0000220　05/5/1
瘟疫論類編五卷　(明)吳有性撰　(清)劉奎評　清抄本　一册

120000－0347－0000221　05/5/1
杏軒醫案　(清)程文囿撰　清抄本　一册

120000－0347－0000222　05/5/1
醫要　(□)□□撰　清抄本　一册

120000－0347－0000223　05/6/1
經驗良方遺集附續少林點脈歌湯方法　(□)□□撰　林□文抄本　二册

120000－0347－0000224　05/6/1
痘疹傳心錄十九卷　(明)朱惠民撰　(清)程永培校　清刻本　二册　存五卷(一至三、十八至十九)

120000－0347－0000225　05/6/1
痘疹正宗二卷　(清)宋麟祥撰　清刻本　二册

120000－0347－0000226　05/6/1
痘症精言四卷　(清)袁句撰　清刻本　二册

120000－0347－0000227　05/6/1
金匱要略方論本義二十二卷　(清)魏荔彤釋義　清刻本　四册

120000－0347－0000228　05/6/1
集驗良方三卷　(清)梁文科輯　清刻本　四册

120000－0347－0000229　05/6/1
保產金丹四卷　(清)劉文華輯　清光緒十二年(1886)仁壽堂刻本　四册

120000－0347－0000230　05/6/1
太乙神針　(清)范毓編　清蘿月軒抄本　一册

120000－0347－0000231　05/6/1
痘疹心法纂要秘本　(□)□□撰　清抄本　一冊

120000－0347－0000232　05/6/1
增補汪石山先生醫讀　(明)汪機撰　(□)倪朝校　清抄本　一冊

120000－0347－0000233　5－6－1/4
傷寒論註來蘇集八卷　(清)柯琴撰　清文魁堂刻本　六冊

120000－0347－0000234　07/1/1
補註黄帝内經素問二十四卷素問遺篇一卷　(唐)王冰註　(宋)林億等校正　清光緒三年(1877)浙江書局刻本　十二冊

120000－0347－0000235　07/1/3
補註黄帝内經素問二十四卷　(唐)王冰註　(宋)林億等校正　清光緒二十二年(1896)上海圖書集成局鉛印子書二十二種本　四冊

120000－0347－0000236　07/1/4
黄帝内經素問二十四卷　(明)吳崐註　清光緒二十五年(1899)績谿程氏刻本　八冊

120000－0347－0000237　07/1/4
黄帝内經素問二十四卷　(明)吳崐註　清刻本　八冊

120000－0347－0000238　07/1/4
黄帝内經素問二十四卷　(明)吳崐註　清致和堂刻本　六冊

120000－0347－0000239　07/2/1
黄帝内經素問集註九卷　(清)張志聰集註　清光緒十六年(1890)浙江書局刻本　六冊

120000－0347－0000240　07/2/2
黄帝素問直解九卷　(清)高世栻註解　清光緒十三年(1887)浙江書局刻本　八冊

120000－0347－0000241　07/3/1
内經評文靈樞十二卷　(清)周學海註　清光緒二十四年(1898)建德周氏刻周氏醫學叢書本　二冊

120000－0347－0000242　07/3/1
黄帝素問靈樞經十二卷　(宋)史崧音釋　明刻本　二冊

120000－0347－0000243　07/3/1
黄帝素問靈樞經十二卷　(宋)史崧音釋　清黄以周刻本　三冊

120000－0347－0000244　07/3/2
醫原圖說二卷　(清)金理撰　清乾隆二十六年(1761)刻本　二冊

120000－0347－0000245　07/3/2
元和紀用經　(唐)王冰撰　(清)程永培校　清末脩敬堂刻本　一冊

120000－0347－0000246　07/3/2
宋陳無擇三因司天方　(清)繆問釋　清嘉慶二年(1797)惜陰書局抄本　一冊

120000－0347－0000247　07/3/2
心源匙錘一卷　(清)徐公桓(徐伯揆)撰　清光緒二十年(1894)上海文海堂刻本　一冊

120000－0347－0000248　07/3/3
黄帝内經靈樞註證發微九卷　(明)馬蒔註　清光緒五年(1879)刻本　八冊

120000－0347－0000249　07/3/3
靈樞經九卷　(清)張志聰集註　清光緒六年(1880)浙江書局刻本　八冊

120000－0347－0000250　07/3/3
靈樞經十卷　(清)張志聰集註　清刻本　十冊

120000－0347－0000251　07/4/2
重廣補註黄帝内經素問二十四卷遺篇一卷　(唐)王冰註　(宋)林億等校正　黄帝内經靈樞十二卷　(宋)史崧音釋　清光緒十年(1884)京口文成堂刻本　十冊

120000－0347－0000252　07/4/2
重廣補註黄帝内經素問二十四卷遺篇一卷　(唐)王冰註　(宋)林億等校正　黄帝内經靈樞十二卷　(宋)史崧音釋　清道光金陵宋仁甫刻本　十冊

120000－0347－0000253　07/4/3

重廣補註黄帝内經素問二十四卷 （唐）王冰註 （宋）林億等校正 **黄帝内經靈樞十二卷** （宋）史崧音釋 清光緒二十三年（1897）新化三味書室刻本 十六册

120000－0347－0000254 07/5/1
黄帝内經素問註證發微九卷黄帝内經靈樞註證發微九卷素問補遺一卷 （明）馬蒔註 清刻本 二十四册

120000－0347－0000255 07/5/2
黄帝内經太素三十卷黄帝内經明堂一卷附録一卷 （唐）楊上善註 清光緒二十三年（1897）通隱堂刻漸西村舍彙刻本 六册

120000－0347－0000256 07/5/4
内經評文素問二十四卷遺篇一卷靈樞十二卷 （清）周學海註 清光緒二十四年（1898）建德周氏刻周氏醫學叢書本 六册

120000－0347－0000257 07/5/4
類經三十二卷圖翼十一卷附翼四卷 （明）張介賓類註 清嘉慶四年（1799）金閶萃英堂刻本 三十二册

120000－0347－0000258 08/1/2
素問懸解十三卷附校餘偶識一卷 （清）黄元御撰 清同治十一年（1872）陽湖馮氏刻黄氏遺書三種本 七册

120000－0347－0000259 08/1/4
内經知要二卷 （明）李中梓編註 清道光五年（1825）存心堂刻本 二册

120000－0347－0000260 08/1/4
内經知要二卷 （明）李中梓編註 清光緒九年（1883）刻本 二册

120000－0347－0000261 08/1/4
内經知要二卷 （明）李中梓編註 清掃葉山莊刻本 二册

120000－0347－0000262 08/2/1
素問靈樞類纂約註三卷 （清）汪昂纂輯 清嘉慶掃葉山房刻本 三册

120000－0347－0000263 08/2/1
素問靈樞類纂約註三卷 （清）汪昂纂輯 清光緒六年（1880）刻本 三册

120000－0347－0000264 08/2/1
素問靈樞類纂約註三卷 （清）汪昂纂輯 清刻本 三册

120000－0347－0000265 08/2/2
醫經原旨六卷 （清）薛雪集註 （清）楊采青重校 清刻本 六册

120000－0347－0000266 08/2/2
醫經原旨六卷 （清）薛雪集註 （清）楊采青重校 清刻本 六册

120000－0347－0000267 08/2/4
黄帝素問宣明論方十五卷 （金）劉完素撰 清江陰朱氏刻本 三册

120000－0347－0000268 08/3/1
靈素提要淺註十二卷 （清）陳念祖集註 清刻本 四册

120000－0347－0000269 08/3/3
難經本義二卷 （元）滑壽撰 （明）吴中珩校 明末刻本 二册

120000－0347－0000270 08/3/3
圖註八十一難經辨真四卷 （明）張世賢圖註 （清）沈鏡校 清海清樓刻本 二册

120000－0347－0000271 08/3/3
圖註八十一難經辨真四卷 （明）張世賢圖註 清刻本 二册

120000－0347－0000272 08/3/4
古本難經闡註二卷 （清）丁錦集註 清同治三年（1864）高郵趙春普刻本 二册

120000－0347－0000273 08/3/4
增輯難經本義二卷 （元）滑壽本義 （清）周學海增輯 清光緒十七年（1891）池陽周氏刻周氏醫學叢書本 二册

120000－0347－0000274 08/3/4
難經懸解二卷 （清）黄元御解 清同治十一年（1872）抄本 一册

120000－0347－0000275　08/4/2
黃帝内經素問集註九卷　(清)張志聰集註　清善成堂刻本　六冊　存六卷(一至六)

120000－0347－0000276　08/4/2
靈樞經九卷　(清)張志聰集註　清光緒二十九年(1903)刻本　六冊　存五卷(一至五)

120000－0347－0000277　08/4/2
黃帝内經素問註證發微九卷　(明)馬蒔註　清刻本　五冊

120000－0347－0000278　08/4/2
黃帝内經靈樞註證發微九卷補遺一卷　(明)馬蒔註　清刻本　二冊

120000－0347－0000279　08/4/5
圖註八十一難經辨真四卷　(明)張世賢圖註　清善成堂刻本　二冊

120000－0347－0000280　08/4/5
圖註八十一難經辨真四卷　(明)張世賢圖註　清刻本　二冊

120000－0347－0000281　08/4/5
圖註八十一難經辨真四卷　(明)張世賢圖註　清懷德堂刻本　六冊

120000－0347－0000282　08/4/5
圖註八十一難經辨真四卷　(明)張世賢圖註　**瀕湖脈學一卷奇經八脈考一卷**　(明)李時珍撰　**驗方不分卷**　(□)□□輯　清刻本　四冊

120000－0347－0000283　08/4/5
圖註八十一難經辨真四卷　(明)張世賢圖註　清刻本　四冊

120000－0347－0000284　08/4/5
刻京本八十一難經四卷　(戰國)秦越人撰　(明)熊宗立解　明刻本　一冊　存三卷(一至三)

120000－0347－0000285　08/5/3
新鐫本草醫方合編　(清)汪昂編　(清)胡學峰重定　清刻本　三冊

120000－0347－0000286　08/5/3
增訂本草備要四卷　(清)汪昂撰　(清)刁鳳岩訂　清光緒十六年(1890)刻本　四冊

120000－0347－0000287　08/5/4
本草備要不分卷　(清)汪昂撰　清光緒十三年(1887)鴻文書局石印本　二冊

120000－0347－0000288　08/5/5
增補本草備要八卷湯頭歌訣一卷　(清)汪昂撰　清光緒三十三年(1907)上海同文書局石印本　四冊

120000－0347－0000289　08/6/2
本草從新六卷　(清)吳儀洛輯　清光緒七年(1881)恆德堂刻本　六冊

120000－0347－0000290　08/6/2
本草從新十八卷　(清)吳儀洛輯　清光緒十四年(1888)刻本　六冊

120000－0347－0000291　08/6/2
本草從新十八卷　(清)吳儀洛輯　清光緒三十四年(1908)刻本　六冊

120000－0347－0000292　08/6/2
本草從新六卷　(清)吳儀洛輯　清三讓堂刻吳氏醫學述第三種本　六冊

120000－0347－0000293　08/6/2
本草從新六卷　(清)吳儀洛輯　清善成堂刻本　六冊

120000－0347－0000294　08/6/2
本草從新十八卷　(清)吳儀洛輯　清同治九年(1870)瓶花書屋刻本　一冊

120000－0347－0000295　08/6/3
本草綱目五十二卷首一卷圖三卷附綱目拾遺十卷首一卷萬方針線八卷　(明)李時珍撰　清光緒三十年(1904)上海經香閣書莊石印本　十二冊

120000－0347－0000296　08/6/4
本草綱目五十二卷首一卷圖三卷附綱目拾遺十卷首一卷萬方針線八卷　(明)李時珍撰　清光緒十九年(1893)上海鴻寶齋書局石印本　二十四冊

120000－0347－0000297　08/6/5

神農本草三卷　王闓運輯　清光緒三十二年(1906)刻本　二冊

120000－0347－0000298　09/1/1

本草經三卷　(三國魏)吳普等撰　(清)孫星衍輯　清光緒十七年(1891)池陽周學海校刻周氏醫學叢書本　二冊

120000－0347－0000299　09/1/1

神農本草三卷　王闓運輯　清光緒十一年(1885)尊經書院刻本　一冊

120000－0347－0000300　09/1/3

本草三家合註六卷附神農本草經百種錄　(清)郭汝驄集註　清刻本　六冊

120000－0347－0000301　09/1/3

本草三家合註六卷附神農本草經百種錄　(清)郭汝驄集註　清刻本　六冊

120000－0347－0000302　09/1/3

本草三家合註六卷附神農本草經百種錄　(清)郭汝驄集註　清宣統元年(1909)刻本　七冊

120000－0347－0000303　09/1/3

本草三家合註六卷　(清)郭汝驄集註　清光緒二十九年(1903)上海飛鴻閣書局石印本　四冊

120000－0347－0000304　09/1/4

本經疏證十二卷續疏六卷序疏要八卷　(清)鄒澍撰　清道光二十九年(1849)刻本　十二冊

120000－0347－0000305　09/2/1

本經續疏六卷序疏要八卷　(清)鄒澍撰　清同治十二年(1873)友經堂刻本　六冊

120000－0347－0000306　09/2/2

神農本經經釋一卷　(清)姜國伊註　清刻本　二冊

120000－0347－0000307　09/2/2

本草崇原集說三卷附本草經讀附錄集説　(清)張志聰註釋　(清)高世栻纂輯　(清)仲學輅集說　清宣統二年(1910)仲氏刻本　四冊

120000－0347－0000308　09/2/2

神農本草經贊三卷附月令七十二候贊　(清)葉志詵撰　清道光三十年(1850)粵東撫署刻本　四冊

120000－0347－0000309　09/3/2

本草發揮四卷　(明)徐用誠撰　清刻薛氏醫案二十四種本　四冊

120000－0347－0000310　09/3/3

本草綱目五十二卷首一卷圖三卷附瀕湖脈學脈訣考證奇經八脈考萬方針線綱目拾遺　(明)李時珍撰　清光緒十一年(1885)合肥張氏味古齋校刻本　四十冊

120000－0347－0000311　09/5/1

增訂本草備要四卷　(清)汪昂撰　清光緒二十四年(1898)京都文盛堂刻本　六冊

120000－0347－0000312　09/5/1

本草原始十二卷　(明)李中立纂輯　明四美堂刻本　四冊

120000－0347－0000313　09/5/1

增訂本草備要四卷　(清)汪昂撰　清順慶博古齋刻本　四冊

120000－0347－0000314　09/5/1

本草備要四卷　(清)汪昂撰　清同治元年(1862)樊川文成堂刻本　五冊

120000－0347－0000315　09/5/2

本草述三十二卷首一卷　(清)劉若金撰　清光緒二年(1876)姑蘇來青閣刻本　二十冊

120000－0347－0000316　09/5/3

本草述鉤元三十二卷　(清)劉若金撰　(清)楊時泰輯　清道光二十二年(1842)毗陵涵雅堂刻本　十冊

120000－0347－0000317　09/5/3

本草述鉤元三十二卷　(清)劉若金撰　(清)楊時泰輯　清道光二十二年(1842)毗陵涵雅堂刻本　十冊

120000－0347－0000318　09/6/2
增訂本草備要四卷　(清)汪昂撰　(清)刁鳳岩訂　清光緒十一年(1885)刻本　三冊

120000－0347－0000319　09/6/2
增訂本草備要四卷附經絡歌訣湯頭歌訣　(清)汪昂撰　清同治八年(1869)刻本　五冊

120000－0347－0000320　09/6/2
增訂本草備要四卷附瀕湖脈訣臟腑經絡圖說　(清)汪昂撰　清光緒七年(1881)刻本　五冊

120000－0347－0000321　09/6/2
增訂本草備要四卷　(清)汪昂撰　(清)刁鳳岩訂　清光緒三十二年(1906)刻本　五冊

120000－0347－0000322　09/6/3
玉楸藥解八卷　(清)黄元御撰　清刻本　二冊

120000－0347－0000323　09/6/3
本經逢原四卷　(清)張璐撰　清乾隆、嘉慶金閶書業堂刻張氏醫書七種本　四冊

120000－0347－0000324　09/6/3
長沙藥解四卷　(清)黄元御撰　清光緒二十年(1894)上海圖書集成局鉛印本　一冊

120000－0347－0000325　09/6/3
長沙藥解四卷　(清)黄元御撰　清刻本　一冊

120000－0347－0000326　09/6/3
玉楸藥解四卷　(清)黄元御撰　清光緒二十年(1894)上海圖書集成局鉛印本　一冊

120000－0347－0000327　09/6/4
本草從新六卷　(清)吳儀洛輯　清刻吳氏醫學述第三種本　八冊

120000－0347－0000328　09/6/4
本草從新六卷　(清)吳儀洛輯　清嘉慶二十二年(1817)山淵堂刻本　六冊

120000－0347－0000329　09/6/4
本草從新十八卷　(清)吳儀洛輯　清光緒十二年(1886)江左書林刻本　六冊

120000－0347－0000330　09/6/4
本草從新六卷　(清)吳儀洛輯　清大文堂刻本　六冊

120000－0347－0000331　10/1/3
藥品化義十三卷首一卷末一卷　(明)賈所學輯撰　(清)李延昰補訂　清光緒三十年(1904)鉛印本　一冊

120000－0347－0000332　10/1/4
本草求真九卷主治二卷　(清)黄宮繡撰　清光緒三十四年(1908)上海緯文閣石印本　四冊

120000－0347－0000333　10/1/4
藥性摘錄附常用藥物一卷食物一卷　(清)文晟編　清同治四年(1865)文氏延慶堂刻萍鄉文氏所刻醫書六種本　一冊

120000－0347－0000334　10/2/2
藥性考　(清)龍柏撰　清刻本　二冊

120000－0347－0000335　10/2/2
滇南草本三卷醫門擥要二卷　(明)蘭茂撰　清光緒十三年(1887)刻本　五冊

120000－0347－0000336　10/2/2
本草分經一卷　(清)姚瀾輯　清光緒十四年(1888)刻本　一冊

120000－0347－0000337　10/2/3
本草思辨錄四卷首一卷　(清)周巖撰　清光緒三十年(1904)山陰周氏微尚室刻本　二冊

120000－0347－0000338　10/3/2
食物本草會纂十二卷　(清)沈李龍輯　清刻本　八冊

120000－0347－0000339　10/3/2
增補食物本草備考二卷　(清)何克諫撰　清佛山會元樓刻本　二冊

120000－0347－0000340　10/3/2
食物本草會纂八卷　(清)沈李龍輯　清嘉慶八年(1803)刻本　六冊

120000－0347－0000341　10/3/2
食物本草會纂十二卷　(清)沈李龍輯　清道

光二十三年(1843)四盛堂刻本　六冊

120000－0347－0000342　10/3/3
食物小錄二卷　(清)李文培編　抄本　二冊

120000－0347－0000343　10/3/3
隨息居飲食譜　(清)王士雄撰　清刻本　二冊

120000－0347－0000344　10/3/3
食鑒本草一卷　(清)費伯雄編　清光緒九年(1883)刻本　一冊

120000－0347－0000345　10/3/3
隨息居飲食譜　(清)王士雄撰　清同治二年(1863)刻本　一冊

120000－0347－0000346　10/3/3
隨息居飲食譜　(清)王士雄撰　清光緒二十二年(1896)上海圖書集成局鉛印本　一冊

120000－0347－0000347　10/3/3
療饑良方　(□)□□撰　清光緒二十二年(1896)渝北刻本　一冊

120000－0347－0000348　10/4/3
醫要集覽　(明)□□輯　明刻本　六冊　存二種(脈訣、藥性賦)

120000－0347－0000349　10/4/3
雷公藥性賦四卷　(金)李杲輯　**雷公炮製藥性解六卷**　(明)李中梓輯　清道光十八年(1838)金閶會文堂刻本　四冊

120000－0347－0000350　10/4/3
雷公炮製藥性賦解六卷　(清)王子接重訂　清光緒五年(1879)上洋紫文閣刻本　四冊

120000－0347－0000351　10/4/3
雷公炮製藥性賦解六卷　(清)王子接重訂　清光緒十三年(1887)善成堂刻本　四冊

120000－0347－0000352　10/4/3
雷公炮製藥性賦解六卷　(清)王子接重訂　清宣統元年(1909)上海會文堂書局石印本　四冊

120000－0347－0000353　10/4/3
珍珠囊指掌補遺藥性賦四卷　(金)李杲編　(清)王子接重訂　清宣統三年(1911)上海會文堂石印本　四冊

120000－0347－0000354　10/4/4
天寶草本　(清)龔錫麟編　清光緒二年(1876)刻本　一冊

120000－0347－0000355　10/5/1
二如亭群芳譜二十八卷首一卷　(明)王象晉撰　(明)陳繼儒等校　明崇禎刻本　二十八冊

120000－0347－0000356　10/5/2
佩文齋廣群芳譜一百卷　(清)汪灝等撰　清同治七年(1868)刻本　四十冊

120000－0347－0000357　10/5/3
務中藥性十八卷首一卷末一卷　(清)何本立撰　清道光二十五年(1845)何懷仁堂刻本　十二冊

120000－0347－0000358　10/6/2
人參譜四卷　(清)陸烜輯　清春草堂抄本　一冊

120000－0347－0000359　11/1/3
千金翼方三十卷　(唐)孫思邈撰　清光緒四年(1878)獨山莫氏影印本　八冊

120000－0347－0000360　11/1/3
千金翼方三十卷　(唐)孫思邈撰　(明)王肯堂重校　清同治七年(1868)掃葉山房刻本　十六冊

120000－0347－0000361　11/2/1
備急千金要方三十卷千金翼方三十卷　(唐)孫思邈撰　清光緒四年(1878)蘇州吳縣徐敏甫刻本　二十四冊

120000－0347－0000362　11/2/2
備急千金要方三十卷千金翼方三十卷　(唐)孫思邈撰　清光緒四年(1878)長洲麟瑞堂刻本　二十四冊

120000－0347－0000363　11/2/3
孫真人千金方衍義三十卷　(唐)孫思邈撰

(清)張璐衍義　清光緒五年(1879)刻本　三十二冊

120000－0347－0000364　11/3/2

海上方　(唐)孫思邈撰　(明)王守中輯　清刻本　二冊

120000－0347－0000365　11/3/2

千金寶要六卷　(唐)孫思邈撰　(宋)郭思編　清光緒十一年(1885)吳縣朱氏槐廬家塾刻本　二冊

120000－0347－0000366　11/3/2

風眩方　(南朝齊)徐嗣伯撰　清刻本　一冊

120000－0347－0000367　11/3/2

海上方附素女方　(唐)孫思邈撰　清咸豐四年(1854)刻本　一冊

120000－0347－0000368　11/3/2

千金寶要六卷　(唐)孫思邈撰　(宋)郭思編　清來鹿堂刻本　一冊

120000－0347－0000369　11/3/2

慈濟方　(明)釋景隆編　清宣統二年(1910)吳氏石蓮庵刻藍印本　一冊

120000－0347－0000370　11/3/2

局方發揮一卷　(元)朱震亨撰　清江陰朱氏校刻本　一冊

120000－0347－0000371　11/3/4

唐王燾先生外臺秘要方四十卷　(唐)王燾撰　(明)程衍道訂　明崇禎十三年(1640)新安程衍道經餘居刻本　二十冊

120000－0347－0000372　11/3/4

唐王燾先生外臺秘要方四十卷　(唐)王燾撰　(明)程衍道訂　清初經餘居刻本　二十冊

120000－0347－0000373　11/4/1

唐王燾先生外臺秘要方四十卷　(唐)王燾撰　(明)程衍道訂　清同治十三年(1874)廣東翰墨園刻本　四十冊

120000－0347－0000374　11/4/3

博濟方五卷　(宋)王袞編　清嘉慶十三年(1808)張海鵬刻墨海金壺叢書本　二冊

120000－0347－0000375　11/4/3

蘇沈内翰良方十卷　(宋)蘇軾　(宋)沈括等編　清刻知不足齋叢書本　三冊

120000－0347－0000376　11/4/3

蘇沈良方八卷　(宋)蘇軾　(宋)沈括等編　清刻武英殿聚珍版叢書刻本　三冊

120000－0347－0000377　11/4/3

蘇沈内翰良方十卷　(宋)蘇軾　(宋)沈括等編　清光緒二十三年(1897)武強賀氏仿知不足齋刻本　四冊

120000－0347－0000378　11/4/3

史載之方二卷　(宋)史堪撰　清光緒二年(1876)吳興陸心源刻十萬卷樓叢書本　一冊

120000－0347－0000379　11/4/4

類證普濟本事方十卷　(宋)許叔微撰　(清)葉桂釋義　清嘉慶十九年(1814)刻本　六冊

120000－0347－0000380　11/5/1

洪氏集驗方五卷　(宋)洪遵撰　清嘉慶二十四年(1819)吳門黃氏士禮居刻本　二冊

120000－0347－0000381　11/5/2

傳信適用方四卷　(宋)吳彦夔撰　清光緒四年(1878)丁氏當歸草堂刻醫學叢書本　二冊

120000－0347－0000382　11/5/2

濟生方八卷　(宋)嚴用和撰　清光緒四年(1878)丁氏當歸草堂刻醫學叢書本　三冊

120000－0347－0000383　11/5/2

瑞竹堂經驗方五卷補遺一卷　(元)沙圖穆蘇撰　清光緒四年(1878)丁氏當歸草堂刻醫學叢書本　一冊

120000－0347－0000384　11/5/3

孫真人千金方衍義三十卷　(唐)孫思邈撰　(清)張璐衍義　清掃葉山房刻本　三十二冊

120000－0347－0000385　12/1/1

急救仙方六卷　(宋)□□撰　清光緒四年(1878)錢塘丁氏刻當歸草堂醫學叢書初編本　一冊

120000－0347－0000386　12/1/3

醫方集宜十卷　(明)丁鳳撰　抄本　十冊

120000－0347－0000387　12/2/1

醫方捷徑指南全書二卷　(明)王宗顯編　(明)錢允治校　清光緒三十三年(1907)彰府聚盛堂刻本　二冊

120000－0347－0000388　12/2/1

武備志　(明)茅元儀輯　清刻本　一冊　存三卷(一百四十三至一百四十五)

120000－0347－0000389　12/2/2

醫方集解不分卷　(清)汪昂撰　清光緒十三年(1887)姑蘇掃葉山房刻本　六冊

120000－0347－0000390　12/2/2

醫方集解不分卷　(清)汪昂撰　清光緒十三年(1887)鴻文書局石印本　四冊

120000－0347－0000391　12/2/2

醫方集解三卷　(清)汪昂撰　清刻本　四冊

120000－0347－0000392　12/2/2

醫方集解三卷　(清)汪昂撰　清文星堂刻本　四冊

120000－0347－0000393　12/2/3

醫方集解三卷　(清)汪昂撰　清道光二十八年(1848)盛京四合堂刻本　六冊

120000－0347－0000394　12/2/3

醫方集解三卷　(清)汪昂撰　清光緒五年(1879)姑蘇掃葉山房刻本　六冊

120000－0347－0000395　12/2/3

醫方集解二十一卷　(清)汪昂撰　清光緒三十年(1904)膠州成文堂刻本　六冊

120000－0347－0000396　12/2/3

醫方集解三卷　(清)汪昂撰　清同德堂刻本　六冊

120000－0347－0000397　12/3/1

三朝名醫方論　(宋)駱龍吉　(金)劉完素　(清)吳謙撰　清光緒二十六年(1900)上海千頃堂書局石印本　六冊

120000－0347－0000398　12/3/1

集古良方十二卷　(清)江進編　清嘉慶十六年(1811)刻本　四冊

120000－0347－0000399　12/3/1

集古良方十二卷　(清)江進編　清嘉慶十一年(1806)文苑堂刻本　五冊

120000－0347－0000400　12/3/2

集驗良方六卷　(清)梁文科編　(清)年希堯輯　清道光四年(1824)近文齋刻本　六冊

120000－0347－0000401　12/3/2

新刊良朋彙集五卷附補遺一卷　(清)孫偉輯　清光緒九年(1883)上洋校經山房刻本　六冊

120000－0347－0000402　12/3/2

新刊良朋彙集五卷附補遺一卷　(清)孫偉輯　清善成堂刻本　六冊

120000－0347－0000403　12/3/2

新刊良朋彙集五卷附補遺一卷　(清)孫偉輯　清嘉慶六年(1801)文盛堂刻本　五冊

120000－0347－0000404　12/3/4

絳雪園古方選註　(清)王子接註　(清)葉桂校　清刻本　四冊

120000－0347－0000405　12/3/4

絳雪園古方選註　(清)王子接註　(清)葉桂校　清掃葉山房刻本　四冊

120000－0347－0000406　12/3/4

絳雪園古方選註　(清)王子接註　(清)葉桂校　清刻本　四冊

120000－0347－0000407　12/3/4

絳囊撮要五卷　(清)雲川道人編　清乾隆九年(1744)集善堂刻本　一冊

120000－0347－0000408　12/4/1

仙拈集四卷　(清)李文炳撰　清嘉慶十五年(1810)刻本　四冊

120000－0347－0000409　12/4/1

仙拈集四卷　(清)李文炳撰　清刻本　四冊

120000－0347－0000410　12/4/2

串雅内編四卷　(清)趙學敏輯　(清)吳庚生註　清光緒十七年(1891)刻本　二册

120000－0347－0000411　12/4/2
同壽録四卷末一卷　(清)項天瑞輯　清嘉慶二十一年(1816)刻本　四册

120000－0347－0000412　12/4/2
靜耘齋集驗方五卷　(清)黄元基編　清刻本　一册　存一卷(二)

120000－0347－0000413　12/4/3
彙集良方八卷　(清)陳相甫等輯　清乾隆四十三年(1778)敦厚堂刻本　二册

120000－0347－0000414　12/4/3
摘録萬病驗方　(□)□□撰　清嘉慶十二年(1807)寶善堂刻本　一册

120000－0347－0000415　12/4/4
回生集二卷　(清)陳傑輯　清刻本　二册

120000－0347－0000416　12/4/4
回生集二卷續二卷　(清)陳傑輯　清道光七年(1827)劉彩芹刻本　四册

120000－0347－0000417　12/4/4
回生集二卷附養生經驗集　(清)陳傑輯　(清)聶登楨續　清道光七年(1827)刻本　四册

120000－0347－0000418　12/4/4
葛祖回生集二卷　(清)陳傑輯　清咸豐元年(1851)刻本　一册

120000－0347－0000419　12/5/1
續刻經驗奇方　(□)□□撰　清刻本　二册

120000－0347－0000420　12/5/1
經驗良方彙編　(清)毛世洪輯　清光緒三十三年(1907)常熟瞿氏刻本　一册

120000－0347－0000421　12/5/1
解毒編　(清)汪汲編　清末刻本　一册

120000－0347－0000422　12/5/1
普濟應驗良方八卷　(清)德軒氏輯　清嘉慶刻本　一册

120000－0347－0000423　12/5/1
普濟應驗良方八卷　(清)德軒氏輯　清道光七年(1827)金閶緑蔭堂刻本　一册

120000－0347－0000424　12/5/1
普濟應驗良方八卷　(清)德軒氏輯　清咸豐元年(1851)刻本　一册

120000－0347－0000425　12/5/2
經方借治四卷　(清)百才世俊輯　清宣統二年(1910)稿本　四册

120000－0347－0000426　12/6/1
本經逢原四卷　(清)張璐撰　清同治同德堂刻本　四册

120000－0347－0000427　12/6/1
本草原始十二卷　(明)李中立纂輯　清道光二十四年(1844)刻本　一册

120000－0347－0000428　12/6/2
長沙藥解四卷　(清)黄元御撰　清同治十一年(1872)譚氏抄訂本　二册

120000－0347－0000429　12/6/2
新刊校正大字李東垣先生珍珠囊二卷　(金)李杲編　清光緒元年(1875)文錦堂刻本　二册

120000－0347－0000430　12/6/2
松軒彙集　(□)□□撰　清咸豐八年(1858)抄本　五册

120000－0347－0000431　12/6/2
時方歌括二卷　(清)陳念祖撰　清刻本　一册

120000－0347－0000432　12/6/2
景岳新方砭四卷　(清)陳念祖撰　清嘉慶元年(1796)刻本　一册

120000－0347－0000433　12/6/2
景岳新方砭四卷　(清)陳念祖撰　清刻本　一册　存二卷(三至四)

120000－0347－0000434　12/6/2
秘方要簿　(□)□□撰　清抄本　一册

120000－0347－0000435　12/6/2
驗方撮要二卷　(□)□□撰　清抄本　一册

120000－0347－0000436　12/6/2
驗方秘術　(□)□□撰　清魏文楷抄本　一册

120000－0347－0000437　12/6/3
二如亭群芳譜二十八卷首一卷　(明)王象晉撰　(明)陳繼儒等校　清刻本　七册

120000－0347－0000438　12/6/3
新刊良朋彙集五卷　(清)孫偉輯　清康熙五十年(1711)長白吳化善刻本　五册

120000－0347－0000439　12/6/3
七字藥性賦　(□)□□撰　清彝蓀氏抄本　一册

120000－0347－0000440　12/6/3
良朋彙集五卷　(清)孫偉輯　清同治十一年(1872)抄本　一册

120000－0347－0000441　12/6/4
景岳八陣新方歌　(明)張介賓著　(清)黄騰峰重修　清道光二十二年至光緒七年(1842－1881)抄本　八册

120000－0347－0000442　12/6/4
秘傳花鏡六卷　(清)陳淏子撰　清乾隆四十八年(1783)刻本　二册

120000－0347－0000443　12/6/4
分類重纂壽世編二卷　(清)朱焕彩輯　清嘉慶二年(1797)刻本　二册

120000－0347－0000444　12/6/4
壽世新編不分卷　(清)萬潛齋編　清光緒十八年(1892)刻本　六册

120000－0347－0000445　12/6/4
回生集二卷續二卷　(清)陳傑輯　清嘉慶十二年(1807)刻本　四册

120000－0347－0000446　13/1/1
古今名醫萬方類編三十二卷　(清)曹繩彦編　清睦華堂刻本　二十四册　缺八卷(二十五至三十二)

120000－0347－0000447　13/1/3
景岳新方詩括註解四卷首一卷　(清)林霔　(清)陳念祖纂　清道光二十四年(1844)寶仁堂刻本　四册

120000－0347－0000448　13/1/3
平易方四卷附補遺經驗良方福幼編　(清)葉香侣集　清嘉慶九年(1804)刻本　四册

120000－0347－0000449　13/1/3
平易方四卷附補遺經驗良方一卷福幼編一卷　(清)葉香侣集　清刻本　四册

120000－0347－0000450　13/1/3
景岳新方歌　(清)吳辰燦等纂　清嘉慶十四年(1809)盡心齋刻本　一册

120000－0347－0000451　13/1/3
急救良方　(□)□□撰　清道光六年(1826)刻本　一册

120000－0347－0000452　13/1/4
經驗方鈔四卷　(清)陸言等編　清道光八年(1828)河南藩署刻本　四册

120000－0347－0000453　13/1/4
怪疾奇方　(清)費伯雄編　清光緒十年(1884)眾寶室刻本　一册

120000－0347－0000454　13/1/5
信驗方一卷續一卷　(清)盧蔭長編　清道光三年(1823)刻本　二册

120000－0347－0000455　13/1/5
集驗簡易良方四卷　(清)德豐編　清道光七年(1827)刻本　四册

120000－0347－0000456　13/1/5
集驗簡易良方四卷　(清)德豐編　清道光七年(1827)刻本　四册

120000－0347－0000457　13/1/5
信驗方一卷　(清)盧蔭長編　清道光十年(1830)刻本　一册

120000－0347－0000458　13/1/5
敬修堂藥説附敬修堂二集　(清)錢澍田撰　清嘉慶九年(1804)廣東錢氏刻本　一册

120000－0347－0000459　13/2/1
醫方擇要二卷續集二卷　(清)文祥等編　清道光十六年(1836)粵東芸香堂刻本　四册

120000－0347－0000460　13/2/1
四科簡效方四卷　(清)王士雄編　清光緒十一年(1885)越州徐樹蘭刻會稽徐氏鑄學齋叢書本　一册

120000－0347－0000461　13/2/1
集驗良方拔萃二卷續補一卷　(清)恬素氏編　清道光二十三年(1843)三徑堂刻本　一册

120000－0347－0000462　13/2/1
集驗良方拔萃二卷續補一卷　(清)恬素氏編　清同治五年(1866)刻本　一册

120000－0347－0000463　13/2/1
集驗良方拔萃二卷續補一卷　(清)恬素氏編　清光緒十一年(1885)秀緑書屋刻本　一册

120000－0347－0000464　13/2/2
良方集腋二卷續附一卷　(清)謝元慶編　(清)王慶霄校訂　清咸豐四年(1854)留耕堂刻本　二册

120000－0347－0000465　13/2/2
衛生鴻寶六卷　(清)祝補齋編　(清)高味卿增補　清光緒十一年(1885)刻本　六册

120000－0347－0000466　13/2/2
良方集腋二卷續附一卷　(清)謝元慶編　(清)王慶霄校訂　清光緒五年(1879)浙西梧桐鄉刻本　四册

120000－0347－0000467　13/2/2
衛生鴻寶六卷　(清)祝補齋編　(清)高味卿增補　清咸豐七年(1857)刻本　四册

120000－0347－0000468　13/2/2
良方集腋二卷續附一卷　(清)謝元慶編　(清)王慶霄校訂　清光緒二十三年(1897)抄本　一册　存一卷(下)

120000－0347－0000469　13/2/2
良方集腋合璧　(清)謝元慶編　(清)王慶霄校訂　清咸豐刻本　一册

120000－0347－0000470　13/2/3
濟世良方六卷補遺四卷　(清)周其芬編　(清)瑩軒氏增輯　清同治七年(1868)刻本　八册

120000－0347－0000471　13/2/3
濟世良方六卷補遺四卷　(清)周其芬編　(清)瑩軒氏增輯　清光緒十二年(1886)枕經書屋刻本　八册

120000－0347－0000472　13/2/3
春腳集四卷　(清)孟文瑞輯　清光緒十六年(1890)刻本　二册

120000－0347－0000473　13/2/3
外傳神效仙方　(清)愛菊主人編　清道光五年(1825)稿本　一册

120000－0347－0000474　13/2/4
驗方新編十六卷　(清)鮑相璈編　清光緒九年(1883)山西太原濬文書局刻本　八册

120000－0347－0000475　13/3/1
醫方易簡新編六卷附醫方易簡外科續編二卷大生要旨五卷續刻簡易新編新增良方一卷　(清)龔自璋　(清)黄統編　清同治三年(1864)香山集善堂刻本　八册

120000－0347－0000476　13/3/1
行軍方便方三卷　(清)羅世瑤編　清咸豐二年(1852)刻本　二册

120000－0347－0000477　13/3/1
醫方易簡新編六卷　(清)龔自璋　(清)黄統編　清同治五年(1866)刻本　四册

120000－0347－0000478　13/3/1
醫方易簡新編六卷　(清)龔自璋　(清)黄統編　清咸豐四年(1854)刻本　四册

120000－0347－0000479　13/3/1
臨症經驗良方附摘録經驗方　(清)胡致堂撰　清光緒二十六年(1900)刻本　一册

120000－0347－0000480　13/3/1
玉歷彙録良方　(清)汪氏　(清)俞大文編　清同治八年(1869)刻本　一册

120000－0347－0000481　13/3/1
五種經驗方　（清）葉志詵編　清咸豐三年(1853)漢陽葉氏兩廣都署刻本　一册

120000－0347－0000482　13/3/2
醫方論四卷　（清）費伯雄撰　清同治五年(1866)刻本　二册

120000－0347－0000483　13/3/2
醫方論四卷　（清）費伯雄撰　清光緒三年(1877)刻本　二册

120000－0347－0000484　13/3/2
醫方論四卷　（清）費伯雄撰　清光緒十四年(1888)刻本　二册

120000－0347－0000485　13/3/2
厚德堂集驗方萃編四卷　（清）奇克　（清）唐阿輯　清光緒七年至九年(1881－1883)六印堂刻本　六册

120000－0347－0000486　13/3/2
辨症良方四卷　（清）蔣杏橋編　清光緒十七年(1891)曉風楊柳館刻本　四册

120000－0347－0000487　13/3/2
厚德堂集驗方萃編四卷首一卷　（清）奇克（清）唐阿輯　清光緒二十二年(1896)上海珍藝書局石印本　四册

120000－0347－0000488　13/3/3
幾希録良方合璧不分卷　（清）張惟善編　清同治八年(1869)姑蘇得見齋刻本　二册

120000－0347－0000489　13/3/3
不知醫必要四卷　（清）梁廉夫撰　清光緒二十六年(1900)武陵章氏刻本　四册

120000－0347－0000490　13/3/3
急救應驗良方　（清）費山壽輯　清光緒十八年(1892)西川巴州刻本　一册

120000－0347－0000491　13/3/3
幾希録良方合璧不分卷　（清）張惟善編　清道光二十六年(1846)刻本　一册　存幾希録

120000－0347－0000492　13/3/4
驗方彙集八卷續集四卷　（清）戴緒安選註　清光緒十年(1884)刻本　十一册　缺一卷（驗方彙集三）

120000－0347－0000493　13/3/4
醫方叢話八卷附一卷　（清）徐士鑾編　清光緒十五年(1889)津門徐氏蝢園刻本　四册

120000－0347－0000494　13/3/4
醫方詩要四卷　（清）唐寶善撰輯　清光緒二十九年(1903)王紹珍抄本　四册

120000－0347－0000495　13/4/1
急症要方選　（□）□□撰　清光緒二十九年(1903)修德堂刻本　一册

120000－0347－0000496　13/4/1
備用藥物一卷經驗簡便良方一卷　（□）□□撰　清光緒二十一年(1895)刻本　一册

120000－0347－0000497　13/4/1
備用藥物一卷經驗簡便良方一卷　（□）□□撰　清刻本　一册

120000－0347－0000498　13/5/2
經驗良方　（明）程可學編　明萬曆四十四年(1616)抄本　四册

120000－0347－0000499　13/5/2
續命膠初編　（清）劉清綬輯　清光緒三十年(1904)石印本　一册

120000－0347－0000500　13/5/4
急救方　（清）胡季堂編　清乾隆四十六年(1781)刻本　一册

120000－0347－0000501　13/5/4
都仙真君神功妙濟方　（清）胡克勷彙集　清刻本　一册

120000－0347－0000502　13/6/2
經驗良方　（□）□□撰　抄本　四册　存四卷（三至六）

120000－0347－0000503　13/6/3
串雅内編四卷　（清）趙學敏輯　（清）吳庚生註　清光緒十四年(1888)榆園刻本　二册

120000－0347－0000504　13/6/3

三朝名醫方論　(宋)駱龍吉　(金)劉完素　(清)吳謙撰　清宣統三年(1911)寧波汲綆齋石印本　六册

120000－0347－0000505　13/6/3
奇方纂要一卷　(清)王文選撰　清道光二十七年(1847)重慶刻醫學切要全集本　一册

120000－0347－0000506　13/6/3
急救良方二卷附神授急救異痧奇方　(清)黄秉越編　清光緒三十年(1904)刻本　一册

120000－0347－0000507　13/6/3
傳古應驗良方　(□)□□撰　清光緒六年(1880)逸軒抄本　一册

120000－0347－0000508　13/6/5
退思集　(□)□□撰　清王竇如抄本　一册

120000－0347－0000509　14/1/2
同仁堂藥目　(清)樂鳳鳴編　清宣統二年(1910)刻本　一册

120000－0347－0000510　14/1/3
胡慶餘堂藥目　(清)胡光墉編　清光緒三年(1877)杭州胡慶餘堂雪記刻本　一册

120000－0347－0000511　14/2/2
京師藥行商會配方　(清)京師藥行商會編　清宣統二年(1910)鉛印本　六册

120000－0347－0000512　14/2/2
蘇存德堂丸散膏丹全録　(□)□□撰　清末蘇存德堂刻本　一册

120000－0347－0000513　14/3/1
傷寒論本義十八卷首一卷末一卷　(清)魏荔彤撰　清刻本　十二册

120000－0347－0000514　14/3/1
新鐫外科活人定本四卷　(明)龔居中撰　清醉耕堂刻本　四册

120000－0347－0000515　14/3/1
急救應驗良方　(清)費山壽輯　清光緒六年(1880)邵武徐氏刻本　一册

120000－0347－0000516　14/3/2
本經逢原四卷　(清)張璐撰　清刻本　十一册

120000－0347－0000517　14/3/3
傷寒指掌(感症寶筏)四卷　(清)吳貞訂　清嘉慶十二年(1807)刻本　三册　存二卷(一至二)

120000－0347－0000518　14/3/3
醫林繩墨大全九卷　(明)方穀撰　(清)周京輯　清向山堂刻本　三册　缺二卷(八至九)

120000－0347－0000519　14/3/3
痧痘集解六卷　(清)俞茂鯤集解　清雍正刻本　四册

120000－0347－0000520　14/3/3
咽喉總集　(清)陳鄭遷撰　清抄本　一册

120000－0347－0000521　14/3/4
脈理求真三卷　(清)黄宫繡纂　清乾隆三十九年(1774)刻本　二册

120000－0347－0000522　14/3/4
秘傳眼科龍木總論十卷首一卷　(明)葆光道人撰　明萬曆三年(1575)刻本　五册

120000－0347－0000523　14/4/1
驗方新編十六卷　(清)鮑相璈編　**痧症全書三卷**　(清)林森撰　**咽喉秘集二卷**　(□)□□撰　清同治三年(1864)刻本　十册

120000－0347－0000524　14/4/1
驗方新編十六卷　(清)鮑相璈編　**痧症全書三卷**　(清)林森撰　**咽喉秘集二卷**　(□)□□撰　清光緒二年(1876)維經堂刻本　十册

120000－0347－0000525　14/4/2
驗方新編十六卷　(清)鮑相璈編　**痧症全書三卷**　(清)林森撰　清御蓮堂刻本　八册　缺一卷(一)

120000－0347－0000526　14/4/2
驗方新編十六卷　(清)鮑相璈編　**痧症全書三卷**　(清)林森撰　**咽喉秘集二卷**　(□)□□撰　清光緒三十年(1904)洽記書局石印

本　六册

120000－0347－0000527　14/4/2
驗方新編十六卷附補遺痘疹慈航　(清)鮑相璈編　清光緒二十五年(1899)益元局刻本　十二册

120000－0347－0000528　14/4/4
神農本草經讀四卷附錄一卷　(清)陳念祖撰　清刻本　二册

120000－0347－0000529　14/4/4
神農本草經讀四卷醫學三字經四卷　(清)陳念祖撰　清光緒三十四年(1908)上海章福記書局石印本　一册

120000－0347－0000530　14/4/4
本草分類撮要　(□)□□撰　清抄本　一册

120000－0347－0000531　14/5/1
千金翼方三十卷　(唐)孫思邈撰　清光緒三十四年(1908)上海久敬齋書莊石印本　六册

120000－0347－0000532　14/5/2
醫方集解二十一卷附勿藥元詮救急良方　(清)汪昂撰　清光緒十六年(1890)上洋藜乙山房刻本　二册

120000－0347－0000533　14/5/2
醫方集解六卷　(清)汪昂撰　清三多齋刻本　六册

120000－0347－0000534　14/5/2
圖註本草醫方合編　(清)汪昂編　(清)胡學峰重定　清光緒刻本　六册

120000－0347－0000535　14/5/2
集驗良方六卷　(清)年希堯輯　清乾隆十四年(1749)刻本　三册

120000－0347－0000536　14/5/2
集驗良方三卷　(清)年希堯輯　(清)王恆編　清乾隆五十三年(1788)刻本　三册

120000－0347－0000537　14/5/2
集驗良方拔萃二卷續補一卷　(清)恬素氏編　清刻本　一册

120000－0347－0000538　14/5/3
雷公炮製藥性賦解六卷　(清)王子接重訂　清群玉山房刻本　四册

120000－0347－0000539　14/5/3
食物本草會纂八卷　(清)沈李龍輯　清康熙三十年(1691)刻本　五册

120000－0347－0000540　14/5/3
增補傳家必讀安樂銘附應驗良方一卷海上仙方一卷　(宋)蘇洵撰　(清)石天基增補　清光緒二十二年(1896)刻本　一册

120000－0347－0000541　14/5/3
藥方集錦　(□)□□撰　清抄本　一册

120000－0347－0000542　14/5/3
外附經驗雜方　(□)□□撰　清刻本　一册

120000－0347－0000543　14/5/3
神授急救異痧奇方　(清)□□撰　(清)陳念祖評　清末三味堂刻本　一册

120000－0347－0000544　14/5/4
鐫補雷公炮製藥性解六卷　(明)李中梓編　清刻本　六册

120000－0347－0000545　14/5/4
雷公炮製藥性賦解六卷　(清)王子接重訂　清光緒三十三年(1907)錦文堂石印本　一册

120000－0347－0000546　14/5/4
重校舊本湯頭歌訣　(清)汪昂撰　清光緒二十九年(1903)觀瀾閣書局石印本　一册

120000－0347－0000547　14/5/4
重校舊本湯頭歌訣　(清)汪昂撰　清光緒三十三年(1907)同文書局石印本　一册

120000－0347－0000548　14/5/4
重刻養生經驗書(經驗良方)　(清)毛世洪輯　(清)汪瑜增訂　清光緒三十年(1904)石印本　一册

120000－0347－0000549　14/5/4
集驗良方拔萃二卷續補一卷　(清)恬素氏編　清存德堂刻本　一册

120000－0347－0000550　14/5/5
丸散膏丹貳佰例　(□)□□撰　清抄本　一冊

120000－0347－0000551　14/5/5
同仁堂藥目　(清)樂鳳鳴編　清同治五年(1866)刻本　一冊

120000－0347－0000552　14/6/1
長沙方歌括六卷　(清)陳念祖撰　清末刻本　三冊

120000－0347－0000553　14/6/1
長沙方歌括六卷　(清)陳念祖撰　清末刻本　三冊

120000－0347－0000554　14/6/1
重訂傷寒論集註十五卷　(清)舒詔撰　清渝城宏道堂刻本　四冊　存四卷(一至四)

120000－0347－0000555　14/6/2
增註類證活人書二十二卷　(宋)朱肱撰　(明)吳勉學校　清光緒二十三年(1897)廣州拾芥園刻本　四冊

120000－0347－0000556　14/6/3
傷寒論集註六卷　(清)張志聰註釋　(清)高世栻纂集　清光緒二十五年(1899)石印本　二冊

120000－0347－0000557　14/6/3
註解傷寒論十卷　(漢)張仲景撰　(晉)王叔和編　(金)成無己註　**傷寒明理論四卷**　(金)成無己撰　清同治九年(1870)常郡陸氏雙白燕堂刻本　六冊

120000－0347－0000558　14/6/3
醫效秘傳三卷　(清)葉桂撰　清末刻本　三冊

120000－0347－0000559　14/6/3
醫效秘傳三卷附溫熱贅言　(清)葉桂撰　清道光刻本　四冊

120000－0347－0000560　14/6/3
傷寒兼證析義一卷　(清)張倬撰　**傷寒舌鑑一卷**　(清)張登撰　清光緒三十三年(1907)上海書局石印張氏醫書七種本　一冊

120000－0347－0000561　14/6/3
葉氏醫效秘傳　(清)葉桂撰　清末抄本　一冊

120000－0347－0000562　14/6/3
傷寒六經辨釋　(清)徐大椿撰　清抄本　一冊

120000－0347－0000563　14/6/3
傷寒秘　題(□)石晉編　清抄本　一冊

120000－0347－0000564　14/6/4
傷寒治驗九十論　(宋)許叔微撰　(清)楊士昌校　清抄本　一冊

120000－0347－0000565　14/6/4
傷寒五法四卷　(明)陳長卿撰　清抄本　一冊

120000－0347－0000566　14/6/4
傷寒說意十卷首一卷　(清)黃元御撰　(清)徐樹銘校刊　清咸豐十年(1860)長沙燮龢精舍刻黃氏醫書八種本　一冊

120000－0347－0000567　14/6/4
傷寒論類方一卷　(清)徐大椿編　清乾隆刻徐氏醫書六種本　一冊

120000－0347－0000568　14/6/4
[保壽針線拾遺]　(清)李纘文輯　清光緒十九年(1893)刻本　一冊

120000－0347－0000569　14/6/5
傷寒緒論三卷　(清)張璐撰　清刻本　三冊

120000－0347－0000570　14/6/5
張仲景傷寒論原文淺註六卷　(清)陳念祖撰　清同治刻本　四冊

120000－0347－0000571　14/6/5
傷寒懸解十四卷　(清)黃元御撰　清同治十三年(1874)譚氏抄本　四冊

120000－0347－0000572　14/6/5
張仲景傷寒論原文淺註六卷　(清)陳念祖撰　清光緒三十二年(1906)上海文新書局石印

本　一册

120000－0347－0000573　14/6/5

傷寒説意十卷首一卷　（清）黄元御撰　清抄本　一册

120000－0347－0000574　15/1/3

傷寒論直解六卷附傷寒附餘一卷　（清）張錫駒註　清康熙五十一年（1712）刻本　六册

120000－0347－0000575　15/1/3

傷寒論直解六卷　（清）張錫駒註　清光緒十一年（1885）福州醉經閣刻本　六册

120000－0347－0000576　15/1/4

註解傷寒論十卷　（漢）張仲景撰　（晉）王叔和編　（金）成無己註　**傷寒明理論四卷**　（金）成無己撰　清光緒六年（1880）刻本　四册

120000－0347－0000577　15/2/1

傷寒纘論二卷　（清）張璐撰　清金閶劉任之刻本　三册

120000－0347－0000578　15/2/1

再重訂傷寒論集註十五卷　（清）舒詔撰　清刻本　四册

120000－0347－0000579　15/2/2

傷寒論註來蘇集八卷　（清）柯琴撰　清刻本　八册

120000－0347－0000580　15/2/2

傷寒論註來蘇集六卷　（清）柯琴撰　清刻本　六册

120000－0347－0000581　15/2/2

傷寒論註來蘇集八卷　（清）柯琴撰　（清）葉桂評　清務本堂刻本　六册

120000－0347－0000582　15/2/2

傷寒論註來蘇集八卷　（清）柯琴撰　清金閶緑慎堂刻本　六册

120000－0347－0000583　15/2/3

傷寒論三註十六卷　（清）周揚俊編註　清光緒十三年（1887）刻本　六册

120000－0347－0000584　15/2/3

傷寒論三註十六卷　（清）周揚俊編註　清宣統二年（1910）掃葉山房石印本　六册

120000－0347－0000585　15/2/3

傷寒論註來蘇集八卷　（清）柯琴撰　清金閶經義堂刻本　六册　存四卷（一至四）

120000－0347－0000586　15/3/1

醫效秘傳三卷　（清）葉桂撰　清道光十一年（1831）刻本　三册

120000－0347－0000587　15/3/1

張仲景傷寒論貫珠集八卷　（清）尤怡編註　清嘉慶十五年（1810）活字本　四册

120000－0347－0000588　15/3/1

傷寒卒病論讀不分卷　（清）沈堯封撰　清乾隆三十四年（1769）刻本　四册

120000－0347－0000589　15/3/1

孝慈備覽傷寒編四卷　（清）汪純粹撰　清鄭毓卿抄本　四册

120000－0347－0000590　15/3/1

傷寒懸解十四卷首一卷末一卷　（清）黄元御撰　清光緒二十年（1894）上海圖書集成印書局鉛印本　四册

120000－0347－0000591　15/3/2

傷寒論本義十八卷首一卷末一卷　（清）魏荔彤撰　清雍正三年（1725）實綸堂刻本　六册

120000－0347－0000592　15/3/2

傷寒論綱目十六卷首二卷　（清）沈金鰲撰　清刻沈氏尊生書本　六册

120000－0347－0000593　15/3/3

傷寒經集解九卷首一卷　（清）屠人傑集解　清抄本　十二册　缺一卷（四）

120000－0347－0000594　15/4/1

傷寒論讀本二卷首一卷　（□）□□撰　清同治八年（1869）刻本　二册

120000－0347－0000595　15/4/1

張仲景傷寒論原文淺註六卷　（清）陳念祖撰　清同治元年（1862）刻本　三册

120000－0347－0000596　15/4/1
張仲景傷寒論原文淺註六卷　(清)陳念祖撰　清同治六年(1867)善成堂刻本　三冊

120000－0347－0000597　15/4/1
張仲景傷寒論原文淺註六卷　(清)陳念祖撰　清刻本　三冊

120000－0347－0000598　15/4/2
傷寒論淺註補正七卷首一卷　(清)陳念祖註　(清)唐宗海補正　清光緒三十四年(1908)上海千頃堂書局石印本　四冊

120000－0347－0000599　15/4/2
傷寒論淺註補正七卷首一卷　(清)陳念祖註　(清)唐宗海補正　清光緒三十四年(1908)上海千頃堂書局石印本　四冊

120000－0347－0000600　15/5/1
增註類證活人書二十二卷　(清)邱沛庭撰　清光緒二十八年(1902)謄清稿本　一冊

120000－0347－0000601　15/5/2
傷寒總病論六卷　(宋)龐安時撰　清末上海千頃堂書局石印本　四冊

120000－0347－0000602　15/5/2
增註類證活人書二十二卷　(宋)朱肱撰　(明)吳勉學校　清光緒十年(1884)江南機器製造總局刻本　四冊

120000－0347－0000603　15/5/2
增註類證活人書二十二卷　(宋)朱肱撰　(明)吳勉學校　清光緒十二年(1886)刻本　四冊

120000－0347－0000604　15/5/4
傷寒明理論三卷方論一卷　(金)成無己撰　清光緒刻本　二冊

120000－0347－0000605　15/5/4
傷寒補亡論二十卷　(宋)郭雍撰　清宣統三年(1911)武昌醫館刻本　四冊

120000－0347－0000606　15/5/4
陶節庵傷寒全生集四卷　(明)陶華撰　(清)葉桂評　清嘉慶十五年(1810)眉壽堂刻本　四冊

120000－0347－0000607　15/5/4
陶節庵傷寒全生集四卷　(明)陶華撰　(清)葉桂評　清眉壽堂刻本　四冊

120000－0347－0000608　15/5/4
傷寒明理論三卷傷寒明理藥方論一卷　(金)成無己撰　(明)吳勉學閲　明刻本　一冊

120000－0347－0000609　16/1/1
傷寒六書　(明)陶華撰　清敦化堂刻本　四冊

120000－0347－0000610　16/1/1
傷寒六書纂要辨疑四卷　(明)童養學纂輯　清嘉慶二年(1797)刻本　四冊

120000－0347－0000611　16/1/1
證治集解四卷　(清)龐潤田撰　清光緒十九年(1893)誠心堂刻本　四冊

120000－0347－0000612　16/1/1
新刻傷寒六書纂要辨疑四卷　(明)童養學纂輯　清抄本　一冊

120000－0347－0000613　16/1/2
新刻傷寒活人指掌補註辨疑三卷附金鏡録　(明)童養學纂輯　清光緒十四年(1888)刻本　二冊

120000－0347－0000614　16/1/3
傷寒大白四卷總論一卷　(清)秦皇士撰　清光緒九年(1883)刻本　四冊

120000－0347－0000615　16/1/3
傷寒大白四卷總論一卷　(清)秦皇士撰　清光緒十年(1884)刻本　四冊

120000－0347－0000616　16/1/4
傷寒説意十卷首一卷　(清)黄元御撰　清刻本　二冊

120000－0347－0000617　16/1/4
傷寒第一書四卷附餘二卷　(清)車宗輅　(清)胡憲豐同述　清光緒十一年(1885)刻本　六冊

120000－0347－0000618　16/1/4
傷寒說意十卷首一卷　(清)黄元御撰　清光緒二十年(1894)上海圖書集成印書局鉛印本　一冊

120000－0347－0000619　16/1/4
傷寒說意十卷首一卷　(清)黄元御撰　清刻本　一冊

120000－0347－0000620　16/2/1
傷寒指掌(感症寶筏)四卷　(清)吳貞撰　(清)何廉臣重訂　清宣統三年(1911)鉛印何氏醫學叢書本　八冊

120000－0347－0000621　16/2/1
三訂傷寒門二卷　(清)多弘馨述　清季儉堂抄本　一冊

120000－0347－0000622　16/2/2
傷寒撮要四卷　(清)王夢祖輯註　清道光十九年(1839)刻本　四冊

120000－0347－0000623　16/2/2
傷寒撮要四卷　(清)王夢祖輯註　清咸豐元年(1851)瑞鶴堂刻本　四冊

120000－0347－0000624　16/2/3
傷寒尋源三集　(清)呂震名撰　清光緒七年(1881)刻本　三冊

120000－0347－0000625　16/2/3
傷寒秘論　(清)李思道撰　清道光二十八年(1848)刻本　一冊

120000－0347－0000626　16/2/4
傷寒醫訣串解六卷　(清)陳念祖撰　清刻本　一冊

120000－0347－0000627　16/2/4
傷寒醫訣串解六卷　(清)陳念祖撰　清刻本　一冊

120000－0347－0000628　16/2/4
傷寒醫訣串解六卷十藥神書註解一卷　(清)陳念祖撰　清刻本　一冊

120000－0347－0000629　16/3/1
傷寒古方通六卷　(清)王子接註　清刻本　二冊

120000－0347－0000630　16/3/1
傷寒論類方一卷　(清)徐大椿編　清刻本　二冊

120000－0347－0000631　16/3/1
傷寒真詮方義三卷　(□)□□撰　清抄本　三冊

120000－0347－0000632　16/3/1
傷寒論類方一卷　(清)徐大椿編　清江蘇江左書林孫谿刻本　一冊

120000－0347－0000633　16/3/2
新編張仲景註解傷寒百證歌五卷　(宋)許叔微述　清咸豐抄本　一冊

120000－0347－0000634　16/3/2
傷寒賦　(清)任大治增刪　清抄本　一冊

120000－0347－0000635　16/3/3
傷寒準繩八卷　(明)王肯堂輯　清刻本　十冊

120000－0347－0000636　16/3/3
傷寒兼證析義一卷附錄一卷　(清)張倬撰　清刻本　一冊

120000－0347－0000637　16/3/3
傷寒真方歌括六卷　(清)陳念祖撰　清刻本　一冊

120000－0347－0000638　16/3/3
傷寒審症表　(清)包誠纂輯　清同治十年(1871)湖北崇文書局刻本　一冊

120000－0347－0000639　16/3/3
敖氏傷寒金鏡錄一卷　(元)敖□撰　(元)杜本增訂　清道光十五年(1835)兩儀堂刻本　一冊

120000－0347－0000640　17/1/1
金匱要略方論三卷　(漢)張仲景撰　(晉)王熙集　(宋)林億校　清光緒二十年(1894)成都鄧氏崇文齋刻仲景全書本　二冊

120000－0347－0000641　17/1/1

金匱懸解二十二卷　(清)黄元御撰　清咸豐十年(1860)長沙燮龢精舍刻黄氏醫書八種本　二册

120000－0347－0000642　17/1/2

張仲景金匱要略論註二十四卷　(清)徐彬撰　清光緒五年(1879)刻本　八册

120000－0347－0000643　17/1/2

張仲景金匱要略二十四卷附醫徵溫熱論二卷醫徵虚勞内傷論二卷　(清)沈明宗編註　清初刻本　八册

120000－0347－0000644　17/1/3

金匱心典三卷　(清)尤怡集註　清刻本　三册

120000－0347－0000645　17/1/4

金匱玉函經二註二十二卷附補方一卷十藥神書一卷　(元)趙以德衍義　(清)周揚俊補註　清同治二年(1863)刻本　二册

120000－0347－0000646　17/1/4

金匱心典三卷　(清)尤怡集註　清同治八年(1869)陸氏雙白燕堂刻本　三册

120000－0347－0000647　17/1/4

金匱心典三卷　(清)尤怡集註　清光緒七年(1881)崇德書院刻本　三册

120000－0347－0000648　17/2/1

金匱要略淺註十卷　(清)陳念祖撰　清光緒十五年(1889)光裕書屋刻本　六册

120000－0347－0000649　17/2/1

金匱要略淺註十卷　(清)陳念祖撰　清道光十七年(1837)南雅堂刻本　十册

120000－0347－0000650　17/2/1

金匱要略淺註十卷　(清)陳念祖撰　清刻本　十册

120000－0347－0000651　17/2/1

金匱要略淺註補正九卷　(清)唐宗海撰　清光緒三十四年(1908)上海千頃堂書局石印中西匯通醫書五種本　四册

120000－0347－0000652　17/2/1

金匱要略淺註十卷　(清)陳念祖撰　清咸豐五年(1855)重慶書業堂刻本　五册

120000－0347－0000653　17/2/2

張仲景金匱要略二十四卷　(清)沈明宗編註　清道光二十二年(1842)掃葉山房刻本　六册

120000－0347－0000654　17/2/2

金匱要略方論本義二十二卷　(清)魏荔彤釋義　清刻本　四册

120000－0347－0000655　17/2/4

金匱要略闕疑二卷　(清)葉子雨撰　清道光七年(1827)抄本　二册

120000－0347－0000656　17/2/4

金匱方歌括六卷　(清)陳念祖定　(清)陳元犀韻註　清光緒三十四年(1908)寶慶經元書局刻陳修園廿三種本　三册

120000－0347－0000657　17/3/2

傷寒雜病論十六卷　(清)胡嗣超撰　清道光二十七年(1847)海隱書屋刻本　四册

120000－0347－0000658　18/1/1

問心堂溫病條辨六卷首一卷　(清)吳瑭撰　清嘉慶十八年(1813)刻本　四册

120000－0347－0000659　18/1/1

溫病條辨六卷首一卷　(清)吳瑭撰　清道光十五年(1835)粤東惠濟倉刻本　四册

120000－0347－0000660　18/1/1

溫病條辨六卷首一卷　(清)吳瑭撰　清同治九年(1870)六安求我齋刻本　四册

120000－0347－0000661　18/1/2

問心堂溫病條辨六卷首一卷　(清)吳瑭撰　清道光二十三年(1843)刻本　八册

120000－0347－0000662　18/1/2

溫病條辨六卷首一卷　(清)吳瑭撰　清同治三年(1864)海陵紀氏刻本　四册

120000－0347－0000663　18/1/2

溫病條辨六卷首一卷　(清)吳瑭撰　清寧波群玉山房刻本　四册

120000－0347－0000664　18/1/3
溫熱經緯五卷　(清)王士雄纂　清同治十三年(1874)湖北崇文書局刻本　四册

120000－0347－0000665　18/1/3
溫熱經緯五卷　(清)王士雄纂　清光緒八年(1882)刻本　四册

120000－0347－0000666　18/1/3
溫熱經緯五卷　(清)王士雄纂　清光緒十一年(1885)松韻閣刻本　四册

120000－0347－0000667　18/1/3
春溫三字訣一卷　(清)張子培撰　**痢症三字訣一卷**　(清)唐宗海撰　清光緒十八年(1892)上海錦章書局石印本　一册

120000－0347－0000668　18/1/3
溫病條辨症方歌括　(清)錢文驥撰　清光緒三十年(1904)皖垣刻本　一册

120000－0347－0000669　18/1/4
溫病指南二卷　(清)婁傑輯　(清)蕭惠訂　清光緒二十九年(1903)聽虛館刻本　一册

120000－0347－0000670　18/1/4
溫病指南二卷　(清)婁傑輯　(清)蕭惠訂　清光緒三十二年(1906)三邑文華齋刻本　一册

120000－0347－0000671　18/1/4
溫病賦　(□)□□撰　抄本　一册

120000－0347－0000672　18/1/4
瘟疫初步歌訣　王心圃編　抄本　一册

120000－0347－0000673　18/2/1
瘟疫方論二卷　(明)吳有性撰　清光緒八年(1882)刻本　二册

120000－0347－0000674　18/2/1
溫疫論二卷　(明)吳有性撰　清刻本　二册

120000－0347－0000675　18/2/1
瘟疫論類編五卷　(明)吳有性撰　(清)劉奎訂正　清咸豐十年(1860)近文堂刻本　二册

120000－0347－0000676　18/2/1
慈航集三元普濟方二卷　(清)王勳輯　清光緒十六年(1890)廣百宋齋鉛印本　二册

120000－0347－0000677　18/2/1
說疫全書(疫痧二症合編)　(清)劉奎輯　清光緒十七年(1891)善成堂刻本　四册

120000－0347－0000678　18/2/1
瘟疫論二卷附愈風仙丹一卷　(明)吳有性撰　清康熙三十年(1691)刻本　一册

120000－0347－0000679　18/2/1
瘟疫論二卷附補遺　(明)吳有性撰　清康熙五十四年(1715)刻本　一册

120000－0347－0000680　18/2/2
瘟疫論補註二卷　(明)吳有性撰　(清)鄭重光補註　清同治三年(1864)刻本　二册

120000－0347－0000681　18/2/2
瘟疫論補註二卷　(明)吳有性撰　(清)鄭重光補註　清光緒六年(1880)刻本　二册

120000－0347－0000682　18/2/2
補註瘟疫論四卷　(明)吳有性撰　(清)洪天錫補註　清光緒二十九年(1903)寶森堂刻本　四册

120000－0347－0000683　18/2/3
傳症彙編　(清)熊立品編　清乾隆刻本　八册

120000－0347－0000684　18/2/3
瘟疫明辨(廣瘟疫論)四卷　(清)戴天章撰　清刻本　二册

120000－0347－0000685　18/2/3
瘟疫明辨(廣瘟疫論)四卷　(清)戴天章撰　清乾隆十七年(1752)刻本　四册

120000－0347－0000686　18/2/3
瘟疫發源附霍亂論　(清)馬印麟編　清甘豫熹抄本　一册

120000－0347－0000687　18/2/3
廣瘟疫論(瘟疫明辨)四卷　(清)戴天章撰　清刻本　一册

120000－0347－0000688　18/2/3
瘟疫明辨(廣瘟疫論)四卷　題(清)鄭奠一撰　清光緒十四年(1888)刻本　一册

120000－0347－0000689　18/2/3
瘟疫明辨(廣瘟疫論)四卷　(清)戴天章撰　清李光明莊刻本　一册

120000－0347－0000690　18/2/3
瘟疫明辨(廣瘟疫論)四卷　題(清)鄭奠一撰　清末抄本　一册

120000－0347－0000691　18/2/4
松峰説疫六卷備用良方一卷　(清)劉奎撰　清乾隆五十一年(1786)刻本　四册

120000－0347－0000692　18/2/4
松峰説疫六卷　(清)劉奎撰　清乾隆五十四年(1789)刻本　四册

120000－0347－0000693　18/2/4
松峰説疫六卷備用良方一卷　(清)劉奎撰　清刻本　四册

120000－0347－0000694　18/3/1
經驗瘟痧新編二卷　(清)韓淩霄撰　清宣統三年(1911)鉛印本　二册

120000－0347－0000695　18/3/1
温疫論辨義四卷　(清)楊堯章撰　清咸豐六年(1856)刻本　四册

120000－0347－0000696　18/3/1
温疫論辨義四卷　(清)楊堯章撰　清光緒九年(1883)刻本　四册

120000－0347－0000697　18/3/1
意解山房温疫析疑四卷　(清)唐毓厚撰　清光緒九年(1883)刻本　四册

120000－0347－0000698　18/3/1
疫證集説四卷補遺一卷　(清)余德壎編　清宣統三年(1911)鉛印本　四册

120000－0347－0000699　18/3/1
温毒病論　(清)邵登瀛輯　(清)邵炳揚述　清末刻本　一册

120000－0347－0000700　18/3/1
温毒病論　(清)邵登瀛輯　清邵梅抄本　一册

120000－0347－0000701　18/3/1
傷寒温疫抉要五卷　(清)蔡貽績編　清刻本　一册　存一卷(五)

120000－0347－0000702　18/3/1
温症瘢疹辨證不分卷　(清)許汝楫撰　清光緒十四年(1888)許氏刻本　一册

120000－0347－0000703　18/3/1
瘟疫摘要三卷　(清)濟蒼子編　清光緒二十六年(1900)刻本　一册

120000－0347－0000704　18/3/1
救荒徵實　(□)□□撰　清嘉慶抄本　一册

120000－0347－0000705　18/3/2
温病方論四卷　(清)周揚俊編　清光緒十五年(1889)掃葉山房刻本　二册

120000－0347－0000706　18/3/2
四時病機十四卷　(清)邵登瀛編　清光緒五年(1879)刻本　四册

120000－0347－0000707　18/3/2
四時病機十四卷附温毒病論一卷女科歌訣六卷　(清)邵登瀛編　清宣統元年(1909)江南醫學公會石印本　四册

120000－0347－0000708　18/3/2
南病别鑒三卷附節録辨證要略　(清)宋兆淇註　清光緒五年(1879)刻本　一册

120000－0347－0000709　18/3/3
傷寒瘟疫條辯(寒温條辨)六卷　(清)楊璿撰　清光緒十六年(1890)刻本　六册

120000－0347－0000710　18/3/3
瘟疫條辨摘要一卷　(清)吕田集録　清刻本　四册

120000－0347－0000711　18/3/3
瘟疫條辨摘要一卷　(清)吕田集録　清刻本　四册

120000－0347－0000712　18/4/1
時病論八卷　（清）雷豐撰　清光緒十年（1884）慎修堂刻醫學三書本　五冊

120000－0347－0000713　18/4/3
痢症探源一卷附喉風痧毒瘋犬　（清）劉瑩輯著　清光緒二年（1876）刻本　一冊

120000－0347－0000714　18/4/3
治痢捷要新書　（清）丁國瑞撰　清光緒二十四年（1898）紫氣堂石印本　一冊

120000－0347－0000715　18/4/3
痢疾論歌括　（□）□□撰　皮氏抄本　一冊

120000－0347－0000716　18/4/4
痢疾論四卷　（清）孔毓禮輯　清道光二十七年（1847）謙益堂刻本　二冊

120000－0347－0000717　18/4/4
痢證匯參十卷　（清）吳道源輯　清刻本　四冊

120000－0347－0000718　18/4/4
痎瘧論疏二卷　（明）盧之頤撰　清光緒四年（1878）丁氏當歸草堂刻當歸草堂醫學叢書初編本　一冊

120000－0347－0000719　18/5/1
痧脹玉衡書三卷末一卷　（清）郭志邃撰　清康熙十四年（1675）刻本　三冊

120000－0347－0000720　18/5/1
痧脹玉衡書三卷末一卷　（清）郭志邃撰　清刻本　四冊

120000－0347－0000721　18/5/1
痧症全書三卷　（清）林森傳授　（清）王凱編　清道光五年（1825）刻本　一冊

120000－0347－0000722　18/5/1
痧症全書三卷　（清）林森傳授　（清）王凱編　清道光五年（1825）刻本　一冊

120000－0347－0000723　18/5/1
痧症全書三卷　（清）林森傳授　（清）王凱編　清光緒三年（1877）刻本　一冊

120000－0347－0000724　18/5/1
晰微補化全書（痧症全書）二卷　（清）郭鐌選　清同治十年（1871）平江陳懋德刻本　一冊

120000－0347－0000725　18/5/1
痧脹源流　（清）沈金鰲撰　清王國佐刻本　一冊

120000－0347－0000726　18/5/1
痧症發微二卷附張氏醫通番痧　（□）車偉人編　清同治十二年（1873）刻本　一冊

120000－0347－0000727　18/5/1
神授急救異痧奇方一卷　（清）□□撰　**霍亂論（霍亂轉筋）二卷**　（清）王士雄撰　清光緒二十九年（1903）湖南書局刻本　一冊

120000－0347－0000728　18/5/2
痧症彙要四卷　（清）孫玘輯　清道光元年（1821）刻本　二冊

120000－0347－0000729　18/5/2
隨息居重訂霍亂論二卷　（清）王士雄纂　清光緒十八年（1892）上海醉六堂刻本　二冊

120000－0347－0000730　18/5/2
痧證指微　（清）釋普淨撰　清光緒三十四年（1908）石印本　一冊

120000－0347－0000731　18/5/2
霍亂論二卷　（清）王士雄纂　清三味堂刻本　一冊

120000－0347－0000732　18/5/2
吊腳痧方論　（清）徐子默撰　清光緒十五年（1889）刻本　一冊

120000－0347－0000733　18/5/2
吊腳痧方論　（清）徐子默撰　清光緒二十一年（1895）丹徒鄒氏刻本　一冊

120000－0347－0000734　18/5/2
隨息居重訂霍亂論二卷　（清）王士雄纂　清光緒十七年（1891）蒲圻但氏校刻本　一冊

120000－0347－0000735　18/5/2
隨息居重訂霍亂論二卷　（清）王士雄纂　清光緒二十五年（1899）多文會刻本　一冊

120000－0347－0000736　18/5/3
濟眾錄不分卷　(清)勞守慎編　清光緒三十二年(1906)南海勞禮安刻本　一冊

120000－0347－0000737　18/5/3
鼠疫彙編　(清)吳宣崇撰　(清)羅汝蘭增輯　清光緒二十七年(1901)蓉園刻本　一冊

120000－0347－0000738　18/5/3
鼠疫約編　(清)吳宣崇撰　(清)羅汝蘭增輯　(清)鄭奮揚參訂　清光緒二十八年(1902)雙流袖海廬刻本　一冊

120000－0347－0000739　18/5/3
鼠疫抉微　(清)余德壎輯　清宣統二年(1910)上海濆素盦鉛印本　一冊

120000－0347－0000740　18/6/3
問心堂溫病條辨六卷首一卷　(清)吳瑭撰　清光緒三十一年(1905)粵東馮繼善刻本　六冊

120000－0347－0000741　19/1/1
證治彙補八卷　(清)李用粹撰　清光緒九年(1883)刻本　八冊

120000－0347－0000742　19/1/1
傅青主男科二卷　(清)傅山撰　清光緒十三年(1887)湖北官書處刻本　二冊

120000－0347－0000743　19/1/1
活人方彙編五卷　(清)林開燧撰　清同治八年(1869)貴州羅大春刻本　五冊

120000－0347－0000744　19/1/1
醫學發明一卷　(元)朱震亨撰　清江陰朱氏刻本　一冊

120000－0347－0000745　19/1/3
醫略十三卷　(清)蔣寶素撰　清道光二十一年(1841)鎮江快志堂刻本　二冊

120000－0347－0000746　19/1/3
醫略十三卷附關格考人迎辨　(清)蔣寶素撰　清道光二十八年(1848)鎮江快志堂刻本　六冊

120000－0347－0000747　19/1/4
七情管見錄二卷　(清)張履龢撰　清光緒十三年(1887)刻本　一冊

120000－0347－0000748　19/2/3
痰火點雪(紅爐點雪)四卷　(明)龔居中撰　清嘉慶九年(1804)刻本　二冊

120000－0347－0000749　19/2/3
慎柔五書五卷　(明)胡慎柔撰　(清)石震　(清)顧元交編訂　清乾隆修敬堂刻本　二冊

120000－0347－0000750　19/2/3
紅爐點雪四卷　(明)龔居中撰　清嘉慶十八年(1813)吳中白鹿山房校印本　一冊

120000－0347－0000751　19/2/3
理虛元鑒五卷　(明)汪綺石撰　(清)陸九芝重訂　清宣統元年(1909)冰龠鉛印本　一冊

120000－0347－0000752　19/2/3
理虛元鑒五卷　(明)汪綺石撰　(清)陸九芝訂　清宣統元年(1909)鉛印本　一冊

120000－0347－0000753　19/2/3
十藥神書註解一卷　(清)陳念祖撰　清咸豐七年(1857)刻本　一冊

120000－0347－0000754　19/2/3
十藥神書註解一卷　(清)陳念祖撰　清光緒十五年(1889)寶文堂刻本　一冊

120000－0347－0000755　19/2/3
十藥神書註解一卷附經驗百病内外　(清)陳念祖撰　清光緒三十二年(1906)上海文新書局石印本　一冊

120000－0347－0000756　19/2/4
毆蠱燃犀錄　(清)燃犀道人撰　清光緒十九年(1893)刻本　一冊

120000－0347－0000757　19/3/2
血證論八卷　(清)唐宗海撰　清末石印本　一冊

120000－0347－0000758　19/3/2
血門　(□)□□撰　清刻本　一冊

120000－0347－0000759　19/4/2

金匱要略淺註十卷 （漢）張仲景原文 （清）陳念祖集註 清光緒三十四年（1908）寶慶經元書局刻陳修園廿三種本 五冊

120000－0347－0000760 19/5/1
溫熱經緯五卷 （清）王士雄纂 （清）楊照藜評 清刻本 四冊

120000－0347－0000761 19/5/1
溫熱贅言一卷 （清）寄瓢子撰 清刻本 一冊

120000－0347－0000762 19/5/1
寒溫疫解 （清）黄元御撰 清光緒三年（1877）抄本 一冊

120000－0347－0000763 19/5/2
溫病條辨六卷首一卷 （清）吳瑭撰 （清）汪廷珍參訂 清咸豐十年（1860）刻本 八冊

120000－0347－0000764 19/5/2
溫病條辨六卷首一卷 （清）吳瑭撰 （清）汪廷珍參訂 清光緒十九年（1893）上海圖書集成印書局鉛印本 四冊

120000－0347－0000765 19/5/2
溫病條辨六卷首一卷 （清）吳瑭撰 （清）汪廷珍參訂 清宣統三年（1911）上海會文堂石印本 四冊

120000－0347－0000766 19/5/3
瘟疫論二卷 （明）吳有性撰 清刻本 二冊

120000－0347－0000767 19/5/3
瘟疫論二卷 （明）吳有性撰 清刻本 二冊

120000－0347－0000768 19/5/3
增補瘟疫論五卷 （明）吳有性撰 （清）劉奎訂正 清善成堂刻本 二冊

120000－0347－0000769 19/5/3
增補瘟疫論二卷 （明）吳有性撰 （清）丁國瑞增補 清光緒三十二年（1906）天津大公報館鉛印本 二冊

120000－0347－0000770 19/5/3
瘟疫方論二卷 （明）吳有性撰 清刻本 一冊

120000－0347－0000771 19/5/3
瘟疫論補註二卷 （明）吳有性撰 （清）鄭重光補註 清光緒三十三年（1907）上海校經山房石印本 一冊

120000－0347－0000772 19/5/3
增補瘟疫論二卷 （明）吳有性撰 （清）丁國瑞增補 清光緒三十二年（1906）天津商報館鉛印本 一冊 存一卷（一）

120000－0347－0000773 19/5/3
防疫芻言二卷附救疫速效良法針刺圖說拈痧刮痧圖說經驗良方 （清）曹廷杰撰 清宣統三年（1911）吉林印書館鉛印本 一冊

120000－0347－0000774 19/5/3
瘟疫百方 王炳南編 抄本 一冊

120000－0347－0000775 19/5/3
風溫述義歌 （□）□□撰 抄本 一冊

120000－0347－0000776 19/5/3
瘟疫扼要鄭氏遺書 （□）□□撰 抄本 一冊

120000－0347－0000777 19/5/4
時病論六卷 （清）雷豐撰 清光緒三十四年（1908）石印本 一冊

120000－0347－0000778 19/5/4
濕瘟時疫治療法 紹興醫學衛生報編 何幼廉、何小廉抄本 一冊

120000－0347－0000779 19/5/4
翻症急救 （□）□□輯 王運夏抄本 一冊

120000－0347－0000780 19/5/4
吊腳痧方論 （清）徐子默撰 清末周家駒刻本 一冊

120000－0347－0000781 19/5/5
痧脹玉衡全書三卷末一卷 （清）郭志邃撰 清善成堂刻本 二冊

120000－0347－0000782 19/5/5
痢證滙条十卷 （清）吳道源輯 清刻本 四冊

120000－0347－0000783　19/5/5

治痢捷要新書　(清)丁國瑞撰　清末石印本　一册

120000－0347－0000784　19/5/5

鼠疫彙編　(清)羅汝蘭增輯　清宣統三年(1911)天津大公報館鉛印本　一册

120000－0347－0000785　19/5/5

鼠疫約編附中西防疫新論說　(清)吴宣崇撰　(清)羅汝蘭增輯　(清)鄭奮揚參訂　清末鉛印本　一册

120000－0347－0000786　19/5/5

鼠疫良方彙編　沈敦和輯　(清)郁聞堯等編　清宣統二年(1910)上海中國公立醫院鉛印本　一册

120000－0347－0000787　19/6/1

御纂醫宗金鑑　(清)吴謙等輯　清刻本　三十册　存三十卷(内科三十卷)

120000－0347－0000788　19/6/2

醫學備忘　(□)□□撰　抄本　四册

120000－0347－0000789　19/6/2

博物新編三卷　(英國)合信氏撰　清咸豐五年(1855)上海墨海書館刻本　一册

120000－0347－0000790　19/6/2

全體新編　(英國)合信氏　(清)陳修堂撰　清咸豐元年(1851)刻本　一册

120000－0347－0000791　19/6/2

内科新説二卷　(英國)合信氏　(清)管茂材撰　清咸豐八年(1858)刻本　一册

120000－0347－0000792　19/6/2

内科新説三卷　(英國)合信氏　(清)管茂材撰　清咸豐八年(1858)上海仁濟醫館刻本　一册

120000－0347－0000793　19/6/2

西醫略論三卷　(英國)合信氏　(清)管茂材撰　清咸豐七年(1857)上海仁濟醫館刻本　一册

120000－0347－0000794　19/6/3

慎柔五書五卷　(明)釋住想撰　(清)周學海評註　清末刻周氏醫學叢書本　一册

120000－0347－0000795　19/6/4

傅青主男科二卷附女科補遺　(清)傅山撰　清光緒十年(1884)刻本　二册

120000－0347－0000796　19/6/4

傅青主男科二卷　(清)傅山撰　(清)王道平校　清光緒二十八年(1902)新化三味書室刻本　二册

120000－0347－0000797　19/6/4

傅青主男科二卷附女科産後編二卷小兒科　(清)傅山撰　清刻本　二册　殘

120000－0347－0000798　19/6/4

太原傅科二卷　(清)傅山撰　(清)王道平校　清光緒九年(1883)刻本　一册

120000－0347－0000799　19/6/4

傅青主男科　(清)傅山撰　(清)黄廷烈校　清光緒三十一年(1905)上海校經山房石印本　一册

120000－0347－0000800　19/6/4

傅青主男科　(清)傅山撰　抄本　一册

120000－0347－0000801　19/6/5

十藥神書註解一卷　(清)陳念祖撰　清刻本　一册

120000－0347－0000802　20/1/1

婦人良方二十四卷　(宋)陳自明編　(明)薛己校註　清嘉慶十四年(1809)書業堂刻薛氏醫案二十四種本　十二册

120000－0347－0000803　20/1/1

婦人良方二十四卷　(宋)陳自明編　(明)薛己校註　清漁古山房刻薛氏醫案本　十二册

120000－0347－0000804　20/1/1

婦人良方二十四卷　(宋)陳自明編　(明)薛己校註　清刻薛氏醫案本　四册

120000－0347－0000805　20/1/3

坤元是保二卷　(明)薛軒編　清榮陽書屋抄本　二册

120000－0347－0000806　20/1/3
萬氏女科附良方　(明)萬全撰　清同治二年(1863)刻本　二冊

120000－0347－0000807　20/1/3
萬氏女科附良方　(明)萬全撰　清光緒二十三年(1897)刻本　二冊

120000－0347－0000808　20/1/3
女科仙方四卷　(清)傅山撰　清光緒二十三年(1897)張敏臣刻本　四冊

120000－0347－0000809　20/1/3
四明宋氏女科撮要　(明)宋林皋輯　清康熙八年(1669)抄本　一冊

120000－0347－0000810　20/1/4
濟陰綱目十四卷　(明)武之望撰　(清)汪淇箋釋　**保生碎事**　(清)汪淇輯　清經綸堂刻本　八冊

120000－0347－0000811　20/1/4
濟陰綱目十四卷　(明)武之望撰　(清)汪淇箋釋　**保生碎事**　(清)汪淇輯　清康熙四年(1665)刻本　四冊

120000－0347－0000812　20/1/4
濟陰綱目十四卷　(明)武之望撰　(清)汪淇箋釋　**保生碎事**　(清)汪淇輯　清刻本　四冊

120000－0347－0000813　20/2/1
濟陰綱目十四卷　(明)武之望撰　(清)汪淇箋釋　**保生碎事**　(清)汪淇輯　清金閶書業堂刻本　八冊

120000－0347－0000814　20/2/1
濟陰綱目十四卷　(明)武之望撰　(清)汪淇箋釋　**保生碎事**　(清)汪淇輯　清刻本　八冊

120000－0347－0000815　20/2/2
傅青主女科二卷　(清)傅山撰　清道光二十七年(1847)刻海山仙館叢書本　二冊

120000－0347－0000816　20/2/2
傅青主女科二卷　(清)傅山撰　清同治八年(1869)湖北崇文書局刻本　二冊

120000－0347－0000817　20/2/2
傅青主女科二卷附産後編二卷　(清)傅山撰　清光緒十一年(1885)文成堂刻本　二冊

120000－0347－0000818　20/2/2
女科經綸八卷　(清)蕭壎撰　清湖郡有鴻齋刻本　六冊

120000－0347－0000819　20/2/2
女科經綸八卷　(清)蕭壎撰　清光緒十六年(1890)掃葉山房刻本　四冊

120000－0347－0000820　20/2/2
女科經綸八卷　(清)蕭壎撰　清刻本　四冊

120000－0347－0000821　20/2/2
傅青主女科二卷附産後編二卷　(清)傅山撰　清光緒十一年(1885)好友堂刻本　一冊

120000－0347－0000822　20/2/3
女科輯要二卷　(清)沈堯封撰　清同治元年(1862)刻本　二冊

120000－0347－0000823　20/2/3
女科指掌五卷　(清)葉其蓁編　清光緒十五年(1889)刻本　四冊

120000－0347－0000824　20/2/4
女科切要八卷　(清)吳道源撰　清乾隆三十八年(1773)刻本　二冊

120000－0347－0000825　20/2/4
竹林女科證治四卷　(清)竹林寺僧撰　清光緒十七年(1891)皖江節署刻本　四冊

120000－0347－0000826　20/2/4
婦科玉尺六卷　(清)沈金鰲撰　清刻沈氏尊生書本　一冊

120000－0347－0000827　20/3/1
竹林女科秘方　(清)竹林寺僧撰　清光緒三十年(1904)上海書局石印本　二冊

120000－0347－0000828　20/3/1
婦科秘方附胎産護生編　(清)竹林寺僧撰　清光緒十四年(1888)直隸藩署刻本　二冊

120000－0347－0000829　20/3/1

婦科秘方附胎產護生篇　(清)竹林寺僧撰　(清)李長科編　清末南京李光明莊刻本　二冊

120000－0347－0000830　20/3/1

玉液金丹　(清)從善堂編　清光緒二十三年(1897)刻本　一冊

120000－0347－0000831　20/3/1

竹林寺妙手回春　(清)竹林寺僧撰　清醉竹軒抄本　一冊

120000－0347－0000832　20/3/1

婦科秘方　(清)竹林寺僧撰　清道光抄本　一冊

120000－0347－0000833　20/3/1

婦科秘方附胎產護生編　(清)竹林寺僧撰　清光緒十四年(1888)直隸藩署刻本　一冊

120000－0347－0000834　20/3/1

小蓬萊山館方抄二卷　(清)竹林寺僧撰　清光緒十年(1884)刻本　一冊

120000－0347－0000835　20/3/1

治婦科壹百二拾症　(□)□□撰　清咸豐二年(1852)陸建枝抄本　一冊

120000－0347－0000836　20/3/2

女科要旨四卷　(清)陳念祖撰　(清)陳元犀註　清光緒十五年(1889)刻本　二冊

120000－0347－0000837　20/3/2

女科要旨四卷　(清)陳念祖撰　(清)陳元犀註　清光緒二十七年(1901)新化三味書局刻本　二冊

120000－0347－0000838　20/3/2

濟陰寶筏十六卷方論二卷　(清)劉常棐編　清先德堂刻本　三冊　存十卷(一至十)

120000－0347－0000839　20/4/1

經效產寶三卷續編一卷　(唐)昝殷撰　清光緒七年(1881)影印本　二冊

120000－0347－0000840　20/4/1

衛生家寶產科備要八卷　(宋)朱端章編　清光緒十三年(1887)陸氏刻十萬卷樓叢書本　二冊

120000－0347－0000841　20/4/1

產後編二卷　(清)傅山撰　清刻本　二冊

120000－0347－0000842　20/4/1

產寶諸方一卷　(宋)□□撰　清光緒四年(1878)丁氏當歸草堂刻當歸草堂醫學叢書初編本　一冊

120000－0347－0000843　20/4/1

產後編二卷　(清)傅山撰　清末刻海山仙館叢書本　一冊

120000－0347－0000844　20/4/2

達生編　(清)亟齋居士撰　清光緒刻本　一冊

120000－0347－0000845　20/4/2

達生編　(清)亟齋居士撰　清李光明莊刻本　一冊

120000－0347－0000846　20/4/2

達生保嬰編　(清)亟齋居士撰　清嘉慶五年(1800)刻本　一冊

120000－0347－0000847　20/4/2

產寶家傳二卷　(清)倪東溟撰　清道光二十年(1840)湖北刻本　一冊

120000－0347－0000848　20/4/3

胎產心法三卷　(清)閻純璽撰　清道光四年(1824)刻本　六冊

120000－0347－0000849　20/4/3

胎產心法三卷　(清)閻純璽撰　清道光十一年(1831)敬慎堂刻本　六冊

120000－0347－0000850　20/4/3

胎產心法三卷　(清)閻純璽撰　清道光二十七年(1847)江西刻本　六冊

120000－0347－0000851　20/4/3

胎產心法三卷　(清)閻純璽撰　清道光二十七年(1847)刻本　五冊

120000－0347－0000852　20/4/3

產科心法二卷　(清)汪喆撰　清同治九年(1870)刻本　一冊

120000－0347－0000853　20/4/3
產科心法二卷　(清)汪喆撰　清宣統元年(1909)鉛印本　一冊

120000－0347－0000854　20/4/4
大生要旨五卷附種痘論一卷　(清)唐千頃撰　清抄本　六冊

120000－0347－0000855　20/4/4
胎產輯要三卷　(清)亟齋居士撰　清刻本　一冊

120000－0347－0000856　20/4/4
保產機要附保生碎事　(清)柯炌集　清乾元堂刻本　一冊

120000－0347－0000857　20/4/4
大生要旨五卷　(清)唐千頃撰　清道光二十七年(1847)刻本　一冊

120000－0347－0000858　20/5/1
產寶一卷　(清)倪枝維纂　**女科要略**　(清)潘霨輯　清光緒三年(1877)湖北藩署刻本　二冊

120000－0347－0000859　20/5/1
胎產秘書三卷　(清)陳笏庵傳　清咸豐十年(1860)刻本　二冊

120000－0347－0000860　20/5/1
胎產秘書三卷　(清)陳笏庵傳　清光緒二十八年(1902)刻本　二冊

120000－0347－0000861　20/5/1
胎產秘書三卷　(清)陳笏庵傳　清光緒十八年(1892)刻本　一冊

120000－0347－0000862　20/5/2
產孕集二卷補遺一卷　(清)張曜孫輯　(清)包誠增訂　清同治七年(1868)刻本　一冊

120000－0347－0000863　20/5/2
產孕集二卷補遺一卷　(清)張曜孫輯　(清)包誠增訂　清同治十年(1871)刻本　一冊

120000－0347－0000864　20/5/3
蔡松汀先生救治難產神效良方　(清)蔡松汀撰　清刻本　一冊

120000－0347－0000865　20/5/3
胎前產後奇方　(□)劉孝寬撰　清招景京堂抄本　一冊

120000－0347－0000866　20/5/3
胎前產後　(□)□□撰　抄本　一冊

120000－0347－0000867　20/5/3
安胎保產良方　(□)□□撰　清光緒十二年(1886)崇德堂刻本　一冊

120000－0347－0000868　21/1/1
錢氏小兒直訣四卷　(宋)閻孝忠輯　(明)薛鎧註　明崇禎元年(1628)刻本　二冊

120000－0347－0000869　21/1/1
錢氏小兒藥證直訣三卷　(宋)錢乙撰　**閻氏小兒方論一卷**　(宋)閆孝忠撰　**董氏小兒斑疹備急方論一卷**　(宋)董汲撰　清光緒十七年(1891)池陽周氏刻周氏醫學叢書本　二冊

120000－0347－0000870　21/1/1
錢氏小兒藥證直訣三卷　(宋)錢乙撰　**閻氏小兒方論一卷**　(宋)閆孝忠撰　**董氏小兒斑疹備急方論一卷**　(宋)董汲撰　清初影宋刻本　三冊

120000－0347－0000871　21/1/1
錢氏小兒直訣四卷　(宋)錢乙撰　(宋)閻孝忠輯　(明)薛鎧附註　清刻薛氏醫案本　三冊

120000－0347－0000872　21/1/1
顱顖經二卷　(宋)□□撰　清光緒四年(1878)錢塘丁氏當歸草堂刻當歸草堂醫學叢書初編本　一冊

120000－0347－0000873　21/1/1
顱顖經二卷　(宋)□□撰　清末李調元刻本　一冊

120000－0347－0000874　21/1/1
小兒藥證真訣三卷　(宋)錢乙撰　(清)王朝

梧校　清乾隆武英殿聚珍本　一冊

120000－0347－0000875　21/1/2
幼科準繩九卷　(明)王肯堂輯　清光緒十八年(1892)上海圖書集成局鉛印本　十冊

120000－0347－0000876　21/1/2
薛氏醫按二十四種　(明)吳琯輯　清刻本　十六冊　存三種二十四卷(錢氏小兒直訣三卷、保嬰金鏡錄一卷、保嬰撮要二十卷)

120000－0347－0000877　21/1/3
幼科醫學指南四卷　(清)周震撰　清刻本　四冊

120000－0347－0000878　21/1/4
幼科鐵鏡六卷　(清)夏鼎撰　清光緒二十一年(1895)刻本　二冊

120000－0347－0000879　21/1/4
幼科鐵鏡六卷　(清)夏鼎撰　清宣統元年(1909)海豐吳氏刻本　一冊

120000－0347－0000880　21/2/1
鼎鍥幼幼集成六卷　(清)陳復正輯　清乾隆十五年(1750)刻本　六冊

120000－0347－0000881　21/2/1
鼎鍥幼幼集成六卷　(清)陳復正輯　清刻本　六冊

120000－0347－0000882　21/2/1
著石堂新刻幼科直言六卷　(清)孟河撰　清嘉慶三年(1798)刻本　四冊

120000－0347－0000883　21/2/2
許氏幼科七種　(清)許豫和撰　清同治刻本　十冊

120000－0347－0000884　21/2/3
保嬰易知錄二卷　(清)吳寧瀾撰　清同治十二年(1873)刻本　二冊

120000－0347－0000885　21/2/3
保赤新編二卷　(清)任贊輯　清光緒十年(1884)新會伍氏安懷堂刻本　二冊　存一卷(下)

120000－0347－0000886　21/2/3
保嬰易知錄二卷　(清)吳寧瀾撰　清刻保赤彙編本　一冊

120000－0347－0000887　21/2/3
保嬰易知錄二卷　(清)吳寧瀾撰　清光緒十一年(1885)陳氏刻本　一冊

120000－0347－0000888　21/2/3
慈幼便覽一卷附痘疹摘錄一卷　(清)文晟編　清刻本　一冊

120000－0347－0000889　21/2/3
管氏兒女至寶　(清)管斯駿撰　清光緒十九年(1893)上海管可壽齋鉛印本　一冊

120000－0347－0000890　21/2/4
述古齋幼科新書三種　(清)張振鋆撰　清光緒十五年(1889)刻本　六冊

120000－0347－0000891　21/2/4
述古齋幼科新書三種　(清)張振鋆撰　清光緒十九年(1893)四川資州刻本　六冊

120000－0347－0000892　21/2/4
述古齋幼科新書三種　(清)張振鋆撰　清光緒十八年(1892)上海思求闕齋刻本　五冊

120000－0347－0000893　21/3/1
秘傳兒科醫書　(□)□□撰　清宣統元年(1909)李氏抄本　一冊

120000－0347－0000894　21/3/2
類集兒科大全　(□)□□撰　清學勿草堂抄本　一冊

120000－0347－0000895　21/3/2
秘傳活幼全書　(□)□□撰　清抄本　一冊

120000－0347－0000896　21/3/3
增補痘疹玉髓金鏡錄真本四卷　(明)翁仲仁撰　清光緒十六年(1890)刻本　二冊

120000－0347－0000897　21/3/3
增補痘疹玉髓金鏡錄真本四卷　(明)翁仲仁撰　清刻本　二冊

120000－0347－0000898　21/3/3

活幼心法九卷　(明)聶尚恒撰　(清)周京編　清乾隆五十九年(1794)皖江熙湖李氏刻本　二册

120000－0347－0000899　21/3/3
痘疹活幼心法　(明)聶尚恒撰　清大文堂刻本　二册

120000－0347－0000900　21/3/3
陳氏小兒痘疹方論一卷　(宋)陳文中撰　(明)薛己註　清刻薛氏醫按本　一册

120000－0347－0000901　21/3/3
增補秘傳痘疹精義四卷　(明)翁仲仁撰　清康熙聚錦堂刻本　一册

120000－0347－0000902　21/3/3
經驗痘疹不求人方論　(明)朱棟隆撰　清刻本　一册

120000－0347－0000903　21/3/3
痘疹活幼心法　(明)聶尚恒撰　清抄本　一册

120000－0347－0000904　21/3/3
痘疹慈航二卷附萬密齋先生痘麻　(明)歐陽調律撰　(清)王德慎校　清嘉慶十二年(1807)刻本　一册

120000－0347－0000905　21/3/3
痘疹慈航二卷附萬密齋先生痘麻　(明)聶尚恒撰　清光緒四年(1878)杭州竹簡齋刻本　一册

120000－0347－0000906　21/3/4
摘星樓治痘全書十八卷　(明)朱一麟撰　清道光六年(1826)刻本　十册

120000－0347－0000907　21/4/1
痘家心印　(明)朱巽撰　清抄本　二册

120000－0347－0000908　21/4/1
救偏瑣言十卷附備用良方　(清)費啟泰撰　清文盛堂刻本　二册

120000－0347－0000909　21/4/1
全活萬世書二卷　(清)勞之成編　清康熙三十六年(1697)刻本　二册

120000－0347－0000910　21/4/1
救偏瑣言十卷附備用良方　(清)費啟泰撰　清惠迪堂刻本　六册

120000－0347－0000911　21/4/1
痘科類編釋意三卷　(明)翟良撰　清乾隆三十七年(1772)刻本　四册

120000－0347－0000912　21/4/1
痘科類編釋意三卷　(明)翟良撰　清抄本　四册

120000－0347－0000913　21/4/2
痘疹定論四卷　(清)朱純嘏撰　清刻本　二册

120000－0347－0000914　21/4/2
痘麻定論四卷附醫說　(清)朱純嘏撰　(清)徐安瀾增補　清刻本　二册

120000－0347－0000915　21/4/2
重刊俞天池先生痧痘集解原本六卷　(清)俞茂鯤集解　清光緒二年(1876)刻本　四册

120000－0347－0000916　21/4/2
痘學真傳八卷　(清)葉大椿撰　清嘉慶二十五年(1820)刻本　四册

120000－0347－0000917　21/4/2
痘疹定論四卷　(清)朱純嘏撰　清刻本　一册　存二卷(三至四)

120000－0347－0000918　21/4/3
增訂保赤金丹四卷　(清)呂紹先編輯　(清)黄邦寧增訂　清抄本　三册

120000－0347－0000919　21/4/3
麻科活人全書四卷　(清)謝玉瓊輯　清道光三年(1823)刻本　四册

120000－0347－0000920　21/4/3
麻科活人全書四卷　(清)謝玉瓊輯　清光緒十五年(1889)刻本　四册

120000－0347－0000921　21/4/3
麻科活人全書四卷　(清)謝玉瓊輯　清光緒十六年(1890)紅杏山房刻本　四册

120000－0347－0000922　21/4/3
麻科保赤金丹四卷附邵氏痘科　(清)謝玉瓊輯　清光緒十七年(1891)保赤軒刻本　四册

120000－0347－0000923　21/4/3
鄭氏瘄科保赤金丹四卷　(清)謝玉瓊撰　(清)鄭行彰傳　清光緒二十六年(1900)鄭氏家宅刻本　四册

120000－0347－0000924　21/4/4
天花精言六卷　(清)袁句撰　清道光五年(1825)心遠堂刻本　三册

120000－0347－0000925　21/4/4
天花精言六卷　(清)袁句撰　清抄本　三册

120000－0347－0000926　21/4/4
天花精言三卷　(清)袁句撰　(清)吳小珊編　清同治七年(1868)陳氏刻本　一册

120000－0347－0000927　21/4/4
痘症精言四卷　(清)袁句撰　清刻本　一册

120000－0347－0000928　21/5/1
痘證寶筏六卷　(清)強健編　(清)朱增惠校　清同治元年(1862)刻本　二册

120000－0347－0000929　21/5/1
痘疹專門二卷　(清)董維嶽撰　清道光十五年(1835)書業德記刻本　二册

120000－0347－0000930　21/5/1
黄帝逸典十三卷　(□)□□撰　清刻本　二册

120000－0347－0000931　21/5/1
保赤聯珠二種(遂生福幼合編)　(清)莊一夔撰　清同治八年(1869)當湖茂林齋刻本　一册

120000－0347－0000932　21/5/2
痘疹會通五卷　(清)曾鼎撰　清刻本　六册

120000－0347－0000933　21/5/2
痘疹會通五卷　(清)曾鼎撰　清費晉刻本　四册

120000－0347－0000934　21/5/2
增訂痘疹輯要四卷　(清)白振斯撰　清光緒二十九年(1903)廣州宏經閣書房刻本　一册

120000－0347－0000935　21/5/2
治痘寶册二卷　(清)王東庵撰　清道光十年(1830)濟南會文齋刻本　一册

120000－0347－0000936　21/5/4
痘疹詩賦二卷　(清)張鑾撰　清同治五年(1866)刻本　二册

120000－0347－0000937　21/5/4
痘疹詩賦二卷　(清)張鑾撰　清光緒八年(1882)校經山房刻本　二册

120000－0347－0000938　21/5/4
天花八陣編三卷　(清)王伯偉撰　清道光二十七年(1847)刻本　二册

120000－0347－0000939　21/5/4
闕待新編二卷　(清)孫能遷撰　清宣統元年(1909)刻本　一册

120000－0347－0000940　21/5/4
麻疹闡註三卷附錄一卷　(清)張廉撰　清道光刻本　一册

120000－0347－0000941　21/5/4
醫痘金丹二卷　(清)劉衡輯　清道光二十七年(1847)刻本　一册

120000－0347－0000942　22/1/1
中西痘科合璧十二卷　(清)張琰編　清光緒三十二年(1906)上海書局石印本　六册

120000－0347－0000943　22/1/1
牛痘新書不分卷　(清)武榮綸　(清)董玉山合編　清光緒十一年(1885)新城集仁堂刻本　一册

120000－0347－0000944　22/1/1
牛痘新書不分卷　(清)武榮綸　(清)董玉山合編　清光緒十一年(1885)新城三清宮十善堂刻本　一册

120000－0347－0000945　22/1/1
麻症集成四卷　(清)朱載揚輯　清宣統元年(1909)月山居士鉛印本　一册

120000－0347－0000946　22/1/3
麻痘脈訣　(□)□□撰　清抄本　一册

120000－0347－0000947　22/1/3
痘科醫書　(□)□□撰　清抄本　一册

120000－0347－0000948　22/1/4
莊在田先生保赤全編二卷附廣生編一卷　(清)莊一夔撰　清同治六年(1867)刻本　一册

120000－0347－0000949　22/1/4
保赤慢驚條辨　(清)黄仲賢撰　清光緒三十三年(1907)刻本　一册

120000－0347－0000950　22/4/1
濟陰綱目十四卷　(明)武之望撰　(清)張志聰訂正　清寶興堂刻本　六册

120000－0347－0000951　22/4/2
濟陰綱目十四卷　(明)武之望撰　(清)汪淇箋釋　**保生碎事**　(清)汪淇輯　清裕德堂刻本　八册

120000－0347－0000952　22/4/2
濟陰綱目十四卷　(明)武之望撰　(清)張志聰訂正　**保生碎事**　(清)汪淇輯　清刻本　八册

120000－0347－0000953　22/4/2
濟陰綱目十四卷　(明)武之望撰　(清)張志聰訂正　**保生碎事**　(清)汪淇輯　清刻本　十册

120000－0347－0000954　22/4/2
濟陰綱目十四卷　(明)武之望撰　(清)張志聰訂正　**保生碎事**　(清)汪淇輯　清善成堂刻本　十册

120000－0347－0000955　22/4/2
葉氏女科證治四卷　(清)葉桂撰　清光緒三十四年(1908)上海文宜書局石印本　四册

120000－0347－0000956　22/4/2
遂生編一卷福幼編一卷　(清)莊一夔撰　清道光十二年(1832)陝西張大猷容忍堂刻本　一册

120000－0347－0000957　22/4/2
慈幼新書三種　(清)莊一夔編　清光緒元年(1875)刻本　一册

120000－0347－0000958　22/4/2
婦嬰新說　(英國)合信氏　(清)管茂材撰　清咸豐八年(1858)刻本　一册

120000－0347－0000959　22/4/3
女科證治準繩五卷　(明)王肯堂輯　清刻本　八册

120000－0347－0000960　22/4/3
女科輯要八卷　(清)周紀常輯　清同治四年(1865)刻本　三册

120000－0347－0000961　22/4/3
女科切要八卷　(清)吳道源撰　清刻本　四册

120000－0347－0000962　22/4/3
女科輯要二卷　(清)沈堯封撰　清刻本　一册　存一卷(下)

120000－0347－0000963　22/4/3
女科要旨四卷　(清)陳念祖撰　清刻本　一册　存二卷(一至二)

120000－0347－0000964　22/4/3
烏金丸目錄　(□)□□撰　清光緒十五年(1889)刻本　一册

120000－0347－0000965　22/4/3
女科指南四卷　(清)戴烈撰　清光緒十九年(1893)上海古香閣鉛印本　一册

120000－0347－0000966　22/4/3
胎產全書　(清)單養賢撰　清刻本　一册

120000－0347－0000967　22/4/4
萬氏婦人科三卷　(明)萬全撰　清嘉慶十年(1805)刻本　二册

120000－0347－0000968　22/4/4
女科二卷　(清)傅山撰　清刻本　二册

120000－0347－0000969　22/4/4
女科要旨四卷　(清)陳念祖撰　清光緒二十

九年(1903)益元書局校刻本　二冊

120000－0347－0000970　22/4/4
女科仙方四卷　(清)傅山撰　清光緒十三年(1887)有餘堂刻本　三冊

120000－0347－0000971　22/4/4
竹林寺女科秘方　(清)竹林寺僧撰　清刻本　一冊

120000－0347－0000972　22/4/4
女科要旨四卷　(清)陳念祖撰　清刻本　一冊

120000－0347－0000973　22/4/4
女科要旨四卷　(清)陳念祖撰　清刻本　一冊

120000－0347－0000974　22/4/4
婦人科秘傳　(□)□□撰　抄本　一冊

120000－0347－0000975　22/4/5
達生編二卷附產後十八論神奇驗方　(清)亟齋居士撰　清同治六年(1867)刻本　一冊

120000－0347－0000976　22/4/5
達生編二卷　(清)亟齋居士撰　(清)汪家駒增訂　清同治十年(1871)刻本　一冊

120000－0347－0000977　22/4/5
達生編　(清)亟齋居士撰　(清)汪家駒增訂　清光緒三十三年(1907)上海書局石印本　一冊

120000－0347－0000978　22/4/5
達生編二卷　(清)亟齋居士撰　(清)汪家駒增訂　清刻本　一冊

120000－0347－0000979　22/4/5
達生編附慈幼編遂生編福幼編　(清)亟齋居士撰　清刻本　一冊

120000－0347－0000980　22/4/5
達生編附慈幼編遂生編福幼編　(清)亟齋居士撰　清刻本　一冊

120000－0347－0000981　22/4/5
慈幼新書三種　(清)莊一夔編　清道光二十五年(1845)刻本　一冊

120000－0347－0000982　22/5/1
幼科鐵鏡六卷　(清)夏鼎撰　清刻本　二冊

120000－0347－0000983　22/5/1
活幼心法大全九卷　(明)聶尚恒撰　清乾隆二十六年(1761)刻本　二冊

120000－0347－0000984　22/5/1
活幼心法大全九卷　(明)聶尚恒撰　清同治八年(1869)常州日新書莊刻本　二冊

120000－0347－0000985　22/5/1
幼科鐵鏡六卷　(清)夏鼎撰　清道光十年(1830)刻本　一冊

120000－0347－0000986　22/5/1
幼科鐵鏡二卷　(清)夏鼎撰　清宣統元年(1909)文元書莊石印本　一冊

120000－0347－0000987　22/5/1
幼科鐵鏡六卷　(清)夏鼎撰　清刻本　一冊

120000－0347－0000988　22/5/1
幼科急慢驚風　(□)□□撰　郁春浦抄本　一冊

120000－0347－0000989　22/5/1
幼科雜治　(□)□□撰　清刻本　一冊

120000－0347－0000990　22/5/2
鼎鍥幼幼集成六卷　(清)陳復正輯　清刻本　六冊

120000－0347－0000991　22/5/2
鼎鍥幼幼集成六卷　(清)陳復正輯　清刻本　六冊

120000－0347－0000992　22/5/2
種福堂公選溫熱論醫案四卷　(清)葉桂撰　(清)華岫雲校　清維揚文富堂刻本　一冊　存二卷(一至二)

120000－0347－0000993　22/5/3
幼科證治準繩九卷　(明)王肯堂輯　清刻本　八冊　存四卷(六至九)

120000－0347－0000994　22/5/3

仁端錄七卷　(清)梁嵩撰　清道光十年(1830)刻本　二冊

120000－0347－0000995　22/5/3
痘疹集成四卷麻疹集成二卷　(清)朱楚芬編　清道光十七年(1837)刻本　六冊

120000－0347－0000996　22/5/3
救偏瑣言十卷附備用良方　(清)費啟泰撰　清道光二十一年(1841)刻本　四冊

120000－0347－0000997　22/5/3
痘疹集成四卷附痲疹集成二卷　(清)朱楚芬輯　清刻本　四冊　缺二卷(痘疹集成一、痲疹集成下)

120000－0347－0000998　22/5/3
痘症秘書二卷　(清)王棨清撰　清刻本　四冊

120000－0347－0000999　22/5/3
保赤有方　(□)□□撰　清抄本　一冊

120000－0347－0001000　22/5/3
痘科彙編四卷附痲科彙編　(明)翟良撰　清乾隆三十七年(1772)刻本　一冊

120000－0347－0001001　22/5/3
痘疹定論　(清)朱純嘏撰　抄本　一冊

120000－0347－0001002　22/5/3
保赤全生錄二卷　(清)陳文傑編　清漢中慎三抄本　一冊

120000－0347－0001003　22/5/3
引痘略一卷　(清)邱熺編　清道光七年(1827)奎光齋刻本　一冊

120000－0347－0001004　22/5/3
引痘略一卷　(清)邱熺編　清同治七年(1868)刻本　一冊

120000－0347－0001005　22/5/3
引痘條約　(清)鄭源等輯　清同治十三年(1874)滋德堂施種牛痘局刻本　一冊

120000－0347－0001006　22/5/3
痘疹譜　(□)□□撰　抄本　一冊

120000－0347－0001007　22/5/4
痘疹指南(痘疹正宗)四卷　(清)宋麟祥撰　清刻本　二冊

120000－0347－0001008　22/5/4
種痘新書十二卷　(清)張琰輯　清刻本　六冊

120000－0347－0001009　22/5/4
增補痘疹玉髓金鏡錄四卷首一卷　(明)翁仲仁撰　清刻本　一冊

120000－0347－0001010　22/5/4
增補秘傳痘疹精義四卷　(明)翁仲仁撰　清聚錦堂刻本　一冊

120000－0347－0001011　22/5/4
痘證慈航附種子金丹　(明)歐陽調律撰　清同治四年(1865)刻本　一冊

120000－0347－0001012　22/5/4
增補麻疹心法二卷　(□)□□撰　清刻本　一冊

120000－0347－0001013　22/5/4
痘疹正宗二卷　(清)宋麟祥撰　清乾隆四十六年(1781)文盛堂刻本　一冊

120000－0347－0001014　22/5/4
痘疹定論二卷　(清)朱純嘏撰　清光緒十六年(1890)文奎堂刻本　一冊

120000－0347－0001015　22/5/4
痘疹心法歌訣　(□)□□撰　若是館抄本　一冊

120000－0347－0001016　22/5/5
產科心法二卷　(清)汪喆撰　清同治九年(1870)刻本　二冊

120000－0347－0001017　22/5/5
產育寶慶集方二卷　(宋)郭稽中纂　清光緒四年(1878)丁氏當歸草堂刻當歸草堂醫學叢書初編本　一冊

120000－0347－0001018　22/5/5
增訂胎產心法三卷　(清)閻純璽撰　(清)沈秉炎增訂　清光緒二十一年(1895)刻本　一

冊　存一卷(一)

120000－0347－0001019　22/5/5
臨產要略　(□)□□撰　清光緒六年(1880)刻本　一冊

120000－0347－0001020　22/5/5
福幼編一卷　(清)莊一夔撰　清光緒十一年(1885)刻本　一冊

120000－0347－0001021　22/5/5
福幼編一卷遂生編一卷　(清)莊一夔撰　清道光二十年(1840)刻本　一冊

120000－0347－0001022　22/6/2
丹鉛總錄二十七卷　(明)楊慎撰　(明)陳愷校　清刻本　八冊

120000－0347－0001023　22/6/2
閫產錄異六卷　(清)郭柏蒼撰　清刻本　三冊

120000－0347－0001024　22/6/2
同仁堂問心編　同仁堂編　清道光刻本　一冊

120000－0347－0001025　22/6/2
字學金針補　(清)改師立輯　(清)金湘補　抄本　一冊

120000－0347－0001026　22/6/2
小知錄十二卷　(清)陸鳳藻輯　清群玉山房刻本　一冊　存三卷(十至十二)

120000－0347－0001027　22/6/2
悟性窮原　(清)涵谷子撰　清金陵孫正安刻本　一冊

120000－0347－0001028　22/6/2
桂學答問一卷　康有為撰　清末刻本　一冊

120000－0347－0001029　22/6/3
醫藥方雜抄　(□)□□撰　清抄本　四冊

120000－0347－0001030　22/6/3
抄錄方劑　(□)□□輯　楊潤華抄本　一冊

120000－0347－0001031　22/6/3
諸論傷寒八家合一十六首　(□)□□撰　抄本　一冊

120000－0347－0001032　22/6/3
應效歌括　(□)□□撰　抄本　一冊

120000－0347－0001033　22/6/3
雜記驗方　(□)□□　楊潤華抄本　一冊

120000－0347－0001034　22/6/4
趙輔清醫著二種　趙輔清撰　抄本　二冊

120000－0347－0001035　22/6/4
凡見集　(□)□□撰　抄本　二冊

120000－0347－0001036　22/6/4
眼科方　(□)□□撰　抄本　二冊

120000－0347－0001037　22/6/4
傷寒雜病論註　(□)□□撰　抄本　一冊

120000－0347－0001038　22/6/4
抄本試驗方　(□)□□撰　抄本　一冊

120000－0347－0001039　22/6/4
古今秘苑二卷　(□)□□撰　抄本　一冊

120000－0347－0001040　22/6/4
藥方益腳所服　(□)□□撰　抄本　一冊

120000－0347－0001041　22/6/4
諸病主藥論　(□)□□撰　抄本　一冊

120000－0347－0001042　22/6/4
六字治五臟訣法　(□)□□撰　抄本　一冊

120000－0347－0001043　22/6/4
邵氏婦科　(□)□□撰　抄本　一冊

120000－0347－0001044　22/6/4
婦科摘要　孫楚卿輯　四明奉化剡東孫楚卿抄本　一冊

120000－0347－0001045　22/6/4
外科傷科雜症心法　(□)□□撰　抄本　一冊

120000－0347－0001046　22/6/4
眼科大全附瘋狗咬方　(□)□□撰　抄本　一冊

120000－0347－0001047　22/6/4
眼科秘本　(□)□□撰　抄本　一册

120000－0347－0001048　22/6/4
靜香樓醫案　(清)尤怡撰　抄本　一册

120000－0347－0001049　22/6/4
醫林撮要續本　(□)□□撰　抄本　一册

120000－0347－0001050　22/6/5
藥性歌括　(□)□□撰　抄本　二册

120000－0347－0001051　22/6/5
良方釋抄　(□)□□撰　抄本　二册

120000－0347－0001052　22/6/5
邵氏方案□□卷　(清)邵炳揚撰　抄本　二册　存二卷(五至六)

120000－0347－0001053　22/6/5
明醫難經　題(戰國)秦越人撰　(□)陳其麟參補　樂道堂藏板抄本　一册

120000－0347－0001054　22/6/5
醫理入門　(□)□□撰　抄本　一册

120000－0347－0001055　22/6/5
内科秘抄診脈法　(□)□□撰　清光緒三十年(1904)抄本　一册

120000－0347－0001056　22/6/5
六陰經　(□)□□撰　抄本　一册

120000－0347－0001057　22/6/5
藥性要略　(□)□□撰　抄本　一册

120000－0347－0001058　22/6/5
經證脈治彙别　(□)□□撰　抄本　一册

120000－0347－0001059　22/6/5
袖珍十八法　(□)□□撰　抄本　一册

120000－0347－0001060　22/6/5
内症撮要賦　(□)□□撰　抄本　一册

120000－0347－0001061　22/6/5
婦科方　(□)□□撰　抄本　一册

120000－0347－0001062　22/6/5
秘傳小兒科　(□)□□撰　抄本　一册

120000－0347－0001063　22/6/5
迴岑氏眼科　(□)□□撰　抄本　一册

120000－0347－0001064　22/6/5
應驗眼科良方　(明)程玠撰　抄本　一册

120000－0347－0001065　22/6/5
熙春醫案　(□)晉之抄錄　清光緒二十四年(1898)抄本　一册

120000－0347－0001066　23/1/1
瘡瘍經驗全書十三卷　(宋)竇漢卿撰　清康熙五十六年(1717)刻本　八册

120000－0347－0001067　23/1/1
衛濟寶書二卷　(宋)董璉撰　清光緒四年(1878)錢塘丁氏刻當歸草堂醫學叢書初編本　一册

120000－0347－0001068　23/1/2
重訂外科正宗十二卷　(明)陳實功撰　(清)張鷟翼重訂　清嘉慶十一年(1806)刻本　六册

120000－0347－0001069　23/1/2
徐評外科正宗十二卷　(明)陳實功撰　(清)徐大椿評　清咸豐十年(1860)刻本　五册　缺二卷(十一至十二)

120000－0347－0001070　23/1/3
重訂外科正宗十二卷　(明)陳實功撰　清光緒元年(1875)刻本　六册

120000－0347－0001071　23/1/3
重訂外科正宗十二卷　(明)陳實功撰　(清)張鷟翼重訂　清刻本　四册

120000－0347－0001072　23/1/4
重訂外科正宗十二卷　(明)陳實功撰　(清)張鷟翼重訂　清光緒十四年(1888)刻本　六册

120000－0347－0001073　23/2/1
新刊秘授外科百效全書六卷附外科補遺秘授經驗奇方　(明)龔居中編　清五雲堂刻本　二册

120000－0347－0001074　23/2/2

洞天奥旨十六卷附十二經絡圖　(清)陳士鐸撰　清乾隆五十五年(1790)刻本　六册

120000－0347－0001075　23/2/2

洞天奥旨十六卷附十二經絡圖　(清)陳士鐸撰　清刻本　四册

120000－0347－0001076　23/2/3

王洪緒先生外科證治全生附金瘡鐵扇散方　(清)王維德編　清光緒元年(1875)常州周氏刻本　二册

120000－0347－0001077　23/2/3

王洪緒先生外科證治全生附金瘡鐵扇散方　(清)王維德編　清咸豐十一年(1861)武昌節署刻本　一册

120000－0347－0001078　23/2/3

王洪緒先生外科證治全生附金瘡鐵扇散方　(清)王維德編　清光緒十八年(1892)彭城孝友堂刻本　一册

120000－0347－0001079　23/2/3

枕藏外科形圖諸症　(清)胡璟撰　清咸豐六年(1856)文大堂刻本　一册

120000－0347－0001080　23/2/4

瘍科臨證心得集三卷附方彙三卷家用膏丹丸散方一卷　(清)高秉鈞輯　清光緒二十七年(1901)刻本　三册

120000－0347－0001081　23/2/4

瘍科臨證心得集三卷附方彙三卷家用膏丹丸散方一卷　(清)高秉鈞輯　清刻本　三册

120000－0347－0001082　23/2/4

瘍科臨證心得集三卷附方彙三卷家用膏丹丸散方一卷　(清)高秉鈞輯　清光緒四年(1878)刻本　四册

120000－0347－0001083　23/2/4

瘍科臨證心得集三卷附方彙三卷家用膏丹丸散方一卷　(清)高秉鈞輯　清刻本　一册

120000－0347－0001084　23/3/1

外科圖説六卷　(清)高文晉輯　清咸豐六年(1856)刻本　六册

120000－0347－0001085　23/3/1

外科證治全書五卷末一卷　(清)許克昌(清)畢法輯　清刻本　五册

120000－0347－0001086　23/3/1

秘傳外科一串珠　題(□)劉邋遢傳　抄本　一册

120000－0347－0001087　23/3/2

外科明隱集四卷醫案錄彙二卷　(清)何景才撰　清刻本　二册

120000－0347－0001088　23/3/2

外科心法真驗指掌四卷首一卷　(清)劉濟川撰　清光緒十三年(1887)劉氏刻本　四册

120000－0347－0001089　23/3/2

外科明隱集四卷醫案錄彙二卷　(清)何景才撰　清光緒二十八年(1902)刻本　四册

120000－0347－0001090　23/3/4

申斗垣校正外科啟玄十二卷　(明)申拱宸撰　清聚錦堂刻本　六册

120000－0347－0001091　23/3/4

外科醫案　(□)□□撰　抄本　四册

120000－0347－0001092　23/3/4

内外科探源　(□)□□撰　抄本　一册

120000－0347－0001093　23/4/1

瘍醫集成　(□)□□撰　抄本　二册

120000－0347－0001094　23/4/1

癰疽神秘驗方一卷　(明)陶華撰　清刻本　一册

120000－0347－0001095　23/4/1

癰疽方　(□)□□撰　抄本　一册

120000－0347－0001096　23/4/2

增訂治療匯要三卷附近診醫案　(清)過鑄撰　清光緒二十四年(1898)武林刻本　五册

120000－0347－0001097　23/4/2

治療匯要三卷　(清)過鑄撰　清刻本　一册　存一卷(上)

120000－0347－0001098　23/4/4

瘋門全書二卷 (清)蕭曉亭編 清道光二十五年(1845)敬業堂刻本 二冊

120000－0347－0001099 23/4/4
治瘋原理 陳壽儒撰 抄本 一冊

120000－0347－0001100 23/5/2
痔漏療法 (□)□□撰 抄本 一冊

120000－0347－0001101 23/5/3
醫蛇語二卷 (□)□□撰 抄本 二冊

120000－0347－0001102 23/5/3
外證醫案彙編四卷 (清)余景和輯 清光緒二十年(1894)刻本 四冊

120000－0347－0001103 23/5/3
外證醫案彙編四卷 (清)余景和輯 清光緒二十年(1894)刻本 四冊

120000－0347－0001104 23/5/4
傷科補要四卷 (清)錢秀昌輯 清嘉慶二十三年(1818)刻本 四冊

120000－0347－0001105 23/5/4
傷科補要四卷 (清)錢秀昌輯 清嘉慶二十三年(1818)刻本 四冊

120000－0347－0001106 23/5/4
正體類要二卷 (明)薛己撰 清刻本 一冊

120000－0347－0001107 23/5/4
西江氏秘傳跌打方 (□)伍民雁抄 抄本 一冊

120000－0347－0001108 23/5/4
曾氏秘傳跌打損傷神驗方 (□)□□撰 抄本 一冊

120000－0347－0001109 23/5/4
創傷方 (□)□□撰 抄本 一冊

120000－0347－0001110 23/5/4
少林秘授鐵方 (□)□□撰 抄本 一冊

120000－0347－0001111 24/1/1
秘傳眼科龍木總論十卷首一卷 (明)葆光道人撰 清刻本 四冊

120000－0347－0001112 24/1/1
銀海精微四卷 題(唐)孫思邈輯 (清)周亮節較正 清刻本 一冊

120000－0347－0001113 24/1/2
原機啟微二卷附錄一卷 (元)倪維德撰 (明)薛己校 清刻本 二冊 存一卷(附錄一卷)

120000－0347－0001114 24/1/2
眼科正宗原機啟微二卷 (元)倪維德撰 (明)薛己校 抄本 二冊

120000－0347－0001115 24/1/3
目科正宗十六卷首一卷末一卷 (清)鄧學禮撰 清嘉慶十六年(1811)刻本 六冊

120000－0347－0001116 24/1/4
傅氏眼科審視瑤函六卷首一卷 (明)傅仁宇纂輯 (清)林長生校補 清宣統元年(1909)上海會文書局石印本 六冊

120000－0347－0001117 24/1/4
傅氏眼科審視瑤函六卷首一卷 (明)傅仁宇纂輯 (清)林長生校補 清醉畊堂刻本 六冊

120000－0347－0001118 24/1/4
傅氏眼科審視瑤函六卷首一卷 (明)傅仁宇纂輯 (清)林長生校補 清掃葉山房刻本 六冊

120000－0347－0001119 24/1/4
傅氏眼科審視瑤函六卷首一卷 (明)傅仁宇纂輯 (清)林長生校補 清刻本 六冊

120000－0347－0001120 24/1/4
傅氏眼科審視瑤函六卷首一卷 (明)傅仁宇纂輯 (清)林長生校補 清刻本 六冊

120000－0347－0001121 24/1/4
傅氏眼科審視瑤函六卷首一卷 (明)傅仁宇纂輯 (清)林長生校補 清刻本 五冊

120000－0347－0001122 24/2/1
一草亭眼科全集四卷 (清)文永周編 **程松崖先生眼科應驗良方** (明)程玠撰 清光緒

十六年(1890)益元堂刻本　四冊

120000－0347－0001123　24/2/1
異授眼科　(□)□□撰　清嘉慶十六年(1811)刻本　一冊

120000－0347－0001124　24/2/1
異授眼科　(□)□□撰　清道光十五年(1835)刻本　一冊

120000－0347－0001125　24/2/1
眼科真傳　(□)□□撰　抄本　一冊

120000－0347－0001126　24/2/1
眼科須知　(□)□□撰　抄本　一冊

120000－0347－0001127　24/2/2
孫真人眼科秘訣二卷附眼科入門一卷眼科闡微四卷　(清)馬化龍輯　清琅邪隋昆鋏授刻本　四冊

120000－0347－0001128　24/2/2
太乙真人眼科秘傳　(□)□□撰　抄本　一冊

120000－0347－0001129　24/2/3
梁氏家藏至寶眼科備用良方　(□)□□撰　清光緒七年(1881)抄本　一冊

120000－0347－0001130　24/2/4
眼科補遺　(□)□□撰　抄本　一冊

120000－0347－0001131　24/2/4
世醫石氏家傳眼科應驗良方　(□)□□撰　抄本　一冊

120000－0347－0001132　24/3/1
喉症全科紫珍集二卷　(清)朱翔宇輯　清同治十三年(1874)刻本　二冊

120000－0347－0001133　24/3/1
重錄增補經驗喉科紫珍集二卷　(清)朱翔宇輯　清光緒三年(1877)刻本　三冊

120000－0347－0001134　24/3/1
重刻咽喉脈證通論　(清)許楗訂正　抄本　一冊

120000－0347－0001135　24/3/1
咽喉脈證通論　(清)許楗訂正　抄本　一冊

120000－0347－0001136　24/3/1
喉科指掌六卷　(清)張宗良撰　清同治九年(1870)刻本　一冊

120000－0347－0001137　24/3/1
喉科指掌六卷　(清)張宗良撰　清同治九年(1870)刻本　一冊

120000－0347－0001138　24/3/1
咽喉經驗秘傳　(清)程永培撰　清光緒二年(1876)刻本　一冊

120000－0347－0001139　24/3/1
七十二種繪圖喉症方(喉症全科紫珍集)二卷　(清)朱翔宇輯　清刻本　一冊

120000－0347－0001140　24/3/2
重樓玉鑰二卷　(清)鄭梅澗撰　清道光十九年(1839)刻本　二冊

120000－0347－0001141　24/3/2
通俗咽喉科學　張拯滋輯　清宣統二年(1910)鉛印本　一冊

120000－0347－0001142　24/3/2
喉科金鑰全書二卷　(清)袁仁賢輯　清宣統三年(1911)鉛印本　一冊

120000－0347－0001143　24/3/3
喉科秘旨二卷　題(清)吳氏　(清)張氏原本　清善成堂刻本　一冊

120000－0347－0001144　24/3/3
喉症芻言　(清)雪泥軒主人輯　清刻本　一冊

120000－0347－0001145　24/3/3
喉科秘方　(□)□□撰　抄本　一冊

120000－0347－0001146　24/3/3
時疫白喉捷要附各種經驗良方　(清)張紹修撰　清光緒三十年(1904)浙江官書局重印本　一冊

120000－0347－0001147　24/3/3
京城白喉外治三法　(清)連自華撰　清刻本

一冊

120000－0347－0001148　24/3/3
白喉忌表抉微　(清)耐修子撰　清宣統元年(1909)天津鉛印本　一冊

120000－0347－0001149　24/3/3
白喉證治通攷　(清)張采田撰　清光緒二十九年(1903)刻本　一冊

120000－0347－0001150　24/3/4
疫痧草三卷　(清)陳耕道撰　清光緒十四年(1888)刻本　一冊

120000－0347－0001151　24/3/4
痧喉證治彙言　(清)施猷編　(清)汪左泉批校　清刻本　一冊

120000－0347－0001152　24/3/4
喉牙口舌各科秘旨　(□)□□撰　清光緒十二年(1886)刻本　一冊

120000－0347－0001153　24/4/1
洞天奥旨十六卷附十二經絡圖　(清)陳士鐸撰　清乾隆五十五年(1790)刻本　六冊

120000－0347－0001154　24/4/1
外科心法要訣十六卷　(清)吳謙等撰　清光緒三十四年(1908)刻御纂醫宗金鑑本　六冊

120000－0347－0001155　24/4/1
洞天奥旨十六卷附十二經絡圖　(清)陳士鐸撰　清刻本　一冊　缺三卷(十四至十六)

120000－0347－0001156　24/4/1
外科雜症　(□)□□撰　范景山抄本　一冊

120000－0347－0001157　24/4/2
外科良方　(□)□□撰　抄本　二冊

120000－0347－0001158　24/4/2
外科樞要四卷　(明)薛己撰　(明)吳玄有校　清刻本　一冊　存二卷(一至二)

120000－0347－0001159　24/4/2
外科總論奇方　(□)□□撰　抄本　一冊

120000－0347－0001160　24/4/2
外科膏丹丸散　(□)□□撰　抄本　一冊

120000－0347－0001161　24/4/2
惡瘡　(□)□□撰　清刻本　一冊

120000－0347－0001162　24/4/3
瘡瘍經驗全書六卷　(宋)竇漢卿撰　清末桐石山房刻本　六冊

120000－0347－0001163　24/4/3
瘍醫大全四十卷附寒門秘法　(清)顧世澄纂輯　清光緒二十七年(1901)上海圖書集成印書局鉛印本　十六冊

120000－0347－0001164　24/4/3
瘡瘍經驗全書十三卷　(宋)竇漢卿撰　抄本　四冊　存四卷(一至四)

120000－0347－0001165　24/4/3
瘡瘍經驗全書　(宋)竇漢卿撰　抄本　一冊

120000－0347－0001166　24/4/3
宋竇太師瘡瘍經驗全書　(宋)竇漢卿撰　抄本　一冊

120000－0347－0001167　24/4/4
外科證治全生集二卷　(清)王維德編　清光緒三十三年(1907)上洋書業公司石印本　二冊

120000－0347－0001168　24/4/4
外科證治全生集六卷　(清)王維德編　清聚奎堂刻本　二冊

120000－0347－0001169　24/4/4
外科心法要訣十六卷　(清)吳謙等撰　清刻御纂醫宗金鑑本　十二冊

120000－0347－0001170　24/4/4
外科證治全生集六卷　(清)王維德編　清光緒三十三年(1907)書業德刻本　四冊

120000－0347－0001171　24/4/4
外科證治全生集二卷附馬氏試驗秘方　(清)王維德編　清光緒二十一年(1895)蘇州桃花塢謝氏望炊樓刻本　一冊

120000－0347－0001172　24/4/4
王洪緒先生外科證治全生不分卷　(清)王維德編　清刻本　一冊

120000－0347－0001173　24/4/4
外科證治全生集六卷　(清)王維德編　清刻本　一冊　存三卷(後集一至三)

120000－0347－0001174　24/4/4
外科證治全生集附增補跌打損傷一卷　(清)王維德編　清刻本　一冊

120000－0347－0001175　24/4/4
王洪緒先生外科證治全生附金瘡鐵扇散方　(清)王維德編　清刻本　一冊

120000－0347－0001176　24/4/4
瘡瘍經驗良方　(□)□□撰　抄本　一冊

120000－0347－0001177　24/4/5
徐評外科正宗十二卷　(明)陳實功撰　(清)徐大椿評　清光緒三十一年(1905)上海福記書局石印本　二冊

120000－0347－0001178　24/4/5
重訂外科正宗十二卷　(明)陳實功撰　(清)張鶩翼重訂　清嘉慶十三年(1808)刻本　六冊

120000－0347－0001179　24/4/5
徐評外科正宗十二卷附錄一卷　(明)陳實功撰　(清)徐大椿評　清咸豐十年(1860)海寧許氏刻本　六冊

120000－0347－0001180　24/4/5
新刊外科正宗四卷　(明)陳實功撰　清三讓堂刻本　四冊

120000－0347－0001181　24/4/5
重訂外科正宗十二卷　(明)陳實功撰　(清)張鶩翼重訂　清嘉慶十一年(1806)敬文堂刻本　四冊

120000－0347－0001182　24/4/5
重訂外科正宗十二卷　(明)陳實功撰　(清)張鶩翼重訂　清同元堂刻本　四冊

120000－0347－0001183　24/4/5
重訂外科正宗十二卷　(明)陳實功撰　(清)張鶩翼重訂　清刻本　五冊　缺二卷(一至二)

120000－0347－0001184　24/5/1
刺疔捷法一卷　(清)張鏡撰　清光緒五年(1879)刻本　一冊

120000－0347－0001185　24/5/2
跌打傷穴門科秘方　(□)□□撰　清光緒十七年(1891)抄本　一冊

120000－0347－0001186　24/5/2
金瘡跌打接骨秘書　(□)鄭芝龍等輯　裕成堂抄本　一冊

120000－0347－0001187　24/5/2
跌打刀傷秘訣　(□)□□撰　抄本　一冊

120000－0347－0001188　24/5/2
跌打雜癥方　(□)□□撰　抄本　一冊

120000－0347－0001189　24/5/3
傅氏眼科審視瑤函六卷首一卷　(明)傅仁宇纂輯　(清)林長生校補　清刻本　三冊

120000－0347－0001190　24/5/3
傅氏眼科審視瑤函六卷首一卷　(明)傅仁宇纂輯　(清)林長生校補　清宣統二年(1910)廣益書局石印本　四冊

120000－0347－0001191　24/5/3
傅氏眼科審視瑤函六卷首一卷　(明)傅仁宇纂輯　(清)林長生校補　清刻本　五冊　缺一卷(六)

120000－0347－0001192　24/5/3
傅氏眼科審視瑤函六卷首一卷　(明)傅仁宇纂輯　(清)林長生校補　清刻本　五冊　缺一卷(六)

120000－0347－0001193　24/5/4
傅氏眼科審視瑤函六卷首一卷　(明)傅仁宇纂輯　(清)林長生校補　清匯源堂刻本　一冊　存一卷(三)

120000－0347－0001194　24/5/4
眼科秘方　(清)馮金壽述　清光緒三十四年(1908)刻本　一冊

120000－0347－0001195　24/5/4
眼科良方　(□)□□撰　抄本　一冊

120000－0347－0001196　24/5/5
眼科百問二卷　(清)王子固輯　清光緒十年(1884)刻本　二冊

120000－0347－0001197　24/5/5
眼科秘旨　(□)□□撰　清刻本　二冊

120000－0347－0001198　24/5/5
銀海精微四卷　題(唐)孫思邈輯　(清)周亮節較正　清刻本　四冊

120000－0347－0001199　24/5/5
眼科秘方　(□)□□撰　抄本　一冊

120000－0347－0001200　24/5/5
眼科要旨　(□)□□撰　抄本　一冊

120000－0347－0001201　24/5/5
眼科療方　(□)□□撰　抄本　一冊

120000－0347－0001202　24/5/5
秘傳眼科　(□)□□撰　抄本　一冊

120000－0347－0001203　24/5/5
眼科備覽　(□)□□撰　抄本　一冊

120000－0347－0001204　24/5/5
七十二種眼科秘本　(□)□□撰　抄本　一冊

120000－0347－0001205　24/5/5
眼科諸方　(□)□□撰　抄本　一冊

120000－0347－0001206　24/6/1
喉科指掌六卷　(清)張宗良撰　清同治十二年(1873)刻本　一冊

120000－0347－0001207　24/6/1
咽喉經驗秘傳　(清)程永培撰　清眉壽堂校刻本　一冊

120000－0347－0001208　24/6/1
喉科秘旨二卷　題(清)吳氏　(清)張氏原本　清光緒十九年(1893)刻本　一冊

120000－0347－0001209　24/6/1
喉科緊要　(□)□□撰　抄本　一冊

120000－0347－0001210　24/6/2
咽喉脈證通論一卷　(□)□□撰　清光緒十一年(1885)江左書林刻本　一冊

120000－0347－0001211　24/6/2
咽喉脈證通論一卷附白喉治法抉微一卷白喉症治歌括一卷急救喉痧要法一卷　(□)□□撰　清光緒三十二年(1906)刻本　一冊

120000－0347－0001212　24/6/2
咽喉脈證通論一卷附白喉治法抉微一卷急救喉痧要法一卷喉痧正的一卷　(□)□□撰　清刻本　一冊

120000－0347－0001213　24/6/3
時疫白喉捷要　(清)張紹修撰　清光緒七年(1881)刻本　一冊

120000－0347－0001214　24/6/3
時疫白喉捷要　(清)張紹修撰　清光緒二十六年(1900)刻本　一冊

120000－0347－0001215　24/6/3
時疫白喉捷要　(清)張紹修撰　清光緒二十七年(1901)鉛印本　一冊

120000－0347－0001216　24/6/3
時疫白喉捷要　(清)張紹修撰　清光緒二十八年(1902)上海商務印書館鉛印本　一冊

120000－0347－0001217　24/6/3
白喉治法忌表抉微　(清)耐修子撰　清刻本　一冊

120000－0347－0001218　24/6/3
白喉治法忌表抉微　(清)耐修子撰　清刻本　一冊

120000－0347－0001219　24/6/3
白喉治法忌表抉微　(清)耐修子撰　清光緒二十三年(1897)江西書局刻本　一冊

120000－0347－0001220　24/6/3
重訂白喉忌表抉微　(清)耐修子撰　清光緒二十九年(1903)刻本　一冊

120000－0347－0001221　24/6/4
痧喉正義一卷　(清)張振鋆撰　清光緒十五年(1889)刻本　一冊

120000－0347－0001222　24/6/4
痧喉正義一卷　(清)張振鋆撰　抄本　一册

120000－0347－0001223　25/1/2
弦雪居重訂遵生八牋十九卷　(明)高濂編　(明)鍾惺訂　清刻本　二十册

120000－0347－0001224　25/1/2
遵生八牋十九卷　(明)高濂編　清刻本　十册

120000－0347－0001225　25/1/3
衛濟餘編八卷　(清)王纕堂編　張澤溥抄本　二册

120000－0347－0001226　25/1/3
弦雪居重訂遵生八牋十九卷總目一卷　(明)高濂編　(明)鍾惺校　清光緒十年(1884)刻本　九册

120000－0347－0001227　25/1/4
中外衛生要旨五卷　(清)鄭官應編　清光緒十六年(1890)鉛印本　五册

120000－0347－0001228　25/1/4
勿藥玄詮　(清)汪昂撰　清咸豐四年(1854)刻本　一册

120000－0347－0001229　25/1/4
衛生二要　(清)竹居主人撰　清光緒二十七年(1901)冶山竹房刻本　一册

120000－0347－0001230　25/2/1
性命圭旨四卷　(明)尹真人撰　清一山房刻本　四册

120000－0347－0001231　25/2/1
慧命經　(清)柳華陽撰　清刻本　一册

120000－0347－0001232　25/2/1
黄庭内景經箋註　(清)朱靖旬撰　清光緒十七年(1891)保定府署刻本　一册

120000－0347－0001233　25/2/2
服氣祛病圖說　(□)□□撰　清道光二十九年(1849)粤東糧署刻本　一册

120000－0347－0001234　25/2/3
老老恒言五卷　(清)曹庭棟撰　清同治九年(1870)刻本　二册

120000－0347－0001235　25/2/3
覔玄語録　覔玄子撰　抄本　一册

120000－0347－0001236　25/2/3
導引圖　(□)□□撰　抄本　一册

120000－0347－0001237　25/2/4
外金丹　(□)□□撰　抄本　一册

120000－0347－0001238　25/3/1
易筋經二卷　題(西竺)達摩祖師撰　清刻本　二册

120000－0347－0001239　25/3/1
易筋經二卷　題(西竺)達摩祖師撰　清光緒元年(1875)刻本　一册

120000－0347－0001240　25/3/1
易筋經二卷　題(西竺)達摩祖師撰　清光緒二十二年(1896)刻本　一册

120000－0347－0001241　25/3/1
易筋經二卷　題(西竺)達摩祖師撰　清末刻本　一册

120000－0347－0001242　25/3/1
文昌帝君筆録附易筋經　(□)□□撰　抄本　一册

120000－0347－0001243　25/3/2
衛生要術　(清)徐鳴峰撰　(清)潘霨編　清刻本　一册

120000－0347－0001244　25/3/2
衛生要術　(清)徐鳴峰撰　(清)潘霨編　抄本　一册

120000－0347－0001245　25/3/2
六合形意拳譜　(□)□□撰　抄本　一册

120000－0347－0001246　25/3/4
壽養叢書輯要調攝門　(□)□□撰　抄本　一册

120000－0347－0001247　25/3/4
螳螂拳譜　崔彭年述　抄本　一册

120000－0347－0001248　25/4/1
華陽金仙證論　(清)柳華陽撰　清光緒九年(1883)刻本　一册

120000－0347－0001249　25/4/2
推拿廣意三卷　(清)熊應雄輯　(清)陳世凱重訂　清光緒十四年(1888)刻本　一册

120000－0347－0001250　25/4/2
推拿廣意三卷　(清)熊應雄輯　(清)陳世凱重訂　清刻本　一册

120000－0347－0001251　25/4/2
推拿秘書五卷　(清)駱如龍撰　清乾隆五十年(1785)金陵四教堂刻本　一册

120000－0347－0001252　25/4/2
繪圖按摩經　(□)□□撰　清抄本　一册

120000－0347－0001253　25/4/3
小兒推拿方脈活嬰秘旨二卷　(明)龔廷賢撰　姚國楨補輯　抄本　一册

120000－0347－0001254　25/4/4
理瀹駢文附膏藥方　(清)吳尚先撰　清同治四年(1865)刻本　四册

120000－0347－0001255　25/4/4
理瀹外治方要　(清)吳尚先撰　清光緒三年(1877)抄本　一册

120000－0347－0001256　25/5/2
鼎鍥幼幼集成六卷　(清)陳復正輯　清光緒二十九年(1903)上海醉六堂石印本　六册

120000－0347－0001257　25/5/2
鼎鍥幼幼集成六卷　(清)陳復正輯　清刻本　六册

120000－0347－0001258　25/5/2
鼎鍥幼幼集成六卷　(清)陳復正輯　清忠信堂刻本　三册

120000－0347－0001259　25/5/2
增補秘傳玉髓痘疹金鏡緣真本四卷　(明)翁仲仁撰　清宣統二年(1910)文元書莊石印本　一册

120000－0347－0001260　25/5/2
痘疹定論二卷　(清)朱純嘏撰　清光緒十八年(1892)粵東儒雅堂鉛印本　一册

120000－0347－0001261　26/1/1
針灸問對三卷　(明)汪機編輯　(明)陳桷校正　明刻本　二册

120000－0347－0001262　26/1/1
針灸甲乙經十二卷　(晉)皇甫謐撰　(宋)林億等校　清光緒十一年(1885)四明存存軒刻本　六册

120000－0347－0001263　26/1/1
針灸甲乙經十二卷　(晉)皇甫謐撰　(宋)林億等校　清光緒十三年(1887)刻本　四册

120000－0347－0001264　26/1/2
針灸擇日編集一卷　(明)全循義　(明)金義孫撰　清光緒十七年(1891)江甯藩署刻本　一册

120000－0347－0001265　26/1/2
針灸擇日編集一卷　(明)全循義　(明)金義孫撰　清宣統二年(1910)上海六藝書局石印本　一册

120000－0347－0001266　26/1/2
備急灸法一卷　題(宋)聞人耆年述　清光緒十七年(1891)江寧藩署刻本　一册

120000－0347－0001267　26/1/3
針灸大成十卷　(明)楊繼洲撰　(清)章廷珪重修　清刻本　十册

120000－0347－0001268　26/1/4
針灸大成十卷　(明)楊繼洲撰　(清)章廷珪重修　清乾隆五十九年(1794)同文堂刻本　十册

120000－0347－0001269　26/1/4
針灸大成十卷　(明)楊繼洲撰　(清)章廷珪重修　清光緒六年(1880)刻本　十册

120000－0347－0001270　26/1/4
針灸大成十卷　(明)楊繼洲撰　(清)章廷珪重修　清宣統元年(1909)刻本　十册

120000－0347－0001271　26/2/1
針灸大成十卷　(明)楊繼洲撰　清康熙十九年(1680)江西平陽李月桂刻本　十册

120000－0347－0001272　26/2/1
針灸大成十卷　(明)楊繼洲撰　(清)章廷珪重修　清乾隆二年(1737)會稽章廷珪刻本　十册

120000－0347－0001273　26/2/1
針灸大成十卷　(明)楊繼洲撰　清道光十四年(1834)刻本　十册

120000－0347－0001274　26/2/1
針灸大成十卷　(明)楊繼洲撰　(清)章廷珪重修　清光緒十二年(1886)刻本　十册

120000－0347－0001275　26/2/1
針灸大成十卷　(明)楊繼洲撰　(清)章廷珪重修　清刻本　十册

120000－0347－0001276　26/2/2
針灸大成十卷　(明)楊繼洲撰　(清)章廷珪重修　清光緒二十九年(1903)上海點石書林石印本　六册

120000－0347－0001277　26/2/4
勉學堂針灸集成四卷　(清)廖潤鴻撰　清光緒五年(1879)刻本　四册

120000－0347－0001278　26/4/2
西方子明堂灸經八卷　(元)西方子撰　清光緒十年(1884)當歸草堂刻本　一册

120000－0347－0001279　26/4/2
灸法秘傳　(清)金冶田抄傳　(清)雷豐補説　清末刻本　一册

120000－0347－0001280　26/4/3
太乙神鍼方　(清)范毓編　清道光二十四年(1844)劉集信抄本　二册

120000－0347－0001281　26/4/3
太乙神鍼　(清)范毓編　清光緒七年(1881)刻本　一册

120000－0347－0001282　26/4/3
太乙神鍼方一卷　(清)范毓編　清刻曼陀羅華閣叢書本　一册

120000－0347－0001283　26/4/3
太乙神鍼方附眼科良方　(清)范毓編　抄本　一册

120000－0347－0001284　26/4/4
經絡彙編　(明)翟良纂　(清)林起龍鑒定　抄本　一册

120000－0347－0001285　26/4/4
經脈圖考四卷　(清)陳惠疇撰　清馮普光抄本　一册

120000－0347－0001286　26/4/4
鍼法穴道記　王崇一編輯　清宣統三年(1911)石印本　一册

120000－0347－0001287　26/4/4
分段經穴照片　(□)□□撰　抄本　一册

120000－0347－0001288　26/5/1
銅人鍼灸經七卷附校勘記一卷　(□)□□撰　清光緒九年(1883)錢塘丁氏當歸草堂刻本　一册

120000－0347－0001289　26/5/2
鍼灸便用一卷　(清)蘇元箴撰　清刻本　一册

120000－0347－0001290　27/1/1
醫林改錯二卷　(清)王清任撰　清咸豐三年(1853)刻本　二册

120000－0347－0001291　27/1/1
醫林改錯二卷　(清)王清任撰　清光緒五年(1879)上海掃葉山房刻本　二册

120000－0347－0001292　27/1/1
醫林改錯二卷　(清)王清任撰　清光緒三十年(1904)京都文成堂刻本　二册

120000－0347－0001293　27/1/1
醫林改錯二卷　(清)王清任撰　清刻本　二册

120000－0347－0001294　27/1/1
醫林改錯二卷　(清)王清任撰　清抄本

二冊

120000－0347－0001295　27/1/1
醫林改錯二卷　(清)王清任撰　清光緒十五年(1889)上海掃葉山房刻本　一冊

120000－0347－0001296　27/1/1
人身譜　(清)祝源輯　清刻本　一冊

120000－0347－0001297　27/2/1
脈經十卷　(晉)王叔和撰　清道光二十三年(1843)嘉定黃鋐西谿草廬刻本　八冊

120000－0347－0001298　27/2/1
脈經十卷　(晉)王叔和撰　清光緒十七年(1891)池陽周氏刻周氏醫學叢書本　三冊

120000－0347－0001299　27/2/1
脈經十卷　(晉)王叔和撰　清光緒十九年(1893)宜都楊守敬影宋刻本　四冊

120000－0347－0001300　27/2/2
脈訣刊誤二卷附錄一卷　(元)戴啓宗撰　清道光十九年(1839)刻本　二冊

120000－0347－0001301　27/2/2
脈訣刊誤集解二卷附錄一卷　(元)戴啓宗撰　(明)汪機補訂　清光緒二十二年(1896)池陽周氏刻周氏醫學叢書本　二冊

120000－0347－0001302　27/2/2
刪註脈訣規正二卷　(清)沈鏡刪註　清經綸堂刻本　二冊

120000－0347－0001303　27/2/2
刪註脈訣規正二卷　(清)沈鏡刪註　清兩儀堂刻本　二冊

120000－0347－0001304　27/2/2
刪註脈訣規正二卷　(清)沈鏡刪註　清善成堂刻本　二冊

120000－0347－0001305　27/2/2
刪註脈訣規正二卷　(清)沈鏡編撰　清刻本　二冊

120000－0347－0001306　27/2/2
脈訣偶集　(□)□□撰　抄本　一冊

120000－0347－0001307　27/2/2
四言七言脈訣　(□)□□撰　閻東貴抄本　一冊

120000－0347－0001308　27/2/3
石頑老人診宗三昧一卷　(清)張璐撰　(清)張登編　清康熙二十八年(1689)刻本　二冊

120000－0347－0001309　27/2/3
學古診則四帙　(明)盧之頤輯　清刻本　三冊

120000－0347－0001310　27/2/3
瀕湖脈學附奇經八脈考脈訣考證　(明)李時珍撰　清同人堂刻本　一冊

120000－0347－0001311　27/2/3
奇經八脈考　(明)李時珍撰　清光緒三十三年(1907)善成堂刻本　一冊

120000－0347－0001312　27/2/3
奇經八脈考　(明)李時珍撰　清刻本　一冊

120000－0347－0001313　27/3/1
三指禪三卷　(清)周學霆撰　清益元書局刻本　二冊

120000－0347－0001314　27/3/1
三指禪三卷　(清)周學霆撰　清道光十二年(1832)刻本　一冊

120000－0347－0001315　27/3/1
三指禪三卷　(清)周學霆撰　清光緒湖南書局刻本　一冊

120000－0347－0001316　27/3/2
脈學四種　(清)周學海撰　清光緒二十二年(1896)刻周氏醫學叢書本　八冊

120000－0347－0001317　27/3/2
脈學四種　(清)周學海撰　清光緒二十二年(1896)刻周氏醫學叢書本　八冊

120000－0347－0001318　27/3/2
入門要訣　(清)汪宏集述　清光緒十四年(1888)刻本　一冊

120000－0347－0001319　27/3/5

五運六氣脈象心得秘訣　(□)□□撰　抄本　一冊

120000－0347－0001320　27/3/5
脈症運氣詳解　(清)江濯錦識　清光緒二十八年(1902)抄本　一冊

120000－0347－0001321　27/3/5
脈法　(□)□□撰　抄本　一冊

120000－0347－0001322　27/3/5
脈論要編　(□)□□撰　抄本　一冊

120000－0347－0001323　27/4/2
醫學輯要四卷　(清)吳燡輯　清道光五年(1825)刻本　一冊

120000－0347－0001324　27/4/2
醫學輯要四卷　(清)吳燡輯　清道光十六年(1836)刻本　一冊

120000－0347－0001325　27/4/2
四診　(□)□□撰　抄本　一冊

120000－0347－0001326　27/4/3
遵經二卷　(清)汪宏撰　清光緒元年(1875)刻本　一冊

120000－0347－0001327　27/4/3
望診歌　(□)□□撰　抄本　一冊

120000－0347－0001328　27/4/4
傷寒舌鑑一卷　(清)張登纂　清刻本　二冊

120000－0347－0001329　27/4/4
重訂傷寒金鏡錄辨舌精法一卷　(明)張吾仁纂　清刻本　一冊

120000－0347－0001330　27/4/4
傷寒舌鑑一卷　(清)張登纂　清同治九年(1870)刻本　一冊

120000－0347－0001331　27/4/4
舌鑑辨正二卷　(清)梁玉瑜傳　(清)陶保廉錄　清光緒三十一年(1905)雲南高等學堂鉛印本　一冊

120000－0347－0001332　27/4/4
傷寒觀舌心法　(□)□□撰　抄本　一冊

120000－0347－0001333　27/5/2
臨症辨似　(清)淩旭撰　清光緒八年(1882)刻本　一冊

120000－0347－0001334　27/6/1
王叔和脈經十卷　(晉)王叔和撰　清光緒二十年(1894)上海圖書集成印書局鉛印本　二冊

120000－0347－0001335　27/6/1
圖註脈訣辨真四卷　(晉)王叔和撰　(明)張世賢編　清善成堂刻本　二冊

120000－0347－0001336　27/6/1
醫要集覽　(明)□□輯　清康熙三十八年(1699)刻本　六冊　存二種(脈訣、藥性賦)

120000－0347－0001337　27/6/1
李士材新著四言脈訣　(明)李中梓撰　抄本　一冊

120000－0347－0001338　27/6/1
脈訣彙編說統　(清)翟良纂　清刻本　一冊

120000－0347－0001339　27/6/1
刪註脈訣規正二卷　(清)沈鏡刪註　清刻本　一冊

120000－0347－0001340　27/6/1
脈訣　(□)□□撰　抄本　一冊

120000－0347－0001341　27/6/1
瀕湖脈學附奇經八脈考　(明)李時珍撰　清刻本　一冊

120000－0347－0001342　27/6/1
奇經脈訣九卷　(明)李時珍撰　清刻本　一冊

120000－0347－0001343　27/6/1
脈形犀燭　(□)□□撰　抄本　一冊

120000－0347－0001344　27/6/1
脈學四言舉要　(□)□□撰　抄本　一冊

120000－0347－0001345　27/6/2
高士宗部位說　(清)高世栻撰　抄本　一冊

120000－0347－0001346　27/6/4

傷寒舌鑑一卷　(清)張登纂　清同德堂刻本　一冊

120000－0347－0001347　27/6/5
簡明中西匯參醫學圖說　(清)王有忠編輯　清光緒三十二年(1906)上海廣益書局石印本　一冊

120000－0347－0001348　28/1/1
中藏經八卷附内照法　題(漢)華佗撰　(清)徐舜山校　清光緒刻本　二冊

120000－0347－0001349　28/1/2
儒門事親十五卷　(金)張從正撰　(明)吳勉學校　清宣統二年(1910)上海千頃堂書局石印本　六冊

120000－0347－0001350　28/1/3
丹溪心法附餘二十四卷首一卷　(明)方廣輯　清大文堂刻本　十六冊

120000－0347－0001351　28/1/4
衛生寶鑑二十四卷補遺一卷　(元)羅天益撰　清刻惜陰軒叢書本　六冊

120000－0347－0001352　28/2/1
平治會萃三卷　(元)朱震亨撰　清刻薛氏醫按二十四種本　二冊

120000－0347－0001353　28/2/1
脈因證治四卷　(元)朱震亨撰　清光緒十七年(1891)池陽周氏刻周氏醫學叢書本　二冊

120000－0347－0001354　28/2/1
脈因證治四卷　(元)朱震亨撰　清光緒十七年(1891)池陽周氏刻周氏醫學叢書本　二冊

120000－0347－0001355　28/2/1
活法機要一卷　(元)朱震亨撰　清江陰朱氏刻古今醫統正脈全書本　一冊

120000－0347－0001356　28/2/1
丹溪先生金匱鉤玄三卷　(元)朱震亨撰　(明)戴原禮録　(明)吳勉學校正　清刻本　一冊

120000－0347－0001357　28/2/3
玉機微義五十卷　(明)徐彦純撰　(明)劉純輯　清刻本　六冊　存十九卷(一至十九)

120000－0347－0001358　28/2/4
丹臺玉案六卷　(明)孫文胤撰　清刻本　八冊

120000－0347－0001359　28/2/4
秘傳證治要訣十二卷　(明)戴原禮撰　清二酉堂刻本　二冊

120000－0347－0001360　28/3/1
醫宗摘要四卷附折肱漫録　(明)薛己撰　(明)黃承昊評輯　清嘉慶十七年(1812)刻本　四冊

120000－0347－0001361　28/3/1
醫壘元戎一卷　(元)王好古撰　清江陰朱氏刻古今醫統正脈全書本　一冊

120000－0347－0001362　28/3/1
丹溪先生治法心要八卷　(元)朱震亨撰　清宣統元年(1909)武林蕭氏鉛印本　一冊　存四卷(一至四)

120000－0347－0001363　28/3/2
明醫雜著六卷　(明)王綸集　(清)薛己註　清刻本　六冊

120000－0347－0001364　28/3/2
明醫雜著六卷　(明)王綸撰　(清)薛己註　清刻薛氏醫按本　三冊

120000－0347－0001365　28/3/3
赤水玄珠三十卷　(明)孫一奎撰　清刻本　二十五冊　缺一卷(三)

120000－0347－0001366　28/3/4
赤水玄珠三十卷　(明)孫一奎撰　清汲古閣刻本　十八冊

120000－0347－0001367　28/4/1
新刊增補萬病回春原本八卷　(明)龔廷賢編　清刻本　八冊

120000－0347－0001368　28/4/3
新刊醫林狀元壽世保元十卷　(明)龔廷賢編　清嘉慶七年(1802)晉祁書業堂刻本　十冊

120000－0347－0001369　28/4/3

較正醫林狀元壽世保元十卷　（明）龔廷賢編　清道光二十四年（1844）蘇州老桐石山房重印本　十冊

120000－0347－0001370　28/4/3

新刊醫林狀元壽世保元十卷　（明）龔廷賢編　清同治二年（1863）刻本　十冊

120000－0347－0001371　28/4/3

新刊醫林狀元壽世保元十卷　（明）龔廷賢編　清光緒十二年（1886）刻本　十冊

120000－0347－0001372　28/4/4

新刊增補古今醫鑑六卷　（明）龔信纂輯　（明）龔廷賢續編　清文盛堂刻本　八冊

120000－0347－0001373　28/4/4

增補醫林狀元壽世保元十卷附太乙神鍼　（明）龔廷賢編　清宣統三年（1911）上海錦章圖書局石印本　八冊

120000－0347－0001374　28/4/4

新刻雲林神彀四卷　（明）龔廷賢撰　清刻本　四冊

120000－0347－0001375　28/4/4

訂補明醫指掌十卷　（明）皇甫中撰　**診家樞要一卷**　（元）滑壽編　清文林堂刻本　五冊

120000－0347－0001376　28/5/1

濟陽綱目一百零八卷　（明）武之望輯　清刻本　四十八冊

120000－0347－0001377　29/1/1

醫宗必讀十卷　（明）李中梓撰　清光緒二十四年（1898）常郡宛委山莊刻本　六冊

120000－0347－0001378　29/1/1

醫宗必讀十卷　（明）李中梓撰　清光緒三十三年（1907）崇實書局刻本　六冊

120000－0347－0001379　29/1/1

醫宗必讀五卷　（明）李中梓撰　清宣統二年（1910）大文堂刻本　六冊

120000－0347－0001380　29/1/2

太醫院增補青囊藥性賦直解十卷　（明）羅必煒訂　清光緒刻本　二冊

120000－0347－0001381　29/1/2

太醫院增補青囊藥性賦直解八卷首一卷末一卷　（明）羅必煒訂　清光緒十四年（1888）李光明莊刻本　四冊

120000－0347－0001382　29/1/3

醫學啓蒙彙編六卷　（明）翟良撰　清文盛堂刻本　二冊

120000－0347－0001383　29/1/3

病機沙篆二卷　（明）李中梓撰　（清）尤乘增較　清刻本　二冊

120000－0347－0001384　29/1/3

醫門法律六卷　（清）喻昌撰　清光緒三十一年（1905）新化三味書局校刻本　七冊

120000－0347－0001385　29/1/3

醫門法律六卷　（清）喻昌撰　清刻本　一冊　存一卷（一）

120000－0347－0001386　29/1/4

古今名醫彙粹八卷　（清）羅美輯　清道光三年（1823）刻本　二冊

120000－0347－0001387　29/1/4

醫宗説約六卷　（清）蔣示吉撰　清善成堂刻本　六冊

120000－0347－0001388　29/1/4

醫宗説約五卷首一卷　（清）蔣示吉撰　清刻本　六冊

120000－0347－0001389　29/1/4

醫宗説約六卷　（清）蔣示吉撰　清道光八年（1828）松盛堂刻本　四冊

120000－0347－0001390　29/2/1

石室秘籙六卷　（清）陳士鐸撰　清嘉慶三年（1798）刻本　六冊

120000－0347－0001391　29/2/1

石室秘籙六卷　（清）陳士鐸撰　清刻本　六冊

120000－0347－0001392　29/2/1

易簡方論六卷 （清）程履新撰　清嘉慶二十二年(1817)刻本　十册

120000－0347－0001393　29/2/2
石室秘籙六卷 （清）陳士鐸撰　清刻本　六册

120000－0347－0001394　29/2/2
石室秘籙六卷 （清）陳士鐸撰　清刻本　六册

120000－0347－0001395　29/2/3
辨證録十四卷 （清）陳士鐸撰　清嘉慶文誠堂刻本　十四册

120000－0347－0001396　29/2/4
辨證奇聞十卷 （清）錢松撰　清江左書林刻本　十册

120000－0347－0001397　29/2/4
辨證録十四卷 （清）陳士鐸撰　清光緒十年(1884)善成堂刻本　十四册

120000－0347－0001398　29/3/1
醫學心悟五卷附外科十法一卷 （清）程國彭撰　清嘉慶二十四年(1819)掃葉山房刻本　四册

120000－0347－0001399　29/3/1
醫學心悟五卷附外科十法一卷 （清）程國彭撰　清富春堂刻本　四册

120000－0347－0001400　29/3/1
醫師秘笈二卷附薛生白濕熱條辨 （清）李言恭撰　清光緒七年(1881)刻本　一册

120000－0347－0001401　29/3/2
醫學心悟五卷附外科十法一卷 （清）程國彭撰　清光緒三十四年(1908)渝城刻本　六册

120000－0347－0001402　29/3/2
醫學心悟五卷附外科十法一卷 （清）程國彭撰　清刻本　六册

120000－0347－0001403　29/3/2
醫家心法一卷 （清）高鼓峰撰　清刻本　一册

120000－0347－0001404　29/3/3
增補醫方一盤珠全集十卷 （清）洪金鼎纂　清光緒十三年(1887)務本堂刻本　三册

120000－0347－0001405　29/3/3
四聖心源十卷 （清）黄元御撰　清同治七年(1868)成都刻黄氏醫書八種本　四册

120000－0347－0001406　29/3/3
增補醫方一盤珠全集十卷 （清）洪金鼎纂　清光緒二十四年(1898)滄雅書局刻本　五册

120000－0347－0001407　29/3/3
素靈微蘊四卷 （清）黄元御撰　清燮龢精舍刻本　一册

120000－0347－0001408　29/3/3
三信編三卷 （清）毛世洪撰　清道光八年(1828)書帶草堂刻本　一册

120000－0347－0001409　29/3/3
四聖懸樞五卷 （清）黄元御撰　清光緒二十年(1894)上海圖書集成印書局鉛印本　一册

120000－0347－0001410　29/3/4
醫林纂要探源十卷 （清）汪紱輯　清光緒二十三年(1897)江蘇書局刻本　十册

120000－0347－0001411　29/4/1
針灸大成十卷 （明）楊繼洲撰　清同治六年(1867)刻本　六册

120000－0347－0001412　29/4/1
針灸大成十卷 （明）楊繼洲撰　清嘉慶六年(1801)刻本　十册

120000－0347－0001413　29/4/2
針灸大成十卷附銅人明堂全圖 （明）楊繼洲撰　清致和堂刻本　九册　缺一卷(十)

120000－0347－0001414　29/4/2
針灸大成十卷 （明）楊繼洲撰　（清）章廷珪重修　清光緒六年(1880)刻本　十册

120000－0347－0001415　29/4/2
針灸大成十卷 （明）楊繼洲撰　清刻本　十册

120000－0347－0001416　29/4/3
針灸大成十卷　(明)楊繼洲撰　(清)章廷珪重修　清道光二十三年(1843)經餘堂刻本　十冊

120000－0347－0001417　29/4/3
針灸大成十卷　(明)楊繼洲撰　清嘉慶二年(1797)刻本　五冊

120000－0347－0001418　29/4/4
京本江湖博覽按摩修養淨髮須知二卷　(清)吳鐸訂　清光緒三十年(1904)天津文成堂刻本　二冊

120000－0347－0001419　29/4/4
金丹正理大全　(□)□□輯　清刻本　十五冊

120000－0347－0001420　29/4/4
陳希夷祖師華山碑文　(□)□□撰　抄本　一冊

120000－0347－0001421　29/4/4
金仙證論　(清)柳華陽撰　清光緒二十三年(1897)刻本　一冊

120000－0347－0001422　29/4/5
飲饌服食牋三卷　(明)高濂編次　清刻弦雪居重訂遵生八牋本　二冊

120000－0347－0001423　29/4/5
新鐫五福萬壽丹書不分卷　(明)龔居中撰　清金陵書林周如泉刻本　三冊

120000－0347－0001424　29/4/5
弦雪居重訂遵生八牋十九卷　(明)高濂編　(明)鍾惺訂　清刻本　五冊

120000－0347－0001425　29/4/5
經奇穴彙編　(□)□□撰　抄本　一冊

120000－0347－0001426　29/4/5
推拿秘旨二卷　(清)駱如龍撰　抄本　一冊

120000－0347－0001427　29/4/5
推拿秘書　(□)□□撰　抄本　一冊

120000－0347－0001428　29/4/5
推拏小兒要法　(□)張星垣抄　抄本　一冊

120000－0347－0001429　29/4/5
調燮類編四卷　(宋)趙希鵠撰　清道光二十七年(1847)刻海山仙館叢書本　一冊

120000－0347－0001430　29/4/5
萬壽丹書　(□)□□撰　抄本　一冊

120000－0347－0001431　29/4/5
慧命經　(清)柳華陽撰　清光緒二十三年(1897)刻本　一冊

120000－0347－0001432　29/4/5
點血脈圖　(□)□□撰　抄本　一冊

120000－0347－0001433　29/5/1
名醫指掌　(□)□□撰　抄本　六冊

120000－0347－0001434　29/5/1
石室秘籙六卷　(清)陳士鐸撰　清刻本　六冊

120000－0347－0001435　29/5/1
丹溪心法附餘二十四卷首一卷　(明)方廣輯　清宣統元年(1909)上海文瑞樓石印本　十冊

120000－0347－0001436　29/5/2
仙佛合宗　(明)伍沖虛撰　清光緒二十三年(1897)刻本　一冊

120000－0347－0001437　29/5/3
增補醫林狀元壽世保元十卷附太乙神鍼　(明)龔廷賢編　清宣統三年(1911)上海江東書局石印本　八冊

120000－0347－0001438　29/5/3
新刊醫林狀元壽世保元十卷　(明)龔廷賢編　清嘉慶十七年(1812)崇文堂刻本　十冊

120000－0347－0001439　29/5/3
新刊醫林狀元壽世保元十卷　(明)龔廷賢編　清同治元年(1862)刻本　十冊

120000－0347－0001440　29/5/3
新刊醫林狀元壽世保元十卷　(明)龔廷賢編　清刻本　十冊

120000－0347－0001441　29/5/4
新刊增補萬病回春原本八卷　(明)龔廷賢編　清道光八年(1828)文淵堂刻本　七册

120000－0347－0001442　29/5/4
詳校萬病回春八卷　(明)龔廷賢編　清光緒三十二年(1906)上海錦章圖書局石印本　七册

120000－0347－0001443　29/5/5
筆花醫鏡(衛生便覽)二卷　(清)江涵暾撰　清道光六年(1826)常熟抱芳閣刻本　二册

120000－0347－0001444　29/5/5
筆花醫鏡(衛生便覽)四卷　(清)江涵暾撰　清光緒九年(1883)刻本　二册

120000－0347－0001445　29/5/5
筆花醫鏡(衛生便覽)四卷　(清)江涵暾撰　清刻本　二册　存二卷(一至二)

120000－0347－0001446　29/5/5
醫門法律六卷　(清)喻昌撰　清刻本　七册

120000－0347－0001447　29/5/5
醫門法律六卷　(清)喻昌撰　清光緒二十年(1894)上海圖書集成印書局鉛印本　四册

120000－0347－0001448　29/5/5
筆花醫鏡四卷　(清)江涵暾撰　清同治十年(1871)刻本　一册

120000－0347－0001449　29/6/1
辨證冰鑑十二卷　(清)陳士鐸撰　清宣統元年(1909)石印本　六册

120000－0347－0001450　29/6/1
辨證奇聞十五卷　(清)陳士鐸撰　清同治六年(1867)刻本　十二册

120000－0347－0001451　29/6/2
辨證錄十四卷　(清)陳士鐸撰　清光緒三十四年(1908)惟善堂抄本　十一册

120000－0347－0001452　29/6/3
病機沙篆二卷　(明)李中梓撰　(清)尤乘增較　清善成堂刻本　二册

120000－0347－0001453　29/6/3
醫學心悟六卷　(清)程國彭撰　清光緒二十八年(1902)學庫山房刻本　六册

120000－0347－0001454　29/6/3
增補醫方一盤珠全集十卷　(清)洪金鼎纂　清乾隆十四年(1749)刻本　五册

120000－0347－0001455　29/6/3
醫學心悟六卷　(清)程國彭撰　清宣統三年(1911)上海會文堂石印本　一册

120000－0347－0001456　29/6/3
症治摘要　(清)廖鼎璋輯　清光緒二十年(1894)片玉堂刻本　一册

120000－0347－0001457　29/6/4
掃葉山房重校醫宗必讀十卷　(明)李中梓撰　清光緒十四年(1888)刻本　六册

120000－0347－0001458　29/6/4
醫宗必讀五卷首一卷　(明)李中梓撰　清刻本　六册

120000－0347－0001459　29/6/4
醫宗必讀五卷首一卷　(明)李中梓撰　清大文堂刻本　六册

120000－0347－0001460　29/6/4
詳校醫宗必讀十卷　(明)李中梓撰　清光緒六年(1880)刻本　五册

120000－0347－0001461　29/6/4
醫宗必讀五卷　(明)李中梓撰　清光緒十二年(1886)遵經堂刻本　五册

120000－0347－0001462　29/6/4
醫宗必讀十卷　(明)李中梓撰　清刻本　五册

120000－0347－0001463　29/6/4
醫宗說約六卷　(清)蔣示吉撰　清刻本　一册　存二卷(一至二)

120000－0347－0001464　29/6/5
醫學三字經四卷　(清)陳念祖撰　清刻本　二册

120000－0347－0001465　29/6/5
醫學實在易八卷　(清)陳念祖撰　清刻本　四冊

120000－0347－0001466　29/6/5
醫學三字經四卷　(清)陳念祖撰　清光緒三十四年(1908)上海章福記書局石印本　一冊

120000－0347－0001467　29/6/5
醫學三字經四卷　(清)陳念祖撰　清刻本　一冊　存二卷(三至四)

120000－0347－0001468　29/6/5
醫學實在易八卷　(清)陳念祖撰　清光緒十八年(1892)上海圖書集成印書局鉛印本　一冊　存四卷(一至四)

120000－0347－0001469　29/6/5
醫學一見能一卷　(清)唐宗海撰　清光緒十六年(1890)刻本　一冊

120000－0347－0001470　30/1/1
醫學實在易八卷　(清)陳念祖撰　清刻本　四冊

120000－0347－0001471　30/1/1
醫學實在易八卷　(清)陳念祖撰　清善成堂刻本　四冊

120000－0347－0001472　30/1/1
醫學金鍼八卷　(清)陳念祖撰　(清)潘霨增輯　清光緒四年(1878)潘氏敏德堂刻本　四冊

120000－0347－0001473　30/1/1
齊氏家傳醫秘二卷　(清)齊秉慧撰　清刻本　一冊

120000－0347－0001474　30/1/2
醫宗備要三卷　(清)曾鼎撰　清同治八年(1869)崇文書局刻本　一冊

120000－0347－0001475　30/1/3
醫學匯海三十六卷首一卷　(清)孫德潤撰輯　清道光六年(1826)漢陽蕭氏刻本　三十六冊

120000－0347－0001476　30/2/1
醫學從眾錄八卷　(清)陳念祖撰　清道光二十五年(1845)刻本　三冊　存六卷(一至六)

120000－0347－0001477　30/2/1
醫綱提要八卷　(清)李宗源撰　清光緒二十三年(1897)狀元閣刻本　四冊

120000－0347－0001478　30/2/1
證治鍼經四卷　(清)郭誠勳輯　清道光八年(1828)刻本　一冊

120000－0347－0001479　30/2/1
筆花醫鏡四卷　(清)江涵暾撰　清道光十四年(1834)鍾承露刻本　一冊

120000－0347－0001480　30/2/1
筆花醫鏡四卷　(清)江涵暾撰　清光緒四年(1878)陝西義興堂刻本　一冊

120000－0347－0001481　30/2/1
醫學摘要一卷　(清)王志沂輯　清光緒二十九年(1903)刻本　一冊

120000－0347－0001482　30/2/2
類證治裁八卷首一卷附一卷　(清)林珮琴撰　清光緒十年(1884)文星堂刻本　十冊

120000－0347－0001483　30/2/2
類證治裁八卷首一卷附一卷　(清)林珮琴撰　清光緒十年(1884)刻本　十冊

120000－0347－0001484　30/2/2
類證治裁八卷首一卷附一卷　(清)林珮琴撰　清光緒十年(1884)刻本　十冊

120000－0347－0001485　30/2/3
賽金丹四卷　(清)徐半峰輯　清光緒八年(1882)刻本　四冊

120000－0347－0001486　30/2/3
醫醇賸義四卷　(清)費伯雄撰　清同治二年(1863)刻本　四冊

120000－0347－0001487　30/2/3
醫醇賸義四卷　(清)費伯雄撰　清光緒三年(1877)刻本　四冊

120000－0347－0001488　30/2/3

醫醇賸義四卷　(清)費伯雄撰　清光緒十四年(1888)刻本　四册

120000－0347－0001489　30/2/3
醫醇賸義四卷　(清)費伯雄撰　清刻本　四册

120000－0347－0001490　30/2/3
晴川心鏡三卷附續編一卷　(清)晴川子撰　清道光二十年(1840)抄本　一册

120000－0347－0001491　30/2/4
醫原二卷　(清)石壽棠撰　清咸豐十一年(1861)刻本　二册

120000－0347－0001492　30/2/4
醫詩必讀十二卷　(清)冉敬簡輯　清宏道堂刻本　三册　存八卷(一至八)

120000－0347－0001493　30/2/4
醫燈集焰二卷　(清)嚴燮撰　清光緒七年(1881)刻本　一册

120000－0347－0001494　30/3/1
註禮堂醫學舉要四卷　(清)戴緒安輯　清光緒十二年(1886)刻本　二册

120000－0347－0001495　30/3/1
註禮堂醫學舉要四卷　(清)戴緒安輯　清光緒十五年(1889)刻本　二册

120000－0347－0001496　30/3/1
醫學集成四卷　(清)劉仕廉纂輯　清同治十三年(1874)刻本　四册

120000－0347－0001497　30/3/1
醫學集成四卷　(清)劉仕廉纂輯　清光緒十年(1884)刻本　四册

120000－0347－0001498　30/3/2
醫法圓通四卷　(清)鄭壽全輯　清光緒二十九年(1903)刻本　二册

120000－0347－0001499　30/3/2
新鐫桂林醫鑑九卷　(清)王桂林補註　清光緒十七年(1891)叢桂堂刻本　四册

120000－0347－0001500　30/3/2
醫法圓通四卷　(清)鄭壽全輯　清同治十三年(1874)成都刻本　四册

120000－0347－0001501　30/3/3
醫方簡義六卷　(清)王清源撰　清末刻本　四册

120000－0347－0001502　30/3/3
醫家四要四卷　(清)雷豐輯　清光緒十二年(1886)養鶴山房刻醫學三書本　四册

120000－0347－0001503　30/3/3
壽世醫鑑三卷　(清)王文選輯　清光緒三年(1877)刻本　一册　存一卷(上)

120000－0347－0001504　30/3/3
醫綱總樞五卷　(清)陳珍閣撰　清末刻本　一册　存一卷(二)

120000－0347－0001505　30/3/4
醫理真傳四卷　(清)鄭壽全撰　清文林齋劉氏刻本　二册

120000－0347－0001506　30/3/4
醫悟十二卷　(清)馬冠群撰　清光緒十九年(1893)木活字本　四册

120000－0347－0001507　30/3/4
醫悟十二卷　(清)馬冠群撰　清光緒二十三年(1897)寄廡木活字本　四册

120000－0347－0001508　30/3/4
醫學指南五卷　(清)李德中撰　清光緒二十四年(1898)刻本　四册

120000－0347－0001509　30/3/4
三墳彙要　(清)裔卿撰　清同治八年(1869)抄本　一册

120000－0347－0001510　30/4/1
醫學篇四卷　(清)曾懿撰　清光緒三十三年(1907)長沙刻古歡室全集本　二册

120000－0347－0001511　30/4/1
醫學探驪集六卷　(清)康應辰撰　清宣統二年(1910)石印本　六册

120000－0347－0001512　30/4/1

醫學指掌二卷　(清)張維垣集　清光緒三十二年(1906)石印本　四冊

120000－0347－0001513　30/5/1

林氏醫通八卷附一卷　(□)□□撰　抄本　二冊　存一卷(一)

120000－0347－0001514　30/5/1

醫學講義　(□)□□撰　抄本　二冊

120000－0347－0001515　30/5/1

醫解　(□)□□撰　抄本　四冊

120000－0347－0001516　30/5/1

醫林秘要　(□)□□撰　抄本　一冊

120000－0347－0001517　30/6/1

嵩厓尊生書十五卷　(清)景日昣撰　清三讓堂刻本　八冊

120000－0347－0001518　30/6/1

嵩厓尊生書十五卷　(清)景日昣撰　清乾隆五十五年(1790)古吳致和堂刻本　九冊

120000－0347－0001519　30/6/1

嵩厓尊生書十五卷　(清)景日昣撰　清善成堂刻本　四冊

120000－0347－0001520　30/6/4

醫門集萃　(□)□□撰　抄本　三冊

120000－0347－0001521　30/6/4

醫學秘笈二卷　(清)李言恭撰　清刻本　一冊　存一卷(上)

120000－0347－0001522　31/1/2

東垣十書　(明)□□輯　清光緒三十三年(1907)上海鴻文書局石印本　六冊

120000－0347－0001523　31/1/2

東垣十書　(明)□□輯　清文奎堂刻本　十六冊

120000－0347－0001524　31/1/3

東垣十書　(明)□□輯　清光緒七年(1881)上海文盛書局石印本　六冊

120000－0347－0001525　31/1/3

東垣十書　(明)□□輯　清刻本　十四冊　缺二種(脾胃論中下、格致餘論)

120000－0347－0001526　31/1/4

東垣十書　(明)□□輯　清雲林閣刻本　十六冊

120000－0347－0001527　31/2/1

醫統正脈全書　(明)王肯堂輯　清光緒三十三年(1907)京師醫局刻本　八十冊

120000－0347－0001528　31/2/4

醫統正脈全書　(明)王肯堂輯　清刻本　五十七冊

120000－0347－0001529　31/4/1

醫要集覽　(明)□□輯　清康熙三十八年(1699)刻本　二冊　存二種(脈訣、藥性賦)

120000－0347－0001530　31/4/1

醫藥鏡　(明)王肯堂撰　清康熙鴛水陳誕刻本　六冊

120000－0347－0001531　31/4/1

醫宗己任編八卷　(清)楊乘六編　清刻本　四冊

120000－0347－0001532　31/4/2

醫林指月十二種　(清)王琦輯　清光緒二十二年(1896)上海圖書集成印書局鉛印本　八冊

120000－0347－0001533　31/4/3

六醴齋醫書十種　(清)程永培輯　清光緒十七年(1891)廣州藏修堂刻本　二十四冊

120000－0347－0001534　31/5/1

成方切用二十六卷　(清)吳儀洛輯　清道光二十七年(1847)瓶花書屋刻本　四冊

120000－0347－0001535　31/5/2

當歸草堂醫學叢書初編　(清)丁丙輯　清光緒四年(1878)錢塘丁氏當歸草堂刻本　十冊

120000－0347－0001536　31/5/3

韓園醫書六種　(清)潘霨輯　清光緒十年(1884)江西書局刻本　十二冊

120000－0347－0001537　31/5/4

醫學摘粹八卷　(清)慶恕撰　清光緒二十三年(1897)刻本　六册

120000－0347－0001538　31/5/4
醫學捷要□□卷　(清)尹樂渠編　清同治十年(1871)刻本　四册

120000－0347－0001539　32/2/1
周氏醫學叢書　(清)周學海輯　清光緒至宣統刻本　六十二册　缺一種(諸病源候論)

120000－0347－0001540　32/3/1
豫醫雙璧　(清)吳重憙輯　清宣統元年(1909)梁園節署鉛印本　八册

120000－0347－0001541　32/3/3
軒岐之術　(清)戴承樹撰　清抄本　一册

120000－0347－0001542　32/3/4
重鐫醫要三書　(清)李鏡春輯　清咸豐二年(1852)刻本　一册

120000－0347－0001543　32/4/1
河間六書(劉河間傷寒六書)　(金)劉完素撰　清新安程氏刻本　八册

120000－0347－0001544　32/4/1
劉河間傷寒三書　(金)劉完素撰　清新安程氏刻本　六册

120000－0347－0001545　32/4/2
劉河間傷寒三書傷寒六書　(金)劉完素撰　清宣統元年(1909)上海千頃堂石印本　八册

120000－0347－0001546　32/4/2
劉河間傷寒三書　(金)劉完素撰　清宣統元年(1909)上海千頃堂石印本　四册

120000－0347－0001547　32/4/2
劉河間傷寒六書　(金)劉完素撰　清宣統元年(1909)上海千頃堂石印本　四册　缺一種(黄帝素問宣明論方)

120000－0347－0001548　32/4/3
丹溪心法五卷附錄一卷　(元)朱震亨撰　清尚德堂刻本　十二册

120000－0347－0001549　32/5/1

薛氏醫按二十四種　(明)吳琯輯　清刻本　三十二册

120000－0347－0001550　32/5/4
張氏醫通十六卷　(清)張璐撰　清光緒二十五年(1899)重印張氏醫書七種本　二十六册

120000－0347－0001551　33/2/1
圖註脈訣辨真四卷附方一卷　(晉)王叔和撰　(明)張世賢註　清掃葉山房刻本　二册

120000－0347－0001552　33/2/1
圖註難經脈訣　(戰國)秦越人撰　(明)張世賢圖註　(清)沈鏡刪註　清大文堂刻本　二册

120000－0347－0001553　33/2/1
圖註難經脈訣　(明)張世賢圖註　清光緒五年(1879)掃葉山房刻本　六册

120000－0347－0001554　33/2/1
圖註難經脈訣四卷附瀕湖脈學奇經八脈考　(戰國)秦越人撰　(明)張世賢圖註　清刻本　六册

120000－0347－0001555　33/2/1
圖註難經脈訣四卷附瀕湖脈學奇經八脈考　(戰國)秦越人撰　(明)張世賢圖註　清刻本　三册

120000－0347－0001556　33/2/2
六科證治準繩　(明)王肯堂輯　清光緒十八年(1892)上海圖書集成印書局石印本　四十册

120000－0347－0001557　33/3/1
六科證治準繩　(明)王肯堂輯　清光緒二十五年(1899)刻本　一百册

120000－0347－0001558　33/4/1
喻氏醫書三種　(清)喻昌撰　清刻本　十六册

120000－0347－0001559　33/4/2
喻氏醫書三種　(清)喻昌撰　清光緒三十三年(1907)石印本　六册

120000－0347－0001560　33/4/2

喻氏醫書三種　(清)喻昌撰　清刻本　十冊

120000－0347－0001561　33/4/3
士材三書　(明)李中梓撰　(清)尤乘增輯　清康熙六年(1667)刻本　八冊

120000－0347－0001562　33/4/3
士材三書　(明)李中梓撰　(清)尤乘增輯　清光緒十三年(1887)刻本　八冊

120000－0347－0001563　33/4/3
傅青主男科二卷女科二卷產後編二卷　(清)傅山撰　清光緒三十三年(1907)成都肇經堂刻本　四冊

120000－0347－0001564　33/4/4
本草醫方合編　(清)汪昂編　(清)胡學峰校定　清康熙三十三年(1694)刻本　六冊

120000－0347－0001565　33/4/4
本草醫方合編　(清)汪昂編　清光緒十四年(1888)刻本　六冊

120000－0347－0001566　33/4/5
馮氏錦囊秘錄　(清)馮兆張撰　清咸豐八年(1858)刻本　三十冊

120000－0347－0001567　33/5/1
黃氏醫書八種　(清)黃元御撰　清同治七年(1868)刻本　二十四冊

120000－0347－0001568　33/5/1
黃氏醫書八種　(清)黃元御撰　清咸豐十年(1860)燮龢精舍刻本　十四冊

120000－0347－0001569　33/5/2
徐氏醫書八種　(清)徐大椿撰　清光緒十八年(1892)湖北官書局刻本　十冊

120000－0347－0001570　33/5/3
徐氏醫書六種　(清)徐大椿撰　清同治三年(1864)刻本　十冊　缺一種(洄溪醫案)

120000－0347－0001571　33/5/3
徐氏醫書六種　(清)徐大椿撰　清同治十二年(1873)刻本　十冊

120000－0347－0001572　33/6/1
徐靈胎醫略六書　(清)徐大椿撰　清光緒二十九年(1903)鉛印本　十七冊

120000－0347－0001573　33/6/2
徐氏醫書八種　(清)徐大椿撰　清光緒四年(1878)刻本　十三冊

120000－0347－0001574　33/6/3
沈氏尊生書七十二卷　(清)沈金鰲撰　清同治十三年(1874)湖北崇文書局刻本　二十六冊

120000－0347－0001575　34/1/4
婦嬰三書　(清)沈金鰲撰　清同治元年(1862)刻本　八冊

120000－0347－0001576　34/1/4
婦嬰三書　(清)沈金鰲撰　清同治元年(1862)刻本　六冊

120000－0347－0001577　34/2/1
齊氏醫書四種　(清)齊秉慧撰　清刻本　十二冊

120000－0347－0001578　34/2/2
陳修園醫書二十三種　(清)陳念祖撰　清光緒三十四年(1908)寶慶經元書局刻本　二十四冊

120000－0347－0001579　34/2/3
陳修園醫書三十種　(清)陳念祖撰　清光緒三十一年(1905)上海商務印書館鉛印本　二十冊

120000－0347－0001580　34/2/4
陳修園醫書三十二種　(清)陳念祖撰　清宣統元年(1909)四川善成堂刻本　四十冊

120000－0347－0001581　34/2/5
陳修園醫書二十三種　(清)陳念祖撰　清光緒二十九年(1903)湖南益元書局刻本　三十六冊　缺二種(時疫證治、喉科急證)

120000－0347－0001582　34/3/2
陳修園醫書五十種　(清)陳念祖撰　清光緒三十一年(1905)上海商務印書館鉛印本　二十八冊

120000－0347－0001583　34/3/4
南雅堂醫書全集　(清)陳念祖撰　清光緒二十七年(1901)刻本　三十六冊　缺一種(醫學三字經)

120000－0347－0001584　34/3/5
陳修園醫書全集　(清)陳念祖撰　清光緒十四年(1888)刻本　四十二冊　缺二種(傷寒論淺註、十藥神書註解)

120000－0347－0001585　34/4/1
醫門棒喝(傷寒論本旨)二集九卷　(清)章楠編註　清宣統元年(1909)蠡城三友益齋石印本　六冊

120000－0347－0001586　34/4/1
醫門棒喝(傷寒論本旨)二集九卷　(清)章楠編註　清道光十九年(1839)刻本　十一冊

120000－0347－0001587　34/4/2
文氏增廣驗方新編　(清)文晟編　清光緒十一年(1885)刻本　八冊

120000－0347－0001588　34/4/4
醫學切要全集六種　(清)王文選撰　清光緒八年(1882)刻本　六冊

120000－0347－0001589　34/4/4
存存彙集醫學易讀　(清)王文選撰　清萬邑刻本　四冊

120000－0347－0001590　34/5/1
世補齋醫書前集　(清)陸懋修撰　清光緒十二年(1886)山左書局刻本　八冊

120000－0347－0001591　34/5/1
世補齋醫書　(清)陸懋修撰　清光緒十二年(1886)山左書局刻本　十八冊

120000－0347－0001592　34/5/2
藏腑圖說症治要言合璧三卷　(清)羅定昌撰　清光緒二十年(1894)刻中西醫粹本　四冊

120000－0347－0001593　34/5/3
白岳盦雜綴醫書六種　(清)余懋撰　清刻本　三冊

120000－0347－0001594　34/5/3
中西匯通醫書五種　(清)唐宗海撰　清光緒三十二年至三十四年(1906－1908)上海千頃堂石印本　十二冊

120000－0347－0001595　35/2/1
羅氏會約醫鏡二十卷　(清)羅國綱撰　清乾隆五十四年(1789)大成堂刻本　四冊

120000－0347－0001596　35/2/2
編註醫學入門内集七卷首一卷　(明)李梴撰　清光緒十八年(1892)刻本　十六冊

120000－0347－0001597　35/2/3
醫書匯參集成二十四卷　(清)蔡宗玉輯　清道光十九年(1839)刻本　十二冊

120000－0347－0001598　35/3/1
醫鈔類編二十四卷　(清)翁藻輯　清光緒二十一年(1895)奉新許氏刻本　二十六冊

120000－0347－0001599　35/3/2
醫方辨難大成三集二百零六卷首一卷　題文昌帝君撰　清道光三十年(1850)刻本　四十冊

120000－0347－0001600　35/4/1
雙梅景闇叢書　葉德輝輯　清光緒長沙葉氏觀古堂刻本　二冊　存四種

120000－0347－0001601　35/4/1
珍珠囊指掌補遺藥性賦四卷附醫方捷徑　(金)李杲撰　清宣統二年(1910)上海書局石印本　一冊

120000－0347－0001602　35/4/1
褚氏補遺一卷　(南朝齊)褚澄撰　(清)程永培校　清刻六醴齋醫書本　一冊

120000－0347－0001603　35/4/2
東垣十書　(明)□□輯　清刻本　十五冊　缺一種(脾胃論上)

120000－0347－0001604　35/4/2
此事難知二卷　(元)王好古撰　清刻東垣十書本　一冊

120000－0347－0001605　35/4/4
張氏醫通十六卷　(清)張璐撰　清光緒三十

三年(1907)上海書局石印張氏醫書七種本　七冊

120000－0347－0001606　35/4/5
張氏醫通十六卷　(清)張璐撰　清康熙四十八年(1709)同德堂刻本　七冊　存五卷(一至五)

120000－0347－0001607　35/5/1
陳修園醫書四十八種　(清)陳念祖撰　清光緒三十二年(1906)吳閶醫學書會石印本　二十四冊

120000－0347－0001608　35/5/1
陳修園醫書三十八種　(清)陳念祖撰　清光緒三十二年(1906)上海文新書局石印本　十八冊

120000－0347－0001609　35/5/3
神農本草經讀四卷　(清)陳念祖撰　清刻本　二冊

120000－0347－0001610　35/5/3
修園七種合刊　(清)陳念祖撰　清光緒三十四年(1908)寶慶經元書局刻陳修園廿三種本　一冊

120000－0347－0001611　35/5/5
南雅堂醫書全集四十八種　(清)陳念祖撰　清光緒三十四年(1908)上海章福記書局石印本　二十冊

120000－0347－0001612　35/5/5
陳修園公餘六種　(清)陳念祖撰　清光緒三十三年(1907)巴蜀善成堂刻本　六冊

120000－0347－0001613　35/6/2
痘疹全集十五卷　(清)馮兆張輯　清刻馮氏錦囊秘錄本　六冊　缺五卷(七至十一)

120000－0347－0001614　35/6/2
馮氏錦囊秘錄　(清)馮兆張撰　清道光二十二年(1842)刻本　三十冊

120000－0347－0001615　35/6/4
黃氏醫書八種　(清)黃元御撰　清刻本　十六冊

120000－0347－0001616　35/6/4
素靈微蘊四卷　(清)黃元御撰　清咸豐十年(1860)長沙徐樹銘燮龢精舍刻黃氏醫書八種本　一冊

120000－0347－0001617　35/6/5
時方歌括二卷　(清)陳念祖撰　清刻本　一冊

120000－0347－0001618　36/4/1
圖註難經脈訣　(明)張世賢圖註　清光緒九年(1883)刻本　二冊

120000－0347－0001619　36/4/1
本草醫方合編　(清)汪昂編　清康熙三十三年(1694)刻本　六冊

120000－0347－0001620　36/4/1
王叔和圖註難經脈訣　(明)張世賢圖註　(清)沈鏡刪註　清康熙三十二年(1693)刻本　四冊

120000－0347－0001621　36/4/1
圖註難經四卷　(戰國)秦越人撰　(明)張世賢圖註　(清)沈鏡重校　清光緒二十六年(1900)刻本　四冊

120000－0347－0001622　36/4/1
校正圖註難經脈訣四卷附瀕湖脈學校正奇經考　(戰國)秦越人撰　(明)張世賢圖註　清光緒三十一年(1905)上海鴻寶齋石印本　五冊

120000－0347－0001623　36/4/2
蘭臺軌範八卷　(清)徐大椿撰　清刻徐氏醫書六種本　二冊　存四卷(一至四)

120000－0347－0001624　36/4/2
徐氏醫書十三種　(清)徐大椿撰　清光緒十九年(1893)上海圖書集成印書局鉛印本　六冊

120000－0347－0001625　36/4/2
徐氏醫書十六種　(清)徐大椿撰　清光緒三十三年(1907)章福記書局石印本　六冊

120000－0347－0001626　36/4/2

難經經釋二卷 (清)徐大椿撰 清同治三年(1864)刻本 一册

120000－0347－0001627 36/4/3

傅青主男科二卷女科二卷產後編二卷 (清)傅山撰 清宣統元年(1909)上海章福記書局石印本 二册

120000－0347－0001628 36/4/3

利濟元經附中星圖畧衛生經天函利濟講義教經答問 (清)陳虬纂 清光緒十八年(1892)瑞安利濟醫院刻本 二册

120000－0347－0001629 36/4/3

善成堂增訂士材三書 (明)李中梓撰 (清)尤乘增補 清善成堂刻本 二册 存二種(診家正眼、本草通元)

120000－0347－0001630 36/4/3

醫學五則五卷 (清)廖雲溪編 清光緒十三年(1887)興發堂刻本 五册

120000－0347－0001631 36/4/4

雜病源流犀燭三十卷首二卷 (清)沈金鰲撰 清刻沈氏尊生書本 四册 存十一卷(五至十五)

120000－0347－0001632 36/4/5

本草問答二卷 (清)唐宗海撰 清光緒三十四年(1908)上海千頃堂石印中西匯通醫書五種本 一册

120000－0347－0001633 36/5/2

萬密齋醫學全書 (明)萬全撰 清忠信堂刻本 三十四册

120000－0347－0001634 36/5/4

世補齋醫書前集 (清)陸懋修撰 清光緒十年(1884)刻本 三册 缺一種六卷(文集一至六)

120000－0347－0001635 36/5/5

軒轅黃帝祝由科 (□)□□撰 清光緒三十二年(1906)刻本 二册

120000－0347－0001636 36/5/5

軒轅黃帝祝由科 (□)□□撰 清宣統二年(1910)上海書局石印本 一册

120000－0347－0001637 36/5/5

祝由科 題軒轅黃帝撰 清抄本 一册

120000－0347－0001638 36/5/5

符病全書 題軒轅黃帝撰 清抄本 一册

120000－0347－0001639 37/1/1

東醫寶鑑二十三卷目錄二卷 (朝鮮)許浚等撰 清道光十一年(1831)刻本 二十六册

120000－0347－0001640 37/1/2

訂正東醫寶鑑二十三卷目錄二卷 (朝鮮)許浚等撰 清光緒十五年(1889)江左刻本 二十五册

120000－0347－0001641 37/1/3

東醫寶鑑二十三卷目錄二卷 (朝鮮)許浚等撰 清嘉慶二年(1797)刻本 二十五册

120000－0347－0001642 37/1/3

訂正東醫寶鑑二十三卷目錄二卷 (朝鮮)許浚等撰 清校經山房刻本 二十五册

120000－0347－0001643 37/1/4

訂正東醫寶鑑二十三卷目錄二卷 (朝鮮)許浚等撰 清刻本 八册 存八卷(内景篇一至四、外形篇一至四)

120000－0347－0001644 37/2/1

東醫寶鑑二十三卷目錄二卷 (朝鮮)許浚等撰 清抄本 二十四册

120000－0347－0001645 37/2/1

訂正東醫寶鑑二十三卷目錄二卷 (朝鮮)許浚等撰 清光緒十六年(1890)上海校經山房石印本 十六册

120000－0347－0001646 37/2/3

景岳全書六十四卷 (明)張介賓撰 清刻本 三十册

120000－0347－0001647 37/3/1

景岳全書六十四卷 (明)張介賓撰 清乾隆三十三年(1768)刻本 二十四册

120000－0347－0001648 37/3/3

景岳全書六十四卷 (明)張介賓撰 清刻本 三十二冊

120000-0347-0001649 37/4/1
景岳全書六十四卷 (明)張介賓撰 清鉛印本 十五冊 缺六卷(一至六)

120000-0347-0001650 37/4/2
景岳全書發揮四卷 (清)葉桂撰 清光緒五年(1879)吳氏醉六堂刻本 四冊

120000-0347-0001651 37/4/3
御纂醫宗金鑑九十卷首一卷 (清)吳謙等輯 清光緒二年(1876)江西書局刻本 六十冊

120000-0347-0001652 37/5/1
御纂醫宗金鑑九十卷首一卷 (清)吳謙等輯 清刻本 四十冊

120000-0347-0001653 38/2/1
欽定古今圖書集成醫部全錄 (清)蔣廷錫等纂 清光緒二十三年(1897)影印本 六十冊

120000-0347-0001654 38/4/1
名醫類案十二卷 (明)江瓘編 清乾隆三十五年(1770)新安鮑氏知不足齋刻本 十二冊

120000-0347-0001655 38/4/2
三家醫案合刻 (清)吳金壽輯 **醫效秘傳三卷** (清)葉桂撰 清光緒三十三年(1907)上洋海左書局石印本 二冊

120000-0347-0001656 38/4/2
三家醫案合刻 (清)吳金壽輯 清刻本 二冊

120000-0347-0001657 38/4/2
三家醫案合刻 (清)吳金壽輯 清刻本 三冊

120000-0347-0001658 38/4/2
三家醫案合刻 (清)吳金壽輯 清末石印本 一冊

120000-0347-0001659 38/4/3
臨證指南醫案十卷附種福堂續選臨證指南 (清)葉桂撰 (清)華岫雲校 清光緒二十二年(1896)寶善書局石印本 六冊

120000-0347-0001660 38/4/3
臨證指南醫案十卷 (清)葉桂撰 (清)華岫雲校 清刻本 十冊

120000-0347-0001661 38/4/4
王氏醫案續編八卷 (清)王士雄撰 (清)張鴻輯 清道光三十年(1850)刻本 二冊

120000-0347-0001662 38/4/4
孟河丁氏醫案全集八卷 (清)丁甘仁撰 清抄本 二冊 存二卷(二至三)

120000-0347-0001663 38/4/4
寓意草 (清)喻昌撰 清光緒二十年(1894)上海圖書集成印書局石印本 一冊

120000-0347-0001664 38/4/4
寓意草 (清)喻昌撰 清宣統元年(1909)上海掃葉山房石印本 一冊

120000-0347-0001665 38/4/4
寓意草 (清)喻昌撰 清刻本 一冊

120000-0347-0001666 38/4/4
顧氏醫案 (清)顧金壽撰 抄本 一冊

120000-0347-0001667 38/4/4
徐氏醫案 (□)□□撰 清末抄本 一冊

120000-0347-0001668 38/4/5
種福堂公選良方兼刻古吳名醫精論四卷 (清)葉桂論 (清)華南田校 清武林文苑堂刻本 一冊

120000-0347-0001669 38/5/1
評選繼志堂醫案二卷 (清)曹存心撰 (清)柳寶詒選評 清末石印本 一冊

120000-0347-0001670 38/5/2
尤氏醫學讀書記三卷附醫案 (清)尤怡撰 清光緒十四年(1888)刻槐廬叢書本 一冊 存二卷(上中)

120000-0347-0001671 38/5/2
紹興醫學會課藝 紹興醫學會撰 清宣統二年(1910)紹興浙東印書局鉛印本 一冊

120000-0347-0001672 38/5/4

韓氏醫通二卷 (明)韓𢘅撰 (清)程永培校 清於然室刻本 二册

120000－0347－0001673 38/5/4

吴醫彙講十一卷 (清)唐大烈輯 清宣統二年(1910)上海掃葉山房石印本 四册

120000－0347－0001674 38/5/4

吴醫彙講十一卷 (清)唐大烈輯 清刻本 四册

120000－0347－0001675 38/5/4

慎疾芻言一卷 (清)徐大椿撰 清道光十八年(1838)刻本 一册

120000－0347－0001676 38/5/4

慎疾芻言一卷附世補齋不謝方一卷 (清)徐大椿撰 清宣統二年(1910)天鬻閣鉛印本 一册

120000－0347－0001677 38/6/1

歷代名醫列傳 (清)丁福保編 清宣統元年(1909)上海文明書局鉛印本 一册

120000－0347－0001678 38/6/1

醫説十卷 (宋)張杲撰 清刻本 一册 存七卷(一至七)

120000－0347－0001679 38/6/2

洗冤録集證五卷附寶鑑編石香秘籙 (宋)宋慈撰 (清)王又槐增輯 清光緒三十三年(1907)文盛書局石印本 二册

120000－0347－0001680 38/6/2

重刊補註洗冤録集證五卷附石香秘録 (宋)宋慈撰 (清)王又槐增輯 清同治四年(1865)刻本 六册

120000－0347－0001681 39/1/1

名醫類案十二卷 (明)江瓘編 清宣統元年(1909)上海書局石印本 六册

120000－0347－0001682 39/1/2

續名醫類案三十六卷 (清)魏之琇撰 (清)王士雄校 清宣統元年(1909)上海書局石印本 四册

120000－0347－0001683 39/1/3

古今醫案按十卷 (清)俞震纂輯 (清)李齡壽校輯 清光緒九年(1883)刻本 十册

120000－0347－0001684 39/1/3

古今醫案按十卷 (清)俞震纂輯 (清)李齡壽校輯 清宣統元年(1909)上海會文堂書局石印本 十册

120000－0347－0001685 39/2/1

洄溪醫案一卷慎疾芻言一卷 (清)徐大椿撰 (清)王士雄編 清半松書屋刻本 二册

120000－0347－0001686 39/2/1

三家醫案合刻 (清)吳金壽輯 **溫熱贅言一卷** (清)寄瓢子撰 **醫效秘傳三卷** (清)葉桂撰 清刻本 二册

120000－0347－0001687 39/2/1

徐景川陳憩亭醫案 (□)徐景川 (□)陳憩亭撰 清抄本 二册

120000－0347－0001688 39/2/1

柳選四家醫案 (清)柳寶詒輯 清光緒三十年(1904)刻本 六册

120000－0347－0001689 39/2/1

三家醫案合刻 (清)吳金壽輯 **溫熱贅言一卷** (清)寄瓢子撰 清道光蘇州綠潤堂刻本 一册

120000－0347－0001690 39/2/2

印機草 (清)馬俶撰 (清)徐大椿評定 清刻本 二册

120000－0347－0001691 39/2/2

寓意草註釋四卷 (清)喻昌撰 (清)謝甘澍註釋 清光緒六年(1880)刻本 四册

120000－0347－0001692 39/2/2

寓意草 (清)喻昌撰 清乾隆竹秀山房刻本 一册

120000－0347－0001693 39/2/3

臨證指南醫案十卷附種福堂公選良方兼刻古吳名醫精選論四卷 (清)葉桂撰 (清)華岫雲校 清嘉慶八年(1803)刻本 十二册

120000－0347－0001694 39/2/3

臨證指南醫案十卷附種福堂續選臨證指南四卷　(清)葉桂撰　(清)華岫雲校　清道光二十四年(1844)蘇州經鉏堂刻朱墨套印本　十二册

120000－0347－0001695　39/3/1
葉氏醫案存真三卷附馬氏醫案　(清)葉桂撰　(清)葉萬青校　清光緒九年(1883)刻本　四册

120000－0347－0001696　39/3/2
杏軒醫案　(清)程文囿撰　清光緒刻本　二册

120000－0347－0001697　39/3/2
齊氏醫案六卷　(清)齊秉慧撰　清道光十三年(1833)刻本　二册

120000－0347－0001698　39/3/2
王九峰醫案　(清)張南輯　清抄本　十一册

120000－0347－0001699　39/3/2
吴門治驗録四卷　(清)顧金壽撰　清光緒十二年(1886)刻本　四册

120000－0347－0001700　39/3/2
李翁醫記二卷　(清)焦循撰　**先府君事略一卷**　(清)焦廷琥撰　清刻本　一册

120000－0347－0001701　39/3/3
王氏醫案二卷續編八卷霍亂論二卷　(清)王士雄撰　(清)張鴻輯　清道光三十年(1850)刻本　四册

120000－0347－0001702　39/3/3
王氏醫案二卷續編八卷　(清)王士雄撰　(清)周鑅輯　清光緒十八年(1892)刻本　四册

120000－0347－0001703　39/3/3
臨證經驗方　(清)張大爔輯　清光緒八年(1882)刻本　一册

120000－0347－0001704　39/3/3
愛廬醫案　(清)張大爔撰　清抄本　一册

120000－0347－0001705　39/3/4
得心集醫案六卷　(清)謝星煥撰　清光緒二十五年(1899)刻本　二册

120000－0347－0001706　39/3/4
問齋醫案五卷　(清)蔣寶素撰　清刻本　六册

120000－0347－0001707　39/3/4
調原醫案　(清)馮調原撰　清光緒十四年(1888)抄本　四册

120000－0347－0001708　39/3/4
醫學求是二集醫案一卷　(清)吳達撰　清光緒十一年(1885)刻本　一册　存一卷(醫案一卷)

120000－0347－0001709　39/3/4
治驗論案二卷　(清)楊毓斌撰　清光緒十八年(1892)南京王吉源石印本　一册

120000－0347－0001710　39/3/4
得心集醫案六卷　(清)謝星煥撰　清咸豐十一年(1861)刻本　六册

120000－0347－0001711　39/4/1
診餘舉隅録二卷　(清)陳廷儒撰　清光緒二十四年(1898)鉛印本　二册

120000－0347－0001712　39/4/1
王氏醫案四卷　(清)王旭高撰　清光緒二十四年(1898)倚雲吟館刻本　四册

120000－0347－0001713　39/5/4
竹林醫案自在觀四卷　(□)天宗瘦鶴編　清抄本　四册

120000－0347－0001714　39/6/4
增訂洪氏小兒一盤珠□□卷　(清)洪金鼎纂　清刻本　一册　存五卷(六至十)

120000－0347－0001715　40/1/1
存存齋醫話稿二卷　(清)趙彦暉撰　清光緒七年(1881)刻本　一册

120000－0347－0001716　40/1/1
慎疾芻言一卷　(清)徐大椿撰　清光緒六年(1880)山東書局刻本　一册

120000－0347－0001717　40/1/3

吳醫彙講十一卷　(清)唐大烈輯　清校經山房刻本　四册

120000－0347－0001718　40/1/3
吳醫彙講十一卷　(清)唐大烈輯　清刻本　四册

120000－0347－0001719　40/1/3
醫貫砭二卷　(清)徐大椿撰　清刻本　一册

120000－0347－0001720　40/1/3
醫貫砭二卷　(清)徐大椿撰　清刻本　一册

120000－0347－0001721　40/1/3
散記續編一卷　(清)許豫和撰　清刻本　一册

120000－0347－0001722　40/1/4
葉選醫衡二卷　(清)葉桂選　清宣統二年(1910)上海文瑞樓石印本　二册

120000－0347－0001723　40/1/4
鶴圃堂治驗　(清)沈明生撰　抄本　一册

120000－0347－0001724　40/2/1
醫旨緒餘二卷　(明)孫一奎撰　清刻本　二册

120000－0347－0001725　40/2/1
醫旨緒餘二卷　(明)孫一奎撰　清刻本　二册

120000－0347－0001726　40/2/1
宋徽宗聖濟經十卷　(宋)徽宗趙佶撰　(宋)吳禔註　清光緒十三年(1887)刻十萬卷樓叢書本　三册

120000－0347－0001727　40/2/1
醫貫六卷　(明)趙獻可撰　(清)呂留良評　清文運堂刻本　四册

120000－0347－0001728　40/2/1
格致餘論　(元)朱震亨撰　(明)吳中珩校　清刻本　一册

120000－0347－0001729　40/2/1
醫法心傳不分卷　(清)程芝田撰　清光緒十三年(1887)雷豐養鶴山房刻本　一册

120000－0347－0001730　40/2/1
醫醫瑣言　(清)徐延祚撰　清光緒二十三年(1897)刻本　一册

120000－0347－0001731　40/2/2
醫原三卷　(清)石壽棠撰　清光緒十七年(1891)鉛印本　三册

120000－0347－0001732　40/2/2
韓氏醫通二卷　(明)韓𢡟撰　(清)程永培校　清刻本　一册

120000－0347－0001733　40/2/2
醫學求是　(清)吳達撰　清光緒六年(1880)刻本　一册

120000－0347－0001734　40/2/3
重慶堂隨筆二卷　(清)王學權撰　(清)王國祥註　清光緒三十一年(1905)上海書局石印潛齋叢書本　二册

120000－0347－0001735　40/2/3
王氏醫存十七卷附新選驗方　(清)王燕昌撰　清同治十三年(1874)皖城黃竹友齋刻本　四册

120000－0347－0001736　40/2/3
讀醫隨筆六卷　(清)周學海撰　清光緒二十四年(1898)建德周氏刻本　四册

120000－0347－0001737　40/2/4
醫粹精言四卷　(清)徐延祚撰　清光緒二十二年(1896)刻本　四册

120000－0347－0001738　40/3/1
醫學讀書記三卷　(清)尤怡撰　清光緒十四年(1888)上海文瑞樓石印本　一册

120000－0347－0001739　40/3/2
太醫局諸科程文九卷　(宋)□□輯　清光緒四年(1878)錢塘丁氏當歸草堂刻當歸草堂醫學叢書初編本　四册

120000－0347－0001740　40/3/2
醫學答問四卷　(清)梁玉瑜傳　(清)陶保廉錄　清光緒二十三年(1897)蘭州固本堂書局刻本　一册

120000－0347－0001741　40/5/3

大鶴山房全書　(清)鄭文焯撰　清光緒至民國刻本　八册

120000－0347－0001742　40/6/1

重刊補註洗冤錄集證六卷　(宋)宋慈撰　(清)王又槐增輯　清光緒八年(1882)刻本　六册

120000－0347－0001743　40/6/1

洗冤錄詳義四卷首一卷　(宋)宋慈撰　(清)許槤編　清光緒二年(1876)刻本　四册

120000－0347－0001744　40/6/1

洗冤錄摭遺二卷　(清)葛元煦輯　清光緒二年(1876)刻本　一册

120000－0347－0001745　40/6/3

醫書目　(□)□□撰　清末抄本　一册

120000－0347－0001746　40/6/3

欽定四庫全書提要醫家類　中西醫學研究會編　清宣統三年(1911)上海文明書局鉛印本　一册

120000－0347－0001747　s1－1－1

重刊宋本十三經注疏附校勘記　(清)阮元校勘　(清)盧宣旬摘錄　清嘉慶二十年(1815)江西南昌府學刻本　一百零六册

120000－0347－0001748　s1－2－3

皇清經解一千四百卷　(清)阮元編　清光緒十三年(1887)上海書局石印本　六十四册

120000－0347－0001749　s1－3－1

皇清經解續編一千四百三十卷　王先謙編　清光緒十五年(1889)上海蜚英館石印本　三十二册

120000－0347－0001750　s1－3－4

周易傳義音訓八卷　(宋)程頤傳　(宋)朱熹本義　(宋)呂祖謙音訓　清光緒十五年(1889)江南書局刻本　八册

120000－0347－0001751　s1－3－4

周易傳義十卷　(宋)程頤傳　(宋)朱熹本義　清刻本　十册

120000－0347－0001752　s1－4－1

周易内傳十二卷　(清)金士升撰　清楊退思堂刻本　六册

120000－0347－0001753　s1－4－1

三易備遺十卷　(宋)朱元昇撰　清同治刻通志堂經解本　三册

120000－0347－0001754　s1－4－2

御纂周易折中二十二卷　(清)李光地等撰　清康熙五十四年(1715)刻本　十二册

120000－0347－0001755　s1－4－3

周易函書約註十八卷　(清)胡煦纂　清刻本　二十六册

120000－0347－0001756　s2－1－1

説文解字注箋十四卷　(清)徐灝撰　清道光十四年(1834)桂林刻咸豐四年(1854)京師補刻本　三十二册

120000－0347－0001757　s2－1－2

重刊埤雅二十卷　(宋)陸佃撰　(明)畢效欽重校　清刻本　十册

120000－0347－0001758　s2－1－3

説文解字徐氏繫傳四十卷附校勘記三卷　(唐)徐鍇撰　清光緒二年(1876)平江吳氏刻本　八册

120000－0347－0001759　s2－1－3

爾雅三卷　(晉)郭璞注　清嘉慶六年(1801)刻本　三册

120000－0347－0001760　s2－1－4

説文解字三十二卷　(清)段玉裁注　清刻本　十六册

120000－0347－0001761　s2－2－1

康熙字典十二集　(清)張玉書等纂　清光緒元年(1875)湖北崇文書局刻本　三十二册

120000－0347－0001762　s2－2－3

爾雅翼三十二卷　(宋)羅願撰　(元)洪焱祖音釋　明崇禎六年(1633)刻本　八册

120000－0347－0001763　s2－2－3

爾雅三卷　(晉)郭璞注　清嘉慶十一年

(1806)吳門顧氏思適齋刻本　三冊

120000－0347－0001764　s2－2－3
爾雅三卷　(晉)郭璞注　(唐)陸德明音義　清狀元閣刻本　四冊

120000－0347－0001765　s2－2－4
字彙十二集　(明)梅膺祚撰　清刻本　十四冊

120000－0347－0001766　s2－3－1
康熙字典　(清)張玉書　(清)陳廷敬編　清末商務印書館石印本　六冊

120000－0347－0001767　s2－3－2
增補剔弊五方元音　(清)樊騰鳳撰　清末石印本　四冊

120000－0347－0001768　s2－3－2
大廣益會玉篇三十卷　(南朝梁)顧野王撰　(宋)陳彭年等修　清康熙張氏刻澤存堂五種本　四冊

120000－0347－0001769　s2－3－2
大宋重修廣韻五卷　(宋)陳彭年等修　清康熙四十三年(1704)刻本　五冊

120000－0347－0001770　s2－3－3
十三經注疏　(□)□□輯　清刻本　一百十二冊

120000－0347－0001771　s2－4－1
御批歷代通鑑輯覽一百二十卷　(清)傅恒等纂　清內府刻本　六十冊

120000－0347－0001772　s3－1－1
御批歷代通鑑輯覽一百二十卷　(清)傅恒等纂　清光緒五年(1879)刻套印本　五十八冊

120000－0347－0001773　s3－1－4
尺木堂綱鑑易知錄九十二卷附明紀二十卷　(清)吳乘權等輯　清光緒二十七年(1901)上海文瑞樓石印本　十六冊

120000－0347－0001774　s3－2－1
十六國春秋一百卷　(北魏)崔鴻撰　清光緒湖北崇文書局刻本　十二冊

120000－0347－0001775　s3－2－2
三易洞璣十六卷　(明)黃道周輯　(清)鄭開極重訂　清刻本　八冊

120000－0347－0001776　s3－2－2
歷代職官表六卷　(清)黃本驥撰　清光緒八年(1882)上海王氏刻本　二冊

120000－0347－0001777　s3－2－2
漢書藝文志考證十卷　(宋)王應麟撰　清浙江書局刻本　二冊

120000－0347－0001778　s3－2－2
月令粹編二十四卷　(清)秦嘉謨編　清嘉慶十七年(1812)江都秦嘉謨琳琅仙館刻本　二冊

120000－0347－0001779　s3－2－2
補三國藝文志四卷　(清)侯康撰　**補晉兵志一卷**　(清)錢儀吉撰　清刻本　一冊

120000－0347－0001780　s3－2－3
高士傳三卷　(晉)皇甫謐撰　清光緒三年(1877)湖北崇文書局刻本　一冊

120000－0347－0001781　s3－2－4
元史藝文志四卷　(清)錢大昕補　清末江蘇書局刻本　一冊

120000－0347－0001782　s3－3－1
[乾隆]天津縣誌二十四卷　(清)吳廷華等修　**[同治]續天津縣誌二十卷**　(清)吳惠元修　清同治九年(1870)刻本　十六冊

120000－0347－0001783　s3－3－3
津門雜記三卷　(清)張燾輯　清光緒十年(1884)刻本　三冊

120000－0347－0001784　s3－3－4
欽定四庫全書附存目錄十卷　(清)胡虔編　清光緒十年(1884)學海堂刻本　六冊

120000－0347－0001785　s3－4－1
欽定續通志六百四十卷　(清)嵇璜等纂　清刻本　二百冊

120000－0347－0001786　s3－6－4
賡事類賦四十卷　(清)華希閔撰　清嘉慶十

年(1805)三讓堂刻本　八冊

120000－0347－0001787　s3－6－4
曝書雜記三卷　(清)錢泰吉撰　清同治七年(1868)刻本　二冊

120000－0347－0001788　s3－6－4
會心内集二卷　(清)劉一鳴撰　清光緒三年(1877)刻本　二冊

120000－0347－0001789　s3－6－4
悟道錄二卷　(清)劉一鳴撰　清光緒三年(1877)刻本　二冊

120000－0347－0001790　s3－6－4
參同契經文直指三卷　(漢)魏伯陽撰　(清)劉一鳴解　清光緒六年(1880)刻本　一冊

120000－0347－0001791　s3－6－4
悟真直指四卷　(宋)張伯端撰　(清)劉一鳴解　清刻本　一冊　存二卷(三至四)

120000－0347－0001792　s4－1－1
咫進齋叢書　(清)姚覲元輯　清末蘇州振新書社石印本　四冊

120000－0347－0001793　s4－1－3
讀書敏求記四卷　(清)錢曾撰　清刻本　二冊

120000－0347－0001794　s4－2－1
皕宋樓藏書志一百二十卷　(清)陸心源編　清光緒八年(1882)刻本　四十八冊

120000－0347－0001795　s4－2－3
宋元舊本經眼錄三卷　(清)莫友芝撰　清光緒十年(1884)上海還讀樓校刻本　二冊

120000－0347－0001796　s4－2－3
江刻書目三種　(清)江標輯　清末刻蘇州振新書社印本　四冊

120000－0347－0001797　s4－3－1
楹書隅錄五卷續編四卷　(清)楊紹和編　清光緒二十年(1894)海源閣刻本　八冊　缺一卷(續編四)

120000－0347－0001798　s4－3－1
楹書隅錄五卷續編四卷　(清)楊紹和編　清刻本　八冊

120000－0347－0001799　s4－3－1
拜經樓藏書題跋記五卷附錄一卷　(清)吳壽暘撰　清刻本　四冊

120000－0347－0001800　s4－3－2
藝風藏書記八卷　繆荃孫撰　清光緒二十七年(1901)刻本　二冊

120000－0347－0001801　s4－3－2
上善堂書目一卷　(清)孫從添編　清刻本　一冊

120000－0347－0001802　s4－3－2
萬卷樓藏書總目　(清)黃彭年編　清光緒八年(1882)刻本　一冊

120000－0347－0001803　s4－4－1
千頃堂書目三十二卷　(清)黃虞稷撰　清刻本　十六冊

120000－0347－0001804　s4－4－2
海虞藝文志六卷　(清)姚福均輯　清光緒二十三年(1897)刻本　二冊

120000－0347－0001805　s4－4－4
藏書紀事詩六卷　葉昌熾撰　清光緒二十三年(1897)長沙學使署刻本　十二冊

120000－0347－0001806　s4－5－2
易堂問目四卷　(清)吳鼎輯　清刻本　二冊

120000－0347－0001807　s4－5－4
輶軒語　(清)張之洞撰　清光緒三年(1877)刻本　二冊

120000－0347－0001808　s4－5－4
清儀閣題跋　(清)張廷濟撰　清末蘇州振新書社石印本　六冊

120000－0347－0001809　s4－5－4
癖好堂收藏金石書目　(清)淩瑕編　清刻本　一冊

120000－0347－0001810　s4－5－4
經籍跋文一卷　(清)陳鱣撰　清刻本　一冊

120000－0347－0001811　s4－6－1
經籍舉要一卷　(清)龍啟瑞撰　清光緒十九年(1893)中江講院刻本　一冊

120000－0347－0001812　s4－6－1
藏書絕句三十二首　楊守敬撰　清刻本　一冊

120000－0347－0001813　s4－6－2
校本四書不分卷　(宋)朱熹章句　清狀元閣刻本　六冊

120000－0347－0001814　s4－6－2
詩經八卷　(宋)朱熹集傳　清同治十年(1871)掃葉山房刻本　四冊

120000－0347－0001815　s4－6－4
八銘堂塾鈔二集　(清)吳懋政編　清刻本　八冊

120000－0347－0001816　s4－6－4
四書益智錄二十卷　(清)桂含章輯　清光緒八年(1882)金陵刻本　一冊　存一卷(一)

120000－0347－0001817　s5－1－1
子書百家　(清)崇文書局輯　清光緒元年(1875)湖北崇文書局刻本　一百十冊

120000－0347－0001818　s5－2－2
孟子　(宋)朱熹集註　清光緒三十二年(1906)商務印書館鉛印本　三冊

120000－0347－0001819　s5－2－2
山海經十八卷　(晉)郭璞傳　**山海經補註一卷**　(明)楊慎撰　清光緒湖北崇文書局刻子書百家本　四冊

120000－0347－0001820　s5－2－2
孔子家語十卷　(三國魏)王肅注　清狀元閣石印本　四冊

120000－0347－0001821　s5－2－2
世說新語三卷　(南朝宋)劉義慶撰　(南朝梁)劉孝標注　清光緒十七年(1891)思賢講舍校印本　四冊

120000－0347－0001822　s5－2－2
抱朴子四卷　(晉)葛洪撰　清光緒湖北崇文書局刻子書百家本　四冊

120000－0347－0001823　s5－2－2
關尹子　(春秋)尹喜撰　清末掃葉山房石印本　一冊

120000－0347－0001824　s5－2－3
莊子集釋十卷　(清)郭慶藩輯　清掃葉山房石印本　八冊

120000－0347－0001825　s5－3－1
廣博物志五十卷　(明)董斯張纂　清乾隆二十六年(1761)高暉堂刻本　二十四冊

120000－0347－0001826　s5－3－2
佩文韻府一百零六卷拾遺一百零六卷　(清)張玉書等編　(清)張廷玉等拾遺　清光緒二十二年(1896)上海點石齋石印本　六十冊

120000－0347－0001827　s7－2－3
記事珠十卷　(清)張以謙撰　清嘉慶二十一年(1816)知不足軒刻本　五冊

120000－0347－0001828　s7－2－4
冊府元龜一千卷　(宋)王欽若編　抄本　三百冊

120000－0347－0001829　s7－5－5
文選六十卷　(南朝梁)蕭統撰　(唐)李善注　清末上海著易堂石印本　十六冊

120000－0347－0001830　s8－2－3
古文淵鑒六十四卷　(清)徐乾學編注　清宣統二年(1910)學部圖書局石印本　二十四冊

120000－0347－0001831　s8－2－5
新學僞經考十四卷　康有為撰　清光緒十七年(1891)廣州康氏萬木草堂刻本　六冊

120000－0347－0001832　s8－2－5
古文辭類纂七十四卷　(清)姚鼐纂　**續古文辭類纂三十四卷**　王先謙纂　清光緒三十三年(1907)上海商務印書館鉛印本　十二冊

120000－0347－0001833　s8－3－2
閱微草堂筆記二十四卷　(清)紀昀撰　清河間紀氏閱微草堂刻本　十二冊

120000－0347－0001834　s8－3－2
昌黎先生詩集注十一卷　(清)顧嗣立刪補　清光緒九年(1883)廣州翰墨園刻本　四冊

120000－0347－0001835　s8－4－1
子史精華一百六十卷　(清)吳襄等編　清刻本　四十八冊

120000－0347－0001836　s8－5－1
平津館叢書　(清)孫星衍輯　清嘉慶蘭陵孫氏刻本　三十四冊

120000－0347－0001837　s8－5－3
守山閣叢書　(清)錢熙祚輯　清光緒十五年(1889)鴻文書局石印本　一百冊

120000－0347－0001838　s8－5－4
詩經融注大全體要　(清)高朝瓔定　清宣統三年(1911)上海掃葉山房石印本　四冊

120000－0347－0001839　s8－6－4
格致鏡原一百卷　(清)陳元龍撰　清雍正十三年(1735)刻本　二十四冊

120000－0347－0001840　ss－s－1
文獻通考三百四十八卷　(元)馬端臨撰　清咸豐九年(1859)崇仁謝氏刻本　一百二十冊

120000－0347－0001841　ss－s－2
通志二百卷　(宋)鄭樵撰　清咸豐九年(1859)崇仁謝氏刻本　一百六十冊

120000－0347－0001842　ss－s－3
通典二百卷　(唐)杜佑撰　清咸豐九年(1859)崇仁謝氏刻本　四十冊

120000－0347－0001843　ss－s－4
文獻通考三百四十八卷　(元)馬端臨撰　明嘉靖三年(1524)內府刻本　一百冊

120000－0347－0001844　ss－s－5
文苑英華一千卷　(宋)李昉等編　明隆慶元年(1567)刻本　一百二十冊

120000－0347－0001845　t－1
史記一百三十卷　(漢)司馬遷撰　(南朝宋)裴駰集解　清光緒四年(1878)金陵書局刻本　十六冊

120000－0347－0001846　t－10
南齊書五十九卷　(南朝梁)蕭子顯撰　清同治十三年(1874)金陵書局刻二十四史本　六冊

120000－0347－0001847　t－11
宋書一百卷　(南朝梁)沈約撰　清同治十二年(1873)金陵書局刻二十四史本　十六冊

120000－0347－0001848　t－12
梁書五十六卷　(唐)姚思廉撰　清同治十三年(1874)金陵書局刻二十四史本　六冊

120000－0347－0001849　t－13
陳書三十六卷　(唐)姚思廉撰　清同治十二年(1873)金陵書局刻二十四史本　四冊

120000－0347－0001850　t－14
南史八十卷　(唐)李延壽撰　清同治十二年(1873)金陵書局刻二十四史本　十二冊

120000－0347－0001851　t－15
北史一百卷　(唐)李延壽撰　清同治十二年(1873)金陵書局刻二十四史本　二十冊

120000－0347－0001852　t－16
後周書五十卷　(唐)令狐德棻撰　清同治十三年(1874)金陵書局刻二十四史本　四冊

120000－0347－0001853　t－17
隋書八十五卷　(唐)魏徵等撰　清同治十年(1871)淮南書局刻二十四史本　十六冊

120000－0347－0001854　t－18
魏書一百三十卷　(北齊)魏收撰　清同治十二年(1873)金陵書局刻二十四史本　十八冊

120000－0347－0001855　t－19
北齊書五十卷　(唐)李百藥撰　清同治十二年(1873)金陵書局刻二十四史本　四冊

120000－0347－0001856　t－2
舊唐書二百十四卷　(五代)劉昫等編　清同治十二年(1873)浙江書局刻二十四史本　三十九冊

120000－0347－0001857　t－20
宋史四百九十六卷　(元)脫脫等撰　清同治

十二年(1873)金陵書局刻本　一百册

120000－0347－0001858　t－21
遼史一百十五卷　(元)脱脱等撰　清同治十二年(1873)江蘇書局刻二十四史本　十二册

120000－0347－0001859　t－22
金史一百三十五卷　(元)脱脱等撰　清同治十三年(1874)江蘇書局刻本　二十册

120000－0347－0001860　t－23
元史一百十卷　(明)宋濂等撰　清同治十三年(1874)江蘇書局刻二十四史本　四十册

120000－0347－0001861　t－24
明史三百三十二卷　(清)張廷玉等撰　清光緒三年(1877)湖北崇文書局刻二十四史本　八十册

120000－0347－0001862　t－3
新唐書二百二十五卷　(宋)歐陽修　(宋)宋祁撰　清同治十二年(1873)浙江書局刻二十四史本　四十册

120000－0347－0001863　t－4
舊五代史一百五十卷　(宋)薛居正等撰　清同治十一年(1872)湖北崇文書局刻二十四史本　十六册

120000－0347－0001864　t－5
新五代史七十四卷　(宋)歐陽修撰　(宋)徐無黨注　清同治十一年(1872)湖北崇文書局刻二十四史本　八册

120000－0347－0001865　t－6
三國志六十五卷　(晉)陳壽撰　(南朝宋)裴松之注　清光緒十三年(1887)江南書局刻本　八册

120000－0347－0001866　t－7
前漢書一百二十卷　(漢)班固撰　(唐)顔師古注　清光緒十三年(1887)金陵書局刻本　十六册

120000－0347－0001867　t－8
後漢書一百卷　(南朝宋)范曄撰　(唐)李賢注　清光緒十三年(1887)金陵書局刻本　十六册

120000－0347－0001868　t－9
晉書一百三十卷　(唐)房玄齡等撰　清同治十年(1871)金陵書局刻二十四史本　二十册

天津大學圖書館古籍普查登記目録

全國古籍普查登記目録

國家圖書館出版社
National Library of China Publishing House

120000－0348－0000001　K244/Y4

岳忠武王文集八卷　(宋)岳飛撰　(宋)岳珂輯　清同治十二年(1873)刻本　四冊

120000－0348－0000002　B221/L53

御纂周易折中二十二卷　(清)李光地等撰　清康熙五十四年(1715)武英殿刻本　二十四冊

120000－0348－0000003　TC0004

經濟尋源十二卷　(清)闞羽撰　清光緒十七年(1891)刻本　五冊

120000－0348－0000004　817.72/L4

閑情偶寄六卷　(清)李漁撰　清刻本　六冊

120000－0348－0000005　TC005

通關文二卷　(清)劉一明撰　清光緒十年(1884)刻本　二冊

120000－0348－0000006　981.741/L5

西湖志四十八卷　(清)李衛修　(清)厲鶚(清)傅王露纂修　清雍正十三年(1735)刻本　二十冊

120000－0348－0000007　710.09/S3

工程做法七十四卷　(清)允禮撰　清雍正刻本　十六冊

120000－0348－0000008　981.38/K0

西京雜記二卷　(晉)葛洪集　(漢)劉歆撰　清乾隆五十一年(1786)刻本　一冊

120000－0348－0000009　I222.744/S8

施注蘇詩四十六卷　(宋)蘇軾著　(宋)施元之注　清康熙九年(1670)刻本　十二冊

120000－0348－0000010　K244/O96

歐陽文忠公全集一百五十八卷　(宋)歐陽修著　清光緒十九年(1893)刻本　三十一冊

120000－0348－0000011　K252/Z54

曾文正公全集一百四十六卷　(清)曾國藩著　清光緒二十九年(1903)鉛印本　四十冊

120000－0348－0000012　710.19/S31

物料價值四卷　(清)邁柱　(清)來保編　清刻本　六冊

120000－0348－0000013　981.34/Y92

水經注圖四十卷　楊守敬撰　清光緒三十一年(1905)觀海堂刻本　八冊

120000－0348－0000014　812.2/K32

琵琶記六卷　(明)高明撰　(明)毛德音評述　清雍正十三年(1735)經綸堂刻本　六冊

120000－0348－0000015　J292.2/Z38

二銘草堂金石聚十六卷首一卷　(清)張德容著　清同治十一年(1872)二銘草堂刻本　十六冊

120000－0348－0000016　510/T09

測海山房二百三十五卷　(清)張元方輯　清光緒二十二年(1896)上海璣衡堂刻本　三十六冊

120000－0348－0000017　K875.02/X66

西清續鑑二十卷　(清)王杰編　清宣統二年(1910)涵芬樓影印本　十九冊

120000－0348－0000018　910.092/c28

歷代帝王年表二卷　(清)齊召南編　清光緒二十八年(1902)刻本　四冊

120000－0348－0000019　981.38/C21

平山堂圖志十卷　(清)趙之壁編　清光緒九年(1883)刻本　六冊

120000－0348－0000020　13.11/C42

周易本義四卷　(宋)朱熹撰　清末狀元閣刻本　二冊

天津社會科學院圖書館古籍普查登記目録

全國古籍普查登記目録

國家圖書館出版社
National Library of China Publishing House

120000－0361－0000001　1
劉氏家譜四卷　(清)劉玉策輯　清光緒十六年(1890)刻本　八冊

120000－0361－0000002　2
華氏通四堠陽晴雲公支宗譜十三卷首三卷末一卷　(清)華步照等輯　清光緒存裕堂木活字印本　十二冊

120000－0361－0000003　3
培遠堂手劄節存三卷　(清)陳宏謀撰　清光緒十七年(1891)閩藩署刻本　三冊

120000－0361－0000004　9
訟過齋日記六卷　(清)毛輝鳳撰　清同治十一年(1872)成都求仁堂刻本　二冊

120000－0361－0000005　10
古微堂内集二卷外集八卷　(清)魏源撰　清宣統元年(1909)國學扶輪社鉛印本　六冊

120000－0361－0000006　12
舜山是仲明[鏡]先生年譜一卷　(清)張敬立編　清光緒刻本　二冊

120000－0361－0000007　15
詩禮堂古文五卷　(清)王又樸撰　清乾隆刻本　四冊

120000－0361－0000008　19
歸顧朱三先生年譜合刻三種附一種　(清)金吳瀾編　清道光二十九年(1849)刻本　六冊

120000－0361－0000009　22
李氏家譜一卷　李錦編　抄本　一冊

120000－0361－0000010　31
武進李申耆[兆洛]先生年譜三卷　(清)蔣彤編　清光緒十三年(1887)刻木活字印本　二冊

120000－0361－0000011　37
徵君孫[奇逢]先生年譜二卷　(清)湯斌等編　(清)方苞訂　清光緒十三年(1887)成都高繼善堂刻本　一冊

120000－0361－0000012　39
杏莊[左輔]自敘年譜一卷　(清)左輔撰　清道光刻本　一冊

120000－0361－0000013　42
淄川畢氏世譜一卷　(清)畢岱興等編　清道光十二年(1832)刻本　一冊

120000－0361－0000014　45
正定王氏家傳六卷　(清)王耕心撰　清光緒十九年(1893)刻本　一冊

120000－0361－0000015　46
正定王氏家傳六卷　(清)王耕心撰　清光緒十九年(1893)刻本　二冊

120000－0361－0000016　47
徐氏家譜一卷　(□)□□撰　清道光四年(1824)刻本　一冊

120000－0361－0000017　49
徵君孫[奇逢]先生年譜二卷　(清)湯斌等編　(清)方苞訂　清康熙刻道光至光緒遞刻重印孫夏峰全集本　二冊

120000－0361－0000018　58
黄忠端公[尊素]年譜二卷　(清)黄炳垕編　清光緒元年(1875)留書種閣刻本　一冊

120000－0361－0000019　59
雙池先生[汪烜]年譜四卷　(清)余龍光編　清同治五年(1866)余氏刻本　二冊

120000－0361－0000020　64
沈端恪公[近思]年譜二卷　(清)沈曰富撰　清光緒二十二年(1896)江蘇書局刻沈余遺書本　一冊

120000－0361－0000021　66
華氏宗譜不分卷　(清)華長卿輯　(清)華承彥續輯　清宣統元年(1909)鉛印本　一冊

120000－0361－0000022　70
瑯琊[王世貞]鳳麟[王世懋]兩公年譜合編一卷　(清)王瑞國編　清光緒二十七年(1901)東倉書庫刻本　一冊

120000－0361－0000023　72
鼎甫府君[沈維鐈]年譜一卷　(清)沈宗涵　(清)沈宗濟編　清道光三十年(1850)刻本

一册

120000－0361－0000024　79
織簾書屋詩鈔十二卷　(清)沈兆澐撰　清咸豐二年(1852)刻本　四册

120000－0361－0000025　81
虛白齋試律一卷　(清)沈嶧撰　清道光二十五年(1845)刻本　一册

120000－0361－0000026　86
右軍[王羲之]年譜一卷　(清)魯一同編　清咸豐六年(1856)刻本　一册

120000－0361－0000027　87
孫夏峰全集　(清)孫奇逢撰　清康熙刻道光至光緒遞刻重印本　二册　存三種(遊譜、孝友堂家規、家訓)

120000－0361－0000028　91
漁洋山人[王士禎]自撰年譜二卷附錄一卷　(清)王士禛撰　**金氏精華錄箋注辯訛一卷**　(清)惠棟注補　清惠氏紅豆齋刻本　一册

120000－0361－0000029　93
趙文恪公[光]自訂年譜一卷　(清)趙光撰　清刻本　二册

120000－0361－0000030　96
羅壯勇公[思舉]年譜二卷　(清)羅思舉撰　清刻本　二册

120000－0361－0000031　97
丹魁堂[季芝昌]自訂年譜一卷附感遇錄一卷　(清)季芝昌撰　清咸豐十一年(1861)刻本　一册

120000－0361－0000032　101
[雍正]硃批諭旨不分卷　(清)世宗胤禛撰　清光緒十三年(1887)上海點石齋影印本　六十册

120000－0361－0000033　102
虛受齋詩鈔十四卷　(清)李光庭撰　(清)張維屏選　清道光十一年(1831)刻本　七册

120000－0361－0000034　105
清故葛雲飛將軍年譜一卷　(清)葛以簡　(清)葛以敦編　抄本　一册

120000－0361－0000035　108
朱柏廬先生編年毋欺錄三卷補遺一卷　(清)朱用純編　(清)金吳瀾補編　清光緒六年(1880)金吳瀾刻本　三册

120000－0361－0000036　114
周漁潢先生年譜一卷　陳田編　清光緒貴陽陳氏聽詩齋刻本　一册

120000－0361－0000037　120
漢賈誼政事疏攷補　(清)夏炘輯　**明翰林學士當塗陶主敬先生年譜**　(清)夏炘輯　清咸豐三年(1853)刻本　一册

120000－0361－0000038　7137
[光緒]重修天津府志五十四卷首一卷末一卷　沈家本　(清)榮銓修　(清)徐宗亮　(清)蔡啟盛纂　清光緒二十五年(1899)刻三十二年(1906)修補本　十四册　存二十六卷(三十至五十四、末一卷)

120000－0361－0000039　122
孱守齋所編年譜五種　(清)孱守齋編　清嘉慶十二年(1807)刻本　一册

120000－0361－0000040　124
頤志齋四譜　(清)丁晏編　清道光二十三年(1843)刻頤志齋叢書本　一册

120000－0361－0000041　126
顔習齋[元]先生年譜二卷　(清)李塨纂　(清)王源訂　清光緒三十四年(1908)上海國學保存會鉛印國粹叢編本　一册

120000－0361－0000042　130
還讀我書室老人[董恂]手訂年譜二卷　(清)董恂編　清光緒十八年(1892)董氏刻本　一册

120000－0361－0000043　131
悔過齋續集七卷補遺一卷　(清)顧廣譽撰　清光緒三年(1877)刻平湖顧氏遺書本　一册　存四卷(五至七、補遺一卷)

120000－0361－0000044　133

沈氏宗譜一卷　(清)沈氏修　清道光七年(1827)刻本　一册

120000－0361－0000045　134
戴氏族譜一卷　(清)沈□撰　抄本　一册

120000－0361－0000046　135
唐氏宗譜六卷　(□)□□撰　清末四敬堂刻本　三册　存三卷(三至四、六)

120000－0361－0000047　139
春風艸廬遺稿一卷心白齋賸稿一卷　(清)錢世銘撰　清宣統三年(1911)慎守堂刻本　一册

120000－0361－0000048　143
張文貞公[玉書]年譜一卷　(清)丁傳靖編　清光緒三十一年(1905)刻本　一册

120000－0361－0000049　146
弇山畢公[沅]年譜一卷　(清)史善長撰　清同治十一年(1872)刻本　一册

120000－0361－0000050　150
丹魁堂[季芝昌]自訂年譜一卷附感遇錄一卷　(清)季芝昌撰　清咸豐十一年(1861)刻本　一册

120000－0361－0000051　151
高陽太傅孫文正公[承宗]年譜五卷　(明)孫銓編輯　明末刻本(間有補版)　四册

120000－0361－0000052　153
顯考平叔府君[孙爾準]年譜一卷　(□)□□撰　清刻本　一册

120000－0361－0000053　157
帝王廟謚年諱譜一卷　(清)陸費墀撰　清刻本　一册

120000－0361－0000054　161
津門古文所見錄四卷　(清)郭師泰編　清光緒十八年(1892)刻本　四册

120000－0361－0000055　162
津門徵獻詩八卷　(清)華鼎元撰　清光緒十二年(1886)刻本　四册

120000－0361－0000056　164
韓[韓愈]柳[柳宗元]年譜二種　(清)馬曰璐輯　清光緒元年(1875)隸釋齋刻本　一册

120000－0361－0000057　166
澄懷園語四卷篤素堂文集四卷　(清)張英撰　清光緒六年(1880)龐山刻本　四册

120000－0361－0000058　167
澄懷主人[張廷玉]自訂年譜六卷　(清)張廷玉撰　清光緒六年(1880)龐山刻本　四册

120000－0361－0000059　170
論法指南　(清)宋北堂編輯　(□)郭風從参訂　清咸豐二年(1852)刻本　一册

120000－0361－0000060　173
河道志　(□)□□撰　抄本　一册

120000－0361－0000061　180
白虎通義引書表一卷　王仁俊撰　清光緒三十四年(1908)江蘇存古學堂刻木活字印本　一册

120000－0361－0000062　182
盛世危言六卷　(清)鄭觀應撰　清光緒二十二年(1896)上海書局石印本　六册

120000－0361－0000063　183
游東日記　(清)陳祝望撰　清光緒抄本　一册

120000－0361－0000064　184
公車上書記不分卷　康有爲撰　清光緒二十一年(1895)上海石印書局石印本　一册

120000－0361－0000065　186
庸盦海外文編四卷　(清)薛福成撰　清光緒二十二年(1896)石印本　二册

120000－0361－0000066　188
續富國策四卷　(清)瑤林館主撰　清光緒二十二年(1896)刻本　四册

120000－0361－0000067　192
呻吟語六卷　(明)呂坤撰　清嘉慶八年(1803)雲間知足齋刻本　六册

120000－0361－0000068　196
庭聞憶畧二卷竹坡先生遺文一卷　（清）寶廷撰　清光緒富陽夏氏刻本　一册

120000－0361－0000069　200
日知錄之餘四卷　（清）顧炎武撰　清宣統二年（1910）上海國光印刷所鉛印本　二册

120000－0361－0000070　207
庸行編八卷　（清）史典原輯　（清）牟允中參補　清刻本　八册

120000－0361－0000071　208
元和郡縣圖志闕卷逸文三卷　（唐）李吉甫撰　繆荃孫輯　清光緒十九年（1893）刻本　一册

120000－0361－0000072　209
賈子次詁十六卷　（清）王耕心撰　清光緒二十九年（1903）刻本　二册

120000－0361－0000073　210
景亭府君［馮桂芬］行狀一卷　（□）馮芳植撰　（清）馮芳輯　清刻本　一册

120000－0361－0000074　212
盛世危言六卷二編四卷三編六卷　（清）鄭觀應纂撰　清光緒二十四年（1898）圖書集成局鉛印本　六册

120000－0361－0000075　213
盛世危言後編十五卷　（清）鄭觀應撰　（清）潘飛聲編　清宣統鉛印本　八册

120000－0361－0000076　214
盛世危言十四卷　（清）鄭觀應撰　清光緒十八年（1892）鉛印本　八册

120000－0361－0000077　216
儀禮經傳通解三十七卷　（宋）朱熹撰　**續二十九卷**　（宋）黄幹撰　清初刻本　九册　存四十二卷（儀禮經傳通解三十七卷、續一至五）

120000－0361－0000078　217
傳家寶四集三十二卷　（清）石成金撰　清刻本　三十二册

120000－0361－0000079　217
重刻添補傳家寶俚言新本八卷　（清）石成金撰　清刻本　三十二册

120000－0361－0000080　219
莊子集釋十卷　（清）郭慶藩輯　清光緒思賢書局刻本　八册

120000－0361－0000081　223
中庸臆測一卷　（清）王定柱撰　清嘉慶二十四年（1819）刻本　二册

120000－0361－0000082　225
林嚴文鈔四卷　林紓　嚴復撰　清宣統元年（1909）中新印書局鉛印本　四册

120000－0361－0000083　226
榕村語錄續集二十卷　（清）李光地撰　清光緒石印本　十册

120000－0361－0000084　229
荀子二十卷　（唐）楊倞注　（清）盧文弨　（清）謝墉輯校　清光緒十七年（1891）刻本　七册　存十八卷（一至十八）

120000－0361－0000085　235
朱子晚年定論不分卷　（明）王守仁輯　清光緒十九年（1893）刻本　一册

120000－0361－0000086　238
墨子經說解二卷　（清）張惠言撰　清宣統元年（1909）國學保存會石印本　一册

120000－0361－0000087　240
墨子斠注補正二卷　王樹枏撰　清光緒十三年（1887）刻本　一册

120000－0361－0000088　242
潛室劄記二卷　（清）刁包撰　清道光二十三年（1843）刻本　二册

120000－0361－0000089　243
太玄經十卷　（漢）揚雄撰　（清）吳汝綸點勘　清宣統二年（1910）鉛印本　一册

120000－0361－0000090　247
顯志堂稿十二卷　（清）馮桂芬撰　清光緒二年（1876）刻本　四册

120000－0361－0000091　249
抑齋記聞六卷　(清)胡元吉撰　清宣統二年(1910)安徽官紙印刷局鉛印本　一册

120000－0361－0000092　253
恕谷後集十三卷　(清)李塨撰　(清)馮辰校　清刻本　二册

120000－0361－0000093　255
國民鏡一卷　高步瀛　陳寶泉撰　清光緒三十二年(1906)直隸學務處鉛印本　一册

120000－0361－0000094　260
急救篇四卷　(宋)王應麟撰　清光緒刻本　二册

120000－0361－0000095　260
小學紺珠十卷　(宋)王應麟撰　清光緒刻本　四册

120000－0361－0000096　260
六經天文編二卷　(宋)王應麟撰　清光緒刻本　一册

120000－0361－0000097　260
姓氏急就篇二卷　(宋)王應麟撰　清光緒刻本　一册

120000－0361－0000098　263
陸右丞蹈海錄　(明)丁元吉編　清光緒三十二年(1906)上海國學保存會鉛印本　一册

120000－0361－0000099　266
孝經注疏二十卷附校勘記　(宋)邢昺疏　清道光六年(1826)南昌府學刻本　六册

120000－0361－0000100　268
學庸述易一卷　(清)華承彦撰　清光緒刻本　二册

120000－0361－0000101　269
在官法戒錄四卷　(清)陳弘謀編　清刻本　一册　存一卷(二)

120000－0361－0000102　270
四書教子尊經求通錄六卷　(清)楊一崑撰　(清)楊恒占編　清刻本　一册　存二卷(孟子上下)

120000－0361－0000103　272
五種遺規　(清)陳宏謀編　清同治七年(1868)崇文書局刻本　八册

120000－0361－0000104　273
二論典故最豁集四卷　(清)劉珍輯　清光緒三十三年(1907)上海萃文齋石印本　二册

120000－0361－0000105　274
北學編四卷　(清)魏一鰲輯　(清)尹會一訂　清道光二十四年(1844)刻本　二册

120000－0361－0000106　276
治平六策不分卷　(清)薛福成撰　清光緒刻本　一册

120000－0361－0000107　278
女兒書輯八種　(清)張承燮編　清光緒二十六年(1900)膠州聽雨堂刻本　三册

120000－0361－0000108　281
日知錄集釋三十二卷刊誤二卷續刊誤二卷　(清)顧炎武撰　(清)黄汝成集釋　清同治七年(1868)朝宗書室刻本　十八册

120000－0361－0000109　284
傳家寶二集八卷　(清)石成金撰　清刻本　四册

120000－0361－0000110　288
校邠廬抗議二卷　(清)馮桂芬撰　清末甘肅官書局刻本　一册

120000－0361－0000111　289
四書教子尊經求通錄六卷　(清)楊一崑撰　(清)楊恒占編　清刻本　六册

120000－0361－0000112　292
醒迷金針不分卷　(□)□□撰　清光緒二十年(1894)刻本　一册

120000－0361－0000113　292
幽冥寶傳二卷　(□)□□撰　清光緒二十七年(1901)刻本　一册

120000－0361－0000114　295
負暄閒語十二卷　(清)周馥撰　清宣統元年(1909)鉛印本　二册

120000－0361－0000115　296
四書集註闡微直解二十七卷　(明)張居正撰　**纂序四書說約合參大全不分卷**　(清)顧夢麟　楊彝輯　清末刻本　一册　存三卷(十二至十四)

120000－0361－0000116　301
呻吟語六卷　(明)呂坤撰　清道光七年(1827)開封府署刻本　六册

120000－0361－0000117　306
大學衍義補一百六十卷目錄一卷首一卷　(明)丘濬撰　(明)陳仁錫評　清刻本　三十二册

120000－0361－0000118　308
潛室陳先生木鍾集十一卷　(宋)陳埴撰　清同治六年(1867)刻本　四册

120000－0361－0000119　309
四書音補一卷土音正誤　(清)張大仕輯　清光緒十九年(1893)刻本　一册

120000－0361－0000120　311
四書教子尊經求通錄六卷　(清)楊一崑撰　(清)楊恒占編　清刻本　六册

120000－0361－0000121　312
道德經評註二卷　(漢)河上公章句　清嘉慶九年(1804)經綸堂刻本　一册

120000－0361－0000122　313
道德經評註二卷　(漢)河上公章句　清嘉慶九年(1804)聚文堂刻本　一册

120000－0361－0000123　315
庸書内篇二卷外篇二卷　(清)陳熾撰　清光緒二十二年(1896)刻本　四册

120000－0361－0000124　318
論語十卷　(宋)朱熹集註　清刻本　二册

120000－0361－0000125　319
易經八卷　(宋)程頤傳　清同治五年(1866)刻本　二册　存六卷(三至八)

120000－0361－0000126　320
春秋公羊經傳解詁十二卷重刊宋紹熙公羊傳注附音本校記一卷　(漢)何休撰　(唐)陸德明音義　清光緒二十一年(1895)金陵書局刻本　二册

120000－0361－0000127　322
周易兼義九卷　(三國魏)王弼　(晉)韓康伯註　(唐)孔穎達正義　清嘉慶二十年(1815)江西南昌府學刻本　四册

120000－0361－0000128　323
附釋音禮記注疏六十三卷　(漢)鄭玄注　(唐)孔穎達疏　清刻本　六册　存二十六卷(三十八至六十三)

120000－0361－0000129　325
儒林宗派十六卷　(清)萬斯同撰　清宣統三年(1911)浙江圖書館刻本　二册

120000－0361－0000130　325
孔子編年四卷　(清)狄子奇撰　清光緒十三年(1887)浙江書局刻本　一册

120000－0361－0000131　325
孟子編年四卷　(清)狄子奇撰　清光緒十三年(1887)浙江書局刻本　一册

120000－0361－0000132　326
四書集註闡微直解二十七卷　(明)張居正撰　(明)顧宗孟閱　清末刻本　十一册

120000－0361－0000133　329
儒門法語一卷　(清)彭定求編輯　清同治四年(1865)刻本　一册

120000－0361－0000134　331
引墨歸儒一卷　(□)陳起文撰　清刻本　一册

120000－0361－0000135　335
孟子注疏解經十四卷校勘記十四卷　(漢)趙岐注　(宋)孫奭疏并音義　清嘉慶二十年(1815)江西南昌府學刻十三經注疏本　六册

120000－0361－0000136　337
孟子讀法附記十四卷　(清)周人麒撰　清乾隆四十九年(1784)保積堂刻本　六册

120000－0361－0000137　338

荀子二十卷校勘補遺一卷 （唐）楊倞注 （清）盧文弨 （清）謝墉輯校 清光緒二年(1876)浙江書局刻本 六册

120000－0361－0000138 338

荀子二十卷校勘補遺一卷 （唐）楊倞注 （清）盧文弨 （清）謝墉輯校 清光緒二年(1876)浙江書局刻本 六册

120000－0361－0000139 341

春秋三子傳六卷首一卷 （清）毛士撰 清同治十二年(1873)刻本 七册

120000－0361－0000140 346

清呂海寰出使電報稿 呂海寰撰 抄本 一册

120000－0361－0000141 347

恩詔條款不分卷 （□）□□撰 清末抄本 一册

120000－0361－0000142 351

繹史一百六十卷 （清）馬驌撰 清光緒二十三年(1897)武林尚友齋石印本 二十四册

120000－0361－0000143 353

林花盦詩外集一卷附錄一卷 （清）葉廷琯撰 **石氏喬梓詩集** （清）石嘉吉撰 清光緒刻本 一册

120000－0361－0000144 7136

大清整頓幣制與辦實業借款合同 （清）□□撰 （清）載澤簽字 清宣統三年(1911)稿本 一册

120000－0361－0000145 7135

［道光］津門保甲圖說 （清）□□撰 清道光二十六年(1846)刻本 十二册

120000－0361－0000146 358

求闕齋弟子記三十二卷 （清）王定安撰 清光緒二年(1876)刻本 八册 存十六卷(十七至三十二)

120000－0361－0000147 359

秋浦雙忠錄四十卷 劉世珩輯 清光緒二十六年至二十八年(1900－1902)刻本 六册

120000－0361－0000148 360

學蔀通辯四編十二卷 （明）陳建撰 清康熙十七年(1678)刻本 二册

120000－0361－0000149 361

顏氏學記十卷 （清）戴望撰 清同治十年(1871)刻本 四册

120000－0361－0000150 362

孟子七卷 （宋）朱熹集注 清刻本 三册

120000－0361－0000151 370

闢異彙抄四卷 （□）吳邦柱撰 抄本 四册

120000－0361－0000152 373

記事珠十卷 （清）張以謙撰 （清）王燮廷校 （清）王剛重訂 清嘉慶二十年(1815)刻本 十册

120000－0361－0000153 373

周易述四十卷 （清）惠棟注疏 清乾隆二十五年(1760)刻本 十二册

120000－0361－0000154 374

石渠餘紀六卷 （清）王慶雲撰 清光緒刻本 六册

120000－0361－0000155 381

樊山政書二十卷 樊增祥撰 清宣統二年(1910)鉛印本 十册

120000－0361－0000156 382

雕菰樓易學三書 （清）焦循撰 清光緒二年(1876)刻本 十一册

120000－0361－0000157 384

附釋音禮記注疏六十三卷 （漢）鄭玄注 （唐）孔穎達疏 **校勘記** （清）阮元撰 清道光六年(1826)南昌府學刻本 六册 存二十一卷(十七至三十七)

120000－0361－0000158 386

新編沿海險要圖說十六卷 （清）余宏淦撰 清光緒鴻文書局刻本 一册 存六卷(五至十)

120000－0361－0000159 389

監本附音春秋穀梁注疏二十卷校勘記二十卷

（晉）范甯集解　（唐）楊士勛疏　清嘉慶二十年（1815）江西南昌府學刻本　四冊

120000－0361－0000160　392
中國史學通論一卷　（清）京師大學堂編　清光緒三十年（1904）學務處官書局鉛印本　一冊

120000－0361－0000161　397
文昌雜錄六卷補遺一卷　（宋）龐元英撰　清乾隆二十一年（1756）刻本　一冊

120000－0361－0000162　400
經學講義二編　（清）京師大學堂編　清光緒三十年（1904）刻本　二冊

120000－0361－0000163　401
讀通鑑綱目條記二十卷首一卷　（清）李述來撰　清刻本　六冊　存十一卷（一至十一）

120000－0361－0000164　403
圍場廳志　（清）查美蔭修　（清）謝霖溥纂　稿本　二冊

120000－0361－0000165　405
歷朝年號韻編　（□）□□撰　稿本　一冊

120000－0361－0000166　411
成案雜錄　（□）□□撰　抄本　二冊

120000－0361－0000167　412
戰國紀年六卷地輿一卷年表一卷　（清）林春溥撰　清道光十八年（1838）刻本　六冊

120000－0361－0000168　414
［光緒］蔚州志二十卷首一卷　（清）慶之金修　（清）楊篤纂　清光緒三年（1877）蘿州公廨刻本　八冊

120000－0361－0000169　422
說文繫傳校錄三十卷　（清）王筠撰　清刻本　二冊

120000－0361－0000170　425
續資治通鑒校記　（清）羅振玉撰　刻本　一冊

120000－0361－0000171　426
鑑撮四卷　（清）曠敏本編　清刻本　四冊

120000－0361－0000172　427
竹書紀年集證五十卷首一卷　（清）陳逢衡學　清嘉慶十八年（1813）裛露軒刻本　十六冊

120000－0361－0000173　428
徐東沙詩集二卷東沙賦抄一卷碑文二卷　（□）□□撰　抄本　二冊

120000－0361－0000174　428
復縣文藝畧一卷　（□）□□撰　抄本　一冊

120000－0361－0000175　429
稟稿奏疏　（□）□□撰　抄本　一冊

120000－0361－0000176　432
史目表二卷　（清）洪飴孫撰　清光緒二十五年（1899）京都官書局石印本　一冊

120000－0361－0000177　434
綱鑑總論二卷　（清）周道卿編　清光緒二十七年（1901）上海煥文書局石印本　一冊

120000－0361－0000178　436
史通通釋二十卷　（清）浦起龍釋　清末上海文瑞樓石印本　八冊

120000－0361－0000179　438
三通序不分卷　（清）康綸鈞輯　清道光十三年（1833）刻本　二冊

120000－0361－0000180　440
讀史論略一卷　（清）杜詔撰　清光緒元年（1875）刻本　一冊

120000－0361－0000181　442
歷代帝王年表不分卷　（清）齊召南撰　（清）阮福續　清道光四年（1824）阮氏刻文選樓叢書本　三冊

120000－0361－0000182　442
帝王廟謚年諱譜一卷　（清）陸費墀撰　清道光阮氏刻文選樓叢書本　一冊

120000－0361－0000183　444
駢體鑒畧不分卷　（清）吳傳巖纂　清道光刻本　一冊

120000－0361－0000184　446
歷代史論十二卷　(明)張溥論正　清光緒五年(1879)西江裴氏刻本　八冊

120000－0361－0000185　447
御批歷代通鑑輯覽一百二十卷　(清)傅恒等撰　清光緒三十年(1904)上海通元書局石印本　二十四冊

120000－0361－0000186　448
通鑑紀事本末二百三十九卷　(宋)袁樞編　(明)張溥論正　清光緒十四年(1888)上海書業公所鉛印本　八冊　存六十五卷(一百七十五至二百三十九)

120000－0361－0000187　449
歷代史論十二卷宋史論三卷元史論一卷　(明)張溥論正　清光緒刻朱墨印本　五冊　存八卷(歷代史論五至十二)

120000－0361－0000188　449
明史論四卷　(清)谷應泰撰　清光緒刻朱墨印本　五冊

120000－0361－0000189　449
左傳史論二卷　(清)高士奇撰　清光緒刻朱墨印本　五冊

120000－0361－0000190　451
鹽攷書不分卷　(□)□□撰　抄本　六冊

120000－0361－0000191　7134
廿一史約編八卷首一卷　(清)鄭元慶撰　清魚計亭刻本　八冊

120000－0361－0000192　454
通鑑類纂二十卷　(清)松椿纂　清光緒上海天章書局石印本　六冊

120000－0361－0000193　455
歷朝紀事本末九種　(清)陳如升　(清)朱記榮輯　清光緒十四年(1888)上海書業公所崇德堂鉛印本　四十冊　存六種

120000－0361－0000194　7133
望溪集不分卷　(清)方苞撰　(清)王兆符　(清)程崟輯　清乾隆十一年(1746)程崟刻本　八冊

120000－0361－0000195　7132
明史稿三百十卷目錄三卷　(清)王鴻緒撰　清敬慎堂刻本　一百冊

120000－0361－0000196　7130
[乾隆]邯鄲縣誌十二卷首一卷　(清)王烔纂修　清乾隆二十一年(1756)刻本　六冊

120000－0361－0000197　7128
御選明臣奏議四十卷　(□)□□撰　清末刻本　十冊

120000－0361－0000198　461
刑名一得二卷　(清)白如珍撰　(清)王子楚鈔　清光緒二十一年(1895)抄本　一冊

120000－0361－0000199　464
涉史偶悟五卷　(清)溫敢封纂述　(□)溫忠翰編輯　清光緒十年(1884)刻本　一冊

120000－0361－0000200　468
楊園先生訓門人語三卷　(清)張嘉玲述　清光緒二十六年(1900)抄本　一冊

120000－0361－0000201　7126
[乾隆]盛京通志四十八卷　(清)呂耀曾等修　(清)魏樞等纂　清乾隆元年(1736)刻本　二十冊

120000－0361－0000202　469
環遊地球新錄四卷　(清)李圭撰　清光緒影印本　四冊

120000－0361－0000203　476
禁煙文件商務公牘一卷　(□)□□撰　抄本　一冊

120000－0361－0000204　476
禁煙文件商務公牘一卷　(□)□□撰　抄本　一冊

120000－0361－0000205　477
三通序不分卷　(清)康綸鈞輯　清道光十三年(1833)刻本　四冊

120000－0361－0000206　480

聖朝名公奏議八卷　(清)陳弢輯　清光緒元年(1875)石印本　六册

120000－0361－0000207　483

南渡紀聞錄一卷　(□)□□撰　抄本　二册

120000－0361－0000208　486

當譜不分卷　(□)□□撰　抄本　一册

120000－0361－0000209　488

瀛環新志十卷　(清)李慎儒撰　清光緒二十八年(1902)退思軒石印本　六册

120000－0361－0000210　493

俄土戰紀六卷附錄一卷　(清)湯叡譯　清光緒二十三年(1897)上海大同譯書局石印本　二册

120000－0361－0000211　497

京師通各省會城道里記一卷　(□)□□撰　清末江楚書局刻本　一册

120000－0361－0000212　498

提綱釋義一卷　(□)□□撰　清光緒狀元閣刻本　一册

120000－0361－0000213　500

拙齋未定草不分卷　題(□)拙齋主人未了生撰　清末抄本　二册

120000－0361－0000214　504

海雪樓詩集不分卷　(□)李甫晨撰　稿本　三册

120000－0361－0000215　505

海雪樓外集不分卷　(□)李甫晨撰　稿本　一册

120000－0361－0000216　507

海雪樓詩稿不分卷　(□)李甫晨撰　稿本　二册

120000－0361－0000217　508

甲子遇變日記不分卷　(清)金梁撰　稿本　一册

120000－0361－0000218　511

遼史紀事本末四十卷首一卷末一卷　(清)李有棠撰　清光緒二十九年(1903)李移鄂樓刻本　八册

120000－0361－0000219　512

金史紀事本末五十二卷首一卷末一卷　(清)李有棠撰　清光緒二十九年(1903)李移鄂樓刻本　十二册

120000－0361－0000220　515

清季直隸總督衙門護衛官兵名册　(□)□□撰　抄本　一册

120000－0361－0000221　517

海山外紀二卷　(清)俞煥辰撰　抄本　二册

120000－0361－0000222　517

海山外紀二卷　(清)俞煥辰撰　抄本　二册

120000－0361－0000223　520

皇朝五經彙解二百七十卷　(清)抉經心室主人輯　清光緒十四年(1888)鴻文書局石印本　二十二册　存一百七十六卷(九十五至二百七十)

120000－0361－0000224　521

增纂世統紀年四卷　(清)劉子銓編　清光緒二十二年(1896)刻本　四册

120000－0361－0000225　523

滂喜齋叢書五十種　(清)潘祖蔭編　清同治、光緒吴縣潘氏京師刻本　三十二册

120000－0361－0000226　7124

[光緒]重修臨榆縣誌二十四卷首一卷　(清)游智開等修　(清)高錫疇等纂　清光緒四年(1878)刻本　十册

120000－0361－0000227　527

海虞文徵三十卷目錄二卷　(清)邵松年編輯　清光緒三十一年(1905)鴻文書局石印本　八册　存十六卷(一至十四、目錄二卷)

120000－0361－0000228　528

危言四卷　(清)湯震撰　清光緒二十一年(1895)石印本　六册

120000－0361－0000229　533

監本附音春秋公羊注疏二十八卷附校勘記二

十八卷　(漢)何休注　(唐)陸德明音譯　清嘉慶二十年(1815)江西南昌府學刻宋本十三經注疏本　八冊

120000－0361－0000230　536
竹書紀年統箋十二卷前編一卷雜述一卷　(清)徐文靖箋　清光緒三年(1877)浙江書局刻本　四冊

120000－0361－0000231　537
約章分類輯要三十八卷首一卷　蔡乃煌等纂　清光緒二十六年(1900)湖南商務局刻本　三十冊　存二十卷(十九至三十八)

120000－0361－0000232　539
史通通釋二十卷　(清)浦起龍釋　清光緒二十年(1894)金匱浦氏石印本　八冊

120000－0361－0000233　540
史通二十卷　(唐)劉知幾撰　清末上海涵芬樓影印本　四冊

120000－0361－0000234　541
史通通釋二十卷　(唐)劉知幾撰　(清)浦起龍釋　清光緒十一年(1885)刻本　四冊

120000－0361－0000235　544
春秋左傳五十卷綱目一卷圖說一卷提要一卷　(晉)杜預　(宋)林堯叟注釋　(唐)陸德明音義　(明)孫鑛等評點　清光緒十一年(1885)掃葉山房刻本　十六冊

120000－0361－0000236　545
史通通釋二十卷　(清)浦起龍撰　清光緒二十年(1894)石印本　八冊

120000－0361－0000237　546
闌天竹龕日記　(□)□□撰　抄本　二十二冊

120000－0361－0000238　548
戴氏族譜一卷　(□)□□撰　舊抄本　一冊

120000－0361－0000239　551
資治通鑑補二百九十四卷　(宋)司馬光編集　(元)胡三省音注　清光緒二年(1876)思補樓木活字本　八十冊

120000－0361－0000240　556
海國圖志一百卷　(清)魏源撰　清光緒六年(1880)急當務齋刻本　三十二冊

120000－0361－0000241　557
遠明堂弟子記一卷　(清)孔令煦　(清)孫丹林輯　清光緒至民國初鉛印本　一冊

120000－0361－0000242　560
阿達曼羣島志一卷婆羅島志一卷附新志一卷　(清)學部編譯圖書局編纂　清光緒三十四年(1908)學部編譯圖書局鉛印本　一冊

120000－0361－0000243　560
阿富汗土耳基斯坦志阿富汗斯坦志附新志土耳基斯坦志東土耳基斯坦志　(清)學部編譯圖書局編　清光緒三十三年(1907)學部編譯圖書局鉛印本　一冊

120000－0361－0000244　560
俾路芝志一卷馬留土股志一卷紐吉尼亞島志一卷西里伯島志一卷附新志一卷　(清)學部編譯圖書局編　清光緒三十三年(1907)學部編譯圖書局鉛印本　一冊

120000－0361－0000245　560
波斯志　(清)學部編譯圖書局編　清光緒三十三年(1907)學部編譯圖書局鉛印本　一冊

120000－0361－0000246　560
土耳基志附新志　(清)學部編譯圖書局編　清光緒三十三年(1907)學部編譯圖書局鉛印本　一冊

120000－0361－0000247　560
西比里亞志附新志　(清)學部編譯圖書局編　清光緒三十四年(1908)學部編譯圖書局鉛印本　一冊

120000－0361－0000248　560
小亞細亞志附新志　(清)學部編譯圖書局編　清光緒三十三年(1907)學部編譯圖書局鉛印本　一冊

120000－0361－0000249　560
亞斐利加志附新志　(清)學部編譯圖書局編

清宣統元年(1909)學部編譯圖書局鉛印本　一册

120000－0361－0000250　560
亞拉伯志附新志　(清)學部編譯圖書局編　清光緒三十三年(1907)學部編譯圖書局鉛印本　一册

120000－0361－0000251　560
印度新志一卷　(清)學部編譯圖書局編　清光緒三十三年(1907)學部編譯圖書局鉛印本　一册

120000－0361－0000252　560
爪哇志附新志蘇門答拉志附新志　(清)學部編譯圖書局編　清光緒三十三年(1907)學部編譯圖書局鉛印本　一册

120000－0361－0000253　562
中外地輿圖説集成一百三十卷　(清)同康廬主人編輯　清光緒二十年(1894)上海積山書局石印本　二十四册

120000－0361－0000254　566
拳教析疑説不分卷　(□)□□撰　清刻本　一册

120000－0361－0000255　568
史通削繁四卷　(唐)劉知幾撰　(清)紀昀削繁　(清)浦起龍注　清道光十三年(1833)兩廣節署刻朱墨印本　四册

120000－0361－0000256　569
遊歷芻言二卷　(清)黄楙材撰　清抄本　二册

120000－0361－0000257　569
遊歷芻言二卷　(清)黄楙材撰　舊抄本　二册

120000－0361－0000258　571
穆宗繼統諭疏不分卷　(清)吴可讀等撰　清末抄本　一册

120000－0361－0000259　575
歷代史論十二卷　(明)張溥撰　清光緒九年(1883)都城蒼松山房刻朱墨套印本　一册
存四卷(歷代史論一至四)

120000－0361－0000260　581
廣西輿地全圖二卷　(清)北洋機器總局圖算學堂重繪　清光緒二十一年(1895)石印本　二册

120000－0361－0000261　583
皇朝直省地輿全圖　(□)□□撰　清光緒十五年(1889)石印本　一册

120000－0361－0000262　584
皇朝直省地輿全圖　(□)□□撰　清光緒三年(1877)石印本　一册

120000－0361－0000263　588
江陰縣地圖　(□)□□撰　手繪本　一册

120000－0361－0000264　590
紫光閣功臣小像並湘軍平定粵匪戰圖不分卷　(清)彭鴻年撰　清光緒二十七年(1901)石印本　一册

120000－0361－0000265　591
重刊宋本尚書注疏二十卷校勘記二卷　(唐)孔穎達疏　清嘉慶二十年(1815)江西南昌府學刻本　六册

120000－0361－0000266　597
尚書商誼三卷　王樹枏撰　清光緒十一年(1885)文莫室刻本　一册

120000－0361－0000267　598
逸周書集訓校釋十一卷　(清)朱右曾撰　清光緒三年(1877)湖北崇文書局刻本　二册

120000－0361－0000268　599
春秋世族譜一卷　(清)陳厚耀撰　清光緒十二年(1886)邵武徐氏刻本　一册

120000－0361－0000269　601
禹貢會箋十二卷附圖一卷　(清)徐文靖撰　清刻本　四册

120000－0361－0000270　603
讀晉書絶句二卷　(清)張霔撰　清光緒十一年(1885)徐士鑾蝶園刻本　一册

120000－0361－0000271　604
英雄記鈔一卷　(漢)王粲撰　清末刻本　一冊

120000－0361－0000272　608
周季編略九卷　(清)黄式三纂　清同治十二年(1873)浙江書局刻儆居遺書本　四冊

120000－0361－0000273　615
春秋傳説薈要十二卷　(清)聖祖玄燁撰　清嘉慶刻本　四冊

120000－0361－0000274　616
禹貢古今注通釋六卷　(清)侯楨撰　清光緒六年(1880)木活字印本　二冊

120000－0361－0000275　617
周書斠補四卷　(清)孫詒讓撰　清光緒二十六年(1900)里安孫氏刻本　二冊

120000－0361－0000276　623
三國郡縣表八卷　(清)吴增僅撰　清光緒二十二年(1896)刻本　四冊

120000－0361－0000277　627
十六國春秋一百卷　(北魏)崔鴻撰　清光緒十二年(1886)湖北官書處刻本　十二冊

120000－0361－0000278　628
左傳事緯十二卷　(清)馬驌撰　清光緒四年(1878)敏德堂刻本　十二冊

120000－0361－0000279　630
方氏左傳評點二卷　(清)方苞評點　清光緒十九年(1893)刻本　二冊

120000－0361－0000280　631
左通補釋三十二卷　(清)梁履繩撰　清光緒元年(1875)刻本　十二冊

120000－0361－0000281　632
楚寶三十九卷外編五卷　(明)周聖楷纂　清道光九年(1829)刻本　二十冊

120000－0361－0000282　634
春秋穀梁傳十二卷　(晉)范甯集解　(唐)陸德明音譯　清光緒二十一年(1895)金陵書局刻本　二冊

120000－0361－0000283　636
楊園先生全集五十四卷年譜一卷　(清)張履祥撰　(清)姚璉輯　(清)萬斛泉編　清同治十年(1871)江蘇書局刻本　十六冊

120000－0361－0000284　643
竹柏山房十五種附刻八種　(清)林春溥撰　清嘉慶至咸豐刻本　四十冊

120000－0361－0000285　644
續後漢書四十二卷音義四卷　(宋)蕭常撰　**重刻續後漢書札記一卷**　(清)郁松年撰　清道光二十一年至二十二年(1841－1842)宜稼堂叢書刻本　六冊

120000－0361－0000286　646
寫定尚書一卷　(清)吳汝綸校疏　清光緒十八年(1892)石印本　一冊

120000－0361－0000287　647
明季北略二十四卷　(清)計六奇撰　清光緒十三年(1887)圖書集成印書局石印本　六冊

120000－0361－0000288　647
明季南略十八卷　(清)計六奇撰　清光緒十三年(1887)圖書集成印書局石印本　四冊

120000－0361－0000289　648
孑遺錄一卷　(清)戴田有撰　清光緒三十二年(1906)國學保存會鉛印本　一冊

120000－0361－0000290　654
荊駝逸史五十一種附一種　(清)陳湖逸士輯　清宣統三年(1911)中國圖書館石印本　十六冊

120000－0361－0000291　660
恤囚編不分卷　(清)周馥撰　清光緒十七年(1891)刻本　一冊

120000－0361－0000292　664
湘軍水陸戰紀十六卷　(□)□□撰　清光緒鉛印本　二冊

120000－0361－0000293　665
公民必讀初編　(清)孟昭常撰　清光緒三十四年(1908)上海中新書局鉛印本　一冊

120000－0361－0000294　666
憲政編查館會奏遵擬憲法大綱暨議院選舉各法並逐年應行籌備事宜摺　(□)□□撰　清末鉛印本　一冊

120000－0361－0000295　667
庚子北京事變紀略不分卷　鹿完天撰　清光緒二十七年(1901)刻本　一冊

120000－0361－0000296　668
韓南溪四種　(清)韓超撰　清宣統鉛印振綺堂叢書本　一冊

120000－0361－0000297　670
勝朝殉揚錄三卷　(清)劉寶楠輯　清同治十年(1871)淮南書局刻本　一冊

120000－0361－0000298　672
戊申大政記七卷　(清)擷華主人輯　清光緒三十四年(1908)擷華書局鉛印本　一冊

120000－0361－0000299　680
三國志六十五卷　(晉)陳壽撰　清光緒十三年(1887)刻本　八冊

120000－0361－0000300　682
北洋公牘類纂二十五卷目錄一卷　(清)甘厚慈輯　清光緒三十三年(1907)鉛印本　十九冊

120000－0361－0000301　691
皇朝謚法考五卷續編一卷　(清)鮑康輯　清同治三年(1864)刻本　一冊

120000－0361－0000302　692
殘明紀事一卷　(清)羅謙撰　清宣統三年(1911)國學扶輪社鉛印張氏適園叢書本　一冊

120000－0361－0000303　694
皇朝掌故二卷　(清)張一鵬撰　(清)陳蔚文註　清光緒二十八年(1902)京都廣文書舍刻本　一冊

120000－0361－0000304　697
列國政要一百三十二卷首一卷　(清)戴鴻慈　(清)端方輯　清光緒三十三年(1907)上海商務印書館石印本　三十二冊

120000－0361－0000305　700
靖逆記五卷　(清)蘭簃外史撰　清抄本　四冊

120000－0361－0000306　709
白話痛史四卷　(清)杭慎修撰　清宣統二年(1910)浙江白話新報館鉛印本　一冊

120000－0361－0000307　711
中國宜改革新政論議一卷　(清)何啟　(清)胡禮垣撰　清光緒二十一年(1895)香港文裕堂鉛印本　一冊

120000－0361－0000308　712
摘錄洋務事宜一卷　(□)□□撰　清末刻本　一冊

120000－0361－0000309　715
沈觀察燕晉弭兵記二卷　(清)陳守謙撰　清光緒二十九年(1903)上海英商順成書局石印本　一冊

120000－0361－0000310　726
吳中平寇記八卷　(清)錢勖撰　清末刻本　二冊

120000－0361－0000311　742
永清庚辛紀略　(清)高紹陳撰　清光緒三十四年(1908)石印本　一冊

120000－0361－0000312　743
庚子雜憶不分卷　(□)□□撰　清光緒三十二年(1906)抄本　一冊

120000－0361－0000313　745
義和拳教門源流考一卷　勞乃宣撰　清光緒刻本　二冊

120000－0361－0000314　748
淮軍平捻記十二卷　(清)周世澄撰　清末刻本　六冊

120000－0361－0000315　750
平定猺匪述略二卷　(清)蔣澐撰　清道光十三年(1833)抄本　二冊

120000－0361－0000316　751

平原拳匪紀事　（清）蔣楷撰　清光緒二十七年（1901）刻本　一册

120000－0361－0000317　752

燼餘錄二卷　（元）徐大焯撰　清光緒十七年（1891）刻本　一册

120000－0361－0000318　756

戡靖教匪述編十二卷　（清）石香村居士撰　**平定猺匪述略二卷**　（清）蔣澐撰　清道光二十九年（1849）京都琉璃廠刻本　八册

120000－0361－0000319　760

乘槎筆記二卷　（清）斌椿纂　清同治十二年（1873）京都琉璃廠刻本　一册

120000－0361－0000320　768

蟄窔七篇　王樹枏撰　清末刻本　一册

120000－0361－0000321　771

宦遊紀略六卷續一卷　（清）桂超萬撰　清同治三年（1864）刻本　一册　存一卷（續一卷）

120000－0361－0000322　773

思痛記二卷　（清）李圭撰　清光緒六年（1880）師一齋刻本　一册

120000－0361－0000323　774

東方兵事紀略五卷　（清）姚錫光撰　清光緒二十三年（1897）武昌刻本　二册

120000－0361－0000324　776

庚子之際月表不分卷　（清）王延釗撰　清光緒三十三年（1907）京華印書局鉛印本　一册

120000－0361－0000325　780

逆黨禍蜀記不分卷　（清）江堃撰　清同治五年（1866）抄本　一册

120000－0361－0000326　781

合肥李勤恪公政書十卷首一卷　（清）李瀚章撰　（清）李經畬等編　清光緒石印本　一册　存一卷（首一卷）

120000－0361－0000327　784

開禧德安守城錄一卷　（宋）王致遠編　清同治十一年（1872）刻本　一册

120000－0361－0000328　789

明季稗史彙編二十七卷　（清）留雲居士輯　清光緒二十二年（1896）鉛印本　五册　存二十三卷（一至二十三）

120000－0361－0000329　791

燼餘錄二卷　（元）徐大焯撰　**平江記事一卷**　（元）高德基撰　**吳中舊事一卷**　（元）陸友仁撰　清末刻本　一册

120000－0361－0000330　7115

清道光殿試朱卷等四種　（□）□□撰　清刻本　四册

120000－0361－0000331　7110

[光緒]重修天津府志五十四卷首一卷末一卷　沈家本　（清）榮銓修　（清）徐宗亮　（清）蔡啟盛纂　清光緒二十五年（1899）刻本　七册　存十八卷（一至十七、首一卷）

120000－0361－0000332　793

平叛記二卷　（清）毛霦撰　清刻本　二册

120000－0361－0000333　795

明史擬稾六卷　（清）尤侗纂　清康熙刻本　二册

120000－0361－0000334　796

周忠介公燼餘集三卷　（明）周順昌撰　清康熙刻本　一册

120000－0361－0000335　801

元史二百十卷目錄二卷　（明）宋濂等修　清同治十三年（1874）江蘇書局刻本　四十册

120000－0361－0000336　802

史記一百三十卷　（漢）司馬遷撰　（南朝宋）裴駰集解　（唐）司馬貞索隱　（唐）張守節正義　清同治刻本　二十册

120000－0361－0000337　803

金史一百三十五卷附考證　（元）脱脱等撰　清同治十三年（1874）江蘇書局刻本　二十册

120000－0361－0000338　804

陳書三十六卷　（唐）姚思廉撰　清同治十一年（1872）金陵書局刻本　四册

120000－0361－0000339　805
北齊書五十卷　(唐)李百藥撰　清同治十三年(1874)金陵書局刻本　四册

120000－0361－0000340　806
南齊書五十九卷　(南朝梁)蕭子顯撰　清同治十三年(1874)金陵書局刻本　六册

120000－0361－0000341　807
梁書五十六卷　(唐)姚思廉撰　清同治十三年(1874)金陵書局刻本　六册

120000－0361－0000342　808
五代史七十四卷　(宋)歐陽修撰　(宋)徐無黨注　清同治十一年(1872)湖北崇文書局刻本　八册

120000－0361－0000343　809
周書五十卷　(唐)令狐德棻等撰　清同治十三年(1874)金陵書局刻本　四册

120000－0361－0000344　814
明史三百三十二卷　(清)張廷玉等撰　清光緒三年(1877)湖北崇文書局刻本　八十册

120000－0361－0000345　815
魏書一百十四卷　(北齊)魏收撰　清同治十一年(1872)金陵書局刻本　二十册

120000－0361－0000346　816
南史八十卷　(唐)李延壽撰　清同治十一年(1872)金陵書局刻本　十二册

120000－0361－0000347　817
遼史一百十五卷　(元)脱脱等撰　清同治十二年(1873)江蘇書局刻本　十二册

120000－0361－0000348　818
隋書八十五卷　(唐)魏徵撰　清同治十年(1871)淮南書局刻本　十二册

120000－0361－0000349　819
晉書一百三十卷　(唐)房玄齡等撰　清同治十年(1871)金陵書局刻本　二十册

120000－0361－0000350　823
欽定嚴禁鴉片章程一卷　(清)穆彰阿等撰　清刻本　一册

120000－0361－0000351　824
諮議局章程講義　(清)孟森編纂　清宣統元年(1909)中新印書局鉛印本　一册

120000－0361－0000352　826
東方兵事紀略五卷　(清)姚錫光撰　清光緒二十三年(1897)武昌刻本　三册　存四卷(一至四)

120000－0361－0000353　828
使琉球記六卷　(清)李鼎元撰　清嘉慶師竹齋刻本　二册

120000－0361－0000354　829
爐餘錄二卷　(元)徐大焯述　清光緒三十二年(1906)國學保存會鉛印國粹叢書本　一册

120000－0361－0000355　835
熙朝宰輔錄不分卷　(清)潘世恩編　清道光二十八年(1848)刻本　一册

120000－0361－0000356　842
使俄草八卷　(清)王之春撰　清光緒二十一年(1895)上海文藝齋石印本　六册

120000－0361－0000357　847
臺灣戰紀二卷　(清)洪棄父撰　清光緒鉛印本　二册

120000－0361－0000358　848
皇朝各省形勢論不分卷　(清)高傭撰　清光緒二十八年(1902)上海廣益書局石印本　一册

120000－0361－0000359　854
西亹交涉志要六卷　(清)鍾鏞撰　清宣統三年(1911)鉛印本　二册

120000－0361－0000360　855
懿範聞見錄一卷　(□)□□撰　抄本　一册

120000－0361－0000361　7109
[光緒]南皮縣志十五卷首一卷末一卷　(清)殷樹森修　(清)汪寶樹　(清)傅金鑅纂　清光緒十四年(1888)刻本　八册

120000－0361－0000362　858
愛日軒稿二卷　(清)周葆元撰　(清)陳筱軒

抄　抄本　二冊

120000－0361－0000363　861
美國華工禁約記不分卷　(□)□□撰　清光緒刻本　一冊

120000－0361－0000364　863
逆黨禍蜀記不分卷　(清)江堃輯　抄本　二冊

120000－0361－0000365　863
逆黨禍蜀記不分卷　(清)江堃輯　抄本　二冊

120000－0361－0000366　864
槑龕先生咸豐籌蜀記不分卷　(清)蔡壽祺撰　清末抄本　一冊

120000－0361－0000367　7104
[同治]靈壽縣志十卷　(清)劉賡年修　(清)王槐齡等纂　清同治十二年(1873)刻本　五冊

120000－0361－0000368　865
法國黃皮書滇省交涉公文不分卷　(清)曾仰東譯　清光緒二十九年(1903)刻本　一冊

120000－0361－0000369　865
法國黃皮書上海撤兵冊不分卷　(清)曾仰東譯　清光緒二十九年(1903)刻本　一冊

120000－0361－0000370　866
英國藍皮書上海撤兵冊不分卷　(清)鄭貞來譯　清光緒湖北洋務譯書局刻本　一冊

120000－0361－0000371　869
平浙紀略十六卷　(清)秦緗業　(清)陳鐘英輯　清同治十二年(1873)浙江書局刻本　四冊

120000－0361－0000372　870
救時要策萬言書一卷　(清)吳廣霈撰　清光緒二十四年(1898)著易堂鉛印本　一冊

120000－0361－0000373　872
保和會譯章不分卷　(清)總理各國事務衙門輯　清光緒鉛印本　一冊

120000－0361－0000374　873
逆黨禍蜀記　(清)江堃編撰　清同治五年(1866)抄本　二冊

120000－0361－0000375　883
五次問答節略不分卷　(□)□□撰　清光緒石印本　二冊

120000－0361－0000376　883
與伊藤陸奧往來照會不分卷　(□)□□撰　清光緒石印本　二冊

120000－0361－0000377　885
中日條約　(□)□□撰　清末刻本　一冊

120000－0361－0000378　886
大清國大英國會議條款　(□)□□撰　清刻本　一冊

120000－0361－0000379　888
兩廣紀略一卷　(明)華復蠡撰　清末刻本　一冊

120000－0361－0000380　891
諭旨　(清)德宗載湉撰　清光緒鉛印本　一冊

120000－0361－0000381　892
西征續錄二卷　(清)方希孟撰　抄本　二冊

120000－0361－0000382　7103
[光緒]懷安縣志八卷首一卷末一卷　(清)蔭祿修　(清)程燮奎纂　清光緒二年(1876)刻本　四冊

120000－0361－0000383　892
常勝軍案畧　(清)謝瑞等撰　(清)謝元壽輯　抄本　一冊

120000－0361－0000384　7101
[康熙]香河縣志十一卷　(清)劉深等纂修　清抄本　四冊

120000－0361－0000385　895
半園志　(清)俞樾撰　清光緒石印本　一冊

120000－0361－0000386　899
廣陵通典十卷　(清)汪中撰　清同治八年

(1869)揚州書局刻本　二册

120000－0361－0000387　902

中日戰輯六卷　(清)王炳耀輯　清光緒二十一年(1895)鉛印本　四册

120000－0361－0000388　919

[乾隆]衡水縣誌十四卷　(清)陶淑纂修　清乾隆三十二年(1767)刻本　五册　存十一卷(四至十四)

120000－0361－0000389　7099

左忠貞公剩稿四卷　(明)左懋第撰　(清)左彤九編　清乾隆五十八年(1793)左彤九刻本　二册

120000－0361－0000390　922

晉略六十五卷序目一卷　(清)周濟撰　清光緒二年(1876)味雋齋刻本　十册

120000－0361－0000391　935

[同治]蘇州府志一百五十卷首三卷　(清)李銘皖等修　(清)馮桂芬等纂　清光緒刻本　一册　存一卷(首一)

120000－0361－0000392　936

補宋書刑法志一卷補宋書食貨志一卷　(清)郝懿行撰　清嘉慶至光緒刻郝氏遺書本　二册

120000－0361－0000393　942

董心葵事記一卷　(□)□□撰　清光緒刻本　四册

120000－0361－0000394　951

東牟守城紀略　(清)戴燮元撰　清抄本　二册

120000－0361－0000395　952

中西紀事二十四卷　(清)夏燮撰　清同治七年(1868)刻本　六册

120000－0361－0000396　956

中西紀事二十四卷　(清)夏燮撰　清光緒七年(1881)刻本　六册

120000－0361－0000397　958

出使奏疏二卷　(清)薛福成撰　清光緒二十年(1894)刻庸庵全集本　二册

120000－0361－0000398　962

平定猺匪述略二卷　(清)蔣澐撰　抄本　二册

120000－0361－0000399　964

丁未腊出防剿匪日記　(□)□□撰　抄本　一册

120000－0361－0000400　965

平定粵匪紀略十八卷附記四卷　(清)杜文瀾撰　清光緒七年(1881)刻本　八册

120000－0361－0000401　7254

[乾隆]獻縣志二十卷圖一卷表一卷　(清)萬廷蘭修　(清)戈濤纂　清乾隆二十六年(1761)刻本　十二册　存十卷(一至八、圖一卷、表一卷)

120000－0361－0000402　973

公民必讀二編　(清)孟昭常撰　清光緒三十四年(1908)中新書局鉛印本　一册

120000－0361－0000403　974

中俄交涉一卷中法交涉一卷　(□)□□撰　清光緒二十一年(1895)石印本　一册

120000－0361－0000404　979

英軺日記十二卷　載振撰　清光緒二十九年(1903)上海文明書局鉛印本　二册

120000－0361－0000405　980

咸豐以來功臣别傳三十卷　朱孔彰撰　清光緒元和胡氏石印漸學廬叢書本　六册

120000－0361－0000406　988

聖武記十四卷　(清)魏源撰　清道光二十六年(1846)魏氏古微堂刻本　六册

120000－0361－0000407　989

己酉避亂錄一卷附校勘記一卷　(宋)胡舜申撰　**京口僨城錄一卷**　(清)法芝瑞撰　清光緒三十四年(1908)丹徒陶氏刻京口掌故叢編初集本　一册

120000－0361－0000408　7098

三魚堂文集十二卷外集六卷行狀一卷崇祀錄

一卷　(清)陸隴其撰　清康熙刻本　八冊

120000－0361－0000409　990
張公襄理軍務紀略六卷　(清)丁運樞等編　清宣統元年(1909)石印本　三冊

120000－0361－0000410　992
歸潛志十四卷　(元)劉祁撰　清刻武英殿聚珍版本　四冊

120000－0361－0000411　997
殘明紀事一卷　(清)羅謙撰　清宣統三年(1911)上海國學扶輪社鉛印張氏適園叢書本　一冊

120000－0361－0000412　998
績溪胡鋏花明府東征日記　(清)胡傳撰　抄本　一冊

120000－0361－0000413　1000
光緒增改郡縣表一卷　(清)吳廷燮輯　清光緒三十二年(1906)涇陽刻本　一冊

120000－0361－0000414　1001
中興蘇浙表忠錄三十六卷續錄八卷　(清)王希曾纂述　清光緒二十九年(1903)刻本　八冊

120000－0361－0000415　1002
山東軍興紀畧二十二卷　(清)徑北草堂編撰　清光緒十一年(1885)刻本　十冊

120000－0361－0000416　1006
大清中外壹統輿圖十六卷　(清)鄒世詒等編　(清)李廷簫增訂　清同治二年(1863)石印本　六冊

120000－0361－0000417　1013
宣宗成皇帝聖訓一百三十卷　(□)□□撰　清末鉛印本　十八冊

120000－0361－0000418　1016
鄉約一卷塞語一卷　(明)尹畊撰　清光緒八年(1882)蔚州劉錫之刻本　一冊

120000－0361－0000419　1016
鄉約一卷塞語一卷　(明)尹畊撰　清光緒八年(1882)刻本　一冊

120000－0361－0000420　1017
□奉吉邊務史料　(□)□□撰　抄本　一冊

120000－0361－0000421　1018
丙午年交涉要覽三卷　(清)北洋洋務局輯　清光緒三十四年(1908)鉛印本　四冊

120000－0361－0000422　1019
辛卯侍行記六卷　(清)陶保廉撰　清光緒二十三年(1897)养樹山房刻本　六冊

120000－0361－0000423　1024
觚賸八卷續編四卷　(清)鈕琇輯　清宣統三年(1911)時中書局石印本　六冊

120000－0361－0000424　1027
外交贅言一卷　(清)陳彥彬撰　清宣統二年(1910)鉛印本　一冊

120000－0361－0000425　1028
丁亥入都紀程二卷　(清)黎庶昌撰　清光緒二十年(1894)川東道署刻本　一冊

120000－0361－0000426　1030
華制存考不分卷　(□)□□撰　清宣統鉛印本　四冊

120000－0361－0000427　1031
東華錄三十二卷　(清)蔣良騏撰　清刻本　二冊　存四卷(二十九至三十二)

120000－0361－0000428　1031
貳臣傳十二卷逆臣傳四卷　(清)國史館編　清都城琉璃廠半松居士刻本　九冊

120000－0361－0000429　1039
蟲鳥吟十卷　(清)蕭德宣撰　清同治五年(1866)刻本　一冊　存二卷(六至七)

120000－0361－0000430　1041
北洋公牘類纂二十五卷　(清)甘厚慈輯　清光緒三十三年(1907)京城益森印刷有限公司鉛印本　二十冊

120000－0361－0000431　1042
康熙政要二十四卷　(清)章梫纂　清宣統鉛印本　十二冊

120000－0361－0000432　1043
赤水玄珠三十卷　(明)孫一奎撰　清刻本　一册　存一卷(十五)

120000－0361－0000433　1046
靖逆記二卷　(清)蘭簃外史纂　清道光十九年(1839)品石山房刻本　二册

120000－0361－0000434　1048
元史譯文證補三十卷　(清)洪鈞撰　清光緒二十六年(1900)刻廣雅叢書本　四册

120000－0361－0000435　1051
[乾隆]永清縣志二十五卷永清文徵五卷　(清)周震榮修　(清)章學誠纂　清嘉慶十八年(1813)補刻本　四册

120000－0361－0000436　1051
[光緒]續永清縣志十四卷永清文徵二卷　(清)魏邦翰纂修　清光緒元年(1875)刻本　四册

120000－0361－0000437　1062
大學一卷中庸一卷　(宋)朱熹章句　清光緒二十年(1894)金陵書局刻本　一册

120000－0361－0000438　1066
大清文宗協天翊運執中垂謨懋德振武聖孝淵恭端仁寬敏顯皇帝聖訓一百十卷　(□)□□撰　清光緒石印十朝聖訓本　十册

120000－0361－0000439　1069
東都事略一百三十卷　(宋)王稱撰　清光緒九年(1883)淮南書局刻本　八册

120000－0361－0000440　1070
十朝東華錄　王先謙編　清光緒二十五年(1899)石印本　三十二册

120000－0361－0000441　1072
北齊書五十卷　(唐)李百藥撰　清同治十三年(1874)金陵書局刻本　四册

120000－0361－0000442　1073
[光緒]續修故城縣志十二卷首一卷　(清)丁燦纂修　(清)張熯續修　清光緒十一年(1885)刻本　八册

120000－0361－0000443　1074
續明紀事本末十八卷首一卷　(清)倪在田輯　清光緒二十九年(1903)上海書局鉛印本　六册

120000－0361－0000444　1077
學報會編三編　(清)北洋官報局編　清末北洋官報局鉛印本　三十九册

120000－0361－0000445　1080
政藝通報不分卷　(□)□□撰　清光緒二十九年(1903)鉛印本　十五册

120000－0361－0000446　1081
皇朝直省府廳州縣歌括不分卷　(清)蔣升撰　清光緒二十四年(1898)慈母堂印書局鉛印本　一册

120000－0361－0000447　1086
變法自強奏議彙編二十卷　(清)毛佩之彙纂　清光緒二十七年(1901)石印本　十册

120000－0361－0000448　1087
華制存考不分卷　(□)□□撰　清宣統鉛印本　四册

120000－0361－0000449　1090
元書一百二十卷首一卷　曾廉撰　清宣統三年(1911)邵陽曾氏層漪堂刻本　二十册

120000－0361－0000450　1091
湘軍記二十卷　(清)王定安撰　清光緒十五年(1889)刻本　十二册

120000－0361－0000451　1098
東晋疆域志四卷　(清)洪亮吉學　清嘉慶元年(1796)京師刻本　三册

120000－0361－0000452　1099
辛亥撫新記程二卷　(清)袁大化記　清光緒新疆官報書局鉛印本　二册

120000－0361－0000453　1100
武城記事不分卷　(清)沈錫榮撰　清宣統學務公所鉛印本　一册

120000－0361－0000454　1101
中西紀事二十四卷首一卷　(清)夏燮撰　清

同治七年(1868)刻本　六冊

120000－0361－0000455　1103
雲南機務抄黄一卷　(明)張紞編　**東西洋考十二卷**　(明)張燮撰　清光緒二十二年(1896)長沙刻惜陰軒叢書本　四冊

120000－0361－0000456　1105
國朝掌故不分卷　(清)陳鴻緒編　清光緒三十年(1904)北洋武備研究所石印本　一冊

120000－0361－0000457　1106
欽定清漢對音字式　(清)福隆安等撰　清刻本　一冊

120000－0361－0000458　1107
七國地理考六卷　(清)顧觀光撰　清光緒五年(1879)刻本　四冊

120000－0361－0000459　1108
天津指南八卷　(清)石小川編　清宣統三年(1911)天津文明書局鉛印本　一冊

120000－0361－0000460　1110
官兵困賊於懷慶各省被擄人等致官兵諸豪傑啟不分卷　(□)□□撰　清末刻本　一冊

120000－0361－0000461　1111
前漢書一百卷　(漢)班固撰　(唐)顔師古注　清同治八年(1869)刻本　十六冊

120000－0361－0000462　1112
後漢書一百三十卷　(南朝宋)范曄撰　(唐)李賢注　(晉)司馬彪續纂　(南朝梁)劉昭續注　清同治八年(1869)金陵書局刻本　十六冊

120000－0361－0000463　1113
北史一百卷　(唐)李延壽撰　清同治十一年(1872)金陵書局刻本　二十冊

120000－0361－0000464　1115
畿輔通志三百卷首一卷　(清)李鴻章等修　(清)黄彭年等纂　清光緒十年至十二年(1884－1886)刻本　二百四十冊

120000－0361－0000465　1116
畿輔通志三百卷首一卷　(清)李鴻章等修　(清)黄彭年等纂　清光緒十年至十二年(1884－1886)刻本　二百四十冊

120000－0361－0000466　1123
綏寇紀略十二卷補遺三卷　(清)吴偉業纂輯　(清)鄒漪原訂　(清)張海鵬重校　清嘉慶十四年(1809)刻本　四冊

120000－0361－0000467　1126
湘學新報　(清)江標等編　清光緒二十三年(1897)刻本　十四冊

120000－0361－0000468　1148
諭摺彙存　(□)□□輯　清末刻本　六冊

120000－0361－0000469　1232
金史紀事本末五十二卷首一卷末一卷　(清)李有棠撰　清光緒二十九年(1903)李栘鄂樓刻本　十二冊

120000－0361－0000470　1237
大清穆宗繼天開運受中居正保大定功聖智誠孝信敏恭寬毅皇帝聖訓一百六十卷　(清)穆宗載淳撰　清光緒石印十朝聖訓本　十六冊

120000－0361－0000471　1239
強學彙編十九卷　(清)馬冠羣輯　清光緒二十四年(1898)上海文瑞樓石印本　八冊

120000－0361－0000472　1240
中國宜改革新政論議一卷　(清)何啟　(清)胡禮垣撰　清光緒二十一年(1895)石印本　二冊

120000－0361－0000473　1251
東華錄二十八卷　(清)蔣良騏編　清乾隆三十年(1765)刻本　十二冊

120000－0361－0000474　1252
大清高宗法天隆運至誠先覺體元立極敷文奮武孝慈神聖純皇帝聖訓三百卷　(清)高宗弘曆撰　清光緒石印本　三十七冊

120000－0361－0000475　1261
談瀛錄四卷　(清)王之春撰　清光緒六年(1880)京口刻本　二冊

120000－0361－0000476　1264

光緒政要三十四卷 (清)沈桐生等輯 清宣統元年(1909)上海崇義堂石印本 三十册

120000－0361－0000477 1265
湘軍記二十卷 (清)王定安撰 清光緒十五年(1889)江南書局刻本 十二册

120000－0361－0000478 1271
霆軍紀略十六卷 (清)陳昌編輯 清光緒八年(1882)上海申報館鉛印申報館叢書本 六册

120000－0361－0000479 1272
豫軍紀畧十二卷 (清)尹耕雲 (清)李汝鈞纂 清光緒三年(1877)上海申報館鉛印申報館叢書本 六册

120000－0361－0000480 1275
第六才子書八卷 (元)王實甫撰 (清)金人瑞評 清刻本 一册 存一卷(七)

120000－0361－0000481 1277
華制存攷不分卷 (□)□□撰 清宣統二年(1910)鉛印本 十一册

120000－0361－0000482 1278
藝芸館詩鈔十三卷 (清)王世錦撰 (清)王芑孫輯 **環翠樓詩鈔一卷** (清)王熊伯撰 清嘉慶刻本 一册

120000－0361－0000483 1280
廣學會零拾五種 (清)廣學會輯 清光緒二十二年(1896)上海廣學會鉛印本 一册

120000－0361－0000484 1281
時事采新彙編六卷 (□)□□撰 清光緒三十年(1904)鉛印本 六册

120000－0361－0000485 1287
遊歷巴西圖經十卷 (清)傅雲龍撰 清光緒二十七年(1901)石印本 二册

120000－0361－0000486 1289
重校蒙學堂字課圖說四卷 (清)劉樹屏撰 清末石印本 一册

120000－0361－0000487 1292
東三省蒙務公牘彙編五卷 朱啟鈐撰 清宣統鉛印本 二册

120000－0361－0000488 1303
庚子京津拳匪紀略八卷前編二卷後編二卷 (清)僑析生輯 清末石印本 五册

120000－0361－0000489 1311
日本雜事詩二卷 (清)黄遵憲撰 清光緒鉛印本 二册

120000－0361－0000490 1366
碧血錄六卷 (清)莊仲方撰 (清)陳彝繪圖 (清)張壽寫字 清宣統天津醒華日報石印本 六册

120000－0361－0000491 1377
明季稗史彙編二十卷 (清)留雲居士輯 清光緒鉛印本 一册 存四卷(二十四至二十七)

120000－0361－0000492 1382
教案簡明要覽一卷 (□)□□撰 清光緒石印本 一册

120000－0361－0000493 1421
美康使函宋教士聯合會防訟釋疑說略一卷 (□)□□撰 清光緒二十八年(1902)刻本 一册

120000－0361－0000494 1447
五省溝洫圖說一卷 (清)沈夢蘭撰 清光緒六年(1880)江蘇書局刻本 一册

120000－0361－0000495 1453
宗聖志二十卷 (清)曾國荃修 (清)王定安編 清光緒十六年(1890)金陵刻本 八册

120000－0361－0000496 1456
御製避暑山莊詩一卷 (清)聖祖玄燁撰 清末石印本 一册

120000－0361－0000497 1461
[光緒]玉田縣志三十三卷首一卷 (清)夏子鎏修 (清)李昌時纂 (清)丁維續纂 清光緒十年(1884)刻本 六册

120000－0361－0000498 1462
[光緒]正定縣志四十六卷首一卷末一卷

(清)賈孝彰修　(清)趙文濂纂　清光緒元年(1875)刻本　九冊

120000－0361－0000499　1464
海龍戰守事蹟六卷　(清)依湊阿撰　清光緒三十二年(1906)鉛印本　二冊

120000－0361－0000500　1466
[光緒]寧津縣誌十二卷首一卷　(清)祝嘉庸修　(清)吳潯源纂　清光緒二十六年(1900)刻本　八冊

120000－0361－0000501　7097
因樹屋書影十卷　(清)周亮工撰　清雍正三年(1725)懷德堂刻本　四冊

120000－0361－0000502　1487
時務通攷續編三十一卷　(清)點石齋主人輯　清光緒二十三年(1897)點石齋石印本　二十四冊

120000－0361－0000503　1487
時務通攷續編三十一卷　(清)點石齋主人輯　清光緒二十七年(1901)上海點石齋石印本　十六冊

120000－0361－0000504　1488
洋務時事彙編八卷　(清)葛子源輯　清光緒二十四年(1898)上海書局石印本　六冊

120000－0361－0000505　1490
西國近事彙編　(清)鄭昌棪輯　清光緒十一年(1885)上海機器製造局鉛印本　八冊

120000－0361－0000506　1499
脞錄二卷　(清)華光鼐撰　清刻本　一冊

120000－0361－0000507　1506
[光緒]鉅鹿縣誌十二卷首一卷　(清)凌燮　(清)赫慎修　(清)夏應麟纂　清光緒十二年(1886)刻本　六冊

120000－0361－0000508　1513
[乾隆]河間縣志六卷　(清)吳山鳳修　(清)黃文蓮纂　清刻本　六冊

120000－0361－0000509　1515
[光緒]灤州志十八卷首一卷　(清)楊文鼎修　(清)王大本纂　清光緒二十二年(1896)天津刻本　十四冊

120000－0361－0000510　1516
[光緒]元氏縣志十四卷首一卷末一卷　(清)胡岳修　(清)趙文濂纂　清光緒元年(1875)刻本　八冊

120000－0361－0000511　1533
冷廬雜識八卷　(清)陸以湉撰　清石印本　三冊　存六卷(三至八)

120000－0361－0000512　1538
餘生錄一卷　(清)張茂滋撰　清光緒三十二年(1906)鉛印國粹叢書本　一冊

120000－0361－0000513　1549
庸庵文編四卷續編二卷外編四卷　(清)薛福成撰　清光緒二十三年(1897)上海醉六堂石印本　六冊

120000－0361－0000514　1551
[嘉慶]衛藏通志十六卷首一卷　(清)和琳纂修　清光緒二十二年(1896)桐廬袁昶漸西村舍刻本　八冊

120000－0361－0000515　1554
黃文貞公忠節紀略四卷首一卷　(清)柯自遂輯　(清)劉瑞芬重編　清光緒元年(1875)皖上刻本　二冊

120000－0361－0000516　1557
國朝御史題名不分卷　(清)黃玉圃輯　清光緒刻本　五冊

120000－0361－0000517　1558
楊椒山遺屬不分卷　(明)楊繼盛撰　清道光二十五年(1845)刻本　一冊

120000－0361－0000518　1561
[光緒]文水縣誌十二卷首一卷末一卷　(清)范啟堃等修　(清)陰步霞纂　清光緒九年(1883)刻本　六冊

120000－0361－0000519　1562
[同治]黃縣志十四卷首一卷末一卷　(清)尹繼美等纂修　清同治十年(1871)刻本　四冊

120000－0361－0000520　1569
［光緒］重修廣平府志六十三卷首一卷　（清）吴中彦修　（清）胡景桂纂　清光緒十九年（1893）刻本　六册

120000－0361－0000521　1570
時務通攷三十一卷　（清）點石齋主人輯　清光緒二十三年（1897）上海點石齋石印本　二十四册

120000－0361－0000522　1571
時務通攷三十一卷　（清）點石齋主人輯　清光緒二十三年（1897）上海點石齋石印本　二十四册

120000－0361－0000523　1594
［光緒］懷來縣志十八卷首一卷　（清）朱乃恭修　（清）席之瓚纂　清光緒八年（1882）刻本　六册

120000－0361－0000524　1600
［光緒］獲鹿縣志十四卷首一卷末一卷　（清）俞錫綱等修　（清）曹鑅纂　清光緒七年（1881）刻本　十册

120000－0361－0000525　1605
［道光］東阿縣誌二十四卷首一卷　（清）李賢書修　（清）吴怡等纂　清道光九年（1829）刻本　十二册

120000－0361－0000526　1606
光緒癸巳甲午恩科鄉會聯捷朱卷　（□）□□撰　清光緒刻本　一册

120000－0361－0000527　1608
［光緒］永平府志七十二卷首一卷末一卷　（清）游智開修　（清）史夢蘭纂　清光緒五年（1879）刻本　三十二册

120000－0361－0000528　1608
［光緒］永平府志七十二卷首一卷末一卷　（清）游智開修　（清）史夢蘭纂　清光緒五年（1879）刻本　三十二册

120000－0361－0000529　1610
［康熙］文安縣志八卷　（清）楊朝麟修　（清）胡滂等纂　清康熙四十二年（1703）刻本　八册

120000－0361－0000530　1611
楊忠湣公集四卷　（明）楊繼盛撰　清光緒九年（1883）甘肅藩署刻本　一册

120000－0361－0000531　1612
［同治］欒城縣志十四卷首一卷末一卷　（清）陳詠修　（清）張惇德纂　清同治十一年至十二年（1872－1873）刻本　六册

120000－0361－0000532　1614
［光緒］豐潤縣志十二卷　（清）郝增祜等纂修　（清）周晉堃等續纂修　清光緒十七年（1891）刻本　十二册

120000－0361－0000533　1618
道光咸豐通飭史料　（□）□□撰　抄本　二册

120000－0361－0000534　1622
［光緒］延慶州志十二卷首一卷末一卷　（清）何道增等修　（清）張惇德纂　清光緒六年（1880）延慶州署刻本　十册

120000－0361－0000535　1623
［雍正］阜城縣志二十二卷首一卷　（清）陸福宜修　（清）多時珍纂　清光緒三十四年（1908）鉛印本　四册

120000－0361－0000536　1631
［乾隆］口北三廳志十六卷首一卷　（清）黄可潤纂修　清乾隆二十三年（1758）刻本　六册

120000－0361－0000537　1632
［光緒］利津縣志十卷利津文徵五卷　（清）盛讚熙修　（清）余朝棻等纂　清光緒九年（1883）刻本　八册

120000－0361－0000538　1633
［光緒］蠡縣志十卷　（清）韓志超　（清）何雲誥修　（清）張瑲等纂　清光緒二年（1876）刻本　十册

120000－0361－0000539　1634
［光緒］永年縣志四十卷首一卷　（清）夏詒鈺

纂修　清光緒三年(1877)刻本　八冊

120000－0361－0000540　1642
廣東海圖説　(清)張之洞撰　清光緒十五年(1889)廣雅書局刻本　一冊

120000－0361－0000541　1651
何凌漢行述一卷　(□)□□撰　抄本　一冊

120000－0361－0000542　1654
儀禮十七卷　(漢)鄭玄注　(清)張爾岐句讀　清同治七年(1868)刻本　四冊

120000－0361－0000543　7096
康對山先生文集十卷　(明)康海撰　(清)孫景烈選　清乾隆二十六年(1761)刻本　四冊

120000－0361－0000544　1656
病榻夢痕録二卷　(清)汪輝祖撰　清末刻本　一冊　存一卷(上)

120000－0361－0000545　1658
[光緒]大城縣志十二卷　(清)趙炳文　(清)徐國楨修　(清)劉鐘英　(清)鄧毓怡纂　清光緒二十四年(1898)刻本　七冊　存十卷(一至九、首一卷)

120000－0361－0000546　1666
[康熙]文安縣志八卷　(清)楊朝麟修　(清)胡湧等纂　清康熙四十二年(1703)刻本　八冊

120000－0361－0000547　1669
[光緒]大城縣志十二卷　(清)趙炳文　(清)徐國楨修　(清)劉鐘英　(清)鄧毓怡纂　清光緒二十四年(1898)刻本　六冊　存六卷(二至三、九至十二)

120000－0361－0000548　1669
[光緒]大城縣志十二卷　(清)趙炳文　(清)徐國楨修　(清)劉鐘英　(清)鄧毓怡纂　清光緒二十四年(1898)刻本　五冊　存四卷(九至十二)

120000－0361－0000549　1676
[乾隆]孝義縣誌二十卷　(清)鄧必安修　(清)鄧常纂　清光緒六年(1880)刻本　七冊

120000－0361－0000550　1678
[乾隆]懷安縣誌二十四卷　(清)楊大崑修　(清)錢戢曾纂　清乾隆六年(1741)刻本　四冊

120000－0361－0000551　1679
[光緒]延慶州志十二卷首一卷末一卷　(清)何道增等修　(清)張惇德纂　清光緒六年(1880)刻本　十冊

120000－0361－0000552　1680
[光緒]獲鹿縣志十四卷首一卷末一卷　(清)俞錫綱等修　(清)曹鑅纂　清光緒七年(1881)刻本　四冊

120000－0361－0000553　1681
癸丑滄城紀事録四卷　(清)陳鍾祥等撰　清同治刻本　四冊

120000－0361－0000554　1688
昭代名人尺牘小傳二十四卷　(清)吳修輯　清刻本　一冊　存十四卷(十一至二十四)

120000－0361－0000555　1690
文廟思源録考　(清)麻兆慶考　清光緒二十年(1894)刻本　二冊

120000－0361－0000556　1691
右台仙館筆記十六卷　(清)俞樾撰　清光緒二十五年(1899)刻本　四冊　存八卷(五至十二)

120000－0361－0000557　1699
姚中書[恩衍]善行孝友備承不分卷　(□)□□輯　清光緒七年(1881)刻本　一冊

120000－0361－0000558　1700
八旗會館新章程　(□)□□撰　清末鉛印本　一冊

120000－0361－0000559　1701
諮議局章程及選舉章程解釋彙鈔　(□)□□撰　清末鉛印本　一冊

120000－0361－0000560　1702
憲政編查館奏城鎮鄉地方自治章程并選舉章程不分卷　(清)奕劻　(清)世續撰　清光緒

鉛印本　一册

120000－0361－0000561　1708
南渡紀聞録一卷　（□）□□撰　抄本　一册

120000－0361－0000562　1712
病榻夢痕録二卷夢痕録餘一卷　（清）汪輝祖撰　清同治十一年（1872）刻本　三册

120000－0361－0000563　1720
夏小正疏義四卷釋音一卷異字記一卷天象圖一卷　（清）洪震煊學　清嘉慶二十五年（1820）刻本　一册

120000－0361－0000564　1722
簠齋傳古别録一卷　（清）陳介祺撰　清末刻本　一册

120000－0361－0000565　1722
周公年表一卷　（清）牟庭編　清同治十年（1871）刻本　一册

120000－0361－0000566　1724
本朝從祀三先生傳一卷　（清）羅惇衍編　清道光二十八年（1848）刻本　一册

120000－0361－0000567　1728
文廟賢儒景行録六卷　（清）張英輯　清光緒刻本　六册

120000－0361－0000568　1729
四十年大事記　（清）李鴻章撰　清末石印本　一册

120000－0361－0000569　1730
江南安徽全圖一卷　（清）劉籌纂修　清光緒二十二年（1896）點石齋石印本　一册

120000－0361－0000570　1735
東槎紀略五卷　（清）姚瑩著　清道光九年（1829）刻本　二册

120000－0361－0000571　1737
［光绪］廣靈縣志十卷首一卷　（清）楊亦銘纂修　清光緒六年（1880）刻本　六册

120000－0361－0000572　1739
［光绪］玉田縣志三十卷首一卷　（清）夏子鎏修　（清）李昌時纂　（清）丁維續纂修　清光緒十年（1884）刻本　六册

120000－0361－0000573　1741
［乾隆］豐潤縣志八卷圖考一卷　（清）吴慎纂修　清乾隆二十年（1755）刻本　四册

120000－0361－0000574　1753
［光緒］壽張縣誌十卷首一卷　（清）劉文煃修　（清）王守謙纂　清光緒二十六年（1900）刻本　六册

120000－0361－0000575　1754
［乾隆］三河縣誌十六卷首一卷　（清）陳桼修　（清）王大信等纂　清乾隆二十五年（1760）刻本　四册

120000－0361－0000576　1755
［乾隆］蔚州志補十二卷首一卷　（清）楊世昌補輯　清乾隆十年（1745）刻本　五册

120000－0361－0000577　1756
［光緒］獲鹿縣誌十四卷首一卷末一卷　（清）俞錫綱等修　（清）曹鑅纂　清光緒七年（1881）刻本　八册

120000－0361－0000578　1760
皇清誥授榮禄大夫兵部侍郎都察院右副都御史湖南巡撫顯考玉階府君行狀　（清）李盛鐸撰　清光緒鉛印本　一册

120000－0361－0000579　1761
東三省沿革表六卷　（清）吳廷燮纂修　清宣統天津徐世昌退耕堂刻本　六册

120000－0361－0000580　1764
［光緒］通州志十卷首一卷末一卷　（清）高建勳修　（清）王維珍纂　清光緒五年（1879）刻本　十二册

120000－0361－0000581　1766
澄懷主人［張廷玉］自訂年譜六卷　（清）張廷玉撰　清光緒六年（1880）刻本　二册

120000－0361－0000582　1770
列仙傳二卷　（漢）劉向撰　（清）汪士漢校
集異記一卷　（唐）薛用弱撰　**續齊諧記一卷**

(南朝梁)吳均撰　清刻本　一冊

120000－0361－0000583　1780
皇朝一統輿地全圖　(□)□□撰　清末石印本　一冊

120000－0361－0000584　1788
東光于氏族譜四卷首一卷末一卷　(□)□□撰　清道光刻本　一冊

120000－0361－0000585　1791
[光緒]淮安府志四十卷首一卷　(清)孫雲錦修　(清)吳昆田等纂　清光緒十年(1884)刻本　十六冊

120000－0361－0000586　1797
[光緒]定遠廳志二十六卷首一卷末一卷　(清)余修鳳纂修　清光緒五年(1879)刻本　六冊

120000－0361－0000587　1806
船山師友記十七卷首一卷　(清)羅正鈞纂　清光緒三十三年(1907)刻本　四冊

120000－0361－0000588　1815
國朝文苑傳一卷國朝孝子小傳一卷　易順鼎撰　清末刻本　一冊

120000－0361－0000589　1817
春融堂雜記八種　(清)王昶撰　清嘉慶十三年(1808)刻本　一冊　存三種(鴻雪再錄、使楚叢談、臺懷隨筆)

120000－0361－0000590　1819
錢警齋公[錢世銘]年譜一卷春風草廬遺稿一卷心白齋賸稿一卷　(清)錢世銘撰　清宣統三年(1911)刻本　一冊

120000－0361－0000591　1830
聊齋志異新評十六卷　(清)蒲松齡撰　(清)王士禛評　(清)但明倫新評　清末刻本　一冊　存一卷(四)

120000－0361－0000592　1831
說文佚字攷四卷　(清)張鳴珂撰　清光緒十三年(1887)豫章刻本　一冊

120000－0361－0000593　1838
日游瑣識　李寶洤撰　清光緒三十二年(1906)鉛印本　一冊

120000－0361－0000594　1841
四夷館考二卷　(明)□□撰　清光緒三十四年(1908)鉛印本　一冊

120000－0361－0000595　1844
直省府廳州縣總圖　(□)□□撰　清末湖北崇文書局刻本　二十七幅

120000－0361－0000596　1849
東隅瑣記一卷　(清)李濬之述　清末鉛印本　一冊

120000－0361－0000597　1850
監本詩經八卷　(宋)朱熹集傳　清同治金陵芥子園刻本　二冊

120000－0361－0000598　1850
監本詩經八卷　(宋)朱熹集傳　清同治金陵芥子園刻本　一冊

120000－0361－0000599　1856
亭林先生神道表一卷　(清)全祖望撰　**同志贈言一卷**　(清)沈岱瞻纂　清光緒十一年(1885)刻本　一冊

120000－0361－0000600　1861
西國近事彙編十二卷　(美國)林樂知口譯　(清)蔡錫齡筆述　清光緒七年(1881)上海機器製造局鉛印本　十二冊

120000－0361－0000601　1863
四十日萬八千里之游記　(清)管鳳龢撰　清宣統二年(1910)鉛印本　一冊

120000－0361－0000602　1871
直齋書錄解題二十二卷　(宋)陳振孫撰　清光緒九年(1883)江蘇書局刻本　六冊

120000－0361－0000603　1873
運河總說　(□)□□撰　舊抄本　一冊

120000－0361－0000604　1876
家乘蒐遺　(清)陳永壽輯　清光緒三十三年(1907)刻本　一冊

120000－0361－0000605　1877
昭代名人尺牘小傳二十四卷　(清)吴修輯　清光緒三十四年(1908)上海汲古齋石印本　一册　存十卷(一至十)

120000－0361－0000606　1884
津門雜記三卷　(清)張燾輯　清光緒十年(1884)刻本　三册

120000－0361－0000607　1889
奉天全省地輿圖志　(清)王志修編　清光緒二十年(1894)刻本　一册

120000－0361－0000608　1906
[光緒]祥符縣志二十四卷首一卷　(清)沈傳義等修　(清)黄舒昺纂　清光緒二十四年(1898)刻本(卷三配補)　二十四册

120000－0361－0000609　1912
多忠勇公[隆阿]勤勞錄四卷　(清)雷正綰撰　清光緒元年(1875)刻本　四册

120000－0361－0000610　1913
新鐫名公紀述老蘇先生事實　(宋)歐陽修撰　清刻本　一册

120000－0361－0000611　7093
撫津疏草四卷　(明)畢自嚴撰　明末刻本　八册

120000－0361－0000612　7151
[乾隆]永清縣誌二十五卷文徵五卷　(清)周震榮撰　(清)章學誠等纂修　清乾隆四十四年(1779)刻本　四册

120000－0361－0000613　1936
[同治]稷山縣誌十卷　(清)沈鳳翔纂修　清同治四年(1865)刻本　八册

120000－0361－0000614　1943
楚漢諸侯疆域志三卷　(清)劉文淇撰　清光緒二年(1876)金陵書局刻本　一册

120000－0361－0000615　1945
兩浙防護錄不分卷　(清)阮元輯　清光緒十五年(1889)浙江書局刻本　二册

120000－0361－0000616　1955
緬甸國志一卷英領緬甸志一卷緬甸新志一卷暹羅國志一卷布哈爾志一卷　(清)學部編譯圖書局編輯　清光緒三十三年(1907)學部編譯圖書局鉛印本　一册

120000－0361－0000617　1957
亞拉伯志一卷　(清)學部編譯圖書局編輯　清光緒三十三年(1907)學部編譯圖書局鉛印本　一册

120000－0361－0000618　1969
張文襄公[之洞]榮哀錄十卷　(□)□□撰　清宣統北京集成圖書公司鉛印本　四册

120000－0361－0000619　1977
辛卯侍行記六卷　(清)陶保廉撰　清光緒二十三年(1897)養樹山房刻本　六册

120000－0361－0000620　1980
浙江沿海圖説　(清)朱正元撰　清光緒二十五年(1899)鉛印本　一册

120000－0361－0000621　2015
附釋音周禮注疏四十二卷附校勘記四十二卷　(漢)鄭玄註　(唐)賈公彦疏　(清)阮元校　清末刻本　六册

120000－0361－0000622　7091
畿輔義倉圖不分卷　(清)方觀承編　清乾隆刻本　六册

120000－0361－0000623　2017
文雲閣[廷式]先生年譜四卷　錢仲聯撰　抄本　二册

120000－0361－0000624　2026
岩齋學記九卷　(清)朱性坦編輯　清嘉慶三年(1798)青雲樓刻本　四册

120000－0361－0000625　2027
鶴徵錄八卷首一卷後錄十二卷　(清)李集輯　(清)李富孫　(清)李遇孫續輯　清同治十一年(1872)刻本　六册

120000－0361－0000626　2030
許振禕列傳　(□)□□撰　清光緒三十一年(1905)刻本　一册

120000－0361－0000627　2032
欽定禮部則例二百零二卷　(清)恭阿拉等修　(清)卓淩阿等纂　清嘉慶十一年(1806)刻本　六冊　存五十卷(一百五十三至二百零二)

120000－0361－0000628　2036
沈端恪公[近思]年譜二卷　(清)沈曰富編　清同治十二年(1873)浙江書局刻本　一冊

120000－0361－0000629　2052
通州興辦實業章程二卷　(清)張謇撰　清光緒三十一年(1905)鉛印本　二冊

120000－0361－0000630　2065
皇朝經濟文新編六十一卷　(清)宜今室主人輯　清光緒二十七年(1901)石印本　二十四冊

120000－0361－0000631　2066
增評補像全圖金玉緣一百二十回　(清)曹雪芹撰　(清)高鶚續　清光緒三十四年(1908)求不負齋石印本　十六冊

120000－0361－0000632　2067
小方壺齋輿地叢鈔十二帙　王錫祺輯　清末鉛印本　十四冊　存三帙(九至十一)

120000－0361－0000633　2069
試場異聞錄　(清)呂相燮輯　清同治九年(1870)味經堂刻本　十冊

120000－0361－0000634　2074
詳注聊齋志異圖詠十六卷　(清)蒲松齡撰　(清)呂湛恩注　(清)徐潤編　清末石印本　八冊

120000－0361－0000635　2077
新刻天花藏批評玉嬌梨四卷二十回　(清)荻岸散人編　清刻本　四冊

120000－0361－0000636　2088
光緒會計錄三卷　(清)李希聖纂　清光緒二十二年(1896)刻本　二冊

120000－0361－0000637　2090
[康熙]新城縣續志二卷　(清)孫元衡撰　(清)王啟涑編　清刻本　二冊

120000－0361－0000638　2091
[光緒]新河縣志十六卷　(清)趙鴻鈞修　(清)沈家煥纂　清光緒二年(1876)刻本　四冊

120000－0361－0000639　2099
查氏一門烈女編一卷　(清)查禮編　清光緒二十五年(1899)刻木活字印本　一冊

120000－0361－0000640　2104
西域水道記五卷　(清)徐松撰　清光緒十九年(1893)寶善書局石印本　五冊

120000－0361－0000641　2107
[光緒]綏遠志十卷首一卷　(清)貽穀修　高賡恩纂　清光緒三十四年(1908)刻本　六冊

120000－0361－0000642　7090
[光緒]重修寧河縣誌十六卷　(清)李賡雲等修　(清)談松林等纂　清光緒六年(1880)刻本　六冊

120000－0361－0000643　2114
[光緒]重修天津府志五十四卷首一卷末一卷　沈家本　(清)榮銓修　(清)徐宗亮　(清)蔡啟盛纂　清光緒二十五年(1899)刻本　七冊　存十四卷(四十二至五十四、末一卷)

120000－0361－0000644　7089
于清端公政書八卷首編一卷續集一卷外集一卷　(清)蔡方炳　(清)諸匡鼎編　(清)于準錄　清刻本　十冊

120000－0361－0000645　2116
李氏五種合刊　(清)李兆洛撰　清同治九年至十一年(1870－1872)合肥李氏刻本　十五冊

120000－0361－0000646　2117
中國最新度支全錄二卷　(□)□□撰　清光緒鉛印本　二冊

120000－0361－0000647　2120
資治通鑑地理今釋十六卷　(清)吳熙載撰

清光緒八年(1882)江蘇書局刻本　三冊

120000－0361－0000648　2127
[乾隆]渾源州志十卷續志十卷　(清)桂敬順纂修　(清)賀澍恩續　清光緒八年(1882)刻本　六冊

120000－0361－0000649　2130
影舊鈔卷子本玉燭寶典十二卷　(隋)杜臺卿撰　清光緒十年(1884)遵義黎氏刻古逸叢書本　二冊

120000－0361－0000650　2132
石鼓文釋存一卷補注一卷　(清)張燕昌撰　清光緒二十七年(1901)刻本　一冊

120000－0361－0000651　2134
證學編十卷附錄一卷　(清)額勒精額撰　清光緒二十年(1894)廣東臬署刻本　三冊

120000－0361－0000652　2138
東三省政略十二卷總目一卷　徐世昌撰　清宣統三年(1911)鉛印本　六冊　存六卷(七至十二)

120000－0361－0000653　2142
鑑史輯要圖說一卷　(清)萬卓志繪　清光緒三十三年(1907)石印本　一冊

120000－0361－0000654　2152
山東運河備覽十二卷圖說一卷　(清)陸燿纂　清同治十年(1871)刻本　六冊

120000－0361－0000655　2154
[嘉慶]介休縣志十四卷　(清)徐品山　(清)陸元鏸纂修　清嘉慶二十四年(1819)刻本　八冊

120000－0361－0000656　2155
讀麐堂遺集四卷　(清)戴望撰　清宣統三年(1911)刻本　二冊

120000－0361－0000657　2162
[乾隆]重修德州志十二卷首一卷　(清)王道亨修　(清)張慶源纂　清乾隆五十三年(1788)刻本　八冊

120000－0361－0000658　2164
[乾隆]臨清直隸州志十一卷首一卷　(清)張度　(清)鄧希曾等纂　清乾隆五十年(1785)刻本　十一冊

120000－0361－0000659　2166
甘肅清理財政說明書四編　(清)傅秉鑒編　清宣統石印本　九冊

120000－0361－0000660　2168
歷代地理志韻編今釋二十卷　(清)李兆洛撰　(清)六承如等編輯　清同治九年(1870)合肥李氏刻李氏五種合刻本　二冊　存八卷(十三至二十)

120000－0361－0000661　2168
皇朝輿地韻編二卷　(清)李兆洛撰　(清)六承如等編輯　清同治九年(1870)合肥李氏刻李氏五種合刻本　一冊

120000－0361－0000662　2168
紀元編三卷末一卷　(清)李兆洛撰　(清)六承如錄　清同治十年(1871)合肥李氏刻李氏五種合刻本　一冊

120000－0361－0000663　2168
歷代沿革圖一卷　(清)六嚴原繪　(清)馬征麟訂正　清同治十一年(1872)金陵刻本　一冊

120000－0361－0000664　2170
都門會館一卷　(清)楊士安輯　清道光二十六年(1846)刻本　一冊

120000－0361－0000665　2171
奇門遁甲統宗十二卷　(三國蜀)諸葛亮撰　清刻本　一冊

120000－0361－0000666　2178
[嘉慶]永定河志三十二卷附錄一卷　(清)李逢亨纂　清嘉慶刻本　十六冊

120000－0361－0000667　2179
人表考九卷附錄一卷　(清)梁玉繩撰　清光緒十四年(1888)廣雅書局刻本　五冊

120000－0361－0000668　2189
[道光]太平縣誌十六卷首一卷　(清)李炳彥

修　(清)梁棲鸞纂　清道光五年(1825)刻本　六册　存十五卷(一至十四,首一卷)

120000－0361－0000669　2256
華氏宗譜十二卷首一卷末一卷　(清)華文柏等輯　清同治十一年(1872)詒穀堂刻本　十册

120000－0361－0000670　2311
元和郡縣圖志四十卷闕卷逸文一卷考證三十四卷　(唐)李吉甫撰　(清)孫星衍輯逸文　(清)張駒賢考證　清光緒十三年(1887)刻畿輔叢書本　十一册　存五十九卷(元和郡縣圖志一至二十九、闕卷逸文一卷、考證一至二十九)

120000－0361－0000671　2336
京畿金石考二卷　(清)孫星衍撰　清光緒十三年(1887)刻本　一册

120000－0361－0000672　2356
繪圖爾雅二卷　(晉)郭璞注　清刻本　一册　存一卷(下)

120000－0361－0000673　2395
攈古録金文三卷　(清)吳式芬輯　清光緒二十一年(1895)刻本　九册

120000－0361－0000674　2452
監臨條約　(□)□□撰　清刻本　一册

120000－0361－0000675　2453
東省鐵路合同成案要覽附關係要件　(□)□□撰　清光緒鉛印本　一册

120000－0361－0000676　7087
深州風土記二十一卷　(清)吳汝綸撰　清光緒二十六年(1900)深州文瑞書院刻本　七册

120000－0361－0000677　7083
[同治]清苑縣志十八卷首一卷　(清)李逢源修　(清)諸崇儉纂　清同治十二年(1873)刻本　八册

120000－0361－0000678　2461
鐵路要覽三卷　題(清)若癡主人撰　清光緒十五年(1889)富文閣石印本　二册

120000－0361－0000679　2463
金石萃編一百六十卷　(清)王昶撰　清光緒十九年(1893)上海醉六堂石印本　六册　存五十五卷(五十七至一百十一)

120000－0361－0000680　2468
勸業道委員調查奉省柞蠶報告書不分卷　(清)張培撰　清末鉛印本　一册

120000－0361－0000681　2471
寰宇訪碑録十二卷　(清)孫星衍　(清)邢澍撰　清光緒九年(1883)江蘇書局刻本　四册

120000－0361－0000682　2472
月令粹編二十四卷首一卷　(清)秦嘉謨編　清嘉慶十七年(1812)刻本　八册

120000－0361－0000683　2477
津門古文所見録四卷　(清)郭師泰編　清光緒十八年(1892)刻本　四册

120000－0361－0000684　2479
金石續編二十一卷首一卷　(清)陸耀遹纂　清光緒十九年(1893)上海醉六堂石印本　六册

120000－0361－0000685　7148
[道光]直隸定州志二十二卷首一卷　(清)寶琳等纂修　清道光、咸豐刻本　十二册

120000－0361－0000686　7147
昌平外志六卷志補一卷　(清)麻兆慶撰　清光緒十八年(1892)榆蔭堂刻本　四册

120000－0361－0000687　7141
庚子西報一卷駐德使館鈔　(□)□□撰　清末抄本　一册

120000－0361－0000688　7081
[乾隆]獻縣志二十卷圖一卷表一卷　(清)萬廷蘭修　(清)戈濤纂　清乾隆二十六年(1761)刻本　十二册

120000－0361－0000689　7078
[乾隆]滄州志十六卷　(清)徐時作等修　(清)胡淦纂　清乾隆八年(1743)刻本　六册

120000－0361－0000690　2483

漁業歷史不分卷　(清)沈同芳　清宣統三年(1911)鉛印本　一册

120000－0361－0000691　7140
守虞日記一卷　(清)譚嘘雲撰　清末稿本　一册

120000－0361－0000692　2485
當行雜記不分卷　(□)□□撰　清光緒二十四年(1898)抄本　一册

120000－0361－0000693　2488
光緒二十五年通商各關華洋貿易總策不分卷　(□)□□撰　清光緒二十六年(1900)鉛印本　二册

120000－0361－0000694　2489
續增河東鹽法備覽三卷　(清)賨菉等修　(清)姚楷等纂　清宣統刻本　三册

120000－0361－0000695　7138
[乾隆]宣化府志四十二卷首一卷　(清)王者輔等修　(清)吳廷華等纂　清乾隆刻本　十六册

120000－0361－0000696　7075
[乾隆]任邱縣誌十二卷首一卷　(清)劉統修　(清)劉炳等纂　清乾隆二十七年(1762)刻本　十二册

120000－0361－0000697　7074
[乾隆]河間府新志二十卷首一卷　(清)杜甲等修　(清)黄文蓮等纂　清刻本　八册　存十六卷(五至二十)

120000－0361－0000698　7073
遊歷東洋日記　(□)□□撰　稿本　一册

120000－0361－0000699　2501
新鐫玉茗堂批評按鑑參補南宋志傳十卷五十回　(明)陳繼儒編　清刻本　十二册

120000－0361－0000700　2503
商周彝器釋銘五卷　(清)吕調陽輯　清光緒刻本　五册

120000－0361－0000701　2516
小方壺齋輿地叢鈔十二帙補編十二帙再補編十二帙　王錫祺輯　清光緒石印本　七十册

120000－0361－0000702　2520
太平寰宇記二百卷目錄二卷　(宋)樂史撰　清光緒八年(1882)金陵書局刻本　十七册　存九十六卷(一至三、九十一至一百三十七、一百五十五至二百)

120000－0361－0000703　2526
春秋地名攷畧十四卷　(清)高士奇撰　清康熙刻本　二册

120000－0361－0000704　2527
十朝東華錄　王先謙編　清光緒二十五年(1899)石印本　三十二册　存三百十五卷(天命東華錄一至四、天聰東華錄一至十一、崇德東華錄一至八、順治東華錄一至三十六、康熙東華錄一至一百十、雍正東華錄一至二十六、乾隆東華錄一至一百二十)

120000－0361－0000705　2536
治標庸言　(□)□□撰　清光緒二十一年(1895)石印本　一册

120000－0361－0000706　2537
徽屬義賑徵信錄　(清)洪廷俊輯　清宣統二年(1910)刻本　一册

120000－0361－0000707　2540
奉天農業試驗場成績專報一卷　(清)奉天農業試驗場編　清宣統二年(1910)影印本　一册

120000－0361－0000708　7072
元豐九域志十卷　(宋)王存等撰　清光緒刻本　五册

120000－0361－0000709　2543
世界統計年鑒十一章附附錄　謝蔭昌輯譯　清宣統元年(1909)鉛印本　一册

120000－0361－0000710　2545
開平煤鐵礦務情形一卷　(清)唐廷樞等撰　清光緒鉛印本　一册

120000－0361－0000711　2546
川漢鐵路總公司集股章程六章　川漢鐵路總

公司編　清光緒鉛印本　一冊

120000－0361－0000712　2547

蜀道難一卷　（□）□□撰　清末鉛印本　一冊

120000－0361－0000713　2548

查勘開平煤鐵礦務一卷　（清）唐廷樞等撰　清光緒刻本　一冊

120000－0361－0000714　2550

日本食貨志　（清）黄遵憲編纂　清光緒三十二年（1906）成都官報書局鉛印本　二冊

120000－0361－0000715　2552

文廟祀位　（□）□□撰　清同治八年（1869）楚北崇文書局刻本　一冊

120000－0361－0000716　2555

鹽法議略九篇　（清）王守基撰　清末精一閣鉛印本　一冊

120000－0361－0000717　2560

直隸清訟事宜附限期功過章程　（□）□□撰　清末刻本　一冊

120000－0361－0000718　2565

欽定吏部稽勳司則例八卷　（清）吏部編　清咸豐刻本　四冊

120000－0361－0000719　2568

津門選舉錄六卷　（清）孫默厂輯　清末抄本　一冊　存三卷（一至三）

120000－0361－0000720　2570

問心齋學治雜錄二卷　（清）張聯桂撰　清光緒十一年（1885）刻本　二冊

120000－0361－0000721　2572

武科條約　（□）□□撰　清嘉慶十二年（1807）刻本　一冊

120000－0361－0000722　2577

兩淮案牘鈔存　（□）程德全撰　清宣統鉛印本　三冊

120000－0361－0000723　2578

各國條款條約章程不分卷　（□）□□撰　清光緒刻本　四冊

120000－0361－0000724　2579

憲政論　（日本）菊池學而撰　（清）侯官林譯　清光緒二十九年（1903）上海商務印書館鉛印本　一冊

120000－0361－0000725　2580

憲法精理　（清）周逵編譯　清光緒二十八年（1902）上海廣智書局鉛印本　一冊

120000－0361－0000726　2584

宰惠紀略五卷　（清）柳堂撰　清光緒二十七年（1901）筆諫堂刻本　二冊

120000－0361－0000727　2586

慈谿嚴氏壽芝山莊公牘章程　嚴義彬輯　清宣統元年（1909）鉛印本　一冊

120000－0361－0000728　2587

京津救濟善會圖説　（清）孫樂園編　清末石印本　一冊

120000－0361－0000729　2591

預備立憲京内官制全案　（清）載澤等纂　清光緒鉛印本　一冊

120000－0361－0000730　2592

直隸州縣新舊交代章程　（□）□□撰　清光緒刻本　一冊

120000－0361－0000731　2594

籌餉事例新章　（□）□□撰　清光緒二十七年（1901）上海古香閣石印本　一冊

120000－0361－0000732　2596

周官指掌五卷　（清）莊有可撰　清光緒七年（1881）刻本　二冊

120000－0361－0000733　2598

直隸現行通飭章程三卷　（清）直隸按察使司編　清光緒十七年（1891）刻本　三冊

120000－0361－0000734　2604

大清仁宗受天興運敷化綏猷崇文經武孝恭勤儉端敏英哲睿皇帝聖訓一百十卷　（清）仁宗顒琰撰　清光緒石印本　七冊　存五十四卷（一至五十四）

120000－0361－0000735　7070
[光緒]東光縣志十二卷首一卷　(清)周植瀛修　(清)吳潯源纂　清光緒十四年(1888)刻本　十冊

120000－0361－0000736　2622
汗簡三卷目錄一卷　(宋)郭忠恕撰　清光緒十一年(1885)吳縣朱氏刻本　一冊

120000－0361－0000737　2625
陶齋吉金續錄二卷補遺一卷　(清)端方撰　清宣統元年(1909)金陵石印本　二冊

120000－0361－0000738　7069
有吳天津資料　(□)□□撰　抄本　一冊

120000－0361－0000739　7059
[光緒]遵化通志六十卷首一卷　(清)何崧泰修　(清)史樸纂　清光緒十二年(1886)刻本　三十一冊

120000－0361－0000740　2631
中外輿地全圖　(清)鄒代鈞編　清光緒二十九年(1903)刻本　一冊

120000－0361－0000741　2639
遊歷日本圖志　(□)□□撰　清光緒十五年(1889)鉛印本　十六冊

120000－0361－0000742　2640
金石萃編一百六十卷　(清)王昶撰　**金石續編二十一卷首一卷**　(清)陸耀遹撰　清光緒十九年(1893)上海寶善石印本　十二冊　存七十一卷(金石萃編一百十二至一百六十,金石續編一至二十一、首一卷)

120000－0361－0000743　2643
大清現行刑律案語　沈家本等編　清宣統鉛印本　九冊　存九冊(十至十八)

120000－0361－0000744　2646
[光緒]趙州志十六卷末一卷　(清)孫傳栻纂修　清光緒二十三年(1897)刻本　六冊

120000－0361－0000745　2650
歲時廣記四十卷首一卷末一卷　(宋)陳元靚撰　清末刻本　八冊

120000－0361－0000746　7058
[乾隆]蔚縣志三十一卷　(清)王育榞修　(清)李舜臣等纂　清乾隆刻本　四冊

120000－0361－0000747　7035
東華續錄(光緒朝)二百二十卷　(清)朱壽朋編　清宣統鉛印本　六十四冊

120000－0361－0000748　2653
薛母郭太恭人家傳　(清)俞樾撰　清末至民國石印本　一冊

120000－0361－0000749　2654
古香齋鑒賞袖珍春明夢餘錄七十卷　(清)孫承澤撰　清光緒七年至八年(1881－1882)南海孔氏刻本　十二冊　存三十八卷(一至三十八)

120000－0361－0000750　2657
勵堂自述年譜一卷戊辰日記錄一卷己巳日記錄一卷煙壺譜一卷　(清)顧家相撰　清稿本　九冊

120000－0361－0000751　7034
天下郡國利病書一百二十卷　(清)顧炎武輯　清光緒二十七年(1901)圖書集成局鉛印本　二十八冊

120000－0361－0000752　2661
欽定禮記義疏八十二卷首一卷　(清)鄂爾泰等修　清刻本　二十四冊

120000－0361－0000753　2666
廣東財政説明書十六卷　(清)廣東清理財政局編　清宣統二年(1910)鉛印本　八冊　存八卷(一至八)

120000－0361－0000754　2667
洋防輯要二十四卷　(清)嚴如熤輯　清道光十八年(1838)張鵬飛刻本　六冊　存十二卷(十三至二十四)

120000－0361－0000755　2672
日本國志四十卷首一卷　(清)黃遵憲編纂　清光緒十六年(1890)羊城富文齋刻本　十四冊

120000－0361－0000756　2674

[乾隆]臺灣府志二十六卷首一卷　(清)余文儀修　抄本　十六册

120000－0361－0000757　2675

校邠廬抗議二卷　(清)馮桂芬撰　清光緒刻本　一册　存一卷(下)

120000－0361－0000758　2677

農工商部奏定爵賞章程一卷　(□)□□撰　清末官報局鉛印本　一册

120000－0361－0000759　2681

奏定礦政調查局章程一卷　(□)□□撰　清末蘭州官報局鉛印本　一册

120000－0361－0000760　2682

江蘇海運全案十二卷　(清)賀長齡纂　清刻本　十二册

120000－0361－0000761　2684

儀禮疏五十卷附校勘記五十卷　(漢)鄭玄注　(唐)賈公彥等撰　清嘉慶二十年(1815)江西南昌府學刻本　十二册

120000－0361－0000762　2685

附釋音禮記注疏六十三卷　(漢)鄭玄注　(唐)陸德明音義　**校勘記六十三卷**　(唐)孔穎達等撰　清嘉慶二十年(1815)江西南昌府學刻本　六册

120000－0361－0000763　2691

宋書一百卷　(南朝梁)沈約撰　清同治十一年(1872)金陵書局刻本　十五册

120000－0361－0000764　2692

宋史四百九十六卷目錄三卷　(元)脱脱等撰　清光緒元年(1875)浙江書局刻本　九十九册

120000－0361－0000765　2693

明書一百七十一卷目錄二卷　(清)傅維鱗纂　清光緒五年(1879)刻本　八册　存二十九卷(一百四十三至一百七十一)

120000－0361－0000766　2694

三國志六十五卷　(晉)陳壽撰　(南朝宋)裴松之注　清同治九年(1870)金陵書局刻本　八册

120000－0361－0000767　2697

東華續錄(嘉慶朝)五十卷　王先謙編　清光緒十五年至十六年(1889－1890)會稽籀三倉室刻本　十一册　存三十卷(二十一至五十)

120000－0361－0000768　2701

新唐書二百二十五卷　(宋)歐陽修　(宋)宋祁等撰　清同治十二年(1873)浙江書局刻本　三十五册　存一百九十七卷(二十九至二百二十五)

120000－0361－0000769　2702

舊唐書二百十四卷　(五代)劉昫撰　清同治十一年(1872)浙江書局刻本　三十七册　存二百二十五卷(一至一百六十九、一百八十五至二百四十)

120000－0361－0000770　2704

浙江海運全案重編初編八卷　(清)馬新貽修　(清)蔣益澧等纂　清同治浙江糧儲道庫刻本　四册

120000－0361－0000771　2705

浙江海運全案新編八卷　(清)馬新貽修　(清)蔣益澧等纂　清同治浙江糧儲道庫刻本　六册

120000－0361－0000772　2706

浙江海運全案重編初編八卷續編四卷新編八卷　(清)黄宗漢原纂　(清)馬新貽修　(清)蔣益澧等纂　清同治浙江糧儲道庫刻本　十二册

120000－0361－0000773　2708

通商各關華洋貿易總册(光緒十六年至二十一年、二十四年)　(清)上海通商海關造册處譯　清光緒上海通商海關造册處鉛印本　七册

120000－0361－0000774　2708

通商各關華洋貿易總册(光緒二十一年)　(清)上海通商海關造册處譯　清光緒二十一年(1895)上海通商海關造册處鉛印本　一册

120000－0361－0000775　2711
清釐地方公款公產簡章　(□)□□撰　清末民初刻本　一册

120000－0361－0000776　2712
西甯城鄉保甲章程不分卷　(清)羅運甓編　清末刻本　一册

120000－0361－0000777　2714
二十四史九通政典類要合編三百二十卷　(清)黄書霖輯　清光緒二十八年(1902)約雅堂石印本　四册　存二百二十五卷(一至七十三、一百十九至一百七十六、二百二十七至三百二十)

120000－0361－0000778　2715
國朝御史題名不分卷　(清)黄玉圃編輯　清光緒刻本　二册

120000－0361－0000779　2715
滿洲蒙古御史題名　(清)蘇芳阿撰　清道光十七年(1837)刻本　一册

120000－0361－0000780　2716
畿輔同官録不分卷　(清)北洋官報局編　清宣統三年(1911)鉛印本　六册

120000－0361－0000781　2721
穆堂初稿五十卷　(清)李紱撰　清道光十一年(1831)刻本　十八册

120000－0361－0000782　2722
中國腦二卷　(清)寅半生編輯　清光緒二十九年(1903)刻本　二册

120000－0361－0000783　2724
熙朝紀政六卷　(清)王慶雲撰　清光緒二十七年(1901)天章書局石印本　六册

120000－0361－0000784　2726
奏定城鎮鄉地方自治并選舉章程附廣智書局書目　(□)□□輯　清末至民國鉛印本　一册

120000－0361－0000785　2727
入幕須知五種　(清)張廷驤輯　清光緒十三年(1887)刻本　六册

120000－0361－0000786　2728
國朝歷科題名碑錄不分卷　(□)□□輯　清光緒刻本　四册

120000－0361－0000787　2729
續增河東鹽法備覽三卷　(清)寶棻等修　(清)姚楷等纂　清宣統二年(1910)刻本　三册

120000－0361－0000788　2730
澤雅堂詩集六卷　(清)施補華撰　清同治刻本　二册

120000－0361－0000789　2731
復盦類稿八卷公牘四卷　(清)曹允源撰　清宣統二年(1910)刻本　三册

120000－0361－0000790　2734
北洋公牘類纂二十五卷目録一卷　(清)甘厚慈輯　清光緒三十三年(1907)京城益森印刷有限公司鉛印本　二十册

120000－0361－0000791　2735
大清現行刑律三十六卷首一卷附録一卷　沈家本等纂　清宣統二年(1910)鉛印本　十二册

120000－0361－0000792　2736
文獻通考鈔三十卷　(明)王圻撰　清刻本　八册　存二十四卷(一至二十四)

120000－0361－0000793　2738
經濟特科同徵録　(□)□□輯　清光緒三十年(1904)北洋官報局鉛印本　一册

120000－0361－0000794　2739
奏定度量權衡畫一制度圖説總表推行章程一卷　(清)農工商部編　清光緒三十四年(1908)農工商部鉛印本　一册

120000－0361－0000795　2741
續增科場條例附禮部政務處會奏變通科舉章程　(□)□□輯　清光緒刻本　四册

120000－0361－0000796　2743
擬辦大邑縣團練保甲章程　(□)□□撰　清刻本　一册

120000－0361－0000797　2744
科名金鍼不分卷　(清)毛昶熙編　清光緒元年(1875)刻本　一册

120000－0361－0000798　2745
武場條例八卷首一卷　(清)兵部纂　清同治刻本　一册

120000－0361－0000799　2746
順天鄉試第一房同門硃卷(咸豐辛酉科)　(□)□□輯　清咸豐同治刻本　一册

120000－0361－0000800　2747
津邑選舉録一卷津邑續刻選舉録一卷　(清)陳堦編　清光緒刻本　一册

120000－0361－0000801　2748
廣治平略三十六卷補編八卷　(清)蔡方炳纂　清刻本　十二册

120000－0361－0000802　2749
典故紀聞十八卷　(明)余繼登輯　清光緒五年(1879)謙德堂刻本　六册

120000－0361－0000803　2750
欽定科場條例六十卷首一卷　(清)詹鴻謨等纂　清光緒十三年(1887)刻本　十册　存十九卷(一至十八、首一卷)

120000－0361－0000804　2753
雲南通省釐金章程　(□)□□撰　清光緒十四年(1888)滇省釐金總局刻本　一册

120000－0361－0000805　2761
京師試行官票章程一卷　(□)□□撰　清末刻本　一册

120000－0361－0000806　2762
徽郡捐釐助餉章程一卷　(□)□□撰　清末刻本　一册

120000－0361－0000807　2765
太平寰宇記二百卷目録二卷　(宋)樂史撰　清末刻本　十六册　存八十六卷(五至九十)

120000－0361－0000808　2767
一門沆瀣集賦草四卷　(清)郝緇榮選　清同治七年(1868)刻本　四册

120000－0361－0000809　2769
變通選法條款一卷　(□)□□撰　清末刻本　一册

120000－0361－0000810　2770
江蘇省例(同治二年至光緒八年)　(□)□□撰　清光緒九年(1883)江蘇書局刻本　八册

120000－0361－0000811　2771
飴山文集十二卷附録一卷詩集二十卷禮俗權衡二卷聲調譜三卷談龍録一卷　(清)趙執信撰　清乾隆刻本　十册

120000－0361－0000812　2772
癸卯科武場鄉會試條例一卷　(□)□□撰　清刻本　一册

120000－0361－0000813　2773
爵秩全覽四卷(光緒二十八年秋季)　(□)□□撰　清光緒二十八年(1902)榮録堂刻本　四册

120000－0361－0000814　2780
韜厂蹈海録四卷　(清)徐良弼等撰　清宣統鉛印本　一册

120000－0361－0000815　2781
悔過齋文集七卷續集七卷劄記一卷　(清)顧廣譽撰　清光緒三年(1877)刻平湖顧氏遺書本　三册　存十二卷(悔過齋文集七卷、續集四卷、劄記一卷)

120000－0361－0000816　2783
城鎮鄉地方自治宣講書　(清)孟昭常撰　清宣統元年(1909)鉛印本　一册

120000－0361－0000817　2793
候補同官録(癸卯夏季)　(□)□□撰　清光緒二十九年(1903)鉛印本　一册

120000－0361－0000818　2794
城鎮鄉地方自治宣講書　(□)□□編　清宣統三年(1911)甘肅官書局鉛印本　一册

120000－0361－0000819　2801
五洲歌略　賈恩紱輯　清光緒二十八年(1902)求實學社刻本　一册

120000－0361－0000820　2804

東三省政略十二卷總目一卷　徐世昌編　清宣統鉛印本　六册　存二卷(三至四)

120000－0361－0000821　2807

北洋公牘類纂二十五卷目錄一卷　(清)甘厚慈輯　清光緒三十三年(1907)京城益森印刷有限公司鉛印本　二十册

120000－0361－0000822　2808

治浙成規八卷　(清)藩臬兩司輯　清刻本　八册

120000－0361－0000823　2811

嚴太僕先生集十二卷　(清)嚴虞惇撰　清光緒九年(1883)常熟嚴氏西涇草堂刻本　三册

120000－0361－0000824　2813

長蘆育嬰堂試行簡章　(□)□□撰　清光緒三十三年(1907)天津大公報館鉛印本　一册

120000－0361－0000825　2821

兩淮鹽法志五十六卷首四卷　(清)單渠總纂　(清)方濬頤等補修　清同治九年(1870)揚州書局刻本　二十册

120000－0361－0000826　2822

保甲書輯要四卷　(清)徐棟編　(清)丁日昌校　清光緒二十二年(1896)上海圖書集成印書局石印本　一册

120000－0361－0000827　2823

欽定府廳州縣地方自治章程　(□)□□撰　清宣統鉛印本　一册

120000－0361－0000828　2825

批評東萊博議四卷　(宋)呂祖謙撰　清末上海廣義書局石印本　四册

120000－0361－0000829　2831

新修長蘆鹽法志十六卷　(清)莽鵠立修　(清)魯之裕纂　清雍正四年(1726)刻本　八册

120000－0361－0000830　2835

金陵釐捐總局詳定整頓新章　(□)□□撰　清末鉛印本　一册

120000－0361－0000831　2836

津邑科舉表　(□)□□撰　清末朱絲欄抄本　一册

120000－0361－0000832　2839

憲政編查館奏城鎮鄉地方自治章程并選舉章程摺　奕劻等撰　清末至民國抄本　一册

120000－0361－0000833　2841

滇省捐廉義助章程　(□)□□撰　清光緒刻本　一册

120000－0361－0000834　2842

直隸隔境緝匪章程　(□)□□撰　清光緒刻本　一册

120000－0361－0000835　2843

民政部具奏調查戶口章程摺單　(清)善耆等撰　清末官報書局鉛印本　一册

120000－0361－0000836　2848

富國策三卷　(英國)法思德撰　(美國)丁韙良　(清)汪鳳藻譯　清光緒二十五年(1899)上海美華書館鉛印本　一册

120000－0361－0000837　2850

錢神志七卷　(清)李世熊撰　清光緒六年(1880)刻本　七册

120000－0361－0000838　2851

財政叢書二十種　昌言報館編輯　清光緒上海會文學社石印本　十二册

120000－0361－0000839　2854

日本國志四十卷首一卷　(清)黄遵憲撰　清光緒二十四年(1898)上海圖書集成印書局鉛印本　十册

120000－0361－0000840　2860

求治管見　(清)戴肇辰撰　清咸豐二年(1852)刻本　一册

120000－0361－0000841　2868

畫溪詩集　(清)徐崑撰　清光緒六年(1880)濟上刻本　四册

120000－0361－0000842　2870

江蘇都督程雪樓先生書牘二卷　汪德軒編輯

清宣統三年(1911)上海廣益書局鉛印本　二冊

120000－0361－0000843　2873
東遊觀政論略不分卷　(清)賀綸夔撰　清宣統元年(1909)上海商務印書館鉛印本　一冊

120000－0361－0000844　2877
憲政編查館奏城鎮鄉地方自治章程并選舉章程摺　奕劻等撰　清末至民國天津鉛印本　一冊

120000－0361－0000845　2881
含英軒文集五種　(清)鄭傳笈撰　清光緒三十年(1904)競化書局鉛印本　五冊

120000－0361－0000846　2883
許魯齋先生集六卷　(元)許衡撰　(清)張伯行輯　清同治福州正誼書院刻正誼堂全書本　一冊

120000－0361－0000847　2886
柏梘山房文集十六卷續集一卷　(清)梅曾亮撰　清咸豐六年(1856)聊城楊以增刻同治三年(1864)補刻本　四冊

120000－0361－0000848　2888
初使泰西記四卷　(清)志剛撰　(清)宜垕編　清光緒三年(1877)避熱窩刻本　四冊

120000－0361－0000849　2894
山東泰安府萊蕪縣現行簡明賦役全書(同治六年)　(□)□□撰　清同治刻本　一冊

120000－0361－0000850　2895
[長蘆額引冊目]　(□)□□撰　清四寶齋朱絲欄抄本　一冊

120000－0361－0000851　2899
財政四綱不分卷　(清)錢恂撰　清光緒鉛印本　一冊

120000－0361－0000852　2901
步兵槍件問答二卷　(□)□□撰　清光緒三十二年(1906)鉛印本　二冊

120000－0361－0000853　2901
地形學二卷　滕利芳撰　清光緒三十二年(1906)北洋武備研究所石印本　二冊

120000－0361－0000854　2901
普通修身大要一卷外編一卷　(□)□□撰　清光緒三十二年(1906)北洋陸軍編譯局鉛印本　二冊

120000－0361－0000855　2901
歷代名將事略二卷　(清)陳光憲編　清光緒三十二年(1906)北洋陸軍編譯局鉛印本　二冊

120000－0361－0000856　2901
行軍溝壘問答一卷行軍規矩問答一卷　(□)□□撰　清光緒三十二年(1906)鉛印本　二冊

120000－0361－0000857　2901
輜重隊教練四卷　(清)靳策義撰　清光緒三十一年(1905)北洋陸軍學堂印書局石印本　四冊

120000－0361－0000858　2901
步兵操法釋義一卷　(□)□□撰　清光緒三十二年(1906)北洋武備研究所石印本　一冊

120000－0361－0000859　2901
步兵談擊教範一卷　(□)□□撰　清光緒三十二年(1906)北洋武備研究所石印本　一冊

120000－0361－0000860　2901
簿記圖說不分卷　馮國璋鑒定　清光緒三十二年(1906)北洋武備研究所石印本　一冊

120000－0361－0000861　2901
帶兵規則一卷　(□)□□撰　清光緒三十二年(1906)鉛印本　一冊

120000－0361－0000862　2901
地勢學不分卷　(□)□□撰　清光緒三十二年(1906)北洋武備研究所鉛印本　一冊

120000－0361－0000863　2901
國朝掌故不分卷　(清)陳鴻緒編　清光緒北洋武備研究所鉛印本　一冊

120000－0361－0000864　2901
劍術教範一卷　(清)北洋陸軍編譯局編　清

光緒北洋武備研究所石印本　一册

120000－0361－0000865　2901

軍隊符號一卷　(清)北洋武備研究所編　清光緒三十一年(1905)北洋督練處石印本　一册

120000－0361－0000866　2901

歷代帝王統系大略一卷　(□)□□撰　清光緒三十二年(1906)北洋陸軍編譯局鉛印本　一册

120000－0361－0000867　2901

歷代史略不分卷　(□)□□撰　清光緒三十二年(1906)北洋陸軍編譯局鉛印本　一册

120000－0361－0000868　2901

陸軍行營禮節約單一卷　(清)北洋陸軍編譯局編　清光緒三十三年(1907)北洋武備研究所石印本　一册

120000－0361－0000869　2901

陸軍學堂操場條規禮節　(清)北洋陸軍編譯局編　清光緒北洋武備研究所鉛印本　一册

120000－0361－0000870　2901

馬兵操法不分卷　北洋督練處編纂　清光緒三十一年(1905)北洋武備研究所石印本　一册

120000－0361－0000871　2901

馬兵偵探問答一卷　(□)□□撰　清光緒三十二年(1906)鉛印本　一册

120000－0361－0000872　2901

物理入門不分卷　(清)鄭汝成撰　清光緒三十二年(1906)北洋武備研究所鉛印本　一册

120000－0361－0000873　2901

新訂部隊口令定義一卷　(清)北洋陸軍教練處編　清光緒三十二年(1906)北洋武備研究所鉛印本　一册

120000－0361－0000874　2903

通商約章類纂三十五卷　(清)張開運等纂輯　清光緒十二年(1886)天津官書局刻本　十九册

120000－0361－0000875　2907

畿輔同官録不分卷　(清)北洋官報局編　清光緒三十年(1904)北洋官報局鉛印本　四册

120000－0361－0000876　2908

通商各國條約　(清)總理各國事務衙門編　清光緒刻本　九册

120000－0361－0000877　2909

皇朝藩部要略十三卷表三卷　(清)祁韻士纂　(清)毛嶽生編次　清道光二十六年(1846)刻本　八册

120000－0361－0000878　2911

雲南勘界籌邊記下卷　姚文棟撰　清光緒二十三年(1897)刻本　一册　存一卷(下)

120000－0361－0000879　2915

刊頒部定各廳州縣交代遲延處分及奏定稽查徵解錢糧章程　(□)□□撰　清光緒刻本　一册

120000－0361－0000880　2918

大美國欽命會議銀價大臣條義中國新圜法覺書　(□)□□撰　清光緒二十九年(1903)上海商務印書館鉛印本　一册

120000－0361－0000881　2926

中俄交涉四卷　(清)楊楷撰　清光緒二十二年(1896)積山書局石印本　四册

120000－0361－0000882　2927

使琉球記六卷　(清)李鼎元撰　清光緒鉛印本　二册

120000－0361－0000883　2928

中外通商始末記二十卷　(清)王之春編　清光緒二十一年(1895)寶善書局石印本　三册

120000－0361－0000884　2929

和約彙鈔六卷首一卷　(清)望炊先生編　清光緒四年(1878)鉛印本　五册

120000－0361－0000885　2930

大清中樞備覽二卷　(□)□□撰　清光緒三十三年(1907)榮録堂刻本　二册

120000－0361－0000886　2931

中國最新度支全錄二卷　(□)□□撰　清光緒鉛印本　二册

120000－0361－0000887　2932

光緒三十一年通商各關華洋貿易論略　上海通商海關造冊處譯　清光緒三十二年(1906)鉛印本　一册

120000－0361－0000888　2932

清光緒三十二年通商各關華洋貿易總冊　上海通商海關造冊處譯　清光緒三十三年(1907)鉛印本　一册

120000－0361－0000889　2933

錢穀備要十卷　(清)王又槐編輯　清光緒十九年(1893)上海古香閣石印本　二册

120000－0361－0000890　2934

蘇屬財政説明書六編　(清)江蘇省蘇屬清理財政局編　清宣統鉛印本　六册

120000－0361－0000891　2936

新譯日本法規大全　(清)劉崇傑等譯　清光緒三十三年(1907)上海商務印書館鉛印本　八十一册

120000－0361－0000892　2937

理財攷鏡十卷　孫德全撰　清宣統二年(1910)鉛印本　四册

120000－0361－0000893　2939

欽定五軍道里表十八卷三流道里表一卷　(清)刑部纂修　清同治刻本　十五册

120000－0361－0000894　2942

大清一統志四百二十四卷　(清)和珅等纂修　清光緒二十八年(1902)上海寶善齋石印本　六十一册

120000－0361－0000895　2942

大清一統志四百二十四卷　(清)和珅等纂修　清光緒二十八年(1902)上海寶善齋石印本　五十九册

120000－0361－0000896　2944

新編沿海險要圖説十六卷　(清)于宏淦撰　清光緒鴻文書局江震學堂石印本　一册

120000－0361－0000897　2947

樓船瑣記二卷　(清)余思詒撰　清光緒二十七年(1901)石印本　二册

120000－0361－0000898　2948

禁煙鐘　丁義華授意　杜清廉筆述　清宣統三年(1911)鉛印本　一册

120000－0361－0000899　2949

慈谿嚴氏壽芝山莊公牘章程　嚴義彬輯　清宣統元年(1909)上海商務印書館鉛印本　一册

120000－0361－0000900　2951

新刻校正音釋詞家便覽蕭曹遺規四卷　(清)閑閑子訂注　清光緒十八年(1892)刻本　一册

120000－0361－0000901　2952

各國約章纂要六卷首一卷附錄一卷　勞乃宣輯　清光緒十八年(1892)上海圖書集成印書局鉛印本　四册

120000－0361－0000902　2954

長江水師全案　(□)□□撰　清刻本　二册

120000－0361－0000903　2955

漢律輯證六卷　(清)杜貴墀撰　清光緒二十三年(1897)鉛印本　一册

120000－0361－0000904　2956

海防紀略上卷　(清)芍唐居士編　清光緒六年(1880)上海文藝齋刻本　一册　存一卷(上)

120000－0361－0000905　2957

湖北常備軍全練章程奏稿一卷減練章程奏稿一卷　(□)□□撰　清光緒鉛印本　二册

120000－0361－0000906　2958

日本武學兵隊紀略　(清)張大鏞撰　清光緒二十五年(1899)刻本　一册

120000－0361－0000907　2959

學治一得編　(清)何耿繩輯　清光緒六年(1880)刻本　一册

120000－0361－0000908　2961

秋審實緩比較彙案三卷　(□)□□輯　清光緒六年(1880)鉛印本　四册

120000－0361－0000909　2962
交涉要覽類篇初集　陳鈺輯　清光緒二十八年(1902)湖北洋務譯書局鉛印本　四册

120000－0361－0000910　2964
歷代職官表六卷　(清)黄本驥撰　清光緒八年(1882)刻本　三册

120000－0361－0000911　2965
黑龍江財政説明書三卷劃分國家地方兩税意見書一卷　(清)黑龍江清理財政局編　清宣統二年(1910)鉛印本　四册

120000－0361－0000912　2966
欽定中樞政考續纂四卷　(清)長齡　(清)景善等纂修　清刻本　四册

120000－0361－0000913　2971
開平礦務局規條十則　(□)□□撰　清光緒十四年(1888)上海廣百宋齋鉛印本　一册

120000－0361－0000914　2971
平泉礦務局招商章程十二條　(□)□□撰　清光緒刻本　一册

120000－0361－0000915　2971
泉峯礦務局稟牘　(□)□□撰　清光緒刻本　一册

120000－0361－0000916　2971
天津化學製造公司招股章程　(□)□□撰　清末石印本　一册

120000－0361－0000917　2971
中美續議通商行船條約　(□)□□撰　清光緒鉛印本　一册

120000－0361－0000918　2971
中日通商行船條約續約　(□)□□撰　清末鉛印本　一册

120000－0361－0000919　2971
奏定清理財政章程　(□)□□撰　清末鉛印本　一册

120000－0361－0000920　2972
開灤兩礦聯合營業案據彙覽附録開平舊案二件　(□)□□撰　清光緒二十七年(1901)鉛印本　二册

120000－0361－0000921　2972
開灤兩礦聯合營業案據彙覽附録開平舊案二件　(□)□□撰　清光緒二十七年(1901)鉛印本　二册

120000－0361－0000922　2973
日本海陸兵志六卷　(清)劉慶汾集譯　清光緒二十年(1894)石印本　三册

120000－0361－0000923　2974
公法紀要　錢祥保撰　清光緒二十四年(1898)抄本　四册

120000－0361－0000924　2975
歐美各國憲法　(清)薛瑩中校　清光緒十七年(1891)刻本　一册

120000－0361－0000925　2977
提牢備考四卷　(清)趙舒翹輯　清光緒十九年(1893)東甌官舍刻本　二册

120000－0361－0000926　2978
農務局擬定振興農務要目八條　(□)□□撰　清光緒三十三年(1907)蘇省刷印總局鉛印本　一册

120000－0361－0000927　2984
鹽督憲奏稿　(□)□□撰　清道光二十一年(1841)抄本　一册

120000－0361－0000928　2985
咸豐條諭　(□)□□輯　抄本　一册

120000－0361－0000929　2986
退思粗訂稿二卷　(清)朱文翰撰　清刻本　一册

120000－0361－0000930　2987
王建詩集十卷　(唐)王建撰　清光緒東山席氏琴川書屋刻本　一册

120000－0361－0000931　2988
抱朴子内篇二十卷外篇五十卷譯文一卷

(晉)葛洪撰　清光緒十五年(1889)刻本　一冊

120000－0361－0000932　2990
鐵橋漫稿八卷　(清)嚴可均撰　清光緒十一年(1885)長洲蔣氏刻本　四冊　存二卷(一至二)

120000－0361－0000933　2994
鄉試及會試硃卷十一種　(□)□□輯　清刻本　十一冊

120000－0361－0000934　2996
出使美日秘國日記十六卷　(清)崔國因撰　清光緒二十年(1894)鉛印本　十二冊

120000－0361－0000935　2997
蘠盦東遊日記一卷　樓藜然撰　清光緒三十三年(1907)鉛印本　一冊

120000－0361－0000936　2998
會昌進士詩集一卷喻鳧詩集一卷姚鵠詩集一卷　(唐)馬戴等撰　清刻唐詩百家本　一冊

120000－0361－0000937　3000
公民必讀初編十章　(清)孟昭常撰　清光緒三十四年(1908)中新書局鉛印本　一冊

120000－0361－0000938　3001
欽定中樞政考八旗三十二卷　(清)明亮等纂修　清道光五年(1825)刻本　三十二冊

120000－0361－0000939　3002
乾坤正氣集五百七十四卷首一卷　(清)顧沅輯　清道光二十八年(1848)涇縣潘氏袁江節署刻光緒十八年(1892)涇縣潘駿文重印本　一百九十五冊　存四百七十四卷(一至一百八十六、二百八十七至五百七十四)

120000－0361－0000940　3004
說文解字義證五十卷　(清)桂馥撰　清同治九年(1870)湖北崇文書局刻本　六冊　存十卷(十一至二十)

120000－0361－0000941　3004
說文解字義證五十卷　(清)桂馥撰　清刻本　五冊

120000－0361－0000942　3005
朱九江先生集十卷首四卷　(清)朱次琦撰　清光緒二十三年(1897)刻本　四冊

120000－0361－0000943　3009
折獄龜鑑八卷　(宋)鄭克撰　清同治十年(1871)刻本　四冊

120000－0361－0000944　3010
刑部奏定新章　李鐘豫輯　清光緒二十年(1894)琉璃廠榮錄堂刻本　一冊

120000－0361－0000945　3011
國朝耆獻類徵初編四百八十四卷首二百零四卷目錄二十卷通檢十卷賢媛類徵十二卷　(清)李桓撰　清光緒湘陰李氏刻本　三百冊　殘

120000－0361－0000946　3015
蘭捐章程一卷　(清)□□撰　清光緒刻本　一冊

120000－0361－0000947　3019
舊五代史一百五十卷目錄二卷　(宋)薛居正等撰　清同治十一年(1872)湖北崇文書局刻本　十六冊

120000－0361－0000948　3019
舊五代史一百五十卷目錄二卷　(宋)薛居正等撰　清同治十一年(1872)湖北崇文書局刻本　十六冊

120000－0361－0000949　3020
庸庵文續編二卷　(清)薛福成撰　清光緒十五年(1889)刻本　二冊

120000－0361－0000950　3020
庸庵文外編四卷　(清)薛福成撰　清光緒十九年(1893)刻本　四冊

120000－0361－0000951　3021
大清光緒新法令　商務印書館編譯所編　清宣統元年(1909)上海商務印書館鉛印本　二十冊

120000－0361－0000952　3022
虞東先生文錄八卷　(清)顧鎮撰　(清)趙允

懷編　清道光十九年(1839)海虞顧氏小石山房刻本　一册

120000－0361－0000953　3025
軍隊内務條例　(□)□□撰　清光緒三十二年(1906)江蘇督練公所鉛印本　一册

120000－0361－0000954　3026
陸軍部奏催前經調查統計事件并擬發統計報告表式摺　(□)□□撰　清宣統元年(1909)鉛印本　一册

120000－0361－0000955　3027
蘇松常太徵兵簡章　(□)□□撰　清末鉛印本　一册

120000－0361－0000956　3028
陸軍部奏催前經調查統計事件并擬發統計報告表式摺　(□)□□撰　清宣統元年(1909)南洋印刷官廠鉛印本　一册

120000－0361－0000957　3038
駁案彙編三十二卷續編七卷　(清)朱梅臣輯　清光緒三十四年(1908)上海圖書集成局鉛印本　十一册

120000－0361－0000958　3038
秋審比較彙案二卷　(□)□□撰　清光緒三十四年(1908)上海圖書集成局鉛印本　一册

120000－0361－0000959　3039
月齋文集八卷詩集四卷　(清)張穆撰　(清)吴履敬　(清)吴式訓編次　清咸豐八年(1858)刻本　四册

120000－0361－0000960　3042
刺字集四卷　沈家本編　清光緒十二年(1886)京師刻本　一册

120000－0361－0000961　3043
蘇州捕房章程一卷　(□)□□撰　清光緒刻本　一册

120000－0361－0000962　3045
秋曹木鐸一卷　(□)□□撰　清末琉璃廠翰元齋刻本　一册

120000－0361－0000963　3062
團練事宜　(清)朱孫詒編　清光緒二十四年(1898)石印本　一册

120000－0361－0000964　3063
臨戰略範　(□)賀忠良撰　清光緒三十年(1904)油印本　一册

120000－0361－0000965　3064
飛獵濱獨立戰史　(清)東京留學生譯述　清光緒二十八年(1902)鉛印本　一册

120000－0361－0000966　3064
義大利獨立戰史六卷附錄一卷　(清)東京留學生譯　清光緒二十八年(1902)鉛印本　一册

120000－0361－0000967　3069
水師章程續編六卷　(美國)林樂知口譯　(清)鄭昌棪筆述　清光緒刻本　四册

120000－0361－0000968　3070
武備輯要續編十卷　(清)許乃釗編輯　清道光二十九年(1849)福珠隆阿刻本　二册

120000－0361－0000969　3074
孫子十家註十三卷敘錄一卷遺説一卷　(春秋)孫武撰　(宋)吉天保輯　清光緒刻本　六册

120000－0361－0000970　3075
兩當軒集二十二卷附錄六卷考異二卷　(清)黄景仁撰　清光緒二年(1876)刻本　六册

120000－0361－0000971　3077
惲子居文鈔四卷　(清)惲敬撰　清宣統二年(1910)上海國學扶輪社石印本　四册

120000－0361－0000972　3080
世界海軍現狀　(清)丁士源撰　清末鉛印本　一册

120000－0361－0000973　3082
奏定北洋陸軍武備學堂章程　(清)□□撰　清光緒二十九年(1903)鉛印本　一册

120000－0361－0000974　3083
[揚州城内開辦巡警章程]　(清)□□撰　清刻本　一册

120000－0361－0000975　3084
籌餉事例增修現行常例增修籌餉事例　（清）戶部編　清刻本　四册

120000－0361－0000976　3087
考察日本學校記十六卷　（清）李宗棠編譯　清光緒二十八年（1902）北京同文社石印本　十六册

120000－0361－0000977　3088
應用戰法　賀忠良撰　清光緒三十年（1904）北洋陸軍學堂鉛印本　一册

120000－0361－0000978　3089
陸地戰例新選　（清）總理衙門編印　清光緒九年（1883）鉛印本　一册

120000－0361－0000979　3090
防海紀略二卷　（清）芍唐居士撰　清光緒二十一年（1895）鉛印本　一册　存一卷（下）

120000－0361－0000980　3091
經籍纂詁一百零六卷首一卷　（清）阮元撰　清嘉慶十七年（1812）揚州阮元琅嬛仙館刻本　七册

120000－0361－0000981　3093
約章分類輯要三十八卷首一卷　蔡乃煌纂　清光緒二十六年（1900）湖南商務局刻本　十四册

120000－0361－0000982　3094
欽定六部處分則例　（清）文孚等撰　清光緒十三年（1887）刻本　十八册

120000－0361－0000983　3099
取士議略一卷　（明）葉廷秀撰　（清）雷應貞編輯　清刻本　一册

120000－0361－0000984　3100
古文辭讀本初編　（清）李剛已撰　清光緒三十一年（1905）鉛印本　一册

120000－0361－0000985　3101
國文學四卷　姚永樸編　清宣統二年（1910）京師法政學堂鉛印本　一册

120000－0361－0000986　3102
讀書作文譜十二卷　（清）唐彪輯　清刻本　四册

120000－0361－0000987　3102
父師善誘法二卷　（清）唐彪輯　清刻本　四册

120000－0361－0000988　3104
欽定六部處分則例五十二卷　（清）清平等纂修　清光緒十八年（1892）上海圖書集成印書局鉛印本　八册

120000－0361－0000989　3105
香書屋隱語（謄樓燈彩）　題悼棠子撰　清光緒朱絲欄抄本　一册

120000－0361－0000990　3106
九九消寒令譜一卷　題空空軒主人製　清光緒八年（1882）朱絲欄抄本　一册

120000－0361－0000991　3107
比例匯通四卷　（清）羅士琳演　清嘉慶二十三年（1818）刻本　一册

120000－0361－0000992　3110
永平詩存二十四卷　（清）史夢蘭編輯　（清）郭長清參訂　清同治十年（1871）樂亭史氏刻本　六册

120000－0361－0000993　3111
青門簏稿十六卷賸稿八卷旅稿六卷　（清）邵長蘅撰　清康熙刻光緒二十二年（1896）重印本　十二册

120000－0361－0000994　3121
新政應試必讀六種　（清）顧厚焜鑒定　清光緒二十八年（1902）石印本　十二册

120000－0361－0000995　3122
籌餉事例　（清）戶部編　清同治刻本　三册

120000－0361－0000996　3122
海防事例　（清）戶部編　清光緒刻本　三册

120000－0361－0000997　3122
增修現行常例　（清）戶部編　清刻本　一册

120000－0361－0000998　3127

警睡編二集四卷　(清)華榮萱輯　清光緒津門華錫疇鉛印本　一冊

120000－0361－0000999　3128
東游叢錄四卷　(清)吳汝綸撰　清光緒二十八年(1902)石印本　四冊

120000－0361－0001000　3133
藏書記要一卷　(清)孫從添撰　清光緒仁和許增刻榆園叢書本　一冊

120000－0361－0001001　3136
北洋海軍章程　(清)總理海軍事務衙門編　清光緒十四年(1888)石印本　二冊

120000－0361－0001002　3138
展城或問一卷　(明)呂坤撰　清刻後印本　一冊

120000－0361－0001003　3139
防海輯要十八卷首一卷　(清)俞昌會輯　清道光二十二年(1842)刻本　十冊

120000－0361－0001004　3140
奏定學堂章程(抽印十種)　(清)張百熙等纂　清光緒三十年(1904)刻本　二冊

120000－0361－0001005　3141
小學中史圖説上編　(□)劉子澄編輯　清光緒三十一年(1905)石印本　一冊

120000－0361－0001006　3142
地理志略　(清)學部編書局編纂　清光緒三十四年(1908)武昌刻本　一冊

120000－0361－0001007　3143
日本遊學指南四章　章宗祥撰　清光緒二十七年(1901)鉛印本　一冊

120000－0361－0001008　3144
東國觀學記　錦綬等撰　清宣統元年(1909)江蘇學務公所鉛印本　一冊

120000－0361－0001009　3145
東瀛參觀學校記　(清)呂佩芬撰　清光緒三十四年(1908)鉛印本　一冊

120000－0361－0001010　3146
步兵單人野外教練　賀忠良編　清光緒三十二年(1906)鉛印本　一冊

120000－0361－0001011　3148
國文學四卷　姚永樸編　清宣統二年(1910)京師法政學堂鉛印本　一冊

120000－0361－0001012　3149
江蘇學務文牘　江蘇學務公所編　清宣統二年(1910)江蘇學務公所鉛印本　四冊

120000－0361－0001013　3152
日游筆記　(□)王景禧撰　清光緒三十年(1904)學務處排印局鉛印本　一冊

120000－0361－0001014　3160
廣東鄉土地理教科書　黃節編撰　清光緒三十三年(1907)國學保存會鉛印本　二冊

120000－0361－0001015　3160
江西鄉土地理教科書　陳慶林編撰　清光緒三十三年(1907)國學保存會鉛印本　二冊

120000－0361－0001016　3160
安徽鄉土地理教科書　(清)劉師培編撰　清光緒三十二年(1906)國學保存會鉛印本　一冊

120000－0361－0001017　3160
湖北鄉土歷史教科書　陳慶林編撰　清光緒三十三年(1907)國學保存會鉛印本　一冊

120000－0361－0001018　3160
江寧鄉土地理教科書　(清)劉師培編撰　清光緒三十二年(1906)國學保存會鉛印本　一冊

120000－0361－0001019　3160
直隸鄉土地理教科書　陳慶林編撰　清光緒三十三年(1907)國學保存會鉛印本　一冊

120000－0361－0001020　3161
大清現行刑律案語　沈家本編　清宣統三年(1911)普政社鉛印本　九冊

120000－0361－0001021　3163
北洋公牘類纂續編二十四卷　(清)甘厚慈輯　清宣統二年(1910)北洋官報局鉛印本　二

十冊

120000－0361－0001022　3165
類腋五十五卷補遺三卷　(清)姚培謙　(清)張卿雲輯　(清)張隆孫補遺　清嘉慶九年(1804)姑蘇博物堂刻本　二十四冊

120000－0361－0001023　3165
類腋五十五卷　(清)姚培謙輯　清刻本　十六冊　存十六卷(一至十六)

120000－0361－0001024　3171
紫藤館日記　(□)□□撰　清抄本　一冊

120000－0361－0001025　3173
義門先生集十二卷何義門先生家書四卷　(清)何焯撰　清宣統元年(1909)平江吳氏廣州刻本　六冊

120000－0361－0001026　3174
樓船日記二卷　(清)余思詒撰　清光緒三十年(1904)上海商務印書館鉛印本　二冊

120000－0361－0001027　3175
東游紀念二卷　(清)李宗棠撰　清末至民國鉛印本　一冊

120000－0361－0001028　3197
滿漢事類備攷二卷(滿文)　(清)□□撰　清刻本　一冊

120000－0361－0001029　3198
說文釋例二十卷　(清)王筠撰　清光緒九年(1883)成都御風樓刻本　十二冊

120000－0361－0001030　3202
廣三字經一卷　(清)蕉軒氏撰　(清)王晉之　(清)張諧之重訂　清光緒九年(1883)津河廣仁堂刻本　一冊

120000－0361－0001031　3202
廣三字經一卷　(清)蕉軒氏撰　(清)王晉之　(清)張諧之重訂　清光緒九年(1883)津河廣仁堂刻本　一冊

120000－0361－0001032　3204
癡說八卷　(清)紀蔭田撰　清道光元年(1821)懷清堂刻本　八冊

120000－0361－0001033　3205
雙名錄　(清)史夢蘭撰　清同治六年(1867)刻本　一冊

120000－0361－0001034　3207
說文辨疑一卷　(清)顧廣圻撰　清末刻本　一冊

120000－0361－0001035　3207
說文釋例二卷　(清)江沅撰　清光緒刻本　一冊

120000－0361－0001036　3210
說文管見三卷　(清)胡秉虔撰　清光緒刻本　一冊

120000－0361－0001037　3212
問奇集二卷　(明)張位撰　明萬曆泰昌刻本　一冊

120000－0361－0001038　3222
字說一卷　(清)吳大澂撰　清末刻本　一冊

120000－0361－0001039　3225
三字經元明附解　(清)王相註　清光緒二十九年(1903)刻本　一冊

120000－0361－0001040　3226
三字孝經　(清)蘭湖漁父撰　清同治十年(1871)刻本　一冊

120000－0361－0001041　3227
三字經注解備要二卷　(宋)王應麟撰　清光緒十年(1884)刻本　一冊

120000－0361－0001042　3228
馬兵偵探教程五章　(□)□□撰　清光緒北洋陸軍學堂鉛印本　一冊

120000－0361－0001043　3229
應用戰法三卷　(□)□□撰　清光緒北洋陸軍學堂印書局鉛印本　三冊

120000－0361－0001044　3230
陸軍部發給就學日本海軍學生訓諭一卷　(□)□□撰　清光緒鉛印本　一冊

120000－0361－0001045　3231

陸軍部發給就學日本陸軍學生訓諭一卷 (□)□□撰 清光緒鉛印本 一冊

120000－0361－0001046 3232
奏定陸軍小學堂章程不分卷 奕劻等擬 清光緒鉛印本 一冊

120000－0361－0001047 3233
礮隊戰門指揮法 (□)杜爾倫編 清光緒北洋陸軍學堂印書局鉛印本 一冊

120000－0361－0001048 3234
臨時築壘學七章 滕利芳編 清光緒三十二年(1906)北洋陸軍編譯局石印本 一冊

120000－0361－0001049 3238
古文備覽 (清)傅維翰輯 清光緒二十三年(1897)刻本 一冊

120000－0361－0001050 3240
説文解字十五卷 (漢)許慎撰 (宋)徐鉉校定 清末商務印書館石印本 一冊 存三卷(十三至十五)

120000－0361－0001051 3243
説文古籀補十四卷補遺一卷附録一卷 (清)吴大澂撰 清光緒二十四年(1898)刻本 二冊

120000－0361－0001052 3245
説文校議十五卷 (清)姚文田 (清)嚴可均撰 清同治十三年(1874)歸安姚氏刻本 六冊

120000－0361－0001053 3249
千字文 (清)何丹谿撰 清末刻本 一冊

120000－0361－0001054 3250
名原二卷 (清)孫詒讓撰 清光緒刻本 一冊

120000－0361－0001055 3256
鄉塾正誤二卷 (清)李江撰 **王竹舫書目及雜著三篇** (清)王晉之撰 清同治刻本 一冊 缺一卷(鄉塾正誤下)

120000－0361－0001056 3260
陳仲子二十藝 (清)楊一崑撰 清嘉慶元年(1796)刻本 一冊

120000－0361－0001057 3264
小學鉤沈十九卷 (清)任大椿輯 (清)王念孫校正 清光緒十年(1884)龍氏刻本 二冊

120000－0361－0001058 3266
急就篇四卷 (宋)王應麟撰 清光緒刻玉海附刻本 一冊

120000－0361－0001059 3270
急就章姓氏補注 (清)吴省蘭撰 清嘉慶十二年(1807)刻本 一冊

120000－0361－0001060 3271
倉頡篇三卷續本一卷補本二卷 (清)孫星衍輯 清光緒十六年(1890)江蘇書局刻本 二冊

120000－0361－0001061 3272
小爾雅約注一卷 (漢)孔鮒撰 (清)朱駿聲約注 清刻本 一冊

120000－0361－0001062 3274
説文解字通釋四十卷附校勘記三卷 (南唐)徐鍇撰 清道光十九年(1839)壽陽祁氏刻本 六冊

120000－0361－0001063 3277
新刊增補音郡音義百家姓 (清)□□撰 清李光明家刻本 一冊

120000－0361－0001064 3281
説文拈字七卷 (清)王玉樹撰 清光緒十九年(1893)刻本 四冊

120000－0361－0001065 3286
朩廬札記一卷 (清)丁泰撰 清末抄本 一冊

120000－0361－0001066 3287
五方元音二卷 (清)樊騰鳳原本 (清)年希堯增補 清光緒十年(1884)刻本 一冊

120000－0361－0001067 3288
讀説文雜識一卷 (清)許棫撰 清光緒七年(1881)刻本 一冊

120000－0361－0001068　3290

爾雅疏十卷校勘記十卷　(晉)郭璞注　(宋)邢昺校定　清嘉慶二十年(1815)江西南昌府學刻重刊宋本十三經注疏本　四冊

120000－0361－0001069　3293

說文建首字義四卷附說文建首字讀一卷　王樹枏　(清)苗夔撰　清同治三年(1864)陶廬刻本　一冊

120000－0361－0001070　3298

古均閣遺著二卷　(清)許槤撰　清光緒十四年(1888)許頌鼎刻本　一冊

120000－0361－0001071　3300

四體千字文　(南朝梁)周興嗣次韻　清刻本　一冊

120000－0361－0001072　3303

百家姓三編　(清)丁儉卿撰　清咸豐五年(1855)刻本　一冊

120000－0361－0001073　3304

說文字原韻表二卷　(清)胡重編　(清)金孝柏訂　清嘉慶十六年(1811)刻本　一冊

120000－0361－0001074　3307

又希齋集四卷　(清)沈範孫撰　清咸豐三年(1853)刻本　一冊

120000－0361－0001075　3309

段氏說文注訂八卷　(清)鈕樹玉撰　清同治十三年(1874)湖北崇文書局刻本　二冊

120000－0361－0001076　3310

桐城吴氏古文讀本十二卷　(清)吴汝綸評選　清光緒三十四年(1908)上海文明書局鉛印本　四冊

120000－0361－0001077　3311

說文解字十五卷　(漢)許慎撰　(宋)徐鉉校定　清商務印書館石印本　四冊

120000－0361－0001078　3316

奏定學堂章程不分卷　(清)張百熙纂　清光緒二十九年(1903)鉛印本　五冊

120000－0361－0001079　3318

清儀閣題跋　(清)張廷濟撰　清刻本　四冊

120000－0361－0001080　3320

奏定學堂章程　(清)張百熙纂　清光緒二十九年(1903)北洋官報局鉛印本　六冊

120000－0361－0001081　3322

重刻海粟樓詩階六卷　(清)郭恩第輯　清光緒十三年(1887)刻本　四冊

120000－0361－0001082　3325

說文聲母歌括四卷　(清)宣樹甘撰　清宣統石印本　二冊

120000－0361－0001083　3326

光緒議員選舉章程　(清)□□撰　清光緒鉛印本　一冊

120000－0361－0001084　3330

六朝別字記不分卷　(清)趙之謙撰　清末石印本　一冊

120000－0361－0001085　3332

說文發疑六卷　(清)張行孚述　清光緒九年(1883)刻本　三冊

120000－0361－0001086　3333

說文句讀三十卷　(清)王筠撰　清光緒八年(1882)刻本　八冊

120000－0361－0001087　3335

仿唐寫本說文解字木部　(漢)許慎撰　清同治三年(1864)刻本　一冊

120000－0361－0001088　3336

倦鶴龕詩鈔一卷　(清)華長忠撰　清光緒刻本　一冊

120000－0361－0001089　3338

釋人疏證二卷　葉德輝撰　清光緒二十八年(1902)長沙葉氏刻本　一冊

120000－0361－0001090　3346

詩句題解韻編六卷　(清)陳維屏纂輯　清道光十七年(1837)棠芬書屋刻本　六冊

120000－0361－0001091　3348

春在堂全書錄要一卷　(清)俞樾撰　清光緒

刻春在堂全書本　一冊

120000－0361－0001092　3352
直隸擬訂各屬勸學所章程　(清)□□撰　清末刻本　一冊

120000－0361－0001093　3357
佩文韻府一百零六卷　(清)張玉書等編　清光緒八年(1882)上海點石齋石印本　十冊

120000－0361－0001094　3357
佩文韻府一百零六卷拾遺一百零六卷　(清)張玉書等編　清光緒八年(1882)上海點石齋石印本　五冊　存四十八卷(佩文韻府一至四十八)

120000－0361－0001095　3365
論談一卷續二卷　(清)□□撰　稿本　一冊

120000－0361－0001096　3366
内閣漢票簽中書舍人題名　(清)孔憲彝等編　清咸豐十一年(1861)刻本　一冊

120000－0361－0001097　3369
三松堂集二十卷年譜一卷目錄一卷　(清)潘奕雋撰　清同治九年至十一年(1870－1872)刻本　一冊　存二卷(年譜一卷、目錄一卷)

120000－0361－0001098　3371
萬國憲法志三卷　(清)周逵編撰　清光緒二十九年(1903)上海廣智書局鉛印萬國通志本　一冊

120000－0361－0001099　3372
湖海文傳七十五卷　(清)王昶輯　清道光十七年(1837)經訓堂刻本　八冊　存三十三卷(一至三十三)

120000－0361－0001100　3373
諸華香處詩集十三卷　(清)邱璋撰　清刻本　五冊

120000－0361－0001101　3374
津邑選舉錄一卷續刻一卷(順治丙戌至光緒戊子)　(清)□□輯　清光緒刻本　一冊

120000－0361－0001102　3374
津邑選舉錄一卷續刻一卷(順治丙戌至光緒戊子)　(清)□□輯　清光緒刻本　一冊

120000－0361－0001103　3376
藏書紀要一卷　(清)孫從添撰　清光緒九年(1883)潘祖蔭佞宋齋刻本　一冊

120000－0361－0001104　3377
士禮居藏書題跋六卷　(清)黄丕烈撰　(清)潘祖蔭輯　清光緒十年(1884)滂喜齋刻朱印本　四冊

120000－0361－0001105　3378
武英殿聚珍版程式　(清)金簡撰　清刻本　一冊

120000－0361－0001106　3388
經籍纂詁一百零六卷首一卷　(清)阮元撰　清光緒上海漱六山莊石印本　十二冊

120000－0361－0001107　3391
仿唐寫本説文解字木部箋異　(清)莫友芝撰　清同治二年(1863)刻本　一冊

120000－0361－0001108　3392
清芬樓遺稿四卷　(清)任啟運撰　清光緒十四年(1888)刻本　二冊

120000－0361－0001109　3396
嚴叔敏遺文不分卷　(清)嚴智庸撰　清光緒二十八年(1902)天津開文書局石印本　一冊

120000－0361－0001110　3399
龍壁山房文集五卷　(清)王拯撰　清光緒九年(1883)刻本　二冊

120000－0361－0001111　3400
抱潤軒文集十卷　馬其昶撰　清宣統元年(1909)安徽官紙印刷局石印本　一冊

120000－0361－0001112　3406
説文解字句讀三十卷　(清)王筠撰　清同治刻本　八冊

120000－0361－0001113　3410
午亭文編五十卷　(清)陳廷敬撰　(清)林佶輯錄　清刻本　十六冊

120000－0361－0001114　3411

切問齋文鈔三十卷　(清)陸燿輯　清同治刻本　六冊　存十六卷(十五至三十)

120000－0361－0001115　3412
孫宗伯集十卷首一卷　(明)孫繼臯撰　清光緒十八年(1892)鼎元堂木活字印本　十二冊

120000－0361－0001116　3413
知止堂集十三卷續集六卷外集六卷　(清)黄恩彤撰　清光緒六年(1880)刻本　六冊

120000－0361－0001117　3414
心白日齋集六卷　(清)尹耕雲撰　清光緒三十一年(1905)刻本　四冊

120000－0361－0001118　3415
求己錄三卷　(清)陶葆廉編　清光緒二十二年(1896)刻本　三冊

120000－0361－0001119　3416
蓮西律賦二卷　(清)工維珍撰　清同治刻本　一冊

120000－0361－0001120　3417
騂角編　(清)楊一崑撰　清刻本　一冊

120000－0361－0001121　3418
内心齋詩稿十一卷　(清)陳法撰　清道光至光緒刻本　二冊

120000－0361－0001122　3419
角山樓增補類腋六十七卷　(清)姚培謙撰　(清)趙克宜增輯　清刻本　二十二冊

120000－0361－0001123　3419
角山樓增補類腋六十七卷　(清)姚培謙撰　(清)張卿雲輯　(清)趙克宜增輯　清咸豐七年(1857)角山樓刻本　二十三冊

120000－0361－0001124　3419
角山樓增補類腋六十七卷　(清)姚培謙撰　(清)張卿雲輯　(清)趙克宜增輯　清咸豐七年(1857)角山樓刻本　二十三冊

120000－0361－0001125　3427
四書音補一卷　(清)張大仕輯　清光緒十九年(1893)刻本　一冊

120000－0361－0001126　3428
辛丑各國和約文件壬寅中英商約稅則彙録　(□)□□撰　清末鉛印本　一冊

120000－0361－0001127　3437
梅莊詩鈔十六卷　(清)華長卿撰　清同治八年(1869)刻本　四冊

120000－0361－0001128　3438
于湖題襟集　(清)袁昶撰　清光緒二十一年(1895)小漚巢刻本　二冊

120000－0361－0001129　3439
憲定正誼書院章程　(□)□□撰　清末刻本　一冊

120000－0361－0001130　3440
學部奏酌量變通初等小學堂章程摺附單片　(□)□□撰　清末官報書局鉛印本　一冊

120000－0361－0001131　3441
輶軒今語　(清)徐仁鑄撰　清光緒刻本　一冊

120000－0361－0001132　3443
興養立教及體育人才條款　(□)□□撰　清道光刻本　一冊

120000－0361－0001133　3445
勸學問答　(□)□□撰　清光緒三十二年(1906)官報書局鉛印本　一冊

120000－0361－0001134　3446
令德堂肄業章程　(□)□□撰　清光緒刻本　一冊

120000－0361－0001135　3447
順天鄉試硃卷(光緒辛卯科)　(□)□□輯　清光緒十七年(1891)刻本　一冊

120000－0361－0001136　3448
京師晥學堂規則　(□)□□撰　清光緒鉛印本　一冊

120000－0361－0001137　3449
學部奏請變通中學堂課程分為文科實科摺附單片　(□)□□撰　清宣統元年(1909)官報書局鉛印本　一冊

120000－0361－0001138　3450
奏定酌擬教育會章程　(□)□□撰　清末刻本　一册

120000－0361－0001139　3451
長蘆義塾課程　(□)□□撰　清光緒十二年(1886)刻本　一册

120000－0361－0001140　3453
四川勸工局學徒卒業章程　(□)□□撰　清光緒三十一年(1905)成都官報書局鉛印本　一册

120000－0361－0001141　3457
直隸第一初級師範學堂同仁錄　(□)□□撰　清宣統二年(1910)鉛印本　一册

120000－0361－0001142　3459
法國鄉學章程　鄭守箴譯　清光緒二十四年(1898)鉛印本　一册

120000－0361－0001143　3461
元詩選　(清)顧嗣立輯　清康熙三十三年(1694)長洲顧氏秀野草堂刻本　二十四册

120000－0361－0001144　3462
説文解字十五卷　(漢)許慎撰　(宋)徐鉉校　清光緒十一年(1885)吴縣朱氏家塾刻本　四册

120000－0361－0001145　3462
説文外編十六卷　(清)雷浚撰　清光緒二年(1876)刻雷氏八種本　四册

120000－0361－0001146　3463
通俗編三十八卷　(清)翟灝撰　清乾隆無不宜齋刻本　四册

120000－0361－0001147　3463
通俗編三十八卷　(清)翟灝撰　清乾隆無不宜齋刻武林竹簡齋補刻本　四册

120000－0361－0001148　3464
元詩選　(清)顧嗣立輯　清康熙三十三年(1694)長洲顧氏秀野草堂刻本　二十四册

120000－0361－0001149　3471
通飭簿　(□)□□撰　清宣統鉛印本　六册

120000－0361－0001150　3473
拙修集續編四卷　(清)吴廷棟撰　清光緒九年(1883)六安求我齋刻本　二册

120000－0361－0001151　3473
拙修集十卷　(清)吴廷棟撰　清同治十年(1871)六安求我齋刻本　四册

120000－0361－0001152　3474
心白日齋集六卷　(清)尹耕雲撰　清光緒二十一年(1895)刻本　四册

120000－0361－0001153　3479
説文解字通釋四十卷校勘記三卷　(宋)徐鍇撰　(清)承培元校勘　清光緒十九年(1893)刻本　八册

120000－0361－0001154　3480
甘莊恪公全集十六卷　(清)甘汝來撰　清乾隆五十六年(1791)刻本　四册

120000－0361－0001155　3494
奏摺體例輯要四卷　(清)步翼鵬撰　清宣統元年(1909)石印本　二册

120000－0361－0001156　3515
明百家姓一卷　(明)黄九煙撰　(□)黄氏手抄　抄本　一册

120000－0361－0001157　3517
弟子規一卷　(清)李毓秀撰　清末民國初刻本　一册

120000－0361－0001158　3521
東語入門二卷　(清)陳天麒撰　清光緒二十一年(1895)海鹽陳氏石印本　一册

120000－0361－0001159　3531
釋名疏證補八卷續釋名一卷釋名補遺一卷　(漢)劉熙撰　(清)畢沅疏證　清光緒二十二年(1896)刻本　四册

120000－0361－0001160　3543
湖海文傳七十五卷　(清)王昶輯　清道光刻本　八册

120000－0361－0001161　3551
家言隨記　(清)王賢儀撰　清同治十二年

(1873)刻本　四冊

120000－0361－0001162　3553
湘繭合稿五卷　(清)宗廷輔輯　清光緒六年(1880)常熟宗氏刻本　二冊

120000－0361－0001163　3555
歷朝制帖詩選同聲集六卷　(清)胡浚選注　清乾隆刻本　二冊

120000－0361－0001164　3556
重訂文選集評十五卷首一卷末一卷　(南朝梁)蕭統選　(清)于光華編　清乾隆四十六年(1781)心簡齋刻本　十六冊

120000－0361－0001165　3557
蓬溪風雅集四卷　(清)庠生撰　清道光二十三年(1843)刻本　一冊

120000－0361－0001166　3564
有懷堂文稿二十二卷詩稿六卷　(清)韓菼撰　清康熙刻本　十冊

120000－0361－0001167　3567
天台結茆集一卷　(清)釋明愚撰　(清)鄭錫較正　清乾隆刻本　一冊

120000－0361－0001168　3567
天台結茆集一卷　(清)釋明愚撰　(清)鄭錫較正　清乾隆刻本　一冊

120000－0361－0001169　3576
俞俞齋詩稿初集二卷　(清)史念祖撰　清光緒二十二年(1896)桂林刻本　二冊

120000－0361－0001170　3579
存吾春軒集十卷附錄一卷　(清)周大樞撰　清光緒十八年(1892)補刻本　三冊

120000－0361－0001171　3581
南來詩錄四卷　(清)張際亮撰　清刻本　一冊

120000－0361－0001172　3582
宜興任氏傳家集八卷首一卷　(清)任光斗輯　清同治十三年(1874)宜興任氏刻本　四冊

120000－0361－0001173　3584
紀文達公遺集十六卷　(清)紀昀撰　(清)紀樹馨編校　清嘉慶刻本　十二冊

120000－0361－0001174　3589
援鶉堂文集六卷　(清)姚範撰　清嘉慶十九年(1814)刻本　二冊

120000－0361－0001175　3593
治事文編二卷　湯壽潛輯　清光緒鉛印本　二冊

120000－0361－0001176　3598
也是集續編一卷　(清)安蹇齋主撰　清宣統二年(1910)大公報館鉛印本　一冊

120000－0361－0001177　3598
也是集一卷　(清)安蹇齋主撰　清光緒三十三年(1907)大公報館鉛印本　一冊

120000－0361－0001178　3598
也是集一卷　(清)安蹇齋主撰　清光緒三十三年(1907)大公報館鉛印本　一冊

120000－0361－0001179　3613
文選六十卷　(南朝梁)蕭統選　(唐)李善注　清光緒二十四年(1898)石印本　六冊

120000－0361－0001180　3622
湘綺樓全集三十卷　王闓運撰　清宣統二年(1910)上海國學扶輪社石印本　十二冊

120000－0361－0001181　3625
松園浪濤集十二卷偈庵集二卷　(明)程嘉燧撰　清宣統神州國光社鉛印風雨樓叢書本　六冊

120000－0361－0001182　3632
也是集一卷　(清)安蹇齋主撰　清光緒三十三年(1907)大公報館鉛印本　一冊

120000－0361－0001183　3638
苔岑集　(清)孫守信撰　清道光十二年(1832)刻本　一冊

120000－0361－0001184　3640
莫宦草　(清)黃壽衮撰　清光緒二十五年(1899)刻本　二冊

120000－0361－0001185　3644
［曾國藩信札］　(清)曾國藩撰　清稿本　一册

120000－0361－0001186　3645
笥河文集十六卷首一卷　(清)朱筠撰　清嘉慶二十年(1815)刻本　六册

120000－0361－0001187　3651
樫華館全集十二卷　(清)路德撰　清光緒十一年(1885)刻本　十册

120000－0361－0001188　3654
餘姚黄忠瑞公集六卷　(明)黄尊素撰　清光緒十三年(1887)正氣堂刻本　二册

120000－0361－0001189　3655
楊椒山先生集四卷　(明)楊繼盛撰　清道光二十一年(1841)刻本　二册

120000－0361－0001190　3656
慮得集四卷　(明)華悰韡撰　清同治十一年(1872)刻本　一册

120000－0361－0001191　3664
白沙子全集八卷　(明)陳獻章撰　清刻本　九册

120000－0361－0001192　3666
浙江海運全案重編續編四卷　(清)黄宗漢原纂　(清)馬新貽重修　(清)蔣益澧等重纂　清同治浙江糧儲道庫刻本　二册

120000－0361－0001193　3666
浙江海運全案重編續編四卷　(清)黄宗漢原纂　(清)馬新貽重修　(清)蔣益澧等重纂　清同治浙江糧儲道庫刻本　二册

120000－0361－0001194　3672
歸元恭先生續鈔七卷附録一卷　(清)歸莊撰　清光緒三十四年(1908)上海國學保存會鉛印國粹叢書本　二册

120000－0361－0001195　3674
交河集六卷　(清)王蘭生撰　清道光十六年(1836)刻本　三册

120000－0361－0001196　3675
天真閣集五十四卷外集六卷　(清)孫原湘撰　清嘉慶刻本　十四册

120000－0361－0001197　3676
抱翺山房全集　(清)尹恭保撰　清光緒刻本　二十册　缺二卷(酬酢一至二)

120000－0361－0001198　3681
倭文端公遺書十一卷首二卷　(清)倭仁撰　清同治刻本　八册

120000－0361－0001199　3682
醫俗軒詩集一卷文集一卷　(清)孔昭熺撰　清道光七年(1827)刻本　四册

120000－0361－0001200　3683
雨至滁陽酬倡集　(清)李樹安撰　清道光二十九年(1849)刻本　一册

120000－0361－0001201　3684
秋樵詩鈔六卷文鈔二卷附録一卷　(清)張慶成撰　清道光十四年(1834)刻本　四册

120000－0361－0001202　3685
參茶老人集二卷附録一卷　(清)釋真傳撰　清嘉慶二十二年(1817)平江六湛堂刻本　二册

120000－0361－0001203　3688
謙受堂全集三十卷　(清)陳廷慶撰　清道光十年至十二年(1830－1832)刻本　六册

120000－0361－0001204　3690
新纂氏族箋釋八卷　(清)熊峻運撰　清刻本　八册

120000－0361－0001205　3691
我法集二卷　(清)紀昀撰　清乾隆六十年(1795)刻本　二册

120000－0361－0001206　3692
乖崖先生文集十二卷附録一卷　(宋)張詠撰　清光緒八年(1882)獨山莫氏刻本　二册

120000－0361－0001207　3693
韻籟四卷　(清)華長忠撰　清光緒十五年(1889)松竹齋刻本　一册

120000－0361－0001208　3696
趙文恪公[光]遺集一卷自訂年譜一卷　(清)趙光撰　清光緒十六年(1890)活字本　六冊

120000－0361－0001209　3698
三松堂集二十卷續集六卷　(清)潘奕雋撰　清同治刻本　五冊　存二十卷(一至二十)

120000－0361－0001210　3699
李肅毅伯奏議二十卷　(清)李鴻章　(清)章洪鈞撰　(清)吳汝綸編　清光緒二十五年(1899)上海鴻文書局石印本　二十冊

120000－0361－0001211　3703
天韻堂賦鈔　(清)徐維城撰　清光緒四年(1878)刻本　一冊

120000－0361－0001212　3707
三松堂續集六卷　(清)潘奕雋撰　清同治九年至十一年(1870－1872)刻本　二冊

120000－0361－0001213　3708
熊襄愍公集十卷首一卷末一卷　(明)熊廷弼撰　清刻本　十二冊

120000－0361－0001214　3710
奏摺譜一卷　(清)饒旬宣纂　清光緒十三年(1887)刻本　一冊

120000－0361－0001215　3710
奏摺譜一卷　(清)饒旬宣纂　清光緒十六年(1890)刻本　一冊

120000－0361－0001216　3717
疏香閣附集　(明)葉紹袁輯　清咸豐刻本　一冊

120000－0361－0001217　3718
水明樓集一卷　(清)袁昶撰　清宣統元年(1909)上海時中書局鉛印本　一冊

120000－0361－0001218　3720
返生香　(明)葉小鸞撰　清光緒二十二年(1896)羊城葉衍蘭秋寐龕刻本　一冊

120000－0361－0001219　3721
靖節先生集十卷附年譜考異二卷　(晉)陶潛撰　(清)陶澍注　清光緒九年(1883)江蘇書局刻本　四冊

120000－0361－0001220　3724
松陵文錄二十四卷　(清)淩淦輯　清同治十三年(1874)刻本　八冊

120000－0361－0001221　3725
錢南園先生遺集五卷　(清)錢灃撰　清同治十一年(1872)刻本　二冊

120000－0361－0001222　3729
二思齋文存六卷　(清)何文明撰　清光緒七年(1881)閩南節署刻本　一冊

120000－0361－0001223　3733
熊魚山文集二卷　(清)熊開元撰　清光緒十年(1884)鉛印本　一冊

120000－0361－0001224　3734
漁磯漫鈔十卷　(清)雷琳等輯　清同治十年(1871)刻本　四冊　存五卷(一至五)

120000－0361－0001225　3735
舒萟室雜箸甲編二卷乙編二卷　(清)張文虎撰　清光緒五年(1879)刻覆瓿集本　二冊

120000－0361－0001226　3735
舒萟室雜箸賸稿　(清)張文虎撰　清光緒七年(1881)刻覆瓿集本　一冊

120000－0361－0001227　3736
和樂堂時文彙稿　(□)□□撰　清道光三十年(1850)刻本　一冊

120000－0361－0001228　3737
止止堂集五卷　(明)戚繼光撰　清光緒十四年(1888)山東書局刻本　二冊

120000－0361－0001229　3738
止齋文鈔二卷　(清)馬福安撰　清道光二十九年(1849)刻本　一冊

120000－0361－0001230　3739
寶綸堂外集十二卷　(清)齊召南撰　(清)齊毓川輯　清宣統三年(1911)掃葉山房石印本　二冊

120000－0361－0001231　3740

余忠宣青陽山房集五卷附錄一卷　(元)余闕撰　清光緒元年(1875)合肥張氏毓秀堂刻廬陽三賢集本　一冊

120000－0361－0001232　3742
念堂詩草五卷　(清)崔旭撰　清道光刻本　一冊

120000－0361－0001233　3746
孫淵如先生年譜二卷　(清)張紹南撰　(清)王德福續　清光緒二十四年(1898)陽湖孫氏刻本　一冊

120000－0361－0001234　3750
直隸諮議局籌辦處文件錄要初編　(清)直隸諮議局籌辦處編　清光緒鉛印本　二冊

120000－0361－0001235　3753
梧生文鈔十卷　(清)傅侗撰　清同治三年(1864)刻本　二冊

120000－0361－0001236　3755
綠蔭軒遺集六卷　(清)胡佩芳撰　清光緒二十三年(1897)金陵刻本　四冊

120000－0361－0001237　3757
天津南北段四鄉海河工程捐務探訪各局現行規則七章　吳籛孫撰　清宣統元年(1909)石印本　二冊

120000－0361－0001238　3758
天津南北段四鄉海河工程捐務探訪各局現行規則七章　吳籛孫撰　清宣統元年(1909)石印本　二冊

120000－0361－0001239　3759
字學舉隅　(清)龍啟瑞撰　清光緒刻本　二冊

120000－0361－0001240　3761
憺園全集三十六卷　(清)徐乾學撰　清光緒九年(1883)刻本　十二冊

120000－0361－0001241　3762
陳忠裕公全集三十卷首一卷末一卷　(明)陳子龍撰　(清)王昶輯　清嘉慶八年(1803)簳山草堂刻本　十六冊

120000－0361－0001242　3765
刖足集内篇一卷外篇一卷詩詞雜著一卷　(清)鍾天緯撰　清光緒至民國刻本暨鉛印本　二冊

120000－0361－0001243　3766
古紅楳閣集八卷附錄一卷　(清)劉履芬撰　清光緒六年(1880)蘇州刻本　二冊

120000－0361－0001244　3776
羅忠節公[澤南]年譜二卷　(清)郭嵩燾編　清同治二年(1863)長沙刻本　一冊

120000－0361－0001245　3777
依隱齋詩鈔十二卷　(清)陳忠祥撰　清咸豐十年(1860)刻本　四冊　存十卷(一至十)

120000－0361－0001246　3779
菊坪詩鈔二卷續卷一卷　(清)姚學程撰　清同治十一年(1872)會文山房刻本　一冊

120000－0361－0001247　3780
念堂詩鈔一卷　(清)崔旭撰　清刻本　一冊

120000－0361－0001248　3781
也是集續編一卷　黃斂之撰　清宣統二年(1910)天津大公報館鉛印本　一冊

120000－0361－0001249　3782
雪笠山人詩集不分卷　(清)釋智方撰　清道光刻本　一冊

120000－0361－0001250　3784
胡文忠公遺集八十六卷　(清)胡林翼撰　(清)鄭敦謹　(清)曾國荃纂輯　(清)胡鳳丹重編　清光緒元年(1875)湖北崇文書局刻本　九冊　存二十一卷(一至十二、七十八至八十六)

120000－0361－0001251　3788
少山詩鈔六卷詩餘一卷　(清)李琪撰　清道光三年(1823)五華山館刻本　二冊

120000－0361－0001252　3789
香銷酒醒詞不分卷　(清)趙慶熺撰　清道光二十九年(1849)刻本　二冊

120000－0361－0001253　3790

扁善齋文存二卷詩存一卷　(清)鄧嘉緝撰　清光緒二十七年(1901)江甯鄧氏刻本　三冊

120000-0361-0001254　3794
晚學集八卷未谷詩集四卷　(清)桂馥撰　清道光二十一年(1841)刻本　三冊

120000-0361-0001255　3796
抱潤軒文集十卷　馬其昶撰　清宣統元年(1909)安徽官紙印刷局石印本　一冊

120000-0361-0001256　3800
養晦堂文集十卷詩集二卷　(清)劉蓉撰　清光緒三年(1877)思賢講舍刻本　六冊

120000-0361-0001257　3805
澹靜齋全集　(清)龔景瀚撰　清同治八年(1869)濟南刻本　八冊

120000-0361-0001258　3806
張楊園先生全集十六種　(清)張履祥撰　(清)祝洤編選　清同治九年(1870)山東刻本　六冊

120000-0361-0001259　3809
張廉卿先生文集八卷　(清)張裕釗撰　清宣統元年(1909)五色古文山房刻本　四冊

120000-0361-0001260　3811
易園文集四卷詩集二卷詞集一卷　(清)李林松撰　清道光十七年(1837)濟寧州署刻本　六冊

120000-0361-0001261　3813
友竹草堂文集五卷　(清)蔣慶第撰　清光緒刻本　二冊

120000-0361-0001262　3820
袁文箋正十六卷　(清)袁枚撰　(清)石韞玉箋　清同治八年(1869)刻本　八冊

120000-0361-0001263　3822
變雅堂遺集八卷詩集十卷附錄二卷　(清)杜濬撰　清光緒二十年(1894)刻本　六冊

120000-0361-0001264　3825
校經廎文稿十四卷　(清)李富孫撰　清道光刻本　六冊

120000-0361-0001265　3826
洗桐軒詩集六卷　(清)李周南撰　清嘉慶刻本　六冊

120000-0361-0001266　3827
柳南詩鈔十卷　(清)王應奎撰　清刻本　四冊

120000-0361-0001267　3828
松陵文錄二十四卷　(清)淩淦輯　清同治十三年(1874)刻本　八冊

120000-0361-0001268　3829
慎其餘齋文集二十卷末一卷　(清)王贈芳撰　清咸豐四年(1854)刻本　六冊

120000-0361-0001269　3831
紀文達公遺集三十二卷　(清)紀昀撰　(清)紀樹馨編　清嘉慶十七年(1812)刻本　十五冊

120000-0361-0001270　3833
洪北江文集四卷　(清)洪亮吉撰　清宣統二年(1910)鉛印本　二冊

120000-0361-0001271　3838
新史奇觀八卷二十二回　(清)蓬蒿子撰　清光緒二十二年(1896)刻本　二冊

120000-0361-0001272　3839
昨非錄十二卷　(明)鄭誼明撰　清光緒石印本　一冊

120000-0361-0001273　3840
洨濱蔡先生文集十卷語錄二十卷首一卷　(明)蔡靉撰　清光緒四年(1878)夏子鎏刻本　四冊

120000-0361-0001274　7016
李文忠公全書(李文忠公全集)一百六十五卷首一卷　(清)李鴻章撰　(清)吳汝綸輯　清光緒三十四年(1908)金陵刻本　九十九冊

120000-0361-0001275　3853
海峰先生文十卷詩六卷　(清)劉大櫆撰　清同治十三年(1874)刻本　六冊

120000-0361-0001276　3858

呂晚村手書家訓五卷 (清)呂留良書 清光緒三十三年(1907)國學保存會石印國粹叢書本 二册

120000－0361－0001277 3859
息軒遺稿一卷 (□)駱元鋐撰 (□)駱邦煜編 清道光刻本 一册

120000－0361－0001278 3860
秋室集十卷 (清)楊鳳苞撰 清光緒湖州陸氏刻本 四册

120000－0361－0001279 3861
李穆堂詩文全集初稿五十卷別稿五十卷 (清)李紱撰 清道光十一年(1831)刻本 十八册 缺四十五卷(初稿一至四十五)

120000－0361－0001280 3862
琴川黄氏三集 (清)黄廷鑑撰 清道光二十年(1840)刻本 四册

120000－0361－0001281 3865
賴古堂集二十四卷 (清)周亮工撰 清道光刻本 六册

120000－0361－0001282 3866
邵子湘全集 (清)邵長蘅撰 清光緒刻本 八册

120000－0361－0001283 3867
道古堂全集 (清)杭世駿撰 清光緒十四年(1888)刻本 二十四册 存詩集十七卷(十至二十六)

120000－0361－0001284 3869
北山樓詩一卷 吳保初撰 清光緒二十七年(1901)上海商務印書館鉛印本 一册

120000－0361－0001285 3873
西陂類稿五十卷 (清)宋犖撰 (清)周龍藻 (清)周之舉編 清康熙五十年(1711)刻本 七册 存三十卷(一至三十)

120000－0361－0001286 3878
國學粹編 國學粹編社編 清光緒至宣統元年鉛印晨風閣叢書本 三册 存三期(一至三)

120000－0361－0001287 3879
善思齋文續鈔四卷詩續鈔二卷 (清)徐宗亮撰 清光緒刻本 二册

120000－0361－0001288 3880
昨非集四卷附一卷 (清)劉熙載撰 清光緒刻本 二册

120000－0361－0001289 3884
石遺室詩集十卷補遺一卷朱絲詞二卷文集十二卷木庵文藁一卷石遺續集一卷石遺三集一卷 陳衍撰 清光緒三十一年(1905)武昌刻本 八册

120000－0361－0001290 3885
遜學齋文鈔十二卷首一卷末一卷 (清)孫衣言撰 清同治十二年(1873)刻本 七册

120000－0361－0001291 3885
遜學齋詩鈔十卷續鈔五卷 (清)孫衣言撰 清同治三年(1864)刻本 三册

120000－0361－0001292 3886
謫麐堂遺集不分卷 (清)戴望撰 清宣統三年(1911)風雨樓鉛印本 一册

120000－0361－0001293 3889
癯歐戲墨二卷 題(清)東海癯歐撰 清光緒十一年(1885)津門蝶園刻本 一册

120000－0361－0001294 3896
甘泉鄉人餘稿二卷年譜一卷 (清)錢泰吉撰 清同治刻本 一册

120000－0361－0001295 3899
讀書舫文稿一卷 (清)胡捷撰 清同治刻本 一册

120000－0361－0001296 3900
怡志堂文初編六卷 (清)朱琦撰 清同治三年至四年(1864－1865)刻本 二册

120000－0361－0001297 3904
食古齋文錄一卷詩錄四卷詩餘一卷 (清)柳以蕃撰 清光緒十八年(1892)刻本 二册

120000－0361－0001298 3907
俞俞齋文稿初集四卷詩稿初集二卷詩餘一卷

（清）史念祖撰　清光緒三十二年（1906）廣陵刻本　四册　缺二卷（文稿三至四）

120000－0361－0001299　3909
香屑集十八卷　（清）黄之雋集　清宣統二年（1910）掃葉山房石印本　六册

120000－0361－0001300　3914
趙忠節公遺墨一卷附錄一卷　（清）趙景賢撰　清光緒二十三年（1897）刻本　一册

120000－0361－0001301　3917
憑山閣增輯留青新集三十卷　（清）陳枚選輯　（清）陳德裕增輯　清康熙刻本　二十四册

120000－0361－0001302　3918
唐確慎公集十卷首一卷末一卷　（清）唐鑑撰　清光緒元年（1875）刻本　六册

120000－0361－0001303　3919
倭文端公遺書八卷首二卷末一卷續刊四卷　（清）倭仁撰　清光緒元年（1875）六安求我齋刻本　六册

120000－0361－0001304　3920
羅山遺書十八卷　（清）羅澤南撰　清咸豐至同治長沙刻本　八册

120000－0361－0001305　3922
環生館集不分卷　（清）劉汝璆撰　清光緒四年（1878）刻本　一册

120000－0361－0001306　3924
復堂類集二十二卷　（清）譚獻撰　清光緒十一年（1885）刻本　六册

120000－0361－0001307　3926
嚴叔敏遺文不分卷　（清）嚴智庸撰　清光緒二十八年（1902）天津開文書局石印本　一册

120000－0361－0001308　3929
池北偶談二十六卷　（清）王士禛撰　清康熙四十年（1701）刻本　四册　存十六卷（一至十六）

120000－0361－0001309　3930
王文直公遺集六卷首一卷　（清）王東槐撰　清光緒七年（1881）刻本　四册

120000－0361－0001310　3935
虹橋老屋遺稿文四卷詩五卷　（清）秦緗業撰　清光緒十五年（1889）刻本　三册

120000－0361－0001311　3937
寒松堂全集十二卷　（清）魏象樞撰　清嘉慶十六年（1811）刻本　七册　存六卷（一至六）

120000－0361－0001312　3938
柏堂集外編十二卷餘編五卷　（清）方宗誠撰　清光緒十年（1884）刻本　三册

120000－0361－0001313　3950
憺園全集三十六卷　（清）徐乾學撰　清光緒九年（1883）刻本　十二册

120000－0361－0001314　3962
何子清先生遺文二卷附錄一卷　（清）何忠萬撰　清光緒八年（1882）金陵翁氏茹古閣刻本　一册

120000－0361－0001315　3963
學圃詩稿一卷詞賸一卷　（清）鄭德璜撰　清光緒二十六年（1900）刻本　一册

120000－0361－0001316　3965
儀顧堂集二十卷　（清）陸心源撰　清光緒二十四年（1898）刻本　八册

120000－0361－0001317　3966
清芬樓遺稿四卷　（清）任啟運撰　清嘉慶二十三年（1818）刻本　四册

120000－0361－0001318　3979
桐城吴先生全書七種十九卷　（清）吴汝綸撰　清光緒刻本　五册　存三種六卷（傳狀一卷、文集四卷、詩集一卷）

120000－0361－0001319　3983
松陵文集初編四卷　（□）陳去病纂輯　清宣統三年（1911）鉛印本　一册

120000－0361－0001320　3987
定峯文選二卷　（清）沙張白撰　（清）王家枚輯　清光緒二十四年（1898）江陰王氏重思齋刻本　一册

120000－0361－0001321　3990

撰異遺文一卷　(清)田曾撰　清光緒十五年(1889)張氏竹居刻本　一冊

120000－0361－0001322　3999
碧城僊館詩鈔八卷　(清)陳文述撰　清嘉慶十年(1805)刻本　一冊

120000－0361－0001323　4002
西陂類稿五十卷　(清)宋犖撰　清康熙刻本　七冊　存二十卷(三十一至五十)

120000－0361－0001324　4006
小清容山館詞鈔二卷　(清)袁翼撰　清光緒十三年(1887)刻本　一冊

120000－0361－0001325　4007
江忠烈公遺集二卷附錄一卷　(清)江忠源撰　清同治三年(1864)四川刻本　一冊

120000－0361－0001326　4009
埽宦齋遺集十卷首一卷末一卷　(□)劉泳之撰　清道光二十八年(1848)刻本　二冊

120000－0361－0001327　4010
務時敏齋存稿十卷　(清)洪昌燕撰　清光緒二十年(1894)刻本　二冊

120000－0361－0001328　4011
何子清先生遺文二卷附錄一卷　(清)何忠萬撰　清光緒八年(1882)金陵翁氏茹古閣刻本　一冊

120000－0361－0001329　4013
行素軒文存一卷詩存一卷　(清)華蘅芳撰　清光緒刻本　一冊

120000－0361－0001330　4015
附釋音春秋左傳注疏六十卷校勘記六十卷　(晉)杜預注　(唐)陸德明音義　(唐)孔穎達疏　清同治刻本　十二冊　存六十卷(注疏三十一至六十、校勘記三十一至六十)

120000－0361－0001331　4017
桐城吳先生尺牘五卷補遺一卷諭兒書一卷　(清)吳汝綸撰　清光緒三十年(1904)刻桐城吳先生全書本　五冊

120000－0361－0001332　4019
陳比部遺集三卷　(清)陳壽祺撰　清同治、光緒刻本　一冊

120000－0361－0001333　4020
問琴閣文二卷詩錄一卷詞一卷三唐詩品三卷　宋育仁撰　清光緒刻本　一冊

120000－0361－0001334　4023
齊雲山人文集一卷　(清)洪符孫撰　清光緒九年(1883)繆荃孫刻雲自在龕叢書本　一冊

120000－0361－0001335　4026
斯未信齋全集　(清)徐宗幹撰　清咸豐五年(1855)刻本　十二冊

120000－0361－0001336　4043
濂亭文集八卷　(清)張裕釗撰　清宣統元年(1909)掃葉山房石印本　一冊

120000－0361－0001337　4044
訒齋文鈔二卷詩鈔一卷　(清)褚子方撰　清光緒二十七年(1901)刻本　一冊

120000－0361－0001338　4045
昨夢齋文集四卷　(清)彭泰來撰　清同治刻本　二冊

120000－0361－0001339　4051
煙霞萬古樓文集六卷　(清)王曇撰　清末刻本　二冊

120000－0361－0001340　4056
勵志錄二卷　(清)沈近思撰　清同治光緒刻沈端恪公遺書本　一冊

120000－0361－0001341　4059
古香樓遺稿十卷　(清)沈長春撰　清咸豐六年(1856)刻本　四冊

120000－0361－0001342　4060
精選五律耐吟集一卷　(清)梅成棟輯　清道光十八年(1838)金鷙山房刻本　一冊

120000－0361－0001343　4065
碧琅玕館詩鈔四卷續鈔四卷　(清)楊光儀撰　清同治十三年(1874)刻本　四冊

120000－0361－0001344　4068

四夢彙譚四卷　(清)吳紹箕撰　清光緒五年(1879)鉛印本　二冊

120000－0361－0001345　4069
醉吟草六卷　(清)劉大容撰　(清)孫鍾選　清咸豐刻本　一冊

120000－0361－0001346　4072
一微塵集五卷　(清)何震彝輯　清宣統元年(1909)江陰何氏韞芬室仿聚珍版鉛印本　一冊

120000－0361－0001347　4074
同人詩錄不分卷　(清)王慶勳輯　清咸豐八年(1858)刻本　二冊

120000－0361－0001348　4080
永平詩存二十四卷　(清)史夢蘭編　(清)郭長清參訂　清同治十年(1871)刻本　六冊

120000－0361－0001349　4082
漁洋詩則一卷　(清)王士禎撰　(清)陳淮訂　清乾隆二十年(1755)刻本　一冊

120000－0361－0001350　4084
唐詩百名家全集　(清)席啟寓輯　清康熙席氏琴川書屋刻本　二冊　存三種(李衛公詩集、追昔游集三卷、朱慶餘詩集)

120000－0361－0001351　4087
漁洋山人精華錄箋注十二卷補注一卷　(清)金榮林箋注　(清)徐淮岱纂輯　清光緒石印本　一冊　存四卷(六至九)

120000－0361－0001352　4090
新刊校正增補圓機詩學活法全書二十四卷　(明)李衡輯　(明)王世貞增校　清刻本　一冊　存二卷(二十三至二十四)

120000－0361－0001353　4095
龍舒淨土文十卷　(宋)王日休撰　清刻本　一冊

120000－0361－0001354　4097
浙閩聚奎堂唱和詩　(清)徐樹銘等撰　清光緒刻本　一冊

120000－0361－0001355　4098
舊京集一卷　(□)□□撰　清瞻庵抄本　一冊

120000－0361－0001356　4101
歷朝七言排律遠春集三卷　(清)汪賢衢編　(清)汪世雋訂　清刻本　一冊

120000－0361－0001357　4103
四十賢人集一卷　(清)華長卿撰　清道光二十四年(1844)刻本　一冊

120000－0361－0001358　4108
無競先生詩三卷　(清)吳鴻綸撰　清末鉛印本　一冊

120000－0361－0001359　4109
圭塘倡和詩　(清)袁克文編　清末石印本　一冊

120000－0361－0001360　4111
聽月樓遺稿二卷　(清)嚴恒撰　清光緒二十八年(1902)石印本　一冊

120000－0361－0001361　4113
詩經審鵠要解六卷　(清)林錫齡輯　清同治刻本　四冊

120000－0361－0001362　4115
古柏軒遺稿四卷　(清)沈才清撰　清道光二十八年(1848)刻本　二冊

120000－0361－0001363　4116
新刻校正增補圓機活法詩學全書二十四卷　(明)李衡輯　(明)王世貞校正　清刻本　二冊　存四卷(十七至十八、二十一至二十二)

120000－0361－0001364　4118
思樹軒詩稿四卷　(清)李棠撰　清道光十三年(1833)河南府署刻本　二冊

120000－0361－0001365　4119
滹南遺老集四十五卷詩集一卷續編詩集一卷　(金)王若虛撰　清光緒五年(1879)定州王氏謙德堂刻畿輔叢書本　六冊

120000－0361－0001366　4119
閑閑老人滏水文集二十卷補遺一卷附一卷　(金)趙秉文撰　清光緒五年(1879)定州王氏

謙德堂刻畿輔叢書本　四冊

120000－0361－0001367　4121
秋盦詩草　(清)黄易撰　清宣統二年(1910)石印本　一冊

120000－0361－0001368　4123
銅井山房類稿二卷　(清)袁蘭升撰　清光緒二十一年(1895)刻本　一冊

120000－0361－0001369　4125
胡文忠公遺集八十卷　(清)胡林翼撰　(清)鄭敦謹　(清)曾國荃纂輯　清末刻本　十一冊　存三十八卷(十三至五十)

120000－0361－0001370　4133
湖唐林館駢體文二卷　(清)李慈銘撰　清光緒十年(1884)刻本　二冊

120000－0361－0001371　4137
和樂堂詩鈔五卷　(清)殷希文著　清嘉慶刻本　二冊

120000－0361－0001372　4138
聽月樓遺稿二卷　(清)嚴恒撰　清光緒二十八年(1902)上海石印本　一冊

120000－0361－0001373　6877
欽定大清會典一百卷事例一千二百二十卷　(清)崑岡等纂　清宣統元年(1909)石印本　八冊　存七十六卷(欽定大清會典五十八至六十八,事例四百五十六至四百六十八、八百六十二至八百八十九、九百四十至九百六十三)

120000－0361－0001374　4141
唐詩百名家全集　(清)席啟寓輯　清康熙席氏琴川書屋刻本　一冊　存三種(臨淮詩集二卷、楊凝詩集一卷、羊士諤詩集一卷)

120000－0361－0001375　4142
唐詩百名家全集　(清)席啟寓輯　清康熙席氏琴川書屋刻本　一冊　存二種(鮑溶詩集、呂衡州詩集)

120000－0361－0001376　4144
悔初廬詩稿二卷　(清)柴文杰撰　清光緒三年(1877)刻本　一冊

120000－0361－0001377　4145
珠風閣詩草續集一卷　(清)查曦撰　清刻本　一冊

120000－0361－0001378　4147
道援堂詩集十三卷　(清)屈大均撰　清刻本　八冊

120000－0361－0001379　4149
秋夢盦詞鈔二卷詞續一卷　(清)葉衍蘭撰　清光緒十六年(1890)羊城刻本　一冊

120000－0361－0001380　4150
話山草堂詩鈔四卷　(清)沈道寬撰　清光緒三年(1877)潤州刻本　四冊

120000－0361－0001381　4152
思補齋詩集六卷　(清)潘世恩撰　清道光三十年(1850)刻本　二冊

120000－0361－0001382　4157
古詩源十四卷　(清)沈德潛選　清康熙五十八年(1719)刻本　四冊

120000－0361－0001383　4160
蓮西詩集四卷　(清)□□撰　清光緒二十一年(1895)石印本　四冊

120000－0361－0001384　4161
金粟山房詩鈔十卷　(清)朱寯瀛撰　清光緒二十八年(1902)刻本　二冊

120000－0361－0001385　4163
海國勝遊草一卷天外歸帆草一卷　(清)斌椿撰　清同治八年(1869)刻本　一冊

120000－0361－0001386　4166
白田風雅二十四卷　(清)朱彬輯　清光緒十二年(1886)金陵刻本　四冊

120000－0361－0001387　4170
怡雲閣詩草六卷　(清)趙齡撰　清光緒二十四年(1898)刻本　一冊

120000－0361－0001388　4180
補松廬詩錄六卷　(清)吳慶坻撰　清宣統三

年(1911)湖南學務公所鉛印本　一册　存三卷(一至三)

120000－0361－0001389　4185
日本雜事詩二卷　(清)黄遵憲撰　清光緒十二年(1886)鉛印本　二册

120000－0361－0001390　4188
百柱堂内集三十四卷外集十九卷　(清)王柏心撰　**彤雲閣遺稿二卷**　(清)王家仕著　清光緒二十四年(1898)貴陽成山唐氏刻本　十六册

120000－0361－0001391　4189
海虞詩苑十八卷　(清)王應奎輯　清道光九年(1829)刻本　六册

120000－0361－0001392　4191
椒生詩草六卷　(清)王之春撰　清光緒十年(1884)上洋文藝齋刻本　二册

120000－0361－0001393　0068
竹葉亭雜記八卷　(清)姚元之撰　清光緒刻本　一册　存四卷(五至八)

120000－0361－0001394　4192
念堂詩鈔一卷　(清)崔旭撰　清刻本　一册

120000－0361－0001395　4192
樹君詩鈔一卷　(清)梅成棟撰　清刻本　一册

120000－0361－0001396　4193
瓠庵文稿一卷詞稿一卷　(清)路朝鑾撰　清稿本　二册

120000－0361－0001397　4197
黄檗山人詩集二卷　(清)李漢章撰　清光緒十四年(1888)刻本　一册

120000－0361－0001398　4200
崇雅堂詩鈔五卷　(清)楊汝諧撰　清乾隆刻本　二册

120000－0361－0001399　4201
意茗山館詩稿十六卷　(清)陸嵩撰　清光緒十八年(1892)刻本　四册

120000－0361－0001400　4202
息影廬詩賸三卷　(清)畢灝撰　清宣統三年(1911)活字本　一册

120000－0361－0001401　4203
三茅真君宣化度世寶卷二卷　(□)□□撰　清光緒三十三年(1907)刻民國六年(1917)年重印本　一册

120000－0361－0001402　4204
天全詩鈔　(清)王鵠撰　清刻本　一册

120000－0361－0001403　4211
寶綸堂詩鈔六卷　(清)齊召南撰　清光緒十三年(1887)刻本　二册

120000－0361－0001404　4213
圓音正考一卷　(清)存之堂輯　清道光十年(1830)刻本　一册

120000－0361－0001405　4215
西征集四種　(清)黄家鼎撰　清光緒補不足齋刻本　四册

120000－0361－0001406　4219
治齋詩存　(清)顧成志撰　清至民國刻本　一册

120000－0361－0001407　4220
祇可軒刪餘稿二卷　(清)管學洛撰　清刻本　一册

120000－0361－0001408　4222
藏園詩鈔一卷　(清)游智開撰　清光緒十二年(1886)刻本　二册

120000－0361－0001409　4226
焦雨軒詩草一卷　(清)王璞撰　清咸豐十一年(1861)文安王氏刻本　一册

120000－0361－0001410　4230
居東集二卷　(清)蔣智由撰　清宣統二年(1910)上海文明書局鉛印本　一册

120000－0361－0001411　4232
千里樓詩草一卷　(清)周維德撰　清光緒二年(1876)刻本　一册

120000－0361－0001412　4236
今白華堂詩錄八卷　(清)童槐撰　清同治八年(1869)刻本　二册

120000－0361－0001413　4239
定川草堂詩集二卷　(清)張文泩撰　清道光二十三年(1843)刻本　二册

120000－0361－0001414　4244
對嶽樓詩續錄四卷　(清)孔憲彝撰　清咸豐六年(1856)刻本　二册

120000－0361－0001415　4245
招隱山房詩鈔八卷末一卷　(清)戴啟文撰　清宣統元年(1909)鉛印本　二册

120000－0361－0001416　4249
花宜館詩鈔十六卷續存一卷無腔村笛二卷　(清)吴振棫撰　清同治刻本　六册

120000－0361－0001417　4259
香雪齋詩鈔四卷　(清)嚴錀撰　清光緒十九年(1893)桐谿嚴氏刻本　二册

120000－0361－0001418　4266
欲起竹閒樓存稿四卷　(清)梅成棟撰　清道光十二年(1832)刻本　一册

120000－0361－0001419　4268
和樂堂詩鈔五卷　(清)殷希文撰　清嘉慶二十一年(1816)刻本　一册

120000－0361－0001420　4278
蓄墨復齋詩鈔四卷　(清)王培新撰　清光緒二十二年(1896)刻本　二册

120000－0361－0001421　4280
桐溪耆隱集一卷補錄一卷　(清)袁炯輯　清光緒十六年(1890)刻本　一册

120000－0361－0001422　4284
花月舫吟草不分卷　(清)張挺撰　清抄本　一册

120000－0361－0001423　4285
蓬萊閣詩錄四卷　(清)陳克家撰　清同治二年(1863)刻本　一册

120000－0361－0001424　4298
友蓮詩稿三卷詞稿一卷　(清)黄景濂撰　清道光刻本　一册

120000－0361－0001425　4299
松風閣詩鈔八卷　(清)彭蘊章撰　清道光刻本　二册

120000－0361－0001426　4302
鬱華閣遺集四卷　(清)盛昱撰　清末刻本　一册

120000－0361－0001427　4305
鴻雪詞二卷退萶詞一卷金梁夢月詞二卷懷夢詞一卷　(清)周之琦撰　清刻本　二册

120000－0361－0001428　4312
近光集二十八卷　(清)汪士鋐編纂　(清)徐修仁注　清康熙五十八年(1719)保德堂刻本　十二册

120000－0361－0001429　4313
叢碧山房詩集五集　(清)龐塏撰　清康熙刻本　八册

120000－0361－0001430　4314
竹山書院唱和集　(□)□□撰　清抄本　一册

120000－0361－0001431　4315
寫韻樓詩集五卷首一卷末一卷　(清)吴瓊仙撰　清道光十二年(1832)刻本　二册

120000－0361－0001432　4318
瞻雲望月行窩吟二卷　(清)喻文鑾撰　清同治十年(1871)刻本　一册

120000－0361－0001433　4319
自鏡齋詩集四卷　(清)劉光煥撰　清同治三年(1864)抄本　四册

120000－0361－0001434　4320
退思軒詩集六卷補遺一卷　(清)張百熙撰　清宣統三年(1911)鉛印本　一册

120000－0361－0001435　4324
雪青閣詩集四卷　(□)謝維藩撰　清光緒九年(1883)開封官廨刻本　四册

120000－0361－0001436　4325
隨山館詩簡編四卷　（清）汪瑔撰　清光緒刻本　二册

120000－0361－0001437　4328
菊照山房近稿三卷　（清）岳鴻振撰　清嘉慶刻本　一册

120000－0361－0001438　4329
無欲齋詩鈔一卷　（明）鹿善繼撰　清刻本　一册

120000－0361－0001439　4336
雲左山房詩鈔八卷附一卷　（清）林則徐撰　清光緒十二年（1886）刻本　二册

120000－0361－0001440　4337
漁洋山人精華錄箋注十二卷補注一卷　（清）王士禛撰　（清）金榮箋注　清光緒石印本　十二册

120000－0361－0001441　4342
小酉腴山館詩鈔三編二卷　（清）吳大廷撰　清同治四年（1865）刻本　一册

120000－0361－0001442　4343
問樵詩續鈔一卷補遺一卷　（清）史有光撰　清道光二十六年（1846）太平院署刻本　一册

120000－0361－0001443　4344
鴻泥續吟一卷　（清）王定柱撰　清道光刻本　一册

120000－0361－0001444　4347
菜香書屋詩草一卷　（清）陸以耕撰　清光緒鉛印本　一册

120000－0361－0001445　4349
聽春樓詩稿六卷　（清）許韻蘭撰　清同治十三年（1874）刻本　一册

120000－0361－0001446　4352
重刻挹蘇樓同人詩鈔五卷附一卷　（清）施彰文編輯　清道光二十五年（1845）刻本　二册

120000－0361－0001447　4357
聽雨堂遺集六卷　（清）甘家斌撰　清道光二十四年（1844）刻本　六册

120000－0361－0001448　4368
曝書亭詩錄十二卷　（清）朱彝尊撰　（清）江浩然箋注　清乾隆惇裕堂刻本　六册

120000－0361－0001449　4380
詠史詩鈔一卷　（清）沈兆澐撰　清同治刻本　一册

120000－0361－0001450　4382
孟晉齋詩集四卷首一卷　（清）言朝標撰　清光緒十年（1884）刻本　一册

120000－0361－0001451　4383
鬻字齋詩略四卷復盦類稿八卷公牘四卷　（清）曹允源撰　清光緒二十二年至宣統二年（1896－1910）刻本　四册

120000－0361－0001452　4384
翠微軒詩稿三卷　（清）俞嗣勳撰　**省非軒詩稿一卷**　（清）俞嗣勳撰　清同治十年（1871）刻本　一册

120000－0361－0001453　4385
白鶴山房詩鈔四卷　（清）葉紹本撰　清嘉慶十二年（1807）榕城使院刻本　四册

120000－0361－0001454　4388
冰壺吟稿二卷　（清）蔣開撰　清道光六年（1826）刻本　一册

120000－0361－0001455　4389
天香小築居詩鈔一卷　（清）蔡餘慎撰　清嘉慶二十年（1815）刻本　一册

120000－0361－0001456　4392
弇山畢公［沅］年譜一卷　（清）史善長撰　清同治十一年（1872）鎮洋畢長慶刻本　一册

120000－0361－0001457　4394
句餘土音三卷甬上族望表二卷　（清）全祖望撰　清嘉慶十九年（1814）刻本　二册

120000－0361－0001458　4396
古雪詩鈔一卷續鈔二卷詩餘一卷　（清）楊繼端撰　清嘉慶十四年（1809）刻本　二册

120000－0361－0001459　4397
翁山詩外二十卷　（清）屈大均撰　（清）屈明

洪編　清宣統二年(1910)上海國學扶輪社鉛印本　十二冊

120000－0361－0001460　4397
翁山文外十六卷　(清)屈大均撰　清宣統二年(1910)上海國學扶輪社鉛印本　五冊

120000－0361－0001461　4399
堅瓠集十五集　(清)褚人穫纂輯　清刻本　八冊　存四集十六卷(九集四卷、十集四卷、廣集六卷、餘集二卷)

120000－0361－0001462　4404
鮚埼亭詩集十卷　(清)全祖望撰　清光緒十六年(1890)慈溪童賡年刻本　四冊

120000－0361－0001463　4406
西園詩鈔四卷文集一卷　(清)張擴庭撰　清同治四年(1865)刻本　一冊

120000－0361－0001464　4407
香杜草二卷二集二卷　(清)任昌運撰　清嘉慶刻本　二冊

120000－0361－0001465　4408
花天月地吟八卷　(清)蔣坦撰　清道光二十四年(1844)刻本　四冊

120000－0361－0001466　4410
龕山集四卷　(清)孟涂撰　清刻本　二冊

120000－0361－0001467　4412
太乙舟古今體詩鈔十三卷　(清)陳用光撰　清咸豐四年(1854)刻本　六冊

120000－0361－0001468　4413
紅螺山房詩鈔一卷　(清)李葆恂撰　清光緒二十一年(1895)李葆恂抄本　一冊

120000－0361－0001469　4421
秋江集註六卷　(清)黃任撰　(清)王元麟註　清道光二十三年(1843)東山家塾刻本　六冊

120000－0361－0001470　4426
寒松閣詩八卷詞四卷駢體文一卷續一卷　(清)張鳴珂撰　清光緒刻本　四冊

120000－0361－0001471　4427
崑崙山房詩集殘稿一卷　(清)張篤慶撰　清刻藍印本　一冊

120000－0361－0001472　4428
清風草堂詩鈔八卷　(清)余崢撰　清道光刻本　四冊

120000－0361－0001473　4429
笥河詩集二十卷　(清)朱筠撰　清嘉慶八年(1803)刻本　八冊

120000－0361－0001474　4430
古春軒詩鈔二卷　(清)梁德繩撰　清道光二十九年(1849)刻本　一冊

120000－0361－0001475　4431
起雲閣吟稿四卷　(清)鮑之蘭撰　清嘉慶二十三年(1818)刻本　一冊

120000－0361－0001476　4432
東莊詩存不分卷　(清)呂留良撰　清宣統三年(1911)順德鄧氏風雨樓鉛印本　一冊

120000－0361－0001477　4440
花王閣賸稿一卷　(明)紀坤撰　清嘉慶九年(1804)刻本　一冊

120000－0361－0001478　4443
退一步草堂詩鈔一卷詞鈔一卷　(清)王玉驥撰　清光緒刻本　二冊

120000－0361－0001479　4445
鬻字齋詩略四卷　(清)曹允源撰　清光緒二十二年(1896)刻本　一冊

120000－0361－0001480　4447
詅癡小草四卷　(清)張煜階撰　清道光十八年(1838)刻本　二冊

120000－0361－0001481　4448
北夢瑣言二十卷　(宋)孫光憲纂集　清乾隆二十一年(1756)盧見曾刻雅雨堂叢書本　四冊

120000－0361－0001482　4449
心知堂詩稿十八卷　(清)汪仲洋撰　清道光刻本　四冊

120000－0361－0001483　4450
藕頤詩文集　(清)熊寶泰撰　清嘉慶熊氏刻本　一册

120000－0361－0001484　4451
御案詩經備旨八卷　(清)鄒聖脈纂輯　(清)鄒廷猷編　清光緒十二年(1886)上海點石齋石印本　一册　存四卷(一至四)

120000－0361－0001485　4452
蛙花吟館詩鈔四卷　(清)孫桂撰　清同治十二年(1873)刻本　二册

120000－0361－0001486　4460
環山閣詩鈔四卷補遺一卷　(清)祝政撰　清道光十一年(1831)刻本　一册

120000－0361－0001487　4462
船山詩草二十卷　(清)張問陶撰　清嘉慶二十年(1815)刻本　六册

120000－0361－0001488　4466
古詩源十四卷　(清)沈德潛選　清刻本　四册

120000－0361－0001489　4467
精選五律耐吟集一卷　(清)梅成棟輯　清道光十八年(1838)刻本　一册

120000－0361－0001490　4470
觀河集四卷　(清)彭紹升撰　清光緒四年(1878)刻本　一册

120000－0361－0001491　4472
測海集六卷　(清)彭紹升撰　清嘉慶二十四年(1819)刻民國十四年(1925)重印本　二册

120000－0361－0001492　4475
綠蕉館詩鈔四卷　(清)陳景高撰　清同治十三年(1874)刻本　二册

120000－0361－0001493　4476
燕蘭小譜五卷　(清)安樂山樵撰　清宣統三年(1911)長沙葉氏校刻本　一册

120000－0361－0001494　4477
存吾春軒集八卷　(清)周大樞撰　清光緒八年(1882)刻本　二册

120000－0361－0001495　4478
李義山詩集十六卷　(唐)李商隱撰　(清)姚培謙箋　清乾隆刻本　三册

120000－0361－0001496　4479
思補齋詩鈔遺稿二卷　(清)徐廣縉撰　清光緒二十六年(1900)徐氏刻本　二册

120000－0361－0001497　4479
思補齋試帖存稿一卷　(清)徐廣縉撰　清光緒二十七年(1901)徐氏刻本　一册

120000－0361－0001498　4479
仲升自訂年譜一卷　(清)徐廣縉撰　清光緒十八年(1892)徐氏刻本　一册

120000－0361－0001499　4480
聞妙香館詩存稿二卷　(清)梅寶璐撰　清光緒十三年(1887)刻本　一册

120000－0361－0001500　4481
翠薇花館詞三十四卷　(清)戈載撰　清嘉慶道光刻本　七册

120000－0361－0001501　4482
小木子詩三刻　(清)朱休度撰　清嘉慶刻本　六册

120000－0361－0001502　4483
樊山集二十四卷　樊增祥撰　清光緒二十年(1894)渭南縣署刻本　六册

120000－0361－0001503　4484
邃懷堂文集四卷　(清)袁翼撰　清光緒十三年(1887)刻本　四册

120000－0361－0001504　4485
碧蘿吟館詩集九卷詩餘一卷　(清)馬錦撰　清道光六年(1826)刻本　二册

120000－0361－0001505　4486
筠心書屋詩鈔十二卷　(清)褚廷璋撰　清嘉慶十一年(1806)刻本　四册

120000－0361－0001506　4488
在山集一卷　(清)王寧焯撰　清末抄本　一册

120000－0361－0001507　4489
賜書堂詩稿一卷　（清）翁照撰　清光緒二十五年（1899）江陰王氏刻重思齋叢書本　一册

120000－0361－0001508　4494
榕風樓詩存二卷　（清）楊渼臯撰　清光緒十年（1884）刻本　一册

120000－0361－0001509　4495
陽羨唱和集二卷附錄二卷　（清）萬立鈞（清）蔣萼撰　清光緒十七年（1891）刻本　二册

120000－0361－0001510　4504
五周先生集八卷　（清）周沐潤撰　清刻本　一册　存三卷（蟄室詩録一卷、訒庵遺稿一卷、傳忠堂學古文一卷）

120000－0361－0001511　4505
澂園詩集十卷首一卷　（清）徐樹銘撰　清末鉛印本　三册　缺二卷（九至十）

120000－0361－0001512　4506
廓軒竹枝詞一卷窮塞微吟一卷　（清）沈鋭撰　清宣統二年（1910）石印本　一册

120000－0361－0001513　4509
眠琴閣詩鈔十二卷　（清）呂廷煇撰　清同治二年（1863）黔中刻本　八册

120000－0361－0001514　4513
小鄒魯居詩集七卷　（清）張大仕撰　清宣統二年（1910）醒華報館石印本　七册

120000－0361－0001515　4514
琴隱園詩集三十六卷　（清）湯貽汾撰　清光緒刻本　十册　存二十二卷（一至二十二）

120000－0361－0001516　4537
漆室吟八卷附壬癸編□□卷　（清）王柏心撰　清咸豐刻本　二册　存一卷（壬癸編一）

120000－0361－0001517　4543
三十二蘭亭室詩存續刻二卷　（清）劉湍年撰　清光緒五年（1879）刻本　一册

120000－0361－0001518　4544
紫藤館詩草不分卷　（清）富察敦崇撰　清抄本　一册

120000－0361－0001519　4545
漁洋山人精華錄選鈔不分卷　（清）王士禛撰（清）查慎行　（清）何焯評　清刻本　二册

120000－0361－0001520　4546
荻灘詩稿十二卷　（清）謝鴻撰　清刻本二册

120000－0361－0001521　4547
屈原賦注一卷　（清）戴震撰　清末刻本一册

120000－0361－0001522　4547
屈原賦注一卷　（清）戴震撰　清末刻本一册

120000－0361－0001523　4547
屈原賦注一卷　（清）戴震撰　清末刻本一册

120000－0361－0001524　4553
傳樸堂詩稿四卷補遺一卷　（清）葛金烺撰
弢華館詩稿一卷　（清）葛嗣濚著　清光緒二十一年（1895）刻本　二册

120000－0361－0001525　4556
覺華龕詩存一卷　（清）王蔭祜撰　清光緒二十年（1894）刻本　一册

120000－0361－0001526　4557
南有吟亭詩草二卷　（清）于士祜撰　清光緒十四年（1888）刻本　一册

120000－0361－0001527　4565
庚子都門紀事詩六卷首一卷　（清）延清撰　清光緒二十八年（1902）石印本　二册

120000－0361－0001528　4567
黃葉邨莊詩集八卷續集一卷　（清）吳之振撰　清光緒刻本　四册

120000－0361－0001529　4569
養鶴堂詩集二卷　（清）郝韶景撰　清同治五年（1866）刻本　一册

120000－0361－0001530　4571

綠蕉館詩鈔四卷　(清)陳景高撰　清同治十三年(1874)刻本　一冊

120000－0361－0001531　4572
船山詩草選六卷　(清)張問陶撰　清嘉慶二十二年(1817)刻本　二冊

120000－0361－0001532　4573
因寄軒文初集十卷二集六卷補遺一卷　(清)管同撰　清道光十三年(1833)刻本　四冊

120000－0361－0001533　4581
墓廬記事詩鈔一卷附墓廬記事記一卷讀禮圖記一卷墓祠記一卷思艾字説一卷　(清)徐名植撰　清乾隆刻本　一冊

120000－0361－0001534　4585
望古遙集詩存一卷　(清)王璞輯　(清)王福曾注　清光緒四年(1878)刻本　一冊

120000－0361－0001535　4586
夢槐軒吟稿一卷　(清)逸園散人撰　清末抄本　一冊

120000－0361－0001536　4590
戊丁詩存一卷　陳止撰　清宣統元年(1909)京師鉛印本　一冊

120000－0361－0001537　4599
藤花館詩二卷詩餘一卷　(清)陳克常撰　清光緒十三年(1887)刻本　一冊

120000－0361－0001538　4602
傳樸堂詩稿四卷　(清)葛金烺撰　**弢華館詩稿一卷**　(清)葛嗣濚撰　清光緒二十一年(1895)刻本　二冊

120000－0361－0001539　6707
尚書商誼三卷　王樹枏撰　清光緒十一年(1885)刻本　一冊

120000－0361－0001540　4610
天游閣集五卷詩補一卷　(清)顧春撰　清宣統二年(1910)鉛印本　一冊

120000－0361－0001541　4614
養和山館課餘草六卷　(清)楊淞撰　清光緒二十三年(1897)刻本　二冊

120000－0361－0001542　4619
聞妙香館詩存稿二卷　(清)梅寶璐撰　清光緒十三年(1887)刻本　一冊

120000－0361－0001543　4621
説劍堂集不分卷　(清)潘飛聲撰　清光緒刻本　一冊

120000－0361－0001544　4624
閱莒草堂遺草四卷　(清)王栢撰　(清)魏燮均編輯　清同治刻本　二冊

120000－0361－0001545　4631
觀光日紀一卷　(清)吳嗣仲撰　清同治十二年(1873)刻本　一冊

120000－0361－0001546　4634
奎文誌喜詩一卷　(□)□□撰　清光緒刻本　一冊

120000－0361－0001547　4638
霜紅龕集四十卷　(清)傅山撰　**附錄三卷年譜一卷**　丁寶銓輯　清宣統三年(1911)山陽丁氏刻本　十二冊

120000－0361－0001548　4639
石間集　(明)蔣易撰　清宣統二年(1910)刻本　一冊

120000－0361－0001549　4641
隨扈紀行詩存二卷麻鞋紀行詩存一卷　(清)蔣廷黻撰　清刻本　一冊

120000－0361－0001550　4649
遜學齋詩鈔十卷　(清)孫衣言撰　清同治三年(1864)刻本　二冊

120000－0361－0001551　4654
安般簃集詩續十卷　(清)袁昶撰　清光緒十六年(1890)小漚巢刻本　四冊

120000－0361－0001552　4657
健修堂詩集十八卷　(清)邊浴禮撰　清咸豐刻本　六冊

120000－0361－0001553　4658
銅劍堂存稿一卷附斑箱唱和詩一卷　(清)王佑曾撰　清光緒刻本　一冊

120000－0361－0001554　4659
銅劍堂續稿一卷　(清)王佑曾撰　清光緒刻本　一冊

120000－0361－0001555　4671
蘿村雜體詩存一卷　(清)吳日圻撰　清道光二十二年(1842)刻本　一冊

120000－0361－0001556　4681
癡香吟初集一卷二集一卷　賀嘉楨撰　清宣統二年(1910)鉛印本　一冊

120000－0361－0001557　4684
批點七家詩選箋註七卷　(清)王廷紹等撰　清同治四年(1865)碧藤軒刻本　四冊

120000－0361－0001558　4690
種瑤草堂詩鈔二卷　(清)文元星撰　清道光四年(1824)刻本　二冊

120000－0361－0001559　4694
國朝滄州詩鈔十二卷　(清)王國均纂輯　清咸豐三年(1853)刻本　四冊

120000－0361－0001560　4696
遣愁小草　(清)李秉禮撰　清嘉慶二十年(1815)刻本　一冊

120000－0361－0001561　4697
搴香吟館遺稿二卷　(清)姚偁撰　清嘉慶二十五年(1820)刻本　一冊

120000－0361－0001562　4701
詠史詩鈔一卷　(清)沈兆澐撰　清同治刻本　一冊

120000－0361－0001563　4702
那處詩鈔四卷　(清)蔣楷撰　清宣統三年(1911)濟南刻本　一冊

120000－0361－0001564　4704
倚晴樓詩續集四卷　(清)黃燮清撰　清同治九年(1870)刻本　一冊

120000－0361－0001565　4707
五瑞齋詩鈔六卷　(清)姚濬昌撰　清末鉛印本　一冊

120000－0361－0001566　4708
勝蓮花室詩鈔六卷　(清)陳翰芬撰　清光緒十八年(1892)刻本　一冊

120000－0361－0001567　4709
豆香齋吟草二卷　(清)王玉麒撰　清光緒二十九年(1903)刻本　二冊

120000－0361－0001568　4710
客旋草一卷　(清)王國均撰　清同治元年(1862)刻本　一冊

120000－0361－0001569　4711
廬山詩錄一卷　易順鼎撰　(清)張之洞評點　清光緒三十四年(1908)影印本　一冊

120000－0361－0001570　4712
天根詩鈔二卷　(清)何家琪撰　清光緒三十二年(1906)大樑刻本　二冊

120000－0361－0001571　4715
聞妙香館詩存稿二卷　(清)梅寶璐撰　清光緒十三年(1887)刻本　一冊

120000－0361－0001572　4717
鷗堂詩三卷　(清)馬賡良撰　清光緒五年(1879)刻本　二冊

120000－0361－0001573　4722
詠史詩鈔一卷　(清)沈兆澐撰　清同治刻本　一冊

120000－0361－0001574　4723
瑟廬居士遺詩一卷　(清)章永康　清宣統二年(1910)石印本　一冊

120000－0361－0001575　4727
坦齋律賦一卷　(□)□□撰　清刻本　一冊

120000－0361－0001576　4729
附釋音毛詩注疏七十卷校勘記七十卷　(漢)鄭玄箋　(唐)孔穎達疏　清刻本　八冊　存十八卷(注疏十二至二十、校勘記十二至二十)

120000－0361－0001577　4730
柏梘山房詩集十卷續集二卷駢體文二卷　(清)梅曾亮撰　清咸豐刻本　二冊

120000－0361－0001578　4731
長真閣集七卷詩餘一卷　(清)席佩蘭撰　清嘉慶刻本　二册

120000－0361－0001579　4736
知足知不足齋詩存一卷　(清)寶琳撰　清光緒二十七年(1901)刻本　一册

120000－0361－0001580　4738
餘癡初稿一卷　(□)毓朗撰　清光緒鉛印本　一册

120000－0361－0001581　4739
嗎于館詩草二卷　(清)言敦源撰　清末鉛印本　一册

120000－0361－0001582　4745
芸香館遺詩二卷　(清)那遜蘭保撰　清同治十三年(1874)盛昱刻本　一册

120000－0361－0001583　4746
明瞿忠宣公手劄及蠟丸書一卷　(明)瞿式耜撰　清光緒三十四年(1908)國學保存會影印本　一册

120000－0361－0001584　4748
粲花佩葉山房詩稿六集　(清)陳鼎雯撰　清光緒十七年(1891)刻本　四册

120000－0361－0001585　4751
測海集六卷　(清)彭紹升撰　清同治四年(1865)刻本　二册

120000－0361－0001586　4758
情史類略二十四卷　(明)馮夢龍撰　清刻本　一册　存一卷(二十一)

120000－0361－0001587　4762
善思齋詩鈔七卷　(清)徐宗亮撰　清光緒刻本　一册

120000－0361－0001588　4763
倚柁吟遺稿一卷　(清)任賸撰　清光緒鉛印本　一册

120000－0361－0001589　4778
聊齋志異新評十六卷　(清)蒲松齡撰　(清)王士禎評　(清)但明倫新評　清道光二十二年(1842)廣順但氏刻本　二册　存二卷(一至二)

120000－0361－0001590　4779
環天室古近體詩類選五卷後集一卷　(清)曾廣鈞撰　清宣統二年(1910)刻本　一册

120000－0361－0001591　4783
餐霞樓詩軼稿　(清)左白玉撰　清光緒三十四年(1908)鉛印本　一册

120000－0361－0001592　4784
補松廬詩錄六卷　(清)吳慶坻撰　清宣統三年(1911)鉛印本　二册

120000－0361－0001593　4786
琴山詩鈔四卷附軍中筆記十四條　(清)陳枚撰　清同治三年(1864)刻本　四册

120000－0361－0001594　4793
皇朝經世文編一百二十卷　(清)賀長齡輯　清光緒二十二年(1896)掃葉山房石印本　二十四册

120000－0361－0001595　4795
聞妙香室詩稿五卷　(清)錢亮臣撰　清宣統二年(1910)天津醒華報館石印本　四册

120000－0361－0001596　4798
種蕉聽雨軒詩鈔二卷　(清)葛之覃撰　清光緒二十四年(1898)刻本　一册

120000－0361－0001597　4803
樸園感舊詩一卷　(清)李光庭撰　清刻本　一册

120000－0361－0001598　4806
默庵遺集八卷　(清)馮舒撰　清刻本　一册

120000－0361－0001599　4814
雙清精舍詩一卷　(□)李大防撰　清宣統二年(1910)鉛印本　一册

120000－0361－0001600　4815
湖東集四卷　(清)范凌霬撰　清咸豐十一年(1861)刻本　二册

120000－0361－0001601　4827

圭盦詩錄一卷 (清)吳觀禮撰 清光緒五年(1879)賁齋刻本 一册

120000－0361－0001602 4828

彤雲閣遺詩二卷絳雪齋文稿一卷 (清)王家仕撰 清同治十一年(1872)監利王氏刻本 一册

120000－0361－0001603 4837

李羣玉詩集三卷後集五卷補遺一卷 (唐)李羣玉撰 清刻本 一册

120000－0361－0001604 4839

龠翁詩鈔四卷附寄生吟草一卷 (清)錢辰撰 清光緒八年(1882)南錢草堂刻本 一册

120000－0361－0001605 4841

吉林紀事詩四卷首一卷末一卷 (清)沈兆禔撰並註 清宣統三年(1911)金陵湯明林聚珍書局鉛印本 二册

120000－0361－0001606 4842

松壽堂詩鈔十卷 (清)陳夔龍撰 清宣統三年(1911)京師刻本 四册

120000－0361－0001607 4843

來雲閣詩六卷 (清)金和撰 清光緒十八年(1892)丹陽束氏刻本 四册

120000－0361－0001608 4843

荻華堂詩存二卷附錄一卷 (清)蔡琳撰 清光緒十八年(1892)丹陽束氏刻本 一册

120000－0361－0001609 4843

柳門遺稿二卷 (清)楊後撰 清光緒十八年(1892)丹陽束氏刻本 一册

120000－0361－0001610 4846

清嘯閣詩草十六卷嶽游草一卷湘涓驪唱一卷 (清)夏獻雲撰 清光緒十八年(1892)刻本 六册

120000－0361－0001611 4850

蟬葉秋唫一卷 (清)王定柱等撰 清刻本 一册

120000－0361－0001612 6310

項城袁氏家集七種 (清)丁振鐸輯 清宣統三年(1911)清芬閣鉛印本 五十六册

120000－0361－0001613 4853

蓬山詩存二卷嶺海酬唱集(山舟草) (清)鄭熊佳撰 清咸豐元年(1851)刻本 一册

120000－0361－0001614 4854

石蓮集一卷 (清)董懷新撰 清咸豐元年(1851)刻本 一册

120000－0361－0001615 4858

蘊蘭吟館詩餘不分卷 (清)恩錫撰 清光緒元年(1875)刻本 一册

120000－0361－0001616 4861

權文公詩集十卷 (唐)權德輿撰 清刻本 一册 存四卷(一至四)

120000－0361－0001617 4862

桂馨堂集四卷 (清)張廷濟撰 清道光十九年(1839)嘉興張氏刻本 一册

120000－0361－0001618 4863

通父詩存四卷之餘二卷 (清)魯一同撰 清咸豐刻本 二册

120000－0361－0001619 4869

邃懷堂駢文箋註十六卷補箋一卷 (清)袁翼撰 清光緒十四年(1888)刻本 九册

120000－0361－0001620 4870

仙心閣詩鈔四卷續鈔二卷 (清)彭慰高撰 清光緒三年(1877)羊城刻本 二册

120000－0361－0001621 4879

星辛盦賦四卷 (清)楊鳳藻撰 清光緒二十三年(1897)天津萬寶書局刻本 四册

120000－0361－0001622 4881

惓鶴龕詩鈔一卷 (清)華長忠撰 清末刻華氏家集本 一册

120000－0361－0001623 4882

楚辭燈四卷 (清)林雲銘撰 清刻本 二册

120000－0361－0001624 4884

秇林伐山二十卷 (明)楊慎撰 清刻本 四册

120000－0361－0001625　4886
燕窗閒話二卷　(清)鄭經撰　清光緒十七年(1891)刻本　一册

120000－0361－0001626　4900
松風閣詩鈔十二卷　(清)彭蘊章撰　清道光二十六年(1846)刻本　二册

120000－0361－0001627　4908
唐詩百名家全集　(清)席啟寓輯　清康熙席氏琴川書屋刻本　一册

120000－0361－0001628　4912
鴣葉菴遺稿不分卷　(清)陳珍撰　清光緒二年(1876)刻本　一册

120000－0361－0001629　4921
漆室吟八卷　(清)王柏心撰　清咸豐刻本　二册

120000－0361－0001630　4922
友松吟館詩鈔十五卷　(清)毓俊撰　清光緒二十五年(1899)刻本　四册

120000－0361－0001631　4939
博陵花萼倡和集一卷　崔澄宇纂　清光緒二十五年(1899)刻本　一册

120000－0361－0001632　4947
語石十卷　葉昌熾撰　清宣統元年(1909)刻本　四册

120000－0361－0001633　4948
新疆國界圖志八卷山脈圖志六卷　王樹枏撰　清宣統元年(1909)陶廬刻本　十册

120000－0361－0001634　608－1
周季編略九卷　(清)黄式三纂　清同治十二年(1873)浙江書局刻儆居遺書本　四册

120000－0361－0001635　4961
寄扆草二卷　(清)唐庸撰　清刻本　一册　存一卷(上)

120000－0361－0001636　4963
禪餘吟草四卷　(清)釋顯清撰　清道光三十年(1850)刻本　一册

120000－0361－0001637　4964
千家詩四卷　(□)□□撰　清光緒十六年(1890)天津文美齋刻本　一册

120000－0361－0001638　4968
邃懷堂詩集前編六卷後編六卷　(清)袁翼撰　清光緒十三年(1887)刻本　六册

120000－0361－0001639　4970
覺生詩鈔十卷詠物詩鈔四卷詠史詩鈔三卷　(清)鮑桂星撰　清嘉慶刻本　五册

120000－0361－0001640　4973
毛詩重言三卷毛詩雙聲疊韻説一卷　(清)王筠撰　清道光、咸豐刻本　一册

120000－0361－0001641　4980
月齋文集八卷詩集四卷　(清)張穆撰　清咸豐刻本　四册

120000－0361－0001642　4982
長春花館試帖一卷　(清)徐元璋撰　**茹芝山館詩鈔一卷**　(清)徐鼎勳撰　清光緒十四年(1888)刻本　一册

120000－0361－0001643　4983
千里樓詩草一卷　(清)周維德撰　清光緒二年(1876)刻本　一册

120000－0361－0001644　4988
通鑑綱目分註補遺四卷附書法存疑一卷　(清)芮長恤撰　清光緒十六年(1890)溧陽繆德棻小岯山館刻本　四册

120000－0361－0001645　4991
餘生錄一卷　(清)邊大綬撰　清初刻本　一册

120000－0361－0001646　4996
漁莊晚唱四卷　(清)沈堡撰　清乾隆十九年(1754)刻本　一册

120000－0361－0001647　5000
餐霞樓詩軼稿　左白玉撰　清光緒三十四年(1908)言氏家集本鉛印本　一册

120000－0361－0001648　5001
懷白軒初稿　(清)陸初望撰　清同治五年

(1866)皖城刻本　二冊

120000－0361－0001649　5002
繡像捉拏康梁二逆演義四卷四十回　(□)□□撰　清宣統元年(1909)上海同文書局石印本　一冊

120000－0361－0001650　5003
大字足本繡像海公小紅袍四卷四十二回　(□)□□撰　清末上海廣益書局石印本　四冊

120000－0361－0001651　5005
甲乙剩言一卷　(明)胡應麟撰　明刻本　一冊

120000－0361－0001652　5006
居易軒詩遺鈔一卷　(清)趙炳龍撰　清光緒十四年(1888)長沙刻本　一冊

120000－0361－0001653　5008
自然好學齋詩鈔十卷　(清)汪端撰　清同治十三年(1874)刻本　三冊

120000－0361－0001654　5009
孟東野詩集十卷　(唐)孟郊撰　清康熙刻唐人百家詩本　二冊

120000－0361－0001655　5013
蔗餘偶筆一卷　(清)方士淦撰　清同治十一年(1872)兩淮運署刻本　一冊

120000－0361－0001656　5018
閒青堂詩集十卷　(清)朱倫瀚撰　清乾隆刻本　一冊　存五卷(一至五)

120000－0361－0001657　5024
蓬山詩存二卷嶺海酬唱集(山舟草)　(清)鄭熊佳撰　清咸豐元年(1851)刻本　一冊

120000－0361－0001658　5027
遵化詩存十卷補遺一卷　(清)孫贊元編輯　清光緒十三年(1887)刻本　四冊

120000－0361－0001659　5027
遵化詩存十卷補遺一卷　(清)孫贊元編輯　清光緒十三年(1887)刻本　四冊

120000－0361－0001660　5029
史記七篇讀法二卷　(清)王又樸撰　清刻本　二冊

120000－0361－0001661　5029
王介山古文五卷　(清)王又樸撰　清刻本　四冊

120000－0361－0001662　5032
寄園寄所寄十二卷　(清)趙吉士輯　清康熙刻本　十六冊

120000－0361－0001663　5043
聊齋志異新評十六卷　(清)蒲松齡撰　(清)王士禛評　(清)但明倫新評　(清)呂湛恩注　清末刻朱墨套印本　十六冊

120000－0361－0001664　5048
池北偶談二十六卷　(清)王士禛撰　清刻本　八冊

120000－0361－0001665　5050
淥水亭雜識四卷　(清)納蘭成德撰　清末鉛印本　一冊

120000－0361－0001666　5052
嘉樹山房集二十卷外集二卷　(清)張士元撰　清嘉慶二十四年(1819)刻本　五冊

120000－0361－0001667　5053
消暑隨筆四卷　(清)潘世恩輯　清道光二十年(1840)刻清頌堂叢書本　二冊

120000－0361－0001668　5057
聊齋志異新評十六卷　(清)蒲松齡撰　(清)王士禛評　(清)但明倫新評　清末刻朱墨套印本　十六冊

120000－0361－0001669　5059
秋審比較彙案十六卷　(□)□□撰　清末鉛印本　十四冊　缺二卷(二至三)

120000－0361－0001670　5061
儀顧堂續跋十六卷　(清)陸心源撰　清光緒刻本　四冊

120000－0361－0001671　5062
廣東財政說明書十六卷　(清)廣東清理財政

局編　清宣統二年(1910)鉛印本　八冊　缺八卷(一至八)

120000－0361－0001672　5063
篷窗隨錄十四卷續錄二卷附錄二卷　(清)沈兆澐輯　清光緒十八年(1892)天津沈氏刻本　五冊　缺十二卷(一至十二)

120000－0361－0001673　5066
欽定科場條例六十卷首一卷　(清)詹鴻謨等纂　清光緒刻本　三十冊　缺十八卷(一至十八)

120000－0361－0001674　5067
東三省政略十二卷　徐世昌撰　清宣統三年(1911)鉛印本　二十八冊

120000－0361－0001675　5069
大元聖政國朝典章前集六十卷附新集　(□)□□撰　清光緒三十四年(1908)刻本　二十五冊

120000－0361－0001676　5074
涵芬樓古今文鈔一百卷　吳曾祺撰　清宣統二年(1910)商務印書館鉛印本　九十三冊　缺七卷(七十二至七十八)

120000－0361－0001677　5076
牧齋全集一百十卷　(清)錢謙益撰　清宣統二年(1910)邃漢齋鉛印本　二十四冊

120000－0361－0001678　5077
寒松堂全集十二卷附年譜一卷　(清)魏象樞撰　清嘉慶十六年(1811)刻本　十三冊

120000－0361－0001679　5081
包公案寶卷二卷　(□)□□撰　清光緒二年(1876)高伯平抄本　一冊　存一卷(下)

120000－0361－0001680　5081
金龍寶卷　(□)□□撰　清光緒十一年(1885)尹錫榮抄本　一冊

120000－0361－0001681　5081
欺妻寶卷　(□)□□撰　清光緒十年(1884)抄本　一冊

120000－0361－0001682　5081
拾富寶卷一卷　(□)□□撰　清光緒三十年(1904)抄本　一冊

120000－0361－0001683　5083
藝海珠塵二百零六種　(清)吳省蘭編　(清)錢熙輔增編　清道光三十年(1850)金山錢氏漱石軒刻本　四十八冊

120000－0361－0001684　5085
寒松堂全集十二卷附年譜一卷　(清)魏象樞撰　清嘉慶十六年(1811)刻本　六冊　存六卷(七至十二)

120000－0361－0001685　5087
牧齋有學集五十卷補遺二卷投筆集一卷　(清)錢謙益撰　清宣統二年(1910)邃漢齋鉛印牧齋全集本　十六冊

120000－0361－0001686　5089
大雲山房文藁初集四卷二集四卷言事二卷　(清)惲敬撰　清光緒刻本　八冊

120000－0361－0001687　5114
駕雲螭室詩錄六卷　(清)周文禾撰　清末刻本　一冊

120000－0361－0001688　5119
庚子變政諭旨恭錄　(□)□□撰　清末民國初鉛印本　一冊

120000－0361－0001689　5123
萍香榭吟草一卷　(□)吳志恭撰　清道光十四年(1834)刻本　一冊

120000－0361－0001690　5125
國朝科場異聞錄五卷　(清)呂相燮輯　清光緒二十四年(1898)石印本　一冊

120000－0361－0001691　5126
平平言四卷　(清)方大湜撰　清光緒十三年(1887)常德府署刻本　四冊

120000－0361－0001692　5128
銅劍堂經義偶得一卷　(清)王佑曾撰　清宣統二年(1910)石印本　一冊

120000－0361－0001693　5129
吳門銷夏記三卷　江瀚撰　清光緒二十年

(1894)刻本　一册

120000－0361－0001694　5134
援鶉堂筆記五十卷　(清)姚範撰　清道光十六年(1836)刻本　十册

120000－0361－0001695　5135
閱微草堂筆記二十四卷　(清)紀昀撰　清嘉慶五年(1800)刻本　十册

120000－0361－0001696　5140
六行堂詩鈔四卷　(清)朱澐撰　清道光三年(1823)刻本　一册　存一卷(一)

120000－0361－0001697　5142
庸盦筆記六卷　(清)薛福成撰　清光緒二十三年(1897)刻本　六册

120000－0361－0001698　5144
窕言二卷　(清)趙曾望撰　清光緒十八年(1892)石印本　一册

120000－0361－0001699　5145
芷湘筆乘一卷　(清)管庭芬輯　清稿本　一册

120000－0361－0001700　5153
黄學廬雜述三卷　(清)陳士芑撰　清宣統元年(1909)鉛印本　一册

120000－0361－0001701　5159
邃懷堂哀忠集三編　(清)袁翼撰　清光緒十三年(1887)刻本　二册

120000－0361－0001702　5164
合肥學舍札記十二卷　(清)陸繼輅撰　清道光十六年(1836)刻本　四册

120000－0361－0001703　5171
石渠餘紀六卷　(清)王慶雲撰　清光緒十六年(1890)刻本　六册

120000－0361－0001704　5173
歸田瑣記八卷　(清)梁章鉅撰　清道光二十五年(1845)刻本　四册

120000－0361－0001705　5174
困學紀聞注二十卷首一卷　(宋)王應麟撰　(清)翁元圻輯注　清光緒十五年(1889)石印本　六册

120000－0361－0001706　5178
尋庵詩存一卷　(□)滕茂椿　抄本　一册

120000－0361－0001707　5179
留有餘齋詩稿一卷　(□)張昌言　抄本　一册

120000－0361－0001708　5180
栩園芟藤草三卷　(清)陳栩蝶撰　清宣統三年(1911)平昌刻本　一册

120000－0361－0001709　5182
小石詩鈔六卷補編一卷　(清)曾諧撰　清同治十年(1871)刻本　二册

120000－0361－0001710　5186
淡墨錄十六卷　(清)李調元撰　清刻本　四册

120000－0361－0001711　5188
雙槐歲鈔十卷附錄一卷　(明)黄瑜撰　清光緒南海伍元薇文字歡娛室刻嶺南遺書本　四册

120000－0361－0001712　5191
庸盦筆記六卷　(清)薛福成撰　清光緒二十三年(1897)刻本　四册　存四卷(一至四)

120000－0361－0001713　5192
登西臺慟哭記一卷　(宋)謝翺撰　**詠梅軒類編□□卷**　(清)謝蘭生輯撰　清末武進謝氏活字本　一册　存二卷(詠梅軒類編八至九)

120000－0361－0001714　5193
魏塘署齋隨筆一卷　(清)江峰青撰　清宣統二年(1910)刻本　一册

120000－0361－0001715　5195
冷廬雜識八卷　(清)陸以湉撰　清刻本　八册

120000－0361－0001716　5196
桂山錄異八卷　(清)獅橋居士編　清道光四年(1824)刻本　四册

120000－0361－0001717　5198
丁文誠公洋務奏稿二卷　（清）丁寶楨撰　**曾惠敏公奏疏十卷**　（清）曾紀澤撰　清光緒二十七年（1901）麗澤學會石印本　四冊

120000－0361－0001718　5199
恖聞錄十二卷　（清）慵訥居士撰　清道光九年（1829）刻本　十二冊

120000－0361－0001719　5200
皇朝經世文三編八十卷　（清）陳忠倚輯　清光緒二十七年（1901）上海書局石印本　十六冊

120000－0361－0001720　5201
皇朝經世文續編一百二十卷　（清）葛士濬輯　清光緒十七年（1891）廣百宋齋鉛印本　十二冊　存五十九卷（一至五十九）

120000－0361－0001721　5203
泖東草堂筆記二十卷　（清）沈宗祉撰　清宣統二年（1910）鉛印本　一冊

120000－0361－0001722　5211
郎潛紀聞十四卷　（清）陳康祺撰　清光緒十年（1884）琴川刻本　四冊

120000－0361－0001723　5213
宋豔十二卷　（清）徐士鑾撰　清光緒十七年（1891）天津徐氏蝶園刻本　六冊

120000－0361－0001724　5214
郎潛紀聞十四卷　（清）陳康祺撰　清光緒十年（1884）琴川刻本　四冊

120000－0361－0001725　5214
燕下鄉脞錄十六卷　（清）陳康祺撰　清光緒十一年（1885）暨陽刻本　五冊

120000－0361－0001726　5223
蒿盦隨筆四卷　（清）馮煦撰　清光緒二十八年（1902）刻本　二冊

120000－0361－0001727　5224
越縵堂詩文不分卷　（清）李慈銘撰　清光緒二十年（1894）鉛印本　一冊

120000－0361－0001728　5225
同林倡和一卷　（清）趙信撰　清乾隆刻本　一冊

120000－0361－0001729　5230
遯齋偶筆二卷　（清）徐崑撰　清光緒六年（1880）濟上刻本　二冊

120000－0361－0001730　5233
有不為齋隨筆十卷　（清）光聰諧撰　清光緒十四年（1888）蘇州藩署刻本　二冊

120000－0361－0001731　5236
增評加批金玉緣圖說十二卷首一卷一百二十回　（清）曹雪芹撰　（清）高鶚續撰　（清）蝶薌仙史評訂　清石印本　一冊

120000－0361－0001732　5237
薑露庵雜記六卷　（清）施山撰　清光緒申報館鉛印本　一冊

120000－0361－0001733　5238
鏡花緣一百回　（清）李汝珍撰　清光緒鉛印本　一冊　存二十回（六十六至八十五）

120000－0361－0001734　5241
繡像小說　商務印書館輯　清末商務印書館鉛印本　二冊　存九種（理想美人、斥候美談、燈臺卒、山家奇遇、經國美談新戲、幻想翼、夢遊二十一世紀、三疑案、俄國包探案）

120000－0361－0001735　5246
自怡軒隨筆偶存二卷　（清）李承銜撰　清光緒十年（1884）刻本　二冊

120000－0361－0001736　5247
山門新語五学　（清）周贇撰　清光緒刻本　一冊

120000－0361－0001737　5248
篷窗隨錄十四卷附錄二卷續錄二卷　（清）沈兆澐輯　清咸豐七年至九年（1857－1859）刻本　十四冊

120000－0361－0001738　5257
蘭苕館外集十卷　（清）許奉恩撰　清同治十三年（1874）刻本　十冊

120000－0361－0001739　5258

兒女英雄傳評話四十回 (清)還讀我書室主人評 清光緒上海著易堂書局石印本 八册

120000－0361－0001740 5269
工餘雜鈔 (□)□□撰 抄本 一册

120000－0361－0001741 5270
食舊悳齋雜著二卷 (清)劉嶽雲撰 清光緒二十二年(1896)刻本 二册

120000－0361－0001742 5271
明齋小識十二卷 (清)諸聯晦撰 清刻本 四册

120000－0361－0001743 5274
竹葉亭雜記八卷 (清)姚元之撰 清光緒十九年(1893)刻本 一册 存四卷(一至四)

120000－0361－0001744 5275
庸閒齋筆記十二卷 (清)陳其元撰 清宣統三年(1911)掃葉山房石印本 四册

120000－0361－0001745 5283
石菊影廬筆識二卷 (清)譚嗣同撰 清光緒二十八年(1902)石印本 一册

120000－0361－0001746 5286
震澤紀聞二卷 (明)王鏊撰 抄本 一册

120000－0361－0001747 5288
精訂綱鑑廿四史通俗衍義二十六卷四十四回首一卷 (清)呂撫輯 清光緒十五年(1889)上海廣百宋齋鉛印本 六册

120000－0361－0001748 5289
第一才子書繡像三國志演義六十卷一百二十回 (明)羅貫中撰 (清)毛宗崗評 清光緒三十一年(1905)上海點石齋石印本 八册

120000－0361－0001749 5290
四大奇書第一種十九卷一百二十回首一卷 (明)羅貫中撰 (清)金人瑞批 (清)毛宗崗評 清刻本 二十册

120000－0361－0001750 5291
庸閒齋筆記十二卷 (清)陳其元撰 清宣統三年(1911)掃葉山房石印本 二册

120000－0361－0001751 5293
國朝遺事紀聞 (清)湯殿三撰 清宣統二年(1910)民興報館鉛印本 一册

120000－0361－0001752 5294
媿林漫錄不分卷 (明)瞿式耜輯 清刻本 一册

120000－0361－0001753 5295
一鐙精舍甲部藁五卷 (清)何秋濤撰 清光緒五年(1879)淮南書局刻本 一册

120000－0361－0001754 5296
舒蓺室續筆一卷 (清)張文虎撰 清同治、光緒刻本 一册

120000－0361－0001755 5297
墨花軒詩詞刪存不分卷詩餘一卷 (清)張葆謙撰 清同治四年(1865)安昌官廨刻本 二册

120000－0361－0001756 5297
西園詩鈔四卷文集一卷遺編四卷 (清)張擴庭撰 清同治四年(1865)張氏墨花軒刻本 二册

120000－0361－0001757 5297
墨花軒二十藝一卷 (清)張葆謙撰 清同治八年(1869)安昌官廨刻本 一册

120000－0361－0001758 5297
醒俗淺語一卷 (清)張開雲撰 清同治四年(1865)安昌官廨刻本 一册

120000－0361－0001759 5326
恪靖侯盾鼻餘瀋一卷 (清)左宗棠撰 清光緒八年(1882)刻本 一册

120000－0361－0001760 5327
曬書堂筆錄六卷 (清)郝懿行輯 清嘉慶至光緒刻本 四册

120000－0361－0001761 5328
林文忠公政書三集三十七卷 (清)林則徐撰 清刻本 八册 存二十六卷(甲集九卷、乙集十七卷)

120000－0361－0001762 5329

唐陸宣公奏議讀本四卷首一卷　(唐)陸贄撰　(清)汪銘謙編　(清)馬傳庚評　清宣統元年(1909)影印本　二冊

120000－0361－0001763　5333
翁山文外十六卷　(清)屈大均撰　清宣統二年(1910)鉛印本　二冊

120000－0361－0001764　5343
舊學四種　(清)譚嗣同撰　清光緒二十八年(1902)石印本　一冊

120000－0361－0001765　5344
無近名齋文鈔四卷雜著二卷雜著二編一卷文鈔二編二卷文鈔外編一卷　(清)彭翊撰　清光緒十年(1884)刻本　四冊

120000－0361－0001766　5345
四西齋決事八卷　(清)孫鼎烈撰　清光緒三十年(1904)武林刻本　四冊

120000－0361－0001767　5346
附釋音毛詩注疏七十卷校勘記七十卷　(漢)毛亨傳　(漢)鄭玄箋　(唐)陸德明音義　(唐)孔穎達疏　(清)阮元校勘　(清)盧宣旬摘錄　清嘉慶二十年(1815)南昌府學刻本　八冊　存二十卷(注疏一至十、校勘記一至十)

120000－0361－0001768　5352
癡人説夢記三十回　(清)旅生撰　清末鉛印本　二冊

120000－0361－0001769　5353
泰西歷史演義七卷三十六回　洗紅盦主撰　清末鉛印本　二冊

120000－0361－0001770　5354
瞎騙奇聞八回　(清)繭叟撰　清末商務印書館鉛印本　一冊

120000－0361－0001771　5355
堅瓠集十五集　(清)褚人穫輯　清刻本　二十四冊

120000－0361－0001772　5356
拙尊園叢稿六卷　(清)黎庶昌撰　清光緒二十三年(1897)石印本　四冊

120000－0361－0001773　5360
皇朝經世文三編八十卷　(清)陳忠倚輯　清光緒二十四年(1898)石印本　十六冊

120000－0361－0001774　5364
劉中丞奏議二十卷　(清)劉蓉撰　清光緒十一年(1885)思賢講舍刻本　十冊

120000－0361－0001775　5365
藝風堂文集七卷外篇一卷續集八卷　繆荃孫撰　清光緒二十六年至二十七年(1900－1901)刻本　八冊

120000－0361－0001776　5367
黃氏家集初編　(清)黃家鼎輯　清光緒十七年(1891)四明黃氏補不足齋刻本　十二冊

120000－0361－0001777　5371
善思齋文鈔九卷　(清)徐宗亮撰　清光緒刻本　一冊

120000－0361－0001778　5378
因寄軒文初集十卷　(清)管同撰　清光緒五年(1879)刻本　四冊

120000－0361－0001779　5379
汪子文錄十卷　(清)汪縉撰　清光緒刻本　二冊　存五卷(一至五)

120000－0361－0001780　5380
正誼堂全集　(清)董沛撰　清光緒刻本　十八冊

120000－0361－0001781　5380
兩浙令長考三卷　(清)董沛撰　清光緒刻本　一冊

120000－0361－0001782　5381
皇朝蓄艾文編八十卷目錄一卷　(清)于寶軒輯　清光緒二十九年(1903)上海官書局鉛印本　十冊　存二十二卷(十八至三十九)

120000－0361－0001783　5384
三公奏議　盛宣懷輯　清光緒二年(1876)思補樓刻本　二十冊

120000－0361－0001784　5385
左文襄公奏疏初編三十八卷續編七十六卷三編六卷　（清）左宗棠撰　清光緒十六年(1890)上海圖書集成局鉛印本　十九册

120000－0361－0001785　5392
慈生篇一卷　（□）□□撰　清光緒三十四年(1908)刻本　一册

120000－0361－0001786　5393
元穆日記三卷　（清）杜俞撰　清光緒十二年(1886)成都刻本　一册

120000－0361－0001787　5395
南遊記一卷　（清）孫嘉淦撰　清末刻本　一册

120000－0361－0001788　5396
國朝三槎存雅二卷　（清）甘受和輯選　清光緒九年(1883)刻本　二册

120000－0361－0001789　5397
鴻雪姻緣圖記三集　（清）麟慶撰　清光緒十年(1884)上海點石齋石印本　六册

120000－0361－0001790　5398
永甯祗謁筆記不分卷　（清）董恂撰　清同治十一年(1872)刻本　一册

120000－0361－0001791　5402
養一齋文集二十卷詩集四卷　（清）李兆洛撰　清光緒八年(1882)刻本　十册

120000－0361－0001792　5403
紫石泉山房文集十二卷　（清）吳定撰　清光緒十三年(1887)刻本　四册

120000－0361－0001793　5404
曾惠敏公文集五卷　（清）曾紀澤撰　清石印本　一册

120000－0361－0001794　5406
西青散記四卷　（清）史震林撰　清末石印本　四册

120000－0361－0001795　5407
庸庵文外編四卷　（清）薛福成撰　清光緒刻庸庵全集本　四册

120000－0361－0001796　5411
韞山堂文集八卷詩集十六卷　（清）管世銘撰　清光緒二十年(1894)讀雪山房刻本　六册

120000－0361－0001797　5416
全謝山文鈔十六卷　（清）全祖望撰　清宣統二年(1910)國學扶輪社鉛印本　八册

120000－0361－0001798　5418
養素堂文集三十五卷首一卷　（清）張澍撰　清道光刻本　十六册

120000－0361－0001799　5419
容城三賢集三種　（清）張斐然輯　清刻本　十二册

120000－0361－0001800　5421
水田居激書二卷　（清）賀貽孫撰　清咸豐三年(1853)刻本　二册

120000－0361－0001801　5425
蘿石山房文鈔四卷　（明）左懋第撰　清乾隆四十六年(1781)刻本　四册

120000－0361－0001802　5432
古文辭類纂七十五卷　（清）姚鼐撰　清同治八年(1869)問竹軒刻本　十六册

120000－0361－0001803　5434
傳家寶四集三十二卷　（清）石成金撰　清石印本　八册

120000－0361－0001804　5438
雅觀樓全傳四卷十六回　（清）檀園主人撰　清道光刻本　一册

120000－0361－0001805　5439
警睡編四卷　（清）華椿撰輯　清光緒津門華錫疇鉛印本　四册

120000－0361－0001806　5443
寄龕文存四卷　（清）孫德祖撰　清光緒十年(1884)翰墨林刻本　四册

120000－0361－0001807　5447
重刻天傭子全集十卷首一卷末一卷　（明）艾南英撰　（清）張良御　（清）蔡元鳳　（清）劉唐德評點　清刻本　十册

120000－0361－0001808　5448
津門古文所見録四卷　(清)郭師泰輯　清光緒十八年(1892)刻本　四册

120000－0361－0001809　5449
駱文忠公奏稿十卷　(清)駱秉章撰　清光緒十七年(1891)刻本　十册

120000－0361－0001810　5450
唐陸宣公翰苑集二十四卷　(唐)陸贄撰　(清)張佩芳注　清光緒刻本　十册

120000－0361－0001811　5451
正誼堂文集二十四卷　(清)董沛撰　清光緒二十七年(1901)刻本　六册

120000－0361－0001812　5454
慎盦文鈔二卷　(清)左宗植撰　清光緒元年(1875)刻本　二册

120000－0361－0001813　5459
拙尊園叢稿六卷　(清)黎庶昌撰　清光緒二十一年(1895)刻本　四册

120000－0361－0001814　5460
景詹闇遺文一卷附詩一卷　(清)姚諶撰　清宣統三年(1911)刻本　一册

120000－0361－0001815　5463
萬善花室文稿六卷附録一卷　(清)方履籛撰　清光緒十二年(1886)刻本　三册

120000－0361－0001816　5464
後樂堂文鈔續編九卷附録一卷　(清)陳玉樹撰　清光緒鉛印本　六册

120000－0361－0001817　5466
弢園文録外編十二卷　(清)王韜撰　清光緒九年(1883)香海弢園老民鉛印本　六册

120000－0361－0001818　5468
寄簃文存八卷二編二卷　沈家本撰　清宣統元年(1909)鉛印本　三册

120000－0361－0001819　5472
鈍齋東游日記一卷　(□)賀綸夔撰　清宣統元年(1909)鉛印本　一册

120000－0361－0001820　5473
濂亭文集八卷　(清)張裕釗撰　清光緒八年(1882)刻本　二册

120000－0361－0001821　5479
一山經說二卷雜文一卷　(清)章梫撰　清宣統元年(1909)京華印書局鉛印本　一册

120000－0361－0001822　5483
鏡古堂撿存文鈔一卷　(清)李符清撰　清光緒刻本　一册

120000－0361－0001823　5485
增訂徐文定公集六卷首二卷　(明)徐光啟撰　清宣統元年(1909)鉛印本　一册　缺五卷(二至六)

120000－0361－0001824　5489
竢實齋文藁二卷　(清)秦寶璣撰　清光緒刻本　一册

120000－0361－0001825　5491
乘查筆記一卷海國勝遊草一卷天外歸帆草一卷　(清)斌椿撰　清同治七年至八年(1868－1869)刻本　二册

120000－0361－0001826　5492
屺雲樓文鈔十二卷　(清)劉存仁撰　清光緒五年(1879)鉛印本　四册

120000－0361－0001827　5495
林文忠公政書　(清)林則徐撰　清刻本　八册

120000－0361－0001828　5497
周忠愍先生文集二卷　(明)周天佐撰　清嘉慶二十年(1815)刻本　一册

120000－0361－0001829　5499
吳學士詩集五卷文集四卷　(清)吳蘦撰　清光緒八年(1882)江寧藩署刻本　六册

120000－0361－0001830　5501
慎盦文鈔二卷　(清)左宗植撰　清光緒元年(1875)刻本　二册

120000－0361－0001831　5502
合肥學舍札記十二卷　(清)陸繼輅撰　清光

緒四年(1878)興國州署刻本　四冊

120000－0361－0001832　5503
公言集三卷　(清)沈同芳撰　清光緒三十四年(1908)中國圖書公司鉛印本　一冊

120000－0361－0001833　5504
王文敏公奏疏一卷　(清)王懿榮撰　清宣統三年(1911)鉛印本　一冊

120000－0361－0001834　5508
恥躬堂詩鈔十六卷文鈔十卷　(清)彭士望撰　清咸豐二年(1852)刻本　八冊

120000－0361－0001835　5511
春暉樓四六八卷　(清)汪芳藻撰　清刻本　二冊

120000－0361－0001836　5517
遜學齋文鈔十卷首一卷末一卷　(清)孫衣言撰　清同治十二年(1873)刻本　四冊

120000－0361－0001837　5521
抱潤軒文集十卷　馬其昶撰　清宣統元年(1909)安徽官紙印刷局石印本　一冊

120000－0361－0001838　5523
農工商部奏定爵賞章程　(清)農工商部編　清光緒鉛印本　一冊

120000－0361－0001839　5524
濂亭文集八卷　(清)張裕釗撰　清光緒八年(1882)刻本　二冊

120000－0361－0001840　5527
虛受堂文集十六卷　王先謙撰　清宣統二年(1910)上海國學書社石印本　六冊

120000－0361－0001841　5528
復盦類稿八卷　(清)曹允源撰　清光緒三十年(1904)刻本　二冊

120000－0361－0001842　5530
穆伯祺遺文一卷　(清)穆奎齡撰　清宣統二年(1910)天津民興報館鉛印本　一冊

120000－0361－0001843　5533
刻鵠集三卷　(清)沈同芳　清宣統三年(1911)鉛印本　一冊

120000－0361－0001844　5534
勉行堂文集六卷詩集二十四卷　(清)程晉芳撰　清嘉慶二十五年(1820)刻本　六冊

120000－0361－0001845　5539
寄龕雜著第四種　(清)宛委山民撰　清光緒二十五年(1899)會稽孫氏刻本　四冊

120000－0361－0001846　5542
敏求軒述記十六卷　(清)陳世箴輯　清道光二十八年(1848)刻本　八冊

120000－0361－0001847　5544
俞俞齋文稿初集四卷　(清)史念祖撰　清光緒二十二年(1896)刻本　四冊

120000－0361－0001848　5548
邵氏危言二卷　(清)邵作舟撰　清光緒二十四年(1898)上海商務印書館鉛印本　二冊

120000－0361－0001849　5549
袁太常戊戌條陳　(清)袁昶撰　清光緒二十八年(1902)鉛印本　一冊

120000－0361－0001850　5550
水流雲在館奏議二卷　(清)周天麟撰　清光緒十三年(1887)刻本　二冊

120000－0361－0001851　5554
萬善花室文藁六卷附一卷　(清)方履籛撰　清光緒九年刻(1883)雲自在龕叢書本　一冊

120000－0361－0001852　5555
同治中興京外奏議約編八卷　(清)陳弢輯　清光緒元年(1875)篋劍囊琴之室刻本　八冊

120000－0361－0001853　5557
豁州官牘　(清)張修府撰　清同治刻本　三冊　存三集(乙至丁)

120000－0361－0001854　5559
韓齋文稿四卷　(清)孔憲彝撰　清咸豐刻本　二冊

120000－0361－0001855　5560
出使奏疏二卷　(清)薛福成撰　清光緒二十

年(1894)刻庸庵全集本　一册

120000－0361－0001856　5561
作新末議二卷　(清)潘守廉撰　清光緒三十二年(1906)鉛印本　一册

120000－0361－0001857　5563
籌國芻言二卷　(清)劉次源撰　清宣統二年(1910)石印本　一册　存一卷(二)

120000－0361－0001858　5566
彭剛直公奏稿八卷詩集八卷　(清)彭玉麟撰　清光緒十七年(1891)刻本　八册

120000－0361－0001859　5569
京話演説振貝子英軺日記十二卷　(□)□□撰　清末商務印書館鉛印本　一册

120000－0361－0001860　5574
劉葆真太史遺稿二卷　(清)劉可毅撰　清宣統二年(1910)刻本　一册

120000－0361－0001861　5576
濂亭遺文五卷　(清)張裕釗撰　清末朱印本　一册

120000－0361－0001862　5577
扁善齋文存二卷　(清)鄧嘉緝撰　清光緒二十七年(1901)刻本　二册

120000－0361－0001863　5578
茗柯文初編一卷二編二卷三編一卷文四編一卷　(清)張惠言撰　清光緒七年(1881)刻本　二册

120000－0361－0001864　5579
王侍郎奏議十卷　(清)王茂蔭撰　清光緒刻本　四册

120000－0361－0001865　5580
切實考驗外官章程奏摺　奕劻等奏　清末鉛印本　一册

120000－0361－0001866　5582
蓮西詩集四卷　(清)王蓮西撰　清末石印本　四册

120000－0361－0001867　5583
皇朝經世文續編一百二十卷　(清)葛士濬輯　清末至民國鉛印本　十二册　存六十卷(六十一至一百二十)

120000－0361－0001868　5585
公言集三卷續編一卷　(清)沈同芳撰　清宣統三年(1911)武進沈同芳鉛印萬物炊累室文甲編本　一册

120000－0361－0001869　5586
視已成事齋官書十一卷　(清)李璋煜撰　清道光二十八年(1848)刻本　四册

120000－0361－0001870　5587
同治中興京外奏議約編八卷　(清)陳弢輯　清光緒元年(1875)篋劍囊琴之室刻本　八册

120000－0361－0001871　5591
庸吏庸言二卷庸吏餘談一卷　(清)劉衡撰　清同治七年(1868)湖北崇文書局刻本　二册

120000－0361－0001872　5593
公言集三卷　(清)沈同芳撰　清光緒三十四年(1908)鉛印本　一册

120000－0361－0001873　5594
籌洋芻議一卷　(清)薛福成撰　清光緒十年(1884)刻庸庵全集本　一册

120000－0361－0001874　5596
王文敏公奏疏一卷　(清)王懿榮撰　清宣統三年(1911)江寧印刷廠鉛印本　一册

120000－0361－0001875　5597
江楚會奏變法摺三摺　(清)劉坤一　(清)張之洞撰　清光緒二十七年(1901)兩湖書院刻本　一册

120000－0361－0001876　5603
壽萱室條議存稿　(清)吳宗濂撰　清光緒二十七年(1901)鉛印本　一册

120000－0361－0001877　5608
罪言存略　(清)郭嵩燾撰　清光緒十四年(1888)鉛印本　一册

120000－0361－0001878　5609
京報　(□)□□撰　清末鉛印本　一册

120000－0361－0001879　5610
註陸宣公奏議十五卷制誥十卷附錄一卷　(唐)陸贄撰　(宋)郎曄注　清光緒十二年(1886)淮南書局刻本　四册

120000－0361－0001880　5612
槐卿政蹟六卷　(清)沈衍慶撰　清同治元年(1862)刻本　二册

120000－0361－0001881　5613
宦游紀略二卷　(清)高廷瑤撰　清刻本　二册

120000－0361－0001882　5616
星軺日記類編七十六卷　(清)席裕琨編輯　清光緒二十八年(1902)麗澤學會石印本　十六册

120000－0361－0001883　5617
牧民忠告二卷　(元)張養浩撰　**欽頒州縣事宜一卷**　(清)田文鏡　(清)李衛撰　清光緒二十二年(1896)上海圖書集成印書局石印本　一册

120000－0361－0001884　5069
大元聖政國朝典章首集六十卷附新集　(□)□□撰　清光緒三十四年(1908)刻本重印本　二十五册

120000－0361－0001885　5618
恪靖侯左相手札一卷　(清)左宗棠撰　清光緒影印本　一册

120000－0361－0001886　5619
味水軒日記八卷　(明)李日華撰　清光緒五年(1879)仁和葛氏刻本　二册

120000－0361－0001887　5620
留茚盦尺牘叢殘四卷　(清)嚴籀纂　清咸豐八年(1858)刻本　四册

120000－0361－0001888　5623
求闕齋日記類鈔二卷　(清)曾國藩撰　(清)王啟原輯　清光緒上海文瑞楼石印本　一册

120000－0361－0001889　5625
上張香濤宮保書　(清)陳玉樹撰　清光緒鉛印本　一册

120000－0361－0001890　5626
思益堂日札五卷　(清)周壽昌撰　清光緒鉛印本　二册

120000－0361－0001891　5628
重編留青新集二十四卷　(清)馮善長編　清光緒三十三年(1907)鉛印本　十二册

120000－0361－0001892　5630
從公三錄一卷續錄二卷　(清)戴肇辰撰　清同治、光緒刻本　二册

120000－0361－0001893　5636
李仲豹侍郎與劉忠誠書不分卷　(清)李文田撰　清光緒三十一年(1905)石印本　一册

120000－0361－0001894　5641
庸盦尚書奏議十六卷　(清)陳夔龍撰　俞陛雲等編　清宣統三年(1911)鉛印本　八册

120000－0361－0001895　5646
陳仲子二十藝不分卷　(清)楊一崑撰　清同治刻本　一册

120000－0361－0001896　5647
嘉定長白二先生奏議二種　(清)夏振武編　清宣統二年(1910)京邸鉛印本　二册

120000－0361－0001897　5648
熊襄愍公尺牘四卷　(明)熊廷弼撰　清光緒二十一年(1895)刻本　四册

120000－0361－0001898　5649
吳宮保公奏議六卷　(清)吳其濬撰　清光緒七年(1881)江蘇節署鉛印本　四册　存四卷(一至四)

120000－0361－0001899　5650
李文忠公朋僚函稿二十四卷　(清)李鴻章撰　(清)吳汝綸編　清光緒二十八年(1902)鉛印本　十二册

120000－0361－0001900　5653
直省鄉墨採新　(□)□□撰　清光緒二十九年(1903)山東印書局鉛印本　一册

120000－0361－0001901　5656
楹聯集錦八卷　(清)胡鳳丹輯　清光緒五年(1879)刻本　一册　缺四卷(五至八)

120000－0361－0001902　5657
格言聯璧不分卷　(清)金纓撰　清光緒五年(1879)刻本　一册

120000－0361－0001903　5661
樗壽贈言六卷　(□)□□撰　清光緒刻本　一册

120000－0361－0001904　4040
微尚齋詩集初編四卷　(清)馮志沂撰　清咸豐十一年(1861)刻本　一册

120000－0361－0001905　5663
詩經八卷　(宋)朱熹集傳　清同治十一年(1872)芥子園刻本　一册　存三卷(六至八)

120000－0361－0001906　5664
庸盦海外文編四卷　(清)薛福成撰　清光緒二十一年(1895)刻本　一册　存一卷(一)

120000－0361－0001907　5669
直省新墨約選六卷　(清)北洋館報局編　清光緒二十九年(1903)北洋館報局鉛印本　一册

120000－0361－0001908　5671
平番奏議四卷　(清)那彦成撰　清咸豐三年(1853)刻本　四册

120000－0361－0001909　5672
熊襄愍公尺牘四卷　(明)熊廷弼撰　清光緒三十四年(1908)湖北武昌璞園刻本　四册

120000－0361－0001910　5674
太常袁公行略不分卷　袁允橚等編　清光緒三十一年(1905)商務印書館影印本　一册

120000－0361－0001911　5677
三場程式　(□)□□撰　清刻本　一册

120000－0361－0001912　5682
青箱秘鑰　周東才輯　清嘉慶八年(1803)刻本　一册

120000－0361－0001913　5693
直隸鄉試卷　(□)□□撰　抄本　一册

120000－0361－0001914　5694
順天鄉試同年齒錄[乾隆己酉]恩科　(□)□□撰　清刻本　一册

120000－0361－0001915　5696
奏摺譜不分卷　(清)饒旬宣撰　**經略洪承疇奏對筆記二卷**　(清)洪承疇撰　清光緒十六年(1890)刻本　二册

120000－0361－0001916　5706
吏皖存牘三卷　(清)姚錫光撰　清光緒三十四年(1908)鉛印本　二册　存二卷(上中)

120000－0361－0001917　5707
會文書院課藝二刻　(□)□□撰　清光緒二十三年(1897)會文書院刻本　六册

120000－0361－0001918　5711
使德日記一卷　(清)李鳳苞撰　清末刻本　一册

120000－0361－0001919　5714
敬恕齋遺稿二卷　(清)張夢元撰　清光緒二十四年(1898)刻本　二册

120000－0361－0001920　5718
鴻泥日錄四卷　(清)王定柱撰　清刻本　一册

120000－0361－0001921　5720
陶堂志微錄五卷遺文二卷　(清)高心夔撰　清光緒八年(1882)平湖朱氏經注經齋刻高陶堂遺集本　四册

120000－0361－0001922　5721
彭剛直公奏稿八卷　(清)彭玉麟撰　清光緒十七年(1891)鉛印本　四册

120000－0361－0001923　5722
奏摺譜　(清)饒旬宣纂　清光緒九年(1883)刻本　一册

120000－0361－0001924　5724
宦鄉要則五卷首一卷　(□)□□撰　清光緒三十二年(1906)石印本　四册

120000－0361－0001925　5725
桐城方氏文稿　(清)方舟等撰　(清)韓慕廬評選　清光緒十七年(1891)刻本　六册

120000－0361－0001926　5726
奏議初編十二卷　(清)張之洞撰　清光緒二十七年(1901)鉛印本　六册

120000－0361－0001927　5727
曾侯日記　(清)曾紀澤撰　清光緒七年(1881)上海申報館鉛印本　一册

120000－0361－0001928　5728
王伯唐遺墨　(清)王鐵珊撰　清末石印本　一册

120000－0361－0001929　5731
世愚姪唐　(□)□□撰　清抄本　一册

120000－0361－0001930　5732
罪言存略　(清)郭嵩燾撰　清光緒十四年(1888)時報館鉛印本　一册

120000－0361－0001931　5733
勸學篇二卷　(清)張之洞撰　清光緒二十四年(1898)兩湖書院刻本　一册

120000－0361－0001932　5734
歷代政治類考十二卷　(清)柴紹炳纂　清光緒二十七年(1901)上海自強局石印本　六册

120000－0361－0001933　5735
前守寶錄五卷後守寶錄二十卷　(清)魁聯撰　清咸豐三年(1853)刻本　六册

120000－0361－0001934　5737
州縣須知四卷　(清)劉衡撰　清道光二十九年(1849)刻本　二册

120000－0361－0001935　5743
沈文肅公政書七卷首一卷　(清)沈葆楨撰　清光緒六年(1880)刻本　十二册

120000－0361－0001936　5744
出使公牘十卷　(清)薛福成撰　清光緒二十三年(1897)傳經樓刻本　八册

120000－0361－0001937　5746
東游日記一卷　(清)羅毓祥撰　清末民國鉛印本　一册

120000－0361－0001938　5747
校邠廬抗議不分卷　(清)馮桂芬撰　清光緒二十四年(1898)北洋石印官書局石印本　一册

120000－0361－0001939　5748
勸學篇二卷附奏摺一卷　(清)張之洞撰　清光緒二十四年(1898)校經廬石印本　一册

120000－0361－0001940　5749
從政餘談一卷　(清)王定柱撰　清道光五年(1825)刻本　一册

120000－0361－0001941　3583
道古堂文集四十六卷詩集二十六卷　(清)杭世駿撰　清乾隆刻本　十八册　缺十七卷(詩集十至二十六)

120000－0361－0001942　5753
虎口日記一卷　(清)遁安子撰　清光緒二十二年(1896)福州刻本　一册

120000－0361－0001943　5754
校邠廬抗議二卷　(清)馮桂芬撰　清光緒十年(1884)豫章刻本　一册　存一卷(上)

120000－0361－0001944　5755
重校刻養蒙鍼度篇不分卷　(清)謝光綺重訂　清光緒十八年(1892)刻本　一册

120000－0361－0001945　5765
張靖達公奏議八卷首一卷　(清)張樹聲撰　(清)何嗣焜編　清光緒二十五年(1899)刻本　四册

120000－0361－0001946　5768
敬恕齋遺稿二卷　(清)張夢元撰　清光緒二十四年(1898)刻本　二册

120000－0361－0001947　5770
鑑古齋日記四卷　(清)陳紹箕撰　清光緒二十八年(1902)刻本　四册

120000－0361－0001948　5773
周文忠公尺牘二卷雜文附録一卷　(清)周天

爵撰　清同治七年(1868)刻本　一册

120000－0361－0001949　5774
清麓日記五卷　(清)賀瑞麟撰　清光緒傳經堂刻本　二册

120000－0361－0001950　5777
培遠堂手札節存三卷　(清)陳宏謀撰　清同治十一年(1872)江蘇書局刻本　一册

120000－0361－0001951　5784
惜抱先生尺牘八卷　(清)姚鼐撰　清宣統元年(1909)小萬柳堂刻本　四册

120000－0361－0001952　5789
恒齋日記二卷　(清)于弼清撰　(清)劉莊輯　清光緒九年(1883)刻本　一册

120000－0361－0001953　3554
道古堂文集四十八卷　(清)杭世駿撰　清光緒刻本　十二册

120000－0361－0001954　5791
養福齋日劄　(清)陳文騄撰　清光緒稿本　一册

120000－0361－0001955　5792
遊歷日記不分卷　劉坦輯　清光緒十年(1884)石印本　一册

120000－0361－0001956　5794
西行日記二卷附書後一卷　(□)池仲佑撰　清光緒三十四年(1908)鉛印本　一册

120000－0361－0001957　5795
莅政摘要二卷　(宋)胡大初原本　(清)陸隴其輯　清光緒八年(1882)津河廣仁堂刻本　一册

120000－0361－0001958　5797
同治中興京外奏議約編八卷　(清)陳弢輯　清光緒元年(1875)篋劍囊琴之室刻本　二册

120000－0361－0001959　5798
豸華堂文鈔十二卷首一卷　(清)金應麟撰　清光緒元年(1875)刻本　四册

120000－0361－0001960　5813
覆一簣齋日記不分卷　(清)覆一簣齋撰　清抄本　五册

120000－0361－0001961　5816
木皮散人鼓詞附萬古愁曲　(清)賈鳧西撰　清光緒三十三年(1907)葉氏觀古堂刻本　一册

120000－0361－0001962　5817
新編彈詞俗耳針砭十四回　(□)謳歌變俗人撰　清末上海商務印書館鉛印本　一册

120000－0361－0001963　5825
佩文齋書畫譜一百卷　(清)孫岳頒等纂　清光緒九年(1883)上海同文書局石印本　十六册

120000－0361－0001964　5844
江楚會奏變法摺三摺　(清)劉坤一撰　清末鉛印本　三册

120000－0361－0001965　5845
邵氏危言二卷　(清)邵作舟撰　清光緒二十四年(1898)上海商務印書館鉛印本　二册

120000－0361－0001966　5850
甌鉢羅室書畫過目考四卷首一卷附一卷　(清)李玉棻撰　清光緒二十三年(1897)刻本　四册

120000－0361－0001967　5874
古今畫萃　(□)陳恭甫輯　清宣統元年(1909)古今畫萃社影印本　一册　殘

120000－0361－0001968　5881
梅溪先生墨蹟　(□)□□撰　清宣統二年(1910)影印本　一册

120000－0361－0001969　5887
大還閣琴譜六卷溪山琴況一卷　(清)徐谼撰　清康熙刻本　四册

120000－0361－0001970　5893
中西四大政　(英國)李提摩太譯　清光緒十八年(1892)上海廣學會鉛印本　一册

120000－0361－0001971　5894
見聞隨錄　(□)□□撰　抄本　一册

120000－0361－0001972　5903
慧田試律一卷　(清)崔光笏撰　清咸豐二年(1852)刻本　一册

120000－0361－0001973　5904
咸同光通如兵事日記六卷　(□)□□撰　抄本　六册

120000－0361－0001974　5915
篷窗隨錄十四卷附錄二卷　(清)沈兆澐輯　清咸豐七年(1857)刻本　九册　存十二卷(一至十二)

120000－0361－0001975　5926
阿育王舍利瑞應集不分卷　(清)釋妙然錄　清光緒元年(1875)刻本　一册

120000－0361－0001976　5939
心經註解一卷　(清)朱珪注撰　清光緒十年(1884)刻本　一册

120000－0361－0001977　5956
大乘起信論直解二卷　(明)釋德清撰　清光緒十六年(1890)金陵刻經處刻本　一册

120000－0361－0001978　5957
重輯不得已輯要　(清)楊光先撰　清光緒十五年(1889)刻本　一册

120000－0361－0001979　5972
盛世芻蕘(異端篇)　(清)楊多默纂　清末鉛印本　一册

120000－0361－0001980　5975
石印劉殿撰小楷兩體一卷　(□)劉殿書　清光緒石印本　一册

120000－0361－0001981　5977
左庵一得初錄一卷　(清)李佳繼昌撰　清光緒三十四年(1908)鉛印本　一册

120000－0361－0001982　5980
洛陽伽藍記五卷　(北魏)楊衒之撰　清宣統二年(1910)羅振玉刻玉簡齋叢書本　一册

120000－0361－0001983　5982
廣瘟疫論四卷末一卷　(清)戴天章撰　清同治七年(1868)經綸堂刻本　一册　存二卷(四、末一卷)

120000－0361－0001984　5984
陰符經三種　(漢)張良等注　清末刻本　一册

120000－0361－0001985　5987
書法正傳十卷　(清)馮武編輯　清宣統三年(1911)教育圖書局鉛印本　一册　存五卷(六至十)

120000－0361－0001986　5990
高僧傳初集十五卷首一卷　(南朝梁)釋慧皎撰　清光緒十年(1884)刻本　四册

120000－0361－0001987　5991
青玉版十三行　(晉)王獻之書　清末有正書局影印本　一册

120000－0361－0001988　6013
紫竹山房遺稿　(清)朱承勳撰　清同治五年(1866)皖城使院刻本　一册

120000－0361－0001989　6016
開原懷古　(□)米齋老人稿　清末刻本　一册

120000－0361－0001990　6019
觚賸八卷續編四卷　(清)鈕琇輯　清宣統三年(1911)上海國學扶輪社鉛印本　六册

120000－0361－0001991　3478
說文釋例二十卷　(清)王筠撰　清同治四年(1865)刻本　十册

120000－0361－0001992　6026
增訂錦字箋四卷　(清)黃澐纂　清刻本　四册

120000－0361－0001993　6029
隸書十法不分卷　(□)□□撰　清刻本　二册

120000－0361－0001994　6030
既琢齋印譜　(□)王恩重纂　清光緒十一年(1885)鈐印本　二册

120000－0361－0001995　6035

清河宣防紀略圖說一卷 (清)裴季倫輯 清光緒二十九年(1903)天津大公報館鉛印本 一册

120000－0361－0001996 6042

因利錄二卷 (清)蔡希邠撰 清光緒七年(1881)刻本 一册

120000－0361－0001997 6044

楷法溯源十四卷目錄一卷 (清)潘存輯 楊守敬編 清光緒四年(1878)刻本 十五册

120000－0361－0001998 6047

農政全書六十卷 (明)徐光啟撰 清光緒二十六年(1900)石印本 八册

120000－0361－0001999 6048

玉歷至寶鈔不分卷 (□)□□撰 清刻本 一册

120000－0361－0002000 6063

敕建弘慈廣濟寺新志二卷 (清)釋湛祐撰 (清)釋然叢輯 清刻本 一册

120000－0361－0002001 6064

關帝桃園明聖經 (□)□□撰 清光緒十年(1884)刻本 一册

120000－0361－0002002 6065

養真集二卷 (清)王士瑞注 清同治六年(1867)刻本 一册

120000－0361－0002003 6067

奏辦京師自來水有限公司第一次工程告竣營業開始報告書 (清)京師自來水有限公司編 清宣統二年(1910)京師京華印書局鉛印本 一册

120000－0361－0002004 6071

墨法集要一卷 (明)沈繼孫撰 清光緒二十年(1894)湘鄉謝氏刻本 一册

120000－0361－0002005 6075

五省溝洫圖說一卷 (清)沈夢蘭撰 清光緒六年(1880)江蘇書局刻本 一册

120000－0361－0002006 6076

時務報 梁啟超等編 清光緒時務報館石印本 六册

120000－0361－0002007 6078

棠湖墳譜不分卷 (清)吳潯源撰 清光緒十四年(1888)刻本 一册

120000－0361－0002008 6090

教務紀略四卷首一卷末一卷 (清)李剛己撰 清光緒三十二年(1906)蘭州官書局鉛印本 一册 存一卷(首一卷)

120000－0361－0002009 6093

墨緣彙觀四卷 (清)安岐編 清宣統元年(1909)刻本 四册

120000－0361－0002010 6099

蘇東坡書養生論 (□)高樹南臨摹 清抄本 一册

120000－0361－0002011 6102

養知書屋文集二十八卷詩集十五卷 (清)郭嵩燾撰 清光緒十八年(1892)刻本 十二册

120000－0361－0002012 6105

畿輔水利議一卷 (清)林則徐撰 清光緒二年(1876)三山林氏刻本 二册

120000－0361－0002013 6106

墨緣彙觀四卷 (清)安岐撰 清光緒二十六年(1900)鉛印本 六册

120000－0361－0002014 6120

天足精言不分卷 (□)居竢齋主人輯刊 清末刻本 一册

120000－0361－0002015 6121

傅青主女科二卷男科二卷 (清)傅山撰 清光緒石印本 二册

120000－0361－0002016 6126

須靜齋雲煙過眼錄 (清)潘世璜撰 清宣統三年(1911)吳縣潘氏刻本 一册

120000－0361－0002017 6128

清真釋疑補輯二卷 (□)□□撰 清光緒十一年(1885)刻本 一册

120000－0361－0002018 6140

通志二百卷 (宋)鄭樵撰 清刻本 六冊 存十五卷(地理略一卷、都邑略一卷、禮略四卷、謚略一卷、器服略二卷、樂略二卷、職官略四卷)

120000－0361－0002019 6151
輪輿私箋二卷附圖一卷 (清)鄭珍撰 清同治七年(1868)金陵獨山莫氏刻本 一冊

120000－0361－0002020 6161
擊磬錄不分卷 (□)□□撰 清光緒刻本 一冊

120000－0361－0002021 6167
年大將軍墨蹟一摺 (清)年羹堯書 清光緒石印本 一摺

120000－0361－0002022 6186
一夢漫言二卷 繼主千華見月叟自述 清光緒五年(1879)刻本 一冊

120000－0361－0002023 6186
妙法蓮華經二卷首一卷 (後秦)釋鳩摩羅什譯 清光緒二十二年(1896)刻本 一冊

120000－0361－0002024 6204
古香齋鑒賞袖珍春明夢餘錄七十卷 (清)孫承澤撰 清光緒刻本 十二冊 存三十二卷(三十九至七十)

120000－0361－0002025 6205
復齋文集二十一卷 (清)曾鏞撰 清嘉慶二十五年(1820)刻本 十二冊

120000－0361－0002026 6206
古經解彙函 (清)鍾謙鈞等輯 清同治十二年(1873)粵東書局刻本 三十五冊 缺一種(小學彙函)

120000－0361－0002027 6208
目耕帖三十卷 (清)馬國翰撰 清同治十年(1871)濟南皇華館書局補刻本 八冊 存十六卷(一至十六)

120000－0361－0002028 6210
劉子全書遺編二十四卷首一卷 (明)劉宗周撰 (清)沈復粲編輯 清道光三十年(1850)刻光緒十八年(1892)重修本 十二冊

120000－0361－0002029 6217
鮚埼亭集外編五十卷 (清)全祖望撰 清嘉慶十六年(1811)刻本 十二冊

120000－0361－0002030 6218
悔菴學文八卷補遺一卷 (清)嚴元照撰 清光緒刻本 二冊

120000－0361－0002031 6219
危言四卷 (清)湯震撰 清光緒十六年(1890)上海刻本 二冊

120000－0361－0002032 6224
經古篋存草二卷 (清)葉勤諏撰 清宣統三年(1911)刻本 一冊

120000－0361－0002033 6228
邱邦士文集十八卷 (清)邱維屏撰 清光緒元年(1875)刻本 六冊

120000－0361－0002034 6229
治事文編二卷 湯壽潛輯 清光緒二十七年(1901)從新學社石印本 二冊

120000－0361－0002035 6233
何文貞公遺集二卷首一卷附錄一卷 (清)何桂珍撰 清光緒十年(1884)刻本 一冊

120000－0361－0002036 6237
小學韻語一卷 (清)羅澤南撰 清光緒十五年(1889)刻本 一冊

120000－0361－0002037 6240
儀禮經傳通解三十七卷 (宋)朱熹撰 **續三十九卷** (宋)黃幹撰 清刻本 九冊

120000－0361－0002038 6244
玉簡齋叢書十四種二集八種 羅振玉編 清宣統二年(1910)上虞羅氏刻本 二十二冊

120000－0361－0002039 6251
玉函山房輯佚書六百二十二種附一種 (清)馬國翰輯 清同治十年(1871)濟南皇華館書局補刻本 六十五冊

120000－0361－0002040 6262

老子道德經二卷 (春秋)李耳撰 (三國魏)王弼注 清光緒刻古逸叢書本 一册

120000－0361－0002041 6263
荀子二十卷 (戰國)荀況撰 (唐)楊倞注 清光緒十年(1884)刻古逸叢書本 四册

120000－0361－0002042 6264
姓解三卷 (宋)邵思撰 清光緒刻古逸叢書本 一册

120000－0361－0002043 6266
胡文忠公遺集八十六卷首一卷 (清)胡林翼撰 (清)鄭敦謹 (清)曾國荃輯 清同治刻本 十二册 存二十七卷(五十一至七十七)

120000－0361－0002044 6267
藕香零拾(藕香零拾叢書)三十九種 繆荃孫輯 清光緒、宣統刻本 三十二册

120000－0361－0002045 6268
邵武徐氏叢書初集 (清)徐幹輯 清光緒邵武徐氏刻本 二十册

120000－0361－0002046 6271
古經解匯函十六種附小學匯函十四種續附十種 (清)鍾謙鈞等輯 清光緒十四年(1888)石印本 二十册

120000－0361－0002047 6277
本省京外稟信稿附收到各處銀兩本 (□)□□撰 抄本 七册

120000－0361－0002048 6292
教務紀略四卷首一卷 (清)李剛已編 (清)魏家驊等修訂 清光緒三十年(1904)山東印書局鉛印本 五册

120000－0361－0002049 6293
教案簡明要覽一卷 (□)□□撰 清光緒石印本 一册

120000－0361－0002050 6315
畿輔輿地全圖 (□)□□撰 清末刻本 一册

120000－0361－0002051 6318
篤慶社規簿 (□)□□撰 清道光、咸豐稿本 一册

120000－0361－0002052 6319
岡陵社規簿 (□)□□撰 稿本 一册

120000－0361－0002053 6320
慕洛社會規 (□)□□撰 抄本 一册

120000－0361－0002054 6321
永定河志三十二卷附錄一卷 (清)李逢亨纂 清刻本 十六册

120000－0361－0002055 6323
直隸天津河間廣仁堂章程一卷 (□)□□撰 清光緒刻本 一册

120000－0361－0002056 6327
畿輔水利四案四卷補一卷附錄一卷 (清)潘錫恩輯 清刻本 六册

120000－0361－0002057 6329
海門詩鈔 (清)李符清撰 清嘉慶二十年(1815)刻本 四册

120000－0361－0002058 6338
[光緒]重修天津府志五十四卷首一卷末一卷 沈家本 (清)榮銓修 (清)徐宗亮 (清)蔡啟盛纂 清光緒二十五年(1899)刻本 二十八册

120000－0361－0002059 6341
州縣須知四卷 (清)程炎評定 清同治元年(1862)刻本 二册

120000－0361－0002060 6346
清光緒天津府學縣學職官錄一卷 (□)□□撰 清光緒刻本 一册

120000－0361－0002061 6347
勸捐積穀章程一卷 (□)□□撰 清光緒刻本 一册

120000－0361－0002062 6350
直省天河兩屬水災圖一卷 (□)□□撰 清光緒刻本 一册

120000－0361－0002063 6353
城鎮鄉地方自治俚言 (□)□□撰 清宣統

元年(1909)影印本　一冊

120000－0361－0002064　6367
獺祭編　(清)李慶辰　清天津李筱筠抄本　十一冊

120000－0361－0002065　6368
皇朝蓄艾文編八十卷目錄一卷　(清)于寶軒輯　清光緒二十九年(1903)上海官書局鉛印本　二十冊　存四十一卷(四十至八十)

120000－0361－0002066　6370
都門紀略二卷　(清)楊士安輯　清道光二十五年(1845)刻本　一冊

120000－0361－0002067　6372
直隸現行通飭章程三卷　(清)直隸按察使司編　清光緒十七年(1891)刻本　三冊

120000－0361－0002068　6378
乙巳年交涉要覽五卷　(清)北洋洋務局纂輯　清光緒三十三年(1907)鉛印本　五冊

120000－0361－0002069　6379
直隸賑捐請獎章程　(清)直隸籌賑總局輯　清光緒刻本　一冊

120000－0361－0002070　6380
徽屬義賑徵信錄　(□)□□撰　清宣統二年(1910)鉛印本　一冊

120000－0361－0002071　6382
某州廳縣志五十四卷　(□)□□撰　清刻本　一冊

120000－0361－0002072　6386
歷代帝王年表三卷　(清)齊召南編　清光緒二十九年(1903)刻本　三冊

120000－0361－0002073　6388
張文襄幕府紀聞二卷　辜鴻銘撰　清宣統二年(1910)鉛印本　二冊

120000－0361－0002074　6390
張公襄理軍務紀略六卷　(清)丁運樞等編　清宣統元年(1909)石印本　六冊

120000－0361－0002075　6391
丙午年交涉要覽三篇　(清)北洋洋務局輯　清光緒三十四年(1908)鉛印本　六冊

120000－0361－0002076　6396
新增都門紀略七卷　(清)楊士安輯　清光緒三十三年(1907)刻本　七冊

120000－0361－0002077　6401
丁公祠附建盧陽公所錄一卷　(□)□□撰　清光緒三年(1877)天津華新印刷局鉛印本　一冊

120000－0361－0002078　6404
長蘆辦商魏健菴繼室孫宜人家傳　(□)□□撰　清光緒十九年(1893)刻本　一冊

120000－0361－0002079　6406
張之洞五十年大事記　(□)□□撰　清末石印本　一冊

120000－0361－0002080　6410
李恕谷年譜五卷　(清)馮辰編　清光緒三十四年(1908)國學實存會鉛印本　一冊

120000－0361－0002081　6411
胡氏三烈志言二卷　(清)誠勳等撰　(清)王琴堂編　清光緒二十八年(1902)刻本　一冊

120000－0361－0002082　6413
奏定學堂章程　(清)張百熙等撰　清光緒二十九年(1903)鉛印本　五冊

120000－0361－0002083　6414
察吏六條一卷　(清)丁日昌撰　清同治八年(1869)永康應寶時刻本　一冊

120000－0361－0002084　6418
楊氏族譜　(□)楊汝澤修　清乾隆二十一年(1756)世德堂抄本　一冊

120000－0361－0002085　6420
誥授武功將軍穆君實績　(清)穆氏撰　清末刻本　一冊

120000－0361－0002086　6424
李文忠公奏摺選　(□)□□撰　寫本　二冊

120000－0361－0002087　6426

津門紀略十二卷　(清)羊城舊客撰　清光緒二十四年(1898)石印本　二冊

120000－0361－0002088　6429
李鴻章(中國四十年來大事記)　梁啟超撰　清光緒石印本　一冊

120000－0361－0002089　6431
[光緒]寧河縣志十六卷　(清)丁符九修　(清)談松林纂　清光緒六年(1880)刻本　六冊　缺八卷(一至八)

120000－0361－0002090　6432
邊事彙鈔十二卷　(清)劉韞齋鑒定　(清)朱克敬編　清光緒六年(1880)刻本　九冊

120000－0361－0002091　6436
曾惠敏公使西日記二卷　(清)曾紀澤撰　清光緒十九年(1893)江南製造總局刻本　一冊

120000－0361－0002092　6437
京津救濟善會圖說　(清)孫樂園編輯　清末石印本　一冊

120000－0361－0002093　6438
北洋速成將弁學堂課程　(□)□□撰　抄本　一冊　存一卷(戰法學教程五)

120000－0361－0002094　6439
同仁粥廠育嬰學社第九次徵信錄一卷　(□)袁廷彥　(□)徐履祥編纂　清光緒二十九年(1903)刻本　一冊

120000－0361－0002095　6447
出使須知　(清)蔡鈞撰　清光緒二十年(1894)鉛印本　一冊

120000－0361－0002096　6451
燕市積弊　(□)徐餘生撰　清宣統元年(1909)鉛印本　一冊

120000－0361－0002097　6460
小知錄十二卷　(清)陸鳳藻輯　清同治十二年(1873)淮南書局刻本　四冊

120000－0361－0002098　6460
小知錄十二卷　(清)陸鳳藻輯　清同治十二年(1873)淮南書局刻本　四冊

120000－0361－0002099　6474
通志堂經解觀略一卷　(清)董樸園輯　清道光四年(1824)刻本　一冊

120000－0361－0002100　6478
鴻苞節錄十卷　(明)屠隆撰　(清)屠繼烈編　清咸豐七年(1857)章邱縣署刻本　十冊

120000－0361－0002101　6481
語石十卷　葉昌熾撰　清宣統元年(1909)長洲葉昌熾刻本　四冊

120000－0361－0002102　6483
麗澤隨筆不分卷　(□)□□撰　清宣統三年(1911)鉛印本　一冊

120000－0361－0002103　6494
醒華日報　(清)天津醒華日報社編　清宣統二年至三年(1910－1911)石印本　八冊　存(光緒二年至三年)

120000－0361－0002104　6499
直隸運售各省官刻書籍總目　(清)畿輔通志局編　清光緒七年(1881)畿輔通志局刻本　一冊

120000－0361－0002105　6500
直隸運售各省官刻書籍總目　(清)畿輔通志局編　清光緒七年(1881)畿輔通志局刻本　一冊

120000－0361－0002106　6504
陸侍郎校士文集　(□)□□撰　清光緒三十年(1904)鉛印本　一冊

120000－0361－0002107　6505
宦鄉新要則　(□)黄狄卿撰　清光緒三十四年(1908)上海中國圖書公司鉛印本　一冊

120000－0361－0002108　6512
古事比五十二卷　(清)方中德輯撰　清光緒十三年(1887)上海點石齋石印本　六冊

120000－0361－0002109　6514
書目答問箋補四卷　(清)張之洞撰　清光緒三十年(1904)漢川江氏刻本　三冊　缺一卷(四)

120000－0361－0002110　6518
黄大王事蹟全誌一卷　(清)李昞撰　清乾隆五十九年(1794)江南河庫道刻本　一册

120000－0361－0002111　6520
賴婚寶卷　(清)□□撰　抄本　一册

120000－0361－0002112　6523
杜詩鏡銓選目錄一卷　(□)盧慎之撰　稿本　一册

120000－0361－0002113　6529
新出萬事不求人　(□)□□撰　清末石印本　一册

120000－0361－0002114　6530
敝帚千金大公報　(清)英斂之撰　清光緒三十一年至三十三年(1905－1907)大公報鉛印本　一册

120000－0361－0002115　6531
淵鑑類函四百五十卷　(清)張英等撰　清光緒二十一年(1895)上海點石齋石印本　十册

120000－0361－0002116　6531
淵鑑類函四百五十卷　(清)張英等輯　清光緒二十一年(1895)上海點石齋石印本　十册

120000－0361－0002117　6536
醒華日報　(□)□□撰　清末石印本　一册

120000－0361－0002118　6537
敝帚千金　(清)英斂之撰　清光緒三十一年至三十三年(1905－1907)大公報鉛印本　四册

120000－0361－0002119　6552
經籍舉要一卷　(清)龍啟瑞撰　(清)袁昶增訂　清光緒十九年(1893)中江講院刻本　一册

120000－0361－0002120　6557
義門讀書記五十八卷　(清)何焯撰　清刻本　十二册

120000－0361－0002121　6564
說鈴前集三十三種　(清)吳震方編　清康熙刻本　十册

120000－0361－0002122　6565
不慊齋漫存六卷不自慊齋漫存一卷　(清)徐賡陛撰　清光緒八年(1882)南海官署刻本　六册

120000－0361－0002123　6569
倭文瑞公遺書十卷首二卷　(清)倭仁撰　清光緒三年(1877)粵東翰元樓刻本　六册

120000－0361－0002124　6571
何文貞公遺書二種　(清)何桂珍撰　清光緒十年(1884)六安求我齋刻本　二册

120000－0361－0002125　6575
吳摯甫文集四卷附鈔深州風土記四卷　(清)吳汝綸撰　清宣統元年(1909)上海國學扶輪社石印本　五册

120000－0361－0002126　6576
南雲書屋文鈔一卷　(清)廖鴻章撰　清永定廖氏刻本　一册

120000－0361－0002127　6581
讀書樂趣八卷　(清)伍涵芬撰　清刻本　四册

120000－0361－0002128　6589
金軺籌筆四卷附和約一卷專條一卷陸路通商章程一卷卡倫單一卷　(清)錢恂　(清)楊楷校　清光緒十三年(1887)刻本　四册

120000－0361－0002129　6598
二酉堂叢書(張氏叢書)二十一種　(清)張澍輯　清道光元年(1821)武威張氏二酉堂刻本　十二册

120000－0361－0002130　6601
廣韻五卷　(宋)陳彭年等重修　清光緒刻古逸叢書本　二册

120000－0361－0002131　6602
周易六卷附晦庵先生校正周易繫辭精義二卷　(宋)程頤傳　清光緒九年(1883)刻古逸叢書本　二册

120000－0361－0002132　6603
論語十卷　(三國魏)何晏集解　清光緒八年

(1882)據日本正平本影刻古逸叢書本　二册

120000－0361－0002133　6605
史略六卷　(宋)高似孫撰　清光緒十年(1884)據宋本影刻古逸叢書本　一册

120000－0361－0002134　6611
海虞文徵三十卷　(清)邵松年編輯　清光緒三十一年(1905)石印本　八册

120000－0361－0002135　6618
皇朝五經彙解二百七十卷　(清)抉經心室主人編　清光緒十九年(1893)同文書局石印本　十册　存九十二卷(一至九十二)

120000－0361－0002136　6619
説儲　(清)包世臣撰　清光緒三十二年(1906)上海國學保存會鉛印本　一册

120000－0361－0002137　6621
求己錄三卷　(清)陶葆廉編　清光緒二十二年(1896)刻本　三册

120000－0361－0002138　6624
喟觚齋文錄二卷　(清)王兆涵撰　清光緒二十八年(1902)刻本　二册

120000－0361－0002139　6625
二林居集二十四卷　(清)彭紹升撰　清光緒七年(1881)刻本　六册

120000－0361－0002140　6626
南華真經注疏十卷　(晉)郭象注　(唐)成玄英疏　清光緒黎氏刻古逸叢書本　五册

120000－0361－0002141　6640
呂子節錄四卷附錄一卷　(明)呂坤撰　(清)陳宏謀評輯　清光緒九年(1883)津河廣仁堂刻本　二册

120000－0361－0002142　6642
目耕帖三十一卷續補十六卷附二卷　(清)馬國翰撰　清光緒十年(1884)章丘李氏刻本　十二册

120000－0361－0002143　6651
湘學報類編　(清)湘督學使署編　清光緒二十四年(1898)湘督學使署刻本　十二册　殘

120000－0361－0002144　6655
蒼莨集　(清)孫鼎臣撰　清咸豐刻本　十册　存二種二十五卷(河防紀略四卷、蒼莨初集二十一卷)

120000－0361－0002145　6661
説鈴後集五十三種　(清)吳震方輯　清刻本　十册　存三十一卷(二十四至五十四)

120000－0361－0002146　6662
曾惠敏公全集十七卷　(清)曾紀澤撰　清光緒二十年(1894)上海石印本　四册

120000－0361－0002147　6666
[同治]續修天津縣誌二十卷首一卷　(清)吳惠元修　(清)蔣玉虹等纂　清同治九年(1870)刻本　八册

120000－0361－0002148　6670
湖樓校書記一卷餘記一卷西泠續記一卷蓮龕尋夢記一卷　(清)張文虎撰　清光緒十五年(1889)刻本　一册

120000－0361－0002149　6670
湖樓校書記一卷餘記一卷西泠續記一卷蓮龕尋夢記一卷　(清)張文虎撰　清光緒十五年(1889)刻本　一册

120000－0361－0002150　6670
夢因錄一卷　(清)張文虎撰　清光緒十三年(1887)刻本　一册

120000－0361－0002151　6670
夢因錄一卷　(清)張文虎撰　清光緒十三年(1887)刻本　一册

120000－0361－0002152　6670
舒藝室尺牘偶存一卷　(清)張文虎撰　清光緒十五年(1889)刻本　一册

120000－0361－0002153　6670
舒藝室尺牘偶存一卷　(清)張文虎撰　清光緒十五年(1889)刻本　一册

120000－0361－0002154　6670
鼠壤餘疏一卷舒藝詩續存一卷　(清)張文虎撰　清光緒十年(1884)刻本　一册

120000－0361－0002155　6670
鼠壤餘疏一卷舒蓺詩續存一卷　(清)張文虎撰　清光緒十年(1884)刻本　一册

120000－0361－0002156　6670
湖樓校書記　(清)張文虎撰　清光緒十五年(1889)刻本　一册

120000－0361－0002157　6670
舒蓺室續筆一卷　(清)張文虎撰　清光緒刻本　一册

120000－0361－0002158　6676
延秋吟館詩續鈔四卷　(清)張聯桂撰　清光緒十八年(1892)粤西節署刻本　一册

120000－0361－0002159　6677
附釋音春秋左傳注疏六十卷校勘記六十卷　(晋)杜預注　(唐)陸德明音義　(唐)孔穎達疏　清光緒六年(1880)上海脈望仙館石印宋本十三經注疏本　五册

120000－0361－0002160　6679
增廣五經備旨　(清)鄒聖脈輯　清光緒上海大成書局石印本　十二册

120000－0361－0002161　6683
禮記十卷　(元)陳澔集說　清咸豐元年(1851)邵州濂溪講院刻本　十册

120000－0361－0002162　6687
賭棋山莊集三種二十五卷　(清)謝章鋌撰　清光緒十五年(1889)刻本　八册

120000－0361－0002163　6688
出使日記續刻十卷　(清)薛福成撰　清光緒二十四年(1898)刻本　十册

120000－0361－0002164　6694
經傳攷證八卷　(清)朱彬撰　清同治刻本　二册

120000－0361－0002165　6698
欽定篆文六經四書十種　(清)李光地等編　清光緒九年(1883)上海同文書局石印本　十册

120000－0361－0002166　6700
書疑九卷　(宋)王柏撰　清同治、光緒刻本　二册

120000－0361－0002167　6702
經學講義二編　(清)京師大學堂編　清光緒三十年(1904)鉛印本　一册

120000－0361－0002168　6703
一切經音義二十五卷　(唐)釋元應撰　(清)莊炘校正　清乾隆五十一年(1786)刻本　四册

120000－0361－0002169　6704
四書教子尊經求通錄六卷　(清)楊一崑撰　(清)楊恒占編　清刻本　五册

120000－0361－0002170　6708
蔡傳正訛六卷　(清)左眉撰　清刻本　二册

120000－0361－0002171　6716
劉武慎公遺書二十五卷　(清)劉長佑撰　清光緒二十六年(1900)刻本　十七册　存十七卷(一至十七)

120000－0361－0002172　6718
經傳考證八卷　(清)朱彬撰　清同治四年(1865)寶應朱氏刻本　二册

120000－0361－0002173　6719
洪吉人先生遺文一卷　(清)洪天錫纂　清乾隆刻本　二册

120000－0361－0002174　6720
覆瓿集　(清)張文虎撰　清同治、光緒刻本　十二册

120000－0361－0002175　6721
二思堂叢書六種　(清)梁章鉅撰　清同治十二年至光緒元年(1873－1875)福州梁氏刻本　十二册

120000－0361－0002176　6722
四述奇十六卷　(清)張德彝撰　清光緒九年(1883)同文館鉛印本　八册　存八卷(九至十六)

120000－0361－0002177　6724
甘泉鄉人稿二十四卷附年譜一卷四水子遺著

一卷邠農偶吟稿一卷 (清)錢泰吉撰 清同治十一年(1872)刻本 六冊

120000-0361-0002178 6725
羅忠節公遺集 (清)羅澤南撰 清咸豐至同治長沙刻本 八冊

120000-0361-0002179 6725
羅忠節公遺集八卷首一卷 (清)羅澤南撰 清咸豐至同治刻本 三冊

120000-0361-0002180 6730
孫文恭公遺書六種附錄一卷 (明)孫應鰲撰 清宣統鉛印本 八冊

120000-0361-0002181 6731
楚辭集注八卷辯證二卷後語六卷 (宋)朱熹撰 清光緒刻古逸叢書本 二冊

120000-0361-0002182 6734
急救篇一卷 (漢)史游撰 清光緒刻古逸叢書本 一冊

120000-0361-0002183 6737
惜抱軒全集 (清)姚鼐撰 清同治五年(1866)刻本 十六冊

120000-0361-0002184 6740
古逸叢書二十六種 (清)黎庶昌輯 清末影印本 七冊 存三種四十九卷(太平寰宇記一百十三至一百十八,杜工部草堂詩箋九至四十,黄氏集千家註杜工部詩史補遺一至十、外集一)

120000-0361-0002185 6743
授經日記 (清)劉爾炘撰 清光緒三十年(1904)高等學堂鉛印本 二冊

120000-0361-0002186 6743
授經日記 (清)劉爾炘撰 清光緒三十四年(1908)甘肅高等學堂刻本 一冊

120000-0361-0002187 6743
小兒語摘抄説意 (明)呂得勝撰 (清)劉爾炘説意 清光緒三十二年(1906)隴右樂善書局刻本 一冊

120000-0361-0002188 6745
禮記合纂大成十卷 (□)□□撰 清光緒石印五經合纂大成本 六冊

120000-0361-0002189 6754
黑龍江礦務招商章程 (清)李金鏞等撰 清末刻本 一冊

120000-0361-0002190 6755
點石齋畫報申集 (清)尊聞閣王輯 清末上海點石齋石印本 一冊

120000-0361-0002191 6756
御批歷代通鑑輯覽一百二十卷 (清)傅恒纂 清末朱墨套印刻本 一冊 存二卷(一百至一百零一)

120000-0361-0002192 6758
國聞報彙編 西江歐化社編 清光緒二十九年(1903)競化書局鉛印本 一冊

120000-0361-0002193 6765
權文公詩集十卷 (唐)權德輿撰 清康熙琴川席氏刻唐百名家全集本 一冊 存五卷(六至十)

120000-0361-0002194 6771
勸工局章程 (□)□□撰 清光緒三十年(1904)鉛印本 一冊

120000-0361-0002195 6772
禮記訓纂四十九卷 (清)朱彬輯 清刻本 一冊

120000-0361-0002196 6774
水滸畫像一卷 (清)陳洪綬繪 清光緒十年(1884)石印本 一冊

120000-0361-0002197 6775
史記菁華錄六卷 (清)姚苧田輯 清末刻本 一冊 存一卷(二)

120000-0361-0002198 6784
博物學大意 (清)杜就田編 清宣統元年(1909)鉛印本 一冊

120000-0361-0002199 6788
點石齋畫報 (清)□□撰 清末石印本 一冊

120000－0361－0002200　6791
春熙堂詩稿　(清)李光裡撰　(清)張維屏選　清道光刻本　一冊

120000－0361－0002201　6792
樸園感舊詩一卷　(清)李光庭撰　(清)張維屏評　清刻本　一冊

120000－0361－0002202　6794
舊唐書二百卷　(五代)劉昫撰　清同治刻本　一冊　存四卷(一百七十一至一百七十四)

120000－0361－0002203　3223
金石萃編一百六十卷　(清)王昶纂　清光緒十九年(1893)石印本　六冊　存一百零四卷(五十七至一百六十)

120000－0361－0002204　6803
通鑑紀事本末二百三十九卷　(宋)袁樞編輯　(明)張溥論證　清末刻本　二冊　存七卷(四十二至四十三上、五十至五十四)

120000－0361－0002205　6827
俞俞齋文稿四卷詩稿初集二卷詩餘一卷　(清)史念祖撰　清光緒三十二年(1906)刻本　六冊

120000－0361－0002206　6838
湖海樓叢書十二種　(清)陳春編　清嘉慶蕭山陳氏刻本　十五冊

120000－0361－0002207　6839
出使公牘十卷　(清)薛福成撰　清光緒二十四年(1898)刻本　六冊

120000－0361－0002208　6846
觸懷吟二卷　(清)錢允濟撰　清嘉慶二十一年(1816)刻本　二冊

120000－0361－0002209　6849
祕書二十八種　(清)汪士漢編　清道光二十六年(1846)刻本　四冊

120000－0361－0002210　6851
順天鄉試朱卷(嘉慶戊寅恩科)　(□)□□撰　清刻本　一冊

120000－0361－0002211　6852
順天鄉試朱卷(嘉慶甲子科)　(□)□□撰　清刻本　一冊

120000－0361－0002212　6853
頖璧聯芳(光緒十五年)歲試　(□)□□撰　清光緒石印本　一冊

120000－0361－0002213　6855
順天鄉試朱卷(道光)　(□)□□撰　清刻本　一冊

120000－0361－0002214　6856
順天鄉試朱卷(嘉慶至光緒)　(□)□□撰　清刻本　十一冊

120000－0361－0002215　6857
順天鄉試朱卷(道光戊子科)　(□)□□撰　清道光刻本　一冊

120000－0361－0002216　6859
中俄界記二編　(清)鄒代鈞撰　(清)曾寅補圖　清宣統三年(1911)湖北武昌亞新地學社鉛印本　一冊

120000－0361－0002217　6861
李恕谷先生年譜五卷　(清)馮辰纂　(清)惲鶴生訂　(清)李鍇重訂　清道光十六年(1836)蠡吾李誥刻本　一冊

120000－0361－0002218　6862
鄉甲約　(明)吕坤撰　清刻本　一冊

120000－0361－0002219　6863
古文釋義新編八卷　(清)余誠評注　清末刻本　一冊　存二卷(三至四)

120000－0361－0002220　6864
易圖明辨十卷　(清)胡渭撰　清光緒十四年(1888)南菁書院刻皇清經解續編本　一冊

120000－0361－0002221　6869
郵傳部接辦粵漢川漢鐵路借款及分别接受各路股款始末記　(□)□□撰　清宣統鉛印本　一冊

120000－0361－0002222　6870
會議各直省土藥辦法　(□)□□撰　清光緒十七年(1891)鉛印本　一冊

120000－0361－0002223　6871
商部奏訂公司註册試辦章程　(□)□□撰　清光緒鉛印本　一册

120000－0361－0002224　6872
考察各省分廠銅幣事宜覆奏摺稿　(□)□□撰　清光緒三十三年(1907)鉛印本　一册

120000－0361－0002225　6874
沈存圃自訂年譜　(清)沈峻　(清)沈兆澐輯注　清道光十五年(1835)天津沈氏刻本　一册

120000－0361－0002226　6875
甘肅秦州直隸州禮縣光緒十六年民欠未完糧石徵信錄　(□)□□撰　清光緒十六年(1890)活字本　一册

120000－0361－0002227　6877
欽定大清會典事例一千二百二十卷　(清)崑岡等修　清宣統元年(1909)石印本　八册　存一百二十五卷(五十八至六十八、四百五十六至四百六十八、八百六十二至九百六十二)

120000－0361－0002228　6877
欽定大清會典事例一千二百卷目錄八卷　(清)崑岡等修　清宣統元年(1909)上海商務印書館石印本　一百五十二册　缺二十四卷(四百五十六至四百六十八、一千一百九十至一千二百)

120000－0361－0002229　6879
佩文韻府一百零六卷　(清)張玉書編　清光緒十二年(1886)上海點石齋石印本　四十册

120000－0361－0002230　6886
禮記訓纂四十九卷　(清)朱彬輯　清刻本　七册

120000－0361－0002231　6887
虞氏易消息圖説初稿一卷　(清)胡祥麟撰　清同治十一年(1872)刻本　一册

120000－0361－0002232　6888
天真閣集五十四卷　(清)孫原湘撰　清刻本　一册　存二十五卷(一至二十五)

120000－0361－0002233　6889
合肥李勤恪公政書十卷首一卷　(清)李翰章撰　(清)李經畬等編輯　清光緒石印本　十册

120000－0361－0002234　6893
花萼吟傳奇上卷　(清)夏綸撰　清刻本　一册　存一卷(上)

120000－0361－0002235　6893
永團圓一卷黨人碑一卷望湖亭一卷爛柯山一卷荷花蕩一卷　(□)□□撰　清刻本　一册

120000－0361－0002236　6896
廣瘟疫論四卷　(清)戴天章撰　清乾隆四十八年(1783)刻本　一册

120000－0361－0002237　6900
宋史論三卷　(明)張溥撰　清至民國石印本　一册

120000－0361－0002238　6904
欽定錢錄十六卷　(清)梁詩正等撰　清末石印本　一册　存四卷(九至十二)

120000－0361－0002239　6905
元詩選　(清)顧嗣立輯　清康熙長洲顧氏秀野草堂刻本　十二册　存二集十二種(二集甲至丙、戊至庚,三集甲至丙、戊至庚)

120000－0361－0002240　6906
龔定庵集外未刻詩　(清)龔自珍撰　清宣統三年(1911)秋星社影印本　一册

120000－0361－0002241　6907
聊齋志異新評十六卷　(清)蒲松齡　(清)王士禛評　(清)但明倫新評　清光緒刻朱墨套印本　三册　存三卷(二、九至十)

120000－0361－0002242　6907
聊齋志異新評十六卷　(清)蒲松齡撰　(清)王士禛評　(清)但明倫新評　(清)呂湛恩注　清光緒刻本　四册　存四卷(二、四、七、十六)

120000－0361－0002243　6908
歷代名臣言行錄二十四卷　(清)朱桓編　清

刻本　一冊　存一卷（二十上）

120000－0361－0002244　6909
［乾隆］天津縣志二十四卷　（清）朱奎揚修　清康熙刻同治後印本　六冊

120000－0361－0002245　6913
［道光］太平縣志十六卷首一卷　（清）李炳彦修　清道光五年（1825）刻本　二冊　存四卷（十三至十六）

120000－0361－0002246　6914
江左三大家詩鈔九卷　（清）顧有孝　（清）趙澐輯　清刻本　三冊

120000－0361－0002247　6915
史記一百三十卷附方望溪評點史記四卷　（漢）司馬遷撰　清刻本　四冊　存二十七卷（史記一百零八至一百三十、評點史記四卷）

120000－0361－0002248　6916
唐書二百二十五卷　（宋）歐陽修撰　清同治十二年（1873）浙江書局刻本　五冊　存二十八卷（一至二十八）

120000－0361－0002249　6930
初拓快雪堂法帖　（晉）王羲之等書　清光緒七年（1881）影印本　五冊

120000－0361－0002250　6933
孟東野集十卷附一卷　（唐）孟郊撰　清宣統二年（1910）石印本　三冊

120000－0361－0002251　6933
追昔遊集三卷　（唐）李紳撰　清宣統二年（1910）石印本　一冊

120000－0361－0002252　6935
聊齋志異新評十六卷　（清）蒲松齡撰　（清）王士禛評　（清）但明倫新評　（清）呂湛恩注　清光緒商務印書館鉛印本　二冊　存四卷（一至二、十三至十四）

120000－0361－0002253　6935
批註聊齋志異圖詠十六卷首一卷　（清）蒲松齡撰　（清）呂湛恩注　清光緒十三年（1887）石印本　三冊　存六卷（一至四、九至十）

120000－0361－0002254　6935
聊齋志異新評十六卷　（清）蒲松齡撰　（清）王士禛評　（清）但明倫新評　（清）呂湛恩注　清光緒上海掃葉山房刻朱墨套印本　四冊　存五卷（五至六、九至十、十三）

120000－0361－0002255　6935
聊齋志異新評十六卷　（清）蒲松齡撰　（清）王士禛評　（清）但明倫新評　（清）呂湛恩注　清光緒刻本　一冊　存一卷（十一）

120000－0361－0002256　6935
詳註聊齋志異圖詠十六卷首一卷　（清）蒲松齡撰　（清）呂湛恩注　清光緒久敬齋石印本　一冊　存八卷（九至十六）

120000－0361－0002257　6935
詳註聊齋志異圖詠十六卷首一卷　（清）蒲松齡撰　（清）呂湛恩注　清光緒上海中華書局鉛印本　一冊　存一卷（十三）

120000－0361－0002258　6935
詳註聊齋志異圖詠十六卷首一卷　（清）蒲松齡撰　（清）呂湛恩注　清光緒石印本　一冊　存二卷（九至十）

120000－0361－0002259　6936
通鑑紀事本末二百三十九卷　（宋）袁樞撰　（明）張溥論正　清同治十二年（1873）江西書局刻清光緒重印本　二冊　存二卷（一、一百九十二）

120000－0361－0002260　6937
三國志六十五卷　（晉）陳壽撰　（南朝宋）裴松之注　清光緒十三年（1887）江南書局刻本　六冊　存五十二卷（一至五、十二至十七、二十五至六十五）

120000－0361－0002261　6938
新刻出像點板時尚昆腔雜出醉怡情八卷　（清）青溪菰蘆釣叟輯　清初刻本　六冊

120000－0361－0002262　6939
新編古今事文類聚前集六十卷　（宋）祝穆編　清刻本　三冊　存十九卷（五至九、三十一至三十五、五十二至六十）

120000－0361－0002263　6940
文選六十卷　(南朝梁)蕭統撰　(唐)李善注　清初刻本　五册

120000－0361－0002264　6943
丙午年交涉要覽三篇　(清)北洋洋務局輯　清末北洋官報局鉛印本　一册　存一卷(下篇四)

120000－0361－0002265　6944
博物志十卷　(晉)張華撰　**桂海虞衡志一卷**　(宋)范成大撰　清刻本　一册

120000－0361－0002266　6947
春秋左傳五十卷綱目一卷圖說一卷提要一卷　(晉)杜預　(宋)林堯叟注釋　(唐)陸德明音義　(明)孫鑛等評點　清同治、光緒李光明家刻本　二册　存六卷(二十七至二十九、四十四至四十六)

120000－0361－0002267　6948
續博物志十卷　(宋)李石撰　清刻本　一册

120000－0361－0002268　6955
樹經堂詩初集十五卷　(清)謝啟昆撰　清嘉慶刻本　一册　存一卷

120000－0361－0002269　6957
古文備覽別裁　(清)傅維翰輯　(□)周之甫輯　清末刻本　一册　存一册(丑集一册)

120000－0361－0002270　6958
與古齋琴譜四卷　(清)祝鳳喈撰　清咸豐五年(1855)浦城祝鳳喈刻本　一册

120000－0361－0002271　6980
綱鑑正史約三十六卷　(明)顧錫疇編　清刻本　十册　存十八卷(十九至三十六)

120000－0361－0002272　6984
昭德先生郡齋讀書志二十卷附志二卷首一卷　(宋)晁公武撰　(宋)姚應績編　清光緒十年(1884)長沙王先謙刻本　六册

120000－0361－0002273　6996
庸庵全集　(清)薛福成撰　清光緒刻本　十五册　存二十一卷(籌洋芻議一卷、庸庵文編四卷、海外文編二至四、浙東籌防錄四卷、出使奏疏二卷、出使公牘一、出使英法義比四國日記六卷)

120000－0361－0002274　6998
增訂精忠演義說本全傳二十卷八十回　(清)錢彩撰　清末石印本　一册　存二卷(九至十)

120000－0361－0002275　7017
畿輔叢書一百二十六種　(清)王灝編　清光緒五年至十八年(1879－1892)定州王氏謙德堂刻三十二年彙印本　四百三十册

120000－0361－0002276　7025
知不足齋叢書一百九十六種　(清)鮑廷博編　(清)鮑志祖續編　清光緒八年(1882)嶺南芸林仙館重印鮑氏刻本　二百四十册

120000－0361－0002277　7027
曾文正公手書日記　(清)曾國藩撰　清宣統元年(1909)上海中國圖書公司石印本　四十册

120000－0361－0002278　7028
曾文正公全集　(清)曾國藩輯　清光緒二年(1876)傳忠書局刻本　一百二十册

120000－0361－0002279　7029
蘇州府志一百五十卷首三卷　(清)李銘皖等修　(清)馮桂芬纂　清光緒九年(1883)江蘇書局刻本　七十九册　缺十七卷(一百三十四至一百五十)

120000－0361－0002280　7113
楝亭藏書十二種　(清)曹寅輯　清康熙四十五年(1706)揚州詩局刻本　二十四册

120000－0361－0002281　0239
聊齋志異新評十六卷　(清)蒲松齡撰　(清)王士禎評　(清)但明倫新評　(清)呂湛恩注　清光緒寶興堂刻本　十二册　缺四卷(一至二、四、十四)

120000－0361－0002282　0389
[嘉靖]興濟縣志二卷　(明)馬平撰　(明)

鄭孝纂修　抄本　二册

120000－0361－0002283　0530
附釋音春秋左傳注疏六十卷　（清）阮元審定　（清）盧宣旬校　清道光六年(1826)刻本　六册　存四十四卷(一至三十、四十七至六十)

120000－0361－0002284　1193－1200
閣鈔彙編　（清）華北書局編　清光緒北京華北書局鉛印本　一百十六册　存五年(光緒二十八年三至四月、六至九月、十一至十二月,光緒二十九年二至六月、九至十一月,光緒三十年二至三月、光緒三十一年四月,光緒三十二年十至十二月,光緒三十三年正月至八月)

120000－0361－0002285　1231
歷代畫史彙傳七十二卷附錄一卷　（清）彭蘊璨纂　清末刻本　十一册　缺三十九卷(一至三十九)

120000－0361－0002286　1243/1250
九朝東華錄(天命朝至道光朝)一百二十卷　王先謙編　清光緒石印本　六十册

120000－0361－0002287　1247
東華續錄(咸豐朝)六十九卷　潘頤福編　清光緒十八年(1892)上海圖書集成印書局鉛印本　十六册

120000－0361－0002288　1256
粵遊紀程一卷　（清）晏端書撰　清光緒十三年(1887)刻本　一册

120000－0361－0002289　1269
中西時務類攷　（□）華金昆校　清光緒二十三年(1897)上海書局石印本　八册

120000－0361－0002290　1270
新政全書十二編　（清）何啟　清光緒二十八年(1902)上海華氏石印本　十六册

120000－0361－0002291　1273
時務新編初集六卷　（清）陳耀卿編輯　清光緒二十一年(1895)鉛印本　六册

120000－0361－0002292　1282
拳匪紀略八卷前編二卷後編二卷　（清）僑析生輯　清光緒二十七年(1901)香港書局西法石印本　六册　存四卷(前編二卷、後編二卷)

120000－0361－0002293　1283
拳匪紀略八卷前編二卷後編二卷　（清）僑析生輯　清光緒二十九年(1903)上洋書局石印本　六册

120000－0361－0002294　1286
談瀛錄三卷　（清）王之春撰　清光緒六年(1880)上洋文藝齋刻本　二册

120000－0361－0002295　1287
遊歷巴西國圖經十卷　（清）傅雲龍述　清光緒二十七年(1901)石印本　一册

120000－0361－0002296　1288
遊歷秘魯圖經四卷　（清）傅雲龍述　清光緒二十七年(1901)石印本　二册

120000－0361－0002297　1289
遊歷巴西國圖經十卷　（清）傅雲龍述　清光緒二十七年(1901)石印本　二册

120000－0361－0002298　1297
洋務經濟通考十六卷　（清）應祖錫纂　清光緒二十八年(1902)鴻寶齋石印本　十二册

120000－0361－0002299　1298
淮軍平捻記十二卷　（清）周世澄撰　鉛印本　一册

120000－0361－0002300　1299
庚子京津拳匪紀略八卷前編二卷後編二卷　（清）僑析生輯　清末石印本　一册

120000－0361－0002301　1300
時事新編初集六卷　（清）陳耀卿編輯　清光緒二十一年(1895)鉛印本　六册

120000－0361－0002302　1303
庚子京津拳匪紀略(京津拳匪紀略)八卷前編二卷後編二卷　（清）僑析生輯　清末石印本　五册

120000－0361－0002303　1304
雷陽縣事　(□)何恩煌撰　清刻本　一冊

120000－0361－0002304　1306
遷民圖説　(清)黄璣編繪　清光緒二十七年(1901)影印本　二冊

120000－0361－0002305　1308
遊宦紀聞十卷　(宋)張世南撰　清刻本　一冊

120000－0361－0002306　1311
日本雜事詩二卷　(清)黄遵憲撰　清光緒六年(1880)鉛印弢園叢書本　一冊

120000－0361－0002307　1317
出洋瑣記一卷附錄一卷　(清)蔡鈞輯述　清光緒十一年(1885)長洲王韜鉛印本　一冊

120000－0361－0002308　1318
雲南勘界籌邊記二卷　姚文棟撰　清光緒二十三年(1897)湖南新學書局刻本　一冊

120000－0361－0002309　1321
雁山遊覽記一卷　(□)雁山主參定　(清)郭鍾岳述　清同治十年(1871)溫處道署刻本　一冊

120000－0361－0002310　1322
西征續錄二卷　(清)方希孟撰　抄本　一冊

120000－0361－0002311　1330
皇朝輿地沿革攷　(清)遁天著述　清光緒二十八年(1902)上海廣智書局鉛印本　一冊

120000－0361－0002312　1331
稿本河渠雜纂不分卷　(□)□□撰　稿本　一冊

120000－0361－0002313　1332
黎陽見聞錄一卷　(清)趙如椿撰　清刻本　一冊

120000－0361－0002314　1336
皇朝掌故讀本　(清)文明書局編　清光緒二十九年(1903)上海文明書局鉛印本　二冊

120000－0361－0002315　1339
今水經一卷　(清)黄宗羲撰　清乾隆刻知不足齋叢書本　一冊

120000－0361－0002316　1344
中俄界約斠注七卷首一卷　(清)錢恂輯注　清光緒刻本　一冊　缺四卷(四至七)

120000－0361－0002317　1349
徐沅年譜(珊村年譜)　(□)□□撰　抄本　一冊

120000－0361－0002318　1349
徐沅年譜(珊村年譜)　(□)□□撰　抄本　一冊

120000－0361－0002319　1361
白下瑣言三卷　(清)甘熙撰　清光緒十六年(1890)築野堂刻本　一冊

120000－0361－0002320　1364
亞細亞洲志一卷　(清)學部編譯圖書局編　清光緒三十四年(1908)北平學部編譯圖書局鉛印本　一冊

120000－0361－0002321　1365
虎門覽勝　振履柘著　清抄本　二冊

120000－0361－0002322　1368
廣陵史稿四卷　(□)□□撰　清末民國初抄本　四冊

120000－0361－0002323　1369
畿輔水利議一卷　(清)林則徐撰　清光緒三年(1877)三山林氏刻本　一冊

120000－0361－0002324　1371
夢跡圖　(清)寶琳繪　清光緒元年(1875)上海點石齋石印本　一冊

120000－0361－0002325　1379
皇清誥授光祿大夫總督倉場戶部侍郎琴舫廉公傳畧一卷　(□)□□撰　清末刻本　一冊

120000－0361－0002326　1382
教案簡明要覽一卷　(□)□□撰　清光緒石印本　二冊

120000－0361－0002327　1383

偵探記二卷　姚文棟撰　清光緒刻本　一册

120000－0361－0002328　1387
中俄議訂交還東三省條約不分卷　(□)□□撰　清末鉛印本　一册

120000－0361－0002329　1388
庸盦海外文編四卷　(清)薛福成撰　清光緒二十三年(1897)上海醉六堂石印本　六册

120000－0361－0002330　1389
籥庵東遊日記　(□)淩文淵撰　清光緒三十年(1904)南京江南商務總局鉛印本　一册

120000－0361－0002331　1390
日本近世豪傑小史四卷　商務印書館編譯所編輯　清光緒二十九年(1903)上海商務印書館鉛印本　一册

120000－0361－0002332　1394
[正德]武功縣誌三卷首一卷　(明)康海纂修　(清)孫景烈評注　清同治十二年(1873)湖北崇文書局刻本　一册

120000－0361－0002333　1395
東遊日記一卷　周學熙撰　清光緒二十九年(1903)鉛印本　一册

120000－0361－0002334　1402
東鄰觀政日記摘錄稿　段獻增撰　清光緒三十四年(1908)京華印書局鉛印本　一册

120000－0361－0002335　1404
東隅瑣記　(清)李濬之述　清光緒鉛印本　一册

120000－0361－0002336　1406
中興公司文牘　(□)□□撰　清宣統鉛印本　四册

120000－0361－0002337　1409
東遊日記　(清)陳鴻年　清光緒三十三年(1907)鉛印本　一册

120000－0361－0002338　1412
遊歷加納大圖經八卷　(清)傅雲龍撰　清光緒二十八年(1902)石印本　一册

120000－0361－0002339　1414
調查延吉邊務報告書三卷　(□)吳錄貞等編　清光緒三十四年(1908)吉林官書印刷局鉛印本　三册

120000－0361－0002340　1415
滇緬劃界圖說一卷　(清)薛福成撰　清光緒二十八年(1902)無錫傳經樓石印本　一册

120000－0361－0002341　1416
雲南勘界籌邊記二卷　姚文棟撰　清光緒刻本　一册　存一卷(上)

120000－0361－0002342　1417
俄國西伯利東偏紀要　(清)曹廷傑撰　清末刻本　一册

120000－0361－0002343　1419
印度新志一卷　(清)學部編譯圖書局編　清光緒三十三年(1907)學部編譯圖書局鉛印本　一册

120000－0361－0002344　1420
北徼彙編五卷　(清)何秋濤編錄　清同治四年(1865)京都龍威閣刻本　五册

120000－0361－0002345　1424
居濟一得八卷　(清)張伯行撰　清同治五年(1866)刻福州正誼堂全書本　三册

120000－0361－0002346　1425
江蘇通志稿　(□)□□撰　抄本　五册

120000－0361－0002347　1426
砭石留嬰錄二卷　(□)□□撰　清光緒十三年(1887)刻本　一册

120000－0361－0002348　1431
章丘縣鄉土志二卷　(清)楊學淵撰　清光緒三十三年(1907)石印本　二册

120000－0361－0002349　1432
揚州水道記四卷　(清)劉文淇撰　清同治十一年(1872)刻本　二册

120000－0361－0002350　1438
四川派赴東瀛遊歷閱操日記二卷　(清)丁鴻臣撰　(清)李宏年校　清光緒二十六年

(1900)刻本　二冊

120000－0361－0002351　1442
膠州直隸州鄉土志六卷　(清)□□撰　清末抄本　一冊

120000－0361－0002352　3059
刑案匯覽六十卷首一卷末一卷目錄一卷　(清)祝慶祺編　清光緒圖書集成局鉛印本　二十八冊

120000－0361－0002353　1443
吉林外記十卷　(清)薩英額纂修　**甯古塔記略一卷**　(清)吳振臣撰　(清)顧沅校　清光緒二十一年(1895)桐廬袁昶漸西村舍刻漸西村舍匯刻本　四冊

120000－0361－0002354　1444
戡定新疆記八卷　(清)魏光燾撰　清光緒二十五年(1899)鉛印本　四冊

120000－0361－0002355　1445
北湖小志六卷首一卷　(清)焦循撰　清光緒二年(1876)刻本　二冊

120000－0361－0002356　1465
天下郡國利病書一百二十卷　(清)顧炎武撰　清道光敷文閣刻本　四十冊

120000－0361－0002357　1469
廿二史劄記三十六卷補遺一卷　(清)趙翼撰　清光緒二十五年(1899)湖南書局刻本　十六冊

120000－0361－0002358　1476
讏言集一卷　(清)華長卿輯　清道光二十五年(1845)金陵刻本　一冊

120000－0361－0002359　1479
[道光]通州志十卷首一卷末一卷　(清)高天鳳纂修　(清)金梅編纂　清道光十八年(1838)補刻本　八冊

120000－0361－0002360　1486
春秋大事表五十卷輿圖一卷附錄一卷　(清)顧棟高纂輯　清末刻皇清經解續編本　十六冊

120000－0361－0002361　1494
[光緒]東光縣志十二卷首一卷末一卷　(清)周植瀛修　(清)吳潯源修　清光緒十四年(1888)刻本　六冊　存九卷(二至五、七、九至十二)

120000－0361－0002362　1508
雪泥鴻爪不分卷　(清)梅寶璐等撰　清末稿本　一冊

120000－0361－0002363　1509
[光緒]代州志十二卷　(清)俞謙三纂修　清光緒八年(1882)代山書院刻本　六冊

120000－0361－0002364　1517
[乾隆]惠民縣志十卷首一卷　(清)倭什布主修　(清)劉長靈纂修　清乾隆四十七年(1782)刻本　六冊

120000－0361－0002365　1519
山西志輯要十卷首一卷　(清)雅德修　(清)汪本直纂　清乾隆四十五年(1780)刻本　十冊

120000－0361－0002366　1520
先考朝議府君事略一卷　章鈺撰　清宣統三年(1911)鉛印本　一冊

120000－0361－0002367　1522
地理志略二卷　(清)□□撰　清末刻本　一冊

120000－0361－0002368　1524
英國續議通商行船條約一卷　(清)□□撰　清光緒鉛印本　一冊

120000－0361－0002369　1568
[光緒]惠民縣志三十卷首一卷末一卷補遺一卷　(清)奎瑞鑒修　(清)李勗纂修　清光緒二十五年(1899)刻本　七冊

120000－0361－0002370　1590
[嘉靖]興濟縣志二卷　(明)馬平撰　(明)鄭孝纂修　抄本　二冊

120000－0361－0002371　1592
趙州屬邑志八卷　(清)孫傳栻纂　清光緒刻

本　四册

120000－0361－0002372　1604
[光緒]順天府志一百三十卷　(清)萬青藜　(清)周家楣修　(清)張之洞　繆荃孫纂　清光緒十年(1884)刻本　八十册

120000－0361－0002373　1624
[宣統]增輯清平縣志十六卷　(清)陳鉅前修　(清)張敬承纂　清宣統二年(1910)刻本　八册

120000－0361－0002374　1626
[咸豐]固安縣誌八卷　(清)陳崇砥等纂修　清咸豐九年(1859)刻本　六册

120000－0361－0002375　1635
二十四史九通政典類要合編三百二十卷　(清)黄書霖撰　清光緒二十八年(1902)石印本　一册　存五十五卷(七十四至一百二十八)

120000－0361－0002376　1636
新出繪圖皖案徐錫麟一卷　(清)□□撰　清光緒三十三年(1907)石印本　一册

120000－0361－0002377　1637
孤忠錄二卷　(清)袁祖志編輯　清光緒六年(1880)新報館鉛印本　一册

120000－0361－0002378　1694
[光緒]承德府志六十卷首二十六卷　(清)海忠纂　清光緒十三年(1887)據道光刻板後印本　二十四册

120000－0361－0002379　1778
郵傳部鐵路局檔　(清)□□撰　清宣統二年(1910)抄本　二册

120000－0361－0002380　1790－1
[光緒]通州直隸州志十六卷首一卷末一卷　(清)梁悦馨　(清)莫芝修　(清)季念詒　(清)沈鍠纂　清光緒元年(1875)刻本　八册　存十卷(一至九、首一卷)

120000－0361－0002381　1790
[光緒]通州直隸州志十六卷首一卷末一卷訂訛一卷　(清)梁悦馨　(清)莫祥芝修　(清)季念詒　(清)沈鍠纂　清光緒元年(1875)刻本　八册　存八卷(十至十六、末一卷)

120000－0361－0002382　1822
金剛愍公傳略一卷　(清)陸長春撰　清咸豐刻本　一册

120000－0361－0002383　1825
節烈事實錄二卷　(清)畢芾亭撰　清光緒十九年(1893)刻本　一册

120000－0361－0002384　1826
郵傳部住址單　(清)□□撰　清宣統二年(1910)鉛印本　一册

120000－0361－0002385　1832
陸清獻公莅嘉遺蹟三卷　(清)黄維玉編輯　清同治六年(1867)上海道署刻本　一册

120000－0361－0002386　1833
獨善堂文集八卷　(清)王大經撰　(清)周右編　清嘉慶二十二年(1817)春暉堂刻本　四册

120000－0361－0002387　1835
劉大將軍大事記　(清)管斯駿撰　清光緒二十一年(1895)務實齋石印本　二册

120000－0361－0002388　1864
[同治]榆次縣志十六卷首一卷末一卷　(清)俞世銓　(清)陶駿修　(清)王平格　(清)王序賓纂　清同治元年(1862)刻本　八册

120000－0361－0002389　1865
延吉廳疆域之歷史八章　(□)□□撰　清光緒三十四年(1908)奉天學務公所鉛印本　四册

120000－0361－0002390　1886
中樞備覽(宣統庚戌冬季)二卷　(清)榮寶齋編　清宣統二年(1910)榮寶齋刻本　二册

120000－0361－0002391　1887
草莽私乘一卷　(明)陶宗儀輯　清光緒三十二年(1906)國學保存會鉛印國粹叢書本

一册

120000－0361－0002392　1905
[乾隆]武清縣志十二卷首一卷末一卷　(清)吴翀等修　(清)曹涵等纂　清乾隆刻本　八册

120000－0361－0002393　1908
古豊識略四十卷　(清)鍾秀　(清)張曾撰　抄本　十册

120000－0361－0002394　1909
[道光]重修平度州志二十七卷　(清)保忠等修　(清)李圖等纂　清道光二十八年(1848)刻本　八册

120000－0361－0002395　1928
張文襄公[之洞]事略　(□)金潤庠撰　清宣統元年(1909)鉛印本　一册

120000－0361－0002396　1937
[雍正]陝西通志一百卷首一卷　(清)劉於義等修　(清)沈青崖纂　清雍正十三年(1735)刻本　二十册　存二十卷(四十一至五十、八十一至九十)

120000－0361－0002397　1967
日本雜事詩二卷　(清)黄遵憲撰　清光緒五年(1879)天南遯窟鉛印弢園叢書本　一册

120000－0361－0002398　1970
皇清金剛愍公行狀一卷　(清)吳嘉淦撰　清末漱藝齋刻本　一册

120000－0361－0002399　1972
[乾隆]汾陽縣志十四卷首一卷　(清)李文起纂修　清乾隆三十七年(1772)刻本　八册

120000－0361－0002400　2019
[光緒]重修安徽通志三百五十卷補遺十卷　(清)何紹基等纂　清光緒刻本　一百十九册　缺二卷(三百四十九至三百五十)

120000－0361－0002401　2023
附釋音周禮注疏四十二卷校勘記四十二卷　(漢)鄭玄注　(唐)賈公彥疏　清道光六年(1826)南昌府學刻本　六册

120000－0361－0002402　2042
積古齋鐘鼎彝器款識　(清)阮氏編錄　清光緒三十三年(1907)上海醉六堂石印本　五册

120000－0361－0002403　2043
甲申傳信錄十卷　(明)錢䎖撰　(□)赫取錄　清刻本　一册　存二卷(五至六)

120000－0361－0002404　2056
諭賜碑文一卷國史忠義[張汝瀛]傳一卷附塚志銘　(□)□□撰　清刻本　一册

120000－0361－0002405　2063
茹古閣遺集一卷　(清)李三才撰　清乾隆刻本　一册

120000－0361－0002406　2064
稿本河渠雜纂不分卷　(□)□□撰　稿本　一册

120000－0361－0002407　2078
金剛愍公表忠錄　(□)□□撰　清光緒二十一年(1895)刻本　一册

120000－0361－0002408　2079
金剛愍公忠義傳　(□)□□撰　清光緒二十年(1894)刻本　一册

120000－0361－0002409　2089
[道光]萬全縣志十卷首一卷　(清)左成業撰修　清道光十四年(1834)刻本　四册

120000－0361－0002410　2109
洋防輯要二十四卷　(清)嚴如熤輯　清道光十八年(1838)來鹿堂刻本　六册

120000－0361－0002411　2139
皇清誥封中憲大夫常州府知府碣門孟先生傳一卷　(清)向兆麟撰　清刻本　一册

120000－0361－0002412　2145
阿達曼羣島志一卷婆羅島志一卷附新志一卷　(清)學部編譯圖書局編纂　清光緒三十四年(1908)學部編譯圖書局鉛印本　一册

120000－0361－0002413　2145
俾路芝志一卷馬留土股志一卷紐吉尼亞島志一卷西里伯島志一卷附新志一卷　(清)學部

編譯圖書局編纂　清光緒三十三年(1907)學部編譯圖書局鉛印本　一册

120000-0361-0002414　2145
波斯志一卷　(清)學部編譯圖書局編纂　清光緒三十三年(1907)學部編譯圖書局鉛印本　一册

120000-0361-0002415　2145
開浦殖民地志一卷附新志一卷　(清)學部編譯圖書局編纂　清光緒三十四年(1908)學部編譯圖書局鉛印本　一册

120000-0361-0002416　2145
緬甸國志一卷英領緬甸志一卷緬甸新志一卷暹羅國志一卷布哈爾志一卷　(清)學部編譯圖書局編纂　清光緒三十三年(1907)學部編譯圖書局鉛印本　一册

120000-0361-0002417　2145
亞斐利加洲志一卷　(清)學部編譯圖書局編纂　清宣統元年(1909)學部編譯圖書局鉛印本　一册

120000-0361-0002418　2145
亞細亞洲志一卷附新志一卷　(清)學部編譯圖書局編纂　清光緒三十四年(1908)學部編譯圖書局鉛印本　一册

120000-0361-0002419　2145
印度新志一卷　(清)學部編譯圖書局編纂　清光緒三十三年(1907)學部編譯圖書局鉛印本　一册

120000-0361-0002420　2145
印度志一卷　(清)學部編譯圖書局編纂　清光緒三十三年(1907)學部編譯圖書局鉛印本　一册

120000-0361-0002421　2180
[乾隆]汾州府志三十四卷首一卷　(清)孫和相修　(清)戴震纂　清乾隆刻本　十六册

120000-0361-0002422　2187
重刊三立祠名賢傳二卷附錄一卷　(明)袁繼咸撰　(清)和其衷重編　清乾隆刻本　四册

120000-0361-0002423　2200
通鑑綱目釋地糾謬六卷補注六卷　(清)張庚撰　清刻本　四册

120000-0361-0002424　2212
[光緒]續纂江寧府志十五卷首一卷　(清)蔣啟勛　(清)趙佑宸主纂　清光緒刻本　十二册

120000-0361-0002425　2214
蜀碧四卷　(清)彭遵泗編　清乾隆二十八年(1763)刻本　四册

120000-0361-0002426　2215
光緒庚子憲書　(□)□□撰　清光緒二十五年(1899)天津絳雪齋石印本　一册

120000-0361-0002427　2216
奏定公司註册石板章程十八條　(□)□□撰　清宣統元年(1909)鉛印本　一册

120000-0361-0002428　2222
[光緒]寧河縣志十六卷　(清)丁符九修　(清)談松林撰　清光緒刻本　六册　存八卷(九至十六)

120000-0361-0002429　2233
古玉圖考　(清)吳大澂編　清光緒十五年(1889)上海同文書局石印本　二册

120000-0361-0002430　2247
大清鑛務章程十五章　(□)□□撰　清光緒三十三年(1907)鉛印本　一册

120000-0361-0002431　2249
山東收回礦權案二卷　蕭應椿編　清宣統三年(1911)石印本　一册

120000-0361-0002432　2251
鄰水縣書役規費章程　(□)□□撰　清光緒十一年(1885)刻本　一册

120000-0361-0002433　2267
秘本銀譜識略　(□)□□撰　清抄本　一册

120000-0361-0002434　2270
商辦山東嶧縣中興煤礦有限公司文牘第四册　(□)□□撰　清宣統二年(1910)鉛印本

一册

120000－0361－0002435　2273
津門徵獻詩八卷　(清)華鼎元撰　清光緒刻本　四册

120000－0361－0002436　2282
鐵橋金石跋四卷　(清)嚴可均撰　清光緒石宗建刻本　二册

120000－0361－0002437　2285
千甓亭磚録六卷　(清)陸心源纂　清光緒七年(1881)歸安陸心源十萬卷樓刻本　二册

120000－0361－0002438　2288
鹽法議略一卷　(清)王守基撰　清同治、光緒刻滂喜齋叢書本　一册

120000－0361－0002439　2290
鶴徵録八卷首一卷　(清)李集輯　(清)李富孫等續輯　**鶴徵後録十二卷首一卷**　李富孫輯　清嘉慶十六年(1811)漾葭老屋刻本　六册

120000－0361－0002440　2292
沈文肅公政書七卷首一卷　(清)沈葆楨撰　清光緒六年(1880)吳門節署活字本　十二册

120000－0361－0002441　2293
光緒通商列表不分卷　楊楷輯　清光緒刻本　一册

120000－0361－0002442　2294
蕪湖縣萬春圩小新圩春賑徵信録一卷　(□)□□撰　清末至民國鉛印本　一册

120000－0361－0002443　2296
漁業歷史　(清)沈同芳撰　清宣統三年(1911)鉛印萬物炊累室類稿甲編本　一册

120000－0361－0002444　2298
[同治]即墨縣志十二卷　(清)林溥修　(清)周翕鐄　(清)黄念昀纂　清同治刻本　八册

120000－0361－0002445　2299
[雍正]陝西通志一百卷首一卷　(清)劉於義等修　(清)沈青崖纂　清雍正十三年(1735)刻本　十册　存十卷(五十一至六十)

120000－0361－0002446　2302
歷代畫史匯傳七十二卷首一卷目録三卷附録一卷引證書目一卷　(清)彭蘊璨纂　清道光五年(1825)吳門彭氏尚志堂刻本　十三册　存三十六(一至三十六)

120000－0361－0002447　2304
向張二公傳忠録不分卷　(清)過鑄輯　清梁溪過氏敬修堂刻本　一册

120000－0361－0002448　2305
國朝貢舉考略四卷附明貢舉考略二卷　(清)黄崇蘭撰　清嘉慶八年(1803)刻本　四册

120000－0361－0002449　2305
國朝貢舉考略四卷附明貢舉考略二卷　(清)黄崇蘭撰　清嘉慶八年(1803)刻本　四册

120000－0361－0002450　2306
[乾隆]直隸代州志六卷　(清)方應清纂　(清)吳重光修　清乾隆五十年(1785)刻本　八册

120000－0361－0002451　2308
碑傳集一百六十卷首二卷末二卷　(清)錢儀吉輯　清光緒十九年(1893)刻本　三十册

120000－0361－0002452　2309
[光緒]重修天津府志五十四卷首一卷末一卷　沈家本　(清)榮銓修　(清)徐宗亮　(清)蔡啟盛纂　清光緒二十五年(1899)刻本　六册　存三十八卷(一至二、七至四十一，首一卷)

120000－0361－0002453　2311
元和郡縣圖志四十卷闕卷逸文一卷元和郡縣補志九卷　(唐)李吉甫撰　(清)孫星衍輯　嚴觀補　清光緒八年(1882)金陵書局增刻本　六册　存四十卷(圖志五至四十、補志一至四)

120000－0361－0002454　2318
示我周行四卷　(清)鶴和堂輯　(清)賴盛遠增輯　清乾隆三十九年(1774)刻本　三册

120000－0361－0002455　2320

湖南農務章程　(□)楊鞏輯　清光緒三十年(1904)刻本　一冊

120000－0361－0002456　2330

皇清誥授資政大夫贈内閣學士國史館立傳二品銜原任山東登萊青道劉公事寔彙編　(□)□□輯　清光緒上海點石齋石印本　一冊

120000－0361－0002457　2336

京畿金石考二卷　(清)孫星衍撰　清末潘氏刻本　二冊

120000－0361－0002458　2337

殷商貞卜文字考一卷　羅振玉撰　清宣統二年(1910)石印本　一冊

120000－0361－0002459　2359

筠清館金石文字五卷　(清)吳榮光撰　清道光二十二年(1842)南海吳氏筠清館刻本　五冊

120000－0361－0002460　2363

盧漢鐵路比商借款條議論　(□)□□撰　清光緒三十一年(1905)鉛印本　一冊

120000－0361－0002461　2363

盧漢鐵路借款合同　(清)總理衙門編　清光緒鉛印本　一冊

120000－0361－0002462　2372

還讀我書室老人[董恂]年譜二卷　(清)董恂編　清光緒十八年(1892)刻本　二冊

120000－0361－0002463　2376

山右金石錄　(清)夏寶晉撰　清光緒八年(1882)鉛印本　一冊

120000－0361－0002464　2380

清儀閣題跋　(清)張廷濟撰　清光緒十九年(1893)刻本　一冊

120000－0361－0002465　2396

禮記十卷　(元)陳澔集說　清光緒十九年(1893)江南書局刻本　十冊

120000－0361－0002466　2398

正太鐵路華俄銀行借款條議　(清)外務部編　清末鉛印本　一冊

120000－0361－0002467　2423

求闕齋弟子記三十二卷　(清)王定安撰　清光緒二年(1876)都門刻本　八冊

120000－0361－0002468　2424

大清聖祖合天弘運文武睿哲恭儉寬裕孝敬誠信中和功德大成仁皇帝聖訓六十卷　(清)聖祖玄燁撰　清光緒石印本　六冊

120000－0361－0002469　2424

大清世宗敬天昌運建中表正文武英明寬仁信毅大孝至誠憲皇帝聖訓三十六卷　(清)世宗胤禛撰　清光緒石印本　三冊

120000－0361－0002470　2424

大清世祖體天隆運定統建極英睿欽文顯武大德弘功至仁純孝章皇帝聖訓六卷　(清)世祖福臨撰　清光緒石印本　一冊

120000－0361－0002471　2424

大清太宗應天興國弘德彰武寬溫仁聖睿孝敬敏昭定隆道顯功文皇帝聖訓六卷　(清)太宗皇太極撰　清光緒石印本　一冊

120000－0361－0002472　2424

大清太祖承天廣運聖德神功肇紀立極仁孝睿武端毅欽安弘文定業高皇帝聖訓四卷　(清)太祖努爾哈赤撰　清光緒石印本　一冊

120000－0361－0002473　2431

南洋勸業會審查得獎名冊　(□)□□撰　清宣統二年(1910)鉛印本　一冊

120000－0361－0002474　2435

奏定出借籽種口糧章程一卷　(清)嚴烺撰　清末刻本　一冊

120000－0361－0002475　2443

續山東考古錄三十二卷首一卷　(清)葉圭綬撰　清光緒八年(1882)山東書局刻本　六冊

120000－0361－0002476　2445

金石文字不分卷　(清)張廷濟藏　(清)嚴荄編　清光緒石印四會嚴氏鶴緣齋所收金石本　二冊

120000－0361－0002477　2449
山東鹽法志二十二卷首一卷附編援證十卷　(清)宋湘等纂　清光緒刻本　二十四册

120000－0361－0002478　0028
[義門]啟田李氏宗譜三十二卷首一卷末一卷　(□)□□撰　清光緒二十三年(1897)敘倫堂活字本　十六册　存十六卷(一、三至四、六至八、十一、十三至十四、二十至二十一、二十四至二十六,首一卷,末一卷)

120000－0361－0002479　2907
畿輔同官録不分卷　(清)北洋官報局編　清光緒三十年(1904)北洋官報局鉛印本　五册

120000－0361－0002480　3004
説文解字義證五十卷　(清)桂馥撰　清同治九年(1870)湖北崇文書局刻本　二十一册

天津博物館古籍普查登記目録

全國古籍普查登記目録

國家圖書館出版社
National Library of China Publishing House

120000－0381－0000001　1
維摩詰經　(三國吳)支謙譯　唐寫本　一卷

120000－0381－0000002　2
金剛般若波羅密經　(後秦)釋鳩摩羅什譯　唐寫本　一卷

120000－0381－0000003　3
殘經　(□)□□撰　寫本　一卷

120000－0381－0000004　4
唐千佛名經　(□)□□撰　唐寫本　一卷

120000－0381－0000005　5
佛説佛名經　(□)□□撰　隋寫本　一卷

120000－0381－0000006　6
妙法蓮華經　(後秦)釋鳩摩羅什譯　唐寫本　一卷

120000－0381－0000007　7
唐佛名經　(□)□□撰　宋寫本　一卷

120000－0381－0000008　8
唐思益經　(□)□□撰　唐寫本　一卷

120000－0381－0000009　9
唐妙法蓮華經　(後秦)釋鳩摩羅什譯　唐寫本　一卷

120000－0381－0000010　10
唐楞伽經　(□)□□撰　唐寫本　一卷

120000－0381－0000011　11
五代思益梵天所問經　(後秦)釋鳩摩羅什譯　唐寫本　一卷

120000－0381－0000012　12
唐金剛般若波羅密經　(後秦)釋鳩摩羅什譯　唐寫本　一卷

120000－0381－0000013　13
唐佛説大乘稻芉經　(□)□□撰　唐寫本　一卷

120000－0381－0000014　14
唐妙法蓮華經　(後秦)釋鳩摩羅什譯　唐寫本　一卷

120000－0381－0000015　15
觀無量壽佛經　(□)□□撰　唐寫本　一卷

120000－0381－0000016　16
唐殘經　(□)□□撰　唐寫本　一卷

120000－0381－0000017　17
唐大集經　(□)□□撰　唐寫本　一卷

120000－0381－0000018　18
唐金剛般若波羅密經　(後秦)釋鳩摩羅什譯　唐寫本　一卷

120000－0381－0000019　19
唐妙法蓮華經　(後秦)釋鳩摩羅什譯　唐寫本　一卷

120000－0381－0000020　20
唐維摩經　(□)□□撰　唐寫本　一卷

120000－0381－0000021　21
唐殘經　(□)□□撰　唐寫本　一卷

120000－0381－0000022　22
唐妙法蓮華經　(後秦)釋鳩摩羅什譯　唐寫本　一卷

120000－0381－0000023　23
唐殘經　(□)□□撰　唐寫本　一卷

120000－0381－0000024　24
唐妙法蓮華經　(後秦)釋鳩摩羅什譯　唐寫本　一卷

120000－0381－0000025　25
妙法蓮華經　(後秦)釋鳩摩羅什譯　唐寫本　一卷

120000－0381－0000026　26
唐維摩詰殘經　(三國吳)支謙譯　唐寫本　一卷

120000－0381－0000027　27
摩訶般若波羅密經　(□)□□撰　唐寫本　一軸

120000－0381－0000028　28
金剛般若波羅密經　(後秦)釋鳩摩羅什譯　唐寫本　一卷

120000－0381－0000029　29
唐四分尼口本　(□)□□撰　唐寫本　一卷

120000－0381－0000030　30
五代佛說無量壽宗要經　(□)□□撰　五代寫本　一卷

120000－0381－0000031　31
五代佛說無量壽宗要經　(□)□□撰　五代寫本　一卷

120000－0381－0000032　32
五代藏經目　(□)□□撰　五代寫本　一卷

120000－0381－0000033　33
唐妙法蓮華經　(後秦)釋鳩摩羅什譯　唐寫本　一卷

120000－0381－0000034　34
西芷文經　(□)□□撰　寫本　一卷

120000－0381－0000035　35
大乘百法明門論　(□)□□撰　五代寫本　一卷

120000－0381－0000036　36
戒律疏釋(擬)　(□)□□撰　寫本　一卷

120000－0381－0000037　37
日人寫文選注　(□)□□撰　寫本　一卷

120000－0381－0000038　38
唐新道人行經　(□)□□撰　唐寫本　一軸

120000－0381－0000039　39
隋殘經塊　(□)□□撰　隋寫本　一卷

120000－0381－0000040　40
隋殘經　(□)□□撰　隋寫本　一卷

120000－0381－0000041　41
唐殘經塊　(□)□□撰　唐寫本　一卷

120000－0381－0000042　42
妙法蓮華經　(後秦)釋鳩摩羅什譯　唐寫本　一卷

120000－0381－0000043　43
五代殘經塊　(□)□□撰　五代寫本　一卷

120000－0381－0000044　44
佛名經　(□)□□撰　隋寫本　一卷

120000－0381－0000045　45
唐人寫文選注　(□)□□撰　唐寫本　一卷

120000－0381－0000046　46
五代鼻奈耶律序　(□)□□撰　五代寫本　一卷

120000－0381－0000047　47
大乘百法明門論開宗義記　(□)□□撰　五代寫本　一卷

120000－0381－0000048　48
五代維摩詰經　(□)□□撰　五代寫本　一卷

120000－0381－0000049　49
五代妙法蓮華經　(後秦)釋鳩摩羅什譯　五代寫本　一卷

120000－0381－0000050　50
五代妙法蓮華經　(後秦)釋鳩摩羅什譯　五代寫本　一卷

120000－0381－0000051　51
唐瑜伽師地論　(唐)釋玄奘譯　唐寫本　一卷

120000－0381－0000052　52
唐諸星母陀羅尼經　(□)□□撰　唐寫本　一卷

120000－0381－0000053　53
唐諸星母陁羅尼經　(□)□□撰　唐寫本　一卷

120000－0381－0000054　54
本際經　(□)□□撰　唐寫本　一卷

120000－0381－0000055　55
五代妙法蓮華經　(後秦)釋鳩摩羅什譯　五代寫本　一卷

120000－0381－0000056　56
金光明經　(□)□□撰　唐寫本　一卷　殘

120000－0381－0000057　57

唐藥師經　（□）□□撰　唐寫本　一卷

120000－0381－0000058　58

五代妙法蓮華經　（後秦）釋鳩摩羅什譯　五代寫本　一卷

120000－0381－0000059　59

唐佛說阿彌陀經　（□）□□撰　唐寫本　一卷

120000－0381－0000060　60

唐維摩詰經　（三國吳）支謙譯　唐寫本　一卷

120000－0381－0000061　61

唐法華殘經　（□）□□撰　唐寫本　一卷

120000－0381－0000062　62

唐妙法蓮華經　（後秦）釋鳩摩羅什譯　唐寫本　一卷

120000－0381－0000063　63

唐佛說諸德福田經　（□）□□撰　唐寫本　一卷

120000－0381－0000064　64

唐大般涅槃經迦葉菩薩品　（□）□□撰　唐寫本　一卷

120000－0381－0000065　65

唐大乘入楞嚴經　（□）□□撰　唐寫本　一卷

120000－0381－0000066　66

五代法華經　（□）□□撰　五代寫本　一卷

120000－0381－0000067　67

唐殘經卷金剛般若波羅密經　（後秦）釋鳩摩羅什譯　唐寫本　一卷

120000－0381－0000068　68

唐殘經卷金剛般若波羅密經　（後秦）釋鳩摩羅什譯　唐寫本　一卷

120000－0381－0000069　69

唐太玄真一本際經　（□）□□撰　唐寫本　一卷

120000－0381－0000070　70

唐金剛般若波羅密經　（後秦）釋鳩摩羅什譯　唐寫本　一卷

120000－0381－0000071　71

唐金剛般若波羅密經　（後秦）釋鳩摩羅什譯　唐寫本　一卷

120000－0381－0000072　72

唐殘卷維摩詰經　（三國吳）支謙譯　唐寫本　一卷

120000－0381－0000073　73

唐維摩詰經　（三國吳）支謙譯　唐寫本　一卷

120000－0381－0000074　74

唐妙法蓮華經　（後秦）釋鳩摩羅什譯　唐寫本　一卷

120000－0381－0000075　75

唐妙法蓮華經　（後秦）釋鳩摩羅什譯　唐寫本　一卷

120000－0381－0000076　76

唐佛說大乘稻芊經　（□）□□撰　唐寫本　一卷

120000－0381－0000077　77

唐維摩詰殘經　（三國吳）支謙譯　唐寫本　一卷

120000－0381－0000078　78

唐金光明經　（□）□□撰　唐寫本　一卷

120000－0381－0000079　79

唐大方等大集經　（□）□□撰　唐寫本　一卷

120000－0381－0000080　80

唐金剛般若波羅密經　（後秦）釋鳩摩羅什譯　唐寫本　一卷

120000－0381－0000081　81

唐殘經卷金剛般若波羅密經　（後秦）釋鳩摩羅什譯　唐寫本　一卷

120000－0381－0000082　82

唐殘經　（□）□□撰　唐寫本　一卷

120000－0381－0000083　83
唐殘經　（□）□□撰　唐寫本　一卷

120000－0381－0000084　84
唐殘經卷妙法蓮華經　（後秦）釋鳩摩羅什譯　唐寫本　一卷

120000－0381－0000085　85
唐藥師瑠璃光如來本願功德經　（□）□□撰　唐寫本　一卷

120000－0381－0000086　86
唐佛説藥師瑠璃光如來本願功德經　（□）□□撰　唐寫本　一卷

120000－0381－0000087　87
唐殘經卷金剛般若波羅密經　（後秦）釋鳩摩羅什譯　唐寫本　一卷

120000－0381－0000088　88
唐殘經卷金剛般若波羅密經　（後秦）釋鳩摩羅什譯　唐寫本　一卷

120000－0381－0000089　89
唐大般涅槃經迦葉菩薩品之三　（□）□□撰　唐寫本　一卷

120000－0381－0000090　90
唐大般涅槃經　（北凉）釋曇無讖譯　唐寫本　一卷

120000－0381－0000091　91
唐武周大般若波羅密多經　（□）□□撰　唐寫本　一卷

120000－0381－0000092　92
唐大乘密嚴經　（□）□□撰　唐寫本　一卷

120000－0381－0000093　93
唐金剛般若波羅密經　（後秦）釋鳩摩羅什譯　唐寫本　一卷

120000－0381－0000094　94
唐殘經　（□）□□撰　唐寫本　一卷

120000－0381－0000095　95
唐殘經卷維摩詰經　（三國吳）支謙譯　唐寫本　一卷

120000－0381－0000096　96
唐大般若波羅密多經　（唐）釋玄奘譯　唐寫本　一卷

120000－0381－0000097　97
唐佛説大乘稻芉經　（□）□□撰　唐寫本　一卷

120000－0381－0000098　98
唐大般若波羅密多經　（唐）釋玄奘譯　唐寫本　一卷

120000－0381－0000099　99
唐大般若波羅密多經　（唐）釋玄奘譯　唐寫本　一卷

120000－0381－0000100　100
五代維摩詰經　（三國吳）支謙譯　五代寫本　一卷

120000－0381－0000101　101
隋維摩詰經　（三國吳）支謙譯　隋寫本　一卷

120000－0381－0000102　102
五代維摩詰經　（三國吳）支謙譯　五代寫本　一卷

120000－0381－0000103　103
唐妙法蓮華經　（後秦）釋鳩摩羅什譯　唐寫本　一卷

120000－0381－0000104　104
唐大般涅槃經　（北凉）釋曇無讖譯　唐寫本　一卷

120000－0381－0000105　105
唐妙法蓮華經　（後秦）釋鳩摩羅什譯　唐寫本　一卷

120000－0381－0000106　106
唐殘經卷藥師琉璃光本願功德經　（□）□□撰　唐寫本　一卷

120000－0381－0000107　107
唐殘經　（□）□□撰　唐寫本　一卷

120000－0381－0000108　108

隋金剛般若波羅密經　(後秦)釋鳩摩羅什譯　隋寫本　一軸

120000－0381－0000109　109
唐佛為心王菩薩説投陁經　(□)□□撰　唐寫本　一卷

120000－0381－0000110　110
唐梵綱經序　(□)□□撰　寫本　一卷

120000－0381－0000111　111
唐大般若波羅密多經　(唐)釋玄奘譯　唐寫本　一卷

120000－0381－0000112　112
晉大智論　(□)□□撰　北魏寫本　一卷

120000－0381－0000113　113
唐大般若波羅密多經　(唐)釋玄奘譯　唐寫本　一卷

120000－0381－0000114　114
唐太上虛寶昇玄經　(□)□□撰　唐寫本　一軸

120000－0381－0000115　115
唐妙法蓮華經　(後秦)釋鳩摩羅什譯　唐寫本　一卷

120000－0381－0000116　116
妙法蓮華經羅尼品第廿六　(後秦)釋鳩摩羅什譯　唐寫本　一卷

120000－0381－0000117　117
大般涅槃經　(北涼)釋曇無讖譯　隋大業四年(608)寫本　一卷

120000－0381－0000118　118
妙法蓮華經觀世音菩薩門品第二十五　(後秦)釋鳩摩羅什譯　唐寫本　一卷

120000－0381－0000119　119
普賢菩薩説證明經　(□)□□撰　唐寫本　一卷

120000－0381－0000120　120
四分律　(□)□□撰　唐寫本　一卷

120000－0381－0000121　121
大般若波羅密多經　(唐)釋玄奘譯　唐寫本　一卷

120000－0381－0000122　122
太上本相經　(□)□□撰　唐寫本　一卷

120000－0381－0000123　123
殘經　(□)□□撰　寫本　一卷

120000－0381－0000124　124
妙法蓮華經　(後秦)釋鳩摩羅什譯　唐寫本　一卷

120000－0381－0000125　125
大般若波羅密多經　(唐)釋玄奘譯　唐寫本　一卷

120000－0381－0000126　126
妙法蓮華經　(後秦)釋鳩摩羅什譯　唐寫本　一卷

120000－0381－0000127　127
金剛般若波羅密經　(後秦)釋鳩摩羅什譯　唐寫本　一軸

120000－0381－0000128　128
唐般若多心經　(□)□□撰　唐寫本　一軸

120000－0381－0000129　129
大般若波羅密多經　(唐)釋玄奘譯　唐寫本　一卷

120000－0381－0000130　130
殘經　(□)□□撰　寫本　一卷

120000－0381－0000131　131
佛説無常經　(□)□□撰　五代後周顯德五年(958)寫本　一軸

120000－0381－0000132　132
維摩詰經　(□)□□撰　唐寫本　一卷

120000－0381－0000133　133
金剛般若波羅密經　(後秦)釋鳩摩羅什譯　唐寫本　一軸

120000－0381－0000134　134
妙法蓮華經　(後秦)釋鳩摩羅什譯　唐寫本　一卷

120000－0381－0000135　135
妙法蓮華經　（後秦）釋鳩摩羅什譯　唐寫本　一卷

120000－0381－0000136　136
妙法蓮華經　（後秦）釋鳩摩羅什譯　唐寫本　一卷

120000－0381－0000137　137
大般若波羅密多經　（唐）釋玄奘譯　唐寫本　一卷

120000－0381－0000138　138
大般涅槃經　（北涼）釋曇無讖譯　唐寫本　一卷

120000－0381－0000139　139
大般涅槃經　（北涼）釋曇無讖譯　唐寫本　一卷

120000－0381－0000140　140
佛說無常三啟經　（□）□□撰　寫本　一卷　殘

120000－0381－0000141　141
殘經　（□）□□撰　寫本　一卷

120000－0381－0000142　142
千手千眼經　（□）□□撰　唐寫本　一卷

120000－0381－0000143　143
大般若波羅密多經　（唐）釋玄奘譯　唐寫本　一卷

120000－0381－0000144　144
大般涅槃經　（北涼）釋曇無讖譯　唐寫本　一卷

120000－0381－0000145　145
大般若波羅密多經　（唐）釋玄奘譯　唐寫本　一卷

120000－0381－0000146　146
大般若波羅密多經　（唐）釋玄奘譯　唐寫本　一卷

120000－0381－0000147　147
大般若波羅密多經　（唐）釋玄奘譯　唐寫本　一卷

120000－0381－0000148　148
佛說八陽神呪經　（□）□□撰　唐寫本　一卷

120000－0381－0000149　149
諸星母陀羅尼經　（□）□□撰　唐寫本　一卷

120000－0381－0000150　150
大般若波羅密多經　（唐）釋玄奘譯　唐寫本　一卷

120000－0381－0000151　151
金剛般若波羅密經　（後秦）釋鳩摩羅什譯　唐寫本　一卷

120000－0381－0000152　152
佛說千手千眼菩薩經　（□）□□撰　五代寫本　一卷

120000－0381－0000153　153
唐武周七佛所說神呪經　（□）□□撰　唐寫本　一卷

120000－0381－0000154　154
大般涅槃經　（□）□□撰　唐寫本　一卷

120000－0381－0000155　155
大般若波羅密多經　（唐）釋玄奘譯　唐寫本　一卷

120000－0381－0000156　156
殘經　（□）□□撰　寫本　一卷

120000－0381－0000157　157
殘經　（□）□□撰　寫本　一卷

120000－0381－0000158　158
殘經　（□）□□撰　寫本　一卷

120000－0381－0000159　159
維摩詰車詰經　（□）□□撰　寫本　一卷

120000－0381－0000160　160
維摩詰經　（□）□□撰　唐寫本　一卷

120000－0381－0000161　161

妙法蓮華經　(後秦)釋鳩摩羅什譯　唐寫本　一卷

120000－0381－0000162　162

妙法蓮華法師品　(後秦)釋鳩摩羅什譯　唐寫本　一卷

120000－0381－0000163　163

妙法蓮華經　(後秦)釋鳩摩羅什譯　唐寫本　一卷

120000－0381－0000164　164

大般若波羅密多經　(唐)釋玄奘譯　唐寫本　一卷

120000－0381－0000165　165

大般若波羅密多經　(唐)釋玄奘譯　唐寫本　一卷

120000－0381－0000166　166

解深密經　(□)□□撰　寫本　一卷

120000－0381－0000167　167

大般涅槃經　(□)□□撰　唐寫本　一卷

120000－0381－0000168　168

妙法蓮華經　(後秦)釋鳩摩羅什譯　唐寫本　一卷

120000－0381－0000169　169

維摩詰經　(□)□□撰　唐寫本　一卷

120000－0381－0000170　170

妙法蓮華經　(後秦)釋鳩摩羅什譯　唐寫本　一卷

120000－0381－0000171　171

大般若波羅密多經　(唐)釋玄奘譯　唐寫本　一卷

120000－0381－0000172　172

大般若波羅密多經　(唐)釋玄奘譯　唐寫本　一卷

120000－0381－0000173　173

大般若波羅密多經　(唐)釋玄奘譯　唐寫本　一卷

120000－0381－0000174　174

四分比丘尼戒本　(□)□□撰　唐寫本　一卷

120000－0381－0000175　175

思益經　(□)□□撰　唐寫本　一卷

120000－0381－0000176　176

大般涅槃經　(北涼)釋曇無讖譯　唐寫本　一卷

120000－0381－0000177　177

大般涅槃經　(北涼)釋曇無讖譯　唐寫本　一卷

120000－0381－0000178　178

大般涅槃經　(北涼)釋曇無讖譯　唐寫本　一卷

120000－0381－0000179　179

大智度經　(□)□□撰　隋寫本　一卷

120000－0381－0000180　180

思益經　(□)□□撰　唐寫本　一卷

120000－0381－0000181　181

大般涅槃經　(北涼)釋曇無讖譯　唐寫本　一卷

120000－0381－0000182　182

殘經疏　(□)□□撰　寫本　一卷

120000－0381－0000183　183

妙法蓮華經　(後秦)釋鳩摩羅什譯　唐寫本　一卷

120000－0381－0000184　184

殘經　(□)□□撰　寫本　一卷

120000－0381－0000185　185

大智度經　(□)□□撰　隋寫本　一卷

120000－0381－0000186　186

妙法蓮華經　(後秦)釋鳩摩羅什譯　唐寫本　一卷

120000－0381－0000187　187

擬佛説佛名經　(□)□□撰　唐寫本　一卷

120000－0381－0000188　188

比丘尼戒律　(□)□□撰　唐寫本　一卷

120000－0381－0000189　189

羯磨經一卷　(□)□□撰　北齊天保九年(558)寫本　一卷

120000－0381－0000190　190

大智度經　(□)□□撰　隋寫本　一卷

120000－0381－0000191　191

佛說無量壽觀經　(□)□□撰　唐寫本　一卷

120000－0381－0000192　192

佛說無量壽觀經　(□)□□撰　唐寫本　一卷

120000－0381－0000193　193

金光明最勝王經　(□)□□撰　唐寫本　一卷

120000－0381－0000194　194

般若波羅密多心經注　(□)□□撰　唐寫本　一卷

120000－0381－0000195　195

擬佛說佛名經　(□)□□撰　唐寫本　一卷

120000－0381－0000196　196

禪數雜事　(□)□□撰　隋開皇十三年(593)寫本　一卷

120000－0381－0000197　197

法華經殘經　(□)□□撰　寫本　一卷

120000－0381－0000198　198

妙法蓮華經　(後秦)釋鳩摩羅什譯　唐寫本　一卷

120000－0381－0000199　199

妙法蓮華經　(後秦)釋鳩摩羅什譯　唐寫本　一卷

120000－0381－0000200　200

金剛般若波羅密經　(後秦)釋鳩摩羅什譯　隋大業九年(613)寫本　一卷

120000－0381－0000201　201

摩訶般若波羅蜜經　(□)□□撰　唐寫本　一卷

120000－0381－0000202　202

妙法蓮華經　(後秦)釋鳩摩羅什譯　唐寫本　一卷

120000－0381－0000203　203

殘經　(□)□□撰　寫本　一卷

120000－0381－0000204　204

妙法蓮華經　(後秦)釋鳩摩羅什譯　唐寫本　一卷

120000－0381－0000205　205

殘經　(□)□□撰　寫本　一卷

120000－0381－0000206　206

佛說樂師琉璃光如來本願功德經　(□)□□撰　唐寫本　一卷

120000－0381－0000207　207

殘經　(□)□□撰　寫本　一卷

120000－0381－0000208　208

殘經　(□)□□撰　寫本　一卷

120000－0381－0000209　209

佛說大乘稻芊經　(□)□□撰　唐寫本　一卷

120000－0381－0000210　210

大般涅槃經　(北涼)釋曇無讖譯　隋寫本　一卷

120000－0381－0000211　211

大通方廣經　(□)□□撰　六朝寫本　一卷

120000－0381－0000212　212

大般涅槃經　(北涼)釋曇無讖譯　唐寫本　一卷

120000－0381－0000213　213

般若波羅密多心經注　(□)□□撰　唐寫本　一卷

120000－0381－0000214　214

妙法蓮華經　(後秦)釋鳩摩羅什譯　唐寫本　一卷

120000－0381－0000215　215
摩訶般若波羅密經　(□)□□撰　唐寫本　一卷

120000－0381－0000216　216
大般涅槃經　(北涼)釋曇無讖譯　唐寫本　一卷

120000－0381－0000217　217
妙法蓮華經　(後秦)釋鳩摩羅什譯　唐寫本　一卷

120000－0381－0000218　218
金剛般若波羅密經　(後秦)釋鳩摩羅什譯　隋大業九年(613)寫本　一卷

120000－0381－0000219　219
比丘尼四分戒本　(□)□□撰　唐寫本　一卷

120000－0381－0000220　220
妙法蓮華經　(後秦)釋鳩摩羅什譯　寫本　一卷

120000－0381－0000221　221
般若波羅密多心經　(□)□□撰　唐寫本　一卷

120000－0381－0000222　222
妙法蓮華經　(後秦)釋鳩摩羅什譯　唐寫本　一卷

120000－0381－0000223　223
妙法蓮華經　(後秦)釋鳩摩羅什譯　唐寫本　一卷

120000－0381－0000224　224
維摩詰經　(□)□□撰　唐寫本　一卷

120000－0381－0000225　225
妙法蓮華經　(後秦)釋鳩摩羅什譯　唐寫本　一卷

120000－0381－0000226　226
維摩詰經　(□)□□撰　唐寫本　一卷

120000－0381－0000227　227
太上本相經　(□)□□撰　唐寫本　一卷

120000－0381－0000228　228
妙法蓮華經　(後秦)釋鳩摩羅什譯　唐寫本　一卷

120000－0381－0000229　229
摩訶般若波羅密經　(□)□□撰　唐寫本　一卷

120000－0381－0000230　230
妙法蓮華經　(後秦)釋鳩摩羅什譯　唐寫本　一卷

120000－0381－0000231　231
妙詰蓮華經殘經　(□)□□撰　唐寫本　一卷

120000－0381－0000232　232
妙法蓮華經殘經　(後秦)釋鳩摩羅什譯　唐寫本　一卷

120000－0381－0000233　233
摩訶般若波羅密放光經　(□)□□撰　唐寫本　一卷

120000－0381－0000234　234
妙法蓮華經　(後秦)釋鳩摩羅什譯　唐寫本　一卷

120000－0381－0000235　235
妙法蓮華經從地踴出品　(後秦)釋鳩摩羅什譯　唐寫本　一卷

120000－0381－0000236　236
藥師琉璃光如來本願功德經　(□)□□撰　唐寫本　一卷

120000－0381－0000237　237
光讚經　(□)□□撰　唐寫本　一卷

120000－0381－0000238　238
妙法蓮華經　(後秦)釋鳩摩羅什譯　唐寫本　一卷

120000－0381－0000239　239
七佛神呪經　(□)□□撰　唐寫本　一卷

120000－0381－0000240　240
勝天王般若波羅密經　(□)□□撰　唐寫本

一卷

120000－0381－0000241　241

殘經(擬比丘尼律)　(□)□□撰　寫本　一卷

120000－0381－0000242　242

殘經疏　(□)□□撰　寫本　一卷

120000－0381－0000243　243

五代千手千眼觀世音經　(□)□□撰　五代寫本　一卷

120000－0381－0000244　244

佛説高王觀世音經　(□)□□撰　寫本　一卷

120000－0381－0000245　245

佛頂心陀羅尼經　(□)□□撰　寫本　一卷

120000－0381－0000246　246

宋版妙法蓮華經　(□)□□撰　宋刻本　一卷

120000－0381－0000247　247

陀羅尼經　(□)□□撰　宋刻本　一卷

120000－0381－0000248　248

至元無款妙法蓮華經　(後秦)釋鳩摩羅什譯　元寫本　一卷

120000－0381－0000249　249

咸亨妙法蓮華經　(後秦)釋鳩摩羅什譯　唐寫本　一卷

120000－0381－0000250　250

摩訶般若婆羅蜜經　(□)□□撰　宋寫本　一卷

120000－0381－0000251　251

天寶十二年金剛般若波羅密經　(後秦)釋鳩摩羅什譯　唐天寶十二年(753)寫本　一卷

120000－0381－0000252　252

大般婆羅蜜多經　(□)□□撰　唐寫本　一卷

120000－0381－0000253　253

妙法蓮華經波羅蜜多心經　(後秦)釋鳩摩羅什譯　明泥金寫本　一卷

120000－0381－0000254　254

北朝寫經華嚴經　(□)□□撰　北朝寫本　一卷

120000－0381－0000255　255

孫永清泥金書陀羅尼經　(□)□□撰　清寫本　一卷

120000－0381－0000256　256

藏文寫經　(□)□□撰　寫本　一卷

120000－0381－0000257　257

金剛般若波羅密經　(後秦)釋鳩摩羅什譯　隋大業九年(613)寫本　一卷

120000－0381－0000258　258

趙孟頫高上大洞玉經　(□)□□撰　宋寫本　一卷

120000－0381－0000259　259

文徵明楷書清靜經　(□)□□撰　明寫本　一卷

120000－0381－0000260　260

黄道周書孝經　(□)□□撰　明寫本　一卷

120000－0381－0000261　261

隋大般涅槃經　(北涼)釋曇無讖譯　隋大業四年(608)寫本　一卷

120000－0381－0000262　262

唐妙法蓮華經　(後秦)釋鳩摩羅什譯　唐寫本　一卷

120000－0381－0000263　263

佛頂如來經　(□)□□撰　寫本　一卷

120000－0381－0000264　264

妙法蓮華經　(後秦)釋鳩摩羅什譯　唐寫本　一卷

120000－0381－0000265　265

黄庭經書冊　(清)查升臨撰　清寫本　一卷

120000－0381－0000266　266

黄道周楷書孝經頌小楷冊　(□)□□撰　明寫本　一卷

120000－0381－0000267　267
唐大曆畫像經　(□)□□撰　唐寫本　一卷

120000－0381－0000268　268
唐人寫經集錦冊　(□)□□撰　唐寫本　一卷

120000－0381－0000269　269
徐良小楷妙法蓮華經　(後秦)釋鳩摩羅什譯　寫本　一卷

120000－0381－0000270　270
妙法蓮華經　(後秦)釋鳩摩羅什譯　唐寫本　一卷

120000－0381－0000271　271
南朝陳天嘉元年佛門問答　(□)□□撰　寫本　一卷

120000－0381－0000272　272
佛說阿彌陀經　(□)□□撰　唐寫本　一卷

120000－0381－0000273　273
大樓炭經　(□)□□撰　寫本　一卷

120000－0381－0000274　274
大般涅槃經　(北涼)釋曇無讖譯　唐寫本　一卷

120000－0381－0000275　275
佛說無量壽宗要經　(□)□□撰　五代寫本　一卷

120000－0381－0000276　276
戒名煩惱論釋　(□)□□撰　寫本　一卷

120000－0381－0000277　277
大通方廣懺悔滅罪莊嚴成佛經　(□)□□撰　唐寫本　一卷

120000－0381－0000278　278
維摩詰經　(□)□□撰　唐寫本　一卷

120000－0381－0000279　279
大乘密嚴經　(□)□□撰　寫本　一卷

120000－0381－0000280　280
僧伽吒經　(□)□□撰　唐寫本　一卷

120000－0381－0000281　281
受戒法　(□)□□撰　寫本　一卷

120000－0381－0000282　282
摩訶般若波羅密經　(□)□□撰　唐寫本　一卷

120000－0381－0000283　283
淨名經開疏　(□)□□撰　寫本　一卷

120000－0381－0000284　284
摩訶般若波羅密經　(□)□□撰　唐寫本　一卷

120000－0381－0000285　285
唐人寫摩訶般若波羅密經　(□)□□撰　唐寫本　一卷

120000－0381－0000286　286
唐轉輪聖王經　(□)□□撰　唐寫本　一卷

120000－0381－0000287　287
黃庭經　(明)陳繼儒臨　寫本　一卷

120000－0381－0000288　288
徐世昌行草孝經　(□)□□撰　民國寫本　一卷

120000－0381－0000289　289
妙法蓮華經　(後秦)釋鳩摩羅什譯　唐寫本　一卷

120000－0381－0000290　290
賢護菩薩所問經　(□)□□撰　寫本　一卷

120000－0381－0000291　291
梵文經　(□)□□撰　寫本　一卷

120000－0381－0000292　292
佛說無量壽新經　(□)□□撰　唐寫本　一卷

120000－0381－0000293　293
摩訶船若波羅密經習相應品　(□)□□撰　唐寫本　一卷

120000－0381－0000294　294
雍正行楷書金剛經　(□)□□撰　清寫本　一卷

120000－0381－0000295　295
翁方綱行書唐開成石經遺字歌　(□)□□撰　清寫本　一卷

120000－0381－0000296　296
唐人寫經華嚴經　(□)□□撰　唐寫本　一卷

120000－0381－0000297　297
鐘紹京市阿毗達磨俱舍滿經　(□)□□撰　寫本　一卷

120000－0381－0000298　298
唐人妙法蓮華經　(後秦)釋鳩摩羅什譯　唐寫本　一卷

120000－0381－0000299　299
王寵離騷經　(□)□□撰　寫本　一卷

120000－0381－0000300　300
德保書般若波羅密多心經　(□)□□撰　寫本　一卷

120000－0381－0000301　301
唐人金剛般若波羅密經　(後秦)釋鳩摩羅什譯　唐寫本　一卷

120000－0381－0000302　302
唐經卷大般若波羅密多經　(唐)釋玄奘譯　唐寫本　一卷

120000－0381－0000303　303
佛說佛名經　(□)□□撰　唐寫本　一卷

120000－0381－0000304　304
雷鋒塔藏經　(□)□□撰　寫本　一卷

120000－0381－0000305　305
大方廣佛華嚴經　(後秦)釋鳩摩羅什譯　寫本　一卷

120000－0381－0000306　306
楞嚴經偈　(宋)蔡卞書　宋寫本　一卷

120000－0381－0000307　307
佛說觀無量壽佛經　(□)□□撰　唐寫本　一卷

120000－0381－0000308　308
趙孟頫金剛經　(□)□□撰　宋寫本　一卷

120000－0381－0000309　309
黃庭經蘭亭序　(□)□□撰　寫本　一卷

120000－0381－0000310　310
雷峰塔藏経卷　(□)□□撰　寫本　一卷

120000－0381－0000311　311
佛說法門戒経(僞品)　(□)□□撰　寫本　一卷

120000－0381－0000312　312
大乘妙法蓮華經　(後秦)釋鳩摩羅什譯　唐寫本　一卷

120000－0381－0000313　313
唐人寫妙法蓮華經　(後秦)釋鳩摩羅什譯　唐寫本　一卷

120000－0381－0000314　314
大智度經論殘卷　(□)□□撰　寫本　一卷

120000－0381－0000315　315
金光明最勝王經　(□)□□撰　唐寫本　一卷

120000－0381－0000316　316
清錢大昕書波羅密多心經　(□)□□撰　清寫本　一卷

120000－0381－0000317　317
清翁方綱書婆羅密多心經　(□)□□撰　清寫本　一卷

120000－0381－0000318　318
清趙執信書常清靜經　(□)□□撰　清寫本　一卷

120000－0381－0000319　319
五代梁貞明六年佛說佛名經　(□)□□撰　五代寫本　一卷

120000－0381－0000320　320
佛頂尊睠陁罪經　(□)□□撰　寫本　一卷

120000－0381－0000321　321
維摩詰經　(□)□□撰　唐寫本　一卷

120000－0381－0000322　322
南北朝殘經　(□)□□撰　寫本　一卷

120000－0381－0000323　323
南北朝殘經　(□)□□撰　寫本　一卷

120000－0381－0000324　324
摩訶般若經　(□)□□撰　唐寫本　一卷

120000－0381－0000325　325
藥師琉璃光如來本願功德經　(□)□□撰　唐寫本　一卷

120000－0381－0000326　326
唐元經名經　(□)□□撰　唐寫本　一卷

120000－0381－0000327　327
唐大般涅槃經　(北涼)釋曇無讖譯　唐寫本　一卷

120000－0381－0000328　328
藥師琉璃光七佛本願功德經　(□)□□撰　唐寫本　一卷

120000－0381－0000329　329
大般若波羅密多心經　(唐)釋玄奘譯　唐寫本　一卷

120000－0381－0000330　330
妙法蓮華經　(後秦)釋鳩摩羅什譯　唐寫本　一卷

120000－0381－0000331　331
四分戒本　(□)□□撰　寫本　一卷

120000－0381－0000332　332
妙法蓮華經　(後秦)釋鳩摩羅什譯　唐寫本　一卷

120000－0381－0000333　333
唐大乘百法朋門論開宗義記經　(□)□□撰　五代寫本　一卷

120000－0381－0000334　334
唐維摩詰經　(□)□□撰　唐寫本　一卷

120000－0381－0000335　335
妙法蓮華經　(後秦)釋鳩摩羅什譯　唐寫本　一卷

120000－0381－0000336　336
唐般若道行經　(□)□□撰　唐寫本　一卷

120000－0381－0000337　337
唐人寫妙法蓮華經　(後秦)釋鳩摩羅什譯　唐寫本　一卷

120000－0381－0000338　338
唐人寫經　(□)□□譯　唐寫本　一卷

120000－0381－0000339　1
欽定四書文四十一卷　(清)方苞輯　清刻本　四冊

120000－0381－0000340　2
春秋左傳五十卷提要一卷　(晉)杜預　(宋)林堯叟註釋　(唐)陸德明音譯　清李光明莊刻本　二十冊

120000－0381－0000341　3
評點春秋綱目左傳句解彙雋六卷　(清)韓菼撰　清李光明莊刻本　四冊　存四卷(三至六)

120000－0381－0000342　4
古文觀止六卷附國朝文　(清)吳乘權　(清)吳大職輯　清光緒二十八年(1902)善成堂刻本　六冊

120000－0381－0000343　5
文選六十卷　(南朝梁)蕭統撰　(唐)李善注　**文選考異十卷**　(清)胡克家撰　清宣統三年(1911)年上海會文堂書局影印本　十六冊

120000－0381－0000344　6
爾雅注疏十卷附校勘記十卷　(晉)郭璞注　(宋)邢昺校　清刻重刊宋本十三經注疏附校勘記本　五冊　缺四卷(注疏一至二、校勘記一至二)

120000－0381－0000345　7
說文解字十五卷　(漢)許慎撰　(宋)徐鉉等校　清光緒二年(1876)姚覲元川東官舍刻本　八冊

120000－0381－0000346　8
皇清經解續編一千四百三十卷　王先謙輯

清光緒十四年(1888)南菁書院刻本　三百十六冊

120000－0381－0000347　9
五代史七十四卷　(宋)歐陽修撰　(宋)徐無黨注　清同治十一年(1872)湖北崇文書局刻二十四史本　八冊

120000－0381－0000348　10
元經薛氏傳十卷　(隋)王通撰　(唐)薛收傳　(宋)阮逸註　(清)袁絢校　清乾隆五十六年(1791)金谿王氏刻增訂漢魏叢書本　六冊

120000－0381－0000349　11
篆文六經四書　(清)李光地等編　清康熙内府刻本　十六冊

120000－0381－0000350　12
篆文六經四書　(清)李光地等編　清康熙内府刻本　五冊

120000－0381－0000351　13
篆文六經四書　(清)李光地等編　清康熙内府刻本　六冊

120000－0381－0000352　14
宋本十三經注疏四百十六卷附校勘記　(清)阮元校勘　(清)盧宣旬摘錄　清光緒十三年(1887)上海脈望仙館石印本　三十二冊

120000－0381－0000353　15
史記一百三十卷附方望溪評點史記　(漢)司馬遷著　(明)歸有光點評　清光緒二年(1876)武昌張裕釗刻本　二十冊

120000－0381－0000354　16
遼史一百十六卷　(元)脫脫等撰　明嘉靖八年(1529)南京國子監刻二十一史本　十二冊

120000－0381－0000355　17
五代史記七十四卷　(宋)歐陽脩撰　(宋)徐無黨原注　(清)彭元瑞補注　(清)劉鳳誥排次　清道光八年(1828)雲牲書屋刻本　四十冊

120000－0381－0000356　18
新鐫經苑二十五種　(清)錢儀吉輯　清道光咸豐大梁書院刻本　七十二冊

120000－0381－0000357　19
蘇齋筆記四卷　(清)翁方綱撰　清宣統二年(1910)北洋官報印書局影印本　一冊

120000－0381－0000358　20
古經解鉤沉三十卷　(清)余蕭客著　清道光二十年(1840)京江魯氏刻本　十二冊

120000－0381－0000359　21
唐石經校文十卷　(清)嚴可均纂　清嘉慶九年(1804)香山書院刻四錄堂類集本　二冊

120000－0381－0000360　22
縮本精選經藝淵海　(清)常安室主人等輯　清光緒十一年(1885)點石齋石印本　十冊

120000－0381－0000361　23
說經囈語不分卷　(清)左寶森撰　清道光二十八年(1848)刻本　一冊

120000－0381－0000362　24
許鄭經文異同詁三卷　(清)桑宣撰　清光緒三十年(1904)鉛印鐵研齋叢書本　二冊

120000－0381－0000363　25
耐安類稿五種十卷　(清)陳偉撰　清光緒二十二年(1896)刻本　五冊

120000－0381－0000364　26
易卦變圖說一卷　(□)□□撰　清咸豐十年(1860)刻本　一冊

120000－0381－0000365　27
參同契分節秘解六卷　(漢)魏伯陽撰　(清)呂惠連解　清宣統三年(1911)萬全堂刻本　六冊

120000－0381－0000366　28
詩經　(漢)毛亨傳　清抄本　四冊

120000－0381－0000367　29
奎壁書經六卷　(清)蔡沈集傳　清光緒二十五年(1899)三義堂刻本　四冊

120000－0381－0000368　30
詩集傳音釋二十卷附詩圖一卷詩序一卷校刻

詩集傳音釋劄記一卷 （宋）朱熹集傳 （元）徐謙音譯 （元）羅復纂輯 （清）蔣光煦劄記 清光緒七年(1881)滄文書局刻本 六冊

120000－0381－0000369 31
尚書餘論一卷 （清）丁晏著 清咸豐七年(1857)刻本 一冊

120000－0381－0000370 32
禮記十卷 （元）陳澔集說 清光緒十二年(1886)湖北官書處刻本 十冊

120000－0381－0000371 33
六經圖二十四卷 （清）鄭之僑編輯 清乾隆九年(1744)述堂刻本 十二冊

120000－0381－0000372 34
經學講義二編 （清）京師大學堂編 清光緒三十年(1904)學務處官書局鉛印本 一冊

120000－0381－0000373 35
歷代石經略二卷 （清）桂馥著 清光緒九年(1883)陳州郡齋刻本 一冊

120000－0381－0000374 36
小學集註六卷 （宋）朱熹撰 （明）陳選集註 清乾隆十年(1745)蓮花書院刻本 四冊

120000－0381－0000375 37
書經六卷 （宋）蔡沈集傳 清末天津萃文魁刻本 四冊

120000－0381－0000376 38
書經六卷 （宋）蔡沈集傳 清光緒二十一年(1895)湖北官書處刻本 四冊

120000－0381－0000377 39
詩經八卷 （宋）朱熹集傳 清同治十三年(1874)江西書局刻本 四冊

120000－0381－0000378 40
詩經八卷 （宋）朱熹集傳 清光緒十二年(1886)湖北官書處刻本 四冊

120000－0381－0000379 41
書經備旨詳解七卷 （清）鄒聖脈輯 （清）鄒廷猷等編 清刻本 四冊

120000－0381－0000380 42
書經六卷 （宋）蔡沈集傳 清光緒十四年(1888)天津文美齋刻本 四冊

120000－0381－0000381 43
周書斠補四卷 （清）孫詒讓著 清光緒二十六年(1900)廣明書社刻本 一冊

120000－0381－0000382 44
大戴禮記十三卷 （漢）戴德撰 清康熙五十七年(1718)自脩齋刻本 四冊

120000－0381－0000383 45
周易十卷附考證 （三國魏）王弼註 （唐）陸德明音義 清光緒二年(1876)江南書局刻本 二冊

120000－0381－0000384 46
尚書十三卷附考證 （漢）孔安國傳 （唐）陸德明音義 清光緒二年(1876)江南書局刻本 三冊 存十卷(一至六、十至十三)

120000－0381－0000385 47
毛詩二十卷附考證 （漢）毛亨傳 （漢）鄭玄箋 （唐）陸德明音義 清光緒二年(1876)江南書局刻本 六冊

120000－0381－0000386 48
禮記二十卷附考證 （漢）鄭玄注 （唐）陸德明音義 清光緒二年(1876)江南書局刻本 八冊

120000－0381－0000387 49
春秋經傳集解三十卷附考證 （晉）杜預注 （唐）陸德明音義 **春秋名號歸一圖二卷附考證** （五代）馮繼先撰 **春秋年表一卷** （□）□□撰 清光緒二年(1876)江南書局刻本 十八冊 存二十七卷(一至二十四、二十七至二十八、三十)

120000－0381－0000388 50
尚書箋三十卷 （清）王闓運集注並箋 清光緒二十九年(1903)東洲刻本 四冊

120000－0381－0000389 51
敷文鄭氏書說不分卷 （宋）鄭樸撰 （清）李

調元校定　清光緒八年(1882)樂道齋刻本　一冊

120000－0381－0000390　52
洪範統一一卷　(宋)趙善湘撰　(清)李調元校定　**孟子外書四卷**　(宋)熙時子注　清光緒七年(1881)廣漢刻本　一冊

120000－0381－0000391　53
儀禮章句十七卷　(清)吳廷華章句　清乾隆五十九年(1794)金閶書業堂刻本　四冊

120000－0381－0000392　54
夏小正正義一卷附弟子職正音一卷　(清)王筠撰　清道光、咸豐王菉友九種刻本　一冊

120000－0381－0000393　55
詩經八卷附圖一卷　(宋)朱熹集傳　清宣統三年(1911)上海章福記石印本　四冊

120000－0381－0000394　56
御纂詩義折中二十卷　(清)傅恒等撰　清刻本　五冊　存十六卷(五至二十)

120000－0381－0000395　57
申學士校正古本官板書經大全十卷綱領一卷圖一卷　(明)胡廣等輯　(明)申時行校　(明)馮夢禎參閱　清刻本　五冊

120000－0381－0000396　58
十三經集字摹本不分卷　(清)彭玉雯撰　(清)萬清銓校正　清道光二十九年(1849)江右蓬氏刻本　四冊

120000－0381－0000397　59
說文解字通釋四十卷　(宋)徐鍇撰釋　(宋)朱翱反切　清道光十九年(1839)刻本　六冊　存二十四卷(一至二十四)

120000－0381－0000398　60
儀禮十七卷　(漢)鄭玄注　清同治九年(1870)楚北崇文書局重刻宋嚴州本　二冊

120000－0381－0000399　61
欽定禮記義疏七十七卷圖五卷首一卷　(清)聖祖玄燁撰　清同治十年(1871)湖北崇文書局刻本　四十八冊

120000－0381－0000400　62
新刻批點四書讀本十七卷　(宋)朱熹章句　清同治十三年(1874)聚盛堂套印本　六冊

120000－0381－0000401　63
禮記十卷　(元)陳澔集說　清乾隆五十四年(1789)文盛堂刻本　十冊

120000－0381－0000402　64
尚書讀本二卷　(清)吳京卿勘定　清光緒三十四年(1908)保陽書局鉛印本　二冊

120000－0381－0000403　65
夏小正詁一卷　(清)諸錦撰　(清)顧沅輯　清道光十年(1830)長洲顧氏刻賜硯堂叢書本　一冊

120000－0381－0000404　66
禮俗權衡二卷　(清)趙執信著　清康熙四十八年(1709)刻本　一冊

120000－0381－0000405　67
皇朝祭器樂舞錄二卷附樂舞譜一卷　(清)徐暢達輯　清同治十年(1871)崇文書局刻本　三冊

120000－0381－0000406　68
聖門禮誌不分卷聖門樂誌不分卷　(清)孔傳鐸纂　(清)孔令貽輯　清光緒十三年(1887)刻本　四冊

120000－0381－0000407　69
欽定化治四書文不分卷　(清)方苞等選輯　清刻本　一冊

120000－0381－0000408　70
九旗古義述一卷　(清)孫詒讓撰　清光緒二十八年(1902)瑞安孫氏刻本　一冊

120000－0381－0000409　71
左繡三十卷首一卷　(清)馮李驊　(清)陸浩評輯　清山淵堂刻本　十六冊

120000－0381－0000410　72
類考典故四書便蒙十七卷　(宋)朱熹章句　清光緒善成堂刻本　五冊

120000－0381－0000411　73

四書人物類典串珠四十卷首一卷　(清)臧志仁編輯　清嘉慶二十五年(1820)刻本　七册　存二十卷(一至十六、二十一至二十四)

120000－0381－0000412　74
求古録禮説十六卷補遺一卷校勘記三卷　(清)金鶚撰　(清)王士駿輯校勘記　清光緒二年(1876)刻本　十册

120000－0381－0000413　75
聖門禮誌不分卷聖門樂誌不分卷　(清)孔傳鐸纂　(清)孔令貽輯　清光緒十三年(1887)刻本　二册

120000－0381－0000414　76
尚書離句六卷　(清)錢在培輯解　清光緒二十一年(1895)有益堂刻本　二册

120000－0381－0000415　77
太史張天如詳節春秋綱目左傳句解六卷　(清)韓菼重訂　清光緒善成堂刻本　六册

120000－0381－0000416　78
考工記二卷　(明)郭正域批點　明朱墨套印本　二册

120000－0381－0000417　79
周禮六卷　(漢)鄭康成注　(唐)陸德明音義　清李光明莊刻本　二册　存二卷(二、六)

120000－0381－0000418　80
新訂四書補注備旨十卷　(明)鄧林撰　清宣統三年(1911)掃葉山房石印本　七册

120000－0381－0000419　81
四書圖考十三卷　(清)杜雲巖撰　清光緒十三年(1887)鴻文書局石印本　四册

120000－0381－0000420　82
周禮註疏刪翼三十卷　(明)王志長輯　(明)葉培恕定　明末刻本　六册　存十五卷(十六至三十)

120000－0381－0000421　83
求古録禮説十六卷補遺一卷校勘記三卷　(清)金鶚撰　(清)王士駿輯校勘記　清光緒二年(1876)刻本　十册

120000－0381－0000422　84
説文解字斠詮十四卷　(清)錢坫撰　清光緒九年(1883)淮南書局刻本　六册

120000－0381－0000423　85
説文解字句讀三十卷　(漢)許慎記　(清)王筠撰集　清光緒八年(1882)刻本　十六册

120000－0381－0000424　86
説文解字句讀三十卷附句讀補正三十卷　(漢)許慎記　(清)王筠撰集　清同治四年(1865)刻本　十六册

120000－0381－0000425　87
字學舉隅不分卷　(清)龍啟瑞撰　清同治十年(1871)刻本　一册

120000－0381－0000426　88
字學舉隅不分卷　(清)龍啟瑞撰　清同治十年(1871)刻本　一册

120000－0381－0000427　89
説文解字十五卷　(漢)許慎撰　(宋)徐鉉校定　(清)徐瀚校字　清光緒二年(1876)刻本　八册

120000－0381－0000428　90
説文解字十五卷　(漢)許慎撰　(宋)徐鉉校定　清光緒十年(1884)朱記榮校刻本　四册

120000－0381－0000429　91
四書題鏡三十六卷　(清)汪鯉翔纂　清刻本　七册

120000－0381－0000430　92
四書説約三十三卷　(明)鹿善繼著　清刻本　八册

120000－0381－0000431　93
四書教子尊經求通録六卷　(清)楊一崑著　(清)楊恒占編　清刻本　六册

120000－0381－0000432　94
鐘鼎字源五卷　(清)汪立名輯　清康熙五十五年(1716)一隅草堂刻本　三册

120000－0381－0000433　95
説文逸字二卷　(清)鄭珍撰　附録一卷

(清)鄭知同撰　清同治、光緒福山王氏刻天壤閣叢書本　三册

120000－0381－0000434　96
說文古籀補十四卷補遺一卷附錄一卷　(清)吳大澂撰　清光緒七年(1881)刻本　二册

120000－0381－0000435　97
說文辨字正俗八卷　(清)李富孫撰　清嘉慶校經廎刻本　四册

120000－0381－0000436　98
讀說文雜識不分卷　(清)許棫撰　清光緒七年(1881)刻本　一册

120000－0381－0000437　99
小學鉤沉十九卷　(清)任大椿撰　(清)王念孫校正　清光緒湖北崇文書局刻本　四册

120000－0381－0000438　100
通俗字林辨證五卷　(清)唐壎輯　清刻本　二册

120000－0381－0000439　101
急就篇四卷　(唐)顏師古撰　(宋)王應麟補注　清光緒十年(1884)成都志古堂刻本　二册

120000－0381－0000440　102
鐘鼎字源五卷　(清)汪立名輯　清康熙五十五年(1716)一隅草堂刻本　三册

120000－0381－0000441　103
增廣字學舉隅四卷　(清)龍啓瑞撰　(清)鐵珊輯　清同治十三年(1874)蘭州郡署刻本　四册

120000－0381－0000442　104
說文外編十六卷附桂氏說文解字義證引二條劉氏碎金一卷　(清)雷浚撰　清光緒二年(1876)刻本　八册

120000－0381－0000443　105
小學答問不分卷　章炳麟撰　清末刻本　一册

120000－0381－0000444　106
小學鉤沉十九卷　(清)任大椿撰　清光緒十年(1884)龍氏刻本　四册

120000－0381－0000445　107
臨文便覽不分卷　(清)龍啓瑞輯　清光緒二年(1876)京都松竹齋刻本　二册

120000－0381－0000446　108
釋穀四卷　(清)劉寶楠撰　清光緒十四年(1888)廣雅書局刻本　一册

120000－0381－0000447　109
說文建首字義四卷　王樹柟撰　清陶廬刻本　三册　存三卷(二至四)

120000－0381－0000448　110
段氏說文注訂八卷　(清)鈕樹玉著　清道光刻本　二册

120000－0381－0000449　111
說文通檢十四卷附首一卷末一卷　(清)黎永椿編　清廣州富文齋刻本　二册

120000－0381－0000450　112
說文題要不分卷　(清)陳建侯撰　清同治十二年(1873)崇文書局刻本　一册

120000－0381－0000451　113
說文解字注十五卷附六書音韻表五卷　(清)段玉裁注　清同治六年(1867)蘇州保息局刻本　十六册

120000－0381－0000452　114
江氏著書七種　(清)江鍾秀撰　清光緒刻暨石印本　十册

120000－0381－0000453　115
江氏著書七種　(清)江鍾秀撰　清光緒刻暨石印本　十册

120000－0381－0000454　116
正字通十二集總目一卷　(明)張自烈撰　(清)廖文英輯　清弘文書院刻本　十三册

120000－0381－0000455　117
說文古籀補十四卷附錄一卷　(清)吳大澂撰　清光緒二十四年(1898)刻本　二册

120000－0381－0000456　118

詞林分類次韻便讀三字錦九卷末一卷 (清)趙暄編著 清刻本 六册

120000－0381－0000457 119
正字略定本不分卷 (清)王筠撰 清刻本 一册

120000－0381－0000458 120
四子書 (宋)朱熹章句 清光緒元年(1875)京都肆雅堂刻本 一册

120000－0381－0000459 121
周易四卷 (宋)朱熹本義 清乾隆刻本 四册

120000－0381－0000460 122
書經六卷 (宋)蔡沈撰 清乾隆刻本 五册 存五卷(二至六)

120000－0381－0000461 123
詩經八卷 (宋)朱熹集傳 清乾隆刻本 四册 存五卷(二至三、六至八)

120000－0381－0000462 124
禮記十卷 (清)陳澔集說 清乾隆刻本 十七册

120000－0381－0000463 125
春秋三十卷 (宋)胡安國傳 清乾隆刻本 十册

120000－0381－0000464 126
說文釋例二十卷說文繫傳校錄三十卷 (清)王筠著 清同治四年(1865)刻本 十二册

120000－0381－0000465 127
說文古籀補十四卷附錄一卷 (清)吳大澂撰 清光緒二十四年(1898)刻本 二册

120000－0381－0000466 128
東萊博議四卷 (宋)呂祖謙著 清光緒三十一年(1905)上海商務印書館鉛印本 二册

120000－0381－0000467 129
四書闡要真本 (清)張恩著 清光緒九年(1883)刻本 一册

120000－0381－0000468 130
大學還舊 (清)王廷植著 清刻本 一册

120000－0381－0000469 131
春秋繁露十七卷 (漢)董仲舒著 (清)湯朝鏞校 清刻本 三册 存十二卷(一至八、十四至十七)

120000－0381－0000470 132
四書釋地一卷續一卷又續一卷三續一卷附孟子生卒年月考一卷 (清)閻若璩撰 清乾隆五十二年(1787)刻本 三册

120000－0381－0000471 133
增補蘇批孟子二卷 (宋)蘇洵原本 (清)趙錦江增補 清咸豐六年(1856)刻本 二册

120000－0381－0000472 134
董子春秋繁露十七卷附錄一卷 (漢)董仲舒撰 清光緒二年(1876)浙江書局刻二十二子本 二册

120000－0381－0000473 135
新訂四書補注備旨十卷 (明)鄧林著 清光緒二年(1876)連元閣刻本 五册 缺二卷(論語一至二)

120000－0381－0000474 136
欽定本朝四書文 (清)方苞等選評 清光緒二年(1876)崇文書局刻本 二册

120000－0381－0000475 137
欽定正嘉四書文 (清)方苞等選評 清刻本 七册

120000－0381－0000476 138
周禮正義八十六卷 (清)孫詒讓撰 清光緒三十一年(1905)鉛印本 二十册

120000－0381－0000477 139
春秋繁露注十七卷 (漢)董仲舒撰 (清)淩曙注 清刻本 四册

120000－0381－0000478 140
大學衍義四十三卷 (宋)真德秀撰 清同治十三年(1874)金陵書局刻本 八册

120000－0381－0000479 141
四書人物類典串珠四十卷 (清)臧志仁輯

清經國堂刻本　八冊　存二十九卷(一至五、十三至十八、二十三至四十)

120000－0381－0000480　142
八銘堂塾鈔初集四卷二集四卷　(清)吳懋政編　(清)李文山注　清光緒善成堂刻本　十二冊

120000－0381－0000481　143
論語十卷　(宋)朱熹集註　清菜根香館何氏刻本　二冊

120000－0381－0000482　144
論語十卷　(宋)朱熹集註　清刻本　二冊

120000－0381－0000483　145
監本四書十九卷　(宋)朱熹集註　清光緒六年(1880)李光明莊狀元閣刻本　六冊

120000－0381－0000484　146
四書味根錄三十七卷　(清)金瀓撰　清光緒十三年(1887)善成堂袖珍刻本　八冊

120000－0381－0000485　147
論語註疏解經十卷附劄記一卷　(三國魏)何晏集解　(宋)邢昺疏　清光緒三十年至三十三年(1904－1907)貴池劉氏玉海堂影刻本　二冊

120000－0381－0000486　148
學庸指掌三卷　(清)汪瑞堂著　(清)周際華增訂　清道光二十一年(1841)家蔭堂刻本　三冊

120000－0381－0000487　149
説文解字十五卷　(漢)許慎撰　(宋)徐鉉校定　清嘉慶十二年(1807)藤花榭刻本　四冊

120000－0381－0000488　150
評點春秋綱目左傳句解彙雋六卷　(清)韓菼重訂　清末上海錦章書局石印本　六冊

120000－0381－0000489　151
春秋繁露十七卷附録一卷　(漢)董仲舒著　(明)孫鑛評　(明)沈鼎新　(明)朱養純參評　(明)朱養和訂　明天啟花齋刻本　二冊

120000－0381－0000490　152
四書集註　(宋)朱熹集註　清抄本　八冊

120000－0381－0000491　153
論語話解十卷　(清)陳濬撰　清光緒五年(1879)廣仁堂刻本　四冊

120000－0381－0000492　154
御定駢字類編二百四十卷　(清)張廷玉等編　清光緒十三年(1887)同文書局石印本　四十八冊

120000－0381－0000493　155
十一經音訓　(清)楊國楨撰　清道光十年(1830)大梁書院刻本　二十六冊

120000－0381－0000494　156
鐘鼎款識　(宋)王厚之輯　清嘉慶七年(1802)阮氏積古齋刻本　一冊

120000－0381－0000495　157
鐘鼎款識　(宋)王厚之輯　清嘉慶七年(1802)阮氏積古齋刻本　一冊

120000－0381－0000496　158
證俗文十九卷　(清)郝懿行著　清光緒十年(1884)曬書堂刻本　六冊

120000－0381－0000497　159
駢雅七卷首一卷序目一卷訓纂十六卷附補遺　(明)朱謀㙔撰　(清)魏茂林訓纂　清光緒七年(1881)瀹雅齋刻本　八冊

120000－0381－0000498　160
顧氏音學五書三十八卷　(明)顧炎武著　(清)徐乾學參閲　清康熙符山堂刻本　十二冊

120000－0381－0000499　161
康熙字典十二集　(清)張玉書等纂　清光緒十三年(1887)同文書局石印本　六冊

120000－0381－0000500　162
四書不二字音釋　(清)楊昕撰　清同治九年(1870)刻本　二冊

120000－0381－0000501　163
廣續方言四卷　程先甲輯　清光緒二十三年(1897)刻本　二冊

120000－0381－0000502　164
輶軒使者絶代語釋别國方言十三卷　(漢)揚雄撰　(晉)郭璞注　清光緒福山王氏天壤閣刻本　二册

120000－0381－0000503　165
爾雅音圖三卷　(晉)郭璞注　清嘉慶六年(1801)藝學軒影刻宋本　三册

120000－0381－0000504　166
通雅五十三卷首三卷　(明)方以智撰　清光緒六年(1880)桐城方氏刻本　十册

120000－0381－0000505　167
廣雅疏證六卷　(清)王念孫疏證　清光緒五年(1879)刻畿輔叢書本　六册

120000－0381－0000506　168
考正增廣詩韻合璧五卷　(□)□□撰　清光緒十九年(1893)上海著易堂書局鉛印本　六册

120000－0381－0000507　169
篆學瑣著三十種四十卷　(清)顧湘輯　清道光二十年(1840)海虞顧氏刻本　八册

120000－0381－0000508　170
説文通訓定聲十八卷柬韻一卷附説雅一卷古今韻準一卷行狀一卷　(清)朱駿聲撰　(清)朱鏡蓉訂　清咸豐臨嘯閣刻本　二十三册

120000－0381－0000509　171
經字正蒙八卷　(清)李文沂纂　清光緒十一年(1885)羊城萃經堂刻本　八册

120000－0381－0000510　172
聲律通考十卷　(清)陳澧撰　清咸豐十年(1860)刻番禺陳氏東塾叢書本　三册

120000－0381－0000511　173
切韻考六卷外編三卷　(清)陳澧撰　清光緒八年(1882)刻番禺陳氏東塾叢書本　三册

120000－0381－0000512　174
經韻樓集十二卷　(清)段玉裁撰　清光緒十年(1884)樹根齋刻本　六册

120000－0381－0000513　175
隸篇十五卷續十五卷再續十五卷　(清)翟云升撰　清道光十七年至十八年(1837－1838)刻本　十册

120000－0381－0000514　176
拼音字譜一卷　(清)王炳耀撰　清光緒二十二年(1896)刻本　一册

120000－0381－0000515　177
隸法彙纂十卷　(清)項懷編錄　清乾隆五十一年(1786)小西山房刻本　四册

120000－0381－0000516　178
韻字略十二集　(清)毛謨撰　清光緒元年(1875)湖北崇文書局刻本　二册

120000－0381－0000517　179
新刊校正增補圓機詩韻活法全書十四卷　(明)王世貞校　(清)蔣先庚重訂　清文錦堂刻本　四册

120000－0381－0000518　180
六書分類十二卷首一卷　(清)傅世堯撰　清嘉慶元年(1796)聽松閣刻本　十四册

120000－0381－0000519　181
小學考五十卷　(清)謝啟昆錄　清光緒十四年(1888)浙江書局刻本　二十册

120000－0381－0000520　182
隸辨八卷　(清)顧藹吉撰　清康熙五十七年(1718)玉淵堂刻本　十六册

120000－0381－0000521　183
隸辨八卷　(清)顧藹吉撰　清康熙五十七年(1718)玉淵堂刻本　十六册

120000－0381－0000522　184
經籍籑詁　(清)阮元撰集　清光緒九年(1883)上海點石齋影印本　十册

120000－0381－0000523　185
輶軒使者絶代語釋别國方言十三卷　(清)戴震疏證　清光緒八年(1882)汗青簃刻本　四册

120000－0381－0000524　186
説文形聲表二卷附表　(清)華長卿輯　清抄

本　三冊

120000－0381－0000525　187
印文考略一卷　(清)鞠履厚輯　清乾隆二十一年(1756)留耕堂刻本　一冊

120000－0381－0000526　188
攈古録金文九卷　(清)吳式芬撰　清光緒二十一年(1895)吳重熹刻本　九冊

120000－0381－0000527　189
隨軒金石文字不分卷　(清)徐渭仁輯　清道光十七年(1837)刻本　四冊

120000－0381－0000528　190
小蓬萊閣金石文字不分卷　(清)黃易撰　清道光十四年(1834)刻本　二冊

120000－0381－0000529　191
望堂金石文字不分卷　楊守敬輯　清同治至光緒飛青閣刻本　六冊

120000－0381－0000530　192
積古齋鐘鼎彝器款識十卷　(清)阮元編　清光緒三十三年(1907)石印本　五冊

120000－0381－0000531　193
秦漢瓦當文字一卷續一卷　(清)程敦著録　清乾隆五十二年至五十九年(1787－1794)横渠書院刻本　三冊

120000－0381－0000532　194
敬吾心室識篆圖　(清)朱善旂輯　清光緒三十四年(1908)影印本　一冊

120000－0381－0000533　195
方望溪平點史記四卷　(清)方苞撰　清光緒二年(1876)武昌張氏刻本　二冊

120000－0381－0000534　196
史記一百三十卷　(漢)司馬遷撰　(南朝宋)裴駰集解　(唐)司馬貞索隱　(唐)張守節正義　清乾隆四年(1739)刻本　一冊　存五卷(八至十二)

120000－0381－0000535　197
觀妙齋藏金石文考略十六卷　(清)李光暎纂　清雍正七年(1729)嘉興李光暎刻本　六冊

120000－0381－0000536　198
穐盦瓦當文字圖釋　清拓本　一冊

120000－0381－0000537　199
戰國策三十三卷　(宋)鮑彪校注　(元)吳師道重校　清乾隆三十年(1765)文盛堂刻本　八冊　存十卷(一至十)

120000－0381－0000538　200
隋經籍志考證十三卷　(清)章宗源撰　清光緒三年(1877)湖北崇文書局刻本　四冊

120000－0381－0000539　201
参訂增補周易備旨一見能解六卷　(明)黃淳耀撰　(清)嚴而寬增補　清光緒二十七年(1901)善成堂刻本　六冊

120000－0381－0000540　202
新刻來瞿唐先生易註十五卷首一卷末一卷　(明)來知德撰　清朝爽堂刻本　十二冊

120000－0381－0000541　203
三國志六十五卷　(晉)陳壽撰　(南朝宋)裴松之注　清光緒十三年(1887)江南書局刻本　八冊

120000－0381－0000542　204
三國志六十五卷　(晉)陳壽撰　(南朝宋)裴松之注　清光緒十三年(1887)江南書局刻本　八冊

120000－0381－0000543　205
三國志六十五卷　(晉)陳壽撰　(南朝宋)裴松之注　清光緒十三年(1887)江南書局刻本　十四冊　存五十四卷(一至五十四)

120000－0381－0000544　206
南唐書三十卷　(宋)馬令撰　清嘉慶十八年(1813)沈氏嘯園活字本　四冊

120000－0381－0000545　207
兩罍軒彝器圖釋十二卷　(清)吳雲著　清同治十一年(1872)石印本　十二冊

120000－0381－0000546　208
歷代鐘鼎彝器款識法帖二十卷　(宋)薛尚功撰　清光緒二十九年(1903)貴池劉氏玉海堂

影印本　四冊

120000－0381－0000547　209
二十四史　清光緒二十九年(1903)同文書局石印本　六百七十三冊

120000－0381－0000548　210
資治通鑑二百九十四卷附通鑑釋文辨誤十二卷　(宋)司馬光撰　(元)胡三省音注　清嘉慶二十一年(1816)胡克家刻本　八十四冊　存二百零四十六卷(三十四至一百零八、一百十二至一百十七、一百二十一至一百四十一、一百五十一至二百九十四)

120000－0381－0000549　211
前漢書一百二十卷　(漢)班固撰　(唐)顔師古注　清光緒十四年(1888)鴻文書局石印本　十四冊

120000－0381－0000550　212
九朝紀事本末六百五十八卷　(□)□□撰　清光緒二十八年(1902)上海玉麟書局石印本　四十八冊

120000－0381－0000551　213
鑑撮四卷附讀史論略一卷　(清)曠敏本撰　清刻本　五冊

120000－0381－0000552　214
國語正義二十一卷　(清)董增齡撰集　清光緒六年(1880)會稽章氏式訓堂刻本　八冊

120000－0381－0000553　215
重訂路史全本四十七卷　(宋)羅泌著　(明)吳弘基訂　清酉山堂刻本　十六冊

120000－0381－0000554　216
繹史一百六十卷　(清)馬驌撰　清光緒十五年(1889)金匱浦氏刻本　四十冊

120000－0381－0000555　217
王先生十七史蒙求十六卷　(宋)王令撰　**李氏蒙求補註六卷**　(清)金三俊輯　清道光二十八年(1848)三讓堂刻本　六冊

120000－0381－0000556　218
後漢書一百卷　(南朝宋)范曄撰　(唐)李賢注　**續漢志三十卷**　(晉)司馬彪撰　(南朝梁)劉昭注　清同治八年(1869)金陵書局刻本　八冊　存三十八卷(二十六至五十三、八十一至九十)

120000－0381－0000557　219
後漢書一百卷　(南朝宋)范曄撰　(唐)李賢注　**續漢志三十卷**　(晉)司馬彪撰　(南朝梁)劉昭注　清同治八年(1869)金陵書局刻本　十六冊

120000－0381－0000558　220
後漢書一百二十卷　(南朝宋)范曄撰　(唐)李賢注　清光緒三十一年(1905)久敬齋石印本　八冊

120000－0381－0000559　221
前漢書一百二十卷　(漢)班固撰　(唐)顔師古注　清光緒三十一年(1905)久敬齋石印本　十二冊

120000－0381－0000560　222
前漢書一百卷　(漢)班固撰　(唐)顔師古注　清同治八年(1869)金陵書局刻本　十六冊

120000－0381－0000561　223
漢書補注一百卷首一卷　(漢)班固撰　(唐)顔師古注　王先謙補注　清光緒二年(1876)長沙王氏刻本　三十二冊

120000－0381－0000562　224
周易費氏學八卷敘錄一卷　馬其昶撰　清光緒三十年(1904)集虛草堂刻本　三冊

120000－0381－0000563　225
易傳燈四卷　(宋)徐總幹撰　清光緒二十七年(1901)樂道齋刻本　一冊

120000－0381－0000564　226
易經精華六卷末一卷　(清)薛嘉穎編　清光緒九年(1883)掃葉山房刻本　二冊　存五卷(一至二、五至六、末一卷)

120000－0381－0000565　227
説文解字十五卷　(漢)許慎撰　(宋)徐鉉校定　清刻本　一冊　存二卷(十一至十二)

120000－0381－0000566　228
前漢書一百卷　(漢)班固撰　(唐)顔師古注　清刻本　一册　存八卷(七十至七十七)

120000－0381－0000567　229
後漢書補注二十四卷　(清)惠棟撰　清光緒二十年(1894)廣雅書局刻本　十二册

120000－0381－0000568　230
通鑑類纂二十卷　(清)馬佳松椿纂　清光緒二十四年(1898)謙受益齋刻本　四十册

120000－0381－0000569　231
通鑑紀事本末二百三十九卷　(宋)袁樞編　(明)張溥論證　清刻本　七十二册　存二百十一卷(二至六十四、六十五至七十七、八十一至九十一、一百至一百二十七、一百三十七至一百五十七、一百六十五至二百三十九)

120000－0381－0000570　232
貞觀政要十卷　(唐)吴兢撰　(元)戈直集論　明成化内府刻本　八册

120000－0381－0000571　233
西魏書二十四卷　(清)謝啟昆撰　清光緒九年(1883)樹經堂刻本　六册

120000－0381－0000572　234
東漢會要四十卷　(宋)徐天麟撰　清光緒十年(1884)江蘇書局刻本　八册

120000－0381－0000573　235
後漢書辨疑十一卷續漢書辨疑九卷　(清)錢大昭撰　清光緒十四年(1888)廣雅書局刻本　三册

120000－0381－0000574　236
東都事略一百三十卷　(宋)王稱撰　清乾隆六十年(1795)南沙席氏掃葉山房刻四朝别史本　十二册

120000－0381－0000575　237
元書一百零二卷首一卷　曾廉撰　清宣統三年(1911)會滴堂刻本　二十册

120000－0381－0000576　238
守汴日誌不分卷　(明)李光壂撰　清刻本　一册

120000－0381－0000577　239
平叛記二卷　(清)毛霦撰　清康熙刻本　二册

120000－0381－0000578　240
明紀六十卷　(清)陳鶴纂　清同治十年(1871)江蘇書局刻本　二十册

120000－0381－0000579　241
[康熙]東華錄一百十卷　王先謙編　清光緒十七年(1891)上海廣百宋齋鉛印本　十四册

120000－0381－0000580　242
[雍正]東華錄二十六卷　王先謙編　清光緒十七年(1891)上海廣百宋齋鉛印本　十册

120000－0381－0000581　243
[乾隆]東華續錄一百二十卷　王先謙編　清光緒十七年(1891)上海廣百宋齋鉛印本　二十八册

120000－0381－0000582　244
[嘉慶]東華續錄五十卷　王先謙編　清光緒十七年(1891)上海廣百宋齋鉛印本　八册

120000－0381－0000583　245
[道光]東華續錄六十卷　王先謙編　清光緒十七年(1891)上海廣百宋齋鉛印本　八册

120000－0381－0000584　246
[天聰]東華錄五十四卷　王先謙編　清光緒十七年(1891)上海廣百宋齋鉛印本　七册

120000－0381－0000585　247
[咸豐]東華續錄六十九卷　潘頤福編　清光緒十八年(1892)上海圖書集成印書局鉛印本　十六册

120000－0381－0000586　248
[咸豐]東華續錄一百卷　王先謙編　清光緒十九年(1893)會稽籀三倉室石印本　二十四册

120000－0381－0000587　249
[同治]東華續錄一百卷　王先謙編　清光緒二十四年(1898)文瀾書局石印本　二十四册

120000－0381－0000588　250
皇朝通志一百二十六卷　(清)曹仁虎等編　清光緒二十七年(1901)上海圖書集成局鉛印本　十二册

120000－0381－0000589　251
明史藁三百十卷目錄三卷　(清)王鴻緒撰　清康熙三十六年(1697)敬慎堂刻本　八十册

120000－0381－0000590　252
明季稗史彙編十六種二十七卷　(清)留雲居士輯　清光緒十三年(1887)上海圖書集成印書局鉛印本　六册

120000－0381－0000591　253
明季稗史彙編十六種二十七卷　(清)留雲居士輯　清光緒二十二年(1896)上海圖書集成印書局石印本　五册　缺三種四卷(青燐屑二卷、吳耿尚孔四王合傳一卷、揚州十日記一卷)

120000－0381－0000592　254
明季稗史彙編十六種二十七卷　(清)留雲居士輯　清都城琉璃廠半松居士鉛印本　十二册

120000－0381－0000593　255
明季南略十八卷明季北略二十四卷　(清)計六奇輯　清光緒十三年(1887)上海圖書集成印書局鉛印本　十册

120000－0381－0000594　256
明季南略十八卷明季北略二十四卷　(清)計六奇輯　清都城琉璃廠半松居士鉛印本　二十册

120000－0381－0000595　257
蒙古遊牧記十六卷　(清)張穆撰　(清)何秋濤校　清同治六年(1867)壽陽祁氏刻本　四册

120000－0381－0000596　258
十國春秋一百十六卷　(清)吳任臣撰　清嘉慶四年(1799)刻本　二十册

120000－0381－0000597　259
十國春秋一百十六卷　(清)吳任臣撰　清嘉慶四年(1799)刻本　二十册

120000－0381－0000598　260
平定粵匪紀略十八卷附記四卷　(清)杜文瀾撰　清同治八年(1869)羣玉齋刻本　十册

120000－0381－0000599　261
二申野錄八卷　(清)孫之騄輯　清同治六年(1867)吟香館刻本　四册

120000－0381－0000600　262
金華賢達傳十二卷　(明)鄭柏著　清道光五年(1825)孝義堂刻本　二册

120000－0381－0000601　263
庚子教會受難記二卷　(英國)季理斐譯　清光緒二十七年(1901)上海美華書館鉛印本　二册

120000－0381－0000602　264
紫光閣功臣小像並湘軍平定粵匪戰圖不分卷　(清)彭鴻年編輯　清光緒二十七年(1901)石印本　一册

120000－0381－0000603　265
郝氏遺書　(清)郝懿行撰　清嘉慶至光緒刻本　六册

120000－0381－0000604　266
蒙古史二卷　(日本)河野元三撰　(清)歐陽瑞驊譯　宣統三年(1911)江南圖書館鉛印本　二册

120000－0381－0000605　267
翠微先生北征錄十二卷　(宋)華岳撰　清光緒二十六年(1900)貴池劉氏刻本　一册

120000－0381－0000606　268
元史藝文志四卷　(清)錢大昕撰　清江蘇書局刻本　二册

120000－0381－0000607　269
遼史拾遺二十四卷　(清)厲鶚撰　清光緒元年(1875)江蘇書局刻本　十册

120000－0381－0000608　270
兩淮戡亂記不分卷　(清)張華墀撰　清刻本

一册

120000－0381－0000609　271

鄭司農年譜一卷　(清)孫星衍撰　清道光甘泉黃氏刻高密遺書本　一册

120000－0381－0000610　272

孔子年譜一卷　(清)江永撰　清道光二十七年(1847)刻本　一册

120000－0381－0000611　273

宋元學案一百卷　(清)黃宗羲撰　(清)黃百家輯　(清)全祖望修定　清光緒五年(1879)刻本　三十册　存八十三卷(十八至一百)

120000－0381－0000612　274

賜硯堂叢書　(清)顧沅輯　清道光十年(1830)長洲顧氏刻賜硯堂叢書本　二册

120000－0381－0000613　275

朱子年譜四卷考異四卷附錄二卷　(清)王懋竑撰　清末浙江書局刻本　四册

120000－0381－0000614　276

增訂南詔野史二卷　(清)楊慎撰　清金谿李氏自怡堂刻本　二册

120000－0381－0000615　277

霆軍紀略十六卷　(清)陳昌輯　清光緒刻本　六册

120000－0381－0000616　278

東華續錄二百二十卷　(清)朱壽朋纂　清宣統元年(1909)鉛印本　六十四册

120000－0381－0000617　279

皇朝武功紀盛四卷　(清)趙翼撰　清光緒二十七年(1901)掃葉山房石印本　一册

120000－0381－0000618　280

庸盦筆記二卷　(清)薛福成撰　清光緒二十七年(1901)掃葉山房石印本　一册

120000－0381－0000619　281

吳中平寇記八卷　(清)錢勖撰　清光緒元年(1875)申報鉛印本　一册

120000－0381－0000620　282

吳中平寇記八卷　(清)錢勖撰　清光緒元年(1875)申報館鉛印本　二册

120000－0381－0000621　283

豫軍紀略十二卷　(清)尹耕雲編　清光緒三年(1877)申報館仿聚珍版鉛印本　一册　存十卷(一至十)

120000－0381－0000622　284

豫軍紀略十二卷　(清)尹耕雲編　清光緒三年(1877)申報館仿聚珍版鉛印本　五册　存十卷(一至六、九至十二)

120000－0381－0000623　285

京津拳匪紀略八卷前編二卷後編二卷　(清)僑析生輯　清光緒二十七年(1901)香港書局石印本　二册

120000－0381－0000624　286

京津拳匪紀略八卷前編二卷後編二卷　(清)僑析生輯　清光緒二十七年(1901)香港書局石印本　六册

120000－0381－0000625　287

京津拳匪紀略八卷前編二卷後編二卷　(清)僑析生輯　清光緒二十七年(1901)香港書局石印本　四册　缺二卷(後編二卷)

120000－0381－0000626　288

拳匪紀略八卷前編二卷後編二卷　(清)僑析生輯　清光緒二十九年(1903)上洋書局石印本　六册

120000－0381－0000627　289

拳匪紀略八卷前編二卷後編二卷　(清)僑析生輯　清光緒二十九年(1903)上洋書局石印本　六册

120000－0381－0000628　290

拳匪紀略八卷前編二卷後編二卷　(清)僑析生輯　清光緒二十七年(1901)西法石印本　六册

120000－0381－0000629　291

平定粵匪紀略十八卷附記四卷　(清)杜文瀾撰　清光緒申報館鉛印本　五册　存十七卷

(一至十七)

120000－0381－0000630　292

疇人傳四十六卷　(清)阮元撰　清光緒二十七年(1901)刻本　十二冊

120000－0381－0000631　293

蕩平髮逆圖記二十二卷首一卷　(清)杜文瀾撰　清光緒鉛印本　四冊

120000－0381－0000632　294

淮軍平撚記十二卷　(清)周世澄撰　清刻本　六冊

120000－0381－0000633　295

靖逆記六卷　(清)盛大士撰　清刻本　一冊

120000－0381－0000634　296

大慈恩寺三藏法師傳十卷　(唐)釋彦悰述　清宣統元年(1909)刻本　三冊

120000－0381－0000635　297

豫饑鐵淚圖　(□)□□撰　清光緒五年(1879)朱藍套印本　一冊

120000－0381－0000636　298

逆黨禍蜀記不分卷　(清)汪堃編　清同治五年(1866)不懼無悶齋刻本　一冊

120000－0381－0000637　299

國朝畿輔詩傳六十卷　(清)陶樑輯　清道光十九年(1839)紅豆樹館刻本　十六冊

120000－0381－0000638　300

聖武記十四卷　(清)魏源撰　清道光二十二年(1842)刻本　十二冊

120000－0381－0000639　301

西巡迴鑾始末記六卷　(日本)吉田良太郎編譯　清光緒三十一年(1905)上海書局石印本　五冊　存五卷(一至五)

120000－0381－0000640　302

寄螺行館書牘二卷　(清)杜愈撰　清光緒三十三年(1907)姑蘇鉛印本　一冊

120000－0381－0000641　303

綏寇紀略十二卷附補遺三卷　(清)吳偉業撰　清嘉慶十年(1805)虞山張氏照曠閣刻學津討原本　八冊

120000－0381－0000642　304

弘簡錄二百五十四卷　(明)邵經邦撰　**續弘簡錄元史類編四十二卷**　(清)邵遠平撰　清康熙二十七年(1688)刻本　八十冊　缺五十二卷(弘簡錄八十七至一百十七、續弘簡錄一至二十一)

120000－0381－0000643　305

兩浙名賢錄六十二卷　(清)徐象梅撰　清光緒二十六年(1900)浙江書局刻本　六十二冊

120000－0381－0000644　306

歷代名人年譜十卷　(清)吴榮光撰　清光緒二年(1876)竇經書坊刻本　十冊

120000－0381－0000645　307

廣列女傳十六卷　(清)劉開纂輯　清同治八年(1869)皖江撫署刻半畝園叢書本　五冊

120000－0381－0000646　308

張中丞事實集錄三卷　(清)王德茂編　清光緒九年(1883)刻本　二冊

120000－0381－0000647　309

沈端恪公年譜二卷　(清)沈日富纂　清光緒二十二年(1896)刻沈余遺書本　一冊

120000－0381－0000648　310

碑傳集一百六十卷首二卷末二卷　(清)錢儀吉纂　**續碑傳集八十六卷**　繆荃孫纂　清光緒十九年(1893)刻本　九十四冊　缺二十四卷(碑傳集一百零九至一百三十二)

120000－0381－0000649　311

曾文正公[國藩]年譜十二卷　(清)黎庶昌編　(清)李瀚章審定　清光緒三年(1877)刻本　四冊

120000－0381－0000650　312

皇清誥授建威將軍雲南提督署四川提督唐公年譜一卷附錄一卷　(清)唐鴻學撰　清光緒三十四年(1908)石印本　一冊

120000－0381－0000651　313

吳柳堂先生誄文　(清)傅岩霖輯　清光緒六年(1880)刻本　二册

120000－0381－0000652　314
陸清獻公莅嘉遺蹟三卷　(清)黃維玉編輯　清同治六年(1867)刻本　一册

120000－0381－0000653　315
採訪節孝錄　(清)李筠報　抄本　一册

120000－0381－0000654　316
平定粵匪功臣戰蹟圖一卷附題詠　(清)吳嘉猷繪　清光緒二十年(1894)石印本　一册

120000－0381－0000655　317
平定粵匪功臣戰蹟圖一卷附題詠　(清)吳嘉猷繪　清光緒二十年(1894)石印本　一册

120000－0381－0000656　318
庚子北京事變紀略　鹿完天撰　清光緒二十七年(1901)刻本　一册

120000－0381－0000657　319
庚子北京事變紀略　鹿完天撰　清光緒二十七年(1901)刻本　一册

120000－0381－0000658　320
尚友錄二十二卷　(明)廖用賢編纂　(清)張伯琮補輯　清刻本　二十四册

120000－0381－0000659　321
平定粵匪紀略十八卷附記四卷　(清)杜文瀾撰　清同治十年(1871)京都聚珍齋刻本　六册

120000－0381－0000660　322
歷代史纂左編一百四十二卷　(明)唐順之編輯　(明)吳用先校　明刻本　九十册　缺八卷(一百十一至一百十八)

120000－0381－0000661　323
高陽太傅孫文正公年譜五卷　(明)孫銓編輯　明崇禎十五年(1642)師儉堂刻本　四册

120000－0381－0000662　324
玉池老人自敘　(清)郭嵩燾撰　清光緒十九年(1893)養知書屋刻本　一册

120000－0381－0000663　325
任翼聖先生事略一卷　(清)任泰輯　清光緒刻本　一册

120000－0381－0000664　326
趙文恪公[光]自訂年譜　(清)趙光撰　清刻本　四册

120000－0381－0000665　327
皇清誥授奉政大夫顯考陳公行狀　(清)陳楫沆編　(清)薛銓慶書　清宣統元年(1909)抄本　一册

120000－0381－0000666　328
胡文忠公[林翼]年譜一卷　(清)嚴樹森編　清光緒刻本　一册

120000－0381－0000667　329
皇清誥授資政大夫湖南巡撫顯考次山府君行述　(清)惲桂孫等撰　清末蘇城徐元圃刻本　一册

120000－0381－0000668　330
崇祀名宦錄崇祀鄉賢錄　清光緒刻本　一册

120000－0381－0000669　331
朱竹垞[彝尊]先生年譜　(清)楊謙撰　清刻本　一册

120000－0381－0000670　332
文獻徵存錄十卷　(清)錢林輯　(清)王藻原編　清咸豐八年(1858)有嘉樹軒刻本　十二册

120000－0381－0000671　333
黃忠端公[尊素]年譜二卷　(清)黃炳垕編　清光緒元年(1875)刻本　一册

120000－0381－0000672　334
海東逸史十八卷　(清)翁洲老民撰　(清)徐榦校刊　清光緒刻邵武徐氏叢書本　一册

120000－0381－0000673　335
見聞隨筆二卷　(清)馮甦著　清嘉慶二十一年(1816)臨海宋氏刻台州叢書本　二册

120000－0381－0000674　336
貳臣傳十二卷　(清)國史館撰　清都城琉璃

廠半松居士鉛印本　八冊

120000－0381－0000675　337

曾文正公奏議十卷首一卷補編二卷　(清)曾國藩撰　清同治十三年(1874)上海醉六堂刻本　九冊

120000－0381－0000676　338

欽定大清會典事例一千二百卷目錄八卷　(清)崑岡等修　清宣統元年(1909)商務印書館石印本　一百五十冊

120000－0381－0000677　339

丁文誠公奏稿二十六卷首一卷　(清)丁寶楨撰　(清)陳洵慶原編　(清)陳夔龍重輯　清光緒十九年(1893)京師刻本　二十八冊

120000－0381－0000678　340

慶典章程五卷　清光緒刻本　五冊

120000－0381－0000679　341

順天鄉試同年齒錄(道光十五年恩科)不分卷　清道光十五年(1835)刻本　四冊

120000－0381－0000680　342

澄懷主人[張廷玉]自訂年譜六卷澄懷園語四卷　(清)張廷玉撰　**篤素堂文集四卷**　(清)張英撰　清光緒六年(1880)龎山刻本　四冊

120000－0381－0000681　343

良友三世異夢記不分卷　(清)張應譽記　抄本　一冊

120000－0381－0000682　344

桐城陳琴甫事略不分卷　陳澹然撰　清宣統二年(1910)鉛印本　一冊

120000－0381－0000683　345

刁蒙吉先生崇祀鄉賢錄一卷　(清)張起鴻撰　清刻本　一冊

120000－0381－0000684　346

李傅相七十壽序　(清)張之洞撰　抄本　一冊

120000－0381－0000685　347

李鴻章(中國四十年來大事記)　梁啟超著　清光緒二十七年(1901)一新書局鉛印本　一冊

120000－0381－0000686　348

先文達神道碑文並傳　(□)□□撰　抄本　一冊

120000－0381－0000687　349

新出張文襄公事略　(清)聽雨樓主人撰　清宣統元年(1909)石印本　一冊

120000－0381－0000688　350

廣治平略三十六卷　(清)蔡方炳撰　清末刻本　六冊

120000－0381－0000689　351

國朝先正事略六十卷　(清)李元度撰　清同治五年(1866)循陔草堂刻本　二十四冊

120000－0381－0000690　352

唐六典三十卷　(唐)李隆基撰　清光緒二十一年(1895)廣雅書局刻本　六冊

120000－0381－0000691　353

孝廉王君一樵傳　(清)賈聲槐撰　清刻本　一冊

120000－0381－0000692　354

王柱石先生文集四卷　(明)王之棟著　**翰林院庶吉士柱石王公墓誌銘**　(明)趙南星撰　抄本　一冊　存一卷(一)

120000－0381－0000693　355

徵君孫先生[奇逢]年譜二卷　(清)湯斌　(清)魏一鰲等編　(清)方苞訂正　清刻本　二冊

120000－0381－0000694　356

寒松老人年譜一卷　(清)魏象樞口授　(清)魏學誠等錄　清乾隆六年(1741)刻本　一冊

120000－0381－0000695　357

桐城耆舊傳十二卷　馬其昶撰　清宣統三年(1911)刻本　六冊

120000－0381－0000696　358

李恕谷先生年譜五卷　(清)馮辰撰　清光緒五年(1879)定州王氏謙德堂刻畿輔叢書本　四冊

120000－0381－0000697　359
顏習齋先生言行錄二卷闢異錄二卷　（清）鍾錂輯　清光緒五年（1879）定州王氏謙德堂刻畿輔叢書本　一册

120000－0381－0000698　360
弘簡錄二百五十四卷　（明）邵經邦撰　清刻本　十五册　存六十五卷（二十三至四十七、一百二十八至一百三十一、一百三十六至一百五十五、一百六十至一百七十五）

120000－0381－0000699　361
國朝先正事略六十卷　（清）李元度纂　清同治五年（1866）循陔草堂刻本　二十四册

120000－0381－0000700　362
大清搢紳全書　（□）□□撰　清光緒十九年（1893）刻本　四册

120000－0381－0000701　363
大清搢紳全書　（□）□□撰　清宣統元年（1909）榮錄堂重刻本　一册

120000－0381－0000702　364
大清搢紳全書　（□）□□撰　清光緒元年（1875）榮晉齋刻本　四册

120000－0381－0000703　365
大清搢紳全書　（□）□□撰　清光緒九年（1883）榮陞堂重刻本　四册

120000－0381－0000704　366
大清搢紳全書　（□）□□撰　清道光二十七年（1847）榮錄堂重刻本　四册

120000－0381－0000705　367
大清搢紳全書　（□）□□撰　清光緒二年（1876）榮錄堂重刻本　四册

120000－0381－0000706　368
大清搢紳全書　（□）□□撰　清光緒三年（1877）斌陞堂刻本　四册

120000－0381－0000707　369
大清搢紳全書　（□）□□撰　清光緒十年（1884）榮錄堂刻本　四册

120000－0381－0000708　370
大清搢紳全書　（□）□□撰　清光緒十三年（1887）榮錄堂刻本　四册

120000－0381－0000709　371
大清搢紳全書　（□）□□撰　清宣統三年（1911）榮錄堂重刻本　四册

120000－0381－0000710　372
大清搢紳全書　（□）□□撰　清同治十年（1871）榮錄堂重刻本　四册

120000－0381－0000711　373
大清中樞備覽　清光緒十年（1884）榮錄堂刻本　二册

120000－0381－0000712　374
大清最新百官錄四卷　（清）彭汝疇　清光緒三十四年（1908）刻本　一册　存一卷（元）

120000－0381－0000713　375
華氏宗譜不分卷　（清）華長卿重輯　（清）華承彦續輯　清宣統元年（1909）鉛印本　一册

120000－0381－0000714　376
胡君雨嵐行述附輓詞　胡明騏撰　清宣統三年（1911）鉛印本　一册

120000－0381－0000715　377
劉襄勤史傳稿　（清）何維樸撰　清宣統二年（1910）年影印本　一册

120000－0381－0000716　378
廣陵通典十卷　（清）汪中撰　清同治八年（1869）揚州書局刻本　二册

120000－0381－0000717　379
大清日新職官錄　清光緒三十一年（1905）刻本　四册

120000－0381－0000718　380
大清中樞備覽　清道光二十六年（1846）榮錄堂刻本　二册

120000－0381－0000719　381
大清中樞備覽　清光緒十八年（1892）松竹齋刻本　二册

120000－0381－0000720　382

大清中樞備覽　清光緒元年(1875)榮晉齋刻本　二册

120000－0381－0000721　383
大清中樞備覽　清宣統元年(1909)榮錄堂刻本　二册

120000－0381－0000722　384
大清中樞備覽　清光緒三十三年(1907)榮錄堂刻本　二册

120000－0381－0000723　385
大清中樞備覽　清末刻本　四册

120000－0381－0000724　386
爵秩全函　清宣統元年(1909)刻本　三册

120000－0381－0000725　387
爵秩全函　清光緒三十三年(1907)榮錄堂刻本　四册

120000－0381－0000726　388
爵秩全覽　清末刻本　一册

120000－0381－0000727　389
順天鄉試生員履歷　清末刻本　一册

120000－0381－0000728　390
山東武舉鄉試題名錄(光緒五年科)　清光緒五年(1879)刻本　一册

120000－0381－0000729　391
牧令書輯要十卷　(清)徐棟編　(清)丁日昌重編　清同治八年(1869)湖北崇文書局刻本　十册

120000－0381－0000730　392
文獻通考正續合編三十二卷首一卷　(清)盧宣旬編　清嘉慶略識字齋刻本　十三册

120000－0381－0000731　393
救荒活民書三卷　(宋)董煟撰　(清)莊肇麟校　清咸豐四年(1854)新昌莊氏過客軒刻長恩書室叢書本　一册

120000－0381－0000732　394
啟禎兩朝剝復錄十卷　(明)吳應箕撰　清光緒二十六年(1900)貴池劉氏唐石簃刻本　二册

120000－0381－0000733　395
包孝肅奏議十卷　(宋)包拯撰　清光緒元年(1875)毓秀堂刻本　二册

120000－0381－0000734　396
合肥相國七十賜壽圖不分卷附壽言　(清)羅豐祿等輯　清光緒間石印本　六册

120000－0381－0000735　397
劉中丞奏議二十卷　(清)劉蓉著　清光緒十一年(1885)思賢講舍刻本　十册

120000－0381－0000736　398
欽定吏部稽勳司則例八卷　(清)吏部編　清刻本　四册

120000－0381－0000737　399
盛京典制備考八卷首一卷　(清)崇厚編　清光緒四年(1878)盛京軍督署刻本　六册

120000－0381－0000738　400
盛京典制備考八卷首一卷　(清)崇厚編　清光緒四年(1878)盛京軍督署刻本　六册

120000－0381－0000739　401
皇朝經世文新增時務續編四十卷附洋務八卷　清光緒二十三年(1897)掃葉山房鉛印本　六册

120000－0381－0000740　402
欽定中樞政考三十一卷　(清)鄂爾泰等撰　清乾隆武英殿刻本　十八册

120000－0381－0000741　403
皇朝蓄艾文編八十卷目錄一卷　(清)于寶軒輯　清光緒二十九年(1903)上海官書局鉛印本　四十册

120000－0381－0000742　404
宦海指南五種　(清)許乃普輯　清咸豐九年(1859)刻本　五册

120000－0381－0000743　405
秋審實緩比較成案二十四卷　(清)英祥輯　清同治十二年(1873)四川臬署刻本　十六册

120000－0381－0000744　406
曾文正公奏稿三十卷　（清）曾國藩撰　清光緒二年（1876）傳忠書局刻本　三十册

120000－0381－0000745　407
順天鄉試同年齒録不分卷（道光十九年恩科）　清光緒十九年（1893）刻本　四册

120000－0381－0000746　408
欽定大清會典事例一百卷首一卷　（清）崑岡等修　清宣統三年（1911）商務印書館石印本　十册

120000－0381－0000747　409
先撥志始二卷　（明）文秉撰　（清）蕭國琛校　清同治二年（1863）江西刻本　二册

120000－0381－0000748　410
中州同官録四卷　清宣統元年（1909）刻本　四册

120000－0381－0000749　411
憲政增補最新職官全録不分卷　（清）榮寶齋編　清宣統元年（1909）榮寶齋刻本　六册

120000－0381－0000750　412
增補最新職官全録不分卷　（清）榮寶齋編　清宣統二年（1910）榮寶齋刻本　五册

120000－0381－0000751　413
孝肅奏議十卷　（宋）包拯撰　清同治二年（1863）省心閣刻本　四册

120000－0381－0000752　414
皇朝通典一百卷　（清）嵇璜等纂　清光緒二十七年（1901）上海圖書集成局石印本　十二册

120000－0381－0000753　415
皇朝文獻通考三百卷　（清）嵇璜等纂　清光緒二十七年（1901）上海圖書集成局石印本　四十册

120000－0381－0000754　416
熙朝宰輔録不分卷　（清）潘世恩撰　清光緒三年（1877）刻本　一册

120000－0381－0000755　417
鄉試同年齒録（光緒八年壬午科）不分卷　清光緒八年（1882）刻本　四册

120000－0381－0000756　418
故唐律疏議三十卷　（唐）長孫無忌等撰　清光緒十七年（1891）刻本　八册

120000－0381－0000757　419
皇朝經世文編一百二十卷　（清）賀長齡撰　清光緒二十八年（1902）上海寶善書局石印本　二十册

120000－0381－0000758　420
皇朝經世文編一百二十卷　（清）賀長齡撰　清刻本　二十册　存三十三卷（八十八至一百二十）

120000－0381－0000759　421
皇朝經世文續編一百二十卷　（清）葛士濬輯　清光緒二十二年（1896）寶善書局石印本　二十册

120000－0381－0000760　422
皇朝經世文新編二十一卷首三卷　（清）麥仲華輯　清光緒二十八年（1902）鍊石書局石印本　十六册

120000－0381－0000761　423
靳文襄公奏疏八卷　（清）靳輔撰　清刻本　八册

120000－0381－0000762　424
李鶴年中丞奏摺　（清）李鶴年等撰　清同治九年（1870）寫本　一張

120000－0381－0000763　425
合肥李勤恪公政書十卷首一卷　（清）李瀚章撰　（清）李經畬等編輯　清末石印本　十册

120000－0381－0000764　426
撫吴公牘五十卷　（清）丁日昌撰　清宣統元年（1909）南洋官書局石印本　十二册

120000－0381－0000765　427
怡賢親王疏鈔一卷　（清）允祥撰　清道光四年（1824）益津吴氏刻畿輔河道水利叢書本　一册

120000－0381－0000766　428

駱文忠公奏議湘中稿十六卷續刻四川奏議十一卷附錄一卷　(清)駱秉章撰　清光緒刻本　二十四册

120000－0381－0000767　429

林文忠公政書三集三十七卷　(清)林則徐撰　清光緒刻本　十四册

120000－0381－0000768　430

公車上書記不分卷　康有為撰　清光緒二十一年(1895)上海石印書局石印本　一册

120000－0381－0000769　431

開縣李尚書政書八卷首一卷　(清)李宗羲撰　清光緒十一年(1885)武昌刻本　五册

120000－0381－0000770　432

諭摺彙存(光緒乙亥年)不分卷　清光緒二十五年(1899)鉛印本　六册

120000－0381－0000771　433

諭摺彙存(光緒辛丑年)不分卷　清光緒二十七年(1901)鉛印本　六册

120000－0381－0000772　434

諭摺彙存(光緒壬寅年)不分卷　清光緒二十八年(1902)鉛印本　六册

120000－0381－0000773　435

諭摺彙存(光緒癸卯年)不分卷　清光緒二十九年(1903)鉛印本　六册

120000－0381－0000774　436

諭摺彙存(光緒癸卯年)不分卷　清光緒二十九年(1903)鉛印本　六册

120000－0381－0000775　437

諭摺彙存(光緒癸卯年)不分卷　清光緒二十九年(1903)鉛印本　六册

120000－0381－0000776　438

諭摺彙存(光緒丁未年)不分卷　清光緒三十三年(1907)鉛印本　六册

120000－0381－0000777　439

諭摺彙存(光緒丁未年)不分卷　清光緒三十三年(1907)鉛印本　六册

120000－0381－0000778　440

諭摺彙存(光緒壬寅年)不分卷　清光緒二十八年(1902)鉛印本　六册

120000－0381－0000779　441

樞垣記略二十八卷　(清)梁章鉅撰　清光緒鉛印本　六册

120000－0381－0000780　442

湘軍志十六卷　王闓運撰　清末刻本　四册

120000－0381－0000781　443

湘軍志十六卷　王闓運撰　清末刻本　三册　存十三卷(四至十六)

120000－0381－0000782　444

湘軍志十六卷　王闓運撰　清末刻本　四册

120000－0381－0000783　445

庸盦尚書奏議十六卷　(清)陳夔龍撰　清宣統三年(1911)鉛印本　八册

120000－0381－0000784　446

遵議滿漢通行刑律　沈家本等編　清光緒三十三年(1907)北京修訂法律館鉛印本　一册

120000－0381－0000785　447

大清律例增修彙纂大成四十卷附督捕則例二卷五軍道里表一卷三流道里表一卷秋審實緩比較一卷部頒新增一卷　清光緒二十四年(1898)石印本　二十四册

120000－0381－0000786　448

欽定戶部續纂則例十五卷　(清)戶部續纂　清道光十八年(1838)刻本　六册

120000－0381－0000787　449

顔習齋先生[元]年譜二卷　(清)李塨纂　(清)王源訂　清光緒五年(1879)定州王氏謙德堂刻畿輔叢書本　二册

120000－0381－0000788　450

新政真詮六編　何啟　胡禮垣撰　清光緒二十七年(1901)格致新報館鉛印本　八册

120000－0381－0000789　451

皇朝謚法考五卷續編一卷補編一卷　(清)鮑康輯　**續補編一卷**　(清)徐士鑾輯　清同治

三年(1864)刻本　二册

120000－0381－0000790　452

教案奏議彙編八卷首一卷　(清)程宗裕輯　清光緒二十七年(1901)上海書局石印本　六册

120000－0381－0000791　453

戊戌政變記九卷　梁啟超撰　清末鉛印本　三册

120000－0381－0000792　454

盛世危言五卷續編三卷外編二卷　(清)鄭觀應撰　清光緒二十二年(1896)上海書局石印本　十册

120000－0381－0000793　455

盛世危言五卷續編三卷外編二卷　(清)鄭觀應撰　清光緒二十二年(1896)上海書局石印本　十册

120000－0381－0000794　456

南巡盛典一百二十卷　(清)高晉等撰　清光緒八年(1882)點石齋石印本　八册

120000－0381－0000795　457

鄭工新例銓補章程一卷海防新例銓補章程一卷增修籌餉事例條款二卷籌餉事例一卷增修現行常例一卷　(清)戶部編　清光緒刻本　六册

120000－0381－0000796　458

官書局彙報　清光緒二十五年(1899)鉛印本　四册

120000－0381－0000797　459

官書局彙報　清光緒二十五年(1899)鉛印本　四册

120000－0381－0000798　460

錢敏肅公奏疏七卷頤壽老人年譜一卷　(清)錢鼎銘撰　清光緒六年(1880)存素堂刻本　五册

120000－0381－0000799　461

于清端公政書八卷首編一卷續集一卷外集一卷　(清)于成龍撰　(清)蔡方炳　(清)諸匡鼎編　清康熙四十六年(1707)于準刻本　十册

120000－0381－0000800　462

沈文肅公政書七卷　(清)沈葆楨撰　清光緒鉛印本　七册

120000－0381－0000801　463

林文忠公政書三集三十七卷　(清)林則徐撰　清光緒刻本　十六册

120000－0381－0000802　464

變法奏議叢鈔　(清)劉鄂等撰　清末石印本　四册

120000－0381－0000803　465

中國宜改革新政論議一卷　何啟　胡禮垣撰　清光緒二十一年(1895)竇文書局鉛印本　一册

120000－0381－0000804　466

私塾改良會章程　清光緒三十四年(1908)上海南洋官書局石印本　一册

120000－0381－0000805　467

鄭工新例一卷海防捐輸事例一卷增修籌餉事例條款二卷籌餉事例一卷增修現行常例一卷　(清)戶部編　清光緒刻本　六册

120000－0381－0000806　468

學部奏請明定教育宗旨摺　清光緒三十二年(1906)鉛印本　一册

120000－0381－0000807　469

學部奏請明定教育宗旨摺　清光緒三十二年(1906)鉛印本　一册

120000－0381－0000808　470

康熙政要二十四卷　(清)章梫纂　清末鉛印本　十二册

120000－0381－0000809　471

校邠廬抗議二卷　(清)馮桂芬撰　(清)潘霨校刊　清光緒十八年(1892)潘氏敏德堂刻本　二册

120000－0381－0000810　472

校邠廬抗議二卷　(清)馮桂芬撰　清甘肅官

書局刻本　二册

120000－0381－0000811　473
翼教叢編六卷　（清）蘇輿輯　清光緒二十四年（1898）刻本　三册

120000－0381－0000812　474
翼教叢編六卷　（清）蘇輿輯　清光緒二十四年（1898）刻本　四册

120000－0381－0000813　475
萬家密電　（清）羅醒塵編　清光緒二十五年（1899）朱墨套印本　一册

120000－0381－0000814　476
欽定科場條例六十卷　（清）禮部纂修　清咸豐刻本　二十四册

120000－0381－0000815　477
救煙社徵信錄　清光緒三十二年（1906）刻本　二册

120000－0381－0000816　478
樊山政書二十卷　樊增祥撰　清宣統二年（1910）金陵鉛印本　十册

120000－0381－0000817　479
清賦問答不分卷　（清）朱靖旬撰　清光緒鉛印本　一册

120000－0381－0000818　480
籌洋芻議不分卷　（清）薛福成撰　清光緒刻本　一册

120000－0381－0000819　481
東征集六卷　（清）藍鼎元撰　清光緒四年（1878）上海申報館鉛印本　一册

120000－0381－0000820　482
堅壁清野不分卷　（□）□□撰　清咸豐刻本　一册

120000－0381－0000821　483
蘄春紀略一卷附安陸拆毁鹽局一卷拏辦教匪兩紀事一卷　（清）羅緗撰　清光緒二十五年（1899）四川呂德生刻本　一册

120000－0381－0000822　484
民政部具奏調查戶口章程摺單　（清）善耆等擬奏　清光緒三十四年（1908）北洋官書局鉛印本　一册

120000－0381－0000823　485
商部奏訂公司註册試辦章程　（清）商部編　清光緒三十年（1904）鉛印本　一册

120000－0381－0000824　486
擬定大清國鑛物正章　（清）張之洞擬奏　清光緒三十一年（1905）鉛印本　一册

120000－0381－0000825　487
大清光緒新法令十三卷附錄三卷　商務印書館編譯所編　清宣統元年（1909）商務印書館鉛印本　二十册

120000－0381－0000826　488
出使奏疏二卷　（清）薛福成撰　清光緒二十年（1894）刻本　二册

120000－0381－0000827　489
出使奏疏二卷　（清）薛福成撰　清光緒二十年（1894）刻本　二册

120000－0381－0000828　490
出使公牘十卷　（清）薛福成撰　清光緒二十四年（1898）傳經樓刻本　八册

120000－0381－0000829　491
出使公牘十卷　（清）薛福成撰　清光緒二十三年（1897）傳經樓刻本　八册

120000－0381－0000830　492
中俄約章會要三卷續編一卷　（清）總理衙門編　清光緒八年（1882）鉛印本　四册

120000－0381－0000831　493
勸學篇二卷　（清）張之洞纂　清光緒二十四年（1898）甘肅藩署刻本　一册

120000－0381－0000832　494
十三峯書屋批牘二卷　（清）李榕撰　清光緒十七年（1891）龍安書院刻本　二册

120000－0381－0000833　495
欽定康濟錄四卷　（清）陸曾禹撰　（清）倪國璉釐正　清同治八年（1869）崇文書局刻本

四册

120000－0381－0000834　496

各國約章纂要六卷首一卷附録一卷　勞乃宣輯　清光緒十八年(1892)上海圖書集成印書館鉛印本　二册　存六卷(各國約章纂要一至五、首一卷)

120000－0381－0000835　497

出使日記續刻十卷　(清)薛福成撰　清光緒二十四年(1898)傳經樓刻本　十册

120000－0381－0000836　498

皇朝政典舉要八卷　(日本)增田貢原撰　(清)毛淦補編　清光緒鉛印本　四册

120000－0381－0000837　499

時務通考三十一卷　(清)杞廬主人著　清光緒二十三年(1897)點石齋石印本　二十四册

120000－0381－0000838　500

時務通考續編三十一卷　(清)點石齋主人輯　清光緒二十七年(1901)點石齋石印本　十六册

120000－0381－0000839　501

洋務奏疏彙抄　抄本　一册

120000－0381－0000840　502

中俄界約斠注七卷首一卷　(清)錢恂撰　清光緒二十年(1894)醉六堂刻本　二册

120000－0381－0000841　503

中英會訂保工章程　清光緒三十年(1904)鉛印本　一册

120000－0381－0000842　504

畫一幣制條議　清末鉛印本　一册

120000－0381－0000843　505

甲辰彙報　清末鉛印本　一册

120000－0381－0000844　506

政務處議奏禁煙章程　(清)政務處擬訂　清光緒三十二年(1906)鉛印本　一册

120000－0381－0000845　507

奏定續擬禁煙章程　清宣統元年(1909)鉛印本　一册

120000－0381－0000846　508

欽定大清商律(破產律)　(清)商部擬訂　清光緒三十二年(1906)鉛印本　一册

120000－0381－0000847　509

欽定大清商律(公司律)　(清)商部擬訂　清光緒間鉛印本　一册

120000－0381－0000848　510

擬訂中國鑛物章程　清末鉛印本　一册

120000－0381－0000849　511

調查財政條款　清光緒三十四年(1908)鉛印本　一册

120000－0381－0000850　512

庚子剿辦淶水拳匪始末稟信摘要不分卷　(清)祝芾撰　清光緒三十一年(1905)鉛印本　一册

120000－0381－0000851　513

學部奏定增訂各學堂管理通則　清宣統元年(1909)京師京華印書局鉛印本　一册

120000－0381－0000852　514

奏定度量權衡畫一制度圖說總表推行章程　(清)農工商部擬訂　清光緒三十四年(1908)鉛印本　一册

120000－0381－0000853　515

奏定試辦直隸公債票章程摺　清光緒三十年(1904)鉛印本　一册

120000－0381－0000854　516

高等實業學堂章程　清光緒三十年(1904)鉛印本　一册

120000－0381－0000855　517

作新末議二卷　(清)潘守廉撰　清光緒三十二年(1906)鉛印本　一册

120000－0381－0000856　518

山東試辦大學堂暫行章程摺稿　袁世凱擬奏　清光緒二十七年(1901)刻本　一册

120000－0381－0000857　519

拳教析疑説一卷義和拳教門源流考書後一卷　勞乃宣撰　清光緒二十八年(1902)刻本　一册

120000－0381－0000858　520

出使英法義比四國日記六卷　(清)薛福成撰　清光緒十七年(1891)刻本　六册

120000－0381－0000859　521

出使英法義比四國日記六卷　(清)薛福成撰　清光緒十八年(1892)上海鴻寶齋石印本　六册

120000－0381－0000860　522

光緒三十年總税務司申報各日貿易情形總册　(清)總税務司編　清光緒三十年(1904)鉛印本　一册

120000－0381－0000861　523

岑襄勤公勛德介福圖　(清)岑春榮等輯　清光緒十六年(1890)石印本　一册

120000－0381－0000862　524

約章成案匯覽乙篇四十二卷　(清)北洋洋務局纂輯　清光緒末年上海點石齋石印本　三十六册

120000－0381－0000863　525

皇朝經濟文新編六十一卷　(清)宜今室主人輯　清光緒二十七年(1901)上海宜今室石印本　二十四册

120000－0381－0000864　526

丁文誠公奏稿二十六卷首一卷　(清)丁寶楨撰　(清)陳洵慶原編　(清)陳夔龍重輯　清光緒十九年(1893)京師刻本　十三册　存十二卷(一至十二)

120000－0381－0000865　527

政藝通報癸卯全書十六種六十八卷　清光緒鉛印本　二十一册

120000－0381－0000866　528

律例圖説十卷幕學舉要一卷　(清)萬維翰纂　清乾隆三十九年(1774)芸暉堂刻本　八册

120000－0381－0000867　529

大清律例通纂四十卷　(清)胡肇楷編　清刻本　六册　存十一卷(十至十一、十八至二十二、三十一至三十四)

120000－0381－0000868　530

諭摺彙存(光緒乙未年)不分卷　清光緒二十一年(1895)鉛印本　六册

120000－0381－0000869　531

諭摺彙存(光緒己亥年)不分卷　清光緒二十五年(1899)鉛印本　七册

120000－0381－0000870　532

諭摺彙存(光緒己亥年)不分卷　清光緒二十五年(1899)鉛印本　六册

120000－0381－0000871　533

諭摺彙存(光緒癸卯年)不分卷　清光緒二十九年(1903)鉛印本　六册

120000－0381－0000872　534

諭摺彙存(光緒癸卯年)不分卷　清光緒二十九年(1903)鉛印本　六册

120000－0381－0000873　535

諭摺彙存(光緒甲辰年)不分卷　清光緒三十年(1904)鉛印本　六册

120000－0381－0000874　536

諭摺彙存(光緒甲辰年)不分卷　清光緒三十年(1904)鉛印本　六册

120000－0381－0000875　537

諭摺彙存(光緒己巳年)不分卷　清光緒三十一年(1905)鉛印本　六册

120000－0381－0000876　538

諭摺彙存(光緒丁未年)不分卷　清光緒三十三年(1907)鉛印本　六册

120000－0381－0000877　539

郭侍郎奏疏十二卷　(清)郭嵩燾撰　清光緒十八年(1892)刻本　十二册

120000－0381－0000878　540

[光緒癸卯年]閣鈔彙編不分卷　清光緒二十九年(1903)鉛印本　三册

120000－0381－0000879　541
［光緒癸卯年］閣鈔彙編不分卷　清光緒二十九年(1903)鉛印本　三冊

120000－0381－0000880　542
［光緒癸卯年］閣鈔彙編不分卷　清光緒二十九年(1903)鉛印本　三冊

120000－0381－0000881　543
［光緒壬寅年］閣鈔彙編不分卷　清光緒二十八年(1902)鉛印本　三冊

120000－0381－0000882　544
［光緒壬寅年］閣鈔彙編不分卷　清光緒二十八年　(1902)鉛印本　二冊

120000－0381－0000883　545
［光緒壬寅年］閣鈔彙編不分卷　清光緒二十八年　(1902)鉛印本　三冊

120000－0381－0000884　546
［光緒壬寅年］閣鈔彙編不分卷　清光緒二十八年　(1902)鉛印本　五冊

120000－0381－0000885　547
皇朝經世文三編八十卷　(清)陳忠倚輯　清光緒二十八(1902)龍文書局石印本　十二冊　存七十卷(一至七十)

120000－0381－0000886　548
皇朝經世文統編一百二十卷　清光緒二十七年　(1901)上海慎記石印本　四十冊

120000－0381－0000887　549
皇朝經世文編一百二十卷　(清)賀長齡輯　清光緒十二年(1886)思補樓石印本　六十冊

120000－0381－0000888　550
左恪靖侯奏稿初編三十八卷續編七十六卷三編六卷　(清)左宗棠　清光緒十二年(1886)刻本　四十八冊

120000－0381－0000889　551
兵部武選司現行章程不分卷　清光緒鉛印本　六冊

120000－0381－0000890　552
欽定軍器則例二十四卷　(清)姚埜等纂修　清鉛印本　十二冊

120000－0381－0000891　553
欽定吏部則例六十六卷　(清)吏部修纂　清乾隆武英殿刻本　二十四冊

120000－0381－0000892　554
三流道里表不分卷　(清)刑部纂修　清嘉慶十六年(1811)刻本　四冊

120000－0381－0000893　555
三流道里表不分卷　(清)刑部修訂　清江蘇布政司衙門刻本　一冊

120000－0381－0000894　556
彭剛直公奏稿八卷　(清)彭玉麟撰　清光緒十七年(1891)石印本　四冊

120000－0381－0000895　557
彭剛直公奏稿八卷　(清)彭玉麟撰　清光緒十七年(1891)石印本　四冊

120000－0381－0000896　558
秘書省續編到四庫闕書目二卷　葉德輝述　清光緒二十九年(1903)葉氏觀古堂刻本　二冊

120000－0381－0000897　559
商標註冊試辦章程　清光緒三十年(1904)鉛印本　一冊

120000－0381－0000898　560
鐵琴銅劍樓藏書目錄二十四卷　(清)瞿鏞撰　清光緒二十四年(1898)常熟瞿氏刻本　十冊

120000－0381－0000899　561
輶軒語四卷　(清)張之洞撰　清光緒三年(1877)濠上書齋刻本　三冊

120000－0381－0000900　562
昭德先生郡齋讀書志二十卷附志二卷　(宋)晁公武撰　清光緒十年(1884)長沙王氏刻本　十冊　存二十一卷(郡齋讀書志二十卷、附志一)

120000－0381－0000901　563
日本訪書志十七卷　楊守敬撰　清光緒二十

三年(1897)鄭蘇園刻本　八冊

120000－0381－0000902　564

日本訪書志十六卷　楊守敬撰　清光緒二十三年(1897)鄭蘇園刻本　八冊

120000－0381－0000903　565

直齋書錄解題二十二卷　(宋)陳振孫撰　清光緒九年(1883)江蘇書局刻本　六冊

120000－0381－0000904　566

書目答問不分卷　(清)張之洞撰　清光緒二年(1876)刻本　二冊

120000－0381－0000905　567

欽定天祿琳琅書目後編二十卷　(清)彭元瑞撰　清光緒十年(1884)刻本　五冊

120000－0381－0000906　568

善本書室藏書志四十卷　(清)丁丙撰　清光緒二十七年(1901)錢塘丁氏刻本　十六冊

120000－0381－0000907　569

中日議訂東三省條約　清光緒三十一年(1905)鉛印本　一冊

120000－0381－0000908　570

中英續訂藏印條約　清光緒三十二年(1906)鉛印本　一冊

120000－0381－0000909　571

約章成案匯覽甲篇十卷　(清)北洋洋務局編　清光緒末年上海點石齋影印本　十冊

120000－0381－0000910　572

洋務經濟通考十六卷　(清)邵友濂纂　清光緒二十四年(1898)鴻寶齋石印本　十二冊

120000－0381－0000911　573

時務通考三十一卷　(清)杞廬主人著　清光緒二十三年(1897)點石齋石印本　四十冊

120000－0381－0000912　574

約章分類輯要三十八卷　蔡乃煌　(清)羅維翰等輯　清光緒二十七年(1901)上海緯文閣石印本　三十二冊

120000－0381－0000913　575

日俄交涉戰記初編十六卷　(清)寒江釣雪叟編輯　清光緒三十年(1904)香港清記書局石印本　六冊

120000－0381－0000914　576

洋務時事彙編八卷　清光緒二十四年(1898)上海書局石印本　十一冊　缺一卷(五)

120000－0381－0000915　577

使西紀程二卷　(清)郭嵩熹撰　清末刻本　一冊

120000－0381－0000916　578

同治中興京外奏議約編八卷　(清)陳弢輯　清光緒元年(1875)篋劍囊琴之室刻本　四冊

120000－0381－0000917　579

中俄國際約注二卷　(清)施紹常編　清光緒三十一年(1905)上海商務印書館鉛印本　一冊

120000－0381－0000918　580

中西關繫畧論四卷續編一卷　(美國)林樂知著　清光緒十八年(1892)上海格致書室鉛印本　一冊

120000－0381－0000919　581

六十年交涉記略不分卷　(□)□□撰　清末鉛印本　一冊

120000－0381－0000920　582

辛丑各國和約文件壬寅中英商約稅務彙録　清光緒二十八年(1902)海上寓公鉛印本　一冊

120000－0381－0000921　583

治平六策不分卷　(清)薛福成撰　清光緒元年(1875)刻本　一冊

120000－0381－0000922　584

東方兵事紀略六卷　(清)姚錫光撰　清光緒二十三年(1897)武昌刻本　二冊

120000－0381－0000923　585

南海先生戊戌奏稿不分卷　康有為撰　清宣統三年(1911)鉛印本　一冊

120000－0381－0000924　586

湘軍志二十卷　(清)王定安撰　清光緒十五年(1889)江南書局刻本　十二册

120000－0381－0000925　587
湘軍志二十卷　(清)王定安撰　清光緒十五年(1889)江南書局刻本　八册

120000－0381－0000926　588
國朝柔遠記二十卷　(清)王之春輯　清光緒十七年(1891)廣雅書局刻本　六册

120000－0381－0000927　589
丁未和會類要四卷　(□)□□撰　清末鉛印本　三册

120000－0381－0000928　590
光緒乙巳年交涉要覽上篇二卷下篇三卷　(清)北洋洋務局纂輯　清光緒末年鉛印本　五册

120000－0381－0000929　591
羣報輯要　清光緒二十四年(1898)鉛印本　四册

120000－0381－0000930　592
庚子海外紀事四卷　吕海寰編　清光緒二十七年(1901)上海辦理商約行轅鉛印本　四册

120000－0381－0000931　593
庚子海外紀事四卷　吕海寰編　清光緒二十七年(1901)上海辦理商約行轅鉛印本　四册

120000－0381－0000932　594
通商條約章程成案彙編三十卷　(清)李鴻章撰　清光緒鉛印本　十二册

120000－0381－0000933　595
時務報附書八種　梁啟超等編　清光緒石印本　六册

120000－0381－0000934　596
中國朝鮮商民水陸貿易章程　周馥等議定　清光緒八年(1882)刻本　一册

120000－0381－0000935　597
中外交涉類要表四卷光緒通商綜覈表十六卷　(清)錢學嘉編　清光緒二十年(1894)醉六堂刻本　一册

120000－0381－0000936　598
大清國大日本國條規章程附稅則　清同治十年(1871)刻本　一册

120000－0381－0000937　599
各國約章纂要六卷首一卷附錄一卷　勞乃宣輯　清光緒鉛印本　一册　存二卷(二至三)

120000－0381－0000938　600
中俄議訂交還東三省條約　(清)外務部編　清光緒二十八年(1902)鉛印本　一册

120000－0381－0000939　601
兩次批准保和會條約附紅十字會新約暨各檔　清末鉛印本　一册

120000－0381－0000940　602
中英續訂藏印條約　清光緒三十年(1904)鉛印本　一册

120000－0381－0000941　603
英國續議通商行船條約　清光緒二十八年(1902)刻本　一册

120000－0381－0000942　604
韓國條約　清光緒二十五年(1899)刻本　一册

120000－0381－0000943　605
中日通商行船條約續約　清光緒二十九年(1903)鉛印本　一册

120000－0381－0000944　606
中美續議通商行船條約　清光緒二十九年(1903)鉛印本　一册

120000－0381－0000945　607
中日會議東三省事宜條約　清光緒三十一年(1905)鉛印本　一册

120000－0381－0000946　608
中外通商始末記二十卷　(清)王之春撰　(清)彭玉麟定　清光緒二十一年(1895)寶善書局石印本　五册

120000－0381－0000947　609
五千年中外交涉史九十七卷　(清)屯廬主人輯　清光緒二十九年(1903)上海蜚英書局鉛

印本　二十冊

120000－0381－0000948　610

武林藏書錄三卷首一卷末一卷　（清）丁申錄　清光緒二十六年（1900）嘉惠堂刻本　一冊　存三卷（藏書錄上中、首一卷）

120000－0381－0000949　611

天一閣見存書目四卷首一卷末一卷　（清）薛福成撰　清光緒十五年（1889）刻本　四冊

120000－0381－0000950　612

善本書室藏書志四十卷附錄一卷　（清）丁丙輯　清光緒二十七年（1901）錢塘丁氏刻本　十六冊

120000－0381－0000951　613

集古錄跋尾十卷　（宋）歐陽修著　**集古錄目五卷**　（宋）歐陽棐撰　清湘陰蔣環刻本　六冊

120000－0381－0000952　614

欽定天祿琳琅書目十卷　（清）于敏忠等編　清刻本　五冊

120000－0381－0000953　615

中外通商條約不分卷　清刻本　四十五冊

120000－0381－0000954　616

善本書室藏書志四十卷附錄一卷　（清）丁丙輯　清光緒二十七年（1901）錢塘丁氏刻本　十六冊

120000－0381－0000955　617

中東戰紀本末八卷續編四卷　（美國）林樂知撰　清光緒圖書集成局鉛印本　二十冊

120000－0381－0000956　618

中東戰紀本末續編四卷　（美國）林樂知撰　清光緒二十三年（1897）圖書集成局鉛印本　四冊

120000－0381－0000957　619

欽定四庫全書總目二百卷首一卷　（清）紀昀等撰　清同治七年（1868）廣東書局刻本　一百二十八冊

120000－0381－0000958　620

欽定四庫全書總目提要二百卷首一卷　（清）紀昀等撰　清宣統二年（1910）存古齋石印本　三十二冊

120000－0381－0000959　621

硃批諭旨不分卷　（清）□□輯　清雍正十年至乾隆三年（1732－1738）內府套印本　六十二冊　存十函（一至六、十、十三、十五至十六）

120000－0381－0000960　622

大清一統志五百卷　（清）和珅等纂修　清光緒二十八年（1902）上海寶善齋石印本　五十八冊

120000－0381－0000961　623

中外地輿圖說集成一百三十卷首三卷　（清）俞正燮著　清光緒二十年（1894）順成書局石印本　二十四冊

120000－0381－0000962　624

資治通鑑地理今釋十六卷　（清）吳熙載撰　清光緒二十六年（1900）刻本　三冊

120000－0381－0000963　625

兩淮鹽法志五十六卷首四卷　（清）佶山監纂　（清）單渠總纂　清嘉慶十一年（1806）刻本　二十八冊

120000－0381－0000964　626

歷代史論十二卷宋史論三卷元史論一卷　（明）張溥撰　**左傳史論二卷**　（清）高士奇撰　**明史論四卷**　（清）谷應泰撰　清光緒十三年（1887）掃葉山房刻本　十二冊

120000－0381－0000965　627

歷代史論十二卷宋史論三卷　（明）張溥撰　清光緒十三年（1887）掃葉山房刻本　五冊　存十四卷（歷代史論十二卷、宋史論一至二）

120000－0381－0000966　628

史記論文一百三十卷　（漢）司馬遷撰　（清）吳見思評點　清刻本　十一冊　存一百十四卷（十七至一百三十）

120000－0381－0000967　629

淮鹾備要十卷附行鹽疆界圖一卷名宦傳一卷　(清)李澄輯　清道光揚州文樞堂刻本　四冊

120000－0381－0000968　630
荒政輯要九卷首一卷　(清)汪志伊纂　清聚文齋朱承刻本　三冊

120000－0381－0000969　631
四川鹽法志四十卷首一卷　(清)丁寶楨等纂　清光緒八年(1882)刻本　二十冊

120000－0381－0000970　632
天下郡國利病書一百二十卷　(明)顧炎武撰　清道光三年(1823)刻本　五十冊

120000－0381－0000971　633
史鑑節要便讀六卷　(清)鮑東里編輯　清光緒二十八年(1902)善成堂刻本　二冊

120000－0381－0000972　634
補寰宇訪碑録五卷　(清)趙之謙纂集　清同治三年(1864)刻本　二冊

120000－0381－0000973　635
新斠注地里志十六卷　(清)錢坫撰　(清)徐松集釋　清同治十三年(1874)會稽章氏刻本　八冊

120000－0381－0000974　636
漢書地理志校本二卷　(清)汪遠孫撰　清道光二十八年(1848)振綺堂刻本　二冊

120000－0381－0000975　637
漢書地理志校本二卷　(清)汪遠孫撰　清道光二十八年(1848)振綺堂刻本　一冊

120000－0381－0000976　638
正藏書四十八卷續藏書十二卷　(明)李贄輯著　(明)汪修能校刻　明萬曆刻本　十六冊

120000－0381－0000977　639
石渠餘紀六卷　(清)王慶雲撰　清光緒刻本　六冊

120000－0381－0000978　640
石渠餘紀六卷　(清)王慶雲撰　清光緒刻本　六冊

120000－0381－0000979　641
石渠餘紀六卷　(清)王慶雲撰　清光緒刻本　六冊

120000－0381－0000980　642
寶刻類編八卷　(□)□□著　抄本　二冊

120000－0381－0000981　643
于文定公讀史漫錄二十卷　(明)于慎行撰　(清)黄恩彤參訂　清道光二十六年(1846)刻本　八冊

120000－0381－0000982　644
史鑑節要便讀六卷　(清)鮑東里編　抄本　六冊

120000－0381－0000983　645
讀通鑑論十六卷附宋論十五卷　(清)王夫之撰　清光緒三十年(1904)鉛印本　十冊

120000－0381－0000984　646
乾隆府廳州縣圖志五十卷　(清)洪亮吉撰　清乾隆五十三年至嘉慶八年(1788－1803)刻本　二十冊

120000－0381－0000985　647
元豐九域志十卷　(宋)王存等纂　清光緒八年(1882)金陵書局刻本　四冊

120000－0381－0000986　648
[光緒]鉅鹿縣志十二卷首一卷　(清)淩燮等修　清光緒十二年(1886)刻本　六冊

120000－0381－0000987　649
[光緒]平山縣續志八卷末一卷　(清)熊壽籛修　清光緒二十四年(1898)刻本　二冊

120000－0381－0000988　650
[道光]重修武強縣志十二卷　(清)翟慎行纂修　清道光十一年(1831)刻本　六冊

120000－0381－0000989　651
[康熙]磁州志十八卷　(清)蔣擢纂修　清康熙四十二年(1703)刻本　六冊

120000－0381－0000990　652
[乾隆]邯鄲縣志十二卷首一卷　(清)王炯纂修　清乾隆二十一年(1756)刻本　六冊

120000－0381－0000991　653
[光緒]臨漳縣志十八卷　(清)周秉彝等修　清光緒三十一年(1905)刻本　十二冊

120000－0381－0000992　654
光緒井研志四十二卷　(清)高承瀛等修　清光緒二十六年(1900)刻本　十二冊

120000－0381－0000993　655
[康熙]靈壽縣志十卷附錄一卷　(清)陸隴其修　清康熙二十五年(1686)刻本　四冊

120000－0381－0000994　656
[康熙]靈壽縣志十卷附錄一卷　(清)陸隴其修　清康熙二十五年(1686)刻本　四冊

120000－0381－0000995　657
[乾隆]贊皇縣志十卷首一卷末一卷　(清)黄崗竹纂修　清乾隆十六年(1751)刻本　四冊

120000－0381－0000996　658
[同治]欒城縣志十四卷首一卷末一卷　(清)陳詠修　(清)張惇德纂　清同治十一年(1872)刻本　六冊

120000－0381－0000997　659
光緒昌平州志十八卷　(清)吳履福等修　繆荃孫等纂　清光緒十二年(1886)刻本　八冊

120000－0381－0000998　660
[光緒]獲鹿縣志十四卷首一卷末一卷　(清)俞錫綱等修　清光緒七年(1881)刻本　十冊

120000－0381－0000999　661
[光緒]趙州志十六卷首一卷末一卷　(清)孫傳栻纂修　清光緒二十三年(1897)刻本　六冊

120000－0381－0001000　662
[光緒]趙州屬邑志八卷　(清)孫傳栻纂修　清光緒二十三年(1897)刻本　四冊

120000－0381－0001001　663
[光緒]通州直隸州志十六卷首一卷末一卷　(清)梁悅馨　(清)莫祥芝修　清光緒元年(1875)刻本　十六冊

120000－0381－0001002　664
[光緒]通州志十卷首一卷末一卷　(清)高建勳等修　(清)王維珍等纂　清光緒五年(1879)刻本　十二冊

120000－0381－0001003　665
光緒順天府志一百三十卷附錄一卷　(清)李鴻章　(清)萬青藜監修　(清)張之洞　繆荃孫總纂　清光緒十年至三十二年(1884－1906)刻本　六十四冊

120000－0381－0001004　666
光緒順天府志一百三十卷附錄一卷　(清)李鴻章　(清)萬青藜修　(清)張之洞　繆荃孫纂　清光緒刻本　五十三冊　缺十九卷(一、二十一至二十二、三十六至五十一)

120000－0381－0001005　667
春秋輿圖不分卷　(清)顧棟高著　(清)華淞定　清乾隆十四年(1749)萬卷樓刻本　一冊

120000－0381－0001006　668
春秋列國地圖不分卷　楊守敬著　清光緒三十二年(1906)刻本　一冊

120000－0381－0001007　669
歷代輿地沿革險要圖不分卷　楊守敬著　清光緒三十二年(1906)刻本　一冊

120000－0381－0001008　670
北魏地形志圖　楊守敬著　清宣統二年(1910)刻本　一冊

120000－0381－0001009　671
西晉地理圖　楊守敬著　清宣統元年(1909)刻本　一冊

120000－0381－0001010　672
東晉疆域圖　楊守敬著　清宣統元年(1909)刻本　一冊

120000－0381－0001011　673
前漢地理圖　楊守敬著　清光緒三十年(1904)刻本　一冊

120000－0381－0001012　674
三國郡縣表補正八卷　(清)吳增僅撰　楊守敬補正　清光緒三十三年(1907)刻本　三冊

存六卷(一至六)

120000－0381－0001013　675
吴郡金石目不分卷　(清)程祖慶撰　清光緒三年(1877)八囍齋刻本　一册

120000－0381－0001014　676
三國疆域志補注十九卷首一卷　(清)洪亮吉撰　(清)謝鍾英補注　清光緒二十四年(1898)刻本　八册

120000－0381－0001015　677
文史通義八卷　(清)章學誠撰　清道光十三年(1833)刻章氏遺書本　四册

120000－0381－0001016　678
校讐通義三卷　(清)章學誠撰　清道光十三年(1833)刻章氏遺書本　一册

120000－0381－0001017　679
湯子遺書十卷　(清)湯斌撰　清刻本　一册　存一卷(七)

120000－0381－0001018　680
十七史商榷一百卷　(清)王鳴盛撰　清乾隆五十二年(1787)洞涇草堂刻本　二十四册

120000－0381－0001019　681
吾學錄初編二十四卷　(清)吳榮光撰　清同治九年(1870)江蘇書局刻本　六册

120000－0381－0001020　682
栝蒼金石志十二卷　(清)李遇孫輯　清同治十三年(1874)浙江處州府刻本　五册

120000－0381－0001021　683
諸史拾遺五卷三史拾遺五卷　(清)錢大昕輯　清嘉慶十二年(1807)嘉興郡齋刻本　四册

120000－0381－0001022　684
歷代帝王世系圖　(□)□□撰　清宣統二年(1910)陸軍部石印本　一册

120000－0381－0001023　685
增纂世統紀年四卷　(清)劉子銓編　清光緒二十二年(1896)刻本　一册

120000－0381－0001024　686
楚史檮杌一卷晉史乘一卷　(清)汪士漢考校　清刻本　一册

120000－0381－0001025　687
王先生十七史蒙求十六卷　(宋)王令撰　清道光九年(1829)京口敦經堂刻本　二册

120000－0381－0001026　688
讀史漫錄十四卷　(明)于慎行著　清光緒二十一年(1895)刻本　八册

120000－0381－0001027　689
漢石經室金石跋尾　(清)沈樹鏞著　(清)吳大澂改　抄本　一册

120000－0381－0001028　690
讀史論略不分卷　(清)杜紫綸著　清光緒元年(1875)刻本　一册

120000－0381－0001029　691
歷代史表五十九卷　(清)萬斯同撰　清乾隆六十年(1795)留香閣刻本　六册

120000－0381－0001030　692
史駢箋正四卷　(清)徐鑑輯　(清)華長卿箋　抄本　四册

120000－0381－0001031　693
讀史大略六十卷首一卷附小沙子史略一卷　(清)沙張白撰　清道光二十五年(1845)刻本　十二册

120000－0381－0001032　694
輿地廣記三十八卷校勘輿地廣記劄記二卷　(宋)歐陽忞撰　清光緒六年(1880)金陵書局刻本　四册

120000－0381－0001033　695
江西全省輿圖十四卷首一卷　(清)曾國藩等纂修　清同治七年(1868)刻本　十五册

120000－0381－0001034　696
溫州經籍志三十三卷外編二卷辨誤一卷　(清)孫詒讓撰　清刻本　八册　存十七卷(經籍志二十至三十三、外編二卷、辨誤一卷)

120000－0381－0001035　697
宸垣識畧十六卷　(清)吳長元輯　清光緒二

年(1876)刻本　八冊

120000－0381－0001036　698
太平寰宇記二百卷首二卷　(宋)樂史撰　清光緒八年(1882)金陵書局刻本　三十六冊　存二百零一卷(太平寰宇記一至三、五至二百,首二卷)

120000－0381－0001037　699
東三省政略十二卷總目一卷　徐世昌撰　清宣統三年(1911)鉛印本　四十冊

120000－0381－0001038　700
廣輿記二十四卷　(明)陸應陽輯　(清)蔡方炳增輯　清刻本　十冊

120000－0381－0001039　701
柳庭輿地隅說三卷　(清)孫蘭著　(清)吳丙湘校勘　清光緒十一年(1885)儀徵吳氏謷園刻本　一冊

120000－0381－0001040　702
關隴輿中偶憶編　(清)張祥河撰　清刻小重山房叢書本　一冊

120000－0381－0001041　703
黔語二卷　(清)吳振棫纂　清咸豐四年(1854)刻本　一冊

120000－0381－0001042　704
蜀典十二卷　(清)張澍編輯　清光緒二年(1876)尊經書院刻本　四冊

120000－0381－0001043　705
[同治]武邑縣志十卷首一卷　(清)彭美修　清同治十一年(1872)刻本　五冊

120000－0381－0001044　706
[乾隆]景州志六卷首一卷　(清)屈成霖纂輯　清乾隆十年(1745)刻本　四冊

120000－0381－0001045　707
[乾隆]肅寧縣志十卷　(清)尹侃等修　(清)談有典纂　清乾隆二十一年(1756)刻本　六冊

120000－0381－0001046　708
[光緒]大城縣志十二卷首一卷　(清)趙炳文　(清)徐國楨修　(清)劉鐘英　(清)鄧毓怡纂　清光緒二十三年(1897)刻本　十二冊

120000－0381－0001047　709
[乾隆]獻縣志二十卷附圖表　(清)萬廷蘭等修　(清)戈濤等纂　清乾隆二十六年(1761)刻本　四冊　缺十四卷(獻縣志一至二、四至五、八至十七)

120000－0381－0001048　710
[乾隆]獻縣志二十卷附圖表　(清)萬廷蘭等修　(清)戈濤等纂　清乾隆二十六年(1761)刻本　十冊　缺三卷(獻縣志十五至十六、表一)

120000－0381－0001049　711
[乾隆]獻縣志二十卷附圖表　(清)萬廷蘭等修　(清)戈濤等纂　清乾隆二十六年(1761)刻本　一冊　存二卷(獻縣志十五至十六)

120000－0381－0001050　712
[乾隆]滄州志十六卷　(清)徐時作　(清)劉蒸雯修　(清)莊曰榮等纂　清乾隆八年(1743)刻本　六冊

120000－0381－0001051　713
[同治]清苑縣志十八卷首一卷　(清)李逢源修　(清)諸崇儉纂　清同治十二年(1873)刻本　八冊

120000－0381－0001052　714
[道光]深州直隸州志十卷首一卷末一卷　(清)張范東修　(清)李廣滋纂　清道光七年(1827)刻本　四冊

120000－0381－0001053　715
深州風土記二十二卷附表五卷　(清)吳汝綸撰　清光緒二十六年(1900)刻本　八冊

120000－0381－0001054　716
[嘉慶]永清縣志二十五篇永清文徵五篇　(清)周震榮修　(清)章學誠纂　清嘉慶十八年(1813)宋齊連補刻本　四冊

120000－0381－0001055　717
[光緒]吳橋縣志十二卷　(清)倪昌燮等修

（清）馮慶楊　（清）施崇禮纂　清光緒元年（1875）刻本　八册

120000－0381－0001056　718
［光緒］懷來縣志十八卷首一卷　（清）朱乃恭修　（清）席之瓚纂　清光緒八年（1882）刻本　六册

120000－0381－0001057　719
［乾隆］萬全縣志十卷首一卷　（清）左承業纂修　清乾隆七年（1742）刻本　四册

120000－0381－0001058　720
［乾隆］任邱縣志十二卷首一卷　（清）劉統修　（清）劉炳等纂　清乾隆二十八年（1763）刻本　十册

120000－0381－0001059　721
［嘉慶］青縣志八卷　（清）沈聯芳　（清）倪鎔等纂修　清嘉慶八年（1803）刻本　四册

120000－0381－0001060　722
［光緒］樂亭縣志十五卷首一卷末一卷　（清）蔡志修等修　（清）史夢蘭纂　清光緒三年（1877）遵道書院刻本　六册

120000－0381－0001061　723
［同治］昌黎縣志十卷　（清）何崧泰等修　（清）馬恂纂　（清）何爾泰續纂　清同治五年（1866）刻本　四册

120000－0381－0001062　724
［光緒］懷安縣志八卷首一卷末一卷　（清）蔭禄等修　（清）程燮奎等纂　清光緒二年（1876）刻本　四册

120000－0381－0001063　725
［道光］任邱縣志續編二卷　（清）鮑承燾修　（清）瞿光縉纂　清道光十七年（1837）刻本　二册

120000－0381－0001064　726
［光緒］東光縣志十二卷首一卷末一卷　（清）周植瀛修　（清）吳潯源纂　清光緒十四年（1888）刻本　十册

120000－0381－0001065　727
［乾隆］曲阜縣志一百卷　（清）潘相纂修　清乾隆三十九年（1774）刻本　十二册

120000－0381－0001066　728
［同治］上海縣志三十二卷首一卷補遺一卷　（清）應寶時等修　（清）俞樾　（清）方宗誠纂　清同治十年（1871）刻本　十六册

120000－0381－0001067　729
［光緒］灤州志十八卷首一卷　（清）楊文鼎修　（清）王大本纂　清光緒二十二年（1896）刻本　十五册

120000－0381－0001068　730
［乾隆］豐潤縣志八卷　（清）吳慎等撰輯　清乾隆二十年（1755）刻本　四册

120000－0381－0001069　731
［嘉慶］灤州志八卷首一卷末一卷　（清）吳士鴻修　（清）孫學恒纂　清嘉慶十五年（1810）刻本　八册

120000－0381－0001070　732
［光緒］蔚州志二十卷首一卷　（清）慶之金修　（清）楊篤纂　清光緒三年（1877）刻本　八册

120000－0381－0001071　733
［光緒］蔚州志二十卷首一卷　（清）慶之金修　（清）楊篤纂　清光緒三年（1877）刻本　八册

120000－0381－0001072　734
［光緒］承德府志六十卷首二十六卷　（清）海忠纂修　（清）廷傑　（清）李世寅重訂　清光緒十三年（1887）刻本　二十一册　缺十二卷（首九至二十）

120000－0381－0001073　735
［光緒］承德府志六十卷首二十六卷　（清）海忠纂修　（清）廷傑　（清）李世寅重訂　清光緒十三年（1887）刻本　三册　存十卷（承德府志一至七、首二十一至二十三）

120000－0381－0001074　736
［光緒］承德府志六十卷首二十六卷　（清）海

忠纂修 (清)廷傑 (清)李世寅重訂 清光緒十三年(1887)刻本 二十四册

120000-0381-0001075 737
[乾隆]宣化府志四十二卷首一卷 (清)王者輔修 (清)吴廷華纂 清乾隆二十二年(1757)刻本 十六册

120000-0381-0001076 738
[光緒]寧津縣志十二卷首一卷 (清)祝嘉庸修 (清)吴潯源纂 清光緒二十六年(1900)刻本 九册

120000-0381-0001077 739
盛京歷代郡縣建置考不分卷 (清)崇厚撰 抄本 一册

120000-0381-0001078 740
葉芸士歷城縣本省信稟稿不分卷京外信稿不分卷 (清)葉芸士輯 抄本 二册

120000-0381-0001079 741
[乾隆]直隸遵化州志二十卷 (清)劉埥原纂 (清)傅修續纂 清乾隆五十九年(1794)刻本 八册

120000-0381-0001080 742
敕封天后志二卷 (清)林清標輯 清道光二十三年(1843)刻本 二册

120000-0381-0001081 743
[光緒]豐潤縣志十二卷 (清)郝增祜纂 清光緒十八年(1892)刻本 十二册

120000-0381-0001082 744
五臺新志四卷首一卷 (清)徐繼畬輯 清光緒九年(1883)崇實書院刻本 四册

120000-0381-0001083 745
長白徵存録八卷首一卷 (清)劉龍光纂 清宣統二年(1910)鉛印本 四册

120000-0381-0001084 746
京口山水志十八卷首一卷末一卷 (清)楊棨撰 清宣統三年(1911)鉛印本 四册

120000-0381-0001085 747
州乘資四卷 (明)邵潛纂 清抄本 八册

120000-0381-0001086 748
[乾隆]廣靈縣誌十卷首一卷末一卷 (清)郭磊纂修 清乾隆十九年(1754)刻本 三册

120000-0381-0001087 748
[光緒]廣靈縣補誌十卷首一卷 (清)楊亦銘纂修 清光緒七年(1881)刻本 三册

120000-0381-0001088 749
[光緒]丹徒縣志六十卷首四卷 (清)沈葆楨等纂 清光緒五年(1879)刻本 三十二册

120000-0381-0001089 750
[光緒]邳州志二十卷 (清)魯一同撰 清光緒二十一年(1895)邳州刻本 四册

120000-0381-0001090 751
[光緒]玉田縣志三十卷首一卷 (清)夏子鎏纂録 清光緒十年(1884)刻本 六册

120000-0381-0001091 752
[光緒]無錫金匱縣誌四十卷首一卷附編一卷 (清)裴大中等修 清光緒七年(1881)刻本 十八册

120000-0381-0001092 753
[光緒]臨榆縣志二十四卷首一卷 (清)高錫疇修 清光緒四年(1878)刻本 十册

120000-0381-0001093 754
京口八旗志二卷 (清)鍾瑞等修 清光緒五年(1879)刻本 二册

120000-0381-0001094 755
[同治]蘇州府志一百五十卷首三卷 (清)李銘皖等修 清光緒七年(1881)刻本 八十册

120000-0381-0001095 756
[光緒]欒亭縣志十五卷首一卷末一卷 (清)遊智開等修 清光緒三年(1877)尊道書院刻本 六册

120000-0381-0001096 757
燕市積弊三卷 待餘生撰 清宣統元年(1909)北京愛國報館鉛印本 二册

120000-0381-0001097 758
[光緒]祥符縣志二十四卷 (清)沈傳義等修

清光緒二十四年(1898)刻本　三冊　存六卷(十六至二十一)

120000－0381－0001098　759
益壯圖記不分卷　黄璟著　清末石印本　一冊

120000－0381－0001099　760
元耶律楚材西遊錄不分卷　(清)李若農著　清光緒二十三年(1897)刻本　一冊

120000－0381－0001100　761
花甲閒談十六卷　(清)張維屏撰　清光緒十年(1884)上海同文書局石印本　四冊

120000－0381－0001101　762
西藏通覽不分卷　(日本)山縣初男編著　清宣統元年(1909)石印本　四冊

120000－0381－0001102　763
沙州文錄　蔣斧輯　清宣統元年(1909)誦芬室鉛印本　一冊

120000－0381－0001103　764
西藏小識四卷　(清)單毓年著　抄本　四冊

120000－0381－0001104　765
凝香室鴻雪因緣圖記三集　(清)麟慶撰　清光緒五年(1879)上海點石齋石印袖珍本　六冊

120000－0381－0001105　766
申江勝景圖二卷　(清)尊聞閣主人編　清光緒十年(1884)上海點石齋石印本　二冊

120000－0381－0001106　767
凝香室鴻雪因緣圖記三集　(清)麟慶撰　清光緒十二年(1886)上海點石齋石印本　五冊

120000－0381－0001107　768
畿輔水利議　(清)林則徐撰　清光緒二年(1876)三山林氏刻本　一冊

120000－0381－0001108　769
畿輔水利議　(清)林則徐撰　清光緒二年(1876)三山林氏刻本　一冊

120000－0381－0001109　770
安瀾紀要二卷迴瀾紀要二卷　(清)徐端撰　清道光二十四年(1844)長白慈蔭堂刻本　四冊

120000－0381－0001110　771
海國圖志一百卷　(清)魏源撰　清咸豐二年(1852)古微堂刻本　二十四冊

120000－0381－0001111　772
新增都門紀略　(清)楊靜亭編　清同治十三年(1874)榮錄堂刻袖珍本　七冊

120000－0381－0001112　773
海國聞見錄二卷　(清)陳倫炯撰　清同治七年(1868)粤東三元堂刻本　一冊

120000－0381－0001113　774
治河滙覽八卷　(清)靳輔等撰　清光緒十一年(1885)刻本　八冊

120000－0381－0001114　775
[光緒]永定河續志十六卷首一卷附錄一卷　(清)朱其詔修　清光緒八年(1882)刻本　十二冊

120000－0381－0001115　776
嶺表錄異三卷　(唐)劉詢撰　**鄴中記**　(晉)陸翽撰　清刻武英殿聚珍版叢書本　一冊

120000－0381－0001116　777
顧亭林先生遺書十種　(清)顧炎武著　清蓬瀛閣刻本　七冊

120000－0381－0001117　778
南來志一卷北歸志一卷秦蜀驛程後記二卷　(清)王士禛撰　清王漁洋遺書刻本　三冊

120000－0381－0001118　779
吴郡圖經續記三卷　(宋)朱長文撰　清同治十二年(1873)江蘇書局刻本　一冊

120000－0381－0001119　780
江北運程四十卷首一卷　(清)董恂輯　清咸豐十年(1860)空青水碧齋刻本　四十冊

120000－0381－0001120　781
居濟一得八卷　(清)張伯行撰　清同治五年(1866)福州正誼書局刻本　三冊

120000－0381－0001121　782

潞水客談一卷　(明)徐貞明撰　清道光四年(1824)益津吳氏刻畿輔河道水利叢書本　一冊

120000－0381－0001122　783

九河臆說一卷　(清)王實堅撰　清刻本　一冊

120000－0381－0001123　784

山東運河備覽十二卷圖說一卷　(清)陸耀纂　清同治十年(1871)刻本　六冊

120000－0381－0001124　785

水道提綱二十八卷　(清)齊召南編錄　清乾隆四十一年(1776)傳經書屋刻本　六冊

120000－0381－0001125　786

[嘉慶]永定河志三十二卷附錄一卷　(清)李逢亨纂　清嘉慶間刻本　十六冊

120000－0381－0001126　787

歷代輿地沿革險要圖　楊守敬編著　清光緒三十二年至宣統三年(1906－1911)楊氏觀海堂刻本　三十四冊

120000－0381－0001127　788

歷代黃河變遷圖考四卷　(清)劉鶚撰　清光緒十九年(1893)石印本　四冊

120000－0381－0001128　789

皇朝藩部要略十八卷　(清)祁韻士纂　(清)毛嶽生編　清光緒十年(1884)浙江書局刻本　七冊

120000－0381－0001129　790

凝香室鴻雪因緣圖記三集　(清)麟慶撰　清道光二十七年(1847)刻本　六冊

120000－0381－0001130　791

九邊圖論一卷　(明)許論著　**海防圖論一卷**　(明)胡宗憲撰　清刻本　一冊

120000－0381－0001131　792

啟東錄六卷　(清)林壽圖撰　清光緒黃鵠山人歐齋刻本　二冊

120000－0381－0001132　793

李氏五種合刊二十七卷　(清)李兆洛編　清同治九年至十一年(1870－1872)刻本　十冊

120000－0381－0001133　794

防海輯要十八卷首一卷　(清)俞昌會編輯　清道光二十二年(1842)百甓山房刻本　十冊

120000－0381－0001134　795

玉海二百卷詞學指南四卷附刻十三種　(清)王應麟撰　清光緒成都王氏刻本　八十七冊

120000－0381－0001135　796

考正德清胡氏禹貢圖一卷　(清)陳宗誼撰　清同治二年(1863)番禺陳氏刻本　一冊

120000－0381－0001136　797

禹貢本義一卷　楊守敬撰　清光緒三十二年(1906)鄂城菊灣刻本　一冊

120000－0381－0001137　798

西北水利議一卷　(明)徐貞明撰　**荒政考一卷**　(明)屠隆撰　清道光二十五年(1845)東皋草堂刻本　一冊

120000－0381－0001138　799

涑水記聞十六卷補遺一卷　(宋)司馬光撰　清光緒三年(1877)湖北崇文書局刻本　四冊

120000－0381－0001139　800

河口圖說不分卷　(清)麟慶撰　清道光二十一年(1841)雲蔭堂刻本　二冊

120000－0381－0001140　801

海道圖說十五卷附一卷　(英國)金約翰輯　(英國)傅蘭雅口譯　(清)王德均筆述　清刻本　十冊

120000－0381－0001141　802

昌平遺記一卷　(清)榮恒撰　清光緒三十二年(1906)石印本　一冊

120000－0381－0001142　803

焦山志二十六卷首一卷　(清)吳雲輯　清同治四年(1865)刻本　八冊

120000－0381－0001143　804

焦山續志八卷　(清)陳任暘輯　清光緒三十一年(1905)刻本　二冊

120000－0381－0001144　805
御製圓明園詩二卷　（清）世宗胤禛撰　（清）鄂爾泰等注　清光緒十三年(1887)天津石印書屋石印本　二册

120000－0381－0001145　806
日下舊聞四十二卷附補遺　（清）朱彝尊輯　（清）朱昆田補遺　清康熙二十七年(1688)刻本　二十册

120000－0381－0001146　807
欽定日下舊聞考一百六十卷譯語總目一卷　（清）朱彝尊原輯　（清）于敏中等修　（清）竇光鼐等纂　清乾隆刻本　三十九册

120000－0381－0001147　808
禹貢錐指二十卷圖一卷　（清）胡渭撰　清康熙四十四年(1705)漱六軒刻本　十册

120000－0381－0001148　809
禹貢錐指二十卷略例一卷圖一卷　（清）胡渭撰　清康熙四十四年(1705)漱六軒刻本　十二册

120000－0381－0001149　810
玉海二百卷　（宋）王應麟撰　清光緒刻本　七册　存三十一卷(詩考一、詩地理考一至六、漢藝文志考證一至十、通鑑地理通釋一至十四)

120000－0381－0001150　811
禹貢説斷四卷　（宋）傅寅撰　清光緒二十五年(1899)廣雅書局刻武英殿聚珍本　四册

120000－0381－0001151　812
霞客遊記十卷附外編一卷補編一卷　（明）徐宏祖著　（明）徐寄輯　（清）葉廷甲補編　清嘉慶十三年(1808)水心齋葉氏刻本　十二册

120000－0381－0001152　813
瀛環志略十卷　（清）徐繼畬撰　清同治五年(1866)刻本　六册

120000－0381－0001153　814
畿輔安瀾志五十六卷　（清）王履泰纂　清光緒二十年(1894)福建刻武英殿聚珍本　二十四册

120000－0381－0001154　815
初使泰西記四卷　（清）志剛撰　（清）宜垕編　清光緒三年(1877)避熱窩刻本　四册

120000－0381－0001155　816
古逸叢書　（清）黎庶昌輯　清光緒遵義黎氏日本東京使署影刻本　四十二册

120000－0381－0001156　817
水經注圖四十卷補一卷　楊守敬著　清光緒三十一年(1905)觀海堂刻朱墨套印本　八册

120000－0381－0001157　818
[正德]武功縣志三卷首一卷　（明）康海纂修　（清）孫景烈評注　清同治十二年(1873)刻本　一册

120000－0381－0001158　819
[光緒]永平府志七十二卷首一卷末一卷　（清）史夢蘭纂　清光緒二年(1876)敬勝書院刻本　十六册

120000－0381－0001159　820
五臺山圖　（□）□□著　清刻本　一册

120000－0381－0001160　821
華嶽圖經　（清）蔣湘南撰　清咸豐元年(1851)刻本　一册

120000－0381－0001161　822
康輶紀行十六卷　（清）姚瑩著　清同治六年(1867)刻本　五册

120000－0381－0001162　823
大唐西域記十二卷　（唐）釋玄奘譯　（唐）釋辯機撰　清宣統元年(1909)刻本　四册

120000－0381－0001163　824
辛卯侍行記六卷　（清）陶保廉撰　清光緒二十三年(1897)刻本　六册

120000－0381－0001164　825
[光緒]湘潭縣志十二卷　（清）陳嘉榆等修　王闓運等纂　清光緒十五年(1889)刻本　十册

120000－0381－0001165　826
峽江救生船志二卷圖一卷附刻行川必要一卷　(清)程以輔等編　清末刻本　二册　存二卷(圖一卷、行川必要一卷)

120000－0381－0001166　827
泛槎圖一卷續泛槎圖一卷續泛槎圖三集一卷泛槎圖四集一卷灕江汎櫂圖五集一卷續泛槎圖六集一卷　(清)張寶繪　清光緒六年(1880)點石齋石印本　四册

120000－0381－0001167　828
節相壯遊日錄二卷　(清)桃谿漁隱　(清)惺新盦主輯　清光緒二十二年(1896)刻本　二册

120000－0381－0001168　829
澳門紀略二卷首一卷末一卷　(清)印光任　(清)張汝霖撰　清光緒六年(1880)江寧藩署刻本　二册

120000－0381－0001169　830
山東省河務行政演習利弊報告書　山東調查局編輯　清宣統二年(1910)山東調查局石印本　一册

120000－0381－0001170　831
臺灣雜記　(清)黄逢昶手輯　清光緒抄本　一册

120000－0381－0001171　832
敦煌石室遺書　羅振玉等輯　清宣統元年(1909)鉛印本　一册

120000－0381－0001172　833
乘查筆記一卷　(清)斌椿撰　清同治八年(1869)刻本　一册

120000－0381－0001173　834
天外歸帆草一卷　(清)斌椿撰　清同治七年(1868)刻本　一册

120000－0381－0001174　835
海國勝遊草一卷　(清)斌椿撰　清同治七年(1868)刻本　一册

120000－0381－0001175　836
朔方備乘劄記一卷　(清)李文田撰　清光緒二十三年(1897)會稽施氏刻本　一册

120000－0381－0001176　837
吳地記一卷後集一卷　(清)陸廣微撰　清同治十二年(1873)江蘇書局刻本　一册

120000－0381－0001177　838
南越筆記十六卷　(清)李調元輯　清光緒刻本　四册

120000－0381－0001178　839
漢書地理志水道圖説七卷附考正德清胡氏禹貢圖一卷　(清)陳澧撰　清同治十一年(1872)刻本　一册　存四卷(一至四)

120000－0381－0001179　840
水經注圖一卷附錄一卷　(清)汪士鐸撰　清同治元年(1862)刻本　一册

120000－0381－0001180　841
水經注疏要刪四十卷　楊守敬撰　清光緒三十一年(1905)觀海堂刻本　六册

120000－0381－0001181　842
水經注疏要刪補遺四十卷　楊守敬撰　清宣統元年(1909)刻本　六册

120000－0381－0001182　843
水經注四十卷　(漢)桑欽撰　(北魏)酈道元注　**山海經十八卷**　(晉)郭璞撰　清康熙項氏群玉書堂刻本　十二册

120000－0381－0001183　844
水地記一卷　(清)戴震撰　清乾隆曲阜孔氏刻微波榭叢書本　一册

120000－0381－0001184　845
水利營田圖説一卷　(清)吳邦慶撰　清道光四年(1824)益津吳氏刻畿輔河道水利叢書本　二册

120000－0381－0001185　846
水利營田圖説一卷　(清)吳邦慶撰　清道光四年(1824)益津吳氏刻畿輔河道水利叢書本　一册　存上卷

120000－0381－0001186　847

節錄餘杭縣南湖事略一卷　(明)陳幼學撰　清光緒五年(1879)刻本　一冊

120000－0381－0001187　848
淮揚水利圖説一卷　(清)馮道立著　清光緒二年(1876)淮南書局刻本　一冊

120000－0381－0001188　849
水經注不分卷　(北魏)酈道元注　清乾隆戴震刻本　十一冊

120000－0381－0001189　850
皇朝藩部世系表四卷　(清)祁韻士纂　(清)宋景昌增輯　(清)徐松重訂　清道光二十五年(1845)浙江書局刻本　一冊

120000－0381－0001190　851
亞細亞洲志一卷　(清)學部編譯圖書局編　清光緒三十四年(1908)學部編譯圖書局鉛印本　一冊

120000－0381－0001191　852
亞細亞洲志一卷　(清)學部編譯圖書局編　清光緒三十四年(1908)學部編譯圖書局鉛印本　一冊

120000－0381－0001192　853
地學指畧三卷　(英國)文教治口譯　(清)李慶軒筆述　清光緒七年(1881)上海益智書會刻本　一冊

120000－0381－0001193　854
輿地經緯度里表一卷　(清)丁取忠撰　清咸豐十一年(1861)刻本　一冊

120000－0381－0001194　855
浙東籌防錄四卷　(清)薛福成纂輯　清光緒十四年(1888)刻本　五冊

120000－0381－0001195　856
鬼谷子三卷　(南朝梁)陶宏景注　清嘉慶十年(1805)江都秦氏刻本　一冊

120000－0381－0001196　857
考古質疑六卷　(宋)葉大慶撰　清刻本　二冊

120000－0381－0001197　858
讀史鏡古編三十二卷　(清)潘世恩輯　清同治十三年(1874)飛霞閣刻本　六冊

120000－0381－0001198　859
白虎通四卷　(漢)班固等撰　白虎通義考一卷　(清)莊述祖撰　校勘補遺一卷　(清)盧文弨撰　白虎通闕文一卷　(清)莊述祖輯　清嘉慶九年(1804)抱經堂刻本　七冊

120000－0381－0001199　860
廣事類賦四十卷　(清)華希閔撰　清乾隆二十九年(1764)劍光閣刻本　十冊

120000－0381－0001200　861
事類賦三十卷　(宋)吳淑撰　清乾隆二十九年(1764)劍光閣刻本　六冊

120000－0381－0001201　862
策學備纂三十二卷　(清)蔡啟盛　(清)吳潁炎輯　清光緒二十年(1894)袖海山房石印本　三十二冊

120000－0381－0001202　863
避暑錄話二卷　(宋)葉夢得撰　葉德輝校勘　清宣統元年(1909)葉氏觀古堂刻本　二冊

120000－0381－0001203　864
齊東野語二十卷　(宋)周密撰　清乾隆刻稗海本　三冊

120000－0381－0001204　865
茶香室叢鈔二十三卷　(清)俞樾撰　清光緒九年(1883)刻本　五冊　缺四卷(三至六)

120000－0381－0001205　866
茶香室續鈔二十五卷　(清)俞樾撰　清光緒九年(1883)刻本　七冊

120000－0381－0001206　867
茶香室三鈔二十九卷　(清)俞樾撰　清光緒九年(1883)刻本　七冊

120000－0381－0001207　868
茶香室四鈔二十九卷　(清)俞樾撰　清光緒九年(1883)刻本　七冊

120000－0381－0001208　869
白虎通疏證十二卷　(漢)班固撰　(清)陳立

疏證　清光緒元年(1875)淮南書局刻本　四册

120000－0381－0001209　870
炳燭編四卷　(清)李賡芸撰　清同治十一年(1872)刻本　四册

120000－0381－0001210　871
淮南鴻烈閒詁二卷　(漢)許慎撰　葉德輝輯　清光緒二十一年(1895)葉氏郎園刻本　一册

120000－0381－0001211　872
說郛一百二十卷　(明)陶宗儀輯　清初刻本　一百六十六册

120000－0381－0001212　873
古香齋新刻袖珍淵鑑類函四百五十卷目錄四卷　(清)張英等編　清古香齋刻本　一百六十册

120000－0381－0001213　874
朱子語類輯略八卷　(宋)朱熹撰　(清)張伯行輯訂　清同治五年(1866)福州正誼書院刻本　六册

120000－0381－0001214　875
漢儒通義七卷　(清)陳澧撰　清咸豐八年(1858)廣州富文齋刻番禺陳氏東塾叢書本　二册

120000－0381－0001215　876
性理標題彙要二十二卷　(明)詹淮纂輯　(明)陳仁錫訂正　明刻本　十册

120000－0381－0001216　877
訓蒙四字經讀本二卷二集讀本二卷　(明)蕭良有纂輯　清同治十二年(1873)寶善堂刻本　四册

120000－0381－0001217　878
癸巳類稿十五卷　(清)俞正燮撰　清光緒五年(1879)會稽章氏刻本　十二册

120000－0381－0001218　879
繪圖詳註幼學新讀本六卷　(清)程允升撰　(清)點石齋編譯局編　清光緒三十二年(1906)點石齋石印本　六册

120000－0381－0001219　880
三字經註解備要二卷　(清)王應麟撰　清光緒二十二年(1896)同善堂刻本　一册

120000－0381－0001220　881
荀子二十卷　(唐)楊倞注　清光緒二年(1876)浙江書局刻本　六册

120000－0381－0001221　882
陔餘叢考四十三卷　(清)趙翼撰　清乾隆五十五年(1790)湛貽堂刻本　十六册

120000－0381－0001222　883
子史精華一百六十卷　(清)吳士玉　(清)吳襄等輯　清雍正五年(1727)武英殿刻本　四十六册　缺六卷(四十五至五十)

120000－0381－0001223　884
孔子集語十七卷　(清)孫星衍撰　清光緒三年(1877)浙江書局刻本　四册

120000－0381－0001224　885
小學六卷　(宋)朱熹輯　清光緒七年(1881)津河廣仁堂刻本　二册

120000－0381－0001225　886
新刻註釋孔子家語憲四卷　(明)陳際泰釋　明末清初金閶書業堂刻本　一册

120000－0381－0001226　887
履園叢話二十四卷　(清)錢泳撰　清同治九年(1870)述德堂刻本　八册

120000－0381－0001227　888
儒林宗派十六卷　(清)萬斯同撰　清宣統三年(1911)浙江圖書館刻本　二册

120000－0381－0001228　889
牟子一卷　(漢)牟融撰　清光緒元年(1875)湖北崇文書局刻本　一册

120000－0381－0001229　890
張子全書十五卷首一卷　(宋)張載撰　(宋)朱熹注　清同治九年(1870)刻本　八册

120000－0381－0001230　891

浮邱子十二卷 (清)湯鵬撰 清同治四年(1865)刻本 四冊

120000－0381－0001231 892
子史精華一百六十卷 (清)吳士玉 (清)吳襄等輯 清雍正五年(1727)武英殿刻本 四十八冊

120000－0381－0001232 893
經史百家雜鈔二十六卷 (清)曾國藩纂 清光緒二年(1876)傳忠書局刻本 二十二冊

120000－0381－0001233 894
潛邱劄記六卷 (清)閻若璩撰 **左汾近稾一卷** (清)閻詠撰 清乾隆十年(1745)眷西堂刻本 六冊

120000－0381－0001234 895
野獲編三十卷補遺四卷 (清)沈德符著 (清)錢枋輯 清道光七年(1827)錢塘姚氏扶荔山房刻本 二十四冊

120000－0381－0001235 896
顧亭林年譜 (清)張穆撰 清道光二十四年(1844)刻本 一冊

120000－0381－0001236 897
浪跡叢談十一卷續談八卷 (清)梁章鉅撰 清道光二十七年至二十八年(1847－1848)亦東園刻本 八冊

120000－0381－0001237 898
論衡三十卷 (漢)王充撰 (明)錢震瀧閱 明末刻本 八冊

120000－0381－0001238 899
湛園劄記四卷 (清)姜宸英撰 清光緒七年(1881)見山樓刻本 二冊

120000－0381－0001239 900
鍾山札記四卷 (清)盧文弨撰 清乾隆五十五年(1790)刻本 二冊

120000－0381－0001240 901
藝苑零珠六卷經史總論一卷 (清)李象梓纂輯 清光緒十五年(1889)羊城蕓香書屋刻本 四冊

120000－0381－0001241 902
塵海妙品十四卷 陳琰編輯 清宣統三年(1911)上海六藝書局石印本 四冊

120000－0381－0001242 903
天咫偶聞十卷 震鈞撰 清光緒三十三年(1907)甘棠轉舍刻本 八冊

120000－0381－0001243 904
墨子十六卷 (清)畢沅注 清光緒二年(1876)浙江書局刻本 四冊

120000－0381－0001244 905
淮南子二十一卷 (漢)劉安撰 (漢)高誘注 清光緒二年(1876)浙江書局刻本 六冊

120000－0381－0001245 906
集說詮真不分卷提要不分卷續篇不分卷 (清)黃伯祿輯 清光緒三十二年(1906)上海慈母堂鉛印本 五冊

120000－0381－0001246 907
諸子平議三十五卷 (清)俞樾撰 清刻本 八冊 存二十五卷(一至二十五)

120000－0381－0001247 908
秇林伐山二十卷 (明)楊慎撰 清光緒九年(1883)樂道齋刻本 三冊

120000－0381－0001248 909
哲匠金桴五卷 (明)楊慎撰 清光緒九年(1883)樂道齋刻本 三冊

120000－0381－0001249 910
學史四十八卷 (清)王希廉撰 清光緒二年(1876)申報館聚珍版鉛印本 八冊

120000－0381－0001250 911
經史百家雜鈔二十六卷 (清)曾國藩輯 清光緒三十二年(1906)上海商務印書館鉛印本 六冊 存十二卷(一至十二)

120000－0381－0001251 912
經史百家雜鈔二十六卷 (清)曾國藩輯 清光緒三十二年(1906)上海商務印書館鉛印本 十一冊 缺三卷(十三至十五)

120000－0381－0001252 913

石林燕語十卷　(宋)葉夢得撰　清光緒三十三年(1907)長沙葉氏刻石林遺書本　一冊　存五卷(一至五)

120000－0381－0001253　914
拙尊園叢稿六卷　(清)黎庶昌撰　清光緒二十一年(1895)金陵狀元閣刻本　四冊

120000－0381－0001254　915
癸巳存稿十五卷　(清)俞正燮撰　清道光二十八年(1848)靈石楊氏刻連筠簃叢書本　六冊

120000－0381－0001255　916
續修天津徐氏家譜　徐世昌纂修　清光緒三十四年(1908)鉛印本　一冊

120000－0381－0001256　917
翁氏家事略記一卷　(清)翁方綱撰　(清)英和校訂　清嘉慶素齋叢書刻本　一冊

120000－0381－0001257　918
劉公事實彙編　(清)陸學源輯　清光緒二十五年(1899)點石齋石印本　一冊

120000－0381－0001258　919
金華子雜編二卷　(南唐)劉崇遠撰　清光緒七年(1881)廣漢刻本　一冊

120000－0381－0001259　920
古今朔實考校補　(清)錢大昕撰　(清)黄汝成校補　清道光十八年(1838)刻袖海樓雜著叢書本　一冊

120000－0381－0001260　921
草木子四卷　(明)葉子奇撰　清光緒四年(1878)居德堂刻本　一冊　存二卷(一至二)

120000－0381－0001261　922
聰訓齋語二卷　(清)張英撰　清光緒二年(1876)刻本　一冊

120000－0381－0001262　923
淮南天文訓補注二卷　(清)錢塘撰　清光緒三年(1877)湖北崇文書局刻本　二冊

120000－0381－0001263　924
淮南天文訓補注二卷　(清)錢塘撰　清光緒三年(1877)湖北崇文書局刻本　二冊

120000－0381－0001264　925
山堂肆考　(明)彭大翼纂　(明)張幼學輯　明末刻本　十冊

120000－0381－0001265　926
黄岡王氏義莊事略　(清)王毓藻著　清光緒十九年(1893)鄂垣刻本　一冊

120000－0381－0001266　927
顯考月樵府君行述一卷　(清)胡宗廉等撰　清末刻本　一冊

120000－0381－0001267　928
朱子集一百零四卷　(宋)朱熹撰　清咸豐十年(1860)紫霞洲祠堂刻本　四十二冊

120000－0381－0001268　929
廣三字經一卷　(清)蕉軒氏撰　(清)王晉之重訂　清光緒九年(1883)廣仁堂刻本　一冊

120000－0381－0001269　930
狀元閣三字經註圖一卷　(宋)王應麟著　清光緒四年(1878)李光明莊刻本　一冊

120000－0381－0001270　931
無邪堂答問五卷　(清)朱一新撰　清光緒石印本　五冊

120000－0381－0001271　932
文子纘義十二卷　(元)杜道堅撰　清光緒三年(1877)浙江書局刻本　二冊

120000－0381－0001272　933
列子八卷　(晉)張湛注　清光緒二年(1876)浙江書局刻本　二冊

120000－0381－0001273　934
老子道德經二篇　(三國魏)王弼注　**經典釋文一卷**　(南朝梁)陸德明　清光緒元年(1875)浙江書局刻本　一冊

120000－0381－0001274　935
增訂願體集四卷首一卷經驗良方一卷　(清)李仲麟重輯　清光緒二年(1876)刻本　四冊

120000－0381－0001275　936

龍文鞭影初集四卷二集二卷　(明)蕭良有纂輯　(明)楊臣諍增訂　(清)李恩綬校補　清光緒十三年(1887)掃葉山房刻本　四冊

120000－0381－0001276　937
列仙傳二卷　(漢)劉向撰　(清)汪士漢校
集異記一卷　(唐)薛用弱撰　**續齋諧記一卷**　(南朝梁)吴均撰　清康熙七年(1668)刻本　一冊

120000－0381－0001277　938
讀書作文譜十二卷父師善誘法二卷　(清)唐彪輯著　清嘉慶八年(1803)敦化堂刻本　四冊

120000－0381－0001278　939
孔子家語十卷　(三國魏)王肅注　清三義堂刻内府藏本　五冊

120000－0381－0001279　940
程氏家塾讀書分年日程三卷綱領一卷　(元)程端禮編　清光緒十八年(1892)蘭州督學節署刻本　一冊

120000－0381－0001280　941
小學集註六卷附御製忠孝經　(宋)朱熹輯　清末鴻寶齋石印本　一冊

120000－0381－0001281　942
聖諭像解二十卷　(清)梁延年編輯　清光緒二十八年(1902)江蘇撫署刻本　十冊

120000－0381－0001282　943
中華古今注三卷　(五代)馬縞集　清刻本　一冊

120000－0381－0001283　944
三字經註解備要二卷　(清)王應麟著　(清)賀興思註解　清光緒六年(1880)掃葉山房刻本　一冊

120000－0381－0001284　945
類林新咏三十六卷　(清)姚之駰撰注　清康熙四十六年(1707)刻本　十五冊

120000－0381－0001285　946
揚子法言十三卷音譯一卷　(漢)揚雄撰　(晉)李軌注　清光緒二年(1876)浙江書局刻本　一冊

120000－0381－0001286　947
文中子中説十卷　(隋)王通撰　(宋)阮逸注　清光緒二年(1876)浙江書局刻本　二冊

120000－0381－0001287　948
五子近思錄輯要十四卷　(清)孫嘉淦訂　清雍正五年(1727)刻本　四冊

120000－0381－0001288　949
傅子三卷　(晉)傅玄撰　清光緒二十八年(1902)長沙葉氏刻本　一冊

120000－0381－0001289　950
潛確居類書一百二十卷　(明)陳仁錫撰　明崇禎刻本　六十四冊

120000－0381－0001290　951
雲谷雜紀四卷首一卷末一卷　(宋)張淏撰　清乾隆刻武英殿聚珍版叢書本　二冊

120000－0381－0001291　952
寄傲山房塾課新增幼學故事瓊林四卷首一卷　(清)程允升原本　清李光明莊刻本　二冊　存二卷(一、四)

120000－0381－0001292　953
家塾蒙求五卷　(清)康基淵纂輯　清嘉慶刻本　一冊　存三卷(一至三)

120000－0381－0001293　954
毘陵二十四孝圖説不分卷　(□)□□撰　清常郡韓文煥刻本　一冊

120000－0381－0001294　955
顔氏家訓七卷附錄一卷　(北齊)顔之推撰　清末崇新書局影印本　六冊

120000－0381－0001295　956
淮南鴻烈解二十一卷　(漢)劉安撰　明朱墨套印本　八冊

120000－0381－0001296　957
先正讀書訣不分卷　(清)周永年輯　清光緒二十一年(1895)刻本　一冊

120000－0381－0001297　958
至聖先師世系考　陳敬基輯　清宣統元年(1909)石印本　一冊

120000－0381－0001298　959
張圃翁聰訓齋語　(清)張英撰　抄本　一冊

120000－0381－0001299　960
提綱釋義一卷　(□)□□撰　清李光明莊刻本　一冊

120000－0381－0001300　961
心影集四卷　(清)李士麟輯　(清)劉慎德等校對　清同治三年(1864)豫章吳氏刻本　一冊

120000－0381－0001301　962
語珍切要錄二卷　(清)徐立陞編　清道光十九年(1839)刻本　二冊

120000－0381－0001302　963
繪圖今古奇觀六卷　(明)抱甕老人編　清末上海大成書局石印本　六冊

120000－0381－0001303　964
閩里述聞十四卷附補　(清)鄭曉如述　清同治七年(1868)廣州西湖街華文堂刻本　四冊　存六卷(一至六)

120000－0381－0001304　965
少室山房筆叢四十八卷　(明)胡應麟撰　清光緒二十二年(1896)廣雅書局刻本　六冊

120000－0381－0001305　966
聖諭廣訓直解不分卷　(清)内府撰　清光緒四年(1878)王炳燮刻本　二冊

120000－0381－0001306　967
續說郛四十六卷目錄一卷　(明)陶珽纂　(清)李際期重訂　清初刻本　九十六冊

120000－0381－0001307　968
郎潛紀聞十四卷　(清)陳康祺撰　清光緒六年(1880)琴川刻本　四冊

120000－0381－0001308　969
壬癸藏劄記十二卷　(清)陳康祺撰　清光緒十一年(1885)吳下刻本　四冊

120000－0381－0001309　970
燕下鄉脞錄十六卷　(清)陳康祺撰　清光緒七年(1881)暨陽陳氏刻本　四冊

120000－0381－0001310　971
讀書紀數略五十四卷　(清)宮夢仁編纂　清光緒六年(1880)刻本　十六冊

120000－0381－0001311　972
孔氏家語十卷　(三國魏)王肅注　明正德敬儀堂刻本　四冊

120000－0381－0001312　973
淮南萬畢術二卷　(漢)劉安纂　清光緒二十年(1894)長沙葉氏郎園刻本　一冊

120000－0381－0001313　974
淮南萬畢術二卷　(漢)劉安纂　清光緒二十年(1894)長沙葉氏郎園刻本　一冊

120000－0381－0001314　975
山公啟事　(晉)山濤撰　清光緒二十六年(1900)刻本　一冊

120000－0381－0001315　976
鶴林玉露十六卷補遺一卷　(宋)羅大經撰　明刻本　三冊

120000－0381－0001316　977
群書劄記十六卷　(清)朱亦棟撰　清光緒四年(1878)武林竹簡齋刻本　八冊

120000－0381－0001317　978
竹葉亭雜記八卷　(清)姚元之撰　清光緒十九年(1893)陽湖汪洵署檢刻本　二冊

120000－0381－0001318　979
酉陽雜俎二十卷　(唐)段成式撰　清光緒三年(1877)湖北崇文書局刻本　六冊

120000－0381－0001319　980
得一齋雜著四種十卷　(清)黃楙材撰　清光緒十二年(1886)夢花軒刻本　二冊

120000－0381－0001320　981
藤陰雜記十二卷　(清)吟梅居士撰　清光緒三年(1877)吳興會館刻本　二冊

120000－0381－0001321　982

藤陰雜記十二卷　(清)吟梅居士撰　清光緒三年(1877)吳興會館刻本　二册

120000－0381－0001322　983

行素齋雜記二卷　(清)李佳撰　清光緒二十七年(1901)湖南臬署刻本　二册

120000－0381－0001323　984

神州雜俎不分卷　(清)神州日報社編　清宣統二年(1910)石印本　一册

120000－0381－0001324　985

神州雜俎不分卷　(清)神州日報社編　清宣統二年(1910)石印本　一册

120000－0381－0001325　986

神州雜俎不分卷　(清)神州日報社編　清宣統二年(1910)石印本　一册

120000－0381－0001326　987

玉澗襍書三卷　(宋)葉夢得撰　清宣統三年(1911)葉氏觀古堂刻石林遺書本　一册

120000－0381－0001327　988

正學編八卷　(清)潘世恩輯　清同治六年(1867)刻本　四册

120000－0381－0001328　989

述學内篇三卷外篇一卷補遺一卷别錄一卷　(清)汪中撰　清同治八年(1869)揚州書局刻本　二册

120000－0381－0001329　990

漢學商兑四卷　(清)方東樹撰　清光緒十七年(1891)刻本　四册

120000－0381－0001330　991

重刊補註洗冤錄集證五卷後附寶鑒編一卷石香秘錄一卷洗冤錄解一卷洗冤錄辨正一卷檢驗合參一卷　(宋)宋慈撰　(清)王又槐增輯　清光緒十七年(1891)京都琉璃廠五色套印本　六册

120000－0381－0001331　992

女兒書輯八種九卷　(清)張承燮輯　清光緒二十七年(1901)膠州聽雨堂刻本　三册

120000－0381－0001332　993

石林家訓一卷治生家訓要略一卷　(宋)葉夢得撰　清宣統三年(1911)葉氏觀古堂刻石林遺書本　一册

120000－0381－0001333　994

天方性理五卷首一卷　(清)劉介廉纂述　清乾隆二十五年(1760)京江談氏刻本　六册

120000－0381－0001334　995

日知錄集釋三十二卷　(清)顧炎武撰　(清)黄汝成集釋　清道光十四年(1834)嘉定黄氏刻本　十六册

120000－0381－0001335　996

素書不分卷　(漢)黄石公著　(清)趙秉裕校　清刻本　一册

120000－0381－0001336　997

牧牛圖頌一卷附浄修指要雜説一卷　(清)釋普明等撰　清光緒二十四年(1898)維楊衆香菴刻本　一册

120000－0381－0001337　998

韓非子二十卷識誤三卷　(戰國)韓非撰　(清)顧廣圻識誤　清光緒元年(1875)浙江書局刻本　五册　存十六卷(一至十六)

120000－0381－0001338　999

文廟通考六卷首一卷　(清)牛樹梅撰　清同治十一年(1872)浙江書局刻本　二册

120000－0381－0001339　1000

文廟通考六卷首一卷　(清)牛樹梅撰　清同治十一年(1872)浙江書局刻本　二册

120000－0381－0001340　1001

學蔀通辯前編三卷後編三卷續編三卷終編三卷　(清)陳建著　(清)顧天挺重校　清康熙啟後堂刻本　四册

120000－0381－0001341　1002

莊子集解八卷　王先謙集解　清宣統元年(1909)刻本　二册

120000－0381－0001342　1003

莊子故八卷　馬其昶撰　清光緒三十一年

(1905)集虚草堂刻本　四册

120000－0381－0001343　1004
思辨錄輯要前集二十二卷後集十三卷　(明)陸世儀撰　清光緒三年(1877)江蘇書局刻本　五册　缺十二卷(前集一至二、十至十六，後集四至六)

120000－0381－0001344　1005
理學宗傳二十六卷　(清)孫奇逢輯　(清)魏一鼇等編　清康熙六年(1667)刻本　十六册

120000－0381－0001345　1006
濂洛關閩性理集解四卷　(清)張伯行集解　(清)丁學田　(清)賈青南重校　清康熙四十八年(1709)張大中丞刻本　四册

120000－0381－0001346　1007
兩般秋雨盦隨筆八卷　(清)梁紹壬纂　清光緒十年(1884)許氏吉華室刻本　八册

120000－0381－0001347　1008
吹網錄六卷　(清)葉廷琯撰　清同治八年(1869)刻本　二册

120000－0381－0001348　1009
耳提錄不分卷　(清)顧景星緒論　(清)顧昌校輯　清光緒二十八年(1902)白茅堂刻本　二册

120000－0381－0001349　1010
闕里文獻考一百卷　(清)孔繼汾編纂　清乾隆二十七年(1762)刻本　八册

120000－0381－0001350　1011
新書十卷　(清)賈誼撰　清光緒元年(1875)淛江書局刻本　二册

120000－0381－0001351　1012
王學質疑五卷附錄一卷　(清)張烈撰　清同治五年(1866)福州正誼堂刻本　一册

120000－0381－0001352　1013
勸戒近錄六卷續錄六卷三錄六卷四錄六卷　(清)梁恭辰撰　清光緒六年(1880)刻本　八册

120000－0381－0001353　1014
古香齋鑒賞袖珍春明夢餘錄七十卷　(清)孫承澤撰　清光緒七年(1881)重刻本　二十五册

120000－0381－0001354　1015
山海經十八卷圖讚一卷補註一卷　(晉)郭璞傳　清光緒元年(1875)湖北崇文書局刻本　三册

120000－0381－0001355　1016
山海經十八卷　(晉)郭璞傳　(清)畢沅校正　清光緒三年(1877)淛江書局據畢氏靈巖山館本校刻　三册

120000－0381－0001356　1017
御製耕織圖不分卷　(清)聖祖玄燁題詩　(清)焦秉貞繪　清光緒五年(1879)上海點石齋影印本　二册

120000－0381－0001357　1018
野蠶錄四卷　(清)王元綎輯　清宣統元年(1909)安慶同文官印書館鉛印本　二册

120000－0381－0001358　1019
救荒先事策不分卷　(清)歐陽學鳳口述　清宣統三年(1911)刻本　一册

120000－0381－0001359　1020
續富國策四卷　(清)瑤林館主撰　清光緒二十二年(1896)刻本　四册

120000－0381－0001360　1021
農政全書六十卷　(明)徐光啟撰　清道光二十三年(1843)刻本　二十四册

120000－0381－0001361　1022
增評補像全圖金玉緣一百二十回　(清)曹雪芹撰　清光緒石印本　八册　存六十四回(五十七至百二十)

120000－0381－0001362　1023
農桑輯要七卷　(元)司農司撰　清刻武英殿聚珍版叢書本　四册

120000－0381－0001363　1024
農桑輯要七卷　(元)司農司撰　清刻武英殿聚珍版叢書本　三册

120000－0381－0001364　1025
農桑輯要七卷　(元)司農司撰　**蠶事要略一卷**　(清)張行孚撰　清光緒二十一年(1895)中江榷署刻武英殿聚珍本　四册

120000－0381－0001365　1026
農桑輯要七卷　(元)司農司撰　**蠶事要略一卷**　(清)張行孚撰　清光緒二十一年(1895)中江榷署刻武英殿聚珍本　二册

120000－0381－0001366　1027
三農紀二十四卷　(清)張宗法撰　清青藜閣刻本　六册

120000－0381－0001367　1028
西石梁農圃便覽不分卷　(清)丁宜曾輯　清乾隆二十年(1755)強善齋刻本　四册

120000－0381－0001368　1029
澤農要錄六卷　(清)吳邦慶撰　清道光四年(1824)吳氏刻畿輔河道水利叢書本　二册

120000－0381－0001369　1030
蠶桑實濟二卷　(清)易星撰　清光緒二十七年(1901)刻本　一册

120000－0381－0001370　1031
豳風廣義三卷　(清)楊屾編輯　清光緒八年(1882)刻本　二册

120000－0381－0001371　1032
齊民要術十卷　(北魏)賈思勰撰　清光緒二十二年(1896)中江榷署刻本　四册

120000－0381－0001372　1033
齊民要術十卷　(北魏)賈思勰撰　清光緒二十二年(1896)中江榷署刻本　四册

120000－0381－0001373　1034
棉業圖説四卷首一卷　(清)農工商部編　清宣統二年(1910)農工商部鉛印本　一册

120000－0381－0001374　1035
御製耕織圖四十六幅　(清)聖祖玄燁撰　清光緒十二年(1886)上海點石齋石印本　二册

120000－0381－0001375　1036
農書二十二卷　(元)王禎撰　清末影印本　二册

120000－0381－0001376　1037
居易錄三十四卷　(清)王士禛撰　清王漁洋遺書刻本　八册

120000－0381－0001377　1038
止園筆談八卷　(清)史夢蘭撰　清光緒三年(1877)止園刻本　四册

120000－0381－0001378　1039
農桑衣食撮要二卷　(元)魯明善撰　**救荒活民書拾遺不分卷**　(宋)董煟撰　清咸豐四年(1854)新昌莊氏過客軒刻長恩書室叢書本　一册

120000－0381－0001379　1040
輟耕錄三十卷　(明)陶宗儀撰　清初廣文堂刻本　十册

120000－0381－0001380　1041
補注黄帝内經素問二十四卷素問遺篇一卷靈樞十二卷　(唐)啟玄子注　(宋)林億等校正　(宋)孫兆重改誤　清光緒三年(1877)浙江書局刻本　十册

120000－0381－0001381　1042
注解傷寒論十卷論圖一卷　(漢)張仲景述　(晉)王叔和撰　(金)成無己注解　清光緒大文堂刻本　三册

120000－0381－0001382　1043
痘疹大全七種　(明)吳勉學輯　明刻本　八册

120000－0381－0001383　1044
二程全書　(宋)程顥　(宋)程頤撰　清光緒三十四年(1908)濬雅局刻本　二十册

120000－0381－0001384　1045
管子地員篇注四卷　(春秋)管仲撰　(清)王紹蘭注　清光緒十七年(1891)寄虹山館刻本　四册

120000－0381－0001385　1046
玉井山館筆記一卷　(清)許宗衡撰　清同治十三年(1874)滂喜齋刻本　一册

120000－0381－0001386　1047
定香亭筆談四卷　(清)阮元撰　清光緒二十五年(1899)浙江書局刻本　四冊

120000－0381－0001387　1048
宣講拾遺六卷　(清)蔣岸登選　清光緒三十二年(1906)衍慶堂刻本　六冊

120000－0381－0001388　1049
悔翁筆記六卷　(清)汪士鐸撰　清光緒合肥張氏味古齋刻本　一冊

120000－0381－0001389　1050
吴門銷夏記三卷　江瀚撰　清光緒二十一年(1895)刻本　三冊

120000－0381－0001390　1051
溉亭述古録二卷　(清)錢塘撰　(清)阮元敘録　清光緒刻本　一冊

120000－0381－0001391　1052
閲微草堂筆記二十四卷　(清)紀昀撰　清嘉慶二十一年(1816)北平盛氏刻本　一冊　存三卷(一至三)

120000－0381－0001392　1053
粟香隨筆八卷二筆八卷　金武祥撰　清光緒七年至九年(1881－1883)羊石刻本　七冊　存十三卷(隨筆三至八、二筆一至七)

120000－0381－0001393　1054
嘯亭雜録八卷續録二卷　(清)汲修主人著　清光緒二十七年(1901)掃葉山房石印本　六冊

120000－0381－0001394　1055
夜譚隨録十二卷　(清)霽園主人撰　清乾隆五十六年(1791)刻本　十冊

120000－0381－0001395　1056
宣講拾遺六卷　(清)蔣岸登選　清光緒二十九年(1903)上海書局石印本　三冊

120000－0381－0001396　1057
小知録十二卷　(清)陸鳳藻輯　清同治十二年(1873)淮南書局刻本　四冊

120000－0381－0001397　1058
老子道德經解二篇首一卷　(明)釋德清撰　清光緒十二年(1886)金陵刻經處刻本　一冊

120000－0381－0001398　1059
商君書五卷附考一卷　(戰國)商鞅撰　(清)嚴萬里校　清光緒二年(1876)浙江書局刻本　一冊

120000－0381－0001399　1060
律例館校正洗冤録四卷　(宋)宋慈撰　清刻本　二冊

120000－0381－0001400　1061
交翠軒筆記四卷　(清)沈濤纂　清光緒貴池劉氏刻聚學軒叢書本　二冊

120000－0381－0001401　1062
松崖筆記三卷　(清)惠棟撰　清光緒貴池劉氏刻聚學軒叢書本　一冊

120000－0381－0001402　1063
九曜齋筆記三卷　(清)惠棟撰　清光緒貴池劉氏刻聚學軒叢書本　二冊

120000－0381－0001403　1064
思補齋筆記八卷　(清)潘世恩撰　清末會文齋鄭家刻字舖刻本　一冊

120000－0381－0001404　1065
消暑隨筆四卷　(清)潘世恩輯　清道光刻本　一冊　存二卷(一至二)

120000－0381－0001405　1066
武備水火攻不分卷　(明)施永圖著　清刻本　一冊

120000－0381－0001406　1067
武備水火攻不分卷　(明)施永圖著　清刻本　二冊

120000－0381－0001407　1068
大清光緒三十三年時憲書　(清)欽天監編　清光緒朱墨套印本　一冊

120000－0381－0001408　1069
素問靈樞類纂約註三卷　(清)汪昂纂輯　清光緒十三年(1887)掃葉山房刻本　一冊

120000－0381－0001409　1070
觀古閣泉說一卷　(清)鮑康撰　清同治十二年(1873)歙鮑氏刻本　一册

120000－0381－0001410　1071
觀古閣叢稿二卷　(清)鮑康撰　清同治十二年(1873)福山王懿榮刻本　一册

120000－0381－0001411　1072
觀古閣叢稿三編二卷　(清)鮑康撰　清光緒二年(1876)觀古閣刻本　一册

120000－0381－0001412　1073
神農本草三卷　清刻本　二册

120000－0381－0001413　1074
火攻挈要三卷圖一卷　(德)湯若望授　(清)焦勖述　清道光二十七年(1847)刻海山仙館叢書本　一册

120000－0381－0001414　1075
重修政和經史證類備用本草三十卷　(宋)唐慎微撰　明隆慶六年(1572)刻本　十册

120000－0381－0001415　1076
山海經十八卷圖五卷　(晉)郭璞撰　清光緒十八年(1892)務本書局刻本　四册

120000－0381－0001416　1077
山海經十八卷　(晉)郭璞撰　(明)吳中珩校　清刻本　一册　存十四卷(五至十八)

120000－0381－0001417　1078
廣博物志五十卷　(明)董斯張纂　清乾隆二十六年(1761)吳興蔣禮高暉堂刻本　三十六册

120000－0381－0001418　1079
博物志十卷　(晉)張華撰　(清)汪士漢校　**續博物志十卷**　(宋)李石撰　(清)汪士漢校　清新安汪氏刻秘書二十一種本　二册

120000－0381－0001419　1080
山海經廣注十八卷　(清)吳任臣注　清康熙刻本　四册

120000－0381－0001420　1081
今古奇觀四十卷　(明)抱甕老人輯　清同文堂刻本　十二册

120000－0381－0001421　1082
古今夏時表不分卷　葉德輝撰　清光緒二十九年(1903)長沙葉氏刻本　一册

120000－0381－0001422　1083
大清光緒十八年歲次壬辰時憲書　(清)欽天監編　清光緒朱墨套印本　一册

120000－0381－0001423　1084
臨陣管見九卷　(布國)斯拉弗司撰　清刻本　一册　存三卷(一至三)

120000－0381－0001424　1085
三墳一卷　(晉)阮咸注　(明)吳琯校　**風俗通義四卷**　(漢)應劭著　(清)汪士漢校　清新安汪氏刻秘書二十一種本　一册

120000－0381－0001425　1086
瑞應圖記不分卷　(南朝梁)孫柔之撰　清光緒二十七年(1901)刻本　一册

120000－0381－0001426　1087
乙巳占十卷　(唐)李淳風撰　(清)陸心源校　清光緒二年(1876)陸氏十萬卷樓刻本　四册

120000－0381－0001427　1088
春樹齋叢説不分卷　(清)溫葆深撰　清光緒刻本　一册

120000－0381－0001428　1089
練兵實紀九卷雜集六卷　(明)戚繼光著　清嘉慶二十四年(1819)刻本　六册

120000－0381－0001429　1090
丹鉛總錄二十七卷　(明)楊慎著　清乾隆五十九年(1794)九思堂刻本　十册

120000－0381－0001430　1091
勾股一貫述内篇四卷信古齋雜述外篇一卷　(清)宋演著　清光緒二十四年(1898)復古書齋石印本　四册

120000－0381－0001431　1092
醉茶誌怪四卷　(清)李慶辰撰　清光緒十八年(1892)津門刻本　四册

120000－0381－0001432　1093
七巧圖合璧不分卷　(□)□□撰　清嘉慶十八年(1813)文德堂刻本　一册

120000－0381－0001433　1094
原本直指演算法統宗十二卷　(明)程大位編　清刻本　四册

120000－0381－0001434　1095
繡像東周列國志二十七卷　(清)蔡界評點　清光緒三十一年(1905)上海商務印書館鉛印本　八册

120000－0381－0001435　1096
纏足兩説演義　(□)□□撰　清刻本　一册

120000－0381－0001436　1097
四大奇書第一種三國演義十九卷一百二十回　(明)羅貫中撰　清刻本　十册　存十卷(十至十九)

120000－0381－0001437　1099
繡像列仙傳四卷　(明)還初道人輯　清光緒十三年(1887)掃葉山房刻本　六册

120000－0381－0001438　1100
東周列國全志二十三卷一百八十回　(清)蔡界評點　清乾隆五年(1740)經元堂刻本　二十四册

120000－0381－0001439　1101
鄉黨圖考十卷　(清)江永編　清富裕堂刻本　五册

120000－0381－0001440　1102
魏晉小説十二卷　(明)苕上野客輯　清初刻本　三册　存三卷(一至三)

120000－0381－0001441　1103
劍俠傳四卷　(□)□□撰　(清)汪士漢校　清新安汪氏刻秘書二十一種本　一册

120000－0381－0001442　1104
桂海虞衡志不分卷　(宋)范成大紀　**博異記一卷**　(唐)谷神子撰　清新安汪氏刻秘書二十一種本　一册

120000－0381－0001443　1105
神仙列傳六卷　(清)張鶴纂　清光緒十一年(1885)刻本　六册

120000－0381－0001444　1106
高士傳三卷　(漢)皇甫謐撰　清新安汪氏刻秘書二十一種本　一册

120000－0381－0001445　1107
繡像蕩寇志三十卷一百回　(清)俞萬春著　清同治十年(1871)玉屏山館刻本　十册

120000－0381－0001446　1108
拾遺記十卷　(晉)王嘉撰　清光緒元年(1875)湖北崇文書局刻本　一册

120000－0381－0001447　1109
水雷圖説不分卷　(清)潘仕成集　清道光二十三年(1843)海珊仙館刻本　一册

120000－0381－0001448　1110
本草綱目五十二卷首一卷圖三卷附奇經八脈考一卷脈訣考證一卷　(明)李時珍撰　(清)張紹棠重校　**本草萬方鍼線八卷**　(清)蔡烈先輯　**本草綱目拾遺十卷**　(清)趙學敏輯　清光緒十一年(1885)合肥張氏味古齋刻本　四十册

120000－0381－0001449　1111
醫方叢話八卷　(清)徐士鑾輯　清光緒十五年(1889)天津徐氏蜨園刻本　四册

120000－0381－0001450　1112
泉志六卷　(宋)洪遵撰　清同治十三年(1874)隸釋齋刻本　四册

120000－0381－0001451　1113
外臺秘要四十卷　(唐)王燾撰　清同治十三年(1874)廣東翰墨園刻本　二十册

120000－0381－0001452　1114
外臺秘要四十卷　(唐)王燾撰　清刻本　三十八册　缺一卷(一)

120000－0381－0001453　1115
孫子十家註十三卷敘録一卷遺説一卷　(春秋)孫武撰　(清)孫星衍　(清)吳人驥校　清光緒三年(1877)浙江書局據孫氏平津館刻

本　六冊

120000－0381－0001454　1116
傷寒明理論四卷　(金)成無己撰　**注解傷寒論五卷**　(三國晉)王叔和撰　(金)成無己注解　清刻本　二冊

120000－0381－0001455　1117
紀效新書十八卷首一卷　(明)戚繼光撰　清嘉慶九年(1804)虞山張氏照曠閣刻本　六冊

120000－0381－0001456　1118
紀效新書十八卷首一卷練兵實紀九卷練兵實紀雜集六卷　(明)戚繼光撰　清光緒元年(1875)京都寶林堂刻本　十二冊

120000－0381－0001457　1119
火攻玄機十卷　(清)陳喆撰　抄本　四冊

120000－0381－0001458　1120
補注黃帝内經素問二十四卷素問遺篇一卷靈樞十二卷　(唐)王冰　(唐)啟玄子註　(宋)林億等校正　(宋)孫兆重改誤　清光緒三年(1877)浙江書局刻本　十冊

120000－0381－0001459　1121
論衡三十卷　(漢)王充撰　(明)錢震瀧閱　清刻本　五冊　存二十六卷(五至三十)

120000－0381－0001460　1122
對山書屋墨餘錄十六卷　(清)毛祥麟撰　清同治十年(1871)杭州文元堂刻本　八冊

120000－0381－0001461　1123
南越筆記十六卷　(清)李調元輯　清光緒七年(1881)廣漢刻本　六冊

120000－0381－0001462　1124
醉夢錄二卷　(清)遐齡著　清光緒十一年(1885)石印本　二冊

120000－0381－0001463　1125
小滄浪筆談四卷　(清)阮元撰　清光緒二十六年(1900)刻本　二冊

120000－0381－0001464　1126
溉亭述古二卷　(清)錢塘著　清光緒刻本　一冊

120000－0381－0001465　1127
日知錄之餘四卷　(清)顧炎武撰　清宣統二年(1910)吳中刻本　二冊

120000－0381－0001466　1128
容齋隨筆十六卷續筆十六卷三筆十六卷四筆十六卷五筆十卷　(清)洪邁撰　清光緒元年(1875)新豐洪氏十三公祠刻本　十四冊

120000－0381－0001467　1129
嘯亭雜錄八卷續錄二卷　(清)汲修主人撰　清光緒九思堂刻本　十二冊

120000－0381－0001468　1130
有不為齋隨筆十卷　(清)光聰諧撰　清光緒十四年(1888)蘇州刻本　二冊

120000－0381－0001469　1131
有不為齋隨筆十卷　(清)光聰諧撰　清光緒十四年(1888)蘇州刻本　二冊

120000－0381－0001470　1132
有不為齋隨筆十卷　(清)光聰諧撰　清光緒十四年(1888)蘇州刻本　二冊

120000－0381－0001471　1133
椒生隨筆八卷　(清)王之春撰　清光緒七年(1881)上洋文藝齋刻本　四冊

120000－0381－0001472　1134
欽定授時通考七十八卷　(清)鄂爾泰等撰　清道光六年(1826)四川藩署刻本　二十四冊

120000－0381－0001473　1135
詩畫舫不分卷　(清)點石齋輯　清光緒七年(1881)上海點石齋影印本　六冊

120000－0381－0001474　1136
歷代鐘鼎彝器款識法帖二十卷　(宋)薛尚功撰　清末江左書林石印本　五冊

120000－0381－0001475　1137
古今名人畫稿續集不分卷　(清)陳伯子輯　清光緒十八年(1892)袖海山房書局石印本　二冊

120000－0381－0001476　1138
陶說六卷　(清)朱琰撰　清刻本　四冊

120000－0381－0001477　1139

四銅鼓齋論畫集刻十二種　(清)張祥河輯　清宣統元年(1909)會文齋刻本　四册

120000－0381－0001478　1140

陽羡名陶錄二卷　(清)吳騫撰　清光緒刻本　二册

120000－0381－0001479　1141

陽羡名陶錄二卷　(清)吳騫撰　**書畫説鈴一卷**　(清)陸時化撰　**頻羅庵論書一卷**　(清)梁同書撰　**賞延素心錄一卷**　(清)周嘉冑撰　清光緒刻本　一册

120000－0381－0001480　1142

二百蘭亭齋金石記不分卷　(清)吳雲輯　清咸豐六年(1856)歸安吳氏刻本　二册

120000－0381－0001481　1143

積古齋鐘鼎彝器款識十卷　(清)阮元撰　清光緒八年(1882)抱芳閣刻本　四册

120000－0381－0001482　1144

泊如齋重修宣和博古圖錄三十卷　(宋)王黼等輯　明萬曆十六年(1588)刻本　二十册　存二十卷(一至二十)

120000－0381－0001483　1145

陶齋吉金錄八卷　(清)端方輯　清光緒三十四年(1908)石印本　八册

120000－0381－0001484　1146

陶齋吉金錄八卷　(清)端方輯　清光緒三十四年(1908)石印本　八册

120000－0381－0001485　1147

恒軒所見所藏吉金錄　(清)吳大澂輯　清光緒十一年(1885)吳氏刻本　二册

120000－0381－0001486　1148

芥子園畫傳五卷芥子園畫傳二集　(清)王概等摹　清乾隆四十七年(1872)書業堂刻彩色套印本　九册

120000－0381－0001487　1149

芥子園畫傳二集　(清)王概等摹　清金陵文光堂彩色套印本　四册

120000－0381－0001488　1150

千甓亭磚錄六卷續錄四卷　(清)陸心源纂　清光緒七年(1881)陸氏十萬卷樓刻本　六册

120000－0381－0001489　1151

攀古廔彝器款識二卷　(清)潘祖蔭輯　清同治十一年(1872)京師滂喜齋刻本　二册

120000－0381－0001490　1152

南宋院畫錄八卷　(清)厲鶚輯　清光緒十年(1884)丁氏竹書堂刻本　四册

120000－0381－0001491　1153

畫形圖說不分卷　(英國)傅蘭雅著　清光緒十一年(1885)刻本　一册

120000－0381－0001492　1154

庚子銷夏記八卷　(清)孫承澤撰　清刻本　五册

120000－0381－0001493　1155

津逮秘書第七集　(明)毛晉輯　明崇禎虞山毛氏汲古閣刊本　二册

120000－0381－0001494　1156

甌鉢羅室書畫過目考四卷首一卷附一卷　(清)李玉棻編輯　清光緒二十三年(1897)刻本　四册

120000－0381－0001495　1157

晚笑堂畫傳一卷明太祖功臣圖一卷　(清)上官周撰並繪　清乾隆刻本　二册

120000－0381－0001496　1158

國朝院畫錄二卷　(清)胡敬輯　清嘉慶二十一年(1816)刻本　二册

120000－0381－0001497　1159

習苦齋畫絮十卷　(清)戴熙撰　(清)惠年編輯　清光緒十九年(1893)刻本　四册

120000－0381－0001498　1160

佩文齋書畫譜一百卷　(清)孫岳頒等撰　清光緒九年(1883)上海同文書局石印本　十六册

120000－0381－0001499　1161

芥子園畫傳三集　(清)王概等摹　清乾隆四

十七(1872)書業堂刻彩色套印本　四冊

120000－0381－0001500　1162
文美齋詩箋譜不分卷　(清)張兆祥編繪　清宣統三年(1911)彩色套印本　四冊

120000－0381－0001501　1163
文美齋詩箋譜不分卷　(清)張兆祥編繪　清宣統三年(1911)彩色套印本　二冊

120000－0381－0001502　1164
語石齋畫譜不分卷　(清)楊伯潤繪　清光緒二十七年(1901)天津文美齋石印本　一冊

120000－0381－0001503　1165
十竹齋書畫譜八種　(清)胡正言繪　清光緒五年(1879)彩色套印本　八冊

120000－0381－0001504　1166
續考古圖五卷考古圖釋文一卷　(宋)呂大臨撰　清光緒刻本　二冊

120000－0381－0001505　1167
新刊良朋彙集十卷　(清)孫偉輯　清同治四年(1865)聚魁堂刻本　六冊

120000－0381－0001506　1168
李竹朋續泉説一卷　(清)李竹朋撰　**續叢稿一卷**　(清)康子年著　清同治十三年(1874)刻本　一冊

120000－0381－0001507　1169
千金翼方三十卷　(唐)孫思邈撰　清光緒四年(1878)刻本　九冊

120000－0381－0001508　1170
釋人疏證二卷　葉德輝述　清光緒二十八年(1902)長沙葉氏刻本　一冊

120000－0381－0001509　1171
痘科溫故集二卷　(清)唐威原著　清乾隆刻本　二冊

120000－0381－0001510　1172
蝶訪居古泉拓本　清光緒拓本　三冊

120000－0381－0001511　1173
古泉雜詠四卷　葉德輝撰　清光緒二十七年(1901)刻本　二冊

120000－0381－0001512　1174
吉金志存四卷　(清)李光庭撰　清咸豐九年(1859)刻本　四冊

120000－0381－0001513　1175
古今錢略三十二卷首一卷末一卷　(清)倪模撰　清光緒三年(1877)望江倪氏兩彊勉齋刻本　十六冊

120000－0381－0001514　1176
古泉叢話三卷　(清)戴熙撰　清同治十一年(1872)滂喜齋刻本　一冊

120000－0381－0001515　1177
古泉雜詠四卷　葉德輝撰　清光緒二十七年(1901)刻本　二冊

120000－0381－0001516　1178
錢志新編二十卷　(清)張崇懿輯　清道光十年(1830)酌春堂刻本　八冊

120000－0381－0001517　1179
吉金所見錄十六卷首一卷末一卷　(清)初尚齡撰　清道光七年(1827)古香書舍刻本　四冊

120000－0381－0001518　1180
吉金所見錄十六卷首一卷末一卷　(清)初尚齡撰　清道光七年(1827)古香書舍刻本　四冊

120000－0381－0001519　1181
長安獲古編二卷補一卷　(清)劉燕庭撰　清光緒三十一年(1905)丹徒劉鶚刻本　二冊

120000－0381－0001520　1182
陶齋吉金續錄二卷　(清)端方撰　清宣統元年(1909)石印本　二冊

120000－0381－0001521　1183
欽定錢錄十六卷　(清)梁詩正等撰　清乾隆刻本　四冊

120000－0381－0001522　1184
觀古閣叢刻　(清)鮑康輯　清同治光緒鮑氏刻本　八冊

120000－0381－0001523　1185
翻譯名義集二十卷　（宋）釋法雲編　清光緒四年（1878）金陵刻經處刻本　六冊

120000－0381－0001524　1186
佩文齋廣群芳譜一百卷目錄二卷　（明）王象晉原編　（清）劉灝等重編　清康熙四十七年（1708）内府刻本　四十八冊

120000－0381－0001525　1187
端溪硯史三卷附圖　（清）吴蘭修編　（清）鄭廷松校　清道光十四年（1834）嘉善周氏刻本　二冊

120000－0381－0001526　1188
端溪硯史三卷附圖　（清）吴蘭修編　（清）鄭廷松校　清道光十四年（1834）嘉善周氏刻本　二冊

120000－0381－0001527　1189
封泥考略十卷　（清）吴式芬　（清）陳介祺輯　清光緒三十年（1904）石印本　十冊

120000－0381－0001528　1190
萬善先資集四卷　（清）周安士述　清光緒十三年（1887）刻本　二冊

120000－0381－0001529　1191
揚州畫舫錄十八卷　（清）李斗撰　清同治十一年（1872）刻本　四冊

120000－0381－0001530　1192
地藏菩薩本願經三卷附圖　（唐）釋法燈譯　清乾隆五十六年（1791）刻本　三冊

120000－0381－0001531　1193
佩文齋書畫譜一百卷　（清）孫岳頒　（清）宋駿業等撰　清康熙四十七年（1708）静永堂刻本　六十四冊

120000－0381－0001532　1194
梨雲館竹譜一卷　（明）胡正言輯　抄本　一冊

120000－0381－0001533　1195
封泥攷略十卷　（清）吴式芬　（清）陳介祺輯　清光緒三十年（1904）石印本　十冊

120000－0381－0001534　1196
封泥考略十卷　（清）吴式芬　（清）陳介祺輯　清光緒三十年（1904）石印本　十冊

120000－0381－0001535　1197
清河書畫舫十二卷附補遺　（明）張丑撰　清乾隆二十八年（1763）池北草堂刻本　十二冊

120000－0381－0001536　1198
佛教初學課本一卷註一卷　（清）楊文會撰並注　清光緒三十二年（1906）金陵刻經處刻本　一冊

120000－0381－0001537　1199
瑜伽燄口施食要集一卷　（□）□□撰　清維揚法雨經坊刻本　一冊

120000－0381－0001538　1200
四分戒本一卷　（後秦）釋佛陀耶舍　（後秦）釋竺佛念譯　清刻本　一冊

120000－0381－0001539　1201
寶藏論一卷　（後秦）釋僧肇撰　清光緒七年（1881）廣漢刻本　一冊

120000－0381－0001540　1202
韓湘寶卷二卷十八回　（清）煙波釣徒風月主人撰述　清光緒二十年（1894）刻本　二冊

120000－0381－0001541　1203
新刻十供神仙修真寶傳因果全部不分卷　（□）□□撰　清光緒五年（1879）刻本　一冊

120000－0381－0001542　1204
大宋真宗山東太華山紫金鎮兩世修行劉香寶卷全集　（□）□□撰　清光緒三年（1877）刻本　一冊

120000－0381－0001543　1205
增刻紅樓夢圖詠　（清）王墀繪　光緒八年（1882）上海點石齋石印本　一冊

120000－0381－0001544　1206
心要經一卷　（唐）釋道叚譯　（清）李調元纂　清光緒八年（1882）廣漢鍾登甲樂道齋刻本　一冊

120000－0381－0001545　1207

清真釋疑補輯二卷　(清)金天柱著　清光緒七年(1881)刻本　二册

120000－0381－0001546　1208
天方至聖實錄二十卷首一卷　(清)劉智輯撰　清乾隆五十年(1785)袁國祚刻本　十册

120000－0381－0001547　1209
四教考略　(英國)季理斐輯撰　清宣統二年(1910)上海廣學社鉛印本　一册

120000－0381－0001548　1210
二如亭群芳譜二十九卷首一卷　(明)王象晉輯　明末刻本　二十四册

120000－0381－0001549　1211
桉譜不分卷附圖　(清)吳宗濂輯譯　清宣統二年(1910)上海商務印書館鉛印本　一册

120000－0381－0001550　1212
希陶軒遺箸八卷　(清)黄圖成撰　清宣統元年(1909)鉛印本　一册

120000－0381－0001551　1213
教務紀略四卷首一卷末一卷　(清)李剛己編撰　(清)魏家驊等修訂　清光緒三十一年(1905)南洋官書局刻本　四册

120000－0381－0001552　1214
新約全書官話和合　(□)□□撰　清宣統三年(1911)聖書公會鉛印本　一册

120000－0381－0001553　1215
新約注釋四卷　(清)羅約翰等原註　清宣統二年(1910)中國聖教書會鉛印本　三册　存三卷(一至二、四)

120000－0381－0001554　1216
禮拜箴規不分卷　(清)玉德隣撰　清光緒十五年(1889)刻本　一册

120000－0381－0001555　1217
海錯百一錄五卷　(清)郭柏蒼輯　清光緒十二年(1886)刻本　三册

120000－0381－0001556　1218
古今注三卷　(晉)崔豹撰　清光緒元年(1875)湖北崇文書局刻本　一册

120000－0381－0001557　1219
水陸大齋儀軌會本六卷　(南朝梁)釋寶誌等撰　(宋)釋志磐重訂　(明)釋袾宏補義　清同治八年(1869)刻本　二册　缺二卷(五至六)

120000－0381－0001558　1220
采芳隨筆二十四卷　(清)查彬輯　清刻本　三册　存六卷(十一至十四、十七至十八)

120000－0381－0001559　1221
二如亭群芳譜二十八卷首一卷　(明)王象晉纂輯　清刻本　二十四册

120000－0381－0001560　1222
金石萃編一百六十卷　(清)王昶撰　清嘉慶十年(1805)刻本　六十四册

120000－0381－0001561　1223
金石萃編一百六十卷　(清)王昶撰　清光緒十九年(1893)上海醉六堂石印本　六册　存五十六卷(一至五十六)

120000－0381－0001562　1224
王臨川全集一百卷　(宋)王安石撰　清光緒九年(1883)聽香館刻本　十六册

120000－0381－0001563　1225
金石史二卷　(明)郭宗昌撰　**閒者軒帖考一卷**　(清)孫承澤撰　清乾隆至道光長塘鮑氏刻知不足齋叢書本　一册

120000－0381－0001564　1226
澹靜齋全集三種十八卷　(清)龔景翰撰　清道光六年(1826)恩錫堂刻本　八册

120000－0381－0001565　1227
漢碑範八卷　(清)張祖翼輯　清宣統三年(1911)上海文明書局石印本　二册

120000－0381－0001566　1228
清照齋四體書法　(□)□□輯　清道光六年(1826)刻本　二册

120000－0381－0001567　1229
重刻恭簡公志樂二十卷　(明)韓邦奇撰　清刻本　十一册　存十八卷(三至二十)

120000－0381－0001568　1230
郝文忠公陵川文集三十九卷首一卷附錄一卷　(元)郝經撰　(清)王鏐編訂　清嘉慶三年(1798)刻本　十册

120000－0381－0001569　1231
漢夏承碑　(清)許槤撰　清光緒二十年(1894)刻本　一册

120000－0381－0001570　1232
海東金石苑四卷　(清)劉喜海輯　清光緒七年(1881)二銘草堂刻本　四册

120000－0381－0001571　1233
五知齋琴譜八卷　(清)徐俊撰　(清)周魯封彙纂　清乾隆十一年(1746)懷德堂刻本　四册　存四卷(一至二、五、八)

120000－0381－0001572　1234
歷代畫像傳四卷　(清)丁善長繪　清光緒二十三年(1897)刻本　四册

120000－0381－0001573　1235
魏稼孫先生全集四種　(清)魏錫曾撰　清光緒九年(1883)羊城刻本　十册

120000－0381－0001574　1236
寰宇訪碑錄十二卷附刊謬一卷　(清)孫星衍　(清)邢澍同撰　清光緒二十四年(1898)吳縣朱氏行素堂刻本　六册

120000－0381－0001575　1237
舞譜不分卷　(清)桂良輯　清刻本　一册

120000－0381－0001576　1238
金石屑四卷　(清)鮑昌熙摹　清光緒二年至三年(1876－1877)刻本　四册

120000－0381－0001577　1239
絳帖平六卷總錄一卷　(宋)姜夔撰　清乾隆刻武英殿聚珍版叢書本　一册

120000－0381－0001578　1240
淳化秘閣法帖考正十卷附卷二卷釋文二卷　(清)王澍撰　(清)沈宗騫臨　清乾隆三十三年(1768)吳興沈氏冰壺閣刻本　五册

120000－0381－0001579　1241
常山貞石志二十四卷　(清)沈濤撰　清光緒二十年(1894)靈溪精舍刻本　十册

120000－0381－0001580　1242
二銘草堂金石聚十六卷　(清)張德容輯　清同治十一年(1872)衢州張氏二銘草堂刻本　十六册

120000－0381－0001581　1243
琴譜諧聲六卷　(清)周顯祖撰　清刻本　三册　存三卷(二至四)

120000－0381－0001582　1244
增補分部書法正傳　(清)蔣和撰　清光緒五年(1879)刻本　一册

120000－0381－0001583　1245
書法通文便解摹本　(清)許鳳翥著　清同治四年(1865)養心山房刻本　一册

120000－0381－0001584　1246
墨法集要一卷　(明)沈繼孫撰　清刻武英殿聚珍版叢書本　一册

120000－0381－0001585　1247
楷法溯源十四卷目錄一卷　(清)潘存輯　楊守敬編　清光緒三年(1877)刻本　八册

120000－0381－0001586　1248
古刻叢鈔一卷　(明)陶宗儀撰　清光緒九年(1883)學古齋刻本　二册

120000－0381－0001587　1249
金石圖四卷　(清)牛運震集說　(清)褚峻摹　清乾隆刻本　四册

120000－0381－0001588　1250
金石圖四卷　(清)牛運震集說　(清)褚峻摹　清乾隆刻本　一册　存一卷(一)

120000－0381－0001589　1251
陶齋藏石記四十四卷首一卷附藏甎記二卷　(清)端方撰　清宣統元年(1909)上海商務印書館石印本　十二册

120000－0381－0001590　1252
兩漢金石記二十二卷　(清)翁方綱撰　清乾隆五十四年(1789)南昌使院刻本　八册

120000－0381－0001591　1253
望堂金石初集三十九種二集十八種　楊守敬編　清同治至宣統楊氏飛青閣刻本　十冊　存初集十七種

120000－0381－0001592　1254
九鐘精舍金石跋尾乙編　吳士鑑纂　清宣統二年(1910)刻本　一冊

120000－0381－0001593　1255
娛園叢刻十種　(清)許增輯　清光緒十五年(1889)刻本　一冊

120000－0381－0001594　1256
兩漢金石記二十二卷　(清)翁方綱撰　清乾隆五十四年(1789)南昌使院刻本　八冊

120000－0381－0001595　1257
安陽縣金石錄十二卷　(清)武億纂　清鐵嶺貴泰刻本　四冊

120000－0381－0001596　1258
筠清館金石文字五卷　(清)吳榮光撰　清道光二十二年(1842)南海吳氏刻本　五冊

120000－0381－0001597　1259
雪堂全集八卷　(清)釋含澈撰　清末刻本　六冊

120000－0381－0001598　1260
李文忠公全集一百六十五卷首一卷　(清)李鴻章撰　(清)吳汝綸編錄　清光緒三十四年(1908)刻本　四十五冊　存七十一卷(奏稿九至四十六、四十九至八十,首一卷)

120000－0381－0001599　1261
樂善堂全集定本三十卷目錄一卷　(清)高宗弘曆撰　清乾隆二十三年(1758)武英殿刻本　十八冊

120000－0381－0001600　1262
孫淵如先生全集二十五卷　(清)孫星衍撰　清光緒二十年(1894)湖南思賢書局刻本　十冊

120000－0381－0001601　1263
施愚山先生全集七十八卷　(清)施閏章著　清康熙乾隆楝亭刻本　十一冊

120000－0381－0001602　1264
六如居士全集七卷補遺一卷外集六卷墨亭新賦一卷制義一卷畫譜三卷花塢聯吟四卷　(明)唐寅撰　(清)唐仲冕編　清嘉慶六年(1801)果克山房刻本　八冊

120000－0381－0001603　1265
曾惠敏公全集十七卷　(清)曾紀澤撰　清光緒二十年(1894)上海石印本　四冊

120000－0381－0001604　1266
韓昌黎全集五十五卷　(唐)韓愈撰　清宣統三年(1911)掃葉山房石印本　十二冊

120000－0381－0001605　1267
南山全集十六卷　(清)戴名世撰　清光緒十九年(1893)印鴻堂刻本　八冊

120000－0381－0001606　1268
明大司馬盧公集十二卷首一卷　(明)盧象昇撰　清光緒元年(1875)刻本　十冊

120000－0381－0001607　1269
日山文集四卷　(清)許新堂撰　**慎餘堂文稿四卷**　(清)許玉田撰　清末鉛印本　三冊

120000－0381－0001608　1270
六朝文絜四卷　(清)許槤輯　清朱墨套印本　一冊　存二卷(三至四)

120000－0381－0001609　1271
白茅堂集四十六卷　(清)顧景星撰　清刻本　十九冊

120000－0381－0001610　1272
冷紅館賸稿四卷補鈔二卷偶存一卷詞一卷　(清)秦臻撰　清光緒十一年(1885)刻本　三冊

120000－0381－0001611　1273
冷紅館賸稿四卷補鈔二卷偶存一卷詞一卷　(清)秦臻撰　清光緒十一年(1885)刻本　三冊

120000－0381－0001612　1274
袁太史詩文遺鈔一卷　(清)袁鵬圖撰　清宣

統三年(1911)鉛印本　一册

120000－0381－0001613　1275
備急千金要方三十卷附影宋本千金方攷異一卷　(宋)林億等校正　清光緒四年(1878)蘇州振新書社影印本　十二册

120000－0381－0001614　1276
御選唐詩三十二卷　(清)聖祖玄燁選　清武英殿刻本　三十九册　缺一卷(十)

120000－0381－0001615　1277
道榮堂文集六卷首一卷　(清)陳鵬年撰　清乾隆二十七年(1762)刻本　六册

120000－0381－0001616　1278
高季迪先生大全集十八卷　(明)高啟撰　清初竹素園刻本　十二册

120000－0381－0001617　1279
庸庵全集十種　(清)薛福成撰　清光緒刻本　十四册

120000－0381－0001618　1280
彭文敬公全集　(清)彭藴章撰　清道光至同治刻本　十六册

120000－0381－0001619　1281
兩當軒集二十二卷考異二卷附錄四卷　(清)黄景仁撰　清光緒二年(1876)刻本　六册

120000－0381－0001620　1282
噉蔗全集八卷附一卷　(清)張羲年撰　(清)錢大昕等評輯　清光緒十九年(1893)上海著易堂鉛印本　六册

120000－0381－0001621　1283
西堂雜組一集八卷　(清)尤侗撰　清康熙刻西堂全集本　二册

120000－0381－0001622　1284
存素堂全集　(清)錢寶琛撰　清同治、光緒刻本　九册

120000－0381－0001623　1285
曾文正公全集　(清)曾國藩撰　清光緒二年(1876)傳忠書局刻本　一册　存一卷(首一卷)

120000－0381－0001624　1286
道古堂全集　(清)杭世駿撰　清光緒十四年(1888)泉唐汪氏振綺堂刻本　十六册

120000－0381－0001625　1287
邵子湘全集　(清)邵長蘅撰　(清)顧景星批點　清光緒二十二年(1896)刻本　十二册

120000－0381－0001626　1288
樊榭山房全集　(清)厲鶚撰　清光緒十年(1884)錢塘汪氏振綺堂刻本　十册

120000－0381－0001627　1289
楓山全集　(明)章懋撰　清同治、光緒刻金華叢書本　十二册

120000－0381－0001628　1290
西漚全集十卷外集八卷　(清)李惺撰　清同治七年(1868)刻本　十八册

120000－0381－0001629　1291
李文忠公全集一百六十五卷首一卷　(清)李鴻章撰　(清)吳汝綸編錄　清光緒三十四年(1908)刻本　一百零一册

120000－0381－0001630　1292
船山遺書二百八十八卷　(清)王夫之撰　清同治四年(1865)湘鄉曾氏刻本　一百册

120000－0381－0001631　1293
教務紀略四卷首一卷末一卷　(清)李剛己編撰　(清)魏家驊等修訂　清光緒三十一年(1905)南洋官報局刻本　四册

120000－0381－0001632　1294
二如亭群芳譜二十九卷首一卷　(明)王象晉輯　明末刻本　二十四册

120000－0381－0001633　1295
吳學士詩集五卷文集五卷　(清)吳鼒撰　清光緒八年(1882)江甯藩署刻本　六册

120000－0381－0001634　1296
邃雅堂集十卷　(清)姚文田撰　清道光八年(1828)歸安姚氏刻本　八册

120000－0381－0001635　1297
鄒叔子遺書七種三十卷　(清)鄒漢勳撰　清

光緒刻本　十四册

120000－0381－0001636　1298

味經齋遺書十二種　(清)莊存與撰　清道光八年(1828)寶研堂刻本　十二册

120000－0381－0001637　1299

湯子遺書十卷　(清)湯斌撰　清刻本　七册　存四卷(七至十)

120000－0381－0001638　1300

堵文忠公集十卷年譜一卷　(明)堵允錫撰　清道光刻本　六册

120000－0381－0001639　1301

章氏遺書八卷　(清)章學誠撰　清道光十三年(1833)刻本　五册

120000－0381－0001640　1302

楊忠湣集八卷首一卷末一卷　(明)楊椒山撰　清道光五年(1825)刻本　四册

120000－0381－0001641　1303

雙池文集十卷　(清)汪紱撰　清道光十四年(1834)一經堂刻本　四册

120000－0381－0001642　1304

沈余遺書三種八卷　(清)沈端恪撰　(清)趙舒翹輯　清光緒二十二年(1896)江蘇書局刻本　四册

120000－0381－0001643　1305

左忠毅公集三卷　(清)左光斗撰　清刻本　三册

120000－0381－0001644　1306

蘇龕集四種十六卷　(清)楊葆光輯　清光緒九年(1883)刻本　五册

120000－0381－0001645　1307

艾廬遺稿六卷　(清)邵曾鑒著　清光緒二十三年(1897)刻本　二册

120000－0381－0001646　1308

清芬樓遺稿四卷　(清)任啟運撰　清光緒十四年(1888)刻本　二册

120000－0381－0001647　1309

梅村集四十卷　(清)吳偉業撰　清康熙刻本　十册

120000－0381－0001648　1310

余忠宣青陽山房集五卷附錄一卷　(元)余闕撰　清光緒元年(1875)合肥張氏刻廬陽三賢集本　二册

120000－0381－0001649　1311

黃漳浦集五十卷首一卷目錄二卷年譜二卷　(明)黃道周撰　(清)陳壽祺重編　清道光九年(1829)刻本　二十四册

120000－0381－0001650　1312

潛菴先生全集五卷年譜一卷疏稿一卷　(清)湯斌撰　清同治十二年(1873)舊學山房刻本　十册

120000－0381－0001651　1313

汪梅村先生集十二卷外集一卷　(清)汪士鐸撰　清光緒七年(1881)刻本　四册

120000－0381－0001652　1314

知足齋詩集二十卷目錄一卷詩續集四卷文集六卷　(清)朱珪撰　清嘉慶十年(1805)刻本　七册　缺十五卷(詩集十至二十、文集一至四)

120000－0381－0001653　1315

楊龜山先生集四十二卷首一卷　(宋)楊時撰　清光緒四年(1878)刻本　十册

120000－0381－0001654　1316

司馬文正公集八十二卷首一卷目錄二卷　(宋)司馬光撰　清乾隆九年(1744)百祿堂刻本　二十册

120000－0381－0001655　1317

有正味齋駢體文二十四卷詩集十六卷詞集八卷外集五卷　(清)吳錫麒撰　清刻本　十二册

120000－0381－0001656　1318

夏仲子集六卷　(清)夏炯撰　清道光刻本　四册

120000－0381－0001657　1319

戴東原集十二卷　(清)戴震撰　**年譜一卷劄記一卷**　(清)段玉裁　清宣統二年(1910)刻本　五冊

120000－0381－0001658　1320
鄭板橋全集　(清)鄭燮撰　清刻本　二冊

120000－0381－0001659　1321
儀顧堂集十六卷　(清)陸心源撰　清同治十三年(1874)福州刻潛園總集本　四冊

120000－0381－0001660　1322
春融堂集六十八卷年譜二卷　(清)王昶撰　清嘉慶十二年(1807)塾南書舍刻本　二十冊

120000－0381－0001661　1323
隨山館全集八種二十五卷　(清)汪瑔撰　清光緒刻本　九冊

120000－0381－0001662　1324
甫田集三十六卷附錄一卷　(清)文徵明撰　清宣統三年(1911)鉛印本　十二冊

120000－0381－0001663　1325
霜紅龕集四十卷　(清)傅山撰　**附錄三卷年譜一卷**　丁寶銓輯　清宣統三年(1911)山陽丁氏刻本　十二冊

120000－0381－0001664　1326
尊聞居士集八卷附錄一卷　(清)羅有高著　(清)彭紹升錄　清光緒八年(1882)刻本　四冊

120000－0381－0001665　1327
太鶴山人集十三卷　(清)端木國瑚撰　清道光二十年(1840)刻本　六冊

120000－0381－0001666　1328
漢魏六朝百三家集一百十八卷　(明)張溥編　明刻本　六十四冊

120000－0381－0001667　1329
復堂類集　(清)譚獻撰　清光緒十一年(1885)刻本　八冊

120000－0381－0001668　1330
學海堂集十六卷　(清)阮元編　**二集二十二卷**　(清)吳蘭修編　**三集二十四卷**　(清)張維屏編　**四集二十八卷**　(清)金錫齡編　清道光五年至光緒十二年(1825－1886)啟秀山房刻本　四十冊

120000－0381－0001669　1331
二谷山人集十卷　(明)侯一元撰　清光緒十七年(1891)樂東侯氏刻本　六冊

120000－0381－0001670　1332
鴻慶居士文集四十二卷　(宋)孫覿撰　清光緒二十一年(1895)武進盛氏朱印本　八冊

120000－0381－0001671　1333
劉孟塗集四十四卷　(清)劉開撰　清道光六年(1826)姚氏檗山草堂刻本　三冊　缺十卷(文集一至十)

120000－0381－0001672　1334
文定集二十四卷　(宋)汪應辰撰　清乾隆刻武英殿聚珍版叢書本　六冊

120000－0381－0001673　1335
陳忠裕全集三十卷首一卷年譜三卷末一卷　(明)陳子龍撰　清嘉慶八年(1803)刻本　十冊

120000－0381－0001674　1336
艮齋先生薛常州浪語集三十五卷　(宋)薛季宣撰　清同治十一年(1872)刻本　六冊

120000－0381－0001675　1337
養一齋文集二十卷　(清)李兆洛撰　清光緒四年(1878)刻本　八冊

120000－0381－0001676　1338
孫文定公集五種　(清)孫廷銓撰　清康熙刻本　九冊

120000－0381－0001677　1339
何大復先生集三十八卷附一卷　(明)何景明撰　清乾隆十五年(1750)刻本　八冊

120000－0381－0001678　1340
熊襄愍公集十卷首一卷末一卷　(明)熊廷弼撰　清同治三年(1864)刻本　十冊

120000－0381－0001679　1341
山谷集三十九卷　(宋)黃庭堅撰　清光緒二

十一年至二十五年(1895－1899)刻本　二十冊

120000－0381－0001680　1342
樫華館全集十二卷　(清)路德撰　清光緒七年(1881)解梁刻本　十冊

120000－0381－0001681　1343
香樹齋文集二十八卷詩集十八卷　(清)錢陳羣撰　清乾隆二十九年(1764)刻本　十四冊

120000－0381－0001682　1344
庾子山集十六卷　(北周)庾信撰　(清)倪璠註釋　清光緒十六年(1890)廣州經史閣刻本　十六冊

120000－0381－0001683　1345
鈐山堂集四十卷　(明)嚴嵩撰　清嘉慶十一年(1806)刻本　十冊

120000－0381－0001684　1346
箋注陶淵明集六卷　(晉)陶淵明撰　(明)張自烈評　明末刻本　四冊

120000－0381－0001685　1347
嚴太僕先生集十二卷　(清)嚴虞惇撰　清光緒九年(1883)常熟嚴氏刻本　二冊

120000－0381－0001686　1348
陶庵集二十二卷首一卷末一卷　(明)黄淳耀撰　清光緒五年(1879)刻本　八冊

120000－0381－0001687　1349
倭文端公遺書十一卷首二卷　(清)倭仁撰　清光緒二十年(1894)山東書局刻本　八冊

120000－0381－0001688　1350
倭文端公遺書八卷首二卷末一卷續三卷　(清)倭仁撰　清光緒元年(1875)六安求我齋刻本　四冊

120000－0381－0001689　1351
胡文忠公遺集八十六卷　(清)胡林翼撰　(清)曾國荃　(清)鄭敦謹輯　(清)胡鳳丹重編　清光緒元年(1875)湖北崇文書局刻本　三十二冊

120000－0381－0001690　1352
胡文忠公遺集八十六卷　(清)胡林翼撰　(清)曾國荃　(清)鄭敦謹輯　(清)胡鳳丹重編　清光緒元年(1875)湖北崇文書局刻本　三十二冊

120000－0381－0001691　1353
胡文忠公遺集八十六卷　(清)胡林翼撰　(清)曾國荃　(清)鄭敦謹輯　(清)胡鳳丹重編　清光緒元年(1875)湖北崇文書局刻本　三十二冊

120000－0381－0001692　1354
高子遺書十二卷附錄一卷　(明)高攀龍撰　清康熙二十九年(1690)刻本　十二冊

120000－0381－0001693　1355
江忠烈公遺集二卷首一卷附錄一卷　(清)江忠源撰　清同治十二年(1873)刻本　二冊

120000－0381－0001694　1356
秋士先生遺集六卷　(清)彭績撰　清光緒七年(1881)刻本　一冊

120000－0381－0001695　1357
秋士先生遺集六卷　(清)彭績撰　清光緒七年(1881)刻本　二冊

120000－0381－0001696　1358
趙文恪公遺集二卷自訂年譜不分卷　(清)趙光撰　清光緒十六年(1890)刻本　六冊

120000－0381－0001697　1359
微波榭叢書　(清)孔繼涵輯　清乾隆曲阜孔氏刻本　三十一冊

120000－0381－0001698　1360
龍莊遺書四種十五卷　(清)汪輝祖撰　清光緒江蘇書屋刻本　六冊

120000－0381－0001699　1361
敦艮齋遺書十七卷　(清)徐潤第著　清道光二十八年(1848)刻本　五冊

120000－0381－0001700　1362
羅忠節公遺集八種十八卷　(清)羅澤南撰　清咸豐、同治刻本　十冊

120000－0381－0001701　1363

雅雨堂詩文遺集三種七卷　(清)盧見曾著　清道光二十年(1840)雅雨堂刻本　四冊

120000－0381－0001702　1364
定盦全集　(清)龔自珍撰　(清)吴昌綬編年譜　清宣統元年(1909)上海國學扶輪社鉛印本　七冊

120000－0381－0001703　1365
頻羅庵遺集十六卷　(清)梁同書撰　清嘉慶二十二年(1817)刻本　六冊

120000－0381－0001704　1366
李忠武公遺書四卷　(清)李續賓撰　(□)□□編　清光緒十七年(1891)甌江巡署刻本　四冊

120000－0381－0001705　1367
半巖廬遺集不分卷　(清)邵懿辰撰　清光緒三十四年(1908)刻本　二冊

120000－0381－0001706　1368
紀文達公遺集文十六卷詩十六卷　(清)紀昀撰　(清)紀樹馨編　清嘉慶十七年(1812)刻本　十六冊

120000－0381－0001707　1369
紀文達公遺集文十六卷詩十六卷　(清)紀昀撰　(清)紀樹馨編　清嘉慶十七年(1812)刻本　十八冊

120000－0381－0001708　1370
呂東萊先生遺集二十卷首一卷　(宋)呂祖謙撰　(清)王崇炳編　清雍正元年(1723)敬勝堂刻本　八冊

120000－0381－0001709　1371
鶴壽山房詩集四卷四六文四卷　(清)李子榮撰　清光緒二十五年(1899)成都刻本　四冊

120000－0381－0001710　1372
丘文莊公集十卷　(明)丘濬撰　清同治十年(1871)刻本　六冊

120000－0381－0001711　1373
周忠介公燼餘集三卷年譜一卷遺事一卷　(明)周順昌撰　清光緒二十九年(1903)刻本　三冊

120000－0381－0001712　1374
鮚埼亭集三十八卷首一卷經史問答十卷鮚埼亭集外編五十卷　(清)全祖望撰　清同治十一年(1872)姚江借樹山房刻本　二十八冊

120000－0381－0001713　1375
弢甫集十四卷　(清)桑調元撰　清乾隆蘭陔草堂刻本　二冊

120000－0381－0001714　1376
雁門集六卷補遺一卷　(元)薩都剌撰　清宣統二年(1910)仿康熙十九年(1680)刻本　四冊

120000－0381－0001715　1377
思適齋集十二卷　(清)顧廣圻撰　清姑蘇張杏村刻本　二冊

120000－0381－0001716　1378
瞿忠宣公集十卷　(明)瞿式耜撰　清光緒十三年(1887)刻本　四冊

120000－0381－0001717　1379
茶聲館集三十三卷　(清)朱爲弼撰　清咸豐二年(1852)刻本　十冊

120000－0381－0001718　1380
惜抱軒遺書三種十二卷　(清)姚鼐撰　清光緒五年(1879)刻本　四冊

120000－0381－0001719　1381
張公襄理軍務紀略六卷　(清)丁運樞等編　清宣統元年(1909)石印本　六冊

120000－0381－0001720　1382
劉氏遺書八卷　(清)劉台拱撰　清光緒十五年(1889)刻廣雅書局叢書本　二冊

120000－0381－0001721　1383
劉氏遺書八卷　(清)劉台拱撰　清光緒十五年(1889)刻廣雅書局叢書本　二冊

120000－0381－0001722　1384
晚聞堂集十六卷　(明)余紹祉著　清道光十七年(1837)和源單氏刻本　四冊　存十三卷(一至十三)

120000－0381－0001723　1385
劉禮部集十二卷　(清)劉逢祿撰　清光緒十八年(1892)承慶堂刻本　六冊

120000－0381－0001724　1386
歸震川先生全集　(明)歸有光撰　清光緒元年(1875)常塾歸氏刻本　十六冊

120000－0381－0001725　1387
鹿洲全集七種　(清)藍鼎元撰　清同治四年(1865)刻本　二十四冊

120000－0381－0001726　1388
梅崖居士全集　(清)朱仕琇撰　清乾隆四十七年(1782)松谷刻本　十二冊

120000－0381－0001727　1389
今白華堂集　(清)童槐撰　清同治刻本　八冊

120000－0381－0001728　1390
柏堂遺書　(清)方宗誠撰　清光緒桐城方氏刻本　三十九冊

120000－0381－0001729　1391
明張文忠公全集　(明)張居正撰　清光緒二十七年(1901)紅藤碧樹山館刻本　十六冊

120000－0381－0001730　1392
邃懷堂全集　(清)袁翼撰　清光緒十三年至十四年(1887－1888)刻本　十九冊

120000－0381－0001731　1393
泰雲堂集　(清)孫爾準撰　清同治九年(1870)刻本　四冊

120000－0381－0001732　1394
夏節愍全集十卷首一卷末一卷補遺二卷　(明)夏完淳撰　清光緒二十九年(1903)刻本　四冊

120000－0381－0001733　1395
安雅堂詩不分卷文集二卷二鄉亭詞三卷　(清)安琬撰　清順治至乾隆刻安雅堂全集本　四冊

120000－0381－0001734　1396
擕雪堂全集　(清)吳可讀撰　清光緒十九年(1893)刻本　二冊

120000－0381－0001735　1397
望溪先生文集十八卷　(清)方苞撰　清咸豐元年(1851)刻本　八冊

120000－0381－0001736　1398
德清俞蔭甫所著書　(清)俞樾撰　清同治十年(1871)刻本　十冊

120000－0381－0001737　1399
徐孝穆全集六卷備考一卷　(南朝陳)徐陵撰　(清)吳兆宜箋註　清揚州藝古堂刻本　四冊

120000－0381－0001738　1400
江忠烈公遺集四卷　(清)江忠源撰　清光緒十二年(1886)吳縣朱氏槐廬刻本　六冊

120000－0381－0001739　1401
李太白全集十六卷　(唐)李白撰　清道光十三年(1833)刻本　六冊

120000－0381－0001740　1402
湘綺樓全集三十卷　王闓運撰　清光緒三十三年(1907)墨莊劉氏刻本　十一冊

120000－0381－0001741　1403
謫麐堂遺集四卷　(清)戴望撰　清宣統三年(1911)鉛印本　一冊

120000－0381－0001742　1404
王陽明先生全集二十二卷首一卷　(明)王守仁撰　清康熙十二年(1673)是政堂刻本　二十二冊

120000－0381－0001743　1405
毋不敬齋全書三十一卷　(清)方濬撰　清光緒十五年(1889)刻本　十五冊

120000－0381－0001744　1406
膠西課存不分卷　(清)方濬撰　清光緒十五年(1889)刻本　一冊

120000－0381－0001745　1407
苑洛集二十二卷　(明)韓邦奇撰　清道光八年(1828)謝氏刻本　十冊

120000－0381－0001746　1408
裘文達公文集六卷詩集十二卷　(清)裘曰修撰　清刻本　六册

120000－0381－0001747　1409
有正味齋全集七十一卷　(清)吴錫麒撰　清刻本　十七册

120000－0381－0001748　1410
藴愫閣詩文全集　(清)盛大士撰　清道光元年至六年(1821－1826)刻本　二十四册

120000－0381－0001749　1411
湘綺樓全集　王闓運撰　清光緒三十三年(1907)墨莊劉氏刻本　十二册

120000－0381－0001750　1412
曾惠敏公遺集十七卷　(清)曾紀澤撰　清光緒十九年(1893)江南製造總局鉛印本　八册

120000－0381－0001751　1413
滄溟先生集三十卷附録一卷　(明)李攀龍撰　清道光二十七年(1847)刻本　十六册

120000－0381－0001752　1414
曾文正公全集　(清)曾國藩撰　清同治、光緒傳忠書局刻本　七十五册

120000－0381－0001753　1415
養一齋集二十六卷劄記九卷詞三卷詩話十卷李杜詩話三卷　(清)潘德輿撰　清道光、同治刻本　十六册

120000－0381－0001754　1416
王文恪公集三十六卷　(明)王鏊撰　明三槐堂刻本　十册

120000－0381－0001755　1417
宋端明殿學士蔡忠惠公文集三十六卷首一卷目録一卷附别紀補遺二卷　(宋)蔡襄撰　清光緒十九年(1893)刻本　八册

120000－0381－0001756　1418
緑野齋前後合集六卷　(清)劉鴻翱撰　清道光二十四年(1844)刻本　六册

120000－0381－0001757　1419
吕新吾先生去僞齋文集十卷　(明)吕坤撰　清刻本　十册

120000－0381－0001758　1420
忠獻韓魏王安陽集五十卷家傳十卷别録三卷遺事一卷附録一卷　(宋)韓忠彦撰　清咸豐二年(1852)刻本　十册

120000－0381－0001759　1421
理堂文集十卷詩集四卷日記八卷外集一卷附録一卷　(清)韓夢周撰　清道光三年至四年(1823－1824)刻本　八册

120000－0381－0001760　1422
未灰齋文集八卷外集一卷　(清)徐鼒撰　清咸豐十一年(1861)福甯郡齋刻本　四册

120000－0381－0001761　1423
漸西村人初集詩十三卷安般簃集十卷詩續一卷　(清)袁昶撰　清光緒十六年至二十年(1890－1894)避舍蓋公堂刻本　六册

120000－0381－0001762　1424
芝庭先生集十八卷附録一卷　(清)彭啟豐撰　清光緒二年(1876)刻本　六册

120000－0381－0001763　1425
庾子山集十六卷總釋一卷　(北周)庾信撰　(清)倪璠注　清光緒二十年(1894)儒雅堂刻本　十二册

120000－0381－0001764　1426
五公山人集十六卷　(清)王餘佑撰　(清)李興祖編　清康熙三十四年(1695)刻本　五册

120000－0381－0001765　1427
滄溟先生集三十卷附録一卷　(明)李攀龍撰　清道光二十七年(1847)景福堂刻本　八册

120000－0381－0001766　1428
止堂集十八卷　(宋)彭龜年撰　清光緒十九年(1893)刻本　四册

120000－0381－0001767　1429
曾文正公全集　(清)曾國藩撰　清同治、光緒傳忠書局刻本　三十八册

120000－0381－0001768　1430
惜抱先生尺牘八卷　(清)姚鼐撰　(清)陳用

光編　清宣統元年(1909)小萬柳堂刻本　四冊

120000－0381－0001769　1431
名賢手劄　(清)郭子瀞輯　清光緒十年(1884)上海同文書局石印本　四冊

120000－0381－0001770　1432
袁文箋正十六卷　(清)袁枚著　清光緒十四年(1888)蜚英館石印本　二冊

120000－0381－0001771　1433
補校袁文箋正七卷首一卷　(清)袁枚撰　(清)石韞玉注　清道光三年(1823)嶺南叢雅居刻本　八冊

120000－0381－0001772　1434
思忠錄不分卷　金武祥編　清光緒三十二年(1906)江陰金氏粟香室刻本　一冊

120000－0381－0001773　1435
增補臨文便覽不分卷　(清)張啟泰輯　(清)龍光甸　(清)龍啟瑞重修　清光緒元年(1875)刻本　二冊

120000－0381－0001774　1436
英軺日記十二卷　載振撰　清光緒二十九年(1903)鉛印本　二冊　缺七卷(四至十)

120000－0381－0001775　1437
合肥學舍劄記十一卷　(清)陸繼輅撰　清光緒四年(1878)興國州署重刻本　四冊

120000－0381－0001776　1438
竹汀先生日記鈔三卷　(清)錢大昕撰　(清)何元錫編　清光緒式訓堂叢書本　一冊

120000－0381－0001777　1439
黃陵書牘二卷　(清)黃陵散人撰　清光緒三十三年(1907)鉛印本　一冊

120000－0381－0001778　1440
拾星集　(清)張楚寶輯　清光緒二十三年(1897)刻本竹居刻本　一冊

120000－0381－0001779　1441
古文雅正三卷　(清)蔡世遠選評　清光緒二十二年(1896)上海圖書集成印書局石印本　四冊

120000－0381－0001780　1442
從野堂存稿文集四卷詩集四卷外集一卷　(明)繆昌期撰　清同治十三年(1874)刻本　四冊

120000－0381－0001781　1443
太常袁公行略不分卷　袁允橚等編　清光緒三十一年(1905)石印本　一冊

120000－0381－0001782　1444
駢文類纂四十六卷　王先謙輯　清光緒二十八年(1902)思賢書局刻本　二十四冊

120000－0381－0001783　1445
憺園文集三十六卷　(清)徐乾學撰　清康熙三十六年(1697)刻本　十二冊

120000－0381－0001784　1446
詒晉齋集八卷後集一卷隨筆一卷　(清)成親王永瑆撰　清道光刻本　五冊

120000－0381－0001785　1447
居易初集二卷　(清)經元善撰　清光緒二十七年(1901)鉛印本　二冊

120000－0381－0001786　1448
御選唐宋文醇五十八卷　(清)高宗弘曆選　清乾隆三年(1738)武英殿刻四色套印本　二十四冊

120000－0381－0001787　1449
讀杜心解二十四卷首二卷　(唐)杜甫撰　(清)浦起龍解　清雍正三年(1725)前磵浦氏寧我齋刻本　九冊

120000－0381－0001788　1450
普天忠憤全集十四卷　(清)魯陽生編　清光緒二十一年(1895)石印本　十二冊

120000－0381－0001789　1451
愧訥集十二卷附錄一卷　(清)朱用純撰　清光緒八年(1882)津河廣仁堂刻本　四冊

120000－0381－0001790　1452
東塾集六卷　(清)陳澧撰　清光緒十八年(1892)刻本　二冊

120000－0381－0001791　1453
望溪先生集外文十卷補遺二卷年譜二卷　(清)方苞撰　(清)戴鈞衡編　清咸豐元年(1851)桐城戴氏刻本　八册

120000－0381－0001792　1454
宋文鑑一百五十卷目錄三卷　(宋)吕祖謙編　清光緒十二年(1886)江蘇書局刻本　二十四册

120000－0381－0001793　1455
涵芬樓古今文鈔一百卷　吳曾祺纂　清宣統二年(1910)鉛印本　一百册

120000－0381－0001794　1456
華豫菴先生集　(明)華啟直撰　(清)華培元輯　清宣統三年(1911)存裕堂刻本　二册

120000－0381－0001795　1457
香南居士集六卷　(清)崇恩撰　清道光二十二年(1842)刻本　一册　存三卷(一至三)

120000－0381－0001796　1458
欝華閣遺集四卷　(清)盛昱撰　清光緒三十一年(1905)有正書局石印本　一册

120000－0381－0001797　1459
漁洋文集十四卷　(清)王士禛撰　(清)程哲編　清康熙刻帶經堂集本　四册

120000－0381－0001798　1460
蓉川集四卷首一卷　(明)齊之鸞撰　清光緒二十三年(1897)桐城徐氏刻本　二册

120000－0381－0001799　1461
變雅堂文集四卷　(清)杜濬撰　清咸豐十年(1860)江夏彭崧毓刻本　四册

120000－0381－0001800　1462
錢南園先生遺集五卷　(清)錢灃撰　清光緒二十一年(1895)刻本　二册

120000－0381－0001801　1463
浮邱子十二卷　(清)湯鵬著　清宣統二年(1910)掃葉山房石印本　六册

120000－0381－0001802　1464
唐駢體文鈔十七卷　(清)陳均輯　清同治十二年(1873)譚宗浚刻本　四册

120000－0381－0001803　1465
范忠貞公文集五卷首一卷　(清)范承謨撰　清康熙四十七年(1708)刻本　六册

120000－0381－0001804　1466
寒支初集十卷二集四卷　(清)李世熊撰　(清)李向旻編　清同治十三年(1874)刻本　十四册

120000－0381－0001805　1467
文選六十卷考異十卷　(南朝梁)昭明太子蕭統撰　清宣統三年(1911)上海會文堂石印本　十六册

120000－0381－0001806　1468
文選六十卷考異十卷　(南朝梁)昭明太子蕭統撰　清宣統三年(1911)上海會文堂石印本　十六册

120000－0381－0001807　1469
飲冰室文集十八卷　梁啟超撰　清光緒三十年(1904)廣智書局鉛印本　十七册　缺一卷(十七)

120000－0381－0001808　1470
李義山文集十卷　(唐)李商隱撰　(清)徐自強箋注　(清)徐炯注　清康熙四十七年(1708)徐氏花溪草堂刻本　四册

120000－0381－0001809　1471
國朝二十四家文鈔二十四卷　(清)徐斐然輯評　清乾隆六十年(1795)刻本　六册

120000－0381－0001810　1472
國朝文匯二百卷　國學扶輪社編　清宣統元年(1909)上海國學扶輪社石印本　一百零一册　缺一卷(一)

120000－0381－0001811　1473
元文類七十卷　(元)蘇天爵編　清光緒十五年(1889)刻本　十册

120000－0381－0001812　1474
二知軒文存三十四卷　(清)方濬頤撰　清光緒四年(1878)刻本　十二册

120000－0381－0001813　1475
午亭文編五十卷　(清)陳廷敬撰　(清)陳謙吉　(清)陳豫朋編　清康熙刻本　十六册

120000－0381－0001814　1476
文選六十卷考異十卷　(南朝梁)昭明太子蕭統撰　(唐)李善注　清同治八年(1869)刻本　十六册

120000－0381－0001815　1477
重校正唐文粹一百卷　(宋)姚鉉輯　明嘉靖三年(1524)徐焴家塾刻本　二十四册

120000－0381－0001816　1478
輶軒語一卷　(清)張之洞撰　清光緒沔陽盧氏刻慎始基齋叢書本　一册

120000－0381－0001817　1479
籌洋芻議一卷　(清)薛福成撰　清光緒刻本　一册

120000－0381－0001818　1480
孫徵君日譜錄存三十六卷　(清)孫奇逢撰　清光緒刻本　十九册　缺七卷(一至二、五、七、九至十、二十)

120000－0381－0001819　1481
滄城殉難錄四卷　(清)王國均等纂修　清同治二年(1863)刻本　二册

120000－0381－0001820　1482
明文在一百卷　(清)薛熙編　清光緒十五年(1889)江蘇書局刻本　十册

120000－0381－0001821　1483
鄭齋芻論不分卷　(清)孫雄撰　清光緒石印本　一册

120000－0381－0001822　1484
坡門酬唱集二十三卷　(宋)邵浩編　抄本　四册

120000－0381－0001823　1485
弢園文錄外編十卷　(清)王韜撰　清光緒二十三年(1897)務學社刻本　十册

120000－0381－0001824　1486
梅龕先生咸豐籌蜀記　(清)魚鳧居士撰　抄本　一册

120000－0381－0001825　1487
禮耕堂叢說不分卷　(清)施國祁撰　清宣統三年(1911)上海國學扶輪社鉛印本　一册

120000－0381－0001826　1488
陶廬箋牘四卷　王樹枏撰　清光緒三十四年(1908)陶廬叢刻本　二册

120000－0381－0001827　1489
一微塵集五卷　(清)何震彝編　清宣統元年(1909)江陰何氏䩄芬室鉛印本　一册

120000－0381－0001828　1490
退補齋詩存十六卷首一卷　(清)胡鳳丹撰　清同治十二年(1873)鄂州寓廬刻本　六册

120000－0381－0001829　1491
司馬溫公文集十四卷　(宋)司馬光撰　清同治五年(1866)福州正誼書局刻正誼堂全書本　六册

120000－0381－0001830　1492
唐詩向榮集三卷　(清)陶元藻評選　(清)陶廷珍編　清乾隆二十五年(1760)衡河草堂刻本　二册

120000－0381－0001831　1493
萃錦唫十五卷　(清)奕訢撰　清光緒十一年(1885)刻本　十六册

120000－0381－0001832　1494
安吳四種三十六卷　(清)包世臣撰　清同治十一年(1872)刻本　十六册

120000－0381－0001833　1495
蕉軒續錄二卷隨錄十卷　(清)方濬師撰　清末刻本　十二册

120000－0381－0001834　1496
曾文正公手書日記不分卷　(清)曾國藩撰　清宣統元年(1909)上海中國圖書公司石印本　四十册

120000－0381－0001835　1497
三品彙刊不分卷　(清)張之洞輯　清光緒五年(1879)刻本　一册

120000－0381－0001836　1498
怡志堂文初編六卷　(清)朱琦撰　清同治七年(1868)刻本　二冊

120000－0381－0001837　1499
怡雲館文牘略存不分卷　(清)羅湘雲輯　清光緒三十三年(1907)四川文倫書局鉛印本　一冊

120000－0381－0001838　1500
寥天一閣文二卷　(清)譚嗣同撰　清光緒二十三年(1897)石印本　一冊

120000－0381－0001839　1501
克復金陵勳德記一卷　(清)劉毓崧撰　(清)杜文瀾輯　清同治五年(1866)曼陀羅華閣叢書本　一冊

120000－0381－0001840　1502
明詩別裁集十二卷　(清)沈德潛　(清)周準輯　清乾隆四年(1739)刻本　六冊

120000－0381－0001841　1503
杭氏七種十五卷　(清)杭世駿撰　清咸豐元年(1851)長沙小瑯環山館刻本　六冊

120000－0381－0001842　1504
古歡室詩詞集四卷　(清)曾懿撰　清光緒二十九年(1903)刻本　一冊

120000－0381－0001843　1505
婺學志不分卷學校志不分卷　(清)張祖年編　清康熙五十五年(1716)刻本　二冊

120000－0381－0001844　1506
槐廳載筆二十卷　(清)法式善撰　清嘉慶刻本　六冊

120000－0381－0001845　1507
槐卿政蹟六卷遺稿六卷附錄一卷　(清)沈衍慶撰　清同治元年(1862)刻本　四冊

120000－0381－0001846　1508
勸學篇二卷　(清)張之洞撰　清光緒二十四年(1898)刻本　一冊

120000－0381－0001847　1509
鶴徵錄八卷首一卷後錄十二卷首一卷　(清)李集纂　(清)李富孫續纂　清嘉慶刻本　六冊

120000－0381－0001848　1510
高陶堂遺集八卷　(清)高心夔撰　清光緒八年(1882)平湖朱氏經注經齋刻本　四冊

120000－0381－0001849　1511
南山集偶鈔不分卷　(清)戴名世撰　清康熙四十年(1701)竇翰樓刻本　二冊

120000－0381－0001850　1512
白田草堂存稾八卷　(清)王懋竑撰　清光緒二十年(1894)廣雅書局刻本　二冊

120000－0381－0001851　1513
陸清獻公日記十卷首一卷　(清)陸隴其撰　清道光二十一年(1841)勝溪草堂刻本　四冊

120000－0381－0001852　1514
弇州山人四部稿選十六卷　(明)王世貞撰　(明)沈一貫選　明萬曆刻本　六冊　存十三卷(文部一至六、説部一至五、詩部三至四)

120000－0381－0001853　1515
扁善齋文存二卷詩存一卷　(清)鄧嘉輯撰　清光緒二十七年(1901)刻本　三冊

120000－0381－0001854　1516
澂潭山房古文存稿四卷　(清)程襄龍撰　清嘉慶二年(1797)刻本　一冊

120000－0381－0001855　1517
思無邪齋詩存八卷文存六卷　(清)宮爾鐸撰　清光緒十五年(1889)刻本　四冊

120000－0381－0001856　1518
從野堂存稿八卷年譜一卷附錄一卷　(清)繆昌期撰　清同治十三年(1874)刻本　四冊

120000－0381－0001857　1519
蜀輶日記四卷　(清)陶澍撰　清光緒七年(1881)刻本　二冊

120000－0381－0001858　1520
英軺日記十二卷　載振撰　清光緒二十九年(1903)上海文明編譯書局鉛印本　四冊

120000－0381－0001859　1521
館課存稿不分卷　(清)紀昀撰　清刻本　一册

120000－0381－0001860　1522
説劍堂集　潘飛聲撰　清光緒二十四年(1898)刻本　一册　存一卷(老劍文稿一)

120000－0381－0001861　1523
萬物炊累室類稿甲編二種乙編一種外編一種　(清)沈同芳撰　清宣統三年(1911)上海中國圖書公司鉛印本　五册

120000－0381－0001862　1524
得一山房四種　(清)唐景崧編　清光緒十九年(1893)臺灣布政使署刻本　五册

120000－0381－0001863　1525
出使日記續刻十卷　(清)薛福成撰　清光緒二十四年(1898)刻本　十册

120000－0381－0001864　1526
平津館文稿二卷　(清)孫星衍撰　清光緒十二年(1886)吴縣朱氏家塾刻本　二册

120000－0381－0001865　1527
何子清先生遺文二卷附録一卷　(清)何忠萬撰　清光緒八年(1882)金陵翁氏茹谷閣刻本　一册

120000－0381－0001866　1528
黄陵詩鈔一卷吴船日記一卷　(清)杜愈撰　清光緒三十三年(1907)姑蘇鉛印本　一册

120000－0381－0001867　1529
四此堂稿十卷　(清)魏際瑞撰　清光緒三十三年(1907)四川文倫書局鉛印本　二册

120000－0381－0001868　1530
萬善花室文稿六卷附録一卷　(清)方履籛撰　清光緒九年(1883)雲自在龕刻本　二册　存五卷(文稿一至五)

120000－0381－0001869　1531
悔餘菴文稿六卷詩稿十二卷樂府四卷　(清)何栻撰　清同治四年(1865)鳩江戎幄刻本　六册　缺四卷(文稿六、詩稿四至六)

120000－0381－0001870　1532
曾文正公手書日記不分卷　(清)曾國藩撰　清宣統元年(1909)上海中國圖書公司石印本　四十册

120000－0381－0001871　1533
桐城吴先生全集　(清)吴汝綸撰　清光緒三十年(1904)桐城吴氏刻本　七册

120000－0381－0001872　1534
綴學堂初稿四卷　陳漢章撰　清光緒刻本　二册

120000－0381－0001873　1535
曬書堂文集十二卷　(清)郝懿行著　清光緒十年(1884)刻本　四册

120000－0381－0001874　1536
康對山先生文集十卷　(明)康海撰　(清)孫景烈選　清乾隆二十六年(1761)刻本　六册

120000－0381－0001875　1537
胡澹庵先生文集三十二卷補遺一卷　(宋)胡銓著　清道光十三年(1833)刻本　八册

120000－0381－0001876　1538
唐陸宣公翰苑集二十二卷　(唐)陸贄撰　清咸豐十一年(1861)刻本　十册

120000－0381－0001877　1539
梧生文鈔十卷　(清)傅侗撰　清光緒七年(1881)刻本　三册

120000－0381－0001878　1540
慎盦文鈔二卷詩鈔二卷　(清)左宗植撰　清光緒元年(1875)刻本　四册

120000－0381－0001879　1541
篔谷詩鈔二十卷文鈔十二卷　(清)查揆撰　清道光十五年(1835)菽原堂刻本　十册

120000－0381－0001880　1542
駢體文鈔三十一卷　(清)李兆洛輯　清同治六年(1867)婁江徐氏刻本　八册

120000－0381－0001881　1543
駢體文鈔三十一卷　(清)李兆洛輯　清同治六年(1867)婁江徐氏刻本　十二册

120000-0381-0001882　1544
李習之先生文讀十卷　(清)高澍然撰　清同治十年(1871)刻本　二册

120000-0381-0001883　1545
勤餘文牘六卷　(清)陳錦撰　清光緒五年(1879)橘蔭軒刻本　六册

120000-0381-0001884　1546
賜誠堂文集十六卷　(清)管紹寧撰　清光緒三年(1877)刻本　四册

120000-0381-0001885　1547
淡園文集一卷　(清)馬徵麐撰　清光緒思古書堂刻本　一册

120000-0381-0001886　1548
精刊魏默深文集　(清)魏源撰　清宣統元年(1909)國學扶輪社鉛印本　六册

120000-0381-0001887　1549
堯峯文鈔四十卷詩十卷　(清)汪琬撰　(清)林佶編　清康熙三十二年(1693)刻本　八册

120000-0381-0001888　1550
豸華堂文鈔八卷文鈔甲部十二卷首一卷　(清)金應麟撰　清光緒元年(1875)刻本　四册

120000-0381-0001889　1551
柏梘山房集三十一卷　(清)梅曾亮撰　清咸豐六年(1856)刻本　八册

120000-0381-0001890　1552
春酒堂文集不分卷　(清)周容撰　清宣統二年(1910)國學扶輪社鉛印本　一册

120000-0381-0001891　1553
南澗文集二卷　(清)李文藻撰　清光緒刻本　一册

120000-0381-0001892　1554
悔過齋文集七卷劄記一卷續集七卷補遺一卷　(清)顧廣譽撰　清光緒三年(1877)平湖顧氏遺書刻本　四册

120000-0381-0001893　1555
悔過齋文集七卷劄記一卷　(清)顧廣譽撰　清光緒三年(1877)平湖顧氏遺書刻本　二册

120000-0381-0001894　1556
存研樓文集十六卷　(清)儲大文撰　清光緒元年(1875)靜遠堂刻本　十册

120000-0381-0001895　1557
養晦堂文集十卷詩集二卷　(清)劉蓉撰　清光緒三年(1877)思賢講舍刻本　六册

120000-0381-0001896　1558
切問齋文鈔三十卷　(清)陸燿輯　清刻本　十二册

120000-0381-0001897　1559
壯學齋文集十二卷　(清)周樹槐撰　清咸豐二年(1852)刻本　四册

120000-0381-0001898　1560
求闕齋文鈔八卷　(清)曾國藩撰　清同治十二年(1873)刻本　二册

120000-0381-0001899　1561
重刊校正唐荊川先生文集十二卷外集三卷補遺五卷　(明)唐順之撰　清光緒三十年(1904)江南書局刻本　十册

120000-0381-0001900　1562
鶴山文鈔三十二卷周禮折衷四卷師友雅言一卷　(宋)魏了翁撰　清同治十三年(1874)望三益齋刻本　十二册

120000-0381-0001901　1563
芙蓉山館文鈔不分卷　(清)楊芳燦撰　清刻本　四册

120000-0381-0001902　1564
寶綸堂文鈔八卷詩鈔六卷　(清)齊召南撰　清光緒十三年(1887)刻金峨山館叢書本　四册

120000-0381-0001903　1565
盋山文錄八卷　(清)顧雲撰　清光緒十五年(1889)刻本　三册

120000-0381-0001904　1566
炳燭齋文集初刻一卷續刻一卷　(明)顧大韶撰　清宣統元年(1909)國學扶輪社鉛印本

二冊

120000－0381－0001905　1567

孟塗文集十卷　(清)劉開撰　清道光六年(1826)姚氏檗山草堂刻本　二冊

120000－0381－0001906　1568

澤雅堂文集八卷　(清)施補華撰　清光緒刻本　二冊

120000－0381－0001907　1569

龍壁山房文集八卷　(清)王拯撰　清光緒七年(1881)河北分守道署刻本　四冊

120000－0381－0001908　1570

天岳山館文鈔四十卷　(清)李元度撰　清光緒六年(1880爽谿精舍刻本　十二冊

120000－0381－0001909　1571

續良吏述　(清)錢儀吉撰　清光緒三年(1877)羊城刻本　一冊

120000－0381－0001910　1572

衎石齋記事續稿十卷刻楮集四卷旅逸小稿二卷　(清)錢儀吉撰　清光緒六年(1880)刻本　六冊

120000－0381－0001911　1573

衎石齋記事稾十卷　(清)錢儀吉撰　清道光刻本　五冊

120000－0381－0001912　1574

衎石齋記事稾十卷　(清)錢儀吉撰　清道光刻本　十冊

120000－0381－0001913　1575

柈湖文錄八卷首一卷　(清)吴敏樹撰　清刻本　四冊

120000－0381－0001914　1576

鐵橋漫稿八卷　(清)嚴可均撰　清光緒十一年(1885)長洲蔣氏心矩齋叢書刻本　二冊

120000－0381－0001915　1577

鐵橋漫稿八卷　(清)嚴可均撰　清光緒十一年(1885)長洲蔣氏心矩齋叢書刻本　四冊

120000－0381－0001916　1578

拙尊園叢稿六卷　(清)黎庶昌撰　清光緒十九年(1893)上海醉六堂石印本　二冊

120000－0381－0001917　1579

養素堂文集三十五卷首一卷　(清)張澍撰　清道光十七年(1837)棗華書屋刻本　十六冊

120000－0381－0001918　1580

庸盦文編四卷文續編二卷　(清)薛福成撰　清光緒十三年至十五年(1887－1889)刻本　六冊

120000－0381－0001919　1581

澗泉日記三卷　(宋)韓淲撰　清乾隆武英殿刻本　一冊

120000－0381－0001920　1582

漁洋山人文略十四卷　(清)王士禛撰　清康熙三十四年(1695)刻本　五冊

120000－0381－0001921　1583

歸盦文稾八卷　(清)葉裕仁撰　清光緒八年(1882)刻本　四冊

120000－0381－0001922　1584

邁堂文畧四卷　(清)李祖陶撰　清同治刻本　四冊

120000－0381－0001923　1585

俞俞齋文稿初集四卷　(清)史念祖撰　清光緒三十二年(1906)廣陵刻本　四冊

120000－0381－0001924　1586

有懷堂詩藁六卷文藁二十二卷　(清)韓菼撰　清康熙四十二年(1703)刻本　十冊

120000－0381－0001925　1587

邱邦士文鈔二卷　(清)邱維屏撰　清道光十七年(1837)刻易堂九子文鈔本　一冊

120000－0381－0001926　1588

魏叔子文鈔七卷　(清)魏禧撰　清道光十七年(1837)刻易堂九子文鈔本　四冊

120000－0381－0001927　1589

遜學齋詩鈔十卷詩續鈔五卷文鈔十二卷首一卷末一卷文續鈔五卷　(清)孫衣言撰　清同治三年至十二年(1864－1873)刻本　十冊

120000－0381－0001928　1590
躬恥齋文鈔二十卷文鈔後編六卷　(清)宗稷辰撰　清咸豐元年(1851)越峴山館刻本　十六册

120000－0381－0001929　1591
飴山文集十二卷附録一卷　(清)趙執信撰　清乾隆三十九年(1774)刻本　四册

120000－0381－0001930　1592
崇百藥齋文集二十卷　(清)陸繼輅撰　清嘉慶二十五年(1820)刻本　四册

120000－0381－0001931　1593
歸去來集不分卷　(清)孫慶蘭撰　清道光二十三年(1843)抄本　一册

120000－0381－0001932　1594
徐文定公集四卷　(明)徐光啟撰　清光緒二十二年(1896)鉛印本　一册

120000－0381－0001933　1595
謝梅莊先生遺集八卷附西北域記一卷　(清)謝濟世著　清光緒三十四年(1908)鉛印本　二册

120000－0381－0001934　1596
東溟文集六卷外集四卷　(清)姚瑩撰　清道光十三年(1833)刻本　二册

120000－0381－0001935　1597
質盦叢稿　(清)朱一新撰　清光緒二十二年(1896)順德龍氏葆真堂刻本　五册

120000－0381－0001936　1598
玉井山館詩十五卷附詩餘一卷文略五卷文續二卷附西行日記一卷　(清)許宗衡撰　清同治四年至九年(1865－1870)刻本　六册

120000－0381－0001937　1599
變雅堂詩集十卷附録一卷文集四卷　(清)杜濬撰　清同治九年(1870)刻本　八册

120000－0381－0001938　1600
蒿庵集三卷拾遺一卷附録一卷蒿庵閒話二卷　(清)張爾岐撰　清光緒十五年(1889)山東書局刻本　三册

120000－0381－0001939　1601
恕谷後集十三卷　(清)李塨撰　(清)馮辰校　清雍正刻本　三册

120000－0381－0001940　1602
海峰先生文十卷詩六卷　(清)劉大櫆撰　(清)徐宗亮編校　清同治十三年(1874)刻本　八册

120000－0381－0001941　1603
補學軒詩集十二卷文集四卷　(清)鄭獻甫撰　清光緒五年至八年(1879－1882)黔南節署刻本　八册

120000－0381－0001942　1604
友竹草堂文集五卷　(清)蔣慶第撰　清光緒十九年(1893)固安賈氏無悶齋刻本　二册

120000－0381－0001943　1605
乖崖先生文集十二卷附録一卷　(宋)張詠撰　清光緒八年(1882)獨山莫氏刻本　二册

120000－0381－0001944　1606
小謨觴館詩文集注　(清)孫元培　(清)孫長熙纂輯　清光緒二十年(1894)泉唐汪氏刻本　八册

120000－0381－0001945　1607
韞山堂文集八卷　(清)管世銘撰　清光緒十七年(1891)存厚堂刻本　四册

120000－0381－0001946　1608
太乙舟文集八卷　(清)陳用光撰　清光緒八年(1882)刻本　七册

120000－0381－0001947　1609
寧都三魏全集　(清)林时益輯　清康熙易堂刻本　六册

120000－0381－0001948　1610
適適齋文集二卷　(清)馮志沂撰　清同治八年(1869)洪洞董氏刻本　一册

120000－0381－0001949　1611
導古堂文集二卷　(清)胡薇元撰　清光緒二十九年(1903)鉛印本　二册

120000－0381－0001950　1612

紫石泉山房文集十二卷詩鈔三卷　(清)吳定撰　清光緒十三年(1887)歙縣李氏刻本　五册

120000－0381－0001951　1613
古歡堂集三十六卷　(清)田雯撰　清康熙、乾隆德州田氏叢書本　十二册

120000－0381－0001952　1614
心白日齋集六卷　(清)尹耕雲撰　清光緒刻本　四册

120000－0381－0001953　1615
壯悔堂文集十卷　(清)侯方域撰　清嘉慶刻本　四册

120000－0381－0001954　1616
太霞山館文集四卷詩稿二卷　(清)董遊著　清同治刻本　四册

120000－0381－0001955　1617
寄漚文存二卷　(清)何延慶撰　抄本　一册

120000－0381－0001956　1618
六觀樓文集拾遺不分卷　(清)許鴻磐撰　清同治九年(1870)粵東節署刻本　一册

120000－0381－0001957　1619
來禽館集二十九卷　(明)邢侗撰　清光緒十七年(1891)刻本　十二册

120000－0381－0001958　1620
甘泉鄉人稿二十四卷　(清)錢泰吉撰　**年譜一卷**　(清)錢應溥撰　**郃農偶吟稿一卷**　(清)錢炳森撰　清同治十一年(1872)刻本　六册

120000－0381－0001959　1621
二林居集二十四卷　(清)彭紹升撰　清光緒七年(1881)刻本　六册

120000－0381－0001960　1622
項城袁氏家集　丁振鐸輯　清宣統三年(1911)鉛印本　五十六册

120000－0381－0001961　1623
東溟文集六卷外集四卷　(清)姚瑩撰　清道光十三年(1833)刻本　二册

120000－0381－0001962　1624
玉井山館集　(清)許宗衡撰　清同治四年至九年(1865－1870)刻本　五册

120000－0381－0001963　1625
顯志堂稿十二卷　(清)馮桂芬撰　清光緒二年(1876)校邠廬刻本　九册

120000－0381－0001964　1626
金文最六十卷　(清)張金吾輯　清光緒二十一年(1895)蘇州書局刻本　十六册

120000－0381－0001965　1627
養知書屋文集二十八卷　(清)郭嵩燾撰　清光緒十八年(1892)刻本　十二册

120000－0381－0001966　1628
退一步齋文集四卷　(清)方濬師撰　(清)呂景端編校　清光緒十八年(1892)聚珍版鉛印本　四册

120000－0381－0001967　1629
存誠齋文集十二卷　(清)何日愈撰　清同治五年(1866)皖江藩署刻本　四册

120000－0381－0001968　1630
柳南詩鈔十卷文鈔六卷　(清)王應奎撰　清虞山王氏刻本　二册

120000－0381－0001969　1631
儲遯菴文集十二卷　(清)儲方慶撰　清光緒二年(1876)刻本　六册

120000－0381－0001970　1632
金忠節公文集四卷　(明)金聲撰　清嘉慶五年(1800)刻本　四册

120000－0381－0001971　1633
陶學士先生文集二十卷事蹟一卷　(明)陶安撰　(明)張祐校　清刻本　五册

120000－0381－0001972　1634
月齋文集八卷詩集四卷　(清)張穆撰　清咸豐八年(1858)刻本　四册

120000－0381－0001973　1635
儀衛軒文集十二卷文外集一卷年譜一卷　(清)方東樹撰　清同治七年(1868)刻本

四册

120000－0381－0001974　1636

岳忠武王文集八卷首一卷末一卷　（宋）岳飛撰　（清）黄邦寧纂　清嘉慶二十二年（1817）刻本　四册

120000－0381－0001975　1637

沈下賢文集十二卷　（唐）沈亞之撰　清光緒二十一年（1895）刻本　四册

120000－0381－0001976　1638

左海文集十卷　（清）陳壽祺撰　清道光刻本　八册

120000－0381－0001977　1639

三魚堂文集十二卷外集六卷全集附録一卷賸言十二卷　（清）陸隴其撰　清同治七年（1868）武林薇署刻本　六册

120000－0381－0001978　1640

青虚山房集十一卷　（清）王苣孫撰　清光緒十九年（1893）刻本　六册

120000－0381－0001979　1641

因寄軒文初集十卷二集六卷補遺一卷　（清）管同撰　**小異遺文一卷**　（清）管嗣復撰　清光緒五年（1879）刻本　四册

120000－0381－0001980　1642

通甫類稿四卷續編二卷通父詩存四卷通父詩存之餘二卷補過軒四書文一卷右軍年譜一卷　（清）魯一同撰　清咸豐九年（1859）刻本　八册

120000－0381－0001981　1643

擕雪堂全集　（清）吴可讀著　清光緒十九年（1893）刻本　四册

120000－0381－0001982　1644

王子安全集十六卷　（唐）王勃撰　清光緒五年（1879）華陽醉經堂刻本　四册

120000－0381－0001983　1645

存悔齋集二十八卷外集四卷　（清）劉鳳誥撰　清道光刻本　八册

120000－0381－0001984　1646

桐城吴氏古文讀本十三卷　（清）吴汝綸評選　清光緒二十九年（1903）華北書局鉛印本　四册

120000－0381－0001985　1647

貞居先生詩集七卷補遺二卷附録二卷　（元）張雨撰　清光緒二十三年（1897）八千卷樓刻本　四册

120000－0381－0001986　1648

犢山類藁六卷　（清）周鎬撰　清嘉慶十年（1805）啟秀堂刻本　三册

120000－0381－0001987　1649

兩浙輶軒録四十卷　（清）阮元輯　清嘉慶六年（1801）仁和朱氏碧溪草堂錢塘陳氏種榆仙館合刻本　十九册　存三十八卷（一至三十八）

120000－0381－0001988　1650

甘泉鄉人稿二十四卷　（清）錢泰吉撰　清光緒十一年（1885）刻本　五册

120000－0381－0001989　1651

柈湖文集十二卷　（清）吴敏樹撰　清光緒十九年（1893）思賢講舍刻本　四册

120000－0381－0001990　1652

存研樓文集十六卷　（清）儲大文撰　清光緒元年（1875）静遠堂刻本　八册

120000－0381－0001991　1653

吴學士詩集五卷文集五卷　（清）吴鼒撰　清光緒八年（1882）江甯藩署刻本　六册

120000－0381－0001992　1654

潄六山房文集十二卷　（清）郝植恭撰　清光緒四年（1878）刻本　六册

120000－0381－0001993　1655

曾惠敏公文集五卷　（清）曾紀澤撰　清光緒十九年（1893）江南製造總局鉛印本　二册

120000－0381－0001994　1656

東萊集註類編觀瀾文集甲集二十五卷乙集二十五卷丙集二十卷附考　（宋）林之奇編　清光緒十年（1884）影刻本　十二册

120000－0381－0001995　1657
節孝先生文集三十卷節孝集事實一卷語錄一卷　(宋)徐積撰　清宣統三年(1911)刻本　六冊

120000－0381－0001996　1658
忠雅堂文集十二卷　(清)蔣士銓撰　清刻本　八冊

120000－0381－0001997　1659
復初齋文集三十四卷　(清)翁方綱撰　清光緒三年(1877)李彥章刻本　十冊

120000－0381－0001998　1660
陳學士文集十八卷　(清)陳儀甫撰　清乾隆十八年(1753)蘭雪齋刻本　八冊

120000－0381－0001999　1661
龍川先生文集三十卷　(宋)陳亮撰　抄本　七冊　存十四卷(十七至三十)

120000－0381－0002000　1662
藝風堂文集七卷外篇一卷　繆荃孫撰　清光緒二十六年至二十七年(1900－1901)刻本　四冊

120000－0381－0002001　1663
石笥山房集六卷補遺一卷詩集十一卷補遺二卷續補遺二卷　(清)胡天游撰　清咸豐二年(1852)刻本　十冊

120000－0381－0002002　1664
崇百藥齋文集二十卷　(清)陸繼輅撰　清光緒四年(1878)刻本　六冊

120000－0381－0002003　1665
青溪舊屋文集十一卷　(清)劉文淇撰　清光緒九年(1883)刻本　二冊

120000－0381－0002004　1666
砥齋集十二卷　(清)王弘撰　清光緒二十年(1894)敬義堂刻本　六冊

120000－0381－0002005　1667
思適齋集十八卷　(清)顧廣圻撰　清道光二十九年(1849)上海徐氏刻本　四冊

120000－0381－0002006　1668
隨園詩話補遺十卷　(清)袁枚輯撰　清嘉慶刻隨園詩話叢書本　四冊

120000－0381－0002007　1669
海嶽軒叢刻　(清)杜俞撰　清光緒三十三年(1907)鉛印本　五冊

120000－0381－0002008　1670
紅樓夢一百二十回　(清)曹雪芹　(清)高鶚撰　(清)王希廉評　清道光十二年(1832)刻本　二十四冊

120000－0381－0002009　1671
東坡和陶詩一卷　(宋)蘇軾撰　清刻本　一冊

120000－0381－0002010　1672
文心雕龍十卷　(南朝梁)劉勰撰　(清)黃叔琳輯注　清乾隆六年(1741)養素堂刻本　二冊

120000－0381－0002011　1673
文心雕龍十卷　(南朝梁)劉勰著　清光緒三年(1877)湖北崇文書局刻本　二冊

120000－0381－0002012　1674
歷代詩話二十七種五十七卷附考索一卷　(清)何文煥輯　清乾隆三十五年(1770)刻本　十冊

120000－0381－0002013　1675
古文辭類纂七十五卷　(清)姚鼐撰　清光緒二十七年(1901)滁州李氏求要堂刻本　十二冊

120000－0381－0002014　1676
明詩紀事一百八十七卷　陳田輯　清光緒二十五年(1899)陳氏聽詩齋刻本　三十八冊

120000－0381－0002015　1677
詩賦標準不分卷　(清)張端卿編輯　清光緒十一年(1885)彩色套印本　一冊

120000－0381－0002016　1678
杜詩詳注二十五卷首一卷附錄一卷　(唐)杜甫撰　(清)仇兆鼇輯注　清刻本　八冊　缺三卷(四、八至九)

120000－0381－0002017　1679
晨風閣叢書二十二種四十七卷　沈宗畸輯　清宣統元年(1909)刻本　十六册

120000－0381－0002018　1680
續古文辭類纂二十八卷　(清)黎庶昌纂　清光緒二十一年(1895)金陵狀元閣刻本　十二册

120000－0381－0002019　1681
絕妙好詞箋七卷　(宋)周密輯　(清)查為仁　(清)厲鶚箋　清乾隆十五年(1750)刻本　二册

120000－0381－0002020　1682
蓮西律賦二卷　(清)王維珍撰　清同治元年(1862)刻本　二册

120000－0381－0002021　1683
館律分韻初編六卷　(清)春暉閣主人輯　清光緒十四年(1888)石印本　六册

120000－0381－0002022　1684
寥山樵唱二卷　(清)侯紹瀛撰　清光緒五年(1879)刻本　一册

120000－0381－0002023　1685
散原精舍詩二卷　陳三立撰　清宣統元年(1909)鉛印本　二册

120000－0381－0002024　1686
御製圓明園圖詠　(清)高宗弘曆撰　(清)鄂爾泰等注　清光緒十三年(1887)石印書屋石印本　二册

120000－0381－0002025　1687
御製圓明園圖詠　(清)高宗弘曆撰　(清)鄂爾泰等注　清光緒十三年(1887)石印書屋石印本　二册

120000－0381－0002026　1688
詩鐘鳴盛集初編十卷　沈宗畸輯　清光緒三十四年(1908)著涒吟社鉛印本　一册

120000－0381－0002027　1689
奉使車臣汗記程詩三卷　(清)延清撰　清光緒宣統元年(1909)鉛印本　三册

120000－0381－0002028　1690
楹聯集錦八卷　(清)梁章鉅輯　清光緒五年(1879)刻本　一册　存四卷(一至四)

120000－0381－0002029　1691
楹聯叢話十二卷　(清)梁章鉅輯　清道光二十年(1840)刻本　六册

120000－0381－0002030　1692
楹聯續話四卷　(清)梁章鉅輯　清道光二十三年(1843)刻本　二册

120000－0381－0002031　1693
濂洛風雅九卷　(清)張伯行訂　(清)魏廖徵校　清康熙四十七年(1708)正誼堂刻本　二册

120000－0381－0002032　1694
百美新詠一卷百美集詠一卷百美圖傳一卷　(清)顏希源輯　清嘉慶十年(1805)刻本　四册

120000－0381－0002033　1695
述祖詩一卷哀絃集一卷　(清)尤侗撰　清康熙刻西堂全集本　一册

120000－0381－0002034　1696
詩夢鐘聲錄一卷　(□)□□撰　清光緒刻本　一册

120000－0381－0002035　1697
宋元名家詞十五種十七卷　(清)江標輯　清光緒二十一年(1895)湖南思賢書局刻本　四册

120000－0381－0002036　1698
曝書亭集二十三卷　(清)朱彝尊撰　(清)孫銀槎輯注　清嘉慶九年(1804)刻本　五册

120000－0381－0002037　1699
西堂剩稾二卷西堂秋夢錄一卷　(清)尤侗撰　清康熙刻西堂全集本　一册

120000－0381－0002038　1700
風雨吟草不分卷　(清)席子研撰　清光緒二十九年(1903)四川文綸書局鉛印本　一册

120000－0381－0002039　1701

感秋吟不分卷　(清)江峯青撰　清光緒三十一年(1905)石印本　一冊

120000－0381－0002040　1702
劫火紀焚不分卷　(清)寒食生撰　清光緒十一年(1885)上海萃珍齋活字本　一冊

120000－0381－0002041　1703
萃錦吟十八卷　(清)奕訢撰　清光緒刻本　一冊　存三卷(二至四)

120000－0381－0002042　1704
對影閒吟草十二卷　(清)裘寶善輯　清咸豐七年(1857)刻本　六冊

120000－0381－0002043　1705
陔蘭餘草試帖二卷續編一卷　(清)李馨桂撰　清光緒二十一年(1895)刻本　二冊

120000－0381－0002044　1706
清綺軒詞選十三卷　(清)夏秉衡選　清光緒二十一年(1895)刻本　四冊

120000－0381－0002045　1707
似昇長生冊　周嵩堯輯著　清宣統三年(1911)刻本　二冊

120000－0381－0002046　1708
擬明史樂府一百首　(清)尤侗撰　(清)尤珍注　清康熙刻西堂全集本　一冊

120000－0381－0002047　1709
西漚試帖輯註二卷　(清)李惺撰　(清)張熙宇評　(清)王植桂注　清刻本　一冊

120000－0381－0002048　1710
山谷詩集注二十卷目錄一卷別集二卷　(宋)黄庭堅撰　清光緒二十一年至二十五年(1895－1899)刻本　十冊　缺二卷(九至十)

120000－0381－0002049　1711
山谷詩集注二十卷目錄一卷別集二卷　(宋)黄庭堅撰　清光緒二十一年至二十五年(1895－1899)刻本　十一冊

120000－0381－0002050　1712
山谷詩集注二十卷目錄一卷外集十七卷別集二卷　(宋)黄庭堅撰　清光緒二十一年至二十五年(1895－1899)刻本　二十冊

120000－0381－0002051　1713
雙名錄不分卷　(清)史夢蘭撰　清末刻本　一冊

120000－0381－0002052　1714
航海吟草一卷　(清)奕譞撰　清光緒十三年(1887)上海同文書局影印本　一冊

120000－0381－0002053　1715
簡學齋試帖輯註一卷　(清)陳沆撰　(清)張熙宇輯評　(清)王植桂輯註　清同治、光緒刻本　一冊

120000－0381－0002054　1716
尚絅堂試帖輯註一卷　(清)劉嗣綰撰　(清)張熙宇輯評　(清)王植桂輯註　清同治、光緒刻本　一冊

120000－0381－0002055　1717
玉臺新詠十卷　(南朝陳)徐陵輯　清刻本　四冊

120000－0381－0002056　1718
白石道人歌曲四卷別集一卷補遺一卷　(宋)姜夔撰　清光緒十年(1884)娛園刻本　一冊

120000－0381－0002057　1719
粵臺秋唱一卷　(清)元覺居士輯　清宣統元年(1909)心了齋鉛印本　一冊

120000－0381－0002058　1720
西堂雜組二集八卷三集八卷　(清)尤侗撰　清康熙刻西堂全集本　四冊

120000－0381－0002059　1721
西堂小草一卷論語詩一卷右北平集一卷　(清)尤侗撰　清康熙刻西堂全集本　一冊

120000－0381－0002060　1722
湘中草六卷　(清)尤侗撰　清康熙刻西堂全集本　一冊

120000－0381－0002061　1723
一葦編不分卷竹坪言懷二集竹坪詩鈔二卷　(清)朱潤雨撰　清乾隆刻本　一冊

120000－0381－0002062　1724
宋四六選二十四卷　(清)曹振鏞編　清乾隆四十一年(1776)刻本　十二册

120000－0381－0002063　1725
宋詩紀事一百卷　(清)厲鶚　(清)馬曰琯輯　清乾隆十一年(1746)刻本　十二册

120000－0381－0002064　1726
嶺南集八卷　(清)杭世駿撰　清刻本　二册

120000－0381－0002065　1727
海叟詩集四卷附錄一卷　(明)袁凱著　(清)曹炳曾輯　清宣統三年(1911)江西印刷局石印本　二册

120000－0381－0002066　1728
檉華館試帖彙鈔輯注十卷　(清)路德編　清道光二十七年(1847)聚錦旭刻本　十册

120000－0381－0002067　1729
三蘇策論十二卷　(宋)蘇洵著　(清)張紹齡編　清宣統三年(1911)石印本　一册

120000－0381－0002068　1730
桤園四種　(清)龔少蓮著　清咸豐五年(1855)刻本　四册

120000－0381－0002069　1731
清儀閣題跋不分卷　(清)張廷濟撰　清光緒十九年(1893)刻本　四册

120000－0381－0002070　1732
西河合集十種五十四卷　(清)毛奇齡撰　清康熙刻本　十一册

120000－0381－0002071　1733
晉司隸校尉傅玄集三卷　(晉)傅玄撰　葉德輝輯　清光緒二十八年(1902)葉氏觀古堂刻本　一册

120000－0381－0002072　1734
看雲草堂集八卷　(清)尤侗撰　清康熙刻西堂全集本　一册

120000－0381－0002073　1735
環天室古近體詩類選五卷後集一卷　曾廣鈞撰　清宣統元年(1909)刻本　三册

120000－0381－0002074　1736
環天室詩外集一卷　曾廣鈞撰　清末刻本　一册

120000－0381－0002075　1737
知止齋詩集十六卷　(清)翁心存撰　清光緒三年(1877)刻本　四册

120000－0381－0002076　1738
道援堂詩集十三卷　(清)屈大均撰　清道援堂刻本　八册

120000－0381－0002077　1739
陶靖節詩集四卷　(晉)陶潛撰　(清)蔣薰評　清同文山房刻本　一册

120000－0381－0002078　1740
養知書屋詩集十五卷　(清)郭嵩燾撰　清光緒十八年(1892)刻本　四册

120000－0381－0002079　1741
澤雅堂詩集六卷　(清)施補華撰　清同治十二年(1873)刻本　二册

120000－0381－0002080　1742
缾水齋詩集十七卷詩別集二卷　(清)舒位撰　清嘉慶刻本　八册

120000－0381－0002081　1743
欣遇齋詩鈔十六卷資鏡錄二卷年譜一卷　(清)沈峻編　清咸豐四年(1854)刻本　八册

120000－0381－0002082　1744
適齋詩集四卷惕盦年譜一卷　(清)崇實編　清光緒三年(1877)刻本　二册

120000－0381－0002083　1745
古文辭類纂七十四卷　(清)姚鼐撰　清光緒三十三年(1907)上海商務印書館鉛印本　四册　存三十四卷(一至三十四)

120000－0381－0002084　1746
古文辭類纂七十四卷　(清)姚鼐撰　**續古文辭類纂三十四卷**　王先謙撰　清光緒三十三年(1907)上海商務印書館鉛印本　十册　存五十四卷(古文辭類纂一至二十四、三十五至五十四、六十五至七十四)

120000－0381－0002085　1747
永康詩録十七卷首一卷補遺一卷　(清)陳鳳巢編纂　清咸豐元年(1851)雨香山房刻本　四册

120000－0381－0002086　1748
劉註七家詩十二卷　(清)劉培棠　(清)劉鍾英輯註　清光緒十五年(1889)天津李文焕刻本　十二册

120000－0381－0002087　1749
劉註七家詩十二卷　(清)劉培棠　(清)劉鍾英輯註　清光緒十五年(1889)天津李文焕刻本　十二册

120000－0381－0002088　1750
翁山詩外二十卷　(清)屈大均撰　清宣統二年(1910)國學扶輪社鉛印本　十二册

120000－0381－0002089　1751
十八家詩鈔二十八卷　(清)曾國藩輯　清同治十三年(1874)傳忠書局刻曾文正公全集本　二十四册

120000－0381－0002090　1752
伏敔堂詩録十五卷首一卷附録一卷續録二卷　(清)江湜撰　清同治二年(1863)刻本　四册

120000－0381－0002091　1753
香蘇山館詩鈔三十六卷　(清)吳嵩梁撰　清嘉慶刻本　十册

120000－0381－0002092　1754
長安宫詞一卷　(清)胡延撰　清光緒二十八年(1902)刻本　一册

120000－0381－0002093　1755
俞俞齋詩稿初集二卷詩餘一卷　(清)史念祖撰　清光緒三十二年(1906)廣陵刻本　二册

120000－0381－0002094　1756
消夏百一詩二卷　葉德輝撰　清光緒三十四年(1908)長沙葉氏觀古堂刻本　一册

120000－0381－0002095　1757
嶺雲齋詩草一卷　(清)遐齡撰　清光緒十一年(1885)石印本　一册

120000－0381－0002096　1758
千里樓詩草一卷　(清)周維德撰　清光緒二年(1876)刻本　一册

120000－0381－0002097　1759
亨甫詩選八卷　(清)張際亮撰　清光緒八年(1882)刻本　四册

120000－0381－0002098　1760
琳齋詩稿七卷　(清)王景彝撰　清光緒十六年(1890)寶善書屋刻本　六册

120000－0381－0002099　1761
漁山詩草二卷　(清)邊汝元撰　清前期刻本　二册

120000－0381－0002100　1762
古詩源不分卷　(清)沈德潛選　抄本　六册存(古逸詩、漢詩、晉詩、宋詩、梁詩)

120000－0381－0002101　1763
雅聲樓詩草不分卷　葉圭縉撰　抄本　一册

120000－0381－0002102　1764
惜道味齋説詩稿　(□)□□抄　抄本　一册

120000－0381－0002103　1765
水田居存詩三卷　(清)賀貽孫撰　清同治九年(1870)敕書樓刻本　二册

120000－0381－0002104　1766
蠶尾續文二十卷　(清)王士禛撰　清康熙刻帶經堂集本　十册

120000－0381－0002105　1767
御選唐宋詩醇四十七卷目録二卷　(清)高宗弘曆選　清乾隆四色套印本　二十四册

120000－0381－0002106　1768
全唐詩九百卷　(清)曹寅等輯　清康熙刻本　九十册

120000－0381－0002107　1769
烟嶼樓詩集十八卷　(清)徐時棟撰　**重刻遊杭合集一卷**　(清)徐元第　(清)徐時棟撰　清同治六年(1867)葉氏虎胛山房刻本　四册

120000－0381－0002108　1770
退思軒詩集六卷補遺一卷　(清)張百熙著　(清)王式通校　清宣統三年(1911)武昌刻本　二冊

120000－0381－0002109　1771
壹齋集二十五卷　(清)黄鉞撰　清嘉慶刻本　四冊

120000－0381－0002110　1772
蠹窓二集六卷　(清)張令儀撰　清乾隆刻本　一冊　存三卷(一至三)

120000－0381－0002111　1773
于京集五卷　(清)尤侗撰　清康熙刻西堂全集本　一冊

120000－0381－0002112　1774
粟香隨筆八卷　金武祥撰　清光緒七年(1881)羊城刻粟香室叢書本　一冊　存二卷(一至二)

120000－0381－0002113　1775
讀書雜志十種八十二卷餘編二卷　(清)王念孫撰　清光緒二十年(1894)上海醉六堂石印本　八冊

120000－0381－0002114　1776
紅粟山莊詩六卷詩續六卷詩餘一卷　(清)朱實善撰　清同治九年(1870)福州刻本　四冊

120000－0381－0002115　1777
唐詩三百首註釋六卷　(清)蘅塘退士編　(清)章燮註　**唐詩三百首續選一卷**　(清)于慶元編　清光緒十六年(1890)石渠山房刻本　六冊　存四卷(註釋一至二、五至六)

120000－0381－0002116　1778
退一步草堂詩鈔一卷詞鈔一卷小唱一卷　(清)王玉驥著　(清)王淑湘校字　清光緒鉛印本　一冊

120000－0381－0002117　1779
李長吉歌詩四卷詩外集一卷首一卷　(唐)李賀撰　(清)王琦彙解　清乾隆二十五年(1760)寶笏樓刻本　四冊

120000－0381－0002118　1780
國朝閨秀正始集二十卷附錄一卷補遺一卷題詞一卷　(清)惲珠輯　清道光十一年(1831)紅香館刻本　六冊

120000－0381－0002119　1781
國朝閨秀正始續集十卷附錄一卷補遺一卷挽詞一卷　(清)惲珠輯　清道光十六年(1836)紅香館刻本　四冊

120000－0381－0002120　1782
杜詩鏡銓二十卷年譜一卷附錄一卷　(唐)杜甫撰　(清)楊倫編　**讀書堂杜工部文集註解二卷**　(清)張溍撰　清光緒十八年(1892)鉛印本　六冊

120000－0381－0002121　1783
曲園褉纂五十卷　(清)俞樾撰　清光緒二十五年(1899)春在堂全書刻本　九冊

120000－0381－0002122　1784
中州集十卷首一卷　(金)元好問集　明末毛氏汲古閣刻本　二十冊

120000－0381－0002123　1785
金詩選四卷　(清)顧奎光輯　清乾隆十六年(1751)刻本　四冊

120000－0381－0002124　1786
蘭皋風雅十二卷　(明)江伯容選輯　清乾隆三十四年(1769)刻本　六冊

120000－0381－0002125　1787
宋六十名家詞　(明)毛晉輯　清光緒十四年(1888)錢塘汪氏刻本　三十冊

120000－0381－0002126　1788
金源紀事詩八卷　(清)湯運泰撰　(清)湯顯業　(清)湯顯幹注　清嘉慶十八年(1813)刻本　四冊

120000－0381－0002127　1789
待輶集二卷　(清)石方洛撰　清光緒三十年(1904)刻本　一冊

120000－0381－0002128　1790
陋軒詩十二卷詩續二卷　(清)吳嘉紀撰　清

道光二十年(1840)泰州夏氏刻本　六冊

120000－0381－0002129　1791
增廣事聯詩學大成三十卷　(□)□□撰　元至正二年(1342)日新書院刻本　六冊　存十五卷(十六至三十)

120000－0381－0002130　1792
吳詩集覽二十卷　(清)靳榮藩輯　清乾隆凌雲亭刻本　十六冊

120000－0381－0002131　1793
明詩綜一百卷　(清)朱彝尊輯　(清)汪森評　清清來堂刻本　四十冊

120000－0381－0002132　1794
鐵網珊瑚二十卷　(明)都穆撰　清乾隆二十三年(1758)刻本　四冊

120000－0381－0002133　1795
二初齋讀書記十卷首一卷　(清)倪思寬撰　清嘉慶八年(1803)涵和堂刻本　二冊

120000－0381－0002134　1796
樂府詩集一百卷目錄二卷　(宋)郭茂倩輯　清光緒刻本　十五冊　缺一卷(目錄上)

120000－0381－0002135　1797
林文忠公遺集三種　(清)林則徐撰　清光緒三年至五年(1877－1879)刻本　一冊

120000－0381－0002136　1798
百末詞五卷詞餘一卷　(清)尤侗撰　清康熙刻西堂全集本　一冊

120000－0381－0002137　1799
石林詞一卷　(宋)葉夢得撰　清宣統三年(1911)葉氏觀古堂刻本　一冊

120000－0381－0002138　1800
菊花詞一卷鴻爪詞一卷哀絲豪竹詞一卷集牡丹亭詞一卷香草詞五卷香草詞補遺一卷香草詞附録一卷　(清)陳鍾祥撰　清咸豐十年(1860)趣園初集刻本　一冊

120000－0381－0002139　1801
全五代詩一百卷　(清)李調元輯　清味蘭齋刻本　六冊　存二十五卷(二十二至四十六)

120000－0381－0002140　1802
耕織圖二卷四十六幅　(清)焦秉貞繪　清康熙刻本　二冊

120000－0381－0002141　1803
耕織圖二卷四十六幅　(清)焦秉貞繪　清康熙刻本　一冊

120000－0381－0002142　1804
耕織圖二卷四十六幅　(清)焦秉貞繪　清康熙刻本　二冊

120000－0381－0002143　1805
琴隱園詩集三十六卷詞集四卷　(清)湯貽汾撰　清光緒元年(1875)刻本　八冊

120000－0381－0002144　1806
自然好學齋詩鈔十卷　(清)汪端撰　清同治十三年(1874)刻本　三冊

120000－0381－0002145　1807
稻花齋詩鈔十四卷　(清)方于穀輯　清嘉慶二十二年(1817)刻本　八冊

120000－0381－0002146　1808
曾文正公詩集四卷　(清)曾國藩撰　清同治十三年(1874)傳忠書局刻本　一冊

120000－0381－0002147　1809
郘亭詩鈔六卷　(清)莫友芝撰　清咸豐二年(1852)刻本　一冊

120000－0381－0002148　1810
容甫先生遺詩六卷附錄一卷　(清)汪中撰　清光緒二十六年(1900)刻鶕齋刻本　一冊

120000－0381－0002149　1811
裘文達公詩集六卷奏議不分卷　(清)裘曰修撰　清刻本　二冊

120000－0381－0002150　1812
天真閣集三十二卷　(清)孫原湘撰　**長真閣集三卷**　(清)席佩蘭　清光緒十七年(1891)刻本　十冊

120000－0381－0002151　1813
苑西集十二卷　(清)高士奇撰　清康熙二十九年(1690)刻本　一冊

120000－0381－0002152　1814
夢緣草堂詩鈔十二卷附錄一卷末一卷　(清)蔡壽祺撰　清咸豐七年(1857)娜環別館刻本　六冊

120000－0381－0002153　1815
漁洋山人詩集二十二卷　(清)王士禛撰　清康熙八年(1669)吴郡沂詠堂刻本　四冊

120000－0381－0002154　1816
苔岑集初刊　(清)蔣榮渭輯　清道光三十年(1850)吴縣蔣氏味清堂刻本　八冊

120000－0381－0002155　1817
向湖邨舍詩初集十二卷　(清)趙藩撰　清光緒十四年(1888)刻本　二冊

120000－0381－0002156　1818
東洲艸堂詩鈔二十七卷詩餘一卷　(清)何紹基撰　清同治六年(1867)長沙無園刻本　六冊

120000－0381－0002157　1819
蘇文忠公詩集五十卷　(宋)蘇軾撰　清同治八年(1869)韞玉山房刻朱墨套印本　十二冊

120000－0381－0002158　1820
五百四峯堂詩鈔二十五卷　(清)黎簡撰　清嘉慶元年(1796)廣州儒雅堂刻本　八冊

120000－0381－0002159　1821
蘀石齋詩集五十卷　(清)錢載撰　清刻本　八冊

120000－0381－0002160　1822
花宜館詩鈔十六卷詩鈔續存二卷　(清)吴振棫撰　清同治四年(1865)刻本　六冊

120000－0381－0002161　1823
齊莊中正堂詩鈔十七卷首一卷　(清)殷兆鏞撰　清光緒五年(1879)刻本　四冊

120000－0381－0002162　1824
果園詩鈔十卷　(清)郭恩孚撰　清光緒三十三年(1907)京都松華齋刻本　二冊

120000－0381－0002163　1825
六齋詩存二卷　(清)丁善寶撰　清光緒九年(1883)刻本　二冊

120000－0381－0002164　1826
吴徵君蓮洋詩鈔不分卷　(清)吴雯撰　清乾隆三十二年(1767)刻本　四冊

120000－0381－0002165　1827
五百四峯堂詩鈔二十五卷　(清)黎簡撰　清嘉慶元年(1796)衆香亭刻本　七冊

120000－0381－0002166　1828
抱沖齋詩集三十六卷　(清)斌良撰　清道光二十九年(1849)袁浦官署刻本　四冊　存十二卷(一至十二)

120000－0381－0002167　1829
永平詩存二十四卷　(清)史夢蘭輯　清同治十年(1871)刻本　四冊　存十五卷(五至七、十三至二十四)

120000－0381－0002168　1830
唐詩三百首續選不分卷　(清)于慶元輯　清道光刻本　一冊

120000－0381－0002169　1831
唐中興間氣集二卷　(唐)高仲武輯　清武進費氏刻本　二冊

120000－0381－0002170　1832
金華叢書　(清)胡鳳丹輯　清同治、光緒永康胡氏退補齋刻本　六十五冊

120000－0381－0002171　1833
金華詩錄六十卷外集六卷别集四卷　(清)朱琰等撰　清乾隆三十八年(1773)刻本　三十六冊

120000－0381－0002172　1834
函海叢書　(清)李調元輯　清光緒七年至八年(1881－1882)樂道齋刻本　二百十六冊　缺四函(四、十六、二十六、三十六)

120000－0381－0002173　1835
春在堂全書三十五種　(清)俞樾撰　清光緒二十五年(1899)刻本　八十六冊

120000－0381－0002174　1836
朔方備乘六十八卷首十二卷　(清)何秋濤撰

輯　清光緒七年(1881)石印本　八冊

120000－0381－0002175　1837
金華詩萃十二卷附姓氏傳略一卷　(明)阮元聲評選　(明)戴應鰲編次　明崇禎五年(1632)刻本　六冊

120000－0381－0002176　1838
金華文略二十卷　(清)王崇炳撰　抄本　十八冊

120000－0381－0002177　1839
金華徵獻畧二十卷　(清)王崇炳撰　(清)黄廷元較訂　清雍正十年(1732)刻本　八冊

120000－0381－0002178　1840
庚子教會華人流血史六卷　(清)柴連馥編　清宣統三年(1911)藍格抄本　六冊

120000－0381－0002179　1841
金華文略二十卷　(清)王崇炳撰　清乾隆七年(1742)刻本　十六冊

120000－0381－0002180　1842
金華文徵二十卷附姓氏傳略一卷　(明)阮元聲評選　(明)戴應鰲編次　明崇禎刻本　十六冊

120000－0381－0002181　1843
麗廔叢書八種　葉德輝輯　清光緒三十三年(1907)長沙葉氏刻本　八冊

120000－0381－0002182　1844
平津館叢書　(清)孫星衍輯　清嘉慶蘭陵孫氏刻本　六十六冊

120000－0381－0002183　1845
武林掌故叢編　(清)丁丙輯　清光緒嘉惠堂丁氏刻本　二百十冊

120000－0381－0002184　1846
翠微山房數學十五種三十八卷　(清)張作楠撰輯　清光緒息園刻本　五冊

120000－0381－0002185　1847
咫進齋叢書三集三十七種　(清)姚覲元輯　清光緒九年(1883)歸安姚氏刻本　十八冊

120000－0381－0002186　1848
初眞戒說一卷　(□)□□撰　清刻本　一冊

120000－0381－0002187　1849
三壇圓滿天仙大戒畧說一卷　(清)柳守元撰　清刻本　一冊

120000－0381－0002188　1850
守戒必持一卷　(□)□□撰　清刻本　一冊

120000－0381－0002189　1851
中極戒一卷　(□)□□撰　清刻本　一冊

120000－0381－0002190　1852
圜天圖說三卷續編二卷　(清)李明徹撰　清嘉慶、道光刻本　五冊

120000－0381－0002191　1853
天文歌略一卷地學歌略一卷　(清)葉瀾　(清)葉瀚著　清光緒二十四年(1898)沔陽盧氏慎始基齋叢書本　一冊

120000－0381－0002192　1854
御製曆象考成上編十六卷下編十卷　(清)允祿等纂　清康熙刻本　十五冊

120000－0381－0002193　1855
增補事類統編九十三卷首一卷　(清)黄葆真輯　清光緒十四年(1888)上海積山書局石印本　十二冊

120000－0381－0002194　1856
國朝掌故　(清)陳鴻緒編　清光緒三十年(1904)北洋武備研究所鉛印本　一冊

120000－0381－0002195　1857
教務紀略四卷首一卷末一卷　(清)李剛己撰　(清)魏家驊等修訂　清光緒三十一年(1905)南洋官報局刻本　五冊

120000－0381－0002196　1858
敕封河神大王將軍傳不分卷　(清)徐渭撰　清光緒七年(1881)刻本　一冊

120000－0381－0002197　1859
六經天文編二卷　(宋)王應麟撰　清光緒十年(1884)成都志古堂刻本　一冊

120000－0381－0002198　1860
金華文徵二十卷　(明)阮元聲　(明)高倬原選　(明)楊德周原訂　(明)戴應鰲原編　(清)胡月樵重校　清抄本　十册　存十九卷(一至十九)

120000－0381－0002199　1861
金華徵獻略二十卷　(清)王崇炳撰　(清)胡月樵校　清抄本　八册

120000－0381－0002200　1862
蔚思堂叢書五種四十三卷　(清)應曙霞輯　清道光二十年(1840)蔚思堂刻本　十册

120000－0381－0002201　1863
張氏適園叢書初集七種　張鈞衡輯　清宣統三年(1911)上海國學扶輪社鉛印本　十册

120000－0381－0002202　1864
龐居士語録二卷　(清)于頔編　清咸豐元年(1851)普會寺刻本　一册

120000－0381－0002203　1865
高僧傳初集十五卷　(南朝梁)釋慧皎撰　清光緒十年(1884)刻本　四册

120000－0381－0002204　1866
格物入門七卷　(美國)丁韙良撰　清同治七年(1868)京都同文館刻本　七册

120000－0381－0002205　1867
九數存古九卷　(清)顧觀光撰　清光緒十八年(1892)江蘇書局刻本　四册

120000－0381－0002206　1868
陸軍軍官學堂速成科學員第一次野外戰術記事録　應雄圖撰　清光緒三十三年(1907)影印本　一册

120000－0381－0002207　1869
奏定懲治陸軍漏洩機密等項章程　(清)亦劻撰　清光緒三十四年(1908)湖北教練處鉛印本　一册

120000－0381－0002208　1870
海軍號衣圖說　(清)□□撰　清光緒十五年(1889)天津海軍公所石印本　一册

120000－0381－0002209　1871
吳門畫舫續録一卷續録紀事一卷　(清)箇中生編　**續板橋雜記三卷**　(清)珠泉居士著　清光緒四年(1878)鉛印本　一册

120000－0381－0002210　1872
簡易數學課本二編　(□)□□撰　清光緒三十二年(1906)上海商務印書館鉛印本　四册

120000－0381－0002211　1873
平面三角學　軍官學堂編輯　清宣統二年(1910)石印本　一册

120000－0381－0002212　1874
三角學問題集　軍官學堂編輯　清宣統二年(1910)軍官學堂石印本　一册

120000－0381－0002213　1875
天文圖說四卷　(英國)柯雅各撰　(美國)摩嘉立　(清)薛承恩同譯　清光緒九年(1883)刻本　一册

120000－0381－0002214　1876
兵船礮法六卷　(美國)金楷理口譯　(清)朱恩錫筆述　清光緒刻本　三册

120000－0381－0002215　1877
宣統三年秋季大操總監處勤務條例　(清)載濤鑒定　清宣統三年(1911)鉛印本　一册

120000－0381－0002216　1878
徒弟須知皇朝對聯太上感應篇　(清)繼先書　清光緒二十二年(1896)抄本　一册

120000－0381－0002217　1879
礮乘新法三卷　舒高第口譯　(清)鄭昌棪筆述　清光緒江南製造總局鉛印暨石印本　五册

120000－0381－0002218　1880
漁洋山人詩集二十二卷　(清)王士禛撰　清康熙八年(1669)王漁洋遺書刻本　四册

120000－0381－0002219　1881
漁洋山人續集十六卷蠶尾集十卷蠶尾續集二卷蠶尾後集二卷南海集二卷雍益集一卷　(清)王士禛撰　清康熙八年(1669)王漁洋遺

書刻本　十二册

120000－0381－0002220　1882
漁洋山人精華録十卷　（清）王士禛撰　（清）林佶編　清康熙三十九年（1700）王漁洋遺書刻本　四册

120000－0381－0002221　1883
漁洋山人文略十四卷唐賢三昧集三卷　（清）王士禛輯　清王漁洋遺書刻本　六册

120000－0381－0002222　1884
十種唐詩選十七卷唐人萬首絶句選七卷（清）王士禛輯　清王漁洋遺書刻本　七册

120000－0381－0002223　1885
池北偶談二十六卷　（清）王士禛撰　清康熙四十年（1701）王漁洋遺書刻本　八册

120000－0381－0002224　1886
居易録三十四卷　（清）王士禛撰　清王漁洋遺書刻本　八册

120000－0381－0002225　1887
香祖筆記十二卷　（清）王士禛撰　清王漁洋遺書刻本　四册

120000－0381－0002226　1888
蜀道驛程記二卷皇華紀聞四卷粤行三志三卷秦蜀驛程後記二卷分甘餘話四卷　（清）王士禛撰　清王漁洋遺書刻本　六册

120000－0381－0002227　1889
長白山録一卷補遺一卷隴蜀餘聞一卷浯溪考二卷載書圖詩一卷謚法考一卷考功集選四卷抱山集選一卷古鉢集選一卷徐詩二卷　（清）王士禛撰　清王漁洋遺書刻本　九册

120000－0381－0002228　1890
迪功集選一卷蘇門集選一卷華泉先生集選四卷睡足軒詩選一卷蕭亭詩選六卷歷仕録一卷龍首集一卷剪桐載筆一卷清寤齋心賞編一卷（清）王士禛輯　清王漁洋遺書刻本　八册

120000－0381－0002229　1891
津門雜記三卷　（清）張燾撰　清光緒十年（1884）刻本　三册

120000－0381－0002230　1892
校邠廬抗議二卷　（清）馮桂芬撰　清光緒十年（1884）豫章刻本　二册

120000－0381－0002231　1893
山海經十八卷　（晉）郭璞傳　清光緒三年（1877）浙江書局刻本　三册

120000－0381－0002232　1894
武漢救煙社徵信録　（清）救煙社撰　清光緒三十四年（1908）刻本　一册

120000－0381－0002233　1895
王氏育材書塾第一次改良章程　王維泰撰　清光緒二十六年（1900）鉛印本　一册

120000－0381－0002234　1896
張宫保奏定出洋學生章程　（清）張之洞撰　清光緒二十九年（1903）鉛印本　一册

120000－0381－0002235　1897
小學實驗教育學四編　（日本）上田仲之助撰（清）編譯局譯行　清光緒二十九年（1903）學務處鉛印本　三册

120000－0381－0002236　1898
澄衷學堂章程　清光緒二十八年（1902）鉛印本　一册

120000－0381－0002237　1899
唐山路礦學堂現行章程　清宣統二年（1910）鉛印本　一册

120000－0381－0002238　1900
教育統論四卷　（日本）槙山榮次撰　（清）編譯局譯行　清光緒二十九年（1903）學務處排印局鉛印本　二册

120000－0381－0002239　1901
小學中史圖説　（清）劉秋濤編　清光緒三十一年（1905）天津石印本　一册　存一編（上編）

120000－0381－0002240　1902
發蒙彝訓二卷首一卷　（清）羅澤南撰　（清）王懷忠重訂　清光緒二年（1876）富文堂刻本　一册

120000－0381－0002241　1903

李氏蒙求補注六卷　（晉）李瀚撰　（清）金三俊補注　清乾隆刻本　一册

120000－0381－0002242　1904

增批輯注東萊博議四卷　（清）劉紫山輯注　清光緒三十一年（1905）鉛印本　三册

120000－0381－0002243　1905

蒙師箴言不分卷　（清）方瀏生撰　清光緒三十二年（1906）鉛印本　一册

120000－0381－0002244　1906

高等國文讀本八卷　唐文治編　清宣統二年（1910）文明書局鉛印本　七册　缺一卷（一）

120000－0381－0002245　1907

普通新歷史十章　普通學書室新編　清光緒二十九年（1903）鉛印本　一册

120000－0381－0002246　1908

女子國文教科書四卷　莊俞等編纂　清宣統三年（1911）商務印書館鉛印本　二册　存二卷（三至四）

120000－0381－0002247　1909

初等小學算術教科書　會文學社編譯所編輯　清光緒三十四年（1908）會文學社鉛印本　一册

120000－0381－0002248　1910

增訂格物入門七卷　（美國）丁韙良撰　清光緒十五年（1889）同文館影印本　七册

120000－0381－0002249　1911

最新高等小學筆算教科書教授法四卷　壽孝天　杜亞泉編纂　清光緒三十一年（1905）商務印書館鉛印本　二册　存二卷（三至四）

120000－0381－0002250　1912

酬世錦囊全集四種　（清）鄒景揚輯　清乾隆大德堂刻本　十二册

120000－0381－0002251　1913

昭代名人尺牘續集二十四卷　陶湘輯　清宣統三年（1911）石印本　二十册　存二十卷（一至二、四至十一、十三至十九、二十一至二十三）

120000－0381－0002252　1914

初等小學讀本四編　丁福保著　清光緒三十二年（1906）文明書局石印本　四册

120000－0381－0002253　1915

初等小學讀本四編　丁福保著　清光緒三十二年（1906）文明書局石印本　二册　存二編（二至三）

120000－0381－0002254　1916

最新中國歷史教科書　姚祖義編纂　清光緒三十四年（1908）商務印書館鉛印本　一册

120000－0381－0002255　1917

最新女子初等小學國文教科書　何琪編纂　清光緒三十三年（1907）廣東會文學社石印本　一册　存一卷（四）

120000－0381－0002256　1918

支那教學史略三卷　（日本）狩野良知撰　清光緒二十八年（1902）上海商務印書館鉛印本　一册

120000－0381－0002257　1919

法蘭西刑法四編　修訂法律大臣鑒定　清光緒三十三年（1907）法律館鉛印本　一册

120000－0381－0002258　1920

俄羅斯刑法十二卷　薩陰圖譯　清光緒三十一年（1905）官書局鉛印本　二册

120000－0381－0002259　1921

瑞士刑法二編　修訂法律大臣鑒定　清光緒三十三年（1907）法律館鉛印本　一册

120000－0381－0002260　1922

德意志刑法三編　修訂法律大臣鑒定　清光緒三十三年（1907）法律館鉛印本　一册

120000－0381－0002261　1923

德意志治罪法七編　清光緒三十四年（1908）鉛印本　一册

120000－0381－0002262　1924

兵站勤務不分卷　任衣洲譯　壽永康編　雷啓中修　清光緒三十三年（1907）軍官學堂影

印本　一册

120000－0381－0002263　1925

輜重勤務不分卷　邴仲共譯　壽永康編　曹元悌修　清光緒三十四年(1908)軍官學堂影印本　一册

120000－0381－0002264　1926

陸軍軍制綱領不分卷　伍士修撰　任衣洲譯　清光緒三十一年(1905)軍官學堂鉛印本　一册

120000－0381－0002265　1927

流沙訪古記不分卷　羅振玉輯　清宣統元年(1909)鉛印本　一册

120000－0381－0002266　1928

正誼堂全書六十八種　(清)張伯行輯　(清)楊浚重輯　清同治八年至九年(1869－1870)刻本　二百三十七册

120000－0381－0002267　1929

格言聯璧不分卷　(清)金纓輯　清光緒十六年(1890)仁濟善堂刻本　二册

120000－0381－0002268　1930

黑奴籲天録四卷　(美國)斯土活著　林紓等譯　清光緒二十七年(1901)文明書局刻本　四册

120000－0381－0002269　1931

黑奴籲天録四卷　(美國)斯土活著　林紓等譯　清光緒二十七年(1901)刻本　二册

120000－0381－0002270　1932

中外政治類編十五卷　(清)汪鳳藻編　清光緒二十五年(1899)上海圖書集成鉛印本　十二册

120000－0381－0002271　1933

光緒壬寅補行庚子辛丑恩正併科鄉墨　(清)□□輯　清光緒鉛印本　一册

120000－0381－0002272　1934

中外政俗異同攷　四明居士撰　清光緒二十四年(1898)石印本　二册

120000－0381－0002273　1935

日本裁判所構成法　(日本)齋藤十一郎著　清宣統元年(1909)鉛印本　一册

120000－0381－0002274　1936

日本刑法不分卷　章宗祥等譯　清光緒三十一年(1905)中外法制調查局鉛印本　一册

120000－0381－0002275　1937

各國近世史不分卷　清末刻本　一册

120000－0381－0002276　1938

歐洲十九世紀史　(美國)軒利普格質頓著　(清)麥鼎華譯　清光緒二十八年(1902)廣智書局鉛印本　一册

120000－0381－0002277　1939

原富五部八卷　(英國)斯密亞丹著　嚴復譯　清光緒二十八年(1902)南洋公學譯書院鉛印本　八册

120000－0381－0002278　1940

原富五部八卷　(英國)斯密亞丹著　嚴復譯　清光緒二十八年(1902)南洋公學譯書院鉛印本　六册　缺二部(丙、丁上)

120000－0381－0002279　1941

博物新編三集　(英國)合信著　清咸豐五年(1855)上海墨海書館刻本　一册

120000－0381－0002280　1942

東西學書錄總敘二卷　(清)沈桐生撰　清光緒二十三年(1897)刻本　二册

120000－0381－0002281　1943

天文揭要二卷　(清)登郡文會館撰　(美國)赫士譯　清光緒二十四年(1898)上海美華書館鉛印本　二册

120000－0381－0002282　1944

吴京卿節本天演論　(英國)赫胥黎撰　清光緒二十九年(1903)上海文明書局鉛印本　一册

120000－0381－0002283　1945

中國幣制得失論不分卷　(清)宋壽恒撰　清光緒三十三年(1907)影印本　一册

120000－0381－0002284　1946

中國腦二卷 (□)□□撰 清光緒二十九年(1903)刻本 一册 缺一卷(下)

120000－0381－0002285 1947
豫饑鐵淚圖 (□)□□撰 清光緒五年(1879)朱藍套印本 一册

120000－0381－0002286 1948
馬隊戰術教科書 (日本)宫英撰 任衣洲譯 清宣統二年(1910)軍官學堂影印本 一册

120000－0381－0002287 1949
改訂禁衛軍誉制餉章摺表 (清)載濤等撰 清宣統元年(1909)鉛印本 一册

120000－0381－0002288 1950
軍官學堂教育綱領 清宣統元年(1909)影印本 一册

120000－0381－0002289 1951
德國陸軍考四卷 (法國)歐盟輯著 清光緒二十七年(1901)江南製造局鉛印本 四册

120000－0381－0002290 1952
湖北中等商業學堂調查誌 湖北商業學堂編輯 清宣統二年(1910)影印本 一册

120000－0381－0002291 1953
最新商賈寫信實在易四卷 (清)董鑫編輯 清光緒三十四年(1908)上海彪蒙書室影印本 一册

120000－0381－0002292 1954
壬寅官商快覽三百種 (清)甘眠羊輯 清光緒二十八年(1902)石印本 一册

120000－0381－0002293 1955
美國條約税則章程不分卷 清末刻本 一册

120000－0381－0002294 1956
洋務經濟通考十六卷 (清)邵友濂纂 清光緒二十四年(1898)上海鴻寶齋石印本 十二册

120000－0381－0002295 1957
節本泰西新史攬要八卷 (英國)李提摩太譯 (清)周慶雲錄 清光緒二十一年(1895)刻本 二册

120000－0381－0002296 1958
英民史記 (英國)馬林著 清光緒三十三年(1907)上海美華書館鉛印本 一册

120000－0381－0002297 1959
天演論二卷 (英國)赫胥黎撰 嚴復譯 清光緒二十九年(1903)同文社鉛印本 二册

120000－0381－0002298 1960
原富五部八卷 (英國)斯密亞丹著 嚴復譯 清光緒南洋公學譯書院刻本 八册

120000－0381－0002299 1961
政治經濟言十二卷 (清)江標撰 清光緒二十八年(1902)影印本 二册

120000－0381－0002300 1962
泰西新史攬要二十三卷附記一卷 (英國)馬懇西撰 清光緒二十八年(1902)有益堂刻本 六册

120000－0381－0002301 1963
格致進化 (英國)馬林譯 清光緒三十年(1904)上海商務印書館鉛印本 一册

120000－0381－0002302 1964
地球韻言四卷 (清)張士瀛撰 清光緒三十二年(1906)上海商務印書館鉛印本 二册

120000－0381－0002303 1965
萬國新史大事考十八卷 (清)求志齋主人書 清光緒二十七年(1901)石印本 八册 存九卷(一至三、五至九、十三)

120000－0381－0002304 1966
庸吏庸言二卷 (清)劉衡撰 清刻本 一册 存一卷(下)

120000－0381－0002305 1967
新譯日本法規大全二十五類附日本法規解字一卷 (清)劉崇傑等譯 清光緒三十三年(1907)上海商務印書館鉛印本 二十九册 存十一類(一至八、二十二至二十三、二十五)

120000－0381－0002306 1968
東華錄一百九十五卷 王先謙編 清光緒十七年(1891)上海廣百宋齋鉛印本 一册 存

四卷(天命一至四)

120000－0381－0002307　1969
東華續錄二百二十卷　王先謙編　清宣統元年(1909)上海集成圖書公司鉛印本　六十二册

120000－0381－0002308　1970
淵鑑類函四百五十卷目錄四卷　(清)張英等纂輯　清光緒十八年(1892)上海同文書局石印本　四十八册

120000－0381－0002309　1971
皇朝經世文續編一百二十卷　(清)盛康輯　清光緒二十三年(1897)思補樓刻本　八十册

120000－0381－0002310　1972
知不足齋叢書　(清)鮑廷博輯　清乾隆、道光長塘鮑氏刻本　一百九十二册

120000－0381－0002311　1973
欽定大清會典一百卷首一卷　(清)崑岡等修　清光緒三十四年(1908)商務印書館石印本　十册

120000－0381－0002312　1974
欽定大清會典事例一千二百二十卷首一卷　(清)崑岡等修　清光緒三十四年(1908)商務印書館石印本　一百五十册

120000－0381－0002313　1975
李文忠公全書六種一百六十五卷　(清)李鴻章撰　(清)吳汝綸編　清光緒三十一年(1905)金陵刻本　三十六册

120000－0381－0002314　1976
東三省政略十二卷總目一卷附圖七十幅　徐世昌編　清宣統三年(1911)鉛印本　四十六册

120000－0381－0002315　1977
史記一百三十卷　(漢)司馬遷撰　(劉宋)裴駰集解　(唐)司馬貞索隱　(唐)張守節正義　明萬曆二十四年(1596)刻本　三十册

120000－0381－0002316　1978
三通三種七百四十八卷　(清)嵇璜等纂　清光緒二十八年(1902)上海鴻寶書局石印本　八十四册

120000－0381－0002317　1979
欽定續三通三種一千零四十卷　(清)嵇璜等纂　清光緒二十八年(1902)上海鴻寶書局石印本　七十二册

120000－0381－0002318　1980
皇朝三通三種五百二十六卷　(清)嵇璜等纂　清光緒二十八年(1902)上海鴻寶書局石印本　四十八册

120000－0381－0002319　1981
寄青霞館弈選八卷續編八卷　(清)王存善輯　清光緒二十三年(1897)廣州刻本　十六册

120000－0381－0002320　1982
金索六卷石索六卷　(清)馮雲鵬　(清)馮雲鵷編輯　清光緒三十三年(1907)上海文新局石印本　二十六册

120000－0381－0002321　1983
大清一統志五百卷　(清)和珅等纂修　清光緒二十八年(1902)上海寶山齋石印本　六十册

120000－0381－0002322　1984
新譯日本法規大全二十五類附日本法規解字一卷　(清)劉崇傑譯　清光緒三十三年(1907)上海商務印書館石印本　八十册

120000－0381－0002323　1985
西清古鑑四十卷錢錄十六卷　(清)梁詩正　(清)蔣溥等纂修　清乾隆十六年(1751)武英殿刻本　四十册

120000－0381－0002324　1986
二十四史　清光緒十年(1884)同文書局石印本　五百八十四册

120000－0381－0002325　1987
海山仙館叢書　(清)潘仕成輯　清道光、咸豐番禺潘氏刻光緒補刻本　一百二十三册

120000－0381－0002326　1988
古泉匯六十四卷首一卷　(清)李佐賢輯　清

同治三年(1864)利津李氏石泉書屋刻本　十六冊

120000－0381－0002327　1989
漢魏叢書九十六種　(清)王謨輯　清宣統三年(1911)上海大通書局石印本　三十二冊

120000－0381－0002328　1990
漢魏叢書九十六種　(清)王謨輯　清宣統三年(1911)上海大通書局石印本　二十三冊

120000－0381－0002329　1991
原富五部八卷　(英國)斯密亞丹著　嚴復譯　清光緒二十八年(1902)南洋公學譯書院鉛印本　八冊

120000－0381－0002330　1992
北洋公牘類纂二十五卷目錄一卷　甘厚慈輯　清光緒三十三年(1907)京城益森印刷有限公司鉛印本　二十冊

120000－0381－0002331　1993
崇文書局彙刻書　(清)崇文書局輯　清光緒湖北崇文書局刻本　五十冊

120000－0381－0002332　1994
藝海珠塵　(清)吳省蘭輯　清嘉慶聽彝堂刻本　五十二冊

120000－0381－0002333　1995
錢幣芻言一卷　(清)王鎏撰輯　清道光二十三年(1843)刻本　一冊

120000－0381－0002334　1996
總論團匪滋事庸臣誤國西兵入京事不分卷　(清)□□撰　清末寫本　一冊

120000－0381－0002335　1997
先勳存信錄□□卷　(清)□□輯　清末朱印本　一冊　存一卷(二)

120000－0381－0002336　1998
中西紀事二十四卷首一卷　(清)江上蹇叟撰　清同治四年(1865)刻本　六冊

120000－0381－0002337　1999
資治通鑑綱目五十九卷首一卷　(宋)朱熹撰　明成化九年(1473)内府刻本　一百二十冊

120000－0381－0002338　2000
[乾隆]天津縣志二十四卷　(清)朱奎揚(清)張志奇修　(清)吳廷華等纂　清乾隆四年(1739)刻本　八冊

120000－0381－0002339　2000
[同治]續天津縣志二十卷首一卷　(清)吳惠元修　(清)蔣玉虹　(清)俞樾纂　清同治九年(1870)刻本　八冊

120000－0381－0002340　2001
[同治]續天津縣志二十卷　(清)吳慧元修(清)蔣玉虹　(清)俞樾纂　清同治九年(1870)刻本　八冊

120000－0381－0002341　2002
[乾隆]天津縣志二十四卷　(清)朱奎揚(清)張志奇修　(清)吳廷華等纂　清乾隆四年(1739)刻本　八冊

120000－0381－0002342　2003
[同治]續天津縣志二十卷　(清)吳慧元修(清)蔣玉虹　(清)俞樾纂　清同治九年(1870)刻本　八冊

120000－0381－0002343　2004
[乾隆]天津縣志二十四卷　(清)朱奎揚(清)張志奇修　(清)吳廷華等纂　清乾隆四年(1739)刻本　七冊　存十九卷(一、七至二十四)

120000－0381－0002344　2005
[同治]續天津縣志二十卷　(清)吳慧元修(清)蔣玉虹　(清)俞樾纂　清同治九年(1870)刻本　七冊　存十八卷(三至二十)

120000－0381－0002345　2006
[光緒]天津府志五十四卷首一卷末一卷　沈家本　(清)榮銓　(清)徐宗亮　(清)蔡啟盛等纂　清光緒二十五年(1899)刻本　二十八冊

120000－0381－0002346　2007
[乾隆]天津縣志二十四卷　(清)朱奎揚(清)張志奇修　(清)吳廷華等纂　清乾隆四年(1739)刻本　八冊

120000－0381－0002347　2008
津門雜記三卷　(清)張燾撰　清光緒十年(1884)刻本　三冊

120000－0381－0002348　2009
津門雜記三卷　(清)張燾撰　清光緒十年(1884)刻本　三冊

120000－0381－0002349　2010
天津指南六卷　(清)石小川編輯　清宣統三年(1911)鉛印本　二冊

120000－0381－0002350　2011
天津指南六卷　(清)石小川編輯　清宣統三年(1911)鉛印本　二冊

120000－0381－0002351　2012
盤山志十卷補遺四卷　(清)釋智樸纂輯　(清)王士禎　(清)朱彝尊較訂　清康熙三十三年(1694)刻本　四冊

120000－0381－0002352　2013
[乾隆]武清縣志十二卷圖一卷首一卷末一卷　(清)吳翀修　(清)曹涵　(清)趙晃纂　清乾隆七年(1742)刻本　八冊

120000－0381－0002353　2014
[光緒]寧河縣志十六卷圖一卷　(清)丁符九修　(清)談松林纂　清光緒六年(1880)刻本　十二冊

120000－0381－0002354　2015
畿輔水利四案四卷補一卷附錄一卷　(清)潘錫恩輯　清道光三年(1823)北京潘氏求是齋刻本　六冊

120000－0381－0002355　2016
畿輔水利四案四卷補一卷附錄一卷　(清)潘錫恩輯　清道光三年(1823)北京潘氏求是齋刻本　六冊

120000－0381－0002356　2017
五省溝洫圖說　(清)沈夢蘭撰　清光緒六年(1880)江蘇書局刻本　一冊

120000－0381－0002357　2018
五省溝洫圖說　(清)沈夢蘭撰　清光緒六年(1880)江蘇書局刻本　二冊

120000－0381－0002358　2019
畿輔河道水利叢書八種十四卷　(清)吳邦慶輯　清道光四年(1824)益津吳氏刻本　九冊

120000－0381－0002359　2020
畿輔河道水利叢書八種十四卷　(清)吳邦慶輯　清道光四年(1824)益津吳氏刻本　三冊

120000－0381－0002360　2021
長蘆鹽法志二十卷附編十卷　(清)黃掌綸等纂修　清嘉慶十年(1805)刻本　十二冊　存十四卷(一至十四)

120000－0381－0002361　2022
長蘆鹽法志二十卷附編十卷　(清)黃掌綸等纂修　清嘉慶十年(1805)刻本　二十四冊

120000－0381－0002362　2023
長蘆鹽法志二十卷附編十卷　(清)黃掌綸等纂修　清嘉慶十年(1805)刻本　十二冊

120000－0381－0002363　2024
天津電車電燈公司合同　(清)蔡紹基　(清)海禮等簽　清光緒三十年(1904)鉛印本　一冊

120000－0381－0002364　2025
天津電車電燈公司合同　(清)蔡紹基　(清)海禮等簽　清光緒三十年(1904)鉛印本　一冊

120000－0381－0002365　2026
天津電車電燈公司合同　(清)蔡紹基　(清)海禮等簽　清光緒三十年(1904)鉛印本　一冊

120000－0381－0002366　2027
天津電車電燈公司合同　(清)蔡紹基　(清)海禮等簽　清光緒三十年(1904)鉛印本　一冊

120000－0381－0002367　2028
天津電車電燈公司合同　(清)蔡紹基　(清)海禮等簽　清光緒三十年(1904)鉛印本　一冊

120000－0381－0002368　2029
天津電車電燈公司合同　(清)蔡紹基　(清)海禮等簽　清光緒三十年(1904)鉛印本　一冊

120000－0381－0002369　2030
天津電車電燈公司合同　(清)蔡紹基　(清)海禮等簽　清光緒三十年(1904)鉛印本　一冊

120000－0381－0002370　2031
天津電車電燈公司合同　(清)蔡紹基　(清)海禮等簽　清光緒三十年(1904)鉛印本　一冊

120000－0381－0002371　2032
天津電車電燈公司合同　(清)蔡紹基　(清)海禮等簽　清光緒三十年(1904)鉛印本　一冊

120000－0381－0002372　2033
天津電車電燈公司合同　(清)蔡紹基　(清)海禮等簽　清光緒三十年(1904)鉛印本　一冊

120000－0381－0002373　2034
天津電車電燈公司合同　(清)蔡紹基　(清)海禮等簽　清光緒三十年(1904)鉛印本　一冊

120000－0381－0002374　2035
天津電車電燈公司合同　(清)蔡紹基　(清)海禮等簽　清光緒三十年(1904)鉛印本　一冊

120000－0381－0002375　2036
天津電車電燈公司合同　(清)蔡紹基　(清)海禮等簽　清光緒三十年(1904)鉛印本　一冊

120000－0381－0002376　2037
天津電車電燈公司合同　(清)蔡紹基　(清)海禮等簽　清光緒三十年(1904)鉛印本　一冊

120000－0381－0002377　2038
天津電車電燈公司合同　(清)蔡紹基　(清)海禮等簽　清光緒三十年(1904)鉛印本　一冊

120000－0381－0002378　2039
天津電車電燈公司合同　(清)蔡紹基　(清)海禮等簽　清光緒三十年(1904)鉛印本　一冊

120000－0381－0002379　2040
天津電車電燈公司合同　(清)蔡紹基　(清)海禮等簽　清光緒三十年(1904)鉛印本　一冊

120000－0381－0002380　2041
天津電車電燈公司合同　(清)蔡紹基　(清)海禮等簽　清光緒三十年(1904)鉛印本　一冊

120000－0381－0002381　2042
天津電車電燈公司合同　(清)蔡紹基　(清)海禮等簽　清光緒三十年(1904)鉛印本　一冊

120000－0381－0002382　2043
天津電車電燈公司合同　(清)蔡紹基　(清)海禮等簽　清光緒三十年(1904)鉛印本　一冊

120000－0381－0002383　2044
天津電車電燈公司合同　(清)蔡紹基　(清)海禮等簽　清光緒三十年(1904)鉛印本　一冊

120000－0381－0002384　2045
天津電車電燈公司合同　(清)蔡紹基　(清)海禮等簽　清光緒三十年(1904)鉛印本　一冊

120000－0381－0002385　2046
天津電車電燈公司合同　(清)蔡紹基　(清)海禮等簽　清光緒三十年(1904)鉛印本　一冊

120000－0381－0002386　2047
天津電車電燈公司合同　(清)蔡紹基　(清)

海禮等簽　清光緒三十年(1904)鉛印本
一冊

120000－0381－0002387　2048
天津電車電燈公司合同　(清)蔡紹基　(清)海禮等簽　清光緒三十年(1904)鉛印本
一冊

120000－0381－0002388　2049
天津電車電燈公司合同　(清)蔡紹基　(清)海禮等簽　清光緒三十年(1904)鉛印本
一冊

120000－0381－0002389　2050
天津電車電燈公司合同　(清)蔡紹基　(清)海禮等簽　清光緒三十年(1904)鉛印本
一冊

120000－0381－0002390　2051
天津電車電燈公司合同　(清)蔡紹基　(清)海禮等簽　清光緒三十年(1904)鉛印本
一冊

120000－0381－0002391　2052
天津電車電燈公司合同　(清)蔡紹基　(清)海禮等簽　清光緒三十年(1904)鉛印本
一冊

120000－0381－0002392　2053
天津電車電燈公司合同　(清)蔡紹基　(清)海禮等簽　清光緒三十年(1904)鉛印本
一冊

120000－0381－0002393　2054
天津電車電燈公司合同　(清)蔡紹基　(清)海禮等簽　清光緒三十年(1904)鉛印本
一冊

120000－0381－0002394　2055
天津電車電燈公司合同　(清)蔡紹基　(清)海禮等簽　清光緒三十年(1904)鉛印本
一冊

120000－0381－0002395　2056
天津電車電燈公司合同　(清)蔡紹基　(清)海禮等簽　清光緒三十年(1904)鉛印本
一冊

120000－0381－0002396　2057
天津電車電燈公司合同　(清)蔡紹基　(清)海禮等簽　清光緒三十年(1904)鉛印本
一冊

120000－0381－0002397　2058
天津電車電燈公司合同　(清)蔡紹基　(清)海禮等簽　清光緒三十年(1904)鉛印本
一冊

120000－0381－0002398　2059
天津電車電燈公司合同　(清)蔡紹基　(清)海禮等簽　清光緒三十年(1904)鉛印本
一冊

120000－0381－0002399　2060
天津電車電燈公司合同　(清)蔡紹基　(清)海禮等簽　清光緒三十年(1904)鉛印本
一冊

120000－0381－0002400　2061
天津電車電燈公司合同　(清)蔡紹基　(清)海禮等簽　清光緒三十年(1904)鉛印本
一冊

120000－0381－0002401　2062
天津電車電燈公司合同　(清)蔡紹基　(清)海禮等簽　清光緒三十年(1904)鉛印本
一冊

120000－0381－0002402　2063
天津電車電燈公司合同　(清)蔡紹基　(清)海禮等簽　清光緒三十年(1904)鉛印本
一冊

120000－0381－0002403　2064
直隸工藝志初編四類八卷　周學熙輯　清光緒三十三年(1907)工藝總局鉛印本　七冊
缺一卷(誌表類下)

120000－0381－0002404　2065
直隸工藝志初編四類八卷　周學熙輯　清光緒三十三年(1907)工藝總局鉛印本　七冊
缺一卷(報告類下)

120000－0381－0002405　2066
北洋商學公會章程　清宣統鉛印本　一冊

120000－0381－0002406　2067
天津廣仁堂女工廠章程　清光緒鉛印本　一冊

120000－0381－0002407　2068
天津廣仁堂調查房產表　清末鉛印本　一冊

120000－0381－0002408　2069
唐山洋灰公司廣告　清光緒三十三年(1907)中東石印局鉛印本　一冊

120000－0381－0002409　2070
開平礦務切要案據　(英國)墨林等撰　清宣統鉛印本　一冊

120000－0381－0002410　2071
開平礦局交涉事彙　清宣統教育圖書局印書處鉛印本　一冊

120000－0381－0002411　2072
開平礦局交涉事彙　清宣統鉛印本　一冊

120000－0381－0002412　2073
開平礦局交涉事彙　清宣統鉛印本　一冊

120000－0381－0002413　2074
直隸勸業道勸辦畜牧事宜簡明章程　清宣統二年(1910)鉛印本　一冊

120000－0381－0002414　2075
北洋灤州官礦有限公司招股章程　清光緒三十四年(1908)北洋官報局鉛印本　一冊

120000－0381－0002415　2076
北洋灤州官礦有限公司招股章程　清光緒三十四年(1908)北洋官報局鉛印本　一冊

120000－0381－0002416　2077
北洋灤州官礦有限公司實業債票章程　清宣統三年(1911)京師京華印書局鉛印本　一冊

120000－0381－0002417　2078
直隸灤州礦地有限公司開辦招股章程　(清)□□撰　清光緒三十四年(1908)天津怡泰鉛印本　一冊

120000－0381－0002418　2079
啟新洋灰有限公司廣告　(清)□□撰　清光緒三十三年(1907)中東石印局鉛印本　一冊

120000－0381－0002419　2080
啟新洋灰有限公司第一期帳略　周學熙等編　清光緒三十四年(1908)鉛印本　一冊

120000－0381－0002420　2081
啟新洋灰有限公司第二期帳略　周學熙等編　清宣統元年(1909)鉛印本　一冊

120000－0381－0002421　2082
啟新洋灰有限公司招股章程　清光緒、宣統石印本　一冊

120000－0381－0002422　2083
啟新洋灰有限公司招股章程　清光緒、宣統石印本　一冊

120000－0381－0002423　2084
啟新洋灰有限公司招股章程　清光緒、宣統石印本　一冊

120000－0381－0002424　2085
啟新洋灰有限公司招股章程　清光緒、宣統石印本　一冊

120000－0381－0002425　2086
啟新洋灰有限公司招股章程　清光緒、宣統石印本　一冊

120000－0381－0002426　2087
啟新洋灰有限公司招股章程　清光緒、宣統石印本　一冊

120000－0381－0002427　2088
啟新洋灰有限公司招股章程　清光緒、宣統石印本　一冊

120000－0381－0002428　2089
啟新洋灰有限公司創辦立案章程　清光緒三十三年(1907)石印本　一冊

120000－0381－0002429　2090
啟新洋灰有限公司辦事規則　清末影印本　一冊

120000－0381－0002430　2091
天津銀號總章程規則　清光緒三十三年(1907)石印本　一册

120000－0381－0002431　2092
天津志成銀行簡明章程　楊春農等編　清光緒二十九年(1903)石印本　一册

120000－0381－0002432　2093
北洋銀行專修所試辦章程　清光緒鉛印本　一册

120000－0381－0002433　2094
商部奏定簡明章程　清光緒鉛印本　一册

120000－0381－0002434　2095
李德順　仁壽軒主撰　清宣統元年(1909)鉛印本　一册

120000－0381－0002435　2096
林文忠公戒煙斷癮經驗良方一卷附禁種罌粟示一卷　(清)林則徐撰　清光緒二十二年(1896)天津濟生社刻本　一册

120000－0381－0002436　2097
津門奉使紀聞一卷　(清)曹和濟撰　清光緒刻本　一册

120000－0381－0002437　2098
金剛愍公表忠錄一卷　(清)金頤增輯　清光緒二十一年(1895)刻本　一册

120000－0381－0002438　2099
居易錄三十四卷　(清)王士禛撰　清王漁洋遺書刻本　八册

120000－0381－0002439　2100
皇清誥授資政大夫贈内閣學士國史館立傳二品銜原任山東登來青道劉公事實彙編一卷　(清)陸學源輯　清光緒二十五年(1899)點石齋石印本　一册

120000－0381－0002440　2101
天津拳匪變亂紀事二卷　劉孟揚撰　清宣統二年(1910)民興報館鉛印本　二册

120000－0381－0002441　2102
天津拳匪變亂紀事二卷　劉孟揚撰　清宣統二年(1910)民興報館鉛印本　二册

120000－0381－0002442　2103
中憲大夫碣門孟公崇祀名宦錄一卷　(清)向兆麟撰著　清刻本　一册

120000－0381－0002443　2104
庸吏庸言二卷　(清)劉衡撰　清同治七年(1868)崇文書局刻本　一册　存一卷(上)

120000－0381－0002444　2105
天津縣地理教科書　集思堂居士著　清光緒三十一年(1905)天津集思堂影印本　二册

120000－0381－0002445　2106
天津縣地理教科書　集思堂居士著　清光緒三十一年(1905)天津集思堂影印本　二册

120000－0381－0002446　2107
北洋大學堂管理規則　(清)蔡儒楷編　清光緒三十二年(1906)石印本　一册

120000－0381－0002447　2108
學部奏改初等小學堂章程　清宣統元年(1909)天津勸學所鉛印本　一册

120000－0381－0002448　2109
津邑歷科選舉錄　(清)陳塏編　清同治十三年(1874)文廟刻本　一册

120000－0381－0002449　2110
津邑歷科選舉錄　(清)陳塏編　清同治十三年(1874)文廟刻本　一册

120000－0381－0002450　2111
津邑歷科選舉錄　(清)陳塏編　清同治十三年(1874)文廟刻本　一册

120000－0381－0002451　2112
大公報(光緒三十二年正月十七日至正月二十二日)　(清)大公報館編　清光緒三十二年(1906)鉛印本　一册

120000－0381－0002452　2113
會文書院字課　(清)□□撰　清末手寫本　一册

120000－0381－0002453　2114

時還讀我書屋文鈔 （清）華長卿纂 清小遊僊館抄本 四册

120000－0381－0002454 2115
騂角編一卷 （清）楊一崑撰 清刻本 一册

120000－0381－0002455 2116
御覽集四卷 （清）李士珍撰 清末鉛印本 二册

120000－0381－0002456 2117
蓬山詩存二卷 （清）鄭熊佳撰 清咸豐元年(1851)金陵顧晴崖刻本 一册 存一卷(一)

120000－0381－0002457 2118
也是集一卷 （清）安蹇齋主稿 清光緒三十三年(1907)大公報館鉛印本 一册

120000－0381－0002458 2119
也是集續編一卷 （清）安蹇齋主稿 清宣統二年(1910)大公報館鉛印本 一册

120000－0381－0002459 2120
津門古文所見錄四卷 （清）郭師泰輯 清光緒十八年(1892)刻本 四册

120000－0381－0002460 2121
津門古文所見錄四卷 （清）郭師泰輯 清光緒十八年(1892)刻本 四册

120000－0381－0002461 2122
漁洋山人精華錄十卷 （清）王士禛撰 （清）林佶編 清康熙三十九年(1700)王漁洋遺書刻本 八册

120000－0381－0002462 2123
詩禮堂雜纂二卷 （清）王又樸撰 清乾隆詩禮堂刻本 二册

120000－0381－0002463 2124
壬癸志稿二十八卷 （清）錢寶琛輯 清光緒六年(1880)刻本 四册

120000－0381－0002464 2125
陳學士文鈔一卷 （清）陳儀撰 清道光四年(1824)益津吴氏刻畿輔河道水利叢書刻本 一册

120000－0381－0002465 2126
宋艷十二卷 （清）徐士鑾撰 清抄本 四册

120000－0381－0002466 2127
詩禮堂全集十二種五十二卷 （清）王又樸撰 清光緒元年(1875)刻本 三十五册

120000－0381－0002467 2128
珠風閣詩草三卷 （清）查曦撰 清雍正五年(1727)刻本 三册

120000－0381－0002468 2129
津門詩鈔三十卷 （清）梅成棟纂輯 清道光四年(1824)思誠書屋刻本 十册

120000－0381－0002469 2130
津門詩鈔三十卷 （清）梅成棟纂輯 清道光四年(1824)思誠書屋刻本 十册

120000－0381－0002470 2131
津門詩鈔三十卷 （清）梅成棟纂輯 清道光四年(1824)思誠書屋刻本 十册

120000－0381－0002471 2132
菊坪詩鈔二卷續編一卷 （清）姚學程撰 清同治十一年(1872)會文山房刻本 一册

120000－0381－0002472 2133
津門詩鈔三十卷 （清）梅成棟纂輯 清道光四年(1824)思誠書屋刻本 十册

120000－0381－0002473 2134
津門詩鈔三十卷 （清）梅成棟纂輯 清道光四年(1824)思誠書屋刻本 十册

120000－0381－0002474 2135
燕南二俊詩鈔二種 （清）崔旭 （清）梅成棟撰 清刻本 一册

120000－0381－0002475 2136
燕南二俊詩鈔二種 （清）崔旭 （清）梅成棟撰 清刻本 一册

120000－0381－0002476 2137
碧琅玕館詩鈔四卷 （清）楊光儀撰 清同治十三年(1874)刻本 二册

120000－0381－0002477 2138

碧琅玕館詩鈔四卷詩續鈔四卷 （清）楊光儀撰 清同治、光緒刻本 四冊

120000－0381－0002478 2139
碧琅玕館詩鈔四卷詩續鈔四卷 （清）楊光儀撰 清同治、光緒刻本 四冊

120000－0381－0002479 2140
黄竹山房詩鈔十二卷 （清）金玉岡撰 清道光二十六年（1846）恒素軒刻本 二冊

120000－0381－0002480 2141
南有吟亭詩草二卷 （清）于士祜撰 清光緒十四年（1888）鉛印本 二冊

120000－0381－0002481 2142
滄州明詩鈔一卷國朝滄州詩鈔十二卷詩續鈔四卷詩補鈔二卷 （清）王國均輯 清道光二十六年至咸豐八年（1846－1858）刻本 八冊

120000－0381－0002482 2143
國朝滄州詩鈔十二卷 （清）王國均輯 清道光二十六年（1846）刻本 四冊

120000－0381－0002483 2144
培根堂詩鈔十二卷 （清）高繼珩撰 清同治十三年（1874）遷安高氏培根堂刻本 一冊 存三卷（一至三）

120000－0381－0002484 2145
聞妙香館詩存稿二卷 （清）梅寶璐撰 清光緒十三年（1887）泰州宫氏刻本 一冊

120000－0381－0002485 2146
織簾書屋詩鈔十二卷 （清）沈兆澐撰 清咸豐二年（1852）刻本 四冊

120000－0381－0002486 2147
織簾書屋詩鈔十二卷 （清）沈兆澐撰 清咸豐二年（1852）刻本 四冊

120000－0381－0002487 2148
梅莊詩鈔十六卷 （清）華長卿撰 清同治八年（1869）東觀室刻本 四冊

120000－0381－0002488 2149
梅莊詩鈔十六卷 （清）華長卿撰 清同治八年（1869）東觀室刻本 四冊

120000－0381－0002489 2150
一門沆瀣集賦草四卷 （清）郝縉榮輯 清同治七年（1868）天津曝書堂刻本 四冊

120000－0381－0002490 2151
妙蓮花室詩草三卷 （清）王增年撰 清同治二年（1863）刻本 一冊

120000－0381－0002491 2152
千里樓詩草一卷 （清）周維德撰 清光緒二年（1876）刻本 一冊

120000－0381－0002492 2153
蘊仙詩草一卷 （清）張玉貞撰 （清）吳拜廷評 清光緒二年（1876）愛日堂刻本 一冊

120000－0381－0002493 2154
詠史詩鈔一卷 （清）沈兆澐著 清同治三年（1864）刻本 一冊

120000－0381－0002494 2155
詩星閣同人試律鈔二卷 （清）孟繼坤撰 清光緒十四年（1888）詩星閣刻本 四冊

120000－0381－0002495 2156
欸乃書屋詩集二卷附録一卷 （清）張霔撰 （清）徐士鑾校刻 清光緒二十一年（1895）天津蝶園刻本 一冊

120000－0381－0002496 2157
欸乃書屋詩集二卷附録一卷 （清）張霔撰 （清）徐士鑾校刻 清光緒二十一年（1895）天津蝶園刻本 一冊

120000－0381－0002497 2158
銅鼓書堂遺稾三十二卷 （清）查禮撰 清乾隆五十七年（1792）刻本 四冊

120000－0381－0002498 2159
津邑歷科選舉録 （清）陳塏編輯 （清）敖鄉手書 抄本 一冊

120000－0381－0002499 2160
唐詩歸三卷 （明）鍾伯敬選定並手書 明抄本 三冊 存三卷（六至八）

120000－0381－0002500 2161
朝鮮史略六卷 （□）□□撰 清抄本 二冊

120000－0381－0002501　2162
讀晉書絕句二卷　(清)張霔著　清抄本　二冊

120000－0381－0002502　2163
味靜齋文存初選一卷續選一卷詩存十六卷雜詩三卷　(清)徐嘉撰　清味靜齋抄本　八冊

120000－0381－0002503　2164
大瓢偶筆八卷碑目一卷　(清)楊賓撰　清抄本　二冊　存五卷(四至八)

120000－0381－0002504　2165
硯山齋集不分卷　(明)孫承澤著　抄本　一冊

120000－0381－0002505　2166
宋景濂先生未刻集不分卷　(明)宋濂撰　清初蔣虎臣家藏抄本　二冊

120000－0381－0002506　2167
津門保甲圖說　(清)□□撰　清道光二十六年(1846)刻本　十二冊

120000－0381－0002507　2168
津門雜記三卷　(清)張燾撰　清光緒十年(1884)刻本　三冊

120000－0381－0002508　2169
篷窗隨錄十四卷末二卷　(清)沈兆澐輯　清咸豐七年(1857)刻本　八冊

120000－0381－0002509　2170
蘧言集一卷　(清)華長卿撰　清道光二十五年(1845)金陵刻本　一冊

120000－0381－0002510　2171
津門徵獻詩八卷　(清)華鼎元輯　清光緒十二年(1886)刻本　四冊

120000－0381－0002511　2172
李文忠公全書六種一百六十五卷首一卷　(清)李鴻章撰　(清)吳汝綸編　清光緒二十八年(1902)蓮池書社鉛印本　十冊

120000－0381－0002512　2173
[乾隆]天津縣志二十四卷　(清)朱奎揚　(清)張志奇修　(清)吳廷華等纂　清乾隆四年(1739)刻本　八冊

120000－0381－0002513　2174
[同治]續天津縣志二十卷首一卷　(清)吳惠元修　(清)蔣玉虹　(清)俞樾纂　清同治九年(1870)刻本　八冊

120000－0381－0002514　2175
古文淵鑒六十四卷　(清)徐乾學等編注　清康熙二十四年(1685)五色套印本　五十四冊　缺二卷(五十六、六十二)

120000－0381－0002515　2176
明拓漢碑四種　明拓本　四冊

120000－0381－0002516　2177
春秋集傳大全三十七卷　(明)胡廣等輯　明刻本　四冊　存八卷(十八至二十三、二十六至二十七)

120000－0381－0002517　2178
呂氏春秋二十六卷　(戰國)呂不韋撰　(漢)高誘注　(明)吳勉學校　明萬曆二十子全書刻本　四冊

120000－0381－0002518　2179
李于麟批點世說新語補二十卷附釋名　(南朝宋)劉義慶撰　(南朝梁)劉孝標注　(宋)劉辰翁批　(明)何良俊增　(明)王世貞刪　(明)王世懋批釋　(明)李于麟批點　(明)張文柱校注　明萬曆刻本　四冊

120000－0381－0002519　2180
沽上題襟集不分卷　(清)查爲仁　(清)陳皋等撰　清乾隆六年(1741)刻本　三冊

120000－0381－0002520　2181
世說新語六卷　(南朝宋)劉義慶撰　(南朝梁)劉孝標注　(明)吳中珩　(明)黃之寀校　明嘉靖刻萬曆重印本　六冊

120000－0381－0002521　2182
元史二百十卷　(明)宋濂等撰　明洪武二年(1369)刻嘉靖補刻本　四冊　存九卷(本紀一至三、十六至十九,目錄上下)

120000－0381－0002522　2183

世說新語八卷　(南朝宋)劉義慶撰　明萬曆淩瀛初四色套印本　八册

120000－0381－0002523　2184
蔗塘未定稿二卷　(清)查為仁撰輯　清乾隆八年(1743)刻本　四册

120000－0381－0002524　2185
籌海圖編十三卷　(明)胡宗憲輯　(明)胡維極重校　(明)胡燈等删　明天啟刻本　八册

120000－0381－0002525　2186
奏檔　(□)□□撰　清抄本　一册

120000－0381－0002526　2187
咸同奏議選　(清)曾國藩等　抄本　一册

120000－0381－0002527　2188
聶士成曹錕等書信　(清)聶士成等寫　寫本　一册

120000－0381－0002528　2189
宋朝事實二十卷　(宋)李攸撰　清乾隆刻武英殿聚珍本　十册

120000－0381－0002529　2190
眉公雜著　(明)陳繼儒撰　明萬曆三十四年(1606)刻本　二十四册

120000－0381－0002530　2191
隸釋十二卷　(宋)洪适撰　明萬曆刻本　六册

120000－0381－0002531　2192
鶡冠子三卷　(戰國)鶡冠子著　(宋)陸佃解　明天啟刻本　二册

120000－0381－0002532　2193
唐陸宣公集二十四卷　(唐)陸贄撰　(明)徐謙重刻　明嘉靖刻本　八册

120000－0381－0002533　2194
大學衍義補一百六十卷首一卷　(明)丘濬撰　明萬曆刻本　二十四册

120000－0381－0002534　2195
奕理指歸圖三卷　(清)施紹闇撰　(清)錢長澤繪　清乾隆三十六年(1771)笙雅堂刻本　三册

120000－0381－0002535　2196
銅鼓書堂遺稿三十二卷　(清)查禮撰　清乾隆五十三年(1788)刻本　四册

120000－0381－0002536　2197
尚友錄二十二卷補遺一卷　(明)廖用賢編纂　(清)張伯琮補輯　清浙江蘭林天祿齋刻本　二十册

120000－0381－0002537　2198
畿輔見聞錄一卷　(清)黄可潤撰　清乾隆十九年(1754)璞園刻本　一册

120000－0381－0002538　2199
宋稗類鈔八卷　(清)潘永因編輯　(清)潘永園訂　清乾隆八年(1743)刻本　八册

120000－0381－0002539　2200
中山傳信錄六卷　(清)徐葆光撰　清康熙六十年(1721)二友齋刻本　六册

120000－0381－0002540　2201
唐陸宣公集二十二卷　(唐)陸贄撰　清雍正元年(1723)刻本　八册

120000－0381－0002541　2202
本草綱目五十二卷首一卷圖三卷奇經八脈考一卷瀕湖脈學一卷脈訣考證一卷　(明)李時珍撰　明萬曆刻本　四十六册　缺六卷(草部十九至二十、首一卷、圖三卷)

120000－0381－0002542　2203
問青閣詩集十卷　(清)樊彬撰　清道光十九年(1839)刻本　二册

120000－0381－0002543　2204
徐氏先世詩　(清)徐而強輯　清抄本　二册

120000－0381－0002544　2205
内省錄　胡商彝輯　清宣統鉛印本　一册

120000－0381－0002545　2206
天津府自治研究同學錄　郭光亨等撰　清光緒三十二年(1906)中東石印局石印本　一册

120000－0381－0002546　2207

津門詩鈔三十卷　(清)梅成棟纂輯　清道光四年(1824)思誠書屋刻本　十冊

120000－0381－0002547　2208
[乾隆]天津縣志二十四卷　(清)朱奎揚　(清)張志奇修　(清)吳廷華等纂　清乾隆四年(1739)刻本　八冊

120000－0381－0002548　2209
[同治]續天津縣志二十卷首一卷　(清)吳慧元修　(清)蔣玉虹　(清)俞樾纂　清同治九年(1870)刻本　八冊

120000－0381－0002549　2210
[光緒]重修天津府志五十四卷首一卷末一卷　沈家本　(清)榮銓修　(清)徐宗亮　(清)蔡啟盛纂　清光緒二十五年(1899)刻本　二十七冊　缺二卷(四十二至四十三)

120000－0381－0002550　2211
李氏五種合刊二十七卷　(清)李兆洛撰　清光緒二十四年(1898)掃葉山房石印本　八冊

120000－0381－0002551　2212
御製避暑山莊圓明園圖詠不分卷　(清)聖祖玄燁撰　(清)鄂爾泰等注　清末大同書局石印本　二冊

120000－0381－0002552　2213
梅道人遺墨一卷　(元)吳鎮撰　(清)葛元煦校訂　清光緒二年(1876)葛氏嘯園刻本　一冊

120000－0381－0002553　2214
小蓬萊閣金石文字不分卷　(清)黃易撰　清嘉慶五年(1800)刻本　五冊

120000－0381－0002554　2215
景德鎮陶錄十卷　(清)藍浦撰　清光緒十七年(1891)京都書業堂刻本　二冊

120000－0381－0002555　2216
津門雜記三卷　(清)張燾撰　清光緒十一年(1885)刻本　三冊

120000－0381－0002556　2217
直隸工藝志初編八卷　周學熙輯　清光緒三十三年(1907)北洋官報局鉛印本　八冊

120000－0381－0002557　2218
孔子家語八卷　(明)何孟春註　清同治十二年(1873)經綸堂刻本　四冊

120000－0381－0002558　2219
水經注四十卷首一卷　(北魏)酈道元撰　清光緒元年(1875)湖北崇文書局刻本　十冊　存三十六卷(一至二十二、二十七至四十)

120000－0381－0002559　2220
陶齋吉金續錄二卷　(清)端方撰　清宣統元年(1909)金樓石印本　二冊

120000－0381－0002560　2221
出使日記續刻十卷　(清)薛福成撰　清光緒二十七年(1901)石印本　十冊

120000－0381－0002561　2406
宋拓太清樓帖　明天啟三年(1623)拓本　十冊　存十卷(甲至癸)

120000－0381－0002562　2223
時務通考三十一卷　(清)杞廬主人等撰　清光緒二十三年(1897)點石齋石印本　二十四冊

120000－0381－0002563　2224
茶餘客話二十二卷　(清)阮葵生著　清光緒十四年(1888)鉛印本　六冊

120000－0381－0002564　2225
夏小正通釋不分卷　(清)梁章鉅輯　清光緒十三年(1887)浙江書局刻本　一冊

120000－0381－0002565　2226
字學舉隅不分卷　(清)龍啟瑞撰　清道光二十六年(1846)狀元閣刻本　一冊

120000－0381－0002566　2227
宣德鼎彝譜八卷　(明)呂震等撰　清光緒九年(1883)鉛印本　二冊

120000－0381－0002567　2228
重定金石契不分卷　(清)張燕昌撰　清乾隆四十三年(1778)刻本　四冊

120000－0381－0002568　2229
新定三禮圖二十卷　(宋)聶崇義集註　清康熙通志堂刻本　二冊

120000－0381－0002569　2230
無聲詩史七卷　(清)姜紹書輯　清光緒十六年(1890)新會劉氏藏修書屋叢書刻本　四冊

120000－0381－0002570　2231
書經六卷　(宋)蔡沈撰　清光緒三十二年(1906)天津文美齋刻本　四冊

120000－0381－0002571　2232
篆刻鍼度八卷　(清)陳克恕撰　清光緒三年(1877)嘯園叢書刻本　二冊

120000－0381－0002572　2233
鑑撮四卷　(清)曠敏本撰　清同治十三年(1874)刻本　四冊

120000－0381－0002573　2234
楚辭八卷末一卷　(戰國)屈原撰　(清)屈復評註　清乾隆三年(1738)居易堂刻本　四冊

120000－0381－0002574　2235
金石錄三十卷　(宋)趙明誠撰　清光緒十三年(1887)朱氏槐廬叢書刻本　四冊

120000－0381－0002575　2236
說文解字通釋四十卷　(宋)徐鍇傳釋　(宋)朱翺反切　清刻本　三冊　存十卷(十至十九)

120000－0381－0002576　2237
青樓小名錄八卷　(清)趙慶楨輯　清宣統二年(1910)國學扶輪社鉛印本　四冊

120000－0381－0002577　2238
十七史詳節四種一百零一卷　(宋)呂祖謙輯　清光緒二十八年(1902)崇新書局石印本　六冊

120000－0381－0002578　2239
香祖筆記十二卷　(清)王士禎撰　清宣統三年(1911)石印本　四冊

120000－0381－0002579　2240
書業德重訂古文釋義新編八卷　(清)余誠評註　清光緒十三年(1887)刻本　四冊

120000－0381－0002580　2241
兩漢博聞十二卷　(宋)楊侃撰　清咸豐十年(1860)粵雅堂叢書刻本　四冊

120000－0381－0002581　2242
康熙字典十二集補遺一卷備攷一卷　(清)張玉書等纂　清光緒十四年(1888)上海圖書集成石印本　十二冊

120000－0381－0002582　2243
十三經讀本　清同治金陵書局刻本　三十一冊

120000－0381－0002583　2244
續古印式二卷　(清)黃錫蕃輯　清嘉慶四年(1799)鈐刻本　二冊

120000－0381－0002584　2245
廣金石韻府不分卷　(明)朱時望撰　清咸豐七年(1857)理董軒張氏刻本　五冊

120000－0381－0002585　2246
二百蘭亭齋古印考藏六卷　(清)吳雲輯　清同治三年(1864)鈐刻本　三冊

120000－0381－0002586　2247
竹雪軒印集八卷　(清)蔡濬源輯　清光緒十一年(1885)鈐印本　四冊

120000－0381－0002587　2248
古玉圖考不分卷　(清)吳大澂編　清光緒十五年(1889)上海同文書局石印本　三冊

120000－0381－0002588　2249
太上感應篇圖說不分卷　(清)黃正元撰輯　清光緒十八年(1892)石印本　八冊

120000－0381－0002589　2250
日知錄集釋三十二卷刊誤二卷續刊誤二卷　(清)顧炎武撰　(清)黃汝成集釋　清同治十一年(1872)湖北崇文書局刻本　八冊

120000－0381－0002590　2251
揚子法言一卷方言十三卷　(漢)揚雄撰　清光緒元年(1875)湖北崇文書局刻本　一冊

120000－0381－0002591　2252
薛瑩後漢書一卷司馬彪續漢書二卷　(清)汪文臺輯　清光緒八年(1882)七家後漢書刻本　一冊

120000－0381－0002592　2253
紅樓夢圖詠四卷　(清)改琦繪　清光緒五年(1879)浙江楊氏文元堂刻本　四冊

120000－0381－0002593　2254
御定萬年書　(清)欽天監編　清刻本　二冊

120000－0381－0002594　2255
國朝掌故　(清)陳鴻緒編　清光緒三十年(1904)北洋武備研究所鉛印本　一冊

120000－0381－0002595　2256
印郵　(清)王緒祖輯　清光緒十七年(1891)文古齋鈐印本　十六冊

120000－0381－0002596　2257
周秦古鉢　(清)□□輯　清光緒三十一年(1905)西泠印社鈐印本　二冊

120000－0381－0002597　2258
秦漢三十體印證二卷　(清)李陽輯並撰　清道光二十年(1840)寶籀齋鈐印本　二冊

120000－0381－0002598　2259
古印集存　(清)崔鴻圖輯　清光緒二十七年(1901)崔氏乾修齋鈐印本　二冊

120000－0381－0002599　2260
封泥攷略十卷　(清)吳式芬　(清)陳介祺輯　清光緒三十年(1904)石印本　十冊

120000－0381－0002600　2261
重刊宋本十三經注疏附校勘記　(清)阮元校勘　(清)盧宣旬摘錄　清同治十二年(1873)江西書局刻本　三十二冊

120000－0381－0002601　2262
吉金所見錄十六卷首一卷末一卷　(清)初尚齡纂輯　清嘉慶二十四年(1819)萊陽初氏湄園刻本　四冊

120000－0381－0002602　2263
說文解字十五卷　(漢)許慎記　(宋)徐鉉校　清初汲古閣刻本　六冊

120000－0381－0002603　2264
歷代鐘鼎彝器款識法帖二十卷附札記二十卷　(宋)薛尚功編　(清)劉世珩札記　清光緒二十九年(1903)貴池劉氏玉海堂刻本　四冊

120000－0381－0002604　2265
撝叔考藏秦漢印存　(清)趙之謙輯　清鈐印本　二冊

120000－0381－0002605　2266
古銅石印全集　(□)□□輯　清鈐印本　二冊

120000－0381－0002606　2267
說文古籀補十四卷附錄一卷　(清)吳大澂撰　清光緒二十四年(1898)刻本　二冊

120000－0381－0002607　2268
蒙泉外史印譜一卷　(清)奚岡篆刻　清光緒西泠四家印譜鈐印本　二冊

120000－0381－0002608　2269
種榆仙館印譜不分卷　(清)陳鴻壽篆　清道光鈐印本　四冊

120000－0381－0002609　2270
漢印偶存一卷姚氏印存一卷　(清)姚覲元輯　清光緒元年(1875)鈐印本　三冊

120000－0381－0002610　2271
金石識別十二卷　(美國)代那撰　(美國)瑪高溫口譯　(清)華蘅芳筆述　清刻本　六冊

120000－0381－0002611　2272
古籀拾遺三卷附宋政和禮器文字考一卷　(清)孫詒讓撰　清同治十一年(1872)刻本　二冊

120000－0381－0002612　2273
方言箋疏十三卷　(清)錢繹撰集　清光緒十六年(1890)紅蝠山房刻本　六冊

120000－0381－0002613　2274
太平御覽一千卷　(宋)李昉等撰　清嘉慶十七年(1812)歙鮑氏刻本　一百二十冊

120000－0381－0002614　2275
攈古錄金文三卷　(清)吳式芬撰　清光緒刻本　九册

120000－0381－0002615　2276
汗簡七卷　(宋)郭忠恕撰　清光緒寧波蔣瑞堂刻本　二册

120000－0381－0002616　2277
齊魯古印攈四卷　(清)高慶齡藏　(清)高嘉鈺輯　清光緒七年(1881)古雪書莊鈐印本　五册

120000－0381－0002617　2278
續齊魯古印攈十六卷　(清)郭申堂藏並輯　清光緒十七年(1891)鈐印本　十六册

120000－0381－0002618　2279
集古印譜三卷　(清)瞿鏞編　清咸豐八年(1858)鐵琴銅劍樓鈐印本　八册

120000－0381－0002619　2280
錢叔蓋胡鼻山兩家刻印四卷　(清)錢松　(清)胡震刻印　清同治三年(1864)鈐印本　四册

120000－0381－0002620　2281
古印不分卷　(清)劉會和輯　清道光二十八年(1848)鈐印本　一册

120000－0381－0002621　2282
擷華齋古印譜不分卷　(清)尹彭壽輯　清光緒二十一年(1895)鈐印本　六册

120000－0381－0002622　2283
逸園印輯不分卷　西泠印社輯　清光緒三十一年(1905)鈐印本　四册

120000－0381－0002623　2284
西泠四家印譜四種　西泠印社輯　清末西泠印社鈐印本　四册

120000－0381－0002624　2285
觀自得齋印存不分卷　(清)徐士愷輯　清光緒二十八年(1902)鈐印本　八册

120000－0381－0002625　2286
吳讓之印存　西泠印社藏並輯　清同治二年(1863)鈐印本　十册

120000－0381－0002626　2287
集古印譜五卷附原序一卷　(明)甘暘輯　明萬曆二十四年(1596)鈐刻本　三册

120000－0381－0002627　2288
集古印譜五卷附原序一卷　(明)甘暘輯　明萬曆二十四年(1596)鈐刻本　五册

120000－0381－0002628　2289
西京職官印錄二卷附印箋説一卷　(清)徐堅輯　清乾隆十九年(1754)褎新館刻本　四册

120000－0381－0002629　2290
十六金符齋印存不分卷　(清)吳大澂輯　清光緒十四年(1888)鈐印本　二十六册

120000－0381－0002630　2291
漢銅印叢八卷　(清)王啟淑輯　清乾隆十七年(1752)鈐印本　八册

120000－0381－0002631　2292
文房肆考圖説八卷　(清)唐秉鈞纂　(清)康愷繪圖　清乾隆四十三年(1778)刻本　四册

120000－0381－0002632　2293
蘇米齋蘭亭考　(清)翁方綱撰　清光緒十五年(1889)常熟鮑氏後知不足齋刻本　四册

120000－0381－0002633　2294
隸釋二十七卷　(宋)洪适撰　清乾隆、乾隆汪氏樓松書屋刻本　八册

120000－0381－0002634　2295
墨池編二十卷印典八卷　(宋)朱長文纂　清雍正十一年(1733)就閒堂刻本　十六册

120000－0381－0002635　2296
墨妙亭碑目攷二卷附攷一卷　(清)張鑑撰　清光緒刻本　二册

120000－0381－0002636　2297
端溪研志三卷首一卷　(清)吳繩年輯　清刻本　二册

120000－0381－0002637　2298
淳化秘閣法帖考正十卷附錄二卷　(清)王澍

撰　清雍正詩鼎齋刻本　四冊

120000－0381－0002638　2299
詩雙聲疊韻譜不分卷　(清)鄧廷楨撰　清道光十八年(1838)刻本　一冊

120000－0381－0002639　2300
鐵橋金石跋四卷　(清)嚴可均撰　清光緒三十一年(1905)秀水王實瑩刻本　一冊

120000－0381－0002640　2301
金石綜例四卷　(清)馮登府纂　(清)朱記榮校刊　清光緒十三年(1887)行素草堂刻本　一冊

120000－0381－0002641　2302
復初齋文集三十五卷　(清)翁方綱撰　(清)李彦章校刊　清光緒三年(1877)刻本　一冊　存三卷(一至三)

120000－0381－0002642　2303
關中金石記八卷　(清)畢沅撰　清乾隆四十六年(1781)畢氏經訓堂叢書刻本　二冊

120000－0381－0002643　2304
安吴四種三十六卷　(清)包世臣撰　清光緒十四年(1888)刻本　八冊　存十五卷(一至十五)

120000－0381－0002644　2305
績語堂題跋不分卷碑錄不分卷　(清)魏錫曾撰　清光緒九年(1883)羊城刻本　八冊

120000－0381－0002645　2306
太史升菴全集八十一卷目錄二卷　(明)楊慎撰　清乾隆六十年(1795)刻本　七冊　存二十六卷(五十六至八十一)

120000－0381－0002646　2307
御刻三希堂石渠寶笈法帖[釋文]十六卷首一卷　(清)梁詩正等編　清光緒二十三年(1897)石印本　四冊

120000－0381－0002647　2308
書法正傳十卷　(清)馮武編　清世豸堂刻本　六冊

120000－0381－0002648　2309
補寰宇訪碑錄五卷失編一卷　(清)趙之謙撰　清同治三年(1864)刻本　一冊

120000－0381－0002649　2310
漢魏六朝志墓金石例三卷唐人志墓諸例一卷　(清)吳鎬撰　清嘉慶太倉張浩三刻本　一冊

120000－0381－0002650　2311
中州金石記五卷　(清)畢沅撰　清末鉛印本　一冊

120000－0381－0002651　2312
匋齋藏石記四十四卷首一卷　(清)端方撰　清宣統元年(1909)石印本　十二冊

120000－0381－0002652　2313
隨軒金石文字九種　(清)徐渭仁鈎撰　清同治七年(1868)刻本　六冊

120000－0381－0002653　2314
語石十卷　葉昌熾撰　清宣統元年(1909)刻本　四冊

120000－0381－0002654　2315
壽石齋硯譜　(清)汪日暘撰　清道光二十九年(1849)刻本　一冊

120000－0381－0002655　2316
語石十卷　葉昌熾撰　清宣統元年(1909)刻本　四冊

120000－0381－0002656　2317
金石圖不分卷　(清)牛運震集說　(清)褚峻摹圖　清乾隆刻本暨拓本　二冊

120000－0381－0002657　2318
玉說不分卷　(清)唐榮祚撰　清光緒十六年(1890)刻本　一冊

120000－0381－0002658　2319
絳帖平六卷總錄一卷　(宋)姜夔撰　清乾隆刻武英殿聚珍版叢書本　一冊

120000－0381－0002659　2320
瘞鶴銘考補一卷校勘記一卷　(清)翁方綱撰　清光緒三十四年(1908)刻本　一冊

120000－0381－0002660　2321

淳化閣法帖釋文十卷　(清)徐朝弼集釋　清嘉慶十七年(1812)刻本　一册

120000－0381－0002661　2322

重校分部書法正傳　(□)□□撰　清光緒元年(1875)刻本　一册

120000－0381－0002662　2323

墨法集要一卷　(明)沈繼孫撰　清刻本　一册

120000－0381－0002663　2324

廣藝舟雙楫六卷　康有為撰　清光緒十九年(1893)南海康氏萬木草堂刻本　二册

120000－0381－0002664　2325

書小史十卷　(宋)陳思撰　清中期孔氏嶽雪樓影抄本　四册

120000－0381－0002665　2326

草字彙十二卷　(清)石梁輯　清乾隆五十二年(1787)刻本　六册

120000－0381－0002666　2327

清儀閣題跋　(清)張廷濟撰　清光緒十九年(1893)刻本　四册

120000－0381－0002667　2328

御刻三希堂石渠寶笈法帖釋文十六卷　(清)梁詩正等編　清末影印本　六册

120000－0381－0002668　2329

御刻三希堂石渠寶笈法帖釋文十六卷　(清)梁詩正等編　清末影印本　六册

120000－0381－0002669　2330

美術叢書第六集　(清)周星蓮撰　清宣統三年(1911)神州國光社鉛印本　四册

120000－0381－0002670　2331

墨林今話十八卷　(清)蔣寶齡撰　**續編一卷**　(清)蔣茝生撰　清宣統三年(1911)掃葉山房石印本　六册

120000－0381－0002671　2332

朱柏廬先生中庸講義二卷　(清)朱用純撰　清光緒刻本　二册

120000－0381－0002672　2333

東坡題跋六卷　(宋)蘇軾撰　(明)毛晉訂　明崇禎虞山毛氏汲古閣津逮秘書刻本　三册

120000－0381－0002673　2334

東坡題跋四卷　(宋)蘇軾撰　(明)黄嘉惠校　明刻本　四册

120000－0381－0002674　2335

趙文敏公松雪齋全集十卷續集一卷外集一卷　(元)趙孟頫撰　(清)曹培廉校　清康熙五十二年(1713)城書室刻本　六册

120000－0381－0002675　2336

六書音韻表五卷　(清)段玉裁撰　清同治十一年(1872)湖北崇文書局刻本　一册　存三卷(一至三)

120000－0381－0002676　2337

東坡事類二十二卷　(清)梁廷枏輯　清道光十年(1830)刻本　八册

120000－0381－0002677　2338

寄傲山房塾課纂輯御案易經備旨七卷　(清)鄒聖脈輯　(清)鄒廷猷編　清光緒六年(1880)掃葉山房刻本　二册　存二卷(一至二)

120000－0381－0002678　2339

佩文齋書畫譜一百卷　(清)孫岳頒　(清)宋駿業等撰　清康熙四十七年(1708)刻本　六十四册

120000－0381－0002679　2340

虚齋名畫録十六卷　龐元濟撰　清宣統元年(1909)烏程龐氏刻本　十六册

120000－0381－0002680　2341

鐵網珊瑚書品六卷書品四卷　(明)朱存理集録　明萬曆二十八年(1600)刻本　十册

120000－0381－0002681　2342

鐵網珊瑚二十卷　(明)都穆撰　清乾隆二十三年(1758)刻本　六册

120000－0381－0002682　2343

西清劄記四卷南薰殿圖像攷二卷國朝院畫録

二卷 (清)胡敬輯 清嘉慶刻本 四冊

120000－0381－0002683 2344

習苦齋畫絮十卷 (清)戴熙記 (清)惠年編輯 (清)吳祥麟等校 清光緒十九年(1893)刻本 四冊

120000－0381－0002684 2345

吳越所見書畫録六卷 (清)陸時化輯 清光緒陸氏懷煙閣活字本 六冊

120000－0381－0002685 2346

眼福編初集十四卷二集十五卷三集七卷 (清)楊恩壽撰 清光緒長沙楊氏坦園全集刻本 十二冊

120000－0381－0002686 2347

桐陰論畫二卷首一卷二編二卷三編二卷畫訣二卷 (清)秦祖永撰 清同治三年(1864)朱墨套印本 四冊

120000－0381－0002687 2348

南宋院畫録八卷 (清)厲鶚輯 清光緒十年(1884)錢塘丁氏嘉惠堂刻武林掌故叢書本 四冊

120000－0381－0002688 2349

尚書十三卷 (漢)孔安國傳 清光緒二年(1876)江南書局刻本 五冊

120000－0381－0002689 2350

國朝書畫家筆録四卷 竇鎮輯 清宣統三年(1911)活字本 八冊

120000－0381－0002690 2351

甌香館集十二卷首一卷末一卷 (明)惲格著 (清)蔣光照輯 清光緒七年(1881)刻本 四冊

120000－0381－0002691 2352

習苦齋畫絮十卷 (清)戴熙記 (清)惠年編輯 (清)吳祥麟等校 清光緒十九年(1893)刻本 四冊

120000－0381－0002692 2353

苑西集十二卷附竹窻詞一卷 (清)高士奇撰 清康熙刻本 二冊

120000－0381－0002693 2354

缶廬詩四卷附缶廬别存一卷 吳俊卿撰 清光緒十九年(1893)刻本 一冊

120000－0381－0002694 2355

王奉常書畫題跋二卷 (清)王時敏撰 清宣統二年(1910)通州李氏甌缽羅室刻本 二冊

120000－0381－0002695 2356

庚子銷夏記八卷附閑者軒帖考一卷 (清)孫承澤撰 清乾隆二十六年(1761)刻本 二冊

120000－0381－0002696 2357

亦政堂重修考古圖十卷 (宋)呂大臨撰 清乾隆十七年(1752)亦政堂刻本 四冊 存四卷(一至四)

120000－0381－0002697 2358

亦政堂重修宣和博古圖録三十卷 (宋)呂大臨撰 清乾隆亦政堂刻本 二十五冊 存二十五卷(六至三十)

120000－0381－0002698 2359

慈悲道場懺法十卷 (南朝梁)釋諸大法師集撰 明萬曆三十年至三十一年(1602－1603)刻本 十冊

120000－0381－0002699 2360

古泉匯六十卷首四卷 (清)李佐賢輯 清同治三年(1864)利津李氏石泉書屋刻本 十六冊

120000－0381－0002700 2361

亦政堂重考古玉圖二卷 (元)朱德潤撰 清乾隆十七年(1752)亦政堂刻本 一冊

120000－0381－0002701 2362

日知録集釋三十二卷刊誤二卷續刊誤二卷 (清)顧炎武撰 (清)黄汝成集釋 清同治十一年(1872)湖北崇文書局刻本 八冊 存十六卷(十七至三十二)

120000－0381－0002702 2363

端溪硯史三卷 (清)吳蘭修撰 清刻本 一冊

120000－0381－0002703 2364

重訂幼學須知句解四卷　(清)程允升撰　(清)黄汪若注　(清)錢元龍校　清光緒十六年(1890)李光明莊刻本　四册

120000－0381－0002704　2365
平津讀碑記八卷續記一卷　(清)洪頤煊撰　清光緒十一年(1885)刻本　四册

120000－0381－0002705　2366
寰宇訪碑錄十二卷　(清)孫星衍等撰　清光緒九年(1883)江蘇書局刻本　四册

120000－0381－0002706　2367
寰宇訪碑錄十二卷　(清)孫星衍等撰　清光緒九年(1883)江蘇書局刻本　四册

120000－0381－0002707　2368
一切經音義二十五卷　(唐)釋玄應撰　清道光十一年(1831)古稀堂刻本　四册

120000－0381－0002708　2369
瀛寰志略十卷　(清)徐繼畬輯　清同治十二年(1873)刻本　五册

120000－0381－0002709　2370
說文拈字七卷補遺三卷　(清)王玉樹撰　清嘉慶八年(1803)刻本　一册　存四卷(七、補遺三卷)

120000－0381－0002710　2371
大廣益會玉篇三十卷　(宋)陳彭年等重修　清小學匯函刻本　三册

120000－0381－0002711　2372
石鼓文釋存一卷補註一卷　(清)張燕昌撰　清光緒二十八年(1902)刻本　一册

120000－0381－0002712　2373
孔子聖蹟圖　(清)□□繪　清刻本　一册

120000－0381－0002713　2374
夏小正戴氏傳四卷校錄一卷　(宋)傅崧卿撰　清光緒十三年(1887)寶章閣影刻本　一册

120000－0381－0002714　2375
古韻通説二十卷通說一卷　(清)龍啟瑞撰　清刻本　二册

120000－0381－0002715　2376
曾文正公雜著四卷　(清)曾國藩撰　清同治十三年(1874)傳忠書局刻本　二册

120000－0381－0002716　2377
古泉叢話三卷　(清)戴熙撰　清同治十一年(1872)滂喜齋刻本　一册

120000－0381－0002717　2378
輿地碑記目四卷　(清)伍崇曜輯　清道光、光緒南海伍氏刻粤雅堂叢書本　四册

120000－0381－0002718　2379
指頭畫說不分卷　(清)高秉撰　清光緒十二年(1886)來鶴堂刻本　一册

120000－0381－0002719　2380
美術叢書第四集　清宣統三年(1911)神州國光社鉛印本　四册

120000－0381－0002720　2381
美術叢書第五集　清宣統三年(1911)神州國光社鉛印本　四册

120000－0381－0002721　2382
美術叢書第七集　清宣統三年(1911)神州國光社鉛印本　四册

120000－0381－0002722　2383
美術叢書第八集　清宣統三年(1911)神州國光社鉛印本　四册

120000－0381－0002723　2384
美術叢書第九集　清宣統三年(1911)神州國光社鉛印本　四册

120000－0381－0002724　2385
訒葊集古印存三十二卷　(清)汪啓淑輯　清乾隆二十五年(1760)刻本　十六册

120000－0381－0002725　2386
錢牧齋文鈔不分卷　(清)錢謙益撰　清宣統元年(1909)上海國學扶輪社鉛印本　四册

120000－0381－0002726　2387
缶廬印存不分卷　西泠印社輯　清末西泠印社鈐印本　四册

120000－0381－0002727　2388
文美齋詩箋譜不分卷　(清)張兆祥編繪　清宣統三年(1911)彩色套印本　二册

120000－0381－0002728　2389
書畫鑑影二十四卷　(清)李佐賢編　清同治十年(1871)刻本　十二册

120000－0381－0002729　2390
揚州畫舫録十八卷　(清)李斗撰　清同治十一年(1872)刻本　四册

120000－0381－0002730　2391
寶繪録二十卷六如唐先生畫譜三卷　(明)張泰階評訂　清金匱書屋刻本　六册

120000－0381－0002731　2392
歷代名畫記十卷附古畫品録　(唐)張彦遠撰　(明)毛晉訂　明崇禎虞山毛氏汲古閣津逮秘書本　二册

120000－0381－0002732　2393
宣和書譜二十卷畫譜二十卷　(明)毛晉訂　明崇禎虞山毛氏汲古閣刻津逮秘書本　六册

120000－0381－0002733　2394
紅豆樹館書畫記八卷　(清)陶樑編輯　清光緒八年(1882)潘氏静園刻本　六册

120000－0381－0002734　2395
澄蘭室古緣萃録十八卷　(清)邵松年輯　清光緒三十年(1904)上海鴻文書局石印本　六册

120000－0381－0002735　2396
畫史　(宋)米芾撰　(明)毛晉訂　明崇禎虞山毛氏汲古閣刻本　二册

120000－0381－0002736　2397
板橋詩鈔一卷家書一卷詞鈔一卷　(清)鄭燮撰　清乾隆八年(1743)司徒文膏刻本　四册

120000－0381－0002737　2398
國朝書畫家筆録四卷　竇鎮輯　清宣統三年(1911)蘇州文學山房木活字本　八册

120000－0381－0002738　2399
西清劄記四卷南薰殿圖像考二卷國朝院畫録二卷　(清)胡敬撰　清嘉慶二十一年(1816)刻本　五册

120000－0381－0002739　2400
圖畫見聞誌六卷　(宋)郭若虚撰　(明)毛晉訂　明崇禎虞山毛氏汲古閣刻津逮秘書本　一册

120000－0381－0002740　2401
辛丑銷夏記五卷　(清)吳榮光撰　清光緒三十一年(1905)長沙葉氏郎園刻本　五册

120000－0381－0002741　2402
書畫鑑影二十四卷　(清)李佐賢編輯　清同治十年(1871)利津李氏刻本　十二册

120000－0381－0002742　2403
雅趣藏書不分卷　(清)錢書撰　清康熙四德堂刻本　四册

120000－0381－0002743　2404
詩韻集成十卷　(清)余照輯　清光緒元年(1875)潤德堂刻本　二册　存四卷(一至四)

120000－0381－0002744　2405
遯盦集古印存初集　吳隱輯　清光緒三十四年(1908)西泠印社鈐印本　十六册

天津中醫藥大學第一附屬醫院圖書館古籍普查登記目録

全國古籍普查登記目録

國家圖書館出版社
National Library of China Publishing House

120000－0391－0000001　1
補註黄帝内經素問二十四卷附素問遺篇　(唐)王冰註　(宋)林億等校正　清光緒三年(1877)浙江書局刻本　十冊

120000－0391－0000002　3
黄帝内經素問註證發微九卷靈樞註證發微九卷附素問補遺　(明)馬蒔註　清光緒五年(1879)善成堂刻本　二十四冊

120000－0391－0000003　4
類經三十二卷圖翼十一卷附翼四卷　(明)張介賓類註　明天啟四年(1624)金閶童湧泉刻本　二十四冊

120000－0391－0000004　5
素問靈樞類纂約註三卷　(清)汪昂纂　清日新書莊刻本　三冊

120000－0391－0000005　6
醫經原旨六卷　(清)薛雪撰　(清)楊采青重校　清掃葉山房刻本　六冊

120000－0391－0000006　7
素問懸解十三卷附校餘偶識一卷　(清)黄元御解　清同治十一年(1872)陽湖馮氏刻本　七冊

120000－0391－0000007　9
黄帝内經素問集註九卷　(清)張志聰集註　清光緒十六年(1890)浙江書局刻本　六冊

120000－0391－0000008　13
重廣補註黄帝内經素問二十四卷　(唐)王冰註　(宋)林億等校正　**黄帝内經靈樞十二卷附素問遺篇**　(宋)史崧音釋　清光緒十年(1884)文成堂刻本　十冊

120000－0391－0000009　14－1
黄帝内經素問二十四卷　(明)吳崐註　明萬曆三十七年(1609)刻本　十冊

120000－0391－0000010　14－2
黄帝内經素問二十四卷　(明)吳崐註　清大興堂刻本　六冊

120000－0391－0000011　14－3
黄帝内經素問二十四卷　(明)吳崐註　清刻本　八冊

120000－0391－0000012　19
黄帝内經素問集註九卷靈樞集註九卷　(清)張志聰註　清光緒五年(1879)太醫院刻本　十二冊

120000－0391－0000013　20
補註釋文黄帝内經素問十二卷　(唐)王冰註　(宋)林億等校正　**黄帝素問靈樞經十二卷**　(宋)史崧音釋　明嘉靖朱厚煜居敬堂刻本　十八冊

120000－0391－0000014　21
黄帝素問直解九卷　(清)高世栻註解　清光緒十三年(1887)浙江書局刻本　八冊

120000－0391－0000015　22
黄帝素問直解九卷　(清)高世栻註解　清光緒十三年(1887)三餘堂刻本　八冊

120000－0391－0000016　24
黄帝内經靈樞註證發微九卷　(明)馬蒔註　清光緒五年(1879)刻本　八冊

120000－0391－0000017　25
靈樞經九卷　(清)張志聰集註　清光緒二十九年(1903)刻本　十二冊

120000－0391－0000018　27
醫林改錯二卷　(清)王清任撰　清光緒善成堂刻本(有圖)　二冊

120000－0391－0000019　32－1
巢氏諸病源候論五十卷　(隋)巢元方等撰　清光緒元年(1875)湖北崇文書局刻本　八冊

120000－0391－0000020　32－2
巢氏諸病源候論五十卷　(隋)巢元方等撰　清光緒十七年(1891)池陽周氏刻本　八冊

120000－0391－0000021　32－3
巢氏諸病源候論五十卷　(隋)巢元方等撰　清刻本　八冊

120000－0391－0000022　34
仲景全書二十卷　(漢)張仲景等撰　清光緒

二十年(1894)成都鄧氏崇文齋刻本　八冊

120000－0391－0000023　37
增註類證活人書二十二卷　(宋)朱肱撰　清光緒十年(1884)刻本(有圖)　四冊

120000－0391－0000024　40
註解傷寒論十卷附傷寒明理論四卷　(漢)張仲景撰　(晉)王叔和編　(金)成無己註　清光緒六年(1880)掃葉山房刻本　六冊

120000－0391－0000025　41
傷寒補亡論二十卷　(宋)郭雍撰　清宣統三年(1911)武昌醫學館刻本　四冊

120000－0391－0000026　42
傷寒六書六卷　(明)陶華撰　清敦化堂刻本　八冊

120000－0391－0000027　43－1
陶節庵傷寒全生集四卷　(明)陶華撰　(清)葉桂評　清嘉慶二十四年(1819)桐石山房刻本　四冊

120000－0391－0000028　43－2
陶節庵傷寒全生集四卷　(明)陶華撰　(清)葉桂評　清眉壽堂刻本　四冊

120000－0391－0000029　45
傷寒補天石二卷　(明)戈維城撰　(清)朱陶性校　清金閶經義堂刻本　四冊

120000－0391－0000030　47－1
傷寒論註來蘇集八卷　(清)柯韻伯撰　清乾隆二十年(1755)崐山馬氏綏福堂刻本　八冊

120000－0391－0000031　47－2
傷寒論註來蘇集八卷　(清)柯韻伯撰　清金閶綠慎堂刻本　六冊

120000－0391－0000032　47－3
傷寒來蘇集八卷　(清)柯韻伯撰　(清)葉桂評訂　清刻本　八冊

120000－0391－0000033　48－1
傷寒論註來蘇集八卷　(清)柯韻伯撰　清蘇州掃葉山房刻本　六冊

120000－0391－0000034　48－2
傷寒論註來蘇集八卷　(清)柯韻伯撰　清刻本　六冊

120000－0391－0000035　49
傷寒論後條辨十五卷　(清)程郊倩撰　(清)王式鈺校　清美錦堂刻本　十冊

120000－0391－0000036　50
傷寒論翼四卷　(清)柯韻柏撰　清光緒十九年(1893)上海文瑞樓刻本　四冊

120000－0391－0000037　52
傷寒論集註六卷　(清)張志聰註釋　(清)高世栻纂集　清刻本　六冊

120000－0391－0000038　53－1
傷寒論三註十六卷　(清)周揚俊註　清光緒十三年(1887)刻本　六冊

120000－0391－0000039　53－2
傷寒論三註十六卷　(清)周揚俊註　清宣統二年(1910)掃葉山房石印本　六冊

120000－0391－0000040　54
傷寒論三註十八卷　(清)周揚俊註　清浙江書局刻本　八冊

120000－0391－0000041　55
傷寒論直解六卷附傷寒附餘一卷　(清)張錫駒註　清三餘堂刻本　四冊

120000－0391－0000042　57
傷寒貫珠集八卷　(清)尤怡編註　清嘉慶十五年(1810)刻本　四冊

120000－0391－0000043　58
張仲景傷寒論貫珠集八卷　(清)尤怡編　清嘉慶十五年(1810)刻本　六冊

120000－0391－0000044　59
孝慈備覽傷寒編四卷　(清)汪純粹撰　清雍正十二年(1734)刻本　四冊

120000－0391－0000045　60
再重訂傷寒論集註十卷　(清)舒詔撰　清乾隆三十五年(1770)味經堂刻本　四冊

120000－0391－0000046　62

醫效秘傳三卷　（清）葉桂撰　清道光十一年(1831)刻本　三冊

120000－0391－0000047　63

吴氏醫學述第五種傷寒分經十卷　（清）喻昌註　（清）吴儀洛訂　清乾隆三十一年(1766)硤川利濟堂刻本　八冊

120000－0391－0000048　64

重訂傷寒論集註四卷　（清）舒馳遠撰　清乾隆三十五年(1770)文光堂刻本　四冊

120000－0391－0000049　65

傷寒第一書四卷附餘二卷　（清）車宗輅（清）胡憲豐撰　清光緒十一年(1885)刻本　六冊

120000－0391－0000050　72

註解傷寒論十卷附傷寒明理論四卷　（漢）張仲景撰　（晉）王叔和編　（金）成無己註　清光緒二十二年(1896)湖南書局刻本　六冊

120000－0391－0000051　92

金匱玉函經二註二十二卷附補方一卷十藥神書一卷　（元）趙以德衍義　（清）周揚俊補註　清同治二年(1863)上洋經義齋刻本　十冊

120000－0391－0000052　94

金匱心典三卷　（清）尤怡集註　清光緒七年(1881)刻本　三冊

120000－0391－0000053　95－1

金匱方歌括六卷　（清）陳念祖撰　清光緒二年(1876)掃葉山房刻本　一冊

120000－0391－0000054　95－2

金匱方歌括六卷　（清）陳念祖撰　清道光十六年(1836)刻本　三冊

120000－0391－0000055　96

金匱要略淺註十卷　（清）陳念祖撰　清光緒十五年(1889)光裕書屋刻本　六冊

120000－0391－0000056　98

張仲景金匱要略論註二十四卷　（清）徐彬撰　清光緒五年(1879)上海校經山房成記書局刻本　八冊

120000－0391－0000057　101

脈經十卷　（晉）王熙撰　清光緒十九年(1893)宜都楊守敬刻本　四冊

120000－0391－0000058　103

脈訣彙編説統一卷經絡彙編一卷　（明）翟良撰　（清）林起龍鑒定　清康熙六年(1667)刻本(有圖)　六冊

120000－0391－0000059　104

圖註八十一難經辨真六卷　（明）張世賢圖註　（清）沈鏡校　清康熙三十二年(1693)愛日堂刻本(有圖)　四冊

120000－0391－0000060　105

脈經十卷　（晉）王熙撰　清光緒十七年(1891)池陽周氏刻本　三冊

120000－0391－0000061　108

鋟圖註王叔和脈訣琮璜五卷　（晉）王叔和撰　（明）張世賢註　清刻本(有圖)　一冊

120000－0391－0000062　109

瀕湖脈學三卷　（明）李時珍撰　清光緒四年(1878)蜀東善成堂刻本　二冊

120000－0391－0000063　110

四診抉微八卷　（清）林之翰撰　清玉映堂刻本　四冊

120000－0391－0000064　112

周澂之脈學四種十四卷　（清）周學海撰輯　清光緒二十一年(1895)池陽周氏刻本　八冊

120000－0391－0000065　120

針灸甲乙經十二卷　（晉）皇甫謐撰　（宋）林億等校　清光緒十三年(1887)行素草堂刻本　四冊

120000－0391－0000066　121－1

針灸大成十卷　（明）楊繼洲撰　清綠蔭山房刻本(有圖)　十冊

120000－0391－0000067　121－2

針灸大成十卷　（明）楊繼洲撰　清善成堂刻本(有圖)　十冊

120000－0391－0000068 121－3
針灸大成十卷 (明)楊繼洲撰 (清)章廷珪重修 清光緒十二年(1886)刻本 十冊

120000－0391－0000069 125
針灸便用不分卷 (清)張希純述 (清)蘇元箴撰 清咸豐六年(1856)永怡堂刻本(有圖) 一冊

120000－0391－0000070 127
備急灸法一卷 題(宋)聞人耆年撰 清光緒十七年(1891)江寧藩署刻本 一冊

120000－0391－0000071 132
經脈圖考四卷 (清)陳惠疇撰 清光緒四年(1878)刻本(有圖) 四冊

120000－0391－0000072 134
理瀹駢文不分卷附略言一卷續增略言三卷銅人圖考廿一膏良方不分卷治心病方一卷 (清)吳尚先撰 清光緒六年(1880)刻本 四冊

120000－0391－0000073 136
本草經解要四卷附考證音訓一卷 (清)葉桂註 清乾隆四十六年(1781)刻本 二冊

120000－0391－0000074 137
本草三家合註六卷附神農本草經百種錄一卷 (清)郭汝驄集註 (清)袁浩閱定 (清)李佐堯校勘 清刻本 六冊

120000－0391－0000075 138
神農本草經讀四卷醫學三字經四卷 (清)陳念祖撰 清末上海萃文齋書局鉛印本 一冊

120000－0391－0000076 139
本經疏證十二卷本經續疏六卷本經序疏要八卷 (清)鄒澍撰 清道光二十九年(1849)常郡晉升山房刻本 十二冊

120000－0391－0000077 141
本經疏證十二卷本經續疏六卷本經序疏要八卷 (清)鄒澍撰 清道光二十九年(1849)常年醫局刻本 十二冊

120000－0391－0000078 142
本草便讀二卷 (清)張秉成編 清光緒二十二年(1896)毗陵張氏刻本 四冊

120000－0391－0000079 143
神農本經經釋不分卷 (清)姜國伊註 清刻本 二冊

120000－0391－0000080 144
本草崇原集說三卷附本草經讀一卷附錄集說一卷 (清)張志聰註釋 (清)高世栻纂輯 (清)仲學輅集說 清宣統二年(1910)刻本 四冊

120000－0391－0000081 150
經史證類大觀本草三十一卷後附大觀本草劄記 (宋)唐慎微撰 (宋)曹孝忠校 清光緒三十年(1904)武昌柯氏影宋刻本 十六冊

120000－0391－0000082 152
本草衍義二十卷 (宋)寇宗奭撰 清光緒三年(1877)刻本 二冊

120000－0391－0000083 156
本草綱目五十二卷首一卷圖三卷瀕湖脈學一卷脈訣考證一卷奇經八脈考一卷 (明)李時珍撰 (明)李建元等校正 **萬方針線八卷** (清)蔡烈先撰 **本草綱目拾遺十卷** (清)趙學敏撰 清光緒十一年(1885)合肥張氏味古齋刻本(有圖) 四十冊

120000－0391－0000084 157－1
本草原始十二卷 (明)李中立纂輯 清光緒善成堂刻本(有圖) 六冊

120000－0391－0000085 157－2
本草原始十二卷 (明)李中立纂輯 清翠筠山房刻本(有圖) 八冊

120000－0391－0000086 160
本草述三十二卷首一卷 (清)劉若金撰 清嘉慶十五年(1810)武進薛氏還讀山房刻本 二十四冊

120000－0391－0000087 161
本經逢原四卷 (清)張璐撰 清嘉慶六年(1801)刻本 四冊

120000－0391－0000088　162
本草詩箋十卷　(清)朱鑰撰　清乾隆二十七年(1762)群玉山房刻本　四册

120000－0391－0000089　163
長沙藥解四卷　(清)黄元御撰　清燮龢精舍刻本　二册

120000－0391－0000090　164
本草從新六卷　(清)吴儀洛輯　清善成堂刻本　六册

120000－0391－0000091　165
本草分經一卷　(清)姚瀾編　清光緒十八年(1892)刻本(有圖)　一册

120000－0391－0000092　167
植物名實圖考長編二十二卷　(清)吴其濬撰　清刻本　二十二册

120000－0391－0000093　168
本草思辨録四卷首一卷　(清)周巖撰　清光緒三十年(1904)山陰周氏微尚室刻本　二册

120000－0391－0000094　174
雷公炮製藥性賦解六卷　(清)王子接重訂　清光緒三十二年(1906)掃葉山房刻本　四册

120000－0391－0000095　176
雷公炮製藥性賦解六卷　(清)王子接重訂　清光緒十三年(1887)善成堂刻本　四册

120000－0391－0000096　184－1
食物本草會纂十二卷　(清)沈李龍纂輯　清刻本(有圖)　八册

120000－0391－0000097　184－2
食物本草會纂十二卷　(清)沈李龍輯　清道光元年(1821)刻本(有圖)　六册

120000－0391－0000098　184－3
食物本草會纂十二卷　(清)沈李龍撰　清道光八年(1828)刻本(有圖)　八册

120000－0391－0000099　185
隨息居飲食譜一卷　(清)王士雄撰　清光緒十八年(1892)上海醉六堂刻本　二册

120000－0391－0000100　192
孫真人千金方衍義三十卷　(唐)孫思邈撰　(清)張璐衍義　清掃葉山房刻本　二十四册

120000－0391－0000101　193
千金寶要六卷　(唐)孫思邈撰　(宋)郭思纂集　(清)孫星衍校　清道光四年(1824)刻本　四册

120000－0391－0000102　194
千金翼方三十卷　(唐)孫思邈撰　清光緒四年(1878)獨山莫氏影印本　八册

120000－0391－0000103　195－1
唐王燾先生外臺秘要方四十卷　(唐)王燾撰　(明)程衍道訂　清同治十三年(1874)廣東翰墨園刻本　四十册

120000－0391－0000104　195－2
唐王燾先生外臺秘要方四十卷　(唐)王燾撰　(明)程衍訂　清經餘居刻本　四十册　缺一卷(二十八)

120000－0391－0000105　196
史載之方二卷　(宋)史堪撰　清光緒二年(1876)吴興陸心源刻十萬卷樓叢書本　二册

120000－0391－0000106　197－1
類證普濟本事方十卷　(宋)許叔微撰　(清)葉桂釋義　清嘉慶十九年(1814)古吴葉氏眉壽堂刻本　十册

120000－0391－0000107　197－2
類證普濟本事方十卷　(宋)許叔微撰　(清)葉桂釋義　清嘉慶十九年(1814)刻本　六册

120000－0391－0000108　200
瑞竹堂經驗方五卷補遺一卷　(元)沙圖穆蘇撰　清光緒四年(1878)丁氏當歸草堂刻醫學叢書本　一册

120000－0391－0000109　201
證治要訣類方十二卷　(明)戴思恭輯　清刻本　四册　存十一卷(二至十二)

120000－0391－0000110　203
攝生衆妙方十一卷急救良方二卷　(明)張時

徹編　明嘉靖二十九年(1550)刻本　八册　缺二卷(一至二)

120000－0391－0000111　210
良方類選四卷　(清)崔錦章輯　清道光十九年(1839)刻本　四册

120000－0391－0000112　211
經驗廣集四卷　(清)李文炳撰　(清)李友洙訂　清刻本　八册

120000－0391－0000113　212
經驗良方三卷　(清)陸耆郇輯　(清)邵綬名校訂　清咸豐七年(1857)刻本　三册

120000－0391－0000114　213
本草醫方合編　(清)汪昂撰　清光緒十三年(1887)上海鴻文書局石印本　六册

120000－0391－0000115　214
易簡方論六卷　(清)程履新撰　清嘉慶二十二年(1817)刻本　十二册

120000－0391－0000116　215
集驗良方三卷　題(清)梁瀛侯編撰　清康熙四十九年(1710)刻本　三册

120000－0391－0000117　216
羅軍門集驗良方四卷　(清)德懷庭輯　清道光七年(1827)富春堂刻本　四册

120000－0391－0000118　217
本草萬方針線八卷　(清)蔡烈先輯　清道光十五年(1835)刻本　四册

120000－0391－0000119　218－1
絳雪園古方選註三卷　(清)王子接註　(清)葉桂校　清刻本　四册

120000－0391－0000120　218－2
絳雪園古方選註三卷　(清)王子接撰　(清)葉桂校　清掃葉山房刻本　四册

120000－0391－0000121　219
惠直堂經驗方四卷　(清)陶承熹集　清乾隆四十九年(1784)步雲閣刻本　六册

120000－0391－0000122　221－1
新刊良朋彙集五卷附補遺一卷　(清)孫偉輯　清光緒九年(1883)上洋校經山房刻本　六册

120000－0391－0000123　221－2
新刊良朋彙集五卷附補遺一卷　(清)孫偉輯　清善成堂刻本　六册

120000－0391－0000124　222
仙拈集四卷　(清)李文炳撰　清嘉慶二十三年(1818)刻本　四册

120000－0391－0000125　225
吴氏醫學述第四種成方切用二十六卷首一卷末一卷　(清)吴儀洛輯　清乾隆二十六年(1761)利濟堂刻本　八册

120000－0391－0000126　226
同壽錄四卷末一卷　(清)項天瑞輯　清道光二十八年(1848)京都琉璃廠篆雲齋刻本　二册

120000－0391－0000127　227
種福堂公選溫熱論醫案一卷良方三卷　(清)葉桂撰　(清)華岫雲校　清刻本　二册

120000－0391－0000128　229
回生集二卷　(清)陳傑集　清嘉慶十二年(1807)京都丙午堂刻本　四册

120000－0391－0000129　230－1
回生集二卷續回生集二卷　(清)陳傑集　清嘉慶十六年(1811)玻璃廠近文齋刻本　四册

120000－0391－0000130　230－2
回生集二卷續回生集二卷　(清)陳傑集　清道光二十二年(1842)寶仁堂刻本　四册

120000－0391－0000131　231
古方匯精五卷　題(清)愛虚老人輯　清嘉慶九年(1804)京江遵仁堂刻本　四册

120000－0391－0000132　232
平易方四卷附補遺經驗良方福幼編　(清)葉香侶集　清嘉慶九年(1804)刻本　四册

120000－0391－0000133　234
濯西濟急良方六卷　(清)劉秉錦撰　清道光

二十一年(1841)五柳堂刻本　四冊

120000－0391－0000134　235
驗方彙集八卷續集四卷　(清)戴緒安選註　清光緒十年(1884)刻本　十一冊　缺一卷(三)

120000－0391－0000135　236
醫方擇要二卷續集二卷　(清)文祥等編　清道光十六年(1836)六藝齋刻本　四冊

120000－0391－0000136　238
良方集腋二卷續附一卷　(清)謝元慶編　(清)王慶霄校訂　清同治二年(1863)留耕堂刻本　二冊

120000－0391－0000137　241
選錄驗方新編十八卷　(清)鮑相璈編輯　清光緒十二年(1886)潮州正誼堂鉛印本　一冊

120000－0391－0000138　244
偏方補遺七卷　(清)文晟編　清同治元年(1862)刻本　一冊

120000－0391－0000139　245
醫方易簡新編六卷　(清)龔自璋　(清)黃統合編　清同治五年(1866)京都篆雲齋范氏刻本　四冊

120000－0391－0000140　246－1
醫方論四卷　(清)費伯雄撰　清同治五年(1866)耕心堂刻本　二冊

120000－0391－0000141　246－2
醫方論四卷　(清)費伯雄撰　清光緒三年(1877)刻本　二冊

120000－0391－0000142　247
玉歷彙錄良方　(清)俞大文編　清同治七年(1868)仁和金肖農刻本　四冊

120000－0391－0000143　248
幾希錄良方合璧不分卷　(清)張維善編　清同治八年(1869)姑蘇得見齋刻本　二冊

120000－0391－0000144　249
小蓬萊山館方抄二卷　(清)竹林寺僧撰　清光緒七年(1881)集善堂刻本　一冊

120000－0391－0000145　250
隨山宇方鈔一卷　(清)汪曰楨撰　清光緒八年(1882)紹興裘氏刻本　一冊

120000－0391－0000146　251
醫方叢話八卷附一卷　(清)徐士鑾編　清光緒十五年(1889)津門徐氏蝶園刻本　四冊

120000－0391－0000147　252
淑老軒經驗方不分卷　(清)黃毓恩輯　清光緒十六年(1890)四川臬署刻本　一冊

120000－0391－0000148　253
厚德堂集驗方萃編四卷　(清)奇克　(清)唐阿輯　(清)周青旭校正　清光緒七年(1881)厚德堂刻本　六冊

120000－0391－0000149　254
臨症經驗方附摘錄經驗方　(清)胡致堂撰　清光緒二十六年(1900)刻本　一冊

120000－0391－0000150　257
本草綱目萬方類編三十二卷　(清)曹鞠庵輯　清嘉慶五年(1800)刻本　十三冊

120000－0391－0000151　280
便用良方二卷　(□)□□撰　清刻本　一冊

120000－0391－0000152　282
集驗良方拔萃二卷續補一卷　題(清)恬素氏編　清刻本　一冊

120000－0391－0000153　286－1
儒門事親十五卷　(金)張從正撰　清刻本　五冊

120000－0391－0000154　286－2
儒門事親十五卷　(金)張從正撰　(明)吳勉學校　清宣統二年(1910)寧波汲綆齋書局石印本　六冊

120000－0391－0000155　288
秘傳證治要訣十二卷　(明)戴原禮撰　清刻本　一冊　存七卷(六至十二)

120000－0391－0000156　290
訂補名醫指掌十卷　(明)皇甫中撰　(明)王肯堂訂補　清金閶傳萬堂刻本　十冊

120000－0391－0000157　292
新鍥雲林神彀四卷　(明)龔廷賢撰　清道光二十三年(1843)志遠堂刻本　四冊

120000－0391－0000158　293
新刊醫林狀元壽世保元十卷　(明)龔廷賢編　清光緒十四年(1888)上海掃葉山房刻本　十冊

120000－0391－0000159　296
醫宗必讀五卷　(明)李中梓撰　清尊經堂刻本　六冊

120000－0391－0000160　298
太醫院增補青囊藥性賦直解八卷首一卷末一卷　(明)太醫院編　(明)羅必煒參訂　清光緒十四年(1888)李光明莊刻本　四冊

120000－0391－0000161　300－1
石室秘籙六卷　(清)陳士鐸撰　清康熙二十八年(1689)刻本　六冊

120000－0391－0000162　300－2
石室秘籙六卷　(清)陳士鐸撰　清刻本　六冊

120000－0391－0000163　303－1
醫學心悟六卷　(清)程國彭撰　清光緒六年(1880)掃葉山房刻本　六冊

120000－0391－0000164　303－2
醫學心悟六卷　(清)程國彭撰　清光緒二十一年(1895)學庫山房刻本　六冊

120000－0391－0000165　303－3
醫學心悟六卷　(清)程國彭撰　清光緒三十四年(1908)渝城善成書莊刻本　六冊

120000－0391－0000166　304
醫碥七卷　(清)何夢瑤輯　清同文堂刻本　七冊

120000－0391－0000167　306
醫學匯海三十六卷首一卷　(清)孫德潤撰　清道光六年(1826)刻本　三十六冊

120000－0391－0000168　307－1
筆花醫鏡四卷　(清)江涵暾撰　清同治二年(1863)刻本　三冊

120000－0391－0000169　307－2
筆花醫鏡四卷　(清)江涵暾撰　清道光二十八年(1848)刻本　一冊

120000－0391－0000170　308
南病別鑒三卷附節錄辨證要略　(清)宋兆淇增註　清光緒五年(1879)刻本　三冊

120000－0391－0000171　309
醫家四要四卷　(清)程曦　(清)雷大震撰　(清)雷少逸鑒定　清光緒十二年(1886)豫章鄧燦堂刻本　四冊

120000－0391－0000172　310
壽世醫鑒三卷　(清)王文選輯　清光緒十年(1884)刻本　四冊

120000－0391－0000173　311
醫學指南五卷　(清)李德中撰　清光緒二十四年(1898)聚元堂刻本　四冊

120000－0391－0000174　319－1
瘟疫論二卷　(明)吳有性撰　明崇禎十五年(1642)刻本　二冊

120000－0391－0000175　319－2
瘟疫論二卷　(明)吳有性撰　清康熙刻本　二冊

120000－0391－0000176　320－1
補註瘟疫論四卷　(明)吳有性撰　(清)洪天錫補註　清道光四年(1824)刻本　四冊

120000－0391－0000177　320－2
補註瘟疫論四卷　(明)吳有性撰　(清)洪天錫補註　清光緒二十九年(1903)寶森堂刻本　四冊

120000－0391－0000178　321
瘟疫方論二卷　(明)吳有性撰　清道光刻本　二冊

120000－0391－0000179　322
明吳又可先生瘟疫論二卷　(明)吳有性撰　清天德堂刻本　三冊

120000－0391－0000180　323
明吳又可先生瘟疫論二卷痢疾論四卷　（明）吳有性撰　清文淵堂刻本　四冊

120000－0391－0000181　324
瘟疫論補註二卷　（明）吳有性撰　（清）鄭重光補註　清光緒六年（1880）掃葉山房刻本　二冊

120000－0391－0000182　325
痧脹玉衡書三卷後卷一卷　（清）郭志邃撰　清康熙十四年（1675）刻本　三冊

120000－0391－0000183　326
痧症全書三卷　（清）林森傳授　（清）王凱輯　清同治元年（1862）刻本　一冊　存一卷（下）

120000－0391－0000184　327
痧症全書三卷　（清）林森傳授　（清）王凱輯　清嘉慶三年（1798）刻本　一冊

120000－0391－0000185　328
瘟疫明辨四卷　（清）戴天章撰　清李光明莊刻本　一冊

120000－0391－0000186　330
痢疾論四卷　（清）孔毓禮撰　（清）陳馥刻本　清道光二十七年（1847）刻本　二冊

120000－0391－0000187　332－1
松峰說疫六卷　（清）劉奎撰　清嘉慶四年（1799）刻本　四冊

120000－0391－0000188　332－2
松峰說疫六卷　（清）劉奎撰　清咸豐十年（1860）刻本　六冊

120000－0391－0000189　332－3
松峰說疫六卷　（清）劉奎撰　清末刻本　二冊

120000－0391－0000190　334－1
傷寒瘟疫條辨六卷　（清）楊璿撰　清光緒四年（1878）刻本　六冊

120000－0391－0000191　334－2
傷寒瘟疫條辨六卷　（清）楊璿撰　清光緒十四年（1888）三益堂刻本　六冊

120000－0391－0000192　334－3
傷寒瘟疫條辯六卷　（清）楊璿撰　清光緒十六年（1890）天津義合堂刻本　六冊

120000－0391－0000193　336
瘟疫論類編五卷　（明）吳有性撰　（清）劉奎譯釋　清乾隆五十七年（1792）江甯五柳堂刻本　四冊

120000－0391－0000194　337
說疫全書　（□）□□撰　清道光二十六年（1846）刻本　八冊

120000－0391－0000195　338
疫痧二症合編　（□）□□撰　清光緒十七年（1891）善成堂刻本　十二冊

120000－0391－0000196　339－1
疫疹一得二卷　（清）余霖撰　清道光八年（1828）刻本（有圖）　一冊

120000－0391－0000197　339－2
疫疹一得二卷　（清）余霖撰　清光緒十年（1884）刻本（有圖）　二冊

120000－0391－0000198　340
問心堂溫病條辨六卷　（清）吳瑭撰　清咸豐十年（1860）宏道堂刻本　四冊

120000－0391－0000199　341
慈航集三元普濟方四卷　（清）王於聖撰　清光緒十一年（1885）刻本　一冊

120000－0391－0000200　343
溫熱贅言一卷　題（清）寄瓢子撰　清吳氏靈鶴山房刻本　一冊

120000－0391－0000201　344
痧症傳信方　（清）寇蘭皋撰　清道光元年（1821）刻本　二冊

120000－0391－0000202　346
晰微補化全書　（清）王凱編　清康熙振古堂刻本　一冊

120000－0391－0000203　347

寒疫合編歌括　(清)王光甸編輯　清同治二年(1863)刻本　四冊

120000－0391－0000204　349

意解山房溫疫析疑四卷　(清)唐毓厚撰　清光緒九年(1883)刻本　四冊

120000－0391－0000205　352

疫證治例五卷　(清)朱蘭台撰　清光緒十八年(1892)易知堂刻本　五冊

120000－0391－0000206　353

時疫辨四卷　(清)林慶銓撰　清光緒二十六年(1900)刻本　二冊

120000－0391－0000207　356

疫證集説四卷附補遺一卷　(清)余德壎編　清宣統三年(1911)排印本　四冊

120000－0391－0000208　357

鼠疫彙編不分卷　(清)羅汝蘭增輯　清宣統三年(1911)天津大公報館鉛印本　一冊

120000－0391－0000209　370

醫學發明一卷　(金)李杲撰　清刻本　二冊　殘

120000－0391－0000210　371

證治百問四卷　(清)劉默撰　(清)石楷校　清康熙十二年(1673)燕詒堂刻本　四冊

120000－0391－0000211　372

證治彙補八卷　(清)李用粹撰　清康熙二十七年(1688)舊德堂刻本　五冊

120000－0391－0000212　375

林氏活人録彙編十四卷　(清)林開燧撰　清乾隆十八年(1753)刻本　八冊

120000－0391－0000213　376

金匱翼八卷　(清)尤怡撰　清乾隆三十三年(1768)宏道堂刻本　八冊

120000－0391－0000214　377

琅環青囊要四卷　(清)陳太初編　清嘉慶九年(1804)刻本　四冊

120000－0391－0000215　378

中風論一卷　(清)熊笏輯　清光緒十年(1884)醉經閣刻本　一冊

120000－0391－0000216　379

醫略十三卷　(清)蔣寶素撰　清道光二十年(1840)鎮江快志堂刻本　二冊

120000－0391－0000217　380

醫略稿六十七卷　(清)蔣寶素撰　清道光三十年(1850)鎮江快志堂刻本　八冊

120000－0391－0000218　389

胎產秘書三卷　(清)陳笏庵撰　清光緒十八年(1892)刻本　一冊

120000－0391－0000219　390

萬氏女科　(明)萬全撰　清同治二年(1863)刻本　二冊

120000－0391－0000220　391－1

濟陰綱目十四卷　(明)武之望撰　明天啟元年(1621)刻本(有抄配)　六冊

120000－0391－0000221　391－2

濟陰綱目十四卷　(明)武之望輯　清雍正六年(1728)刻本　五冊

120000－0391－0000222　392－1

女科經綸八卷　(清)蕭壎撰　清康熙二十三年(1684)有鴻齋刻本　六冊

120000－0391－0000223　392－2

女科經綸八卷　(清)蕭壎撰　清光緒十六年(1890)掃葉山房刻本　四冊

120000－0391－0000224　394

女科指掌五卷　(清)葉其蓁輯　清康熙四十五年(1706)刻本　六冊

120000－0391－0000225　396

胎產心法三卷　(清)閻純璽撰　清道光十一年(1831)敬慎堂刻本　六冊

120000－0391－0000226　397

產科心法二卷　(清)汪喆撰　清同治八年(1869)奎文齋刻本　一冊

120000－0391－0000227　399

竹林女科四卷　(清)竹林寺僧撰　清光緒十七年(1891)皖江節署刻本　四冊

120000－0391－0000228　401－1
婦科秘方　(清)竹林寺僧撰　清光緒元年(1875)金陵刻本　四冊

120000－0391－0000229　401－2
婦科秘方不分卷　(清)竹林寺僧撰　清刻本　一冊

120000－0391－0000230　402
胎產金針三卷　(清)何榮撰　清光緒二年(1876)刻本　二冊

120000－0391－0000231　403
女科要旨四卷　(清)陳念祖撰　清文盛堂刻本　一冊

120000－0391－0000232　404－1
女科輯要八卷　(清)周紀常撰　清道光四年(1824)刻本　三冊

120000－0391－0000233　404－2
女科輯要八卷　(清)周紀常撰　清同治四年(1865)奎照樓刻本　三冊

120000－0391－0000234　405－1
傅青主女科　(清)傅山撰　清道光七年(1827)刻本　四冊

120000－0391－0000235　405－2
傅青主女科　(清)傅山撰　清光緒五年(1879)刻本　三冊

120000－0391－0000236　407
胎產症治錄二卷　(清)單南山撰　清道光十年(1830)刻本　二冊

120000－0391－0000237　409
產寶奇書二卷　(□)□□撰　清刻本　一冊

120000－0391－0000238　411－1
閻誠齋先生胎產心法三卷　(清)閻純璽撰　(清)李廷章編　清光緒九年(1883)敬慎堂刻本(有圖)　六冊

120000－0391－0000239　411－2
閻誠齋先生胎產心法三卷　(清)閻純璽撰　清光緒十一年(1885)刻本　五冊

120000－0391－0000240　411－4
閻誠齋先生胎產心法三卷　(清)閻純璽撰　清道光四年(1824)刻本　六冊

120000－0391－0000241　412
胎產新書三種　(清)吳煜輯　清光緒十二年(1886)刻本　四冊

120000－0391－0000242　415－1
錢氏小兒藥證直訣三卷　(宋)錢乙撰　(宋)閻孝忠輯　清刻本　四冊

120000－0391－0000243　415－2
錢氏小兒藥證直訣三卷　(宋)錢乙撰　(宋)閻孝忠輯　清光緒十八年(1892)刻本　二冊

120000－0391－0000244　415－3
錢氏小兒藥證直訣三卷　(宋)錢乙撰　(宋)閻孝忠輯　清光緒十七年(1891)池陽周氏刻本　二冊

120000－0391－0000245　417－1
痘疹傳心錄十八卷　(明)朱惠明撰　明萬曆二十二年(1594)修敬堂刻本(有圖)　四冊

120000－0391－0000246　417－2
痘疹傳心錄十九卷　(明)朱惠明撰　(清)程永培校　清乾隆五十一年(1786)修敬堂刻六醴齋醫書本(有圖)　七冊

120000－0391－0000247　418
新刊經驗痘疹不求人一卷　(清)朱棟隆撰　清康熙三十六年(1697)刻本　一冊

120000－0391－0000248　419
摘星樓治痘全書十八卷　(明)朱一麟撰　清道光六年(1826)上海耕樂堂刻本　十冊

120000－0391－0000249　420
痘科彙編四卷附痲科彙編　(明)翟良撰　清乾隆三十七年(1772)刻本(有圖)　六冊

120000－0391－0000250　421－1
救偏瑣言十卷　(清)費啟泰撰　清康熙二十七年(1688)刻本　六冊

120000－0391－0000251　421－2
救偏瑣言十卷　(清)費啟泰撰　清順治二年(1645)刻本　二册

120000－0391－0000252　423
幼科醫學指南四卷　(明)周震撰　清乾隆五十四年(1789)刻本　四册

120000－0391－0000253　424－1
幼科鐵鏡六卷　(清)夏鼎撰　清道光二十九年(1849)刻本(有圖)　一册

120000－0391－0000254　424－2
幼科鐵鏡六卷　(清)夏鼎撰　清光緒二十九年(1903)刻本(有圖)　二册

120000－0391－0000255　424－3
幼科鐵鏡六卷　(清)夏鼎撰　清宣統元年(1909)海豐吴氏刻本(有圖)　一册

120000－0391－0000256　426
痘疹正宗二卷　(清)宋麟祥撰　清乾隆四十六年(1781)文盛堂刻本　二册

120000－0391－0000257　427
痘疹指南(痘疹正宗)二卷　(清)宋麟祥撰　清道光元年(1821)刻本　二册

120000－0391－0000258　428
慈幼新書十二卷　(明)張介賓撰　(清)程雲鵬輯　清乾隆十一年(1746)刻本　四册

120000－0391－0000259　429－1
痘疹定論四卷　(清)朱純嘏輯　清嘉慶十一年(1806)刻本　二册

120000－0391－0000260　429－2
痘疹定論二卷　(清)朱純嘏撰　清光緒十八年(1892)粤東儒雅堂鉛印本(有圖)　一册

120000－0391－0000261　430
郁謝痲科合璧　(明)郁氏　(清)謝心陽撰　(清)楊開泰彙輯　清宣統三年(1911)文倫書局鉛印本　一册

120000－0391－0000262　432－1
痲科活人全書四卷　(清)謝玉瓊纂輯　清道光三年(1823)刻本　四册

120000－0391－0000263　432－2
痲科活人全書四卷　(清)謝玉瓊纂輯　清光緒三年(1877)嘉定府刻本　四册

120000－0391－0000264　433－1
鼎鍥幼幼集成六卷　(清)陳復正輯　清刻本　六册

120000－0391－0000265　433－2
鼎鍥幼幼集成六卷　(清)陳復正輯　清安定堂書局刻本　六册

120000－0391－0000266　434
痘科溫故集二卷　(清)唐威原撰　(清)房子由參定　清乾隆十七年(1752)刻本　二册

120000－0391－0000267　435
痘症精言四卷　(清)袁句撰　清抄本　一册

120000－0391－0000268　436
痘症精言四卷　(清)袁句撰　清乾隆十八年(1753)刻本　四册

120000－0391－0000269　437
重刻陳氏痘書不分卷　(清)陳奇生撰　(清)黄佐重刊　清嘉慶二十二年(1817)刻本　一册

120000－0391－0000270　438
痘疹專門二卷　(清)董維嶽撰　清道光二十五年(1845)刻本　二册

120000－0391－0000271　439
福幼編一卷　(清)莊一夔撰　清咸豐十年(1860)刻本　一册

120000－0391－0000272　440
黄帝逸典十三卷　(□)□□撰　清末刻本　四册

120000－0391－0000273　441－1
痘疹會通五卷　(清)曾鼎撰　清乾隆五十年(1785)刻曾氏醫書四種本　四册

120000－0391－0000274　441－2
痘疹會通五卷　(清)曾鼎撰　清道光二十六年(1846)九經堂刻本　四册

120000－0391－0000275　443
麻疹集成二卷　(清)朱楚芬輯　清道光四年(1824)刻本　五册

120000－0391－0000276　445
醫痘金丹二卷　(清)曹珣編　清道光二十七年(1847)刻本　一册

120000－0391－0000277　446
痘麻醫案要用藥性二卷　(清)陳奇生纂　(清)齊秉慧參補　清道光十五年(1835)刻本　二册

120000－0391－0000278　447
活幼珠璣三編　(清)許佐廷　(清)許繼賢編輯　清同治十二年(1873)芳遠堂刻本　三册

120000－0391－0000279　449
錫麟寶訓四卷　(清)金玉相輯　清光緒五年(1879)蘇州刻保赤彙編本　四册

120000－0391－0000280　450
洪江育嬰小識　(清)潘清撰　清光緒十三年(1887)刻本　四册

120000－0391－0000281　451
痘疹經驗集四卷　(清)韓文博編　清光緒三十二年(1906)善成堂刻本　二册

120000－0391－0000282　452
重刊俞天池先生痧痘集解原本六卷　(清)俞茂鯤撰　清光緒刻本　四册

120000－0391－0000283　453
疹科纂要一卷　(明)馬之騏撰　清刻本　一册

120000－0391－0000284　461
牛痘新書不分卷　(清)武榮綸　(清)董玉山合編　清光緒十一年(1885)新城三清宮集仁堂刻本　一册

120000－0391－0000285　462－1
瘡瘍經驗全書十三卷　(宋)竇漢卿輯　清康熙五十六年(1717)陳氏浩然樓刻本　六册

120000－0391－0000286　462－2
瘡瘍經驗全書六卷　(宋)竇漢卿撰輯　清康熙五十六年(1717)刻本(有圖)　六册

120000－0391－0000287　463
外科正宗三卷　(明)陳實功撰　清咸豐十年(1860)刻本　六册

120000－0391－0000288　466－1
洞天奥旨十六卷内附十二經絡圖　(清)陳士鐸撰　清乾隆五十五年(1790)刻本(有圖)　六册

120000－0391－0000289　466－3
洞天奥旨十六卷　(清)陳士鐸撰　清乾隆五十五年(1790)刻本(有圖)　四册

120000－0391－0000290　466－4
洞天奥旨十六卷附十二經絡圖　(清)陳士鐸撰　清乾隆五十五年(1790)刻本(有圖)　六册

120000－0391－0000291　467－1
王洪緒先生外科證治全生集二卷　(清)王維德撰　清咸豐十一年(1861)武昌節署刻本　一册

120000－0391－0000292　467－2
王洪緒先生外科證治全生集二卷　(清)王維德撰　清光緒五年(1879)山西浚文書局刻本　一册

120000－0391－0000293　469
瘍醫大全四十卷　(清)顧世澄撰　清乾隆二十七年(1762)刻本　四十八册

120000－0391－0000294　470
瘍科臨證心得集三卷方彙三卷家用膏丹丸散方一卷　(清)高秉鈞撰　清光緒二十七年(1901)無錫日升山房刻本　三册

120000－0391－0000295　471
外科證治全書五卷　(清)許克昌　(清)畢法同輯　清道光十一年(1831)刻本　八册

120000－0391－0000296　472
外科心法真驗指掌四卷首一卷　(清)劉濟川撰　清光緒十三年(1887)劉氏刻本(有圖)　四册

120000－0391－0000297　473
外證醫案彙編四卷　(清)余景和編輯　(清)趙能靜閱　清光緒二十年(1894)刻本　四册

120000－0391－0000298　474－1
增訂治疔匯要三卷　(清)過鑄撰　清光緒二十四年(1898)武林刻本　五册

120000－0391－0000299　474－2
增訂治疔彙要三卷　(清)過鑄撰　清光緒二十七年(1901)上海商務印書館鉛印本　一册

120000－0391－0000300　483
秘傳眼科龍木醫書總論十卷　(明)葆光道人撰　清刻本　四册

120000－0391－0000301　484－1
傅氏眼科審視瑤函六卷首一卷　(明)傅仁宇輯　(明)林長生校補　清刻本(有圖)　五册　缺一卷(六)

120000－0391－0000302　484－2
傅氏眼科審視瑤函六卷首一卷　(明)傅仁宇輯　(明)林長生校補　清宣統元年(1909)上海會文書局石印本(有圖)　六册

120000－0391－0000303　485
一草亭眼科全集書四卷　(清)年希堯原本　(清)文永周編　清光緒二年(1876)刻本　六册

120000－0391－0000304　486
改良眼科百問二卷　(清)王子固輯　清光緒十年(1884)上海江東書局石印本　二册

120000－0391－0000305　489
啟蒙真諦一草亭目科(一草亭目科全書)一卷　(明)鄧苑撰　清光緒二十七年(1901)刻本　一册

120000－0391－0000306　490
眼科闡微四卷　(□)□□撰　抄本　四册

120000－0391－0000307　491
喉科全科紫珍集二卷　(清)朱翔宇輯　清咸豐十一年(1861)刻本　二册

120000－0391－0000308　492
喉科杓指四卷附集驗良方　(清)包永泰撰　清道光三年(1823)文英堂刻本(有圖)　四册

120000－0391－0000309　493
重樓玉鑰二卷　(清)鄭梅澗撰　清道光十九年(1839)刻本　一册

120000－0391－0000310　494
咽喉秘集　(清)吳氏　(清)張氏原本　清光緒九年(1883)山西浚文書局刻本　一册

120000－0391－0000311　495
喉科經驗秘方不分卷　(清)程永培撰　清光緒二年(1876)刻本　一册

120000－0391－0000312　496
白喉辨證一卷附吊腳痧論一卷　(清)黄維翰撰　清光緒九年(1883)信述堂刻本　一册

120000－0391－0000313　497
痧喉正義一卷　(清)張振鋆輯　清光緒十五年(1889)刻本　一册　缺(總論)

120000－0391－0000314　498
喉科方論不分卷　(清)趙振沅重集　清光緒二十五年(1899)琉璃廠聚元齋刻字鋪刻本　一册

120000－0391－0000315　500
喉科金鑰二卷　(清)袁仁賢編輯　清宣統三年(1911)上海華豐印刷鑄字所鉛印本　一册

120000－0391－0000316　504
新刻三元參贊延壽書五卷　(明)胡文煥校　清刻本(有圖)　二册

120000－0391－0000317　505
壽親養老新書四卷　(宋)陳直撰　清瓶花書屋刻本　六册

120000－0391－0000318　506
弦雪居重訂遵生八箋十九卷　(明)高濂撰　(明)鍾惺較閱　清光緒十年(1884)刻本　十六册

120000－0391－0000319　507
中外衛生要旨五卷　(清)鄭官應輯　清光緒十六年(1890)居易山房鉛印本　五册

120000－0391－0000320　510
名醫類案十二卷　(明)江瓘撰　清同治十年(1871)藏休堂刻本　十二冊

120000－0391－0000321　512
程原仲醫案六卷　(明)程崙原撰　抄本　二冊

120000－0391－0000322　517
臨證指南醫案十卷附種福堂公選溫熱論醫案一卷種福堂公選良方三卷　(清)葉天士撰　(清)華岫雲編　(清)徐大椿評　清同治三年(1864)刻本　十二冊

120000－0391－0000323　519－1
臨證指南醫案十卷　(清)葉天士撰　(清)華岫雲校　清乾隆三十三年(1768)刻本　二十冊

120000－0391－0000324　519－2
臨證指南醫案十卷　(清)葉天士撰　(清)華岫雲較　清道光二十四年(1844)蘇州經鉏堂刻朱墨套印本　十二冊

120000－0391－0000325　519－3
臨證指南醫案十卷　(清)葉天士撰　清光緒十年(1884)掃葉山房刻本　十二冊

120000－0391－0000326　519－4
臨證指南醫案十卷　(清)葉天士撰　(清)華岫雲較　清光緒十八年(1892)上海圖書集成印書局鉛印本　十二冊

120000－0391－0000327　519－5
臨證指南醫案十卷　(清)葉天士撰　清三味堂義記刻本　二十冊

120000－0391－0000328　520－1
古今醫案按十卷　(清)俞震輯　清光緒九年(1883)刻本　十冊

120000－0391－0000329　520－2
古今醫案按十卷　(清)俞震輯　(清)李齡壽校輯　清宣統元年至三年(1909－1911)上海會文堂書局石印本　十冊

120000－0391－0000330　521
錦芳醫案初編五卷　(清)黃宮綉撰　清嘉慶四年(1799)刻本　六冊

120000－0391－0000331　523－1
齊氏醫案崇正辨訛六卷　(清)齊秉慧撰　清嘉慶十一年(1806)刻本　八冊

120000－0391－0000332　523－2
齊氏醫案崇正辨訛六卷　(清)齊秉慧撰　清道光十四年(1834)刻本　六冊

120000－0391－0000333　524－1
三家醫案合刻三卷　(清)吳金壽輯　清道光十二年(1832)刻本　三冊

120000－0391－0000334　524－2
三家醫案合刻三卷　(清)吳金壽輯　清光緒三十三年(1907)上洋海左書局石印本　二冊

120000－0391－0000335　531
得心集醫案六卷　(清)謝星煥撰　清咸豐十一年(1861)刻本　六冊

120000－0391－0000336　533
王氏醫案二卷續編八卷　(清)王士雄撰　(清)周鑅輯錄　清光緒十八年(1892)刻本　四冊

120000－0391－0000337　534
過氏醫案一卷　(清)過鑄撰　清刻本　一冊

120000－0391－0000338　536
王氏醫案四卷　(清)王旭高撰　清光緒二十四年(1898)倚雲吟館刻本　四冊

120000－0391－0000339　537
診餘舉隅錄二卷　(清)陳廷儒撰　清光緒二十四年(1898)鉛印本　二冊

120000－0391－0000340　538
評選靜香樓醫案　(清)尤怡撰　(清)柳寳詒選評　清光緒三十年(1904)刻本　六冊

120000－0391－0000341　558
萬氏家傳廣嗣紀要九卷　(明)萬全撰　清刻本　二冊

120000－0391－0000342　560

醫醫瑣言二卷續一卷　(清)徐延祚撰　清光緒二十三年(1897)刻本　一冊

120000－0391－0000343　561
醫粹精言四卷　(清)徐延祚撰　清光緒二十二年(1896)鐵如意軒刻本　四冊

120000－0391－0000344　569
尤氏醫學讀書記三卷附醫案一卷　(清)尤怡撰　清光緒十四年(1888)行素艸堂刻本　一冊　存二卷(上中)

120000－0391－0000345　571
吳醫彙講十一卷　(清)唐大烈輯　清嘉慶十九年(1814)刻本　四冊

120000－0391－0000346　574
王氏醫存十七卷附新選驗方一卷　(清)王燕昌撰　清同治十三年(1874)皖城黃竹友齋刻本　四冊

120000－0391－0000347　575
宋徽宗聖濟經十卷　(宋)徽宗趙佶撰　(宋)吳禔註　清光緒十三年(1887)刻本　四冊

120000－0391－0000348　581－1
醫故二卷　(清)鄭文焯撰　清光緒十七年(1891)刻本　一冊

120000－0391－0000349　581－2
醫故二卷　(清)鄭文焯撰　清光緒十七年(1891)梓文閣刻本　二冊

120000－0391－0000350　586
脈因證治四卷　(元)朱丹溪撰　清光緒十七年(1891)池陽周氏刻本　二冊

120000－0391－0000351　588
玉機微義五十卷　(明)徐彥純撰　(明)劉純續增　清上海樂善堂刻本　十二冊

120000－0391－0000352　590－1
新刊增補萬病回春原本八卷　(明)龔廷賢編　明萬曆四十三年(1615)善成堂刻本　八冊

120000－0391－0000353　590－2
新刊增補萬病回春原本八卷　(明)龔廷賢編　清道光十七年(1837)崇讓堂刻本　八冊

120000－0391－0000354　591
新鍥雲林神彀四卷　(明)龔廷賢撰　清刻本　四冊

120000－0391－0000355　592
丹臺玉案六卷　(明)孫文胤撰　清乾隆元年(1736)三樂齋刻本　十冊

120000－0391－0000356　593
醫門法律六卷　(清)喻昌撰　清光緒二十六年(1900)上海校經山房石印本　六冊

120000－0391－0000357　594
醫學啟蒙彙編六卷　(明)翟良撰　清康熙五年(1666)文盛堂刻本　六冊

120000－0391－0000358　595
醫宗說約六卷　(清)蔣示吉撰　清光緒十四年(1888)刻本　六冊

120000－0391－0000359　596
增補醫方一盤珠全集十卷　(清)洪金鼎撰　清光緒四年(1878)兩儀堂刻本　四冊

120000－0391－0000360　597
醫宗寶鏡五卷　(明)張真人輯　清嘉慶三年(1798)刻本　二冊

120000－0391－0000361　598
醫宗備要三卷　(清)曾鼎撰　清光緒元年(1875)崇文書局刻本　一冊

120000－0391－0000362　599
醫學尋源易簡錄□□卷　(清)陳念祖撰　清刻本　三冊　存三卷(一、三至四)

120000－0391－0000363　600
六治闡要五卷　(清)鄧觀汝撰　清道光元年(1821)刻本　四冊

120000－0391－0000364　601－1
男科二卷　(清)傅山撰　清光緒九年(1883)掃葉山房刻本　二冊

120000－0391－0000365　601－2
男科二卷　(清)傅山撰　清光緒十三年(1887)湖北官書處刻本　二冊

120000－0391－0000366　603
醫綱提要八卷　(清)李宗源撰　清光緒二十三年(1897)狀元閣刻本　四冊

120000－0391－0000367　604－1
類證治裁八卷　(清)林珮琴撰　清光緒十年(1884)刻本　十冊

120000－0391－0000368　604－2
類證治裁八卷　(清)林珮琴撰　清同治十三年(1874)上海千頃堂書局石印本　八冊

120000－0391－0000369　606－1
醫醇賸義四卷　(清)費伯雄撰　清同治二年(1863)耕心堂刻本　四冊

120000－0391－0000370　606－2
醫醇賸義四卷　(清)費伯雄撰　清光緒三年(1877)刻本　四冊

120000－0391－0000371　607－1
醫理真傳四卷　(清)鄭壽全撰　清光緒十三年(1887)五福堂刻本　四冊

120000－0391－0000372　607－2
醫理真傳四卷　(清)鄭壽全撰　清同治九年(1870)善成堂刻本　四冊

120000－0391－0000373　608
醫學一見能一卷　(清)唐宗海撰　清光緒十六年(1890)刻本　一冊

120000－0391－0000374　612
醫林選青七卷附三卷　(清)甯崧生撰　清光緒二十年(1894)刻本　四冊

120000－0391－0000375　613
衛生寶鑑二十四卷補遺一卷　(元)羅天益撰　清光緒二十二年(1896)刻惜陰軒叢書本　八冊

120000－0391－0000376　614－1
醫宗必讀十卷　(明)李中梓撰　清光緒三十二年(1906)寶興堂刻本(有圖)　六冊

120000－0391－0000377　614－2
醫宗必讀十卷　(明)李中梓撰　清光緒三十二年(1906)善成堂刻本(有圖)　六冊

120000－0391－0000378　625
劉河間醫學六書　(金)劉完素等撰　明萬曆二十九年(1601)新安吳勉學校步月樓刻本　十冊

120000－0391－0000379　626
劉河間傷寒三書　(金)劉完素撰　清新安程氏刻本　八冊

120000－0391－0000380　627
丹溪心法附餘二十四卷　(明)方廣輯　明嘉靖十五年(1536)刻本　十冊

120000－0391－0000381　628
重訂丹溪先生心法三卷　(元)朱震亨撰　清刻本　六冊

120000－0391－0000382　629
丹溪先生心法五卷附錄一卷　(元)朱震亨撰　(明)吳中珩校　清二酉堂刻本　十一冊

120000－0391－0000383　630
陳修園醫書六種　(清)陳念祖撰　清明德善堂刻本　六冊

120000－0391－0000384　631
秘傳證治要訣十二卷　(明)戴思恭撰　(明)余時雨校　明刻本　三冊

120000－0391－0000385　632－1
圖註難經脈訣四卷　(明)張世賢圖註　清光緒八年(1882)京都文蔚堂刻本(有圖)　六冊

120000－0391－0000386　632－2
圖註難經脈訣四卷　(明)張世賢圖註　清善成堂刻本　六冊

120000－0391－0000387　633
汪石山醫書八種　(明)汪機撰　明嘉靖元年至十三年(1522－1534)祁門朴墅汪氏祠堂匯印本(有圖)　十二冊

120000－0391－0000388　634－1
合刻薛氏醫案二十四種　(明)吳琯撰　清刻本　六十四冊

120000－0391－0000389　634－2
合刻薛氏醫案二十四種　(明)吳琯撰　清末

上海朱氏煥文書局石印本(有圖)　二十四册

120000－0391－0000390　635－1
東垣十書　(金)李杲撰　清刻本(有圖)　十四册　缺(脾胃論中下、格致餘論)

120000－0391－0000391　635－2
東垣十書　(金)李杲撰　清文奎堂刻本　十六册

120000－0391－0000392　635－3
東垣十書　(金)李杲撰　清刻本　十二册

120000－0391－0000393　636
體仁彙編不分卷　(明)彭用光撰　明嘉靖二十八年(1549)南昌傅氏體仁堂刻本　二册

120000－0391－0000394　638
醫統正脈全書　(明)王肯堂撰　清光緒三十三年(1907)京師醫局刻本(有圖)　八十册

120000－0391－0000395　639－2
六科證治準繩六種　(明)王肯堂輯　(清)程永培校　清乾隆五十八年(1793)修敬堂刻本　六十四册

120000－0391－0000396　639－3
六科證治準繩六種　(明)王肯堂輯　清光緒十八年(1892)上海圖書集成印書局石印本(有圖)　四十册

120000－0391－0000397　640－1
景岳全書六十四卷　(明)張介賓撰　(清)程雲鵬輯　清乾隆三十三年(1768)刻本　二十四册

120000－0391－0000398　640－2
景岳全書六十四卷　(明)張介賓輯　清光緒九年(1883)刻本　三十二册

120000－0391－0000399　641－1
喻氏醫書三種　(清)喻昌撰　清光緒三十三年(1907)簡青齋書局石印本　六册

120000－0391－0000400　641－2
喻氏醫書三種　(清)喻昌撰　清乾隆二十八年(1763)宏道堂刻本　十六册

120000－0391－0000401　641－3
喻氏醫書三種　(清)喻昌撰　清順治十五年(1658)善成堂刻本　十二册

120000－0391－0000402　642－1
士材三書　(明)李中梓撰　(清)尤乘增輯　清嘉慶九年(1804)刻本(有圖)　六册

120000－0391－0000403　642－2
士材三書　(明)李中梓撰　(清)尤乘增輯　清光緒十三年(1887)刻本　八册

120000－0391－0000404　642－3
士材三書　(明)李中梓撰　(清)尤乘增補　清康熙六年(1667)貴文堂刻本　六册

120000－0391－0000405　642－4
士材三書　(明)李中梓撰　(清)尤乘增輯　清刻本　六册

120000－0391－0000406　644－1
傅青主男女科　(清)傅山撰　清光緒五年(1879)刻本　四册

120000－0391－0000407　644－2
傅青主男女科　(清)傅山撰　清光緒十二年(1886)晉義堂刻本　六册

120000－0391－0000408　646－1
馮氏錦囊秘錄八種　(清)馮兆張纂輯　清康熙四十一年(1702)刻本　二十四册

120000－0391－0000409　646－2
馮氏錦囊秘錄　(清)馮兆張纂輯　清嘉慶二十三年(1818)會成堂刻本　三十二册

120000－0391－0000410　646－3
馮氏錦囊秘錄　(清)馮兆張纂輯　清嘉慶二十三年(1818)會成堂刻本　三十二册

120000－0391－0000411　649
張氏醫通十六卷　(清)張璐撰　清康熙三十八年(1699)刻本　十六册

120000－0391－0000412　652
醫宗己任編八卷　(清)高鼓峰撰　(清)王汝謙補註　(清)楊乘六評　清光緒十七年(1891)李光明莊刻本　四册

120000－0391－0000413　653－1
御纂醫宗金鑑九十卷續編十四卷外科金鑑十六卷　(清)吴謙等纂　清乾隆五年(1740)刻本(有圖)　六十册　存五十六卷(一至四十四、六十一至七十二)

120000－0391－0000414　653－2
御纂醫宗金鑑六十卷續編十四卷外科金鑑十六卷　(清)吴謙等纂　清光緒九年(1883)掃葉山房刻本(有圖)　四十八册

120000－0391－0000415　654－1
黄氏醫書八種　(清)黄元御撰　清咸豐十年(1860)燮龢精舍刻本　十四册

120000－0391－0000416　654－2
黄氏醫書八種　(清)黄元御撰　清同治七年(1868)刻本　二十四册

120000－0391－0000417　654－3
黄氏醫書八種　(清)黄元御撰　清光緒二十年(1894)上海圖書集成印書局鉛印本　十二册

120000－0391－0000418　655－1
徐氏醫書八種　(清)徐大椿撰　清光緒十五年(1889)文奎山房刻本　十二册

120000－0391－0000419　655－2
徐氏醫書八種　(清)徐大椿撰　清光緒二十三年(1897)江左書林昌記刻本　十六册

120000－0391－0000420　656
徐氏醫書六種　(清)徐大椿撰　清同治十二年(1873)湖北崇文書局刻本　十册

120000－0391－0000421　657
徐氏醫書十三種　(清)徐大椿撰　清光緒十九年(1893)上海圖書集成印書局排印本　六册　存七種

120000－0391－0000422　658－1
醫林指月十二種　(清)王琦撰　清乾隆三十二年(1767)寶笏樓刻本　十六册

120000－0391－0000423　658－2
醫林指月十二種　(清)王琦輯　清光緒二十二年(1896)上海圖書集成印書局鉛印本(有圖)　八册

120000－0391－0000424　658－3
醫書十二種　(清)王琦撰　清乾隆三十二年(1767)寶笏樓刻本　十二册

120000－0391－0000425　659－1
沈氏尊生書五種　(清)沈金鰲撰　清同治十三年(1874)湖北崇文書局刻本　二十六册

120000－0391－0000426　659－2
沈氏尊生書五種　(清)沈金鰲撰　清光緒二十一年(1895)上海圖書集成局鉛印本　二十四册

120000－0391－0000427　659－3
沈氏尊生書五種　(清)沈金鰲撰　清乾隆三十八年(1773)刻本　二十六册

120000－0391－0000428　660
六醴齋醫書十種　(清)程永培輯　清修敬堂刻本　二十册

120000－0391－0000429　661－1
醫書匯參輯成二十四卷　(清)蔡宗玉撰　清嘉慶十二年(1807)黄氏會文堂刻本　十六册

120000－0391－0000430　661－2
醫書匯參輯成二十四卷　(清)宗玉輯　清道光十九年(1839)崇讓堂刻本(有圖)　十二册

120000－0391－0000431　662
汪石山醫書八種　(明)汪機撰　清上海石竹山房二酉書莊石印本　十二册

120000－0391－0000432　663
陳修園醫書二十一種　(清)陳念祖撰　清光緒十八年(1892)上海圖書集成印書局石印本　十册

120000－0391－0000433　667
陳修園醫書三十種　(清)陳念祖撰　清光緒十八年(1892)上海圖書集成印書局校印石印本　二十四册

120000－0391－0000434　668－1
醫門棒喝初集四卷二集九卷　(清)章楠撰

清同治六年(1867)聚文堂刻本　十二册

120000－0391－0000435　668－2
醫門棒喝初集四卷二集九卷　(清)章楠編註　清宣統元年(1909)蠡城三友益齋石印本　十册

120000－0391－0000436　669
醫鈔類編二十四卷　(清)翁藻輯　清光緒二十一年(1895)刻本　二十六册

120000－0391－0000437　673－1
醫學五則五卷　(清)廖雲溪撰　清光緒十三年(1887)興發堂刻本　五册

120000－0391－0000438　673－2
醫學五則五卷　(清)廖雲溪撰　清光緒十五年(1889)刻本　二册

120000－0391－0000439　673－3
醫學五則五卷　(清)廖雲溪撰　清光緒三十二年(1906)刻本　二册

120000－0391－0000440　676
世補齋醫書前集六種後集六種　(清)陸懋修撰　清光緒十二年(1886)山左書局刻本　十八册

120000－0391－0000441　677
當歸草堂醫學叢書初編十種　(清)丁丙輯　清光緒四年(1878)錢塘丁氏當歸草堂刻本　十册

120000－0391－0000442　679
韡園醫書六種　(清)潘偉如輯　清光緒十年(1884)刻本(有圖)　十二册

120000－0391－0000443　681
中西匯通醫書五種　(清)唐宗海撰　清光緒三十二年至三十四年(1906－1908)上海千頃堂石印本(有圖)　十二册

120000－0391－0000444　682
醫方十種彙編　(清)費伯雄鑒定　清同治十一年(1872)京江文成堂刻本　六册

120000－0391－0000445　683
述古齋幼科新書三種　(清)張振鋆纂輯　清光緒十五年(1889)刻本(有圖)　六册

120000－0391－0000446　685
醫學摘粹八卷　(清)慶恕撰　清光緒二十三年(1897)刻本　六册

120000－0391－0000447　687
新纂中西醫書八種　(□)□□撰　清光緒石印本　七册

120000－0391－0000448　688
濟眾錄不分卷　(清)勞守慎纂　清光緒三十二年(1906)刻本　一册

120000－0391－0000449　689
豫醫雙璧二種　(清)吴重熹輯　清宣統元年(1909)梁園節署鉛印本　八册

120000－0391－0000450　690
利溥集　(清)王鴻驥編　清宣統二年(1910)刻本　十册

120000－0391－0000451　705
繪圖中西醫學叢書　(清)唐宗海撰　清光緒二十三年(1897)石印本　六册

120000－0391－0000452　706
醫宗必讀十卷　(明)李中梓撰　清咸豐元年(1851)會文堂刻本　五册

120000－0391－0000453　709
欽定古今圖書集成醫部全錄五百四十卷　(清)陳夢雷　(清)蔣廷錫等撰　清光緒二十三年(1897)影印本　六十册

120000－0391－0000454　712
醫學入門七卷首一卷　(明)李梴編　清光緒二十年(1894)宏道堂刻本　十六册

120000－0391－0000455　713
東醫寶鑑二十三卷　(朝鮮)許浚撰　清嘉慶元年(1796)江寧敦化堂刻本　二十五册

120000－0391－0000456　715
景岳全書發揮四卷　(清)葉桂撰　清光緒五年(1879)吴氏醉六堂刻本　四册

120000－0391－0000457　716－1

嵩厓尊生醫學大全十五卷　(清)景日昣撰　清大東書局刻本　八冊

120000－0391－0000458　716－2
嵩厓尊生醫學大全十五卷　(清)景日昣撰　清康熙三十五年(1696)刻本　八冊

120000－0391－0000459　716－3
嵩厓尊生醫學大全十五卷　(清)景日昣撰　清康熙三十五年(1696)刻本　六冊

120000－0391－0000460　718
醫宗必讀十卷　(明)李中梓撰　清會文堂刻本　六冊

120000－0391－0000461　719
祝由科天醫十三科二卷增補一卷　題軒轅黄帝撰　清刻本　二冊

120000－0391－0000462　720－1
重刊補注洗冤録集證六卷　(清)阮其新補注　清光緒八年(1882)刻本　六冊

120000－0391－0000463　720－2
重刊補註洗冤録集證六卷　(宋)宋慈撰　(清)王又槐增輯　清光緒八年(1882)刻本　六冊

120000－0391－0000464　722
康熙字典十二集　(清)張玉書等纂　清光緒元年(1875)湖北崇文書局刻本　四十冊

120000－0391－0000465　728
郡齋讀書志　(宋)晁公武撰　清光緒十年(1884)長沙王氏刻本　十冊

120000－0391－0000466　730
硃批諭旨　(清)世宗胤禛撰　清刻本　一百十二冊

120000－0391－0000467　731
御批歷代通鑑輯覽一百二十卷　(清)高宗弘曆批　(清)傅恒等撰　清同治十三年(1874)湖南書局刻本　六十四冊

120000－0391－0000468　732
百子全書(子書百家)一百零一種　(清)崇文書局輯　清光緒元年(1875)湖北崇文書局刻本　一百十冊

120000－0391－0000469　733
二十四史　清同治至光緒刻本　五百五十二冊

元明清天妃宮遺址博物館古籍普查登記目録

全國古籍普查登記目録

國家圖書館出版社
National Library of China Publishing House

120000－0393－0000001　X9
二銘草堂金石聚十六卷　(清)張德容撰　清同治十一年(1872)聚秀堂刻本　十六册

120000－0393－0000002　X1
十子全書　(清)王子興輯　清嘉慶九年(1804)姑蘇聚文堂刻本　六册　存三種(淮南子、中説、新纂門目五臣音註揚子法言)

120000－0393－0000003　X2
説文通訓定聲十八卷首一卷附分部柬韻一卷説雅一卷古今韻準一卷行述一卷　(清)朱駿聲撰　(清)朱鏡蓉參訂　清道光刻同治九年(1870)補刻本　二十八册

120000－0393－0000004　X3
隸續二十一卷　(宋)洪适撰　清乾隆四十三年(1778)汪日秀樓松書屋刻本　四册

120000－0393－0000005　X4
禹貢錐指二十卷略例一卷圖一卷　(清)胡渭撰　清康熙漱六軒刻本　十六册

120000－0393－0000006　X5
津逮秘書　(明)毛晉編　明崇禎毛氏汲古閣刻本　六册　存十五卷(地理通释十四卷、通鑑問疑一卷)

120000－0393－0000007　X6
格致鏡原一百卷　(清)陳元龍撰　清康熙刻雍正十三年(1735)印本　十六册

120000－0393－0000008　X7
兩漢金石記二十二卷　(清)翁方綱撰　清乾隆五十四年(1789)刻本　八册

120000－0393－0000009　X8
廿二史紀事提要八卷　(清)吳綏纂　(清)吳培源校刊　(清)陸錦　(清)吳承烈訂　清乾隆十一年(1746)刻本　八册

120000－0393－0000010　X10
京畿金石考二卷　(清)孫星衍撰　清光緒十二年(1886)刻本　一册

120000－0393－0000011　X11
精選黃眉故事十卷　(明)鄧百拙編　清刻本　一册　存二卷(一至二)

120000－0393－0000012　X12
金石學錄四卷　(清)李遇孫輯　清末刻本　二册

120000－0393－0000013　X13
尸子二卷附存疑一卷　(戰國)尸佼撰　(清)汪繼培輯　清光緒三年(1877)刻本　一册

120000－0393－0000014　X14
子史精華一百六十卷　(清)允祿等撰　清刻本　四十册

120000－0393－0000015　X15
日知錄之餘四卷　(清)顧炎武撰　清宣統二年(1910)刻本　二册

120000－0393－0000016　X16
竹葉亭雜記八卷　(清)姚元之撰　清光緒十九年(1893)刻本　二册

120000－0393－0000017　X17
小知錄十二卷　(清)陸鳳藻輯　清同治十二年(1873)刻本　四册

120000－0393－0000018　X18
金石苑一卷　(清)劉喜海輯　清末刻本　一册　殘

120000－0393－0000019　X19
寰宇訪碑錄十二卷　(清)孫星衍撰　(清)邢澍撰　清光緒九年(1883)刻本　四册

120000－0393－0000020　X20
寰宇訪碑錄十二卷附刊謬一卷　(清)孫星衍　(清)邢澍撰　清光緒十一年(1885)刻本　六册

120000－0393－0000021　X21
補寰宇訪碑錄五卷失編一卷刊誤一卷　(清)趙之謙纂集　(清)沈樹鏞覆勘　(清)朱記榮校訂　清光緒十二年(1886)刻本　二册

120000－0393－0000022　X22
石鼓文釋存一卷補注一卷　(清)張燕昌述　清光緒二十八年(1902)劉世珩刻本　一册

120000－0393－0000023　X23
積古齋鐘鼎彝器款識十卷　（清）阮元編録　清光緒八年（1882）刻本　四册

120000－0393－0000024　X24
今水經一卷　（清）黄宗羲撰　清光緒三年（1877）刻本　一册

120000－0393－0000025　X25
禹貢指南四卷　（宋）毛晃撰　清末翻刻武英殿聚珍本　一册

120000－0393－0000026　X26
考古秘訣鑑定新書三卷　（明）張應文撰　（明）張謙德述　清光緒十一年（1885）刻本　三册

120000－0393－0000027　X27
東明聞見録一卷　（明）瞿共美撰　清刻本　一册

120000－0393－0000028　X28
天咫偶聞十卷　震鈞撰　清光緒三十三年（1907）刻本　八册

120000－0393－0000029　X29
四書集注十九卷　（宋）朱熹撰　（清）□□點畫　清同治十二年（1873）善成堂刻本　六册

120000－0393－0000030　X30
日知録集釋三十二卷栞誤二卷續栞誤二卷　（清）顧炎武著　（清）黄汝成集釋　清光緒三十一年（1905）刻本　十六册

120000－0393－0000031　X32
讀史方輿紀要一百三十卷坿方輿全圖總説五卷　（清）顧祖禹輯　清光緒二十七年（1901）石印本　三十二册

120000－0393－0000032　X33
女學言行纂三卷附一卷　（清）李晚芳撰　清末影印本　一册　存二卷（上中）

120000－0393－0000033　X34
策學備纂三十二卷目録三十二卷　（清）蔡啟盛輯　（清）吳潁炎等輯　清光緒二十六年（1900）石印本　四十八册

120000－0393－0000034　X35
東華録雍正朝二十六卷　王先謙編　（清）周潤蕃　（清）周瀹蕃校　清末鉛印本　十册

120000－0393－0000035　X36
天下郡國利病書一百二十卷　（清）顧炎武輯　（清）龍萬育訂　清光緒二十五年（1899）石印本　二十八册

120000－0393－0000036　X37
欽定續文獻通考輯要二十六卷　湯壽潛輯　清光緒二十五年（1899）鉛印本　十册

120000－0393－0000037　X38
水經注圖一卷附録一卷　（清）汪士鐸撰　清咸豐刻本　一册

120000－0393－0000038　X39
大清中外壹統輿圖首一卷中一卷南十卷北二十卷　（清）鄒世詒　（清）晏啓鎮編　（清）李廷簫　（清）汪士鐸校　清同治二年（1863）刻本　十二册

120000－0393－0000039　X40
［光緒］玉田縣志三十卷首一卷　（清）夏子鎏輯訂　清光緒十年（1884）刻本　六册

120000－0393－0000040　X41
淵鑒類函四百五十卷目録四卷　（清）張英編　（清）王士禛編　清光緒十三年（1887）石印本　四十八册

120000－0393－0000041　X42
小方壺齋輿地叢鈔十二帙　王錫祺輯　（清）王錫礽參　（清）丁萬實校　（清）盧晉衡鈔　清光緒十七年（1891）鉛印本　六十三册

120000－0393－0000042　X43
出使英法義比四國日記一卷　（清）薛福成撰　清末鉛印本　一册

120000－0393－0000043　X44
［康熙］天津衛志四卷　（清）薛桂斗纂修　清末抄本　四册

120000－0393－0000044　X45
皇清經解一百八十種　（清）阮元纂　清光緒

十三年(1887)石印本　六十四冊

120000－0393－0000045　X46

佩文韻府一百零六卷拾遺一百零六卷　(清)張玉書等編　(清)張廷玉拾遺　清康熙刻本　二百冊

120000－0393－0000046　X47

歷朝紀事本末七種五百六十六卷　(清)陳如升輯　(清)朱記榮輯　清光緒二十一年(1895)石印本　五十冊

120000－0393－0000047　X48

遼金紀事本末九十二卷　(清)李莆生編纂　清光緒十九年(1893)石印本　十冊

120000－0393－0000048　X58

[光緒]大城縣志十二卷首一卷　(清)趙炳文重修　(清)徐國楨鑑定　清光緒二十三年(1897)刻本　六冊　存十卷(一至九、首一卷)

120000－0393－0000049　X49

隸辨八卷　(清)顧藹吉撰　清光緒十三年(1887)石印本　八冊

120000－0393－0000050　X50

山海經十八卷　(清)畢沅校正　(晉)郭璞傳　清光緒十四年(1888)朱墨套印本　六冊

120000－0393－0000051　X51

歷代地理志韻編今釋二十卷附皇朝輿地韻編二卷　(清)李兆洛輯　(清)六嚴等編集　清同治九年(1870)刻本　八冊

120000－0393－0000052　X52

水經注箋刊誤十二卷　(清)趙一清撰　清光緒六年(1880)刻本　六冊

120000－0393－0000053　X53

畿輔河道水利叢書八種附一種　(清)吳邦慶輯　清道光四年(1824)刻本　十冊

120000－0393－0000054　X54

新定三禮圖二十卷　(宋)聶崇義集註　清末石印本　二冊

120000－0393－0000055　X55

清儀閣金石題識四卷　(清)陳其榮編輯　(清)徐士愷校刊　清光緒二十年(1894)刻本　四冊

120000－0393－0000056　X56

陶齋吉金錄八卷　(清)端方輯　清光緒三十四年(1908)石印本　八冊

120000－0393－0000057　X57

陶齋吉金續錄二卷　(清)端方輯　清宣統元年(1909)石印本　二冊

120000－0393－0000058　X59

[光緒]順天府志一百三十卷附錄一卷　(清)李鴻章　(清)萬青藜監修　(清)張之洞　繆荃孫總纂　清光緒十五年(1889)刻本　六十四冊

千牛山莊古籍普查登記目録

全國古籍普查登記目録

國家圖書館出版社
National Library of China Publishing House

120000－C001－0000001　LJH1
洛神賦　(三國魏)曹植撰　(唐)柳公權書　清拓本　一冊

120000－C001－0000002　LJH2
欽定古今儲貳金鑑六卷　(清)高宗弘曆撰　清乾隆朱印本　四冊

120000－C001－0000003　LJH3
曲譜四種　□□輯　舊抄本　四冊

120000－C001－0000004　LJH4
屈子不分卷　(漢)劉向編集　(漢)王逸章句　(明)戈汕　(明)毛晉參定　**總評一卷章評一卷**　明末刻本　一冊

120000－C001－0000005　LJH5
陶靖節集詩一卷　(晉)陶潛撰　**總評一卷章評一卷**　明末毛氏綠君亭屈陶合刻本　一冊

120000－C001－0000006　LJH6
楚辭不分卷附楚辭難字音釋一卷　(戰國)屈原撰　抄本　一冊

120000－C001－0000007　LJH7
吉金志存四卷　(清)李光庭輯　清咸豐九年(1859)刻本　四冊

120000－C001－0000008　LJH8
金剛般若波羅蜜經一卷　(後秦)釋鳩摩羅什譯　明刻本　一冊

120000－C001－0000009　LJH9
顧氏音學五書三十八卷　(清)顧炎武著　清符山堂刻本　十二冊

120000－C001－0000010　LJH10
皇極經世緒言九卷首二卷　(宋)邵雍撰　(明)黃畿注釋　舊抄本　八冊

120000－C001－0000011　LJH11
陳羽詩集一卷　(唐)陳羽撰　清影宋刻本　一冊

120000－C001－0000012　LJH12
檀園題跋二卷　(清)朱熊抄錄　清道光二十二年(1842)抄本　二冊

120000－C001－0000013　LJH13
古泉叢話三卷　(清)戴熙撰　清末抄本　二冊

120000－C001－0000014　LJH14
扈從東巡日錄二卷附錄一卷西巡日錄一卷　(清)高士奇撰　清康熙刻本　一冊

120000－C001－0000015　LJH15
劉伯溫先生重纂諸葛忠武侯兵法心要外集三卷　(明)劉基撰　清咸豐三年(1853)銅活字印水陸攻守戰略秘書本　一冊　存一卷(中)

120000－C001－0000016　LJH16
新刻韓會狀註釋莊子南華真經狐白四卷　(明)韓敬撰　明萬曆余氏刻本　二冊

120000－C001－0000017　LJH17
四體千家詩　(□)□□輯　清刻本　一冊

120000－C001－0000018　LJH18
許氏家集四種　(清)許豸等撰　清初抄本　四冊

120000－C001－0000019　LJH19
白石道人詩集二卷集外詩一卷附錄一卷　(宋)姜夔撰　清末刻本　一冊

120000－C001－0000020　LJH20
漢景君碑　舊拓本　一冊

120000－C001－0000021　LJH21
藏懷恪碑　(唐)顏真卿書　舊拓本　一冊

120000－C001－0000022　LJH22
慶湖遺老詩集十卷拾遺一卷補遺一卷　(宋)賀鑄撰　舊抄本　四冊

120000－C001－0000023　LJH24
劍俠傳四卷附圖一卷續四卷附圖一卷　(清)鄭官應輯　清光緒五年(1879)刻本　二冊

120000－C001－0000024　LJH25
太上感應篇圖說不分卷　(清)□□輯　清刻本　四冊

120000－C001－0000025　LJH26
太上感應篇圖說不分卷　(清)□□輯　清刻

本　四册

120000－C001－0000026　LJH27

宋名臣言行錄前集十卷後集十四卷續集八卷　(宋)朱熹撰　明刻本　十二册

120000－C001－0000027　LJH28

金剛般若經疏論纂要二卷　(唐)釋宗密纂要　舊抄本　二册

120000－C001－0000028　LJH29

重訂江蘇海運全案原編六卷新編六卷　(清)王毓藻輯　清光緒刻本　十二册

120000－C001－0000029　LJH30

盤山志十卷補遺四卷　(清)釋智樸撰　清康熙刻本　四册

120000－C001－0000030　LJH31

墨池編二十卷印典八卷　(宋)朱長文撰　清雍正十一年(1733)就閒堂刻本　二十册

120000－C001－0000031　LJH32

讀詩識小錄十卷先儒説詩綱領一卷　(清)陳震輯　清乾隆間抄本　十册

120000－C001－0000032　LJH33

繹史摭遺十八卷卹謚攷八卷　(清)李瑤纂輯　清道光十年(1830)泥活字印本　九册

120000－C001－0000033　LJH34

伊犁總統事略四卷首一卷　(清)松筠撰　清抄本　五册

120000－C001－0000034　LJH35

十粒金丹十七卷　(□)□□撰　舊抄本　十七册

120000－C001－0000035　LJH36

紫陽朱氏統宗世譜　(□)□□撰　明刻本　一册

120000－C001－0000036　LJH37

紅樓夢一百二十回　(清)曹霑撰　(清)王希廉評　清道光十二年(1832)刻本　二十四册

120000－C001－0000037　LJH38

重訂唐詩别裁集二十卷　(清)沈德潛撰　清乾隆刻本　十册

120000－C001－0000038　LJH40

聖蹟圖百四圖　(明)□□繪　明彩繪本　一册

120000－C001－0000039　LJH41

史記□□卷　(漢)司馬遷撰　宋刻明遞修本　六册

120000－C001－0000040　LJH42

鐵研齋叢書　桑宣撰　清光緒二十七年(1901)鐵研齋刻本配鉛印本　八册　存五種(禮器釋名十八卷、許鄭經文異同詁九卷、補春秋僖公事闕書、補周易口訣義闕卦、磨盦雜存)

120000－C001－0000041　LJH43

遐庵談藝錄　遐庵編撰　抄本　四册

120000－C001－0000042　LJH44

尺牘鑑源　(□)□□撰　抄本　一册

120000－C001－0000043　LJH46

御纂性理精義十二卷　(清)李光地編　清康熙五十六年(1717)刻本　六册

120000－C001－0000044　LJH47

詩牋存真　□□繪　彩繪本　一册

120000－C001－0000045　LJH49

紀效新書十八卷首一卷　(明)戚繼光撰　清嘉慶二十四年(1819)刻本　六册

120000－C001－0000046　LJH59

周馥手札　(清)周馥撰　稿本　一册

120000－C001－0000047　LJH60

四朝鈔幣圖錄　羅振玉撰　影印本　一册

120000－C001－0000048　LJH61

矍天影事譜五卷　易順鼎撰　清光緒二十二年(1896)刻本　一册

蠹齋古籍普查登記目錄

全國古籍普查登記目錄

國家圖書館出版社
National Library of China Publishing House

120000－C002－0000001　5
度生公案三卷　(清)七十二峰主人編　清同治四年(1865)刻本　三冊

120000－C002－0000002　7
分類萬事聯珠四卷　(□)□□編　清光緒二十七年(1901)刻本　一冊

120000－C002－0000003　12
公文式　仝寶廉輯　清宣統三年(1911)天津興業印刷局鉛印本　一冊

120000－C002－0000004　4
紅樓夢二百詠二卷　(清)黄昌麟撰　清道光刻本　一冊

120000－C002－0000005　8
紅樓夢廣義二卷　(清)青山山農撰　清光緒二十八年(1902)味青齋石印本　一冊

120000－C002－0000006　2
津門詩鈔三十卷　(清)梅成棟纂　清道光四年(1824)思誠書屋刻本　十冊

120000－C002－0000007　3
精選七律耐吟集一卷　(清)梅成棟輯　清道光十八年(1838)金鵝山房刻本　一冊

120000－C002－0000008　6
妙蓮花室詩餘一卷　(清)王增年撰　清同治十年(1871)刻本　一冊

120000－C002－0000009　11
潛子詩鈔五卷　高毓澎撰　清宣統元年(1909)京師京華書局鉛印本　一冊

120000－C002－0000010　1
文瑞樓藏書目録十二卷　(清)金檀藏並編　清嘉慶十六年(1811)桐川顧修刻讀畫齋叢書本　一冊　存七卷(一至七)

120000－C002－0000011　10
直隸工藝志初編八卷　(清)周爾潤編　清光緒三十三年(1907)北洋官報局鉛印本　二冊　存二卷(一至二)

120000－C002－0000012　9
直隸全省輿圖　(清)裴季倫等編繪　清光緒三十年(1904)中東石印局本　一冊

寶林齋古籍普查登記目録

全國古籍普查登記目録

國家圖書館出版社
National Library of China Publishing House

120000－C003－0000001　5
大三元經不分卷　題(□)韓夫子撰　清同治十二年(1873)覺斯堂刻本　一册

120000－C003－0000002　29
登洲三字經不分卷　(宋)區適子撰　清末廣東聚賢堂刻本　一册

120000－C003－0000003　51
改良婦孺三字書不分卷　清光緒二十七年(1901)六經堂石印本　一册

120000－C003－0000004　6
關聖三字孝經不分卷　清咸豐四年(1854)湖田沖李宅刻本　一册

120000－C003－0000005　35
廣三字經不分卷　(清)蕉軒氏撰　清光緒九年(1883)廣仁堂刻本　一册

120000－C003－0000006　36
廣三字經不分卷　胡尚逵廣　清光緒三十一年(1905)經元書局刻本　一册

120000－C003－0000007　37
廣三字經不分卷　胡尚逵廣　清山立書屋刻本　一册

120000－C003－0000008　38
廣三字經略註標聲不分卷　胡尚逵廣　清末抄本　一册

120000－C003－0000009　50
坤輿三字經不分卷　北清醒生氏編　清末刻本　一册

120000－C003－0000010　47
歷史三字經不分卷　清末聚文社刻本　一册

120000－C003－0000011　48
歷史三字經不分卷　清宣統三年(1911)樹德堂刻本　一册

120000－C003－0000012　49
歷史三字經不分卷　清宣統三年(1911)刻本　一册

120000－C003－0000013　40
龍門新增三字經不分卷　清末刻本　一册

120000－C003－0000014　41
龍門新增三字經不分卷　清末文英堂刻本　一册

120000－C003－0000015　10
龍頭三字經不分卷　清末刻本　一册

120000－C003－0000016　11
龍頭三字經不分卷　清末膠州同文堂刻本　一册

120000－C003－0000017　4
啓蒙對語便讀三字錦二卷　(清)彭寶臣撰　清嘉慶二十一年(1816)元亨堂刻本　一册

120000－C003－0000018　8
三字經不分卷　清末刻本　一册

120000－C003－0000019　9
三字經不分卷　清末刻本　一册

120000－C003－0000020　13
三字經不分卷　清末刻本　一册

120000－C003－0000021　14
三字經不分卷　清末京都聚文堂刻本　一册

120000－C003－0000022　15
三字經不分卷　清末大觀堂刻本　一册

120000－C003－0000023　18
三字經不分卷　清末刻本　一册

120000－C003－0000024　19
三字經不分卷　清末文堂刻朱印本　一册

120000－C003－0000025　17
三字經法帖不分卷　清末榮德堂刻本　一册

120000－C003－0000026　20
三字經附解不分卷　八行主人撰　清同治十年(1871)刻本　一册

120000－C003－0000027　30
三字經概解不分卷　清末抄本　一册

120000－C003－0000028　21
三字經句解旁訓不分卷　清光緒三十二年

(1906)抄本　一册

120000－C003－0000029　22
三字經句解旁訓不分卷　清光緒二十二年(1896)同善齋刻本　一册

120000－C003－0000030　27
三字經圖説不分卷　清光緒三十一年(1905)上海匯新書局石印本　一册

120000－C003－0000031　23
三字經訓詁不分卷　(清)徐士業校刊　清歙西徐氏刻本　一册

120000－C003－0000032　24
三字經訓詁不分卷　(清)徐士業校刊　清李光明莊刻本　一册

120000－C003－0000033　33
三字經訓蒙便覽不分卷　清光緒十年(1884)刻本　一册

120000－C003－0000034　32
三字經訓蒙講義不分卷　清光緒二十年(1894)宏倫堂楊新鐫刻本　一册

120000－C003－0000035　26
三字經註解備要不分卷　(清)郎軒氏較正　清光緒二十三年(1897)成文堂刻本　一册

120000－C003－0000036　25
三字經註解備要二卷　(清)郎軒氏較正　清光緒三十二年(1906)聚元堂刻本　二册

120000－C003－0000037　2
三字訓不分卷　清末刻本　一册

120000－C003－0000038　53
三字幼儀不分卷　清末刻本　一册

120000－C003－0000039　45
拾遺三字經二卷　(清)袁愚山讀本　(清)約菴註釋　清道光二十二年(1842)刻本　一册

120000－C003－0000040　59
俗講輯韻三字經不分卷　清末刻本　一册

120000－C003－0000041　16
銅板三字經不分卷　清光緒二十年(1894)聚文堂刻本　一册

120000－C003－0000042　44
孝友三字經不分卷　(清)徐棻撰　清刻本　一册

120000－C003－0000043　34
新鐫三字經講不分卷　上官輔撰　清末刻本　一册

120000－C003－0000044　58
新刻三字經告狀全集不分卷　清光緒二年(1876)華邑乾泰堂刻本　一册

120000－C003－0000045　1
新刻重正三字文不分卷　清光緒十八年(1892)刻本　一册

120000－C003－0000046　56
新學三字經音註圖解初編不分卷　清光緒二十八年(1902)石印本　一册

120000－C003－0000047　31
新增典故人物備考三字經註不分卷　濮自謙增訂　清光緒三年(1877)文興堂刻本　一册

120000－C003－0000048　43
新增三字經不分卷　(清)李映奎增補　清同治三年(1864)刻本　一册

120000－C003－0000049　54
新增三字幼儀不分卷　清末刻本　一册

120000－C003－0000050　7
訓蒙三字集要不分卷　(清)樂真道人撰　清同治八年(1869)山東聚墨亭刻本　一册

120000－C003－0000051　3
養蒙針度五卷　(清)潘子聲手定　清光緒三年(1877)古越恒德堂刻本　二册

120000－C003－0000052　55
醫學三字經四卷　(清)陳念祖撰　清嘉慶九年(1804)刻本　一册

120000－C003－0000053　28
義合堂三字經註圖不分卷　清光緒四年(1878)李光明莊刻本　一册

120000－C003－0000054　46
增補歷史圖說三字經不分卷　清末石印本　一冊

120000－C003－0000055　39
增補三字經不分卷　清末抄本　一冊

120000－C003－0000056　42
增補三字經不分卷　清末楊瑃興堂刻本　一冊

120000－C003－0000057　52
增選女綱鑑不分卷　邱老夫子撰　清光緒二十年(1894)刻本　一冊

120000－C003－0000058　57
真理便讀三字經不分卷　(清)楊格非撰　清光緒三十一年(1905)刻本　一冊

120000－C003－0000059　12
狀元三字經不分卷　清光緒二十七年(1901)格致書坊刻本　一冊